MW01613961

Illustriertes Lexikon der Welt Geschichte

ILLUSTRIERTES
LEXIKON DER

WELT
GESCHICHTE

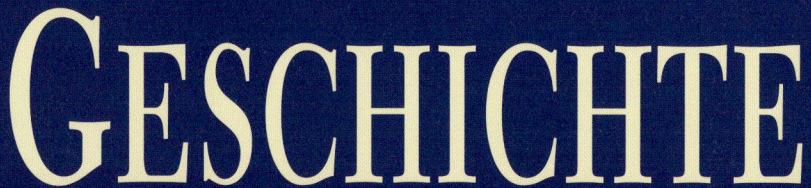

PERSONEN

DATEN

EREIGNISSE

Verlag Das Beste Stuttgart · Zürich · Wien

Übersetzer

Elke Bolz, Ingrid Frieling, Andreas Held, Birgit Lamerz-Beckschäfer,
Kathrin Lischke, Anne Melro de Jesus, Wolfdietrich Müller,
Margit Schäfer, Martin Stock

Redaktion

Jens Firsching (Projektleitung), Dr. Birgit Gläser, Guido Huß, Angelika Lenz,
Rainer Sattler, MCS Schabert, Birgit Scheel, Falko Spiller

Grafik

Cornelia Hammer, Thomas Maier

Bildresearch

Christina Horut

Produktion

Hans-Peter Ullmann

Ressort Buch

Redaktionsdirektorin: Suzanne Koranyi-Esser
Redaktionsleiterin: Dr. Renate Mangold
Art Director: Rudi K. F. Schmidt

Operations

Direktor Operations: Hanspeter Diener
Leitung Produktion Buch: Joachim Spillner

Satz und Reproduktion

Lihs GmbH, Medienhaus, Ludwigsburg
Druck und Binden: Brepols, Belgien

© der deutschsprachigen Ausgabe:
1999 Verlag Das Beste GmbH, Stuttgart, Zürich, Wien
© der englischsprachigen Ausgabe
Family Encyclopedia of World History:
1996 The Reader's Digest Association Limited, London

Das Werk einschließlich aller seiner Teile ist urheberrechtlich geschützt.
Jede Verwendung außerhalb der engen Grenzen des Urheberrechtsgesetzes
ist ohne Zustimmung des Verlags unzulässig und strafbar.
Dies gilt insbesondere für Vervielfältigungen, Übersetzungen, Mikroverfilmungen
und die Verwendung in elektronischen Systemen.

Redaktionsschluss: Mai 1999

Printed in Belgium
ISBN 3 87070 825 5

Vorwort

Die Geschichte ist das große Gedächtnis der Menschheit. Das Wort hat ja eine doppelte Bedeutung. Eine Geschichte ist zunächst eine Erzählung. Jeder erzählt, was er erlebt hat, was er erinnert. Im übertragenen Sinn versteht man unter Geschichte dann auch das Geschehen der Vergangenheit. Aber sie ist, wie das Wort sagt, vergangen. Nur wenn sie erinnert und erzählt wird, ist sie noch vorhanden. Was vergessen wird, ist, als ob es nicht geschehen wäre.

Geschichte ist also das Bild, das wir uns von der Vergangenheit machen. Aus eigener Erfahrung können wir uns nur ein Bild von unserer eigenen Vergangenheit machen. Die Wissenschaft aber stapelt alles, was man noch weiß. Sie überprüft, ob es der Wirklichkeit entspricht. Daraus wird dann die Geschichte im allgemeinen Sinn.

Niemand kann alles wissen. Aber die Spezialisten, die Historiker, wissen vieles. Es ist so unendlich viel, dass man es ordnen und zusammenfassen muss. Das vorliegende Lexikon der Weltgeschichte fasst das Wichtigste in alphabetischer Ordnung zusammen. Jeder Mensch braucht sein Gedächtnis. Hier öffnet sich ein Zugang zum Gesamtgedächtnis der Menschheit. Was für eine Geschichte! Und was für ein Gewinn, etwas davon zu wissen!

Eberhard Jäckel

Eberhard Jäckel, Professor der Geschichte

Übersichtsthemen

Das vorliegende Lexikon bietet dem Leser zur leichteren Orientierung
für die wichtigsten Themen der Geschichte – besondere Ereignisse, bedeutende Konfliktherde
und überragende Persönlichkeiten – spezielle Sonderartikel an.
Eine übersichtliche Zeittafel sowie Tabellen der wichtigsten Dynastien und Regierungen
der Welt runden das Informationsangebot ab.

Diese Skulptur ist eine Arbeit des bedeutenden Barockbildhauers Gian Lorenzo Bernini.

Zu einem der wichtigsten Zentren indianischer Hochkulturen Südamerikas gehörte Machu Picchu, die Festungsstadt der Inka.

Mit seinem Thesenanschlag an der Wittenberger Kirche 1517 löste der Mönch und Kirchenkritiker Martin Luther die Reformation aus.

Von Cape Canaveral in Florida starten die USA seit 1982 ihre Weltraumfähren ins All.

Die Freiheit führt das Volk an
Gemälde von Eugène Delacroix aus dem Jahr 1830 (Allegorie auf die Julirevolution 1830 in Frankreich)

Aachen, frühere Krönungsstätte deutscher Könige. Zu den ersten Siedlern in diesem Raum gehörten die Kelten, die die dort befindlichen warmen Schwefel-Kochsalz-Quellen nutzten. Die nachfolgenden Römer bauten diese zu Thermen für ihre in Germanien stationierten Legionäre aus.

Zur Zeit der VÖLKERWANDERUNG ließen sich die Franken in der Gegend von Aachen nieder. Nachdem ihr Führer PIPPIN ein Hofgut gegründet hatte, machte sein Sohn KARL DER GROSSE den Ort zu seiner Lieblingsresidenz und ließ um 800 vom Baumeister Odo von Metz eine gewaltige Palastanlage mit der Marienkapelle – dem heutigen Aachener Dom – errichten.

936 erhob OTTO I. DER GROSSE Aachen zur Krönungsstadt der deutschen Könige, in der sich bis 1531, also über rund 600 Jahre, 30 Herrscher krönen ließen. Unter dem Stauferkaiser FRIEDRICH I. BARBAROSSA erhielt Aachen 1166 die Stadtrechte. 1215 übergab Kaiser FRIEDRICH II. den noch heute im Dom zu besichtigenden Prunkschrein, der die Gebeine Karls des Großen birgt, seiner Bestimmung.

Aachen, Friede von (18. Oktober 1748), beendete den ÖSTERREICHISCHEN ERBFOLGEKRIEG zwischen Österreich, Großbritannien, den Niederlanden und Sardinien einerseits und Frankreich, Spanien, Modena und Genua andererseits. Wichtigstes Ergebnis des Friedensschlusses für Europa ist die Anerkennung MARIA THERESIAS als Thronfolgerin in den österreichischen Erblanden und die völkerrechtliche Anerkennung Schlesiens als preußische Provinz.

Abaelardus, Peter siehe Seite 10

Abbas I. der Große (1571–1629), Schah von Persien seit ca. 1588 bis zu seinem Tod. Sein Reich erstreckte sich vom Tigris bis zum Indus und unter seiner Herrschaft erlebte PERSIEN eine kulturelle und wirtschaftliche Blüte. 1590 beendete Abbas I. durch Gebietsabtretung einen Krieg mit den Osmanen, um sich auf die Vertreibung der Usbeken aus dem Nordosten Persiens zu konzentrieren. 1598 bestimmte er Isfahan zur neuen Hauptstadt.

Bis 1618 hatte er auch die an die Osmanen abgetretenen Gebiete zurückgewonnen. Abbas wurde wegen seiner Menschlichkeit gerühmt und war bekannt dafür, dass er sich gerne unter das Volk mischte, um Missstände zu erfahren und nach Möglichkeit zu beheben.

Abbasiden, arabisch-islamische Kalifendynastie mit Zentrum in Bagdad. Begründer des Herrschergeschlechts, das 750–1258 das Zweistromland regierte, war Abbas, der Onkel des Propheten MOHAMMED. Die bedeutendsten Vertreter der Dynastie waren die Kalifen Mansur und HARUN AR-RASCHID.

Ablass, von der christlichen Kirche gewährter teilweiser oder völliger Nachlass der weltlichen Strafen. Die Lehre vom Ablass beruht auf der Unterscheidung von Sündenschuld und Sündenstrafen. Während die Sündenschuld durch die Buße getilgt wird, ist die Sündenstrafe zur Läuterung des reuigen Sünders im irdischen Leben abzubüßen. Der Brauch fand sich bereits in den Anfängen der christlichen Kirche, breitete sich aber erst seit dem 11. Jh. in Europa aus. Ablässe konnten für das Aufsagen bestimmter Gebete, gute Taten und die Teilnahme an Kreuzzügen gewährt werden.

Ablasshandel, Brauch der katholischen Kirche des Mittelalters, Ablässe von Sünden gegen Geldzahlungen zu gewähren. Das empfangene Geld sollte ursprünglich für wohltätige Zwecke verwendet werden. Häufig bereicherten sich jedoch korrupte Kirchenmänner auf Kosten leichtgläubiger Menschen, indem sie ihnen predigten, dass sie mit ihren Zahlungen die Vergebung ihrer Sünden erkaufen würden. 1517 verurteilte Martin LUTHER in zahlreichen Reden und Schriften den Ablasshandel als Missbrauch der kirchlichen Lehre und in den 60er-Jahren des 16. Jh. wurde die Praxis durch das TRIENTER KONZIL und Papst Pius V. beendet.

Aborigines, halbnomadische Ureinwohner Australiens, wahrscheinlich vor etwa 50 000 Jahren eingewandert, und ihre Nachkommen. Bei der Ankunft der Europäer 1788 gab es etwa 300 000 Aborigines mit hoch entwickelten sozialen Strukturen, Mythen und Ritualen und über 200 Sprachen. Innerhalb der folgenden 100 Jahre ging ihre Zahl auf etwa 50 000 zurück, eine Folge des Landverlusts, der Auswirkungen europäischer Krankheiten und der Einführung des Alkohols, sinkender Geburtenraten sowie der Konflikte mit den weißen Siedlern. Mitte der 90er-Jahre unseres Jahrhunderts zählen die Aborigines inzwischen wieder knapp 257 000 Menschen und machen insgesamt 1,5 % der australischen Bevölkerung aus.

In den 30er-Jahren wurden in Zentral- und Nordaustralien Reservate geschaffen und 12 % des australischen Landes gehörte den Aborigines. 1948 erhielten sie das australische Bürgerrecht und seitdem hat es ein kulturelles Wiedererwachen gegeben, verbunden mit Forderungen nach tatsächlicher Gleichberechtigung.

Das reiche spirituelle Leben der Aborigines beruht auf Tjukurpa, der so genannten Traumzeit, einem goldenen Zeitalter, als Geister die Welt schufen, und Träumen, das den Kontakt zu ihnen wiederherstellt. Unsichtbare Traumpfade führen die Aborigines durch weite Wüstengebiete und laufen an heiligen Stätten zusammen, was oft Konflikte mit der australischen Industrie auslöste, weil diese Kultstätten oftmals in Gebieten lagen, an denen der Bergbau Interesse zeigte. Die berühmteste dieser Stätten ist der Uluru oder Ayers Rock.

Im Jahr 1993 änderte die australische Regierung ihre bis dahin gültige Einstellung,

Die achteckige Pfalzkapelle bildet den Mittelpunkt des Aachener Doms, während der Karlsschrein (kleines Bild) nach seiner aufwändigen Restaurierung wieder im Chor des Doms zu bewundern ist.

Abaelardus und Héloïse

Die Liebesgeschichte zwischen dem großen Gelehrten Peter Abaelardus
und seiner schönen Schülerin Héloïse endete als Tragödie.

Peter Abaelardus, Philosoph, Theologe und Lehrer, wurde um 1079 in der Nähe von Nantes geboren. An der Kathedralschule Notre Dame in Paris studierte er unter herausragenden Lehrern Logik, doch war er dank seiner didaktischen Begabung bald eher ihr Konkurrent als ihr Schüler. Er übte großen Einfluss auf das geistige Leben seiner Zeit aus und zählte so herausragende Denker wie den englischen Humanisten Johannes von Salisbury zu seinen Schülern.

Abaelardus' Theologie war von den Evangelien und von Augustinus' christlicher Tradition durchdrungen, aber auch von den klassischen griechischen Denkern. Er führte die Bewegung des 12. Jh. an, die die Bedeutung der Absicht in der Morallehre hervorhob, indem sie behauptete, die Sünde liege nicht in der Tat, sondern in der bewussten Zustimmung zu dem Vergehen.

LEIDENSCHAFTLICHE AFFÄRE

Mit 40 Jahren, als Lehrer an Notre Dame, verliebte sich Abaelardus leidenschaftlich in eine Privatschülerin, die 17-jährige Héloïse, Nichte des Chorherrn Fulbert, bei dem er wohnte. So begann eine Liebesbeziehung, die in der Literatur wie in

Auf dieser Miniatur aus dem 14. Jh. diskutieren Abaelardus und Héloïse über Philosophie, Religion und vereitelte Liebe.

der Geschichte berühmt werden sollte. Von seinen Studien abgelenkt, verfasste Abaelardus Gedichte und Balladen, die zusammen mit dem Briefwechsel des Paares die Geschichte ihrer Liebe gegen alle Widrigkeiten später unsterblich machen sollte. Als die Affäre herauskam, schickte man Héloïse in die Bretagne, wo sie einen

Sohn gebar. Nach ihrer Rückkehr nach Paris heirateten die beiden heimlich. Die Verwandten widersetzten sich heftig dieser Verbindung, überfielen Abaelardus in seinem Haus und entmannten ihn.

Abaelardus zog sich in Schande als Mönch in das Benediktinerkloster St-Denis außerhalb von Paris zurück, während Héloïse in Argenteuil den Schleier nahm.

Abaelardus' Methode, die Wahrheit durch Diskussion zu prüfen, und seine rigorose Anwendung der Vernunft zur Erkennung der Natur Gottes und der Dreieinigkeit machten ihn verletzlich für Anklagen der Ketzerei. 1121 verurteilte eine Synode zu Soissons sein Werk *Über die göttliche Einheit und Dreiheit* als ketzerisch und verbrannte es öffentlich. Abaelardus wurde Eremit in Nogent-sur-Seine, wo er 1125 eine Klosterschule gründete. Bald darauf wurde er Abt von St-Gildas de Rhys in der Bretagne und vertraute seine Schule Héloïse an, die Äbtissin des Konvents wurde. Abaelardus selbst lehrte und schrieb weiter.

1141 wurde Abaelardus von einer Synode zu Sens von dem Kirchenlehrer Bernhard von Clairvaux erneut wegen Ketzerei verurteilt und vom Lehramt ausgeschlossen. Er zog sich nach Cluny zurück, wo er im Kloster St-Marcel-sur-Saône 1142 starb. Seinen Leichnam überführte man später auf den Friedhof Père Lachaise in Paris, um neben seiner geliebten Héloïse zu ruhen, die 1164 starb.

Diese symbolische Baumrindenzeichnung zeigt ein Festmahl nach einer Bestattung bei australischen Aborigines, an dem Gäste aus der Geisterwelt teilnehmen.

Australien sei bei der Ankunft der Europäer unbewohnt gewesen, und erkannte erstmals an, dass auch die Aborigines nach dem Gewohnheitsrecht natürliche Ansprüche auf das Land haben.

Abraham, Stammvater des jüdischen Volkes, von dem sich die Israeliten herleiten. Um 1500–1200 v. Chr. empfing er die göttliche Eingebung, sich mit seiner Familie im Land Kanaan anzusiedeln, wo ihnen Gott versprach, dass sie ein großes Volk würden. Die BIBEL erzählt, wie Gott Abrahams Glauben auf eine schwere Probe stellte, indem er ihn zur Opferung seines Sohns Isaak aufforderte. Als Abraham das Messer erhob, um den Knaben zu töten, erschien ein Engel und hieß ihn, Isaak zu verschonen und einen Widder zu opfern. Mit seinem Gehorsam

hatte Abraham seinen Glauben bewiesen. Die Moslems betrachten Abraham als Propheten und sehen in seinem Sohn Ismael den Stammvater der Araber.

Abrüstung, vor dem Ersten Weltkrieg begonnener Versuch, die Verminderung oder Abschaffung von Streitkräften und Waffen durch ein internationales Abkommen zu erreichen. 1932 fand in Genf die erste internationale Abrüstungskonferenz statt. Sie scheiterte an den Forderungen Deutschlands nach politischer und militärischer Gleichberechtigung und Frankreichs Wunsch nach Aufstellung einer Völkerbundarmee und Sicherheitsgarantien gegenüber einem wieder erstarkten Deutschland.

1933 tagte, ebenfalls in Genf, die zweite Abrüstungskonferenz. Der Vorschlag Großbritanniens, die Armeen der europäischen Großmächte gleichmäßig zu reduzieren und gleichzeitig die Truppenstärke der deutschen Reichswehr auf 200 000 Mann zu erhöhen, fand keine Mehrheit. Da in der Frage des

Rüstungsausgleichs kein befriedigender Kompromiss erzielt wurde, verließ Deutschland vorzeitig die Konferenz. Die Folge war ein ungebremstes Wettrüsten bis zum Beginn des Zweiten Weltkriegs.

1952 wurde in Genf eine ständige Kommission für Abrüstung der VEREINTEN NATIONEN eingerichtet. Während man multilaterale Abkommen über die UN-Kommission anstrebt, gibt es auch Ansätze, über bilaterale Abkommen zur Waffenreduktion und -kontrolle zu gelangen. Seit dem Zweiten Weltkrieg konzentrierten sich die meisten Gespräche über Abrüstungsfragen auf Kernwaffen, was u.a. zum Abschluss der SALT-Verträge führte. Diskutiert wird aber auch das Verbot biologischer und chemischer Waffen.

Nationale Interessengruppen, wie etwa die Kampagne für nukleare Abrüstung in Großbritannien, die in den 60er-Jahren einseitige Abrüstungsschritte anstrebte, konnten sich nicht durchsetzen.

Absolutismus, Regierungsform, bei der die uneingeschränkte und ungeteilte Staatsgewalt bei einem Monarchen liegt. Der Herrscher steht dabei als Träger der Souveränität über den Gesetzen. Sie wird besonders mit der Herrschaft LUDWIGS XIV. von Frankreich im 17. Jh. verbunden, der von sich behauptete: *„L'état c'est moi"* („Der Staat bin ich."). Im 18. Jh. nutzten KATHARINA II. DIE GROSSE von Russland und FRIEDRICH II. DER GROSSE von Preußen ihre absolute Macht, um wichtige administrative und soziale Reformen durchzuführen.

In Frankreich beendete die FRANZÖSISCHE REVOLUTION die absolute Monarchie. In den übrigen europäischen Staaten wurde dieses Herrschaftssystem im 19. Jh. durch die Ausbreitung des Liberalismus zurückgedrängt.

Abukir, Schlacht bei (1. August 1798), entscheidende Seeschlacht zwischen Briten und Franzosen in der Bucht von Abukir an der Mittelmeerküste Ägyptens um die Vorherrschaft im Mittelmeer. Der französische Admiral François de Brueys hatte seine Flotte aus 13 Schiffen in der Bucht ankern lassen, nachdem er Admiral Horatio NELSONS Blockade vor Toulon glücklich entkommen war. Die Franzosen fühlten sich vor einem Angriff sicher, aber Nelson, der die Verfolgung aufgenommen hatte, konnte die französische Flotte teilweise umzingeln und neun Schiffe zerstören, darunter das Flaggschiff *L'Orient*.

Dieser wichtige Sieg über die französischen Seestreitkräfte begründete Nelsons Ruhm und schnitt NAPOLEONS I. Nachschubwege zur See ab, der sich mit einem Expeditionskorps anschickte, Ägypten zu erobern, um auf diese Weise die britische Kolonialmacht in die Knie zu zwingen. Der Seesieg bei Abukir führte zum ZWEITEN KOALITIONSKRIEG der europäischen Mächte gegen Napoleon.

Acheson, Dean (1893–1971), amerikanischer Politiker und wesentlicher Architekt der amerikanischen Außenpolitik nach dem Zweiten Weltkrieg. Er diente in Präsident Harry S. TRUMANS Kabinett als Staatssekretär und bekleidete 1949–53 das Amt des Außenministers. Auch den nachfolgenden Präsidenten stand er als kenntnisreicher Berater zur Verfügung

Acheson drängte auf internationale Kontrolle der Kernkraft und unterstützte die Bildung der NATO. Er war an der Planung und Durchführung des Marshall-Plans zum Wiederaufbau Westeuropas beteiligt, desgleichen an der TRUMAN-DOKTRIN, die den von der kommunistischen Expansion in Osteuropa bedrohten Staaten wie Griechenland und der Türkei umfangreiche amerikanische Wirtschafts- und Militärhilfe anbot. Für seine Autobiographie erhielt der erfolgreiche Politiker 1970 den Pulitzerpreis.

Achsenmächte, Abkommen faschistischer Staaten, die im Zweiten Weltkrieg gegen die Alliierten kämpften. Im Oktober 1936 schlossen Adolf HITLER und Benito MUSSOLINI ein Bündnis, um die politische Zusammenarbeit zu intensivieren. Mussolini bezeichnete in einer Rede am 1. November die Vereinbarung als „Achse Berlin–Rom". Grundlage des Bündnisses bildete die gemeinsame Politik im SPANISCHEN BÜRGERKRIEG und die Anerkennung der Regierung Francisco FRANCOS durch Rom und Berlin.

Ein reguläres militärisches und politisches Bündnis zwischen dem nationalsozialistischen Deutschland und dem faschistischen Italien folgte 1939 mit dem Abschluss des Stahlpakts. Im September 1940 schloss sich Japan im Dreimächtepakt den Achsenmächten an. Ungarn, Rumänien und Bulgarien

William Andersons Gemälde zeigt den Beginn der Schlacht bei Abukir, als die britische Flotte (links) die parallel zur Küste vor Anker liegende französische Flotte angreift und das Feuer eröffnet. Das Bild entstand drei Jahre nach dem Seegefecht 1801.

Dieses amerikanische Propagandaplakat gegen die Achsenmächte enthielt die Botschaft, dass nur militärische und industrielle Macht zum endgültigen Sieg führen könnten.

sowie die von Deutschland geschaffenen Staaten Slowakei und Kroatien wurden später ebenfalls Mitglieder der Achsenmächte. Die Achse Berlin–Rom fand ihr Ende mit der Kapitulation Italiens 1943.

Acht und Bann, mittelalterliche Strafe, die aus der weltlichen Acht und dem kirchlichen Bann bestand. Die vom König ausgesprochene Acht machte den Geächteten vogelfrei, d. h., er durfte von jedermann straflos getötet werden; der vom Papst verhängte Bann zog den Ausschluss aus der christlichen Glaubensgemeinschaft nach sich. Die Verknüpfung beider Strafen wurde 1220 von Kaiser FRIEDRICH II. bestimmt; eine der bedeutendsten Persönlichkeiten, die in Acht und Bann standen, war Martin LUTHER.

Act of Settlement (1701), britisches Gesetz, das die Thronfolge nach dem Tod der Königin ANNA regelte. Um einer Rückkehr der katholischen STUARTS auf den Thron vorzubeugen, verfügte das Gesetz, dass die Krone an die Enkelin Jakobs I., die Kurfürstin Sophie von Hannover oder ihre protestantischen Erben übergehen sollte. Außerdem schränkte das Gesetz die königliche Macht weiter ein und machte die Rechtsprechung von Krone und Parlament unabhängig. Als Anna 1714 starb, wurde Sophies Sohn als GEORG I. Großbritanniens erster König aus dem Haus Hannover.

Acts of Union (1707, 1800), zwei Gesetze, die Großbritanniens Einheit begründeten. Das erste Gesetz vereinigte die Parlamente von Schottland und England, wahrte jedoch ein eigenes schottisches Rechtssystem und die presbyterianische Kirche. Es begründete das Königreich Britannien mit einem einzigen Parlament und einer einheitlichen Flagge. Das zweite Gesetz vereinigte Irland mit Britannien und schaffte das Parlament von Irland ab, allerdings unter der Voraussetzung der Gleichstellung der Katholiken.

Adenauer, Konrad (1876–1967), deutscher Bundeskanzler. 1917–33 bekleidete er das Amt des Kölner Oberbürgermeisters, dann setzten ihn die Nationalsozialisten ab. Im Mai 1945 übernahm er erneut dieses Amt, wurde aber fünf Monate später von der britischen Militärregierung wegen angeblicher Unfähigkeit entlassen. Adenauer, der maßgeblich am Aufbau der CDU beteiligt war, wurde 1949 mit 73 Jahren mit nur einer Stimme Mehrheit zum Bundeskanzler gewählt. In der Folgezeit stellte er mit den Grundsatzentscheidungen für die soziale Marktwirtschaft und die politische Anbindung an den Westen die Weichen für die Entwicklung der BUNDESREPUBLIK DEUTSCHLAND. 1955 nahm er mit der UdSSR diplomatische Beziehungen auf und erreichte die Aussöhnung mit Frankreich. Am 15. Oktober 1963 musste Adenauer, dessen patriarchalisch-autoritärer Regierungsstil oft auf Protest stieß, von seinem Amt zurücktreten.

Adolf von Nassau (um 1250–98), deutscher König. Da er den Kurfürsten finanzielle und territoriale Versprechungen machte, wurde er, obwohl er aus unbedeutendem Adelshaus stammte, 1292 einstimmig zum Nachfolger RUDOLF VON HABSBURGS gewählt. 1298 setzte man ihn jedoch wegen seiner eigenmächtigen Politik wieder ab. Bei Göllheim nahe Worms kam es gegen den Sohn Rudolfs, Albrecht, zu einer Entscheidungsschlacht, in der Adolf von Nassau fiel.

Adrianopel, Friede von (14. September 1829), beendete den russisch-osmanischen Krieg von 1828/29. Russland gewann die Kontrolle über die Donaumündung und zwang das OSMANISCHE REICH, Entschädigung zu zahlen. Der Vertrag bestätigte auch die Selbstverwaltung Griechenlands und Serbiens und garantierte Handelsschiffen die freie Durchfahrt durch die Dardanellen.

Afghanistan, Staat zwischen dem indischen Subkontinent, Zentralasien und den Staaten des Nahen Ostens. Trotz einer unwirtlichen Landschaft aus zerklüfteten Bergen und ausgedehnten Wüsten ist Afghanistan fast ständig in Kriege und Machtkämpfe verstrickt gewesen. Es wurde von ALEXANDER DEM GROSSEN erobert und bildete einen Teil seines Weltreichs. Auf eine Reihe fremder Oberherren folgte im 7. Jh. die Eroberung durch die Araber und die Bekehrung zum Islam. 1222 wurde das Land von den Mongolen unter DSCHINGIS KHAN überrannt und erst 1747 unter dem afghanischen Führer Ahmad Schah vereinigt, der die Durrani-Dynastie gründete.

Im 19. und frühen 20. Jh. führten die britischen Anstrengungen, den russischen Einfluss in Afghanistan einzudämmen, zu drei Kriegen. Dabei gewann Großbritannien 1879 die Kontrolle über den Khaiber-Pass – eine wichtige Route zwischen dem heutigen Pakistan und Zentralasien – und damit über die afghanische Außenpolitik. Die von Aman Ullah 1926 gegründete Monarchie bestand bis zum Militärputsch von 1973. In der Folgezeit wurde eine Reihe von Reformen eingeleitet, doch die inneren Unruhen hielten an.

Im Dezember 1979 besetzten sowjetische Truppen das Land und setzten als Präsidenten Babrak Karmal ein, den Führer der marxistischen Partei Afghanistans. Mit amerikanischen Waffen ausgerüstete Mudschaheddin, Freiheitskämpfer, begannen darauf einen DJIHAD, einen heiligen Krieg, gegen die prosowjetischen Truppen. Afghanistan versank im Bürgerkrieg. Etwa 5 Mio. Flüchtlinge flohen in den Iran und nach Pakistan.

1987 begann die UdSSR ihre Soldaten abzuziehen. Das marxistische Regime wurde 1992 vertrieben, aber die neue Regierung wurde ein Opfer von Parteikämpfen, und der Bürgerkrieg dauerte an. Ein UN-Plan zur Übertragung der Macht an einen provisorischen Rat wurde 1995 aufgeschoben, als die Taliban, die Armee der Studenten, die Kontrolle über ein Drittel des Landes gewannen.

Konrad Adenauer strebte den Aufbau einer wirtschaftlich starken und den demokratischen Prinzipien verpflichteten deutschen Republik an, die sich eng an die Westmächte anlehnte.

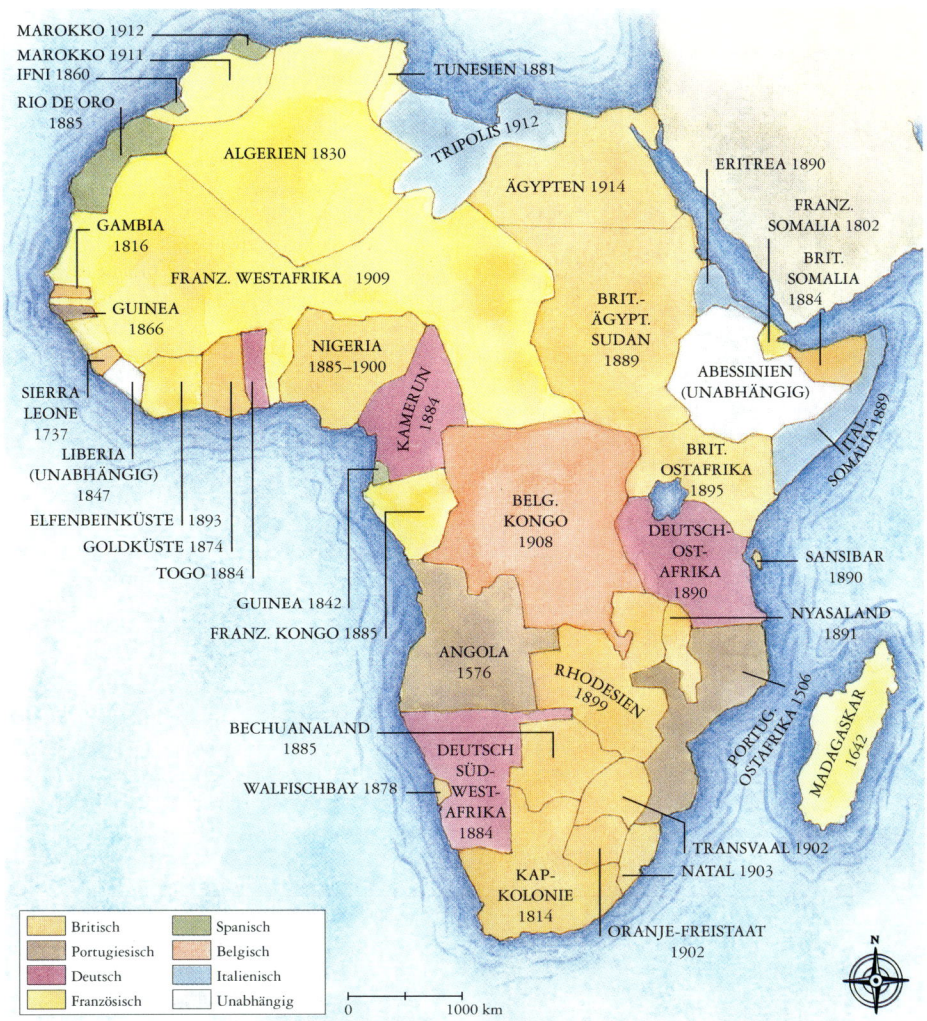

MAROKKO 1912
MAROKKO 1911
IFNI 1860
RIO DE ORO 1885
ALGERIEN 1830
TRIPOLIS 1912
TUNESIEN 1881
ÄGYPTEN 1914
ERITREA 1890
FRANZ. SOMALIA 1802
GAMBIA 1816
FRANZ. WESTAFRIKA 1909
BRIT. SOMALIA 1884
GUINEA 1866
BRIT.-ÄGYPT. SUDAN 1889
NIGERIA 1885–1900
KAMERUN 1884
ABESSINIEN (UNABHÄNGIG)
SIERRA LEONE 1737
LIBERIA (UNABHÄNGIG) 1847
ELFENBEINKÜSTE 1893
GOLDKÜSTE 1874
TOGO 1884
BELG. KONGO 1908
BRIT. OSTAFRIKA 1895
ITAL. SOMALIA 1889
DEUTSCH-OST-AFRIKA 1890
SANSIBAR 1890
GUINEA 1842
FRANZ. KONGO 1885
ANGOLA 1576
RHODESIEN 1899
NYASALAND 1891
PORTUG. OSTAFRIKA 1506
MADAGASKAR 1642
BECHUANALAND 1885
WALFISCHBAY 1878
DEUTSCH SÜD-WEST-AFRIKA 1884
TRANSVAAL 1902
NATAL 1903
KAP-KOLONIE 1814
ORANJE-FREISTAAT 1902

Britisch	Spanisch
Portugiesisch	Belgisch
Deutsch	Italienisch
Französisch	Unabhängig

0   1000 km

N

Zunächst setzten sich die Europäer nur in den Küstenregionen Afrikas fest, wo Gold, Elfenbein und vor allem Sklaven getauscht wurden. Doch Ende des 19. Jh. teilten die europäischen Kolonialmächte ohne Rücksicht auf die Völker und ihre Traditionen den ganzen Kontinent unter sich auf.

African National Congress (ANC), größte politische Partei Südafrikas und Gewinner der ersten allgemeinen freien Wahl 1994. Der ANC wurde 1912 von einem Zulu, dem Methodistenpfarrer J. L. Dube, in Bloemfontein gegründet und bildete die Interessenvertretung der schwarzen Bevölkerungsmehrheit im Land.

1926 bildete der ANC eine Einheitsfront mit Vertretern der indischen Bevölkerungsgruppe mit dem Ziel, ein die verschiedenen Rassen integrierendes, demokratisches Südafrika zu schaffen. Der ANC versuchte, die Gleichberechtigung der Rassen auf gewaltlosem Weg zu erreichen, wie es Mohandas Karamchand GANDHI in Indien praktizierte. 1960 verbot die südafrikanische Regierung den ANC zusammen mit einer militanteren abgespaltenen Bewegung, dem Pan-African Congress. Mit der Unnachgiebigkeit der herrschenden weißen Oberschicht in Rassenfragen konfrontiert, verlegte sich der ANC auf gewaltsame Aktionen. Er forderte die Abschaffung der APARTHEID und das Wahl-

recht für jeden Schwarzafrikaner und gründete eine eigene Befreiungsarmee. 1964 wurden der Vorsitzende des ANC, Nelson MANDELA, und einige seiner Kollegen wegen Sabotage zu lebenslanger Haft verurteilt.

1990 hob die südafrikanische Regierung unter ihrem neuen Präsidenten Frederik Willem de KLERK das Verbot des ANC wieder auf und nach der Freilassung Mandelas kam es zu ersten vorsichtigen Verhandlungen. Schließlich stimmte der ANC freien gemischtrassigen Wahlen zu, aus denen 1994 Mandela als erster schwarzer Präsident Südafrikas hervorging.

Afrika, zweitgrößter Kontinent der Erde nach Asien. Die Ankunft der Portugiesen im 15. Jh. bezeichnete den Beginn der europäischen Kolonialisierung Afrikas. Bis zum 19. Jh. richteten sich die europäischen Interessen vor allem auf den Handel mit Sklaven, Elfenbein und Gold. Nach Schätzungen transportierten und verkauften portugiesische, britische, französische und niederländi-

sche Sklavenhändler rund 10 Mio. Sklaven an die Plantagenbesitzer in Westindien und den amerikanischen Südstaaten. Bis zum Jahr 1800 war die Küste weitgehend erforscht und stellenweise dünn von Europäern besiedelt, besonders von den holländischen Buren in Südafrika.

Während des 19. Jh. wurde das Innere des Schwarzen Kontinents allmählich von Forschern, Händlern und christlichen Missionaren erschlossen. Im Zeitalter des IMPERIALISMUS 1880–1914 wurde der größte Teil Afrikas unter den europäischen Mächten aufgeteilt. Nach dem Ersten Weltkrieg gingen die deutschen Kolonien in den Besitz der alliierten Siegermächte über. Das Erstarken des afrikanischen Nationalismus nach dem Zweiten Weltkrieg beschleunigte den Prozess der Entkolonialisierung. Die meisten ehemaligen Kolonien erlangten zwischen 1957 und 1980 ihre Unabhängigkeit, teilweise durch friedliche Verhandlungen, teilweise aber auch nur durch bewaffnete Aufstände und Kriege.

Im Süden des afrikanischen Kontinents hielten kleine weiße privilegierte Gruppen an der politischen Macht fest, namentlich in Rhodesien und Südafrika, aber in den anderen Staaten übernahmen Schwarzafrikaner die Verantwortung für die Regierung ihrer Länder. Doch die Probleme sind nicht zu übersehen: Die künstlich und meist willkürlich gezogenen kolonialen Grenzen, die ethnische Gruppierungen und nomadische Lebensweisen ignorierten, der rasche Übergang zur Selbstständigkeit und die unterentwickelten Volkswirtschaften führten zu erheblichen politischen, sozialen und wirtschaftlichen Problemen. Viele der neuen Staaten blieben instabil und sind bis in die Gegenwart anfällig für Putschversuche und Diktaturen.

Afrika – Wiege der Menschheit siehe Seite 14/15

Agrippa, Marcus Vipsanius (63–12 v. Chr.), römischer Feldherr, der den jungen Octavian nach Caesars Ermordung nach Rom begleitete. Agrippa errang die entscheidenden Seesiege über Octavians Gegenspieler: 36 v. Chr. über Sextus Pompeius bei Mylae und Naulochos und 31 v. Chr. über ANTONIUS und KLEOPATRA bei AKTIUM. Der erfolgreiche Feldherr legte damit den Grundstein für den Aufstieg Octavians zum Herrscher des römischen Weltreichs: 27 v. Chr. wurde Octavian zum ersten Kaiser erhoben und nannte sich fortan AUGUSTUS.

Augustus betraute Agrippa mit militärischen und organisatorischen Aufgaben, ernannte ihn 23 v. Chr. zu seinem Nachfolger und gab ihm seine Tochter Julia in dritter Ehe zur Frau. Agrippa entfaltete eine rege Bautätigkeit und finanzierte auf eigene Kosten neue Wasserleitungen, Thermen und Straßen. Seine bekanntesten Bauten sind das Pantheon in Rom sowie der Pont du Gard und das Maison Carré in Nîmes in Südfrankreich. Agrippa starb, ehe er die Nachfolge von Augustus antreten konnte.

Ägypten, Staat im Nordosten Afrikas. Im 4. Jt. v. Chr. entstanden in dieser Region zwei Königreiche: Unterägypten im Nildelta und Oberägypten entlang des Nil bis Abu Simbel. Nach der Vereinigung der Königreiche um 3100 v. Chr. gab es 31 Dynastien von Pharaonen.

Die Geschichte des alten Ägypten wird gewöhnlich in drei große Abschnitte gegliedert. Während des Alten Reiches (um 2660–2160 v. Chr.) entwickelten die Pharaonen eine komplexe Sonnenreligion und ließen in Giseh die Pyramiden als Gräber erbauen. Das Mittlere Reich (um 2040–1785 v. Chr.) erlebte eine Blütezeit der ägyptischen Kultur. In dieser Zeit wurden Nubien und Libyen erobert. Der Niedergang des Mittleren Reiches mündete in die Fremdherrschaft der Hyksos. Während des Neuen Reiches (um 1552–1070 v. Chr.) eroberten die ägyptischen Könige Palästina und Syrien und errichteten in Karnak und Luxor prachtvolle Tempel. Im 8. Jh. v. Chr. wurde Ägypten dem Assyrischen Reich eingegliedert und im 6. Jh. v. Chr. unterwarfen die Perser das Reich am Nil. 332 v. Chr. eroberte dann ALEXANDER DER GROSSE Ägypten. Im Jahr 30 v. Chr. kam es schließlich nach dem Selbstmord der Königin KLEOPATRA unter römische Herrschaft.

Nach der Teilung des Römischen Reiches fiel Ägypten an die östliche Reichshälfte, an Byzanz. Bis ins 7. Jh. n. Chr. war Alexandria das intellektuelle Zentrum der koptischen Kirche. 642 eroberten arabische Heere Ägypten, aber der Islam übte kaum Druck auf die Christen aus, ihre Religionszugehörigkeit zu wechseln. Im 10. Jh. übernahmen die Fatimiden die Macht und bauten die neue Hauptstadt, das heutige Kairo. 200 Jahre später vertrieb Sultan SALADIN die Dynastie. Seit 1250 regieren die Mamelucken in Ägypten, die auch in Syrien herrschten. 1517 fiel das Land dann an die neue Macht im Orient, an das OSMANISCHE REICH.

NAPOLEON I. landete 1798 mit einem Expeditionsheer in Ägypten, um das Land zu erobern und den britischen Handel mit dem Nahen und Fernen Osten zu unterbinden, wurde aber 1801 wieder vertrieben. Die Eröffnung des SUEZKANALS 1869 machte Ägypten zu einem strategisch wichtigen Punkt innerhalb des britischen Weltreichs. Ein Aufstand von arabischen Nationalisten führte schließlich 1882 dazu, dass britische Truppen das Land besetzten. 1922 gewährte Großbritannien Ägypten die nominelle Unabhängigkeit und errichtete eine konsti-

Afrika – Wiege der Menschheit

Die Ursprünge des Menschen liegen im südlichen und östlichen Afrika.

Als sich unsere Ahnen auf anderen Kontinenten auszubreiten begannen,

gingen sie in Afrika bereits aufrecht, verwendeten Feuer und fertigten Werkzeuge.

Der afrikanische Kontinent ist mit großer Wahrscheinlichkeit der Ursprung des Menschen. Noch sind die Archäologen dabei, seine über 3 Mio. Jahre zurückliegende Vergangenheit zu erforschen. Unsere Vorfahren, so steht zu vermuten, besiedelten Europa und Asien erst, nachdem sie schon fast 1 Mio. Jahre in Afrika gelebt hatten.

Beweise der frühesten menschlichen Tätigkeit sind vor allem im Osten und Süden Afrikas gefunden worden, wo sich geeignete Lebensbedingungen ergaben und die geologischen Verhältnisse dazu beitrugen, ihre Knochen und Werkzeuge nach ihrem Tod über einen langen Zeitraum zu bewahren. Die wichtigsten Fundorte sind Hadar in Äthiopien, Koobi Fora in Kenia, die Olduvai-Schlucht in Tansania und Sterkfontein in Südafrika.

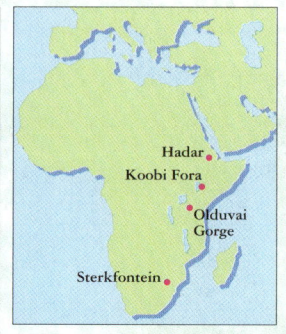

Die reichsten und am besten erhaltenen Fossilienfunde der frühen Hominiden fanden die Wissenschaftler im Osten und Süden des Schwarzen Kontinents.

ERSTE WERKZEUGMACHER

Obwohl die Skelette der frühen Menschen oft nur in sehr bruchstückhaftem Zustand erhalten sind, zeigen sie eine große Vielfalt. Man weiß nicht, welche körperlichen Unterschiede selbst in einer einzigen Population auftreten konnten, aber die Wissenschaftler sind sich im Allgemeinen darüber einig, dass es zwei Hauptgruppen gab: den ausgestorbenen Zweig des *Australopithecus robustus* und die Gattung *Homo*, zu dem alle lebenden Rassen der Menschheit gehören.

Die früheste Spezies, *Homo habilis*, tauchte wahrscheinlich vor rund 2 Mio. Jahren auf unserem Planeten auf und hinterließ erste Spuren menschlicher Technik – einfache Steinwerkzeuge. Doch diese Werkzeuge verraten

wenig über ihre Benutzer und die Archäologen suchen weiterhin nach Beweisen, dass diese Lebewesen menschenähnliche Verhaltensweisen entwickelt haben. Der *Homo habilis* wurde schließlich vom *Homo erectus* abgelöst, dem ersten Hominiden, der sich über Afrika hinaus auf andere Kontinente ausbreitete.

Die Werkzeuge wurden im Lauf der Jahrtausende allmählich raffinierter und ausgefeilter, aber auch kleiner und schließlich zu so genannten Mikrolithen – Steinwerkzeugen, die so winzig waren, dass sie in Griffe eingepasst gewesen sein mussten. So fand man verschiedene Schab- und Schneidewerkzeuge, Pfeilspitzen und Widerhaken. Pfeil und Bogen waren vermutlich eine afrikanische Erfindung.

KLARE VERBINDUNG

Diese afrikanischen Steinwerkzeuge wurden von Menschen hergestellt, die unsere direkten Urahnen sind: *Homo sapiens sapiens*. Wo und wann diese Menschen auftraten, ist nicht genau bekannt, aber die ältesten Fossilien dieses Typs stammen aus Südafrika und gehen etwa 100 000 Jahre zurück. Genetische Beweise bestätigen, dass dies die ältesten Überreste des gegenwärtigen Menschen auf der ganzen Erde sind. In dem Maß, in dem die Menschen anpassungsfähiger wurden und sich immer stärker spezialisierten, konnten sie sich leich-

Das Skelett Lucy, 1974 in Äthiopien entdeckt, ist ungefähr 3,5 Mio. Jahre alt und gilt als das früheste Glied in der Entwicklung des *Homo sapiens sapiens*, unseres direkten Vorfahren.

In Vulkanasche versteinerte Fußabdrücke aus Tansania zeigen, dass die Menschen bereits vor über 3,5 Mio. Jahren aufrecht gehen konnten.

ter den Veränderungen des Lebensraums anpassen. In der Zeit 10 000–6000 v. Chr. erlebte die heutige südliche Sahara eine feuchte Periode, und in einer Region, die zuvor zu trocken gewesen war, um von Menschen bewohnt zu werden, bildeten sich Seen und Flüsse aus. Der Fischreichtum dieser Gewässer ermöglichte es den Menschen, an den Ufern Siedlungen zu errichten und Ackerbau zu betreiben. Hier sind die Wurzeln späterer afrikanischer Kulturen zu suchen.

Diese 1,5 Mio. Jahre alten Fossilien stammen von verschiedenen Arten und zeigen, dass es in der Evolution unterschiedliche Ansätze gab.

tutionelle Monarchie. 1952 wurde König Faruk in einem unblutigen Staatsstreich durch oppositionelle Offiziere gestürzt. Zwei Jahre später übernahm Oberst Gamal Abd el NASSER die Macht und ließ sich zum Staatspräsident der Republik wählen.

Nassers Verstaatlichung des Suezkanals 1956 löste den SUEZKRIEG aus und noch im selben Jahr ließ er sich auf einen erfolglosen Krieg gegen Israel ein. Trotz erheblicher sowjetischer Hilfe erlitt Nasser eine weitere Niederlage durch die Israelis im SECHSTAGEKRIEG von 1967. Sein Nachfolger Mohammed Anwar as-SADAT setzte die aggressive Politik gegen Israel fort, gab jedoch nach der Niederlage im JOM-KIPPUR-KRIEG von 1973 das sowjetische Bündnis auf und stärkte die Kontakte zum Westen. 1979 unterzeichnete Sadat zusammen mit dem israelischen Ministerpräsidenten Menachem BEGIN einen Vertrag, der die Grundlage für den Frieden im Nahen Osten schuf. Ägypten wurde daraufhin aus der ARABISCHEN LIGA ausgeschlossen und viele Staaten des Nahen Ostens brachen ihre diplomatischen Beziehungen ab. Nach Sadats Ermordung 1981 schlug sein Nachfolger Hosni Mubarak eine Politik der Versöhnung ein und 1989 wurde Ägypten wieder in die Arabische Liga aufgenommen. 1991 schickte Ägypten Truppen zur Unterstützung der von den USA geführten Allianz im GOLFKRIEG; dafür wurden seine Schulden in den USA reduziert.

Akbar (1542–1605), dritter und bedeutendster der Mogulherrscher, der Indien von 1556 bis zu seinem Tod regierte. Mit 13 Jahren erbte Akbar ein instabiles Reich, brachte aber durch Eroberungen ganz Nordindien unter seine Herrschaft. Er führte ein System des Staats- und Militärdienstes ein, das persönliche Loyalität und zentralisierte Kontrolle garantierte, und verminderte durch eine Steuerreform die Abgabenlast der Kleinbauern. Obwohl Moslem, förderte er Mischehen mit Hinduprinzessinnen, hob diskriminierende Steuern auf und erhöhte die Zahl der Hindus im Staatsdienst. Mit seiner Politik schuf Akbar die Grundlage für die Mogulherrschaft über den Großteil Indiens bis ins 18. Jh.

In Ägypten, dessen Geschichte 5000 Jahre zurückreicht, entwickelte sich eine der ältesten Hochkulturen der Welt.

Akkad, Region im mittleren Mesopotamien, nach der gleichnamigen Stadt benannt, die von Sargon um 2235 v. Chr. gegründet wurde. Sargon siegte nach erbitterten Kämpfen über die Sumerer im südlichen Mesopotamien und drang auf späteren Feldzügen bis nach Syrien und Kleinasien vor. Er herrschte über 50 Jahre lang und schlug zahlreiche Aufstände in seinem ausgedehnten Reich nieder. Seine Nachfolger konnten die akkadische Vorherrschaft für weitere 100 Jahre im Zweistromland behaupten, danach zerfiel das Reich von Akkad und gelangte an die aus dem Iran stammenden Gutäer.

Akropolis siehe Seite 16

Aktium, Schlacht bei (2. September 31 v. Chr.), entscheidendes Seegefecht, durch das Octavian, der spätere AUGUSTUS, die unbestrittene Vorherrschaft in der römischen Welt errang. Die Schlacht fand vor der Küste Nordwestgriechenlands bei Aktium statt. Die Stadt hatten sich ANTONIUS und KLEOPATRA während des Bürgerkriegs als Stützpunkt für ihre militärischen Operationen gegen Octavian ausgewählt. Während des Kampfes schnitten Octavians Schiffe Antonius' größerer Flotte den Weg ab und zerschlugen sie vollständig. Nach dem Sieg ergaben sich die 19 Legionen kampflos; Antonius und Kleopatra entkamen nach Ägypten und begingen dort Selbstmord.

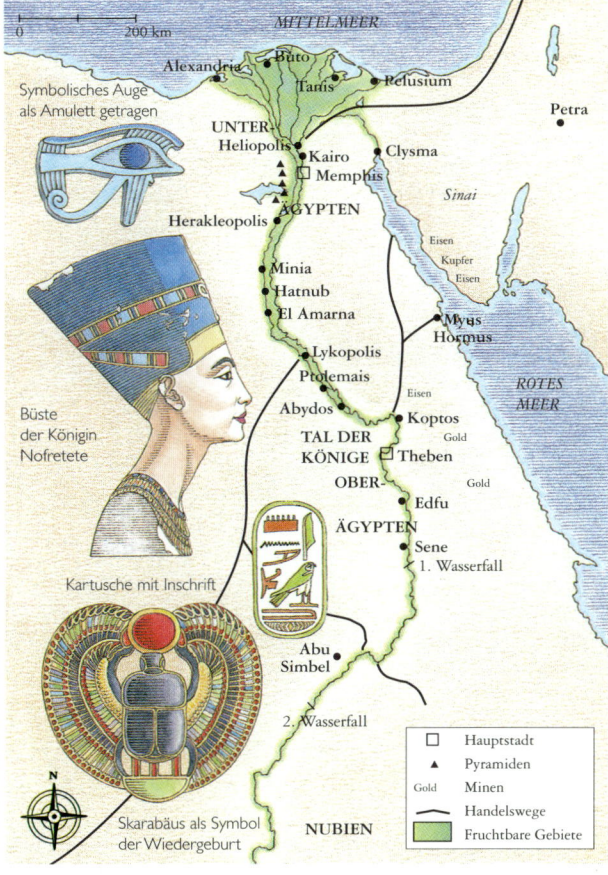

Die Akropolis – Stolz der Athener

Die bekannteste Akropolis der antiken Welt befindet sich in Athen.
Im 5. Jh. v. Chr. als Tempel für die griechische Göttin Athene auf einem Hügel über der Stadt erbaut,
gilt sie als Glanzpunkt der klassischen griechischen Architektur und als nationales Symbol Griechenlands.

Im Zentrum der meisten alten griechischen Städte lag die Akropolis oder Burg. Zur Zeit der Mykener bildete sie den befestigten Mittelpunkt einer Stadt, wo die Paläste des Königs und seiner Gefolgsleute standen. Nach dem Zusammenbruch der mykenischen Zeit im 12. Jh. v. Chr. verschwanden die Paläste, aber mit der Erneuerung der griechischen Kultur etwa 300 Jahre später wurden sie allmählich durch Tempel für die Schutzgötter der Stadt ersetzt.

Die berühmteste Akropolis ist die von Athen, Mittelpunkt des religiösen Lebens im bedeutendsten griechischen Stadtstaat. Auf den Ruinen mykenischer Paläste bauten die Athener in homerischer Zeit einen Tempel für ihre Schutzgötter Athene und Poseidon, aber 480 v. Chr. plünderten die Perser Athen und ließen die Akropolis als Ruine zurück.

Im folgenden Jahr vertrieben die Griechen unter Athens Führung die Perser. Nach Ansicht des Athener Staatsmanns Perikles sollte die Stadt ihrer herausragenden Rolle entsprechend aussehen. 30 Jahre nach der Zerstörung der Akropolis überredete er die Athener, ein Bauprogramm in Angriff zu nehmen, um einen würdigen Rahmen für die umfangreichen Zeremonien des Staatskults zu schaffen. Die Aufsicht über die Arbeiten, die sich über 40 Jahre hinzogen, hatte der Athener Bildhauer und Baumeister Phidias.

KRÖNENDER GLANZPUNKT

Am flachen westlichen Zugang zur Akropolis bauten die athenischen Architekten die Propyläen (437–432 v. Chr.), einen von Mnesikles entworfenen, eindrucksvollen Zugang zum heiligen Bezirk. Im Nordflügel der Propyläen war die Pinakothek, eine Bildergalerie, untergebracht. Rechts davon steht ein kleiner Tempel (427–424 v. Chr.), von Kallikrates im ionischen Stil entworfen. Er ist der siegreichen Athene (Athena Nike) geweiht und erzählt in seinem Fries vom griechischen Sieg über die Perser.

Beherrscht wird die Akropolis vom riesigen Parthenon, dem Tempel der athenischen Schutzherrin Athena Parthenos, der 447–432 v. Chr. erbaut wurde. Der von den Baumeistern Iktinos und Kallikrates entworfene Tempel ist etwa 70 m lang und 32 m breit. Acht Säulen an den Schmal- und 17 an den Längsseiten begrenzen den Bau. Die einzelnen Säulen sind 10,5 m hoch und haben an der Basis einen Durchmesser von etwa 2 m. Die 92 Skulpturenfelder am oberen Teil des Tempels zeigten sagenhafte Schlachten. Das westliche Giebelfeld stellte den Streit zwischen Athene und Poseidon dar, der Athene ihre Rolle als Beschützerin Athens eintrug. Im Innern befand sich ein riesiger 19 x 30 m großer Schrein, der eine 12 m hohe Statue der Athene beherbergte, die Phidias aus Gold und Elfenbein schuf.

Das Erechtheion (421–406 v. Chr.) wurde an jener Stelle errichtet, an der die beiden Götter Poseidon und Athene den Athenern ihre Gaben überreichten: ein Salzwasserbach als Symbol des Handels und ein Olivenbaum, dessen Früchte und Öl unentbehrlich im griechischen Alltag waren. Der Athene geweiht, enthielt das Erechtheion eine Holzstatue der Göttin, die angeblich vom Himmel gefallen war, und einen Felsbrocken mit dem Abdruck von Poseidons Dreizack, aus dem ein Salzwasserrinnsal tröpfelte.

Nahe dem Erechtheion lag das Pandrosos-Heiligtum mit Athenes heiligem Olivenbaum, der auf wunderbare Weise wieder ausschlug, nachdem ihn die Perser gefällt hatten. Am Fuß der Akropolis befanden sich weitere prächtige Gebäude wie das Odeion des Perikles, ein geschlossenes Theater, wo man Musik und Poesie hören konnte, und das Dionysos-Theater, das die Uraufführungen so berühmter Dramatiker wie Aischylos, Aristophanes, Euripides und Sophokles erlebte.

Heute sind von der Akropolis nur noch Reste des Parthenon, des Erechtheion und der Propyläen erhalten, die durch die Luftverschmutzung stark gefährdet sind.

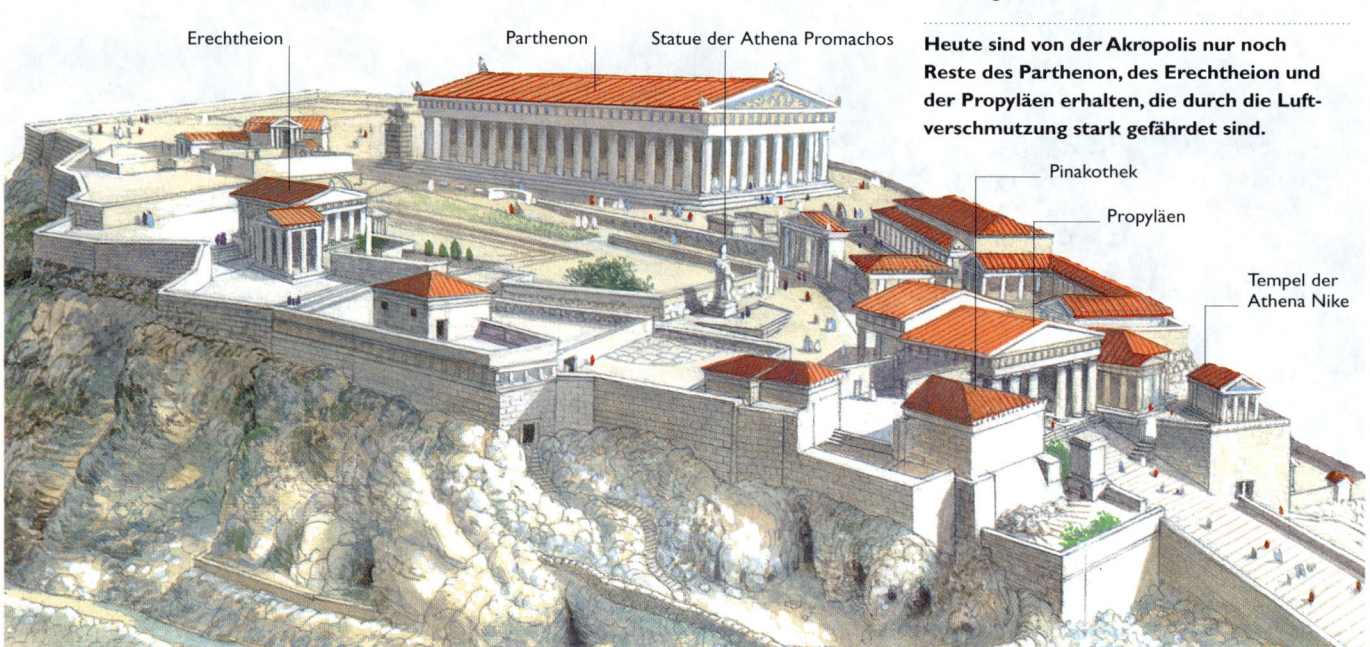

Erechtheion · Parthenon · Statue der Athena Promachos · Pinakothek · Propyläen · Tempel der Athena Nike

Alarich I. (um 370–410), König der Westgoten. Auf der Suche nach einer neuen Heimat für sein Volk unternahmen die Westgoten unter seiner Führung Plünderungszüge auf dem Balkan. 401 fiel er in Italien ein, wurde aber zweimal vom römischen Feldherrn Stilicho bei Polentia und Verona besiegt. Nach Stilichos Tod zog Alarich erneut nach Italien und belagerte Rom mehrmals. 410 stürmten die Westgoten die Ewige Stadt und legten sie in Schutt und Asche. Alarichs Vorhaben, mit seinem Volk nach Afrika überzusetzen, scheiterte, als seine Flotte von einem Sturm zerstört wurde. Kurz darauf starb er in Süditalien.

Alaska, nördlichster Bundesstaat der USA, die Alaska 1867 für 7,2 Mio. Dollar von RUSSLAND erwarben. Der Kauf wurde von William H. Seward eingefädelt, der von Alaskas strategischer Bedeutung überzeugt war, während die Russen es lieber an die USA verkauften, als zu riskieren, dass es in britische Hände fiel. Anfangs als Torheit belächelt, wurde in Alaska 1884 eine zivile Regierung eingerichtet. 1959 wurde Alaska, das über reiche Erdöl- und Erdgasvorkommen verfügt, der 49. Bundesstaat der USA.

Alba, Herzog von (1507–82), spanischer Feldherr und Staatsmann. Geboren als Fernando Alvarez de Toledo, stieg er in den Armeen Kaiser KARLS V. auf, dessen Länder sich von der Ostsee bis zum Mittelmeer erstreckten. Alba trug entscheidend zur Niederlage der deutschen Protestanten in der Schlacht bei Mühlberg 1547 bei. 1557 handelte er den Frieden von Cateau-Cambrésis aus, der den Krieg mit Frankreich beendete und der spanischen Krone Neapel und Burgund einbrachte. 1567 sandte ihn König PHILIPP II. von Spanien als Statthalter in die spanischen Niederlande, um die dortigen Aufstände zu ersticken. Alba ging mit unerbittlicher Härte vor und richtete in Brüssel den berüchtigten Blutsrat ein. Das aus sieben Mitgliedern bestehende Gremium bekämpfte rücksichtslos jede Form der Ketzerei und unterdrückte die Forderungen der niederländischen Provinzen nach politischer Selbstverwaltung. Er ließ tausende vor Gericht bringen und rund 18 000 Personen hinrichten. Die Konfiszierung von Eigentum und die Erhöhung der Steuern heizte den Groll weiter an, bis die Unruhen schließlich

Bei einer Sitzung des Blutrats hört sich der Herzog von Alba (links) Bitten von Frauen aus den niederländischen Provinzen an; derweil beschließt der Rat (rechts) angemessene Strafen für Ketzer.

Der Westgotenkönig Alarich I. wurde angeblich mit seinen Schätzen im Flussbett des Busento in Süditalien beigesetzt.

zum Krieg um die Unabhängigkeit der Niederlande eskalierten. 1573 wurde Alba nach Spanien zurückgerufen. Zwar inhaftierte Philipp II. Alba 1579, weil er seinem Sohn erlaubt hatte, ohne königliche Zustimmung zu heiraten, ließ ihn aber im folgenden Jahr wieder frei, um die Truppen zu befehligen, die schließlich Portugal eroberten.

Albanien, einer der kleinsten und ärmsten Staaten Europas. Vom 15. Jh. an war Albanien fast 500 Jahre lang Teil des OSMANISCHEN REICHES. Nationaler Widerstand regte sich im 19. Jh., wurde aber 1831 gewaltsam unterdrückt. Erst 1913 erlangte Albanien als Folge der Balkankriege seine nationale Unabhängigkeit. Während des Ersten Weltkriegs war Albanien Schlachtfeld für die Streitkräfte Österreich-Ungarns, Italiens und der benachbarten Balkanstaaten. Auf der Pariser Friedenskonferenz 1919 garantierten die Siegermächte seine Unabhängigkeit und 1928 wurde Albanien eine Monarchie unter König Zogu. Zu Beginn des Zweiten Weltkriegs besetzte Italien den kleinen Staat und fünf Jahre später errichtete Enver Hoxha sein kommunistisches Regime. Bis 1958 ein Satellit der UdSSR, lehnte Albanien sich danach stärker an China an, von dem es militärische und wirtschaftliche Hilfe erhielt. Albanien hielt an seiner stalinistischen Politik fest und blieb bis zum Tod Hoxhas 1985 von der übrigen Welt isoliert.

1990 leitete die politische Führung behutsame Schritte ein, um oppositionelle politische Parteien zuzulassen und die Demokratie im Land herzustellen. Fast 40 000 Albaner nutzten die Lockerung der Beschränkungen, um über die Adria nach Italien zu fliehen und dort um Asyl zu ersuchen. Die Kommunisten blieben bei den ersten freien Wahlen 1991 zwar an der Macht, verloren aber 1992 ihre Mehrheit. Im darauf folgenden Jahr erhielt das Land eine demokratische parlamentarische Verfassung, doch konnte diese Maßnahme nicht den Zusammenbruch der Wirtschaft aufhalten, der zu allgemeiner Not und Armut führte.

Albigenser, Anhänger eines Zweigs der KATHARER im 12. und 13. Jh., die sich nach der Stadt Albi in Südfrankreich nannten. Dort und in Norditalien war die Sekte weit verbreitet. Die Albigenser lehnten Priester ab und glaubten, dass Geist und Materie einander feindlich gesinnt seien. Für sie war die materielle Welt von Übel und die Erlösung verlangte Befreiung der Seele vom Fleisch. Dies führte in extremen Fällen zur Verurteilung der Ehe. Der Verzehr jeder Form von tierischen Produkten war verboten, ebenso das Töten und das Ablegen von Eiden. Die Albigenser unterschieden zwischen einer reinen eingeweihten Elite und der Masse der gewöhnlichen Gläubigen.

Die Bewegung wurde vom Konzil von Toulouse 1119 und vom dritten Laterankonzil 1179 als ketzerische Bewegung verurteilt. Von BERNHARD VON CLAIRVAUX und den DOMINIKANERN energisch bekämpft, fand die Sekte dank des Schutzes durch den Grafen Raimund VI. von Toulouse und dem größten Teil des südfranzösischen Adels dennoch breite Anerkennung im Süden. Nachdem eine friedliche Bekehrung der Albigenser gescheitert war, rief Papst INNOZENZ III. zum Kreuzzug gegen sie auf, der 1209 zu den Albigenserkriegen führte. Der Kreuzzug wurde zum Inbegriff für Massaker und Grausamkeit und als Angriff des nordfranzösischen Adels auf die Kultur des Südens aufgefasst. Die französische Krone zog den größten Nutzen aus der Niederlage der Albigenser: Mit der Einnahme von Montsegur 1244 konnte die Provinz Languedoc in das Königreich eingegliedert werden.

Alemannen, westgermanischer, seit dem 2. Jh. am Main ansässiger Stamm. Das stark anwachsende Volk überrannte den römischen LIMES, siedelte zunächst im Dekumatland zwischen Rhein, Main und Donau und dehnte sich in der Zeit der VÖLKERWANDERUNG vom Elsass bis zum Lech aus. Politisch wurden die Alemannen dem Fränkischen Reich einverleibt.

Alexander der Große siehe rechts

Alexander I. (1777–1825), Zar von Russland 1801–25. Alexander war von seiner Großmutter KATHARINA II. DER GROSSEN erzogen worden, deren plötzlicher Tod ihren Plan zunichte machte, ihren labilen Sohn Paul in der Thronfolge zugunsten von Alexander zu übergehen. Fünf Jahre lang tyrannisierte PAUL I. Russland, bis er 1801 ermordet wurde.

Alexander I. leitete Reformen für Russland ein und korrigierte viele Ungerechtigkeiten der Herrschaft seines Vaters. Er verbesserte das Bildungswesen, vermochte aber nicht, die Leibeigenschaft abzuschaffen, da er auf die Unterstützung des Adels angewiesen war. Sein Ratgeber Michail Speranskij drängte auf eine liberalere Verfassung, doch der Hochadel stürzte Speranskij 1812.

In der Außenpolitik unterstützte Alexander I. zunächst die Koalition gegen NAPOLEON I., der ihn 1805 bei AUSTERLITZ und 1807 bei Friedland schlug. Diese Niederlagen führten zum Frieden von TILSIT, in dem Alexander I. sich mit Napoleon verbündete und der KONTINENTALSPERRE gegen Großbritannien beitrat. Seine Kriege gegen PERSIEN und das OSMANISCHE REICH brachten territoriale Gewinne, darunter Georgien. 1812 begann Napoleon den Russlandfeldzug, weil Alexander I. ihn 1809 nicht im Kampf gegen Österreich unterstützt hatte. Selbst nach dem Verlust Moskaus weigerte sich Alexander I., Frieden zu schließen, und seine Armee trug mit dazu bei, Napoleons Streitkräfte 1813 in der Völkerschlacht von LEIPZIG zu besiegen.

Alexander I. gehörte zu den Begründern der HEILIGEN ALLIANZ von 1815, einem Zusammenschluss europäischer Monarchen, deren Ziel es war, aufkommende liberale und nationale Bestrebungen zu unterbinden. Die Furcht vor einer Revolution ließ den Monarchen von seinen früheren Reformplänen abrücken. Alexander I. starb auf der Krim, doch es ging das Gerücht, er sei nach Sibirien verschwunden und Einsiedler geworden.

Alexander der Große

Alexander wurde mit 20 Jahren König von Makedonien.
Als er nur 13 Jahre später starb, hatte er die Grenzen seines Reiches
von Griechenland bis nach Indien ausgedehnt.

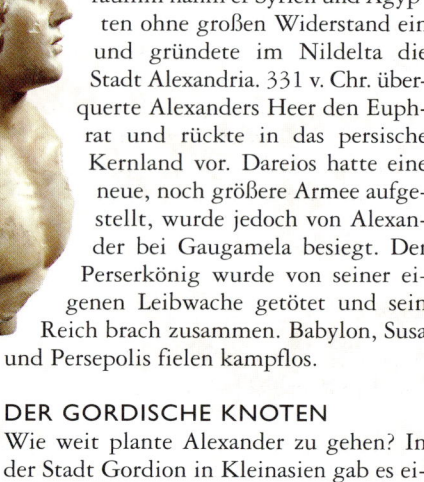

Als König Philipp von Makedonien, dessen Heere die griechischen Stadtstaaten unterworfen hatten, 336 v. Chr. ermordet wurde, ging die Krone an seinen 20-jährigen Sohn über. Die griechischen Städte witterten ihre Chance. Im Glauben, Alexander sei bloß ein unerfahrener junger Mann, bereiteten sie sich darauf vor, um ihre Unabhängigkeit zu kämpfen. Dies sollte sich als teurer Irrtum erweisen. Mithilfe der neuen makedonischen Taktik der Phalanx, des schwer bewaffneten Fußvolks mit überlappenden Schilden, zerschlug Alexander die griechischen Heere vor Theben. Dann stürmte er die Stadt, brannte sie nieder und verkaufte die Überlebenden in die Sklaverei. Nach diesem Exempel gab es keine Aufstände mehr und Alexander konnte sich größeren Plänen zuwenden.

EXPEDITION IN DEN OSTEN

Alexander plante nicht nur die militärische Beherrschung der damals bekannten Welt, sondern einen Bund hellenischer Staaten unter makedonischer Führung. 334 v. Chr. fiel er mit einer Armee von 35 000 Mann in das persisch beherrschte Kleinasien ein.

Mit einem kühnen Vorstoß seiner Reiterei schlug Alexander die leicht bewaffnete persische Reitertruppe. Dann eroberte er die Städte Kleinasiens. Ein gewaltiges persisches Heer unter König Dareios III. stellte sich ihm bei Issos an der syrischen Grenze entgegen. Alexander errang einen überwältigenden Sieg. Daraufhin nahm er Syrien und Ägypten ohne großen Widerstand ein und gründete im Nildelta die Stadt Alexandria. 331 v. Chr. überquerte Alexanders Heer den Euphrat und rückte in das persische Kernland vor. Dareios hatte eine neue, noch größere Armee aufgestellt, wurde jedoch von Alexander bei Gaugamela besiegt. Der Perserkönig wurde von seiner eigenen Leibwache getötet und sein Reich brach zusammen. Babylon, Susa und Persepolis fielen kampflos.

DER GORDISCHE KNOTEN

Wie weit plante Alexander zu gehen? In der Stadt Gordion in Kleinasien gab es einen gewaltigen uralten Knoten; die Parzen hatten bestimmt, dass derjenige, der ihn lösen könnte, Herrscher der Welt würde. Alexander zerschlug ihn mit dem Schwert. Seinen Soldaten sagte er: „Die Grenzen unseres Reiches werden die gleichen sein, die die Götter als Grenzen der Erde gesetzt haben." In den nächsten vier Jahren zog er nach Afghanistan und ins Industal.

Nachdem sie völlig unbekannte Länder erreicht hatten, weigerten sich Alexanders erschöpfte Soldaten weiterzumarschieren; sie hielten den Himalaja für das Ende der Welt. Alexander kehrte um. In Babylon wurde er krank und starb 323 v. Chr mit 33 Jahren. Sein Reich teilten seine Feldherren unter sich auf: Antipater bekam Griechenland und Makedonien, Lysimachos Thrakien, Antigonos Kleinasien, Seleukos den Osten und Ptolemaios Ägypten.

Ein Sarkophag aus dem 4. Jh. v. Chr. aus Sidon im Libanon ist mit einem Fries verziert, der Ereignisse aus dem Leben Alexanders darstellt. Hier eilt Alexander dem Vasallenkönig Abdalonymos zu Hilfe, dessen Pferd auf einem Jagdausflug von einem Löwen angefallen wurde.

Alexander II. (1818–81), Zar von Russland von 1855 bis zu seinem Tod. Als Alexander II. den Thron bestieg, galt Russland als eines der rückständigsten Reiche der Welt. Als Erstes erließ er 1861 ein Gesetz, das 40 Mio. Bauern von der Leibeigenschaft befreite, danach reformierte er Russlands veraltetes Rechtssystem und die schwerfällige Verwaltung. Trotz dieser Reformen glaubte er, die autokratische Regierung beibehalten zu müssen. 1874 führte er die allgemeine Wehrpflicht ein, nur so glaubte er die militärische Stärke Russlands in der Welt sichern zu können. Alexanders Außenpolitik brachte große territoriale Gewinne, so den Kaukasus, Turkestan und im Fernen Osten die Amur- und Küstenprovinz mit dem eisfreien Hafen Wladiwostock; dagegen stand der Verkauf ALASKAS an die USA. Sein Bestreben, die im KRIMKRIEG auferlegten Beschränkungen – kein freier Zugang zum Mittelmeer – zu überwinden, war nicht von Erfolg gekrönt.

Das Anwachsen revolutionärer und anarchistischer Organisationen wie der Nihilisten und Narodniki („Volkstümler"), die Alexanders II. absolute Herrschaft bekämpften, gipfelte 1866 in einem Attentat, das allerdings fehlschlug. Dies veranlasste ihn, seine Reformpläne aufzugeben. Nachdem er weitere Attentate überlebt hatte, fiel er einem Bombenanschlg der anarchistischen Gruppe der Narodnaja Wolja („Volkswille") zum Opfer.

Alexander Newskij (um 1220–63), russischer Heerführer, Fürst von Nowgorod und seit 1252 Großfürst von Wladimir. Alexander erhielt den Beinamen Newskij, nachdem er das schwedische Heer 1240 an der Newa geschlagen hatte. Zwei Jahre später schlug er die Streitmacht des DEUTSCHEN ORDENS auf dem zugefrorenen Peipussee. Mit diesen Siegen legte er die Grenze RUSSLANDS im Nordwesten auf lange Zeit fest. Newskij arbeitete bereitwillig mit den mongolischen Herrschern Russlands zusammen und wurde von der russischen orthodoxen Kirche unterstützt, die unter den Mongolen von den Steuern befreit war. Um die Mitte des 16. Jh. wurde er heilig gesprochen.

Alexandria, Name von sechs Städten im Reich ALEXANDERS DES GROSSEN, die wesentlich zur Ausbreitung der hellenistischen Kultur beitrugen. Die bedeutendste der sechs Städte wurde 331 v. Chr. am westlichen Rand des Nildeltas gegründet. Über 2000 Jahre lang war Alexandria die größte Stadt Ägyptens. Sie entwickelte sich zum wichtigsten Hafen des Landes, übernahm den Handel von Tyros und Karthago und trat unter Ptolemaios I. im 3. Jh. v. Chr. an die Stelle von Memphis als Hauptstadt. Der 280 v. Chr. auf der Insel Pharos erbaute Hafenleuchtturm wurde als eines der sieben Weltwunder berühmt. Unter der Herrschaft der Ptolemäer-Dynastie blühte Alexandria wirtschaftlich und kulturell auf. Die von Ptolemaios I. gegründete, in der Antike weltberühmte und einmalige Bibliothek soll rund 700 000 Buchrollen enthalten haben. Sie wurde von Arabern niedergebrannt, die 642 n. Chr. die Stadt einnahmen. Der einsetzende Niedergang beschleunigte sich im 14. Jh., als der Kanal, der die Stadt mit dem Nil verband, versandete, und 1324 zerstörte ein Erdbeben den Leuchtturm. Die Entdeckung des Seewegs um Afrika Ende des 15. Jh. eröffnete eine neue Route in den Osten und minderte

Der heilige Alexander Newskij wurde vom sowjetischen Staats- und Parteichef Jossif Stalin zum offiziellen Nationalhelden erhoben.

die Bedeutung der Stadt als Handelszentrum. NAPOLEON I. hielt Alexandria 1798–1801 besetzt und in den Weltkriegen wurde sie als britischer Marinestützpunkt genutzt. Heute leben über 2,5 Mio. Menschen in der Stadt, deren Erscheinungsbild von modernen Bauten geprägt ist. Von der antiken Stadt ist nichts mehr zu sehen.

Alfons X. (1221–84), Herrscher des spanischen Königreichs Kastilien und León 1252–1284. Bekannt als Alfons der Weise, gab er eine umfangreiche Gesetzessammlung in Auftrag, außerdem eine Geschichte Spaniens – das erste derartige Werk, das auf Spanisch geschrieben wurde – und die Übersetzung wissenschaftlicher Texte aus dem Arabischen ins Spanische. Alfons schrieb selbst Gedichte, vor allem Marienlieder. Mit seinen Leistungen als Gelehrter konnten sich seine politischen Erfolge nicht messen.

Außenpolitisch verfolgte er große Pläne. So wurde Alfons X. 1257 als Enkel des Staufers Philipp von Schwaben zum deutschen König gewählt. Er weilte jedoch nie in Deutschland und übte die Macht auch nicht aus. Fast 20 Jahre lang bemühte er sich als Rivale des deutschen Gegenkönigs Richard von Cornwall um die Kaiserwürde, bis Richard 1272 starb und Papst Gregor X. Alfons überredete, seinen Anspruch aufzugeben. Auch gelang es Alfons X. nicht, den Kreuzzug seines Vaters gegen die Mauren in Südspanien zu vollenden, und seine Bemühungen, eine einheitliche Rechtsprechung in seinem Königreich einzuführen, waren nicht von Erfolg gekrönt. Thronfolgestreitigkeiten veranlassten seinen Sohn Sancho IV. 1282, gegen ihn zu rebellieren und ihn in Sevilla zu internieren, wo er starb.

Alfred der Große (um 848–99), Herrscher des englischen Königreichs Wessex von 871 bis zu seinem Tod. Für seine Leistungen im Krieg ebenso gerühmt wie für seine Vorliebe zur Gelehrsamkeit, ist Alfred der einzige englische König, der die Bezeichnung „der Große" erhielt. Er regierte in Wessex, ein Gebiet, das sich südlich der Themse erstreckte, und in Mercia, das Teile Mittelenglands umfasste. Sein Königreich schloss alle Einheimischen ein, die sich nicht der dänischen Eroberung gefügt hatten. Sie betrachteten den König schließlich als Garanten und Symbol der nationalen Einheit gegenüber den fremden dänischen Besatzern.

866 hatten die Dänen die englischen Königreiche Ost-Anglia, Mercia und Northumbria erobert und seit 871 bedrohten sie die Verteidigungsanlagen von Wessex. Alfred der Große war der erste englische Monarch, der die Verteidigung seines Reiches gegen die Dänen systematisch organisierte. Der schwerste Angriff erfolgte 878, als die Dänen unter ihrem Heerführer Guthrum Alfred den Großen in die Sümpfe von Athelney in Somerset trieben. Wenige Monate später holte Alfred zum entscheidenden Schlag aus und errang bei Edington einen wichtigen Sieg, der zum Frieden von Wedmore führte. Guthrum trat zum Christentum über. Als Alfred 885 London einnahm, einigte er sich mit Guthrum auf eine Gebietsteilung zwischen dem angelsächsisch beherrschten Reich und dem von den Dänen besetzten Teil der Insel. Die Grenzlinie bildete die alte Römerstraße von London nach Chester.

Alfred der Große verbesserte das englische Verteidigungssystem durch die Neuorganisation des Heeres und den Aufbau einer Flotte. Er ließ eine Reihe von befestigten Burganlagen errichten, von denen sich viele später zu Zentren der Grafschaften entwickelten. Er förderte auch die Bildung in seinem Reich und gab eine bedeutende Sammlung von Gesetzen heraus.

Darüber hinaus ließ er Übersetzungen der lateinischen Texte von Beda, Boethius, Orosius und Papst GREGOR I. DEM GROSSEN anfertigen, denen er eigene Kommentare anfügte. Wie seine militärischen Siege die englische Nation und Kultur bewahrten, so übten seine Beiträge zum Bildungs- und Rechtssystem wesentlichen Einfluss auf sein Volk aus.

Das nach Alfred dem Großen benannte Schmuckstück aus Gold, Bergkristall und Email trägt die Inschrift „Alfred hat mich gefertigt".

Algerien, Staat in Nordafrika. Die Ureinwohner waren BERBER. Seit dem 9. Jh. v. Chr. kolonisierten phönizische Händler die Küste. Im 2. Jh. v. Chr. gliederten die Römer die Region in ihr Reich ein und später fasste das Christentum hier Fuß. AUGUSTINUS, einer der bedeutendsten Bischöfe der frühen christlichen Kirche, ist in Algerien geboren und wurde Bischof von Hippo, dem heutigen Annaba. Die Invasion der WANDALEN im 5. Jh. beendete die römische Herrschaft, zwei Jahrhunderte später eroberten die Araber die Region. Obwohl die einheimischen Berber zum Islam übertraten, widersetzten sie sich der arabischen Herrschaft. Seit 1518 gehörte das Land nominell zum OSMANISCHEN REICH.

In den 40er-Jahren des 19. Jh. annektierte Frankreich das Land und weitete seinen Einfluss nach Süden aus, bis 1902 die gegenwärtigen Grenzen gezogen wurden. In der Folgezeit kamen zahlreiche Franzosen nach Algerien, beschlagnahmten Land und verweigerten der moslemischen Mehrheit das Recht auf politische und wirtschaftliche Gleichberechtigung. Um 1880 lebten etwa 375 000 Europäer in Algerien. Wachsendes politisches Bewusstsein der einheimischen Bevölkerung führte 1954 zum Unabhängigkeitskrieg. Trotz beträchtlichen Widerstands in Frankreich und unter den Algerien-Franzosen entließ Präsident Charles de GAULLE 1962 Algerien in die Unabhängigkeit. Ein Jahr später wurde Ahmed BEN BELLA zum ersten Staatspräsidenten gewählt. 1965 über-

nahm der ehemalige Verteidigungsminister Houari Boumédienne in einem unblutigen Staatsstreich die Macht. Er setzte die Politik der Verstaatlichung der Industie seines Vorgängers fort. Hohe Arbeitslosigkeit, Inflation und Korruption lösten 1988 schwere Unruhen aus. Die islamischen Fundamentalisten, die einen islamischen Staat forderten, gewannen bei den Kommunalwahlen 1990 fast 65 % der Wählerstimmen. 1992 übernahmen die Militärs die Macht, annullierten die Wahl und verboten die Partei der Fundamentalisten, deren Anhänger ihre Politik der Gewalt und des Terrors fortsetzten.

Ali Pascha, Mehmed Emin (1815–71), türkischer Staatsmann. Der Politiker war verantwortlich für das Reformedikt von 1856: Es gewährte Religionsfreiheit, öffnete den Staatsdienst für Untertanen aller Nationalitäten und Religionen, schaffte die Folter ab und erlaubte Ausländern Privateigentum. Ali Pascha widersetzte sich allerdings der Einführung einer parlamentarischen Verfassung.

Alkuin (um 730–804), angelsächsischer Theologe. Ausgebildet an der Kathedralschule von York, berief ihn KARL DER GROSSE 781 zum Leiter der Aachener Hofschule. Der Gelehrte war einer der einflussreichsten Berater des Frankenherrschers und gehörte zu den führenden Köpfen der Karolingischen Renaissance. 796 wurde Alkuin Abt von St-Martin in Tours, wo er bis zu seinem Tod wirkte.

Alldeutscher Verband, 1891 gegründete überparteiliche Vereinigung, deren Ziel Deutschlands Aufstieg zur Weltmacht war. Sie vertrat eine nationalistisch geprägte Interessenpolitik und forderte die Erweiterung „deutschen Lebensraumes". Durch ihr publizistisches Organ *Alldeutsche Blätter* übte sie großen Einfluss auf die öffentliche Meinung im Kaiserreich aus.

Allende, Salvador (1908–73), chilenischer Staatsmann, der 1970 als erster Marxist in einem lateinamerikanischen Land in freier Wahl die Präsidentschaft gewann. Der Mitbegründer der Sozialistischen Partei Chiles bewarb sich bereits 1952, 1958 und 1964 erfolglos um die Präsidentschaft. Während seiner dreijährigen Amtszeit brachte er das Land auf einen sozialistischen Kurs, verstaatlichte zahlreiche Industriezweige und beschleunigte die Bodenreform. Diese Maßnahmen sowie wirtschaftliche Probleme veranlassten das chilenische Militär, ihn in einem blutigen Putsch unter Führung von General Augusto PINOCHET und mit indirekter Unterstützung durch die USA 1973 zu stürzen. Allende starb bei den Kämpfen.

Altsteinzeit, ältester Abschnitt der Menschheitsgeschichte. Er umfasst die Entwicklung von 2,5 Mio. Jahren. Man unterteilt die Altsteinzeit in die drei Perioden des Altpaläolithikums (bis 200 000 v. Chr.), des Mittelpaläolithikums (200 000 – 40 000 v. Chr.) und des Jungpaläolithikums (40 000 – 10 000 v. Chr.). Die früheste Zeit ist gekennzeichnet von den *Australopithecinen* und dem *Homo erectus*, die bereits das Feuer nutzten. Das Mittelpaläolithikum ist die Zeit des *Neandertalers* und das Jungpaläolithikum ist geprägt von unseren Vorfahren, dem *Homo sapiens sapiens*.

Ambrosius (um 340–97), Bischof von Mailand und einer der großen Kirchenlehrer der christlichen Kirche. Ambrosius war ein berühmter Prediger, Verfasser von Kirchenliedern und Autor von Lehrschriften. Er widersetzte sich der Hinrichtung von Ketzern, exkommunizierte Kaiser THEODOSIUS I. DEN GROSSEN wegen des Blutbads von Saloniki 390 und zwang ihn zu öffentlicher Buße.

Algerische Aufständische kontrollieren während der Volksabstimmung die Straßen Algiers.

Amerikanische Unabhängigkeitserklärung, Gründungsurkunde der USA. Sie wurde am 4. Juli 1776 vom Kongress angenommen. Sein Hauptautor, Thomas JEFFERSON, stützte sich inhaltlich auf John LOCKES Ideen von einer auf Vertrag beruhenden Regierung. Die berühmte Präambel erklärte, dass alle Menschen gleich geboren sind und unveräußerliche Rechte auf Leben, Freiheit und Streben nach Glück besitzen. Das Dokument hatte 56 Unterzeichner.

Amerikanischer Unabhängigkeitskrieg siehe rechte Seite

Revolution in der Neuen Welt

In der zweiten Hälfte des 18. Jh. versuchten die Briten die Kontrolle über ihre blühenden Kolonien in Nordamerika zu verstärken. 1775 waren die Kolonisten mit ihrer Geduld am Ende und rebellierten.

Für mehr als eineinhalb Jahrhunderte nach ihrer Gründung waren die Kolonisten in den 13 Neuengland-staaten mit ihrer politischen Situation zufrieden. Weitgehend sich selbst überlassen, war die Bevölkerung der britischen Kolonien bis 1760 auf 1,6 Mio. Menschen angewachsen, die in Provinzen lebten, die sie weitgehend selbst verwalteten.

DER WEG ZUR UNABHÄNGIGKEIT

Die Stempelakte von 1765 – ein Gesetz, das Steuern für Urkunden, Zeitungen und Bücher vorsah – und andere Sondersteuern Großbritanniens bedrohten die koloniale Autonomie der Siedler. Es kam zu Protesten und Krawallen in den Kolonien: „Keine Besteuerung ohne Volksvertretung" wurde zur Devise und zahlreiche patriotische Siedler lehnten sich gegen die Steuereinnehmer auf und verhängten einen Boykott britischer Einfuhren. 1774 versammelten sich Delegierte der 13 Kolonien in Philadelphia, um eine provisorische Regierung zu bilden. Im Juli 1776 nahmen sie die Unabhängigkeitserklärung an, die die Trennung von Großbritannien bedeutete, und nannten sich Vereinigte Staaten. Die 13 Streifen der amerikanischen Flagge symbolisieren die 13 Gründungsstaaten.

Bereits im April 1775 waren britische Soldaten und so genannte *minutemen* – Kolonialmilizen – bei Lexington und Concord in einem ersten Gefecht zusammengestoßen. Kurz darauf wählten die 13 Kolonien George Washington zum Oberbefehlshaber der gemeinsamen Armee. Die Amerikaner erhielten auf ihr Ersuchen hin massive Hilfe von Frankreich, Großbritanniens schärfstem Gegner in Europa.

Der Krieg zog sich acht Jahre hin. Die Amerikaner waren in Loyalisten und Patrioten gespalten. Viele Loyalisten meldeten sich zu den Truppen des Königs und kämpften, um die Rebellion niederzuschlagen. Die Patrioten übten Vergeltung, indem sie den Besitz von Loyalisten beschlagnahmten und sie aus ihren Häusern vertrieben.

Die ersten Kämpfe brachten keiner Seite entscheidende Vorteile. Im Juni 1775 fielen rund 1000 britische Soldaten bei der Einnahme von Bunker Hill und bis März 1776 hatten die Briten Boston geräumt. Weiter südlich schlugen britische Truppen Washington in der Schlacht von Long Island und drängten ihn aus New York. Erst 1778 schickten die Franzosen Soldaten und Flottenverstärkung.

In den südlichen Kolonien vertrieben die Briten die Amerikaner aus Georgia und nahmen 1780 Charleston ein. An der Westgrenze der Kolonien im Landesinneren bedienten sich beide Seiten ihrer indianischen Verbündeten, und dort wurde besonders erbittert gekämpft. Die französische Unterstützung gab den Ausschlag. 1781 schloss ein amerikanisch-französisches Heer die Truppen von General Charles Cornwallis bei Yorktown in Virginia ein. Cornwallis musste am 19. Ok-

tober kapitulieren. Der Sieg der Amerikaner beendete zwar die Kämpfe, aber die Friedensverhandlungen in Paris zogen sich noch zwei Jahre bis 1783 hin. Im Frieden von Versailles erkannte Großbritannien die amerikanische Unabhängigkeit an, Florida fiel an Spanien und Frankreich sicherte sich Teile Westindiens.

Der Kampf um die Unabhängigkeit kostete die Kolonien 70 000 Menschenleben, die unterlegenen Loyalisten wanderten zum großen Teil nach Kanada aus. Die Unabhängigkeit des jungen Staates förderte die Liberalisierung des amerikanischen Lebens: Erbliche Titel wurden verboten, die anglikanische Kirche wurde vom Staat getrennt und Gesetze, die bisher große Familiengüter bevorzugten, wurden aufgehoben. 1787 verabschiedete der Verfassungskonvent die Verfassung der USA, das Grundgesetz der ersten modernen Demokratie.

Karte: GEBIET DER HUDSON BAY COMPANY · Oberer-See · QUEBEC · Quebec · NOVA SCOTIA · Michigan-See · Huron-See · ZU MASS. · NEW HAMPSHIRE · Ontario-See · NEW YORK · MASS. · Boston · Erie-See · CONN. · RHODE ISLAND · PENNSYLVANIA · New York · NEW JERSEY · MARYLAND · Philadelphia · DELAWARE · INDIANER-GEBIETE · VIRGINIA · ATLANTISCHER OZEAN · NORTH CAROLINA · SOUTH CAROLINA · GEORGIA · Charleston · 0 · 300 km · OSTFLORIDA · N

Nordamerika 1776
— Grenze von 1763
■ 13 Kolonien
■ andere brit. Kolonien

Bis 1776 war die Ostküste Nordamerikas durchgängig besiedelt und die Kolonisten hatten schon begonnen, westwärts ins Landesinnere vorzudringen.

Amerikanische Milizionäre erwidern das Feuer britischer Infanteristen bei Lexington 1775 (links). Später erbeuteten sie britische Waffen und Kesselpauken (unten).

Idi Amin bei der Vereidigung ehemaliger britischer Offiziere zum Dienst in den ugandischen Streitkräften. Dem Diktator wird die Ermordung und Folterung von fast 300 000 Menschen angelastet.

Amin Dada, Idi (*1925), Präsident von Uganda 1971–79, berüchtigt für seine brutale Willkürherrschaft. Amin stieg in der ugandischen Armee bis zum Oberbefehlshaber auf. 1971 stürzte er seinen Freund, Präsident Milton Obote, und riss die Macht an sich. Er förderte Stammesinteressen, verwies Nichtafrikaner des Landes und ließ tausende seiner Gegner ermorden mit der Begründung: „Ich aß sie, bevor sie mich aßen." Als Moslem unterstützte er die Palästinenser und Libyen und war persönlich in die Entführung eines israelischen Linienflugzeugs durch Palästinenser in Entebbe, Ugandas Hauptstadt, verwickelt. 1979 wurde Idi Amin von tansanischen Truppen und ugandischen Nationalisten gestürzt und floh nach Saudi-Arabien.

Amselfeld, Schlacht auf dem (28. Juni 1389), entscheidende Schlacht zwischen den serbischen Truppen unter der Führung des Fürsten Lazar und dem osmanischen Heer des Sultans Murad I. im Kosovo westlich von Priština. Die Serben errangen zu Beginn des Kampfes einen anfänglichen Erfolg, als der Sultan von einem serbischen Adligen getötet wurde, doch übernahm Murads Sohn Bajesid sofort das Kommando, umzingelte die Serben und konnte sie vernichtend schlagen. Der Sieg bedeutete die Unterwerfung der Serben unter die Oberhoheit des OSMANISCHEN REICHES und öffnete diesem den Weg nach Mitteleuropa. Bei den Serben gilt dieses Datum bis heute als Gedenktag im Kampf um die nationale Unabhängigkeit.

Anarchismus, politische Ideologie, die die Überzeugung vertritt, dass jede Form von Regierungen und Gesetzen abgeschafft werden muss und die ein herrschaftsloses Zusammenleben auf der Basis von Gleichheit und Gerechtigkeit erstrebt. In der zweiten Hälfte des 19. Jh. suchten verschiedene Anarchistengruppen in zahlreichen europäischen Staaten die Unterstützung des Volkes. 1868 gründete der russische Anarchist Michail Bakunin den Sozialdemokratischen Bund, der versuchte, Kontrolle über die Erste INTERNATIONALE, einen Zusammenschluss sozialistischer Organisationen, zu gewinnen. Anarchisten arbeiteten darauf hin, in Russland während der gescheiterten Revolution von 1905 und des bolschewistischen Aufstands von 1917 die Arbeiterklasse für Generalstreiks zu mobilisieren. Anarchistischen Anschlägen fielen u. a. der französische Staatspräsident Marie François Sadi Carnot 1894 und König Umberto I. von Italien 1900 zum Opfer. Anarchisten waren auch im spanischen Bürgerkrieg aktiv und in der zweiten Hälfte des 20. Jh. inspirierte der Anarchismus zahlreiche Terroristengruppen.

Ancien Régime, politisches und administratives System, das in Frankreich im 17. und 18. Jh. unter den Bourbonenkönigen bis zur FRANZÖSISCHEN REVOLUTION bestand. Der Monarch besaß unbeschränkte Macht, es gab keine Volksvertretung und der Adel wurde bei der Besteuerung und der Besetzung hoher Ämter bevorzugt. Ähnlich privilegiert war der Klerus, der über großen Landbesitz verfügte. Diese Bevorzugung weckte besonders beim zunehmend prosperierenden Bürgertum Unmut. Das Ancien Régime war unzeitgemäß: Mitte des 18. Jh. waren Reformen des Rechts, der Besteuerung und der lokalen Verwaltung seit langem überfällig und der Staatsbankrott bildete eine der Ursachen der Französischen Revolution, die das Ancien Régime vernichtete.

Andrássy, Gyula, Graf (1823–90), ungarischer Staatsmann. Der Politiker war einer der radikalen nationalistischen Führer der gescheiterten ungarischen Revolution von 1848. Er tat sich bei den Verhandlungen hervor, die zum österreichisch-ungarischen Ausgleich von 1867 führten, der den Ungarn ein eigenes Parlament und eine eigene Verfassung innerhalb der Doppelmonarchie gewährte. Er war der erste ungarische Ministerpräsident von 1867 bis 1871 und bekleidete im Anschluss daran bis 1879 das Amt des Außenministers von ÖSTERREICH-UNGARN.

Angkor, Residenzstadt des alten Khmer-Reiches in Kambodscha. Die Stadt, am Ufer des großen Binnensees Tonlé Sap erbaut, verfügte über eine 13 km lange Mauer. Berühmt ist sie wegen der Tempel, die die Khmer zwischen dem 9. und 12. Jh. ihren Gottkönigen für das Leben nach dem Tod errichteten. Der größte Tempel ist Angkor Wat, während der Herrschaft Suryavarmans II. im 12. Jh. erbaut und von einem 180 m breiten Graben umgeben. Er war eines der größten religiösen Bauwerke, die jemals errichtet wurden. Nördlich davon stand der prachtvolle Tempel Jayavarmans VII. Nach der Zerstörung

Die Abgeordneten versuchen in Deckung zu gehen, als 1893 im französischen Parlament eine Bombe durch Anarchisten explodiert.

Tausende kunstvolle Skulpturen, die Szenen aus den Legenden von Vishnu und Krishna zeigen (links), bedeckten die Mauern des gewaltigen Tempels Angkor Wat (unten).

Angkors durch die Thai 1431 versank die Stadt und ihre großartige Tempelanlage im Dickicht des Dschungels. Erst Mitte des 19. Jh. wurde sie von französischen Missionaren wieder entdeckt. Während des Bürgerkriegs 1970–78 wurde der Tempelkomplex erheblich beschädigt.

Anglikanische Kirche, Bezeichnung der Kirche von Großbritannien, wie sie aus der REFORMATION im 16. Jh. hervorging. Zwar brach HEINRICH VIII. mit der römischen Kirche und versuchte Eduard VI. protestantische Lehren und Praktiken einzuführen, doch stammt die Formulierung anglikanischer Grundsätze aus der Regierungszeit ELISABETHS I.

Das *Zweite Allgemeine Gebetbuch* der Regierung Eduards VI. wurde 1552 durch die Uniformitätsakte in Kraft gesetzt und 1559 revidiert. 1571 nahm die Kirche von England die 39 Artikel als Erklärung ihres Glaubensbekenntnisses und ihrer Gottesdienstordnung an. Das Ziel war die Errichtung einer Staatskirche, verwaltet von Bischöfen und mit dem Monarchen als Oberhaupt. Wer die Teilnahme an den Gottesdiensten verweigerte, wurde mit einer Geldstrafe belegt. Die Puritaner waren mit der Kirchenpolitik Elisabeths I. nicht zufrieden, doch widersetzte sich die Königin ihren Versuchen, sie zu modifizieren. Von da an bestimmte der Streit um das Ausmaß des Unterschieds zur katholischen Kirche die Entwicklung der anglikanischen Kirche.

Aus der Erweckungsbewegung innerhalb der anglikanischen Kirche gingen 1791 die METHODISTEN hervor. Die so genannte Oxford-Bewegung im 19. Jh. strebte an, wieder Kontinuität mit der römisch-katholischen Kirche herzustellen und mehr Zeremoniell in den anglikanischen Gottesdienst einzuführen. Dieser Bewegung traten die protestantisch gesinnten Gruppen entgegen und forderten, sich aktiver in der missionarischen Arbeit zu engagieren und soziale Reformen umzusetzen. Die anglikanische Kirche blieb Staatskirche in England, verlor diesen Status aber 1690 in Schottland, 1871 in Irland und 1920 in Wales.

Angola, Staat im Südwesten Afrikas, bis zu seiner Unabhängigkeit 1975 in portugiesischem Besitz. Die Portugiesen kolonisierten die Atlantikküste im 16. Jh., drangen jedoch erst im 19. Jh. in das an Diamanten und Eisenerz reiche Binnenland vor. 1951 wurde Angola Überseeprovinz Portugals und erlangte nach einem langen und erbitterten Guerillakrieg 1975 die politische Selbstständigkeit. Rund 400 000 Portugiesen verließen daraufhin Angola und kehrten nach Portugal zurück; es folgten Bürgerkrieg und wirtschaftlicher Zusammenbruch. Die herrschende marxistische Partei, die MPLA, wurde von Kuba und der UdSSR unterstützt. Gegen sie kämpfte die UNITA, die von Südafrika und den USA gefördert wurde. Mehrere in den 80er-Jahren ausgehandelte Waffenstillstandsabkommen scheiterten, doch wurde schließlich 1991 ein Friedensvertrag unterzeichnet. Auf seiner Grundlage fanden im September 1992 freie Wahlen statt, die von UN-Beobachtern überwacht wurden. Die MPLA gewann, doch die UNITA focht das Ergebnis an und die Kämpfe flackerten wieder auf. Bis November 1992 hatte die UNITA die Kontrolle über die Hälfte des Landes gewonnen. Im April 1998 trat ein von den Vereinten Nationen überwachtes Friedensabkommen in Kraft, das bisher weitgehend eingehalten wurde.

Anna (1665–1714), Königin von Großbritannien und Irland 1702–14 und letzte Herrscherin aus dem Haus STUART. Anna war die jüngere Tochter von Jakob II., und obwohl dieser katholisch war, wurde sie protestantisch erzogen und unterstützte ihren Schwager Wilhelm III., als er in England landete und Jakob II. zur Abdankung zwang. 1683 heiratete Anna Prinz Georg von Dänemark. Ihr letztes überlebendes Kind starb 1700 und der im folgenden Jahr erlassene ACT OF SETTLEMENT bestimmte, dass der Thron bei ihrem Tod an ihre Cousins in Hannover überging, womit der Anspruch ihres katholischen Halbbruders Jakob endete. Die ACT OF UNION von 1707 vereinigte die Parlamente Englands und Schottlands, um Jakob auch vom schottischen Thron auszuschließen.

Zwei Monate nach Annas Regierungsantritt verwickelte Großbritannien Frankreich in den SPANISCHEN ERBFOLGEKRIEG, dessen Ausgang ihre Regierungszeit vollständig beherrschte. Oberbefehlshaber ihrer Truppen war der Herzog von Marlborough. Herausragender Bedeutung für die britische Weltpolitik besaß die Eroberung Gibraltars.

Politisch ließ sich Anna leicht von den Favoritinnen aus ihrer nächsten Umgebung am Hof beeinflussen. Zunächst dominierten durch den Einfluss der Herzogin von Marlborough die Whigs, aber 1707 wurde sie durch ihre Cousine Abigail Masham verdrängt, die den Tories nahe stand. 1710 kamen die Tories an die Macht. Anna war die letzte englische Monarchin, die Kabinettssitzungen und Sitzungen des Oberhauses leitete, und die Letzte, die ihr Veto gegen einen Parlamentsbeschluss einlegte. So sorgte sie für Streit, als sie 1712 ein Dutzend Männer zu Peers erhob, um den Tories die Mehrheit im Oberhaus zu sichern.

Anna litt ständig unter Krankheiten: Sie hatte Gicht und wurde so dick, dass sie in ihre Kutsche gehoben werden musste. Während ihrer Regierung erlebte die Literatur eine Blütezeit und brachte Dichter wie Alexander Pope hervor. Außerdem wurde die Kathedrale St. Paul's in London vollendet und so genannte Queen-Anne-Häuser gehören bis heute zu den elegantesten Beispielen britischer Architektur.

Anschluss, Annexion Österreichs durch Adolf HITLER am 13. März 1938. Nachdem das nationalsozialistische Deutschland über mehrere Jahre Druck auf Österreich ausgeübt hatte, verlangte Hitler vom österreichischen Kanzler Kurt von SCHUSCHNIGG bei einer Zusammenkunft in Berchtesgaden im Februar 1938, Nationalsozialisten in seine Regierung aufzunehmen. Schuschnigg versuchte dem entgegenzuwirken, indem er eine Volksabstimmung über die Unabhängigkeit Österreichs für den 13. März anberaumte. Er scheiterte jedoch und wurde zum Rücktritt gezwungen.

Am 12. März begann der Einmarsch deutscher Truppen in Österreich, die von der Mehrheit der Bevölkerung mit Jubel begrüßt wurden. Am 13. März proklamierte Hitler den Anschluss an das Deutsche Reich und die nationalsozialistische Regierung unter Arthur SEYSS-INQUART nahm ihre Arbeit auf. Noch am selben Tag begannen die Nationalsozialisten, missliebige Personen zu verhaften. Nach dem Ende des ZWEITEN WELTKRIEGS wurde Österreich in den Vorkriegsgrenzen wieder errichtet.

Antarktis, eisbedeckter Kontinent am Südpol. Der Erste, der den Kontinent sichtete, war vermutlich 1820 Fabian von Bellingshausen, ein russischer Forscher. Während des 19. Jh. unternahmen Russen, Briten, Franzosen und Amerikaner wissenschaftliche und geographische Expeditionen. Die nächste Phase der Entdeckung begann, als der

Norweger Carsten Borchgrevink als Leiter der britischen South-Cross-Expedition den Winter 1899 auf dem Kontinent verbrachte. Der Schwede Otto Nordenskjöld erforschte die Ostküste der Antarktis zu Beginn des 20. Jh. Die Briten Robert Scott und Ernest Shackleton unternahmen zwischen 1901 und 1913 verschiedene Expeditionen von Stützpunkten auf Ross Island in die Antarktis und machten wichtige Entdeckungen auf dem Gebiet der Geologie und Meteorologie. Shackletons Gruppe näherte sich dabei dem Südpol mit Schlitten bis auf 156 km, bevor sie umkehren mussten, weil ihre Vorräte zur Neige gingen.

Roald Amundsens norwegisches Team erreichte als Erstes am 14. Dezember 1911 den Südpol. Einen Monat später traf auch Robert Scotts Gruppe am Pol ein, doch kamen alle Teilnehmer auf dem Rückweg ums Leben, die letzten beiden nur 17 km von ihrem Vorratsdepot und von der Rettung entfernt. In den folgenden Jahrzehnten wurden große Teile der Antarktis aus der Luft kartographisch vermessen. 1949–52 startete die erste international besetzte Expedition in die Antarktis und nahm erstmals seismische Messungen über die Eisdicke vor.

Viele Staaten erheben territoriale Ansprüche auf die Eiswüste am Südpol: Großbritannien, Neuseeland, Australien, Frankreich, Norwegen, Chile und Argentinien.

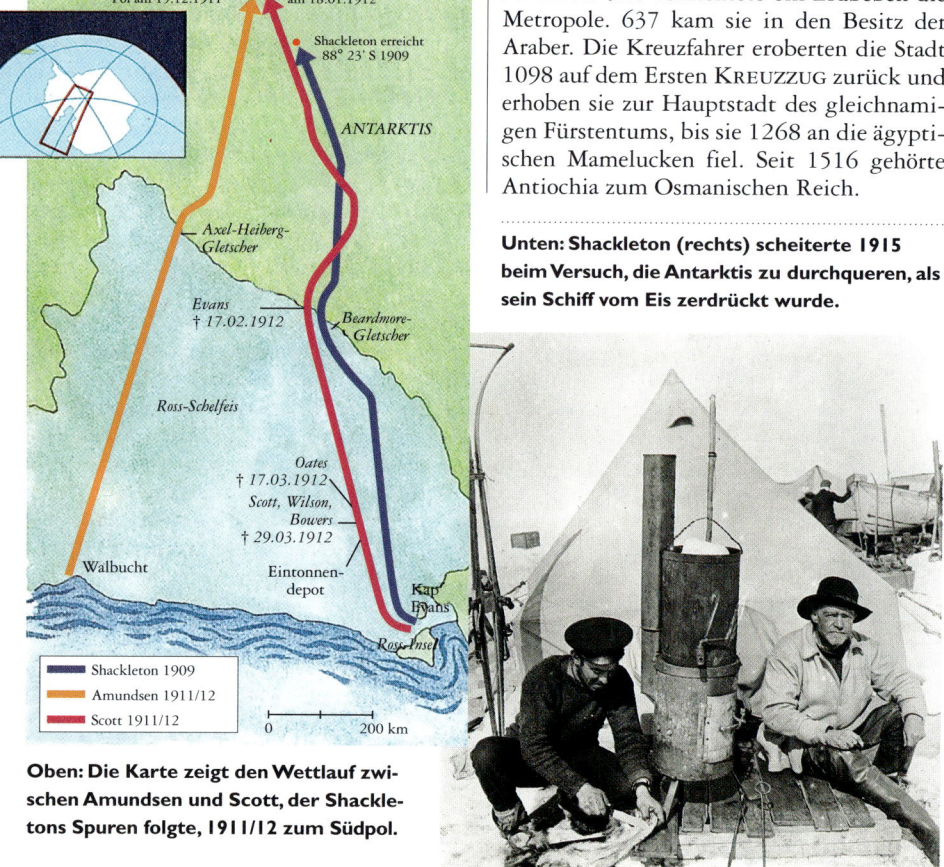

SÜDPOL
Amundsen erreicht den Pol am 15.12.1911
Scott erreicht den Pol am 18.01.1912
Shackleton erreicht 88° 23′ S 1909

ANTARKTIS

Axel-Heiberg-Gletscher

Evans † 17.02.1912
Beardmore-Gletscher

Ross-Schelfeis

Oates † 17.03.1912
Scott, Wilson, Bowers † 29.03.1912

Walbucht

Eintonnen-depot

Kap Evans

Ross-Insel

- Shackleton 1909
- Amundsen 1911/12
- Scott 1911/12

0 200 km

Oben: Die Karte zeigt den Wettlauf zwischen Amundsen und Scott, der Shackletons Spuren folgte, 1911/12 zum Südpol.

Der Antarktisvertrag, der 1961 von diesen Staaten sowie Belgien, Japan, Südafrika, der UdSSR und den USA und später von Brasilien, China, Indien, Polen, Uruguay, Italien und Deutschland unterzeichnet wurde, soll die Antarktis für friedliche Zwecke bewahren. Er verpflichtet zu wissenschaftlicher Zusammenarbeit und verbietet Kernexplosionen sowie die Lagerung von radioaktivem Abfall. 1991 einigte man sich auf ein 50-jähriges Verbot des Abbaus von Bodenschätzen. Die Antarktis ist auch wichtig für die Beobachtung des Ozonlochs, dessen Vergrößerung als Hinweis auf eine Störung des ökologischen Gleichgewichts verstanden wird.

Antiochia, heute Antakya, eine der reichsten Städte der Antike, nahe der Südgrenze der Türkei zu Syrien. Antiochia wurde um 300 v. Chr. von Seleukos I. als Hauptstadt der griechischen Provinz Syrien zum Gedenken an seinen Vater Antiochos, einen makedonischen Feldherrn, gegründet und war die Hauptstadt des Seleukidenreiches. 64 v. Chr. wurde sie von POMPEIUS für Rom erobert und entwickelte sich dank ihrer strategischen Lage an der Handelsstraße vom Nahen Osten zum Mittelmeer zur drittgrößten Stadt des Römischen Reiches. Sie erhielt ein Forum, Tempel, ein Theater, Aquädukte und Paläste. Antiochia war eines der ersten Zentren des Christentums: Hier predigte PETRUS und PAULUS kam auf seiner ersten Missionsreise in die Stadt, um die Heiden zu bekehren. 526 vernichtete ein Erdbeben die Metropole. 637 kam sie in den Besitz der Araber. Die Kreuzfahrer eroberten die Stadt 1098 auf dem Ersten KREUZZUG zurück und erhoben sie zur Hauptstadt des gleichnamigen Fürstentums, bis sie 1268 an die ägyptischen Mamelucken fiel. Seit 1516 gehörte Antiochia zum Osmanischen Reich.

Unten: Shackleton (rechts) scheiterte 1915 beim Versuch, die Antarktis zu durchqueren, als sein Schiff vom Eis zerdrückt wurde.

ŻYD TO OSZUST
jedyny Twój wróg

SIEKANINA
WODA
CHLEB
MLEKO

Stań! Przeczytaj widzu miły,
Jak Cię żydy oszczyły.
Zamiast mięsa szczuta siéka.
Brudnej wody da do mléka.
Rozczyn ciasta z robakami
Ugniatany jest nogami.

Antisemitische Plakate wie dieses von 1939 aus Polen mit Karikaturen von Juden, die Lebensmittel panschen, sollten in der Bevölkerung allgemeinen Hass schüren.

Antisemitismus, Abneigung und feindselige Einstellung gegenüber Juden. In vielen Abschnitten ihrer Geschichte sind die Juden Ziel von Beleidigung, Diskriminierung, Vertreibung und, besonders während des nationalsozialistischen HOLOCAUST, der Massenvernichtung gewesen. Die Behauptung der Juden, ein auserwähltes Volk zu sein, das Festhalten an ihrem eigenen Gott und das Befolgen besonderer religiöser Gesetze und Traditionen hat ihnen oft die Feindschaft anderer Völker eingetragen.

Im Römischen Reich erlangten nur wenige Juden das Bürgerrecht. Die frühen Christen warfen ihnen die Kreuzigung Christi vor und durch Jahrhunderte wurde dieses angebliche Vergehen benutzt, um einen von der Kirche gebilligten Antisemitismus zu rechtfertigen. Während des Mittelalters kam es vor allem in England, Spanien, Frankreich und Deutschland zu grausamen Judenverfolgungen. Seit dem 12. Jh. mussten sie oft aufgrund von besonderen Gesetzen abgesondert von anderen Menschen in GETTOS leben. Neben religiösen gab es auch handfeste wirtschaftliche Motive für den mittelalterlichen Antisemitismus. Da die katholische Kirche den Juden den Erwerb von Grundbesitz, den Ackerbau und die Ausübung zahlreicher handwerklicher Berufe untersagte, es den Christen aber zugleich verboten war, Zinsen zu nehmen, verlegten sich viele Juden auf den Geldverleih und das Bankwesen. So finanzierte etwa die spanische Königin ISABELLA I. Christoph COLUMBUS' Expedition in die Neue Welt 1492 weitgehend mit jüdischem Geld, was sie allerdings nicht daran hinderte, die Juden im selben Jahr auf Betreiben der INQUISITION aus Spanien vertreiben zu lassen.

Nach Osteuropa kamen die Juden während der Kreuzzüge; eine zweite Einwanderungswelle folgte auf den SCHWARZEN TOD 1348, der nach weit verbreiteter Ansicht ein Werk der Juden war, die angeblich die Brunnen vergiftet hatten. Rund 350 jüdische Gemeinden wurden damals in Deutschland durch Pogrome vernichtet. Die osteuropäischen Juden lebten in eigens für sie vorgesehenen, oft selbst verwalteten Orten, dem so genannten Städtel. Durch die drei polnischen Teilungen im 18. Jh. kam ein großer jüdischer Bevölkerungsanteil an Russland. Die Zarin KATHARINA DIE GROSSE wies den Juden ein ausgedehntes Siedlungsgebiet in den westlichen Provinzen zu und zwang Juden, Militärdienst zu leisten. Gegen die Juden gerichtete Pogrome begannen 1881 und führten zu einer starken Auswanderung in die USA und zur Gründung zionistischer Siedlungen in PALÄSTINA.

Nach dem Ersten Weltkrieg gab die nationalsozialistische Propaganda den Juden die Schuld an Deutschlands Niederlage. Seit Hitlers Machtergreifung 1933 nahmen die Nationalsozialisten die behauptete Überlegenheit der arischen Rasse und die Notwendigkeit rassischer Reinheit als Vorwand, um die Juden zu verfolgen. Hitler setzte dann in die Tat um, was er die „Endlösung der Judenfrage" nannte, ein Programm des Massenmords mit dem Ziel, die gesamte jüdische Rasse auszurotten. Im HOLOCAUST kamen ca. 6 Mio. Juden in Arbeits- und Konzentrationslagern ums Leben.

1961 erklärte der Weltkirchenrat, Antisemitismus widerspreche den Lehren Christi,

Der Apachenhäuptling Geronimo gehörte zu einem der erbittertsten Gegner der amerikanischen Armee.

Internationale Wirtschaftssanktionen trugen wesentlich dazu bei, die südafrikanische Regierung 1991 zu zwingen, die seit 1948 geltenden, strengen Apartheidsgesetze abzuschaffen.

und 1965 verurteilte das Zweite Vatikanische Konzil den Rassismus und bestritt die Verantwortung der Juden für den Tod Christi. In Europa zeigt das Aufkommen neonazistischer Gruppen und die sporadische Schändung jüdischer Denkmale in Deutschland, Frankreich und Großbritannien, dass der Antisemitismus weiterlebt.

Antonescu, Ion (1882–1946), rumänischer Offizier, der 1940 König Carol II. zur Abdankung zwang und die Macht übernahm. Antonescu unterstützte die Achsenmächte Deutschland, Italien und später Japan und nahm an der deutschen Invasion der UdSSR teil. Nach dem Einmarsch der ROTEN ARMEE 1944 in Rumänien verhaftet, wurde er 1944 als Kriegsverbrecher hingerichtet.

Antonius (um 82–30 v. Chr.), römischer Feldherr, der die Grabrede auf Julius CAESAR hielt und später KLEOPATRAS Liebhaber wurde. Nach Caesars Ermordung 44 v. Chr. ergriff Antonius die politische Initiative gegen die Mörder und eignete sich die Macht in der Stadt an. Bei Mutina 43 v. Chr. von den Truppen OCTAVIANS, Caesars designiertem Nachfolger, besiegt, entkam Antonius nach Gallien. Er söhnte sich mit Octavian aus und bildete mit ihm und Lepidus das zweite Triumvirat. Das Trio entledigte sich seiner politischen Feinde und schlug Brutus und Cassius 42 v. Chr. bei Philippi.

Bald nachdem Antonius den Oberbefehl über Roms östliche Mittelmeergebiete erhalten hatte, begann er eine Liaison mit Kleopatra. Zwar war sie eine mächtige Verbündete, doch kostete sie Antonius viel Unterstützung in Rom, wo ihre Heirat als illegal betrachtet wurde. Als Antonius 43 v. Chr.

Caesarion – Kleopatras Sohn, angeblich von Caesar – statt Octavian zu Caesars Erben erklärte, wurde der Krieg unvermeidlich. Von Octavian bei AKTIUM vor der griechischen Küste besiegt, floh Antonius nach Ägypten, wo er Selbstmord beging.

Apachen, nordamerikanisches Indianervolk. In prähistorischer Zeit lebten sie als Nomaden in den Great Plains, von denen sie bis zum 15. Jh. allmählich südwärts in die Halbwüsten zogen. Spanische Forscher trafen die Apachen im späten 16. Jh. in Arizona, New Mexico, Texas und in Nordmexiko an und bis zum frühen 17. Jh. entwickelten sich regelmäßige Kontakte zu den spanischen Siedlungen. Bis zur Mitte des 18. Jh. trieben die Komantschen sie schließlich nach Westen. Ihre neue Heimat brachte sie im 19. Jh. in Konflikt mit den expandierenden USA, als diese die betreffenden Gebiete von Mexiko erwarben. Seit 1861 kämpften sie zusammen mit den Navajo gegen die amerikanische Armee, wurden aber 1886 endgültig besiegt. Heute leben etwa 21 000 Apachen in den Reservaten der USA.

Apartheid, die in Südafrika praktizierte Rassenpolitik zwischen 1948 und 1991, die der weißen Minderheit die politische, wirtschaftliche und kulturelle Vorherrschaft sicherte. Sie bedeutete die strikte Trennung der Schwarzen von den Weißen in allen Bereichen des öffentlichen Lebens, beim Erwerb von Landbesitz, bei der Wahl des Wohnorts, des Arbeitsplatzes und des Ehepartners, beim Bildungsangebot, bei der Ausübung des Glaubens und im Bereich des Sports. Die Politik geht auf die Trennung von den Einheimischen zurück, die von den holländischen Siedlern seit dem 17. Jh. praktiziert wurde. Von 1948 an wurde die Apartheid durch rund 300 Gesetze und durch die Verweigerung einer parlamentarischen Vertretung Nichtweißer durchgeführt. Die Gründung von HOMELANDS nahm den Bantu sprechenden Völkern die südafrikanische Staatsangehörigkeit und gab ihnen dafür die Illusion der Unabhängigkeit.

Seit 1984 wurden die Beschränkungen allmählich gelockert, doch erst auf internationalen Druck hin hob Präsident Frederik Willem de KLERK 1991 die Apartheid vollständig auf. Im gleichen Jahr trat ein Kongress für ein demokratisches Südafrika zusammen, bestehend aus der Regierung Südafrikas und 18 politischen Gruppen, um die notwendigen Änderungen an der auf Rassentrennung beruhenden Verfassung vorzubereiten. Die Wahl Nelson MANDELAS 1994 zum ersten schwarzen Präsidenten Südafrikas bedeutete das Ende der Apartheid.

Appeasement, „Beschwichtigung", abfällig gebrauchter Begriff, der die Bemühungen des britischen Premierministers Neville CHAMBERLAIN und seines französischen Kollegen Edouard DALADIER beschreibt, die außenpolitischen Forderungen der Achsen-

Arbeiterschutzgesetze von 1833 verboten den Einsatz von Kindern in britischen Bergwerken. Die Grubenbesitzer bevorzugten Kinder, weil manche Kohlenflöze so eng waren, dass Erwachsene darin nicht arbeiten konnten.

mächte Deutschland und Italien 1936–39 zu befriedigen. Ihre Politik ermöglichte es Adolf HITLER, das RHEINLAND zu besetzen, Österreich zu annektieren und nach dem MÜNCHENER ABKOMMEN von 1938 das Sudetenland dem Deutschen Reich einzugliedern. Die Appeasement-Politik endete, als Hitler entgegen seinen Versicherungen von München im März 1939 die Tschechoslowakei besetzen ließ. Großbritannien und Frankreich sicherten daraufhin Rumänien, Griechenland und Polen im Fall eines deutschen bzw. italienischen Angriffs Hilfe zu.

Aquitanien, historische Landschaft im Südwesten Frankreichs, von den Römern Aquitania genannt. Während der Völkerwanderung litt Aquitanien unter der Invasion germanischer und baskischer Stämme. Im 8. Jh. kam das Land zwischen Loire, Zentralmassiv und Pyrenäen unter fränkische Herrschaft, bewahrte jedoch weitgehend seine Unabhängigkeit. Nach dem Zusammenbruch der karolingischen Macht im 10. Jh. fiel das Herzogtum Aquitanien an die Grafen von Poitou. Als Herzogin ELEONORE VON AQUITANIEN im 12. Jh. König Ludwig VII. von Frankreich heiratete, kam ihr Reich für kurze Zeit an die französische Krone. 1152 wurde sie jedoch geschieden. Als ihr neuer Mann, der Graf von Anjou, zwei Jahre später als HEINRICH II. König von England wurde, kam Aquitanien an die englische Krone. Zusammen mit den Herzogtümern Normandie und Bretagne sowie den Grafschaften Anjou, Maine und Tourraine bildete es das mächtige Angevinische Reich, um das Frankreich und England in den folgenden Jahrhunderten erbittert kämpften, bis Frankreich es im HUNDERTJÄHRIGEN KRIEG um die Mitte des 15. Jh. endgültig zurückgewann.

Arabische Liga, Organisation arabischer Staaten, am 22. März 1945 in Kairo von Libanon, Ägypten, Irak, Syrien, Jordanien, Jemen und Saudi-Arabien gegründet. Heute gehören der Liga 22 arabische Staaten sowie Palästina an. Ihr Ziel ist es, die Unabhängigkeit und Unverletzlichkeit ihrer Mitgliedsstaaten zu schützen. Sie trug mit zur Ablösung der französischen und britischen Kolonialherrschaft im Nahen Osten und Nordafrika bei, konnte jedoch die Gründung des Staates ISRAEL nicht verhindern. Nach dem CAMP-DAVID-ABKOMMEN von 1978 wurde Ägypten für elf Jahre aus der Liga ausgeschlossen.

Arafat, Jasir Mohammed (1929–), palästinensischer Politiker. In Jerusalem geboren, wirkte er bei der Bildung der Al-Fatah-Bewegung mit, deren Führer er 1968 wurde. 1969 übernahm er den Vorsitz der militanten PLO, der Palästinensischen Befreiungsorganisation, die ihr von Israel besetztes Land zurückforderte. Arafat organisierte in den folgenden Jahren Guerillaüberfälle und terroristische Anschläge gegen Israel. 1982 vertrieb die israelische Armee die PLO aus ihrem Hauptquartier im Libanon. 1983 errichtete Arafat eine neue Basis in Tunesien. 1988 sprach er erstmals vor der UNO, wo er Gewalt verwarf, die Existenz Israels anerkannte und eine politische Lösung für das Palästinaproblem forderte. 1993 übernahm Arafat in Gaza den Vorsitz in der neuen palästinensischen Selbstverwaltung, die den Gazastreifen und eine Reihe autonomer palästi-

nensischer Städte auf der West Bank kontrolliert. Seit 1996 ist er Präsident des Autonomierats, der palästinensischen Regierung. In den letzten Jahren schwindet Arafats Einfluss unter den Palästinensern zunehmend, weil er nach Ansicht der Radikalen im eigenen Lager den Israelis zu viele Konzessionen bei den Friedensgesprächen macht.

Aragón, früheres Königreich, heute Region in Nordspanien. Die ehemals römische Provinz wurde im 5. Jh. von den Westgoten und Anfang des 8. Jh. von den Mauren erobert. Ramiro I. erhob die Grafschaft im 11. Jh. zum Königreich. Im Zug der RECONQUISTA kamen 1137 die Grafschaft Katalonien, 1235 die Balearen und 1238 Valencia hinzu. Während des 14. Jh. erweiterten die Könige von Aragón ihr Reich um Sardinien und Sizilien, später kam noch Neapel hinzu. Die Heirat Ferdinands II. von Aragon mit ISABELLA I. von Kastilien führte 1479 zur Vereinigung der beiden Königreiche Aragón und Kastilien und legte den Grundstein zur Herausbildung des spanischen Staates.

Arbeiter- und Soldatenräte, revolutionäre Kampforgane gegen die herrschende Klasse, die aus Streikkomitees und Gruppen kriegsmüder Soldaten hervorgingen, wie z. B. 1917 in Russland. In Deutschland entstanden sie im November 1918 im Anschluss an die Meuterei der Matrosen in Kiel. Ihr Ziel war die Beseitigung der parlamentarischen Demokratie und die Errichtung der Herrschaft des Proletariats mithilfe gewählter Räte. Bereits 1919 wurden sie wieder gewaltsam aufgelöst.

Arbeiterschutzgesetze, Gesetze, die die Arbeitsbedingungen der Arbeiter in Textilfabriken im 19. Jh. regelten, vor allem der Frauen und Kinder, die oft 12–16 Stunden täglich und manchmal unter gefährlichen Bedingungen arbeiteten. In Großbritannien verbot ein Gesetz von 1833 die Beschäftigung von Kindern unter neun Jahren, beschränkte die Arbeitszeit älterer Kinder und setzte Fabrikinspektoren ein. Weitere Gesetze in den folgenden Jahrzehnten regelten den Schutz der Arbeiter in Bergwerken und anderen Industriezweigen, reduzierten den Arbeitstag auf zehn Stunden und hoben das Mindestalter der Arbeiter auf 14 Jahre an. Bis Ende des 19. Jh. hatten die meisten europäischen Staaten ein differenziertes Arbeitsrecht geschaffen, wobei eine wirksame Kontrolle der Bestimmungen schwierig war. Da Kinderarbeit, lange Arbeitszeiten und schlechte Arbeitsbedingungen für Frauen in vielen Ländern verbreitet blieben, bildete der VÖLKERBUND 1919 die Internationale Arbeitsorganisation zum Schutz der Rechte der Arbeiter, der heute 174 Länder angehören.

Deutsche Soldaten rücken während der Ardennenoffensive an brennenden Fahrzeugen der amerikanischen Armee vorbei vor.

Archimedes (um 285–212 v. Chr.), griechischer Mathematiker und Erfinder. Archimedes machte sich einen Namen als Statiker und Ingenieur, der sich mit einer Vielzahl praktischer Probleme befasste. Als die Römer 212 v. Chr. seine Heimatstadt Syrakus belagerten, erfand er verschiedene Wurfmaschinen, die die Einnahme der Stadt hinauszögerten. Archimedes entdeckte auch das Hebelgesetz und erfand den Flaschenzug. Er behauptete, ein einzelner Mann könne einen beliebig schweren massiven Gegenstand bewegen, wenn der Hebel lang genug und der Drehpunkt nahe an dem zu bewegenden Gegenstand sei. Archimedes soll nackt durch die Straßen von Syrakus gerannt sein und „Heureka!" („Ich habe es gefunden!") gerufen haben, als er beim Einsteigen in sein Badebecken bemerkte, dass ein Gegenstand am Volumen des von ihm verdrängten Wassers gemessen werden kann. Archimedes wurde von einem römischen Soldaten erschlagen.

Ardennenoffensive (16. Dezember 1944 bis 21. Januar 1945), die letzte ernst zu nehmende deutsche Gegenoffensive gegen die alliierten Streitkräfte im Zweiten Weltkrieg. Sie ging auf die Entscheidung Hitlers zurück, durch das bergige, bewaldete Gelände der Ardennen die vorrückenden amerikanischen Streitkräfte überraschend anzugreifen. Die Offensive geriet bereits nach zwei Tagen aufgrund des massiven Einsatzes der gegnerischen Luftwaffe ins Stocken. Die Alliierten gingen zum Gegenangriff über und verhinderten, dass die Deutschen ihr Ziel, die Rückeroberung der Hafenstadt Antwerpen, erreichten. Die Wehrmacht verlor bei dem Einsatz u. a. über 1000 Flugzeuge.

Argentinien, zweitgrößter Staat in Südamerika. Die Spanier waren die ersten Europäer, die im 16. Jh. Argentinien kolonisierten. Sie trieben Ackerbau und züchteten Vieh auf den fruchtbaren Pampas. Zunächst gehörte die Region zum Vizekönigreich Peru; 1776 wurde ein eigenes Vizekönigreich La Plata mit der Hauptstadt Buenos Aires eingerichtet als Bollwerk gegen die portugiesische Expansion. Auf dem Kongress von Tucumán 1816 erklärten die „Vereinigten Provinzen am Rio de la Plata" ihre Unabhängigkeit vom spanischen Mutterland. Der Konflikt zwischen den Zentralisten, die einen starken Einheitsstaat anstrebten, und den Föderalisten in den Provinzen prägte die Entwicklung Argentiniens im gesamten 19. Jh. Das Fehlen eines politischen oder verfassungsmäßigen Rahmens führte zu einer Epoche rasch wechselnder Militärdiktaturen, bis 1853 eine Verfassung verkündet wurde. Eingewanderte Arbeiter, vor allem aus Spanien und Italien, die intensive landwirtschaftliche Nutzung der Pampas und der Ausbau des Eisenbahnnetzes trugen zu einer starken Steigerung des Rindfleisch- und Getreideexports bei. Der Zustrom von Einwanderern ließ die Bevölkerung von 1,2 Mio. im Jahr 1852 auf 8 Mio. 1914 anwachsen.

Mit einem Militärputsch 1930 etablierten sich die Streitkräfte als oberste Autorität der argentinischen Politik. Das Unvermögen, dauerhafte demokratische Zivilregierungen und wirtschaftliches Wachstum zu erreichen, führte zu zahlreichen Interventionen des Militärs. 1946–55 lenkten der ehemalige Offizier Juan Domingo PERÓN und seine Frau Evita die Geschicke Argentiniens. Perón wurde 1955 von der Armee abgesetzt, aber nach 18 Jahren im Exil trotz Widerstands des Militärs 1973 erneut zum Präsidenten gewählt. Auf seinen Tod 1974 folgte eine weitere Periode der Militärdiktatur. In diesem besonders bitteren Abschnitt autoritärer Regierung verloren nach Schätzungen 20 000 Argentinier ihr Leben, als die Militärs Menschen, in denen sie Gegner ihrer Herrschaft vermuteten, verhaften, foltern und ermorden ließen.

1982 erlitten die Streitkräfte eine demütigende Niederlage im FALKLAND-KRIEG gegen Großbritannien und 1983 wurde eine Zivilregierung unter Präsident Raul Alfonsín gewählt. Auf dem Weg zur Demokratie stand Argentinien vor ernsten Problemen, vor allem wegen der bankrotten Volkswirt-

schaft. 1989 kamen die Peronisten mit Carlos Menem als Präsidenten wieder an die Macht. Die diplomatischen Beziehungen zu Großbritannien wurden wieder aufgenommen und die Wirtschaft erlebte einen bescheidenen Aufschwung. Menem wurde 1995 erneut gewählt.

Arianismus, christliche Lehre, die die Gottheit Christi leugnet. Sie ist nach Arius benannt, einem vermutlich aus Libyen stammenden Priester, der im 4. Jh. in Alexandria lebte. Er erklärte, Jesus sei nicht mehr als ein außergewöhnlicher Mensch. Seine Lehren erreichten ein breites Publikum, aber das Konzil von NICÄA exkommunizierte ihn 325. Das Römische Reich war in dieser Kontroverse gespalten und Kaiser THEODOSIUS I. DER GROSSE verurteilte den Arianismus als Ketzerei. Doch die arianische Lehre war bereits zu den Westgoten gelangt, die damals auf dem Balkan siedelten. Als gläubige Arianer trugen sie die Lehre auf ihrer Wanderung auch nach Spanien. Der Glaube hielt sich an manchen Orten bis ins 6. Jh.

Arier, in vorgeschichtlicher Zeit im Iran und in Nordindien lebende Völker der indoeuropäischen Sprachfamilie. Aus ihrer Sprache ging das Sanskrit, die Sprache der klassischen und heiligen Hindutexte hervor. Die Arier wanderten 2000–1200 v. Chr. von Norden nach Persien ein und drangen von dort ins Indus- und Gangestal vor. Der Begriff bedeutet in Sanskrit so viel wie „der Edle" und findet sich noch heute in dem aus dem Griechischen stammenden Wort Aristokrat wieder. Während des 19. Jh. wurde der sprachwissenschaftlich und ethnologisch verwendete Begriff zunehmend politisiert. Der französische Diplomat Joseph Arthur Graf von Gobineau vertrat die Ansicht von der Überlegenheit der arischen Rasse, die angeblich für alle Fortschritte der Menschheit verantwortlich und den Semiten, Asiaten und Schwarzen in jeder Beziehung überlegen sei. Die Arier wurden dann mit den nordischen bzw. germanischen Völkern gleichgesetzt. Die Nationalsozialisten machten sich die Idee in ihrer Rassentheorie zu Eigen und nahmen sie als Vorwand, die Juden zu vernichten.

Aristokratie, Regierungsform eines bestimmten sozialen Standes, der meist aufgrund seines Grundbesitzes oder seiner Funktion eine privilegierte Stellung in der Gesellschaft einnimmt. Der aus dem Griechischen stammende Begriff bedeutet „Herrschaft der Besten". Die Staatstheoretiker PLATON und ARISTOTELES gingen davon aus, dass man

> **WUSSTEN SIE, DASS?**
>
> Evita Peron, in Argentinien als Volksheldin verehrt, feierte 1976 in Andrew Lloyd Webbers Musical Evita weltweit eine Renaissance. Das Stück wurde in 28 Ländern und 14 Sprachen aufgeführt – allerdings bisher noch nicht in Argentinien.

politische Macht am sinnvollsten in die Hände derjenigen gibt, die durch Bildung, Beruf oder gesellschaftlichen Rang ihre Fähigkeit bewiesen haben, sie maßvoll auszuüben. Diese Annahme wurde durch die demokratischen Ideen, wie sie in den Revolutionen in Amerika 1776 und Frankreich 1789 genährt wurden, infrage gestellt. Der Adel als politisch dominierende Klasse verlor spätestens nach dem Ersten Weltkrieg seine Macht.

Aristoteles (384–322 v. Chr.), griechischer Philosoph, der wesentlichen Einfluss auf das westliche Denken hatte. Mit 17 Jahren trat er in PLATONS Akademie ein, der er – zunächst als Schüler, dann als Lehrer – bis 348 v. Chr. angehörte. 343/42 v. Chr. war er Erzieher ALEXANDERS DES GROSSEN. Im Jahr 335 v. Chr. kehrte er nach Athen zurück und gründete dort seine eigene Schule, die sich besonders dem Studium der Natur widmete. Aristoteles' Werk war sehr umfangreich und umfasste naturwissenschaftliche, philosophische und politische Schriften. Es war den römischen Philosophen gut bekannt, geriet aber nach dem Untergang des Römischen Reiches in Vergessenheit. Als griechische Akademiker nach der Eroberung Konstantinopels durch die Osmanen 1453 nach Italien flohen, brachten sie Aristoteles' Gedankengut mit und entdeckten den griechischen Philosophen wieder. Ins Lateinische übersetzt, formten seine Schriften die Entwicklung des mittelalterlichen Denkens in Kunst und Wissenschaft. THOMAS VON AQUIN brachte aristotelische Ideen mit der christlichen Theologie in Einklang.

Arktis, nördlichste Region der Erde um den Nordpol. Sie umfasst das vereiste Nordpolarmeer, den äußersten Norden Nordamerikas und Eurasiens sowie die zahlreichen vorgelagerten Inselgruppen. Die Suche nach einer Nordwest- und einer Nordostpassage von Europa in den Fernen Osten bildete seit dem 16. Jh. den Anlass für arktische Forschungsreisen. 1845 endete der Versuch Sir John Franklins, eine Nordwestpassage zu finden, mit seinem Verschwinden. Die über 40 Suchtrupps, die ihn retten sollten, brachten wertvolle Erkenntnisse über die arktische Region mit. Erst 1903–06 gelang es dem Norweger Roald Amundsen, die Nordwestpassage an einem Stück zu bewältigen. Dem schwedischen Polarforscher Adolf Erik Freiherr von Nordenskiöld war es vorbehalten, 1878/79 als Erster die Nordostpassage von Norwegen zur Beringstraße zu bezwingen. Und 1909 erreichte nach mehreren gescheiterten Versuchen der Amerikaner Robert E. Peary den Nordpol.

Für die Bodenschätze der Arktis interessieren sich viele Staaten, militärisch präsent in der Region sind nur die USA und Russland. 1996 gründeten die acht Anrainerstaa-

ten der Arktis den Arktischen Rat, um die traditionelle Lebensweise der INUIT zu bewahren und die Umwelt in der Polarregion vor willkürlicher Ausbeutung der Erdölreserven sowie vor unkontrollierten Waffentests zu schützen.

Armenien, zentrales Hochland zwischen Anatolien und dem Iran. Die heutige Republik umfasst allerdings nur den nördlichen Teil des historischen Armenien rund um den Sewansee. Die Armenier gehören zu den indogermanischen Völkern mit einer eigenen Sprache, die seit dem 7. Jh. v. Chr. in der Region siedelten. Sie wurden Teil des Persischen Reiches und kamen später unter die Herrschaft Alexanders des Großen. König Tigranes I. errichtete im 1. Jh. v. Chr. ein einheitliches Reich, das sich von Georgien bis nach Mesopotamien und Syrien erstreckte. Nach der Niederlage des Königs gegen Pompeius 66 v. Chr. wurde Armenien Rom tributpflichtig.

Das Christentum breitete sich rasch aus und um 300 n. Chr. war Armenien der erste christliche Staat der Welt. 640 eroberten die Araber das Land, 885 gewann die armenische Dynastie der Bagratiden die Herrschaft, die sie bis zum 11. Jh. ausübten, danach fiel die Region an die Byzantiner und die Mongolen. 1514 unterwarfen die Osmanen den größten Teil Armeniens. Die Rufe nach Unabhängigkeit wurden nach Greueltaten der Osmanen gegen armenische Christen immer lauter. Europäische diplomatische Bemühungen um einen friedlichen Ausgleich vermochten die Massaker an tausenden von Armeniern 1894–96 allerdings nicht zu verhindern. Aus

In einer pompösen Eröffnungszeremonie wurde am 16. August 1875 vor 30 000 Menschen und im Beisein Kaiser Wilhelms I. und des Kronprinzen das Hermannsdenkmal eingeweiht.

Furcht vor armenischen Sympathien für den russischen Feind im Ersten Weltkrieg beschloss die Regierung in Konstantinopel 1915, die 1,75 Mio. Armenier zu deportieren. Vermutlich 600 000 –1 Mio. von ihnen starben auf dem Weg nach Syrien und Palästina an Hunger oder wurden getötet. Im Frieden von Lausanne 1922 bestätigten die Siegermächte des Ersten Weltkriegs die Zugehörigkeit des ehemaligen osmanischen Teils Armeniens zur neuen türkischen Republik. Der von Russland beherrschte Nordostteil Armeniens kam 1920 unter kommunistische Herrschaft und erhielt 1936 den Status einer Republik der UdSSR.

1989 brachen ethnische Kämpfe über den Status der christlich-armenischen Region Berg-Karabach innerhalb des islamischen ASERBAIDSCHAN aus. Nachdem die Republik Armenien 1991 ihre Unabhängigkeit von der UdSSR erklärt hatte, weiteten sich die Spannungen im Mai 1992 zum Krieg aus, als armenische Streitkräfte in Berg-Karabach einrückten und einen Teil des aserbaidschanischen Territoriums eroberten. Ein Waffenstillstand scheiterte 1994 und Armenien zog sich 1995 aus den Friedensgesprächen zurück. Der Konflikt forderte bisher mehr als 25 000 Todesopfer und rund 350 000 Armenier wurden aus Berg-Karabach vertrieben.

Arminius (um 16 v. Chr. –um 21 n. Chr.), Stammesführer der CHERUSKER. Er galt in seiner Jugend als Römerfreund, änderte dann aber seine Einstellung und besiegte 9 n. Chr. im Verbund mit anderen Germanenstämmen die Römer in der Schlacht im TEUTOBURGER WALD. Aus dem Krieg mit den Markomannen ging er ebenfalls siegreich hervor. Da er seinen Stammesgenossen zu mächtig wurde, ermordeten sie ihn. Arminius hatte wesentlichen Anteil daran, dass die Römer auf die Eroberung der rechtsrheinischen Gebiete verzichteten. Im 19. Jh. erlebte Arminius, fälschlich Hermann genannt, eine Renaissance als nationaler Freiheitsheld und man errichtete ihm zu Ehren bei Detmold das 1875 eingeweihte Hermannsdenkmal.

Arnheim, Schlacht von (September 1944), Luftlandeunternehmen der Alliierten im ZWEITEN WELTKRIEG in den Niederlanden. Insgesamt 5000 Flugzeuge setzten in mehreren Wellen drei Divisionen britischer, amerikanischer und polnischer Fallschirmspringer hinter den deutschen Linien ab und versuchten, Brücken über den Niederrhein zu erobern, um den Alliierten den Vormarsch nach Deutschland zu ermöglichen. Die erste Welle landete ohne große Verluste am 17. September. Dabei fiel der Wehrmacht der alliierte Operationsplan in die Hände, sodass die deutschen Abwehrstellungen auf den zweiten Angriff bei Arnheim am 18. September vorbereitet waren. Auch wenn die Alliierten andere Rheinübergänge erobern konnten, die strategisch wichtige Brücke von Arnheim blieb in deutscher Hand. Die verlustreichen Kämpfe kosteten rund 17 000 alliierten Soldaten das Leben, die Deutschen verloren etwa 10 000 Mann und die Niederländer beklagten den Tod von mehr als 10 000 Zivilisten. Die Schlacht von Arnheim war Feldmarschall Bernhard Law MONTGOMERYS einzige schwere Schlappe im Zweiten Weltkrieg.

Artaxerxes II. Mnemon (436–358 v. Chr.), König von Persien 404–358 v. Chr. Seine lange Regierungszeit über das Persische Reich war von Unruhen bestimmt. Ägypten lehnte sich 404 v. Chr. auf und ging verloren. Sein jüngerer Bruder Kyros erhob sich an der Spitze von 10 000 griechischen Söldnern gegen ihn, wurde aber 401 v. Chr. bei Kunaxa getötet. Durch Unterstützung der griechischen Feinde Spartas gewann Artaxerxes II. die griechischen Städte Kleinasiens im Frieden des Antalkidas wieder. Der König wurde weitgehend von seiner Frau und seiner Mutter gelenkt und verließ sich in seinen militärischen und politischen Entscheidungen weitgehend auf seine Minister. 373 v. Chr. chlossen sich mehrere Provinzgouverneure, SATRAPEN, zusammen, um ihn zu stürzen, doch konnte Artaxerxes II. 366 v. Chr. die Revolte niederschlagen. Danach setzte er die meisten Rebellen gnädig wieder in ihre früheren Ämter ein.

Sein Sohn, Artaxerxes III. Ochos, tötete dagegen die meisten seiner Verwandten und vernichtete zwei aufständische Satrapen, um seine Macht zu sichern. 343 v. Chr. gelang ihm die Rückeroberung Ägyptens.

Artus, sagenhafter König der keltischen Briten, der im 5. und 6. Jh. gegen die sächsischen Eroberer Englands kämpfte. Seine historische Existenz ist umstritten. Artus wird gewöhnlich als mächtiger König dar-gestellt, der eine ausgewählte Schar von Rittern der Tafelrunde, die durch die Ideale des Rittertums und eine halb mystische Form des Christentums verbunden sind, an seinem Hof nach Camelot versammelt. Diese romantische Sage wurde im 12. und 13. Jh. erfunden und hat wenig Verbindung mit einem denkbaren historischen Artus. Der Chronist Nennius behauptete im 9 Jh., Artus habe eine britische Streitmacht gegen die Sachsen befehligt, deren Überfälle auf Britannien nach dem Abzug der römischen Legionen zunahmen. Nach Nennius schlug Artus die Sachsen um 516 am Mount Badon, wurde aber in einer späteren Schlacht bei Camlan 537 tödlich verwundet. Der Mönch und Geschichtsschreiber Gildas erwähnte zwar Badon, brachte mit dem Sieg aber nicht Artus in Verbindung. Weder der Mount Badon noch Camlan sind identifiziert worden, auch Schloß Camelot konnte bisher nicht eindeutig festgelegt werden.

WUSSTEN SIE, DASS?

Nach der Sage erhielt König Artus das Zauberschwert Exkalibur von einer Frau aus dem See. Nach seinem Tod wurde das Schwert wieder in den See geworfen, und eine Hand soll es aufgefangen haben.

Aschoka (3. Jh. v. Chr.), bedeutendster Herrscher der Maurja-Dynastie. Er schuf das erste indische Großreich, das sich vom Ganges und Indus bis fast zur Südspitze des indischen Subkontinents erstreckte. Aschoka erhob den BUDDHISMUS zur Staatsreligion und wurde wegen seiner hohen moralischen Grundsätze gerühmt. Das buddhistische Dharma – die Lehre über die religiöse Wahrheit – lehrte ihn die Toleranz gegenüber anderen Religionen.

Nach den grausamen Exzessen, die sich bei der Eroberung von Kalinga ereigneten – 100 000 Tote und mehr als 150 000 Deportierte –, lehnte er den Krieg wegen des Leids, das er verursachte, ab und verlegte sich auf eine friedliche und maßvolle Politik. Aschoka ließ die Grundsätze seiner weisen Herrschaft überall in Indien auf Felsen und Säulen meißeln. Die Inschriften auf diesen so genannten Säulenedikten berichten von seinen Gedanken und Taten und lassen den Schluss zu, dass er ein fähiger Herrscher war, der ein bemerkenswertes Verwaltungssystem aufbaute. Aschoka errichtete darüber hinaus zahlreiche buddhistische Klöster und sandte Missionare in die Nachbarländer und bis nach Syrien, Ägypten und Griechenland. Er richtete Hospitäler ein und milderte allzu strenge Gesetze. Aschoka unterhielt ein stehendes Heer, einen Geheimdienst und eine große Beamtenschaft. Nach seinem Tod zerfiel sein Reich unter seinen Nachfolgern, doch gilt er allgemein als der bedeutendste unter den frühen Herrschern Indiens.

Aserbaidschan, westlich des Kaspischen Meeres gelegene historische Landschaft im Kaukasus und seit 1991 unabhängige Republik. Das im 1. Jh. v. Chr. von Pompeius unterworfene Gebiet kam seit dem 7. Jh. unter islamische Herrschaft und wurde im 13. Jh. Teil des mongolischen Weltreichs. Seit dem 16. Jh. war Aserbaidschan ein ständiger Zankapfel zwischen Persien und Russland. 1914 war der russische Teil Aserbaidschans um die Stadt Baku die größte Erdöl produzierende Region der Welt. 1922 schloss sich Aserbaidschan mit ARMENIEN und Georgien zur Transkaukasischen Sozialistischen Föderativen Sowjetrepublik zusammen, die sich 1936 jedoch wieder in Einzelrepubliken innerhalb der UdSSR spaltete.

Berg-Karabach, ein von christlichen Armeniern bewohntes Gebiet mit Selbstverwaltung in der Republik, ist Ursache von Konflikten zwischen Aserbaidschan und Armenien. Im Jahr 1989 unterstellte die UdSSR Berg-Karabach ihrer direkten Regierung, um die Auseinandersetzungen zu beenden. 1991 erklärte Aserbaidschan seine Unabhängigkeit, die Spannungen um die umkämpfte Region bestanden jedoch fort. Im Juni 1993 fand ein Staatsstreich statt, und ein Volksentscheid im Oktober bestätigte den früheren Generalsekretär der Kommunistischen Partei Gaidar Alijew als Präsidenten.

König Artus hält Hof auf Camelot. Der König, so heißt es in manchen Quellen, ersann den berühmten runden Tisch, um zu verhindern, dass die Ritter in Streit gerieten, wer der wichtigste sei.

Aspirin, weltweit das am häufigsten verwendete Arzneimittel gegen Schmerzen und Fieber. Entdecker des Medikaments ist der deutsche Chemiker Felix Hoffmann, dem es 1897 gelang, den Wirkstoff Acetylsalicylsäure synthetisch herzustellen. Zwei Jahre später brachten die Bayer-Werke das Medikament unter dem Handelsnamen Aspirin auf den Markt. Die Grundsubstanz Salicylsäure ist über 2000 Jahre alt. Der Naturstoff findet sich u. a. in der Silberweide, dem Mädesüß und der Teebeere. Bereits um 400 v. Chr. beschrieb der griechische Arzt Hippokrates ein Gebräu aus Weidenrinde zur Linderung der Schmerzen bei der Geburt. Seine Rezeptur wurde vom griechischen Pharmakologen Dioskurides im 1. Jh. n. Chr. übernommen. Im Mittelalter waren es die so genannten Kräuterweiber, die den Patienten den Weidenrinden-Extrakt verabreichten. Heute werden insgesamt 50 000 t des Aspirin-Wirkstoffs jährlich verbraucht, das entspricht 100 Mrd. Pillen. Nach neuesten Erkenntnissen hilft das Mittel – in richtiger Dosis angewandt – auch gegen Herzinfarkt und Schlaganfall.

Asquith, Herbert Henry (1852–1928), britischer Staatsmann und Premierminister 1908–16. Der liberale Politiker bekleidete 1892–95 das Amt des Innenministers und wurde 1905 Schatzkanzler in der Regierung von Sir Henry Campbell-Bannerman. Er führte in Großbritannien das Altersruhegeld ein und setzte sich für eine Verbesserung der Arbeitsgesetzgebung ein. 1908 ernannte der König Asquith zum Premierminister. Er unterstützte David Lloyd George bei der Einführung der Kranken- und Arbeitslosenversicherung 1911 und war maßgeblich an der Einschränkung des Vetorechts des britischen Oberhauses beteiligt. Die letzten Jahre seiner Amtszeit waren überschattet von sozialen Unruhen und Gewaltakten in Irland wegen des HOME-RULE-Gesetzes, das ein irisches Parlament in Dublin vorschlug. Während des Ersten Weltkriegs bildete Asquith

Die Assyrer waren gefürchtete und grausame Krieger. Ihre Überlegenheit im Kampf gründete sich auf ihren schnellen und wendigen, von Pferden gezogenen Streitwagen.

1915 eine Koalition mit den Konservativen. Aber Streit im Kabinett, militärische Niederlagen und Presseangriffe führten zu wachsender Unzufriedenheit, und 1916 löste ihn LLOYD GEORGE als Premierminister ab.

Assassinen, Angehörige einer geheimen Sekte der schiitischen Ismailiten, die ursprünglich dafür bekannt waren, ihre Feinde aus religiöser Pflicht zu ermorden. Hasan ibn Sabbah gründete die Sekte 1094 und errichtete sein Hauptquartier in der Bergfestung Alamut im Nordwesten Persiens. Von dort aus bedrohten die Assassinen moslemische Fürsten der Umgebung und christliche Kreuzfahrer durch Selbstmordkommandos. Die Angehörigen der Sekte waren davon überzeugt, ins Paradies zu gelangen, wenn sie bei der Ausführung ihres Auftrags starben. Die MAMELUCKEN setzten dem gefährlichen Treiben der Assassinen im 13. Jh. ein Ende.

Assyrien, Reich in Mesopotamien, das 2500–609 v. Chr. bestand. Auf dem Höhepunkt seiner Macht im 9.–7. Jh. v. Chr. beherrschte das Assyrische Reich den größten Teil des Vorderen Orients. Die Assyrer waren als grausame Krieger berühmt, entwickelten aber auch anspruchsvolle Formen der Verwaltung, Architektur und Kunst. Assyrien ist nach seiner ersten Hauptstadt, Assur am oberen Tigris, benannt. Die Stadt musste sich häufig gegen die kriegerischen Nachbarn verteidigen und präventive Kriegszüge gegen die Feinde brachten wachsenden Reichtum. Spätestens im 8. Jh. v. Chr. zog der assyrische König jedes Jahr mit seinem

> **WUSSTEN SIE, DASS?**
> *Der Name Assassinen stammt aus dem Französischen und bedeutet so viel wie meucheln, ermorden. Diese Bezeichnung erhielten die Sektenmitglieder von den ersten, überwiegend aus Frankreich stammenden Kreuzfahrern.*

Heer aus, um Tribute in seinem Reich zu erheben und um neue Eroberungen zu machen. Dabei ging man meist nach dem selben Muster vor: Die feindliche Stadt wurde belagert, gestürmt und dann zerstört, die Bewohner metzelte man nieder und hängte sie an Pfählen auf. Dieses Exempel reichte aus, um die umliegende Region zu veranlassen, sich widerstandslos der assyrischen Herrschaft zu unterwerfen.

Das altassyrische Reich entstand um 1800 v. Chr. Unter einer Reihe starker Herrscher breitete sich der assyrische Einfluss beiderseits des mittleren Euphrat und ins zentrale Anatolien aus, wo assyrische Kaufleute Handelskolonien einrichteten. König Schamschi-adad I. brachte MESOPOTAMIEN unter seine Kontrolle, aber nach seinem Tod wurde sein Reich von BABYLON angegriffen und fiel dann an die Mitanni, ein Volk aus dem Westen.

Unter Assur-uballit I. und seinen Nachfolgern gewann Assyrien im 14. Jh. v. Chr. die politische und wirtschaftliche Vorherrschaft im Zweistromland wieder zurück. Die Mitanni wurden besiegt, Nordmesopotamien gesichert und Babylon erobert. Während der Regierungszeit Tiglatpilesers I. 1114–1076 v. Chr. dehnte Assyrien seine Grenzen bis nach Syrien und Anatolien aus. Die nachfolgenden Herrscher sicherten die Macht und drangen bis nach Arabien vor. Mit Eisen, der Hauptquelle des Reichtums, wurde umfangreicher Handel getrieben. Der Gipfel der assyrischen Macht fällt mit der Herrschaft Tiglatpilesers III. zusammen, der 745–27 v. Chr. regierte. Er eroberte Syrien, Damaskus und Gaza und nahm erneut Babylon in Besitz, dem er aber begrenzte Autonomie zugestand. Diese Politik sicherte jedoch nicht dauerhaft den Frieden und das aufständische Babylon wurde 689 v. Chr. von

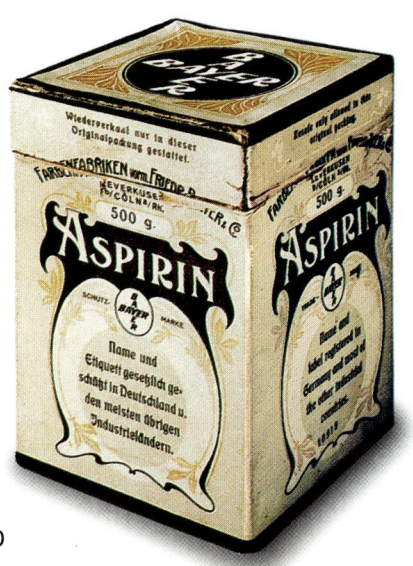

Im Gegensatz zu heute verkaufte man die Aspirintabletten zu Beginn des 20. Jh. offen aus Dosen wie dieser aus dem Jahr 1919.

König Sanherib vollständig zerstört, der Ninive zu seiner Hauptstadt erkor. 671 v. Chr. eroberte sein Sohn Asarhaddon sogar Ägypten bis Nubien. Assyrien erreichte damit seine größte Ausdehnung.

Bald darauf begann jedoch der Zerfall des Riesenreichs, das aufgrund seiner Größe nicht mehr regierbar war. Die Ägypter erhoben sich gegen König Assurbanipal, der durch andere Aufstände in seinem Reich geschwächt war, und sagten sich von der assyrischen Herrschaft los. MEDER und Babylonier eroberten schließlich in nur wenigen Jahren die wichtigsten assyrischen Städte – Assur 614 v. Chr., Ninive 612 v. Chr. – und verwüsteten das Land vollständig.

Astor, John Jacob (1763–1848), amerikanischer Pelzhändler, Finanzier und Begründer einer angesehenen angloamerikanischen Familie von Geschäftsleuten und Philanthropen. 1779 wanderte der in Walldorf bei Heidelberg geborene Johannes Jakob Astor aus Deutschland aus und arbeitete bis 1783 in London, von wo aus er nach Nordamerika ging. Dort stieg er in den Pelzhandel ein und hatte bis zum Jahr 1800 den Grundstein für sein Handelsimperium gelegt. Die von ihm gecharterten Schiffe befuhren den Atlantik und Pazifik. Innerhalb von zehn Jahren dominierte seine 1808 gegründete American Fur Company den Pelzhandel in den USA. 1834 verkaufte er seinen Anteil an der Gesellschaft und verbrachte seine restlichen Lebensjahre mit der Verwaltung seines höchst einträglichen Grundbesitzes.

Astrologie, in der Antike gleichbedeutend mit Astronomie, später nur noch in der Bedeutung der Sterndeutung in dem Glauben, dass die Gestirne die menschlichen Geschicke beeinflussen. Astrologie wurde von den Babyloniern betrieben, von den Griechen weiterentwickelt und gelangte durch die Araber ins christliche Europa. Astrologie galt als praktische Wissenschaft, aber auch als philosophisches System, das auf der Überzeugung beruhte, dass die Bewegungen am Himmel ihre Gegenstücke auf der Erde hätten. Die Astrologen behaupteten, durch Beobachtung der Kometen und der Planetenbewegungen im Tierkreiszeichen Kriege, Seuchen, Wetter und dergleichen vorhersagen zu können. Sie fanden einen Schlüssel zum Leben einer Person im Horoskop, das die Position der Planeten und der Tierkreissternbilder – die vor etwa 2000 Jahren erstmals benannt wurden – zum Zeitpunkt der Geburt festhielt.

Im 16. Jh. waren die meisten Päpste begeisterte Gönner von Astrologen und viele Herrscher suchten politische und medizinische Hilfe bei Hofastrologen. In England ernannte etwa Königin ELISABETH I. John Dee zum Hofastrologen und Albrecht von WAL-

LENSTEIN traf keine politische und militärische Entscheidung, ohne nicht zuvor seinen Astrologen Seni befragt zu haben. Doch gegen Ende des Jahrhunderts nahm die Beliebtheit der Astrologen rapide ab. 1586 verdammte eine päpstliche Bulle astrologische Vorhersagen, und da auch die Protestanten Gegner der Astrologie waren, wurde sie von der Kirche missbilligt. Die Astrologie wird heute von den meisten Naturwissenschaftlern angezweifelt, besitzt aber noch immer viele Anhänger.

Asyl, ursprünglich ein heiliger Ort, der allgemein als Zuflucht für Flüchtlinge anerkannt ist. Der Begriff stammt aus dem Griechischen und heißt eigentlich „unverletzlich". Das Asylrecht galt im alten Ägypten, Griechenland und Rom und wurde Ende des 4. Jh. auch auf die christliche Kirche ausgedehnt. Kaiser KONSTANTIN I. DER GROSSE erklärte Kirchen, Klöster und christliche Hospitäler zu Stätten des Asyls. Im Mittelalter konnten alle Kirchen Verbrechern vorübergehend Zuflucht gewähren.

In Frankreich wurde aufgrund des Missbrauchs das Asylrecht 1539 abgeschafft, in England 1624 und im deutschen Sprachraum Ende des 18. Jh. Das Asylrecht ist Grundlage des bis heute geübten Brauchs, in Botschaften um politisches Asyl nachzusuchen.

Nach den Erfahrungen im Zweiten Weltkrieg und den Vertreibungen nach 1945 gehört Deutschland zu den wenigen Staaten der Welt, die das Recht auf Asyl jedem politisch Verfolgten in der Verfassung ausdrücklich festgeschrieben haben. Das Grundgesetz gewährt jedem Schutz, der aufgrund seiner Rasse, seines Glaubens, seiner Nationalität oder seiner politischen Überzeugung in seinem Heimatland um Leib und Leben fürchten muss.

Atahualpa (1502–33), letzter Inka-Herrscher von Peru, hingerichtet durch Francisco PIZARRO. Als illegitimer Sohn des vorigen Herrschers Huayna Capac erbte Atahualpa 1525 das Königreich, das zwischen ihm und seinem Halbbruder Huascar, dem legitimen Erben, geteilt wurde. Aber 1532 eroberte Atahualpa Cuzco, die Hauptstadt seines Stiefbruders, und einigte das Reich. Im gleichen Jahr überfielen Pizarro und seine Männer Atahualpa aus dem Hinterhalt, ermordeten seine Leibwächter und nahmen ihn gefangen. Pizarro akzeptierte Atahualpas Angebot, für seine Freilassung einen Raum mit Gold zu füllen. Während das Lösegeld zusammengetragen wurde, befahl Atahualpa die Ermordung Huascars, damit dieser sich nicht mit den Spaniern gegen ihn verschwor. Für Pizarro wog die Gefahr, einen potenziellen Feind freizulassen, schwerer als ein gegebenes Versprechen, und Atahualpa wurde

unter dem Vorwand, er habe zu einem Aufstand gegen die Spanier aufgerufen, der Prozess gemacht. Er wurde auf dem Marktplatz seiner Hauptstadt Cajamarca öffentlich erdrosselt.

Atatürk, Mustafa Kemal (1881–1938), Gründer der Türkei und ihr erster Präsident seit 1923. Mustafa Kemal, wie er sich ursprünglich nannte, schloss sich als junger Offizier den Jungtürken an und spielte eine aktive Rolle beim Staatsstreich, der 1909 zum Sturz des osmanischen Sultans Abd ül-Hamid II. führte. Kemal zeichnete sich im Ersten Weltkrieg bei der

Dieser kunstvoll illustrierte Tierkreis, ein Werk der Brüder Limburg aus dem Jahr 1415, ist ein Beispiel für die neue Begeisterung zur Astrologie, die in der Renaissance in Europa zu neuer Blüte gelangte.

Verteidigung der Dardanellen aus und spielte eine wichtige Rolle bei der Vertreibung der Alliierten von der Halbinsel Gallipoli. Atatürk war ein scharfer Gegner der osmanischen Kapitulation 1918 und der ausländischen Mächte, die als Besatzer in Anatolien stationiert blieben. Er nutzte seinen im Krieg erworbenen Ruf als Kriegsheld und seinen Posten als Überwacher der Demobilisierung der Truppen in Anatolien, um 1919 den nationalen Widerstand zu organisieren. Das von ihm aufgestellte Heer vertrieb die alliierten Besatzungstruppen und setzte 1922 den Sultan ab. Sultan Mohammed VI. fand Zuflucht auf einem britischen Kriegsschiff. 1923 proklamierte Atatürk die Republik, neue Hauptstadt wurde Ankara. Im gleichen Jahr beendete der Friedensvertrag von Lausanne den griechisch-türkischen Krieg und erkannte die Unabhängigkeit des neuen türkischen Staates an. In der Folgezeit wurden

1937 begrüßte Kemal Atatürk Sabiha Gökschen. Ihre Karriere als Pilotin wäre ohne seine Reformen in der von Männern beherrschten türkischen Gesellschaft nicht vorstellbar gewesen.

über 1 Mio. Griechen und mehr als 400 000 Türken umgesiedelt. Als Präsident leitete Atatürk eine Reihe durchgreifender Reformen ein, die das Rechts- und Erziehungssystem modernisierten, das lateinische Alphabet übernahmen und die europäische und weltliche Lebensweise förderten. So schaffte er 1925 den traditionellen Fes und die Pluderhosen ab und schrieb Männern vor, „zivilisierte" Hosen, Jacketts und Krawatten zu tragen sowie „eine Bedeckung mit einem Rand auf unseren Köpfen, Hut genannt". 1934 erhielt er den Ehrennamen Atatürk – „Vater der Türken".

Athanasius (um 295–373), Bischof von Alexandria und führender Theologe der frühen christlichen Kirche. Athanasius war ein entschiedener Gegner des ARIANISMUS, der die wahre Göttlichkeit Jesu Christi leugnete. 325 spielte er eine führende Rolle auf dem Konzil von NICÄA, das die arianische Lehre als Ketzerei verdammte, und er lehnte die Bitte des römischen Kaisers KONSTANTIN I. DES GROSSEN ab, Arius, den exkommunizierten Gründer der Lehre, wieder in die christliche Kirchengemeinschaft aufzunehmen. Die Anhänger des Arianismus ließen Athanasius selbst fünfmal durch Konstantin I. den Großen und andere römische Kaiser verbannen. Athanasius' theologische Position wurde schließlich auf dem ersten Konzil von Konstantinopel 381 bestätigt, als der Arianismus verboten und das Glaubensbekenntnis, das bereits auf dem Konzil von Nicäa verfasst worden war, endgültig gutgeheißen wurde. Nach der Lehre des Athanasius ist Jesus gottgleich.

Athen, führender griechischer Stadtstaat in der Antike und Hauptstadt des neuzeitlichen Griechenland. Athen, nach seiner Schutzgöttin Athene genannt, war berühmt für Bildung, Kultur und demokratische Institutionen. Seine geistigen und künstlerischen Leistungen gipfeln in der Akropolis, die im 5. Jh. v. Chr., dem goldenen Zeitalter der Stadt, errichtet wurde. Zu den bedeutendsten Gestalten der Stadt zählen Solon, Sophokles und Perikles.

Der Stadtstaat Athen entstand durch den Zusammenschluss einer Anzahl kleiner Dörfer in der Region Attika, zuerst unter erblichen Königen, dann unter einer Aristokratie, bis SOLON 594 v. Chr. eine Verfassungsreform durchführte: Er schränkte die Macht des athenischen Stadtadels ein und befreite die Bauern von der Leibeigenschaft und den drückenden Grundschulden. 561 v. Chr. errichtete Peisistratos eine Tyrannis, die bis zur Vertreibung seines Sohnes Hippias im Jahr 510 v. Chr. Bestand hatte. Kleisthenes, der im letzten Jahrzehnt des 6. Jh. v. Chr. auf Solons Vermächtnis aufbaute, stellte die athenische Demokratie auf eine feste Grundlage und gewährte allen Staatsbürgern die gleichen Rechte. Anfangs behielt der von Solon geschaffene Areopag, der als Hüter der Gesetze Athen letztlich regierte, seine beträchtliche Macht und konnte sie während der Perserkriege 499–79 v. Chr. sogar festigen. Doch Ephialtes entmachtete 462 v. Chr. den Aeropag und PERIKLES setzte weitere demokratische Reformen durch: So führte er Tagegelder für die Mitglieder des Rates und der Geschworenengerichte ein und verabschiedete 451 v. Chr. ein Gesetz, wonach nur

derjenige Bürger mit allen Rechten und Pflichten sein kann, dessen Eltern beide aus Athen stammen. Zur Volksversammlung zugelassen waren alle männlichen Bürger Athens über 18 Jahre. Alle Mitglieder hatten das Rederecht und die Volksversammlung entschied in allen rechtlichen und politischen Angelegenheiten. Der Rat der 500, für ein Jahr aus männlichen Athener Bürgern über 30 Jahre durch Los bestimmt, war ein Exekutivorgan, das die Volksversammlung vorbereitete und darauf achtete, dass ihre Beschlüsse durchgeführt wurden. Perikles regierte Athen bis zu seinem Tod 429 v. Chr., aber keiner seiner Nachfolger erreichte einen ähnlich großen Einfluss. Die Demokratie Athener Zuschnitts barg jedoch auch Risiken: Gesetze wurden manchmal von der Versammlung umgestoßen und geschickte Redner konnten die Zuhörer in ihrer Entscheidungsfindung manipulieren.

490 und 480/79 v. Chr. war der Stadtstaat erfolgreich in den Perserkriegen. Das griechische Heer besiegte Persien 490 v. Chr. bei MARATHON und eine athenische Flotte errang 480 v. Chr. einen großen Sieg gegen die persische Übermacht bei SALAMIS. Der ATTISCHE SEEBUND, 477 v. Chr. aus den kurz zuvor aus persischer Herrschaft befreiten griechischen Stadtstaaten gebildet, entwickelte sich in der Folge zu einem Reich unter Athens Führung, da der Stadtstaat aufgrund seiner überlegenen Flotte den Bundesgenossen seinen Willen aufzwingen konnte. Athen kontrollierte seine Untertanen auf vielfältige Weise: So richteten die Athener

Die attischen Künstler verwendeten bei der Herstellung von Vasen eine Schicht aus eisenhaltigem Tonschlicker, der beim Brennen schwarz wurde, um die Szenen herauszuarbeiten.

Eine äthiopische Buchmalerei aus dem 10. Jh. zeigt Jesus Christus, der zwischen Himmel und Hölle sitzt.

Garnisonen ein, gründeten in strategisch wichtigen oder unruhigen Gebieten Militärkolonien, förderten lokale Demokratien, verlangten die Überweisung wichtiger Gerichtssachen an Athen, führten athenische Gewichte und Maße im Bereich des Attischen Seebunds ein und ernannten Beamte, die die anderen Städte überwachen sollten. Solange Athen über eine starke Flotte verfügte, konnte es in der Ägäis Aufstände unterdrücken, aber seine Vormachtstellung endete endgültig im Jahr 404 v. Chr. mit der Niederlage im PELOPONNESISCHEN KRIEG gegen SPARTA, als Athen fast seine gesamte Flotte verlor und die Stadtmauern geschleift wurden.

Dennoch erholte sich Athen von diesem Niederschlag und führte im 4. Jh. v. Chr. den – allerdings erfolglosen – Widerstand gegen den makedonischen König PHILIPP II. an. Nach dem Tod Alexanders des Großen kam Athen unter die Herrschaft der Antigoniden. Nachdem es Mithridates, den König von Pontus, gegen Rom unterstützt hatte, wurde es von Lucius Cornelius SULLAS Legionen 86 v. Chr. eingenommen und geplündert. Innerhalb des römischen Weltreichs entwickelte sich Athen zu einem der bedeutendsten Zentren der Philosophie, Wissenschaft, Kunst und Kultur.

Der Untergang Roms im 5. Jh. bedeutete auch den Niedergang Athens und den Absturz in die Bedeutungslosigkeit. 1456 eroberten die Osmanen Athen und nannten die einstige antike Metropole Setine. Während des Osmanisch-Venezianischen Krieges zerstörte im Jahr 1687 ein Geschoss den größten Teil des Parthenons. 1832 lebten nur noch ungefähr 2000 Einwohner im Schatten der AKROPOLIS. Die moderne Stadt entstand 1834, als Athen Hauptstadt des neuen, gerade unabhängig gewordenen Griechenland wurde.

Äthiopien, Staat im Nordosten Afrikas, früher unter dem Namen Abessinien bekannt. Spätestens seit dem 2. Jh. betrieb die Stadt Aksum in Nordäthiopien regen Handelsverkehr mit Ägypten, Syrien, Arabien und Indien. Bevorzugte Güter waren Gold, Elfenbein und Weihrauch. Im 4. Jh. nahm das Herrscherhaus das Christentum an. Nach dem Zusammenbruch von Aksum fiel das Reich um 1150 an die Sagwe-Dynastie, wurde aber 1270 von der salomonischen Dynastie vom Thron verdrängt, die ihre Abstammung auf König Salomo und die Königin von Saba zurückführte.

1541 griffen moslemische Araber von Harar aus das christliche Reich an, konnten aber mit portugiesischer Hilfe zurückgeschlagen werden. Kaiser Fasilidas erhob im 17. Jh. das südlich von Aksum gelegene Gondar zur Hauptstadt, aber das Reich zerbrach, weil Äthiopien von islamischen Staaten eingekreist und von der christlichen Welt des Abendlands abgeschnitten war. Die einzige einigende Kraft stellte die koptische Kirche dar. Äthiopien wurde schließlich 1855 unter Kaiser Twodoros II. wieder geeint. Kaiser Menelik II. besiegte 1896 bei Adua ein italienisches Invasionsheer, aber 1936 eroberten italienische Truppen das Land. Mit britischer Hilfe gelangte Kaiser HAILE SELASSIE 1941 auf den Thron in Addis Abeba. Sein Versagen gegenüber sozialen und wirtschaftlichen Problemen führte 1974 zum Putsch der Armee und seinem Sturz.

Machtkämpfe innerhalb des Militärs entschied 1977 Mengistu Haile Mariam für sich. Der neue starke Mann errichtete einen zentralistischen Staat, der in den folgenden Jahren nach leninistisch-marxistischem Vorbild umgestaltet wurde. In den Provinzen regte sich dagegen Widerstand und es kam mehrfach zu Aufständen. Nach schweren Dürreperioden kam es 1984–87 zu einer Hungersnot. Trotz sowjetischer und kubanischer Militärhilfe und einer internationalen Hilfsaktion konnte weder der innere Friede hergestellt noch der Hunger besiegt werden. 1991 zwangen die Volksrevolutionäre Demokratische Front (EPRDF) und ihre Verbündeten Mengistu, das Land zu verlassen. Friedensgespräche in London führten zur internationalen Anerkennung einer EPRDF-Regierung, der es gelang, die Ordnung weitgehend wieder herzustellen. Äthiopien wurde in neun Regionen eingeteilt, doch die Provinz Eritrea erklärte sich 1993 für unabhängig. Staatsoberhaupt und Regierungschef wurde Isaias Afwerki. Seitdem führt Äthiopien einen blutigen Bürgerkrieg gegen die ehemalige Provinz, bei dem bis heute zehntausende von Menschen ums Lenben kamen.

Atlantik, Schlacht im, Bezeichnung für die Flottenoperationen während des ZWEITEN WELTKRIEGS im Atlantik, als Deutschland versuchte, die Nachschublinien zwischen den USA und Großbritannien zu unterbinden. Deutsche U-BOOTE waren die Hauptangriffswaffe, doch kamen auch Flugzeuge und Schlachtschiffe zum Einsatz. Die deutsche Marine versenkte ca. 21 Mio. BRT und rund 2800 Handelsschiffe. Die kritische Situation der Alliierten besserte sich ab Sommer 1943 durch den Einsatz von Radar, Langstreckenflugzeugen und Geleitzügen sowie durch die Entschlüsselung des deutschen ENIGMA-Codes. Doch erst als die alliierten Landstreitkräfte 1944 die deutschen U-Bootbasen im besetzten Frankreich eroberten, endete die Bedrohung für den Nachschub über den Atlantik.

Atlantikcharta, gemeinsame Erklärung der Grundsätze für eine Friedensregelung nach dem ZWEITEN WELTKRIEG. Sie war das Ergebnis eines Treffens zwischen Winston CHURCHILL und Franklin D. ROOSEVELT. Das am 14. August 1941 veröffentlichte Dokument verlangte das Selbstbestimmungsrecht der Völker, den Verzicht auf Annexionen und Waffengewalt, den freien Handel und die internationale Zusammenarbeit sowie die Freiheit der Meere. Diese Forderungen galten ausdrücklich nicht für das nationalsozialistische Deutschland. Am 1. Januar 1942 schlossen sich insgesamt 26 gegen Deutschland Krieg führende Staaten der Erklärung an. Wichtige Prinzipien der Atlantikcharta finden sich in der Charta der VEREINTEN NATIONEN wieder.

> **WUSSTEN SIE, DASS?**
>
> *Weil sich Roosevelt und Churchill aus protokollarischen Gründen auf keinen neutralen Ort ihrer Zusammenkunft einigen konnten, traf man sich auf dem US-Schlachtschiff Augusta vor der Küste Neufundlands.*

Atombombe, die USA arbeiteten während des Zweiten Weltkriegs unter dem Codenamen *Manhattan Project* an der Entwicklung der Atombombe. In den 30er-Jahren wiesen Wissenschaftler auf die Möglichkeit hin, eine neuartige Bombe zu bauen, indem man die ungeheure Sprengkraft ausnutzt, die durch die Spaltung des Atoms erzeugt wird. Als in den USA bekannt wurde, dass deutsche Wissenschaftler bereits seit einiger Zeit an dieser Technik arbeiteten, erhielt das Projekt 1943 höchste Priorität, und in Los Alamos im Bundesstaat New Mexico wurde ein Team zusammengestellt, das eine Atombombe entwerfen und herstellen sollte. Unter Leitung des amerikanischen Physikers Julius Robert OPPENHEIMER führte das Projekt am 16. Juli 1945 zur Detonation der ersten Atombombe auf dem Versuchsgelände bei Alamogordo in New Mexico.

Atomzeitalter siehe Seite 34/35

Atomzeitalter –
Leben mit der Bombe

Der Abwurf der Atombomben über Hiroshima und Nagasaki 1945 veränderte das Leben der Menschheit grundlegend. Das Gleichgewicht des Schreckens und die Angst vor dem Super-GAU beherrscht seither das Denken.

Die Atombombe *Little Boy* tötete 1945 in Hiroshima 70 000 Menschen und verstrahlte hunderttausende von Japanern.

Das Atomzeitalter begann mit der Zündung der ersten Atombombe durch die USA um 5.30 Uhr am 16. Juli 1945 in Alamogordo in New Mexico. Sie erschien, so notierte der Physiker Sir James Chadwick in sein Tagebuch, als „großartiges blendendes Licht, das den Himmel und die Erde erhellte, als wäre Gott selbst unter uns erschienen".

Die Ausnutzung der ungeheuren Energie, die bei Reaktionen in Atomkernen erzeugt wurde, war das Ergebnis intensiver Waffenforschung im Zweiten Weltkrieg. Trotz inzwischen überwiegend ziviler Nutzung der Kernenergie bleibt die Angst vor den atomaren Massenvernichtungswaffen, vor allem vor dem unkontrollierbaren Besitz. Zwar haben nur fünf Staaten – die USA, Russland, Großbritannien, Frankreich und China – formal den Status von Atommächten, doch sind vermutlich mehrere andere Länder – Israel, Indien, Pakistan und Südafrika – in der Lage, eigene Kernwaffen zu produzieren.

EINE SCHRECKLICHE WAFFE

1942 startete man das *Manhattan Project*, ein intensives angloamerikanisches Forschungsprogramm, unter der Leitung von Julius Robert Oppenheimer. Es hatte den Auftrag, theoretische physikalische Kenntnisse in brauchbare Kernwaffen für den Einsatz im Krieg umzusetzen. Das nationalsozialistische Deutschland hatte kapituliert, bevor die erste Testbombe fertig gestellt war, aber Japan blieb im Krieg, und man rechnete mit hohen Verlusten bei einer bevorstehenden Invasion der Insel. Am 6. August 1945 warf ein amerikanisches Flugzeug eine Bombe auf die japanische Industriestadt Hiroshima. Drei Tage später wurde eine weitere über der Hafenstadt Nagasaki gezündet. Jede besaß die Sprengkraft von 200 000 t herkömmlichen Sprengstoffs. Die verheerende Zerstörung der Waffe zwang die Japaner zu kapitulieren.

Die USA rechneten damit, für wenigstens ein Jahrzehnt das nukleare Monopol zu besitzen, aber bereits am 29. August 1949 zündete die UdSSR in Kasachstan ihrerseits eine Atombombe. Im Zug des Kalten Krieges forcierten die USA nun die Entwicklung thermonuklearer Waffen, bei denen Wasserstoffkerne unter extrem hohen Temperaturen verschmolzen werden, um Energie mit der gleichen Reaktion freizusetzen, wie man es auf der Sonne beobachtet hat. Die erste Wasserstoffbombe testeten die USA 1952. Die erste transportable Wasserstoffbombe detonierte mit einer Sprengkraft von 15 Mt TNT 1954 auf dem Bikini-Atoll im Pazifik. Ein Jahr später folgte die UdSSR. Die zwei Supermächte besaßen nun beide Superbomben.

In der Folgezeit verlagerte sich der Schwerpunkt der Forschung auf die Entwicklung geeigneter Beförderungssysteme. Seit 1957 arbeiteten die Sowjets und die Amerikaner unabhängig voneinander an der Herstellung von Interkontinentalraketen mit Atomsprengköpfen. Die Gefahr einer Massenvernichtung des Gegners wuchs damit dramatisch. Die UdSSR besaß weder die Schiffe und Flugzeuge, noch die Logistik und die industrielle Basis für eine konventionelle militärische Invasion der USA. Dank der Raketentechnik jedoch waren Kernwaffen nicht mehr letztes Mittel der Kriegführung, sondern wurden als Erstschlagwaffen betrachtet. „Ein Raketenangriff wird die Landinvasion als ersten Akt eines Krieges ersetzen", sagte der sowjetische Staatsführer Nikita Chruschtschow. „Keine einzige Hauptstadt, kein Industrie- oder Verwaltungszentrum und kein strategisches Gebiet wird in den ersten Minuten, geschweige denn Tagen, des Krieges verschont bleiben."

Die Kuba-Krise 1962 markierte den Höhepunkt des Wettrüstens. Die UdSSR installierte auf der Karibikinsel Atomraketen mit einer Reichweite, die New York und Washington zerstören konnten. Ungeschützt durch Silos, handelte es sich um Erstschlagwaffen. Die USA, die bei Interkontinentalraketen, die von U-Booten oder Langstreckenbombern gezündet werden konnten, klar überlegen waren, versetzten ihre Streitkräfte in höchste Alarmbereitschaft. Die Welt stand am Rand eines Atomkriegs. Chruschtschow, der die Entschlossenheit des Westens unterschätzt hatte, ließ nach sieben angespannten Tagen die Waffen wieder abziehen.

Die Kuba-Krise löste in den westlichen Staaten Proteste gegen die Kernkraft aus. In Großbritannien erlebte beispielsweise die von dem Philosophen Bertrand Russell 1958 gegründete Kampagne zur nuklearen Abrüstung einen starken Zu-

Gegen die von Großbritannien verwendeten atomaren Polarisraketen (links), protestierten britische Kernkraftgegner (unten).

Aus 80 km Entfernung sieht der Atompilz einer Wasserstoffbombe (oben) geradezu ungefährlich aus. Bei einem Atomversuch 1951 (links) schützten sich die Zuschauer nur durch Brillen.

lauf. Die Bewegung verlangte die globale Abschaffung der Kernwaffen und forderte Großbritannien zur einseitigen nuklearen Abrüstung auf. Die Kernkraftgegner in Europa erhielten in den 80er-Jahren großen Zulauf. Vor allem in der Bundesrepublik Deutschland fanden große Demonstrationen gegen die Stationierung einer neuen Generation von Cruise-Missiles und Pershing-Raketen statt. Die Demonstranten wandten sich auch gegen die Herstellung der Neutronenbombe. Dabei handelt es sich um eine Bombe mit geringerer Sprengkraft als bisher üblich und erhöhter Strahlung, die Gebäude weitgehend intakt lässt, aber durch die intensive Verstrahlung jegliches Leben vernichtet.

WETTRÜSTEN UND KONTROLLE
Bereits in den 60er-Jahren setzten erste diplomatische Bemühungen der Atommächte ein, die Kernwaffen einer Rüstungskontrolle zu unterwerfen. Ausgangspunkt für solche Überlegungen war der Gedanke, dass sich die Supermächte aufgrund ihres enormen Kernwaffenarsenals jederzeit gegenseitig vernichten konnten. Dies beruhte auf der Ende der 60er-Jahre entwickelten Technik der Mehrfachsprengköpfe. So besaß beispielsweise ein U-Boot, auf dem 24 Raketen mit insgesamt 288 atomaren Gefechtsköpfen stationiert waren, genügend zerstörerische Kraft, um den Gedanken eines Erstschlags

ad absurdum zu führen, weil beide Seiten sich in der Lage befanden, sich gleichzeitig zu vernichten. Verhandlungen zwischen den USA und der UdSSR mündeten in den SALT- und START-Abkommen, die den internationalen Rüstungswettlauf begrenzen sollten.

Die Strategische Verteidigungsinitiative SDI der Regierung Reagan in den 80er-Jahren war der Versuch, mittels modernster Technik ein raketengestütztes Abwehrsystem im Weltraum zu schaffen. Das Programm, das auch als *Star Wars – Krieg der Sterne* bekannt wurde, sah vor, im All Satelliten zu stationieren, die mit hoch empfindlichen Sensoren ausgerüstet werden sollten. Diese sollten feindliche Raketenstarts über extrem weite Distanzen frühzeitig erkennen und Zahl, Typ und Geschwindigkeit der aufsteigenden Flugkörper bestimmen. Zur Abwehr plante man Satelliten mit leistungsstarken Laserkanonen einzusetzen, die mit ungeheurer Präzision die gegnerischen Geschosse in Sekundenschnelle zerstören würden. Das Programm wurde nie verwirklicht.

SUPER-GAU IN TSCHERNOBYL
Im April 1986 kam es zur bisher schlimmsten atomaren Katastrophe: Im ukrainischen Tschernobyl trieben nach einer Explosion in einem Kernkraftwerk infolge Überhitzung radioaktiv verseuchte Wolken über Polen bis nach Schweden, und auch in Mittel-

europa wurden stark erhöhte radioaktive Strahlungen gemessen. Bisher sind einige tausend Menschen an den Strahlungsschäden gestorben; wie viele Personen mittelbar erkrankt sind, lässt sich kaum beziffern. Der Unfall beweist die extreme Gefährdung durch diese Form der Energiegewinnung.

Der Zusammenbruch der UdSSR 1990 leitete eine neue Phase des Atomzeitalters ein. Das Gleichgewicht des Schreckens, das die Supermächte aufgebaut hatten, wurde abgelöst durch die Angst vor der unkontrollierten Verbreitung von Kernwaffen, besonders in politisch instabilen Teilen der Welt. So vermuten westliche Kreise, dass die vom Irak und Iran betriebenen zivilen Nuklearprogramme ohne große Schwierigkeiten auch zu militärischen Zwecken – sprich den Bau der Bombe – genutzt werden könnten. Die irakischen Rüstungsanlagen wurden nach der Niederlage im Golfkrieg 1990 der internationalen Kontrolle der Vereinten Nationen unterworfen.

Nicht weniger gefährlich ist der Atomschmuggel. Als Hauptquellen gelten die Nachfolgestaaten der ehemaligen UdSSR, in denen man sich leichter als in anderen Ländern angereichertes Plutonium beschaffen kann. Potenzielle Abnehmer der heißen Ware sind international tätige Waffenhändler oder halb offiziell fungierende Vertreter mancher kleinerer Staaten, die vom Status einer Atommacht träumen.

Attila (um 395–453), König der HUNNEN. Attila übernahm nach der Ermordung seines Bruders Bleda die Alleinherrschaft über das nomadische Kriegervolk, dessen Reich vom Kaspischen Meer bis nach Polen reichte. Von ihren Siedlungsgebieten in der ungarischen Tiefebene unternahmen die Hunnen unter seiner Führung zahlreiche Vorstöße gegen die oströmischen Herrscher in Konstantinopel und nach Westeuropa.

Attila gelang es, die Stämme der Steppenkrieger zusammenzuschweißen, indem er ein zentralisiertes Königtum schuf und das militärische System vervollkommnete, das auf den blitzschnellen Vorstößen der beweglichen Reiterei und dem weit tragenden, von den SKYTHEN übernommenen Bogen beruhte. Sein Ziel war nicht unbedingt Geländegewinn, sondern Beute, um damit seine Kriegerhorden zu belohnen. Die Hunnen bewegten sich über tausende von Kilometern über die Ebenen und schienen, wie es ein römischer Beobachter treffend beschrieb, im Sattel zu leben.

Attila, der ständig unterwegs auf Kriegszügen war, kannte keine feste Residenz, von der aus er sein Riesenreich regierte. Der Königshof bestand nur aus einer Gruppe üppig geschmückter Zelte. Attila war ein Kriegsherr von selbstbewusstem Auftreten, der für sich selbst jede Form von Luxus ablehnte. Bei einem Festmahl, bei dem sein Gefolge in wertvolle Seide gekleidet war und aus goldenen Pokalen trank, saß Attila allein in einfacher hunnischer Lederkleidung unter ihnen und trank aus einem hölzernen Becher. Der Tyrann duldete keinen Widerspruch. Seinen Befehlen war unbedingt Gehorsam zu leisten. Das mussten auch die Römer erleben, als sie seine Forderung nach einem gewaltigen Tribut in Form von Gold ablehnten. Daraufhin zerstörten seine Horden fünf römische Städte und vernichteten zwei römische Heere.

Im Jahr 441 überquerte Attila erstmals die Donau und drang ins RÖMISCHE REICH ein. Seine Heerscharen stürmten die römische Stadt Viminacium auf dem Balkan, plünderten sie, versklavten ihre Einwohner und zerstörten die Stadt bis auf den letzten Stein. Angesichts dieser Grausamkeiten erfasste die Bewohner der römischen Provinzen auf dem Balkan eine Welle des Entsetzens. Auf der Suche nach neuer Beute richteten die Hunnen im Jahr 450 ihre Blicke nach Westeuropa.

Der römische Feldherr Flavius Aetius brachte durch geschickte Verhandlungen ein Bündnis von Alanen, Franken, Bretonen, Burgundern, Westgoten und Germanen zustande und trat Attilas Heerscharen 451 mit einer beeindruckenden Streitmacht

auf den Katalaunischen Feldern zwischen Troyes und Châlons-sur-Marne entgegen. Die blutige Schlacht, an der 40 000 Mann beteiligt waren, endete unentschieden. Für Attila aber kam eine Schlacht, die keine Beute brachte, einer Niederlage gleich: Der Nimbus der Unbesiegbarkeit war verloren und die von ihm unterworfenen Völker fielen nach und nach von ihm ab.

Aus Verzweiflung drang er in Italien ein, eroberte Mailand und bedrohte Rom. Im Frühjahr 453 schließlich wurde er nach einem Trinkgelage anlässlich seiner Hochzeit mit Ildiko tot aufgefunden. Es ist bis heute nicht geklärt, ob er an einem Blutsturz starb oder ermordet wurde. Binnen einem Jahr zerfiel sein Reich. Attila wusste zwar, wie man die Erde erschüttert, aber nicht, wie man sie regiert; er konnte zerstören, was andere gebaut hatten, aber nichts Neues und Dauerhaftes schaffen

Attischer Seebund, Bündnis Athens und der Städte in der Ägäis 477 v. Chr. zur Abwehr der Persergefahr. Alle Mitglieder zahlten Tribut in Form von Schiffen oder Geld, wobei Letzteres auf der heiligen Insel Delos, dem nominellen Hauptort des Bundes, aufbewahrt wurde. Zunächst versuchte der Bund unter Athens Führung, die persischen Besatzungstruppen aus Europa zu vertreiben und die griechischen Städte Kleinasiens zu befreien. 465 v. Chr. besiegten die Griechen unter Führung Kimons bei Eury-

Oben: Attila auf dem Vormarsch nach Paris. Links: Auf einem Medaillon erscheint der Hunnenkönig als der griechische Gott Pan.

medon im Süden Kleinasiens eine Armada und eine Armee der Perser.

ATHEN, das über die größte Flotte verfügte und das Bündnis dominierte, nahm seine Führungsrolle bald immer rücksichtsloser wahr. 472 v. Chr. wurde die Stadt Karystos mit Gewalt gezwungen, sich dem Bund anzuschließen. 465–62 v. Chr. schlug man einen Aufstand auf der Insel Thasos nieder und die Athener übernahmen den ertragreichen Bergbau und nutzten die weit verzweigten Handelsbeziehungen für ihre wirtschaftlichen Interessen. Unter PERIKLES setzte die Umwandlung des Attischen Seebunds in ein athenisches Reich ein, das die Hegemonie über Griechenland erstrebte. Der Machtzuwachs Athens führte zu erheblichen Spannungen mit SPARTA, der benachbarten Großmacht auf dem Peloponnes.

Attlee, Clement Richard (1883–1967), britischer Politiker und 1945–51 Premierminister einer Labourregierung. Attlee studierte in Oxford, war Rechtsanwalt und Dozent für Sozialwissenschaft. Seine Arbeit in den Slums von London veranlasste ihn, 1908 der LABOUR PARTY beizutreten. 1922 zog er als Abgeordneter ins Unterhaus ein, dem er bis 1955 ununterbrochen angehörte. Er war Mitglied der Labour-Kabinette von James Ramsay MACDONALD 1924 und 1929–31, trat aber aus Widerstand gegen die Bildung einer nationalen Koalitionsregierung 1931 von seinem Amt zurück. 1935 übernahm Attlee die Fühung der Labour Party.

Während des Zweiten Weltkriegs war er 1942–45 stellvertretender Premierminister in der Koalitionsregierung von Sir Winston CHURCHILL. Nach dem Erdrutschsieg der Labour Party 1945 wurde er Premierminister und übte dieses Amt in der schwierigen Übergangsperiode nach dem Krieg aus, als das britische Pfund abgewertet wurde und die Rationierungs- und Sparpolitik länger als erwartet fortgesetzt werden musste. Während seiner Regierungszeit wurde der Wohlfahrtsstaat – kostenloser staatlicher Gesundheitsdienst – begründet und wichtige Industriezweige wie etwa Kohle, Stahl, Eisenbahn und Luftverkehr verstaatlicht. Er entließ Indien, Pakistan, Sri Lanka und Burma, das heutige Myanmar, in die Unabhängigkeit und leitete damit das Ende des BRITISCHEN EMPIRE ein.

Seine Leistungen als Premierminister hatten tief greifende Auswirkungen auf die Wirtschafts- und Gesellschaftsstruktur im Großbritannien der Nachkriegszeit. Als die Labour Party 1951 die Wahlen verlor, übernahm Attlee die Rolle des Oppositionsführers im Unterhaus. 1955 legte er den Vorsitz der Labour Party nieder und wurde im selben Jahr in den Adelsstand erhoben.

Aufklärung siehe rechte Seite

Denker einer neuen Epoche

*Im 17. und 18. Jh. stießen die radikalen Ideen der Philosophen, Schriftsteller und Wissenschaftler
der Aufklärung bestehende Überzeugungen um und beeinflussten das Denken der Zeit nachhaltig.*

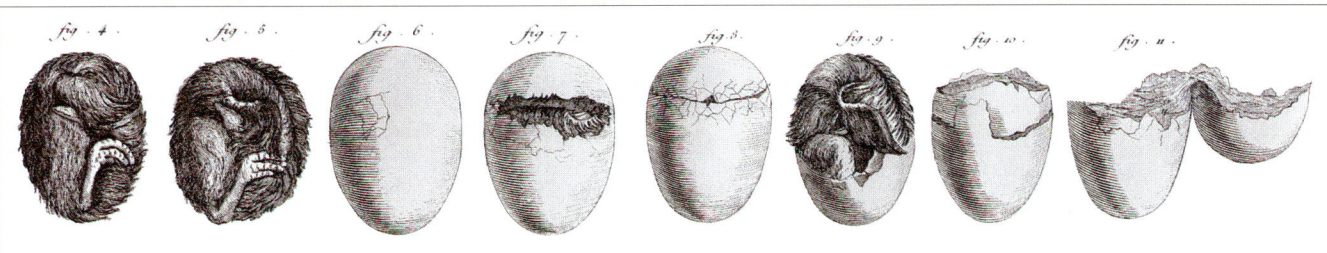

Die Aufklärung war eine geistige Bewegung, die vom Wiederaufleben der Naturwissenschaften im Europa des 17. Jh. angeregt wurde. Sie versuchte, die naturwissenschaftlichen Methoden auf gesellschaftliche und politische Vorgänge anzuwenden.

Zu den grundlegenden Aussagen der Aufklärung gehörte die Ansicht, dass der Mensch von Natur aus vernünftig sei und durch Gebrauch und Erziehung seiner Vernunft Vollkommenheit erlangen könne; dass die Männer – und nach Ansicht einiger Denker auch Frauen – gleich seien und Gleichheit vor dem Gesetz und individuelle Freiheit erhalten sollten; und dass Glaubensvorstellungen nicht aufgrund von Autorität oder Tradition angenommen werden sollten, sondern nur, wenn sie die Probe der Vernunft bestanden hätten. Diese Betonung der Vernunft begünstigte den Atheismus oder zumindest den Deismus, den Glauben, dass Gottes Existenz durch die Vernunft bewiesen werden könne.

Das Zeitalter der Aufklärung begann in Großbritannien im 17. Jh. mit dem Juristen, Politiker und Denker Francis Bacon und den politischen Philosophen Thomas Hobbes, John Locke, David Hume und Adam Smith. Im Frankreich des 18. Jh. wurde die Aufklärung eine organisierte, selbstbewusste Bewegung, die prägenden Einfluss auf die Französische Revolution 1789

hatte. Die 1751–80 von Jean Le Rond d'Alembert und Denis Diderot herausgegebene Enzyklopädie mit Beiträgen von Voltaire, Jean-Jacques Rousseau und anderen, stellte für die Verfechter der Aufklärung ein geeignetes Sprachrohr dar, in dem sie ihre Ideen und Vorstellungen der Welt mitteilen konnten. Die Enzyklopädie wurde als „systematisches Wörterbuch der Wissenschaften, Künste und Gewerbe" angepriesen.

DER GEBRAUCH DER VERNUNFT

In Deutschland fand die Aufklärung ihren bedeutendsten Ausdruck in den Schriften von Moses Mendelssohn, Gotthold Ephraim Lessing, Immanuel Kant und Johann Gottlieb Fichte.

Kant beschrieb die Aufklärung als den „Ausgang des Menschen aus seiner selbst verschuldeten Unmündigkeit"; seine Losung lautete: „Habt den Mut, die eigene Vernunft zu benutzen!"

Die von Diderot herausgegebene Enzyklopädie enthielt detaillierte naturkundliche Studien wie z. B. das Schlüpfen eines Kükens.

Der hervorragendste Vertreter der Aufklärung war François Marie Arouet, besser bekannt unter seinem Pseudonym Voltaire. Er war Dramatiker, Historiker und Romancier und verfügte über das Talent, wissenschaftliche und philosophische Gedanken allgemein verständlich darzustellen. Seine mitunter gehässigen, aber stets geistreichen Angriffe auf die Obrigkeit brachten ihm zahlreiche Prozesse, Gefängnisaufenthalte und das Exil ein. Voltaire glaubte, dass es auf der Welt viel sinnloses Böses gibt, und in seinem Roman *Candide* griff er Gottfried Wilhelm von Leibniz' Lehre an, nach der Gott die beste aller möglichen Welten geschaffen habe. Voltaire war ein schonungsloser Kritiker der Religionen und führte einen lebenslangen Kampf für Gerechtigkeit, Menschlichkeit, Toleranz und Freiheit. Er übte zudem einen großen Einfluss auf Friedrich II. den Großen aus.

In den literarischen Salons von Paris debattierten Männer und Frauen über die neuen Ideen (rechts) und die scharfzüngigen Angriffe Voltaires (oben) auf die Obrigkeit.

Aufstand der Barone (1215–17 und 1264–67), Bezeichnung für die Bürgerkriege in England zwischen der Krone und dem Adel. Angesichts des gemeinsamen Widerstands der Barone und der Kirche war König JOHANN I. OHNE LAND im Juni 1215 gezwungen, dem Adel seine Vorrechte in der MAGNA CHARTA zu verbriefen. Doch überredete er rasch den Papst, ihn von diesem Versprechen zu entbinden, was die aufständischen Barone veranlasste, die Krone dem französischen Thronfolger Ludwig anzubieten, der im Mai 1216 mit seinem Gefolge in

Augustinus gilt als einer der Begründer der abendländischen Theologie und steht in seinem Einfluss auf das Christentum nur Paulus nach.

Kent landete. Johanns plötzlicher Tod im Oktober 1216 und die Bestätigung der Magna Charta durch den Regenten für Johanns neunjährigen Sohn Heinrich III. verhinderten weitere kriegerische Auseinandersetzungen.

1264 brach erneut der Bürgerkrieg zwischen dem Adel unter Führung von Simon von Montfort und Heinrich III. aus, nachdem der König 1258 zugestandene Verfassungsreformen wieder zurückgenommen hatte. Nachdem Truppen der Barone den König in der Schlacht bei Lewes im Mai 1264 gefangen genommen hatten, regierte Simon von Montfort England. Im August 1265 kam es zur Schlacht bei Evesham, bei der die königlichen Truppen unter Führung Eduards, des Sohnes Heinrichs III., die Aufständischen schlugen und Simon von Montfort getötet wurde. Mehrere Verträge beendeten die Feindseligkeiten 1267.

Augsburger Religionsfrieden, 1555 von Kaiser Ferdinand I. und den Reichsständen geschlossener Vertrag zur Beilegung der durch Martin LUTHER ausgelösten Auseinandersetzungen um den Glauben im Reich. Darin wurde die lutherische Konfession anerkannt, den Protestanten wurden die bis 1552 errungenen Besitzungen zugesprochen und die Landesherren erhielten das Recht, die Religionszugehörigkeit ihrer Untertanen zu bestimmen; wer an einem anderen Glaubensbekenntnis festhalten wollte, musste auswandern. Um den Besitzstand der katholischen Kirche zu wahren, verloren geistliche Reichsstände, die zum Protestantismus überwechselten, Amt, Herrschaftsgebiet und Einkünfte. In den Reichsstädten sollten beide Konfessionen gleichberechtigt nebeneinander existieren.

Grundlage des Augsburger Religionsfriedens war nicht Toleranz, sondern die Erkenntnis, dass keine der Parteien in der Lage war, der anderen Seite ihren Glauben aufzuzwingen. Die Bestimmungen besiegelten die Glaubensspaltung und führten zur Ausbildung des landesherrlichen Kirchenregiments in Deutschland. Die teilweise unklar gehaltenen Bestimmungen legten allerdings den Keim zu künftigen Konflikten.

Augsburgisches Bekenntnis, das 1530 auf dem Augsburger Reichstag vorgelegte und verabschiedete offizielle Glaubensbekenntnis der Protestanten. Eigentlich sollten auf dem von Kaiser KARL V. einberufenen Reichstag die Religionsstreitigkeiten zwischen Protestanten und Katholiken beigelegt werden. Als aber bekannt wurde, dass der katholische Theologe Johannes Eck das Forum dazu nutzen wollte, in einer 404 Artikel umfassenden Schrift die abweichenden Glaubensansichten der Protestanten öffentlich anzuprangern, setzten diese sich zur Wehr. Philipp MELANCHTHON fasste die Meinung der Protestanten erstmals seit Beginn der REFORMATION in einem eigenen Entwurf zusammen. Martin LUTHER, der nicht nach Augsburg konnte, stimmte dem Papier zu. Am 25. Juni trug der sächsische Delegierte auf dem Reichstag das Bekenntnis vor, und die wichtigsten protestantischen Reichsstände – u.a. Sachsen-Anhalt, Brandenburg und Hessen – stimmten ihm zu. 1531 gab Melanchthon schließlich eine autorisierte Fassung des Glaubensbekenntnisses heraus. 1555 wurde es dann im AUGSBURGER RELIGIONSFRIEDEN reichsrechtlich anerkannt.

August II. der Starke (1670–1733), König von Polen und Kurfürst von Sachsen. Seit 1694 Kurfürst von Sachsen nahm er 1697 die polnische Königskrone an. Die Königswürde kostete ihn riesige Bestechungssummen an den polnischen Adel, außerdem musste er zum katholischen Glauben übertreten. August II. der Starke verbündete sich im Jahr 1700 mit Russland und Dänemark im NORDISCHEN KRIEG gegen KARL XII. von Schweden, um seine Macht im östlichen Mitteleuropa auszubauen. Der polnische Reichstag versagte ihm die Gefolgschaft und er wurde besiegt. Karl XII. ließ ihn verbannen und Stanislaus Leszczynski zum polnischen König wählen. Nach Karls XII. Niederlage durch russische Truppen bei Poltawa 1709 gewann August II. der Starke den polnischen Thron zurück. Während seiner Regierungszeit bescherte er Sachsen und Polen einen zunehmenden Wohlstand, obgleich der wieder aufgenommene Krieg gegen Schweden bis 1718 dauerte.

August II. der Starke war ein Herrscher von großer Verschwendungssucht, er förderte aber auch die Baukunst und die Musik und machte Warschau und Dresden zu Zentren der Barockkultur. Vor allem die Porzellanmanufakturen in Dresden und Meißen verdanken ihm ihren internationalen Ruf. August II. der Starke galt als zügellos. Seinen Beinamen erhielt der Monarch aufgrund seiner legendären Mannes- und Muskelkraft. Der 1,76 m große Zweieinhalbzentnermann verbog und zerbrach mit bloßen Händen Hufeisen, stemmte eiserne Kanonenrohre und kämpfte zur Unterhaltung der Hofgesellschaft mit Bären und wilden Ebern. Und seine Affären waren Gesprächsthema an den europäischen Höfen. Als verbürgt gelten zwölf Mätressen und neun namentlich bekannte Nachkommen, die den Staat Unsummen kosteten. Der typische Vertreter des absoluten Herrschers starb 1733 im Alter von 62 Jahren an den Spätfolgen seiner Diabeteserkrankung.

> **WUSSTEN SIE, DASS?**
>
> Als man August II. den Starken zum König von Polen krönte, musste er das Krönungsornat anlegen. Die prunkvollen Kleidungs- und Schmückstücke waren so schwer, dass selbst der kräftige Monarch unter ihrer Last zusammenbrach.

Augustiner, Mitglieder mehrerer Ordensgemeinschaften, die den von Augustinus niedergelegten Regeln folgen. Das Regelwerk erwies sich durch die Jahrhunderte hindurch als praktisch und anpassungsfähig und wurde von DOMINIKUS und FRANZ VON ASSISI als Vorbild für deren eigene Ordensregeln verwendet. Es verlangte von den Mönchen ein von der Welt abgeschiedenes gemeinschaftliches Leben, erlaubte aber missionarische Tätigkeit und Krankenpflege. Die Regel wurde vom Vierten Laterankonzil 1215 gebilligt. Die Augustiner sind heute vornehmlich in der Seelsorge tätig.

Augustinus (354–430), Bischof von Hipp Regius und einer der bedeutendsten Theologen der frühen christlichen Kirche. In seiner Philosophie verband Augustinus die antike griechische und die christliche Welt in einer

Augustus – Gott der Römer

Der Begründer des römischen Kaisertums schuf ein Reichssystem,

das die Geschichte Europas entscheidend prägte und gestaltete

und ihm die Verehrung seines Volkes einbrachte.

Am 15. März 44 v. Chr. wurde der Diktator Julius Caesar von einer Gruppe republikanischer Senatoren unter Führung von Brutus und Cassius ermordet, die befürchteten, er wolle sich zum König machen. Als die Nachricht von dem Attentat die Stadt Apollonia in Griechenland erreichte, traf ein 18-jähriger Jüngling die folgenschwere Entscheidung, sofort nach Italien zurückzukehren. Der junge Mann hieß Octavian, Julius Caesars Großneffe und Erbe.

Octavian erwies sich bald als gewiefter und rücksichtsloser Politiker. In Rom nutzte er den Ruf seines Onkels, dessen militärische Eroberungen ihn zum Nationalhelden gemacht hatten, gekonnt zu seinem Vorteil aus. Er tat sich mit Caesars ehemaligem Verbündeten Antonius zusammen und vertrieb die Mörder Caesars aus der Stadt. In der Schlacht bei Philippi 42 v. Chr. vernichteten Octavian und Antonius die Truppen von Brutus und Cassius. Danach teilten die Sieger das Reich unter sich.

Ihre gemeinsame Herrschaft dauerte zwölf Jahre. Antonius, der inzwischen Königin Kleopatra von Ägypten geheiratet hatte, dominierte den Osten des Reiches, wodurch Octavians Oberherrschaft bedroht war. Es kam zum Bürgerkrieg, Nach der Niederlage bei Aktium 31 v. Chr. begingen Antonius und Kleopatra Selbstmord. Ägypten wurde römische Provinz und Octavian war alleiniger Herrscher des Reiches.

Seine Machtstellung beruhte auf einer Reihe von Sondergewalten, die ihm vom Senat und vom Volk übertragen worden waren: Er besaß den Oberbefehl über das Heer, führte die Außenpolitik im Namen Roms und besaß das Recht, völkerrechtlich verbindliche Verträge abzuschließen. Die ihm unterstellten kaiserlichen Provinzen ließ er durch Legaten – getreue Gefolgsleute – verwalten. Sie sicherten ihm beträchtliche Einkünfte. Octavian erkannte frühzeitig, dass das Volk von Rom nach den Jahrzehnten des Bürgerkriegs Stabilität, Wohlstand und Ruhe wünschte. Dafür waren die Menschen bereit, traditionelle republikanische Freiheiten aufzugeben. 27 v. Chr. beschloss der Senat, Octavian den Ehrennamen Augustus, „der Erhabene", zu verleihen.

GELÄUTERTER STAATSMANN

Augustus herrschte 44 Jahre bis zu seinem Tod 14 n. Chr. In dieser Zeit entwickelte er sich vom rücksichtslosen Diktator zum weitsichtigen Staatsmann. Er verbesserte die Verwaltung der römischen Provinzen, gründete Städte und schuf die Grundlagen für die Romanisierung Westeuropas. Er förderte einige der größten römischen Schriftsteller wie Vergil, Livius und Horaz und entfaltete eine so reiche Bautätigkeit, dass er sich rühmen konnte: „Ich habe Rom aus Lehmziegeln erbaut vorgefunden und es aus Marmor zurückgelassen." Nach seinem Tod folgte ihm

sein Adoptivsohn Tiberius auf den Thron. Augustus wurde später zum Gott erhoben und man errichtete ihm zu Ehren zahllose Tempel. Seine 44-jährige Regierungszeit bescherte dem Römischen Reich und dem Volk die *Pax Augusta*, den so genannten Kaiserfrieden.

In vielen Statuen kommt die Verehrung für Augustus zum Ausdruck (links). Auf dem Detail einer Schwertscheide erkennt man, wie er Tiberius empfängt (oben).

Synthese, die größten Einfluss auf die Entwicklung des Denkens und der Kultur des Abendlands hatte.

In der römischen Provinz Numidien, dem heutigen Algerien, als Sohn eines heidnischen Vaters und einer christlichen Mutter geboren, erhielt Augustinus eine klassische Ausbildung und studierte in Karthago Rhetorik, wo eine Schrift von Marcus Tullius CICERO seine Liebe zur Philosophie weckte. Die Studienzeit beschrieb er später als Zeit sexueller Ausschweifungen. Seine Freundin gebar ihm einen unehelichen Sohn und von der Bibel hielt er nicht sehr viel.

Später lehrte er Rhetorik in Rom und Mailand, wo er im Neuplatonismus eine Philosophie fand, die er mit dem Christentum in Einklang bringen konnte. Unter dem Einfluss des Bischofs AMBROSIUS von Mailand ließ sich Augustinus 387 mit seinem Sohn taufen. Er verzichtete auf seinen Lehrauftrag in Mailand und kehrte nach Afrika zurück, wo er ein mönchisches Leben führte. Der allgemeine Beifall, der ihm bei einem Besuch in Hippo Regius 391 zuteil wurde, veranlasste ihn, Priester zu werden und 395 Bischof von Hippo Regius, der heutigen algerischen Stadt Annaba.

Augustinus lehnte ketzerische christliche Sekten, wie z.B. die Pelagianer, Manichäer und Donatisten, ebenso ab wie heidnische Philosophien. Er bekräftigte die Einheit des christlichen Glaubens, das Wesen der Erbsünde und die Abhängigkeit des Menschen von der Gnade Gottes. Auf diese Weise schuf er eine Theologie, die für das westliche Christentum, ob katholisch oder protestantisch, grundlegend geblieben ist. Sein Glaube manifestierte sich in seiner berühmten Aussage: „Glaube, um zu erkennen; erkenne, um zu glauben." Augustinus' wichtigste Schriften sind *Über den Gottesstaat*, eine christliche Antwort auf das Heidentum, und die *Bekenntnisse*, die einen lebendigen Bericht über seine frühen Jahre und seine Bekehrung enthalten. Die Augustinerregel, die auf seinen Schriften beruht, wird von den Ordensgemeinschaften der AUGUSTINER befolgt. Augustinus starb während der Belagerung von Hippo Regius durch die Wandalen.

Augustus siehe links

Aurangseb (1618–1707), Großmogul von Indien seit 1658. Aurangseb gilt trotz seiner despotischen Herrschaft und seines moslemischen Fanatismus als letzter großer Herrscher der MOGULN. Nachdem er seine Brüder beseitigt hatte, entriss er seinem Vater Shah Jahan I. den Thron und hielt ihn in Agra bis zu seinem Tod gefangen. Er legte sich den Titel Alamgir zu, was so viel wie Welteroberer bedeutete. Nach einem Aufstand der Rajputen 1678–81, der von seinem dritten Sohn unterstützt wurde, unternahm

Aurangseb – hier bei einer Löwenjagd – führte das indische Mogulreich zu seiner größten Ausdehnung, vermochte aber nicht, den westlichen Einfluss abzuwehren, der zum Zerfall führte.

Aurangseb mehrere Feldzüge gegen die Hindureiche im Norden Indiens, die er bis 1687 vollständig erobert und unterworfen hatte. Damit erreichte das Mogulreich seine größte Ausdehnung. Danach führte Aurangseb einen seine Kräfte übersteigenden ständigen und erfolglosen Krieg gegen die Marathen im Süden und Westen. Um die moslemische Vorherrschaft zu behaupten, hob er steuerliche Zugeständnisse auf, die ihm die Unterstützung der Hindu eingebracht hatten, und zerstörte unzählige Tempel und Heiligtümer der Hindu. Dadurch verstärkte sich der Widerstand gegen die Mogulherrschaft unter den Marathen und Sikhs. Als er starb, hatte der Zerfall des Reiches schon begonnen.

Auschwitz, berüchtigtes Konzentrationslager, von den Nationalsozialisten 1940 bei Oświęcim in Polen errichtet. Der Lagerkomplex Auschwitz bestand aus dem eigentlichen Stammlager, dem Vernichtungslager Birkenau sowie weiteren 39 Außen- und Nebenlagern. Im Januar 1942 begannen die Massenvergasungen an den Juden mit dem Giftgas Zyklon B. Bis zur Besetzung durch die Rote Armee im Januar 1945 wurden ca. 1–1,5 Mio. Menschen in den Gaskammern ermordet oder starben an Hunger, Erschöpfung, Krankheit und Misshandlungen.

Außerparlamentarische Opposition, antiautoritäre Reformbewegung in der zweiten Hälfte der 60er-Jahre in der BUNDESREPUBLIK DEUTSCHLAND. Anlass für die Entstehung der nur lose organisierten APO, deren Anhänger meist Studenten waren und deren Ziel in einer „umfassenden Demokratisierung" und einer „repressionsfreien Gesellschaft" bestand, war die Bildung der Großen Koalition 1966. Viele linksgerichtete Gruppierungen fühlten sich im Parlament nicht vertreten, was vor allem in Westberlin zu Unruhen führte. Nach der Erschießung des Studenten Benno Ohncsorg durch einen Polizisten 1967 folgten weitere Demonstrationen, die die Massen mobilisieren sollten. Die Höhepunkte der Bewegung fielen in das Jahr 1968: Unruhen wegen des Attentats auf Rudi Dutschke, den bekanntesten Wortführer, am 11. April, Aktionen gegen die Springerpresse, die Notstandsgesetze und den Vietnamkrieg. Nach der Bildung der sozialliberalen Koalition 1969 löste sich die APO auf.

Austerlitz, Schlacht von (2. Dezember 1805), entscheidender Sieg NAPOLEON I. über Österreich und Russland nahe der Stadt Austerlitz in Südmähren. Zar ALEXANDER I. überredete Kaiser Franz I. von Österreich zum Angriff, bevor französische Verstärkungen eintreffen konnten. Aber ihr Plan, die Franzosen einzukreisen, erlaubte es Napoleon I., ihre Armee zu spalten und beide Teile

einzeln zu schlagen. Im Frieden von Preßburg vier Wochen später erkannte Österreich Napoleon I. als König von Italien an und trat Venetien und Dalmatien an Italien ab; darüber hinaus mussten die russischen Truppen aus Mitteleuropa abziehen.

Australien, Kontinent im südwestlichen Pazifik. Ureinwohner sind die ABORIGINES, die vermutlich vor etwa 50 000 Jahren aus Südostasien einwanderten. 1770 nahm Kapitän James COOK die Ostküste für Großbritannien in Besitz und nannte sie New South Wales, 1788 errichteten die Briten dort ihre erste Strafkolonie. Die von der Regierung unterstützte Einwanderung freier Siedler von den 30er-Jahren des 19. Jh. an förderte die Entwicklung der Kolonie. Die Besiedlung großer Landstriche Ostaustraliens durch Schafzüchter führte zu Konflikten mit den Aborigines. Die Sträflingstransporte endeten 1868 ganz. Die Entdeckung von Gold lockte in den 50er- und 60er-Jahren viele Menschen an und förderte die Erforschung des Hinterlands. Die Kolonien schlossen sich 1901 zu einem Bundesstaat innerhalb des britischen Weltreichs zusammen. Der britische Monarch wird durch einen Generalgouverneur vertreten; Premierminister und Kabinett gehen aus dem Bundesparlament hervor.

Nach 1945 begann eine neue Periode der Expansion durch die Entdeckung von Bodenschätzen, die wesentlich zum Wirtschaftswachstum beitrugen. Australien stärkte die Beziehungen zu den südostasiatischen Staaten, aus denen ein wachsender Anteil der 4 Mio. Einwanderer stammte, die sich seit dem Zweiten Weltkrieg in Australien ansiedelten. Noch immer sind 23 % der Bevölkerung im Ausland geboren. 1998 beschloss die verfassunggebende Versammlung nach heftigen Debatten, bis zum Jahr 2001 die Monarchie abzuschaffen und Australien zur Republik auszurufen.

Automobil siehe rechte Seite

Awaren, Nomaden aus Zentralasien, die 558 in Osteuropa eindrangen und ein großes Reich an der Donau gründeten. Sie verdrängten die Slawen auf dem Balkan und die Langobarden nach Norditalien. 626 belagerten sie erfolglos Konstantinopel, behielten aber die Herrschaft über die ungarische Tiefebene. Ihr Reich wurde schließlich von KARL DEM GROSSEN 791–803 zerstört.

Das 1774 entdeckte Norfolk Island nutzten die Briten zum Bau einer der ersten Gefängnissiedlungen in Australien.

Pioniere der Landstraße

Vor wenig mehr als 100 Jahren wurde in Deutschland der erste Benzinmotor patentiert. 1908 begann in den USA die Massenproduktion von Automobilen und bis Ende des 20. Jh. sind weltweit über 600 Mio. Motorfahrzeuge in Betrieb.

Die Erfindung des Benzinverbrennungsmotors durch Gottlieb Daimler und Karl Benz in Deutschland 1885 bezeichnete den Beginn einer Revolution des Verkehrswesens. Die ersten Fahrzeuge mit Benzinmotor kamen in Europa und den USA in den 90er-Jahren des 19. Jh. auf den Markt. Sie bedeuteten selbst für verwegene Kraftfahrer eine Herausforderung. Die Fahrer saßen auf, nicht in den offenen Fahrzeugen, durch besondere Kleidung gegen die Witterung geschützt. Die Straßen waren holprig und unbefestigt und häufig mussten die stinkenden und knatternden Autos von einem freundlichen Bauern mit seinem Pferdegespann aus dem Matsch gezogen werden. Bis 1914 galt das Automobil als Statussymbol der Reichen.

FORD WEIST DEN WEG

1908 leitete Henry Ford mit der Einführung des Fließbands in den USA und dem Produktionsbeginn seines Model T eine neue Ära ein. Diesen robusten offenen Tourenwagen konnte man zu einem erschwinglichen Preis kaufen, zudem war er einfach zu warten. Bis zur Einstellung der Produktion verkauften die Fordwerke 15 Mio. Stück davon.

Durch wachsende Kaufkraft und die Massenproduktion konnten sich immer mehr Menschen ein Auto leisten. In

Henry Ford betrachtet sein erstes Automobil, links von ihm steht der zehnmillionste Ford (oben). Fantasievolle Kopfbedeckungen schützten Autofahrer vor jedem Wetter (kleines Bild).

Großbritannien gab es 1940 insgesamt 2 Mio. Autos, 1995 waren es über 20 Mio. Die rapide Zunahme des Straßenverkehrs machte es notwendig, besondere Straßen zu bauen. So entstanden die Autobahnen. Die erste reine, nur dem Auto vorbehaltene Strecke wurde 1921 in Deutschland eröffnet: Die 8 m breite Avus bei Berlin war 9,8 km lang und besaß einen begrünten Mittelstreifen zwischen den beiden Fahrbahnen. Das erste Autobahnteilstück zwischen Köln und Bonn übergab 1932 Kölns Oberbürgermeister Konrad Adenauer dem Verkehr.

Die Automontage und Herstellung des Zubehörs konzentrierten sich in bestimmten Gegenden: in den USA um Detroit, in Italien um Turin und in Deutschland in Stuttgart, Rüsselsheim und Wolfsburg. Die Autoproduktion entwickelte sich zu einer der wichtigsten Industrien: Sie wurde zur Messlatte des wirtschaftlichen Wachstums.

Mit der Produktion einer Reihe von kleineren und in der Unterhaltung billigeren Autos stiegen britische Hersteller unter Führung von Austin und Morris in den 30er-Jahren zu den zweitgrößten Produzenten der Welt auf. Das erfolgreichste Modell, in Deutschland entwickelt und 1938 auf den Markt gebracht, war der VW-Käfer, von dem über 20 Mio. weltweit verkauft wurden. Seit den 60-Jahren wurden die Japaner führend in der Automobilbranche, indem sie technisch immer ausgereiftere und kompaktere Modelle herstellten.

Autos veränderten nicht nur die Art des Reisens, sondern beeinflussten auch die Lebensweise der Menschen. Man war nicht mehr auf öffentliche Verkehrsmittel angewiesen, sondern konnte sich individuell fortbewegen. 1995 gab es weltweit über 600 Mio. Motorfahrzeuge, mindestens eins auf zehn Personen auf der Erde. Davon waren 450 Mio. Personenwagen, der Rest Busse und Nutzfahrzeuge.

Während das Auto dem Menschen eine ungeahnte persönliche Freiheit brachte, nahmen die durch die Abgase verursachten Umweltschäden stark zu. Die Hersteller stehen unter dem Druck, schadstofffreie Modelle zu produzieren, während steigende Benzinpreise zugleich die Nachfrage nach sparsamen Motoren steigern.

Der Mercedes von 1929 war das erste Acht-Zylinder-Auto. Den Namen verdankt er der Tochter des Rennsportfans Emil Jellinek.

Baader-Meinhof-Bande

Baader-Meinhof-Bande, Terroristengruppe, die in den 70er-Jahren in der BUNDES-REPUBLIK DEUTSCHLAND Sprengstoffanschläge und Entführungen verübte und dabei nicht vor Mord zurückschreckte. Ziel der Terroristen war der bewaffnete Kampf gegen „die Gewalt der Herrschenden" und der Sturz des kapitalistischen Systems.

Die nach ihren Gründungsmitgliedern Andreas Baader und Ulrike Meinhof genannte Gruppe entstand Ende der 60er-Jahre. Sie selbst bezeichneten sich als RAF, als Rote-Armee-Fraktion. In der Öffentlichkeit bekannt wurden die Terroristen 1970 mit der gewaltsamen Befreiung Baaders aus dem Gefängnis, der wegen Brandstiftung verurteilt war. Der Polizei gelang es, die im Untergrund operierenden Baader und Meinhof 1972 zu verhaften; Meinhof, ideologischer Kopf der Gruppe, nahm sich vier Jahre später in ihrer Zelle das Leben.

Negativer Höhepunkt des Terrorismus war das Jahr 1977: Gesinnungsgenossen kidnappten den Arbeitgeberpräsidenten Hanns Martin Schleyer und versuchten die inhaftierten Terroristen freizupressen. Als sich die Regierung unter Bundeskanzler Helmut SCHMIDT weigerte, den Forderungen nachzukommen, und auch die Entführung einer Lufthansa-Maschine nach Somalia scheiterte, ermordeten die Terroristen Schleyer. Die inhaftierten Baader, Gudrun Ensslin und Jan-Carl Raspe begingen daraufhin im Stamm-

Das Fahndungsplakat von 1972 bot für Informationen, die zur Festnahme von Baader-Meinhof-Terroristen führen, eine Belohnung an.

heimer Hochsicherheitstrakt Selbstmord. Die RAF spaltete sich in den 80er-Jahren in mehrere Gruppierungen, die für einige politische Morde verantwortlich zeichneten, denen u.a. 1989 der Vorstandssprecher der Deutschen Bank, Alfred Herrhausen, und 1991 der Wirtschaftsmanager Detlev Carsten Rohwedder zum Opfer fielen.

Babeuf, François-Noël (1760–97), französischer Revolutionär, der sich für gleichen Besitz für alle Menschen einsetzte. 1794, während der Französischen Revolution, begann er mit der Herausgabe der Zeitung *Journal de la liberté de la Presse* und gründete den Geheimbund Die Gleichen. Babeufs Plan zu einem bewaffneten Aufstand gegen das regierende Direktorium am 11. Mai 1796 wurde verraten und man verurteilte ihn zum Tod durch die Guillotine.

Babij Jar, Name einer nördlich von Kiew gelegenen Schlucht, in der eine deutsche Einsatzgruppe am 29. und 30. September 1941 fast 34 000 Juden, einschließlich Frauen und Kinder, ermordete.

Die Einsatzgruppen, die während des ZWEITEN WELTKRIEGS hinter den deutschen Linien vor allem im Polen- und Russlandfeldzug eingesetzt wurden, bestanden vornehmlich aus Angehörigen der GESTAPO, des Sicherheitsdienstes SD und der Waffen-SS. Die rund 1000 Mann starken Verbände waren dem Oberkommando der Wehrmacht zugeteilt, erhielten jedoch ihre Weisungen vom Reichssicherheitshauptamt. Die Aufgabe dieser Sondereinheiten bestand u.a. darin, den von den Nationalsozialisten geforderten „Kampf gegen die slawischen Untermenschen" in den besetzten Gebieten zu führen. Die Einsatzgruppen hielten sich weder an geltendes Recht, noch achteten sie die Grundsätze des Völkerrechts, nahmen Deportationen in die Konzentrationslager vor und führten so genannte Sonderbehandlungen wie in Babij Jar durch. Die insgesamt neun Einsatzgruppen sind nach Schätzungen für die Ermordung von etwa 2 Mio. Menschen verantwortlich.

Löwen aus bunt glasierten Ziegeln flankierten die berühmte Prozessionsstraße, die Nebukadnezar II. im 6. Jh. v. Chr. in Babylon errichten ließ.

Babur (1483–1530), Gründer des islamischen Mogul-Reichs in Nordindien und Nachkomme der mongolischen Eroberer DSCHINGIS KHAN und TIMUR. Babur, dessen eigentlicher Name Sahired-din Mohammed war, erbte das zentralasiatische Fürstentum Fergana nördlich des Pamir. 1504 gründete er ein Reich in Afghanistan, nachdem er die Stadt Kabul eingenommen hatte. Nach wiederholten Einfällen in Nordindien begann Babur 1525 eine großangelegte Invasion, nachdem ihn Dawlat Khan, der Statthalter des Pandschab, um Hilfe zum Sturz des Sultans von Delhi gebeten hatte. Im April 1526 errang Babur bei Panipat nördlich von Delhi den entscheidenden Sieg gegen die gewaltige Übermacht des Sultans und sicherte während der folgenden Jahre seine Herrschaft über Nordindien. Tolerant in Religionsfragen, war Babur auch ein begabter Dichter sowie ein Liebhaber der Natur. Er war berühmt für die Anlage prachtvoller Gärten.

Babylon, alte Hauptstadt Mesopotamiens am Euphrat, südlich des heutigen Bagdad im Irak. Durch ihre Lage an wichtigen Handelsstraßen des Vorderen Orients gewann die Stadt großen Reichtum und war kulturelles Zentrum Vorderasiens.

Seine erste große Blütezeit erlebte Babylon unter seinem bedeutendsten Herrscher, König HAMMURAPI, der im 18. Jh. v. Chr. das Zweistromland regierte. Nach einem Angriff der Hethiter um 1530 v. Chr. fiel Babylon für 400 Jahre unter die Herrschaft der Kassiten, eines indoeuropäischen Volkes, bevor es 1160 v. Chr. von den Elamitern, einem Stamm aus dem westlichen Persien, erobert wurde. Diese wiederum wurden im 12. Jh. v. Chr. von König Nebukadnezar I. besiegt, dessen Nachkommen das Land mehr als 100 Jahre regierten, ehe es an ASSYRIEN fiel.

625 v. Chr. brachte Nabupolassar, König der Chaldäer, Babylon unter seine Herrschaft. Sein Sohn NEBUKADNEZAR II. dehnte das Neubabylonische Reich bis nach Palästina und Syrien aus. Babylon selbst wurde die größte Stadt der altorientalischen Welt. Das 2,5 x 1,5 km riesige Rechteck war von einer doppelten Mauer aus Lehmziegeln umgeben und durch einen Wassergraben gesichert. Durch neun Tore konnte man in die Stadt gelangen, das berühmteste von ihnen

ist das mit bunt glasierten Ziegeln geschmückte Ischtartor. Innerhalb der Mauern befanden sich die Hängenden Gärten, eines der sieben Weltwunder, das Mardukheiligtum und die Zikkurat, ein großer pyramidenartiger Turm, der volkstümlich mit dem Turm von Babel gleichgesetzt wird, von dem die Bibel berichtet. Insgesamt gab es über 50 Tempel in der Stadt. Die chaldäische Dynastie regierte Mesopotamien bis zum Jahr 539 v. Chr., als der Perserkönig KYROS II. DER GROSSE die Stadt einnahm und es zur persischen Provinz machte. Babylon blühte unter den Achämenidenherrschern, den Nachfolgern Kyros', zwar wieder auf, wurde aber nie mehr unabhängig und erreichte auch nicht mehr die strahlende Größe vergangener Zeiten.

Babylonisches Exil, Gefangenschaft der Juden in Babylon, auch Babylonische Gefangenschaft. Es gab zwei Massendeportationen von Juden aus ihrer Heimat: 597 v. Chr., als König Jojachin abgesetzt wurde, und 587 v. Chr., als der babylonische König NEBUKADNEZAR II. Jerusalem zerstörte und tausende von Juden nach Babylon verschleppte. Viele von ihnen organisierten sich in der Fremde in Gemeinschaften, was den Fortbestand der jüdischen Religion und des jüdischen Lebens ermöglichte. Während dieser Periode des Exils entstanden Einrichtungen wie z. B. die Synagoge. 539 v. Chr. fiel Babylon an Persien und ein Jahr später erlaubte König KYROS II. DER GROSSE den Juden die Rückkehr in ihre Heimat nach Palästina. Die Zahl der Rückkehrer war vermutlich klein.

Bach, Johann Sebastian (1685–1750), deutscher Komponist, zu dessen bedeutendsten Kompositionen die *h-Moll-Messe*, das *Magnificat*, die *Johannes*- und die *Matthäuspassion* gehören. Als Kind wurde Bach zunächst vom Vater, dann von seinem Bruder unterrichtet. Später wurde er Organist und Kantor an mehreren deutschen Kirchen und Höfen. 1723 übernahm er die Stelle des Thomaskantors und Musikdirektors in Leipzig, wo er seine wichtigsten Werke komponierte. Zweimal verheiratet, war er Vater von 20 Kindern, von denen vier ebenfalls herausragende eigenständige Musiker wurden.

Bachs barocke Kirchenmusik, die von seinem tiefen protestantischen Glauben inspiriert ist, drückt in großartigen Choral- und Orgelkompositionen den Ruhm Gottes und das menschliche Ringen um Erlösung aus. Wichtige Werke sind u. a. die sechs *Brandenburgischen Konzerte* von 1721, *Das wohl-*

Francis Bacon war ein Mann mit vielen Talenten. Seine Schriften übten starken Einfluss auf das moderne wissenschaftliche Denken aus.

temperierte Klavier von 1722 und 1744, die *Goldbergvariationen* von 1742, *Die Kunst der Fuge* aus demselben Jahr und zahllose Kantaten. Nach seinem Tod geriet Bachs Musik für mehr als ein halbes Jahrhundert in Vergessenheit, ehe dem bedeutendsten deutschen Komponisten im 19. und 20. Jh. die angemessene Würdigung zuteil wurde.

Bacon, Francis (1561–1626), englischer Staatsmann und Philosoph. 1582 nahm er seine Tätigkeit als Rechtsanwalt auf und zwei Jahre später wurde er Mitglied des Parlaments. In den 90er-Jahren des 16. Jh. arbeitete Bacon erfolgreich am englischen Hof und 1597 veröffentlichte er seine erste Sammlung von Essays über Themen wie den Tod, die Freundschaft und die Wahrheit. 1603 wurde er in den Ritterstand erhoben und stieg zum Kanzler des englischen Königs JAKOB I. auf, musste aber 1621 wegen einer Bestechungsaffäre seine öffentlichen Ämter niederlegen. Nach dem Scheitern seiner politischen Karriere widmete sich Bacon ganz seinen literarischen, wissenschaftlichen und philosophischen Schriften. Seine Werke *The Advancement of Learning* von 1605, *Novum Organum* von 1620 und *Nova Atlantis* von 1627 trugen maßgeblich zur Neuorientierung der europäischen Wissenschaften bei, in der er die Ablösung der Spekulation als Instrument der Erkenntnis durch die Empirie forderte. Bacon gilt als einer der Wegbereiter des Empirismus in England und der AUFKLÄRUNG in Europa.

Baden, historische Region am Rhein, die im Mittelalter unter der Herrschaft der Zähringer stand. 1535 erfolgte die Teilung des Landes in die beiden Markgrafschaften Baden-Durlach mit der Residenz in Durlach und Baden-Baden mit dem Hof in Baden-Baden. Erstere schloss sich dem protestantischen Glauben an, während letztere sich 1571 endgültig dem katholischen Glaubensbekenntnis verpflichtete. Bekanntester Markgraf war Ludwig Wilhelm von Baden-Baden, wegen seiner Erfolge gegen die OSMANEN im 17. Jh. auch unter dem Namen Türkenlouis bekannt. Er verlegte seine Residenz

nach Rastatt. 1771 fiel die Baden-Badener an die Durlacher Linie, die inzwischen in Karlsruhe residierte.

Im REICHSDEPUTATIONSHAUPTSCHLUSS von 1803 erhob NAPOLEON I. die Markgrafschaft zum Kurfürstentum und 1806 zum Großherzogtum, das sich nun vom Breisgau bis nach Heidelberg erstreckte. 1870 trat Baden dem neu gegründeten DEUTSCHEN REICH bei. Der letzte Großherzog Friedrich II. dankte am 22. November 1918 ab und Baden wurde während der Weimarer Republik Freistaat. Nach dem Zweiten Weltkrieg war der Südteil Badens französisch und der Nordteil von Amerikanern besetzt; beide gingen 1952 im neu geschaffenen Bundesland Baden-Württemberg auf.

Baden-Powell, Robert Stephenson Smith (1857–1941), britischer Offizier und 1907 Gründer der Bewegung der Pfadfinder. Baden-Powells siebenmonatige Verteidigung der südafrikanischen Stadt Mafeking im BURENKRIEG 1900 machte ihn in Großbritannien zum Nationalhelden. In die Pfadfinderbewegung ging seine soldatische Erfahrung als Kundschafter im Krieg ein – das Ausspähen feindlichen Gebiets, ohne entdeckt zu werden, und das Überleben im Freien –, ergänzt um Schulungen in Selbstvertrauen und strenge Regeln des moralischen Verhaltens. Mit seiner Schwester Agnes gründete Baden-Powell 1910 die entsprechende Bewegung für Mädchen. 1929 erhielt er den Titel eines Barons.

Baden-Powell in der typischen Uniform der Pfadfinder. Heute hat die von ihm gegründete Bewegung weltweit über 20 Mio. Mitglieder.

Aix-les-Bains in Savoyen war berühmt für seine warmen Schwefelquellen, die bereits die alten Römer schätzten.

Badeort, Kurort mit Mineral- oder Thermalquellen. Im 18. Jh. waren in Großbritannien Orte wie Buxton, Harrogate und Bath elegante Bäder, die Kuren und Vergnügungen für die Ober- und Mittelschicht anboten. Auch Baden im Meer erfreute sich immer größerer Beliebtheit und Ende des 18. Jh. verhalfen die regelmäßigen Besuche des späteren Königs Georg IV. Brighton zu gesellschaftlichem Erfolg. Im 19. Jh. kamen Kurund Badeorte in ganz Europa groß in Mode. In Frankreich genoss vor allem Vichy internationalen Ruf. Kaiser WILHELM I. kurte regelmäßig in Bad Ems, während es Reichskanzler Otto von BISMARCK nach Bad Kissingen zog. Die deutschen Ostseebäder und die böhmischen Kurorte wie Karlsbad und Marienbad entwickelten sich zu Treffpunkten der gehobenen Gesellschaft.

Badoglio, Pietro (1871–1956), italienischer General, der unter Benito MUSSOLINI diente, aber 1943 zu dessen Absetzung beitrug und einen Waffenstillstand mit den Alliierten unterzeichnete. 1925 wurde Badoglio Mussolinis Generalstabschef, übernahm 1928 den Gouverneursposten in Libyen und befehligte im Krieg gegen ÄTHIOPIEN 1935/36 die italienischen Truppen. Er nahm Addis Abeba ein, wurde Gouverneur des Gebiets, musste aber während Italiens verlustreicher Invasion in Griechenland 1940 zurücktreten. Nach Mussolinis Sturz 1943 berief ihn König VIKTOR EMANUEL II. an die

Die Bagdadbahn führte auf ihrer Strecke von Konya nach Bagdad durch teilweise unzugängliches, bergiges Gebiet, das mithilfe von Viadukten überwunden werden musste.

Spitze einer neuen, nicht faschistischen Regierung, die von den Nationalsozialisten allerdings gestürzt und von den Alliierten später wieder eingesetzt wurde. Er trat im Juni 1944 zurück, um die Bildung eines neuen Kabinetts zu ermöglichen.

Bagdadbahn, Eisenbahnlinie von Konya im damaligen Osmanischen Reich bis Bagdad. Die über 3000 km lange Strecke stellte die wichtigste Landverbindung zwischen Europa und dem Persischen Golf dar, sie führte die bereits bestehende Bahnverbindung Istanbul–Konya fort. Der 1903 gestartete, maßgeblich von deutschen Geldgebern finanzierte Bahnbau stieß in Russland und Großbritannien auf Protest, da beide ihre Einflusssphären im Nahen Osten bedroht sahen. Endgültig fertig gestellt wurde die Bagdadbahn erst 1940.

Baird, John Logie (1888–1946), britischer Elektroingenieur, der 1926 in London die ersten Fernsehbilder vorführte. 1928 gelang ihm die erste Fernsehübertragung über den Atlantik von London nach New York. Seit 1929 wurden seine Geräte für experimentelle öffentliche Übertragungen in Großbritannien genutzt, doch 1937 entschied sich die BBC für ein konkurrierendes System, das Guglielmo MARCONI entwickelt hatte. Baird experimentierte auch mit Videorekordern, Radar, Faseroptik und infraroten Nachtsichtgeräten.

Bakunin, Michail Aleksandrowitsch (1814–76), russischer Revolutionär, führender Vertreter des ANARCHISMUS und Gründungsmitglied der russischen Bewegung der Narodniki. Er diente als Offizier in der Garde des Zaren NIKOLAUS I., nahm aber 1835 aus Protest gegen die Behandlung polnischer Rebellen seinen Abschied. Nach der Teilnahme an der Revolution von 1848 wurde er sowohl von Sachsen als auch von Österreich zum Tod verurteilt und an Russland ausgeliefert, das ihn nach Sibirien verbannte. 1861 entkam er nach London, damals Zentrum militanter anarchistischer und kommunistischer Gruppen. Die Erste

INTERNATIONALE, eine 1864 gegründete Vereinigung sozialistischer und kommunistischer Gruppen in der ganzen Welt, wurde durch den Konflikt zwischen Karl MARX und Bakunin gespalten. Marx glaubte, die bestehende politische und gesellschaftliche Ordnung werde von allein in sich zusammenfallen, während Bakunin behauptete, sie müsse gewaltsam zerstört werden. Er starb in Armut in der Schweiz.

Balboa, **Vasco Núñez de** (um 1475–1517), spanischer Entdecker und KONQUISTADOR. Er kam 1501 in die Neue Welt und schloss sich 1510 einer Expedition an, die an der Landenge von Panama die Stadt Santa Maria de la Antigua gründete, die erste dauerhafte Siedlung auf dem amerikanischen Kontinent. Aufgrund von Gerüchten unter ortsansässigen Indianern über den großen Reichtum der Inka brach Balboa 1513 mit 190 Konquistadoren, unter ihnen Francisco PIZARRO, Richtung Süden auf. Auf dem Weg sichtete er den Pazifik, den er die „Große Südsee" nannte und im Namen König FERDINANDS V. von Spanien in Besitz nahm. Der König erhob Balboa zum Admiral der Südsee und zum Gouverneur der Provinzen Panama und Coiba unter dem Oberbefehl des Adligen Pedro Arias Davila. Der Offizier war auf Balboa eifersüchtig und ließ ihn schließlich wegen Hochverrats anklagen und hinrichten.

Balduin I. (um 1058–1118), Adliger aus Lothringen, der mit seinem älteren Bruder Gottfried von Bouillon am Ersten KREUZZUG teilnahm. Nach seiner Ankunft im Heiligen Land gründete er 1098 mit der Grafschaft Edessa den ersten der Kreuzfahrerstaaten und machte es zum Vorposten im Kampf gegen die Moslems. Die Grafschaft bestand bis 1146. Nach der Einnahme JERUSALEMS 1099 und dem überraschenden Tod Gottfrieds im Juli 1100 trug man ihm an, Verteidiger des Heiligen Grabes zu werden. Im Dezember 1100 wurde er zum ersten König von Jerusalem gekrönt. In den folgenden Jahren eroberte er die wichtigen Küstenstädte Akko, Beirut und Sidon.

Baldwin, Stanley (1867–1947), britischer Politiker der Konservativen, der 1923–37 dreimal das Amt des Premierministers innehatte. Baldwin wurde 1908 ins Parlament gewählt und war 1917–21 Staatssekretär im Schatzamt in Davis LLOYD GEORGES Koalitionsregierung. 1922 veranlasste er die Konservativen, sich aus der Koalition zurückzuziehen, und erzwang damit Neuwahlen zum Unterhaus, die sie gewannen. Unter Premierminister Andrew Bonar Law übernahm er das Amt des Schatzkanzlers und nach dessen Rücktritt 1923 folgte er ihm als Regierungschef.

Baldwins Versuch, Importzölle auf Waren von außerhalb des Britischen Reiches einzuführen, brachte den Verlust der Wahl von 1923, doch kehrte er im November 1924 wieder ins Amt zurück. In seine Regierungszeit fielen die Rückkehr der britischen Wirtschaft zum Goldstandard, der Generalstreik 1926, Neville CHAMBERLAINS Sozialgesetzgebung und das Gesetz von 1927, das die Rechte der britischen Gewerkschaften erheblich einschränkte. Baldwin verlor darauf die Wahl 1929, trat aber in James Ramsay MACDONALDS Koalitionsregierung ein, die als Reaktion auf die Wirtschaftskrise von 1931 gebildet wurde, und folgte ihm 1935 erneut als Premierminister. In diesem Jahr billigte Baldwin ein Übereinkommen, das die Annexion Äthiopiens durch Italien anerkannte, doch zwang ihn die öffentliche Empörung, wieder davon abzurücken. Geschickt fädelte er die Abdankung König EDUARDS VIII. ein. Während dieser Zeit wies Baldwin Forderungen nach Wiederaufrüstung ab, die nach seiner Ansicht nicht im britischen Interesse lagen. Er begünstigte die APPEASEMENT-Politik, was ihm erhebliche Kritik eintrug, die Bedrohung durch das nationalsozialistische Deutschland nicht erkannt zu haben. Baldwin trat 1937 zurück.

Balfour-Erklärung (2. November 1917), Erklärung Großbritanniens zugunsten einer jüdischen nationalen Heimstätte in Palästina. Die Erklärung war in Form eines Briefes des britischen Außenministers Arthur James Balfour an Lord Rothschild gehalten, einen führenden Zionisten, in dem britische Hilfe für ein jüdisches Siedlungsgebiet zugesagt wurde, sofern die bürgerlichen und religiösen Rechte der Nichtjuden in Palästina respektiert würden. Nach Ansicht der Araber in Palästina stand die Erklärung im Gegensatz zu den Versprechungen, die man ihnen in der Vergangenheit gegeben hatte.

Balkan siehe Seite 46/47

Bangladesh, Staat auf dem indischen Subkontinent, früher Ostpakistan. Die Region ist geographisch und historisch Teil Großbengalens, das zu Britisch-Indien gehörte und 1947 in Westbengalen – eine Provinz Indiens – und Ostpakistan – eine Provinz Pakistans – geteilt wurde.

Räumlich und kulturell vom pakistanischen Staat im Westen weit entfernt, befassten sich die Bengalen Ostpakistans während der 60er-Jahre des 20. Jh. zunehmend mit der Frage einer regionalen Autonomie. Diese Bestrebungen erreichten 1970 ihren Höhepunkt, als die Awami-Liga, die sich für eine stärkere Autonomie Ostpakistans einsetzte, Pakistans erste allgemeine Wahl gewann. Doch der Jubel schlug in Enttäuschung um, als der Präsident der Militärregierung Pakistans die Nationalversammlung auflöste, und im März 1971 brach der Bürgerkrieg aus. Indische Truppen intervenierten auf der Seite der Bengalen und schlugen die pakistanische Armee in Ostpakistan entscheidend. Darauf erklärte Scheich Mujibur Rahman die Provinz für unabhängig und proklamierte den souveränen Staat Bangladesh. 1974 brachte eine Hungersnot Chaos und politische Instabilität, was zur Ermordung Rahmans im folgenden Jahr führte. Es kam zum Militärputsch, den General Zia ur-Rahman für sich entschied. Das Land stand fortan ständig unter Kriegsrecht.

Die Wahlen 1991 stellten die zivile Regierungsgewalt unter Premierminister Begum Zia wieder her und das Präsidialsystem

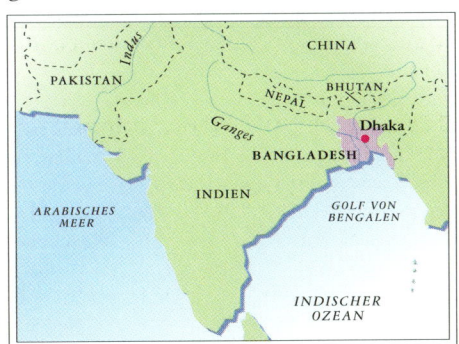

wurde durch eine parlamentarische Verfassung abgelöst. Begum Zias Regierung litt jedoch unter Streiks und Massenprotesten, und nach einem knappen Wahlsieg 1996 löste ihn Hasina Wajed, die Tochter Mujibur Rahmans und Führerin der Awami-Liga, an der Spitze der Regierung ab. Bangladesh leidet immer wieder unter verheerenden Überschwemmungen während der jährlichen Monsune und gehört mit zu den ärmsten Ländern der Welt.

Baptisten, größte protestantische Freikirche. Ihre Anhänger praktizieren die Erwachsenentaufe in der Überzeugung, dass in die christliche Gemeinschaft nur aufgenommen werden kann, wer den christlichen Glauben bewusst annimmt. Die Anfänge der Freikirche gehen auf John Smyth, der 1609 eine Kirche in Amsterdam errichtete, und Thomas Helwys, der 1612 eine Kirche in London gründete, zurück. Die Baptisten beharrten auf der Selbstständigkeit der Gemeinden gegenüber jeder Art von bischöflicher Hierarchie. Erst im 18. Jh. wurden sie von König Wilhelm III. von Oranien offiziell in Großbritannien anerkannt. Im deutschen Sprachraum fasste die Freikirche erst 1834 Fuß, als Johann Gerhard Oncken in Hamburg die erste Baptistengemeinde ins Leben rief. Die baptistischen Kirchen wuchsen in Großbritannien und den USA rasch und dehnten ihre Missionstätigkeit später auf Indien, Russland und viele andere Länder aus. In den USA blühten die schwarzen baptistischen Kirchen nach dem Ende des Sezessionskriegs 1865 auf und leisteten einen wichtigen Beitrag zur aufstrebenden Kultur der schwarzen Bevölkerung.

Bar Kochba, Schimon († 135), Führer des letzten großen jüdischen Aufstands gegen die römische Herrschaft im Jahr 132. Kaiser Hadrian hatte die Juden durch das Verbot der Beschneidung und den Bau eines Jupitertempels auf den Ruinen des im Jahr 70 zerstörten Tempels von Jerusalem gegen sich aufgebracht. Die Juden erhoben sich unter der Führung Simon Ben Kosibas, der als Messias gefeiert wurde und den Namen Bar Kochba, „Sternensohn", erhielt. Drei Jahre lang kämpften die Römer, um die Herrschaft im Heiligen Land wieder zu festigen. Bar Kochba wurde schließlich nach schweren Verlusten auf beiden Seiten in seiner Festung Bethar südwestlich von Jerusalem getötet. Seine Anhänger wurden versklavt oder hingerichtet.

Barnardo, Thomas John (1845–1905), britischer Sozialreformer. In Dublin in einer spanischen protestantischen Familie geboren, ging Barnardo 1865 nach London. Dort machte ihn die Not von Waisenkindern betroffen, und 1870 richtete er das erste Heim für Not leidende Jungen im Londoner Osten ein. Ein ähnliches Heim für Mädchen folgte 1876. Barnardo glaubte, jedes Kind verdiene den bestmöglichen Start ins Leben, und ging sogar so weit, Kinder ihren Eltern wegzunehmen, sofern sie grausam oder gewalttätig waren. Als Barnardo starb, hatten fast 60 000 Kinder in über 90 Heimen in ganz Großbritannien von seiner Hilfe profitiert.

Barock siehe Seite 49

Bartholomäusnacht (24. August 1572), Ermordung französischer Hugenotten durch Katholiken während der HUGENOTTEN-KRIEGE. Zunächst billigte die Königinmutter Katharina von MEDICI ein Komplott des katholischen Herzogs von Guise zur Ermordung des Admirals Gaspard de COLIGNY, des Hugenottenführers, der ihren Sohn, den jungen König Karl IX., ihrer Meinung nach

Fortsetzung S. 48

Pulverfass Balkan –
auf der Suche nach Frieden

*Gespalten zwischen Moslems, katholischen und orthodoxen Christen ist das Verhältnis
der zahllosen Staaten auf dem Balkan seit Jahrhunderten von tief gehendem Misstrauen geprägt,
das sich immer wieder in offenen Feindseligkeiten und grausamen Kriegen entlud.*

Der Balkan machte einst den größten Teil des Osmanischen Reiches in Europa aus. Der Name kommt von dem türkischen Wort für Gebirge. Immer wieder fielen Fremde in diese größtenteils unzugängliche, gebirgige Region ein: Kelten, Römer, Thraker, Slawen, Hunnen, Goten, Ungarn, Bulgaren, Osmanen, Italiener und Deutsche. Der ethnische und religiöse Hass, den sie auslösten, wuchs sich häufig in Gewalt aus und wirkte oft noch Generationen später weiter.

Das Gebiet ist bis heute ein Mosaik aus umstrittenen Grenzen und unklaren Machtverhältnissen. Es hat unter dem Römischen, Byzantinischen und Osmanischen Reich sowie unter den kommunistischen Diktaturen der Nachkriegszeit Perioden relativer Stabilität gegeben, aber die Einmischung der Großmächte wirkte oft zerstörerisch. Bis 395 gehörte die Region zum Römischen Reich. Danach blieb das Gebiet der heutigen Staaten Slowenien, Kroatien und Herzegowina im römischen Westreich, während der Rest Teil des byzantinischen Ostreichs wurde. 1054 brach die orthodoxe Ostkirche mit der römischen Westkirche. Die byzantinische Region des Balkans ist orthodox geblieben, während die Kroaten und Slowenen katholisch sind.

OSMANEN IN EUROPA

Die Osmanen begannen ihre Eroberungen auf dem europäischen Kontinent im 14. Jh. Die Serben wurden 1389 in der Schlacht auf dem Amselfeld geschlagen und die letzte bulgarische Festung fiel 1396. Im Jahr 1453 eroberten die Osmanen Konstantinopel und binnen sieben Jahren Griechenland. Bis 1477 leisteten die rumänischsprachigen Fürstentümer Walachei und Moldau erbitterten Widerstand. Albanien wurde 1479 überrannt. 1526 schlugen die Osmanen die Ungarn in der Schlacht bei Mohács und dehnten damit ihr Reich nach Westen und Norden über die Donau hinaus aus. 1527 suchte Kroatien den Schutz Österreichs und blieb bis 1918 Teil der Habsburger Monarchie. Die Osmanen bauten ihre Herrschaft über Bosnien-Herzegowina aus und waren um die Mitte des 16. Jh. Herren fast des gesamten Balkans. Im Jahr 1571 musste die osmanische Flotte bei Lepanto eine herbe Niederlage gegen die christlichen Verbündeten hinnehmen. Die Herrschaft des Sultans über das Mittelmeer war damit abgewendet.

Durch die Osmanen kam eine neue Komponente – der Islam – zu der bestehenden Spaltung zwischen Katholiken und Orthodoxen auf dem Balkan hinzu. Manche Christen traten zum Glauben der Eroberer über, vor allem im heutigen Albanien, Kosovo, Makedonien und Bosnien-Herzegowina. Die Region litt unter der Knute der osmanischen Fremdherrschaft, Wirtschaft und Bildung waren rückständig und der Großteil der Bevölkerung lebte in Leibeigenschaft. Nach ihrer Niederlage vor den Toren Wiens 1683 verloren die Osmanen ihren dominierenden Einfluss auf dem Balkan. Sie wurden aus Ungarn vertrieben, und viele Serben zogen nach Norden in die Vojvodina, um den Schutz des Habsburgerreichs zu erlangen. Die öffentliche Meinung in Europa wandte sich zunehmend gegen die moslemische Bevormundung der Christen auf dem Balkan.

KAMPF UM DIE UNABHÄNGIGKEIT

Serbien erhob sich 1815 gegen die Osmanen und erlangte 1829 die Autonomie. Griechenland kämpfte 1821–29 um seine Unabhängigkeit. Ein bulgarischer Aufstand gegen die osmanische Herrschaft wurde 1876 brutal unterdrückt. Auf dem Berliner Kongress 1878 ordneten die Großmächte die Lage auf dem Balkan neu: Rumänien, Serbien und Montenegro erhielten ihre Selbstständigkeit, Bulgarien blieb zwar autonom, musste aber Makedonien an die Serben und Ostrumelien an die Osmanen abtreten; Bosnien-Herzegowina kam unter die Verwaltung Österreich-Ungarns.

Im Ersten Balkankrieg 1912/13 verbündeten sich Serbien, Griechenland, Bulgarien und Montenegro gegen das Osmanische Reich. Der Sultan musste bis auf einen kleinen Rest um Adrianopel den Balkan räumen. 1913 kam es zum Zweiten Balkankrieg, als sich die ehemaligen Verbündeten gegeneinander wandten, was die Lage vollends verwirrte. Der Friede von Bukarest legte den

**Die Tragödie des Bürgerkriegs im ehemaligen Jugoslawien nimmt seinen Lauf: Kroatische Posten
und Zivilisten gehen hinter einem Panzer vor serbischen Truppen in Deckung.**

Um die Mitte des 16. Jh. beherrschte das Osmanische Reich von Konstantinopel aus den größten Teil des Balkans.

Bei Ausbruch des Ersten Weltkriegs 1914 existierten vor allem im Süden des Balkans einige unabhängige Staaten.

Nach dem Zusammenbruch des Vielvölkerstaats Jugoslawien Anfang der 90er-Jahre entstand eine Reihe von neuen Staaten.

Links: Vom Osmanischen Reich im 16. Jh. bis zu den vielen unabhängigen Staaten am Ende unseres Jahrhunderts: Die Geschichte des Balkans ist eine Geschichte von kriegerischen Auseinandersetzungen.

Keim für neue Spannungen. Diese lösten den Ersten Weltkrieg aus. Erzherzog Franz Ferdinand, Thronfolger Österreich-Ungarns, wurde im Juni 1914 von einem serbischen Nationalisten in Sarajevo ermordet. Österreich-Ungarn benutzte den Mord als Vorwand, um Serbien den Krieg zu erklären. Die Russen als Schutzmacht der Serben glaubten ihre Stellung auf dem Balkan bedroht und machten mobil. Dies veranlasste Deutschland als Verbündetem der Doppelmonarchie, Russland den Krieg zu erklären. Damit zogen sie auch die Partner des Zaren, Großbritannien und Frankreich, in die Auseinandersetzungen.

ANGRIFF DEUTSCHLANDS

Nach dem Ersten Weltkrieg schlossen sich Vojvodina, Slowenien und Kroatien mit Serbien, Montenegro und Makedonien zu einem neuen Staat zusammen, der vom König von Serbien regiert wurde. 1929 änderte man den Staatsnamen in Jugoslawien. Das serbische Übergewicht in der Regierung wurde von den nationalen Minderheiten, vor allem den Kroaten, heftig kritisiert und bekämpft. So ermordeten kroatische Nationalisten 1934 den König, aber die Serben hielten an der Macht fest.

1941 rückten Hitlers Armeen in Jugoslawien ein und errichteten ein faschistisches Marionettenregime in Kroatien. Milizen der kroatischen Ustascha, der proserbischen Tschetniks und kommunistische Partisanen bekämpften sich untereinander und gegen die Deutschen in einem Krieg voller Greueltaten, bei denen ein Zehntel der Bevölkerung ums Leben kam. Griechenland wurde 1941 von den Deutschen überrollt. Bulgarien und Rumänien traten auf deutscher Seite in den Krieg ein, wechselten aber 1944 die Seiten. Nach dem Ende des Zweiten Weltkriegs errichtete die UdSSR in den Balkanstaaten kommunistische Diktaturen. Die Monarchien Albanien, Bulgarien, Rumänien, Ungarn und Jugoslawien wurden zu sozialistischen Republiken. Nur die griechische Monarchie konnte sich in einem dreijährigen Bürgerkrieg 1946–49 gegen kommunistische Guerillas durchsetzen.

Jugolsawien entwickelte unter Tito, der mithilfe kommunistischer Partisanen die deutschen Besatzer aus dem Land vertrieben hatte, einen eigenen, von der UdSSR unabhängigen Weg. Aber die ethnischen Spannungen zwischen Serben, Kroaten, Slowenen und der moslemischen Bevölkerungsgruppe konnten nur teilweise überdeckt werden. Die jugoslawische Zentralregierung in Belgrad war zwar für die wichtigen Ressorts wie Verteidigung, Außenpolitik und Wirtschaft verantwortlich, doch gewährte man seit den 70-Jahren den sechs Teilrepubliken und den zwei autonomen Gebieten in kulturellen und wirtschaftlichen Fragen eine größere Eigenständigkeit.

DER FALL DES KOMMUNISMUS

Das kommunistische Machtmonopol wurde im Zug der Reformen Michail Gorbatschows in der UdSSR gebrochen. Im November 1989 endete die 35-jährige Herrschaft des bulgarischen Parteiführers Todor Schiwkow. Nach einem blutigen Aufstand wurden der rumänische Diktator Nicolae Ceaușescu und seine Frau Elena im Dezember desselben Jahres hingerichtet. Ein Jahr später ließ das brüchige kommunistische Regime in Albanien die Bildung politischer Parteien zu.

Nach Titos Tod 1980 erwies sich die schwerfällige föderative Struktur, die Jugoslawien bis dahin zusammengehalten hatte, als unfähig, der nationalen Leidenschaften und der Wirtschaftskrise Herr zu werden. 1990 stellte der serbische Präsident Slobodan Milošević das Kosovo und die Vojvodina vollständig unter Serbiens Kontrolle, ein Schritt, dem sich die moslemischen Albaner im Kosovo mit Waffengewalt widersetzten. 1991 erklärten sich Slowenien und Kroatien für unabhängig, worauf ein blutiger Bürgerkrieg zwischen Kroaten und Serben um die Regionen Krajina, Banija und Ostslawonien ausbrach.

1992 erklärten sich Bosnien und Herzegowina und Makedonien für unabhängig. In Bosnien kämpften die Serben gegen Moslems und Kroaten. Mehrere hunderttausend Menschen flohen, als die Gewalt eskalierte. Die Serben unter Radovan Karadžić begannen mit der von ihnen proklamierten „ethnischen Säuberung" Bosniens von Kroaten und Moslems durch Vertreibung und Massenmorde. Die Vereinten Nationen verhängten Sanktionen gegen Serbien und richteten eine internationale Luftbrücke in das von bosnischen Serben belagerte Sarajevo ein. Nach großem Blutvergießen – über 250 000 Tote – wurde auf Druck der USA in Dayton im Dezember 1995 eine Friedensvereinbarung ausgehandelt, deren Durchführung von einer in Bosnien stationierten Friedenstruppe überwacht werden soll.

Doch legen die ethnischen Minderheiten – Ungarn im rumänischen Siebenbürgen und in der serbischen Vojvodina, Türken in Bulgarien, Bulgaren in Makedonien, Albaner in der serbischen Provinz Kosovo, Serben in Bosnien und Herzegowina – den Schluss nahe, dass die politischen Verhältnisse auf dem Balkan auch in Zukunft so labil wie eh und je bleiben werden. Der Krieg im Kosovo seit April 1999 beweist es eindringlich.

Auf dem Gemälde erkennt man, wie die Mörder den erschlagenen Gaspard de Coligny aus dem Fenster werfen (rechts), während Katharina von Medici (links hinten) die Leichen zählt.

negativ beeinflusste. Nach dem Scheitern des Attentats am 22. August überredete Katharina Karl IX., die Ermordung der Hugenottenführer gutzuheißen, die sich anlässlich der Hochzeit ihrer Tochter Margarete mit dem späteren französischen König HEINRICH IV., einem Hugenotten, in Paris aufhielten.

Das Massaker begann vor der Morgendämmerung am 24. August; Coligny war eines der ersten Opfer. Ein königlicher Befehl vom 25. August konnte das Blutvergießen nicht beenden; vielmehr griff es auf Rouen, Lyon, Bourges, Orléans und Bordeaux über und dauerte bis zum Oktober. Nicht weniger als 10 000 Hugenotten wurden ermordet, davon allein 3000 in Paris. Die Pariser Bluthochzeit, wie die Zeitgenossen das Massaker auch bezeichneten, schürte den Hass zwischen protestantischen Hugenotten und Katholiken und führte zum Wiederaufflammen der Religionskriege.

Bastille, mittelalterliche Festung im Osten von Paris, im 14. Jh. zur Abwehr der Engländer im HUNDERTJÄHRIGEN KRIEG errichtet. Unter Kardinal RICHELIEU wurde sie im 17. Jh. zum Staatsgefängnis umfunktioniert, in dem vor allem politische Gefangene eingekerkert wurden. Als Sinnbild der Tyrannei der Bourbonenherrscher wurde sie am 14. Juli 1789 von einer aufgebrachten Volksmenge gestürmt, die den Kommandanten und die Wachen töteten, die verbliebenen sieben Gefangenen befreiten und die Festung zerstörten. Das Ereignis gilt als der Beginn der FRANZÖSISCHEN REVOLUTION und der 14. Juli ist der französische Nationalfeiertag. Heute steht an der Stelle der Bastille eine Gedenksäule für die Gefallenen der JULIREVOLUTION 1830.

Batista y Zaldívar, Fulgencio (1901–73), kubanischer Präsident und Diktator, der 1958 von Fidel CASTRO gestürzt wurde. Batista kam 1933 durch eine Militärrevolte an die Macht. Er wurde 1940 zum Präsidenten gewählt und stand bis 1944 an der Spitze einer diktatorischen Regierung, unter der es zu einem starken Wirtschaftswachstum kam. Nachdem er sich ins Exil nach Florida zurückgezogen hatte, musste Batista mit ansehen, wie Kuba in Korruption und Vetternwirtschaft versank. Daraufhin übernahm er 1952 durch einen Putsch erneut die Herrschaft. Seine Diktatur, die sich auf das Militär stützte und von den USA gefördert wurde, verstärkte den Gegensatz zu Castros Guerillaarmee, die am 1. Januar 1959 unter dem Jubel der Bevölkerung in Havanna einzog. Batista ging zwei Jahre später ins Exil und starb 1973 im spanischen Marbella.

Battenberg, Prinz Ludwig Alexander von (1854–1921), britischer Admiral, Herzog von Edinburgh und Großvater von Prinz Philip. Von polnisch-deutscher Herkunft, wurde er 1868 britischer Staatsangehöriger und heiratete 1884 Prinzessin Viktoria, Tochter der Königin VIKTORIA. 1913 übernahm er die Leitung der Marine, doch zwang ihn die antideutsche Stimmung in Großbritannien im Ersten Weltkrieg im Oktober 1914 zum Rücktritt. 1917 legte er seine deutschen Titel ab, anglisierte seinen Namen zu Mountbatten und erhielt den Titel eines Marquess of Milford Haven.

Bauernbefreiung, Beseitigung aller guts- und grundherrlichen Bindungen der Bauern mit dem Ziel, ihre staatsbürgerliche Gleichheit zu erreichen. In PREUSSEN begann sie unter FRIEDRICH WILHELM I. und FRIED-RICH DEM GROSSEN und wurde von Karl Freiherr vom und zum STEIN Anfang des 19. Jh. weitergeführt; in Österreich war sie hauptsächlich das Werk von MARIA THERESIA und ihrem Sohn JOSEPH II.

Die Bauern waren fortan nicht mehr erbuntertänig oder leibeigen und mussten keine Abgaben und Dienstleistungen mehr erbringen. Der bewirtschaftete Boden wurde ihnen gegen eine Entschädigung des Grundherrn als Eigentum übertragen. Diese Zahlung wurde häufig durch Landabtretung aufgebracht. Sie führte dazu, dass der Bauer zwar persönlich frei wurde, wirtschaftlich aber abhängig blieb. Viele Bauern verarmten und mussten in die Dienste der Großgrundbesitzer eintreten. Daraus entwickelte sich in der Folgezeit eine Schicht von Landarbeitern, die am untersten Ende der sozialen Skala standen, keine Rechte besaßen und kaum das Notwendigste zum Leben verdienten.

Bauernkrieg (1524/25), Aufstand der Bauern in Süd- und Mitteldeutschland gegen die von den Grundherren verfügte Erhöhung der Abgaben und Dienstleistungen, gegen willkürliche Rechtsprechung und die Einschränkung der Allmendenutzung. Unter dem Kommando von Bauernführern wie Thomas Müntzer, Götz von Berlichingen und Florian Geyer kam es in Mittel- und Süddeutschland sowie Österreich zu zahlreichen Erhebungen. Nach anfänglichen Erfolgen der vereinzelt vorgehenden Bauernhaufen schlug der Protest in nackte Gewalt um, es kam zu Plünderungen und Mordtaten. Die betroffenen Landesherren rüsteten daraufhin ein schlagkräf-

Fortsetzung S. 50

Ein zeitgenössisches Gemälde aus dem 18. Jh. zeigt die Pariser beim Sturm auf die verhasste Bastille in Paris.

Barock – Fest der Farben und Formen

Diese im 17. und 18. Jh. in Europa vorherrschende Stilepoche kündete

mit prächtigen, durch das Zusammenspiel von Architektur, Bildhauerei und Malerei

entstandenen Kirchen und Schlössern von der Macht Gottes und der Fürsten.

Nach dem Ende des Dreißigjährigen Krieges 1648 dauerte es einige Jahre, bis die verheerenden Kriegsschäden beseitigt waren. Um 1680 begann in Deutschland ein regelrechter Bauboom, getragen von den zwei wichtigsten Machtfaktoren der Zeit: der katholischen Kirche und den Territorialfürsten. Beide Institutionen fanden ihre repräsentative Widerspiegelung im Stil des Barock, für den bewegte Formen, verschwenderische Pracht und Farbenreichtum kennzeichnend sind. Ursprünglich war der Begriff Barock allerdings negativ besetzt. Mit dem portugiesischen Wort *barocco,* das die unregelmäßige Oberfläche von Naturperlen beschreibt, bezeichnete man abschätzig die Werke von Malern, die von den antiken Regeln der Renaissance abwichen. Erst im 19. Jh. erkannte man im Barock eine eigenständige Kunstform.

REPRÄSENTATIVE RESIDENZEN

Die Wiege dieser Stilepoche, die bis zum sechsten Jahrzehnt des 18. Jh. andauerte, stand in Rom. Vorläufer vieler barocker Sakralbauten war die 1575 errichtete Jesuitenkirche Il Gesù. Die Fassaden der römischen Barockkirchen wurden reich gegliedert und der Skulpturenschmuck sowie die Ausmalung des Kircheninnern besonders üppig gestaltet. Daneben prägen zahlreiche barocke Paläste, Plätze, Treppen und Brunnenanlagen das Bild der Ewigen Stadt.

Im deutschsprachigen Raum blühte das Barock vorwiegend in den katholischen Gegenden Süddeutschlands und in Österreich. Hier entstand eine Vielzahl kunstvoller Sakralbauten, so etwa die Klosterkirche in Weltenburg, die von Cosmas Damian Asam errichtet und ausgemalt und von seinem Bruder Egid Quirin mit Stukkaturen versehen wurde, die „schönste Dorfkirche der Welt" im oberschwäbischen Steinhausen von den Brüdern Dominikus und Johann Baptist Zimmermann und die gewaltige Wallfahrtskirche Vierzehnheiligen in Oberfranken, die von Balthasar Neumann entworfen wurde. Diese Meisterwerke überwältigen den Betrachter mit einem Rausch an Farben und Formen, gedrehten oder ineinander verschlungenen

Diese Skulptur eines Engels stammt von Gian Lorenzo Bernini, einem der richtungsweisenden Bildhauer und Maler des Barock (oben). Deutschlands schönste Barockresidenz ist das Ludwigsburger Schloss, das sich der württembergische Herzog Eberhard Ludwig Anfang des 18. Jh. errichten ließ (unten).

Säulen aus Marmorstuck, schwingenden Brüstungen, Galerien und Kuppeln, goldverzierten Kapitellen, Blumengirlanden und Putten.

Die weltlichen Barockbauwerke standen den kirchlichen an Pracht nicht nach. Nach dem Vorbild von Versailles errichteten viele Fürsten in den deutschen Teilstaaten und anderen Ländern Europas aufwändige Schlösser mit großzügigen Treppenhäusern, deren Korridore und Säle sie mit bewegten Skulpturen, Reliefmedaillons und ausladenden Deckenfresken schmücken ließen. Oft waren diese Paläste eingebettet in eine kunstvoll gestaltete Gartenanlage mit Orangerie, Tempel und künstlichen Ruinen.

BAROCKES LEBENSGEFÜHL

In der Musik verliehen bedeutende Vertreter wie Antonio Vivaldi und Georg Friedrich Händel dem barocken Zeitgefühl Ausdruck. Nicht zuletzt verkörperte die Mode den auf Sinnenfreude und Repräsentation gerichteten Zeitgeist: Allongeperücke und hochhackige Schuhe für den Herrn, tiefes Dekolleté und aufgebauschte, in einer Schleppe auslaufende Röcke für die Dame.

Zeitgenössischer Holzschnitt, auf dem ein aufständischer Bauern dargestellt ist, der stolz das Banner mit der Forderung nach Freiheit trägt.

Bayerischer Erbfolgekrieg (1778/79), Krieg zwischen Preußen und Österreich wegen des Plans Kaiser JOSEPHS II., Bayern den habsburgischen Ländern anzugliedern. Als Maximilian Joseph von Bayern 1777 kinderlos starb, ging der Thron an den pfälzischen Kurfürsten Karl Theodor über, der bereit war, ein Drittel Bayerns an Joseph II. zu verkaufen. Der preußische König FRIEDRICH II. DER GROSSE marschierte in Böhmen ein, um dies zu vereiteln. Seine Armee traf dort auf Josephs Truppen. Es kam jedoch nur zu Scharmützeln, da sich beide Armeen darauf beschränkten, die gegnerischen Nachschublinien abzuschneiden. Preußische Soldaten verbrachten sogar ihre Zeit damit, Kartoffeln auszugraben, weshalb der Krieg im Volksmund auch „Kartoffelkrieg" genannt wurde. Der Friede von Teschen 1779 beendete den Konflikt durch die Abtretung des kleinen, aber fruchtbaren Innviertels an Österreich.

Bayern, größtes deutsches Bundesland, das vom 12. Jh. bis 1918 von den Wittelsbachern regiert wurde, zunächst als Herzogtum und nach 1805 als Königreich. Bayern litt im 18. Jh. unter dem SPANISCHEN, ÖSTERREICHISCHEN und BAYERISCHEN ERBFOLGEKRIEG. 1801 stellte sich Bayern an die Seite Frankreichs und wurde 1806 von Napoleon I. zum Königreich erhoben und Mitglied des RHEINBUNDS, schloss sich aber in den Befreiungskriegen der Koalition gegen Napoleon an. Bis zur Mitte des 19. Jh. war Bayern einer der drei mächtigsten Staaten des DEUTSCHEN BUNDES und bildete das Zünglein an der Waage zwischen Österreich und Preußen. Im DEUTSCHEN KRIEG 1866 an der Seite Österreichs wurde Bayern von Preußen geschlagen, schloss sich aber vier Jahre später im DEUTSCH-FRANZÖSISCHEN KRIEG Preußen an. Im Deutschen Reich von 1871 erhielt Bayern einen größeren Grad der Unabhängigkeit als die anderen Bundesstaaten. Im November 1918 rief Sozialistenführer Kurt Eisner Bayern zur Republik aus. Nach Eisners Ermordung 1919 wurde Bayern zum Hort rechter Parteien, die sich gegen die Weimarer Republik wandten. 1923 kam es zum missglückten HITLERPUTSCH. Im Jahr 1946 erhielt Bayern eine neue Verfassung und wurde 1949 eines der elf Bundesländer der neuen BUNDESREPUBLIK DEUTSCHLAND.

tiges Heer aus, das den Aufstand der Bauern niederschlug. Als Folge davon spielte der bäuerliche Stand jahrhundertelang keine politische Rolle mehr in Deutschland.

Bauhaus, Schule für Kunst, Architektur und Design, 1919 von dem Architekten Walter Gropius in Weimar gegründet. Hier wirkten so herausragende Künstler wie Paul Klee, Wassily Kandinsky und Lázló Moholy-Nagy, die ihre Schüler lehrten, die Beziehung zwischen dem reinen künstlerischen Entwurf und den Anforderungen der industriellen Massenfertigung zu würdigen. Der charakteristische Bauhausstil bei Gebäuden, Ornamenten und Möbeln war funktional, geometrisch und streng und beruhte auf einem gründlichen Studium der verwendeten Materialien. 1925 zog das Bauhaus nach Dessau und 1932 nach Berlin um. Ein Jahr später schlossen die Nationalsozialisten die Schule, obwohl ihre Philosophie inzwischen weltweiten Einfluss gewonnen hatte.

Bauhütte, im Spätmittelalter straff organisierte Vereinigung der Handwerker, die am Bau einer Kathedrale beteiligt waren. Dank ihrer gründlichen Ausbildung, der Aufzeichnung von Bauplänen und dem Erfahrungsaustausch wurde ein gleich bleibender Standard beim Bau von Kirchen in Europa gewährleistet. Die Bauhütte arbeitete oftmals über Jahrzehnte in wechselnder Besetzung an dem gleichen Gotteshaus. Die Bauhütte gewährte ihren Mitgliedern Schutz sowie soziale Sicherheit und kümmerte sich um Löhne, Lehrzeit und anfallende Gebühren.

Der Funktionalismus des Bauhauses zeigt sich beispielhaft an diesen Lehrerhäusern (unten), die Walter Gropius entwarf, und im geometrischen Muster eines der zahlreichen Ausstellungsplakate (rechts).

Bayeux, Teppich von, schmaler, über 70 m langer gestickter Wandteppich, der die Ereignisse zeigt, die zur Invasion der Normannen in England und zur Schlacht bei HASTINGS 1066 führten. Die Überlieferung, der Teppich sei von der Gemahlin Wilhelms des Eroberers und ihren Mägden gefertigt worden, wird allgemein infrage gestellt. Heute glaubt man, dass der Teppich von Wilhelms Halbbruder Odo, dem Bischof von Bayeux, in Auftrag gegeben und in einem englischen Kloster als triumphale Zierde für die Kathedrale von Bayeux gestickt wurde.

Beaverbrook, William Maxwell Aitken (1879–1965), britischer konservativer Politiker und Zeitungsverleger. In Kanada geboren, verdiente Beaverbrook ein Vermögen als Börsenmakler, ehe er 1910 in die Politik wechselte und nach Großbritannien ging. 1916 spielte er eine Schlüsselrolle der Erhebung des Kriegsministers David LLOYD GEORGE zum Premierminister. Im Zweiten Weltkrieg bekleidete er im Kabinett von Winston CHURCHILL verschiedene Ministerämter. Nach dem Krieg widmete sich Beaverbrook dem Ausbau seines Zeitungsimperiums. Bereits 1919 hatte er den Londoner *Daily Express* übernommen, den er zur meistgelesenen Zeitung der Welt machte. Dann gründete er den Londoner *Sunday Express* und kaufte den Londoner *Evening Standard* und den Glasgower *Evening Citizen*.

Bebel, August (1840–1913), sozialdemokratischer Politiker. Der in ärmlichen Verhältnissen aufgewachsene gelernte Drechsler schloss sich 1861 in Leipzig der Arbeiterbewegung an. 1865 begegnete er Wilhelm LIEBKNECHT, der ihm die Ideen von Karl MARX nahe brachte. Obwohl Bebel davon tief beeindruckt war, bekannte er sich zum Parlamentarismus und wirkte 1869 maßgeblich an der Gründung der Sozialdemokratischen Arbeiterpartei mit. 1871 zog er als Abgeordneter in den Reichstag ein, wo er die Politik BISMARCKS bekämpfte. Wegen angeblicher Vorbereitungen zum Hochverrat und Majestätsbeleidigung wurde er zu einer mehrjährigen Haftstrafe verurteilt. Bei innerparteilichen Richtungskämpfen sprach Bebel sich gegen einen gewaltsamen Umsturz aus, war aber trotz aller Differenzen der anerkannte Führer der Sozialdemokraten.

Becket, Thomas (1118–70), Erzbischof von Canterbury, Märtyrer und Heiliger. In London geboren und in Paris und Bologna ausgebildet, war Becket Kanzler, politischer Ratgeber und ein enger Freund vom englischen König HEINRICH II. 1162 ernannte ihn der Herrscher zum Erzbischof von Canterbury. Danach trat Becket als standhafter Verfechter der Rechte der Kirche auf und geriet 1163/64 mit dem König in Konflikt, be-

Nach der Heiligsprechung Beckets entstanden im westlichen Abendland zahlreiche Buchmalereien über das Leben des Erzbischofs.

sonders über Heinrichs II. Wunsch, bereits von einem kirchlichen Gericht verurteilten Geistlichen vor Laiengerichten den Prozess zu machen. Becket lehnte diese in den Konstitutionen von CLARENDON festgelegte Forderung ab, die die kirchliche Macht infrage stellte. Man bezichtigte ihn des Treuebruchs gegenüber dem König und veranlasste ihn, nach Frankreich ins Exil zu gehen.

Nach seiner Aussöhnung mit Heinrich II. und seiner Rückkehr nach England 1170 exkommunizierte Becket mehrere Bischöfe, die an einer Zeremonie zur Krönung von Heinrichs ältestem Sohn zum Mitkönig teilgenommen hatten. Dies erzürnte den König, der angeblich rief: „Befreit mich niemand von diesem ungestümen Priester?" Danach nahmen vier Ritter Heinrich beim Wort und ermordeten Becket am 29. Dezember 1170 in der Kathedrale von Canterbury. Becket wurde zum Märtyrer erklärt und 1173 heilig gesprochen; ein Jahr später leistete Heinrich II. öffentlich Buße am Grab Beckets.

Beethoven, Ludwig van (1770–1827), deutscher Komponist und einer der überragenden Gestalten der europäischen Musik. Beethoven, der einer Musikerfamilie entstammte, wurde bereits mit zwölf Jahren Berufsmusiker. 1787 studierte er kurz unter Wolfgang Amadeus MOZART und ging 1792 nach Wien, um ein Schüler Joseph HAYDNS zu werden. Durch sein virtuoses Klavierspiel gewann Beethoven in Wien rasch großzügige Gönner, doch zwang ihn seit 1801 zunehmende Taubheit, sich aufs Komponieren zu konzentrieren. Ein wichtiger Meilenstein in Beethovens Entwicklung war seine Symphonie *Eroica* von 1804, ein Werk von titanischer Energie, die mit vielen Konventionen der klassischen Musik brach und einfache Themen zu gewaltigen musikalischen Strukturen entwickelte. In den folgenden Jahren entstanden noch acht weitere Symphonien. Seine einzige Oper, *Fidelio*, vollendete er 1814. Viele von Beethovens Kompositionen zeigen eher die Sicht des Komponisten als eines romantischen Künstlers, der seine eigene schöpferische Seele oder sein Genie ausdrückt, als dass er als Handwerker die Wünsche seiner Gönner erfüllt.

Befreiungskriege (1813–15), Kriege europäischer Staaten gegen NAPOLEON I. Nach der Katastrophe des Russlandfeldzugs 1813 kam es in PREUSSEN zur Erhebung gegen die napoleonische Fremdherrschaft. König FRIEDRICH WILHELM III. weckte mit seinem „Aufruf an mein Volk" die patriotische Begeisterung seiner Landsleute und tausende von Freiwilligen strömten zu den Waffen. Durch die Einführung der allgemeinen WEHRPFLICHT konnte eine Armee von 280 000 Mann aufgestellt werden. Im Bündnis mit österreichischen, schwedischen und russischen Truppen schlug Preußen im Oktober 1813 in der Völkerschlacht bei LEIPZIG Napoleon. Der Friedensvertrag verwies Frankreich in die Grenzen von 1792 und Napoleon musste ins Exil nach Elba gehen. Da Napoleon von dort aus einen erneuten Feldzug startete, kam es 1815 bei WATERLOO zur Entscheidungsschlacht, die die Befreiungskriege endgültig beendete und zur Verbannung des Korsen nach St. Helena führte.

Begegnungen, die die Welt veränderten siehe Seite 52/53

Begin, Menachem (1913–92), israelischer Politiker. Begin, der in den 30er-Jahren in der zionistischen Bewegung in Polen aktiv war, ging 1942 nach Palästina. Dort kommandierte er die IRGUN, eine terroristische Untergrundorganisation, die für die Errichtung eines jüdischen Staates in Palästina kämpfte. Er gründete 1948 die rechts gerichtete Cherut-Partei. 1970 wurde Begin Mitvorsitzender der Likud-Koalition und nach dem Wahlsieg des Likud-Blocks 1977 Premierminister. Um die israelisch-ägyptischen Feindseligkeiten zu beenden, handelte Begin mit dem ägyptischen Präsidenten Mohammed Anwar as-SADAT das CAMP-DAVID-ABKOMMEN aus, für das beide 1978 den Friedensnobelpreis erhielten. Nach nationalen und internationalen Protesten gegen Israels Invasion im LIBANON trat Begin im Jahr 1983 zurück.

Belgien, Staat in Westeuropa, der im Mittelalter für den Reichtum seiner Handelsstädte berühmt war. Im 15. Jh. gehörte die Region zum Herzogtum BURGUND, bevor sie 1477 unter Kaiser Maximilian I. zum Habsburgerreich kam. Der WIENER KONGRESS 1815 fasste Belgien und die Niederlande zum Königreich der Vereinigten NIEDERLANDE zusammen, 1830 kam es zum Aufstand, der zur Unabhängigkeit Belgiens führte. Im darauf folgenden Jahr wurde Prinz Leopold von Sachsen-Coburg zum belgischen König gewählt. Ein internationaler Vertrag von 1839 garantierte die Neutralität Belgiens, die jedoch 1914 und noch einmal 1940 von Deutschland missachtet wurde. Die 1971 in Kraft getretene Verfassungsreform schuf eine Föderation halbautonomer Regionen: das flämischsprachige Flandern,

Ansprache des jungen Menachem Begin anlässlich einer Kundgebung in Jerusalem 1948, kurz nach Gründung des Staates Israel

Fünf Begegnungen, die die Welt veränderten

Die Geschichte ist reich an Begegnungen aller Art, doch kaum ein Treffen hat den Lauf der Weltgeschichte so radikal verändert, wie die hier dargestellten.

KÖNIG ODER ADEL?

Die Position des englischen Königs Johann I. ohne Land war 1215 prekär. Er wurde von den Adligen wegen seiner Willkürherrschaft und der harten Besteuerung gehasst und weithin wegen seiner Grausamkeit und seines lockeren Lebenswandels verachtet. London fiel am 17. Mai an die aufständischen Barone, und am 15. Juni trafen sie den König in Runnymede am Ufer der Themse, wo Johann widerstrebend das königliche Siegel auf die Magna Charta drückte. Ohne die geschickte Vermittlung des Erzbischofs von Canterbury wäre diese Übereinkunft nicht zustande gekommen. Die Urkunde gelobte, dass kein freier Mann verhaftet, geächtet oder verbannt oder seines Eigentums beraubt werden sollte, „außer durch das rechtmäßige Urteil von seinesgleichen oder durch das Recht des Landes", und bekräftigte eine Reihe von verbrieften Rechten und Freiheiten des englischen Adels. Obwohl Johann versuchte, die Magna Charta zu widerrufen, bestand sie fort als Meilenstein der englischen Verfassung und als Sinnbild der Freiheit.

Eine Versammlung von Adligen nötigte König Johann I. ohne Land, der Magna Charta zuzustimmen.

AZTEKE UND KONQUISTADOR

Das aztekische Reich in Mittelamerika mit seinem Zentrum Tenochtitlán gehörte zu den eindrucksvollsten Hochkulturen der Welt. Seine ca. 20 Mio. Einwohner wurden mit großer Effizienz regiert, während sich das in Gold und Silber gefertigte Kunsthandwerk mit der prächtigen Architektur messen konnte. Doch dann kamen die eroberungslüsternen Europäer. Der spanische Abenteurer Hernán Cortés erreichte am

8. November 1519 mit einigen hundert Konquistadoren Tenochtitlán. „Bei solchen wundervollen Sehenswürdigkeiten wussten wir nicht, was wir sagen sollten oder ob das, was wir vor Augen hatten, wirklich war", erinnerte sich einer der Gefährten von Cortés. Zu den überwältigenden Eindrücken gehörte auch der Anblick des aztekischen Herrschers Montezuma II., auf einer Sänfte unter einem Baldachin aus grünen Federn, verziert mit Gold, Silber und Perlen. Geschenke wurden ausgetauscht, und man hieß die Spanier herzlich willkommen. Die Gastfreundschaft vergalt Cortés damit, dass er Montezuma II. als Geisel nahm und Gold als Lösegeld forderte. Cortés, dem der Glaube der Azteken half, er sei der bärtige weiße Gott Quetzalcóatl, der gemäß der Legende zurückgekehrt sei, benutzte Montezuma als seinen Sprecher. Der unglückliche Herrscher wurde schließlich von seinen eigenen Untertanen gesteinigt, als er sich dafür einsetzte, Ruhe zu bewahren; Tenochtitlán fiel 1521 an Cortés' Truppen. Damit begann das Zeitalter des spanischen Kolonialreichs.

KOMMODORE UND SAMURAI

Länger als zwei Jahrhunderte war Japan eine von der Außenwelt abgeschlossene Gesellschaft. Am 8. Juli 1853 endete diese

Der Aztekenkönig Montezuma II. heißt den spanischen Konquistador Hernán Cortés in Tenochtitlán willkommen.

Epoche, als Kommodore Matthew Perry von der amerikanischen Marine mit einer Flotte aus sechs Dampfschiffen und der Weisung seines Präsidenten, das Land dem amerikanischen Handel zu öffnen, in der Edo-Bucht nahe Tokio eintraf. „Wie wilde Vögel bei einem plötzlichen Eindringling", so beschrieb einer seiner Offiziere die in panischer Angst fliehenden einheimischen Fischer. Schließlich übergab Perry eine Schatulle, die seine Forderungen enthielt, und versprach, im nächsten Jahr zurückzukommen – was er im Februar 1854 auch tat. Die Amerikaner boten Geschenke an: fünf Gallonen Whisky für jeden Beamten. Die Japaner ließen Sumo-Ringer antreten, die ihre Kunst vorführten, worauf Perry seine Männer am Strand exerzieren ließ. Schließlich unterzeichneten die Gastgeber widerwillig einen Freundschaftsvertrag, der den USA zwei japanische Häfen öffnete. Diese Begegnung zweier Kulturen sollte noch ungeahnte Folgen haben.

In einer Karikatur zum Versailler Vertrag steht Deutschland als Delinquent vor der Guillotine (oben). Kommodore Perry sucht Freundschaft mit den Japanern (links).

DIE GROSSEN DREI

Nach dem Ende des Ersten Weltkriegs trafen sich im Januar 1919 die siegreichen Verbündeten in Versailles, um eine dauerhafte Friedensregelung zu schaffen. Aber von Anfang an waren sich die drei entscheidenden Politiker uneins: Der Brite David Lloyd George suchte Aussöhnung und, zum allgemeinen Nutzen, Deutschlands Rückkehr zu voller Wirtschaftskraft; der Franzose Georges Clemenceau vergaß nie die Opfer seines Landes und blieb fest entschlossen, Deutschland im Zustand einer besiegten Macht zu halten; US-Präsident Woodrow Wilson, ein ehemaliger Professor der Politikwissenschaft, ließ sich dagegen mehr von abstrakten Erwägungen der Gerechtigkeit leiten als von praktischen Realitäten. Der daraus resultierende, im Juni unterzeichnete Friedensvertrag war voller Mängel. Deutschland musste große Gebiete abtreten; das entmilitarisierte Rheinland wurde von den Alliierten besetzt; und eine Kriegsschuldklausel verpflichtete Deutschland zur Zahlung riesiger Reparationen. Der Groll gegen den Vertrag flaute in Deutschland nie ab. Versailles hatte die Saat für den Aufstieg Adolf Hitlers gelegt.

STUDENTEN GEGEN PANZER

Im April 1989 versammelten sich nach dem Tod des chinesischen Reformpolitikers Hu Yaobang hunderte von Studenten auf dem Tienanmenplatz in Beijing. Sie trauerten um ihn, protestierten aber auch gegen die Korruption der Regierung und forderten mehr Demokratie. Mit den Wochen wuchs die Zahl der Studenten und Mitte Mai riegelten 200 000 Soldaten Beijing ab. Schließlich verloren die Kommunisten die Geduld. Am 3. und 4. Juni rollten Panzer auf den Tienanmenplatz und töteten rund 2000 Demonstranten. Die Welt reagierte mit Empörung. Es wurde deutlich, dass wirtschaftlicher Liberalismus ohne politische Reform nicht möglich war.

Gegen die Proteste der Studenten setzte die chinesische Führung Panzer ein, die die unbewaffneten Demonstranten zusammenschossen.

das französischsprachige Wallonien und das zweisprachige Brüssel, das Sitz der NATO und der EUROPÄISCHEN UNION ist. Als König Baudouin 1993 starb, folgte auf ihn sein Bruder Albert II.

Belisar (um 505–65), Feldherr, dessen Eroberungen dem Oströmischen Reich die Herrschaft über das Mittelmeer sicherten. So besiegte er 530 die Perser, eroberte 535 das Wandalenreich in Nordafrika, vertrieb die Ostgoten 535–53 aus Italien und verleibte 554 Südspanien dem Reich ein. Bei Kaiser JUSTINIAN I. in Ungnade gefallen, schied Belisar aus dem Heerdienst aus, rettete aber 559 Konstantinopel vor den Hunnen. Er erlangte jedoch nicht mehr Justinians volles Vertrauen.

Bell, Alexander Graham (1847–1922), der in Schottland geborene amerikanische Wissenschaftler wurde vor allem bekannt als Erfinder des Telefons. 1873 ging Bell in die USA, wo er an der Universität von Boston Professor für Stimmphysiologie wurde. Zusammen mit dem Mechaniker Thomas Watson experimentierte er mit der elektrischen Übertragung von Sprache und ließ 1876 das erste Telefon patentieren. Im folgenden Jahr gründete Bell seine eigene erfolgreiche Telefongesellschaft. Später entwickelte er auf der Grundlage von Thomas EDISONS Phonographen das Graphophon, ein praktisches Gerät zur Klangaufzeichnung mit Wachszylindern und Scheiben.

Ben Bella, Ahmed (*1919), algerischer Revolutionär und Politiker. Ben Bella diente im Zweiten Weltkrieg in der französischen Armee, wurde aber 1947 Führer einer extremistischen algerischen Nationalbewegung. 1950 wurde er wegen revolutionärer Aktivitäten verhaftet, entkam aber nach Kairo, wo er die Nationale Befreiungsfront (FLN) gründete, die einen planmäßigen Guerillakrieg gegen die französische Kolonialmacht begann. 1956 wurde Ben Bella nach Frankreich entführt und erst freigelassen, als ALGERIEN 1962 die Unabhängigkeit gewann. 1963–65 bekleidete er das Amt des Staatspräsidenten. 1965 wurde Ben Bella durch einen Militärputsch unter Oberst Houari Boumedienne gestürzt und war bis 1979 in Haft. Nach neun Jahren im Exil kehrte er 1990 nach Algerien zurück.

Benedikt von Nursia (um 480–um 547), Gründer des Mönchsordens der BENEDIKTINER. Der Mönch errichtete um 529 ein Kloster auf dem Monte Cassino in Mittelitalien, wo er seine Regeln entwarf, die das Leben im Kloster bestimmten. Benedikt erwartete von den Mönchen, dass sie gehorsam gegenüber dem Abt waren, nicht das Kloster wechselten, in Armut und Keuschheit lebten, regel-

Der heilige Benedikt ersetzte die Strenge des Klosterlebens durch Mäßigung. Auf diesem Fresko des 16. Jh. nehmen er und seine Mönche gemeinsam ein einfaches Mahl ein.

mäßig beteten und arbeiteten; übertriebene Askese lehnte Benedikt ab. Die Aufgaben der Klostergemeinschaft sah er vor allem in der Armenpflege und der Gastfreundschaft.

Benediktiner, Mönche des katholischen Ordens des heiligen Benedikts, die nach der Regel des heiligen BENEDIKTS VON NURSIA leben; später erweitert um den weiblichen Zweig der Benediktinerinnen. Nach der Gründung der ersten Benediktinerabtei auf dem Monte Cassino um 529 wuchs der Orden schnell und erreichte den Höhepunkt seines Einflusses im 10./11. Jh. Bis dahin gab es mehrere tausend Benediktinerabteien in ganz Europa, von denen die burgundische Abtei CLUNY die berühmteste war. Während dieser Periode spielten die Benediktiner eine wichtige Rolle als Gelehrte, Erzieher und Hüter der Bildung, während sie gleichzeitig ein Leben losgelöst von weltlichen Belangen im Kloster anstrebten. Seit Mitte des 12. Jh. verloren die Benediktiner ihre herausragende Bedeutung als Mönchsorden. Er zählt heute ca. 10 000 Mitglieder.

Beneš, Edvard (1884–1948), tschechoslowakischer Politiker. Zusammen mit Tomáš Masaryk trug Beneš 1918 zur Gründung der Tschechoslowakei bei und übernahm im selben Jahr das Amt des Außenministers, das er bis 1935 innehatte. Um das Gleichgewicht der Kräfte in Osteuropa zu wahren, schloss er 1921 mit Jugoslawien, Polen und Rumänien die Kleine Entente. 1935 folgte Beneš auf Masaryk als Präsident und behielt dieses Amt bis zur Aufteilung der Tschechoslowakei durch das MÜNCHENER ABKOMMEN 1938. Während des Zweiten Weltkriegs lei-

tete er die tschechoslowakische Exilregierung in London. 1945 übernahm Beneš erneut das Amt des Staatspräsidenten, trat aber 1948 zurück, als ein von der UdSSR initiierter Staatsstreich die Kommunisten unter Klement Gottwald an die Macht brachte.

Ben Gurion, David (1886–1973), populärer erster Ministerpräsident Israels, oft als „Vater der Nation" bezeichnet. In der Nähe von Warschau geboren, wanderte Ben Gurion 1906 nach Palästina aus, das damals noch zum Osmanischen Reich gehörte. Er arbeitete als Bauer in Galiläa, wurde aber bei Ausbruch des Ersten Weltkriegs von den Türken wegen politischer Aktivitäten ausgewiesen. 1917 kehrte er mit der jüdischen Legion der britischen Armee zurück. Von da an arbeitete Ben Gurion für die Errichtung eines israelischen Staates in Palästina, wie es die britische BALFOUR-ERKLÄRUNG versprochen hatte. Er setzte sich für eine verstärkte jüdische Einwanderung nach Palästina ein, wurde 1921 Sekretär der Allgemeinen Arbeitergewerkschaft Histadrut und 1930 der Führer der Arbeiterpartei Mapai. Während des Zweiten Weltkriegs organisierte er gegen den Widerstand Großbritanniens und der Araber die Einwanderung jüdischer Flüchtlinge nach Palästina. 1948 wurde er erster Ministerpräsident und zugleich Verteidigungsminister des neuen Staates Israel. 1953 zog er sich von beiden Ämtern zurück, bekleidete sie aber noch einmal 1955–63. 1970 zog er sich aus der Politik zurück.

Benz, Carl Friedrich (1844–1929), deutscher Ingenieur, der 1886, unabhängig von Gottlieb DAIMLER, das erste Auto konstruierte, das von einem Verbrennungsmotor angetrieben wurde. Bei seinem Motorwagen handelte es sich um ein dreirädriges Fahrzeug, das 1894 durch ein vierrädriges Gefährt ersetzt wurde. Von diesem ersten in Serie gebauten Automobil wurden rund 1200 Stück gefertigt. Nach zähen Verhandlungen fusionierte Benz' Gesellschaft 1926 mit der Firma seines Konkurrenten Daimler zur Daimler-Benz AG.

Berber, Volksstamm im nordwestlichen Afrika. Berühmt für ihre ausgeprägte Unabhängigkeit und karge Lebensweise, wurden die Berber bereits im 5. Jh. v. Chr. von dem griechischen Geschichtsschreiber HERODOT erwähnt. Von den Arabern, die sie im 7. Jh. unterwarfen, übernahmen sie den islamischen Glauben. Die Berber spielten im 8. Jh. eine wichtige Rolle bei der Invasion Spaniens, wo sie die Dynastie der Omaijaden unterstützten. Heute lebt der größte Teil der Berber in Marokko. Die meisten sind Bauern, doch einige führen immer noch ein nomadisches Leben.

Berija, Lawrentij Pawlowitsch (1899 bis 1953), gefürchteter Chef der sowjetischen Geheimpolizei, der maßgeblich die blutigen Säuberungen gegen Jossif STALINS innenpolitische Gegner organisierte. Berija schloss sich 1917 den Bolschewiken an und leitete 1921 die georgische, 1922 die transkaukasische politische Polizei. 1938–46 bekleidete er das Amt des Volkskommissars für Inneres und Staatssicherheit, dem auch die berüchtigte sowjetische Geheimpolizei, NKWD, unterstand. Er unterzog den Polizeiapparat einer rigorosen Säuberung und erweiterte das System der Zwangsarbeitslager im ganzen Land. 1945 wurde Berija zum Marschall der Sowjetunion ernannt, 1946 stellvertretender Ministerpräsident und Mitglied des Politbüros der KPdSU. Nach Stalins Tod im März 1953 versuchte Berija, die Macht an sich zu reißen, unterlag aber einer von Georgij Malenkow, Wjatscheslaw MOLOTOW und Nikita CHRUSCHTSCHOW geführten Koalition. Er wurde des Hochverrats angeklagt, verurteilt und heimlich hingerichtet. Berija wird der Tod von Millionen Menschen zur Last gelegt.

Berlichingen, Götz von (1480–1562), streitbarer schwäbischer Reichsritter. 1504 büßte er im Kampf seine rechte Hand ein, die er durch eine mit einem Mechanismus ausgestattete eiserne Prothese ersetzte. Wegen seiner Fehden mehrfach geächtet, übernahm Berlichingen im BAUERNKRIEG zeitweise die Führung der aufständischen Odenwälder Bauern. Im Dienst Kaiser KARLS V. kämpfte er u. a. gegen die Osmanen. Seine Memoiren, die er im Alter von 80 Jahren verfasste, dienten Johann Wolfgang von GOETHE als Vorlage für sein gleichnamiges Drama.

Trügerische Idylle in Stalins Datscha 1935: Während der Diktator Dokumente studiert, scherzt Berija mit dessen Tochter Swetlana.

Beim Versuch, im August 1962 über die Mauer in den Westen zu fliehen, wurde der 18-jährige Peter Fechter erschossen. Volkspolizisten schafften den Leichnam fort.

Berlinblockade (1948/49), erste ernsthafte Krise des KALTEN KRIEGES, als sowjetische Streitkräfte die Zugänge nach Berlin sperrten und Briten und Amerikaner die Stadt über eine Luftbrücke versorgten. Im Juni 1948 führten die Briten, Amerikaner und Franzosen in ihren BESATZUNGSZONEN eine Währungsreform durch. Diese Regelung galt auch für die von ihnen verwalteten Sektoren in Berlin. Die UdSSR sah darin eine Provokation und antwortete mit der Sperrung aller Land- und Wasserwege nach Berlin. Als Antwort darauf organisierten die westlichen Alliierten eine rund um die Uhr arbeitende Luftbrücke, über die Versorgungsgüter nach Westberlin gebracht wurden. Insgesamt machten sie über 275 000 Flüge während der Blockade, die die Russen erst im Mai 1949 wieder aufhoben. Diese Auseinandersetzung trug mit zur Spaltung Deutschlands und Berlins bei.

Berliner Kongress (1878), Konferenz der europäischen Großmächte in Berlin über die politische Neuordnung des Balkans. Reichskanzler Otto von BISMARCK vermittelte als „ehrlicher Makler" einen Kompromiss, der Russlands Einfluss in der Region eindämmte: Das Zarenreich verzichtete auf ein Protektorat Bulgariens, erhielt aber dafür als Ausgleich Bessarabien.

Rumänien, Serbien und Montenegro wurden unabhängig, Bulgarien musste Makedonien und Ostrumelien an den Sultan abtreten, während Österreich-Ungarn die Verwaltung von Bosnien-Herzegowina zugesprochen erhielt und Großbritannien die Insel Zypern gewann.

Berliner Mauer, militärische Sperranlage, die die DDR-Führung entlang der Sektorengrenze durch Berlin errichtete, um den Flüchtlingsstrom aus dem Osten in den Westteil der Stadt aufzuhalten. 1945–61 hatten sich über 2,6 Mio. Menschen in den Westen abgesetzt, was die ostdeutsche Wirtschaft ernsthaft bedrohte. Am 13. August 1961 ließ Walter ULBRICHT die Berliner Grenzübergänge schließen, Gebäude im Grenzbereich zumauern und eine Stacheldrahtsperre errichten, die später durch eine 6 m hohe Betonmauer ersetzt wurde. Bewaffnete Soldaten sicherten den „antifaschistischen Schutzwall" (DDR-Jargon). An der innerdeutschen Grenze, die durch Metallgitterzäune, Stacheldrahtverhaue, Sperrgräben, Selbstschussanlagen und Wachtürme gesichert wurde, starben rund 400 Menschen bei missglückten Fluchtversuchen. Als Folge allgemeinen Drängens auf politische Reformen in der DDR öffnete die SED-Führung unerwartet die Mauer am 9. November 1989. Kurz darauf brach der DDR-Staat zusammen.

Bernhard von Clairvaux (1090–1153), Abt und einer der einflussreichsten Geistlichen seiner Zeit. Obwohl er Spross einer adligen burgundischen Familie war, entschied sich Bernhard für ein Leben in Askese. 1112 trat er in das Zisterzienserkloster Cîteaux ein, drei Jahre später gründete er ein neues

Kloster in Clairvaux, das er zum Modell seiner Klosterreform machte. Unter Bernhards Einfluss erreichte der Zisterzienserorden seine Blüte. Der beredsame Mönch gehörte zu den prägenden Gestalten des 12. Jh. Auf Bitten Papst Eugens III. predigte Bernhard 1146 für den zweiten Kreuzzug.

Besatzungszonen, Aufteilung Deutschlands nach dem Ende des Zweiten Weltkriegs unter die Siegermächte. Nach dieser Regelung stand die vorläufige Verwaltung der östlichen Zone der UdSSR, die der nordwestlichen Großbritannien, die der südlichen den USA und die der südwestlichen Zone Frankreich zu. Der Alliierte Kontrollrat in Berlin war für alle Deutschland betreffenden Fragen zuständig; Berlin erhielt eine besondere gemeinsame Verwaltung aller vier Mächte. Als Folge des Ost-West-Konflikts schlossen sich die britische und die amerikanische Zone 1947 zur Bizone zusammen, 1948 entstand mit der französischen Zone die Trizone. Wie Deutschland wurde auch Österreich 1945 in vier Besatzungszonen aufgeteilt.

Bessemer, Sir Henry (1813–98), britischer Ingenieur. Der Erfinder entwickelte 1856 ein Verfahren zur Massenproduktion billigen Stahls, mit der er die Schwerindustrie in Großbritannien und Europa revolutio-

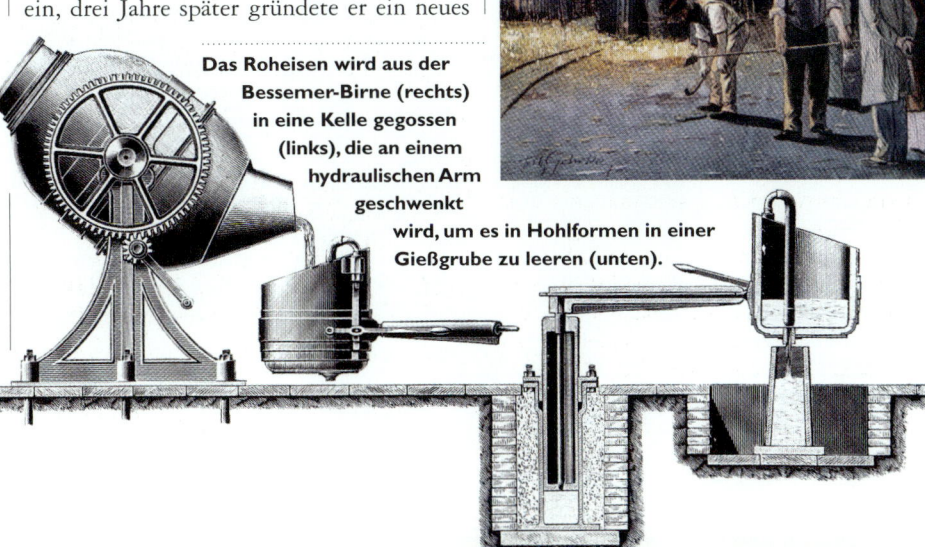

Das Roheisen wird aus der Bessemer-Birne (rechts) in eine Kelle gegossen (links), die an einem hydraulischen Arm geschwenkt wird, um es in Hohlformen in einer Gießgrube zu leeren (unten).

Die Bibel –
das Buch der Bücher

Die Heilige Schrift enthält die wichtigsten Texte der jüdischen und christlichen Religion.

Für die Juden ist das hebräische Alte Testament, für die Christen die gesamte Bibel

– Altes und Neues Testament – Urkunde der Offenbarung Gottes.

Christen wie Juden verehren die Texte des Alten Testaments als Heilige Schrift und glauben, dass sie auf ihren Seiten dem Wort Gottes begegnen. Aber beide Glaubensrichtungen legen die göttliche Eingebung unterschiedlich aus. Die orthodoxen Juden sind z. B. davon überzeugt, dass jedes Wort des Pentateuch – der ersten fünf Bücher der Bibel – Moses auf dem Berg Sinai offenbart wurde. Manche Christen behaupten, dass alle Geschichten der Bibel tatsächlich wahr sind. Andere wiederum verstehen den biblischen Stoff eher als Sinnbild, denn als Tatsachenbericht.

VIELFÄLTIGE QUELLEN UND TEXTE

Die historischen Ereignisse bilden für die Verfasser die Grundlage der Bibel. Juden und Christen glauben, dass ihr Gott sich in wirklichen Ereignissen den damaligen Menschen offenbart hat. Die hebräische Bibel besteht aus Erzählungen, die die Geschichte des Volkes Israel aufzeichnen: den so genannten Geschichtsbüchern, den Lehrbüchern und Psalmen sowie den Schriften der Propheten.

Die Christen glauben, dass Gott in der Gestalt des Jesus von Nazareth in die Geschichte eingetreten sei. Der hebräischen Bibel fügten sie ihre eigenen heiligen Schriften hinzu – das in griechischer Sprache verfasste Neue Testament. Es besteht aus den Briefen des Apostels Paulus und der Jünger Jesu sowie den Berichten über das Leben Jesu, die den Evangelisten Matthäus, Markus, Lukas und Johannes zugeschrieben werden. Die Christen verehren darüber hinaus

Der Einband dieser prachtvollen Bibel aus dem Jahr 1797 ist reich mit filigranem Silberschmuck verziert.

Bei der Bibelausgabe von 1611 (oben) handelt es sich um eine englische Übersetzung, während die hebräische Bibel (rechts) aus dem 13. Jh. stammt.

noch immer das Alte Testament, das sie als Vorbereitung auf Jesus Christus verstehen. Doch die Bibelautoren strebten nicht die Art von Objektivität an, die einen heutigen Historiker zufrieden stellen würde. Die Verfasser der Genesis – des ersten Buches des Alten Testaments – nahmen zwei verschiedene Versionen sowohl der Schöpfung als auch der Sintflut auf. In ähnlicher Weise gaben christliche Autoren widersprüchliche Berichte von Ereignissen wie beispielsweise der Auferstehung. Alle Bibelautoren befassten sich vor allem mit der göttlichen Bedeutung der Ereignisse, die sie beschrieben.

Die frühesten Teile des Pentateuch wurden vielleicht schon im 10. Jh. v. Chr. geschrieben. Die Schriften der Propheten entstanden etwa im 8.–6. Jh. v. Chr. und die Apokryphen, der Anhang des Alten Testaments, wurden wahrscheinlich in der Zeit 2. Jh. v. Chr.–2. Jh. n. Chr. verfasst. Die Aufzeichnungen des Neuen Testaments datiert man etwa ins 1./2. Jh. n. Chr. Die ältesten erhaltenen Fragmente des hebräischen Textes sind der so genannte Papyrus Nash, den Archäologen 1902 in Ägypten fanden, und die Schriftrollen von Qumran, die man 1947 in elf Höhlen am Toten Meer entdeckte.

Die Bibel ist bis heute in mehr als 1100 Sprachen übersetzt worden. Die erste lateinische Übersetzung fertigte der lateinische Kirchenlehrer Hieronymus im frühen 5. Jh. an. Sie ist die Grundlage der *Vulgata*, der von der römisch-katholischen Kirche anerkannten Version der Bibel. Martin Luther übersetzte die Bibel aus den hebräischen und griechischen Urtexten ins Deutsche: 1522 das Neue Testament und 1534 die gesamte Bibel. Inzwischen gibt es zahlreiche moderne Übersetzungen.

Die Beschäftigung mit der Exegese – der Auslegung und Erklärung der Heiligen Schrift – setzte im Abendland mit dem Aufkommen des Humanismus im 16. Jh. ein. Im 18. Jh. stellten die Philosophen der Aufklärung das Christentum und die Existenz Gottes ganz infrage. Im 19. Jh. löste die Evolutionstheorie des Biologen Charles Darwin eine heftige Kontroverse aus, weil sie dem alttestamentarischen Buch Genesis widersprach. Trotz der vielen Erklärungsmodelle und der unterschiedlichen Ansichten übt die Heilige Schrift auf viele Juden und Christen bis zum heutigen Tag eine ungebrochene Faszination aus.

nierte. Dabei wurde dem flüssigen Roheisen in der so genannten Bessemer-Birne, einem großen zylindrischen Schmelzofen, Luft zugeführt, um die Verunreinigungen zu verbrennen. Dieser Konverter lieferte hochwertigen Stahl, der nur noch ca. 7 % des herkömmlichen Tiegelstahls kostete. Das Verfahren kam erstmals 1860 in Sheffield zum Einsatz. Bessemer ließ sich insgesamt 117 Erfindungen patentieren, die industriell verwertbar waren.

Bethmann Hollweg, Theobald von

(1856–1921), konservativer deutscher Politiker und Reichskanzler. Der gelernte Jurist hatte bereits eine glänzende Karriere in der kaiserlichen Verwaltung hinter sich, als er 1909 das Amt des Reichskanzlers und preußischen Ministerpräsidenten übernahm. Während seiner achtjährigen Amtszeit konnte er mehrere Reformvorhaben durchsetzen, so die Neuordnung der Reichsfinanzen, den Erlass einer einheitlichen Reichsversicherungsordnung und eine auf größerer Selbstständigkeit beruhenden Verfassung für Elsass-Lothringen; doch eine dringend notwendige Änderung des preußischen Dreiklassenwahlrechts gelang ihm nicht.

Obwohl der von Natur aus eher zurückhaltende Bethmann Hollweg als Mann des Ausgleichs galt und ein gutes Auskommen mit Großbritannien suchte, trat er für eine zahlenmäßige Vergrößerung des deutschen Heeres ein, was zu Verstimmungen mit London führte. Die eigenmächtige Politik der deutschen Flottenleitung – Wettrüsten gegen Großbritannien – konnte er ebenfalls nicht verhindern. Im Juli 1914 unterstützte er Österreich-Ungarn bedingungslos in seinem Streit mit Serbien, da er von der Lokalisierung des Konflikts überzeugt war. Diese Fehleinschätzung und das Nachgeben gegenüber der militärischen Führung, die auf einen Präventivschlag drängte, führten zur frühen deutschen Kriegserklärung an Frankreich und Russland und der Ausweitung des Konflikts zum ERSTEN WELTKRIEG.

1917 unterstützte Bethmann Hollweg wider besseres Wissen den Vorschlag der Obersten Heeresleitung, U-Boote gegen alle zivilen Handelsschiffe einzusetzen, die Großbritannien mit Nachschub versorgten, obwohl er wusste, dass mit dieser Entscheidung die USA in den Krieg gezogen wurden. Da er weder im Reichstag noch vom Kaiser und den Militärs Unterstützung erfuhr, wurde er im Juli 1917 entlassen. Von nun an diktierte die Oberste Heeresleitung unter den Generälen Erich LUDENDORFF und Paul von HINDENBURG die Politik.

Bettelmönche,

Mitglieder von verschiedenen im Mittelalter entstandenen Mönchsorden, denen es verboten ist, Besitz zu haben. Sie befolgen die Regeln von Armut, Ehelo-sigkeit und Gehorsam. Der Schwerpunkt ihrer Tätigkeit liegt in der Seelsorge. Als Bettler sind sie auf fremde Unterstützung angewiesen. Die vier wichtigsten Orden der Bettelmönche sind die AUGUSTINER, die DOMINIKANER, die KARMELITER und die Franziskaner.

Biafra,

kurzlebiger eigenständiger Staat im Südosten Nigerias. Nach Jahren wachsender Spannungen zwischen den Volksstämmen der Haussa im Norden und Westen Nigerias und den Ibo im Südosten erklärte Oberstleutnant Odumegwu Ojukwu das ölreiche Gebiet der Ibo im Mai 1967 zu einem unabhängigen Staat. Darauf kam es zu einem erbitterten dreijährigen Bürgerkrieg, in dem Biafra von der Elfenbeinküste, Gabun, Tansania, Sambia und Frankreich unterstützt wurde, während Großbritannien und die UdSSR sich hinter die Regierung Nigerias stellten. Als der Krieg 1970 mit dem Sieg Nigerias endete, waren über 1 Mio. Einwohner Biafras in den Kämpfen an Hunger oder Krankheit gestorben. 1979 teilte die nigerianische Regierung die Provinz in vier Bundesstaaten auf.

Bibel siehe linke Seite

Biedermeier,

Bezeichnung für eine Stilepoche in Deutschland, die den Zeitraum 1815–48 umfasst. Sie wird auf die Malerei, Literatur, Mode und Wohnkultur angewandt. Der Name leitet sich von der literarischen Figur des Spießbürgers Gottlieb Biedermeier ab, einem Mitte des 19. Jh. verwendeten Pseudonym zweier Verfasser satirischer Gedichte in den *Fliegenden Blättern*.

Bikini,

Atoll der Marshallinseln im westlichen Pazifik. 1946–58 führten die USA dort insgesamt 23 Kernwaffentests durch. Trotz intensiver Arbeiten Anfang der 70er-Jahre, um das Land wieder nutzbar zu machen und den evakuierten Bewohnern die Rückkehr zu ermöglichen, bleibt das Atoll so stark verseucht, dass es in absehbarer Zukunft nicht mehr bewohnbar wird.

Bilder, die die Welt veränderten

siehe Seite 58/59

Bill of Rights

(1791), Bezeichnung der ersten zehn Zusatzartikel zur Verfassung der USA, die als eine Einheit angenommen wurden. Nachdem die Verfassungsvereinbarungen von 1787 als zu allgemein in ihrer Garantie der Menschen- und Bürgerrechte kritisiert worden waren, entwarf der spätere Präsident James Madison zwölf Zusatzartikel, von denen zehn ratifiziert wurden. Auf dem Gewohnheitsrecht und bestimmten Merkmalen der britischen DECLARATION OF RIGHTS von 1689 beruhend, garantieren die Zusatzartikel Rede-, Presse-, Glaubens- und Versammlungsfreiheit; das Recht, Waffen zu tragen; das Recht auf gerechte und öffentliche Aburteilung durch Geschworenengerichte; das Recht, nicht gegen sich selbst aussagen zu müssen und keine unspezifizierten Haft- und Haussuchungsbefehle oder grausamen Strafen hinnehmen zu müssen. Die Artikel bestimmen darüber hinaus auch, dass nicht für die Regierung reservierte Befugnisse in die Kompetenzen der einzelnen Bundesstaaten gehören.

Billy the Kid

(1859–81), Spitzname des gefürchteten Revolverhelden William Bonney. Der in New York geborene Billy soll bis zu seinem eigenen Tod im Alter von 22 Jahren mindestens 27 Menschen getötet haben. Er kam 1868 nach New Mexico und war schon als Halb-

Billy the Kid (links) war bereits mit 18 Jahren ein gefürchteter Verbrecher, für dessen Ergreifung eine hohe Belohnung ausgesetzt war (unten).

wüchsiger wegen seiner Rechtsbrüche berüchtigt. 1878 nahm er an einem Viehkrieg in New Mexico teil und tötete dabei Sheriff Jim Brady. Billy wurde 1880 von Sheriff Pat Garrett verhaftet, vor Gericht gestellt und zum Tod durch Erhängen verurteilt. Es gelang ihm zu entkommen, er geriet jedoch auf der Flucht in einen Hinterhalt und wurde von Garrett, der die Verfolgung aufgenommen hatte, nahe Fort Sumner erschossen.

Bismarck, Otto von siehe Seite 60

Black Panther,

militante Bewegung von Afroamerikanern, die 1966 von Huey Newton und Bobby Seale gegründet wurde. Ursprünglich sahen die Black Panther ihre Auf-

Zehn Bilder,
die die Welt veränderten

Visuelle Zeugnisse können ebenso viel über die Vergangenheit verraten wie schriftliche Quellen. Diese zehn Gemälde und Fotografien sind nicht nur eindrucksvolle Bilder, sondern regten auch zu neuen Betrachtungsweisen des Lebens und der Kunst an oder gaben diese wieder.

FELSBILDER VON LASCAUX

Die vorgeschichtlichen Malereien auf den Kalksteinwänden der Höhlen von Lascaux in Südwestfrankreich, die rund 16 000 Jahre alt sind und erst 1940 zufällig entdeckt wurden, gehören zu den frühesten bekannten Kunstwerken. Mit einfachsten Mitteln und unter schwierigen Bedingungen haben die damaligen Menschen ihren Gedanken und Erfahrungen sichtbaren Ausdruck verliehen: Entstanden sind überaus ausdrucksvolle Darstellungen von Wildpferden, Urrindern, Wildkatzen sowie symbolischen Zeichen. Es sind die ersten bekannten Abbildungen.

EVANGELIAR VON KELLS

Diese prachtvoll mit Malereien verzierte Handschrift der vier Evangelien wurde im späten 8. Jh. von irischen Mönchen in entlegenen Gegenden Schottlands und Irlands hergestellt. Sie besteht aus 340 dicken Pergamentblättern, von denen die meisten mit farbigen Miniaturen geschmückt sind. Sie stellen eine reiche Sammlung frühmittelalterlicher Symbolik dar. Die Seite, auf der das Evangelium des Matthäus beginnt, zeigt vier

geflügelte Gestalten: Mensch (Matthäus), Löwe (Markus), Kalb (Lukas) und Adler (Johannes). Die Buchmalerei ist eine der großen Schöpfungen des christlichen Abendlands.

DIE ALHAMBRA

Der eindrucksvolle Palast oberhalb von Granada wurde im 14. Jh. von den maurischen Herrschern in Spanien erbaut. Die Alhambra ist eines der bedeutendsten Denkmäler des islamischen Profanbaus und zugleich ein Treffpunkt der Bildersprachen des Orients und des Okzidents und eine Erinnerung daran, dass europäische Kunst und Architektur im Mittelalter und in der Renaissance eine ihrer Wurzeln in der islamischen Welt hatte.

DIE ERSCHAFFUNG ADAMS

1508–12 schmückte Michelangelo Buonarotti die Decke der Sixtinischen Kapelle im Vatikan mit einem riesigen Fresko aus, das Geschichten aus dem Alten Testament erzählte. Er arbeitete praktisch allein auf einem Gerüst, sodass er nie aus der Distanz betrachten konnte, was er malte. Das zentrale Bild der Schöpfung zeigt Gott, der den Arm ausstreckt, um Adam Leben und Energie zu spenden – Energie, die durch seinen ausgestreckten Finger fließt. Noch immer ist dies das großartigste Bild des Schöpfungsakts.

LAS MENINAS VON VELÁZQUEZ

Im Jahr 1656 malte Diego Velázquez *Las Meninas*. Das Bild stellt sein großes düsteres Atelier im königlichen Palast zu Madrid dar und zeigt die fünfjährige Prinzessin Margareta mit ihrem höfischen Gefolge. Velázquez selbst arbeitet an einem Doppelporträt des Königspaars, das in einem Spiegel im

... Hintergrund zu sehen ist. Der Künstler blickt auf den Betrachter, sodass der Brennpunkt der gesamten Komposition vor dem Gemälde liegt. Dies ist von einigen Fachleuten als „das gewagteste malerische Experiment aller Zeiten" bezeichnet worden.

TOD EINES REVOLUTIONÄRS

Das Bild von Jacques-Louis David entstand im Sommer 1793 in Paris während der blutrünstigsten Phase der Französischen Revolution. Es zeigt den Revolutionär Jean-Paul Marat in einer mit Laken ausgekleideten Badewanne liegend, mit der tödlichen Messerwunde im linken Lungenflügel. Er hält einen Federkiel in der Hand und eine hochkant gestellte Kiste diente ihm als Pult. Die Gestalt ähnelt an den vom Kreuz genommenen Jesus Christus. Das Bild vermittelt den Eindruck eines realistischen modernen Helden und Märtyrers.

MUYBRIDGES PFERDE

Bevor die Fotografie verriet, dass die Beine galoppierender Pferde sich unabhängig voneinander bewegen, hatten Künstler die Vorder- und Hinterhufe parallel gemalt. Der Brite Eadweard Muybridge nahm 1878 die ersten Reihenaufnahmen von „Gliedmaßenverlagerung in Bewegung" auf – sie wurden in Paris veröffentlicht – und lieferten den Malern des ausgehenden 19. Jh. eine reiche Quelle von Anschauungsmaterial. Ein Kommentator hatte beim ersten Anblick einer Fotografie bemerkt, „von heute an ist die Malerei tot". In Wirklichkeit entwickelte sich die Fotografie zu einer weiteren unverwechselbaren Art des Sehens.

DER URSCHREI

Der Schrei, 1893 von dem norwegischen Künstler Edvard Munch gemalt, zeigt eine angstvolle Gestalt im Vordergrund unter einem rotgelben Sonnenuntergang aus bewegten streifigen Linien. Der 29-jährige Munch beschrieb das Erlebnis, das ihn dazu anregte: „Ich war müde und krank. Mir war, als ginge ein Schrei durch die Natur." Sein Gemälde ist als „der schmerzlichste Ausdruck der Ängste des heutigen Lebens" bezeichnet worden: das skeletthafte Gesicht, die Hoffnungslosigkeit der Farben, die gewellten Linien des Himmels scheinen äußere Zeichen inneren Aufruhrs zu sein.

EISENSTEINS KLASSIKER

Dieses berühmte Standfoto aus dem 1925 gedrehten Film *Panzerkreuzer Potemkin* des sowjetischen Filmregisseurs Sergej Eisenstein zeigt das angstverzerrte Gesicht einer Frau, als sie von einem Kosakenschwert getroffen wird. Sie steht 1905 auf einer Treppe im Schwarzmeerhafen Odessa und beobachtet die Meuterei auf der *Potemkin*. Der Film und besonders die Treppenszene in Odessa waren ein gelungenes Muster der filmischen Montage – die wilden berittenen Kosaken werden mit ihren fliehenden Opfern und den Ereignissen auf dem Schiff überschnitten – und wurden ein Eckpfeiler der modernen erzählenden Filmtechnik. Der Filmklassiker zeigte auch Standbilder, die sehr oft auf Zeichnungen des Regisseurs beruhten.

DER MENSCH AUF DEM MOND

Livebilder, die um die Welt gingen: Am 21. Juli 1969 setzte der amerikanische Astronaut Neil Armstrong als erster Mensch seinen Fuß auf den Mond. Zusammen mit den anderen übertragenen Bildern hatten sie eine gewaltige Wirkung auf die Art und Weise, wie wir uns selbst sehen; sie wurden zu Symbolen der wissenschaftlichen und technischen Leistungsfähigkeit der Menschheit. Sciencefiction sollte danach nie wieder das sein, was sie einmal war, und der Astronaut löste den Cowboy als amerikanischen Helden ab.

Der eiserne Kanzler

Der preußische Ministerpräsident Otto von Bismarck schockierte die Abgeordneten des preußischen Landtags durch seine Blut-und-Eisen-Politik, mit der er die Einigung Deutschlands herbeiführte.

Der 1815 geborene Otto von Bismarck prägte wie kaum ein anderer Staatsmann die deutsche und europäische Geschichte in der zweiten Hälfte des 19. Jh. Sein Ruf als eiserner Kanzler beruhte auf seinen außenpolitischen Erfolgen und auf seiner Bereitschaft, notfalls auch durch einen Krieg die deutsche Reichseinigung durchzusetzen.

Bismarck, der einer alten märkischen Adelsfamilie entstammte, war von eindrucksvoller Gestalt, besaß großen persönlichen Mut und galt als trinkfest. Er studierte in Göttingen und Berlin Jura und glänzte vor allem bei Duellen. In den Jahren 1836–39 absolvierte Bismarck seine Referendarzeit in Aachen und Potsdam, stellte aber bald fest, dass ihm die Karriere als preußischer Beamter nicht lag, und quittierte den Dienst. 1839–47 lebte er als Gutsherr, wurde aber bald des Landlebens überdrüssig.

VATER EINER NATION

Seine politische Karriere begann Bismarck 1847, als er in den preußischen Landtag gewählt wurde. Als Abgeordneter der äußersten Rechten verteidigte er in der Revolution von 1848 die Monarchie gegen die Liberalen. König Friedrich Wilhelm IV. belohnte ihn 1851 für seine Treue und ernannte ihn zum preußischen Gesandten des Deutschen Bundestags in Frankfurt. Danach bekleidete er den Botschafterposten in St. Petersburg und Paris, bevor der preußische König ihn 1862 zum preußischen Ministerpräsidenten berief.

Um sein Ziel zu verwirklichen, einen starken preußischen Staat in Deutschland aufzubauen, inszenierte Bismarck 1866 den Deutschen Krieg zwischen Österreich und Preußen, der zur Gründung des von Preußen dominierten Norddeutschen Bundes führte. Der Sieg über die Franzosen im Deutsch-Französischen Krieg von 1870/71 ermöglichte den Beitritt der süddeutschen Staaten. Die Kaiserproklamation Wilhelm I. erfolgte am 18. Januar in Versailles.

Bismarck, der nun Reichskanzler eines geeinten Deutschland unter dem neuen Kaiser Wilhelm I. war, schuf ein kompliziertes Geflecht von außenpolitischen

„Der Lotse verlässt das Schiff": Mit dieser Karikatur kommentierte die britische Zeitschrift *Punch* 1890 die Entlassung des 75-jährigen Reichskanzlers.

Bündnissen, um Deutschlands Machtstellung in Europa zu sichern. Im Jahr 1878 spielte er erfolgreich die Rolle des „ehrlichen Maklers" auf dem Berliner Kongress, der zusammengetreten war, um die Spannungen der Großmächte auf dem Balkan zu entschärfen.

Bismarcks innenpolitische Leistung ist umstritten. Er gründete die Zentralbank, schuf eine gemeinsame Währung und führte als Erster die Sozialgesetzgebung in Europa ein, verfolgte jedoch die aufstrebende Sozialdemokratie mit aller Härte und legte sich mit den Katholiken im so genannten Kulturkampf an. Bismarck pflegte einen autoritären Regierungsstil, seine Stellung hing vor allem von der Unterstützung der Krone ab, und als 1888 Wilhelm II. den Thron bestieg, kam es zwischen ihm und dem 44 Jahre jüngeren Monarchen bald zu Spannungen. Nach seiner Entlassung 1890 zog sich Bismarck voller Verbitterung aus dem öffentlichen Leben zurück und starb 1898.

gabe darin, Patrouillen in schwarzen Gettos durchzuführen, um brutale Übergriffe durch weiße Polizisten zu verhindern. Später entwickelte sich daraus eine revolutionäre Bewegung mit marxistischer Ideologie, die die Bewaffnung aller Schwarzen forderte, um für die Bürgerrechte und die Befreiung der schwarzen Bevölkerung in den USA zu kämpfen. Dies führte zu bewaffneten Konflikten mit der Polizei.

Die Mitglieder der Black Panther waren vielerorts die Zielscheibe ständiger, teilweise äußerst brutaler Verfolgung durch die Polizei, sodass der amerikanische Kongress das Verhalten der Polizei untersuchen ließ. Anfang der 70er-Jahre fiel die Partei bei den meisten gemäßigten schwarzen Bürgerrechtsführern in Ungnade, sodass Newton und Seale gezwungen waren, die gewalttätigen Ziele der Black Panther öffentlich zu dementieren. 1974 markierte das Ende der Bewegung.

Bligh, William (1754–1817), britischer Marineoffizier. Bligh trat 1770 in die britische Kriegsmarine ein und begleitete Kapitän James COOK auf seiner zweiten und dritten Seereise. 1787 erhielt er das Kommando über die *Bounty*; seine Aufgabe bestand darin, Brotfruchtbäume von Tahiti nach Jamaika zu transportieren. Auf dem Weg nach Jamaika meuterte die Besatzung der *Bounty* unter dem Ersten Offizier Fletcher Christian, angeblich wegen Blighs aufbrausendem und herrschsüchtigem Benehmen. Bligh und 18 Besatzungsmitglieder, die ihm treu ergeben waren, wurden in einem kleinen Boot ausgesetzt. Bligh gelang das schier Unmögliche: Er steuerte das Boot über eine Entfernung von etwa 5800 km sicher nach Timor. Die Meuterer kehrten unterdessen nach Tahiti zurück, wo 16 von ihnen das Schiff verließen, während die Übrigen ihre tahitischen Freunde abholten und auf die etwa 2200 km südöstlich gelegene Pitcairn-Insel segelten. Dort verbrannten sie die *Bounty* und lebten unentdeckt, bis 1808 amerikanische Walfänger auf der Insel eintrafen.

Bligh nahm seine frühere Tätigkeit wieder auf und transportierte Brotfruchtbäume. Unter Admiral Horatio Viscount NELSON erwarb er sich 1801 militärische Auszeichnungen. 1805 wurde Bligh aufgrund seiner Verdienste zum Gouverneur von Neusüdwales ernannt, wo seine Versuche, den Rumhandel einzudämmen, 1808 zur Rum-Rebellion führten. 1814 ernannte man ihn zum Vizeadmiral.

Blitzkrieg, militärische Taktik, die die deutsche Wehrmacht während des ZWEITEN WELTKRIEGS in ihren Feldzügen 1939 gegen Polen („Fall Weiß"), 1940 gegen Dänemark und Norwegen („Weserübung"), Bel-

Im Juni 1941 überrollten Hitlers Armeen in einem Blitzkrieg die Sowjetunion. Die schnellen Panzerdivisionen überwanden die weiten Ebenen der Ukraine und Weißrusslands und hinterließen eine Spur der Verwüstung.

gien, die Niederlande und Frankreich („Fall Gelb") sowie 1941 gegen die Sowjetunion („Fall Barbarossa") anwandte. Im Blitzkrieg wurden schnelle Panzer und motorisierte Infanterie, unterstützt von Tieffliegergeschwadern, eingesetzt, um die kräftemäßig überlegenen, jedoch langsamer operierenden feindlichen Truppen aus dem Konzept zu bringen und dadurch mit einem geringeren Aufwand an Menschen und Material Überraschungssiege zu erringen.

Im Jahr 1940 prägte die Bevölkerung Großbritanniens den Begriff „the Blitz" als Bezeichnung für die deutschen Bombenangriffe auf London und andere britische Großstädte.

Blücher von Wahlstatt, Gebhard Leberecht Fürst (1742–1819), preußischer Feldmarschall. Der im Volksmund liebevoll auch „Marschall vorwärts" genannte Blücher verdankte seine militärischen Erfolge mehr seinem Schneid und Mut als seinem taktischen Geschick. Er diente in der preußischen Armee 1760–1807 und erhielt hohe Auszeichnungen. 1813 wurde er mit 71 Jahren aus dem Ruhestand zurückgerufen, um in den BEFREIUNGSKRIEGEN gegen Napoleon I. zu kämpfen, und errang mehrere bedeutende Siege, vor allem in der Völkerschlacht von LEIPZIG. Blücher spielte auch eine erfolgreiche Rolle bei der Niederwerfung Frankreichs, als er im Mai 1814 ge-

meinsam mit den alliierten Befehlshabern in Paris einmarschierte. Nachdem er sich auf seine Landgüter in Schlesien zurückgezogen hatte, wurde der populäre Feldherr 1815 erneut reaktiviert, als Napoleon sein Exil auf Elba verließ und nach Frankreich zurückkehrte. Blüchers Eingreifen trug entscheidend zum Sieg über Napoleon in der Schlacht von WATERLOO bei.

Blum, Léon (1872–1950), französischer sozialistischer Politiker und Schriftsteller. Nach seiner Ausbildung zum Rechtsanwalt machte sich Blum als Journalist einen Namen. In die Politik verwickelt wurde er durch die DREYFUS-Affäre, in der er sich auf die Seite der Republikaner gegen die Royalisten stellte. 1919 wurde Blum als Mitglied der Sozialistischen Partei Frankreichs in die Nationalversammlung gewählt. Als Fankreich in den 30er-Jahren mehrere Regierungskrisen erlebte, bildete Blum nach den Wahlen von 1936 eine Linksregierung aus Sozialisten und Radikalen, die unter dem Namen VOLKSFRONT bekannt wurde. Als Frankreichs erster sozialistischer Premierminister leitete er im Arbeitsrecht durchgreifende Reformen ein – 40-Stunden-Woche, bezahlter Urlaub, Tarifverhandlungen – und schuf sich damit bei den Unternehmern viele Feinde. Blum trat 1937 zurück, als der Senat sich weigerte, ihn mit Notstandsvollmachten auszustatten. Von der VICHY-REGIERUNG nach der Niederwerfung Frankreichs durch die Deutschen 1940 verhaftet, verbrachte Blum die Kriegszeit im Gefängnis. Nach der Gründung der Vierten Republik 1946 zog er sich aus dem politischen Leben zurück.

Nach der Meuterei leitete William Bligh mit einer brillanten Navigationsleistung das kleine Boot, in dem er ausgesetzt worden war, über den Südpazifik nach Timor, während Fletcher Christian und acht andere Meuterer mit der *Bounty* in entgegengesetzter Richtung auf die Pitcairn-Insel segelten.

Boccaccio, Giovanni (1313–75), italienischer Dichter, Humanist und Gelehrter. In Paris als unehelicher Sohn eines toskanischen Kaufmanns geboren, wuchs Boccaccio in Florenz auf, bevor er nach Neapel ging, um Recht und Handel zu studieren. Dort verliebte er sich in eine Frau, die er später in seinen Gedichten als Fiammetta unsterblich machte.

1340 kehrte er nach Florenz zurück, wo er in den Jahren 1348–53 sein Hauptwerk, *Il Dekamerone*, vollendete. Es handelt sich dabei um eine Sammlung von 100 geistreichen Novellen, die sich drei Damen und sieben Herren gegenseitig erzählen, die sich auf ein Landgut zurückgezogen haben, um der großen Pest zu entgehen, die damals in Europa wütete.

Während seiner Florentiner Zeit lernte Boccaccio auch seinen berühmten Dichterkollegen Francesco Petrarca kennen, mit dem er sich zusammen dem Studium und der Nachahmung der lateinischen und griechischen Literatur der Antike widmete. Damit bereiteten sie den späteren Humanisten der RENAISSANCE den Weg.

Bodelschwingh, Friedrich von (1831 bis 1910), evangelischer Theologe und Leiter der nach ihm benannten Heilanstalten in Bethel. Der gelernte Landwirt studierte ab 1854 in Basel Theologie und ging nach Ende des Studiums nach Paris, um dort die deutsche evangelische Gemeinde zu betreuen. 1872 übersiedelte er als Leiter des Diakonissenhauses und des Pflegehauses für epileptische Kinder nach Bielefeld. Er nannte die Einrichtung Bethel, was so viel wie Haus Gottes bedeutet. In den folgenden Jahren schuf er dort zahlreiche Häuser, in denen Kranke und Gesunde in Familien mit- und füreinander lebten. Mit dieser Tat war er seiner Zeit weit voraus. Daneben kümmerte sich Bodelschwingh auch um Bettler, Landstreicher und Obdachlose, gab ihnen Arbeit und verhalf ihnen auf diese Weise zu einer menschenwürdigen Existenz. Damals gab es in Deutschland noch kein Netzwerk sozialer Sicherung, das gestrandete Menschen vor dem Elend bewahrte. Bodelschwingh schloss der von ihm aufgebauten Institution weitere Wohlfahrtseinrichtungen sowie die Bethel-Missionen an und machte sie zum größten evangelischen Hilfswerk.

Boethius, Anicius (um 480–524), römischer Staatsmann und christlicher Philosoph. Boethius war ein unermüdlicher Gelehrter, der über Mathematik, Logik, Musik, Theologie und Astronomie schrieb und außerdem Aristoteles und Platon ins Lateinische übersetzte. Viele dieser Übersetzungen wurden später Standardtexte der mittelalterlichen scholastischen Philosophie. Boethius stand im Dienst des ostgotischen Königs THEODE-RICH DES GROSSEN. Dieser bezichtigte ihn später der Spionage für Ostrom und verurteilte ihn zum Tod. Im Kerker schrieb Boethius sein Meisterwerk *Trost der Philosophie*. In diesem Buch drückt er seine Überzeugung aus, dass auf der Erde alles launenhaft und unbeständig sei – mit Ausnahme der Tugend – und dass die einzige wahre Weisheit, die ein Mensch besitzen kann, das Wissen um die Existenz Gottes sei.

Bogenschütze, Krieger, dessen gefürchtete Waffe ihn in die Lage versetzte, außerhalb seiner Reichweite befindliche Lebewesen zu töten. Höhlenmalereien beweisen, dass Pfeil und Bogen schon in vorgeschichtlicher Zeit benutzt wurden. Im alten Ägypten bildeten sie die Grundausrüstung der Armee und blieben es bis zum Aufkommen der Feuerwaffen in Europa und noch länger in China und Japan. Der englische Langbogen erlangte im 14. Jh. europäischen Ruhm. Fast 2 m lang und aus Eibe, Eiche oder Ahorn gefertigt, machte er es möglich, Pfeile treffsicher rund 300 m weit zu schießen. Seit dem 16. Jh. ersetzte der MUSKETIER immer mehr den Bogenschützen, aber im 19. Jh. bewiesen die nordamerikanischen Indianer ihren Feinden, wie gefährlich berittene Bogenschützen sein konnten.

Böhmen, historisches Königreich in Mitteleuropa, heute Teil der Tschechischen Republik. Böhmen entstand als unabhängiges Herzogtum gegen Ende des 9. Jh. Erster bedeutender Herrscher war Herzog Wenzel I., der 929 von seinem Bruder ermordet und später heilig gesprochen wurde. Um die

Dieses Porträt von Anna Boleyn stammt von Hans Holbein dem Jüngeren, der Maler am englischen Hof war.

Jahrtausendwende kam Böhmen, das später auch Mähren umfasste, unter die Lehnshoheit der deutschen Könige. 1198 erlangte Ottokar I. vom deutschen Herrscher die erbliche Königswürde. Böhmen gehörte zu einem der sieben Kurfürsten, die das Recht besaßen, den deutschen Herrscher zu wählen.

Unter Kaiser KARL IV. erlebte Böhmen im 14. Jh. ein goldenes Zeitalter mit Prag als dem Mittelpunkt des Reiches. In der Folgezeit kam es zu religiösen und nationalen Umwälzungen, als der Reformator Johannes Hus auf dem Scheiterhaufen verbrannt wurde und seine Anhänger, die Hussiten, 1420–23 mehrere Kriege gegen das Reich führten. 1526 fiel Böhmen an die Dynastie der Habsburger, die das Land zwangsweise rekatholisieren wollten. Die Spannungen führten 1618 zum Ausbruch des DREISSIGJÄHRIGEN KRIEGES, der große Teile des Landes verwüstete.

Tschechische nationale Bestrebungen lebten 1848 wieder auf, als in Prag ein panslawistischer Kongress stattfand, der eine größere tschechische Autonomie innerhalb der Donaumonarchie forderte. Aber Böhmen erlangte seine Unabhängigkeit erst 1918 mit der Gründung der TSCHECHOSLOWAKEI. Nach dem Zweiten Weltkrieg wurde das Land ein Teil des kommunistisch beherrschten Ostblocks. Der Zusammenbruch des Warschauer Paktes führte dann 1993 zur Auflösung der Tschechoslowakei in die beiden unabhängigen Staaten Tschechische und Slowakische Republik.

Bojar, Angehöriger der obersten Klasse im mittelalterlichen Russland. Im 10.–12. Jh. bildeten die Bojaren die wichtigsten und einflussreichsten Gefolgsleute der Kiewer Großfürsten. Sie bekleideten die höheren Posten in der Staatsverwaltung und im Heer. Im 13./14. Jh. wurden die Bojaren mächtige Landbesitzer, die das Recht hatten, dem Fürsten ihrer Wahl zu dienen. Die Bojaren behielten ihren bestimmenden Einfluss auch, als sich die politische Macht im 14./15. Jh. nach Moskau verlagerte, und bildeten eine geschlossene Adelsklasse, die sich aus etwa 200 Familien rekrutierte. Allerdings schwand in der Folgezeit der Einfluss der Bojaren ständig, während die Moskauer Großfürsten ihre eigene Macht festigen konnten. Unter IWAN IV. DEM SCHRECKLICHEN verloren die Bojaren im 16. Jh. viele ihrer alten Privilegien und im 18. Jh. schaffte PETER DER GROSSE den Rang und Titel des Bojaren ganz ab.

Boleyn, Anna (1507–36), zweite Frau König HEINRICHS VIII. von England und Mutter der späteren Königin ELISABETH I. Seit ungefähr 1527 hatte Anna Boleyn ein Verhältnis mit Heinrich, während er geheime Verhandlungen mit der katholischen Kirche in Rom führte, um sich von seiner

Kampf für die Unabhängigkeit

Die mutigen Taten des Revolutionärs Simón Bolívar befreiten

Lateinamerika von der spanischen Herrschaft.

Auf dem Aventin-Hügel in Rom legte ein junger venezolanischer Aristokrat das Gelübde ab, sein Land von der spanischen Herrschaft zu befreien. Der Mann hieß Simón Bolívar, 1783 in Caracas als Sproß einer reichen kreolischen Familie geboren. In Europa nach den Grundsätzen der Französischen Revolution – Freiheit, Gleichheit, Brüderlichkeit – erzogen, sollte er später unter dem Namen El Libertador, der Befreier, bekannt und berühmt werden.

1807 kehrte Bolívar nach Venezuela zurück. Binnen eines Jahres plante er die Befreiung Lateinamerikas. Die spanische Herrschaft wurde von der in Lateinamerika geborenen kreolischen Elite abgelehnt, da sie von den einflussreichen Positionen ausgeschlossen blieb. 1811 erklärte Venezuela seine Unabhängigkeit, doch der Aufstand scheiterte und die spanischen Streitkräfte behielten die Oberhand. Bolívar entkam nach Kolumbien. Von dort führte er einen weiteren Angriff gegen Venezuela, und nach einem erbitterten Feldzug erreichte er 1813 mit seinen Truppen die Hauptstadt Caracas. Doch im folgenden Jahr wurde er erneut besiegt und musste in die Karibik fliehen. 1815 stellte er mithilfe Haitis eine Armee aus Cowboys, britischen und deutschen Söldnern auf. So gerüstet ersann er 1819 einen Plan, um die Spanier in Bogotá zu überrumpeln und aus ihrem Vizekönigreich Neu-Granada zu vertreiben. An der Spitze von 2500 Mann zog er durch unwegsames Gelände über die Anden und überraschte die Spanier bei Bogotá.

An der Spitze der Kavallerie drängte Simón Bolívar (links) die Spanier bei Boyacá zurück (unten).

In der Schlacht bei Boyacá besiegte er die spanischen Truppen vernichtend. Drei Tage später zog Simón Bolívar als gefeierter Held und Befreier in Bogotá ein.

SIEG UND SELBSTSTÄNDIGKEIT

Bolívar proklamierte die befreiten Gebiete Venezuela und Kolumbien zur unabhängigen Republik Großkolumbien und wurde zu ihrem Präsidenten ernannt. 1822 gelang es ihm zusammen mit seinem Kampfgefährten Antonio José de Sucre, die Spanier aus Ecuador zu vertreiben, das sich dem neuen Staat anschloss. Nur Peru blieb weiterhin unter spanischer Herrschaft. Doch 1825 gelang es ihnen, die Spanier bei Junín und Ayacucho entscheidend zu schlagen. Südperu nahm den Namen Bolivien an, um den Mann zu ehren, der das Land befreit hatte. Südamerika war nun unabhängig, doch bald kam es unter den neuen Staaten zu territorialen Streitigkeiten. Bolívar versuchte, autoritäre Verfassungen in den von ihm befreiten Ländern durchzusetzen, doch damit zog er sich den Unmut aller Beteiligten zu. Daraufhin zog er sich aus dem öffentlichen Leben zurück. Am 17. Dezember 1830 starb der Mann, der den lateinamerikanischen Kontinent von der spanischen Herrschaft befreit hatte.

Gemahlin Katharina von Aragon, die ihm keinen männlichen Erben geschenkt hatte, scheiden zu lassen. Im Januar 1533 heirateten Heinrich und Anna heimlich und im Mai annullierte der Erzbischof von Canterbury, Thomas Cranmer, Heinrichs Ehe mit Katharina, sodass Anna im Juni zur Königin gekrönt werden konnte.

Drei Monate später gebar sie statt des erhofften Thronfolgers eine Tochter, Elisabeth. Heinrichs Handeln löste einen Streit mit der katholischen Kirche aus und führte direkt zur Reformation in England. Innerhalb von drei Jahren war Anna bei Hofe äußerst unbeliebt geworden. Im Mai 1536 wurde ihr wegen zweifelhafter Vorwürfe des Ehebruchs der Prozess gemacht, sie wurde verurteilt und enthauptet.

Bolívar, Simón siehe oben

Bolivien, Binnenstaat im mittleren Südamerika. Die Region war seit etwa 600 von den Aymará-Indianern bewohnt und kam nach 1200 an das Inka-Reich. 1538 eroberten es die spanischen KONQUISTADOREN, gründeten als neue Hauptstadt Chuquisaca, das heutige Sucre, und unterstellten es als Vizekönigreich Peru der spanischen Krone. Die Entdeckung großer Zinn- und Silbervorkommen in den Potosí-Bergen 1545 brachte Spanien großen Reichtum.

1780 erhoben sich die eingeborenen Indianer unter Túpac Amaru gegen die spanische Herrschaft. Túpac Amaru wurde 1781 hingerichtet, der Aufstand im folgenden Jahr niedergeschlagen. 1825 gewannen einheimische Revolutionäre nach 25 Jahren den Kampf um die Unabhängigkeit von Spanien, nachdem Simón Bolívar und Antonio José de Sucre königliche Truppen besiegt hatten. Bolívar entwarf darauf eine Verfassung für den südlichen Teil des ehemaligen Vizekönigreichs Peru, das man ihm zu Ehren Bolivien nannte.

Nach der Unabhängigkeit herrschten in Bolivien zumeist politisch instabile Verhältnisse. Als Folge des Salpeterkriegs verlor das Land 1884 die wertvollen Salpeterlager an Chile, außerdem musste es die Küstenregion Atacama abtreten und besaß damit keinen Zugang mehr zum Pazifischen Ozean. Der blutige CHACOKRIEG 1932–35 gegen PARAGUAY kostete Bolivien weiteres Territorium, was einer Reihe von Militärputschen den Weg bereitete. 1952 kam es zur Revolution. Sie brachte der Bevölkerung das allgemeine und gleiche Wahlrecht, eine Landreform und die Verstaatlichung der Zinnminen. 1964 putschte das Militär erneut und übernahm die Macht.

Seit 1982 wird Bolivien von gewählten Führern regiert, die sich bemühen, die Probleme des Landes – instabile Wirtschaft, galoppierende Inflation, ausgedehnter Drogenhandel und unzufriedene Arbeitskräfte – in den Griff zu bekommen. Staatsoberhaupt ist seit 1997 Hugo Suárez Banzer, ein ehemaliger Offizier, der bereits 1971 die Staatsgeschäfte übernommen hatte und sieben Jahre später aufgrund seines diktatorischen Regierungsstils gestürzt wurde.

Bolschewiken, radikale Gruppierung innerhalb der russischen sozialdemokratischen Arbeiterpartei. Diese politische Richtung bildete sich auf dem zweiten Parteitag 1903 heraus. Die Bolschewiken ("Mitglieder der Mehrheit") unterstützten Wladimir Iljitsch LENINS Antrag, die Organisation in eine straff organisierte Kaderpartei umzuwandeln, die bereit sein sollte, ihre Ziele unter bestimmten Voraussetzungen auch mit gewaltsamen Mitteln zu erreichen. Die gegnerische Gruppe, von den Bolschewiken als Menschewiken ("Mitglieder der Minderheit") bezeichnet, traten für gemäßigtere, demokratischere Aktionen ein.

Beide Richtungen nahmen an der RUSSISCHEN REVOLUTION 1905 teil, entwickelten sich jedoch in den folgenden Jahren ideologisch und organisatorisch auseinander. In der DUMA stellten sie jedoch noch bis 1917 eine Fraktionsgemeinschaft dar. Die Menschewiken beteiligten sich an der provisorischen Regierung, die nach der Februarrevolution in Russland 1917 gebildet wurde. Zar NIKOLAUS II. musste daraufhin abdanken. In den folgenden Monaten gewannen allerdings die Bolschewiken in den Fabrikkomitees und Arbeiterräten, den so genannten Sowjets, durch aggressive Agitation an Boden, und bis zum Oktober 1917 hatten sie genügend Rückhalt, um die provisorische Regierung zu stürzen und die OKTOBERREVOLUTION auszurufen. Im folgenden RUSSISCHEN BÜRGERKRIEG 1918–22 gelang es den Bolschewiken, die Macht im Land zu ergreifen.

Nach ihrem Sieg änderten die Bolschewiken 1918 ihren Namen in Kommunistische Partei Russlands um, dann in Kommunistische Partei der Sowjetunion, KPdSU. Die Zusatzbezeichnung Bolschewiki entfiel offiziell erst 1952.

Bonhoeffer, Dietrich (1906–45), deutscher evangelischer Theologe und Widerstandskämpfer. Der in Breslau geborene Theologe arbeitete zunächst als Vikar und Studentenpfarrer in Barcelona, New York und London. Nach der MACHTERGREIFUNG der Nationalsozialisten 1933 wurde Bonhoeffer einer der führenden Sprecher der Bekennenden Kirche, einer evangelischen Bewegung in Opposition zur nationalsozialistischen Kirchen- und Religionspolitik. Aufgrund seiner aktiven Gegnerschaft gegen das NS-Regime entzogen ihm die Nationalsozialisten 1936 die Lehrbefugnis an wissenschaftlichen Hochschulen, wiesen ihn 1938 aus Berlin aus und erteilten ihm 1940 Rede- und 1941 schließlich Schreibverbot.

Bonhoeffer war während des Zweiten Weltkriegs im deutschen Widerstand aktiv. Er gehörte dem Kreis der militärischen Abwehr um Wilhelm Canaris und Hans Oster an. 1942 flog er nach Schweden, um der britischen Regierung Vorschläge für einen Verhandlungsfrieden zu unterbreiten. 1943 verhaftet, wurde Bonhoeffer am 9. April 1945 im Konzentrationslager Flossenbürg zusammen mit Canaris und Oster hingerichtet, nachdem Papiere entdeckt worden waren, die ihn der Mitwisserschaft an mehreren Attentatsversuchen auf Adolf HITLER verdächtigten. Wenige Tage später befreiten amerikanische Soldaten das Lager.

> **WUSSTEN SIE, DASS?**
>
> *Der Chef der deutschen Abwehr, Admiral Wilhelm Canaris, war zugleich einer der führenden Köpfe des deutschen Widerstands gegen Hitler. Canaris sorgte für Sprengstoff, falsche Papiere und stellte wichtige Kontakte her.*

Dietrich Bonhoeffer musste sich 1944 vor dem für seine brutale Terrorjustiz bekannten Volksgerichtshof für seine Tätigkeit im Widerstand verantworten.

Bonifatius (um 672–754), angelsächsischer Missionar und Bischof. Der Benediktinermönch, der ursprünglich Winfried hieß, ging 718 nach Rom. Dort beauftragte ihn Papst Gregor II. offiziell mit der Missionierung der germanischen Stämme. Er wirkte zunächst in Friesland, dann auch in Hessen und Thüringen. Seine Mission war von großem Erfolg gekrönt.

Der auch als "Apostel der Deutschen" bezeichnete Missionar wurde vor allem durch seine unorthodoxen Bekehrungsmethoden bekannt. Um die widerstrebenden Germanen in Hessen von der Macht des christlichen Gottes zu überzeugen, beschloss er, die dem heidnischen Gott Donar geweihte Eiche bei Geismar eigenhändig zu fällen. 723 versammelten sich die ungläubigen Germanen bei dem gewaltigen Baum in Erwartung eines Strafgerichts Donars. Doch das Gegenteil geschah: Als Bonifatius mit der Axt einen Keil in den Stamm der Eiche geschlagen hatte, kam ein Sturm auf, der den Baum so heftig schüttelte, dass die mächtige Krone zur Erde stürzte und der Stamm in vier Teile zerbarst. Die Umstehenden sahen darin ein Zeichen Gottes und wandten sich von ihrem heidnischen Glauben ab.

Bonifatius gründete während seiner jahrzehntelangen Mission in Deutschland mehrere Klöster – u. a. Fritzlar und Amöneburg – und organisierte das fränkische Kirchenwesen neu. So errichtete er im bayerischen Raum bedeutende Bistümer wie z. B. Regensburg, Passau, Freising, Eichstätt und Würzburg. Seine Maßnahmen ließ er vom Papst absegnen. Mit 80 Jahren zog Bonifatius erneut als Missionar in das immer noch heidnische Friesland, wo man ihn erschlug. Er wurde seinem Wunsch entsprechend im Kloster Fulda bestattet, das sich zu einem bekannten Wallfahrtsort entwickelte.

Mit Propagandaplakaten, die sich an die zum großen Teil analphabetische Bevölkerung richteten, machten die Bolschewiken die bürgerlichen Ideologien von Monarchie und Kapitalismus lächerlich.

Booth, John Wilkes (1839–65), amerikanischer Schauspieler, der Präsident Abraham LINCOLN ermordete. Booth war ein Anhänger der Sklaverei und stand im SEZESSIONSKRIEG auf der Seite der Konföderierten. 1864 plante er, Präsident Lincoln zu entführen. Die Verschwörung scheiterte, aber am 14. April 1865 gelang es Booth, die unbewachte Loge des Präsidenten im Ford's Theatre in Washington zu betreten und ihn in den Kopf zu schießen. Booth floh danach auf eine Farm in Virginia, wo er zwölf Tage später entdeckt und erschossen wurde. Vier seiner Mitverschwörer wurden bald darauf gehängt.

Booth, William (1829–1912), britischer Prediger und Gründer der HEILSARMEE. Nachdem er als methodistischer Wanderprediger gearbeitet hatte, zog Booth 1865 nach London, wo er mit seiner Frau Catherine Mumford eine christliche Vereinigung gründete, aus der 1878 die Heilsarmee hervorging. Die Organisation kümmerte sich vor allem um Verwahrloste, Obdachlose und Arbeitslose. Sie war streng militärisch organisiert: An der Spitze stand Booth, der den Rang eines Generals innehatte, und die im Einsatz befindlichen Mitglieder nannten sich Soldaten. Anfangs stieß die Heilsarmee bei den Behörden und in der Öffentlichkeit auf erheblichen Widerstand, doch kam man nicht umhin, ihre karitative Arbeit zu bewundern und anzuerkennen. Booths Werk wurde von seinem Sohn William Bramwell und seinen Töchtern Kate und Evangeline fortgeführt.

In Deutschland fasste die Heilsarmee 1886 Fuß, als Fritz Schaaff in Stuttgart die erste Niederlassung gründete. Acht Jahre später gab es bereits 84 Offiziere in 24 Gemeinden. 1897 wurde in Berlin das erste Mädchenheim eröffnet. Damit begann die offizielle soziale Tätigkeit der Heilsarmee in Deutschland. 1961 wurde der Sitz der deutschen Sektion von Berlin nach Köln verlegt. Nach der Wiedervereinigung ist die Organisation in Deutschland in vier Divisionen gegliedert.

Die Heilsarmee ist heute weltweit in über 100 Ländern der Erde tätig. Sie verfügt über mehr als 25 000 hauptamtliche Offiziere und fast 80 000 Angestellte. Die Organisation unterhält über 1400 Heime für Kinder, Frauen, Senioren, Behinderte, Obdachlose und Alkoholabhängige, 229 Krankenhäuser und Fachkliniken, fast 1700 Schulen, 22 eigene Lehrerseminare und einen internationalen Suchdienst.

Borgia, Cesare (1475–1507), italienischer Renaissanceherrscher, dessen skrupelloser Ehrgeiz von Niccolò MACHIAVELLI bewundert wurde und der wahrscheinlich Machiavelli zu seinem Buch *Der Fürst* anregte. Als illegitimer Sohn des zügellosen Papstes Alexander VI. wurde Cesare Borgia einer der mächtigsten Männer Italiens. Sein Vater machte ihn mit 17 Jahren zum Erzbischof von Valencia und ernannte ihn ein Jahr später zum Kardinal. Als päpstlicher Legat reiste er nach Frankreich, wo er 1499 Charlotte d'Albert, die Schwester des Königs von Navarra, heiratete. Cesare kehrte nach Italien zurück, um an die Spitze des päpstlichen Heeres zu treten und auf drei Feldzügen die Kontrolle über den Kirchenstaat wieder herzustellen, der in die Hände lokaler Herrscher gefallen war. Alexander VI. ernannte ihn 1501 zum Herzog der Romagna, aber mit dem Tod seines Vaters 1503 endeten Cesares enge Beziehungen zum Vatikan. Von Papst JULIUS II. in Spanien gefangen genommen, entkam Cesare und fiel 1507 im Kampf für den König von Navarra.

Ein Ereignis erschütterte die amerikanische Öffentlichkeit: John Wilkes Booth erschießt Präsident Abraham Lincoln (oben). Als Waffe benutzte er einen kleinen unauffälligen Derringer (links).

Borgia, Lucrezia (1480–1519), italienische Fürstin, illegitime Tochter von Papst Alexander VI. und Schwester Cesare BORGIAS. Um die ehrgeizigen Ziele ihres Vaters und Bruders zu unterstützen, war Lucrezia dreimal verheiratet. 1492 ehelichte sie Giovanni Sforza, der sie später des Inzests mit ihrem Vater beschuldigte. Die Ehe wurde 1497 annulliert. Danach heiratete sie Alfonso von Aragón, der 1500 auf Veranlassung ihres Bruders ermordet wurde. Lucrezias dritter Mann war Alfonso I. d'Este, der 1505 Herzog von Ferrara wurde.

Durch den Tod ihres Vaters und ihres Bruders von politischen Intrigen befreit, widmete Lucrezia den Rest ihres Lebens der Förderung von Kunst und Literatur am Hof Alfonsos. Doch wurden verleumderische Berichte über Lucrezias Leben, die Mord und inzestuöse Orgien im Vatikan einschließen, zum bleibenden Vermächtnis, zusätzlich noch verstärkt durch Werke wie die Oper *Lucrezia Borgia*, die der italienische Komponist Gaetano Donizetti 1833 schrieb.

Bormann, Martin (1900–45), nationalsozialistischer Politiker und einer der engsten Berater Adolf HITLERS. Nach dem Ersten Weltkrieg engagierte sich Bormann bei einem der unzähligen Freikorps. Wegen Beteiligung an einem Fememord saß er 1924 kurze Zeit in Haft. Er trat dann der NSDAP bei und wurde 1933 Stabsleiter bei Hitlers Stellvertreter Rudolf HESS. Nach dem Flug von Hess nach Schottland 1941 wurde Bormann Leiter der Parteikanzlei, eine Position, in der er unauffällig großen Einfluss ausübte. Er gehörte zu den eifrigen Befürwortern der Todeslager.

Nach dem Selbstmord Hitlers soll er bei der Flucht aus dem brennenden Berlin ums Leben gekommen sein. Bei den NÜRNBERGER PROZESSEN 1946 verurteilten ihn die Alliierten in Abwesenheit zum Tod. Über mehrere Jahrzehnte hielten sich hartnäckig Gerüchte seiner Flucht nach Südamerika. 1973 jedoch identifizierte man ein Skelett, das an einem Westberliner Bauplatz ausgegraben wurde, als das von Bormann; daraufhin stellte die Staatsanwaltschaft Frankfurt amtlich Bormanns Tod fest.

Börne, Ludwig (1786–1837), deutscher Publizist und einer der Repräsentanten des Jungen Deutschland. Ursprünglich im Polizeidienst der Reichsstadt Frankfurt tätig, wurde er 1814 aufgrund seiner jüdischen Herkunft entlassen. Daraufhin trat er 1818 zum protestantischen Glauben über und änderte seinen jüdischen Namen Löb Baruch in Ludwig Börne.

Er versuchte sich als Herausgeber der Zeitschrift *Die Wage*, die jedoch wegen ihrer Kritik an der Obrigkeit von Klemens Wenzel Fürst von METTERNICH 1821 verboten wurde. Seine kritischen Berichte brachten ihn mehrmals vorübergehend in Haft. Daraufhin ging er nach Frankreich und lebte seit 1830 ständig in Paris. Bekannt wurde er vor allem durch seine *Briefe aus Paris*, in denen er zu aktuellen politischen, kulturellen und gesellschaftlichen Fragen Stellung nahm. In den mit geistreicher Feder geschriebenen polemisch-witzigen Artikeln prangerte er die Missstände im stockkonservativen Deutschland an und forderte, dass diese nur durch eine Revolution ausgeräumt werden könnten. Zusammen mit Heinrich HEINE, Karl Gutzkow und anderen bildete er das so genannte Junge Deutschland, eine Gruppe von gleichgesinnten politischen Publizisten, die mit ihren Artikeln die herrschenden Verhältnisse verändern wollten.

Die verlustreiche Schlacht von Borodino öffnete Napoleon I. den Weg nach Moskau.

Borodino, Schlacht von (7. September 1812), Schlacht zwischen der russischen Armee unter General Michail KUTUSOW und den französischen Streitkräften unter NAPOLEON I. etwa 120 km westlich von Moskau. Nach zwölf Stunden erbitterten Kampfes und massivem Artilleriebeschuss mussten sich die Russen zurückziehen, sodass Napoleon I. ohne Widerstand am 14. September in Moskau einziehen konnte. Die Verluste beliefen sich auf beiden Seiten auf insgesamt rund 80 000 Soldaten.

Bosnien und Herzegowina, selbstständiger Staat auf dem Balkan, bis 1992 eine der sechs sozialistischen Teilrepubliken Jugoslawiens. Das seit dem 7. Jh. von Slawen besiedelte Gebiet kam im 15. Jh. an das OSMANISCHE REICH. Bosnien wurde 1463, die Herzegowina 1482 besetzt. In den folgenden Jahrhunderten trat der größte Teil der Bevölkerung zum islamischen Glauben über. Ein Bauernaufstand 1875 gegen die Osmanen führte zur Intervention des Zarenreichs und 1877/78 zum Krieg gegen den Sultan. Auf dem BERLINER KONGRESS wurden Bosnien und Herzegowina unter die Verwaltung Österreich-Ungarns gestellt, das die Region 1908 förmlich annektierte. Dies empörte serbische Nationalisten und mündete im Juni 1914 im Attentat auf den österreichischen Thronfolger Erzherzog FRANZ FERDINAND in Sarajevo, das den ERSTEN WELTKRIEG heraufbeschwor. 1918 kamen Bosnien und Herzegowina an Serbien, und 1946 wurden die beiden Provinzen eine vereinte Teilrepublik Jugoslawiens.

Nach dem Zusammenbruch des Kommunismus in Osteuropa und der Loslösung Kroatiens und Sloweniens 1991 von Jugoslawien sprach sich die Bevölkerung in Bosnien und Herzegowina 1992 für die Unabhängigkeit aus. In dem neuen Staat brach ein Bürgerkrieg aus, als bosnische Serben, unterstützt von Soldaten aus Serbien, begannen, autonome Provinzen für sich zuzuschneiden und die bosnischen Moslems und Kroaten zu vertreiben. Die Intervention der Vereinten Nationen und der NATO hatte zunächst wenig Wirkung, bis die USA Ende 1995 in Dayton ein Friedensabkommen zwischen Serbien, Bosnien und Kroatien vermitteln konnten: Bosnien-Herzegowina bleibt zwar als einheitlicher Staat bestehen, setzt sich jedoch aus zwei Teilen zusammen, der serbischen Republik Bosnien und der moslemisch-kroatischen Föderation. Eine internationale Friedenstruppe soll den Waffenstillstand zwischen den verfeindeten Parteien sichern.

Boston Tea Party (16. Dezember 1773), Bezeichnung einer Protesthandlung amerikanischer Kolonisten gegen die britische Steuer auf Teeimporte. Erboste Kolonisten verkleideten sich als Indianer und warfen Teeladungen von britischen Schiffen in den Hafen von Boston. Großbritannien übte Vergeltung, indem es den Hafen für den Handel schloss, Soldaten in der Stadt einquartierte und die gewählte Kolonialversammlung durch eine vom britischen Gouverneur bestimmte ersetzte. Diese harte Reaktion Großbritanniens trug entscheidend zum Ausbruch des AMERIKANISCHEN UNABHÄNGIGKEITSKRIEGS im April 1775 bei.

Botha, Louis (1864–1919), südafrikanischer General und Politiker. Ursprünglich Farmer, zeichnete sich Botha als Truppenführer während des BURENKRIEGS aus, in dem er rasch zum General aufstieg. Nach dem Krieg arbeitete er für die Aussöhnung mit Großbritannien und wurde 1907 zum Premierminister von Transvaal gewählt. 1910 wurde er erster Premierminister der neu gebildeten Südafrikanischen Union und behielt dieses Amt bis zu seinem Tod 1919. Unterstützt von seinem Freund und Kollegen Jan Christian SMUTS, führte er Südafrika auf der Seite der Alliierten in den ERSTEN WELTKRIEG. Dies führte zu starkem Unmut bei den einheimischen Afrikaandern, der sich 1915 zu einer Revolte auswuchs, als Botha einem britischen Ersuchen zustimmte, in Deutsch-Südwestafrika einzurücken. Nachdem er die von General Christiaan de Wet angeführte Revolte niedergeschlagen hatte, fiel Botha in die deutschen Kolonie ein. Kurz vor seinem Tod nahm Botha an der Versailler Friedenskonferenz teil, wo er sich für Mäßigung in der Behandlung des besiegten Deutschland einsetzte.

Bounty, Meuterei auf der siehe BLIGH, WILLIAM

Bourbonen, französisches Königshaus, benannt nach ihrer Stammburg Bourbon-l'Archambault in der Region Berry. Die Dynastie der Bourbonen entstand 1272, als Robert von Clermont, sechster Sohn des Kapetingerkönigs LUDWIG IX. DES HEILIGEN, die Erbin der mächtigen Familie Bourbon heiratete. 1327 wurde ihr Sohn Ludwig erster Herzog von Bourbon. Er begründete die ältere Linie des Hauses, die bis 1527 bestand, als der siebte Herzog ohne Erben starb. Der Titel ging daraufhin an die jüngere Linie

Einheimische Amerikaner jubelten den als Mohawk-Indianer verkleideten Kolonisten zu, als diese drei Schiffe der Ostindischen Kompanie enterten und die Ladung – Teekisten – ins Wasser warfen.

Während des Boxeraufstands wüteten die Rebellen gegen die Ausländer in China, köpften ihre Opfer und spießten die Häupter auf Pfähle. Im belagerten Beijing verloren einige hundert Europäer – meist Missionare – ihr Leben.

über. Durch seine Heirat mit Johanna von Albret erlangte Anton von Bourbon 1555 die Königskrone von Navarra. Mit dem Tod des letzten Königs aus dem Haus VALOIS ging die französische Krone 1589 an Antons Sohn, HEINRICH IV., über. Seine Erben regierten Frankreich bis 1792, als LUDWIG XVI. durch die Französische Revolution gestürzt wurde. Die Bourbonen kamen nach der Verbannung Napoleons I. 1814 wieder auf den Thron, doch ging die Krone 1830 an LOUIS-PHILIPPE über, Herzog von Orléans und Mitglied einer Nebenlinie der Familie, die auf einen jüngeren Sohn Ludwigs XIII. zurückging. Louis-Philippe herrschte bis zur Revolution von 1848.

Im Jahr 1700 hatte der Sonnenkönig LUDWIG XIV. seinen zweiten Enkel als PHILIPP V. zum König von Spanien ausgerufen, womit er den SPANISCHEN ERBFOLGEKRIEG auslöste. Philipps Nachkommen herrschten in Spanien bis zur Absetzung Alfons XIII. 1931 durch die Republikaner. Im Jahr 1975 bestieg mit Alfons' Sohn JUAN CARLOS I. ein weiterer spanischer Bourbone den Thron. Zwei Nebenlinien der Bourbonen regierten 1748–1859 in Parma und 1735–1860 in Neapel und Sizilien.

Bourguiba, Habib Ben Ali (*1903), tunesischer Politiker, der sein Land in die Unabhängigkeit von Frankreich führte. 1934 war Bourguiba Mitgründer der Verfassungspartei, die für TUNESIENS Souveränität kämpfte, und wurde von den französischen

Behörden in Haft genommen. Von den nächsten 20 Jahren verbrachte er zehn im Gefängnis. Nach seiner Entlassung 1954 handelte er die tunesische Selbstverwaltung aus. 1956 zum ersten Ministerpräsidenten des unabhängigen Landes gewählt, schaffte er die Monarchie ab und ließ sich 1957 zum Staatspräsidenten küren. Bourguiba verfolgte eine gemäßigte Form des Sozialismus und eine neutrale Außenpolitik, doch kam es zu Spannungen mit Frankreich, als er es unter Einsatz der Armee 1961 zwang, seine letzte Militärbasis in Biserta aufzugeben. 1987 setzte ihn Zain al-Abidin Ben Ali als Staatsoberhaupt ab.

Bouvines, Schlacht von (27. Juli 1214), Entscheidungsschlacht zwischen dem englischen König JOHANN I. OHNE LAND, der sich mit dem WELFEN Otto IV. verbündet hatte, und König PHILIPP II. AUGUST von Frankreich, der mit dem Staufer FRIEDRICH II. im Bunde war. Auf dem Feld südöstlich von Lille siegten die Franzosen, mit der Folge, dass Friedrich II. Kaiser wurde und Frankreichs Macht in Europa wuchs, da England Besitzungen auf dem Kontinent verlor.

Boxeraufstand (1900/01), antiwestlicher Aufstand in China. Während des 19. Jh. erlitt China eine Reihe von Naturkatastrophen und militärischen Niederlagen, die viele Menschen veranlassten, sich mystischen Geheimgesellschaften zuzuwenden, um den nationalen Geist wieder zu beleben. Eine davon

waren die „Rechtschaffenen und harmonischen Fäuste" oder „Boxer", wie der Westen sie nannte, die eine Art von Schattenboxen übten, das ihnen angeblich übernatürliche Kräfte bis zur Unverwundbarkeit durch Kugeln verschaffte. Die Bewegung stand zunächst in Opposition zu den Mandschuherrschern der QING-Dynastie, aber ihre Feindschaft wurde von der Kaiserinwitwe CIXI geschickt manipuliert und gegen Ausländer umgelenkt. Ende 1899 griffen die Boxer christliche Missionen an und im Juni 1900 wüteten sie in Beijing, ermordeten chinesische Christen und Ausländer und belagerten schließlich die ausländischen Gesandtschaften der Hauptstadt. Diese wurden im August von einem internationalen Expeditionskorps unter deutscher Leitung befreit. Die Feindseligkeiten wurden durch den Friedensvertrag 1901 beendet, der China mit harten Reparationen bestrafte, was elf Jahre später zum Zusammenbruch der QING-Dynastie führte.

Boycott, Charles (1832–97), ehemaliger britischer Offizier, der im Konflikt mit der irischen Landliga zur Zielscheibe der Kritik wurde. Nach seinem Abschied aus der Armee wurde Boycott Verwalter auf Lord Ernes Besitz in der Grafschaft Mayo. 1879 forderte ihn die Landliga auf, wegen einer drohenden Hungersnot den Pachtzins, den die Pächter zahlen mussten, zu kürzen. Boycott weigerte sich und begann 1880 jene Pächter abzulösen, die vom Vorsitzenden der Landliga,

Charles Parnell, gedrängt wurden, mit Boycott und seiner Familie nicht zusammenzuarbeiten. Boycott wurde gezwungen, Irland zu verlassen, und Parnells Taktik wurde unter dem Begriff boykottieren bekannt.

Braganza, Dynastie, die 1640–1910 in Portugal den König stellte und ihren Titel von der gleichnamigen Stadt herleitete. Gründer des Herrscherhauses war Alfons, ein illegitimer Sohn Johanns I. von Portugal, der 1442 zum ersten Herzog von Braganza erhoben wurde. Als PORTUGAL 1640 von Spanien seine Unabhängigkeit erlangte, wurde Johann II. von Braganza als Johann IV. zum portugiesischen König gekrönt. Seine Nachkommen regierten Portugal ohne Unterbrechung bis 1910, jenem Jahr, in dem man die Republik ausrief. Als Brasilien 1822 seine Unabhängigkeit von Portugal erklärte, wurde es als Kaiserreich bis zur Revolution 1889 ebenfalls von Mitgliedern der Familie Braganza regiert.

Brand von London, verheerende Feuersbrunst, die im September 1666 den größten Teil Londons zerstörte. Der Brand fegte vier Tage durch die Stadt. Er vernichtete 13 000 Häuser und 87 Kirchen, darunter auch die St.-Pauls-Kathedrale, und wurde nur dadurch aufgehalten, dass die Löschmannschaften zahlreiche intakte Gebäude sprengten, um dem Feuer keine Nahrung mehr zu bieten. Nach dem Brand musste die Stadt neu aufgebaut werden. Sir Christopher Wren baute St. Paul sowie viele andere Kirchen und öffentliche Gebäude wieder auf. Er entwarf auch das Denkmal, das an das Feuer erinnerte und 1671–77 nahe der Bäckerei, wo es ausbrach, errichtet wurde. Das Wüten der Flammen hatte jedoch auch einen positiven

Willy Brandt kniete im Dezember 1970 am Mahnmal für die Opfer des deutschen Faschismus im Warschauer Getto nieder. Diese spontane Geste fand große Beachtung im In- und Ausland und wurde als Geste der Versöhnung verstanden.

Nebeneffekt: Es vernichtete auch die baufälligen Slums, in denen seit 1665 die Pest umging.

Brandenburg, historische Landschaft zwischen Weser und Oder, die den Kern des späteren Königreichs Preußen bildete. Das Gebiet war einst von Slawen besiedelt, die seit dem frühen 12. Jh. christianisiert wurden. Aus dem Dreißigjährigen Krieg ging Brandenburg als bedeutende Macht unter dem Großen Kurfürsten FRIEDRICH WILHELM hervor, der Brandenburg-Preußen in einen mächtigen europäischen Staat mit gesunder Wirtschaft, schlagkräftigem Heer und tüchtiger Verwaltung verwandelte. Sein Sohn und Nachfolger, Friedrich III., erlangte vom Kaiser den Titel eines Königs in Preußen und wurde im Januar 1701 als FRIEDRICH I. in Königsberg gekrönt. Von da an ging die Geschichte Brandenburgs in der Preußens auf. 1815 wurde Brandenburg formal eine preußische Provinz mit Verwaltungssitz in Potsdam und blieb es auch nach der Reichsgründung 1871 und in der Weimarer Republik. Nach dem Ende des Zweiten Weltkriegs lösten die Alliierten Preußen auf und das alte Brandenburg wurde 1949 staatsrechtlich ein Land der DEUTSCHEN DEMOKRATISCHEN REPUBLIK, das aber 1952 bei der Neugliederung der ostdeutschen Länder wieder aufgelöst und in vier Bezirke eingeteilt wurde. Nach der WIEDERVEREINIGUNG 1990 wurde Brandenburg als Bundesland mit Potsdam als Hauptstadt wieder hergestellt.

Brandt, Willy (1913–92), deutscher Politiker, 1964–87 Vorsitzender der SPD und 1969–74 Bundeskanzler. Als Herbert Ernst Karl Frahm in Lübeck geboren, nahm er den Namen Willy Brandt an, nachdem er 1933 vor den Nationalsozialisten nach Norwegen geflohen war. Nach dem Krieg kehrte Brandt nach Berlin zurück, ging in die Politik und wurde 1949 für die SPD in den Bundestag gewählt. 1957–66 war er Regierender Bürgermeister von Berlin, wo er internationales Ansehen gewann, als er 1958 sowjetischen Forderungen widerstand, Berlin zu einer entmilitarisierten freien Stadt zu machen, und 1961 die Berlinkrise meisterte, die zum Bau der BERLINER MAUER führte.

1966 bekleidete er das Amt des Außenministers in der Großen Koalition. Drei Jahre

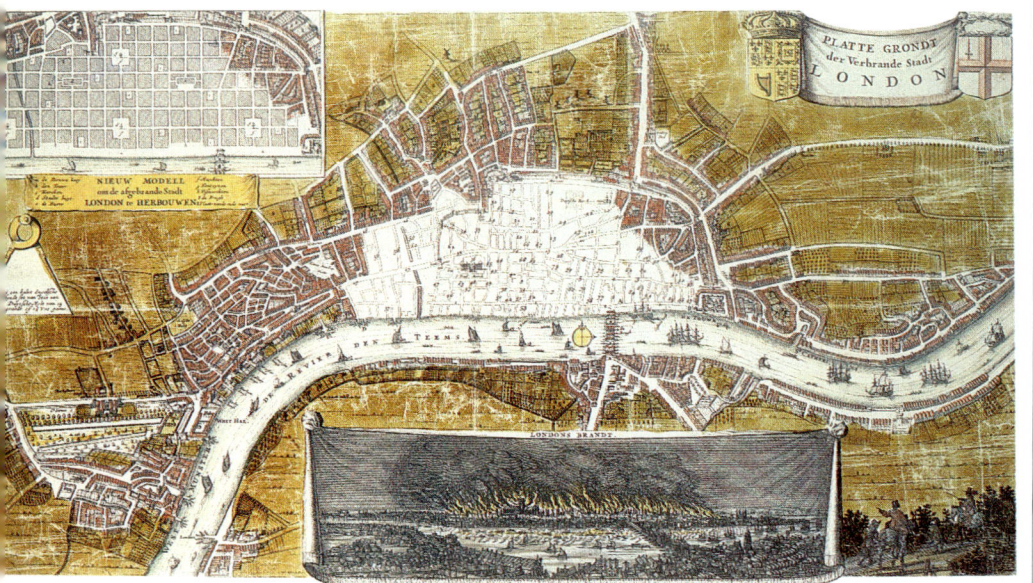

Bei dem grossen Brand von London wurden vier Fünftel des historischen Stadtzentrums verwüstet und fast 250 000 Menschen obdachlos.

später wurde er zum Bundeskanzler der sozialliberalen Koalition gewählt. In dieser Zeit entwickelte Brandt die OSTPOLITIK, eine Politik der Entspannung gegenüber Osteuropa, die 1970 zum Abschluss des Moskauer- und des Warschauer Vertrags, 1971 des Viermächteabkommens über Berlin und 1972 des Grundvertrags mit der DDR führte. In Anerkennung seiner Arbeit erhielt Brandt 1971 den Friedensnobelpreis.

1974 sah er sich zum Rücktritt als Bundeskanzler gezwungen, als herauskam, dass einer seiner engsten Berater, Günter Guillaume, ein Spion der DDR war. 1977–89 hatte er den Vorsitzenden der Nord-Süd-Kommission inne, einem unabhängigen Gremium für internationale Entwicklungsfragen, die die dringende Verbesserung der Handelsbeziehungen zwischen reichen Ländern der nördlichen Hemisphäre und armen Entwicklungsländern der südlichen Hemisphäre empfahl.

Brasilien, größter Staat Südamerikas und einziges Land, das nicht als spanische, sondern als portugiesische Kolonie gegründet wurde. Die Ureinwohner waren meist nomadische Indianer. Im Jahr 1500 nahm der Entdecker Pedro Cabral Brasilien für Portugal in Besitz. In den folgenden Jahrzehnten stießen Händler und Abenteurer auf der Suche nach indianischen Sklaven und Gold ins Innere des Landes vor, während im Nordosten Gutsbesitzer große Zuckerplantagen einrichteten, für die sie in großer Zahl schwarze Sklaven aus Afrika importierten. Die Entdeckung von Gold 1695 machte die Kolonie bald reicher als Portugal.

Als Napoleon I. im Jahr 1807 Portugal besetzte, floh der Thronerbe, der spätere König Johann VI., mit seinem Hof nach Rio de Janeiro, das zum Mittelpunkt des portugiesischen Reiches wurde. 1821 kehrte Johann nach Lissabon zurück und ließ seinen Sohn als Regenten zurück. 1822 krönte sich dieser als PEDRO I. zum Kaiser eines unabhängigen Brasilien. Das brasilianische Kaiserreich bestand bis 1889, als Pedro II. abdankte und die Republik proklamiert wurde.

Im 20. Jh. schuf der Zusammenbruch des lukrativen Kautschuk- und Kaffeemarkts Brasiliens ein Klima wirtschaftlicher Instabilität, die Gétulio Vargas 1930 die Machtübernahme erlaubte. 1938 führte er eine auf das Militär gestützte Diktatur ein. Sein Nachfolger war Juscelino Kubitschek de Oliveira, der 1955 zum Präsidenten gewählt wurde. Kubitscheks ehrgeiziges Programm, Brasiliens Wirtschaft zu entfalten und die futuristische neue Hauptstadt Brasilia zu bauen, zielte darauf, die Entwicklung des Innern zu fördern, erzeugte aber auch ein hohes Defizit in der Zahlungsbilanz, begleitet von einer verheerenden Inflation.

Diese Verhältnisse führten zu politischer Instabilität, die erst 1979 beendet wurde, als das Militär die Macht an sich riss. General João Figueiredo stellte 1979–85 die Ordnung im Land wieder her, was die Rückkehr zu einer zivilen Regierung unter José Sarney 1985 zur Folge hatte. 1989 erlebte Brasilien die ersten freien Wahlen seit fast drei Jahrzehnten, aber 1992 wurde der Sieger, Staatspräsident Fernando Collor de Mello, wegen Korruption des Amtes enthoben. Sein Nachfolger Fernando Henrique Cardoso kämpft seitdem mit erheblichen wirtschaftlichen Schwierigkeiten, die ohne internationale Hilfe kaum gelöst werden können.

Brecht, Bertolt (1898–1956), deutscher Dramatiker und Dichter, der durch seine experimentellen Theaterstücke und Regiearbeiten bekannt wurde. Brecht studierte zunächst Medizin, begann dann aber Stücke zu schreiben, die sich gegen die bürgerlichen Wertvorstellungen richteten.

In den späten 20er-Jahren bekannte sich Brecht zur marxistischen Lehre, was ihn veranlasste, herkömmliche dramatische Formen zu verwerfen. Er begann einen neuen Stil zu entwickeln, den er episches Theater nannte: eine Mischung von Erzählung, Kommentar, Song und locker verbundenen Episoden. Seine Absicht war, die Illusion des Theaters zu zerstören und das Publikum anstatt zu emotionaler Identifizierung zu kritischer Betrachtung der Handlung anzuregen. 1924–33 arbeitete Brecht in Berlin, wo er 1928 mit der *Dreigroschenoper* seinen ersten großen Erfolg hatte. Die Musik stammte von Kurt Weill. Nach der MACHTERGREIFUNG durch die Nationalsozialisten 1933 ging Brecht ins Exil, zunächst bis 1941 nach Skandinavien, dann bis 1947 in die USA. Während dieser Zeit schrieb er viele seiner besten Stücke, darunter *Mutter Courage und ihre Kinder*, *Leben des Galilei* und *Der kaukasische Kreidekreis* – Werke, die Brechts charakteristisches Interesse an Gerechtigkeit und mitfühlender Menschlichkeit zeigen. 1947 verließ Brecht die USA und kehrte über die Schweiz nach Ostberlin zurück, wo er 1949 zusammen mit seiner zweiten Frau, der Schauspielerin Helene Weigel, das Berliner Ensemble gründete.

> **WUSSTEN SIE, DASS?**
>
> *Der Name Brasilien kommt von dem Begriff Brasilin, einem roten Farbstoff, der aus einem der Hauptprodukte der ehemaligen Kolonie, dem Brasilholz, gewonnen wird.*

Das soziale Gefälle im kolonialen Brasilien im 19. Jh.: Eine reiche Portugiesin, gefolgt von ihren farbigen Dienerinnen, kauft einem schwarzen Straßenhändler Blumen ab.

Breschnew, Leonid Iljitsch (1906–82), Politiker und 1964–82 Generalsekretär der KPdSU. Breschnew trat der Kommunistischen Partei 1931 bei und arbeitete sich zielstrebig in der Hierarchie nach oben: 1952 Mitglied des Zentralkomitees und 1960 Vorsitzender des Präsidiums des Obersten Sowjets. Vier Jahre später trug Breschnew zu Nikita CHRUSCHTSCHOWS Sturz bei und wurde im Oktober 1964 Erster Sekretär, später Generalsekretär, der KPdSU. Nach anfänglicher Teilung der Macht mit seinem Mitverschwörer Aleksej KOSSYGIN wurde Breschnew rasch die dominierende Gestalt der sowjetischen Politik.

1968 rechtfertigte er die sowjetische Invasion in der Tschechoslowakei mit der Begründung, die UdSSR habe das Recht, sich in die Angelegenheiten jedes Staates des Warschauer Pakts einzumischen, wenn die kommunistische Herrschaft bedroht oder untergraben werde – eine Politik, die als Breschnew-Doktrin bekannt wurde. Während der 70er-Jahre verfolgte Breschnew eine Politik der ENTSPANNUNG mit dem Westen. Gleichzeitig verhängte seine Regierung harte Strafen gegen sowjetische Dissidenten und hielt eine straffe Kontrolle über die Ostblockstaaten aufrecht. 1977 übernahm Breschnew neben der Parteiführung bis zu seinem Tod das Amt des Staatsoberhaupts, aber seine nachlassende Gesundheit führte zu einer Lähmung der sowjetischen Politik.

Brest-Litowsk, Friede von (3. März 1918), in der zur neuen Sowjetunion gehörenden Stadt unterzeichneter Friedensvertrag zwischen den Mittelmächten Deutschland, Österreich-Ungarn, Bulgarien, Türkei und Sowjetrussland. Ein von Wladimir Iljitsch LENIN initiiertes Waffenstillstandsabkommen war bereits im Dezember 1917 unterzeichnet worden, hatte aber nur geringe Fortschritte gebracht, da Leo Dawidowitsch TROTZKIJ, Leiter der russischen Delegation, die Verhandlungen ständig verzögerte.

Im Februar 1918 nahm Deutschland die Kampfhandlungen wieder auf und veranlasste die bolschewistische Regierung, auf Lenins Weisung hin zu kapitulieren. Nach den Bestimmungen des Vertrags trat Russland fast die Hälfte seines europäischen Gebietes ab: Finnland, die baltischen Staaten, Polen, die Ukraine sowie Teile Armeniens, außerdem mussten die Bolschewiken 6 Mrd. Goldmark Kriegsentschädigung zahlen. Das WAFFENSTILLSTANDSABKOMMEN vom November 1918, das die Niederlage der Mittelmächte besiegelte, annullierte den Vertrag von Brest-Litowsk.

Eines der besterhaltenen Stücke aus der Bronzezeit ist der Sonnenwagen von Trundholm. Er entstand um 1400 v. Chr. und wurde im dänischen Seeland gefunden.

Dieses Detail eines deutschen Altarbilds aus dem Jahr 1404 ist eine der wenigen Darstellungen über die Verwendung einer Brille.

Bretton Woods, Konferenz von (1. bis 23. Juli 1944), internationale Währungs- und Finanzkonferenz der Vereinten Nationen zur Neuordnung der Weltwirtschaft. Das Abkommen führte zur Gründung der WELTBANK und des INTERNATIONALEN WÄHRUNGSFONDS. Die Konferenz schuf ein internationales Finanzsystem mit festen Wechselkursen und Währungsparitäten, die sich am US-Dollar orientierten. Dieses System bestand bis in die 70er-Jahre, als die USA die Einlösungspflicht des Dollars in Gold aufhoben und flexible Wechselkurse einführten.

Briand, Aristide (1862–1932), französischer Politiker, der 14 Regierungen als Außenminister diente und 1909–29 elfmal Ministerpräsident war. Als überzeugter Sozialist und eindrucksvoller Redner wurde Briand 1902 Abgeordneter. 1909 hatte er zum ersten Mal das Amt des Ministerpräsidenten inne. Während des Ersten Weltkriegs leitete Briand zwei Koalitionsregierungen, musste aber 1917 nach mehreren gescheiterten militärischen Unternehmungen zurücktreten. Nach dem Krieg unterstützte er die internationalen Friedensbemühungen und den VÖLKERBUND. 1921 übernahm Briand erneut die Regierung, trat allerdings schon ein Jahr später wieder zurück, nachdem er den VERSAILLER VERTRAG wegen seiner harten Bedingungen für Deutschland kritisiert hatte. Zusammen mit Gustav STRESEMANN arbeitete Briand 1925 die LOCARNO-VERTRÄGE aus, die sich um einen Ausgleich gegenüber Deutschland bemühten. 1926 erhielt er dafür gemeinsam mit Stresemann den Friedensnobelpreis und 1928 regte er den Briand-Kellogg-Pakt an, in dem 60 Staaten erklärten, auf Krieg als Mittel nationaler Politik verzichten zu wollen.

Brille, eine bereits von den Römern verwendete Sehhilfe. So hielt der römische Kaiser NERO im 1. Jh. einen geschliffenen Smaragd ans Auge, um die Einzelheiten der Gladiatorenspiele besser erkennen zu können. 1268 schlug der englische Gelehrte Roger Bacon vor, gewölbte Glasstücke zur Korrektur von Sehfehlern zu verwenden, entwickelte die Idee aber nicht weiter. Etwa um diese Zeit benutzten viele Menschen in Italien und China Vergrößerungslinsen, um ihr Sehvermögen zu verbessern. Die erste italienische Brille wurde wahrscheinlich 1280 von dem Florentiner Mönch Alessandro di Spina hergestellt. Er fertigte Brillen, die nur Weitsichtigkeit korrigierten. Brillen gegen die Kurzsichtigkeit tauchten zuerst Mitte des 15. Jh. in Italien auf. 1785 erfand der amerikanische Politiker und Wissenschaftler Benjamin FRANKLIN die Bifokalbrille.

Britisch-Amerikanischer Krieg (1812–15), militärische Auseinandersetzung um die Vormachtstellung in Nordamerika. Der Unmut über die Handels- und Schifffahrtsbeschränkungen, die Großbritannien den USA auferlegt hatte, sowie der Wunsch, britische Hindernisse für eine Expansion der USA nach Westen zu beseitigen, veranlassten den amerikanischen Kongress, Großbritannien im Juni 1812 den Krieg zu erklären.

Amerikanische Truppen versuchten in der Folgezeit, in Kanada einzurücken, wurden aber von den Briten zurückgeschlagen. Zur See errangen die USA dagegen mehrere Siege, aber die britische Seeblockade fügte der noch jungen amerikanischen Wirtschaft großen Schaden zu. 1814 besetzten die Briten die amerikanische Hauptstadt Washington und brannten das Weiße Haus und andere Regierungsgebäude nieder. Kriegsmüdigkeit brachte beide Parteien an den Verhandlungstisch. Im Dezember 1814 unterzeichneten die Verhandlungsführer in Gent den so genannten ewigen Frieden: Sowohl Großbritannien als auch die USA gaben alle ihre in dem Krieg eroberten Gebiete zurück; das Gebiet der Großen Seen wurde zur neutralen Zone erklärt.

Die britische Beschießung von Fort McHenry während des Krieges regte Francis Scott Key an, *The Star-spangled Banner* zu schreiben, das zur amerikanischen Nationalhymne wurde.

Britisches Empire siehe Seite 72/73

Bronzezeit, vorgeschichtliche Epoche, in der überwiegend Bronze das bevorzugte Material zur Herstellung von Werkzeugen und Waffen darstellte. Die ältesten Bronzekulturen bildeten sich in Mesopotamien seit dem 3. Jt. v. Chr. heraus. Von dort gelangte die Kunst der Erzverarbeitung in den folgenden Jahrhunderten nach Ägypten und in den Mittelmeerraum. Die Bronzezeit in Europa datiert man im Allgemeinen auf den Zeitraum um 1800–800 v. Chr. Zentren dieser Kultur waren vor allem die Bergbaugebiete in Siebenbürgen, Tirol, Mitteldeutschland, Spanien, England, Irland und im slowakischen Teil des Erzgebirges. Die Verwendung von Bronze stellte für die Menschen einen wesentlichen technischen Fortschritt dar. Das Material war um einiges härter als das bis dahin verwendete Kupfer und ließ sich gleichzeitig auch leichter schmelzen.

Die Bronzezeit, die der JUNGSTEINZEIT folgte, wurde um 800 v. Chr. im europäischen Raum von der Epoche der EISENZEIT abgelöst.

Brown, John (1800–59), militanter amerikanischer Gegner der Sklaverei. 1855 zog er nach Kansas, dem Schauplatz des Kampfes zwischen Befürwortern und Gegnern der Sklaverei, und wurde bald ein prominenter Führer der Sklavengegner. Im Mai 1956 plünderte eine Gruppe von Befürwortern der Sklaverei Lawrence, eine Hochburg der Abolitionisten, worauf Brown einen Vergeltungsschlag auf ein gegnerisches Lager am Ufer des Pottawatomie River verübte, bei dem fünf Männer starben.

Brown ließ in seinem Kampf nicht locker. In der Nacht zum 16. Oktober 1859 überfiel er zusammen mit 21 bewaffneten Anhängern ein Waffenlager in Virginia, in der Hoffnung, damit einen Massenaufstand der Sklaven auszulösen. Den Abolitionisten gelang es zwar, das Arsenal zu erobern, doch wurden sie innerhalb von 48 Stunden von Marineinfanteristen unter Oberst Robert E. LEE überwältigt. Brown wurde später vor Gericht gestellt und wegen Hochverrats und Mordes zum Tode verurteilt und gehängt. Bei seinen Anhängern wurde Brown bald als Märtyrer verehrt. Das Lied *John Browns Body* wurde ein populäres Marschlied für die Unionstruppen im SEZESSIONSKRIEG, der zwei Jahre später ausbrach.

Brüning, Heinrich (1885–1970), deutscher Politiker und Reichskanzler 1930-32. Nach dem Scheitern des letzten SPD-Reichskanzlers Heinrich Müller ernannte Reichspräsident Paul von HINDENBURG den Finanzexperten und Fraktionsvorsitzenden des katholischen ZENTRUMS zum Reichskanzler. Brüning bildete ein Minderheitenkabinett und regierte mit Notverordnungen gegen die Opposition von links und rechts. Er versuchte, die sich verschärfende Wirtschaftskrise dadurch zu überwinden, dass er die Zölle und Steuern erhöhte und rigoros die Staatsausgaben kürzte, indem er die Löhne und Gehälter senkte. Außerdem setzte er sich für die Beendigung der REPARATIONEN ein. Seine Sparpolitik, anfangs von der SPD noch toleriert, scheiterte jedoch an der zunehmenden Massenarbeitslosigkeit und der sich abzeichnenden WELTWIRTSCHAFTSKRISE. 1932 wurde Brüning wegen angeblichen Linkskurses „100 Meter vor dem Ziel" entlassen und emigrierte in die USA.

> **WUSSTEN SIE, DASS?**
>
> *Der studierte Volkswirtschaftler Brüning wurde 1937 Professor für Politische Wissenschaften an der Harvard University in Cambridge. Nach dem Krieg lehrte er 1951–54 an der Uni Köln, ehe er endgültig in die USA zurückkehrte.*

Bruno, Giordano (1548–1600), italienischer Philosoph, Astronom und Mathematiker, der das philosophische und naturwissenschaftliche Denken in Europa im 17. und 18. Jh. nachhaltig beeinflusste. 1572 zum Priester geweiht, zeigte Bruno wenig Respekt vor dem religiösen Dogma und wurde

Reichskanzler Heinrich Brüning im Jahr 1931 auf dem Weg zu einer Sitzung des Reichstags in Berlin

1576 der Ketzerei beschuldigt, weil er öffentlich von der Kirche verbotene Texte diskutiert hatte. Darauf floh er aus Italien und begann eine Karriere als Hochschullehrer, die ihn u. a. nach Genf, Paris, Oxford und Frankfurt führte.

Als leidenschaftlicher Freidenker brachte Bruno viele Gelehrte gegen sich auf, indem er ARISTOTELES kritisierte. Er vertrat auch die Theorie des Nikolaus KOPERNIKUS, dass die Planeten unseres Sonnensystems um die Sonne kreisen, und stellte die Bibel als Quelle astronomischen Wissens infrage. Weitaus gefährlicher für Theologen war Brunos Theorie, dass das Universum unendlich sei und aus zahllosen Welten und Sonnensystemen gleich unserem bestehe.

Bruno kehrte 1591 nach Italien zurück, wurde aber ein Jahr später bei der INQUISITION angezeigt. Er verbrachte sieben Jahre im Gefängnis, ehe man ihm den Prozess machte. Schließlich verurteilte man ihn wegen Ketzerei und verbrannte ihn auf dem Scheiterhaufen.

Die Welt im Zeichen des britischen Empire

Das britische Weltreich erstreckte sich über fünf Kontinente und hielt sich über mehrere Jahrhunderte. Noch immer ist sein Einfluss spürbar von Nordamerika bis Australien, von Afrika bis Indien, wo Sprache und Verwaltung Großbritanniens in modernen Formen weiterleben.

Die erste dauerhafte britische Siedlung außerhalb Europas errichteten Auswanderer 1607 an der Küste Nordamerikas. Innerhalb der folgenden drei Jahrhunderte erwarb Großbritannien Kolonien rund um den Erdball, sein Reich erstreckte sich gegen Ende des 19. Jh. von Kanada über Afrika und Südostasien bis nach Australien und in den pazifischen Raum. Seine größte Ausdehnung erreichte das Empire in den 30er-Jahren des 20. Jh., als rund ein Viertel der Weltbevölkerung unter britischer Herrschaft lebte.

Vor allem in den britischen Kolonien Amerikas entwickelten sich ab der zweiten Hälfte des 17. Jh. zwei ertragreiche Gewerbe: Tabakanbau mit dem Schwerpunkt in Nordamerika und Zuckerrohrpflanzungen auf den Westindischen Inseln. Bei den Arbeitskräften handelte es sich um Auswanderer aus Großbritannien: ca. 400 000 Menschen überquerten im 17. Jh. den Atlantik auf der Suche nach Arbeit; eine kleine Zahl – etwa die Pilgerväter auf der *Mayflower* 1620 und die Puritaner, die Massachusetts kolonisierten – wanderte aus, um inspiriert von religiösen Idealen, neue Gemeinden zu gründen.

MEHR HANDEL, MEHR MACHT

Zu Beginn des 17. Jh. trat die britische Ostindische Kompanie in Wettbewerb mit den anderen europäischen Handelskompanien um die Märkte in Asien und im Indischen Ozean. Der Handel wurde auf der Route um das Kap der Guten Hoffnung abgewickelt. Es ging vor allem um den Handel mit Gewürzen, Seide und Baumwollstoffen. Um die Mitte des 17. Jh. trugen diese asiatischen Waren und der amerikanische Tabak und Zucker – nun weitgehend von afrikanischen Sklaven angebaut – zum wachsenden Reichtum des Inselreichs bei. Die überseeischen Unternehmungen wurden von den Streitkräften Großbritanniens unterstützt, das zu einem der mächtigsten Staaten in Europa aufstieg. London trat als Finanzzentrum hervor und Häfen wie Bristol und Liverpool blühten durch den internationalen Handel auf. Während des 18. Jh. gewannen Großbritanniens Flotte und Heer die Oberhand in Nordamerika, Westindien,

entlang der westafrikanischen Küste und rund um den Indischen Ozean. In mehreren Kriegen um die Vorherrschaft wehrte es die Konkurrenz der Niederländer und vor allem der Franzosen ab.

Gebremst wurde das Wachstum des Britischen Weltreichs durch den Aufstand der nordamerikanischen Kolonisten, die sich 1776 für unabhängig erklärten und einen eigenen Staat – die USA – gründeten. Der Verlust von 2,5 Mio. Untertanen und 13 Kolonien war ein herber Schlag. So blieb den Briten in Nordamerika nur Kanada, das man kurz zuvor von den Franzosen erobert hatte.

Auf Expansionskurs dagegen war Großbritannien in anderen Erdteilen. In Indien gingen Eroberungen von den Handelsniederlassungen der Ostindischen Kompanie aus. In Bengalen intervenierten britische Truppen 1757 unter Robert Clive, um lokale Herrscher abzusetzen. Seit 1765 stand Bengalen unter britischer Herrschaft. Andere Eroberungen

Bis zur Mitte des 20. Jh. besaß Großbritannien über den gesamten Erdball verstreut Kolonien (oben). Die glanzvolle Bildersprache des britischen Empire wurde selbst zum Verkauf der alltäglichsten Produkte eingesetzt (links).

Die patriotische Begeisterung erreichte in Großbritannien ihren Höhepunkt, als Königin Viktoria (rechts) 1897 ihr diamantenes Thronjubiläum feierte (unten).

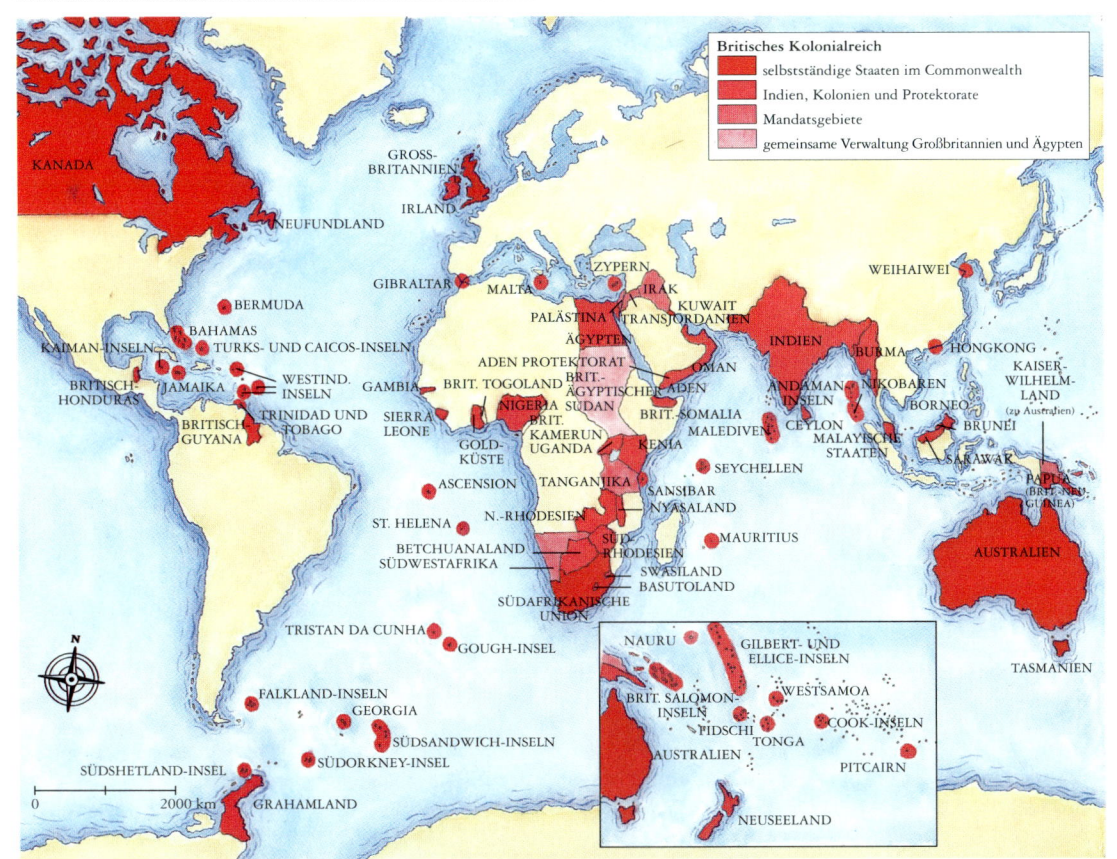

Britisches Kolonialreich
- selbstständige Staaten im Commonwealth
- Indien, Kolonien und Protektorate
- Mandatsgebiete
- gemeinsame Verwaltung Großbritannien und Ägypten

KANADA
GROSS-BRITANNIEN
NEUFUNDLAND
IRLAND
GIBRALTAR
BERMUDA
BAHAMAS
KAIMAN-INSELN
TURKS- UND CAICOS-INSELN
BRITISCH-HONDURAS
JAMAIKA
WESTIND. INSELN
TRINIDAD UND TOBAGO
BRITISCH GUYANA
MALTA
ZYPERN
IRAK
KUWAIT
PALÄSTINA
TRANSJORDANIEN
ÄGYPTEN
ADEN PROTEKTORAT
BRIT.-ÄGYPTISCHER SUDAN
ADEN
OMAN
GAMBIA
BRIT. TOGOLAND
SIERRA LEONE
NIGERIA
GOLD-KÜSTE
KAMERUN
UGANDA
BRIT. SOMALIA
KENIA
MALEDIVEN
INDIEN
BURMA
HONGKONG
WEIHAIWEI
KAISER-WILHELM-LAND
(zu Australien)
ANDAMAN- INSELN
NIKOBAREN
CEYLON
MALAYISCHE STAATEN
BORNEO
BRUNEI
SARAWAK
PAPUA (BRIT. NEU-GUINEA)
ASCENSION
ST. HELENA
TANGANJIKA
SANSIBAR
NYASALAND
N.-RHODESIEN
SÜD-RHODESIEN
SEYCHELLEN
MAURITIUS
BETCHUANALAND
SÜDWESTAFRIKA
SWASILAND
BASUTOLAND
SÜDAFRIKANISCHE UNION
AUSTRALIEN
TASMANIEN
TRISTAN DA CUNHA
GOUGH-INSEL
FALKLAND-INSELN
GEORGIA
SÜDSANDWICH-INSELN
SÜDSHETLAND-INSEL
SÜDORKNEY-INSEL
GRAHAMLAND
0   2000 km

NAURU
GILBERT- UND ELLICE-INSELN
BRIT. SALOMON-INSELN
WESTSAMOA
FIDSCHI
TONGA
COOK-INSELN
AUSTRALIEN
PITCAIRN
NEUSEELAND

Oben: In den 30er-Jahren des 20. Jh. erreichte das Britische Empire seine größte Ausdehnung. Links: Viktorianische Teetasse als Symbol für den erfolgreichen Handel mit dem indischen Subkontinent

Seit Beginn des 20. Jh. trug Großbritannien den veränderten politischen Bedingungen, wenn auch widerstrebend, Rechnung: Das britische Kolonialreich entwickelte sich allmählich zu einem Commonwealth of Nations, einer Staatengemeinschaft ehemaliger britischer Territorien, die autonom und gleichberechtigt waren, aber freiwillig mit Großbritannien verbündet blieben und die Oberhoheit der britischen Krone anerkannten. Der Weg Indiens in die Unabhängigkeit war indes ein langwieriger Prozess und teilweise von blutigen Auseinandersetzungen überschattet. Unter dem Einfluss von Mohandas Karamchand Gandhi erreichte der Subkontinent 1947 seine Selbstständigkeit. Die Völker des Commonwealth unterstützten Großbritannien in beiden Weltkriegen: So dienten mehr als 5 Mio. ihrer Soldaten 1939–45 neben den Truppen des Mutterlands.

Der Zweite Weltkrieg kostete Großbritannien seine Weltmachtstellung. Im Verhältnis zu den beiden Supermächten USA und UdSSR war Großbritannien zu einer zweitrangigen politischen Größe in der Welt geworden. Die verbliebenen Kolonien entledigten sich ihrer Bevormundung durch London. Der Brennpunkt britischer Politik hatte sich verlagert, besonders nachdem Großbritannien 1973 der Europäischen Wirtschaftsgemeinschaft beigetreten war. Hongkong, die letzte größere Kolonie, fiel laut Vertrag 1997 wieder an China.

Trotzdem hinterließ Großbritannien auch nach der Auflösung seines Weltreichs tiefe Spuren: Die englische Sprache ist und bleibt eine in der ganzen Welt gesprochene Sprache, mit der man sich mühelos verständigen kann. Auch die demokratischen Institutionen leben, wenn auch in veränderter Form, fort. In der Praxis waren diese Errungenschaften allerdings eher für die Kolonialherren von Vorteil als für die unterworfenen Untertanen, die unter zahlreichen Übergriffen zu leiden hatten: Besonders in Südafrika verloren viele einheimische Stämme ihr Leben und Land. Die Herrschaft eines Volkes über ein anderes ist heute im Zeichen der politischen Emanzipation nicht mehr vertretbar und imperiales Großmannsgehabe steht den Weißen schon lange nicht mehr zu.

folgten. 1788 wurde die erste europäische Siedlung in Australien eingerichtet, indem man Häftlinge nach Sydney brachte und dort ansiedelte. 1806 nahmen britische Soldaten den Süden Afrikas mit dem Kap der Guten Hoffnung in Besitz.

Während des 19. Jh. wuchs das britische Empire ohne große Konkurrenz seitens der anderen europäischen Mächte. Britische Expeditionsheere eroberten indische Staaten und brachten bis zur Jahrhundertmitte den gesamten Subkontinent unter britische Herrschaft. 1871 umfasste das indische Kolonialreich rund 250 Mio. Menschen. Australien und Neuseeland wurden annektiert, und Britisch-Kanada wurde westwärts zum Pazifik hin erschlossen. Viele Briten verließen im 19. Jh. ihre Heimat und wanderten in diese drei Kolonien aus, die sich zunehmend selbst verwalten durften. Mehr als einmal musste die Kriegsflotte in Krisengebieten eingreifen, um britische Interessen zu schützen, so etwa in den Opiumkriegen an der chinesischen Küste von 1839–42 und 1856–60.

VOM EMPIRE ZUM COMMONWEALTH

Die britische Weltherrschaft wurde gegen Ende des 19. Jh. infrage gestellt, als Frankreich, Deutschland und Russland ebenfalls daran gingen, Gebiete in Übersee zu erwerben und ein Kolonialreich aufzubauen. Darüber hinaus traten die USA und Japan als neue Großmächte auf. Auch innerhalb des Empire gärte es: Die unterdrückten Menschen in Kolonien begehrten auf und beanspruchten das Recht auf Selbstregierung. Großbritannien reagierte darauf mit der Besetzung weiterer Gebiete, um seine Vormachtstellung zu wahren und die Ansprüche der anderen Kolonialmächte abzuwehren. Ein großer Teil des afrikanischen Kontinents, bis dahin nicht für besonders wertvoll erachtet, wurde für Großbritannien durch Abenteurer wie Cecil Rhodes annektiert, der in den 90er-Jahren des 19. Jh. ein großes britisches Herrschaftsgebiet aufbaute, das die heutigen Staaten Malawi, Sambia und Simbabwe umfasste.

Die größte Bedrohung stellte der Burenkrieg 1899–1902 in Südafrika dar. Bedrohungen der britischen Kolonialmacht führten zu Überreaktionen und provozierten einen Chauvinismus, der das Empire als Quelle britischer Größe verherrlichte und die Kolonialvölker als minderwertig ansah.

Bruno von Köln (um 1032–1101), Geistlicher, der 1084 den Orden der Kartäuser gründete. In Köln geboren und geweiht, wurde Bruno 1057 als Lehrer an die Kathedralschule von Reims berufen. Dort erwarb er sich den Ruf tiefer Frömmigkeit und Bildung, war jedoch 1076 nach Meinungsverschiedenheiten mit dem Erzbischof von Reims gezwungen zu fliehen.

Bruno und sechs gleich gesinnte Gefährten zogen sich darauf in die Alpen nahe Grenoble zurück, wo sie im abgelegenen Bergmassiv Grande Chartreuse ein kleines Kloster gründeten, und gelobten, als Eremiten ihr Dasein zu fristen. 1090 wurde Bruno von Papst Urban II., einem früheren Schüler, als Berater nach Rom gerufen. Er lehnte das Angebot des Papstes ab, ihn zum Erzbischof von Reggio zu machen, und gründete stattdessen eine weitere Einsiedelei in La Torre in Süditalien. Bruno von Köln wurde 1514 heilig gesprochen.

Brutus, Marcus Iunius (85–42 v. Chr.), römischer Offizier und stoischer Philosoph, der 44 v. Chr. einer der führenden Verschwörer gegen Iulius CAESAR war. Als eifriger Anhänger der römischen Republik ergriff Brutus im Bürgerkrieg 49–46 v. Chr. für Gnaeus POMPEIUS Partei gegen Caesar. Nach Pompeius' Niederlage begnadigte Caesar Brutus, machte ihn zum Verwalter der Provinz Gallia Cisalpina und erhob ihn 44 v. Chr. zum Prätor, der für die Rechtsprechung im Römischen Reich zuständig war.

Besorgt wegen Caesars diktatorischer Regierung, schloss Brutus sich der Verschwörung des Gaius Cassius Longinus an, um Caesar zu ermorden und die alte republikanische Ordnung wieder herzustellen. Brutus' Ansehen in der Öffentlichkeit verlieh der Verschwörung größeres Gewicht, kam die Mörder aber auch teuer zu stehen. Da Brutus darauf bestand, dass die Verschwörer sich allein auf die Ermordung Caesars beschränkten und keinerlei weitere politische Ambitionen daraus ableiteten, riss ANTONIUS die Initiative an sich und trat das politische Erbe Caesars an. Zusammen mit Lepidus und OCTAVIAN bildete er ein Triumvirat und ließ die Mörder verfolgen.

Zur Flucht aus Rom gezwungen, warben Brutus und Cassius im Osten des Reiches für die republikanische Sache und begannen damit, in Makedonien eine Armee aufzustellen. Im Oktober 42 v. Chr. gewannen sie ein erstes unbedeutendes Gefecht gegen ihre Verfolger, doch erlitten ihre Truppen drei Wochen später bei PHILIPPI gegen Antonius und Octavian eine vernichtende Niederlage. Als Brutus nach dem Verlust seiner Truppen klar wurde, dass seine Sache verloren war, beging er Selbstmord.

Bucharin, Nikolaj Iwanowitsch (1888 bis 1938), bolschewistischer Politiker und marxistischer Theoretiker. Bucharin spielte eine aktive Rolle während der RUSSISCHEN REVOLUTION 1917 und war 1917–29 Chefredakteur der *Prawda*, dem Organ der kommunistischen Partei, und 1926–29 Vorsitzender der KOMINTERN.

Bucharin sprach sich gegen die Unterzeichnung des Friedensvertrags von BREST-LITOWSK durch Wladimir LENIN aus, mit dem sich Russland aus dem Ersten Weltkrieg zurückzog. Stattdessen vertrat er die Ansicht, Russland solle den Krieg nutzen, um in ganz Europa eine kommunistische Revolution zu bewirken. Nach Lenins Tod 1924 wurde Bucharin Vollmitglied des Politbüros und setzte sich weiterhin für Lenins NEUE ÖKONOMISCHE POLITIK ein, die darauf ausgerichtet war, einen allmählichen wirtschaftlichen Wandel in der Sowjetunion herbeizuführen. Als sich Jossif STALIN 1928 gegen diese Politik wandte und eine schnellere Industrialisierung und Kollektivierung der Landwirtschaft propagierte, verlor Bucharin alle seine Parteiämter. Unter erheblichem Druck der Kommunistischen Partei schwor er seinen Irrtümern ab und durfte 1934 vorübergehend die Regierungszeitung *Iswestija* herausgeben.

Im Januar 1937 wurde Bucharin verhaftet und im März 1938 in einem Schauprozess als Spion, Trotzkist und Konterrevolutionär, der den Kapitalismus wieder herstellen wollte, angeklagt. Er wurde verurteilt und hingerichtet, aber 1988 rehabilitiert und postum wieder in die KPdSU aufgenommen.

Buchdruck siehe rechte Seite

Bücher, die die Welt veränderten siehe Seite 76/77

Büchner, Georg (1813–37), deutscher Dichter. Während seines Studiums der Medizin, Naturwissenschaften und Philosophie in Straßburg und Gießen stand er in engem Kontakt mit republikanischen und sozialistischen Kreisen. 1834 gründete er in Gießen die geheime „Gesellschaft für Menschenrechte", die den politischen Umsturz im Großherzogtum Hessen anstrebte.

Im Juli 1834 gab er zusammen mit Friedrich Ludwig Weidig den *Hessischen Landboten* heraus, eine sozialrevo-

Vor seiner Beteiligung an der Ermordung Caesars stand Brutus in hohem politischem Ansehen: Sogar Münzen trugen sein Profil.

Der ehemalige Chefredakteur der Prawda *und* Iswestija, *Nikolaj Bucharin, den Lenin einst als „Liebling der Partei" bezeichnete, fiel Stalins Säuberungsaktion in den 30er-Jahren zum Opfer.*

lutionäre Flugschrift, mit dem aufrührerischen Titel *Friede den Hütten! Krieg den Palästen!* Das in 700 Exemplaren in Offenbach und Marburg gedruckte achtseitige Flugblatt war eine Abrechnung mit der besitzenden Klasse und eine schonungslose Analyse des hessischen Staatshaushalts.

Nach der Entdeckung des Pamphlets durch die großherzogliche Behörde wurden Weidig und Büchner steckbrieflich gesucht. Während Weidig gefasst werden konnte und 1836 unter ungeklärten Umständen im Gefängnis starb, gelang Büchner die Flucht. Sein Weg führte ihn zuerst nach Straßburg, dann nach Zürich, wo er als Privatdozent für vergleichende Anatomie tätig war. Kurz darauf erkrankte er an Typhus und starb im Februar 1837 im Alter von noch nicht einmal 24 Jahren.

Trotz seines nur kurzen Lebens hinterließ Büchner einige bedeutende literarische Werke wie das Revolutionsstück *Dantons Tod* und das soziale Drama *Woyzeck*, das Alban Berg 1925 als Oper *Wozzeck* auf die Bühne brachte. Beide Theaterstücke wurden erst im 20. Jh. auf deutschen Bühnen aufgeführt und übten mit ihrer sozialkritischen Aussagekraft große Wirkung aus. In der Novelle *Lenz* zeichnete Büchner das Leben des gleichnamigen Dichters des STURM UND DRANG nach, der unheilbar an Schizophrenie litt. Es war das erste Mal, dass die Krankheit, die die Mediziner damals noch nicht kannten, und ihr Verlauf zutreffend beschrieben wurden.

Die Erfindung des Buchdrucks

Bis zum 15. Jh. mussten Handschriften mühsam abgeschrieben werden und nur wenige Menschen

waren des Lesens mächtig. Die Erfindung des Buchdrucks eröffnete

neue Dimensionen der Kommunikation und ebnete den Weg zur Informationsgesellschaft.

Die Erfindung des Buchdrucks veränderte die menschliche Gesellschaft wie kaum eine andere Entdeckung und bahnte zwei wichtigen Entwicklungen den Weg: der Speicherung und Verbreitung von Informationen sowie der Ausbreitung des Lesens und Schreibens über die gebildete Elite hinaus. Vom Buchdruck war es nur ein kleiner Schritt zur Herstellung von Büchern, Flugblättern, Zeitungen in großen Auflagen für ein breites Publikum. Der Einfluss des gedruckten Wortes wuchs mit der Zeit so gewaltig, dass die Behörden darauf nur mit Zensur zu reagieren wussten.

Der Buchdruck entstand im 8. Jh. in China. Anfänglich verwendete man Holzblöcke, in die man die Texte ritzte. Das erste bekannte Buch, das auf diese Weise gedruckt wurde, war *Das Diamantensutra*, eine Übersetzung aus dem Sanskrit von 868. Die ersten beweglichen Lettern stellte man in China im 11. Jh. aus Ton und Leim her. Bewegliche Lettern aus Metallgussformen kamen im frühen 15. Jh. in Korea auf, bevor Johannes Gutenberg in Mainz sein eigenes ähnliches Drucksystem für die Handpresse entwickelte.

Caxtons Presse ermöglichte die Herstellung von Büchern in England (rechts). In Korea benutzte man im 15. Jh. bewegliche, in Bronze gegossene Lettern.

AUSTAUSCH VON IDEEN

Das erste mit beweglichen Lettern gedruckte Dokument Gutenbergs war ein päpstlicher Ablass aus dem Jahr 1454, die Bibel folgte 1455 nach dreijähriger Arbeit. Der Buchdruck machte die Reformation in Deutschland und Europa erst möglich. Die Leser konnten nun die Bibel in der Volkssprache lesen, und die Ideen Martin Luthers und anderer Reformatoren ließen sich rasch per Flugblatt verbreiten. In England brachte William Caxton, der das Drucken in Deutschland gelernt hatte, das erste datierte Buch 1477 in Westminster heraus. Er erkannte den Wert von Büchern für die Unterhaltung ebenso wie für die religiöse Erbauung.

Im 16. Jh. wurden allein in Deutschland rund 45 000 verschiedene Druckwerke mit einer Millionenauflage hergestellt und vertrieben; Frankfurt entwickelte sich zum Hauptumschlagplatz des europäischen Buchhandels. Die ersten gedruckten Zeitungen erschienen 1609 in Straßburg und Wolfenbüttel.

Handpressen blieben bis ins 19. Jh. in Gebrauch. Die Tageszeitung *The Times* in

Eine der frühesten Rotationsdruckmaschinen wurde 1848 von *The Times* aufgestellt.

London setzte 1814 erstmals eine dampfgetriebene Presse ein, um eine wachsende Leserschaft rascher mit Nachrichten zu versorgen. Die Rotationsdruckmaschine, bei der die Druckfläche um eine Walze gewickelt wird, kam 1847 in den USA auf. Zusammen mit weiteren Verbesserungen entwickelten sich in der Folgezeit auflagenstarke Zeitungen, die Nachrichten aus aller Welt verbreiteten.

Im 19. Jh. gab es mehrere Versuche in Deutschland, die Pressefreiheit durchzusetzen, doch erst die Reichsverfassung von 1919 garantierte jedem Bürger die freie Meinungsäußerung in Wort, Schrift und Bild. Im 20. Jh. beschleunigte sich das Tempo technischer und wirtschaftlicher Neuerungen im Druck- und Verlagswesen erheblich. An die Stelle des Bleisatzes trat der Fotosatz und dieser wurde vom elektronischen Satzverfahren abgelöst. Die Erfindung und der Einsatz neuer Medien führten zur Bildung der so genannten Informationsgesellschaft. Das Buch, dem man schon mehrmals den Tod vorausgesagt hatte, überlebte jedoch und erfreut sich heute bei der Leserschaft nach wie vor großer Beliebtheit.

Buckingham, George Villiers, Herzog von (1592–1628), englischer Günstling am königlichen Hof, der großen Einfluss auf JAKOB I. und seinen Sohn und Nachfolger KARL I. ausübte. 1617 wurde er zum Grafen und 1619 zum Lordadmiral befördert – Posten, die er nutzte, um sich zu bereichern und seine Verwandten zu fördern, sehr zum Unmut des Parlaments und des englischen Hochadels. 1623 erhob der König Villiers zum Herzog von Buckingham und sandte ihn im selben Jahr nach Madrid, um eine Heirat zwischen dem Thronfolger Karl und der Tochter des Königs von Spanien zu vereinbaren. Die Verhandlungen scheiterten vor allem an Buckinghams arrogantem Auftreten. Daraufhin überredete er Jakob I., Spanien den Krieg zu erklären.

Nach Karls Thronbesteigung 1625 bestimmte Buckingham weiter die königliche Politik – mit katastrophalen Folgen. Er organisierte einen gewaltigen Feldzug gegen die spanische Hafenstadt Cadiz. Die Expedition scheiterte aber kläglich. 1627 führte er eine Truppe an, um die französischen HUGENOTTEN in ihrer Festung La Rochelle im Kampf gegen die französische Krone zu unterstützen, aber nachdem er vier Monate stümperhaft vertan hatte, musste er sich zurückziehen. Ein Jahr später wurde Buckingham aus Rache wegen seiner verfehlten Kriegführung von einem englischen Offizier erstochen.

Buddha siehe Seite 78

Buddhismus, eine der großen Weltreligionen, begründet durch die Lehren von Gautama Siddhartha, bekannt als Buddha. Nach dem Tod Buddhas, des „Erleuchteten", um 480 v. Chr. breiteten sich seine Lehren über

Großzügige königliche Förderung machte den Herzog von Buckingham reich und zur grauen Eminenz in der englischen Politik.

Zehn Bücher, die die Welt veränderten

Zu allen Zeiten haben Autoren durch ihre philosophischen Abhandlungen, Traktate und Romane – bewusst oder unbewusst – die Denk- und Handlungsweise der Menschen zutiefst beeinflusst.

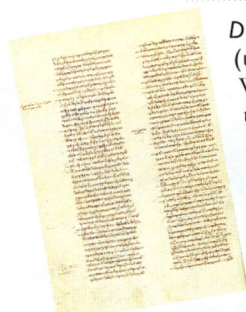

Der Staat, Platon (um 375 v. Chr.): Wendepunkt in Platons Leben waren der Prozess und die Hinrichtung seines Mentors Sokrates. Diese Ereignisse entsetzten ihn zutiefst: „Ich sah mich zu der Überzeugung gezwungen, dass die einzige Hoffnung, Gerechtigkeit für den Einzelnen oder für die Gesellschaft zu finden, in der wahren Philosophie liegt und dass die Menschheit so lange nicht von Scherereien verschont bleibt, bis entweder richtige Philosophen politische Macht gewinnen oder Politiker durch ein Wunder wahre Philosophen werden." So entstand Platons Vorstellung des Philosophen als Herrscher, die er in *Der Staat* entwickelte. Seine Beschreibung des idealen Staates – weder aristokratisch noch demokratisch, sondern auf der aufgeklärten Tugend eines Herrschers gründend – wurde ein Bezugspunkt des westlichen politischen Denkens.

Die Bekenntnisse des Augustinus (um 397): Die Memoiren des nordafrikanischen Bischofs sind nicht nur die erste Autobiographie im modernen Sinn, sondern auch ein zentraler und inspirierender Text für das westliche Christentum. Augustinus' Bekehrung, sein Ringen mit sinnlichen Versuchungen („Gib mir Keuschheit und Mäßigung, aber nicht gleich"), sein sich wandelndes Verhältnis zu Gott: Über alles berichtet er in einer Weise, die dramatische Unmittelbarkeit mit maßgebender Theologie verbindet.

Der Fürst, Niccolò Machiavelli (1513): Machiavelli war ein wenig erfolgreicher Florentiner Diplomat, der zu der Überzeugung gelangte, ein starker Fürst, der Italien einige und politische Stabilität schaffe, sei wichtiger als Freiheit oder sittliche Erwägungen. Seine Abhandlung legte mit zynischer Genauigkeit und Scharfsinnigkeit die Methoden dar, die man benötigte, um eine erfolgreiche Tyrannei zu errichten. In einer Zeit starker, zentralistischer Regierungen erwies sie sich bald als einflussreich in ganz Europa und hinterließ ein berüchtigtes, auf Grausamkeit und Täuschung beruhendes Vermächtnis für künftige Tyrannen.

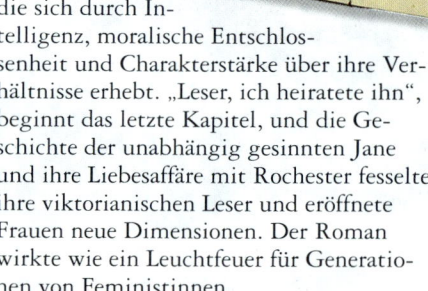

Jane Eyre, Charlotte Brontë (1847): Die Heldin dieses Romans – später häufig verfilmt – ist eine unauffällige, mittellose Gouvernante, die sich durch Intelligenz, moralische Entschlossenheit und Charakterstärke über ihre Verhältnisse erhebt. „Leser, ich heiratete ihn", beginnt das letzte Kapitel, und die Geschichte der unabhängig gesinnten Jane und ihre Liebesaffäre mit Rochester fesselte ihre viktorianischen Leser und eröffnete Frauen neue Dimensionen. Der Roman wirkte wie ein Leuchtfeuer für Generationen von Feministinnen.

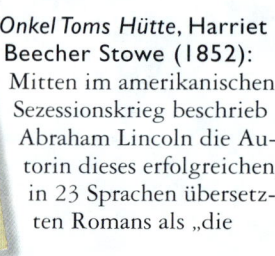

Onkel Toms Hütte, Harriet Beecher Stowe (1852): Mitten im amerikanischen Sezessionskrieg beschrieb Abraham Lincoln die Autorin dieses erfolgreichen, in 23 Sprachen übersetzten Romans als „die

kleine Dame, die das Buch schrieb, das diesen großen Krieg ausgelöst hat". Sie selbst gab sich bescheidener: „Gott schrieb dieses Buch. Ich nahm sein Diktat auf." Die rührselige Geschichte eines treuen und liebenswerten schwarzen Sklaven erwies sich als gefährlicher Zündstoff und riss die junge Nation in einen folgenschweren Bürgerkrieg.

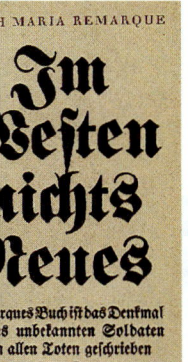

Im Westen nichts Neues, Erich Maria Remarque (1929): Von diesem berühmtesten pazifistischen Roman wurden binnen vier Monaten nach Erscheinen in Deutschland 500 000 Exemplare verkauft. 1930 erschien der Film, der sich zu einem Klassiker entwickelte. In Deutschland selbst wurden Buch und Film zum Ziel nationalistischer Angriffe mit der Begründung, Remarque habe mit seiner Entlarvung des verlogenen Pathos – Heldentod fürs Vaterland – die Ehre der Soldaten befleckt, die in den Schützengräben gekämpft und ihr Leben gelassen hatten.

Common Sense Book of Baby and Child Care, Benjamin Spock (1946): Benjamin Spock war ein New Yorker Psychiater, dessen Handbuch ein beispielloser Bestseller wurde. Als Reaktion auf den so genannten Behaviorismus der Zwischenkriegszeit, der es für emotional schädlich erachtete, einem Kleinkind ungebührliche Zuneigung zukommen zu lassen, vertrat Spock eine liberalere Methode mit „täglicher Anregung durch liebende Eltern", um „emotionale Tiefe und Intelligenz" zu fördern. Vor allem in den 60er- und 70er-Jahren übten seine unkonventionellen Ansichten auf die antiautoritäre Erziehungsmethode großen Einfluss aus.

Better to remove and distract him than to say, 'No, no!'

1984, George Orwell (1949): „Der große Bruder beobachtet dich", warnen die Behörden eine eingeschüchterte Bevölkerung in dem vielleicht bekanntesten Werk der utopischen Literatur des 20. Jh. Das letzte Buch des britischen Schriftstellers ist das erschreckende Bild eines zukünftigen totalitären

Staates und hat seine Wirkung bis heute behalten. Der Roman trug wesentlich dazu bei, die allgemeine unkritische Fortschrittsgläubigkeit der Nachkriegsgeneration in Zweifel zu ziehen.

Ein Tag im Leben des Iwan Denissowitsch, Aleksander Solschenizyn (1962): Das Buch erschien während der kurzen Periode der Liberalisierung in der UdSSR, als der neue Parteiführer Chruschtschow die Politik seines Vorgängers Stalin kritisierte. Solschenizyn beschrieb darin – gestützt auf persönliche Erfahrungen in Gefangenschaft und Verbannung 1945–56 – einen typischen Tag der Verwahrlosung und Unmenschlichkeit in einem stalinistischen Arbeitslager. Weil das Buch an viele Tabus rührte, darunter die Massendeportation von sowjetischen Bürgern wegen ihres Glaubens oder ihrer politischen Überzeugung, Klasse oder Volkszugehörigkeit, erzielte es eine ungeheure Wirkung. In der UdSSR löste es eine Flut von schriftlichen Erinnerungen anderer ehemaliger Häftlinge aus; im Ausland machte es Solschenizyn zum führenden sowjetischen Dissidenten. Solschenizyns folgende Berichte über den Terror des Stalinismus führten 1974 zu seiner Verbannung aus der UdSSR.

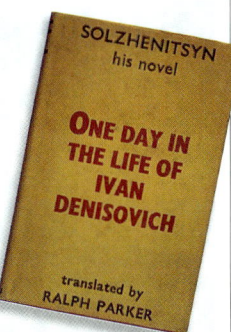

Worte des Vorsitzenden, Mao Zedong (1965): In den 60er-Jahren brachte der chinesische kommunistische Parteiführer die Kulturrevolution ins Rollen. Die Parteibürokratie wurde zerstört, die bürgerliche Intelligenz zerschlagen und die Volksbefreiungsarmee als egalitäre Massenstreitmacht für proletarische Ideale nutzbar gemacht. Die Bibel dieser Bewegung war Maos Rotes Buch, eine Auswahl seiner Gedanken, beschrieben als „das leitende Prinzip für die gesamte Arbeit der Partei, der Armee und des Landes". In China Zwangslektüre, wurde es im Westen zum Kultbuch, wo es mit seiner Begeisterung für die Revolution viel zur Bildung der linken Studentenbewegung der 60er-Jahre beitrug.

den gesamten indischen Subkontinent aus. Beträchtlichen Auftrieb erhielt der neue Glaube durch die Unterstützung des Kaisers ASHOKA im 3. Jh. v. Chr. Ashoka schickte buddhistische Missionare durch ganz Asien, sodass bis zum Jahr 1000 die Religion bis hin nach Afghanistan und Japan, Tibet und Sri Lanka festen Fuß gefasst hatte. In Indien dagegen befand sich der Buddhismus zu dieser Zeit bereits im Niedergang wegen des Wiederauflebens des HINDUISMUS. Und nach der moslemischen Invasion in Nordindien im 11. Jh. verschwand der Buddhismus nach und nach aus Indien.

Bei seiner Ausbreitung in Asien entwickelte der Buddhismus zwei Hauptschulen. Die *Hinayana*-Tradition herrschte in Süd- und Südostasien vor: in Sri Lanka, Birma, Thailand, Laos und Kambodscha. Sie behauptet, dass es Aufgabe jedes Einzelnen sei, ein *Arhat*, ein vollkommener Heiliger, zu werden, erlöst vom Kreislauf irdischer Reinkarnationen und Leiden, indem er Erleuchtung und dadurch die als Nirwana bekannte Seligkeit erlangt.

Die andere große Tradition, das *Mahayana*, breitete sich nach Norden aus und ist in Sikkim, Bhutan, Nepal, Tibet, der Mongolei, China, Vietnam, Korea und Japan vertreten. In diesen Ländern wird als Ziel aller Buddhisten gelehrt, *Bodhisattwas* zu werden, Wesen, die Reinheit und Erleuchtung erlangt haben, aber ins irdische Leben zurückkehren, um anderen auf ihrem Pfad zu helfen. Es gibt mehrere Zweige der *Mahayana*-Schule, vor allem die Tradition des *Wadjrayana* oder *Tantrismus* in Tibet und die Traditionen des ZEN und des Reinen Landes in China und Japan.

Im 19. Jh. breitete sich der Buddhismus auch nach Europa, Nordamerika und in andere Regionen rund um die Erde aus. Anfang der 90er-Jahre unseres Jahrhunderts wurde die Zahl der Buddhisten weltweit auf 120–500 Mio. geschätzt.

Bukanier, Seeabenteurer, vor allem aus England, Frankreich und Holland, die im 17. Jh. spanische Siedlungen und Schiffe in der Karibik und Südamerika überfielen. Angeregt von den Taten von Männern wie Sir Francis DRAKE zogen die Bukanier ihren Vorteil aus der Rivalität zwischen den Kolonialmächten in der Neuen Welt, um spanische Schiffe und Küstenorte zu plündern. Sie operierten mit stillschweigender Billigung ihrer Monarchen oder anderer lokaler Behörden, die dafür als Gegenleistung einen Anteil an der Beute erwarteten.

In dieser Hinsicht unterschieden sich die Bukanier, besonders im 18. Jh., von echten Seeräubern, die in den Augen aller Staaten Verbrecher waren. In vielen Fällen unterschieden sie sich auch von Freibeutern – obwohl sie sich gewöhnlich als solche bezeichneten –, die offizielle Vollmachten von den staatlichen Behörden hatten, was ihnen erlaubte, als eine Art Söldnerflotte in Erscheinung zu treten.

Die Bukanier hatten ihre Hauptquartiere auf der französischen Insel Tortuga vor Haiti und auf Jamaika, nachdem die Engländer dieses 1655 erobert hatten. Ihr wagemutigster Kapitän war Sir Henry MORGAN, zu dessen Heldentaten die Plünderung von Puerto Bello 1668 und die Eroberung von Panama 1671 gehörten. Als in Europa 1688 der PFÄLZISCHE ERBFOLGEKRIEG ausbrach, an dem auch alle europäischen Seemächte beteiligt waren, wurden die Bukanier von ihren jeweiligen Herrschern zu Freibeutern ernannt. Mit der Entstehung nationaler Flotten während des 18. Jh. ging die Macht der Bukanier zurück.

Bulganin, Nikolaj Aleksandrowitsch

(1895–1975), sowjetischer Marschall und Politiker, 1955–58 Ministerpräsident der UdSSR. Bulganin trat in der Revolution von 1917 in die KPdSU ein. In den 30er-Jahren war er Vorsitzender des Moskauer Sowjets, d. h. Bürgermeister von Moskau, Ministerpräsident der Russischen Föderation und Stellvertretender Ministerpräsident der Sowjetunion.

Während des Zweiten Weltkriegs gehörte Bulganin Jossif STALINS Kriegskabinett an, dem Staatlichen Verteidigungskomitee. 1947 ersetzte er Stalin als Verteidigungsminister und 1948 wurde er Mitglied des Politbüros der KPdSU. Nach Stalins Tod 1953 war Bulganin in Georgij Malenkows Regierung, unterstützte dann aber Nikita CHRUSCHTSCHOW im Machtkampf zwischen den beiden Männern. Als Chruschtschow sich durchsetzte, wurde Bulganin im Februar 1955 mit Malenkows Posten des Vorsitzenden des Ministerrats, des Ministerpräsidenten der Sowjetunion, belohnt. Er behielt diesen Posten bis 1958, als Chruschtschow sich gegen ihn wandte, weil Bulganin den Versuch unterstützt hatte, Chruschtschow im Juni 1957 zu entmachten. Bulganin wurde daraufhin aus dem Politbüro und dem Zentralkomitee der Kommunistischen Partei ausgeschlossen.

Bulgarien

Staat auf dem Balkan, der an das Schwarze Meer grenzt. Die Region an der Schnittstelle zwischen Asien und Europa wurde um 3500 v. Chr. von halbnomadischen Völkern aus Zentralasien besiedelt, die im 5. Jh. v. Chr. das Königreich THRAKIEN bildeten. Mitte des 1. Jh. n. Chr. von den Römern kolonisiert, drangen seit dem 3. Jh. Goten, Hunnen und Awaren in das Gebiet ein, bevor es dann im 6. Jh. von Slawen besiedelt wurde.

Um 679 wanderten bulgarische Stämme in der Region ein und errichteten 681–1018

Buddha – der Erleuchtete

Gautama Siddhartha, der Gründer des Buddhismus, verwarf seinen fürstlichen Lebensstil, fand die Erleuchtung und begründete durch seine Lehre eine der großen Weltreligionen.

Buddha ist der Titel, unter dem Gautama Siddhartha, der Gründer des Buddhismus, bekannt wurde, nachdem er mit 35 Jahren – nach eigenen Aussagen – die Erleuchtung erfahren hatte.

Gautama Siddhartha lebte von ca. 560 bis ca. 480 v. Chr. im Nordosten Indiens. Er war der Sohn eines reichen adligen Herrschers. Mit 29 Jahren verzichtete er auf sein Geburtsrecht, um ein wandernder Prediger zu werden, der von Almosen lebte und einen Weg zu dauerhaftem Glück suchte. Yoga lehnte er als unvollkommene Lösung und strenge Askese als zu extrem ab. Vielmehr entwickelte er, während er in Uruvela bei Buddh Gaya unter einem Feigenbaum saß, seine eigene Methode des Meditierens, bis er einen Zustand tiefer innerer Ruhe erreichte, der ihm Zugang zu den drei Quellen des Wissens gab.

Die erste war Erinnerung an die eigenen früheren Geburten – als Mensch, Tier, Geist, Dämon oder sterblicher Gott. Die

Oben: Als junger Prinz reiste Buddha viel im Land herum. Rechts: Diese typische Buddha-Statue entstand in Nepal.

zweite war das Wissen, wie Menschen von Wiedergeburt zu Wiedergeburt gingen entsprechend der Eigenschaft ihres Karmas, d. h. ihres Verhaltens, wobei selbstsüchtige Taten zu unangenehmen Wie-

dergeburten führten, selbstlose Taten zu angenehmen. Die dritte Quelle war die tiefgründigste. Man erlebte das Nirwana, einen Zustand jenseits allen Leidens und aller Begrenzung, der Erlösung von weiteren Reinkarnationen brachte. Später formulierte Buddha diese Entdeckungen als die „vier edlen Wahrheiten", um anderen zu zeigen, wie man Befreiung erlangt.

Einige von Buddhas Lehren inspirierte Menschen wurden Mönche, und fünf Jahre nach seiner Erleuchtung weihte er die ersten Nonnen. Diese erleuchteten Mönche sandte er aus, um den Menschen seine Erkenntnisse zu lehren.

BUDDHAS LEHRE

Nach Buddhas Tod beriefen seine Jünger eine Versammlung ein, um seine Lehren in Sammlungen zusammenzutragen und zu ordnen. Anfangs waren es mündliche Kompositionen, die durch gemeinschaftliches Singen weitergegeben wurden. Um 80 v. Chr. wurden sie in Sri Lanka schriftlich festgehalten.

Die Lehren Buddhas waren präzise und passten sich seinen Zuhörern an. Es heißt, er habe einmal eine Predigt vor wohlhabenden Leuten aufgeschoben, bis ein armer Mann eine Mahlzeit gegessen hatte und aus seiner Rede Nutzen ziehen konnte. Er erwartete nicht blinden Glauben von seinen Anhängern, sondern wollte, dass sie seine Lehren auf die Probe stellten, um selbst ihre Kraft und Wahrheit zu entdecken. Die Ruhe und Zuversicht Buddhas veranschaulicht ein Abschnitt aus dem *Winaya*, in dem er sagte, er habe einen angreifenden Elefanten, den ein eifersüchtiger Verwandter losgelassen habe, um ihn zu töten, dadurch aufgehalten, dass er Freundlichkeit gegenüber dem Tier ausgestrahlt habe. Er liebte die Natur.

Der Buddhismus breitete sich schnell in Asien aus. Als Lehrer der Menschen und Götter hat Buddha entsprechend buddhistischer Anschauung viele göttliche Wesen erlöst.

Das Rilakloster im Rilagebirge entstand im 19. Jh. und hatte wesentlichen Anteil an der Wiederbelebung der bulgarischen Kunst und Kultur nach dem Sturz der osmanischen Herrschaft.

das erste bulgarische Reich. Ihre Bedeutung bestand darin, dass sie die Kultur der slawischen Mehrheit assimilierten. Im 9. Jh. waren die Bulgaren eine bedeutende Macht auf dem Balkan geworden und im Jahr 864 trat Boris I. zum Christentum über und erhob es zur offiziellen Religion seines Reiches. Unter Simeon I. dem Großen erreichte die bulgarische Herrschaft ihre größte Blüte.

1018 wurde Bulgarien nach jahrzehntelangen Kämpfen vom BYZANTINISCHEN REICH annektiert. Doch bereits 1185 entstand das zweite bulgarische Reich mit dem Zentrum Tarnowo, das einen großen Teil des südlichen Balkans mit Ausnahme Griechenlands beherrschte. Mitte des 14. Jh. fielen die Osmanen in Europa ein, unterwarfen 1388 Ostbulgarien, eroberten 1393 die Hauptstadt Tarnowo und machten drei Jahre später das Reich für die nächsten fünf Jahrhunderte zur osmanischen Provinz.

Im Zeitalter des Nationalismus im 19. Jh. regte sich auch das bulgarische Nationalgefühl, was 1876 in einem Aufstand gegen das OSMANISCHE REICH gipfelte, bei dem über 12 000 Bulgaren niedergemetzelt wurden. Russland, die selbst ernannte Schutzmacht aller Slawen auf dem Balkan, nahm dieses Ereignis zum Anlass, Konstantinopel den Krieg zu erklären. 1878 schloss man den Frieden von San Stefano, der ein weitgehend unabhängiges Bulgarien mit erheblichen Gebietsgewinnen auf Kosten des Osmanischen Reiches schuf. Im gleichen Jahr fand auf Veranlassung der europäischen Großmächte der BERLINER KONGRESS statt, auf dem Bulgarien auf einen Teil seiner Erwer-

bungen wieder verzichten musste. So wurde Ostrumelien osmanische Provinz, ehe Bulgarien sie 1885 endgültig annektierte. 1908 erklärte Prinz Ferdinand von Sachsen-Coburg Bulgarien zum unabhängigen Königreich und sich selbst zum Zaren.

Das Land erlitt während des Balkankriegs 1913 erhebliche Gebietsverluste und musste Makedonien an Griechenland und die Dobrudscha an Rumänien abtreten. Als Verbündeter der Mittelmächte gehörte Bulgarien zu den Verlierern des Ersten Weltkriegs. 1918 dankte Zar Ferdinand zugunsten seines Sohnes Boris III. ab. Mehrere Jahre politischer Instabilität folgten, bis Boris 1934 eine Diktatur errichtete. Im Zweiten Weltkrieg kämpfte Bulgarien an der Seite des nationalsozialistischen Deutschland, aber 1944 rückten Verbände der ROTEN ARMEE in das Land ein, worauf eine von den Kommunisten geführte Koalition die Macht übernahm. 1946 schafften die Kommunisten die Monarchie ab, erklärten Bulgarien zur Volksrepublik und der bulgarische Kommunist Georgi Dimitrow übernahm die Regierung. In den folgenden Jahren orientierte sich Bulgarien eng an den wirtschaftlichen und politischen Vorgaben der Sowjetunion und war ein zuverlässiges Mitglied des WARSCHAUER PAKTS.

Der Niedergang des KOMMUNISMUS erreichte 1989 auch Bulgarien. Im November musste KP-Chef Todor Schiwkow, der seit 1954 an der Macht war, zurücktreten. Die 1991 abgehaltenen freien Wahlen brachten dem Land die erste nicht kommunistische Regierung seit über 40 Jahren sowie Wirtschaftsreformen und eine neue Verfassung.

WUSSTEN SIE, DASS?

Der bulgarische KP-Chef Georgi Dimitrow war einer der fünf Verdächtigen, die 1933 angeklagt wurden, den Reichstag angezündet zu haben. Er wurde „mangels Beweisen" freigesprochen.

Seit 1997 regiert Iwan Kostov das Land. Der dem bürgerlichen Lager zugehörende Ministerpräsident setzte sich für eine strikt marktwirtschaftlich orientierte Politik ein und leitete eine weit reichende Privatisierung ein. Die Aufnahme in die EU und NATO wurde allerdings zurückgestellt.

Bülow, Bernhard Heinrich Martin Fürst von

(1849–1929), deutscher Politiker und Reichskanzler 1900–09. Er verfolgte eine aggressive Außenpolitik, die Deutschland in Europa politisch isolierte. Bülow hatte mehrere Stellen im diplomatischen Dienst inne, bevor er 1897 Staatssekretär des Auswärtigen Amtes wurde. Auf diesem Posten arbeitete er an der Verwirklichung der Vision Kaiser WILHELMS II. von der Weltmacht Deutschland und wurde nach drei Jahren mit dem Kanzleramt belohnt.

Nach dem BURENKRIEG in Südafrika, in dem Wilhelm II. offen die Buren unterstützt hatte, versuchte Bülow, das gespannte Verhältnis zu Großbritannien zu verbessern. Dies führte zur britisch-französischen Annäherung und im Jahr 1904 zum Abschluss der ENTENTE CORDIALE. Ein Jahr später brachte er erneut Frankreich und Großbritannien gegen sich auf, als er französische Versuche durchkreuzte, ein Protektorat über MAROKKO zu errichten. 1908 entfremdete er sich Russland, als er die Annexion von Bosnien und Herzegowina durch die Habsburger Doppelmonarchie Österreich-Ungarn unterstützte.

Bülow musste 1909 zurücktreten, nachdem der Londoner *Daily Telegraph* indiskrete Bemerkungen des Kaisers über die deutsche Außenpolitik gegenüber Großbritannien veröffentlicht hatte. Der Reichskanzler hatte diese Bemerkungen autorisiert, ohne sie vorher gelesen zu haben.

Reichskanzler Bernhard von Bülow und seine Frau (links) bei der Ankunft zur jährlichen Sommerfrische auf der Insel Norderney

Bundesrepublik Deutschland, Staat in Mitteleuropa, 1949 aus der britischen, französischen und amerikanischen BESATZUNGS-ZONE gebildet, umfasst seit der WIEDER-VEREINIGUNG im Jahr 1990 auch die ehemalige DEUTSCHE DEMOKRATISCHE REPUBLIK.

Die Gründung des westdeutschen Staates ging auf die Initiative der drei Westmächte zurück. Nur wenige Tage nach der WÄH-RUNGSREFORM im Juni 1948 beauftragten die westalliierten Militärgouverneure die Regierungschefs der Länder in ihren Zonen, eine Versammlung einzuberufen, die über eine Verfassung beraten sollte. Unter der Maßgabe, ein demokratisches Staatswesen zu schaffen, in dem die Menschenrechte garantiert sind, bildete sich am 1. September 1948 in Bonn der Parlamentarische Rat. Er bestand aus 65 Abgeordneten, die von den Landtagen der einzelnen Länder entsandt wurden. Den Vorsitz hatte der CDU-Politiker Konrad ADENAUER inne, Vorsitzender des Hauptausschusses war der SPD-Abgeordnete Carlo Schmid. Nach monatelangem zähem Ringen verabschiedete der Rat am 8. Mai 1949 das GRUNDGE-SETZ. Es sollte so lange in Kraft bleiben bis zur Verkündung einer gesamtdeutschen Verfassung, aber galt es nach der Wiedervereinigung weiterhin.

Die Verfassungsväter zogen ihre Lehren aus dem Scheitern der WEIMARER REPUBLIK. Im Unter-schied zur damaligen Verfassung wurden die repräsentativen Elemente zugunsten der direkten Demokratie, wie Plebiszite, gestärkt. Die Volksvertretung wurde nach dem gemischten Wahlrecht – Persönlichkeits- und Verhältniswahl – gewählt; die Fünfprozentklausel sollte eine starke Parteienzersplitterung verhindern, die zu instabilen Regierungen und häufigem Regirungswechsek führen könnte; der Bundespräsident hatte ausschließlich repräsentative Aufgaben und wurde nicht direkt vom Volk, sondern indirekt von der Bundesversammlung gewählt; der Bundeskanzler besaß eine starke Stellung und konnte nur durch ein KONSTRUKTIVES MISSTRAUENSVOTUM abgewählt werden; das Bundesverfassungsgericht, „Hüter des Grundgesetzes", stellte die so genannte dritte Gewalt dar, es wachte u. a. über die Einhaltung des Grundgesetzes und über mögliche Verfassungsverstöße der Partein, Verbände etc.

Zur wirtschaftlichen Erholung nach dem Zweiten Weltkrieg trug der MARSHALL-Plan bei. Zerstörte Städte wurden wieder auf-

Links: Standarte des Bundespräsidenten der Bundesrepublik Deutschland. Unten: Blick auf das Bonner Parlament im Jahr 1950 Der Weg der Abgeordneten führte damals noch an Gärten vorbei, in denen man Gemüse und Kartoffeln anbaute (im Vordergrund).

gebaut, Millionen Heimatvertriebene und Flüchtlinge aus dem Osten eingegliedert, die Systeme der sozialen Sicherung und Gesundheitsfürsorge neu geschaffen. Die Bundesrepublik trat 1955 der NATO bei und unterzeichnete 1957 die Römischen Verträge, womit sie Gründungsmitglied der Europäischen Wirtschaftsgemeinschaft, dem Vorläufer der EU, wurde. Auch wenn das Tempo des Wirtschaftswachstums in den 70er-Jahren nachließ, blieb die bundesrepublikanische Wirtschaft unter stabilen demokratischen Regierungen eine der stärksten der Welt. Nach der Wirtschafts- und Währungsunion mit der DDR im Juni 1990 erwiesen sich die wirtschaftlichen Probleme als so ernst, dass die Arbeitslosigkeit auf fast 12 % anstieg und sich Ernüchterung über die optimistischen Versprechungen anlässlich der Wiedervereinigung breit machte.

Im Oktober 1998 kam es zum Regierungswechsel: Eine rot-grüne Koalition unter dem SPD-Bundeskanzler Gerhard Schröder löste Helmut KOHL nach 16 Jahren ununterbrochener Regierung ab. Die Regierung sah sich vor eine schwere Entscheidung gestellt, als sie Ende März 1999 im Rahmen des NATO-Einsatzes im KOSOVO über eine Beteiligung von Bundeswehreinheiten entscheiden musste. Obwohl sich vereinzelt Protest in der Bevölkerung und an der Parteibasis bei SPD und Grünen erhob, fiel die Entscheidung mit großer Mehrheit zugunsten eines Einsatzes von Tornado-Flugzeugen gegen JUGOSLAWIEN. Es ist die erste Beteiligung der Bundeswehr nach dem Zweiten Weltkrieg in einem Krieg.

Bundeswehr, militärische Streitkräfte der Bundesrepublik Deutschland. Aufgrund des Ost-West-Konflikts der Nachkriegszeit sprachen sich die USA und Großbritannien seit 1948 für einen westdeutschen Beitrag zur Verteidigung Westeuropas aus. Nach dem Beitritt der Bundesrepublik Deutschland 1955 zur Westeuropäischen Union sowie zur NATO begann die von Konrad ADENAUER geführte Regierung gegen innenpolitische Widerstände mit dem Aufbau der Bundeswehr. Am 12. November 1955 wurden die ersten Freiwilligen vereidigt. Wehrpflichtige wurden dagegen erst am 1. April 1957 einberufen.

Die Bundeswehr besteht aus Wehrpflichtigen sowie Zeit- und Berufssoldaten; ihre zahlenmäßige Obergrenze soll nach der Planung des Verteidigungsministeriums im Jahr 2000 bei 338 000 Mann liegen. Die Bundeswehr gliedert sich in die drei Teilstreitkräfte Heer (233 400 Mann), Luftwaffe (77 400 Mann) und Marine (27 200 Mann). Der Verteidigungsminister hat den militärischen Oberbefehl, der im Kriegsfall auf den Bundeskanzler übergeht. Die Bundeswehr hat bewusst mit der preußisch-deutschen

Militärtradition gebrochen. Sie ist in die demokratische Gesellschaft integriert, d. h., sie untersteht in Friedens- wie in Kriegszeiten der politischen Führung und der parlamentarischen Kontrolle.

Bunker Hill, Schlacht von (17. Juni 1775), erstes größeres Gefecht im AMERIKANISCHEN UNABHÄNGIGKEITSKRIEG, das mit einem verlustreichen britischen Sieg endete und den amerikanischen Siedlern großen Auftrieb gab. Die amerikanische Armee unter General Artemas Ward belagerte Boston und begann gleichzeitig, den Hügel Breed's Hill zu befestigen, von dem man aus die Stadt beschießen konnte. Der in Boston eingeschlossene britische Oberbefehlshaber Thomas Gage befahl seiner Garnison, die Höhen einzunehmen, die von rund 1200 Amerikanern besetzt gehalten wurden. Nach zwei vergeblichen Angriffen gelang es den Briten bei ihrem dritten Versuch, die Verteidiger, denen die Munition ausgegangen war, zu vertreiben. Die Briten trugen zwar den Sieg davon, beklagten aber rund 1000 Tote, was ihre Kampfkraft in den folgenden Monaten erheblich schwächte. Die Amerikaner verloren rund 400 Mann in der Schlacht, doch hatten sie sich tapfer verteidigt und dem Feind so zugesetzt, dass dieser keine weiteren Ausfälle zur Aufhebung der Belagerung wagen konnte. Die Schlacht wurde später aber nach dem markanteren Bunker Hill in der Nähe benannt.

Burckhardt, Carl Jacob (1891–1974), Schweizer Diplomat. Der studierte Historiker begann seine Karriere 1918 als Attaché an der Schweizer Botschaft in Wien, 1923 arbeitete er für das Internationale Rote Kreuz als Betreuer von Flüchtlingen und lehrte ab 1927 an der Universität Zürich. In den 30er-Jahren war er für den VÖLKERBUND tätig. Als Hoher Kommissar in Danzig bemühte er sich 1937–39 vergeblich darum, die Danzigfrage zu entschärfen und einen kriegerischen Konflikt zu vermeiden. Danzig war nach den Bestimmungen des VERSAILLER VERTRAGS 1920 zum Freistaat erklärt und dem Völkerbund unterstellt worden. Adolf HITLERS Bestreben, die Stadt dem Deutschen Reich einzuverleiben, stand die Forderung Polens nach Sicherung seiner wirtschaftlichen und politischen Interessen entgegen. Im Auftrag des Roten Kreuzes setzte sich Burckhardt im Zweiten Weltkrieg für Kriegsgefangene und Internierte ein. 1944–48 stand er selbst an der Spitze dieser internationalen Organisation. Burckhardt genoss wegen seiner Integrität weltweit hohes Ansehen.

Burenkriege (1880–81; 1899–1902), zwei Kriege zwischen Großbritannien und den Burenrepubliken in Südafrika. Die erste militärische Auseinandersetzung entstand, als

In der Schlacht von Bunker Hill beschossen britische Schiffe amerikanische Stellungen, während britische Soldaten den Fluss überquerten und das nahe gelegene Charlestown in Brand steckten.

Großbritannien 1877 TRANSVAAL annektierte. Als die britische Regierung unter William GLADSTONE Transvaal 1880 die Unabhängigkeit verweigerte, beschlossen die Buren unter Paul KRÜGER, Petrus Joubert und Andries Pretorius, für die Selbstständigkeit zu kämpfen. Obwohl zahlenmäßig weit unterlegen, errangen sie in mehreren Gefechten Siege. Die Konvention von Pretoria begründete einen unsicheren Frieden, der stark gefährdet wurde, als man 1886 am Witwatersrand Gold entdeckte und britische Goldsucher in großer Zahl ins Land strömten. 1895 finanzierte Cecil RHODES, Premierminister der Kapkolonie, privat den so genannten JAMESON RAID, um Krügers Regierung zu stürzen. Diese Aktion schürte weiter das Misstrauen der Buren und führte schließlich 1896 zum Abschluss eines Verteidigungspakts zwischen Transvaal und dem ORANJE-FREISTAAT.

Fest entschlossen, seine Handelsinteressen zu schützen, verstärkte Großbritannien in der Folgezeit seine Garnisonen im Süden Afrikas, womit es 1899 den zweiten Burenkrieg provozierte, in dem die Buren mehrere beachtliche Erfolge erzielten. Britische Garnisonen wurden in Ladysmith, Kimberley und Mafeking belagert. Erst das Eintreffen von neuen Truppen aus Großbritannien unter Horatio Herbert KITCHENER und Frederick Sleigh Roberts im Jahr 1900 wendete das Blatt gegen die Buren, die sich auf einen Kleinkrieg verlegten.

Kitchener reagierte darauf mit einer Politik der verbrannten Erde, zerstörte systematisch Bauernhöfe und internierte die Zivilbevölkerung in den ersten Konzentrationslagern der Erde. Bis 1902 hatten rund 450 000 britische Soldaten die Unterwer-

fung von 50 000 Burensoldaten erreicht. Im Abkommen von Vereeniging mussten die Buren schließlich einem Friedensschluss zustimmen.

Burgen siehe Seite 82/83

Bürgerliches Gesetzbuch, am 1. Januar 1900 in Kraft getretene Gesetzessammlung, die die Fragen des bürgerlichen Rechts im DEUTSCHEN REICH einheitlich regelte. Nach der Gründung des Deutschen Reiches 1871 forderten Politiker, Staatsrechtler und Juristen ein für ganz Deutschland verbindliches Privatrecht. Zuvor bestanden in den einzelnen deutschen Staaten unterschiedliche Rechtsformen.

Ein 1888 von einer Juristenkommission veröffentlichter erster Entwurf erwies sich als unbefriedigend und musste überarbeitet werden. Der 1895 vorgelegte zweite Entwurf erfuhr weitere Verbesserungen und wurde 1896 vom REICHSTAG und Bundesrat mit großer Mehrheit angenommen. Das BGB gliedert sich in fünf Bücher – Allgemeiner Teil, Recht der Schuldverhältnisse, Sachenrecht, Familienrecht und Erbrecht – mit insgesamt 2385 Paragraphen. Es blieb mit Änderungen bis heute in der BUNDESREPUBLIK DEUTSCHLAND in Kraft.

Burgfrieden, Bezeichnung für ein gegenseitiges Stillhalteabkommen in der deutschen Politik 1914–16. Nach Ausbruch des Ersten Weltkriegs rief Kaiser WILHELM II. den innenpolitischen Kontrahenten zu: „Ich kenne keine Parteien mehr, ich kenne nur Deutsche!" In diesem Sinn einigten sich die Regierung und die im Reichstag vertretenen Parteien darauf, auf öffentliche parteipoliti-

Stolze und wehrhafte Burganlagen

Burgen stellten im Mittelalter ein Zeichen der militärischen Macht und des Reichtums seiner Erbauer dar. Doch in erster Linie dienten sie dazu, ihren Bewohnern Schutz vor feindlichen Angriffen zu bieten.

Eine Burg war der geschützte Wohnsitz eines Adligen im Mittelalter. Er wohnte nicht ständig dort, denn ein einflussreicher Herr besaß mehrere Burgen und zog mit seinem Gefolge von einer Anlage zur anderen. Während seines Aufenthalts musste die Burg einen großen Haushalt versorgen und ihn entsprechend seines Ranges unterbringen. Die Architektur der Burg entsprach der politischen Bedeutung und der militärischen Macht seines Besitzers.

Einige Merkmale des mittelalterlichen Burgenbaus lassen sich bereits an spätrömischen Festungen und Stadtmauern erkennen, so die oft aus der Blendmauer vorspringenden Türme oder die Torhäuser mit Doppeltürmen. Doch es vergingen viele Jahrhunderte, bis die Baumeister des Mittelalters diese Bauweise aufnahmen und weiterentwickelten. Einer der ersten Herrscher, der im großen Stil Burgen anlegen ließ, war der deutsche König Heinrich I. Im November 926 legte er den Stammesherzögen einen Plan zur Verteidigung der Reichsgrenze im Osten gegen die Ungarn und Slawen vor. Danach sollten überall im Land Burgen errichtet werden. Als Schutzeinrichtung hob man Gräben aus, errichtete Wälle mit Palisaden und versah die Anlage mit Wehrtürmen. Erst später ging man daran, die hölzernen Zäune durch steinerne Ringmauern zu ersetzen. Für diese gewaltige Aufgabe zog Heinrich I. nicht nur Ritter, sondern auch waffen- und wehrpflichtige Bauern heran. So besaß jede dieser Burgen eine Besatzung von neun Mann: Während ein Mann in der Burg die Stellung hielt, bebauten die anderen acht ihre Felder und das des neunten mit; ein Drittel der Ernte wurde in der Burg gelagert.

NORMANNISCHE BURGEN

In Westeuropa erwiesen sich die Normannen als vortreffliche Burgenbauer. Den aus Stein bestehenden Wohnturm errichtete man meist auf einem kreisrunden hohen Erdhügel und umgab ihn mit einer Verteidigungsanlage, wie z. B. Stein- oder Erdwall, hölzernem Palisadenzaun und Turm. In England bauten die Normannen erste Burgen dieser Art nach der Eroberung der Insel 1066. Chepstow, die älteste datierbare Steinburg in England, besitzt einen verteidigungsfähigen Palas wie ihre Vorbilder in der Normandie.

Kennzeichnend für den Burgenbau in Westeuropa wurden die mächtigen quadratischen Wohntürme, auch Donjons genannt, die sich bei Angriffen gut verteidigen ließen. Solche Türme dienten als Wohnungen für den Hausherrn und seinen Haushalt, besaßen einen Saal, etliche Wirtschaftsräume, einen Brunnen und eine Kapelle. Um 1200 wurden die Burgen anspruchsvoller. Sie verfügten über hohe steinerne Blendmauern. Aus diesen sprangen in Abständen runde Türme mit Reihen von Schießscharten vor, sodass der Raum davor von Bogenschützen gut verteidigt werden konnte. Seit dem 13. Jh. wurden Tortürme und Eingangsbogen zunehmend durch mächtige doppeltürmige Torhäuser ersetzt. Der Eingang zwischen den äußeren und in-

Das Torhaus ist mehrfach gesichert, sodass es fast uneinnehmbar ist.

Eine doppelte Reihe dicker Mauern schützt vor Angreifern.

In der Halle spielt si[e] Leben auf der Burg a[b] befindet sich auch di[e]

Bei Belagerun[g] die Besatzun[g] der Seeseite werden.

Der Felsen ist gefeit gegen jede Form der Unterminierung.

Die Festung Harlech in Wales ließ König Eduard I. 1283–90 erbauen, um der englischen Herrschaft in dem eroberten Gebiet sichtbar und Furcht einflößend Geltung zu verschaffen.

Die Hauptverteidigung englischer Burgen wie etwa Dover war ein starker quadratischer Wohnturm. Später errichtete Mauerringe sollten seine verwundbaren Ecken schützen.

neren Rundtürmen wurde von Toren, Fallgittern und von kleinen Öffnungen in der Decke des Durchgangs gesichert, durch die man Geschosse fallen lassen konnte. Einfluss auf diese neue, mehr an militärischen Bedürfnissen ausgerichtete Architektur mögen die Kreuzzüge ausgeübt haben. Viele Kreuzritter kannten byzantinische Befestigungsanlagen wie die mächtigen Mauern von Konstantinopel und das Krak des Chevaliers im Heiligen Land. Könige wie Richard Löwenherz von England, Philipp II. August von Frankreich und der Staufer Konrad III. dürften solche Bauten aufmerksam studiert und ihre Schlüsse daraus gezogen haben. Ein gelungenes Beispiel für den abendländischen Burgenbau ist die 1274 gegründete Marienburg an der Nogat, der Sitz des Deutschen Ordens.

VERTEIDIGUNG GEGEN BELAGERUNG

Die mittelalterlichen Burgen waren so angelegt, dass die Bewohner der Anlage einem zahlenmäßig überlegenen Angreifer standhalten konnten. Um dies zu gewährleisten, errichtete man zwei Verteidigungslinien, die dicht hintereinander angeordnet waren. Die innere war höher und stärker, sodass Angreifer, die die äußere Linie erstürmten, von den Bogenschützen auf den inneren Mauerzinnen einzeln abgeschossen werden konnten.

Im Extremfall musste die Burg einer feindlichen Belagerung trotzen, d.h., sie musste sowohl schwere Angriffe von Steinschleudern und Sturmböcken als auch der Anlage eines unterirdischen Tunnels widerstehen können. Das Ziel der Besatzer bestand darin, die Belagerer zu entmutigen, sodass sie schließlich unverrichteter Dinge wieder abzogen. Diese Strategie versprach allerdings nur dann Erfolg, wenn die Besatzung der Burg über genügend Wasser und Nahrungsmittel verfügte.

In Friedenszeiten beherrschte die Burg das umliegende Land und der Burgherr zog von den leibeigenen Bauern Steuern und Abgaben ein. Eine Burg beherbergte viele Menschen. Die Besatzung schwankte, aber im Frieden waren 20–40 Ritter, leicht bewaffnete Reiter, Bogenschützen und Wächter durchaus üblich. Bei Abwesenheit des Burgherrn führte ein Vogt das Kommando. Zu den Bewohnern zählten neben der Familie des Burgherrn auch Geistliche, Handwerker, wie z.B. Schmiede und Maurer, Bauern sowie Dienstpersonal einschließlich ihrer Familien. Sie alle mussten verpflegt

und untergebracht werden. Während der Burgherr und seine Familie im Palast wohnten, wo es große und repräsentative Räumlichkeiten mit eigenen Kaminen gab, hauste das niedere Volk in primitiv eingerichteten Nebengebäuden. Innerhalb der Burganlage befanden sich auch die Stallungen für das Vieh. Besonders im Winter, wenn die Kühe und Ziegen nicht auf die Wiesen getrieben werden konnten, herrschte eine drangvolle Enge innerhalb der Mauern. Die hygienischen Verhältnisse ließen oftmals zu wünschen übrig: Die wenigen vorhandenen Latrinenöffnungen gingen auf den Burggraben hinaus; der Gestank war – vor allem im Sommer – schier unerträglich. Für die Versorgung mit frischem Wasser musste man tiefe Brunnen graben – eine sehr beschwerliche Arbeit –, Lebensmittelvorräte und Wein lagerte man in entsprechend kühlen Räumen und ein Backhaus sorgte stets für ausreichend Brot.

DIE BURG WIRD ZUM HEIM

Mit dem ausgehenden Mittelalter änderte sich der Charakter der Burganlage. Der militärische, wehrhafte Charakter trat in den Hintergrund, Burgen wurden zu repräsentativen Adelssitzen ausgebaut, die nach außen hin für jedermann sichtbar Reichtum und Macht darstellen sollten. Die wachsende Vorliebe fürs Privatleben führte dazu, dass die Gemächer des Burgherrn in einem separaten Turm untergebracht wurden. Darüber hinaus verlor mit dem Aufkommen des Schießpulvers und dem Einsatz von Kanonen, die Breschen in die Ringmauern schießen konnten, die Burg auch unter militärischen Gesichtspunkten an Bedeutung. Die Zeit der Ritterburgen war endgültig vorbei.

Das 19. Jh. stand ganz im Zeichen der Verherrlichung des Mittelalters. Im Zug der Romantik kamen die Burg und das Leben als Ritter wieder groß in Mode: Betuchte Landbesitzer beauftragten Architekten mit dem Bau von Häusern mit Türmen, Zinnen und Schießscharten. Und König Ludwig II. von Bayern, König Friedrich Wilhelm IV. von Preußen und Kaiser Wilhelm II. ließen für immense Summen zu ihrem Vergnügen Prunkschlösser errichten (Neuschwanstein), verfallene Burgruinen wieder aufbauen (Burg Stolzenfels bei Koblenz) oder phantasievolle Ritterburgen anlegen (Hochkönigsburg im Elsass).

Die ersten normannischen Burgen in England bestanden ursprünglich nur aus einem Erdhügel, der mit einem hölzernen Turm und einer Einfriedung versehen war.

Bodiam Castle wurde 1385 angelegt. Der breite Wassergraben sollte mögliche Angreifer von vornherein davon abhalten die Burg erstürmen zu wollen.

sche Auseinandersetzungen zu verzichten und alle Kräfte auf den Krieg und die Abwehr des Feindes zu konzentrieren. Der Burgfrieden verlangte von der SOZIALDEMOKRATISCHEN PARTEI DEUTSCHLANDS das größte Opfer, da dieser die bestehenden innenpolitischen Verhältnisse zementierte. Nach langwierigen innerparteilichen Diskussionen stimmte die SPD im Reichstag den geforderten Kriegskrediten zu. Je länger der Krieg dauerte, umso brüchiger wurde dieser Burgfrieden. Er endete letztlich 1916, als die Diskussion um die deutschen Kriegsziele aufbrach und die Frage nach der Verantwortung für die militärischen Niederlagen immer drängender wurde.

Burgund, historische Region in Ostfrankreich, im Mittelalter ein bedeutendes Herzogtum, das sich von der Nordsee bis zu den Alpen erstreckte. Mit dem Niedergang des Weströmischen Reiches während der VÖLKERWANDERUNG rückte im 5. Jh. der germanische Stamm der Burgunder aus dem Rhein-Main-Gebiet allmählich in das östliche und südliche Frankreich vor, wo er ein starkes Königtum errichtete. 532 wurden die Burgunder bei Autun von den Franken besiegt und ihr Land zwei Jahre später dem fränkischen Reich eingegliedert.

Unter den MEROWINGERN und KAROLINGERN bildete Burgund eines der Teilreiche des fränkischen Imperiums. Mit dem germanischen Volk der Burgunder hatte diese Herrschaft allerdings nur noch den Namen gemein. Mit dem Niedergang der Karolinger im 9. Jh. zerfiel auch Burgund in mehrere Teile: die Freigrafschaft Burgund (Westalpen und Franche-Comté), das Königreich Burgund mit der Hauptstadt Arles (daher auch Arelat genannt) und das Herzogtum Burgund (im Wesentlichen die heutige französische Region Burgund).

Das Arelat kam im 11. Jh. in deutsche Hände und wurde 1033 Teil des Heiligen Römischen Reiches. Dagegen blieb das Herzogtum beim Königreich Frankreich, nachdem es 921 der Burgunder Rudolf geerbt hatte, der zwei Jahre später zum König von Frankreich gewählt wurde.

In den folgenden Jahrhunderten stiegen die Herzöge von Burgund zu einer der vornehmsten Adelsfamilien Frankreichs auf. 1363 begann das goldene Zeitalter des Herzogtums, als Johann der Gute seinen Sohn Philipp den Kühnen mit dem Herzogtum Burgund belehnte. Durch Erbschaft und Kauf erwarben er und seine Nachfolger bis gegen Ende des 15. Jh. die Freigrafschaft Burgund, Flandern, das Artois, Lothringen, Elsass, Luxemburg und große Teile des heutigen Belgien und der Niederlande. Während dieser Epoche galt der burgundische Hof als einer der prächtigsten in Europa, der Dichter, Künstler und Musiker

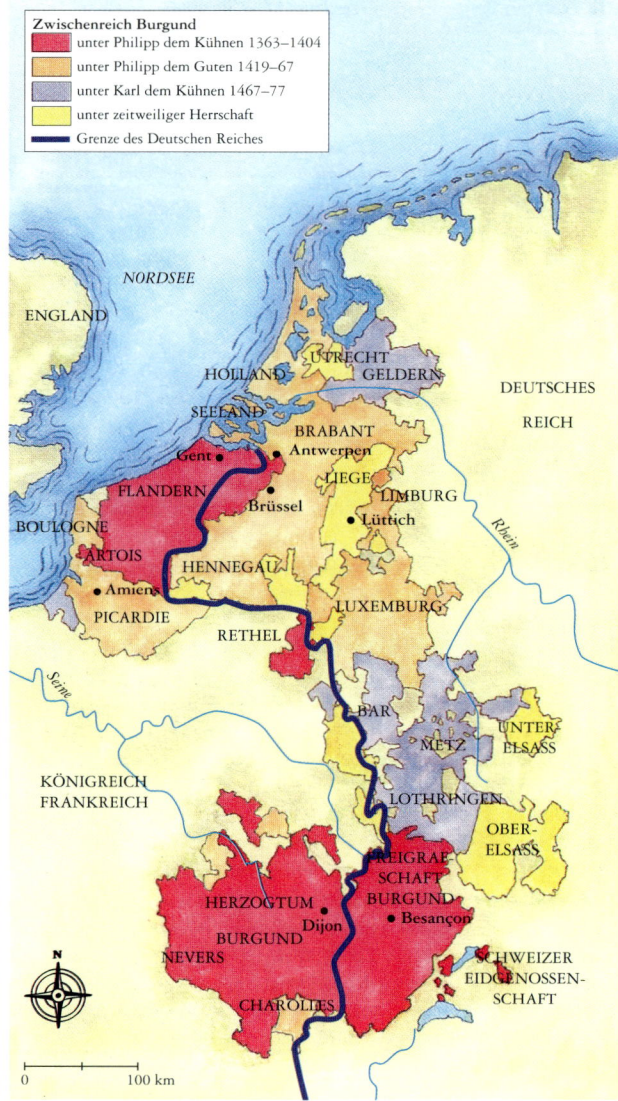

Zwischenreich Burgund
- unter Philipp dem Kühnen 1363–1404
- unter Philipp dem Guten 1419–67
- unter Karl dem Kühnen 1467–77
- unter zeitweiliger Herrschaft
- Grenze des Deutschen Reiches

NORDSEE
ENGLAND
HOLLAND
UTRECHT
GELDERN
DEUTSCHES
REICH
SEELAND
BRABANT
Gent
Antwerpen
FLANDERN
LIEGE
Brüssel
LIMBURG
BOULOGNE
Lüttich
ARTOIS
HENNEGAU
Rhein
Amiens
PICARDIE
LUXEMBURG
RETHEL
Seine
BAR
UNTER-
ELSASS
METZ
KÖNIGREICH
FRANKREICH
LOTHRINGEN
OBER-
ELSASS
FREIGRAF-
SCHAFT
BURGUND
HERZOGTUM
BURGUND
Dijon
Besançon
NEVERS
SCHWEIZER
EIDGENOSSEN-
SCHAFT
CHAROLLES
N
0   100 km

großzügig förderte. Gleichzeitig wurden die Herzöge von Burgund außerordentlich mächtig und stellten eine große Bedrohung für die Könige von Frankreich dar, besonders im HUNDERTJÄHRIGEN KRIEG, als sich Burgund mit der englischen Krone verbündete. Während dieser Auseinandersetzung nahmen die Burgunder 1430 JOHANNA VON ORLÉANS gefangen und verkauften sie an die Engländer.

1477 fiel KARL DER KÜHNE im Kampf gegen LUDWIG XI. von Frankreich, der das Herzogtum sofort als Provinz Frankreichs annektierte. Die meisten burgundischen Randländer, darunter die Franche-Comté, fielen an das Haus HABSBURG, als die Tochter Karls des Kühnen, Maria, im Mai 1477 den zukünftigen Kaiser MAXIMILIAN I. heiratete. 1678 kam die Franche-Comté im Frieden von NIMWEGEN dann endgültig an die französische Krone. Die Provinz wurde schließlich nach der Französischen Revolution aufgelöst und in mehrere neue Départements aufgeteilt.

Die Herzöge von Burgund erwarben im Mittelalter durch Heirat, Kauf und Krieg ein gewaltiges Reich, das die europäische Politik beeinflusste.

Der größte Teil des Arelats – u. a. die Provence, die Dauphiné, Lyon und Avignon – fiel am Ende des Mittelalters an Frankreich, aber auch die Schweizer Eidgenossenschaft erwarb Gebiete des ehemaligen Arelats.

Burke, Edmund (1729–97), britischer Politiker, Schriftsteller und politischer Theoretiker. In Dublin geboren, ging Burke 1750 nach London und gab sein Rechtsstudium auf, um Schriftsteller zu werden. Im Jahr 1758 gründete er das *Annual Register*, eine Chronik der Weltereignisse, die er 30 Jahre lang herausgab. 1765 wurde Burke dann Privatsekretär des britischen Premierministers und bald Mitglied des Parlaments.

Burke trat für eine tolerantere Behandlung der britischen Kolonien in Nordamerika ein, drängte die Regierung zur Rücknahme der STEMPELAKTE, die den Kolonien eine direkte Steuer auferlegte und unter den Siedlern großen Unmut weckte. Zudem kritisierte er die britische Verwaltung Irlands, da sie die Katholiken benachteiligte. Darüber hinaus setzte er sich auch über viele Jahre für eine Reform der Verwaltung der britischen Kolonie Indien ein, das damals unter der Kontrolle der OSTINDISCHEN KOMPANIE stand. Burke widersetzte sich dem Versuch König Georgs III., die politische Macht der Krone auszuweiten, indem er sich stattdessen für die Bildung politischer Parteien stark machte, die für klare und unbeirrbare Prinzipien einstehen konnten.

Der Ausbruch der FRANZÖSISCHEN REVOLUTION 1789 beendete Burkes langjährige Freundschaft mit dem liberalen Politiker Charles James FOX. Wie viele andere Briten begeisterte sich Fox für die Ereignisse in Frankreich und die Ideale der Revolution, während Burke sie als erschreckendes Ergebnis der Herrschaft des Pöbels sah. In seinen 1790 erschienenen *Betrachtungen zur Französischen Revolution* legte Burke dar, dass Freiheit nur unter der Herrschaft von Recht und Ordnung existieren könne und dass Reformen durch Evolution und nicht durch Revolution erreicht werden müssten. Burkes Ansicht setzte sich schließlich durch und brachte viele andere Mitglieder der WHIGS dazu, die TORY-Regierung William PITTS des Jüngeren im Krieg gegen Frankreich zu unterstützen.

Burschenschaften, politische Bewegung deutscher Studenten, die sich nach den BEFREIUNGSKRIEGEN bildete. Aus Enttäuschung über die Restaurationspolitik des WIENER KONGRESSES schlossen sich 1815 in Jena Angehörige der ehemaligen Freiwilligenverbände und Mitglieder der Turnbewegung zur ersten deutschen Burschenschaft zusammen. Die Bewegung breitete sich rasch aus und erfasste vor allem die Universitätsstädte Süd- und Mitteldeutschlands.

Hauptanliegen der Studenten war die Bildung eines deutschen Nationalstaats in Form einer konstitutionellen Monarchie mit bürgerlichen Freiheitsrechten wie Wahlrecht und Pressefreiheit. 1817 lud die Jenaer Burschenschaft zum WARTBURGFEST nach Eisenach ein, auf dem sich über 500 Studenten aus ganz Deutschland trafen, nationale Reden hielten und Bücher reaktionärer Autoren verbrannten. Im Oktober 1818 konstituierte sich in Jena die Allgemeine Deutsche Burschenschaft, eine Gesamtvertretung der deutschen Studenten. Als Erkennungszeichen wählte man ein Brustband in Schwarz-Rot-Gold, den Farben des Lützow'schen Freikorps, das in den BEFREIUNGSKRIEGEN für nationale Einheit und Freiheit gekämpft hatte. Nach der Ermordung des reaktionären Dichters und vorgeblichen Geheimagenten August Friedrich von Kotzebue 1819 durch den Studenten Karl Ludwig Sand wurden die Burschenschaften von der Obrigkeit als demagogische Bewegungen verboten.

Nach der Niederschlagung der Revolution von 1848 entwickelten sich die Burschenschaften mehr und mehr zu unpolitischen Vereinen, die das Universitätsleben und das studentische Brauchtum – u. a. die Mensur – pflegten. 1902 wurden die bestehenden Studentenverbindungen in der Deutschen Burschenschaft zusammengefasst. Die ehemals freiheitlich-liberale Gesinnung war vor dem Hintergrund der inzwischen erreichten nationalen Einigung einer eher konservativen Grundeinstellung gewichen. Nach dem Zweiten Weltkrieg kam es 1950 in der BUNDESREPUBLIK DEUTSCHLAND zur Neugründung der Burschenschaften.

> **WUSSTEN SIE, DASS?**
>
> Die deutschen Nationalfarben Schwarz-Rot-Gold gehen auf die Uniformen des Lützow'schen Freikorps von 1813 zurück: schwarzer Rock mit roten Aufschlägen und goldenen Knöpfen.

Bush, George Herbert Walker (*1924), amerikanischer Politiker, der 1981–89 Vizepräsident und 1989–93 Präsident der USA war. Bush zeichnete sich im Zweiten Weltkrieg als Marinepilot aus. Er studierte dann an der Yale University und wurde ein erfolgreicher Geschäftsmann in der texanischen Ölindustrie. 1966 wurde Bush für die REPUBLIKANER ins Repräsentantenhaus gewählt und hatte unter den Präsidenten Richard M. NIXON und Gerald Ford eine Reihe wichtiger Posten inne. 1970 wurde er Botschafter der USA bei den Vereinten Nationen. 1974/75 war er Leiter des amerikanischen Verbindungsbüros in Peking und 1975/76 Direktor der CIA. Nach der zweiten Amtszeit Ronald REAGANS kandidierte Bush für die Republikaner und wurde im November 1988 zum Präsidenten gewählt.

Bushs Amtszeit war von einer Reihe dramatischer Ereignisse der Weltpolitik geprägt, vor allem von den Bemühungen des sowjetischen Präsidenten Michail GORBATSCHOW um eine globale Entspannung, und vom Zusammenbruch des Kommunismus in Osteuropa. 1989 befahl Bush die Invasion PANAMAS, um General Manuel Noriega verhaften zu lassen, dem Drogenhandel und andere Vergehen vorgeworfen wurden.

Im folgenden Jahr spielte er eine führende Rolle bei der Bildung einer Koalition westlicher und arabischer Staaten gegen den Irak wegen dessen Invasion in Kuwait. Nach Ablauf eines UN-Ultimatums kam es Anfang 1991 zum GOLFKRIEG, der mit dem Rückzug Saddam HUSAINS endete. Die größte Militär-

operation seit dem Ende des Zweiten Weltkriegs wurde in der westlichen Welt als ein großer Triumph für das amerikanische Militär und die Regierung Bush gefeiert.

In der Innenpolitik war Bush weniger erfolgreich. Er vermochte es nicht, der amerikanischen Wirtschaft genügend Anreize zu geben, um die Rezession zu beenden, die 1990 das Land erfasst hatte. Diese wenig erfolgreiche Wirtschaftspolitik trug auch wesentlich mit dazu bei, dass er 1992 die Präsidentschaftswahl an den Demokraten Bill CLINTON verlor.

Byrd, Richard Evelyn (1888–1957), amerikanischer Polarforscher. Seine Aussage, er habe am 9. Mai 1925 als Erster von Spitzbergen aus den Nordpol überflogen, löste in den Medien und unter Wissenschaftlern erhebliche Zweifel aus. Einen lückenlosen Nachweis für seine Pioniertat konnte er nicht erbringen, wie es auch seinen Kritikern nicht gelang, ihn der Lüge zu überführen. Bis zu seinem Tod unternahm Byrd insgesamt fünf Expeditionen in die Antarktis. So gelang es ihm 1929, erstmals im Flugzeug den Südpol zu überqueren, und in den 30er-Jahren entdeckte er das Marie-Byrd-Land. Unbestreitbar sind seine Erfolge bei der Kartierung großer Teile der Antarktis.

Byron, George Gordon Noel Lord (1788–1824), britischer romantischer Dichter und Satiriker, der zu einem der herausragenden Helden des GRIECHISCHEN UNABHÄNGIGKEITSKRIEGS gegen das Osmanische Reich wurde. Byron war erst zehn Jahre alt,

Oben: Studenten der Coburger Burschenschaft bei ihrem jährlichen Treffen. **Rechts:** Auf dem Wartburgfest verbrennen Studenten Bücher reaktionärer Autoren und Schnürleibchen der preußischen Garde.

Byzantinische Mosaike aus dem 6. Jh. verzieren die Kirche von San Vitale in Ravenna: Diese Szene zeigt Kaiser Justinian I. und sein Gefolge.

als er Titel und Güter der Familie von seinem Großonkel erbte. 1809 brach er mit seinem Freund John Hobhouse zu einer Bildungsreise durch Europa auf – einer Reise, auf der Byron mehrere Liebesaffären hatte, die ihn zu seinem halb autobiographischen Poem *Ritter Harold's Pilgerfahrt* anregten.

Nachdem Byron die ersten beiden Gesänge 1812 veröffentlicht hatte, wurde er in aristokratischen und literarischen Kreisen Großbritanniens gefeiert. In der Folgezeit hatte er Verhältnisse mit mehreren Frauen, darunter mit seiner Halbschwester Augusta Leigh. Im Januar 1815 heiratete er Anne Isabella Milbanke, trennte sich aber nach einem Jahr wieder von ihr. Diese Affären schadeten seinem Ruf erheblich, sodass er 1816 Großbritannien verließ. Nachdem er einige Zeit bei dem Dichter Percy Bysshe Shelley und dessen Kreis in der Schweiz verbracht hatte, ließ Byron sich in Italien nieder, wo er 1817 das dramatische Gedicht *Manfred* verfasste. 1818 begann er die Arbeit an seinem epischen Hauptwerk *Don Juan*. In dieser Zeit lernte er auch Gräfin Teresa Guiccioli kennen, die seine Geliebte wurde.

1823 schiffte sich Byron nach Griechenland ein, wo er zusammen mit Prinz Alexandros Mavrokordatos unermüdlich für die Befreiung Griechenlands von der osmanischen Herrschaft eintrat. An einem Fieber erkrankt, wurde Byron durch häufige Aderlässe – die übliche Behandlungsmethode zur damaligen Zeit – in seinem Zustand weiter geschwächt. Er starb im April 1824 im griechischen Mesolongion, ohne ein einziges Gefecht erlebt zu haben, wurde aber von der griechischen Bevölkerung wegen seines engagierten Einsatzes für die Freiheit als Nationalheld verehrt.

Byzantinisches Reich, Bezeichnung für die östliche Hälfte des RÖMISCHEN REICHES, auch Oströmisches Reich genannt; später eine große Macht im östlichen Mittelmeer, die bis ins Mittelalter bestand. 330 gründete Kaiser KONSTANTIN I. DER GROSSE eine neue Hauptstadt am Westufer des Bosporus. Der Ort, den er wählte, war die alte griechische Kolonie Byzantion, die er wieder aufbaute und in Konstantinopel umbenannte. Das Römische Reich, das im Zerfall begriffen war, wurde 395 endgültig in eine östliche und westliche Reichshälfte geteilt. In diesem Jahr starb Kaiser THEODOSIUS I. DER GROSSE und hinterließ seinen Söhnen Arkadios und Honorios den Osten bzw. Westen des Imperiums. Während das Westreich in stetigem Niedergang begriffen war, bis es 476 dem Ansturm der Wandalen und Ostgoten erlag, wurde das Oströmische Reich immer mächtiger.

Konstantinopel übernahm daraufhin die Rolle eines neuen Roms. Auf der Grundlage römischen Rechts und römischer Verwaltung, griechischer Sprache und Kultur sowie christlichen Glaubens entfaltete Byzanz eine eigene Kultur. Kaiser Justinian I. gelang es im 6. Jh. durch seine Eroberungspolitik zeitweilig, die alte Reichseinheit wieder herzustellen. Doch in der Folgezeit vertiefte sich die Spaltung zwischen Konstantinopel und Rom, und die Päpste beanspruchten in Glaubensfragen die alleinige Autorität. Im 7. Jh. hatte das Byzantinische Reich mit arabischen und persischen Invasoren zu kämpfen, auch fielen immer wieder Bulgaren und andere slawische Völker in das Reich ein. Gleichzeitig entfernte sich die orthodoxe Ostkirche zunehmend von der römischen Westkirche, was die Uneinigkeit zwischen

den Herrschern des Ostens und Westens zusätzlich verschärfte und 1054 im GROSSEN SCHISMA gipfelte, das zur endgültigen Trennung der Kirchen führte.

Ende des 11. Jh. hatten sich die Seldschuken als politische Macht im östlichen Mittelmeer etabliert, was Kaiser Alexios I. veranlasste, den Westen um Hilfe im Kampf gegen sie zu bitten. So trug er unwissentlich zum Beginn der Kreuzzüge bei, die sich bald zu einer Bewegung zur Rückeroberung Jerusalems entwickelte, anstatt das Byzantinische Reich zu unterstützen. Konstantinopel war zu jener Zeit die prächtigste Stadt Europas und erregte den Neid rivalisierender Staaten. 1204 trug der Doge von Venedig dazu bei, den vierten Kreuzzug umzulenken, um Konstantinopel zu erobern und zu plündern. In den nächsten fünf Jahrzehnten herrschten die Kreuzfahrer über das östliche Mittelmeer. 1261 eroberte der verbannte Kaiser Michael VIII. die Stadt zurück, aber das einst so stolze Reich war kaum mehr größer als Konstantinopel selbst.

Im 14. Jh. kam es zu zahlreichen Bürgerkriegen, die die Macht des Kaisers erheblich schwächten. So hatten die Osmanen leichtes Spiel: Am 29. Mai 1453 eroberten sie Konstantinopel und bereiteten dem Byzantinischen Reich ein Ende.

Cadbury, George (1839–1922), britischer Geschäftsmann und Sozialreformer, prominenter Quäker. Mit seinem Bruder Richard war er Miteigentümer der Kakao- und Schokoladenfirma, die ihren Namen trägt. 1894/95 errichteten sie nahe Birmingham die Gartenstadt Bournville für ihre Angestellten. George Cadburys Sorge um die Erwachsenenbildung und das Wohl seiner Arbeiter schuf neue Maßstäbe der Unternehmensführung in Großbritannien, die auch in anderen Teilen der Welt aufgegriffen wurden. Mit seiner Frau Elizabeth, einer bekannten Sozialarbeiterin und Menschenfreundin, übte er auch Einfluss auf verschiedene Friedensbewegungen aus.

Caesar, Gaius Iulius (um 100–44 v. Chr.), römischer Feldherr und Staatsmann. Als PATRIZIER von Geburt wurde er in dem 63 v. Chr. mit POMPEIUS und CRASSUS geschlossenen Bündnis, dem ersten Triumvirat, *Pontifex Maximus* (oberster Priester); als Konsul erhielt er 59 v. Chr. die Provinzen Illyricum sowie Gallia Cisalpina und Transalpina. Als hervorragender General, der seine Soldaten beflügelte, unterwarf er GALLIEN, überquerte den Rhein und unternahm zwei Expe-

George und Elizabeth Cadbury setzten mit Projekten wie der für ihre Belegschaft gebauten Gartenstadt Bournville neue Maßstäbe der Arbeiterwohlfahrt.

ditionen nach Britannien. Einige Berichte Caesars über seine Feldzüge, z. B. *De bello gallico,* sind erhalten und gewähren Einblick in die Geschichte der Zeit und in die römische Lebensweise. Caesar weigerte sich, den Befehl über sein Heer niederzulegen, bis er sich ein zweites Konsulat gesichert hatte, das ihn immun gegen die Angriffe seiner Feinde machen würde. Als der Senat Caesar im Jahr 49 v. Chr. absetzte, überquerte dieser den RUBIKON, nahm ROM ein und besiegte Pompeius 48 v. Chr. bei Pharsalos im nördlichen Griechenland. Nach Feldzügen in Kleinasien, Ägypten, Afrika und Spanien kehrte er 45 v. Chr. nach Rom zurück.

Caesar regierte Rom als Diktator. Seine umfassenden Reformen, darunter die Einführung des Julianischen Kalenders, verraten die Breite seines Gestaltungswillens, aber er setzte sich über republikanische Traditionen hinweg. Von BRUTUS und Cassius angeführte Verschwörer ermordeten Caesar 44 v. Chr. an den Iden des März (15. März). Er wurde später zum Gott erhoben und in einem Tempel auf dem Forum verehrt.

Caligula (12–41), römischer Kaiser von 37 bis 41, nach den Soldatenstiefelchen (*caligae*) benannt, die er als Kind trug, als sein Vater Germanicus Oberbefehlshaber am Rhein war. Der Urenkel von AUGUSTUS wie von ANTONIUS und Großneffe und Nachfolger von TIBERIUS wurde als Gaius Iulius Caesar Germanicus gekrönt. Seine Herrschaft war blutig und autoritär. Er brachte den Senat gegen sich auf, als er die rituelle Verbeugung nach ROM brachte und sein Pferd zum Konsul ernannte. Seine geistige Labilität führte zu persönlichen Exzessen und zu Wahnvorstellungen, ein Gott zu sein. Er wurde von einem Angehörigen seiner Palastwache ermordet.

Calvin, Johann (Jean) (1509–64), französischer Theologe und führender protestantischer Reformator, dessen Lehren den Ruf strenger Moral erlangten. Calvin, der in Paris, Orléans und Bourges im Studium der Rechte ausgebildet wurde, bekannte sich im Jahr 1533 zur REFORMATION und musste aus Frankreich fliehen. 1536 wurde er auf einen Schlag berühmt durch die Veröffentlichung seines Hauptwerks *Christianae religionis institutio,* einer klaren Darlegung der reformierten Theologie, die jedes Ereignis als von Gott vorbestimmt und die Freiheit des menschlichen Willens als äußerst gering ansah. 1541 folgte *Ecclesiastical Ordinances,* in dem er eine Kirchenordnung vorschlug, die später zum Vorbild für die PRESBYTERIANER wurde. Fast 30 Jahre lang – von 1536 bis 1564, nur durch ein erzwungenes dreijähriges Exil in Straßburg unterbrochen – setzte Calvin seine Version der Liturgie, Kirchenordnung, Lehre und Moral in Genf durch, wo er seine eigene Glaubensgemeinschaft begründet hatte. Die Stadt wurde zu einem protestantischen Zufluchtsort und Ausgangspunkt missionarischer Tätigkeit. Seine Lehren der Prädestination und des legitimen Widerstands gegen „gottlose Herrschaft" stärkten den Glauben vieler Protestanten, die unter tyrannischen Herrschern litten. Besonderen Einfluss erlangten diese Überzeugungen in den Niederlanden, in Frankreich sowie in Schottland und bildeten auch die Grundlage für den PURITANISMUS in England und Nordamerika.

Cambrai, Liga von, Bündnis des PAPSTTUMS, des HEILIGEN RÖMISCHEN REICHES, Frankreichs und Spaniens gegen Venedig 1508–10. Im August 1529 wurden die Kriege zwischen den Dynastien der HABSBURGER und VALOIS vorübergehend durch den Frieden von Cambrai beendet. Der Waffenstillstand wird auch Damenfrieden genannt, weil er für FRANZ I. von Frankreich von seiner Mutter Luise von Savoyen und für KARL V. von seiner Tante Margarete von Österreich geschlossen wurde.

Camp-David-Abkommen (1978), Friedensvereinbarung für den Nahen Osten, benannt nach dem offiziellen Landsitz des amerikanischen Präsidenten in Maryland, wo Präsident CARTER mit dem ägyptischen Präsidenten SADAT und dem israelischen Ministerpräsidenten BEGIN Streitfragen beilegte, die 30 Jahre lang zu Feindseligkeiten zwischen den beiden Staaten des Nahen Ostens geführt hatten. In dem Friedensvertrag stimmte ISRAEL zu, sich aus erobertem ägyptischem Staatsgebiet zurückzuziehen. Das Abkommen verärgerte andere arabische Staaten und isolierte ÄGYPTEN von seinen arabischen Nachbarn.

Canisius, Petrus (1521–97), bedeutender Kirchenlehrer, seit 1543 als erster Deutscher Mitglied der JESUITEN. Im Auftrag Papst Pauls III. kam er 1549 an die Universität Ingolstadt, von wo aus er die GEGENREFORMATION in Deutschland einleitete. Zu seinen wichtigsten Schriften zählen die z. T. bis zum 19. Jh. benutzten Katechismen. Aufgrund seiner Verdienste wurde Canisius zweiter Apostel der Deutschen genannt und 1925 heilig gesprochen.

Cannae, Schlacht bei (216 v. Chr.), klassischer Sieg der Militärgeschichte, bei dem der karthagische Feldherr HANNIBAL eine zahlenmäßig weit überlegene römische Armee zerschlug. Um das süditalienische Dorf Cannae zu verteidigen, griffen römische Legionäre in dichter Aufstellung die Mitte des flachen Halbkreises an, den Hannibals Soldaten gebildet hatten. Während dieser langsam und absichtlich zurückwich und die Römer tiefer vorstießen, gelang Hannibal eine doppelte Umfassung. Seine Reiterei, die den rechten und den linken Flügel des Gegners geschlagen hatte, fiel den Römern in die Flanken und den Rücken. Von rund 50000 Römern wurden 35000 getötet oder gefangen genommen, während die karthagischen Verluste nur 5700 Mann betrugen. Roms Herrschaft über Italien war in Gefahr und viele Verbündete in Mittel- und Süditalien liefen zu Hannibal über.

Caligulas Name wurde zum Inbegriff für grausame und launische Gewaltherrschaft.

Canossa, im 10. Jh. von Adelbert Atto erbaute Felsenburg in den Apenninen. Hier soll Kaiser HEINRICH IV. im Winter 1077 barfuß im Schnee gestanden haben, während er darauf wartete, dass Papst GREGOR VII. ihm die Absolution erteilte und den Kirchenbann löste, den er im Machtkampf zwischen Papsttum und Kaisertum über Heinrich verhängt hatte. Heinrichs Buße stärkte seine Stellung gegenüber den deutschen Fürsten, die sich mit dem Papst verbündet hatten, Gregor aber die Unterstützung entzogen, als Heinrich die Absolution erhielt. Der Bußgang Heinrichs nach Canossa ist zu einem geflügelten Wort für demütigende Kapitulation geworden.

Capone, Al (1899–1947), schillernder italienisch-amerikanischer Gangster aus Chicago, bekannt als „Scarface" (Narbengesicht), der bekannteste Kriminelle zur Zeit der PROHIBITION. Capone befasste sich mit Alkoholschmuggel, Erpressung, Mädchenhandel, Prostitution und zahlreichen anderen Verbrechen. Nachdem er im Jahr 1925 Johnny Torrios Bande auf der South Side von Chicago übernommen hatte, schaltete Capone nach und nach alle anderen Verbrechersyndikate aus und beherrschte somit die Unterwelt der Stadt. Dabei kam ihm sein Einfluss auf die zutiefst korrupte Stadtverwaltung unter Bürgermeister „Big Bill" Thompson zugute. Al Capones unrühmliche Karriere erreichte ihren Höhepunkt beim Massaker am Valentinstag 1929, als sieben Mitglieder von „Bugs" Morans Bande auf der North Side ermordet wurden. 1931 musste Capone wegen Steuerhinterziehung ins Gefängnis. Bei seiner Entlassung 1939 war er durch die Haft gebrochen und aufgrund von Syphilis körperlich und geistig verfallen.

Carnac, Gemeinde in der südlichen Bretagne, Frankreich, bekannt für ihre Steinreihen. Beinahe 3000 zu Alleen und z. T. hufeisenförmigen Kreisen angeordnete Steine weisen die Gegend als bedeutenden rituellen Mittelpunkt der MEGALITHKULTUR zwischen 5000 und 3000 v. Chr. aus. Ringsum liegen zahlreiche Gräber, und im nahe gelegenen Lacmariaquer steht der mit einer Höhe von 20 m größte bekannte Menhir der Welt.

Carter, Jimmy (*1924), Präsident der USA 1977–81. Carter gewann die Nominierung durch die Demokraten und die Wahl 1976 u. a. deshalb, weil er keine Beziehungen zu einer amerikanischen politischen Klasse unterhielt, die vom Watergate-Skandal belastet war. Seine anfängliche Politik, die Wirtschaftshilfe für Regierungen zu kür-

zen, die entgegen den Beschlüssen der KONFERENZ VON HELSINKI die Menschenrechte missachteten, wurde bald aufgegeben; dagegen erwiesen sich Maßnahmen wie die Begnadigung von Kriegsdienstverweigerern im Vietnamkrieg sowie die Einführung von Verwaltungs- und Wirtschaftsreformen als äußerst populär. Innenpolitisch hatte er während seiner Amtszeit hauptsächlich mit wirtschaftlicher Stagnation, Inflation und Arbeitslosigkeit zu kämpfen. Obwohl die Demokraten im Kongress über die Mehrheit verfügten, gelang es Carter nicht, Zustimmung für seinen Pläne zur Senkung des Ölverbrauchs zu erhalten. Carters Regierung handelte das CAMP-DAVID-ABKOMMEN zwischen Israel und Ägypten, die Übertragung der Kontrolle über den PANAMAKANAL sowie das Abkommen zur Rüstungsbeschränkung SALT II aus, das aber wegen des sowjetischen Einmarschs in Afghanistan vom amerikanischen Senat nicht ratifiziert wurde. Neben ungelösten innenpolitischen Problemen hatte vermutlich vor allem die IRANISCHE GEISELAFFÄRE entscheidenden Anteil daran, dass Carter bei der Präsidentenwahl 1980 dem Republikaner Ronald REAGAN unterlag. Nach dem Ende seiner Amtszeit übernahm Carter zahlreiche Friedensmissionen in Nordafrika – wo er Friedensgespräche zwischen äthiopischen und eritreischen Separatisten vermittelte – und im Nahen Osten, bevor er im Jahr 1994 versuchte, die Gespräche mit Nord-Korea über Kernwaffen aus einer Sackgasse zu führen. Er besuchte auch Bosnien, wo er den Grundstock für spätere Friedensgespräche legte.

> **WUSSTEN SIE, DASS?**
>
> *Der ehemalige amerikanische Präsident Jimmy Carter gehört zu den Personen, die schon einmal ein UFO gesehen haben wollen. Er ist überzeugt davon, bei einer unter freiem Himmel abgehaltenen Rede als Gouverneur von Georgia eine fliegende Untertasse am Himmel beobachtet zu haben.*

Cartier, Jacques (1491–1557), französischer Seefahrer aus St-Malo, der bei drei vergeblichen Versuchen, den westlichen Seeweg (Nordwestpassage) nach China zu finden, im Jahr 1534 den St.-Lorenz-Strom in Nordamerika entdeckte. Auf seiner nächsten Expedition nach Neufundland im darauf folgenden Jahr befuhr Cartier den Fluss bis zur Ile d'Orléans, indem er in Langbooten bis zu einem Indianerdorf weiterreiste, an dessen Stelle später die heutige kanadische Stadt Montreal entstand. Seine dritte Fahrt 1541/42, bei der Cartier zusammen mit seinen Begleitern einen bitterkalten Winter in der kanadischen Wildnis verbringen musste, erbrachte keine neuen geographischen Erkenntnisse. Cartiers Werk der Erforschung Kanadas wurde über 60 Jahre später von dem französischen Entdecker Samuel de CHAMPLAIN fortgesetzt, der die französische Kolonisierung Kanadas einleitete.

Casablanca, Konferenz von (14.–26. Januar 1943), Treffen in Marokko, bei dem der britische Premierminister Winston CHURCHILL und der amerikanische Präsident Franklin D. ROOSEVELT die Strategie der Alliierten für die nächste Phase der Kriegführung gegen die ACHSENMÄCHTE festlegten, etwa die verstärkte Bombardierung Deutschlands und die Landung in Sizilien. Die Konferenzteilnehmer kamen überein, den Krieg bis zur bedingungslosen Kapitulation Deutschlands fortzusetzen. Außerdem wurde beschlossen, nach der Niederlage Deutschlands britische Truppen in den Fernen Osten zu verlegen.

Al Capone liebte elegante Kleidung. Hinter dieser Fassade verbarg sich jedoch eine Grausamkeit, die z. B. für das Massaker vom Valentinstag 1929 verantwortlich war (oben).

Casanova, Giacomo Girolamo, Chevalier de Seingalt (1725–98), berühmt-berüchtigter venezianischer Schürzenjäger und Abenteurer, der als Glücksspieler und Spion durch Europa zog. Casanovas persönlicher Charme half ihm bei den vielen und unterschiedlich erfolgreichen Verführungen, die er in seinen umfangreichen Memoiren schilderte. Französisch geschrieben und postum erschienen, bieten diese eine lebendige Darstellung seiner Abenteuer und Amouren sowie ein unterhaltsames Bild der Gesellschaft des 18. Jh.

Casement, Sir Roger (1864–1916), irischer Patriot, von den Briten wegen Hochverrats hingerichtet. Als Protestant aus Ulster und angesehenes Mitglied des britischen Konsulatsdienstes wurde Casement in den Ritterstand erhoben und erwarb sich weithin Respekt für die Aufdeckung der schlechten Behandlung schwarzer Arbeiter in Afrika, besonders auf den Gummiplantagen am oberen Kongo. Nach dem Ausscheiden aus dem Amt 1913 trat Casement offen für die irische Unabhängigkeit ein. 1914 besuchte er die USA und Deutschland und warb um Unterstützung für einen Aufstand in Irland. Seine Bemühungen, irische Kriegsgefangene in Deutschland für den Kampf gegen die Briten zu rekrutieren, scheiterten; auch wollte Deutschland keine Truppen zur Verfügung stellen. 1916 ging Casement von einem deutschen U-Boot in der Grafschaft Kerry an Land und hoffte, den OSTERAUFSTAND aufschieben zu können, bis die Rebellen über eine bessere Bewaffnung verfügten. Er wurde jedoch verhaftet und nach London gebracht, wo er vor Gericht gestellt und wegen Hochverrats gehängt wurde. Seine Tagebücher – durch britische Agenten vor seinem Prozess bekannt gemacht und Gegenstand anhaltender Kontroversen – bewiesen angeblich Casements Homosexualität, was ihn in Irland möglicherweise Sympathien kostete. Seine Bitte, in Irland begraben zu werden, wurde zunächst abgelehnt, 1965 aber doch noch erfüllt.

Castlereagh, Robert Stewart, Viscount (1769–1822), britischer Politiker und Führer der Koalition, die das napoleonische Frankreich besiegte und auf dem WIENER KONGRESS von 1815 eine Nachkriegsordnung beschloss. Seit 1790 Mitglied des irischen Parlaments, brachte Castlereagh 1800 den ACT OF UNION voran, der Großbritannien und Irland vereinigte; er legte aber sein Mandat nieder, als Georg III. einen von ihm vorgelegten Plan zur Gleichberechtigung der Katholiken ablehnte. Castlereagh erwies sich 1807–09 als schlechter Kriegsminister und der Angriff des Außenministers George Cannings auf seine Politik führte zu einem Duell der beiden Männer, worauf Castlereagh seine Kabinettsposten niederlegen musste. Als Außenminister verwandte er ab 1812 seine Energie auf den Sieg über NAPOLEON I. und den Erhalt des EUROPÄISCHEN GLEICHGEWICHTS. Während seine Außenpolitik erfolgreich war, wurde Castlereagh zu Hause kritisiert, da er die repressive Gesetzgebung unterstützte, mit der auf die durch Forderungen nach einer Parlamentsreform verursachten Unruhen reagiert wurde. Viele machten ihn direkt für das Peterloo-Massaker 1819 an friedlichen Demonstranten verantwortlich. Wegen angeblicher Homosexualität erpresst, beging Castlereagh Selbstmord.

Mit 25 Jahren war Casanova u. a. bereits Soldat, Alchemist und Geiger gewesen. Doch vor allem seine Berichte von amourösen Begegnungen ließen der Fantasie der Illustratoren breiten Raum.

Castro, Fidel (*1927), marxistischer Revolutionär, der Ministerpräsident und später Präsident von Kuba wurde. Die Armut, die der Sohn eines eingewanderten Zuckerpflanzers erlebte, ließ ihn zum Marxisten werden. Nach dem Jurastudium führte er 1953 einen erfolglosen Aufstand gegen den kubanischen Diktator General Fulgencio BATISTA an, worauf er verhaftet wurde. Vor Gericht verteidigte er sich selbst, und seine Schlussworte „Die Geschichte wird mich freisprechen" wurden zur Parole und allgemeinen Erklärung der Gesinnung für Castro und seine Gruppe von Revolutionären. Durch eine Amnestie zwei Jahre später entlassen, ging Castro ins freiwillige Exil in die USA und nach Mexiko. Mit dem argentinischen Revolutionär Che GUEVARA drang Castro mit 82 Guerilleros in Kuba ein. Sie gerieten bei der Landung in einen Hinterhalt und nur zwölf von ihnen überlebten den ersten Angriff.

Mit wachsender öffentlicher Unterstützung begann Castro einen erfolgreichen Guerillakrieg und im Dezember 1958 hatte er genügend Anhänger gewonnen, um auf die Hauptstadt Havanna zu marschieren. Batista floh und am 1. Januar 1959 verkündete Castro die kubanische Revolution und erklärte sich zum Ministerpräsidenten. Unmittelbar darauf enteignete er ausländische Firmen und verstaatlichte bald die Landwirtschaft. Da er weder diplomatische Anerkennung durch Amerika noch Handelsabkommen mit den USA erreichen konnte, wandte sich Castro der Sowjetunion zu, die ihm Waffen und Lebensmittel lieferte. Seit 1961 orientierte Castro sein Land an der UdSSR und betrieb eine entschieden marxistische Politik. Die von den USA unterstützte ge-scheiterte Invasion rechtsgerichteter Exilkubaner in der SCHWEINEBUCHT im April 1961 und sein Überleben der KUBA-KRISE im Oktober des folgenden Jahres verstärkten Castros Popularität. Seine Unterstützung revolutionärer Bewegungen in anderen südamerikanischen Staaten und afrikanischer Befreiungsbewegungen verhalf ihm zu großem Ansehen in den Entwicklungsländern und er wurde zum Anführer der Bewegung der Blockfreien gewählt.

Als die Sowjetunion und der COMECON 1990 zusammenbrachen, stand Kuba vor ernsthaften wirtschaftlichen Problemen. Auf strenge Sparmaßnahmen folgte eine allmähliche Liberalisierung der Wirtschaft. Doch der Flüchtlingsstrom in die USA und kubanische Versuche, diesen aufzuhalten, verschärften die angespannten Beziehungen zwischen beiden Staaten. Castro hat bereits mehrere Attentatsversuche überstanden, darunter einen angeblich vom amerikanischen Geheimdienst CIA geplanten Versuch, ihn mit Sprengstoff zu töten, der in einer seiner Zigarren versteckt war.

Çatal Hüyük, Großsiedlung der JUNG-STEINZEIT bei Konya in Südanatolien, die um 6500 v. Chr. entstand und sich über 13 ha ausdehnt. Bei Ausgrabungen 1958 ließen sich zwölf Siedlungsschichten feststellen. Man nimmt an, dass Çatal Hüyük zu seiner Blütezeit bis zu 10 000 Einwohner hatte. Die einstöckigen kleinen Lehmziegelhäuser hatte man so dicht aneinander gebaut, dass sie nur über die Flachdächer zugänglich waren. Auf Bänken angebrachte Stierhörner, die in zahlreichen Räumen gefunden wurden, hält man für Heiligtümer. Reich ausgestattete Gräber unter den Fußböden sowie Fresken und Votivgaben sind an dem Ort ebenfalls freigelegt worden.

Cato, Marcus Porcius, der Ältere (um 234–149 v. Chr.), römischer Schriftsteller und Staatsmann. Obwohl er in heutiger Zeit hauptsächlich als Autor bekannt ist, war Cato zu Lebzeiten vor allem ein unbarmherziger Politiker. So unterdrückte er als Konsul 195 v. Chr. den Aufstand im früher karthagischen Spanien und verurteilte elf Jahre später als Censor private Zügellosigkeit, als er Publius SCIPIO aus seinem öffentlichen Amt vertrieb und ihn wegen Bestechlichkeit belangte. Cato bemühte sich zwar, die Lebensbedingungen zu verbessern, widersetzte sich

aber jeglichem Wandel. Sein Buch über Landwirtschaft, *De agricultura,* und Bruchstücke einer Geschichte Roms und Italiens, *Origines,* sind erhalten. „Karthago muss zerstört werden", wurde Catos Wahlspruch, doch er erlebte den Fall der Stadt im Jahr 146 v. Chr. nicht mehr.

Cato, Marcus Porcius, der Jüngere (95–46 v. Chr.), Urenkel Catos des Älteren und konservativer Republikaner, der zum Muster für traditionelle römische Werte wurde. Im römischen Bürgerkrieg stellte er sich auf die Seite seines langjährigen Gegners POMPEIUS gegen Iulius CAESAR. Nach Caesars Sieg bei Thapsus bat er nicht um Gnade, sondern beging im nordafrikanischen Utica Selbstmord, weshalb er auch Uticensis genannt wird. Durch seinen Freitod wurde er zum Märtyrer der Republik.

Cavour, Camillo Graf (1810–61), piemontesischer Politiker und Führer des Kampfes für die Einigung Italiens. Der Finanzier und Industrielle Cavour entwickelte seine reformerischen Ansichten in *Il Risorgimento,* der Zeitung, die er 1847 gründete. Er glaubte, der stärkste italienische Staat, nämlich Piemont, werde die Einigung Italiens herbeiführen.

In das erste Parlament Piemonts gewählt, wurde er 1852 Ministerpräsident und verwandelte den Staat rasch in ein Modell für wirtschaftlichen und militärischen Fortschritt. Der Eintritt Piemonts in den KRIM-KRIEG gab ihm eine Stimme in der Welt und die Möglichkeit für Bündnisse, die notwendig waren, um die österreichische Herrschaft in Italien zu beenden. In geheimen Verhandlungen mit NAPOLEON III. erhielt Cavour die Zusage französischer Hilfe gegen die Abtretung von Savoyen und Nizza an Frankreich. Dies führte zum Sieg über die Österreicher bei MAGENTA und SOLFERINO im folgenden Jahr, aber der unerwartete französisch-österreichische Waffenstillstand von 1859 veranlasste Cavour zum Rücktritt. Er kehrte 1860 in sein Amt zurück, als die französische Unterstützung erneuert wurde. Nachdem er die Vereinigung ganz Norditaliens unter VIKTOR EMMANUEL II. 1859 geplant hatte, nutzte Cavour dann GARIBALDIS Expedition nach Sizilien und Neapel im folgenden Jahr, um diese Staaten in ein vereintes Italien zu führen. Im Februar 1861 zum ersten Ministerpräsidenten Italiens ernannt, starb Cavour vier Monate später, während er noch über die vollkommene Einigung Italiens unter Einbeziehung Venedigs und des Kirchenstaats verhandelte.

Neue Häuser wurden auf den Fundamenten älterer Gebäude errichtet.

Mithilfe von Holzleitern gelangte man über die Dächer in das Innere der Gebäude.

Die Toten begrub man in speziellen Grabhäusern.

Eine fortlaufende Außenmauer diente als Schutzwall.

Çatal Hüyük ist eine der ältesten Städte der Welt und die größte jungsteinzeitliche Anlage im Nahen Osten. Die Bewohner lebten in Lehmziegelhäusern mit einer Küche in einer Ecke des Hauptraums und Podesten zum Arbeiten und Schlafen an den Wänden. Kleine Fenster ließen Licht herein.

Central Intelligence Agency (CIA), amerikanische Geheimdienstbehörde, 1947 vom Kongress eingerichtet. Über den Nationalen Sicherheitsrat dem Präsidenten verantwortlich, beschafft der CIA Informationen aus dem Ausland und wertet sie aus, arbeitet in der Spionageabwehr in Übersee und organisiert geheime politische Interventionen und psychologische Kriegführung im Ausland. Eine Reihe von Skandalen und weithin publik gemachte Fehlschläge, darunter das Fiasko in der SCHWEINEBUCHT von 1961, sowie die spätere Entdeckung, dass ein hochrangiger Mitarbeiter ein sowjetischer Agent war, höhlten die einst enorme Macht und den großen Einfluss des CIA stetig aus. Das Ende des KALTEN KRIEGS zwang den CIA, seine Rolle neu zu definieren.

Central Pacific Railroad, Westteil der ersten amerikanischen transkontinentalen Eisenbahnstrecke, die von Sacramento ostwärts verlegt wurde und 1869 auf die westwärts gebaute Union Pacific traf. Versprechungen größerer Bundesmittel für die Gesellschaft, die die meisten Gleise verlegte, spornte die Central Pacific Railroad (CPR) an, schnell über extrem schwieriges Gelände zu bauen. Die Trasse überwand die Sierras und folgte dem Humboldt River durch Nevada und nach Utah, wo am 10. Mai 1969 in Promontory Point ein goldener Nagel eingeschlagen wurde, um den Treffpunkt der beiden Linien und die Fertigstellung der Ost-West-Bahnverbindung zu kennzeichnen. CPR erhielt die Bundesmittel dann doch nicht, aber ihre Organisatoren, Collis P. Huntington und Leland Stafford, verkauften Millionen Morgen Land, um die Baukosten von 90 Mio. Dollar zu decken.

Centurio, Bezeichnung für einen mittleren römischen Offizier und Führer einer taktischen Einheit von 100 Mann, beruhend auf Bürgerlisten, die für den Militärdienst aufgestellt wurden. Ursprünglich stiegen die meisten Centurionen aus den Mannschaften auf, aber in der späteren Republik und unter den Kaisern ließen sich manche Männer direkt als Centurionen anwerben. Aufgrund ihrer strengen Disziplin und ihrer großen Erfahrung hatten sie entscheidenden Anteil am Erfolg der römischen Armee.

Cervantes, Miguel de (1547–1616), spanischer Dichter, der den fahrenden Ritter Don Quijote und seinen schlauen Knappen Sancho Pansa schuf. Cervantes verbrachte den größten Teil seines Lebens als Soldat und begann zu schreiben, während er noch in der Armee war. Während seiner Soldatenzeit fiel er in die Hände von algerischen Piraten, bei denen er eine fünfjährige Gefangenschaft erdulden musste. Nach seiner Rückkehr nach Spanien erging es ihm kaum besser, da

Das Bild zeigt das erste Treffen der beiden amerikanischen Eisenbahngesellschaften Central Pacific Railroad und Union Pacific nach der Fertigstellung der Ost-West-Verbindung.

er wegen Missbrauchs von Regierungsgeldern in Haft genommen wurde. Während dieser zweiten Gefängnisstrafe in La Mancha schrieb er seinen Roman *Don Quijote*. Das 1605–15 erschienene Werk brachte ihm eine Anerkennung ein, die seine früheren Arbeiten nicht gefunden hatten, und sicherte ihm einen Platz in der Weltliteratur.

Ceylon siehe SRI LANKA

Chacokrieg (1932–35), Konflikt zwischen PARAGUAY und BOLIVIEN um die Kontrolle über den Gran Chaco, eine ausgedehnte Tieflandebene, die seit dem frühen 19. Jh. zwischen beiden Staaten umstritten war. Als Bolivien 1929 seine Pazifikküste verlor, verstärkte es seinen Anspruch auf den Chaco; eine Reihe von Grenzscharmützeln mündeten schließlich in einen Krieg. Zwar war die bolivianische Armee zahlenmäßig stärker und besser ausgerüstet, aber die eingezogenen Indianer aus dem Hochland der Anden konnten sich nicht an den feucht-warmen Chaco gewöhnen. Die paraguayischen Truppen trieben die Bolivianer durch den Chaco zurück und zwangen sie 1935, um Frieden zu bitten. Paraguay sicherte sich den größten Teil des umstrittenen Gebiets, aber über 50 000 Bolivianer und 35 000 Paraguayer kamen bei den Kämpfen um, was eine wirtschaftliche Stagnation zur Folge hatte, unter der beide Länder über Jahre zu leiden hatten.

Chadwick, Sir Edwin (1800–90), britischer Gesundheitsreformer, dessen Bemühungen 1834 zur Verbesserung der Armengesetze führten. Chadwicks Bericht für die königliche Kommission von 1833 über die Arbeitsbedingungen von Kindern lag dem Arbeitsschutzgesetz jenes Jahres zugrunde, das die Arbeitszeit auf höchstens zwölf Stunden täglich begrenzte. 14 Jahre später wurde es durch das Zehn-Stunden-Gesetz abgelöst. Aus Sorge, dass die Cholera so viele Geldverdiener dahinraffte und die von ihnen Abhängigen verarmen ließ, führte Chadwick 1840 eine *Untersuchung der hygienischen Verhältnisse der arbeitenden Bevölkerung* durch. Die 1842 erschienene Studie regte ein Gesetz von 1848 an, das die Gemeinden dazu ermächtigte, lokale Gesundheitsbehörden einzurichten, die den öffentlichen Gesundheitskommissaren verantwortlich waren. Als einer der ersten von diesen überzeugte Chadwick während seiner Amtszeit 1848–54 städtische Behörden, Wasser- und Abwasserprojekte sowie die Sanierung von Elendsvierteln durchzuführen.

Chalkedon, Konzil von (451), viertes und am stärksten besuchtes Konzil der frühen christlichen Kirche, das in Chalkedon in Kleinasien zusammentrat. Es verwarf die Ansichten eines vorangegangenen Treffens, das 449 in Ephesos ohne päpstliche Billigung stattgefunden und die Auffassung vertreten

91

hatte, Christus habe eine einzige Natur. Dagegen erklärte das Konzil von Chalkedon, das von 19 kaiserlichen Kommissaren geleitet wurde, dass die Natur Christi sowohl menschlich als auch göttlich sei. Die Chalkedonensische Lehrformel wurde weithin akzeptiert.

Chamberlain, Arthur Neville (1869 bis 1940),

britischer Politiker, bekannt für seine in der Öffentlichkeit populäre Politik des APPEASEMENT in den Jahren vor dem Zweiten Weltkrieg. Der Sohn von Joseph CHAMBERLAIN kam 1918 ins Parlament und war als Gesundheitsminister für die Reformen des Armengesetzes sowie für gemeindeeigenen Wohnungsbau und die Straffung der Gemeindeverwaltung verantwortlich. Als fähiger Schatzkanzler 1931–37 brachte er den Briten mit einer Politik niedriger Zinsen und günstiger Kredite Wohlstand. Seine Pläne zu einer Sozialreform scheiterten jedoch an der Notwendigkeit der britischen Aufrüstung, die sich bereits abzeichnete, als Chamberlain 1937 in das Amt des Premierministers berufen wurde. Seine Hoffnungen, den Krieg abzuwenden, indem er nach Möglichkeiten zu einem friedlichen Interessenausgleich suchte und den europäischen Diktatoren entgegenkam, erwiesen sich als nichtig. Bei drei Konferenzen mit Adolf HITLER 1938 – vor allem in München, von wo er mit dem Versprechen auf „Frieden in unserer Zeit" zurückkehrte – machte Chamberlain immer mehr Zugeständnisse. Seine Politik vermochte die Tschechoslowakei aber nicht vor der deutschen Besetzung im März 1939 zu retten, und als Deutschland später im selben Jahr Polen angriff, erklärte Chamberlain den Krieg. Die misslungene britische Invasion Norwegens im Mai 1940 zwang ihn, zugunsten von Winston CHURCHILL zurückzutreten.

Chamberlain, Joseph (1836–1914),

britischer Staatssekretär für die Kolonien und Fürsprecher einer Politik günstiger Zölle für den Handel zwischen Ländern des Britischen Empire. Als Bürgermeister von Birmingham 1873–76 machte Chamberlain sich einen Namen als Pionier einer Gemeindereform, danach wurde er Mitglied des Parlaments. Die landesweite Liberale Vereinigung, die er mit organisierte, gewann die Wahl im Jahr 1880, und er wurde Kabinettsmitglied. Sechs Jahre später trat er dann den Konservativen als liberaler Unionist bei, um gegen GLADSTONES Politik des HOME RULE für Irland zu protestieren. Als Staatssekretär für die Kolonien 1895–1903 förderte der überzeugte Imperialist den Zusammenschluss

der australischen Kolonien zu einem Bundesstaat innerhalb des britischen Weltreichs; darüber hinaus unterstützte er Alfred Milners Politik in Südafrika, die den zweiten BURENKRIEG heraufbeschwor, distanzierte sich aber vom JAMESON RAID. Chamberlain vertrat die Ansicht, der Schutz des Handels sei unverzichtbar für die britische Wirtschaft. Er trat 1903 zurück, um für ein Ende des FREIHANDELS und die Einführung von Schutzzöllen zur Förderung des Handels innerhalb des British Empires zu kämpfen, doch er blieb erfolglos.

Chamisso, Adelbert von (1781–1838),

französischer Naturforscher und Dichter, der in den Wirren der FRANZÖSISCHEN REVOLUTION zusammen mit seiner Familie nach Deutschland gelangte. In seiner Eigenschaft als Naturforscher nahm Chamisso von 1815–18 an einer Weltumsegelung teil, die er in seinem

WUSSTEN SIE, DASS?

Charlie Chaplin stand dem Film ursprünglich eher ablehnend gegenüber. Seinen ersten Filmvertrag im Jahr 1913 unterschrieb er vermutlich nur deshalb, weil die Gage von 75 Dollar pro Woche seinen bisherigen Verdienst weit überstieg.

Werk *Bemerkungen und Ansichten auf einer Entdeckungsreise* (1821) festhielt. Berühmtheit erlangte er vor allem durch seine Märchennovelle *Peter Schlemihl* (1814).

Champagne,

Grafschaft im Nordosten Frankreichs, erlangte im 13. Jh. vorübergehend großen wirtschaftlichen Aufschwung durch Messen, die in verschiedenen Städten abgehalten wurden und Händler aus ganz Europa anzogen. Auf diesen Märkten wurden hauptsächlich exotische Artikel wie Gewürze und Seide gehandelt. Als sich die Macht jedoch allmählich in Paris zentralisierte und auch im übrigen Europa Messen abgehalten wurden, erfolgte schon bald ein allmählicher Niedergang. Durch seine Heirat mit Johanna von Navarra, Erbin der Champagne, erhielt PHILIPP IV. DER SCHÖNE von Frankreich 1284 die Grafschaft; seit dem 14. Jh. gehörte sie zur französischen Krone.

Champlain, Samuel de (um 1570–1635),

französischer Seefahrer und Entdecker, der 1603–33 mehrere Reisen nach Nordamerika unternahm und die Kolonialisierung Kanadas durch Frankreich einleitete. Champlain kam erstmals 1603 nach Kanada; in den folgenden vier Jahren erforschte und kartierte er die Atlantikküste von Neuschottland bis Cape Cod. 1608 entdeckte er den nach ihm benannten See. Seine geographischen Karten blieben während des gesamten 17. Jh. bedeutsam. 1633 wurde Champlain zum Gouverneur von Französisch-Kanada ernannt.

Chaplin, Charlie (1889–1977),

Filmschauspieler, dessen komisches Genie und Talent für Pantomime ihn zu einem der beliebtesten Unterhalter der Welt machten. Als Sohn zweier englischer Varietékünstler trat Chaplin zum ersten Mal auf der Bühne auf, bevor er acht Jahre alt war, aber erst in der noch jungen Stummfilmbranche machte er sich einen Namen. 1914 drehte er 35 Slapstick-Kurzfilme für Mark Sennett und die Keystone Company, in denen er die Rolle des heruntergekommenen Vagabunden mit Melone und ausgebeulten Hosen einführte, die sein Markenzeichen wurden. 1919 gehörte er zu den Begründern der United Artist Corporation, einer amerikanischen Gesellschaft für Filmproduktion und -verleih. Chaplins erster abendfüllender Film, *The Kid* (1921) zeigte eine neue Dimension seiner Kunst: Nun spielten sozialkritische Züge in die Handlung hinein und Chaplin brachte Mitleid und Sympathie für den Unterlegenen in seine Rolle. Chaplin lag der Tonfilm nicht und er drehte weiter Filme ohne Dialog, z. B. *Moderne Zeiten* (1936), lange nachdem die Filmbranche bereits zum Tonfilm übergegangen war. Seine Satire auf Hitler, *Der große Diktator* (1940), war sein erster richtiger Tonfilm. Der Patriotismus der Kriegszeit sicherte den Kassenerfolg in Großbritannien wie in den USA, aber Chaplins Popularität ließ allmählich nach. Als er wegen seiner Sympathien für die Linke während der Hexenjagd des Senators Joseph MCCARTHY in den 50er-Jahren angegriffen wurde, ließ er sich in der Schweiz nieder. Er drehte vier weitere Filme unter eigener Regie, für die er auch die Musik komponierte. Nur einer davon, *Rampenlicht* (1952), trug kritische Akzente und wurde ein Kassenerfolg.

Charlie Chaplins Satire auf Adolf Hitler in *Der goße Diktator* (1940) war der erste Tonfilm des berühmten britischen Schauspielers und Komikers.

Chaucer, Geoffrey (um 1340–1400), englischer Dichter, dessen Werke, hauptsächlich *The Canterbury tales,* als Beginn der englischen Literatur gelten. Der Sohn eines wohlhabenden Weinhändlers aus London gelangte 1357 als Page an den königlichen Hof, bevor er als Soldat unter EDUARD III. am HUNDERTJÄHRIGEN KRIEG in Frankreich teilnahm. Ungefähr ab 1370 bereiste Chaucer Europa in diplomatischen Missionen und traf auf diesen Reisen möglicherweise BOCCACCIO und Petrarca. Am Hof in Ungnade gefallen und fast in Armut lebend, begann er 1387 *The Canterbury tales* zu verfassen. Diese 23 miteinander verbundenen, aber nicht alle fertig gestellten Geschichten werden von einer Schar genau charakterisierter Pilger erzählt, die sich auf dem Weg zum Grab des heiligen Thomas BECKET in Canterbury befinden, und gewähren einen lebendigen Einblick in das mittelalterliche Leben. Chaucer schrieb in paarigen Reimen und verwendete jambische Pentameter, die zum Standardversmaß englischer Dichtung wurden.

chemische Kriegführung, der Einsatz schädlicher oder giftiger Chemikalien, um feindliche Soldaten zu töten oder zu lähmen. Trotz des Verbots durch die Haager Konferenz von 1899 verwendete Deutschland im ERSTEN WELTKRIEG 1915 Chlorgas – anfangs mit gewissem taktischem Erfolg in Flandern gegen Briten und Franzosen. Als Gegenmaßnahme wurden unhandliche Gasmasken entworfen. Bis 1917 hatten beide Seiten Granaten entwickelt, die Senfgas enthielten, das selten tödlich war, aber Verbrennungen und Blasen auf der Haut sowie Blindheit verursachte. Der öffentliche Aufschrei nach dem Krieg führte zum Verbot des Gaskriegs, dennoch setzten Italien im abessinischen Feldzug und Japan bei der Invasion Chinas 1937 Kampfgas ein. Im ZWEITEN WELTKRIEG kam die deutsche Entdeckung eines tödlichen Nervengases ebenso wenig zum Einsatz wie die britischen und amerikanischen Entwicklungen bakterieller Stoffe und von Gasen, die Blutfunktionen stören. Entwicklung und Horten von potenziell vernichtenden chemischen Waffen sind in den vergangenen Jahrzehnten beschränkt worden, vor allem seit dem Ende des KALTEN KRIEGES. Doch wurden sowohl Gas als auch Bakterien im Krieg zwischen Irak und Iran von 1980 bis 1988 eingesetzt und auch bei den irakischen Versuchen, die Kurden zu unterdrücken, wurde in den späten 80er- und frühen 90er-Jahren Gas verwendet.

Cherokee, nordamerikanischer Indianerstamm, der das westliche Virginia, North und South Carolina, das östliche Kentucky, Tennessee, das nördliche Georgia und Alabama bewohnte. Ein vorgeschichtliches zeremonielles Zentrum der Cherokee besuchte Hernando de SOTO auf Entdeckungsreisen in den Jahren 1540 und 1542. Das traditionelle Leben der Cherokee blieb zwar weitgehend unberührt bis zum 17. Jh., als französische und englische Händler ihnen erstmals begegneten, doch zu diesem Zeitpunkt waren die Indianer bereits durch Pocken und andere von den Europäern eingeschleppte Krankheiten stark dezimiert. Obwohl es mitunter zu Zusammenstößen mit den nach Westen ziehenden Siedlern kam, orientierten sich die Cherokee recht schnell an deren Lebensweise. Trotz dieser Anpassung wurden die Cherokee im Winter 1838/39 aus ihren Stammesgebieten vertrieben und zwangsverschleppt. Man schätzt, dass ungefähr 4000 von insgesamt etwa 18 000 Indianern auf dem Weg in die Reservate starben.

Cherusker, germanischer Volksstamm, der westlich und nördlich des Harzes ansässig war. Er wird schon 53 v. Chr. als Nachbar der Sueben erwähnt. 4 n. Chr. wurden die Cherusker von den Römern unterworfen, konnten sich 9 n. Chr. und 14–16 n. Chr. unter ihrem Führer ARMINIUS jedoch wieder befreien. Auch gegen andere äußere Feinde wie die Markomannen wehrten sie sich erfolgreich, doch wurden sie nicht Herr ihrer inneren Streitigkeiten und gingen schließlich im Stamm der SACHSEN auf.

Chiang Kai-shek (1887–1975), nationalchinesischer Politiker und General. Nach seiner Übernahme der GUOMINDANG im Jahr 1926 prägte Chiangs rücksichtsloser Antikommunismus während des nächsten halben Jahrhunderts die Geschichte Chinas. Durch Unterdrückung der Gewerkschaften und Ausschluss der Kommunisten aus der Guomindang versuchte Chiangs nationalistische Regierung 1928–37 den größten Teil Chinas zu einigen. Er führte Finanzreformen durch und verbesserte Verkehrswege und Bildungswesen, während er traditionelle konfuzianische Werte förderte. Seine Regierung befand sich ständig im Krieg – mit WARLORDS in den Provinzen, mit den Kommunisten in ihren ländlichen Stützpunkten und mit den eindringenden Japanern. Nachdem er aus den eigenen Reihen dazu gezwungen wurde, willigte Chiang 1936 ein, mit den Kommunisten im Widerstand gegen die Japaner zusammenzuarbeiten – ein brüchiger Pakt, der während des Zweiten Weltkriegs hielt. Das Scheitern von Gesprächen mit MAO ZEDONG nach dem Krieg führte zum CHINESISCHEN BÜRGERKRIEG, bei dem Chiangs Armee hohe Verluste durch Todesfälle und Desertionen erlitt und er schließlich gezwungen war, sich vor den kommunistischen Truppen vom chinesischen Festland zurückzuziehen. 1949 evakuierte er die Reste seiner Guomindang nach TAIWAN (Formosa), wo die nationalistische

Auf dieser Illustration des späten 14. Jh. für den ersten Foliodruck seines Werks *Troilus und Criseyde* liest Geoffrey Chaucer eines seiner Gedichte.

Regierung, die er errichtet hatte und deren Präsident er bis zu seinem Tod blieb, sich immer noch als Republik China bezeichnet, obwohl die meisten Länder heute die von Beijing aus regierte kommunistische Volksrepublik China anerkennen.

Chile, südamerikanischer Staat zwischen Pazifik und Anden, der 1810 von Spanien unabhängig wurde. Die spanische Kolonisation begann 1541, fünf Jahre nachdem die Spanier zum ersten Mal der stärksten einheimischen Bevölkerungsgruppe, den Araukanern, begegnet waren. Theoretisch dem Inka-Reich untertan, hatten die Araukaner eine beträchtliche Unabhängigkeit bewahrt, wurden nun aber allmählich nach Süden abgedrängt. Die spanische Kolonie, die sich um das 1541 gegründete Santiago entwickelte, stand ganz im Schatten des wohlhabenderen Peru, dessen Vizekönig es unterstand. Die Unabhängigkeit wurde erreicht, nachdem Bernardo O'Higgins – der Sohn eines Iren, der Vizekönig von Peru und Gouverneur von Chile war – und der südamerikanische Befreier José de SAN MARTÍN mit 3200 Mann die Anden überquert hatten. Sie besiegten die Spanier in den Schlachten von Chacabuco 1817 und von Maipo im folgenden Jahr. Reiche Kupferlager, die in der nördlichen Atacamawüste entdeckt wurden, gaben der Wirtschaft der jungen Republik in den späten 40er-Jahren des 19. Jh. einen enormen Aufschwung; das kräftige Wachstum hielt an, als nach dem Krieg gegen Peru und Bolivien 1879–83 reiche Salpeterlager annektiert wurden. Als jedoch synthetische Nitrate in den 20er-Jahren des 20. Jh. Salpeter allmählich ersetzten, wurde Chile wieder vom Kupferexport und dem Weltmarkt abhängig. Wachsende soziale Probleme und das Scheitern einer Reihe von politischen Experimenten nach dem Zweiten Weltkrieg führten 1970 zur Wahl Salvador ALLENDES, des ersten erklärten Marxisten, der in einer demokratischen Abstimmung zum Präsidenten gewählt wurde.

An der Spitze einer Koalition aus Kommunisten und Sozialisten sah sich Allende innenpolitisch mit einer oppositionellen Mehrheit im chilenischen Kongress und außenpolitisch mit amerikanischer Feindseligkeit konfrontiert, was seine radikalen Pläne zur Verstaatlichung und Landreform zunichte machte. Innerhalb von drei Jahren hatten Inflation, die Flucht ausländischen Kapitals und eine negative Zahlungsbilanz eine Wirtschaftskrise ausgelöst, während der der Oberkommandierende des Heeres, General Augusto PINOCHET, im September 1973 einen Militärputsch anführte, bei dem Allende und 15 000 weitere Chilenen starben. Das brutale Vorgehen der neuen Regierung, die alle Gewerkschaften und alle anderen oppositionellen Bewegungen unterdrückte, veranlasste jeden zehnten Chilenen zur Emigration. Zwar ging die Inflation drastisch zurück, gleichzeitig sanken aber auch Nachfrage, Produktion und Beschäftigung, wodurch sich die Abwärtsspirale der Wirtschaft weiter fortsetzte. 1988 akzeptierte Pinochet das Ergebnis einer Volksabstimmung über die „Wiederherstellung" einer „arbeitsfähigen Demokratie". Seit 1989 haben demokratische Wahlen stattgefunden und seit Mitte der 90er-Jahre zeigt die chilenische Wirtschaft deutliche Zeichen der Erholung.

China, größter Staat in Asien mit einer Bevölkerung von über 1130 Mio. Diese sind vorwiegend Chinesen (Han), doch gibt es bedeutende Minderheiten, besonders in TIBET, Xinjiang und der Inneren Mongolei. Chinas schriftliche Geschichte reicht fast 4000 Jahre bis zu den Shang zurück, einer Hochkultur, die im Tal des gelben Flusses siedelte. Seit dem 6. Jh. v. Chr. entwickelten KONFUZIUS und Menzius Ideen, die den Rahmen der chinesischen Gesellschaft bildeten, während der TAOISMUS im 3. Jh. v. Chr. auftauchte. Mit der Ausbreitung der chinesischen Kultur wurde eine Schriftform entwickelt, die Völker mit einer Vielfalt von Dialekten und Sprachen vereinen konnte, weil die Schriftzeichen keine Laute, sondern Bedeutungen ausdrückten. Die Vereinheitlichung schritt

voran, als die QIN ein territoriales und kulturelles Reich aufbauten, das Zersplitterung durch barbarische Eindringlinge ebenso überleben sollte wie die Herrschaft nicht chinesischer Dynastien wie der YÜAN (1279 bis 1368), die im Allgemeinen die chinesischen kulturellen Traditionen übernahmen. Unter starken Dynastien wie den HAN und den TANG (618–907) reichte Chinas Macht bis Turkestan im Westen und Annam im Süden und übte starken Einfluss auf Nachbarn wie Korea und Japan aus.

Seit dem 1. Jh. gelangten die Ideen des BUDDHISMUS nach China, wo sie allmählich verändert und der chinesischen Kultur angepasst wurden. Traditionelle Hochachtung vor Gelehrsamkeit gepaart mit einem bemerkenswerten Erfindungsreichtum verschaffte den Chinesen bis etwa zum Ende der SUNG-DYNASTIE 1279 einen wissenschaftlichen und technischen Vorsprung vor dem Westen. Die mongolische Eroberung brachte einen Einschnitt. China zog sich auf sich selbst zurück. Bildung wandelte sich zu einem stereotypen Studium der konfuzianischen Klassiker und dies, verbunden mit Chinas neuem Isolationismus, hemmte die geistige Entwicklung. Das „Reich der Mitte", wie die Chinesen es nannten, hatte sich und seine Kultur stets als überlegen gesehen, sodass Versuche des Westens, Handelsbeziehungen mit der QING-Dynastie herzustellen, wenig erfolgreich waren. Erst als die Macht der Qing gegen Ende des 18. Jh. schwächer wurde, führte wachsender äußerer Druck während des 19. Jh. zu direkter europäischer Einmischung in China.

Der Kontakt mit dem Westen beschleunigte den Niedergang. Nach den OPIUMKRIEGEN wurden die so genannten Vertragshäfen zum Brennpunkt der westlichen Expansion wie auch der Forderungen nach Modernisierung. Aufstände verwüsteten das Land und untergruben die kaiserliche Herrschaft und trotz der erfolglosen Reformära der 100 Tage und realistischerer Reformen, die durch die Niederlage im CHINESISCH-JAPANISCHEN KRIEG von 1894/95 und den BOXERAUFSTAND ausgelöst worden waren, stürzte die Dynastie in der CHINESISCHEN REVOLUTION von 1911. Als der Revolutionsführer SUN YAT-SEN seine kurze Präsidentschaft zugunsten von Yüan Shikai aufgab, zerfiel die junge Republik rasch in einen Flickenteppich von Provinzen, die von WARLORDS beherrscht wurden.

Zwar vereinigte CHIANG KAI-SHEK, der Führer der nationalistischen GUOMINDANG, nach seinem erfolgreichen Zug nach Norden einen großen Teil des Landes, doch wurde

seine Republik China durch die japanische Invasion 1937 geschwächt und konnte die folgenden CHINESISCHEN BÜRGERKRIEGE mit MAO ZEDONGS Kommunisten nicht überstehen. 1949 wurde Chiang vom Festland auf die Insel TAIWAN vertrieben. Unter Maos Führung errichtete die KOMMUNISTISCHE PARTEI CHINAS auf dem Festland die Volksrepublik China, führte Landreformen durch und revolutionierte Gesellschaft und Wirtschaft. Im Zuge der Veränderungen der 50er-Jahre wurden Kommunen eingerichtet sowie die städtische Industrie ausgebaut und verstaatlicht. Keine der Reformen war völlig erfolgreich und manche scheiterten katastrophal. 1966–76 wurden Chinas Probleme durch die KULTURREVOLUTION gesteigert, die das Land zerriss und erst mit Maos Tod endete. In den 80er-Jahren widmete sich sein Nachfolger DENG XIAOPING der Wirtschaftsreform; es kam zu einem deutlichen Wirtschaftswachstum und zu Fortschritten bis hin zu einer kontrollierten Marktwirtschaft. Aber auch die Forderungen nach Demokratie wuchsen; eine Studentendemonstration im Juni 1989 in Beijing führte zu einem Massaker an rund 2000 Demonstranten auf dem Tiananmenplatz. Trotz anhaltender Menschenrechtsverletzungen beschlossen die USA 1994, besondere Handelsbeziehungen zu China zu unterhalten. Chinesische Flottenmanöver vor der Küste Taiwans während der ersten demokratischen Wahl auf der Insel 1996 führten zu einer vorübergehenden Zunahme der Spannung zwischen den USA und China.

Chinesische Bürgerkriege (1927–37; 1946–49), Konflikte, die durch ideologische Unterschiede zwischen chinesischen Nationalisten und Kommunisten ausgelöst wurden. Während CHIANG KAI-SHEKS Siegeszug nach Norden führten Säuberungsaktionen gegen die Linken in der GUOMINDANG 1927 zu kommunistischen Aufständen in Städten. Als diese unterdrückt wurden, zogen MAO ZEDONGS Kommunisten aufs Land, wo sie ländliche Stützpunkte errichteten, von denen aus ihre Guerillataktik die überlegene Stärke der Nationalisten neutralisieren konnte. Chiangs Streitkräfte benötigten drei Jahre, um Maos Rätesystem in Jiangxi zu zerschlagen, und nach dem LANGEN MARSCH von 1934/35 richteten die Kommunisten sich erneut in Yan'an im Norden ein. Von der japanischen Invasion 1937 bis zum Ende des Zweiten Weltkriegs hielten beide Seiten einen labilen Waffenstillstand aufrecht und führten getrennte Feldzüge gegen den gemeinsamen Feind. Als im April 1946 der amerikanische General George MARSHALL mit dem Versuch einer dauerhaften Kompromisslösung scheiterte, flammten die Kämpfe wieder auf. Bis November 1948 hatte Lin Biao die Mandschu-

Die Chinesische Mauer konnte die Eroberung des Ming-Reichs 1644 nicht verhindern. Ein Verräter ließ die Mandschu durch ein Tor in der Mauer eindringen.

rei erobert. Weitere Rückschläge erlitten die Nationalisten in Zentralchina, und im Januar 1949 fiel Beijing, gefolgt von Nanjing und Shanghai im April. Am 1. Oktober 1949 wurde die Volksrepublik CHINA proklamiert. Der Sieg der Kommunisten war vollendet, als die Nationalregierung im Dezember vom chinesischen Festland nach TAIWAN flüchtete.

Chinesische Mauer, Befestigungswerk,

das zum Schutz vor Nomadeneinfällen aus dem Norden gebaut wurde. Im späten 3. Jh. v. Chr. befahl der erste Kaiser der QIN-DYNASTIE, Shi Huangdi, die Schutzmauern, die einige Grenzstaaten bereits errichtet hatten, zu einer durchgehenden Mauer zu verbinden und zu erweitern. Sie zog sich vom Golf von Liaodong über 2250 km bis in die südliche Mongolei. Von den HAN-Kaisern wurde sie im 1. Jh. v. Chr. im Zug der Expansion nach Zentralasien bis Yumen (Jadetor) in der Provinz Gansu verlängert und mit 25 000 Türmen versehen.

Später wurde ein großer Teil der Mauer auf verschiedenen Strecken neu gebaut, vor allem vom nördlichen Wei-Reich, der Sui-Dynastie und zuletzt von den MING zwischen dem 14. und 17. Jh. Die heutige Mauer ist weitgehend ein Bauwerk der Ming-Zeit. Sie ist etwa 8 m hoch und an der Krone 4 m breit, aus Erde gebaut, aber an den östlichen Abschnitten mit Stein verkleidet. Die Mauer diente als Scheidelinie zwischen Steppe und Kulturland. Richtig verteidigt, konnte sie feindliche Überfälle verhindern; sonst konnten die Steppenbewohner durch ihre unverteidigten Tore reiten.

Chinesische Revolution

(1911), Sturz der QING-Dynastie bzw. der MANDSCHU-Kaiser, der zur Errichtung einer kurzlebigen Republik führte. Ein halbes Jahrhundert voller Aufstände gegen die Mandschu zwang die kaiserliche Regierung, Provinzialversammlungen eine begrenzte Autorität zu übertragen. Diese wurden dann Machtbasen für Verfassungsreformer und Republikaner. Ihr Widerstand gegen die Verstaatlichung der wichtigsten Eisenbahnlinien schwächte die Regierung so sehr, dass sie den republikanischen Aufstand von Wuchang am 10. Oktober 1911 nicht niederschlagen konnte. Bis Ende November waren 15 Provinzen abgefallen und am 29. Dezember proklamierten ihre Delegierten eine Republik mit SUN YAT-SEN als provisorischem Präsidenten. Im folgenden Februar wurde der letzte Qing-Kaiser Pu Yi zur Abdankung gezwungen und Sun trat zurück, um Platz für Yüan Shikai zu machen. Die im März 1912 veröffentlichte provisorische Verfassung sah ein demokratisch gewähltes Parlament vor, das aber übergangen und von Yüan aufgelöst wurde, nachdem eine gescheiterte „Zweite Revolution" von 1913 seine Autorität infrage gestellt hatte. 1915 erklärte sich Yüan zum Kaiser.

Japanische Soldaten rücken 1939 in Guangzhou ein. Die Niederlage im Zweiten Weltkrieg beendete Japans Versuch, nach China zu expandieren.

Chinesisch-Japanische Kriege (1894/95; 1937–45), zwei bewaffnete Konflikte, die Asiens spätere Geschichte beeinflussten. Durch die Expansionspolitik Japans ausgelöst, brachen beide Kriege ohne formelle Kriegserklärungen aus.

Obwohl KOREA seit dem 17. Jh. ein Vasallenstaat seines Nachbarn China war, wurde es 1876 für den japanischen Handel geöffnet. Bald wurde es zum Schauplatz für Rivalitäten zwischen China und dem expandierenden japanischen Staat und 1894 lieferte eine Rebellion beiden Seiten einen Vorwand, Truppen zu schicken. Die chinesischen Streitkräfte wurden schnell von den überlegenen und besser ausgerüsteten japanischen Truppen überwältigt. Der Konflikt weitete sich nach China aus, wo die Hauptflotte der Chinesen in der Schlacht im Gelben Meer geschlagen wurde; Port Arthur, heute Lüshun, wurde eingenommen und die chinesische Hauptstadt Beijing von den vorrückenden Japanern bedroht. China war gezwungen, Korea die Unabhängigkeit zu gewähren und kommerzielle und territoriale Zugeständnisse zu machen, die einer japanischen Konfrontation mit Russland in Nordostasien den Weg bereiteten.

China blieb ein Ziel des japanischen Expansionsdrangs und nach dem MUKDEN-ZWISCHENFALL von 1931, bei dem japanische Truppen in einem Überraschungsangriff eine chinesische Garnison überrannten, nahm die Spannung zu und ein zweiter Krieg wurde unausweichlich. Die Feindseligkeiten brachen 1937 nach einem Zusammenstoß nahe der Marco-Polo-Brücke westlich von Beijing aus. Binnen eines Jahres hatten die Japaner den Norden Chinas überrollt und rückten am Chang Jiang, dem Jangtse, und den Bahnlinien entlang vor, um Shanghai, Guangzhou, Hankou und Nanjing zu erobern, wo sie über 100 000 Zivilisten ermordeten. Chiang Kai-sheks GUOMINDANG und Kommunisten kämpften gemeinsam gegen die Invasoren. Angesichts des hartnäckigen Widerstands und der Probleme der großen

Entfernungen und schlechten Verkehrswege stoppten die Japaner den Vorstoß und es folgte praktisch ein Patt, bis die Kämpfe im globalen Muster des Zweiten Weltkriegs aufgingen. Mit britischen und amerikanischen Waffen versorgt, banden die Chinesen während des ganzen Kriegs über 1 Mio. japanische Soldaten, brachten ihnen bei Jiangxi 1942 eine schwere Niederlage bei und schlugen eine letzte Reihe von Offensiven 1944 und 1945 erfolgreich zurück.

Am 9. September 1945 kapitulierten die Japaner vor Chiang Kai-shek. Der Kampf um die Herrschaft über China wurde zwischen Chiangs nationalistischen Truppen und Mao Zedongs ROTER ARMEE fortgesetzt.

Chlodwig I. (um 466–511), Gründer des Fränkischen Reiches und der Dynastie der Merowinger. Indem er seinen kleinen Stamm der salischen FRANKEN 486 bei Soissons zum Sieg über den letzten römischen Machthaber in GALLIEN führte, dehnte Chlodwig seine Herrschaft von Tournai im heutigen Belgien über das gesamte Gebiet zwischen Loire und Seine aus. Zehn Jahre später besiegte er die Alemannen, gewann den Oberrhein und schlug dann die Westgoten bei Poitiers, womit er sein Herrschaftsgebiet bis zu den Pyrenäen erweiterte. Chlodwig fügte seinem Reich auch mehrere kleine Königreiche in Nordfrankreich ein. Starke Unterstützung seitens der katholischen Kirche, die er nach seiner Bekehrung zum CHRISTENTUM gewann, sicherten das Fortbestehen der merowingischen Dynastie.

Chopin, Fryderyk (1810–49), polnischer Komponist und Pianist. Chopin ließ sich 1831 in Paris nieder und genoss sieben erfolgreiche Jahre als Konzertpianist, bevor er sich von öffentlichen Vorträgen zurückzog, um sich dem Komponieren virtuoser Klaviermusik von leidenschaftlicher Intensität zu widmen. Chopins Kompositionen griffen häufig auf polnische Volkstanzformen und -rhythmen zurück und spiegelten angeblich Chopins nationalistische Neigungen. Er machte das Nocturne, die Polonaise und die Ballade populär. Chopins anhaltend schlechte Gesundheit, allgemein bekannte Liebesaffären – besonders mit der französischen Schriftstellerin George Sand – und der frühe Tod haben ihn zum Inbegriff des „romantischen" Komponisten gemacht.

Christentum, Religion jener, die an Jesus Christus als Sohn Gottes glauben und gemäß seinen Lehren leben. Seine 1300 Mio. Anhänger verteilen sich auf drei Hauptgruppen: die KATHOLISCHE, ORTHODOXE und protestantische Kirche. Das Christentum hat seine Wurzeln im Glauben einer Gruppe palästinensischer Juden, die in Jesus den Messias sahen, den „Gesalbten" – lateinisch *Christus* –,

Der 19-jährige Chopin am Klavier in einem Berliner Salon (oben) und die handschriftliche Partitur einer Polonaise von 1842 (links)

der die Juden von der römischen Herrschaft befreien würde. Seine Lehren wurden durch seine Jünger verbreitet, vor allem den bekehrten Pharisäer PAULUS, der durch Kleinasien reiste, Griechenland und Rom besuchte und predigte, dass der Glaube an Jesus seine Anhänger von der Einhaltung der rituellen Forderungen des jüdischen Gesetzes befreite. Dies öffnete das Christentum für die vielen Nichtjuden, die einen anderen Glauben als das römische Heidentum suchten, aber nicht bereit waren, die rituellen Verpflichtungen des Judentums auf sich zu nehmen. Trotz wiederholter Behelligung durch die römischen Behörden breitete sich das Christentum schnell aus, bis Kaiser Decius 250 begann, die Christen systematisch zu verfolgen. Doch die Unterdrückung löschte den Glauben nicht aus, sondern stärkte ihn vielmehr und während des 3. Jh. breitete er sich über das ganze Römische Reich aus. 313 beendete Kaiser KONSTANTIN die Unterdrückung und 380 erkannte THEODOSIUS das Christentum als offizielle Staatsreligion an. Bis dahin hatte das Christentum auch Armenien, Ägypten, Persien und vermutlich Teile Südindiens erreicht.

Um 200 begannen Kirchenführer, die maßgeblichsten Schriften im Neuen Testament der BIBEL zu sammeln, doch war die Auswahl erst 382 vollendet. Auf ein Bekenntnis des christlichen Glaubens hatte

sich das Konzil von NICÄA 352 geeinigt, aber mit der Ausbreitung der Kirche kamen auch Kontroversen um die Lehre und Organisationsfragen auf. Was als kulturelle und sprachliche Kluft zwischen der Ostkirche mit dem Zentrum Konstantinopel und der Westkirche in Rom begonnen hatte, wurde ein Streit um die Lehre und führte zum GROSSEN SCHISMA von 1054. Nach der Plünderung Konstantinopels während eines KREUZZUGS 1204 verfestigte sich die Spaltung.

Im Westen beruhte die Einheit der katholischen Kirche auf dem politisch einflussreichen Papsttum. Sie wurde allerdings durch die protestantische REFORMATION des 16. Jh. untergraben, als autonome reformierte Kirchen entstanden. Um 1800 war Roms politische Macht zurückgegangen, doch behielten die wichtigen moralischen Lehren der katholischen und protestantischen Kirche ihren Einfluss auf Regierungen wie auf den Einzelnen. Die politischen, sozialen und wissenschaftlichen Revolutionen des 19. Jh. brachten neue Herausforderungen und schwächten die Verbindungen zwischen Kirche und Staat. Zunehmende naturwissenschaftliche Kenntnisse stellten biblische Inhalte infrage – besonders die Schöpfungsgeschichte, gegen die Charles DARWINS Evolutionstheorie stand. Dennoch war dies auch eine Zeit intensiver Missionstätigkeit, vor allem durch die protestantischen Kirchen. Ihre Arbeit wurde von einem zunehmenden sozialen Gewissen inspiriert, und christliche Überzeugungen waren oft wichtige Faktoren in vielen Kampagnen mit dem Ziel, die Sklaverei abzuschaffen, Gesetze zum Schutz der Arbeiter einzuführen und Bildungs- und Wohlfahrtssysteme zu begründen.

Im 20. Jh. sind die Bindungen zwischen Kirche und Staat in den meisten Ländern fast verschwunden und unter manchen Regimen sind Kirchen gewaltsam unterdrückt worden. In Westeuropa ist die Zahl der Kirchenmitglieder stetig zurückgegangen, dagegen nimmt sie in vielen Entwicklungsländern zu. Das Bedürfnis nach einer größeren Einheit der Kirchen wurde mit der Einrichtung des WELTKIRCHENRATS 1948 anerkannt.

Christian I. (1426–81), König von Dänemark und Norwegen 1448–81 und von Schweden 1457–64, Begründer des Hauses Oldenburg. Vom dänischen Reichstag zum König gewählt, bekräftigte Christian seinen neuen Rang, indem er die Witwe seines Vorgängers heiratete. Nach dem Krieg 1451–57 übernahm er auch den schwedischen Thron, verlor ihn aber später an den schwedischen Adel. Er gewann Schleswig und Holstein und führte 1469–74 einen Krieg gegen England.

Christine (1626–89), Königin von Schweden von 1632 bis zu ihrer Abdankung 1654. Mit sechs Jahren folgte sie ihrem Vater GUSTAV II. ADOLF auf den Thron. Nachdem sie von ihrem Reichskanzler Axel OXENSTIERNA, der Schweden während ihrer Minderjährigkeit regierte, 1644 die Zügel übernommen hatte, erwies sich Christine als kluge, wenn auch rastlose und eigensinnige Herrscherin. Sie zog ausländische Künstler und Gelehrte, unter ihnen René DESCARTES, an ihren Hof. 1650 kam es zu einer ernsten Verfassungskrise und sie sah sich wachsender sozialer Unruhe gegenüber. Diese Tatsache in Verbindung mit ihrem heimlichen Übertritt zum geächteten katholischen Glauben veranlasste sie 1654, zugunsten ihres Cousins KARL X. abzudanken. Christine verbrachte ihre verbleibenden Jahre meist in Rom, wo sie die Kunst förderte und sich erfolglos um die Kronen von Neapel und Polen bemühte.

Christlich-Demokratische Union, abgekürzt CDU, im Jahr 1945 gegründete deutsche Volkspartei für Christen aller Konfessionen und Angehörige aller sozialen Schichten. Sie war mit den ihr angehörenden Bundeskanzlern Konrad ADENAUER, Ludwig ERHARD, Kurt-Georg KIESINGER und Helmut KOHL maßgeblich am Aufbau der BUNDESREPUBLIK DEUTSCHLAND und der Wiedervereinigung beteiligt.

Christlich-Soziale Union, abgekürzt CSU, 1945 in München gegründete christlich-konservative politische Partei, die auf Bayern beschränkt ist. Sie spielt eine Doppelrolle als selbstständige Landespartei und – in Fraktionsgemeinschaft mit der CDU – als Bundespartei. Zu ihren bedeutendsten Vorsitzenden zählte Franz Josef STRAUSS.

Offizier und Gentleman

Sir Winston Churchill symbolisierte während des Zweiten Weltkriegs Widerstandsgeist sowie Durchhaltewillen und genoss als Staatsmann großes internationales Ansehen.

Als der 1874 geborene Sir Winston Churchill im Alter von 25 Jahren Mitglied des Parlaments wurde, hatte er bereits eine Karriere als Soldat und Kriegsberichterstatter hinter sich. Churchill wurde durch seinen Vater in die Politik hineingeboren: Lord Randolph Churchill war Schatzkanzler für die Konservativen gewesen. Winstons Wechsel 1904 von den Unionisten zu den Liberalen machte ihn in den Augen vieler zum bloßen Opportunisten. Während des nächsten Jahrzehnts stieg er schnell durch die liberale Hierarchie zum Handelsminister, Innenminister und 1911 zum Ersten Lord der Admiralität auf.

Auf einem Kriegsplakat in den USA steht Churchill für die „Bulldoggenrasse".

Der Erste Weltkrieg brachte Churchill einen politischen Rückschlag. Er versuchte, das Patt an der Westfront durch einen Angriff auf die Türkei zu beenden, aber die Landung an den Dardanellen schlug fehl und er wurde zum Sündenbock gemacht.

Nach dem Krieg kehrte Churchill zu den Konservativen zurück. Er war 1924–29 Schatzkanzler, bekam aber in den 30er-Jahren wegen des Festhaltens am Britischen Empire und seiner Angriffe auf die Beschwichtigungspolitik der Regierung gegenüber Adolf Hitler kein Amt. Beim Ausbruch des Zweiten Weltkriegs 1939 hatte kein anderer Politiker eine so standhafte Opposition gegen den Aufstieg des Faschismus vorzuweisen wie er. 1940 wurde er Premierminister. Seine Reden forderten Wider-

stand und sein enormes Vertrauen auf den Sieg riss die Nation mit. Er bemühte sich um amerikanische Hilfe und förderte nach dem Kriegseintritt der USA 1941 die Zusammenarbeit zwischen Großbritannien und Amerika. Obwohl er dem Kommunismus ablehnend gegenüberstand, wusste er, dass die Zusammenarbeit mit Stalin ein notwendiges Übel war.

Der Wahlsieg der Labour Party 1945 beendete seine Amtszeit. Nachdem er schon früher biographische und historische Werke geschrieben hatte, begann er nun, seine eigene Geschichte des Kriegs zu verfassen. Seine Leistungen trugen ihm 1953 den Nobelpreis für Literatur ein. 1952–55, auf dem Höhepunkt des Kalten Krieges, war er noch einmal Premierminister, aber sein Einfluss nahm ab, nachdem er 1953 einen Schlaganfall erlitten hatte.

Gegen Ende seines Lebens musste Churchill akzeptieren, dass der weltweite Einfluss Großbritanniens allmählich nachließ. Sein Staatsbegräbnis in London 1965, zu dem sich die Führer der Welt versammelten, kennzeichnete gleichzeitig auch das Ende der imperialen Ära seines Landes.

Churchill (Mitte) besucht während der Invasion der Alliierten in Frankreich im Juni 1944 die Front in der Normandie. Links steht General Montgomery.

Die fantasievolle Rekonstruktion des Circus Maximus in Rom durch einen italienischen Künstler des 17. Jh. zeigt Box- und Gladiatorenkämpfe, Leichtathletik und Reiterturniere in der Arena.

Chruschtschow, Nikita (1894–1971), Führer der Sowjetunion 1958–64. Als Sohn eines Bergarbeiters trat Chruschtschow 1918 der kommunistischen Partei bei und ging ein Jahr später zur ROTEN ARMEE. Nach der Ausbildung an einem technischen Institut erlaubten ihm seine technischen und organisatorischen Fähigkeiten, in der Hierarchie der kommunistischen Partei aufzusteigen und den Säuberungen Jossif STALINS in den späten 30er-Jahren zu entgehen. 1938–49 war er Erster Sekretär für die Ukraine, organisierte dort den Widerstand während des Zweiten Weltkriegs und schuf und erweiterte danach die staatlichen Landwirtschaftsbetriebe, die Sowchosen. Aus dem Machtkampf nach Stalins Tod 1953 ging Chruschtschow als Erster Sekretär der Kommunistischen Partei hervor.

1956 erregte Chruschtschow Aufsehen, als er Stalin und dessen „Personenkult" anprangerte. Im folgenden Prozess der „Entstalinisierung" wurden Tausende von politischen Gefangenen freigelassen. Die Sicherheitskontrollen wurden gelockert und Zugeständnisse an eine Verbraucherwirtschaft gemacht. Chruschtschow führte weit reichende Veränderungen in der regionalen Wirtschaftsverwaltung ein und steigerte die landwirtschaftliche Produktion. Im Ausland stimmte Chruschtschow 1956 zu, den Polen unter Wladyslaw GOMULKA mehr Freiheit zuzugestehen, unterdrückte aber mit sowjetischen Truppen den UNGARISCHEN AUFSTAND. Im März 1958 übernahm er auch das Amt des Ministerpräsidenten der Sowjetunion. Obwohl Chruschtschow eine Politik der „friedlichen Koexistenz" mit dem Westen verfolgte, brachte er die Sowjetunion 1962 in der KUBA-KRISE an den Rand eines Krieges mit den USA. Im folgenden Jahr unterschrieb er das TESTSTOPPABKOMMEN mit den USA und Großbritannien. Chruschtschows ideologische Fehde mit MAO ZEDONG brachte die Gefahr eines Krieges mit China. 1964 setzten ihn Mitglieder des Politbüros unter Führung seines Nachfolgers Leonid BRESCHNEW vor allem wegen Misserfolgen in der Landwirtschaft ab.

Churchill, Sir Winston siehe Seite 97

Cicero, Marcus Tullius (106–43 v. Chr.), römischer Politiker, dessen Bedeutung auf seinen Schriften beruht. Cicero machte sich einen Namen als Anwalt in Zivil- und Strafprozessen, besonders 70 v. Chr. als Ankläger des korrupten Statthalters von Sizilien, Verres. Während sein Ansehen wuchs, sah der Adel in ihm einen Anwärter auf das Konsulat, das er 63 erreichte. Cicero bekämpfte erfolgreich Catilina und seine Mitverschwörer, die Rom in ihre Gewalt bringen wollten. Als er aber das Erste Triumvirat – bestehend aus POMPEIUS, CRASSUS und Iulius CAESAR – anprangerte, musste er wegen des aus der Luft gegriffenen Vorwurfs, er habe die catilinischen Verschwörer ohne Prozess hinrichten lassen, ins Exil gehen. Er durfte 57 zurückkehren, am Vorabend des Bürgerkriegs zwischen Caesar und Pompeius, den er vergebens abzuwenden suchte. Im Krieg hielt er zu Pompeius und der Sache des Senats, aber von der Führungsqualität des Generals enttäuscht, kehrte er nach dessen Niederlage bei Pharsalos nach Italien zurück. Obwohl Caesar ihm sein Eintreten für Pompeius verzieh, gab Cicero die Politik auf, um sich seinen philo-sophischen Schriften zu widmen. Caesars Ermordung betrachtete er als neue Chance, die alte Verfassung wieder herzustellen. In der Hoffnung, die Republik erneut zu beleben, prangerte er Marcus ANTONIUS in den „Philippischen Reden" an und 43 befahlen Antonius, Oktavian und Lepidus, die neuen Führer des Reiches, seine Hinrichtung.

Circus, in römischer Zeit Ort der Unterhaltung, wo Wagenrennen veranstaltet wurden und dessen Name sich von der Rennbahn der Arena herleitet. Roms größter Circus, der Circus Maximus, bot 350 000 Menschen oder einem Drittel der Einwohner Roms Platz. Bei den Rennen, die an 90 Tagen des Jahres stattfanden, vertraten vier konkurrierende Mannschaften in Grün, Rot, Blau und Weiß die vier Elemente, während die vier Pferde jeder Mannschaft die Jahreszeiten darstellten. Bei jeder Veranstaltung wurden 24 Rennen von je sieben Runden ausgetragen. Obwohl diese unter dem Motto „Brot und Spiele" stehenden Tage Spannungen im römischen Volk ableiten sollten, war manch ein Circus der Schauplatz von Aufruhr und politischem Mord.

Cixi (um 1835–1908), skrupellose chinesische Kaiserinwitwe 1862–1908, die hinter dem BOXERAUFSTAND stand. Als MANDSCHU von Geburt und Konkubine des Kaisers Xianfeng gebar Cixi im Jahr 1856 einen Sohn. Sechs Jahre später, als der Knabe den Thron als Kaiser Tongzhi erbte, wurde seine Mutter Regentin und regierte China zwölf Jahre lang. Nach nur einem Jahr selbststän-

Eingerahmt von den Prinzessinnen Deling und Rongling posiert die Kaiserinwitwe Cixi nach dem Boxeraufstand in Beijing für die Kamera.

diger Regierung starb Tongzhi unter ungeklärten Umständen – möglicherweise von der Hand seiner Mutter – und sein vierjähriger Cousin kam als Kaiser Guangxu auf den Thron, worauf Cixi wieder die Regentschaft übernahm. Sie übte ihre Macht rücksichtslos aus und als Guangxu in den 90er-Jahren des 19. Jh. ihre konservative Politik in der Reformära der 100 Tage umstellen wollte, setzte sie ihn gefangen. Als Anstifterin des BOXERAUFSTANDS floh Cixi aus Beijing, nachdem ausländische Truppen eingriffen; obwohl sie bei ihrer Rückkehr 1902 Reformen gewährte, verzögerte sie bis zu ihrem Tod die Errichtung einer konstitutionellen Monarchie.

Clan, Stammesverband von Familien mit einem gemeinsamen Stammvater und Nachnamen. Auf den Britischen Inseln, wo Clans immer sowohl politische als auch gesellschaftliche Bedeutung hatten, waren ihre Mitglieder dem Häuptling im Allgemeinen bedingungslos ergeben. Schottlands Könige benötigten die Unterstützung der Clans und nutzten Rivalitäten unter diesen oft zum Machterhalt aus. Während der Reformation verstärkten sich solche Rivalitäten, besonders zwischen den Highland- und Lowland-Clans, oft aufgrund religiöser Unterschiede. Die Clans der Highlands blieben römisch-katholisch und traten im englischen Bürgerkrieg auf die Seite der Royalisten. Ihr entschiedener Widerstand gegen WILHELM III. von Oranien führte 1692 zum Blutbad von Glencoe. Ihre führende Rolle in den JAKOBITENAUFSTÄNDEN 1715–45 veranlasste die britische Regierung, das Tragen des Kilts zu verbieten und das System des gemeinschaftlichen Landbesitzes auszuhöhlen, um die Macht der Clans zu brechen. Auch in Irland wurde das auf den Clans beruhende Gesellschaftssystem nach den Aufständen des 16. Jh. nach und nach durch militärische Unterdrückung und umfassende Landeinziehungen zerstört. In anderen Teilen der Welt, vor allem im südlichen Afrika, sind Bindungen an den Clan oft stärker als an den Stamm und bilden die Grundlage zahlreicher politischer Bündnisse.

Clarendon, Edward Hyde, Earl of (1609–74), englischer Staatsmann, Historiker und königlicher Ratgeber. Clarendons politische Laufbahn begann im Kurzen und LANGEN PARLAMENT als Gegner königlicher Autorität. 1641 weigerte er sich, die Anklage gegen den König und eine Veränderung des Verhältnisses zwischen Kirche und Staat zu unterstützen, wechselte die Seiten und wurde nun ein vertrauter Ratgeber KARLS I. und später KARLS II., mit dem er das Exil teilte. Nach der Wiederherstellung der Monarchie förderte er als Lordkanzler Karls II. die Versöhnungspolitik des Königs. Sein Einfluss erreichte durch die Heirat seiner Tochter Anna mit dem Thronerben Jakob, Herzog von York, den Höhepunkt. Da Clarendon mit der als Clarendon Code bezeichneten Gesetzgebung – die 1661–65 eingeführt wurde und die versuchte, die Oberhoheit der Kirche von England über Katholiken und Andersgläubige zu garantieren – nicht sympathisierte, widersetzte er sich den Wünschen des Königs, die Gesetze durchzusetzen. Da man ihm die Schuld an der Niederlage im zweiten ENGLISCH-HOLLÄNDISCHEN SEEKRIEG gab, wurde Clarendon 1667 entmachtet und floh nach Frankreich, um einer Anklage zu entgehen. Vom royalistischen Standpunkt, aber mit bemerkenswerter Objektivität schrieb er eine Geschichte des englischen Bürgerkriegs, die 1702–04 herauskam.

Clarendon, Konstitution von (1164), von HEINRICH II. von England in Clarendon bei Salisbury erlassene Urkunde, die bestimmte Beziehungen zwischen Kirche und Staat festlegte. Der umstrittenste Punkt in Heinrichs 16 Vorschlägen betraf seinen Anspruch auf das Recht, Geistliche vor seine Gerichte zu bringen, die bereits von kirchlichen Gerichten verurteilt worden waren. Geistliche, allen voran Thomas BECKET, hielten dies für eine Einmischung der Krone. Nach Beckets Ermordung 1170 gewährte Heinrich das Vorrecht des Klerus, das angeklagten Geistlichen erlaubte, die Verhandlung vor weltlichen Gerichten abzulehnen, gab aber in keinem der anderen Punkte nach.

Claudius (10 v. Chr.–54 n. Chr.), römischer Kaiser 41–54. Der oft wegen seines Hinkens und eines Sprachfehlers verspottete, aber kluge und gelehrte Claudius war der Neffe von TIBERIUS und der Onkel von Gaius CALIGULA, mit dem er gemeinsam das Konsulat innehatte. Nach Caligulas Ermordung wurde Claudius, der sich im kaiserlichen Palast versteckte, von der Prätorianergarde gefunden, die ihn gegen den Willen des Senats zum Kaiser proklamierte. Er zeigte aktives Interesse an zivilen und militärischen Fragen und machte sich daran, die Schäden zu beheben, die die vorangegangene Regierung angerichtet hatte. Er nahm an der Invasion Britanniens teil, das ebenso wie Mauretanien dem Reich eingegliedert wurde, und fügte den Namen seines Sohns „Britannicus" hinzu, um den neuen Besitz anzuzeigen. Seine berühmt-berüchtigte untreue dritte Gattin Messalina, die Mutter seiner Kinder Britannicus und Octavia, ließ Claudius nach einer Art „öffentlicher" Heirat mit ihrem Liebhaber hinrichten. Seine vierte Gattin, seine Nichte Agrippina, soll ihn vergiftet haben, um die Thronbesteigung ihres Sohns NERO zu beschleunigen.

Clausewitz, Carl von (1780–1831), preußischer General und Stratege. Sein Name verbindet sich vor allem mit seinem postum erschienenen, unvollendeten Werk *Vom Kriege* (1833), das große Wirkung auf strategische Studien hatte. Darin legt Clausewitz u. a. dar, dass ein Krieg, als Fortsetzung der Politik, schnell und rücksichtslos geführt werden muss, um ein klares und rasches Ergebnis zu erzielen. Nach Feldzügen im Rheinland trat Clausewitz 1801 in die Militärakademie in Berlin ein. Hier wurde er geprägt von dem Heeresreformer Gerhard von SCHARNHORST, den er später bei der Reform des preußischen Heeres unterstützte. Clausewitz diente 1812–14 in der russischen Armee und hatte Anteil am Zustandekommen der Konvention von Tauroggen 1812, die dem Ab-

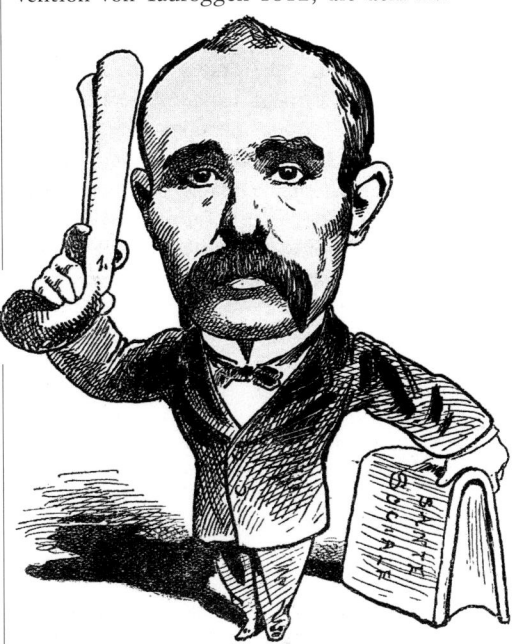

Eine Karikatur Georges Clemenceaus soll den zwiespältigen Charakter des französischen Politikers andeuten.

fall Preußens von Frankreich im darauf folgenden Jahr den Weg ebnete. Clausewitz trug auch dazu bei, das Bündnis zwischen Preußen, Russland und Großbritannien gegen NAPOLEON zu schmieden.

Clemenceau, Georges (1841–1929), französischer Politiker, der Vorsitzender der Versailler Friedenskonferenz war. Obwohl Clemenceau seit 1871 der Nationalversammlung angehörte, erlangte er erst durch seine leidenschaftliche Verteidigung von Alfred DREYFUS 1897 politisches Gewicht. Er führte die äußerste Linke in der Versammlung, setzte sich für tief greifende soziale Veränderungen ein und verdiente sich den Spitznamen „der Tiger". Als Innenminister und dann als Ministerpräsident 1906–09 kostete ihn die rücksichtslose Unterdrückung der Streiks und Demonstrationen, die Frankreich unter seiner Amtszeit erlebte, viel von der breiten Unterstützung, die ihm sein früherer Standpunkt eingebracht hatte. Gegen Ende des Ersten Weltkriegs 1917, als die französische Moral einen Tiefpunkt erreichte, wurde Clemenceau wieder Ministerpräsident und bildete sein Siegeskabinett, in dem er selbst Kriegsminister war. Er überredete die Alliierten, FOCH als Oberbefehlshaber zu akzeptieren. Weniger überzeugend war er bei der Konferenz von Versailles 1919, denn Frankreich erhielt zwar ELSASS-LOTHRINGEN zurück, aber Clemenceaus Anspruch auf das Saarland und Forderungen, Deutschland müsse die Kontrolle über das gesamte linke Rheinufer abtreten sowie die gesamten Kriegskosten übernehmen, wurden von den anderen Alliierten abgelehnt. Diese Fehlschläge trugen zu seiner Niederlage bei der Präsidentschaftswahl 1920 bei.

Cleveland, Grover (1837 bis 1908), zweimal Präsident der USA 1885–89 sowie 1893–97. Als Gouverneur von New York in den Jahren 1883/84 machte sich Cleveland rasch einen Namen als Reformer, der unabhängig von den korrupten Umtrieben der TAMMANY HALL war. Als Kandidat der Demokraten für die Präsidentschaft 1884 verhalf Cleveland die Unterstützung vieler reformwilliger Republikaner zu einem knappen Sieg über seinen republikanischen Rivalen James Blaine. Cleveland trat für niedrige Zölle und Reformen des öffentlichen Dienstes ein, aber diese boten keine Antwort auf die landesweite Wirtschaftskrise während seiner zweiten Amtszeit, als er auf ungeheure Kredite von einem Bankenkonsortium unter Führung von J.P. Morgan angewiesen war, um den Staatshaushalt auszugleichen. Während Cleveland sich gegen die zunehmenden imperialistischen Neigungen wandte und eine amerikanische Intervention auf Hawaii und in Kuba strikt ablehnte, erweiterte er mit seinem beharrlichen Drängen auf eine Schiedsrichterrolle im Streit zwischen Großbritannien und Venezuela 1897 um die Grenze von Guyana die MONROE-DOKTRIN.

Clinton, Bill (1946–), Politiker der Demokratischen Partei und seit 1993 Präsident der USA. In Arkansas geboren, gewann Clinton ein Rhodes-Stipendium für Oxford und studierte auch an der Yale University, bevor er in die Politik ging und Gouverneur von Arkansas wurde. Seine Versprechen, das Bundesdefizit durch Kürzung der Militärausgaben zu verringern und die Investitionen im Bildungs- und Gesundheitswesen zu er-

höhen, trugen dazu bei, dass er 1992 die Wahl zum Präsidenten gegen den Amtsinhaber George BUSH gewann, doch nach seinem Amtsantritt vermochte er seine Zusicherungen nicht einzuhalten. Clintons Wahl seiner Frau Hillary als Leiterin eines Programms zur Verbesserung der Gesundheitsfürsorge wurde vom Kongress und von den Medien heftig kritisiert.

1994 erreichte Clinton eine Übereinkunft mit dem russischen Präsidenten Boris JELZIN, die Kernwaffen zu reduzieren, und er leistete einen wichtigen Beitrag zum Friedensprozess in Nordirland, doch wurde ihm in den frühen Stadien des Krieges in BOSNIEN Unentschlossenheit vorgeworfen. Der Whitewater-Skandal um angebliche finanzielle Unregelmäßigkeiten während Clintons Amts-

Wie viele Politiker erhält Bill Clinton im Wahlkampf die Unterstützung seiner Familie und lässt sich häufig zusammen mit seiner Frau Hillary und Tochter Chelsea fotografieren.

zeit als Gouverneur belastete seine ersten Jahre im Amt, während seit Mitte 1995 ein von den REPUBLIKANERN dominierter KONGRESS und SENAT ein Klima schufen, das seiner Regierung feindlich gesonnen ist.

Seit einigen Jahren ist Clintons Präsidentschaft von Vorwürfen des Amtsmissbrauchs überschattet worden. Bis Februar 1999 lief ein Verfahren zur Amtsenthebung, IMPEACHMENT, gegen ihn. Im Zusammenhang mit seiner intimen Beziehung zu einer ehemaligen Praktikantin des Weißen Hauses wurden ihm Meineid und Behinderung der Justiz zur Last gelegt. Zu einer Amtsenthebung kam es jedoch nicht, da die Republikaner die für einen Schuldspruch notwendige Zweidrittelmehrheit im Senat nicht erreichten.

Cluny siehe rechte Seite

Cobden, Richard (1804–65), britischer Unternehmer und Wirtschaftspolitiker. In der Überzeugung, der FREIHANDEL werde den internationalen Frieden fördern, gründete Cobden 1839 zusammen mit John Bright die Anti-Korn-Zoll-Liga, die entscheidenden Anteil an der Aufhebung der

Korngesetze 1846 hatte. Durch seinen unermüdlichen Einsatz für den Freihandel mit Getreide vernachlässigte er seine Geschäftsinteressen, sodass er vor dem Ruin stand, bis eine von seinen Anhängern organisierte Spendenaktion rund 80 000 Pfund zusammenbrachte. Die öffentliche Unterstützung, die er erhielt, war so groß, dass zwei Wahlkreise ihn 1848 ins Parlament wählten, obwohl er während des ganzen Wahljahrs durch Europa reiste. Als Parlamentsmitglied wirkte Cobden an dem englisch-französischen Vertrag von 1860 mit, der Zollsenkungen und Erweiterung des Handels zwischen beiden Staaten vereinbarte. Während des SEZESSIONSKRIEGS half Cobdens offenes Eintreten für den Norden, die Spannungen zwischen der amerikanischen und britischen Regierung abzubauen. Gemildert wurde sein Radikalismus durch Zweifel an der Erweiterung des Wahlrechts, den Glauben an ein Mindestmaß an staatlicher Einmischung und eine Abneigung gegen Gewerkschaften.

Code Napoléon, erste moderne Kodifizierung des französischen Privatrechts. Zwischen 1800 und 1804 von einer Kommission unter Aufsicht Napoleons ausgearbeitet, organisierte der *Code Civil* Frankreichs Rechtssystem neu. Seine Artikel bildeten einen Kompromiss zwischen revolutionären Prinzipien und römischem Recht – dem alten bürgerlichen Recht, das in Europa verbreitet angewendet wurde – und machte die Rechte des Einzelnen gegenüber den von der Kirche eingeführten und dem Gewohnheitsrecht geltend. 1904 revidiert, ist der Code Napoléon heute noch die Grundlage des französischen Privatrechts und ist auch von anderen europäischen Staaten übernommen worden. In Baden galt er bis zum Jahr 1899 als Badisches Landrecht.

Coke, Thomas William, Earl of Leicester (1752–1842), britischer Grundbesitzer und landwirtschaftlicher Neuerer, der neue Formen des Ackerbaus durch Fruchtwechsel einführte. Nachdem Coke 1776 Holkham Hall in Norfolk geerbt hatte, widmete er fortan sein Leben der Arbeit auf seinem Landbesitz. Coke folgte dem früheren Beispiel des ebenfalls aus Norfolk stammenden Landwirts und Neuerers Charles Townshend und pflanzte Rüben als Winterfutter, ersetzte Roggen durch Weizen, führte bessere Rinderzuchtmethoden ein und verbesserte die Bodengüte durch Verteilen von Lehm. Mit Erfolg ermunterte er seine Pächter zu ähnlichen Praktiken und gewährte denen, die seinem Rat folgten, langfristige Pachtverträge zu angemessenen Zinsen. Die besseren Produkte und höheren Erträge auf diesen Bauernhöfen ermutigten andere Landwirte, ebenfalls den Fruchtwechsel einzuführen.

Blüte des Mönchtums

*Das bedeutende Kloster Cluny fand unter einer Reihe charismatischer Äbte
in ganz Europa Zustimmung für seinen Gottesdienst, während seine herrlichen Bauwerke
die Ausbreitung der romanischen Architektur förderten.*

Zu Beginn des 10. Jh. gründete Herzog Wilhelm der Fromme von Aquitanien für das Seelenheil seiner Familie ein Kloster in Cluny in Burgund. Wilhelm widmete das Kloster den Aposteln Petrus und Paulus, den Gründern des Heiligen Stuhls in Rom, und stellte es somit unter päpstlichen Schutz, was seinen Ruhm und Rang erhöhte. Über die nächsten 250 Jahre wurde es meist von mächtigen Äbten geleitet, namentlich vor allem von Odo, Maieul, Odilo, Hugo und Petrus Venerabilis. Die Klostergemeinschaft folgte der Regel des heiligen Benedikt, dem Vater des abendländischen Möchtums.

ABT HUGOS KIRCHE

Das Kloster verdankte seine Anziehungskraft zum großen Teil dem Glauben an die Wirksamkeit der Gebete und Almosen seiner Mönche als Fürbitten für Männer und Frauen im Leben und nach dem Tod. Odilo führte die Feier des Allerseelentags (2. November) ein „als Erinnerung aller gläubigen Verstorbenen vom Anbeginn der Welt bis zu ihrem Ende". Jeder in der Reihe der Äbte ergänzte die Bauten. 1088 begann Hugo dank einer großen Schenkung Alfons VI. von León-Kastilien mit dem Bau einer dritten Abteikirche. Alfons glaubte, die

Die neue Abteikirche zu Cluny wurde von Urban II. geweiht. Gegenüber dem Papst stehen Abt Hugo und die Mönche.

Fürbitten der Mönche von Cluny hätten ihn aus der Gefangenschaft befreit und er zählte auf ihre Hilfe bei der Wiedereroberung Spaniens von den Mauren. Auch König Heinrich I. von England zeigte sich vom Wert der religiösen und politischen Unterstützung durch Cluny überzeugt und schickte weitere Summen. Hugos Kirche war größer als die Peterskirche in Rom und gab die Anregung für eine Tradition romanischer Architektur und Skulptur, die sich durch Europa ausbreiten sollte.

Zu Hugos Zeit hatte Cluny einige abhängige Abteien und Prioreien. Besuche in diesen Häusern ermöglichten es den Äbten, in relativ engem Kontakt mit einem großen Kreis von Geistlichen und Laien zu bleiben. Papst Urban II., der für den ersten Kreuzzug predigte, war Mönch in Cluny und später sein Prior gewesen.

Cluny hatte aber auch Kritiker. In Odilos Zeit wurde das Kloster als übertrieben prachtvoll verspottet. „Jetzt bin ich wirklich ein Ritter", wird einer der Mönche sich selbst rühmend dargestellt, „denn ich diene unter dem Befehl eines Königs – mein Herr ist König Odilo von Cluny!" Doch unter Petrus Venerabilis blieb Cluny ein Zentrum des Mönchtums. Abt Petrus gewährte dem Theologen Petrus Abaelard Zuflucht, nachdem der

Zeichnerische Rekonstruktion des Kirchenschiffs von Cluny (rechts) sowie eine im Kloster befindliche Skulptur (unten)

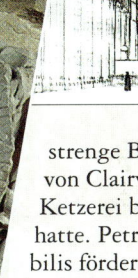

strenge Bernhard von Clairvaux ihn der Ketzerei beschuldigt hatte. Petrus Venerabilis förderte auch eine lateinische Übersetzung des Korans, um zu zeigen, dass der Islam im Zeitalter der Kreuzzüge sowohl verstanden als auch bekämpft werden sollte. Nach Petrus' Tod verlor Cluny seine Bedeutung. Sein Stil passte sich nicht an den Individualismus und die innerliche Spiritualität an, die mit den Zisterziensern im 12. Jh. aufkam.

RELIGIONSKRIEGE

Seit 1518 waren Clunys Äbte vom König ausgewählte Verwalter, die nicht im Kloster lebten. Unter ihnen fanden sich so berühmte Namen wie die Kardinäle Richelieu und Mazarin im 17. Jh. Cluny litt in den Hugenottenkriegen: 1563 verbrannten die Hugenotten Bücher aus seiner Bibliothek und die Plünderungen gingen bis zum Edikt von Nantes 1598 weiter. Cluny erholte sich nie mehr davon. Wie für die meisten französischen Abteien kam das Ende mit der Französischen Revolution. Das Klosterleben endete 1790 und am 25. Oktober 1793 wurde in Hugos dritter Kirche zum letzten Mal die Messe gefeiert. 1798 kauften zwei Händler aus Mâcon die Ruine. Teile des südlichen Querschiffs stehen noch und erinnern an die Majestät des cluniazensischen Mönchtums auf seinem Höhepunkt im 11. Jh.

Colbert, Jean-Baptiste (1619–83), französischer Staatsmann und führender Ratgeber LUDWIGS XIV. von Frankreich. Der Sohn eines Tuchhändlers sollte ursprünglich Kaufmann werden. Nachdem er sein Talent in finanziellen Dingen durch die Mehrung des Privatvermögens von Kardinal MAZARIN unter Beweis gestellt hatte, befand er sich in einer guten Position, Nachfolger des Oberintendanten der Finanzen Nicholas Fouquet zu werden, als dieser wegen Unterschlagung verhaftet wurde. Durch Loyalität, Engagement und Fleiß stieg Colbert bald zu einem der wichtigsten Minister Ludwigs XIV. auf. In seinem Amt als Generalkollekteur der Finanzen seit 1665 halbierte Colbert nicht nur die Kosten der Steuereintreibung, sondern vermehrte die Staatseinkünfte beträchtlich.

Obwohl die teuren Kriege des Königs ein Hindernis für Colberts Politik des MERKANTILISMUS darstellten, gelang es ihm, Handel und Industrie anzukurbeln und die Straßen und Wasserwege des Landes zu verbessern. Seinem Ziel, Frankreich durch den Wohl-

Staatsdokumente und die Tracht des hohen Amts verweisen auf Jean-Baptiste Colberts Macht, als er für dieses Porträt von Claude Lefèbvre Modell saß.

stand des Volkes groß zu machen, stand im Weg, dass er die grundlegende Schwäche des französischen Steuersystems nicht zu heilen vermochte, und er neigte dazu, das Gewerbe mit bürokratischen Details zu belasten. Als Minister reorganisierte Colbert seit 1668 Frankreichs Kolonien und stärkte die Flotte. Er förderte Gewerbe und Kunst, beaufsichtigte die Sanierung der Wandteppichmanufaktur und gründete die Königliche Akademie für Malerei und Bildhauerei neu. Durch die Machtpolitik Ludwigs XIV. wurde ein großer Teil von Colberts Werk jedoch wieder zunichte gemacht.

Coligny, Gaspard de (1519–72), französischer Adliger und königlicher Ratgeber, 1552 zum Admiral von Frankreich ernannt. Sein späterer Übertritt zum PROTESTANTISMUS stärkte die HUGENOTTEN in der ersten Phase der HUGENOTTENKRIEGE. Von Geburt her Katholik, wurde Coligny überzeugter Calvinist, während er 1557 in spanischer Gefangenschaft war. 1569 wurde Coligny zum Oberbefehlshaber der Hugenotten ernannt; ein Jahr später gehörte er zu den Unterzeichnern des Friedens von St Germain. Aber sein Einfluss auf den jungen Karl IX. entfremdete ihn der Mutter des Königs, Katharina de MEDICI, und er wurde ein frühes Opfer der BARTHOLOMÄUSNACHT.

Collins, Michael (1890–1922), irischer Soldat, Patriot und Führer der SINN FÉIN. Als Mitglied der Irischen Republikanischen Bruderschaft kämpfte Collins im Dubliner OSTERAUFSTAND von 1916. Zwei Jahre später ins britische Parlament gewählt, zählte er zu den rebellischen Abgeordneten, die 1919 ihr eigenes irisches Parlament, Dáil Éireann, einrichteten. Er war Finanzminister in der Regierung von Arthur Griffith und führte gleichzeitig die Irisch-Republikanische Armee. 1921 hatte Collins maßgeblichen Anteil an den Verhandlungen, die zum anglo-irischen Waffenstillstand und zur Annahme des Vertrags durch das Dáil Éireann führten, der dem Südteil Irlands den Dominion-Status, das Recht zur Selbstregierung, gab. Als Generalstabschef der Regierungsarmee des Freistaats Irland wurde Collins im irischen Bürgerkrieg von seinen ehemaligen Mitstreitern in einem Hinterhalt bei Bealna-Blath in der Grafschaft Cork getötet.

Columban (um 520–97), in Irland geborener Missionar und erster Abt von Iona, einer entlegenen Insel vor der Westküste Schottlands, Heiliger. Columban stammt aus der Familie der irischen Hochkönige. 546 gründete er das Kloster Derry in Irland und 563 zusammen mit zwölf anderen Mönchen das Kloster Iona, das sich zum Mittelpunkt des keltischen Christentums im Norden Britanniens entwickelte. Während der folgenden 30 Jahre setzte Columban die Bekehrung der heidnischen Pikten fort. Als er 574 König Aidan weihte, war dies das erste Mal, dass ein britischer Monarch mit dem Segen der Kirche in sein Amt eingeführt wurde.

Comecon, von Jossif STALIN 1949 gegründete Organisation – auch als Rat für gegenseitige Wirtschaftshilfe bekannt –, um die wirtschaftliche Unabhängigkeit der Staaten des Sowjetblocks in Osteuropa zu fördern. Der Comecon nahm später auch Kuba, Vietnam und die Mongolische Volksrepublik auf, hatte aber wenig Einfluss auf die Wirtschaft der Sowjetunion oder des Westens. 1962 setzte die Sowjetunion Übereinkünfte durch, die den Handelsertrag ihrer Satellitenstaaten begrenzten und ihre Volkswirtschaften an die Sowjetunion banden. Gespräche über eine Kooperation mit der Europäischen Gemeinschaft begannen 1987, doch führte der Zusammenbruch des KOMMUNISMUS in Osteuropa zur Auflösung des Comecon, als seine Mitglieder zur freien Marktwirtschaft übergingen.

Commedia dell'arte, improvisierte, aber einer festen Form folgende italienische Komödie, die der Vorläufer der Pierrots, Hanswurste und der modernen Pantomime war. Im 16. und 17. Jh. entwickelt, beruhten die Stücke auf einem festen Bestand an Rollen und Situationen, wenn auch die Handlungen variierten und die Berufsschauspieler Dialoge um ein Thema improvisierten, das ein Autor ersonnen hatte. Akrobatische Kunststücke, Lieder und Tänze gehörten zu jeder Vorstellung. Jedes Mitglied der Truppe spezialisierte sich auf eine bestimmte Rolle, etwa Pulcinella, Pantalone, Colombina, Arlecchino, der Doktor und der Prahlhans Scaramuccio. Alle trugen unverwechselbare Kostüme und Masken. In ganz Europa beliebt, beeinflusste die Commedia dell'arte später Dramatiker wie MOLIÈRE.

Commonwealth, Zeit der republikanischen Regierung in England von 1649, als KARL I. hingerichtet wurde, bis zur Wiedereinsetzung KARLS II. 1660. Die Stärke des RUMPFPARLAMENTS, das sich zur „höchsten Macht in dieser Nation" erklärt hatte, lag bei einem 40-köpfigen Staatsrat. Er hatte die Hinrichtung Karls I. angeordnet und die Monarchie abgeschafft, führte aber keine weiteren radikalen Reformen durch.

Steuern zur Finanzierung der Feldzüge Oliver CROMWELLS gegen den Widerstand der Royalisten in Irland und Schottland 1649–51 und die Navigationsakte, die zum ENGLISCH-HOLLÄNDISCHEN SEEKRIEG von 1652 führte, schürten den Unmut im Volk und im April 1653 löste er das Rumpfparlament auf. Seine Hoffnungen, das an dessen Stelle tretende „Barebones Parliament" würde politische und religiöse Harmonie schaffen, zerschlugen sich schnell. Im Dezember akzeptierte Cromwell, dass er selbst Staatsoberhaupt werden müsse. Dieser Abschnitt der Herrschaft Cromwells als Lord-Protector wird als Protektorat bezeichnet.

Commonwealth of Nations, Vereinigung aus Großbritannien und Staaten, die früher zum BRITISCHEN EMPIRE gehörten. Obwohl die meisten Mitglieder unabhängig sind, erkennt das Commonwealth den britischen Monarchen als nominelles Staatsoberhaupt an. Der Begriff Britisches Commonwealth kam nach dem Ersten Weltkrieg auf und trug dem gestärkten Status Rechnung, den die Dominions durch ihre militärische Unterstützung Großbritanniens im Krieg errungen hatten. Ihre Unabhängigkeit wurde 1931 durch das Statut von WESTMINSTER geregelt. Am Ende des Zweiten Weltkriegs bestand das Commonwealth aus Staaten, in denen die weiße Bevölkerung dominierte, aber mit der Unabhängigkeit von Indien, Pakistan und Burma 1947 und anderen ehemaligen Kolonien in den folgenden zwei Jahrzehnten veränderte sich die rassische Zusammensetzung und es nahm die Bezeichnung Commonwealth of Nations an.

Einige Staaten sind aus dem Commonwealth ausgetreten, so Myanmar (Birma) 1947, die Republik Irland 1949, Pakistan 1972 und Fidschi 1987. Die Verurteilung der Politik der APARTHEID zwang Südafrika 1961 zum Austritt, doch wurde es 1994 wieder aufgenommen – zwei Jahre nachdem Namibia als bis dahin einziges Mitglied, das nie britische Kolonie gewesen war, beitreten durfte. Kamerun wurde 1995 aufgenommen, obwohl es von einigen Mitgliedern wegen Missachtung der Menschenrechte kritisiert wurde. Im selben Jahr trat Moçambique, das keine historische Verbindungen mit Großbritannien hat, als Sonderfall bei. Kulturelle Verbindungen geben den Staaten des Commonwealth einen Anschein von Einheit.

Comte, Auguste (1798–1857), französischer Philosoph, dessen Theorien, zusammen mit denen seines Landsmanns Henri de SAINT-SIMON, die Grundlagen der modernen Gesellschaftswissenschaft schufen. Comte prägte den Begriff Soziologie, als er sein Drei-

Auf dem Gemälde von Paolo Uccello führt der Condottiere Muzio Attendolo Sforza eine florentinische Truppe in den Kampf.

Die Commedia dell' arte, hier eine Szene aus einer Komödie auf einem Gemälde von Claude Gillot, erfreute sich ab dem 16. Jh. großer Beliebtheit in ganz Europa.

stadiengesetz definierte. Danach ist die Gesellschaft wie ein Organismus, in dem jeder Teil eine bestimmte Rolle zu spielen hat, um zur Funktion des Ganzen beizutragen. Menschliches Wissen und Gesellschaft entwickelten sich durch deutliche Phasen, sagte Comte. In der ersten, theologischen Phase suchte der Mensch Erklärungen im Handeln Gottes; in der zweiten, metaphysischen Phase wurden abstraktere Prozesse wie die Natur nach Antworten untersucht; in der dritten, positiven Phase seiner Entwicklung suchte der Mensch nach erkennbaren Gesetzen oder Mustern. Comtes Gedanken, die er in seinem Hauptwerk *Cours de Philosophie Positive* (1830–42) darlegte, hatten bedeutenden Einfluss auf den Gesellschaftstheoretiker Émile Durkheim, der von vielen als Vater der Soziologie betrachtet wird.

Condé, jüngere Linie des französischen Königshauses BOURBON. Als Prinz von Condé war Louis I. de Bourbon im 16. Jh. der Erste, der den Titel trug. Er erwies sich als ein erbitterter Gegner der katholischen Familie GUISE und ein Führer der Hugenotten in der ersten Phase der HUGENOTTENKRIEGE. Louis kam in der Schlacht von Jarnac um. Sein Sohn Henri I. de Bourbon, der ihm als Führer der Hugenotten folgte, sagte sich zur Zeit der BARTHOLOMÄUSNACHT 1572 vorübergehend von seinem Glauben los, brachte aber später seinen Cousin, den späteren HEINRICH IV., durch seinen protestantischen Fanatismus in Verlegenheit.

Henris Enkel, Louis II. de Bourbon, war als der Große Condé bekannt und trat als Feldherr in der letzten Phase des DREISSIGJÄHRIGEN KRIEGES hervor. Doch führten 1650 Meinungsverschiedenheiten mit Kardinal MAZARIN über die Fortsetzung des Krieges mit Spanien zu seiner Verhaftung und kurzen Gefangenschaft, und als seine Rebellion von 1651/52 scheiterte, floh er in die Niederlande, wo er auf der Seite der Spanier kämpfte. Als er 1660 nach Frankreich zurückkehren durfte, eroberte der Große Condé 1668 für LUDWIG XIV. die Franche-Comté und war vier Jahre später ein Befehlshaber gegen die Vereinigten Provinzen der Niederlande, doch Ludwig verzieh ihm nie das Überlaufen zu den Spaniern.

Condottiere, mittelalterlicher Söldnerführer, dessen Titel vom italienischen Wort *condotta*, Vertrag, abgeleitet ist. Von Eigennutz motiviert, wechselten Condottieri des Öfteren die Seite und der Wohlstand im 14. und 15. Jh. in einem Italien, dessen Städte ständig miteinander im Krieg lagen, bot ihren Söldnerhaufen reiche Beute. Anfangs wurden sie aus den freien Kompanien unbeschäftigter Söldner rekrutiert – besonders aus der so genannten Großen Kompanie, einer multinationalen Schar von ungefähr 10 000 Mann, die wiederum den Condottieri ihre Dienste anboten. Das System wurde im 15. Jh. von dem mächtigsten Condottiere verfeinert, der den Namen SFORZA, Bezwinger, annahm. Er kämpfte vor allem um politische Macht und kontrollierte zeitweilig drei Söldnerheere, die sich gegenseitig bekämpften. Das System endete, als die Kriege des 16. Jh. zwischen den HABSBURGERN und den VALOIS zu einem Wandel in der Finanzierung und Organisation der Armeen führte.

Containment, Grundprinzip der amerikanischen Politik nach dem Zweiten Weltkrieg zur Eindämmung der sowjetischen Expansion durch Bündnisse der an die Sowjetunion und ihre Satelliten angrenzenden Staaten. Die Politik wurde 1949 von Präsident Harry S. TRUMAN mit der Gründung der NATO, des größten europäischen Militärbündnisses, eingeleitet. Ihre Truppen reichten vom Polarkreis bis zur Türkei. Ähnliche Pakte im Fernen Osten waren der ANZUS-Pakt 1951 zwischen den USA, Australien und Neuseeland sowie der Südostasiatische Sicherheitsvertrag 1954. In den 60er-Jahren wurde diese Politik ausgedehnt, um die Sowjetunion vor einer Einmischung in die Belange der lateinamerikanischen und afrikanischen Staaten abzuschrecken.

Cook, James (1728–79), britischer Seefahrer und Entdecker, dessen abenteuerliche Reisen in den Pazifik zur ersten europäischen Besiedlung des australischen Kontinents führten. Cook, Sohn eines Landarbeiters, ging bei einem Reeder, der die Ostsee befuhr, in die Lehre, bevor er als Matrose in die Kriegsmarine eintrat. Der talentierte Steuermann wurde bald zum Kapitän befördert. Während seines Dienstes in Nordamerika von 1759 bis 1767 zeichnete er Karten des St.-Lorenz-Kanals sowie der Küsten Neuschottlands und Neufundlands. Im folgenden Jahr leitete er eine Expedition auf der *Endeavour* nach Tahiti, um den Durchgang der Venus zu beobachten, und kartierte die Küsten Neuseelands und Ostaustraliens, bevor er 1771 über Indien zurückfuhr. Auf seiner zweiten Reise, von 1772 bis 1775 auf der *Resolution,* überquerte er als erster Seefahrer den südlichen Polarkreis. Cook besuchte erneut Neuseeland und Tahiti, erforschte weite Gebiete des Pazifiks und entdeckte Neukaledonien und die Norfolk-Insel im Süden. Er kartierte die Osterinsel, die Marquesas-Inseln und Gesellschaftsinseln, die Freundschaftsinseln (Tonga) und die Neuen Hebriden. Auf der Heimreise umrundete er Kap Horn, besuchte Süd-Georgien und entdeckte die Süd-Sandwich-Inseln. Cook segelte 1776 erneut in den Südpazifik und erreichte auf der Suche nach einer nördlichen Durchfahrt vom Pazifik zum Atlantik die Hawaii-Inseln, bevor er einen Teil der Küste Alaskas kartierte. Er besiegte die Gefahr, dass seine Mannschaft an Skorbut erkrankte – damals eine häufige Krankheit auf langen Seereisen, die oft zum Tod führte –, indem er frische Limonen als Proviant mitnahm. Vor allem deswegen verlor er nur einen einzigen Mann auf seinen Seereisen und allmählich gingen alle Schiffe der königlichen Flotte dazu über, Limonen an Bord zu nehmen (daher rührt der Spitzname *limey* für den britischen Matrosen und schließlich für den Briten überhaupt). Auf seiner dritten Entdeckungsreise wurde Cook in einem Geplänkel von Hawaiianern erschlagen, als er die Insel auf der Rückfahrt besuchte. Nach seinem Tod setzte die Mannschaft die Suche nach der nördlichen Durchfahrt erfolglos fort.

Cook, Thomas (1808–92), britischer Tourismuspionier, der die Idee organisierter Touren für Reisende einführte und dessen Agentur sich zu einer weltweiten Organisation entwickelte. Cook wurde 1828 baptistischer Missionar; 13 Jahre später organisierte er einen Eisenbahnausflug für Gemeindemitglieder, um an einer Kundgebung gegen den Genuss von Alkohol in Loughborough teilzunehmen. Der Ausflug erwies sich als ein großer Erfolg und man bat ihn, weitere Ausflüge für Kirchengruppen durchzuführen. 1855 organisierte Cook eine Reise nach Paris, die solchen Zuspruch fand, dass weitere folgten – das Reisegewerbe war geboren.

Coolidge, Calvin (1872–1933), Präsident der USA 1923–29, bekannt für Sparsamkeit, Vorsicht und Ehrlichkeit in einer Zeit, in der Korruption im öffentlichen Leben weit verbreitet war. Sein entschlossenes Auftreten als Gouverneur von Massachusetts gegen einen Polizeistreik in Boston 1919 trug Coolidge landesweiten Ruhm ein und ein Jahr später die Vizepräsidentschaft für die Republikaner. 1923 folgte er auf den verstorbenen Präsidenten Warren Harding. Es gelang ihm

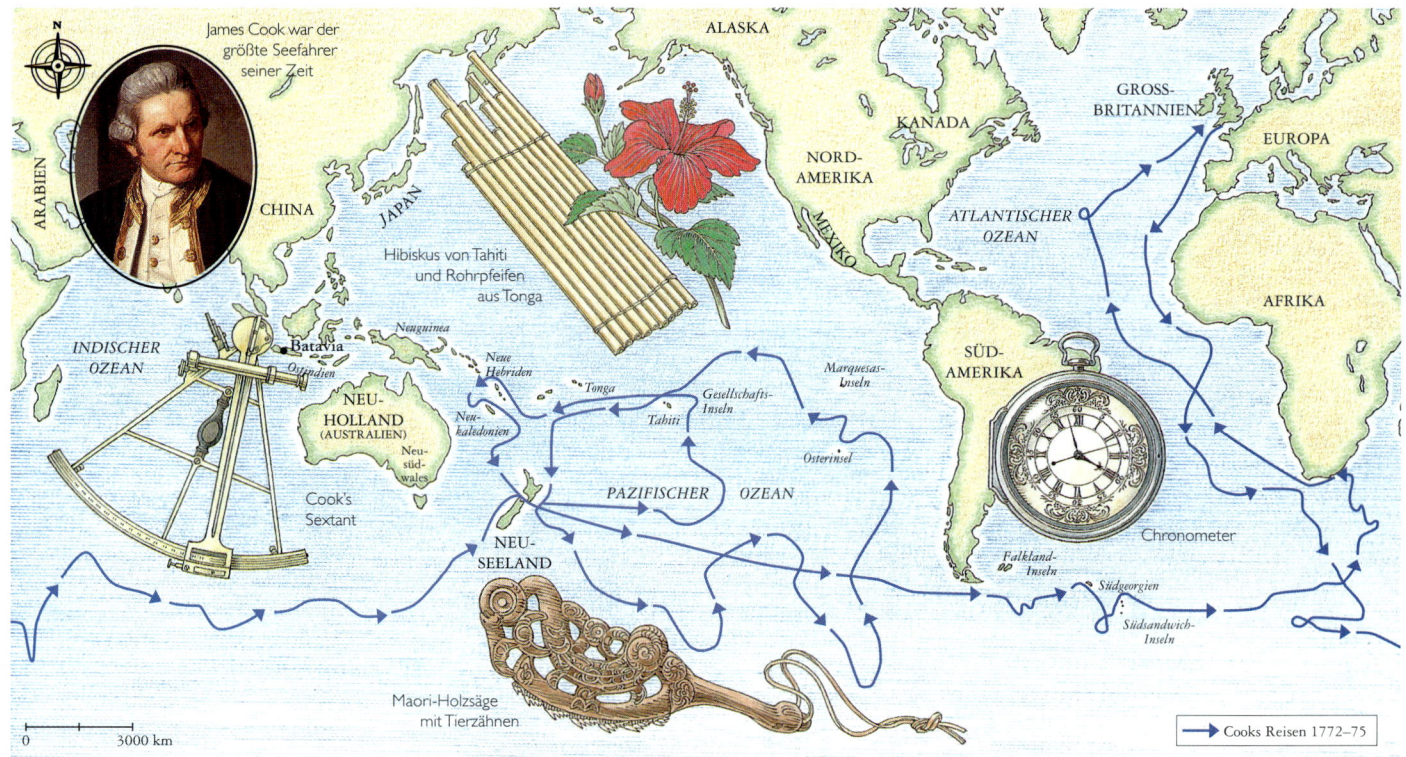

Die erste Entdeckungsreise des englischen Seefahrers James Cook 1771 gestaltete sich so erfolgreich, dass er zum Kommandeur befördert wurde und den Auftrag zu einer zweiten Seereise erhielt, um die nördliche Ausdehnung der antarktischen Gebiete zu kartieren.

Der spanische Abenteurer Hernán Cortés, von den Azteken für einen zurückgekehrten Gott gehalten, erhält auf der zeitgenössischen Darstellung Geschenke von Kaiser Montezuma.

nicht, die billige Kreditvergabe und die Konjunktur zu dämpfen, was sieben Monate nach dem Ende seiner Amtszeit zum Schwarzen Freitag in New York führte, und er zeigte keine Sympathie für die Not der Kleinbauern, Bergleute und Textilarbeiter.

Cortés, Hernán (1485–1547), Adliger, der Mexiko eroberte. Sechs Jahre, nachdem Cortés als 19-Jähriger in die spanische Kolonie Hispaniola in der Karibik gefahren war, schloss er sich einer Expedition nach Kuba unter Diego Velázquez an. Mit dessen Unterstützung rüstete er eine Expedition zur Kolonisierung des mexikanischen Festlands aus und landete im April 1519 in Veracruz. Seine Ankunft fiel zufällig mit der vorhergesagten Rückkehr des mythischen Gottkönigs der Azteken Quetzalcoatl zusammen, und Cortés wurde in der aztekischen Hauptstadt Tenochtitlán von Kaiser Montezuma empfangen. Als den Azteken Zweifel kamen, dass er ein Gott sei, nahm Cortés Montezuma als Geisel und zog sich nach Veracruz zurück. Er brachte eine von Velázquez geschickte Truppe, die ihn ergreifen sollte, auf seine Seite und kehrte mit dieser Verstärkung nach Tenochtitlán zurück, wo nach einem Massaker an 100 Azteken Kämpfe ausgebrochen waren. Montezuma wurde tödlich verwundet und unter dem neuen Kaiser Cuauhtémoc vertrieben die Azteken die Spanier aus Tenochtitlán. Im folgenden Jahr belagerte Cortés die Stadt, die schließlich nach 93 Tagen am 13. August 1521 fiel, und das Aztekenreich wurde unterworfen.

Cosgrave, William (1880–1965), Politiker und irischer Patriot, der am Osteraufstand von 1916 teilnahm und zwei Jahre später für die Sinn Féin ins britische Parlament gewählt wurde. Cosgrave, der politisch für die Unabhängigkeit Irlands kämpfte, wurde in der provisorischen Regierung des Dail 1919 Minister für lokale Verwaltung. Von 1922 bis 1932 war er Präsident des Exekutivrats des irischen Freistaats und wurde 1933 Oppositionsführer im Dail. Er war der Vater von Liam Cosgrave, der später Premierminister der Republik Irland wurde.

Costa Rica, Staat in Zentralamerika, der auf Christoph Kolumbus' vierter Reise 1502 zum ersten Mal von Europäern besucht wurde. Die dauerhafte europäische Besiedlung begann erst 1564, als Kolonisten aus Nicaragua unter Juan Vásquez de Coronado eine bäuerliche Gemeinde auf der Hochebene Meseta Central gründeten. Die zahlenmäßig geringe indianische Bevölkerung fiel Krankheiten zum Opfer, sodass die Gegend weitgehend europäisch bestimmt blieb. Bis 1821, als es sich dem unabhängigen Mexiko anschloss, gehörte Costa Rica zum Generalkapitanat Guatemala. Drei Jahre später wurde es Teil der Vereinigten Staaten von Zentralamerika und 1838 eine unabhängige Republik, die wegen ihrer politischen Stabilität und des landwirtschaftlichen Potenzials britische und amerikanische Investoren anzog.

Abgesehen von der Diktatur von Federico Tinoco Granados 1917–19 wahrte Costa Rica seine demokratische Tradition bis zum Ende des Zweiten Weltkriegs, als linke Parteien aufkamen. 1948–58 versuchten sozialistische Präsidenten, die Armee aufzulösen, Banken zu verstaatlichen und Investitionen der USA zu drosseln. Obwohl 1949 eine neue Verfassung, die das allgemeine Wahlrecht gewährte, eingeführt wurde, breitete sich politische Unzufriedenheit aus. In den 70er-Jahren verstärkte sich diese Unruhe durch wirtschaftliche Probleme und den Zustrom politischer Flüchtlinge aus Nachbarstaaten. Präsident Luis Alberto Monge sah sich zu ernsten wirtschaftlichen Einschnitten

gezwungen. Im Jahr 1987 legte sein Nachfolger, Präsident Oscar Arias Sánchez, einen Friedensplan für Zentralamerika vor, der ihm den Friedensnobelpreis einbrachte, aber der Politik der USA in der Region zuwiderlief. Der amerikanische Präsident Ronald Reagan reagierte mit einer Kürzung der Finanzhilfe der USA. Die schweren Wirtschaftsprobleme, die unter Präsident Rafael Calderón Fournier anhielten, veranlassten den Internationalen Währungsfonds, auf einem harten Sparprogramm zu bestehen. Dies verschärfte noch die industriellen Probleme und Costa Ricas Wirtschaft verschlechterte sich weiter. Versuche des neuen Präsidenten José María Figueres, die Unruhe nach seiner Wahl 1994 zu unterdrücken, erwiesen sich als ebenso wirkungslos wie die seiner Vorgänger.

Cowboy, volkstümlicher Name für einen Viehhirten auf den Great Plains in den USA; er bezeichnete ursprünglich ein Mitglied der gesetzlosen, probritischen Banden, die während des amerikanischen Unabhängigkeitskriegs im neutralen Westchester County im Staat New York operierten. Die späteren Cowboys, von denen viele Schwarze oder Mexikaner waren, gehörten dann zum Bild des amerikanischen Westens, wo sie Vieh zusammentrieben und in riesigen Herden über Hunderte von Meilen zum nächsten Verladebahnhof führten. Etwa ein Dutzend Cowboys begleitete jede Herde und bediente eine Fleischindustrie, die sich über die Great Plains von Texas bis Kanada und nach Westen bis zu den Rocky Mountains ausdehnte. Als die Zäune der Viehzüchter das offene Weideland schmälerten und die Erweiterung des Eisenbahnnetzes den Viehtrieb unwirtschaftlich machten, gewöhnten sich die Cowboys an eine sesshaftere Lebensweise.

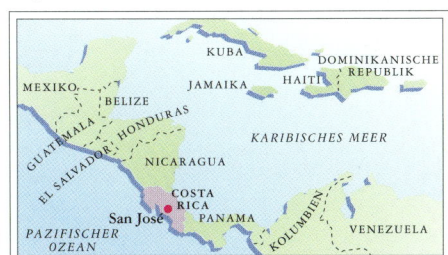

Cranmer, Thomas (1489–1556), englischer Geistlicher und eigentlicher Architekt der reformierten Kirche von England, der als Erzbischof von Canterbury die Ehen Heinrichs VIII. mit Katharina von Aragon, Anna Boleyn und Anna von Cleve aufhob. Cranmer hatte Heinrich VIII. als Diplomat gedient, doch machte der König ihn 1532 zum Erzbischof, um sich über die päpstliche Entscheidung bezüglich seiner ersten Ehe hinwegzusetzen.

Unter der Regierung Eduards VI. war Cranmer vor allem für die liturgische Re-

Angeführt von Crazy Horse galoppieren auf dieser indianischen Darstellung der Schlacht bei Little Bighorn siegreiche Ogalakrieger an den Leichen der Reiter General Custers vorbei.

form verantwortlich, auch für das erste und zweite Common Prayer Book 1549 und 1552 sowie für die 42 Artikel von 1553. Sein Eintreten für Lady Jane GREYS Thronfolge führte nach der Thronbesteigung MARIAS I. zu einem ersten Prozess wegen Hochverrats und dann zu einem zweiten wegen Ketzerei. Er wurde auf dem Scheiterhaufen in Oxford verbrannt.

Crassus, Marcus Licinius (um 115 bis 53 v. Chr.), römischer Feldherr, der Jerusalem plünderte. Mit Gnaeus POMPEIUS und Iulius CAESAR bildete Crassus das 1. Triumvirat, das die römische Politik von 59–53 v. Chr. bestimmte. Als junger Mann hatte er sich Lucius SULLA auf dem Marsch nach Rom angeschlossen und befehligte die Truppen

Die Schlacht von Crécy 1346, wie sie sich ein französischer Künstler ungefähr ein Jahrhundert später vorstellte.

des späteren Konsuls in der Schlacht an der Porta Collina im November 82 v. Chr. Die Belohnungen, die er von Sulla erhielt, investierte Crassus in Grundstücksspekulationen und wurde zu einem der reichsten Männer Roms. Nachdem er und POMPEIUS den Sklavenaufstand unter SPARTACUS 71 v. Chr. niedergeschlagen hatten, wurden beide Männer zu Konsuln gewählt. Obwohl sie zwölf Jahre lang Rivalen im Amt waren, bildeten die beiden 59 v. Chr. ein inoffizielles Triumvirat mit CAESAR. Nachdem Crassus 55 v. Chr. die Statthalterschaft über Syrien erhalten hatte, trieb ihn die Habgier dazu, Jerusalem zu plündern und dann die Parther anzugreifen, die ihn aber bei Karrhae besiegten, wo er gefangen genommen und hingerichtet wurde.

Crazy Horse (um 1842–77), Häuptling der Ogala, einem Stamm der SIOUX, der sich dem Einsickern der Weißen in die an Bodenschätzen reichen Black Hills widersetzte und General CUSTER 1876 bei Little Bighorn besiegte. Nach dem ersten militärischen Zusammenstoß zwischen den Sioux und den Weißen 1854 bekämpfte Crazy Horse Pläne, Indianer in Reservationen anzusiedeln, und führte das Bündnis an, das General George Crook am Rosebud River und später Custer besiegte. Mit seinen Anhängern wurde er im Mai 1877 durch Aushungern zur Kapitulation gezwungen. Nach Gerüchten, er plane eine Revolte, kam er ins Gefängnis und wurde bei einem angeblichen Fluchtversuch getötet.

Crécy, Schlacht bei (26. August 1346), englischer Sieg in Nordfrankreich zu Beginn des HUNDERTJÄHRIGEN KRIEGES. Zahlreiche Historiker bescheinigen dem englischen König EDUARD III. eine taktische Meisterleistung. So hätten dessen Bogenschützen

Gruben ausgehoben, um die vorrückende französische Kavallerie zu behindern, als die englische Streitmacht vor Crécy von den zahlenmäßig weit überlegenen Franzosen unter Philipp VI. eingeschlossen wurde. Gleichzeitig saßen die englischen Ritter unter EDUARD DEM SCHWARZEN PRINZEN ab und bildeten drei Hilfsdivisionen. Wer von den französischen Armbrustschützen nicht durch englische Pfeile fiel, wurde unter den Pferden der angreifenden französischen Ritter begraben, die im Pfeilhagel der englischen Langbogenschützen starben. Während die Engländer lediglich 40 Mann verloren, befand sich unter rund 1500 toten Franzosen die Elite des Adels. Einer davon war der blinde Graf von Luxemburg, der seinen Männern befohlen hatte, ihn ins dichte Kampfgetümmel zu führen.

Crockett, Davy (1786–1836), amerikanischer Pionier, Abenteurer und Volksheld. Als Jäger und Grenzer kämpfte Crockett auf dem Feldzug von General Andrew JACKSON 1814 gegen die Creek-Indianer; danach wurde er Abgeordneter. Als man Crockett im Scherz vorschlug, er solle bei den Wahlen zum Kongress antreten, nahm er den Vorschlag ernst und wurde dreimal gewählt, anfangs für Jacksons Demokraten. Er kultivierte einen rustikalen Stil, der ihm zusammen mit seinem derben Humor und seiner Grenzerkleidung – bestehend aus einem Hut aus Waschbärfell und einer kunstvoll mit Perlen bestickten Weste – Ruhm und Popularität einbrachte. Crockett überwarf sich mit Jackson wegen der Rechte der Siedler im westlichen Tennessee, die er vertrat, und wechselte zu den WHIGS über. Dieser Schritt beendete seine politische Laufbahn und Crockett kehrte an die Grenze zurück. Als eifriger Befürworter der Unabhängigkeit von Texas befand sich Crockett unter den Verteidigern von Fort Alamo, die starben, als es nach langer Belagerung durch überlegene mexikanische Streitkräfte fiel.

Cromwell, Oliver (1599–1658), englischer Staatsmann und General, der als Lord-Protector des COMMONWEALTH alleiniger Herrscher Englands von 1653 bis zu seinem Tod war. Als Mitglied der Opposition im LANGEN PARLAMENT trat der zu einem strengen PURITANISMUS erzogene Cromwell im ENGLISCHEN BÜRGERKRIEG als ein Führer der Rundköpfe hervor. Sein organisatorisches Talent und die perfekte Beherrschung der Reitertaktik führten 1644 zur Gründung der EISENSEITEN. Fünf Jahre später führte Cromwell eine Gruppe an, die sich gegen den Absolutismus KARLS I. stellte und dessen Hinrichtung verlangte, die auch ausgeführt wurde. Anschließend übte Cromwell das Amt des Vorsitzenden des Staatsrats im Commonwealth aus. Mit eiserner Hand unterdrückte er den Widerstand gegen die Regierungen in Irland, Schottland und später in England. Ihm wurde auch von vielen die Schuld an der unpopulären Politik des RUMPFPARLAMENTS gegeben, das er im April 1653 auflöste, um Lord-Protector zu werden und allein zu regieren. Obwohl sein Protektorat, das sich auf Generalmajore in den Grafschaften stützte, unpopulär war, bot ihm das neue, 1654 gewählte Parlament 1657 die Krone an. Er lehnte sie ab, versuchte aber für den Rest seines Lebens vergebens, seinem Militärregime eine verfassungsmäßige Dauerhaftigkeit zu verleihen.

Oliver Cromwell, der sich und das englische Volk als die Auserwählten Gottes betrachtete, regierte mit eiserner Disziplin.

Cromwell, Thomas (1485–1540), englischer Staatsmann, der den Bruch HEINRICHS VIII. mit Rom in die Wege leitete. Als junger Mann scheint Cromwell weit gereist zu sein, um Wissen in Handel, Recht, Sprachen und Söldnerkriegführung zu erwerben, bevor er 1520 in Thomas WOLSEY einen Gönner fand. Als Wolsey 1529 in Ungnade fiel, war Heinrich bereits auf Cromwell aufmerksam geworden und binnen zwei Jahren gehörte dieser zum inneren königlichen Rat. Von 1533–40 war er der wichtigste Minister des Königs und bekleidete zahlreiche Ämter. So wurde er z. B. 1533 zum Schatzkanzler und ein Jahr später zum Ersten Minister ernannt. Cromwell nutzte sein politisches Talent, um die Scheidung Heinrichs von Katharina von Aragon, den Bruch mit dem Papst und der römisch-katholischen Kirche sowie die Auflösung der Klöster durchzuführen. Seine protestantischen Sympathien lenkten seine Wahl Annas von Cleve als vierter Gemahlin des Königs. Dadurch verlor er aber Heinrichs Gunst und erlaubte den Howards, den Herzögen von Norfolk, seine Hinrichtung wegen Hochverrats ohne Anhörung zu bewerkstelligen.

Curie, Marie (1867–1934), in Polen geborene Physikerin, die mit ihrem Mann Pierre das Radium und die Radioaktivität entdeckte. Nachdem sie an der freien Universität für polnische Arbeiterinnen in Warschau studiert hatte, schrieb sich Curie 1891 an der Sorbonne in Paris ein, um Physik zu studieren; vier Jahre später heiratete sie Pierre. Zusammen entdeckten sie 1898 das Polonium – von Curie nach ihrem Geburtsland genannt – und Radium. Dafür und für die Entdeckung der Strahlung erhielt das Paar 1903 den NOBELPREIS für Physik.

Nach Pierres Tod durch einen Verkehrsunfall drei Jahre später setzte Curie ihre Forschungen fort. Sie folgte ihrem Mann auf dem Lehrstuhl für Physik an der Sorbonne nach und wurde die erste Frau, die dort lehrte. 1911 erhielt sie den Nobelpreis für Chemie, die erste Person, die zwei Nobelpreise erhielt. Curie erforschte die Anwendungen der Radioaktivität in der Medizin und bereitete den Weg für mobile Röntgengeräte, die sich während des Ersten Weltkriegs bewährten. Danach arbeitete sie am neu gegründeten Radium-Institut, das zum Zentrum der internationalen Kernphysikforschung wurde. Sie starb an Leukämie infolge der radioaktiven Strahlung.

Curzon, George (1859–1925), britischer Politiker und Vizekönig von Indien 1899 bis 1905. Curzon reformierte Verwaltung, Erziehung und Währung, zog sich aber auch den Groll der Hindu zu, als er 1901 die Nordwestliche Grenzprovinz einrichtete und Bengalen teilte. Curzon, inzwischen zum Marquis erhoben, legte 1905 sein Amt nieder – die Folge eines erbitterten Streits mit Lord KITCHENER, der damals die indische Armee befehligte. David Lloyd George nahm Curzon in sein Koalitionskabinett von 1916 bis 1918 auf und ernannte ihn ein Jahr später zum Außenminister. In dieser Eigenschaft gab Curzon der Grenzlinie zwischen Polen und Russland, die Lloyd George 1920 vorgeschlagen hatte, seinen Namen. 1939 wurde diese Linie zur Grenze zwischen den sowjetisch und deutsch besetzten Gebieten Polens und 1945 zur endgültigen Grenze zwischen Polen und der Sowjetunion.

Custer, George Armstrong (1839–76), amerikanischer Offizier, der gemeinsam mit den 212 Soldaten seiner Truppe in der Schlacht am Little Bighorn fiel, volkstümlich als „Custer's Last Stand" bekannt. Nachdem er im Sezessionskrieg gedient hatte, führte General Custer 1874 eine Expedition an, die in South Dakota nach Gold suchte. Obwohl ein Vertrag die Gegend zum heiligen Jagdgebiet für die Sioux und Cheyenne bestimmt hatte, befahl man diesen Völkern, nach der Entdeckung von Gold

Die Karikatur aus Bombay zeigt den britischen Vizekönig Lord Curzon tanzend auf der Weltschlange der indischen Mythologie, Shesha.

in eine Reservation zu ziehen. Alle, die bis zum 1. Januar 1876 die Gegend nicht verlassen hatten, wurden zu Feinden erklärt. Bei dem Feldzug im Juni, der das Ziel hatte, die Indianer zusammenzutreiben, rückte Custer vor dem Hauptkontingent der Soldaten auf Little Bighorn zu. Als er auf indianische Krieger unter dem Siouxhäuptling CRAZY HORSE traf, entschloss er sich zum Angriff. Custer, der die Zahl der Indianer weit unterschätzt hatte, wurde mit seinen Begleitern in die Defensive gedrängt und von ungefähr 3500 Plains-Indianern niedergemacht.

Für viele Amerikaner wurde General Custer zum Inbegriff des legendären und furchtlosen Kavalleristen.

Cuzco, Stadt in den peruanischen Anden, diente um 1200 als Hauptstadt der Inka und wurde 1438 weitgehend neu aufgebaut. Eine innere Stadt mit Palästen, Verwaltungsgebäuden und der *Coricancha,* Sonnentempel, war von regelmäßig geplanten Bezirken umgeben, die alle Provinzen des Inka-Reichs darstellten. Nach dem spanischen Sieg über die Inka 1535 wurde Cuzco durch Lima als vizekönigliche Hauptstadt Perus ersetzt, da die Sieger einen großen Hafen für ihren Kolonialbesitz brauchten. Cuzco blieb dennoch eine wichtige Provinzstadt, die bei den Inka als heilig galt. Diese gründeten in den Bergen im Norden Cuzcos einen Nachfolgestaat, aber beim Versuch, ihre Hauptstadt zurückzuerobern, scheiterten sie 1538.

Czartoryski, Adam Jerzy, Fürst (1770 bis 1861), polnischer Staatsmann und nationaler Führer, bekannt als „polnischer König im Exil", der an den Plänen zu den gescheiterten Aufständen gegen Russland 1830 und 1863 beteiligt war. Als Ratgeber des Großfürsten ALEXANDER I., seit 1801 Zar, wurde Czartoryski – ein Cousin des letzten unabhängigen Königs von Polen – zum russischen Außenminister ernannt. Sein wichtigstes Streben galt der Wiederherstellung des unter Russland, Preußen und Österreich aufgeteilten Polen. Czartoryskis nationale Bemühungen waren teilweise erfolgreich, als er nach der VÖLKERSCHLACHT VON LEIPZIG versuchte, Polen aus dem Großherzogtum Warschau, das Napoleon geschaffen hatte, wieder erstehen zu lassen. Als polnischer Vertreter auf dem WIENER KONGRESS erlebte er die Wiederherstellung Polens, jedoch mit dem russischen Zaren als König. Zum Präsidenten der provisorischen Regierung Polens zur Zeit des polnischen Aufstands von 1830/31 ernannt, wurde Czartoryski zum Tode verurteilt, als die Rebellion zusammenbrach, entkam aber nach Paris.

Straßenverkäufer legen ihre Waren auf einer Straße in Cuzco aus, wo die alten Steinmauern der Inkazeit von neuen Mauern gekrönt werden.

Daguerre, Louis (1787–1851), Erfinder des ersten kommerziell erfolgreichen fotografischen Verfahrens. 1829 wurde Daguerre, Bühnenmaler und Mitbesitzer des Pariser Dioramas, Partner von Joseph Niepce, der drei Jahre zuvor die erste Fotografie der Welt aufgenommen hatte. 1839 stellte Daguerre der Öffentlichkeit die Weiterentwicklung von Niepces Verfahren vor. Da sein Partner und Freund Joseph Niepce bereits 1833 verstorben war, erntete Louis Daguerre allein

Der Pionier der Fotografie, Louis Daguerre, nahm dieses Stillleben 1837 auf, zwei Jahre bevor er das nach ihm benannte Verfahren, die Daguerreotypie, vervollkommnete.

die Früchte ihrer gemeinsamen Arbeit. Sein Name ist bis heute mit der ersten praktischen Fotografie verbunden geblieben, mit der Daguerreotypie, einem einmaligen direkten Positiv ohne Negativ.

Dahlerus, Birger (1891–1957), schwedischer Industrieller und Freund von Hermann GÖRING. Er versuchte Ende August 1939, kurz vor dem Ausbruch des Zweiten Weltkriegs, in einem persönlichen Vorstoß zwischen Deutschland und Großbritannien in der Polenfrage zu vermitteln, allerdings blieben seine Bemühungen ohne durchschlagenden Erfolg. 1946 wurde er als Zeuge in den NÜRNBERGER PROZESSEN gegen die Hauptkriegsverbrecher gehört.

Dahome, ehemaliges Königreich der Fon an der afrikanischen Sklavenküste. Bekannt wurde das sich ab dem 17. Jh. entwickelnde Reich durch seine strikte Militärdiktatur und das berühmte Amazonenheer, dem rund 2000 Frauen angehörten. Seine Blüte verdankte Dahome zum großen Teil dem von den Herrschern kontrollierten Sklavenhandel mit den europäischen Handelsmächten Frankreich, Portugal und England. Erste

Niederlassungen der Französisch-Ostindischen Kompanie wurden bereits im 17. Jh. gegründet. Im Gegenzug für die menschliche Ware kamen Feuerwaffen ins Land, die dazu beitrugen, die Militärdespotie zu stützen. Dahomes Könige regierten ihr Reich von Abomey aus, das durch die zahlreichen Menschenopfer, die dort dargebracht wurden, traurige Berühmtheit erlangte. In der ersten Hälfte des 19. Jh. reformierte König Gezo das Reich und stellte den Menschenhandel ein. 1894 wurde das Land durch die Franzosen erobert und 1904 Französisch-Westafrika eingegliedert. Im Jahr 1960 erlangte es unter dem Namen Dahomey seine Unabhängigkeit und benannte sich 1974 in Benin um.

Daily-Telegraph-Affäre, tiefe innenpolitische Krise im DEUTSCHEN REICH. Am 28. Oktober 1908 veröffentlichte die bekannte Londoner Tageszeitung *Daily Telegraph* in Form eines Interviews ein Gespräch zwischen WILHELM II. und dem britischen Oberst Edward Stuart-Wortley. Hierin erklärte der deutsche Kaiser, er sei England freundschaftlich verbunden, die meisten seiner Landsleute jedoch nicht. Als schlagenden Beweis für seine anglophile Einstellung führte er an, während des BURENKRIEGS Königin VIKTORIA einen Feldzugplan gesandt und damit entscheidend zum Sieg über die Buren beigetragen zu haben. In Großbritannien war man über diese Anmaßung empört und auch in Deutschland herrschte Entrüstung in Presse und Reichstag, weil das Interview die verfassungsmäßigen Kompetenzen des Kaisers überschritt. Es kam zu einer Vertrauenskrise zwischen Wilhelm II. und dem Reichskanzler von BÜLOW, dem das Interview zwar vorgelegt worden war, der es aber nur unzureichend überprüft hatte und der in der folgenden Reichstagsdebatte den Kaiser kaum verteidigte. Von Bülow wurde als Folge dieser Affäre, die das Ansehen der Monarchie schwächte, 1909 entlassen.

Daimler, Gottlieb (1834–1900), Pionier des Kraftwagenbaus. Daimler entwickelte 1885 einen der ersten schnell laufenden Verbrennungsmotoren und vervollkommnete einen mit Benzin betriebenen Vergaser, nachdem er eine Partnerschaft mit Wilhelm Maybach in Stuttgart eingegangen war. Sie verwendeten ihren ersten Benzinmotor, um ein Fahrrad anzutreiben – vermutlich das erste Motorrad der Welt. 1888 stellten sie ein zweizylindriges Auto in Paris vor, mit einem Motor, den die französischen Kraftfahrzeugingenieure René Panhard und Émile Levas-

Von seinem Sohn Otto chauffiert, konnte Gottlieb Daimler 1886 sein erstes Fahrzeug mit Benzinmotor vorführen, das immerhin eine Spitzengeschwindigkeit von 18 km/h erreichte.

sor gebaut hatten. Zwei Jahre später gründete Gottlieb Daimler die Daimler-Motorengesellschaft in Bad Cannstatt und 1899 produzierte er den ersten Mercedes – benannt nach der Tochter von Emil Jellinek, einem Hauptinvestor der Gesellschaft.

Daladier, Édouard (1884–1970), sozialistischer französischer Ministerpräsident, der gemeinsam mit dem britischen Premierminister Arthur Neville CHAMBERLAIN 1938 in München den Forderungen Hitlers nachgab, das Sudetenland an Deutschland anzuschließen. 1940 wurde er von der VICHY-REGIERUNG verhaftet und mit anderen Politikern beschuldigt, für die französische Niederlage verantwortlich zu sein. Obwohl freigesprochen, blieb er in Haft und wurde erst zu Kriegsende befreit. 1945 wählte man ihn in die Nationalversammlung der Vierten Republik, deren Mitglied er bis 1958 blieb.

Dalai-Lama, Titel des religiösen und politischen Oberhaupts von Tibet. Der Lamaismus, zu dem sich die meisten Tibeter bekennen, etablierte sich im 8. Jh. im Land. Im frühen 14. Jh. setzten Mönche der Gelbmützen-Sekte den ersten Dalai-Lama in der Hauptstadt Lhasa ein. Er wurde der weltliche Führer des Landes, während der Abt des mächtigen Klosters von Shigatse, der Panchen-Lama, den spirituellen Vorrang hatte. Starb einer der beiden Lamas, machten die Mönche einen zum Todeszeitpunkt geborenen Knaben ausfindig, der in der Folgezeit zum neuen Herrscher erzogen wurde.

Politisch widersetzte sich der 14. Dalai-Lama, im Jahr 1940 inthronisiert, der chinesischen Besetzung Tibets, die 1949 nach der kommunistischen Revolution in China stattfand. Nach einem fehlgeschlagenen Aufstand gegen die Besatzungsmacht floh er ins Exil, wo er im indischen Dharmsala eine Exilregierung aufbaute und seinen diplomatischen Feldzug gegen China begann. 1989 wurde er mit dem Friedensnobelpreis geehrt.

Dampfkraft, im 18. Jh. entdeckte Antriebskraft für Maschinen. Obwohl Thomas Newcomen bereits 1712 eine Dampfpumpe in Cornwall baute, begriff man erst rund 70 Jahre später, welches industrielle Potenzial in der Dampfkraft schlummerte – als James WATT 1781 begann, Maschinen mit Dampf anzutreiben. Mit der Aussicht auf eine zuverlässige Quelle industrieller Energie gab die von Watt entwickelte Dampfmaschine den entscheidenden Anstoß zur INDUSTRIELLEN REVOLUTION.

Die im Schienen- und Schiffsverkehr eingesetzte Dampfkraft machte den Gütertransport schneller und billiger. Der 1808 eingeführte Dampfhammer ermöglichte auch das Bearbeiten großer Metallstücke, während Dampfdreschmaschinen die Abhängigkeit von Wasser- und Windmühlen verringerte. Mit der Entwicklung von Benzin- und Dieselmotoren sowie Dampfturbinen zur Stromerzeugung verlor die Dampfkraft seit Beginn des 20. Jh. stark an Bedeutung.

Dänemark, Staat in Nordeuropa, zu dem die Färöer und Grönland gehören. Im 11. Jh. herrschte der dänische König KNUT über ein gewaltiges Reich, das Dänemark, England, Norwegen, Südschweden und Teile Finnlands umfasste. Seine Herrschaft begünstigte die Ausbreitung des Christentums, das im 9. Jh. nach Skandinavien vorgedrungen war. Im 13. Jh. trat Dänemark nach einer Periode politischer Wirren als führender skandinavischer Staat hervor. Doch hielten Kriege und Verfassungsprobleme an, bis Christoph II. im 14. Jh. Adel und Geistlichkeit Zugeständnisse auf Kosten der königlichen Autorität machte. Im 16. Jh. brachte die Reformation dem Land eine nationale lutherische Kirche. Als Vorkämpfer des Protestantismus griff Christian IV. 1624 in den DREISSIGJÄHRIGEN KRIEG ein. Im 17. Jh. führten wiederholte Kriege mit Schweden zum Verlust der dänischen Vormachtstellung an der Ostsee.

In den Napoleonischen Kriegen stand Dänemark auf der Seite Frankreichs und musste 1814 Norwegen an Schweden abtreten. 1863 wurde Schleswig zu Dänemark geschlagen, was zum Deutsch-Dänischen Krieg von 1864 führte. Im Frieden von Wien im selben Jahr musste Dänemark SCHLESWIG-HOLSTEIN wieder abtreten. Nach dem Ersten Weltkrieg votierte Nordschleswig für die Rückkehr zu Dänemark.

Obwohl sich Dänemark zu Beginn des Zweiten Weltkriegs für neutral erklärt hatte, wurde es 1940 von Deutschland besetzt. 1949 trat es der NATO und 1960 der Europäischen Freihandelsgemeinschaft bei. Der Europäischen Gemeinschaft schloss sich das Land 1973 an. Bei dem Referendum von 1992 verwarf eine knappe Mehrheit den Vertrag von Maastricht, doch fand im folgenden Jahr ein weiteres Referendum statt, bei dem die Dänen für den Vertrag stimmten.

d'Annunzio, Gabriele (1863–1938), politischer Abenteurer und Dichter, der Italien drängte, in den Ersten Weltkrieg einzutreten, und 1915–18 mit Wagemut in Heer, Marine und Luftwaffe kämpfte. 1919 setzte

Der Schriftsteller Gabriele d'Annunzio (rechts) wurde im Ersten Weltkrieg als Held der italienischen Luftwaffe gefeiert. Als er sich zum Kriegsdienst meldete, war er schon über 50 Jahre alt.

Dantes *Göttliche Komödie* war das erste große Werk, das nicht auf Latein, sondern in der Volkssprache geschrieben wurde und den toskanischen Dialekt zur italienischen Schriftsprache machte.

sich d'Annunzio eigenmächtig über den VERSAILLER VERTRAG hinweg und besetzte den Adriahafen Fiume, heute Rijeka in Kroatien. Er huldigte einem autoritären und faschistischen Regierungsstil, wurde jedoch nach 15 Monaten Belagerung zur Aufgabe der Stadt gezwungen. Anschließend zog sich d'Annunzio in die Lombardei zurück, um seine Memoiren zu schreiben.

Dante Alighieri (1265–1321), italienischer Dichter, Literaturtheoretiker, Moralphilosoph und politischer Denker. Sein berühmtestes Werk, die *Göttliche Komödie,* ist ein Gedicht in drei Teilen: *Hölle, Berg der Läuterung* und *Paradies.* Es beschreibt Dantes Wanderung zu Gott, zunächst begleitet von VERGIL, der den menschlichen Verstand symbolisiert, bis zu dem Punkt, wo nur noch Beatrice, die die göttliche Gnade verkörpert, ihn zu führen vermag. Auf seinem Weg verweilt er, um mit allen möglichen Personen zu sprechen, darunter sowohl Zeitgenossen wie auch Gestalten aus der Antike und Mythologie. Die *Göttliche Komödie* gleicht einem umfassenden Katalog des mittelalterlichen Wissens, untermauert durch die christliche Lehre von Sündenfall und Erlösung. Sie stellt den Höhepunkt der italienischen Dichtung dar.

Dante verbrachte die erste Hälfte seines Lebens in Florenz, bis er 1302 aus der Stadt verbannt wurde. Seine Florentiner Jahre waren von seiner leidenschaftlichen Liebe zu Beatrice Portinari bestimmt, die 1290 mit 24 Jahren starb. Während seiner unruhigen letzten Lebensjahre – er starb 1321 in der Stadt Ravenna – suchte er an verschiedenen italienischen Höfen Zuflucht.

Danton, Georges (1759–94), führender Antiroyalist und Redner der Französischen Revolution. Mit 31 Jahren gründete er den militanten Klub der *Cordeliers* und beteiligte sich an den Debatten der JAKOBINER, wo er sich für den Prozess gegen LUDWIG XVI. und die Errichtung einer Republik einsetzte. Mit den *sansculottes,* den arbeitenden Schichten der Städte, pflegte er gute Beziehungen. Nachdem er Frankreich 1791 aus Sicherheitsgründen vorübergehend verlassen hatte, wurde er kurze Zeit später Justizminister. Seine ruhige Autorität während der Krise von 1792, als die Armeen Österreichs und

Georges Danton rühmte sich gern damit, für den Sturz der französischen Monarchie verantwortlich gewesen zu sein.

Preußens in Frankreich einmarschierten, unterstrich seine wachsende Bedeutung für die Revolution. Dantons Kritik an den harten Urteilen des Revolutionsrats führte zu seinem Rücktritt als Minister. Er stimmte im Januar 1793 für die Hinrichtung des Königs und wurde im April Mitglied des Wohlfahrtsausschusses, der ersten wirklichen Regierung nach dem Sturz der Monarchie. Drei Monate lang führte er erfolgreich die Regierungsgeschäfte, doch missbilligte er bald die Grausamkeit, mit der Gegner des neuen Systems verfolgt wurden. Seine Kritik an der Schreckensherrschaft und seine zunehmende Mäßigung brachten ihn bald in Konflikt mit Maximilien de ROBESPIERRE und führten zu seiner Hinrichtung im April 1794.

Darby, Abraham (1678–1717), englischer Eisenfabrikant, der als Erster Eisen mit Koks schmolz. Im 17. Jh. konnte der steigende Bedarf an Eisen nicht befriedigt werden, weil das Holz für die Kohleherstellung (zur Verwendung in Hochöfen) knapp und teuer war. Große Hochöfen konnten nicht gebaut werden, weil Holzkohle zu weich war, um eine schwere Ladung Erz zu tragen. Als Alternative bot sich Rohkohle an, aber der Schwefel und andere Verunreinigungen darin verdarben die Qualität des Eisens. In seinem Werk in Coalbrookdale löste Darby das Problem 1709 durch die Verwendung von Koks, der sauber brannte. Das Schmelzen von Eisen mit Koks wurde in der Folgezeit ein Schlüsselverfahren in der Entwicklung der englischen INDUSTRIELLEN REVOLUTION.

Dardanellen, 61 km lange Meeresstraße zwischen dem europäischen und dem asiatischen Teil der Türkei. In der antiken Welt wurde diese Verbindung zwischen Ägäis und Marmarameer als Hellespont bezeichnet. Die Meeresstraße war über Hunderte von Jahren von entscheidender strategischer Bedeutung und in der Neuzeit wurden mehrere Abkommen geschlossen, die sich auf die Durchfahrt von Kriegsschiffen bezogen. Während des ERSTEN WELTKRIEGS waren die Dardanellen im Jahr 1915 Schauplatz eines erfolglosen Angriffs britischer und französischer Streitkräfte sowie australischer und neuseeländischer Kontingente auf das Osmanische Reich. Das Abkommen von Montreux gab der Türkei 1936 die Kontrolle über die Dardanellen zurück.

Dareios I. der Große (550–486 v. Chr.), persischer Herrscher aus dem Geschlecht der Achaimeniden, der 521 v. Chr. an die Macht kam. Dareios' erste Regierungsjahre waren von zahlreichen Aufständen überschattet. Nachdem er diese erfolgreich unterdrückt hatte, leitete er eine umfangreiche Neuordnung des Staatswesens ein. Zur Verwaltung der 20 Provinzen wurden Statthalter, die so genannten SATRAPEN, eingesetzt, denen der Herrscher weitgehend freie Hand ließ. Dieses System erwies sich als so erfolgreich, dass es später von ALEXANDER DEM GROSSEN übernommen wurde.

Um die Grenzen seines Reiches dauerhaft zu sichern, führte Dareios verschiedene Feldzüge, doch gelang es ihm nicht, die kriegerischen SKYTHEN zu unterwerfen. Zwar konnte er einen Aufstand der ionischen Griechen (499–494 v. Chr.) erfolgreich niederschlagen, doch endeten seine Versuche, in Griechenland für die Unterstützung der Rebellen Rache zu üben, in einer militärischen Katastrophe. Heftige Stürme vernichteten 492 die persische Flotte und das Heer wurde 490 bei MARATHON geschlagen.

Von den zeitgenössischen Karikaturisten verspottet wurde die Theorie des Biologen Charles Darwin, dass Menschen und Affen einen gemeinsamen Vorfahren haben.

Darwin, Charles (1809–82), britischer Biologe, dessen Gedanken und Beobachtungen eine entscheidende Rolle in der Naturwissenschaft und im Gedankengut des 20. Jh. spielten. In seinem 1859 erschienenen Werk *Die Entstehung der Arten durch natürliche Zuchtwahl* begründet der Wissenschaftler Darwin, dass Arten nicht festgelegt sind, sondern sich im Lauf von Jahrtausenden durch Selektion entwickeln. Nach dieser Theorie haben manche Individuen Eigenschaften, die ihnen das Überleben erleichtern, sodass sie mit größerer Wahrscheinlichkeit Nachkommen hervorbringen als von der Natur benachteiligte

Individuen. Da somit die Erfolgreichen ihre Eigenschaften in hohem Maß an ihre Nachkommen weitergeben, entwickeln sich über einen langen Zeitraum gesonderte Arten, die jeweils in spezieller Weise an ihre Umgebung angepasst sind. Darwin gelangte zu der Erkenntnis, dass sich auch die Menschheit auf diese Weise entwickelte, eine Theorie, die er zwölf Jahre später in erweiterter Form in seinem Werk *Die Abstammung des Menschen* niederlegte. Seine Anschauungen basierten im Wesentlichen auf Beobachtungen, die er als Biologe auf der *Beagle* zwischen 1831 und 1836 in Südamerika und auf den Galápagosinseln machte.

Darwins Werk beeinflusste bald auch die Psychologie, denn sein Cousin Francis Galton, der Begründer der Eugenik, begann zu untersuchen, ob Intelligenz erblich sei. Darwins Werk trug erheblich zum Glauben an die Kontinuität der Weiterentwicklung von Mensch und Tier bei, doch löste es auch erbitterte Kontroversen mit der Kirche aus, weil es dem wörtlichen Verständnis der Bibel zu widersprechen schien. Die mit großem Engagement geführten Debatten wurden in erster Linie unter theologischen Fachleuten ausgetragen, Charles Darwin beteiligte sich klugerweise nicht daran.

Dauphiné, ehemalige Provinz in Südostfrankreich, die im Lauf der Jahrhunderte von den Römern, Burgundern und Franken erobert wurde. Anschließend gehörte sie zum HEILIGEN RÖMISCHEN REICH, fiel dann jedoch an das Königreich Arles und 1029 an die Grafen von Albon, die später den Titel Dauphin von Vienne annahmen. Nachdem das Land 1349 an den zukünftigen König Karl V. von Frankreich verkauft worden war, nahmen die Thronerben den Titel Dauphin an. Die Dauphiné bekam 1453 ein *parlement*, aber 1457 wurde sie von der Krone annektiert und verlor ihre lokalen Privilegien, vor allem während der Hugenottenkriege.

David († um 961 v. Chr.), zweiter König von Israel, der in der Bibel zunächst als Harfenist an SAULS Hof erwähnt wird und seinen Ruhm dem Sieg über den philistischen Riesen Goliath verdankt. Als Feldherr gewann David die Freundschaft von Sauls Sohn Jonathan und heiratete Sauls Tochter Michal. Später wurde er von Saul verbannt, da dieser eifersüchtig auf Davids Fähigkeiten war. Nach Sauls Tod herrschte David über den Stamm Juda, während Sauls Sohn Ischbboscheth das übrige Israel regierte.

Nach Ischboscheths Tod wurde David zum König von Israel gewählt. Seine Herrschaft bezeichnete einen Wandel im Ge-

schick der Juden, denn aus einem Bund von Stämmen wurde ein Reich geschmiedet. David verlegte die Hauptstadt von Hebron nach Jerusalem und machte sie zum religiösen Zentrum der Israeliten, indem er die Bundeslade, ihr heiligstes Gut, dorthin bringen ließ. Durch die Erweiterung seines Herrschaftsgebiets kam das Volk Israel zunehmend zu Wohlstand. Die späten Jahre König Davids wurden von Aufständen, die seine Söhne anführten, und von Familienrivalitäten am Hof überschattet. Sein Lieblingssohn Absalom war an einem Aufstand beteiligt, der diesen jedoch das Leben kostete.

Davis, Jefferson (1808–89), Präsident der Konföderation der Südstaaten während des amerikanischen SEZESSIONSKRIEGS, der von 1861 bis 1865 dauerte. Jefferson Davis war eine Persönlichkeit, die wegen ihrer Zurückhaltung und begrenzten politischen Begabung heftigen Angriffen ausgesetzt war. Seinen Kritikern missfiel auch seine wiederholte Einmischung in militärische Angelegenheiten, doch ist es fraglich, ob ein anderer Führer der Konföderierten unter den Bedingungen des Sezessionskriegs größere Erfolge hätte verbuchen können.

Davis begann seine Laufbahn als Soldat in einem blutigen Krieg gegen die Indianerstämme, die sich dagegen wehrten, das Land westlich des Mississippi zu räumen. 1835 schied er aus der Armee aus, um Pflanzer in Mississippi zu werden, kehrte aber zehn Jahre später zurück, um im Mexikanischen Krieg den Befehl über die Mississippi-Schützen zu übernehmen. Davis war zwei Wahlperioden hindurch Mitglied des Senats und agierte 1853–57 unter Präsident Franklin Pierce als Kriegsminister. Er verließ den Senat, als Mississippi von der Union abfiel, und wurde im Jahr 1861 zum provisorischen Präsidenten der Konföderation ernannt. Vier Jahre später nahm man Jefferson Davis gefangen und steckte ihn für zwei Jahre ins Gefängnis. Die Union gab jedoch ihre Pläne auf, ihn wegen Hochverrats anzuklagen, und er kehrte nach Mississippi zurück.

> **WUSSTEN SIE, DASS?**
>
> *Während seiner Forschungsreisen in Südamerika ritt der unerschrockene Darwin mit den argentinischen Gauchos um die Wette, überlebte eine bewaffnete politische Revolte und rettete ein Boot aus einer Flutwelle.*

Dawesplan siehe REPARATIONEN

Dayan, Moshe (1915–81), israelischer General und Politiker sowie Verteidigungsminister während des SECHSTAGEKRIEGS von 1967. Dayan sammelte seine ersten militärischen Erfahrungen in den 30er-Jahren bei der Haganah, einer Organisation, die die frühen jüdischen Siedlungen im damaligen Palästina schützte. Seitdem er im Zweiten Weltkrieg ein Auge verloren hatte, trug er die unverwechselbare Augenklappe.

Während des Unabhängigkeitskriegs von 1948 war Dayan der Kommandant von Jerusalem und nahm aktiv an den Friedensgesprächen mit Jordanien teil. 1953 wurde er Generalstabschef und erwarb sich durch die Invasion der ägyptischen Halbinsel Sinai militärische Anerkennung. Seine Karriere in der Regierung begann 1959 mit der Übernahme das Landwirtschaftsministeriums. 1965 wurde Dayan zum Verteidigungsminister ernannt und führte den Sechstagekrieg, in dem israelische Truppen Teile von Ägypten, Jordanien, Libanon und Syrien besetzten.

Dayans Popularität nahm ab, als man ihm die mangelhafte Vorbereitung Israels auf den JOM-KIPPUR-KRIEG von 1973 vorwarf, und als Konsequenz trat er im Jahr darauf zurück. 1977 gehörte er als Außenminister wieder der Regierung an und war am Zustandekommen der Gespräche beteiligt, die zum CAMP-DAVID-ABKOMMEN mit Ägypten führten. 1979 trat er aus Protest gegen die Weigerung der Regierung zurück, die Zukunft des Westjordanlands zu diskutieren. Moshe Dayan gründete 1981 die Partei Telem, die für den Rückzug Israels aus den besetzten arabischen Gebieten eintrat.

Declaration of Rights (1689),

Gesetz des Parlaments, das die Bedingungen festlegte, zu denen WILHELM III. und Maria II. gemeinsam Souveräne von England, Schottland und Irland werden sollten. Die wichtigsten Grundsätze bestanden darin, dass Katholiken vom Thron ausgeschlossen waren und die Krone keine Steuern ohne Billigung des Parlaments erheben durfte. Außerdem hatte die Krone fortan nicht mehr die Macht, Gesetze aufzuheben, und durfte ohne Zustimmung des Parlaments in Friedenszeiten kein stehendes Heer mehr unterhalten. Ferner wurden die Rechte und Freiheiten der britischen Untertanen garantiert, darunter die Duldung aller Protestanten und das politische Grundrecht auf eine allgemeine Wahl, die alle drei Jahre stattfinden sollte. Das Gesetz wurde oft als würdiges Ergebnis der GLORREICHEN REVOLUTION von 1688 gepriesen, die mit der Vertreibung Jakobs II. vom Thron begann.

Defoe, Daniel (1660–1731),

englischer Schriftsteller und Journalist. Defoe (als Foe geboren) war bereits knapp 60 Jahre alt, als er begann, Romane zu schreiben. Nach einer Laufbahn als Journalist legte er 1719 die Erzählung *Robinson Crusoe* vor, ein Roman, der teilweise auf den Erlebnissen des schottischen Abenteurers Alexander Selkirk basierte, der auf einer verlassenen Pazifikinsel ausgesetzt worden war. Defoe schildert darin

THE
LIFE
AND
STRANGE SURPRIZING
ADVENTURES
OF
ROBINSON CRUSOE,
Of YORK, MARINER:
Who lived Eight and Twenty Years,
all alone in an un-inhabited Island on the
Coast of AMERICA, near the Mouth of
the Great River of OROONOQUE;
Having been cast on Shore by Shipwreck, where-
in all the Men perished but himself.
WITH
An Account how he was at last as strangely deli-
ver'd by PYRATES.

Written by Himself.

LONDON,
Printed for W. TAYLOR at the Ship in Pater-Noster-
Row. MDCCXIX.

Eine Szene aus Daniel Defoes bekanntestem Roman: Robinson Crusoe begegnet Freitag (unten).

Leben und Gedanken eines zur Gänze auf sich allein gestellten Menschen, der fernab jeglicher Zivilisation das tägliche Überleben meistern muss. Dieser Roman legte den Grundstein für Defoes Ruhm und löste eine bis in die heutige Zeit reichende Welle von teilweise romantisch verklärten Robinsonaden aus, die ihre Ursachen in der immer wieder auftretenden Zivilisationsmüdigkeit vieler Menschen hat.

Auf *Robinson Crusoe* folgten weitere Werke, darunter *Die Abenteuer des Kaptän Singleton* (1720), *Moll Flanders* (1722), die Geschichte einer Londoner Prostituierten und Diebin, *Die Pest zu London* und *Obrist Jack. Die glückliche Mätresse* erschien 1724. Viele seiner Romanfiguren haben einen zweifelhaften Charakter und führen dem Leser vor, wohin es führt, den Pfad der Tugend zu verlassen. Insgesamt schrieb Daniel Defoe knapp 600 Bücher, Aufsätze und Tagebücher, darunter auch zahlreiche wirtschaftspolitische und sozialkritische Werke, deren Bedeutung man erst in jüngerer Zeit erkannte.

De Gasperi, Alcide (1881–1954),

italienischer Politiker, der wesentlichen Anteil an der Gründung der Democrazia Cristiana DC als gemäßigter Partei nach dem Zweiten Weltkrieg hatte. 1911 wurde er in das österreichisch-ungarische Parlament gewählt. 1919–25 war er Generalsekretär der Volkspartei Italiens. 1929 suchte er Zuflucht vor dem faschistischen Regime Benito MUSSOLINIS. Er fand sie im Vatikan, wo er bis 1943 lebte. De Gasperi trat als Ministerpräsident

1945–53 entschieden gegen den Kommunismus und für die europäische Zusammenarbeit ein. 1946 traf er mit dem österreichischen Außenminister Karl Gruber eine Vereinbarung über die Autonomie Südtirols. Für seine Verdienste bezüglich der Integration Europas wurde er 1952 mit dem Aachener Karlspreis ausgezeichnet.

Dekabristen,

Mitglieder mehrerer russischer revolutionärer Gruppen. Sie wurden vom Nordbund angeführt und erhoben sich im Dezember 1825 gemeinsam gegen die Thronbesteigung NIKOLAUS' I. Die zumeist aus Offizieren bestehende Gruppe wurde von französischen liberalen Ideen beeinflusst. Manche Mitglieder befürworteten die Staatsform der Republik, während andere für Nikolaus' ältesten Bruder Konstantin eintraten, von dem sie hofften, er würde sich für eine Verfassungsreform einsetzen und das Land modernisieren. Einige Garderegimenter in St. Petersburg weigerten sich, den Treueeid zu leisten, und marschierten zum Senatshaus, wo sie nach mehreren Stunden des Zögerns von anderen Truppen beschossen wurden. Polizeispione stellten und überwältigten die Verschwörer, von denen fünf hingerichtet, 253 nach Sibirien verbannt und 31 verhaftet wurden. Die Revolte der Dekabristen führte zu verstärktem Polizeiterror und zur Ausbreitung revolutionären Gedankenguts unter den Intellektuellen.

Delcassé, Théophile (1852–1923),

französischer Außenminister in sechs aufeinander folgenden Regierungen und wichtigster Architekt mehrerer europäischer Bündnisse vor 1914. Delcassé war eine zentrale Persönlichkeit bei den Verhandlungen, die 1904 zur ENTENTE CORDIALE mit Großbritannien führten, und ebnete den Weg zur Tripelentente mit Großbritannien und Russland von 1907. Als Marineminister vereinbarte er 1911 die Zusammenarbeit der britischen und französischen Flotte für den Kriegsfall. 1914 agierte er wieder als Außenminister und handelte den geheimen Londoner Vertrag aus, nach dem sich Italien im ERSTEN WELTKRIEG auf die Seite der Alliierten stellte, wofür ihm der Besitz des Dodekanes garantiert wurde.

Delhi,

Hauptstadt von Indien, am Fluss Yamuna in der nordindischen Ebene gelegen. Der Sage nach ist die Stadt ungezählte Male verlegt worden und es gibt archäologische Beweise für die Existenz von wenigstens sieben früheren Festungen. Die ältesten Funde stammen aus dem 6. Jh. v. Chr. Im 1. Jh. v. Chr. verlieh ein gewisser Raja Dhilu dem Ort seinen Namen. Bis zum 8. Jh., als die Tomar-Rajputen die Stadt besetzten und zu ihrer Hauptstadt machten, ist wenig bekannt. Im 11. Jh. entrissen moslemische Eindringlinge die Stadt dem Hindukönig Prithviraj und vom 12. bis zum 16. Jh. diente Delhi mehreren moslemischen Dynastien als Hauptstadt. Im Kernbereich der ersten moslemischen Hauptstadt stand der Qutb Minar, ein mit Skulpturen verzierter Turm, erbaut vom Gründer der Mamelucken-Dynastie, Sultan Qutb ud-Din Aibak. Natürliche und strategische Faktoren veranlassten in der Folgezeit wiederholt die Verlegung der Stadt, deren Kern aber immer in der Nähe der ursprünglichen Siedlung blieb.

In der Mogul-Zeit baute Kaiser Shah Jahan, der das Land 1628–58 regierte, das Rote Fort, den Palast und die Moschee, die heute noch das Bild des von einer Mauer umgebenen Alt-Delhi prägen. Der Niedergang des Mogul-Reichs brachte neue Invasionen, vor allem die Plünderung Delhis durch den persischen Herrscher Nadir Shah 1739. 1803 geriet die Stadt unter britische Herrschaft und im Jahr 1912 wurde die Hauptstadt Britisch-Indiens von Kalkutta nach Neu-Delhi verlegt.

Delphi, Sitz des bedeutendsten ORAKELS der Antike in den Bergen Mittelgriechenlands. Damals erbaten sowohl Einzelpersonen als auch verschiedene Stadtstaaten den Rat von Pythia, der Priesterin Apolls. Ihre oftmals dunklen und schwer zu verstehenden Antworten wurden von einem Priester gedeutet. Pythia saß auf einem goldenen Dreifuß und fiel in einen Zustand der Trance, bevor sich die Botschaften des Orakels durch sie äußerten. Eine der berühmtesten Antworten des Orakels betrifft den griechischen Philosophen SOKRATES. Einer seiner Schüler, Chairephon mit Namen, reiste nach Delphi und fragte, ob es einen weiseren Mann als Sokrates gäbe. Pythia antwortete für das Orakel, dass kein Mann weiser sei als Sokrates, ein Spruch, der Leben und Werk des großen Denkers stark beeinflusste. Nach seinem Tod wurde Sokrates tatsächlich als einer der angesehensten Philosophen der Antike anerkannt.

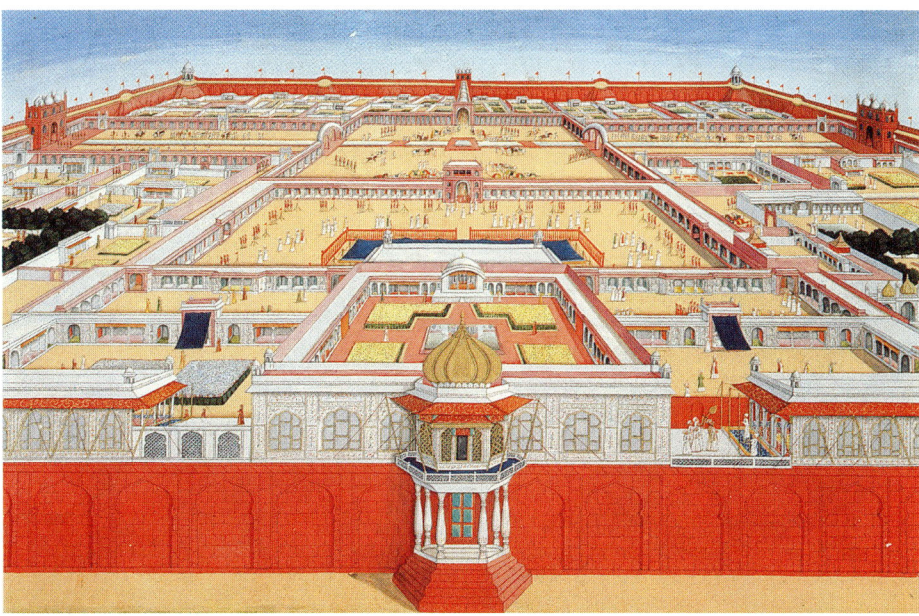

Weltbekannt ist das Rote Fort Dehlis, dessen Name sich auf die Mauern und Tore aus rotem Sandstein bezieht. Die Anlage wurde zwischen 1638 und 1658 erbaut und umfasst den Palast der Mogulkaiser, Gärten, Kasernen und verschiedene andere öffentliche Gebäude.

Delphi wurde 480 v. Chr. von den Persern und 279 v. Chr. von den Galliern angegriffen, blieb jedoch weitgehend unbeschädigt. Später ließ Nero 500 Statuen aus Delphi entfernen und der christliche Kaiser Theodosius schloss das Heiligtum im Jahr 390. Bis heute sind Reste mehrerer Bauwerke erhalten, darunter die Tempel für Apoll und Athene, Schatzhäuser, ein Theater und das Stadion, das für die Pythischen Spiele, ein Laufwettbewerb und beliebtes Fest der Athener, genutzt wurde.

Demokraten, eine der zwei großen politischen Parteien in den USA. Sie entstand unter Thomas JEFFERSON in den 90er-Jahren des 18. Jh. als Opposition zu den FÖDERALISTEN und wurde von den Pflanzern im Süden und Kleinbauern im Norden getragen. Nach einem Zerwürfnis mit den Nationalen Republikanern unter John Quincy Adams und Henry Clay wurde 1828 eine neue Demokratische Partei unter Andrew JACKSON und John C. Calhoun gegründet. Von da an blieb die Partei der Demokraten fast durchgängig an der Macht, bis sie sich 1860 über der damals hoch brisanten Sklavenfrage spaltete.

Erst in den späten Jahrzehnten des 19. Jh. wurden die Demokraten wieder eine wichtige Kraft, die weiterhin den tiefen Süden Amerikas hinter sich wusste. Unterstützung fanden sie auch im expandierenden Westen und unter den sozial schlecht gestellten Einwandererschichten im industrialisierten Nordosten. Im frühen 20. Jh. übernahm die Partei viel von der Politik des *Progressive Movement* und ihr Präsidentschaftskandidat Woodrow WILSON wurde für zwei Amtszeiten 1913–21 gewählt. Die Partei war in den 20er-Jahren bedeutungslos, erlangte aber während der WELTWIRTSCHAFTSKRISE wieder Einfluss und gewann die Mehrheit im Kongress sowie die Präsidentschaft.

Der Demokrat Franklin D. ROOSEVELT ist der einzige Präsident, der für drei Amtszeiten gewählt wurde. Seitdem hat die Partei meist das Abgeordnetenhaus dominiert und die Mehrheit im Senat gestellt. Im Gefolge der Bürgerrechtsbewegung und der Aufhebung der Rassentrennung in den 50er- und 60er-Jahren haben die Demokraten zahlreiche Anhänger in den konservativen Südstaaten verloren, da ihre Partei zunehmend mit der Arbeiterschaft der Großstädte und den Kleinbauern verknüpft wurde und sich Unternehmertum und Mittelschicht nicht mehr ausreichend vertreten fühlten. Große Hoffnungen wurden an die demokratische Präsidentschaft des 1963 in Dallas ermordeten John F. KENNEDY geknüpft. Bald darauf, im Jahr 1968, stellte der Krieg in VIETNAM die Partei vor eine harte Zerreißprobe.

Die Demokraten gewannen die Präsidentenwahlen 1977 mit Jimmy CARTER und 1992 mit Bill CLINTON. 1980 verloren sie die Mehrheit im Senat, gewannen sie aber sechs Jahre später zurück. Die Demokraten verloren die Wahl von 1988, als Michael Dukakis kandidierte, behielten aber die Mehrheit in beiden Häusern des Kongresses. Doch bei den Zwischenwahlen 1994 erlitten sie starke Verluste und die Republikaner erlangten zum ersten Mal seit 1954 die Mehrheit in beiden Häusern.

Das Schatzhaus der Athener (oben) in Delphi enthielt Gaben für Apoll, hier auf einer Schale (rechts) dargestellt.

Stimmrecht für alle –
die Demokratie wird erwachsen

Die Demokratie ist eine auf der Welt weit verbreitete Staatsform, bei der das Volk regiert, entweder direkt oder indem es Vertreter wählt. Seit ihrer Entstehung in Athen vor rund 2500 Jahren hat sich die Demokratie in vielen Staaten zur Grundlage politischen Handelns entwickelt.

Die Demokratie wurde im Stadtstaat Athen im 5. Jh. v. Chr. eingeführt. Damals war das Volk an den Entscheidungen, die während der Volksversammlungen getroffen wurden, aktiv beteiligt. In den modernen Demokratien werden Volksvertreter gewählt, die für das Volk Entscheidungen treffen.

Bis zum Ende des 18. Jh. glaubte man, demokratisches Handeln könne nur in einem kleinen Stadtstaat funktionieren. In den amerikanischen Kolonien begannen jedoch politische Denker unter dem Einfluss des Aufstands gegen Großbritannien eine Vorstellung von einer Volksvertretung zu entwickeln, nach der Demokratie auch in größeren Staaten möglich war. In der modernen Welt wird die Volksvertretung und damit eine demokratische Regierung durch politische Parteien gesichert. Fast alle heutigen Demokratien sind Mehrparteiensysteme.

In Frankreich entstand mit dem Ausbruch der Revolution 1789 eine klare politische Theorie der Demokratie, verkörpert durch die Erklärung der Menschen- und Bürgerrechte, die am 26. August 1789 verkündet wurde. Danach hat allein das Volk die Berechtigung, politische Macht auszuüben.

Heute ist die Demokratie zur einzigen dauerhaften und rechtmäßigen Grundlage politischer Autorität geworden. Selbst Diktaturen wie die kommunistischen Systeme, die Mittel- und Osteuropa bis 1989 regierten, nannten sich Volksdemokratien, um sich zu legitimieren.

Obwohl die Athener als Väter der Demokratie gelten, gestanden sie das Recht, sich politisch zu äußern, nur freien Männern zu. Noch über 2000 Jahre später

hielten die Amerikaner Frauen und Sklaven vom politischen Leben fern, als sie im 18. Jh. eine demokratische Regierung einführten. Erst 1893 war ein Staat – Neuseeland – bereit, Frauen das Wahlrecht zu gewähren. In Deutschland erhielten Frauen das Stimmrecht 1918, in den USA 1919, in Großbritannien 1928. In Frankreich durften Frauen ab 1945 wählen und die Schweiz entschloss sich erst 1971, Frauen das Grundrecht politischer Meinungsäußerung zu gewähren.

FUNKTIONIERENDE DEMOKRATIEN

Wie die Vergangenheit gezeigt hat, ist die Demokratie als Regierungsform nicht ohne Probleme. Am besten funktioniert sie in homogenen Gesellschaften, wo es keine tief greifenden ethnischen, religiösen oder sprachlichen Spaltungen gibt. In

Beim so genannten Althing – Islands berühmtem, ins 10. Jh. zurückgehenden Parlament – wurden allgemeine Rechtsfragen durch demokratischen Konsens entschieden.

heterogenen Gesellschaften muss darauf geachtet werden, dass möglichst alle Bevölkerungs- und Interessengruppen in der Regierung vertreten sind. Die Demokratie hat jedoch eine Kehrseite: Sie ermöglicht auch die Wahl undemokratisch strukturierter Parteien in die Regierung, wo diese im Extremfall eine Diktatur errichten. Dies geschah 1933 in Deutschland, als Adolf Hitlers Nationalsozialistische Arbeiterpartei legal an die Macht kam. Hitlers Regime ist ein vorzügliches Beispiel für ein System, das mitunter als totalitäre Demokratie bezeichnet wird.

Um den Missbrauch der Demokratie zu bekämpfen, haben viele Staaten verfassungsmäßige Kontrollen eingerichtet. Dies kann ein Verfassungsgericht sein, eine zweite Kammer des Parlaments, um Übergriffe der ersten zu bekämpfen, oder ein starkes System der lokalen Selbstverwaltung, so etwa der Föderalismus, der die politische Macht auf viele Schultern verteilt.

Mithilfe dieser Stimmscheiben aus Athen aus dem 4. Jh. v. Chr. fällten die Geschworenen in Gerichtsprozessen ihr Urteil. Massive Naben standen für Freispruch, hohle für Verurteilung.

Der chinesische Politiker Deng Xiaoping – hier 1981 bei der Inspektion der Armee – öffnete das Land dem Welthandel, unterdrückte aber abweichende politische Meinungen.

Demokratie siehe linke Seite

Demosthenes (384–22 v. Chr.), bedeutendster Redner im alten ATHEN, der gegen die Übergriffe PHILIPPS II. von Makedonien zum Widerstand aufrief. Er kämpfte 338 bei Chaironeia. Der Höhepunkt seiner Karriere als öffentlicher Redner war erreicht, als er seine glänzende Rhetorik nutzte, um sich selbst in einem Prozess wegen angeblicher Annahme von Bestechungsgeldern und Feigheit in der Schlacht erfolgreich zu verteidigen. Er schaffte es, die Anklage umzudrehen und gegen seine Widersacher, die Friedenspartei seines lebenslangen Feindes Aischines, zu richten, indem er sagte: „Deine Politik hilft unserem Feind, meine unserem Land." Nach der Niederlage Athens durch die Makedonier 322 v. Chr. und dem Tod ALEXANDERS DES GROSSEN beging Demosthenes Selbstmord. Er entging damit seiner Hinrichtung, die aufgrund der unwahren Beschuldigung, Geld gestohlen zu haben, über ihn verhängt worden war.

Deng Xiaoping (1904–97), chinesischer Politiker, dem die wirtschaftliche Öffnung des kommunistischen Landes zu verdanken ist. Deng (auch Teng Hsiao-p'ing) war einer der ursprünglichen Anhänger der Kommunistischen Partei des Vorsitzenden MAO ZEDONG und nahm am LANGEN MARSCH von 1934/35 teil. Anfang der 20er-Jahre studierte Deng Xiaoping in Frankreich und verbrachte einige Zeit in der Sowjetunion, ehe er nach China zurückkehrte und in Shanghai und Jiangxi für die Kommunisten arbeitete. Während der Bürgerkriege zwischen 1937 und 1949 tat er sich als politischer Kommissar hervor und bekleidete anschließend einen höheren Parteiposten in Südwestchina. 1952 ging Deng Xiaoping nach Beijing und wurde 1956 Generalsekretär der Kommunistischen Partei Chinas.

Während der KULTURREVOLUTION wurde er von Mao in Verruf gebracht, der auf diese Weise versuchte, den ihm entgleitenden Einfluss auf die Parteiideologie wieder zu sichern. Nach seiner Rehabilitierung litt Deng erneut unter der VIERERBANDE, einflussreichen Mitgliedern der Parteiführung – unter ihnen Maos Frau –, die nach dem Tod des Vorsitzenden 1976 versucht haben sollen, die Macht an sich zu reißen. Doch schon 1977 hatte sich Deng politisch wieder etabliert und stellte während der Regierungszeit von Hua Guofeng, der nach Maos Tod Vorsitzender des Zentralkomitees geworden war, einen ernst zu nehmenden Machtfaktor dar. Deng wurde zum Verfechter einer wirtschaftlichen Modernisierung und machte sich daran, die Beziehungen zum Westen zu verbessern.

Nach 1981 versuchte Deng vor allem, die Leitung der Wirtschaft zu dezentralisieren und die Korruption zu bekämpfen. Er war jedoch nicht willens, das Machtmonopol der Kommunistischen Partei Chinas an die wachsende Demokratiebewegung zu verlieren, die in den späten 80er-Jahren aufkam. Zwar durften Mitglieder einer studentischen Demonstration im Jahr 1989 den Tienanmenplatz besetzen, doch setzte Deng die Armee in Marsch, als die Forderungen der Studenten nach mehr Freiheit die Aufmerksamkeit der westlichen Medien fanden. Als die Regierungspanzer Zelte und behelfsmäßige Barrikaden niederwalzten, fanden rund 2000 Menschen den Tod. In den 90er-Jahren begünstigte Deng das Wirtschaftswachstum und förderte seinen Nachfolger Jiang Zemin, der 1993 Präsident wurde.

Descartes, René (1596–1650), französischer Mathematiker, Naturwissenschaftler und Philosoph. Descartes baute sein philosophisches Gedankengebäude auf den Prinzipien und Methoden der Mathematik auf. Sein wissenschaftlicher Ansatz ging von dem Aphorismus aus, *cogito ergo sum* (ich denke, also bin ich). Er brachte die Mathematik voran, indem er die analytische Geometrie entwickelte, und die Optik, indem er das Gesetz der Brechung entdeckte. Descartes' Einfluss lässt sich in den Werken von Rationalisten, Empirikern und Materialisten verfolgen, die seine Lehren verwarfen, von seiner intellektuellen Strenge jedoch profitierten.

Im Anschluss an seine jesuitisch geprägte Erziehung widmete sich Descartes dem Studium der Rechte. 1617–19 diente er bei

den Heeren der Niederlande und Bayerns. Nach mehreren Reisejahren lebte er zunächst in Paris und ließ sich dann in den Niederlanden nieder, wo er 1628 *Regulae ad Directionem Ingenii (Regeln zur Leitung des Geistes)* vollendete. Danach verfasste er die Werke, die ihn berühmt machten, ihn jedoch der Kritik der Theologen aussetzten: *Discours de la Méthode (Abhandlung über die Methode*, 1637), *Meditationes de Prima Philosophia (Meditationen über die Erste Philosophie*, 1641) und *Principia Philosophiae (Prinzipien der Philosophie*, 1644). Der große Philosoph René Descartes starb 1650 in Schweden, wohin er auf königliche Einladung gereist war.

Desmoulins, Camille (1760–94), französischer Journalist und Revolutionär. Desmoulins wurde 1785 Rechtsanwalt im Pariser *parlement* und rief vier Jahre später, nach der Entlassung des Finanzministers Jacques Necker, die Massen vor dem Palais Royal zu den Waffen. Am 14. Juli 1789 stürmte das Volk die Bastille. Im November 1789 gab Desmoulins zum ersten Mal sein berühmtes Journal *Les Révolutions de France et de Brabant* heraus, in dem er das ANCIEN RÉGIME angriff, und begann eine enge Zusammenarbeit mit Georges DAN-

Der Philosoph René Descartes behauptete, der Inhalt seines künftigen Werkes sei ihm im Traum offenbart worden.

TON. Camille Desmoulins stimmte für die Hinrichtung Ludwigs XVI., doch zog er sich durch sein Eintreten für Dantons gemäßigte Politik den Zorn Maximilien de ROBESPIERRES zu. Wie viele Widersacher de Robespierres wurde er hingerichtet und fand am 5. April 1794 den Tod.

Dessalines, Jean Jacques (1758–1806), Kaiser von Haiti. Nachdem es Dessalines 1791 während eines Aufstands gelungen war, sich aus den Fängen der Sklaverei zu befreien, leistete er unter TOUSSAINT L'OUVERTURE Kriegsdienst und trug dazu bei, Haiti von der französischen Fremdherrschaft zu befreien. Obwohl Analphabet, ließ Dessalines in seinem Namen eine Unabhängigkeitserklärung verfassen. 1803 führte er einen Aufstand gegen französische Streitkräfte an, die durch Gelbfieber stark geschwächt waren. Mit der Niederlage Frankreichs wurde er Generalgouverneur von Haiti und ließ sich 1804 als Kaiser Jacques I. krönen, wobei sich sein Regierungsstil bald als Schreckensherrschaft entpuppte. Dessalines versuchte, mit-

Angeführt von Jean Jacques Dessalines rächen sich aufständische Sklaven an den besiegten französischen Soldaten.

hilfe von Zwangsarbeitern die Wirtschaft des Landes wieder aufzubauen, doch führte die Grausamkeit seiner Herrschaft schon 1805 zu einer Palastrevolte. Der Kaiser von Haiti wurde ermordet, als er 1806 versuchte, den Aufstand niederzuschlagen.

Deutsche Demokratische Partei,
abgekürzt DDP, 1918 gegründete Vereinigung linksliberaler Kräfte. Sie sprach sich für eine Republik mit parlamentarischem Regierungssystem mit der Verpflichtung zu Sozialreformen aus. 1930 verband sie sich mit anderen Gruppierungen zur Deutschen Staatspartei, die sich nach ihrer Zustimmung zum ERMÄCHTIGUNGSGESETZ im Juni 1933 selbst auflöste.

Deutsche Demokratische Republik,
1949 aus der sowjetischen Besatzungszone im Nachkriegsdeutschland hervorgegangener Staat in Mitteleuropa, der 1990 in der BUNDESREPUBLIK DEUTSCHLAND aufging. In den ersten fünf Jahren musste die Republik, deren Hauptstadt Ostberlin war, hohe Reparationen für Kriegsschäden an die Sowjetunion zahlen. Ein Aufstand der Bevölkerung am 17. Juni 1953 wurde von sowjetischen Truppen brutal unterdrückt. 1954 erklärte sich die Republik zum souveränen Staat und trat im folgenden Jahr als Gründungsmitglied des WARSCHAUER PAKTES hervor. Ab 1972 pflegte die Bundesrepublik Deutschland im Rahmen ihrer OSTPOLITIK diplomatische Beziehungen mit der DDR. Die Aufnahme in die Vereinten Nationen folgte bereits 1973, worauf die Republik weltweit diplomatisch anerkannt wurde.

Markenzeichen der DDR war der Trabant, der – ähnlich dem VW-Käfer in der BRD – in millionenfachen Stückzahlen vom Band rollte.

1989 fand eine Reihe großer Demonstrationen statt, meist in Berlin und Leipzig, wobei das Neue Forum nachdrücklich politische Demokratie forderte. Im November 1989 öffneten die Behörden die Berliner Mauer und die Sozialistische Einheitspartei gab ihr Machtmonopol auf. Die ersten freien Wahlen fanden im März 1990 statt und am 3. Oktober 1990 trat die DDR der Bundesrepublik Deutschland bei. 1992 wurde eine Reihe von Prozessen gegen ostdeutsche Politiker eröffnet, darunter Erich HONECKER. Finanziell leidet das wieder vereinigte Land bis heute unter den Belastungen, die die Angleichung der ostdeutschen Wirtschaft an die Marktwirtschaft mit sich bringt.

Deutsche Einigungskriege,
militärische Auseinandersetzungen, die unter Führung Preußens zur kleindeutschen Einigung führten. 1864, im Deutsch-Dänischen Krieg, kämpften Preußen und – als widerstrebender Bündnispartner – Österreich gegen Dänemark, das sich Schleswig einverleiben wollte. Nach dem preußischen Sieg entbrannte zwischen den beiden um die Vorherrschaft in Deutschland ringenden Großmächte Österreich und Preußen ein Streit über die Zukunft der Elbherzogtümer, der 1866 im DEUTSCHEN KRIEG gipfelte. Nachdem die Preußen die Entscheidungsschlacht bei KÖNIGGRÄTZ gewonnen hatten, schied Österreich aus Deutschland aus. Als erster Schritt zur nationalstaatlichen Einigung wurde der NORDDEUTSCHE BUND gegründet, der die Staaten nördlich der Mainlinie umfasste. Aufgrund wechselseitiger Provokationen kam es 1870/71 zum DEUTSCH-FRANZÖSISCHEN KRIEG,

da Frankreich seine Stellung auf dem Kontinent geschwächt sah. Aufseiten des NORDDEUTSCHEN BUNDES zogen die süddeutschen Staaten in die Schlacht. Nach dem deutschen Sieg bei SEDAN wurde in Versailles noch während der Belagerung von Paris am 18. Januar 1871 das DEUTSCHE REICH ausgerufen und WILHELM I. zum Kaiser erklärt.

Deutsche Fortschrittspartei,
1861 gegründete liberale Partei im Preußischen Abgeordnetenhaus. Auf ihrem Programm stand die nationale Einigung Deutschlands unter Führung PREUSSENS und die Demokratisierung des preußischen Staates. Nach der 1866 erfolgten Abspaltung des rechten Flügels, des Kerns der NATIONALLIBERALEN PARTEI, verlor sie allmählich an Bedeutung.

Deutsche Kolonien,
Besitzungen des DEUTSCHEN REICHES in Übersee, bis 1918 offiziell als deutsche Schutzgebiete bezeichnet. Dazu gehörten in Afrika Togo, Kamerun, Deutsch-Südwestafrika und Deutsch-Ostafrika, im Pazifik Deutsch-Neuguinea und der Bismarck-Archipel, die Karolinen, Marianen, Palau- und Marschall-Inseln, Nauru und ein Teil der Samoa-Inseln sowie an der chinesischen Küste das Pachtgebiet KIAUTSCHOU. Im Ersten Weltkrieg wurden die deutschen Kolonien, deren volkswirtschaftlicher Wert relativ gering war und die Aufwendungen für Erschließung und Verwaltung nicht annähernd aufwog, fast alle von den Alliierten besetzt und im VERSAILLER VERTRAG 1919 als Mandatsgebiete des VÖLKERBUNDS einigen Siegermächten zur Verwaltung übertragen.

Deutsche Volkspartei, abgekürzt DVP, 1918 aus dem rechten Flügel der NATIONAL-LIBERALEN hervorgegangene Partei, die vom national gesinnten Bürgertum getragen wurde. Die DVP bekämpfte den Sozialismus und lehnte die Verfassung der WEIMARER REPUBLIK zunächst ab. Zwischen 1920 und 1930 war sie unter dem Einfluss STRESE-MANNS jedoch an den meisten Regierungen beteiligt. Im Sommer 1933 wurde sie zur Selbstauflösung gezwungen.

Deutscher Bund (1815–66), Zusammenschluss souveräner Staaten, dessen Verfassung das Vorbild für das DEUTSCHE REICH lieferte. Auf dem WIENER KONGRESS bildeten 38 deutsche Staaten einen lockeren Bund, um sich gegen französische Interessen zu schützen. Österreichs Kanzler Klemens Wenzel Fürst von METTERNICH übte durch den Bundestag in Frankfurt, dessen Mitglieder Abgeordnete der einzelnen Staatsregierungen waren, großen Einfluss auf den Bund aus. Gleichzeitig versuchte Preußen seinen Einfluss durch die Gründung des DEUTSCHEN ZOLLVEREINS zu steigern.

Nach der MÄRZREVOLUTION 1848 wurde in Frankfurt eine neue verfassunggebende Versammlung gewählt, die versuchte, eine konstitutionelle deutsche Monarchie zu errichten. Doch lehnte der österreichische Kaiser die Krone ab, weil er fürchtete, sie würde seine Autorität in Ungarn schwächen. Der preußische König Friedrich Wilhelm IV. wies sie dagegen zurück, weil ihm die Verfassung zu liberal war. So wurde der vor 1848 bestehende Bund wieder hergestellt. 1866 schlug Bismarck, einer der preußischen Abgeordneten, vor, den Deutschen Bund unter Ausschluss von Österreich neu zu organisieren. Als Österreich sich dem Plan widersetzte, löste Bismarck den Bund auf und die Feindseligkeiten führten zum DEUTSCHEN KRIEG. Nach dem Sieg Preußens schlossen sich 1867 die 21 Regierungen nördlich des Mains zum Norddeutschen Bund mit der Hauptstadt Berlin zusammen. 1871 wurde das Deutsche Reich gegründet.

Deutscher Krieg (Juni–August 1866), Krieg zwischen PREUSSEN und ÖSTERREICH, wobei Italien an der Seite Preußens, Österreich im Bund mit Bayern und anderen deutschen Staaten kämpfte. Der Krieg wurde unausweichlich, nachdem der preußische Kanzler Otto von BISMARCK Österreichs Vormachtstellung im DEUTSCHEN BUND infrage gestellt hatte. Die Feindseligkeiten brachen aus, als Bismarck, nachdem er Frankreichs Neutralität und die Unterstützung Italiens gewonnen hatte, vorschlug, den Deutschen Bund abzuschaffen. Sieben Wochen nach ihrer bitteren Niederlage bei KÖNIGGRÄTZ in Böhmen unterzeichneten die Österreicher den Frieden von Prag. Hierdurch wurde der

Deutsche Bund aufgelöst. Österreich trat in der Folgezeit Venetien an Italien ab, während Preußen die kleineren Staaten zum NORD-DEUTSCHEN BUND zusammenschloss. Der Krieg erwies sich als erster Schritt zur Gründung des DEUTSCHEN REICHES 1871.

Deutscher Michel, Spottname für den einfältigen, aber treuen Deutschen. Vermutlich geht der Begriff auf den Erzengel Michael zurück, den Schutzpatron der Deutschen, sowie auf Hans Michael Obentraut, einen Heerführer im DREISSIGJÄHRIGEN KRIEG.

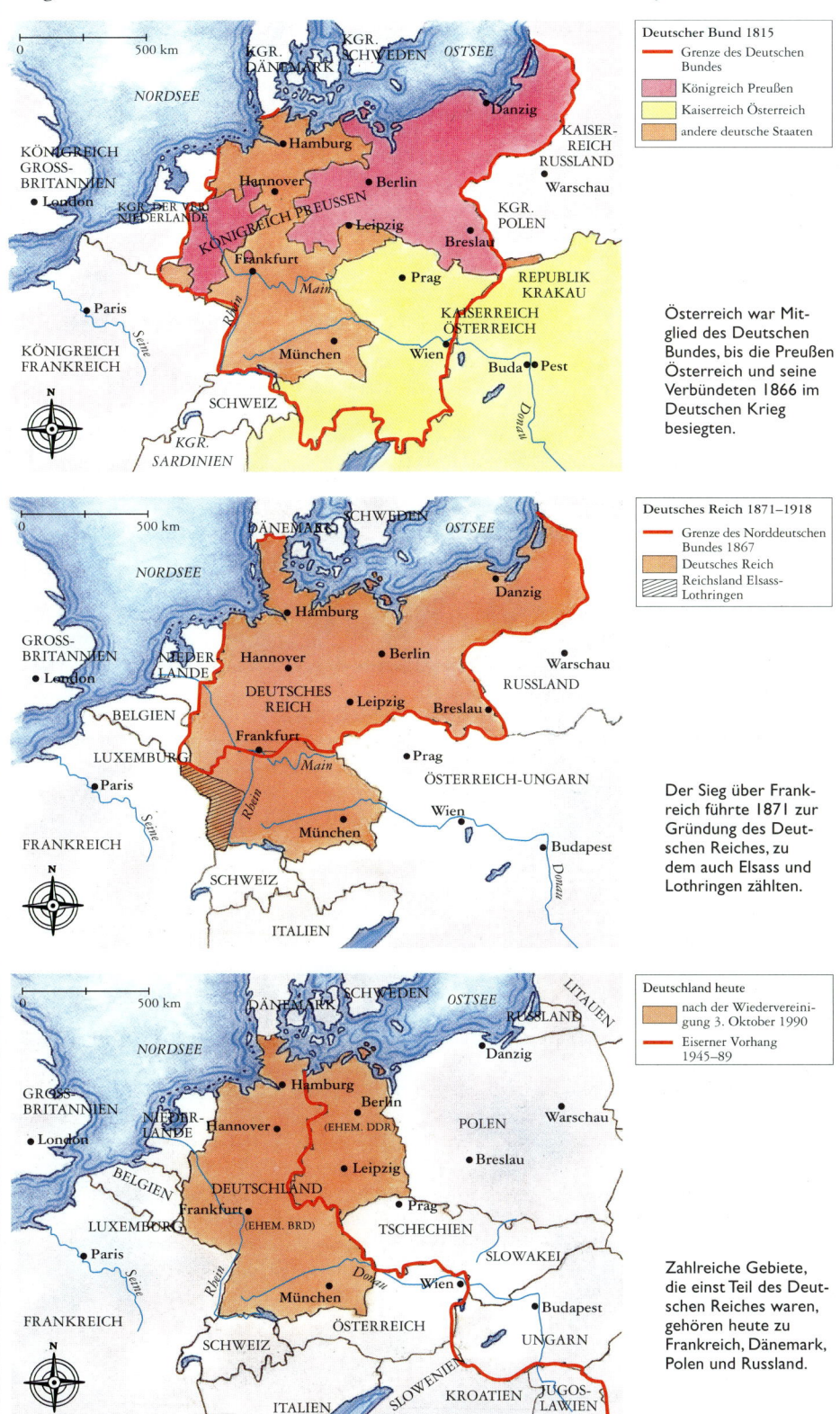

Deutscher Bund 1815
— Grenze des Deutschen Bundes
▮ Königreich Preußen
▮ Kaiserreich Österreich
▮ andere deutsche Staaten

Österreich war Mitglied des Deutschen Bundes, bis die Preußen Österreich und seine Verbündeten 1866 im Deutschen Krieg besiegten.

Deutsches Reich 1871–1918
— Grenze des Norddeutschen Bundes 1867
▮ Deutsches Reich
▨ Reichsland Elsass-Lothringen

Der Sieg über Frankreich führte 1871 zur Gründung des Deutschen Reiches, zu dem auch Elsass und Lothringen zählten.

Deutschland heute
▮ nach der Wiedervereinigung 3. Oktober 1990
— Eiserner Vorhang 1945–89

Zahlreiche Gebiete, die einst Teil des Deutschen Reiches waren, gehören heute zu Frankreich, Dänemark, Polen und Russland.

Das moderne Deutschland nimmt Gestalt an: 1815 verband der Deutsche Bund mehrere kleinere Staaten; 1871 entstand das Deutsche Reich; 1990 wurde das geteilte Deutschland wieder vereinigt.

Deutscher Orden, geistlicher und militärischer Orden deutscher Ritter, während des Dritten Kreuzzugs 1190 in Akko gegründet. Der Orden bestand aus Adligen, die die Gelübde der Armut und Keuschheit abgelegt hatten, und blühte zunächst in Syrien und Palästina auf. 1237 vereinigte sich der Deutsche Ritterorden mit dem Schwertbrüderorden livländischer Ritter. Gemeinsam führten sie wiederholt Krieg gegen Polen, wurden jedoch 1410 bei TANNENBERG von Polen und Litauen vernichtend geschlagen.

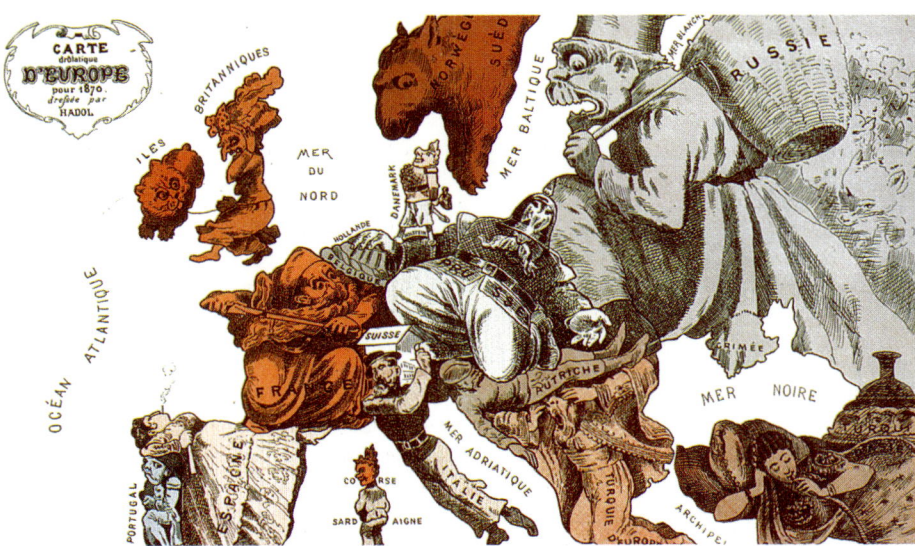

Während des Deutsch-Französischen Krieges 1871 wurde diese satirische Karte gezeichnet. Das Frankreich Napoleons III. versucht verzweifelt, den aggressiven preußischen Kanzler Otto von Bismarck abzuwehren, während der russische Riese tatenlos zuschaut.

Die beiden Orden trennten sich 1525, als sich der Hochmeister des Deutschen Ordens, Albrecht von Brandenburg, zur Reformation bekannte und als Herzog eines weltlichen Preußen eingesetzt wurde. In der Folgezeit verlor der Deutsche Ritterorden rasch an Bedeutung.

Deutscher Zollverein, Handelspolitische Vereinigung deutscher Staaten, die einen wichtigen Schritt zur Einigung Deutschlands darstellte. 1834 schlossen sich 18 Staaten zum Zollverein zusammen, wodurch ein gemeinsamer Markt für 26 Mio. Menschen entstand. Die Mitgliedsstaaten hatten die Vorteile des Zugangs zum Meer, der Finanzierung für den Bau von Straßen (und später Eisenbahnen), ihre eigenen Zollverwaltungen und ein Vetorecht in der Wirtschaftspolitik. Außer Bremen und Hamburg waren bis 1867, dem Jahr, in dem ein Zollbundesrat und ein Zollparlament eingerichtet wurden, alle deutschen Staaten beigetreten.

Deutsches Reich (1871–1918), Zeit zwischen Ende des NORDDEUTSCHEN BUNDES und Beginn der WEIMARER REPUBLIK, in der Deutschland zur Industrie- und Kolonialmacht ersten Ranges aufstieg. Das Deutsche Reich umfasste die von Kanzler Otto von BISMARCK geschaffene Union von 25 deutschen Staaten. Der preußische König wurde unter dem Namen WILHELM I. der erste Kaiser. Das Wachstum der deutschen Industrie zwischen 1870 und 1910 ließ Deutschland zur größten Industriemacht Europas werden, doch führte die Suche nach neuen Märkten bald zu Spannungen mit anderen Mächten. Dennoch gelang es Bismarck, wichtige Verbündete für Deutschland zu gewinnen: durch den DREIBUND zwischen Deutsch-

land, Österreich und Italien und den DREIKAISERBUND zwischen Deutschland, Österreich und Russland. Nachdem WILHELM II. Bismarck 1890 zum Rücktritt gezwungen hatte, ließ der Kaiser das Bündnis mit Russland zugunsten von Österreich auslaufen. Unterstützt von Admiral Alfred von TIRPITZ initiierte er ein Flottenwettrüsten mit Großbritannien. Er stürzte sich auch in koloniale Abenteuer, mit denen er sich sowohl Großbritannien als auch Frankreich zum Feind machte, was zur Bildung der ENTENTE CORDIALE zwischen den beiden Ländern führte. 1914 erklärte Deutschland Russland und Frankreich den Krieg, um das verbündete Österreich in seinem Streit mit Russland über Serbien zu unterstützen. Bis 1918 hatte Deutschland seine überseeischen Kolonien verloren und das deutsche Volk, dem demokratische Reformen versagt geblieben waren und das unter der kriegsbedingten Not litt, erhob sich gegen seine Führer. Wilhelm II. ging ins Exil und die Sozialdemokraten riefen die Republik aus.

Deutsch-Französischer Krieg, militärischer Schlagabtausch zwischen Frankreich unter NAPOLEON III. und Preußen 1870/71. Provoziert wurde er durch den Versuch Otto von BISMARCKS, einen deutschen Prinzen auf den spanischen Thron zu bringen. Vor seinem Schritt hatte sich Bismarck versichert, dass Russland, Italien und Großbritannien sich in einem eventuellen Krieg neutral verhalten würden. Als Napoleon III. am 19. Juli den Krieg erklärte, rückten preußische Armeen in Frankreich ein und zwangen die französischen Streitkräfte unter Marschall Marie MacMahon und Marschall François Bazaine zum Rückzug. Napoleons Gefangennahme am 1. September, die von den Franzosen als nationale Demütigung empfunden wurde, führte zu seinem Sturz als Kaiser. Am 19. September belagerten die Preußen Paris, aber Bismarcks Versuche, einen Frieden zu diktieren, wurden von Pariser Radikalen vereitelt. Am 18. Januar 1871 wurde König WILHELM I. von Preußen in Versailles, dem königlichen Schloss bei Paris, zum deutschen Kaiser proklamiert. Die französische Regierung erklärte sich schließlich bereit, am 10. Mai 1871 den Frankfurter Frieden zu unterzeichnen. Bismarcks Truppen blieben im Land, bis eine Entschädigung von 5 Mrd. Goldfranken gezahlt war. Der preußische Sieg markiert das Ende der französischen Vorherrschaft in Europa und den Aufstieg Deutschlands zur führenden Macht.

Deutschland, einst von Germanenstämmen bewohnter Staat im Herzen Mitteleuropas. Mit dem Zusammenbruch des Römischen Reiches entstanden acht germanische Königreiche, die im 8. Jh. unter KARL DEM GROSSEN vereinigt und christianisiert wurden. Die Region wurde im Jahr 962 Teil des HEILIGEN RÖMISCHEN REICHES und Kaiser Otto I. fing an, das Land östlich der Elbe zu kolonisieren. 1438 begann die lange und ruhmreiche Herrschaft der HABSBURGER, die erst im 20. Jh. endete.

1521 stellte sich Kaiser KARL V. Martin Luther, dem Führer der Protestanten, auf dem Wormser Reichstag entgegen. Mit der Ausbreitung der REFORMATION verstärkte sich die Spaltung Deutschlands. Endgültig zerrissen wurde die aus Hunderten von Staaten bestehende Region im DREISSIGJÄHRIGEN KRIEG. Als dieser 1648 endete, trat Brandenburg-Preußen als politische Kraft hervor, die bereit war, die österreichische Vormacht infrage zu stellen.

Von einer Spitze gekrönt waren die so genannten Pickelhauben, die preußische Offiziere im Deutsch-Französischen Krieg trugen.

Am Ende der NAPOLEONISCHEN KRIEGE war die Zahl der Staaten auf 39 gesunken. Auf dem Wiener Kongress 1815 schlossen sich diese Staaten mit neuer Grenzziehung unter Führung Österreichs im DEUTSCHEN BUND zusammen. Im Zug der revolutionären Bewegungen im Europa des 19. Jh. wurden bald Stimmen laut, die ein nationales Parlament forderten. Als Folge des DEUTSCHEN KRIEGES 1866 löste man den Bund auf und 1867 vereinigten sich die Staaten nördlich des Mains unter Führung Preußens zum Norddeutschen Bund. Dieser wiederum zerfiel nach dem Sieg über Frankreich 1871 und das Deutsche Reich mit Wilhelm I. von Preußen als Kaiser wurde gegründet.

Nach Deutschlands Niederlage im Ersten Weltkrieg führte die NOVEMBERREVOLUTION zum Sturz der Monarchie und die WEIMARER REPUBLIK entstand. Die finanzielle Last der Kriegsreparationen und die WELTWIRTSCHAFTSKRISE verhalfen 1933 Adolf Hitler zur Kanzlerschaft – das DRITTE REICH wurde gegründet. Deutschland begann aufzurüsten und Hitler löste 1939 durch die Invasion Polens den Zweiten Weltkrieg aus. Nach der Niederlage 1945 erfolgte die Teilung in die BUNDESREPUBLIK DEUTSCHLAND und die DEUTSCHE DEMOKRATISCHE REPUBLIK. Der Zusammenbruch des Kommunismus verhalf den beiden deutschen Staaten 1990 zur Wiedervereinigung.

Deutschnationale Volkspartei,

abgekürzt DNVP, nationalkonservative, 1918 gegründete Partei. Sie setzte sich für die Wiederherstellung der Monarchie ein, beteiligte sich aber 1925 und 1927/28 an bürgerlichen Regierungen. Unter dem Parteiführer Alfred Hugenberg erfolgte ein deutlicher Rechtsruck und 1931 schloss sich die DNVP mit Hitler und dem Stahlhelm zur HARZBURGER FRONT zusammen. Nachdem sie noch im Januar 1933 eine Koalition mit den Nationalsozialisten eingegangen war, wurde sie im Juni gezwungen, sich aufzulösen.

Diane de Poitiers, die schöne Mätresse Heinrichs II., wurde nach dem Tod ihres Gönners in das düstere Schloss Chaumont verbannt.

Deutsch-Sowjetischer Nichtangriffspakt,

Abkommen zwischen Deutschland und der Sowjetunion, am 23. August 1939 von den Außenministern Joachim von Ribbentrop und Wjatscheslaw Molotow unterzeichnet. Der Pakt sollte den Frieden zwischen beiden Staaten sichern und versprach gegenseitige Neutralität im Fall eines Angriffs von dritter Seite. Beide Unterzeichner verpflichteten sich, keinem Bündnis beizutreten, das sich „direkt oder indirekt gegen die andere Partei" richtete. Der Pakt enthielt geheime Pläne, Polen aufzuteilen, und die Sowjetunion erhielt freie Hand im Baltikum. Deutschland setzte sich über den Pakt hinweg, als es 1941 die Sowjetunion angriff.

Diane de Poitiers (1499–1566),

Mätresse König HEINRICHS II. von Frankreich. Diane de Poitiers kam während der Herrschaft von FRANZ I. im 16. Jh. an den Hof und Prinz Heinrich, 20 Jahre jünger als sie, verliebte sich in Diane. Bei seiner Thronbesteigung wurde sie Königin, wenn auch nicht dem

Namen nach, und verdrängte Heinrichs Gemahlin Katharina de MEDICI. Diane de Poitiers ließ Schloss Chenonceaux und seine Gärten vergrößern und wurde die Freundin und Gönnerin von Künstlern und Dichtern, darunter Pierre de Ronsard.

Diaspora,

griechisches Wort für Zerstreuung, bezeichnet jüdische Gemeinden außerhalb von Israel. Der Prozess der Zerstreuung der Juden begann mit den Vertreibungen durch Assyrer und Babylonier im Jahr 721 bzw. 586 v. Chr. und wurde durch die Zerstörung des Tempels von Jerusalem durch den römischen Kaiser TITUS im Jahr 70 beschleunigt. Bald darauf gab es jüdische Gemeinden von der Levante bis Italien sowie in Babylonien und Ägypten. Die in der Diaspora lebenden Juden der griechisch-römischen Welt sprachen meist griechisch, blieben aber ihrem Glauben treu und betrachteten Israel als ihre Heimat. Im frühen Mittelalter trat Spanien als Zentrum jüdischer Gelehrsamkeit hervor, bis die katholische INQUISITION die Juden 1492 vertrieb.

Jüdische Gemeinden gab es auch in Frankreich und Deutschland. Ab dem Einsetzen der Kreuzzüge entwickelte sich ein zunehmender Antisemitismus. Viele Städte gingen dazu über, jüdische Einwohner auf besondere Viertel zu beschränken. Da Polen und Litauen verfolgte Juden willkommen hießen, wurde Osteuropa zum Schwerpunkt der Diaspora, bis die POGROME der 80er-Jahre des 19. Jh. viele Juden in die USA auswandern

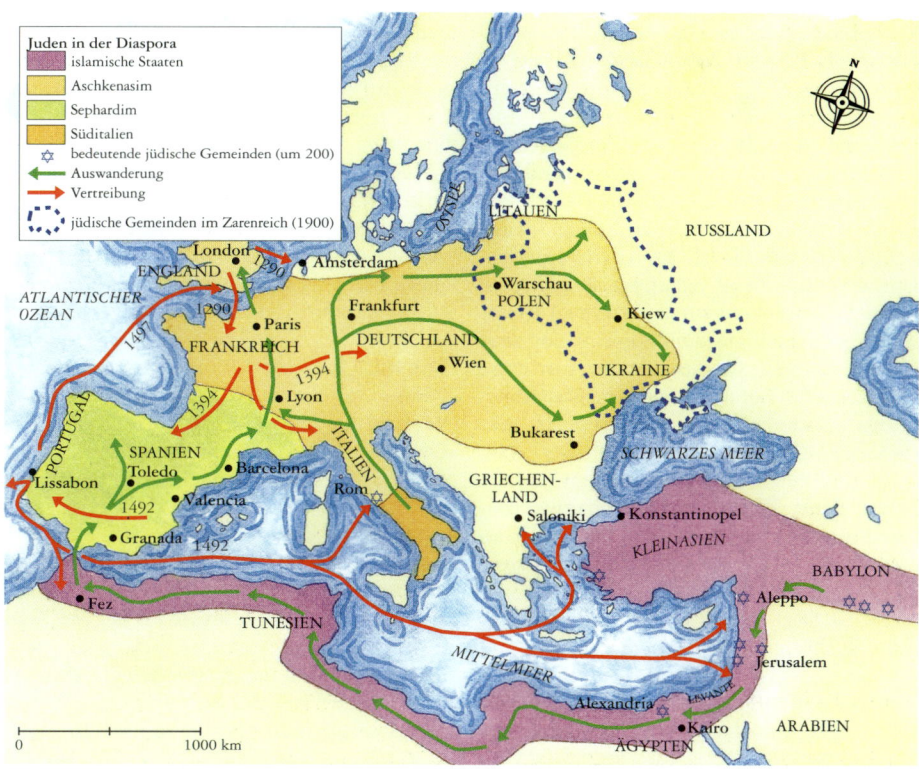

Das Schicksal des jüdischen Volkes wurde über viele Jahrhunderte hinweg von Vertreibung und Verfolgung gekennzeichnet.

ließen. Die Verfolgung der Diaspora-Juden setzte sich im 20. Jh. fort, vor allem 1933–45 im nationalsozialistischen Deutschland, das im Rahmen der Endlösung Adolf Hitlers für die planmäßige Ermordung von mehr als 6 Mio. Juden verantwortlich war.

Díaz, Porfirio (1830–1915), mexikanischer Diktator halb indianischer Abstammung, unter dessen Herrschaft 1910 die mexikanische Revolution und der Bürgerkrieg von 1911 bis 1918 ausbrachen. Als Präsident beherrschte Díaz sein Land von 1876 bis zum Bürgerkrieg. Er war für die wirtschaftliche Entwicklung und Modernisierung Mexikos verantwortlich, agierte jedoch im Interesse einer privilegierten Minderheit, wodurch große Teile der bäuerlichen Bevölkerung in die Schuldsklaverei getrieben wurden.

Dickens, Charles (1812–70), englischer Romancier, der das harte Leben der Arbeiterklasse im London des frühen 19. Jh. beleuchtete. Als sein Vater wegen Schulden ins Gefängnis kam, arbeitete der zwölfjährige Dickens in einer Fabrik für Schuhwichse, eine Erfahrung, die ihm Stoff für seinen Roman *David Copperfield* lieferte. 1831 begann er seine journalistische Laufbahn mit Parlamentsberichten für das *Morning Chronicle.* Fünf Jahre später veröffentlichte er die monatliche Serie *Die Pickwickier,* die aufgrund ihres Erfolgs als Roman herausgegeben wurde. Daraufhin erschienen *Oliver Twist, Nicholas Nickleby, Der Raritätenladen* und *Ein Weihnachtslied.* In seinen späteren Jahren verfasste Dickens *Harte Zeiten, Große Erwartungen* und *Bleakhaus.* Er starb während der Arbeit an *Edwin Drood.*

Diderot, Denis (1713–84), französischer Romancier, Dramatiker, Kritiker und bekannter Philosoph. Diderot kritisierte das ANCIEN RÉGIME und wurde 1749 auf königlichen Befehl für einige Monate in Haft genommen. In der 35-bändigen *Encyclopédie,* deren Herausgeber er war, brachte Diderot seinen Glauben an die Wissenschaft und seine Verachtung für Aberglauben zum Ausdruck. Seine Berichte über Ausstellungen zeitgenössischer Kunst begründeten das Genre der Kunstkritik.

Dien Bien Phu, im Indochinakrieg von den Franzosen kontrolliertes Dorf, um das ein erbitterter Kampf entbrannte. Französische Fallschirmjäger besetzten im November 1953 das Dorf Dien Bien Phu an der strategisch wichtigen Straße zwischen Hanoi und der laotischen Grenze, um den Guerillaverbänden der Vietminh, die gegen die französische Kolonialherrschaft kämpften, den Nachschub abzuschneiden. Doch dem vietnamesische General Vo Nguyen Giap gelang es, den Ort einzuschließen und seine Versor-

Dramatisch illustriert wird hier der letztlich in einer Katastrophe endende Angriff der Alliierten auf den französischen Hafen Dieppe im Kriegsjahr 1942.

gung aus der Luft zu verhindern. Nach acht Wochen ständiger Bombardierung zwischen März und Mai 1954 mussten die Franzosen aufgeben und die Vietminh machten 10 000 Gefangene. Der darauf folgende Waffenstillstand beendete binnen zwei Monaten die französische Herrschaft.

Dieppe, Landung bei (18.–19. August 1942), Landungsunternehmen der Alliierten in der Normandie im ZWEITEN WELTKRIEG. Das Ziel bestand darin, den von den Deutschen gehaltenen Hafen von Dieppe, den Flugplatz sowie die Radareinrichtungen zu zerstören und Erfahrungen in amphibischen Operationen zu sammeln. Rund 1000 Briten und 5000 Kanadier waren an dem Angriff beteiligt, der sich jedoch als Fehlschlag erwies. Beim Rückzug fielen über zwei Drittel der Soldaten. Die deutschen Küstengeschütze versenkten einen Zerstörer, 33 Landungsboote und schossen 106 Flugzeuge ab. Obwohl der Angriff katastrophal endete, konnten daraus Lehren für spätere Landungen in Nordafrika und besonders für die Landung in der Normandie im Juni 1944 gezogen werden.

Diesel, Rudolf (1858–1913), deutscher Pionier des Verbrennungsmotors mit hoher Verdichtung. Diesel begann 1892 mit der Entwicklung des Motors, der seinen Namen tragen sollte. Beim Dieselmotor erfolgt die Zündung nicht durch einen Funken, sondern durch Hitze, die durch die Verdichtung des Treibstoffs im Zylinder erzeugt wird. Als der Prototyp 1897 ausgestellt wurde, erweckte er weltweit Interesse und bald begann man in Augsburg mit der Herstellung des Motors. Aufgrund seines relativ hohen Gewichts konzentrierte sich der Einsatz des Dieselmotors zunächst auf U-Boote und Schiffe, doch wurde dieser Nachteil später durch verbesserte Bauweise und leichtere Legierungen behoben.

Diogenes (um 400–325 v. Chr.), griechischer Philosoph, der als Gründer der Schule der Kyniker gilt. Diogenes, von dem man sagt, er habe in einer Tonne gehaust, glaubte, ein Mensch brauche nur seine natürlichen Bedürfnisse auf einfache Weise zu befriedigen, um glücklich zu sein. Seine offensichtliche Schamlosigkeit trug ihm den Spitznamen „Hund" ein (griechisch *kyon,* daher „Kyniker"). Beträchtlichen Einfluss auf ihn übte Antisthenes von Athen aus, der selbst ein Schüler des SOKRATES war.

Diokletian (245–316), römischer Kaiser, der 284–305 an der Macht war. Der Herrscher stellte nach einer Periode rasch wechselnder Kaiser die Ordnung im Römischen Reich wieder her. Als seine Soldaten ihn zum Kaiser ausriefen, war er Kommandant der kaiserlichen Leibwache. Diokletian sicherte

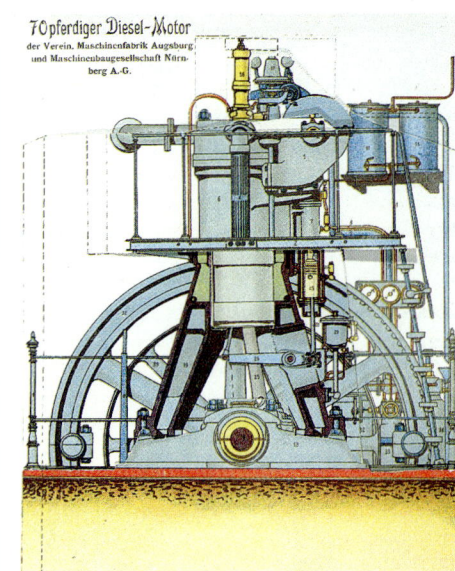

Rudolf Diesels erster Motor erzeugte 25 Pferdestärken. Verbesserte Versionen wie diese hier konnten die Leistung bald verdreifachen.

erfolgreich die Grenzen seines Reiches und schlug vor allem in Britannien und Ägypten Aufstände nieder. Er führte verschiedene weit reichende Reformen ein und teilte das Reich unter vier Herrschern auf. Maximian, mit Constantius als Unterregent, wurde Mitregent im Westteil des Reiches, während er selbst im Ostteil herrschte. Als Unterregent setzte er Galerius ein.

303 befahl Kaiser Diokletian, der selbst den etablierten Formen der römischen Religion anhing, die Verfolgung der Christen. Er dankte 305 ab und lebte, abgesehen von einem kurzen erneuten Eingreifen in die Politik 308, bis zu seinem Tod in einem Palast in Salonae (heute Split in Dalmatien), von dem noch Teile erhalten sind. Diokletian schuf die Grundlagen, auf denen KONSTANTIN I. die Größe des Reiches wieder herstellte.

ken der Jakobiner verringerte sich jedoch der Einfluss der gemäßigten Kräfte. Zwar gelang es, eine von François BABEUF initiierte Verschwörung zu zerschlagen, doch wurde das Direktorium dadurch veranlasst, Hilfe bei den Royalisten zu suchen. Bei den Wahlen im folgenden Jahr gelang es dem Direktorium, sich der Unterstützung Napoleons zu versichern. Das zweite gewählte Direktorium regierte mit autoritären Methoden, die häufig als Direktorenterror bezeichnet wurden. Da die eingeleiteten finanziellen und fiskalischen Reformen gewisse Erfolge zeigten, gelang es der Regierung, zeitweilig stabile Verhältnisse herzustellen. Doch schon 1798 führten wirtschaftliche Schwierigkeiten in Landwirtschaft und Gewerbe zu einem neuerlichen Erstarken der Opposition und, nach Niederlagen im Ausland 1799, zur Re-

1846 hob der Tory-Premierminister Sir Robert Peel die KORNGESETZE auf, womit er auf heftige Opposition bei Disraeli und einer Mehrheit der Tories stieß, die eine protektionistische Politik vertraten. Der Streit spaltete die Partei. Für die nächsten 20 Jahre führte Disraeli mit der Hilfe des Earl of Derby die protektionistischen Konservativen im Unterhaus und wurde 1852, 1858/59 und 1866–68 Schatzkanzler. 1867 führte er eine Parlamentsreform durch, die einem großen Teil der städtischen Arbeiterschaft das Wahlrecht gab, und war kurzzeitig Premierminister. 1874 gewann er dieses Amt wieder. Disraeli kaufte die Mehrheit der Suezkanalaktien für Großbritannien, erlangte für Königin VIKTORIA den Titel Kaiserin von Indien und wendete durch geschicktes diplomatisches Taktieren auf dem Berliner Kongress von 1878 einen Krieg mit Russland ab.

Zu Hause erließ seine Regierung Sozialgesetze, die die Sanierung von Slumgebieten, die Förderung öffentlicher Gesundheit, Gewerkschaftsreformen sowie die Verbesserung der Arbeitsbedingungen in Fabriken vorsahen. 1880 führten Wirtschaftskrisen und wenig populäre Kolonialkriege zur Wahlniederlage der Konservativen. Trotz schlechten Gesundheitszustands führte Disraeli seine Partei vom Oberhaus aus, nachdem er 1876 Earl of Beaconsfield geworden war.

Disraeli hatte schon vor seinem Eintritt in die Politik begonnen, Romane zu schreiben, und setzte dies nach seiner Wahl ins Unterhaus fort. Bücher wie *Sybil oder Die beiden Nationen* und *Coningsby,* in den 40er-Jahren geschrieben, zeigen sein nicht ermüdendes Interesse für soziale Reformen und seine rege Anteilnahme am Schicksal der ärmeren Bevölkerungsschichten.

Auf Antonio Canalettos Gemälde *Die Gedächtnisfeier der Vermählung des Dogen und des Meeres* bricht das Oberhaupt Venedigs zu dem uralten jährlichen Ritual auf, das die Verbindung der Stadt mit den Meeren hervorhebt.

Direktorium (1795–99), Regierung Frankreichs in den turbulenten Jahren, die auf die Diktatur der JAKOBINER während der Französischen Revolution folgten. Das Direktorium setzte sich aus zwei gesetzgebenden Kammern, dem Rat der Fünfhundert und dem Rat der Alten, und aus einer Exekutive zusammen. Diese bestand aus fünf Direktoren, die von den Räten gewählt wurden. Das von den gemäßigten Kräften dominierte Direktorium versuchte das Land zu stabilisieren, indem es die wirtschaftlichen und finanziellen Probleme einer Lösung näher brachte und den aufreibenden Krieg mit Spanien und Holland beendete.

1796 führte das Direktorium Maßnahmen zur Bekämpfung der Inflation und der monetären Krise ein. Mit dem neuerlichen Erstar-

gierungskrise. Die Direktoren, die eine ausländische Invasion und einen jakobinischen Staatsstreich fürchteten, wandten sich an Napoleon, der die Gelegenheit nutzte, um im November die Macht zu ergreifen und das Direktorium abzuschaffen.

Disraeli, Benjamin (1804–81), britischer Staatsmann und Romancier. Disraeli prägte das politische Profil der Konservativen Partei und schrieb die Ziele Imperialismus und Sozialreform auf ihre Flagge. Er kam 1837 ins Parlament und wurde Anfang der 40er-Jahre Mitglied der Bewegung Junges England der Tories, die ein Bündnis zwischen der alten Aristokratie und dem Volk in Opposition zu der zunehmend mächtiger werdenden Mittelschicht anstrebten.

Djihad, im Islam der heilige Krieg gegen Ungläubige, der jedoch nicht unbedingt mit militärischer Gewalt gekoppelt sein muss. Eine der grundlegenden religiösen Pflichten des Muslims, wie sie der KORAN vorschreibt, ist der Kampf gegen die Bedrohung der islamischen Gemeinschaft von außen und von innen. In jüngerer Zeit tritt der Begriff Djihad auch im Zusammenhang mit terroristischen Gruppen auf, die einen extremen islamischen Fundamentalismus vertreten und teilweise auch zum heiligen Krieg gegen anders denkende Muslime aufrufen.

Doge, Titel des Inhabers der höchsten staatlichen Gewalt in Venedig, Genua und Amalfi vom 8. bis 18. Jh. Das Amt des Dogen entstand in der Stadt Venedig, als diese ihre Vormachtstellung an der Adria festigte. Im Jahr 1032 scheiterte ein Versuch der Familie Orseolo, dieses Amt erblich zu machen und sich auf Dauer zu sichern. Im Gegenzug wurde die Wahl des Dogen immer komplizierter gestaltet, um die Vorherrschaft be-

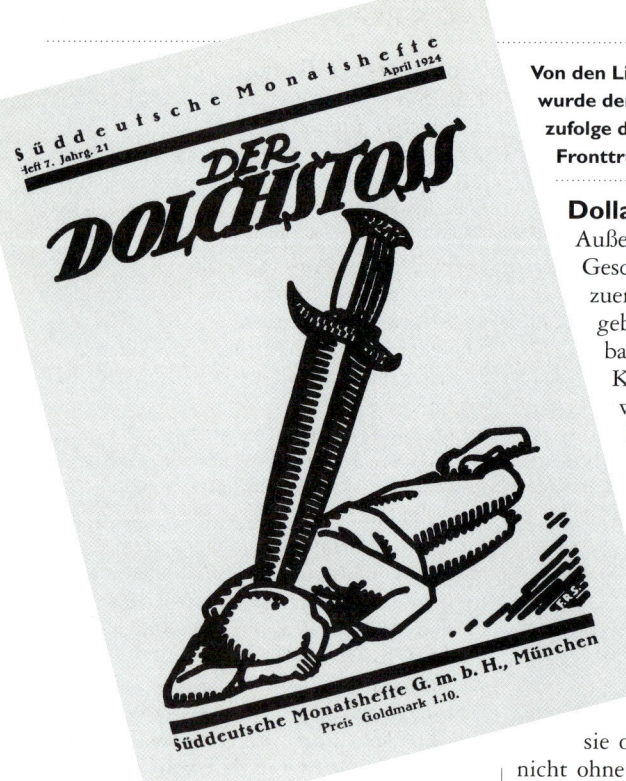

stimmter politischer Gruppierungen zu verhindern. Dennoch stellten die Familien Participazio und Candiano im 9. und 10. Jh. und die Familien Tiepolo und Dandolo im 13. und 14. Jh. den Großteil der Kandidaten. Mit der Eroberung Venedigs durch Napoleon kam die langjährige Herrschaft der Dogen 1797 endgültig zum Erliegen.

Die Genuesen führten 1339 in ihrer Stadt nach venezianischem Vorbild ein ähnliches System ein, doch war das Amt des Dogen zunächst keine dauerhafte Einrichtung. Erst seit 1528 lag die Herrschaft ständig in den Händen der alle zwei Jahre gewählten Dogen. Noch heute wird das Bild der beiden Städte durch die großzügigen Dogenpaläste geprägt. Die erste dieser Residenzen entstand 814 in Venedig und wurde 976 zerstört. Ebenfalls in der Lagunenstadt steht der von den Malern Tintoretto und Tizian ausgeschmückte Dogenpalast des 15. Jh.

Dolchstoßlegende, nach 1918 propagierte These, die Linksparteien hätten durch ihre revolutionären Aktivitäten das „im Felde unbesiegte" Frontheer „von hinten erdolcht". Demzufolge wäre also die Niederlage der Deutschen im ERSTEN WELTKRIEG auf das Versagen der Heimat zurückgegangen. Diese erwiesenermaßen unwahre, von der militärischen Führungsspitze aufgestellte Behauptung führte dazu, dass die eigentlich Verantwortlichen für Krieg und Niederlage nicht zur Rechenschaft gezogen wurden. Aus der Dolchstoßlegende wurde in den folgenden Jahren die nationalistische Propaganda gegen die WEIMARER REPUBLIK gespeist.

Von den Linksparteien hinterrücks erdolcht wurde der Propaganda der Militärspitze zufolge die Kampfesmoral der deutschen Fronttruppen im Ersten Weltkrieg.

Dollar-Diplomatie, Begriff für eine Außenpolitik, die den amerikanischen Geschäftsinteressen dient. Er wurde zuerst von Präsident William TAFT gebraucht, der 1909 den Eisenbahnbau in China mit Investitionen und Krediten finanzierte. Diese Politik wurde auf Haiti, Honduras und Nicaragua ausgedehnt, wo Kredite der USA durch amerikanische Truppen gestützt wurden und wo man 1911 einen amerikanischen Zolleinnehmer einsetzte. Die Dollar-Diplomatie scheiterte, weil sie auf einer stark vereinfachenden Vorstellung vom Funktionieren von Volkswirtschaften beruhte. Außerdem führte sie oft zu sozialen Unruhen, weil sie nicht ohne die Unterstützung von Truppen der USA auskam. Obwohl Präsident Woodrow WILSON diese Politik nach 1913 aufgab, kam es auch später zu Interventionen zum Schutz amerikanischer Geschäftsinteressen, besonders in Lateinamerika.

Dollfuß, Engelbert (1892–1934), österreichischer, bei einem Putsch ermordeter Politiker. Demonstrationen sozialdemokratischer Arbeiter im Februar 1934 veranlassten Kanzler Dollfuß, ein Wohnviertel in der Hauptstadt Wien unter Beschuss nehmen zu lassen. Nach heftigen Kämpfen gelang es, den Aufstand niederzuschlagen, und Dollfuß verkündete eine autoritäre Verfassung. 1932 hatte er einen großzügigen Kredit vom VÖLKERBUND aushandeln können, der jedoch weder die Wirtschaftskrise noch die anhaltenden sozialen Unruhen beenden konnte. Im März 1933 suspendierte Dollfuß das Parlament, was ihm jede Unterstützung der Arbeiter gegen die nationalsozialistische Bedrohung entzog. Am 25. Juli 1934 wurde er bei einem nationalsozialistischen Putschversuch ermordet.

Domesday Book, Verzeichnis des Grundbesitzes in England, 1086 auf Befehl WILHELMS I. DES EROBERERS aufgenommen, aber vermutlich teilweise auf Verwaltungsregistern beruhend. Als Bewertung von Besitz und Land war es das umfassendste Verzeichnis, das jemals im mittelalterlichen Europa angelegt wurde. Der Name Domesday Book bringt die Ansicht zum Ausdruck, dass ein Eintrag so endgültig wie das Jüngste Gericht sei. In dem Verzeichnis werden die Namen der Grundbesitzer, ihr Rang, die Größe ihres Besitzes, seine Verwendung, die Steuer-

schuld und die Zahl der Nutztiere aufgeführt. Diese Auskünfte wurden dann nach Hundertschaften oder Bezirken der Grafschaften geordnet. Die endgültige Fassung ergab zwei Bände – Little Domesday (Norfolk, Suffolk und Essex) und Great Domesday (das übrige England ohne die vier nördlichen Grafschaften, die nie erfasst wurden, und London und Winchester, für die keine Listen erhalten sind). Die Erfassung wurde von den Normannen durchgeführt, um zu einer möglichst detaillierten Einschätzung von Wohlstand und wirtschaftlichen Ressourcen des eroberten Landes zu kommen. Mithilfe der so gewonnenen Erkenntnisse konnten die Staatseinkünfte maximiert und Ordnung in die normannische Beschlagnahmung englischen Eigentums gebracht werden.

Dominikaner, Mitglieder eines Predigerordens, der 1215 vom heiligen DOMINIKUS gegründet wurde und im Jahr darauf die päpstliche Billigung erhielt. Die Dominikaner verstanden sich als Bettelorden, der sich den Aufgaben des Lehrens und Predigens widmete und nicht allein auf das Leben im Kloster beschränkt war. Sie wurden von einem Ordensmeister geleitet. Das Gewicht, das der Gelehrsamkeit im Orden zukam, beruhte auf einem Lehrsystem aus Fächergruppen, den *Studia Generalia*.

Zu den bekanntesten Mitgliedern des Dominikanerordens zählten neben THOMAS VON AQUIN vier Päpste. Diese geistlichen Machthaber setzten die Dominikanermönche ein, um für die Kreuzzüge zu werben und während der INQUISITION nach Ketzern zu suchen. Das Aufkommen neuer Orden während der GEGENREFORMATION ließ den Einfluss der Dominikaner zurückgehen.

Den Dominikanermönchen war vom Papst die Leitung der Inquisition übertragen worden.

Dominikanische Republik, von politischen Unruhen geprägter Staat in der Karibik. Die Dominikanische Republik nimmt den Ostteil der Insel Hispaniola ein, die sie sich mit HAITI teilt. Sie hat eine strategisch wichtige Lage an den Hauptseewegen, die von Europa und den USA zum Panamakanal führen. Das Land wurde am Ende des 18. Jh. von den Haitianern erobert, gelangte dann kurze Zeit unter französische, später unter spanische Herrschaft. 1821 errang es die Unabhängigkeit, aber Haiti annektierte den wichtigen Seehafen Santo Domingo. 1843 erhoben sich die Dominikaner und gewannen 1844 ihre zweite Unabhängigkeit, als die Republik gegründet wurde. Zwischen 1861 und 1865 geriet die Dominikanische Republik erneut unter spanische Oberhoheit und musste unter Buenaventura Báez ein

drittes Mal um ihre Unabhängigkeit kämpfen. Jahre der Revolutionen und Diktaturen folgten und 1905 war der Staat bankrott. Die USA übernahmen die Finanzkontrolle, konnten das Chaos jedoch nicht ordnen. Von 1916 bis 1924 war der Karibikstaat von amerikanischen Marineinfanteristen besetzt.

Die anschließend eingesetzte konstitutionelle Regierung wurde von Rafael Trujillo gestürzt, dessen Militärdiktatur von 1930 bis 1961 dauerte. Nach Trujillos Ermordung errichtete Präsident Juan Bosch eine demokratische Regierung, die nur ein Jahr später von einer Militärjunta abgesetzt wurde. Bürgerkrieg und Furcht vor einer kommunistischen Machtübernahme führten wieder zur Intervention der USA und 1966 wurde eine neue Verfassung eingeführt. Der *Partido Reformista* kehrte bei den Wahlen 1986 und 1990 wieder an die Macht zurück. Ein Sparprogramm des INTERNATIONALEN WÄHRUNGSFONDS von 1991 senkte die Inflationsraten drastisch und belebte die Wirtschaft. 1994 wurde der *Partido Reformista* wieder gewählt, aber die Opposition behauptete, es gebe Beweise für Korruption. 1998 erfolgten die Parlamentswahlen erstmals getrennt von den Präsidentschaftswahlen, wobei der oppositionelle *Partido Revolucionario Dominicano* die Mehrheit erhielt.

Dominikus (1170–1221), Gründer des Bettelordens der DOMINIKANER. Der heilige Dominikus wurde in Spanien in eine adlige Familie geboren, entschied sich aber als junger Mann für ein asketisches Leben. Er wurde Priester und Chorherr der Kathedrale von Osma. Er wählte die Armut, um durch das Vorbild zu bekehren, und machte seinen Einfluss auch unter den Kreuzfahrern geltend, die die Ketzer mit Gewalt unterdrückten. 1215 gründete er seinen eigenen Orden, und im Jahr 1234 wurde Dominikus heilig gesprochen.

Dönitz, Karl (1891–1980), deutscher Großadmiral, seit 1936 Befehlshaber der U-Boote, seit 1943 Oberbefehlshaber der Kriegsmarine. Nach dem Selbstmord Adolf HITLERS, von dem er testamentarisch zum Nachfolger eingesetzt wurde, bildete er am 2. Mai 1945 eine geschäftsführende Reichsregierung. Dabei war er bestrebt, vor der endgültigen KAPITULATION noch möglichst viele Zivilisten und Soldaten in den Machtbereich der Westalliierten gelangen zu lassen. Am 23. Mai wurde er festgenommen und vom internationalen Militärgericht 1946 zu zehn Jahren Haft verurteilt.

Doppelmonarchie siehe ÖSTERREICH-UNGARN

Dorer, Eindringlinge aus dem Norden, die in der Zeit 1125–1025 v. Chr. in das alte Griechenland vorstießen. Sie zerstörten die MYKENISCHE KULTUR und leiteten Griechenlands dunkles Zeitalter ein. Die Dorer ließen sich zuerst auf dem Peloponnes nieder, dann auf den Inseln Kreta, Melos, Thera und an der Südküste Kleinasiens. Sie sprachen einen griechischen Dialekt und scheinen aus Südwestmakedonien und Epirus gekommen zu sein. In Sparta und auf Kreta setzten sie die Bevölkerung als HELOTEN oder Sklaven ein, doch fand anderswo eine allmähliche Verschmelzung zwischen Siegern und Besiegten statt.

Doria, Andrea (1466–1560), Soldat und Admiral, der die Stadt GENUA von 1528 bis zu seinem Tod regierte. Er kämpfte als Söldner zuerst für FRANZ I. von Frankreich, dann für Kaiser KARL V. Er verjagte 1528 die Franzosen aus Genua, übernahm im Anschluss daran die Macht und schuf die Republik. Seine Nachkommen stellten sechs Dogen und zahlreiche Staatsbeamte.

Großadmiral Karl Dönitz (Mitte) während einer militärischen Lagebesprechung im Kriegsjahr 1943

Dostojewski, Fjodor (1821–81), russischer Schriftsteller, dessen realistische Erzählweise den modernen Roman beeinflusste. Dostojewski gab seine Stellung als Militäringenieur auf, um sich ganz der Kunst des Schreibens zu widmen. In seinem ersten Roman, *Arme Leute*, der 1846 erschien, ging es um das Elend in den Städten. Drei Jahre später wurde Dostojewski verhaftet und beschuldigt, Mitglied einer subversiven Diskussionsgruppe zu sein. Der zum Tod Verurteilte wurde jedoch begnadigt und für vier Jahre in eine sibirische Strafkolonie verbannt. Nach seiner Entlassung schrieb er *Aufzeichnungen aus einem Totenhaus* (1862) und den Roman *Erniedrigte und Beleidigte*.

Nachdem Dostojewski zwei erfolglose literarische Zeitschriften unterstützt hatte, verfasste er 1866 *Schuld und Sühne* und *Der Spieler*, um seine Gläubiger zu befriedigen. Die Bücher brachten ihm jedoch nicht genug ein, um seine Spielschulden zu bezahlen. Aus diesem Grund musste er 1867 aus seinem Vaterland fliehen. Im Ausland veröffentlichte er *Der Idiot, Der ewige Gatte* und *Die Dämonen*. 1871 kehrte er nach Russland zurück, wo er *Die Brüder Karamasow* – eines seiner bekanntesten Werke – schuf.

Douglas-Home, Sir Alec (1903–95), britischer Premierminister der Konservativen 1963/64. Sir Alec Douglas-Home kam überraschend an die Regierung, als Premierminister Harold MACMILLAN zurücktrat. Während seiner kurzen Amtszeit machte er

Geschichte, indem er seine Peerswürde aufgab und in einer Nachwahl kandidierte, während er noch Premierminister war. Seine Amtszeit war von wirtschaftlichem Aufschwung geprägt. Alec Douglas-Home wurde 1931 Parlamentsmitglied und unterstützte Premierminister Neville CHAMBERLAIN bei den Verhandlungen mit Adolf HITLER, um einen Krieg zu vermeiden. Er war Außenminister in Macmillans Regierung und Oppositionsführer nach dem Verlust der Wahl von 1964 an Harold Wilsons Labour Party. Aber im folgenden Jahr verlor er die Parteiführung an Edward HEATH. Nachdem dieser die Wahl 1970 gewonnen hatte, wurde Douglas-Home wieder Außenminister und 1974 zum Baron Home of the Hirsel erhoben.

Dragoner, berittene Infanteristen, die im 17. Jh. in Frankreich nach der kurzen Muskete, die sie als Waffe trugen, *dragon* genannt wurden. Dragoner waren in Infanteriekompanien organisiert, wurden jedoch oftmals nach Kavalleriemaßstäben ausgebildet. Im frühen 18. Jh. waren sie im preußischen Heer als mittlere Kavallerie bekannt und später als leichte Dragoner in der britischen Armee. Ihre Wendigkeit zu Pferd oder zu Fuß machte sie bestens geeignet, die öffentliche Ordnung zu erhalten oder im Kleinkrieg zu kämpfen.

Drake, Sir Francis (um 1543–96), Admiral, Entdecker und erster Engländer, der die Welt umsegelte. Als England 1588 von der SPANISCHEN ARMADA angegriffen wurde, erhielt Drake seine Ernennung zum Vizeadmiral der Flotte in Plymouth. Als Befehlshaber auf der *Revenge* hatte er großen Anteil am Sieg über die Armada und ihrer Verfolgung in die Nordsee. Die Geschichte, er habe erst ein Kegelspiel beendet, bevor er die Schlacht aufnahm, ist unwahrscheinlich – weitaus glaubwürdiger erscheint die Interpretation, er habe zunächst den Gezeitenwechsel abwarten müssen.

Drake unternahm 1567 gemeinsam mit seinem Cousin John HAWKINS eine Sklavenhandelsfahrt und verbrachte die nächsten Jahre als Freibeuter in der Karibik. 1577 wurde er von ELISABETH I. beauftragt, eine Reise um die Welt zu machen. Mit der *Golden Hind* durchfuhr er die Magellanstraße und plünderte die spanischen Siedlungen an der Westküste Südamerikas. Dann steuerte er die Küste des heutigen Bundesstaats Kalifornien an und nahm anschließend Kurs auf die Molukken, um als reicher Mann nach Plymouth zurückzukehren.

1585 befehligte Drake eine Expedition gegen spanische Besitzungen in Südostasien. Er plünderte auch Cartagena, Santo Domingo und St. Augustine in Florida. Bei seiner Rückkehr nach England erfuhr er von der Aufrüstung der Spanischen Armada und segelte nach Cádiz, um einige spanische Schiffe zu zerstören und „den Bart des Königs von Spanien zu versengen", wie man das kühne Unternehmen poetisch umschrieb. Im Jahr 1595 begab sich Drake in die Karibik, wo er an der Ruhr starb.

WUSSTEN SIE, DASS?

Das Wort drakonisch leitet sich von den strengen Gesetzen und übertrieben harten Strafen ab, die der Athener Staatsmann Drakon festlegte.

Drakonische Gesetze, eine der ersten schriftlichen Gesetzessammlungen, die vermutlich um 620 v. Chr. von dem griechischen Staatsmann Drakon eingeführt wurden. Späteren antiken Quellen zufolge waren diese Gesetze selbst an ihrer Zeit gemessen sehr streng. Vergehen wie leichte Diebstähle zogen bereits die Todesstrafe nach sich. Das Gesetz legte auch fest, dass der Staat Mörder bestrafen müsse und sie nicht der Blutrache überlassen dürfe. Ein Politiker des 4. Jh. v. Chr. berichtete, nicht mit Tinte, sondern mit Blut habe Drakon seine Gesetze geschrieben. Sie wurden 594 durch die Gesetzgebung SOLONS ersetzt.

Dreadnought, Klasse britischer Schlachtschiffe, die den Seekrieg revolutionierten. Sie wurden als Antwort auf die wachsende Reichweite der Geschütze konzipiert. Das erste der neuen Schiffe lief 1906 vom Stapel. Mit ihren Dampfturbinen brachten sie es auf eine Spitzengeschwindigkeit von 21 Knoten. Ihre Feuerkraft erlaubte es ihnen, bei Angriffen außerhalb der Reichweite feindlicher Torpedos zu bleiben. Bis zum Ausbruch des Ersten Weltkriegs besaßen alle wichtigen Kriegsflotten Schiffe ähnlicher Bauart.

Dreibund (Mai 1882), geheimes Bündnis zwischen dem Deutschen Reich, Österreich-Ungarn und Italien, das in erster Linie dem deutschen Kanzler Otto von BISMARCK zu verdanken war. Die drei Mächte kamen über-

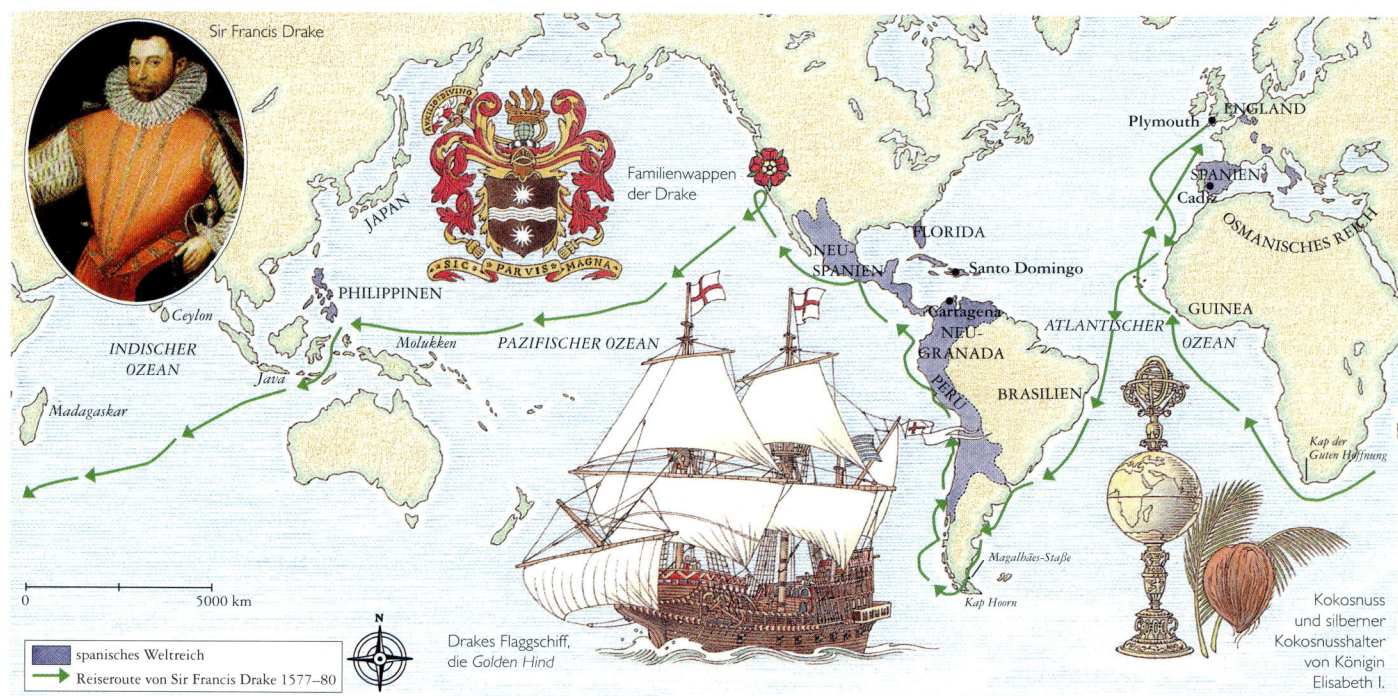

1577 erteilte Elisabeth I. Francis Drake den Auftrag, die Westküste Spanisch-Amerikas zu erkunden und die spanischen Besitzungen zu plündern. Nach einer Weltumseglung kehrte Drake 1580 mit einem Schiff voll spanischen Goldes zurück. Er brachte auch eine Kokosnuss für Elisabeth mit.

ein, sich im Fall eines Krieges mit Frankreich oder Russland gegenseitig zu unterstützen – entweder auf militärischem Weg oder durch strikte Wahrung der Neutralität.

Das Bündnis hatte seinen Ursprung im Zweibund, den Deutschland und Österreich-Ungarn drei Jahre zuvor geschlossen hatten. 1882 trat Italien diesem Verteidigungspakt bei. Jedes Land hatte seinen eigenen Grund, dieses Bündnis einzugehen: Die Deutschen wünschten Schutz vor Frankreich, weil zu befürchten stand, dass sich die Franzosen für die Niederlage im DEUTSCH-FRANZÖSISCHEN KRIEG von 1870/71 rächen würden; Österreich suchte Hilfe gegen Russland, seinen Rivalen auf dem Balkan; und die Italiener wollten sich Unterstützung bei der Verfolgung ihrer territorialen Ziele in Nordafrika sichern – obwohl sie sich vor den Expansionsgelüsten ihres Bündnispartners Österreich-Ungarn fürchteten. Durch den Dreibund entstand ein starker mitteleuropäischer Machtblock, der 1883 durch den Beitritt Rumäniens noch an Einfluss gewann. Teilweise als Reaktion darauf schlossen Großbritannien und Frankreich 1904 ihr eigenes lockeres Bündnis, die ENTENTE CORDIALE, die mit dem Beitritt Russlands 1907 zur Tripelentente wurde. Der Dreibund wurde im Mai 1915 gebrochen, als Italien Österreich-Ungarn den Krieg erklärte.

Dreikaiserbund (1872–75, 1881–87), Bündnis zwischen den Kaisern von Deutschland, Österreich-Ungarn und Russland. Der Bund war weitgehend das Werk des deutschen Kanzlers Otto von BISMARCK, der auf diese Weise den Frieden auf dem Balkan zu erhalten suchte; ein zweites Ziel des Bündnisses lag in der politischen Isolierung Frankreichs. Der Bund wurde durch den Russisch-Türkischen Krieg von 1877/78 erschüttert, aber 1881 geheim erneuert. Weitere Spannungen auf dem Balkan beendeten den Bund 1887. Er wurde durch den Rückversicherungsvertrag zwischen Deutschland und Russland ersetzt, der bis 1890 hielt.

Dreißigjähriger Krieg (1618–48), Bezeichnung für verschiedene hauptsächlich in Deutschland geführte Kriege, denen protestantisch-katholische Rivalitäten und deutsche Verfassungskontroversen zugrunde lagen. Allmählich entwickelte sich daraus ein europäischer Krieg. Die Kriegshandlungen begannen 1618, als die protestantischen Stände in Böhmen gegen den katholischen König aus dem Haus HABSBURG und späteren Heiligen Römischen Kaiser FERDINAND II. rebellierten. Sie setzten Ferdinand ab und boten dem protestantischen Kurfürsten von der Pfalz, Friedrich V., den Thron an. Mithilfe mehrerer katholischer Landesherren schlug Ferdinand 1620 den Aufstand in Böhmen nieder, bevor er 1623 die Pfalz eroberte.

Die vereinten Armeen Ferdinands II. und seiner Verbündeten schlugen während des Dreißigjährigen Krieges die Truppen der aufständischen böhmischen Stände 1620 in der Schlacht am Weißen Berg nahe Prag.

Eine neue Phase begann zwei Jahre später, als Christian IV. von Dänemark im Bund mit England und den Vereinigten Provinzen der Niederlande in Norddeutschland eindrang. Sein erklärtes Ziel bestand darin, die protestantischen Interessen gegen die habsburgische Vorherrschaft zu schützen, aber zweifellos hoffte er auch, das dänische Territorium zu vergrößern. Nach mehreren Niederlagen zogen sich die Dänen 1629 mit dem Frieden von Lübeck aus dem Krieg zurück. Im folgenden Jahr jedoch trat der schwedische König GUSTAV II. ADOLF in den Kampf ein, da er fürchtete, Habsburg könnte die schwedische Vormachtstellung an der Ostsee bedrohen. Die Schweden verbündeten sich mit den protestantischen Sachsen und gewannen mehrere Schlachten, darunter 1632 jene bei Lützen, in der Gustav Adolf fiel. 1635 schlossen die meisten protestantischen Länder mit dem Kaiser den Prager Frieden. Dieser vereinte Protestanten und Katholiken in dem gemeinsamen Ziel, die Schweden und andere fremde Mächte aus dem Reich zu vertreiben.

An diesem Punkt der Geschichte ging Frankreich unter Führung des Kardinals RICHELIEU ein Bündnis mit Schweden und den Niederlanden ein. Gemeinsam unternahm man eine letzte Anstrengung, die Macht des Hauses Habsburg zu beschränken. Gekämpft wurde in weiten Teilen Europas, nämlich in den Niederlanden, in Italien, Frankreich, Spanien, im Baltikum und in Deutschland. Diese Phase des Krieges erwies sich als katastrophal für das HEILIGE RÖMISCHE REICH, das zahlreiche schwere Niederlagen erlitt. 1640 wurden Friedensverhand-

lungen aufgenommen, aber die Probleme waren so kompliziert geworden, dass die Unterhändler nur quälend langsam vorankamen. 1648 endlich wurde der WESTFÄLISCHE FRIEDE geschlossen, wenn auch ein Französisch-Spanischer Krieg in den Pyrenäen noch bis 1659 andauerte.

Am Ende des Dreißigjährigen Krieges hatte sich das Gleichgewicht der Kräfte in Europa grundlegend verändert: Spanien hatte die Niederlande verloren, Frankreich die Vorherrschaft in Westeuropa errungen und das Heilige Römische Reich existierte fast nur noch als Name. Deutschland lag verwüstet darnieder; Gewerbe, Handel und Landwirtschaft waren ruiniert.

Dreizehn alte Orte, 1513 durch den Beitritt von Appenzell erweiterter Staatenbund der Schweizer Eidgenossen. Schon 1501 wurde der Bund der Zehn Orte (Bern, Freiburg, Glarus, Luzern, Schwyz, Solothurn, Unterwalden, Uri, Zug, Zürich) durch die Städte Basel und Schaffhausen erweitert. In den auf den Beitritt Appenzells folgenden drei Jahrhunderten blieb die Zahl der gleichberechtigt regierenden Orte unverändert.

Dreizehn Kolonien, Bezeichnung für die Kolonien Britisch-Nordamerikas, die 1776 die AMERIKANISCHE UNABHÄNGIGKEITSERKLÄRUNG ratifizierten und so die Vereinigten Staaten von Amerika bildeten. Hierzu zählten die Kolonien Connecticut, Delaware, Georgia, Maryland, Massachusetts, New Hampshire, New Jersey, New York, North Carolina, Pennsylvania, Rhode Island, South Carolina und Virginia.

Dresden, Luftangriff auf (Februar 1945), einer der schwersten und bittersten alliierten Luftangriffe auf Deutschland im Zweiten Weltkrieg. Während des Hauptangriffs in der Nacht des 13./14. Februar 1945 attackierte die britische Royal Air Force die Stadt mit 805 Bombern. Darauf folgten drei weitere Angriffe bei Tag durch die amerikanische Luftwaffe. Dresden galt als strategisch wichtiger Verkehrsknotenpunkt und Industriestandort. Als Stadt AUGUSTS DES STARKEN war Dresden gleichzeitig eine Kulturmetropole voller Barock- und Rokokobauten und der berühmten Semperoper – Schätze, die durch die Bombardierung verloren gingen. Es war den Alliierten zur Angriffszeit bekannt, dass sich in der Stadt zusätzlich etwa 200 000 Flüchtlinge aufhielten, aber man glaubte, eine hohe Zahl von Opfern würde dazu beitragen, den Krieg zu verkürzen. Die Entscheidung, Dresden dennoch zu bombardieren, hat weltweit heftige Kontroversen ausgelöst. Die Zahl der Toten und Verletzten ist noch immer umstritten; die Schätzungen schwanken zwischen 55 000 und 400 000.

Dreyfus, Alfred (1859–1935), französischer Offizier, dessen Verurteilung wegen angeblicher Spionagetätigkeit am Ende des 19. Jh. einen politischen Skandal auslöste. Dreyfus, von jüdischer Abstammung, diente im französischen Generalstab. 1894 wurde er angeklagt, militärische Geheimnisse an Deutschland verkauft zu haben, für schuldig befunden und zu lebenslanger Verbannung auf die

Eine Zeitschriftenillustration, die der antisemitischen Stimmung in Frankreich Ausdruck verlieh: Dreyfus werden wegen angeblicher Spionage die Rangabzeichen abgerissen.

Teufelsinsel in Westindien verurteilt. Doch bald tauchten Zweifel an der Redlichkeit des Verfahrens auf. 1896 fand Oberst Georges Picquart, Chef der Spionageabwehr, heraus, dass Dreyfus das unschuldige Opfer eines Spions war, des Majors Ferdinand Esterházy. Als Esterházy 1898 von einem Militärgericht

für unschuldig erklärt wurde, brach ein Entrüstungssturm los. Der Schriftsteller Émile Zola behauptete in einem mit „J'accuse" („Ich klage an") überschriebenen Zeitungsartikel, die Richter wären Anordnungen aus dem Kriegsministerium gefolgt, als sie ihr Urteil fällten. Er wurde daraufhin wegen Verleumdung zu einer Haftstrafe verurteilt, entkam aber nach England. Der Fall wurde von nationalistischen, militaristischen, antisemitischen und royalistischen Elementen auf der einen Seite und republikanischen, sozialistischen und antiklerikalen Parteigängern auf der anderen ausgeschlachtet. Die Anklage gegen Dreyfus brach zusammen, als entdeckt wurde, dass die Beweise gegen ihn gefälscht waren und Esterházy ein Geständnis ablegte. Der Oberste Gerichtshof wies das Militär an, den Fall Dreyfus erneut aufzunehmen. Ein Militärgericht erkannte auf „schuldig mit mildernden Umständen", und er wurde vom Präsidenten der Republik begnadigt. Doch erst 1906 erfolgte seine Rehabilitierung und Wiederaufnahme in die Armee.

Drittes Reich (1933–45), nationalsozialistische Herrschaft in Deutschland im Anschluss an die WEIMARER REPUBLIK. Nachdem HITLER im Januar 1933 zum Kanzler ernannt worden war, nutzte er den Reichstagsbrand als Vorwand, um diktatorische Vollmachten an sich zu reißen. Durch die GLEICHSCHALTUNG wurde die föderative Struktur Deutschlands beseitigt. Alle politischen Parteien außer den Nationalsozialisten wurden verboten und die innerparteilichen Gegner Hitlers nach dem RÖHMPUTSCH ermordet. 1935 nahmen die Nürnberger Gesetze den Juden die deutsche Staatsangehörigkeit und schränkten außerdem ein, wen sie heiraten und wo sie arbeiten durften. Unzählige Juden und nichtjüdische Gegner des Regimes wurden in KONZENTRATIONSLAGER gebracht, während die Propagandamaschinerie von Joseph GOEBBELS den Deutschen ihre angeborene Überlegenheit über andere Nationen und Rassen einrichterte.

Im März 1936 schreckte Hitler die Staaten Europas auf, als er entgegen den LOCARNO-VERTRÄGEN das Rheinland besetzte. Der Anschluss Österreichs und die Abtretung des SUDETENLANDS von der Tschechoslowakei verschärften die Krise und der Einmarsch in Polen am 1. September 1939 beschwor den ZWEITEN WELTKRIEG herauf. In den ersten Kriegsjahren erzielte Deutschland rasche Erfolge. Ende 1941 kontrollierte das Dritte Reich ein Territorium, das vom Polarkreis bis zur Sahara und vom Ärmelkanal bis in die Vororte Moskaus reichte. Inzwischen waren die deutschen Kräfte jedoch

Mit dem Bombenhagel der Alliierten auf das von Flüchtlingen überfüllte Dresden wurde die Zivilbevölkerung zum Angriffsziel.

Dschingis Khan – Eroberer Asiens

*Der Schöpfer des riesigen Mongolenreichs errichtete
als weitsichtiger Verwalter ein stabiles politisches System.*

Das bislang größte zusammenhängende Landreich der Weltgeschichte war das von Dschingis Khan im 11./12. Jh. gegründete Mongolenreich. Ursprünglich Temudjin genannt, gehörte Dschingis einer fürstlichen Familie eines nomadischen Mongolenstamms an, der von Jagd und Viehzucht lebte. Sein Vater wurde getötet, als er noch im zarten Kindesalter war. Der junge Dschingis wuchs zu einem einflussreichen Bandenführer mit dem Ruf, äußerst grausam zu sein, heran.

Indem er sich mit mächtigen Stammesführern verbündete und sie dann verriet, stieg Dschingis zum Herr über die Steppen der Mongolei auf. 1206 erkannte eine Versammlung von Fürsten und Edlen seine Oberhoheit an und er legte sich den Titel Khan – weltumfassender Herrscher – zu.

Nach Jahrzehnten inneren Zwistes wandten sich die endlich untereinander einigen Mongolen äußeren Feinden zu. Ihr erstes Ziel war das reiche China, das damals in drei Staaten geteilt war: Hsia-Hsia, Chin und Sung. Hsia-Hsia wurde als schwächster Gegner schnell 1207–10 unterworfen, aber Chin hielt den Angreifern stand und wurde erst 1234, sieben Jahre nach Dschingis Tod, von seinem Enkel Kubilai Khan erobert.

Dschingis Khan sitzt auf dem Thron, während seine Söhne ihn umstehen. Noch als Junge hatte Dschingis seinen Halbbruder – einen potenziellen Rivalen – ermordet.

1218 eroberten Dschingis Khans Truppen das zentralasiatische Reich der Kara-Kitai, das vom Balchaschsee in Kasachstan bis nach Tibet reichte. Der Schah des benachbarten Reiches der Charismier provozierte bewusst den Krieg, indem er eine mongolische Handelskarawane plünderte

und die Kaufleute sowie einen Gesandten ermordete. Dschingis vergalt dies 1219 mit einem Zug gegen die Charismier. Daran schloss sich ein vierjähriger Krieg an, in dem Hunderttausende niedergemacht und die blühenden islamischen Städte Buchara, Balch, Samarkand und Herat zerstört wurden. Wer sich von den Einwohnern ergab, wurde verschont, wer sich widersetzte, getötet. Dschingis Khan kehrte 1223 nach Hause zurück, um seinen letzten Krieg gegen die Hsia-Hsia zu führen, an dessen Ende er starb. Er wurde in den Bergen der nördlichen Mongolei begraben.

Legendär sind Dschingis Khans Erfolge auf militärischem Gebiet. Die Befehlshaber seiner straff organisierten, hauptsächlich aus Reitern bestehenden Mongolenarmee suchte Dschingis Khan persönlich aus. Der Militärdienst, zu dem alle erwachsenen Männer verpflichtet wurden, fügte sich problemlos in die nomadische Lebensweise ein. Da Dschingis Khan jederzeit große Teile seiner Untertanen mobilisieren konnte und die berittenen Truppen eine bemerkenswerte Schnelligkeit an den Tag legten, schien die mongolische Armee in den Augen seiner Feinde nahezu unbesiegbar zu sein.

Aber Dschingis Khan war nicht nur ein Herrscher, an dessen Händen Tod und Zerstörung hafteten, sondern auch ein konstruktiver Staatsmann. Mit Bedacht schuf er die institutionellen Grundlagen für ein dauerhaftes Reich, das sich noch ein halbes Jahrhundert nach seinem Tod weiter ausdehnte.

---

erschöpft, und als die USA im Dezember 1941 in den Krieg eintraten, lag der Wendepunkt nicht fern. 1942 errangen die Alliierten Siege in Nordafrika und begannen den Bombenkrieg gegen deutsche Städte und Fabriken. Mitte 1943 waren die deutschen Truppen in der Defensive und 1945 lag das DRITTE REICH in Trümmern.

Druiden, Priesterkaste der gallischen KELTEN. Das Wissen um die Druiden stammt meist aus Berichten von Iulius CAESAR und TACITUS. Caesar berichtet, dass sie als Richter und Priester tätig waren, auf Waldlichtungen Gottesdienste abhielten und mit einer goldenen Sichel Misteln von heiligen Bäumen schnitten. Ihre Religion wurde von den Römern verboten, da sie fürchteten, sie könne eine Kraft des Widerstands gegen die römische Herrschaft werden. Suetonius Paulinus zerstörte im Jahr 61 das Druidenzentrum in Mona (Anglesey im Norden von Wales), wonach die Druiden in England und Wales nicht mehr erwähnt wurden.

Drusen, religiöse und politische Sekte, die sich im 11. Jh. von den ismailitischen SCHIITEN abspaltete. Die Hauptgemeinden der Drusen liegen in Syrien, Libanon und Israel. Im 18. und 19. Jh. dehnten die Drusen ihren Einflussbereich vom Süden des Libanon nach Südwestsyrien aus, wo sie die Einwohner von Djebel Hauran vertrieben und als Djebel-Drusen bekannt wurden. Während des 19. und 20. Jh. waren sie wiederholt in Zusammenstöße mit den christlichen Maroniten und zur Zeit des OSMANISCHEN REICHES auch mit den Türken verwickelt. Sobald Syrien französisches Mandatsgebiet wurde, rebellierten die Drusen gegen die geplanten sozialen und

---

Drusische Kämpfer eröffnen das Feuer. Ihre Sekte wurde in den 70er- und 80er-Jahren tief in den Bürgerkrieg im Libanon verstrickt.

administrativen Reformen. 1944 wurden die Drusenstämme Syriens der Zentralregierung des Landes unterstellt. Nach 1945 besetzten Drusen hohe politische Ämter. In den 70er- und 80er-Jahren des 20. Jh. waren sie tief in den erbittert geführten libanesischen Bürgerkrieg verwickelt, der zwischen christlichen Maroniten, sunnitischen und schiitischen Muslimen und Palästinensern tobte.

Dschingis Khan siehe oben

Von deutschen Truppen bei Dünkirchen eingeschlossene Soldaten der Briten und Franzosen werden von ihren Landsleuten evakuiert.

Dubarry, Marie Jeanne

(1743–93), Geliebte König Ludwigs XV. von Frankreich. Die schöne Marie Jeanne Dubarry, Tochter einer Näherin und eines Kapuziners, wurde 1769 zur Mätresse des Königs und beeinflusste ihn bis zu seinem Tod im Jahr 1774. Kurz darauf verbannte man Marie Jeanne Dubarry, eine Frau ohne besonderen politischen Ehrgeiz, vom königlichen Hof. Während der Französischen Revolution wurde sie vom Revolutionstribunal verhaftet, wegen Hochverrats angeklagt und hingerichtet.

Dubček, Alexander

(1921–92), tschechoslowakischer kommunistischer Politiker. In seiner Funktion als Erster Sekretär der Kommunistischen Partei begann Dubček 1968, während des Prager Frühlings, das Land von der politischen und wirtschaftlichen Bevormundung durch Moskau zu befreien. Er kämpfte für die Einführung der Demokratie und leitete eine von der Sowjetunion unabhängige Außenpolitik ein.

Als Antwort darauf ließen die russischen Machthaber im August 1968 Truppen des WARSCHAUER PAKTES in die Tschechoslowakei einmarschieren. Tausende meist unbewaffneter Zivilisten stellten sich den Panzern entgegen und leisteten Widerstand, der angesichts der erdrückenden Übermacht jedoch vergeblich war. Dubček wurde gemeinsam mit anderen Reformern nach Moskau gebracht und gezwungen, die wichtigsten ihrer Reformpläne zurückzunehmen. 1969 verlor er sein Amt und wurde 1970 aus der Partei ausgestoßen. 1989 betrat er wieder die politische Bühne, nachdem die anhaltenden Unruhen in der Bevölkerung die kommunistische Regierung zum Rücktritt gezwungen hatten. 1989 wurde Alexander Dubček zum Parlamentspräsidenten gewählt. Er blieb ein überzeugter Föderalist und war 1992 ein entschiedener Gegner der Bildung eines unabhängigen slowakischen Staates.

Dulles, John Foster

(1888–1959), amerikanischer Rechtsanwalt und Politiker. Dulles war Berater der amerikanischen Delegation anlässlich der Konferenz von San Francisco, auf der im Jahr 1945 die VEREINTEN NATIONEN gegründet wurden. 1951 handelte er den Friedensvertrag mit Japan aus. Als Außenminister unter Präsident Dwight D. EISENHOWER von 1953 bis 1959 wurde er zum Verfechter des KALTEN KRIEGES. John Foster Dulles ging politisch weit über die TRUMAN-DOKTRIN – die Errichtung von militärischen Bündnissen um die Sowjetunion – hinaus und trat für eine atomare Aufrüstung zur Abschreckung einer sowjetischen Aggression ein. Mit Dwight D. Eisenhower entwarf er ein Programm der Wirtschafts- und Militärhilfe um der Aggression im Nahen Osten Einhalt zu gebieten. Im Rahmen seinem Amtes und seines religiös motivierten Antikommunismus versicherte Dulles, dass die USA den Westteil des geteilten Berlin gegen jeden kommunistischen Übergriff verteidigen würden. Ende der 50er-Jahre stieß seine politische Botschaft in der westlichen Welt zunehmend auf Kritik.

Duma,

gewählte gesetzgebende Versammlung, die Zar NIKOLAUS II. 1906 als Antwort auf die politischen Unruhen in Russland einsetzte. Die Arbeit der Versammlung wurde von den sozialistischen Parteien boykottiert. Die Bemühungen der Duma, Steuern und Agrarreformen einzuführen, scheiterten am Widerstand der reaktionären Gruppen, die den Zaren überredeten, drei aufeinander folgende Dumas aufzulösen. Die vierte Duma amtierte von 1912 bis zur Februarrevolution 1917 und befand sich ständig im Konflikt mit dem Zaren. Im Februar 1917 lehnte sie ein kaiserliches Dekret ab, das ihre Auflösung verfügte, und errichtete eine provisorische Regierung. Drei Tage später akzeptierte sie die Abdankung des Zaren. Bald darauf begann sie zu zerfallen, wodurch ein Machtvakuum entstand, das die bolschewistische RUSSISCHE REVOLUTION auslöste.

Dumbarton Oaks, Konferenz von

(1944), internationale Konferenz in Dumbarton Oaks in Washington, D.C., wo Vertreter der USA, Großbritanniens, der Sowjetunion und Chinas detaillierte Vorschläge erarbeiteten, die zur Grundlage der Charta der Vereinten Nationen wurden. Hier plante man auch die Schaffung eines SICHERHEITSRATS, eines ständigen Organs zur Wahrung des Weltfriedens.

Dunant, Jean-Henri siehe ROTES KREUZ

Dünkirchen, Schlacht um

(26. Mai bis 4. Juni 1940), Evakuierung britischer und französischer Soldaten über den Ärmelkanal im Zweiten Weltkrieg. Deutschen Truppen, die im Rahmen des Westfeldzugs nach Nordfrankreich vorstießen, war es gelungen, große Teile der französischen Nordarmee und des britischen Expeditionskorps von der Versorgung abzuschneiden. Die alliierten Truppen zogen sich auf die Strände der Hafenstadt Dünkirchen zurück, wo Kriegsschiffe, unterstützt von vielen privaten Booten, rund 330 000 Mann – den bei weitem größten Teil der Eingeschlossenen – unter Zurücklassung der gesamten schweren Ausrüstung vom Kontinent evakuierten.

Erleichtert wurde diese Rettungsaktion durch die Entscheidung Adolf Hitlers, den Angriff der deutschen Panzerverbände auf Dünkirchen am 24. Mai 1940 zu stoppen. Die Gründe Hitlers für diese Entscheidung liegen im Dunkeln. Vielleicht wollte er die eigenen Panzerverbände schonen, vielleicht auch gegenüber Großbritannien ein Entgegenkommen zeigen, das sich später vorteilhaft für Deutschland auswirken sollte.

Dünkirchenvertrag,

am 4. März 1947 zwischen Großbritannien und Frankreich geschlossenes Abkommen, das beide Staaten gegenüber erneuten Kriegshandlungen bzw. Aggressionen von deutscher Seite schützen sollte. Der Vertrag hatte eine Geltungsdauer von 50 Jahren und diente als Vorbild für den Brüsseler Pakt.

Der Diktator François Duvalier, hier mit seiner Frau Simone, hielt sich für eine halb göttliche Verkörperung der haitianischen Nation.

Duvalier, François (1907–71), Diktator HAITIS seit 1957, bekannt als Papa Doc. Nach der Ausbildung zum Arzt wurde er zunächst Gesundheitsminister. Bei den ersten Wahlen, die nach der Einführung des allgemeinen Wahlrechts stattfanden, kandidierte er erfolgreich für das Präsidentenamt. Innerhalb eines Jahres hob er verfassungsmäßige Garantien auf und errichtete ein Terrorregime, das von seiner gefürchteten Polizei- und Spionageorganisation, den *Tontons Macoutes,* durchgesetzt wurde. Während seiner Regierungszeit ging es mit der Wirtschaft Haitis rapide bergab. François Duvalier sicherte seinem Sohn Baby Doc 1971 die politische Nachfolge, doch wurde der ebenso skrupellos wie sein Vater regierende Jean-Claude Duvalier 1986 gestürzt und musste nach Frankreich ins Exil fliehen.

Ebert, Friedrich (1871–1925), deutscher Politiker. Dem gebürtigen Heidelberger Friedrich Ebert war eine politische Karriere nicht in die Wiege gelegt. Doch schon während seiner Sattlerlehre und der darauf folgenden Wanderjahre kam er in Kontakt mit der sozialdemokratischen Bewegung. Bald übernahm er leitende Funktionen in der SPD, zunächst vor allem in der sozialistischen Jugendbewegung. In den theoretischen Richtungsstreitigkeiten, die die Partei lange erschütterten, verfolgte Ebert eine Strategie des Ausgleichs. Gerade auch wegen dieser Haltung wurde er 1913 zum Parteivorsitzenden gewählt. Während des ERSTEN WELTKRIEGS war es vor allem Ebert, der für eine mehrheitlich staatstreue Haltung der Sozialdemokraten im Reichstag sorgte. Am 9. November 1918, als Deutschland am Ende des Ersten Weltkriegs während der NOVEMBERREVOLUTION zusammenbrach, war Ebert nach der Abdankung Kaiser WILHELMS II. für einen Tag Reichskanzler. Am 10. November übernahm er nach der Ausrufung der Republik zusammen mit H. Haase den Vorsitz im Rat der Volksbeauftragten. Als erster Präsident der WEIMARER REPUBLIK 1919–25 versuchte er, einen Kurs zwischen Revolution und Gegenrevolution zu steuern, um Deutschland eine liberale parlamentarische Verfassung zu geben. Ebert verlor die Unterstützung der radikalen Linken, weil er deren Umsturzversuch zur Errichtung eines Rätesystems in Deutschland mit verhinderte. Von der Rechten wurde er verurteilt und persönlich verunglimpft, weil er 1918 an einem Munitionsarbeiterstreik beteiligt war und 1919 den VERSAILLER VERTRAG unterschrieben hatte.

Der ägyptische Pharao Echnaton – hier mit seiner Gemahlin – baute in der neuen Hauptstadt einen Tempel ohne Dach, damit die Gläubigen direkt zu dem Sonnengott Aton beten konnten.

Echnaton (†1362 v. Chr.), von 1379 bis zu seinem Tod Pharao von Ägypten, Ehemann der NOFRETETE. Echnaton kam als Amenophis IV. auf den Thron, änderte dann aber seinen Namen. Der Pharao glaubte an die Existenz eines einzigen Gottes, des Sonnengottes Aton, und verbot die Verehrung aller anderen Götter. Er baute eine neue Stadt (heute Tell el-Amarna), um die Hauptstadt Theben zu ersetzen, und benannte sie nach sich selbst. Echnatons religiöse Reformen waren unpopulär und wurden zu Beginn der Herrschaft TUTANCHAMUNS von den Priestern des Gottes Amun rückgängig gemacht.

Ecuador, Staat im Nordwesten Südamerikas. Der Küstenstreifen Ecuadors war die Stätte der ersten Bauerndörfer Amerikas. Etwa von 500 n. Chr. an bildeten verschiedene Indianervölker unabhängige Reiche. Nach 1450 eroberten die Inka das zentrale Hochbecken und machten die Stadt Quito zu

ihrer regionalen Hauptstadt. Spanische Konquistadoren kamen 1526 ins Land und benutzten Ecuador 1532 als Ausgangspunkt, um in das unter Inkaherrschaft stehende PERU vorzustoßen. Die Spanier errichteten dann große Güter im Innern Ecuadors, vernachlässigten aber die Küstenebene, die auf diese Weise ihre eigene Kultur entwickeln konnte. 1822 schlug der revolutionäre Marschall José Antonio de Sucre am Pichincha die spanische Streitmacht. Mit Venezuela und Kolumbien schloss sich Ecuador Groß-Kolumbien unter Simón BOLÍVAR an.

1830 wurde Ecuador ein unabhängiger Staat, dessen Politik die Spannung zwischen den konservativen Grundbesitzern im Innern und den liberaleren Geschäftsleuten der Küste spiegelte. Einen nahezu totalen Zusammenbruch der Verwaltung 1845 beendete García Moreno, der während seiner zwei Präsidentschaften 1861–65 und 1869–75

die Ordnung wieder herstellte. Nach dem ERSTEN WELTKRIEG führte wachsende Armut zu politischen Unruhen.

Während des ZWEITEN WELTKRIEGS brachten Stützpunkte der USA einen gewissen wirtschaftlichen Gewinn, doch zwang ein unglücklicher Krieg mit PERU 1941 Ecuador, seinen Anspruch auf den oberen Amazonas aufzugeben. Zwischen 1944 und 1972 wechselte sich José Maria Velasco Ibarra mit dem Militär an der Staatsspitze ab. 1972 riss das Militär die Macht an sich und behielt sie bis 1979, als eine neue Verfassung in Kraft trat. Trotz der Entdeckung von Öl in den 70er-Jahren blieben die meisten Menschen arm und Analphabeten, während die Haciendas, die großen Landgüter, ungeschmälert fortbestanden. In den 80er-Jahren litt Ecuador unter einer schweren Schuldenkrise und einem Rückgang der Ölpreise. 1992 führte eine Koalitionsregierung unter Sixto Duán Ballén eine Kürzung der öffentlichen Ausgaben und Wirtschaftsreformen durch, womit er Unruhen auslöste. 1995 wurde ein schwelender Grenzstreit mit Peru beigelegt und erneut wurden unpopuläre wirtschaftliche Maßnahmen durchgeführt.

Eden, Robert Anthony, Earl of Avon (1897–1977), britischer Premierminister 1955 bis 1957 während des Suezkriegs. Eden war als Konservativer 1935–38 Außenminister und trat aus Opposition gegen Neville Chamberlains Politik des APPEASEMENT von diesem Amt zurück. 1940–45 und 1951–55 bekleidete er erneut das Amt des Außenministers. Danach löste er Winston CHURCHILL als Premierminister ab. Als Ägypten 1956 den strategisch wichtigen SUEZKANAL verstaatlichte, betrachtete Eden Präsident NASSER als Gefahr für den Weltfrieden und unterstützte die Invasion Ägyptens durch Großbritannien, Frankreich und Israel. Innere Opposition gegen die britische Rolle in der Krise sowie gesundheitliche Probleme veranlassten Eden im folgenden Jahr zum Rücktritt.

Edison, Thomas (1847–1931), amerikanischer Wissenschaftler und Erfinder, der im Lauf seines Lebens fast 1100 Patente anmeldete. Nach nur drei Monaten ordentlicher Ausbildung begann er 1862 sein Berufsleben als freier Telegrafist. Er entwickelte technische Neuerungen, die auf dem Telegrafen beruhten und verlegte 1876 sein Labor nach Menlo Park in New Jersey. 1877 erfand er den Phonographen, das erste Gerät, das Klang sowohl aufzeichnen als auch wiedergeben konnte, und verbesserte auch Graham

Bells Telefon. Edison produzierte 1879 die erste brauchbare elektrische Glühbirne und baute 1882 das erste zentrale Elektrizitätswerk der Welt.

Eduard III. (1312–77), von 1327 bis zu seinem Tod König von England. Eduard folgte mit 15 Jahren auf seinen Vater, Eduard II.; aber die eigentliche Macht lag bei seiner Mutter, Isabella von Frankreich, und ihrem Liebhaber, Roger Mortimer, bis Eduard III. Mortimer 1330 hinrichten ließ. Eduard setzte den Kampf seines Vaters gegen die schottische Unabhängigkeit fort, die er 1328 widerstrebend anerkannt hatte, aber der englisch-französische Konflikt um Schottland und AQUITANIEN führte 1337 zum Ausbruch des HUNDERTJÄHRIGEN KRIEGES. 1340 nahm Eduard den Titel König von Frankreich an. Englische Siege bei Sluys 1340 und CRÉCY 1346 führten zu einem Waffenstillstand. 1348 gründete er den ritterlichen Hosenbandorden. Zu dieser Zeit erreichte der SCHWARZE TOD England.

1355 wurden die Kämpfe wieder aufgenommen und im Jahr darauf errang Eduards ältester Sohn, EDUARD DER SCHWARZE PRINZ, einen entscheidenden Sieg bei POITIERS, der Eduards Position bei den Friedensverhandlungen von Brétigny 1360 stärkte. Gegen die Abtretung Aquitaniens und anderer Gebiete gab Eduard seinen Anspruch auf die französische Krone auf, doch 1369 brach erneut Krieg aus. Nach dem Tod seiner Gemahlin, Philippa von Hainault, 1369 verschlechterte sich Eduards körperliche und geistige Gesundheit und er geriet unter den Einfluss seiner Mätresse Alice Perrers. Sein Nachfolger wurde Richard II., der Sohn des Schwarzen Prinzen, der 1376 gestorben war.

Eduard VIII. (1894–1972), ungekrönter König von Großbritannien und Nordirland und Kaiser von Indien von Januar bis Dezember 1936. Als ältester Sohn Georgs V. wurde er 1911 Prinz von Wales. Nach seiner Teilnahme am ERSTEN WELTKRIEG machten ihn seine Goodwillreisen durch das Britische Empire und seine Sorge um die Arbeitslosen während der Wirtschaftskrise außerordentlich beliebt.

Im Jahr 1936 führte Eduards Wunsch, Wallis Simpson, eine geschiedene amerikanische Staatsbürgerin, zu heiraten, zu seiner Abdankung. Auf ihn folgte sein Bruder Georg VI. Eduard wurde zum Herzog von Windsor ernannt, aber der Herzogin wurde der Titel Königliche Hoheit verweigert. Nach der Heirat 1937 besuchte das Paar Adolf Hitler in Deutschland. Eduard war 1940–45 Gouverneur der Bahamas, lebte danach aber in Frankreich. Bis 1967 wurde er zu keiner offiziellen Zeremonie mit Mitgliedern der königlichen Familie eingeladen. Der Herzog und die Herzogin sind nebeneinander auf dem Gelände von Schloss Windsor beigesetzt.

Eduard der Schwarze Prinz (1330–76), volkstümlicher Name für Eduard von Woodstock, den ältesten Sohn Eduards III. von England. Er war einer der besten englischen Befehlshaber im HUNDERTJÄHRIGEN KRIEG. Eduard verdiente sich seine militärischen Sporen, als er einen Teil der Armee seines Vaters in der Schlacht von CRÉCY 1346 anführte. Dort trug er der Legende nach jene schwarze Rüstung, die ihm seinen Beinamen eintrug. 1356 nahm er bei POITIERS den französischen König Johann II. gefangen. Eduards Siege waren eine Quelle des Stolzes für die Engländer, die ihn als Nationalhelden und Verkörperung ritterlicher Ideale sahen. Die Unbarmherzigkeit, mit der seine Truppen auf seinen Befehl im Jahr 1370 Limoges plünderten, zeigt eine weniger anziehende Seite seines Charakters. Eduard starb, bevor er den Thron besteigen konnte, der deshalb nach dem Tod Eduards III. an seinen Sohn Richard II. überging.

Eichmann, Adolf (1906–62), nationalsozialistischer Funktionär und Obersturmbannführer der SS. Der als Handelsvertreter tätige Eichmann trat 1932 der NSDAP bei und übernahm sieben Jahre später das Judenreferat im Reichssicherheitshauptamt in Berlin. Seit 1942 organisierte er die Judentransporte in die KONZENTRATIONSLAGER in den besetzten Ostgebieten. Nach Ende des Krieges tauchte Eichmann in Argentinien unter. 1960 wurde er von israeli-

1961 wurde Adolf Eichmann wegen seiner Verantwortung für die Ermordung von Millionen von Juden in Jerusalem der Prozess gemacht.

schen Agenten aufgespürt und nach Israel entführt, wo er wegen Verbrechen gegen die Menschlichkeit vor Gericht gestellt, zum Tod verurteilt und hingerichtet wurde.

Eiffel, Alexandre (1832–1923), französischer Ingenieur, dessen bekanntestes Bauwerk der 300 m hohe Eiffelturm in Paris ist. Zur Hundertjahrfeier der Französischen Revolution 1889 fertig gestellt, war der Turm die letzte große Konstruktion, die aus Schmiedeeisen gebaut wurde, und bis zur Errichtung des Chrysler Building in New York 1930 das höchste Bauwerk der Welt. Eiffel entwarf auch eine Eisenbrücke über die Garonne in Bordeaux und das Gerüst für die Freiheitsstatue in New York.

Einstein, Albert siehe rechte Seite

Eisenbahn siehe Seite 132

Eisenhower, Dwight David (1890–1969), amerikanischer General und Präsident der USA 1953–61. Nach dem Eintritt Amerikas in den ZWEITEN WELTKRIEG wurde Eisenhower rasch zum alliierten Oberkommandierenden für die Invasion Nordafrikas 1942, Siziliens 1943 und Italiens 1943 befördert. Im Dezember 1943 erhielt er das Oberkommando für die INVASION der Alliierten in der Normandie. Am Ende des Krieges wurde Eisenhower, bekannt als Ike, zu Hause als Held empfangen. 1951 wurde er Oberkommandierender der Streitkräfte der neu geschaffenen NATO, trat aber im folgenden Jahr zurück und wurde als Präsidentschaftskandidat der Republikaner nominiert. Mit mehr Stimmen als jeder frühere Kandidat

Thomas Edison, hier mit seinem vervollkommneten Phonographen, behauptete, Genie sei „ein Prozent Inspiration und 99 Prozent Perspiration".

Wie die Welt funktioniert

Albert Einsteins Relativitätstheorie revolutionierte das zeitgenössische Denken über Raum, Zeit und Bewegung und gilt noch immer als die beste Beschreibung des Universums, über die wir verfügen.

Die Frage, wie die Welt in physikalischer Sicht funktioniert, wurde im 20. Jh. von dem 1879 geborenen Physiker Albert Einstein neu beantwortet.

In Ulm als Sohn eines Elektrotechnikers geboren, zeigte Einstein früh Interesse an Maschinen. Er studierte an der Technischen Hochschule in Zürich. 1901 wurde er Schweizer Staatsbürger und nahm eine Stelle im Patentamt in Bern an. Gleichzeitig setzte er seine eigenen Forschungen fort. 1905 schloss er die Promotion erfolgreich ab.

In den folgenden Jahren arbeitete er an der Formulierung der Ideen, die das von Isaac Newton errichtete System der Physik verwandeln sollten. In seiner Speziellen Relativitätstheorie (1905) legte er dar, dass die Lichtgeschwindigkeit unveränderlich sei und kein physikalisches Objekt – z. B. ein Raumfahrzeug – sich schneller bewegen könne. In der Allgemeinen Relativitätstheorie (1916) legte Einstein eine vierdimensionale Beschreibung des Universums vor, die er Raumzeit nannte, in der die Zeit als eine weitere Dimension wie Länge, Breite und Tiefe betrachtet wird. Seitdem sind diese Theorien wiederholt bestätigt worden.

Einsteins Abhandlung über die Spezielle Relativitätstheorie führte zu seiner

Einstein bei einer Rundfunkansprache. Seine berühmte Formel (eingefügt) drückt die Beziehung zwischen Masse und Energie aus.

$$\left(\mathcal{E} = mc^2\right)$$

Berufung auf verschiedene akademische Posten. 1914 ließ er sich in Berlin nieder, wo er bis 1933 als Direktor des Kaiser-Wilhelm-Instituts für Physik arbeitete.

Einstein erlangte weltweiten Ruhm, als seine Allgemeine Relativitätstheorie von dem britischen Astronomen Arthur Eddington verifiziert wurde. Obwohl nur eine Hand voll Menschen seine Arbeit verstanden, wurde er zum Symbol wissenschaftlicher Höchstleistungen.

NOBELPREISTRÄGER

1921 erhielt Einstein den Nobelpreis für Physik, jedoch nicht für das Aufdecken der Geheimnisse der Relativität, sondern für seine Theorie von 1905, die das Wirken der photoelektrischen Zelle erklärte.

Als Jude war er gezwungen, aus Deutschland zu fliehen, als die Nationalsozialisten 1933 an die Macht kamen. Er lebte in Frankreich und ließ sich dann endgültig in Princeton, USA, nieder, um seine Forschungen am Institute of Advanced Studies fortzusetzen.

1939 schrieb Einstein an den amerikanischen Präsidenten Franklin D. Roosevelt und empfahl angesichts der Waffenentwicklung in Deutschland dringend den Bau von Atomwaffen. Nach dem Krieg protestierte er gegen den Rüstungswettlauf des Kalten Krieges. Obwohl einige Gleichungen, die die Spaltung radioaktiver Substanzen beschreiben, aus der speziellen Relativität stammen, spielte Einstein keine weitere Rolle bei der Entwicklung dieser Waffen. In späteren Jahren wurde er als exzentrischer, gegen den Strom schwimmender Mensch gesehen, aber wegen seiner pazifistischen Ansichten allgemein respektiert. Das Amt des Staatspräsidenten von Israel lehnte er 1952 ab. Er starb 1955. Einsteins Werk gilt noch immer als zentraler Pfeiler der Physik. Seine Gedanken bilden die Grundlage aller Versuche, eine einheitliche Theorie zu entwickeln, um den gesamten Mechanismus des Universums zu erklären.

zum Präsidenten gewählt, trat er mit Richard NIXON als Vizepräsident 1953 das Amt an. Sechs Monate später beendete die Regierung Eisenhower den Koreakrieg.

Während seiner zwei Amtszeiten als gemäßigter Republikaner bezeichnet, setzte Eisenhower die sozialen Wohlfahrtsprogramme seines Vorgängers Harry S. TRUMAN fort, suchte die Steuern zu senken und förderte die Stadterneuerung. Seine Regierung wurde durch die antikommunistischen Hexenjagden des Senators Joseph MCCARTHY in Verlegenheit gebracht, den Eisenhower 1954 öffentlich verurteilte. 1957 ordnete Eisenhower den Einsatz von Soldaten an, um die Aufhebung der RASSENTRENNUNG in Schulen von Little Rock, Arkansas, durchzusetzen. Im selben Jahr startete die Sowjetunion den SPUTNIK, den ersten künstlichen Satelliten, der die Erde umkreiste, und 1958 bildete Eisenhower die NASA, unter deren Ägide das Raumfahrtprogramm der USA realisiert werden sollte.

In der Außenpolitik versuchte Eisenhower gemeinsam mit Außenminister John Foster DULLES die Ausdehnung des sozialistischen Blocks einzudämmen. Sie entwickelten eine Strategie der massiven Vergeltung mit Atomwaffen im Falle eines Angriffs und förderten 1954 den Abschluss des Südostasiatischen Sicherheitsvertrags, um eine weitere kommunistische Expansion in diesem Teil der Welt zu verhindern. Nach der Verkündung der Eisenhower-Doktrin 1957, deren Ziel es war, vom Kommunismus bedrohten Staaten des Nahen Ostens zu helfen, schickte Eisenhower 1958 Soldaten in den Libanon, um dort einem kommunistischen Umsturz vorzubeugen. Er versuchte, die Spannungen im KALTEN KRIEG durch Gipfeltreffen mit sowjetischen Politikern 1955 und 1959 abzubauen, aber ein geplantes Treffen mit dem sowjetischen Parteichef Nikita CHRUSCHTSCHOW wurde abgesagt, als ein amerikanischer U-2-Aufklärer über sowjetischem Staatsgebiet abgeschossen wurde. 1961 brach Eisenhowers Regierung die diplomatischen Beziehungen zu Kuba ab. Er wurde 1961 von John F. KENNEDY abgelöst.

Eisenseiten, englische Armee der Anhänger des Parlaments, RUNDKÖPFE, im ENGLISCHEN BÜRGERKRIEG. Im Februar 1645 aufgestellt, wurde sie die schlagkräftigste Streitmacht im Land und das Werkzeug für Oliver CROMWELLS Aufstieg zur Macht. Das aus 22 000 Mann bestehende Heer wurde auf nationaler Ebene organisiert und weitgehend aus den unkoordinierten Truppen der Rundköpfe aus der ersten Phase des Bürgerkriegs gebildet. Ihr erster Oberbefehlshaber war Thomas Fairfax, unter dem Philip Skippon die Infanterie und seit 1645 Cromwell die Kavallerie befehligte. Anfangs von den Anhängern des Königs (Kavaliere) noch ver-

Der Siegeszug der Schienenfahrzeuge

Die Eisenbahn verdankt ihre Entwicklung nicht einer einzigen Erfindung. Schienen, Signale und Lokomotiven wurden während drei Jahrhunderten zu verschiedenen Zwecken entworfen. Aber als diese Elemente im 19. Jh. miteinander kombiniert wurden, erschlossen sie die Welt.

Um der Bedeutung der Inbetriebnahme der Eisenbahnlinie Liverpool–Manchester 1831 gerecht zu werden, wurden Serien von Stichen mit verschiedenen Zugtypen herausgebracht.

Die ersten Transporte auf verlegten Schienen bewältigten Pferde. Im 17. Jh. ließen deutsche und britische Bergwerksbetreiber Kohlewagen von Pferden auf Schienen aus Holz, später Eisen ziehen. Auf einer solchen Strecke zog 1804 zum ersten Mal eine winzige Dampflokomotive, die der Ingenieur Richard Trevithick gebaut hatte, einen Zug. Das Zeitalter der Dampfeisenbahn hatte begonnen.

Die vielen technischen Probleme, die noch zu überwinden waren, wurden vor allem auf den Strecken gelöst, die den Kohlegruben im Nordosten Englands dienten. Das erste Stadium der Entwicklung endete mit der Eröffnung der Eisenbahnstrecke Stockton–Darlington 1825. Noch verkehrte hier allerdings lediglich eine von Pferden gezogene Postkutsche, deren Räder auf Eisenschienen rollten. Der nächste Schritt kam mit dem Bau der Eisenbahnstrecke Liverpool–Manchester unter der Leitung des Ingenieurs George Stephenson. Noch bezweifelten jedoch viele, dass Dampflokomotiven jemals stark oder schnell genug sein würden, um aus eigener Kraft eine Strecke zu bewältigen. Die Zweifel wurden zerstreut, als Stephensons Sohn Robert 1829 seine *Rocket* vorstellte, eine Lokomotive, die schwere Lasten schleppen und mit einer damals enormen Geschwindigkeit von 50 km/h dahinsausen konnte.

Personenzüge sollten bald die Wunder des Zeitalters werden. Aber es waren die schwerfälligen Güterzüge zwischen dem Hafen von Liverpool und den Textilzentren in Lancashire, die Gewinne einfuhren. Kohle für die Dampfmaschinen der Fabriken und Rohstoffe wie Eisen und Baumwolle – das waren die Waren, die zur Aus-

dehnung des Eisenbahnnetzes beitrugen. Bis zur Mitte des 19. Jh. war Großbritannien das größte Industrieland der Erde geworden, mit einem Hunger nach Rohstoffen, deren Transport nur die Eisenbahn bewerkstelligen konnte.

EISENBAHNEN VERBINDEN

Auch in anderen Ländern begann man nun mit dem Bau eigener Eisenbahnstrecken. In Deutschland wurde 1835 zwischen Nürnberg und Fürth die erste, 6,1 km lange Strecke eröffnet. Die hier eingesetzte Lokomotive *Adler* war noch britischer Herkunft, doch bald nahmen auch deutsche Maschinenbauer die Herstellung von Lokomotiven auf. Bereits 1850 umfasste das Eisenbahnnetz in Deutschland 5470 km – nichts kann die Rasanz der Entwicklung besser verdeutlichen. Die Eisenbahn war zum ersten schnellen Massenverkehrsmittel der Neuzeit geworden, das großen Einfluss auf die Wirtschaft der industrialisierten Staaten ausübte. Die Eisenbahn setzte ihren Siegeszug rund um die Welt fort, und überall, wo Eisenbahnnetze gebaut wurden, folgte ein Wandel. Land wurde erschlossen, Städte wuchsen, der Warenaustausch wurde intensiviert. Nun dienten die Eisenbahnen nicht mehr rein örtlichen Interessen: Sie verbanden Weltmärkte und -industrien.

Aber die größte Wirkung war weniger greifbar: Menschen, die bis dahin nie auch nur daran gedacht hatten, mehr als ein paar Kilometer weit zu reisen, konnten nun erwägen, ganze Erdteile unbeschwert und ohne große Mühen zu durchqueren.

Der Zug des Zahlmeisters bringt den Lohn beim Eisenbahnbau in den USA (oben). *Puffing Billy* **(rechts), 1813 gebaut, ist die älteste erhaltene Lokomotive.**

spottet, wurden die Soldaten, die sich einer regelmäßigen Bezahlung erfreuten und diszipliniert und gut ausgebildet waren, als die Eisenseiten bekannt. Die Gefechte der Armee bei Naseby 1645 und Preston 1648 waren glanzvolle Siege und entschieden den Krieg zugunsten des Parlaments.

Als Oberst Thomas Pride 1648 den Befehl erhielt, aus dem englischen Unterhaus jene Mitglieder zu entfernen, die eine Wiedereinsetzung des Königs wünschten, wurden die Eisenseiten in die Politik verwickelt. Die Armee bildete in den folgenden Jahren die Stütze der Regierung. Zwischen 1647 und 1649 durchdrang mit dem Einfluss der LEVELLER – Verfechter der Religionsfreiheit und der Abschaffung der Monarchie – Radikalismus die Mannschaften. Die Leveller zerstörten beinahe die Disziplin der Armee, indem sie die unteren Ränge zur Meuterei aufhetzten, aber Cromwell konnte ihren Einfluss brechen. Die Macht der Eisenseiten blieb beträchtlich, bis das PROTEKTORAT unter Cromwells Sohn Richard 1659 endete und mit Karl II. wieder ein Monarch regierte.

Eisenzeit, schon 2000 v. Chr. wurde Eisen für Waffen, Geräte und andere praktische Dinge verwendet, aber erst im 18. Jh. kündigten die neuen Schmelztechniken eine neue Eisenzeit und eine gewaltig erweiterte Palette der Produkte an.

Die Geschichte der Metallverarbeitung reicht über 6000 Jahre zurück. Sie war in der Antike so wichtig, dass zwei geschichtliche Epochen, die Bronzezeit und die Eisenzeit, nach Metallen benannt wurden. Die Eisenzeit begann um 700 v. Chr. in Europa und 100 Jahre später in China. Ihre letzten Jahre überschnitten sich in Europa mit den Anfängen des Römischen Reiches. Aber Eisen wurde schon lange vor der Eisenzeit verwendet und viele Jahrhunderte danach wurde es zum Schlüsselmaterial der frühen INDUSTRIELLEN REVOLUTION.

In Anatolien stellten die Menschen bereits 2000–1500 v. Chr. Waffen aus Eisen her. Sein Gebrauch breitete sich von dort nach Europa, Asien und Afrika aus. Eisen hatte gegenüber Bronze drei Vorteile: Es ergab eine schärfere, haltbarere Schneide, es musste nicht mit einem anderen Metall kombiniert werden und die Vorkommen waren weit verbreitet. Das produzierte Eisen wurde für Nägel, Werkzeuge, Waffen, Pferdeausrüstung, Schmuck, Kochgeräte sowie für zahlreiche religiöse Artikel verwendet.

WUSSTEN SIE, DASS?
Die Kavallerie der Eisenseiten war gebildet und gut bezahlt – ein Kavallerist erhielt zwei Schilling am Tag, um für sich und sein Pferd zu sorgen. Die Kavallerie galt als die beste Europas.

In vorgeschichtlicher Zeit war es jedoch unmöglich, so hohe Ofentemperaturen zu erzeugen, dass Eisenerz zum Guss in Hohlformen geschmolzen werden konnte. Nach dem Schmelzen wurden Eisenstücke aus der Schlacke gelesen, erneut erhitzt und gehämmert. Die Öfen wurden mit Holzkohle befeuert und über Jahrhunderte brauchte man beträchtliche Vorräte an Feuerholz und große Erzlager, um Eisen herzustellen. Viele wichtige Minen lagen in Deutschland.

Schweden exportierte um 1300 Eisen und blieb bis ins 18. Jh. ein wichtiger Erzeuger. 1709 beendete Abraham Darby aus Coalbrookdale in Großbritannien die Abhängigkeit vom begrenzten Waldbestand für Holzkohle, als er entdeckte, wie Qualitätseisen mit Koks geschmolzen werden kann; aber erst in den 50er- und 60er-Jahren des 18. Jh. setzte sich seine Erfindung durch.

In Frieden und Krieg wuchs die Nachfrage nach Guss- und Schmiedeeisenerzeugnissen und die Produktion von Eisen und Kohle stieg in beispielloser Weise an. Mit dem Aufstieg der Dampfmaschine wuchs die Nachfrage nach Eisen für Maschinen, Eisenbahnen und Schiffe immer stärker. Die frühe industrielle Revolution wäre ohne die erheblich gestiegene Eisenproduktion kaum denkbar. Zunächst war Großbritannien in dieser neuen Eisenzeit führend, verlor aber im 19. Jh. an Boden, als auch andere Länder eigene Wege zur Industrialisierung einschlugen. Mit der Weiterentwicklung der Technik machte Eisen Platz für Stahl, ein biegsameres

Oben: Die Abbildung zeigt den Ablauf einer Eisenseiten-Übung zur Handhabung des Spießes. Links: Helme trugen die Reiter der leichten Kavallerie.

und vielseitigeres Metall, das schon seit Jahrhunderten in kleinen Mengen erzeugt worden war und aus Eisen, Kohlenstoff und anderen Elementen gebildet wird.

Im späten 20. Jh. spielten die billigen hochwertigen Erze Lateinamerikas und Australiens eine wichtige Rolle auf dem internationalen Markt. Aber mit Eisen, das seit fast 4000 Jahren von Menschen geformt wird, ist nach wie vor das wichtigste Metall in Gebrauch.

Eiserne Maske, *Der Mann mit der eisernen Maske* war eine der geheimnisvollsten Gestalten der Geschichte. Alexandre Dumas spann seinen 1847 unter diesem Titel erschienenen Roman um einen unbekannten Gefangenen, der auf Befehl des französischen Königs Ludwig XIV. wegen angeblichen Hochverrats 40 Jahre lang in der BASTILLE festgehalten wurde. Die Identität des Gefangenen wurde sogar vor seinen Bewachern geheim gehalten, aber er wird von manchen für den Grafen Ercole Matthioli gehalten, einen Agenten des Herzogs von Mantua, der Ludwig mit einem geheimen Vertrag hereingelegt hatte, um die strategische Festung Casale zu gewinnen. Der Gefangene, der 1703 in der Bastille starb, trug eine Samtmaske, nicht die eiserne Maske aus Dumas' Geschichte. Andere Theorien behaupten, es könne ein Bruder oder unehelicher Sohn des Königs gewesen sein.

Eiserner Vorhang, Grenze der Sowjetunion und ihrer osteuropäischen Satellitenstaaten mit den westlichen, nicht kommunistischen Staaten. Der Begriff stammt aus einem Artikel, den der nationalsozialistische Propagandaminister Joseph Goebbels 1945 schrieb. Winston CHURCHILL führte ihn in das Vokabular des KALTEN KRIEGES ein, als er 1946 in den USA sagte: „Ein eiserner Vorhang hat sich über Europa gesenkt." Nach der Auflösung des Sowjetblocks kam der Begriff außer Gebrauch.

Eisernes Kreuz, Militärorden für alle Dienstgrade, den König FRIEDRICH WILHELM III. am 10. März 1813, dem Geburtstag seiner früh verstorbenen Frau LUISE, in Breslau anlässlich des Beginns der BEFREIUNGSKRIEGE stiftete. Der vom König selbst entworfene Orden wurde für die späteren, 1870, 1914 und 1939 beginnenden Kriege jeweils erneuert.

Eiszeiten, Zeitabschnitte, in denen die Erde wiederholt Ausdehnung, Bewegung und Rückzug ihrer Eisdecken erlebte. Die Durchschnittstemperaturen lagen ungefähr 6 °C niedriger als heute. Die bemerkenswerteste Eiszeit – oft als Eiszeitalter bezeichnet – trat vor rund 10 Mio. Jahren ein. Die jüngste, kleinere Eiszeit begann im 16. Jh. und ging bis 1880 zurück. Die Ursache von Eiszeiten ist noch nicht völlig geklärt, doch nimmt man an, dass sie hauptsächlich von einer Veränderung der Neigung der Erde im Verhältnis zur Sonne ausgelöst werden.

El-Alamein, Schlachten von (Juni bis November 1942), zwei Schlachten in Ägypten von entscheidender Bedeutung im ZWEITEN WELTKRIEG. Im Juni 1942 hielten die Briten eine Verteidigungslinie mit einer Flanke am Mittelmeer bei El-Alamein und einer in den Salzsümpfen der Kattara-Senke. In der ersten Schlacht von El-Alamein im Juli wendete General Auchinleck die Gefahr ab, Ägypten zu verlieren, indem er den Vormarsch des deutschen Afrikakorps unter dem „Wüstenfuchs" General Erwin ROMMEL nach Kairo zum Stehen brachte. General Bernard MONTGOMERY baute die alliierten Trup-

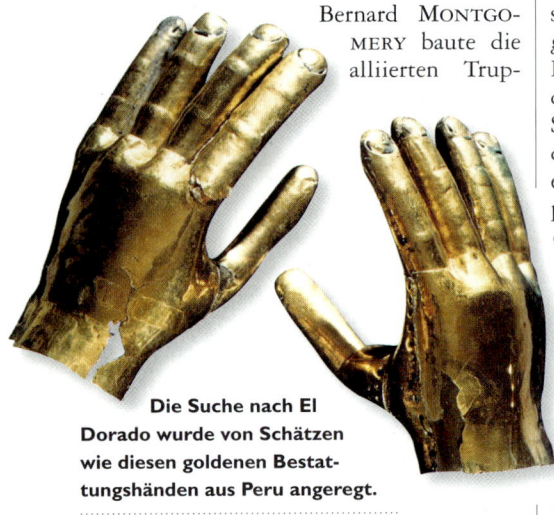

Die Suche nach El Dorado wurde von Schätzen wie diesen goldenen Bestattungshänden aus Peru angeregt.

pen bei El-Alamein auf eine fast dreifache Überlegenheit über den Feind auf, ehe er am 23. Oktober eine Offensive begann.

Nach Sperrfeuer der Artillerie rückten rund 1200 Panzer vor, gefolgt von Infanterie. Rommel war durch Treibstoffknappheit im Nachteil und verfügte nur über 500 Panzer. Die zahlenmäßig unterlegenen Deutschen konnten zu keinem Zeitpunkt die Initiative an sich reißen. Sie wurden zum Rückzug nach Libyen gezwungen und rund 10000 Deutsche und 20000 Italiener gerieten in Gefangenschaft. Die Schlacht war der erste große britische Landsieg und bezeichnete den Anfang vom Ende der deutschen militärischen Präsenz in Nordafrika.

El Cid (um 1040–99), spanischer Soldat und Held. Als Rodrigo Díaz de Vivar geboren, war der kastilische Edelmann El Cid – von arabisch *al-Said*, der Herr – auch als *el Campeador*, der Kämpfer, bekannt. Er kämpfte für Ferdinand I. und Sancho II. von Kastilien gegen die MAUREN, wurde aber 1081 von Alfons VI. aus Kastilien verbannt. Darauf kämpfte er für den maurischen Herrscher von Saragossa gegen Christen und Mauren,

bis er die Gunst des Königs zurückgewann. 1094 wurde er Beschützer und dann Herrscher von Valencia, was er bis zu seinem Tod blieb. Seine Taten wurden in der Literatur idealisiert und sein Ruhm als Krieger und Held wurde von den Faschisten während des SPANISCHEN BÜRGERKRIEGS missbraucht.

El Dorado, sagenhaftes Reich in Südamerika, das eventuell einen gewissen realen Hintergrund hat. Als spanische KONQUISTADOREN die Muisca-Indianer in Kolumbien in den 30er-Jahren des 16. Jh. besiegten, hörten sie von ihren Gefangenen Geschichten über *el dorado,* den Vergoldeten. Danach wurden neu ernannte Herrscher zu einem großen See im Innern Kolumbiens gebracht, entkleidet, mit Schlamm und Goldstaub bedeckt und auf ein mit goldenen Gegenständen beladenes Floß gesetzt. Der Herrscher und andere Häuptlinge opferten diese Gaben dann dem Wasser. Während die Suche nach Schätzen durch Spanier und andere anhielt, stand *el dorado* allmählich für eine ganze Stadt oder ein ganzes Reich. Expeditionen, die El Dorado suchten, besonders die von Gonzalo Pizarro 1539 und von Jiménez de Quesada 1569–72, beschleunigten die Eroberung Südamerikas.

Eleonore von Aquitanien (um 1122 bis 1204), Frau Ludwigs VII. von Frankreich und danach des späteren Heinrich II. von England. Seit 1137 mit Ludwig VII. verheiratet, begleitete sie ihn 1147 auf dem zweiten Kreuzzug, aber die Heirat wurde 1152 annulliert. Sie heiratete dann Heinrich, Herzog der Normandie und Graf von Anjou, der in ihrem Namen AQUITANIEN regierte. Als Heinrich II. im Jahr 1154 den englischen Thron bestieg, erstreckte sich ihr Reich von Schottland bis zu den Pyrenäen.

1173/74 führte Eleonore drei ihrer fünf Söhne – Heinrich, Richard und Geoffrey – in einen Krieg gegen ihren Mann. Sie kämpfte für die Unabhängigkeit Aquitaniens, wurde aber verhaftet und blieb bis zur Thronbesteigung RICHARDS I. LÖWENHERZ 1189 im Gefängnis. 1199 half sie dessen Bruder und Nachfolger JOHANN I. OHNE LAND, das französische Anjou für England zu ge-

Dieses Porträt von Elisabeth I. erinnert an den Sieg der englischen Flotte über die spanische Armada.

winnen. Sie starb in Frankreich. Nach ihrem Tod übertrugen ihre Untertanen ihre Treue auf den König von Frankreich.

Elisabeth (1837–98), Kaiserin von Österreich und Königin von Ungarn, genannt Sisi. 1854 heiratete die Tochter Herzog Maximilians in Bayern Kaiser FRANZ JOSEPH von Österreich. Die als ausgesprochene Schönheit geltende Frau vermochte sich nicht in das Leben am Hof einzufügen und ging deshalb sehr oft auf Reisen. Sie hatte politisch wenig Einfluss, setzte sich aber aufgrund ihrer Sympathien für die Magyaren erfolgreich für den Ausgleich mit Ungarn ein. In Genf fiel sie dem Anschlag eines italienischen Anarchisten zum Opfer.

Elisabeth I. (1533–1603), Königin von England von 1558 bis zu ihrem Tod. Als die fanatisch katholische Königin Maria TUDOR am 17. November 1558 starb, stießen viele ihrer Untertanen einen Seufzer der Erleichterung aus, dass nun die Verfolgung und das Verbrennen von Protestanten vorbei sei. So ging es auch ihrer 25-jährigen Halbschwester Elisabeth, Tochter Anna BOLEYNS, die in halber Abgeschiedenheit in Hatfield lebte. Da viele ihr Sympathien für den Protestantismus nachsagten und sie einer Verschwörung gegen die Königin für fähig gehalten hatten, war ihr Leben mehr als einmal in Gefahr gewesen. So hatte sie schon früh die Künste der Täuschung und des umsichtigen Verhaltens gelernt.

Als neue Königin stand Elisabeth vor gewaltigen Problemen. Ihr Land war schwach, arm und von potenziellen Feinden umgeben. Da sie eine junge Frau war, erwartete man, dass sie heiratete. Sie war die beste Partie in Europa und bis 1559 warben nicht weniger als zwölf Könige oder Prinzen um sie. Sie

Elisabeth II. und Prinz Philipp nehmen an einer Zeremonie des 1348 in Schloss Windsor gegründeten Hosenbandordens teil.

wich den Anträgen aus, gab den Kandidaten aber dennoch in einer kunstvollen Scharade Anlass zu hoffen, um die großen katholischen Mächte Frankreich und Spanien verfeindet zu halten.

Auf dem Werk ihres Vaters Heinrich VIII. aufbauend, begründete Elisabeth eine nationale Kirche von England, die die Extreme sowohl der Katholiken als auch der calvinistischen Puritaner vermied. Aber ihre Unterdrückung eines katholischen Aufstands führte zum völligen Bruch mit Rom: Papst Pius V. erließ eine Bulle, die sie als Usurpatorin und Ketzerin absetzte. Dies zwang Elisabeth die Rolle des führenden protestantischen Monarchen Europas auf. Sie unterstützte die Holländer in ihrem erbitterten Aufstand gegen Spanien und die Hugenotten in Frankreich. Immer in Geldnöten, erzürnte sie die Spanier, indem sie Freibeutern wie Sir Francis DRAKE und Sir John HAWKINS erlaubte, die spanischen Schatzflotten aus der Neuen Welt zu plündern.

Die größte Gefahr für ihre Stellung kam von ihrer Cousine, der katholischen Maria STUART, Königin der Schotten und Witwe des französischen Königs Franz II. Maria erhob auch Anspruch auf den englischen Thron. 1568 wurde sie vom protestantischen Adel aus Schottland vertrieben und floh nach England, wo Elisabeth sie unter Hausarrest stellte. Eine Reihe von Verschwörungen mit dem Ziel, Maria auf den englischen Thron zu bringen, wurde entdeckt, aber erst als eine umfangreiche spanische Invasion unmittelbar bevorzustehen schien, ließ Elisabeth sich von ihren Ministern überzeugen, dass Maria

zu gefährlich sei, um am Leben zu bleiben. Sie wurde 1587 im Schloss Fotheringhay hingerichtet.

Im folgenden Jahr brach die „unbesiegbare" Armada gen England auf, von Spanien und dem Papst als großer und entscheidender Kreuzzug gegen die protestantische „Isebel" verstanden. Die spanische Hauptarmee unter dem Herzog von Parma sollte von den Spanischen Niederlanden in See stechen und an der Küste Englands landen. Als Eskorte sollte die Armada aus 130 Galeonen und einer zusätzlichen Armee den Ärmelkanal hinauffahren und zu Parma stoßen.

Elisabeth befand sich in einer gefährlichen Lage. Ihre Streitkräfte hätten den spanischen Eliteregimentern nicht standhalten können, wenn sie in voller Stärke gelandet wären. Auf See waren die Flotten zahlenmäßig ungefähr gleich groß, aber die englischen Schiffe waren kleiner, schneller und in den tückischen Strömungen des Kanals viel manövrierfähiger. Die englische Flotte wurde von Lord Howard, John Hawkins und Francis Drake befehligt und störte die Armada, sodass sie Calais anlaufen musste, um sich neu zu gruppieren. In einem gewagten Angriff zerstreute Howards Flotte sie mit Brandschiffen und unterbrach die Verbindung mit Parma völlig. Das Wetter besorgte den Rest. Die übrigen Schiffe mussten durch die Nordsee und um Schottland herum nach Spanien zurückkehren, wobei mindestens die Hälfte Schiffbruch erlitt. Das Scheitern der Armada war ein katastrophaler Schlag für Philipp II. von Spanien, der sich zurückzog und im Gebet Frieden suchte. Englands Ansehen dagegen stieg in ganz Europa.

Während ihrer ganzen Regierungszeit pflegte Elisabeth klug ihr öffentliches Erscheinungsbild und blieb außerordentlich beliebt. Ihre Weigerung zu heiraten ist

manchmal als Opfer ihres persönlichen Glücks gesehen worden, aber die „jungfräuliche Königin" zu bleiben ist eine politische Entscheidung gewesen. Wie ihr Vater war sie fest entschlossen, allein und absolut zu herrschen. Sie starb am 24. März 1603 nach 45 Jahren auf dem Thron, zu Hause und im Ausland geehrt wie keine Königin von England und nur wenige Könige zuvor.

Elisabeth II. (*1926), Königin von Großbritannien und Haupt des COMMONWEALTH OF NATIONS seit 1952. Als älteste Tochter Georgs VI. wurde sie nach der Abdankung ihres Onkels EDUARD VIII. 1936 Thronfolgerin. Während des Zweiten Weltkriegs ließ sie sich als Fahrerin und Mechanikerin der Armee ausbilden und 1947 heiratete sie ihren entfernten Cousin Philipp Mountbatten, früher Prinz Philipp von Griechenland und Dänemark. Ihr erstes Kind, der Thronfolger Prinz Charles, wurde 1948 geboren. Die Königin bestieg 1952 den Thron. Ihre Krönung 1953 war das erste große Hofereignis, das vom Fernsehen übertragen wurde, und während ihrer Regierungszeit hat die Medienpräsenz der königlichen Familie immer weiter zugenommen. Obwohl sie das höchste Staatsamt innehat, übt die Königin das Hoheitsrecht im Allgemeinen nur auf den Rat der Minister hin aus. Sie hat ihre verfassungsgemäße Rolle bewahrt, parlamentarische Gesetze zu bestätigen und die Sitzungsperioden des Parlaments zu eröffnen. Die Königin hat auch starkes Engagement für das Commonwealth gezeigt.

Ellis Island, Manhattan vorgelagerte Insel im Hafen von New York. Ursprünglich Arsenal und Festung, war sie 1892–1943 Kontrollstelle für Einwanderer, die insgesamt 20 Mio. Menschen abfertigte.

Einwanderer auf Ellis Island in New York hoffen auf ein besseres Leben in der Neuen Welt. In den ersten Jahren des 20. Jh. kamen täglich 2000 Einwanderer auf der Insel an.

In der Zeit 1943–54 war sie Auffanglager für Deportierte und Ausländer ohne ordentliche Papiere. 1965 wurde sie Teil des Nationaldenkmals Freiheitsstatue und für Besucher geöffnet.

El Salvador, kleinster und am dichtesten besiedelter Staat Zentralamerikas. Um 1526 wurden die Pipil-Indianer El Salvadors von den Spaniern unterworfen und dem Vizekönigreich Neuspanien zugeschlagen. Nach der Unabhängigkeit 1821 gehörte El Salvador kurz zum Kaiserreich MEXIKO, dann war es von 1823–39 Mitglied der Zentralamerikanischen Föderation. 1841 wurde es unabhängige Republik. Innere Kämpfe zwischen Liberalen und Konservativen sowie Grenzkriege mit den Nachbarstaaten hemmten El Salvadors Entwicklung im 19. Jh. Bis zum 20. Jh. hatten die Konservativen einen bestimmenden Einfluss gewonnen, und die Präsidentschaft wurde von einigen vornehmen Familien als Geburtsrecht betrachtet.

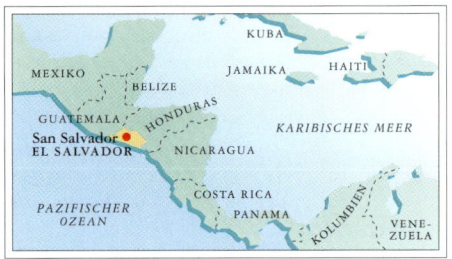

Seit 1931 wurde El Salvador von einer Reihe von Militärdiktatoren regiert. Spannungen, die von Arbeit suchenden Salvadorianern in HONDURAS ausgingen, gipfelten 1965 in einem Krieg und noch einmal 1969 nach einem Fußballspiel zwischen beiden Ländern. Von wirtschaftlicher Instabilität und repressiven Militärregierungen verursachte Unruhen führten zu einem Anstieg von Guerillaaktionen.

Seit 1979 war El Salvador vom Bürgerkrieg zwischen linken Guerilleros, der Frente Farabundo Martí de Liberación (FMLN), und der von den USA unterstützten rechten Regierung zerrissen. Das Land wurde von den rechten „Todesschwadronen" und Guerillaterroristen verwüstet. 1980 löste die Ermordung von Erzbischof Oscar Romero durch die Armee weltweit Empörung aus. Von der UNO 1991 zustande gebrachte Gespräche führten 1992 zu einem Friedensabkommen. Die FMLN beteiligte sich an der Wahl von 1994, die sie gegen die von Armando Calderón Sol geführte rechte Alianza Republicana Nacionalista verlor.

Elsass-Lothringen, französische Region westlich des Oberrheins, die wiederholt zwischen Frankreich und Deutschland umstritten war. Das Elsass war Teil der römischen Provinz Obergermanien, bevor es im 5. Jh. von den ALEMANNEN und 496 von den FRANKEN eingenommen wurde. Die Region wurde 870 zwischen Karl dem Kahlen und Ludwig II. dem Deutschen geteilt, kam im Jahr 880 an das Ostfränkische, später Deutsche Reich. Frankreich begann die Region im 17. Jh. nach Auseinandersetzungen mit dem HEILIGEN RÖMISCHEN REICH zu dominieren. Deutschland gewann das Elsass und den östlichen Teil Lothringens nach dem DEUTSCH-FRANZÖSISCHEN KRIEG 1870/71 zurück. Reich an Kohle und Eisenerz trug Lothringen dazu bei, dass Deutschland seine Flotte und militärische Macht ausbauen konnte.

Die Franzosen verübelten Versuche, die Region zu „germanisieren" und erhielten Elsass-Lothringen nach dem Ersten Weltkrieg durch den VERSAILLER VERTRAG wieder zurück. 1940 besetzten die Deutschen die Region, bis französische und amerikanische Truppen sie am Ende des Zweiten Weltkriegs für Frankreich zurückeroberten.

Emin Pascha, Mehmed (1840–92), deutscher Forscher und Arzt, der wichtige Beiträge zur Naturgeschichte, Geographie und Anthropologie leistete. Eigentlich Eduard Schnitzer, nahm er einen türkischen Namen an, als er 1865 als Sanitätsoffizier in die osmanische Armee eintrat. 1876 wurde Emin zum Sanitätsoffizier unter dem britischen Generalgouverneur des Sudan, General Charles Gordon, ernannt, der ihm Verwaltungsaufgaben und diplomatische Aufträge übertrug. 1878 ernannte Gordon ihn zum Gouverneur der Äquatorialprovinz im südlichen Sudan. Emin erforschte die Region und unterdrückte dort auch die Sklaverei, wofür er den Ehrentitel eines Paschas erhielt. Nachdem der MAHDI die Herrschaft über den Sudan gewonnen hatte, war er von der Außenwelt abgeschnitten und wurde 1888 von dem Forscher Henry Morton STANLEY gerettet. Während einer Expedition für die deutsche Regierung wurde Emin von arabischen Sklavenhändlern ermordet.

Emir, im Nahen Osten und Teilen Afrikas Bezeichnung für einen moslemischen Fürst oder Gouverneur einer Provinz oder einen hohen Offizier. Unter der Omaijaden-Dynastie hatte ein Emir – vom arabischen *amir*, „Herr" oder „Fürst" – administrative und finanzielle Befugnisse, aber die spätere Kalifendynastie der ABBASIDEN führte einen eigenen Finanzbeamten ein. Ein Emir konnte ein Untergebener des Kalifen, des weltlichen und religiösen Staatsoberhaupts, oder praktisch unabhängig sein. Der zweite Kalif, Omar ibn al-Chattab, nahm im 7. Jh. den Titel *amir al-muminin* an, „Beherrscher der Gläubigen", den seine Nachfolger beibehielten. Der Titel Emir konnte auch für ein bestimmtes Amt gebraucht werden, etwa *amir al-umara*, „Oberkommandierender der Armeen". Im Jahr 631 nahm der Prophet Mohammed den Titel *amir al-hajj* an, „Führer der Pilgerreise nach Mekka". *Amir-al* ist, über das Mittellateinische, der Ursprung des Titels Admiral.

Emser Depesche (13. Juli 1870), Telegramm des preußischen Königs WILHELM I. an seinen Kanzler Otto von BISMARCK, das den von beiden Seiten lange erwarteten DEUTSCH-FRANZÖSISCHEN KRIEG von 1870/71 auslöste. Im Juni 1870 wurde Leopold von Hohenzollern-Sigmaringen, ein Verwandter des preußischen Königshauses, von Bismarck überredet, das Angebot des spanischen Thrones anzunehmen. Aus Furcht vor preußischem Einfluss südlich der Pyrenäen erklärten die Franzosen, sie könnten diesen Schritt nicht dulden, und Leopold zog, von Wilhelm gedrängt, seine Zusage zurück. Der französische Botschafter trat darauf in Bad Ems an Wilhelm heran und verlangte die Versicherung, dass kein Mitglied der Hohenzollern die Kandidatur je wieder erneuern würde. Dies lehnte der König höflich, aber bestimmt, ab und schickte Bismarck ein Telegramm über die Unterredung. Da Bismarck glaubte, ein Sieg über Frankreich werde zur deutschen Einigung führen, versuchte er, einen Krieg zu provozieren. Er veröffentlichte eine gekürzte Fassung des Telegramms, die den Eindruck entstehen ließ, beide Seiten hätten sich beleidigt. Am 19. Juli erklärte Napoleon III. den Krieg. Der folgende preußische Sieg führte zur Gründung des DEUTSCHEN REICHES.

Engels, Friedrich (1820–95), deutscher Philosoph und mit Karl MARX einer der Begründer des modernen SOZIALISMUS. Als Sohn eines rheinischen Textilfabrikanten wurde Engels 1842 Vertreter seines Vaters in Manchester. Angezogen von der wachsenden Bedeutung des radikalen Denkens in England interessierte er sich für den Chartismus, die britische Arbeiterbewegung, und gelangte zu sozialrevolutionären Überzeugungen. Sein 1845 veröffentlichtes Werk *Die Lage der arbeitenden Klassen in England* beruht auf Studien dieser Zeit und gehört zu den grundlegenden Schriften der politischen Ökonomie des Marxismus.

Friedrich Engels, hier auf einem Foto aus dem Jahr 1891, arbeitete mit Karl Marx zusammen.

Zwei Jahre später traten er und Marx, den er 1844 in Köln kennen gelernt hatte, dem Bund der Gerechten bei. Sie verwandelten ihn in den Bund der Kommunisten und veröffentlichten 1848 das KOMMUNISTISCHE MANIFEST. Im selben Jahr nahm Engels an der revolutionären Bewegung in Baden teil und schrieb später eine scharfsinnige Arbeit über das Scheitern der MÄRZREVOLUTION von 1848 in Deutschland. Er kehrte nach England zurück, arbeitete in der Baumwollfabrik der Familie in Manchester und unterstützte Marx finanziell. Nach Marx' Tod 1883 setzte er die Arbeit an *Das Kapital* nach dessen Konzepten fort und brachte 1885 bzw. 1894 den zweiten und dritten Band heraus. 1889 spielte er eine wesentliche Rolle bei der Gründung der Zweiten INTERNATIONALEN, einem Zusammenschluss revolutionärer und reformistischer sozialistischer Parteien.

England, größte politische Einheit innerhalb Großbritanniens. Seit der frühen Steinzeit gab es Siedlungen in England, bedeutende Reste sind aus den neolithischen und bronzezeitlichen Kulturen erhalten. Auf diese folgten die KELTEN, deren Kultur sich über das ganze Land ausbreitete. Die Römer unter Iulius CAESAR fielen in den Jahren 55 und 54 v. Chr. im Süden Englands ein, aber eine regelrechte Invasion fand erst ein Jahrhundert später statt. Das Land wurde danach als römische Provinz regiert, bis im 5. Jh. die letzte römische Garnison abzog. Im 3.–7. Jh. fielen die germanischen Angeln, Sachsen und Jüten in England ein und errichteten unabhängige Königreiche. Das Königreich Wessex errang zu Beginn des 9. Jh. unter König Egbert die Vormacht und England trat als deutliches politisches Gebilde hervor. Nach der Eroberung durch die Normannen 1066 war England unter den normannischen Königen und unter dem Haus PLANTAGENET eng mit Frankreich verbunden.

Das Fürstentum WALES wurde von König Eduard I. in der Zeit 1277–84 erobert und im 16. Jh. politisch eingegliedert. Während der Herrschaft des Hauses TUDOR 1485–1603 stieg England als Seemacht und protestantischer Staat mit einer starken Monarchie auf.

Auf die Umwälzungen des ENGLISCHEN BÜRGERKRIEGS 1642–51 und die Periode der republikanischen Regierung unter Oliver CROMWELL folgte 1660 die Wiedereinsetzung KARLS II. Im Jahr 1688 riefen die Gegner des katholischen Königs JAKOB II. den niederländischen Protestanten WILHELM III. VON ORANIEN und seine Frau Maria, beide Enkelkinder KARLS I., nach England. Schottland, seit 1603 von England aus regiert, wurde 1707 durch den ACT OF UNION mit England vereinigt. Dadurch entstand GROSSBRITANNIEN.

SCHOTTLAND
NORDSEE
IRLAND
IRISCHE SEE
Berwick
Carlisle
Newcastle
York
Leeds
Hull
Liverpool
Chester
Newark
The Wash
Norwich
WALES
Cardigan
Cambridge
St.-George-Kanal
Monmouth
Gloucester
Oxford
London
Pembroke
Bristol
Winchester
Arundel
Straße von Dover
Exeter
Isle of Wight
Plymouth
Corfe Castle
ÄRMELKANAL
FRANKREICH

Englischer Bürgerkrieg
◻ kontrolliert vom Parlament 1643
◻ gewonnen für das Parlament bis 1645
◻ kontrolliert von den Royalisten 1645
✕ Schlachtfelder

0   160 km

England, Luftschlacht um (August–Oktober 1940), Bezeichnung für die Serie massiver Angriffe der deutschen Luftwaffe auf Großbritannien im Anfangsstadium des ZWEITEN WELTKRIEGS. Nach dem Fall Frankreichs im Juni 1940 bereitete Deutschland die Invasion Großbritanniens vor, indem es britische Häfen, Schiffe und Küstenverteidigungsanlagen bombardierte, erlitt aber durch Jäger der Royal Air Force RAF schwere Verluste. Im August verlagerten die Deutschen den Schwerpunkt auf Flugzeugfabriken und RAF-Flugplätze, wo sie erhebliche Zerstörungen verursachten, doch blieben die deutschen Verluste hoch, u. a. wegen der Genauigkeit, mit der die RAF-Piloten vom britischen RADAR gelenkt wurden.

Als die Invasionspläne scheiterten, weil es nicht gelang, die RAF zu schwächen, verlegten sich die Deutschen Anfang September darauf, britische Städte zu bombardieren, und verursachten großen Schaden, vor allem in London, Coventry und Plymouth. Paradoxerweise gab diese veränderte Taktik der RAF eine Atempause, um ihre Stärke wiederzugewinnen. Anfang Oktober war in der Luftschlacht um England eine Pattsituation eingetreten und am 12. Oktober stellte Hitler seinen Invasionsplan zurück. Die Luftangriffe auf britische Städte gingen zwar bis April 1941 weiter, aber Deutschland hatte bei einem Verlust von über 2500 Flugzeugen gegenüber 900 der RAF seine erste schwere Niederlage des Krieges erlitten.

Bis 1645 hatten die Royalisten, die im englischen Bürgerkrieg kämpften, die Kontrolle über das Land verloren.

Englischer Bürgerkrieg (1642–51), Kampf, in dem die Truppen des Parlaments oder RUNDKÖPFE unter Oliver CROMWELL die KAVALIERE von König KARL I. besiegten. Der Krieg entstand aus verfassungsmäßigen, religiösen und wirtschaftlichen Differenzen zwischen König und Parlament, vor allem dem LANGEN PARLAMENT. Die Religion wurde ein entscheidender Faktor, nachdem der Erzbischof von Canterbury, William Laud, versucht hatte, Katholiken und Puritanern eine einheitliche Gottesdienstordnung aufzuzwingen, womit er zahlreiche Personen aus Geistlichkeit, niederem Adel und Handwerk vor den Kopf stieß.

Im ersten Bürgerkrieg (1642–46) war Karls Hauptziel, das vom Parlament kontrollierte London einzunehmen. Nach einer unentschiedenen Schlacht bei Edgehill musste er sich in Oxford, seiner provisorischen Hauptstadt, in Sicherheit bringen. 1643 konnte er seinen Plan, Kavalierarmeen aus Oxford, Newcastle und dem Südwesten zu vereinen, nicht verwirklichen. Die Rundköpfe bekamen Hilfe von den Schotten und gewannen 1644 die Schlacht von Marston Moor. Karls Versuch, im selben Jahr nach London zu marschieren, wurde durch die Schlacht bei Newbury verhindert. Cromwell hatte mittlerweile seine neue Armee der EISENSEITEN geschaffen und konnte Karl 1645 bei Naseby eine vernichtende Niederlage beibringen. Karl, der frühere Friedensangebote abgelehnt hatte, ergab sich im Jahr 1646 bei Newark, nachdem Oxford gefallen war.

Karls Versuche, aus Spaltungen im Parlament Nutzen zu ziehen, verhinderten, dass 1647 ein Abkommen zustande kam. Er entkam auf die Isle of Wight, und 1648 begann der zweite Bürgerkrieg. Dieser bestand aus erfolglosen Aufständen der Kavaliere in Wales, Essex und Kent und einer Invasion der Schotten, die nun auf königlicher Seite kämpften, aber in der Schlacht bei Preston scheiterten. Die Vertreibung der Parlamentsmitglieder, die sich mit Karl einigen wollten, aus dem Parlament bereitete den Weg für den Prozess und die Hinrichtung des Königs 1649 und die Errichtung der englischen Republik, des COMMONWEALTH von 1649–60. Man schätzt, dass 100 000 Menschen die Wirren des englischen Bürgerkriegs mit dem Leben bezahlen mussten.

Englisch-Holländische Seekriege, drei Seekriege (1652–54, 1665–67 und 1672–74) zwischen den Niederlanden und England, die aus der Handels- und Flottenrivalität zwischen beiden Ländern entstanden.

Der erste Krieg begann, als englische Gesetze zur Förderung der nationalen Schifffahrt, die Navigationsakte, 1651 den niederländischen Warenverkehr störten. Der niederländische Admiral Maarten Tromp schlug die englische Flotte unter Admiral Robert Blake 1652 vor Dungeness, aber im folgenden Jahr errangen die Engländer wieder die Herrschaft im Ärmelkanal und blockierten die niederländische Küste. Dieser Rückschlag veranlasste den niederländischen Ratspensionär Jan de Witt, der zu jener Zeit die Außen- und Finanzpolitik der Niederlande bestimmte, sich den Friedensbedingungen Oliver Cromwells 1654 zu beugen: Die Niederlande erkannten die englische Herrschaft im Ärmelkanal an, leisteten Entschädigungen für ein Massaker, das sie 1623 an englischen Siedlern in Indonesien verübt hatten, und versprachen, dem verbannten englischen Thronprätendenten KARL II. nicht zu helfen.

Im März 1665 trieb die Handelskonkurrenz die beiden Länder wieder in den Krieg. Bevor er erklärt wurde, hatten die Engländer bereits Besitzungen in Westafrika und Neu-Amsterdam, das spätere New York, in Amerika an sich gerissen. Im Juni schlugen die Engländer die Niederländer vor Lowestoft. Im folgenden Jahr siegte die niederländische Flotte unter Cornelius Tromp und Michiel de Ruyter im Viertagekrieg im Kanal vor Broadstairs, aber die Engländer gewannen die Seeherrschaft binnen weniger Monate zurück. 1667 begannen Friedensverhandlungen, aber Englands Versuch, Geld zu sparen, indem es seine Flotte im Hafen ließ, wurde bitter bestraft, als de Ruyter einen kühnen nächtlichen Überfall auf die englischen Werften in Chatham an der Themsemündung unternahm, vier Schiffe verbrannte und das größte, die *Royal Charles,* entführte. Im

Frieden von Breda 1667 wurde die Navigationsakte zugunsten der Niederländer verändert. Der Friedensvertrag sprach ihnen Surinam und den Engländern Delaware und Neuengland zu.

Der dritte Krieg wurde 1672 ausgefochten, als der mittlerweile auf den Thron gelangte Karl II., der von französischer Unterstützung abhängig war, LUDWIG XIV. gegen die Niederländer unterstützte. Die Schlacht vor Texel im August 1673 beendete die Gefahr einer englischen Invasion und die Blockade niederländischer Häfen. Der 1674 unterzeichnete Friede von Westminster bestätigte den Frieden von Breda.

Enigma, Gerät, mit dem der deutsche Nachrichtendienst im ZWEITEN WELTKRIEG strategische Botschaften chiffrierte. Die deutschen Streitkräfte kauften die Enigma 1926 von ihrem niederländischen Erfinder. Polen begann 1932, die Enigma zu dechiffrieren und gab sein Wissen im Juli 1939 an die Briten und Franzosen weiter. Die Enigma-Chiffren wurden von den Entschlüsslern und Mathematikern an der streng geheimen Government Code and Cypher School in Bletchley Park nordwestlich von London geknackt. 1939 richtete der britische Geheimdienst das Ultra-Projekt in Bletchley Park ein, um Enigma-Signale abzufangen und ihre Informationen zu verteilen. Botschaften von höchster Ebene, auch von Hitler persönlich, lieferten ein genaues Bild der deutschen Pläne.

Informationen von Enigma spielten eine wichtige Rolle beim Sieg der Alliierten in der Schlacht im ATLANTIK. Die Existenz von Ultra blieb bis 1974 britisches Staatsgeheimnis.

Entdeckungen, für die ersten Entdecker war das Reisen zur See einfacher als über Land. Händler der PHÖNIZIER segelten spätestens um 900 v. Chr. nach Galicien in Spanien, in die Bretagne und nach Cornwall. Im frühen Mittelalter fuhren die Wikinger bis nach Grönland und Nordamerika, während Neugier auf die „Wunder des Ostens" den Venezianer MARCO POLO veranlasste, zwischen 1271 und 1295 auf dem Landweg nach China zu reisen – der tatsächliche Umfang seiner Reisen ist allerdings umstritten. Die Chinesen ihrerseits statteten während der MING-Dynastie 1405–33 sieben Expeditionen aus, deren Ziel es war, Nachrichten über ferne Länder zu sammeln.

Unter der Schirmherrschaft HEINRICHS DES SEEFAHRERS segelten die Portugiesen im 15. Jh. in den Indischen Ozean und 1498 überquerte Vasco da GAMA den Südatlantik.

In der Absicht, den Osten zu erreichen, verließ Christoph Kolumbus 1492 Spanien und gelangte zur Insel San Salvador, die heute zu den Bahamas gehört. Die nordamerikanische Landmasse stellte ein solches Hindernis dar, dass lange nach einer schiffbaren Passage im Norden geforscht wurde. Die Suche nach einer Nordwestpassage führte den Venezianer Sebastiano Caboto im Jahr 1509 vermutlich in die Hudsonbay und den Franzosen Jacques CARTIER 1534–41 den St.-Lorenz-Strom hinauf. Die Erforschung des Innern Nordamerikas begann im 17. Jh., und der Kontinent wurde zum ersten Mal 1792/93 von Alexander Mackenzie in Kanada durchquert. 1804/05 durchquerte die amerikanische LEWIS-CLARK-EXPEDITION die USA. Wissenschaftliche Forschung ermöglichte es Kapitän James COOK, Mittel für seine Reisen nach Neuseeland und Australien 1768–79 zu erhalten.

Die Portugiesen kartierten im 15. Jh. Teile der afrikanischen Küsten; das Innere bereisten die Briten David LIVINGSTONE, Henry STANLEY, John Speke und Richard Burton im 19. Jh. Die Russen erforschten seit den 30er-Jahren des 18. Jh. die Arktis und bis zum Ende des 19. Jh. war sie zum großen Teil erfasst. 1909 erreichte Robert Peary den Nordpol. Im 19. Jh. kartierten amerikanische, französische und britische Forscher Teile der Antarktis. Schlittenreisen ins Innere unternahmen die Briten Robert Scott 1901–04 und Ernest Shackleton 1907–09. Aber im Wettlauf zum Südpol kam der Norweger Roald Amundsen als Erster an, am 14. Dezember 1911, einen Monat vor Scott. Scotts Gruppe kam auf dem Rückweg ums Leben. Das Flugzeug erleichterte die weitere Erforschung des Erdballs. In der zweiten Hälfte des 20. Jh. stellten sich die Forscher den neuen Herausforderungen der RAUMFAHRT.

Entente Cordiale, das Abkommen zwischen Großbritannien und Frankreich von 1904. Die Entente Cordiale – französisch für „herzliches Einvernehmen" – beabsichtigte, die britisch-französische Konkurrenz in den Kolonien durch die Abgrenzung von Interessensphären zu beenden. Großbritannien sollte in Ägypten freie Hand haben, während es die französischen Interessen in Marokko anerkannte. Die Entente Cordiale führte auch zu besserer Zusammenarbeit gegenüber erkannten deutschen Zielen. 1907 wurde die Entente auf Russland ausgedehnt und mündete in das förmliche Bündnis zwischen Großbritannien, Frankreich und Russland im Ersten Weltkrieg.

Entnazifizierung, Maßnahmen der vier Siegermächte nach dem ZWEITEN WELTKRIEG, mit denen auf der Grundlage der Konferenzbeschlüsse von JALTA und POTS-

Die Schlacht vor Texel war das letzte große Gefecht der Englisch-Holländischen Seekriege und endete mit einem Sieg der Niederländer.

Ephesos ist eine der größten archäologischen Stätten der Welt. Der Hadriantempel wurde 118 als Huldigung an den römischen Kaiser, an Artemis und an die Stadt selbst erbaut.

DAM nationalsozialistische Denkweisen ausgerottet, aktive Nationalsozialisten bestraft und die Deutschen zu friedliebenden Demokraten umerzogen werden sollten. Zu diesem Zweck wurde die Bevölkerung von den Militärregierungen der BESATZUNGSZONEN anhand ausführlicher Fragebogen überprüft und danach in fünf Kategorien – Hauptschuldiger, Belasteter, Minderbelasteter, Mitläufer oder Entlasteter – eingeteilt. Die Sühnemaßnahmen reichten vom Arbeitslager über Berufsverbot bzw. die Entlassung aus einem öffentlichen Amt und den Entzug des Wahlrechts bis hin zu Bußgeldzahlungen. Hohe NS-Funktionäre wurden in den NÜRNBERGER PROZESSEN abgeurteilt. Die Umerziehung erfolgte vor allem über die Massenmedien und Bildungseinrichtungen.

Entspannung, die Entschärfung gespannter Beziehungen, besonders zwischen Staaten und vor allem zwischen den USA und der Sowjetunion. Der Begriff ist verknüpft mit dem „Tauwetter" im KALTEN KRIEG in den frühen 70er-Jahren des 20. Jh. und mit der Politik von Richard NIXON als amerikanischer Präsident und Henry KISSINGER als nationaler Sicherheitsberater seit 1968 und als Außenminister 1973–77. Für die entspannteren Beziehungen stehen die Konferenz für Sicherheit und Zusammenarbeit in Europa (KSZE) in Helsinki und Genf 1973–75, der Vertrag über Rüstungsbeschränkung SALT I von 1972 und die Verbesserung der Beziehungen der Bundesrepublik Deutschland zu den Staaten Osteuropas.

Enver Pascha (1881–1922), türkischer General und Politiker. Er spielte eine herausragende Rolle bei der Revolution der JUNGTÜRKEN, die 1908 die liberale Verfassung von 1876 wieder herstellte und im folgenden Jahr Sultan Abd ül-Hamid absetzte. Von 1913 bis 1918 war Enver einer der drei eigentlichen Herrscher des OSMANISCHEN REICHES. Als Kriegsminister führte er das Reich auf der Seite Deutschlands in den Ersten Weltkrieg. Envers Ziel war die Vereinigung der osmanischen Türken mit den Türken Russisch-Zentralasiens. Nach dem Krieg floh er nach Deutschland und fiel später in Buchara bei einem Aufstand gegen die sowjetische Herrschaft.

Ephesos, antike griechische Stadt an der Westküste Kleinasiens in der heutigen Türkei. Von den Ioniern gegründet, gelangte die Stadt als führender Seehafen der Region zu großem Reichtum. Um die Mitte des 6. Jh. v. Chr. wurde sie von dem lydischen König KRÖSUS erobert, der zum Wiederaufbau des um 600 v. Chr. begonnenen Artemis-Tempels, eines der SIEBEN WELTWUNDER, beitrug. Die Stadt fiel dann an KYROS II. von Persien. Ephesos war Mitglied des ATTISCHEN SEEBUNDS, eines 478 v. Chr. gebildeten Bündnisses griechischer Stadtstaaten. Im Jahr 334 v. Chr. nahm Alexander der Große die Stadt ein, die unter seinen Nachfolgern, den SELEUKIDEN, aufblühte. Nachdem sie 133 v. Chr. an die Römer gefallen war, wurde sie Hauptstadt der römischen Provinz Asia und eine der reichsten Städte am östlichen Mittelmeer. 262 n. Chr. wurde sie von den Goten geplündert, ihr Tempel zerstört. Ephesos verfiel im Mittelalter und war spätestens im 14. Jh. verlassen. Die Stadt wurde seit 1863 ausgegraben. Die Reste von Straßen, Geschäften, Tempeln und ein prächtiges Theater sind seitdem freigelegt worden.

Epikur (341–271 v.Chr.), Begründer der philosophischen Schule der Epikureer, die glaubten, dass Genuss das einzige lohnende Ziel im Leben sei. Dies bedeutete nicht, dass das Leben eine endlose Suche nach Genuss sein sollte, sondern dass Genuss ein Zustand sei, in dem natürliche und notwendige Bedürfnisse befriedigt sind. Epikureer mieden tiefe emotionale Bindungen und die Belastungen, die mit dem politischen und öffentlichen Leben verbunden sind. Epikur studierte an der Akademie in Athen und eröffnete dort 307 seine eigene Schule. Seine Anhänger, zu denen Frauen und Sklaven zählten, lebten bescheiden, doch bewirkten sein Wunsch nach Zurückgezogenheit und seine hedonistische Lehre, dass ihm rivalisierende Philosophen vorwarfen, er befürworte das selbstsüchtige Trachten nach Genuss.

Erasmus, Desiderius (1469–1536), niederländischer Priester und Renaissancegelehrter, der führende Vertreter des HUMANISMUS. Als unehelicher Sohn eines Priesters trat Erasmus 1485 in den Augustinerorden ein und wurde 1492 zum Priester geweiht. Seit 1495 studierte er in Paris, wo er mit humanistischen Gruppen in Berührung kam. Während eines von mehreren Aufenthalten

Der Humanist Erasmus war der bekannteste Gelehrte seiner Zeit.

in England war er zwischen 1509 und 1514 Professor für Theologie und Griechisch an der Universität Cambridge. 1516 veröffentlichte er seine Ausgabe des griechischen Textes des Neuen Testaments, gefolgt von einer lateinischen Übersetzung. Dies sollte außerordentlich bedeutsam für Anhänger des Humanismus in Europa werden, der die klassische Antike zur Grundlage des westeuropäischen Bildungssystems machte. Ausgaben frühchristlicher Autoren folgten; seinen Ruf mehrten Werke wie *Lob der Torheit* (1509), eine geistreiche Satire auf das Mönchtum und die Kirche, die er seinem Freund Thomas MORE widmete.

Bis 1521 reiste Erasmus lehrend und debattierend durch Europa. Er erstrebte eine friedliche, vernünftige Reform der Kirche, verwarf aber schließlich die protestantische Reformation. Von der religiösen Kontroverse desillusioniert, zog sich Erasmus 1521 nach Basel zurück. Er starb als der bekannteste Gelehrte seiner Zeit, aber nach seinem Tod wurden seine Werke zunehmend mit Argwohn betrachtet und 1558 sogar von Papst Paul IV. verboten.

Ereignisse, die die Welt veränderten siehe rechts

Eremit, Person, die aus religiösen Gründen einsam lebt. Das Wort ist von dem griechischen *eremites* abgeleitet und bedeutet „in der Wüste lebend". Erste christliche Eremiten gab es recht zahlreich im späten 3. Jh. in und um Ägypten. Manche wurden verehrt und von Pilgern aufgesucht. Ihre Lebensweise beeinflusste strenge europäische Mönchsorden wie die Kartäuser und die Karmeliter.

Erfindungen, die die Welt veränderten siehe Seite 142/143

Erhard, Ludwig (1897 bis 1977), Volkswirtschaftler und Politiker. Die politische Karriere Erhards begann nach dem Zweiten Weltkrieg. Er leitete die Sonderstelle Geld und Kredit, die 1948 die WÄHRUNGSREFORM ausführte, und entwickelte sein Programm einer sozialen Marktwirtschaft. Als Wirtschaftsminister war Erhard 1949–63 der eigentliche Architekt des westdeutschen Wirtschaftswunders. Im Jahr 1963 folgte er auf Konrad ADENAUER als Kanzler, aber drei Jahre später – mittlerweile war er auch Vorsitzender der CDU – zwangen ihn wirtschaftliche Schwierigkeiten und der Rücktritt der FDP-

Fünf Ereignisse, die die Welt veränderten

Nicht alle unglücklichen Zufälle sind unerwünscht. Während manche den Gang der Geschichte verändert oder als äußerste Warnungen gedient haben, sind andere der Anstoß zu Fortschritt und Entdeckung gewesen.

FALSCHE ORIENTIERUNG

Am 3. August 1492 stach der genuesische Seemann Christoph Kolumbus mit seinem Flaggschiff *Santa Maria* von Spanien aus in See. Von Königin Isabella finanziert, plante er, den Osten mit seinem reichen Seiden- und Gewürzhandel zu erreichen, indem er nach Westen über den Atlantik fuhr. Er rechnete mit weniger als 4000 Meilen bis nach Indien. Vor Ende des Jahres war er auf einer

Christoph Kolumbus fand nicht den Weg nach Indien.

Insel der Bahamas gelandet (Indien, wie er glaubte), dann auf Kuba und schließlich auf der Insel Quisqueya, die er in Hispaniola umbenannte. Kolumbus kehrte als „Vizekönig und Gouverneur der Inseln, die er in Indien entdeckt hat", nach Spanien zurück und unternahm später weitere Reisen nach Westen. Als er 1506 starb, war ihm nicht bewusst, dass er durch Zufall eine neue Welt entdeckt hatte.

DIE ANGESCHLAGENE ZUNGE

„Ich habe zufällig eine Entdeckung von allergrößter Bedeutung gemacht … Heute ist es mir gelungen, völlig ohne Batterie Signale zu übertragen!" Alexander Bells jubelnder Ton in seinem Brief an einen Geschäftspartner vom 2. Juni 1875 war verständlich. Bell, ein junger schottischer Wissenschaftler und Professor für Stimmphysiologie, lebte in Boston, USA. Seit mehreren Jahren hatte er mit dem Gebrauch von Elektrizität zur Übertragung von Klängen experimentiert. Nun waren er und sein Assistent Thomas Watson am Ziel. Der entscheidende Moment kam,

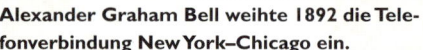

Alexander Graham Bell weihte 1892 die Telefonverbindung New York–Chicago ein.

als Bell zufällig sein Ohr an die magnetisierte Stahlzunge in einem der von ihm entwickelten Empfänger presste, während Watson ein Zimmer weiter im selben Augenblick die Verbindungszunge anschlug. Bell erkannte in höchster Aufgeregtheit die Note als die von Watsons Zunge. Acht Monate später sprach Bell die ersten verständlichen Worte in sein neumodisches Gerät. Das Telefon war eine Realität und eine Revolution im persönlichen Nachrichtenverkehr hatte begonnen.

FALSCH ABGEBOGEN

Am 28. Juni 1914 hielt sich Erzherzog Franz Ferdinand, der österreichische Thronfolger, in Sarajevo auf, um die bosni-

Der serbische Terrorist Princip wird nach dem Attentat von Sarajevo festgenommen.

sche Armee zu inspizieren. Während er mit seiner Frau in einem offenen Wagen ausfuhr, wurde eine Bombe geworfen, die mehrere Personen verletzte. In der Aufregung bog der Fahrer des Erzherzogs falsch ab, hielt an, um zu wenden, und ein herumlungernder Verschwörer, Gavrilo Princip, nutzte die Gelegenheit und tötete das Paar mit nur zwei Schüssen. Sie sollten eine

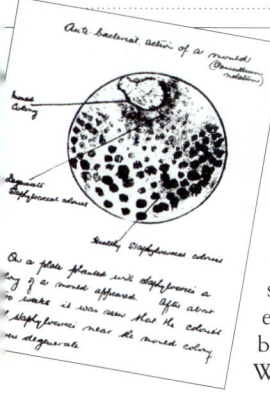

Flemings Originalnotizen und -zeichnung zeigen, wie Penizillin Bakterienkolonien zerstört.

Kette von Ereignissen auslösen, die unerbittlich zum Ausbruch des Ersten Weltkriegs führten.

DURCH DAS OFFENE FENSTER

Als Alexander Fleming im September 1928, in seinem Labor bei offenem Fenster arbeitend, gerade eine Schale mit einer seiner Bakterienkulturen wegwerfen wollte, bemerkte er, dass die Bakterien ringsum sich zu zersetzen begannen. Die Ursache war ein merkwürdiger grüner Schimmel, der sich auf der Schale ausbreitete – ein Pilz, der durch das Fenster hereingekommen war. Während der folgenden Jahre wiesen Fleming und andere nach, dass der Pilz *Penicillium notatum,* kurz Penizillin, antibiotische Eigenschaften besitzt, was eine Revolution in der Medizin einleitete. Fleming widersprach immer der Behauptung, er habe das Penizillin erfunden: „Die Natur hat es seit Jahrtausenden erzeugt. Ich habe es nur entdeckt."

ÜBERHEBLICHE PROGNOSE

„Die Wahrscheinlichkeit des Durchschmelzens steht bei einmal in 10 000 Jahren", erklärte ein sowjetischer Minister 1986 zur Sicherheit der Kernkraftwerke seines Landes. Zwei Monate später, am 26. April, explodierte der Reaktor Nummer vier des Kernkraftwerks Tschernobyl bei Kiew. Der nukleare Fall-out verseuchte vor allem in Weißrussland riesige Gebiete.

Nach der Explosion 1986 messen Ingenieure die Radioaktivität in der Luft bei Tschernobyl.

Minister, sein Amt niederzulegen und der Großen Koalition unter Bundeskanzler Kiesinger Platz zu machen.

Erik der Rote, eigentlich Erik Thorvaldsson Raudi, Wikingerhäuptling des 10. Jh., der die erste europäische Siedlung auf Grönland gründete. Ursache für seine Reise war die Verbannung von Island wegen eines Mordes. So brach er mit Gefolgsleuten um 982 nach Westen auf, um neues Land zu suchen. Sie erreichten Grönland, wo sie drei Jahre blieben. Nach Island zurückgekehrt, überzeugte er zahlreiche WIKINGER, mit ihm nach Grönland zu ziehen, und 986 brach Erik mit etwa 500 Männern, Frauen und Kindern erneut dorthin auf. Er gründete die Siedlung Brattahlid in Südgrönland. Von Grönland aus führte dann Eriks Sohn Leif Eriksson im 11. Jh. die erste europäische Expedition an, die in der Neuen Welt Fuß fassen sollte. Im Jahr 992 stach Eriksson in See, um die Berichte eines Kaufmanns namens Bjarni Herjolfsson zu überprüfen, der behauptet hatte, er habe westlich von Grönland waldreiches Land gesichtet. Bald erreichten sie eine raue Küste – wahrscheinlich Baffin Island – und segelten von dort aus weiter nach Süden bis nach Neufundland, das sie Vinland nannten. Hier fand man 1960 auch den Beweis für diese frühe Entdeckung Amerikas: Bei dem Ort L'Anse-aux-Meadows stießen Archäologen auf die Überreste einer Wikingersiedlung, die um das Jahr 1000 entstanden sein muss. Wohl wegen Streitereien unter den Siedlern und der Feindseligkeit der Indianer misslang eine dauerhafte Besiedlung und die letzten Wikinger zogen sich um 1020 aus Nordamerika nach Grönland zurück.

Ermächtigungsgesetz, Gesetz, mit dem das Parlament der Regierung legislative Befugnisse einräumt und so das Prinzip der Gewaltenteilung durchbricht. Solche Ausnahmegesetze wurden in Deutschland zwischen den Weltkriegen mehrfach verabschiedet. Das schwerwiegendste Ermächtigungsgesetz, das dem REICHSTAG am 23. März 1933 von der Regierung Adolf Hitlers vorgelegt wurde – Gesetz zur Behebung der Not von Volk und Reich –, bestimmte, dass außer dem Reichstag auch die Regierung das Recht erhielt, Gesetze – auch solche mit verfassungsänderndem Inhalt – zu erlassen, und dass sie außenpolitische Verträge ohne Zustimmung des Reichstags beschließen konnte. Es stellte die wichtigste Grundlage für die nachfolgende totalitäre GLEICHSCHALTUNG dar. Die für die Verabschiedung des Ermächtigungsgesetzes notwendige Zweidrittelmehrheit kam mit den Stimmen der Nationalsozialisten und bürgerlichen Parteien zustande; die SOZIALDEMOKRATISCHE PARTEI DEUTSCHLANDS lehnte es ab.

Erster Weltkrieg siehe Seite 146/147

Eskimo siehe INUIT

Estland, Staat an der Ostküste der Ostsee. Unabhängige Staaten gab es in der Region seit dem 1. Jh.n. Chr. Im 13. Jh. kam Estland unter deutsche Herrschaft und wurde christianisiert; seit 1346 unterstand das Land dem DEUTSCHEN ORDEN. Bis zum 16. Jh. hatten deutsche Adlige den größten Teil des Bodens in Besitz genommen, während die Herrschaft Mitte des 16. Jh. von Schweden ausgeübt wurde.

1721 fiel das Land nach dem Sieg Peters des Großen im 2. NORDISCHEN KRIEG an Russland, gewann aber 1918 die Unabhängigkeit, nachdem die Bolschewisten in der RUSSISCHEN REVOLUTION die Macht übernommen hatten und Estland von deutschen Truppen besetzt worden war.

Anfang der 20er-Jahre wurde der Großgrundbesitz der Baltendeutschen enteignet; deren wirtschaftliche Vormachtstellung war damit gebrochen. Die Wirtschaft wurde von der Weltwirtschaftskrise schwer getroffen und zwischen 1934 und 1939 hatte Estland eine autoritäre Regierung unter Konstantin Päts. Sein Versuch, ein Abkommen mit Hitler zu schließen, wurde durch den Hitler-Stalin-Pakt von 1939 hinfällig, durch den Estland der sowjetischen Interessensphäre zugeschlagen wurde. Beim Ausbruch des Zweiten Weltkriegs besetzten sowjetische Truppen

wichtige Häfen und 1940 rissen sie das ganze Land an sich. 1941 begrüßten die Esten die einrückenden deutschen Truppen, aber 1944 vermochten die Truppen des antibolschewistischen Widerstands die erneute Besetzung durch die Rote Armee nicht zu verhindern.

Danach wurde Estland eine Teilrepublik der Sowjetunion und wurde zum Opfer von Stalins Russifizierungspolitik, die auch umfangreiche Deportationen umfasste. 1990 kam es zu Massenversammlungen in der Hauptstadt Tallinn, die die staatliche Unabhängigkeit forderten. Es begannen Gespräche mit der Sowjetunion, die 1991 die Unabhängigkeit der Republik anerkannte. Im selben Jahr wurde Estland in die UNO aufgenommen. 1992 nahm das Land eine neue Verfassung an. Zwei Jahre später zogen die letzten russischen Truppen ab.

Zehn Erfindungen, die die Welt veränderten

Seit dem ersten Auftreten des Menschen auf der Erde hat der Fortschritt seine Geschichte bestimmt. Er entwickelte immer weiter gehende Innovationen, die seine Lebensweise radikal veränderten. Hier sind einige davon.

DAS FEUER

Die Kontrolle der Verbrennung lieferte Wärme und Schutz vor wilden Tieren und verwandelte die Wirksamkeit von Werkzeugen und Waffen. Als Erster beherrschte das Feuer der *Homo erectus* – der Vorfahre des *Homo sapiens*, unserer eigenen Art – der von vor 1,6 Mio. bis vor 200 000 Jahren lebte. Der *Homo sapiens* lernte, wie man Hitze nutzt, um Tongeschirr zu schaffen und Metall zu schmelzen. Bald sah man im Feuer eine geistige Macht: Es konnte schaffen und zerstören.

DER ACKERBAU

Nach der letzten großen Eiszeit, die um 10 000 v. Chr. endete, wurde das Jagen und Sammeln allmählich durch Ackerbau ergänzt, als die Menschen lernten, Pflanzen zu ziehen und Tiere zu zähmen. Die Zucht von Pflanzen aus Samen förderte das Beobachten und Experimentieren, Fähigkeiten, die zur Entwicklung von Bauten führten. Städte entstanden spätestens um 3500 v. Chr.

DAS ZÄHLEN

Die Sumerer des 4. Jt. v. Chr. entwickelten das Zählen mit Einern und Zehnern – ein System, das eindeutig vom Zählen mit den zehn Fingern der Hände abgeleitet ist. In Babylon war 60 die Grundlage eines Maßsystems, das noch in der modernen Zeiteinteilung vorhanden ist: Stunden, Minuten, Sekunden. Frühe Fortschritte im Zählen kamen von den praktischen Bedürfnissen der Bauern und Kaufleute; später führte das antike Griechenland abstrakte Begriffe wie den der Unendlichkeit in die Mathematik ein. Die weitere Entwicklung der Mathematik und mit ihr der Wissenschaft hing weitgehend von Indien ab, wo das System der Ziffern ersonnen wurde, die später arabisch genannt wurden. Durch die islamische Welt gelangten sie in den Westen.

DIE KUNST DES SCHREIBENS

Die Sumerer entwickelten auch ein System, um Gedanken und Worte festzuhalten. Mit dem keilförmigen Ende eines Schilfrohrs drückten sie Muster auf feuchte Tontafeln, die Keilschrift. Im alten Ägypten wurden Botschaften und Berichte mit Hieroglyphen festgehalten – stilisierten Bildern, die Gegenstände und Laute darstellen. Die alten Chinesen verwendeten ebenfalls grafische Symbole, die aber mit der Zeit immer abstrakter wurden. Das erste Alphabet, das Buchstaben verwendete, um Laute darzustellen, wurde um 1300 v. Chr. in Kleinasien ersonnen. Über Jahrhunderte war die Kenntnis der Fertigkeit des Schreibens auf eine Eliteschicht priesterlicher Schreiber beschränkt, die eifersüchtig das Geheimnis ihres Wissens hüteten.

DIE DRUCKTECHNIK

Die Technik, die den allgemeinen Zugang zu den Wörtern öffnete, wurde in China und Korea erfunden. Der Druck fand den Weg nach Westen und, nach der Erfindung der Druckerpresse mit beweglichen Lettern durch Johannes Gutenberg in den 30er-Jahren des 15. Jh., um die ganze Welt. Gedrucktes Material – von der kurzlebigen Anzeige zum gebundenen Buch – befriedigte eine enorme Vielfalt unterschiedlicher materieller, geistiger, wirtschaftlicher und gesellschaftlicher Bedürfnisse. Mit der Beschleunigung des Flusses von Informationen und Gedanken durch Flugblatt und Zeitung und mit dem Unterhaltungsangebot durch Druckerzeugnisse beeinflusste der Druck alle Aspekte des Lebens.

DIE DAMPFKRAFT

Im frühen 18. Jh. entwarf Thomas Newcomen eine Dampfmaschine, um Wasser aus Kohleminen zu pumpen; im späten 18. Jh. entwickelte James Watt ein Gerät, das eine ausgeklügelte Maschinerie bewegen konnte. Die uralte Ab-

Nützliche Verwendung des Feuers: Dieses römische Mosaik zeigt einen Bäcker, der einen Laib Brot aus dem Ofen holt.

Ägyptische Bauern bei der Arbeit (oben). Frühe Bauern benutzten Sicheln mit Feuersteinschneiden wie diese.

Die mesopotamische Tontafel mit der ausgeklügelten Keilschrift stammt von etwa 3200 v. Chr.

Diese Stücke aus dem alten Mesopotamien wurden als Hilfsmittel beim Zählen von Handelsartikeln wie Ölkrügen, Metall, Getreide und Vieh verwendet.

Thomas Newcomens Dampfmaschine betrieb eine Pumpe, die Wasser aus überfluteten Bergwerken abzog.

hängigkeit von Wind- und Wasserkraft war aufgehoben. Für Karl Marx läutete die Dampfmaschine die Neuzeit ein, indem sie den Reichtum der Welt enorm steigerte, aber soziale Konflikte erzeugte, die nach seiner Überzeugung zur Revolution führen würden. Tatsächlich wurde Dampf durch andere Techniken ersetzt, die auf Elektrizität, Öl und, im 20. Jh., Kernkraft beruhten. Die Entwicklung der Dampflokomotive stellte die wichtigste Erfindung in der Geschichte des Verkehrs seit der Entdeckung des Rades dar.

DER VERBRENNUNGSMOTOR

In den 80er-Jahren des 19. Jh. bauten Carl Benz und Gottlieb Daimler die ersten von Benzinmotoren angetriebenen Fahrzeuge. Autos blieben ein Luxus, bis Henry Ford die Kosten senkte, sodass Millionen sich Autos leisten konnten. Die höhere individuelle Beweglichkeit wirkte sich auf Arbeit und Freizeit aus; mit der Zunahme des Verkehrs veränderten sich Landschaft und Städte. Das erste Flugzeug, 1903 von den Brüdern Wright konstruiert, wurde ebenfalls mit einem Benzinmotor betrieben – die Eroberung des Himmels konnte beginnen.

Mit dieser Druckerpresse – der ersten, die bewegliche Lettern benutzte – revolutionierte Johannes Gutenberg die Buchherstellung.

DIE FOTOGRAFIE

Das Verfahren, Bilder auf lichtempfindlichem Material einzufangen, wie es Louis Jacques Daguerre in Frankreich und William Fox Talbot in England in den 30er-Jahren des 19. Jh. vorführten, machte es möglich, Personen, Szenen und Ereignisse realitätsgetreu festzuhalten. Bis zum Ende des 19. Jh., nach der Erfindung der Kodak-Kamera und des Rollfilms in den 80er-Jahren, war das Fotografieren eine beliebte Freizeitbeschäftigung geworden. Mit der Entwicklung beweglicher Bilder war der Weg für das Zeitalter des Kinos frei, das 1895 mit Filmvorführungen der Brüder Lumière begann.

RADIO UND FERNSEHEN

Der Funk, den Guglielmo Marconi patentieren ließ, nachdem er 1895 Funksignale übertragen hatte, benutzte bis zur Erfindung der Elektronenröhre zu Beginn des 20. Jh. den Morsecode, keine Worte. Erst in den 20er-Jahren wurden Rundfunksysteme

eingeführt, die ein riesiges Publikum erreichten. Das Fernsehen begann in den 30er-Jahren auf experimenteller Basis, wurde aber erst in den 60er-Jahren das beherrschende Medium der Information und Unterhaltung. 1969 ermöglichte das erste globale Nachrichtensatellitensystem den Zuschauern in ihren Wohnungen, Neil Armstrongs ersten Schritt auf dem Mond zu beobachten.

DER COMPUTER

Es gäbe keine Reise ins All ohne Computer. Die Ersten ihrer Art waren riesig: ENIAC (Electronic Numerical Integrator and Calculator), 1946 in der University of Pennsylvania eingerichtet, war 30 m lang. Die Erfindung des Mikrochips aus Silikon machte es möglich, die Größe zu verringern und die Kapazität zu vervielfachen. Bei sinkenden Preisen zogen die Computer in die privaten Haushalte ein. Sie bestimmen nun nicht nur die Art und Weise, wie wir rechnen, sondern auch wie wir gebildet und unterhalten werden. Heute bringt die digitale Technik mehr Information zu mehr Menschen als jedes frühere Medium.

William Fox Talbot nahm diese Fotografie seines Hauses Lacock Abbey im Jahr 1835 auf (unten).

Gottlieb Daimlers Benzinmotoren zeichneten sich durch vorzügliche Ausführung aus.

Guglielmo Marconi wartet 1901 neben seinem Funkgerät, um die erste transatlantische Übertragung zu empfangen.

Der gewaltige ENIAC-Computer, 1946 gebaut, sieht mit den vielen Außenkabeln eher wie eine primitive Telefonzentrale aus.

Etrusker, Bewohner der antiken Landschaft Etrurien, der heutigen Regionen Toskana und Umbrien. Im 7./6. Jh. v. Chr. bildeten zwölf unabhängige Städte, darunter Vulci, Clusium und Cortona, einen Städtebund, der bald Mittelitalien beherrschte. Nach der Überlieferung kamen die Etrusker im 10. Jh. v. Chr. aus Kleinasien, dagegen glaubt man heute, dass sie in Italien heimisch waren und kulturell von den griechischen Kolonien des Südens beeinflusst waren.

Im 6. Jh. v. Chr. verdrängten Griechen, Latiner und Samniten die Etrusker aus dem Süden Mittelitaliens. Nach der Überlieferung wurde Tarquinius, der letzte etruskische König von Rom, 510 v. Chr. vertrieben. Im 4. Jh. v. Chr. widerfuhr den Etruskern auf Elba und Korsika das gleiche Schicksal und 390 v. Chr. wurden sie von den Galliern geschlagen. Nachdem sie sich 283 v. Chr. mit Rom verbündet hatten, büßten sie allmählich ihre kulturelle Identität ein.

Die Kunst der Etrusker ist aus Gräbern bekannt, die nördlich von Rom entdeckt wurden. Diese zeigen eine aristokratische Gesellschaft, in der Frauen ein emanzipiertes Leben führten. Die technische Fertigkeit der etruskischen Bronze- und Metallarbeiten und Terrakottastatuen ist beeindruckend. Die Sprache der Etrusker, die im 1. Jh. noch gesprochen und geschrieben wurde, konnte bis heute nicht übersetzt werden.

Eugen, Prinz von Savoyen (1663–1736), einer der bedeutendsten Generäle Österreichs und der fähigste Feldherr seiner Zeit. In Paris geboren, wurde ihm vom französischen König Ludwig XIV. ein Offizierspatent verweigert, und er trat in das kaiserliche Heer ein, als Wien 1683 von den Türken belagert wurde. 1697 erhielt er den Befehl über die Donauarmee und schlug die Türken vernichtend bei Zenta, wodurch er Ungarn von der türkischen Herrschaft befreite. Als Vorsitzender des Kriegsrats im SPANISCHEN ERBFOLGEKRIEG 1701–14 arbeitete er erfolgreich mit dem britischen General John Churchill, Herzog von MARLBOROUGH, bei Höchstädt, Malplaquet und Oudenaarde zusammen und gewann durch die Schlacht bei Turin 1706 die Kontrolle über Oberitalien. 1716–18 führte er einen Feldzug gegen die Türken, in dem er mit der Eroberung Belgrads den Krieg entschied. Neben dem Ruhm für seine militärischen Leistungen erwarb sich Prinz Eugen – ein Vorkämpfer der Staatsräson gegenüber dynastischen Zielsetzungen – auch als Politiker hohes Ansehen.

Eugénie (1826–1920), Kaiserin von Frankreich und seit 1853 Frau NAPOLEONS III. Als spanische Gräfin geboren, wurde sie Eugénia María de Montijo de Guzman getauft. Während der Herrschaft Napoleons III.

Eine etruskische Graburne zeigt die Göttin Diana und die Bestrafung eines Jünglings, der sie heimlich beobachtete und dabei ertappt wurde.

1852–70 trug Eugénie viel zum Glanz seines Hofes bei und bei drei Gelegenheiten fungierte sie als Regentin, während er im Krieg war. Sie sprach sich auch für die französische Intervention in Mexiko aus. Nach dem Zusammenbruch des zweiten französischen Kaiserreichs und der Ausrufung der dritten Republik im Jahr 1870 floh Eugénie nach England.

Eunuch, kastrierter Mann oder Knabe, von griechisch *eunouchos*, „einer, der das Bett hütet". Eunuchen wurden im alten China, im Persischen Reich der Achämeniden und an den Höfen der byzantinischen Kaiser und osmanischen Sultane als Haremswächter eingesetzt. Nicht selten wurden sie Freunde und Ratgeber der Herrscher und gelangten auf diese Weise sogar zu politischem Einfluss. Kastration wurde auch als Strafe verhängt und von einigen christlichen Sekten freiwillig vorgenommen. In Italien wurde die Kastration praktiziert, um männliche Soprane zu produzieren – *castrati* –, bis Papst Leo XIII. dies 1878 verbot.

Euripides (um 485–um 406 v. Chr.), griechischer Tragiker. Seit etwa 455 verfasste Euripides 80–90 Stücke, von denen 15 erhalten sind. Dazu gehören Werke wie die Tragödien *Elektra, Medea* und *Die Troerinnen,* die bis heute auf den Theaterprogrammen stehen. Seine Zeitgenossen beschuldigten ihn, die überlieferten griechischen Mythen zu entstellen und ein Frauenfeind zu sein. Euripides' Dramen werden in den Werken des Komödiendichters Aristophanes parodiert.

Euro, europäische Einheitswährung, die seit 1. Januar 1999 in Belgien, Deutschland, Finnland, Frankreich, Irland, Italien, Luxemburg, den Niederlanden, Österreich, Portugal und Spanien gilt und später auch in den übrigen Ländern der EUROPÄISCHEN UNION eingeführt werden soll. Bis 2002 ist er nur eine Recheneinheit im bargeldlosen Zahlungsverkehr, danach kommen auch Banknoten und Münzen – 1 Euro hat 100 Cent – in Umlauf. Der Wert von 1 Euro beträgt 1,95583 DM.

Europa, Kontinent auf der Nordhalbkugel, der durch die ganze Geschichte einen im Verhältnis zu seinem Umfang übergroßen Einfluss ausgeübt hat. Seine wichtigsten antiken Kulturen entwickelten sich um das Mittelmeer. Die griechische Kultur erreichte den Zenit zwischen 500 und 300 v. Chr., gefolgt von ROM. Das Christentum wurde Ende des 4. Jh. amtliche Religion des Römischen Reiches, kurz bevor dessen Westteil von germanischen Völkern überrollt wurde. Der Ostteil lebte als BYZANTINISCHES REICH weiter.

Während des MITTELALTERS drangen in ein politisch zersplittertes Europa MAUREN, WIKINGER, MAGYAREN und andere ein und unterwarfen es. In Westeuropa machte das Frankenreich dem HEILIGEN RÖMISCHEN REICH Platz. Die römisch-katholische Kirche wurde zur einigenden Kraft auf dem ganzen Kontinent. Im 14. Jh. breiteten sich Kunst, Literatur und Bildung der RENAISSANCE von Italien über Europa aus. Versuche einer Kirchenreform im 16. Jh. führten zur REFORMATION und einer Epoche der Religionskriege.

Das nachmittelalterliche Europa war geprägt vom Aufstieg von Nationalstaaten wie Frankreich, England, den Niederlanden,

Li Lien-Ying (rechts) war der Obereunuch der chinesischen Kaiserin Tze-Hsi. Als Diener hatte er Zutritt zu den Frauengemächern.

Spanien und schließlich Russland, die alle großen Reiche außerhalb Europas aufbauten. Die imperiale Expansion hielt auch im Zeitalter der Revolutionen an, von denen die FRANZÖSISCHE REVOLUTION, die 1789 begann, die folgenreichste war. Auf die Revolution folgten zahlreiche Kriege gegen NAPOLEON I., bis der WIENER KONGRESS von 1815 fast ein Jahrhundert relativen Friedens einläutete.

Die INDUSTRIELLE REVOLUTION begann in Großbritannien im späten 18. Jh. und breitete sich fast überall in Europa aus. Die Vereinigung der deutschen Staaten zu einer mächtigen Nation 1871 alarmierte einige europäische Staaten. 1914 stand ein Bündnis aus Großbritannien, Frankreich und Russland gegen Deutschland und Österreich-Ungarn. Die Ermordung des österreichischen Erzherzogs Franz Ferdinand am 28. Juni 1914 war der unmittelbare Anlass für den ERSTEN WELTKRIEG, der zum Ende der Monarchien in Deutschland, Österreich-Ungarn und Russland und zur Entstehung mehrerer kleiner Staaten führte. In Russland rissen die Kommunisten in der RUSSISCHEN REVOLUTION von 1917 die Macht an sich und schufen die Union der Sozialistischen Sowjetrepubliken. In Deutschland gewannen die Nationalsozialisten in einem durch Kriegsreparationen und grassierende Inflation gelähmten Staat die Oberhand. 1939 brach der Zweite Weltkrieg aus, nachdem deutsche Truppen in Nachbarländer einmarschiert waren. Die Achsenmächte Deutschland, Italien und Japan wurden von den Staaten Westeuropas im Bündnis mit den USA und der Sowjetunion besiegt. Westeuropa erlebte nach dem Krieg einen enormen Aufschwung und bildete schließlich die Europäische Wirtschaftsgemeinschaft, später die EUROPÄISCHE UNION, während Osteuropa unter kommunistischer Herrschaft stagnierte. Die östlichen Staaten gewannen 1989/90 ihre Freiheit in einer Welle meist unblutiger Revolutionen. Die Sowjetunion brach zusammen, als die Sowjetrepubliken eigene Regierungen bildeten. Im ehemaligen Jugoslawien tobte von Beginn der 90er-Jahre bis 1995 ein blutiger ethnischer Krieg zwischen den neuen Republiken. Ein weiterer Konflikt zwischen Serben und den nach Unabhängigkeit strebenden Kosovo-Albanern beherrscht auch 1999 noch die Schlagzeilen der Weltpresse.

Europäische Union (EU), Zusammenschluss europäischer Staaten, deren Ziel es ist, eine engere wirtschaftliche und politische Zusammenarbeit zu fördern. Dazu zählt u. a. die 1999 erreichte Währungsunion. Die EU hat ihren Ursprung in dem Wunsch nach Aussöhnung, der auf den Zweiten Weltkrieg folgte. 1951 bildeten Frankreich, die Bundesrepublik Deutschland, Italien, Belgien,

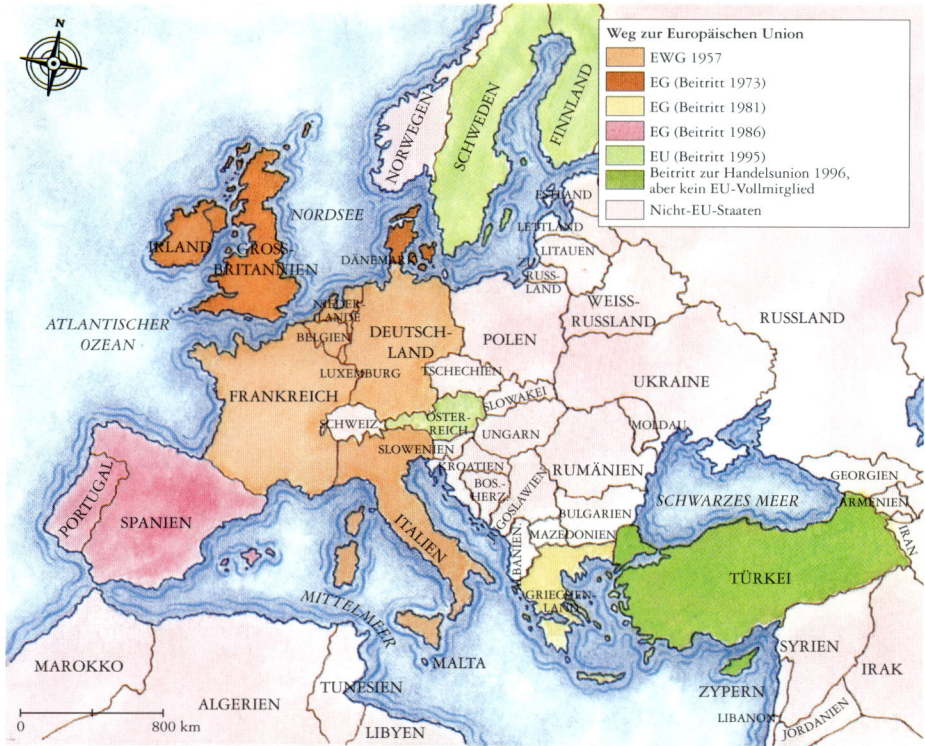

Nach 40 Jahren hat sich die Europäische Union zum größten Handelsblock der Welt entwickelt. Die Aussicht einer weiter reichenden politischen Föderation lässt jedoch manche Mitglieder, besonders Großbritannien, den Verlust der nationalen Souveränität fürchten.

Luxemburg und die Niederlande die Europäische Gemeinschaft für Kohle und Stahl (MONTANUNION), um einen gemeinsamen Markt zu errichten. Sechs Jahre später unterzeichneten sie die Römischen Verträge, die die Europäische Wirtschaftsgemeinschaft (EWG) und die Europäische Atomgemeinschaft (Euratom) begründeten. Binnen zehn Jahren hatte die EWG die Zölle zwischen den Mitgliedsstaaten abgeschafft und die Zahlung von Subventionen für ärmere Länder zum Aufbau von Landwirtschaft und Industrie beschlossen. 1967 wurden EWG, Euratom und Montanunion zur Europäischen Gemeinschaft (EG) verschmolzen. Das Projekt der Wirtschafts- und Währungsunion wurde seit den späten 60er-Jahren vorangebracht und 1979 trat das Europäische Währungssystem (EWS) in Hinblick auf eine spätere Währungsunion in Kraft. Der EG traten 1973 Großbritannien, Irland und Dänemark, 1981 Griechenland und 1986 Portugal und Spanien bei.

1992 unterschrieben die EG-Mitglieder den Vertrag von MAASTRICHT, der zur Schaffung der Europäischen Union führte. Die Mitgliedsländer verpflichteten sich zusätzlich zu den wirtschaftlichen und politischen Bindungen auf eine gemeinsame Außenpolitik und eine Zusammenarbeit in Sicherheits-

WUSSTEN SIE, DASS?

Die Europäische Union umfasst ein ansehnliches Stück von Südamerika. Französisch-Guayana, zwischen Brasilien und Surinam, ist ein Überseedepartement Frankreichs und als EU-Region eingestuft.

fragen. Mitte der 90er-Jahre war die EU zur größten Handelsmacht der Welt aufgestiegen. Ihre wichtigsten Institutionen sind die Europäische Kommission, das Verwaltungsgremium der Union; der Ministerrat, verantwortlich für politische Entscheidungen; das EUROPÄISCHE PARLAMENT und der Europäische Gerichtshof, dessen Urteile über jedem nationalen Parlamentsgesetz zur gleichen Frage stehen.

1994 führten Meinungsverschiedenheiten und Zweifel hinsichtlich der wirtschaftlichen Notwendigkeit dazu, dass das aufgrund seiner Ölvorkommen außerordentlich prosperierende Norwegen in einem Volksentscheid den angebotenen Platz in der Union ablehnte. Österreich, Schweden und Finnland traten im Jahr 1995 bei, womit die Mitgliederzahl auf insgesamt 15 stieg.

Darüber hinaus hat die EU Assoziationsabkommen mit zahlreichen Ländern geschlossen. Der Türkei, Malta und Zypern ist ein späterer Beitritt zur Union nach Erfüllung bestimmter Bedingungen in Aussicht gestellt worden. Anträge von Ungarn und Polen werden geprüft. Die EU hat auch zugestimmt, mit vielen Ländern der ehemaligen Sowjetunion, darunter Russland und die Ukraine, sowie mit Bulgarien und Rumänien zu kooperieren.

Die Schlachtfelder Europas 1914–18

Der Erste Weltkrieg brachte die Macht des modernen industrialisierten Staates auf das Schlachtfeld. Nach vier Jahren Krieg waren nur wenige politische Fragen gelöst, aber 10 Mio. Menschen hatten ihr Leben verloren.

Die tödlichen Schüsse, die der serbische Nationalist Gavrilo Princip auf Erzherzog Franz Ferdinand, den österreichisch-ungarischen Thronfolger, am 28. Juni 1914 in Sarajevo abfeuerte, lösten den Ersten Weltkrieg aus. Aber die eigentlichen Ursachen waren komplexer. Die deutsche Reichsgründung hatte die europäische Machtkonstellation entscheidend verändert. Nationaler Ehrgeiz, wirtschaftlicher Wettbewerb und koloniale Rivalitäten verstärkten die Spannungen. 1914 spaltete ein System von Bündnissen Europa in zwei Lager: den Dreibund zwischen Österreich-Ungarn, Deutschland und Italien und die Tripelentente zwischen Großbritannien, Frankreich und Russland. Jeder Zwischenfall, der ein Land betraf, konnte alle anderen in den Konflikt ziehen. Das Attentat war ein solcher Zwischenfall. Österreich-Ungarn reagierte darauf mit einer Kriegserklärung an Serbien (28. Juli), auf die innerhalb einer Woche eine ganze Reihe weiterer Kriegserklärungen (Julikrise) folgten – der Erste Weltkrieg hatte begonnen.

DIE KRIEGSPARTEIEN

Da das Dreibundmitglied Italien vorläufig neutral blieb, standen zunächst Deutschland und Österreich-Ungarn, später auch das Osmanische Reich und Bulgarien als so genannte Mittelmächte der Tripelentente gegenüber, die im Frühstadium des Krieges durch Serbien, Belgien und Japan erweitert wurde. Diesem Bündnis schlossen sich weitere Alliierte wie Italien, Rumänien, Portugal, USA, China und die meisten lateinamerikanischen Staaten an.

DER TERROR DES KRIEGES

Der deutsche Versuch, Frankreich auszuschalten, bevor die russische Mobilmachung beendet war, wurde in der Marneschlacht im September 1914 zum Stehen gebracht. Bis dahin war deutlich geworden, dass Genauigkeit und Feuerkraft der modernen Waffen, besonders des Maschinengewehrs, so groß waren, dass Soldaten auf dem Schlachtfeld nur überleben konnten, wenn sie Schutz in Gräben suchten. Im Dezember 1914 reichten die einander gegenüberliegenden Linien der Gräben vom Ärmelkanal bis zur Schweiz, ohne dass eine Seite einen entscheidenden Erfolg verbuchen konnte.

Während der nächsten vier Jahre versuchten die Alliierten und die Deutschen, das Patt des Grabenkriegs zu überwinden. Dies führte immer wieder zu Versuchen, die feindlichen Linien durch den Einsatz von Artilleriebeschuss, Giftgas und Panzereinsätzen zu durchbrechen. Die Zahl der Opfer war ungeheuer. 1916 beklagten die Alliierten mehr als 1,1 Mio., die Deutschen fast genauso viele.

GREAT BRITAIN DECLARES WAR ON GERM

The Daily Mirr

DECLARATION OF WAR BY GREAT BRITAIN AFTER
FACTORY REPLY TO YESTERDAY'S ULTIMATUM

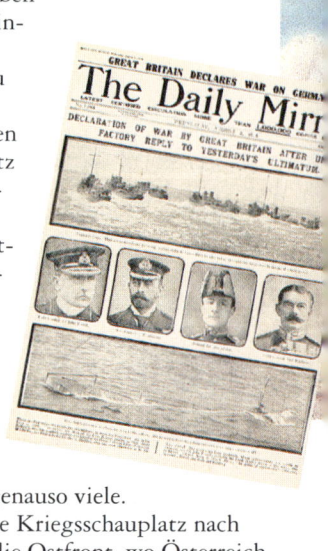

Der wichtigste Kriegsschauplatz nach Frankreich war die Ostfront, wo Österreich-Ungarn und Deutschland gegen Russland standen. Die Russen hatten Anfangserfolge erzielt, waren in Ostpreußen eingedrungen und, so glaubte man, bedrohten sogar Berlin. Aber mit eilends von der Westfront herbeigeführten Verstärkungen konnten die Generäle Paul von Hindenburg und Erich Ludendorff in der Schlacht bei Tannenberg einen überwältigenden Sieg erringen und über 100 000 Gefangene machen.

Bis 1917 hatte die russische Armee ungeheure Verluste erlitten und war trotz eines großen Sieges über die Österreicher während der Offensive des Generals Alexej Brussilow im Sommer 1916 erschöpft. Nach dem Erfolg der Februarrevolution 1917 begann die provisorische Regierung unter Alexander Kerenskij im Sommer 1917 eine neue Offensive. Diese scheiterte u. a. wegen der allgemeinen Verdrossenheit der Truppe. Mit der bolschewistischen Oktoberrevolution

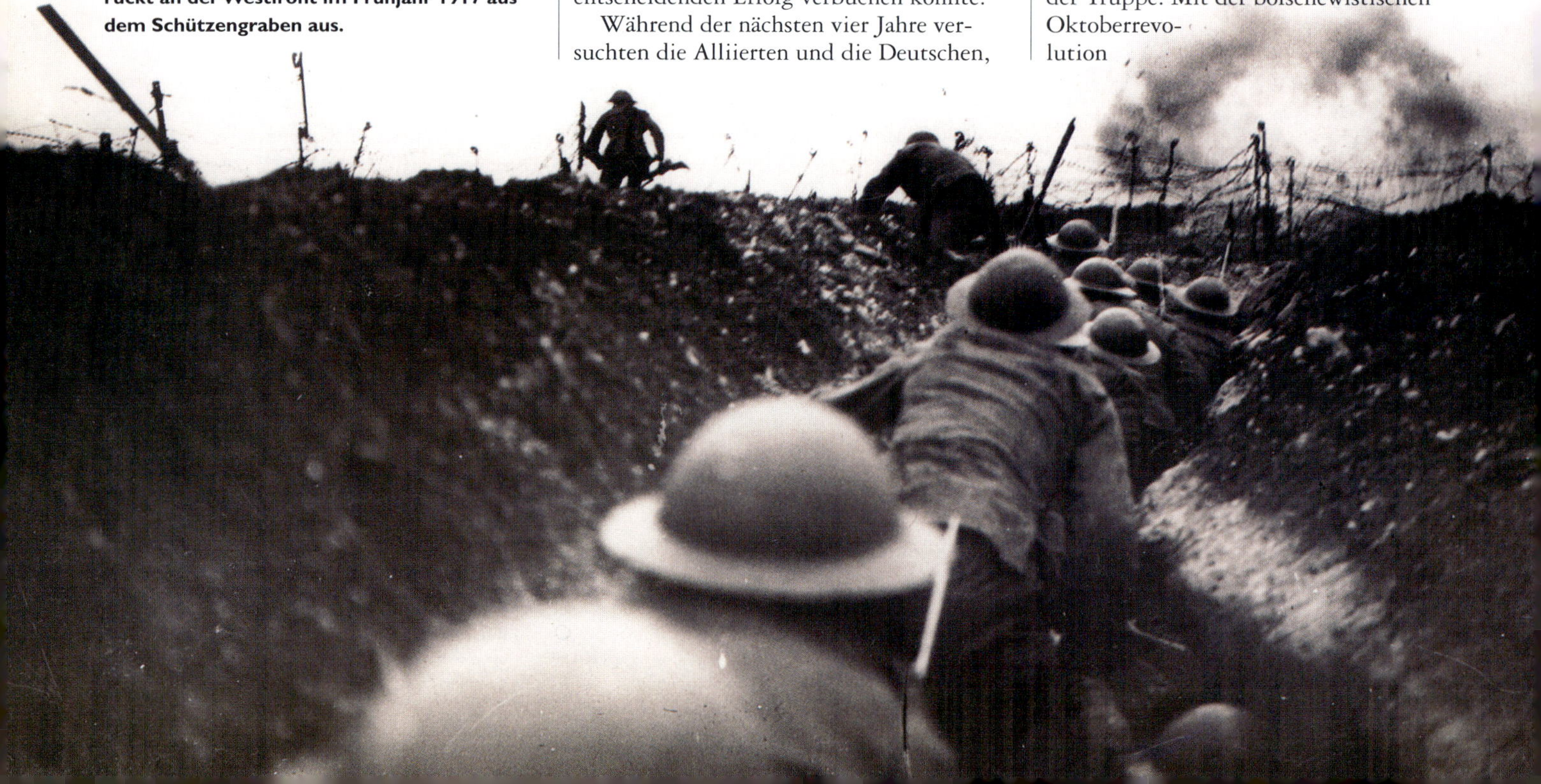

Ein leicht bewaffneter britischer Stoßtrupp rückt an der Westfront im Frühjahr 1917 aus dem Schützengraben aus.

Links: Kriegserklärung in der britischen Presse.
Oben: Die Piloten der Kampfflugzeuge galten in ihren Ländern als nationale Helden.

1917 endeten Russlands Kriegsanstrengungen und im März 1918 schloss Lenin den demütigenden Frieden von Brest-Litowsk.

Darüber hinaus gab es weltweit noch mehrere Nebenschauplätze. Soldaten des Britischen Empires nahmen an Feldzügen gegen die mit Deutschland verbündete Türkei teil – auf der Halbinsel Gallipoli, wo sich australische und neuseeländische Streitkräfte auszeichneten, und in Ägypten, Palästina und Mesopotamien. Auf dem Balkan warfen die Serben die Österreicher zurück, wurden aber von einer Streitmacht aus Österreichern, Deutschen und Bulgaren im Winter 1915/16 geschlagen. Zur Unterstützung der Serben landeten alliierte Truppen, die schließlich eine Stärke von 600 000 Mann erreichten, in Saloniki. Im Mai 1915 trat Italien auf die Seite der Alliierten, nachdem es große Stücke feindlichen Territoriums zugesagt bekommen hatte. Die italienische Front am Isonzo hielt zweieinhalb

Jahre stand, ehe sie von österreichisch-deutschen Truppen im Oktober 1917 von Karfreit zur Piave zurückgedrängt wurden. Ein englisch-französischer Verband wurde geschickt, um den Italienern zu helfen, die sich ein Jahr später in der Schlacht bei Vittorio Veneto für die Niederlage bei Karfreit rächten. In Afrika gab es Kämpfe um die deutschen Kolonien. Die meisten fielen schnell, nur in Deutsch-Ostafrika kämpften Verteidigungstruppen noch zur Zeit des Waffenstillstands.

Der Erste Weltkrieg hatte tief greifende Auswirkungen auf das zivile Leben der Krieg führenden Staaten. Deutschland litt sehr unter der alliierten Blockade und im Winter 1917 waren Rüben das Hauptnahrungsmittel der Deutschen. In Großbritannien beschloss die Regierung ein Gesetz zur Verteidigung des Reiches, das ihr weitgehende Vollmachten gab. Nachrichten wurden zensiert, die Kohlegruben verstaatlicht, Eigentum beschlagnahmt. In allen Ländern bewirkte die Einberufung der Männer zu den Streitkräften Knappheit an Arbeitskräften, sodass Frauen Stellen in Industrie, Verkehr, Landwirtschaft und Handel annahmen, die bis dahin von Männern ausgefüllt worden waren. Und wie selbstverständlich traten sie auch in großem Umfang in die Hilfsdienste der Truppen ihrer Länder ein.

ZIVILISTEN AN VORDERSTER FRONT

Während des Krieges wurden zum ersten Mal Flugzeuge in großer Zahl eingesetzt: Die Deutschen griffen britische und französische Städte mit Flugzeugen und Zeppelinen an, während Paris auch mit Ferngeschützen beschossen wurde. Durch diese Angriffe gerieten die Zivilisten an die vorderste Front, und Tausende bezahlten diese neue Form der Kriegführung mit ihrem Leben. Über den Schützengräben fanden Luftkämpfe statt und Fliegerasse wie Manfred von Richthofen, der „Rote Baron", und der Brite Albert Ball wurden zu gefeierten Nationalhelden.

Auf See hatte die britische Kriegsmarine von vornherein ein Übergewicht. Ihr Ziel war es, die Seewege für den Nachschub an Lebensmitteln und Rohstoffen offen zu halten und den Nachschub der Mittelmächte zu behindern. Es gab Gefechte zwischen britischen Kriegsschiffen und deutschen Handelsstörkreuzern, von denen die *Emden* am erfolgreichsten war, im Indischen Ozean, im Südatlantik und im Pazifik. Der lange erwartete Zusammenstoß der britischen Grand Fleet und der deutschen Hochseeflotte fand am 31. Mai 1916 in der Schlacht vor dem Skagerrak statt. Trotz hoher britischer Verluste endete sie mit einer strategischen Niederlage der deutschen Flotte. Danach blieb ihr Aktionsradius auf die Nordsee beschränkt.

Die alliierte Blockade veranlasste die Deutschen, mit dem uneingeschränkten U-Boot-Krieg gegen Handelsschiffe zurückzuschlagen. Diese Kampagne beschwor auch den Kriegseintritt der USA am 6. April 1917 herauf. Der Übergang zum Konvoisystem und eine gewaltige Steigerung des britischen und amerikanischen Schiffsbaus ermöglichten es den Alliierten, die Bedrohung durch U-Boote zu überwinden.

Nach dem Zusammenbruch Russlands versuchten die Deutschen einen Entscheidungsschlag gegen die Briten und Franzosen. Ihre Offensive, die am 21. März 1918 begann, war anfangs erfolgreich. Aber im Sommer wendete sich das Blatt und die Alliierten gingen zur Gegenoffensive über. Schließlich waren die Deutschen gezwungen, einen Waffenstillstand anzubieten.

Dieser trat am 11. November 1918 in Kraft. Die Pariser Friedenskonferenz, die von dem US-Präsidenten Woodrow Wilson, dem britischen Premierminister David Lloyd George und dem französischen Ministerpräsidenten Georges Clemenceau dominiert wurde, legte die endgültigen Regelungen fest, die in verschiedene Verträge mit den einzelnen Kriegsgegnern mündeten. Für Deutschland war dies der Versailler Vertrag. Deutschland verlor Staatsgebiet und seine Armee wurde auf 100 000 Mann beschränkt. Es musste gewaltige Entschädigungssummen aufbringen – 5 Mrd. Dollar in Goldmark, die in dem Zeitraum 1919–21 zu zahlen waren. Später sollten dann Reparationszahlungen festgesetzt werden. Diese Bedingungen erzeugten starke Verbitterung in Deutschland, wo der leidenschaftliche Wunsch, den Vertrag umzustoßen, bald zutage trat.

Totschläger

Deutsche Gasmaske

Maschinengewehr der Marke Vickers Mark I

Damals das beste Kriegsgerät, aber nach heutigen Maßstäben primitiv

Europäisches Gleichgewicht, Grundsatz der internationalen Politik, nach dem ein Staat oder eine Gruppe von Staaten seine bzw. ihre Macht im Verhältnis zur Macht eines anderen Staates oder einer Gruppe von Staaten steigert, sodass keiner vorherrschend werden und den Frieden bedrohen kann. Der Grundsatz lässt sich bis in die Antike zu den Griechen und Römern zurückverfolgen und auf Beziehungen zwischen Ländern in der ganzen Welt anwenden; doch wird er gewöhnlich mit den Beziehungen, die die europäischen Staaten zwischen den NAPOLEONISCHEN KRIEGEN und dem Beginn des ERSTEN WELTKRIEGS miteinander pflegten, verknüpft.

Während dieses Abschnitts spielte die führende Welthandelsmacht Großbritannien eine entscheidende Rolle, indem sie sich mit verschiedenen Staaten zu verschiedenen Zeiten verbündete, um das Machtgleichgewicht zwischen ihnen zu wahren. Als Ergebnis blieb Europa während des größten Teils des 19. Jh. von Kriegen verschont. 1914 zerbrach das System, als die Vielzahl konkurrierender Staaten durch zwei praktisch weltweite Machtgruppierungen ersetzt wurde – eine Situation, die sich nach dem Zweiten Weltkrieg mit dem Aufstieg der Sowjetunion und der USA als globale Supermächte verfestigte. Manche Historiker vertreten die Ansicht, dass das Gleichgewicht der Macht des 19. Jh. durch ein nukleares „Gleichgewicht des Schreckens" ersetzt wurde, bei dem es sich keine Supermacht leisten kann, aus Spannungen offene Feindseligkeit werden zu lassen.

Europäisches Parlament, gesetzgebende Versammlung der EUROPÄISCHEN UNION, die abwechselnd in Straßburg und Luxemburg zusammentritt. Von 1958 an wurden seine Mitglieder von den Parlamenten der Mitgliedsstaaten bestimmt, aber seit 1979 finden alle fünf Jahre direkte Wahlen statt. Verträge von 1970, 1975 und 1986 gaben dem Parlament wichtige Befugnisse in Haushalts- und Verfassungsfragen, aber der Single European Act von 1986 garantiert, dass die nationalen Parlamente einen gewissen Grad an Souveränität behalten. Der vor seiner Ratifizierung heftig umstrittene Vertrag von MAASTRICHT von 1992 sieht eine Erweiterung der Befugnisse des Europäischen Parlaments vor.

Exkommunikation, Ausschluss vom Empfang des Sakraments der heiligen Kommunion. In der katholischen Kirche wurde die Exkommunikation anfangs als Sanktion gegen Ketzer benutzt, aber später wurde sie zu einer disziplinarischen und politischen Waffe gegen Herrscher, die sich der Kirche und dem Papsttum widersetzten. Untertanen wurden damit aus der Gehorsamspflicht gegenüber ihrem Herrn entlassen, was einen schwachen Monarchen gefährden konnte. Berühmte Beispiele für Exkommunikationen sind der englische König JOHANN und Kaiser HEINRICH IV. Letzterer unterwarf sich 1077, nachdem er drei Tage im Schnee ausgeharrt hatte, im Rahmen des Investiturstreits in CANOSSA wenigstens vorübergehend Papst Gregor VII., ehe ihn dieser 1080 erneut mit dem Kirchenbann belegte.

Exodus, Befreiung der Israeliten unter MOSES aus ihrer Gefangenschaft in Ägypten um 1300 v. Chr., wie es das 2. Buch Mose (Exodus) des Alten Testaments berichtet. Nach dem biblischen Bericht wurden die Israeliten von dem Heer des Pharaos verfolgt, jedoch gerettet, als sich das Rote Meer teilte, um sie durchzulassen, sich dann aber über den Soldaten des Pharaos schloss und diese vernichtete. Die Israeliten verbrachten danach 40 Jahre in der Einöde der Wüste Sinai. Während dieser Zeit erhielten sie durch Moses die Zehn Gebote. Auf Moses folgte Josua, dessen Einnahme von Jericho zur Besetzung von KANAAN, dem verheißenen Land Palästina, führte. Die Verschiedenheit der Quellen macht es unmöglich, diese Erzählung als verlässlichen historischen Bericht anzusehen, aber er ist wichtig für die jüdische Geschichte als Beweis für die Gunst Gottes gegenüber seinem auserwählten Volk.

Diese italienische Buchmalerei aus dem 15. Jh. zeigt Moses, der die Israeliten sicher durch das Rote Meer führt, während die sie verfolgenden Soldaten in den Wassermassen versinken.

Im Falklandkrieg birgt ein Hubschrauber Überlebende, die sich nach einem Bombenangriff der Argentinier auf das britische Landungsschiff *Sir Galahad* auf ein Floß retten konnten.

Fabian Society, britische sozialistische Bewegung, die schrittweise soziale Reformen wie etwa die Verbesserung der Arbeitsbedingungen in den Fabriken anstrebte. Sie leitete ihren Namen von dem römischen Feldherrn Quintus FABIUS Maximus ab, der *Cunctator*, d. h. Zauderer, genannt wurde und wegen seiner bedächtigen Vorgehensweise als Vorbild für die Bewegung diente. Fernziel der Gesellschaft, die 1883 von linksliberalen Intellektuellen Londons ins Leben gerufen wurde – darunter George Bernard SHAW sowie Sidney Webb –, war es, mit friedlichen Mitteln die klassenlose Gesellschaft zu erreichen. Im Jahr 1900 trugen ihre Mitglieder zur Gründung des Labour Representation Committee bei, aus dem die LABOUR PARTY hervorging. Auf ihrem Höhepunkt 1946 zählte die Fabian Society mehrere tausend Mitglieder. Noch heute besteht sie innerhalb der Labour Party aus einer Gruppe Intellektueller, die in der sozialwissenschaftlichen Forschung tätig sind und Öffentlichkeitsarbeit leisten.

Fabius, Quintus F. Maximus Verrucosus (um 280–203 v. Chr.), römischer Feldherr, der der Republik 233–09 fünfmal als Konsul diente. Fabius versuchte, während des zweiten PUNISCHEN KRIEGES einer Entscheidungsschlacht gegen HANNIBAL und seinem überlegenen Heer auszuweichen. Diese Hinhaltetaktik fand zunächst keine Befürworter: 216 v. Chr., als Fabius nicht mehr das Kommando hatte, suchte das römische Heer die Entscheidung im Kampf gegen die karthagischen Truppen, wurde aber bei Cannae vernichtend geschlagen. Erst danach fand Fabius' strategisches Vorgehen Anerkennung und Rom schöpfte durch diese Art der Kriegführung Kraft für den endgültigen Sieg über die Karthager.

Fadinger, Stephan (um 1570–1626), österreichischer Bauernführer. Der Hutmacher und Landwirt befehligte die aufständischen Bauern in Oberösterreich, die sich gegen die 1625 eingeleitete Rekatholisierung des Landes zur Wehr setzten. Er nahm im Verlauf der Kämpfe u. a. Kremsmünster und Steyr ein, wurde dann aber bei der Belagerung von Linz schwer verwundet und erlag bald darauf seinen Verletzungen.

Falange, faschistische Partei in Spanien, die 1933 von José Antonio PRIMO DE RIVERA, dem Sohn des Generals Miguel Primo de Rivera, gegründet wurde. Die Bewegung, die in Opposition zur revolutionären Linken stand, suchte Spanien nach dem Vorbild des italienischen FASCHISMUS und des deutschen Nationalsozialismus zu regieren. Am Militärputsch in SPANIEN 1936 nahm sie nicht teil, unterstellte sich aber danach General Francisco FRANCO. Dieser übernahm im April 1937 die Führung der Bewegung, nachdem Primo di Rivera von den Republikanern hingerichtet worden war, und benutzte sie als Instrument zur Sicherung seiner diktatorischen Herrschaft. 1977, zwei Jahre nach Francos Tod, wurde die Falange aufgelöst.

Falkenhayn, Erich von (1861–1922), General, 1913–15 preußischer Kriegsminister. Der von Kaiser WILHELM II. geschätzte Militärführer wurde im Herbst 1914, also wenige Monate nach Ausbruch des Ersten Weltkriegs, zum Leiter des Generalstabs des deutschen Feldheers ernannt. Entgegen der Ansicht von HINDENBURG und LUDENDORFF lehnte er wegen der „Weite des Raums" eine umfassende Offensive im Osten ab, wollte jedoch im Westen durch „Ausbluten des Gegners" den Frieden erzwingen. Aufgrund der verlustreichen, aber erfolglosen Angriffe bei Verdun musste er am 29. August 1916 sein Amt an Hindenburg abtreten. Bis zum Ende des Krieges im November 1918 war er als Armeeführer in Rumänien, Palästina und Weißrussland tätig.

Falklandkrieg, Konfrontation zwischen ARGENTINIEN und GROSSBRITANNIEN um den Besitz der Falklandinseln im Südatlantik. Die argentinische Militärjunta unter General Leopoldo Galtieri löste den Krieg im Frühjahr 1982 durch die Besetzung der entlegenen Insel Südgeorgien aus, nachdem jahrelange Verhandlungen über die Übertragung der Souveränität gescheitert waren. Am 2. April dokumentierte Galtieri seinen Anspruch auf die Falklands, indem er eine Invasionstruppe entsandte, die alle bewohnten Inseln unter Kontrolle nahm. Die Vereinten Nationen, die USA und Peru versuchten, eine friedliche Lösung auszuhandeln, scheiterten jedoch. Großbritannien schickte einen Flottenverband, der den Auftrag hatte, die britische Herrschaft wieder herzustellen. Der Krieg dauerte zehn Wochen, forderte das Leben von beinahe 1000 britischen und argentinischen Soldaten und Zivilisten und endete am 15. Juni mit der Kapitulation der Argentinier. Die fehlgeschlagene Invasion, mit der eigentlich die Popularität der Junta gestärkt werden sollte, führte 1983 zum Sturz der Militärregierung in Argentinien. Zwar wurden die Inseln 1990 vom argentinischen Kongress zu einem Teil der neuen Provinz Tierra del Fuego erklärt, blieben aber dennoch britisch.

Faraday, Michael (1791–1867), britischer Physiker und Chemiker. Ab 1827 war er als Professor in London tätig. Faraday war von elektrischen Phänomenen fasziniert und führte viele Experimente durch, bei denen er entdeckte, dass man Strom erzeugen konnte, indem man die magnetische Stärke veränderte – die Grundlage des Elektromagnetismus. 1831 veröffentlichte er seine Arbeiten über die elektromagnetische Induktion. Zu seinen vielen Leistungen gehörten die Konstruktion des ersten elektrischen Dynamos und Transformators, die Isolierung des Benzols und die Entdeckung des Diamagnetismus, einer schwachen magnetischen Wirkung, die in allen Stoffen vorhanden ist.

WUSSTEN SIE, DASS?

Faraday lehnte die Erhebung in den Adelsstand ab, weil er befürchtete, dass derartige Ehrungen seiner Unabhängigkeit schadeten.

Farnese, italienische Adelsfamilie, die 1545–1731 das Herzogtum Parma und Piacenza regierte. Das erste herausragende Mitglied der Familie, die im 11. Jh. erstmals bezeugt ist, war Alessandro, der 1534 als Paul III. zum Papst gewählt wurde und das Herzogtum Parma und Piacenza begründete, indem er die Territorien vom KIRCHENSTAAT abtrennte. Der berühmteste Abkömmling der Farnese war ein weiterer Alessandro, der 1586 Herzog wurde. Als glänzender militärischer Taktiker schlug er sich erfolgreich in vielen Schlachten: Seit 1578 wirkte er als spanischer Statthalter in den NIEDERLANDEN. Nachdem mit Antonio 1731 der letzte männliche Farnese starb, fielen Parma und Piacenza über Elisabeth Farnese, Gemahlin des spanischen Königs PHILIPP V., an beider Sohn Don Carlos, den zukünftigen König Karl III. von Spanien, und danach an seinen Bruder Philipp, der die Linie Bourbon-Parma gründete.

Faschismus siehe rechte Seite

Faschoda-Krise, Konflikt der Kolonialmächte FRANKREICH und GROSSBRITANNIEN über die Herrschaft im Sudan. Im September 1898 erreichten französische Truppen unter Major Jean Baptiste Marchand, von Gabun her kommend, ein Fort bei Faschoda in der Provinz Oberer Nil im Südosten des Sudan und trafen dort auf die Truppen des britischen Generals Herbert KITCHENER, der die Region am Oberlauf des Nil für Großbritannien sichern wollte. Es kam jedoch nicht zu kriegerischen Auseinandersetzungen, weil Frankreich den Rückzug Marchands befahl. Später fanden in London und Paris Gespräche statt, die im März 1899 zum Abschluss des Sudanvertrags führten, in dem Frankreich auf die Herrschaft über den Oberen Nil verzichtete und Großbritannien im Gegenzug die französischen Ansprüche auf den westlichen Sudan und weiter bis zum Tschad-See akzeptierte.

Federal Bureau of Investigation, Abteilung des Justizministeriums der USA, die Verletzungen des Bundesrechts untersucht, die mit der inneren Sicherheit zu tun haben. Heute fallen in den Bereich des FBI diverse Verbrechensarten, die von Spionage und Sabotage bis zu Bankraub und verbotenem Glücksspiel reichen.

Die 1908 von dem Generalstaatsanwalt Charles J. Bonaparte gegründete Organisation wurde von J. Edgar HOOVER, der sie 1924–72 leitete, umstrukturiert und ausgebaut. In den 30er-Jahren genoss das FBI Ansehen, da es erfolgreich gegen Gangster wie John Dillinger vorging, doch war und ist sein Ruf nicht immer makellos. 1964 übte die Warren-Kommission Kritik an der Untersuchung der Ermordung Präsident John F. KENNEDYS; 1973 trat der geschäftsführende Direktor zurück, als herauskam, dass er Dokumente über die Untersuchung der WATERGATE-Affäre vernichtet hatte, was schließlich 1974 zum Rücktritt von Präsident Richard NIXON führte.

Fehrbellin, Schlacht von (28. Juni 1675), entscheidende Schlacht zwischen dem Kurfürsten FRIEDRICH WILHELM von Brandenburg und den unter General Waldemar Wrangel kämpfenden Schweden. Auf dem Schlachtfeld nordwestlich von Berlin siegte Friedrich Wilhelm, der von da an der Große Kurfürst genannt wurde. Mit seinem Erfolg verhinderte er, dass sich die Großmacht Schweden in Deutschland weiter ausbreitete, und begründete Preußens Ruf als Militärmacht.

Feisal I. (1885–1933), König von Irak seit 1921. Er befehligte im arabischen Aufstand gegen das OSMANISCHE REICH seit Januar 1918 die nordarabische Armee im Bund mit dem Briten T. E. LAWRENCE, Lawrence von Arabien. 1920 wurde Feisal vom Syrischen Nationalkongress zum König eines Großsyrischen Reiches gewählt, dann aber von Frankreich, der dort herrschenden Macht, vertrieben. Daraufhin erhoben die Briten ein Jahr später den kooperativen Feisal zum König von Irak und stimmten zu, dass das Land später unabhängig werden sollte, was schließlich 1932 geschah.

Feme, mittelalterliches Gericht, vor allem in Westfalen. Vor der Feme wurden Gewalttaten abgehandelt und meist wurde entweder auf Freispruch oder auf Todesstrafe erkannt. Vorgeladen waren nur persönlich Freie; den Vorsitz führte der Freigraf, die Urteilenden hießen Freischöffen; getagt wurde meist unter einer Linde. Da nur Eingeweihte das genaue Verfahren kannten, kam es häufig zu Missbrauch, gegen den Städte und Territorialherren Front machten. Nach der Verkündung des Ewigen LANDFRIEDENS 1495, in dem die gerichtlichen Zuständigkeiten festgelegt wurden, verlor die Feme an Bedeutung.

Fenier, 1858 in den USA gegründeter irischer Geheimbund. Er erhielt seinen Namen nach den Fianna, irischen Kriegern des 3. Jh., und verfocht das Ziel, mit Gewalt die Unabhängigkeit IRLANDS von Großbritannien zu erreichen und eine Republik Irland zu errichten. Um dieselbe Zeit gründete John O'Mahony, der mit vielen anderen Iren nach der IRISCHEN HUNGERSNOT in die USA ausgewandert war, den amerikanischen Zweig, die so genannte Bruderschaft der Fenier, und James Stephens rief die Irische Republikanische Bruderschaft ins Leben. Die britische Regierung unterdrückte die Bewegung, so weit es ihr möglich war, indem sie zahlreiche

Alessandro Farnese, der im 16. Jh. 15 Jahre lang als Paul III. den Stuhl Petri innehatte, empfängt in Venedig den Oberbefehlshaber der osmanischen Flotte, einen ehemaligen Piraten.

Faschistische Diktaturen

Mit dem Begriff Faschismus bezeichnet man Bewegungen und Regime, die aus den Wirren der Zeit nach dem Ersten Weltkrieg hervorgingen. Sie fanden in der Bevölkerung große Unterstützung und verstanden sich als Gegner von Demokratie, Liberalismus und Sozialismus.

Das Wort Faschist beschwört das Bild eines fanatischen und gewalttätigen Menschen herauf. Doch die Italiener, die sich 1919 als Faschisten bezeichneten, waren Idealisten. Sie waren überzeugt von ihrer Mission, Italien von den Übeln, die ihrer Meinung nach seine Größe untergruben, zu befreien und in ein Land zu verwandeln, in dem Gerechtigkeit und Heldentum herrschten.

SYMBOL DER MACHT

Der Faschismus leitete seinen Namen von lateinisch *fasces* ab – Rutenbündeln mit einem herausragenden Beil, die man im alten Rom hohen Beamten als Zeichen für ihre Macht über Leben und Tod vorantrug. In Italien wurde diese Bezeichnung 1919 von den Fasci di combattimento – speziellen Kampfbünden – gewählt, die sich das Ziel gesetzt hatten, das Chaos nach dem Ersten Weltkrieg in eine neue politische und gesellschaftliche Ordnung zu verwandeln. Aufgestellt hatte sie der ehemalige Sozialistenführer Benito Mussolini, der damit den Kampfwillen aus den Schützengräben in die Zivilbevölkerung hineintragen wollte.

Zwischen 1925 und 1943 schuf Mussolini einen Einparteienstaat, der zwar die politische Ordnung radikal veränderte, aber die Gesellschaft nicht wirklich umgestalten konnte. In den 30er-Jahren verlegte er sich auf die Außenpolitik. Er machte Äthiopien zur Kolonie und unterstützte 1936 zusammen mit Adolf Hitler General Franco, wodurch beide dem Faschismus in Spanien zum Sieg verhalfen. Die Achse mit Adolf Hitler rettete den Duce jedoch nicht vor dem Untergang: 1943 wurde er verhaftet und nach der Befreiung durch die Deutschen und der Gründung einer faschistischen Gegenregierung im Jahr 1945 von Partisanen erschossen.

Der Begriff faschistisch wurde auch auf andere nationalistische Bewegungen, etwa in Rumänien und der Türkei, übertragen. Die zerstörerischste, die an die Macht kam, war der Nationalsozialismus in Deutschland, der durch Terror und politische Propaganda Gegner ausschaltete und seine Herrschaft festigte. Sein Programm basierte auf einer Weltanschauung, deren Zentrum die Rassenlehre war. Danach wurde das Weltjudentum zum größten Feind der arischen Herrenrasse erklärt – mit der Folge, dass 1933–45 rund 6 Mio. Juden im Herrschaftsbereich der Nazis systematisch ermordet wurden.

Ebenfalls Opfer der verbrecherischen NS-Ideologie wurden Sinti und Roma, Homosexuelle und Behinderte sowie Personen, die es wagten, Widerstand zu leisten. Zur Eroberung von Lebensraum im Osten entfesselte Hitler den Zweiten Weltkrieg, der rund 45 Mio. Menschenleben forderte und weitere Millionen zu Flüchtlingen machte. Das Wüten fand erst mit dem Sieg der Alliierten 1945 ein Ende.

Links: Italienische Faschisten bei Turnübungen in Rom. Unten: Plakat, das für die jungen Legionen in Mailand warb.

Adolf Hitler hält 1938 auf einer Kundgebung der SA in Dortmund eine Ansprache. Das Bild wurde in einem Propagandabuch veröffentlicht, das den Titel *Deutschland erwacht* trug.

Ferdinand II. versuchte den Dreißigjährigen Krieg zu beenden, was ihm aber weder auf militärischem noch diplomatischem Weg gelang.

Mitglieder verhaftete, bis der Geheimbund um 1870 an Bedeutung verlor. Einige Jahre später gründete ein Fenier, Arthur Griffith, die SINN FÉIN, die am Ziel eines vereinten und unabhängigen Irland festhielt.

Ferdinand II. (1578–1637), Kaiser des HEILIGEN RÖMISCHEN REICHES seit 1619 und König von Böhmen und Ungarn. Der entschiedene Gegner der Protestanten wurde einer der Führer der katholischen GEGEN-REFORMATION. 1619 setzten ihn die protestantischen Stände Böhmens ab und wählten stattdessen Kurfürst Friedrich V. von der Pfalz zum König. Im dadurch heraufbeschworenen DREISSIGJÄHRIGEN KRIEG verbündete sich Ferdinand mit Maximilian I. von Bayern, dem Anführer der katholischen Liga. Mithilfe Spaniens und der katholischen Fürsten Deutschlands errang Ferdinand zu Beginn des Krieges bedeutende Siege über seine deutschen Gegner und den König von Dänemark. 1629 erließ er das Restitutionsedikt, das die Rückgabe aller Güter der katholischen Kirche, die seit 1552 von den Protestanten eingezogen waren, verfügte. Dann allerdings verließ ihn sein Glück, als er die religiöse Freiheit der protestantischen Stände in Deutschland aufhob und die Schweden und Franzosen sich seinen Gegnern anschlossen. Im Frieden von Prag wurde 1635 ein Kompromiss mit Kursach-

sen erreicht, in dem das Edikt abgeschwächt wurde. Diesem stimmten fast alle Reichsstände zu, nicht aber Schweden und Frankreich. Die Kriegshandlungen wurden wieder aufgenommen und auch unter der Herrschaft seines Sohnes, Ferdinands III., der 1637 Kaiser wurde, weitergeführt.

Ferdinand V. (1452–1516), spanischer Herrscher seit 1474, auch bekannt als Ferdinand II., König von ARAGÓN, und Ferdinand III., König von Neapel. Der Sohn Johanns II. von Aragón heiratete 1469 Prinzessin ISABELLA von Kastilien. Seit 1481 regierten beide die Königreiche Aragón und Kastilien, womit die zwei mächtigsten spanischen Monarchien vereint waren. 1492 vollendeten sie mit der Vertreibung der Mauren aus Granada die RECONQUISTA. In ihren Ländern gestatteten sie als Religion nur den Katholizismus und führten 1478 die INQUISITION ein, um Ketzerei zu unterdrücken. Nach Isabellas Tod 1504 herrschte Ferdinand in Kastilien als Regent für seine Tochter Johanna die Wahnsinnige und später für seinen Enkel Karl. Noch im selben Jahr heiratete er Germaine de Foix, eine Nichte Ludwigs XII. von Frankreich. Durch seine rücksichtslose Außenpolitik gelang es ihm, ein starkes Reich mit zahlreichen Verbündeten zu schaffen, das 1515 von den Pyrenäen bis Gibraltar reichte. Seinem Enkel, Karl I. von Spanien, dem späteren Kaiser KARL V., hinterließ er neben dem geeinten Spanien außerdem noch die Herrschaft über Neapel, Sizilien und Sardinien.

Ferdinand VII. (1784–1833), König von Spanien von 1808 bis zu seinem Tod. Er gelangte auf den Thron, nachdem sein Vater Karl IV. von NAPOLEON I. zur Abdankung gezwungen worden war, wurde dann aber ab-

gesetzt, um Napoleons Bruder Joseph Bonaparte Platz zu machen. Während des SPANISCHEN UNABHÄNGIGKEITSKRIEGS gegen Frankreich wurde er gefangen gehalten. Als er nach seiner Freilassung wieder den Thron bestieg, hob er die liberale Verfassung aus dem Jahr 1812 auf und begann, gestützt auf die Kirche und das Militär, eine repressive Herrschaft. Liberale Aufständische zwangen ihn jedoch, die Verfassung wieder in Kraft zu setzen. Als Spanien in den Unabhängigkeitskämpfen Süd- und Mittelamerikas sein amerikanisches Kolonialreich verlor, meuterte das Militär und inhaftierte ihn. Nachdem er die durch eine Revolution 1820 an die Macht gekommene Regierung anerkannt hatte, wurde er wieder eingesetzt, und schließlich trafen 1823 französische Truppen ein, um ihm bei der Niederwerfung der Revolutionäre zu helfen.

Fernsehen, ein Verfahren, mit dem Bilder von einem Punkt zu einem anderen übertragen werden können. Das erste derartige System entwickelte in den 20er-Jahren des 20. Jh. der britische Ingenieur John Logie BAIRD. Die BBC übernahm diese mechanische Methode, als sie 1932 mit Fernsehübertragungen begann, wechselte dann aber zu dem elektronischen System der Firma Marconi EMI. Drei Jahre später führte die BBC den weltweit ersten regelmäßigen Fernsehdienst ein und auch in Berlin begann ein regulärer Fernsehbetrieb mit gefilmten Programmen.

1951 folgten in den USA Farbausstrahlungen von CBS. 1962 ermöglichte der Satellit *Telstar* die erste Direktverbindung zwischen europäischen und amerikanischen Netzen, und sieben Jahre später wurde es durch eine Reihe von Satelliten möglich, dass 100 Mio. Zuschauer live die ersten

Ferdinand V. (links) heiratete als König Ferdinand II. von Aragón Isabella von Kastilien. Beide beherrschten somit die Länder, die später die Grundlage für das moderne Spanien wurden.

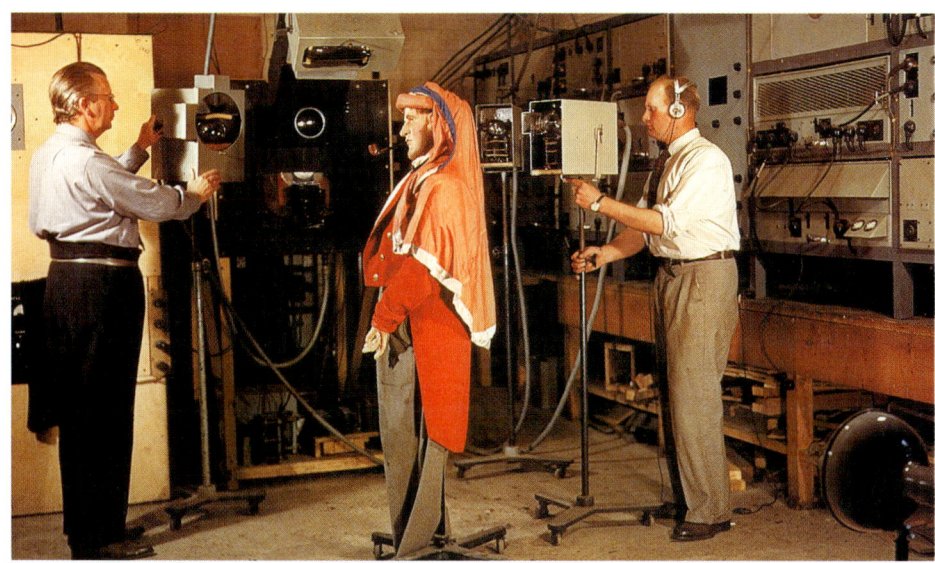

John Logie Baird (links) beaufsichtigt 1943 ein Experiment mit Farbfernsehen bei der BBC in London. Sein System erwies sich jedoch als unpraktisch und wurde nicht übernommen.

Schritte Neil Armstrongs auf dem Mond sehen konnten. Weitere technische Entwicklungen, die zur wachsenden Beliebtheit des Fernsehens beitragen, sind das Kabel-TV, das den Teilnehmern über 100 Kanäle liefern kann, und der digitale Stereoklang. Das digitale Fernsehen, das in Amerika schon seit Jahren kommerziell erfolgreich ist, soll ab der Jahrtausendwende rund 1000 Programme übertragen.

Ferry, Jules François (1832–93), französischer Politiker. 1879 wurde Ferry zum Unterrichtsminister in der französischen Regierung ernannt. Er begründete das moderne französische Schulwesen, indem er den Einfluss der katholischen Kirche in diesem Bereich beschnitt und die Schulpflicht einführte. 1880/81 und wieder ab 1883 war er Ministerpräsident und betrieb in der Zeit in Tunis, am Kongo, in Madagaskar und Tongking eine erfolgreiche Kolonialpolitik. Zwei Jahre später wurde er gestürzt, weil man ihm vorwarf, er habe zugunsten der Kolonialpolitik auf eine gegen Deutschland gerichtete Machtpolitik in Europa verzichtet. 1893 wurde er von einem religiösen Fanatiker ermordet.

Feudalismus siehe Seite 154/155

Fianna Fáil, irische Partei. Ihr Ziel ist die vollständige Ausschaltung des britischen Einflusses und die Schaffung eines vereinten unabhängigen IRLAND. Die Partei, deren gälischer Name Schicksalssoldaten bedeuten soll, wurde 1926 von Eamon de VALERA gegründet, der sich gegen den 1922 ratifizierten angloirischen Vertrag über den Domi-

nion-Status Irlands ausgesprochen hatte. 1932 kam Fianna Fáil als stärkste Partei im Dáil, dem irischen Parlament, an die Macht; Ministerpräsident wurde de Valera. Während der 30er- und 40er-Jahre war sie außerordentlich erfolgreich und blieb die bestimmende politische Kraft, bis sie 1973 einem Bündnis aus FINE GAEL und der LABOUR PARTY unterlag. Charles Haughey führte 1987–94 eine Regierung der Fianna Fáil.

Fichte, Johann Gottlieb (1762–1814), deutscher Philosoph. Er studierte Theologie und war zunächst als Hauslehrer, später als Professor tätig. Seine Philosophie gilt als Fortführung der Ideen Immanuel KANTS. Als Staatsdenker sprach er sich gegen den Obrigkeitsstaat aus und befürwortete demokratische Reformen. Im Winter 1807/08 hielt Fichte, der sich für den Befreiungskampf gegen NAPOLEON I. einsetzte, seine Reden an die deutsche Nation, in denen er dazu aufrief, durch gezielte Erziehung das Nationalbewusstsein zu fördern.

Filibuster, Bezeichnung für Redner einer politischen Minderheit, vor allem im amerikanischen Senat, die versuchen, Abstimmungen über Gesetze z. B. durch überlange Reden zu verzögern. Ursprünglich meinte der Begriff Piraten, auch Flibustier oder Bukanier genannt, die im 17. Jh. die spanischen Kolonien in Amerika überfielen. Im 19. Jh. bezog sich das Wort filibustern auf Versuche der USA, Länder durch privat finanzierte Expeditionen zu übernehmen. Diese Praxis endete nach dem SEZESSIONSKRIEG 1861 und fortan wurde und wird der Begriff nur noch im heute üblichen Sinn verwendet.

> **WUSSTEN SIE, DASS?**
>
> *Der französische Politiker Ferry war während der Belagerung von Paris 1870/71 Bürgermeister und wurde Ferry-la-Famine genannt – Hunger-Ferry.*

Fin de Siècle, französische Bezeichnung für Jahrhundertende. Mit diesem Begriff, der auf den gleich lautenden Titel eines Lustspiels aus dem Jahr 1888 zurückgeht, wird die weltverdrossene Geisteshaltung in Europa gegen Ende des vorigen Jahrhunderts bezeichnet. Ihren Ursprung hatte sie in Frankreich, wo sich nach der Niederlage im DEUTSCH-FRANZÖSISCHEN KRIEG und dem Panamaskandal – 1889 machte die französische Firma, die mit dem Bau des Panamakanals betraut war, bankrott, was zu einer parlamentarischen Affäre wegen Panamaanleihen führte – allgemein Verzagtheit und Zynismus breit machten. Diese krisenhafte Stimmung, die für eine Spätzeit kennzeichnend sein kann, kam in den Werken der Dichter Paul Verlaine und Jules Laforgue zum Ausdruck, die durchdrungen waren von Ernüchterung und dem Gefühl, dass die Welt zerfiel, was man als Décadence bezeichnete. Sie machten sich die Formel *L'art pour l'art,* „Kunst um der Kunst willen", zu Eigen, im Glauben, Kunst existiere allein wegen ihrer Schönheit. In Großbritannien zeigen sich die Einflüsse der Fin-de-Siècle-Einstellung u. a. in den Werken Oscar Wildes, besonders in seinem Roman *Das Bildnis des Dorian Gray.*

Fine Gael, irische Partei. Ihr Name bedeutet Stamm der Gälen und sie hat sich zum Ziel gesetzt, IRLAND mit friedlichen Mitteln zu einen. Die Partei wurde im Jahr 1933 als Zusammenschluss der Cumann na nGaedheal – Gesellschaft der Gälen – und zwei kleinerer Parteien gegründet, die den angloirischen Vertrag von 1922, nach dem Nordirland bei Großbritannien verblieb, während das übrige Irland Freistaat wurde, befürworteten.

Cumann na nGaedheal gewann 1923 bei den ersten Wahlen des Freistaats 41 % der Sitze und bildete eine Minderheitsregierung unter William COSGRAVE. 1932 errang dann jedoch die Hauptrivalin FIANNA FÁIL die Macht. Fine Gael übernahm 1948 als führender Partner einer Koalition unter John Costello wieder die Regierung und erklärte 1949 den Austritt aus dem COMMONWEALTH. Fine Gael regierte in einer Koalition erneut 1973–77 und 1981–87.

Findelhäuser, Bezeichnung für Einrichtungen, in denen Findelkinder, d. h. Kinder unbekannter Abstammung oder ausgesetzte Kinder, aufgenommen wurden. Bis zur Gründung des ersten Findelhauses im 8. Jh. in Mailand ließ man solche Kinder häufig sterben. Die bekanntesten Findelhäuser waren die 1670 in Paris und die 1739 im Londoner Stadtteil Holborn gegründeten Anstalten. Heute wird die Aufgabe der Findelhäuser im Allgemeinen von Waisenhäusern übernommen.

Finnland, nordeuropäischer Staat an der Ostsee. Die Besiedlung reicht mindestens bis ins 8. Jt. v. Chr. zurück, als wegen des abschmelzenden Eises die Jäger immer weiter nach Norden ziehen konnten. In den frühen nachchristlichen Jahrhunderten wurde die einheimische Bevölkerung der Lappen von den ersten Finnisch sprechenden Menschen, die aus der Region des Baltikums einwanderten, in den hohen Norden des Landes verdrängt. Im Mittelalter war Finnland ein ständiger Zankapfel zwischen Schweden und Russland, bis GUSTAV I. ERIKSSON WASA von Schweden es 1558 zu einem gesonderten schwedischen Großfürstentum mit eigenem Landtag erhob. Nach dem Frieden von TILSIT 1807 zwischen Zar ALEXANDER I. und NAPOLEON I. wurde Finnland zu einem Großfürstentum Russlands, konnte aber weitgehend seine innere Selbstständigkeit behalten. Als die RUSSISCHE REVOLUTION von 1917 ausgebrochen war, erklärte Finnland seine Unabhängigkeit. Im Dezember 1918 wurde General Carl Gustav MANNERHEIM, der zu Beginn desselben Jahres einen bolschewistischen Aufstand niedergeschlagen hatte, zum Reichsverweser gewählt und 1919 erhielt Finnland eine demokratisch-republikanische Verfassung.

Nach dem Ausbruch des Zweiten Weltkriegs und nachdem sowjetische Forderungen nach finnischem Territorium abgewiesen worden waren, begann die UdSSR den Finnisch-Sowjetischen Krieg von 1939, den so genannten Winterkrieg. Finnland leistete Widerstand, musste aber dennoch Gebiete im Südosten des Landes mit dem Hafen Viipuri, Wiborg, abtreten. Der Versuch der Finnen, diese Region durch den Kampf auf der Seite der Achsenmächte zurückzugewinnen, schlug 1944 fehl. Seit dem Ende des Zweiten Weltkriegs ist Finnland neutral geblieben. 1992, nach dem Zerfall der Sowjetunion, schloss das Land einen Grundlagenvertrag mit Russland; seit 1995 ist Finnland Mitglied der EUROPÄISCHEN UNION.

Fischart, Johann (um 1546–90), auch Mentzer genannter deutscher Erzähler und Satiriker. Der weit gereiste Advokat und Amtmann in Lothringen machte sich mit Witz und Wortgewalt über Schwächen und Ansichten seiner Zeitgenossen lustig. Als Protestant ergriff er in den religiösen Auseinandersetzungen seiner Zeit vehement Partei gegen JESUITEN, Papsttum und GEGENREFORMATION.

Fischer, Ruth (1895–1961), eigentlich Elfriede Golke, geb. Eisler, Politikerin und Publizistin. 1918 gehörte sie nach dem Studium in Wien zu den Gründungsmitgliedern der kommunistischen Partei Österreichs. Danach ging sie nach Berlin, wo sie die örtliche Abteilung der KOMMUNISTI-

Lehnsherren und Vasallen – eine Pyramide der Macht

Der Feudalismus war die vorherrschende Gesellschaftsordnung im mittelalterlichen Europa. Er basierte auf dem Grundbesitz und schuf ein dichtes Netz gegenseitiger Verpflichtungen zwischen den Menschen aller Schichten.

Harold von England leistet Herzog Wilhelm von der Normandie den Treueid.

Gegen Ende des 9. Jh. zerfiel unter dem Druck der Wikinger im Westen und dem der Ungarn im Osten das Herrschaftssystem Kaiser Karls des Großen. Das entstandene Vakuum füllte eine neue Gesellschaftsordnung, die auf dem Grundbesitz beruhte: der Feudalismus.

Der Begriff Feudalismus wurde im 19. Jh. geprägt. Er stammt von dem lateinischen Wort *feudum*, das Lehen bedeutet – ein Stück Land, das auf Zeit gegen gewisse Dienste, oft militärischer Art, vergeben wurde. Der Mann, der ein Lehen vergab, war der Lehnsherr; der Empfänger wurde Lehnsmann oder Vasall genannt.

HULDIGUNG UND BELEHNUNG

Zwar basierte der Feudalismus auf dem Grundbesitz, aber dennoch war er keineswegs nur eine Methode der Landvergabe. Das persönliche Treueversprechen des Vasallen zu seinem Lehnsherrn war ebenso wichtig. Diese Verpflichtung zur Loyalität wurde durch den Huldigungseid ausgedrückt, bei dem anfangs der Lehnsherr seinem Lehnsmann als Symbol der Landübergabe einen Klumpen Erde reichte.

In späteren Zeiten bestand die Zeremonie der Belehnung aus drei Teilen. Der Lehnsherr bat den Vasallen zu bekräftigen, dass er ohne Vorbehalt sein Mann zu werden wünschte, und nach der Antwort „Ich wünsche es" nahm er die Hände des Vasal-

len in die seinen, und beide küssten sich. Dann gelobte der Vasall seine Treue mit den Worten: „Ich verspreche, meinem Herrn treu und standhaft zu sein in meiner Bindung an ihn gegen jede andere Person, in gutem Glauben und ohne Täuschung." Zuletzt schwor er seinen Eid auf heilige Reliquien. Eine Szene auf dem Teppich von Bayeux in der Normandie zeigt Graf Harold Godwinson, den späteren König Harold von England, wie er, beide Hände auf Reliquien gelegt, einen solchen feierlichen Eid vor dem normannischen Herzog Wilhelm ablegt.

Das Lehen bedeutete nicht nur die Übergabe von Land, sondern dazu gehörten auch die Bauern, die darauf lebten. Der Feudalherr übte eine weit reichende Verfügungsgewalt über alle, die auf seinem Besitz wohnhaft waren, aus: Er hatte das Recht, über sie Gericht zu halten, und er musste seine Erlaubnis erteilen, wenn einer von ihnen heiraten oder wegziehen wollte. Ein englisches Gesetz aus dem 12. Jh. besagt: „Jeder Herr darf seinen Mann vorladen, um über ihn zu richten; auch wenn er auf dem entlegensten Gut lebt, wird er dennoch kommen, wenn sein Herr ihn vorlädt."

Jeder Vasall konnte Teile seines Lehens an andere Männer, die Untervasallen, weitergeben, und diese wiederum konnten ihren Untervasallen oder Hintersassen Land verleihen. Das feudale Europa kann man sich als eine Pyramide vorstellen, als ein System der Über- und Unterordnung von Lehnsherren und Vasallen mit wechselseitiger Treueverpflichtung und dem König an der Spitze.

DOPPELTE LOYALITÄTEN

In der Praxis waren die Verhältnisse jedoch nicht immer so klar, denn es gab vielfältige Abstufungen und Verzweigungen, da ein Mann zu mehreren Herren in Treueverhältnissen stehen konnte. Mitunter führte dies zu doppelten Loyalitäten: 1101 wurde der Graf von Flandern Vasall Heinrichs I. von England und versprach, ihm bei allen Kämpfen zu dienen, außer in solchen, in die der König von Frankreich, sein anderer Herr, verwickelt war.

Das Feudalsystem war nicht nur eine Gesellschaftsordnung des Abendlands – beispielsweise entsprach in Japan die Position der Samurai der mittelalterlichen Ritter –, sondern in vielen außereuropäischen Gesellschaften gab es ein feudales Stadium.

Jean de Sainte-Maure legt vor dem französischen Herzog René den Huldigungseid ab (links); leibeigene Bauern arbeiten im Schatten der Burg ihres Herrn (unten).

SCHEN PARTEI DEUTSCHLANDS leitete. 1924 stieg sie als Ultralinke zur Parteiführung auf. Da sie in der KOMINTERN auf der Seite von STALINS Gegnern stand, schloss man sie 1926 aus der Partei aus. 1933 emigrierte Ruth Fischer nach Paris, 1940 floh sie weiter in die USA. Nach dem Ende des Krieges kehrte sie in die französische Hauptstadt zurück, wo sie bis zu ihrem Tod als Publizistin tätig war.

Flagellanten, religiöse Fanatiker, die sich – zumeist unter Gebeten und Bußliedern – bei öffentlichen Prozessionen selbst geißelten. Der Brauch, der oft eine Reaktion auf Naturkatastrophen und Kriege war, hat seinen Ursprung in Sparta und Rom im 4. Jh. v. Chr. Die mittelalterliche Ausprägung der Kasteiungen entstand im 13. Jh. – die spektakulärsten Auftritte der Flagellanten fanden 1260 im italienischen Perugia und auf dem Höhepunkt des SCHWARZEN TODES 1347–52 in ganz Europa statt. Die religiöse Geißelung verlor an Bedeutung, als Papst Klemens VI. diese 1349 verurteilte, und verschwand endgültig nach dem Verbot durch das KONSTANZER KONZIL 1417. Von manchen schiitischen Moslems wird sie noch heute ausgeübt.

Flandern, Region in Belgien. Im 5. Jh. wurde Flandern von den FRANKEN erobert und 843 im Vertrag von VERDUN mit der Schelde als Grenzlinie zwischen West- und Ostfranken aufgeteilt. Im Mittelalter kam die Region zu großem Wohlstand, besonders durch den Tuchhandel mit England, mit dem es im HUNDERTJÄHRIGEN KRIEG verbündet war. Flandern diente in seiner Geschichte häufig als Schlachtfeld. Im ERSTEN WELTKRIEG starben tausende in den Schlachten von Ypern 1915 und Passchendaele 1917, wo die Deutschen zum ersten Mal Giftgas einsetzten. Die Flandernschlacht im ZWEITEN WELTKRIEG begann, als deutsche Truppen im Mai 1940 in das neutrale Belgien einrückten, und endete mit der Kapitulation des belgischen Königs und, als die Deutschen im Juni weiter nach Frankreich vorrückten, mit der Massenevakuierung von über 200 000 britischen und 100 000 französischen Soldaten bei Dünkirchen.

Fleming, Sir Alexander (1881–1955), schottischer Bakteriologe, Entdecker des Penizillins. Fleming war am St. Mary's Hospital in London tätig und forschte nach einem Mittel gegen Infektionskrankheiten. 1928

Der Bakteriologe Alexander Fleming entdeckte 1928 durch Zufall das Antibiotikum Penizillin.

entdeckte er durch Zufall, dass der Schimmelpilz *Penicillium notatum* eine goldfarbene, antibiotische Flüssigkeit absonderte. Diese von ihm Penizillin genannte Substanz vernichtete Bakterien, indem sie sie bei ihrem Wachstumsprozess, genauer: bei der Ausdehnung der Zellwand, störte. Da sie für Menschen und Tiere unschädlich war, konnte sie gegen Organismen eingesetzt werden, die bestimmte Infektionskrankheiten verursachten. Dazu gehörten so schwere Erkrankungen wie Lungenentzündung, Syphilis und Diphtherie, die früher oft tödlich verlaufen waren.

Im Zweiten Weltkrieg wurde das Penizillin in riesigen, mit Nährlösung gefüllten Lagertanks hergestellt und erstmals in großem Stil verabreicht: Amerikanische Ärzte behandelten damit Soldaten, die Verbrennungen davongetragen hatten oder unter entzündeten Verletzungen litten, mit dem Erfolg, dass 95 % der Betroffenen sich wieder erholten. 1945 erhielt Fleming zusammen mit Ernst Chain und Howard Florey den NOBELPREIS für Medizin.

Flibustier siehe FILIBUSTER

Fliegende Blätter, humoristische Zeitschrift. Das Wochenblatt wurde 1844 in München gegründet und nahm in seinen Artikeln und Illustrationen die Lebensumstände und Sehnsüchte der Zeitgenossen aufs Korn. Die berühmtesten Mitarbeiter waren der Maler und Grafiker Adolf Oberländer, der Maler Karl Spitzweg und der Dichter Wilhelm Busch. 1928 wurden die *Fliegenden Blätter* von einer anderen Zeitschrift übernommen.

Florenz, Hauptstadt der italienischen Region Toskana. Im 1. Jh. v. Chr. von CAESAR als römische Veteranenkolonie gegründet, wurde Florenz in der Zeit der VÖLKERWANDERUNG aufgrund seiner ungeschützten Lage häufig geplündert und fast vollständig zerstört. Im 12. Jh. entwickelte sich die mittlerweile wieder aufgeblühte Stadt durch ihr Bankwesen und den regen Tuchhandel zu einem kommerziellen Zentrum. Im 13. Jh. hatte sie unter der Rivalität zwischen den Guelfen, die die päpstliche Herrschaft unterstützten, und den Ghibellinen, die auf der Seite des Kaisers standen, zu leiden.

Das 14. und 15. Jh. war die Glanzzeit von Florenz – die Stadt bildete unter der seit 1434 herrschenden Familie der MEDICI den Mittelpunkt der italienischen RENAISSANCE. Nacheinander traten Angehörige der Familie als Gönner des Malers Sandro Botticelli, des Malers und Bildhauers MICHELANGELO und des Astronomen Galileo GALILEI auf. Mitte des 18. Jh. fiel Florenz an das Haus HABSBURG, und nachdem es 1861 Teil des neuen Königreichs Italien geworden war, diente es 1865–70 als provisorische Hauptstadt.

Florida, südlichster Staat an der Ostküste der USA. INDIANER besiedelten das Gebiet schon vor einigen tausend Jahren. Als erster Europäer kam der Spanier Juan Ponce de León 1513 in diese Region, die er nach der

Der Dom Santa Maria del Fiore beherrscht das Stadtbild von Florenz. Er wurde im 14. Jh. erbaut, die eindrucksvolle achtseitige Kuppel fügte Filippo Brunelleschi im 15. Jh. hinzu.

Zeit, in der seine Entdeckung stattfand, Pascua Florida, „das Osterfest der Blumen", nannte. Andere spanische Entdecker nahmen später das Land für Spanien in Besitz. Seit 1763, nach ihren Siegen im SIEBENJÄHRIGEN KRIEG, herrschten die Briten in Florida, ehe die Spanier infolge des AMERIKANISCHEN UNABHÄNGIGKEITSKRIEGS 20 Jahre später das Territorium zurückgewannen. 1819 verkaufte Spanien Florida an die USA, die dafür die spanische Herrschaft in Texas anerkannten. 1845 wurde Florida der 27. Staat der USA.

Flüchtlinge, Einzelpersonen, Familien und Volksgruppen, die wegen kriegerischer Auseinandersetzungen, politischer Verfolgung oder wirtschaftlicher Not gezwungen sind, ihre Heimat zu verlassen. Die größten Fluchtbewegungen in Europa im 20. Jh. betrafen die Juden, die um die Jahrhundertwende vor den POGROMEN in Russland flohen und während der Zeit der nationalsozialistischen Herrschaft aus Deutschland emigrierten; Russen, die als Gegner der Bolschewiki nach der RUSSISCHEN REVOLUTION von 1917 ihre Heimat verließen; spanische Loyalisten, die 1939 dem Regime General FRANCOS auswichen; und die Vertriebenen am Ende des Zweiten Weltkriegs.

Anfang der 90er-Jahre wurden ungefähr 3 Mio. Menschen während des Krieges zwischen den Republiken des zerfallenden Jugoslawien zu Flüchtlingen und auch die Kämpfe in Afghanistan, Burundi, Ruanda, Somalia, Liberia und dem Sudan veranlassten und veranlassen noch immer Millionen von Menschen zur Flucht.

1951 wurde das Hochkommissariat der VEREINTEN NATIONEN für Flüchtlinge geschaffen, um Flüchtlingen internationalen

Schutz zu gewährleisten. Die UN-Konvention zum Status von Flüchtlingen garantiert, dass Flüchtlinge politisches ASYL erhalten und nicht zwangsweise in ein Gebiet zurückgeführt werden, in dem sie Verfolgung fürchten müssen, dass sie eine Notversorgung mit Lebensmitteln, Obdach und medizinischer Hilfe erhalten und dass ihnen auf lange Sicht bei der freiwilligen Rückkehr in ihre Heimatländer oder bei der Integration in eine neue Gemeinschaft geholfen wird. Trotz aller Anstrengungen des UN-Hochkommissariats für Flüchtlinge gibt es jedoch weiterhin Länder, die ihre Grenzen vor Flüchtlingen geschlossen halten oder in denen diese als illegale Einwanderer behandelt werden. Viele Flüchtlinge müssen auch auf Dauer in schlecht ausgestatteten Lagern und unter kümmerlichen Bedingungen leben.

Foch, Ferdinand (1851–1929), Marschall von Frankreich. Seit 1907 war er als Kommandeur an der École Supérieure de Guerre tätig, an der er selbst ausgebildet worden war. 1913 übertrug man ihm den Befehl über ein Armeekorps, das nach dem Ausbruch des ERSTEN WELTKRIEGS die lothringische Front verteidigte. Foch bewies seine strategische Begabung in der MARNESCHLACHT 1914 und 1916 kommandierte er die französischen Streitkräfte an der SOMME, wo er versuchte, die deutschen Linien im Artois zu durchbrechen. Im April 1918 wurde Foch zum Oberbefehlshaber der alliierten Streitkräfte ernannt, da die Verbündeten nur ihm die Fähigkeit und Entschlossenheit zutrauten, den Sieg für die Westmächte zu erringen. Seine Taktik des schonungslosen Angriffs führte schließlich zum WAFFENSTILLSTANDSABKOMMEN im November 1918 im Wald von Compiègne.

Der französische Oberbefehlshaber Ferdinand Foch (rechts) erläutert dem britischen König Georg V. die Lage an der Westfront.

Föderalismus, politisches Gestaltungsprinzip, das im Bundesstaat verwirklicht ist. Dieser stellt eine Verbindung von Staaten dar, die aus einem übergeordneten Gesamtstaat sowie einzelnen Gliedstaaten bestehen, welche auf bestimmten Gebieten – z. B. der Kultur – Eigenständigkeit und damit staatliche Hoheitsgewalt besitzen. Beispiele für Bundesstaaten sind die USA oder Kanada und in Europa Deutschland und die Schweiz.

Föderative, amerikanische Partei, die nach der Unterzeichnung der amerikanischen Verfassung 1788 entstand. George WASHINGTON und John Adams waren beide Mitglieder dieser politischen Gruppierung, die nach *The Federalist Papers*, einer Aufsatzsammlung über die Verfassung, benannt wurde. Sie setzte sich für eine starke Zentralregierung ein und wandte sich gegen den Partikularismus der Einzelstaaten. Als Vorläufer der Republikanischen Partei fand sie ihre Anhänger vor allem unter Kaufleuten und wohlhabenden Landbesitzern in den Neuengland-Staaten. Gegner ihres wirtschaftlichen Programms gründeten die demokratische Partei der Antiföderativen und einige Jahre nach dem Sieg des demokratisch eingestellten Thomas JEFFERSON löste sich die Föderative Partei auf, die es der jungen Nation durch eine neutrale Außenpolitik ermöglicht hatte, sich friedlich zu entwickeln.

Folter, bewusste Zufügung von Schmerzen um einzuschüchtern, Geständnisse und Informationen zu erhalten oder den Willen des Opfers zu brechen. Bei den alten Griechen und Römern waren Folterungen von Sklaven rechtens, während Freie nur in Fällen des Hochverrats gefoltert werden durften. Im Jahr 240 schafften die Römer das Recht, Sklaven zu foltern, ab.

Seit dem 11. Jh. wandte man die Folter in Europa immer häufiger an, um von verdächtigen Personen ein Schuldeingeständnis zu bekommen. Im Zusammenhang mit der INQUISITION, deren Aufgabe darin bestand, Abtrünnige, Ketzer und Hexen aufzuspüren und ihrer Bestrafung zuzuführen, befürwortete auch die katholische Kirche offiziell die Anwendung der Folter; und bei vielen weltlichen Gerichtsverhandlungen wurde sie in den meisten europäischen Ländern bis gegen Ende des 18. Jh. eingesetzt.

Etwa ab der Mitte des 18. Jh. – vor allem seit der in der Französischen Revolution erfolgten Deklaration der Menschen- und Bürgerrechte – wuchs in Europa der Widerstand gegen die Folter und bis zum frühen 19. Jh. hatten die meisten europäischen Länder sie abgeschafft.

Während des 20. Jh. wird sie jedoch vermehrt wieder angewandt, besonders in totalitären Regimen. Diktatoren wie Adolf HITLER und Jossif STALIN ließen systematisch foltern, weshalb sich die VEREINTEN NATIONEN veranlasst sahen, 1948 ihre Erklärung der Menschenrechte zu verkünden, die ausdrücklich die Folter verurteilt. 1987 trat die Anti-Folter-Konvention der UN in Kraft, die die Staaten verpflichtet, die Anwendung der Folter als Straftat zu verfolgen. Bis 1995 hatten allerdings nur 90 Länder diese Übereinkunft ratifiziert und in einigen von ihnen wird trotzdem regelmäßig gefoltert.

Ford, Henry (1863–1947), amerikanischer Fabrikant und Begründer der industriellen Massenproduktion. Im Jahr 1903 gründete er die Ford Motor Company in Detroit, die ab 1908 sein erstes Auto – das Modell T – produzierte. 1913 führte Ford die Fließbandfertigung ein, die es ermöglichte, dass alle paar Minuten ein Auto fertig gestellt wurde – und das zu einem Preis, der für einen großen Teil der Mittelschicht erschwinglich war. In beiden Weltkriegen produzierte die Ford-Werke Militärfahrzeuge, darunter auch Panzer. 1919 überließ Ford die Präsidentschaft seiner Firma seinem Sohn Edsel; nach dessen Tod 1943 übernahm er sie jedoch noch einmal für zwei Jahre, bis 1945 sein Enkel Henry Ford II. die Leitung übernahm.

> **WUSSTEN SIE, DASS?**
>
> *Fords Modell T wurde ausschließlich in Schwarz verkauft, weil schwarzer Japanlack die einzige Farbe war, die für die Geschwindigkeit des Fließbands schnell genug trocknete.*

Fort Sumter, Fort in South Carolina, Stätte der ersten Kampfhandlung im SEZESSIONSKRIEG. Am 12. April 1861 wurde das Fort von Konföderierten unter General Pierre Beauregard beschossen, nachdem Major Robert Anderson und seine Unionstruppen sich zunächst geweigert hatten, es zu räumen. Zwei Tage später mussten sie es jedoch übergeben. Diese Beschädigung amerikanischen Eigentums durch die Konföderierten provozierte und einte den Norden.

Forum, offener Versammlungsort in antiken römischen Städten, Zentrum des politischen und kulturellen Lebens. Foren wurden seit dem 6. Jh. v. Chr. für Bürgerversammlungen sowie religiöse und militärische Zeremonien benutzt. Sie umfassten die Curia – das Senatshaus – sowie Amts- und Gerichtsgebäude, Rednertribüne, Tempel, Bibliotheken und Märkte. Spätere Foren wurden in ROM von Kaisern gebaut, so das Augustus- und das Trajansforum.

Fouché, Joseph, Herzog von Otranto (1759–1820), französischer Politiker. Aktiv wurde Fouché während der FRANZÖSISCHEN REVOLUTION als maßgebliches Mitglied im Klub der JAKOBINER. 1793 war er als Schlächter von Lyon verantwortlich für über 1600 Todesurteile. Er stimmte für die Guillotinierung des Königs, zerstritt sich aber mit Maximilien de ROBESPIERRE und wurde 1794 aus dem Klub ausgeschlossen. Danach spielte er eine wesentliche Rolle beim Sturz Robespierres.

Das Forum in Rom wurde im 1. Jh. v. Chr. unter dem Diktator Sulla und später durch Caesar erweitert, damit die vielen Verwaltungsgebäude des Römischen Reiches Platz fanden.

Der spanische Diktator Francisco Franco nach einer Messe 1938 zum Gedenken an Primo de Rivera, den Gründer der Falange

1799 wurde Fouché vom regierenden Direktorium zum Polizeiminister ernannt, ein Posten, den er bis 1802 und dann wieder 1804–10 ausübte. Ebenfalls 1799 wirkte er an der Vorbereitung des Staatsstreichs von NAPOLEON I. mit. Fouché ging 1816 ins Exil, als alle Personen aus Frankreich verbannt wurden, die am Todesurteil des Königs beteiligt gewesen waren.

Fox, Charles James (1749–1806), britischer Politiker, Anhänger liberaler Reformen. 1768 kam er als Mitglied der TORIES ins Parlament und erwarb sich bald einen Ruf als gewandter und überzeugender Redner. 1774 wurde er wegen seiner kritischen Einstellung zu König Georg III. als Schatzkanzler im Kabinett North entlassen. Er wechselte zu den WHIGS und wurde 1782 im Kabinett Lord Rockingham erster Außenminister Großbritanniens. Ein Jahr später verbündete sich Fox mit seinem alten Gegner North, stieß aber mit seinem Gesetz zur Reform der Herrschaft über Indien auf Widerstand. Im selben Jahr wurde William PITT der Jüngere Premierminister, den Fox im Kampf um die Gleichstellung der Katholiken unterstützte, obwohl er sonst sein Gegenspieler war. Nach Pitts Tod trat Fox dem Kabinett William Grenville bei, in dessen Regierungszeit ein Gesetz gegen die Sklaverei verabschiedet wurde.

Fox, George (1624–91), englischer Wanderprediger und Gründer der QUÄKER. Der Sohn eines puritanischen Webers verließ 1643 sein Zuhause, um durch das Land zu ziehen und ein einfaches, gottgefälliges Leben zu predigen. Drei Jahre später erfuhr er eine göttliche Offenbarung, die ihn hieß, die neue Religionsgemeinschaft zu gründen. Nach einiger Zeit begann er, Anhänger um sich zu sammeln, und dank seiner einnehmenden Art und seiner überzeugenden Rhetorik zog er tausende an – obwohl nach der Wiederherstellung der Monarchie in England 1660 die Quäker in der Ausübung ihres Glaubens behindert wurden. Mehrere Missionsreisen, unterbrochen durch acht Gefängnisaufenthalte, führten Fox in die Niederlande, nach Deutschland, nach Nordamerika und Westindien.

Franco, Francisco (1892–1975), spanischer General und Politiker. Mit 14 Jahren trat Franco in die Infanterie-Akademie in Toledo ein, die er drei Jahre später abschloss. Dann folgte eine steile Karriere: 1923–27 war er Kommandant der spanischen Fremdenlegion, 1928–31 Leiter der Militärakademie in Saragossa, 1935 Generalstabschef. Seine Laufbahn geriet ins Stocken, als Alfons XIII. Spanien verließ und das Land Republik wurde. Der Wahlsieg der Linken 1936 veranlasste Franco, der auf einen Posten auf den Kanarischen Inseln versetzt worden war, zum Putsch, womit er den SPANISCHEN BÜRGERKRIEG auslöste.

1939 siegte der von der Junta der Aufständischen zum Generalissimus ernannte Franco mit Unterstützung der FALANGE und dank der Militärhilfe von HITLER und MUSSOLINI. Er machte sich zum *Caudillo*, zum Führer, d. h. Diktator Spaniens. Während des Zweiten Weltkriegs blieb er trotz seiner Sympathien für die ACHSENMÄCHTE neut-

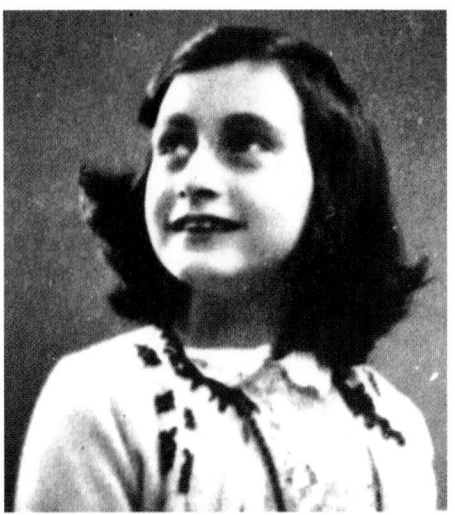

Das jüdische Mädchen Anne Frank starb 1945 in Bergen-Belsen, aber das eindringliche Zeugnis ihres Tagebuchs lebt weiter fort.

ral. 1947 stellte er offiziell die Monarchie wieder her, aber erst 1960 erklärte er Prinz JUAN CARLOS I., den Enkel Alfons' XIII., zum Nachfolger und Thronanwärter. Nach Francos Tod 1975 wurde dieser König und führte Spanien in die Demokratie.

Frank, Anne (1929–45), deutsches jüdisches Mädchen, das dem HOLOCAUST zum Opfer fiel. Anne und ihre Familie emigrierten nach Hitlers Machtergreifung 1933 in die Niederlande. Als das Land von den Deutschen besetzt worden war, verbrachten die Franks ab Juni 1942 zwei Jahre versteckt in einer geheimen Hinterhauswohnung in Amsterdam. In dieser schweren Zeit schrieb das Mädchen ein detailliertes Tagebuch, das 1947 veröffentlicht und weltweit bekannt wurde. Im August 1944 wurde das Versteck der Familie verraten und Anne kam in das Konzentrationslager Bergen-Belsen, wo sie an Typhus starb.

Franken, germanischer Stammesverband. Er begründete ab dem 6. Jh. das mächtigste christliche Reich in West- und Mitteleuropa nach dem Zusammenbruch des RÖMISCHEN REICHES. Zu den ersten Eroberungen der Franken gehörte Gallien, das ungefähr dem heutigen Frankreich entspricht, nachdem die Franken 486 unter CHLODWIG die Römer bei Soissons geschlagen hatten. Die meisten Eroberungen fanden unter zwei Dynastien statt: den MEROWINGERN, die bis 751 regierten, und den Karolingern, die auf sie folgten. Der bedeutendste Herrscher der Karolinger war KARL DER GROSSE, der sein Reich erweiterte, bis es von Frankreich im Westen bis nach Ungarn im Osten reichte. Es zerfiel am Ende des 9. Jh.; die Westfranken verschmolzen mit der gallorömischen Bevölkerung und begründeten das heutige FRANKREICH, die Ostfranken nahmen das Land ein, aus dem sich DEUTSCHLAND entwickelte.

Franklin, Benjamin (1706–90), amerikanischer Politiker und Naturforscher. Mit zwölf Jahren machte Franklin eine Lehre als Drucker und las in seiner Freizeit die antiken Klassiker und zeitgenössische englische Autoren. Später ließ er sich als Drucker, Verleger und Buchhändler in Philadelphia nieder und gewann Einfluss in der Politik Pennsylvanias. In den 60er- und 70er-Jahren des 18. Jh. sandte man ihn nach Großbritannien, damit er dort vor dem Parlament die Interessen der nordamerikanischen Kolonien gegenüber dem Mutterland vertrat. 1775 kehrte er nach Philadelphia zurück, um am Entwurf der amerikanischen Unabhängigkeitserklärung mitzuwirken.

Während des AMERIKANISCHEN UNABHÄNGIGKEITSKRIEGS war Franklin amerikanischer Gesandter in Frankreich und trug zum Zustandekommen des amerikanisch-

In der Frankfurter Nationalversammlung debattierten die Abgeordneten über eine Verfassung für Deutschland. Zum ersten Mal waren sie aus allgemeinen und freien Wahlen hervorgegangen.

Frankreich, westeuropäischer Staat. Die Besiedlung reicht in prähistorische Zeit zurück; die ältesten Funde sind 100 000 Jahre alt. Um 1200 v. Chr. wanderten die keltischen Gallier vom Rheintal her ein, die um 50 v. Chr. von den Römern besiegt wurden. Nach dem Untergang des Römischen Reiches im 5. Jh. kämpften mehrere rivalisierende Herrscher um den Besitz der heutigen französischen Regionen. Einer der mächtigsten war Kaiser KARL DER GROSSE, der bis 814 sein Reich so erweiterte, dass es den größten Teil Europas umfasste.

Nach der Dynastie Karls des Großen, den Karolingern, herrschten die KAPETINGER bis 1328, dann ging der Thron an Philipp VI. aus dem Haus Valois über. Dieser wurde in den HUNDERTJÄHRIGEN KRIEG verwickelt, in dem England nahezu alle französischen Gebiete verlor, die es durch Eroberung und Heirat gewonnen hatte. Nach der Niederlage der Engländer und Burgunder Ende des 15. Jh. war Frankreich ein geeinter Staat, der sich nach den Konflikten mit Spanien um die Mitte des 17. Jh. schließlich zur führenden Macht in Europa aufschwang.

Die FRANZÖSISCHE REVOLUTION von 1789 führte zum Ende der Monarchie und 1972 zur Errichtung der Ersten französischen Republik, die 1804 vom Ersten Kaiserreich unter NAPOLEON I. abgelöst wurde. Nach Napoleons zweimaliger erzwungener Abdankung 1814 und 1815 wurde mit LUDWIG XVIII. die Monarchie der Bourbonen wieder hergestellt. Die Versuche Karls X., reaktionäre Maßnahmen durchzusetzen, führten im Juli 1830 zu einer Revolution, die ihn stürzte und LOUIS PHILIPPE auf den Thron brachte. Als dieser 1848 abdanken musste, wurde die Zweite Republik gegründet, die jedoch nur bis zum Staatsstreich NAPOLEONS III. und zur Bildung des Zweiten Kaiserreichs 1852 Bestand hatte.

Die Dritte Republik entstand 1870, nachdem Napoleon III. im DEUTSCH-FRANZÖSISCHEN KRIEG in Gefangenschaft geraten war. Sie unterlag Deutschland im ZWEITEN WELTKRIEG 1940. Die Widerstandsbewegung FREIES FRANKREICH, von Charles de GAULLE gegründet, kämpfte mit den Alliierten bei der Befreiung Frankreichs 1944 und bereitete den Weg für die Vierte Republik, zu deren Ende 1958 vor allem der Algerienkrieg führte. Die Fünfte Republik schloss sich unter der Präsidentschaft von de Gaulle an, dem es gelang, Frankreichs Bedeutung in Europa wieder herzustellen, und der den meisten französischen Kolonien die Unabhängigkeit gewährte. Schon seit 1957 war Frankreich Gründungsmitglied der Europäischen Wirtschaftsgemeinschaft. François MITTERRAND, seit 1981 erster sozialistischer Präsident der Fünften Republik, hielt 1992 ein Referendum ab, das mit knapper Mehrheit den Vertrag von MAASTRICHT

französischen Bündnisses gegen das britische Mutterland bei. 1873 handelte er zusammen mit anderen den Frieden von Paris aus, in dem Großbritannien die amerikanische Unabhängigkeit anerkannte. Vier Jahre später nahm er als Delegierter von Pennsylvania am Verfassungskonvent teil, wo er sich gegen einen zu stark ausgeprägten Föderalismus aussprach. Als eine seiner letzten politischen Handlungen unterstützte Benjamin Franklin mit 84 Jahren eine Petition zur Abschaffung der SKLAVEREI in den USA. Berühmt wurde Franklin auch durch seine Arbeit als Naturforscher und Erfinder. Er wies nach, dass Blitze elektrische Entladungen sind, und erfand den ersten wirksamen Blitzableiter. Von vielen europäischen Universitäten wurde er mit der Ehrendoktorwürde ausgezeichnet.

Frankfurter Nationalversammlung, das in der Revolution von 1848/49 in Frankfurt am Main tagende erste verfassunggebende Parlament Deutschlands. Seine 585 Mitglieder waren zum größten Teil Angehörige des Bildungsbürgertums und Anhänger einer konstitutionellen Monarchie und erstmals nach allgemeinem und freiem Wahlrecht gewählt worden. Am 18. Mai 1848 machten sie sich daran, einen deutschen NATIONALSTAAT auf dem Fundament einer demokratischen Verfassung zu schaffen, der entweder großdeutsch unter Führung Österreichs sein sollte oder klein-

WUSSTEN SIE, DASS?

Unter den Abgeordneten der Nationalversammlung befanden sich 223 Juristen, 106 Professoren, 46 Industrielle und 4 Handwerker.

deutsch ohne Österreich mit Preußen an der Spitze. Man entschied sich am 27. März 1849 für die kleindeutsche Lösung und trug dem preußischen König Friedrich Wilhelm IV. die Kaiserkrone an. Doch dieser, vom GOTTESGNADENTUM überzeugt, lehnte die Krone ab, weil ihr, wie er sagte, „der Ludergeruch der Revolution" anhafte. Damit war die Frankfurter Nationalversammlung gescheitert.

Frankfurter Reichsverfassung, die in der FRANKFURTER NATIONALVERSAMMLUNG ausgearbeitete Verfassung für einen deutschen NATIONALSTAAT. Im organisatorischen Teil, den Abschnitten I–V, war die kleindeutsche Lösung ohne ÖSTERREICH und die konstitutionelle Monarchie mit Erbkaisertum für den preußischen König festgelegt; außerdem wurde bestimmt, dass der gesetzgebende REICHSTAG aus zwei Kammern, dem gewählten Volkshaus und dem von den Einzelländern ernannten Staatenhaus bestehen sollte und dass die Minister zur Rechenschaft gegenüber dem Parlament verpflichtet waren. Im VI. Abschnitt wurden die Grundrechte des deutschen Volkes festgeschrieben: u. a. persönliche Freiheitsrechte wie Glaubens-, Meinungs- und Pressefreiheit sowie die Gleichheit vor dem Gesetz. Obwohl die Frankfurter Reichsverfassung nie in Kraft trat, war sie richtungsweisend und wirkte sich auf die Inhalte der Weimarer Verfassung und des GRUNDGESETZES aus.

Für ein Treffen mit Franz I. von Frankreich ließ Heinrich VIII. von England bei Calais eine Zeltstadt und einen Palast errichten, wo man sich u. a. mit Turnierkämpfen die Zeit vertrieb.

bestätigte, dessen Ziel die politische und wirtschaftliche Einigung Europas ist. 1995 wurde der Konservative Jacques Chirac zum Präsidenten gewählt.

Franz I. (1494–1547), König von Frankreich seit 1515. Franz war fast während seiner ganzen Regierungszeit in einen erfolglosen Kampf mit den HABSBURGERN verwickelt. Er bewarb sich um die deutsche Kaiserkrone, doch vermochte er sich nicht durchzusetzen. 1521 begann er einen Krieg gegen den gewählten Kaiser KARL V., wurde aber in der Schlacht bei Pavia 1525 gefangen genommen. Nach dem Verzicht auf seine Ansprüche in Italien kam er frei, doch gingen die Feindseligkeiten bis 1544 weiter. Auf anderen Gebieten war Franz erfolgreicher: Er erhielt 1516 vom Papst das Recht, französische Bischöfe einzusetzen, und während seiner Regierungszeit erreichte die RENAISSANCE in Frankreich ihren glanzvollen Höhepunkt.

Franz II. (1768–1835), 1792–1806 letzter Kaiser des HEILIGEN RÖMISCHEN REICHES, danach als Franz I. Kaiser von Österreich. Nach großen Gebietsverlusten in den KOALITIONSKRIEGEN gegen Frankreich und der Kaiserkrönung NAPOLEONS I. erklärte er im Jahr 1804 das österreichische Herrschaftsgebiet zum Kaiserreich. Zwei Jahre später, 1806, nach der Gründung des RHEINBUNDS, musste er auf Druck Napoleons als Kaiser abdanken und löste damit das im Zerfall befindliche Heilige Römische Reich auch formell auf.

Franz Ferdinand (1863–1914), Erzherzog von Österreich, Neffe Kaiser FRANZ JOSEPHS I. und Thronfolger von ÖSTERREICH-UNGARN. Seine Ermordung führte zum Ausbruch des ERSTEN WELTKRIEGS. Franz Ferdinands Plan, aus Österreich-Ungarn durch die Einbeziehung eines slawischen Königreichs unter kroatischer Führung eine Dreifachmonarchie zu machen, stieß auf den Widerstand der Ungarn und vor allem der Serben. Am 28. Juni 1914 wurden Franz Ferdinand und seine Gemahlin Sophie bei einem Besuch in Sarajevo, der Hauptstadt der annektierten Provinz Bosnien-Herzegowina, von dem serbischen Nationalisten Gavrilo Princip erschossen.

Franz Joseph I. (1830–1916), seit 1848 Kaiser von Österreich. Im italienischen Einigungskrieg verlor er 1859 die Lombardei und danach im DEUTSCHEN KRIEG 1866 Venezien an Italien, den Bundesgenossen Preußens. Da er seinen Einfluss auf Deutschland eingebüßt hatte, versuchte Franz Joseph I. seinen Vielvölkerstaat durch den Ausgleich mit Ungarn zu stabilisieren und bildete 1867 die so genannte Doppelmonarchie, in der Österreich und Ungarn gleichberechtigt waren. Die Verbindung brachte zwar materiellen Wohlstand, vermochte aber nicht, die nationalen Minderheiten zu befrieden, die schließlich erbitterte Feinde der Doppelmonarchie wurden. Franz Josephs Kriegserklärung an SERBIEN nach der Ermordung des Thronfolgers bedeutete den Beginn des ERSTEN WELTKRIEGS.

Franz von Assisi (1181/82–1226), italienischer Mönch, der nach einer lebensfroh verbrachten Jugend 1209 den Franziskanerorden gründete. Diese Mönchsgemeinschaft war neben den DOMINIKANERN der bedeutendste Bettelorden. Franz, der eine tiefe Achtung vor der Natur und allen ihren Geschöpfen hegte und als missionierender Prediger wirkte, war stigmatisiert und hatte mehrere Visionen. Er wurde 1228 heilig gesprochen.

Französische Revolution siehe Seite 162/163

Französisches Kolonialreich, Territorien, die Frankreich im 17. und danach im 19. Jh. in Besitz nahm. Während einige der frühen Erwerbungen wie etwa die in Nordamerika und Kanada 1763 im SIEBENJÄHRIGEN KRIEG verloren gingen, konnte Frankreich andere Kolonien wie u. a. Französisch-Guyana und den SENEGAL behalten. Im 19. Jh. vergrößerte sich das französische Kolonialreich beträchtlich, vor allem um den Besitz von Algerien und Indochina. Sämtliche Kolonien wurden 1946 zu überseeischen Territorien und Départements in der Französischen Union erklärt und mit gewissen Mitspracherechten ausgestattet. Dennoch kam es 1946–54 zum Indochinakrieg, der mit dem Rückzug Frankreichs aus Südostasien endete. ALGERIEN errang 1962 nach mehrjährigem Bürgerkrieg seine Unabhängigkeit; andere Länder wie MAROKKO und TUNESIEN wurden auf friedlichem Wege frei.

Frauenbewegung, gesellschaftliche Bewegung, die seit dem Ende des 18. Jh. dafür kämpft, dass Frauen die gleichen Rechte wie Männer erhalten – dazu gehören vorrangig das Recht auf höhere Bildung, auf Besitz eines eigenen Vermögens und das Wahlrecht. 1792 forderte die britische Feministin Mary Wollstonecraft in ihrer Schrift *Eine Verteidigung der Rechte der Frauen* Chancengleichheit für Frauen. Ihren Kampf führte u. a. die erste britische Ärztin Elizabeth Garret Anderson

Der heilige Franz von Assisi, der später zum Schutzpatron der Tiere ernannt wurde, hält den Vögeln eine Predigt.

weiter. Vorkämpferinnen für die Frauenbewegung in Deutschland waren Luise Otto-Peters, Auguste Schmidt und Henriette Goldschmidt, die 1865 den Allgemeinen Deutschen Frauenverein gründeten. Nach dem Zweiten Weltkrieg wurde die Bewegung durch bekannte Frauenrechtlerinnen wie Simone de Beauvoir in Frankreich oder Betty Friedan in den USA gestärkt.

Frauenwahlrecht, das Recht der Frauen, sich an nationalen und lokalen Wahlen zu beteiligen. Weder im antiken Griechenland noch im alten Rom durften Frauen wählen, und in der modernen Zeit wurde dieses Recht erst ein Thema, als die Britin Mary Wollstonecraft 1792 und in den USA Mitte des 19. Jh. Elizabeth Cady STANTON derartige Forderungen stellten – allerdings wurden entsprechende Gesetzesvorlagen in den Parlamenten regelmäßig niedergeschlagen. In Großbritannien ging eine Gruppe von Frauen unter Führung von Emmeline PANKHURST, die SUFFRAGETTEN, zu militanten Aktionen über, die in der Öffentlichkeit einige Zustimmung fanden. Schließlich gewährte Neuseeland 1893 als erstes Land den Frauen das Wahlrecht, gefolgt von Finnland 1906, Deutschland 1918, den USA 1920, Großbritannien 1928 und Frankreich 1944.

Freie Demokratische Partei, abgekürzt F.D.P., 1948 gegründete liberale deutsche Partei. Ihr erster Vorsitzender war Theodor HEUSS. 1949–56, 1961–66 und 1982–98 war sie mit der CDU/CSU und 1969–82 mit der SPD an der Regierung und damit an wichtigen politischen Grundsatzentscheidungen der BUNDESREPUBLIK DEUTSCHLAND beteiligt.

Freies Frankreich, Organisation französischer Frauen und Männer, die versuchten, den Krieg gegen Deutschland nach dem militärischen Zusammenbruch Frankreichs 1940 fortzusetzen. Ihr Führer war Charles de GAULLE und von ihrem Sitz in London aus stellte sie Streitkräfte auf, die auf der Seite der Alliierten kämpften. Sie trugen zu einer Reihe wichtiger Siege über die ACHSENMÄCHTE bei und rund 300 000 Mann von ihnen waren im Juni 1944 an der INVASION in der Normandie beteiligt. Im August desselben Jahres kehrte de Gaulle im Triumph nach Paris zurück und half beim Wiederaufbau des französischen Staates.

Freihandel, Wirtschaftstheorie, die für völlig freien Warenverkehr zwischen Ländern eintrat. Sie besagt, dass jedes Land das produziert, was es am billigsten und besten herstellen kann, im Austausch gegen das, was es nicht zu leisten vermag. Die Theorie wurde zuerst von dem schottischen Volkswirtschaftler Adam Smith vertreten, der im 18. Jh. in seinem Buch *Untersuchung über die Natur und die Ursachen des Reichtums der Nationen* behauptete, die Arbeitsteilung zwischen Ländern führe zu Spezialisierung, höherer Produktion und Wohlstand. Diese Theorie, die den Abbau von Zollschranken fordert, wurde bisher schrittweise verwirklicht: 1947 entwarf man einen Fahrplan für einen freien Welthandel, das Allgemeine Zoll- und Handelsabkommen GATT. 1957 gründeten die Bundesrepublik Deutschland, Frankreich, Italien und die Beneluxstaaten die Europäische Wirtschaftsgemeinschaft; das östliche Gegenmodell kommunistischer Länder, COMECON, entstand schon 1949. 1993 wurde der europäische Binnenmarkt der EUROPÄISCHEN UNION Wirklichkeit, als alle Schranken im Handelsverkehr zwischen den Mitgliedstaaten fielen.

Freiheitsstatue, amerikanisches Nationaldenkmal und Sinnbild der Freiheit. Die riesige Frauenfigur, die auf der Liberty-Insel in der Hafeneinfahrt von New York steht, hält in der rechten Hand eine Fackel, die als Leuchtfeuer dient, und in der Linken ein Gesetzbuch. Dieses trägt die Inschrift: „4. Juli

Fortsetzung S. 164

Fackel und Flamme der Freiheitsstatue wurden in Paris von Arbeitern zusammengebaut, bevor man die Figur als ein Geschenk Frankreichs an die USA nach New York verschiffte.

Die Französische Revolution veränderte das Gesicht Europas

1789–99 erlebte Frankreich umwälzende Ereignisse – die Monarchie wurde gestürzt und die Republik ausgerufen, der Feudalismus fand sein Ende und man formulierte die Menschen- und Bürgerrechte. Es war aber auch eine Zeit, in der Aufruhr und Terror herrschten.

Im Jahr 1789 begann eine politische Umwälzung in Frankreich, die Europa verändern sollte. Manche Zeitgenossen wie der britische Politiker Charles James Fox sahen darin „das größte Ereignis, das jemals auf der Welt geschah"; andere blickten entsetzt nach Frankreich, denn dort wurden überkommene Privilegien und Ungerechtigkeiten hinweggefegt und die politische Bühne für neue Kräfte bereitet: für die Herrschaft des Volkes, politischen Terror und ideologisch begründete Kriege.

Die Ereignisse, die zur Französischen Revolution führten, begannen mit der Ankündigung Ludwigs XVI., dass die Generalstände, das französische Parlament, am 5. Mai 1789 zusammentreten würden, zum ersten Mal seit 175 Jahren. Der König berief die Versammlung ein, weil der Staat kein Geld mehr hatte, und er hoffte, dass die Abgeordneten eine Steuerreform beschließen würden, die den Bankrott verhinderte. Bereits 1787 hatte Finanzminister Calonne versucht, das Steuersystem zu reformieren und damit die Finanzen zu sanieren, aber damals hatten die Privilegierten die Zustimmung zur Aufhebung ihrer Steuerfreiheit verweigert. Daraufhin rief Ludwig XVI. den Bankier Jacques Necker, der bis 1781 als Finanzminister durch die Aufnahme von Anleihen die Staatsfinanzen ausgeglichen hatte, ins Amt zurück.

EIN STAAT IN DER KRISE

Unter der in ärmlichsten Verhältnissen lebenden Bevölkerung herrschte Unruhe und sie wurde noch größer, da die Ernte 1788 katastrophal ausgefallen war. Die Bauern mussten Geld oder landwirtschaftliche Produkte an adlige oder geistliche Feudalherren abführen, während Spekulanten in den Städten Lebensmittel zu überhöhten Preisen verkauften. Gleichzeitig setzte ein Rückgang der Konjunktur ein. Das Land wurde in eine tiefe wirtschaftliche Krise gestürzt.

Nach der Einberufung der Generalstände kam es zunächst zu einem Streit über das Abstimmungsverfahren. Bisher hatten sie in drei getrennten Abteilungen getagt und auch getrennt abgestimmt: Geistlichkeit, Adel und dritter Stand – das Bürgertum.

Jetzt forderte der dritte Stand Gleichberechtigung mit den beiden privilegierten Ständen, d. h. die gleiche Anzahl von Sitzen und die Abstimmung nach Köpfen und nicht nach Ständen. Der König stimmte dem ersten Verlangen zu, beharrte aber auf der getrennten Abstimmung. Aus Protest darüber erklärte sich nach langen Debatten der dritte Stand am 17. Juni 1789 zur Nationalversammlung, dem eigentlichen Träger der Staatsgewalt.

Dabei war es nicht die günstigste Zeit für ausgedehnte Debatten, denn in Paris herrschte mittlerweile Rebellion. Aufgebrachte Einwohner verlangten, dass der Brotpreis festgelegt werden sollte, Arbeiter raubten Getreideladungen, andere protestierten gegen zu geringen Lohn. Am 28. April hatte der Pöbel die Fabrik des Tapetenherstellers Réveillon gestürmt, der angeblich die Löhne seiner Arbeiter senken wollte. Soldaten eröffneten das Feuer und töteten rund 300 der Angreifer.

Als der König am 11. Juli Necker erneut entließ, verdichteten sich Gerüchte über eine Verschwörung. Würde die Armee eingreifen, um die königliche Macht zu festigen? Redner in Paris hetzten das Volk auf. In der Nacht vom 12. auf den 13. Juli griff der Pöbel Zollstationen und Lebensmittellager an und zog plündernd durch die Straßen. Die kritische Situation erreichte ihren Höhepunkt, als am 14. Juli 1789 Banden Unzufriedener in Waffenkammern einbrachen und die Bastille, das verhasste königliche Staatsgefängnis, stürmten. Nachdem der Herzog de Liancourt dieses Ereignis gemeldet hatte, sagte der König: „Das ist ein Aufruhr." „Nein", erwiderte de Liancourt, „das ist eine Revolution."

Der König versuchte, Sympathie für die Massen zu demonstrieren, indem er sich die dreifarbige revolutionäre Kokarde in den Farben Rot und Blau für die Stadt Paris und Weiß für die Bourbonen ansteckte, und er machte den Marquis de Lafayette, einen be-

Am 20. Juni 1789 schwören die Vertreter des dritten Standes in Versailles, nicht auseinander zu gehen, bevor eine Verfassung beschlossen ist.

Der Pariser Pöbel drängt nach dem Sturm auf die Bastille am 14. Juli 1789 zum Rathaus. Die Erhebung des Volkes hat begonnen.

liebten Aristokraten, zum Kommandanten der neu aufgestellten revolutionären Nationalgarde. Im August schaffte die Nationalversammlung das Feudalsystem in Frankreich ab und deklarierte die Menschen- und Bürgerrechte.

Im Oktober munkelte man, der König wolle die Privilegien der Aristokratie wieder herstellen. Darüber empört und noch zusätzlich aufgebracht wegen des Brotmangels, zogen rund 7000 hungernde Pariser Frauen nach Versailles und zwangen den König, in die Hauptstadt zu übersiedeln. Danach blieb er ein Gefangener des Pöbels.

Während der Revolution benutzte man gern Fächer, die in einer dreifarbigen Kokarde das Porträt Lafayettes aufwiesen.

Eine demokratische Verfassung wurde entworfen. Abgeordnete und Beamte sollten von den Bürgern gewählt werden, die Steuern in Höhe des Lohnes für drei Tage Arbeit zahlten. Nach einer Verwaltungsreform teilte man das Land in 83 Départements ein.

Die bis dahin relativ gemäßigt verlaufene Revolution wurde durch zwei Entwicklungen radikalisiert. Zum einen bestand weiterhin die Notwendigkeit, die Finanzkrise zu lösen. Die Nationalversammlung beschloss, die Kirchengüter zu verstaatlichen und teilweise zu verkaufen, und dazu gab man so genannte Assignaten heraus, für die die Besitzer später Land eintauschen konnten. Beides erwies sich als negativ: Die katholische Kirche wandte sich gegen die Revolution, wodurch das Volk gespalten wurde, und die Assignaten entpuppten sich als eine Währung, die den Handel eher behinderte und die Preise in die Höhe trieb. Das andere Ereignis, durch das die Revolution wieder an Kraft gewann, war der Kriegsausbruch: Im August 1792 erklärten die Franzosen Österreich den Krieg, um eine Gegenrevolution zu verhindern. Die ausländischen Truppen rückten nach Frankreich ein und drohten, Paris zu zerstören,

Oben: Ludwig XVI. erscheint auf einem Balkon des Versailler Schlosses, bevor man ihn am 6. Oktober 1789 nach Paris holt.

MARCHE DES MARSEILLOIS
CHANTEE SUR DIFFERENS THEATRES

1795 wurde die Marseillaise Nationalhymne (oben); ebenfalls 1795 ersetzte man die Fahrenheit-Skala durch Celsius-Grade (links).

falls der königlichen Familie etwas geschähe. Der folgende Konflikt, in dem sich Großbritannien, die Niederlande und Spanien mit Österreich und Preußen zu einer Koalition gegen Frankreich zusammenschlossen, brachte das Volk im Kampf um das nationale Überleben auf die Seite der Revolution.

So geriet die Revolution wieder in Fahrt. Die Verfassung wurde aufgehoben und ein Nationalkonvent gewählt. Jetzt wurden nicht nur fremde Mächte als Gegner betrachtet; es gab auch innere Feinde der Revolution. Sie sollten mit Terror ausgerottet werden, und die Waffe, die dazu zur Verfügung stand, war die Guillotine. Am 21. Januar 1793 wurde der König enthauptet.

DIE NEUE REPUBLIK

In Frankreich regierte nun diktatorisch der Wohlfahrtsausschuss, dessen beherrschende Gestalt Maximilien de Robespierre war. Ein neuer Kalender wurde eingeführt und an die Stelle der christlichen Religion trat der Kult des Höchsten Wesens. Die Republik führte Krieg gegen die Bauern in der Bretagne und der Vendée, weil diese die Herrschaft der Hauptstadt nicht anerkennen wollten. Mit der Zeit aber erschien auch überzeugten Republikanern der anhaltende Terror als zu bedrohlich. Im Juli 1794 bezichtigten sie in einer Sitzung den gefürchteten Robespierre der Tyrannei und nun wurde dieser seinerseits guillotiniert.

Um einen neuen Robespierre zu verhindern, wurde Frankreich 1795–99 von fünf Direktoren regiert. Da diese sich jedoch als unfähig erwiesen, die öffentliche Ordnung aufrechtzuerhalten, suchte man nach einem starken Mann. Im November 1799 übernahm der erfolgreiche und beliebte General Napoleon Bonaparte mit einem Staatsstreich die Macht.

Unten: Am 21. Januar 1793 richtet man Ludwig XVI. hin. Die Monarchisten in Europa sind erschüttert.

1776 – der amerikanische Unabhängigkeitstag". Im späten 19. und frühen 20. Jh. verkörperte die Figur für hunderttausende europäischer Einwanderer, die New York per Schiff erreichten, die Chancen zur freien Entfaltung der Persönlichkeit, die sie sich in den USA erhofften.

Geschaffen hat die 46 m hohe Kolossalstatue, die man auch Miss Liberty nennt, der französische Bildhauer Frédéric Auguste Bartholdi. Sie sollte als ein Geschenk Frankreichs an die USA an das erste Jahrhundert der amerikanischen Unabhängigkeit und an Frankreichs Unterstützung auf dem Weg dahin erinnern. Das Standbild wurde in Frankreich gefertigt und dort ausgestellt, bevor man es für den Transport nach New York zerlegte. Bartholdi beaufsichtigte persönlich den Zusammenbau auf amerikanischem Boden 1886.

Die Statue besteht aus getriebenen Kupferplatten, die über ein Stahlgerüst montiert wurden. Sie steht auf einem rund 45 m hohen Betonsockel, der mit Granit verkleidet ist. Ein Lift fährt bis zur Höhe des Sockels und in der Statue führt eine Treppe hinauf bis zur Krone.

Freikorps, Freiwilligenverbände, die Ende 1918 in DEUTSCHLAND aufgestellt wurden. Sie bekämpften Aktionen linksextremer Gruppen, z. B. 1919 den Aufstand des SPARTAKUSBUNDS. Der Großteil der über 100 Freikorps, deren antirepublikanische Einstellung den inneren Frieden der WEIMARER REPUBLIK gefährdete, ging in der Reichswehr auf.

Freimaurer, in der ganzen Welt verbreitete freigeistige Männerbünde. Die Mitglieder haben sich der Brüderlichkeit, Freundschaft und Toleranz verschrieben; ihr Fernziel ist die Veredlung der Menschheit. Die Freimaurer pflegen zahlreiche überkommene Rituale, etwa bei der Aufnahme in die Bruderschaft, über die sie Stillschweigen bewahren sollen. Die ersten freien Maurer waren wahrscheinlich wandernde Steinmetzen und Dombaumeister im 14. Jh., die ihre Berufsgenossen an eben solchen Zeichen und Ritualen erkannten. Als im 17. Jh. der Dombau zurückgegangen war,

füllten die Maurer ihre Reihen mit Ehrenmitgliedern auf. 1717 bildete sich aus vier Londoner Logen die erste Großloge, die zum Vorbild anderer Logen wurde. In den 90er-Jahren des 20. Jh. gab es weltweit ungefähr 7 Mio. Mitglieder in über 30 000 Logen. Berühmte Freimaurer waren u. a. Wolfgang Amadeus MOZART, Joseph HAYDN und Johann Wolfgang von GOETHE.

> **WUSSTEN SIE, DASS?**
>
> *Die erste amerikanische Freimaurerloge wurde 1750 mit Benjamin Franklin als einem ihrer Mitglieder gegründet. Seitdem sind 13 amerikanische Präsidenten Freimaurer gewesen.*

Frelimokrieg, bewaffneter Konflikt zwischen den Frelimo – der Befreiungsfront von MOÇAMBIQUE – und den portugiesischen Streitkräften 1964–75. Aus Protest gegen die portugiesische Kolonialherrschaft kam es unter der Führung von Eduardo Mondlane zu bewaffneten Auseinandersetzungen. Portugal konnte den Aufstand nicht ersticken und bis 1968 hielt Samora Machel, der die Armee nach Mondlanes Ermordung befehligte, ein Fünftel des Landes unter seiner Herrschaft. 1975 traten die Portugiesen die Herrschaft an die Frelimo ab, die als sozialistische Einheitspartei die wichtigste politische Kraft in dem neuen Staat Moçambique wurde.

Fremdenlegion, französische Streitmacht, die zum großen Teil aus angeworbenen ausländischen Freiwilligen besteht. Die Offiziere sind vorwiegend Franzosen, das Alter der Söldner, die sich für fünf Jahre verpflichten müssen, liegt zwischen 18 und 40 Jahre. Die Truppen sind größtenteils in Frankreich stationiert, einige Einheiten liegen heute auch in Französisch-Guayana, Dschibouti und Polynesien. Die Legion, die 1831 vom französischen König LOUIS PHILIPPE zur Sicherung der französischen Kolonie ALGERIEN gegründet wurde, kämpfte in allen Kolonialkriegen Frankreichs, vor allem in Afrika und 1946–54 in Indochina.

Frémont, John (1813–90), amerikanischer Entdecker, Soldat und Politiker, auch der Pfadfinder genannt. 1842–46 leitete er drei große Expeditionen in den damals noch unbekannten amerikanischen Westen. Er war weitgehend für die Kartierung des Gebiets zwischen den Oberläufen von Mississippi und Missouri verantwortlich und beteiligte sich an der Eroberung und Erschließung KALIFORNIENS. Durch die Goldfunde, die er während des GOLDRAUSCHS 1848 machte, wurde er zum Multimillionär. Frémont war 1856 der erste Präsidentschaftskandidat der neuen Partei der REPUBLIKANER, unterlag aber James Buchanan.

Freud, Sigmund siehe rechte Seite

Friedrich I. Barbarossa siehe Seite 166

1903 waren in Algerien Fremdenlegionäre im Einsatz. 58 Jahre später wurde ein Regiment aufgelöst, weil es die Rebellen, die für die Unabhängigkeit des Landes kämpften, unterstützt hatte.

Vater der Psychoanalyse

Sigmund Freud erforschte das Unbewusste und erkannte, dass es Hinweise zur Heilung seelischer Krankheiten geben kann.

Nach der Flucht vor den Nazis 1938 nahm Freud in London seine Arbeiten wieder auf.

Sigmund Freuds Untersuchung des Unbewussten übte eine tiefe Wirkung auf das Denken des 20. Jh. aus. Der 1856 in Österreich geborene Sohn jüdischer Eltern studierte in Wien Medizin, bevor er sich auf die Erforschung des Seelenlebens und seiner körperlichen Auswirkungen spezialisierte. Er teilte die Psyche des Menschen in drei Schichten ein: das Es, den Bereich unbewusster Triebhaftigkeit, das Über-Ich, den Bereich von Gewissen und Moral, und das handelnde Ich, das ständig zwischen den beiden anderen Schichten vermittelt. Er entwickelte die Psychoanalyse und ersetzte damit bei der Behandlung von seelischen Störungen und Geisteskrankheiten Medikamente und Elektroschocks durch das freie Assoziieren von Gedanken des Patienten und durch die Deutung seiner Träume.

DIE KRAFT DER LIBIDO

Freud glaubte, dass das menschliche Verhalten im Sexualtrieb wurzelt, der nicht nur zum reifen Menschen, sondern auch zur Kindheit gehört. Jeder, so behauptete er, erwerbe einen mehr oder weniger stark ausgeprägten Ödipuskomplex – ein Begriff, den er nach der griechischen Sage von König Ödipus prägte, der unwissentlich seinen Vater tötete und seine Mutter heiratete. Es sei ein allgemeines Schicksal, dass man seine ersten sexuellen Regungen auf die Mutter und den ersten Hass auf den Vater richte, der hier im Weg sei. Wenn solche frühkindlichen sexuellen Wünsche nicht auf andere Personen übergehen, sondern fixiert bleiben, entstünden daraus Persönlichkeitsstörungen, also Neurosen. 1919 erklärte Freud in *Die Traumdeutung*, dass der Traum – wie die Neurose – die verhüllte Äußerung eines unterdrückten Triebes sei und daher die „verborgene Bedeutung" für das menschliche Verhalten liefere.

Freud war in seiner Arbeit ein begabter Wortschöpfer. Er erfand heute so gängige Begriffe wie Schuldkomplex und Tiefenpsychologie und beschrieb sehr eindrucksvoll die Fallgeschichten seiner Patienten. Sein Werk *Jenseits des Lustprinzips* (1920) enthielt den Gedanken des Todestriebs – des menschlichen Drangs, sich zu vernichten – als Erklärung für das Gemetzel im Ersten Weltkrieg. Er schockierte seine Leser, als er in *Die Zukunft einer Illusion* (1927) erklärte, dass Religionen unter die Erscheinungen des Massenwahns einzuordnen seien und dass „niemand, der an einem Wahn leidet, ihn natürlich als solchen" erkennt.

Freuds Idee, dass der Ursprung jeglicher Neurosen sexueller Natur sei, entzweite seine Anhänger. Während manche ihm ihr Leben lang folgten, gingen andere wie der Wiener Arzt A. Adler oder der Schweizer Psychiater C. G. Jung mit der Zeit eigene Wege. Es gab keine experimentellen Beweise, die Freuds Theorien gestützt hätten, und seinen Patienten ging es nicht besser als denen seiner Konkurrenten. Doch auch wenn seine Einsichten nicht mehr unbedingt als Schlüssel zur menschlichen Seele betrachtet werden, folgen dennoch viele Therapeuten seiner Methode, dem Patienten mit Aufmerksamkeit und Respekt zuzuhören.

Friedrich I. (1657–1713), seit 1688 als Friedrich III., Kurfürst von BRANDENBURG und seit 1701 erster König in Preußen aus dem Haus HOHENZOLLERN. Nachdem er die Nachfolge als Kurfürst angetreten hatte, war Friedrich entschlossen, sich zum König in Preußen zu machen. Er verbündete sich mit Kaiser LEOPOLD I. im SPANISCHEN ERBFOLGEKRIEG gegen Frankreich und erhielt dafür die Erlaubnis, sich im nicht zum Heiligen Römischen Reich gehörenden Herzogtum Preußen zum König zu krönen.

Friedrich I. förderte die Wirtschaft des Landes, gewann die niederrheinischen Grafschaften Moers und Geldern hinzu und verhalf dem damaligen Provinznest Berlin durch seine Bautätigkeit und die Gründung der Akademien der Wissenschaften und der Künste zu einer Blütezeit.

Friedrich II. (1194–1250), Kaiser des HEILIGEN RÖMISCHEN REICHES aus der Familie der STAUFER. Der Enkel Barbarossas wuchs elternlos in Palermo auf. Er lernte in seinen schweren Jugendjahren früh, sich zu behaupten, und eignete sich eine umfassende Bildung an. Schon mit zwei Jahren wurde er zum deutschen König gewählt, gelangte aber nach dem Tod seines Vaters Heinrich VI. im Jahr 1197 noch nicht auf den Thron. Mit vier Jahren krönte man ihn zum König von SIZILIEN. 1211 wurde er in Nürnberg erneut zum König gewählt – diesmal konnte seine Position gegen den WELFEN Otto IV. gesichert werden, und zwar 1214 in der Schlacht von BOUVINES, in der die mit Friedrich verbündeten Franzosen siegreich waren. Im November 1220 fand in Rom die Kaiserkrönung statt.

Die Regierungszeit Friedrichs II. wurde von einem langen und erfolglosen Konflikt mit dem PAPSTTUM beherrscht. Während eines Kreuzzugs 1228/29 gewann er JERUSALEM, Nazareth und Bethlehem für die Christenheit und krönte sich zum König von Jerusalem. Trotz seiner Auseinandersetzungen mit dem Papst gewann er die Unterstützung der weltlichen und geistlichen Fürsten Deutschlands, indem er ihnen beträchtliche politische Vollmachten zugestand. Vier Jahre nach seinem Tod war die Herrschaft der Staufer zu Ende und das INTERREGNUM bahnte sich an.

Die Persönlichkeit Friedrichs II. faszinierte seine Zeitgenossen, auch die in Deutschland, obwohl er hier nur selten weilte und aus seiner Vorliebe für Italien keinen Hehl machte. Er gilt als der gebildetste deutsche Herrscher des Mittelalters, verfügte über herausragende Fähigkeiten, große Intelligenz und vielseitige Interessen. Er sprach neben Deutsch Italienisch, Französisch, Griechisch und Arabisch, betätigte sich als Dichter von Minneliedern und philosophierte mit arabischen Gelehrten. Auch die Mathematik interessierte ihn, ebenso die Architektur sowie die Naturwissenschaften: Er schrieb ein noch heute beachtetes Buch über die Falkenjagd und verfasste Schriften über die Aufzucht von Vögeln. Seine ehrfürchtigen Bewunderer gaben ihm den Beinamen *Stupor Mundi*, das Staunen der Welt.

Friedrich II. der Große siehe Seite 168

Friedrich III. (1415–93), seit 1440 deutscher König und seit 1452 Kaiser des HEILIGEN RÖMISCHEN REICHES. Als Erzherzog von ÖSTERREICH erbte Friedrich die habsburgischen Länder. Seine Regierung war geprägt von Konflikten mit Verwandten und dem Adel, doch gelang es ihm, ein besseres Verhältnis zur Kirche herzustellen. Seine bemerkenswerteste Leistung war die Verheiratung seines Sohnes, des späteren Kaisers MAXIMILIAN I., mit Maria, der Tochter KARLS DES KÜHNEN, des Herzogs von Burgund. Durch das burgundische Erbe wurde nach Karls Tod 1477 der Besitz der HABSBURGER beträchtlich vergrößert.

Friedrich III. der Weise (1463–1525), Kurfürst von Sachsen. Der gebildete und für seinen Gerechtigkeitssinn bekannte Landesvater regierte zusammen mit seinem Bruder Johann dem Beständigen. 1519 lehnte er es nach dem Tod Kaiser MAXIMILIANS I. ab, für die Kaiserkrone zu kandidieren, und verhalf stattdessen KARL V. auf den Thron. 1502 gründete Friedrich der Weise die Universität Wittenberg, an der Martin LUTHER wirkte. Obwohl er sich selbst zunächst nicht zu dessen Lehre bekannte, schützte er den gebannten und unter Reichsacht stehenden Luther und gewährte ihm auf der Wartburg Unterschlupf. Friedrichs Politik trug erheblich dazu bei, dass sich die REFORMATION in Deutschland ausbreiten konnte.

Friedrich Wilhelm (1620–88), seit 1640 Kurfürst von BRANDENBURG, genannt der Große Kurfürst. Zu den Hauptbestrebungen seiner Regierungszeit, während der er zum Wohl des Staates häufig die Bündnispartner wechselte, gehörten Gebietszuwachs sowie eine Neuorganisation der Verwaltung und der Aufbau eines stehenden Heeres. Der selbst calvinistisch erzogene Herrscher rief 1685 mehrere tausend verfolgte französische HUGENOTTEN in sein Land, das nach dem DREISSIGJÄHRIGEN KRIEG darniederlag. Durch diese Einwanderungswelle wurden der wirtschaftliche Aufstieg Brandenburgs und eine handwerkliche sowie kulturelle Blütezeit in Berlin begründet.

Friedrich Wilhelm I. (1688–1740), König in Preußen seit 1713. Der Sohn FRIEDRICHS I. hegte größtes Interesse am Aufbau einer disziplinierten und schlagkräftigen Armee, was ihm den Beinamen Soldatenkönig eintrug. Als er starb, waren fast 40 % der Bevölkerung im Militärdienst und Preußen war nach Russland und Frankreich die drittgrößte Militärmacht Europas. Friedrich Wilhelm I. sanierte die Finanzen des preußischen Staates, indem er den finanziellen Aufwand des Hofes drastisch einschränkte.

Der Kaiser mit dem roten Bart

Der Stauferherrscher Friedrich I. Barbarossa widmete sein Leben
der Aufgabe, die Macht und Herrlichkeit des
Heiligen Römischen Reiches wiederherzustellen.

Friedrich I. Barbarossa – Rotbart –, wie ihn die Italiener nannten, war und ist für viele Menschen auch heute noch die volkstümlichste aller mittelalterlichen Herrscherfiguren. Einer der Gründe dafür war sein ehrgeiziges Regierungsprogramm: die „Wiederherstellung des erhabenen Reiches in alter Pracht und Würde".

Dabei war es dem Herzog von Schwaben keineswegs in die Wiege gelegt worden, dass er ein bedeutender Kaiser werden sollte. Im Alter von knapp 30 Jahren wählten ihn 1152 die Fürsten zum deutschen König, weil sie hofften, er werde einen alten Familienstreit im Reich, den Konflikt zwischen Staufer und Welfen, beenden, da er mit beiden Häusern verwandt war. Dies gelang ihm zwar nicht vollständig, aber eine Zeit lang vermochte er seinen Vetter, den Welfen Heinrich den Löwen, ruhig zu stellen, indem er ihm das Herzogtum Bayern übertrug. Allerdings kam es Mitte der 70er-Jahre des 12. Jh. wieder zum offenen Konflikt, Heinrich wurde geächtet und verlor seine Herzogtümer.

KÄMPFER FÜR GOTT UND REICH

Um sich selbst eine ausreichende Machtbasis zu verschaffen, gründete Friedrich zahlreiche Pfalzen, Burgen sowie Städte und legte sich durch Kauf, Tausch und Nötigung einen Landbesitz zu, der vom Elsass bis Thüringen reichte. Vor diesem Hintergrund konnte er darangehen, den Königsrechten wieder mehr Geltung zu verschaffen, und das bedeutete wie schon in den vergangenen Jahrhunderten: in Deutschland und in Italien. Hier waren ihm allerdings zwei mächtige Gegner erwachsen: die oberitalienischen Städte, die sich auf eigene Füße gestellt hatten – allen voran das rebellische Mailand –, und der Papst, der seinen Kirchenstaat durch die staufische

Herrschaft bedroht sah. Um sich beiden gegenüber zu behaupten, zog Friedrich I. mehrmals mit einem Heer nach Süden. Insgesamt überquerte er sechsmal die Alpen und verbrachte von seinen 36 Regierungsjahren 15 in Italien.

Zwar musste Barbarossa einige militärische Niederlagen hinnehmen, aber dank seines politischen Geschicks gelang es ihm, seine Stellung als Oberhaupt des christlichen Abendlands zu festigen. Er wurde 1155 in Rom zum Kaiser gekrönt; die oberitalienischen Städte leisteten ihm den Treueid, nachdem er ihnen ihre alten Rechte zurückgegeben hatte, und mit seinem erbitterten Gegner Papst Alexander III. versöhnte er sich schließlich.

TRAGISCHER TOD

Als 1187 Sultan Saladin Jerusalem eroberte, wollte Kaiser Friedrich I. auch im Heiligen Land für Gott und die Christenheit kämpfen und brach zwei Jahre später mit 100 000 Mann zum Dritten Kreuzzug auf. Doch unterwegs ertrank er unter nie ganz geklärten Umständen in dem kleinen Fluss Saleph in Kleinasien. Dieser geheimnisumwitterte Tod und vor allem die beeindruckende Persönlichkeit des klugen, gut aussehenden und zupackenden Mannes, der ein besonderes Geschick im Umgang mit anderen Menschen besaß und auf vollendete Weise den höfischen Ritter verkörperte, trug dazu bei, dass er im Gedächtnis des Volkes lebendig blieb. Die Sage vom bergentrückten Kaiser, die eigentlich auf seinen Enkel Friedrich II. gemünzt war, wurde seit dem 16. Jh. auf ihn bezogen. Und so schläft Kaiser Friedrich I. denn noch heute in einer Berghöhle des Kyffhäuser in Thüringen und wartet auf die Zeit seiner Wiederkunft.

Der idealisierte Kopf des Stauferkaisers Friedrich I. Barbarossa ist eine Goldschmiedearbeit aus der Zeit um 1160.

Unter seiner Herrschaft entstand die Grundlage für das preußische Beamtentum mit dem Ideal des sparsamen, pflichtbewussten und treuen Staatsdieners. Friedrich Wilhelm I. hinterließ seinem Sohn und Nachfolger FRIEDRICH II. DEM GROSSEN einen gut verwalteten, zentralisierten Staat mit einer starken und bestens ausgebildeten Armee.

Friedrich Wilhelm III. (1770–1840), König in Preußen seit 1797. Pflichtbewusst und scheu, war er keine strahlende Herrschergestalt, wurde aber im Volk durch die Heirat mit Louise von Mecklenburg beliebt. Seine Entscheidung, im zweiten und dritten KOALITIONSKRIEG gegen Frankreich neutral zu bleiben, schmälerte sein Ansehen. 1806 nahm er jedoch am Kampf gegen NAPOLEON I. teil und wurde nach der vernichtenden Niederlage in der Doppelschlacht bei JENA und Auerstedt durch den Frieden von TILSIT 1807 gezwungen, mehr als die Hälfte seiner Gebiete abzutreten, darunter alle Provinzen westlich der Elbe. Um den Niedergang seines Staates aufzuhalten, unterstützte er die Reformbemühungen seiner Minister vom und zum STEIN und von HARDENBERG. Auf dem WIENER KONGRESS erhielt Preußen Westfalen zurück sowie große Teile des Rheinlands und Sachsens sowie Vorpommern mit Rügen.

Friesen, westgermanisches Volk, dessen Siedlungsgebiet in der Küstenregion zwischen Rheinmündung und Weser lag. Zwischen 12 v. Chr. und 69 n. Chr. erhoben sich die Friesen mehrmals gegen die römische Herrschaft. Nach dem 6. Jh. wurden sie von den FRANKEN besiegt. Den Versuchen des BONIFATIUS, sie zu christianisieren, leisteten sie erbitterten Widerstand. Nachdem das Volk im Mittelalter eine gewisse Autonomie behaupten konnte, fiel im 15. Jh. das Land westlich der Ems an Burgund und wurde im 16. Jh. nach seinem Bündnis mit den Holländern im Aufstand gegen die spanische Herrschaft Teil der niederländischen Generalstaaten. Das Land östlich der Ems – Ostfriesland – wurde ein Fürstentum, das 1744 von Preußen besetzt wurde und 1815 an HANNOVER kam.

Friesen, Karl Friedrich (1784–1814), Lehrer und Erzieher. Friesen war ein begeisterter Anhänger des Turnens und wurde in Berlin Mitarbeiter von Friedrich Ludwig JAHN. Er setzte sich vor allem für die Förderung des Schwimm- und Fechtsports ein. 1813 schloss er sich mit Jahn dem Freischarführer Adolf Freiherr von LÜTZOW an, der in den BEFREIUNGSKRIEGEN kämpfte. Friesen wurde sein Adjutant und fiel in Frankreich.

Fritsch (rechts) und Blomberg (links) mit Hitler auf einer Parade im Tiergarten 1937

Fritsch-Krise, vorgeschobener Anlass für die GLEICHSCHALTUNG der Wehrmacht 1938. Reichskriegsminister Werner von Blomberg und der Oberbefehlshaber des Heeres, Freiherr Werner von Fritsch, äußerten aus Sorge über die Politik des Risikos ihre Bedenken gegen die Expansionspläne, die Adolf HITLER in der Besprechung vom 5. November 1937 bekannt gegeben hatte. Daraufhin wurde Blomberg am 4. Februar 1938 wegen seiner standeswidrigen Eheschließung – bei der Hitler Trauzeuge war – verabschiedet. Fritsch wurde am selben Tag wegen angeblicher Homosexualität – die von einem gedungenen Zuchthäusler bezeugt wurde – aus dem Amt entlassen. Im Anschluss daran gründete Hitler das Oberkommando der Wehrmacht unter dem willfährigen General Wilhelm KEITEL und sicherte sich so den entscheidenden Einfluss auf die Militärführung.

> **WUSSTEN SIE, DASS?**
>
> *Am 13. Juni 1938 gab Adolf Hitler vor der militärischen Führungsspitze eine Ehrenerklärung für Werner von Fritsch ab; dennoch wurde dieser nicht rehabilitiert und zum Regimentskommandeur herabgestuft.*

Fröbel, Friedrich (1782 bis 1852), deutscher Pädagoge. Unter dem Einfluss von Jean-Jacques ROUSSEAU und Johann Heinrich Pestalozzi gründete der Pfarrerssohn aus Thüringen 1816 das erste Landerziehungsheim. Darin wurden die Kinder im Umgang mit der Natur unterrichtet, lernten Werken und Musizieren und durften unter Anleitung spielen. Ab 1840 setzte Fröbel sich für die Errichtung allgemeiner Kindergärten für Kinder im Vorschulalter ein. Obwohl er damit bei den preußischen Behörden zunächst auf Widerstand stieß, setzte sich diese Idee doch allmählich durch.

Fronde, Bezeichnung für politische Oppositionsbewegungen und zwei Aufstände in Frankreich. Sie fanden zu der Zeit statt, als LUDWIG XIV. noch unmündig war und die Macht in den Händen seiner Mutter Anna von Österreich und ihres ersten Ministers Jules MAZARIN lag.

Die erste Fronde 1648/49 wurde von Richtern des Parlaments von Paris begonnen. Sie hatten die Annahme eines Steueredikts verweigert und die Steuerpolitik kontrollieren wollen und sollten deshalb nach einem Beschluss Annas und Mazarins vier Jahre lang kein Gehalt bekommen. In der Folge kam es zu Straßenkämpfen in Paris und der Hof floh nach Saint Germain außerhalb der Stadt.

Die zweite Fronde 1650–53 ging auf den Adel und Teile des Klerus zurück und begann nach der Verhaftung des Prinzen von CONDÉ. Mazarin musste aus Frankreich fliehen. Da sich die Führer des Aufstands aber nicht einig waren und Condé nicht vom Parlament gestützt wurde, musste er seinerseits Paris verlassen. Mazarin konnte zurückkehren, nachdem die königliche Armee die Hauptstadt eingenommen hatte. Die Fronde war damit gescheitert und die Monarchie ging aus diesen Auseinandersetzungen gestärkt hervor.

Frontinus, Sextus Julius (um 40–um 103), römischer Offizier und Verwaltungsfachmann. Er hatte eine steile Karriere als Mitglied des Senats, Feldherr in Britannien und dreimaliger Konsul hinter sich, als ihm 97 von Kaiser Nerva die Verantwortung über die gesamte Wasserversorgung Roms übertragen wurde. Frontinus führte einen technischen Standard ein, der lange unübertroffen blieb, und fasste seine einschlägigen Erfahrungen in einem Buch zusammen, das seinen Nachfolgern im Amt als Leitfaden diente.

Fruchtbarer Halbmond, landwirtschaftlich genutztes Gebiet im Nahen Osten, das sich halbkreisförmig vom Niltal bis zum Euphrat erstreckt. Diese Heimat der alten Völker von BABYLON, ASSYRIEN, ÄGYPTEN und PHÖNIZIEN wird in der westlichen Welt als Wiege der Kultur betrachtet. Die Existenz bäuerlicher Gemeinden reicht hier bis in die Zeit um 8000 v. Chr. zurück.

Erster Diener seines Staates

Durch König Friedrich II. den Großen errang das relativ kleine Preußen einen wichtigen Platz unter den europäischen Großmächten.

Geliebt wurde Friedrich II. nur von wenigen, aber Respekt hatten die meisten vor dem Alten Fritz. Er war ein schwieriger, unduldsamer Mensch, der seiner Umgebung das Leben schwer machte, aber er leistete Herausragendes als Staatsmann und Heerführer und reihte Preußen in den Reigen der Großmächte ein. Er war hoch gebildet, veröffentlichte Abhandlungen in französischer Sprache, spielte auf der Querflöte und komponierte sogar selbst, lebte aber nach eigenen Worten „mit der Welt in Scheidung".

Die Jugend des 1712 geborenen Friedrich war geprägt vom Konflikt mit seinem autoritären Vater, der ihn streng militärisch erzog. Nach einem misslungenen Fluchtversuch und der Exekution seines Freundes Hans von Katte unterwarf er sich der väterlichen Gewalt und erhielt mit 20 Jahren das Kommando über das Regiment in Neuruppin. Von 1736–40 verbrachte er auf Schloss Rheinsberg seine glücklichsten Jahre. Hier verfasste er 1739 die später *Antimachiavell* genannte Schrift, in der er sich selbst als den ersten Diener seines Staates bezeichnete und der Moral in der Staatsführung das Wort sprach.

Mit dem Regierungsantritt 1740 verwies er diese Einstellung allerdings zumindest teilweise in das Reich der Theorie. Unter fadenscheinigen Vorwänden überfiel er Schlesien und raubte Maria Theresia, der Herrscherin im Heiligen Römischen Reich, diese reiche Provinz. 1756 sah er sein Land durch die gegnerische Koalition Österreich und Frankreich sowie Russland bedroht und startete einen Präventivangriff auf Sachsen, um von dort aus über Böhmen in das Gebiet der Habsburger einzufallen. Damit hatte der Siebenjährige Krieg begonnen, in dessen Verlauf sich Friedrich als genialer Feldherr erwies, der sich gegen eine gewaltige Übermacht militärisch behauptete. Allerdings musste er auch schwere Niederlagen wie 1759 bei Kunersdorf hinnehmen. 1763 schließlich kam es zum Frieden von Hubertusburg, in dem Preußens Stellung als Großmacht besiegelt wurde.

FÖRDERER DES LANDES

Nach dem Krieg machte sich Friedrich umgehend an den Wiederaufbau des wirtschaftlich daniederliegenden Preußen. Er unterstützte Handel und Gewerbe, ließ Kanäle anlegen und baute in Schlesien, dem Harz und der westfälischen Grafschaft Mark Bergbau und Hüttenwesen aus. Dank seiner religiösen Toleranz kamen Siedler aus Frankreich, den Niederlanden, Schwaben und der Pfalz ins Land. Friedrich modernisierte das Rechtswesen,

Durch seine Siege, die Napoleon später bewunderte, machte der Alte Fritz Preußen zu einer europäischen Großmacht.

indem er ein neues Gesetzeswerk erstellen ließ, die Unabhängigkeit der Justiz einführte und die Folter abschaffte. Er erneuerte das Schulwesen und förderte Kunst und Wissenschaft. Bei seinen rastlosen Tätigkeiten schonte er sich selbst nicht, sondern kontrollierte höchstpersönlich alles, was ihm möglich war – bis ins hohe Alter. Mit 73 Jahren starb er 1786, innerlich schon lange ein einsamer Mann, in Sanssouci, dem 1748 fertig gestellten Schloss, dessen Pläne er selbst entworfen hatte.

Frundsberg, Georg von (1473–1528), deutscher Söldnerführer. Der in Jahr 1502 zum Ritter geschlagene Feldhauptmann diente unter zwei Kaisern – MAXIMILIAN I. und KARL V. – und nahm an zahlreichen Feldzügen teil, u. a. 1499 gegen die Schweiz, 1509–11 gegen Venedig, 1513–16 und 1521–25 gegen Frankreich. 1526 kämpfte er mit mehreren tausend von ihm selbst ausgerüsteten und bezahlten Landsknechten in Italien. Da er sich sehr um das Wohl seiner Truppen bemühte, erhielt er den Beinamen „Vater der Landsknechte".

Fry, Elizabeth (1780–1845), britische Sozialreformerin. Sie stammte aus einer Quäkerfamilie und war als Predigerin tätig. Mit 20 Jahren heiratete sie den Londoner Kaufmann Joseph Fry. 1813 wurde sie bei einem Besuch in der Haftanstalt Newgate in London Zeuge der brutalen Behandlung der Gefängnisinsassen und beschloss, sich für eine Verbesserung der Lebensbedingungen weiblicher Häftlinge einzusetzen. Ihre

Hauptziele waren: nach Geschlechtern getrennte Unterbringung, weibliche Aufsicht für Frauen und eine sinnvolle und nützliche Arbeit während der Haft. Diese Maßnahmen leiteten Reformen ein, die vermehrt Gewicht auf Resozialisierung statt auf Strafe legten.

Fuchs, Klaus (1911–88), britischer Atomphysiker deutscher Abstammung und Spion. Fuchs gehörte der Gruppe an, die ab 1943 im amerikanischen Atomforschungszentrum von Los Alamos die ATOMBOMBE entwickelte. Nach seiner Rückkehr nach Großbritannien arbeitete Fuchs im britischen Kernforschungszentrum in Harwell. 1950 wurde er, nachdem er zwei Jahre zuvor enttarnt worden war, angeklagt, seit 1943 Wissen über die Atombombe an die Sowjetunion geliefert zu haben. Er bekannte sich schuldig und erhielt eine Haftstrafe von 14 Jahren. Nach seiner vorzeitigen Entlassung 1959 ging er in die DDR, wo er im Zentralinstitut für Kernphysik in Rossendorf bei Dresden arbeitete.

Fugger, Familie von Bankiers und Kaufleuten, ab 1367 in Augsburg als Weber und Tuchhändler bezeugt. Die Fugger waren die Geldgeber vieler Herrscher in der Umbruchzeit vom Mittelalter zur Neuzeit und hatten teil an der Finanzierung des Ablasswesens in Deutschland. Den ersten Grundstock für den zukünftigen Wohlstand legte im 14. Jh. Hans Fugger, der zweimal Töchter reicher Meister der Weberzunft heiratete. Sein Nachkomme Jakob Fugger I. begründete im 15. Jh. das Fugger'sche Handelshaus.

Die herausragendste Persönlichkeit der Familie war Jakob Fugger II., der Reiche genannt, der von 1485 bis zu seinem Tod 1525 die Geschäftsleitung innehatte und durch Abbau und Vertrieb von Kupfer, Blei und Silber sowie durch den Ostindienhandel enorme Gewinne machte. Er lieh Kaiser MAXIMILIAN I. ungeheure Summen und finanzierte 1519 die erfolgreiche Kaiserkandidatur KARLS V. Dafür wurde die Familie in den Adelsstand erhoben und erhielt die Erlaubnis, eigene Münzen zu prägen. Bei seinem

Tod hinterließ Jakob das damals unvorstellbare Vermögen von 2 Mio. Gulden. Der Niedergang der Fugger kam mit dem Bankrott der HABSBURGER, deren Kriege die Augsburger Kaufleute weitgehend finanziert hatten, und mit den Verwüstungen, die der Verlauf des DREISSIGJÄHRIGEN KRIEGES mit sich brachte.

Bis heute existiert in Augsburg eine Hinterlassenschaft der Fugger: die älteste Sozialsiedlung der Welt, die Fuggerei, in der arme, unschuldig in Not geratene katholische Bürger der Stadt für eine minimale Miete wohnen können.

Fulbright, James (1905–95), amerikanischer Politiker, Mitglied der DEMOKRATEN, der maßgeblich an der Schaffung der VEREINTEN NATIONEN beteiligt war. Er übernahm die Schirmherrschaft über den Fulbright Act, der Stipendien für den Studentenaustausch zwischen den USA und anderen Ländern vergibt. Fulbright, der von 1959 an 15 Jahre Vorsitzender des außenpolitischen Senatsausschusses war, sprach sich gegen die Invasion Kubas in der SCHWEINEBUCHT 1961 und die Verwicklung seines Landes in den Vietnamkrieg aus.

Fundamentalismus, religiöse Bewegungen, die eine streng wortgetreue Auslegung der Glaubenslehren fordern. Ende des 19. Jh. schlossen sich in den USA Protestanten im Kampf gegen den Einfluss der Evolutions-

theorie von Charles DARWIN und den wachsenden Zweifel an der Bibel als historischer Quelle zusammen; 1919 konstituierten sie sich in der Worlds Christian Fundamentals Association. Eine religiöse Erweckungsbewegung in den 50er-Jahren brachte ihnen weltweit verstärkten Zulauf.

In neuerer Zeit wird der Begriff Fundamentalismus auch auf ultrakonservative oder militante Bewegungen in anderen Religionen angewendet. So ereiferten sich schiitische Fundamentalisten mit Ayatollah KHOMEINI in den 80er-Jahren gegen den westlichen Einfluss im Iran, während andere islamische Fundamentalisten in Ägypten, die sich über eine Friedensinitiative mit Israel empörten, 1981 Präsident Anwar as-SADAT ermordeten.

Füselier, ursprünglich Bezeichnung für einen Soldaten in der französischen Armee des 17. Jh., der mit einem *fusil*, einem Steinschlossgewehr, bewaffnet war. Der Name ging später auf Angehörige anderer Infanterie-Regimenter über.

Gabun, Staat im westlichen Äquatorialafrika. Im 15. Jh. kamen die Portugiesen nach Gabun und begründeten den Sklavenhandel. 1839 schufen die Franzosen dort einen Flottenstützpunkt zur Bekämpfung dieses Handels. In der Folgezeit entwickelte sich eine französische Siedlung, die die Rohstoffe wie wertvolle Hölzer, Gold und Diamanten ausbeutete. Von diesem Stützpunkt aus eroberten seit 1875 französische Truppen Äquatorialafrika. 1946 wurde Gabun französisches Übersee-Territorium und erlangte 1960 schließlich die vollständige Unabhängigkeit.

Nach anfangs politisch instabilen Jahren wurde im November 1967 erstmals Omar Bongo zum Staatspräsidenten gewählt. Nachdem im darauf folgenden Jahr das Einparteiensystem eingeführt worden war, nahm man im November 1990 diese Entscheidung wieder zurück und etablierte ein Mehrparteiensystem, worauf Bongos Parti Démocratique Gabonais (PDG) die allgemeinen Wahlen gewann. 1993 wurde Bongo erneut wiedergewählt. Dank geschickter Nutzung der Rohstoffe verzeichnet Gabuns Wirtschaft eine der höchsten Wachstumsraten in Afrika.

Gaddhafi, Moamar al- (*1942), als Staatschef LIBYENS seit 1969 an der Macht. Der aus einer Beduinenfamilie stammende Gaddhafi trat 1963 in die Armee ein und stieg bis

Ordengeschmückt nimmt Moamar al-Gaddhafi im Jahr 1981 die Abschlussparade der Kadettinnen der libyschen Militärakademie für Frauen ab.

zum Rang eines Hauptmanns auf. Im September 1969 leitete er einen von Offizieren durchgeführten Staatsstreich, mit dem König Idris I. gestürzt wurde, und setzte sich selbst als Oberbefehlshaber der Streitkräfte sowie als Vorsitzender des Revolutionsrats, des neuen Regierungsorgans, ein. Moamar al-Gaddhafi betrieb eine strikt antiwestliche Außenpolitik. Innerhalb von vier Jahren schloss er britische und amerikanische Militärstützpunkte in Libyen, verstaatlichte die in ausländischer Hand befindliche Ölindustrie und beschlagnahmte das Eigentum von Juden und Italienern, die er schließlich des Landes verwies. Seit 1979 hat er kein offizielles Amt mehr inne, ist aber als „Führer der Revolution" der entscheidende libysche Politiker.

Als gläubiger Moslem führte Gaddhafi traditionelle islamische Gesetze wieder ein und als arabischer Nationalist bekämpfte er jegliche Konzession an Israel. Den aus der Ölwirtschaft stammenden Reichtum seines Landes nutzte er zur Unterstützung einer Reihe revolutionärer Organisationen in aller Welt. Unter Gaddhafi war Libyen an verschiedenen Putschversuchen im Nahen Osten sowie an Terroranschlägen in Europa beteiligt. Um derartige Aktivitäten zu stoppen, bombardierten amerikanische Kriegsflugzeuge 1986 mehrere strategisch wichtige Orte in Libyen, darunter auch Moamar al-Gaddhafis Palast. Er selbst blieb unverletzt, doch einige seiner Kinder kamen bei dem Angriff ums Leben oder wurden verwundet. Seither ist seine Politik gegenüber dem Westen weniger provokant.

Gagarin, Jurij Aleksejewitsch (1934 bis 1968), sowjetischer Offizier der Luftwaffe und Kosmonaut. Er wurde am 12. April 1961 als erster Mensch in einer Raumkapsel, der *Wostok I*, in den Weltraum geschossen und umrundete in rund 90 Minuten die Erde. Mit 34 Jahren kam er bei einem Flugzeugabsturz ums Leben.

Jakob Fugger der Reiche (rechts), verzehnfachte mit seinen weltweiten Handelsgeschäften das Vermögen der Familie.

Gaismair, Michael (1490–1532), Tiroler Bauernführer. Der Schreiber des Bischofs von Brixen, der sich 1525 auf die Seite der aufständischen Bauern stellte, wurde im Kampf geschlagen, obwohl er großes strategisches Können bewies. 1526 verfasste er die Tiroler Landesordnung, mit der die Vorrechte des Adels abgeschafft und die alten Bauernrechte wieder hergestellt werden sollten. 1532 wurde er in Padua ermordet.

Galeere, mit Rudern und Segeln ausgestattetes Kriegsschiff, das in Schlachten vorwiegend mit den Rudern angetrieben wurde. Galeeren wurden im Altertum und im Mittelalter verwendet, von manchen Staaten sogar bis ins 18. Jh. Eine durchschnittliche Galeere wies zwei bis fünf niedrige Masten auf und hatte eine Länge von maximal 40 m und eine Breite von etwa 5 m. Sie verfügte über 50 oder mehr Ruder, die von jeweils drei bis fünf Mann – meist Sklaven oder Gefangenen – bewegt wurden. Die Galeeren hatten erhebliche Nachteile: Sie waren langsam, wiesen nur geringen Tiefgang auf und konnten wegen ihrer niedrigen Bordwände nicht bei Sturm eingesetzt werden.

Um 700 v. Chr. sollen die PHÖNIZIER die mit zwei übereinander angeordneten Ruderreihen ausgestattete Bireme entwickelt haben. Das Hauptkampfschiff der Griechen war die TRIERE mit drei Ruderreihen; mit derartigen Schiffen wurde eine der größten Schlachten in der Antike geschlagen: die Seeschlacht von SALAMIS 480 v. Chr. Später wurde die Quinquereme mit fünf Ruderreihen üblich.

Galen (um 130–200), römischer Arzt griechischer Abstammung, dessen Lehre über Jahrhunderte die Heilkunde beherrschte. Als Knabe besuchte Galen regelmäßig die medizinische Schule in seiner Heimatstadt Pergamon in Kleinasien. Dort untersuchte er die Wunden von GLADIATOREN, um herauszufinden, wie sie am wirksamsten zu behandeln seien. Als junger Mann studierte er Medizin und besuchte Schulen in Griechenland und Ägypten, um weiteres medizinisches Wissen zu sammeln. Im Jahr 157 kehrte er in seine Heimat zurück und wurde leitender Arzt an der Gladia-

Galeeren wie diese in einer Zeichnung von Raffael im 16. Jh. spielten eine entscheidende Rolle in der Seeschlacht von Lepanto.

torenschule, wo er seine umfassenden Kenntnisse über die menschliche Anatomie vertiefte. Vier Jahre später begab er sich nach Rom und wurde, da er große Heilerfolge erzielte, Leibarzt von MARK AUREL.

Galen verfasste Abhandlungen über Muskeln, Gelenke sowie die inneren Organe und entwickelte die Lehre von den vier Temperamenten: dem cholerischen, melancholischen, sanguinischen und phlegmatischen. Seine Werke wurden im 8./9. Jh. ins Arabische und danach ins Lateinische übersetzt und waren daher den Ärzten des 16./17. Jh. zugänglich, sodass sie die Medizin bis in die neuere Zeit beeinflussten.

Galicien, Region in Nordwestspanien. Während der VÖLKERWANDERUNG im 5. Jh. eroberten die germanischen Sueben das Land, in dem Kelten siedelten, und errichteten ein Königreich, wurden aber um 580 von den Westgoten verdrängt. Im 8. Jh. erreichte Galicien die Befreiung von der Herrschaft der Mauren; später fiel es an Asturien, dann an Kastilien.

Galilei, Galileo siehe rechte Seite

Galizien, Region im nördlichen Vorland der Karpaten. Das Gebiet, Teil des Königreichs Polen, wurde bei den polnischen Teilungen Ende des 18. Jh. Österreich zugesprochen. Nach dem Ersten Weltkrieg gelangte es wieder zum neu gegründeten polnischen Staat. 1939 teilten Adolf HITLER und Jossif STALIN die Region, in der jahrhundertelang viele ethnische Gruppen zusammenlebten, auf: Ostgalizien kam zur UdSSR, Westgalizien unter deutschen Einfluss. Nach 1945 blieb Ostgalizien bei der UdSSR und nach deren Zerfall bei der Ukraine, während Westgalizien polnisch wurde.

Gallische Adlige trugen im 4. Jh. v. Chr. kunstvoll verzierte Paradehelme aus Gold oder Bronze.

Gallien, Siedlungsgebiet des keltischen Stammes der Gallier, wozu das heutige Frankreich, Oberitalien, die Schweiz und Belgien gehören. Die Gallier wanderten im 5. Jh. v. Chr. aus dem Süden Mitteleuropas nach Frankreich ein, im 4. Jh. v. Chr. nach Norditalien. 387 v. Chr. schlugen sie die Römer an der Allia und zerstörten ROM. Nachdem Rom seinen Herrschaftsbereich ausgedehnt hatte, wurde im 3. Jh. v. Chr. das Land südlich der Alpen zur römischen Provinz Gallia Cisalpina – Gallien diesseits der Alpen, von Rom aus gesehen – erklärt. Der kleine Fluss Rubikon, wahrscheinlich der heutige Fiumicino, war die Grenze zum RÖMISCHEN REICH. Die Südküste des heutigen Frankreich und das Hinterland hießen Gallia Transalpina, also Gallien jenseits der Alpen.

59 v. Chr. erhielt Iulius CAESAR das Kommando über die gallischen Provinzen. Durch seine erfolgreichen Feldzüge im GALLISCHEN KRIEG dehnte sich das transalpine Gallien bis zum Atlantik, dem Ärmelkanal und dem Rhein aus. Unter Kaiser AUGUSTUS wurde das nördlich der Alpen gelegene Gallien in Gallia Narbonensis mit Narbonne als Zentrum, in Gallia Lugdunensis mit Lyon, in Aquitania und Gallia Belgica unterteilt. Während Gallia Narbonensis dem Senat unterstand, wurden die anderen Provinzen von Statthaltern befehligt.

In der zweiten Hälfte des 3. Jh. entstand ein unabhängiges Gallisches Sonderreich, das als Pufferzone gegen die Einfälle der Germanen ins Römische Reich diente. Gallien wurde jedoch zunehmend von den Westgoten, den Sueben, den Hunnen und den Wandalen verwüstet, bis es schließlich im 5. Jh. an die Franken fiel.

Gallischer Krieg, Feldzüge Gaius Iulius CAESARS 58–51 v. Chr., die die römische Herrschaft über das westlich des Rheins gelegene Gallien begründeten. Caesar gelangte bis nach Gallia Transalpina – dem Gallien jenseits der Alpen –, dem heutigen Frankreich, und verhinderte das weitere Vordringen germanischer Stämme. Er überquerte sogar den Rhein, um damit Roms Macht über diese wichtige natürliche Grenze hinaus zu demonstrieren. Da Caesar rasch und rücksichtslos vorging und die Gallier untereinander zerstritten waren, gelang es ihm, die Gebiete bis zur Nord- und Westküste des heutigen Frankreich zu unterwerfen. In den Jahren 55/54 v. Chr. fiel Caesar auch in Britannien ein, das als Zufluchtsort des germanischen Stammes der Belgen und somit als eine Bedrohung der römischen Macht in Gallien angesehen wurde.

WUSSTEN SIE, DASS?

Caesar machte über seinen Feldzug gegen die Gallier genaue Aufzeichnungen. Sie wurden unter dem Titel Kommentare über den Gallischen Krieg *veröffentlicht.*

Blick ins Universum

*Gegen den Widerstand der Kirche schuf der italienische Astronom,
Mathematiker und Physiker Galileo Galilei die Grundlagen
für die moderne Naturwissenschaft.*

Galileo Galilei wurde 1564 in Pisa geboren, rund 20 Jahre nachdem Nikolaus Kopernikus seine Abhandlung veröffentlicht hatte, in der er behauptete, die Erde drehe sich um die Sonne und sei folglich nicht das Zentrum des Universums. Galilei hielt diese Theorie für richtig, aber sein Leben lang hatte er Angst, sich dazu zu bekennen.

Galileo Galilei entstammte einer verarmten Familie aus dem niederen italienischen Adel. Sein Vater schickte ihn, als er seine Begabung erkannte, zum Medizinstudium nach Pisa. Doch da dem Studenten ein Stipendium verwehrt blieb – obwohl er auf physikalischem Gebiet bereits erfolgreich arbeitete –, musste er die Universität wieder verlassen.

Zu Hause setzte er seine Experimente fort und erfand eine hydrostatische Waage, mit der man spezifische Gewichte bestimmen konnte. Für die Abhandlung darüber erhielt er 1589 eine Professur für Mathematik in Pisa; drei Jahre später wechselte er über nach Padua. In dieser Zeit und im Verlauf der nächsten Jahre entdeckte er die Pendel- und die Fallgesetze – wobei er angeblich zu Forschungszwecken Gewichte vom Schiefen Turm von Pisa fallen ließ –, die beide im Widerspruch zur antiken Lehre standen, weil sie dem Gewicht des jeweiligen Gegenstands keine Bedeutung beimaßen.

Im Jahr 1610 richtete Galilei erstmals ein selbst konstruiertes Fernrohr auf den Himmel. Er sah, dass es im Gegensatz zur herrschenden Ansicht zahllose Sterne gab, und er entdeckte die vier Jupitermonde, deren Existenz das Weltbild mit der Erde als Mittelpunkt erschütterte. Er veröffentlichte seine Beobachtungen als *Sternenbotschaft* und drei Jahre später – mittlerweile war er Hofmathematiker beim Großherzog von Florenz – folgte eine Schrift über Flecken auf der angeblich makellosen Sonne. Ferner entdeckte er die Phasen der Venus, womit bewiesen war, dass sie sich um die Sonne dreht.

Obwohl Galilei fürchtete, „ausgelacht und von der Bühne gepfiffen zu werden", verteidigte er 1613 in einem offenen Brief die Lehre des Kopernikus, und dies führte zu einem Konflikt mit der Kirche. Galilei wurde nach Rom zitiert, wo man ihm verbot, die neue Wissenschaft zu lehren. Er veröffentlichte nichts mehr – bis 1632, als er den *Dialog über die beiden hauptsächlichen Weltsysteme* schrieb, in dem er das aristotelische Weltbild widerlegte. Im folgenden Prozess 1633 widerrief er seine Ansichten vor dem Inquisitionsgericht, wo man ihm Folter androhte, doch die trotzigen Worte „Und sie bewegt sich doch" hat er wohl nicht zu flüstern gewagt. Zu Hausarrest verurteilt, wurde er krank, erblindete und starb 1642.

Im Winter 53/52 v. Chr. mobilisierte der Keltenfürst VERCINGETORIX die Bevölkerung Galliens, stellte eine gemeinsame Armee auf und kämpfte gegen die römische Herrschaft. In einem langwierigen, erbittert geführten Feldzug schlug Caesar jedoch den Aufstand nieder. 52 v. Chr. wurde Vercingetorix gefangen genommen und sechs Jahre später hingerichtet.

Gama, Vasco da (um 1469–1524), portugiesischer Seefahrer, der als erster Europäer den Seeweg nach Indien fand. Er erhielt von König Emanuel I. den Auftrag für die Erkundungsreise, nachdem der Entdecker Bartolomeu Diaz einen großen Ozean östlich vom Kap der Guten Hoffnung ausgemacht hatte. Da Gama segelte um das Kap und dann entlang der Ostküste Afrikas. Von dort aus überquerte er den Indischen Ozean und gelangte 1498 nach Calicut an der Malabarküste in Vorderindien. 1499 kehrte er mit einer reichen Ladung von Gewürzen nach Portugal zurück.

Da in Calicut Unruhen ausgebrochen und Portugiesen ermordet worden waren, wurde da Gama 1502 erneut nach Indien gesandt, diesmal mit einer Flotte von 20 Kriegsschiffen. Da Gama beschoss den Ort und segelte nach Cochin weiter, um wiederum eine Ladung Gewürze heimzubringen. 1524 wurde er, obwohl er sich bereits zurückgezogen hatte, nochmals ausgesandt, um als Vizekönig die portugiesischen Interessen in Indien wahrzunehmen. Kurz nach seiner Ankunft in GOA erkrankte er jedoch und starb zwei Monate später in Cochin. Seine Entdeckungs- und Erkundungsreisen trugen dazu bei, im 16. Jh. die Grundlagen für Portugals Vormachtstellung als Handelsnation zu legen.

Gambia, kleiner Staat in Westafrika. Vom 13.–15. Jh. war die Region um den Gambiafluss Teil des islamischen Mali-Reichs, dessen wirtschaftliche Grundlage der im 7.–15. Jh. florierende Goldhandel war. Gegen Ende dieser Epoche kamen die Portugiesen in dieses Gebiet und besaßen dann ein Jahrhundert lang das Monopol auf den Handel mit Europa, bis ihnen dieser Rang von den Engländern abgelaufen wurde, die von Sierra Leone aus verwaltete Handelsposten schufen. 1816 errichteten die Briten einen Flottenstützpunkt für den Kampf gegen den Sklavenhandel und eine Siedlung für Freigelassene, die den Namen Bathurst erhielt – und seit 1973 Banjul heißt.

1843 wurde Bathurst britische Kolonie und 1888 erklärte man das Hinterland zum britischen Protektorat Gambia. 1965 erhielt das Land die Unabhängigkeit, blieb aber Mitglied des COMMONWEALTH. Fünf Jahre später schließlich wurde Gambia Republik mit Präsident Dawda Kairaba Jawara an der Spitze. 1982 bildeten Gambia und der

Galileo Galilei (oben) widerrief 1633 bei der Befragung durch einen Kardinal (rechts) seine wissenschaftlichen Erkenntnisse. Die Richter saßen im Hintergrund am Tisch.

Die große Seele Indiens

*Gandhi, der Führer der indischen Freiheitsbewegung,
setzte sich mit gewaltfreien Mitteln für die Selbstbestimmung
seines Volkes ein.*

Noch heute ist der Lehrer und Reformer Mohandas Karamchand Gandhi unter seinem Ehrennamen Mahatma bekannt, was soviel bedeutet wie große Seele. Gandhi wurde 1869 in Westindien als Sohn eines hohen Beamten geboren. Der fromme Hindu studierte erst in seiner Heimat, dann in London Jura und beschäftigte sich intensiv mit religiösen Fragen. Nach dem Studium ließ sich Gandhi in Südafrika als Rechtsanwalt nieder, wo er für die Rechte der indischen Minderheit eintrat.

Im Jahr 1915 kehrte Gandhi nach Indien zurück, nachdem er eine Abhandlung verfasst hatte, in der er sich für die indische Selbstbestimmung aussprach, die mit gewaltlosen Mitteln erlangt werden sollte.

ZIVILER UNGEHORSAM

1920 erreichte Gandhi, der inzwischen eine betont einfache Lebensweise angenommen hatte, dass der National-Kongress, die führende Organisation bei den Freiheitsbestrebungen, eine Boykottkampagne gegen die Briten startete. Der Aufruf fand ein gewaltiges Echo. Gandhi rief zum Verzicht auf britische Stoffe auf, die aus billiger indischer Baumwolle hergestellt wurden, und machte das Spinnrad zum Symbol von Widerstand und Selbstvertrauen. Er wurde verhaftet und verbrachte sechs Jahre im Gefängnis.

1930 leitete Mahatma, der wiederholt in Hungerstreik trat, eine zweite Kampagne des zivilen Ungehorsams: Aus Unwillen über die von den Briten erhobene Salzsteuer führte er einen Demonstrationsmarsch zur Küste an, um mit eigenen Händen Salzwasser aus dem Meer zu schöpfen. Erneut wurde er verhaftet. Ein Jahr später nahm er in London an Verhandlungen über die Zukunft Indiens teil, die jedoch scheiterten. Während des Zweiten

Als junger Anwalt in Südafrika setzte sich Gandhi (Bildmitte) für den Kampf gegen rassistisch bedingte Ungerechtigkeiten ein.

Weltkriegs rief Gandhi die Quit-India-Bewegung ins Leben, die die sofortige Entlassung Indiens in die Unabhängigkeit forderte. Als überzeugter Pazifist lehnte er jedoch Konzessionen Großbritanniens um den Preis der Waffenbruderschaft ab.

Nach dem Krieg widmete er sich mehr und mehr der Befriedung der Regionen, in denen Kämpfe zwischen Hindu und Moslems tobten, und überließ es dem Kongress, mit den Briten zu verhandeln. Er versuchte, die Spaltung des Landes in die von Hindu und von Moslems dominierten Gebiete zu verhindern, musste

Gandhi – hier im Alter von 77 Jahren – verkörperte Gewaltfreiheit und Zivilcourage.

aber schließlich widerstrebend der Gründung des moslemischen Pakistan zustimmen.

Am Tag der Unabhängigkeit, dem 15. August 1947, fastete und betete er für den Frieden. Im Januar 1948 wurde Gandhi in Delhi beim Abendgebet von einem fanatischen Hindu erschossen.

Nachbarstaat Senegal unter der Bezeichnung Senegambia zu Verteidigungszwecken einen Staatenbund, der auch wirtschaftliche Ziele verfolgte, jedoch 1989 scheiterte. Der im April 1992 für eine fünfte Amtsperiode wieder gewählte Jawara wurde im Juli 1994 durch einen Militärputsch von Leutnant Yayah Jammeh gestürzt.

Gamelin, Maurice (1872–1958), französischer General. Im Ersten Weltkrieg war er als Stabsoffizier an der Planung der MARNESCHLACHT 1914 beteiligt, mit der die Einnahme von Paris durch die Deutschen erfolgreich verhindert wurde. Im Zweiten Weltkrieg war er als Oberbefehlshaber der alliierten Streitkräfte 1940 nicht auf den Vorstoß der Deutschen durch die Ardennen vorbereitet, was zur Besetzung Frankreichs führte. Mitte Mai wurde er deshalb durch General Maxime WEYGAND ersetzt. Er lehnte es ab, sich zu verteidigen, als ihm von der mit Deutschland kooperierenden VICHY-REGIERUNG 1942 als dem Verantwortlichen für die französische Niederlage der Prozess gemacht wurde.

Gandhi, Indira (1917–84), indische Politikerin, Premierministerin 1966–77 und 1980–84. Die Tochter von Jawaharlal NEHRU, eine charismatische Persönlichkeit, begann ihre politische Karriere als Beraterin ihres Vaters. 1939 trat sie in die größte Massenpartei des Subkontinents, den Indischen National-Kongress, ein. Wegen ihres Widerstands gegen die britische Herrschaft verbrachte sie über ein Jahr in Haft. 1959 wurde sie Vorsitzende der Kongresspartei. Im Kabinett Lal Bahadur Shastri 1964–66 hatte sie das Amt als Ministerin für Information und Rundfunk inne; nach Shastris plötzlichem Tod 1966 wurde sie von der Partei zu seiner Nachfolgerin gewählt.

Ihre ersten Amtsjahre als Premierministerin waren von langwierigen Auseinandersetzungen innerhalb der Partei geprägt; durch ihr linksgerichtetes Programm spaltete diese sich in einen alten und einen neuen Flügel, für den Frau Gandhi 1971 einen hohen Wahlsieg errang. Nach dem erfolgreichen Ausgang des indisch-pakistanischen Krieges 1971, durch den ein unabhängiges Ostpakistan, BANGLADESH genannt, geschaffen wurde, genoss sie große Popularität, die allerdings im Lauf der 70er-Jahre mehr und mehr abnahm. 1975 drohte ihr wegen des Vorwurfs des Amtsmissbrauchs der Sturz. Sie verhängte daraufhin den Ausnahmezustand und regierte Indien zwei Jahre lang nahezu diktatorisch. 1977 ließ sie Wahlen zu, bei denen sie Morarji Desai unterlag.

Ihre Karriere schien beendet, doch 1979 errang ihre Fraktion der Kongresspartei wieder einen großen Wahlerfolg, und sie regierte das Land, bis sie 1984 von zwei extre-

„Jetzt heißt es Italien schaffen oder sterben!": Mit diesen Worten feuerte Garibaldi im Mai 1860 seine Rothemden in der Schlacht von Calatafimi an.

mistischen Mitgliedern ihrer Leibwache, die der Religionsgemeinschaft der Sikhs angehörten, ermordet wurde. Ihr Sohn Rajiv GANDHI übernahm das Amt des Premierministers und die Führung der Partei.

Gandhi, Mohandas Karamchand siehe linke Seite

Gandhi, Rajiv (1944–91), indischer Politiker, Premierminister 1984–89. Der Sohn von Indira GANDHI und Enkel von Jawaharlal NEHRU zeigte als junger Mann kein Interesse an der Politik, sondern wurde Pilot. Nachdem sein Bruder Sanjay 1980 bei einem Flugzeugabsturz ums Leben gekommen war, erhielt er jedoch bei der Nachwahl 1981 dessen Sitz im Parlament. Er war so populär, dass seine Kongresspartei 1984 mit großer Mehrheit den Wahlsieg errang. Nach einem Bestechungsskandal in seinem Beamtenapparat verlor er die Parlamentswahl von 1989 und musste sein Amt aufgeben. 1991 kam er auf einer Wahlveranstaltung durch das Sprengstoffattentat einer jungen Tamilin ums Leben.

Garibaldi, Giuseppe (1807–82), italienischer Freiheitskämpfer, eine der wichtigsten Persönlichkeiten des RISORGIMENTO, einer Bewegung, der die Schaffung eines geeinten Königreichs Italien gelang. 1834 unterstützte Garibaldi Giuseppe MAZZINI, den Führer dieser Bewegung, und leitete in Genua einen Aufstandsversuch der Republikaner, der jedoch missglückte. Garibaldi wurde zum Tode verurteilt und floh ins Exil nach Südamerika. Nach seiner Rückkehr 1848 kämpfte er in der Lombardei gegen die Österreicher und in Rom auf der Seite der Aufständischen. Er wurde zum Volkshelden, als er im Juni 1849 das Freikorps der Rothemden bildete, um die neu gegründete Republik gegen die Franzosen zu verteidigen.

1858 bat ihn Graf Camillo CAVOUR, der unter König VIKTOR EMANUEL II. Ministerpräsident von Piemont-Sardinien war, um Hilfe im Kampf gegen die Österreicher in Norditalien. Garibaldi war siegreich und nahm anschließend – 1860 – mit dem „Zug der Tausend" Sizilien ein, danach Neapel. Vier Monate später gelangte auf diese Weise ganz Süditalien in die Hand von Viktor Emanuel II. Garibaldis Versuche, auch Rom einzunehmen, scheiterten jedoch 1862 und 1867 am Widerstand der französischen und päpstlichen Truppen.

GATT, Abkürzung für General Agreement on Tariffs and Trade, dem Allgemeinen Zoll- und Handelsabkommen. Es wurde 1947 von 23 Gründungsstaaten abgeschlossen und trat 1948 in Kraft. Bis 1994 nahmen weit über 100 Staaten am GATT teil. Seine Ziele bestanden in der Förderung des Handels durch Abbau von Handelshemmnissen sowie etwa Zöllen und in der Vereinheitlichung der Handelspolitiken der Mitglieder. Das Abkommen unterstützte die Expansion des Welthandels nach dem Zweiten Weltkrieg, doch waren die Entwicklungsländer der Ansicht, dass die Industriestaaten bevorzugt würden. Diese Kritik führte 1964 zur Gründung der Welthandelskonferenz UNCTAD und 1965 zu einem Übereinkommen, das es den Entwicklungsländern ermöglichte, günstigere Bedingungen bei ihren Handelsbeziehungen mit Industrienationen auszuhandeln. Nachdem in den 80er-Jahren erneut Forderungen nach einer Modifizierung des Abkommens laut geworden waren, behandelte man ab 1986 in der so genannten Uruguay-Runde besonders wichtige Themen der Agrarpolitik. Die Gespräche, die immer wieder zum Stillstand kamen, dauerten bis 1993 an, da man einen Kompromiss in Bezug auf die EG-Subventionen suchte. Im April 1994 wurde die Schlussakte der Uruguay-Runde in Genf unterzeichnet. Mit ihr legte man die Senkung von Zolltarifen und Exportsubventionen fest und schuf die Nachfolge-Organisation des GATT, die Welthandels-Organisation WTO.

Gaucho, berittener Viehhirte in den südamerikanischen Pampas in Argentinien, Uruguay und Paraguay. Gauchos sind häufig Mestizen und arbeiten gewöhnlich für Viehzüchter. Ihre wichtigste Aufgabe besteht darin, ausgebrochene Pferde und Rinder wieder einzufangen, die in den Pampas wilde Herden bilden. Anfang des 19. Jh. beteiligten sich die Gauchos an den südamerikanischen Unabhängigkeitskriegen gegen Spanien.

Vier Gauchos haben ein Kalb eingefangen: Leben und Bräuche dieser traditionsbewussten Männer inspirierten im 19. Jh. viele südamerikanische Schriftsteller.

Bei seiner Rückkehr nach Frankreich begleiten die Menschen im Juni 1944 de Gaulle begeistert durch Bayeux. Jahrelang hatte er von London aus den Widerstand gegen die Deutschen geleitet.

Gaulle, Charles de (1890–1970), französischer Politiker und Führer des FREIEN FRANKREICH. Nachdem sich Frankreich im Zweiten Weltkrieg der deutschen Armee ergeben hatte, floh de Gaulle nach London, von wo aus er den Widerstand leitete. 1945 wurde er vorläufiger Staatspräsident und Ministerpräsident, trat jedoch ein Jahr später wegen Unstimmigkeiten über die Verfassung zurück. 1947 gründete er das *Rassemblement du Peuple Français*, eine Partei, die eine starke Staatsgewalt forderte. Vom nur bescheidenen Erfolg enttäuscht, löste er sie 1953 auf und zog sich auf seinen Wohnsitz in Colombey-les-Deux-Églises in Lothringen zurück.

Nach dem Zusammenbruch der Vierten Republik wurde de Gaulle 1958 erneut zum Staatspräsidenten gewählt, da man nur ihm zutraute, den Konflikt um ALGERIEN zu lösen, das die Unabhängigkeit mit Waffengewalt forderte. Zur allgemeinen Überraschung entließ de Gaulle Algerien und die afrikanischen Kolonien in die Unabhängigkeit, sofern sie es wollten.

In den ersten Jahren der Europäischen Wirtschaftsgemeinschaft spielte de Gaulle eine dominierende Rolle. Er lehnte in den 60er-Jahren die Aufnahme Großbritanniens ab, trieb um seines Zieles willen – ein unabhängiges „Europa der Vaterländer" – die Aussöhnung mit der BUNDESREPUBLIK DEUTSCHLAND voran, begründete die französische Atomstreitmacht *Force de frappe* und löste sich 1966 aus der militärischen Integration der NATO.

1968 wurde de Gaulles Position durch die Studentenrevolte in Paris schwer erschüttert.

Die Studenten kritisierten das Ungleichgewicht zwischen den hohen Rüstungsausgaben und den knappen Etats für Ausbildung und Sozialleistungen. Sie wurden von Industriearbeitern unterstützt und es kam zum ausgedehnten Streik. Nach dem Ausbruch von Straßenkämpfen war de Gaulle gezwungen, das Hochschulsystem zu liberalisieren und den Arbeitern Zugeständnisse zu machen. Zwar gewannen die Gaullisten die Parlamentswahlen im Juni, doch schon im Jahr darauf, nach dem Scheitern eines Referendums über eine geplante Verfassungsänderung, trat de Gaulle zurück.

Der erste Gegenpapst in der Zeit des Großen Schismas war Klemens VII., der 1378 in Avignon gewählt wurde und bis 1394 im Amt war.

Gautama, Siddhartha siehe BUDDHA

Gegenpapst, Geistlicher, der einem rechtmäßig gewählten Papst den Rang streitig macht. In der Geschichte der katholischen Kirche gab es etwa 35 Gegenpäpste, zuletzt Felix V. 1439–49. Sie traten dann auf, wenn bei der Papstwahl Unstimmigkeiten unter den Wahlberechtigten über einen Kandidaten herrschten oder wenn ein Monarch einen in seinem politischen Interesse handelnden Papst gegen einen schon im Amt befindlichen durchsetzen wollte. In der Zeit des GROSSEN SCHISMAS 1378–1417 war es angesichts der Existenz von zwei oder drei Päpsten oft unklar, wer der rechtmäßige war.

Gegenreformation, Zeitraum nach der REFORMATION bis zum Ende des DREISSIGJÄHRIGEN KRIEGES, während dem eine innere Erneuerung der katholischen Kirche stattfand und versucht wurde, protestantische Gebiete zu rekatholisieren. Drei Faktoren trugen zur Gegenreformation bei: Mehrere aufeinander folgende Päpste leiteten Reformen in der zentralen Kirchenleitung ein; neue Orden wie der der Jesuiten wurden gegründet und ältere wie der der Franziskaner reformiert; und schließlich wurde auf dem TRIENTER KONZIL die katholische Lehre in den meisten Streitpunkten, die im Zusammenhang mit dem Protestantismus bestanden, klar definiert. Das Konzil leitete außerdem wichtige disziplinarische Reformen gegen den Sittenverfall des Klerus ein und verbesserte die religiöse Erziehung durch die Schaffung theologischer Schulen, so genannter Seminare. Verbindungen der Kurie und vor allem der Jesuiten, die häufig als Beichtväter wirkten, zu katholischen Herrschern wie PHILIPP II. von Spanien gaben der Gegenreformation politische Schlagkraft.

Geld, allgemein gültiges Zahlungsmittel. Vor der Einführung des Geldes gab es in den meisten Kulturen den Tauschhandel mit Naturalien. Um Kauf und Verkauf zu vereinfachen, benutzte man schon im Altertum symbolische Zahlungsmittel wie etwa Muscheln. Auch mit Edelmetallscheiben wurde mancherorts gezahlt, die zunächst oft noch wie eine Ware abgewogen wurden.

Später entstanden dann geprägte Münzen mit einem festgelegten Wert. Die ersten Geldstücke, die der Staat ausgab, existierten in China im 8. Jh. v. Chr. Im antiken Griechenland und im Römischen Reich waren sie, oft mit dem Konterfei des jeweiligen Herrschers versehen, für Handelsgeschäfte allgemein verbreitet. Papiergeld gab es in China zwar schon im 7. Jh., aber in Europa benutzte man es erst ab dem späten 17. Jh. Seit der zweiten Hälfte des 20. Jh. wird Bargeld im Zahlungsverkehr zunehmend durch Schecks und Kreditkarten ersetzt.

Die Zusammensetzung der Generalstände in Frankreich spiegelte die Hierarchie der mittelalterlichen Gesellschaft: zuoberst der Klerus, dann König und Adel, dann das Volk.

Generalstände, Versammlung von Vertretern der drei Stände Klerus, Adel und Bürger, die in Frankreich in unregelmäßigen Abständen tagte. Sie wurden meist dann einberufen, wenn der König Geld brauchte, und zu ihren wichtigsten Aufgaben gehörte die Bewilligung von Steuern und die Vorlage von Beschwerden. Der Grundstein für die Entwicklung der Generalstände wurde von Philipp IV. gelegt, der sich 1302 von einer Ständeversammlung Unterstützung bei einem Streit mit dem Papst erhoffte; die ersten Generalstände im eigentlichen Sinne tagten 1484 unter LUDWIG XI. Nach einer 175 Jahre währenden Pause wurden sie 1789 von LUDWIG XVI. und seinem Minister Jacques NECKER einberufen, um dem Staat dringend benötigte Einnahmen zu verschaffen. Da der dritte Stand bei der getrennten Abstimmung nach Ständen aber grundsätzlich überstimmt wurde, obwohl er rund 97 % der Bevölkerung vertrat, erklärte er sich zu Beginn der FRANZÖSISCHEN REVOLUTION zur Nationalversammlung.

Genfer Konventionen, mehrere internationale Abkommen über die humane Behandlung von Kriegsopfern. Die erste Konvention von 1864 war das unmittelbare Ergebnis der Arbeit des Schweizers Henri Dunant, dem Gründer des ROTEN KREUZES. Mit ihr wurden Regeln für die angemessene Behandlung von Kriegsgefangenen und verwundeten feindlichen Soldaten sowie für den Schutz des medizinischen Personals festgeschrieben. Sie wurde durch die zweite Konvention von 1906 geändert und ergänzt, die festlegte, dass für die Behandlung von Kranken und Verwundeten alle bekannten Methoden zur Verfügung stehen müssen. Die Erfahrungen aus dem Ersten Weltkrieg führten 1929 zu einer dritten Konvention, mit der die USA und 46 weitere Nationen den militärischen Einsatz von Giftgas verboten und sich auf Regeln über Behandlung und Rechte von Kriegsgefangenen einigten. Eine vierte Konvention von 1949 erweiterte die Schutzbestimmungen für Kranke und Verwundete, Schiffbrüchige und Kriegsgefangene einschließlich der Zivilbevölkerung in vom Feind besetzten Gebieten. 1977 kamen Zusatzbestimmungen über die Behandlung von gefangen genommenen Guerillakämpfern hinzu.

Genscher, Hans-Dietrich (*1927), deutscher Politiker. Genscher war 1974–92 Vizekanzler und Außenminister der BUNDESREPUBLIK DEUTSCHLAND. 1982 führte er als Vorsitzender der F.D.P. seine Partei in ein Bündnis mit der CDU/CSU und verursachte so den Sturz der SPD/FDP-Regierung unter Helmut SCHMIDT. Genscher war auch in der neuen Koalition mit den Christdemokraten Außenminister und trat als Verfechter der OSTPOLITIK für die Verbesserung des Verhältnisses zur DDR ein. Er war maßgeblich am Zustandekommen der deutschen Einheit 1990 beteiligt. 1992 legte Genscher seine Ämter nieder, blieb jedoch Mitglied des Bundestags.

Gent, Friede von (1814), Vertrag, mit dem der Krieg von 1812 zwischen Großbritannien und den USA beendet wurde. Die Ursache des Krieges, der Streit um die britischen Handelsbeschränkungen und den Widerstand Großbritanniens gegen die Ausdehnung der USA nach Kanada, konnte nicht beigelegt werden, doch es wurden alle Kriegsgefangenen freigelassen und die eroberten Gebiete zurückgegeben.

Genter Pazifikation, 1576 geschlossenes Bündnis von 17 niederländischen Provinzen, die sich gegen die Herrschaft der Spanier erhoben. 1581 schlossen sich die sieben nördlichen calvinistischen Provinzen zusammen und erklärten sich zu den unabhängigen Vereinigten Niederlanden, während die südlichen katholischen Provinzen unter spanischer Herrschaft blieben, die ihre alten Rechte garantierte.

Genua, Hafenstadt an der Nordwestküste Italiens. Im 3. Jh. v. Chr. wurde Genua von den Puniern zerstört und anschließend unter der Mitwirkung der Römer wieder errichtet. Im Jahr 641 fiel es an die Langobarden und

Die osmanische Flotte segelt an Genua vorbei. Die Miniatur soll verdeutlichen, dass der Mittelmeerhafen im 16. Jh. angesichts der erstarkenden osmanischen Seemacht an Bedeutung verlor.

wurde später mehrmals, u. a. 936, von den SARAZENEN geplündert. Nachdem Genua wieder zu Reichtum gekommen war, erlebte es im 10. Jh. seine Blütezeit als unabhängige Republik. Seine Einflusssphäre reichte bis nach Sizilien, Spanien, Nordafrika und der Krim. 1339 richtete man in Genua das Amt des Dogen ein.

Die Konkurrenz zu benachbarten Stadtstaaten führte immer wieder zu kriegerischen Auseinandersetzungen: Pisa wurde 1284 besiegt und im Jahr 1380 waren die Genuesen kurz davor, Venedig einzunehmen, verloren jedoch die entscheidende Auseinandersetzung. Durch die Ausweitung der Herrschaftsgebiete von VENEDIG und des OSMANISCHEN REICHES wurde Genua geschwächt und seine Bedeutung nahm seit dem 15. Jh. ab.

Nach dem Kampf um das Parlamentsgebäude im Januar 1992 floh Präsident Swiad Gamsachurdia aus Georgien.

Georg I. (1660–1727), König von Großbritannien und Irland seit 1714, seit 1698 als Georg Ludwig Kurfürst von Hannover. Seine Mutter Sophie von der Pfalz war eine Enkelin JAKOBS I. von England, deren Kinder als Erben des britischen Thrones anerkannt wurden – damit begann die Personalunion von GROSSBRITANNIEN und HANNOVER. Ein Jahr nach Georgs Thronbesteigung stand das Land geschlossen hinter ihm – wegen des Jakobiteraufstands, des Versuchs, die katholische Dynastie der STUARTS, die seit 1701 von der Thronfolge ausgeschlossen war, wieder an die Macht zu bringen. Dennoch war Georg in England nicht sehr beliebt, da er die Landessprache nicht beherrschte und den Großteil seiner Zeit in Hannover verbrachte. Die Regierungsgeschäfte übernahmen ab 1721 die WHIGS mit ihrem Premierminister Robert WALPOLE.

Georg V. (1865–1936), seit 1910 König von Großbritannien und Irland – seit 1921 von Großbritannien und Nordirland – und seit 1911 Kaiser von Indien. Das einschneidendste Ereignis während seiner Regierungszeit, der Erste Weltkrieg, veranlasste Georg, seinen deutschen Familiennamen Sachsen-Coburg-Gotha in Windsor zu ändern. Er berief die Buckingham-Palace-Konferenz ein, in der 1912–14 über die HOME-RULE, Gesetze über die Selbstverwaltung Irlands, beraten wurde.

Georgien, Republik im Kaukasus an der Ostküste des Schwarzen Meeres. Seit dem 14. Jh. war die Region wiederholt Übergriffen von Mongolen, Osmanen und Persern ausgesetzt. 1821–29 brachten russische Truppen die verschiedenen Königreiche der Region fest unter zaristische Kontrolle. 1918 erklärte der georgische Nationalrat das Land zur Republik, doch mit dem Angriff der ROTEN ARMEE kam 1921 das Ende der Unabhängigkeit. Ein Jahr später bildete Georgien gemeinsam mit Aserbaidschan und Armenien die Transkaukasische Föderative Sozialistische Sowjetrepublik innerhalb der UdSSR. 1931–38 führte Lawrentij BERIJA, der spätere Chef des sowjetischen Geheimdienstes, als Erster Sekretär der georgischen KP ein Terrorregiment.

Nach der Auflösung der UdSSR erlangte Georgien im April 1991 unter Swiad Gamsachurdia die Unabhängigkeit. Gamsachurdia wurde jedoch wegen seines diktatorischen Regierungsstils 1992 entmachtet und der ehemalige Außenminister der Sowjetunion, Eduard Schewardnadse, errang den Vorsitz im neu gebildeten Staatsrat. Seither wurde das Land von mehreren bewaffneten Konflikten heimgesucht, insbesondere in Südossetien und im Grenzgebiet zu Abchasien. Im Dezember 1993 trat Georgien der GUS, der Gemeinschaft Unabhängiger Staaten bei, und im Februar 1994 unterzeichneten Georgien und Russland einen auf zehn Jahre angelegten Kooperationsvertrag. 1995 wurde Schewardnadse als Staatspräsident wieder gewählt.

Gesellschaftsvertrag, freiwillige Übereinkunft zwischen Mitgliedern einer Gesellschaft, sich so zu verhalten, dass es für alle Beteiligten vorteilhaft ist. Diese Staatstheorie, die das Verhältnis zwischen Herrscher und Beherrschten beschreibt, wurde von Thomas HOBBES entwickelt und später von John LOCKE und Jean-Jacques ROUSSEAU in seinem Hauptwerk *Der Gesellschaftsvertrag* von 1762 weiterentwickelt. Die drei Philosophen untersuchten die Lebensbedingungen der Menschheit im Naturzustand, d. h. ohne Staatsgewalt und Rechtsordnung, und den Übergang zu einer gesetzmäßig geordneten Gesellschaft. Ihrer Ansicht nach unterwerfen sich die Menschen zur Beendigung des Krieges „aller gegen alle" vernünftigerweise der Staatsgewalt. Während diese nach Locke jedoch begrenzt ist – die Menschenrechte müssen von ihr geachtet werden –, besitzt sie nach Hobbes absolute Macht. Nach Rousseaus Meinung sind die Menschen im Naturzustand „edle Wilde", die nur dann zu einer moralischen und staatsbürgerlichen Einstellung finden, wenn sie Teil einer demokratischen Gesellschaft werden.

Gestapo, Kurzbezeichnung für Geheime Staatspolizei, die politische Polizei in der Zeit der nationalsozialistischen Diktatur Deutschlands. 1933 bildete Hermann GÖRING aus der preußischen Polizei die Ges-

1933 begann die Gestapo, Juden festzunehmen. Hier kontrollieren zwei Beamte der Gestapo unter Aufsicht eines SS-Offiziers die Papiere von Berliner Juden.

tapo. 1934 wurde sie Heinrich HIMMLER unterstellt, der bereits die Polizeien in anderen deutschen Ländern gleichgeschaltet hatte. Himmler unterstand auch die SS, die 1925 als persönliche Stabswache Hitlers gegründet worden war. 1939 wurde die Gestapo mit dem Sicherheitsdienst SD, dem Nachrichtendienst der SS, im Reichssicherheitshauptamt unter Reinhard HEYDRICH zusammengefasst.

Die Hauptaufgaben der Gestapo waren die Aufklärung politischer Straftaten wie Hochverrat und Landesverrat sowie die Verfolgung von Personen, die als Gegner des NS-Regimes angesehen wurden, wie etwa die oppositionell eingestellten Kommunisten, Sozialdemokraten und Liberalen. Durch die 1933 aufgrund der Reichstagsbrand-Verordnung eingeführte Schutzhaft konnte die Gestapo zur vorbeugenden Bekämpfung politische Gegner verhaften, ohne dass diese einem Gericht vorgeführt und von diesem abgeurteilt werden mussten. Viele der Verhafteten wurden in KONZENTRATIONSLAGER verbracht, wo sie dem Terror des SS-Wachpersonals ausgesetzt waren.

Gesundheitswesen, öffentliche Einrichtungen im Dienst der medizinischen Vorbeugung sowie Heilung und Versorgung kranker Menschen. In der Antike kümmerten sich religiöse Gemeinschaften um die Kranken. Schon im 1. Jt. v. Chr. erbaute man Tempel, die Heilgöttern gewidmet waren und als Krankenhäuser benutzt wurden. Im Mittelalter, als in Europa viele Seuchen wüteten, wurden die Kranken in klösterlichen Gemeinschaften versorgt.

Die INDUSTRIELLE REVOLUTION führte zu einer Verschlechterung des Gesundheitszustands zahlloser Menschen, die unter schädlichen Bedingungen in Bergwerken und Fabriken arbeiteten. Im Zug der Bevölkerungsexplosion und des medizinischen Fortschritts verstärkte sich jedoch im 19. Jh. das Bewusstsein für die Gesundheitsgefährdungen und die Möglichkeiten, die Volksgesundheit zu verbessern. Durch Spenden finanzierte Krankenhäuser wurden gegründet und bessere sanitäre Einrichtungen gebaut. Die erste Krankenversicherung führte Otto von BISMARCK im Jahr 1883 in Deutschland ein.

Anfang des 20. Jh. war die Errichtung von staatlichen Krankenhäusern und die Schaffung öffentlicher Krankenkassen eine der wichtigsten Regierungsaufgaben in den Ländern, die sich nun zu Sozialstaaten entwickelt hatten, d.h. zu Gesellschaften, in denen die Grundbedürfnisse der Einwohner befriedigt werden sollten. 1948

Die Wende in der Schlacht von Gettysburg trat am dritten Tag ein, als es den Konföderierten nicht gelang, am Friedhof die Unionsreihen zu durchbrechen.

schufen die VEREINTEN NATIONEN die Weltgesundheitsorganisation WHO, die sich um die gesundheitlichen Belange in Industrie- und Entwicklungsländern kümmert. Die höhere Lebenserwartung und der Kostenanstieg im Gesundheitswesen belasten die Kassen in den Industriestaaten, während es in den Entwicklungsländern noch zu wenig ausgebildete Ärzte und zu wenig Geld für die Grundversorgung gibt.

Getto, zugewiesener abgeschlossener Lebensbereich für Juden. Gettos entstanden im Mittelalter in Deutschland, Italien, Spanien, Portugal sowie Osteuropa, da die Obrigkeit das Zusammenleben mit den Christen verbot. Mit der Verleihung der Bürgerrechte an Juden wurden sie im 19. Jh. aufgelöst. Die Nationalsozialisten führten ab 1940 in Polen und im Baltikum wieder Gettos ein, in denen katastrophale Lebensbedingungen herrschten. Dazu gehörten u.a. die Gettos von Warschau mit rund 500000 Juden, Lemberg und Lodz sowie Riga und Wilna.

Gettysburg, Schlacht von (1.–3. Juli 1863), Wendepunkt im SEZESSIONSKRIEG und gleichzeitig die blutigste Schlacht, die je auf amerikanischem Boden stattfand. Am 1. Juli 1863 trafen Einheiten der Armee der Konföderierten unter General Robert E. LEE und die Armee der Union unter General George Meade westlich von Gettysburg in Pennsylvania zusammen. Anfangs konnten die Angriffe der Konföderierten noch abgewehrt werden, die eintreffende Verstärkung zwang die Unionstruppen jedoch zum Rückzug durch die Stadt. Am nächsten Tag schlugen frische Unionstruppen, die in einer günstigen Verteidigungsposition standen, die Angriffe der Konföderierten zurück.

Auch am dritten Tag wurde ein Sturm gegen die Reihen der Union abgewehrt, und zwar mit großen Verlusten, sodass General

WUSSTEN SIE, DASS?

Der wichtigste Heilgott im alten Griechenland war Asklepios, der mit einer Schlange, die sich um einen Stab ringelt, dargestellt wird. Auf seine Gemahlin, die Gesundheitsgöttin Hygieia, geht der heute noch verwendete Begriff Hygiene zurück.

Lee gezwungen war, den Einfall in den Norden aufzugeben. Die Armee der Südstaaten verlor in dieser Schlacht über 20000 und die Nordstaatenarmee 23000 Soldaten. Der am 19. November 1863 von Abraham Lincoln eingeweihte Soldatenfriedhof in Gettysburg wurde 1895 zur nationalen Gedenkstätte erklärt.

Gewaltlosigkeit, Prinzip des gewaltfreien Widerstands, zu dem auch das Fasten und Wirtschaftsboykotte gehören. Es wurde von Mohandas Karamchand GANDHI als Druckmittel zur Durchsetzung politischer Reformen unter der Bezeichnung *Satyagraha,* was so viel wie Hingabe an die Wahrheit heißt, entwickelt und angewandt. Gewaltlosigkeit war die Grundlage von Gandhis Boykott gegen britische Institutionen und Waren, mit dem er gegen das Massaker von 1919 in der nordwestindischen Stadt Amritsar, bei dem britische Soldaten auf etwa 10000 friedliche Demonstranten geschossen hatten, protestieren wollte.

Obwohl es im Zusammenhang mit den Friedensdemonstrationen, bei denen sich die Anhänger des Mahatma widerstandslos festnehmen ließen, immer wieder zu Ausschreitungen kam, blieb Gandhi ausschließlich bei gewaltfreien Mitteln wie Hungerstreik, friedlichem Protest und zivilem Ungehorsam, um die Unabhängigkeit Indiens von Großbritannien durchzusetzen.

Die Arbeiter der Welt organisieren sich

Seit dem frühen 19. Jh. haben sich Arbeiter in Gewerkschaften zusammengeschlossen, um für bessere Arbeitsbedingungen, höhere Löhne und kürzere Arbeitszeiten zu kämpfen. Der Streik war dabei ihre schärfste Waffe. So wurden die Organisationen zu einer Macht, die die Arbeitgeber ernst nehmen mussten.

Mit dem Beginn der Industrialisierung gegen Ende des 17. Jh. trat ein Wandel in der Welt der Arbeit ein. Es entstanden zwei neue Klassen: die Fabrikbesitzer und die Arbeiter. Die einen besaßen die Produktionsmittel, die anderen stellten ihre Arbeitskraft gegen Lohn zur Verfügung. Mit dem Wachsen der Industriestädte wurde die Kluft zwischen beiden Klassen immer deutlicher. So stiegen beispielsweise zeitweise in Großbritannien die Gewinne der Unternehmer zwanzigmal schneller als die Löhne ihrer Arbeiter. Um überhaupt überleben zu können, mussten die Arbeiter, darunter Frauen und Kinder, oft zwölf oder mehr Stunden am Tag schwerste Arbeit in Fabriken oder auch Bergwerken leisten. Ein Arzt aus Manchester beschrieb Spinnereiarbeiter als „eine verkümmerte und entkräftete Menschenrasse – Männer und Frauen, die nicht alt, und Kinder, die nie erwachsen werden".

Zur angemessenen Vertretung ihrer eigenen Interessen schlossen sich die Arbeiter schon bald zusammen, denn nur gemeinsam bestand die Chance, bessere Arbeitsbedingungen, kürzere Arbeitszeiten und höhere Löhne durchzusetzen.

Die aufwändig gestaltete Urkunde der britischen Eisenbahnergewerkschaft von 1912 zeigt das Selbstvertrauen der Organisation.

Die ersten Gewerkschaften entstanden in Großbritannien schon Ende des 18. Jh. Sie wurden jedoch schnell verboten, da die Besitzenden in Erinnerung an die Vorgänge während der Französischen Revolution um ihre Vorrechte bangten, und erst 1825 wieder legalisiert. Dann brachte aber rasch ein Industriezweig nach dem anderen Gewerkschaften hervor. Zu den ersten, die ihre Freiheit nutzten – und nahezu umgehend streikten –, gehörten die Schiffbauer und Spinnereiarbeiter. Schon 1833 hegte der sozialistische Reformer Robert Owen den ehrgeizigen Plan, alle Arbeiter in der britischen Grand National Trade Union zu vereinen, konnte sich damit aber nicht durchsetzen.

In Deutschland begann die Gewerkschaftsbewegung mit der Entstehung der

Jimmy Hoffa wurde 1957 Chef der Teamster's Union. In den USA besteht das Recht auf gewerkschaftliche Organisation seit 1935.

ersten Arbeitervereine in der Mitte des vorigen Jahrhunderts, die aber nur langsam an Bedeutung gewannen. Die danach entstandenen Gewerkschaften waren ihrer Ausprägung nach eng mit politischen Richtungen verbunden: die sozialistischen Gewerkschaften, die liberalen Hirsch-Duncker'schen Gewerkvereine und die christlichen Gewerkschaften. Da unter Bismarck die freien Gewerkschaften verboten waren, konnte sich hierzulande erst zu Ende des 19. Jh., vor allem durch den Bergarbeiterstreik 1889, eine breite Gewerkschaftsbewegung entwickeln.

DIE MACHT DES STREIKS

Der Streik war und ist die ultimative Waffe der Gewerkschaften. Als zwei der schlimmsten Streiks gelten der Generalstreik 1926 in Großbritannien und der Massenstreik in Paris 1968. Der erstgenannte wurde ausgerufen, um die Aktionen der Bergarbeiter gegen die Bestrebungen, die Löhne zu kürzen und die Arbeitszeit zu verlängern, zu unterstützen. Der Slogan der Streikenden lautete: „Keinen Pfennig weniger und keine Minute länger." 2 Mio. Menschen legten die Arbeit nieder; doch dauerte der Streik nur neun Tage, dann wurde er von der Regierung niedergeschlagen. Beim Streik in Paris 1968 kam es zu einer seltenen Allianz zwischen Arbeitern und Studenten; er war beides: allgemeiner Protest gegen die Regierung und Arbeitskampf. In den Straßen des Quartier Latin brannten die Barrikaden und Pflastersteine flogen gegen die Polizisten. Der Streik geriet zum nationalen Aufstand und trug entscheidend mit zum Rücktritt von Staatspräsident Charles de Gaulle im folgenden Jahr bei.

Nach dem Zweiten Weltkrieg hat sich die wirtschaftliche Lage der Arbeiter insgesamt erheblich verbessert; dennoch bleiben die Gewerkschaften in den Demokratien wichtige politische Organisationen, die die Interessen ihrer Mitglieder wahrnehmen und einen bedeutenden Beitrag zur Stabilisierung der Gesellschaft leisten.

Gewerkschaften siehe linke Seite

Ghana, westafrikanisches Land. Das historische Königreich Ghana umfasste sowohl die Gebiete des heutigen östlichen Senegal, südlichen Mauretanien, südwestlichen Mali und westlichen Obervolta als auch den heutigen Staat Ghana.

Im Jahr 990 nahm der König von Ghana, das schon im 8. Jh. den Beinamen Land des Goldes hatte, das Berberreich Audaghost ein und erlangte so die Kontrolle über den Karawanenhandel mit Gold und Salz. 1054 fiel das Land an die algerischen Almoraviden und 1240 nach einer weiteren Zeit der Fremdherrschaft an das Mali-Reich.

Um 1800 gab es britische, niederländische und dänische Handelsstützpunkte entlang der so genannten Goldküste und 1850

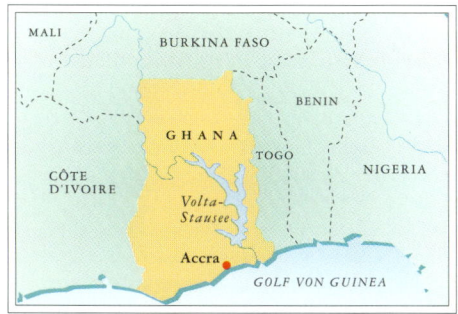

kaufte das British Colonial Office die Gebiete der Dänen auf. Nach Kriegen gegen die einheimischen Ashanti 1825–31 gründeten die Briten die Kolonie Goldküste, um die Goldvorkommen des Hinterlands auszubeuten. 1895 und 1900 kam es erneut zu bewaffneten Auseinandersetzungen mit den Ashanti. Nach 1920 forderte das Volk, das durch die Missionsschulen über ein hohes Bildungsniveau verfügte und sich auf eine dank Bergbau und Kakaoindustrie florierende Wirtschaft stützen konnte, die Selbstbestimmung.

1957 bildeten die westafrikanischen Gebiete Goldküste und British Togoland die unabhängige Republik Ghana, deren Staatschef Kwame NKRUMAH das Land zu einem Einparteienstaat machte. 1966 führten wirtschaftliche Probleme und Unzufriedenheit in der Bevölkerung wegen politischer Unterdrückung und Misswirtschaft zu seinem Sturz durch das Militär. Es wurde mehrfach geputscht und 1979 übernahm eine Gruppe von Offizieren unter Jerry Rawlings die Macht. Nach der Hinrichtung mehrerer ehemaliger Staatschefs übergab sie die Herrschaft an eine Zivilregierung, die jedoch scheiterte, woraufhin Rawlings sich erneut an die Spitze des Landes setzte.

Mithilfe des Internationalen Währungsfonds kam es zu einer gewissen wirtschaftlichen und politischen Stabilität, doch Spenden aus dem Westen trugen dazu bei, dass der innenpolitische Druck, die Demokratie

Kunstvoll gearbeitete goldene Maske aus dem Volk der Ashanti, das in Ghana heimisch ist

wieder einzuführen, wuchs. Im April 1992 wurden durch eine neue Verfassung politische Parteien legalisiert, und im November desselben Jahres errang Rawlings bei den Präsidentschaftswahlen die Mehrheit. Das Wahlergebnis wurde allerdings von der Opposition angefochten. Trotzdem gilt Ghana als demokratisches Musterland in Afrika.

Gibraltar, Name der Küstenstadt und der Halbinsel an der Südspitze Spaniens. Ihr Felsen erhebt sich über der Straße von Gibraltar, der Verbindung zwischen Mittelmeer und Atlantik.

711 wurde Gibraltar von den Mauren erobert und erhielt nach deren Führer den Namen Djebel al-Tarik, Fels des Tarik. 1462 fiel Gibraltar an Spanien, 1704 wurde die Festung aber im Zug des SPANISCHEN ERBFOLGEKRIEGS von den Briten eingenommen, was im Frieden von UTRECHT 1713 bestätigt wurde. Mehrmals versuchten die Spanier, Gibraltar zurückzuerobern, insbesondere 1779 mit einer langen Belagerung durch französisch-spanische Truppen.

In den beiden Weltkriegen war Gibraltar ein wichtiger britischer Flottenstützpunkt. Die Bevölkerung befürwortet mehrheitlich den Verbleib Gibraltars bei Großbritannien, obwohl Spanien, um seinen Anspruch auf den Felsen zu bekräftigen, 1970–85 die Grenze schloss.

Giolitti, Giovanni (1842 bis 1928), italienischer Politiker, der insgesamt fünfmal zum Ministerpräsidenten gewählt wurde. Giolitti, ein Liberaler und geschickter Vermittler, führte das Wahlrecht für alle über 30-jährigen Männer ein und setzte soziale Reformen, insbesondere im Arbeitsleben, durch. Er stimmte dem Einmarsch in Libyen zu, war jedoch gegen Italiens Eintritt in den Ersten Weltkrieg. 1914 verlor er durch einen Generalstreik sein Amt. 1920 wurde er erneut zum

Ministerpräsidenten gewählt, trat jedoch schon ein Jahr später wieder zurück. Seine Einstellung zum Faschismus war zunächst abwartend, ab 1925 allerdings ablehnend.

Girondisten, politische Gruppierung der FRANZÖSISCHEN REVOLUTION, die mit den JAKOBINERN in Verbindung stand, aber nicht so radikal wie diese war. Ihr Name leitete sich vom Département Gironde ab, aus dem viele ihrer führenden Mitglieder stammten, die bald Schlüsselpositionen im Nationalkonvent, der republikanischen Volksvertretung seit 1792, innehatten.

Die Girondisten setzten sich für die Kriegserklärung an Österreich ein und lösten damit die lang andauernden KOALITIONSKRIEGE gegen die anderen europäischen Mächte aus. Durch die angespannte Kriegslage verloren sie zunehmend die Macht an die Partei der Jakobiner und eine wütende Menge erzwang ihre Verhaftung. Viele Girondisten verloren ihr Leben unter der GUILLOTINE.

Gladiator, wörtlich Schwertkämpfer, im antiken Rom Kriegsgefangener, abgeurteilter Verbrecher, Sklave oder später auch Freier, der dazu ausgebildet war, in der Arena wie etwa dem KOLOSSEUM zur Unterhaltung des Volkes gegen andere Gladiatoren oder Raubtiere zu kämpfen.

Die einzelnen Arten der Gladiatoren unterschieden sich durch ihre Bewaffnung: Der Samnit trug einen großen Schild, einen gefiederten Helm und ein kurzes Schwert; der Retiarus kämpfte mit Netz und Dreizack; der Thraker mit rundem Schild und Lanze oder Krummsäbel. Das Volk entschied über Leben und Tod der besiegten Gladiatoren, indem es mit dem Daumen nach oben oder unten zeigte. Gladiatorenkämpfe wurden endgültig im 5. Jh. von Kaiser Honorius verboten.

Mehrere verhaftete Girondisten warten im Oktober 1793 auf ihre Hinrichtung durch die Guillotine.

Der lange und beschwerliche Weg zur Gleichberechtigung

Auch wenn einige wenige Frauen aufgrund ihrer Herkunft und ihres Könnens zu Macht und Ansehen gelangten, haben sie in der Geschichte weitgehend ein Schattendasein geführt. Erst im 20. Jh. kam es zu einer erfolgreichen Emanzipation.

Die Hälfte der Menschheit sind Frauen, aber Ansehen, Macht und Reichtum auf der Welt sind keineswegs entsprechend diesem Verhältnis aufgeteilt: Fast immer und nahezu überall waren sie den Männern vorbehalten. Zwar gab es nach Ansicht einiger Forscher in prähistorischer Zeit das Matriarchat, doch seit dem Eintritt des Menschen in die Geschichte hat das männliche Prinzip Vorrang. Auch wenn in wenigen Völkern Frauen eine geachtete Stellung innehatten, so war es den weitaus meisten aufgrund der Traditionen und der Aufgabe, für eine Familie zu sorgen, bestimmt, ein Leben in Abhängigkeit zu führen. Erst im 19./20. Jh. begann ein organisiertes Aufbegehren gegen diese Rolle.

ANTIKE ANSICHTEN

Der griechische Philosoph Plato hielt Frauen, Kinder und Sklaven für vernunftlose Wesen. Er vertrat die Überzeugung, dass sie von Natur aus in Bezug auf die „Fähigkeit zur Tugend" dem Manne unterlegen seien. Diese Meinung war in der Antike weit verbreitet und hat sich jahrhundertelang gehalten.

Die meisten alten Kulturen waren patriarchalisch geprägt. Frauen kümmerten sich um Heim und Herd und hatten in den wichtigen Dingen ihres Lebens nichts zu sagen. Eine Frau wurde als lebendes Inventar betrachtet, was aus dem Ratschlag deutlich wird, den der griechische Dichter Hesiod um 700 v. Chr. seinen Geschlechtsgenossen gab: „Als Erstes besorge dir ein Haus und eine Frau und einen Ochsen zum Pflügen." Frauen durften sich ihren Ehemann nicht selbst wählen und konnten von einem Mann an den anderen weitergegeben werden – ein Schicksal, das beispielsweise die erste Frau des griechischen Staatsmanns Perikles erlitt.

Im asiatischen Raum stellte sich die Lage der Frauen ähnlich dar. Nach alten, in Sanskrit verfassten Gesetzbüchern der Hindugesellschaft waren Frauen in jeder Hinsicht der Herrschaft des Mannes unterworfen. Es war ihre Pflicht, ihren Ehemann zu verehren, selbst wenn er sie tyrannisierte. In Persien verbrachten Frauen ihr Leben in der strikten Abgeschlossenheit eines Harems und bekamen außer ihren Ehemännern und ihren Söhnen sowie den Eunuchen, die ihnen dienten, nie Männer zu Gesicht. Als eine schöne persische Königin mit Namen Vasthi sich dem Befehl ihres Gatten widersetzte, sich vor seinen betrunkenen Gefährten zur Schau zu stellen, befürchteten die Männer, dass solch ein Widerstand auch auf ihre Frauen abfärben und sie womöglich rebellisch werden lassen könnte.

In der ersten Zeit des Christentums waren Frauen beinahe ebenso eifrig in der Verbreitung des Evangeliums wie Männer. Danach jedoch sah man, wie beispielsweise der Brief des Apostels Paulus an Timotheus beweist, Frauen als ungeeignet zur Lehre an, und zwar mit der Begründung, dass es Eva, also eine Frau war, die die Sünde in die Welt gebracht hätte. Bald verfügte die katholische Kirche, dass es Frauen nicht gestattet sei, als Priesterinnen Dienst am Altar Gottes versehen zu dürfen.

Das Relief am Sarg einer Frau aus dem 17. Jh. zeigt, wie viele Kinder sie hatte.

Oben: Frauen wie Maria Magdalena spielen in den Evangelien eine wichtige Rolle.

Amerikanische Studentinnen im Physikunterricht um 1900. Die Universitäten standen damals Frauen aus höheren Schichten schon seit einer Generation offen, doch Arbeitsplätze waren rar.

Unten: Der britische Parlamentarier G. M. Morgan, der sich 1870 für die Rechte von Ehefrauen einsetzte, erntete Dank.

Oben: Frauen waren im Ersten Weltkrieg in Munitionsfabriken tätig und bewiesen damit, dass sie Männerarbeit leisten konnten.

Auch im Alltag sprach sich die Kirche für die Unterordnung der Frauen aus. Insbesondere hielt sie es für falsch, verheirateten Frauen mehr Rechte zuzugestehen; sie verteidigte vielmehr das Römische Recht, nach dem Frauen unter dem Schutz – und der Bevormundung – ihrer Väter und danach ihrer Ehemänner standen.

Durch die Jahrhunderte wurden in den meisten Teilen Europas die Frauen so in einem abhängigen rechtlichen Status gehalten. Sie hatten u. a. auch keinen Rechtsanspruch auf ein eigenes Vermögen – in Großbritannien änderte sich das erst mit dem Reformgesetz von 1870. In Frankreich stand den Frauen erst ab 1907 das Recht zu, das von ihnen verdiente Geld auch selbst zu behalten.

SCHULE DER FRAUEN

Auch das Recht auf Bildung war Frauen weitgehend versagt, denn der Sinn und Zweck von Bildung und Ausbildung bestand darin, Jungen auf ihre Rolle im Leben vorzubereiten. Allerdings gab es im Mittelalter Ausnahmen: Wohlhabende Familien konnten es sich leisten, ihre Töchter von Hauslehrern unterrichten zu lassen, oder sie zahlten eine Mitgift, um die Mädchen zur Ausbildung in ein Nonnenkloster zu geben. Die in Venedig 1363 geborene Christine de Pisano, die viele Schriften verfasste und für die Rechte der Frauen kämpfte, und die zwei Jahrhunderte später lebende englische Königin Elisabeth I. sind Beispiele für Frauen, die eine umfassende Bildung und Erziehung durch Hauslehrer genossen haben.

Auch zahlreiche Nonnen erhielten eine Ausbildung: Sie lernten, Manuskripte abzuschreiben und mit Malereien zu verzieren, und leisteten so einen großen Beitrag zur Verbreitung kultureller Güter. Besonders bekannt unter den gebildeten Nonnen ist die medizinisch und naturwissenschaftlich bewanderte und seherisch begabte Äbtissin Hildegard von Bingen, die im 12. Jh. zahlreiche Klöster gründete und mehrere Bücher schrieb.

Im 16. Jh. vertrat der Reformator Martin Luther revolutionäre Ansichten über die Bildung: Er sprach sich für die Schulpflicht für Jungen und Mädchen aus und meinte sogar, dass begabte Mädchen auf höhere Schulen gehen sollten. Doch es mussten noch rund 300 Jahre vergehen, bis seine Ideen in Deutschland Wirklichkeit wurden.

In Schottland legte der Reformer John Knox, ebenfalls im 16. Jh., den Grundstein für die allgemeine Schulbildung; die Universität durften allerdings – wie in den meisten anderen Ländern Europas – in der Regel nur junge Männer besuchen.

Auch in Frankreich entstanden schon in der frühen Neuzeit erste Mädchenschulen wie etwa die Congrégation de Notre Dame, die Pierre Fourier in Paris gründete. In Großbritannien schuf man für wohlhabende Familien Privatschulen und in Bristol wurde sogar für die Ärmeren die Red Maid's School gegründet. Eine allgemeine Schulbildung gab es in Großbritannien jedoch erst seit 1870 – also etwa zu der Zeit, als sich in den USA und anderen europäischen Ländern allmählich die Universitäten für Frauen öffneten.

HEILERINNEN UND HEXEN

Aus der Literatur der Antike und des Mittelalters ist bekannt, dass Frauen oft in der Herstellung von Heilmitteln bewandert waren. Der griechische Dramatiker Euripides berichtete im 5. Jh. v. Chr. von Frauen, die Frauenleiden behandelten. Es gab Ärztinnen in der griechisch-römischen Zeit und Medizinstudentinnen während der Renaissance in Italien, insbesondere an der Universität von Bologna, an der es im 18. Jh. Professorinnen wie Anna Morandi-Manzolini – für Anatomie – und Maria Dalle Donne – für Geburtshilfe – gab. Doch trotz dieser positiven Beispiele nahm die Bedeutung der Frauen in der Medizin nach dem 15. Jh. eher ab, denn mit der Zunahme der wissenschaftlichen Erkenntnisse über die Krankheiten erhielt auch das Vorurteil von der intellektuellen Minderwertigkeit der Frauen erneuten Auftrieb. In einigen Ländern kam ein weiteres Vorurteil hinzu: Eine medizinisch begabte Frau könnte eine Hexe sein. Die Hexenverfolgungen, die seit dem 16. Jh. tausende von Frauen das Leben kosteten, fanden erst im 18. Jh. ein Ende.

SCHRITT IN DIE ÖFFENTLICHKEIT

Mit dem Aufkommen der Industrie wurden zahllose Frauen Arbeiterinnen, doch sie erhielten geringere Löhne als die Männer und hatten keine Chancen aufzusteigen. Frauen aus der Arbeiterklasse waren in der industriellen Produktion tätig, Frauen aus der Mittelklasse wurden eventuell Lehrerinnen oder Gouvernanten. Im Ersten Weltkrieg, als Millionen von Männern ins Feld zogen, mussten in der westlichen Welt Frauen viele traditionell den Männern vorbehaltene Aufgaben erfüllen und bewiesen dabei, dass sie es konnten.

Bis ins 20. Jh. hinein spielten Frauen auch in der Politik nur eine geringe Rolle. Allgemein galt die Überzeugung, dass sie sich mehr von Gefühlen als von der Vernunft leiten ließen. Auch wenn in der Geschichte einige Frauen als Monarchinnen regiert hatten, so dauerte es doch in vielen Ländern bis weit ins 20. Jh. hinein, bis mithilfe der Frauenbewegung das aktive und passive Wahlrecht erstritten war.

Nach dem Zweiten Weltkrieg schließlich erklärten die Vereinten Nationen, dass beide Geschlechter dieselben Rechte haben. Doch immer noch gibt es Länder wie beispielsweise Kuwait oder Saudi-Arabien, in denen Frauen das Wahlrecht verweigert wird. Außerdem sind in den Parlamenten der meisten Länder der Welt die Frauen unterrepräsentiert – wenn es auch manche wie Margaret Thatcher in Großbritannien oder Benazir Bhutto in Pakistan geschafft haben, das mächtigste öffentliche Amt ihres Landes zu bekleiden.

Obwohl in vielen Staaten mittlerweile wenigstens eine formelle Gleichstellung herrscht, werden in manchen Ländern gezielt weibliche Föten abgetrieben, gibt es noch mehr weibliche als männliche Analphabeten, gehen insgesamt weniger Frauen als Männer einer bezahlten Arbeit nach und befindet sich der weitaus größte Teil von Vermögen in männlicher Hand. Der steinige Weg zur Gleichberechtigung ist also noch nicht bewältigt.

Gladstone, William Ewart (1809–98), britischer Staatsmann. Er zog 1832 als Mitglied der konservativen TORY-Partei ins Parlament ein, wandte sich dann aber dem Liberalismus zu. 1867 wurde er zum Führer der Liberalen gewählt und übernahm ein Jahr später das Amt des Premierministers – einen Posten, den er bis 1894 insgesamt viermal innehatte. Sein wichtigster Gegenspieler war Benjamin DISRAELI, dessen imperiale Politik Gladstone ablehnte. Das für Gladstone wichtigste Problem, das es zu lösen galt, war die Befriedung Irlands. In den Jahren 1886 und 1893 reichte er Gesetzesvorlagen ein, die Irland die Autonomie gewähren sollten, konnte sich damit jedoch nicht durchsetzen.

WUSSTEN SIE, DASS?

Gladstone war zwar ein Liberaler, aber er hielt nichts davon, dass Frauen in die Politik gingen. Seiner Ansicht nach wäre dadurch „ihre Zartheit, ihre Reinheit, ihre Vornehmheit, ja die Erhabenheit ihrer ganzen Natur" in Gefahr.

Glas, mehr oder weniger durchsichtiges Schmelzprodukt. Während schon in vorgeschichtlicher Zeit die Völker kleine Gegenstände aus natürlichem Glas wie Bergkristall oder vulkanischem Obsidian anfertigten, weiß man von der Herstellung von Glas ungefähr ab dem 3. Jt. v. Chr. in Ägypten und Mesopotamien. Im Römischen Reich wurden viele verschiedene Arten von Glasgegenständen gefertigt, u.a. Trinkgefäße. Im 13. Jh. erreichte die Glasproduktion im venezianischen Murano eine hohe Blüte und in Frankreich florierte im späten 17. Jh. die Herstellung von Spiegelglas, nachdem um 1680 ein Verfahren zum Gießen von Glas entwickelt worden war. Nach der Erfindung einer Maschine zur Fertigung von Pressglas 1827 führte die amerikanische Firma Boston and Sandwich Glass Company die erste Massenfabrikation von Glas ein.

Gleichberechtigung siehe Seite 180/181

Gleichschaltung, Bezeichnung für die ab 1933 mit Zwang durchgeführte Ausrichtung aller staatlichen Institutionen und Organisationen des öffentlichen Lebens auf die nationalsozialistische Ideologie. Dieses Mittel zur Herrschaftssicherung führte zur Auflösung aller Parteien außer der NATIONALSOZIALISTISCHEN DEUTSCHEN ARBEITERPARTEI, zur Auflösung und Zwangsenteignung von Verbänden sowie zur Gründung von NS-Ersatzorganisationen. Durch die Gleichschaltung der Länder kam es zur Auflösung des Reichsrats. Außerdem vereinigte Hitler nach dem Tod HINDENBURGS 1934 auf sich die Ämter des Reichspräsidenten und des Reichskanzlers.

Glockenbecher-Kultur, Name für viele verschiedene Völker, die seit ungefähr dem 3. Jt. v. Chr. in Europa lebten. Die Bezeichnung leitet sich von den fein ausgebildeten glockenförmigen Tonbechern her, die in Mittel-, Nordwest-, West- und Südwesteuropa als Grabbeigaben gefunden wurden. Die Theorie, die weite Verbreitung der Becher sei ein Hinweis darauf, dass es sich um eine einzige Volksgruppe, das so genannte Bechervolk, handle, das von Spanien ausgehend auf der Suche nach Metallen ganz Europa durchwanderte, wird von heutigen Wissenschaftlern abgelehnt.

Glorreiche Revolution, englische Revolution von 1688/89, durch die König JAKOB II. durch WILHELM III. VON ORANIEN und seine Frau Maria abgelöst und eine verfassungsmäßige Regierungsform begründet wurde. Sie wird glorreich genannt, weil sie unblutig verlief. Nach der Thronbesteigung 1685 berief JAKOB II., der 1672 katholisch geworden war, Katholiken auf wichtige Positionen in Armee, Regierung und Kirche. Aus Unmut darüber sahen sich führende Politiker veranlasst, Jakobs Schwiegersohn Wilhelm von Oranien und dessen Frau Maria, Jakobs protestantisch gebliebene Tochter, nach England zu rufen, wo man beiden die Übernahme der Herrschaft antrug. Um zu verhindern, dass die neuen Machthaber ebenfalls absolutistisch regierten, wurden die Befugnisse des Königs 1689 in der Bill of Rights durch das Parlament beschränkt. Im März 1690 landete Jakob II., von Frankreich kommend, in Irland, von wo aus er den Thron zurückgewinnen wollte. Er wurde jedoch im Juli in der Schlacht am Boyne geschlagen und kehrte ins französische Exil zurück. 1701 wurde der ACT OF SETTLEMENT erlassen, um für immer die protestantische Thronfolge in Großbritannien zu sichern.

Gneisenau, August Graf Neidhardt von (1760–1831), preußischer Heerführer. Er trat 1786 als Offizier ins preußische Militär ein und verteidigte 1807 die Festung Kolberg bis zum Friedensschluss von TILSIT. Dadurch aufgefallen, wurde er zum Oberstleutnant befördert und wirkte an der Heeresreform mit. Er setzte sich dabei für ein Volksheer und einen humanen Militärdienst ein. An den Siegen der BEFREIUNGSKRIEGE war er maßgeblich beteiligt.

Goa, Bundesstaat an der Westküste Indiens. 1510 eroberten die Portugiesen die Siedlung und bauten sie zu einem Stützpunkt für den Südostasienhandel aus. Mit der Zeit entwickelte sich Goa zum Verwaltungszentrum für das gesamte portugiesische Kolonialreich in Asien. Als die Macht Portugals im übrigen Asien zu schwinden begann, blieb Goa eine europäisch geprägte Enklave. Die Republik Indien besetzte die Region 1961 und

Der tägliche Markt auf dem Hauptplatz von Goa zog Portugiesen und Inder an: Auf dem Bild aus dem 17. Jh. schleppen links Träger ein Gefäß mit Wasser, vorn plaudert ein Kindermädchen mit einer Sklavin und in der Bildmitte nimmt ein Mann Angebote für einen Umhang entgegen.

Joseph Goebbels (rechts), ein brillanter Redner, wurde der führende Demagoge der national-sozialistischen Propagandamaschinerie.

gliederte sie dem eigenen Staatsgebiet ein. Gemeinsam mit zwei weiteren ehemaligen portugiesischen Kolonien an der Westküste, Daman und Diu, erhielt Goa ein Jahr später den Status eines Territoriums der Indischen Union, 1987 wurde es Bundesstaat.

Godunow, Boris (um 1552–1605), russischer Zar. Der Sohn einer Adelsfamilie begann seine Karriere am Hofe Zar IWANS IV. DES SCHRECKLICHEN. Er wurde zum Vormund von Iwans geistesschwachem Sohn Fjodor bestellt und erlangte nach dessen Thronbesteigung 1584 immer mehr Einfluss auf die Herrschaft über Russland. Nach dem Tod des Zaren 1598 wurde Godunow zu dessen Nachfolger gewählt, erhielt aber nie die Unterstützung aller BOJAREN, d.h. der hohen Aristokraten. Godunow reformierte das Justizsystem, verfolgte aber seine Gegner rücksichtslos und zog sich damit noch mehr die Feindschaft der Bojaren zu. 1604 sammelte der „Lügen-Demetrius", ein Thronbewerber, der angeblich der Bruder Fjodors war, eine große Armee gegen Godunow, dessen Streitmacht ihr jedoch bis zu seinem Tod im folgenden Jahr standhielt. Es schlossen sich Jahre des Chaos an, die erst 1613 mit der Krönung des ersten Zaren aus dem Haus ROMANOW endeten.

Goebbels, Joseph (1897–1945), Propagandaminister im nationalsozialistischen Deutschland. Goebbels, der aus einer katholischen Kleinbürgerfamilie stammte, studierte Germanistik und Philosophie und schloss sich 1924 der NATIONALSOZIALISTISCHEN DEUTSCHEN ARBEITERPARTEI an.

Zwei Jahre später wurde er Gauleiter in Berlin-Brandenburg. Die von ihm organisierten und theatralisch inszenierten Paraden und Massenaufmärsche unterstützten Adolf HITLER bei der MACHTERGREIFUNG. Dieser ernannte ihn 1933 zum Reichsminister für Volksaufklärung und Propaganda, wodurch Goebbels das gesamte geistig-kulturelle Leben des Landes kontrollierte. Seine perfekte Beherrschung der Medien machte ihn zu einem der ersten modernen Manipulatoren der Massen. Nach der Niederlage Deutschlands bei STALINGRAD rief er zum „totalen Krieg" auf. Anfang Mai 1945, nach dem Einmarsch der Sowjetarmee in Berlin, tötete er seine sechs Kinder mit Gift und erschoss danach seine Frau und sich selbst.

Goethe, Johann Wolfgang von siehe Seite 184

Goldene Bulle, mit einem Goldsiegel beurkundetes Reichsgesetz, 1356 auf den Reichstagen in Nürnberg und Metz beschlossen. Darin wurde bestimmt, dass die sieben KURFÜRSTEN – drei geistliche und vier weltliche – das alleinige Recht zur Königswahl in Deutschland besaßen und dass der Kandidat als gewählt galt, der die meisten Stimmen erhielt. Weiterhin wurden die Privilegien der Kurfürsten, vor allem die Unteilbarkeit der Kurlande sowie die Erbfolge nach dem Erstgeburtsrecht, festgeschrieben. Dieses Wahlgesetz hatte bis zur Auflösung des HEILIGEN RÖMISCHEN REICHES 1806 Gültigkeit.

Goldene Horde, Bezeichnung für die Tataren, deren Reich bzw. Heerlager – auf mongolisch *orda* – im 13.–15. Jh. weite Teile Russlands umfasste. 1238 fiel Batu Khan, ein Enkel DSCHINGIS KHANS, mit einem

Mongolenheer in Russland ein, brannte 1240 Moskau nieder und eroberte Kiew. Nach einem Verwüstungszug durch Osteuropa schlug er sein Lager bei Saraij an der unteren Wolga auf. Er regierte ein Gebiet, das sich von Zentralasien bis zum Dnjepr erstreckte, und verlangte Tribut in Form von Geldzahlungen, mischte sich jedoch wenig in die Angelegenheiten der russischen Fürsten ein, die sich, um Auseinandersetzungen zu vermeiden, in der Regel kooperativ zeigten. In der zweiten Hälfte des 14. Jh. begann der Zerfall der Goldenen Horde. 1380 schlug Großfürst Dmitri Donskoi die Mongolen, die neue Fürstentümer in Kasan und auf der Krim gründeten; 100 Jahre später beendete Iwan III. der Große die Tributpflicht gegenüber den Tataren.

Goldrausch siehe Seite 186

Goldstandard, Währungssystem, bei dem der Wert der Währung eines Landes in Mengeneinheiten von Gold, dem Edelmetall, das als Symbol für Solidität gilt, definiert ist. Münzen und Banknoten müssen jederzeit in Gold umgetauscht werden können. Großbritannien war 1816 das erste Land, das eine Goldwährung einführte; ab 1900 hatten alle führenden Nationen sie übernommen. Nach dem Ersten Weltkrieg brach die Goldwährung zusammen und ab 1944 war nur noch der Dollar direkt an das Gold gebunden – ein System, das man Golddevisenstandard nennt und das in den 60er-Jahren aufgegeben werden musste.

Golfkrieg (1991), internationaler Konflikt in der Region um den Persischen Golf. Die Vorgeschichte begann am 2. August 1990, als irakische Truppen in KUWAIT einmarschierten, nachdem Präsident Saddam

Amerikanische Soldaten untersuchen einen von den Irakern zurückgelassenen Panzer während des Golfkriegs. Im Hintergrund verdunkeln brennende Ölquellen in Kuwait den Wüstenhimmel.

Dichterfürst in Weimar

Johann Wolfgang von Goethe, der herausragendste deutsche Dichter, wurde schon von seinen Zeitgenossen bewundert und verehrt. Durch ihn entwickelte sich das kleine Weimar zum Mittelpunkt der deutschen Klassik.

Johann Wolfgang Goethe war 26 Jahre alt, als er 1775 an den Hof des Herzogtums Sachsen-Weimar-Eisenach kam als Berater des jungen Erbprinzen. Er hatte sich dort zunächst nur umschauen wollen, aber dann blieb er 56 Jahre lang, bis zu seinem Tod 1832.

Eigentlich hätte Goethe nach dem Willen des Vaters Rechtsanwalt werden sollen, aber schon früh zeigte sich, dass ihm die Poesie näher lag als die Juristerei. Zwar absolvierte er erfolgreich ein Jurastudium in Leipzig und Straßburg und war ab 1771 tatsächlich einige Jahre als Advokat tätig, aber meist arbeitete sein Vater für ihn, und er beschäftigte sich mit der Dichtkunst. In diesen frühen Jahren hatte er sich in seinen Gedichten dem Sturm und Drang verschrieben, einem ungebundenen, leidenschaftlichen Stil, der gegen die vom Verstand dominierte Aufklärung rebellierte. Mit seinem ersten,

tums. Goethes gesellschaftliche Stellung stieg entsprechend: 1779 avancierte er zum Geheimen Rat; drei Jahre danach wurde er geadelt. Da er sich jedoch allmählich durch seine Ämter an seiner eigentlichen Aufgabe gehindert fühlte, reiste er 1786 für zwei Jahre nach Italien.

WEIMARER KLASSIK
Nach seiner Rückkehr wurde Goethe, dessen literarischer Geschmack sich schon vorher verändert hatte, zum klassischen

Der Dichter und Staatsmann Johann Wolfgang von Goethe wohnte seit 1782 in einem repräsentativen Haus am Frauenplan in Weimar. Im Salon (unten) empfing er zahlreiche Besucher, die ihm ehrerbietig ihre Aufwartung machten.

Durch die Freundschaft und Zusammenarbeit mit Friedrich Schiller, der 1799 nach Weimar kam, erreichte die so genannte Weimarer Klassik ihren Höhepunkt. Dichter wie Tieck, Novalis und Jean Paul sowie die Philosophen Fichte, Schelling, Hegel und die Brüder Schlegel besuchten den Dichterfürsten. Auch im fortgeschrittenen Alter blieb Goethe unermüdlich tätig. Als vordringliche Aufgabe sah er die Arbeit an seinem größten Werk an, das ihn sein Leben lang begleitet hatte: der *Faust*. Im Jahr 1808 war der Tragödie erster Teil erschienen und im Juli 1831, acht Monate vor seinem Tod, vollendete er den zweiten Teil.

Ein besonderes Kapitel im Leben Goethes stellten die Frauen dar. Oft war er verliebt und immer hat sich dieser Zustand fruchtbar auf sein Schaffen ausgewirkt. So entbrannte er als Jüngling für die Tochter seines Gastwirts, Käthchen Schönkopf, von der er sich mit dem Schäferstück *Die Laune des Verliebten* befreite. In Sesenheim erschien dem Studenten die Pfarrerstochter Friederike Brion als „allerliebster Stern", der ihn zum *Heideröslein* inspirierte, und *Die Leiden des jungen Werthers* basieren auf der unglücklichen Liebe zu Charlotte Buff, der Verlobten eines Freundes.

In Weimar verband Goethe eine tiefe geistige Liebe mit der Hofdame Charlotte von Stein; ihren wohltuenden Einfluss bezeugt u. a. das Drama *Iphigenie* – dennoch war seine Italienreise auch eine Flucht vor ihr. Sogar als 74-Jähriger wurde er noch einmal von der Liebe zu der 19-jährigen Ulrike von Levetzow ergriffen; sein Verzicht auf das Mädchen fand 1823 in den *Marienbader Elegien* seinen Niederschlag. All diesen Frauen fühlte Goethe sich tief verbunden, aber seine Lebensgefährtin und spätere Frau wurde eine andere: das „Naturkind" Christiane Vulpius, ein junges Mädchen aus kleinbürgerlichem Hause.

1774 erschienenen Roman traf er den Nerv der Zeit: *Die Leiden des jungen Werthers* wurden von den Lesern verschlungen.

Goethe war also kein Unbekannter mehr, als er nach Weimar kam. Hier übertrug ihm der Herzog eine Reihe politischer Aufgaben: die Aufsicht über Finanzen, Bergbau, Verkehrswesen und sogar die kleine Streitmacht des Herzog-

Dichter, dessen Ideale Würde, Klarheit und Mäßigung waren. Von seinen Amtspflichten – bis auf die Leitung der wissenschaftlichen Sammlungen in Jena und die des Hoftheaters – entbunden, brachte er in der folgenden Zeit viele seiner volkstümlichsten Dichtungen hervor, u. a. das Drama *Torquato Tasso,* das Epos *Hermann und Dorothea* und mehrere Balladen.

1990 erhielt Gorbatschow den Friedensnobel-preis. Im eigenen Land ist er jedoch unbeliebt, da seine Reformen zu Instabilität führten.

HUSAIN das Nachbarland zur irakischen Provinz erklärt und damit versucht hatte, die Kontrolle über dessen Ölfelder zu erlangen. Der Sicherheitsrat der VEREINTEN NATIONEN verhängte Wirtschaftssanktionen, und ein Bündnis von 29 Staaten unter amerikanischer Führung mobilisierte eine gemeinsame, rund 750 000 Mann starke Streitmacht. Nachdem intensive diplomatische Bemühungen gescheitert waren, begann gut fünf Monate nach der Invasion am 17. Januar 1991 ein groß angelegter Luftangriff, Operation Wüstensturm genannt. Durch elektronisch gesteuerte Raketen wurden strategische Ziele, von denen sich viele in dicht besiedelten Gebieten befanden, zerstört. Innerhalb von sieben Tagen erlangten die Alliierten im Luftkrieg die Oberhand und die irakischen Truppenstellungen wurden in der offenen Wüste im Süden IRAKS bombardiert. Der als Operation Wüstenschild bezeichnete Bodenkrieg der UN-Truppen unter Oberbefehlshaber General Norman Schwarzkopf begann am 24. Februar und innerhalb von vier Tagen wurden die durch die Bombardierungen demoralisierten irakischen Truppen in die Flucht geschlagen.

Die Alliierten benutzten Hightech-Waffen wie etwa lasergesteuerte Bomben und antiballistische Raketen; Irak setzte sowjetische Scud-Raketen ein, die auch auf Israel abgeschossen wurden. Husain ließ zahlreiche kuwaitische Ölquellen in Brand setzen, bevor er den Rückzug aus Kuwait antrat und Ende Februar die Bedingungen der Vereinten Nationen für einen Waffenstillstand annahm.

Gomulka, Wladyslaw (1905–82), polnischer Politiker. Gomulka, 1943–48 Führer der polnischen KP, wurde 1951 als angeblicher Nationalist verhaftet. Fünf Jahre später wurde er von Nikita CHRUSCHTSCHOW rehabilitiert und erneut an die Spitze der Partei gesetzt, in der Hoffnung, dass nach Unruhen und einem Generalstreik in Posen wieder Ruhe im Land einkehrte. Gomulka lockerte die wirtschaftlichen und kulturellen Beschränkungen in Polen, kehrte aber bald wieder zur restriktiven Politik zurück und musste 1970, u.a. wegen der Proteste gegen den Anstieg der Nahrungsmittelpreise, vom Amt zurücktreten.

Gorbatschow, Michail Sergejewitsch (*1931), sowjetischer Politiker und 1988–91 Staatspräsident. Seine Bemühungen um die Perestroika, d.h. den wirtschaftlichen und sozialen Umbau der UdSSR, führten zu einem allmählichen Prozess der Liberalisierung. Er ließ Dissidenten frei, darunter den Physiker Andrej Sacharow, und trat angesichts von Misswirtschaft und Korruption für Glasnost, d.h. Transparenz in Politik und Wirtschaft, ein.

Gorbatschows Außenpolitik hatte die Entspannung zum Ziel. 1987 unterbreitete er Vorschläge zur Beseitigung der atomaren Mittelstreckenraketen in Europa. Er zog 1988/89 nach zehn Jahren sowjetischer Intervention die Truppen aus AFGHANISTAN ab, und seine Weigerung, mit Gewalt gegen die Ablösungsbestrebungen der sowjetischen Satellitenstaaten vorzugehen, bereitete diesen Ländern schließlich den Weg in die Unabhängigkeit. Im Sommer 1990 gab er seine Zustimmung zur WIEDERVEREINIGUNG und dem Verbleib des vereinigten Deutschland in der NATO.

Im eigenen Land stießen Gorbatschow und seine Reformen auf wenig Gegenliebe, denn sie leiteten eine Zeit der politischen Instabilität und des wirtschaftlichen Niedergangs ein. 1990 musste Gorbatschow auf das Machtmonopol der KPdSU verzichten. Im August 1991 wurde die Partei auf Druck von Boris JELZIN aufgelöst und Gorbatschow trat daraufhin als ihr Generalsekretär zurück – einige Tage nach einem Putschversuch, den er mithilfe von Jelzin überstanden hatte. Im Dezember desselben Jahres gab Gorbatschow auch das Amt des Staatspräsidenten auf. 1996 erlangte er bei den Präsidentschaftswahlen nur 1 % der Stimmen.

Göring, Hermann (1893–1946), führender Politiker des nationalsozialistischen Regimes und Oberbefehlshaber der Luftwaffe. Im Ersten Weltkrieg war Göring ein erfolgreicher Jagdflieger; 1917 erhielt er für seine Leistungen den Orden „Pour le mérite". 1922 schloss er sich der NATIONALSOZIALISTISCHEN DEUTSCHEN ARBEITERPARTEI an

und befehligte zeitweilig deren paramilitärische Organisation, die SA. Im Jahr darauf beim gescheiterten HITLERPUTSCH schwer verletzt, floh er ins Ausland. Nach seiner Rückkehr 1927 machte er Karriere: 1932 wurde er Reichstagspräsident, 1933 Reichsminister ohne Geschäftsbereich und preußischer Innenminister, 1935 Oberbefehlshaber der Luftwaffe, 1938 Generalfeldmarschall. Im Jahr 1936 machte HITLER ihn zum Beauftragten für den Vierjahresplan, um das Land wirtschaftlich auf einen möglichen Krieg vorzubereiten.

Im ZWEITEN WELTKRIEG erhielt Göring von Hitler den Befehl, die Luftoffensive gegen Großbritannien im Jahr 1940 vorzubereiten, die jedoch misslang. Die Luftschlacht um ENGLAND ging verloren. Durch dieses Scheitern verlor er bei Hitler und im Volk an Ansehen, und seine in den folgenden Jahren zunehmende Drogenabhängigkeit verschlechterte seine Position. Nachdem er sich für Friedensverhandlungen mit den Alliierten ausgesprochen hatte, wurde er 1945 aller Ämter enthoben und aus der Partei ausgeschlossen. Er geriet am 7. Mai 1945 in amerikanische Gefangenschaft und wurde vom Internationalen Militärgericht in Nürnberg 1946 zum Tode verurteilt, nahm sich jedoch in seiner Zelle mit Gift das Leben.

Gorkij, Maksim (1868–1936), bedeutender russischer Dichter, eigentlich Alexej Maksimowitsch Peschkow, seit 1932 Gorkij, d.h. der Bittere. Als junger Mann zog er durch weite Teile Russlands und lernte dabei die Armut und Not der kleinen Leute kennen, ein Thema, das ihn zeit seines Lebens nicht

Maksim Gorkij, in jungen Jahren mit Tolstoi und Tschechow befreundet, war später der unumstrittene Führer der sowjetischen Literatur.

Goldrausch

Anfang 1848 wurden in Kalifornien die ersten Goldfunde gemacht und bald kamen Glücksritter aus aller Herren Länder nach Nordamerika. Sie reizte die Aussicht auf schnellen Reichtum, aber das Leben der Goldgräber war hart.

An einem kalten Morgen im Januar 1848 bemerkte James Marshall einen kleinen glänzenden Stein im Ablaufkanal eines neuen Sägewerks, das er in den Ausläufern der Sierra Nevada in Nordkalifornien aufbauen half. „Ich habe Gold gefunden!", rief er aufgeregt seinen Kollegen zu. Sein Arbeitgeber John Sutter versuchte, den Fund geheim zu halten, doch schon Mitte April hatten die meisten seiner Arbeiter das Camp verlassen, um ihr Glück bei der Goldsuche zu machen.

Innerhalb weniger Monate hatte sich die Kunde vom Goldfund in Kalifornien verbreitet. Ende 1848 schürften schon rund 6000 Männer entlang den Flüssen und Bächen in den Sierras nach Gold. Im darauf folgenden Jahr fand dann der massenhafte Zuzug von Goldgräbern, den so genannten 49ern, statt, sodass Ende des Jahres mehr als 100 000 Goldsucher aus aller Welt auf dem Land- oder Seeweg im Vertrauen auf ihr Glück nach Kalifornien gekommen waren.

Aber das Leben der Goldgräber war entbehrungsreich. Die Männer hausten in Lagern aus Zelten oder primitiven Blockhütten, die anfangs allerdings immerhin noch durchaus geordnet waren. Sie konnten ihre Sachen unbeaufsichtigt lassen, während sie auf ihrem abgesteckten Stück Land nach Gold schürften. Doch mit der wachsenden Konkurrenz nahm die Kriminalität zu und die Goldgräber mussten bald zum Schutz für sich und ihr Eigentum Wachen aufstellen.

KNOCHENARBEIT

Die Goldsuche selbst war harte Arbeit: In Dreier- und Vierergruppen sammelten die Goldgräber an Flussufern oder auf Sandbänken Steine und Sand, die sie dann zum Waschen in den Einfülltrichter eines Schwingtrogs schaufelten. Einer aus dem Team schüttete eimerweise Wasser in das Gefäß, ein anderer schwang den Trog hin und her. Die Goldstückchen – sofern es welche gab – blieben in einem Gitter aus Längs- und Querleisten hängen. Aber nur selten wurde jemand fündig.

Diejenigen, die zuerst gekommen waren, hatten noch das meiste Glück. Einige von ihnen fanden pro Tag Gold im Wert von 500 Dollar, und das in einer Zeit, in der ein Facharbeiter an der Ostküste nur einen Bruchteil davon verdiente. Wer jedoch erst gegen Ende des Jahres 1849 eingetroffen war, hatte nur selten Erfolg und ging wie so viele andere leer aus. So kehrten zahlreiche Goldsucher im Herbst 1850 mit kläglichen 500 Dollar in Form von Goldstaub und fast ebenso vielen Schuldscheinen in der Tasche nach Hause zurück. Nicht zu nehmen aber war ihnen die Erinnerung an eine aufregende Zeit, die sie miterlebt hatten und die dazu beitrug, die amerikanische Pazifikküste für weitere Siedler zu erschließen.

Allein mit dem Schürfsieb nach Gold zu suchen war mühselig (links). Schon bald bildeten sich Teams, um die Arbeit effizienter zu machen (unten).

mehr losließ. Seit den 90er-Jahren des 19. Jh. schrieb er Erzählungen, die auf eigenen Erfahrungen beruhten, und erlangte damit internationale Anerkennung. Die Protagonistin in seinem Roman *Die Mutter* (1906) ist eine ergreifende Verkörperung des heldenhaften Kampfes des Menschen gegen eine entwürdigende Umgebung. Gorkij lebte viele Jahre im Ausland – 1906–13 auf Capri, 1921–28 in Westeuropa – und kehrte erst 1931 endgültig in seine Heimat zurück. Ungefähr seit der Jahrhundertwende verstand er sich als politischer Schriftsteller und festigte so in Bezug auf die Literatur die 1934 verkündete Doktrin vom sozialistischen Realismus. Zu seinen bekanntesten Werken gehören *Die Kleinbürger* (1901) und *Nachtasyl* (1902).

Goten, germanisches Volk, das ursprünglich aus Südskandinavien stammte. Im 2. Jh. zogen die Goten über die Ostsee und ließen sich im Gebiet der Weichselmündung nieder. Um 200 wanderten sie weiter nach Südosten und wurden am Schwarzen Meer ansässig. Mitte des 3. Jh. teilte der Stamm sich in Westgoten oder Visigoten und Ost- oder Ostrogoten auf.

Das ostgotische Reich am Dnjepr brach im 4. Jh. unter dem Ansturm der HUNNEN zusammen und die Ostgoten traten erst nach ATTILAS Tod wieder als eigenständiges Volk in Erscheinung. Unter ihrem König THEODERICH DEM GROSSEN zogen sie 488 von Pannonien, dem heutigen Ungarn, wo sie zuletzt gesiedelt hatten, in Richtung Italien. Dort gründete Theoderich ein Reich und machte Ravenna zu seiner Hauptstadt. Nur 26 Jahre nach seinem Tod, 552, wurde die ostgotische Herrschaft vom BYZANTINISCHEN REICH zerschlagen.

Die Westgoten erhielten vom RÖMISCHEN REICH die Erlaubnis, auf dem Balkan, im heutigen Nordbulgarien, zu siedeln, zogen aber Ende des 4. Jh. unter ihrem König ALARICH weiter bis zum Peloponnes. Sie drangen 401 in Italien ein und eroberten 410 die Stadt Rom. Daraufhin erhielten sie Siedlungsrechte in Südwest- und Westfrankreich und gründeten dort das Tolosanische Reich mit der Hauptstadt Toulouse. Die vordringenden Franken trieben sie Anfang des 6. Jh. über die Pyrenäen nach Spanien, wo sie noch rund 200 Jahre lang herrschten, ehe sie sich schließlich den Mauren 711 geschlagen geben mussten.

Gotik siehe Seite 188/189

Gottesgnadentum, in Europa verbreitete Auffassung über die Begründung eines Herrschaftsanspruchs. Sie besagt, dass die Monarchie eine gottgewollte Institution sei und dass die Könige durch Geburt von Gott eingesetzt und allein ihm gegenüber verantwortlich seien. Folglich war es eine Sünde, wenn sich die Untertanen gegen ihre Herrscher auflehnten. In England wurden Ende des 17. Jh. die Rechte des Königs allerdings eingeschränkt: Er durfte ohne Zustimmung des Parlaments keine Gesetze aufheben und keine Steuern erheben. In Frankreich basierte der absolute Herrschaftsanspruch LUDWIGS XIV. auf dem Gottesgnadentum, auf das sich bis zur FRANZÖSISCHEN REVOLUTION auch seine Nachfolger beriefen. Die Philosophie der AUFKLÄRUNG mit der Lehre vom GESELLSCHAFTSVERTRAG stellte das Gottesgnadentum allerdings infrage.

Gottesurteil, Form der Urteilsfindung, bei der der Beschuldigte zur Fest.stellung von Schuld oder Unschuld schmerzhaften oder gefährlichen Proben unterzogen wurde. Das Ergebnis dieser Prozeduren, die im Mittelalter sehr verbreitet waren, wurde als göttlicher Urteilsspruch angesehen. Die Kirche verbot auf dem vierten Laterankonzil 1215 Gottesurteile, ließ sie aber später im Zug der HEXENVERFOLGUNG wieder zu.

Es gab verschiedene Arten des Gottesurteils: Bei der Feuerprobe musste der Beschuldigte ein glühendes Eisen in der bloßen Hand tragen oder barfuß über glühende Pflugscharen oder Kohlen schreiten. Blieb er unverletzt oder hatten sich seine Wunden drei Tage später nicht entzündet, so war er nach damaliger Sicht unschuldig. Gleiches galt für den so genannten Kesselfang, bei dem er einen Ring oder eine Münze aus einem Kessel mit siedendem Wasser oder Öl holen musste. Bei der Wasserprobe, vor allem als Hexenbad angewendet, wurde die beschuldigte Person gefesselt in geweihtes Wasser geworfen. Ging sie nicht unter, so weigerte sich das reine Wasser, sie aufzunehmen, und sie war schuldig. Ging sie jedoch unter und ertrank, galt sie als unschuldig.

Gottfried von Bouillon (um 1060–1100), Herzog von Niederlothringen seit 1089 und Kreuzritter. Er zog Mitte August 1096 mit tausenden anderer Kreuzfahrer auf dem Ersten KREUZZUG Richtung Heiliges Land und eroberte am 15. Juli 1099 Jerusalem. Wenige Tage danach wurde das gleichnamige Königreich gegründet, dessen erstes Oberhaupt Gottfried war. Er nahm den Königstitel allerdings nicht an, sondern nannte sich bescheiden Beschützer des Heiligen Grabes. Im selben Jahr besiegte er die Ägypter bei Askalon.

Göttinger Sieben, sieben standhafte Göttinger Professoren. Sie protestierten im November 1837 dagegen, dass das hannoversche Staatsgrundgesetz von König Ernst August aufgehoben wurde, und erklärten sich durch ihren Eid an das alte Recht gebunden. Diese mutige Tat, für die alle aus ihren Äm-

tern entlassen und einige des Landes verwiesen wurden, löste eine große Solidaritätswelle aus, die der liberalen Opposition Auftrieb gab. Zu den sieben Professoren gehörten der Jurist Wilhelm Eduard Albrecht, der Historiker Friedrich Christoph Dahlmann, der den Protest in Worte gefasst hatte, der Historiker Georg Gottfried Gervinus, die Brüder Jakob und Wilhelm Grimm, beide Sprachwissenschaftler, der Orientalist und Philosoph Heinrich Ewald sowie der Physiker Wilhelm Weber.

Gottwald, Klement (1896–1953), tschechoslowakischer Politiker. Er war 1921 an der Gründung der tschechoslowakischen kommunistischen Partei beteiligt, wurde 1925 Mitglied des Zentralkomitees und war

W. Weber. W. Grimm. G. Gervinus. J. Grimm. E. Albrecht.
F. C. Dahlmann. H. Ewald.

Im November 1837 bewiesen die Göttinger Sieben Mut: Sie verteidigten die hannoversche Verfassung, die der König aufgehoben hatte, und wurden deshalb aus ihren Ämtern entlassen.

seit 1929 ihr Generalsekretär. Nach sechs Exiljahren in Moskau 1939–45 wurde Gottwald 1946 Ministerpräsident einer Koalitionsregierung und 1948 als Führungspersönlichkeit des kommunistischen Staatsstreichs Präsident. Fünf Jahre lang litt das Land unter Säuberungsaktionen und Schauprozessen, mit denen er Kritiker mundtot machte. Er unterstützte STALINS Pläne, den Status der Tschechoslowakei innerhalb des COMECON auf den eines bloßen Satellitenstaats zu reduzieren.

Gracchus, Gaius Sempronius (153 bis 121 v. Chr.), römischer Volkstribun in den Jahren 123/122 v. Chr. und Bruder von Tiberius Sempronius GRACCHUS. Er führte umfangreiche Reformen zur Bekämpfung so-

wohl der Armut als auch der Korruption und des Machtmissbrauchs vonseiten der Senatoren ein. Zu seinen Neuerungen zählten die Abgabe verbilligten Getreides an Bedürftige sowie die Gründung von Kolonien. Nachdem nach Gaius' Amtszeit der Senat die Auflösung der karthagischen Kolonie forderte, kam es zu Unruhen. Die Anhänger von Gaius wurden überwältigt, und er selbst ließ sich von einem Freund töten.

Gracchus, Tiberius Sempronius (162 bis 133 v. Chr.), römischer Volkstribun im Jahr 133 v. Chr. und Bruder von Gaius Sempronius GRACCHUS. Um die verarmten Bauern zu unterstützen, beantragte er ein Gesetz, nach dem niemand mehr als 500 Morgen an staatlichem Grund und Boden bestel-

len durfte. Die dann brachliegenden Äcker sollten an bedürftige Bauern gehen. Als Tiberius sich zur Wiederwahl stellte, griffen ihn radikale Senatsmitglieder unter dem Vorwand, Recht und Ordnung aufrechtzuerhalten, an und erschlugen ihn und etwa 300 seiner Anhänger.

Gramsci, Antonio (1891–1937), italienischer kommunistischer Politiker. Während des von ihm geführten Generalstreiks in Turin 1920 forderte er, dass die Arbeiter die Fabriken übernehmen und leiten sollten, um damit den Anfang für eine neue kommunistische Gesellschaft zu schaffen. 1921 war er Mitbegründer der italienischen kommunistischen Partei, 1924 ihr Führer, 1926 Generalsekretär. Im selben Jahr wurde er auf Ver-

Fortsetzung S. 190

Die Gotik –
im Zeichen des Spitzbogens

Architektur und bildende Kunst in Europa wurden im ausgehenden Mittelalter von der Gotik geprägt.
Es entstanden grandiose Kathedralen mit filigranen aufragenden Türmen und farbenprächtigen Glasfenstern,
die den staunenden Menschen die Macht Gottes auf Erden demonstrierten.

Im Spätmittelalter brach in Europa eine neue Stilepoche an. Die Romanik, in der die Bauten wuchtig und in sich ruhend wirkten, wich der Gotik mit ihren zum Himmel strebenden Werken, die den Blick nach oben ziehen und leicht und schwerelos erscheinen. Allerdings war das Attribut gotisch ursprünglich abschätzig gemeint. Es stammt von dem italienischen Kunsthistoriker Giorgio Vasari, der zur Zeit der Renaissance lebte und in den überkommenen Bauwerken die Ausgeburt eines gotischen, d. h. barbarischen Geistes sah.

Wenn die Übergänge zwischen Romanik und Gotik auch fließend waren, so ist doch ein Datum für die Anfänge des neuen Stils bedeutungsvoll: 1144 weihte Suger, Staatsmann und Abt des Klosters Saint-Denis vor den Toren von Paris, seine Abteikirche, die er nach eigenen Vorstellungen hatte umbauen lassen. Der Chor, der nun Licht durch farbige Fenster erhielt, wurde von einem Kranz nicht mehr von Wänden abgetrennter Kapellen umgeben und von schlanken Säulen eingerahmt. Die 14 Jahre zuvor schon renovierte Westfassade war von einer Rosette durchbrochen, durch die die Strahlen der untergehenden Sonne fielen – Sinnbild für die Pforte des Himmels. Die derartig neu gestaltete Abteikirche diente den kommenden Baumeistern als Anregung und Vorbild.

GEIST UND TECHNIK

Damit die Gotik entstehen konnte, mussten drei architektonische Grundelemente, die es einzeln jeweils schon gab, weiterentwickelt und in ein System gebracht werden: Spitzbogen, Kreuzrippengewölbe und Strebewerk. Während der romanische Rundbogen starke Pfeiler verlangte, um Druck und Schub des Gewölbs aufzufangen, entlastete der Spitzbogen die Wände, da sein Seitenschub geringer

Die Kathedrale von Reims mit ihren kunstvoll gearbeiteten Portalen und Rosetten gilt als Meisterwerk der Gotik.

ist. Durch die Rippenkonstruktion entstand ein selbstständiges Gewölbeskelett, das die Druck- und Schubkräfte auf die Stellen führte, in denen Wand und Gewölbe zusammentrafen. Um die Last abzufangen, errichtete man innen Pfeilerstützen; an den Außenwänden dienten mächtige Strebepfeiler im Verbund mit Strebebogen, die sich über die Seitenschiffe schwangen, als Widerlager. Durch diese Konstruktion wurde der Innenraum einer Kirche heller und luftiger, da die Wände teilweise durch Öffnungen ersetzt werden konnten; das Äußere wirkte bewegt, weil die architektonischen Eigenheiten deutlich sichtbar waren.

Die Bautechnik allein schuf jedoch nicht die Gotik; vielmehr war sie das Mittel, mit dem die religiöse Inbrunst der Menschen Ausdruck fand. Die aufwärts strebende Silhouette symbolisierte die Sehnsucht nach Gott, in der Lichtflut spiegelten sich mystisch Gottes Herrlichkeit und die Jungfräulichkeit Marias, das Äußere der Kathedralen verkörperte mit den zahlreichen Türmchen und Pfeilern das himmlische Jerusalem.

GOTISCHE GOTTESHÄUSER

Von Frankreich aus, wo gotische Meisterwerke wie die Kathedralen von Paris, Chartres und Reims entstanden, kam die Gotik nach Deutschland. Zu den ersten derartigen Kirchen gehört hier die nach 1235 errichtete Elisabethkirche in Marburg. Interessanterweise ist sie eine Art Hallenkirche, hat also drei gleich hohe Schiffe und weist damit schon auf die Spätzeit der Gotik, als dieser Kirchentyp bevorzugt wurde – so ist etwa die Frauenkirche in München, die ab 1468 erbaut wurde, auch eine Hallenkirche. In die Zeit ab der Mitte des 13. Jh. fällt der Baubeginn der meisten berühmten gotischen Gotteshäuser – allerdings sind einige davon erst Jahrhunderte später vollendet worden: Um 1230 wurde das Langhaus des Freiburger Münsters begonnen, 1248 der Kölner Dom, 1275 der Regensburger Dom, 1277 die Westfassade des Straßburger Münsters, 1310 das turmlose Heilig-Kreuz-Münster in Schwäbisch Gmünd, 1377 das Ulmer Münster.

1434 malte Jan van Eyck das repräsentative Verlöbnisbild für Giovanni Arnolfini, Kaufmann aus Lucca, und seine aus Brügge stammende Braut Jeanne de Chenany.

Eigene Wege in der Gotik ging Norddeutschland, wo sich aufgrund des Mangels an Stein die Backsteingotik entwickelte. Da die gebrannten Ziegel nicht so formbar sind wie Naturstein, wirken derartige Bauwerke insgesamt flächiger. Dennoch erzielten die Baumeister auch mit diesem schwer zu bearbeitenden Material erstaunliche ornamentale Wirkungen.

Zwar trat bis zur Spätzeit der Gotik die Kirche als der bedeutendste Bauherr auf, aber manches Gotteshaus wie das Ulmer Münster und die Münchner Frauenkirche verdankt seine Existenz dem Gemeinsinn der Bürger. Seit dem 14. Jh. entstanden in den wieder erstarkten Städten auch zahlreiche anspruchsvolle Profanbauten. Kunstvoll errichtete Patrizierhäuser, Zunfthallen, Rathäuser und Stadttore mit Fialen, Staffelgiebeln, Maßwerkfenstern und Laubengängen bezeugten die Macht des aufstrebenden Bürgertums.

Nicht nur in Frankreich und Deutschland, sondern auch in anderen Ländern Europas wurde die Baukunst im 12.–16. Jh. von der Gotik geprägt – allerdings mit großen regionalen Unterschieden. In Italien findet man eines der gotischen Hauptmerkmale, die Auflösung der Mauern, nur selten; stattdessen blieben die Wände meist ungegliedert, wurden aber mit großflächigen Wandmalereien versehen. Bereits Anfang des 15. Jh. wich hier die Gotik der Renaissance. In Spanien, vor allem im Süden, verschmolzen gotische und maurische Bauelemente zum so genannten Mudejarstil. In England erlebte der gotische Kirchenbau eine Hochblüte, so dass er fast eine Art Nationalstil verkörpert, wie u. a. bei der Kathedrale von Canterbury oder der Westminster Abbey in London. In Belgien und den Niederlanden wurden besonders die Stadtbilder der Handelsmetropolen Brüssel und Brügge von prächtig geschmückten gotischen Rathäusern und Gildehallen mit Türmen, Erkern und Arkaden geprägt.

DIE KUNST DER GLASMALEREI

Da die Kirchen durch die gotische Baukonstruktion immer weniger stützendes Mauerwerk besaßen, entstand Platz für große Fenster, durch die Licht eindringen konnte. Gefärbt durch Edelsteine oder zumindest buntes Glas, gewann es an Leuchtkraft und Ausdrucksstärke, und folglich erlebte die Kunst der mittelalterlichen Glasmalerei einen neuen Aufschwung. Dabei setzte man ähnlich wie bei einem Mosaik farbige Glasstückchen zu einem bestimmten Motiv zusammen. Verbunden wurden die Scherben mit Bleiruten, die zugleich die groben Konturen darstellten. Kleine Details trug man mit Schwarzlot, einer Mi-

Die Miniatur aus dem Stundenbuch des Herzogs von Berry zeigt den Ausritt zur Falkenjagd.

schung aus zermahlenen Metalloxiden und Kaliglas, aufs Glas selbst auf. Die in allen Farben leuchtenden Kirchenfenster erzählten den Gläubigen, von denen viele nicht lesen konnten, Legenden und biblische Geschichten, die jedermann auf Anhieb verstand. Ein besonders umfangreiches Glasbildprogramm bietet die Kathedrale von Chartres mit ungefähr 170 Fenstern, auf denen auf einer Gesamtfläche von 2000 m² rund 4000 Personen dargestellt sind.

Die bunten Glasfenster des Freiburger Münsters aus dem 13.–15. Jh. sind berühmt für ihre Schönheit. Allerdings ging ein großer Teil verloren, sodass man einige ergänzen musste.

Auch der Skulpturenschmuck der gotischen Kathedralen diente der Belehrung der Gläubigen. Besonders reichhaltig fällt er in den Portalen aus, deren Figuren sich oft einem Thema wie etwa dem Jüngsten Gericht widmen. Während in der Romanik noch Reliefs vorherrschten, sind gotische Figuren meist frei stehend, weisen fein herausgearbeitete Gesichtszüge auf und sind häufig in einer sehr lebendig dargestellten Bewegung begriffen. In Deutschland erreichte die bildende Kunst in der Spätgotik mit den Schnitzaltären von Veit Stoß und Tilman Riemenschneider einen Höhepunkt.

Auch die gotische Malerei war vornehmlich sakrale Kunst, wie etwa die vielen Tafelbilder der Flügelaltäre. Matthias Grünewalds spätgotische Gemälde für das Isenheimer Antoniterkloster gehören zu den berühmtesten. Dennoch gab es auch damals durchaus weltzugewandte Malerei, wie die um 1410 im Auftrag des Herzogs von Berry hergestellten Stundenbücher – d. h. Gebetbücher für Laien – beweisen, in denen auf liebenswürdig-heitere Weise das tägliche Leben der Ritter dargestellt ist.

In den Gärten des Palacio del Generalife in der Alhambra von Granada fanden die maurischen Herrscher Zuflucht vor der sommerlichen Hitze.

anlassung des Faschistenführers Benito Mussolini verhaftet und zwei Jahre später zu 20 Jahren Gefängnis verurteilt. Gramsci starb 1937, doch seine in der Haft verfassten Schriften beeinflussten in den 60er-Jahren die europäische Linke maßgeblich.

Granada, Hauptstadt der gleichnamigen Provinz im Südosten Spaniens, vermutlich römischen Ursprungs. Das 711 von den Mauren eroberte Granada war das letzte arabische Königreich, das im Zug der Reconquista, der sieben Jahrhunderte während Rückeroberung Spaniens durch die Christen, eingenommen wurde. Nachdem es 1492 an die Könige Ferdinand II. von Aragón und Isabella I. von Kastilien gefallen war, wurden diese damit die ersten Monarchen eines vereinten Spanien. Die Alhambra, Granadas Zitadelle und Königspalast mit kunstvollen Gartenanlagen, ist das schönste heute noch erhaltene Bauwerk der glanzvollen maurischen Kultur in Spanien.

Grand Siècle, Bezeichnung für die Jahre 1643–1715, d.h. die Zeit König Ludwigs XIV. von Frankreich. In dieser Periode größter Prachtentfaltung begründete Frankreich seine kulturelle Führungsposition in Europa. Seine Stärke beruhte auf einer straff zentralistischen Regierung, auf dem fruchtbaren Boden des Landes und einer Bevölkerungszahl, die mit nahezu 20 Mio. deutlich höher lag als bei allen anderen europäischen Staaten. Kardinal Armand Richelieu, 1624–42 führender Minister im Staatsrat, hatte die Machtgrundlagen für die Monarchie gelegt und damit in Frankreich eine

weitaus größere innere Einheit bewirkt, als es sie in den meisten anderen Ländern Europas gab.

Die militärische Vorherrschaft Frankreichs wurde durch die Aufstellung des ersten modernen stehenden Heeres erreicht. In siegreichen Feldzügen konnten das Artois, das Elsass und die Freigrafschaft Burgund erworben und die Grenzen des Landes gesichert werden. Und über Europa hinaus entwickelte sich Frankreich zur zweitgrößten Kolonialmacht, indem es Besitzungen auf Madagaskar und die Insel Réunion erwarb sowie in Nordamerika das nach dem König benannte Louisiana. Allerorten ahmte man nicht nur die französische Mode, sondern auch die eleganten Erzeugnisse französischer Handwerkskunst nach. Man staunte über die Pracht des Schlosses von Versailles; die Werke französischer Literaten wie die von Racine, Molière und La Fontaine galten gemeinhin als Vorbild, und an den Höfen Europas wurde Französisch gesprochen. Die Prachtentfaltung des Grand Siècle war allerdings nur durch eine hohe Besteuerung der Bevölkerung und aufwändige Feldzüge überhaupt möglich.

Grant, Ulysses (1822–85), General und Präsident der USA 1869–77. Nach einer bemerkenswerten militärischen Karriere in den ersten Jahren des amerikanischen Sezessi-

onskriegs erhielt Grant 1864 das Oberkommando über alle Unionstruppen, d.h. die Armee der Nordstaaten. In einem blutigen, ein Jahr während Feldzug bezwang er General Robert E. Lee, der schließlich 1865 kapitulieren musste. Grant wurde zweimal republikanischer Präsident der USA, doch er hatte in der Politik keine glückliche Hand. Seine Regierungszeit war geprägt von mangelhafter Organisation sowie Korruptions- und Finanzskandalen.

Grattan, Henry (1746–1820), irischer Staatsmann und Vorkämpfer für die irische Unabhängigkeit. Der brillante Redner setzte sich für die Aufhebung des 1494 erlassenen Poynings' Law ein, nach dem alle irischen Gesetze die Zustimmung des englischen Parlaments benötigten und alle Gesetze, die in England Geltung hatten, auch in Irland angewendet werden konnten. 1782 war Grattan erfolgreich: Die britische Regierung hob die Bestimmungen auf. 1801 machte er vehement Opposition gegen den Zusammenschluss des britischen und des irischen Parlamentes und vier Jahre später begann seine 15 Jahre während Arbeit als Abgeordneter von Dublin im englischen Unterhaus, wo er sich dem Kampf für die Gleichberechtigung der Katholiken widmete.

Gregor I. der Große (540–604), Papst in den Jahren 590–604. Der adlige Römer wirkte 579–585 als päpstlicher Gesandter in Konstantinopel. Als er zum Papst gewählt wurde, befand sich das durch Überschwemmungen, Hungersnöte und die Invasionen der Langobarden verwüstete Italien in der Krise und die Position der katholischen Kirche war durch die Macht der oströmischen Kaiser bedroht. 593 schloss Gregor Frieden mit den Langobarden und ernannte Statthalter für die italienischen Städte, wodurch er die weltliche Macht des Heiligen Stuhls begründete. 596 entsandte er den Benedikti-

Grant (fünfter von rechts) inmitten seiner Leute bei City Point in Virginia. Dank seines militärischen Ruhms wurde er 1868 zum Präsidenten gewählt, doch bewies er kein politisches Geschick.

nermönch AUGUSTINUS nach Britannien, um die Angelsachsen zu missionieren. Während seiner gesamten Amtszeit kämpfte Gregor erfolgreich an zwei Fronten für die Kirche: gegen das Heidentum und gegen die christliche Irrlehre des ARIANISMUS. Sein Interesse an der Musik führte zur Entwicklung des Gregorianischen Gesangs.

Gregor VII. (um 1021–85), Papst 1073–85. Gregor kämpfte für die „Reinheit und Freiheit" der Kirche und strebte die Einigung des christlichen Abendlands unter päpstlicher Führung an. Er war einer der ersten Päpste, die auf das Verbot der Priesterehe drängten und die Simonie, d. h. den Kauf bzw. Verkauf geistlicher Ämter, ablehnten. Viele weltliche Herrscher wehrten sich gegen den Führungsanspruch des Papstes, doch er verteidigte die Kirche beharrlich gegen Bevormundung durch die weltliche Macht.

Gregors gefährlichster Gegner war der deutsche König HEINRICH IV. 1076 belegte Gregor Heinrich mit dem kirchlichen Bann, da der König nicht gewillt war, auf das Recht zu verzichten, Bischöfe und Äbte einzusetzen. Im Jahr darauf begab sich Heinrich in das am Nordhang des Apennin gelegene CANOSSA, wo der Papst vorübergehend weilte, um sich ihm zu unterwerfen und die Lösung vom Bann zu erbitten. Der Papst erteilte ihm die Absolution, doch Heinrichs Kniefall war nur Taktik. 1080 ließ er den GEGENPAPST Klemens III. wählen, vier Jahre später eroberte er Rom und ließ sich zum Kaiser des HEILIGEN RÖMISCHEN REICHES krönen. Gregor floh und starb im Exil. 1606 wurde er heilig gesprochen.

Gregor von Tours (um 540–94), Geschichtsschreiber am Hof des Frankenkönigs Childebert II., seit 573 Bischof von Tours. Er wurde von seinem Onkel, dem heiligen Gallus, erzogen und ausgebildet und verteidigte die Kirche gegen Angriffe unter der Herrschaft von König Chilperich. Das bekannteste Werk seiner umfangreichen Schriften ist die zehnbändige *Geschichte der Franken*, in der er die Anfänge des Reiches der MEROWINGER beschreibt. Gregor wurde schon bald nach seinem Tod heilig gesprochen.

Grenada, Inselstaat der Kleinen Antillen. Die 1498 von Kolumbus entdeckte Insel wurde 1650 vom französischen Gouverneur von Martinique kolonisiert und 1674 zur französischen Kronkolonie erklärt. Im SIEBENJÄHRIGEN KRIEG eroberten die Briten die Insel, was 1763 im Frieden von PARIS bestätigt wurde. 1795 kam es zu einem Sklavenaufstand gegen die britische Herrschaft, der jedoch bald niedergeschlagen wurde. Nach Aufhebung der Sklaverei 1833 bestritt die Bevölkerung ihren Lebensunterhalt durch den Export von Kakao, Bananen und

Gewürzen. 1974 erhielt Grenada die Unabhängigkeit. Fünf Jahre später wurde Eric Gairy, schon in den 50er-Jahren Führer der United Labour Party, durch einen unblutigen Putsch von Maurice Bishop, dem Führer des linken New Jewel Movement, gestürzt. Bishop trat für engere Beziehungen zu Kuba und der UdSSR ein, wurde 1983 jedoch ent-

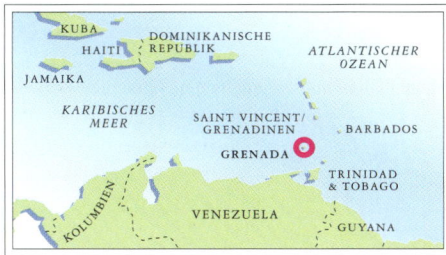

machtet und umgebracht. Die USA intervenierten, um die Machtübernahme durch einen marxistischen Revolutionsrat zu verhindern und ihre Interessen zu wahren. Im Juni 1995 kam durch die Wahl die New National Party unter Keith Mitchell an die Regierung.

Grenze, Linie, an der Staaten, Teilstaaten, oder Provinzen zusammentreffen. Es gibt natürliche und künstliche Grenzen. Natürliche sind beispielsweise Flüsse, Seen und Gebirge, bei denen man sich meist auf eine Trennlinie in der Mitte der Gewässer bzw. entlang dem Gebirgskamm einigt. Künstliche Grenzen wurden in schwach besiedelten Gebieten manchmal entlang den Längenbzw. Breitengraden gezogen oder, wie in vie-

len ehemaligen Kolonien Afrikas, ohne Rücksicht auf die Siedlungsbereiche ethnischer Gruppen. Grenzstreitigkeiten sind häufig Anlass für kriegerische Auseinandersetzungen.

Grey, Edward, Viscount Grey of Fallodon (1862–1933), britischer Politiker. In seiner Amtszeit als Außenminister 1905–16 wurde die französisch-britische ENTENTE CORDIALE 1907 durch die Aufnahme Russlands zur Tripelentente erweitert. 1914 überzeugte Grey das britische Kabinett, sich für den Kriegseintritt zu entscheiden, nachdem Deutschland die Neutralität Belgiens verletzt hatte. Er brachte die Ängste seiner Generation zu Beginn des ERSTEN WELTKRIEGS auf den Punkt mit der Äußerung: „In Europa gehen überall die Lichter aus, und wir werden es nicht mehr miterleben, dass sie wieder angehen."

Grey, Lady Jane (1537–54), im Jahr 1553 für neun Tage englische Königin. Als Urenkelin Heinrichs VII. hatte sie einen gewissen Anspruch auf den Thron und ihr Schwiegervater John Dudley überredete Eduard VI., Jane als seine Thronfolgerin zu benennen. Nach seinem Tod wurde sie am 10. Juli Königin, doch die legitime Thronerbin Maria Tudor stürzte sie schon am 19. Jane wurde im Alter von 17 Jahren enthauptet – ebenso wie ihr Gatte und ihr Vater, der an einem Aufstand teilnahm, bei dem 3000 Männer aus Protest gegen Marias geplante Ehe mit PHILIPP II. von Spanien nach London zogen.

Kurz vor ihrer Hinrichtung erklärte Lady Jane Grey, die zum Spielball politischer Intrigen geworden war, dass sie niemals nach der Krone verlangt habe und als gute Christin sterbe wolle.

Der Griechische Unabhängigkeitskrieg fand in ganz Europa große Zustimmung. Philhellenen – Griechenfreunde – aus vielen Ländern beteiligten sich an dem Kampf gegen die Osmanen.

Griechenland, Staat in Südosteuropa. Nach archäologischen Funden zu schließen, wanderte um 2000 v. Chr. eine zur indoeuropäischen Sprachfamilie gehörende Volksgruppe in die Region ein. Die ersten Schriftfunde stammen aus der Zeit um 1650 v. Chr.; sie sind in einer Sprache abgefasst, die in der MINOISCHEN KULTUR gesprochen wurde und deren Schrift, Linear A genannt, noch nicht entschlüsselt ist. Die mykenische Kultur, deren als Linear B bezeichnete Schrift um 1450 v. Chr. in Gebrauch war, erlebte Blütezeit und Niedergang im 13. und 12. Jh. v. Chr. Einige Jahrhunderte später entwickelte sich der griechische Stadtstaat, die Polis, und um 500 v. Chr. begann das goldene Zeitalter. Damals entstanden Demokratie, Kunst, Philosophie und Literatur, Grundsteine für den Großteil der modernen westlichen Kultur. Im frühen 5. Jh. v. Chr. nach dem Sieg der Griechen über die Perser waren ATHEN und SPARTA die stärksten See- bzw. Landmächte, doch 404 v. Chr., am Ende des PELOPONNESISCHEN KRIEGES, hatte Sparta Athen verwüstet. Im 4. Jh. v. Chr. beugte sich ganz Griechenland dem Eroberer PHILIPP II. von Makedonien. Sein Sohn, ALEXANDER DER GROSSE, verbreitete die griechische Kultur im gesamten Nahen Osten; nach seinem Tod 323 v. Chr. wurde die griechische Welt durch die von seinen Nachfolgern errichteten hellenistischen Königreiche beherrscht.

Doch nach dem Sieg über KARTHAGO wurde Rom stärkste Macht im Mittelmeerraum. 146 v. Chr. plünderte es Korinth und gliederte Griechenland in das RÖMISCHE REICH ein. Später wurde Griechenland Teil des BYZANTINISCHEN REICHES und fiel 1460 an das OSMANISCHE REICH.

Aus dem GRIECHISCHEN UNABHÄNGIGKEITSKRIEG ging ein freies Griechenland mit König Otto I. aus dem Hause WITTELSBACH hervor, dem 1862 Prinz Wilhelm von Dänemark als Georg I. folgte. 1924 wurde die Republik ausgerufen, doch 1935 kehrte Georg II. wieder zurück, ging jedoch nach der deutschen Besetzung im Zweiten Weltkrieg ins Exil. Nach Kriegsende kam es durch kommunistische Aufstände zum Bürgerkrieg, der 1949 mit der Niederlage der

Zeus, der oberste Gott der griechischen Götterwelt, schleudert einen Blitz gegen seine Gegner.

Kommunisten endete. 1947–64 war Paul I. griechischer König, ihm folgte sein Sohn Konstantin. Nach einem Militärputsch 1967 floh dieser ins Exil und Griechenland wurde sieben Jahre lang von einer Junta diktatorisch regiert. 1973 schaffte man die Monarchie ab und ein Jahr später gelang die Rückkehr zur parlamentarischen Demokratie unter Ministerpräsident Karamanlis. Erster sozialistischer Ministerpräsident wurde 1981 Andreas Papandreou, der acht Jahre im Amt blieb. Nach dem Beitritt Griechenlands zur EUROPÄISCHEN UNION 1992 scheiterte aufgrund wirtschaftlicher Schwierigkeiten die Regierung Mitsotakis und Papandreou kam erneut an die Macht. Er trat im Januar 1996 schwer erkrankt zurück und starb im Juli desselben Jahres. Sein Nachfolger wurde Kostas Simitis.

Griechische Götterwelt, auf dem Olymp residierende Götter und Göttinnen in der antiken griechischen Religion. Die wichtigsten Gottheiten waren Zeus, der Göttervater; seine Gattin Hera, die Göttin der Ehe; Poseidon, der Herr des Meeres; die jungfräuliche Athene, die für die Künste zuständig war; Apollo und seine Schwester Artemis, die Gottheiten der Musik und Dichtkunst bzw. der Jagd; Hephaistos, der Herr des Feuers; Aphrodite, die Göttin der Liebe und Schönheit; der Kriegsgott Ares; Demeter als Mutter der Erde und der Fruchtbarkeit sowie Hermes der Götterbote. Zu diesem allgemein anerkannten Götterkanon und zu den wichtigsten heiligen Stätten wie etwa dem Apollo-Schrein in Delphi, der von der gesamten griechischen Welt verehrt wurde, gesellten sich an den meisten Orten noch lokale Götter und Heiligtümer.

Als besonderes Kennzeichen der griechischen Götter galten ihre ausgesprochen menschlichen Eigenschaften. Sie waren zwar mächtig und unsterblich, aber dennoch launisch, intrigant und oft untereinander zerstritten; trotzdem hofften die Menschen, sie gnädig stimmen zu können und ihren Beistand zu gewinnen. In der griechischen Religion gab es keine Vorstellung von einem Leben nach dem Tod, doch wurden in hellenistischer Zeit, also nach der Eroberung Kleinasiens und Ägyptens durch Alexander den Großen, die religiösen Vorstellungen von einigen der mystischeren Aspekte der vorderasiatischen Religionen beeinflusst. Im Lauf des 5. Jh. verdrängte das Christentum die griechische Götterwelt.

Griechischer Unabhängigkeitskrieg (1821–29), Erhebung der Griechen im OSMANISCHEN REICH gegen die türkische Herrschaft. Sie gründete auf der Nationalstaatsidee des Geheimbunds Hetairia Philikon, dessen Mitglieder Fürst Alexandros YPSILANTI, einen in russischen Diensten stehenden General, zu ihrem Anführer wählten. Ypsilanti fiel mit seinen Anhängern im März 1821 in türkisches Staatsgebiet ein, wurde aber bei Jassy im Donaufürstentum Moldau geschlagen. Daraufhin kam es zu einem Massenaufstand der Griechen, die viel Zustimmung und Unterstützung in ganz Europa fand. Zahlreiche Freiwillige aus dem europäischen Ausland, unter ihnen der britische Dichter Lord BYRON, schlossen sich den griechischen Rebellen an.

Nach siegreichen Kämpfen im Jahr 1821 konstituierte sich im Januar 1822 eine Nationalversammlung, die die griechische Unabhängigkeit ausrief. Vier Jahre später jedoch eroberte der osmanische Statthalter von Ägypten, Ibrahim Pascha, den Peloponnes zurück und drohte, die türkische Herrschaft wieder herzustellen. Großbritannien und Russland traten daraufhin 1827 für die Herstellung eines autonomen griechischen Staates ein. Gemeinsam mit Frankreich entsandten sie eine Flotte, die die ägyptisch-türkische Flotte bei Navarino vernichtete, und zwei Jahre später schlugen die griechischen Landtruppen die osmanische Armee im Westen Griechenlands. Im Frieden von Adrianopel 1829 erkannte das Osmanische Reich die Unabhängigkeit Griechenlands an, dessen erster Monarch 1832 Otto I. wurde, der Sohn von König Ludwig I. von Bayern.

Großbritannien, Königreich im Nordwesten Europas. Großbritannien umfasst als politische und Verwaltungseinheit ENGLAND, WALES und SCHOTTLAND sowie benachbarte Inseln wie z. B. die Shetlandinseln. Nicht dazu gehören die Isle of Man und die Kanalinseln sowie NORDIRLAND, die jeweils eigene Regierungen besitzen und zusammen mit Großbritannien das Vereinigte Königreich bilden.

Der Ursprung der politischen Einheit Großbritanniens liegt im 13. Jh. Damals besiegte König Eduard I. das Fürstentum Wales und brachte es damit unter englische Herrschaft. Die formale Vereinigung beider Länder fand 1536 unter HEINRICH VIII. statt. 1603 kamen die Königreiche Schottland und England der Einigung näher, als Jakob VI. von Schottland den englischen Thron bestieg und sich als JAKOB I. König von Großbritannien nannte. Beide Länder blieben aber weiterhin getrennte Reiche unter einem einzigen Monarchen und jedes hatte sein eigenes Parlament. 1653–59 waren das schottische und das englische Parlament zeitweilig unter Oliver CROMWELLS Protektorat zusammengefasst und 1707 schließlich entschieden sich beide für ihre Vereinigung und damit für den Zusammenschluss von England und Schottland zu einem einzigen Königreich Großbritannien. Besiegelt wurde dieser Vorgang durch den ACT OF UNION, nach dessen Bestimmungen

Der Große Treck

Für die Buren, die weißen Südafrikaner niederländischer Abstammung, ist die Wanderung vom Kap nach Nordosten das bedeutsamste Ereignis ihrer Geschichte und der Ursprung ihrer Volksidentität.

Zwischen 1835 und 1840 packten an die 14 000 Buren ihre Habseligkeiten auf Ochsenkarren und verließen ihre Farmen in der Kapkolonie, um sich auf die Suche nach neuem Land zu machen. Seit die Briten 1805 die Kapkolonie unter ihre Kontrolle gebracht hatten, waren sie zunehmend unzufriedener geworden. Anlass dafür waren die Abschaffung der Sklaverei, Gesetze, die den Schwarzen denselben rechtlichen Status verschafften wie den Weißen, sowie die Einführung von Englisch als Hauptsprache in Schulen und Kirchen. Auch wurde am östlichen Kap das Land knapper.

VIELE WEGE ZUR NEUEN HEIMAT

Der nun beginnende Große Treck vollzog sich in Etappen und auf verschiedenen Wegen. Die beiden ersten Gruppen der so genannten Voortrekker, angeführt von Louis Trichardt und Hans van Rensburg, zogen 1835 gemeinsam nordwärts und überquerten den Oranje, trennten sich dann aber südlich des Limpopo. Van Rensburg und seine Leute folgten eine Zeit lang dem Flusslauf, wo sie von den Tsonga umgebracht wurden. Trichardt gelangte fast drei Jahre später an den Hafen von Delagoa Bay, doch hier starben er und fast die Hälfte seiner Leute an Mala-

ria. Die Überlebenden fuhren mit dem Schiff nach Port Natal. Ein Treck unter Andries Potgieter überquerte im Februar 1836 den Oranje und erreichte im Juni den Vaal. Hier wurde er von den Ndebele angegriffen, konnte sie aber erfolgreich abwehren. Die Buren kehrten nach Süden zum Thabu Nchu zurück, wo sich der Großteil der Trekker sammelte, und folgten dem Haupttreck nach Natal. Später aber zogen sie wieder über die Draakensberge und siedelten als Erste jenseits des Vaal.

Zwischen September 1836 und April 1837 verließen Trecks mit Gerd Maritz, Pit Retief, Pieter Uys und Andries Pretorius das Kap. Vom Thabu Nchu aus zogen sie östlich weiter über die Draakensberge, und nachdem sie diesen Höhenzug überwunden und die Zulu bei der Schlacht am Blood River im Dezember 1838 geschlagen hatten, errichteten sie die Republik Natal. 1843 annektierten die Briten Natal; die Buren waren abermals zum Auszug gezwungen und ließen sich schließlich nördlich und nordwestlich davon nieder. In den 50er-Jahren des 19. Jh. erkannten die Briten die beiden Burenrepubliken Transvaal und Oranje-Freistaat an, und damit hatten die Voortrekker endlich eine neue Heimat gefunden.

Nach 1835 verließen die Buren ihre Farmen in der Kapkolonie und zogen in mehreren Wellen mit Trecks aus Ochsenkarren ins Innere des Kontinents.

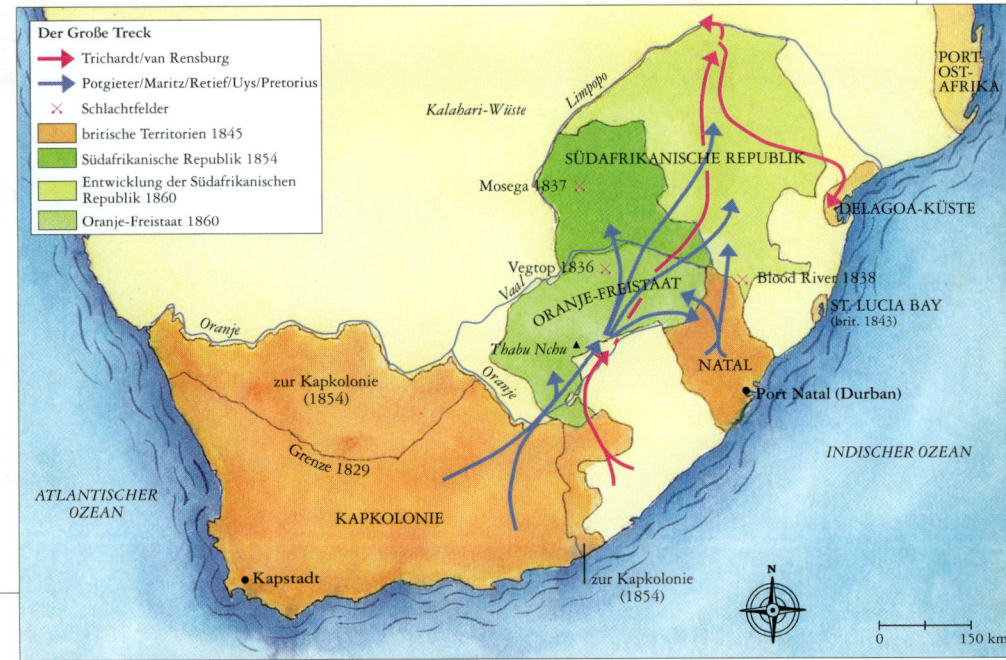

Der Berliner Kaufmann Bethel Henry Strous-berg – hier im Kreise seiner Familie – machte in den Gründerjahren als Spekulant mit Eisen-bahnaktien ein riesiges Vermögen.

das schottische Parlament aufgelöst, aber der Fortbestand des schottischen Kirchen- und Rechtssystems auf Dauer garantiert wurde und Schottland freien Zugang zum englischen Handelsmarkt erhielt.

Nach einem gescheiterten irischen Aufstand gegen die britische Herrschaft 1798 verabschiedete das britische Parlament 1801 den zweiten ACT OF UNION, mit dem das Vereinigte Königreich von Großbritannien und Irland geschaffen wurde. Es hatte bis 1921 Bestand, dann wurde IRLAND in den Irischen Freistaat und Nordirland aufgeteilt. Seitdem ist die Union auf Großbritannien und Nordirland beschränkt.

1979 brachten Volksentscheide in Schottland und Wales keine Mehrheiten für eine Dezentralisierung, doch unter Premierminister Tony Blair entschieden sich beide Länder 1997 für die Bildung von Regionalparlamenten.

Großer Treck siehe Seite 193

Großes Schisma, Spaltung innerhalb der christlichen Kirche. Beim Großen Morgenländische Schisma trennten sich 1054 die orthodoxen Ostkirchen von der römisch-katholischen Kirche. Das Große Abendländischen Schisma 1378–1417 trat ein, als nach fast 70 Jahren der Amtssitz des Papstes von Avignon in Frankreich wieder zurück nach Rom verlegt wurde. Es kam zu der Doppelwahl eines französischen und eines italienischen Papstes. Das Doppelpapsttum bestand auch noch unter ihren Nachfolgern, bis ein allgemeines Konzil die Entscheidung brin-

gen sollte. Allerdings wurde daraufhin auf dem Konzil in Pisa 1409 ein weiterer Papst gewählt, sodass es nun drei gab. Erst das 1415 beginnende Konzil von KONSTANZ, das sich als über dem Papst stehend betrachtete, hatte Erfolg: Einer der Päpste trat zurück, die zwei anderen setzte man ab und mit Martin V. wurde 1417 ein allgemein anerkannter Papst gewählt.

Grotius, Hugo (1583–1645), niederländischer Rechtsgelehrter und Politiker. Seine Schrift *Vom Recht des Krieges und des Friedens* (1625) gilt als erstes grundsätzliches Werk über das Völkerrecht. Er forderte freien Handel und freie Fahrt auf allen Meeren. 1613 unterstützte Grotius den Staatsmann Johan van Oldenbarnevelt, wofür er vom Statthalter der Niederlande, Moritz von Nassau-Oranien, zu lebenslangem Kerker verurteilt wurde. 1621 gelang ihm die Flucht nach Pa-

ris, wo er zehn Jahre lang als Gelehrter tätig war. Danach trat er in den schwedischen diplomatischen Dienst ein und bekleidete 1635–44 das Amt des schwedischen Gesandten in Paris.

Gründerjahre, die Zeit 1871–73, in der im DEUTSCHEN REICH die Wirtschaft ungeheuer boomte. Der Hauptgrund dafür war die Geldschwemme, die nach dem DEUTSCH-FRANZÖSISCHEN KRIEG durch die französische Kriegsentschädigung von 5 Mrd. Goldfranc entstanden war und die zu Firmengründungen und Börsenspekulationen führte. Viele Aktionäre kamen damals in kurzer Zeit zu einem großen Vermögen, doch die Gründerjahre mündeten in eine wirtschaftliche Depression, da es durch die Überbewertung von Aktien zu allgemeinen Kursstürzen und in der Folge zum Konkurs vieler Betriebe kam.

Grundgesetz, 1949 verabschiedete Verfassung der BUNDESREPUBLIK DEUTSCHLAND. Es besteht aus einer Präambel und insgesamt 146 Artikeln. Den Anfang (Artikel 1–19) machen die vor dem Bundesverfassungsgericht einklagbaren Grundrechte wie u. a. das Recht auf körperliche Unversehrtheit, auf Meinungs- und Glaubensfreiheit, auf Versammlungsfreiheit und Rechtsgleichheit. Im folgenden organisatorischen Teil wird die freiheitlich-demokratische Staatsordnung festgelegt.

Laut Artikel 79 dürfen Grundgesetzänderungen nur mit einer Zweidrittelmehrheit von Bundestag und Bundesrat vorgenommen werden. Die Bereiche „Gliederung des Bundes in Länder" und „Mitwirkung der Länder an der Gesetzgebung" sind sogar unantastbar, ebenso wie die Artikel 1: Schutz der Menschenwürde, und Artikel 20: Festlegung der demokratischen und rechtsstaatlichen Grundordnung mit sozialer Verpflichtung. Obwohl die Bezeichnung Grundgesetz – und nicht Verfassung – darauf hinweist, dass das Dokument nur ein Provisorium bis zur „in freier Entscheidung" beschlossenen WIEDERVEREINIGUNG sein sollte, blieb es auch die Verfassung des seit 1990 vereinten Deutschland.

Am 23. Mai 1949 unterschrieb Konrad Adenauer als Präsident des Parlamentarischen Rates das Grundgesetz.

Petra Kelly war eine der führenden Persönlichkeiten der deutschen Grünen. Sie kämpfte engagiert für die Erhaltung der Umwelt.

Grundherrschaft, vom Mittelalter bis ins 19. Jh. vorherrschende landwirtschaftliche Organisationsform. Sie wurde auch Herrschaft über Land und Leute genannt, d. h. über Menschen, die auf einem bestimmten Grund und Boden ansässig waren. Der Grundherr wies seinen Grundholden dieses Land zu und war ihnen gegenüber zu Schutz und Schirm verpflichtet. Die Grundholden durften den ihnen überlassenen Boden zwar selbstständig bebauen, mussten aber Abgaben in Form von Naturalien oder Geld sowie Spann- bzw. Gesindedienste leisten. Bis zur BAUERNBEFREIUNG machte dieses Verhältnis die Bauern abhängig, band sie an die Scholle und unterstellte sie der Gerichtsbarkeit des Grundherrn.

Gründungsväter, Bezeichnung für die 55 Delegierten, die 1787 den Entwurf für die Verfassung der USA ausarbeiteten. Die Führer der Gruppe waren James Madison, George Mason, Gouverneur Morris, James Wilson, Roger Sherman und Elbridge Gerry. Außerdem gehörten Benjamin FRANKLIN sowie George WASHINGTON, der später erster amerikanischer Präsident wurde, dazu. Die Verfassung begründete das föderative Regierungssystem in den USA.

Grüne Bewegung, Organisationen und Interessengruppen, die sich in vielen Ländern bildeten, um die Umwelt vor Verschmutzung und Ausbeutung zu schützen. Mit zu den ersten grünen Bewegungen gehörte Greenpeace, eine Gruppierung, die 1971 im kanadischen Vancouver aus Protest gegen die Atomtests der USA gegründet wurde. Die amerikanische Green Party bil-

dete sich 1973. Politisch den größten Einfluss haben die Grünen in Deutschland, wo es die Partei seit 1980 gibt. Sie erreichten bei den Wahlen 1998 zusammen mit dem Bündnis 90 6,5 % der Stimmen und bildeten mit der SPD eine Koalitionsregierung. Eines ihrer wichtigsten Anliegen ist der Ausstieg aus der Kernenergie. In den 80er-Jahre fassten grüne Parteien in Belgien, Österreich, Frankreich, Italien, der Schweiz, Finnland und den Niederlanden, aber auch in außereuropäischen Staaten Fuß.

An der Konferenz über Umwelt und Entwicklung 1992 in Rio de Janeiro nahmen 103 Staatschefs teil. Auf diesem Klimagipfel wurde eine aus 27 Grundprinzipien bestehende Deklaration verfasst, die die umweltverträgliche Entwicklung des Planeten fördern soll. Den Grünen waren diese Forderungen nicht weitreichend genug und auf den Folgekonferenzen 1995 in Berlin und 1997 in Kyoto forderten sie verbindliche Regelungen zur Begrenzung des Ausstosses von Kohlendioxid und anderen Treibhausgasen.

Guatemala, Staat in Mittelamerika. 1524 trafen in Guatemala, das in vorkolumbianischer Zeit Teil der Maya-Kultur war, die spa-

nischen Eroberer unter Führung von Pedro de Alvarado ein und machten das Land zu einer Kolonie des Vizekönigreichs Neuspanien. 1821 erklärte Guatemala seine Unabhängigkeit und den Zusammenschluss mit dem Kaiserreich Mexiko. Zwei Jahre später löste es sich jedoch von Mexiko und trat der neu gegründeten Zentralamerikanischen Konföderation bei. Nachdem diese sich aufgelöst hatte, wurde 1839 die unabhängige Republik Guatemala ausgerufen. Erster Präsident war Rafael Carrera, dessen Nachfolger eine autoritäre Herrschaft begründeten.

Mit der Wahl des links gerichteten Juan José Arévalo zum Präsidenten 1944 begann eine Zeit, die von sozialen Reformen geprägt war. Doch nach zehn Jahren, 1954, kam es zu einem vom amerikanischen Geheimdienst CIA unterstützten Putsch, dem ein Jahrzehnt der Unruhen folgte. In den 70er- und frühen 80er-Jahren kontrollierten von den USA ausgebildete und finanziell unterstützte Militärs das Land, bis schließlich 1985 die Demokratie wieder eingeführt und

WUSSTEN SIE, DASS?

In Guatemala herrscht der bisher längste Bürgerkrieg: Seit den 60er-Jahren kämpfen Rebellen gegen Regierung und Militär.

Vinico Cerezo Arévalo zum Präsidenten gewählt wurde. 1991 initiierte sein Nachfolger Jorge Serrano Elias Gespräche mit einer links gerichteten Guerillabewegung zur Beendigung des Bürgerkriegs und leitete eine Säuberungsaktion gegen korrupte Militärs ein. Auch sein 1993 gewählter Nachfolger Ramiro de Léon Carpio nahm Gespräche mit den Guerillas auf, doch sie scheiterten, und es kam erneut zu heftigen Kämpfen. Seit 1996 ist Alvaro Arzú Irigoyen Staatschef.

Guericke, Otto von (1602–86), Bürgermeister von Magdeburg 1646–81 und Naturforscher. Er erfand u. a. ein Manometer und eine Luftpumpe, mit deren Hilfe er ein Vakuum herstellen konnte. Zum Beweis für die Kraft des Luftdrucks ersann er das Experiment mit den zwei Magdeburger Halbkugeln, die, wenn sie zur Kugel zusammengesetzt, luftleer gepumpt und dicht verschlossen waren, auch nicht von 16 Pferden auseinander gezogen werden konnten. Den spektakulären Vorgang führte er 1654 auf dem Reichstag zu Regensburg und 1663 am Hof des Großen Kurfürsten FRIEDRICH WILHELM in Berlin vor.

Guerilla, Bezeichnung für einen bewaffneten Aufstand – spanisch wörtlich: kleiner Krieg – sowie für die Aufständischen selbst. Geprägt wurde der Begriff im SPANISCHEN UNABHÄNGIGKEITSKRIEG zu Beginn des 19. Jh. und bezog sich auf die gegen NAPOLEON I. kämpfenden Partisanen. Guerillataktiken, d. h. Aktionen aus dem Hinterhalt und in kleineren Gruppen, wurden u. a. im SEZESSIONSKRIEG angewandt, 1916–18 in der Arabischen Wüste gegen die Türken, in den 20er- und 30er-Jahren von MAO ZEDONG gegen die Streitkräfte der chinesischen Regierung, im ZWEITEN WELTKRIEG von den nationalen Widerstandsbewegungen gegen die deutschen und japanischen Besatzer sowie im Indochinakrieg gegen die Franzosen. Heute bezieht man den Begriff hauptsächlich auf revolutionäre Bewegungen in Südamerika.

Guernica, nordspanische Stadt, die am 26. April 1937 von der deutschen Legion Condor bombardiert wurde. Adolf HITLER hatte diese Einheit nach Spanien geschickt, um Francisco FRANCO im SPANISCHEN BÜRGERKRIEG zu unterstützen. Bei dem dreistündigen Luftangriff auf Guernica, das als erste Stadt in der modernen Kriegführung einem derartigen Bombenhagel ausgesetzt war, kamen über 1500 Menschen ums Leben. Das nach der Stadt benannte Gemälde des spanischen Malers Pablo PICASSO stellt die Grauen des Krieges ergreifend dar.

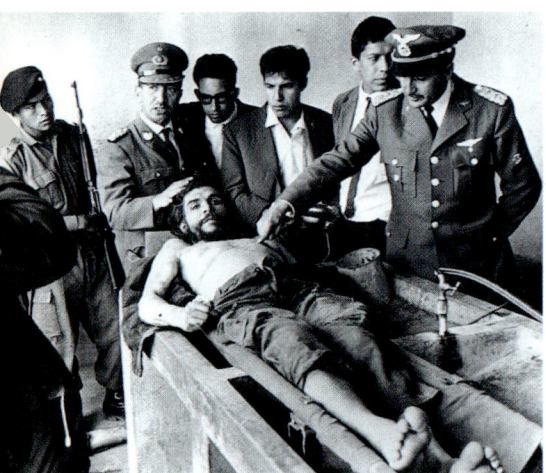

Die Leiche Che Guevaras wurde in Bolivien öffentlich zur Schau gestellt und dann in einem anonymen Grab beigesetzt.

Guevara, Che (1928–67), Revolutionär und politischer Führer. Der in Argentinien geborene Arzt Ernesto Guevara, genannt Che, musste 1954 nach dem Sturz der prokommunistischen Regierung aus Guatemala fliehen. Er schloss sich in Mexiko den kubanischen Aufständischen unter Fidel CASTRO an und half beim Aufbau von dessen Guerillaorganisation, die 1956 Kuba besetzte.

Kurz nach Castros Sieg 1959 wurde Guevara Präsident der kubanischen Nationalbank. 1961–65 war er im Kabinett als Industrieminister für wirtschaftspolitische Fragen zuständig und richtete die Wirtschaft der Insel nach der Handelsblockade der USA 1960 auf die Zusammenarbeit mit dem Ostblock aus. 1966 versuchte er, in Bolivien die Bauern und Arbeiter in den Zinnbergwerken zum bewaffneten Kampf gegen die Militär-

regierung zu bewegen, wurde jedoch von Militäreinheiten gefangen genommen und im Oktober 1967 umgebracht. Seit Ende der 60er-Jahre war Che Guevara das Idol radikaler Studenten im Westen.

Guillotine, Fallbeil, mit dem Enthauptungen durchgeführt wurden. Es bestand aus zwei senkrechten Pfosten, zwischen denen in Führungsschienen ein schweres Beil auf den Nacken des Delinquenten herabfiel. Ähnliche Hinrichtungsgeräte gab es in Europa zwar schon seit dem Mittelalter, aber sie waren zur Zeit der FRANZÖSISCHEN REVOLUTION, als der Arzt und Revolutionär Joseph-Ignace Guillotin sich für die Einführung einer mechanischen Enthauptungsvorrichtung einsetzte, weitgehend außer Gebrauch gekommen. 1792 wurde La Guillotine in Paris erst auf der heutigen Place de la Concorde und später am Stadtrand errichtet, wo sich zu den zahlreichen Hinrichtungen jeweils große Menschenmengen zum Zuschauen einfanden. Die Guillotine wurde in Frankreich bis 1981 als Hinrichtungsgerät verwendet.

Guinea, Staat an der Westküste Afrikas und ehemalige französische Kolonie. Im 7.–15. Jh. war das Gebiet Teil des islamischen Mali-Reiches. Seit ungefähr 1880 wurde der größte Teil von Ostguinea in das Herrschaftsgebiet des Militärkommandanten Samory Turé eingegliedert, der gegen die Franzosen kämpfte, 1898 aber endgültig geschlagen wurde. Guinea wurde ein Teil von

Französisch-Westafrika und blieb französische Kolonie bis 1958, als das Volk mit großer Mehrheit für die Unabhängigkeit stimmte. Der erste Präsident war Ahmed Sékou Touré, während dessen Regierungszeit schwere Unruhen auftraten und das Land nahezu vollständig von der Außenwelt isoliert wurde. Ab Anfang der 80er-Jahre bis zu seinem Tod 1984 gewährte er dem Volk jedoch mehr Freiheiten, ein Zustand, der auch unter dem Militärregime von Präsident Lansana Conté anhielt. 1990 bildete dieser nach einem Referendum über eine neue Verfassung ein Komitee für den nationalen Wiederaufbau. Nach einem Generalstreik 1992 wurde das Mehrparteiensystem eingeführt, doch die Oppositionsparteien weigerten sich, Contés Wiederwahl 1993 anzuerkennen, der bis heute das Land regiert.

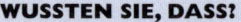

> **WUSSTEN SIE, DASS?**
>
> Im Sommer 1794 hatte die Pariser Guillotine Hochkonjunktur: In den sieben Wochen vom 10. Juni bis zum 27. Juli wurden 1376 Personen enthauptet; pro Woche rollten also allein in der Hauptstadt fast 200 Köpfe.

Guise, katholisches Herzogsgeschlecht, das in Frankreich im 16. Jh. über großen politischen Einfluss verfügte. Seine Konflikte mit den französischen Protestanten führten zum Ausbruch der HUGENOTTENKRIEGE. Claude I. von Lothringen wurde 1528 zum Herzog von Guise erhoben, nachdem er für Frankreich eine Reihe militärischer Siege errungen hatte. Ihm folgte sein Sohn François I., der der erfolgreichste Feldherr unter König Heinrich II. wurde. François I. gelang es 1558, den Engländern Calais, den letzten Stützpunkt auf dem Kontinent, zu entreißen. Sein Bruder Charles war seit 1547 Kardinal und seine Schwester Maria, die den schottischen König Jakob V. geheiratet hatte, war die Mutter von MARIA STUART.

1563 erlag François I. dem Anschlag eines Hugenotten. Sein Sohn und Nachfolger Henri I. plante die Ermordung von Gaspard de Coligny, den er für den Tod seines Vaters verantwortlich machte, und löste damit 1572 das Massaker der BARTHOLOMÄUSNACHT aus. 1585 verbündete er sich mit Spanien, um den französischen Thron zu erlangen, doch Heinrich III., der letzte König aus dem Haus VALOIS, ließ ihn 1588 ermorden. Danach schwand die Macht der Guise, und 1675 erlosch das Adelsgeschlecht.

Guomindang, chinesische Partei – wörtlich: nationale Volkspartei –, derzeit Regierungspartei TAIWANS. Sie wurde 1912 von SUN YAT-SEN gegründet und mit sowjetischer Unterstützung 1924 nach dem Vorbild der bolschewistischen Partei neu organisiert. Im selben Jahr ging sie eine enge Allianz mit der KOMMUNISTISCHEN PARTEI CHINAS (KPCh) ein und erklärte Sun Yat-sens „Drei Grundlehren vom Volkswohl" zum Parteiprogramm: nationale Unabhängigkeit,

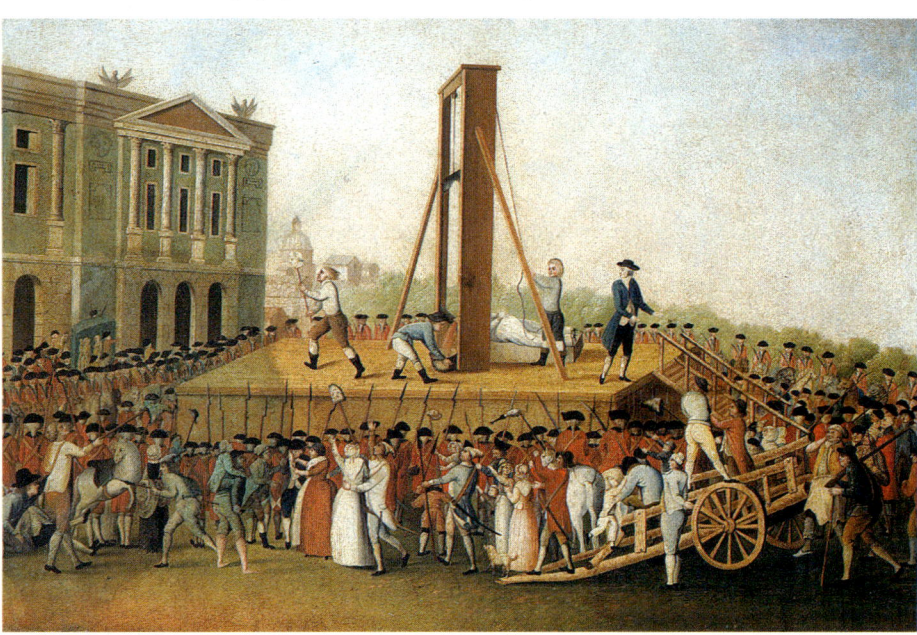

Am 16. Oktober 1793 wird der abgeschlagene Kopf der Königin Marie Antoinette den jubelnden Zuschauern in Paris präsentiert.

Gustav II. Adolf gilt als der bedeutendste schwedische König. Er fiel in der Schlacht bei Lützen, in der seine Truppen siegreich waren.

Volksherrschaft und soziale Umgestaltung, besonders durch eine Bodenreform. Nach Suns Tod 1925 wurde die Partei von CHIANG KAI-SHEK geführt, der 1926 den so genannten Nordfeldzug unternahm, um die Macht der Guomindang, die ihre Basis im Süden Chinas hatte, auszuweiten. 1927 kam es zum Bruch zwischen der Guomindang und der KPCh und damit zum Bürgerkrieg, der zehn Jahre andauerte. Durch die Invasion der Japaner im Norden Chinas 1937 begann erneut eine Zeit der Zusammenarbeit, aber nach dem Zweiten Weltkrieg flammte der alte Streit wieder auf. 1949 unterlag die Guomindang der KPCh unter der Führung von MAO ZEDONG und musste sich nach Taiwan zurückziehen.

Gustav I. Eriksson Wasa (1496–1560),

König von Schweden, Stammvater des Königshauses Wasa. Mit seiner Wahl zum König 1523 endete die so genannte Kalmarer Union, während der die Schweden 126 Jahre lang unter der Oberherrschaft Dänemarks gestanden hatte. Gustav hatte schon 1517 gegen die Dänen gekämpft, doch erst 1520 war er dank finanzieller und militärischer Unterstützung von Lübeck erfolgreich. Er schuf eine Armee, baute eine Flotte auf und konfiszierte nach der Übernahme der REFORMATION die kirchlichen Güter, um damit die Finanzen des Landes zu sanieren.

Gustav II. Adolf (1594–1632), seit 1611

König von Schweden. Bei seinem Regierungsantritt war sein Land in drei Kriege im Ostseeraum verwickelt. Sein Vater und Vor-

gänger Karl IX. hatte seinem katholischen Neffen Sigismund III., der gleichzeitig König von Polen war, den schwedischen Thron verwehrt und diesen selbst übernommen; Machtkämpfe mit Polen waren folglich ein Dauerzustand. Außerdem befand sich Schweden im Krieg mit Russland und Dänemark. Gustav II. Adolf zahlte den Dänen eine Entschädigung und schnitt Russland den Zugang zur Ostsee ab, indem er Ingermanland und Ostkarelien annektierte. In der Innenpolitik führte seine fruchtbare Zusammenarbeit mit dem begabten Reichskanzler Axel Graf OXENSTIERNA zu Reformen im Heer und in der Wirtschaft.

Nach dem Abschluss eines Waffenstillstands mit Polen setzte Gustav II. Adolf 1630 nach Deutschland über, um in den DREISSIGJÄHRIGEN KRIEG einzugreifen. Er wollte die HABSBURGER an der Herrschaft über den Ostseeraum hindern und den bedrängten Protestantismus in Norddeutschland unterstützen. Durch seine erfolgreichen Feldzüge wendete sich das Blatt gegen die Truppen der Katholischen Liga unter Kaiser FERDINAND II. So siegte er über Johann Cserclaes Graf von TILLY und 1632 in der Schlacht bei Lützen über die kaiserlichen Truppen unter Albrecht von WALLENSTEIN. In der Schlacht wurde er tödlich verwundet.

Gutenberg, Johannes (um 1400–68), ei-

gentlich Hennes Gensfleisch, Erfinder des Buchdrucks mit beweglichen Lettern. Die aus Metall gegossenen Buchstaben konnten beliebig kombiniert und immer wieder verwendet werden, sodass Bücher, die man früher von Hand kopieren musste, nun preiswerter, schneller und in großer Zahl hergestellt werden konnten. Um seine Erfindung in die Praxis umsetzen zu können, borgte sich Gutenberg zweimal – 1450 und 1452 – von dem Mainzer Goldschmied Johann Fust insgesamt 1600 Gulden, mit denen er seine Werkstatt aufbaute. Die nötige Druckerpresse war schon 1438 nach dem Vorbild alter Weinkeltern erbaut worden. 1452 machte Gutenberg sich daran, die erste Bibel zu drucken, ein zweibändiges Werk mit 1282 Seiten, das drei Jahre später fertig gestellt war. Wegen ständiger Geldnöte musste er aber die Druckerei an Fust verkaufen, konnte jedoch noch einige Jahre in einer kleineren Werkstatt arbeiten. Da er völlig mittellos war, erhielt er ab 1465 eine Pension vom Erzbischof von Mainz.

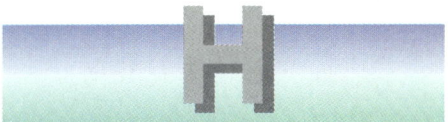

Haakon VII. (1872–1957), seit 1905 König

von Norwegen. Nach der Niederlage der norwegischen Truppen im Zweiten Weltkrieg floh er Anfang Juni 1940 mit seiner Regierung nach England. Er verweigerte der 1942 gebildeten Regierung Vidkun QUISLINGS, die mit der deutschen Besatzungsmacht kollaborierte, die Anerkennung und kehrte erst 1945 nach Norwegen zurück. Aufwändige Zeremonien, früher Bestandteil der Monarchie, schaffte er ab und ging als „König des Volkes" in die Geschichte ein.

Habeas-Corpus-Akte, englisches Ge-

setz. Auf Initiative des Parlaments wurde 1660 – zwei Jahre nach dem Tod von Oliver CROMWELL – KARL II., dessen Vater KARL I. man im Bürgerkrieg hingerichtet hatte, König von England. Wegen seiner absolutistischen Neigungen – sein Vorbild war König LUDWIG XIV. von Frankreich – kam es immer wieder zu Machtkämpfen zwischen ihm und dem Parlament, dem es jedoch gelang, ihm einige Zugeständnisse abzuringen, u. a. 1679 die so genannte Habeas-Corpus-Akte. Sie besagte, dass kein Untertan ohne richterliche Anordnung verhaftet werden durfte, und war damit eine Garantie persönlicher Freiheit.

Habsburger, Herrscherhaus, das vom

15. Jh. bis zum Beginn des 20. Jh. eine bedeutende Rolle in Europa spielte. Die Dynastie erhielt ihren Namen nach ihrem Stammsitz, der Habichtsburg in der Nordschweiz, wo die Familie ursprünglich Besitzungen hatte. Der erste bedeutende Habsburger war RUDOLF I., deutscher König 1273–91. Er erwarb die Herzogtümer Österreich und Steiermark und gab diese Besitzungen 1282 an seine Söhne Albrecht I. und Rudolf II. weiter. Der Aufstieg zur europäischen Großmacht gründete auf einer sehr erfolgreichen Heiratspolitik im ausgehenden 15. Jh. MAXIMILIAN I. erwarb durch seine Hochzeit mit Maria, der Tochter KARLS DES KÜHNEN, das burgundische Erbe: Burgund, die Niederlande und Luxemburg. Beider Sohn PHILIPP DER SCHÖNE erhielt durch die Ehe mit Johanna – später die Wahnsinnige genannt –, der Tochter Ferdinands II. von Aragón und ISABELLAS I. von Kastilien, das spanische Kolonialreich sowie Neapel-Sizilien.

Den Höhepunkt ihrer Macht erreichten die Habsburger im 16. Jh. unter Kaiser KARL V., der gleichzeitig als Karl I. König von Spanien war. Nach dessen Tod 1556 kam es zur Reichsteilung: Karls Bruder Ferdi-

Am Wiener Hof empfingen Kaiser Franz Joseph I. und Kaiserin Elisabeth 1896 ungarische Würdenträger zu Feierlichkeiten anlässlich des 1000-jährigen Bestehens der ungarischen Monarchie.

nand I. erhielt die österreichischen Erblande und wurde römisch-deutscher Kaiser, Karls Sohn PHILIPP II. wurde König von Spanien und damit auch Herrscher über die umfangreichen spanischen Außenbesitzungen.

Im DREISSIGJÄHRIGEN KRIEG 1618–48 wurde die Macht der Habsburger erheblich geschwächt. Es kam jedoch zu einer neuen Blüte der österreichischen Linie in der zweiten Hälfte des 18. Jh. unter MARIA THERESIA und ihrem Sohn JOSEPH II. 1806 legte FRANZ II. die Kaiserkrone nieder und löste damit das HEILIGE RÖMISCHE REICH auf, nachdem 16 deutsche Fürsten sich mit NAPOLEON I. verbündet hatten. Als Kaiser von Österreich übernahmen die Habsburger

1815 den Vorsitz im DEUTSCHEN BUND, mussten jedoch nach der Niederlage gegen Preußen im DEUTSCHEN KRIEG 1866 auf ihren Einfluss in Deutschland verzichten und sahen sich auch zu einem Ausgleich mit den nationalen Forderungen der UNGARN gezwungen. So entstand 1867 die Doppelmonarchie ÖSTERREICH-UNGARN, bei der beide Landesteile gleichberechtigt waren. Die nationalistischen Bestrebungen der slawischen Völker führten im ERSTEN WELTKRIEG zum Zusammenbruch des Habsburger Vielvölkerstaats; der letzte Habsburger Kaiser Karl musste 1918 auf den Thron verzichten.

Hadrian (76–138), seit 117 römischer Kaiser. Der als Knabe verwaiste Publius Aelius Hadrianus wurde von Kaiser TRAJAN adoptiert und durch die Heirat mit dessen Großnichte sein Thronerbe. Während seiner Regentschaft führte er eine Steuerreform durch und bereiste fast alle Provinzen seines Reiches. Nachdem er Pläne bekundet hatte, auf dem Boden des im Jahr 70 zerstörten Jerusalem eine neue Kolonie zu errichten, kam es 132–35 zu einem Aufstand der Juden unter Schimon BAR KOCHBA. Hadrian war sehr kunstsinnig und begeisterte sich für Griechenland. Er errichtete in Athen bedeutende Bauwerke, ließ in Rom u. a. die Engelsburg erbauen und bei Tivoli die Hadriansvilla.

Hadrianswall, während der Regierungszeit des römischen Kaisers HADRIAN ab 122 errichteter Wall im Norden Großbritanniens zum Schutz der Provinz Britannia gegen keltische Einfälle. Der Wall war rund 120 km lang und 5–6 m hoch und zog sich quer durch England von der Tynemündung im Osten bis zum Solway Firth im Westen. Es

gab auf der gesamten Länge Kastelle und Wachtürme sowie auf beiden Seiten Verteidigungsgräben. Die schottischen Pikten überrannten den Wall mehrfach, und nach 383 ließen die Römer ihn verfallen. Vom Hadrianswall sind noch mehrere Abschnitte erhalten, die von der UNESCO zum Weltkulturerbe erklärt wurden.

Haganah, militärische Untergrundorganisation der Juden in Palästina. Ihre Ursprünge liegen im russischen Zarenreich. 1920 als unabhängige, bewaffnete Selbstschutzorganisation neu gegründet, wurde sie später in eine halboffizielle Gruppierung zur Verteidigung jüdischer Siedlungen umgestaltet. Die während des arabischen Aufstands 1936–39 erheblich vergrößerte Haganah organisierte die illegale Immigration von Juden in das unter britischem Mandat stehende Palästina. 1941 wurde die Sondertruppe Palmach gebildet, die sowohl gegen Araber als auch gegen Briten kämpfte. Nach dem Zweiten Weltkrieg brachte die Haganah 1947 mit dem Einwandererschiff *Exodus* rund 5000 Juden nach Palästina, doch die britischen Behörden gestatteten den Menschen nicht, von Bord zu gehen, und schockten sie zurück. Ein Jahr später bildete die Haganah die Basis der nationalen Streitkräfte des neu gegründeten Staates Israel.

Haig, Douglas, 1. Earl of (1861–1928), britischer Feldmarschall und seit Ende 1915 Oberbefehlshaber der Streitkräfte im ERSTEN WELTKRIEG. Haig wurde wegen seiner Strategie des Zermürbungskampfs kritisiert und weil er 1916 in der Schlacht an der SOMME und im Jahr darauf in der Schlacht bei Ypern große Verluste in Kauf nahm. Nach Kriegsende widmete er sich der Arbeit für Kriegsveteranen und führte den britischen Volkstrauertag ein.

Haile Selassie I. (1892–1975), Kaiser von Äthiopien 1930–74; seine Herrschaft war allerdings 1935–41 durch die Invasion italienischer Truppen im Abessinienkrieg unterbrochen. Als Sohn des Fürsten Makonnen wurde er im Jahr 1916 Thronerbe, dann Regent, 1928 König und 1930 Kaiser. Er verkündete eine Verfassung, die jedoch die Befugnisse des Parlaments einschränkte. 1941 kehrte er aus dem Exil in Großbritannien zurück und gelangte mit britischer Unterstützung wieder an die Macht. Er bemühte sich um außenpolitische Neutralität und versuchte das Land zu modernisieren, stieß in der Bevölkerung jedoch auf hartnäckigen Widerstand und wurde 1974 durch ein Militärkomitee links gerichteter Offiziere abgesetzt.

> **WUSSTEN SIE, DASS?**
>
> *Haile Selassie I. wurde der Negus genannt. Negus Negesti heißt auf Äthiopisch König der Könige und ist der offizielle Kaisertitel.*

Briten verboten den Flüchtlingen des Haganah-Schiffs *Exodus*, in Israel an Land zu gehen.

Haithabu, bedeutender mittelalterlicher Handelsplatz am Ufer der Schlei. Der an der engsten Stelle der Landenge von Schleswig-Holstein gelegene Binnenhafen der Ostsee wurde Anfang des 9. Jh. von den Dänen begründet, kam aber um 900 in die Hände der WIKINGER. 934 eroberte HEINRICH I. die knapp 1000 Einwohner zählende Stadt für das Deutsche Reich, doch ging sie 50 Jahre später wieder an die Dänen verloren. Haithabu war ein Treffpunkt der Fernhandelskaufleute und soll neben Prag, Magdeburg und Regensburg ein Umschlagplatz für Sklaven aus dem Osten gewesen sein.

Haiti, Staat in der Karibik im Bereich der Westindischen Inseln auf dem westlichen Drittel der Insel Hispaniola. Hispaniola, das Christoph Kolumbus 1492 auf seiner ersten

Reise in die Neue Welt entdeckt hatte, wurde im 16. Jh. spanische Kolonie. Französische Piraten siedelten sich im 17. Jh. im Westen an und 1697 musste Spanien diesen Teil der Insel an Frankreich abtreten. Das Gebiet erhielt im 18. Jh. den Namen St-Domingue und entwickelte sich dank des Anbaus von Zuckerrohr, Kakao, Kaffee und Baumwolle zur profitabelsten französischen Kolonie. Afrikanische Sklaven verdrängten die dezimierte indianische Bevölkerung und Ende des 18. Jh. lebten hauptsächlich Schwarze auf der Insel.

1791 kam es zu einem erfolgreichen Sklavenaufstand unter Toussaint Louverture gegen die französischen Machthaber. 1804 rief das Land seine Unabhängigkeit aus und der entflohene Sklave Jean Dessalines erklärte sich zum Kaiser. Zwei Jahre später wurde er ermordet und das Land teilte sich in ein Königreich im Norden und eine Republik im Süden. Beide Reiche vereinigten sich 1820 zu einer unabhängigen Republik. Zwei Jahre danach schloss sich ihr bis 1844 auch der spanische Teil der Insel – die spätere DOMINIKANISCHE REPUBLIK – an.

Ab 1859 herrschten in Haiti permanent Unruhen und Bürgerkrieg zwischen Mulatten und Schwarzen, bis die USA, die ihre wirtschaftlichen Interessen gefährdet sahen, 1915 die Insel besetzten. Bis 1934 blieben sie präsent. Ab 1957 wurde das Land für mehrere Jahrzehnte von Präsident François Duvalier, „Papa Doc", und seinem Sohn und Nachfolger Jean Claude, „Baby Doc", beherrscht. Die Spezialtruppen der Geheimpolizei der Duvaliers, die so genannten Tontons Macoutes, terrorisierten die Bevölkerung. „Baby Doc", der seit 1971 an der Regierung war, ging 1986 ins französische Exil, nachdem eine Übergangsregierung unter General Henri Namphy gebildet worden war. 1988 wurde Namphy gestürzt und von General Prosper Avril abgelöst, dessen Regierungszeit gewaltsam endete. Der anschließend gewählte katholische Theologe Jean-Bertrand Aristide musste schon nach sieben Monaten angesichts der Ablehnung vonseiten der Bevölkerung zurücktreten. Ihn löste die erste Präsidentin Haitis ab, Ertha Pascal-Trouillot, die im September 1991 von aufständischen Militärs verhaftet wurde. Es kam zu Rebellionen gegen das Militärregime und der nach Venezuela geflüchtete Aristide wandte sich an die Organisation Amerikanischer Staaten OAS um Hilfe, doch sowohl Handelssanktionen als auch Verhandlungsgespräche schlugen fehl. Armee und Polizei verhinderten die Rückkehr des gewählten Aristide und die verschärften Sanktionen bewirkten eine anhaltende Wirtschaftskrise im Land. Im September 1994 besetzten amerikanische Truppen Haiti, um die Machtübergabe an Aristide zu gewährleisten. Im Jahr darauf siegte bei den Präsidentschaftswahlen René Préval, ehemals Premierminister unter Aristide.

Hakenkreuz, Kreuz mit vier gleich langen, nach rechts gerichteten, rechtwinklig angesetzten Balken, Emblem der Nationalsozialisten in Deutschland. Das Zeichen, das in Sanskrit *Swastika*, d.h. das heilbringende Zeichen, hieß und dessen Balken oft auch entgegen dem Uhrzeigersinn verlaufen, war in vielen Kulturen bekannt und symbolisierte zumeist Glück und Wohlstand. In Mesopotamien benutzte man es als ein dekoratives Motiv, und möglicherweise diente dieses als Grundlage für ein Muster, das in der Antike sowohl in Griechenland als auch in Rom verwendet wurde. Hakenkreuze oder Swastika finden sich ebenfalls in der frühen christ-

Die Swastika auf der Brust der goldenen Buddhastatue stellt ein Symbol des Glücks dar.

lichen und byzantinischen Kunst, in Süd- und Mittelamerika und in Indien bei Hindu und Buddhisten. 1910 trat der deutsche Schriftsteller Guido von List, der es fälschlicherweise für ein arisches Symbol hielt, dafür ein, das Hakenkreuz zum Emblem aller antisemitischen Organisationen zu machen. Die NSDAP übernahm es 1920 als ihr Erkennungszeichen und erklärte 1935 die Hakenkreuzfahne zur deutschen Reichsflagge.

WUSSTEN SIE, DASS?

Das Hakenkreuz oder die Swastika wird unterschiedlich gedeutet. Die einen erkennen darin ein stilisiertes Sonnenrad, andere zwei Hämmer des germanischen Gottes Thor.

Haldane, Richard, I. Viscount (1856 bis 1928), britischer Politiker. Er erkannte während seiner Amtszeit als Kriegsminister 1905–12 die wachsende Gefahr des deutschen Militarismus. Aufgrund seiner Kenntnis des preußisch-deutschen Heeres führte er eine Neuordnung des britischen Militärs durch. Er bildete einen Generalstab für die militärische Planung und eine Territorialarmee als Reserve. Er baute ferner sehr gut ausgebildete Expeditionsstreitkräfte auf, die 1914 mobilisiert wurden. 1912 sandte man Haldane nach Berlin, doch seine Verhandlungen mit Deutschland über eine Reduzierung der deutschen Flotte scheiterten. Anschließend war er Lordkanzler, zuerst unter dem Liberalen Herbert ASQUITH und nach dem Krieg für die Labour-Regierung von James Ramsay MACDONALD.

Halifax, Edward, I. Earl of (1881 bis 1959), britischer Politiker und Außenminister 1938–40. Er vertrat 1938 die Politik des APPEASEMENT, mit der der konservative Regierungschef Neville CHAMBERLAIN versuchte, Adolf HITLERS Forderungen entgegenzukommen. Halifax war im Amt Anthony EDEN nachgefolgt, der aus Protest gegen die Bemühungen, mit den europäischen Diktatoren zu verhandeln, zurückgetreten war. Halifax akzeptierte 1938 den ANSCHLUSS Österreichs an Deutschland sowie die Abtretung des Sudetenlands durch das MÜNCHNER ABKOMMEN.

1925–31 war Halifax als Lord Irwin Generalgouverneur und Vizekönig von Indien gewesen. Er bekämpfte die Unabhängigkeitsbestrebungen und ließ im Jahr 1930 Mohandas GANDHI verhaften. Im Zweiten Weltkrieg war er Botschafter in den USA.

Hallstatt-Zeit, frühe Eisenzeit (um 750 bis 450 v. Chr.) in Mittel- und Westeuropa, benannt nach einem vorgeschichtlichen Gräberfeld im Salzkammergut nahe dem gleichnamigen Ort. Die Menschen der Hallstatt-Kultur hinterließen Schmuck, geschmiedete Waffen sowie charakteristisch geformte und verzierte Keramikgefäße. Sie benutzten Pferde als Reit- und Zugtiere und pflegten Handelsbeziehungen bis zu den Pyrenäen und zum Kaukasus. Die Hallstatt-Kultur wurde durch die keltische La-Tène-Kultur abgelöst.

Hallstein-Doktrin, Grundsatz der deutschen Außenpolitik, der 1955 aufgestellt und nach dem Staatssekretär im Auswärtigen Amt, Walter Hallstein, benannt wurde. Danach erklärte sich die BUNDESREPUBLIK DEUTSCHLAND zur einzigen rechtmäßigen Vertreterin ganz Deutschlands – also auch der DDR –, da nur sie eine aus freien Wahlen hervorgegangene Regierung besaß. Dieser Anspruch wandte sich gegen die seit 1954 von der SOWJETUNION propagierte Theorie von der Existenz zweier deutscher Staaten und wurde bis Anfang der 70er-Jahre aufrecht erhalten.

Hambacher Fest (27.–30. Mai 1832), Massenkundgebung von liberal und national gesinnten Menschen auf dem Hambacher Schloss in der Nähe von Neustadt in der Pfalz. Etwa 30 000 Personen – darunter auch französische Demokraten und polnische Flüchtlinge – folgten dem Aufruf zu dieser Versammlung, deren Hauptforderung ein geeintes, freiheitliches Deutschland war und bei der berühmte Redner wie der Publizist Philipp Jakob Siebenpfeiffer und der Redakteur Johann Georg August Wirth das Wort ergriffen. Zwar folgten dem Hambacher Fest noch einige ähnliche, wenn auch kleinere Veranstaltungen, aber die deutschen Fürsten leiteten, da sie um ihre Macht bangten, bald drastische Gegenmaßnahmen ein: Schon wenige Wochen später wurde die Versammlungs- und Pressefreiheit noch weiter eingeschränkt, politische Vereine wurden verboten, die Landtage überwacht und führende Oppositionelle, so weit sie nicht ins Ausland fliehen konnten, verhaftet.

Hamilkar Barkas († um 229 v. Chr.), karthagischer Heerführer, Vater von HANNIBAL. Hamilkar befehligte gegen Ende des Ersten PUNISCHEN KRIEGES die karthagischen Truppen und handelte 241 v. Chr. den Frieden mit Rom aus. Seit 237 v. Chr. unterwarf er das westliche und südliche Spanien, wobei er im Kampf fiel.

Tausende von Menschen beteiligten sich am 27. Mai 1832 am Hambacher Fest und bekräftigten ihren Wunsch nach der deutschen Einheit.

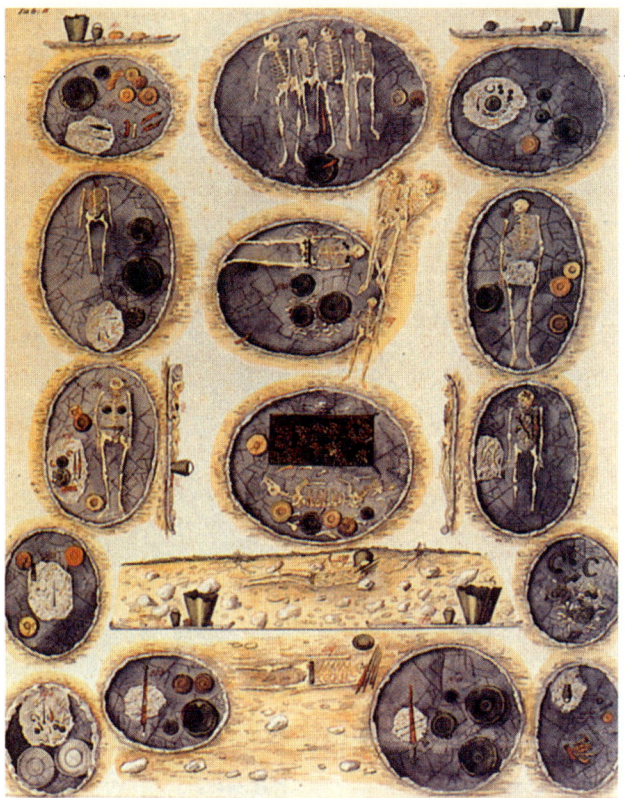

Ausgrabungen nahe Hallstatt im 19. Jh. brachten über 2000 Gräber zutage, an denen verschiedene Bestattungsformen erkennbar sind.

Hammarskjöld, Dag (1905–61), schwedischer Politiker. Hammarskjöld hatte seit 1953 den Posten des Generalsekretärs der VEREINTEN NATIONEN inne. Er kam im September 1961 bei einem nie ganz geklärten Flugzeugunglück in Afrika ums Leben und erhielt im selben Jahr postum den Friedensnobelpreis.

Hammurabi (1728 bis 1686 v. Chr.), Amoriterkönig von Babylonien, der sein Reich einte und vom Persischen Golf bis in Teile von Assyrien ausdehnte. Hammurabi erließ Richtlinien für die Verwaltung seines Staatsgebiets, förderte die Landwirtschaft und die Literatur. Berühmt ist die Gesetzessammlung, die er hinterlassen hat: Auf einer Stele aus schwarzem Basalt ist ein Kodex aus 282 Paragraphen eingemeißelt, die das Zusammenleben seiner Untertanen regelten. Der Steinblock wurde 1902 in Susa im Iran gefunden und steht heute im Louvre in Paris.

Han, chinesische Dynastie. Sie wurde 202 v. Chr. nach dem vier Jahre zuvor erfolgten Sturz der QIN-Dynastie, der ersten Kaiserdynastie, von dem aufständischen Bauern Liu Pang begründet und herrschte, mit einer Unterbrechung von 16 Jahren, mehr als 400 Jahre. Die Chinesen bezeichnen sich in Abgrenzung zu anderen Mongolenvölkern als *Hanren*, Leute von Han. Nachdem Kaiser Wudi, der Kriegerische genannt, im 2./1. Jh. v. Chr. den Übergriffen von berittenen Nomaden, der Xiongnu, Einhalt geboten hatte, konnten chinesische Armeen weit nach Zentralasien vordringen. Einige marschierten von Chang'an,

dem heutigen Xi'an, der Hauptstadt der westlichen Han-Dynastie, bis über 3000 km in westlicher Richtung. Gesandte, die mit dem Ziel, Bündnisse gegen die Xiongnu zu schmieden, ebenfalls weit nach Westen gezogen waren, brachten Kunde vom Römischen Reich. Im Lauf der Zeit wurden auch große Teile Südchinas und Annams erobert, und im Osten erstreckte sich das Reich der Han bis nach Korea. Die Lehren von KONFUZIUS wurden nach und nach zur anerkannten Staatsphilosophie.

Im Jahr 9 n. Chr. war der Hof durch wirtschaftliche Probleme geschwächt und inneren Zwist zerrissen. Wang Mang, erster Minister eines kindlichen Kaisers, brachte die Macht an sich und begründete die Xin-Dynastie, die sich bis etwa zum Jahr 25 halten konnte. Dann führten Übergriffe der Xiongnu ihren Untergang herbei. Die Han-Dynastie lebte wieder auf, und schon bald marschierten erneut chinesische Truppen in Richtung Zentralasien.

Gegen Ende des 2. Jh. leiteten jedoch taoistische Aufstände sowie machtbesessene Kaiserinnen und Eunuchen den endgültigen Niedergang der Dynastie ein und begünstigten die Entstehung regionaler Armeen. Der letzte Kaiser der Han musste um 220 abdanken.

Hancock, John (1737–93), amerikanischer Kaufmann und einer der Führer des Aufstands gegen das britische Mutterland. Hancock erbte von seinem Onkel ein Bostoner Handelshaus und vergrößerte darüber hinaus sein Vermögen durch Schmuggel. Dies brachte ihn in direkten Konflikt mit britischen Zollbeamten, die seine Schaluppe beschlagnahmten. Hancock gehörte zu den Organisatoren der BOSTON TEA PARTY und unterzeichnete 1776 als Präsident des zweiten Kontinentalkongresses die Unabhängigkeitserklärung der USA. 1780–85 und 1786–93 bekleidete er das Amt des Gouverneurs von Massachusetts.

Händel, Georg Friedrich (1685–1759), Komponist. Händel wurde in Halle geboren, verbrachte aber den größten Teil seiner aktiven Schaffensperiode in seiner Wahlheimat Großbritannien. Noch während seines Studiums der Rechte erhielt er 1702 eine Organistenstelle in Halle. 1703 gab er das Jurastudium auf und wurde Geiger am Opernhaus des Komponisten Reinhard Keiser in Hamburg. Zwei Jahre später verschaffte ihm der Erfolg seiner Opern *Almira* und *Nero* die Einladung, in Italien zu arbeiten. Händel wurde einer der führenden Komponisten der italienischen Oper, kehrte aber 1710 nach Deutschland zurück, um am Hof des Kurfürsten von Hannover, des späteren Königs GEORG I. von Großbritannien, zu wirken.

Nachdem Händel sich 1712 in Großbritannien niedergelassen hatte, beherrschten seine Opern die Spielpläne der Londoner Bühnen. Doch wegen des enormen Arbeitsdrucks und finanzieller Sorgen wurde er 1737 schwer krank und wendete sich der Komposition von Oratorien zu, die großen Erfolg beim Publikum hatten. Zu seinen bekanntesten Werken gehören die *Wassermusik* (1717), die *Feuermusik* (1749) und der *Messias* (1742).

Hannibal (247–183 v. Chr.), karthagischer Feldherr, herausragender Taktiker und Staatsmann. Als Zehnjähriger begleitete er seinen Vater HAMILKAR BARKAS nach Spanien, wo dieser eine Provinz begründete. 221 v. Chr. erhielt Hannibal den Oberbefehl über die Truppen in Spanien und verfolgte eine ag-

Die karthagische Münze erinnert an die Alpenüberquerung von Hannibal.

gressive Politik gegen Rom. 218 v. Chr. zog er im Zweiten PUNISCHEN KRIEG in nur 15 Tagen mit rund 40 000 Fußsoldaten, 8000 Reitern und 37 Kriegselefanten über die Pyrenäen und die Alpen, um in Oberitalien einzufallen und die Römer durch einen Überraschungsangriff zu besiegen. Viele Soldaten und Elefanten kamen auf dem strapaziösen Feldzug um, doch Hannibal gelangen drei wichtige Schläge gegen Rom: an der Trebia, am Trasimenischen See und 216 v. Chr. bei CANNAE. Doch trotz der Einnahme zahlreicher süditalienischer Gemeinden blieben Mittelitalien und der Norden größtenteils loyal gegenüber Rom. Hannibal gelang es nicht, den Widerstand Roms zu brechen, und schließlich wandte sich das Kriegsglück gegen ihn. 203 wurde er mit seiner Armee nach Nordafrika zurückberufen und im folgenden Jahr bei Zama von dem römischen Feldherrn SCIPIO Afrikanus Major entscheidend geschlagen.

Um 196 v. Chr. versuchte Hannibal in Karthago politische Reformen durchzusetzen, was seine Gegner, die karthagischen Aristokraten, veranlasste, ihn in Rom zu denunzieren, sodass er ins Ausland floh. Er verbrachte einige Zeit an den Höfen zweier Feinde Roms, bei Antiochus III. von Syrien

und Prusias I. von Bithynien in Kleinasien. 183 v. Chr. tötete Hannibal sich schließlich selbst, um der Gefangennahme durch die Römer zu entgehen, die von Prusias seine Auslieferung gefordert hatten.

Hannover, seit 1692 Kurfürstentum und 1814–66 deutsches Königreich; 1714–1901, in dem Jahr, als Königin VIKTORIA starb, Stammhaus der britischen Könige.

Nach dem Tod der britischen Königin ANNA 1714 wurde Kurfürst Georg Ludwig von Hannover, der Sohn von Kurfürst Ernst August und Sophie von der Pfalz, die als Enkelin des englischen Königs JAKOB I. seit dem ACT OF SETTLEMENT 1701 die britische Thronanwartschaft besaß, auch König von Großbritannien. In den Napoleonischen Kriegen kam das Kurfürstentum Hannover unter französische Herrschaft, wurde jedoch nach NAPOLEONS I. Tod 1814 als Königreich wieder hergestellt. Es trat 1815 dem DEUTSCHEN BUND bei und verblieb in Personalunion mit Großbritannien. Diese fand erst 1837 ein Ende, da es in Hannover keine weibliche Thronfolge gab. Während nach dem Tod König Wilhelms IV. in Großbritannien seine Tochter Viktoria den Thron bestieg, wurde in Hannover der Bruder des Verstorbenen, Ernst August, König. Dieser hob umgehend das fortschrittliche Staatsgrundgesetz von 1833 auf und entließ die dagegen protestierenden GÖTTINGER SIEBEN aus ihren Ämtern. Nach der Niederlage im DEUTSCHEN KRIEG 1866 an der Seite Österreichs annektierte Preußen Hannover, das als preußische Provinz dem 1867 gegründeten NORDDEUTSCHEN BUND angehörte. Nach dem Zweiten Weltkrieg wurde das ehemalige Königreich Hannover Kernstück des Bundeslands Niedersachsen und die ehemalige Residenz Hannover zu dessen Hauptstadt.

Hanse siehe Seite 202

Harappa-Kultur, prähistorische indische Kultur in der Zeit um 2500–1600 v. Chr. Die Ausgrabungen der heute in Pakistan gelegenen vorgeschichtlichen Städte Harappa und MOHENJO-DARO weisen auf eine hoch entwickelte Induskultur hin. Die Zeitgenossen des Reiches AKKAD, mit dem sie auch Handel betrieben, verfügten über eine Schrift und waren begabte Städtebauer.

Harappa war nach einem sorgfältig durchdachten Plan errichtet worden, mit Hauptstraßen, die rechtwinklig zueinander und genau von Nord nach Süd bzw. West nach Ost verliefen. Es besaß Gemeinschaftseinrichtungen wie Getreidespeicher, Versammlungsgebäude und öffentliche Bäder sowie ein ausgeklügeltes Abwassersystem. Die

---

WUSSTEN SIE, DASS?

Man nimmt an, dass Hannibal für seinen Zug über die Alpen den 2083 m hohen Pass über den Mont Cenis in den Westalpen wählte.

Einigkeit macht stark

*Die Hanse, ursprünglich ein Zusammenschluss von deutschen Kaufleuten,
später ein Städtebund, stellte jahrhundertelang die stärkste
Wirtschaftsmacht in Nord- und Mitteleuropa dar.*

Der Fernhandel im frühen Mittelalter war ein mühsames und gefährliches Geschäft. Um die langen Routen abzusichern, die Arbeit im Ausland einfacher zu gestalten und Vorrechte zu erringen bzw. besser verteidigen zu können, schlossen sich ab dem 11. Jh. deutsche Kaufleute zu einzelnen Bünden zusammen, den Hansen. Der Begriff ist vom althochdeutschen Schar hergeleitet. Um 1160 begründeten die Gotlandfahrer, die den Ostseehandel betrieben, eine genossenschaftlich organisierte Gemeinschaft und errichteten im russischen Nowgorod eine Niederlassung, den Petershof. Weitere derartige Auslandskontore entstanden in anderen Städten; die bedeutendsten wurden der Stalhof in London, der Handelsstützpunkt im flandrischen Brügge sowie die so genannte Deutsche Brücke im norwegischen Bergen. Aber auch das weite norddeutsche Binnenland wurde mit einem engmaschigen Handelsnetz überzogen. Kommerzieller Mittelpunkt war Lübeck.

KOGGEN AUF KAUFFAHRT

Gehandelt wurde mit allem, was Natur und Handwerkskunst hervorbrachten: Wachs und Pelze aus Russland, Getreide und Holz aus Polen, Bernstein aus dem Deutschordensland, Pferde aus Dänemark, Silber aus den deutschen Mittelgebirgen, Salz aus der Lüneburger Gegend, Wolle aus England. Riesige Geschäfte machte man während der Fastenzeit vor allem mit Salzheringen und Trockenfisch aus Schweden und Norwegen.

Das wichtigste Transportmittel der Hanse war die dickbauchige, 20 m lange und 7 m breite Kogge, die 25 Mann Besatzung hatte und 200 t Fracht fasste. Sie schaffte die Fahrt von Danzig nach Lübeck in vier Tagen – ein vergleichbarer Transport über Land brauchte rund 100 Fuhrwerke und dauerte zwei Wochen.

In der zweiten Hälfte des 13. Jh. griffen die Hanse-Kaufleute, um sich gegen Einschränkungen ihrer Privilegien zu wehren, erstmals gegen Brügge zum Mittel des Boykotts. Sie waren erfolgreich, und diese und ähnliche Gemeinschaftsaktionen leiteten zu Ende des 13. Jh. einen Wandel in der Struktur der Hanse ein. Sie entwickelte sich von einem Zusammenschluss von Kaufleuten zu einem Bund zahlreicher Städte, aus denen diese zumeist reichen Kaufleute stammten und in denen sie den Ton angaben. 1356 wurden sie erstmals als die *Stede van der dudeschen hanse* bezeichnet.

Die oberste Instanz der Hanse war die Hauptversammlung aller Mitglieder, der Hansetag. Er wurde unregelmäßig einberufen – meist nach Lübeck – und fasste Beschlüsse, Rezesse genannt, wie den Boykott von Waren oder den Ausschluss einzelner Mitglieder, die so genannte Verhansung. Da die Hanse ständig wuchs – um 1400 gehörten ihr rund 200 Städte an –, unterteilte man sie in vier Quartiere: das wendische Quartier mit Lübeck als Zentrum; das westfälische mit Köln; das sächsische mit Braunschweig sowie das preußisch-livländische mit Danzig. Zwar vertrat die Hanse nur wirtschaftliche Interessen, aber sie war mächtig genug, diese auch militärisch durchzusetzen, etwa gegen den Dänenkönig Waldemar IV. Atterdag. Der wichtigste Gegner der Hanse aber waren die Seeräuber, unter ihnen Klaus Störtebeker.

Nach der Blütezeit im 14. Jh. begann ab Ende des 15. Jh. der allmähliche Niedergang: Die Hanse-Mitglieder verloren ihre städtischen Privilegien, Kontore im Ausland wurden geschlossen und der einträgliche Heringsfang versiegte. Der letzte Hansetag fand 1669 in Lübeck statt, nur noch acht Städte nahmen daran teil.

Lübeck (oben links das Holstentor) und Hamburg (unten) waren bedeutende Hansestädte. Der prunkvolle Hansepokal (links) diente zu Repräsentationszwecken.

zweistöckigen Wohngebäude bestanden aus gebrannten Ziegeln; ihre Fassaden standen in Reih und Glied. Zur Erleichterung des Verkehrs in den bis zu 10 m breiten Straßen waren die Kanten der Eckhäuser abgerundet. Den Grabfunden nach zu schließen, fand die Harappa-Kultur um 1600 v. Chr. wahrscheinlich ein gewaltsames Ende.

Hardenberg, Karl August, Fürst von

(1750–1822), preußischer Staatsmann. 1807 legte Hardenberg im Auftrag des preußischen Königs FRIEDRICH WILHELM III. seine Vorstellungen über die Neuordnung des preußischen Staatswesens nach französischem Vorbild in einem Memorandum nieder. Ab 1810 setzte er als Staatskanzler in Preußen die Reformen des Freiherrn vom und zum STEIN fort; vor allem führte er die Gewerbefreiheit ein und gewährte den bis dahin benachteiligten Juden die bürgerliche Gleichberechtigung. Auf dem WIENER KONGRESS setzte er für Preußen bedeutende Gebietsgewinne durch.

Harold II.

(um 1020–1066), letzter angelsächsischer König von England, seit 1053 Nachfolger seines Vaters Godwin Graf von Wessex. Harold wurde vom kinderlosen englischen König Eduard dem Bekenner, der mit der Schwester Harolds verheiratet war, auf dem Sterbebett zum Nachfolger ernannt. Diese Ernennung wurde von der Ratsversammlung der Weisen bestätigt, aber von dem normannischen Herzog WILHELM, dem späteren EROBERER, der als Vetter Eduards ebenfalls Ansprüche auf den Thron erhob, nicht anerkannt.

Im September 1066 kämpfte Harold gegen einen dritten Throninteressenten: König Harald den Harten von Norwegen. Er besiegte ihn in der Schlacht von Stamford Bridge im Norden Englands. Unmittelbar danach zog er mit seinen Truppen nach Süden, um sich dem aus der Normandie eingedrungenen Wilhelm in der Schlacht bei HASTINGS zu stellen. Harold verlor diese Auseinandersetzung und wurde durch einen Pfeilschuss getötet.

Harriman, William Averell

(1891–1986), amerikanischer Bankier und Politiker, 1943–46 Botschafter in Moskau, 1955–58 Gouverneur des Staates New York. Harriman arbeitete für drei amerikanische Präsidenten: Als Sonderbeauftragter von Franklin D. ROOSEVELT nahm er an den Konferenzen von TEHERAN, JALTA und POTSDAM teil; nach dem Zweiten Weltkrieg wirkte er bis 1953 als Berater von Harry S. TRUMAN, und im Jahr 1961 wurde er Sonderbotschafter John F. KENNEDYS.

Nach der Gründung der Harzburger Front beobachtet der Rechtskonservative Alfred Hugenberg, umgeben von uniformierten Mitgliedern des Stahlhelms, den Vorbeimarsch von SA-Verbänden.

Harun ar-Raschid

(um 766–809), seit 786 fünfter abbasidischer Kalif – von Arabisch *khalifa*, Stellvertreter Gottes –, dessen Name Harun der Rechtgeleitete bedeutet. Harun ar-Raschid war ein fähiger Feldherr und Förderer von Künsten und Wissenschaften. Unter seiner Herrschaft erreichte Bagdad seine höchste Blüte, nicht zuletzt dank der Fähigkeiten seiner Minister, der persischen Wesire. Die iranische Familie der Barmakiden beherrschte das Reich, als Harun ar-Raschid an die Macht kam, doch wegen Intrigen am Hof entmachtete Harun sie 803, und viele von ihnen wurden gefangen gesetzt. Die Feindseligkeiten im Innern zwischen Beamten und religiösen Gelehrten nahmen zu, und Haruns Aufteilung seines Erbes sorgte noch mehrere Jahre nach seinem Tod für Konflikte.

> ### WUSSTEN SIE, DASS?
> Viele Erzählungen aus Tausendundeiner Nacht spielen am Hof Harun ar-Raschids, der in den Märchen als das Ideal eines Kalifen dargestellt wird.

Harvey, William

(1578–1657), englischer Wissenschaftler und Leibarzt Jakobs I. und Karls I. Harvey entdeckte, dass das Herz das Blut durch die Arterien und zurück durch die Venen pumpt, und identifizierte es damit als einen speziellen Muskel und nicht, wie ARISTOTELES behauptet hatte, als Sitz des Verstands. Als Harvey seine Erkenntnisse über den Blutkreislauf 1628 veröffentlichte, schenkte man ihm keinen Glauben.

Harzburger Front

Bezeichnung für den im Oktober 1931 in Bad Harzburg erfolgten Verbund der DEUTSCHNATIONALEN VOLKSPARTEI (DNVP), der NATIONALSOZIALISTISCHEN DEUTSCHEN ARBEITERPARTEI (NSDAP) und des STAHLHELMS. Das Ziel dieser rechtsgerichteten „nationalen Opposition", wie die Gegner der Weimarer Republik den Zusammenschluss nannten, war der Sturz von Reichskanzler Heinrich BRÜNING und der preußischen Regierung Braun sowie anschließende Neuwahlen. Aufgrund von Rivalitätskämpfen und Auseinandersetzungen über die Nominierung eines Kandidaten für die Wahl zum Reichspräsidenten 1932 zerbrach die Harzburger Front schon nach einem halben Jahr.

Hastings, Schlacht bei

(14. Oktober 1066), Schlacht in Südengland zwischen den Angelsachsen unter König HAROLD II. und Herzog Wilhelm von der Normandie, dem späteren WILHELM I. DEM EROBERER. Die Angelsachsen hielten den Angriffen der 8000 Mann starken Normannentruppe mehrere Stunden lang stand, doch schließlich erwiesen sich deren Armbrustschützen und Kavallerie als überlegen. Harold fiel in der Schlacht und Wilhelm zog in London ein, wo er am 25. Dezember zum König gekrönt wurde. In der Folgezeit veränderte sich England: Nach der Niederschlagung mehrerer Aufstände der Angelsachsen ließ Wilhelm zahlreiche Schlösser erbauen, erhöhte die Steuern und verbot die freie Jagd; am Hof und in der Regierung sprach man nun Französisch; die englischen Städte und die Bevölkerung des Landes wuchsen, aber der Status der Angelsachsen verschlechterte sich erheblich – sie verloren viele öffentliche Ämter und Landbesitz; die Kirche wurde von französischen Geistlichen unter Erzbischof Lanfranc reformiert. Bestehen blieb jedoch die Aufteilung des Landes in Grafschaften.

Hatschepsut, ägyptische Königin der 18. Dynastie, regierte 1490–1468 v. Chr., Tochter von Thutmosis I. Nach dem Tod ihres Halbbruders und Ehemanns Thutmosis II. folgte ihr Neffe und zugleich Stiefsohn THUTMOSIS III. in der Thronfolge, doch er war noch zu jung, um seine Ansprüche durchzusetzen, sodass Hatschepsut faktisch als Königin regierte. Zum Pharao gekrönt, erweiterte sie die Bauwerke ihres Vaters bei Karnak, dem religiösen Zentrum Thebens. Ihre Herrschaft endete nach rund 20 Jahren mit der Machtübernahme durch Thutmosis III. Er ließ von vielen Statuen der Hatschepsut die Gesichter abschlagen, um die Spuren ihrer Regierungszeit auszulöschen.

Das idealisierte Gesicht Königin Hatschepsuts wurde bei dem von ihr erbauten Tempel von Der el-bahari im westlichen Theben gefunden.

Hauser, Kaspar, Findling, der im Mai 1828 als junger Mann in Nürnberg auftauchte. Er konnte über seine Herkunft keine genauen Angaben machen, hatte aber, wie man annahm, Kindheit und Jugend in einem dunklen Verlies verbracht. 1833 wurde Hauser, der schon vier Jahre zuvor bei einem Attentat verletzt worden war, angeblich von einem Unbekannten ermordet. Die unklare Abstammung und der mysteriöse Tod Hausers gaben Anlass zu Spekulationen. Der Jurist und Rechtsphilosoph Anselm von Feuerbach, der den Fall mit Interesse verfolgte, kam – wie man heute weiß: fälschlich – zu der Annahme, dass Kaspar der Sohn des Großherzogs Karl von Baden und seiner Gemahlin Stephanie de Beauharnais, einer Adoptivtochter Napoleons, gewesen sei.

Havel, Václav (*1936), tschechischer Staatsmann und Dramatiker, 1989–92 Staatspräsident der TSCHECHOSLOWAKEI, seit 1993 Staatspräsident der Tschechischen Republik. Als Sohn einer bürgerlichen Familie wurde der in Prag geborene Havel während des kommunistischen Regimes von der Universität ausgeschlossen und arbeitete als Bühnenarbeiter. Er schrieb und veröffentlichte eine Reihe von Dramen, bis 1969 seine Werke für subversiv erklärt und verboten wurden. Er fuhr jedoch fort zu schreiben, und publizierte fortan im westlichen Ausland. Zu seinen Werken gehören *Das Gartenfest* (1964) und *Largo Desolato* (1985).

1977 bildete Havel die Charta 77, die für die Wahrung bzw. Durchsetzung der Menschen- und Bürgerrechte eintrat und sich auf die Schlussakte der Konferenz für Sicherheit und Zusammenarbeit in Europa von HELSINKI 1975 bezog. Zwölf Jahre später, nach Jahren politischer Haft, trug er maßgeblich zur Gründung des Bürgerforums bei, einer Koalition nicht kommunistischer oppositioneller Gruppen. Im November 1989 kam es unter Führung des Forums zu einem Volksaufstand, der so genannten sanften Revolution, durch die die Regierung zum Abtreten gezwungen war, und das kommunistische System im Land zerfiel. Havel gewann Ende des Jahres die Präsidentschaftswahlen, trat jedoch zurück, nachdem sich die Slowakei im Juli 1992 für unabhängig erklärte. Im Jahr darauf – am 26. Januar 1993 – wurde er zum Staatspräsidenten der neu gegründeten Tschechischen Republik gewählt.

Hawkins, Sir John (1532–95), britischer Admiral. Er trug maßgeblich zur Bildung der Flotte bei, die 1588 die SPANISCHE ARMADA besiegte. Hawkins unternahm 1562 die erste Schiffsreise eines Engländers zum

Václav Havel spricht auf einer Kundgebung auf dem Prager Jan-Palach-Platz. Er trat beharrlich für die Wahrung der Menschenrechte ein.

Zweck des Sklavenhandels, indem er Afrikaner zu den spanischen Westindischen Inseln brachte. Auf seiner dritten Fahrt 1567 griffen die Spanier seine Flotte vor Mexiko an; nur zwei Schiffe, sein eigenes und eines, das unter dem Kommando von Sir Francis DRAKE stand, entkamen. 1588 wurde Hawkins, der 1572 Parlamentsmitglied geworden war, dritter Kommandant der gegen die Armada eingesetzten Flotte.

Haydn, Joseph (1732–1809), österreichischer Komponist. Haydn wurde 1740 als Kind Sängerknabe am Stephansdom in Wien und blieb für die nächsten 20 Jahre in dieser Stadt. 1761 erhielt er die Stelle des Komponisten und zweiten Kapellmeisters, 1766 des ersten Kapellmeisters des magyarischen Fürstenhauses Esterházy, erst in Eisenstadt, dann auf Schloss Esterhaz. Er komponierte Kirchenmusik, Opern, Kammermusik und Orchesterwerke, darunter mehr als 100 Sinfonien – und gilt so als der Begründer der musikalischen Form der Sinfonie.

Sein Dienstherr, Fürst Nikolaus Esterházy, starb 1790, das Orchester wurde aufgelöst, und Haydn übersiedelte nach Wien. In den Jahren 1791/92 und 1794/95 machte er Reisen nach London, die sehr erfolgreich waren und durch die sein Interesse an der Chormusik wuchs. Haydns Arbeiten waren so ge-

Joseph Haydn leitet, am Klavier sitzend, eine Orchesterprobe. Die Musiker tragen elegante Uniformen; Haydn selbst ist wie ein Edelmann gekleidet. Man erkennt daran seinen sozialen Aufstieg, denn in seiner Anfangszeit im Dienst des Fürsten Esterházy trug er noch die Livree eines Dieners.

schätzt, dass Abschriften davon in ganz Europa gehandelt wurden und er zahlreiche Aufträge für Kompositionen erhielt. Zu seinen bekanntesten Werken gehörte *Die Schöpfung*, die er 1798 vollendete, und *Die Jahreszeiten*, die 1801 fertig gestellt wurden.

Hearst, William Randolph (1863–1951),

amerikanischer Zeitungsverleger. Durch seinen Medienkonzern, dem zuletzt über 30 Zeitungen und Zeitschriften angehörten, kam er zu einem gewaltigen Vermögen. Seine Sensationsberichte über den kubanischen Kampf für die Unabhängigkeit von Spanien sollen den Ausbruch des SPANISCH-AMERIKANISCHEN KRIEGES von 1898 begünstigt haben. Hearst, der 1903–07 Kongressabgeordneter war, lehnte den Eintritt Amerikas in den Ersten Weltkrieg ab und war ein Gegner des VÖLKERBUNDS. Im Jahr 1904 bemühte er sich um die Nominierung zum Präsidentschaftskandidaten der Demokraten, ein Jahr später bewarb er sich um das Amt des Bürgermeisters von New York – beides jedoch ohne Erfolg. Hearst war das Vorbild für den größenwahnsinnigen Zeitungsmagnaten, den Orson Welles in seinem Film *Citizen Kane* von 1941 porträtierte.

Heath, Edward (*1916),

britischer Politiker, 1965–75 Führer der Konservativen Partei und 1970–74 Premierminister. Heath, der seit 1950 Parlamentsmitglied war, wurde 1959 Arbeitsminister und ein Jahr später Lordsiegelbewahrer. Im Juli 1961 führte er die Verhandlungen um den Beitritt Großbritanniens zur Europäischen Wirtschaftsgemeinschaft, der heutigen EUROPÄISCHEN UNION. Damals scheiterte der britische Beitritt jedoch am Widerstand des französischen Staatspräsidenten Charles de GAULLE. Doch 1973, nach mehr als zehnjährigen Bemühungen, war die Mitgliedschaft Großbritanniens besiegelt, was als Hauptverdienst von Heath gilt. 1973 fror Heath die Löhne der Arbeiter ein, um so die sich verschärfende Wirtschaftskrise in Großbritannien in den Griff zu bekommen. Die Gewerkschaft der Bergarbeiter reagierte daraufhin mit einer landesweiten Streikwelle. Zur Stärkung seiner innenpolitischen Position setzte Heath 1974 Neuwahlen an, die er jedoch verlor. Ein Jahr später musste er auch die Führung der Konservativen Partei an Margaret THATCHER abtreten.

Hecker, Friedrich (1811–81),

deutscher Rechtsanwalt und volkstümlicher Revolutionär. Zusammen mit dem Juristen Gustav von Struve rief der überzeugte Republikaner am 12. April 1848 im Großherzogtum Baden zum bewaffneten Aufstand auf, der jedoch bereits acht Tage später niedergeschlagen wurde. Hecker musste fliehen: Zuerst setzte er sich in die Schweiz ab, später emigrierte er in die USA, wo er im SEZESSIONSKRIEG als Oberst auf der Seite der Nordstaaten erfolgreich kämpfte.

Hedwig (1174–1243),

Heilige, Herzogin und Schutzpatronin von SCHLESIEN. Im Alter von zwölf Jahren wurde sie mit Heinrich I. dem Bärtigen, dem späteren Herzog von Schlesien, verheiratet. Sie setzte sich für die Stärkung des Christentums in ihrem Land ein, veranlasste zahlreiche Stiftungen und unterstützte die Errichtung von Klös-

William Hearst (rechts) veranstaltete in seinem palastartigen Wohnsitz in Kalifornien rauschende Feste (oben).

tern. Sie trat für den Zuzug deutscher Siedler ein und prägte durch die gezielte Unterstützung von deren Kultur die Entwicklung Schlesiens. Nur rund 24 Jahre nach ihrem Tod wurde sie von Papst Clemens IV. heilig gesprochen.

Heer,

Streitmacht aus Soldaten, die für den Kampf zu Lande ausgebildet wurden. Heere gab es schon in den vorgeschichtlichen Staatengebilden und in den großen Reichen der Antike in CHINA, ÄGYPTEN, BABYLON und ASSYRIEN. Ohne seine gewaltige Streitmacht hätte ALEXANDER DER GROSSE nicht Vorderasien bis zum Indus erobern können. Schon zu seiner Zeit wurden Belagerungstechniken zu einem wichtigen Bestandteil militärischer Strategien.

WUSSTEN SIE, DASS?

Im Heer Oliver Cromwells waren die Soldaten erstmals einheitlich gekleidet. Durch die roten Uniformen ließen sich Freund und Feind leicht unterscheiden, zudem war das Blut der Verwundeten nicht so deutlich zu sehen.

Nach dem Tod Alexanders wurden die karthagischen und danach die römischen Heere die bedeutendsten Streitkräfte des Abendlands. Bereits die punischen Feldherren, insbesondere HANNIBAL, rekrutierten mit Erfolg Söldner, doch erst die Armeen der Römer, die disziplinierten und schlagkräftigen Legionen, entwickelten sich zu stehenden Heeren aus Berufssoldaten, die im RÖMISCHEN REICH seit dem 2. Jh. v. Chr. eine wichtige Rolle spielten.

Weniger diszipliniert, doch schnell und beweglich agierten die Reiterheere aus dem Osten wie das des Hunnenkönigs ATTILA im 5. Jh. oder das der Mongolen im 12./13. Jh. Sie zählten bis zu 100 000 Mann und waren so oft allein schon durch ihre Größe den Gegnern überlegen.

Die Kriegführung im europäischen MITTELALTER war üblicherweise von den zu Pferde kämpfenden RITTERN mit ihren schweren Rüstungen bestimmt. Diese kämpften einzeln oder traten zu kleinen Einheiten zusammengefasst auf, hatten aber stets wenig Bewegungsfreiheit und wurden deshalb seit dem 14. Jh. von der Schweizer Infanterie, die mit Lanzen und Hellebarden ausgerüstet war, und den englischen Bogenschützen mit ihren Langbogen verdrängt.

In dieser Zeit war es ebenfalls üblich, Söldner anzuwerben; ihre Führer waren die CONDOTTIERE, die aus den verschiedensten Ländern kamen. Ihnen gelang es durch Organisation und Disziplin sowie aufgrund der Weiterentwicklung der Waffentechnik – ab dem 14. Jh. wurden Schießpulver und Kanonen verwendet –, schlagkräftige stehende Heere aufzubauen. Im frühen 17. Jh. führten schließlich die Schweden als erste die WEHRPFLICHT ein. Mit Wehrpflichtigen baute auch Frankreich die Streitkräfte auf, die in den Kriegen der FRANZÖSISCHEN REVOLUTION und unter NAPOLEON I. eingesetzt wurden. Im 19. Jh. gab es dann in den meisten europäischen Staaten die Wehrpflicht, bei der junge Männer an der Waffe ausgebildet wurden. Im 18. Jh. focht man Kriege noch generell nach einer festgelegten formellen Schlachtordnung aus. Den Reihen der gedrillten Infanterie, die mit Musketen schoss und mit Bajonetten vorstürmte, folgten die schweren Feldgeschütze. Die Divisionen der Kavallerie, die mit Säbeln kämpften, sorgten für die nötige Mobilität.

Seit der INDUSTRIELLEN REVOLUTION hat der technische Fortschritt den Einsatz der Heere verändert. Im DEUTSCHEN KRIEG 1866 benutzte der Chef des preußischen Generalstabs Helmuth Graf von MOLTKE die Eisenbahn für Truppentransporte. Er rüstete seine Soldaten mit dem neu erfundenen Zündnadelgewehr aus, das in Zielgenauigkeit, Reichweite sowie Schussfolge dem bisher verwendeten Steinschlossgewehr deutlich überlegen war. Im DEUTSCH-FRANZÖSISCHEN KRIEG von 1870/71 nahm die Effektivität der Artillerie zu. Motorisierte Fahrzeuge wurden schon 1905 im RUSSISCH-JAPANISCHEN KRIEG eingesetzt; im ERSTEN WELTKRIEG spielten PANZER eine große Rolle. Von entscheidender Bedeutung für die Verteidigung der Schützengräben waren in diesem mörderischen Krieg die Maschinengewehre, und erstmals wurden Kampfflugzeuge eingesetzt.

Im ZWEITEN WELTKRIEG waren die meisten Heere motorisiert und Panzer sowie die weiterentwickelten Flugzeuge übernahmen eine Hauptrolle bei den Kämpfen. Dennoch blieb die Infanterie weiterhin wichtig, so auch in den Kriegen in KOREA und VIETNAM sowie im FALKLANDKRIEG. Entscheidend war die Koordination zwischen den beteiligten Waffengattungen. In der Zeit des KALTEN KRIEGES standen sich die großen, mit herkömmlichen und mit Nuklearwaffen ausgerüsteten Heere der NATO und des WARSCHAUER PAKTES im Gleichgewicht des Schreckens gegenüber. Der alliierte Sieg im GOLFKRIEG wurde mithilfe modernster Raketentechnik und durch den massiven Einsatz von Panzern, die von Kampfflugzeugen Deckung erhielten, erzielt.

Hegel, Georg Wilhelm Friedrich (1770–1831), deutscher Philosoph. Hegel, der vom Werk Immanuel KANTS beeinflusst war, studierte am Stift in Tübingen und wirkte als Professor in Jena, Heidelberg und Berlin. In seinem Werk *Phänomenologie des Geistes* (1807) erklärte er die Welt und ihre Entwicklung als Geist, der sich in mehreren Stufen entfaltet. Diesen Prozess beschrieb er mithilfe der Dialektik, einer Argumentationsmethode, bei der jede Stufe der Geschichte aus einer These oder Idee besteht, der eine Antithese, also ihr Gegenteil, gegenübersteht. Durch diesen Konflikt entsteht eine auf einer höheren Stufe angesiedelte These, der wiederum eine Antithese entgegensteht, usw. Sein Konzept der

Die Heilige Lanze war ein Geschenk für den deutschen König Heinrich I. und sollte diesem Glück bringen.

Dialektik wurde von Karl MARX aufgegriffen, der daraus die Unvermeidbarkeit von Revolutionen und sozialen Veränderungen ableitete. Die so genannten Jung-Hegelianer, die für eine Vereinigung der deutschen Länder eintraten, übernahmen Hegels Staatsphilosophie.

Heilige Allianz (1815), lockeres Bündnis europäischer Monarchen. Diese verpflichteten sich, christliche Grundsätze wie Gerechtigkeit, Brüderlichkeit und Friedensliebe zur Grundlage ihrer gemeinsamen Außenpolitik zu machen. Die Heilige Allianz entstand auf dem Wiener Kongress auf Veranlassung des russischen Zaren ALEXANDER I. und wurde danach von allen europäischen Mächten unterzeichnet – mit Ausnahme von Großbritannien, für das aus verfassungsrechtlichen Gründen nur der Prinzregent als Privatperson unterschrieb, des Osmanischen Reiches, das aus religiösen Gründen nicht beitrat, sowie der Kurie. Das Bündnis bestand nur kurz und war politisch kaum von Bedeutung.

Heilige Lanze, die Lanze, die nach dem Evangelium des Johannes ein römischer Soldat dem gekreuzigten Jesus Christus in die Seite stieß. Der Legende nach wurde sie von KONSTANTIN I. DEM GROSSEN in Besitz genommen. Der Burgunderkönig Rudolf II. übergab diese – oder eine andere – Heilige Lanze, in deren Blatt sich angeblich ein Nagel vom Kreuz Christi befindet, an König HEINRICH I., der sie den REICHSKLEINODIEN hinzufügte.

Heiliges Römisches Reich (962–1806), Herrschaftsgebiet des römisch-deutschen Kaisers, d. h. Deutschland und Italien. Dieses Reich verstand sich als Fortsetzung des RÖMISCHEN REICHES unter dem ersten christlichen Kaiser KONSTANTIN I. DEM GROSSEN, dessen Erbe der Frankenkönig KARL DER GROSSE 800 mit seiner Kaiserkrönung in Rom angetreten hatte. Nach dem Zerfall des Karolingerreichs ging der Kaisertitel auf den Herrscher des Ostfränkischen Reiches, den deutschen König, über: 962 ließ sich König OTTO I. DER GROSSE vom Papst zum Kaiser krönen und wurde damit über die anderen Monarchen Europas herausgehoben. Er hatte als von Gott beauftragter Schutzherr der Kirche für die Ausbreitung und Festigung des christlichen Glaubens im Abendland zu sorgen.

Das universale Kaisertum genoss im Mittelalter bis zum Untergang der STAUFER-Dynastie großes Ansehen, doch mit dem INTERREGNUM Mitte des 13. Jh. setzte ein Machtverfall ein. In Deutschland entstand eine Vielzahl von Territorialstaaten und die Herrschaftsrechte des Kaisers gingen größtenteils auf die Landesherren über. Fortan

Die Heilsarmee, die heute in über 100 Ländern der Erde tätig ist, unterhält weltweit u. a. 1400 Heime für Kinder.

konnte sich die Königs- bzw. Kaisermacht nur noch auf den Hausbesitz der Kaiserdynastie gründen. Obwohl die HABSBURGER, die von einer kurzen Unterbrechung 1742–45 abgesehen 1438–1806 im Besitz der Kaiserkrone waren, eine sehr erfolgreiche Hausmachtpolitik betrieben, gelang es ihnen nicht, die Position des Kaisers im Reich auf Dauer zu festigen. So konnte z. B. nicht einmal KARL V., der ein Weltreich regierte, den Zerfall der Glaubenseinheit in Deutschland verhindern. In den NAPOLEONISCHEN KRIEGEN fand das Heilige Römische Reich sein Ende. 1806 erklärten 16 deutsche Fürsten ihren Austritt aus dem Reich und schlossen mit NAPOLEON I. ein Militärbündnis, den RHEINBUND. Darauf legte FRANZ II. die Kaiserkrone nieder und löste damit das Reich auf.

Heilsarmee, internationale christliche karitative Organisation. Ihr Begründer, der englische Methodistenprediger William BOOTH, schuf 1865 die Vorläuferorganisation *Christian Revival Association* in London, die Sozialstationen einrichtete, in denen Bedürftige Unterkunft und Verpflegung erhielten. 1878 benannte Booth seine Organisation in Heilsarmee um und gab ihr eine streng militärische Struktur. Er selbst wurde General auf Lebenszeit. Durch Gottesdienste mit schlagerartiger Blasmusik zu frommen Texten und durch karitative Einrichtungen wie Suppenküchen, Nachtquartiere und Fürsorge versucht die Heilsarmee vor allem in Großstädten Menschen zu helfen und zu bekehren.

Heine, Heinrich (1797–1856), deutscher Dichter und Journalist. Der Sohn eines jüdischen Tuchhändlers in Düsseldorf absolvierte erst eine Ausbildung zum Kaufmann und studierte dann Jura. 1825 trat er zum Protestantismus über, durfte aber nicht Beamter werden und lebte fortan vom Schreiben. 1831 zog er aus Begeisterung über die JULIREVOLUTION als Zeitungskorrespondent nach Paris, wo er bis auf zwei Reisen nach Deutschland zeitlebens blieb. Seit 1848 war er wegen eines Rückenmarksleidens ans Bett gefesselt. Heine wurde durch sein lyrisches Werk, aber auch seine Prosa, vor allem die Reisebeschreibungen, sehr populär. In kritischen Schilderungen nahm er die politischen und gesellschaftlichen Zustände seiner Zeit aufs Korn – so etwa in der *Harzreise* 1826; später, z.B. 1844 in dem Versepos *Deutschland, ein Wintermärchen,* geißelte er die Verhältnisse besonders in Preußen in zynischer Schärfe. Aufgrund einer Denunziation wurden Heines Schriften 1835 in Deutschland verboten.

Heinrich I. (um 875–936), ab 912 Herzog von Sachsen, seit 919 deutscher König. Heinrich stammte aus dem Geschlecht der Liudolfinger und wurde 919 von den Franken und Sachsen zum König gewählt. Trotz der Angriffe vonseiten des Adels schuf er eine solide Grundlage für die Herrschaft seines Sohnes OTTO I. DES GROSSEN. Heinrich errichtete zahlreiche gut befestigte Burgen. 927/28 bekämpfte er die Slawen und eroberte Brandenburg, 933 schlug er die Ungarn in der Schlacht bei Riade an der Unstrut. Im Jahr darauf fiel er auf einem seiner letzten Feldzüge in Dänemark ein und gewann das Gebiet um Schleswig.

Heinrich I. wird im Volksmund auch Heinrich der Vogler genannt, weil er der Sage nach gerade Vogelfallen aufgestellt haben soll, als er von seiner Wahl zum König erfuhr.

Heinrich I. (1068–1135), Sohn von WILHELM DEM EROBERER, seit 1100 König von England. 1106 fiel Heinrich in die NORMANDIE ein, wo sein Bruder Robert herrschte, schlug diesen und setzte ihn gefangen. Er entzweite sich mit Anselm, dem Erzbischof von Canterbury, über die Frage der Laieninvestitur, d.h. des traditionellen Rechtes des Königs, Bischöfe einzusetzen, und blieb darin weitgehend siegreich. Er verbesserte das königliche Verwaltungswesen, insbesondere die Staatsfinanzen, indem er die Eintreibung der Steuern effizienter gestaltete. Und außerdem reformierte er das Gerichtswesen durch eine Kombination überlieferter angelsächsischer und normannischer Gesetze. Nach seinem Tod usurpierte sein Neffe Stephan den Thron und überging Heinrichs Tochter Mathilde.

Heinrich II. (1133–89), ab 1154 König von England, Begründer der Dynastie der PLANTAGENET. Heinrich war der Sohn der Tochter König HEINRICHS I., Mathilde von England, und des Grafen Gottfried von Anjou. Durch seine Heirat 1152 mit ELEONORE VON AQUITANIEN erlangte er weitere Besitzungen in Frankreich, sodass sein Herrschaftsgebiet England, die Normandie, die Bretagne und Aquitanien sowie die Grafschaften Anjou, Touraine und Maine umfasste. Heinrich II. stärkte die Königsmacht gegenüber dem Adel und schränkte die Rechte der Kirche ein. Als der Erzbischof von Canterbury, Thomas BECKET, sich dagegen wehrte, wurde er ermordet. Während Heinrichs Regierungszeit kam es zu mehreren Aufständen seiner Söhne; Nachfolger wurde sein dritter Sohn RICHARD I. LÖWENHERZ.

Heinrich III. (1017–56), deutscher König aus dem Haus der SALIER – 1026 gewählt, 1028 gekrönt, ab 1039 Nachfolger seines Vaters KONRAD II. –, ab 1046 römisch-deutscher Kaiser. Fromm und pflichtbewusst, betrachtete er sich nicht nur als weltlichen Herrscher, sondern auch als Schutzherrn der Kirche: Er förderte die Reformen von CLUNY und verschaffte ihnen Eingang in die Kurie; er enthob 1046 drei sich streitende Päpste ihres Amtes und hatte entscheidenden Einfluss auf die Wahl der folgenden vier – deutschen – Päpste. Für das Reich errang er mit der Lehnsabhängigkeit von Böhmen, Ungarn und den normannischen Herrschaften in Unteritalien einen bedeutenden Machtzuwachs.

Heinrich IV. (1050–1106), ab 1056 deutscher König, ab 1084 römisch-deutscher Kaiser, Sohn von HEINRICH III. Da während der Regentschaft seiner Mutter Agnes von Poitou die Fürsten sehr an Einfluss gewonnen hatten, versuchte Heinrich, nachdem er volljährig geworden war, in zähen Kämpfen die Königsmacht wieder herzustellen. Mit dem erstarkten Papsttum entwickelte sich eine Auseinandersetzung über das Recht der INVESTITUR, in deren Verlauf Heinrich von GREGOR VII. gebannt wurde. Obwohl er der Forderung der Fürsten nachgab und sich in CANOSSA dem Papst unterwarf, blieben diese in Opposition zu ihm und wählten nacheinander zwei Gegenkönige. Sogar seine Söhne paktierten mit den Fürsten, und 1105 zwang ihn sein Zweitgeborener, der spätere Heinrich V., zur Abdankung.

Heinrich IV. (1553–1610), als Heinrich III. König von Navarra, erster Bourbonenkönig Frankreichs und Führer der HUGENOTTEN. Im August 1572 kam es anlässlich seiner Vermählung mit Margarete, der Tochter von Königin Katharina, zum Massaker der

Der französische König Heinrich IV. inspizierte 1597 das Gebiet um Amiens, wo er gegen die spanischen Truppen zu kämpfen beabsichtigte. Amiens war seit einigen Monaten fest in spanischer Hand.

BARTHOLOMÄUSNACHT, bei dem in Paris fast alle Hugenottenführer ermordet wurden. Heinrich wurde gefangen gehalten, aber 1576 gelang ihm die Flucht und er übernahm erneut die Führung in den HUGENOTTENKRIEGEN. 1589 wurde König Heinrich III. ermordet und bestimmte auf dem Totenbett Heinrich von Navarra zum Nachfolger. Dieser trat 1593 zum Katholizismus über – „Paris ist eine Messe wert" – und wurde 1594 gekrönt. Vier Jahre später erließ er das EDIKT VON NANTES, das den Hugenotten freie Religionsausübung an bestimmten Orten wie etwa La Rochelle und volle rechtliche Gleichstellung gewährt. Heinrich IV., der im Volk sehr angesehen war, stärkte die Königsmacht und begründete auf diese Weise die französische Zentralgewalt, die zum ABSOLUTISMUS in der zweiten Hälfte des 17. Jh. führte.

Heinrich VII. (1457–1509), ab 1485 König von England, Begründer der Dynastie der TUDORS. Aus Sicherheitsgründen hatte man ihn als Kind nach Frankreich gebracht, doch er sammelte 1485 eine Anhängerschar um sich und besiegte in der Schlacht bei Bosworth König Richard III. Damit waren alle Rivalen aus den ROSENKRIEGEN ausgeschaltet und er konnte seinen nachgeordneten Thronanspruch durchsetzen. Um seine Herrschaft zu legitimieren, heiratete er 1486 Elisabeth von York, die Tochter Eduards IV. Heinrich unterdrückte mehrere Adelsrebellionen und hinterließ seinem Sohn, HEINRICH VIII., ein befriedetes Land, dessen Finanzen und Verwaltung wohl geordnet waren.

Heinrich VIII. (1491–1547), seit 1509 König von England. Er führte aufwändige Kriege gegen Schottland und Frankreich, die wenig einbrachten, aber er baute eine schlagkräftige Flotte auf.

Im Jahr 1534 erließ Heinrich die SUPREMATSAKTE und löste damit die englische Kirche von Rom. Der Grund für diese Trennung war die Weigerung des Papstes, Heinrichs Ehe mit Katharina von Aragon, der Witwe seines älteren Bruders, zu annullieren. Alle Kinder Katharinas, mit Ausnahme einer Tochter, der spätere Königin MARIA I., waren als Säuglinge gestorben. Da Heinrich einen männlichen Erben für die Thronfolge haben wollte, machte er sich 1534 zum Oberhaupt der ANGLIKANISCHEN KIRCHE, erklärte seine Ehe für ungültig und legalisierte damit seine schon ein Jahr zuvor heimlich vollzogene Trauung mit der Hofdame Anna BOLEYN. Dennoch blieb Heinrich VIII. ein gläubiger Christ, ohne jedoch den Papst anzuerkennen. Auch behielt er den Titel *Defensor fidei*, Verteidiger des Glaubens, bei, der ihm 1521 für seine Schrift gegen den Reformator Martin LUTHER verliehen worden war.

Der englische König Heinrich VIII., in jungen Jahren ein lebensfroher Fürst, entwickelte sich später zu einem gefürchteten Despoten.

Nach seiner Trauung mit Anna Boleyn heiratete Heinrich VIII. noch Jane Seymour, Anna von Cleve, Katharina Howard und schließlich Katharina Parr. Anna Boleyn, die ihm eine Tochter, die spätere ELISABETH I., gebar, wurde des Ehebruchs beschuldigt und 1536 enthauptet; von Anna von Cleve ließ Heinrich sich scheiden; Katharina Howard wurde ebenfalls hingerichtet; Jane Seymour gebar ihm den einzigen Sohn, den späteren Eduard VI., starb aber im Kindbett; nur Katharina Parr überlebte Heinrich VIII.

Heinrich der Löwe (um 1129–95), Herzog von Sachsen und Bayern, Angehöriger des Geschlechts der WELFEN. Von Sachsen aus erweiterte Heinrich seinen Einfluss auf den Ostseeraum, förderte den Handel und errang die Gebiete Mecklenburg und Vorpommern. 1158 gründete er Lübeck und machte Braunschweig zur Residenz. Während er in den 50er- und 60er-Jahren Kaiser FRIEDRICH I. BARBAROSSA bei den Italienfeldzügen unterstützt hatte, verweigerte er ihm 1176 die Hilfe im Kampf gegen die lombardischen Städte, mit der Folge, dass Friedrich bei Legnano geschlagen wurde. 1180 kam es zum endgültigen Bruch: Heinrich wurde geächtet und seine Herzogtümer wurden ihm aberkannt. Er ging in die Verbannung nach England zu seinem Schwiegervater König HEINRICH II. 1194 kehrte er nach Deutschland zurück und versöhnte sich kurz vor seinem Tod mit Kaiser Heinrich VI.

Heinrich der Seefahrer (1394–1460), Infant von Portugal, jüngster Sohn des portugiesischen Königs Johannes I. Heinrich entsandte zahlreiche Schiffe auf Entdeckungsfahrten zu den Inseln im Atlantik und entlang der Westküste Afrikas und bereitete so die Entdeckung des Kaps der guten Hoffnung und des Seewegs nach Indien vor. Er gründete eine Schule für Navigation, Astronomie und Kartographie und baute die erste Sternwarte Portugals. Der Grund für die von ihm veranlassten Afrikareisen war die Überzeugung, südlich der islamischen Reiche, die sich im Norden des Kontinents befanden, auf Christen zu stoßen.

Heinrich Raspe (1204–47), Landgraf von Thüringen und deutscher Gegenkönig. 1242 wurde er von Kaiser FRIEDRICH II. zum Reichsgubernator ernannt. Vier Jahre später wählte man ihn zum Gegenkönig Konrads IV., und da wichtige Stimmen dieser Wahl von Erzbischöfen und Bischöfen kamen, erhielt er den Spottnamen Pfaffenkönig. Im August 1246 besiegte er seinen Kontrahenten bei Frankfurt, starb jedoch noch vor seiner Krönung im darauf folgenden Januar auf der Wartburg. Da Heinrich Raspe keine Nachkommen hatte, kam es zu Kämpfen um sein Erbe. Dieses wurde schließlich aufgeteilt, wobei aus dem westlichen Teil die Landgrafschaft Hessen hervorging, deren eigenständige Geschichte damit begann.

Heisenberg, Werner (1901–76), deutscher Physiker, erweiterte die Quantentheorie. Heisenberg studierte in München theoretische Physik und ging danach zu dem weltberühmten Atomforscher Niels Bohr nach Kopenhagen. 1927–40 wirkte Heisenberg als Professor in Leipzig; seit 1946 war er Leiter des Göttinger Max-Planck-Instituts, das 1958 nach München verlegt wurde.

Heisenberg veröffentlichte 1927 seine Unschärferelation. Danach ist es unmöglich, den Ort eines Elektrons genau festzustellen, da das Elektron wesentlich kleiner als die Wellenlänge des sichtbaren Lichtes ist. Der Einsatz kürzerer Wellen könnte ein deutlicheres Bild herstellen, doch wären deren Impulse stark genug, um das Elektron aus seiner Bahn zu schleudern. Beobachtet man also den Ort eines Elektrons, so kann man seine Geschwindigkeit nicht mehr genau feststellen, da diese durch die Beobachtung verändert wird. Es ist also unmöglich, im subatomaren Bereich genau zu wissen, was geschieht. 1930 erschienen von Heisenberg *Die physikalischen Prinzipien der Quantentheorie*, die ebenfalls die Entwicklung der Atom- und Kernphysik beeinflussten.

Helgoland, kleine Insel in der Nordsee. Angeblich war Helgoland in vorgeschichtlicher Zeit ein germanisches Heiligtum. Die ursprünglich von friesischen Fischern bewohnte Insel gehörte seit 1714 bis zu ihrer Besetzung durch britische Truppen im Jahr 1807 zu Dänemark. Im Kieler Frieden von 1814 wurde sie an Großbritannien abgetreten und kam 1890 im Tausch gegen Sansibar an das DEUTSCHE REICH.

Deutschland baute die Insel zu einem bedeutenden Flottenstützpunkt aus, doch nach dem Ersten Weltkrieg mussten die militärischen Anlagen und Befestigungen gemäß den Bestimmungen des VERSAILLER VERTRAGS geschleift werden. Nachdem diese Einrichtungen unter dem nationalsozialistischen Regime wieder aufgebaut worden waren, wurden sie im ZWEITEN WELTKRIEG durch Bombenangriffe und nach Kriegsende durch Sprengungen abermals zerstört. 1952 übergab Großbritannien die Insel der BUNDESREPUBLIK DEUTSCHLAND, und ein Teil der Bevölkerung, die 1947 ausgewiesen worden war, kehrte zurück.

Heliopolis, griechischer Name – wörtlich: Sonnenstadt – der antiken ägyptischen Stadt Iunu bzw. On, heute Stadtbezirk von Kairo. Heliopolis war ein Zentrum der Verehrung des ägyptischen Sonnengotts Re. Der dortige Tempel war nach dem Tempel des Gottes Amun in Karnak der größte Ägyptens. Von der antiken Stadt ist wenig erhalten; die Gebäude wurden im 3.–1. Jh. v. Chr. abgerissen. Der Obelisk „Kleopatras Nadel", heute in London zu sehen, und sein Gegenstück, das sich in New York befindet, wurden ursprünglich von THUTMOSIS III. in Heliopolis errichtet.

Hellenistische Kultur, Kultur der Epoche ALEXANDERS DES GROSSEN und seiner Nachfolger, der Diadochen. In ihr vermischte sich griechische und orientalische Kultur im östlichen Mittelmeerraum und in Vorderasien bis fast zum Indus. Die damals gegründeten Städte dienten als kulturelle Schmelztiegel; eines der Zentren des Mittelmeerraums war das ägyptische Alexandria. Um die Verbreitung der hellenistischen Kultur zu erleichtern, entstand eine

Helgoland ist rund 50 km vom Festland entfernt. 1947 wollte die britische Kriegsmarine die Insel durch eine gewaltige Sprengung völlig zerstören, was jedoch misslang.

„Kleopatras Nadel", ein Obelisk aus rotem Granit, wurde im 19. Jh. in London am Ufer der Themse aufgestellt.

über den Dialekten stehende, verbindliche griechische Verkehrssprache, die so genannte Koine. In der Zeit 168–30 v. Chr. unterlagen die hellenistischen Großreiche der neuen Weltmacht Rom, doch die nachfolgende römische Kultur wurde von der hellenistischen stark beeinflusst.

Heloten, Leibeigene im antiken SPARTA, die das Land zu bebauen hatten, als Kriegsknechte eingesetzt wurden und manchmal auch als Haussklaven dienen mussten. Nach der dorischen Einwanderung um das Jahr 1000 v. Chr. wurden in Lakonien auf dem südlichen Peloponnes die ursprünglichen Einwohner von den Spartanern, der führenden Gruppe der Dorer, unterworfen. Obwohl die Spartaner der Bevölkerung Lakoniens zahlenmäßig weitaus unterlegen waren, gelang es ihnen, diese dauerhaft zu unterdrücken. Dazu war ein straff organisierter Kriegerstaat erforderlich, der, um Aufstände der Heloten zu unterbinden, eine strenge militärische Kontrolle ausübte.

Helsinki, Konferenz von (1973–75), internationale Tagungen in Helsinki – später in Genf –, mit dem Ziel, die Sicherheit und Zusammenarbeit in Europa zu verbessern. Teilnehmer an der KSZE-Konferenz waren führende Politiker aus 35 Staaten als Vertreter der NATO, des WARSCHAUER PAKTES und auch blockfreier Staaten. Die Konferenz war von der Sowjetunion vorgeschlagen worden, um die nach 1945 neu gezogenen Grenzen zu bestätigen. Weiterhin sollte sie die wissenschaftliche, kulturelle, wirtschaftliche und technische Zusammenarbeit voranbringen. Das Ergebnis der Gespräche hielt man

1975 in der Schlussakte von Helsinki fest, die eine Reihe von Übereinkommen über eine blockübergreifende Zusammenarbeit und über die Achtung der Menschenrechte umfasste. Alle Unterzeichnerstaaten stimmten darin zu, die Freiheit der Gedanken, des Gewissens, der Religion und des Glaubens zu respektieren. Obwohl diese Bestimmungen nicht immer befolgt wurden, trug die Konferenz wesentlich dazu bei, die Spannungen im Ost-West-Konflikt abzubauen.

Helvetier, keltischer Stamm, der im 2. Jh. v. Chr. aus Süddeutschland in die Gebiete südlich und westlich des Rheins einwanderte. 102 v. Chr. schlossen sich die Helvetier den Kimbern und Teutonen an, die nach Italien einfielen und von dem römischen Feldherrn Gaius Marius bei Aquae Sextiae, dem heutigen Aix-en-Provence, geschlagen wurden. Auf der Suche nach Siedlungsraum unternahmen sie 58 v. Chr. eine Masseneinwanderung in das römische Gallien, doch CAESAR trieb sie in die heutige Westschweiz zurück. Im 5. Jh. fielen nacheinander die germanischen Stämme der Alemannen, Franken, Schwaben und Burgunder in das helvetische Gebiet ein.

Henlein, Konrad (1898–1945), sudetendeutscher Politiker. Er gründete 1933 die Sudetendeutsche Heimatfront, die anfangs gemäßigte Forderungen nach Autonomie innerhalb der TSCHECHOSLOWAKEI stellte, setzte sich aber ab 1937 für den Anschluss des Sudetenlands an Deutschland ein. 1938 wurde Henlein Reichskommissar, 1939–45 war er Gauleiter und Reichsstatthalter im Sudetenland.

Heraldik, Bezeichnung für Wappenkunde und Wappenkunst, abgeleitet von dem Wort Heroldskunst. Wappen sind eine Art farbige Abzeichen mit Emblemen und Verzierungen und dienten zur Identifizierung von Personen.

Die Ursprünge der Wappenkunst sind militärischer Art. Da im Mittelalter die voll gerüsteten Ritter in der Schlacht nicht leicht als Freund oder Feind zu erkennen waren, entstand der Brauch, auf dem Schild und auf dem über der Rüstung getragenen Umhang ein Abzeichen anzubringen. Damit dieses gut erkennbar war, musste es groß genug sein und wenige, aber prägnante Farben tragen. Nach der Terminologie der He-

Ein so genannter Wappenkönig zeigt einem Herzog neue Wappen. Das Amt des Wappenkönigs wurde in England im 15. Jh. eingeführt. Zu seinen Aufgaben gehörten die Verleihung von Wappen und die Aufsicht über die Einhaltung der heraldischen Regeln.

raldik, die sich ungefähr seit dem 13. Jh. entwickelt hatte, gibt es mehrere Wappenfarben, Tinkturen genannt: die beiden Edelmetalle Gold und Silber, für die Gelb und Weiß stehen, sowie die Farben Blau, Grün, Purpur und Schwarz. Es galt allgemein die Regel, dass nicht zwei Metalle bzw. zwei Farben aneinander grenzen sollten, sondern sich in der Reihenfolge abwechselten. Die Motive der Wappen mussten, damit man sie gut erkennen konnte, großflächig sein und charakteristische Merkmale aufweisen. Sehr beliebt waren geometrische Formen wie Balken, Rauten und Karos, aber auch Abbildungen von Tieren, die für bestimmte positive Eigenschaften standen, beispielsweise Löwe, Adler und Hirsch.

Die ersten Wappen entstanden wahrscheinlich in der Zeit der KREUZZÜGE. Bald schon waren sie aber nicht mehr nur auf die adlige Ritterschaft beschränkt, sondern wur-

den auch von anderen Bevölkerungsgruppen übernommen, beispielsweise Geistlichen und Bürgern. Ab dem 13. Jh. legten sich auch Städte Wappen zu und später auch die dort ansässigen Zünfte.

Herculaneum, kleine Küstenstadt in der Nähe von Neapel. Herculaneum wurde im Jahr 79 durch einen Ausbruch des Vesuvs zerstört, ähnlich wie das benachbarte POMPEJI. An jenem 24. August fiel eine dünne Schicht vulkanischer Asche auf die Stadt, und nach mehreren Stunden folgte eine brodelnde Lawine aus Lava, Asche, kondensiertem Dampf und Steinen. Wahrscheinlich kam der Großteil der Bevölkerung bei der Flucht über den Strand um und wurde, ebenso wie die Stadt selbst, unter einer dicken Schicht vulkanischen Schlamms begraben. 1709 entdeckte man Herculaneum durch Zufall bei Brunnenbohrungen.

Herero-Aufstand (1904), Erhebung der Herero, eines Bantu-Volkes im ehemaligen Deutsch-Südwestafrika, gegen die deutsche Kolonialherrschaft. Der Aufstand der 8000 Stammeskrieger unter Führung von Samuel Maharero begann am 12. Januar und wurde am 11. August von General von Trotha niedergeschlagen. 120 Deutsche fielen ihm zum Opfer. Zur Vergeltung trieb man die überlebenden Eingeborenen, vor allem Frauen und Kinder, in die Omaheke-Wüste, wo der Großteil des Volkes umkam.

Hermann I. (um 1155–1217), seit 1190 Landgraf von Thüringen, schon ab 1181 auch Pfalzgraf von Sachsen. Er entschied sich in den Streitigkeiten zwischen den STAUFERN und den WELFEN für keine Seite, sondern versuchte durch Taktieren Vorteile zu erlangen. Dennoch konnte er nicht verhindern, dass seine Lande mehrfach in kriegerischen Auseinandersetzungen verwüstet wurden. Bekannt geworden ist Hermann eher durch eine kulturelle Leistung: Er machte aus seiner Residenz auf der Wartburg eine Art Musenhof, indem er bedeutende mittelhochdeutsche Dichter und Minnesänger wie Walther von der Vogelweide und Wolfram von Eschenbach zu sich holte.

Hermann Billung († 973), sächsischer Adliger. Hermann wurde von OTTO I. DEM GROSSEN, der im Osten stabile politische Verhältnisse schaffen wollte, als Markgraf der Billunger Mark an der Unterelbe eingesetzt. Er schlug die slawischen Redarier und machte sie tributpflichtig. Anschließend besiegte er in mehrjährigen Kämpfen die Obotriten und Wagrier und schob die Grenze seiner Mark bis zur Odermündung vor. Seit 953 und in stärkerem Maße seit 961 übte er herzogliche Gewalt in Sachsen aus.

Hermann von Salza (um 1170–1239), ab 1209 Hochmeister des DEUTSCHEN ORDENS. Der aus Thüringen stammende Adlige war eng mit Kaiser FRIEDRICH II. befreundet und begleitete ihn 1228/29 auf dem fünften Kreuzzug, wobei er Besitzungen für den Orden erwarb. Bei Auseinandersetzungen mit dem Papst stand er Friedrich vermittelnd zur Seite – nach eigenen Worten „ein Mann, der die Ehre der Kirche und des Reiches liebt" –, behielt aber auch dabei stets das Wohl des Ordens im Auge. Als sich als neues Betätigungsfeld die Missionierung der heidnischen Prußen – und damit die Eroberung und Kolonisierung des Prußenlands – eröffnete, trieb er dieses Projekt tatkräftig voran, obwohl er selbst wahrscheinlich nie einen Fuß auf den Boden des späteren Ordensstaats gesetzt hat. 1226 bestätigte Friedrich ihm in der Goldbulle von Rimini die bestehenden und künftigen Besitzungen des Ordens östlich der Weichsel.

Herodes, Herrschergeschlecht, das mit Unterstützung Roms in Palästina regierte. Begründet wurde die Dynastie von Antipater, der 47 v. Chr. von Iulius CAESAR zum Statthalter von JUDÄA ernannt und 43 v. Chr. ermordet wurde. Sein Sohn Herodes I. der Große, den der Vater mit 25 Jahren zum Statthalter von Galiläa erhob, erhielt um das Jahr 40 v. Chr. vom römischen Senat den Titel „König der Juden"; er regierte in Abhängigkeit und im Sinne von Rom, was auf die entschiedene Ablehnung der jüdischen Nationalisten stieß. Herodes war ein grausamer Herrscher, bescherte dem Land aber eine Zeit des Wohlstands und politischer Stabilität. Als großer Baumeister ließ er u. a. die hellenistisch geprägte Stadt Caesarea errichten. Größten Ruhm brachte ihm der prächtige Wiederaufbau des Tempels in Jerusalem ein, mit dem 20 v. Chr. begonnen wurde. Das Ende von Herodes' Regierungszeit war von blutigen Fehden innerhalb der Herrscherfamilie gekennzeichnet. Nach seinem Tod im Jahr 4 v. Chr. teilte Kaiser AUGUSTUS das Reich unter seinen Söhnen Archelaos, Herodes Antipas und Herodes Philippos auf.

Archelaos herrschte über Judäa, Idumäa und Samaria 4 v. Chr.–6 n. Chr., bis er abgesetzt und sein Gebiet einem römischen Statthalter unterstellt wurde. Herodes Antipas regierte zu Lebzeiten von Jesus Christus 4 v. Chr.–39 n. Chr. in Galiläa und Peräa. Der Bibel zufolge ließ er Johannes den Täufer in den Kerker werfen und schließlich enthaupten, da dieser ihn wegen seiner Ehe mit seiner Schwägerin Herodias getadelt hatte. Religiös motivierte Aufstände führten zu seiner Verbannung durch den römischen Kaiser CALIGULA. Philippos herrschte 4 v. Chr.–34 n. Chr. über die Gebiete östlich von Galiläa.

Herodes Agrippa I., ein Enkel von Herodes I. dem Großen, der am kaiserlichen Hof in Rom aufwuchs, vereinigte mit Unterstützung von Kaiser CLAUDIUS die einzelnen Herrschaften in Palästina wieder und regierte 41–44. Er verfügte die Hinrichtung des Apostels Jakobus und ließ den Apostel Petrus einkerkern. Sein Sohn, Herodes Agrippa II., der Letzte aus der Dynastie, herrschte lediglich im Norden des Reiches bis ungefähr zum Jahr 93. Er unterstützte die Römer bei der Niederschlagung des Aufstands der Juden 66–70.

Herodes Antipas versprach Salome, der Tochter seiner Gattin Herodias, eine Belohnung, wenn sie für ihn tanze. Salome erbat sich auf Drängen ihrer Mutter den Kopf von Johannes dem Täufer.

Herodot (nach 490– um 425 v. Chr.), griechischer Historiker, oft „Vater der Geschichtsschreibung" genannt. Er schrieb einen neun Bücher umfassenden Bericht über die Kriege der Griechen gegen die Perser im 5. Jh. v. Chr. Sein Werk behandelt auch die Geschichte des Persischen Reiches und enthält ferner eine Abhandlung über Ägypten. Herodot bereiste weit entfernte Gebiete, u. a. Athen, wo er PERIKLES und SOPHOKLES zu seinen Freunden zählte, Ägypten und Babylon sowie die Regionen am Schwarzen Meer, wo er jeweils Land und Leute erforschte. Seine Aufzeichnungen gehören zu den herausragenden Werken auf diesem Wissensgebiet und sind zugleich das älteste erhaltene Prosawerk in altgriechischer Sprache.

Hertz, Heinrich (1857–94), deutscher Physiker und Pionier auf dem Gebiet der Funktechnik. Er war der Erste, dem es gelang, Radiowellen zu senden und zu empfangen. Seit Mitte der 80er-Jahre des 19. Jh. beschäftigte Hertz sich mit elektromagnetischen Wellen, deren Existenz der britische Physiker James Clerk MAXWELL in seiner Theorie vom Elektromagnetismus bereits vorhergesagt hatte. Hertz konnte sie experimentell nachweisen und durch die Entdeckung, dass sich die Wellen wie das Licht und die Wärmestrahlung verhalten, als elektromagnetische Wellen identifizieren. Auf der Grundlage seiner Arbeiten entwickelte Guglielmo MARCONI 1896 einen Funktelegrafen und experimentierte anschließend mit Kurzwellen, womit er die Grundlage für die drahtlose Überbrückung großer Entfernungen entwickelte.

Herwegh, Georg (1817–75), deutscher Dichter und Revolutionär. Wegen Streitigkeiten mit der Obrigkeit emigrierte er 1839 in die Schweiz, wohin er auch nach seiner Teilnahme an den Aufständen in Baden 1848 wieder zurückkehrte. Aus Herweghs Feder stammt das Bundeslied des Allgemeinen Deutschen Arbeitervereins mit der bekannten Strophe: „Mann der Arbeit, aufgewacht! Und erkenne deine Macht! Alle Räder stehen still, wenn dein starker Arm es will!"

Herzl, Theodor (1860–1904), ungarischer jüdischer Schriftsteller, Begründer des ZIONISMUS. Herzl war der Überzeugung, dass ein jüdischer Nationalstaat der einzige Weg sei, um dem Weltjudentum das Überleben zu ermöglichen. Er hatte 1894 den ANTISEMITISMUS selbst erlebt, als er für eine Wiener

Theodor Herzl (Mitte) 1898 inmitten von zionistischen Mitstreitern. Er bat die Herrscher, Politiker und Finanziers vieler Länder um Unterstützung bei der Gründung eines jüdischen Staates.

Zeitung über den Prozess gegen den jüdischen Offizier Alfred DREYFUS in Paris berichtete. In seiner Schrift *Der Judenstaat* von 1896 formulierte Herzl seine Ziele und 1897 organisierte er in Basel den ersten zionistischen Weltkongress. Besondere Wirkung erhielten seine Argumente durch eine Reihe von POGROMEN, d. h. Angriffen des Pöbels – oft mit Rückendeckung seitens der Behörden – gegen die Juden in Russland. Herzl wollte den Grundstein für das Haus, das die Zuflucht der jüdischen Nation werden sollte, in Palästina legen, doch er starb, ohne die Verwirklichung seines Zieles zu erleben.

Herzog, Adelstitel, von althochdeutsch „der vor dem Heer zieht". Entsprechend der Bedeutung des Namens war der Herzog bei den germanischen Stämmen ein Heerführer in einem Feldzug. Ursprünglich wurde er gewählt, später wurde seine Stellung – vor allem als so genannter Stammesherzog – erblich. Seit dem frühen 10. Jh. basierte das Herzogtum auf dem Lehnsrecht und konnte daher auch wieder entzogen werden, wie es etwa HEINRICH DEM LÖWEN geschah, dem Kaiser FRIEDRICH I. BARBAROSSA 1180 die Herzogtümer Sachsen und Bayern wieder aberkannte. In anderen Staaten, in denen keine Stammesherzogtümer entstanden, wie beispielsweise in England oder Frankreich, ist Herzog nur ein hoher Adelstitel.

Heß, Rudolf (1894–1987), führendes Mitglied der Nationalsozialistischen Deutschen Arbeiterpartei. Heß, der gemeinsam mit Adolf HITLER nach dem missglückten HITLERPUTSCH in München 1923 inhaftiert worden war, wurde 1933 Stellvertreter des Führers bei der Leitung der Partei und Reichsminister ohne Geschäftsbereich. 1941 sprang er – möglicherweise ohne Wissen Hitlers – mit einem Fallschirm über Schott-

land ab, um ein deutsch-britisches Friedensarrangement zustande zu bringen. Für die restliche Zeit des ZWEITEN WELTKRIEGS blieb er in Großbritannien inhaftiert; nach dem Krieg wurde er vom Internationalen Militärtribunal im Zug der NÜRNBERGER PROZESSE zu lebenslänglicher Haft verurteilt. Von 1966 bis zu seinem Tod war er der einzige Häftling im alliierten Kriegsverbrechergefängnis in Berlin-Spandau, da die UdSSR alle seine Eingaben, vorzeitig entlassen zu werden, ablehnte.

Hetäre, griechisch: Gefährtin. Bezeichnung für käufliche Geliebte im antiken Griechenland. Diese Frauen, von denen viele über eine gute Bildung verfügten und in Konversation, Gesang und Tanz ausgebildet waren, hatten eine gesellschaftlich geachtete Stellung. Zu den bekanntesten Hetären gehörte Aspasia, die Ehefrau des PERIKLES.

Hethiter, antikes Volk in Kleinasien, das seine Blütezeit 1600–1200 v. Chr. erlebte. Die Hethiter waren Indogermanen und kamen wahrscheinlich ursprünglich aus den Regionen nördlich des Schwarzen Meeres. Gegen Ende des dritten vorchristlichen Jahrtausends wanderten sie nach Anatolien ein. Über die darauffolgende Zeitspanne weiß man sehr wenig, doch nehmen Fachleute an, dass sich einzelne Stadtstaaten herausbildeten, die gegeneinander kämpften. Das Gebiet um die spätere Hauptstadt Hattusa – in der Nähe des heutigen Bogazköy in der Türkei – errang schließlich die Vormachtstellung und wurde Mittelpunkt des so genannten Alten Reiches. In Hattusa fanden Archäologen zahlreiche in der Keilschrift verfasste Aufzeichnungen und Inschriften, die seit 1915 entziffert werden konnten.

Mit der Zeit weitete sich der Machtbereich der Hethiter auf große Teile Anatoliens und Syriens aus. 1531 v. Chr. drang Mursili I. bis nach BABYLON vor, doch kam es nach seinem Tod zu Thronstreitigkeiten und Spannungen innerhalb des Adels, der große Vorrechte genoss.

Die Herrschaft der Hethiter erreichte in dem seit dem 15. Jh. v. Chr. bestehenden Neuen Reich ihren Höhepunkt. Suppiluliuma I., der bedeutendste Herrscher,

der im 14. Jh. v. Chr. einige Jahrzehnte regierte, gliederte dem Hethiter-Reich weitere Gebiete in Kleinasien ein und verdrängte die Ägypter aus Syrien. Einer seiner Nachfolger, Muwatalli, besiegte 1285 v. Chr. Pharao RAMSES II. DEN GROSSEN bei Kadesch. Um 1200 v. Chr. führten Einfälle der Seevölker – wahrscheinlich handelte es sich um Griechen, Sarden und Tyrrhener, die sich auf von Schiffen aus geführte Angriffe spezialisiert hatten – zum Zusammenbruch des Hethiter-Reiches. Diese eingewanderten Völker brachten die von den Hethitern entwickelten neuen Techniken der Eisenverarbeitung nach Südeuropa, Asien und Afrika, wodurch die EISENZEIT eingeleitet wurde.

Hetman, Anführer der KOSAKEN, auch Ataman genannt. Die Ausübung des Amtes eines Hetmans, der sowohl als Heerführer bei Feldzügen wie auch als Friedensrichter wirkte, war politisch einflussreich und wurde von Zarin KATHARINA II. DER GROSSEN verboten. Im Königreich Polen und in Litauen besaß der oberste Heerführer den Titel Hetman.

Heuneburg, Burganlage der KELTEN in Süddeutschland. Die 60 m über dem Donautal südwestlich von Ulm gelegenen architektonischen Reste verweisen auf eine Festung in Dreiecksform, die eine Länge von etwa 300 m und eine Breite von rund 150 m besaß und von einer Mauer aus Lehmziegeln umgeben war. Wahrscheinlich geht sie auf eine Besiedlung in der BRONZEZEIT zurück und erlebte ihre Blüte im 6.–5. Jh. v. Chr., als hier ein frühkeltisches Adelsgeschlecht seinen Herrensitz hatte. Darauf weisen gewaltige Grabhügel der Burgherren in der näheren Umgebung hin, in denen Grabbeigaben aus Gold, Bronze und Ton gefunden wurden.

Heuss, Theodor (1884–1963), deutscher Politiker, erster Bundespräsident der BUNDESREPUBLIK DEUTSCHLAND. Vor dem Zweiten Weltkrieg war Heuss Mitglied der DEUTSCHEN DEMOKRATISCHEN PARTEI sowie 1924–28 und 1930–33 Mitglied des Reichstags.

Nach dem Zweiten Weltkrieg gehörte Heuss 1946 zu den Mitgründern der Demokratischen Volkspartei, 1948/49 war er Mitbegründer und Vorsitzender der FREIEN DEMOKRATISCHEN PARTEI. 1945/46 hatte Heuss das Amt des Kultusministers von Württemberg-Baden inne; ab 1947 beteiligte er sich als Mitglied des Landtags von Württemberg-Baden an der Ausarbeitung des GRUNDGESETZES. 1949 wurde er zum ersten Bundespräsidenten gewählt und blieb zehn Jahre im Amt.

Hexenverfolgung siehe rechte Seite

WUSSTEN SIE, DASS?

Jeder König der Hethiter war Alleinherrscher, d. h. Regent, Heerführer und oberster Richter in einem. Wenn ein Hethiter-König starb, wurde er zu einem Gott.

Am 12. September 1949 legte Theodor Heuss vor dem Bundestag seinen Amtseid als erster Bundespräsident ab.

Hexenverfolgung –
Terror gegen Frauen

Seit dem 15. Jh. wurde für Frauen das Leben in Europa gefährlich: Tausende fielen dem Hexenwahn zum Opfer, weil sie angeblich mit dem Teufel im Bund waren. Erst im 18. Jh. fanden diese kirchlich sanktionierten Gewalttaten ein Ende.

Gegen Ende des Mittelalters waren die Menschen durch die Pest, die die Bevölkerung ganzer Landstriche auslöschte, durch Kriege und religiöse Auseinandersetzungen zutiefst verunsichert, und auf der Suche nach den Ursachen für die verschiedenen Katastrophen fahndete man nach Sündenböcken. Der Glaube an Zauberei, böse Geister, Dämonen und Hexen, der aus dem heidnischen Altertum überkommen war, hatte sich nie ganz verloren, und so gab man immer öfter Hexen die Schuld, wenn ein Schaden eingetreten war, wenn also etwa ein Unwetter auftrat, wenn jemand schwer krank wurde oder die Ernte schlecht ausfiel. Anfangs waren es hauptsächlich alte Frauen, die man im Verdacht der Hexerei hatte, aber schon bald traf es auch junge Frauen, ja sogar Mädchen – und sehr selten auch Männer. Oft handelte es sich um Personen, die durch irgendeine besondere Fähigkeit, wie etwa Kenntnisse in der Heilkunde, oder durch ihr Aussehen, beispielsweise rote Haare oder ein größeres Muttermal, auffielen. Misstrauen und Denunziation hatten Hochkonjunktur, und nicht selten war die Triebfeder der Verdächtigungen privater Hass oder Neid.

DER HEXENHAMMER

1487 erschien in Deutschland ein Buch, das weit reichende Folgen haben sollte: *Malleus maleficarum*, der Hexenhammer. Es stammte aus der Feder der Dominikanermönche Heinrich Institoris und Jakob Sprenger, die sich auf die Traditionen von Scholastik und Inquisition beriefen, und enthielt Einzelheiten über das schändliche Treiben von Hexen und Anweisungen

Der Engländer Matthew Hopkins verfolgte Hexen, bis er 1647 selbst als Hexenmeister gehängt wurde.

Auf dem Holzschnitt von 1580 wird die Hinrichtung von Hexen dargestellt. In den meisten Fällen verbrannte man die Frauen bei lebendigem Leib; nur selten wurden sie vorher erwürgt.

für die Führung von Hexenprozessen. Da diese beiden Männer drei Jahre zuvor von Papst Innozenz VIII. offiziell mit der Hexenverfolgung beauftragt worden waren, genoss die Gewaltanwendung gegen Verdächtige höchste geistliche Legitimation, richtete sie sich doch gegen Frauen, die ihre teuflischen Kräfte angeblich direkt vom Satan erhielten. Dabei war man bei der Beschreibung des Verhältnisses zwischen Satan und den Hexen nicht zimperlich: Auf dem Hexensabbat, der Nacht zum 1. Mai, trafen sich die Hexen, die auf Besenstielen oder Stecken angeflogen kamen, auf dem Brocken im Harz oder anderen Berggipfeln. Dort feierten sie dann mit dem Teufel, der oft in Gestalt eines Bockes erschien, wilde Orgien, bei denen die heilige Messe verhöhnt wurde und die Hexen auf ihre weiteren Übeltaten eingeschworen wurden.

FOLTER UND TOD

Wenn eine Frau als Hexe angeklagt war, hatte sie kaum eine Chance, ihrem Schicksal zu entgehen. Im Zug des beginnenden Prozesses teilte man ihr sämtliche im Hexenhammer aufgelisteten Hexereien mit und verlangte ein entsprechendes Geständnis. Gestand sie, wurde sie zum Tod verurteilt; gestand sie nicht, wurde sie der Folter in fünf möglichen Graden – etwa mit Daumenschrauben oder auf dem Streckbrett – unterzogen und gestand dann alles, was man von ihr hören wollte. In der Regel verbrannte man die durch ihr Geständnis überführte Hexe auf dem Scheiterhaufen bei lebendigem Leib; es war eine besondere Gnade, wenn man sie vorher erwürgte.

Anfang des 18. Jh. fanden die Hexenprozesse, denen tausende zum Opfer gefallen waren, langsam ein Ende. In Preußen untersagte Friedrich Wilhelm I. die Hexenverbrennung und 1740 verbot Maria Theresia Hexenprozesse. Der letzte derartige Prozess in Deutschland soll angeblich 1793 im Großherzogtum Posen stattgefunden haben.

Heydrich, Reinhard (1904–42), national-sozialistischer Politiker. Der ehemalige Offizier der Reichsmarine trat 1931 der SS bei, wurde 1934 Leiter der GESTAPO in Preußen und zwei Jahre später Chef des Sicherheitsdienstes (SD). Im Jahr 1939 übertrug man ihm die Leitung des Reichssicherheitshauptamts (RSHA) und 1941 wurde er Stellvertretender Reichsprotektor für Böhmen und Mähren.

Nach dem Überfall Deutschlands auf die SOWJETUNION 1941 war er als SS-Gruppenführer und General der Polizei für die Massentötungen der so genannten Einsatzgruppen an der Ostfront verantwortlich. 1942 leitete er die Wannsee-Konferenz, die die Endlösung der Judenfrage beschloss. Im selben Jahr kam er durch das Attentat tschechischer Widerstandskämpfer in Prag ums Leben. Für seine Ermordung rächte sich das NS-Regime mit dem brutalen Massaker von LIDICE.

Hidjra, arabisch: Auswanderung, Bezeichnung für die heimliche Reise MOHAMMEDS 622 von Mekka nach Jathrib, dem späteren Medina, wo die erste moslemische Gemeinschaft gegründet wurde. Mohammed glaubte an nur einen Gott und predigte gegen die in Mekka geübte Sitte der Verehrung mehrerer Götter. Er sah sich gezwungen, die Stadt zu verlassen, weil er sich von Gegnern seiner Lehren bedroht fühlte, die vor allem wirtschaftliche Nachteile für das wohlhabende Mekka befürchteten. Unter dem zweiten Kalifen, Omar I., wurde dieses für den Islam bedeutsame Schlüsselereignis als Ausgangspunkt der islamischen Zeitrechnung festgelegt.

This is Nazi brutality

RADIO BERLIN.--IT IS OFFICIALLY ANNOUNCED:- ALL MEN OF LIDICE - CZECHOSLOVAKIA - HAVE BEEN SHOT: THE WOMEN DEPORTED TO A CONCENTRATION CAMP: THE CHILDREN SENT TO APPROPRIATE CENTERS-- THE NAME OF THE VILLAGE WAS IMMEDIATELY ABOLISHED.
6/11/42/115P

Nach der Ermordung Reinhard Heydrichs zerstörten die Nazis den Ort Lidice, „um den Tschechen eine Lektion zu erteilen".

Hieroglyphen, bildhafte Schriftzeichen, die im alten Ägypten verwendet wurden. Hieroglyphen stehen für ganze Wörter, Silben oder Laute. Sie entstanden in der Zeit um 3000 v. Chr. und wurden noch bis Ende des 3. Jh. unserer Zeitrechnung verwendet. In der Hauptsache dienten sie religiösen Zwecken und für offizielle Inschriften an Monumentalbauten, aber ihnen kam auch eine große Bedeutung bei der Verwaltung des Reiches zu. Die Beherrschung der Schreibschrift verlangte eine lange und intensive Ausbildung; entsprechend hoch war das Ansehen der Schreiber im alten Ägypten, zu deren Aufgabenbereich u.a. die Erstellung von Rechnungen, die Abfassung von Briefen und Rechtsdokumenten oder die Auflistung von Steuerzahlern gehörte. Für kurze Notizen benutzten die Schreiber in der Regel Tonscherben, für offizielle Dokumente dagegen geglättete Papyrusbogen, die mit dem Pinsel und einer Tinte aus Wasser und Farbpigmenten beschrieben wurden.

Hieronymus (um 347–420), Kirchenlehrer und Heiliger, der die erste lateinische Bibelübersetzung aus dem Hebräischen anfertigte. Diese Version der Bibel, die so genannte Vulgata, wurde 1546 vom TRIENTER KONZIL zur authentischen und verbindlichen Ausgabe der Bibel erklärt.

Hieronymus, als Sophronius Eusebius Hieronymus in Stridon in Dalmatien geboren, wurde 382 von Papst Damasus I. beauftragt, eine Bibelübersetzung anzufertigen, die alle damals schon existierenden altlateinischen Versionen ersetzen sollte. Da Hieronymus zwar Griechisch, aber nur wenig Hebräisch konnte, ließ er sich nach der Bearbeitung der Evangelien 385 in einem Kloster in Bethlehem nieder, um bei jüdischen Gelehrten diese Sprache zu lernen. 391 begann er dann mit der Übersetzung des Alten Testaments aus dem Original. Insgesamt dauerte die Arbeit der Bibelübertragung in die lateinische Umgangssprache 15 Jahre. Das Heiligenfest des Hieronymus wird am 30. September gefeiert.

Hildegard von Bingen (1098–1179), deutsche Mystikerin, Heilige und Äbtissin. Hildegard gründete Mitte des 12. Jh. auf dem Rupertsberg bei Bingen ein Kloster, dessen Leiterin sie wurde. Sie hatte Visionen, die sie niederschrieb, verfasste Bücher über Natur und Medizin, dichtete und komponierte und führte eine ausgedehnte Korrespondenz mit herausragenden Zeitgenossen. Ihr Heiligenfest ist der 17. September.

> **WUSSTEN SIE, DASS?**
>
> In den 20er-Jahren des 19. Jh. entzifferte der französische Archäologe Jean-François Champollion die Hieroglyphen durch einen Vergleich der Inschriften auf dem Stein von Rosette. Dieser war 1799 in Ägypten gefunden worden und enthielt u.a. Texte in den bekannten altgriechischen Schriftzeichen und in altägyptischen Hieroglyphen.

Hill, Sir Rowland (1795–1879), britischer Reformer des Postwesens. Er verlangte 1837 in einer Abhandlung ein einheitliches Porto für alle Entfernungen, das der Absender bezahlen sollte. Die entsprechende Briefmarke müsse groß genug für einen Stempelabdruck sein. Er griff damit einen schon drei Jahre zuvor gemachten Vorschlag auf, der sich vor allem auf die Versendung von Zeitschriften bezog. 1840 wurde die Postreform durchgeführt und Hill war danach nahezu 25 Jahre in der britischen Postverwaltung tätig.

Himmler, Heinrich (1900–45), Politiker und zweitmächtigster Mann im nationalsozialistischen Deutschland. Ursprünglich Diplomlandwirt, der eine Hühnerfarm betrieb, wurde Himmler 1925 Mitglied der NSDAP, nahm aber schon 1923 am HITLERPUTSCH in München teil. Sechs Jahre später wurde er von HITLER zum Leiter der SS, des Elitekorps der Partei, ernannt. Seit 1933 war er Leiter der politischen Polizei in den Ländern – außer Preußen –, ab 1934 Stellvertreter Leiter der GESTAPO, seit 1936 Reichsführer SS und Chef der deutschen Polizei, ab 1939 Reichskommissar für die Festigung des deutschen Volkstums, womit sich sein Herrschaftsbereich im ZWEITEN WELTKRIEG auch in alle von Deutschland besetzten Gebiete erstreckte. Himmler, der 1933 in Dachau das erste KONZENTRATIONSLAGER bauen ließ, organisierte als fanatischer Anhänger von Hitlers Rassenideologie die Verfolgung und Ermordung von mehreren Millionen Juden. Im April 1945 versuchte er geheime Kapitulationsverhandlungen mit den Alliierten aufzunehmen und wurde deshalb von Hitler aller Ämter enthoben. Er geriet in britische Gefangenschaft und nahm sich das Leben.

Hindenburg, Paul von (1847–1934), deutscher Generalfeldmarschall und Reichspräsident. Hindenburg nahm im DEUTSCHEN KRIEG von 1866 an der Schlacht von KÖNIGGRÄTZ teil, er kämpfte im DEUTSCH-FRANZÖSISCHEN KRIEG von 1870/71 und reichte, nachdem er 1903 Kommandierender General geworden war, 1911 seinen Abschied ein. Nach dem Ausbruch des ERSTEN WELTKRIEGS 1914 erhielt er den Oberbefehl über die Armee in Ostpreußen und schlug die russischen Truppen bei Tannenberg und an den Masurischen Seen, wofür er noch im selben Jahr zum Generalfeldmarschall erhoben wurde. Dank seiner großen Popularität wurde Hindenburg 1925 zum Reichspräsidenten gewählt. Nach seiner Wiederwahl

Der Hindu-Gott Vishnu hat viele Inkarnationen. Auf der Illustration aus Kaschmir aus dem 17. Jh. erscheint er als Fisch.

1932 drängten ihn seine Berater, Adolf HITLER zum Reichskanzler zu ernennen. Doch erst nachdem die Regierungen Franz von PAPENS und Kurt von Schleichers gescheitert waren, gab Hindenburg 1933 nach, und Hitler kam an die Macht.

Hinduismus, Name einer der ältesten noch bestehenden Religionen, die ihren Ursprung in Indien hat. Der Hinduismus beruht auf einer Mischung von Elementen dravidischer Kulturen und der indogermanischen Kultur, die seit 1500 v. Chr. die ARIER, Einwanderer aus dem Nordosten, mitbrachten. Er ist im Gegensatz zum BUDDHISMUS, CHRISTENTUM und ISLAM kein von einem Einzelnen gestifteter Glaube, sondern ein in Jahrtausenden gewachsenes, äußerst vielschichtiges Gedankengut. Die Religion der frühen Periode wird nach den Texten und Riten des VEDA, der heiligen Offenbarungen, denen noch immer große Bedeutung im Hinduismus zukommt, Vedaismus genannt. Doch auch viele andere Texte und Quellen hatten maßgeblichen Einfluss, so die *Upanishaden*, in denen die vedischen Hymnen ausgelegt wurden, sowie die *Bhagavadgita*, ein Lehrgedicht.

Im Lauf der Zeit bildeten sich drei zentrale Gottheiten als Hauptgestalten im hinduistischen Pantheon heraus: der Weltschöpfer Brahma, der Welterhalter Vishnu und der Weltzerstörer Shiva. Der Hinduismus kennt zwar keine allein verbindliche Lehre, aber die meisten Hindus glauben, dass die Menschen an einen Kreislauf von Geburt, Tod und Wiedergeburt gebunden sind. Daraus werden ihre Seelen erst erlöst, wenn sie durch zahllose Existenzen geläutert worden sind und in das Brahman, das umfassende All-Eine, eingehen. Nach dem Gesetz des Karmas wird die Art der Wiedergeburt durch gute oder böse Taten im vorherigen Leben bestimmt. Durch Lernen, Askese und Hingabe erlangt der Mensch die Erlösung schneller; handelt er jedoch den Gesetzen des KASTENWESENS zuwider, so wirft ihn dies zurück, denn die Kaste, in die man hineingeboren wird, ist Teil der göttlichen Sozialordnung.

Durch den Einfluss europäischen Gedankenguts entstand im 19. Jh. eine Reihe von Reformbewegungen. In der ersten Hälfte des 20. Jh. kam es zu religiösen Spannungen zwischen den Hindu, die mehr als 80 %, und den Moslems, die nur etwas über 10 % der Bevölkerung Indiens ausmachten. Diese Spannungen führten schließlich zur Bildung des separaten islamischen Staates Pakistan. Im 20. Jh. wurde der Hindu-Führer Mohandas Karamchand GANDHI das Idol der Unberührbaren, der Angehörigen der untersten Kaste. Er propagierte GEWALTLOSIGKEIT im Kampf um die Unabhängigkeit Indiens von Großbritannien. Seitdem diese 1947 erreicht wurde, ist die Religion jedoch einer der Hauptgründe für ethnisch motivierte Gewalt. 1984 etwa traten Auseinandersetzungen zwischen Hindu und Angehörigen der Glaubensgemeinschaft der Sikhs auf; im selben Jahr wurde Premierministerin Indira GANDHI in einem Racheakt von Mitgliedern ihrer Leibwache, die aus Sikhs bestand, ermordet. 1999 kam es zu gewalttätigen Ausschreitungen gegen Christen.

Hippodrom, Stadion im antiken Griechenland und Rom, in dem Pferde- und Wagenrennen veranstaltet wurden. Die Teilnehmer an den sportlichen Veranstaltungen fuhren dabei über eine in der Mitte durch eine Barriere abgeteilte, u-förmige Bahn, während das Publikum von mehrrängigen Tribünen aus zusah. Schon in der griechischen heiligen Stätte OLYMPIA gab es ein Hippodrom, und sowohl in der klassischen als auch in der hellenistischen Zeit waren Hippodrome ein typischer Bestandteil größerer griechischer Städte und Tempelanlagen. Den CIRCUS MAXIMUS in Rom hatte man solchen griechischen Hippodromen nachempfunden. Das römische Hippodrom in Konstantinopel, das an die 100 000 Zuschauer fasste, war 532 Schauplatz eines Aufstands, der Kaiser JUSTINIAN I. beinahe den Thron gekostet hätte.

WUSSTEN SIE, DASS?

Im Hinduismus führt einer der Wege zu Brahman über das Joga. Es macht durch Körperbeherrschung den Geist des Menschen frei, damit dieser sich dem Göttlichen fügt.

Hirohito (1901–89), ab 1926 Kaiser von Japan. In seine Regierungszeit fällt die expansionistische Außenpolitik Japans auf dem asiatischen Festland in den 30er-Jahren, verursacht durch den starken Bevölkerungsdruck des relativ unfruchtbaren, rohstoffarmen und kleinräumigen Inselstaats. 1945, gegen Ende des ZWEITEN WELTKRIEGS und nach der Zerstörung HIROSHIMAS und NAGASAKIS durch von amerikanischen Piloten abgeworfene Atombomben, machte er am 10. August ein Kapitulationsangebot. In den darauf folgenden Kriegsverbrecherprozessen klagten die Sieger Hirohito nicht an, da dieser dem Druck des alliierten Oberbefehlshabers General Douglas MACARTHUR nachgab und auf die Göttlichkeit der Person des Kaisers verzichtete. Hirohito blieb aber Staatsoberhaupt mit ausschließlich repräsentativen Funktionen. Privat beschäftigte er sich als kenntnisreicher Biologe u. a. mit der Erforschung des Planktons.

Hiroshima, Stadt im südwestlichen Teil von Honshu, der Hauptinsel Japans, wichtiger Industriestandort. Hiroshima war das Ziel des ersten Atombombenabwurfs am 6. August 1945 durch die USA. Bei der Explosion kamen unmittelbar, also durch den Feuerball und durch die anschließende Druckwelle, rund 90 000 Menschen um; nach einer japanischen Schätzung aus dem Jahr 1968 starben in einem Zeitraum von fünf Jahren nach dem Bombenabwurf weitere 150 000 Personen an den Folgen der Strahlung. Auf einer Fläche von 13 km² rund

Hirohito herrschte von allen japanischen Kaisern am längsten. In seine Regierungszeit fielen Niedergang und Wiederaufstieg Japans.

um die Explosionsstelle wurden alle Gebäude zerstört. Dieser Angriff sowie der Abwurf der Atombombe über NAGASAKI drei Tage später führten zur bedingungslosen Kapitulation Japans und damit zum Ende des ZWEITEN WELTKRIEGS.

Hirsch-Duncker'sche Gewerkvereine, frühe deutsche GEWERKSCHAFT. Sie wurde 1868 in Berlin von den Sozialpolitikern Max Hirsch und Franz Gustav Duncker ins Leben gerufen. Bestimmend für die Hirsch-Duncker'schen Gewerkvereine war der Gedanke der Selbsthilfe und die liberale Grundeinstellung, die nach einem Ausgleich zwischen Unternehmern und Arbeitnehmern strebte und so in Gegensatz zu den ungefähr zur gleichen Zeit gegründeten sozialistischen Gewerkschaften stand. Im Mai 1933 wurden die Gewerkvereine als Opfer der GLEICHSCHALTUNG Teil der NS-Ersatzorganisation Deutsche Arbeitsfront.

Hirtenvölker, Völker oder Stämme, die im Wesentlichen von der Viehzucht leben. Zu den wichtigsten Herdentieren gehören Rinder, Rentiere, Ziegen und Schafe. Die meisten Hirtenvölker sind NOMADEN und ziehen – innerhalb überkommener Stammesgebiete – auf der Suche nach Weideflächen umher, wie heute noch u.a. die Samen in Lappland, die Beduinen in Arabien, die Tuareg in der Sahara oder mongolische Stämme in Zentralasien.

Hiss-Affäre (1949/50), umstrittener Gerichtsprozess in den USA, in dessen Verlauf Alger Hiss, ein Beamter im Außenministerium, des Meineids für schuldig befunden wurde. Er hatte unter Eid geleugnet, über einen Mittelsmann geheime Dokumente an den sowjetischen Geheimdienst geliefert zu haben. Obwohl sich Hiss für unschuldig erklärte und Regierungsbeamte zu seinen Gunsten aussagten, wurde er zu fünf Jahren Haft verurteilt. Wie es hieß, hatte das FEDERAL BUREAU OF INVESTIGATION Beweise manipuliert, damit es dazu kam. Der Vorfall war kennzeichnend für die Angst, die der KALTE KRIEG in den USA auslöste.

Historienmalerei, bildliche Darstellung geschichtlicher Ereignisse. Vor der Erfindung der Fotografie war sie nicht nur ein künstlerisches Genre, sondern galt auch der historischen Dokumentation. Zu den bekanntesten derartigen Werken gehören u.a. das in Pompeji gefundene römische Alexandermosaik und die Alexanderschlacht des deutschen Malers Albrecht Altdorfer aus dem 16. Jh., auf denen Schlachten von ALEXANDER DEM GROSSEN gegen die Perser dargestellt sind.

Hitler, Adolf siehe rechts

Der Alptraum Europas

In seinem Wahn, ein Tausendjähriges Reich zu schaffen, zwang der deutsche Diktator Adolf Hitler eine ganze Nation unter seinen Willen und entfesselte einen Weltkrieg, der Millionen von Menschen das Leben kostete.

Adolf Hitler, dessen politische Maxime „ein Volk, ein Reich, ein Führer" lautete, erlangte mit seiner Partei, der NSDAP, die absolute Macht über Deutschland. Sein politisches Denken und Handeln war von Rassenwahn beherrscht. Sein Hass richtete sich in erster Linie gegen die Juden, die er als gefährlichsten Feind der germanischen „Herrenrasse" ansah und rücksichtslos verfolgte. Mit derselben Brutalität ging er aber auch gegen andere seiner Meinung nach „Minderwertige" wie z. B. Slawen, Sinti und Roma vor. 1939 löste Hitler durch den Überfall auf Polen den Zweiten Weltkrieg aus. Nach der militärischen Niederlage beging er im April 1945 im verwüsteten Berlin Selbstmord.

Hitler wurde in Österreich als Sohn eines Zollbeamten geboren. Er wollte Künstler werden, wurde jedoch von der Kunstakademie in Wien abgewiesen und schlug sich dann als Gelegenheitsarbeiter

Rechts: Hitler sah sich selbst als Held, der das deutsche Volk rettete. Unten: An Hitlers Seite (v.l.n.r.): Hermann Göring, Wilhelm Keitel, Karl Dönitz und Heinrich Himmler

durch. In dieser Zeit entstand in ihm durch die Lektüre antisemitischer Hetzschriften sein Judenhass. Um dem Militärdienst im Vielvölkerstaat Österreich-Ungarn zu entgehen, zog er 1913 nach München, wo er sich 1914 freiwillig zum Kriegsdienst meldete. Erschüttert durch die militärische Niederlage, beschloss er, Politiker zu werden.

UNUMSCHRÄNKTE MACHT

1923 scheiterte sein Versuch, mit der NSDAP durch einen Putsch in München die Macht an sich zu reißen. Während seiner Haft verfasste er das Buch *Mein Kampf*, in dem er seine politischen Ziele formulierte: bedingungsloser Kampf gegen die Weimarer Demokratie und den Versailler Friedensvertrag, Errichtung eines „Führerstaats", Ausschaltung der Juden und Schaffung von „Lebensraum im Osten" für das deutsche Volk.

Die noch junge deutsche Demokratie hatte vor allem seit der Weltwirtschaftskrise 1929 wenig Rückhalt bei den Wählern. Bereits 1932 war die NSDAP stärkste Partei im Reichstag und 1933 wurde Hitler Reichskanzler. Schon bald schaltete er die demokratischen Teilgewalten aus und gelangte zu unumschränkter Macht. Seine Geheimpolizei, die Gestapo, verhaftete politische Gegner und wies sie in Konzentrationslager ein.

Hitler, ein zynischer und rücksichtsloser Machtpolitiker, der die Friedensliebe seiner Gegner bedenkenlos ausnutzte, gelang die Angliederung Österreichs und des Sudetenlands sowie die Zerschlagung der Tschechoslowakei, bevor er im September 1939 in Polen einfiel. 1940 besetzte er große Teile West- und Nordeuropas und 1941 überfiel er die Sowjetunion. Zur selben Zeit setzte der systematische Völkermord an den Juden ein.

In den nächsten Jahren unterlag Hitler der Übermacht seiner Gegner. Vor seinem Selbstmord gab er noch den Befehl, sein Land zu zerstören, weil die Deutschen sich als zu schwach erwiesen und deshalb den Untergang verdient hätten.

te er nach Vietnam zurück und war einer der Mitbegründer der kommunistischen Partei Indochinas. 1941 schuf er in Nord-Vietnam die Vietminh-Guerilla, um gegen die japanische Besetzung zu kämpfen. Zu dieser Zeit nahm er auch den Namen Ho Chi Minh, „der nach Erkenntnis Strebende", an.

Als Führer des Widerstands rief er 1945 nach der Kapitulation Japans die Demokratische Republik Vietnam aus, deren Präsident er wurde. Durch die Rückkehr der französischen Kolonialstreitkräfte sah er sich jedoch erneut zum Guerillakrieg gezwungen. 1954 wurden die Franzosen bei DIEN BIEN PHU geschlagen und die im gleichen Jahr stattfindende Genfer Indochina-Konferenz bestätigte den Sieg der Vietminh und überließ Ho Chi Minh die Kontrolle über Nord-Vietnam. Seit 1963 am Vietnamkrieg beteiligt, schwor er seine Guerilleros auf den Kampf zur Angliederung Süd-Vietnams ein, wo seit 1964/65 amerikanische Truppen gegen die Kommunisten kämpften. Die Aktionen seiner Streitkräfte trugen zur Wiedervereinigung des Landes als Sozialistische Republik VIETNAM 1976 bei.

Jugendfeste, für die auf Propagandaplakaten (rechts) geworben wurde, trugen dazu bei, dass die Hitler-Jugend neue Mitglieder erhielt.

Hitler-Jugend, Kurzform HJ. Organisation der NATIONALSOZIALISTISCHEN DEUTSCHEN ARBEITERPARTEI, die der körperlichen Ertüchtigung der jungen Deutschen von 10 bis 18 Jahren und ihrer Ausrichtung auf die NS-Weltanschauung diente. Jungen im Alter von zehn Jahren sollten dem Deutschen Jungvolk, die gleichaltrigen Mädchen den Deutschen Jungmädeln beitreten. Mit 14 Jahren kamen die Jungen dann zur Hitler-Jugend, wo man sie neben regelmäßiger sportlicher Betätigung an militärische Disziplin und NS-Propaganda heranführte, während die Mädchen dieses Alters im Bund Deutscher Mädel (BDM) auf die Aufgaben der Frau, d.h. Mutterschaft und Haushaltspflichten, vorbereitet wurden. 1936 wurde die HJ gesetzlich zur einzigen Staats-Jugendorganisation erklärt; ab 1939 war die Mitgliedschaft Pflicht.

Hitlerputsch (8./9. November 1923), erster Versuch Adolf HITLERS, die Macht in Deutschland an sich zu reißen. Am Abend des 8. November erklärte er, begleitet von Mitgliedern der zahlenmäßig noch kleinen NSDAP, auf einer Versammlung rechtsradikaler Gruppen im Bürgerbräukeller in München die Regierungen des Reiches und Bayerns für abgesetzt und rief sich selbst zum Reichskanzler einer provisorischen Regierung aus. Am nächsten Tag marschierten er und seine Anhänger in einem Demonstrationszug durch München, wurden aber noch vor der Feldherrnhalle von der Polizei mit Waffengewalt auseinander getrieben, wobei 16 Demonstranten ums Leben kamen. Hitler wurde wegen Hochverrats zu fünf Jahren Haft verurteilt, jedoch schon nach acht Monaten entlassen.

Hobbes, Thomas (1588–1679), englischer Philosoph und Staatstheoretiker. Im Jahr 1640 musste er aus England fliehen, da seine Ansichten vom Parlament missbilligt wurden. 1651 erschien sein Hauptwerk *Leviathan*, in dem er seine politische Theorie entwickelte: Im vorstaatlichen Naturzustand herrscht absolute Freiheit für alle Menschen, da es noch keine Rechtsordnung gibt. Weil das menschliche Verhalten aber durch Eigennutz gekennzeichnet ist, entsteht ein Krieg aller gegen alle, d.h. eine lebensbedrohende Situation für jedermann. Vernunft und Sicherheitsbedürfnis führen zum Abschluss eines GESELLSCHAFTSVERTRAGS, in dem alle auf ihre individuellen Freiheitsrechte verzichten und sich einem absoluten Souverän, dem Leviathan, bedingungslos unterwerfen, der ihre Sicherheit garantiert. Diese Theorie wurde von Hobbes unter dem Eindruck des bis 1649 andauernden Bürgerkriegs entwickelt und von den Royalisten als Anreiz für Oliver CROMWELL gedeutet, sich diktatorische Gewalt anzueignen.

Ho Chi Minh (1890–1969), vietnamesischer Politiker, zentrale Figur im Kampf VIETNAMS um Unabhängigkeit, eigentlich Nguyen That Thanh. Als junger Mann ging er nach Paris, schloss sich den Sozialisten an und nahm 1920 am Gründungskongress der kommunistischen Partei Frankreichs teil. 1923 begab er sich nach Moskau, 1924 nach China, um dort eine vietnamesische nationalistische Bewegung aufzubauen. CHIANG KAI-SHEK vertrieb diese 1927 und Ho Chi Minh ging erneut in die UdSSR. 1930 kehr-

Höchstädt, Schlacht von (13. August 1704), Schlacht im SPANISCHEN ERBFOLGEKRIEG. Die Truppen des französischen Königs LUDWIG XIV. und seines Verbündeten, des Kurfürsten von Bayern, wurden auf dem Zug nach Wien von den englischen Truppen unter John Churchill, dem ersten Herzog

Ho Chi Minh war der unumstrittene Führer der vietnamesischen Kommunisten. Die Hauptstadt Saigon wurde 1976 nach ihm benannt.

von MARLBOROUGH, und der kaiserlichen Armee unter Prinz EUGEN VON SAVOYEN vernichtend geschlagen. Durch diesen Sieg wurde Wien gerettet, Bayern ausgeschaltet und die englisch-österreichische Allianz gefestigt.

Hofer, Andreas (1767–1810), Tiroler Freiheitskämpfer. Der Erbe eines Gasthofs im Passeiertal war in Treue dem Haus HABSBURG verbunden und kämpfte seit 1796 gegen die Franzosen. Nachdem er im Mai 1809 am Berg Isel die Bayern, die seit 1805 über Tirol herrschten, und im August ebenda die Franzosen besiegt hatte, ernannte man ihn zum Landeskommandanten von Tirol. Auch nach dem Verzicht Österreichs auf diese Region gab er seinen Kampf nicht auf; sein Versteck wurde jedoch verraten und NAPOLEON ließ ihn in Mantua hinrichten.

Hohenzollern, deutsches Herrschergeschlecht, benannt nach der Burg Hohenzollern, dem Stammsitz am Nordrand der Schwäbischen Alb. Nachdem der Hohenzoller Friedrich III. Ende des 12. Jh. durch Heirat Burggraf von Nürnberg geworden war, teilte sich die Dynastie unter seinen Söhnen 1227 in eine fränkische und eine schwäbische Linie. 1415 erhielt Burggraf Friedrich VI. von Kaiser Sigismund das Kurfürstentum BRANDENBURG, das sich im 17. Jh. erheblich vergrößerte durch den Erwerb von Cleve, Mark und Ravensberg, das Herzogtum PREUSSEN sowie Hinterpommern. 1701 wurde Kurfürst Friedrich III. als Friedrich I. König in Preußen; knapp 40 Jahre später eroberte FRIEDRICH DER GROSSE zu Anfang des ÖSTERREICHISCHEN ERBFOLGEKRIEGS Schlesien.

Bei der Gründung des DEUTSCHEN REICHES 1871 wurde der preußische König WILHELM I. zum Deutschen Kaiser proklamiert. 1918 zwang man seinen Enkel WILHELM II., den letzten Herrscher aus dem Haus Hohenzollern, nach dem verlorenen Ersten Weltkrieg zur Abdankung. Er starb 1941 im Exil in Doorn in den Niederlanden.

Hollywood, Stadtteil von Los Angeles im US-Staat Kalifornien, der im 20. Jh. das Zentrum der amerikanischen Filmindustrie wurde. 1911 entstand hier am Sunset Boulevard das erste Filmstudio und schon bald drehten mehr als 20 Produktionsfirmen in Hollywood. Es wurde üblich, für die Hauptdarsteller zu werben, und so entstand der Starruhm der Hollywood-Filmschauspie-

ler, aber mit der Zeit auch der Starrummel. 1913 schuf der Regisseur und Produzent Cecil DeMille mit *The Squaw Man* den ersten abendfüllenden Spielfilm Hollywoods; als Studio diente ihm eine Scheune.

1920 wurden in Hollywood bereits mehr als 800 Filme im Jahr produziert. 1927 entstand der erste Tonfilm: *Der Jazzsänger,* und 1935 der erste Farbfilm nach dem Dreifarbenverfahren Technicolor: *Becky Sharp* von Robert Mamoulian. Die 30er- und 40er-Jahre bescherten Hollywood mit zahllosen Zeichentrickfilmen, Western, Krimis und Komödien eine Hochblüte, die nach dem Zweiten Weltkrieg nicht mehr erreicht wurde, nicht zuletzt durch den Siegeszug des FERNSEHENS. Seit den 60er-Jahren gibt es in der Filmindustrie die Tendenz zu Produktionen, die an Originalschauplätzen aufgenommen werden. Trotz aller Krisen hat Hollywood nach wie vor den Status einer Traumfabrik.

Holocaust siehe Seite 220

Home Guard, im ZWEITEN WELTKRIEG eine aus Freiwilligen gebildete Bürgerwehr in Großbritannien. Sie existierte 1940–44, um eine mögliche Invasion Hitlers abzuwehren. Ihr gehörten ungefähr 1. Mio. Männer an. Obwohl die Home Guard letztendlich nie eingesetzt wurde, trug sie doch dazu bei, in den ersten Kriegsjahren die Moral der Zivilbevölkerung aufrecht zu erhalten.

Mit Filmen wie *Jazzsänger* (unten) und *Vom Winde verweht* (rechts) feierte Hollywood Triumphe.

> **WUSSTEN SIE, DASS?**
>
> Der Hauptgrund, der die Filmschaffenden nach Hollywood führte, war das Klima. Angeblich scheint dort an 350 Tagen im Jahr die Sonne.

Homelands, früher in der Republik SÜDAFRIKA vom Staat geschaffene Territorien, in denen Angehörige der Bantu-Stämme lebten und sich bis zu einem gewissen Grad selbst verwalteten. Alle Schwarzafrikaner mussten einem dieser geographisch stark zersplitterten Gebiete, die nicht industrialisiert waren und wirtschaftlich nicht auf eigenen Füßen stehen konnten, angehören – mit der Folge, keine südafrikanische Staatsangehörigkeit zu besitzen. Seit Beginn der 90er-Jahre wurde durch die Reformen Präsident Frederik de KLERKS die APARTHEID-Politik abgeschafft und die Homelands in die Provinzen des Landes eingegliedert.

Homer, der Überlieferung nach der Autor der *Ilias* und der *Odyssee,* der zwei größten Werke epischer Dichtkunst des griechischen Altertums. Viele Gelehrte bestreiten, dass Homer tatsächlich der Urheber dieser Epen war, die aus einer Vielzahl von Quellen zusammengestellt und wahrscheinlich erst im 8. Jh. v. Chr. niedergeschrieben wurden. Die *Ilias* beschreibt die Belagerung TROJAS durch die Griechen, nachdem der trojanische Prinz Paris Helena, die Gattin des Königs von Sparta, geraubt hatte. Die *Odyssee* berichtet von Odysseus, einem der griechischen Feldherren, die Troja belagert hatten, und

seinen Irrfahrten sowie seiner abenteuerlichen Rückkehr in sein Königreich Ithaka zehn Jahre nach der Belagerung. Die dichterisch gestalteten Epen gelten als der glanzvolle Abschluss einer langen Tradition der mündlichen Überlieferung von Sagen aus dem heroischen Zeitalter Griechenlands.

Home Rule, zu Deutsch: Selbstregierung, Motto für den Kampf der Iren, die seit Ende des 12. Jh. unter britischer Herrschaft standen, um Unabhängigkeit. Nachdem 1801 in den ACTS OF UNION das britische und das irische Parlament vereinigt worden waren, wurden im 19. Jh. die Forderungen nach der Selbstständigkeit Irlands immer lauter, jedoch blieben sie zunächst erfolglos. Erst der dritte Entwurf für ein Selbstregierungsgesetz wurde 1912 schließlich angenommen. Mit dem britisch-irischen Vertrag von 1921 entstand aus zwölf südlichen Grafschaften der Insel der irische Freistaat. Während NORDIRLAND Teil von Großbritannien blieb, wurde 1937 in Irland der Treueeid auf die britische Krone abgeschafft und 1949 die Republik Irland ausgerufen.

Hominiden, Sammelbegriff für alle ausgestorbenen Menschenarten sowie die heute existierenden Menschenrassen. Überreste unserer frühen Vorfahren *Homo habilis,* geschickter Mensch, wurden zuerst Anfang der 60er-Jahre unseres Jahrhunderts in Tansania in der Olduvai-Schlucht gefunden, später auch an anderen Stellen in Afrika. Die ältesten Funde sind rund 4, die jüngsten etwa 1,5 Mio. Jahre alt. Die in der Schlucht entdeckten primitiven Artefakte aus Stein deuten darauf hin, dass *Homo habilis* möglicherweise Steinwerkzeuge herstellen konnte. Es wird angenommen, dass er sich vor rund 1,5 Mio. Jahren in Afrika zum *Homo erectus,* dem aufgerichteten Menschen, weiterentwickelt hat.

Der *Homo erectus* war größer als seine Vorfahren und sein Gehirn war fast schon so groß wie das des modernen Menschen. Diese Hominiden stellten beilähnliche Werkzeuge sowie einfache Kleidungsstücke her und wussten das Feuer zu nutzen. Vor ungefähr 1 Mio. Jahren begann vermutlich die Wanderung von *Homo erectus* nach China und Indonesien. Die letzten Vertreter dieser Art verschwanden vor 400 000–200 000 Jahren durch die Weiterentwicklung zum *Homo sapiens,* dem einsichtigen Menschen.

Diese Art entwickelte sich wahrscheinlich in zwei Linien weiter, von denen die eine zum NEANDERTALER und die andere zum modernen Menschen, dem *Homo sapiens sapiens,* führte – eine Evolution, die wohl in den letzten 130 000 Jahren wahrscheinlich in Afrika stattfand. Im Nahen Osten trat der im anatomischen Sinn moderne Mensch vor etwa 50 000 Jahren auf, in Europa vor unge-

In den 80er-Jahren diente Honduras den Contras als Aufmarschbasis für ihren Kampf gegen die Sandinisten im benachbarten Nicaragua.

fähr 45 000 Jahren. Der erste moderne Europäer war der so genannte Cro-Magnon-Typus, benannt nach einer südfranzösischen Fundstelle.

Die Evolution des modernen Menschen führte zu einem Anwachsen der Bevölkerung, zur Herausbildung sozialer Strukturen, zur Entstehung von Kunst und Fortschritten in der Werkzeugfertigung. Vermutlich hatte sich in dieser Zeit bereits eine gesprochene Sprache entwickelt. Aus Indonesien wanderten vor 40 000 Jahren Menschen nach Australien weiter, während Amerika von Asien aus vermutlich erst vor rund 15 000 Jahren besiedelt wurde.

Honduras, Staat in Zentralamerika. In dem 1502 von Christoph KOLUMBUS entdeckten Gebiet gründete Francisco de Las Casas, ein Leutnant im Dienst des spanischen Eroberers Hernán CORTÉS, 1523 mit dem Hafen von Trujillo die erste Siedlung. Verwaltungstechnisch gehörte Honduras während der gesamten spanischen Kolonialzeit zum Generalkapitanat Guatemala.

Nach der Unabhängigkeitserklärung 1821 wurde es für kurze Zeit Teil des mexikanischen Kaiserreichs, schloss sich drei Jahre später aber den Vereinigten Staaten von Zentralamerika an. Diese Konföderation zerbrach im Jahr 1838 und eine Reihe von Mi-

litärdiktatoren beherrschte bis zum Ende des 19. Jh. das Land.

Bis zur Mitte unseres Jahrhunderts gab es in Honduras relativ wenige Zivilregierungen. Doch 1957 wurde der liberale Ramón Villeda Morales gewählt, gegen den die Armee erfolgreich putschte, noch bevor das Agrarreformprogramm des Präsidenten, das er 1963 im Kongress durchgesetzt hatte, Wirkung zeigen konnte. 1969 führte Honduras einen Grenzkrieg mit El Salvador, bei dem das Militär eine Niederlage einstecken musste, woraufhin es 1971 zur Bildung einer kurzlebigen Zivilregierung unter Ramón Ernesto Cruz kam. Cruz wurde im Jahr darauf vom Militär gestürzt und das Land gelangte wieder in die Hände von Militärjuntas, bis 1982 mit Unterstützung der USA eine neue Verfassung eingeführt wurde, deren Ziel die Stärkung der Demokratie war. Als Gegenleistung für die Unterstützung der USA erlaubte Honduras auf seinem Staatsgebiet die militärische Ausbildung regierungsfeindlicher GUERILLA-Kämpfer, so genannter Contras, aus dem benachbarten NICARAGUA.

1985 kam José Azcona Hoyo als Präsident an die Macht und drohte 1988, da wegen der Präsenz der Contras Unruhen ausgebrochen waren, deren Aktivitäten zu stoppen. Honduras blieb aber weiterhin wirtschaftlich von den USA abhängig, und 1989 wurde der Kandidat der Nationalpartei, Rafael Callejas, mit US-Unterstützung zum Präsidenten gewählt. Er hatte mit wirtschaftlichen Turbulenzen und Aktivitäten einer linksgerichteten Guerilla zu kämpfen. 1990 wurden die

Massenmord an unschuldigen Menschen

In seinem Streben, eine ideale Herrenrasse zu schaffen, betrieb Adolf Hitler systematisch
die Ausrottung der jüdischen Bevölkerung – zuerst in Deutschland, dann im besetzten Europa.
Im Holocaust, der Massenvernichtung der Juden, verloren rund 6 Mio. Menschen ihr Leben.

Der Begriff Holocaust bezeichnet den geplanten Völkermord an den europäischen Juden durch Adolf Hitler während des Zweiten Weltkriegs. Im Januar 1933 übernahmen Hitler und seine Nationalsozialistische Deutsche Arbeiterpartei NSDAP die Macht in Deutschland. Im Mittelpunkt ihrer Ideologie stand der Antisemitismus und der darauf gründende Plan, das deutsche Volk systematisch zum Rassenhass gegen die Juden zu erziehen. Da auch Homosexuelle und Behinderte sowie andere „Nichtarier" wie Roma und Sinti nicht mit der Vorstellung von der „Herrenrasse" übereinstimmten, waren auch sie wie die Juden systematischer Verfolgung ausgesetzt.

ALLER RECHTE BERAUBT

Die Maßnahmen gegen die Juden begannen bereits kurz nach der Machtübernahme durch die Nazis. Schon 1933 fand ein organisierter Boykott gegen jüdische Geschäfte statt und Juden wurden aus dem Staatsdienst ausgeschlossen. 1935 traten die Nürnberger Gesetze zur „Reinerhaltung des deutschen Blutes" in Kraft. Sie verboten Ehen zwischen Deutschen und Juden; die jüdische Bevölkerung verlor die staatsbürgerliche Gleichberechtigung und wurde aus der Gesellschaft ausgegrenzt. Am 9./10. November 1938 inszenierten die Nazis eine Pogromnacht, beschönigend Reichskristallnacht genannt: Angehörige der SA gingen mit

Gewalt gegen Juden und jüdische Einrichtungen vor. Danach verurteilte man die Opfer zur Zahlung 1. Mrd. Reichsmark als so genannte Sühneleistung für die angerichteten Schäden.

Der deutsche Einmarsch in Polen im Jahr 1939 brachte 1,5 Mio. polnische Juden unter die Herrschaft der Nationalsozialisten. Sie wurden gezwungen, in Gettos zu leben, und mussten Zwangsarbeit verrichten. Nach Beginn des Krieges gegen die Sowjetunion 1941 kam es zu Massenerschießungen durch Einsatzkommandos der SS und des Sicherheitsdienstes SD in den eroberten Gebieten.

Am 20. Januar 1942 fand in Berlin die Wannsee-Konferenz statt, auf der die „End-

Tausende Häftlinge starben im Konzentrationslager Buchenwald durch Zwangsarbeit, Unterernährung und Krankheit.

In nahezu ganz Europa fielen die Juden, die in Waggons nach Osten deportiert wurden, der Vernichtungsmaschinerie der Nazis zum Opfer.

lösung" der Judenfrage beschlossen wurde. Als Folge davon wurden unglaubliche Gräueltaten begangen: Die Juden wurden aus den besetzten Gebieten ganz Europas in Viehwaggons nach Osten deportiert und in Vernichtungslagern wie Auschwitz, Treblinka oder Maidanek mit Giftgas umgebracht. Widerstand war kaum möglich, doch im April 1943 kam es zu einem Aufstand im Warschauer Getto. Insgesamt, so wird geschätzt, sind dem Völkermord rund 6 Mio. Juden, ein Drittel der jüdischen Weltbevölkerung, zum Opfer gefallen. Die letzten Überlebenden wurden 1945 von den Alliierten aus den Lagern befreit.

Contras entwaffnet und im selben Jahr begann die Regierung mit einem Investitionsprogramm zur Stärkung der Wirtschaft. Doch nicht zuletzt aufgrund der Vorgaben des Internationalen Währungsfonds verschlechterte sich die soziale Lage für die meisten Menschen und es kam 1992 zu Unruhen. Die Präsidentschaftswahlen Ende 1993 gewann der Liberale Carlos Roberto Reina Idiaquez; seit 1998 ist Carlos Roberto Flores Regierungschef und Staatsoberhaupt.

Honecker, Erich (1912–94), DDR-Politiker. Seit seinem 17. Lebensjahr Mitglied der KPD, wurde Honecker von den Nazis verhaftet und 1937 zu zehn Jahren Zuchthaus verurteilt. Nach seiner Befreiung 1945 wurde er als Mitglied der SED Vorsitzender der Freien Deutschen Jugend in der sowjetischen BESATZUNGSZONE. Seit 1958 war er im Politbüro, dem wichtigsten Parteigremium der DDR, und leitete u. a. die Vorbereitungen für den Bau der Berliner Mauer 1961. Honecker stürzte 1971 Walter ULBRICHT und übernahm dessen Amt als Erster Sekretär der SED; seit 1976 war er auch Staatsoberhaupt der DDR. Honecker wurde im Verlauf der friedlichen Revolution in der DDR am 17. Oktober 1989 durch das Politbüro der SED abgesetzt. Nach einem vorübergehenden Aufenthalt in der chilenischen Botschaft in Moskau kehrte er im September 1992 nach Deutschland zurück, wo man ihn inhaftierte. Der gegen ihn angestrengte Prozess begann am 12. November 1992, wurde aber wegen seiner schweren Erkrankung am 12. Januar 1993 eingestellt. Honecker übersiedelte nach Chile, wo er im darauf folgenden Jahr starb.

Hongkong, ehemalige britische Kronkolonie an der südchinesischen Küste. Nach seiner Niederlage im OPIUMKRIEG musste China 1842 die kleine Insel Hongkong an der Mündung des Perlflusses an Großbritannien abtreten, 1860 dazu noch einen Teil der gegenüberliegenden Halbinsel Kaulun. Schließlich verpachtete China 1898 die gesamte Halbinsel, die so genannten New Territories, sowie Hongkong und einige umliegende Eilande für 99 Jahre an die Briten. Der Sieg der Kommunisten in China 1949 brachte einen Zustrom von Flüchtlingen und damit auch Geld, und das von den UN verhängte Handelsembargo gegen China während des KOREAKRIEGS regte die Entwicklung von Industrie und Finanzinstitutionen an, sodass Hongkong ein bedeutendes Wirtschaftszentrum wurde. 1984 stimmte Großbritannien zu, dass die Kronkolonie nach Ablauf des Vertrags an China kommen sollte, das zusagte, das Sozial- und Wirtschaftssystem von Hongkong für 50 Jahre unverändert zu belassen. 1997 zogen die Briten ab und China übernahm Hongkong.

FBI-Direktor J. Edgar Hoover (Mitte) führte Dossiers über John F. Kennedy (links) und dessen Bruder Robert.

Hoover, Herbert (1874 bis 1964), Präsident der USA 1929–33. Hoover, ursprünglich Ingenieur, organisierte im ERSTEN WELTKRIEG die Lebensmittelversorgung in den USA und nach dem Krieg die amerikanischen Hilfslieferungen in den Not leidenden Europa. 1921–28 war er als Handelsminister tätig und wurde dann von den Republikanern als Präsidentschaftskandidat nominiert. Als Präsident gelang es ihm nicht, die WELTWIRTSCHAFTSKRISE zu verhindern, die auf den Börsenkrach am SCHWARZEN FREITAG 1929 folgte. Darauf kam es zu Massenarbeitslosigkeit ohne eine soziale Absicherung der Betroffenen. 1932 kandidierte Hoover erneut für das Präsidentenamt, wurde jedoch von dem Demokraten Franklin Delano ROOSEVELT haushoch geschlagen.

Hoover, J. Edgar (1895–1972), ab 1924 Direktor des FEDERAL BUREAU OF INVESTIGATION (FBI), der amerikanischen Bundeskriminalpolizei. Hoover erzielte bei dem Auftrag, die Arbeitsqualität der Behörde zu verbessern, durch konsequente Auswahl und straffe Ausbildung des Personals bemerkenswerte Erfolge, doch kamen wegen seines beharrlichen Interesses am Privatleben verschiedener Personen des öffentlichen Lebens, die er möglicherweise später hätte erpressen können, Zweifel an seiner politischen Unpar-

Wie im Hoßbach-Protokoll stand, plante Hitler Expansion und Krieg. Dazu gehörte der Anschluss Österreichs, für den das Plakat wirbt.

teilichkeit auf. Auch seine ablehnende Einstellung gegenüber den Kämpfern für BÜRGERRECHTE brachte ihm heftige Kritik in der Öffentlichkeit ein.

Horthy von Nagybánya, Nikolaus (1868–1957), ungarischer Admiral, der zum Regenten seines Landes aufstieg. 1919 wurde Ungarn in den Wirren nach dem Ersten Weltkrieg eine Räterepublik unter Béla KUN. Gegenrevolutionäre Gruppierungen boten Horthy die Führung an, und Kun wurde gestürzt. 1920 stimmte die ungarische Nationalversammlung dafür, die Monarchie wieder einzuführen, und wählte Horthy erst zum Reichsverweser, 1937 dann zum Regenten. Er herrschte nahezu als Diktator und schloss sich im Zweiten Weltkrieg den ACHSENMÄCHTEN an. 1944 versuchte er ohne Erfolg, einen separaten Frieden mit den Alliierten zu schließen.

Hoßbach-Protokoll, Gedächtnisprotokoll, das HITLERS Wehrmachtsadjutant Friedrich Hoßbach am 10. November 1937, fünf Tage nach einer Besprechung in der Reichskanzlei, anfertigte. Auf dieser Konferenz, bei der außer Hitler und Hoßbach noch Außenminister Konstantin von Neurath, Kriegsminister Werner von Blomberg sowie die Oberbefehlshaber der drei Wehrmachtsteile, Generaloberst Werner von Fritsch, Großadmiral Erich RAEDER und Hermann GÖRING als Chef der Luftwaffe zugegen waren, hatte Hitler sein außenpolitisches Programm dargelegt: Erweiterung deutschen „Lebensraums" im Osten bis spätestens 1943–45; Ausschaltung Österreichs und der Tschechoslowakei; Bereitschaft zur „Anwendung von Gewalt unter Risiko". Da Fritsch und Blomberg wegen der Gefahr eines Zweifrontenkriegs Bedenken gegen die Expansionspläne äußerten, inszenierte Göring bald darauf die FRITSCH-KRISE, durch die beide ihre Ämter verloren. Von Neurath, der über Hitlers Absichten betroffen war, wurde durch den willfährigen Joachim von RIBBENTROP ersetzt. Bei den NÜRNBERGER PROZESSEN diente eine Abschrift des Protokolls als wichtigstes Dokument der Anklage.

Hudson's Bay Company, 1670 gegründete Handelsgesellschaft in Kanada, die für ein großes Gebiet an der Hudson Bay zuständig war. 1803 teilte sie schottischen Einwanderern Land zu, was sie wegen des höchst profitablen Pelzhandelsmonopols in Konflikte mit der konkurrierenden North West Company brachte. Diese war von französischen und schottischen Händlern gegründet worden, die sich in Montreal angesiedelt hatten. Die Beilegung des Streits führte 1821 zur Vereinigung beider Gesellschaften. Heute hat die Hudson's Bay Company ihren Sitz in Toronto. Sie besitzt u.a. Anteile an Warenhäusern, Öl- und Gasgesellschaften.

Hügelgräber, große, als Erd- oder Steinhügel gestaltete vor- und frühgeschichtliche Grabstätten. Die Bestattung in Hügelgräbern wurde seit der Zeit vor etwa 35 000 Jahren in ganz Europa und Teilen Asiens praktiziert. Die Grabhügel umschlossen Grabkammern oder Urnen mit der Asche von verbrannten Leichen und manchmal stellten

sie auch kunstvoll errichtete Stein- oder Holzhäuser dar, die den Toten als Wohnung dienen sollten. Die für die Jungsteinzeit typischen Langbett-Hügelgräber dienten der Bestattung von mehreren Toten. Runde Hügelgräber stammen vorwiegend aus der BRONZEZEIT oder der EISENZEIT und wurden auch noch später meist für hochrangige Einzelpersonen errichtet.

Hugenotten, französische Protestanten, Anhänger des Reformators Johannes CALVIN. 1561 gab es bereits mehr als 2000 kalvinistische Gemeinden in Frankreich. Sie strebten die Anerkennung ihres Glaubens an, wurden jedoch verfolgt, da katholische Könige keine Abweichung von der katholischen Staatsreligion duldeten. Im Zug der Hugenottenverfolgung kam es in der zweiten Hälfte des 16. Jh. zu den HUGENOTTENKRIEGEN. Im August 1572 erreichten die Gewalttaten mit dem Massaker der BARTHOLOMÄUSNACHT ihren Höhepunkt: Tausende von Hugenotten wurden durch eine

aufgebrachte Menschenmenge in Paris ermordet. Weitere tausende verloren bei Unruhen in der Provinz das Leben. Im Jahr 1598 schließlich gewährte Heinrich IV. den Hugenotten mit dem Edikt von NANTES Glaubens- und Gewissensfreiheit. Die Zahl der Hugenotten nahm zu, doch unter LUDWIG XIV. setzten erneut Verfolgungen ein. Tausende Hugenotten flohen nach England, in die Niederlande, die Schweiz und in protestantische Gebiete des Heiligen Römischen Reiches.

Hugenottenkriege, acht aufeinander folgende Bürgerkriege in Frankreich in den Jahren 1562–89. Entscheidende Faktoren bei diesen Auseinandersetzungen waren die Ausbreitung des französischen Protestantismus, die schwache Monarchie und die dynastischen Ansprüche der Adelshäuser der BOURBONEN und GUISE. Die Kriege wurden durch die Unterstützung der rivalisierenden Seiten durch das katholische bzw. protestantische Ausland verschärft.

Das Angebot der Katharina von Medici, den Hugenotten die Feier ihrer Gottesdienste außerhalb der Städte zu gestatten, führte

Das Hügelgrab von West Kennet in Großbritannien enthält fünf Grabkammern, von denen eine leer war. Die gesamte Grabanlage ist 100 m lang und mit der Grassodenabdeckung 2 m hoch.

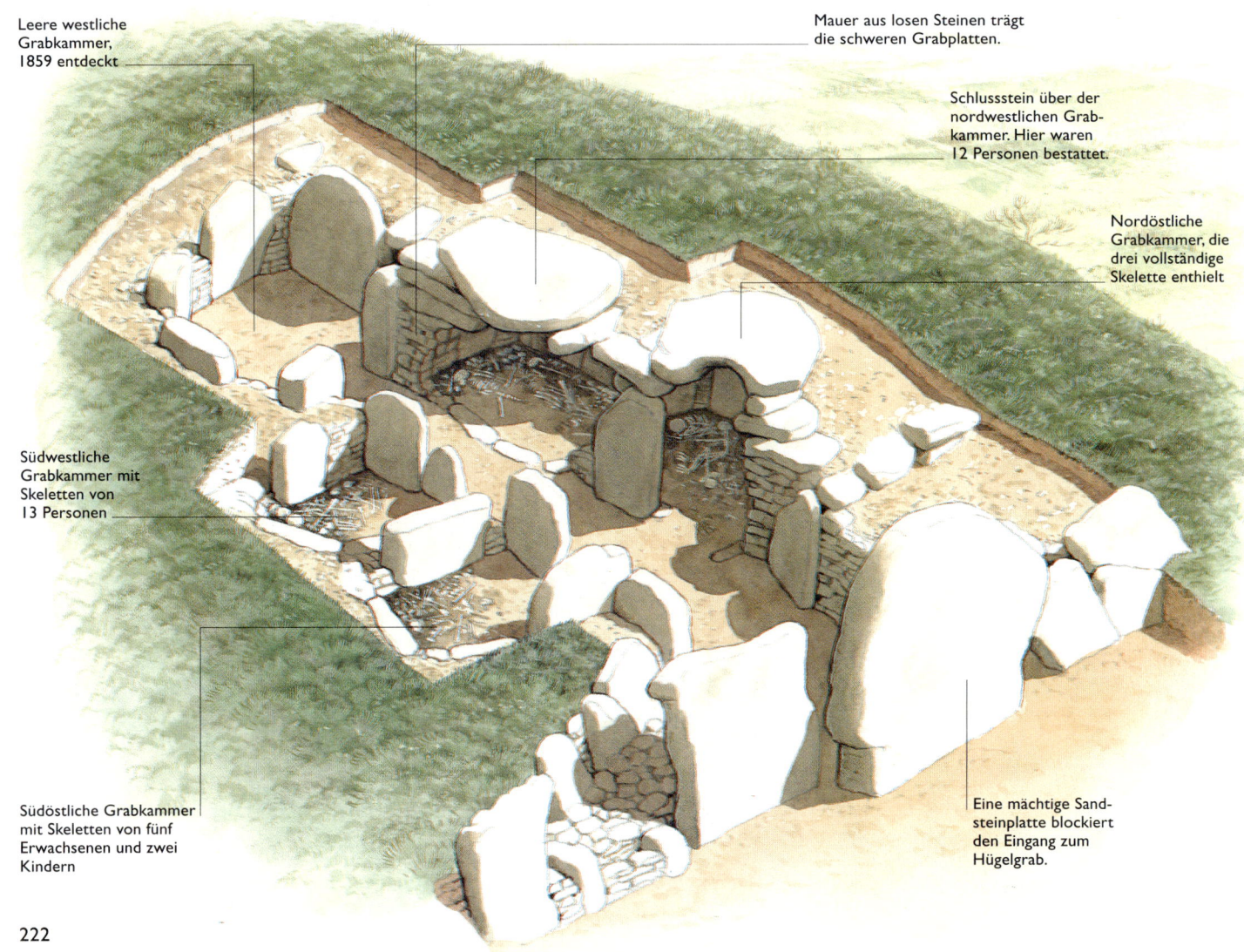

Leere westliche Grabkammer, 1859 entdeckt

Mauer aus losen Steinen trägt die schweren Grabplatten.

Schlussstein über der nordwestlichen Grabkammer. Hier waren 12 Personen bestattet.

Nordöstliche Grabkammer, die drei vollständige Skelette enthielt

Südwestliche Grabkammer mit Skeletten von 13 Personen

Südöstliche Grabkammer mit Skeletten von fünf Erwachsenen und zwei Kindern

Eine mächtige Sandsteinplatte blockiert den Eingang zum Hügelgrab.

1562 zur Niedermetzelung der Bewohner der Hugenottengemeinde von Vassy und damit zum ersten Hugenottenkrieg. Die anschließenden Bemühungen der vom katholischen Haus Guise unterstützten Krone, die Hugenotten zu unterdrücken, lösten in den folgenden acht Jahren dreimal den Ausbruch weiterer Kämpfe aus. Das Massaker der BARTHOLOMÄUSNACHT von 1572 war der Auslöser für den fünften Krieg, der 1576 mit der Zusage der Krone endete, den Protestanten Glaubensfreiheit zu gewähren.

Die Katholiken reagierten mit der Bildung der Heiligen Liga unter der Führung des Herzogs Heinrich von GUISE und seines Bruders, des Kardinals von Lothringen. Die Kriege 1577–80 endeten ohne Entscheidung. Als der Protestant Heinrich von Navarra 1584 voraussichtlicher Thronerbe wurde, kam es zum achten Hugenottenkrieg. Erst nachdem er 1589 als HEINRICH IV. erster Bourbonenkönig geworden und zum Katholizismus übergetreten war, wurde das Land durch seine Politik der religiösen Toleranz befriedet.

Hugo, Victor

Hugo, Victor (1802–85), bedeutender französischer Dichter, Romancier und Dramatiker. Er war ein Leitbild der französischen Romantiker und wurde 1841 Mitglied der Académie Française. Der Erfolg seines Versdramas *Hernani* (1830) bezeugte den Sieg der Romantik über die klassischen Konventionen des Dramas, die das französische Theater beherrschten. Seine Romane, insbesondere *Der Glöckner von Notre Dame* (1831) und *Die Elenden* (1862), zeigen sein Interesse an sozialen und politischen Themen. Als überzeugter Republikaner ging Victor Hugo 1851, kurz nach dem Staatsstreich NAPOLEONS III., ins Exil nach Brüssel, vier Jahre später nach Guernsey. 1870 kehrte er nach dem Ende des Kaiserreichs zurück und blieb eine unangefochtene geistige Autorität in Frankreich.

Humanismus

Humanismus, philosophische und kulturelle Bewegung während der RENAISSANCE im Europa des 15. Jh. Ausgangsland war Italien, wo der Humanismus schon im 13. Jh. vorbereitet wurde. Der Begriff Humanisten bezog sich ursprünglich auf die Gelehrten, die sich anhand klassischer lateinischer, griechischer und hebräischer Texte mit den *Studia humanitatis* genannten humanistischen Lehrfächern, d. h. Grammatik, Rhetorik, Geschichte, Dichtkunst und Moralphilosophie, befassten. Erziehungssystem und Kulturbegriff der Humanisten basierten auf der klassischen Antike. Zu den herausragenden Vertretern dieses Gedankenguts zählen der Theologe Desiderius ERASMUS, der politische Theoretiker Niccolò MACHIAVELLI oder der Publizist Ulrich von Hutten. Die Humanisten lehnten zugunsten grundlegender

Alexander von Humboldt hatte viele Interessen und einen großen Freundeskreis. Von ihm sind mehr als 8000 Briefe erhalten.

menschlicher Werte engstirnige religiöse Dogmen ab und vertraten eine diesseitsorientierte Weltanschauung. Die Erfindung des Buchdrucks trug zur Verbreitung ihrer Ideen über ganz Europa bei.

Humboldt, Alexander Freiherr von

Humboldt, Alexander Freiherr von (1769–1859), deutscher Forscher und Wissenschaftler. Er unternahm 1799–1804 Reisen durch Mittel- und Südamerika und forschte u. a. auf den Gebieten der Naturgeschichte, Meteorologie und Geophysik. Der Bruder von Wilhelm von HUMBOLDT bewies, dass die Flusssysteme von Amazonas und Orinoko miteinander verbunden sind und dass der Perustrom – später nach ihm Humboldt-Strom benannt – vor der Küste von Südamerika kälter als die ihn umgebenden Wassermassen ist. In den Jahren 1804–27 veröffentlichte Humboldt seine wissenschaftlichen Erkenntnisse, und nach einer Expedition ins asiatische Russland 1829 verfasste er während der letzten 25 Jahre seines Lebens das grundlegende Werk *Kosmos. Entwurf einer physikalischen Weltbeschreibung.*

> **WUSSTEN SIE, DASS?**
>
> *Alexander von Humboldt war ein erfolgreicher Bergsteiger. Auf seinen Expeditionen in Südamerika bestieg er mehrere Andengipfel, u. a. erklomm er den Chimborasso bis auf 5500 m Höhe.*

Humboldt, Wilhelm Freiherr von

Humboldt, Wilhelm Freiherr von (1767–1835), deutscher Gelehrter und Politiker. Wie sein Bruder Alexander von HUMBOLDT unternahm er ausgedehnte Reisen. Der studierte Jurist schrieb Gedichte und verfasste eine staatspolitische Abhandlung, in der er sich für die freie Entfaltung der Persönlichkeit und gegen staatliche Gängelei aussprach. Nach dem Dienst als preußischer Abgesandter in Rom wurde er 1809 Leiter des Unterrichtswesens in Preußen und schuf das humanistische Gymnasium. Er regte die Gründung der Universität Berlin an und vertrat mit Karl August von HARDENBERG Preußen beim WIENER KONGRESS. Mit seinem Werk *Über die Kawi-Sprache auf der Insel Jawa* (1836–40) sowie einer Grammatik des Baskischen gilt er als Begründer der vergleichenden Sprachwissenschaft.

Hume, David

Hume, David (1711–76), schottischer Philosoph und Historiker. In *A treatise of human nature* (1739/40) stellte er die These auf, es sei unmöglich, Wissen nur logisch herzuleiten; vielmehr könne sich der Mensch lediglich auf seine Erfahrungen verlassen. Da man Hume des Atheismus beschuldigte, erhielt er keinen Lehrstuhl an der Universität Edinburgh. Nach zwei Jahren im diplomatischen Dienst kehrte er 1748 nach Edinburgh zurück, wo er 1754–62 das Werk *The History of England* schrieb, mit dem er die britische Geschichtsschreibung nachhaltig beeinflusste.

Während seines Dienstes an der britischen Botschaft in Paris 1763–65 entstand seine Freundschaft mit Jean-Jacques ROUSSEAU. Hume entwickelte auch wirtschaftstheoretische Überlegungen und gilt als einer der Begründer der Nationalökonomie.

Hundert Tage, Herrschaft der

Hundert Tage, Herrschaft der (20. März–28. Juni 1815), Zeitraum zwischen der Rückkehr NAPOLEONS I. aus dem Exil auf der Insel Elba nach Paris und der erneuten Einsetzung des französischen Königs LUDWIG XVIII. Am 1. März landete Napoleon in Cannes, während sich die europäischen Mächte auf dem WIENER KONGRESS trafen, um die Lage in Europa nach dem Sieg über Napoleon zu erörtern. Napoleon erhielt auf seinem Zug nach Norden große Unterstützung aus dem Volk und traf am 20. März, eine Woche nach der Flucht Ludwigs, in Paris ein, wo er sich darauf vorbereitete, seine erneute Herrschaft gegen die hastig wieder belebte Koalition der europäischen Staaten zu verteidigen. Ende April hatte er eine 105 000 Mann starke Armee mobilisiert, die den knapp 130 000 Mann der Verbündeten gegenüberstand. Napoleon wagte den Angriff und zwang die Preußen bei Ligny zum Rückzug. Zwei Tage später, am 18. Juni, erlitt er jedoch bei WATERLOO die entscheidende Niederlage gegen die britische und die preußische Armee. Am 22. Juni kehrte er nach Paris zurück, wo er zum zweiten Mal abdankte und nach St. Helena ins Exil ging. Sechs Tage später hatte König LUDWIG XVIII. den Thron wieder inne.

Hundertjähriger Krieg, Auseinandersetzungen zwischen England und Frankreich im 14./15. Jh. Anlass war der Anspruch des englischen Königs EDUARD III. auf den französischen Thron, nachdem die KAPETINGER 1328 ausgestorben waren – Eduard III. war der Sohn der Tochter des letzten Kapetingers. Der Nachfolger Philipp VI. aus dem Haus Valois, der kapetingischen Nebenlinie, besetzte 1328 Aquitanien, das seit der Ehe HEINRICHS II. mit ELEONORE VON AQUITANIEN in englischer Hand gewesen war. Zur Vergeltung fiel Eduard III. 1339 in Frankreich ein, wo er mehrere Siege errang. Nach mehr oder weniger kriegerischen Zeiten besetzte Heinrich V. von England 1419 Teile von Nordfrankreich und zwang 1420 den französischen König Karl VI., ihn, Heinrich, seinen Schwiegersohn, zum Nachfolger zu bestimmen, doch 1422 starb Heinrich unerwartet. Einige Jahre danach trat JOHANNA VON ORLÉANS auf den Plan, mit der eine Siegesserie der Franzosen begann. 1453 fiel mit Bordeaux das – bis auf Calais – letzte englische Bollwerk.

Hunnen, asiatisches Reitervolk, das aus einzelnen nur lose organisierten Stammesverbänden bestand. Auf dem Eroberungszug der Hunnen nach Westen im 4. Jh. trieben sie germanische und iranische Stämme vor sich her oder zogen sie mit sich, sodass es zur VÖLKERWANDERUNG kam. 375 überrannten sie die Alanen und das Ostgotenreich, 376 zwangen sie die Westgoten zum Rückzug auf römisches Gebiet. Im 5. Jh. wüteten sie unter ihrem Anführer ATTILA auf dem Balkan und drangen nach Westen bis Orléans vor, wurden dann aber 451 von Römern und Westgoten auf den Katalaunischen Feldern nahe der Maas geschlagen. 453 starb Attila überraschend. Es kam zum Streit unter seinen Söhnen und zu Aufständen der unterdrückten Völker, und die Hunnen zogen sich nach Osten zurück.

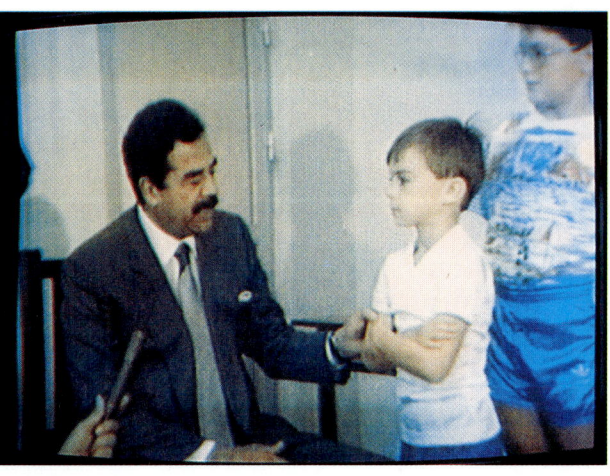

Saddam Husain führte im irakischen Fernsehen einen englischen Jungen vor. Im August 1990 vor Ausbruch des Golfkriegs wurden ausländische Familien als Geiseln genommen.

Husain, Saddam (*1937), seit 1979 Staatspräsident des Irak. Sein Aufstieg begann 1957, als er sich der sozialistischen Baath-Partei anschloss. Er war an mehreren Staatsstreichen beteiligt und kam 1964 für zwei Jahre in Haft. 1968 spielte er eine wichtige Rolle beim Putsch, durch den General Al-Bakr an die Macht kam, und ein Jahr später wurde er nach Massenverhaftungen und -hinrichtungen Stellvertretender Vorsitzender des Kommandorats. Im Jahr 1979 übernahm er von Al-Bakr die Ämter des Staatspräsidenten, Parteigeneralsekretärs und Oberbefehlshabers der Streitkräfte.

1980 löste Husain den IRAKISCH-IRANISCHEN KRIEG aus, der acht Jahre später ohne Entscheidung endete. Im selben Jahr führte er eine Unterdrückungskampagne gegen die im Nordirak lebenden Kurden und ließ mehrere tausend mit Giftgas ermorden. Auf seinen Befehl hin kam es im August 1990 zur irakischen Invasion in KUWAIT, die zum GOLFKRIEG führte, in dem der Irak 1991 einer internationalen Armee unter amerikanischem Oberbefehl unterlag.

Husain II. (1935–99), 1952 bis zu seinem Tod König von Jordanien. Mit westlicher Hilfe bemühte er sich um die Stärkung der Wirtschaft. Im SECHSTAGEKRIEG 1967 verlor er das Westjordanland an Israel. Verbände der PALÄSTINENSISCHEN BEFREIUNGSORGANISATION (PLO) kamen ins Land und betrieben seinen Sturz, wurden jedoch 1971 gewaltsam ausgeschaltet. Husain, der 1974 die PLO als rechtmäßige Vertretung der Palästinenser anerkannte, entwickelte sich zu einer Hauptfigur bei den Friedensbemühungen im Nahen Osten. 1988 gab er seinen Anspruch auf das Westjordanland zugunsten der PLO auf und unterzeichnete 1994 mit Itzhak RABIN, dem damaligen Ministerpräsidenten Israels, ein Friedensabkommen.

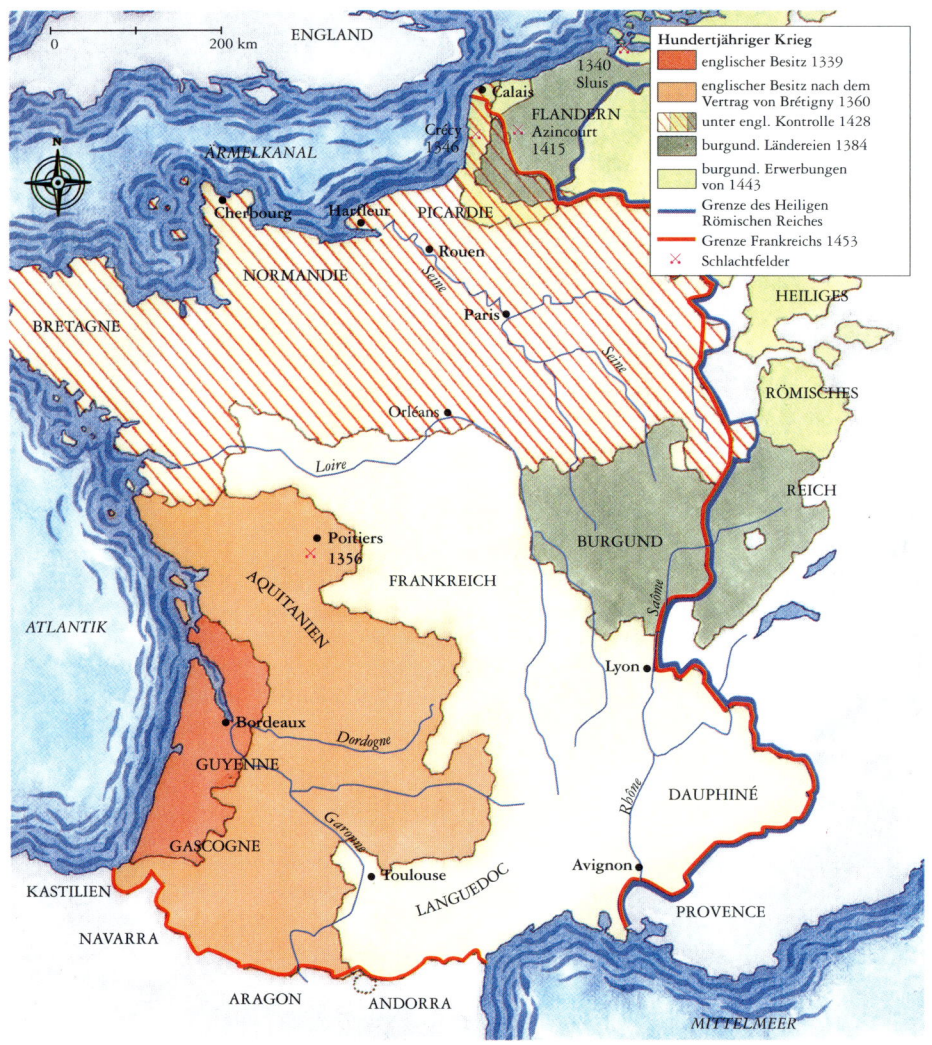

Im Hundertjährigen Krieg 1339–1453 kämpfte Frankreich gegen die Machtansprüche Englands auf dem Kontinent. Johanna von Orléans brachte die Wende zugunsten Frankreichs.

Husar, Soldat eines Regiments der leichten Kavallerie. Die Bezeichnung geht auf die berittenen Truppen zurück, die vom ungarischen König Matthias I. Corvinus für die Eroberung Wiens 1485 ausgehoben wurden. Typische Merkmale der Husarenuniform waren die Pelzmütze und die leger über der linken Schulter getragene bestickte Jacke, der Dolman.

Hussiten, Anhänger von Johannnes Hus, dem tschechischen Reformator, der wegen Ketzerei exkommuniziert und auf dem Konstanzer Konzil 1415 hingerichtet wurde. Seine Verbrennung auf dem Scheiterhaufen löste in Böhmen den Ruf nach religiöser Freiheit und Widerstand gegen die Herrschaft der Deutschen aus, d. h. gegen Kaiser Sigismund, der für die Hinrichtung verantwortlich gemacht wurde und dem man nun die Anerkennung als König von Böhmen verweigerte. Die Hussiten spalteten sich in zwei Gruppen auf: in die gemäßigten Utraquisten und die radikalen Taboriten, so genannt nach dem Berg Tabor. Sie waren eine sozialrevolutionäre Bewegung, die alle der Bibel widersprechenden kirchlichen Einrichtungen, wie z. B. Reliquienkult und Ablass, ablehnte und den Weg für ein herannahendes Gottesreich – auch mit Gewalt – bereiten wollte. 1433 kam es zu einem Ausgleich des Basler Konzils mit den Utraquisten in den Prager Kompakten, und 1434 wurden die Taboriten von den verbündeten Utraquisten und kaiserlich-katholischen Truppen in der Schlacht von Lipan vernichtend geschlagen.

Die Hussiten waren bekannt für ihre Wagenburgen, mit denen sie sich vor Angriffen gut zu schützen wussten.

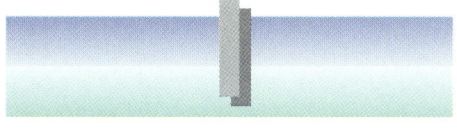

Ife, heilige Stadt in der Provinz Oyo in Südwestnigeria. Im 11. Jh. war Ife Hauptstadt eines Königreichs, dessen Einwohner, die YORUBA, sie für die Wiege der Menschheit hielten. Wenig später begannen Handwerker mit der Fertigung großartiger Terrakottaskulpturen und Bronzeköpfe. Im 16. Jh., als die Stadt Alt-Oyo zum Sitz mächtigerer Königreiche wurde, verlor Ife an Bedeutung. Heute ist Ife Universitätsstadt und Umschlagplatz für Kakao und tropische Hölzer.

Illyrien, im Altertum die nach dem Volk der Illyrer benannte gebirgige Landschaft an der Ostküste des Adriatischen Meeres. Heute gehört das Gebiet zu Kroatien, Bosnien-Herzegowina, Jugoslawien und Albanien. Ab 900 v. Chr. wurde die Gegend von mehreren miteinander verwandten indoeuropäischen Stämmen bewohnt, die sich immer wieder kriegerische Auseinandersetzungen mit den Nachbarvölkern in Epirus und Makedonien lieferten. Um die Mitte des 3. Jh. v. Chr. gründete König Agron im südlichen Illyrien einen festen Staat, der jedoch 228 v. Chr. in römische Abhängigkeit gelangte. 168 v. Chr. bezwangen die Römer den letzten Illyrerkönig, lösten das Königreich auf und gründeten die römische Provinz Illyricum. In langwierigen Kämpfen fielen auch der Nordteil Illyriens und schließlich im Jahr 33 v. Chr. unter Kaiser AUGUSTUS das Innere des Landes an Rom. Das illyrische Volk hatte für die Römer vor allem militärische Bedeutung; einige der größten römischen Feldherren waren Illyrer, etwa Aurelian und KONSTANTIN I. DER GROSSE. Im 7. Jh. wurde Illyrien von südslawischen Stämmen besiedelt.

Imhotep, altägyptischer Baumeister, Arzt und Hauptratgeber von Pharao Djoser. Imhotep erbaute um 2600 v. Chr. den ersten Tempel in Edfu und mit der Stufenpyramide von Sakkara die erste ganz aus Stein gefügte PYRAMIDE. Ab ca. 525 v. Chr., mit Beginn der Perserherrschaft in Ägypten, wurde er in Memphis als Gott verehrt und von den Griechen mit Äskulap, dem griechischen Gott der Heilkunst, gleichgesetzt.

Impeachment, Anklage gegen einen Staatsbeamten, etwa einen Präsidenten, Minister oder Richter, zum Zweck der Amtsenthebung wegen rechtswidriger Handlungen. Das Verfahren entstand im England des 14. Jh. und wurde im 17. Jh. vielfach gegen die Anhänger und Minister KARLS I. eingesetzt. In den USA sehen die Verfahrensregeln für ein Impeachment vor, dass das

REPRÄSENTANTENHAUS die Anklage einleitet und eine Liste von Anklagepunkten vorlegt, die vom SENAT geprüft wird. Mit Zweidrittelmehrheit kann dieser die Verurteilung beschließen. 1974 wurde ein Impeachmentverfahren gegen Präsident NIXON im Anschluss an die WATERGATE-Affäre durch dessen vorzeitigen Rücktritt abgewendet. Bill CLINTON dagegen, dem 1999 im Zusammenhang mit seiner Affäre mit der Praktikantin Monica Lewinsky Meineid und Behinderung der Justiz vorgeworfen wurden, musste sich einem Amtsenthebungsprozess stellen, wurde aber freigesprochen.

Imperialismus, das Streben eines Staates, durch Anwendung von militärischer Gewalt oder mittels politischer Kontrolle seinen Machtbereich auf andere Staaten auszuweiten. Imperialistische Bestrebungen sind alt; so schuf bereits ALEXANDER DER GROSSE im 4. Jh. v. Chr. ein gewaltiges Imperium, das von Griechenland bis nach Indien reichte. Der Begriff Imperialismus wurde jedoch erst

In der Totenstadt Sakkara errichtete Imhotep um 2600 v. Chr. eine Stufenpyramide für Pharao Djoser. Auf den gigantischen Stufen sollte der tote König zum Himmel emporsteigen.

im 19. Jh. geprägt und bezeichnet im eigentlichen Sinn die Politik der industrialisierten Großmächte Europas sowie Japans und der USA seit Ende des 19. Jh., die vom wirtschaftlichen Interesse an Rohstoffquellen und neuen Absatz- und Kapitalmärkten geprägt war. Frankreich, Großbritannien und Russland errichteten bedeutende Kolonialreiche. Die Ureinwohner der unterworfenen Gebiete genossen unter der Oberherrschaft der Imperialisten kaum irgendwelche Rechte, verloren oft ihre Identität und mussten Religion und Sozialstrukturen der neuen Machthaber übernehmen.

In den 20er-Jahren kam zunehmend Kritik am Imperialismus der Großmächte auf; es entstanden zahlreiche antiimperialistische Bewegungen. Nach dem Zweiten Weltkrieg erlangten die meisten ehemals unter westlicher Oberherrschaft stehenden Kolonialge-

Die imperialistischen Großmächte Großbritannien, Deutschland, Russland, Frankreich und Japan teilen sich unter den Augen des entsetzten Kaisers von China den chinesischen Kuchen auf.

biete ihre Unabhängigkeit; viele Staaten des ehemaligen BRITISCHEN EMPIRE fanden sich zum COMMONWEALTH OF NATIONS zusammen.

Impressionismus, um 1870 in Frankreich entstandene Richtung der neueren Malerei. Zentrale Vertreter waren Claude Monet, Edouard Manet, Camille Pissarro, Pierre Auguste Renoir, Edgar Degas und Alfred Sisley. Sie protestierten gegen die Lehrmethoden und Konventionen der Akademien und verwarfen die romantische Malweise, die persönliche Gefühle zum Ausdruck brachte. Stattdessen bemühten sich die Impressionisten um eine objektivere Aufzeichnung dessen, was sie in einem bestimmten Moment sahen, was einen Eindruck, eine Impression bei ihnen hinterließ. Nicht die unveränderliche Struktur eines Gegenstands war wichtig, sondern ihr flüchtiges Erscheinungsbild, das vor allem von wechselnden Lichtverhältnissen beeinflusst wird. Sie lösten sich von den Braun-, Grün-, Schwarz- und Grautönen der herkömmlichen Landschaftsmalerei und griffen zu hellen, leuchtenden Farben, um Sonnenlicht und Reflexionen wiederzugeben. Farbtöne wurden häufig nicht auf der Palette gemischt, vielmehr tupfte man die reinen Farben in vielen kleinen Punkten nebeneinander auf die Leinwand. Der gewünschte Ton wird so erst aus einer gewissen Entfernung wahrgenommen.

1874 hatten die Impressionisten ihre erste gemeinsame Ausstellung, und zwar unabhängig von der Französischen Akademie, die die meisten ihrer Werke ablehnte. Der Begriff Impressionismus wurde nach der Exposition erstmals, allerdings spöttisch, von Louis Leroy verwendet, der für die satirische Zeitschrift *Le Charivari* arbeitete. Er leitete ihn von Monets Landschaftsbild *Impression, soleil levant* ab. Kritische Würdigung erfuhr die Stilrichtung erst in den 80er-Jahren des 19. Jh.; zu dieser Zeit begannen sich die Impressionisten aber schon auseinander zu entwickeln. In Deutschland wirkte sich der Impressionismus auf Liebermann, Slevogt und Corinth aus.

Indianer, Sammelbezeichnung für die Ureinwohner Amerikas, die vor 60 000–20 000 Jahren über die Beringstraße aus Asien einwanderten. Die nordamerikanischen Stämme vor der Kolonialzeit teilt man in geographische Gruppen ein: Nordwestküste, Plateau und Großes Becken, südöstliches Waldland z. B. CHEROKEE, nordöstliches Waldland z. B. IROKESEN, Prärie und Plains z. B. APACHEN, Südwesten z. B. NAVAJO und PUEBLOS; Kalifornien, Subarktis und Arktis z. B. INUIT. In Mittel- und Südamerika hatten Maya, Inka und Azteken INDIANISCHE HOCHKULTUREN entwickelt.

Bei der Ankunft der Europäer im späten 16. Jh. betrug die Zahl der nordamerikanischen Ureinwohner rund 2 Mio., von denen die meisten eher die Küstenregionen als das unwirtliche Innere des Kontinents besiedelten. Bis auf die Stämme im Südwesten war das Leben in den kleinen Dorfgemeinschaften größtenteils von der Jagd bestimmt. Konflikte mit spanischen, britischen und französischen Siedlern im 16./17. Jh. führten zu kriegerischen Auseinandersetzungen, in deren Folge sich die Indianer tiefer ins Innere des Kontinents zurückziehen mussten. Die Politik der Europäer zielte darauf ab, durch den Abschluss von Verträgen das Land der Ureinwohner offiziell zu übernehmen. 1778–1871 wurden rund 370 Verträge unterzeichnet, von denen die meisten freilich gebrochen, abgeändert oder schlicht ignoriert wurden, indem man zunehmend Land für die Siedler erschloss. Die Ureinwohner wurden immer weiter nach Westen abgedrängt, aufkeimender Widerstand mit Waffengewalt unterdrückt.

1830 begann man die Indianer in INDIANERRESERVATE zu deportieren. Die fortschreitende Zerstückelung des Indianerlands durch Siedler, Goldgräber und Eisenbahngesellschaften löste weitere Konflikte aus. 1876 besiegten SIOUX und Cheyenne unter CRAZY HORSE und SITTING BULL die Armee der USA in der Schlacht am Little Big Horn; Oberstleutnant CUSTER wurde dabei getötet. Dieser größte Triumph der Indianer besiegelte aber zugleich ihren Untergang: Die Truppen wurden verstärkt, die Ureinwohner immer erbarmungsloser verfolgt. Das Massaker am WOUNDED KNEE 1890 setzte den Schlusspunkt unter die Geschichte der Vertreibung und Vernichtung der Indianer, die fortan in Reservaten lebten. Widerstand formierte sich erst wieder in den 60er-Jahren des 20. Jh., als die Indianer auf Wiedergutmachung zu pochen und ihre Rechte einzuklagen begannen. Erst 1924 wurde allen Indianern die amerikanische Staatsbürgerschaft zuerkannt.

Dieses Bild von Claude Monet – *Impression: Sonnenaufgang* aus dem Jahr 1872 – gab einer ganzen Kunstrichtung den Namen. Hauptanliegen der Impressionisten war es, eine Szene und ihre Lichtverhältnisse so darzustellen, wie sie dem Künstler im Augenblick des Malens erscheinen.

Indianerreservate, den amerikanischen Ureinwohnern zugewiesene Siedlungsgebiete, in Nordamerika heute in Selbstverwaltung. Die ersten Reservate wurden 1786 von den USA eingerichtet. 1830 führte Präsident Andrew JACKSON das Indian Removal Act ein, ein Gesetz, das die Deportation der Urbevölkerung in Reservate regelte, die sie nicht verlassen durften. Im heutigen Oklahoma wurde 1837 ein so genanntes Indianerterritorium gegründet, das man den Creek, Seminole, Chickasaw, Choctaw und CHEROKEE für immer als Wohngebiet zusicherte, 1907 jedoch aufgelöst wurde. In den USA entstanden über 250 Reservate, die meisten auf schlechtem, unfruchtbarem Land, wodurch die Verelendung der Indianer vorbestimmt war. Der Status der amerikanischen Ureinwohner verschlechterte sich kontinuierlich bis in die 70er-Jahre, als man ihre Rechte neu ordnete. Noch immer aber liegen Selbstmordrate und Alkoholismus weit über dem Durchschnitt der weißen Bevölkerung. Größtes Reservat ist das der NAVAJO im Südwesten der USA.

Indianische Hochkulturen siehe Seite 228/229

Indien, größter Teil des asiatischen Subkontinents. Die Urbevölkerung bestand aus Adivasi-Völkern, die 2500–1700 v. Chr. die INDUSKULTUR errichtete. In den folgenden Jahrhunderten wanderten von Nordwesten her ARIER nach Indien ein, unterwarfen die Ureinwohner und eroberten die gesamte Gangesebene. Um 1000 v. Chr. führten sie ein erstes Kastensystem ein und aus ihren Glaubensvorstellungen entstand schließlich der HINDUISMUS. Ende des 6. Jh. v. Chr. stiftete Gautama Siddharta den BUDDHISMUS.

Mit dem MAURYA-REICH entstand im Jahr 320 v. Chr. das erste indische Großreich, das um 185 v. Chr. aber zerfiel. Arabische Kaufleute brachten im 8. Jh. den ISLAM, der Buddhismus wurde fast völlig verdrängt. Seit dem 11. Jh. fielen Moslems von Norden her ein. Nur in wenigen Gebieten blieben die Hindu an der Macht.

Das islamische MOGUL-REICH hatte seine Blütezeit 1526–1707. Stärkste Kraft auf dem Subkontinent wurde mit der Zeit die 1599 von den Briten als Handelsniederlassung gegründete OSTINDISCHE KOMPANIE. Diesen Status behielt sie bis 1857, als es zum bewaffneten Aufstand gegen die Briten kam. Auch das Volk erhob sich gegen die Politik der Kolonialherren, die ihnen die europäische Kultur aufzwingen wollten und das Land nach ihren Vorstellungen aufteilten.

1858 wurde der Aufstand von den Briten niedergeschlagen und noch im selben Jahr löste man die Kompanie auf und unterstellte sie direkt der Krone. Auch unter dem Vizekönig blieb es bei einer Zentralregierung,

Amerikanische Ureinwohner hören 1919 im Indianerreservat Standing Rock eine Rede von Präsident Woodrow Wilson. Die Männer tragen statt indianischer Tracht europäische Hüte und Anzüge.

der Rat bestand jedoch aus indischen und europäischen Mitgliedern. 1877 nahm Königin VIKTORIA den indischen Kaisertitel an.

Anfangs wurde die britische Herrschaft bereitwillig angenommen, doch mit der Zeit entstanden Bewegungen für soziale Reformen. Wesentliche Fortschritte in Richtung einer Unabhängigkeit brachte der 1885 gegründete Indische Nationalkongress. Mohandas GANDHI, der seit 1920 die Kongresspartei leitete, führte eine politische Kampagne für Selbstregierung und Unabhängigkeit durch, die auch die Masse des Volkes mobilisierte. Obwohl viele Inder im Zug der von Gandhi ins Leben gerufenen Bewegung für GEWALTLOSIGKEIT ums Leben kamen, errang die Kongresspartei einen gewaltigen Sieg bei den 1935 abgehaltenen Wahlen. Dieses Gesetz ermöglichte den Indern parlamentarische Selbstverwaltung auf Provinzebene. Die Unterstützung für die Partei wuchs 1942 nach der Verhaftung Gandhis und anderer Führungsmitglieder und der anschließenden Gründung der Quit-India-Bewegung, die die sofortige Beendigung der britischen Herrschaft forderte.

1947 erhielt Indien die Unabhängigkeit und die Moslems bekamen PAKISTAN als eigenen Staat. Erster Premierminister von Indien war Jawaharlal NEHRU. 1966 und erneut 1980 wurde Nehrus Tochter Indira GANDHI zur Premierministerin gewählt; 1984 wurde sie von einem fanatischen Sikh ermordet. Ihr Nachfolger und Sohn Rajiv GANDHI fiel nach der Intervention Indiens in SRI LANKA in den 80er-Jahren zur Unterdrückung aufständischer Tamilen 1991 dem Attentat eines militanten Tamilen zum Opfer. Ethnisch motivierte Konflikte zwischen

Hindu und Andersgläubigen sowie gewalttätige Unabhängigkeitsbewegungen in Kaschmir und im Pandshab verstärkten sich während der Regierungszeit von Narasimha Rao. Nach nur einem Jahr trat 1999 Regierungschef Atal B. Vajpayee zurück. Als Nachfolgerin ist Rajiv Gandhis Witwe Sonia im Gespräch.

Indonesien, etwa 13 700 Inseln umfassender Inselstaat in Südostasien. Die Bevölkerung besteht aus über 300 ethnischen Grup-

pen, die mehr als 250 verschiedene Sprachen sprechen; fast 90 % sind Moslems. Die 1602 gegründete Niederländische Ostindien-Kompanie, die die Inseln nach und nach eroberte, schuf die Grundlagen für die Kolonie NIEDERLÄNDISCH-INDIEN, die 1816 bestätigt wurde. Anfang des 20. Jh. forderten die Ureinwohner die Unabhängigkeit; sie wurden u. a. von der Nationalen Partei Indonesiens unter Ahmed SUKARNO vertreten. Nachdem die Kolonie im Zweiten Weltkrieg zeitweilig von japanischen Truppen besetzt gewesen war, rief Sukarno 1945 die Unabhängigkeit aus. Zwar versuchten die NIEDERLANDE 1947–49 die Macht zurückzuerlangen, mussten Indonesien aber letztlich in die Unabhängigkeit entlassen.

Fortsetzung S. 230

Sonne, Gold und Menschenopfer – drei indianische Hochkulturen

Vor rund 15 000 Jahren wanderten die ersten Menschen über eine Landbrücke zwischen Sibirien und Alaska nach Amerika ein. Unter ihren Nachfahren entstanden in Zentral- und Südamerika die hoch zivilisierten Reiche der Maya, Azteken und Inka. Letztere wurden von spanischen Konquistadoren für immer ausgelöscht.

Im Jahr 1492 unternahm Christoph Kolumbus seine erste Entdeckungsfahrt nach Amerika und bereitete damit den spanischen Eroberern den Weg zur Zerstörung der glanzvollen Reiche der Azteken und Inka.

1519 betraten spanische Soldaten, angeführt von Hernán Cortés, Tenochtitlán, die Hauptstadt der Azteken an der Stelle der heutigen Stadt Mexiko. Die mit gut 200 000 Einwohnern damals größte Stadt der Erde lag auf einer Insel im Texcocosee, besaß ein gitterförmig angelegtes Straßen- und Kanalsystem sowie kunstvolle Tempel und Paläste. Die Azteken hatten das Zentrum ihres Reiches um 1325 errichtet und eine Gesellschaft geschaffen, die kulturell hoch entwickelt und reich an Gold war, aber auch grausame Menschenopfer forderte.

Die Azteken hielten sich selbst für ein auserwähltes Volk, dazu bestimmt, über andere zu herrschen. Ihr letzter König Montezuma II. befehligte ein Riesenreich, das sich von der Atlantik- bis zur Pazifikküste erstreckte und eine effiziente Verwaltung besaß, die die Steuern von tributpflichtigen Städten und Dörfern eintrieb. Die Azteken waren so sehr der Kriegführung verschrieben, dass sie bei Taufritualen neugeborene Knaben dem Schlachtfeld weihten. Nach ihrem Weltverständnis waren Eroberungen nicht nur ein Mittel zur Anhäufung von Reichtümern durch Tributzahlungen, sondern eine pure Überlebensnotwendigkeit. Da ihr Kriegsgott Huitzilopochtli dem Mythos zufolge ständig frisches Blut brauchte, konnte das Universum nur durch die Opferung von Gefangenen erhalten werden; man riss ihnen bei lebendigem Leib das Herz heraus. Einmal wurden bei einer Zeremonie nicht weniger als 12 000 feindliche Soldaten hingerichtet.

Trotz solcher Praktiken waren Demut, Mitleid, Gehorsam und harte Arbeit erwünschte Tugenden. Die Azteken besaßen

Montezumas Kopfschmuck

PAZIFISCHER OZEAN

Goldener Vorratsbeutel für Kokablätter

Reich der Azteken 1519
Gebiet der Maya 600–800
Reich der Inka 1525

NORD-AMERIKA

REICH DER AZTEKEN
Tenochtitlán
Golf von Mexiko
Chichén Itzá
MAYA

ATLANTISCHER OZEAN

Maya-Statue um 800 v. Chr.

SÜD-AMERIKA

Cuzco
REICH DER INKA

Oben: Die Reiche der Azteken und Maya lagen in Zentralamerika, das der Inka an der Ostküste Südamerikas.

ein straffes Rechtssystem, wonach Verbrechen mit harten Strafen geahndet wurden. Knaben aus Familien der Oberschicht wurden in internatsähnlichen Einrichtungen auf den Krieg vorbereitet und in Fächern wie Recht, Politik, Geschichte und Musik unterrichtet. Andere wurden sowohl im Handel als auch in der Kriegführung ausgebildet. Das Leben richtete sich nach Riten, die in zwei Kalendern, einem für das weltliche und einem für das heilige Jahr, festgelegt waren.

So wie das Azteken-Reich auf der Kriegführung beruhte, war nach ihrer Mythologie auch der Schöpfungsakt von Konflikt geprägt: Viermal hatten die Götter eine Welt geschaffen und

viermal hatten sie sie wieder zerstört, bis schließlich unsere heutige Welt entstand. Aufzeichnungen dieser Mythen finden sich auf Vasen oder eingeritzt in Holz, Knochen und Stein. Für die Niederschrift benutzten sie Piktogramme.

Ein Mythos um den Gott Quetzalcóatl wurde den Azteken letztlich zum Verhängnis. Einer Prophezeiung zufolge sollte Quetzalcóatl aus dem Osten zurückkehren und seinen Thron beanspruchen. Montezuma II. hielt den spanischen Eroberer Cortés für den Gott, der das Meer überquert hatte, um das Azteken-Reich zurückzufordern. Dieser Irrtum besiegelte das Schicksal der Azteken. Kurz nachdem Montezuma II. Cortés und seine rund 500 Soldaten in Tenochtitlán willkommen geheißen hatte, setzten ihn die Spanier gefangen und Cortés übernahm das Kommando. Am 13. August 1521 wurde die Stadt von Cortés mit Unterstützung des mit den Azteken verfeindeten Stammes der Tlaxcalteken vollständig zerstört.

Der Jadeschmuck (links unten), der den Sonnengott darstellt, und die 771 errichtete Stele aus Stein (unten) sind Vermächtnisse der Maya.

Vier Jahre zuvor, im Jahr 1517, war der Spanier Francisco de Cordoba an der Küste der Halbinsel Yucatán gelandet und auf Überreste der kunstvollen Hochkultur der Maya gestoßen. In ihrer Blütezeit, die etwa 300–900 währte, herrschten die Maya über die Gebiete des heutigen Guatemala und Belize sowie über Teile des heutigen Mexiko. Sie kannten weder Eisen noch Bronze, doch weist ihre Kultur feine und detailreiche Steinmetzarbeiten wie Geschirr und Monolithen auf. Sie stellten filigrane Objekte aus Gold, Jadeschnitzereien und Tongefäße her und exportierten Salz und Baumwolle bis hinab zum Golf von Honduras. Die Maya sind berühmt für ihre komplizierte Hieroglyphenschrift, ihre akkuraten Kalender und ihre umfassenden astronomischen und mathematischen Kenntnisse. Anhand der Kalender wurden die Zeiträume für Zeremonien berechnet, von denen die wichtigsten an heiligen Stätten wie Chichén Itzá stattfanden, wo gewaltige Pyramiden errichtet wurden.

Die Gesellschaftsstruktur der Maya war in hohem Maß organisiert. Zwischen den Angehörigen des Adels, in

Die Azteken hielten Cortés für den Gott Quetzalcóatl (rechts). Der Kodex (unten) zeigt große aztekische Feldherren.

deren Händen der durch den Handel erlangte Reichtum lag, und den Bauern, die auf den Feldern arbeiteten, herrschte eine große Kluft.

Als die Spanier eintrafen, hatten Bürgerkriege bereits den Niedergang der Kultur herbeigeführt und vielerorts war sie fast ganz verschwunden, was den Konquistadoren die Eroberung des Landes erleichterte. Als die Spanier Chichén Itzá entdeckten, waren die Ruinen der Stadt bereits von Wald überwuchert, doch fanden sie auch intakte Steingebäude, Marktplätze und Tempel vor.

DAS GROSSREICH DER INKA

Im frühen 16. Jh. war Cuzco, die Hauptstadt der Inka, die bedeutendste Stadt Südamerikas. Die Inka siedelten dort um 1200 unter der Führung ihres legendären Kulturgründers Manco Capac. Unter Pachacutec weiteten sie ab Mitte des 15. Jh. ihr Gebiet durch Eroberungen aus, bis sich ihr Reich über eine Länge von ca. 5600 km vom heutigen Ecuador bis nach Zentralchile ausdehnte und 12 Mio. Menschen vereinte. Der Grund für den Erfolg der Eroberungszüge lag weniger in den Waffen als vielmehr in dem politischen und organisatorischen Geschick der Inka sowie ihrer Begabung als Baumeister. Mit ihrem 24 000 km langen Straßennetz übertrafen sie sogar die Römer.

Dass das Reich so florierte, beruhte auch auf der unumschränkten Herrschaft des *sapa inca*, des obersten Inka. Da die Inka ihre Vorfahren für direkte Nachfahren des Sonnengotts hielten, regierten ihre Herrscher aufgrund göttlicher Bestimmung und übten absolute Macht aus. Statthalter, die auch die Ackerbau treibenden Gemeinschaften organisierten, wachten darüber, dass die Befehle des *sapa inca* umgesetzt wurden. Die letzten Inkaherrscher beanspruchten sogar für sich, der Gott selbst zu sein.

So genannte Sonnenjungfrauen, die in klosterähnlichen Einrichtungen lebten, hüteten das heilige Feuer für das Sonnenfest und fertigten feinste Kleidungsstücke. Da sie keine Schrift kannten, wurden die Mythen der Inka mündlich überliefert. 1471 machte Pachacutecs Sohn Topa Inka das Ketschua zur offiziellen Sprache; sie wird heute noch gesprochen.

Kunsthandwerker verarbeiteten Gold zu wertvollem Schmuck und Kultgegenständen. Die Innenwände des Tempels der Sonne im Stadtzentrum von Cuzco waren mit feinstem Gold ausgekleidet. Trotz all seiner Großartigkeit wurde das Inkareich jedoch ab 1531 von einer Hand voll spanischer Soldaten unter Francisco Pizarro erobert. Dies war z. T. deshalb möglich, weil die Inka an die Unverletzbarkeit ihres letzten Königs Atahualpa glaubten. Als er gefangen genommen wurde, hatten sie niemanden mehr, der sie leitete. Und wie die Azteken hatten auch die Inka keine Waffen, die sie vor den Gewehren der berittenen Soldaten schützen konnten. Durch ihre Eroberungen in Zentral- und Südamerika steckten die Spanier in weniger als 50 Jahren die Grenzen für ein Reich ab, das zweimal so groß wie Europa war.

Machu Picchu (unten) war das zeremonielle Zentrum der Inka. An den Wangen der weiblichen Silberfigur (rechts) erkennt man, dass sie Kokablätter kaut.

Sukarnos Popularität schwand, als seine demokratische Politik einer mehr und mehr gelenkten Demokratie wich, die praktisch einer Diktatur glich und sich durch eine starke Exekutive sowie eine Armee mit besonderen Machtbefugnissen auszeichnete. 1965 unternahmen Kommunisten einen Putschversuch, der von der Armee aber niedergeschlagen wurde. In der Folge kam es zu schweren innenpolitischen Unruhen, aus denen ein neuer starker Mann hervorging: General Thojib SUHARTO, der Sukarno 1967 als Präsident ablöste. Unter Suharto erlebte das Land einen wirtschaftlichen Aufschwung und relative politische Stabilität, es blieb jedoch bei einem autoritären Regime, das seine politischen Gegner, u.a. fundamentalistische islamische Gruppierungen, brutal unterdrückte. 1976 annektierte Indonesien die portugiesische Kolonie Osttimor. Seit den 80er-Jahren kam es zu militärischen Konflikten zwischen Regierungstruppen und der dortigen Unabhängigkeitsbewegung, bei der bis heute ca. 200 000 Menschen starben. Nach einer schweren wirtschaftlichen und politischen Krise, in deren Verlauf es zu gewaltsamen Unruhen kam, trat General Ahmed SUHAR-TO im Mai 1998 zurück. Sein Nachfolger Jusuf Habibie versprach, die Korruption zu be-kämpfen und die Osttimor-Frage zu lösen. Im August 1999 sollen die Bewohner Osttimors über ihre politische Zukunft abstimmen.

Induskultur, Hochkultur, die ihre Blütezeit um 2500–1500 v. Chr. im unteren Industal erlebte. Bei archäologischen Ausgrabungen wurden seit den 20er-Jahren rund 100 Stätten untersucht, die Beweise für eine weit entwickelte Gesellschaft lieferten, in der es Kupfer- und Bronzegegenstände, öffentliche Bäder, Entwässerungssysteme und rechtwinklige Straßennetze gab. Zu den bedeutendsten zählen MOHENJO-DARO und die HARAPPA-KULTUR. Mögliche Gründe für das Verschwinden der Kultur sind Überschwemmungen, Übervölkerung oder die Invasion der ARIER.

Industrielle Revolution siehe Seite 232/233

Inflation, Prozess der Geldentwertung und des Kaufkraftverlusts, in der deutschen Geschichte vornehmlich Bezeichnung für die Inflation 1923. Im Oktober des Jahres hatte 1 Dollar den Gegenwert von 40 Mrd. Mark, im November von 4,2 Billionen Mark. Die Ursachen für diesen Geldwertverlust waren ein durch den Ersten Weltkrieg und seine Folgelasten – darunter Reparationszahlungen an die Siegermächte – völlig überschuldeter Staatshaushalt und eine wirtschaftliche Rezession. Während die Gold- und Devisenbestände immer mehr zusammenschrumpf-

ten, druckte man ohne Deckung ständig neue Banknoten. Diesem Prozess machte Reichskanzler Gustav STRESEMANN am 15. November mit der Währungsumstellung ein Ende: Für 1 Billion Papiermark erhielten die Bürger nun 1 Rentenmark. Damit stabilisierte sich zwar der Geldwert, große Teile des Mittelstands aber hatten ihre Sparguthaben und Versicherungsansprüche verloren und verarmten.

Innozenz III. (1160–1216), Papst ab 1198 und Reformer der Kurie. Unter ihm erlebte das PAPSTTUM die Höhe seiner weltlich-geistlichen Macht. Er exkommunizierte den englischen König JOHANN I. OHNE LAND, versuchte die Unabhängigkeit König PHILIPPS II. AUGUST von Frankreich einzuschränken und erklärte die MAGNA CHARTA für nichtig. 1209 führte er einen Kreuzzug gegen die ALBIGENSER in Südfrankreich. Auf dem 1215 von ihm einberufenen vierten Laterankonzil wurden 70 Reformen verfügt, zu deren Durchsetzung 1217 ein weiterer Kreuzzug eingeleitet wurde.

Innozenz IV. (um 1195–1254), Papst ab 1243. Der ausgebildete Jurist gehörte zu den schärfsten Gegnern von Kaiser FRIEDRICH II. Im Dauerkonflikt mit dem Stauferherrscher um die Macht im Reich musste Innozenz IV. aus Rom fliehen und verkündete von Lyon aus 1245 die Absetzung des Kaisers und veranlasste die Wahl HEINRICH RASPES zum deutschen Gegenkönig. Den Tod des Kaisers 1250 konnte der Papst nicht zu seinem Vorteil nutzen. Der Versuch, den Staufern Sizilien zu entreißen, scheiterte.

In den 30er-Jahren warben die Internationalen Brigaden mit solchen Plakaten Freiwillige für den Spanischen Bürgerkrieg an.

Inquisition, von der katholischen Kirche eingeführte Institution zur Verfolgung von Ketzern, die bis in die Neuzeit hinein praktiziert wurde. Beunruhigt wegen der Aktivitäten von Häretikern wie der ALBIGENSER setzte Papst Gregor IX. 1231/32 Ordensmönche, besonders Dominikaner und Franziskaner, als Inquisitoren ein, die die Ketzer ausfindig machen sollten. Die Strafmaßnahmen für KETZEREI reichten von der Güterkonfiszierung bis zur Folter und Verbrennung auf dem Scheiterhaufen. In Spanien wurde die Inquisition zur staatlichen Organisation und forderte unter Generalinquisitor Tomas de TORQUEMADA viele Opfer.

Internationale, Bezeichnung für verschiedene, mit dem Ziel gebildete Vereinigungen, sozialistische und kommunistische Organisationen aus aller Welt zu vereinen. Die Erste Internationale Arbeiterassoziation wurde 1864 in London unter Beteiligung von Karl MARX gegründet. Sie löste sich 1876 wegen unüberwindbarer Differenzen zwischen Anhängern des MARXISMUS und des ANARCHISMUS auf. Die marxistisch ausgerichtete Zweite Internationale, die 1889 in Paris entstand, zerfiel bei Ausbruch des Ersten Weltkriegs infolge einer Welle des NATIONALISMUS in allen Ländern, wurde später aber neu gegründet. Die Dritte, auch Kommunistische Internationale bzw. KOMINTERN genannte Internationale wurde 1919 von Wladimir LENIN und den BOLSCHEWIKEN konstituiert. Ihre Doktrin der 21 Punkte, mit der die Weltrevolution herbeigeführt werden sollte, wurde von den Kommunisten, nicht aber von den Sozialisten angenommen. 1943 löste Jossif STALIN die Organisation auf. Die Vierte Internationale, 1938 von Leo TROTZKIJ ins Leben gerufen, existiert trotz zahlreicher Spaltungen noch heute.

Internationale Brigaden, linksgerichtete militärische Freiwilligenverbände aus aller Herren Länder, die im SPANISCHEN BÜRGERKRIEG die Republikaner gegen den faschistischen General FRANCO unterstützten. Von der KOMINTERN organisiert, wurden die fünf Brigaden hauptsächlich im November 1936 bei der erfolgreichen Verteidigung Madrids und 1938 bei der Schlacht am Rio Ebro eingesetzt. Die gut 35 000 Freiwilligen kamen u. a. aus Frankreich, Großbritannien, der Sowjetunion und den USA, aber auch rund 5000 Deutsche beteiligten sich. Militärisch ausgebildet wurden die Soldaten, unter denen sich auch einige Frauen befanden, im spanischen Albacete. Die UdSSR versorgte sie mit Panzern, Bombern, Flugzeugen, Flakgeschützen und Piloten. 1938 wurden die Brigaden aus Spanien abgezogen.

Internationale Organisationen siehe rechte Seite

Frieden um jeden Preis

Der Traum von internationalen Organisationen, die die Welt vom Krieg befreien sollten, wurde im Ersten Weltkrieg im Elend der Schützengräben geboren. 1920 gründete man den Völkerbund, der 25 Jahre später von den Vereinten Nationen abgelöst wurde. Unter ihrer Schirmherrschaft stehen heute zahlreiche Sonderorganisationen.

Die Fahnen vor dem Gebäude der Vereinten Nationen in New York und dem Schwestergebäude am Genfer See sollen globale Harmonie symbolisieren, doch erweist sich die Verwirklichung dieses Traumes als schwierige Aufgabe. Der Völkerbund, die Vorläuferorganisation der UN, hatte sich angesichts der verheerenden Auswirkungen des Ersten Weltkriegs formiert und sich zum Ziel gesetzt, Rivalitäten zwischen Staaten zu beenden und bewaffnete Konflikte zu vermeiden. Durch ein System von wirtschaftlichen und militärischen Sanktionen gegen jedweden Aggressor sollten Sicherheitsgarantien für alle Mitgliedsländer geschaffen werden. Überdies sollten nationale Minderheiten geschützt und eine gegenseitige Katastrophenhilfe aufgebaut werden.

Die Idee des Völkerbunds ging vornehmlich auf den amerikanischen Präsidenten Woodrow Wilson zurück. Die USA traten dem Bund indes nicht bei, was die Organisation von Beginn an schwächte. Auch Russland und Deutschland gehörten ihm vorerst nicht an.

In den 20er-Jahren gelang es dem Völkerbund, einige Konflikte in Europa zu lösen, etwa indem er eine Invasion Jugoslawiens in Albanien verhinderte und zwischen Deutschland und Polen im Streit um Oberschlesien vermittelte. In zunehmendem Maß wurde er jedoch ignoriert.

Mit dem Ende des Zweiten Weltkriegs nahmen die Rufe nach der Schaffung einer neuen Organisation zur Wahrung des Weltfriedens zu. Im Juni 1945 unterzeichneten 51 Staaten die Charta der Vereinten Nationen, als Hauptsitz wurde New York bestimmt. Die erste Sitzung fand am 24. Oktober statt. Während die UN in den ersten Jahrzehnten aufgrund des unüberwindlich scheinenden Ost-West-Konflikts ihren Auftrag nur unzulänglich erfüllen konnte, wurden nach dem Zerfall der Sowjetunion mehr gemeinsame Interventionen beschlossen. Anfang 1999 gehören der UN 185 Staaten an.

Oben: Aufmerksam hört der Völkerbundsrat 1936 in London einer Rede des deutschen Botschafters und späteren Außenministers Joachim von Ribbentrop zu. Links: Briefmarke zum zehnjährigen Bestehen der NATO

Unter der Schirmherrschaft der Vereinten Nationen wurde eine Reihe von Sonderorganisationen errichtet. Dazu zählen u. a. die UNESCO, die die internationale Zusammenarbeit auf dem Gebiet der Erziehung, Wissenschaft und Kultur fördert, die Weltbank, die Entwicklungsländern finanzielle Unterstützung bietet, sowie die Weltgesundheitsorganisation WHO.

MISSION DER BLAUHELME

Politisch wichtigstes UN-Organ ist der Sicherheitsrat. Stellt er eine Bedrohung des Weltfriedens fest, kann er in das jeweilige Krisengebiet UN-Friedenstruppen, so genannte Blauhelme, senden. Zu ihren Aufgaben gehört es, Waffenstillstände zu sichern, Verletzungen der Menschenrechte zu verhindern und die Bereitstellung humanitärer Hilfe zu gewährleisten; Gewalt dürfen die Friedenstruppen nur zur Selbstverteidigung und zum Schutz ihrer Arbeit anwenden. 1948–98 kam es zu 49 so genannten friedenserhaltenden Missionen, 36 davon in den letzten zehn Jahren. In manchen Fällen, jedoch nur wenn andere Maßnahmen versagt haben, kann der Sicherheitsrat Mitgliedsstaaten die Erlaubnis für militärische Einsätze erteilen. Dies war etwa im Golfkrieg 1991 der Fall.

In Bosnien stellte die UN im Dezember 1995 die IFOR-Friedenstruppe auf, die die Einhaltung des Daytoner Friedensabkommens überwachen sollte. Sie wurde ein Jahr später von der SFOR abgelöst.

UN-Blauhelme sichern Transporte für die humanitäre Hilfe im ehemaligen Jugoslawien.

Auf dem Weg zur modernen Industriegesellschaft

Der Siegeszug der Technik hat das Gesicht unserer Welt von Grund auf verändert. Mit der Industrialisierung vollzog sich ab dem 18. Jh. ein tief greifender Wandel von einem auf Landwirtschaft beruhenden Wirtschaftssystem hin zu einer von Maschinen abhängigen Industriegesellschaft. Dieser ersten industriellen Revolution folgten bis zum Ende des 20. Jh. zwei weitere.

Der Begriff industrielle Revolution wurde Ende des 18. Jh. von Franzosen, die sich in Großbritannien technische Neuerungen ansahen, in Analogie zur politischen Revolution geprägt. Er bezeichnete zunächst die rapide Veränderung der Arbeits- und Produktionstechnik, wurde später aber etwa von Friedrich Engels dahingehend erweitert, dass er auch die weit reichenden wirtschaftlichen und sozialen Veränderungen einbezog, die der Prozess der Industrialisierung mit sich brachte.

VOLLE DAMPFKRAFT VORAUS

Die erste industrielle Revolution begann im England des ausgehenden 18. Jh. Westeuropa war damals der reichste Teil der Welt, Großbritannien wiederum, das über die produktivste Landwirtschaft verfügte, das wohlhabendste Land. Aufgrund seiner Insellage war es von den schlimmsten Verwüstungen der Kriege auf dem europäischen Festland verschont geblieben. Hinzu kam, dass das Land über gewaltige Kohlevorkommen verfügte. Ihre Erschließung war die Voraussetzung dafür, dass Muskelkraft durch Maschinen mit hohem Energiebedarf ersetzt werden konnte. Umgekehrt war der Kohlebergbau auch einer der ersten Bereiche, in dem die 1769 von James Watt erfundene Dampfmaschine eingesetzt wurde. Zuerst jedoch hielt sie in Form von Spinnmaschinen Einzug in englische Spinnereien und Webereien, 1785 gefolgt vom mechanischen Webstuhl. Denn mit der althergebrachten Technik ließ sich der wachsende Bedarf des Marktes nicht mehr decken.

Von Großbritannien griff die Industrialisierung auf andere Länder Europas über. Die dortigen Unternehmer konnten die britische Technologie kopieren oder ihren Bedürfnissen anpassen. Selbst Regierungen wurden zu wichtigen Akteuren der Industrialisierung, wuchs doch der Druck, mit Großbritannien gleichzuziehen.

Deutschland erreichte die industrielle Revolution in der ersten Hälfte des 19. Jh. Durch die Entwicklung der Dampflokomotive und einen raschen Ausbau des Eisenbahnnetzes florierten Bergbau, Stahl- und Eisenindustrie. Die erste Eisenbahnstrecke zwischen Nürnberg und Fürth wurde bereits 1835 eröffnet. Der Gütertransport wurde durch die Eisenbahn und die beginnende Dampfschifffahrt verbilligt und beschleunigt. Doch der Wirtschaftsaufschwung hatte auch seine Kehrseite: Bedingt durch den drastischen Rückgang von Handwerk und Landwirtschaft wurden zu Beginn der Industrialisierung tausende Handwerksgesellen arbeitslos, Landarbeiter und Kleinbauern verarmten. Diese Massen strömten nun in die Fabriken und die großen Industriestädte, die in wenigen Jahren um die Anlagen herum aus dem Boden geschossen waren. Ein armes Industrieproletariat hatte sich gebildet, rechtlos, ausgebeutet und ohne soziale Sicherung. In den lärmenden, dreckigen und übervölkerten Arbeiterstädten führten sie ein erbärmliches Leben am Rand des Existenzminimums. Wie in Deutschland hatte sich die Industrie Ende des 19. Jh. in den meisten Ländern in bestimmten Gebieten angesiedelt, oft in der Nähe von Kohlevorkommen, und riesige Ballungszentren wie z. B. das Ruhrgebiet entstehen lassen.

Im 19. Jh. verbreitete sich die Industrialisierung vornehmlich durch Handel und Investitionen. Die einzelnen Länder waren nun in der Lage, Rohstoffe und Nahrungsmittel zu exportieren und im Gegenzug Industrieprodukte einzuführen. Die Entwicklung in den USA ist ein klassisches Beispiel dafür, wie sich die industrielle Revolution in einem Nachahmerland vollzog. Die USA exportierten Baumwolle, Holz und später auch Weizen und Rindfleisch nach Großbritannien und importierten Industrieprodukte. Dadurch ging die Entwicklung in den USA schneller voran, als es auf der allei-

Unten: In Massenproduktion hergestellte T-Modelle von Ford stehen zur Verschiffung bereit. Ihr erschwinglicher Preis ließ für viele Kunden den Traum vom ersten Auto Wirklichkeit werden.

Die ersten Industriearbeiter mussten bis zu 14 Stunden am Tag für kargen Lohn schuften.

nigen Grundlage der heimischen Industrie möglich gewesen wäre. Sobald der Anstoß für die Industrialisierung gegeben war, führten die USA Zölle ein, um den Binnenmarkt zu schützen, d. h., die Bevölkerung zum Kauf amerikanischer Produkte zu zwingen. Russland, Deutschland und Japan verfuhren ebenso.

MASSENPRODUKTION AM FLIESSBAND

Die meisten Produkte der ersten industriellen Revolution – Dampfmaschinen, Lokomotiven, Schiffe, Mähmaschinen – waren so genannte Kapitalgüter, Waren, die zur Produktion anderer Güter verwendet wurden und nicht für den Konsum durch den Verbraucher bestimmt waren. Die Massenfertigung von Konsumgütern stand im Mittelpunkt der zweiten industriellen Revolution. Der Markt dafür entstand Ende des 19. Jh. in den USA, wo es die reichsten Konsumenten der Welt gab. Solange nur eine kleine Zahl reicher Leute den Markt für anspruchsvolle Konsumgüter wie z. B. Autos gebildet hatte, war die Massenfertigung kein Thema gewesen. Der wesentliche Fortschritt der Produktion in großen Mengen bestand in einem neuen Fertigungsablauf. 1913 führte

Unten: Zur Bedienung solcher Rundstrickmaschinen wurden in amerikanischen Baumwollfabriken noch viele Arbeiter gebraucht.

Henry Ford in seinem Automobilwerk in Detroit die Fließbandarbeit ein. Am Band führte jeder Arbeiter jeweils nur eine Aufgabe aus. Dieses System machte, um perfekt zu funktionieren, ein hohes Maß an Koordination erforderlich; im Fall des berühmten T-Modells, der so genannten Tin Lizzy, dauerte dieser Prozess drei Jahre. Dies erklärt auch eine zweite wichtige Änderung: Die Unternehmen wurden immer größer, es entstanden große Kapitalgesellschaften und schließlich multinationale Konzerne.

Das Fließband revolutionierte die Arbeitswelt auf dem ganzen Globus. An die Stelle einer relativ selbstständigen Arbeit trat die Eintönigkeit sich ständig wiederholender Handgriffe. Von Vorteil war jedoch, dass sich die Situation der Arbeiter deutlich verbesserte. Ungelernte Arbeitskräfte verdienten wesentlich mehr als früher, die Arbeitszeit wurde reduziert und die Arbeiter erhielten, insbesondere durch die Gewerkschaften, politische Macht. Nicht zuletzt aber konnten qualitativ hochwertige Produkte zu niedrigen Preisen hergestellt werden, die nun für weitaus mehr Menschen als jemals zuvor erschwinglich waren. Vom T-Modell wurden 15 Mio. Stück verkauft, damit war es ein echtes Auto für jedermann.

ZEITALTER DER MICROCHIPS

In der zweiten Hälfte des 20. Jh. setzte die dritte industrielle Revolution ein. Neue, auf wissenschaftlicher Forschung basierende Industrien entstanden, die Güter wie z. B.

Während an diesem Montageband in Japan nur noch Industrieroboter arbeiten (unten), legen Filipinos letzte Hand an vorgefertigte Schuhe und liefern billige Qualitätsarbeit (kleines Bild).

Medikamente, petrochemische Produkte und Kunststoffe herstellten. Die wichtigste aller Veränderungen brachten jedoch die Computer, die eine unmittelbare, bedarfsorientierte Steuerung der Produktion ermöglichten. Die Kosten für die Modifizierung der beispielsweise am Fließband hergestellten Produkte sanken dramatisch. Jetzt war es nicht mehr nötig, identische Produkte wie das T-Modell von Ford in großen Mengen zu produzieren, um sie preiswert zu machen; auch die Qualität der billigen Produkte verbesserte sich erheblich.

Die Kommunikation wurde durch die Computertechnik ebenfalls schneller und billiger. Die Folge davon war eine Globalisierung der Märkte, was es den Nachahmerländern erleichterte, Technologie einzukaufen, und Investitionen in diejenigen Wirtschaftssysteme fließen ließ, die die größte Dynamik aufwiesen. Diese beiden Faktoren sowie die staatliche Lenkung der Produktion in manchen Ländern liefern die Erklärung für den wirtschaftlichen Erfolg der Staaten im Pazifikraum.

Japan entwickelte sich nach der verheerenden Niederlage im Zweiten Weltkrieg innerhalb von 30 Jahren zu einer der größten Wirtschaftsmächte der Welt. Südkorea baute eine gewaltige Exportwirtschaft auf der Grundlage von Produkten der Schwerindustrie, insbesondere Schiffen, auf. Der Erfolg von Ländern wie Singapur, Malaysia, Hongkong, Südkorea und Taiwan basierte auf einer Kombination von hochwertiger Technologie und niedrigen Lohnkosten. Dies hatte freilich zur Folge, dass einige Branchen in den alten Industriestaaten unterboten und teilweise sogar ganz zerstört wurden.

Internationaler Währungsfonds, eine 1945 auf der Grundlage der Konferenz von BRETTON WOODS errichtete autonome Sonderorganisation der VEREINTEN NATIONEN. Die Ziele des IWF sind Förderung der internationalen Zusammenarbeit auf dem Gebiet der Währungspolitik, Förderung eines ausgewogenen Wirtschaftswachstums, Stabilisierung der Währungen durch geordnete Währungsbeziehungen, Einführung eines multilateralen Zahlungssystems sowie Kreditgewährung an schwächere Mitgliedsländer zur Erleichterung des Zahlungsbilanzausgleichs.

Die Mitgliedsstaaten, derzeit sind es 182, entrichten nach bestimmten volkswirtschaftlichen Größen ihres Landes berechnete Beiträge, so genannte Subskriptionen; bei Zahlungsbilanzschwierigkeiten haben sie die Möglichkeit, aus dem Reservefonds Fremdwährungen zu ziehen. Zu den größten Beitragszahlern des IWF zählen die USA, Japan und Deutschland.

Interregnum, Zwischenherrschaft, Zeit vom Abgang des alten bis zur Inthronisation des neuen Herrschers. In der deutschen Geschichte wird damit die Zeitspanne zwischen 1254, als der letzte STAUFER Konrad IV. starb, und 1273, als RUDOLF VON HABSBURG zum König gewählt wurde, bezeichnet. Königlos waren diese Jahre freilich nicht, im Gegenteil beanspruchten mehrere Könige die Macht im Reich. Nach dem Tod von Konrads Gegenkönig Wilhelm von Holland sollten die sieben KURFÜRSTEN 1257 seinen Nachfolger wählen. Es standen zwei Bewerber zur Auswahl und beide waren Ausländer. Zwar besaß auch das Reich mit Ottokar II. von Böhmen einen Kandidaten von europäischem Rang, doch da den Fürsten nichts an einem starken Herrscher lag, hatte er keine Chance gewählt zu werden. Durch eine Doppelwahl wurden schließlich Richard von Cornwall und ALFONS X. von Kastilien auf den deutschen Thron gewählt, die sich in der Folgezeit aber beide im Reich nicht durchzusetzen vermochten. Damit hatten die Kurfürsten genau das erreicht, was sie wollten: Die königliche Zentralgewalt verfiel und musste einer unangefochtenen Territorialherrschaft der Landesfürsten weichen.

Inuit, mongolide Ureinwohner Nordkanadas und Grönlands. Die Inuit sind eng verwandt mit den Aleuten-Völkern Alaskas und ähnlichen Volksgruppen in Nordostsibirien; für alle existiert der Sammelname Eskimo. Wie die Aleuten wanderten die Inuit 2500–1000 v. Chr. aus Asien ein. Ihre traditionelle Kultur gründete sich auf ein halbnomadisches Leben, den Fischfang und die Jagd auf Wale, Seehunde und Rentiere. Im 20. Jh. ließen sich die meisten Inuit in festen Siedlungen nieder. Alle Inuit sprechen Inuktitut; Linguisten unterscheiden zehn Hauptdialekte. Zunächst entwickelte sich Inuktitut als gesprochene Sprache ohne eigenes Schriftsystem. Erst Ende des 19. Jh. wurde von einem englischen Missionar eine syllabische Schrift entwickelt, die heute noch etwa zwei Drittel der Inuit in Kanada verwenden.

Im April 1999 entstand in der kanadischen Arktis das 2 Mio. km² große Territorium Nunavut – Unser Land –, das unter der Selbstverwaltung der Inuit steht. Der Abspaltung der Region hatte die zu 85 % aus Inuit bestehende Bevölkerung bereits 1982 zugestimmt. Es ist das erste staatliche Gebilde in Nordamerika, das eigenständig von Ureinwohnern verwaltet und regiert wird. Im Süden wird es von der Hudson Bay, im Norden von der Küste vor Ellesmere Island begrenzt. Die Hauptstadt heißt Iqaluit.

Invasion (Juni–August 1944), Landung der westlichen Alliierten in der Normandie, mit der im ZWEITEN WELTKRIEG eine ZWEITE FRONT gegen Hitler errichtet wurde. Für die angloamerikanische Invasion, die so genannte Operation Overlord unter dem Oberbefehl von General Dwight D. EISENHOWER, waren an der Atlantikküste zwischen Cherbourg und Caen fünf Abschnitte mit den Decknamen Utah, Omaha, Gold, Juno und Sword vorgesehen.

Nach monatelangen Vorbereitungen begann am Morgen des 6. Juni 1944, dem so genannten D-Day, die bis dahin größte militärische Anlandung der Geschichte, bei der eine Armada von 3000 Schiffen und ebenso vielen Landungsbooten an der Küste der Normandie anlegte. Die Deutschen, die die Invasion an der Kanalküste erwartet hatten, waren auf diesen Schlag nicht vorbereitet. Vier Küstenabschnitte wurden mühelos eingenommen, doch in Omaha westlich von Port-en-Bessin trafen die alliierten Truppen auf erbitterten Widerstand. Zur selben Zeit landeten alliierte Fallschirmspringer hinter der deutschen Küstenverteidigungslinie und besetzten strategisch wichtige Punkte. Die alliierten Luftstreitkräfte zerstörten die meisten Brücken über die Seine und die Loire, wodurch den Deutschen die Möglichkeit genommen war, Verstärkungstruppen zu schicken. Die Brückenköpfe konnten gegenüber den deutschen Angriffen gehalten und erweitert werden. Bis zum 18. Juni waren bereits 619 000 alliierte Soldaten mit 95 000 Fahrzeugen gelandet.

Zwei gewaltige, aus Eisen und Stahl konstruierte künstliche Häfen mit dem Decknamen Mulberrys wurden mit Schleppern über den Ärmelkanal gebracht. Einer sank bei einem Sturm, der zweite jedoch wurde zum Haupthafen der Invasion. 20 Ölpipelines, die über den Kanal verlegt wurden, versorgten tausende von an Land gebrachten Fahrzeugen mit Treibstoff. Unter General Omar Bradley schnitten amerikanische Streitkräfte die Halbinsel Cotentin ab und am 30. Juni fiel Cherbourg. Nach heftigen Kämpfen, nach denen die Stadt nur noch ein Trümmerfeld war, nahmen britische Soldaten am 9. Juli Caen ein. Mit Saint-Lô besetzten die Amerikaner ein wichtiges Kommunikationszentrum. Ende Juli gelang den alliierten Panzerverbänden der Durchbruch durch die deutsche Stellung bei Avranches, womit der Bewegungskrieg begann. Mitte August wurden die Deutschen bei Falaise zwischen ame-

WUSSTEN SIE, DASS?

Die Urbevölkerung Nordkanadas und Grönlands lehnt die Sammelbezeichnung Eskimo ab und besteht auf der Verwendung der Eigenbezeichnung Inuit, was in ihrer Sprache Mensch bedeutet.

Früher trugen die Inuit beim Fischfang Masken wie diese aus dem 19. Jh., die den Geist eines Lachses darstellen und diesen wohlwollend stimmen sollte. Fischfang und die Jagd auf andere Tiere wie Eisbären stellen auch heute noch eine wichtige Erwerbsquelle dar.

rikanischen und britischen Truppen eingeschlossen und verloren bei den erbitterten Kämpfen an die 60 000 Mann. Nun stießen die Amerikaner, unterstützt von französischen Einheiten, nach Paris vor, während die Briten sich an der Nordküste entlang bewegten. Paris wurde am 25. August befreit, Brüssel am 3. September 1944.

Bei der Invasion der Alliierten wurden insgesamt mehr als 2 Mio. Soldaten, 4 Mio. t Nachschub und 450 000 Fahrzeuge an Land gebracht. Ihr Preis waren 224 000 Tote und Verwundete auf alliierter und etwa 500 000 auf deutscher Seite.

Investitur, offizieller Akt der Übertragung eines Kirchenamts auf hohe Kleriker. Im frühen Mittelalter empfingen die Bischöfe ihre geistliche Macht aus weltlicher Hand, von Königen oder Landesfürsten. Diese Praxis wurde im 11. Jh. zum zentralen Thema der Kirchenreform; Papst GREGOR VII., ein radikaler Reformer, beanspruchte die Investitur allein für die Kirche. Der folgende Investiturstreit zwischen dem Papst und dem deutschen Kaiser HEINRICH IV., der in Deutschland zu heftigen Kämpfen führte, konnte erst 1122 durch das WORMSER KONKORDAT, einen Kompromiss zwischen Papst Calixtus II. und Kaiser Heinrich V., beigelegt werden. Danach sollten die Reichsbischöfe nur noch von Geistlichen gewählt werden. Der König verzichtete bei der Investitur auf die Übergabe der geistlichen Machtsymbole Ring und Stab und beschränkte sich darauf, den Bischof mit dem Zepter in seinen weltlichen Besitz einzusetzen.

Irak, Staat im Nahen Osten. Große Teile des heutigen Irak bildeten im Altertum MESOPOTAMIEN, wo die SUMERER eine der ersten Kulturen der Welt schufen. Sie bewohnten wahrscheinlich bereits 3500 v. Chr. die fruchtbaren Täler der Flüsse Euphrat und Tigris. Ihnen folgten Babylonier und Assyrer, die blühende Reiche gründeten. Das Land fiel 539 v. Chr. an die Perser, die ihrerseits 330 v. Chr. von Alexander dem Großen unterworfen wurden. Im 7. Jh. n. Chr. wurde der Irak islamisch. 1638 brachte das OSMANISCHE REICH ganz Irak unter seine Kontrolle. Nach dem Ersten Weltkrieg wurde das Land britisches Mandatsgebiet und 1921 setzten die Briten FEISAL I. als König ein. 1932 wurde das Land in die Unabhängigkeit entlassen.

Der Einfluss Großbritanniens schwand 1958 nach dem Sturz der Monarchie durch einen Staatsstreich. Zehn Jahre später endeten die politischen Rivalitäten mit einem Putsch der sozialistischen Baath-Partei. Stellvertretender Generalsekretär wurde Saddam HUSAIN, der sich 1979 nach dem Rücktritt von Al Bakr zum Staatspräsidenten und Premierminister ernannte. Er nutzte die Ein

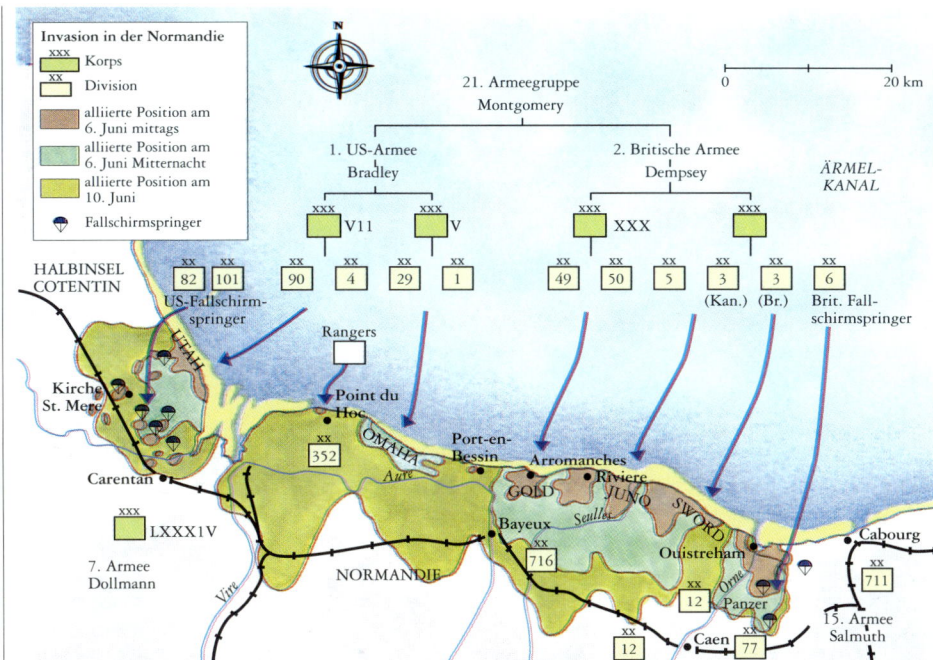

Invasion in der Normandie
- Korps
- Division
- alliierte Position am 6. Juni mittags
- alliierte Position am 6. Juni Mitternacht
- alliierte Position am 10. Juni
- Fallschirmspringer

Am 6. Juni 1944, dem so genannten D-Day, landete eine Armada der alliierten Streitkräfte an fünf Küstenabschnitten in der Normandie und schuf damit die zweite Front in Europa.

künfte aus der Produktion von täglich rund 3 Mio. Barrel Öl für die Industrialisierung des Landes und zur Umsetzung sozialer Reformen, führt aber bis heute ein diktatorisches Regime, das keinerlei politische Opposition duldet.

Mit dem Einmarsch irakischer Truppen in den Iran begann 1980 der IRAKISCH-IRANISCHE KRIEG, der auch 1. Golfkrieg genannt wird. Zum 2. GOLFKRIEG kam es, als Husain zehn Jahre später KUWAIT annektierte und die Rückzugsforderungen der Vereinten Nationen ignorierte. Der Krieg begann am 17. Januar und endete am 28. Februar 1991 mit dem Sieg einer von den USA geführten multinationalen Streitmacht. Der Irak musste sich zum Verzicht auf Massenvernichtungswaffen verpflichten und Waffenkontrollen durch UN-Inspekteure akzeptieren. Die anschließenden Aufstände schiitischer und kurdischer Widerstandsgruppen im Süden bzw. Norden des Landes ließ Saddam mit äußerster Härte niederschlagen. Zum Schutz dieser Minderheiten erklärten die westlichen Siegermächte diese Gebiete zu Flugverbotszonen. Weil der Irak die westlichen Inspekteure in den Jahren nach dem Golfkrieg immer wieder massiv an ihrer Arbeit hinderte, bombardierten Briten und Amerikaner im Dezember 1998 erneut irakische Stellungen.

Irakisch-Iranischer Krieg, kriegerische Auseinandersetzung aufgrund von Grenzstreitigkeiten zwischen IRAN und IRAK. Der Krieg begann 1980, als der irakische Staatspräsident Saddam HUSAIN ein Grenzabkom

men von 1975 kündigte, durch das der Iran einen Gebietsstreifen nördlich der Schifffahrtsstraße Schatt el-Arab erhalten hatte. Einem anfänglichen, von der irakischen Armee provozierten Grenzgeplänkel folgte ein Panzereinmarsch in die iranischen Ölfelder. Trotz eines Mangels an Waffen und Kriegsmaterial eroberten die zahlenmäßig überlegenen Iraner nach 1982 Gebiete von den Irakis zurück, die sowohl vom Westen als auch von der ehemaligen Sowjetunion und von China mit Waffen unterstützt wurden. Der Krieg trat in eine neue Phase ein, als Iran 1987 die Angriffe auf Schiffe der Handelsmarine in der Golfregion verstärkte. Daraufhin entsandten die USA und andere Nationen Schiffe zum Schutz der Tanker Kuwaits und anderer Golfanrainer. 1988 erreichte UNO-Generalsekretär PÉREZ DE CUÉLLAR ein Friedensabkommen. Der Abnutzungskrieg kostete insgesamt 1,5 Mio. Menschen das Leben und die iranische Bevölkerung leidet Ende des 20. Jh. immer noch unter den Folgen.

Iran, islamische Republik in Vorderasien, die bis 1935 PERSIEN hieß. Im 19. Jh. teilten Russland und Großbritannien das Land in eine russische und eine britische Interessenssphäre. Vier Jahre nach einem 1921 von dem Offizier Resa Khan geführten Staatsstreich setzte dieser den letzten Kadscharen-Herrscher ab und ließ sich selbst als RESA SCHAH zum neuen Monarchen ausrufen. Im Zweiten Weltkrieg war das Land von britischen und sowjetischen Truppen besetzt. 1941 dankte der Schah zugunsten seines Sohnes MOHAMMED RESA ab, der sich um ein besseres Verhältnis zum Westen bemühte. Sein politischer Gegner war der 1951 zum Ministerpräsidenten gewählte Mohammed Mossadegh, der eine Einmischung des Auslands in die Angelegenheiten Irans ablehnte und die Ölindustrie verstaatlichte. 1953 enthob ihn der Schah seines Amtes und gestattete die Aktivitäten ausländischer Ölgesellschaften unter der Voraussetzung einer Gewinnbeteiligung Irans.

In den 60er-Jahren leitete der Schah die so genannte Weiße Revolution ein, ein Programm wirtschaftlicher und sozialer Reformen mit dem Ziel, einen modernen Industriestaat nach westlichem Vorbild zu schaffen, was jedoch auf starke Ablehnung bei der muslimischen Geistlichkeit stieß. Schiitenführer Ayatollah Ruhollah KHOMEINI führte schließlich 1979 eine vom Volk getragene Rebellion an, durch die der Schah gestürzt wurde, und rief eine dem Westen und dem Irak gegenüber feindlich eingestellte islamische Republik aus. Noch im selben Jahr löste er die IRANISCHE GEISELAFFÄRE aus, als seine Anhänger das Personal der amerikanischen Botschaft in Teheran in Geiselhaft nahmen. Ein Jahr darauf brach der IRAKISCH-IRANISCHE KRIEG aus. Nach Khomeinis Tod 1989 wurde der gemäßigte Haschimit Rafsandjani neuer Führer des Landes. Durch den GOLFKRIEG 1991, in dem der Iran neutral blieb, und den Zusammenbruch der Sowjetunion im selben Jahr konnte der Iran seine Position in der Region stärken. 1995 verhängten die USA ein Wirtschaftsembargo gegen den Iran, weil dieser den internationalen TERRORISMUS unterstützte und ein Atomwaffenprogramm verfolgte. Im Zusammenhang mit dem so genannten Mykonos-Prozess kam es 1996/97 zum Konflikt mit Deutschland und der EU; in dem Gerichtsurteil vom April 1997 wurde die iranische Führung des Auftragsmords an vier Oppositionellen in Berlin 1992 bezichtigt. Staatspräsident seit 1997 ist Mohammed Khatami. Manches deutet darauf hin, dass er vom bisherigen Konfrontationskurs mit dem Westen abrücken will.

Iranische Geiselaffäre (4. November 1979 bis 20. Januar 1981), Krise zwischen dem IRAN und den USA. Weil sie überzeugt waren, die USA seien an einem Komplott für die Wiedereinsetzung MOHAMMED RESAS beteiligt, besetzten Anhänger von Ayatollah KHOMEINI die amerikanische Botschaft in Teheran und nahmen 66 amerikanische

Etwa 70 Rundtürme wie dieser in Ardmore in der Grafschaft Waterford finden sich heute noch in Irland. Der spitz zulaufende, fast 30 m hohe Turm diente im 12. Jh. als sichere Zuflucht.

Staatsangehörige als Geiseln. Sie forderten die Auslieferung des Schahs und die Rückgabe seines ins Ausland transferierten Vermögens. Die Bemühungen des amerikanischen Präsidenten Jimmy CARTER zur Befreiung der Geiseln, darunter ein Rettungsversuch per Hubschrauber im April 1980, schlugen fehl. Durch Vermittlung Algeriens kamen die Geiseln schließlich nach 444 Tagen frei.

Irene (um 752–803), Herrscherin von Byzanz. Nach dem Tod ihres Mannes Leon IV. im Jahr 780 übernahm sie die Regentschaft für ihren zehnjährigen Sohn Konstantin VI. Als Erwachsener lehnte sich Konstantin gegen den beherrschenden Einfluss seiner Mut-

In der Kirche Hagia Sophia in Istanbul zeigt ein Mosaik aus dem 11. Jh. die byzantinische Herrscherin Irene mit prächtigen Amtsinsignien.

ter auf das Reich auf, schickte sie 790 in die Verbannung und wurde alleiniger Herrscher. Als Irene 792 zurückkehren durfte, ließ sie ihren Sohn blenden und gefangen setzen und herrschte selbst als Kaiser, bis sie 802 durch eine Verschwörung von Beamten und Generälen gestürzt wurde und wenig später im Exil starb. Weil Irene vehement gegen die Bilderstürmer kämpfte und 787 auf dem Konzil von NICÄA den Bilderkult wieder einführte, wurde sie von der griechisch-orthodoxen Kirche heilig gesprochen.

Irgun, zionistische Untergrundorganisation, die zwischen 1937 und 1948 in PALÄSTINA Araber und Briten bekämpfte, die sie als Besatzer sah. Ihre vollständige hebräische Bezeichnung lautete Irgun Zwai Leumi – Militärische Nationale Organisation. Kommandant war ab 1943 Menachem BEGIN. Im Juli 1946 verübte die Irgun ein Bombenattentat auf ein Hotel in Jerusalem, bei dem 91 Menschen, darunter 29 Briten, ums Leben kamen. 1948 ging die Irgun in der israelischen Armee auf.

Irische Hungersnot, schwere Hungersnot in IRLAND 1845–51. Als 1845 die Kartoffelernte durch Trockenfäule vernichtet wurde, war den irischen Bauern, die den Großteil ihrer sonstigen Ernte an die englischen Grundbesitzer verkaufen mussten, ihr Hauptnahrungsmittel genommen. Während Fleisch, Butter, Milch und Getreide im Überfluss nach England exportiert wurden, verhungerten weit über 1 Mio. Iren qualvoll und weitere 350 000 fielen einer Typhusepidemie zum Opfer. Wer seine Pacht nicht mehr zahlen konnte, wurde von den Grundbesitzern vertrieben, sein Haus zerstört. Um ihr nacktes Leben zu retten, wanderten fast 2 Mio. Iren aus, hauptsächlich in die Vereinigten Staaten und nach Australien.

Irland, zu den britischen Inseln zählende Insel westlich von Großbritannien. Sie war ab dem 5. Jh. v. Chr. von KELTEN bewohnt, die 432–65 vom heiligen Patrick zum Christentum bekehrt wurden. Vom 8. Jh. bis 1014 besetzten WIKINGER die irische Küste. 1171 begann die anglo-normannische Eroberung der Insel, die ein Jahr später bereits größtenteils abgeschlossen war. Ausgedehnter irischer Grundbesitz wurde an englische Adlige übertragen. Dies war der Anfang einer jahrhundertelangen Fremdherrschaft, die auf den erbitterten Widerstand der Iren stieß. Nachdem der 1541 zum König ausgerufene HEINRICH VIII. der katholischen Bevölkerung den Protestantismus aufzwingen wollte, kam es zu kriegerischen Auseinandersetzungen, bei denen die Iren aber trotz der Unterstützung durch spanische Truppen 1601 bei Kinsale unterlagen. In der Folge verteilte die englische Königin ELISABETH I. das Land, vor allem die Provinz ULSTER im Nordteil der Insel, an englische und schottische Siedler. Es kam zu blutigen Aufständen, die in dem Blutbad von Drogheda 1649 gipfelten, als Oliver CROMWELL tausende von Iren hinrichten ließ. Er setzte die protestantische Besiedelung im großen Stil fort, sodass die meisten katholischen Landbesitzer nun ihres Gutes beraubt waren. Durch die GLORREICHE REVOLUTION von 1688, in deren Verlauf der katholische König JAKOB II. den britischen Thron an WILHELM III. von Oranien abtreten musste, konnte die britische Herrschaft noch gefestigt werden.

1782 erreichte Henry Grattans Partei im irischen Parlament einen gewissen Grad der Unabhängigkeit. Dabei blieb es bis zur Niederschlagung eines Aufstands im Jahr 1798 und dem folgenden Act of Union, wodurch Irland 1800 Teil GROSSBRITANNIENS wurde. Der wachsende Widerstand gegen die Briten, der durch die IRISCHE HUNGERSNOT 1845–51 noch verstärkt wurde, führte 1858 zur Bildung der Irisch Republikanischen Bruderschaft, die der Bewegung der FENIER angehörte und für eine irische Republik kämpfte. Eine teilweise Unabhängigkeit, die durch das 1912 eingebrachte HOME RULE-Gesetz angestrebt wurde, stieß bei dieser Organisation auf Ablehnung. 1916 initiierte sie den bewaffneten OSTERAUFSTAND, der jedoch nach einer Woche zusammenbrach.

Nach erneuten jahrelangen Kämpfen für die Freiheit Irlands gaben die Briten 1921 nach; die Provinzen Munster, Leinster und Connacht wurden zum Freistaat Irland, Ulster jedoch blieb als NORDIRLAND Teil des Vereinigten Königreichs. Bei den Wahlen von 1932 ging die Partei des Nationalisten Eamon de VALERA, FIANNA FÁIL, als Siegerin hervor. Nachdem sich Irland 1937 eine neue Verfassung gegeben hatte, wurde 1949 die unabhängige Republik Irland ausgerufen und de Valera zum Präsidenten gewählt.

Das Problem Nordirland blieb jedoch bestehen. Als bedeutendste militärische Organisation im Kampf um ein vereintes Irland tat sich die 1919 von SINN FÉIN gegründete Irische-Republikanische Armee IRA hervor, deren erster Befehlshaber Michael COLLINS war. Ab 1969 waren die IRA und diverse paramilitärische protestantische Gruppierungen für einen durch Bombenanschläge und Attentate geprägten Bürgerkrieg in Nordirland verantwortlich, durch den mehr als 3400 Menschen ums Leben kamen. Die 1993 begonnenen Friedensverhandlungen zwischen den beiden Premierministern Irlands und Großbritanniens führten ein Jahr später zu einer Waffenstillstandserklärung der IRA, die sie 1996 jedoch brach. Der neue britische Premierminister Tony Blair brachte die ins Stocken geratenen Friedensgespräche, zu denen erstmals auch Vertreter von Sinn Féin geladen wurden, wieder in Gang und 1998 sprachen sich die Iren in einem Referendum mit überwältigender Mehrheit für ein Friedensabkommen aus. Ein Jahr später soll dann eine gemischt konfessionelle Provinzregierung in Nordirland gebildet werden.

Dieser Irokese zwingt einen gefesselten französischen Gefangenen auf die Knie, um ihn zu skalpieren.

Irokesen, Bund von nordamerikanischen Indianerstämmen – Mohawk, Onondaga, Seneca, Oneida und Cayuga –, die sich um 1570 zur Irokesischen Liga, auch Bund der fünf Nationen, zusammenschlossen. 1722 wurde sie mit dem Hinzukommen der Tuscarora zum Bund der sechs Nationen erweitert. Kleinere Irokesenstämme, die nicht der Liga angehörten, wurden von ihr unterworfen.

Als die Europäer in der Neuen Welt ankamen, lebten die Irokesen in großen Siedlungen, die aus mehreren Langhäusern bestanden, und ernährten sich von Ackerbau, Fischfang und Jagd. Als Gegenleistung für ihre Unterstützung des britischen Pelzhandels im 17. Jh. erhielten die Irokesen Land zugewiesen, das sie nutzten, um in Ontario Siedlungen zu bilden. Heute leben rund 27 000 Irokesen in den USA und 25 000 in Kanada, teils in Städten, teils in INDIANERRESERVATEN.

Isabella I. die Katholische (1451–1504), seit 1474 Königin von KASTILIEN und Léon und ab 1479 von Aragón. 1469 vereinigte sie ihr Reich mit dem Königreich Aragón, als sie dessen König Ferdinand II., den späteren FERDINAND V., heiratete. Durch diese politische Heirat war die iberische Halbinsel, mit Ausnahme von Granada, Navarra und Portugal, geeint und damit der Grundstein für den Aufbau eines modernen spanischen Staates gelegt. Isabella entmachtete den Adel und errichtete eine zentralistische Verwaltung. Wegen ihrer Frömmigkeit erhielt sie ebenfalls den Beinamen die Katholische. Sie veranlasste ab 1481 den Feldzug gegen das maurische Königreich Granada, das elf Jahre später fiel, und die anschließende Bekehrung der Mauren. Etwa zur selben Zeit begann sie mit der Vertreibung der Juden. Tausende von Mauren und Juden, die sich nicht bekehren lassen wollten, wurden durch die von ihr erneuerte spanische INQUISITION unter dem Großinquisitor Tomas de TORQUEMADA dem Feuertod übergeben.

Indem sie die Unternehmungen des Christoph KOLUMBUS förderte und finanzierte, der 1492 in ihren Diensten Amerika entdeckte, schuf sie die Voraussetzung dafür, dass das spanische Königreich in den Besitz eines großen Weltreichs kam. Darüber hinaus förderte sie zusammen mit ihrem Mann die spanischen Künstler.

Islam siehe Seite 238/239

Island, Insel im Nordatlantik in der Nähe des Polarkreises. Nach der Eroberung durch die WIKINGER im 9. Jh. wurde Island von 36 Häuptlingen regiert. Diese traten erstmals 930 in einem der ältesten, heute noch bestehenden Parlament, dem Althing, zusammen. Um das Jahr 1000 wurde Island christianisiert und in zwei Bistümer eingeteilt. Die altisländischen Sagas aus dieser Zeit gehören zu den frühesten Beispielen europäischer Literatur.

1262 fiel die Vulkaninsel an Norwegen und 1380 zusammen mit Norwegen unter die Herrschaft der dänischen Krone. 1918 wurde Island zum souveränen Königreich, das eine Personalunion mit Dänemark verband. Im Zweiten Weltkrieg Stützpunkt der Alliierten, ist das Land seit 1944 unabhängige Republik, die 1949 der NATO beitrat. In den 70er-Jahren waren Island und Großbritannien in einen Konflikt wegen der

Fortsetzung S. 240

Aus dem Wort Allahs entsteht eine neue Religion

Der Überlieferung nach erschien dem Kaufmann Mohammed im Jahr 610 der Erzengel Gabriel und offenbarte ihm die ersten Verse des Korans. Damit war die Saat für einen neuen Glauben – den Islam – gesät, dessen Anhänger in wenig mehr als 100 Jahren ein riesiges Reich eroberten.

Der Araber Mohammed wurde um 570 in Mekka geboren, einer Handelsstadt, in der viele Karawanenstraßen zusammenliefen. Überdies war sie religiöses Zentrum, denn hier stand ein uraltes Heiligtum, die Kaaba, die mehreren Göttern geweiht war und vom Stamm der Quraysh gehütet wurde. Die Märkte, auf denen sich die Kaufleute trafen, wurden unter dem Schutz dieses Heiligtums abgehalten. Mohammed selbst kam ebenfalls aus einer Familie aus dem Stamm der Quraysh, den Söhnen des Haschim, die einmal sehr wohlhabend gewesen war, später jedoch verarmte. Der Kaufmann heiratete in jungen Jahren die wohlhabende Witwe Chadidja und kümmerte sich um die Organisation ihrer Geschäfte. Auf seinen Handelsreisen, die ihn bis nach Syrien brachten, traf er auf Juden und christliche Mönche, mit denen er über religiöse Themen diskutierte.

DER PROPHET GOTTES

Als sich Mohammed eines Tages zum Meditieren und Fasten in das karge Hügelland vor den Toren Mekkas zurückgezogen hatte, erschien ihm der Überlieferung zufolge im Jahr 610 mehrmals der Erzengel Gabriel und übermittelte ihm Botschaften Allahs. Er diktierte ihm die ersten Verse des späteren Korans und wies ihn an, in Mekka zu predigen. Nach anfänglichen Zweifeln an seinem Geisteszustand glaubte Mohammed schließlich an seine Mission und sah sich als den auserwählten Propheten Gottes.

Die Botschaft war einfach: Es gab nur einen Gott, nämlich Allah, und alle Menschen sollten allein ihn verehren. In den ersten Versen des Korans heißt es: „Allah – es gibt keinen Gott außer Ihm, dem Lebendigen, dem aus Sich Selbst Seienden und Allerhaltenden. Es ist kein Gott außer Ihm, dem Allmächtigen, dem Allweisen." Nach Allahs Willen sollten die Reichen großzügig gegenüber Armen sein. Nach dem Tod würden alle Seelen gerichtet und die, die zu Lebzeiten Allah gegenüber Gehorsam geübt hatten, würden in den Himmel kommen, der als ein wunderschöner Garten beschrieben wurde. Die Ungehorsamen dagegen waren zum ewigen Feuer verdammt.

Wenige Jahre nach seiner ersten Vision gab Mohammed seinen Beruf als Kaufmann auf und begann zu predigen. Nach moslemischem Glauben ist der Koran, der Mohammed im Lauf seines Lebens offenbart wurde und den man später schriftlich festhielt, das exakte und unveränderliche Wort Allahs. Dabei waren es die – im Vergleich zu den komplizierten christlichen Lehren von Dreifaltigkeit und Jungfrauengeburt – direkten und einfachen Inhalte, die den Islam so attraktiv machten.

Seine Predigten brachten Mohammed bald eine Reihe treuer, eifriger Anhänger, darunter seinen Vetter Ali sowie Abu Bakr und Omar, zwei Angehörige des Stammes der Quraysh. Die Anhänger des neuen Glaubens wurden Moslems genannt, d. h. Menschen, die die Unterwerfung unter Allah praktizieren. Doch Mohammed hatte auch einflussreiche Feinde in Mekka, Vertreter der alten Religion, die befürchteten, er wolle das Heiligtum zerstören, von dem der Wohlstand der Stadt abhing.

Aus dieser prekären Lage rettete ihn eine Einladung in die 320 km nördlich gelegene Oasenstadt Jathrib, die später in Medina, Stadt des Propheten, umgetauft wurde. Die Einwohner Jathribs waren aufgrund von Stammeskonflikten in mehrere Lager gespalten und riefen nun Mohammed an, ihnen in seiner Eigenschaft als berühmter Prediger und Angehöriger des Elitestamms der Quraysh als Schlichter zu helfen.

622 verließen Mohammed, Abu Bakr und 20 weitere Anhänger Mekka, um sich in Jathrib niederzulassen. Diese von Moslems Hidjra genannte Auswanderung aus Mekka markiert den Beginn des islamischen Staates und der neuen islamischen Zeitrechnung. Bald setzte sich Mohammed auch als politischer Herrscher in Medina ein. Seine Autorität und seine Regierung beruhten auf

der Offenbarung weiterer Suren, wie man die einzelnen Kapitel des Korans nennt. Doch damit gerieten Mohammed und seine Anhänger in Konflikt mit ihren religiösen Gegnern in Mekka. 624 errangen die Moslems in der Schlacht bei Badr, bei der sie eine Karawane aus Mekka einnahmen, einen wichtigen Sieg, doch der Kampf um Mekka war damit noch nicht zu Ende. Die Mekkaner schlugen zurück, wurden aber letztlich 630 besiegt und Mohammed konnte wieder in seine Heimatstadt einziehen. Nun akzeptierten ihn auch die Mekkaner als ihren

Gebet und Koran (links ein Exemplar aus dem 16. Jh.) sind die Grundpfeiler des Islam. Vom Minarett (unten) ruft der Muezzin die Gebetszeiten aus.

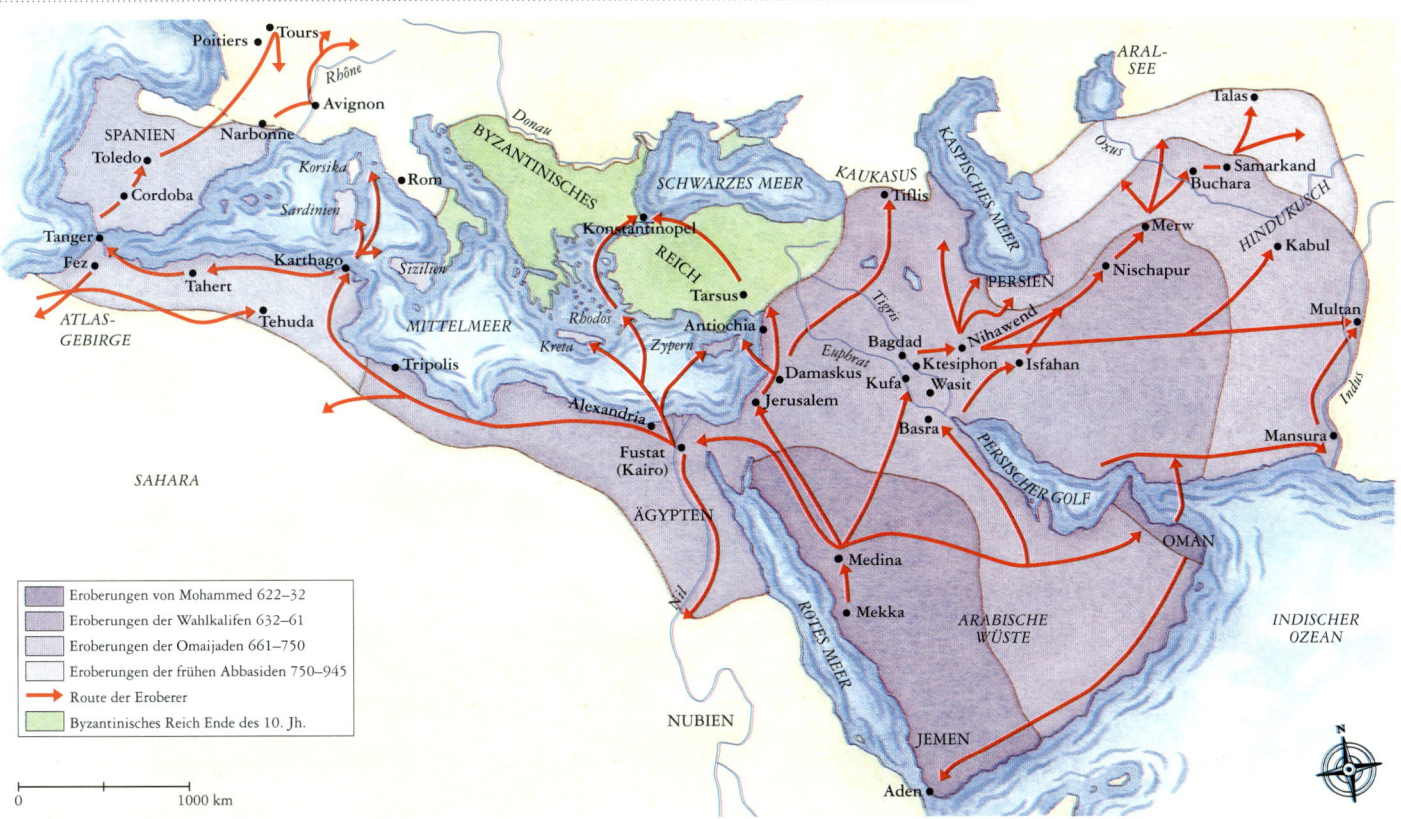

Die Verbreitung des Islam im 7.–10. Jh. war von religiösem Eifer und Expansionsstreben getrieben. Dabei kam den Eroberern die Schwäche des Byzantinischen und des Persischen Reiches entgegen.

Legende:
- Eroberungen von Mohammed 622–32
- Eroberungen der Wahlkalifen 632–61
- Eroberungen der Omaijaden 661–750
- Eroberungen der frühen Abbasiden 750–945
- Route der Eroberer
- Byzantinisches Reich Ende des 10. Jh.

Herrscher. Die Kaaba, aus der man alle Götterbilder entfernte, wurde zum Zentralheiligtum und Mekka zum Zentrum und Wallfahrtsort des Islam. Als Mohammed zwei Jahre später starb, war er als Herrscher und Prophet Allahs in weiten Teilen Arabiens anerkannt. Nach seinem Tod wurde Abu Bakr zum ersten Kalifen, d. h. Mohammeds Nachfolger, bestimmt, gefolgt von Omar I. im Jahr 634 und Othman 644.

STARKER EXPANSIONSDRANG

Gestützt auf die arabischen Beduinen, die für ihren großen Kampfgeist bekannt waren, freilich erst erneut unterworfen werden mussten, vermochten die Kalifen das islamische Reich in zahlreichen Kämpfen im großen Stil auszuweiten. Bis zur Mitte des 7. Jh. eroberten sie den Irak, der zum Persischen Reich gehörte, sowie Syrien und Ägypten, die von den Byzantinern beherrscht wurden, und den Iran. Im Norden Syriens wurde der Vorstoß der Araber am Taurusgebirge von den Byzantinern aufgehalten, nach Westen hin konnten sie ihr Herrschaftsgebiet jedoch weiter ausdehnen. Nordafrika war um 700 unterworfen. Ab 711 fielen die Moslems in Spanien ein und es gelang ihnen sogar, die Pyrenäen zu überqueren und in Frankreich einzudringen. In der schick-

salhaften Schlacht von Poitiers wurde die islamische Expansion schließlich 732 von Karl Martell gestoppt und somit eine Islamisierung Europas verhindert.

In nur einem Jahrhundert hatten die Moslems nach Mohammeds Tod das größte Reich erobert, das die Welt bis dahin gesehen hatte. Da es keine Zwangsbekehrung gab, wurden nicht alle Völker in diesem Gebiet sofort Moslems. So stand es den Christen und Juden frei, ihre eigenen Religionen auszuüben, doch durften sie keine Waffen tragen und mussten eine Sondersteuer zahlen. Erst nach 750 begann eine große Zahl der eroberten Völker den Islam zu übernehmen.

An der Schwelle zum 21. Jh. ist der Islam die vorherrschende Religion in der gesamten arabischen Welt, in Teilen Afrikas, in Zentralasien, der Türkei, Pakistan und Indonesien und mit rund 1 Mrd. Angehörigen nach dem Christentum zweitgrößte Weltreligion. Der Islam gliedert sich seit dem Streit zwischen dem Kalifen Ali, dem Schwiegersohn Mohammeds, und dem Omajadenkalifen Moawija um die legitime Herrschaft im 7. Jh. in zwei Hauptgruppen: die Sunniten, die heute etwa 90 % der Gläubigen ausmachen, und die Schiiten.

In Deutschland bilden Moslems die größte religiöse Minderheit. Der zunehmende Terror islamistischer Extremisten gibt jedoch Anlass zur Besorgnis. Vor allem in Algerien, im Nahen Osten und in Zentralasien streben die Fundamentalisten die Errichtung islamischer Gottesstaaten an.

Oben: Eine Darstellung der Kaaba ziert das Manuskript des 16. Jh. Rechts: Der Teller stammt aus Usbekistan und bezeugt die große Verbreitung des Islam.

Fischfangquoten verstrickt, in deren Verlauf das Land seine Fischereigrenzen auszudehnen vermochte. 1985 führte die allgemeine Ablehnung der Präsenz der amerikanischen Flotte durch die Bevölkerung dazu, dass sich Island als atomwaffenfreie Zone erklärte. 1991 setzte Island, dessen Wirtschaft, insbesondere der Export, in erster Linie auf der Fischerei basiert, Einschränkungen für den Fischfang in isländischen Gewässern durch.

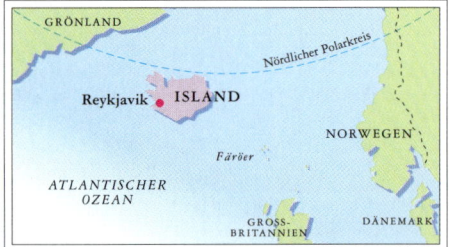

Isolationismus, in den USA ab 1823 vertretene Doktrin der politischen Nichteinmischung in die Angelegenheiten anderer Nationen. Aufgrund isolationistischer Strömungen gelang es Präsident Woodrow WILSON 1919/20 nicht, den Beitritt der USA zum VÖLKERBUND durchzusetzen, und aus demselben Grund traten die USA auch erst verspätet in den ZWEITEN WELTKRIEG ein. Nach 1945 forderten die Isolationisten vergeblich den Rückzug von überseeischen Militärstützpunkten und die Errichtung einer durch Atomwaffen geschützten „Festung Amerika". Die USA übernahmen vielmehr eine führende Rolle in der Welt, die sie seither auch dazu nutzten, die internationale Politik aktiv zu beeinflussen.

Israel, Staat in Vorderasien. Das seit etwa 100 000 Jahren besiedelte Gebiet hieß ursprünglich PALÄSTINA. Ab dem 13. Jh. v. Chr. wurde es von den Hebräern eingenommen, die sich selbst als Kinder Israels bezeichneten. Israel war auch der Name des Königreichs, über das Saul, David und Salomo im 10./9. Jh. v. Chr. herrschten. 926 v. Chr. spaltete sich Israel in das Südreich Juda und das Nordreich Israel. Israel wurde 722 v. Chr. von den Assyrern verwüstet, Juda 597 v. Chr. von den Babyloniern erobert. 63 v. Chr. wurde Palästina römisch und in der Folgezeit wanderten große Teile der Juden aus. Ab 636 eroberten moslemische Araber Palästina. Sie herrschten, mit Ausnahme 1099–1187, als das Königreich JERUSALEM in der Hand christlicher Kreuzfahrer war, bis 1517, als Palästina an die Osmanen fiel. Ihrer Herrschaft setzten die Briten im Ersten Weltkrieg ein Ende.

Ab dem 19. Jh. kämpften Zionisten für einen jüdischen Staat in Palästina. 1917 verpflichtete sich Großbritannien mit der BALFOUR-ERKLÄRUNG, eine „nationale Heimstätte für das jüdische Volk in Palästina" zu unterstützen. In den folgenden Jahren wan-

derten Juden aus aller Welt ein. 1923 lebten rund 90 000 Juden in Palästina, zehn Jahre später waren es bereits 445 477, was rund 30 % der Gesamtbevölkerung ausmachte.

1947 beschlossen die UN, Palästina in einen arabischen und einen jüdischen Staat aufzuteilen. Nach Beendigung des britischen Mandats wurde am 14. Mai 1948 der unabhängige Staat Israel ausgerufen. Nur einen Tag später wurde Israel von ÄGYPTEN, JORDANIEN, SYRIEN, dem LIBANON und dem IRAK, die sein Existenzrecht bestritten, angegriffen. Damit begann der bis heute dauernde Nahostkonflikt. Israel verlor bei den Kämpfen die Altstadt Jerusalems, gewann dafür aber andere Gebiete hinzu. In der Folge kam es zu weiteren Kriegen, darunter 1967 der SECHSTAGEKRIEG, 1973 der JOM-KIPPUR-KRIEG und 1982 der Krieg gegen den Libanon. Juden aus Europa und Amerika emigrierten weiterhin nach Israel, wodurch die Bevölkerungszahl bis 1985 auf 4,2 Mio. anstieg. 1979 schlossen Israel und Ägypten Frieden. Acht Jahre später begann im Westjordanland und dem Gazastreifen die Intifada, der bewaffnete palästinensische Widerstand gegen die israelischen Besatzer.

Die Wende im Nahostkonflikt kam 1993, als der israelische Premierminister Itzhak RABIN und Palästinenserführer Jasir ARAFAT ein Friedensabkommen unterzeichneten, wodurch die Palästinenser 1994 eine Teilautonomie im Gazastreifen und im Gebiet um Jericho erhielten; bei den jüdischen Siedlern in den besetzten Gebieten stieß die Vereinbarung jedoch auf massive Ablehnung. Noch im selben Jahr schloss Jordanien Frieden mit Israel. Als Rabin im November 1995 von einem jüdischen Extremisten ermordet wurde, war dies ein herber Rückschlag für den Friedensprozess. Im Jahr darauf griff die islamische Hisbollah-Miliz Israel mit Bomben an, was mit einer israelischen Offensive im Libanon beantwortet wurde. Dennoch wurden die palästinensischen Autonomiegebiete im Westjordanland erweitert. Nach dem Regierungswechsel in Israel 1996, bei dem der rechtsgerichtete Benjamin Netanjahu neuer Premierminister wurde, geriet der Friedensprozess ins Stocken und die Gewalt eskalierte erneut. Obwohl Netanjahu die

Seit der Gründung des Staates Israel im Jahr 1948 ist der Nahe Osten einer der größten Krisenherde der Welt.

umstrittene Siedlungspolitik wieder aufnahm, unterzeichneten er und Palästinenserpräsident Arafat 1997 das Hebron-Abkommen, das den weiteren Rückzug der israelischen Streitkräfte aus dem Westjordanland vorsah. Bei den Wahlen im Mai 1999 kam es zu einem Machtwechsel: Netanjahu verlor gegen den Oppositionskandidaten Ehud Barak, den Führer der Arbeiterpartei.

Italien, Republik am Mittelmeer. Nach der Besiedlung durch Etrusker und Griechen einten die Römer im 3. Jh. v. Chr. das Land. Unter KONSTANTIN I. DEM GROSSEN wurde das Christentum im 4. Jh. Staatsreligion. Ein Jahrhundert später zerstörten u. a. Westgoten und Hunnen das westliche RÖMISCHE REICH. Während Byzanz einen Teil Italiens beanspruchte, wurde Norditalien langobardisch. Die Annäherung der Päpste an die Franken, die daraufhin die Langobarden unterwarfen, führte zur Entstehung des KIRCHENSTAATS. Ab 962 ließen sich die deutschen Herrscher in Rom zu Kaisern krönen. Ab dem 11. Jh. errichteten die Normannen in Süditalien ein Königreich, im Norden stiegen einige Handelsstädte zu selbstständigen Stadtstaaten auf.

Während der nächsten Jahrhunderte blieb das Land zersplittert, entwickelte sich jedoch zu einem kulturellen Zentrum, das eine neue Epoche, die RENAISSANCE, hervorbrachte. Mitte des 15. Jh. war Italien im Wesentlichen in fünf Staaten geteilt: MAILAND, FLORENZ, VENEDIG, Kirchenstaat und das Königreich NEAPEL. Im 16. Jh. fiel Italien unter spani-

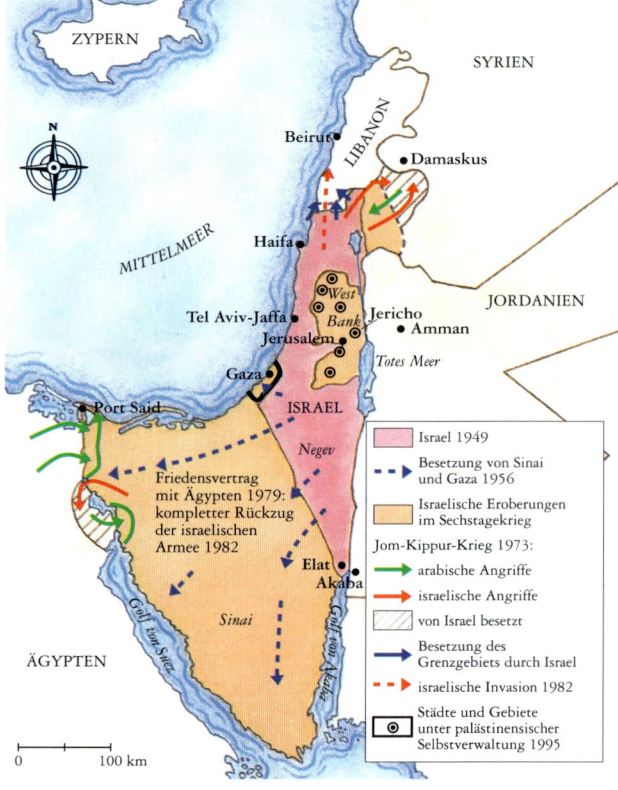

Nach ihrer Landung in Italien im Juli 1943 wurden amerikanische Soldaten von den Sizilianern begeistert empfangen. Im Oktober erklärte Italien Hitler-Deutschland den Krieg.

sche, nach dem Frieden von UTRECHT 1713 größtenteils unter österreichische Vorherrschaft. Nach dem Einfall von NAPOLEON I. 1796/97 wuchs die Hoffnung auf eine Einigung des Landes. Die teilweise erreichte Einheit hielt indes nicht lange an und nach 1815 wurde die alte Ordnung wieder hergestellt.

Mit dem RISORGIMENTO, der Vereinigungsbewegung des 19. Jh., erwachten neue Hoffnungen auf ein vereintes, freies Italien. Mit französischer Unterstützung wurden die Österreicher 1859 aus der Lombardei vertrieben, während die neapolitanische Monarchie ein Jahr später von Freischaren unter Giuseppe GARIBALDI gestürzt wurde. 1861 wurde VIKTOR EMANUEL II. zum König von Italien gekrönt; vollständig vereint war das Land 1870 nach der Annexion Venedigs und Roms. Dem Papst blieb vom einstigen Kirchenstaat nur die VATIKANSTADT.

In den 20er-Jahren des 20. Jh. erstarkte der FASCHISMUS unter Benito MUSSOLINI, der Italien 1940 aufseiten Deutschlands in den Zweiten Weltkrieg führte. Nach der Niederlage gegen die Alliierten 1943 ließ ihn VIKTOR EMANUEL III. festnehmen und das Land trat auf die Seite der Alliierten über. Nach dem Krieg wurde Italien Republik.

Kennzeichen der italienischen Innenpolitik der letzten Jahrzehnte sind Instabilität, Korruption und ständig wechselnde Regierungen, die meist aus Koalitionen mit den Christdemokraten als stärkster Partei bestanden. 1994 brachte ein neues Wahlsystem der rechts gerichteten Koalition unter der Führung der Forza Italia den Sieg; sie konnte sich aber nicht lange halten. Nach einer Mitte-links-Koalition unter Romano Prodi 1996 wurde im Oktober 1998 der links gerichtete Massimo D'Alema zum Chef der 56. Nachkriegsregierung vereidigt. Er kündigte weitere Wahlrechtsreformen an, die die Anzahl der Parteien im Parlament reduzieren und so die Regierungsarbeit erleichtern sollen.

Italien, Kampf um (1494–1559), Serie von Kriegen zwischen den europäischen Mächten um die Herrschaft über die unabhängigen Staaten ITALIENS. Als sich diese zur Vermehrung ihrer Macht um Allianzen mit dem Ausland bemühten, wurden sie in die entste-

Auf das Konto Iwans IV. des Schrecklichen ging die Hinrichtung tausender von Bojaren in ganz Russland.

henden Nationalstaaten, vor allem Spanien und Frankreich, eingegliedert. Ausgelöst wurden die Kriege, als Karl VIII. von Frankreich 1494 NEAPEL eroberte. Er wurde 1495 von den Armeen Spaniens, Venedigs, Mailands, des Heiligen Römischen Reiches und des Kirchenstaats zum Rückzug gezwungen. Sein Nachfolger Ludwig XII. besetzte Mailand und Genua und stimmte der Aufteilung des Königreichs Neapel zwischen ihm und FERDINAND II. von Spanien zu. Unstimmigkeiten über die Teilung führten jedoch 1502 zum Krieg. Der Kampf um die Herrschaft über Neapel dauerte mehrere Jahre. Zur bedeutendsten Schlacht kam es 1525 bei Pavia, bei der FRANZ I. von Frankreich dem Heer Kaiser KARLS V. unterlag. Die spanische Oberhoheit begann 1559 mit dem Frieden von Cateau-Cambrésis, in dem Frankreich endgültig auf Italien verzichtete und Karls Sohn PHILIPP II. Neapel und Mailand erhielt.

Italienische Front (Juli 1943–Mai 1945), Feldzug im Zweiten Weltkrieg. Er begann mit der Invasion britischer und amerikanischer Truppen in Sizilien. Sie nahmen Palermo und Catania ein und zwangen die mit Italien verbündeten Deutschen zum Rückzug. Invasionen in Süditalien im Herbst 1943 führten zu einem Waffenstillstand, der die Feindseligkeiten zwischen den Streitkräften der neuen Regierung unter Pietro BADOGLIO und denen der Alliierten beendete. Als im Oktober die Häfen Taranto und Brindisi eingenommen waren, erklärte Italien Deutschland den Krieg. Im Juni 1944 nahmen die Alliierten Rom, im August Florenz ein. Im Mai 1945 kapitulierte die deutsche Armee in Norditalien und im südlichen Österreich.

Iwan IV. der Schreckliche (1530–84), Großfürst von Moskau seit 1533, der sich als erster Herrscher 1547 zum Zaren krönen ließ. Sein Beiname bezieht sich auf seinen maßlosen Jähzorn. In der Anfangszeit seiner Regierung schränkte er die Macht der BOJAREN, der russischen Aristokraten, ein, die das Land seit dem 10. Jh. regiert hatten. Er reorganisierte die Armee und eroberte Kasan, Astrachan und Sibirien. Iwans sechs Ehen waren nur von kurzer Dauer, denn er ließ seine unliebsam gewordenen Ehefrauen entweder ermorden oder er zwang sie, ins Kloster zu gehen. 1565 begann Iwan eine brutale Schreckensherrschaft und schuf eine Geheimpolizei, die Opritschnina, der viele tausende von Menschen zum Opfer fielen. Drei Jahre vor seinem Tod erschlug er in einem Wutanfall seinen ältesten Sohn, wonach er in tiefe Reue verfiel. Iwan hatte aber auch gute Seiten: Er war hoch gebildet, führte in Russland den Buchdruck ein und begann Handelsbeziehungen zum übrigen Europa. Dennoch hinterließ er bei seinem Tod ein wirtschaftlich ausgeblutetes Land.

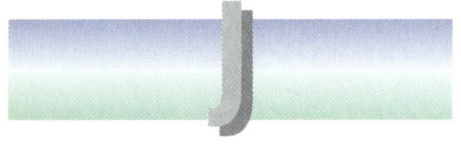

Jackson, Andrew (1767–1845), Präsident der USA 1829–37. Jackson wurde 1814/15 zum Nationalhelden, als er zunächst die Creek-Indianer besiegte und dann als Generalmajor der amerikanischen Truppen die Briten in der Schlacht bei New Orleans schlug. Seine Popularität stieg noch, als er 1818 durch seine Invasion Floridas Spanien zur Abtretung dieses Gebiets an die USA zwang. Jackson war Siedler der Grenzregion, Anwalt und am Entwurf der Verfassung seines Heimatstaats Tennessee beteiligt. 1797/98 saß er im Senat.

Nachdem Jackson 1822 erneut als Senator die politische Bühne betreten hatte, entwickelte er sich zur führenden Persönlichkeit in der Demokratischen Partei und wurde 1828 zum Präsidenten gewählt. Es gelang ihm, die Unabhängigkeit des Präsidentenamts deutlich zu steigern, und zugleich förderte er einen neuen Stil der volksdemokratischen Politik. Freizügiger als seine Vorgänger ging er mit dem Vetorecht des Präsidenten um. Aus Abneigung gegen eine zentrale Geldkontrolle verhinderte er 1832 durch sein Veto die Erneuerung der Satzung der Nationalbank der USA und verteilte Bundeseinlagen auf Staatsbanken. Dieser Politik verdankte er im selben Jahr zwar seine Wiederwahl, doch trug er damit auch wesentlich zur Finanzkrise im Jahr 1837 bei. Was die amerikanischen Ureinwohner anging, verfolgte Jackson eine harte Linie, indem er alteingesessene Stämme in INDIANERRESERVATE westlich des Mississippi zwangsumsiedeln ließ.

Jahangir (1569–1627), indischer Großmogul 1605–27. Er vermochte das von seinem Vater AKBAR ererbte riesige MOGUL-REICH noch weiter auszudehnen. Politik und höfische Intrigen überließ er dagegen seiner willensstarken persischen Gemahlin Nur Jahan. Sie unterdrückte die häufigen Rebellionen seines Sohnes, des späteren Schah Jahan, der den TAJ MAHAL erbauen ließ. Als sich der Ruhm des Mogul-Reichs verbreitete, entsandten Portugal und die Britische OSTINDISCHE KOMPANIE Botschafter an Jahangirs Hof, dessen Prachtentfaltung ihnen die Sprache verschlug. Jahangir war ein großer Förderer der Kunst, vor allem der Miniaturmalerei.

WUSSTEN SIE, DASS?

In dem stolze 50 km² großen Schlafquartier des Großmoguls Jahangir warteten 3000 Bedienstete auf. Auch an Frauen war kein Mangel, hatte sein Vater ihm doch einen 5000-köpfigen Harem vererbt.

Jahn, Friedrich Ludwig (1778–1852), Lehrer und Verfechter des deutschen Nationalstaats. Als Initiator der Turnbewegung in Deutschland setzte sich Jahn für die körperliche Ertüchtigung der Deutschen ein, um sie u. a. für den Kampf gegen NAPOLEON I. zu stärken. Bereits 1811 legte er in Berlin den ersten Turnplatz an, so benannt nach dem mittelalterlichen Turnier. Nach den KARLSBADER BESCHLÜSSEN wurden derartige Einrichtungen jedoch geschlossen. Wegen des Vorwurfs der Demagogie wurde der Jahn 1819–25 inhaftiert und bis 1840 unter Polizeiaufsicht gestellt. 1848 erlangte er einen Sitz in der Nationalversammlung.

Jainismus, altindische Religion, die der Lehre des 24. Tirthankaras, d. h. Furtbereiters, Vardhamana Mahavira folgt. Er lebte im 5. Jh. v. Chr. und scharte im heutigen Bundesstaat Bihar einen kleinen Kreis von Mönchen und Nonnen sowie einen größeren Kreis von Laien um sich. Oberste Prinzipien sind das Verbot der Verletzung lebender Wesen (*Ahimsa*) sowie strenge Meditation und Askese, durch die das Karma, d. h. Schicksal, aufgehoben werden und die Seele ins Nirwana eingehen kann. Die Religion besitzt keine Gottheit und vertritt wie der zur gleichen Zeit entstandene BUDDHISMUS die Lehre von der Wiedergeburt. Im 1. Jh. spaltete sich der Jainismus durch Meinungsverschiedenheiten über die Frage der Nacktheit in zwei heute noch bestehende Gruppen: die Digambaras, die Luftbekleideten, also nackten Mönche, und die Shvetambaras, die Weißgekleideten, die weiße Gewänder tragen. Heute hat der Jainismus etwa 4 Mio. Anhänger, die überwiegend in Indien leben.

Jaipur, Hauptstadt des Bundesstaats Rajasthan im Nordwesten Indiens. Im 12. Jh. machte die Stammeskaste der Rajputen sie zur Hauptstadt des Staates Jaipur. Der Maharadscha Jai Singh II. ließ die Stadt 1728 umbauen und ihre Gebäude rosarot anstreichen, weil ihm diese Farbe laut astrologischer Vorhersage Glück bringen sollte. Im 18. Jh. fiel Jaipur an die hinduistische Kriegerkaste der Marathen. 1818 unterzeichnete ihr Radscha einen Vertrag, mit dem die britische Oberherrschaft anerkannt wurde. 1949 ging der Staat Jaipur in Rajasthan auf.

Jakob I. (1394–1437), König von Schottland ab 1406, kam jedoch erst 1424 an die Macht. Nachdem sein Onkel, der Herzog von Albany, seinen älteren Bruder ermordet hatte, sollte Jakob 1406 nach Frankreich in Sicherheit gebracht werden. Unterwegs erlitt der schottische Thronfolger Schiffbruch und geriet in englische Gefangenschaft. Sein kränklicher Vater Robert III. starb, als er diese Nachricht erhielt. Jakob blieb in England gefangen, bis er 1424 durch ein Lösegeld von 33 000 Pfund Sterling freikam. Während seiner Haft hatte er Zugang zu den Höfen Heinrichs IV. und Heinrichs V. Schottland wurde derweil vom Herzog von Albany und später dessen Sohn Murdoch regiert.

Nach der Machtübernahme im Jahr 1424 herrschte Jakob mit fester Hand. Seine Politik, die Macht des Adels zu beschneiden und die königlichen Kompetenzen zu stärken, sowie die durch die Abzahlung seines Lösegelds nötig gewordene Steuererhöhung blieben nicht ohne Folgen. Im Februar 1437 wurde er in Perth von Adligen ermordet. Jakob war ein gebildeter König und Kunstmäzen. Ihm wird die Liebesdichtung *The Kingis Quair, Des Königs Buch,* zugeschrieben.

Der ursprünglich rosafarbene Stein des Harems im Chandra Mahal, dem Stadtpalast von Jaipur aus dem 18. Jh., ist mit den Jahren zu einem staubigen Rot verblasst.

Solche Karten wiesen die Freunde der Freiheit als Mitglieder des Jakobiner-klubs aus.

Jakob II.

Jakob II. (1430–1460), König von Schottland von 1437 bis zu seinem Tod. Jakob war sechs Jahre alt, als sein Vater JAKOB I. ermordet wurde. Erzogen wurde er im Schloss von Edinburgh unter der Obhut seiner Mutter und Sir Alexander Livingstons. Während seiner Minderjährigkeit kam es häufig zu Unruhen. Als er selbst die Herrschaft übernahm, betrachtete er den Clan der Douglas als ernste Bedrohung seiner Autorität; bei einem Streit erstach er einen von ihnen. Jakob brachte das Münzwesen in Ordnung und verbesserte das Gerichtswesen. Als Anführer bei der Belagerung des von Engländern besetzten Roxburgh Castle wurde er von einem zufälligen Kanonenschuss getötet.

Jakobiner, Mitglieder des bedeutendsten und radikalsten politischen Klubs der FRANZÖSISCHEN REVOLUTION. Der Zirkel tagte 1790–94 in dem früheren Dominikanerkloster Saint-Jacques in Paris, dem er auch seinen Namen verdankt. In der Provinz wuchs die Zahl der Mitglieder ebenfalls ständig an und durch eine sorgfältig gestaltete Taktik gelangten die Jakobiner zu großem Einfluss in der Nationalversammlung. Nachdem der Klub zunächst von gemäßigten GIRONDISTEN beherrscht war, riss 1792 der radikale Republikaner ROBESPIERRE die Herrschaft an sich und ließ die Girondisten zum großen Teil liquidieren. Unter ihm entwickelte sich der Klub zum Mittelpunkt der Schreckensherrschaft. Nach Robespierres Sturz 1794 wurde er geschlossen. Das Zeichen der Jakobiner war die rote phrygische Mütze.

Jakobitenaufstände, mehrere Aufstände der Jakobiten zwischen 1708 und 1746. Die Jakobiten waren Anhänger des 1688 nach der GLORREICHEN REVOLUTION aus England vertriebenen STUART-Königs Jakob II. und seiner Nachkommen. Große Unterstützung fanden sie bei den schottischen CLANS. Ihr Ziel war es, den Hannoveraner Georg II. vom englischen zu Thron stoßen und stattdessen Jakob Eduard Stuart, den Sohn Ja-

kobs II., zum Monarchen zu erheben. Diesbezügliche Bemühungen scheiterten jedoch. Jakob Eduards Sohn Karl Eduard war bei dem Aufstand von 1745 zunächst erfolgreicher. Nach einem Sieg in der Nähe von Edinburgh gelang es den Jakobiten, bis nach Derby vorzustoßen, wo englische Armeen der Invasion jedoch ein Ende setzten und Karl zum Rückzug zwangen. Die Erhebung löste sich auf und alle ernsthaften Versuche, die Hannoveraner zu stürzen, endeten am 16. April 1746 in Culloden mit dem Sieg über die erschöpfte Armee der Jakobiten.

Jalta, Konferenz von (4.–11. Februar 1945), Treffen der politischen Führer der Alliierten Winston CHURCHILL, Franklin D. ROOSEVELT und Jossif STALIN im Kurort Jalta auf der Halbinsel Krim. Die Großen Drei kamen überein, dass Deutschland nach der bevorstehenden Niederlage im Zweiten Weltkrieg in vier BESATZUNGSZONEN unter der Verwaltung von amerikanischen, britischen, französischen und sowjetischen Streitkräften aufgeteilt werden sollte. Polen sollte mit deutschem Territorium für seine Gebietsabtretungen an Russland entschädigt werden. Stalin sicherte in einem Geheimabkommen zu, in den Krieg gegen Japan einzutreten, wenn die Sowjetunion im Gegenzug den Südteil der Insel Sachalin und die Kurilen sowie die Kontrolle über die Äußere Mongolei und die Mandschurei erhalte. Stalin machte auch Zusicherungen hinsichtlich der Unabhängigkeit der befreiten osteuropäischen Länder, die er später freilich nicht einhielt. Fünf Monate später traten die Großmächte in der POTSDAMER KONFERENZ erneut zusammen.

Der präraffaelitische Maler Sir John Millais thematisierte das Wiedersehen eines besiegten jakobitischen Rebellen mit seiner Familie.

Jamaika, parlamentarische Monarchie auf der drittgrößten Insel der Großen Antillen; ehemalige britische Kronkolonie. Ursprünglich war die Insel Siedlungsgebiet der Aruak-Indianer. 1494 entdeckte Christoph KOLUMBUS die Insel und nahm sie für Spanien in Besitz. 1655 eroberten die Engländer Jamaika, das ein florierender Stützpunkt für PIRATEN wurde, die spanische Schiffe kaperten und plünderten. Zur Arbeit auf den Zuckerrohrplantagen wurden Sklaven aus Schwarzafrika eingeführt und im 18. Jh. entwickelte sich Jamaika zum führenden Zuckerproduzenten, gleichzeitig aber auch zu einem der größten Umschlagplätze des Sklavenhandels der Welt. Nach der Abschaffung der SKLAVEREI im Jahr 1838 musste die Insel schwere wirtschaftliche Rückschläge hinnehmen.

1866 wurde Jamaika Kronkolonie. Allmählich entwickelte sich eine parlamentarische Regierung, doch Rassenspannungen, eine Wirtschaftskrise und Unzufriedenheit mit dem Status als Kronkolonie führten in den 30er-Jahren des 20. Jh. zu ausgedehnten Aufständen. 1944 erhielten die erwachsenen Jamaikaner das Wahlrecht, Parteien wurden gegründet. Nach dem Zweiten Weltkrieg erlebte das Land schließlich den ersehnten wirtschaftlichen Aufschwung.

1958 wurde Jamaika Mitglied der Westindischen Föderation, trat 1961 aber wieder aus, nachdem sich die Bevölkerung in einem Referendum dagegen ausgesprochen hatte. Ein Jahr später erhielt Jamaika die völlige Unabhängigkeit, blieb aber Mitglied im COMMONWEALTH OF NATIONS. Führende Parteien sind seit 1944 die konservative Jamaica Labour Party JLP und die People's National Party PNP, deren Führer Michael Manley 1972–80 eine Reihe wirtschaftlicher und sozialer Reformen einführte. Seine Außenpolitik orientierte sich an Kuba und den blockfreien Staaten. Sein Nachfolger Edward Seaga von der JLP brachte das Land auf prowestlichen Kurs, den auch der 1989 wieder gewählte Manley beibehielt. Nach seinem Rücktritt errang die PNP unter seinem Nachfolger P. J. Patterson 1993 einen erdrutschartigen Wahlsieg. Im Dezember 1997 wurde sie zum dritten Mal in Folge mit der Regierung beauftragt. 1995 wurde eine weitere Partei, National Democratic Movement, gegründet.

Jameson Raid (1895/96), bewaffneter Einfall von Betschuanaland aus in die Republik TRANSVAAL in Südafrika, angeführt von dem britischen Pionier Leander Starr Jameson. Nachdem man in dem Gebiet reiche Gold- und Diamantvorkommen entdeckt hatte, waren viele Briten nach Transvaal gekommen, die von den Buren jedoch als Uitlanders, Ausländer, verachtet wurden. Cecil RHODES, der Premierminister der Kapkolonie und Gründer der De Beers Mining Company, erteilte Jameson den Auftrag zu einem bewaffneten Überfall zur Unterstützung der Uitlanders und zum Sturz des Burenpräsidenten Paul KRÜGER. Jamesons Streitkräfte wurden aber binnen kurzem von den Buren überwältigt, Jameson selbst wurde gefangen genommen und den Briten zur Bestrafung übergeben. Damit waren seine Hoffnungen auf ein vereinigtes Südafrika zerstört. Rhodes, der den Überfall finanziert hatte, musste als Premierminister der Kapkolonie zurücktreten. Die Abwehr des Überfalls veranlasste den deutschen Kaiser Wilhelm II., den Buren in seiner berühmten Depesche an den Präsidenten Krüger zum Sieg über die Briten zu gratulieren. Darüber hinaus trug der Jameson Raid mit zum Ausbruch des BUREN-KRIEGS bei.

Jamestown, erste britische Dauersiedlung in Nordamerika. Gegründet wurde sie von einer gut 100 Personen zählenden Expedition, die die in London ansässige Virginia Company im Jahr 1607 entsandt und finanziert hatte. Ihren Namen verdankt sie König JAKOB I. von England. Die Lage der kleinen Kolonie, etwa 40 km flussaufwärts am James River in Virginia, wurde vor allem aus strategischen Gründen gewählt. Die von Malariamücken befallenen Sumpfgebiete in der Umgebung und das typhusverseuchte Flusswasser verursachten bei den Siedlern jedoch Krankheiten, an denen viele zugrunde gingen. Vor der Eroberung durch die einheimischen Indianer bewahrte den neuen Außenposten nur die Entschlossenheit und das militärische Geschick eines gewissen John Smith. Jamestown war Hauptstadt und Sitz des ersten Abgeordnetenhauses von Virginia. In einem Aufstand wurde die Stadt 1676 niedergebrannt, und als der Regierungssitz 1699 schließlich nach Williamsburg verlegt wurde, verfiel Jamestown vollends.

Janitscharen, Elitetruppe der osmanischen Streitkräfte, die um 1360 entstand und den Kern des Heeres bildete. Der Name ist vom türkischen *yeniçeri* abgeleitet und bedeutet neue Streitmacht. Die Janitscharen dienten den osmanischen Sultanen bis zu ihrer Auflösung im Jahr 1826, als sie nach einer Meuterei von Sultan Mahmud II. niedergemetzelt wurden. Ursprünglich setzte sich die Truppe aus zum Islam übergetretenen christlichen Kriegsgefangenen zusammen, später wurde sie durch die so genannte Knabenlese ergänzt. Dafür wurden unter den christlichen Untertanen des Sultans die tauglichsten Jugendlichen rekrutiert und nach Konstantinopel gebracht. Sie wurden beschnitten, zum Islam bekehrt und einer strengen, aber vorzügli-

Vor dem Jameson Raid stellen sich Freiwillige im Transvaal zur Kontrolle ihrer Ausrüstung in Reih und Glied auf. Der Überfall erwies sich jedoch als erfolglos und verschlechterte das Klima zwischen den britischen Ausländern und den Buren noch mehr.

chen militärischen Ausbildung unterzogen. Mit etwa 25 Jahren traten sie ihren Dienst bei den Janitscharen an. Ihre Loyalität dem Sultan gegenüber war sprichwörtlich. Die Fähigsten unter ihnen wechselten zur Zivilverwaltung und wurden einflussreiche Staatsbeamte. So kam es, dass das mächtige Osmanische Reich weitgehend von ehemaligen Christen verwaltet wurde. Ihre Blütezeit erlebten die Janitscharen unter SÜLEIMAN I. DEM PRÄCHTIGEN im 16. Jh.; zeitweise war die Elitetruppe bis zu 100 000 Mann stark.

Jansen, Cornelius (1585–1638), niederländischer Bischof und Begründer des Jansenismus, einer Reformbewegung innerhalb des Katholizismus. 1617 wurde er Leiter einer neu gegründeten Akademie in Löwen und 1636 Bischof von Ypern. Er strebte eine Verinnerlichung der Frömmigkeit und eine Reform des christlichen Lebens an, wie er sie in seinem 1640 posthum erschienenen Hauptwerk *Augustinus* niederschrieb. Darin versuchte er zu beweisen, dass die Lehren des heiligen AUGUSTINUS, etwa über den freien Willen und die Vorherbestimmung, im Gegensatz zu den Lehren der JESUITEN

> **WUSSTEN SIE, DASS?**
>
> *Die Janitscharen trugen hohe weiße Mützen zu Ehren des moslemischen Ordensgründers Bekatsch, der einst einen Ärmel von seinem Mantel abgeschnitten und einem Offizier übergestülpt hatte.*

stünden. Das Werk erzürnte die Jesuiten und führte zu einer tiefen Spaltung in der römisch-katholischen Kirche. 1653 wurde es von Papst Innozenz X. verurteilt. Jansen sah sich als Katholiken, doch war ein Teil seiner Lehrsätze denen Johann CALVINS ähnlich. Zu seinen Anhängern gehörte der französische Philosoph Blaise PASCAL. Die Kontroverse über Jansens Theorien dauerte bis weit in das 18. Jh. hinein. In dieser Zeit wurden die Jan-

seniten in Frankreich verfolgt und exkommuniziert. In den Niederlanden jedoch tolerierte man sie. Die dortigen Janseniten gründeten die Kirche von Utrecht und ernannten 1723 einen eigenen Bischof.

Japan, Kaiserreich auf einer dem ostasiatischen Festland vorgelagerten Inselgruppe im Pazifik; größte der rund 3900 Inseln sind Hokkaido, Honshu, Kyushu und Shikoku. Die frühesten Spuren menschlichen Lebens reichen bis in die Altsteinzeit zurück. Als Ureinwohner gelten die Menschen der Jomon-Kultur, die auf etwa 7000–3000 v. Chr. datiert wird. Die heutigen Japaner sind vermutlich Nachkommen von Völkern, die vom asiatischen Festland einwanderten. Um das Jahr 660 v. Chr. soll der legendäre Jimmu-Tenno das japanische Kaiserreich begründet haben. Im 5. Jh. n. Chr. wurde ein großer Teil Japans vom Yamato-Clan beherrscht. Der Staat war stark von China beeinflusst, von wo auch die Schreibkunst sowie die Kenntnisse auf dem Gebiet der Verwaltung und Landwirtschaft nach Japan gelangten. Im 6. Jh. wurde der BUDDHISMUS eingeführt, der nach einer kurzen Auseinandersetzung neben der japanischen Religion SHINTO bestand. Im 9. Jh. beherrschte die Familie der Fujiwara den kaiserlichen Hof.

Die wachsende Macht der Feudalherren führte im 12. Jh. zu einem langen Bürgerkrieg, aus dem schließlich Minamoto Yoritomo als Sieger hervorging. 1192 begründete er als erster Shogun das SHOGUNAT, eine Militärregierung, die bis 1868, der Wiedereinsetzung des Kaisers, im Land herrschte.

Der Handel zwischen Europa und Japan begann 1542, als zunächst portugiesische, dann auch spanische und niederländische Kaufleute ins Land kamen, und mit ihnen die Christianisierung Japans. Als immer mehr Japaner zum Katholizismus überwechselten, reagierte das Shogunat 1639 mit der Ausweisung aller Ausländer und dem Verbot des Christentums. Das Land wurde streng nach außen hin abgeschottet.

Im Lauf des 18. und 19. Jh. vergrößerten sich Wohlstand und Macht der Kaufleute und Japan dehnte seinen Einflussbereich auch auf die im Norden gelegene Insel Hokkaido aus. In der ersten Hälfte des 19. Jh. wurde die Macht des Shogunats allmählich durch wirtschaftliche Probleme und die Ankunft westlicher Handels- und Schiffsexpeditionen unterhöhlt. Das Unvermögen des Shogunats, die ausländischen Einflüsse abzuwehren, löste einen bewaffneten Widerstand aus und 1867 schließlich musste der letzte Shogun abdanken. Stattdessen wurde eine neue Regierung unter dem Kaiser Meiji Tenno eingesetzt. Die MEIJI-ÄRA währte bis 1912. Der Kaiser führte einen zentralisierten Staat ein, übernahm den westlichen Kalender und schuf 1889 eine Verfassung. Bald setzte in Japan die Industrialisierung ein.

Seine neue Stärke verhalf Japan in den CHINESISCH-JAPANISCHEN KRIEGEN 1894/95 und im RUSSISCH-JAPANISCHEN KRIEG 1904/05 zum Sieg, wodurch es endgültig zur Großmacht im nordostasiatischen Raum aufstieg. Im Ersten Weltkrieg kämpfte Japan an der Seite der Alliierten. Die japanische Besetzung der MANDSCHUREI ab 1931 provozierte sechs Jahre später einen groß angelegten Krieg mit China, in dessen Verlauf die Japaner im Dezember 1937 in Nanking ein grausames Massaker an chinesischen Kriegsgefangenen und unschuldigen Zivilisten anrichteten. Im Dezember 1941 trat Japan, das einen Dreimächtepakt mit Deutschland und Italien geschlossen hatte, mit seinem Überraschungsangriff auf den amerikanischen

Flottenstützpunkt PEARL HARBOR in den ZWEITEN WELTKRIEG ein. Zu Anfang gelang es den japanischen Streitkräften, schnell die Kolonialreiche in Südostasien zu überrennen, danach aber wurden sie allmählich zurückgedrängt. Nachdem die USA im August 1945 HIROSHIMA und NAGASAKI mit zwei Atombomben verwüstet hatten, sah sich der Tenno am 2. September zur Kapitulation gezwungen. Mit der Errichtung des alliierten Hauptquartiers unter dem amerikanischen General MACARTHUR begann die Besatzungszeit, die eine Entmilitarisierung und Demokratisierung zum Ziel hatte. 1946 wurde das parlamentarische System eingeführt. Nun erlebte das Land erneut einen wirtschaftlichen Aufschwung; 1968 war es die drittstärkste Industrienation der Welt. Der amerikanische Einfluss jedoch war nicht unumstritten und Ende der 60er-Jahre wurde das Land von den Guerillaangriffen der anarchistischen Roten Armee erschüttert. Auf internationaler Ebene verbesserten sich die Beziehungen Japans zu China und den Ländern Südostasiens, doch führte ein Ungleichgewicht im Handel mit den westlichen Ländern, insbesondere den Vereinigten Staaten, zu wirtschaftlicher Instabilität.

1989 starb Kaiser HIROHITO; Nachfolger wurde sein Sohn Akihito. Trotz mehrerer politischer und finanzieller Skandale blieb die Liberaldemokratische Partei 1955–93 an der Macht. Nach dem kurzen Intermezzo einer Mitte-links-Koalition stellte sie bereits im Januar 1996 wieder den Ministerpräsidenten. Seit Juli 1998 hat dieses Amt Keizo Obuchi inne.

In die Negativschlagzeilen geriet Japan 1995 durch einen Giftgasangriff der militanten buddhistischen Aum-Sekte in der Untergrundbahn von Tokio, bei dem 18 Menschen getötet und 5500 verletzt wurden. Die asia-

Unterstützt von Benjamin Franklin (links) und John Adams formulierte Thomas Jefferson (rechts) die Grundsätze der amerikanischen Unabhängigkeitserklärung, die die Loslösung von der britischen Krone zur Folge hatte.

tische Finanzkrise stürzte das Land im Herbst 1997 in eine der schwersten Wirtschaftskrisen der Nachkriegsgeschichte, in deren Folge mehrere Banken und Wertpapierhäuser in Konkurs gingen.

Jefferson, Thomas (1743–1826), dritter Präsident der USA 1801–09, der während seiner Amtszeit als Abgeordneter im Kontinentalkongress den Entwurf der Unabhängigkeitserklärung vom 4. Juli 1776 verfasste. Jefferson war ein Rechtsanwalt und Pflanzer aus Virginia. Als Sklavenbesitzer, der eine schrittweise Befreiung der Sklaven befürwortete, fühlte er sich dennoch nicht in der Lage, diese Politik auch in die Tat umzusetzen.

Über die Jahrhunderte brachte die japanische Kunst eigene charakteristische Themen und Stile hervor. Diese Holzschnittserie mit dem Titel *Der Mond* schuf Utagawa Kunisada 1857. Sie zeigt drei Personen im traditionellen Kimono, die von einem Holzbalkon aus den Mond betrachten.

1779–81 war Jefferson Gouverneur von Virginia. 1785–89 hielt er sich als Gesandter in Paris auf, um anschließend das Amt des ersten Außenministers der USA unter George WASHINGTON zu bekleiden. 1791 organisierte er eine politische Allianz gegen die Föderalisten, aus der die Demokratisch-Republikanische Partei, die Vorläuferin der heutigen Demokratischen Partei, hervorging. Aus Protest gegen die föderalistische Wirtschaftspolitik Alexander Hamiltons trat Jefferson 1793 von seinem Amt zurück. Im Jahr 1797 wurde er Vizepräsident unter John Adams, um dann vier Jahre später selbst zum Präsidenten gewählt zu werden. In Jeffersons Amtszeit fielen der Krieg gegen Tripolis, der Kauf des Staates LOUISIANA von den Franzosen im Jahr 1803, der die Größe der USA mehr als verdoppelte, sowie die LEWIS-AND-CLARK-EXPEDITION in den Jahren 1804–06, die eine weitere Ausdehnung nach Westen brachte.

WUSSTEN SIE, DASS?

Thomas Jefferson war der erste Präsident, der am 4. März 1801 seinen Amtseid im Weißen Haus in Washington ablegte. Der offizielle Amtssitz der Präsidenten war ein Jahr zuvor fertig gestellt worden.

Jellicoe, John Rushworth (1859–1935), britischer Admiral und Oberbefehlshaber der britischen Großen Flotte in der SEESCHLACHT VOR DEM SKAGERRAK Ende Mai 1916, der größten Seeschlacht zwischen der britischen und deutschen Hochseeflotte im Ersten Weltkrieg. Jellicoe wurde wegen seiner Taktik heftig kritisiert, dank seiner Strategie blieb die deutsche Flotte jedoch für den Rest des Krieges auf die Ostsee beschränkt.

Im November 1916 wurde er zum Ersten Seelord befördert und führte das KONVOISYSTEM durch, gut ein Jahr später wurde er aus seinem Amt entlassen. 1919 ernannte man ihn zum Flottenadmiral, 1920–24 diente er als Generalgouverneur von Neuseeland.

Jelzin, Boris (*1931), seit 1991 Präsident Russlands. 1981 wurde der Bauingenieur Mitglied des Zentralkomitees der KPdSU. Ab Oktober 1985 sollte er auf Wunsch von Michail GORBATSCHOW als Moskauer Parteichef die Parteiorganisation reformieren, doch vermochte er sich mit seinem Reformkurs nicht durchzusetzen und verlor 1987/88 alle hohen Parteiämter. Im Mai 1989 wählten die Moskauer Boris Jelzin gegen den offiziellen kommunistischen Kandidaten in den Volksdeputiertenkongress. Ein Jahr später trat er aus der Partei aus.

Jelzin war der erste vom Volk gewählte Präsident in der russischen Geschichte, als er am 12. Juni 1991 mit absoluter Mehrheit die Präsidentschaftswahlen gewann. Im August konnte er durch sein beherztes Eingreifen einen Militärputsch gegen den sowjetischen Staatspräsidenten Gorbatschow zum Scheitern bringen, wodurch der Radikalreformer

Jelzin Gorbatschow gegenüber an Einfluss gewann und noch im selben Jahr die KPdSU verbieten konnte. Jelzin war maßgeblich an der Gründung der Gemeinschaft Unabhängiger Staaten GUS im Dezember 1991 beteiligt, die gleichzeitig das Ende der Sowjetunion bedeutete. Nachdem Jelzin im September 1993 den Obersten Sowjet aufgelöst hatte, kam es im Oktober zur bewaffneten Konfrontation mit den Altkommunisten. Als Jelzin das Parlament mit Panzern stürmen ließ, mussten die Putschisten aufgeben. Durch eine neue Verfassung gelang es Jelzin im selben Jahr, seine ohnehin große Machtfülle noch auszubauen, doch rückte er in der Folgezeit immer mehr von seinen früheren Reformzusagen ab.

In die nach Unabhängigkeit strebende moslemische Kaukasusrepublik Tschetschenien schickte Jelzin im Dezember 1994 russische Truppen. Der Krieg dauerte 21 Monate und hinterließ das Land weitgehend zerstört. Im Juli 1996 wurde Jelzin erneut zum Präsidenten gewählt, doch musste er sich im November einer schweren Herzoperation unterziehen. Im Frühjahr 1998 entließ er die alte Regierung und ersetzte Ministerpräsident Tschernomyrdin durch Sergej Kirijenko, den er aber im August unter dem Druck einer schweren Finanzkrise ebenfalls seines Amtes enthob. Nun holte Jelzin den früheren Außenminister Primakow an die Regierungsspitze. Da sich der Präsident seit seiner Herzoperation immer seltener im Kreml aufhält, konnte er seine Amtsgeschäfte bis Mitte 1999 nur noch sporadisch wahrnehmen. Boris Jelzins Tage scheinen gezählt – und das nicht nur, weil im Jahr 2000 seine zweite Amtszeit als Präsident endet.

Jena und Auerstedt, Doppelschlacht bei (14. Oktober 1806), entscheidender Sieg der französischen Armee unter NAPOLEON I. gegen die preußischen Truppen in der Nähe von Jena und in Auerstedt in Thüringen. Die

Preußen wurden so vernichtend geschlagen, dass für die Franzosen der Weg nach Berlin frei war. Innerhalb von sechs Wochen gelang Napoleon I. die vollständige Eroberung Preußens.

Jenner, Edward (1749–1823), britischer Wundarzt und Naturforscher, der bahnbrechende Arbeit auf dem Gebiet der Schutzimpfung gegen das tödliche Pockenvirus leistete. Jenner fiel auf, dass sich Milchmädchen, die oft an den relativ harmlosen Rinderpocken erkrankten, offenbar nicht mit echten POCKEN anstecken konnten. 1796 entnahm er aus den Pusteln eines infizierten Mädchens Rinderpockenlymphe und injizierte sie einem gesunden achtjährigen Jungen. Wochen später infizierte er den Knaben mit echten Pocken und die Krankheit brach nicht aus. Damit war bewiesen, dass Rinderpocken beim Menschen eine Immunität gegen echte Pocken hervorrufen. Noch zu Jenners Lebzeiten wurden Pockenschutzimpfungen auf der ganzen Welt durchgeführt und keine 200 Jahre später war die gefürchtete Krankheit weltweit ausgerottet.

Jericho, uralte Stadt im Jordantal nördlich des Toten Meeres, die seit etwa 8000 v. Chr. besiedelt ist. Dem Alten Testament zufolge war Jericho die erste Festung der Kanaaniten, die von den Israeliten erobert und zerstört wurde. Tatsächlich aber fanden die im 13.–12. Jh. v. Chr. einwandernden Israeliten die Stadt bereits zerstört vor. Bei archäologischen Grabungen wurden die Siedlungsreste verschiedener kleiner und großer Städte am Standort und in der Nachbarschaft Jerichos gefunden. Im 7. Jt. v. Chr. war Jericho eine von einer 6 m hohen Mauer umgebene Siedlung. Im Lauf der späteren Geschichte sammelten sich auf der Hauptanlage über 15 m hohe Schuttreste an, obwohl spätere Siedlungsschichten durch Erosion wieder von der Hügeloberfläche verschwanden. Südlich des Stadthügels wurden Spuren der Winterresidenz Herodes des Großen entdeckt. Nach dem SECHSTAGEKRIEG kam die Oasenstadt unter israelische Verwaltung. 1994 begann in Jericho im Anschluss an das Gaza-Jericho-Abkommen unter der PALÄSTINENSISCHEN BEFREIUNGSORGANISATION PLO die palästinensische Autonomie.

Jerusalem siehe rechte Seite

Durch die Mobilisierung von Massenprotesten gelang es Boris Jelzin, den Staatsstreich vom 19. August 1991 gegen Gorbatschow in nur drei Tagen zum Scheitern zu bringen.

Hochburg des Glaubens

Allen Zerstörungen und Invasionen seiner wechselvollen Geschichte zum Trotz gilt Jerusalem nach wie vor
Juden, Christen und Moslems als heilige Stätte, zu der alljährlich hunderttausende von Gläubigen pilgern.
Bis zum heutigen Tag wird die Stadt von Juden und Arabern gleichermaßen beansprucht.

Als eine der ältesten Städte der Erde wird Jerusalem erstmals auf syrischen Tontafeln des 3. Jt. v. Chr. als Urusalim – Stadt des Heils, Heilige Stadt – erwähnt. Im 20./19. Jh. v. Chr. wurde es von den Kanaanitern übernommen, die später die Vasallenkönige unter der Oberherrschaft von Ägyptern und Hyksos stellten.

Jerusalem blickte bereits auf eine lange heidnische Geschichte zurück, als es von David, dem König von Israel und Juda, gegen 997 v. Chr. erobert und zur Hauptstadt seines Reiches gemacht wurde. Davids Sohn Salomo erweiterte die Stadt nach Norden hin um den Hügel Moria, auf dem er seinen Palast und einen prächtigen Tempel zu Ehren Jahwes, des Gottes Israels, errichtete. Nach jüdischem Glauben ist der Tempel an der Stelle erbaut, an der Abraham seinen Sohn Isaak opfern wollte. In seinem Allerheiligsten war die Bundeslade aufgestellt, der tragbare Schrein, in dem die Zehn Gebote auf Steintafeln aufbewahrt wurden.

587 v. Chr. zerstörte Nebukadnezar den Tempel und verschleppte den größten Teil der jüdischen Bevölkerung. Etwa 50 Jahre später wurde ihnen die Rückkehr und der Wiederaufbau des Tempels gestattet. Nun wurde Jerusalem zum geistigen Zentrum der jüdischen Welt. Herodes der Große ließ es in seiner Regierungszeit 37–4 v. Chr. im großen Stil erweitern und neu gestalten.

JUDEN ERHEBEN DIE KLAGE

Im Jahr 70 n. Chr., am Ende des jüdischen Aufstands gegen Rom, wurden Stadt und Tempel von dem römischen Kaiser Titus bis auf die Grundmauern zerstört. Vom einstigen Tempelbezirk ist heute nur noch die Klagemauer erhalten; für gläubige Juden ist sie der heiligste Ort Jerusalems, an dem sie den Untergang des zweiten Tempels beklagen. Nach dem Aufstand von Bar Kochba im Jahr 135 wurden die Juden für mehr als 500 Jahre aus der Stadt

Die abendländische Karte aus dem 13. Jh. (oben) zeigt Jerusalem als Erdmittelpunkt. Ebenso heilig ist die Stadt den Moslems: Der Felsendom zählt zu den bedeutendsten Heiligtümern des Islam (rechts).

verbannt und Jerusalem wurde in Colonia Aelia Capitolina umbenannt. Durch den Kreuzestod Jesu war Jerusalem in der Zwischenzeit auch zur heiligen Stadt der neuen christlichen Religion geworden.

Um 327 entdeckten die Christen auf dem Hügel Golgatha unter einem römischen Tempel das Grab Jesu, und 335 ließ Kaiser Konstantin darüber die Grabeskirche errichten. In Scharen kamen nun christliche Pilger und besuchten die Orte der Passion und Auferstehung Jesu.

Als Jerusalem 638 dem arabischen Weltreich einverleibt wurde, verloren die Christen ihre heilige Stadt an die neue Religion des Islam. Nach Mekka und Medina wurde sie die drittheiligste Stadt der moslemischen Welt. Die Moslems achteten Jerusalem als Stadt Abrahams, Davids, Salomos und Jesu, die sie als große Propheten verehrten.

IM ZEICHEN DES KREUZES

Auf dem Tempelberg ließ Kalif Abd el-Malek 688–91 den prachtvollen achteckigen Felsendom erbauen. Sein Inneres wird zum großen Teil von dem Felsen beherrscht, auf dem Abraham seinen Sohn opfern wollte und von wo der Prophet Mohammed auf dem Rücken seines Rosses Al Burak zum Thron Allahs aufgefahren sein soll. Die Moslems schlossen Juden und Christen nicht aus, sie durften in Jerusalem leben und ihre eigenen heiligen Stätten ausbauen. Im 11. Jh. freilich wurde den Christen der Pilgerweg nach Jerusalem immer wieder von türkischen Seldschuken versperrt. Die ersten Kreuzfahrerheere nahmen die Stadt 1099 im Handstreich. 1187 jedoch wurden die Kreuzfahrer von Saladin, dem Sultan von Ägypten, vertrieben, und die Stadt kam erneut unter die Herrschaft des Islam. 1517 wurde sie dem Osmanischen Reich einverleibt, bis sie 1917 von den Briten besetzt wurde. Nach den Kämpfen von 1948/49 wurde Jerusalem zwischen Israel und Jordanien aufgeteilt. Das jordanische Ostjerusalem mit der ummauerten Altstadt wurde im Sechstagekrieg 1967 von Israel erobert. Seit 1950 ist Jerusalem die Hauptstadt Israels. Ostjerusalem aber beanspruchen die Palästinenser als Hauptstadt ihres künftigen Palästinenserstaats.

Jesaja (8. Jh. v. Chr.), großer biblischer Prophet, nach dem zwei Bücher des Alten Testaments benannt sind. Der hebräische Name bedeutet: Jahwe hat geholfen. Er wurde wahrscheinlich vor 750 v. Chr. geboren; sein Wirken erstreckte sich über die Regierungszeit von drei Königen. Mittelpunkt seiner Prophetie war die Botschaft, dass die Sicherheit des Reiches Juda gewährleistet sei, solange der König auf Gott vertraue, statt sich auf ausländische Verbündete zu verlassen. Trotz wiederholter Invasionen der Israeliten, Syrer und Assyrer verhieß Jesaja, der Glaube an Gott werde die Befreiung des Volkes herbeiführen. Er prophezeite die Ankunft eines künftigen Königs und Erlösers Israels, den christliche Schreiber später als JESUS Christus deuteten. Dem babylonischen TALMUD zufolge soll Jesaja unter Menasse den Märtyrertod gestorben sein.

Jesuiten, Mitglieder der Gesellschaft Jesu, eines römisch-katholischen Ordens, der 1534 in Paris von Ignatius von LOYOLA gegründet wurde. Sein ursprüngliches Ziel war die Verbreitung des Glaubens und die Hinführung der Menschen zu einem christlichen Leben, doch unterstützte er auch die Reform innerhalb der römisch-katholischen Kirche, die sich der Herausforderung durch die protestantische REFORMATION gegenübersah. 1540 wurde die Ordensgemeinschaft, die sich zu Keuschheit und Armut bekannte, von Papst Paul III. bestätigt.

Im 16./17. Jh. spielten die Jesuiten eine bedeutende Rolle in der GEGENREFORMATION und breiteten sich in ganz Europa aus. Sie gründeten zahlreiche Schulen und andere Lehranstalten und errichteten Missionen in Indien, China, Japan, Afrika und Südamerika. Ihr Engagement für nicht religiöse Angelegenheiten führte dazu, dass die Jesuiten 1762 aus Frankreich und fünf Jahre später auch aus Spanien vertrieben wurden. 1773 verfügte Papst Klemens XIV. die Aufhebung des Ordens, die erst 1814 durch PIUS VII. wieder zurückgenommen wurde. In Deutschland war er 1872–1917 verboten.

Da im Jesuitenorden großer Wert auf Mobilität gelegt wird, wohnen die Jesuiten nicht wie monastische Orden in Klöstern, sondern in offenen Häusern. Sie sind nicht zum gemeinsamen Chorgebet verpflichtet und tragen auch keine typische Ordenskleidung. Der Orden wird von Rom aus von einem auf Lebenszeit gewählten Generaloberen geleitet. Da die Jesuiten auf Wunsch von Ignatius von Loyola 1547 von der Verpflichtung entbunden wurden, auch Frauen geistig zu betreuen, gibt es keinen weiblichen Ordenszweig. Gleichwohl entstanden, allerdings unabhängig vom Jesuitenorden, Vereinigungen von Jesuitinnen.

Jesus siehe rechts

Der Messias verkündet das Reich Gottes

Jesus war ein hebräischer Prediger, der in Palästina das Reich Gottes verkündete und eine große Anhängerschaft um sich scharte. Weil er sich die jüdischen Behörden zum Gegner machte, wurde er zum Tod am Kreuz verurteilt.

Der Stifter der christlichen Religion war ein Jude namens Jesus, der um das Jahr 6 v. Chr. in dem von Römern beherrschten Palästina zur Welt kam und in dem galiläischen Dorf Nazareth aufwuchs. Zunächst zählte er zu den Jüngern Johannes des Täufers, von dem er sich taufen ließ. Nach dessen Tod scharte Jesus eigene Anhänger um sich.

Jesus zog durch die kleinen Dörfer und Städte Galiläas und verkündete, dass das Reich Gottes, wie es die Propheten vorhergesagt hatten, unmittelbar bevorstehe. Seine Zuhörer forderte er auf, umzukehren und an das Evangelium zu glauben. Die vier Evangelien des Neuen Testaments berichten über die Wunder, die Jesus vollbrachte, die Heilungen und Teufelsaustreibungen, die als Anzeichen dafür gewertet wurden, dass die Macht Gottes bereits in der Welt zu wirken begann. Jesus sprach in Gleichnissen und vermittelte in einfachen Geschichten seine Ethik, deren höchstes Prinzip die Liebe ist.

In seinen letzten Monaten wirkte Jesus in Judäa und Jerusalem. Um das Jahr 30 n. Chr. kam er mit seinen Jüngern zur Feier des Passahfests in die Heilige Stadt, wo er vom jüdischen Hohen Rat, dem Synedrion, mit Argwohn beobachtet wurde. Man befürchtete einen Aufstand, weil die Menschen in Jesus den Messias und damit den Erben Davids und rechtmäßigen König der Juden sahen – ob er selbst der Messias zu sein behauptete, der die Juden auf das kommende Reich Gottes vorbereiten sollte, wissen wir jedoch nicht. Da die Römer in der Vergangenheit derartige Aufstände erbarmungslos niedergeschlagen hatten, wollte man eine erneute Rebellion verhindern, die die römische Bevormundung nur noch weiter verstärkt hätte. Auch den Pharisäern, deren Autorität Jesus offen infrage stellte, war er ein Dorn im Auge.

ICH BIN ES

Der Nazarener scheint um seinen bevorstehenden Tod gewusst zu haben, weshalb er am Vorabend des Passahfests mit seinen zwölf auserwählten Jüngern, den Aposteln, ein letztes Mahl einnahm. Christen in aller

In Fra Angelicos Gemälde *Das letzte Abendmahl* bietet Jesus seinen zwölf Jüngern Brot und Wein – seinen Leib und sein Blut – an.

Welt feiern das Abendmahl noch heute zu Jesu Gedenken. Danach nahmen ihn die Priester gefangen und führten ihn unter dem Vorwurf der Blasphemie dem Hohepriester vor. Auf die Frage, ob er der Sohn Gottes sei, antwortete er: „Ich bin es." Obwohl er keine Schuld an ihm fand, verurteilte ihn der römische Statthalter Pontius Pilatus widerstrebend zum Tod.

Jesus starb am Kreuz vor den Toren der Stadt und wurde in einem Felsengrab beigesetzt. Drei Tage später war sein Leichnam aus dem Grab verschwunden und einige seiner Anhänger behaupteten, Jesus sei von den Toten auferstanden und ihnen begegnet. Immer mehr setzte sich nun die Überzeugung durch, dass Jesus tatsächlich der Messias – auf Griechisch Christos – war, der sein Leben für die Sünden der Menschen gab und nun zur Rechten Gottes sitzt. Aus dem Glauben an den auferstandenen und gen Himmel aufgefahrenen Christus entstand allmählich eine neue Religion. In Jerusalem bildete sich die erste christliche Gemeinde.

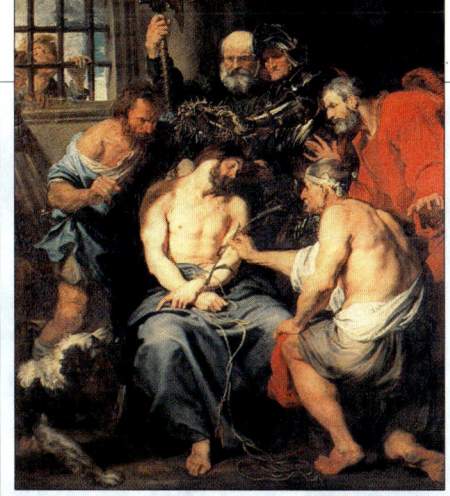

Auf dem Gemälde des flämischen Malers van Dyck wird Jesus vor seiner Kreuzigung zum Spott mit Dornen gekrönt.

Bald begann der Apostel Paulus, ein bekehrter Pharisäer, in den östlichen Mittelmeerländern zu missionieren. Sein Ziel war es, das Evangelium auch den Heiden in aller Welt zu verkünden, die durch Jesu Tod, der das alte Gesetz des Moses außer Kraft gesetzt hatte, nun auch Kinder Gottes werden konnten. In den Paulusbriefen des Neuen Testaments, die er um die Mitte des 1. Jh. schrieb, sind die Lehren Jesu erstmals schriftlich festgehalten. Die vier Evangelisten Markus, Lukas, Matthäus und Johannes waren keine Zeitzeugen Jesu, sondern stützten sich in ihren 65–100 verfassten Evangelien auf mündliche Überlieferung. Gleichwohl sind ihre in griechischer Sprache geschriebenen Berichte die wichtigsten Quellen für das Leben, den Tod und die Auferstehung Jesu Christi.

Eine italienische Kachel aus dem 16. Jh. zeigt den Gekreuzigten, der von seiner Mutter, Johannes und Maria Magdalena beweint wird.

Jeunesse dorée, monarchisch und reaktionär gesinnte junge Männer des französischen Großbürgertums zur Zeit der FRANZÖSISCHEN REVOLUTION. Nach dem Sturz der Schreckensherrschaft 1794 bekämpfte die modische Jugend von Paris aktiv die JAKOBINER. Der Begriff heißt wörtlich übersetzt „vergoldete Jugend" und bezeichnet heute eine genusssüchtige, zur reichen Oberschicht gehörende Großstadtjugend.

Jingoismus, abfälliger Ausdruck für einen überzogenen, zumeist kriegerischen Nationalismus. Der Begriff kam 1877/78 während des Russisch-Türkischen Krieges, bei dem die Osmanen unterlagen, als Bezeichnung für die britischen Imperialisten auf. Im anschließenden Frieden von San Stefano vom 3. März 1878 wurde auf Kosten des Osmanischen Reiches ein großbulgarisches Reich geschaffen, das Großbritannien als Bedrohung seiner imperialen Interessen im Osten sah. Auf dem BERLINER KONGRESS im Juni/Juli 1878 sorgte der britische Premierminister Benjamin DISRAELI dafür, dass das Ergebnis dieses Friedens, das einen Machtzuwachs Russlands als Schutzmacht BULGARIENS auf dem Balkan bedeutet hätte, wieder rückgängig gemacht wurde.

Johann I. ohne Land (1167–1216), König von England von 1199 bis zu seinem Tod. Den Beinamen bekam er von seinem Vater HEINRICH II. wegen seines missglückten Feldzugs gegen Irland.

Heinrich herrschte über ein gewaltiges Reich, das neben England die Normandie, Bretagne, Aquitanien sowie die Grafschaften Anjou, Touraine und Maine umfasste. Nach mehreren Erhebungen seiner Söhne gelang es Johanns älterem Bruder RICHARD I. Löwenherz 1189 den Vater zu besiegen, der kurz darauf starb. Als Richard noch im selben Jahr den Thron bestieg, erhielt Johann die Grafschaft Gloucester. Während Richard auf einem Kreuzzug war, intrigierte Johann insgeheim mit PHILIPP II. AUGUST von Frankreich gegen ihn und versuchte, den Thron an sich zu reißen. Richard verzieh ihm noch auf dem Sterbebett im Jahr 1199 und Johann wurde der neue König. 1203–08 verlor er bis auf das Herzogtum Guyenne, das Kernland Aquitaniens, sämtliche englischen Festlandsbesitzungen an Philipp August. Sein Versuch, den verlorenen Besitz zurückzugewinnen, scheiterte 1214 kläglich.

Auch in England hatte Johann wenig Erfolg. 1207 legte er sich mit der Kirche an, als er sich weigerte, Stephen Langton als Erzbischof von Canterbury zu billigen. Daraufhin verhängte Papst INNOZENZ III. im März 1208 ein Interdikt über England und Wales und exkommunizierte Johann im Jahr darauf. Erst 1213 lenkte der König ein. Durch den Verlust der englischen Besitzungen in Frankreich und seiner rücksichtslosen Machtpolitik machte sich Johann auch bei den englischen Baronen verhasst, die ihm 1215 seine Zustimmung zur MAGNA CHARTA abtrotzten, die den Adligen umfangreiche Rechte gab, die Macht des Königs aber beschnitt. Nur einen Tag später bat Johann den Papst, die Vereinbarung für nichtig zu erklären. Dies beschwor einen Bürgerkrieg herauf, der erst mit Johanns Tod endete.

Johann I. (1357–1433), König von Portugal von 1385 bis zu seinem Tod; erster Herrscher aus dem Haus Avis. Durch seinen Sieg über Kastilien bei Aljubarrota 1385 vermochte er die Unabhängigkeit seines Landes zu sichern. Johann förderte Entdeckungsfahrten nach Afrika und nach Westen und leitete damit die koloniale Expansion Portugals ein. 1415 eroberte er auf Initiative seines Sohnes HEINRICH DER SEEFAHRER die nordafrikanische Hafenstadt Ceuta. Ein Vertrag mit England im Jahr 1386 und seine Heirat mit Philippa, der Tochter des Herzogs von Lancaster, John of Gaunt, im folgenden Jahr förderten ein Bündnis zwischen England und Portugal.

Johanna, angebliche Päpstin. Die Figur ist historisch nicht belegt, doch hielt sich die im 13. Jh. aufgekommene Legende von der Päpstin in Männerkleidern hartnäckig bis ins 16. Jh. hinein. Danach soll Johanna, ein Mädchen aus Mainz oder Ingelheim, als Jüngling verkleidet in einem Fuldaer Kloster als einfacher Mönch gelebt, in Athen Theologie studiert haben und schließlich im Jahr 855 in Rom wegen ihrer außerordentlichen Gelehrsamkeit und Frömmigkeit einstimmig zum Nachfolger von Papst Leo IV. gewählt worden sein. Angeblich wirkte Johanna so lange unentdeckt unter dem Namen Johannes VIII. als Heiliger Vater, bis sie zweieinhalb Jahre später während einer Prozession zum Lateran niederkam, einem Knaben das Leben schenkte und verstarb.

Johanna von Orléans siehe Seite 251

Johannes XXIII. (1881–1963), Papst von 1958 bis zu seinem Tod. Sein Pontifikat stand im Zeichen von tatkräftigen Bemühungen um die Liberalisierung der römisch-katholischen Politik, insbesondere in sozialen Fragen. Er berief das 2. Vatikanische Konzil 1962–65 zur Erneuerung des kirchlichen Lebens. Erreichen wollte er dieses Ziel durch eine Modernisierung von Lehre, Disziplin und Organisation. Als sein Endziel sah er die Einheit aller Christen an, weshalb ihm sehr daran gelegen war, die Beziehung zu anderen Konfessionen zu verbessern.

Der als Angelo Giuseppe Roncalli geborene Papst war ein Bauernsohn aus der Nähe von Bergamo in Norditalien. Nach seiner Priesterweihe 1904 diente er im Ersten

Nach einem Attentat bricht Johannes Paul II. am 13. Mai 1981 auf dem Petersplatz in Rom schwer verletzt vor den Augen von tausenden Gläubigen zusammen. Ein junger Türke hatte mehrere Kugeln auf ihn abgefeuert, das Leben des Papstes konnte jedoch gerettet werden.

Weltkrieg als Kaplan, arbeitete als apostolischer Gesandter in Bulgarien, Griechenland und der Türkei. 1944 wurde er der erste päpstliche Nuntius in Frankreich nach der Befreiung. Besondere Beachtung fand seine Enzyklika *Mater et Magistra* von 1961 über die Notwendigkeit, den Armen zu helfen. In der zweiten Enzyklika von 1963, *Pacem in terris*, ging es um den dringend nötigen Frieden zwischen Ost und West. Sein Nachfolger im Amt wurde PAUL VI.

Johannes der Täufer, im Neuen Testament bezeugter jüdischer Bußprediger und Prophet, der JESUS Christus taufte. Johannes wurde als Sohn des Priesters Zacharias und Elisabeths, einer Cousine der Gottesmutter Maria, im Bergland von Judäa, nicht weit von Jerusalem, geboren. Um das Jahr 27 nahm er seine Predigten gegen soziale Ungerechtigkeit und religiöse Heuchelei auf, wie man sie insbesondere den PHARISÄERN und Sadduzäern zuschrieb. Er verkündete das Kommen des Messias und rief zur Taufe als Vorbereitung auf das bevorstehende Reich Gottes auf. Nachdem sie ihre Sünden bekannt hatten, taufte er seine Anhänger im Jordan. Als der Täufer den Fürsten von Galiläa, Herodes Antipas, öffentlich wegen der Heirat mit seiner Nichte und Schwägerin Herodias verurteilte, wurde er ins Gefängnis geworfen und auf Veranlassung Salomes, der Stieftochter von Herodes, hingerichtet. Salome verlangte, dass man ihr sein Haupt auf einer Schale bringe.

Johannes Paul II. (*1920), Papst seit 1978. Der unter dem bürgerlichen Namen Karol Wojtyla bei Krakau in Polen geborene Johannes Paul ist der erste nicht italienische Papst seit 1522. Ansehen erwarb er sich vor allem durch seine Energie und seinen analytischen Verstand. Mehr als alle seine Vorgänger unternahm er päpstliche Reisen auch ins nicht christliche Ausland, die ihn auf der ganzen Welt populär machten.

Im Zweiten Weltkrieg wurde Karol Wojtyla von den Deutschen zur Zwangsarbeit in Steinbrüchen und einer chemischen Fabrik herangezogen. Dennoch nahm er 1942 illegal das Theologiestudium auf. Nach seiner Priesterweihe 1946 war er als Professor für Moraltheologie an den Universitäten Lublin und Krakau tätig. 1964 wurde er Erzbischof von Krakau, drei Jahre später zum Kardinal ernannt und 1978 folgte er Johannes Paul I. auf den Heiligen Stuhl.

Von den vom 2. Vatikanischen Konzil unter JOHANNES XXIII. geforderten Reformen, etwa der Übertragung von Verantwortung an Laien, rückte Johannes Paul deutlich ab und hob stattdessen wieder stärker die hierarchische Ordnung innerhalb der katholischen Kirche sowie die päpstliche Autorität hervor. Ende 1997 schränkte der Papst in einer Vatikanischen Instruktion die Mitwirkung von Laien in der Kirche ein, was bei praktizierenden Katholiken – ebenso wie seine rigorose Ablehnung der Priesterweihe von Frauen – auf breiten Widerstand stieß. Befürworter von Reformen wie der französische Bischof Gaillot, den der Papst 1995 seines Amtes enthob, oder die links gerichteten Arbeiterpriester in Lateinamerika können auf wenig Unterstützung hoffen. Einen konservativen Kurs fährt Johannes Paul auch in der Ökumene und in der Frage der Geburtenkontrolle, indem er künstliche Methoden der Empfängnisverhütung, selbst in der Dritten Welt, ablehnt. Anfang 1998 wandte er sich gegen das in Deutschland auch von der katholischen Kirche praktizierte Beratungsverfahren im Schwangerschaftskonflikt.

Johannes Paul II. engagiert sich stark für die Erneuerung des römisch-katholischen Glaubens in Russland und Osteuropa und die Wahrung der Menschenrechte. Als erster Pontifex betrat er 1986 eine jüdische Synagoge. 1981 überlebte der Heilige Vater ein Attentat auf dem Petersplatz in Rom.

John Bull, von John Arbuthnot 1712 in seiner Satire *The History of John Bull* geschaffene Gestalt, zu Deutsch Hans Stier, die bald als Verkörperung des patriotischen Engländers schlechthin galt. John Bull wurde als wohlhabender konservativer Landwirt dargestellt; im ausgehenden 18. Jh. war die Figur Gegenstand vieler, nicht immer schmeichelhafter Karikaturen. Richtig populär wurde John Bull dann durch die Karikaturisten der Zeitschrift *Punch*. Bis heute verwendet man den Namen als Spitzname für den typischen Engländer oder das englische Volk.

Johnson, Lyndon Baines (1908–73), Präsident der USA 1963–69. Als Vizepräsident von John F. KENNEDY befand er sich in der Fahrzeugkolonne in Dallas, als dieser am 22. November 1963 ermordet wurde. Unmittelbar danach wurde Johnson als nächster Präsident der USA vereidigt. Die Präsidentschaftswahlen von 1964 gewann er gegen den Republikaner Barry M. Goldwater mit großer Mehrheit. Vizepräsident wurde damals Hubert Humphrey.

Johnson kam in Stonewall, Texas, zur Welt und war zunächst Lehrer und dann Sekretär eines Kongressabgeordneten, bevor man ihn 1937 als Demokraten ins Repräsentantenhaus wählte. Im Zweiten Weltkrieg erhielt er für seinen Dienst in der amerikanischen Marine mehrere Auszeichnungen. Ab 1949 war er Senator von Texas, bis er 1961 das Amt des Vizepräsidenten übernahm.

In einer Anzeige von 1905 schreitet John Bull über die Welt hinweg und symbolisiert so das imperiale Selbstbewusstsein Großbritanniens.

Als Präsident setzte Johnson zunächst mit Erfolg die Sozial- und Bürgerrechtspolitik seines Vorgängers fort. Im Kongress drängte er auf eine Verabschiedung von Kennedys Sozialgesetzen, insbesondere der Bürgerrechtsgesetze, die den Farbigen die Chancengleichheit bringen sollten. Während seiner Amtszeit wurde auch ein ehrgeiziges soziales und wirtschaftliches Reformprogramm eingeleitet, das die Armut im Land bekämpfen sollte und u. a. die Krankenhilfe Medicare für alte Menschen, den sozialen Wohnungsbau, eine Sanierung der Städte, erhöhte Aufwendungen im Bildungsbereich und Bundesprojekte für den Naturschutz umfasste. Darüber hinaus leitete Johnson Maßnahmen zur Stabilisierung der Währung ein.

Zunehmend wurde seine Politik jedoch vom Vietnamkrieg überschattet. Mit dem wachsenden militärischen Engagement der Vereinigten Staaten in VIETNAM, den zahlreichen Einberufungen und vielen gefallenen US-Soldaten ließ seine Popularität deutlich nach. Der Krieg verschlang immense Summen, was zu einer Kürzung der Gelder für das Reformprogramm führte und die ohnehin schlechte soziale Lage benachteiligter Gruppen noch verschlimmerte. In den Städten kam es ab Mitte der 60er-Jahre zu lautstarken Studentenprotesten und heftigen Rassenunruhen, in deren Verlauf die beiden schwarzen Bürgerrechtler Martin Luther KING und MALCOLM X ermordet wurden. Angesichts dieser großen innenpolitischen Spannungen und anhaltender militärischer Misserfolge verzichtete Johnson 1968 auf eine erneute Kandidatur für das Präsidentenamt, leitete aber noch die Friedensverhandlungen in Paris in die Wege.

Jom-Kippur-Krieg, israelisch-arabischer Krieg vom Oktober 1973, der in der arabischen Welt Oktoberkrieg genannt wird. Der Krieg ist nach einem der höchsten Feiertage des jüdischen Kalenderjahrs, dem Versöhnungstag Jom Kippur benannt. Er begann mit einem koordinierten Angriff ÄGYPTENS und SYRIENS, die von Truppenkontingenten anderer arabischer Staaten unterstützt wurden, und dauerte drei Wochen.

Am 6. Oktober 1973, dem Jom Kippur, überquerten ägyptische Truppen überraschend den Suezkanal und stießen auf die Halbinsel Sinai vor, die seit dem SECHSTAGEKRIEG von ISRAEL besetzt war. Syrien eroberte zu gleicher Zeit die besetzten Golanhöhen zurück. Nach erbitterten Kämpfen gelang es den Israelis, die syrischen Truppen zurückzudrängen, den Kanal zu überqueren und einen Teil der ägyptischen Armee einzuschließen. Am 22. Oktober konnte auf Vermittlung der Vereinten Nationen ein Waffenstillstand erreicht werden. 1974/75 wurden zwei Truppenentflechtungsabkommen zwischen Israel und Syrien sowie Israel und

Die Jungfrau von Orléans

Das Bauernmädchen Jeanne d'Arc wurde mit 19 Jahren hingerichtet, ihr Mut aber half den Franzosen, die Engländer aus ihrem Land zu vertreiben.

Jeanne d'Arc – oder Johanna von Orléans – verdankt ihren Ruhm ihrem kurzen, romantischen Leben und ihrem ergreifenden Tod. Wegen ihres beherzten Eingreifens in den Hundertjährigen Krieg mit England wird sie in Frankreich als Nationalheldin verehrt.

Johanna wurde um 1412 als Tochter eines Bauern in Domrémy, einem Dorf im Osten Frankreichs, geboren und wuchs zu einer intelligenten jungen Frau heran. Zwar behauptete sie schon im jugendlichen Alter, Stimmen von Heiligen zu hören, doch hatte sie wenig vom Fanatismus einer religiösen Mystikerin. 1429, mit etwa 17 Jahren, fühlte sie sich durch diese Stimmen berufen, Karl VII. zu Hilfe zu kommen, der sieben Jahre zuvor zum König proklamiert worden war, wegen der englischen Besatzung aber noch nicht hatte gekrönt werden können.

Als Mann verkleidet und mit sechs Gefährten kam sie in Karls Schloss in Chinon an der Loire an. Nachdem sie den König in einer Schar Höflinge richtig erkannt und einer theologischen Überprüfung des Wahrheitsgehalts ihrer Sendung standgehalten hatte, wurde ihr eine Audienz gewährt. Sie benötigte nur ein paar Minuten, um den entmutigten König davon zu überzeugen, dass sie von Gott zur Rettung Frankreichs entsandt sei: Mit ihrer Hilfe könne er seinen Anspruch auf den Thron erfolgreich durchsetzen.

MUTIG UND ENTSCHLOSSEN

Karl stellte ihr Soldaten zur Verfügung, mit denen sie am 29. April nach Orléans in den Kampf zog, um die seit fünf Monaten von den Engländern belagerte Stadt zu befreien. Obwohl sie an strategischen Entscheidungen wohl nicht beteiligt war, erreichte sie trotz einer schweren Pfeilwunde mit Entschlossenheit und Mut im Mai die Aufhebung der Belagerung. Stadt um Stadt fiel nun in die Hände der vordringenden Franzosen. Dann überredete sie Karl, sich nach Reims zu begeben, der Stadt, die seit jeher der Krönungsort der französischen Könige war, jetzt aber mitten in englischem Gebiet lag.

Am 16. Juli 1429 fand die Krönung statt. Johanna stand während der gesamten Zeremonie an Karls Seite. Weil er sie

Die Krönung Karls VII. war Johannas größter Triumph (großes Bild). Die kleine Abbildung zeigt das einzige erhaltene Bildnis, das zu ihren Lebzeiten, im Jahr 1429, entstand.

nun nicht mehr brauchte, überließ der König sie anschließend ihrem Schicksal. Den ganzen Winter hindurch führte Johanna weiter ihre Feldzüge. Im Mai 1430 wurde sie von den burgundischen Verbündeten Englands in Compiègne gefangen genommen. Zu dieser Zeit galt sie bereits als Symbol der nationalen Erneuerung, und die Engländer bezahlten ein hohes Lösegeld von 10 000 Goldkronen für ihre Auslieferung.

Die Engländer lieferten sie ihrerseits an das Inquisitionsgericht von Rouen aus, wo sie der Hexerei und Ketzerei überführt wurde: Die inneren Stimmen kämen nicht von Gott, sondern vom Satan. Karl kam ihr nicht zu Hilfe. Nach monatelangen Verhören widerrief Johanna ihre göttliche Sendung und wurde zu lebenslänglicher Haft verurteilt. Kurz darauf nahm sie ihren Widerruf jedoch zurück und diesmal hieß das Urteil Tod auf dem Scheiterhaufen. Es wurde am 30. Mai 1431 in Rouen vollzogen.

1456 veranlasste Karl ein Rehabilitationsverfahren, das zur Revision des Urteils führte, und 1920 wurde sie von der katholischen Kirche heilig gesprochen.

Ägypten abgeschlossen. Nach der Unterzeichnung des ägyptisch-israelischen CAMP-DAVID-ABKOMMENS im Jahr 1978 gab Israel die Halbinsel Sinai schrittweise bis 1982 wieder an Ägypten zurück.

Jordanien, konstitutionelle Monarchie östlich des Jordan im Nahen Osten. Über die Hälfte der Einwohner sind palästinensischer Herkunft. Im Lauf seiner wechselvollen Geschichte wurde das Ostjordanland im 6. Jh. von Arabern erobert und 1000 Jahre später geriet es als Teil des OSMANISCHEN REICHES unter türkische Herrschaft.

Nach dem Ersten Weltkrieg kam das Ostjordanland zusammen mit PALÄSTINA auf dem Westufer des Flusses unter britisches Mandat und wurde 1922 als Transjordanien von Palästina abgetrennt. 1946 erhielt es als Haschemitisches Königreich Jordanien unter König Abd Allah ibn al-Husain die volle Unabhängigkeit. Zwei Jahre später besetzte Jordanien im Krieg zwischen den Arabern und dem neu gegründeten Staat ISRAEL die Altstadt Jerusalems und den östlichen Teil Palästinas, das spätere Westjordanland. 1950 annektierte es die Gebiete.

Im Mai 1953 bestieg König HUSAIN II. den Thron. Unter seiner Herrschaft erlebte Jordaniens Wirtschaft einen Aufschwung, doch der SECHSTAGEKRIEG mit Israel 1967 und der anschließende Verlust des Westjordanlands sowie der Altstadt Jerusalems brachte es mit sich, dass das Land seine besten landwirtschaftlichen Nutzflächen und die Hälfte der industriellen Grundlage einbüßte. Zudem strömten zahllose palästinensische Flüchtlinge ins Land. 1970/71 schlug die Regierung Revolten palästinensischer Untergrundkämpfer blutig nieder. Die Beziehungen zu den anderen arabischen Ländern verbesserten sich, als Jordanien 1974 die PALÄSTINENSISCHE BEFREIUNGSORGANISATION als einzig legitime Vertretung der Palästinenser anerkannte und ihr das Anrecht auf das von Israel besetzte Westjordanland zusprach; 1988 trat Jordanien seinen territorialen Anspruch endgültig an die PLO ab.

1980–88 unterstützte Jordanien den Irak im IRAKISCH-IRANISCHEN KRIEG. Im GOLFKRIEG 1991 verhielt es sich neutral. Unter den anschließenden Handelssanktionen der Vereinten Nationen gegen seinen wichtigsten Handelspartner Irak hatte das ohnehin arme Land schwer zu leiden und es kam zu Hungerrevolten. 1994 unterzeichnete Jordanien als zweites arabisches Land nach Ägypten einen Friedensvertrag mit Israel.

Der israelische Verteidigungsminister Mosche Dayan berät sich im Jom-Kippur-Krieg mit den Soldaten (links), bevor die Armee über die Halbinsel Sinai zum Suezkanal vorrückt (oben).

König Husain II. erlag am 7. Februar 1999 einem Krebsleiden; Nachfolger wurde sein ältester Sohn Abdallah. Er versprach, den von seinem Vater geförderten Nahost-Friedensprozess weiter zu unterstützen.

Joseph II. (1741–90), Kaiser des Heiligen Römischen Reiches von 1765 bis zu seinem Tod. Der Sohn von Franz I. und MARIA THERESIA war ab 1765 Mitregent seiner Mutter in den österreichischen Erblanden und ab 1780 Alleinherrscher. Als Anhänger eines aufgeklärten Absolutismus strebte er einen zentralistischen Staat an und führte umfassende liberale Reformen ein. Sein Toleranzpatent gewährte protestantischen und griechisch-orthodoxen Christen religiöse Gleichberechtigung. Joseph II. hob die Restriktionen gegen die Juden auf und milderte die Zensur. 1781 schaffte er die Leibeigenschaft der Bauern ab und beschnitt die Feudalprivilegien des Adels. Sein Bündnis mit der Zarin KATHARINA II. DER GROSSEN zwang ihn 1788 zu einem Krieg gegen die Osmanen, der mit großen Verlusten endete.

Josephine (1763–1814), Kaiserin der Franzosen und Frau NAPOLEONS I. In erster Ehe mit Graf Alexandre de Beauharnais verheiratet, der während der Französischen Revolution hingerichtet wurde, gab sie Napoleon I. 1796 in einer zivilen Zeremonie das Jawort. Als ihr Gatte 1804 Kaiser wurde, bestand sie auf einer zweiten, nunmehr kirchlichen Eheschließung. Da Napoleon in der Ehe mit Marie-Louise, der Tochter des österreichischen Kaisers FRANZ II. einen guten politischen Schachzug sah, ließ er fünf Jahre später die kinderlos gebliebene Ehe mit Josephine annullieren.

Josephus Flavius (um 37–100), jüdischer Geschichtsschreiber, dessen Schriften zu den wichtigsten Quellen über den jüdischen Hintergrund des frühen Christentums zählen. Seine bedeutendsten Werke sind *Geschichte des jüdischen Krieges, Jüdische Altertümer* und *Über das hohe Alter des jüdischen Volkes*.

Josephus wurde als Sohn eines Priesters in Jerusalem geboren. Mit seinen hervorragenden Kenntnissen der hebräischen und griechischen Literatur erwies er sich als bemerkenswerter PHARISÄER, als tief religiöser Jude, der bereit war, sich der weltlichen römischen Herrschaft unterzuordnen. Mit 26 Jahren schickte man ihn als Gesandten nach ROM, um die Freilassung der dort gefangenen jüdischen Priester zu erwirken. Als Statthalter von Galiläa war er maßgeblich am Aufstand der Juden gegen NERO beteiligt, ging aber nach seiner Gefangennahme im Jahr 67 zu den Römern über und ließ sich in Rom nieder. Da Josephus die Gunst des Kaisers VESPASIAN genoss, wurde er römischer Staatsbürger, erhielt eine Pension und konnte sich ganz dem Schreiben widmen.

Joyce, James (1882–1941), irischer Schriftsteller, der durch die Erzähltechnik des *stream of consciousness* – des Bewusstseinsstroms – den inneren Monolog weiterentwickelte und damit dem Roman des 20. Jh. entscheidende Impulse gab. Nach der Schulausbildung in einem Jesuitenkolleg studierte er in Dublin Philosophie und Sprachen. Da ihm ein Land, in dem der Einfluss der katholischen Kirche übermächtig war, keine Entwicklungsmöglichkeiten mehr bieten konnte, verließ Joyce seine Heimat 1904 und lebte fortan mit Nora Barnacle im selbst gewählten Exil in Triest, Zürich und Paris.

Der u. a. von dem irischen Dichter William Butler Yeats beeinflusste Joyce schrieb zunächst Gedichte, die er 1907 veröffentlichte. Seine erste Kurzgeschichtensammlung *Dubliners* wurde 1914 nicht nur von dem amerikanischen Dichter und Kritiker Ezra Pound begeistert aufgenommen. In der zwei Jahre später erschienenen autobiographischen Novelle *Ein Porträt des Künstlers als junger Mann* führte Joyce den jungen Schriftsteller Stephen Dedalus ein, der mit Nachdruck auf seine künstlerische Freiheit pocht. Ihm begegnet man wieder in Joyces Meisterwerk *Ulysses*, das 1922 in Paris erstveröffentlicht wurde. Das Werk schildert einen einzigen Tag, den 16. Juni 1904, im Leben des Dubliner Anzeigenmaklers Leopold Bloom, wobei das Geschehen durch Anlehnung an die Ereignisse in Homers *Odyssee* ins Universelle ausgeweitet wird. Mehr noch als in *Ulysses* sprengte Joyce in seinem experimentellen Werk *Finnegan's Wake* die sprachlichen Formen des traditionellen Romans.

Juan Carlos I. (*1938), König von Spanien seit 1975, der den friedlichen Übergang von der Diktatur zur Demokratie förderte. Nach dem Abschluss der Militärakademie übertrug man dem Enkel von König Alfons XIII. Aufgaben in Armee, Marine und Luftwaffe. Auch in mehreren Regierungsabteilungen war er tätig. 1962 heiratete er Prinzessin Sophie von Griechenland und sieben Jahre später wurde Juan Carlos auf Vorschlag von General FRANCO zu dessen designiertem Nachfolger ernannt. Nach Francos Tod wurde Juan Carlos im November 1975 zum König ausgerufen. 1981 wehrte er erfolgreich einen Militärputsch ab.

Juárez García, Benito (1806–72), erster Präsident Mexikos indianischer Abstammung in den Jahren 1861–64 und von 1867 bis zu seinem Tod. Der Nationalheld war ursprünglich Rechtsanwalt und wurde 1847 zum Gouverneur von Oaxaca gewählt. Er setzte sich für eine Verbesserung der Situation der Indianer ein und förderte das Schulwesen. Während der Präsidentschaft des Diktators Antonio López de Santa Anna lebte er im Exil, um nach dessen Sturz zurückzukeh-

ren und Justizminister und Mitglied des Kongresses zu werden. An der Verabschiedung der liberalen Verfassung von 1857 war er maßgeblich beteiligt. Als die Konservativen 1858 den Rücktritt von Präsident Comonfort erzwangen, erklärte sich Juárez zum Präsidenten, floh mit seinen Anhängern nach Veracruz und bildete dort seine Regierung. Ein Jahr später erließ er Reformgesetze u. a. über die Trennung von Kirche und Staat, Religionsfreiheit und Zivilehe. 1861 ging er als Sieger aus den Wahlen hervor und kehrte nach Mexico City zurück.

Weil Mexiko seine Schuldenzahlungen eingestellt hatte, drangen 1863 französische Streitkräfte nach Mexiko vor und setzten im Folgejahr Erzherzog MAXIMILIAN von Österreich als Kaiser ein. Juárez zog sich in den Norden zurück und führte von dort aus einen jahrelangen Guerillakrieg gegen die Besatzungsmacht. Als die Franzosen schließlich besiegt waren, ließ er Maximilian 1867 erschießen und wurde erneut zum Präsidenten gewählt.

Judäa, südlicher Teil des alten PALÄSTINA, das von Juda, einem der zwölf Stämme Israels, besiedelt wurde. Nach dem Tod König SALOMOS im Jahr 926 v. Chr. wurde das gesamtisraelitische Reich in ein Nordreich Israel und ein Südreich Juda geteilt. Juda widersetzte sich wiederholten Invasionen, bis es an NEBUKADNEZAR von Babylon fiel, der die Hauptstadt JERUSALEM 587 v. Chr. zerstörte. Nach der Rückkehr der Juden aus dem BABYLONISCHEN EXIL wurde das Gebiet um Jerusalem, das sie besiedelten, Judäa genannt. Unter HERODES dem Großen erstreckte sich Judäa praktisch über ganz Palästina. Nach seinem Tod war es römische Prokuratur, ab 67 n. Chr. römische Provinz und im 2. Jh. wurde es der Provinz Syria eingegliedert. Heute bildet es die Südregion des Westjordanlands.

Judentum, Religion des jüdischen Volkes mit einer Vielzahl von moralischen Geboten und rituellen Vorschriften, die von weltweit über 14 Mio. Menschen ausgeübt wird; mehr als 4 Mio. Juden leben in ISRAEL.

Der Bibel zufolge geht das Judentum auf den Patriarchen ABRAHAM zurück, dem Gott das Land Israel für sich und seine Nachkommen verhieß. Um dieses Versprechen wahr zu machen, führte Abraham sein Volk gegen 1800 v. Chr. von Mesopotamien nach Kanaan. Um das Jahr 1225 v. Chr. führte Moses den EXODUS an, den Auszug der Juden aus Ägypten, und unter Josua eroberten die Juden PALÄSTINA. Nach SALOMOS Tod wurde das Königreich in ein Südreich Juda und ein Nordreich Israel geteilt. In beide fielen die

Babylonier ein und verschleppten zahlreiche Bewohner. Zur Zeit des BABYLONISCHEN EXILS 597–538 v. Chr. entwickelten sich viele der charakteristischen Züge des Judentums, etwa die Grundlehre von dem einen allmächtigen Gott, dem Gehorsam gegenüber dem göttlichen Gesetz und der Bedeutung von Lehre und Gebet. Die Lehren der Thora, der fünf Bücher Mose des Alten Testaments, boten eine Unterweisung im Glauben und in moralischen Angelegenheiten.

Nach der Zerstörung des Tempels von JERUSALEM durch die Römer im Jahr 70 und dem erfolglosen Aufstand von BAR KOCHBA 132–135 wurde die jüdische Bevölkerung Jerusalems größtenteils vertrieben. Danach lebten die Juden in weit verstreuten Gemeinden in der DIASPORA. Angeführt wurden diese Gemeinden von Rabbinern. Verschiedene Auslegungen der Schriften wurden im TALMUD niedergeschrieben; das Studium der Thora und des Talmud erlangte eine zentrale Bedeutung in der jüdischen Religion. Im Mittelpunkt des Gemeindelebens standen der Gottesdienst in der Synagoge und die jüdischen Gesetze, etwa die strikte Einhaltung des Sabbats als Feiertag.

Sylvia Beach, eine amerikanische Buchhändlerin in Paris, verlegte als Erste Joyces Roman *Ulysses*. In Großbritannien und den USA war er wegen angeblicher Obszönität lange verboten.

Viele Juden wanderten in Mittelmeerländer aus. Sie erlebten in Spanien ab dem 9. Jh. eine geistige Blüte, wurden 1492 jedoch zur Auswanderung gezwungen. Da den Juden die Ausübung der meisten Gewerbe nicht erlaubt wurde und sie daher überwiegend in verfemten Berufssparten wie dem Geldhandel tätig waren, wurden sie auch in Portugal, England, Frankreich und Deutschland verfolgt und viele zogen nach Osteuropa. Diese Juden bezeichnet man als Aschkenasim. Die Juden lebten in GETTOS, d. h. abgeschlossenen jüdischen Wohnvierteln, die ihnen gesetzlich aufgezwungen wurden.

Ende des 18. Jh. begann die jüdische Aufklärungs- und Reformbewegung. Ihre Vertreter, darunter Moses Mendelssohn, forderten die Emanzipation der Juden und ihre

> **WUSSTEN SIE, DASS?**
> Alljährlich am 16. Juni, dem Bloomsday, treffen sich Joyce-Fans aus aller Welt, um auf den Spuren des Ulysses-Helden Leopold Bloom durch Dublin zu streifen – wozu auch ein Bier in Davy Byrne's Pub gehört.

An der Klagemauer in Jerusalem, der heiligsten Stätte des Judentums, sind orthodoxe Juden und israelische Soldaten im Gebet vereint.

Eingliederung in die moderne Gesellschaft, wozu auch die Verwendung moderner Sprachen in der Synagoge gehörte. Für eine Assimilation setzten sich auch die konservativen Juden ein. Die Orthodoxen hingegen bewahrten streng die alten Traditionen. Die Anhänger des mystischen Chassidismus lehnten ebenfalls alles Moderne ab und betonten die Verinnerlichung des religiösen Lebens.

Im ausgehenden 19. Jh. hatten die Juden zwar in den meisten europäischen Staaten und den USA die Bürgerrechte erlangt, doch führte eine neue Welle des ANTISEMITISMUS und eine steigende Zahl von POGROMEN zu Massenauswanderungen, vornehmlich in die Vereinigten Staaten. Dies war mit ein Grund für die Entstehung des ZIONISMUS, der das Ziel eines eigenen jüdischen Staates in Palästina verfolgte.

Unter den deutschen Nationalsozialisten begann das schlimmste Kapitel in der Geschichte des Judentums. Juden wurden wieder in Gettos gezwängt, boykottiert und offen terrorisiert. Einigen gelang es, das Reich zu verlassen, der Großteil der deutschen und osteuropäischen Juden aber – 6 Mio. Männer, Frauen und Kinder – fielen dem HOLOCAUST zum Opfer. 1948 wurde der Staat ISRAEL gegründet. Die meisten Juden außerhalb Israels sind heute in der Bevölkerung ihres jeweiligen Landes integriert, bewahren aber zugleich ihre jüdischen Traditionen.

Jugoslawien, seit 1992 Bundesrepublik in Südosteuropa mit den beiden Teilrepubliken Serbien und Montenegro. Staatspräsident ist seit 1997 Slobodan Milošević. Der Vorgängerstaat, das kommunistische Jugoslawien, bestand bis 1991 aus den Republiken BOSNIEN UND HERZEGOWINA, KROATIEN, Makedonien, Montenegro, SERBIEN und SLOWENIEN sowie den beiden serbischen Provinzen Kosovo und Wojwodina.

Nach dem Ersten Weltkrieg ging aus dem Königreich Serbien und den südslawischen Provinzen von ÖSTERREICH-UNGARN das Königreich der Serben, Kroaten und Slowenen hervor. Der serbische Ministerpräsident Nikola PAŠIĆ strebte die Einheit der rivalisierenden Nationen unter serbischer Führung an. Nach seinem Tod 1926 kam es zu politischen Unruhen, die König ALEXANDER I. veranlassten, eine Diktatur zu errichten und das Land 1929 in Jugoslawien umzubenennen. 1934 wurde Alexander von kroatischen und makedonischen Nationalisten, die sich gegen die Zentralregierung wehrten, ermordet.

Im Zweiten Weltkrieg wurde Jugoslawien von deutschen Truppen überrannt, und unter Ante Pavelić entstand der faschistische Marionettenstaat Kroatien. Zwischen den Anhängern des Nationalisten Draža Mihailović und den kommunistischen Partisanen von Josip Broz TITO, die beide gegen die deutschen Besatzer kämpften, kam es zum Bürgerkrieg. Im November 1945 rief Tito die Föderative Volksrepublik Jugoslawien aus, die 1963 in Sozialistische Föderative Republik umbenannt wurde. Weil Tito bald auf Distanz zu Moskau ging und einen eigenständigen Weg zum SOZIALISMUS beschritt, wurde Jugoslawien 1948 von Jossif STALIN aus dem Ostblock ausgeschlossen. Dafür verbesserten sich die Beziehungen zum Westen und in den 50er-Jahren schloss sich das Land den blockfreien Staaten an. 1955 söhnten sich die UdSSR und Jugoslawien wieder aus.

Nach Titos Tod 1980 kam es zur Wirtschaftskrise und zu Unruhen im Kosovo; ab 1990 nahmen die ethnischen Spannungen in dem Vielvölkerstaat noch zu. Als sich Slowenien und Kroatien 1991 für unabhängig erklärten, brach mit der Intervention der von Serben dominierten Armee der Bürgerkrieg auf dem BALKAN aus. Die Kämpfe setzten sich ab März 1992 in Bosnien-Herzegowina zwischen Serben, Moslems und Kroaten fort, bis er schließlich 1995 mit dem Friedensabkommen von Dayton offiziell ein Ende fand.

In der Provinz KOSOVO, wo die Bevölkerung zu 90 % aus Albanern besteht, verschärfte sich ab 1998 der bewaffnete Konflikt zwischen Albanern und serbischen Sicherheitskräften. 1990 hatte Serbien die Autonomie der Provinz aufgehoben. Ziel der internationalen Verhandlungen von Rambouillet im Frühjahr 1999 war eine erneute weitgehende Autonomie. Doch Milošević zeigt sich unnachgiebig, so dass die NATO ihr mehrfach verschobenes Ultimatum, militärisch einzugreifen, schließlich wahrmachte.

Julian (331–363), römischer Kaiser ab 361. In seiner kurzen Regierungszeit setzte er statt des Christentums das Heidentum wieder als Staatskult ein. Julian, eigentlich Flavius Claudius Julianus, war der Halbbruder von Kaiser KONSTANTIN I. DEM GROSSEN. Nach dessen Tod wurden die männlichen Mitglieder von Julians Familie brutal ermordet, um sicherzustellen, dass nur die Söhne des Kaisers an die Regierung kamen. Julian blieb wegen seines jugendlichen Alters verschont, doch bewirkten die Morde rasch den Verlust seines christlichen Glaubens. Fortan bekannte er sich zum Heidentum und Neuplatonismus und widmete sich seiner klassischen griechischen Bildung. 355 wurde er zum Caesar ernannt und errang als Feldherr von GALLIEN durch seinen Mut und seine einfache Lebensweise die Achtung seiner Soldaten. 360 erhoben ihn seine Truppen zum Augustus und ein Jahr später wurde er nach dem Tod von Konstantius II. Alleinherrscher. Er fiel im Feldzug gegen die Perser.

Julirevolution (27.–29. Juli 1830), Barrikadenkämpfe in Paris, die den Sturz des Bourbonenherrschers KARL X. herbeiführten und LOUIS PHILIPPE auf den Thron brachten. Der Aufstand der Pariser Bevölkerung begann, nachdem Karl am 25. Juli die Juliordonnanzen verfügte, mit der die Pressefreiheit aufgehoben, das Wahlrecht geändert und die neue Abgeordnetenkammer aufgelöst wurden. Nach tagelangen erbitterten Straßenkämpfen wurde Karl zur Abdankung gezwungen und Louis Philippe, der Herzog von Orléans, eingeladen, König der Franzosen zu werden – ein Titel, der die traditionellere Bezeichnung König von Frankreich ersetzte. Seine Königswahl bedeutete den Sieg der verfassungsmäßigen liberalen Kräfte über eine absolutistische Willkürherrschaft.

Julius II. (1443–1513), Papst ab 1503 bis zu seinem Tod. Sein Streben galt einer Wiederherstellung und Erweiterung des KIRCHENSTAATS sowie der Schaffung eines unabhängigen PAPSTTUMS. Mithilfe der Liga von CAMBRAI gelang es ihm, die Kirchenprovinzen an der Adria von Venedig zurückzugewinnen. 1511 trat er der Heiligen Liga mit

Weil Julian sich vom Christentum abkehrte, erhielt er den Beinamen Apostata, der Abtrünnige.

Die Arbeiten von C. G. Jung wiesen der Tiefenpsychologie eine neue Richtung, die über Freud weit hinaus ging.

Spanien und England bei mit dem Ziel, die Franzosen aus Oberitalien zu vertreiben. Seine Amtszeit stand ganz im Zeichen von Politik und Krieg, doch war er auch ein bedeutender Förderer der Künstler der RENAISSANCE. So beauftragte der Papst den Baumeister Bramante mit dem Entwurf des Petersdoms, RAFFAEL mit der Gestaltung seiner Privatgemächer und MICHELANGELO mit der Ausmalung der Decke der Sixtinischen Kapelle.

Jung, Carl Gustav (1875–1961), Schweizer Psychiater und Begründer der analytischen Psychologie. Jungs Forschungsarbeiten während seiner Tätigkeit an einer Zürcher Nervenklinik weckten das Interesse Sigmund FREUDS. Nach der ersten Begegnung in Wien 1907 wurde Jung Freuds Mitarbeiter, doch die Partnerschaft zerbrach 1912, weil Jung Freuds Auffassung von der rein triebdynamischen Grundlage von Neurosen nicht teilte. Stattdessen begründete er eine eigene tiefenpsychologische Richtung, die analytische Psychologie. Neben das individuelle stellte Jung das kollektive Unbewusste, das von angeborenen Urbildern, den Archetypen, bestimmt ist. Da der Mensch Jung zufolge mit seinem Unbewussten vornehmlich durch Träume in Verbindung tritt, spielt die Traumdeutung in der Jung'schen Psychoanalyse eine bedeutende Rolle. Jungs Theorien über Symbolik und seine Typenlehre – er prägte die Begriffe introvertiert und extravertiert – brachten bahnbrechende neue Erkenntnisse. Mit dem Begriff der Synchronizität versuchte er die teilweise ungeklärte Wechselbeziehung zwischen unbewusster Psyche und Materie zu erklären.

Jünger, Anhänger eines religiösen Meisters. Zur Zeit Jesu scharten viele jüdische Religionslehrer Schüler um sich, die sie in der Auslegung der Schriften unterwiesen. Die Anhänger von JESUS unterschieden sich davon u. a. dadurch, dass er sich seine Jünger selbst aussuchte und viele von ihnen sozial geächtete Menschen waren. Die zwölf Apostel, denen er sein Evangelium predigte, waren seine engsten Jünger, darunter PETRUS, Johannes und Jakobus. Auch JOHANNES DER TÄUFER hatte Jünger um sich. Nach Jesu Tod wurde der Begriff Jünger für all diejenigen verwendet, die in seiner Nachfolge stehen.

Jungsteinzeit, Neolithikum, letzte Stufe der STEINZEIT, die charakterisiert ist durch das Aufkommen von Ackerbau und Tierhaltung. In den einzelnen Erdteilen umfasst sie unterschiedliche Zeiträume; in Mitteleuropa wird sie auf etwa 5000–1800 v. Chr. datiert. Die jungsteinzeitlichen Menschen lernten den Anbau von Weizen und Gerste, die sie in Tongefäßen zubereiteten. Sie domestizierten Tiere, entwickelten neue Steinwerkzeuge wie Äxte zum Roden der Wälder und Hacken zur Bodenbearbeitung und legten feste dörfliche Siedlungen an. Große Teile Asiens und Europas sowie ausgedehnte Gebiete in Mittelamerika und Afrika wurden so von der Agrarbevölkerung erschlossen. Bei den ersten Ackerbauern in Orten wie z. B. JERICHO fehlte die Keramik noch. Die Landwirtschaft brachte Nahrungsmittelüberschüsse und ein größeres Bevölkerungswachstum und beendete die langsame Entwicklung der Jägergesellschaften der ALT- und MITTELSTEINZEIT. Es begann eine Zeit des raschen Wandels, die schließlich die Metallverarbeitung hervorbrachte und zur Errichtung von STÄDTEN, Staaten und Reichen führte.

Jungtürken, Reformpartei im OSMANISCHEN REICH. 1908/09 führte das „Komitee für Einheit und Fortschritt" eine Revolution an und setzte Sultan Abd ül-Hamid II. ab. Unter ihren Führern Talat Pascha und ENVER PASCHA regierte es bis 1918.

Jury, die Geschworenen in Straf- und vereinzelt auch Zivilprozessen. Zwölf Geschworene, bei denen es sich um Laien handelt, entscheiden angesichts vorgelegter Beweismittel unter der Oberaufsicht eines Richters über die Wahrheit sowie Schuld oder Unschuld des Angeklagten. Das Geschworenensystem, das heute in den meisten englisch-

sprachigen Ländern und den USA üblich ist, hat seinen Ursprung vermutlich im angelsächsischen Recht.

In Deuschland heißen die Geschworenen seit 1972 Schöffen. Das Schwurgericht setzt sich seit Mitte der 70er-Jahre aus drei Berufsrichtern und zwei Schöffen zusammen, die in erster Instanz über Kapitalverbrechen, d. h. über Straftaten mit Todesfolge, entscheiden. In Österreich wurden die Geschworenengerichte, die aus drei Berufsrichtern und acht Geschworenen bestehen, 1950 wieder eingeführt. In der Schweiz gibt es in einigen Kantonen ebenfalls Schwurgerichte.

Justinian I. (483–565), Kaiser des BYZANTINISCHEN REICHES ab 527. Justinian gelang es, den größten Teil des Römischen Reiches wiederherzustellen. Seine Generale BELISAR und Narses zerstörten das Wandalenreich in Afrika und das Reich der Ostgoten in Italien. Justinians Reformen der Provinzverwaltung wurden maßgeblich von seiner Gemahlin und Mitkaiserin THEODORA beeinflusst. Mit seiner Kodifikation des damals geltenden römischen Rechtes *Corpus Juris Civilis* regelte er die Rechtsprechung in seinem Reich und leistete einen bedeutenden Beitrag zur Entwicklung des abendländischen Rechtswesens bis in die heutige Zeit. In KONSTANTINOPEL ließ er die heutige Kirche Hagia Sophia errichten, deren Vorgängerbau 532 bei einem Aufstand zerstört worden war.

Kabinett, Gruppe von Ministern, denen die Umsetzung der Regierungspolitik obliegt. Die ersten Kabinette entstanden in Europa im 17. Jh. Sie bestanden aus den wichtigsten Amtsträgern und geheimen Räten von Königen oder Fürsten, die in einem Privatraum (dem Kabinett) zusammentraten und ihre politischen Entscheidungen fällten. 1807/08 wurde das Kabinettsystem in Preußen durch den Freiherrn vom Stein abgeschafft. Als Ersatz entstand ein Staatsministerium mit einzelnen Fachressorts.

Kádár, János (1912–89), ungarischer Staatsführer. Im Jahr 1931 trat er der Kommunistischen Partei bei und beteiligte sich im Zweiten Weltkrieg an der Organisation des Widerstands gegen die deutsche Besatzung. Als sich in UNGARN nach 1945 ein kommunistisches Regime etablierte, war Kádár ein Mitglied des Politbüros. 1948 ernannte man ihn zum Innenminister. Als es ab 1949 zu Konflikten mit den Stalinisten kam, wurde er aus der Partei ausgeschlossen und inhaftiert.

Erst 1954 wurde Kádár rehabilitiert und trat der Regierung Imre NAGYS bei. Im Oktober 1956 brach der UNGARISCHE AUFSTAND aus, und am 1. November erklärte Kádár die Kommunistische Partei für aufgelöst. Nach der Niederschlagung des Aufstands durch sowjetische Truppen bildete Kádár unter sowjetischer Schirmherrschaft eine neue Regierung. Kádár war bis 1958 Premierminister und amtierte nochmals von 1961 bis 1965. Ab 1958 fungierte er auch als Generalsekretär der Kommunistischen Partei Ungarns.

Kádár blieb gegenüber Moskau außenpolitisch linientreu, doch ermöglichte seine Innenpolitik dem Land eine zunehmende wirtschaftliche Diversifizierung und einen höheren Lebensstandard. In den 80er-Jahren geriet die Wirtschaft jedoch in eine Krise. Im Mai 1988 wurde Kádár seines Amtes als Generalsekretär enthoben und durch Premierminister Karoly Grosz ersetzt.

Kafka, Franz (1883–1924), tschechischer Schriftsteller. Kafka, in Prag als Sohn wohlhabender deutsch-jüdischer Eltern geboren, studierte Jura und war bei einer Versicherung tätig, bis er an Tuberkulose erkrankte. Kafkas Werke schildern Schrecken und Frustrationen des Lebens. Der Einzelne wird als gequälter Mensch dargestellt, der in einer rätselhaften, düsteren Umgebung lebt und von alptraumhaften Ereignissen heimgesucht wird. Eine seiner bekanntesten Kurzgeschichten, *Die Verwandlung* (1916), beschreibt mit erbarmungsloser Schärfe, wie der Held zu einem riesenhaften Insekt wird. Die drei Romane *Der Prozess* (1925), *Das Schloss* (1926) und *Amerika* (1927) wurden entgegen Kafkas Wünschen postum von seinem Freund Max Brod veröffentlicht.

Kairo, Konferenz von (22.–26. November 1943), Treffen von F. D. ROOSEVELT, Winston CHURCHILL und CHIANG KAI-SHEK, bei dem die Weichen für die Nachkriegspolitik im Fernen Osten gestellt wurden. Der amerikanische Präsident, der britische Premierminister und der chinesische Führer einigten sich anlässlich dieser Konferenz während des Zweiten Weltkriegs auf die bedingungslose Kapitulation JAPANS. Weitere Beschlüsse betrafen die Rückgabe der Mandschurei an China und die Unabhängigkeit KOREAS. Auf einer zweiten Konferenz trafen Roosevelt und Churchill mit dem türkischen Präsidenten Ismet Inönü zusammen, um die künftige Unabhängigkeit der Türkei zu bestätigen.

Kaiserproklamation (18. Januar 1871), Ausrufung des preußischen Königs WILHELM I. zum Kaiser des geeinten DEUTSCHEN REICHES gegen Ende des DEUTSCH-FRANZÖSISCHEN KRIEGES. Bis zuletzt gab es Streit darüber, ob der neue Herrscher den

Im prunkvollen Spiegelsaal des Versailler Schlosses wurde König Wilhelm I. von Preußen im Januar 1871 feierlich zum Deutschen Kaiser ausgerufen.

Titel Kaiser von Deutschland, Kaiser der Deutschen oder, wie er sich später tatsächlich nannte, Deutscher Kaiser tragen sollte. Um das Problem zu umgehen, brachte Großherzog Friedrich von Baden bei der feierlichen Zeremonie im Versailler Schloss ein Hoch auf Kaiser Wilhelm aus.

Kalifat, in seiner ursprünglichen Bedeutung zentrales Herrscheramt im Islam. Nach MOHAMMEDS Tod im Jahr 632 wurde dessen Schwiegervater Abu Bakr der erste *Khalifa* oder Nachfolger des Propheten. Mit seinen Nachfolgern Omar, Othman und Ali gehörte er zu den Raschidun, den rechtgeleiteten Kalifen. Bei Alis Tod 661 kam es zur Spaltung des Islam: Die SCHIITEN erkannten die Imams als rechtmäßige Nachfolger des Propheten an, während alle anderen Muslime dem Geschlecht der Omajjaden diese Ehre zusprachen. Im Jahr 750 wurden die Omajjaden von den ABBASIDEN gestürzt. Unter den Fatimiden in Nordafrika entstand ein schiitisches Kalifat, das 1258 auf die MAMELUCKEN und nach der Einnahme Ägyptens durch die OSMANEN auf die türkischen Sultane überging. Unter dem Einfluss des großen Staatsmanns Kemal ATATÜRK wurde das Kalifat im Jahr 1924 durch die türkische Nationalversammlung endgültig abgeschafft.

Kalifornien, Staat an der Westküste der USA. Kalifornien wurde 1542 erstmals von spanischen Entdeckungsreisenden besucht, doch erst Mitte des 18. Jh. kolonisiert. 1769 gründeten die Franziskaner eine Missionsstation in San Diego. Ihre Mitglieder versuchten, die indianische Bevölkerung zu bekehren, und zwangen sie zur Arbeit auf den Farmen der Weißen.

Der Landbesitz der Missionen ging 1821 mit der Trennung Kaliforniens von SPANIEN an MEXIKO über. Ein paar Monate, bevor 1848 die Mother Lode – eine Goldader, die seinerzeit als größtes Goldvorkommen der Welt galt – entdeckt wurde, hatte Mexiko das kalifornische Land an die Vereinigten Staaten von Amerika abgetreten. Von dem Mitte des 19. Jh. ausbrechenden GOLDRAUSCH profitierte Mexiko nicht mehr. In den folgenden Jahrzehnten ließen Öl und Mineralvorkommen Kalifornien zum reichsten Staat der USA werden. Das so genannte SILICON VALLEY ist als Zentrum der Mikroelektronik- und Computerindustrie weltbekannt, ebenso die Filmindustrie in HOLLYWOOD. Da sich Teile Kaliforniens entlang einer großen geologischen Verwerfung, dem San-Andreas-Graben, erstrecken, wird der Staat häufig von Erdbeben erschüttert.

Kalter Krieg siehe rechte Seite

Kalter Krieg – Ära der politischen Eiszeit

Die Periode des Kalten Krieges zwischen den Westmächten und dem Sowjetblock war von Wettrüsten,

Spionagetätigkeit, subversiver Propaganda und Konflikten an Nebenkriegsschauplätzen geprägt.

Zu direkten kriegerischen Auseinandersetzungen kam es während dieser Zeit glücklicherweise nicht.

Spannungen zwischen der Sowjetunion und den Westmächten traten bereits auf, als sie noch im Zweiten Weltkrieg gegen Deutschland verbündet waren. In der Atlantikcharta von 1941 verpflichteten sich Großbritannien und die USA, freie Wahlen und das Selbstbestimmungsrecht der Völker in der Nachkriegswelt zu unterstützen. Jossif Stalin machte auf der Konferenz von Jalta 1945 jedoch unmissverständlich klar, dass die Sowjetunion in den osteuropäischen Staaten ihren Einfluss wahren wolle. Der Kalte Krieg hatte begonnen. Zwei Bündnisse untermauerten die Feindseligkeiten zwischen Ost und West: der Nordatlantikpakt (NATO) von 1949 und der 1955 geschlossene Warschauer Pakt.

In den drei Jahren nach dem Ende des Zweiten Weltkriegs errichteten die Sowjets überall in Osteuropa prosowjetische kommunistische Regime. Um den wirtschaftlichen Wiederaufbau in Europa zu beschleunigen, riefen die USA den Marshallplan ins Leben. Die Sowjets verweigerten den Ländern des Ostblocks die Teilnahme an diesem Hilfsprogramm – und vollzogen damit die wirtschaftliche Trennung Europas.

1945 erfolgte die Aufteilung Deutschlands in je eine sowjetische, amerikanische, britische und französische Besatzungszone. In der sowjetischen Zone lag das ebenfalls geteilte Berlin. 1948 sperrten sowjetische Truppen den Zugang von Westen nach Berlin. Durchbrochen wurde die Blockade mit der Luftbrücke, über die britische und amerikanische Flugzeuge über ein Jahr lang Versorgungsflüge durchführten. Das Atommonopol, das die USA 1948 noch besaßen, wurde schon ein Jahr später relativiert, als den Sowjets der erste Atombombentest gelang. Nun verfügten sowohl NATO als auch Warschauer Pakt über Atomwaffen.

Zu schwer wiegenden Ost-West-Konflikten kam es 1950 in Korea und 1965 in Vietnam, als die USA Truppen zur Unterstützung Südvietnams entsandten. In Europa erreichten die Spannungen 1956 mit dem Ungarischen Aufstand einen Höhepunkt. 1961 baute das kommunistische Regime der DDR die Berliner Mauer und riegelte damit den Ostsektor Berlins von den Westsektoren ab. Sieben Jahre später erfolgte der Einmarsch von Truppen der Warschauer-Pakt-Staaten in die ČSSR, um dort erneut ein repressives Regime zu errichten.

Ein Poster zur Feier des 10. Jahrestags der NATO im Jahr 1959 (rechts). Präsident John F. Kennedy 1962 bei der Inspektion von Raketen in Key West (unten).

NATO
1949-1959

ANSÄTZE ZUR ENTSPANNUNG

Mit dem Start des ersten sowjetischen Satelliten 1957, auch als Sputnik-Schock bekannt, wurde der Kalte Krieg in den Weltraum verlagert. Die USA reagierten auf diesen Vorstoß mit der Entwicklung von Langstreckenraketen mit nuklearen Sprengköpfen. Bereits 1962 war mit der Kuba-Krise ein Zeitpunkt gekommen, der durch die Gefahr eines weltweiten atomaren Konflikts gekennzeichnet war.

Die Gespräche über die Begrenzung strategischer Rüstung (SALT – Strategic Arms Limitation Talks) trugen 1972 mit der Unterzeichnung eines vorläufigen Abkommens (SALT I) zur Entspannung zwischen den Machtblöcken bei. Gefördert wurde das Tauwetter in den Beziehungen durch die Konferenz von Helsinki 1975, doch trat mit dem Einmarsch sowjetischer Truppen in Afghanistan 1979 ein Rückschlag ein. Die Belastung der sowjetischen Wirtschaft und die technische Überlegenheit der USA veranlassten Michail Gorbatschow, eine nukleare Abrüstung vorzuschlagen. 1989 zog sich die Sowjetunion aus Afghanistan zurück und Gorbatschow leitete eine Periode der Liberalisierung ein. Die osteuropäischen Länder nutzten den politischen Umschwung zum Sturz ihrer kommunistischen Regime und 1989 feierte Deutschland den Fall der Berliner Mauer. 1990 erklärte die Konferenz für Sicherheit und Zusammenarbeit in Europa (KSZE) den Kalten Krieg für beendet.

Mithilfe der Luftbrücke wurden die Westsektoren Berlins mit Lebensmitteln und Brennstoff versorgt.

Kambodscha, südostasiatisches Land, das einen der Brennpunkte im Vietnamkrieg darstellte. Historisch gehörte Kambodscha bis zum 16. Jh. zum Khmer-Reich. Im Westen von THAILAND, im Osten von VIETNAM bedroht, stellte sich das Land 1863 unter die Oberhoheit FRANKREICHS. Ab 1884 galt es als Teil Französisch-Indochinas, obwohl sein Königshaus bestehen blieb.

Nach der Befreiung von der japanischen Besatzung am Ende des Zweiten Weltkriegs erlangte Kambodscha in Jahr 1949 eine beschränkte und vier Jahre später die volle Unabhängigkeit. Prinz Norodom SIHANOUK, 1941 zum König gewählt, dankte ab, um eine Koalitionsregierung auf breiter Basis zu ermöglichen, und wurde Premierminister. Dies erregte den Argwohn der USA, die vermuteten, Sihanouk unterstütze die chinesischen und vietnamesischen Kommunisten. Nach einer Invasion der Amerikaner wurde Sihanouk 1970 gestürzt. Sein Nachfolger, Lon Nol, konnte nicht verhindern, dass Kambodscha in den Vietnamkrieg hineingezogen wurde. In nur sieben Monaten des Jahres 1973 warfen amerikanische Flugzeuge mehr Bomben ab als über JAPAN während des gesamten Zweiten Weltkriegs.

Nach dem Abzug der Amerikaner war der Weg frei für die Armee der ROTEN KHMER. Mit dem Fall Phnom Penhs 1975 etablierte sich unter POL POT ein Schreckensregime, dem rund ein Drittel der kambodschanischen Bevölkerung zum Opfer fiel. 1979 marschierten die Vietnamesen in Kambodscha ein, und zwei Wochen später wurde Pol Pot gestürzt. Unter Heng Samrin, einem ehemaligen Mitglied der Roten Khmer, wurde die Volksrepublik Kampuchea ausgerufen. Obwohl sich die neue Regierung um Stabilität bemühte, versank das Land in einem jahrelangen Bürgerkrieg. Erst 1991 unterzeichneten die vier Bürgerkriegsparteien in Paris ein Waffenstillstandsabkommen und der Frieden rückte in greifbare Nähe. 1993 fanden Mehrparteienwahlen statt und die Rückführung von über einer halben Million Flüchtlingen und Gefangenen wurde eingeleitet.

Kamerun, westafrikanisches Land, das als ursprüngliche Heimat der Bantu angesehen wird und eines der ersten Zentren des afrikanischen Sklavenhandels war. Mit über 150 ethnischen Gruppen weist Kamerun das bunteste Bevölkerungsgemisch Afrikas auf. Die durch diese Vielfalt entstehenden Stammeskonflikte begünstigten den Sklavenhandel. Bald nachdem Kameruns Küste 1472 von den Portugiesen entdeckt worden war, entstanden dort Stützpunkte spanischer, portugiesischer, niederländischer und britischer Sklavenhändler. 1884 erwarb DEUTSCHLAND einen Großteil des Küstenstreifens und übernahm im Rahmen des deutsch-französischen Marokko-Vertrags von 1911 auch die französische Kolonie in Kamerun. 1916 wurde das deutsche Schutzgebiet von englischen und französischen Streitkräften besetzt, ab 1919 unter die Treuhandschaft des VÖLKERBUNDS gestellt und zwischen den Mandatsmächten Großbritannien und Frankreich aufgeteilt. 1960 erlangte Französisch-Kamerun die Unabhängigkeit. Es schloss sich 1961 mit einem Teil Britisch-Kameruns zusammen und 1972 verschmolzen die beiden Landesteile zur Vereinigten Republik Kamerun. Diese wurde 1995 in die VEREINTEN NATIONEN aufgenommen.

Kamikaze, zum Opfer seines Lebens bereiter Pilot der japanischen Luftwaffe. Kamikazeflieger wurden dazu ausgebildet, mit einem sprengstoffbeladenen Flugzeug anzugreifen und sich dabei selbst zu opfern. Die Japaner nahmen im Philippinenfeldzug 1944 Zuflucht zu dieser Verzweiflungstaktik, um den Vormarsch der alliierten Seestreitkräfte zu stoppen. In OKINAWA fügten 1945 mehr als 300 Kamikazeflieger der amerikanischen Marine die größten Verluste zu, die sie je in einer einzigen Schlacht erlitten hatte – mehr als 5000 Tote waren zu beklagen.

Ein zum Sterben bereiter Kamikazeflieger bindet sich vor dem feindlichen Angriff die japanische Fahne um den Kopf.

Kanaan, alter Name für PALÄSTINA. Das verheißene Land der Israeliten wurde von etwa 2000 bis 1500 v. Chr. von den Kanaanäern bewohnt. Das Land Kanaan stand zeitweilig unter ägyptischer bzw. hethitischer Herrschaft und wurde nach dem EXODUS von den Israeliten erobert, die die Kanaanäer auf den Küstenstreifen Phöniziens zurückdrängten. Bestandteile der Religion Kanaans waren die Verehrung Baals, Kinderopfer sowie das Prophetentum mit ekstatischen Erscheinungen, das von dem hebräischen Propheten Elia verurteilt wurde.

Kanada, aus zehn Provinzen bestehender Staat im nördlichen Teil des amerikanischen Kontinents. Die Ureinwohner des Landes waren Indianer und im hohen Norden INUIT. 1534 nahm der französische Entdeckungsreisende Jacques CARTIER das waldreiche Land für Frankreich in Besitz.

Pelzhändler errichteten 1604 die erste französische Siedlung und vier Jahre später wurde die Stadt Quebec am St.-Lorenz-Strom gegründet. Kurze Zeit später setzten sich britische Siedler an der Küste von Neufundland fest, betrieben einen florierenden Handel mit Häuten und Pelzen und riefen die Hudson's Bay Company ins Leben. Ab 1670 drangen Forscher, Missionare, Händler, Jäger und Trapper nach Westen bis an die Quellflüsse des Mississippi vor.

Bald schon brachen Auseinandersetzungen zwischen Engländern und Franzosen aus. Im SIEBENJÄHRIGEN KRIEG eroberte die britische Armee 1759 Quebec, womit der Weg nach Montreal und zu den großen Seen frei war. Im Frieden von Paris trat Frankreich seine kanadische Kolonie an Großbritannien ab, doch wurde im Vertrag von Quebec 1774 die Eigenständigkeit der französisch stämmigen Bevölkerung anerkannt. Französisch ist seither zweite Amtssprache und in der Provinz Quebec wurde die französische Rechtsprechung übernommen.

Am Ende des AMERIKANISCHEN UNABHÄNGIGKEITSKRIEGS bestand Britisch-Nordamerika aus der früheren französischen Kolonie Quebec, Nova Scotia, St. John's Island (1799 in Prince Edward Island umbenannt), Neufundland, Cape Breton Island (1820 Nova Scotia angegliedert) und dem neu geschaffenen New Brunswick. Die Furcht vor einer Expansion der USA führte zum British North America Act 1867 und zur Entstehung des Dominions of Canada. Der Großteil des Westens war damals noch im Besitz der Hudson's Bay Company, doch erwarb die Regierung 1869 dieses Territorium und verdreifachte damit über Nacht die Größe Kanadas. Drei Jahre später bewog der geplante Bau einer kanadisch-pazifischen Eisenbahn – sie wurde 1885 fertig gstellt – Prinz Edward Island und British Columbia, dem Bund beizutreten.

Als man den Zusammenhang zwischen Seuchen und mangelhaften sanitären Verhältnissen entdeckt hatte, begann man systematisch, die Kanalisation auszubauen – wie hier 1862 in London.

1896 kam es am Yukon mit dem berühmten Goldrausch von Klondike kurzfristig zu einem wirtschaftlichen Aufschwung. Die Hudson's Bay Company trat schrittweise alle Landgebiete ab, blieb aber weiterhin ein bedeutender Wirtschaftsfaktor im Land. Mit der zunehmenden Einwanderung nach Kanada und dem wirtschaftlichen Aufschwung begann die Macht der Provinzen gegenüber der Bundesregierung zu wachsen, sodass sie bald über weitgehende steuerliche und gesetzgeberische Autonomie verfügten. 1993 schloss sich Kanada mit den USA und MEXIKO zu einem nordamerikanischen Wirtschaftsblock zusammen.

Obwohl Kanada der britischen Krone nach wie vor treu verbunden und ein Mitglied des COMMONWEALTH ist, hat sich der Konflikt zwischen den Frankokanadiern und den Anglokanadiern in den letzten Jahren zugespitzt und die Bundespolitik erschwert. Vor allem das französisch sprachige Quebec drängt auf die Erlangung der vollen Autonomie, was ihm durch den Ausgang des Volksentscheids von 1995 knapp verwehrt wurde.

Kanalisation, System zur kontrollierten Ableitung bzw. Verteilung von Wasser. Die ersten Abflussanlagen der Welt wurden um 2500 v. Chr. in der Stadt MOHENJO-DARO im Industal im heutigen PAKISTAN gebaut. Bäder und Abortanlagen waren durch Tonröhren an das Abflusssystem der Stadt angeschlossen und die Fäkalien wurden auf die umliegenden Felder geleitet. Auch im alten ROM gab es ein Kanalisationsnetz, dessen größter Kanal, die Cloaca Maxima, um das 6. Jh. v. Chr. gebaut wurde. Außerdem verfügte Rom über ein leistungsfähiges System zur Wasserversorgung: Das frische Wasser wurde über Aquädukte in die Stadt geleitet und durch Bleirohre verteilt. Im Mittelalter besaßen nur die Klöster eine leidlich gute Kanalisation. In den Städten schütteten die Menschen Abfälle und den Inhalt ihrer Nachttöpfe aus dem Fenster und öffentliche Latrinen wurden oft auf Plattformen über dem Fluss errichtet. In Südamerika bauten die Inka in den Straßen der Stadt CUZCO ein Netz von Steinkanälen, durch die Wasser aus den Bergen floss.

Im 19. Jh. litt man in den überbevölkerten Städten Europas und der USA unter menschenunwürdigen Wohnverhältnissen, unzureichender Wasserversorgung und kaum vorhandener Kanalisation. Erst Typhusepidemien führten zu einer nachhaltigen Verbesserung der sanitären Bedingungen. Strenge Gesundheitsgesetze verpflichteten die Städte in der Folgezeit dazu, Amtsärzte zu ernennen und die Wasserleitungs- und Abflussnetze auszubauen. Der Erfolg dieser Maßnahmen spiegelte sich bald in einem verbesserten Gesundheitszustand und einer höheren Lebenserwartung der Bevölkerung.

Kanaltunnel, unter dem Ärmelkanal verlaufender Eisenbahntunnel zwischen England und Frankreich. Mit seiner Eröffnung 1994 besteht erstmals seit dem Eiszeitalter eine Landverbindung zwischen dem europäischen Festland und Großbritannien. Pläne für einen Tunnel standen bereits 1867 zur Diskussion, wurden jedoch angesichts frankreichfeindlicher Aufstände in Dover bald fallen gelassen. 1880 griff man die Idee erneut auf. Zu beiden Seiten des Kanals begannen Bohrarbeiten, die allerdings nach zwei Jahren am Geldmangel scheiterten. Nach einigen halbherzigen Ansätzen im 20. Jh. machten die beteiligten Parteien in den 80er-Jahren Ernst: Im Dezember 1987 begannen auf beiden Seiten des Ärmelkanals die Bauarbeiten an dem heutigen 50 km langen Tunnel. Ende Oktober 1990 schufen die Ingenieure mit einer Probebohrung eine Verbindung zwischen den beiden ersten Schächten unter dem Meer. Der vollständige Durchbruch erfolgte im Mai 1991. Als das Projekt fertig gestellt war, hatte man über 7 Mio. m³ Abraum bewegt.

Kanonenbootdiplomatie, Verhandlungen, bei denen ein Staat einem anderen Gewalt androht, um seinen Willen durchzusetzen. Der Begriff wurde erstmals im 19. Jh. verwendet, als große Seenationen, insbesondere GROSSBRITANNIEN, die Regierungen kleinerer Staaten mithilfe ihrer Seemacht gefügig machten. 1882 bombardierte eine britische Flotte das ägyptische ALEXANDRIA, um eine nationalistische Bewegung niederzuschlagen. Während des BOXERAUFSTANDS in CHINA im Jahr 1900 gingen die europäischen Mächte mit einem gemeinsamen Expeditionskorps zum Schutz ihrer Interessen und zur Bestrafung der Rebellen vor. Auch die USA bedienten sich der Kanonenbootdiplomatie, um Aufständische auf den Philippinen niederzuwerfen und ihre Politik in Lateinamerika durchzusetzen.

Kant, Immanuel (1724–1804), deutscher Philosoph. Er wurde in Königsberg in Ostpreußen geboren, wo er die Universität besuchte und man ihn 1770 zum Professor für Logik und Metaphysik ernannte. In seinen Werken, u.a. in der 1787 veröffentlichten Schrift *Kritik der reinen Vernunft*, versuchte Kant, zwischen dem sich auf Erfahrung stützenden Empirismus und dem vernunftbetonten Rationalismus eine Brücke zu bauen. Den Philosophen beschäftigte es, dass es der konventionellen Metaphysik nicht gelungen war, Fragen nach der Existenz Gottes, der Unsterblichkeit der Seele und der Autono-

Aus einem pietistisch geprägten Elternhaus kam Immanuel Kant, den seine philosophische Lehren weltbekannt machten.

mie des sittlichen Willens zu beantworten. Ein erster Schritt zur Lösung dieser Fragen bestand darin, die Grenzen der menschlichen Erkenntnis und der Vernunft auszuloten. Kant kam zu der Schlussfolgerung, dass die Erkenntnis „Dinge an sich" nicht zu erfassen vermochte, sondern nur Erscheinungen, die der Verstand an sie heranträgt. Auch argumentierte er, das „richtige Handeln" könne nicht von inneren Neigungen oder Nützlichkeit bestimmt werden, sondern müsse einem Gesetz der Vernunft entsprechen, dem „kategorischen Imperativ", der den Menschen auffordert, so zu handeln, wie er es von anderen Menschen erwarten würde. Der von Disziplin und Vernunft geprägte Kant führte ein überaus geregeltes Leben: Nach seinen nachmittäglichen Spaziergängen konnten die Bewohner Königsbergs ihre Uhren stellen.

Kapetinger, von Hugo Capet 987 begründete französische Königsdynastie. Obwohl die Kapetinger die Nachfolger der KAROLINGER waren, blieben sie zunächst auf das Gebiet um Paris beschränkt und dehnten ihren Machtbereich erst unter der Herrschaft Ludwigs VI. aus. Philipp Augustus eroberte im 12. Jh. die Normandie und andere Gebiete, die unter dem Einfluss der englischen Krone standen. Er verdoppelte die Größe seines Königreichs und machte Paris zum Regierungszentrum. Am Ende der Regierungszeit PHILIPPS IV. Anfang des 14. Jh. war Frankreich weitgehend stabil. Ein großer Teil seiner Rechts- und Regierungssysteme sollten bis zur FRANZÖSISCHEN REVOLUTION Bestand haben. 1328, nach dem Tod KARLS IV., ging der Thron auf das Haus VALOIS über.

Kapitalismus, eine von Karl MARX und Friedrich ENGELS kritisierte Wirtschaftsform, die sich in Westeuropa zwischen dem 16. und 19. Jh. entwickelte. Der Kapitalismus zeichnet sich dadurch aus, dass die Produktionsmittel nicht mehr im Besitz des Staates sind, sondern Privatpersonen oder Gesellschaften gehören und von diesen betrieben werden. Kapitalistische Organisationsstrukturen waren zunächst nur im Bankwesen und im Handel vertreten. Während der INDUSTRIELLEN REVOLUTION fanden sie Eingang in die industrielle Produktion.

In seiner klassischen Form reduziert der Kapitalismus die Rolle des Staates in der Wirtschaft auf ein Minimum und fördert das freie Spiel der Kräfte am Markt. In der Vergangenheit hat der Staat jedoch immer wieder aktiv in die Wirtschaft eingegriffen und das eigene Land gegen ausländischen Wettbewerb geschützt. In diesem Fall spricht man von Protektionismus. Während des 20. Jh. hat es auf internationaler Ebene zahlreiche Veränderungen der kapitalistischen Strukturen gegeben. In Westeuropa sprach

Die Nachricht von der Kapitulation der deutschen Wehrmacht wurde von den Medien in Windeseile verbreitet.

man lange vom Wohlfahrtskapitalismus und in den USA wurde aufgrund der wirtschaftlichen Interventionen von Präsident F. D. ROOSEVELT der Begriff des NEW DEAL geprägt. Als weitere Spielart ist die Mischwirtschaft zu nennen, in der Teile der Produktion verstaatlicht sind, während sich die übrige Wirtschaft in privater Hand befindet.

Kapitulation (7./8. Mai 1945), Unterzeichnung der Urkunde, in der sich die deutsche Wehrmacht am Ende des ZWEITEN WELTKRIEGS den Alliierten bedingungslos ergab. Nachdem Großadmiral DÖNITZ die Teilkapitulationen einzelner Heeresteile erreicht hatte, verlangte General Dwight D. EISENHOWER, der Oberbefehlshaber der alliierten Streitkräfte, die Gesamtkapitulation. Diese wurde daraufhin am 7. Mai 1945 im amerikanischen Hauptquartier um 2.41 Uhr in Reims von Generaloberst Alfred Jodl, Chef des deutschen Wehrmachts-Führungsstabs, unterzeichnet. Sie bestimmte, dass ab dem 8. Mai um 23.01 Uhr Waffenruhe herrschen sollte. Auf Drängen Jossif STALINS wurde am nächsten Tag der Kapitulationsakt im Hauptquartier der ROTEN ARMEE in Berlin-Karlshorst wiederholt; Unterzeichner waren diesmal Generalfeldmarschall KEITEL, der Oberbefehlshaber der Kriegsmarine Admiral von Friedeburg sowie Generaloberst Stumpff von der Luftwaffe.

Kapp-Putsch (13.–17. März 1920), Umsturzversuch des konservativen Politikers Wolfgang Kapp sowie des Reichswehrgenerals Walther von Lüttwitz. Um die im VERSAILLER VERTRAG festgelegte Truppenreduzierung zu verhindern, marschierte die unter

Lüttwitz' Kommando stehende Marinebrigade Ehrhardt in das Berliner Regierungsviertel ein und Kapp wurde zum Kanzler einer provisorischen Regierung ausgerufen. Nach vier Tagen scheiterte der Putsch, da die Reichswehr ihn nicht unterstützte, die Beamten ihre Mitarbeit verweigerten und die Arbeiter einen von den Gewerkschaften ausgerufenen Generalstreik befolgten.

Karageorge (1762–1817), serbischer Revolutionsführer und Begründer des Hauses Karageorgevic. Der als George Petrovic geborene Bauernsohn wurde aufgrund seiner Hautfarbe Karageorge – Schwarzer Georg – genannt. Als Guerillakämpfer führte er 1804 den serbischen Aufstand gegen die türkische Armee an und spielte eine entscheidende Rolle bei der Befreiung SERBIENS. Vier Jahre später wurde er zum ersten und obersten serbischen Feldherrn ernannt. Ab 1809 kämpfte er bis zum Friedensschluss von 1812 im Bund mit RUSSLAND gegen die Türken. Ein Jahr später drangen die Türken erneut in Serbien ein und schlugen jeden Widerstand nieder. Karageorge floh nach Österreich und wurde bei seiner Rückkehr 1817 ermordet, vermutlich auf Veranlassung des rivalisierenden Serbenführers Milos Obrenovic. Im 19. Jh. regierte das Haus Karageorgevic mit zeitweiser Unterbrechung durch die rivalisierende Dynastie Obrenovic 1842–58 und erneut 1903–45 in Serbien.

Karl der Große siehe rechte Seite

Karl I. (1600–49), König von Großbritannien und Irland 1625–49. Er war der zweite Sohn von JAKOB I. und Anne von Dänemark. Sein Vater zog ihm den Herzog von BUCKINGHAM vor, der auch in den ersten Jahren der Regentschaft Karls eine beherrschende Rolle spielte. Die ungesetzliche Erhebung von Zoll und Einfuhrabgaben, die Karl veranlasste, sowie seine tolerante Haltung gegenüber den Katholiken und eine katastrophale Außenpolitik brachten das Parlament gegen ihn auf. Im Jahr 1628 musste Karl die PETITION OF RIGHT akzeptieren, einen Erlass, mit dessen Hilfe der von seinen Gegnern als illegal betrachteten Vorgehensweise des Königs Einhalt geboten werden sollte.

Fortsetzung S. 262

Karl der Große – Musterbeispiel eines mittelalterlichen Monarchen

Als König der Franken versuchte Karl der Große das Heilige Römische Reich erneut zur Blüte zu bringen.
Er wurde vom Papst zum Kaiser gekrönt, vereinte einen großen Teil Europas unter seiner Herrschaft
und übte bis zum Zeitalter Napoleons großen Einfluss auf die europäischen Herrscher aus.

Karl der Große war der berühmteste Regent in der Geschichte des mittelalterlichen Europa. Zum Zeitpunkt seines Todes herrschte er über ein Gebiet, welches das heutige Frankreich (ohne die Bretagne), Belgien, Holland, die Schweiz, den Westen Deutschlands, den Großteil Italiens, Korsika, die Balearen und den Nordosten Spaniens umfasste. Eine derart geballte Macht rief die Bewunderung seiner Zeitgenossen wie auch späterer Generationen hervor und begründete seinen Ruhm.

VERTEIDIGUNG DES GLAUBENS

Die Frömmigkeit Karls des Großen und seine Auffassung von den Pflichten eines Königs führten zu einer engen Verknüpfung von Kirche und Staat. Er sah es als seine Aufgabe an, „die heilige Kirche gegen Heiden und Ungläubige zu verteidigen und sie von innen her mit der Kenntnis des katholischen Glaubens zu stärken". Die Verteidigung des Glaubens und die Bedeutung der Bildung waren die beherrschenden Themen seiner Regierungszeit. Europäische Könige der späteren Zeit betrachteten Karl den Großen als vollkommenes Beispiel eines christlichen Herrschers in einem christlichen Reich.

Karl der Große wurde um 742 geboren. Nach dem Tod seines Vaters Pippin im Jahr 768 teilten er und sein Bruder Karlmann das Frankenreich unter sich auf. Nach Karlmanns Tod 771 wurde Karl der Große Alleinherrscher. Er

eroberte Bayern und Italien, seine Feldzüge im muslimischen Spanien blieben dagegen ohne nennenswerten Erfolg. Dennoch machte sein Kampf gegen die Ungläubigen ihn zum Vorbild für die Kreuzfahrer späterer Jahrhunderte. Zu seinen hartnäckigsten Gegnern zählten die Sachsen im Nordosten Deutschlands, die seine lange Abwesenheit dazu nutzten, ihre Freiheit zurückzuerobern, was ihnen ein blutiges Strafgericht und eine gewaltsame Christianisierung einbrachte.

Unter Karl dem Großen brach eine Zeit der kulturellen Erneuerung an. Er erließ, dass „Domschulen und Klosterschulen denjenigen, die zu lernen in der Lage sind, ernsthafte Unterweisung im Studium der Literatur bieten sollen". Großes Interesse hatte er an Diskussionen über die Klassiker, an Mathematik, Astronomie und Theologie. In seiner Hofakademie scharte er die klügsten Köpfe seiner Zeit um sich.

Doch Karl der Große liebte auch die Annehmlichkeiten des Lebens und ließ sich 790 in Aachen einen prachtvollen Palast errichten. Dieser orientierte sich an klassischen Vorbildern und war mit Thermalschwimmbädern und der berühmten achteckigen Pfalzkapelle ausgestattet, die man noch heute besichtigen kann. Seine Laufbahn erreichte am Weihnachtstag 800 ihren Höhepunkt, als Papst Leo III. ihn zum

Die goldene Büste Karls des Großen wurde 1349 für Karl IV. geschaffen, einen seiner Nachfolger als Kaiser des Heiligen Römischen Reiches.

Karl der Große erweiterte sein Reich, indem er mehr oder weniger ständig Kriege führte.

römischen Kaiser krönte. Dadurch stieg sein Prestige gewaltig, insbesondere im Hinblick auf seinen größten Rivalen, das Byzantinische Reich, den Nachfolger des Oströmischen Reiches. Im Jahr 800 befanden sich die Griechen in Konstantinopel in einer tief greifenden Krise und Karl der Große sah sich eindeutig als der Überlegene. Er verkündete, seine Krönung bedeute die Erneuerung der ruhmreichen Zeit des Römischen Reiches.

Die Anerkennung der herausragenden Stellung Karls des Großen nahm mitunter ungewöhnliche Formen an. 802 schickte ihm Harun ar-Raschid von Bagdad einen Elefanten. Das Tier wurde in die kaiserliche Armee aufgenommen und tat bis 810 in Dänemark Dienst.

Karl der Große starb im Januar 814. Trotz seines Erfolgs war das von ihm geschaffene Reich bereits um die Mitte des 9. Jh. durch innere Rivalitäten zerfallen. Karls Ruf jedoch blieb unangetastet. In den nachfolgenden Jahrhunderten galt die Regierungszeit Karls des Großen den Herrschern der Christenheit als Vorbild.

Reich Karls des Großen um 814
Grenzgebiete unter der Herrschaft Karls des Großen
✕ Schlachtfelder

Ab 1629 regierte der eigensinnige, tief religiöse und politisch naive Monarch ohne Parlament und stützte sich zunehmend auf den Rat William Lauds, Thomas Straffords und der katholischen Königin, der Französin Henrietta Maria. Ihr Einfluss und die nicht verfassungsmäßige Vorgehensweise des Königs verstärkten den Widerstand im Volk. 1637 veröffentlichte das Parlamentsmitglied John Hampden eine Schrift gegen die Steuer zur Finanzierung der Kriegsmarine – mit Erfolg, denn die Steuerzahlungen wurden 1640 abgeschafft.

Wegen des Aufstands der schottischen PRESBYTERIANER gegen die anglikanische Bischofskirche musste Karl I. das Parlament in demselben Jahr erneut einberufen. Man zwang ihn, seine Berater Laud und Strafford zu opfern, die angeklagt und hingerichtet wurden. Obwohl der König neue, schwer wiegende Beschränkungen seiner Macht in Kauf nahm, kam es im Januar 1642 zu einem offenen Bruch mit dem Parlament, als er fünf Mitglieder des Unterhauses verhaften lassen wollte. Dieser verhängnisvolle Schritt vereinte die Interessen von Oberhaus und Unterhaus gegen die des Königs und war der Auftakt zum ENGLISCHEN BÜRGERKRIEG. Das königliche Heer wurde in Marston Moor und Naseby geschlagen. 1646 ergab sich Karl I. den Schotten, die ihn im Jahr darauf an das Parlament auslieferten. Er floh von Hampton Court, wurde aber erneut gefangen genommen und in Carisbrooke Castle auf der Insel Wight inhaftiert. Karl, der in seinem Prozess als Tyrann, Verräter und Mörder dargestellt wurde, machte geltend, das Parlament sei nicht für ihn zuständig. Er wurde dennoch für schuldig befunden und in London enthauptet.

Während sich Karl I. in Oxford, wo diese Goldmünze geprägt wurde, zur Schlacht rüstete, mag er sich mit Wehmut an die Reise mit seiner Braut Henrietta Maria nach Hampton Court erinnert haben.

Karl I. (1839–1914), erster König RUMÄNIENS, der von 1881 bis zu seinem Tod regierte. Karl, ein unbedeutender deutscher Fürst, wurde 1866 von den Habsburgern als Nachfolger Alexander Cuzas zum Fürsten Rumäniens gewählt. Seine deutschfreundliche Haltung im DEUTSCH-FRANZÖSISCHEN KRIEG brachte das Volk gegen ihn auf, doch vereitelte sein politisches Geschick die Versuche seiner Gegner, ihn zur Abdankung zu zwingen. Von den Erfahrungen, die Karl I. als preußischer Offizier gesammelt hatte, profitierte er während seiner militärischen Führungsaufgaben im Russisch-Türkischen Krieg. Nach diesem Krieg gewährte der BERLINER KONGRESS Rumänien die vollständige Unabhängigkeit vom OSMANISCHEN REICH und erkannte es 1881 als Königreich an. Karl führte Reformen der Verfassung, des Währungssystems und der Armee durch, verbesserte das Verkehrswesen und förderte die erste Ausbeutung rumänischer Ölvorkommen. Wenig Hilfe jedoch bot er den Bauern und schlug einen Aufstand 1907 grausam nieder. Am Anfang des Ersten Weltkriegs erklärte Karl Rumänien für neutral, doch nach seinem Tod trat sein Neffe und Nachfolger Ferdinand I. in den Krieg gegen Deutschland ein.

Karl I. von Anjou (1226–85), König von Neapel und Sizilien 1266–85. Karl von Anjou, der Sohn Ludwigs VIII. von Frankreich, erhielt von Papst Urban IV. das Königreich Sizilien als Lehen. Mit diesem Schachzug wollte Urban die Macht der STAUFER mindern, die das Papsttum bedrohten. Karls Sieg bei Benevent bedeutete das Ende des Einflusses der Staufer, doch erweiterte er in den folgenden Jahren seine Herrschaft auf Neapel und große Teile Oberitaliens und bedrohte damit ebenfalls die Interessen des Papsttums. Sein hartes Regime führte 1282 zum Aufstand gegen die Franzosen, der SIZILIANISCHEN VESPER, und das Königreich Sizilien fiel an Peter III. von Aragonien.

Karl II. (823–77), König des Westfränkischen Reiches 843–77 und deutscher Kaiser 875–77. Nach dem Tod ihres Vaters, Kaiser LUDWIG I., kämpften Karl und sein Bruder Ludwig gegen ihren älteren Bruder Lothar, der das Westfränkische Reich geerbt hatte, und besiegten ihn. Der Vertrag von VERDUN aus dem Jahr 843 sprach Karl den Thron zu und 870 teilten er und Ludwig das Reich Lothars unter sich auf. 875 wurde Karl der Kahle zum Kaiser gekrönt und ein Jahr später Herrscher des Königreichs Italien. Beide Titel machte ihm sein Neffe Karlmann streitig und schließlich starb Karl I. auf der Flucht vor Karlmann. Kaiser Karl war als engagierter Förderer der Gelehrsamkeit und Kunst bekannt und auch die Wiederbelebung der Karolingischen Renaissance gilt als sein Verdienst.

Karl II. (1630–85), König von Schottland ab 1651 und von 1660 bis zu seinem Tod König von Großbritannien und Irland. Der Sohn KARLS I. suchte nach dem ENGLISCHEN BÜRGERKRIEG in Frankreich Zuflucht. Auf Einladung der Anhänger der presbyterianischen Kirche kehrte Karl II. nach England zurück. Nachdem er den Solemn League and Covenant unterzeichnet hatte – den er später widerrief –, wurde er 1651 zum König von Schottland gekrönt. Einer seiner größten Widersacher war Oliver CROMWELL, der die Schotten bereits 1650 bei Dunbar besiegt hatte. Dem nach England vorrückenden Karl stellte er sich 1651 bei Worcester erfolgreich entgegen. Der Legende zufolge versteckte sich der schottische König einmal vor seinen Verfolgern in einer Eiche, bevor ihm die Flucht auf das europäische Festland gelang, wo er neun Jahre im Exil lebte.

Nachdem Karl II. im Mai 1660 den englischen Thron wiedererlangt hatte, verfolgte er eine Politik der Versöhnung. Er bot allen – mit Ausnahme der für den Tod seines Vaters Verantwortlichen – Straffreiheit an und versuchte, religiöse Vorurteile abzubauen. Doch 1662 schürte seine Heirat mit Katharina von Braganza die antikatholische Stimmung. Diese Tendenz verstärkte sich, als Jakob, Bruder des Königs und katholischer Herzog von York, wegen der Kinderlosigkeit des Königspaars zum gesetzmäßigen Thronerben wurde. Karl, der zunächst mit Schweden und den Niederlanden in der Tripelallianz von 1668 gegen Frankreich verbündet war, unterzeichnete 1670 den Vertrag

Karl V. (rechts eine Büste von ihm) geht seinem Erzrivalen Franz I. voraus, als die beiden Herrscher 1540 in Paris Einzug halten.

aus, bis es 1364 auch Österreich und Ungarn umfasste. Seine *Goldene Bulle* von 1356 enthielt das Verfassungsgesetz des alten deutschen Reiches, regelte die Verfahren für die Wahl des Kaisers und legte die Rechte der sieben KURFÜRSTEN fest. Als Persönlichkeit, die der Wissenschaft tief verbunden war, gründete Karl IV. 1348 die Universität Prag.

Karl V. (1500–58), römisch-deutscher Kaiser, der 1519–56 herrschte. Unter dem Namen Karl I. war er seit 1516 ebenfalls König von Spanien. Als Karl den spanischen Thron bestieg und Spanien mit dem ererbten Reich vereinigte, hatte er zunächst Schwierigkeiten, den unterschiedlichen politischen und wirtschaftlichen Anforderungen seines gewaltigen Reiches gerecht zu werden. Nach einer glücklich überstandenen Revolte zu Beginn seiner knapp 40-jährigen Regentschaft legte er den Grundstein zu einer starken Regierung und überwand den päpstlichen Widerstand gegen eine spanische Herrschaft in Italien. Sein zermürbender wie ergebnisloser Krieg mit seinem Rivalen FRANZ I. schwächte das benachbarte Frankreich nachhaltig. Obwohl Karl den Angriff der Türken gegen das christliche Europa erfolgreich abwehrte, gelang es ihm nicht, die Ausbreitung des PROTESTANTISMUS in Deutschland zu verhindern. Zwischen 1554 und 1556 übergab Karl Neapel, die Niederlande und Spanien an seinen Sohn PHILIPP. Nachdem Karl zugunsten seines Bruders FERDINAND 1556 auf die Kaiserwürde verzichtet hatte, zog er sich aus der Öffentlichkeit in ein spanisches Kloster zurück.

Karl VI. (1685–1740), römisch-deutscher Kaiser. Er wurde 1703 zum König von Spanien ausgerufen, übernahm aber 1711 nach dem Tod seines Bruders Joseph I. die Regierung im Reich und musste deshalb die spanische Krone wieder abgeben. Im SPANISCHEN ERBFOLGEKRIEG konnte er österreichische Ansprüche gegenüber Frankreich teilweise durchsetzen und die Spanischen Niederlande sowie umfangreiche Gebiete in Italien erwerben. Durch die wiederholten Siege des Prinzen EUGEN VON SAVOYEN im Türkenkrieg 1714–18 wurden die Besitzungen Österreichs auf dem Balkan erheblich erweitert. Da sein Sohn und Thronerbe gestorben war, versuchte Karl 1713 mit der PRAGMATISCHEN SANKTION, die Thronfolge auch einer eventuell später geborenen Tochter zu sichern – mit Erfolg, denn seine 1717 geborene Tochter MARIA THERESIA herrschte später als Kaiserin des Hauses HABSBURG.

von Dover, in dem er dem französischen König LUDWIG XIV. seine Unterstützung gegen die Niederländer zusagte. Eine Geheimklausel dieses Vertrags verpflichtete ihn überdies, seinen Übertritt zum katholischen Glauben bekannt zu geben.

Karls Vorstoß, die antikatholische Gesetzgebung zu unterhöhlen, der so genannte Clarendon Code, führte zum Papistischen Komplott von 1678 und fünf Jahre später zum Rye-House-Komplott sowie zur Exclusion Crisis von 1679 bis 1681. Ziel der letzteren war es, den katholischen Bruder des Königs auf Dauer von der Thronfolge auszuschließen. Der Earl von SHAFTESBURY war Karls erbittertster Gegner im Parlament. Dennoch konnte sich der König behaupten und regierte ab März 1684 ohne sein Parlament. Trotz der während seiner Herrschaft schwelenden Konflikte war Karl II. ein beliebter Monarch, der Kunst und Wissenschaft großzügig förderte.

Karl II. (1893–1953), König von Rumänien und Großneffe KARLS I. Wegen seines skandalträchtigen Privatlebens musste er 1925 auf die Thronfolge verzichten und zog mit seiner Geliebten nach Paris ins Exil. Sein Sohn Michael aus der Ehe mit Prinzessin Helene von Griechenland trat zwei Jahre

später die Thronfolge an, verzichtete dann aber zugunsten seines Vaters. 1930 kehrte Karl auf den rumänischen Thron zurück; er wurde jedoch 1940 zur Abdankung zugunsten seines Sohnes Michael gezwungen.

Karl III. der Dicke (839–88), deutscher Kaiser von 881 bis 887 und König der FRANKEN von 884 bis 887. Karl III., jüngster Sohn LUDWIG II. des Deutschen, erbte Alemannien und übernahm anschließend Italien, Sachsen sowie das Ost- und Westfrankenreich. Damit gelang es ihm, das alte Reich KARLS DES GROSSEN mit Ausnahme der Provence noch einmal zu vereinigen. Seine Versuche, die Invasion der SARAZENEN abzuwehren, scheiterten jedoch, und den Abzug der Normannen musste er mit Geld erkaufen. Der Unwille darüber führte zur Absetzung Karls des Dicken und damit ging die karolingische Alleinherrschaft über die Franken zu Ende.

Karl IV. (1316–78), König von Böhmen ab 1346 und Römischer Kaiser von 1347 bis zu seinem Tod. Karls Zugeständnisse an das Papsttum brachten ihm die Unterstützung Papst Clemens VI. und beendeten den lang andauernden Konflikt zwischen Papsttum und Kaisertum. Karl IV. dehnte sein Reich

> **WUSSTEN SIE, DASS?**
>
> Verheerende Pestepidemien und Kriege führten dazu, dass Karl IV. erst sechs Jahre nach seiner Wahl gekrönt werden konnte.

Karl VII. (1403–61), ab 1422 bis zu seinem Tod König von Frankreich. Die Regierungszeit Karls VII. war von internen Streitigkeiten und kriegerischen Auseinandersetzungen mit dem mächtigen Nachbarn England überschattet, der die Hände nach der französischen Krone ausstreckte.

Unter seinem Vater, Karl dem Wahnsinnigen, war zuvor ein großer Teil der französischen Gebiete an England verloren gegangen. Als Karl 1422 die Thronfolge antrat, hatte der englische König Heinrich VI. bereits seinen Anspruch auf die französische Krone geltend gemacht. Aus diesem Grund wurde Karl erst sieben Jahre später gekrönt, und dies auch nur auf Drängen JOHANNA VON ORLÉANS. Während seiner Regierungszeit konnte Karl das von den Engländern im HUNDERTJÄHRIGEN KRIEG eroberte französische Gebiet bis auf Calais zurückgewinnen, womit der Konflikt beigelegt war.

Karl X. (1757–1836), 1824–30 König von Frankreich. Karl X. huldigte bereits in jungen Jahren einem ausschweifenden Lebensstil und wurde 1789 nach Großbritannien verbannt, wo er bis 1814 blieb. Bis er den französischen Thron bestieg, war Karl Anführer der Ultraroyalisten. Sein reaktionäres Regime brachte dem König in Frankreich nur wenig Sympathien ein. Die Proklamation seines göttlichen Rechtes auf Herrschaft und die Wahl seiner Minister führten schon bald zu Unruhen unter der Bevölkerung. Auf die Niederlage seiner Minister im Parlament reagierte Karl im Juli 1830 mit einer drastischen Einschränkung der Pressefreiheit. Gleichzeitig ließ er das neu gewählte Kabinett auflösen und schränkte das Wahlrecht ein. Diese wenig demokratischen Maßnahmen erbitterten das Bürgertum so sehr, dass es in Paris zu einem Aufstand – der JULIREVOLUTION – kam und er aufgrund seiner reaktionären Innenpolitik zur Abdankung gezwungen wurde.

Karl XII. (1682–1718), König von Schweden 1697–1718, dessen Regierungszeit vom NORDISCHEN KRIEG geprägt war. Drei Jahre nach der Thronbesteigung Karls wurde Schweden von Polen, Dänemark und Russland angegriffen. Diese Länder hatten sich zu einer mächtigen Koalition zusammengeschlossen, die kaum zu überwinden war. Nach anfänglichen Erfolgen wurde der König von Schweden 1709, zwei Jahre nach seiner Invasion in Russland, in der Schlacht bei Poltawa in der Ukraine besiegt. Er floh auf türkisches Gebiet, wo er fünf Jahre verbrachte – darunter auch kurze Zeit im Gefängnis. 1714 konnte er entkommen und nach einem dramatischen Ritt durch ganz Europa die schwedische Armee erneut mobilisieren. 1718 wurde Karl XII. bei der Belagerung einer Festung an der norwegischen Grenze erschossen. Durch die wiederholten Kriege wurden Schwedens Geldreserven aufgezehrt und die Stellung des skandinavischen Landes als europäische Großmacht ging allmählich verloren.

Karl XIV. (1763–1844), französischer Bürgerlicher, der 1818 König von Schweden und Norwegen wurde und bis zu seinem Tod regierte. Als Sohn eines französischen Anwalts diente Jean Baptiste Bernadotte im Feldzug gegen Italien unter NAPOLEON I. Als sich der Korse 1804 zum Kaiser krönen ließ, bot ihm Bernadotte seine Unterstützung an. Im Juni desselben Jahres wurde er Gouverneur von Hannover. Ein Jahr später kämpfte Bernadotte ruhmreich in Austerlitz und 1809 in Wagram. 1810 lud ihn das schwedische Parlament ein, die Nachfolge des kinderlosen Königs Karl XIII. anzutreten, was er akzeptierte. In seinen Jahren als schwedischer Kronprinz schloss Karl XIV. ein Bündnis mit Großbritannien und Russland. In der Völkerschlacht bei Leipzig 1813, die mit der Niederlage Napoleons endete, spielte er eine wichtige Rolle. 1814 stieß Karl nach Dänemark vor und zwang die Dänen, Norwegen an Schweden abzutreten.

Auf den Thron folgte er Karl XIII. erst im Jahr 1818. Obwohl er Alleinherrscher war und Forderungen nach einer liberaleren Regierung ablehnte, genoss er während seiner gesamten Regierungszeit die Unterstützung des Volkes. Der bürgerlich geborene Jean Baptiste Bernadotte wurde der Begründer des heutigen schwedischen Königshauses.

Karl der Kühne (1433–77), Herzog von BURGUND 1467–77. Karl der Kühne hätte beinahe ein von Frankreich unabhängiges Königreich geschaffen. Noch bevor er 1465 Burgund und die Niederlande von seinem Vater Herzog Philipp dem Guten erbte, besiegte er den französischen König Ludwig XI. und erzwang den Frieden von St. Maur, um seine Herrschaft über die von Frankreich gewonnenen Gebiete zu festigen. Innerhalb von zwei Jahren erlangte Karl der Kühne zudem den Großteil des Rheinlands und das Elsass, doch konnte er den Heiligen Römischen Kaiser nicht davon überzeugen, ihm 1473 die Königswürde zu verleihen. Um den Herzog von Burgund in seine Schranken zu verweisen, verbündete sich der Kaiser des Heiligen Römischen Reiches mit Frankreich, Lothringen und der Schweiz. Karl der Kühne fiel im Kampf bei Nancy.

Karl Martell (um 688–741), Begründer der karolingischen Dynastie und der fränkischen Großmacht. Karl Martell schlug 732 die muslimischen Truppen bei Tours und Poitiers und verhinderte damit ihr Vordringen nach Norden. Durch diesen Sieg wurde er zu einem der ersten französischen Volkshelden. Karl, der illegitime Sohn Pippins II., leitete seinen Namen von dem altfranzösischen Wort *martel* (Hammer) ab. Er dehnte den Herrschaftsbereich der Merowinger auf die beiden wichtigsten fränkischen Königreiche Austrasien und Neustrien sowie auf BURGUND und AQUITANIEN aus.

Karlisten, Anhänger des 1788 geborenen Don Carlos und seines Anspruchs auf den spanischen Thron. Carlos war der Bruder des spanischen Königs Ferdinand VII. und einer der Thronanwärter. Seine Strenggläubigkeit

Soldaten der schwedischen Armee tragen den Leichnam Karls XII. nach seinem Angriff auf Norwegen in die Heimat zurück. Bis zu dieser Niederlage schien Karl unbesiegbar zu sein.

Mit seinem Sieg über die Türken bei Zentra im Jahr 1697 schuf Prinz Eugen von Savoyen eine der Grundlagen für den Friedensschluss von Karlowitz.

Karlowitz, Friede von

(26. Januar 1699), Friedensvertrag, durch den der 1638 begonnene Große Türkenkrieg nach über 60 Jahren beendet wurde. Mit diesem Dokument erkannte das OSMANISCHE REICH die Herrschaft der Habsburger Monarchie über den Großteil von Ungarn, über Siebenbürgen sowie weite Teile von Kroatien und Slowenien an. Damit begann für das Haus HABSBURG der Aufstieg zur europäischen Großmacht und die Bedrohung Mitteleuropas durch das Osmanische Reich fand ein Ende.

Karlsbader Beschlüsse

nach der Ermordung des Schriftstellers August von Kotzebue durch den Burschenschaftler Karl Ludwig Sand ausgearbeiteter Maßnahmenkatalog gegen demagogische Umtriebe. Die Beschlüsse waren das Ergebnis einer Konferenz, die vom 6. bis 31. August 1819 in Karlsbad stattfand. Der Einladung des österreichischen Staatskanzlers Fürst von METTERNICH waren PREUSSEN und acht weitere Staaten des DEUTSCHEN BUNDES gefolgt. Nach der vorbereitenden Konferenz legte der Bundestag in Frankfurt am 20. September fest, die BURSCHENSCHAFTEN zu verbieten, die Universitäten zu überwachen, Druckschriften unter 20 Bogen zu zensieren und eine Kommission gegen revolutionäre Umtriebe einzusetzen. Die Beschlüsse hatten bis zur Revolution von 1848 Bestand.

Karmeliter

die Brüder unserer Lieben Frau vom Berge Karmel. Die Ordensgemeinschaft lebt nach der Regel des heiligen Berthold von Kalabrien, der zufolge Mönche und Nonnen ihr Leben in völliger Abgeschiedenheit verbringen sollen. Der Orden geht auf eine Eremitengemeinschaft zurück, die im 12. Jh. auf dem Berg

Da er die liberalen Ideen der Burschenschaftler verspottet hatte, wurde der Dramatiker August von Kotzebue von Karl Ludwig Sand ermordet.

Karmel in PALÄSTINA lebte. Um 1154 gründete Berthold dort offiziell einen Orden. Nach der Eroberung des Heiligen Landes durch die Moslems zogen die Karmeliter nach Zypern und anschließend nach Westeuropa, wo der Orden 1226 von Papst Honorius bestätigt wurde. Die Regel der strengen Isolation wurde später gelockert. In Oxford, Cambridge und Paris entstanden Karmeliterklöster und der Orden hatte regen Anteil am akademischen Leben des späten 14. Jh. 1452 wurde der Orden der Karmeliterinnen gegründet. Aus den in Großbritannien als Whitefriars bekannten Karmelitern gingen berühmte Mystiker wie die heilige Theresa von Avila und der heilige Johannes vom Kreuz hervor, die den Orden reformierten.

Karnak

Stadt am Ostufer des Nil und Kultzentrum des altägyptischen THEBEN. Karnak war das Heiligtum, in dem Amon, der höchste Gott Thebens, Spender des Lebens und der Fruchtbarkeit, verehrt wurde. Der große Amun-Tempel in Karnak entstand zwischen 1320 und 1237 v. Chr. vor allem unter den Pharaonen Setho I. und RAMSES II. Der Tempel – übrigens der größte in ÄGYPTEN – besteht aus einer riesigen Säulenhalle mit 134, jeweils 24 m hohen Säulen. Andere Tempel sind dem Kriegsgott Month oder Mut, der Gemahlin des Amun, geweiht. Einstmals verband eine von Statuen gesäumte Straße Karnak mit dem nur 3,2 km entfernt liegenden Luxor.

Károlyi, Mihály Graf

(1875–1955), ungarischer Politiker. Als Mitglied einer der wohlhabendsten Adelsfamilien des Landes zog Károlyi 1910 als Konservativer in das ungarische Parlament ein, fühlte sich jedoch bald dem linken Lager zugehörig. Er befürwortete eine weniger deutschfreundliche Politik in ÖSTERREICH-UNGARN, die Gleichberechtigung für alle in diesem Reich zusammengeschlossenen Nationen und das allgemeine Wahlrecht. Diese Politik war zu radikal, um

und sein Glaube an das Gottesgnadentum des Königs machten Don Carlos zu einem natürlichen Anführer der Traditionalisten. Als Ferdinand VII. im Jahr 1830 seine Tochter Isabella als Thronfolgerin bestimmte, ging aus den Traditionalisten die Karlistische Partei hervor.

Nach dem Tod Ferdinands 1833 riefen die Karlisten Don Carlos unter dem Namen Karl V. zum König aus, da sie die weibliche Thronfolge nicht anerkannten. Damit entfachten sie einen sechsjährigen Bürgerkrieg, der mit der Flucht von Don Carlos nach Frankreich endete. Zwei seiner Söhne verfolgten die Ansprüche der Karlisten bis zu einem erfolglosen Aufstand 1860 weiter. Der dritte Sohn Juan beanspruchte den Thron zunächst für sich, verzichtete jedoch 1868 zugunsten seines Sohnes Don Carlos VII. Als ISABELLA II. in demselben Jahr gestürzt wurde, verstärkte sich die Unterstützung der Karlisten, wurde aber 1872 von dem neuen König Amadeus zunichte gemacht. Die Errichtung einer Republik im Jahr 1873 machte den Karlisten neue Hoffnung, doch 1874/75 wurde Isabellas Sohn unter dem Namen Alfons XII. auf den Thron erhoben. Nach der Abdankung Alfons XIII. im Jahr 1931 wurde in Spanien erneut die Republik ausgerufen.

Im SPANISCHEN BÜRGERKRIEG stellten sich die Karlisten auf die Seite der Nationalisten und hinderten General FRANCO daran, die Dynastie der BOURBONEN wieder auf den Thron zu bringen. 1969 überwand Franco den Widerstand der Karlisten und ernannte JUAN CARLOS, den Enkel Alfons', zu seinem Nachfolger.

in Ungarn auf breite Zustimmung zu stoßen. Erst am Ende des Ersten Weltkriegs trat Károlyi als einflussreiche Gestalt hervor. Er wurde 1918 Premierminister und 1919 Staatspräsident der neuen Republik Ungarn, dankte aber im März ab, als er erfuhr, dass Ungarn Gebiete an Rumänien, die damalige Tschechoslowakei und Jugoslawien abtreten musste. Abgelöst wurde seine Regierung vom kommunistischen Regime Béla Kuns.

Kartäuser, Mönche eines streng geführten Ordens, der 1084 vom heiligen Bruno von Köln in Frankreich gegründet wurde. Man schreibt den Kartäusern die Erfindung des Likörs zu, der den Namen ihrer ersten Klostergemeinschaft in La Chartreuse trägt. Der Orden zeichnet sich durch eine strenge Disziplin aus: Fasten und Schweigen, das nur an wenigen Stunden in der Woche durchbrochen wird, sind hier ein Teil des Alltags. Ein Mindestmaß an Kontakt mit der Außenwelt bietet der Umgang mit Laienbrüdern und Laienschwestern, die sich um die weltlichen Bedürfnisse der Ordensmitglieder kümmern.

Karthago, von phönizischen Siedlern aus Tyros um 750 v. Chr. gegründeter Stadtstaat an der Westküste des heutigen TUNESIEN. Karthago entwickelte sich bald zu einer der größten Handelsstädte im westlichen Mittelmeer und verfügte über Stützpunkte in Spanien, Sardinien und Sizilien. Zwischen 500 und 300 v. Chr. führte Karthago häufig Kriege gegen die in Sizilien angesiedelten Griechen. Auf Sizilien kam es auch zum ersten Zusammenstoß mit ROM, der zu den drei PUNISCHEN KRIEGEN führte.

Trotz heldenhafter Feldzüge des karthagischen Feldherrn HANNIBAL verlor Karthago im zweiten Punischen Krieg seine Flotte und alle Gebiete außerhalb Afrikas. Karthago konnte zwar seinen Status als Handelsmacht zurückerobern, doch nach einem dritten Konflikt mit Rom wurde die Stadt im Jahr 146 v. Chr. dem Erdboden gleichgemacht. Während der Regierungszeit CAESARS wurde sie als römische Kolonie wieder aufgebaut und erlebte erneut eine Blütezeit. Unter dem heiligen Cyprian entwickelte sie sich zum Zentrum des jungen CHRISTENTUMS.

Nachdem Karthago im Jahr 439 von Genserich erstürmt worden war, der die Stadt zu seiner Metropole machte, blieb sie bis zur Eroberung durch BELISAR 533/34 in der Hand der WANDALEN. Im Anschluss war sie ein Teil des BYZANTINISCHEN REICHES, bis das ruhmreiche Karthago 697 im Zug der Invasion arabischer Horden zerstört wurde.

Kasachstan, unabhängige Republik im Nordwesten Asiens, früher Teil der Sowjetunion. Die im 13. Jh. von den Mongolen eroberte Region kam 1848 unter russische Herrschaft. Von der Obrigkeit wurden die Russen nachdrücklich dazu ermuntert, sich auf Ländereien niederzulassen, die von den nomadischen Kasachen genutzt wurden.

Am Anfang des 20. Jh. entwickelte sich eine kasachische nationale Bewegung, die 1916 zu einem blutigen, gegen den Zar gerichteten Aufstand führte. Zwei Jahre später errichteten kasachische Nationalisten eine autonome Republik, die 1936 Teilstaat der Sowjetunion wurde. Während der 30er-Jahre ließen sich verstärkt Russen in Kasachstan nieder. Die Kasachen wurden zum großen Teil gezwungen, sich auf KOLCHOSEN und staatlichen Ländereien sesshaft zu machen.

1954–60 folgte man der Politik des sowjetischen Ministerpräsidenten Nikita CHRUSCHTSCHOW, Neuland unter den Pflug zu nehmen und Getreide anzubauen. Auch entdeckte man große Vorkommen an Mineralen wie beispielsweise Uran, die ebenfalls ausgebeutet wurden. Das im Osten Kasachstans gelegene Semipalatinsk wurde zum Testgebiet für Atomwaffen und 1990 erklärte die sowjetische Regierung Ostkasachstan nach einer Explosion in einem Werk für Kernbrennstoffe zum Umweltkatastrophengebiet. Im Oktober 1990 erlangte das Land seine Unabhängigkeit. Im Jahr darauf wurde die kommunistische Partei durch die Unabhängige Sozialistische Partei ersetzt. Die Republik Kasachstan trat im Dezember 1991 der Gemeinschaft Unabhängiger Staaten und 1992 den VEREINTEN NATIONEN bei. Seitdem haben westliche Firmen erhebliche Investitionen getätigt, um an den gewaltigen Erdöl- und Erdgasvorkommen Kasachstans zu partizipieren.

Kastenwesen, Grundlage der indischen Gesellschaftsordnung. Noch heute ist es üblich, dass Eltern in Zeitungsanzeigen Ehepartner für ihre Kinder suchen. Aus der Anzeige muss hervorgehen, welcher der vielen tausend Kasten Indiens die Braut bzw. der Bräutigam angehört. Das Kastensystem Indiens basiert auf über 3000 Jahre alten religiösen Schriften. Das

Der Getreidehändler (oben) ist ein Waischja und gehört damit einer anderen Kaste an als der Buchhalter (links). Als Schudra entstammt dieser einer niedriger stehenden Kaste der Bauern und Arbeiter.

älteste Dokument, der *Rigveda*, stammt aus der Zeit zwischen 1500 und 900 v. Chr. Danach wurden die Menschen im Augenblick der Schöpfung in vier Gruppen eingeteilt, die sich gegenseitig unterstützten und aufeinander angewiesen waren. Diese Einteilung bezeichnet man als das System der vier Stände (Warna). Es besagt, dass die Schöpfung besonders talentierte und rechtschaffene Menschen dazu auserwählt hat, Dienst an den Göttern zu tun. Angehörige dieser Gruppe sind die Priester oder Brahmanen. Ihnen folgen die Stände der Könige oder Krieger (Kschatrija), der Kaufleute und Bauern (Waischja) sowie der arbeitenden Bevölkerung (Schudra).

Das heutige Kastensystem ist stark hierarchisch strukturiert. Mitglieder derselben Kaste fühlen sich durch ein gemeinsames gesellschaftliches Element oder durch Blutsbande verbunden und haben einen höheren oder niedrigeren Rang als Angehörige anderer Kasten. Viele Kasten stehen in Zusammenhang mit einer besonderen Lebensweise. Einige Berufe sind angeblich von Natur aus erniedrigend: Ein Straßenfeger oder ein Abfallbeseitiger gehört zur untersten aller gesellschaftlichen Gruppen. Früher bezeichnete man sie als Unberührbare, heute heißen sie Dalits oder Unterdrückte.

Nach der alten Lehre ist es für einen Hindu Sünde, außerhalb der eigenen Kaste zu heiraten oder mit einem Menschen anderer Kastenherkunft die Nahrung zu teilen. Der Politiker B. R. Ambedkhar war der erste

Schon um 300 v. Chr. fertigte man in Karthago Rüstungen wie diesen prachtvoll vergoldeten Brustharnisch aus Bronze.

indische Unberührbare, der einen akademischen Grad erlangte. Er schrieb über die Demütigung, die es bedeutete, als Kind der unreinen Kaste aufzuwachsen. Wann immer er die Kinder höherer Kasten mit seinen unreinen Händen oder auch nur mit seinem Schatten berührte, wurden diese von ihren Müttern gebadet und umgezogen, um sie von seinem Schmutz zu reinigen.

Das erbliche Kastensystem hat sich möglicherweise entwickelt, um mit der extremen sozialen Ungleichheit umzugehen, die seit Jahrtausenden in Indien herrscht. Da die Lebenssituation der meisten Inder überaus unsicher war, half die Kaste sowohl den Schwachen als auch den Starken, sich an einer festgelegten gesellschaftlichen Struktur zu orientieren. Obwohl die Kaste die bestehenden Herrschafts- und Besitzverhältnisse zementierte, bot sie auch den Armen Sicherheit, denn niedrig gestellte Menschen konnten darauf vertrauen, durch die Bande gegenseitiger Verpflichtung Unterstützung aus den eigenen Reihen zu bekommen.

Im 20. Jh. bekämpfte der indische Führer Mohandas (genannt Mahatma) GANDHI die mit dem Kastenwesen natürlich auch verbundenen Nachteile. Für die Unberührbaren prägte er den Begriff Haridschans oder Kinder Gottes. Nach der Verfassung, die mit der Unabhängigkeitserklärung Indiens 1947 in Kraft trat, ist es für Angehörige hoher Kasten ungesetzlich, die Rangniedrigeren zu diskriminieren, und seit den 70er-Jahren arbeitet die Regierung an einem Ausgleich der ererbten sozialen Nachteile. Doch nach

wie vor stammen die reichsten und mächtigsten Einwohner Indiens vorrangig aus den oberen Schichten der regionalen Kastenhierarchien, während die ärmsten Bevölkerungsschichten Mitglieder der verachteten niedrigsten Kasten sind.

Kastilien, früheres Königreich in Nordspanien, das seinen Namen von den zahlreichen Burgen ableitet, die im 10. Jh. in der gesamten Region errichtet wurden. In den politischen Wirren des frühen Mittelalters wechselten sich Bündnisse mit den spanischen MAUREN und Expansionen in deren Gebiete ab, besonders unter Alfons VI. und Alfons VII. Das kulturelle Leben Kastiliens erblühte unter ALFONS X. im 13. Jh. Auf seine Regierungszeit folgte eine Periode schwacher Herrscher und innerer Unruhen. Durch die Heirat ISABELLAS I. von Kastilien und FERDINANDS II. von Aragón im Jahr 1469 wurden die beiden größten Königreiche Spaniens vereint.

Katakomben, unterirdische Gänge und Kammern im frühchristlichen ROM, in denen Tote bestattet wurden. In den Katakomben feierte die christliche Gemeinschaft die Gedenktage der Märtyrer, die dort ihre letzte Ruhestätte gefunden hatten. Bekannt sind 40 Kammern, die in das Tuffgestein außerhalb der Stadtgrenzen des alten Rom gegraben wurden. Die bei der Plünderung Roms durch die Westgoten und WANDALEN ausgeräuberten Grabstätten waren bis zu ihrer Wiederentdeckung im 16. Jh. fast vergessen.

Katalonien, eine halbautonome Region im Nordosten Spaniens mit der ihr eigenen Kultur und Sprache. Ihren Mittelpunkt bildet die Stadt Barcelona. Katalonien war eine römische Kolonie, bis die Westgoten das Gebiet im 5. Jh. überrannten. Ab 874 wurde es unter den Grafen von Barcelona ein unabhängiges Land und durch Heirat 1137 mit ARAGÓN und 1469 mit KASTILIEN vereinigt. Zu Aufständen der Katalanen, die stets offen für separatistische Bestrebungen waren, kam es 1462–72 und nochmals 1640 bis 1652, als sie Hilfe bei Frankreich suchten.

Weil sie im SPANISCHEN ERBFOLGEKRIEG den österreichischen Kandidaten unterstützten, hatten sie nach dem Sieg der BOURBONEN unter politischen Repressalien zu leiden. Obwohl Katalonien 1932 die Unabhängigkeit erlangte, war der lang ersehnte Status der Republik nur von kurzer Dauer. Er wurde bereits 1939 nach dem SPANISCHEN BÜRGERKRIEG aufgehoben, in dem Katalonien zum Teil die Royalisten unterstützt hatte.

Unter Francisco FRANCO wurde der Gebrauch des Katalanischen, der traditionellen Sprache Kataloniens, Andorras und der Balearen, in Verwaltung und Schulwesen verboten. Seit der Wiedereinsetzung der Monarchie gewann diese romanische Sprache, die dem Provençal ähnlich ist, in der Kultur wieder an Einfluss. So garantiert die spanische Verfassung von 1978 die Gleichstellung des Katalanischen und des Kastilischen – ein Ziel, das in der Region Katalonien bereits weitgehend erfüllt wurde.

Nach der Vereinigung Kataloniens mit Aragón 1137 wurden katalanische Kaufleute Rivalen der Genueser und Venezianer und dehnten den Machtbereich des Hauses Aragón im Mittelmeerraum aus. Der Niedergang Kataloniens begann mit der Vereinigung von Aragón und Kastilien.

Katharer, Mitglieder einer ketzerischen Sekte, die aus BULGARIEN stammte und sich um 1140 in Westeuropa verbreitete. Im Süden Frankreichs wurden die Anhänger dieser christlichen Irrlehre auch ALBIGENSER genannt. Die Katharer erstrebten ein Leben der moralischen Vollkommenheit und leiteten ihren Namen vom griechischen Wort *katharos*, rein, ab. Sie waren der festen Überzeugung, dass es neben Gott – da er durch und durch gut ist – einen anderen Schöpfer geben müsse, eine teuflische Macht, die für das Böse in der Welt verantwortlich wäre. Sie betrachteten die materielle Welt als hoffnungslos schlecht, verachteten den menschlichen Körper und seine Bedürfnisse, lehnten die Ehe ab und bewunderten Selbst-

Aller weltlichen Güter beraubt, die sie nach eigenem Verständnis verachteten, wurden die Katharer oder Albigenser im 12. Jh. aus Carcassonne vertrieben.

mord durch Verhungern. Nur einige wenige, die so genannten *perfecti*, die Vollkommenen, konnten ein reines Leben erreichen. Alle übrigen, die Gläubigen, durften nach eigenem Dafürhalten leben. Ihr Seelenheil war ihnen gewiss, wenn ihnen kurz vor dem Tod das *consolamentum*, eine Art Firmung, zuteil wurde. Diese Zeremonie wurde möglichst lange hinausgezögert, um die Möglichkeit auszuschließen, dass der Empfänger vor seinem Tod – wenn auch unabsichtlich – noch einmal sündigte.

Katharina I. (um 1684–1727), Mätresse und zweite Gemahlin PETERS DES GROSSEN und 1725–27 Zarin von Russland. Nach dem Tod Peters wurde Katharina, einst eine litauische Magd, zur Herrscherin ausgerufen. Unterstützt wurde ihre Regentschaft durch Alexander Menschikow, den engsten Freund und Berater ihres Gemahls, und die Regimenter der königlichen Garden. Menschikow, der sich bei seiner Arbeit des Staatsrats bediente, galt als eigentliches Haupt der Regierung. Mit dem Tod Katharinas wurde er jedoch gestürzt.

Katharina II. die Große (1729–96), Kaiserin von RUSSLAND, die ab 1762, dem Todesjahr ihres Gemahls Peters II., 34 Jahre lang regierte. Als deutsche Prinzessin Sophie von Anhalt-Zerbst heiratete Katharina 1745 den künftigen Zaren. Sechs Monate nach seiner Thronbesteigung wurde er – vermutlich von Katharinas Geliebtem Alexej Orlow – ermordet, und Katharina ließ sich mithilfe der königlichen Garderegimenter von St. Petersburg zur Zarin ausrufen.

Die sowohl intelligente wie ehrgeizige Frau führte einen Briefwechsel mit VOLTAIRE und betrachtete sich als Anhängerin der AUFKLÄRUNG. Mit ihrer viel gepriesenen gesetzgebenden Kommission, die die Lebenssituation der bäuerlichen Massen verbessern sollte, erreichte sie jedoch nur wenig. Als schlagkräftiger erwies sich ihre Charta für den Adel aus dem Jahr 1785, mit deren Hilfe nicht nur die Privilegien der Aristokratie gewahrt, sondern auch die Leibeigenschaft ausgedehnt und verschärft wurde.

Ihre größten Erfolge erzielte Katharina jedoch ohne Zweifel auf außenpolitischem Gebiet. Mit Unterstützung Alexander Suworows und Grigorij POTEMKINS – übrigens dem einzigen ihrer zahllosen Geliebten, dem sie Einfluss auf ihre Entscheidungen zugestand – erhielt sie große Teile POLENS, nahm im ersten Türkenkrieg Azow ein und annektierte die Halbinsel Krim und die gesamte Nordküste des Schwarzen Meeres. Katharina gelang es auf diese Weise, die Stellung Russlands als europäische Großmacht zu festigen, und machte den Petersburger Hof zu einem der kulturellen Brennpunkte im Europa des 18. Jh.

Katholische Kirche, die weltweit größte Glaubensgemeinschaft der christlichen Kirche mit ungefähr 90 Mio. Mitgliedern. Die römisch-katholische Kirche steht unter der Lehr- und Leitungsgewalt des Papstes sowie seiner Hierarchie von Kardinälen und Bischöfen. Als Bischof von Rom wird der Papst als direkter Nachfolger des Apostelfürsten Petrus angesehen. Zu den Hauptunterschieden zwischen der katholischen Kirche und anderen christlichen Konfessionen zählt der Anspruch der Unfehlbarkeit des Papstes. Danach hat der Papst das Recht, Auseinandersetzungen über wichtige Punkte der Glaubenslehre ohne Beratung mit anderen Bischöfen oder Kirchen zu entscheiden. Auch besteht die katholische Kirche nach wie vor auf dem Zölibat der Priester.

In den ersten christlichen Jahrhunderten nahm die Rolle des Bischofs von Rom insbesondere in Westeuropa stetig an Bedeutung zu. Die mangelnde Übereinstimmung über das tatsächliche Ausmaß der päpstlichen Autorität innerhalb der Kirche führte 1054 zur Abtrennung der ORTHODOXEN KIRCHE.

Während der REFORMATION im 16. Jh. kristallisierte sich die Protestantische Kirche als eigenständige Institution heraus. Zu dieser Zeit setzte sich die Bezeichnung römisch-katholische Kirche durch. Sie wurde zunächst von den Protestanten verwendet, um zum Ausdruck zu bringen, dass die katholische Kirche nur einen Zweig der christlichen Kirche darstellte. Der Begriff fand jedoch auch bei vielen Katholiken Anklang, denn er bestätigte den Primat des Papstes über die Christen. Papst Pius X. widersetzte sich Anfang des 20. Jh. allen Modernisierungsversuchen, doch wurde auf dem Zweiten Vatikanischen Konzil 1962–65 die Verwendung der Volkssprache statt des Lateins in die Liturgie eingeführt und eine Reform der kirchlichen Lehre und Struktur in Angriff genommen. Papst JOHANNES PAUL II. vertiefte ab 1978 die freundschaftlichen Beziehungen zwischen der katholischen und der orthodoxen sowie der protestantischen Kirche und pflegte auch mit anderen Glaubensgemeinschaften Austausch.

Katyn, Massaker von, Massenhinrichtung polnischer Offiziere im Wald von Katyn bei Smolensk in Westrussland während des Zweiten Weltkriegs. Als die Sowjetunion 1939 in der Zeit der deutsch-sowjetischen Zusammenarbeit die Osthälfte Polens

Katharina II. die Große war eine unersättliche Frau, die nicht nur einer Reihe von Liebhabern zum Schicksal wurde, sondern auch das zahlreicher Nachbarländer prägte.

besetzte, gerieten Tausende von Polen in russische Gefangenschaft. Als die polnische Exilregierung später Aufklärung über den Verbleib der Kriegsgefangenen forderte, behauptete die sowjetische Führung, diese seien in die Mandschurei geflüchtet und unauffindbar. Am 13. April 1943 entdeckte die deutsche Armee jedoch die Massengräber

Deutsche Offiziere stehen an einem 1943 in Katyn entdeckten Massengrab. Erst 1990 gaben die Sowjets zu, dass Jossif Stalin ein Wiederaufleben des Nationalismus in Polen befürchtet hatte und tausende polnischer Offiziere von seiner Geheimpolizei ermorden ließ.

Kavaliere, Parlament der (1661–79), das erste Parlament in der Regierungszeit KARLS I. von England, als LANGES PARLAMENT der Restauration bekannt. Das ursprünglich vom König ausgewählte Parlament bestand zunächst aus 100 anglikanischen Royalisten. Seine Anfangszeit war von den scharfen Gesetzen gegen Katholiken und protestantische Dissidenten geprägt.

Da das Parlament immerhin 18 Jahre bestand, konnten seine Mitglieder erheblichen Einfluss auf die Regierungspolitik nehmen. Als sich die Zusammensetzung des Parlaments veränderte und die Zahl der Königstreuen zurückging, erschien dem Unterhaus die königliche Politik in einem zunehmend kritischer werdenden Licht.

Keitel, Wilhelm (1882–1946), deutscher Generalfeldmarschall im Zweiten Weltkrieg. Als Stabschef des Oberkommandos der deutschen Wehrmacht von 1938 bis 1945 war er an der Leitung der meisten Feldzüge des DRITTEN REICHES beteiligt. Er war der wichtigste Militärberater HITLERS und weitgehend für die Repressalien der Wehrmacht in besetzten Gebieten verantwortlich. Am 8. Mai 1945 unterzeichnete er die KAPITULATION Deutschlands. Er wurde in Nürnberg als Kriegsverbrecher vor Gericht gestellt und zum Tod verurteilt.

Kelten, europäische Volksstämme mit gemeinsamen kulturellen und sprachlichen Merkmalen. Man nimmt an, dass die Kelten im 14. Jh. v. Chr. aus dem Gebiet der oberen Donau kamen. Ab 800 v. Chr. breiteten sie

von 4443 polnischen Offizieren. Die Opfer waren von hinten erschossen worden. Sowjetische Beschuldigungen, ihre Gefangenen seien von der einfallenden deutschen Armee getötet worden, wurden widerlegt, doch bis 1990 leugnete die sowjetische Regierung jegliche Verantwortung für das Massaker von Katyn. Das Schicksal der übrigen vermissten Gefangenen wurde nie geklärt.

Kaunda, Kenneth (*1924), erster Präsident der in Jahr 1964 gegründeten Republik SAMBIA. Kaunda war von Beruf Lehrer und wurde 1949 Mitglied des AFRICAN NATIONAL CONGRESS ANC. Als Anführer des gewaltlosen Widerstands gegen die britischen Pläne zur Gründung einer Zentralafrikanischen Föderation, die aus Nordrhodesien, Südrhodesien, dem heutigen SIMBABWE, und Njassaland, dem heutigen Malawi, bestehen sollte, wurde er von den Briten verhaftet.

Nach seiner Freilassung im Jahr 1960 wurde Kaunda zum Präsidenten der United National Independence Party gewählt, die Nordrhodesien 1964 in die Unabhängigkeit führte. Streitigkeiten zwischen den einzelnen Volksgruppen, die Konflikte in Rhodesien und Angola sowie der Zusammenbruch der Kupferpreise prägten die ersten Jahre der jungen Republik. Zunehmende Unruhen veranlassten den sambischen Präsidenten Kaunda 1971, einen Einparteienstaat einzuführen. 1976 übernahm er Notstandsvollmachten. Wegen der Politik der APARTHEID Südafrikas forderte er Sanktionen gegen dieses Land und beteiligte sich trotz großer Probleme für die Wirtschaft Sambias an der wirtschaftlichen Blockade des früheren Südrhodesien. Kaunda wurde 1978 und 1983 wieder gewählt. Angesichts regierungsfeindlicher Demonstrationen legalisierte er 1990 die Oppositionsparteien, doch verlor er die Wahlen von 1991 und wurde durch Frederick Chiluba ersetzt.

Kaunitz, Wenzel Anton Graf (1711–94), österreichischer Politiker. 1753–92 war er Staatskanzler und leitete unter Kaiserin MARIA THERESIA und Kaiser JOSEPH II. die habsburgische Außenpolitik. Sein Leben lang blieb er ein Feind PREUSSENS. Seine größte diplomatische Leistung vollbrachte er 1756/57, als er beim Ausbruch des SIEBENJÄHRIGEN KRIEGES ein Bündnis Österreichs mit Frankreich und Russland schloss und damit die traditionellen europäischen Allianzen umkehrte. Die Verbündeten konnten FRIEDRICH II. DEN GROSSEN zwar nicht bezwingen, doch war Kaunitz als Unterhändler maßgeblich am Frieden von Paris beteiligt, der den Krieg 1763 beendete. Sein Allianzsystem wurde von der FRANZÖSISCHEN REVOLUTION zerschlagen und 1792 schied er aus seinem Amt aus.

Kavaliere, Anhänger König KARLS I. im ENGLISCHEN BÜRGERKRIEG 1642–51. Die von ihrer Loyalität zur Krone und der ANGLIKANISCHEN KIRCHE bestimmte Partei der Kavaliere rekrutierte sich vorwiegend aus Landadel und Grundbesitzern. Ihre politischen Gegner waren die puritanischen RUNDKÖPFE. Die Restauration von 1660 brachte die Royalisten wieder an die Macht.

Trotz ihrer Eleganz bewiesen die königstreuen Kavaliere in der Schlacht, dass sie mutig und tapfer zu kämpfen verstanden.

Die kunstvollen Verzierungen der Pergamentseiten des *Book of Kells* zeugen von Geschick und Frömmigkeit der keltischen Mönche.

sich bis Galatien in Kleinasien, Gallien (dem heutigen Frankreich), Norditalien, Galizien, Nordspanien und den britischen Inseln aus. 390 v. Chr. plünderten sie ROM und etwa ein Jahrhundert später DELPHI.

Die Kelten waren talentierte Handwerker und mutige Kämpfer, doch fehlte ihnen der notwendige politische Zusammenhalt, um dem wachsenden Druck Roms und der germanischen Volksstämme standhalten zu können. Bereits im ersten Jahrtausend hatte man sie in entlegene Gebiete Europas zurückgedrängt, so etwa in die Bretagne, nach Wales und Irland, wo sich keltische Dialekte und Kultur bis heute bewahren konnten.

Kenia, ostafrikanischer Staat, der 1963 die Unabhängigkeit erlangte. Bis zum Ende des 16. Jh. hatten die Portugiesen große Teile Kenias unter ihre Herrschaft gebracht. Über das Landesinnere war damals kaum etwas bekannt. Im 18. Jh. zogen die Massai, ein Nomadenvolk, nach Kenia. Sie wurden im 19. Jh. jedoch weitgehend von den Kikuyu verdrängt, einem bäuerlichen Volk, das sich von Süden her ausbreitete. Europäische Missionare gelangten erst um 1840 ins Landesinnere. 1886 teilten die Regierungen Großbritanniens, Frankreichs und Deutschlands den Osten Afrikas in Einflussgebiete auf, wobei der größte Teil des heutigen Kenia an Großbritannien fiel und ab 1895 als Ostafrika-Protektorat bezeichnet wurde.

Ab 1903, nach der Fertigstellung der Ugandabahn, die von der Küste bis zum Viktoriasee weit im Westen führt, begannen sich

Europäer im Hochland von Kenia verstärkt als Großfarmer anzusiedeln. 1920 wurde das Ostafrika-Protektorat in die Kronkolonie Kenia umgewandelt, während ein vom Sultan von Sansibar gepachteter Küstenstreifen zum Protektorat Kenia wurde.

In den 20er-Jahren entwickelten sich parallel zur zunehmenden Einwanderung aus Großbritannien afrikanische politische Bewegungen. 1944 wurde Kenia das erste ostafrikanische Land, in dem ein Afrikaner dem Legislativrat angehörte. 1951 gab es dort bereits acht afrikanische Sitze. Der Nationalismus der Kikuyu nahm ständig zu und gipfelte 1952–57 im Mau-Mau-Aufstand gegen die britische Kolonialregierung. Mehrere Führer der Nationalisten, darunter Jomo KENYATTA, wurden verhaftet. Dennoch ließ sich die politische Emanzipation nicht lange aufhalten. 1960 gab es eine afrikanische Mehrheit im Legislativrat und die Kenya African National Union (KANU) sowie die Kenya African Democratic Union (KADU) bildeten 1962 eine Koalitionsregierung.

Im Mai 1963 erhielt Kenia eine eigenverantwortliche Regierung mit Kenyatta als Premierminister. Die volle Unabhängigkeit wurde im Dezember erklärt, als auch Sansibar seine Hoheitsrechte über das Protektorat Kenia aufgab. Im Jahr darauf wurde Kenia zur Republik und Kenyatta übernahm als Staatspräsident die Regierung. Nach seinem Tod 1978 erreichte der wachsende Widerstand gegen seinen Nachfolger Daniel arap Moi 1982 seinen Höhepunkt in einem blutigen Putschversuch. Die Wahlen von 1983 führten zunächst zu stabilen Verhältnissen, doch war Moi nach wie vor Präsident einer zunehmend korrupten und autokratischen Regierung. Auf Druck des von westlichen Ländern unterstützten Forum for the Restoration of Democracy (FORD) machte Moi im Dezember 1991 widerstrebend der Einparteienpolitik ein Ende. Trotz anhaltender politischer Kontroversen gewährten die Geberländer 1994 eine Hilfe von mehr als 800 Mio. Dollar, behielten sich in den folgenden Jahren jedoch vor, die Kredittranchen auszusetzen.

Kennedy, John Fitzgerald (1917 bis 1963), Präsident der USA und das vierte im Amt ermordete nordamerikanische Staatsoberhaupt. Nachdem er im Zweiten Weltkrieg in der Marine gedient hatte, wurde der Demokrat Kennedy Mitglied des Repräsentantenhauses und anschließend Senator. 1953 heiratete er Jacqueline Lee Bouvier. 1960 zum Präsidentschaftskandidaten der Demokraten nominiert, besiegte er Vizepräsident Richard NIXON mit der knappsten Mehrheit, die es seit 1884 in einer Präsidentschaftswahl gegeben hatte. John F. Kennedy war der jüngste Präsident aller Zeiten und der erste Katholik in diesem Amt.

Als Präsident weckte Kennedy Hoffnung und Begeisterung und war sowohl in Amerika wie auch im Ausland ungemein beliebt. 1961 begründete er die Allianz für den Fortschritt, die Lateinamerika Wirtschaftshilfe bieten sollte. Im Kongress fand er Unterstützung für seine Entwicklungshilfeprogramme und sein Ziel, innerhalb von zehn Jahren einen Menschen auf dem Mond landen zu lassen. Nur zögernd nahm der Kongress jedoch sein Programm zur Bürgerrechtsfrage und Sozialreform an – der Gedanke an einen Aufbruch zu neuen Grenzen fand zunächst wenig Beifall.

In der Außenpolitik hatte der Präsident mit dem Fiasko in der SCHWEINEBUCHT zu kämpfen – die KUBA-KRISE brachte die Welt 1962 an den Rand eines Atomkriegs. Im Jahr darauf wurde mit seiner Unterstützung ein TESTSTOPPABKOMMEN zwischen den USA, der UdSSR und Großbritannien abgeschlossen. John F. Kennedy engagierte sich zunehmend auch in VIETNAM und entsandte immer mehr amerikanische Militärberater nach Südostasien.

Am 22. November 1963 wurde Kennedy bei einem Besuch in Dallas, Texas, ermordet. Die von seinem Nachfolger Lyndon B. JOHNSON eingesetzte Warren-Kommission kam zu dem Schluss, dass er von Lee Harvey Oswald im Alleingang erschossen worden sei – ein Ergebnis, das angesichts der unklaren Beweislage jedoch als zweifelhaft erscheint.

Unermüdlich kämpften John F. Kennedy, der Präsidenschaftskandidat der Demokraten, und seine Frau Jackie im Wahljahr 1960 um die Gunst des amerikanischen Volkes.

John. F. Kennedy kam aus einer bekannten, in der Politik engagierten Familie. Sein Bruder Robert F. Kennedy war als Justizminister ein wichtiges Mitglied der Regierung Kennedy. 1968 bewarb er sich um die Präsidentschaftskandidatur der Demokratischen Partei, wurde jedoch auf einer Wahlkampfreise in Kalifornien ermordet. Edward M. Kennedy, der Bruder von John und Robert, ist Senator und eine einflussreiche Persönlichkeit in der Demokratischen Partei.

Kenyatta, Jomo (1891–1978), Präsident KENIAS von 1964 bis zu seinem Tod. Jomo Kenyatta, der Sohn eines Kikuyubauern, wurde in einer Mission der Kirche von Schottland erzogen. Später trat er der Kikuyu Central Association bei, deren Ziel die Rückgewinnung des Kikuyulands von den weißen Siedlern war. Als Sekretär der Kenya Central Association reiste er 1928 nach England und kämpfte für Landreformen und politische Rechte der Afrikaner. Von 1932 bis 1946 lebte er in Großbritannien, kehrte dann jedoch nach Kenia zurück und wurde Präsident der Kenya African Union. 1953 wurde er verhaftet und der Anstiftung des Mau-Mau-Aufstands zur Abschaffung der britischen Herrschaft beschuldigt – ein Vorwurf, den er beharrlich abstritt. Während seines Gefängnisaufenthalts wählte man ihn zum Führer der Kenya African National Union (KANU). Kurz nach seiner Haftentlassung 1961 zog er ins Parlament ein und gewann bei der Wahl von 1963 einen entscheidenden Sieg für seine Partei. 1963 führte er sein Land in die Unabhängigkeit und wurde der erste Präsident Kenias. Mit seiner liberalen Politik und gesunden wirtschaftlichen Strategie machte er sich viele Freunde, doch verübelte man ihm das Verbot der Oppositionsparteien, das er 1969 erließ.

Kepler, Johannes (1571–1630), deutscher Astronom und Mathematiker, der in Prag bei dem dänischen Astronomen Tycho Brahe studierte. Nach Brahes Tod im Jahr 1601 wurde er sein Nachfolger als Kaiserlicher Mathematiker des Heiligen Römischen Reiches. Auch erbte er die von Brahe gesammelten astronomischen Daten, mit deren Hilfe er zu der Schlussfolgerung gelangte, dass sich die Erde und die Planeten auf elliptischen Bahnen um die Sonne bewegen. Dies war das erste der drei keplerschen Gesetze der Planetenbewegung, die zwischen 1609 und 1619 ausgearbeitet wurden. Keplers Beobachtungen dienten Isaac NEWTON als Grundlage für das Gravitationsgesetz.

Kerenskij, Aleksandr Fjodorowitsch (1881–1970), gemäßigter Sozialrevolutionär und Premierminister der provisorischen russischen Regierung in der Zeit von Juli bis Oktober 1917.

Jomo Kenyatta kehrte nach der Haftentlassung 1961 in seine Heimat Kenia zurück. Obwohl er seine Strafe bereits 1960 abgebüßt hatte, behielt man ihn noch weiterhin in Gewahrsam.

Nach Abschluss seines Studiums arbeitete Kerenskij als prominenter Anwalt und trat um 1905 der Sozialistischen Revolutionspartei bei. 1912 wurde er als Abgeordneter der Arbeiterpartei in die vierte DUMA gewählt. Nach dem Ausbruch der RUSSISCHEN REVOLUTION im Februar 1917 war er zunächst Justizminister, dann Kriegsminister in der provisorischen Regierung des Fürsten Lwow, dessen Nachfolge als Premierminister er im Juni 1917 antrat. Als die BOLSCHEWIKEN während der Oktoberrevolution die Macht ergriffen, konnte er entkommen und im Mai 1918 nach Paris fliehen. 1940 wanderte Kerenskij in die USA aus.

Kesselring, Albert (1885–1960), deutscher Generalfeldmarschall und einer der führenden Militärstrategen HITLERS. Kesselring leitete die Luftangriffe auf Polen 1939 und Frankreich 1940. Seine Angriffe auf britische Flugplätze, die dem Ziel dienten, die Royal Air Force vor einer deutschen Invasion zu zerstören, standen kurz vor dem Erfolg, als Hermann GÖRING im September 1940 entschied, stattdessen britische Städte zu bombardieren. Dies gab England Zeit, sich zu formieren und die deutsche Offensive abzuwehren. Kesselring war 1943–45 Oberbefehlshaber der deutschen Wehrmacht in Italien und 1945 an der Westfront. 1947 wurde er wegen Kriegsverbrechen in Italien zum Tod verurteilt. Später wandelte man das Urteil in lebenslängliche Haft um und 1952 wurde Kesselring freigelassen.

Ketzerei, Glaube oder Lehrmeinung, die von den Kirchenbehörden als Abweichung vom christlichen Glauben betrachtet wird. Wer sich im Mittelalter gegen die orthodoxe Lehre wandte, lief Gefahr, zum Ketzer erklärt zu werden.

Dies geschah bereits in den frühen Tagen der christlichen Kirche, als im 2. Jh. die Sekte der Gnostiker der Ketzerei beschuldigt wurde. Dasselbe Schicksal wiederfuhr den Lehren des ARIANISMUS und dem Glauben der NESTORIANER im 4. Jh. Im Konzil von NICÄA 787 verurteilte man die Ikonoklasten oder Bilderstürmer – Glaubensgemeinschaften, die die Verehrung von Bildern im kirchlichen Bereich ablehnten. Im frühen 13. Jh. führte die Verurteilung der ALBIGENSER in Südeuropa zu den Albigenserkriegen. Die Unzufriedenheit mit der strenggläubigen katholischen Lehre gab schließlich den Anlass zur Entstehung des PROTESTANTISMUS.

Im Mittelalter setzte die katholische Kirche 1232 mit der INQUISITION ein Tribunal ein, das der Abweichung vom wahren Glauben nachgehen sollte. Angeblichen Ketzern drohte die Strafe des Verbrennens, nachdem sie ihre Vergehen – oftmals durch den Einsatz von Foltermethoden – gestanden hatten.

Keynes, John Maynard (1883–1946), britischer Volkswirtschaftler, dessen Theorien die Wirtschaftspolitik ab etwa 1930 bis in die 60er-Jahre beherrschten. Im Ersten Weltkrieg arbeitete er im Schatzamt und war 1919 Wirtschaftsberater Lloyd Georges auf der Friedenskonferenz von Versailles. Aus Protest gegen die harten REPARATIONEN, die Deutschland aufgebürdet wurden, trat er zurück und erlangte mit seinem Buch *The Economic Consequences of the Peace* internationale Anerkennung. In diesem Werk sagte er den wirtschaftlichen Ruin Europas durch die Reparationsforderungen voraus. Sein einflussreichstes Werk, *Die allgemeine Theorie der Beschäftigung, des Zinses und des Geldes* (1936), schrieb er als Reaktion auf das Versagen der konventionellen Wirtschaftspolitik in der Weltwirtschaftskrise. Mit seinem Modell der Defizitfinanzierung bewirkte Keynes eine Neuorientierung wirtschaftlichen Denkens.

Dieses Modell sieht trotz mangelnder Deckungsmittel eine Erhöhung der Staatsausgaben vor, um auf diese Weise öffentliche Investitionen zu finanzieren und so zur Verringerung der Arbeitslosigkeit beizutragen. Ein Defizit im Staatshaushalt wird dabei bewusst in Kauf genommen.

Im Zweiten Weltkrieg spielte Keynes eine wichtige Rolle auf der KONFERENZ VON BRETTON WOODS im Jahr 1944. Dort wurde die Einrichtung des INTERNATIONALEN WÄHRUNGSFONDS und der WELTBANK be-

WUSSTEN SIE, DASS?

Als Kepler versuchte, die Theorie seines Lehrers Tycho Brahe zu bestätigen, dass sich die Sonne um die Erde bewegte, bewies er genau das Gegenteil.

schlossen. Seine Theorie einer Politik der Vollbeschäftigung beeinflusste in den Nachkriegsjahren zahlreiche Regierungen. In jüngerer Zeit wurde die Gültigkeit des Keynesianismus, der für eine Mischung aus Kapitalismus und Interventionismus eintritt, jedoch in Zweifel gezogen.

KGB, Geheimdienst der Sowjetunion, 1954 bis 1991 aktiv. Am Ende der Sowjetzeit hatte der KGB schätzungsweise 400 000 bis 700 000 Menschen in seinen Diensten. Die Aufgaben des Komitees für Staatssicherheit (KGB) umfassten den offenen und geheimen Nachrichtendienst sowie die Gegenspionage, den Schutz staatlicher und militärischer Geheimnisse, die Überwachung wichtiger Mitglieder der kommunistischen Partei, die Überwachung von Dissidenten und die Zensur. Der KGB wurde von der kommunistischen Partei beherrscht. Mit großem Erfolg unterwanderte er alle Geheimdienste der Welt. Im eigenen Land veranlasste er die Verbannung von Dissidenten wie Andrej Sacharow und Aleksandr Solschenizyn. Die politische Macht des KGB wurde deutlich, als 1982 Jurij Andropow, seit 1967 Leiter des KGB, zum sowjetischen Staatsoberhaupt ernannt wurde. Im August 1991 nahm Wladimir Kryuschow, damals Chef des KGB, an dem Putschversuch gegen Michail Gorbatschow teil. Der KGB wurde anschließend in seiner Macht beschnitten und 1992 endgültig abgeschafft. Seine Funktionen übernahmen der Außennachrichtendienst und der Bundessicherheitsdienst der Russischen Republik.

Khomeini, Ayatollah Ruholla (um 1900–89), Religions- und Staatsführer des IRAN 1979–89. Im Jahr 1950 wurde er zum Ayatollah ausgerufen, dem höchstrangigen Führer der SCHIITEN, einem Zweig des Islam. In der persischen Sprache bedeutet Ayatollah wunderbares Zeichen Gottes. Im Verlauf der regierungsfeindlichen Demonstrationen von 1963 sprach er sich gegen die Landreformen und Verwestlichung des Iran durch den Schah aus und verbrachte kurze Zeit im Gefängnis.

1964 wurde er ins Zwangsexil geschickt. Er lebte zunächst im IRAK, den er aber auf Anweisung Saddam HUSAINS verlassen musste. 1978 ließ er sich in Paris nieder und unternahm von dort aus alle Anstrengungen zum Sturz des Schahs.

Am 1. Februar 1979, zwei Wochen nachdem Mohammed Resa Schah Pahlevi den Iran verlassen hatte, kehrte Khomeini zurück und wurde von seinen Landsleuten begeistert aufgenommen. Man berief ihn zum religiösen Führer der iranischen Revolution und vier Tage später ernannte er eine Regierung. Durch eine Volksabstimmung im Dezember 1979 wurde eine neue Verfassung eingesetzt, die ihn zum politischen und religiösen Führer auf Lebenszeit machte. Er sorgte für eine kompromisslose Durchsetzung des islamischen Rechtes und erzwang die Rückkehr seines Volkes zur fundamentalistischen islamischen Tradition, wodurch sich viele der westlich orientierten Iraner gezwungen sahen, ihr Land zu verlassen. In der Zeit nach Khomeinis Machtübernahme wurde jegliche Opposition unterdrückt und die prowestliche Außenpolitik des Schahs aufgegeben. Im November 1979 billigte Khomeini die Stürmung der amerikanischen Botschaft in Teheran durch militante Iraner. Das war der Beginn der IRANISCHEN GEISELAFFÄRE. In der Hoffnung, Saddam Husain stürzen zu können, suchte er den IRAKISCH-IRANISCHEN KRIEG zu verlängern und nahm den 1988 von den VEREINTEN NATIONEN vermittelten Waffenstillstand nur mit tiefster Bitterkeit an. Ayatollah Khomeini unterstützte die islamische Revolution und Terroristengruppen im gesamten Nahen Osten.

In der heiligen Stadt Kum (Ghom), wo er bis zu seiner Verhaftung 1963 studiert und gelehrt hatte, wurde 1979 Khomeinis Rückkehr aus dem Exil gefeiert.

Kibbuz, Begriff für kollektive ländliche Siedlungen in ISRAEL. Das Wort Kibbuz stammt aus dem Hebräischen und bedeutet Versammlung. Alle Entscheidungen über den Betrieb eines Kibbuz werden gemeinschaftlich getroffen und Aufgaben wie Waschen, Kochen und Kinderbetreuung von allen Bewohnern erfüllt. Im Vordergrund der Arbeit steht weniger der persönliche Gewinn als vielmehr der Nutzen der Gemeinschaft. Der erste Kibbuz wurde 1909 in Deganya in PALÄSTINA von zionistischen Siedlern gegründet – teilweise als Experiment mit dem Hintergrund, eine sozialistische Lebensweise ausprobieren zu wollen.

Schon um 1950 spielten die Kibbuzim eine wichtige Rolle in der israelischen Wirtschaft und bestritten mit Agrarprodukten, die den oftmals nur wenig fruchtbaren Böden in harter Arbeit abgerungen wurden, mehr als ein Drittel der landwirtschaftlichen Produktion Israels. Heute betreiben die meisten Kibbuzim neben landwirtschaftlichen Betrieben auch Fabriken. In den rund 270 Siedlungen leben etwa 130 000 Israelis.

Kiew, Hauptstadt der UKRAINE. Die vermutlich im 6. oder 7. Jh. gegründete Stadt wird liebevoll als Mutter der russischen Städte bezeichnet. Vom 9. bis 13. Jh. war Kiew als Hauptstadt des Kiewer Reiches, aus dem später RUSSLAND und die Ukraine hervorgingen, ein führendes Kultur- und Handelszentrum Europas. Im Jahr 1240 wurde Kiew von den TATAREN zerstört und gelangte unter die Herrschaft Litauens, Polens und der KOSAKEN, bis sich im 17. Jh. die russische Herrschaft dort durchsetzte. In Kiew lag ursprünglich das Zentrum des orthodoxen christlichen Glaubens in Russland. Im orthodoxen Christentum gilt die Stadt als das Jerusalem Russlands.

Kinderarbeit, Erwerbstätigkeit von schulpflichtigen Kindern und Jugendlichen, die nicht im Einklang mit den gesetzlichen Schutzbestimmungen steht. Eine für alle Länder gültige Definition ist kaum zu geben, da die jeweils landestypischen gesellschaftlichen Faktoren zu berücksichtigen sind.

Mit dem Beginn der INDUSTRIELLEN REVOLUTION erhob sich allmählich die Sorge um das Wohl der Kinder, die oft unter gefährlichen Bedingungen in Fabriken und Bergwerken arbeiten mussten. Die ersten 1802 in Großbritannien erlassenen Gesetze über Kinderarbeit erwiesen sich als unwirksam, doch das Fabrikgesetz von 1833 bewirkte eine Begrenzung der Arbeitszeit für Kinder und sorgte für die Ernennung von Inspektoren. Später wurde die Kinderarbeit durch die Einführung der Schulpflicht wirksam begrenzt. Andere westeuropäische Länder schlossen sich an. Auch einige amerikanische Bundesstaaten verabschiedeten Ge-

Trotz der Verurteilung von Kinderarbeit durch die Vereinten Nationen gibt es in Asien – hier eine Aufnahme aus Pakistan – noch heute ungezählte Teppichfabriken, in denen Kinder stundenlang an den Webstühlen arbeiten und so zum Familieneinkommen beitragen.

setze zur Beschränkung der Kinderarbeit, doch konnten diese nicht immer durchgesetzt werden. In einigen Entwicklungsländern arbeiten Kinder noch heute für niedrigste Löhne viele Stunden am Tag in der Landwirtschaft, in Fabriken und Bergwerken – trotz der Verurteilung der Kinderarbeit durch die VEREINTEN NATIONEN.

Kinderkreuzzug, katastrophal endender Marsch ins Heilige Land, der die Gesellschaft des MITTELALTERS stark beeindruckte. Noch heute gilt der Kinderkreuzzug als überzeugendes Symbol für eine reine, wenn auch fehlgeleitete religiöse Begeisterung.

Von dem unorganisierten Haufen junger Bauern, die sich 1212 von Frankreich und Deutschland aus ins Heilige Land aufmachten und JERUSALEM von den Muslimen befreien wollten, kamen nur wenige dort an. Viele Teilnehmer endeten in der Sklaverei und beschlossen ihr Leben am Hof des Kalifen von Bagdad. Das deutsche Kontingent des Kinderkreuzzugs – manche Kinder waren gerade sechs Jahre alt – wurde von einem jungen Mann namens Nikolaus von Köln angeführt. Bei der Überquerung der Alpen begann sich der Kreuzzug aufzulösen. Mehrere tausend Anhänger blieben jedoch bei Nikolaus und erreichten Genua nachweislich am 25. August 1212. Was dann geschah, ist unklar. Einige setzten vermutlich den Weg nach Osten fort, die Mehrheit aber kehrte nach Norden zurück, wo sie zum Gespött der Leute wurden.

Kinderlähmung, akute Virusinfektion, die zu einer Entzündung des zentralen Nervensystems führen kann. Die Inkubationszeit beträgt 4–10 Tage. Die auch als Polio bezeichnete Krankheit verläuft gelegentlich mild, mit Fieber und Kopfschmerzen als

einzigen Symptomen. Ein schwerer Verlauf kann zu Lähmung oder Tod führen. Der erste Impfstoff gegen Kinderlähmung wurde um 1950 von dem Arzt Jonas E. Salk aus Pittsburgh entwickelt. Er enthielt ein mit Formalin abgetötetes Virus. Drei Jahre später benutzte Albert Bruce Sabin, ein Virologe aus Cincinnati, einen Impfstoff mit einem abgeschwächten Lebendvirus. Durch die Impfung ist das Auftreten von Kinderlähmung in Europa und Nordamerika während der letzten Jahrzehnte drastisch zurückgegangen – ein wahrhaft großer Erfolg der medizinischen Forschung.

Kinematographie, Verfahren zur Aufnahme und Wiedergabe bewegter Bilder. Um 1870 erfanden der britische Fotograf Eadweard Muybridge und der französische Physiologe Etienne-Jules Marey einen Apparat zum Fotografieren sich bewegender Menschen und Tiere. 1889 stellte Thomas EDISON eine Kinokamera her, die Bilder mit dem kurz zuvor entwickelten flexiblen Rollfilm aufzeichnete. Der erste Film wurde 1895 in Paris öffentlich vorgeführt, als die Brüder Lumière laufende Bilder mit einem Aufnahme- und Wiedergabegerät auf eine Leinwand warfen. Die ersten kommerziell hergestellten Tonfilme stammen aus dem Jahr 1926. Der Ton wurde aufgezeichnet und synchron zu den projizierten Bildern abgespielt. Später griff man zu magnetischen Aufzeichnungstechniken, die im Zweiten Weltkrieg entwickelt wurden.

King, Martin Luther (1929–68), Anführer der Bürgerrechtsbewegung in den USA. Als Geistlicher einer Baptistengemeinde in Montgomery, Alabama, wurde Martin Luther King 1955/56 in den USA berühmt, als er einen Boykott anführte, durch den die Rassentrennung in den Bussen der Stadt Montgomery beendet wurde. Später organisierte King die Southern Christan Leadership Conference, mit deren Hilfe sich die Bürgerrechtsbewegung in den gesamten USA verbreitete. 1963 organisierte King einen friedlichen Marsch zum Lincoln Memorial in Washington, an dem rund 200 000 Menschen teilnahmen. Hier hielt er seine berühmte Rede „Ich habe einen Traum …", in der

1955 wurde in den Städten der USA ein Massenimpfprogramm zur Bekämpfung der Kinderlähmung gestartet. Ähnliche Maßnahmen ergriff man auch in Europa.

er seiner Hoffnung auf ein von Rassenvorurteilen freies Amerika Ausdruck gab. 1964 wurde ihm der Friedensnobelpreis verliehen. Martin Luther King fiel am 4. April 1968 in Memphis, Tennessee, einem Anschlag von James Earl Ray zum Opfer.

Kipling, Rudyard (1865–1936), britischer Schriftsteller, der Gedichte, Kurzgeschichten und Romane schrieb, die seine Liebe zu INDIEN spiegelten. Sein Vater war Künstler und Kurator des Museums in Lahore. Nach seiner Erziehung in England ging Rudyard Kipling 1882 nach Indien zurück, wo er als Journalist tätig war. 1892 heiratete er die Amerikanerin Caroline Balastier und lebte zehn Jahre in Vermont. 1902 schließlich ließ er sich in England nieder. Ein Jahr zuvor erschien eines seiner Meisterwerke, der Roman *Kim*. Zu Kiplings bekanntesten Kinderbüchern zählen *Das Dschungelbuch* (1894) über den Wolfsjungen Mogli und *Unheimliche Geschichten* (1902). Kipling war der erste britische Schriftsteller, der im Jahr 1907 den NOBELPREIS für Literatur erhielt.

Kirchenstaat, Gebiete in Mittelitalien, die 756–1870 unter päpstlicher Oberhoheit standen. 321 erließ der Kaiser KONSTANTIN I. DER GROSSE ein Gesetz, das der Kirche Grundeigentum erlaubte. 754 überließen die FRANKEN dem Papst Landgebiete in Mittelitalien, womit sie die weltliche Macht des Papsttums festigten. Im hohen Mittelalter gelang es Innozenz III., den Landbesitz der Kirche zu vergrößern, und im 16. Jh. umfasste der Kirchenstaat Romagna, Ferrara, Ravenna, Teile der Toskana und Umbriens sowie Gebiete des Patrimonium Petri. Als die Päpste Anfang des 14. Jh. in Avignon residierten, begann der Kirchenstaat allmählich zu zerfallen. In den NAPOLEONISCHEN KRIEGEN wurde er von den Franzosen erobert, 1815 aber zurückgegeben und 1870 in das neue Königreich Italien eingegliedert. 1929 gewährte Italien den Gebieten um den Vatikan, der VATIKANSTADT, die päpstliche Souveränität.

Kissinger, Henry (*1923), amerikanischer Politiker. Kissinger war 1969–75 unter Präsident Richard NIXON Leiter des Nationalen Sicherheitsrats und übte von 1973 bis 1977 das Amt des Außenministers aus. Kissinger trug wesentlich zur Verbesserung der Beziehungen mit der SOWJETUNION bei, sodass 1969 der Vertrag über die Begrenzung strategischer Rüstung (SALT) abgeschlossen werden konnte. 1971 beteiligte er sich an einer Resolution über den indisch-pakistanischen Krieg und erreichte ein Jahr später eine Annäherung an das kommunistische CHINA. Kissinger war zunächst ein Befürworter des Vietnamkriegs, änderte dann aber seine Meinung und erreichte 1973 ein Ab-

Für sein Buch *Unheimliche Geschichten* fertigte Rudyard Kipling (rechts ein Porträt von 1899) eigenhändig Illustrationen an, darunter „das Elefantenkind", das weint, als ihm das Krokodil die Nase lang zieht.

kommen über den Abzug amerikanischer Truppen. Für diese Verhandlungen erhielt er den Friedensnobelpreis. Henry Kissinger bemühte sich auch aktiv um eine Lösung im israelisch-arabischen Krieg und stellte die diplomatischen Beziehungen zwischen den USA und Ägypten wieder her. Nach dem Rücktritt Nixons blieb er als Berater Gerald Fords im Amt.

Kitchener, Horatio Herbert (1850–1916), britischer Feldmarschall und Politiker, der den Titel Earl Kitchener of Khartoum and of Broome führte. 1896–98 war er Oberbefehlshaber der englisch-ägyptischen Armee im SUDAN. Durch seine Organisation des Nachschubs und den Einsatz von Maschinengewehren gelang ihm die Eroberung des Sudan – eine Tat, für die er zum Ritter geschlagen wurde. Ab 1900 war er Stabschef, dann Oberbefehlshaber im zweiten BUREN-

KRIEG, aus dem die Briten 1902 siegreich hervorgingen. Beim Ausbruch des Ersten Weltkriegs 1914 stand Kitchener in ägyptischen Diensten. Als Heeresminister organisierte er ein neues Freiwilligenheer und führte die allgemeine Wehrpflicht ein. 1916 war Kitchener auf dem Weg nach Russland, als sein Schiff vor der Insel Orkney von einer deutschen Mine versenkt wurde.

Kleopatra (69–30 v. Chr.), die Schlange des alten Nil, war von 51 v. Chr. bis zu ihrem Tod Königin von ÄGYPTEN. Sie war die siebte Herrscherin, die den Namen Kleopatra trug. Ihre Affären mit Julius CAESAR und ANTONIUS sorgten für Gesprächsstoff in der gesamten römischen Welt. Kleopatra erwies sich als eine so gefährliche Widersacherin ROMS, dass sie von ihren Feinden der Arroganz, der Zügellosigkeit und des Mordes beschuldigt wurde. In Wirklichkeit war sie eine gebildete und ehrgeizige Frau, die ihr Land klug regierte und die Provinzen wiederzugewinnen suchte, die Ägypten in PALÄSTINA und SYRIEN besessen hatte. Sie war die Erste ihres Geschlechts, die sich die Mühe gemacht hatte, Ägyptisch zu lernen – die Muttersprache der ursprünglich aus Makedonien stammenden Herrscherin war Griechisch.

51 v. Chr. regierte Kleopatra zusammen mit ihrem Bruder Ptolemäus XIII., mit dem sie sich vermählt hatte, als sie 18 und er zehn Jahre alt war. Doch Kleopatra überwarf sich bald mit Ptolemäus' Regentschaftsrat und verließ Alexandria. Sie kehrte erst zurück,

Mithilfe dieses Plakats aus dem Jahr 1914 ermunterte Kitchener 887 000 Freiwillige, sich zum Militärdienst zu melden.

als Julius Caesar anlässlich der Verfolgung seines Rivalen POMPEIUS in Alexandria eintraf. Es fiel ihr nicht schwer, Caesar zu überreden, in den Streit mit ihrem Bruder einzugreifen, zunächst als Fürsprecher, dann als Schlichter.

Als ihr Gatte im Alexandrinischen Krieg getötet wurde, heiratete Kleopatra ihren zweiten Bruder, Ptolemäus XIV. Der Vater ihres im Jahr 47 v. Chr. geborenen Sohnes Caesarion war jedoch Julius Caesar. Als Ptolemäus XIV. starb, benannte sie ihren Sohn unter dem Namen Ptolemäus XV. zum Mitregenten. Kleopatra begab sich zu Caesar nach Rom und blieb dort bis zu seiner Ermordung im Jahr 44 v. Chr. Rom bebte vor Entrüstung, als Julius Caesar im Tempel der Venus Genetrix eine goldene Statue der Göttin Venus aufstellen ließ, die für alle erkennbar die Züge seiner Geliebten Kleopatra trug.

42 v. Chr. bot sich Kleopatra erneut Gelegenheit, die Macht Roms zur Wiedergewinnung der verlorenen ägyptischen Provinzen zu nutzen. In Tarsus traf sie mit ANTONIUS zusammen, der gemeinsam mit Octavian, dem Großneffen Caesars und späteren AUGUSTUS, das Römische Reich regierte. Kleopatra begann ein Liebesverhältnis mit General Antonius, aus dem drei Kinder hervorgingen. Weil sich Antonius ihretwegen von Octavians Schwester scheiden ließ, erklärte Octavian Kleopatra 32 v. Chr. den Krieg. Nach der Niederlage in der Schlacht von Actium 31 v. Chr. floh sie mit Antonius nach Ägypten. Ein Jahr später beging das Paar Selbstmord. Kleopatra verabschiedete sich von dieser Welt, indem sie sich von einer Uräusschlange, einer ägyptischen Kobra, beißen ließ.

Klerk, Frederik de (*1936), südafrikanischer Präsident, der das APARTHEIDSYSTEM aufhob und der schwarzen Mehrheit der Bevölkerung zur Gleichberechtigung verhalf. Der in Johannesburg geborene de Klerk war als Anwalt tätig, bis er 1972 in die Politik wechselte. 1982 wurde er unter Präsident P. W. BOTHA Innenminister und in demselben Jahr Führer der National Party of Transvaal. Er befürwortete den Gedanken einer „begrenzten Teilung der Macht" zwischen den Rassen. Bei Antritt seiner Präsidentschaft im September 1989 setzte er es trotz der Opposition konservativer Gruppierungen und weißer Extremisten, die teilweise ver-

suchten, die Polizeikräfte auf ihre Seite zu bringen, durch, der farbigen Bevölkerung das Wahlrecht zu gewähren.

1990 ließ de Klerk Nelson MANDELA frei, den Führer des AFRICAN NATIONAL CONGRESS (ANC), und seine Regierung bereitete die Abschaffung der Apartheidgesetze vor. Er gründete eine Allparteien-Konvention für ein Demokratisches SÜDAFRIKA (Convention For a Democratic South Africa) und ging im März 1992 siegreich aus einem Volksentscheid zur Fortsetzung der Verhandlungen hervor. Im Jahr darauf wurde er zusammen mit Mandela mit dem Friedensnobelpreis ausgezeichnet. Nachdem der ANC im April 1994 die ersten freien gemischtrassigen Wahlen gewonnen hatte, wurde de Klerk zweiter Stellvertreter des Präsidenten Nelson Mandela. 1996 trat er von seinem Amt zurück und gründete eine Oppositionspartei.

Die Ruinen der Abtei von Rievaulx in Yorkshire sind nur ein Beispiel für die unterschiedlichen Formen religiösen Zusammenlebens, die sich im Lauf der Jahrtausende entwickelt haben.

Kloster, Zufluchtsort einer Gemeinschaft von Mönchen oder Nonnen, die ihr Leben der Meditation und dem Gebet widmen. BUDDHA war wohl der erste religiöse Führer, der im 6. Jh. v. Chr. einen Mönchsorden gründete. Im 2. Jh. v. Chr. lebten die Essener, eine jüdisch-messianische Sekte, in einer Klostergemeinschaft am Toten Meer. Das christliche Mönchstum hat seine Wurzeln im Ägypten des 4. Jh., als der heilige Pachomius in Tabennisi die erste Gemeinschaft gründete. Ab 330 verbreitete sich das christliche Mönchstum durch die Ordensregel des heiligen Basilius rasch in Osteuropa, während sich in Westeuropa ab dem 6. Jh. die Ordensregel

des heiligen BENEDIKT VON NURSIA durchsetzte. Im ISLAM entwickelte sich erst im 12. Jh. eine mönchische Organisation, als aus der Sekte der Sufi die Brüderschaften der Rifaiten und Malawiten hervorgingen.

Die großen Orden der europäischen Klöster erlebten ihre Blütezeit ab dem 10. Jh. Das 909 in Frankreich gegründete Mutterhaus CLUNY baute in fast ganz Europa eine Reihe von Klöstern, die alle dem mächtigen Abt von Cluny unterstellt waren. Auch der 1098 gegründete Orden der ZISTERZIENSER errichtete Klöster in ganz Europa, ebenso die Kartäuser und Gilbertiner. Als Zentren der Wallfahrt, der medizinischen Versorgung und Gelehrsamkeit spielten die Klöster eine wichtige Rolle im mittelalterlichen Leben. Die meisten Mönche waren als Chronisten oder Künstler ausgebildet und die Klosterbibliotheken beherbergten klassische Texte und kostbare Bibelhandschriften. Auf dem europäischen Festland wurde die Stellung der Klöster zwischen dem 14. und 15. Jh. von Kriegen, Epidemien und religiösen Spaltungen geschwächt, doch mit der Gründung von Orden wie der Gesellschaft Jesu, der JESUITEN, erlebten sie im 16. Jh. neuen Aufschwung. Die Jesuiten spielten in der GEGENREFORMATION eine wichtige Rolle und übten bis zur AUFKLÄRUNG im 18. Jh. großen Einfluss auf die Kirche im katholischen Westeuropa aus.

Berühmt waren die reich ausgestatteten mittelalterlichen Klosterbibliotheken, die in den protestantischen Ländern im Zug der Reformation, in den katholischen durch die Säkularisation von 1803 in öffentlichen Besitz übergingen. Zu den prächtigsten Bibliotheken zählen die von Admont, Melk, Waldsassen und Wiblingen.

Knossos, bedeutendste Stadt der MINOISCHEN KULTUR Kretas und Hauptstadt des legendären König Minos. Knossos erlebte seine Blütezeit von ungefähr 2000 v. Chr., als der ursprüngliche Palast erbaut wurde, bis 1400 v. Chr. Der Palast wurde wahrscheinlich durch ein Erdbeben um 1700 v. Chr. erheblich beschädigt.

Im 15. Jh. v. Chr. fiel Knossos unter die Herrschaft der Mykener und um 1370 v. Chr. wurde der letzte Palast zerstört. Knossos war nun keine Palaststadt mehr, doch blieb sie auch in der klassischen Zeit bis zur Plünderung durch die Römer in den Jahren 68/67 v. Chr. bewohnt.

Oben: In Knossos schmückt ein Delfinfresko das Gemach der Königin, rechts das königliche Treppenhaus.

Ab 1900 gruben britische Archäologen unter der Leitung von Sir Arthur Evans in Knossos. Der Thronsaal des Palastes und das Labyrinth konnten rekonstruiert werden, außerdem kamen farbenfrohe Fresken mit Prozessionen, Stierspielen und Delfinen zum Vorschein.

Knox, John (um 1505–72),

protestantischer schottischer Reformator und einer der Gründer der Kirche von SCHOTTLAND. Um 1540 trat Knox unter dem Einfluss George Wisharts zum PROTESTANTISMUS über. 1546 wurde der Prediger Wishart auf Befehl Kardinal Davin Beatons wegen KETZEREI verbrannt. Im Jahr darauf schloss sich der mittlerweile leidenschaftlich für den schottischen Protestantismus entbrannte Knox einer Gruppe von Verschwörern an, die sich nach der Ermordung Beatons im St. Andrew's Castle verschanzt hatten. Nach der Erstürmung des Schlosses durch die Franzosen wurde er gefangen genommen und zum Galeerensklaven gemacht. Nach seiner Freilassung 1549 ging er nach England und wurde 1551 Hofgeistlicher Eduards VI. Nach der Thronbesteigung der Katholikin MARIA I. 1553 floh Knox zunächst nach Frankfurt, dann nach Genf, wo er CALVIN traf.

Knox kehrte im Jahr 1559 nach Schottland zurück und nahm den Kampf gegen den Katholizismus auf. 1560 entsandte ELISABETH I. Soldaten, die die schottischen Protestanten unterstützen und die Absicht der Franzosen vereiteln sollten, die Königreiche von Schottland, England und Frankreich unter MARIA STUART und ihrem Gemahl FRANZ II. zu vereinen. Im August 1560 wurde der Protestantismus in Schottland zur Staatsreligion erklärt. Als Maria, Königin von Schottland, 1561 in ihre Heimat zurückkehrte, galten sie und Knox als erbitterte Gegner. 1567 erzwangen die protestantischen Adligen ihre Abdankung. Zu Knox' bedeutendsten Werken zählt die *Confession of Faith* und das *First Book of Discipline*, an dem er federführend beteiligt war.

Knut der Große (um 994–1035),

König von England, Dänemark und Norwegen und einer der mächtigsten Herrscher seiner Zeit in Europa. Als der dänische König Svend Gabelbart 1013 in England einfiel, begleitete ihn sein Sohn Knut, der nach dem Tod des Vaters 1014 König von England wurde. Anschließend machte er seine Rechte auf den dänischen Thron geltend und bestieg 1028 auch den Thron von Norwegen. Um gesetzliche und militärische Reformen in Angriff zu nehmen, griff Knut klugerweise auch auf dänische und englische Berater zurück.

Koalitionskriege (1792–1807),

Bezeichnung für die kriegerischen Auseinandersetzungen, die das revolutionäre und später von NAPOLEON I. beherrschte Frankreich gegen wechselnde Koalitionen der monarchischen Mächte Europas führte. Frankreich verfolgte zunächst das Ziel, die Errungenschaften der FRANZÖSISCHEN REVOLUTION zu sichern; unter der Herrschaft Napoleons stand jedoch bald die Eroberung der Vorherrschaft in Europa im Vordergrund. 1792–97 kämpfte Frankreich vor allem gegen Österreich und Preußen; 1799–1802 gegen Österreich, Großbritannien und Russland. Im dritten Koalitionskrieg zogen die Franzosen 1805 gegen Großbritannien, Russland, Österreich und Schweden ins Feld und 1806/07 dann gegen Preußen und Russland.

Koch, Robert (1843–1910),

Arzt und Bakteriologe, der die Grundlagen für die Erforschung der Mikroorganismen schuf. 1876 wies er den Verursacher des Milzbrands nach, 1882 den Tuberkelbazillus, 1883 den Choleraerreger. Um Infektionen wie die Malaria oder Schlafkrankheit erforschen zu können, begab er sich auf Reisen nach Afrika und Asien. 1891 übernahm Koch die Leitung des später nach ihm benannten Instituts für Infektionskrankheiten in Berlin. 1905 erhielt er den Nobelpreis für Medizin.

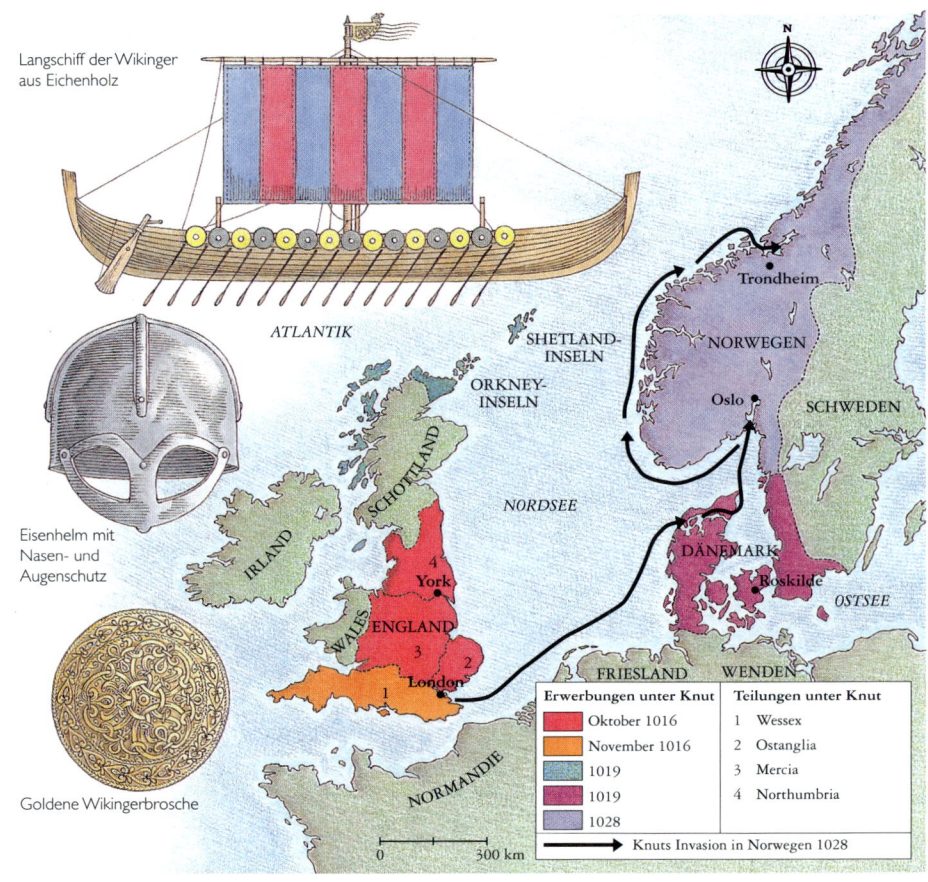

Das von Frömmigkeit und innerem Frieden geprägte Großreich Knuts des Großen entstand im frühen 11. Jh. und umfasste England, Dänemark und Norwegen.

Kohl, Helmut (*1930), Kanzler der Bundesrepublik Deutschland 1982–98. Nach dem Studium der Rechts-, Sozial- und Staatswissenschaften in Frankfurt und Heidelberg wurde er 1959 Landtagsabgeordneter und 1969 Ministerpräsident von Rheinland-Pfalz. 1973 wählte man ihn zum Bundesvorsitzenden der CHRISTLICH-DEMOKRATISCHEN UNION (CDU) und drei Jahre später zum Kanzlerkandidaten der CDU/CSU. Nachdem er die Wahl gegen Helmut SCHMIDT verloren hatte, führte er die CDU als Oppositionspartei. Mit dem Sturz der Regierung Schmidt 1982 wurde er Bundeskanzler. Im Jahr darauf gewann die von Kohl geführte Koalitionsregierung die Bundestagswahl. Nachdem er von dem Vorwurf entlastet wurde, er sei in einen Skandal um die Parteienfinanzierung verwickelt, wurde er 1987 wieder gewählt.

Als die SOWJETUNION 1989/90 ihre Kontrolle über Osteuropa aufgab, stimmte die Regierung Kohl der Aufnahme einer immer größeren Zahl von Flüchtlingen aus der DEUTSCHEN DEMOKRATISCHEN REPUBLIK zu. Zwei Monate nach der WIEDERVEREINIGUNG von Ost- und Westdeutschland im Oktober 1990 wurde Helmut Kohl zum ersten Kanzler des vereinigten Deutschland seit 1945 gewählt. Seine positive Einstellung zu den neuen Bundesländern konnte jedoch nicht verhindern, dass die Kosten der Wiedervereinigung und der Modernisierung Ostdeutschlands die Berechnungen seiner Finanz- und Wirtschaftsexperten bei weitem überstiegen. Ab 1992 führten die rasch ansteigende Arbeitslosigkeit im Osten, erhöhte Steuerbelastungen und der Zuzug von Aussiedlern und Asylbewerbern nach Deutschland dazu, dass Kohl in der Öffentlichkeit zunehmend kritisiert wurde. Zusätzliche Verdienste erwarb sich der Kanzler durch seine Bemühungen um ein geeintes Europa, das sich durch die Einführung des EURO 1999 auch währungspolitisch zu einer Einheit entwickelte.

Kolchose, in der SOWJETUNION durch den Zusammenschluss von Bauernhöfen entstandene landwirtschaftliche Großbetriebe mit genossenschaftlicher Organisation. Sie wurden ab 1917 auf freiwilliger Basis und nach 1929 unte STALIN zwangsweise zur Beseitigung bäuerlichen Privatbesitzes eingerichtet. Kolchosen erhielten staatseigenes Land zur Nutzung zugewiesen und bezogen die landwirtschaftlichen Geräte vom Staat. Als Ausgleich mussten sie ihre Produkte zu festgelegten Niedrigpreisen abgeben.

Kollektivierung, in der SOWJETUNION die Überführung privaten landwirtschaftlichen Grundbesitzes in Kollektivwirtschaften oder KOLCHOSEN mit einer Fläche von jeweils rund 6000 ha. Die von Jossif STALIN

Als Kanzler der deutschen Wiedervereinigung und Verfechter eines geeinten, starken Europa machte sich Helmut Kohl einen Namen.

durchgesetzte Politik der Kollektivierung wurde zunächst sehr streng verfolgt. Später überließ man den bäuerlichen Familien Felder zur Eigennutzung, doch blieben neun Zehntel der landwirtschaftlichen Nutzfläche kollektiv bewirtschaftet. Ende der 80er-Jahre machten die privat genutzten Flächen ungefähr 3 % der Nutzfläche des Landes aus, lieferten aber mehr als ein Viertel der gesamten landwirtschaftlichen Produktion der ehemaligen Sowjetunion. Nach dem Zusammenbruch des KOMMUNISMUS wurden die Kolchosen allmählich privatisiert.

Kolosseum siehe Seite 278

Kolping, Adolf (1813–65), katholischer Theologe und Sozialpädagoge. Als gelernter Schuhmachergeselle erkannte der Priester die Notwendigkeit der Betreuung und Bildung von Lehrlingen und Handwerksgesellen und rief in Köln zu diesem Zweck den Gesellenverein ins Leben. Aus dieser Institution entwickelte sich später das Internationale Kolpingwerk. Adolf Kolping, der auch als Volksschriftsteller tätig war, wurde 1991 selig gesprochen.

Kolumbien, Land im äußersten Nordwesten Südamerikas. Das vor der Eroberung durch die Spanier Anfang des 16. Jh. von den Chibcha und verschiedenen anderen Indianerstämmen besiedelte Land gehörte zunächst zum Vizekönigreich Peru. Anschließend wurde es gemeinsam mit Venezuela, Ekuador und Panama dem neuen Vizekönigtum Neugranada angegliedert, das in der ersten Hälfte des 18. Jh. entstand. Das Land blieb ein Vizekönigreich Spaniens, bis es 1819 im südamerikanischen Unabhängigkeitskampf von Simón BOLÍVAR befreit wurde. Aus den vier spanischen Provinzen Neugranadas entstand 1822 die Republik Großkolumbien, die allerdings schon acht Jahre später zerbrach. Hierauf folgte eine politisch unruhige, von Verfassungswechseln geprägte Zeit.

1863 erhielt das Land die neue Bezeichnung Vereinigte Staaten von Kolumbien. Die Auseinandersetzungen um die Verfassung gingen jedoch weiter. Die Souveränität der Mitgliedsstaaten wurde 1886 aufgehoben, als der Staat unter dem neuen Namen Republik Kolumbien das Präsidialsystem einführte. Zwischen den beiden großen politischen Lagern, den Liberalen und den Konservativen, kam es immer wieder zu blutigen Auseinandersetzungen. 1899–1901 bekämpften sich die beiden Parteien erbittert im Krieg der 1000 Tage. Zwischen 1948 und 1953 prallten sie erneut in einem Bürgerkrieg aufeinander, der etwa 200 000 Menschenleben forderte.

Bis heute ist das Andenland nicht zur Ruhe gekommen, obwohl Kolumbien inzwischen von der Diversifikation seiner Wirtschaft und erhöhten Auslandsinvestitionen profitiert. Ein 1993 erschlossenes Ölfeld gab der Wirtschaft Auftrieb, doch der Handel mit illegalen Drogen – man geht davon aus, dass Kolumbien ungefähr 80 % des Weltbedarfs an Kokain deckt – beherrscht die Innenpolitik und die Beziehungen zu den USA. Extremistische Guerillagruppen sowie rivalisierende Drogenkartelle stellen eine zusätzliche Belastung für das Land dar. Nach wie vor ist der überwiegende Teil des Landes in der Hand von Großgrundbesitzern. Die Kleinbauern suchen ihr Heil zunehmend in den Städten, wo bereits über 70% der Bevölkerung leben.

Kolumbus, Christoph siehe Seite 280/281

Komintern, Vereinigung mit dem Ziel der internationalen Verbreitung der kommunistischen Doktrin und damit der Weltrevolution. Die Komintern wurde im Jahr 1919 von Wladimir Iljitsch LENIN ins Leben gerufen. Den Vorsitz führte Grigori Sinowjew. Ein Jahr später fand in Moskau der zweite Weltkongress der Komintern statt, an dem Delegierte aus 37 Ländern teilnahmen. Hier legte Lenin 21 Punkte fest, die von allen Parteien den Ausschluss gemäßigter Ideologen und die Anpassung an sowjetische Vorbilder in Parteiaufbau und Disziplin verlangten. 1943 löste Jossif STALIN die Komintern auf, 1947 wurde sie jedoch in abgewandelter Form als Kominform wieder belebt. Das Kominform koordinierte bis zu seiner Auflösung im Jahr 1956 die Aktivitäten des europäischen KOMMUNISMUS.

Kommunikation siehe Seite 282/283

Gladiatorenkämpfe im Kolosseum

*Roms ehrwürdiges Amphitheater, dessen Besichtigung heute zum touristischen Pflichtprogramm gehört,
war zu Zeiten der römischen Kaiser Schauplatz ungezählter Gladiatorenkämpfe und Tierhetzen –
blutiger Veranstaltungen, die sich bei Kaiser und Volk gleichermaßen großer Beliebtheit erfreuten.*

Das Kolosseum in Rom ist selbst als Ruine noch das berühmteste aller erhaltenen römischen Bauwerke. In seiner Arena spielten sich Kämpfe um Leben und Tod ab – bejubelt von einer schaulustigen Menge.

Im Rom des ausgehenden 2. Jh. v. Chr. entwickelten sich die Gladiatorenkämpfe zu einem öffentlichen Spektakel. Bis auf dem Campus Martus ein erstes Amphitheater errichtet wurde, fanden die Kämpfe auf dem Forum statt. Nach dem Tod Neros im Jahr 68 tobte in Rom ein Bürgerkrieg, aus dem Vespasian siegreich hervorging. Um in der Gunst seiner Untertanen zu steigen, nahm er den Bau eines neuen Amphitheaters in Angriff – ein Vorhaben, das zehn Jahre dauern sollte.

Das Bauwerk war überaus großzügig geplant und hatte eine Breite von 190 m und eine Höhe von 50 m. Eröffnet wurde das Kolosseum 80 n. Chr., in der Regierungszeit von Vespasians Sohn Titus. Die Einweihungsspiele erstreckten sich über 100 Tage. Von den 10 000 Männern, die daran teilnahmen, fanden die meisten den Tod. Die Zuschauer saßen oder standen in viergeschossig angeordneten, ansteigenden Reihen. Die hochrangigsten Gäste belegten die vorderen Reihen, wo sich auch eine Loge für die kaiserliche Familie und ein Ehrenplatz für die sechs Vestalinnen – in Rom verehrte Priesterinnen – befand. Hinter und unterhalb der steinernen Geschosse verliefen Treppen und Gänge, die u. a. zu den Speiseräumen und Toiletten führten.

In der Arena fanden an bis zu 175 Tagen im Jahr Veranstaltungen statt. Neben den Gladiatorenkämpfen wurden den Zuschauern auch *venationes* geboten, Tierhetzen mit Löwen, Tigern, Bären, Flusspferden, Elefanten, Wildschweinen, Panthern, Leoparden, Straußen, Giraffen, wilden Stieren, Krokodilen, Hyänen und Wölfen. Die Gladiatoren waren zumeist Sklaven, bisweilen auch verurteilte Verbrecher und Kriegsgefangene. Unter ihnen fanden sich auch Freiwillige, die auf Ruhm und Reichtum hofften. Nach der Ausrüstung und den Waffen, die sie mit sich führten, teilte man die Gladiatoren in verschiedene Gruppen ein. So trugen die Thrakier einen breitrandigen Helm, einen runden Schild und ein gebogenes Messer, das als Sica bezeichnet wurde. Schwerer bewaffnet waren die Samniten oder *myrmillons*. Andere kämpften von Pferden und Streitwagen aus.

Entgegen der weit verbreiteten Meinung endeten nicht alle Kämpfe tödlich. Wenn freilich den wilden Tieren Kriegsgefangene und Verbrecher – darunter auch Christen – vorgeworfen wurden, war ihr Tod besiegelt. Mitunter brachte man Verbrecher auch um, indem man sie als lebende Fackel in eine pechgetränkte Tunika hüllte und anzündete.

Ein dreitägiges Programm im Kolosseum umfasste zwei Tage gemischter Gladiatorenkämpfe und Hetzen. Am dritten Tag wurde die Arena unter Wasser gesetzt – für eine Seeschlacht mit echten Schiffen, an der Tausende von Kämpfern beteiligt waren. Die letzten schriftlich belegten Spiele fanden im Jahr 523 im Kolosseum statt, ein Jahrhundert, nachdem man sie offiziell verboten hatte.

Durch 80 Bogentore konnten etwa 50 000 Zuschauer das ovale Kolosseum betreten, ohne stundenlang anstehen zu müssen.

Die zweite und dritte Arkadenreihe ist mit Götterstatuen ausgeschmückt.

Durch die Bogentore betraten die Zuschauer das Gebäude.

Riesige, an Masten befestigte Sonnensegel spendeten den Zuschauern Schatten.

Auf drei steinernen Geschossen gab es Sitzplätze, auf dem oberen Holzgeschoss Stehplätze.

Überdachte Gänge führten zu Speiseräumen und Toiletten.

Der Holzboden des Kolosseums war mit Sand bedeckt.

Unter der Arena lag ein Labyrinth aus Zellen, Tierkäfigen und Vorratskellern.

Die von Marx und Engels im *Kommunistischen Manifest* niedergelegten Ideen wurden von den Revolutionären Russlands in die Tat umgesetzt.

Kommunismus siehe Seite 284/285

Kommunistische Partei Chinas, 1921 gegründete politische Vereinigung, die sich zunächst an der SOWJETUNION orientierte. Das Interesse CHINAS an dem auf marxistischen Grundsätzen beruhenden KOMMUNISMUS wurde durch die RUSSISCHE REVOLUTION von 1917 geweckt. Im Juli 1921 erfolgte auf einem Kongress in Shanghai die Gründung der chinesischen Kommunistischen Partei. Unter den Gründungsmitgliedern waren Li Ta-chao, ein Bibliothekar der Universität von Beijing, und Ch'en Tu-hsiu. Auf Anweisung der KOMINTERN traten die Mitglieder der KPCh der nationalen chinesischen Volkspartei Guomindang bei und unterstützten deren Streben nach nationaler Unabhängigkeit

Gleichzeitig fand die KPCh in der bäuerlichen Bevölkerung Chinas eine revolutionäre Basis, auf die sie zurückgreifen konnte, nachdem sie 1927 durch die Säuberungsaktionen der Guomindang aus den Städten verdrängt worden war. 1931 errichtete die Partei in der Provinz Kiangsi im Süden Chinas die Chinesische Sowjetrepublik. Als diese in die Hände der Truppen CHIANG-KAI-SHEKS fiel, begann unter MAO ZEDONG der LANGE MARSCH nach Norden. 1936 kam es zu einem Waffenstillstand mit den Guomindang. Dieser hielt während der japanischen Invasion 1937 und während des Zweiten Weltkriegs an, 1945 brach der Bürgerkrieg jedoch erneut aus. Ihre militärische Stärke, verbunden mit der auf dem Land verwurzelten Organisation, verhalf der Partei zum Sieg. 1949 wurde eine Volksrepublik ausgerufen, die seitdem in China regiert. Im Chaos der KULTURREVOLUTION 1966–76 schien die Partei sich selbst vernichten zu wollen. Nach Maos Tod und dem Sturz der VIERERBANDE stabilisierte sich die Politik der KPCh unter DENG XIAOPING.

Kommunistische Partei Deutschlands (KPD), 1919 gegründete marxistische Partei, die für die Herrschaft der Arbeiterklasse in einer sozialistischen Räterepublik eintrat. 1933 wurde sie von den Nationalsozialisten verboten. Nach dem Zweiten Weltkrieg konstituierte sie sich im Juni 1945 zunächst als gesamtdeutsche Partei erneut. In der sowjetischen BESATZUNGSZONE wurde sie unter dem Einfluss der Sowjets zur führenden Partei und erzwang 1946 den Zusammenschluss mit der SPD zur Sozialistischen Deutschen Einheitspartei, der SED. Im Westen wurde die KPD 1956 als verfassungswidrig verboten; 1968 erfolgte die Gründung einer Nachfolgeorganisation, der Deutschen Kommunistischen Partei, kurz DKP genannt.

Kommunistisches Manifest, 1848 von Karl MARX und Friedrich ENGELS veröffentlichte politische Schrift. In einem gemeinsamen Programm für die Mobilisierung der arbeitenden Klasse schlug das Manifest die Brücke vom SOZIALISMUS zum KOMMUNISMUS. Mit dem Argument, die menschliche Geschichte sei eine Geschichte von Klassenkämpfen, und der Behauptung, das industrielle Proletariat werde schließlich eine klassenlose, vom Volkseigentum abgesicherte Gesellschaft errichten, beeinflusste das Werk die kommunistischen Bewegungen im gesamten 20. Jh.

Konfuzius (um 551–479 v. Chr.), chinesischer Philosoph, der auch unter dem Namen K'ung Ch'i oder K'ung-fu-tse bekannt ist. Seine von treuen Anhängern vermutlich nach seinem Tod zusammengestellten Lehren bildeten die Basis einer Lebensphilosophie, die im Fernen Osten Millionen von Anhängern fand. Als Minister im Staat Lu, dem heutigen Shantung, versuchte Konfuzius das frühere, in seinen Augen goldene Zeitalter der Chou-Dynastie wieder herzustellen. Seiner Lehre zufolge war die Erschaffung einer idealen Gesellschaft durch eine Harmonisierung der „fünf Beziehungen" möglich. Hierunter verstand er das Verhältnis zwischen Mann und Frau, Fürst und Staatsdiener, Vater und Sohn, älterem und jüngere Bruder, Freund und Feind. Danach muss der niedriger Stehende gehorchen, der höher Gestellte gerecht, aber gütig sein. Konfuzius gelang es zu Lebzeiten jedoch nicht, mit seiner Philosophie durchzudringen. Erst während der HAN-Dynastie, die 202 v. Chr.–220 n. Chr. währte, entwickelte sich seine Lehre zur Grundlage des Staatswesens und prägte die chinesische Sittenlehre. Die klassischen Werke und Kommentare des Konfuzius werden in CHINA bis zum heutigen Tag hochgehalten.

Kongress, gesetzgebende Körperschaft der amerikanischen Bundesregierung. Sie setzt sich aus zwei Häusern zusammen, dem REPRÄSENTANTENHAUS, der Volksvertretung, dessen Mitgliederzahl sich nach der Bevölkerung der Bundesstaaten richtet, und dem SENAT, der Staatenvertretung, in dem jeder Bundesstaat durch zwei Mitglieder vertreten ist. Die Amtszeit der Kongressabgeordneten beträgt zwei, die der Senatoren jedoch sechs Jahre.

Der Kongress sollte ursprünglich den Kurs der Bundesregierung bestimmen, doch als die Präsidentschaft eine immer wichtigere Rolle spielte, kam es zu Schwankungen im politischen Gleichgewicht zwischen Legislative und Exekutive. Heute wird ein großer Teil der eigentlichen Arbeit des Kongresses in ständigen Ausschüssen geleistet. Zum Aufgabenspektrum des Kongresses gehört neben der Einziehung von Steuern und Abgaben u. a. die Regulierung des Handels, die Kontrolle der Post und die Einrichtung von Bundesgerichten. Außerdem obliegt es dem Kongress, Vorkehrungen für die allgemeine Verteidigung zu treffen – beispielsweise Kriegserklärungen auszusprechen, die Aufstellung von Streitkräften zu veranlassen und für den Unterhalt der Marine zu sorgen.

Königgrätz, Schlacht bei (3. Juli 1866), Schlacht bei dem Dorf Sadowa in der Nähe von Königgrätz östlich von Prag. Durch diese Schlacht wurde der DEUTSCHE KRIEG beendet. Unter der Führung Helmuth von MOLTKES besiegten die PREUSSEN das österreichische Hauptheer unter Ludwig August von Benedek. Benedek übernahm die Verantwortung für die Niederlage und quittierte den Dienst.

Fortsetzung S. 282

Auch wenn es Konfuzius nicht gelang, das goldene Zeitalter Chinas wieder herzustellen, haben seine philosophischen Lehren seit über 2000 Jahren die chinesische Gesellschaft geprägt.

Christoph Kolumbus –
Aufbruch ans Ende der Welt

Am 12. Oktober 1492 ertönte auf den drei von Kolumbus befehligten Schiffen endlich der Ruf: „Land in Sicht!"
Am Horizont erschien die Küstenlinie der heute zu den Bahamas gehörenden Insel San Salvador –
ein Vorposten der Neuen Welt, deren Entdeckung einen tief greifenden Wandel mit sich bringen sollte.

Zwei Monate lang war eine kleine Schiffsflotte vom spanischen Palos aus nach Westen gesegelt, auf einer Fahrt, die bis dahin noch kein Seefahrer unternommen hatte. Fast schon hatte die Mannschaft die Hoffnung aufgegeben, jemals wieder Land zu sichten, und bereits einmal war es zu einer Meuterei gekommen. Die Schiffe trugen die Namen *Santa Maria, Niña* und *Pinta*. Ihr Befehlshaber war Christoph Kolumbus.

„Dann" – so das Logbuch der *Santa Maria* – „sahen sie nackte Menschen und der Admiral ging in einem kleinen, bewaffneten Boot an Land." Er stellte die spanische Fahne auf und nahm das ihm fremde Land für die Krone in Besitz. Im Glauben, er habe Ostindien erreicht, nannte er die Inselbewohner Indianer.

Auf der Weiterfahrt entdeckte Kolumbus eine weitere Insel, das heutige Kuba, dann die Insel Haiti, die er Hispaniola nannte, weil sie ihn an Spanien erinnerte. Am Heiligen Abend 1492 lief die *Santa Maria* auf Grund und konnte nicht wieder flottgemacht werden. Die beiden anderen Schiffe boten nicht genügend Platz für die zusätzlichen Besatzungsmitglieder. Kolumbus hielt dies für ein Zeichen Gottes und ließ 38 seiner Leute an Land zurück, wo er ein kleines Fort namens Navidad errichten ließ. Am 18. Januar 1493 trat Kolumbus die Heimfahrt an.

EIN EHRGEIZIGER KAPITÄN

Kolumbus wurde 1451 in Genua geboren, lebte aber später mit seinem Bruder Bartolomeo in Lissabon. Wie sein Bruder war er Kartenzeichner, doch hielten ihn die faszinierenden Entdeckungsreisen portugiesischer Seefahrer an der Küste Westafrikas nicht lange an Land. Mit etwas mehr als 30 Jahren war er selbst Kapitän.

Die Seefahrer der damaligen Zeit hatten das Ziel, die Südspitze Afrikas zu umrunden und von dort aus einen Seeweg nach Indien zu suchen, dem Land der Seidenstoffe und Gewürze. Kolumbus verfolgte jedoch einen weitaus wagemutigeren Plan. Wie damals jeder gebildete Mensch wusste er natürlich, dass die Erde die Gestalt einer Kugel hat.

Lissabon (oben) war der Stützpunkt der iberischen Entdeckungsreisen den. Zu den Schiffen, die dort lagen, gehörte auch das von Christoph Kolumbus (rechts).

Folgerichtig musste es seiner Meinung nach möglich sein, über den Atlantik nach Westen zu fahren und so die Handelsländer Indien, China und Japan zu erreichen. Der Geograph Paolo Toscanelli hatte die Entfernung mit 5600 km berechnet. Kolumbus war nicht der Einzige, der diese Idee hatte, doch ohne Zweifel war er der Beharrlichste.

Vergeblich versuchte er zunächst, den portugiesischen König Johann II. für seinen Plan zu gewinnen. Daraufhin wandte er sich an Ferdinand II. und Isabella I. von Spanien. Obwohl das Königspaar Zweifel an der Durchführbarkeit der Expedition hegte, entschloss es sich, Kolumbus zu unterstützen. Wenn Portugal Entdeckungsreisen finanzierte, warum nicht auch Spanien?

Als Kolumbus im März 1493 glücklich aus dem vermeintlichen Indien zurückkehrte, verliehen Ferdinand und Isabella ihm den Titel Admiral des Ozeans, Vize-

könig und Gouverneur der in Indien entdeckten Inseln. Doch Kolumbus' Ehrgeiz war damit nicht gestillt. Er suchte Unterstützung für eine zweite Entdeckungsreise, die ihn bis ins reiche China führen sollte.

Im Mai des Jahres 1493 bestätigte Papst Alexander VI. Ferdinand und Isabella das Besitzrecht an allen Landgebieten westlich einer im Atlantik verlaufenden Nord-Süd-Linie. Im Bewusstsein, dass sie nun einen verbrieften Anspruch auf alle Gebiete

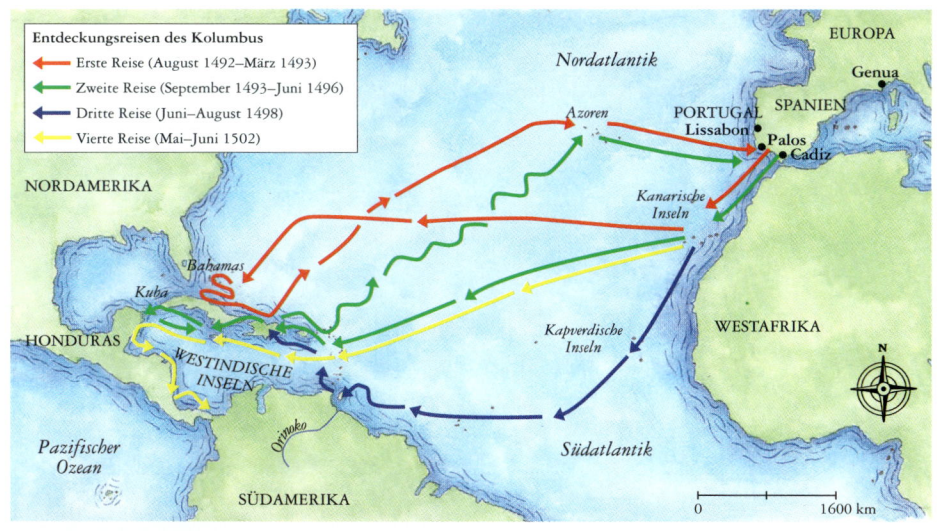

Entdeckungsreisen des Kolumbus
- Erste Reise (August 1492–März 1493)
- Zweite Reise (September 1493–Juni 1496)
- Dritte Reise (Juni–August 1498)
- Vierte Reise (Mai–Juni 1502)

Auf dieser neuen Expedition schickte er drei seiner Schiffe direkt nach Hispaniola, während er selbst in südöstlicher Richtung weiterfuhr und Trinidad sowie die Mündung des Orinoko erkundete. Als er nach Hispaniola zurückkehrte, hatte man dort gerade eine Rebellion gegen Bartolomeo niedergeschlagen. Als die Nachricht von dieser Episode nach Spanien durchdrang, entsandte das Königspaar einen neuen Gouverneur, der Kolumbus seines Amtes entheben sollte. Als dieser im August 1500 eintraf, weigerten sich Kolumbus und seine Brüder Bartolomeo und Diego zu kooperieren. Sie wurden in Ketten gelegt und nach Spanien gebracht, wo ihnen die Hinrichtung drohte. Der König aber zeigte sich gnädig und befahl ihre Freilassung. Christoph Kolumbus weinte vor Dankbarkeit.

IN UNGNADE GEFALLEN
Kolumbus wurde verboten, noch einmal nach Hispaniola zu fahren. Trotzdem brach er 1502 erneut mit vier alten Schiffen auf. Er entdeckte die Insel Martinique, doch auf königlichen Befehl verweigerte man ihm den Zugang nach Dominica. Dann fuhr er nach Jamaika, doch bevor er nach Honduras weitersegeln konnte, musste er zwei Meutereien niederschlagen. Stürme zerstörten zwei seiner Schiffe, die anderen wurden schwer beschädigt. Er suchte Zuflucht in einer kleinen Bucht auf Jamaika, wo er sich vor der Küste Chinas wähnte. Krankheit, der Mangel an Vorräten und die Bedrohung durch Meutereien und feindselige Eingeborene zwangen ihn, den Gouverneur von Hispanola um Hilfe zu bitten. Nachdem Kolumbus ein Jahr lang festgesessen hatte, kehrte er Ende 1504 nach Spanien zurück. Krank, enttäuscht und geistig zerrüttet hatte Kolumbus 1505 in Segovia eine letzte Zusammenkunft mit Ferdinand, in der Hoffnung, der König werde ihm erneut die Regierung der Westindischen Inseln übertragen. Schließlich zog er sich nach Valladolid zurück, wo er 1506 starb.

Christoph Kolumbus lebte bis zu seinem Tod in dem Glauben, das an China und Japan grenzende Indien gefunden zu haben. In der Zwischenzeit hatte jedoch Vasco da Gama das Kap der Guten Hoffnung umrundet und den Seeweg nach Asien erschlossen. Damit hatte er Portugal zur beherrschenden Macht im Indischen Ozean gemacht. Doch auch Spanien ging nicht leer aus, profitierte es doch von den Westindischen Inseln und Mexiko, der Hinterlassenschaft des Christoph Kolumbus.

Die wahre Bedeutung von Kolumbus' Reisen liegt in der Entdeckung Amerikas, eines neuen Kontinents, der für die Europäer ungeahnte Möglichkeiten barg. Mit der Entdeckung der Neuen Welt verbunden war die Zerstörung der indianischen Kultur.

Ohne es zu wissen, entdeckte Kolumbus die Neue Welt (oben). Bei seiner Rückkehr wurde ihm ein triumphaler Empfang bereitet (links).

Dass Kolumbus exotische Pflanzen entdeckt hatte (rechts), zählte angesichts der Probleme in Hispaniola kaum. Er wurde in Ketten nach Spanien zurückgeschickt (unten).

hatten, die Kolumbus entdeckte, gaben sie dem Admiral grünes Licht. Im September 1493 verließ er mit 17 Schiffen und 1500 Mann den Hafen von Cadiz. Land sichtete er zunächst auf der Insel Dominica und im November erreichte er Puerto Rico.

Bei seiner Ankunft in Hispaniola stellte er entsetzt fest, dass die Einheimischen sämtliche Siedler Navidads umgebracht hatten. Er gründete eine neue Kolonie auf der Insel, die er Fort Isabella nannte, und sandte einen Boten nach Spanien. Begeistert berichtete er dem Königspaar von dem wirtschaftlichen Potenzial der Kolonie: von Wachs produzierenden Palmen, Kapokbäumen und Eingeborenen, die man als Sklaven verkaufen könnte. Dann fuhr er weiter, um die Küsten Kubas und Jamaikas zu erkunden. Bei seiner Rückkehr nach Fort Isabella fand er die Bewohner zerstritten und von der Suche nach Gold besessen vor. Trotz dieser Probleme segelte Kolumbus weiter und umrundete den Westteil Kubas, den er für die Küste Chinas hielt. Nach einem kurzen Aufenthalt in Fort Isabella trat er mit 500 Einheimischen als Sklaven an Bord die Heimreise an, doch fiel sein Empfang in der Heimat dieses Mal kühler aus.

Berichte über die Probleme in der Kolonie auf Hispaniola waren nach Spanien durchgesickert und das Königspaar war nicht erbaut darüber, dass Kolumbus seinen Bruder Bartolomeo dort zum Gouverneur ernannt hatte. Außerdem brachte er von seiner Reise bei weitem nicht die Reichtümer mit, auf die man in Spanien gehofft hatte. Eine dritte Reise konnte er 1498 zum Teil nur deshalb antreten, weil er bereit war, Sträflinge als Siedler mitzunehmen.

Die Verluste der Preußen beliefen sich auf knapp 15 000 Mann, die Österreicher dagegen hatten 40 000 Gefallene zu beklagen. Die Schlacht von Königgrätz bedeutete das Ende des österreichischen Einflusses in Deutschland und bestätigte die beherrschende Rolle PREUSSENS im NORDDEUTSCHEN BUND, der nach dem Krieg gegründet wurde.

Konkordat, Vertrag zwischen dem Staat und der römisch-katholischen Kirche, der die Stellung der Kirche regelt. Zu den wichtigsten Verträgen gehört das Konkordat von 1801 zwischen Papst PIUS VII. und NAPOLEON I., durch das die KATHOLISCHE KIRCHE in Frankreich wieder eingesetzt wurde. Es galt bis zur 1905 vollzogenen Trennung von Kirche und Staat. Dem Konkordat zufolge wurde zwar das in der FRANZÖSISCHEN REVOLUTION enteignete Kirchengut nicht an die Kirche zurückgegeben, doch die Regierung verpflichtete sich, den Lebensunterhalt des Klerus zu sichern. Auch erhielt die Regierung das Recht zur Ernennung der örtlichen Erzbischöfe und Bischöfe – was jedoch der päpstlichen Zustimmung bedurfte. Ein weiteres wichtiges Konkordat, die LATERANVERTRÄGE von 1929, regelten den Status des Heiligen Stuhls in ITALIEN, der seit der Einigung Italiens im Jahr 1870, als die weltliche Macht des Papstes gebrochen wurde, umstritten war. Die Lateranverträge gaben der katholischen Kirche in Italien ihren Einfluss zurück und erkannten die Souveränität des Papstes über den Staat der VATIKANSTADT an.

Konquistadoren, Soldaten und Abenteurer im Dienst der spanischen Krone, die an der Kolonisierung der Neuen Welt im 16. Jh. beteiligt waren. Die Konquistadoren verfolgten zwei Ziele – die Suche nach dem sagenumwobenen Eldorado und die Christianisierung der von ihnen entdeckten Länder. Zu den bekanntesten Konquistadoren zählen Hernán CORTÉS, der das aztekische MEXIKO eroberte, und Francisco PIZARRO, der Eroberer des Inka-Reichs. Andere erkundeten die Karibik, die Küsten Lateinamerikas, die PHILIPPINEN sowie die südlichen und südwestlichen Gebiete der USA. Die Gründung offizieller Kolonialregierungen und die Tatsache, dass die weißen Flecken auf der Landkarte drastisch abnahmen, ließen den Stern der kühnen Abenteurer jedoch bald sinken.

Die Konquistadoren waren nicht nur an der Eroberung der Neuen, sondern auch an der Rückgewinnung der Alten Welt beteiligt: Ihnen ist die Befreiung SPANIENS von der 500-jährigen Herrschaft der MAUREN zu verdanken. Der Höhepunkt der *reconquista* war 1492 erreicht, als Granada an Isabella I. und Ferdinand II. fiel.

Eine Revolution in der Kommunikation

Vorbei sind die Tage der Brieftauben und reitenden Boten. Heute können wir über ein Netzwerk von Glasfaserkabeln und Satelliten, die sich auf der Erdumlaufbahn bewegen, mit fast allen Orten der Welt unmittelbar Verbindung aufnehmen.

Für den britischen Premierminister Lord Salisbury gab es keinerlei Zweifel, welche Erfindung die Welt am nachhaltigsten verändert hatte. Fasziniert erklärte er 1889, der elektrische Telegraf habe die Welt kleiner werden lassen und ermögliche allen Menschen, ohne Zeitverzögerung zu sehen, was gerade geschehe, und zu hören, was sich auf der politischen Bühne abspiele. Die Bedeutung der Kommunikation ist bis heute stetig gewachsen. Nicht umsonst prägte der kanadische Denker Marshall McLuhan den Begriff vom „globalen Dorf", in dem jeder mit jedem kommunizieren kann.

SIGNALISIEREN MIT SEMAPHOR

Noch vor wenigen Jahrhunderten verbreiteten sich Nachrichten mit der Geschwindigkeit eines Boten, einer Postkutsche oder eines Segelschiffs, das vielleicht nie seinen Bestimmungsort erreichte. Weltreiche wurden aus der Ferne regiert, wobei die wahre Macht in den Händen der Bevollmächtigten vor Ort lag. Könige führten ihre Armeen selbst auf das Schlachtfeld, denn nur durch ihre Anwesenheit konnten sie die Befehlsgewalt ausüben.

Der erste Wandel vollzog sich im 15. Jh. mit dem von Johannes Gutenberg erfundenen Buchdruck, der zweite Anfang des 19. Jh. mit dem Semaphor-Telegrafen. Überall in Europa errichtete man 1804 auf Befehl Napoleons Türme mit Signalarmen, natürlich auf Bergkuppen, damit sie aus der Entfernung zu sehen waren. Mit ihrer Hilfe ließen sich Botschaften von einem Hügel zum anderen übermitteln. Die Signale konnten innerhalb von 30 Minuten über eine Entfernung von 625 km übertragen werden.

Der Semaphor-Telegraf (im abgebildeten Buch rechts) konnte mit seinen mechanischen Armen immerhin 9999 Wörter übermitteln.

1984 wurde der Fernmeldesatellit Leasat vom Spaceshuttle *Discovery* in den Weltraum gebracht – auf eine Umlaufbahn, die rund 35 900 km über dem Äquator verläuft.

Eine weitere Verbesserung erbrachte der elektrische Telegraf, den Samuel Morse 1837 entwickelte und patentieren ließ. Hierbei wurde der Stromfluss in den Drähten zur unmittelbaren Übertragung von Signalen genutzt. In Großbritannien installierte man bald darauf an der Gleisstrecke der Great Western Railway vom Bahnhof Paddington aus eine Leitung, mit deren Hilfe *The Times* 1844 als Erste die Nachricht von der Geburt Alfred Ernests, des zweiten Sohnes Victorias, verbreiten konnte. Im Jahr darauf trug die Erfindung zur Ergreifung John Tawells bei. Nach dem Mord an seiner Geliebten wurde die Polizei telegrafisch alarmiert und konnte Tawell kurz nach der Tat festnehmen.

Das Telefon, das statt verschlüsselter Botschaften Töne übertrug, ließ sich der Schotte Alexander Graham Bell 1876 patentieren. Es baute auf dem Erfolg des Telegrafen auf

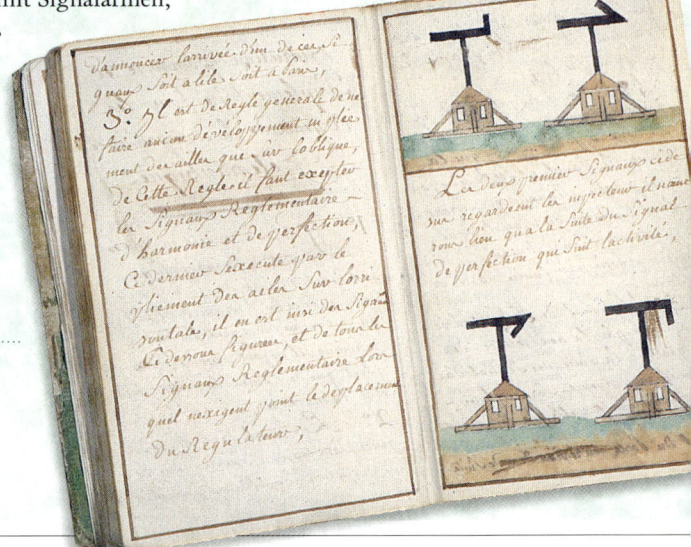

Trotz gewaltiger Fortschritte in der Waffentechnik war im Ersten Weltkrieg nach wie vor der Einsatz von Brieftauben erforderlich.

und wurde von der Bevölkerung in Windeseile akzeptiert. Die erste Fernleitung stellte 1884 über 467 km Hartkupferdraht die Verbindung zwischen Boston und Providence, Rhode Island, her.

Anfänglich entstanden die Fernsprechverbindungen noch mithilfe der Handvermittlung. Die automatische Telefonvermittlung wurde 1889 von Almon Brown Strowger, einem Bestattungsunternehmer aus Kansas, erfunden. Sie funktionierte mit Erfolg, bis sie um 1960 durch ein vollelektronisches Vermittlungssystem abgelöst wurde.

OPTISCHE VERBINDUNGEN

Mit dem Start von Fernmeldesatelliten in den Weltraum und der Entwicklung von Glasfaserkabeln, die eine wesentlich größere Anzahl von Anrufen gleichzeitig bewältigen können als Kupferdraht, vollzog sich eine bedeutende Erweiterung des Telefonwesens. Heute kann man über Telefonleitungen gewaltige Datenmengen von einem Computer zum anderen übertragen. Damit war der Grundstein für das Internet gelegt, ein umfassendes, ständig wachsendes Computernetzwerk, über das man rund um die Uhr Daten und Informationen austauschen kann – ein Meilenstein in der Kommunikationsentwicklung. Obwohl das gewaltige Potenzial des Internet erst im Entstehen ist, können die heute weltweit rund 80 Mio. User schneller denn je Informationen abrufen und in Kontakt treten. Handel und Geschäfte vervielfachen sich in dem Maß, wie die Revolution der Telekommunikation die Welt schrumpfen lässt.

Konrad II. (um 990–1039), seit 1024 deutscher König, seit 1027 römisch-deutscher Kaiser. Der Nachfahre OTTOS DES GROSSEN, ein sehr zupackender Mann, begründete die Dynastie der SALIER und verschaffte sich Anerkennung, indem er auf einer monatelangen Rundreise alle Stämme im Reich besuchte. Es gelang ihm, die Ost- und Nordgrenze zu sichern. Die Beziehungen zu ITALIEN suchte er zu festigen, indem er deutsch-italienische Ehen im Adel förderte und deutsche Bischöfe in Oberitalien einsetzte. Dank verwandtschaftlicher Beziehungen erbte er 1033 das Königtum BURGUND und kontrollierte damit die wichtigsten Alpenpässe. Schon 1030 begann er mit dem Bau des Speyerer Doms, in dem er später beigesetzt wurde.

Konrad III. (1093–1152), deutscher König und Begründer der Dynastie der STAUFER. Konrad wurde 1138 zum Nachfolger Kaiser Lothars III. gekürt. Bei dieser Wahl überging man den mächtigsten Reichsfürsten, den WELFEN Heinrich den Stolzen, wodurch sich der bereits latent vorhandene Konflikt zwischen Staufern und Welfen verschärfte. Von BERNHARD VON CLAIRVAUX aufgefordert, brach Konrad 1147 zum – erfolglosen – zweiten KREUZZUG auf. Vor seinem Tod, der ihn kurz vor seiner geplanten Romreise ereilte, schlug er nicht seinen erst sechsjährigen Sohn, sondern seinen Neffen Herzog Friedrich von Schwaben, den späteren FRIEDRICH I. BARBAROSSA, zum Nachfolger vor.

Konstantin I. der Große (um 274–337), römischer Kaiser 324–37, unter dessen Herrschaft das CHRISTENTUM als Religion im RÖMISCHEN REICH zugelassen wurde. Nach dem Tod Constantius I. im Jahr 306 rief das Heer in York, zur damaligen Zeit die stärkste römische Armee, dessen Sohn Konstantin zum neuen Kaiser aus.

Doch blieb diese Entscheidung nicht unumstritten und in den nachfolgenden Auseinandersetzungen bemühten sich mehrere Anwärter um das höchste Amt im Reich. Klarheit brachte erst der Sieg Konstantins über Maxentius an der Milvischen Brücke nördlich von Rom. Im Jahr 312 wurde Konstantin Kaiser des Westens und teilte sich das Reich mit LICINIUS, der die Herrschaft im Osten innehatte. Elf Jahre später besiegte und tötete Konstantin Licinius und trat die Alleinherrschaft an. Er gründete eine zweite Hauptstadt in BYZANZ, der er den Namen KONSTANTINOPEL gab. Im Toleranzedikt von Mailand rief er zur Akzeptanz des Christentums auf, doch wie es um seinen eigenen Glauben bestellt war, ist unklar. Erst kurz

vor seinem Tod ließ er sich taufen und wahrscheinlich unterstützte er das orthodoxe Christentum, weil er glaubte, es trage zur Vereinigung des Reiches bei. 326 erließ er per Dekret die Sonntagsruhe. Konstantin und auch seine Mutter Helena hatten großes Interesse an christlichen Stätten, sie ließen Basiliken über der Geburtsstätte in Bethlehem, über dem Grab Christi in JERUSALEM und dem Grab des heiligen Petrus auf dem Vatikanhügel in ROM errichten. Konstantin ist auch der Bau der Hagia Sophia zu verdanken, der Basilika in Konstantinopel.

Konstantinopel, türkische, 657 v. Chr. als griechische Kolonie BYZANZ gegründete Stadt. Sie wurde Anfang des 4. Jh. n. Chr. von KONSTANTIN I. DEM GROSSEN unter dem Namen Konstantinopel zur Hauptstadt des Oströmischen Reiches erhoben. Konstantin baute die Stadt, die sich über sieben Hügel erstreckte und in 14 Bezirke eingeteilt war, als neues Rom aus. Im Lauf der Jahrhunderte mussten die Mauern der Stadt den Belagerungen der GOTEN, Perser und Araber standhalten. Die wohlhabende, wegen seiner Kulturschätze berühmte Metropole wurde im Jahr 1204 von abendländischen Kreuzfahrern geplündert, nachdem diese einen blutigen Angriff auf ihre Glaubensgenossen geführt hatten – Christen stellten nämlich damals mehr als die Hälfte der städtischen Bevölkerung. 1453 fiel Konstantinopel an die Türken und blieb über viele Jahrhunderte bis 1923 die Hauptstadt des OSMANISCHEN REICHES. 1930 wurde die geschichtsträchtige Stadt erneut umbenannt – heute kennt man sie unter dem Namen Istanbul.

Konstanz, Konzil von (1414–18), Kirchenkonzil, das im 15. Jh. in der Stadt Konstanz am Bodensee einberufen wurde, um sich mit der Reform der christlichen Kirche zu befassen und sich mit dem Problem der KETZEREI auseinanderzusetzen. Das Konzil von Konstanz ist das zweite der drei Konzile des KONZILIARISMUS. In Konstanz waren die Kirchenvertreter insoweit erfolgreich, als es ihnen gelang, die Kirchenspaltung, zu der es durch die Rivalität der beiden Päpste in Rom und in Avignon gekommen war, zu überwinden.

Das Konzil führte auch den Vorsitz des Gerichtsverfahrens gegen Johannes Hus, den reformistischen Anhänger John WYCLIFFES. Das Konzil war jedoch nicht in der Lage, den bestehenden Missbrauch der kirchlichen Geldmittel zu unterbinden, die Führung zu reformieren und die Machtbefugnisse des Papstes denen des Konzils unterzuordnen.

> ### WUSSTEN SIE, DASS?
>
> *Konstantin der Große bekannte sich zwar erst auf dem Sterbebett zum Christentum, doch nach einer Vision, die das Zeichen des Kreuzes in den Sonnenstrahlen enthüllte, ließ er seine Schlachtstandarten im Jahr 312 mit christlichen Symbolen versehen.*

Kommunismus – Aufstand der arbeitenden Klassen

Karl Marx hatte die Vorstellung von einer kommunistischen Gesellschaft nach dem Prinzip:
„Jeder nach seinen Fähigkeiten und jedem nach seinen Bedürfnissen." 1917 dienten seine Grundsätze
den russischen Bolschewiken als Denkanstoß und veränderten die Geschichte.

Karl Marx schrieb: „Die Philosophen haben die Welt nur verschieden interpretiert, es kommt darauf an, sie zu verändern." Das geeignete Mittel, um gesellschaftliche und politische Veränderungen durchzusetzen, war in den Augen von Marx und seiner Anhängerschaft der Klassenkampf. Dieser wurde als historisch unvermeidlich angesehen. Im System der marxistisch-leninistischen Theorie führte der Klassenkampf die Gesellschaft zunächst vom Feudalismus zum Kapitalismus. Mit zunehmender Ausbeutung der arbeitenden Massen durch die besitzende Klasse war für viele Kommunisten des frühen 20. Jh. der Weg in den Kommunismus vorgezeichnet.

Marx vertrat die Theorie, eine gewaltlose Reform der bestehenden Systeme sei wegen der Stärke der reaktionären Kräfte, die ihren Besitzstand sichern wollten, nicht möglich. Nach seiner Meinung erforderte der Übergang vom Feudalismus zum Kapitalismus eine bürgerliche Revolution, wie sie beispielsweise das Frankreich des 18. Jh. sah. Sobald sich der Kapitalismus und die Herrschaft der bürgerlichen Klasse dann etabliert haben, ist es die Aufgabe der arbeitenden, am allgemein wachsenden Wohlstand kaum beteiligten Klasse, die kapitalistischen Wirtschaftsstrukturen zu vernichten. Erst damit ist der Weg für den Rückgang des staatlichen Einflusses in einer wahrhaft kommunistischen und klassenlosen Gesellschaft bereitet.

AUF ERFOLGSKURS

Der Kommunismus setzte sich mit Erfolg zunächst in Russland und später in China, dem bevölkerungsreichsten Land der Erde, durch. In der von Wladimir Illjitsch Lenin entwickelten Form duldete er keine Opposition und verfolgte Andersdenkende mit kompromissloser Härte.

Die Tatsache, dass der Kommunismus zuerst in Russland Fuß fasste, war erstaunlich – hatte doch der Kommunismus nach Meinung von Marx in den hoch entwickelten Industriestaaten, wo die bürgerliche Revolution bereits stattgefunden hatte, die besten Aussichten. In Russland jedoch, einem rückständigen Agrarland, waren vier Fünftel der Bevölkerung Bauern, die nach eigenem Landbesitz strebten. Offenbar setzte sich der Kommunismus am schnellsten in armen Ländern durch.

Lenins straff geführte bolschewistische Partei – die anderen als Vorbild diente – spielte in Russland keine besondere Rolle,

Plakate aus der Zeit um 1930 preisen Marx, Engels, Lenin und Stalin als die vier Säulen des Kommunismus (oben). Das sowjetische Proletariat marschiert einer neuen Zeit entgegen (rechts).

bis die Verluste im Ersten Weltkrieg, Lebensmittelknappheit und die Korruption der Regierung 1917 zu einer spontanen Revolution führten. Innerhalb von einer Woche dankte der Zar ab und es wurde eine gemäßigte provisorische Regierung gebildet, die der parlamentarischen Demokratie verpflichtet war.

Die Bolschewiken hatten diese Revolution weder erwartet noch gelenkt – sie waren jedoch entschlossen, die Gunst der Stunde zu nutzen. Lenin kehrte aus dem Schweizer Exil nach Petrograd zurück. Seine Forderung nach „Frieden, Brot und Land" war populär, doch als es den Bolschewiken nicht gelang, eine Mehrheit im einflussrei-

Politische Lesungen sollen die russische Bevölkerung motivieren, die Kunst des Lesens und Schreibens zu erlernen (links). Voller Stolz präsentiert sich die chinesische Ehrengarde 1973 in Beijing (unten).

Sowjetunion die amerikanische Wirtschaft überflügeln sollte. In den 30er-Jahren verzeichnete die sowjetische Wirtschaft Zuwachsraten in Rekordhöhe, doch zahlte das Land einen hohen Preis für diesen Erfolg. Durch Säuberungsaktionen, Schauprozesse, Hinrichtungen und Arbeitseinsätze unter menschenunwürdigen Bedingungen wurden oppositionelle Regungen im Kern erstickt. Bald schon erhöhte sich die Zahl der durch bolschewistische Aktionen Umgekommenen um Millionen.

1941 wandte sich Hitler gegen Stalin. In einem der größten Landkriege gelang es der Sowjetunion und ihren Verbündeten, den Sieg über das nationalsozialistische Deutschland zu erringen. 1945 wurden in den von der Roten Armee niedergezwungenen Ländern Osteuropas kommunistische, der Sowjetunion ergebene Regierungen eingesetzt. In China vollendete Mao Zedong 1949 eine kommunistische Revolution und in Südostasien, Afrika und Lateinamerika flammten kommunistische Revolten auf.

chen Sowjet, dem Regierungsrat, zu erringen, beschloss Lenin, die Macht durch einen Staatsstreich an sich zu reißen. Im November 1917 übernahmen die Bolschewiken die Kontrolle über Telefonzentralen, Postämter und Banken in Petrograd. Lenin erklärte dem Sowjet: „Wir werden die Kontrolle des Arbeiters über die Produktion errichten. Wir wollen einen proletarischen sozialistischen Staat schaffen. Es lebe die sozialistische Weltrevolution!" Das neue Parlament wurde unter Androhung von Waffengewalt aufgelöst und Sowjetrussland etablierte sich als Einparteienstaat. Zur Beseitigung der oppositionellen Kräfte gründete man die Geheimpolizei Tscheka und ließ den Zaren und seine Familie ermorden.

Nach dem Tod Lenins im Jahr 1924 wurde sein Leichnam mumifiziert und in einem Mausoleum auf dem Roten Platz in Moskau zur Schau gestellt – der Beginn eines Personenkults, der sich im Kommu-

nismus immer mehr durchsetzte. Lenins herausragende Stellung innerhalb der Partei wurde schließlich von Jossif Stalin, dem Generalsekretär der Partei, eingenommen und beträchtlich ausgebaut. Er zwang die Sowjetunion in eine zweite Revolution, die sich für viele Menschen sehr viel radikaler auswirken sollte als die erste.

Ab 1930 enteignete der Staat die Bauern und zwang sie zur Arbeit in den neu gegründeten Kollektivwirtschaften. Wer sich zur Wehr setzte, riskierte sein Leben oder wurde ins Exil verbannt. Der Terror und die Hungersnot, die mit diesem Prozess der Kollektivierung einhergingen, forderten vermutlich rund 14 Mio. Menschenleben. Nach der Enteignung der Bauernhöfe wurden die Fabriken umstrukturiert. Unter strenger Kontrolle von Moskau führte man Fünfjahrespläne ein, mit deren Hilfe die

der Sowjetunion ergebene Regierungen eingesetzt. In China vollendete Mao Zedong 1949 eine kommunistische Revolution und in Südostasien, Afrika und Lateinamerika flammten kommunistische Revolten auf.

WIDERSPRÜCHE IM SYSTEM

Schon bald zeigte sich, dass der Kommunismus seine Ziele nicht umsetzen konnte. Die Parteibürokraten stiegen zu einer neuen privilegierten Klasse auf, die Planwirtschaft erwies sich als viel zu wenig flexibel, um auf wechselnde Anforderungen reagieren zu können. Die sowjetischen Invasionen in Ungarn 1956 und der Tschechoslowakei 1968 sowie das Massaker auf dem Platz des Himmlischen Friedens in Beijing im Jahr 1989 zeigten, in welchem hohen Maß der Kommunismus auf Gewalt zurückgreifen musste, um politisch überleben zu können. Der stalinistische Personenkult fand in China mit Mao, in Nordkorea mit Kim Il Sung und in Rumänien mit dem Diktator Nicolae Ceausescu seine Fortsetzung.

1988 brach die Sowjetunion schließlich auseinander. Unter Michail Gorbatschow begann im Zeichen von Perestroika (wirtschaftliche Umgestaltung) und Glasnost (politische Offenheit) ein Reformprozess, der von den osteuropäischen Satellitenstaaten, dann auch von der UdSSR selbst, dazu genutzt wurde, um sich von ihren repressiven Systemen zu befreien. Doch der Kommunismus war damit nicht am Ende. 1995 erreichte eine wieder belebte russische kommunistische Partei in einer demokratischen Wahl mehr als 20 % der Wählerstimmen und in China hat die Kommunistische Partei nach wie vor die politische Macht inne.

Nachdem Stalin 1931 eine Wiederaufnahme der Zwangskollektivierung angeordnet hatte, lassen sich die Bauern als Mitglieder kollektiver Landwirtschaften registrieren.

Konstruktives Misstrauensvotum, im Artikel 67 des GRUNDGESETZES festgelegte Bestimmung, dass ein Bundeskanzler nur seines Amtes enthoben werden kann, wenn der Bundestag zugleich „mit der Mehrheit seiner Mitglieder einen Nachfolger wählt". Dieses für Regierungskontinuität sorgende Prinzip der Absetzung durch Ersetzung wurde in der Bundesrepublik Deutschland seit 1949 zweimal angewendet: 1972 scheiterte ein Misstrauensvotum der CDU/CSU unter dem Partei- und Fraktionsvorsitzenden Rainer Barzel gegen Bundeskanzler Willy BRANDT; 1982 dagegen gelang es der CDU/CSU durch den Koalitionswechsel der FDP, Bundeskanzler Helmut SCHMIDT zu stürzen und Helmut KOHL zum Bundeskanzler zu wählen.

Kontinentalsperre, von NAPOLEON I. initiierte Wirtschaftsblockade gegen Großbritannien mit dem Ziel, die Wirtschaft des Inselreichs zu schwächen. Grundlagen der Blockade waren das Berliner Dekret (1806) und das Mailänder Dekret (1807). Hierin wurde den Alliierten Frankreichs sowie allen Staaten, die in den NAPOLEONISCHEN KRIEGEN Neutralität gewahrt hatten, der Handel mit Großbritannien und den britischen Kolonien untersagt. Auf die Kontinentalsperre reagierte Großbritannien seinerseits mit einer Blockade der französischen Häfen und dem strikten Verbot für alle neutralen

Schiffe, französische Häfen anzulaufen. Als Folge der rücksichtslosen Ausnutzung ihrer Vormachtstellung auf See wurden die Briten in einen Krieg mit den USA gezogen.

In Europa blühte im Verlauf dieses ersten großen Wirtschaftskriegs der Schmuggel, und das festländische Europa profitierte zunächst von der Ausschaltung der britischen Konkurrenz. Großbritannien wurde durch die Blockade hart getroffen, verschaffte sich dadurch aber das Monopol im Kolonialhandel und drang auf den südamerikanischen Markt vor. Mittelfristig behinderte die Kontinentalblockade jedoch die industrielle Entwicklung aller betroffenen Länder. Als sich RUSSLAND daraufhin weigerte, die Sperre fortzusetzen, kam es 1812 zum Krieg mit FRANKREICH und zu NAPOLEONS erfolglosem Russlandfeldzug.

Kontrollkommission, Verwaltungsorgane der Siegermächte, die nach beiden Weltkriegen in Deutschland eingesetzt wurden. Die erste Kontrollkommission diente nach dem Ersten Weltkrieg der Überwachung der Entmilitarisierung Deutschlands. Die nach dem Zweiten Weltkrieg eingesetzte Kommission hatte weiter reichende Befugnisse. Bis 1948 standen die bei Kriegsende eingerichteten Besatzungszonen unter der Kontrolle der Alliierten. Die vier Oberbefehlshaber der Besatzungsarmeen waren als oberster Kontrollrat für alle Angelegenhei-

ten zuständig, die mit der Verwaltung Deutschlands zusammenhingen. In der Praxis verwaltete jede Besatzungsmacht ihre Zone selbstständig, doch war die Kommission auch an der ENTNAZIFIZIERUNG beteiligt. Anfang 1947 schlossen sich die britische und die amerikanische Zone zusammen und ein Jahr später wurde auch die französische Zone angegliedert. Wachsende Spannungen zwischen den sowjetischen und westlichen Vertretern als Folge der Intensivierung des KALTEN KRIEGES führten im Jahr darauf zum Zusammenbruch des gemeinsamen Kontrollsystems.

Konvoisystem, in unsicheren Zeiten eine Methode zum Schutz von Handelsschiffen, die im Verband und unter Begleitung bewaffneter Kriegsschiffe fahren. Schon in den Tagen der Großsegler hatte man bewaffnete Schiffe als Geleit für Handelsschiffe eingesetzt, doch in großem Maßstab wurde das Konvoisystem erst im Ersten Weltkrieg eingeführt. Als Deutschland 1917 zum uneingeschränkten U-BOOT-KRIEG überging, galten neben Kriegsschiffen auch Handelsschiffe als legitime Ziele. Um den Warentransport sicherzustellen, fuhren bereits im November 1918 rund 80 % aller nach England fahrenden oder von dort kommenden Schiffe im Konvoi. Nach dem Ausbruch des Zweiten Weltkriegs wurden trotz eines Mangels an Zerstörern sofort Konvois über den Atlantik eingesetzt, die später zusätzliche Unterstützung durch Langstreckenkampfflugzeuge erhielten.

Konzentrationslager (KZ), Einrichtungen, in denen unliebsame Zivilpersonen festgehalten oder konzentriert werden. Die ersten Konzentrationslager ließ der Brite Lord KITCHENER im zweiten BURENKRIEG von 1900 bis 1902 einrichten. Interniert wurden in erster Linie Frauen und Kinder, um sie von den Auswirkungen der Politik der „verbrannten Erde" im Transvaal und der Kapkolonie fernzuhalten. Aufgrund der katastrophalen hygienischen Verhältnisse und der völlig unzureichenden Versorgung mit Lebensmitteln starben etwa 20 000 burische Frauen und Kinder in den Lagern und der Vorwurf des vorsätzlichen Völkermords stand im Raum.

Die ab etwa 1933 von den Nationalsozialisten eingerichteten Lager brachten das Konzept endgültig in Verruf. Zu den ersten Insassen gehörten Gewerkschafter, politische Gegner, Kommunisten, Juden und Zigeuner. Im August 1934 beschrieb GOEBBELS die Lager als Institutionen, „in denen gesellschaftsfeindliche Mitglieder der Gesellschaft durch möglichst humane Mittel zu nützlichen Mitgliedern umgewandelt werden". Vor dem Ausbruch des Zweiten Weltkriegs waren dort bereits bis zu 200 000 Personen

Nach dem gescheiterten Misstrauensvotum der CDU/CSU nimmt Bundeskanzler Willy Brandt am 27. April 1972 die Gratulation seines politischen Gegners Rainer Barzel entgegen.

interniert, die als unerwünscht galten. Nach Kriegsausbruch erweiterte man die Lager und brachte dort ganze Armeen von Zwangsarbeitern unter. In vielen Konzentrationslagern begann die systematische Ausrottung der jüdischen Bevölkerung Europas – der HOLOCAUST. In Osteuropa wurden die Gefangenen in Arbeitsbataillons eingesetzt oder waren an der Tötung von Mitinsassen beteiligt, bis sie selbst vernichtet wurden. In KZs wie Auschwitz brachte man bis zu 12 000 Menschen pro Tag in Gaskammern um. Berüchtigte Konzentrationslager im Westen waren Bergen-Belsen, Dachau und Buchenwald. Schätzungsweise 6 Mio. Juden, etwa eine halbe Million Zigeuner und andere Zivilpersonen sowie mehrere Millionen polnische und russische Kriegsgefangene kamen ums Leben. Nach dem Krieg mussten sich viele Nazis, die in verantwortlicher Position an den grauenvollen Ereignissen beteiligt waren, vor Gericht verantworten.

Konziliarismus (1409–49), Bewegung mit dem Ziel, die Kirchenspaltung zu überwinden. Diese ergab sich aus der gleichzeitigen Existenz von zwei – später drei – Päpsten in verschiedenen Teilen der christlichen Welt. Die Bewegung ging aus den ökumenischen Konzilen hervor, die 1409 in Pisa, 1414–18 in KONSTANZ und 1431–49 in Basel abgehalten wurden. Obwohl dem ersten Konzil die Überwindung der Spaltung gelang, indem es die Gegenpäpste mit Erfolg absetzte oder ihre Abdankung annahm und an ihrer Stelle einen einzigen Papst einsetzte, kam die Bewegung später selbst in Konflikt mit dem PAPSTTUM. Bereits 1415 verkündete das Konzil im Dekret *Haec Sancta* oder *Sacrosancta*, dass der Kirchenrat dem Papst übergeordnet sei, und es versuchte, dieses Konzept einer kirchlichen Kontrolle für die abendländische Kirche verbindlich zu machen. Die Bewegung befasste sich überdies mit verschiedenen Aspekten der KETZEREI, verurteilte 1415 die Schriften des verstorbenen John WYCLIFFE und befahl in demselben Jahr die Verbrennung seines Anhängers Johannes Hus auf dem Scheiterhaufen. Das Papsttum konnte letztlich den Angriff auf seine Autorität niederschlagen, doch langfristig hatte der Konziliarismus beträchtliche Auswirkungen auf die hierarchischen Strukturen der Kirche.

Kopenhagen, Schlachten von, in den KOALITIONSKRIEGEN 1801–07 Gefechte zwischen britischen und dänischen Streitkräften. Beim ersten Zusammenstoß widersetzten sich die Unterzeichner des Neutralitätsbündnisses – Russland, Preußen, Dänemark und Schweden – dem von den Briten beanspruchten Recht auf Durchsuchung von Schiffen auf hoher See. Obwohl keine Kriegserklärung vorlag, wurden britische

In der Seeschlacht von Kopenhagen errang Lord Horatio Nelson einen legendären Sieg über die dänische Flotte, indem er Admiral Parkers Aufforderung zum Abbruch der Schlacht ignorierte.

Schiffe entsandt, um die in Kopenhagen vor Anker liegende dänische Flotte zu zerstören. Bei diesem Angriff attackierte Lord Horatio NELSON die Dänen von der geschützteren Südseite aus, während Admiral Hyde Parker von Norden her vordrang. Als Parker, durch Untiefen an der Zufahrt zum Hafen von Kopenhagen behindert, das Signal zum Einstellen der Kampfhandlung gab, hielt Nelson das Teleskop vor sein blindes Auge und ignorierte den Befehl. Dann versenkte bzw. eroberte er alle dänischen Schiffe bis auf drei, erzwang einen Waffenstillstand und die Auflösung des Bündnisses.

1807 führte die Nachricht, dass sich Dänemark Napoleons KONTINENTALSPERRE anschließen und Großbritannien den Krieg erklären wolle, zu einer raschen Reaktion: Die Briten ließen ihre Streitkräfte bei Kopenhagen landen und nahmen die Stadt unter Beschuss, als die Dänen die Kapitulation verweigerten.

Köpenick, Hauptmann von, Held einer in Deutschland viel belachten Hochstapelei. Am 16. Oktober 1906 besorgte sich in Berlin der arbeitslose Schuhmacher Wilhelm Voigt eine Hauptmannsuniform und befahl einem Trupp Soldaten, der zufällig auf der Straße vorbeimarschierte, den Bürgermeister von Köpenick zu verhaften und die Stadtkasse zu beschlagnahmen. Die Soldaten gehorchten ohne zu zögern und führten den Befehl des falschen Hauptmanns prompt aus. Dieser Husarenstreich, der das hohe Ansehen von Uniformträgern und den blinden Gehorsam der Untertanen im DEUTSCHEN REICH beispielhaft zeigte, erregte allgemein Heiterkeit, brachte dem Spaßvogel Voigt jedoch 20 Monate Haft ein. Danach allerdings verdiente er seinen Lebensunterhalt, indem er seine Geschichte gegen Geld zum Besten gab. Diese so genannte Köpenickiade wurde später literarisch aufbereitet und verfilmt.

Kopernikus, Nikolaus (1473–1543), ostpreußischer Physiker, Mathematiker und Astronom, dessen Theorien über die Beschaffenheit des Sonnensystems ihm einen Platz unter den Vätern der modernen Astronomie sicherten. Zum Medizinstudium von Kopernikus in Krakau gehörte neben Mathematik auch Astronomie, ein Thema das ihn zutiefst faszinierte. Nach Abschluss des Studiums reiste der junge Arzt nach Italien, wo er weiterhin Studien über Sterne und Planeten betrieb und Versuche auf dem neuen wissenschaftlichen Gebiet der Optik durchführte. Dabei lernte er das Schleifen und Zusammenbauen von Linsen und baute sein erstes einfaches Fernrohr, das er freilich nicht zur Beobachtung des Himmels verwendete. Erst GALILEO benutzte nahezu ein Jahrhundert später erstmals ein Teleskop zur Erforschung des Nachthimmels.

In aller Munde waren 1906 die Taten des falschen Hauptmanns von Köpenick.

287

Nachdem Kopernikus 1505 in seine Heimat zurückgekehrt war, wurde er – obwohl nicht zum Priester geweiht – Kanzler des Domkapitels in Frauenburg, wo er seine astronomischen Studien fortsetzte. Bis Kopernikus den Gegenbeweis lieferte, glaubten die abendländischen Astronomen an die von Ptolemäus 150 n. Chr. aufgestellte Theorie, dass sich die Sonne, die Sterne und die Planeten um die Erde drehten. Kopernikus kam dagegen nach langjährigen Studien zu der Überzeugung, dass die Sonne den Mittelpunkt des Sonnensystems bildet, während die Erde und alle anderen bekannten Planeten sie umkreisen. Vollendet hatte er seine 400 Seiten starke Abhandlung *Über die Umläufe der Himmelskörper* bereits 1530, doch war die katholische Kirche ein so entschiedener Gegner seines Weltbilds, dass sein Werk erst im Jahr seines Todes veröffentlicht werden konnte.

Kopten, Mitglieder der orthodoxen koptischen Kirche Ägyptens und Äthiopiens, deren erste Mitglieder vom heiligen Markus bekehrt worden sein sollen. Im 2.–5. Jh. war die Katechetische Schule der Kopten in Alexandria die bedeutendste geistige Einrichtung der Christenheit. 451 spalteten sich die Kopten von der Kirche ab, weil sie sich zu der Lehre bekannten, nach der die Person Christi eine menschliche und eine göttliche Natur verkörpere. Von der koptischen Kirche ging im 3. Jh. das christliche Mönchstum aus, das sich über Nordafrika nach Rom und über Palästina nach Kleinasien verbreitete.

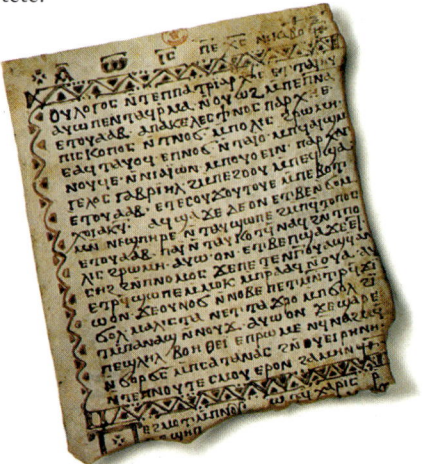

Eine koptische Predigt, in altgriechischen Schriftzeichen niedergeschrieben, preist den Erzengel Gabriel.

Der koptische Kalender datiert von 284, einer Zeit grausamer Christenverfolgung unter Kaiser DIOKLETIAN. Nach der Eroberung Ägyptens durch die Muslime 641 verlor die Kirche zahlreiche Mitglieder an den ISLAM, in Äthiopien jedoch überlebte sie und hat dort noch heute großen Einfluss.

Koran, heiliges Buch des ISLAM, das bei den Gläubigen als Wort Allahs (Gottes) gilt, welches dem Propheten MOHAMMED über einen Zeitraum von 20 Jahren vom Erzengel Gabriel offenbart wurde. Mohammeds Anhänger bewahrten die Offenbarungen zunächst in ihrem Gedächtnis. Gesammelt und aufgezeichnet wurden sie erst in der Regierungszeit des dritten Kalifen Othman. Der Koran gliedert sich in 114 *Surahs*, Suren oder Kapitel, die im Prinzip nach fallender Länge angeordnet sind. Seine zentrale Botschaft ist der Glaube an einen Gott, verbunden mit der absoluten Unterwerfung unter diesen Gott als Schöpfer und Erhalter des Universums. Der Koran legt auch die religiösen Grundsätze fest, auf denen die islamische Gesetzgebung basiert. Weil der Koran das Wort Gottes festhält, sind Übersetzungen traditionell verboten.

Korea, Land in Nordostasien. Ab 658 kam das Königreich Silla im Süden unter chinesische Oberhoheit und herrschte für 200 Jahre über ein geeintes Korea. Eine Zeit der Bürgerkriegswirren endete mit der Oberherrschaft des Königreichs Koryo (918–1392). Während der sich anschließenden Yi-Dynastie (1392–1910) stand Korea stark unter dem Einfluss der chinesischen MING-Dynastie. Der seit dem 4. Jh. im Land verwurzelte BUDDHISMUS wurde weitgehend vom Konfuzianismus abgelöst und in Seoul etablierte sich eine neue Hauptstadt. Im RUSSISCH-JAPANISCHEN KRIEG 1904/05 war Korea Schlachtfeld und wurde ab 1910 japanische Kolonie.

Nach dem Zweiten Weltkrieg teilte man Korea entlang dem 38. Breitengrad in eine amerikanische und eine sowjetische Besatzungszone. 1948 entstand aus der amerikanischen Zone das prowestliche SÜDKOREA. Aus der sowjetischen Zone ging das kommunistisch orientierte NORDKOREA hervor.

Durch die reichen Ornamente, mit denen die Seiten dieser Koranschrift von 1389 geziert sind, wird das Wort Gottes gepriesen.

Koreakrieg, 1950–53 während bewaffnete Auseinandersetzungen zwischen SÜD-KOREA und NORDKOREA. Nach dem Ende des Zweiten Weltkriegs im Jahr 1945 teilten die Alliierten KOREA in eine sowjetisch besetzte Zone nördlich des 38. Breitengrads und eine amerikanische Zone im Süden auf. Drei Jahre später, 1948, wurde im Norden die kommunistische Demokratische Volksrepublik Korea und im Süden des Landes die westlich orientierte Republik Korea errichtet.

1949 zogen die USA ihre Truppen ab. Am 25. Juni 1950 begannen die Kämpfe mit einem Überraschungsangriff der nordkoreanischen Streitkräfte, die bald einen Großteil des Südens eingenommen hatten. Der Konflikt wurde Teil des KALTEN KRIEGES, als sich die VEREINTEN NATIONEN dafür aussprachen, Streitkräfte zur Unterstützung nach Südkorea zu entsenden. Unter dem Kommando General Douglas MACARTHURS traf im September 1950 eine UN-Truppe ein. Bereits Ende Oktober hatte sie die Nordkoreaner bis zur chinesischen Grenze zurückgedrängt. Auf die Einmischung der Vereinten Nationen reagierte China mit der Entsendung von Soldaten zur Unterstützung Nordkoreas.

Im Januar 1951 erreichten die kommunistischen Armeen die südkoreanische Hauptstadt Seoul, wurden aber im Frühjahr über den 38. Breitengrad zurückgeschlagen. Nach monatelangen Kämpfen erstarrte die Front in der Nähe der ursprünglichen Demarkationslinie. Die Friedensverhandlungen zogen sich über zwei Jahre hin und erst 1953, nachdem der Krieg Millionen von Opfern gefordert hatte, wurde in Panmunjom ein Waffenstillstand unterzeichnet. In der Nähe des 38. Breitengrads entstand eine entmilitarisierte Pufferzone zwischen dem Norden und dem Süden.

Korsika, seit 1769 zu Frankreich gehörende Insel im Mittelmeer und Geburtsort NAPOLEON Bonapartes. Griechen, ETRUSKER und Karthager hatten sich auf der Insel niedergelassen, bevor sie 238 v. Chr. von den Römern erobert wurde. Um 469 n. Chr. fiel die viertgrößte Mittelmeerinsel in die Hände der WANDALEN. In den folgenden Jahrhunderten machten u. a. Byzantiner, GOTEN, Langobarden, FRANKEN und MAUREN ihre Ansprüche auf Korsika geltend. 1077 erhielt der Bischof von Pisa Korsika als päpstliches Lehen, doch nach dem Sieg GENUAS über Pisa im Jahr 1284 kam die Insel unter die

Die koreanische Bevölkerung flieht (links), während sich US-Truppen den Nordkoreanern unter Kim Il-Sung (unten) entgegenstellen.

당과 수령께 무한히 충직한 혁명전사가 되자 !

Herrschaft Genuas. 156 Jahre lang widersetzten sich die neuen Herren erfolgreich den Bestrebungen ARAGÓNS (und später Frankreichs), sich Korsika einzuverleiben. 1755 errichtete Pasquale Paoli einen unabhängigen korsischen Staat. 1768 erwarb Frankreich von Genua alle Rechte auf die Insel und besiegte 1769 Paolis Soldaten. Anschließend wurde Korsika französische Provinz.

Kosaken, für ihre Reitkunst berühmte Russen. Sie waren Nachfahren von Flüchtlingen, die im 16. Jh. vor der Verfolgung der Protestanten in POLEN flohen. Hinzu gesellten sich Leibeigene aus Polen, LITAUEN und dem Moskowiter-Reich. Die Kosaken ließen sich an den Flüssen Don und Dnjepr nieder und prägten die Geschichte der UKRAINE. Die unsicheren Verhältnisse im Grenzgebiet förderten ihre Reitkunst und ihr militärisches Können. Sie waren weitgehend autonom, leisteten aber Militärdienst für RUSSLAND, und alle Männer zwischen 16 und 60 waren zum Tragen von Waffen verpflichtet. Viermal kam es im 17./18. Jh. zum Aufstand der Kosaken, bis sie mit dem Zar eigene Privilegien aushandelten. Die meisten Verbände gingen in der RUSSISCHEN REVOLUTION 1917 an der Seite der Streitkräfte des Zaren gegen die BOLSCHEWIKEN vor.

Kosovo, Provinz Serbiens und damit Teil Rest-JUGOSLAWIENS. Die als Wiege Serbiens bezeichnete Region wird von rund 10 % Serben und 90 % Albanern bewohnt. Als Reaktion auf die Unterdrückung durch die Serben streben die Albaner die Loslösung von Serbien und die Gründung eines selbstständigen Staates an – die Untergrundarmee UCK versucht, dieses Ziel gewaltsam durchzusetzen. Militäraktionen der Serben führten seit 1998 zu einer Massenflucht der Zivilbevölkerung. Anfang 1999 beriet die Balkan-Kontaktgruppe wochenlang über die Stationierung von NATO-Friedenstruppen in der Krisenregion und forderte ultimativ die Ein-

stellung der Vertreibungen und Grausamkeiten an der Zivilbevölkerung, doch die Verhandlungen mit Serben und Albanern in Rambouillet führten zu keinem Ergebnis. Daraufhin machte die NATO ihre Androhung wahr und begann im März 1999 mit gezielten Luftschlägen gegen militärische Einrichtungen in Serbien. Doch auch der überlegen geführte Luftkrieg der NATO-Streitmacht – der auch deutsche Soldaten angehörten – konnte die menschliche Tragödie im Kosovo nicht verhindern: Trotz wochenlangen Bombardements setzten Milošević Truppen die ethnischen Säuberungen im Kosovo fort. Bis Ende Mai waren über 800 000 Albaner aus ihrer Heimat vertrieben und die Flüchtlingslager in Albanien und Makedo-

nien überfüllt. Das UN-Flüchtlingshilfswerk UNHCR berichtete von unvorstellbaren Grausamkeiten der serbischen Verbände: Folter, Vergewaltigungen, Hinrichtungen, Massaker und die Verwendung von wehrlosen albanischen Zivilisten als „menschliche Schutzschilde" gegen NATO-Angriffe. Während des Krieges gab es verschiedene diplomatische Initiativen, den Krieg auf friedlichem Weg zu beenden. Angesichts der humanitären Katastrophe verstärkten die NATO-Staaten ihre Hilfslieferungen in die Region, errichteten Zeltstädte, sandten Medikamente und Lebensmittel und nahmen Flüchtlinge in ihren Ländern auf.

Kossygin, Aleksej (1904–80), sowjetischer Politiker. Kossygin trat 1927 der Kommunistischen Partei bei. Zunächst bekleidete er verschiedene Ämter in der Stadtverwaltung von Leningrad und in der Industrie, bis er 1939 Mitglied des Zentralkomitees der Partei und 1948 Mitglied des POLITBÜROS wurde. Nach Jossif STALINS Tod 1953 verlor er seine Stellung in der Partei. Sein Ansehen gewann er 1957 unter Nikita CHRUSCHTSCHOW, mit dem er wirtschaftlich eng zusammenarbeitete, zurück. 1964 wurde er als Ministerpräsident zum Nachfolger Chruschtschows und prägte zusammen mit Generalsekretär Leonid BRESCHNEW die Politik der UdSSR in den 70er- und 80er-Jahren.

Krankenhaus, ursprünglich vermutlich ein heilkräftigen Göttern geweihter Tempel. Bereits im Römischen Reich wurden Krankenhäuser für verwundete Legionäre eingerichtet. Im Mittelalter stellten die Klöster

Auf dem Gemälde des russischen Künstlers Ilja Repin machen sich die freiheitsliebenden Kosaken einen Spaß daraus, dem türkischen Sultan einen beleidigenden Brief schreiben zu lassen.

Räumlichkeiten für die Behandlung Kranker bereit. Die Zunahme der städtischen Bevölkerung im 16. Jh. führte zur Gründung von Krankenhäusern durch den Staat. Zunächst betrachteten wohlhabende Bürger die Bereitstellung von Geldmitteln für Krankenhäuser als ihre soziale Pflicht. Heutzutage haben die Krankenkassen bzw. der Staat diese Rolle übernommen.

Kreolen, in den spanischen Kolonien Amerikas geborene Nachkommen der europäischen Einwanderer. Zwar schätzten die in Spanien geborenen Europäer die Kreolen nicht sehr, doch entwickelten sich diese bald zu einem mächtigen Element im aufblühenden SPANISCHEN KOLONIALREICH. Sie gelangten zu Wohlstand und besetzten viele Posten in den unteren Rängen der Bürokratie. Der Aufstieg in hohe Staatsämter gelang jedoch nur wenigen und ihr Unwille darüber war eine der Ursachen für die Unabhängigkeitskriege unter kreolischer Führung.

Kreta, größte der griechischen Mittelmeerinseln. Als Wiege der MINOISCHEN KULTUR und durch ihre verkehrsgünstige Lage spielte die Insel eine wichtige Rolle in der Entwicklung des Mittelmeerhandels. Im 3. Jh. v. Chr. war die Insel ein berüchtigter Piratenstützpunkt. Als die Piraten 68/67 v. Chr. den König von Pontos im Krieg gegen ROM unterstützten, zerstörten die Römer unter POMPEIUS KNOSSOS und machten aus der Insel eine römische Provinz. Nach der römischen Herrschaft blieb Kreta fast 500 Jahre in der Hand der Araber, bis die Insel im 10. Jh. von den Byzantinern erobert wurde. 1210 wurde sie an VENEDIG verkauft und war bis zur Eroberung durch die Osmanen 1669 ein wichtiger Getreide- und Holzlieferant. Unter der türkischen Herrschaft wurde der Ruf nach der Vereinigung mit GRIECHENLAND immer lauter. Bereits 1897 landeten griechische Streitkräfte auf der Insel, doch erst 1913 fiel Kreta an Griechenland.

Kreuzigung, eine von den Persern, Karthagern und Römern praktizierte frühe Form der Todesstrafe. Das Opfer wurde an einen Pfahl mit Querbalken angenagelt oder angebunden. Dann richtete man das Kreuz senkrecht auf. Die Juden sahen in der Kreuzigung eine vom mosaischen Gesetz verbotene Form der Bestrafung. Obwohl die Art und Weise des Todes von JESUS seine Anhänger bewegte, das Kreuz als Symbol anzunehmen, geschah dies erst nach der Beendigung der Christenverfolgung.

Kreuzzüge, im 11.–13. Jh. unternommene Beutezüge ins Heilige Land. Ihr ursprünglicher Zweck war die Befreiung der heiligen Stätten von den Moslems, später dienten sie jedoch als Vorwand für Raubzüge

Die Brutalität der Kreuzzüge spiegelt eine französische Darstellung von 1490 wider. Unter dem Beifall prominenter Zuschauer wie Richard I. von England werden im dritten Kreuzzug hunderte von gefangen genommenen Sarazenen enthauptet.

und Plünderungen. Zum ersten Kreuzzug 1095–99 rief Papst URBAN II. auf und versprach den Kreuzfahrern die Vergebung ihrer Sünden. 1099 wurde JERUSALEM im Handstreich genommen und ein christliches Königreich errichtet. Der nächste Kreuzzug fand rund 50 Jahre später statt. Anlass des dritten Kreuzzugs 1189–92 war die Eroberung Jerusalems durch SALADIN. Die Teilnehmer des vierten Kreuzzugs kamen nicht bis ins Heilige Land – stattdessen plünderten sie 1204 die christliche Stadt KONSTANTINOPEL. Ende des 13. Jh. ging die Zeit der Kreuzfahrer zu Ende. Die Kreuzzüge zogen Persönlichkeiten wie RICHARD I. LÖWENHERZ und LUDWIG IX. von Frankreich an. Gleichzeitig übten sie großen Einfluss auf das RITTERTUM und die Literatur in Europa aus und brachten Elemente arabischer Gelehrsamkeit und Architektur nach Europa.

Kriegsschuldfrage, Diskussion über die Verantwortung für den Ausbruch des ERSTEN WELTKRIEGS. Im VERSAILLER VERTRAG wurde dem DEUTSCHEN REICH und seinen Verbündeten die Alleinschuld am Krieg zugeschrieben. Hieraus leiteten die Siegermächte den Anspruch auf Schadenersatz für erlittene Verluste in Form von REPARATIONEN ab. Während in der WEIMARER REPUBLIK dieser so genannte Kriegsschuldparagraph von allen Parteien abgelehnt wurde, wiesen später namhafte Historiker wie Fritz Fischer auf die erhebliche Schuld der politischen Führung des deutschen Kaiserreichs am Ausbruch des Ersten Weltkriegs hin.

Krimkrieg (1853–56), Krieg Russlands gegen die vereinten Streitkräfte der Türkei, Großbritanniens, Frankreichs und Piemonts. Als die Russen einen Teil des OSMANISCHEN REICHES besetzten, war ein gewaltsamer Konflikt nicht mehr zu vermeiden. Im Oktober 1853 erklärte die Türkei Russland den Krieg. Bei Sinope am Schwarzen Meer zerstörten die Russen 1853 die türkische Flotte und zwangen Großbritannien wie Frankreich zum Kriegseintritt. Im August 1854 trafen alliierte Streitkräfte auf der Krim ein. Obwohl die Cholera unter den Soldaten wütete, besiegten sie im September die russische Armee und begannen mit der Belagerung der Festung Sewastopol. Russische Befreiungsversuche wurden von den Briten auf dem Plateau von Inkerman vereitelt.

Während des folgenden winterlichen Belagerungskriegs litten die unzureichend ausgerüsteten alliierten Truppen unter einem Mangel an Brennmaterial, Kleidung und Versorgungsgütern. Die Sterblichkeit unter den Verwundeten war extrem hoch, eine Tatsache, die den Briten in der Heimat nicht lange verborgen blieb. Als Folge der öffentlichen Kritik erteilte man Florence NIGHTINGALE die Genehmigung, Krankenschwestern auf die Krim mitzunehmen und die Versorgung der Verwundeten sicherzustellen. Dadurch sanken die Sterbeziffern bei den alliierten Verwundeten von 42 auf 2 %. Nach dem Fall Sewastopols im September 1855 ersuchte der neue russische Zar ALEXANDER II. um Frieden, der ihm auf dem Kongress von Paris 1856 gewährt wurde.

Kroatien, selbstständiger Staat auf dem BALKAN. Nach einer Reihe von Invasionen barbarischer Stämme wurde Kroatien im 9. Jh. von KARL DEM GROSSEN erobert. Mit dem Zusammenbruch des Karolingerreichs brachen Machtkämpfe zwischen UNGARN, VENEDIG und dem BYZANTINISCHEN REICH aus. Bis 1301 stand Kroatien unter ungarischer Herrschaft, die nächsten 80 Jahre regierte das Haus Anjou und anschließend versank das Land im Bürgerkrieg. Nach der Schlacht von Mohács 1526 fiel der Großteil des Landes an das OSMANISCHE REICH, das übrige Gebiet wurde von den HABSBURGERN regiert. Der neue kroatische Nationalismus begann sich 1809–13 zu regen, als das Land zu den Illyrischen Provinzen NAPOLEONS gehörte. Der Widerstand gegen den Imperialismus der Habsburger und den ungarischen Nationalismus erreichte 1848 seinen Höhepunkt. Eine erfolgreiche Revolution sicherte den Kroaten die Unabhängigkeit. Ein Jahr später erhob jedoch ÖSTERREICH Anspruch auf Kroatien. 1868 wurde Kroatien als Teil Österreich-Ungarns zum autonomen Ungarischen Kronland Kroatien-Slowenien.

Die Versuche UNGARNS, den Nationalismus der Kroaten niederzuschlagen, misslangen und nach der Niederlage Österreich-Ungarns im Ersten Weltkrieg wurde 1918 erneut ein unabhängiges Kroatien ausgerufen. Der neue Staat schloss sich 1921 dem Königreich der Serben, Kroaten und Slowenen an, das später JUGOSLAWIEN genannt wurde. Von Anfang an missfiel den Kroaten die dominante Rolle der Serben. Nach dem Balkanfeldzug Deutschlands im Zweiten Weltkrieg war die Führungsspitze Kroatiens

gegenüber Deutschland überwiegend positiv eingestellt. 1941 wurde Kroatien unter dem Faschisten Ante Pavelić erneut unabhängig. Kroatien schloss sich 1945 der neuen Bundesrepublik Jugoslawien an, doch eine für die Unabhängigkeit kämpfende Untergrundbewegung blieb auch weiterhin bestehen und wurde Ende der 80er-Jahre erneut aktiv.

Im Mai 1990 wurde eine nicht kommunistische Regierung gebildet und am Ende des Jahres griffen serbenfeindliche Partisanen Enklaven serbischer Einwohner an, die daraufhin Unterstützung von Einheiten der von Serben dominierten jugoslawischen Armee erhielten. Aus der verworrenen militärischen Lage entwickelte sich zunächst ein blutiger Bürgerkrieg. Nach der Anerkennung Kroatiens als unabhängigem Staat durch die EUROPÄISCHE GEMEINSCHAFT wurde im April 1992 in den von Serben bewohnten Gebieten eine Schutztruppe der VEREINTEN NATIONEN eingesetzt. Die Regierungen Kroatiens, SERBIENS und BOSNIENS akzeptierten 1995 den von den USA vermittelten Friedensplan von Dayton für die Region, doch die Spannungen bestehen weiter.

Kronstadter Aufstand, Rebellion der russischen Ostseeflotte gegen die bolschewistische Regierung in ihrem Hauptstützpunkt Kronstadt am Finnischen Meerbusen. 1917 hatte die Marinegarnison von Kronstadt die BOLSCHEWIKEN zunächst unterstützt, im März 1921 jedoch, als die städtischen Arbeiter gegen das Elend des Bürger-

kriegs demonstrierten, erhoben sich die Matrosen in einem Aufstand gegen die kommunistische Diktatur. Sie bildeten ein Provisorisches Revolutionskomitee und forderten neben Wirtschaftsreformen politische Freiheit. Doch zwischen dem 17. und 19. März wurden sie von der Roten Armee unter Führung TROTZKIJS brutal niedergeschlagen. Der Aufstand zwang die Kommunistische Partei 1921 zur Annahme der Neuen Ökonomischen Politik LENINS.

> **WUSSTEN SIE, DASS?**
>
> Die Kroaten und die Serben sprechen zwar dieselbe Sprache, doch schreiben die katholischen Kroaten in lateinischer Schrift, während die orthodoxen Serben die kyrillische verwenden.

Krösus (595 v. Chr.–nach 526 v. Chr.), König von Lydien, der ab 560 v. Chr. regierte. Sein Reichtum war legendär. Durch die Ausdehnung seines Königreichs beherrschte er alle griechischen Städte an der Küste Kleinasiens. Doch er wurde von dem Perserkönig KYROS II. DER GROSSE besiegt und Lydien dem persischen Reich einverleibt.

Krüger, Paul (1825–1904), afrikanischer Staatsmann und Präsident von TRANSVAAL 1883–1900. Krüger nahm am GROSSEN TRECK der Buren teil, der 1852 mit der Gründung der Republik Transvaal endete. Nach der Annexion durch GROSSBRITANNIEN 1877 führte Krüger im ersten BURENKRIEG 1880/81 den Kampf Transvaals um die Unabhängigkeit an. Nach seiner Wahl zum Präsidenten von Transvaal 1883 verfolgte er eine Politik des Widerstands gegen die Briten.

Die Entdeckung von Gold in Witwatersrand im Jahr 1886 führte zur Ansiedlung zahlreicher, meist britischer Einwanderer im Transvaal. Diesen Uitlanders – Ausländern – verweigerte Krüger die politische Gleichberechtigung. Die Beziehungen zwischen Großbritannien und dem Transvaal sowie dem ORANJE-FREISTAAT verschlechterten sich weiter und 1899 kam es zum zweiten Burenkrieg. Nach anfänglichen Erfolgen musste Krüger 1900 sein Amt aufgeben. 1904 starb er im Exil in der Schweiz.

Krupp, deutsches Stahl- und Rüstungsunternehmen, das 1857–1945 die größte Waffenschmiede Deutschlands war. Das Familienunternehmen wurde 1811 von Friedrich Krupp gegründet und von seinem Sohn Alfred fortgeführt. 1870/71 trugen die schweren Kanonen der Firma Krupp zum Sieg der Preußen im DEUTSCH-FRANZÖSISCHEN KRIEG bei. Alfreds Schwiegersohn Gustav Krupp von Bohlen und Halbach entwickelte im Ersten Weltkrieg Geschütze mit großer Reichweite – so etwa die Dicke Berta, eine Haubitze, mit der Paris 1918 aus einer Entfernung von 131 km beschossen wurde. In den 30er-Jahren war Gustav den Nationalsozialisten bei der Wiederaufrüstung

Zu Beginn des Krimkriegs waren die britischen Soldaten schlecht ernährt. Später erhielten die Männer des 8. Husarenregiments in einer Gefechtspause ihre Verpflegung aus einer Feldküche.

Deutschlands behilflich. Im Zweiten Weltkrieg stand die Firma Krupp unter der Leitung seines Sohnes Alfried, der KZ-Insassen als Zwangsarbeiter in den Krupp'schen Fabriken einsetzte. Später wurde er in Nürnberg vor Gericht gestellt und blieb 1948–51 inhaftiert. Nach seinem Tod 1967 wurde die Firma in eine Kapitalgesellschaft umgewandelt.

Kuba, Karibikinsel, die seit 1959 eine sozialistische Regierung hat. Bereits 1492 gelangte Christoph KOLUMBUS auf das von den Aruak-Indianern bewohnte Kuba. Die spanische Besiedlung begann 1511 mit der Gründung der Stadt Havanna. Ab 1526 führte man zur Arbeit auf den Zuckerrohr- und Tabakplantagen Sklaven aus Afrika ein. Die spanische Herrschaft endete 1898, als die USA in den zweiten Unabhängigkeitskrieg Kubas eingriffen. 1899 wurde die Insel, die damals bereits ein Drittel der Weltproduktion an Zucker lieferte, einer amerikanischen Militärverwaltung unterstellt, die auf der Insel blieb, bis 1902 eine Republik unter amerikanischem Schutz ausgerufen wurde. 1956 begann Fidel CASTRO einen Guerillakrieg, der zum Sturz des von den Amerikanern unterstützten Regimes Fulgencio BATISTAS führte. Castro bildete 1959 eine sozialistische Regierung, die sich ab 1961 als kommunistisches Regime verstand, amerikanische Ländereien und Industriebetriebe beschlagnahmte und sich auf die Seite der Sowjetunion stellte. Die USA reagierten mit dem Abbruch der diplomatischen Beziehungen und unterstützten den gescheiterten Invasionsversuch von Exilkubanern in der SCHWEINEBUCHT. Ein Jahr später überstand Castros Regime die KUBA-KRISE.

> **WUSSTEN SIE, DASS?**
>
> *Die USA unterhalten in Guantanamo auf Kuba einen großen Marinestützpunkt. Von dort auslaufende Schiffe sollten 1962 die sowjetischen Rüstungstransporte stoppen.*

Wirtschaftlich konnte die Regierung Castros die in sie gesetzten Hoffnungen nicht erfüllen. Obwohl sich Gesundheits- und Bildungswesen deutlich verbesserten, führte die Enttäuschung über das Regime 1980 zur Abwanderung von 125 000 Kubanern. Nach dem Zusammenbruch des COMECON 1990 und der SOWJETUNION 1991 blieb die kubanische Regierung bestehen. Versuche zur Verbesserung der Beziehungen zwischen den USA und Kuba scheiterten an dem Problem des ständigen Stromes von Flüchtlingen auf das amerikanische Festland.

Kuba-Krise, internationaler Zwischenfall, der die USA und die SOWJETUNION 1962 an den Rand eines Atomkriegs brachte. Auf Kuba hatte man insgeheim russische Atomraketen stationiert, die auf Ziele in den USA ausgerichtet werden konnten. John F. KENNEDY ordnete die Errichtung einer Blockade gegen sowjetische Militärtransporte nach Kuba an und verlangte von Russland den Abtransport der Waffen und die Schließung der Stützpunkte. Die Streitkräfte beider Supermächte waren in höchster Alarmbereitschaft. Höchste Kriegsgefahr bestand, als sich sowjetische Handelsschiffe, die man des Raketentransports verdächtigte, der Insel näherten, auf Befehl Nikita CHRUSCHSCHOWS jedoch schließlich umkehrten. Danach erklärte sich Russland zum Abbau der Raketenbasen auf Kuba bereit, wenn sich die USA im Gegenzug verpflichteten, Kuba nicht anzugreifen.

Kubilai (1214–94), 1260 zum Großkhan gewählter Enkel DSCHINGIS KHANS. 1267 machte Kubilai Kambaluk, das heutige Beijing, zur Hauptstadt des Mongolenreichs, begründete 1271 die YÜAN-Dynastie und ernannte sich 1279 selbst zum Kaiser eines Reiches, das sich vom Ostchinesischen Meer bis zur Donau erstreckte. Kubilai erklärte

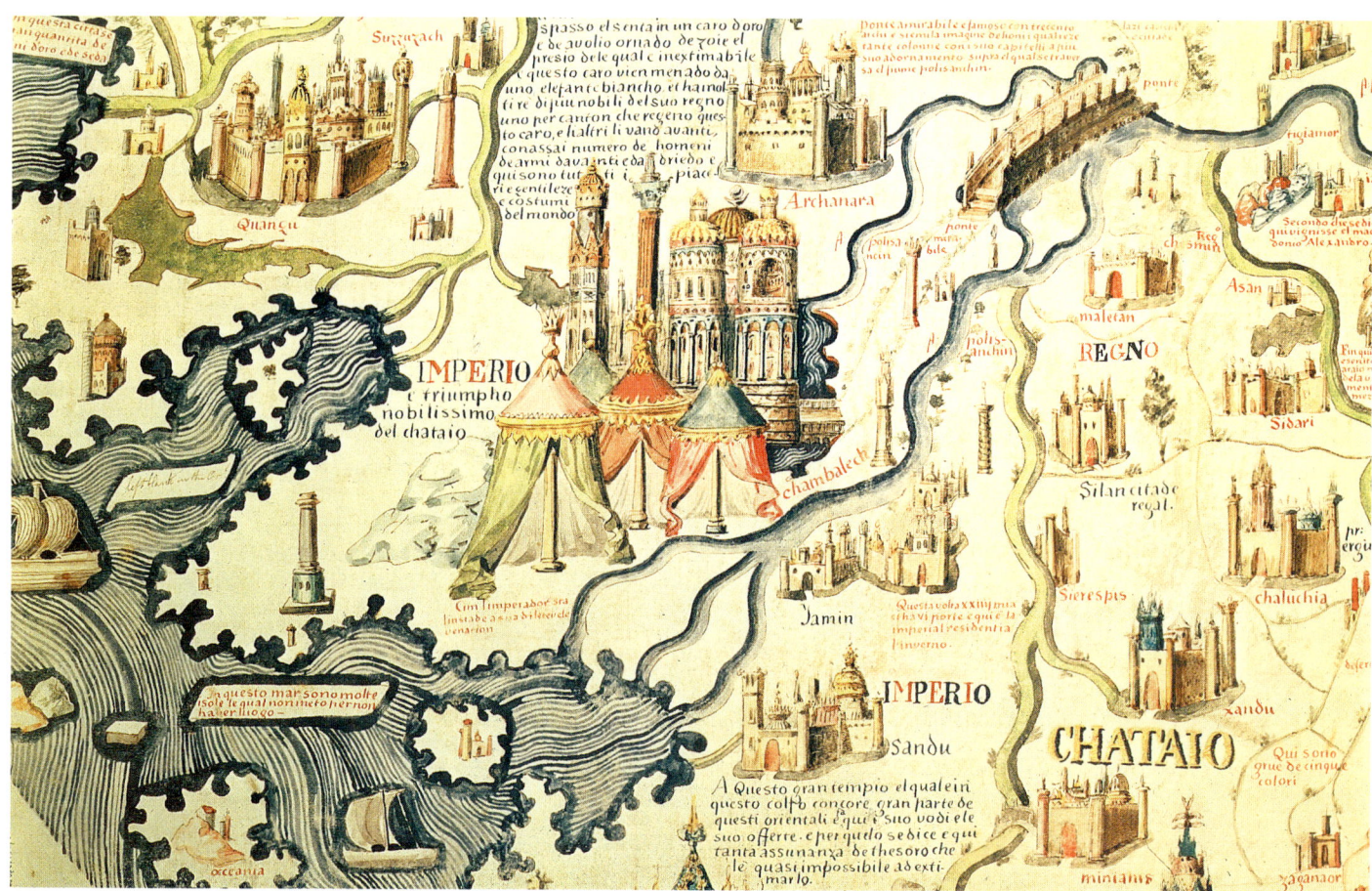

Mittelpunkt dieser auf den Aufzeichnungen Marco Polos basierenden Karte ist das von goldenen Zelten umgebene Kambaluk, die glanzvolle Hauptstadt Kubilai Khans. Auf der aus dem 15. Jh. stammenden Karte liegt Norden am unteren und Osten am linken Blattrand.

Mancherorts in den Südstaaten der USA sind die Mitglieder des Ku-Klux-Klans, getarnt durch weiße Kutten und Spitzkapuzen, noch heute aktiv.

den BUDDHISMUS zur Staatsreligion. Der venezianische Weltreisende MARCO POLO schrieb in seinem Bericht, er sei von 1275 bis 1292 Bevollmächtigter Kubilais gewesen. Unter Kubilais Regierung erlebte CHINA eine Blütezeit. Der Kaiser-Kanal, der den Norden mit dem Innern Chinas verband, wurde ausgebaut, man errichtete Poststraßen und legte Nahrungsvorräte für Notzeiten an. Entschlossen, China zum Mittelpunkt der Welt zu machen, unternahm Kubilai kostspielige Feldzüge ins Ausland. Seine Versuche zur Eroberung JAPANS endeten in einer Katastrophe, als seine Invasionsflotten mehreren Taifunen zum Opfer fielen.

Ku-Klux-Klan, amerikanischer Geheimbund, der zu seiner Blütezeit über 4 Mio. Mitglieder zählte. Der erste Ku-Klux-Klan wurde 1866, nach dem SEZESSIONSKRIEG, in Tennessee gegründet. Den schon bald eine halbe Million zählenden Mitgliedern war das Stimmrecht der ehemaligen Sklaven und ihr Zugang zu einflussreichen Posten ein Dorn im Auge. Durch ungezählte Überfälle schüchterten sie die Schwarzen ein, töteten sie und zerstörten ihren Besitz. 1869 löste General Nathan B. Forrest, der Große Magier des Klans, den Bund u. a. wegen der Gewalttätigkeiten auf.

1915 gründete William Simmons in Georgia einen zweiten Klan zur Förderung der Herrschaft der Weißen sowie antisemitischer, antikatholischer und antikommunistischer Strömungen. Mitte der 20er-Jahre erreichte der Klan den Höhepunkt seiner Macht. Nachdem um 1930 bekannt geworden war, dass der Klan die Staatspolitik korrumpiert hatte, sank die Zahl seiner Mitglieder auf unter 10 000. Nach der Ermordung von Bürgerrechtsdemonstranten in Alabama 1965 wurde der Klan von Präsident Lyndon B. JOHNSON öffentlich gebrandmarkt.

Kulak, russische Bezeichnung für reiche Bauern, die es sich unter der Zarenherrschaft leisten konnten, Arbeitskräfte anzuheuern oder als Geldverleiher zu fungieren. 1929 rief STALIN zur „Liquidation des Kulakentums" auf. In den 30er-Jahren wurde ihr Vieh beschlagnahmt und ihr Landbesitz im Zug der KOLLEKTIVIERUNG verteilt. Viele Kulaken wurden getötet – man schätzt die Zahl der Todesopfer auf 3 Mio. Weitere 10 Mio. Kulaken deportierte man in entlegene Teile der Sowjetunion.

Kulturkampf, die vom deutschen Reichskanzler Otto von BISMARCK 1881–87 geführte Auseinandersetzung um eine stärkere Abgrenzung zwischen Staat und KATHOLISCHER KIRCHE. Der Konflikt begann 1871, als Bismarck die Loyalität der deutschen

Katholiken gegenüber dem neu geschaffenen DEUTSCHEN REICH bezweifelte. Er hob die katholische Abteilung im Kultusministerium auf, dehnte die staatliche Aufsicht auf kirchliche Schulen aus und brach die Beziehungen zum Vatikan ab. Die Maigesetze von 1873 beschränkten die Machtbefugnisse der katholischen Kirche in noch stärkerem Maß und 1875 wurde die Zivilehe eingeführt. Eine starke katholische Opposition im Parlament veranlasste Bismarck zur Rücknahme vieler antikatholischer Gesetze. 1887 erklärte Papst Leo XIII. den Konflikt für beendet.

Kulturrevolution (1966–76), Zeit politischer Unruhen in CHINA, ausgelöst durch den Parteienstreit über die Zukunft des chinesischen SOZIALISMUS. Um 1965 führte eine kaum verhüllte Kritik an der Ideologie MAO ZEDONGS zu scharfen Vergeltungsmaßnahmen. Als Antwort auf die Drohungen prosowjetischer Parteipragmatiker und bürokratischer Reformer stellte sich Mao unzufriedene Studenten und Arbeiter als ROTE GARDEN an die Seite. Diese griffen Funktionäre der Parteizentrale an – oft mit Unterstützung der Armee – und setzten an ihrer Stelle Anhänger Maos ein. Besonders Akademiker und Intellektuelle galten als Angriffsziele. Häufig wurden sie körperlich misshandelt und alle mussten an Umerziehungsprogrammen teilnehmen.

Liu Shao-ch'i, seit 1959 Staatspräsident und designierter Nachfolger Maos, wurde seiner Ämter enthoben und LIN BIAO galt als neuer Nachfolger. Während der Unruhen wurde ein großer Teil des kulturellen Erbes Chinas zerstört. Die gewalttätigste Phase der Kulturrevolution endete mit dem Neunten Parteitag 1969, die radikale Politik jedoch erst mit dem Tod Maos im Jahr 1976.

Während der chinesischen Kulturrevolution war die Rote Bibel des Vorsitzenden Mao eine Richtschnur für die mit den Säuberungsaktionen beauftragten jungen Soldaten.

Kumran, Ruinen einer klosterähnlichen Anlage am Nordwestufer des Toten Meeres. Zwischen 1947 und 1956 fand man dort eine Sammlung uralter hebräischer und aramäischer Handschriften, die heute im isralischen Museum von JERUSALEM aufbewahrt werden. Die Schriften hatten vermutlich zur Bibliothek der Essener gehört, einer asketischen jüdischen Gemeinschaft, die 689 von den Römern zerschlagen wurde. Bis zur Entdeckung der Schriftrollen, die u. a. die älteste bekannte Handschrift des Buches Jesaja enthalten, galten die hebräischen Bibelhandschriften aus dem 9. Jh. als älteste erhaltene Quellen.

Kupferzeit, durch die Entdeckung der Metallbearbeitung geprägter Abschnitt der Menschheitsgeschichte. Die Kupferbearbeitung begann um 6000 v. Chr. in Asien. Aus archäologischen Belegen geht hervor, dass um 3500 v. Chr. in Teilen des Nahen Ostens Kupfererz abgebaut, geschmolzen und in Tonformen gegossen wurde. In den kupferzeitlichen Siedlungen entstand eine Schicht von Facharbeitern; gleichzeitig entwickelte sich ein blühender Handel mit Kupfer und den daraus hergestellten Objekten. Weil Kupfer selten war, beschränkte man seine Verwendung zunächst auf Ziergegenstände und seltene Dolche oder Breitbeile. Später wurde es statt Stein zur Herstellung von Werkzeugen und Waffen verwendet, bis Bronze und Eisen das Kupfer ersetzten.

Kurdistan, von islamischen Kurden bewohntes Gebiet im Westen Asiens. Historisch gesehen war Kurdistan niemals eine politische Einheit. Am Ende des Ersten Weltkriegs wurde die Region zwischen der Türkei, Syrien, dem Irak, dem Iran und der UdSSR aufgeteilt. Der Vertrag von Sèvres versprach 1920 ein unabhängiges Kurdistan, zustande gekommen ist es jedoch nie.

1970 sagte die irakische Regierung den im Nordirak lebenden Kurden eine begrenzte Autonomie zu, was diese jedoch ablehnten.

Auf dem Königsstuhl in Rhens präsentierten sich einige der römischen Könige nach der Wahl dem Volk.

Als die Regierung ihre Pläne 1974 durchsetzen wollte, kam es zu heftigen Gefechten, bei denen der IRAN die Kurden militärisch unterstützte. Die Unruhen unter den Kurden im IRAK nahmen zu, woraufhin Saddam HUSAIN 1987/88 einen Vergeltungsschlag mit chemischen Waffen führte. Tausende Kurden wurden getötet und rund 1,5 Mio. von ihren Dörfern in städtische Gebiete umgesiedelt.

Der GOLFKRIEG von 1991 war Anlass für einen weiteren Aufstand der Kurden im Irak, der erbarmungslos niedergeschlagen wurde, bis im Nordirak kurdische Lebensräume unter dem Schutz französischer, britischer und amerikanischer Soldaten errichtet wurden. Seit Mai 1994 bekämpfen sich die beiden größten irakischen Kurdenparteien PUK (Patriotische Union Kurdistans) und DPK (Demokratische Partei Kurdistans). Im August 1995 nahm man in Irland Gespräche zwischen den beiden Parteien zur Beendigung des Bürgerkriegs auf.

In der TÜRKEI begann die Kurdische Arbeiterpartei PKK 1984 einen bewaffneten Kampf für ein unabhängiges Kurdistan. 1994/95 führte die türkische Regierung im Südosten der Türkei und im Nordirak verschiedene Offensiven gegen Rebellen der PKK und die Zahl der Toten seit Beginn der Aktionen der PKK im Jahr 1984 stieg auf über 15 000. Zu Beginn des Jahres 1999 spitzte sich die Situation durch die dramatische Festnahme des PKK-Führers Öcalan in Kenia zu, dem zur Zeit in der Türkei der Prozess gemacht wird.

Kurfürsten, zur Wahl des römischen Königs berechtigte Fürsten des HEILIGEN RÖMISCHEN REICHES. 1273 wurde ihre Zahl auf sieben festgelegt: der Pfalzgraf bei Rhein, der Markgraf von Brandenburg, der Herzog von Sachsen, der König von Böhmen und die Erzbischöfe von Mainz, Trier und Köln. Die GOLDENE BULLE von

Das kurdische Volk lebt heute in einem Gebiet, das Teile des Irak, des Iran, Syriens, Armeniens und der Türkei umfasst.

1356 legte fest, dass die Mehrheit der sieben Kurfürsten zur Wahl des Königs genüge und regelte auch die Reihenfolge der Stimmabgabe. Die Kurwürde wurde später auch für Bayern und Hannover geschaffen. Das Amt des Kurfürsten wurde im Jahr 1806 abgeschafft, als es auf Veranlassung NAPOLEONS I. zum Ende des Heiligen Römischen Reiches kam.

Kursk, Schlacht von, größte Panzerschlacht des ZWEITEN WELTKRIEGS zwischen den Armeen der Sowjetunion und Deutschlands. An der Ostfront befahl Adolf HITLER einen Überraschungsangriff auf den Eisenbahnknotenpunkt Kursk im Westen der Sowjetunion. Fast 900 000 deutsche Soldaten mit 2700 Panzern und Sturmgeschützen wurden aus der Luft von über 1000 Flugzeugen unterstützt. Doch als die Deutschen am 5. Juli 1943 angriffen, fanden sie sich einer noch größeren Zahl sowjetischer Geschütze, Panzer und Flugzeuge gegenüber. Die Verluste der zum Rückzug gezwungenen Deutschen betrugen 120 000 Gefallene, Verwundete und Vermisste.

Kutusow, Michail (1745–1813), Befehlshaber des russischen Heeres und Fürst von Smolensk, der sich 1812 dem Vorstoß NAPOLEONS I. nach RUSSLAND entgegenstellte. 1805 war Kutusov Befehlshaber des österreichisch-russischen Heeres, 1806 focht er im russisch-türkischen Krieg und im Mai 1812 schloss er den für Russland günstigen Frieden von Bukarest. Im August wurde er zum Oberbefehlshaber aller gegen Napoleon antretenden russischen Streitkräfte ernannt. Nach bitteren Verlusten in der Schlacht von BORODINO am 7. September zog sich Kutusow hinter Moskau zurück, das die Franzosen am 14. September eroberten. Im Oktober

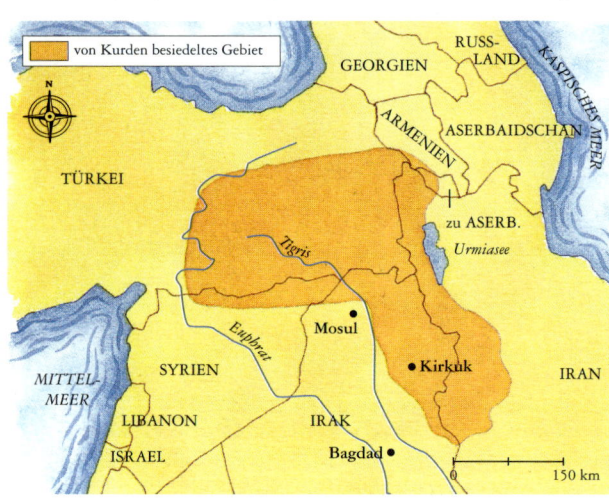

von Kurden besiedeltes Gebiet

RUSSLAND
GEORGIEN
ARMENIEN
ASERBAIDSCHAN
KASPISCHES MEER
TÜRKEI
zu ASERB.
Urmiasee
Tigris
Euphrat
Mosul
Kirkûk
IRAN
MITTELMEER
SYRIEN
LIBANON
IRAK
ISRAEL
Bagdad
150 km

1912 traten die Franzosen angesichts des bevorstehenden Winters den Rückzug an. Kutusow verfolgte die entkräfteten und geschwächten Truppen bis nach Polen und Preußen, wo er einer Krankheit erlag.

Kuwait, unabhängiger Staat an der Nordwestküste des Persischen Golfs. Seit 1756 wird das Land von der Familie Al Sabbah regiert. 1899 übergab der Scheich von Kuwait die Kontrolle über die Außenangelegenheiten seines Landes den Briten und 1914 wurde Kuwait britisches Protektorat. Durch die Entdeckung von Ölvorkommen im Jahr 1938 erlebte die Wirtschaft einen tief greifenden Wandel und nach dem Zweiten Weltkrieg wurde Kuwait einer der größten Ölproduzenten der Welt.

Im Juni 1961 erlangte das Land die Unabhängigkeit. Bereits im Juli stellte GROSSBRITANNIEN Soldaten zur Verfügung, um eine Annexion Kuwaits durch den IRAK zu vereiteln. Nach dem Auslaufen des Schutzvertrags mit Großbritannien 1971 versuchte Kuwait, eine Politik der Neutralität zu verfolgen, doch bedrohte der Ausbruch des iranisch-irakischen Krieges 1980 auch die Sicherheit Kuwaits. Kuwait stellte sich auf die Seite des Iraks, dem es ab etwa 1980 beträchtliche Kredite gewährt hatte. 1990 scheiterten die Verhandlungen mit dem Irak über die Rückzahlung der Kriegsanleihen und andere strittige Fragen.

Am 2. August 1990 drangen die Iraker, die schon lange die Oberhoheit über Kuwait beanspruchten, in das Land ein. Schätzungsweise 7000 Kuwaitis fanden den Tod, weitere 17 000 wurden in Lagern in Kuwait und im Irak festgehalten, bis eine multinationale Streitmacht unter amerikanischer Führung im Januar und Februar 1991 die irakischen Truppen im GOLFKRIEG besiegte. Die kuwaitischen Ölfelder brannten noch bis Ende 1991. Die meisten Bewohner des Landes kehrten zurück, doch die Regierung beschloss, dass nicht kuwaitische Staatsangehörige in Zukunft höchstens die Hälfte der Einwohner des Landes stellen durften. 1992 führte die Forderung nach der Wiedereinsetzung einer parlamentarischen Demokratie, die seit 1976 ausgesetzt war, zu Wahlen. Obwohl nur 13 % der Bevölkerung wahlberechtigt waren, gewannen viele Gegner der königlichen Familie einen Sitz in der Nationalversammlung.

Kyrillos (826/27–69), griechischer Missionar, nach dem die noch heute in RUSSLAND geläufige kyrillische Schrift benannt ist. Der am byzantinischen Hof erzogene Kyrillos und sein älterer Bruder, der heilige Methodius, wurden zur Bekehrung der SLAWEN nach Mitteleuropa entsandt. Sie entwickelten die kyrillische Schrift und übersetzten die Bibel und die Liturgie ins Slawische – ein

Vorstoß, der ihnen u. a. die Missbilligung der bayerischen Bischöfe einbrachte, die die slawische Liturgie bekämpften, und die Spannung zwischen den Kirchen in ROM und KONSTANTINOPEL verschärfte.

Kyros II. der Große († 529 v. Chr.), Begründer des persischen Großreichs. Kyros erlangte um 550 v. Chr. von König KRÖSUS von Lydien die Herrschaft über Kleinasien. Durch seinen Sieg über den letzten König der Chaldäer konnte er BABYLON, ASSYRIEN, SYRIEN und PALÄSTINA in sein Reich integrieren, das sich schließlich von ÄGYPTEN bis zur TÜRKEI und INDIEN erstreckte. Kyros ermunterte die eroberten Völker zur Bewahrung ihrer Bräuche und Religionen. Er befreite die Juden aus der babylonischen Gefangenschaft und erlaubte ihnen den Wiederaufbau des Tempels in JERUSALEM.

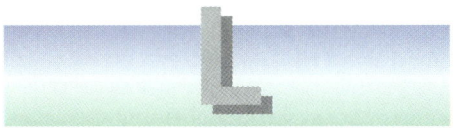

Labour Party, britische Partei. 1882, drei Jahre nachdem die Scottish Labour Party von Gewerkschaftern und Sozialisten gegründet worden war, gewann die Partei drei Parlamentssitze. Einen davon bekam Keir Hardie, der im folgenden Jahr Mitgründer der Independent Labour Party war. 1900 wurde ein Labour Representation Committee gebildet, das 1906, noch immer unter Hardie, 29 Sitze bei den Parlamentswahlen erhielt. Der Name wurde nun in Labour Party geändert.

1922 verdrängte Labour die Liberalen als wichtigste Oppositionspartei gegen die Kon-

servativen. Nach den Wahlen von 1923 und 1929 teilte sie sich die Regierung mit den Liberalen; ihre erste absolute Mehrheit errang sie 1945 unter Clement ATTLEE. Dessen Regierung schuf den Wohlfahrtsstaat und verstaatlichte britische Industrien und Unternehmen. Labour verlor die Wahlen von 1951, hatte die Macht aber 1964–70 unter Premierminister Harold WILSON sowie 1974–79 unter Wilson und dann James Callaghan wieder inne. Die zunehmend linke Politik bis 1979 entfremdete viele führende Parteimitglieder, von denen vier ausschieden und 1981 die Social Democratic Party gründeten.

1983 übernahm Neil Kinnock die Parteiführung und setzte eine weniger radikale Politik durch, um die Wählerschaft zurückzugewinnen. Er trat 1992 zurück, nachdem Labour die Wahl verloren hatte. John Smith wurde sein Nachfolger, starb aber zwei Jahre später und wurde von Tony Blair ersetzt. Dieser setzte Veränderungen in der Parteisatzung durch und bewegte die Politik der Labour Party zur Mitte hin. Nach diesen Schritten wurde die Partei New Labour genannt. Bei den Wahlen zum britischen Unterhaus im Mai 1997 beendete New Labour dann die 18-jährige Herrschaft der Konservativen, und Tony Blair wurde zum britischen Premierminister berufen.

La Fayette, Marie Joseph, Marquis de (1757–1834), französischer Soldat und Aristokrat. La Fayette trat 1777 als Freiwilliger in die amerikanischen Streitkräfte ein. Er bekam den Befehl über eine Armee in Virginia und war bei der Kapitulation der Briten bei Yorktown 1781 beteiligt, einem Sieg, der die amerikanische Unabhängigkeit sicherte. Seit 1782 wieder in Frankreich, wurde La Fayette

Die Labour Party warb 1923 mit drei Plakaten. Die ersten beiden wandten sich gegen Arbeitslosigkeit und Krieg. Das dritte (oben) verhieß den Arbeitern Glück unter einer Labour-Regierung.

ein früher Förderer der Revolution. Als diese sich gegen den König wandte, musste er aus dem Land fliehen, weil die JAKOBINER ihn verdächtigten, den König und die Feinde Frankreichs zu unterstützen. Im Exil wurde er von den Preußen und den Österreichern verhaftet und kehrte erst nach Frankreich zurück, als Napoleon 1799 an die Macht kam. La Fayette blieb als liberaler Wortführer bis zu seinem Tod aktiv.

Laissez-faire, Ausdruck, der eine Politik begrenzter staatlicher Einmischung in das Handeln des Einzelnen oder der Gesellschaft beschreibt. Zugrunde lag die Überzeugung, dass die Gesellschaft am meisten profitiere, wenn man Einzelnen gestatte, die eigenen persönlichen Ziele zu verfolgen. Der französische Begriff, der übersetzt „Lasst sie machen" bedeutet, wurde zuerst von den Physiokraten gebraucht – französischen Wirtschaftswissenschaftlern des 18. Jh. – und von dem schottischen Volkswirtschaftler Adam Smith übernommen.

Lancaster, englisches Königshaus, das auf John of Gaunt, Herzog von Lancaster zurückgeht. Das Haus Lancaster, dessen Wappen die rote Rose war, hatte den Thron von England unter HEINRICH IV., Heinrich V. und Heinrich VI. inne. Aber ihre Herrschaft endete mit den ROSENKRIEGEN, einer Reihe von Schlachten gegen ihre erbitterten Rivalen, das Haus York, die 1455 begannen. Als Heinrich VI. von Eduard IV. 1461 gestürzt wurde, flohen seine Anhänger nach Frankreich. Eine spätere Invasion unter Margarete von Anjou brachte Heinrich VI. im Oktober 1470 kurz auf den Thron, bis das Haus York

Chinesische Kommunisten mussten auf dem Langen Marsch von Jiangxi nach Yan'an insgesamt 18 Bergketten überqueren.

Die Entschlossenheit der Bevölkerung des Languedoc, ihre Unabhängigkeit zu wahren, zeigt sich im doppelten Mauerring mit Zinnen und Bastionen der mittelalterlichen Stadt Carcassonne.

wenige Monate darauf die Macht übernahm. Die Beharrlichkeit des Hauses Lancaster wurde schließlich belohnt, als seine Unterstützung für Heinrich Tudor diesen 1485 als HEINRICH VII. auf den Thron brachte.

Landfriede, ab dem 11. Jh. zur Bekämpfung der Fehde und der allgemeinen Kriminalität von den Landesherren erlassene Rechtsnormen, die den inneren Frieden gewährleisten sollten. Diese Landfriedensordnungen wurden bis zum 15. Jh. um zahlreiche Vorschriften erweitert, sodass sie den Stellenwert von Strafgesetzen bekamen. Kaiser HEINRICH IV. erließ 1103 in Mainz den ersten Reichslandfrieden. König FRIEDRICH I. stellte in seinem Landfrieden von 1152 alle Gesetzesverstöße unter königliche Strafe. Im Sommer 1235 wurde von Kaiser FRIEDRICH II. erstmals auch auf Deutsch der Mainzer Reichslandfriede erlassen, der die Reichshoheit u. a. in der Rechtsprechung gegen die Fürstenprivilegien durchzusetzen versuchte. Auf dem Wormser Reichstag von 1495 wurde der Ewige Landfriede verkündet. Er besaß Gültigkeit bis zum Ende des Heiligen Römischen Reiches im Jahr 1806. Im Unterschied zu früheren Landfriedensordnungen verbot er die feudale Fehde ausnahmslos.

Landkarten siehe rechte Seite

Lange Kerls, populäre Bezeichnung für das Leibregiment FRIEDRICH WILHELMS I., dessen Mitglieder eine Körpergröße von mindestens 1,90 m haben mussten. Die 500 Mann der „Potsdamer Wachtparade" wurden in allen Ländern Europas z. T. gewaltsam rekrutiert, gebürtige Preußen waren in der Minderheit. Der ansonsten sparsame Monarch

scheute keine Kosten, um seinen auf dem ganzen Kontinent belächelten Spleen in die Tat umzusetzen. 1740 wurde die Garde, mit deren Aufbau Friedrich Wilhelm schon als Kronprinz begonnen hatte, von seinem Sohn FRIEDRICH II. DEM GROSSEN, wegen hoher Kosten und geringer Effizienz aufgelöst.

Langer Marsch, heroischer Marsch der chinesischen Kommunisten, aus dem MAO ZEDONG als Führer der kommunistischen Partei hervorging. Geschwächt von wiederholten Angriffen der nationalistischen GUO-MINDANG, verließen 100 000 Soldaten ihre ländliche Basis in Jiangxi im Südosten Chinas. Im Januar 1935 übernahm Mao die Führung des Marsches auf dem Weg nach Yan'an in der nordwestlichen Provinz Shensi. In neun Monaten legten die Soldaten etwa 9600 km durch unwegsames Gelände zurück, wobei sie weitere Angriffe der Guomindang abwehren mussten. Im Oktober erreichte Mao Yan'an. Nur 7000 von den ursprünglichen 90 000 kamen durch – die anderen starben bei Kämpfen, an Hunger oder an Krankheiten. Mao begann nun, eine starke Basis aufzubauen, von der aus die Kommunisten schließlich den Kampf um die Herrschaft im festländischen China gewannen.

Languedoc, Landschaft in Südfrankreich. Von den Römern kolonisiert, im 5. Jh. von den Westgoten erobert und später von den karolingischen FRANKEN besiedelt, fiel die Provinz 1271 an die französische Krone. Obgleich ein Teil Frankreichs, behielt sie ihre Unabhängigkeit, traditionelle Kultur und Sprache, die *Langue d'oc,* wobei *oc* für „ja" im Südfranzösischen steht, im Unterschied zur *Langue d'oïl* (heute *oui*) in Nordfrankreich.

Die Welt auf Karten

Schon vor über 8000 Jahren versuchten Menschen, Merkmale ihrer Umgebung festzuhalten.

Mit zunehmendem Wissen fanden Gelehrte neue Möglichkeiten, die Welt abzubilden,

und stellten um das Jahr 150 den Vorläufer der modernen Landkarte her.

Die frühesten belegten Versuche, Karten zu fertigen, sind aus Mesopotamien und Ägypten bekannt. Mesopotamische Landvermesser erzeugten für gesetzliche und praktische Zwecke Pläne von Grundbesitz. Auch Fragmente von Stadtplänen sind erhalten. Es gibt einige Beispiele ägyptischer Karten, darunter den Turiner Papyrus von etwa 1300 v. Chr., der Gold- und andere Minen sowie Straßen zum Roten Meer zeigt. Die „babylonische Weltkarte", um 600 v. Chr. auf ein Tontäfelchen eingekratzt, zeigt eine ebene Welt mit Babylon und anderen namentlich bezeichneten Städten. Jenseits von ihnen erstrecken sich sieben oder acht ferne Regionen wie Spitzen eines Sternes. Die Karte ist ein gelehrter Versuch, kosmologische Vorstellungen darzustellen. Die alten Griechen schrieben als Erste über die Theorie und Praxis des Kartenzeichnens. Sie verwandten ihre Kenntnisse in Naturwissenschaft, Mathematik und Philosophie auf das Problem, wie man die Welt vermisst und genau darstellt.

Die Vorstellung von einer kugelförmigen Erde wurde wahrscheinlich zum ersten Mal im 6. Jh. v. Chr. von den Pythagoreern vorgetragen. Parmenides teilte den Globus in die fünf Zonen, wie wir sie heute kennen: eine heiße, zwei gemäßigte und zwei kalte. Das Problem, eine Kugel auf einer ebenen Fläche darzustellen, packten verschiedene Gelehrte an. Die meisten gelangten zu einem Rechteck mit Griechenland in der Mitte.

Anaximander von Milet wurde im 6. Jh. v. Chr. als erster Kartograph anerkannt. Eratosthenes maß gut drei Jahrhunderte später den Erdumfang: Er berechnete ihn auf 250 000 Stadien (rund 40 230 km), wobei er sich nur geringfügig verschätzte. Die Anstrengungen dieser Gelehrten und die Kenntnisse, die Griechen von Militärexpeditionen und Reisen

Die babylonische Weltkarte zeigt Babylon mit anderen Städten und dem Euphrat, umgeben vom Ozean, hinter dem sagenhafte Länder vermutet wurden.

mitbrachten, legten den Grund für die wissenschaftliche Kartographie.

Die Geographie des alexandrinischen Gelehrten Claudius Ptolemäus stellte im 2. Jh. n. Chr. dann den Höhepunkt antiker Kartographie dar. Ptolemäus diskutierte die Prinzipien der Kartographie und führte Breiten- und Längengrade ein. Seine Weltkarte, die in späteren Reproduktionen erhalten ist, stellt sich als eindeutiger Vorläufer heutiger Karten dar.

Nach Ptolemäus verlangsamte sich der Fortschritt in der wissenschaftlichen Kartographie. Arabische Geographen des 7.–12. Jh. verwendeten Übersetzungen von Ptolemäus' Werk und trugen Details aus früher unerforschten Regionen nach. Auch in China entwickelte sich die Kartographie im Mittelalter: Karten wurden für militärische und administrative Zwecke benötigt. Auf Seide gezeichnete Pläne hat man in jüngster Zeit im Grab eines Generals von 168 v. Chr. gefunden. Eine Karte des ganzen Landes, 1193 gezeichnet, wurde auf Stein kopiert und 1247 in einem Tempel aufgestellt. Dagegen waren europäische Weltkarten, die *mappae mundi*, des 8.–15. Jh. im Allgemeinen eher symbolisch oder religiös zu verstehen als praktisch anwendbar.

Das Zeitalter der Entdeckungen weckte neues Interesse an fachmännischer Kartographie. In Deutschland erschienen im 15. Jh. viele Ausgaben von Ptolemäus' Werk. Seit dem 14. Jh. fertigten Seeleute aus dem Mittelmeerraum mithilfe verbesserter Instrumente wie dem Magnetkompass detaillierte Seekarten, die so genannten Portolane. Die Fortschritte dieser Zeit gipfelten in der Herstellung ausgereifter Karten wie jener des im 16. Jh. wirkenden Gerhard Mercator aus Flandern, dessen Methoden noch auf vielen modernen Karten verwendet werden.

Ptolemäus, der ägyptische Astronom und Geograph, fertigte 150 eine Karte, die bis zum Mittelalter die genaueste Darstellung der Welt blieb.

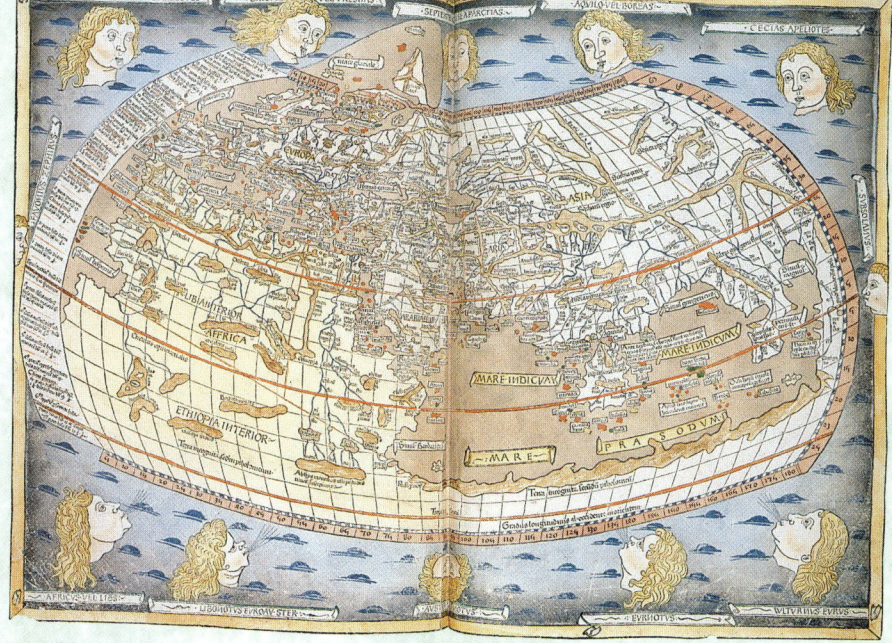

Das *Parlement* des Languedoc entwickelte sich zum zweitwichtigsten in ganz Frankreich nach dem in Paris. Im 16. Jh. ein Bollwerk des PROTESTANTISMUS, unterstützten die Städte des Languedoc 1702–10 die Camisards (die Hugenotten der Region) bei ihrem Aufstand gegen LUDWIG XIV.

Laos, Staat in Südostasien. Die zu den Tai gehörenden Lao wanderten ungefähr seit dem 6. Jh. aus Südchina nach Laos ein, wurden aber von den Mongolen nach Süden vertrieben. Sie errichteten 1354 das buddhistische Königreich Lan Xang, das sich 1701 in drei Reiche spaltete: Vientiane, Champassak und Luang Prabang. Die Königreiche kamen allmählich unter siamesische Oberhoheit (Tai), bis Siam 1893 gezwungen wurde, seinen Anspruch an FRANKREICH abzutreten. Nach dem Zweiten Weltkrieg, in dem das Land von Japan besetzt wurde, erlebte Laos bis 1953 eine kurze Zeit als unabhängige Monarchie. Der von der kommunistischen Partei PATHET LAO angezettelte Guerillakrieg untergrub jedoch die Monarchie. Prinz Souvanna Phouma stellte 1962 eine gewisse Stabilität her, aber die Kämpfe brachen schon bald wieder aus und dauerten bis in die 70er-Jahre, wobei Laos sehr unter seiner Einbeziehung in den Krieg in VIETNAM litt. Nach einem Waffenstillstand 1973 willigte der Prinz in die Teilung der Macht mit dem Pathet Lao-Führer ein, der auch sein Halbbruder war. Bis 1975 errang der Pathet Lao beinahe die vollständige Kontrolle. Die Monarchie wurde abgeschafft und unter Kaysone Phomvihane, einem engen Verbündeten Vietnams, die Volksrepublik proklamiert. Seine tyrannische Herrschaft milderte sich 1989, und Schritte zum Wiederaufbau der Wirtschaft wurden eingeleitet. Unter einer neuen Verfassung wurde Kaysone 1992 zum Präsidenten gewählt, starb jedoch bereits einige Monate nach der Amtsübernahme. Sein Nachfolger war Nouhak Phoumsavan, der bald darauf mit dem IWF einen Entwicklungskredit aushandelte. Die USA stellten 1992 die diplomatischen Beziehungen wieder her und hoben 1995 ein Embargo für Hilfsgüter auf.

La Salle, René Robert, Cavalier, Sieur de (1643–87), französischer Erforscher von KANADA und Nordamerika. La Salle, der 1666 nach Kanada ging, befuhr als erster Europäer den Mississippi und entdeckte 1682 LOUISIANA, das er nach König LUDWIG XIV. benannte und für sein Land in Besitz nahm. 1683 kehrte er nach Frankreich zurück, wo er die Vollmacht erhielt, die gesamte Region zwischen dem Michigansee und dem Golf von Mexiko zu verwalten. Als er jedoch im darauf folgenden Jahr aufbrach, verfehlte er die Mündung des Mississippi und gelangte stattdessen nach Texas. Nach mehreren gescheiterten Versuchen, den Strom wieder zu finden, meuterte seine Mannschaft und ermordete ihn. Es vergingen weitere zwölf Jahre, bis Louisiana schließlich von den Franzosen besiedelt wurde.

Las Casas, Bartolomé de (1474–1566), spanischer Missionar, auch bekannt als „Apostel von Indien". 1502 ließ sich der Begleiter von KOLUMBUS als Pflanzer in der spanischen Kolonie Hispaniola in Westindien nieder. Schockiert über die Behandlung der einheimischen Indianer, übte er scharfe Kritik an der Kolonialherrschaft. Um 1510 wurde er zum Priester geweiht. Seit 1514 reiste er in den Kolonien umher und kämpfte während der folgenden 50 Jahre für die Abschaffung der SKLAVEREI. Las Casas schrieb mehrere Bücher, in denen er für die Gleichberechtigung der Indianer eintrat, darunter die *Historia de las Indias*. Sein unermüdlicher Kampf schlug sich in Gesetzen nieder, die den Indianern einen gewissen Schutz gaben, doch blieb ihre Wirkung wegen des Widerstands der KONQUISTADOREN gering.

Rechts: Zufällig wurde 1940 der Eingang zu den Höhlen bei Lascaux in Frankreich entdeckt. Darin fanden Archäologen Tiermalereien, die als Beginn menschlicher Kunst betrachtet werden (unten).

Lascaux, Höhlensystem in Südwestfrankreich mit der wichtigsten vorgeschichtlichen Kunst der Welt. Vier Jungen, die ihrem Hund folgten, entdeckten die Höhlen 1940. Die Wände sind mit Malereien der Steinzeit bedeckt, die 15 000–13 000 v. Chr. entstanden. Die in lebhaften Farben gehaltenen und teilweise überdimensionalen Malereien zeigen u. a. Rehe, Bären, Pferde, Auerochsen sowie ein Wesen, das dem sagenhaften Einhorn ähnelt. In der Nähe vieler Tiere sind Pfeile und Fallen dargestellt, die darauf hinweisen, dass Lascaux über einen langen Zeitraum als Ort für einen Jagdzauber benutzt wurde. Die Bilder sind in mindestens 13 verschiedenen Stilen ausgeführt, wahrscheinlich aus verschiedenen Perioden. Die natürlichen Farbstoffe und Holzkohle wurden mit den Fingern, Moos oder Fell aufgetragen oder durch hohle Knochen appliziert.

Lassalle, Ferdinand (1825–64), in Breslau geborener deutscher Revolutionär, Mitbegründer der sozialdemokratischen Bewegung. Während einer Studienreise in Paris wurde er 1845 mit sozialistischem Gedankengut konfrontiert. Der radikale Demokrat forderte die Aufhebung des Dreiklassenwahlrechts und die Einführung allgemeiner, gleicher und geheimer Wahlen. Wegen seiner

Pierre Laval, der französische Kollaborateur der Nazionalsozialisten, wurde 1945 von Spanien an Frankreich ausgeliefert und hingerichtet.

Teilnahme an der Revolution in Köln und Düsseldorf wurde er 1849 zu einer sechsmonatigen Gefängnisstrafe verurteilt. Die Überwindung des Kapitalismus hielt er durch den Aufbau von Produktionsgenossenschaften, an denen die Arbeiter beteiligt sein sollten, für möglich. Lassalle wurde zum ersten Präsidenten des 1863 gegründeten Allgemeinen Deutschen Arbeitervereins gewählt, für den er sich in Norddeutschland mit wenig Erfolg sehr stark engagierte. 1864 starb der Politiker an den Folgen eines Eifersuchtsduells.

Lateranverträge, im Februar 1929 im Lateranpalast in Rom von Benito MUSSOLINI und Papst Pius XI. unterzeichnete Verträge zur Verbesserung der Beziehungen zwischen dem Vatikan und der italienischen Regierung. Obwohl die Verträge eine finanzielle Entschädigung für die bei der Einigung Italiens verlorenen päpstlichen Gebiete festlegten, wurden sie als Propagandasieg der faschistischen Regierung gefeiert. Die VATIKANSTADT wurde als vollkommen unabhängig unter dem päpstlichen Souverän, der Katholizismus als einzige Religion des italienischen Staates anerkannt.

Laval, Pierre (1883–1945), französischer Politiker, begann seine politische Laufbahn als Sozialist, rückte aber allmählich nach rechts. Laval war 1931/32 und 1935/36 Ministerpräsident. Er machte sich einen Namen als Außenminister, als er 1935 mit seinem britischen Amtskollegen Samuel Hoare den Hoare-Laval-Pakt entwarf, durch den Italien Zugeständnisse in Äthiopien erhielt. Er verlor vorübergehend die Macht, wurde aber 1940 Ministerpräsident der VICHY-REGIERUNG. 1945 wurde er wegen seiner Unterstützung Adolf HITLERS und des FASCHISMUS im Zweiten Weltkrieg vor Gericht gestellt und hingerichtet.

Law, Andrew Bonar (1858–1923), britischer Politiker, in Kanada geboren. Law wurde 1911 Führer der Konservativen und unterstützte den Widerstand Ulsters gegen die irische Selbstverwaltung. 1915 trat er in eine Koalition mit Herbert ASQUITH ein und war von 1916 bis 1919 Schatzkanzler. Im folgenden Jahr verwarfen die Konservativen eine Koalition mit den Liberalen unter David LLOYD GEORGE, und Law wurde zum Premierminister ernannt. Krankheit zwang ihn im Mai 1923 zum Rücktritt.

Lawrence, T(homas) E(dward) (1888 bis 1935), britischer Soldat und Schriftsteller. Er arbeitete als Archäologe im Nahen Osten und wurde wegen seines großen Anteils an der Organisation des Araberaufstands gegen die Türken im Ersten Weltkrieg als Lawrence von Arabien bekannt. Die Ereignisse und die eigenen Abenteuer während des Aufstands beschrieb er in seinem 1926 erschienenen Buch *Die sieben Säulen der Weisheit*. Seine Kriegstaten hatten Lawrence – eigentlich ein scheuer Mensch – zu einer populären öffentlichen Gestalt gemacht, aber nach einer kurzen Nachkriegsepisode als Winston CHURCHILLS Berater in der neu geschaffenen Nahostabteilung zog er sich aus dem öffentlichen Leben zurück. Er ging unter dem Namen John Hume Ross als Mechaniker zur Royal Air Force (RAF) und später als T. E. Shaw zum Panzerkorps, bevor er zur RAF zurückkehrte. Er kam bei einem Motorradunfall ums Leben.

Lebensraum, politische Doktrin der Nationalsozialisten in Deutschland in den 30er-Jahren des 20. Jh. Mit ihr sollten deutsche Ansprüche auf ehemalige österreichische und preußische Gebiete in Osteuropa gerechtfertigt werden. Sie war die Basis für Hitlers „Drang nach Osten", der die deutschen Invasionen in die Tschechoslowakei und nach Polen veranlasste und zum Ausbruch des Zweiten Weltkriegs führte.

Lechfeld, Schlacht auf dem (955), Schlacht vom 10. bis 12. August 955 in der Nähe von Augsburg. Das fränkische Heer unter Konrad dem Roten, der fiel, und das sächsische unter OTTO I. DEM GROSSEN besiegte die in Bayern eingedrungenen Ungarn vernichtend. Diese Niederlage beendete eine jahrzehntelange Epoche räuberischer Einfälle und führte zur Sesshaftwerdung der Ungarn in der Donau-Theiß-Ebene.

Le Corbusier (1887–1965), französischer Architekt Schweizer Herkunft, der großen Einfluss auf die Architektur des 20. Jh. ausübte. Sein richtiger Name lautete Charles-Édouard Jeanneret – sein Pseudonym, von französisch *corbeau*, Rabe, war ein Wortspiel auf seine Gesichtszüge. Seine Entwürfe zei-

gen einen starken Expressionismus – viele seiner Gebäude lehnen sich in ihren Formen an Vorbildern wie Schiffen an – verbunden mit Funktionalismus. Er verstand ein Haus als „Wohnmaschine". Corbusier sprach sich als Erster für den Gebrauch von Stahlbeton aus. Weitgehend Autodidakt, erhielt er die meisten Ideen auf Reisen durch Mitteleuropa 1907–11. In den 20er- und 30er-Jahren war er einer der Führer der Bewegung „Neues Bauen" und entwarf eine Reihe stilbildender weißer kubischer Häuser, die oft auf stelzenartigen Pfeilern standen. Nach dem Zweiten Weltkrieg wurde sein Stil imposanter und bildhauerischer. Zu seinen bekanntesten Werken gehören eine riesige Wohnanlage in Marseille mit Geschäften und die Wallfahrtskirche Notre-Dame-du-Haut in Ronchamp. Sein größtes Projekt war die Anlage der neuen Stadt Chandigarh in Indien, begonnen 1951.

Lee, Robert E. (1807–70), Oberbefehlshaber der Konföderierten im amerikanischen SEZESSIONSKRIEG. In einer bekannten Soldatenfamilie aufgewachsen, verließ er die Akademie West Point mit einem Offizierspatent bei den Pionieren. Im Mexikanisch-Amerikanischen Krieg 1846–48 wurde er verwundet und leitete dann drei Jahre lang die Militärakademie. Lee bekam zu Beginn des Sezessionskriegs 1861 ein Feldkommando der Union angeboten. Er zog es aber vor, Militärberater des Präsidenten der Konföderation, Jefferson DAVID, zu werden. Seine taktische und strategische Meisterschaft erwies sich als mächtige Waffe gegen den Norden. Im Juni 1862 übernahm er den Befehl über die konföderierte Armee in Nordvirginia und führte sie zu den Siegen

Das Porträt zeigt T. E. Lawrence in der Beduinentracht, mit der er seine wahre Identität verbarg, als er gegen die Türken kämpfte.

Im mittelalterlichen Europa mussten Leibeigene harte Arbeit auf den Feldern ihrer Grundherren leisten.

Sheffield und ging 1578 eine bigamistische zweite Ehe ein. Als man ihn in die Niederlande schickte, um 6000 Soldaten gegen die Spanier zu befehligen, erwies Leicester sich als unfähig, weswegen er 1588 zurückgerufen wurde, um die englischen Truppen bei Tilbury für den Kampf gegen die spanische Armada aufzustellen. Später im selben Jahr starb er plötzlich an einer Vergiftung.

bei Fredericksburg im Dezember 1862 und Chancellorsville im folgenden Mai. Obwohl bei GETTYSBURG geschlagen, hielt Lee General Ulysses GRANT in Richmond fast ein Jahr lang stand, bis er am 9. April 1865 bei Appomattox kapitulieren musste.

Leibeigene, Bauern, die an Land gebunden sind oder einem Herrn unterstehen. Seit dem Mittelalter stellten Leibeigene nach dem Rückgang der Sklaverei den untersten Rang der Gesellschaft dar. Anders als Sklaven konnten Familien von Leibeigenen nicht getrennt und verkauft werden; auch durften Herren Leibeigene nicht töten oder verstümmeln, was bei Sklaven zulässig war. Aber Leibeigene hatten keine persönliche Freiheit, und anders als freie Pächter mussten sie sich der Gerichtsbarkeit ihres Grundherrn unterwerfen. In Westeuropa dezimierte der SCHWARZE TOD im 14. Jh. die Zahl der Leibeigenen; dies führte zu einem Mangel an Arbeitskräften, was es manchen Leibeigenen ermöglichte, vom Besitz ihres Herrn zu fliehen, während viele, die blieben, freie Pächter wurden. Die meisten verbliebenen Leibeigenen kauften sich im 15. und 16. Jh. frei. In Osteuropa jedoch führten die Stärkung des Adels und die Entwicklung des Absolutismus zur Festigung der Leibeigenschaft. In Frankreich formal 1789 beendet, hielt sie sich in Österreich und Ungarn bis 1848 und wurde in Russland erst 1861 aufgegeben. Auch in Teilen Deutschlands wurde die Leibeigenschaft erst im 19. Jh. völlig abgeschafft.

Leibniz, Gottfried Wilhelm (1646 bis 1716), deutscher Philosoph und Mathematiker. Leibniz, ein Gelehrter von fast enzyklopädischem Wissen, erfand 1684 die Infinitesimalrechnung. Als drei Jahre später Isaac NEWTON seine eigene Entdeckung des Kalküls veröffentlichte, entstand zwischen den beiden Männern eine Kontroverse, die bis 1711 andauerte, als sich die Royal Society aufgrund seiner vor 1684 veröffentlichten Arbeiten für Newton erklärte. Aber Leibniz vertiefte sich auch in andere Zweige der Naturwissenschaften und in die Philosophie und wandte rationales Denken an, um natürliche Phänomene zu erklären. Er glaubte, das Universum bestehe aus geistigen Krafteinheiten – den Monaden –, in Harmonie miteinander zusammengestellt von Gott, der an der Spitze des Monadensystems existiere.

Leicester, Robert Dudley, Earl of (um 1532–88), Günstling am Hof von Königin ELISABETH I. Dudley und sein Vater wurden wegen Unterstützung der Lady Jane GREY zum Tod verurteilt. Sein Vater wurde hingerichtet, er selbst kam jedoch 1554 frei und gewann schnell Elisabeths Gunst. Sie überhäufte ihn mit Ämtern und Landbesitz und machte ihn 1564 zum Earl of Leicester. 1573 heiratete er heimlich die verwitwete Lady

Leih- und Pachtgesetz, Abkommen im Zweiten Weltkrieg, nach dem die USA Großbritannien und seinen Verbündeten Ausrüstung lieferten. Das Gesetz wurde von Präsident Franklin D. ROOSEVELT eingebracht und ermöglichte ihm, Waffen und Lebensmittel ohne Bezahlung auf Gegenseitigkeit an jeden Staat zu liefern, dessen Verteidigung wichtig für die amerikanische Sicherheit war. Die meisten Güter gingen nach Großbritannien.

Leipzig, Völkerschlacht von (1813), Wendepunkt in den BEFREIUNGSKRIEGEN. In der Schlacht vor Leipzig wurde Napoleons I. Armee, die sich aus über 185 000 Franzosen, Sachsen und anderen deutschen Verbündeten zusammensetzte, in der Zeit vom 16. bis zum 19. Oktober von einer Streitmacht von rund 320 000 Österreichern, Preußen, Russen und Schweden unter Feld-

Von einem Hügel aus beobachteten Napoleon und sein Stab die vergeblichen Bemühungen der französischen Kürassiere, Blüchers angreifende Truppen in der Völkerschlacht von Leipzig aufzuhalten.

marschall Karl zu Schwarzenberg geschlagen. Zunächst gelang es Napoleon noch, Angriffe im Norden von Schwarzenberg und BLÜCHER abzuwehren; als jedoch russische und schwedische Verstärkungen eintrafen und die sächsischen Truppen von Napoleon abfielen, sah er sich zum Rückzug gezwungen. Dabei gerieten ungefähr 30 000 Franzosen in Gefangenschaft, als eine Brücke versehentlich gesprengt wurde und sie festsaßen. Diese Niederlage und der Rückzug der Streitmacht Napoleons beendeten den französischen Einfluss östlich des Rheins.

Lenin, Wladimir Iljitsch siehe rechts

Leningrad, Belagerung von, im Zweiten Weltkrieg die Belagerung der zweitgrößten Stadt der Sowjetunion, die beinahe 900 Tage dauerte und fast 1 Mio. Menschenleben forderte. Deutsche Truppen erreichten die Außenbezirke von Leningrad (das heutige St. Petersburg) im September 1941 und kreisen die Stadt rasch ein. Obwohl Leningrad schlecht auf eine Belagerung vorbereitet war, wurde der Zivilbevölkerung verboten, die Stadt zu verlassen, und bald litten die Menschen unter Hunger und Krankheit ebenso wie unter der anhaltenden Bombardierung und Beschießung. Sowjetische Gegenangriffe begannen Anfang 1943, aber die Belagerung wurde erst im Januar des folgenden Jahres vollständig aufgehoben. 1965 zeichnete die sowjetische Regierung Leningrad mit dem Titel *Heldenstadt der Sowjetunion* aus.

Leo I. der Große (um 390–461), Papst von 440 bis zu seinem Tod. Leo erweiterte die päpstliche Autorität auf Spanien, Gallien, Nordafrika und den Nahen Osten. In CHALCEDON in Griechenland legte er 451 durch Klärung der Beziehung zwischen Gottvater und Gottessohn in einer Weise, die sowohl die Ostkirche als auch die Westkirche akzeptieren konnte, eine verbindliche christliche Liturgie fest. Im folgenden Jahr verhinderte Leo die Zerstörung Roms durch die Hunnen, indem er ihren König ATTILA bestach. 455 rettete Leo die Stadt noch einmal, als er die Wandalen bewog, Rom nicht zu plündern.

Leo III. (um 750–816), Papst von 795 bis zu seinem Tod, der an KARL DEN GROSSEN höchste päpstliche Autorität abtrat. Leos Vorgänger Hadrian I. hatte die Feindschaft des Oströmischen Reiches gegen Karl den Großen genutzt, um päpstliche Unabhängigkeit zu wahren. Leo dagegen suchte 799 Schutz an Karls Hof, als er des Meineids und der Unkeuschheit angeklagt wurde. 800 kehrte Leo nach Rom zurück, wo Karl durchsetzte, dass die Klagen gegen Leo fallen gelassen und seine Kritiker festgenommen und

Gründer einer Diktatur

Der Staat, den Lenin ins Leben rief, bestand fast 80 Jahre und brachte Tyrannei und Leid über weite Teile Europas und Asiens, bevor er 1991 zusammenbrach.

Der erste kommunistische Staat der Welt, die Sowjetunion, gilt als die Schöpfung eines Mannes – Wladimir Iljitsch Uljanow alias Lenin. Seine Gründung eines Einparteienstaats beeinflusste tief den Verlauf des 20. Jh.

Der unbeirrbar rücksichtslose Lenin erwies sich als eine Mischung aus Brillanz und Inkompetenz, Einsicht und Blindheit. Ein Zeitgenosse beschrieb ihn als „verrückt vor Eitelkeit", einem anderen schien er „mehr von einem Provinzkrämer als von einem Übermenschen" zu haben. Lenin unterdrückte eine frühe Liebe zur Musik, weil sie seiner Meinung nach zu Rührseligkeit führte.

„Lenin wird ewig leben", verkündete das Propagandaplakat aus dem Jahr 1967.

MARXISMUS UND REVOLUTION

Der Fürsprecher der Arbeiterklasse wurde 1870 in Simbirsk an der Wolga in eine Familie der Mittelschicht geboren. Er studierte Jura und verbrachte den größten Teil seines Lebens als Erwachsener mit emigrierten Intellektuellen außerhalb von Russland. Sein älterer Bruder wurde 1887 wegen Vorbereitung eines Attentats auf den Zaren hingerichtet und Lenin gelangte zu der Überzeugung, dass „jede richtig denkende und wirklich ehrliche Person ein Revolutionär sein müsse". Die Schriften von Karl Marx führten ihn zu der Gewissheit, dass Klassenkampf der Motor allen Fortschritts sei.

Wegen seiner Gesinnung 1897–1900 vorübergehend nach Sibirien verbannt, führte sein Beharren auf einer Partei, die von einer Elite beherrscht wird, auf dem Parteitag der russischen Sozialdemokraten 1903 zu einer Spaltung, bei der den Leninisten die Mehrheit

(Bolschewiken) blieb. Die Bolschewiken spielten bei dem Aufstand von 1905 nur eine geringe Rolle und bei der Februarrevolution 1917, die den Zaren stürzte, überhaupt keine: Lenin hielt sich in Zürich auf und klagte, zu seinen Lebzeiten würde es keine Revolution geben. Er kehrte im April zurück, aber nach einem gescheiterten bolschewistischen Putsch im Juli floh er nach Finnland. Ein zweiter Putsch im Oktober brachte Lenin an die Spitze der neuen Räteregierung. Sein Erfolg im folgenden Bürgerkrieg war z. T. Leon Trotzkijs Roter Armee zu verdanken.

Mit Waffengewalt löste Lenin Russlands erste frei gewählte Konstituierende Versammlung auf. Sein Rezept für Andersdenkende lautete: „Entsendung an die Front, Zwangsarbeit, Einziehung des Besitzes, Verhaftungen, Hinrichtung durch Erschießen". Als er 1924 starb, wurde sein einbalsamierter Leichnam in einem Mausoleum auf dem Roten Platz in Moskau ausgestellt.

1919 besichtigte Lenin Truppen auf dem Roten Platz, während zwischen dem neuen Sowjetregime und der antibolschewistischen Weißen Armee der Bürgerkrieg tobt.

des Landes verwiesen wurden. Karl sprach Leo von allen Beschuldigungen frei und dafür krönte der Papst seinen offenbar nichtsahnenden Beschützer am Weihnachtstag 800 in der Peterskirche zum Kaiser. Damit begründete er das Vorrecht, dass nur ein Papst einen Kaiser krönen dürfe.

Leo IX. (1002–54), Papst von 1048 bis zu seinem Tod. Als fähiger Reformer suchte Leo zu beenden, was damals für das Hauptübel der Kirche gehalten wurde. Er widersetzte sich der Priesterehe, der Investitur von Geistlichen durch Laien sowie der SIMONIE (dem Kauf und Verkauf geistlicher Ämter), und es gelang ihm, diese Praktiken von der Ostersynode 1049 verurteilen zu lassen. Leo wurde 1053 von den Normannen gefangen genommen, als er versuchte, Süditalien unter päpstliche Kontrolle zu bringen, wo seine Einmischung in Gebiete, auf die das BYZANTINISCHE REICH Anspruch erhob, den Bruch Roms mit der Ostkirche 1054 nach sich zog. Leo wurde nach neun Monaten freigelassen, starb aber bald darauf. Er wurde heilig gesprochen, weil er das päpstliche Ansehen wieder hergestellt hatte.

Leonardo da Vinci siehe rechte Seite

Leonidas († 480 v. Chr.), König von SPARTA und Held der Perserkriege. Leonidas führte eine kleine griechische Truppe, die zwei Tage lang bei den THERMOPYLEN der gewaltigen Armee des Perserkönigs Xerxes standhielt. Leonidas befahl der Masse des griechischen Heeres, sich zurückzuziehen, während er mit einer Truppe von 1000 Spartanern zurückblieb, die bis auf den letzten Mann kämpften und es ihren Verbündeten ermöglichten, sich in Sicherheit zu bringen.

Leopold I. (1640–1705), König von Ungarn seit 1655 und von Böhmen seit 1656, Kaiser von 1658 bis zu seinem Tod. Nachdem er ursprünglich eine geistliche Laufbahn einschlagen sollte, zeigte sich Leopold für die Regierung schlecht gerüstet und war stark auf den Rat seiner Minister und Generäle angewiesen. Er befand sich während eines großen Teils seiner Regierungszeit im Krieg, schlug die osmanischen Angriffe im Osten und die Franzosen unter LUDWIG XIV. im Westen zurück. Ein früher militärischer Erfolg gegen die Osmanen brachte Gebietszuwachs, aber Leopold konnte die osmanische Gefahr nicht beenden, solange er im Krieg mit Frankreich stand. 1686 suchte er englische und niederländische Hilfe, um der französischen Expansion zu widerstehen. Dies führte 1701 zum SPANISCHEN ERBFOLGEKRIEG. Die türkische Bedrohung beendete Leopold 1699 mit dem FRIEDEN VON KARLOWITZ. In den folgenden Jahren entwickelte Leopold Wien zu einem europäischen Kulturzentrum.

Von 200 türkischen Galeeren, die ursprünglich in See stachen, entgingen lediglich 40 der Vernichtung bei Lepanto, wo über 10 000 christliche Sklaven befreit wurden.

Leopold II. (1835–1909), König der Belgier von 1865 bis zu seinem Tod. Sein Hauptinteresse lag in der Erweiterung des belgischen Kolonialbesitzes; aber als er 1885 König des neu geschaffenen unabhängigen Kongostaats geworden war, behandelte er das afrikanische Territorium wie ein persönliches Lehen. Er beutete Kautschuk- und Elfenbeinhandel für seinen persönlichen Gewinn aus und nutzte die Bodenschätze, um die belgische Wirtschaft zu entwickeln und die Streitkräfte zu vergrößern. 1908 wurde die Welt auf Leopolds Umgang mit dem Kongo aufmerksam, und er musste die Kontrolle über das Gebiet der belgischen Regierung übertragen.

Lepanto, Seeschlacht von (7. Oktober 1571), Seeschlacht im Golf von Korinth, die letzte, die von Galeeren mit Ruderern ausgefochten wurde. Am 7. Oktober trafen die osmanische Flotte und Schiffe der Heiligen Liga – Venedig, Spanien, Genua und der Papst – vor dem nördlichen Zugang zum Golf von Korinth aufeinander. Dabei brachte die Liga den Türken die erste Niederlage zur See durch christliche Streitkräfte bei. Obwohl 117 Galeeren erbeutet und Tausende von Türken gefangen genommen wurden, trug der Sieg relativ wenig dazu bei, die osmanische Macht auf Dauer zu schwächen.

Lesseps, Ferdinand Vicomte de (1805–94), französischer Bauingenieur und Architekt des SUEZKANALS. Lesseps' Traum, einen Kanal über den Isthmus von Suez zu bauen, wurde möglich, als sein Freund Sa'id Pascha 1854 zum Vizekönig von Ägypten ernannt wurde. Der Ingenieur brachte über

die Hälfte der für das Projekt benötigten Mittel selbst auf und die Arbeit begann 1860. Fast zehn Jahre später war der Kanal fertig. 1881 begann Lesseps mit ehrgeizigen Planungen für einen Panamakanal, aber die Arbeiten wurden 1888 aufgegeben; Lesseps und seine Mitdirektoren wurden in Frankreich wegen Veruntreuung angeklagt.

Lessing, Gotthold Ephraim (1729–81), deutscher Dichter, Kritiker, Übersetzer und Religionsphilosoph der Aufklärung. Nach dem Studium der Theologie, Philologie und einigen Monaten Medizin entschloss er sich 1748, freier Schriftsteller zu werden. Mit *Miss Sara Sampson* (1755) und *Emilia Galotti* (1872) wurde er zum Begründer des bürgerlichen Trauerspiels. Seine *Minna von Barnhelm* (1767) gilt als Muster des deutschen Lustspiels, das durch Gestaltung der Charaktere besticht. Ab 1767 war er als Dramaturg in Hamburg tätig, wo seine *Hamburgische Dramaturgie* (1767/68) entstand. Nach dem Scheitern des Theaterprojekts entschloss er sich 1770, eine Stelle als Bibliothekar in Wolfenbüttel anzunehmen, die er bis zu seinem Tod innehatte. In dieser Zeit entstanden u. a. das berühmte dramatische Gedicht *Nathan der Weise* (1779) und die Abhandlung *Die Erziehung des Menschengeschlechts* (1780). Auch in diesen Werken tritt Lessing für Toleranz und Humanität ein und kämpft gegen Vorurteile und Bevormundung.

Lettland, Staat an der Ostküste der Ostsee. Ursprünglich von lettischen Stämmen bewohnt, wurde das Land im 10. und 11. Jh. von Russen und Schweden erobert und im 13. Jh. von deutschsprachigen Nachbarn zum CHRISTENTUM bekehrt. Bis 1230 hatte der DEUTSCHE ORDEN das Land erobert und ein Feudalsystem errichtet, in dem deutsche Grundherren über lettische Bauern herrschten. Im 17. und 18. Jh. war das Land zwischen Schweden und Polen geteilt, bevor es teils 1721, teils 1795 an Russland kam. 1918 wurde die unabhängige Republik ausgerufen und 1920 gegen bolschewistische Angriffe behauptet. Die sowjetische Besetzung 1940 wurde 1941 von deutschen Truppen unterbrochen, aber die Sowjetunion gewann drei Jahre später wieder die Herrschaft und machte Lettland zu einer Teilrepublik der Sowjetunion, die es industrialisierte. Nach deren Zerfall gewann das Land 1991 wieder seine Unabhängigkeit.

Leuthen, Schlacht bei (5. Dezember 1757), Aufeinandertreffen der Armee von FRIEDRICH II. DEM GROSSEN mit den zahlenmäßig weit überlegenen österreichischen Kräften unter Herzog Karl von Lothringen im SIEBENJÄHRIGEN KRIEG. Durch den Sieg Friedrichs bei Leuthen, westlich von Breslau, fiel praktisch ganz Schlesien an Preußen.

Ein Mensch der Renaissance

Leonardo da Vinci gilt als der Künstler und das wissenschaftliche Genie der Renaissance. Sein wegweisendes Wirken in Florenz, Mailand und später in Frankreich beeinflusste viele seiner Zeitgenossen und zeitigte Erkenntnisse, die über Leonardos Zeit hinaus Bestand hatten.

Als Maler, Bildhauer, Ingenieur und Erfinder ist Leonardo da Vinci der Inbegriff des kreativen und vielseitigen Renaissancemenschen, den die Wiederbelebung der antiken Kultur im Italien des 15. Jh. hervorbrachte. Er war „so begnadet von der Natur, dass die Ergebnisse, wohin er seine Gedanken und Sinne auch wandte, stets inspiriert und vollkommen waren", schrieb sein erster Biograph, Giorgio Vasari, 1550.

In Vinci in der Toskana 1452 als unehelicher Sohn eines Anwalts geboren, waren Leonardos Talente schon immer außergewöhnlich. Eine frühe Geschichte erzählt, wie er einen Schild für einen Pächter seines Vaters so eindrucksvoll mit einem Medusenhaupt bemalte, dass sein Vater ihn für sich behielt. 1470 kam Leonardo zu dem Künstler Andrea del Verrocchio in Florenz in die Lehre. Es hieß, er habe sich auf das bescheidene Handwerk des Malens verlegt, weil seine Unehelichkeit ihm angesehene Arbeit verwehrte. Sein erstes erhaltenes Werk ist ein zarter Engel in Verrocchios *Taufe Christi* und vielleicht Teile der Landschaft. Verrocchio schwor, als er sein eigenes Können in den Schatten gestellt sah, nie wieder zu malen. Binnen weniger Jahre rissen sich Fürsten um Leonardos Werke.

Der Beginn seiner Karriere fiel mit der Entwicklung eines Naturalismus zusammen, dessen bedeutendster Vertreter Leonardo selbst war. „Es ist wichtig, sich direkt an die Natur zu halten", schrieb er, anstatt andere Maler zu kopieren. Eine seiner ersten datierten Arbeiten, eine toskanische Landschaft, entstand 1473. Höhepunkt seiner Kunst in dieser Periode ist die unvollendete Anbetung der Könige, die 1481 in Auftrag gegeben wurde.

Die folgenden 18 Jahre verbrachte Leonardo in Mailand im Dienst des Herzogs Ludovico Sforza. Für ihn entwarf Leonardo die kolossale Bronzestatue eines Pferdes zu Ehren des Vaters des Herzogs.

Leonardo da Vinci (oben) und sein Porträt von Cecilia Gallerani (links), das um 1490 in Mailand entstand. Rechts: Eine von Leonardos detaillierten Zeichnungen, die sein großes Interesse an den Naturwissenschaften verdeutlicht.

Das Projekt wurde aufgegeben, als das Metall für Rüstungen benötigt wurde, aber Zeichnungen für das Denkmal sind erhalten.

Leonardos künstlerisches Meisterwerk in Mailand ist das Fresko des *Abendmahls* für das Kloster Santa Maria delle Grazie, 1495–98 auf die Wand des Refektoriums gemalt, bei dem er Neuerungen in der Perspektive mit ausdrucksvollen Charakterschilderungen der Gestalten Christi und seiner Jünger verband.

WISSENSCHAFTLICHE STUDIEN

Leonardo notierte seine wissenschaftlichen Ideen in einer Reihe bemerkenswerter Notizbücher, darunter detaillierte Studien der Hydraulik – z. B. ein Bewässerungssystem für die Ebenen der Lombardei –, der Optik, Astronomie und Anatomie, von militärtechnischen Projekten und einer mit Wasser betriebenen Weckuhr. Wiederholt versuchte er, eine Flugmaschine zu bauen, und entwarf sowohl ein gepanzertes Fahrzeug als auch ein erstaunlich modern aussehendes Zweirad. Leonardo schrieb in Spiegelschrift, sodass die Fruchtbarkeit seiner Ideen erst im 19. Jh. gewürdigt wurde, als man feststellte, dass seine notierten Diagramme viele Entdeckungen und Erfindungen vorwegnahmen.

1499, nach dem Sturz der Sforza, kehrte Leonardo nach Florenz zurück und nahm eine Stelle als Architekt und Konstrukteur bei Cesare Borgia an, dem Herzog der Romagna. Aus dieser Zeit stammt die *Mona Lisa* (1503). Das Gemälde wurde als unvergleichliches Beispiel dafür betrachtet, wie die Kunst die Natur imitieren kann. „Blickt man genau auf die Grube der Kehle, könnte man schwören, der Puls schlüge", schrieb Vasari. Leonardo stellte Musiker an, um sein Modell während der Arbeit zu unterhalten, was vielleicht ihr legendäres Lächeln erklärt – allerdings sieht man den gleichen rätselhaften Blick auch bei seinen religiösen Gestalten. 1503 beauftragte die Stadt Florenz sowohl Leonardo als auch seinen Künstlerkollegen Michelangelo, zwei Wandgemälde zur Erinnerung an florentinische Schlachten zu schaffen. Leonardo fiel die Schlacht von Anghiari zu, aber wie viele seiner Werke blieb es unvollendet. Heute gibt es nur Kopien davon.

Von seinem Privatleben ist wenig bezeugt. Da er nie heiratete und in der Jugend wegen einer unbewiesenen Anklage der Unzucht vor Gericht gestellt wurde, wird mitunter der Schluss gezogen, dass er vielleicht homosexuell war. 1516 verließ Leonardo Florenz, um für Franz I. von Frankreich zu arbeiten. Er erhielt eine Summe ausgesetzt und ein Schloss nahe Amboise, wo er mit 67 Jahren 1519 starb.

Mitglieder der Lewis-and-Clark-Expedition begegneten am Oberlauf des Missouri einer Gruppe von Prärie-Indianern (oben). Die Berichte der Entdeckungsreisenden (links) trugen zur Erschließung des amerikanischen Westens bei.

Levellers, in den 40er-Jahren des 17. Jh. aktive, radikale republikanische Gruppe in England. Die Levellers agitierten für Religionsfreiheit, erweitertes Wahlrecht, Freiheit der Rede sowie die Abschaffung der Monarchie und des Adels. Anfangs erhielten sie Zulauf aus der armen Bevölkerung Londons und bis 1647 hatten sie zahlreiche Angehörige von Oliver CROMWELLS Armee der EISENSEITEN überzeugt. Vertreter jedes Regiments, als Agitatoren bezeichnet, trafen sich mit Cromwell und anderen militärischen Führern, aber es gelang nicht, Unstimmigkeiten auszuräumen, und die Levellers meuterten. Als sie 1649 zum zweiten Mal aufbegehrten, zerschlug Cromwell die Bewegung.

Lewis, John Llewellyn (1880–1969), amerikanischer Arbeiterführer. Lewis arbeitete als Bergmann und stieg 1920 zum Vorsitzenden der United Mine Workers of America auf, der größten Bergarbeitergewerkschaft, die er zu einer der mächtigsten Gewerkschaften ausbaute. Seine bullige Erscheinung verband sich mit einer Zähigkeit, die es ihm einerseits ermöglichte, wesentliche Verbesserungen der Löhne und Arbeitsbedingungen auszuhandeln, die aber andererseits auch zu vielen erbitterten Streiks während des Zweiten Weltkriegs führte. Obwohl Lewis immer Republikaner gewesen war, weigerte er sich bei den Verhören MCCARTHYS zu schwören, er sei kein Kommunist. Er ging 1960 in den Ruhestand, blieb aber Berater des Wohlfahrtsgremiums der Gewerkschaft.

Lewis-and-Clark-Expedition (1804 bis 1806), transkontinentale Entdeckungsreise, die das Ziel hatte, einen Landweg vom Osten der USA zum Pazifik zu finden, und die der Besiedlung des amerikanischen Westens den Weg bahnte. An der 40 Mann starken Expedition – die von Präsident Thomas JEFFERSON in Auftrag gegeben und von seinem Sekretär Meriwether Lewis sowie dem Forschungsreisenden William Clark geleitet wurde – nahmen Botaniker und Zoologen ebenso teil wie Kenner der Indianer. Die Männer brachen 1804 in St. Louis auf und fuhren den Missouri hinauf bis nach North Dakota, wo sie überwinterten, bevor sie im Frühjahr nach Montana weiterzogen, um die Rocky Mountains und den in Idaho gelegenen Lemhi-Pass zu erreichen. Nach einer Kanufahrt über Clearwater, Snake und Columbia River erreichte die Expedition 1805 schließlich den Pazifik. Die Teilnehmer mussten einen rauen Winter an der Küste verbringen, bevor sie im darauf folgenden Jahr erneut die Rocky Mountains überquerten. Die Expedition teilte sich in zwei Gruppen, um vor der Rückkehr nach St. Louis möglichst viel erkunden zu können. Die Forschungsreise erwies sich als ein voller Erfolg: Die Männer brachten detaillierte Landkarten und wertvolle wissenschaftliche Daten mit. Trotz mehrerer Zusammenstöße mit feindseligen Indianern starb nur ein Mitglied der Expedition während der langen Reise.

WUSSTEN SIE, DASS?

Die Libanon-Zeder findet bereits in der Bibel als edles Baumaterial von Salomos Tempel und Palast Erwähnung. Von den riesigen Zedern des Libanon, von denen es einst große Wälder gab, sind heute nur noch wenige Bäume übrig.

Lex Salica, Stammesrecht der salischen FRANKEN, die im 5. Jh. Gallien eroberten. Das Salische Gesetz wurde um 507–11 in der Regierungszeit CHLODWIGS I. erlassen. Es wurde unter den Karolingern verändert und aus dem Lateinischen ins Althochdeutsche übersetzt. Es betraf sowohl Privat- als auch Strafrecht und enthielt eine Liste von Bußen für verschiedene Vergehen und Verbrechen. Es legte auch fest, dass Töchter keinen Landbesitz erben durften. In Frankreich wurde die Lex Salica im 14. Jh. herangezogen, um den Ausschluss von Frauen von der Thronfolge zu rechtfertigen, obwohl es erst im 16. Jh. Gesetz des Königreichs wurde. 1328 verwendete man es gegen EDUARD III. von England, der durch seine Mutter Anspruch auf den französischen Thron geltend machte. Die Lex Salica wurde als Grundsatz 1713 in Spanien eingeführt.

Libanon, Staat an der Ostküste des Mittelmeers. Ein großer Teil des Libanon gehörte zum Reich der PHÖNIZIER, die vermutlich um 3000 v. Chr. ankamen. Unter deren Herrschaft entwickelte sich das Gebiet des heutigen Libanon zu einem wirtschaftlichen Zentrum. Im Lauf der Zeit wurde es dann u. a. von Amoritern, Hyksos, Ägyptern und Achämeniden erobert. Im 7. Jh. n. Chr. gründete ein christlicher Stamm aus Syrien – die Maroniten – eine Gemeinde im Libanon-Gebirge, das zur Zufluchtsstätte für religiöse Minderheiten wurde. Etwa zur gleichen Zeit ließen sich im südlichen Libanon Araber nieder und 400 Jahre später vermischte sich der Glauben dieser arabischen Gruppen mit der Religion der DRUSEN. Gegen Ende des 18. Jh. begannen die Maroniten ihre Gemeinde auszudehnen, was den Frieden mit den Drusen bedrohte, und um die Mitte des 19. Jh. kam es zu Spannungen und kriegerischen Auseinandersetzungen. Im Jahr 1842 zerschlugen die osmanischen Türken die Macht der Drusenfürsten. Als die Drusen 1860 ein Massaker an den Maroniten anzettelten, intervenierte Frankreich zugunsten der Maroniten und zwang den osmanischen Sultan, eine autonome Provinz für sie einzurichten.

Nach dem Zweiten Weltkrieg führte ein nationaler Pakt zu gleichberechtigter Vertretung aller Religionsgemeinschaften des Libanon. Die gegenseitige Toleranz schuf ein Klima, in dem das Land zu wirtschaftlicher Blüte gelangte und seine Hauptstadt Beirut zum finanziellen Mittelpunkt des Nahen Ostens wurde. Doch der Zustrom von Tausenden von palästinensischen Flüchtlingen, die den arabisch-israelischen Kriegen zu entgehen suchten, löste neue Kämpfe zwischen Arabern und Maroniten aus und 1975 brach ein langer Bürgerkrieg aus, der zur militärischen Intervention Syriens führte.

Provoziert durch Aktivitäten der PALÄSTINENSISCHEN BEFREIUNGSORGANISATION PLO, rückte Israel 1978 im Libanon ein und besetzte ein Gebiet im Süden des Landes. 1982 folgte eine regelrechte Invasion der israelischen Truppen, die sich erst drei Jahre später wieder zurückzogen. Zu diesem Zeitpunkt lag das Land in Ruinen. Tausende hatten ihr Leben verloren, doch der Konflikt blieb ungelöst. 1987 intervenierten die Syrer erneut; sie entsandten Truppen nach Beirut und übernahmen einen großen Teil des Staates. Friedensbemühungen scheiterten und 1989 begann der maronitisch-christliche General Aoun mit israelischer Hilfe einen Krieg gegen Syrien. Sechs Monate später vermittelte die ARABISCHE LIGA ein Abkommen, das die politische Dominanz der Maroniten verringerte und einen brüchigen Frieden brachte. Ein förmlicher, 1991 unterzeichneter Vertrag konnte der Instabilität des Libanon kaum abhelfen. 1992 wurden die ersten allgemeinen Wahlen seit 20 Jahren von den Maroniten boykottiert, wodurch die moslemischen Parteien die politische Kontrolle gewannen. Die Angriffe und Bombardierungen endeten jedoch erst 1995, als Israel einwilligte, einen autonomen Staat der Palästinenser zu errichten.

Liberalismus, seit der FRANZÖSISCHEN REVOLUTION in ganz Europa verbreitete politische und wirtschaftliche Strömung, deren theoretisch-philosophische Grundlagen u.a. auf die Werke von John LOCKE, Thomas HOBBES, Charles MONTESQUIEU und Georg Friedrich Wilhelm HEGEL zurückgingen. Die individuelle Freiheit sollte so wenig wie möglich beeinträchtigt werden. Aus der Befriedigung der Einzelinteressen würde, so hoffte man, das gesellschaftliche Gesamtinteresse entstehen. Das erstarkende, zunächst eher konservative Bürgertum griff liberale Ideen vermehrt auf, nachdem ihm von den herrschenden Fürstenhäusern eine Teilhabe an der Macht in Form der konstitutionellen Monarchie verwehrt worden war. Für den politischen Liberalismus erhielten Forderungen wie allgemeines Wahlrecht oder Presse- und Versammlungsfreiheit zentrale Bedeutung. Der wirtschaftliche Liberalismus strebte im Wesentlichen die freie ökonomische Betätigung und die Verhinderung von Monopolen an, die eben diese Freiheit beeinträchtigen könnten. In Deutschland wurde die Reichsgründung 1870/71 von den Liberalen unterstützt, wobei durch die Zusammenarbeit mit traditionellen Kräften hinsichtlich der Freiheitsrechte allerdings Kompromisse eingegangen werden mussten.

Aus linken Flügeln der liberalen Bewegung gingen – wie z.B. in England und Deutschland – die ersten organisatorischen Ansätze der Arbeiterbewegung hervor. Im 20. Jh. ließ der Einfluss des Liberalismus langsam nach und in zahlreichen demokratischen Staaten haben liberale Parteien heute nur noch eine relativ geringe Bedeutung.

Liberia, westafrikanischer Staat, 1822 von der American Colonisation Society als Heimat befreiter Sklaven aus den USA eingerichtet. Liberia ist die älteste unabhängige Republik in Afrika. Der Name wurde 1824 angenommen und der erste nicht weiße Gouverneur, Joseph Jenkins Roberts, erklärte 1847 die Unabhängigkeit. Seit den 20er-Jahren des 20. Jh. wurde der Kautschukreichtum Liberias erschlossen, wodurch das Land in der Folge zu einem gewissen Wohlstand kam. Als jedoch die Kautschukpreise auf dem Weltmarkt in den 70er-Jahren fielen, erlitt die Wirtschaft einen herben Rückschlag und 1980 brachte eine blutige Revolution eine Militärregierung unter Stabsfeldwebel Samuel Doe an die Macht. Dessen korruptes und autokratisches Regime endete 1990, als er durch die Friedenstruppen der Westafrikanischen Wirtschaftsgemeinschaft getötet wurde. Diese hatte man nach Liberia

Der Blick auf den Hafen der libanesischen Hauptstadt Beirut vermittelt einen friedlichen Eindruck (unten). Doch der Schein trügt: Bewaffnete Soldaten, die an provisorisch befestigten Kontrollpunkten Dienst tun, prägen heute das Bild der Stadt (links).

geschickt, um in dem blutigen Bürgerkrieg zwischen zwei Rebellengruppen, der das Land seit zwei Jahren verwüstete, zu intervenieren. Ein brüchiger Waffenstillstand zwischen den Truppen von Charles Taylor und denen von Prinz Yormie Johnson kam im selben Jahr zustande, hielt jedoch nicht allzu lange. Die Feindseligkeiten fanden auch nach 1992 eine Fortsetzung, als Taylor Amos Sawyer als Interimspräsidenten anerkannt hatte und er selbst Vizepräsident wurde. 1996 hatte sich der blutige Krieg in einem solchen Maß ausgeweitet, dass amerikanische Streitkräfte eingriffen und zahlreiche Ausländer evakuierten.

Libyen, nordafrikanischer Staat, dessen überwiegender Teil in der Sahara liegt. Obwohl die Küste im 7. Jh. v. Chr. von Griechen kolonisiert und Libyen im 1. Jh. v. Chr. Teil des RÖMISCHEN REICHS wurde, hat das Landesinnere während eines großen Teils der Geschichte arabischen und berberischen Nomaden gehört. Selbst die Türken, die 1561 die Kontrolle über die Küstenregion gewannen, konnten sich nicht die Herrschaft über die Wüstenbewohner unter der Bruderschaft der Senussi sichern. Italien traf auf dasselbe Problem, als es das Gebiet den Türken in einem kurzen Krieg von 1911/12 entriss.

Im Zweiten Weltkrieg stellten die Alliierten Libyen unter Militärverwaltung und es erlangte 1951 die Unabhängigkeit als Monarchie unter Emir Idris as-Senussi. Als ein Militärputsch den Emir 18 Jahre später stürzte, wurde Libyen ein radikaler islamischer sozialistischer Staat unter der Führung von Oberst Moamar al-GADDHAFI. Mithilfe des enormen Ölreichtums verwandelte Gaddhafi Libyen in einen Militärstaat und 1978 setzte er den Revolutionsausschuss ein, um ihn als Mittel für internationale Intrigen zu benutzen. Gaddhafis Beziehungen zu Terroristengruppen entfremdeten ihn der internationalen Gemeinschaft und provozierten Zusammenstöße mit amerikanischen Streitkräften im Mittelmeer. Im April 1986 bombardierten amerikanische Flugzeuge Tripolis und Bengasi. Anfang der 90er-Jahre schien Gaddhafi eine versöhnlichere Haltung einzunehmen, als er die irakische Besetzung KUWAITS verurteilte und versuchte, die Beziehungen zu ÄGYPTEN und anderen Staaten des Nahen Ostens wieder herzustellen. Libyen stieß erneut mit den USA zusammen, als es sich 1992 zunächst weigerte, Terroristen auszuliefern, was zur Verhängung von Sanktionen durch die Vereinten Nationen führte. Da Libyen dem Auslieferungsbegehren im April 1999 doch noch nachkam, sollen die Sanktionen eventuell aufgehoben werden.

> **WUSSTEN SIE, DASS?**
>
> *1801 begannen die USA einen Krieg gegen Libyen über die Höhe des Tributs, den amerikanische Schiffe an den Herrscher von Tripolis zahlen sollten, um sie vor seinen Piratenflotten zu schützen.*

In seinem Labor an der hessischen Universität Gießen erforschte Justus von Liebig, wie sich Pflanzen ernähren; diese Untersuchungen führten zur Entwicklung früher Kunstdünger.

Licinius, Valerius (um 250–325), römischer Kaiser 308–24. Im Jahr 308 zum Augustus erhoben, erließ er 313 gemeinsam mit KONSTANTIN I. DEM GROSSEN das Edikt von Mailand. Es verkündete volle Freiheit des Glaubens und erkannte die Christen als gleichberechtigt an. Nach dem Bruch mit Konstantin, der ihm vernichtende Niederlagen in den Schlachten bei Adrianopel und Chrysopolis zufügte, wurde Licinius 324 gefangen genommen und ein Jahr darauf hingerichtet.

Lidice, Massaker von (10. Juni 1942), obwohl nie nachgewiesen werden konnte, dass die Attentäter REINHARD HEYDRICHS etwas mit dem westböhmischen Dorf Lidice zu tun hatten, wurden am 10. Juni 1942 auf Befehl HITLERS alle Männer getötet, die Frauen in KONZENTRATIONSLAGER geschafft und die Ortschaft dem Erdboden gleichgemacht. Von den Kindern überlebten nur diejenigen, die in deutschen Familien aufgezogen wurden.

Lie, Trygve (1896–1968), norwegischer Politiker und erster Generalsekretär der VEREINTEN NATIONEN 1946–52. Als Norwegen von Deutschland besetzt wurde, floh Lie 1940 nach Großbritannien, wo er bis 1945 das Amt des Außenministers der norwegischen Exilregierung bekleidete. Ein Jahr später wurde Lie Generalsekretär der Vereinten Nationen und billigte den Einsatz von UNO-Truppen in Südkorea. Diese Entscheidung befremdete die UdSSR, die ihn nicht mehr als Generalsekretär anerkannte. 1952 musste er zurücktreten, als zusätzlich Vorwürfe der USA aufkamen, er beschäftige Kommunisten und illoyale amerikanische Bürger im UNO-Stab.

Liebig, Justus von (1803–73), deutscher Chemiker und einer der Väter der modernen Agrikulturchemie. Liebigs Labor, das er 1825 in Gießen eingerichtet hatte, erlangte internationale Berühmtheit und zog Studenten aus ganz Europa an. Einige von ihnen – etwa August Wilhelm von Hofmann, dessen Forschungen die Teerfarbenchemie begründeten, und Sir Edward Frankland, der die Struktur der Elemente und ihre Atome untersuchte – wurden später selbst berühmte Chemiker. Liebig galt schließlich als oberste Autorität auf seinem Gebiet. Im Bereich der reinen Chemie führte er neue Methoden der organischen Synthese und Analyse ein, während seine Untersuchungen der Benzaldehyde der ätherischen Öle – die er in Verbindung mit Friedrich Wöhler durchführte – verbreitete Anwendung in der Parfümindustrie und als Lösungsmittel fanden. Liebigs Erforschung der Pflanzenphysiologie und -ernährung leitete zu Experimenten mit Kunstdünger über, wodurch er zum Begründer der modernen Düngelehre wurde. Später konzentrierte er sich auf die breiteren Auswirkungen der Chemie auf das menschliche Leben.

Liebknecht, Wilhelm (1826–1900), gemeinsam mit August BEBEL 1869 Begründer der Sozialdemokratischen Arbeiterpartei. Liebknecht wurde aufgrund seiner sozialistischen Gesinnung 1846 aus Berlin vertrieben. Nachdem er an den badischen Aufständen von 1848/49 teilgenommen hatte, ging er zunächst in die Schweiz und 1850 nach Großbritannien. Dort wurde er zu einem engen Gefährten von Karl MARX im Bund der Kommunisten. 1863 nach Deutschland zurückgekehrt, gründete er den Allgemeinen Deutschen Arbeiterverein und kam 1867 in den Reichstag des Norddeutschen Bundes als führender Sprecher der Opposition. Liebknechts entschiedener Widerstand als Pazifist gegen den DEUTSCH-FRANZÖSISCHEN KRIEG 1870/71 brachte ihm zwei Jahre Gefängnis ein. 1874 kehrte er in den Reichstag zurück, dem er als Abgeordneter bis 1900 angehörte. 1875 trug er zur Bildung der Sozialistischen Deutschen Arbeiterpartei bei. Otto von BISMARCK, der Schöpfer des geeinten Deutschland, versuchte die Partei zu unterdrücken und verbot die Veröffentlichung sozialistischer Literatur. Dennoch wuchs die Partei kontinuierlich und wurde 1891 zur SOZIALDEMOKRATISCHEN PARTEI DEUTSCHLANDS SPD.

Limes, ungefähr 500 km lange, bedeutende Anlage zur Überwachung der Grenze des Römischen Reiches. Der obergermanische Limes begann südlich von Bonn, durchquerte den Taunus sowie Württemberg und führte bis nach Lorch. An ihn schloss sich der rätische Limes an, der durch Bayern verlief und in der Gegend westlich von Kehlheim endete. Mit der Errichtung der Befestigungslinie wurde im Jahr 84 unter Kaiser Domitian begonnen. In mehreren Bauphasen entstanden zunächst Postenwege mit hölzernen Wachttürmen, die in Sichtverbindung miteinander standen. Unter Kaiser HADRIAN erfolgte dann der Bau einer Palisade. Nachdem man die Holztürme allmählich überall durch Steintürme ersetzt hatte, machte seit dem Ende des 2. oder dem Anfang des 3. Jh. ein weiterer Wall mit Graben, der hinter der Palisade lag, die Annäherung noch schwieriger als bisher. Am rätischen Limes wurde in einer letzten Bauphase schließlich die Palisade durch eine bis zu 3 m hohe Steinmauer ersetzt. Entlang dem Limes entstanden Kastelle in unterschiedlicher Größe, die für die Unterbringung der Hilfstruppen genutzt wurden. Mit Beginn der Landnahme durch die ALEMANNEN (nach 258) begann der Verfall der Grenzlinie. Der Verlauf des Limes ist auch heute noch teilweise gut zu erkennen.

Lin Biao (1908–71), chinesischer General und eine Schlüsselfigur im 22-jährigen Kampf der Kommunisten um die Macht. Nachdem er die Militärakademie Whampoa 1926 abgeschlossen hatte, stieg Lin schnell zu einem der besten Kommandeure in Mao Zedongs ROTER ARMEE auf. 1945, nach dem Ende des Zweiten Weltkriegs, wurde er Kommandeur der Volksbefreiungsarmee Nordwest, die 1948 der Nationalregierung die Mandschurei entriss. Lin, der nie eine Schlacht verlor, stieg 1959 zum Verteidigungsminister auf. Er popularisierte die Idee des Volkskriegs, bei dem sich die Armee auf Unterstützung der Bauern verlässt. Nach seiner engen Zusammenarbeit mit Mao Zedong während der KULTURREVOLUTION wurde er 1969 dessen Stellvertreter und galt weithin als Maos Nachfolger. Im Jahr darauf kam es jedoch zum Bruch mit Mao. Lin starb unter rätselhaften Umständen, doch nimmt man an, dass er bei einem Flugzeugabsturz umkam, als er sich nach einem gescheiterten Putschversuch in die UdSSR absetzen wollte.

Lincoln, Abraham (1809–65), 16. Präsident der USA von 1861 bis zu seinem Tod. Lincoln, der in eine arme Grenzerfamilie in Kentucky geboren wurde, brachte sich selbst juristisches Wissen bei. Nachdem er als Abgeordneter der WHIGS 1834–41 im Repräsentantenhaus von Illinois gesessen hatte, wurde er 1847–49 für eine Amtszeit in den Kongress in Washington gewählt. 1856 trat er der neu gebildeten Partei der REPUBLIKANER bei und erlangte rasch eine führende Position. 1858 kandidierte er gegen den Führer der Demokraten, Stephen Douglas, für den Senat. Lincoln unterlag zwar bei der Abstimmung, doch zahlreiche Debatten mit Douglas machten den glänzenden Rhetoriker und Taktiker Lincoln im gesamten Land als Fürsprecher einer starken Zentralregierung und entschiedenen Gegner jeglicher Ausweitung der Sklaverei bekannt.

1861 wurde Lincoln als Republikaner zum Präsidenten der Vereinigten Staaten gewählt. Dies beschleunigte die Loslösung der elf südlichen Sklavenstaaten und führte zum SEZESSIONSKRIEG. 1863, inmitten der Kriegswirren, erklärte Lincoln die Sklaven im Rebellengebiet für frei. Diese Maßnahme gab zwar lediglich 200 000 Menschen die Freiheit wieder, markierte

Präsident Abraham Lincoln (mit Zylinder) im Gespräch mit General George McClellan (Dritter von links) und weiteren Offizieren

aber das Ende der amerikanischen Sklaverei. 1864 wurde er mit einer überwältigenden Mehrheit als Präsident wieder gewählt und ein Jahr später erwirkte Lincoln den 13. Zusatzartikel zur Verfassung, mit dem alle Sklaven befreit wurden. Lincoln sagte, der Krieg sei geführt worden, um zu entscheiden, „dass die Regierung des Volkes durch das Volk für das Volk nicht von der Erde verschwindet". Nachdem der Süden im April 1865 kapituliert hatte, setzte sich Lincoln für eine friedliche Aussöhnung ein, „ohne Groll gegen irgendeinen und mit Nachsicht gegenüber allen". Lincoln wurde von einem fanatischen Sympathisanten der Konföderierten, John Wilkes BOOTH, während einer Aufführung von *Our American Cousin* im Ford's Theater in Washington niedergeschossen und tödlich verwundet.

Lindbergh, Charles (1902–74), amerikanischer Pilot, der den ersten Nonstopflug über den Atlantik durchführte. Lindbergh trat 1925 der Reserve des US Army Air Corps bei und wurde ein Jahr später Luftpostpilot. Am 21. Mai 1927 startete er mit dem Eindecker *Spirit of St Louis.* in New York, überquerte den Atlantischen Ozean und landete nach 33½ Stunden Alleinflug in Paris. Über Nacht wurde er ein gefeierter Held. 1932 zog Lindbergh nach der Entführung und Ermordung seines zweijährigen Sohnes vorübergehend nach England. In den Jahren vor dem Zweiten Weltkrieg warnte er vor der deutschen Luftüberlegenheit und rief die USA zu Neutralität auf. Als die Vereinigten Staaten dann in den Krieg eintraten, flog Lindbergh 50 Kampfeinsätze.

Liselotte von der Pfalz (1652–1722), eigentlich Elisabeth Charlotte, Herzogin von Orléans. Nach ihrem Übertritt zum katholischen Glauben heiratete sie 1671 Herzog Philipp I. von Orléans und wurde so zur Schwägerin LUDWIGS XIV. Ihr Vater, Kurfürst Karl Ludwig von der Pfalz, hoffte vergeblich, durch diese Heirat das Vordringen der Franzosen am Rhein aufhalten zu können. Liselottes umfangreiche Korrespondenz wurde zu einer aufschlussreichen geschichtlichen Quelle über das Leben am Hof LUDWIGS XIV.

List, Friedrich (1789–1846), Politiker und Volkswirtschaftler. List war von 1817 bis 1819 Professor der Staatsverwaltungspraxis und Mitbegründer des Deutschen Handels- und Gewerbevereins. Aus politischen Gründen wanderte er 1825 nach Amerika aus. Dort wurde er Verfechter der Eisenbahn und Befürworter von Schutzzöllen. 1831 kehrte er als Konsul nach Deutschland zurück. Der 1834 gegründete DEUTSCHE ZOLLVEREIN und verschiedene Eisenbahnprojekte wurden von ihm mit Nachdruck unterstützt.

Lister, Joseph (1827–1912), englischer Begründer der antiseptischen Chirurgie und Pionier der Präventivmedizin. Nachdem Louis PASTEURS Forschungen den Beweis erbracht hatten, dass Mikroorganismen Krankheiten und Infektionen verursachen können, suchte Lister eine Möglichkeit, die Bakterien in der Umgebung, in der er operierte, zu vernichten. Sein Antiseptikum, die Karbolsäure, wandte er zum ersten Mal bei einer Operation am 12. August 1865 an. Seine Aufzeichnungen belegen, dass während der nächsten vier Jahre die Sterblichkeitsrate von Patienten, die sich einer Operation unterzogen, von 45 auf 15 % fiel. Trotz dieser großen Erfolge und zahlreichen Ehrungen blieb Lister sehr bescheiden, da er glaubte, seine Arbeit sei von Gott gelenkt.

Litauen, Staat an der Ostküste der Ostsee, dessen ursprüngliche litauischen Einwohner bereits 1500 v. Chr. an der Memel siedelten. Im 13. Jh. vom Deutschen Orden und von den livländischen Schwertbrüdern bedroht, verschmolzen die Litauer mit anderen Nachbarn und bildeten ein ausgedehntes Großfürstentum, zu dem außer Litauen Teile der UKRAINE und WEISSRUSSLANDS gehörten. Damit war Litauen einer der bedeutenden Staaten im mittelalterlichen Europa und reichte auf seinem Höhepunkt bis zum Schwarzen Meer. 1386 schuf die Heirat des litauischen Großfürsten Jagiello mit der polnischen zwölfjährigen Königin Jadwiga eine lose Verbindung mit Polen, die 1569 in der Lubliner Union gefestigt wurde. Das Gebiet der Lubliner Union fiel 1795 zum größten Teil an RUSSLAND. In den 80er-Jahren des 19. Jh. entstand eine starke nationale und kulturelle Bewegung in Opposition zu Russland. Deutsche Truppen besetzten 1915 das Land und drei Jahre später wurde ein deutscher König gewählt, der im November desselben Jahres wieder abgesetzt wurde. Russische und litauische Kommunisten kämpften dann gegen polnische und litauische Nationalisten, bis Russland 1920 einen Friedensvertrag unterzeichnete, der Litauens Unabhängigkeit bestätigte. Im März 1939 musste Litauen das Memelgebiet an Deutschland abtreten. Gemäß einer Ergänzung des Hitler-Stalin-Pakts kam Litauen 1940 als Teilrepublik an die Sowjetunion. Eine einseitige Unabhängigkeitserklärung im März 1990 wurde von Russland im September 1991 anerkannt. 1992 handelte Litauen dann einen Freundschaftsvertrag mit Polen aus und nahm eine neue Verfassung an.

Litwinow, Maksim (1876–1951), sowjetischer revolutionärer Politiker und Fürsprecher einer weltweiten Abrüstung. Als Bolschewik seit 1903 war Litwinow sowjetischer Kommissar des Äußeren, als er an der Abrüstungskonferenz des Völkerbunds teilnahm und 1928 den Kellogg-Briand-Pakt unterschrieb, mit dem die USA, Frankreich und andere Mächte dem Krieg eine Absage erteilten und sich einigten, in Zukunft alle Streitfragen friedlich zu regeln. Litwinows kooperatives Verhalten führte zur Anerkennung der UdSSR durch die USA und 1933 zur Aufnahme diplomatischer Beziehungen zwischen beiden Staaten. Litwinow fiel bei Jossif STALIN in Ungnade und wurde 1939 entlassen, als er dem sowjetischen Pakt mit Deutschland widersprach und stattdessen auf ein Vorgehen gegen Deutschland, Italien und Japan drängte. Nach der deutschen Invasion in der Sowjetunion 1941 wurde Litwinow wieder eingesetzt und ein Jahr später zum Botschafter in den USA ernannt.

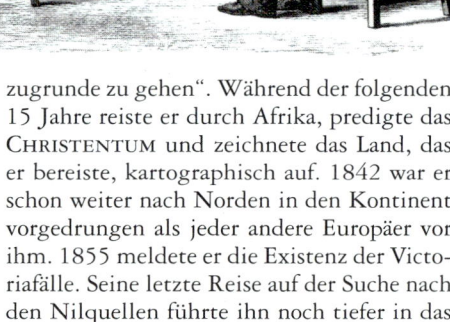

Um das Infektionsrisiko nach Operationen zu verringern, verwendete der Arzt Joseph Lister einen Zerstäuber, der die als Antiseptikum benutzte Karbolsäure fein versprühte.

Livingstone, David (1813–73), britischer Missionar und Entdecker, der mehr als jeder andere die westliche Haltung gegenüber Afrika veränderte. 1841 von der Londoner Missionary Society nach Betschuanaland geschickt – das heutige Botswana –, setzte er sich das Ziel, „das Innere zu erschließen oder zugrunde zu gehen". Während der folgenden 15 Jahre reiste er durch Afrika, predigte das CHRISTENTUM und zeichnete das Land, das er bereiste, kartographisch auf. 1842 war er schon weiter nach Norden in den Kontinent vorgedrungen als jeder andere Europäer vor ihm. 1855 meldete er die Existenz der Victoriafälle. Seine letzte Reise auf der Suche nach den Nilquellen führte ihn noch tiefer in das Innere des Schwarzen Kontinents.

Livingstones Verschwinden im Jahr 1865 löste weltweit Sorge aus, bis Henry STANLEY vom *New York Herald* nach Afrika geschickt wurde, den kranken Forscher sechs Jahre später tatsächlich in Udjidji nahe dem Tanganjikasee aufspürte und mit den berühmten Worten begrüßte: „Dr. Livingstone, nehme ich an?" Livingstone, der bereits Angriffe von Löwen und Einheimischen überlebt hatte, erlag schließlich einem Fieber. Seine Führer fanden seine Leiche in seinem Lager in Chitambo, im heutigen Sambia, wie im Gebet neben dem Bett kniend.

Berichte von den abenteuerlichen Reisen des Missionars und Entdeckers David Livingstone weckten weltweites Interesse an Afrika.

Livius, Titus (59 v. Chr.–17 n. Chr.), römischer Geschichtsschreiber, dessen Bericht über die Stadt von 753 v. Chr. bis 9 n. Chr. bereits zu seinen Lebzeiten ein Klassiker war. Livius begann mit der Abfassung seiner Geschichte *Ab urbe condita* um 29 v. Chr., frei von politischen Ansichten, wodurch er sich von den Geschichtsschreibern seiner Zeit abhob. Das Spektrum seiner Arbeit erweiterte sich um unmittelbare Beobachtungen, nachdem er von Patavium (Padua) nach Rom gekommen war, um den künftigen Kaiser CLAUDIUS zu unterrichten. Livius' persönliche Note belebte seine Schriften und die individuelle Art, wie er über Ereignisse berichtete, beeinflusste Historiker bis ins 17. Jh. hinein – von TACITUS bis zu Lord CLARENDON. Von den 142 Büchern seiner römischen Geschichte sind 35 vollständig erhalten, der Rest summarisch und fragmentarisch. Sie bieten einen faszinierenden Bericht von der Gründung Roms bis zu den frühen Jahren der Kaiserzeit.

Lloyd George, David (1863–1945), liberaler Politiker, der die britische Politik in den späteren Phasen des Ersten Weltkriegs bestimmte. Lloyd George begann seine Laufbahn 1890 als liberales Parlamentsmitglied für Caernarfon Boroughs und behielt den Sitz 55 Jahre lang. Schon bald machte er sich einen Namen als kraftvoller, eloquenter Redner, was ihm den Spitznamen „der walisische Zauberer" eintrug. Als Schatzkanzler im Kabinett von Herbert ASQUITH seit 1908 setzte er eine Sozialgesetzgebung nach deutschem Vorbild durch und führte das Alterspensionsgesetz (1908) sowie die Kranken- und Arbeitslosenversicherung (1911) ein. 1909 verursachte er eine Verfassungskrise, als ein für Wohlfahrtsmaßnahmen gedachtes „Volksbudget" vom Oberhaus abgelehnt wurde. Dies führte zum Parlamentsgesetz von 1911, das die Befugnisse des Oberhauses begrenzte. Die wachsende Unzufriedenheit mit Asquith während des Ersten Weltkriegs zwang diesen 1916 zum Rücktritt. Lloyd George wurde Premierminister und bildete eine Koalition mit den Konservativen. Er predigte die völlige militärische Niederwerdung des DEUTSCHEN REICHES und setzte die Einrichtung eines einheitlichen alliierten Oberbefehls durch, der später den Sieg sicherte. Außerdem war er eine führende Persönlichkeit bei den Verhandlungen zum VERSAILLER VERTRAG. Seine Behandlung der irischen Forderung nach Unabhängigkeit und Skandale um die liberale Wahlkampffinanzierung kosteten ihn jedoch die Unterstützung der Konservativen in der Koalition. 1922 erzwang eine Gruppe von Konservativen unter Stanley Baldwin ein Ende der Koalition, und Lloyd George trat als Premierminister zurück, führte aber weiter eine geschwächte liberale Partei bis 1931. Fünf Jahre später vollendete er seine *War Memoirs*. 1940 lehnte er ein Angebot CHURCHILLS ab, in dessen Kriegskabinett einzutreten.

Lloyd's, Vereinigung privater Einzelversicherer zum börsenmäßigen Vertrieb von Versicherungsgeschäften und eines der bekanntesten Versicherungshäuser der Welt. Seine Wurzeln gehen zurück bis ins Jahr 1688, als Edward Lloyd in London ein Kaffeehaus eröffnete, in dem Kaufleute, Seefahrer, Bankiers und Versicherungsmakler Kaffee tranken und zu informellen Gesprächen zusammenkamen. Bald wurde das Kaffeehaus zum beliebten Treffpunkt von Geschäftsleuten, die sich gegen angemessene Prämien bereit erklärten, ihr Geld zur Deckung von Risiken in der Schiffahrt einzusetzen. 1774 bildeten sie eine Vereinigung und ließen sich in der Königlichen Börse nieder. Der *Lloyd's Act* von 1871 gab der Gesellschaft selbstregelnde Vollmachten mit der Verantwortung für die Kontrolle ihrer Mitglieder und Aufsicht über den Markt selbst. Obwohl Seeversicherungen bis zum heutigen Tag das Hauptgeschäft von Lloyd's geblieben sind, werden auch andere Versicherungszweige betreut. In den späten 80er- und frühen 90er-Jahren des 20. Jh. führten enorme Schadenersatzforderungen aufgrund gehäuft auftretender Natur- und Umweltkatastrophen, etwa die Havarie des Supertankers *Exxon Valdez* vor Alaska und die Katastrophe auf der Ölplattform *Piper Alpha* in der Nordsee, zu Verlusten in Milliardenhöhe.

Locarno-Verträge, mehrere Verträge, die auf der Konferenz von Locarno am 1. Dezember 1925 ausgehandelt wurden. Das Ziel bestand darin, den Frieden in Europa zu wahren. Die Verträge versuchten dies zu erreichen, indem sie die vom VERSAILLER VERTRAG 1919 festgelegten Grenzen Belgiens, Frankreichs und Deutschlands garantierten. Der deutsche Außenminister Gustav STRESEMANN weigerte sich zwar, Deutschlands Grenzen mit Polen und der Tschechoslowakei anzuerkennen, stimmte aber zu,

Lloyd's Verbindungen zur Seefahrt werden von der Glocke vom Wrack der *Lutine* von 1799 symbolisiert. Bis in die 70er-Jahre des 20. Jh. läutete man sie, wenn ein Schiff verloren ging.

seine Forderungen friedlich zu stellen. 1936 jedoch schickte Adolf HITLER mit der Behauptung, der französisch-sowjetische Beistandspakt vom Vorjahr habe den Vertrag unwirksam gemacht, Truppen in das entmilitarisierte Rheinland.

Locke, John (1632–1704), englischer Philosoph, dessen Ideen das westliche Denken noch immer beeinflussen. Der nach puritanischen Maßstäben erzogene Locke rebellierte als Student in Oxford, wo er sich dem Studium der Philosophie und der Medizin widmete, gegen die akademische Tradition. Angeregt von Denkern wie Robert Boyle und John Wilkins fand er Interesse an experimenteller Medizin und Naturwissenschaft. Er wurde Arzt des Grafen von SHAFTESBURY und später dessen wissenschaftlicher und politischer Ratgeber. Als Shaftesbury die Stelle des Lordkanzlers erhielt, wurde Locke Sekretär des Rates für Handel und Plantagen. Als Shaftesbury jedoch wegen seiner Verstrickung in mehrere politische Intrigen in Ungnade fiel, verdächtigte man Locke aufgrund seiner Freundschaft mit dem Grafen, als WHIG für die Freiheit einzutreten. Locke floh nach Holland und kehrte erst nach England zurück, als JAKOB II. 1688 abgesetzt worden war.

David Lloyd Georges leidenschaftliche Rhetorik zog walisische Wähler über 50 Jahre in ihren Bann. Behauptungen, er habe die Schatztruhen der Liberalen auf illegale Weise gefüllt, kosteten ihn sein Amt als Premierminister.

Sein in vier Bücher gegliedertes Hauptwerk *Versuch über den menschlichen Verstand* (1689) entwickelte die Ansicht, dass menschliche Erfahrung die einzige Quelle der Erkenntnis sei. Locke trug dazu bei, zeitgenössischen Ideen über liberale Demokratie Gestalt zu geben. In seinen philosophischen Werken wie *Ein Brief über Toleranz,* ebenfalls 1689 erschienen, rief er zu verständnisvoller Behandlung von Dissenters und Freiheit aller Glaubensrichtungen auf. In *Zwei Abhandlungen über die Regierung,* 1690 anonym veröffentlicht, erklärte er die Lehre der Whigs und widerlegte den Absolutismus von Thomas HOBBES. Lockes Gedanken zu einer gemischten Form der Verfassung mit einem Gleichgewicht der Macht übte bedeutenden Einfluss auf die Autoren der amerikanischen Verfassung aus.

Lombardei, landschaftlich abwechslungsreiche Region im mittleren Norditalien, benannt nach den Langobarden, einem germanischen Volk, das im 6. Jh. in die Region einwanderte. Im späten 8. Jh. wurde die Lombardei Teil des Reiches von KARL DEM GROSSEN. Bis zur Mitte des 12. Jh. hatten

Diese flachen Dampfer aus Louisiana befuhren den Mississippi. Sie trugen wesentlich dazu bei, den Fluss zu einem bedeutenden Handelsweg und New Orleans zum zweitgrößten Hafen der USA zu machen.

Städte wie Mailand, Pavia und Brescia wirtschaftliche und politische Bedeutung erlangt. Sie schlossen sich in Städtebünden zusammen, wobei der Lombardenbund – das im Jahr 1167 geschlossene Bündnis von oberitalienischen Städten – der wichtigste war. Das Ziel der Vereinigung bestand darin, sich gegen die Einmischung des Kaisers zu wehren, auch gegen FRIEDRICH I. BARBAROSSA. Später wurde die Lombardei von Spanien, Frankreich und Österreich regiert, ehe sie im 19. Jh. Teil Italiens wurde. Heute ist sie eine dicht besiedelte, stark industrialisierte Region, in der aber auch sehr fruchtbare, landwirtschaftlich intensiv genutzte Gebiete liegen.

Lösegeld, die Forderung und Zahlung von Geld für die Freilassung eines Gefangenen oder für die Rückgabe von Besitz. Dieser Freikauf durch einen Geldbetrag, der bereits in der Antike üblich war, bildete einen anerkannten Teil der mittelalterlichen Kriegführung und Diplomatie. Ritter, die Vasallen eines Lehnsherrn waren, fühlten sich ebenso wie seine Familie und Freunde verpflichtet, zu der Bezahlung beizutragen, wenn der Lehnsherr im Krieg in Gefangenschaft geriet. So wurde König RICHARD I. von England erkannt, gefangen genommen und an Kaiser Heinrich VI. ausgeliefert, als er versuchte, Österreich heimlich zu durchqueren. Heinrich verlangte 150 000 Mark Silber – was umgerechnet über 35 000 kg Silber entsprach – als Lösegeld, was zum größten Teil bezahlt wurde.

Louisiana, Staat der USA im Mississippital. Das Land, das die Spanier unter Hernando de SOTO bereits im 16. Jh. entdeckten, wurde von dem Franzosen Robert de LA SALLE 1682 erforscht, der es nach seinem König LUDWIG XIV. benannte. Die ersten französischen Siedler trafen 1699 ein und gründeten eine erste dauerhafte Siedlung. Die größte Stadt Louisianas, New Orleans, wurde 1718 als Teil einer Kette von französischen Forts und Handelsposten gegründet, die britische Siedlungen in Nordamerika umgaben. Frankreich verkaufte Louisiana 1803 für 11,25 Mio. Dollar im so genannten Louisiana Purchase an die USA, die ihr Gebiet durch diesen Kauf verdoppelten. 1812 wurde Louisiana der 18. Staat der Union. Durch seine günstige Lage am Mississippi entwickelte sich New Orleans schnell zu einem bedeutenden Umschlagplatz der USA. Louisianas Wirtschaft blühte im 19. Jh. auf, als in den fruchtbaren Niederungen riesige Zucker- und Baumwollplantagen angelegt wurden. Die Angehörigen der schwarzen Bevölkerung – hauptsächlich Nachkommen früherer Sklaven – wurden nach dem SEZESSIONSKRIEG bei der harten Arbeit auf den Plantagen ausgebeutet und häufig von den für die Herrenstellung der Weißen kämpfenden Mitgliedern des KU-KLUX-KLAN terrorisiert. Die Verfassung von 1898 verweigerte den Schwarzen das Wahlrecht und setzte eine Politik der Rassentrennung durch, die bis in die 60er-Jahre des 20. Jh. in Kraft blieb.

Louis Philippe (1773–1850), König von Frankreich 1830–48. Louis Philippe war ein Nachkomme des Herzogs von Orléans, Philipp I., eines Bruders LUDWIGS XIV. Während der Revolution schloss sich Louis Philippe einer Gruppe fortschrittlicher Adliger an, die die Revolutionsregierung unterstützten. 1809 ging er nach Sizilien, wo er Marie-Amélie von Neapel heiratete. Als König LUDWIG XVIII. auf den französischen

Thron kam, kehrte er nach Frankreich zurück und erlangte den Besitz des Hauses Orléans wieder.

Nach der JULIREVOLUTION von 1830, die KARL X. zur Abdankung zwang, wählte das Parlament Louis Philippe zum Bürgerkönig der Franzosen. Seine Thronbesteigung war ein Sieg der neuen Schicht des Großbürgertums, seiner Hauptstütze, über die Aristokratie. Während seiner Regierungszeit stärkte Louis Philippe Frankreichs Position in Europa und verbesserte die britisch-französischen Beziehungen. Er führte Reformen durch, um Korruption und Rechtsmissbrauch zu bekämpfen, und stellte sowohl Liberale als auch Extremisten zufrieden, indem er gemäßigte Minister ernannte. Seine Weigerung, das Wahlrecht auszudehnen, verursachte jedoch häufige Unruhen und gab Anlass zu mehreren Attentatsversuchen. Er antwortete mit repressiven Maßnahmen, die ihn seinen ehemaligen Anhängern zunehmend entfremdeten, und im Februar 1848 zwang man ihn zur Abdankung. Er zog sich nach Surrey in Großbritannien zurück, wo er unauffällig als Mr. Smith lebte.

Louvois, François Michel (1641–91), französischer Politiker, Kriegsminister seit 1666. Zusammen mit seinem Vater, dem Kanzler Michel le Tellier, leitete er eine umfassende Reorganisation des Heeres ein. So wurden Rekrutierung und Beförderung neu geordnet und die Armee auf ungefähr 300 000 Mann aufgestockt. Dies schuf die Voraussetzungen für eine Eroberungspolitik, die Frankreich unter LUDWIG XIV. zum Aufstieg zur beherrschenden europäischen Militärmacht verhalf. Louvois trug auch Mitverantwortung an der Verwüstung der Pfalz im Jahr 1689.

Loyola, Ignatius von (1491–1556), spanischer Kirchenreformer, der den Orden der JESUITEN oder Gesellschaft Jesu gründete. Loyola war zunächst Soldat am Hof FERDINANDS II. von Aragón, entwickelte aber ein tiefes Interesse an der Religion, als er während der Genesung von einer Beinverwundung eine geistige Verwandlung erfuhr. 1522 gab der früher prahlerische Soldat die Annehmlichkeiten seines Hauses auf, um eine Pilgerreise in den Nordwesten Spaniens zu unternehmen, wo er ein Leben der Armut und Reue begann und jeden Tag sieben Stunden im Gebet verbrachte. 1523 ging er auf eine Pilgerreise nach Jerusalem und 1528–35 besuchte er die Universität in Paris. Dort legte er zusammen mit sechs anderen, unter ihnen der spanische Theologe und Jesuit Franz Xaver, die Gelübde der Armut, Keuschheit und des Gehorsams gegenüber dem Papst ab. Ihre Gesellschaft Jesu wurde 1540 von Papst Paul III. als geistlicher Orden anerkannt.

Endlich kam Unterstützung für die Garnison in Lucknow, die seit Mai 1857 belagert wurde. Am 17. November desselben Jahres begrüßten Sir James Havelock und Sir James Outram die Truppen unter Sir Colin Campbell, der wegen seines langsamen Vorrückens „Kriechendes Kamel" genannt wurde. Die vollständige Rückeroberung Lucknows gelang allerdings erst im März 1858.

Lucknow, Belagerung von, das entscheidende Ereignis während des indischen Aufstands von 1857/58, als die britische Garnison in Lucknow, einst Hauptstadt des Königreichs Oudh, einer wesentlich stärkeren Truppe der Aufständischen fünf Monate lang standhielt. Der Aufstand war z. T. Folge der britischen Annexion von Oudh. Rund 3000 britische und indische Soldaten, Frauen und Kinder wurden in der Residenz belagert. Sie erlitten große Verluste, während sie gegen mehr als 20 000 indische Aufständische aushielten. Lucknow wurde im November 1857 von Truppen unter General Colin Campbell entsetzt, aber die Stadt konnte erst im März des nächsten Jahres wieder eingenommen werden. Heute ist Lucknow Hauptstadt des nordindischen Bundesstaats Uttar Pradesh.

Ludendorff, Erich (1865 bis 1937), preußischer General und Hauptplaner der deutschen Strategie in den späteren Stadien des Ersten Weltkriegs. Ludendorff war für die Strategie in der Schlacht von Tannenberg 1914 verantwortlich, die eine russische Invasion verhinderte. Zwei Jahre später übernahm er neben dem Chef des Generalstabs, Paul von HINDENBURG, volle militärische Verantwortung. Gemeinsam leiteten sie die Kriegführung, bis die letzte Offensive im Frühjahr 1918 scheiterte. Nach seiner Entlassung durch den Kaiser floh Ludendorff nach Schweden. Im darauf folgenden Jahr kehrte er zurück und beteiligte sich 1923 am HITLERPUTSCH. 1924–28 saß Ludendorff als Anhänger der Nationalsozialisten im Reichstag. Als Propagandist des „totalen Krieges" argumentierte er, dass die Politik die Kriegführung unterstützen sollte und Frieden lediglich eine Pause zwischen Konflikten sei. In seinen Schriften, die er nach Kriegsende verfasste, gab er u. a. der katholischen Kirche und den Juden die Mitschuld an der deutschen Niederlage.

Ludwig I. der Fromme (778–840), König der FRANKEN und römischer Kaiser 813–840. Wegen seiner tiefen Religiosität und seiner christlichen Barmherzigkeit wurde er der Fromme genannt. Ludwig zeigte sich entschlossen, das riesige Reich, das sein Vater KARL DER GROSSE geschaffen hatte, zu erhalten, indem er es unter seinen Söhnen Lothar, PIPPIN und LUDWIG DEM DEUTSCHEN aufteilte. Diese empörten sich jedoch, als er versuchte, ein Reich für Karl, seinen Sohn aus seiner zweiten Ehe zu schaffen. Ludwig verbrachte den Rest seiner Herrschaft damit, Ansprüche aller vier Söhne auf den Thron abzuwehren. Diese Kämpfe hielten nach seinem Tod an und gefährdeten die Einheit des Fränkischen Reiches.

Die Miniatur aus dem 9. Jh. zeigt Kaiser Ludwig I. den Frommen zwischen zwei Beratern.

Der Märchenkönig

Von den Bauten Ludwigs II. von Bayern erfreut sich Schloss Neuschwanstein wohl der größten Beliebtheit.

Seitdem die malerisch gelegene Burg kurz nach dem mysteriösen Tod des Königs für die Öffentlichkeit

zugänglich gemacht wurde, hat sie Millionen von Besuchern aus aller Welt in ihren Bann gezogen.

Kaum ein anderer Monarch des vergangenen Jahrhunderts hat einen so nachhaltigen Eindruck hinterlassen wie Ludwig II. von Bayern. Allerdings waren es weniger seinet politische Leistungen, die für seine anhaltende Präsenz sorgen, sondern vor allem die Ergebnisse seiner Bauwut.

Der König, der 1864 im Alter von knapp 19 Jahren die Nachfolge seines plötzlich verstorbenen Vaters Maximilian II. antreten musste, war auf politischem Gebiet konservativ. In der deutschen Frage strebte er die Bewahrung der Selbstständigkeit Bayerns an. Deswegen stellte er sich im Krieg von 1866 auch auf die Seite Österreichs, wofür er nach der Niederlage die harten Bedingungen Preußens im Friedensvertrag vom 22. August 1866 hinnehmen musste. In der Hoffnung, keinen erneuten Verlust an Souveränität hinnehmen zu müssen, unterstützte er Preußen im Krieg gegen Frankreich im Jahr 1870. Im Versailler Vertrag desselben Jahres wurden allerdings seine Erwartungen nicht erfüllt, da Bayern durch den von Ludwig akzeptierten Beitritt zum zweiten Kaiserreich entscheidende Rechte wie das Bündnisrecht verlor. Seit dem Ende der 60er-Jahre begann der melancholische König sich immer mehr aus dem politischen Leben zurückzuziehen, bis er schließlich ab 1883

Oben: Das in den bayerischen Alpen gelegene Schloss Neuschwanstein ist auch heute noch der Inbegriff eines Märchenschlosses. Links: König Ludwig II. in bayerischer Generaluniform mit Krönungsmantel

Der Sängersaal im Schloss Neuschwanstein gibt einen Eindruck von der prachtvollen Inneneinrichtung des Schlosses.

selbst mit seinem Kabinett nur noch über untergeordnete Bedienstete verkehrte.

Ein kurzes Zwischenspiel blieb seine Verlobung mit Sophie, Herzogin von Bayern und Schwester der österreichischen Kaiserin Elisabeth, da der Brautvater die Verbindung aufkündigte. Ludwig, dem nachgesagt wird, dass ihn Männer ohnehin mehr interessierten, zeigte sich erleichtert über diese Entwicklung. Mit Kaiserin Elisabeth, der berühmten Sisi, hingegen verband ihn eine Freundschaft bis ans Lebensende.

Zur Politik verspürte Ludwig II. keine besondere Neigung, dafür aber umso mehr zu Musik und Architektur. Er wurde zum Förderer Richard Wagners, dessen Musik er schon in der Kindheit liebte. Im Jahr 1867 besuchte Ludwig Versailles und die Wartburg bei Eisenach. Seither beherrschte ihn die Bauleidenschaft. Er griff ältere Baustile wie Barock, Rokoko und Gotik auf oder ahmte orientalische Stile nach. Sein berühmtestes Bauwerk, Neuschwanstein, ist dem Mittelalter verpflichtet. Zu Ludwigs Lebzeiten wurden nur das Jagdhaus auf dem 1886 m hohen Schachen und Schloss Linderhof vollendet. Die horrenden Summen, die seine Bauwut verschlang, führten Anfang der 80er-Jahre zu einem riesigen Schuldenberg. Da sich bei Ludwig die Anzeichen einer Geisteskrankheit mehrten, wurde er im Jahr 1886 durch ein ärztliches Gutachten für unheilbar geisteskrank erklärt und entmündigt. Kurz darauf brachte man ihn nach Schloss Berg am Starnberger See, in dem er am 13. Juni 1886 zusammen mit seinem Psychiater Dr. Gudden ertrunken aufgefunden wurde. Die genauen Todesumstände konnten bis heute nicht geklärt werden, wodurch ein idealer Nährboden für Spekulationen aller Art geschaffen wurde.

Ludwig I. der Große (1326–82), König von Ungarn 1342–82 und Polen 1370–82. Ludwig der Große genannt, folgte er in Ungarn auf seinen Vater KARL I. Während eines großen Teils seiner Regierungszeit versuchte er, den ungarischen Staat in Kriegen gegen VENEDIG und NEAPEL zu stärken. Ludwig errang zwei bedeutende Siege über Venedig und erlangte die Herrschaft über alle dalmatinischen Städte Venedigs. König von Polen wurde er nach dem Tod Kasimirs III., der ihn als seinen Nachfolger eingesetzt hatte. Als Ludwig starb, folgte ihm in Ungarn seine Tochter Maria, während seine andere Tochter Jadwiga Königin von Polen wurde.

Ludwig II. der Deutsche (806–76), ostfränkischer König, Sohn aus erster Ehe von LUDWIG I. DEM FROMMEN. Im Alter von 20 Jahren wird er König von Bayern. 833 beteiligt sich Ludwig am Aufstand seiner älteren Brüder Lothar I. und PIPPIN gegen LUDWIG I., weil dieser die Erbfolge zugunsten Karls des Kahlen aus seiner zweiten Ehe geändert hatte. Nach der Dreiteilung des Reiches nennt er sich König von Ostfranken. 838 sprach ihm jedoch sein 834 wieder eingesetzter Vater alle außerbayerischen Lande ab. Da Lothar I. nach dem Tod Ludwigs I. im Jahr 840 alle Kaiserrechte beanspruchte, verbündete sich Ludwig II. mit seinem Halbbruder Karl dem Kahlen. 841 besiegten sie Lothar I. in Fontenoy. In Verdun beschließen die drei Brüder 843 die Reichsteilung, bei der Ludwig die Territorien östlich des Rheins und die Region um Mainz, Worms und Speyer erhält. Im Vertrag von Meerssen wird sein Reich schließlich noch um Köln, Aachen, Metz und Straßburg erweitert und so die Grundlage für die Entstehung des deutschen Reiches gelegt.

Ludwig II. von Bayern siehe linke Seite

Ludwig IV. der Bayer (1287–1347), Wittelsbacher, Herzog von Oberbayern, seit 1328 deutscher Kaiser. Dank seines Sieges über die HABSBURGER bei Gammelsdorf 1313 wurde er 1314 zum König gewählt – ebenso wie der Habsburger Friedrich der Schöne. Die Doppelwahl führte 1322 zur Schlacht von Mühldorf, wo Friedrich unterlag. Ludwigs Eingreifen in die italienische Politik brachte ihn in Konflikt mit Papst Johannes XXII., der sein Königtum nicht anerkennen wollte. 1324 führte die Auseinandersetzung zum päpstlichen Bann, dessen Aufhebung Ludwig trotz der Unterstützung der Kurfürsten vergeblich anstrebte. Von einem Repräsentanten des römischen Volkes erhielt er 1328 die Kaiserkrone. Ludwigs territorialer Ehrgeiz provozierte 1346 die Wahl König KARLS IV. Da aber Ludwig 1347 auf der Jagd starb, blieb der Kampf aus. Verdienste erwarb er durch die Aufnahme papstkritischer Intellektueller, darunter Wilhelm von OCKHAM.

Ludwig IX. der Heilige (1214–70), König von Frankreich 1226–70 und Anführer des siebten Kreuzzugs. Seine tüchtige Verwaltung und sein bezauberndes Wesen machten den Sohn Ludwigs VIII. zum beliebtesten Monarchen aus dem Haus der KAPETINGER. Seine größte Leistung war die Sicherung eines dauerhaften Friedens mit den englischen PLANTAGENETS, die territoriale Ansprüche in Frankreich erhoben. Er nutzte sein Ansehen in der westlichen Christenheit, um erfolgreich mit HEINRICH III. von England zu verhandeln, und am 28. Mai 1258 erkannte Heinrich Ludwigs Herrschaft über AQUITANIEN an. Dafür durfte er einige angrenzende Gebiete behalten. Der tief religiöse Ludwig

stellte nach seiner Genesung von der Malaria 1248 ein Heer für den siebten Kreuzzug gegen Ägypten auf. Er wurde von Sultan Turanschah gefangen genommen und erst 1250 nach Zahlung eines LÖSEGELDS freigelassen. Ludwig starb bei einem weiteren Kreuzzug gegen Tunis und wurde 1297 von Papst Bonifatius VIII. heilig gesprochen.

Ludwig XI. (1423–83), König von Frankreich von 1461 bis zu seinem Tod. Er setzte das Werk seines Vaters KARL VII. fort, Frankreich zu stärken und zu einen. Als dickes, hässliches Kind wurde er in Abgeschiedenheit aufgezogen, wo er einen verschlagenen Charakter entwickelte. 1445 verbannte man ihn aus dem Königreich, nachdem der Verdacht aufkam, er habe die Ermordung eines Ratgebers seines Vaters geplant. Ludwig wurde Gast am Hof PHILIPPS DES GUTEN von Burgund in den Niederlanden, wo er auf den Tod seines Vaters wartete.

1461 kehrte er nach Frankreich zurück, um den Thron zu besteigen; zu seinen ersten Handlungen gehörte die Entlassung der Minister seines Vaters. Er versuchte auch, die Macht des Adels zu beschneiden, der sich wehrte, indem er eine Koalition gegen ihn bildete. Ludwigs größter Feind war KARL DER KÜHNE von Burgund, an den er 1465 nach der Schlacht von Montlhéry Gebiete abtreten musste. 1475 finanzierte er die Schweizer Eidgenossen und René II. von Lothringen in ihrem Krieg gegen Karl den Kühnen; als Karl diesem 1477 unterlag, machte sich Ludwig an die Zerschlagung des burgundischen Staates. 1482 erlangte er die volle Souveränität über das Herzogtum Burgund und erwarb weitere Gebiete. Als er starb, war nur das Herzogtum Bretagne unabhängig geblieben.

Ludwig XIV. (1638–1715), König von Frankreich 1643–1715. Aufgrund seiner Macht und seiner glanzvollen Hofhaltung Sonnenkönig genannt, führte er sein Land auf den Höhepunkt der Macht. Im Alter von nur fünf Jahren folgte er 1643 seinem Vater Ludwig XIII. auf den Thron. Seine Mutter, Anna von Österreich, wurde

Ein Manuskript des 13. Jh. (ganz links) und ein Glasfenster der St-Chapelle in Paris (links) zeigen König Ludwig IX., der als milder, gerechter und gütiger Herrscher verehrt wurde.

Der französische Herrscher Ludwig XIV. liebte Extravaganz und Kostümierung. Hier zeigt sich der Sonnenkönig im Kreis seiner Familie als der griechische Sonnengott Apoll. Seine Frau, Königin Maria Theresia (rechts), erscheint als Mondgöttin Diana.

Regentin und Jules MAZARIN erster Minister. Ludwig heiratete 1660 die Infantin Maria Theresa; ein Jahr später, nach Mazarins Tod, übernahm er die Regierung und leitete eine lange Periode des persönlichen Regiments ein. Er glaubte an das göttliche Recht eines Königs, absolute Macht über seine Untertanen auszuüben, und versuchte, seine Kontrolle auf jeden Aspekt des staatlichen Daseins auszudehnen, einschließlich Hofetikette, öffentliche Bauarbeiten, Militär und Gewerbe. Er sah keine Notwendigkeit, die Generalstände einzuberufen – eine Versammlung zur Beratung des Königs in politischen Angelegenheiten –, überging weitgehend das *Parlement* und verließ sich lieber auf einen engen Kreis erfahrener Minister und Räte. Er schuf auch eine größere Armee und schlug verschiedene europäische Bündnisse in Kriegen zwischen 1667 und 1697. Der Erfolg der Armee brachte eine Vergrößerung Frankreichs. Aber der PFÄLZISCHE ERBFOLGEKRIEG und der SPANISCHE ERBFOLGEKRIEG brachten Frankreich in Bedrängnis, als sich Europa vereinte, um Ludwigs Aggression einzudämmen. Nach 1700 erlitt Frankreich eine Reihe schwerer Niederlagen und 1713 beendete der Friede von Utrecht die französische Vorherrschaft in Europa. Ludwig hinterließ eine Fülle politischer, wirtschaftlicher und religiöser Probleme, die unter seinen Erben noch wachsen sollten und schließlich zum Niedergang der Monarchie führten.

Ludwigs Regierungszeit wurde später als *grand siècle* (das große Jahrhundert) bezeichnet, da er an seinem Hof, den er aus Paris in einen prachtvollen neuen Palast in VERSAILLES verlegt hatte, Literatur und Künste förderte. Er regte auch zahlreiche Verbesserungen an, darunter die Umgestaltung von Städten, Veränderungen der Landschaft, die Errichtung von Denkmälern und den Bau neuer königlicher Residenzen, doch wurde seine Verschwendungssucht zunehmend von seinen Untertanen missbilligt.

Ludwig XV. (1710–74), König von Frankreich von 1715 bis zu seinem Tod. Der Urenkel LUDWIGS XIV. beschloss, ohne ersten Minister zu regieren, besaß aber nicht genügend Selbstvertrauen, um seinen Staatssekretären feste Richtlinien für ihre Versuche zu sozialen Reformen zu geben. Ludwigs schwankende Außenpolitik trug nicht dazu bei, Frankreichs Position in Kriegen gegen Preußen und Großbritannien zu verbessern, und nach den Bestimmungen des Friedens von PARIS (1763) gingen die meisten überseeischen Besitzungen Frankreichs an Großbritannien verloren. Ludwig, der bereits im Alter von 15 Jahren Maria Leszczynska, Tochter des Königs von Polen, heiratete, hielt sich zahlreiche Mätressen, darunter Madame de POMPADOUR und Madame DUBARRY, die er mit großen Geldsummen überhäufte. Die Verschwendungssucht des Hofes und die hohen Kriegskosten verschlangen alle finanziellen Mittel Frankreichs, und als Ludwig XVI. den Thron bestieg, war der französische Staat zahlungsunfähig und die Regierung in völliger Unordnung.

Ludwig XVI. (1754–93), letzter König von Frankreich vor der FRANZÖSISCHEN REVOLUTION. Ludwig wurde von seiner österreichischen Gemahlin MARIE ANTOINETTE beherrscht. Er bewies Mitgefühl mit seinen Untertanen, aber sein Unvermögen, die von seinen Ministern Anne-Robert-Jacques Turgot und Jacques NECKER vorgeschlagenen Reformen zu konsolidieren, trug ihm von allen Seiten Feindschaft ein. Die französische Beteiligung am AMERIKANISCHEN UNABHÄNGIGKEITSKRIEG hatte die Staatskasse geleert und so bat Ludwig 1787 die weitgehend aristokratische Notabelnversammlung, einer Besteuerung des Adels zuzustimmen. Der Vorschlag wurde abgelehnt und 1789 rief er die GENERALSTÄNDE zusammen – ein Gremium politischer Berater, das seit 175 Jahren nicht mehr zusammengetreten war. Dies beschleunigte die Revolution.

Ludwigs Entlassung des beliebten Necker provozierte am 14. Juli 1789 den Sturm auf die BASTILLE. Nach einem Fluchtversuch aus Paris im Juni 1791 wurden Ludwig und seine Familie in Varennes festgehalten und in den Tuilerienpalast zurückgebracht. Er hoffte auf ausländische Intervention, um wieder an die Macht zu kommen, aber im August 1792 stürmten die Pariser den Palast und nahmen die Königsfamilie gefangen. Im September 1792 wurde die Republik ausgerufen und die Monarchie abgeschafft. Ludwig klagte man wegen Landesverrats an und im Januar 1793 wurde er hingerichtet. Marie Antoinette folgte ihm im Oktober auf die Guillotine. Ihr achtjähriger Sohn Ludwig XVII. wurde nomineller König von Frankreich, starb aber zwei Jahre später im Gefängnis.

Das tragische Schicksal der *Lusitania*, die von einem deutschen U-Boot versenkt wurde, löste riesige Empörung über „Deutschlands mörderische Piraterie" aus.

Ludwig XVIII. (1755–1824), König von Frankreich 1795–1824. Während der Französischen Revolution floh er nach England, um für die königliche Sache zu arbeiten. Sein Exil endete 1814 mit dem Sturz von NAPOLEON und er kehrte mit der Hilfe des Diplomaten Charles Maurice de TALLEYRAND auf den Thron von Frankreich zurück. Ludwig erließ eine Verfassung, die versprach, durch die Revolution begründete Bürgerrechte und religiöse Toleranz anzuerkennen und Reformen Napoleons in Recht, Verwaltung, Kirche und Schulwesen beizubehalten.

Ludwigs liberale Politik änderte sich, als 1820 sein Neffe ermordet wurde. Er entließ seine gemäßigten Minister und ersetzte sie durch Ultraroyalisten unter Führung des Grafen von Artois. Bürgerliche Freiheiten wurden in der Folge beschnitten und Ludwigs frühere Versuche, die Wunden der Revolution zu heilen, verworfen.

Luftfahrt siehe Seite 316

Lumumba, Patrice (1925–61), Politiker und erster Ministerpräsident der Demokratischen Republik Kongo (ehemals Zaire). 1958 gründete er die erste nationale Partei in Belgisch-Kongo – den einflussreichen Mouvement National Congolais (MNC). Im Januar 1960 trat Lumumba auf der Brüsseler Kongo-Konferenz als führender Unterhändler hervor, und als der Kongo die Unabhängigkeit erlangte, wurde er zum Ministerpräsidenten und Verteidigungsminister ernannt. Präsident Joseph Kasavubu, sein Rivale um die Macht, entließ ihn im September 1960, und bald darauf wurde er verhaftet. Er entkam, wurde aber wieder gefangen und ermordet. Sein Tod löste in vielen Teilen Afrikas, wo er als Held betrachtet wurde, Unruhen aus.

Lusitania, britisches Linienschiff auf dem Nordatlantik, das am 7. Mai 1915 von einem deutschen U-Boot torpediert und versenkt wurde. Der unbewaffnete Dampfer war von New York nach Großbritannien unterwegs und wurde ohne Warnung vor der irischen Küste angegriffen, nachdem die Deutschen Kenntnis erhalten hatten, dass sich mehr als 170 t Munition an Bord befanden. Insgesamt riss die *Lusitania* 1198 Menschen in den Tod, darunter über 120 amerikanische Staatsbürger. Der Zwischenfall löste in den USA, wo man bis zu diesem Zeitpunkt die Neutralitätspolitik von Präsident Woodrow WILSON akzeptiert hatte, große Empörung in der Öffentlichkeit aus. Die Torpedierung und Versenkung der *Lusitania* wurde 1917 schließlich als einer der Gründe angegeben, der die USA veranlasste, auf der Seite der Alliierten in den Krieg einzutreten.

Luther, Martin siehe rechts

Widerstand gegen den Papst

1517 nagelte der deutsche Reformator Martin Luther seine 95 Thesen an die Tür der Schlosskirche zu Wittenberg. Die Diskussionspunkte, die mehrfach abgedruckt wurden, fanden rasch weite Verbreitung.

Als sich Martin Luther zu Wort meldete, lag ihm nichts ferner, als die Kirche in Katholiken und Protestanten zu spalten. 1483 geboren, von bäuerlicher Herkunft und mit konservativen Ansichten, gehörte er nicht zu den Renaissancegelehrten, die das Denken in Europa zu liberalisieren suchten.

Nach rund vierjährigem Rechtsstudium in Erfurt trat Luther 1505 in ein dortiges Kloster ein und wurde zwei Jahre danach zum Priester geweiht. 1511 schickte man ihn nach Wittenberg. Zwei Jahre später stieß er auf einen Abschnitt in Paulus' Römerbrief: „Der Gerechte wird aus Glauben leben." Von nun an zeigte er sich entschlossen, im religiösen Leben die Reinheit des Glaubens wieder herzustellen. Besonders der Ablasshandel der von Schulden geplagten Päpste schien reine weltliche Eitelkeit. „Rechtfertigung allein durch den Glauben" war ein revolutionäres Schlagwort, denn es machte die Hierarchie der Geistlichen und die Lehren der Kirchenväter überflüssig.

HERAUSFORDERUNG AN ROM

Luther formulierte seine Bedenken zunächst in Predigten. Im Jahr 1517 schlug er dann seine berühmten 95 Thesen in Wittenberg an. Er wollte nur eine Debatte in Gang bringen, aber er stellte fest, dass er eine fundamentale Infragestellung Roms anführte. „Das Lied", sagte er, „war in einer zu hohen Tonart für meine Stimme." Im Juni 1519 führte er die Leipziger Disputation mit dem Dominikanermönch Johannes Eck, der ihn zu dem Eingeständnis brachte, dass die Bibel die oberste religiöse Autorität sei. Das Geschick des Einzelnen liege, bewaffnet mit der Bibel, in seiner eigenen Hand: „das Priestertum aller Gläubigen."

Luthers Position wurde radikaler. 1520 stellte er die Lehre der Wandlung infrage – dass bei der Eucharistie der Wein und das Brot in das Blut und den Leib Christi verwandelt werden – und wurde von Papst Leo X. als Ketzer gebrandmarkt. 1521 wurde er exkommuniziert.

Inzwischen veröffentlichte er drei einflussreiche Schriften: *An den christlichen Adel deutscher Nation,* worin er weltliche Herrscher aufrief, sich der Sache der Protestanten anzuschließen, *Von der babylonischen Gefangenschaft der Kirche* und *Von der Freiheit eines Christenmenschen.* Alarmiert von der Unterstützung für Luther, lud Kaiser Karl V. ihn ein, auf dem Reichstag in Worms 1521 seine Ansichten zu erläutern. Zum Widerruf aufgefordert, entgegnete Luther: „Widerrufen kann und will ich nichts, denn es ist weder sicher noch heilsam, gegen das Gewissen zu handeln. Gott helfe mir, Amen."

Danach ließ Luthers bestimmender Einfluss auf die Reformation nach. Nachdem er 1525 geheiratet hatte, verbreitete er den neuen Glauben, übersetzte die Bibel ins Deutsche und komponierte geistliche Lieder. Er starb 1546 in seinem Geburtsort Eisleben.

Aus Protest gegen den Verkauf von Ablassbriefen schlug Luther seine Thesen an das Portal der Wittenberger Kirche, die Europas Christenheit erschüttern sollte.

Triumphe der Luftfahrt –
Flugzeuge verkürzen die Reisedauer

Seit Christoph Kolumbus ist die Passage über den Nordatlantik einer der wichtigsten Handelswege der Welt gewesen. Jeder Fortschritt im Verkehrswesen hat die anfangs monatelang dauernde Reise beschleunigt, doch den mit Abstand größten Beitrag leistete der Beginn des modernen Flugzeitalters.

Für den ersten Mann, der allein über den Atlantik flog, war der Zusammenstoß mit Schiffsmasten eine der größten Gefahren. Charles Lindbergh, der über die Wellenkämme glitt, brauchte 1927 rund 33,5 Stunden, um mit seinem Eindecker *Spirit of St. Louis* von New York nach Paris zu fliegen. Heute schafft die Concorde die Reise in etwa einem Zehntel der Zeit, in einer Höhe von rund 18 300 m und mit 100 Passagieren, die sich an Bord verwöhnen lassen.

Die Eroberung der Luft begann 1903 in Kitty Hawk, North Carolina, als Orville Wright auf dem ersten gelenkten motorgetriebenen Flug in einer Maschine, die schwerer als Luft war, 36 m zurücklegte. Bis 1905 hatte sein Bruder Wilbur in einem neuen Flugzeug, *Flyer III*, 40 km geschafft. Die Behauptungen der Wrights, sie seien geflogen, wurden angezweifelt, aber sie antworteten ihren Kritikern mit überzeugenden öffentlichen Vorführungen. Bis zum Ersten Weltkrieg hatte sich das Flugzeug zu einem praktischen Gerät entwickelt, das zur Aufklärung, Bombardierung und zum Luftkampf benutzt wurde.

Mit einem umgebauten Vickers-Vimy-Bomber überquerten die britische Pilot John Alcock und sein Navigator Arthur Whitten Brown 1919 als Erste den Atlantik. Sie benötigten knapp 16,5 Stunden für die 3218 km lange Strecke von Neufundland nach Irland, wo sie in einem Sumpf im County Galway landeten.

Der Atlantik bildete lange den Schauplatz für den Wettstreit im Verkehrswesen. Der erste Mensch, der ihn nachweislich überquerte, Christoph Kolumbus, brauchte 1492 über zwei Monate für die Fahrt von Spanien in die Neue Welt. 1838 fuhren die Raddampfer *Sirius* und *Great Western* um die Wette von Großbritannien nach New York, wobei die *Sirius*, die 18 Tage für die Überfahrt benötigte, gewann. In den 30er-Jahren des 20. Jh., der Blütezeit der großen Ozeandampfer, konnte die Reise in knapp fünf Tagen bewältigt werden. Am schnellsten war die *United States*, die auf ihrer Jungfernfahrt 1952 einen Rekord aufstellte, der von keinem Passagierschiff gebrochen wurde, bis der Katamaran *Hoverspeed Great Britain* 1990 in drei Tagen, sieben Stunden und 54 Minuten den Atlantik durchpflügte.

Ab den späten 20er-Jahren erwuchs den Ozeandampfern Konkurrenz in Gestalt der Luftschiffe. Das größte, die *Hindenburg*, beförderte 50 Passagiere und 60 Besatzungsmitglieder und unternahm 1935 zehn Flüge hin und zurück. Aber die kurze Ära der

Oben: Captain Alcock und Lieutenant Brown ließen sich kurz nach ihrem abenteuerlichen Atlantikflug 1919 vor ihrer Vickers Vimy fotografieren. Ihr Flugbuch (rechts) beschrieb den Moment, als sie die irische Küstenlinie überflogen.

Enthusiasten ruhten sich 1909 in Reims unter einem Wright-Doppeldecker aus. Der Pilot saß vorn, die am Heck montierten Propeller „schoben" die Maschine. Im Sommer desselben Jahres überquerte Louis Blériot mit einem Eindecker als Erster den Ärmelkanal.

Das deutsche Luftschiff *Hindenburg* explodierte im Mai 1937 in Lakehurst, New Jersey, nachdem es seinen Haltemast gestreift hat. 36 Personen kamen bei dem Unglück ums Leben.

Charles Lindbergh wird zwei Monate nach seinem Alleinflug über den Atlantik mit der *Spirit of St. Louis* in Boston wie ein Held empfangen.

Die Concorde, einziges Überschallverkehrsflugzeug der Welt, verbindet New York in rund drei Stunden Flugzeit mit London.

Oben:
Luftschiffe beförderten auf
Linienflügen über 10 000 Passagiere.

Luftschiffe endete mit der Brandkatastrophe, bei der die *Hindenburg* zwei Jahre später in Lakehurst, New Jersey, zerstört wurde.

Die ersten Fluglinien verwendeten Flugzeuge, die aus dem Ersten Weltkrieg stammten. Die Krieg führenden Länder hatten zusammen über 200 000 Maschinen gebaut und viele Flugzeuge waren unbeschädigt geblieben. Am 5. Februar 1919 nahm als erste europäische Fluglinie die Deutsche Luft Reederei den Betrieb mit fünfsitzigen AEG-Doppeldeckern auf, die einmal täglich zwischen Berlin und Weimar verkehrten. Die Franzosen folgten bald mit der ersten internationalen Route zwischen Paris und Brüssel und im August nahm Airtransport and Travel mit einem umgebauten Bomber Flüge zwischen London und Paris auf. Allerdings konnten sich nur die Wohlhabenden ein Flugticket leisten, weniger Betuchte machten die gleiche Reise für ungefähr 20% des Flugpreises mit Zug und Schiff.

Die immer zahlreicher werdenden Fluggesellschaften hatten Mühe, mit Gewinn zu arbeiten. Lange Reisen konnten mehrere Tage oder sogar eine Woche dauern. Da es an Flugplätzen fehlte, stellten Flugboote häufig die praktischste Lösung dar, und Ende der 30er-Jahre konnten die Reichen an Bord der Flugboote von Imperial Airways Vergnügungsreisen in den Fernen Osten unternehmen. Bei einer Reichweite von rund 1100 km und einer Höchstgeschwindigkeit von 320 km/h landeten die Flugboote zum Auftanken auf Seen und in Häfen.

Obwohl sich die USA der ersten Fluglinie rühmen können – die St. Petersburg-Tampa Airboat Line transportierte 1914 einige Monate lang jeweils einen Passagier in einem Flugboot über die Tampa Bay in Florida –, ließen sie sich nach dem Krieg mehr Zeit, bis sie Fluglinien einrichteten. Postflugzeuge, die sich nachts an einer Kette von Leuchtfeuern orientierten, bereiteten den Weg. Als die Postflugzeuge 1925 vom Kongress privatisiert wurden, bildeten sie den Grundstock für Passagierdienste. Ende 1929 besaßen die USA elf Fluglinien und beförderten mehr Passagiere als jeder andere Staat. Nach Fusionen gab es 1931 noch vier große Gesellschaften: TWA, United, Eastern und American.

Ende der 30er-Jahre galten Flugzeuge als so verlässlich, dass sie für die Bedienung der Nordatlantikroute verwendet werden konnten. Mit einem Boeing-Flugboot startete Pan American am 27./28. Juni 1939 den ersten planmäßigen Nordatlantikdienst und bewältigte den Flug zwischen Botwood, Neufundland und Southampton in 18 Stunden und 42 Minuten. Die Clipper der Pan Am setzten die Flüge während des Zweiten Weltkriegs fort und beförderten Passagiere und Post. Als es dann ab 1947 immer bessere Rollbahnen für konventionelle Flugzeuge gab, war die große Zeit der Flugboote vorbei.

Der technische Fortschritt während und nach dem Krieg, vor allem die Entwicklung neuer Triebwerke, erhöhte die Geschwindigkeit enorm; der erste planmäßige Flug mit Düsenflugzeugen über den Atlantik, den die British Airways Overseas Corporation 1958 aufnahm, dauerte sieben Stunden. Das entspricht etwa der Zeit, die Düsenflugzeuge wie die Boeing 747 auch heute noch benötigen. Wohlhabende Passagiere, die es sehr eilig haben, können mit dem einzigen Überschallverkehrsflugzeug der Welt, der Concorde, fliegen.

Düsenflugzeuge haben Reisen an jeden Ort der Welt zu Alltagserfahrungen gemacht. Heute befinden sich täglich Hunderttausende von Menschen in der Luft und befliegen unzählige Strecken in Tausenden von verschiedenen Flugzeugen.

Luthuli, Albert John (um 1898–1967), Lehrer und südafrikanischer Politiker, der aus dem Volk der Zulu stammte. Der überzeugte Christ war seit 1952 Präsident des AFRICAN NATIONAL CONGRESS (ANC), der acht Jahre später in der Südafrikanischen Republik verboten wurde. Der wiederholt inhaftierte und mit einem Rede- und Versammlungsverbot belegte Luthuli, der sich für absolute Gewaltfreiheit einsetzte, erhielt 1960 den Friedensnobelpreis, den er allerdings erst im darauf folgenden Jahr in Oslo entgegennehmen konnte. Im Jahr 1962 verfasste Luthuli sein berühmtes Werk *Let my people go*.

Lütjens, Günther (1889–1941), deutscher Admiral. Der in Wiesbaden geborene Lütjens wurde im Juli 1940 zum Flottenchef der deutschen Kriegsmarine ernannt. In dieser Eigenschaft trug er die Verantwortung für die Versenkung des britischen Schlachtschiffs *Hood* am 24. Mai 1941. Drei Tage später kam er mit beinahe 2000 anderen Seeleuten ums Leben, als die Besatzung des Schlachtschiffs *Bismarck* ihr von überlegenen gegnerischen Verbänden kampfunfähig geschossenes Schiff selbst versenkte.

Lützow, Adolf Freiherr von (1782 bis 1834), preußischer Offizier, der im Februar 1813 das Lützow'sche Freikorps aufstellte. Dem Korps, das sich hauptsächlich aus Studenten rekrutierte, traten beispielsweise der Erzähler Joseph von Eichendorff sowie der Lyriker Theodor Körner bei, der die Truppe in seinem Gedicht *Lützows wilde, verwegene Jagd*, das nach seinem Tod erschien, feierte. Militärische Erfolge konnten jedoch nicht verbucht werden. Lützow wurde 1822 zum Generalmajor ernannt.

Luxemburg, Kleinstaat in Westeuropa, grenzt an Deutschland, Belgien und Frankreich. Der zunächst keltisch besiedelte, anschließend von den Römern und im 5. Jh. von den FRANKEN besetzte Raum kam Mitte des 9. Jh. zum Reich von Lothar I. Nachdem Luxemburg unter Graf Siegfried die Autonomie erhalten hatte, wurde 1060 Konrad, einer seiner Nachkommen, der erste Graf von Luxemburg. Das Herzogtum Luxemburg wurde 1354 geschaffen, danach wechselten sich das Haus BURGUND, die HABSBURGER und Spanier als Besitzer ab. Auf dem WIENER KONGRESS 1814/15 wurde Luxemburg zum Großherzogtum erhoben und fiel an WILHELM I. der Niederlande. 1867 wurde das Großherzogtum durch den Londoner Vertrag ein unabhängiger Staat und die europäischen Großmächte garantierten seine Neutralität. Deutschland verletzte die Garantie jedoch zweimal und seine Truppen besetzten das Land in beiden Weltkriegen. Nach der Befreiung durch die Alliierten

Rosa Luxemburg und Karl Liebknecht agitierten für die Revolution und gründeten 1918/19 die Kommunistische Partei Deutschlands.

1944 gab Luxemburg seine Neutralität auf und wurde Gründungsmitglied der VEREINTEN NATIONEN und des Nordatlantikpakts NATO. 1957 trat das Land der Europäischen Wirtschaftsgemeinschaft EWG bei und ist heute Sitz des Europäischen Gerichtshofs sowie der Europäischen Investitionsbank. Seit den 70er-Jahren des 20. Jh. entwickelte sich Luxemburg nach und nach zu einem der bedeutendsten internationalen Finanzzentren.

Luxemburg, Rosa (1870–1919), polnische Revolutionärin, Mitgründerin der polnischen Sozialdemokratischen Partei und führend in der SOZIALDEMOKRATISCHEN PARTEI DEUTSCHLANDS. 1889 emigrierte sie in die Schweiz und studierte in Zürich. Durch die Ehe mit Gustav Lübeck erhielt sie die deutsche Staatsangehörigkeit und ließ sich 1899 in Berlin nieder. Als überzeugte Autorin und Rednerin setzte sich Rosa Luxemburg in der SPD für die Revolution ein. Während der RUSSISCHEN REVOLUTION von 1905 kämpfte sie im russischen Polen und agitierte für Massenaktionen, um einen internationalen Sozialismus zu erreichen. Sie wurde in der Zweiten Internationalen aktiv und gründete zusammen mit Karl Liebknecht den SPARTAKUSBUND, der 1918 die Rolle Deutschlands im Ersten Weltkrieg

heftig bekämpfte. Während des Spartakusaufstands gegen die militärische Unterdrückung radikaler Erhebungen 1919 wurden sie und Liebknecht in Berlin von Freikorpssoldaten ermordet.

Lydien, historische Landschaft im westlichen Kleinasien. Ihre Bewohner, die im 7. Jh. v. Chr. die ersten Münzen der Welt aus einer Gold-Silber-Legierung hergestellt haben sollen, gelangten durch Handel zu Reichtum. Lydiens strategisch günstige Lage an den zwei Haupthandelsstraßen von der ägäischen Küste ins Landesinnere vermehrten seinen Wohlstand. Das Reich erreichte den Gipfel der Macht unter KRÖSUS, der um 540 v. Chr. von den Persern abgesetzt wurde. 133 v. Chr. kam es zur römischen Provinz Asia und erhielt unter DIOKLETIAN eigenen Provinzstatus.

Lysander (gest. 395 v. Chr.), Admiral und Staatsmann des griechischen Staates SPARTA. Sein Sieg bei Aigospotamoi 405 v. Chr. besiegelte den Triumph Spartas über ATHEN im PELOPONNESISCHEN KRIEG, der 431 begonnen hatte. Mit finanzieller Unterstützung von Kyros, Sohn des Königs von Persien, vergrößerte und verbesserte er die peloponnesische Flotte, und 404 besiegelte er Athens Schicksal, indem er den Hellespont blockierte, sodass die Getreidelieferungen ausblieben und Athen durch Aushungern zur Kapitulation gezwungen wurde. Lysander fiel auf einem Feldzug gegen die Böoter.

Maastricht, Vertrag von, Vereinbarung der Regierungschefs der Europäischen Gemeinschaft 1992 – damals mit zwölf Mitgliedsstaaten –, auf dem Weg zur Einheit Europas voranzugehen. Der Vertrag, der auf nationaler Ebene ratifiziert werden musste, sah eine politische Union von Italien bis zum Nordkap vor, mit gemeinsamer Staatsangehörigkeit für die Bevölkerungen aller Mitgliedsstaaten, eine Währungsunion unter einer Europäischen Zentralbank, die mit der offiziellen Einführung des EURO 1999 in Kraft trat, und eine gemeinsame Außen- und Sicherheitspolitik. Gemäß dem Vertrag soll die Westeuropäische Union eine gemeinsame militärische Verteidigung für die Gemeinschaft planen, die Zusammenarbeit in innenpolitischen und Umweltfragen soll enger und das Europäische Parlament gestärkt werden. Der Vertrag legte auch Regeln für die Subsidiarität fest, indem er Befugnisse und Verpflichtungen zwischen Einrichtungen der EUROPÄISCHEN UNION und einzelnen Staaten abgrenzt. Großbritannien und Dänemark distanzierten sich von Aspekten des Maastrichter Abkommens, was anhaltend politische Reibungen sowohl auf nationaler als auch europäischer Ebene verursacht.

Macao, kleines Territorium unter portugiesischer Verwaltung, an der Küste Chinas gegenüber von HONGKONG auf der anderen Seite der Mündung des Perlflusses. Macao wurde 1557 von portugiesischen Händlern und Missionaren gegründet. Die Niederlassung spielte eine zentrale Rolle im Handel mit Japan und China bis ins späte 17. Jh. Im 19. Jh. verlor Macao seinen Rang als Handelszentrum an Hongkong und wurde von Glücksspiel, Touristen und Transithandel abhängig, hat aber in den letzten Jahren produzierende Gewerbe entwickelt. Heute vollzieht sich der gesamte Außenverkehr über Hongkong. Macao erhielt 1976 volle innere Autonomie. 1999 soll es an China zurückgegeben werden.

MacArthur, Douglas (1880–1964), Stabschef des amerikanischen Heeres 1930–35, der von Präsident Franklin Roosevelt wieder berufen wurde, als Amerika 1941 in den ZWEITEN WELTKRIEG eintrat, um auf den Philippinen eine Verteidigungsstreitmacht aufzubauen. Bald nach seiner Ernennung besetzten japanische Truppen die Inseln und zwangen General MacArthur im März 1942, sein Einsatzhauptquartier nach Australien zu verlegen, doch er schwor: „Ich komme wieder." Er befehligte den siegreichen Gegenangriff auf Neuguinea vom Juli 1942 bis Januar 1943. Von dieser Basis rückten seine Truppen auf die Philippinen vor, die in den ersten Monaten 1945 zurückerobert wurden. Als Oberbefehlshaber der amerikanischen Streitkräfte im Pazifik nahm MacArthur an Bord der *Missouri* am 2. September 1945 die japanische Kapitulation entgegen und befehligte später die alliierten Besatzungstruppen in JAPAN, wo er Reformen durchführte und am Entwurf der neuen japanischen Verfassung beteiligt war.

Als Befehlshaber der UN-Streitkräfte im KOREAKRIEG führte MacArthur seine Truppen im Oktober 1950 nach NORD-KOREA, doch zwangen ihn eingreifende chinesische Truppen zum Rückzug. Er nahm die Offensive Anfang 1951 wieder auf, wurde aber im April von Präsident Harry S. TRUMAN entlassen, da MacArthur eine Ausweitung des Kriegsschauplatzes auf das Gebiet Chinas befürwortete. Truman fürchtete, MacArthur könnte die USA so in einen Nuklearkrieg führen.

Macbeth (um 1005–57), König der Schotten seit 1040. Sein Weg auf den Thron und sein Tod 17 Jahre später lieferten den Stoff für William SHAKESPEARES Drama *Macbeth*.

Der historische Macbeth, mütterlicherseits ein Enkel von König Malcolm II., machte seinem Vetter Duncan I. den Thron streitig, besiegte und tötete ihn 1040 in der Schlacht bei Elgin. 1050 unternahm Macbeth eine Pilgerreise nach Rom. Nach mehreren Versuchen der Königsfamilie, Macbeth zu stürzen, gelang es Duncans Sohn, Malcolm III., ihn in der Schlacht von Lumphanan in Aberdeenshire zu besiegen und zu töten.

Macdonald, James Ramsay (1866 bis 1937), britischer Politiker und erster Premierminister der LABOUR PARTY, zunächst 1924 und erneut 1929–31. 1900 war er Mitbegründer des Labour Representative Committee, der späteren Labour Party. 1906 für Labour ins Parlament gewählt, wurde Macdonald fünf Jahre später der Führer der kleinen, aber wachsenden Partei. Seine pazifistische Haltung beim Ausbruch des Ersten Weltkriegs machte ihn unpopulär, und er trat zurück, kehrte aber als Oppositionsführer 1922 zurück.

Zwei Jahre später wurde er Premierminister und bekleidete gleichzeitig das Amt des Außenministers, als die Labour Party zum ersten Mal eine Regierung bildete. Diese hielt sich nur neun Monate. Erst 1929 konnte Macdonald eine zweite Labourregierung bilden. Als neun Minister wegen Vorschlägen zur Senkung des Arbeitslosengelds aus dem Kabinett austraten, regierte Macdonald als Premierminister einer bürgerlichen Koalition bis 1935 weiter. Macdonald setzte sich in den 30er-Jahren für die internationalen Abrüstungspläne ein, als er, wie viele andere auch, die Bedrohung des Weltfriedens durch die Nationalsozialisten nicht erkannte. 1935 trat er aus gesundheitlichen Gründen zurück.

Machiavelli, Niccolò (1469–1527), italienischer Staatsmann und politischer Theoretiker, dessen Name zum Inbegriff für Machtpolitik und Staatsräson geworden ist. Machiavelli, eine der herausragenden Gestalten der RENAISSANCE, war 1498 zum Sekretär und zweiten Kanzler der Republik Florenz ernannt worden.

Auf diplomatischen Missionen 1499 bis 1508 hatte er mit einigen der mächtigsten Politikern seiner Zeit verhandelt. Zu Beginn des 16. Jh. beschäftigte er sich mit militärischen Reformen, um FLORENZ eine schlagkräftige Verteidigung zu geben. Aber nachdem die MEDICI mit spanisch-päpstlicher Hilfe 1512 die Macht in Florenz zurückgewonnen hatten, musste Machiavelli aus allen öffentlichen Ämtern ausscheiden.

In der Abgeschiedenheit seines Landsitzes schrieb er über Kriegskunst und politische Philosophie. In *Der Fürst* (1513) bot er Ratschläge an, wie sich ein Herrscher an der Macht halten könne. *Der Fürst* wird gerne als eine Art Handbuch für Tyrannen missverstanden. Moderne Interpretationen übersehen häufig die Feinheiten seiner Bemerkungen zum Verhältnis zwischen Ethik und Politik. In *Discorsi. Gedanken über Politik und Staatsführung,* 1513–17 geschrieben, trat Machiavelli für eine Republik mit einer gemischten Verfassung nach dem Muster des alten Rom ein, betonte aber auch die Bedeutung einer unbestechlichen und streng moralischen politischen Kultur, die sich vom Klima im Italien seiner Zeit unterschied. Zwar fand er 1520 wieder Gnade bei den Medici, doch man betraute ihn nicht mehr mit praktischen politischen Aufgaben. Er sollte die Geschichte der Stadt Florenz als Historiker aufarbeiten. Als die Medici sieben Jahre später die Kontrolle über die Stadt

Macao, eine der ältesten europäischen Niederlassungen in Asien, wurde von den Portugiesen als Handelsposten gegründet. Der Name leitet sich vom Ma-Kwok-Tempel aus dem 14. Jh. her.

Machiavelli war nicht nur Theoretiker. Er schuf auch die Bürgermiliz von Florenz und befehligte sie 1509 gegen Pisa.

vorübergehend wieder verloren, erhielt Machiavelli kein Amt in der neuen Republik und starb binnen eines Monats nach ihrer Errichtung.

Machtergreifung, mit diesem Begriff bezeichneten die Nationalsozialisten die Übernahme der Regierungsgewalt, nachdem sich Adolf HITLER am 30. Januar 1933 von Reichspräsident Paul von HINDENBURG als Reichskanzler an die Spitze einer Koalitionsregierung aus DEUTSCHNATIONALE VOLKSPARTEI DNVP und NSDAP stellen ließ. Tatsächlich muss aber unter Machtergreifung auch die darauf folgende Phase der Konsolidierung verstanden werden. Während der GLEICHSCHALTUNG wurde im Februar 1933 sofort der Reichstag aufgelöst. Der Reichstagsbrand vom 27. Februar 1933 lieferte den Anlass, Grundrechte der Verfassung außer Kraft zu setzen und die KPD in die Illegalität zu drängen. Das Berufsbeamtengesetz vom April 1933 ersetzte demokratische Beamte. Gegner wurden in Konzentrationslagern in so genannte Schutzhaft genommen. Mit dem Boykott jüdischer Geschäfte begann die offene Judenverfolgung. Die Märzwahlen lieferten der Regierungskoalition eine absolute Mehrheit, dennoch legte Hitler das ERMÄCHTIGUNGSGESETZ vor, das der Regierung erlaubte, Gesetze zu erlassen. Ein weiterer wichtiger Schritt der Machtstabilisierung war die Beseitigung von innerparteilichen Rivalen Hitlers im RÖHMPUTSCH. Abgeschlossen wurde die Errichtung der nationalsozialistischen Diktatur durch die Vereinigung der Ämter des Reichskanzlers und des Reichspräsidenten in der Person Hitlers nach dem Tod Hindenburgs am 2. August 1934, was u. a. zur Folge hatte, dass nun die Reichswehr auf Hitler vereidigt wurde.

MacMahon, Marie Edme Patrice Maurice Graf von (1808–93), französischer Politiker, der trotz seiner irischen Abstammung 1873–79 Präsident von Frankreich war. MacMahon kämpfte erfolgreich auf der Krim und 1859 in den Schlachten von Magenta und Solferino, wurde aber als General im Deutsch-Französischen Krieg 1870 bei Wörth geschlagen und kapitulierte mit NAPOLEON III. in SEDAN. Ein Jahr später befehligte er die Armee, die den Aufstand der PARISER KOMMUNE niederschlug. Obwohl er wenig Sympathie für die Dritte Republik hegte, war er auch gegen die Wiederherstellung der Monarchie und willigte ein, Louis Thiers Nachfolger zu werden, als dieser gestürzt wurde.

MacMahon hielt die Nationalversammlung für zu republikanisch und löste sie 1877 auf. Aber die Wähler entschieden sich für eine noch republikanischere Versammlung und stärkten so den Grundsatz, dass die Regierung dem Parlament verantwortlich ist und nicht dem Präsidenten.

Macmillan, Harold (1894–1986), britischer Politiker der Konservativen Partei und Premierminister 1957–63. Während der 30er-Jahre ein Kritiker des APPEASEMENT, trat Macmillan 1940 in Winston CHURCHILLS Koalitionsregierung ein. Als die Konservativen 1951 wieder an die Macht kamen, wurde Macmillan zunächst Minister für Hausbau und innere Verwaltung, 1954 dann Verteidigungsminister, in Anthony EDENS Kabinett Außenminister und später Schatzkanzler.

Nach dem SUEZKRIEG folgte er Eden als Premierminister und gewann die Wahl von 1959. Ein Jahr später sprach er vor dem südafrikanischen Parlament von einem Wind des Wandels, der durch Afrika blase. Die Rede wurde als Ermutigung des afrikanischen Nationalismus und als Kritik an der APARTHEID gewertet. Macmillan unterstützte Präsident John F. KENNEDY in der KUBA-KRISE und erreichte ein Abkommen, aufgrund dessen die USA britische U-Boote mit nuklearen Sprengköpfen ausrüsteten.

Während Macmillans Amtszeit, in der Großbritannien einen Aufschwung erlebte, der ihn zu der Äußerung veranlasste: „Unser Volk hat es nie so gut gehabt", wurde ein Gesetz erlassen, das die Einreise von Bürgern des COMMONWEALTH nach Großbritannien einschränkte. Geschwächt wurde seine Regierung durch Präsident Charles de GAULLES Veto gegen Großbritanniens Beitritt zur Europäischen Wirtschaftsgemeinschaft und durch einen Skandal um seinen Heeresminister John Profumo.

Dennoch gelang es Macmillans Regierung, ein TESTSTOPPABKOMMEN bei Nuklearwaffen zwischen den USA, der Sowjetunion und Großbritannien auszuhandeln.

Madagaskar, Inselstaat vor der Südostküste Afrikas, viertgrößte Insel der Welt. Die Bevölkerung ist indomelanesischer und malaiischer Herkunft, aber unter den etwa 18 ethnischen Gruppen gibt es auch Minderheiten wie Bantu, Araber, Inder und Chinesen.

Arabische Händler besuchten Madagaskar wahrscheinlich vor dem 10. Jh., aber erst 1500 erschien es auf den Seekarten, nachdem der portugiesische Kapitän Diego Dias die Insel entdeckt hatte. In den folgenden Jahrhunderten legten häufig holländische, englische und portugiesische Schiffe an. Gleichzeitig wurden die von den Franzosen eingerichteten Handelsniederlassungen oft als Piratenstützpunkte benutzt.

1860 erhielt eine französische Kompanie Handelskonzessionen. 30 Jahre später wurde die Insel französisches Protektorat, aber der Widerstand gegen Frankreich dauerte bis 1895. Madagaskar wurde 1945 Überseeterritorium der französischen Republik und 1958 Republik. Es erlangte 1960 die Unabhängigkeit als Republik Malagasy, änderte aber seinen Namen 1975 wieder in Madagaskar.

Soziale und wirtschaftliche Probleme führten immer wieder zu Unruhen und häufigen Regierungswechseln. Obwohl die Einparteienherrschaft 1990 endete, gab es im April 1991 Unruhen gegen die Regierung.

Sechs Monate später wurden der Revolutionsrat und die Nationalversammlung bis zur Einigung über eine neue Verfassung aufgelöst. 1992 trat eine pluralistische Verfassung in Kraft. Der erste demokratisch gewählte Präsident musste 1996 wegen Kompetenzüberschreitungen zurücktreten. Seit Januar 1997 regiert Didier Ratsiraka Madagaskar.

Made in Germany, hergestellt in Deutschland. Ursprünglich nur in Großbritannien aufgrund eines Gesetzes von 1887 verlangte Herkunftsbezeichnung. Vor allem deutsche Waren sollten abgewertet werden, um englische Produkte zu schützen. Dieses Ziel wurde jedoch nicht erreicht. Heute verlangen die Einfuhrvorschriften vieler Länder die Bezeichnung der Herkunft. Eine falsche Kennzeichnung gilt als unlauterer Wettbewerb.

Nach dem Zweiten Weltkrieg wurde Made in Germany zum Synonym für hohe Produktqualität.

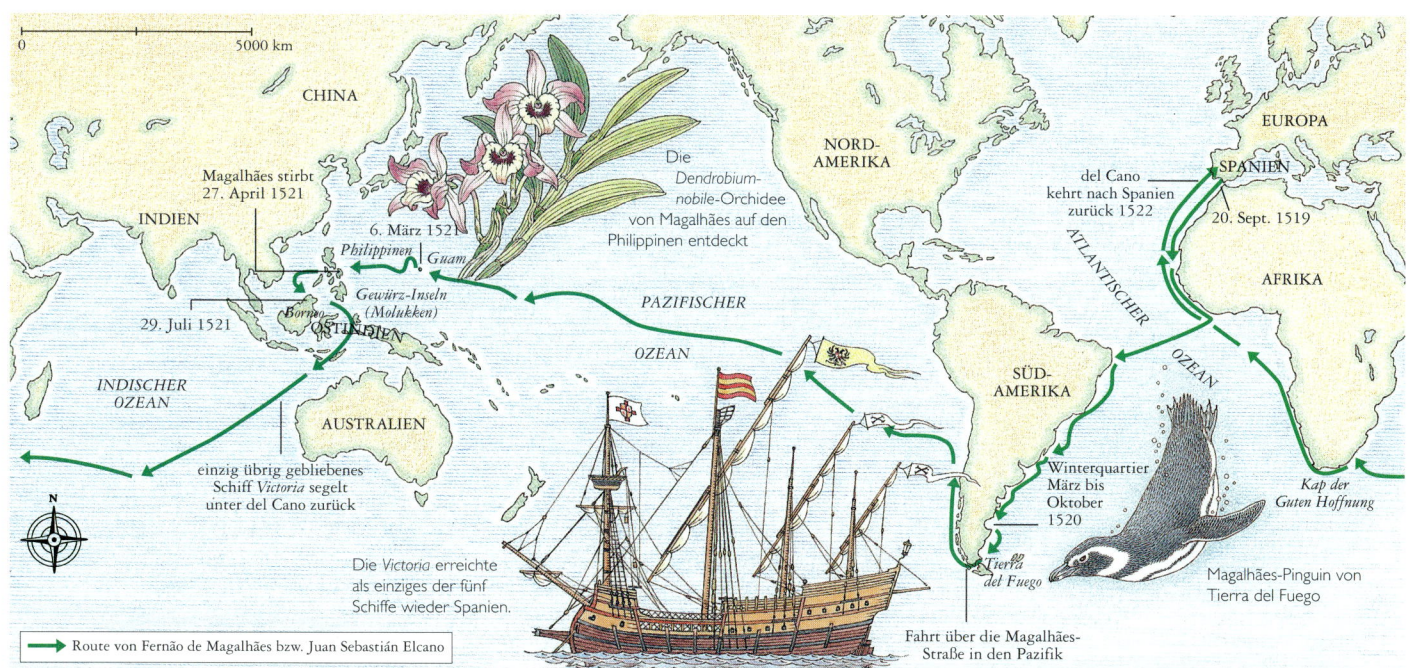

0 **5000 km**

CHINA

INDIEN

Magalhães stirbt
27. April 1521

6. März 1521
Philippinen | Guam

29. Juli 1521
Borneo
OSTINDIEN
*Gewürz-Inseln
(Molukken)*

*INDISCHER
OZEAN*

AUSTRALIEN

einzig übrig gebliebenes
Schiff *Victoria* segelt
unter del Cano zurück

Die *Victoria* erreichte
als einziges der fünf
Schiffe wieder Spanien.

Die
*Dendrobium-
nobile*-Orchidee
von Magalhães auf den
Philippinen entdeckt

*PAZIFISCHER
OZEAN*

NORD-
AMERIKA

EUROPA

del Cano
kehrt nach Spanien
zurück 1522

SPANIEN

20. Sept. 1519

AFRIKA

ATLANTISCHER

SÜD-
AMERIKA

Winterquartier
März bis
Oktober
1520

*Tierra
del Fuego*

Fahrt über die Magalhães-
Straße in den Pazifik

Kap der
Guten Hoffnung

OZEAN

Magalhães-Pinguin von
Tierra del Fuego

➤ Route von Fernão de Magalhães bzw. Juan Sebastián Elcano

Fernão de Magalhães brach 1519 von Spanien auf, um die Erde zu umsegeln. 1520 erreichte er nach einer rauen Durchfahrt ein stilles Meer, das er Pazifik nannte. Er wurde auf den Philippinen getötet, und nach Meuterei, Hunger und Skorbut kehrte nur eines von fünf Schiffen 1522 zurück.

Mafia, internationale kriminelle Organisation mit Wurzeln in Sizilien. Anfang des 19. Jh. stellten Großgrundbesitzer straff organisierte Privatarmeen zusammen, um ihre feudalistischen Ansprüche durchzusetzen. Ehemalige Mitglieder dieser Privatarmeen bildeten oft Räuberbanden, die zwar außerhalb des Gesetzes operierten, aber ihr eigenes System der Ordnung und Gerechtigkeit entwickelten. Bis 1860 kontrollierten sie viele Polizei- und Regierungsbeamte in Sizilien. Alle Anstrengungen der neuen Regierung unter König VIKTOR EMANUEL II., sie zu zerschlagen, erwiesen sich als erfolglos.

Zwei Jahrzehnte später, als viele Sizilianer in die USA auswanderten, fasste die Mafia in New York und Chicago Fuß. Die Zahl ihrer Mitglieder wuchs in den 20er-Jahren des 20. Jh. an, als Mafiabosse sich der Verfolgung durch die italienische faschistische Regierung entzogen. Die Mafia – in Familien organisiert und mit der Kommandostruktur einer feudalen Armee – war in der Zeit der PROHIBITION in den USA aktiv. Nach dem Zweiten Weltkrieg wurden die Mafia-Aktivitäten international und konzentrierten sich zunehmend auf den Drogenhandel. In den USA und in Italien, wo Geschäftsleute und Politiker Beziehungen zur Mafia hatten, kam es von Zeit zu Zeit zu Prozessen gegen hochrangige Mitglieder, die jedoch ihren Einfluss nicht schmälerten.

Magalhães, Fernão de (um 1480–1521), portugiesischer Entdecker, der auf der ersten Erdumsegelung getötet wurde. Von der portugiesischen Krone nach Indien versetzt, erforschte Magalhães 1509–12 die Gewürzin-

seln, die heutigen Molukken. Fünf Jahre später bot er Spanien seine Dienste an, um dieselben Inseln auf einer westlichen Route zu erreichen. Er verließ Spanien 1519 mit fünf Schiffen, fuhr an der südamerikanischen Küste nach Süden und durch die Meeresstraße nördlich von Feuerland, die heute seinen Namen trägt.

Obwohl Magalhães nun durch den so genannten Stillen Ozean fuhr, dauerte es über drei Monate, bis er die Philippinen erreichte.

Niedergeschossen von rivalisierenden Gangstern bricht der Mafioso Dutch Schultz 1935 in einem Restaurant in Newark zusammen.

Hier wurde Magalhães in einem Scharmützel mit Inselbewohnern getötet. Doch unter dem Kommando seines Leutnants Juan El Cano umrundete die *Victoria* das Kap der Guten Hoffnung und erreichte Spanien als erstes Schiff, das die Erde umsegelt hatte.

Magenta, Schlacht von (4. Juni 1859), Schlacht in der Lombardei, in der französische und sardinische Truppen die Österreicher schlugen. Der französische Kaiser NAPOLEON III. hatte dem piemontesischen Politiker Camillo CAVOUR früher im Jahr 1859 militärische Hilfe für ein erweitertes Königreich Piemont angeboten. Die Schlacht von Magenta fand bald nach Kriegsausbruch statt. Der Sieg machte den Weg frei für die Besetzung Mailands und der Lombardei im Rahmen des RISORGIMENTO. Drei Wochen später waren die Verbündeten in der Schlacht von SOLFERINO erneut erfolgreich.

Maginotlinie, Festungsgürtel entlang der französischen Ostgrenze von der Schweiz bis Luxemburg. 1929 begonnen, hatte der Bau der Maginotlinie seinen Grund in der französischen Militärtheorie, dass in einem möglichen künftigen Krieg die Verteidigung ausschlaggebend sei. Allerdings wurden die Verteidigungsbauten nicht entlang der französisch-belgischen Grenze bis zur Küste fortgesetzt, da man der Ansicht war, dass das neutrale Belgien genug Schutz vor einem deutschen Angriff darstellte. Dies bedeutete, dass die Maginotlinie ohne Schwierigkeiten umgangen werden konnte – wie es dann die deutschen Armeen bei ihrem Einmarsch im Frühjahr 1940 taten.

Magna Charta (15. Juni 1215), eine Aufstellung der Rechte und Privilegien, die der englische König JOHANN I. OHNE LAND auf Druck der Barone in Runnymede unterzeichnete. Die Magna Charta schränkte die Macht des Königs ein, aber obwohl ihre 63 Artikel ein breites Spektrum umfassten, betrafen sie hauptsächlich die Interessen der Grundbesitzer. Die Charta befasste sich mit Angelegenheiten wie dem Recht auf Gerichtsverfahren für alle Freien und Gerechtigkeit für jeden bis hin zu Gewichten und Maßen, Fischreusen und ausländischen Kaufleuten. Die Magna Charta beschränkte auch die Macht der SHERIFFS, wahrte die Freiheiten und Privilegien der Städte und bestätigte die Zustimmung der Krone, sich nicht in die Rechte der Kirche einzumischen und keine Sondersteuern ohne Zustimmung des Rates des Königs zu erheben.

Die Charta wurde durch ihre Schlussklauseln geschützt, die eine Gruppe von 25 Baronen ermächtigte, die Waffen gegen den König zu erheben, falls er ihre Bestimmungen nicht einhielt. Drei Tage nach der Unterzeichnung der Magna Charta versuchte Johann, ihre Verurteilung durch den Papst zu erreichen, was vier Monate später zum ersten AUFSTAND DER BARONE führte. Obwohl die Charta von englischen Königen des Mittelalters weithin missachtet wurde, hatte sie wesentlichen Einfluss auf Grundsätze der britischen konstitutionellen Freiheit und auf Verfassungen neuer unabhängiger Länder in aller Welt.

Magyaren, das ungarische Volk, dessen Vorfahren einst zwischen dem Ural und der Wolga in Russland siedelten. Unter dem Fürsten Arpád kamen sie im späten 9. Jh. in das Gebiet des heutigen UNGARN und griffen von da die deutschen Gebiete im Norden und Westen an. 955 wurden sie von Kaiser OTTO I. DEM GROSSEN auf dem LECHFELD bei Augsburg besiegt und zurückgeworfen. Ihr erster König Stephan, der während seiner Regierungszeit um 975–1038 die Magyaren einte und zum Christentum bekehrte, wurde mit Regalien gekrönt, die Papst Sylvester II. im Jahr 1000 aus Rom sandte. Stephan wurde 1083 heilig gesprochen.

Mahdi, geistiger und weltlicher Erlöser, nach islamischem Glauben ein göttlicher Lehrer, der gesandt ist, die Menschheit auf das Ende der Zeiten vorzubereiten. Von den vielen Mahdis ist Mohammed Ahmed bin Abdallah der bekannteste. Nubier von Geburt, behauptete er, ein Nachkomme MOHAMMEDS zu sein. Er erklärte sich 1881 zum Mahdi und verkündete den heiligen Krieg gegen Ägypten. Bis 1884 kontrollierte er den ganzen Sudan außer Khartum, das er belagerte. Der britische General Charles Gordon wurde beauftragt, die ägyptischen Garnisonen in das Rebellengebiet zu entsenden. Gordon fiel am 26. Januar 1885 in Khartum. Fünf Monate später starb der Mahdi, vermutlich an Typhus. Der Kampf seiner Anhänger hielt an, bis sie 1898 in der Schlacht von Karari nahe Omdurman besiegt wurden.

Mahler, Gustav (1860–1911), österreichischer Komponist, zu dessen berühmten Werken die *Kindertotenlieder* zählen. Geboren in Böhmen studierte Mahler in Wien. Zwölf Jahre lang leitete er als Dirigent und musikalischer Direktor das Wiener Opernhaus, bevor er sich zurückzog, um sich seinen Kompositionen zu widmen. Er schrieb zahlreiche Lieder und neun große Sinfonien. Er arbeitete an seiner zehnten, als er starb.

Mähren, Gebiet der Tschechischen Republik. Im 4. Jh. besiegten die Römer die keltischen und germanischen Stämme, die hier ansässig waren. Mit dem Niedergang des Römischen Reiches kam Mähren unter die Herrschaft der nomadischen AWAREN und dann der MAGYAREN.

Wie der größte Teil BÖHMENS, unter dessen Herrschaft es seit 1029 stand, wurde Mähren im 14. Jh. religiös stark von den HUSSITEN beeinflusst. Eine gemäßigte Form dieser Lehren überlebte die Verfolgung und entwickelte sich unter dem Einfluss der WIEDERTÄUFER des 16. Jh. zu den Mährischen Brüdern; im 18. Jh. waren die Brüder als Missionare im südlichen Afrika aktiv und bildeten Exilgemeinden, besonders in Nordamerika. 1526 kam Mähren unter die Herrschaft der HABSBURGER, nachdem Ludwig II. von Ungarn und Böhmen in der Schlacht bei MOHÁCS gefallen war.

Nach einem gescheiterten Versuch der Tschechen, Böhmen und Mähren 1848 zu vereinigen, wurde Mähren österreichisches Kronland. Ende des Ersten Weltkriegs wurde Mähren eine Provinz des neu gebildeten Staates TSCHECHOSLOWAKEI.

Mailand, norditalienische Stadt, die ursprünglich eine Siedlung der ETRUSKER war und heute die Hauptstadt der LOMBARDEI ist. Ab 222 v. Chr. wurde Mailand die zweitwichtigste Stadt des RÖMISCHEN REICHES – Mediolanum. Dem Edikt von 313 n. Chr., das das Christentum anerkannte, gab sie ihren Namen. 347 wählten die Bürger Mailands den Prediger AMBROSIUS zum Bischof, obwohl er nicht getauft war. Der Kirchenlehrer wurde später heilig gesprochen.

Vier Jahrhunderte später, nach dem Sieg KARLS DES GROSSEN 773, wurde die Stadt – die kurz als Hauptstadt des alten Weströmischen Reiches fungiert hatte – unter die Herrschaft von Patriarchen oder Fürstbischöfen gestellt. Während der RENAISSANCE war Mailand ein bedeutender kultureller Mittelpunkt, wo 1450–1535 die herrschenden SFORZA an ihrem Hof Künstler förderten, darunter LEONARDO DA VINCI.

Maimonides, Moses (1135–1204), jüdischer Arzt und Philosoph, dessen Schriften jüdische und christliche Gelehrte des Mittelalters beeinflussten.

In Córdoba in Spanien geboren, floh Maimonides – manchmal nach den Initialen seines hebräischen Namens Rabbi Mose ben Maimon auch Rambam genannt – nach der moslemischen Eroberung. Ab 1165 lebte er in Ägypten. Hier schrieb er die *Mischne*

Mailand erlebte während der Renaissance eine Blüte der Kunst. Im 15. Jh. malte Piero della Francesca Battista Sforza und ihren Mann Federigo da Montefeltro, Herzog von Urbino.

Thora, eine Systematisierung rabbinischer Gesetze und Rituale, sowie 1176–91 den *Führer der Unschlüssigen*, der versucht, Glauben und Vernunft auszusöhnen.

Makarios III. (1913–77), griechisch-zypriotischer Erzbischof, Präsident von ZYPERN 1960–77. Als Primas und Erzbischof der griechisch-orthodoxen Kirche von Zypern seit 1950 reorganisierte er die Bewegung der *Enosis*, der Vereinigung Zyperns mit Griechenland. Von den Briten 1956 wegen angeblicher Unterstützung des Untergrundkampfs der EOKA unter Oberst Georgios Grivas auf die Seychellen verbannt, durfte Makarios 1959 zurückkehren und wurde 1960 zum Präsidenten eines unabhängigen Zypern gewählt. Ein Putsch griechischer Offiziere zwang ihn 1974 zu einem kurzen Exil in London, doch er wurde 1975 wieder in sein Amt eingesetzt, das er bis zu seinem Tod behielt.

Makedonische Kriege, mehrere Auseinandersetzungen zwischen Rom und Makedonien im 3./2. Jh. v. Chr. Im ersten der drei Kriege – 215–05 v. Chr. – traf Philipp V. von Makedonien auf Rom und seine Verbündeten Ätolien und Pergamon. Aber das Bündnis war durch Roms militärische Bindung an einer zweiten Front – im zweiten PUNISCHEN KRIEG – geschwächt, sodass Philipp V. Ätolien seine Bedingungen diktieren und mit Rom dann eine ähnliche Regelung aushandeln konnte. Philipp V. wurde jedoch im zweiten Krieg 200–197 v. Chr. entscheidend geschlagen. Sein Sohn Perseus kam im Jahr 179 v. Chr. auf den Thron. Rom beobachtete argwöhnisch die Versuche des makedonischen Königs, die Griechen zu umwerben, und erklärte 172 v. Chr. den dritten Krieg, in dem es bei Pydna einen überwältigenden Sieg errang.

Über 20 Jahre später versuchte Andriscus, der behauptete, Perseus' Sohn zu sein, den Thron wiederzuerlangen, wurde jedoch 148 v. Chr. geschlagen. Makedonien wurde daraufhin römische Provinz.

Malaysia, Staat in Südostasien, dessen Kern Malaya im Süden der Malaiischen Halbinsel ist. Über einen Zeitraum von mehreren Jahrtausenden wurden die ursprünglichen Einwohner, die Negritos, allmählich von chinesischen Siedlern aus Yünnan, China, verdrängt.

Um 400 war der Nordwesten Malayas unter indischen Einfluss gekommen, später übten das mächtige Reich Srivijaya auf Sumatra, der javanische Hindustaat Majapahit und Siam die Kontrolle über Malaya aus. 1402 wurden der Hafen Malakka gegründet und der Islam eingeführt. Der starke niederländische Einfluss nach der Eroberung Malakkas 1641 ließ nach, als Großbritannien 1786 Penang besetzte und 1819 die Insel SINGAPUR pachtete. Nach dem Rückzug der Niederländer 1824 wurden Penang, Malakka und Singapur zu einer Föderation zusammengefasst und von Indien aus durch Großbritannien regiert.

In allen Staaten, außer auf Johore, hatte Großbritannien bis 1888 ein System eingeführt, nach dem die örtlichen Sultane in allem außer in Fragen der Religion und Bräuche den Rat britischer Beamter befolgen mussten. 1896 als Föderierte Malaiische Staaten zusammengeschlossen, nahm die Wirtschaft nach der Einführung der Kautschukgewinnung und westlicher Zinnbergbautechnik einen Aufschwung. Aber der Zustrom chinesischer und tamilischer Arbeiter für die Plantagen und den Bergbau verwandelte Malaya in eine multirassische Gesellschaft, was auf Ablehnung unter den einheimischen Malaien stieß.

Während des ZWEITEN WELTKRIEGS marschierten japanische Truppen im Dezember 1941 im Norden Malayas ein und rückten auf Singapur vor. Während sich die Truppen der Briten, Inder und Australier zurückzogen, organisierte sich eine kleine Guerillatruppe, die MPAJA, die hinter den japanischen Linien Sabotageakte verübte.

Die malaiische kommunistische Partei spielte eine wichtige Rolle in der MPAJA. Nach der Niederlage der Japaner versuchte sie kurz und erfolglos, vor der Rückkehr der Briten an die Macht zu kommen. Großbritannien experimentierte dann kurzzeitig mit einer Malaiischen Union und bildete 1948 den Malaiischen Bund.

Bald darauf kam es zu erheblichen Unruhen. Auf die Abneigung gegen die malaiische Dominanz in dem Bund setzend, stifteten die hauptsächlich chinesischen kommunistischen Untergrundkämpfer Überfälle auf Großgrundbesitzer an, die sich 1950–53 zu einem Guerillakrieg auswuchsen. Angeführt von Chin Peng sorgten die Guerilleros von der Befreiungsarmee für eine ernste Destabilisierung. Doch die Loyalität der Malaien und Inder gegenüber den Briten sowie der geschickte Einsatz einheimischer Führer in der Verwaltung ermöglichten im Jahr 1957 einen friedlichen Weg in die Unabhängigkeit, obwohl der Ausnahmezustand offiziell erst 1960 endete.

1963 wurde Tungku Abdul Rahman der erste Ministerpräsident der Föderation Malaysia, die Singapur, Sarawak und Sabah einschloss, und blieb bis 1970 im Amt. 1965 zwang man Singapur aus Furcht, seine vorwiegend chinesische Bevölkerung werde die politische Dominanz der Malaien infrage

stellen, zum Austritt. Brunei lehnte den Beitritt ab, und INDONESIEN führte einen immer wieder aufflackernden Guerillakrieg gegen Malaysia. Der indonesische Präsident Ahmed SUKARNO schickte Truppen in die malaysischen Gebiete auf Borneo, die mit militärischem Beistand des COMMONWEALTH geschlagen wurden.

1969 führten die Gegensätze zwischen den politisch bestimmenden Malaien und den wirtschaftlich dominierenden Chinesen zu Unruhen in der Hauptstadt Kuala Lumpur, die parlamentarische Regierung wurde ausgesetzt. Eine Umstrukturierung der politischen und sozialen Institutionen sicherte weitgehend die malaiische Vorherrschaft. Im März 1994 übernahm die Nationale Front unter Mahathir ibn Mohamad die Regierung. Aus Furcht vor einer Islamisierung des Landes verbot sie die Al-Arqam-Sekte, zudem beschnitt das Parlament die Befugnisse des Königs. Darüber hinaus hob die Regierung den seit 1980 bestehenden Handelsboykott gegen britische Firmen auf.

WUSSTEN SIE, DASS?

Der größte Staat Malaysias, Sarawak, wurde 1841–1945 von der britischen Familie Brooke regiert. Die weißen Radschas besaßen eine eigene Währung, eigene Briefmarken und eine eigene Flagge.

Malcolm X (1925–65), amerikanischer Schwarzenführer, der die Zusammenarbeit mit weißen Liberalen, das Ziel der Bürgerrechtsbewegung, ablehnte. Als Malcolm Little geboren, war er in den 50er-Jahren Sprecher der Bewegung der Black Muslims. Er reiste missionarisch durch die USA und verstand es, die NATION OF ISLAM durch geschickte Agitation erheblich zu stärken. Bis er 1963 von ihrem Führer Elijah Muhammad wegen abfälliger Äußerungen über Präsident John F. Kennedy nach dessen Ermordung ausgeschlossen wurde.

Nach seiner Bekehrung zum orthodoxen Islam 1964 gründete er die auf politische Agitation ausgerichtete Organization of Afro-American Unity. Malcolm X wandte sich vom ursprünglichen schwarzen Nationalismus ab und predigte nun die Brüderlichkeit zwischen Schwarzen und Weißen. Der Einfluss seiner Reden auf die Afroamerikaner ist nicht zu unterschätzen. Er wurde von Gegnern in den Reihen der Black Muslims ermordet, während er auf einer Kundgebung in Harlem sprach. Seine postum, nach Tonbandaufzeichnungen erstellten Erinnerungen *Der schwarze Tribun* gelten heute als Klassiker.

Malta, Inselstaat im Mittelmeer. Möglicherweise schon vor 6000 Jahren besiedelt, verfügt Malta über beeindruckende Monumente urzeitlicher Architektur. Zunächst phönizische Kolonie wurde Malta im 7. Jh. v. Chr. ein karthagischer Vorposten und fiel 218 v. Chr. an Rom. Im Jahr 870 eroberten es moslemische Araber. In den folgenden 650 Jahren wurde es von den Normannen eingenommen, von moslemischen Streitkräften zurückerobert und fiel letztendlich an Spanien.

1530 gab Kaiser KARL V., der gleichzeitig spanischer König war, Malta dem geistlichen Ritterorden der Johanniter zum Lehen, die es gegen Angriffe der osmanischen Flotte verteidigten. Die Ritter wurden 1798 von Napoleon I. vertrieben. Ein Jahr später eroberten die Briten die Insel. Malta wurde ein Stützpunkt der britischen Mittelmeerflotte und hielt im ZWEITEN WELTKRIEG anhaltenden Bombenangriffen der deutschen Luftwaffe stand.

1964 erlangte Malta die Unabhängigkeit im britischen COMMONWEALTH OF NATION und wurde zehn Jahre später Republik. Malta bewarb sich 1990 um Mitgliedschaft in der Europäischen Gemeinschaft, doch wurden die Aufnahmeverhandlungen damals bis zur Durchführung von weitreichenden Wirtschaftsreformen zurückgestellt. Die bei den Wahlen 1996 an die Macht gekommene Arbeiterpartei stoppte vorläufig die Beitrittsverhandlungen des Landes zur EUROPÄISCHEN UNION.

Mamelucken, Name zweier aufeinander folgender ägyptischer Dynastien, die durch türkische und dann tscherkessische Sklavensoldaten gegründet wurden. Mamelucken – von arabisch *mamluk,* in Besitz genommen oder Sklave – waren seit dem 9. Jh. Bestandteil islamischer Heere. Als Kinder gefangen oder gekauft, wurden Mamelucken sorgfältig in allen Aspekten der Kriegführung ausgebildet und zum ISLAM bekehrt. Anschließend ließ man sie frei, damit sie in der ägyptischen und syrischen Armee dienen konnten. Auch im Staatsdienst wurden sie eingesetzt.

Beim Tod von Sultan Al-Salih 1249 gingen die türkischen Mamelucken siegreich aus einem Machtkampf zwischen seinen türkischen und mongolischen Leibwachen hervor und wählten einen ihrer Generäle zum Sultan.

Nach inneren Kämpfen wurde die türkische Thronfolge erblich. Die neue Dynastie rekrutierte hauptsächlich tscherkessische Sklaven als Leibwachen, die 1390 ihrerseits

Malcolm X trug nach einem Mekkabesuch 1964 einen Ring mit islamischen Symbolen.

das Sultanat an sich rissen und bis zum Jahr 1517 regierten.

Die Herrschaft der Mamelucken reichte von Ägypten und Syrien bis ins westliche Arabien. Staatsdienst und Rechtswesen waren unter beiden Dynastien hervorragend organisiert. Ihre Handelsbeziehungen reichten quer durch Afrika bis nach Mali und Guinea und umfassten den ganzen Indischen Ozean. Die Mamelucken wurden 1517 gestürzt, als die Osmanen Kairo eroberten; aber als deren Macht verfiel, machten sie sich wieder zu Herrschern.

Sie wurden 1798 von Napoleon I. geschlagen. Dennoch spielten sie weiterhin politisch eine wichtige Rolle. 1811 bereitete MEHMED ALI ihrer Herrschaft endgültig ein Ende, indem er unter 300 ihrer führenden Beis auf der Zitadelle von Kairo ein Massaker anrichtete.

Manchester-Schule, eine Gruppe britischer Volkswirtschaftler, Geschäftsleute und Politiker, die sich in den 40er-Jahren des 18. Jh. gegen jegliche Form der Einmischung des Staates in den Handel aussprach und zunächst erfolgreich gegen die Getreidezölle kämpfte. In Manchester zu Hause, dem Zentrum der viktorianischen Baumwollindustrie, folgte die Gruppe – zu deren Wortführern die beiden Parlamentsmitglieder John Bright und Richard COBDEN gehörten – der Laissez-faire-Philosophie von Adam Smith und trat für FREIHANDEL und wirtschaftliche Freiheit ein. Sie sah den Egoismus des Einzelnen als treibende wirtschaftliche und gesellschaftspolitische Kraft. Ihr Einfluss ging stark zurück, als die staatliche Intervention in wirtschaftliche Angelegenheiten in den 80er-Jahren breitere Anerkennung fand.

Mandarin, hoher Beamter im kaiserlichen CHINA, nach dem portugiesischen Wort für Gouverneur, *mandarim.* Mandarine waren fast ausschließlich Söhne der führenden lokalen Familien und bildeten die Führungsschicht im alten China. Mit der reibungslosen Verwaltung des chinesischen Reiches beauftragt, waren die Mandarine Gelehrte und

Mameluckenkrieger reiten auf dieser Illustration aus einem Reiterhandbuch des 13. Jh. mit erhobenen Säbeln aufeinander zu. Sie kämpften gegen christliche und mongolische Invasoren.

Auf diesem Gemälde von Tiepolo aus dem 18. Jh. geht ein vornehmer Mandarin mit seinen Dienern spazieren.

Bürokraten, deren tiefe Verachtung für jegliche körperliche Arbeit sich an der enormen Länge ihrer Fingernägel zeigte.

Es gab neun Ränge der Mandarine. Mehrere Prüfungen in den konfuzianischen Klassikern waren die Vorbedingung für die Laufbahn. Auch durch Ämterkauf konnte man zum Mandarin aufsteigen. 1905 wurde das Prüfungssystem abgeschafft, nach der Revolution von 1911/12 verschwand der Stand der Mandarine endgültig.

Mandela, Nelson (*1918), Kämpfer gegen die APARTHEID und erster schwarzer Präsident SÜDAFRIKAS. Rolihlahla Mandela – seinen englischen Vornamen bekam er in der Schule – wurde 1918 in Qunu als Sohn eines Häuptlings der Xhosa sprechenden Tembu an der Ostküste Südafrikas geboren. Zu einer Zeit, als nur wenige Schwarze Zugang zu höherer Bildung hatten, studierte er Jura an den beiden Universitäten Fort Hare und Witwatersrand.

1944 schloss sich Mandela dem AFRICAN NATIONAL CONGRESS ANC an, einer politischen Organisation, die volle Bürgerrechte für die schwarze Bevölkerung Südafrikas forderte. 1952 organisierte er eine Kampagne, mit der die ANC durch friedliche Überschreitungen der Rassengesetze gegen das Apartheidregime protestierte. Seine Aktivitäten lenkten bald die Aufmerksamkeit der Polizei auf ihn. Noch im selben Jahr kam er das erste Mal in Haft. 1956 wurde er wegen Landesverrats festgenommen. Als Polizisten 1960 in Sharpeville fast 70 unbewaffnete schwarze Demonstranten töteten, gelangte Mandela zu der Überzeugung, dass nur bewaffneter Widerstand eine Wirkung haben

könnte. Als er begann, Sabotageakte gegen die Apartheidregierung zu empfehlen, war er gezwungen, in den Untergrund zu gehen und seine Frau Winnie mit seinen Kindern allein zu lassen.

Er reiste verkleidet durch Südafrika, gab Interviews, versuchte, den ANC als geheime Bewegung zu reorganisieren und half beim Aufbau seines militärischen Flügels. Es gelang ihm, sich lange dem Zugriff der Polizei zu entziehen.

Als Mandela 1962 doch gefasst wurde, erhielt er wegen Anstiftung von Arbeitern zum Streik und Verlassen des Landes ohne Reisedokumente eine Haftstrafe von fünf Jahren. Nachdem die Polizei im Jahr darauf große Mengen Waffen im Hauptquartier des Umkhonto we Sizwe entdeckt hatte, wurde seine Strafe wegen Hochverrats, Sabotage und Verschwörung auf lebenslänglich verschärft.

1964–82 saß Mandela auf Robben Island vor Kapstadt ein, danach in verschiedenen anderen Hochsicherheitsgefängnissen Südafrikas. Aber er wurde nicht vergessen, sondern zum Mittelpunkt des Feldzugs gegen die Apartheid, der in den 80er-Jahren weit über die Grenzen Südafrikas hinaus geführt wurde.

Am 10. Februar 1990 gab Präsident Fredrik de KLERK, der das Ende der Apartheid erkannte, unter dem nicht nachlassenden Druck der schwarzen Bevölkerung und der Weltöffentlichkeit endlich bekannt, dass der berühmteste politische Gefangene der Welt freikommen würde. Zuvor allerdings hatte der ANC erklärt, in Zukunft auf den bewaffneten Kampf zu verzichten.

1991 wurde Mandela Vorsitzender des ANC. Sein Format bewirkte, dass es keine Opposition gegen ihn gab. Er galt als Schlüsselfigur für einen friedlichen Wandel. Drei Jahre lang führte er die Partei in den Verhandlungen mit der Regierung, in denen versucht wurde, eine neue Verfassung auszuarbeiten. Gemeinsam gelang es schließlich, Südafrika in eine gemischtrassige Demokratie zu führen. Zusammen mit de Klerk erhielt Mandela dafür 1993 den FRIEDENSNOBELPREIS.

Im April 1994 fanden die ersten Wahlen für die gesamte Bevölkerung, also erstmals auch für Schwarze, statt. Im Mai wurde der Mann, der so lange der Feind der Regierung gewesen war, zum Präsidenten Südafrikas gewählt.

Mandschu, Nachkommen eines tungusischen Nomadenvolks, der Dschurdschen, die in Nordchina sesshaft wurden und im 17. Jh. eine mächtige Dynastie begründeten. Unter ihrem Führer Nurhachi vereinten sich die

einzelnen Stämme zu einer Nation. Die Mandschu errichteten zunächst ein Reich auf der mandschurischen Halbinsel Liaodong und holten chinesische Techniker und Berater ins Land, während sie die militärische Herrschaft ausübten. 1616 erhob der Mandschuführer Nurhachi Anspruch auf den Kaisertitel, nannte sich von nun an Khan.

Sein Sohn Abahai führte Feldzüge in Korea, der Mongolei und in Nordchina. Schließlich eroberten die Mandschu Beijing. Sie gründeten 1636 eine neue Dynastie, die sich QING nannte und 1644–1912 die chinesischen Kaiser stellte. Unter Shengzu, dem 2. Kaiser der neuen Dynastie, erlebte China eine kulturelle Blüte.

Während die Mandschu rasch die chinesische Kultur annahmen, blieben sie rassisch gesondert, verboten Mischehen mit den Chinesen und lebten in allen chinesischen Städten in gesonderten Vierteln. Doch im 19. Jh. wurde die Trennung allmählich weniger streng beachtet, und der Prozess beschleunigte sich seit 1912, nachdem die Qing-Dynastie gestürzt worden war. Im 20. Jh. sind die Mandschu in der Masse des chinesischen Volkes aufgegangen.

Mandschurei, Region in CHINA, heute Dongbei, nordöstlich der CHINESISCHEN MAUER. 200 v. Chr.–900 n. Chr. war die zentrale Kontrolle über Chinas verschiedene nomadische Völker schwach und die Mandschurei wurde von einer Reihe von Dynastien regiert, die von verschiedenen Völkern begründet wurden. Einige unter ihnen – so die Liao, die Jin und die MANDSCHU – dehnten später ihre Reiche auf China aus. 1644 hatten sich die Mandschu endgültig

Nelson Mandela, heute Südafrikas Präsident, war jahrelang der prominenteste Häftling der Welt.

durchgesetzt und regierten in China. Ihre Heimat wurde Teil des QING-Reiches.

Nach den Revolutionswirren wurde die Mandschurei für einige Jahre unabhängig von China. Japan nutzte den MUKDEN-ZWISCHENFALL im September 1931 als Vorwand, um in der Mandschurei den Marionettenstaat Mandschuko zu errichten, der 1932–45 bestand.

Obwohl Mandschuko nominell vom letzten chinesischen Kaiser Pu Yi regiert wurde, übte letztlich die japanische Armee die eigentliche Herrschaft aus, bis am Ende des Zweiten Weltkriegs die chinesischen Kommunisten, unterstützt von der Sowjetunion, die Macht übernahmen. Vier Jahre später wurde das Gebiet Teil der Volksrepublik China.

Manhattan Project siehe ATOMBOMBE

Manichäismus, Religionsphilosophie, deren Kern der Glaube an die einander bekämpfenden Kräfte des Guten und des Bösen ist. Der Manichäismus entstand aus den Lehren des persischen Mystikers Mani, dessen Glaube zahlreiche Elemente aus CHRISTENTUM, Zoroastrismus, BUDDHISMUS und Gnostizismus enthielt, was seine Ausbreitung beschleunigte.

Mani sah sich in der Tradition von Zarathustra, BUDDHA und JESUS. Nach seiner Lehre befanden sich das Gute und Böse, Licht und Finsternis, Geist und Materie in ständigem Kampf gegeneinander – eine Vorstellung, die mehrere Häresien des Christentums im Mittelalter beeinflusste. 60-jährig wurde Mani 276 von Anhängern des Zoroastrismus in die Verbannung nach Indien getrieben und schließlich von ihnen lebendig gehäutet, bevor sie ihn kreuzigten. Obwohl der römische Kaiser DIOKLETIAN Manis Anhänger verfolgte, breitete sich der Ma-

im Jahr darauf des Mexikanischen Krieges. Sie wurde erneut von William Seward bemüht, der den Kauf Alaskas von Russland 1867 in die Wege leitete, und tauchte in den 90er-Jahren des 18. Jh. wieder auf, als Hawaii annektiert und nach dem SPANISCH-AMERIKANISCHEN KRIEG spanische Besitzungen erworben wurden.

Mannerheim, Carl Gustav Freiherr von (1867–1951), finnischer Marschall und Politiker, der als Präsident 1944–46 sein Land in den Zweiten Weltkrieg gegen Deutschland führte. Als Offizier in der zaristischen Armee stieg Mannerheim zum General auf. 1917, nach der Proklamation der finnischen Unabhängigkeit, kehrte er in seine Heimat zurück, führte 1918 einen erfolgreichen Krieg gegen die finnischen Bolschewiken und vertrieb sowjetische Truppen aus FINNLAND. 1930 wurde er zum Vorsitzenden des Nationalen Verteidigungsrats Finnlands ernannt und plante die Mannerheim-Linie – eine befestigte Verteidigung über die

wie Nähnadeln, Stoffe, Lederwaren und Porzellan oder Waffen und Uniformen. Traditionelle handwerkliche Arbeitstechniken herrschten zwar noch vor, jedoch kamen auch schon einfache Maschinen zum Einsatz. Die Produktion der Artikel wurde in verschiedene Arbeitsgänge zerlegt, Spezialisierung und Arbeitsteilung waren die Folge. Nun konnten auch größere, überregionale Märkte mit den Waren beliefert werden. Im Unterschied zum älteren Handwerksbetrieb fand eine Trennung von Leitung und ausführender Arbeit statt.

Manufakturen unterstanden nicht den rechtlichen und strengen ständischen Bestimmungen der alten Handwerkszünfte. Dank ihrer Förderung durch fürstliche Geldgeber waren Manufakturen in Deutschland im 18. Jh. sehr weit verbreitet und stellten die vorherrschende Produktionsweise des MERKANTILISMUS dar. Aus ihnen entwickelte sich in fließenden Übergängen etwa ab der ersten Hälfte des 19. Jh. die industrielle Produktion.

Mao Zedong siehe rechte Seite

Maquis, Widerstandsbewegung, nach der Niederlage Frankreichs 1940 von jungen Menschen gebildet, die sich in den Bergen versteckten, um der Zwangsarbeit in Deutschland zu entgehen. Sie kämpften aus dem Untergrund gegen die Besatzungsmacht und die französischen Kollaborateure des VICHY-Regimes. Der Begriff *maquis* bezeichnet den Buschwald des Mittelmeerraums – seit Menschengedenken das Versteck von politisch Verfolgten und Kriminellen. Die verschiedenen Gruppen des Maquis operierten unterstützt von den Kommunisten unabhängig voneinander, die westlichen Gegner Deutschlands versorgten sie von der Luft aus mit Waffen. 1944 wurden einzelne Einheiten zu den Forces Françaises de l'Intérieur zusammengefasst.

Aufbruch in die Massenproduktion: Manufakturen wie diese Tuchwirkerei Mitte des 18. Jh. bereiteten der industriellen Produktion unserer Tage den Weg.

nichäismus im 4. Jh. über Syrien und Ägypten bis nach Spanien und Gallien aus, wo er sich bis ins 6. Jh. halten konnte, im chinesischen Turkestan allerdings spielte er bis ins 14. Jh. eine wichtige Rolle.

Manifest Destiny, amerikanische politische Lehre von der offenbaren Bestimmung, die im 19. Jh. populär war und die territoriale Ausdehnung vertrat. Ursprünglich auf den Wunsch der Expansionisten in den 40er-Jahren des 18. Jh. nach Ausdehnung der USA bis zum Pazifik bezogen, wurde sie ein Dogma der Demokraten. Die Lehre gewann dann die Unterstützung der WHIGS, später der Republikaner, und sie diente zur Rechtfertigung der Annexion von Texas 1845 und

Karelische Landenge, die einen möglichen Angriff der Sowjetunion aufhalten sollte. Als sowjetische Truppen Finnland 1939 angriffen, leitete Mannerheim den Widerstand und schloss später ein Bündnis mit Deutschland. Nach Zusammenbruch der Ostfront 1944 unterzeichnete er einen Waffenstillstand mit der Sowjetunion. Im März 1945 führte er Finnland in den Krieg gegen Deutschland. Ein Jahr später trat Mannerheim von seinen Ämtern zurück und zog sich in die Schweiz zurück.

Manufaktur, schon im 17. Jh., verstärkt aber im 18. Jh. ließen Kaufleute in größeren Werkstätten Waren für den Massenbedarf herstellen, z. B. Konsum- und Luxusgüter

Marat, Jean Paul (1743–93), französischer Revolutionär und Extremist, dessen Opposition gegen die gemäßigten GIRONDISTEN zu seiner Ermordung durch Charlotte Corday führte.

Nach dem Medizinstudium in Schottland praktizierte Marat zunächst als Arzt in London, bevor er 1777 nach Paris zurückkehrte. Seit 1789 war er Herausgeber der radikalen Zeitschrift *L'ami du peuple*. Als Führer des extremistischen Cordelier-Klubs und erklärter Gegner des Königtums wurde er eine Schlüsselfigur der FRANZÖSISCHEN REVOLUTION. Zwar musste Marat wegen seiner Angriffe auf die Machthaber 1790 vorübergehend ins Exil gehen, aber zwei Jahre später wurde er in die Nationalversammlung gewählt. Als Präsident des Jakobinerklubs leitete er einen fanatischen Vernichtungsfeld-

Chinas großer Steuermann

Die beherrschende Gestalt Chinas in der zweiten Hälfte des 20. Jh., Mao Zedong, mobilisierte die Bauern,
Jahrhunderte der Unterdrückung abzuschütteln. Doch seine Politik führte zum Hungertod von 30 Mio.
und zur Zerstörung der reichen Kultur seines Landes.

Die Kommunistische Partei Chinas KPC, über die Mao Zedong eine beinahe totale Kontrolle ausübte, kam nach zwei Jahrzehnten des Kampfes gegen Nationalisten und japanische Besatzungstruppen 1949 an die Macht. Der erfolgreiche Guerillakampf der Partei, zu dem Mao sowohl die Strategie als auch die Ideologie lieferte, wurde zum Vorbild für andere Befreiungsbewegungen.

Bis zu seinem Tod 1976 führte er China. Die lange Periode, in der Mao die Macht innehatte, war geprägt von Totalitarismus, den wirtschaftlichen Fehlschlägen des „Großen Sprungs nach vorn" und den unvorstellbaren Grausamkeiten der Kulturrevolution.

Mao wurde 1893 als Sohn eines erfolgreichen Bauern in der Provinz Hunan geboren. Während seiner Jugend war China schwach und anarchisch und wurde von seinen Feudalherren und durch die Kanonenboot-Diplomatie fremder Mächte ausgeplündert. Er arbeitete in der Universitätsbibliothek Beijing, wo er die Werke von Marx studierte und an der Gründung der KPC beteiligt war. Er stand Chiang Kai-sheks nationalistischer Guomindang-Bewegung nahe, die ebenfalls versuchte, China zu stärken und zu einen. 1927 jedoch befahl Stalin den Bruch der KPC mit Chiang, dessen Truppen begannen, Jagd auf Kommunisten zu machen. Mao wurde klar, dass China zu rückständig war – die KPC konnte sich auf das kleine städtische Proletariat nicht verlassen. Er gründete ein auf die Bauern gestütztes Sowjetgebiet im südlichen Zentralchina. Die bäuerliche Basis brachte ein neues Element in die marxistisch-leninistische Theorie.

1934 wurde das Sowjetgebiet von Chiangs Streitkräften überrollt. Mao und seine Anhänger machten sich auf den gefährlichen Langen Marsch. Indem sie sich mit großem Geschick der Verfolgung durch Nationalisten entzogen, erreichten sie 1936 die Provinz Shaanxi im Nordwesten. Mao wurde auf dem Marsch zum Vorsitzenden der KPC gewählt. Die Kommunisten leisteten von ihrer entlegenen Basis in Yan'an den Japanern mit Guerillataktik erfolgreich Widerstand. Nach der japanischen Kapitulation 1945 wandte sich Mao gegen Chiangs Regime und besiegte es. 1949 wurde in Beijing die Volksrepublik China ausgerufen.

DER GROSSE SPRUNG NACH VORN

Maos Ungeduld bewog ihn zu einer fehlgeplanten Anstrengung, in Landwirtschaft und Industrie schnelle Fortschritte zu erreichen. Die Volkskommunen, die durch den „Großen Sprung nach vorn" 1958 eingerichtet wurden, erwiesen sich als großer Schritt zurück und lösten Hungersnöte aus. Der Fehlschlag veranlasste Mao, sich ein wenig zurückzunehmen, doch blieb er Parteivorsitzender. Schon immer fremdenfeindlich, überwarf er sich 1962 mit der Sowjetunion. Als er 1966 spürte, dass seine Position geschwächt war, brachte er die Kulturrevolution in Gang, um liberale Gegner auszuschalten. Er rief zur permanenten Revolution auf, um neu entstehende Eliten zu zerschlagen, wobei er seinen eigenen Rang als der große Steuermann aufrecht erhielt, dessen Kleines Rotes Buch Pflichtlektüre war. 1968 endlich gestand Mao die Exzesse der Roten Garde ein und brachte sie mithilfe seines Stellvertreters Zhou Enlai unter Kontrolle.

Die Greueltaten, die er ausgelöst hatte, und sein Versagen bei der Modernisierung der Industrie untergruben Maos Ruf nach seinem Tod. Der Fortbestand der kommunistischen Herrschaft in China bedeutet jedoch, dass Maos Einfluss weiterhin ein entscheidender Faktor im volkreichsten Land der Erde ist.

1970 erinnert ein Porträt Maos, in diesem Jahr zum Oberbefehlshaber Chinas ernannt, die Bürger Beijings an seinen Rang.

Die Massen jubelten, als Mao im Jahr 1949 die Republik ausruft (oben). Der Lange Marsch (rechts) über 9600 km war ein Treck ums Überleben.

zug gegen die Girondisten ein. Bald nach deren Sturz wurde er am 13. Juli 1793 ermordet. Seine politischen Gegner sahen in Marat die Symbolfigur für überzogene revolutionäre Ausschreitungen.

Marathenkriege (1779–82, 1803–05 und 1817/18), Kämpfe in Indien zwischen der britischen OSTINDISCHEN KOMPANIE und dem Volk der Marathen. Gegen Ende des 18. Jh. hatten über 90 Clans der hinduistischen Marathen ein Bündnis gegründet, das eine ernst zu nehmende Gefahr für die Kontrolle der Kompanie über Nord- und Zentralindien wurde. Im zweiten Krieg gewann Arthur Wellesley, später Herzog von WELLINGTON, die Schlachten von Assaye und Argaon. Als der Freibrief der Kompanie 1813 erneuert wurde, war kein weiterer Gebietserwerb beabsichtigt, aber 1817 drangen Truppen auf Marathengebiet vor, um von örtlichen Fürsten unterstützte Räuberbanden zu zerschlagen. Nach der Niederlage der Marathenfürsten im folgenden Jahr beherrschte Großbritannien fast den ganzen Subkontinent.

Marathon, Ort in der Küstenebene östlich von ATHEN, an dem 490 v. Chr. rund 9000 Athener und ihre Verbündeten aus Plataä eine persische Invasionsarmee von 25 000 Mann schlugen, womit sie eine Wende in den Perserkriegen einleiteten. Unter kluger Ausnutzung des Geländes, um ihre Flanken zu schützen, töteten die Griechen über 6400 Perser und marschierten schnell nach Athen zurück, um einen Angriff auf die Stadt von See her zu verhindern. Der Athener Herold Pheidippides, der Hilfe holen sollte, rannte

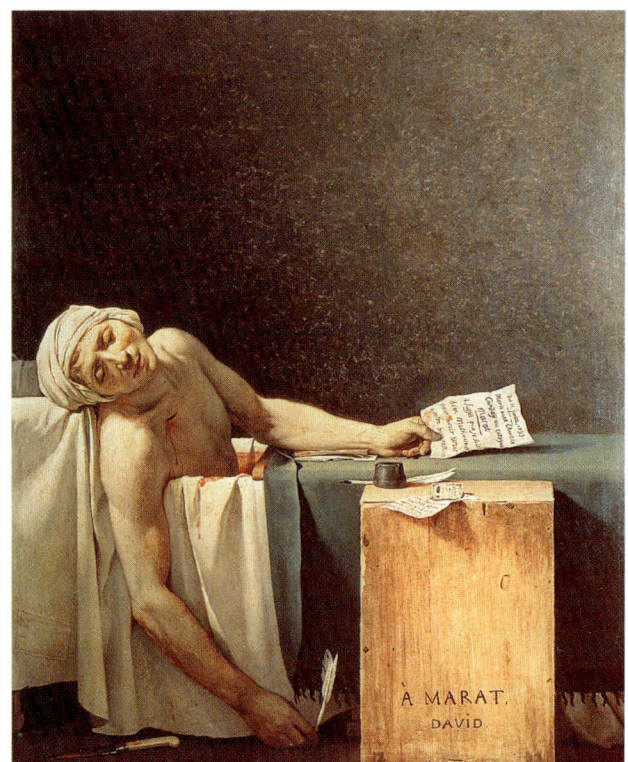

Auf Jacques-Louis Davids Gemälde von 1793 hält der tote Marat noch eine Nachricht seiner Mörderin Charlotte Corday in der Hand.

die 240 km nach SPARTA in zwei Tagen. Der moderne Marathonlauf erinnert an die Überlieferung, nach der ein Bote 42 km vom Schlachtfeld nach Athen rannte und vor Erschöpfung tot zusammenbrach, nachdem er die Nachricht vom Sieg überbracht hatte.

Marconi, Guglielmo (1874–1937), italienischer Pionier des Funkverkehrs. Marconi begann 1894, mit drahtloser Übertragung zu experimentieren, nachdem er von Heinrich HERTZ' Erforschung der elektrischen Wellen gelesen hatte. In weniger als einem Jahr gelang es ihm, Signale über eine Entfernung von 2 km zu senden und zu empfangen. In London erwirkte Marconi ein britisches Patent und führte 1896 der britischen Post seine Erfindung vor. 1899 vermochte er, Nachrichten von Großbritannien nach Frankreich über den Ärmelkanal zu übertragen, 1901 über den Atlantik.

1902 ließ er einen magnetischen Detektor elektrischer Signale patentieren und vermehrte seine einträglichen Erfindungen 1905 um eine horizontale Richtantenne. Im Jahr 1909 erhielt Marconi den Nobelpreis für Physik gemeinsam mit dem deutschen Physiker Karl Braun, der den gekoppelten Sender mit geschlossenem Schwingungskreis erfunden hatte.

Marco Polo (um 1254–1324), venezianischer Reisender, dessen Erzählungen über CHINA und den mongolischen Hof in Europa Interesse am Osten weckte. 1271–75 beglei-

Marco Polo und Begleiter ziehen auf diesem Ausschnitt aus einer katalanischen Karte des 14. Jh. mit einer Kamelkarawane über die Seidenstraße. Sie reisten über Bagdad und Samarkand sowie durch die Wüste Gobi, bis sie am Hof des mongolischen Großkhans Kubilai in Beijing in China eintrafen.

tete Marco Polo seinen Vater und Onkel auf einer Reise von Akkon in Palästina auf der SEIDENSTRASSE nach Zentralasien. Er erreichte China und den Hof des mongolischen Großkhans KUBILAI, in dessen Dienst er 17 Jahre lang ausgedehnte Reisen durch das MONGOLENREICH machte. 1295 kehrte Marco Polo nach Venedig zurück und wurde drei Jahre später von Genuesen gefangen genommen. Im Gefängnis diktierte er einen Bericht seiner Reisen, der viele Leser fand. Obwohl man annimmt, dass zahlreiche seiner Abenteuer und Beobachtungen nur auf Hörensagen beruhen, ist sich die Forschung einig, dass die Beschreibungen der Orte, die er besuchte, und der Landesbräuche ein aufschlussreicher geographischer und gesellschaftlicher Zeitbericht sind.

Marcos, Ferdinando (1917–89), Präsident der PHILIPPINEN 1965–86, dessen Regime endete, als er nach einem vom Militär angeführten Volksaufstand fliehen musste. Marcos, der 1949 in den Kongress kam und 1963 Senatspräsident wurde, hatte anfangs einen gewissen Erfolg als Reformer. Seine antikommunistische Haltung als Präsident verschaffte ihm Unterstützung durch die USA und Finanzhilfe, aber seine rücksichtslose Unterdrückung nationalistischer und kommunistischer Guerillagruppen weckte Widerstand. 1972 verhängte er das Kriegsrecht. Obwohl er es 1981 wieder aufhob, nahm die amerikanische Unterstützung ab, weil er ausländische Hilfe zur persönlichen Bereicherung und zum Mord an politischen Gegnern, unter ihnen 1983 der Oppositionsführer Benigno Aquino, missbrauchte. Im Februar 1986 führten seine Versuche, nach einer von Aquinos Witwe Corazón Aquino angefochtenen Wahl die Macht zu erhalten, zu Massendemonstrationen. Marcos floh nach Hawaii, wo er sich bis zu seinem Tod gegen Versuche wehrte, ihn wegen Korruptionsvorwürfen auszuliefern.

Maria, Mutter JESU und überragende Heilige für die katholischen und orthodoxen Christen. Ihr Name stammt von hebräisch *Mirjam*. Sie wird als Marjam auch von Moslems verehrt. Episoden aus Marias Leben, die in den Evangelien erzählt werden, reichen von der Verkündung der Geburt Jesu durch den Engel Gabriel und die Geburt selbst bis zu ihrer Anwesenheit bei seiner Kreuzigung.

Vom Konzil zu Ephesos 431 erhielt Maria den Beinamen Gottesgebärerin; andere Namen sind Unsere Liebe Frau, Madonna, Allerseligste Jungfrau und Mutter Gottes. Viele Christen und Moslems glauben, dass sie ohne Erbsünde geboren wurde und Jungfrau blieb – obwohl sie Jesus gebar, der bei den Moslems Isa heißt.

Maria ist Mittelpunkt vieler christlicher Lehren. Es wird behauptet, dass Maria durch

Wunder an verschiedenen Orten erschienen sei, die danach Wallfahrtsstätten geworden sind, z. B. Guadalupe in Mexiko, Lourdes in Frankreich und Fátima in Portugal. Zu den zahlreichen Marienheiligtümern gehören die in Loreto in Italien, Walsingham in England und EPHESOS in der Türkei, wo Maria der Legende nach starb.

Maria I. (1516–58), Königin von England und Irland, der die Verfolgung der Protestanten während ihrer Regierung von 1553 bis zu ihrem Tod den Beinamen die Blutige eintrug. Als einziges überlebendes Kind HEINRICHS VIII. und Katharinas von Aragón wurde Maria Tudor nach der Scheidung ihrer Eltern 1531 vom Hof verbannt, für illegitim erklärt und verlor ihr Recht auf den Thron, das ihr 1544 durch ein Thronfolgegesetz jedoch wieder zugestanden wurde.

Während der Regierung ihres protestantischen Halbbruders Eduard VI. blieb Maria katholisch, was ihr zugute kam, als sie die protestantische Lady Jane GREY ausmanövrierte, um auf den Thron zu gelangen. Viele Engländer waren dem Katholizismus treu geblieben, und Maria fand eine breite Unterstützung, als sie Eduards protestantische Gesetzgebung rückgängig machte. 1554 heiratete sie den zukünftigen König PHILIPP II. von Spanien.

Unglücklich und kinderlos ließ Maria sich zunehmend von dem katholischen Erzbischof von Canterbury Reginald Pole leiten. In den vier Jahren bis zu ihrem Tod billigte Maria die Hinrichtung von fast 300 Protestanten, unter ihnen der Erzbischof von Canterbury Thomas CRANMER. 1557 zog Phi-

Maria I. sah Philipp von Kastilien erst Monate nach der Ferntrauung. Das Paar lebte nur 14 Monate zusammen.

lipp England in den Krieg Spaniens gegen Frankreich, in dem England Calais verlor, seinen letzten Außenposten auf dem europäischen Festland.

Maria Stuart (1542–87), Königin von SCHOTTLAND 1542–67, die, zur Abdankung gezwungen, nach England floh, wo sie von ELISABETH I. gefangen gehalten und schließlich wegen Hochverrats hingerichtet wurde.

Als Tochter Jakobs V. von Schottland und seiner zweiten Gemahlin Maria von GUISE erbte Maria den Thron, als sie eine Woche alt war, und wurde mit einem Jahr mit dem zukünftigen Eduard VI. von England verlobt. Das spätere Veto des schottischen Parlaments gegen die königliche Verlobung führte zum Krieg, in dem die Schotten von den Engländern 1547 geschlagen wurden.

Nach Frankreich geschickt, wurde Maria katholisch erzogen und heiratete 1558 mit 16 Jahren den Dauphin, der ein Jahr später als Franz II. den Thron bestieg. Er starb 1560. Binnen einem Jahr war Maria nach Schottland zurückgekehrt. Das antikatholische und antifranzösische Schottland während der Reformationszeit zeigte sich wenig freundlich gegenüber Maria, deren Ehe mit ihrem Cousin, Lord Darnley, sie ihren schottischen Untertanen noch mehr entfremdete. Obwohl sie Darnley einen Sohn gebar – den späteren Jakob VI. von Schottland und JAKOB I. von England –, vertiefte die Verwicklung ihres Mannes in den Mord an ihrem aus Savoyen stammenden Privatsekretär David Rizzio die Kluft zwischen Maria und dem Adel. Darnley kam bei einer rätselhaften Explosion um. Nur drei Monate später, im Mai

Ferdinando Marcos und seine Frau Imelda winken Anhängern, nachdem er nach der Wahl von 1986 wieder zum Präsidenten ernannt wurde.

Auf diesem Gemälde von Martin van Meytens sitzt Maria Theresia ihrem Gemahl, Kaiser Franz I., gegenüber. Umgeben ist das Paar von einigen der 16 Kinder, die sie in 19 Jahren gebar.

sie Schlesien, gewann aber 1772 bei der ersten polnischen Teilung Galizien.

Franz Stephan, Herzog von Lothringen, den sie vier Jahre vor ihrem Regierungsantritt geheiratet hatte, wurde als Franz I. 1745 Kaiser. Nach seinem Tod 1765 wurde ihr Sohn JOSEPH II. Kaiser und Mitregent seiner Mutter in den Erblanden. Maria Theresia setzte fähige Minister ein und unter ihr wurde die Regierung in Österreich und Böhmen stärker zentralisiert. Sie reformierte die lokale Verwaltung, führte Reformen des Militärs und Erziehungswesens durch, schaffte die Folter ab und förderte die Künste.

Marie Antoinette (1755–93), Königin von Frankreich, Gemahlin LUDWIGS XVI. Marie Antoinette, Tochter von MARIA THERESIA und Kaiser Franz I., wurde mit 14 Jahren mit dem französischen Dauphin verheiratet. Sie machte sich durch ihre verschwenderische Lebensführung unbeliebt beim Volk. Neuen Ideen abgeneigt, ermutigte sie Ludwig XVI., sich über die Ratschläge seiner liberalen Minister hinwegzusetzen, und schmiedete zu Beginn der FRANZÖSISCHEN REVOLUTION Pläne gegen die revolutionären Streitkräfte. Beim Versuch, 1791 aus Frankreich zu fliehen, wurde das königliche Paar verhaftet und nach Paris zurückgebracht. Während ihrer Haft und der Ereignisse, die zum Prozess gegen den König und zu seiner Hinrichtung sowie neun Monate später zu ihrer eigenen führten, trat Marie Antoinette mutig und würdevoll auf.

Marine, im 5. und 4. Jh. v. Chr. verfügten Athen und Korinth über TRIEREN. Galeeren mit drei Reihen Rudern übereinander, während die Makedonier wendige Penteren, Galeeren mit fünf Reihen Rudern, entwickelten. Im Ersten PUNISCHEN KRIEG 264–41 v. Chr. besiegten die Römer Karthago auf See und gewannen die Herrschaft über das Mittelmeer. Kriegsflotten waren auch wichtig, um Handelsschiffe gegen PIRATEN zu schützen. Im 9. Jh. baute der englische König ALFRED DER GROSSE eine Flotte auf, um das Land gegen die WIKINGER zu verteidigen. Die italienischen Stadtstaaten besaßen Geschwader von Galeeren und bauten Handelsschiffe um, damit sie ihre Häfen gegen die osmanischen Türken verteidigen konnten. Die englische Marine wurde im 17. Jh. unter Samuel PEPYS reorganisiert, während Niederländer und Franzosen ihre Flotten im 18. Jh. ausbauten, als sich Handel und Kolonisation ausweiteten.

Bis 1800 hatten viele Länder Kriegsflotten aufgebaut. Es gab Berufsoffiziere, die aber darauf angewiesen waren, die Männer für die Besatzung zu entführen oder zu pressen. Während der NAPOLEONISCHEN KRIEGE waren Kriegsschiffe hölzerne, mit Kanonen bestückte Segelschiffe. Nach

1567, heiratete Maria den geschiedenen Grafen Bothwell, der mit Darnleys Tod in Verbindung gebracht worden war. Schottische Adelige erhoben sich darauf gegen Maria. Nach der Schlacht von Carberry im Juni musste sie abdanken. In der Schlacht von Langside im Mai 1568 unterlagen ihre Truppen, und Maria floh nach England, wo sie sich auf Gnade und Ungnade ELISABETH I. auslieferte. In verschiedenen Festungen bis zu ihrem Tod gefangen gehalten, wurde Maria Beteiligung an mehreren katholischen Verschwörungen gegen Elisabeth I. vorgeworfen. Die Erhebung von 1569 erklärte zwar die Treue zu Elisabeth, versuchte aber, Maria zur Thronerbin erklären zu lassen. Dann versuchten die Verschwörungen Ridolfis und Throckmortons 1571 bzw. 1583, Maria auf den Thron zu bringen. Und schließlich lieferte die Babington-Verschwörung 1586 genügend Beweise, um Maria des Hochverrats für schuldig zu befinden. Elisabeth ließ Maria im Februar 1587 in Fotheringhay hinrichten, stritt aber die Verantwortung dafür ab.

Maria Theresia (1717–80), Herrscherin über die habsburgischen Erblande von 1740 bis zu ihrem Tod. Maria Theresia folgte ihrem Vater, Kaiser KARL VI., als Regentin von Österreich, Böhmen, Ungarn, den südlichen Niederlanden und Oberitalien aufgrund der PRAGMATISCHEN SANKTION, die er 1713 verkündet hatte, um zu verhindern, dass die habsburgischen Gesamtlande unter künftigen Erben geteilt würden. Sie war erst 23, als sie ihr Erbe antrat, und ihr Anspruch auf die verschiedenen Throne führte zum ÖSTERREICHISCHEN ERBFOLGEKRIEG 1740–48. Aber in diesem Krieg ebenso wie im SIEBENJÄHRIGEN KRIEG 1756–63 vereinte Maria Theresia beherzt ihre Völker hinter sich. Im ersten Krieg verlor

Maria Stuart, auf einer Anhängerkamee dargestellt (links), wuchs in Frankreich auf und schrieb ihren Namen in französischer Form (unten).

Die britische Marine schlug 1797 in der Schlacht beim St.-Vinzenz-Kap die größere französisch-spanische Flotte, da die britischen Kapitäne die Taktik des Nahkampfgedränges anwandten.

Nelsons Sieg in der Schlacht bei TRAFALGAR 1805 beherrschte die britische Marine für ein Jahrhundert die Weltmeere. Dampfkraft ersetzte allmählich das Segel. 1859 führte die französische Marine eine Technik ein, den hölzernen Schiffsrumpf mit Eisenplatten zu verstärken. Die Entwicklung der Eisen- und Stahlindustrie im späten 19. Jh. ermöglichte rasche Fortschritte im Schiffsbau und in der Bewaffnung.

Als Antwort auf die Fortschritte in anderen Ländern entwickelte die britische Marine zu Beginn des 20. Jh. die riesigen stählernen Schlachtschiffe, die als DREADNOUGHTS bekannt wurden. Im Ersten Weltkrieg fuhren Kriegs- und Handelsschiffe im Konvoi, um Angriffe deutscher U-BOOTE zu verhindern. Zwischen den Kriegen entwickelte man die Flugzeuge weiter, daher wurden Seeschlachten im Zweiten Weltkrieg zunehmend durch Flugzeuge von Flugzeugträgern aus geführt. Die Nachkriegsentwicklung von U-Booten, die mit weit reichenden Raketen mit nuklearen Sprengköpfen bestückt sind, hat die Zahl der Schiffe verringert. Die meisten Länder unterhalten Flotten mit kleinen, schnellen Schiffen zur Küstenpatrouille. 1982 offenbarte der FALKLANDKRIEG zwischen Argentinien und Großbritannien, wie weit eine konventionelle Marine noch Verwendung findet: er zeigte aber auch, wie verwundbar Kriegsschiffe durch Raketenangriffe sind. Im GOLFKRIEG spielten die Flotten der Verbündeten eine wichtige strategische Rolle, da von Flugzeugträgern aus Luftangriffe gegen Ziele im Irak geflogen wurden. Die Gefahr einer Invasion Kuwaits von See her bedeutete, dass viele irakische Truppen zur Verteidigung der Küste Kuwaits gebunden waren.

Mark Aurel (121–180), in Spanien geborener, von den STOIKERN beeinflusster Philosoph, der von 161 bis zu seinem Tod 19 Jahre später römischer Kaiser war. Obwohl Mark Aurel sich lieber mit Literatur, Philosophie und Recht befasste, zwangen ihn Aufstände der Parther, Germanen und Briten zu langen Feldzügen in Asien und Europa, um das Reich zu verteidigen. Seine *Selbstbetrachtungen*, die er im Feld schrieb und die seine Gedanken zur Philosophie wiedergeben, sind neben einigen Briefen erhalten.

Markgraf, Befehlshaber, der im HEILIGEN RÖMISCHEN REICH zum Schutz gefährdeter Grenzmarken ernannt wurde. KARL DER GROSSE schuf das Amt, das im 12. Jh. erblich wurde. Markgrafen erhielten allmählich den gleichen Rang wie Reichsfürsten.

Marlborough, John Churchill, 1. Herzog von (1650–1722), englischer Feldherr und Staatsmann. Nach seiner Heirat mit Sarah Jennings, einer Favoritin der Tochter JAKOBS II., Prinzessin Anna, ernannte der König ihn 1685 zum General. Aber drei Jahre später lief Marlborough aus Opposition zur katholischen Politik Jakobs II. zu WILHELM III. VON ORANIEN über. Nachdem 1701 der SPANISCHE ERBFOLGEKRIEG ausbrach, machte Wilhelm III. ihn zu seinem Oberbefehlshaber. Als Anna ein Jahr später Königin wurde, erhielt er den Oberbefehl über die verbündeten Armeen. Seine Feldzüge führten zu großen Siegen bei HÖCHSTÄDT 1704, Ramillies 1706, Oudenaarde 1708 und Malplaquet 1709; doch rief die hohe Zahl der Opfer in seinen Streitkräften wachsende Kritik im Parlament hervor.

Der Einfluss, den Marlboroughs Frau Sarah auf Königin ANNA ausübte, schwand, und als 1710 die TORIES das WHIG-Kabinett ablösten, wurde der Herzog unter dem Vorwurf der Unterschlagung öffentlicher Gelder entlassen. Als GEORG I. auf den Thron kam, wurde Marlborough wieder in seine alten Ämter eingesetzt. Krankheitsbedingt endete bald darauf seine Karriere.

Marneschlacht, Schlacht des ERSTEN WELTKRIEGS, 5.–9. September 1914, die an der Marne ausgetragen wurde. Die Schlacht war der Höhepunkt einer erfolgreichen französischen Gegenoffensive zu Kriegsbeginn, die die bis 24 km vor Paris vorgerückten deutschen Streitkräfte zurückdrängte und die Hoffnungen der deutschen Armeeführung zerschlug, die französischen Truppen aufzureiben, bevor Russland die Mobilmachung abgeschlossen hätte. Die zurückweichenden Deutschen gruben sich nördlich der Aisne ein und gaben so das Muster für den STELLUNGSKRIEG der folgenden Jahre an der WESTFRONT vor.

Auf einem Schimmel sitzend, kommandierte der Herzog von Marlborough am 30. Juni 1708 seine Truppen in der Schlacht bei Oudenaarde in den Niederlanden.

In London schrieb Karl Marx die dreibändige Kritik der politischen Ökonomie, *Das Kapital.*

Marokko, Staat in Nordafrika und Heimat der BERBER, der im 19. Jh. Ziel französischer und spanischer Kolonisationsbestrebungen wurde.

Bereits im 5. Jh. v. Chr. hatten die PHÖNIZIER die Straße von Gibraltar durchfahren und Handelsposten an der marokkanischen Küste eingerichtet. Im folgenden Jahrhundert entstand das Königreich Mauretania im Norden Marokkos, das später römische Provinz wurde. Nach dem Niedergang des Römischen Reiches besetzten im 5. Jh. erst die WANDALEN, dann Byzantiner die Küsten, die Berber behielten aber die Herrschaft über das Landesinnere und stellten ab dem 8. Jh. regierende Dynastien. Die 1524 gegründete scherifische Dynastie herrscht bis heute.

Vom 16. Jh. an blieb Marokko unabhängig, bis das Land durch den Vertrag von Fès 1912 französisches Protektorat wurde. Spanien erhielt ein kleines Protektorat im Norden, während Tanger als wichtigster Hafen internationale Zone wurde. In den 20er-Jahren lehnten sich die Berber gegen beide Besatzungsmächte auf. 1956 wurde Marokko ein unabhängiges Königreich. Nach heftigen Protesten gegen die Monarchie war die parlamentarische Verfassung 1965–70 suspendiert. Seitdem hat der König trotz mehrerer Putschversuche seine Autorität behauptet.

1976 erhielt Marokko den Norden der Westsahara, bis dahin Spanisch-Sahara. 1979 besetzte es auch den an Mauretanien gefallenen Südteil. Seither kämpft die mauretanische Front Polisario gegen die marokkanische Besatzungsmacht, was die UNO 1991 veranlasste, dort friedenserhaltende Truppen zu stationieren.

Marshall, George (1880–1959), amerikanischer General und Diplomat, der 1947 den Marshallplan zur Förderung der wirtschaftlichen Erholung Europas nach dem Krieg anregte. Als Generalstabschef 1939–45 baute Marshall die amerikanische Armee aus und war für die strategische Gesamtplanung verantwortlich. Nach dem Krieg organisierte er als Außenminister zunächst die Hilfe für das zerstörte Europa.

Der Marshallplan war ein von Präsident TRUMAN und dem Kongress 1948 gebilligtes Programm der USA, um die Erholung Europas zu unterstützen. 1948–51 wurden 13,5 Mrd. Dollar verteilt. Als die zunehmende Feindseligkeit der Sowjetunion den Hilfsplan für Osteuropa untergrub, trug Marshall zur Gründung eines westlichen Verteidigungsbündnisses, der NATO, bei. 1950/51 war er Verteidigungsminister. 1953 erhielt er für den Marshallplan den Friedensnobelpreis.

Martí, José (1853–95), kubanischer Revolutionär, Dichter und Nationalheld. Als junger Mann war Martí Schüler von Rafael de Mendive, einem offenen Kritiker der spanischen Herrschaft in KUBA. Martí wurde Journalist. Ein Jahr nach dem Aufstand von 1868, der sich zu einem zehnjährigen Krieg gegen Spanien entwickelte, wurde er des Landesverrats angeklagt und 1870 nach Spanien deportiert. Dort durfte er sich frei bewegen und studierte Jura.

1878 kehrte er im Zeichen der Amnestie nach Kuba zurück. 1879 wegen Verschwörung erneut verhaftet und nach Spanien deportiert, blieb Martí im Exil – hauptsächlich in den USA –, wo er die Kubanische Revolutionäre Partei gründete und eine bewaffnete Invasion plante, die 1895 in Gang kam. Martí kehrte mit den Invasoren nach Kuba zurück und fiel im Mai 1895 in der Schlacht von Dos Rios.

Märtyrer, Menschen, die um ihres Glaubens oder um ihrer politischen Überzeugung willen sterben. Nachdem Stephan als erster christlicher Märtyrer um das Jahr 35 in Jerusalem gesteinigt worden war, wurde der Begriff fast ausschließlich auf Personen bezogen, die wegen ihres christlichen Glaubens getötet oder gefoltert wurden. Die Gräber von Märtyrern wurden Heiligtümer. Ab dem frühen 4. Jh. entstanden darüber oft Kirchen. In jüngerer Zeit wird der Begriff auch auf Nichtchristen, die wegen Treue zu ihrem Glauben getötet wurden, und auf Menschen, die aus politischen Gründen verfolgt wurden, angewendet.

Marx, Karl (1818–83), deutscher Philosoph und Nationalökonom, dessen Werke zur Grundlage des KOMMUNISMUS im 20. Jh. wurden. Marx studierte in Bonn und Berlin Jura und promovierte in Jena in Philosophie. Als 1842 die oppositionelle *Rheinische Zei-*

Im Zug der allgemeinen Unruhen in Europa – der so genannten Märzrevolutionen – proklamierte Daniele Manin am 23. März 1848 auf dem Markusplatz in Venedig die venezianische Republik.

tung in Köln, deren Chefredakteur er war, durch die Zensur verboten wurde, ging Marx nach Paris. Dort lernte er Friedrich ENGELS kennen, mit dem er fortan auf dem Gebiet der politischen Philosophie zusammenarbeitete. 1847 schloss er sich dem Bund der Gerechten an – später in Bund der Kommunisten umbenannt – und schrieb im folgenden Jahr mit Engels das *Kommunistische Manifest.*

Aus fast allen europäischen Ländern vertrieben, ließ sich Marx, unterstützt von Engels, für den Rest seines Lebens in London nieder. Marx sah einen ständigen Konflikt zwischen der Arbeiterklasse und den Kapitalisten, die den Staat kontrollierten, und hoffte, dass dieser Konflikt zu einer weltweiten politischen und gesellschaftlichen Revolution führen würde. Wenn sich alle Arbeiter vereinten, argumentierte Marx, würden sie politische Macht gewinnen.

Marx war eine Schlüsselfigur bei der Gründung der Ersten INTERNATIONALEN 1864 in London, die sozialistische und kommunistische Organisationen in der ganzen Welt vereinte, und wurde später ihr Vorsitzender. Aber ideologische Konflikte zwischen Marx und den Anhängern des Anarchistenführers Michail BAKUNIN führten acht Jahre später zu ihrer Auflösung. Marx legte seine Theorien ausführlich in den drei Bänden des *Kapitals* dar, die von Engels nach seinem Tod herausgegeben wurden.

Märzrevolution (1848), Revolution im März 1848 in den Staaten des DEUTSCHEN BUNDES, die durch die französische Februarrevolution ausgelöst wurde und im Zusammenhang mit Aufständen in ganz Europa stand. Die Aufstände stellten die monarchische Regierung und die feudalen Rechte der grundbesitzenden Aristokratie infrage. In den deutschen Klein- und Mittelstaaten stand auch der Ruf nach einer nationalen Einheit im Mittelpunkt. Viele Forderungen wie Pressefreiheit, Reformministerien, Schwurgerichte und konstitutionelle Verfassungen wurden ohne nennenswerten Widerstand erfüllt. In Preußen wurde ein liberales Kabinett berufen, in Österreich stürzte Fürst METTERNICH und der Kaiser musste eine Verfassung versprechen. Schließlich wurde ein gesamtdeutsches Parlament gewählt, die FRANKFURTER NATIONALVERSAMMLUNG.

Die ungarische Unabhängigkeitsbewegung unter Führung von Lajos Kossuth bildete eine kurzlebige republikanische Regierung. Revolutionen in den italienischen Staaten führten zur vorübergehenden Vertreibung der Österreicher und zur Flucht von Papst Pius IX. aus Rom. Die Revolutionen erreichten jedoch keine dauerhaften Erfolge. Zunächst schlugen antirevolutionäre Kräfte die Aufstände in Preußen und Österreich nieder. Bis Ende 1849 war überall die alte Ordnung wieder hergestellt.

Tomáš Masaryk, mit weißer Schildmütze und Spitzbart, spricht 1926 zu einer Versammlung von Bauern. Die umgängliche Art des Präsidenten der Tschechoslowakei machte ihn populär.

Masaryk, Jan (1886–1948), tschechischer Diplomat und Politiker, der zur Gründung der tschechischen Republik beitrug und unter rätselhaften Umständen bald nach der Machtübernahme der Kommunisten starb. Der Sohn von Tomáš MASARYK war seit 1925 Botschafter in Großbritannien und trat 1938 aus Protest gegen das MÜNCHENER ABKOMMEN über die Zukunft der Tschechoslowakei zurück. Nach dem Zweiten Weltkrieg wurde Masaryk Außenminister der wieder hergestellten Tschechoslowakei. Er widersetzte sich dem sowjetischen Veto, dass sein Land Hilfe aus dem Marshallplan annähme, blieb aber auf Bitten des tschechischen Präsidenten Eduard BENEŠ nach dem kommunistischen Staatsstreich vom Februar 1948 im Amt. Drei Wochen später starb Masaryk durch einen Sturz aus einem Fenster des Außenministeriums in Prag.

Masaryk, Tomáš (1850–1937), Philosoph und erster Präsident der TSCHECHOSLOWAKEI. Masaryk war Anfang der 90er-Jahre des 18. Jh. Mitglied des österreichischen Reichsrats und dann Abgeordneter der Tschechischen Volkspartei von 1907 bis zum Ausbruch des Ersten Weltkriegs. Er setzte sich für die Minderheitenrechte der Slawen und Juden innerhalb ÖSTERREICH-UNGARNS ein. Während des Krieges als Flüchtling in London, arbeitete er mit Eduard BENEŠ an der Gründung eines tschechischen Nationalrats, der 1918 von den Alliierten offiziell als De-facto-Regierung anerkannt wurde. In jenem Jahr wurde in Prag die tschechische Unabhängigkeit ausgerufen

und Masaryk zum Präsidenten gewählt. Als entschiedener Anhänger des VÖLKERBUNDS setzte er sich auch für freundschaftliche Beziehungen zu Frankreich, Deutschland und Österreich ein. 1935 trat er zugunsten von Eduard Beneš zurück.

Massenmedien siehe Seite 334/335

Mathilde (um 1102–67), einzige legitime Tochter HEINRICHS I. von England, die den Thronanspruch Stephans von Blois infrage stellte. 1114 heiratete sie Kaiser Heinrich V. Nach dessen Tod 1125 kehrte sie nach England zurück. Zwei Jahre später wurde sie von den anglonormannischen Baronen als Nachfolgerin Heinrichs I. anerkannt. 1128 heiratete sie den Grafen Geoffroi von Anjou. Mathilde konnte nach dem Tod ihres Vaters 1135 ihre Thronansprüche nicht gegen ihren Cousin Stephan I. durchsetzen. Vier Jahre später drang Mathilde von der Normandie aus in England ein und löste einen Bürgerkrieg aus. Pläne, sie nach dem Sieg über Stephan 1141 zu krönen, scheiterten. Mathilde zog sich 1148 in die Normandie zurück. Dennoch erlebte sie noch, dass ihr Sohn 1154 als HEINRICH II. auf Stephan folgte.

Matthias I. (1443–90), König von UNGARN seit 1458, auch als Matthias Corvinus bekannt, dessen militärische Erfolge ein Reich schufen, das Südmitteleuropa beherrschte. Als sein Vater, der ungarische König und Nationalheld János Hunyadi starb, war Matthias 18 Jahre alt. Ab sofort befand er sich fast während seiner ganzen Regierung im

Die Entstehung der Massenmedien

1865 dauerte es zwölf Tage, bis die Nachricht vom Mord an Präsident Abraham Lincoln von Washington nach Großbritannien gelangte. Heute werden Ereignisse der Weltgeschichte fast überall zeitgleich und gleichförmig erlebt.

Zeitungen, Radio und Fernsehen – die Medien – sind inzwischen so sehr Teil des täglichen Lebens, dass man sich eine Welt ohne sie kaum vorstellen kann. Dennoch sind dies alle sehr junge Erscheinungen. Zwar gibt es Tageszeitungen seit dem 18. Jh., doch reicht die Presse in ihrer heutigen Form nur in die 20er-Jahre des 20. Jh. zurück. Das Radio erreichte Ende der 30er-Jahre ein breites Publikum, das Fernsehen erst in den 50er-Jahren. Über die Wirkung der Medien ist heftig gestritten worden. Zeitungen hat man Verrat an ihrer journalistischen Verantwortung und vulgäre Sensationslust vorgeworfen. Dem Fernsehen gibt man die Schuld am Tod des Gesprächs, an zunehmender Gewalt und an der Zerstörung der Familienwerte. Keine dieser Auswirkungen ist abschließend nachgewiesen worden. Keine Zweifel bestehen allerdings an der tiefen Wirkung der Medien.

HOCHZEIT FÜR DIE MASSEN

Vor der Entwicklung der Massenmedien waren politische Persönlichkeiten und Ereignisse etwas sehr Fernes. Im frühen 19. Jh. galten monarchische Zeremonien als unzugängliche Riten, die vor wenigen Privilegierten vollzogen wurden, dagegen verfolgten Millionen Briten die Krönung Königin Elisabeths II. am Fernseher. Die Hochzeit von Prinz Charles und Lady Diana Spencer 1981 hatte ein weltweites Publikum von 750 Millionen in 74 Ländern. Die Medien der Welt haben nicht nur gemeinsame nationale Kulturen geschaffen – eine brasilianische Familienserie kann man aller Voraussicht nach in Russland genauso genießen wie in ihrem Ursprungsland –, sondern auch eine gemeinsame Weltkultur der Nachrichten, des Sports und der Unterhaltung.

In den 20er-Jahren wurde John Reith, dem ersten Generaldirektor der British

Oben: O. J. Simpson entzog sich in einer dramatischen Flucht der Festnahme wegen Mordes. Oben rechts: Fans applaudierten mit Aufschriften auf T-Shirts bei seinem Freispruch.

Broadcasting Corporation, sehr deutlich bewusst, wie wichtig die neuen Medien für das 20. Jh. waren. 1918 hatten die meisten britischen Erwachsenen das Wahlrecht erhalten. Lord Reith glaubte, das Radio könne ihnen bei der Wahrnehmung ihres

Kinder fliehen vor einem fehlgeleiteten Napalmangriff im Juni 1972 auf Trang Bang in Südvietnam. Solche Bilder verstärkten die Opposition gegen das amerikanische Engagement im Vietnamkrieg.

Die *Prawda* war das Propagandaorgan der Kommunistischen Partei der Sowjetunion. Ihre Auflage überstieg 11 Mio.

Nicht nur bei der Fernsehdebatte mit seinem Gegner Nixon ging Kennedy 1960 als Sieger hervor.

Stimmrechts helfen, indem es Nachrichten und politische Debatten übertrug. Aber die Regierung verweigerte der BBC, einen eigenen Nachrichtendienst aufzubauen, und verbot die Diskussion strittiger politischer Probleme.

1924 beklagte sich Reith: „Die Verbreitung von Wissen mit der daraus folgenden Erweiterung der öffentlichen Meinung auszuklammern und sie nicht mit durchdachten Argumenten ergänzen oder befriedigende Antworten auf berechtigte und intel-

Flucht half nicht: Prinzessin Diana, 1980 noch Kindergärtnerin, war die meistfotografierte Frau der Welt.

ligente Fragen geben zu können, ist nicht nur gefährlich, sondern dumm." Erst in den späten 50er-Jahren tauchten in Großbritannien in aktuellen Programmen kritische politische Interviews auf.

Über die Kontrolle der Information ist immer wieder gestritten worden. In totalitären Regimen wie Sowjetrussland oder Nazideutschland waren die Medien der Propagandaarm des Staates. Eine freie Presse existierte nicht und die öffentliche Kritik wurde rücksichtslos unterdrückt. Selbst in demokratischen Ländern mussten die Medien kämpfen, um die Politik der öffentlichen Überprüfung zugänglich zu machen.

Die Medien verlangen den Politikern mehr Rechenschaft ab – nicht nur für ihre Politik, sondern auch für ihre Erscheinung. Es heißt, Richard Nixon habe die amerikanische Präsidentenwahl 1960 verloren, weil er bei einer Fernsehdebatte weniger vertrauenswürdig aussah als John F. Kennedy. Viele, die die Debatte am Radio verfolgten, meinten, Nixon habe die besseren Argumente gehabt. Nixon hatte immer ein unbehagliches Verhältnis zu den Medien. 14 Jahre später verursachte eine Tageszeitung seinen Sturz: Als Folge der Untersuchungen des Watergate-Skandals durch die *Washington Post* musste er

von seinem Amt zurücktreten. Die britische Premierministerin Margaret Thatcher verstand die Wichtigkeit der öffentlichen Darstellung: Als Meinungsumfragen ergaben, dass sie schrill und rechthaberisch klang, unterzog sie sich einer Stimmschulung.

Die modernen Medien haben auch die Kriegführung stark beeinflusst. Schon im Krimkrieg 1854–56 trugen die Berichte der *Times* über militärisches Unvermögen zum Sturz der Regierung bei. Fast ein Jahrhundert später wurde der Zweite Weltkrieg als erster Krieg in Film, Radio und den Zeitungen auf jedem Kontinent verfolgt. Die Kriegsgegner kämpften nicht nur mit Waffen, sondern auch mit konkurrierenden Versionen des Geschehens. Unter dem Einfluss der Fernsehberichterstattung über den Vietnamkrieg wendete sich die öffentliche Meinung in Amerika gegen ein weiteres Engagement, was schließlich zum Rückzug Amerikas beitrug. Die Medien zu kontrollieren war eine Lektion, die Regierungen aus dem Vietnamkrieg lernten. Der Golf und der Kosovokrieg wurden von den Militärs sorgfältig inszeniert, damit ihre Version der Ereignisse als einzige auf den Fernsehschirmen in aller Welt erschien.

IM ELEKTRONISCHEN DORF

Heute leben wir in einer Welt, die der kanadische Soziologe Marshall McLuhan als so genanntes elektronisches Dorf bezeichnet hat. Jeder kennt die Gesichter der internationalen Berühmtheiten, auch jener, die nur dafür berühmt sind, berühmt zu sein. Auf eine früher unvorstellbare Art und Weise hat die unmittelbare Übertragung von Informationen durch elektronische Medien eine gemeinsame Welt geschaffen, in der wir alle einbezogen sind und für die wir uns alle verantwortlich fühlen. Die Einführung des Internets kann jede Person, die einen Computer besitzt, in ein globales Netz der persönlichen Kommunikation ziehen, in der nationale Grenzen und Beschränkungen bedeutungslos werden.

Medienansturm vor dem Buckingham Palace anlässlich der Flaggenparade zum Geburtstag der Königin

335

Maximilian (links), Kaiser von Mexiko, steht auf dem Gemälde von Édouard Manet bei Querétaro vor dem Exekutionskommando (unten).

Sijad. Die Invasoren überquerten die Pyrenäen nach Frankreich, wo sie von den Franken unter KARL MARTELL 732 bei Poitiers besiegt wurden. Bis 756 hatten die Mauren einen neuen arabischen Staat in Spanien konsolidiert, den sie al-Andalus nannten, Andalusien, mit der Hauptstadt Córdoba. 912 wurde der Staat ein KALIFAT, das 1031 durch

Krieg. Noch vor seiner Krönung 1464 musste er sich gegen Kaiser Friedrich III. und die Osmanen zur Wehr setzen.

Vier Jahre später überredete Papst Pius II. ihn zu einem Kreuzzug gegen die HUSSITEN in Böhmen, obwohl er sich noch im Krieg gegen die Türken befand, die während seiner gesamten Regierungszeit eine Gefahr blieben. Der Frieden von Olmütz, den Matthias mit dem böhmischen König Wladislaw II. 1479 schloss, brachte ihm großen Gebietszuwachs und die geteilte böhmische Königswürde. Bis dahin hatte er bereits ein Jahr lang Krieg gegen Österreich geführt. 1485 belagerte und eroberte er Wien. Der hoch gebildete Matthias führte Heeres-, Steuer- und Verwaltungsreformen durch, kodifizierte das Recht, gründete die Universität von Buda und förderte Kunst und Bildung.

Mauren, im mittelalterlichen Europa Name der Moslems in Nordafrika und Spanien, später auf alle Moslems ausgedehnt. Der Begriff wurde gleichbedeutend mit SARAZENEN benutzt, worunter man besonders die Araber und BERBER, die Spanien eroberten, verstand. Die Mauren landeten 710 in Spanien, im folgenden Jahr erlag das Westgotenreich einer Armee der Berber unter Tarik ibn

Uneinigkeit lokaler Führer zerfiel. Unter dem Druck christlicher Reiche im Norden lockerte sich die Herrschaft der Mauren, doch 1090 gewannen neue berberische Invasoren, die Almoraviden, die Macht über das maurische Spanien. Sie mussten 1145 der Dynastie der ALMOHADEN weichen. Erst im 13. Jh. setzten sich die christlichen Reiche durch. 1235 war nur noch das maurische Königreich GRANADA übrig. Durch rivalisierende Gruppen geschwächt, konnte es der unter Ferdinand II. von Aragón und ISABELLA I. von Kastilien geeinten Monarchie nichts entgegensetzen und unterlag ihr im Jahr 1492. Die maurische Kultur hinterließ Spanien ein reiches Erbe in Wissenschaft, Kunst und Architektur, darunter die Große Moschee in Córdoba und die Alhambra in Granada. Die in Spanien gebliebenen Mauren behielten im 16. Jh. entweder ihren Glauben als *Mudejares* oder bekehrten sich als *Moriscos* zum Christentum. Erstere wurden von der spanischen INQUISITION gefoltert und getötet, letztere 1609 vertrieben.

Maurya-Reich (um 322–185 v. Chr.), erstes Reich, das den größten Teil des indischen Subkontinents einnahm. Der Gründer der Dynastie, Candragupta, stürzte das Reich

Magadha in Nordostindien und dehnte seine Macht dann nach Westen über den Indus aus, wobei er den griechischen Nachfolgern ALEXANDERS DES GROSSEN einige Provinzen tief in Afghanistan entriss. Nach Candraguptas Tod um 397 v. Chr. dehnte sein Sohn Bindusara das Reich nach Süden bis Mysore aus. Der dritte Kaiser, ASHOKA, der im 3. Jh. v. Chr. herrschte, verzichtete auf Eroberungen und konsolidierte das Riesenreich, das er in vier fürstliche Provinzen unterteilte. Die Staatseinkünfte kamen aus Landwirtschaft und Handel, das Reich erblühte kulturell unter Ashoka. Mit seinem Tod begann der Niedergang der Dynastie. Sie endete 185 v. Chr., als Kaiser Birhadratha vom Gründer der neuen Sunga-Dynastie ermordet wurde.

Maximilian (1832–67), österreichischer Erzherzog, der MEXIKO als Kaiser von 1864 bis zu seinem Tod regierte. Maximilian, der Bruder des Kaisers FRANZ JOSEPH I., nahm die Kaiserkrone widerstrebend und erst auf Druck von NAPOLEON III. von Frankreich und konservativen mexikanischen Grundbesitzern mit royalistischen Neigungen an.

Das mexikanische Reich, das nach der Unabhängigkeit von Spanien 1821 begründet worden war, hatte unter Bürgerkriegen und Indianeraufständen gelitten, bis die repressive Regierung des Präsidenten Santa Ana 1861 durch eine liberale republikanische Regierung unter Benito JUÁREZ ersetzt wurde. Die Franzosen zwangen nach ihrer Invasion von 1863 dem widerstrebenden Volk Maximilian praktisch auf. Er brachte sofort die Grundbesitzer, die ihn ursprünglich unterstützt hatten, gegen sich auf, als er eine Reihe liberaler Reformen durchführte, und entfremdete sich die Anhänger von Juárez noch mehr, als er mehrere ihrer Führer im Jahr 1865 hinrichten ließ. Maximilians einziger Schutz, eine französische Truppe, wurde 1867 auf Druck der USA abgezogen. Er blieb mit einer kleinen Armee zurück und wurde von Juárez' Truppen bei Querétaro gefangen genommen und erschossen.

Maximilian I. (1459–1519), Erzherzog von Österreich, der 1486 zum römischen König gewählt wurde und 1493 auf seinen Vater Kaiser Friedrich III. folgte. 1477 heiratete Maximilian Maria, die Tochter und Erbin Karls des Kühnen, durch die Burgund mit den Niederlanden an das Haus HABSBURG kam. Frankreich machte ihm das Erbe streitig, und obwohl er die Franzosen zwei Jahre später bei Guinegate besiegte, hielten die Rivalitäten zwischen Habsburg und VALOIS in den Niederlanden wie in Italien an.

Nachdem er die Ungarn aus den österreichischen Gebieten vertrieben hatte, die sie unter MATTHIAS I. erobert hatten, wurde Maximilian durch den Frieden von Preßburg

1491 als zukünftiger König von Böhmen und Ungarn anerkannt. Zwei Jahre später schlug er die Osmanen zurück, aber der Krieg in Italien zwischen französischen und habsburgischen Heeren zog sich bis 1516 hin. Hier wurde Maximilian durch die Weigerung der deutschen Fürsten, seine Feldzüge zu finanzieren, behindert. Trotz eines Bündnisses mit England gegen Frankreich musste der Kaiser am Ende des Krieges Verona an die Venezianer und Mailand an Frankreich abtreten. Auch scheiterten seine Versuche, die Zentralgewalt im Reich gegenüber den Fürsten zu stärken.

In dynastischer Hinsicht war Maximilian erfolgreicher. Durch die Heirat seines Sohnes Philipp mit der Infantin Johanna von Spanien sicherte er Spanien mit seinen neuen Kolonien für das Haus Habsburg.

Maximilian II. (1527–76), deutscher König und Kaiser ab 1564 aus dem Haus HABSBURG. Der Herrscher war mit Maria, der Tochter seines Onkels KARL V. verheiratet. Diesen vertrat er 1548–50 als Statthalter in Spanien. Maximilian II. sympathisierte schon früh mit der lutherischen Lehre, wagte jedoch nicht den offenen Bruch, um die Enterbung zu vermeiden. Er schwor zwar vor seiner Inthronisation, ewig katholisch zu bleiben, hoffte aber dennoch auf eine Einigung der christlichen Bekenntnisse und sorgte mit der Sicherung des AUGSBURGER RELIGIONSFRIEDENS von 1555 für einen tragbaren Kompromiss zwischen den beiden Konfessionen.

Maxwell, James (1831 bis 1879), schottischer Physiker, der die Theorie des Elektromagnetismus entwickelte. Im Jahr 1871 zum ersten Direktor des Cavendish Laboratory in Cambridge berufen, wies Maxwell die Existenz elektromagnetischer Strahlung nach – die physikalischen Wellen, die Licht, Röntgenstrahlen, Gammastrahlen und Mikrowellen enthalten.

Seine Theorie beruhte auf vier mathematischen Gleichungen, die die Gesetze der magnetischen und elektrischen Anziehung und die Verknüpfungen zwischen Magnetfeldern und elektrischen Strömen beinhalten. 1871 ersann Maxwell eine imaginäre Figur, *Maxwells Dämon*, als Teil eines Paradoxons zum zweiten Hauptsatz der Thermodynamik, der besagt, dass Wärme nicht aus eigenem Antrieb von einem kalten Körper in einen wärmeren fließen kann. Der *Dämon* – und das Paradoxon – blieben lange ein Streitpunkt unter Wissenschaftlern.

Maya siehe INDIANISCHE HOCHKULTUREN

Mazarin, Jules (1602–61), französischer Staatsmann und Kardinal, der als erster Minister Frankreich zur stärksten Macht Europas machte. als er für den minderjährigen LUDWIG XIV. regierte. Von italienischer Herkunft, fungierte Mazarin als Frankreichs inoffizieller päpstlicher Vertreter 1631–39, bis er zwei Jahre später Kardinal wurde. Nach dem Tod Kardinal RICHELIEUS 1642 und Ludwigs XIII. ein Jahr später wurde Mazarin der eigentliche Herrscher Frankreichs, da er Richelieus Politik fortführte und von der Mutter Ludwigs XIV., Anna von Österreich, stark protegiert wurde. Mazarin handelte für Frankreich gute Bedingungen aus, als 1648 der WESTFÄLISCHE FRIEDE den DREISSIGJÄHRIGEN KRIEG beendete, aber seine Entscheidung, Steuern für den Krieg gegen Spanien zu erheben, führte 1648 und 1653 zu den antiroyalistischen Aufständen der FRONDE in Paris. Mazarin überstand diese Krisen und beendete den Krieg gegen Spanien erfolgreich im Pyrenäenfrieden 1659.

Mazzini, Giuseppe (1805–72), italienischer Revolutionär und ein Führer des RISORGIMENTO. Mazzinis Mitgliedschaft bei den Carbonari, einer Geheimgesellschaft, die sich der italienischen Selbstregierung verschrieben hatte, führte 1830 zu seiner Verhaftung und Verbannung.

In Marseille gründete er ein Jahr später die Gesellschaft Junges Italien und führte 1834 von der Schweiz aus eine erfolglose Invasion der piemontesischen Provinz Savoyen an. Er zog sich in die Schweiz zurück und wurde in Piemont in Abwesenheit zum Tod verurteilt. Nach 1837 lebte er in London und kehrte im europäischen Revolutionsjahr 1848 nach Italien zurück. Nach der Flucht des Papstes Pius IX. aus Rom im folgenden Jahr rief Mazzini eine kurzlebige Republik aus. Vergebliche Erhebungen gegen die österreichische Herrschaft in Mantua und Mailand schwächten seinen Einfluss. 1858 ging er nach London. Als Republikaner akzeptierte er nie das Königtum VIKTOR EMANUELS II. und weigerte sich, offen nach Italien zurückzukehren. 1868 ließ er sich in der Schweiz nieder und ging 1872 heimlich über die Grenze, um in Pisa in seinem Heimatland zu sterben.

McCarthy, Joseph (1908–57), amerikanischer Politiker, der angebliche Sympathisanten der Kommunisten verfolgte. Er war republikanischer Senator für Wisconsin von 1947 bis zu seinem Tod. 1950 behauptete McCarthy, eine Liste von 205 Kommunisten auf höchsten Regierungsebenen zu besitzen. Indem er die Furcht vor Infiltration durch die Sowjetunion schürte, wurde er landesweit für seinen Feldzug gegen subversive Einflüsse im amerikanischen Regierungsapparat bekannt.

Obwohl ein Untersuchungsausschuss des Senats seine Vorwürfe als gegenstandslos betrachtete, setzte McCarthy seine Angriffe auf

McCarthy zeigte angebliche kommunistische Machtbasen in den USA (unten). Filmstars besprachen sich, bevor sie ihm im Untersuchungsausschuss gegenübertreten (rechts).

Lorenzo de' Medici führt auf Gozzolis Gemälde als einer der Heiligen Drei Könige eine Prozession an. Hinter ihm sein Vater Piero auf einem Schimmel und sein Großvater Cosimo in blauem Rock.

die Regierung, das Militär und Persönlichkeiten des öffentlichen Lebens fort. Der Begriff McCarthyismus wurde zum Synonym für die antikommunistische Hysterie, die die USA 1950–54 auf dem Höhepunkt des KALTEN KRIEGES ergriffen hatte. Als Vorsitzender eines Untersuchungsausschusses des Senats ruinierte McCarthy mit seinen Verhören und unbegründeten Vorwürfen den Ruf unzähliger Menschen, darunter Diplomaten, Professoren und Hollywoodstars, so wurde z. B. CHARLIE CHAPLIN gezwungen, die USA zu verlassen. 1954 wurden McCarthys Methoden endgültig vom Senat missbilligt.

Medici, Cosimo de' (1389–1464), Bankier und Kunstmäzen, der die Macht der Medici begründete, die FLORENZ seit der RENAISSANCE beherrschten.

Während des erbitterten Machtkampfs zwischen rivalisierenden florentinischen Parteien im frühen 15. Jh. wurde Cosimo von der Familie Albizzi aus der Stadt verbannt, kehrte aber 1434 mit allgemeiner Unterstützung der Bürger zurück. Für die nächsten 60 Jahre waren er und seine Nachkommen die eigentlichen Herrscher der Stadt. Cosimos Reichtum und Macht beruhten auf dem Bankhaus Medici, das er klug führte, während er die Interessen der Familie auf andere Felder ausdehnte. Um 1455 besaß er eine Seiden- und zwei Wollmanufakturen, hatte Bankfilialen in Genf, Brügge, London, Avignon, Rom, Mailand, Pisa und Venedig. Er förderte mehrere Bildhauer, darunter Lorenzo Ghiberti und Donatello.

Medici, Katharina de' (1519–89), Königin von Frankreich 1547–59, deren Unterstützung der Katholiken gegen die Hugenotten 1572 zur BARTHOLOMÄUSNACHT führte. Die Tochter des Herzogs von Urbino, Lorenzo de' Medici, heiratete 1533 den Herzog von Orléans, der 1547 als Heinrich II. den französischen Thron bestieg. Als ihr zweiter Sohn als Karl IX. König wurde, führte sie ab 1560 während seiner Minderjährigkeit die Regentschaft und war später seine Ratgeberin.

Als Königin setzte sie sich für Toleranz zwischen Katholiken und Hugenotten ein, gab diese Politik aber 1562 beim Ausbruch des ersten HUGENOTTENKRIEGS auf. Sie verbündete sich mit der katholischen Partei der GUISE und löste damit das grausame Massaker an hunderten von Protestanten aus. Sie beherrschte den Hof auch, als ihr dritter Sohn 1574 als Heinrich III. König wurde. Zwar versuchte sie, Katholiken und Protestanten zu versöhnen, doch hatte sie durch ihren früheren Politikwechsel das Vertrauen beider Parteien verloren.

Medici, Lorenzo de' (1449–92), gemeinsam mit seinem Bruder Giuliano Stadtherr von FLORENZ und erster Förderer des Bildhauers und Malers MICHELANGELO – bekannt als Lorenzo der Prächtige. 1478 überlebte er einen Mordanschlag – bei dem sein Bruder getötet wurde – seitens der rivalisierenden Familie Pazzi, hinter dem Papst SIXTUS IV. stand. Bei ihrem Griff nach der Macht schlugen die Verschwörer während

der Messe im Dom von Florenz zu. Dass er dem Attentat entging, brachte die Bürger auf die Seite der Medici. Politisch wirkte Lorenzo für die Friedenserhaltung unter den italienischen Staaten, indem er ein Gleichgewicht der Kräfte herstellte. Selbst ein Literat, förderte er Kunst und Wissenschaft. Sein zweiter Sohn wurde Papst Leo X.

Megalithkultur, Kulturgruppen in Europa etwa 4000–1500 v. Chr., die Bauten aus mächtigen Steinen errichteten. Ähnliche Steinbauten sind aus der Kultur der Inka in Peru sowie aus dem alten ÄGYPTEN und dem alten Orient bekannt. Die europäischen Denkmäler gehören mehreren Perioden und Kulturen an. In der späten JUNGSTEINZEIT und frühen BRONZEZEIT wurden die Steine einzeln als Steinsäulen oder Menhire verwendet oder in Steinkreisen oder Steinreihen angeordnet. Alle diese Steinsetzungen hatten wahrscheinlich kultische Bedeutung. Megalithen wurden auch für HÜGELGRÄBER mit seitlichen Platten und Decksteinen verwendet, die dann mit Erde oder Steinen bedeckt wurden. Beispiele, deren Abdeckung nicht erhalten ist, werden als Dolmen bezeichnet. Einer der größten bekannten Megalithen ist mit geschätzten 100 t der Deckstein eines Grabes bei Browneshill in Irland.

Mehmed Ali (um 1769–1849), ägyptischer PASCHA albanischer Herkunft, der 1805–49 herrschte. Mehmed befehligte 1799 die osmanische Armee, die von NAPOLEON I. besiegt wurde, und kehrte 1801 an der Spitze der albanischen Truppen des Sultans zurück, um der Anarchie nach Abzug der französischen Truppen Herr zu werden. Binnen zehn

Mehmed Ali, der reformorientierte Pascha von Ägypten, auf einem Diwan ruhend in seinem Palast in Kairo

Golda Meir, die erste Frau an der Spitze der israelischen Regierung und der Arbeiterpartei, trägt energisch ihre Überzeugungen vor.

Jahren besiegte er die Dynastie der MAME-LUCKEN. Obwohl offiziell Vizekönig des osmanischen Sultans Mahmud II., war Mehmed praktisch unabhängig und reorganisierte mithilfe französischer Berater die Wirtschaft und Verwaltung Ägyptens.

1811–18 kämpfte Mehmed gegen die Wahhabiten in Arabien und 1821–23 besetzte er den Sudan. Sein sechsjähriger Feldzug gegen Griechenland, der 1822 begann, brachte Großbritannien, Frankreich und Russland gegen ihn auf, deren Schiffe Mehmeds Flotte 1827 in der Schlacht von Navarino besiegten. Mehmed nahm 1831–33 Syrien in Besitz und schlug 1839 das osmanische Heer in der Schlacht von Nizip. Auf Druck der europäischen Großmächte musste er im Jahr 1841 wieder die osmanische Oberhoheit anerkennen, doch wurde dafür die Paschawürde Ägyptens in seiner Familie erblich.

Meiji-Ära, Rückkehr zur kaiserlichen Herrschaft in Japan 1868 nach dem Sturz des SHOGUNATS der Tokugawa. Die Erneuerung Japans dauerte bis zur Einführung einer Verfassung 1889 an.

Der erzwungene Vertrag mit den USA nach der Ankunft des amerikanischen Admirals Matthew PERRY 1853 und wirtschaftliche Probleme veranlassten Gegner des Shogunats, die Wiedereinsetzung des Kaisers in seine volle Macht zu verlangen. Mit einem Bündnis regionaler Streitkräfte konfrontiert, übergab der letzte Shogun förmlich seine Vollmachten an Kaiser Mutsuhito, der 1868 die Regierung antrat. Mutsuhito schaffte das Feudalsystem der SAMURAI ab, die ihre privaten Kriegerheere unterhalten hatten, und ersetzte es durch einen Adelsstand nach europäischem Vorbild. Dieser bildete in einem Zweikammerparlament ein Oberhaus neben einem gewählten Unterhaus. Mit der neuen Meiji-Verfassung wurde 1885 ein Kabinettsystem und drei Jahre später ein Staatsrat eingeführt. Die Politik der industriellen Entwicklung, die der Kaiser initiierte, verwandelte Japan in einen modernen Staat.

Meir, Golda (1898–1978), Ministerpräsidentin von ISRAEL 1969–74. In Kiew geboren, emigrierte Meir im Alter von acht Jahren mit ihren Eltern in die USA. Als Studentin begeisterte sie sich für die Idee einer jüdischen Staatsgründung in PALÄSTINA, wohin sie mit 23 Jahren auswanderte. Als Vorsitzende der politischen Abteilung der Jewish Agency 1946–48 war Meir eng in die Verhandlungen eingebunden, die zur Gründung Israels führten. 1949–56 war sie Arbeitsministerin und während des folgenden Jahrzehnts Außenministerin. 1966 wurde Meir Generalsekretärin der Mapai-Partei, die ein Jahr später in Arbeiterpartei umbenannt wurde. 1969 zur Ministerpräsidentin einer Koalitionsregierung gewählt, gewann sie Israel dank ihres internationalen Ansehens viele Freunde, wurde aber zu Hause 1973 wegen Israels mangelhafter militärischer Bereitschaft vor dem JOM-KIPPUR-KRIEG kritisiert. Sie trat 1974 zurück, Itzhak RABIN wurde Ministerpräsident.

Mekka, um das Jahr 570 Geburtsort des Propheten MOHAMMED und heiligste Stadt des ISLAMS. 622 zur Flucht von Mekka nach Medina gezwungen, kehrte Mohammed einige Jahre später zurück, um die Stadt zu erobern. Zwar tadelte er den vorislamischen Kult, der mit dem zentralen Heiligtum Mekkas, der Kaaba, verbunden war, lehrte aber dennoch, dass die Erfüllung des Lebens eine Pilgerreise zur Kaaba sei. Die Stadt blieb ein blühendes Handelszentrum, bis sie 930 von den Karmaten, einer ketzerischen islamischen Sekte, geplündert wurde. 1517 nahmen osmanische Türken Mekka ein. 1924 fiel es an Ibn Saud, den späteren König des unabhängigen Saudi-Arabien. Der KO-RAN bestimmt, dass alle Moslems einmal im Leben eine Pilgerreise oder Hadjdj nach Mekka machen sollen, nach der sie sich dann Hadjdji nennen dürfen.

Melanchthon, Philipp (1497–1560), deutscher Reformator und Verfasser des AUGS-BURGISCHEN BEKENNTNISSES von 1530, das die wesentlichen lutherischen Lehren darlegte. 1518 zum Professor des Griechischen in Wittenberg ernannt, kam Melanchthon bald unter den Einfluss des Reformators Martin LUTHER. Seine *Loci Communes* (1521) waren die erste geordnete Darstellung der reformatorischen Theologie, durch die sich viele Menschen zum Protestantismus bekehrten. Versöhnlicher als sein Mentor, unterschrieb er die Schmalkaldischen Artikel – eine Bekenntnisschrift Luthers von 1537 – mit dem Vorbehalt, dass er ein Papsttum in veränderter Form akzeptieren würde. Durchdrungen vom christlichen HUMANIS-MUS war Melanchthon sehr bedeutsam für die Reform des deutschen Bildungswesens.

Memphis, Hauptstadt ÄGYPTENS im Alten Reich um 2660–2160 v. Chr. im Nildeltas. Nach der Überlieferung wurde Memphis von König Menes gegründet, dem ersten Herrscher, der Ober- und Unterägypten vereinte, an deren Grenze die Stadt lag. Memphis war dem Gott Ptah geweiht. Zu den eindrucksvollsten Überresten zählen eine Alabastersphinx und zwei Kolossalstatuen des Pharaos RAMSES II. Im nahen Sakkara gibt es eine Nekropole – der bevorzugte Begräbnisplatz der Könige des Alten Reiches. Von Sakkara verläuft eine Linie von Pyramiden über 32 km nach Giseh. Memphis behielt seine Bedeutung auch während der langen Zeit, die THEBEN Hauptstadt war, und blieb bis in die römische Zeit Ägyptens die zweitwichtigste Stadt nach ALEXANDRIA.

Menschenrechte, Erklärung der, Dokument, das die Leitprinzipien der FRAN-ZÖSISCHEN REVOLUTION enthielt und 1789 von der Nationalversammlung gebilligt wurde. Der volle Titel lautete *Die Erklärung der Menschen- und Bürgerrechte*. Die 17 Artikel legten die Rechte des Einzelnen auf Gleichheit und Freiheit mit der Begründung dar, dass die Menschen frei und mit gleichen Rechten geboren sind. Sie bekräftigten Gleichheit vor dem Gesetz, Gleichheit der

Eine Alabastersphinx hält nahe des Ptah-Tempels von Memphis Wacht. Ptah war Gott der Handwerker und Beschützer der Stadt.

Chancen, Schutz vor willkürlicher Verhaftung, Freiheit der Rede und Religion, Rechte auf Privatbesitz und Besteuerung im Verhältnis zur Zahlungsfähigkeit. Die Erklärung wurde von den Verfassungen der kurz zuvor unabhängig gewordenen nordamerikanischen Staaten beeinflusst.

Mercator, Gerhard (1512 bis 1594), flämischer Kartograph, der die ersten Weltkarten entwickelte, auf denen Längen- und Breitengrade durch gerade Linien dargestellt waren. Sein System, der Mercatorentwurf, erlaubte Seefahrern, ihre Kurse als einfache Geraden einzutragen. Nachdem Mercator 1532 den Magistertitel in Philosophie erworben hatte, studierte er bei dem Mathematiker Gemma Frisius. Zusammen mit dem Stecher und Goldschmied Gaspar a Myrica stellte er Karten, Globen und astronomische Instrumente her. 1537 veröffentlichte Mercator die erste einer Serie von Karten, die ihn während der folgenden 32 Jahre, mit der Weltkarte als Höhepunkt, als den besten Kartographen des 16. Jh. auswiesen.

Ein Kaufmann handelt auf einem holländischen Markt mit Tuchen. Die Merchant Adventurers verfügten um 1560 über ein Monopol für den Tuchexport in die Niederlande.

Merchant Adventurers, englische Exporteure, die während des größten Teiles des 15./16. Jh. den europäischen Tuchhandel beherrschten. Die Handelsgesellschaft der Merchant Adventurers erhielt 1407 das Privileg für den Tuchhandel. Sie entstand aus lose zusammengeschlossenen Gruppen von Kaufleuten in den größeren englischen Häfen, die Tuch an das europäische Festland verkauften, besonders an die Niederlande. In Städten wie Bristol und London bekamen diese Gruppen königliche Freibriefe und knüpften zahlreiche Beziehungen zu Gilden in europäischen Städten. Bald verdrängten sie ihre Konkurrenten, die Kaufleute der HANSE.

Um 1550 kamen die Merchant Adventurers für drei Viertel des englischen Außenhandels auf. Bis 1564 und dem Ausbruch des Englisch-Spanischen Krieges nutzten die Kaufleute Antwerpen – damals die Handelshauptstadt Westeuropas – als wichtigste Basis auf dem Kontinent, wechselten dann aber 1567–79 und wieder von 1611 an nach Hamburg. Im Jahr 1689 verloren die Mer-

chant Adventurers ihren königlichen Freibrief, da den Kaufleuten vorgeworfen wurde, ihren eigenen Interessen auf Kosten der englischen Wirtschaft nachzugehen.

Merkantilismus, wirtschaftliche Praktiken, die auf der Theorie beruhen, dass der Umfang des Handels unveränderlich ist und dass der Gewinn einer Seite an einem Marktanteil zulasten der anderen Seite gehen müsse.

Die Theorie, die weithin im 16.–18. Jh. Geltung hatte, behauptete, dass Naturreichtümer am besten vollkommen ausgebeutet werden könnten, indem man Exporte förderte und Importe einschränkte. Merkantilisten wie der französische Finanzminister Jean Baptiste COLBERT glaubten, der Besitz von Gold sei entscheidend und Länder ohne Edelmetallvorkommen müssten es käuflich erwerben. Vom Staat geförderte Kompanien

beherrschten den Handel, es wurden Zölle erhoben, und Konkurrenz auf See löste Konflikte wie die ENGLISCH-HOLLÄNDISCHEN SEEKRIEGE 1552–74 aus. Im 18. Jh. sprachen sich Anhänger der Politik des LAISSEZ-FAIRE wie Adam Smith gegen die merkantilistische Theorie aus.

Merowinger, fränkisches Königsgeschlecht, das erstmals mit König Chlodio, um 425, und dem Namensgeber Merowech, um 455, in Erscheinung trat. Deren bedeutendster Herrscher Chlodwig I. vertrieb die Römer aus Gallien und vereinte es mit vielen Kleinkönigtümern zum Fränkischen Reich. Nach seinem Tod 511 zerfiel das Reich mehr und mehr durch Teilungen und Bruderkämpfe. Damit schwand die Macht der Merowinger zusehends, bis ihr letzter König Childerich III. schließlich 751 von PIPPIN entthront wurde, und der Aufstieg der Karolinger begann.

Mesa Verde, der Spanier Pedro Escalante nannte 1776 das bis über 2600 m hohe, von immergrünem Kiefern- und Wacholderwald bedeckte Plateau im Südwesten Colorados, das an den Rändern steil abfällt, Mesa Verde, Grüner Tisch. Seit dem 1. Jh. v. Chr. siedelten dort prähistorische INDIANER, die im Lauf der Jahrhunderte ein hohes kulturelles Niveau entwickelten. Sie verstanden es, Sicker- und Flutwasser für die Bewässerung kleiner Felder zu verwenden. Bei der systematischen Erkundung der Region seit 1874 wurde u. a. kunstvoll verzierte Keramik, Baumwollgewebe und Türkisschmuck gefunden. Bis um 1300 entstanden unter natürlichen Sandsteinüberhängen oft mehrstöckige Gebäudekomplexe mit bis zu 200 Räumen, die PUEBLOS. Eine lang anhaltende Dürreperiode zwang die Siedler vermutlich um 1300, die Pueblos aufzugeben und in das heutige Arizona und New Mexico abzuwandern. 1906 wurde die Region vom amerikanischen Kongress zum Nationalpark erklärt.

Mesopotamien siehe rechte Seite

Messe, die regelmäßigen, meist mehrere Tage dauernden Marktveranstaltungen fanden im MITTELALTER in Verbindung mit kirchlichen Festen statt. Von den dabei gelesenen Messen leitete sich der Name ab.

Schon während der Olympischen Spiele in Griechenland wurden Märkte abgehalten und im Römischen Reich waren sie eine feste Einrichtung. Eine 629 in St-Denis bei Paris veranstaltete Messe war vermutlich die erste in Westeuropa, spätestens im 10. Jh. waren sie in ganz Europa üblich. Typische Artikel einer Warenmesse waren Stoffe und Pelze. Die Messen in der Champagne zogen sogar Kaufleute aus dem Nahen Osten und Afrika an und dauerten bis zu sechs Wochen. Im

Wiege der Zivilisation

Der alte griechische Name für das Land zwischen den Flüssen Tigris und Euphrat lautet Mesopotamien.

Sein fruchtbarer Boden ermöglichte den Beginn des Ackerbaus, und bald begannen

sich in dieser Region blühende Kulturen zu entwickeln.

Mesopotamien, das einen großen Teil des heutigen Irak, Nordsyriens und der südöstlichen Türkei einnimmt, erlebte die früheste Einführung der Landwirtschaft, der Schrift, städtischer Gemeinwesen und komplexer Bürokratien.

10 000–6000 v. Chr. wurden im Zweistromland bereits Schafe, Ziegen, Rinder und Schweine domestiziert sowie Weizen und Gerste angebaut. Gemeinschaften, die sich durch die Jagd und das Sammeln essbarer Pflanzen ernährt hatten, gingen zu einer sesshaften Lebensweise über, wie die Entdeckung früher Dörfer im Norden Mesopotamiens zeigt.

AUFSTIEG DER ERSTEN STÄDTE

In dieser trockenen Region ist ein ausgedehntes Kanalnetz notwendig, um die fruchtbaren Böden, die vom jährlichen Hochwasser der Flüsse abgelagert werden, zu bewässern. Sobald die Bewässerungslandwirtschaft 6000–5000 v. Chr. entwickelt war, konnte der Ertragsüberschuss die rasch wachsende Bevölkerung der ersten Städte mit ihrer neuen Schicht spezialisierter Beamter und Handwerker ernähren.

Auch dank des blühenden Handels entstanden in Mesopotamien drei große Kulturen: die sumerische und babylonische im Süden und die assyrische im Norden. In vielen Städten, wie beispielsweise Babylon, Ur, Assur, Ninive und Nimrud, haben die Archäologen monumentale Paläste, Tempel, Zikkurats – Tempeltürme – und Stadtmauern freigelegt. Eindrucksvolle Kunstwerke sind die mit Skulpturen versehenen Steinplatten, die mit lebendigen Darstellungen von Eroberungszügen, Jagden und prunkvollen Festmahlen die Paläste der neuassyrischen Könige schmückten.

In Mesopotamien wird die erste Erfindung des Schreibens vermutet. Als die städtische Verwaltung komplizierter wurde, reichten einfache Zählmaße wie Ton-

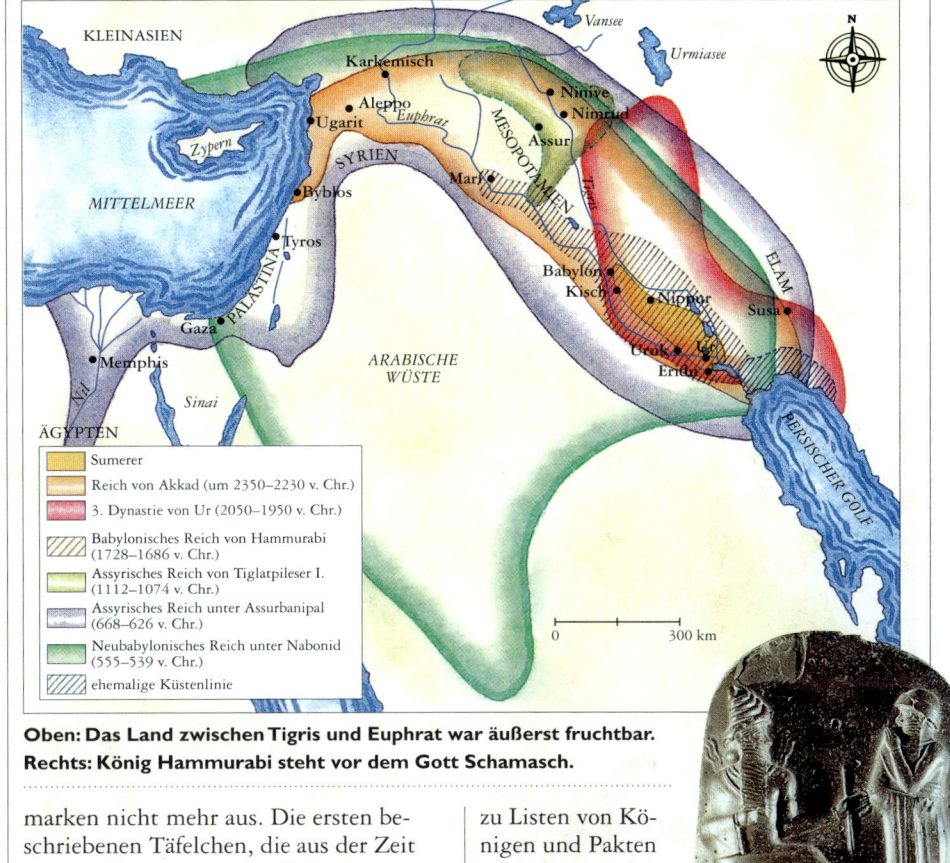

Oben: Das Land zwischen Tigris und Euphrat war äußerst fruchtbar.
Rechts: König Hammurabi steht vor dem Gott Schamasch.

marken nicht mehr aus. Die ersten beschriebenen Täfelchen, die aus der Zeit unmittelbar vor 3000 v. Chr. stammen, bestanden aus Piktogrammen, wobei jedes Zeichen eine einfache Zeichnung eines Gegenstands war, etwa ein Schaf oder ein Krug. Bald wurden die Zeichen schematischer mit dem keilförmigen Ende eines Schilfrohrs eingedrückt, woraus die Keilschrift entstand. Bald standen diese Zeichen auch für Sprache. Sumerisch, die älteste erhaltene geschriebene Sprache, wurde als gesprochene Sprache um 2000 v. Chr. vom Akkadischen abgelöst.

Mesopotamische Schreiber schrieben auf Tontäfelchen, die sehr haltbar waren, wenn sie gebrannt wurden. Viele tausende Keilschrifttäfelchen sind erhalten. Sie reichen von Rechnungen, Verträgen, Briefen und Schulübungen bis

zu Listen von Königen und Pakten sowie literarischen Werken wie das Gilgamesch-Epos, das auch eine Version der aus der Bibel bekannten Sintflut enthält. Wichtige Texte wurden auch auf Stein geschrieben, so die einzigartige Gesetzsammlung des Königs Hammurabi von Babylon im 18 Jh. v. Chr., der behauptete, Gerechtigkeit geschaffen zu haben, „damit die Starken die Schwachen nicht unterdrücken können".

Einige der größten Leistungen der mesopotamischen Kultur, wie beispielsweise die Fortschritte in Astronomie und Mathematik, wurden durch die alten Griechen, die Ende des 1. Jt. v. Chr. die Region beherrschten, an die westliche Welt vermittelt.

Eine betende Bronze-Gold-Figur aus der Zeit um etwa 7500 v. Chr.

Der Gründer der Methodisten, John Wesley, predigte im Freien, da man ihm den Zutritt zur Dorfkirche verweigerte.

14. Jh. waren internationale Messen zurückgegangen, da die Kaufleute den Fernhandel ihren Auslandsvertretern überließen. Im 20. Jh. kamen Mustermessen auf, z.B. die Frankfurter Buchmesse.

Methodisten, Anhänger der im 18. Jh. aus der anglikanischen Kirche hervorgegangenen Erweckungsbewegung, als deren Begründer vor allem der englische Prediger John WESLEY anzusehen ist.

Wesleys Anhänger waren in so genannten Klassen organisiert; ihre regelmäßige Teilnahme an der religiösen Unterweisung durch einen Klassenleiter war eine Vorbedingung der Mitgliedschaft. Dieses methodische Vorgehen brachte ihnen den Namen Methodisten ein. Wesleys Ansichten zur Prädestination führten zu Reibungen mit den Anhängern CALVINS, während seine evangelischen Versammlungen und die Schwierigkeit, seine Klassen unter kirchlicher Kontrolle zu halten, Konflikte mit der Kirche von England heraufbeschworen. Viele Kirchengemeinden verboten ihm, ihre Kanzel zu benutzen.

Trotz dieser Unstimmigkeiten gelang es Wesley, seine Anhänger bis zu seinem Tod 1791 innerhalb der anglikanischen Gemeinschaft zu halten. Danach wurde der Methodismus eine gesonderte Kirche. In Wales führte eine von Howel Harris und Daniel Rowlands inspirierte Erweckung 1811 zur Begründung einer calvinistischen Form des Methodismus, während sich die Kirche in den Vereinigten Staaten wegen der Haltung gegenüber der Sklaverei in mehrere Gruppen spaltete.

Der Methodistische Weltrat, der 1881 gegründet wurde, förderte Schritte zur Einheit hin und verbindet heute die 40 Mio. Methodisten der Welt.

Metternich, Klemens Wenzel Fürst von (1773–1859), österreichischer Staatsmann, der über 30 Jahre lang der mächtigste konservative Politiker Europas war. Als österreichischer Botschafter in Paris gewann Metternich 1806 das Wohlwollen NAPOLEONS I. und war an allen wichtigen Verhandlungen mit ihm beteiligt. 1809 kehrte Metternich nach Wien zurück, um österreichischer Außenminister zu werden, und arrangierte Napoleons Heirat mit der Kaisertochter Marie Louise. Metternich beherrschte den WIENER KONGRESS 1814/15, der nach Napoleons Niederlage in der Völkerschlacht bei Leipzig einberufen worden war, wo er sich für den DEUTSCHEN BUND einsetzte – nicht jedoch für einen deutschen Bundesstaat, in dem er ein mögliches Übergewicht Preußens fürchtete.

Von 1815 an war Metternich die stärkste Stimme der Reaktion in Europa. Er leitete das Metternich'sche System ein, das auf Diplomatie und Zusammenarbeit zwischen den Großmächten sowie der Unterdrückung liberaler und revolutionärer Bewegungen fußte. Für seine Ansichten gewann er starke Unterstützung bei anderen konservativen Regierungen. Als österreichischer Hof- und Staatskanzler, 1821–48, setzte er seine Politik in Österreich in die Praxis um, wo er nicht zögerte, gewaltsam gegen liberale politische Elemente vorzugehen, und ermunterte andere Regierungen, seinem Beispiel zu folgen. Das Metternich'sche System schuf Stabilität in Europa, führte aber zu Spannungen, die in der liberalen MÄRZREVOLUTION von 1848 Ausdruck fanden.

Mexiko, Staat in Mittelamerika. Vor der Ankunft der spanischen Konquistadoren im frühen 16. Jh. herrschten in Mexiko die INDIANISCHEN HOCHKULTUREN der Maya um 300–900, der TOLTEKEN 900–1200 und der Azteken 1200–1519. Hernán CORTÉS begann 1519 die Eroberung, indem er den Aztekenherrscher MONTEZUMA II. stürzte. 1535 wurde das Gebiet zum Vizekönigreich Neu-Spanien unter Antonio de Mendoza erhoben. Spanien führte den MERKANTILISMUS ein, der im 16. Jh.–18. Jh. Manufakturen verbot, damit die Kolonie arm blieb. Die Unzufriedenheit wuchs, und nachdem der französische Kaiser NAPOLEON I. 1808 Spanien eroberte, brach in Neu-Spanien 1810 die Revolution aus. Sie wurde zwar nieder-

Der mexikanische Rebellenführer Francisco Villa 1915 (dritter von rechts) im Kreis seiner Kampfgenossen

geschlagen, aber nachdem 1820 in Spanien eine liberale Regierung an die Macht gekommen war, erlangte Mexiko im folgenden Jahr die Unabhängigkeit. 1823 wurde Mexiko Republik und ein Jahr später Guadalupe Victoria ihr erster Präsident.

1845 löste die Annexion von Texas durch Amerika den Mexikanischen Krieg aus. Der Friede von Guadalupe Hidalgo 1848 bestätigte den amerikanischen Anspruch auf Texas, und für 15 Mio. Dollar verzichtete Mexiko auf zwei Fünftel seiner Fläche, ein Gebiet, das New Mexico, Arizona und Kalifornien umfasste. Nach dem Krieg errichtete Präsident Santa Ana eine Diktatur, die 1855 durch eine liberale Revolution gestürzt wurde. Konservativer Widerstand gegen die Verfassung von 1857 führte zum Bürgerkrieg 1858–61, der das Land ruinierte. Drei Jahre später setzte der französische Kaiser Napoleon III. den österreichischen Erzherzog MAXIMILIAN als mexikanischen Kaiser ein. Das Kaiserreich brach zusammen, als Frankreich 1867 seine Truppen zurückzog und die Liberalen unter Präsident Benito JUÁREZ wieder an die Macht kamen.

1876 führte Porfirio DÍAZ einen bewaffneten Aufstand gegen Juárez' Nachfolger Lerdo de Tejada an und blieb dann fast ohne Unterbrechung bis 1911 als Präsident an der Macht. Díaz' autoritäres Regime begünstigte Mexikos Elite und versäumte es, die Mittelschicht oder Arbeitergruppen an der nationalen Politik zu beteiligen. Die mexikanische Revolution begann 1910, als Francisco Madero, der Führer der Bewegung gegen die Wiederwahl, mit einem bewaffneten Aufstand drohte. Díaz trat im Mai 1911 zurück und Madero wurde zum Präsidenten gewählt. Bei einem Putsch des Generals Victoriano Huerta 1913 wurde Madero ermordet. Huerta hielt sich nur kurz. Binnen zwei Jahren hatte eine Koalition der revolutionären Kräfte unter Emiliano ZAPATA, Francisco Villa, Venustiano Carranza und Alvaro Obregón seine Regierung gestürzt.

Politische Differenzen spalteten die revolutionären Kräfte in Konstitutionalisten, die die Verfassung von 1857 zu reformieren suchten, und in eine von Zapata und Villa geführte Gruppe, die die radikalen Vorschläge der Konferenz von Aguascalientes von 1914 verwirklichen wollte. Im folgenden Bürgerkrieg gewannen Carranzas konstitutionalistische Truppen die Oberhand.

Im Februar 1917 verkündete er eine reformierte Verfassung. Diese wurde jedoch weitgehend ignoriert, Carranza 1920 ermordet. 1928 erhoben sich christliche Bauern gegen den „gottlosen" Staat und wurden erst 1930 geschlagen. Über weitere zehn Jahre kam es immer wieder zu bewaffneten Konflikten, bis die Wahl von Präsident Manuel Avila Camacho eine Versöhnung einleitete.

Während des Zweiten Weltkriegs kämpfte Mexiko seit 1942 auf der Seite der Alliierten. Die Industrialisierung machte in den Nachkriegsjahren schnelle Fortschritte, bis in den 80er-Jahren der Wert der Ölreserven Mexikos – und der Welt – sank. Arbeitslosigkeit und Inflation waren die Folgen. 1993 schloss sich Mexiko mit Kanada und den USA im Nordatlantischen Freihandelsabkommen, Nafta, zusammen. 1994 rebellierte die Zapatistische Nationale Befreiungsarmee im Bundesstaat Chiapas und erreichte im September 1995 eine Friedensvereinbarung mit der Regierung des Präsidenten Ernesto Zedillo.

Michelangelo Buonarroti (1475–1564),

italienischer Maler, Bildhauer, Architekt und Dichter, der als einer der bedeutendsten Künstler der RENAISSANCE und als Wegbereiter des BAROCK gilt. In einer verarmten toskanischen Familie geboren, wurde Michelangelo von einem Steinmetzen aufgezogen, der ihn zu dem Florentiner Maler Domenico Ghirlandaio in die Lehre gab. In Florenz fiel seine Arbeit dem heimischen Fürsten Lorenzo de' MEDICI auf, der sein Gönner wurde. Nach Lorenzos Tod verbrachte Michelangelo drei Jahre in Bologna, wo Kardinal San Giorgio seine Skulptur *Cupido* erwarb. Der Kardinal berief ihn dann nach Rom, wo er die *Pietà* in der Peterskirche schuf. 1501 nach Florenz zurückgekehrt, begann Michelangelo mit der Arbeit an der aus nur einem einzigen Marmorblock gefertigten Monumentalstatue *David,* die drei Jahre später fertig war. 1505 erneut nach Rom gerufen, übernahm er zwei große Aufträge – ein Grabmal für Papst JULIUS II., von dem nur die Skulptur des *Moses* vollendet wurde, und die Ausmalung der Decke der Sixtinischen Kapelle im Vatikan. In den Jahren 1536–41 malte er *Das Jüngste Gericht* in der Sixtinischen Kapelle. Neben seinen Skulpturen war es dieses Werk, das Michelangelo zu einem der einflussreichsten Künstler seiner Zeit machte.

John Stuart Mill verdiente sich eine freundliche Karikatur in *Vanity Fair*.

Mickiewicz, Adam (1798–1855), polnischer Dichter, dessen Poesie eine Welle nationaler Romantik auslöste. 1824 wurde Mickiewicz wegen nationalistischer Umtriebe verhaftet und nach Russland deportiert, wo er 1828 ein episches Gedicht patriotischer Rache, *Konrad Wallenrod,* und das Versdrama *Totenfeier* schrieb. Als das Gedicht von Russlands Zensoren verboten wurde, floh Mickiewicz nach Frankreich und reiste durch Europa. 1834 veröffentlichte er *Pan Tadeusz,* das ein heiteres Bild des polnischen Adels zeichnet. Während der Revolution von 1848 organisierte er Legionen für die polnische Selbstständigkeit. Er starb 1855 in KONSTANTINOPEL, als er eine Truppe zum Kampf gegen Russland aufstellte.

Miliz, im Gegensatz zum stehenden Heer nicht ständig unterhaltene Truppe aus Bürgern, die zur örtlichen Verteidigung im Notfall eingezogen werden. Im mittelalterlichen England wurden die Männer im Allgemeinen gewaltsam unter der Aufsicht des örtlichen SHERIFFS für die Miliz rekrutiert. Im Streit zwischen König KARL I. und dem Parlament um die Kontrolle über die Miliz setzte sich nur vorübergehend das Parlament durch. Die Miliz bestand bis 1907, als sie in *Special Reserve* umbenannt wurde. Im kolonialen Amerika war die Miliz die einzige Form der Verteidigung, und als so genannte *minutemen* spielte sie eine wichtige Rolle im AMERIKANISCHEN UNABHÄNGIGKEITSKRIEG. Später entwickelten sich diese Milizen zur National Guard, die von der amerikanischen Regierung beaufsichtigt, bewaffnet und bezahlt wird. Im 20. Jh. bezeichnet man als Miliz meist besondere Polizei- oder paramilitärische Sondereinheiten.

Mill, John Stuart (1806–73), englischer Philosoph und Volkswirt, der für persönliche Freiheiten und Frauenrechte eintrat. Von klein auf war Mill dem strengen Erziehungssystem seines Vaters James unterworfen, einem schottischen Philosophen und Vertreter des UTILITARISMUS. 1859 schrieb er *Über die Freiheit,* worin er begründete, dass die persönliche Freiheit vor Eingriffen des Staates geschützt werden sollte. Er entwickelte Jeremy BENTHAMS Philosophie des Utilitarismus weiter, wonach der moralische Wert einer Handlung an ihren Folgen zu messen sei, und brachte 1863 ein Buch unter dem Titel *Utilitarismus* heraus. Mill schlug vor, Benthams Lehre vom größten Glück der größten Zahl durch die Gesetzgebung zu befolgen. Sein progressives und einflussreiches Buch *Die Unterwerfung der Frauen* setzte sich für die Emanzipation und Gleichbehandlung der Frauen ein.

Ming (1368–1644), letzte Dynastie einheimischer chinesischer Herrscher, gegründet von Zhu Yüan-zhang, nachdem seine Armeen die mongolische YÜAN-Dynastie aus Beijing vertrieben hatten. Durch eine Hungersnot zur Waise geworden, wurde Zhu buddhistischer Novize. Er lebte als Bettler, bis er sich einem Aufstand gegen den Yüan-Kaiser anschloss und die Rebellen gegen Beijing führte. Unter dem Namen Hong Wu 1368 zum Kaiser gekrönt, schaffte er das Amt des Ersten Ministers ab, um seine eigene autokratische Macht zu stärken. Er schuf eine starke zentrale Verwaltung, bevor er seine Truppen in die Mongolei führte und die Yünnan unter die Herrschaft der Ming brachte. Vor seinem Tod 1398 hatte Zhu fast ganz Zentralchina geeint und Korea zur Tributzahlung gezwungen.

Unter der Herrschaft von Yung-los 1403–24 wurde die CHINESISCHE MAUER gründlich erneuert. Danach störten nur Einfälle der Mongolen und das Treiben chinesischer und japanischer Piraten 150 Jahre des Friedens. Die Ernennung von Provinzgouverneuren verbesserte die Verwaltung, und große öffentliche Bauten wurden ausgeführt – z. B. der Himmelstempel und die VERBOTENE STADT in Beijing. Ab 1517 erschienen europäische Händler und Missio-

> **WUSSTEN SIE, DASS?**
>
> *Der erste Ming-Kaiser Hong Wu lebte als buddhistischer Bettelmönch, bevor er sich einem Aufstand gegen die Yüan-Dynastie anschloss, nach deren Sturz er selbst Kaiser wurde.*

Ming-Schale aus der Chenghua-Periode des 15. Jh., die mit einem blauen Pflanzenmuster auf feinem weißem Porzellangrund verziert ist.

nare an der Küste. Die Portugiesen erhielten die Erlaubnis, sich in MACAO niederzulassen, Jesuiten durften Beijing betreten. Obwohl die Ming-Kaiser erfolgreich einer japanischen Invasion Koreas 1592 widerstanden und einem Einfall in China vorbeugten, destabilisierten diese Zusammenstöße das Land. Im 17. Jh. griffen die MANDSCHU Beijing an, in den Provinzen grassierte das Banditentum, und die Staatsverwaltung geriet in Unordnung. Die Bevölkerung wuchs schneller als die landwirtschaftliche Produktion, Hungersnöte schufen ein Klima der Rebellion. Ein Aufstand, der in der Provinz Shaanxi begann und von dem Banditen Li Zicheng angeführt wurde, kostete rund 1 Mio. Menschenleben. 1644 besetzte Li Beijing, und der letzte Ming-Kaiser erhängte sich. Es folgte die QING-Dynastie der Mandschu.

Minoische Kultur, nach dem sagenhaften König Minos benannte bronzezeitliche Kultur, die sich seit 3000 v. Chr. im mittleren KRETA entwickelte. Neben der Hauptstadt KNOSSOS gab es andere Zentren wie Phaistos, Mallia und Gournia. Obwohl nicht klar ist, ob die Minoer Einwanderer aus Kleinasien oder die Nachfolger eines einheimischen jungsteinzeitlichen Volkes waren, weisen archäologische Zeugnisse auf frühe Handelskontakte mit ÄGYPTEN und, nach 2200 v. Chr., auf Handel im ganzen Mittelmeer hin, als minoische Langschiffe die Herrschaft über die Ägäis gewannen. Die Stärke auf See verbunden mit der Insellage machte Verteidigungsanlagen überflüssig, die Kette der Paläste und Städte blieb unbefestigt.

Mehrere Städte außer Knossos, darunter Phaistos und Mallia, besaßen luxuriöse Paläste. Nach komplizierten Bauplänen waren sie meist um einen großen Hof angelegt, mit vielen Treppen, kleineren Höfen und Tempeln. Prächtige Fresken schmückten die Wände und die meisten wichtigeren Gebäude waren mit heiligen Hörnern verziert, die sich auf einen verbreiteten Stierkult bezogen. Die minoische Kultur erlebte ihre Blüte 2200–1450 v. Chr., ein Zeitraum, in dem die künstlerischen Leistungen in Töpferei, Metallbearbeitung, Steinschneidekunst und Wandmalerei ihren Höhepunkt erreichten. Die frühen Minoer entwickelten eine Form der Bilderschrift auf Tontäfelchen; weder diese noch die als Linear A bezeichnete Schrift – die um 1800 v. Chr. die Piktogramme ablöste und vermutlich von einer hoch entwickelten Palastbeamtenschaft verwendet wurde – ist bisher entziffert worden.

Um 1700 v. Chr. wurden Knossos und Phaistos zerstört – vermutlich durch Erdbeben –, später aber wieder aufgebaut. Binnen

eines Jahrhunderts erlitt Knossos eine weitere und endgültige Zerstörung, als Kreta anscheinend eine Invasion erlebte, wahrscheinlich von einer MYKENISCHEN Armee vom griechischen Festland.

Mirabeau, Honoré Gabriel du Riqueti, Graf von (1749–91), französischer Revolutionär, der versuchte, in Frankreich eine konstitutionelle Monarchie nach englischem Vorbild einzurichten. Mirabeau führte in seinen jungen Jahren ein ausschweifendes Leben. Während der 80er-Jahre des 18. Jh. schrieb er mehrere politische Pamphlete, die ihm Gefängnisstrafen und 1784 ein kurzes Exil in England einbrachten. Als 1789 die französischen Generalstände einberufen wurden, wurde Mirabeau nicht als Adliger gewählt, sondern als Abgeordneter des dritten Standes bzw. Bürgerstands. Er führte den Protest an, als LUDWIG XVI. bei der Sitzung im Juni den Ballhausschwur der Abgeordneten missachtete, mit dem sie eine Nationalversammlung begründet hatten und behaupteten, die einzigen wirklichen Vertreter des Volkes zu sein. Als der französische König den Abgeordneten befahl, getrennt von Adel und Geistlichkeit zu debattieren, erklärte Mirabeau: „Nur unter der Gewalt der Bajonette werden wir unsere Plätze räumen!" Obwohl Mirabeau lange die französische Politik dominierte, gelang es ihm nicht, den König zu überzeugen, eine konstitutionelle Monarchie zu errichten. Durch seinen plötzlichen Tod gewannen radikale revolutionäre Kräfte schnell an Einfluss.

Missionare, Versuche von Angehörigen bestimmter Gruppen, ihren Glauben unter Völkern anderer Religionen oder Kulturen zu verbreiten, gehen auf die Ausbreitung des

Eine minoische Wandmalerei aus Knossos zeigt zwei Mädchen und einen Jüngling beim Salto über einen Stier. Der Stier wurde im alten Kreta verehrt, und sein Kult liegt wohl der Sage des Minotaurus zugrunde – ein Geschöpf, das halb Mensch, halb Stier ist.

Mirabeau, auf dem Podium, blickt auf Dreux-Brézé, dessen roter Rock ihn als einen Abgesandten König Ludwigs XVI. ausweist. Mirabeau weigerte sich, die Nationalversammlung aufzulösen.

Christentums in Europa durch Missionare wie PAULUS und AUGUSTINUS zurück. Europäern, die im 16. Jh. den Fernen Osten erreichten, folgten Missionare. Um 1601 hatte Matteo Ricci eine Missionsstation der JESUITEN in Beijing gegründet.

Die evangelikalen Bewegungen in der protestantischen Kirche Anfang des 19. Jh. weckten einen neuen missionarischen Geist in Europa und den USA. Einheimische Völker in den britischen, deutschen und französischen Kolonien waren die ersten Ziele des missionarischen Eifers, während in den USA gegründete Missionsgesellschaften ihren Glauben zu INDIANERN, Afroamerikanern und INUIT trugen. In Indien, Afrika, China und der Südsee sorgten Missionare für medizinische Betreuung und Schulerziehung, erforschten oft neue Gebiete, um Menschen anderer Religionen zur Annahme ihres Glaubens zu bewegen, zerstörten aber auch einheimische Kulturen. Auch Anhänger nicht christlicher Religionen, z. B. des ISLAM oder BUDDHISMUS, versuchen, durch missionarische Tätigkeit ihren Glauben zu verbreiten.

Mithras, persischer Gott des Lichtes, der Weisheit und des Rechts, zentrale Gestalt einer Religion, die Mut und Stärke betonte und eine große Gefolgschaft im RÖMISCHEN REICH hatte, besonders unter den Soldaten in den Grenzprovinzen des Reiches. Im 2. Jh. blühte der Kult in Britannien, an Rhein und Donau. Zum römischen Kult gehörten Rituale in unterirdischen Heiligtümern, die der Skulptur von Mithras, der einen heiligen Stier tötet, geweiht waren. Dort unterzogen sich Neuaufgenommene Prüfungen, um ihre Mannhaftigkeit zu beweisen. Im späten 3. Jh. unterlag der Kult dem Christentum.

Mithridates VI. Eupator (um 130 bis 63 v. Chr.) König von PONTOS in Kleinasien, der Roms größter Rivale im Osten wurde, nachdem er die Nordküste des Schwarzen Meeres unter seine Herrschaft gebracht und sein Reich in Kleinasien ausgedehnt hatte. 88 v. Chr. rückte Mithridates VI. in das römische Asia ein und weiter nach GRIECHENLAND vor. Aber sein Heer wurde 85 v. Chr. bei Chaironeia geschlagen. So schloss er mit dem römischen General Lucius Cornelius SULLA Frieden. Zwei weitere Kriege gegen die Römer folgten, bis er 66 v. Chr. von Gnaeus Magnus POMPEIUS endgültig geschlagen wurde. Als es ihm nach drei Jahren nicht gelang, seine Macht auf der Krim neu zu begründen, befahl er einem Leibwächter, ihn zu töten.

Mittelalter, Abschnitt der europäischen Geschichte 700–1500, der durch die Entwicklung von Formen zentralisierter Regierung und einen Aufschwung der Bildung und der Künste gekennzeichnet ist. Nach dem Niedergang Roms erlebte Europa ab dem 4. Jh. die Wirren der VÖLKERWANDERUNG, als germanische Völker durch den Kontinent zogen. Allmählich bildeten sich selbstständige Reiche, die weiten Teilen Europas eine geordnetere Herrschaft brachten und mehr als zwei Jahrhunderte Anarchie beendeten. Die Krönung KARLS DES GROSSEN zum römischen Kaiser im Jahr 800 beschloss nicht nur diese unruhige Zeit, sondern bezeichnet auch eine Wiederbelebung der Kultur und Bildung Mitteleuropas.

England erlebte unter der Herrschaft ALFREDS DES GROSSEN im 9. Jh. eine ähnliche Blüte der Gelehrsamkeit. Selbst die kriegerischen Einfälle der WIKINGER im 9./10. Jh.

und die vereinzelten Konflikte des 11. Jh. hielten die Entwicklung nicht auf, da die Nachkommen der Eindringlinge allmählich in der einheimischen Bevölkerung aufgingen.

Der Aufstieg des Papsttums im 12. und 13. Jh. forderte weltliche Herrscher heraus, die zunehmend mit einer Reihe von Päpsten über ihre jeweiligen Zuständigkeitsbereiche in Konflikt gerieten. Aber während Kriege diese Zeit beherrschten, förderte die Gründung neuer Mönchsorden die Gelehrsamkeit. Die Kunst und Architektur der GOTIK fanden ihren schönsten Ausdruck in den Kathedralen, die seit dem 12. Jh. gebaut wurden. Obwohl Kriege tobten und das Lehenswesen nur die grundbesitzende Aristokratie begünstigte – ein System, das später als FEUDALISMUS bezeichnet wurde –, erweiterte sich der Handelsverkehr, wurden Universitäten gegründet und blühte die Philosophie, wie sie es seit der römischen Antike nicht mehr erlebt hatte. Die Vielfalt der Ideen ließ KETZEREIEN entstehen, brachte aber auch die religiöse Begeisterung hervor, die sich in der Beliebtheit von Pilgerfahrten und KREUZZÜGEN zeigte, bei denen tausende christlicher Ritter nach Palästina zogen, um Jerusalem zurückzuerobern und Moslems oder Juden zu töten oder zu bekehren. Die spätere Hälfte des Mittelalters war auch von sozialer und wirtschaftlicher Unruhe ge-

Die Holzskulptur von 1881 zeigt eine Missionarin, die im Spiel mit nigerianischen Kindern eine Kürbisflasche und einen Becher hoch hält.

prägt, als durch die Auswirkungen des SCHWARZEN TODES und des HUNDERTJÄHRIGEN KRIEGES 1337–1453 zwischen Frankreich und England die Bevölkerung der Staaten Europas stark zurückging. Der Beginn der RENAISSANCE mit ihrer bewussten Wiederbelebung der Werte und Stile der Antike beendete das Mittelalter.

Mittelsteinzeit, Übergangszeit zwischen ALTSTEINZEIT und JUNGSTEINZEIT, die vor rund 10 000 Jahren begann. Die Menschen der Mittelsteinzeit waren die Jäger und Sammler Westeuropas, deren Kultur sich entfaltete, als das Klima nach dem Ende der letzten EISZEIT wärmer wurde. Ihre Gesellschaften bestanden im Nordwesten bis etwa 3000 v. Chr., während weiter östlich bereits jungsteinzeitliche, Ackerbau betreibende Gruppen existierten.

Mitterrand, François (1916–96), sozialistischer Präsident Frankreichs 1981–95. Wenngleich Mitterrands politische Gegner ihm in späteren Jahren unterstellten, er habe während des Zweiten Weltkriegs mit der VICHY-REGIERUNG kollaboriert, war es doch seine Rolle als ein Führer der französischen Widerstandsbewegung, die ihm 1946 die Wahl als Abgeordneter der französischen Nationalversammlung sicherte. Er hatte Ämter in allen Regierungen der Vierten Republik 1946–58 inne. 1965 versuchte er, die linken Parteien in einer Koalition zu einen, und gründete die Föderation der demokratischen und sozialistischen Linken.

Obwohl er bei den Präsidentschaftswahlen im selben Jahr 7 Mio. Wählerstimmen auf sich vereinen konnte, gelang es Mitterrand nicht, General Charles de GAULLE aus dem Amt zu drängen. 1974 unterlag er Giscard d'Estaing. 1981 endlich zum Präsidenten von Frankreich gewählt, führten seine Maßnahmen, die Grundlöhne anzuheben, die Sozialleistungen zu erhöhen und Schlüsselindustrien zu verstaatlichen, zu mehreren Wirtschaftskrisen. Dennoch wurde er 1988 wieder gewählt.

Mitterrand war ein entschiedener Befürworter engerer politischer und finanzieller Bindungen innerhalb der EUROPÄISCHEN UNION und führte Frankreich in einem Referendum von 1992 über den Vertrag von MAASTRICHT zielstrebig auf diesen Weg. Die letzten Jahre seiner Präsidentschaft, in denen er mit einer rechten Regierung zusammenarbeiten musste, waren von Krankheit bestimmt. 1995 stellte er sich nicht mehr zur Wiederwahl. Sein Nachfolger wurde der konservative Jacques Chirac.

Mobutu Sese-Seko (1930–98), afrikanischer Soldat und Politiker, der 1965 das Amt des Präsidenten von ZAIRE an sich riss und für die nächsten drei Jahrzehnte an der

Eine teilweise bemalte goldene Maske der Mochica erhält durch zwei Muschelschalen als Augen einen hypnotischen Ausdruck.

Macht blieb. Als Vertreter der Force Publique, der Kolonialarmee von Belgisch-Kongo, nahm Mobutu 1960 an einer Konferenz in Brüssel über die Unabhängigkeit seines Landes teil. Nach der Unabhängigkeit Kongos ein Jahr später stürzte das Land in einen Bürgerkrieg. Mobutu, nun Generalstabschef, versuchte den Krieg zu beenden, indem er 1965 mit einem Putsch die Präsidentschaft an sich riss. Er regierte autoritär, gleichzeitig förderte er die Ausbeutung der Bodenschätze durch ausländische Firmen, um wirtschaftliche Stabilität zu erreichen. 1971 änderte er im Zug einer Politik der Afrikanisierung den Landesnamen in Republik Zaire.

Mobutu überstand die Invasionen von Rebellen aus Angola 1977/78, doch seine Popularität ließ nach. Im Mai 1990 kündigte er politische Reformen an, die das Einparteiensystem beenden sollten; aber vor dem Hintergrund von Unruhen im Dezember 1991 verschob Mobutu neue Präsidentschaftswahlen. 1994 billigte er eine Übergangsverfassung, die die Macht des Präsidenten beschränken und demokratische Reformen durchführen sollte.

Moçambique, Staat in Südostafrika. 1498 besuchte der portugiesische Entdecker Vasco da GAMA den Landstrich. 1505 setzten sich die Portugiesen in dem arabischen Hafen Sofala nahe dem heutigen Beira fest. Weitere Siedlungen und Handelsposten wurden im 16./17. Jh. gegründet. 1752 gaben die Portugiesen Moçambique, das bis dahin von GOA aus regiert worden war, eine eigene Verwaltung. Ab Mitte des 18. Jh. wurden viele Afrikaner als SKLAVEN exportiert, vor allem nach Brasilien und auf die Maskarenen.

In den 90er-Jahren des 19. Jh. wurde Widerstand gegen die Kolonialmacht unterdrückt, und erst 1964, als eine marxistische Guerillagruppe den FRELIMO-KRIEG be-

gann, wurde Portugals Herrschaft ernsthaft infrage gestellt. Nach dem Militärputsch in Portugal 1974 handelte man mit dem Rebellenführer Samora Machel einen Waffenstillstand aus. 1975 wurde Moçambique eine unabhängige marxistische Volksrepublik.

Machels Unterstützung für Guerillas, die gegen die weiße Minderheitsregierung in Rhodesien, heute SIMBABWE, kämpften, führte zu einer rhodesischen Invasion 1979 sowie zu südafrikanischer Hilfe für die Renamo, der Nationalen Widerstandsbewegung Moçambiques, die gegen die Frelimo kämpfte. 1984 schlossen Moçambique und Südafrika einen Nichtangriffspakt, und 1986 stimmte Machels Nachfolger, Joaquim Chissano, Verhandlungen mit der Renamo zu. 1992 beendete ein Friedensvertrag den Bürgerkrieg, der zusammen mit einer großen Dürre Moçambique zu einem der ärmsten Länder der Welt gemacht hatte. Die ersten Mehrparteienwahlen 1994 gewann die Frelimo mit Chissano als Staatspräsident.

Mochica, Volk, das etwa von 400 v. Chr. bis 600 n. Chr. vor den Inka Träger einer blühenden Kultur in der nördlichen Küstenregion PERUS war. Archäologen haben die Reste einer dicht besiedelten Stätte ausgegraben, möglicherweise eine Stadt und ein Kultzentrum. Beherrscht wird sie von zwei pyramidenförmigen Bauten aus Lehmziegeln, die als Sonnen- und Mondtempel bezeichnet werden. Während der 41 m hohe Sonnentempel wahrscheinlich als Tempel benutzt wurde, hält man den Mondtempel für einen Palast. Einige der schönsten präkolumbianischen Skulpturen sind hier gefunden worden, außerdem Goldschmuck und Vasen in Form realistisch gestalteter Menschen- und Tierköpfe sowie elegante Keramik. Die Mochica hatten auch ein hoch entwickeltes Bewässerungssystem mit bis zu 120 km langen Kanälen.

Mogadischu, ostafrikanische Stadt, die im 10.–16. Jh. ein Handelshafen für Gold und Sklaven war. Im 10. Jh. gründeten persische und arabische Kaufleute eine Siedlung in Mogadischu. Sie entwickelte sich zu einem wichtigen Hafen und wurde um 1432 von dem chinesischen Admiral Zheng He besucht. Im 16. Jh. eroberten die Portugiesen Mogadischu. Die Stadt wurde 1871 vom Sultan von Sansibar eingenommen, 1905 an Italien verkauft und 1941 während des Zweiten Weltkriegs von den Briten besetzt. Sie wurde die Hauptstadt SOMALIAS, als dieses 1960 unabhängig wurde.

Mogul, moslemische Dynastie teils mongolischer, teils türkischer Abstammung, die 1526 in INDIEN eindrang, die Herrschaft über den Subkontinent gewann und bis ins frühe 19. Jh. regierte. Auf den ersten Mogul-

Prophet des Islam

Mohammed gründete um 600 die Religion des Islam, nachdem

Allah in mehreren Visionen zu ihm gesprochen hatte.

Mohammed wurde um 570 in Mekka im westlichen Arabien geboren. Mekka war sowohl ein Knotenpunkt des Karawanenhandels als auch die Stätte eines heidnischen Heiligtums, das sich um einen schwarzen Meteoriten entwickelt hatte. Mohammed gehörte dem Stamm der Koraisch an, der die Kontrolle über das Heiligtum hatte und weitgehend den Handel der Stadt organisierte. Obwohl er dieser Elite angehörte, war er nicht reich. Er wurde Kaufmann und arbeitete für eine reiche Frau, Chadidja, die er heiratete. In ihrem Auftrag soll er nach Syrien bereist haben, wo er christliche Mönche traf, die sein Interesse an Religion weckten.

Um 600 begann Mohammed, sich mit geistigen Fragen zu beschäftigen. Er empfing Visionen, in denen Allah durch den Engel Gabriel zu ihm sprach. Der Engel offenbarte, dass es nur einen Gott gebe, Allah, den alle Menschen verehren sollten – im Unterschied zu den zahlreichen Göttern, die in Mekka angebetet wurden –, und dass alle Reichen großzügig zu den Armen sein sollten, denn nach dem Tod würden alle Seelen gerichtet werden, wonach die Rechtschaffenen in den Himmel

Der Name des Propheten Mohammed (links) in Kalligraphie und die Große Moschee in Medina, die sein Grab birgt (oben)

kämen, die Bösen in die Hölle. Mohammed sollte der Verkünder dieser neuen Religion sein.

Seine Botschaft zog eine Reihe Konvertiten an, darunter seine Frau, seinen Vetter Ali sowie Abu Bekr und Omar, die nach Mohammeds Tod die ersten Kalifen – Herrscher des Islam – werden sollten. Sein Angriff auf die traditionelle Religion machte ihm Feinde. Im Jahr 622 war er gezwungen, Mekka mit seinen Anhän-

gern zu verlassen und in die bäuerliche Siedlung Medina zu ziehen. Diese Wanderung oder Hedjra markiert den Beginn der moslemischen Zeitrechnung. Medina hatte lange unter Stammesfehden gelitten. Mohammed wurde aufgefordert, als Schiedsrichter zu wirken. Schon bald übernahm er die Leitung der Gemeinde, und während der nächsten acht Jahre führten die Moslems von Medina Krieg gegen Mekka. Im Jahr 630 einigte man sich: Die Einwohner Mekkas ließen gelten, dass Allah der einzige Gott und Mohammed sein Prophet sei; Mohammed akzeptierte das Heiligtum von Mekka als Mittelpunkt moslemischer Verehrung und als Wallfahrtsort.

Binnen zehn Jahren hatte Mohammed eine neue Religion und einen neuen Staat gegründet. Die Offenbarungen von Allah wurden im Koran gesammelt. Sein Haus wurde die erste Moschee und er legte die Grundzüge des moslemischen Gottesdienstes und Gesetzes fest.

Mohammed starb 632 und hinterließ die Tochter Fatima, aber keinen allgemein anerkannten Nachfolger. So waren es seine Anhänger, die unter Führung von Abu Bekr und Omar die neue Religion konsolidierten und die arabischen Eroberungen einleiteten, die den neuen Glauben bis nach Spanien und Indien tragen sollten.

---

kaiser folgten u. a. AKBAR, JAHANGIR und Shah Jahan, dessen TAJ MAHAL, die Grabstätte für ihn und seine Lieblingsfrau, ein Meisterwerk der Mogularchitektur ist. Die ursprünglich Persisch sprechenden Moguln errichteten nicht nur eine effiziente Verwaltung, sondern förderten auch religiöse Harmonie durch eine versöhnliche Haltung gegenüber ihren zahlreicheren hinduistischen Untertanen. Die Einführung persischer künstlerischer Stile führte zu einer eigenständigen indisch-moslemischen Architektur und Miniaturmalerei, die an den Grabmälern und Palästen in DELHI und Agra noch zu sehen ist.

Während des 18. Jh. erhoben sich die Hindu gegen ihre moslemischen Herrscher, und britische und französische Armeen kämpften um die Macht in Indien. Außerdem schwächten Rivalitäten am Mogulhof die Zentralgewalt, sodass Provinzgouverneure die lokale Macht an sich reißen konnten. 1803, als Delhi an die OSTINDISCHE KOMPANIE fiel, hatten die Moguln ihre

Macht weitgehend verloren. Zwar blieben sie noch ein halbes Jahrhundert lang Titularkaiser in Delhi, hingen aber vom Wohlwollen der Briten ab. Im Jahr 1857 wurde der letzte Mogulkaiser verbannt und sein Titel abgeschafft.

Der Schah von Iran, Mohammed Resa, und seine dritte Frau während ihrer Krönungszeremonie 1967.

Mohács, ungarischer Hafen an der Donau, Stätte zweier wichtiger Schlachten zwischen europäischen Mächten und dem OSMANISCHEN REICH. 1526 führte Ludwig II. von Ungarn und Böhmen 28 000 Mann in die Schlacht gegen die 200 000 Mann starke Armee Sultan SÜLEIMANS I. DES PRÄCHTIGEN und wurde entscheidend geschlagen. Die Folge war, dass die Osmanen den größten Teil Ungarns einnehmen konnten und das Land während der nächsten 150 Jahre beherrschten. In einer zweiten Schlacht bei Mohács 1687 schlug eine Armee unter Karl von Lothringen die Osmanen und stoppte so weitere türkische Eroberungszüge in Europa.

Mohammed siehe oben

Mohammed Resa (1919–80), Schah von Iran 1941–79, aus dem Haus Pahlewi. Mohammed bestieg den Thron, nachdem sein Vater RESA SCHAH von den Briten zur Abdankung gezwungen worden war. Er regierte autoritär, nachdem er 1953 seinen Ministerpräsidenten entlassen hatte, und inszenierte 1967 eine luxuriöse Krönungszeremonie für sich und seine dritte Frau.

Während der Schah seine politischen Gegner unterdrückte, verwendete er die wachsenden Öleinkünfte, um soziale Reformen und die wirtschaftliche Entwicklung zu finanzieren. Doch sein prowestliches Regime wurde von der schiitischen Geistlichkeit Irans erbittert bekämpft. Sie schürte jahrelang einen Volksaufstand, der ihn schließlich im Januar 1979 ins Exil trieb.

Mohenjo-Daro, alte Stadt der INDUS-KULTUR, die etwa 2500–1500 v. Chr. ihre Blütezeit erlebte. Nahe dem Westufer des Indus in der heutigen pakistanischen Provinz Sind gelegen, hat Mohenjo-Daro einen Umfang von rund 5 km und umfasst eine Bergzitadelle mit einer größeren Stadt, die in einem Gittermuster nach Osten hin angelegt ist. Die Gebäude, darunter ein großer Getreidespeicher und eine rechteckige Halle, die möglicherweise ein Tempel gewesen ist, sind ganz aus Ziegelstein gebaut.

Mohikaner, nordamerikanischer Indianerstamm, der zu der großen Irokesisch sprechenden Gruppe von Nationen gehört. Im Nordosten des heutigen Staates New York ansässig, spielten die Mohikaner im späten 16. Jh. eine wichtige Rolle bei der Gründung des IROKESEN-Bundes – einer Föderation von fünf, nach 1722 sechs Irokesennationen, die dem Verzicht auf Kannibalismus und der Förderung von Frieden, Wohlstand und staatlicher Autorität unter den Mitgliedern gewidmet war. Nach der Überlieferung war der Mohikanerhäuptling Hiawatha der Erste, der sich die Idee des Bundes zu Eigen machte, als sie von dem Propheten Dekanawida vorgeschlagen wurde.

Während des 17. Jh. trug der Bund dazu bei, die Überlegenheit seiner Mitglieder über andere Indianerstämme zu wahren, als zwischen ihnen Handelsrivalitäten aufkamen. Mit den Gewehren, die sie von holländischen und englischen Händlern erhalten hatten, konnten sie die benachbarten Algonkinvölker besiegen, und viele Mohikaner stellten sich auf die Seite der Briten in den Kriegen gegen die Franzosen. Sie unterstützten die Briten auch im AMERIKANISCHEN UNABHÄNGIGKEITSKRIEG, weshalb sie 1777 alle aus New York nach Kanada vertrieben wurden. Literarische Berühmtheit erlangten sie durch James Fenimore Coopers Roman *Der letzte Mohikaner*.

Molière (1622–73), Pseudonym des französischen Dichters, Schauspielers und Regisseurs Jean-Baptiste Poquelin, dessen Komödien und Gesellschaftssatiren großen Einfluss auf die Entwicklung des Theaters ausübten. Mit 21 Jahren gründete Molière

Szene aus *Der eingebildete Kranken* mit Molière (links im Stuhl) in der Hauptrolle

eine Schauspielertruppe, die er *L'Illustre Théâtre* nannte. Zunächst trat er mit einer Truppe in Paris auf, dann zog man 1645–58 durch die Provinzen. Er kehrte nach Paris zurück, um ein eigenes Theater zu gründen, und gewann Beifall als Schauspieler und Theaterleiter ebenso wie als Dramatiker, der einfache Possen und später kunstvolle Ballette inszenierte. Ab 1665 stand Molières Theater unter dem Schutz des Sonnenkönigs LUDWIG XIV.

Am bekanntesten ist Molière für seine Komödien der Sitten und Charaktere, in denen er Laster oder extreme Verhaltensweisen verspottet. *Der Menschenfeind* (1666) und *Der eingebildete Kranke* (1673), die den Geizkragen bzw. den Hypochonder auf die Bühne bringen, fanden großen Beifall. Sie werden wegen ihrer zeitlosen Aussage bis heute gern gespielt.

Aber Molière schockierte auch viele Menschen mit Stücken wie *Tartuffe* (1664), das sich mit religiöser Heuchelei befasst. Es wurde zunächst verboten, obwohl Molière behauptete, dass es weder echten Glauben noch die Moral angreife. Besonders mit diesem Stück beeinflusste Molière viele Theaterautoren bis in unser Jahrhundert hinein.

Molotow, Wjatscheslaw (1890–1986), sowjetischer Politiker, Berater sowohl von Wladimir Iljitsch LENIN als auch von Jossif STALIN. Er diente als Außenminister unter Stalin 1939–49 und 1953–56 unter Nikita CHRUSCHTSCHOW.

Als überzeugter Kommunist seit 1906 änderte er seinen Namen von Skrjabin in Molotow, der Hammer, um der zaristischen Polizei zu entgehen, wurde aber 1909 verhaftet und verbannt. 1911 kehrte er nach Moskau zurück und war Mitgründer der offiziellen kommunistischen Zeitung *Prawda,* deren Chefredakteur er im folgenden Jahr wurde.

Als die BOLSCHEWIKEN in der RUSSISCHEN REVOLUTION von 1917 an die Macht kamen, überwachte Molotow das Programm der Zwangsverstaatlichung. Später spielte er eine wichtige Rolle bei der Ausschaltung der Menschewiken und brachte 1926 die Opposition um SINOWJEW zum Schweigen. Als Außenminister unterzeichnete er 1939 den DEUTSCH-SOWJETISCHEN NICHTANGRIFFS-

PAKT und schloss zwei Jahre später, nach Hitlers Angriff auf die Sowjetunion, einen Vertrag mit Großbritannien ab. In der Anti-Hitler-Koalition vertrat er im Zweiten Weltkrieg die sowjetische Position.

Molotow war 1945 Stalins engster Berater bei den KONFERENZEN IN JALTA und POTSDAM, auf denen die sowjetischen Einflusssphären in Osteuropa festgelegt wurden. Nach Stalins Tod 1953 wurde Molotow wieder Außenminister und forcierte den KALTEN KRIEG. 1957 verlor er einen Machtkampf mit Chruschtschow und musste darauf hin alle Ämter niederlegen. Danach besetzte er mehrere unbedeutende Posten, u. a. den des Botschafters in der Mongolischen Volksrepublik 1957–60. Zwei Jahre vor seinem Tod wurde Molotow von der Kommunistischen Partei rehabilitiert.

Moltke, Helmuth Graf von (1800–91), preußischer Feldmarschall, einer der ersten europäischen Militärs, die die Möglichkeiten der EISENBAHNEN und der Telegrafie zur Kriegführung erkannten. Als preußischer Generalstabschef 1858–88 behauptete er, dass umfassende strategische Vorausplanung und der Einsatz aller technischen Möglichkeiten das Ergebnis einer kriegerischen Auseinandersetzung entscheidend beeinflussen. Er bewies die Richtigkeit seiner Ansicht in siegreichen Kriegen gegen Dänemark 1864, Österreich 1866 und Frankreich 1870/71.

Mommsen, Theodor (1817–1903), deutscher Historiker und Jurist. Der Sohn eines Pfarrers studierte 1838–43 in Kiel Jura und promovierte über römisches Recht. Während eines Studienaufenthalts in Italien interessierte er sich besonders für lateinische Inschriften. Im Revolutionsjahr 1848 wurde Mommsen, der an den Aufständen aktiv teilnahm, außerordentlicher Professor der Rechte in Leipzig. 1858 erhielt er einen Lehrstuhl für alte Geschichte in Berlin. Zweimal saß Mommsen, der sich politisch zur bürgerlichen Linken zählte, im preußischen Abgeordnetenhaus, 1881–84 war er Mitglied des Reichstags. Unter seinen mehr als 1600 Publikationen ragt die *Römische Geschichte*, von der vier Bände erschienen, heraus. 1902 erhielt er für dieses grundlegende Werk als erster Deutscher den NOBELPREIS für Literatur. Auch seine großen Werke über römisches Recht sind noch aktuell. Als Parlamentsabgeordneter kämpfte Mommsen für die finanzielle Förderung von Bibliotheken und Universitäten. Da er ein strenges Studium der Quellen forderte, gab er den Anstoß zu einer neuen Richtung der Geschichtsforschung.

Mongolenreich, Reich, das zu Beginn des 13. Jh. von DSCHINGIS KHAN gegründet wurde, dessen Heere einen großen Teil Asiens und Europas eroberten. Unter der Führung des Fürsten Temudschin wurden die lose verbundenen mongolischen Nomaden zu einer Furcht einflößenden Streitmacht vereint, Temudschin ließ sich 1206 durch eine Volksversammlung zum DSCHINGIS KHAN, zum Großkhan, ernennen. Seine Truppen stürmten westwärts durch Zentralasien nach Europa und südwärts nach China. Nach Dschingis Khans Tod 1227 wetteiferten seine vier Söhne um die Nachfolge, die 1229 an Ögädäi fiel. Er setzte die Eroberungspolitik seines Vaters fort und schlug die Polen, die Russen und die Ungarn. 1241 standen die Mongolen, die von Zeitgenossen auch TATAREN genannt wurden, vor Wien, als Ögädäi plötzlich starb. Seine Kommandanten zogen sich sofort in die Hauptstadt Karakorum zurück, um einen neuen Herrscher unter Dschingis Khans

Nachkommen zu wählen. Unter Möngke, einem Enkel Dschingis Khans, drangen die Mongolen nach MESOPOTAMIEN vor und plünderten 1258 Bagdad. Zwei Jahre später folgte auf Möngke dessen Bruder KUBILAI, unter dem das Mongolenreich seine größte Ausdehnung erlangte, als er die 65 Jahre zuvor von Dschingis Khan begonnene Eroberung Chinas vollendete. Kubilai verlegte die mongolische Hauptstadt von Karakorum nach Chanbalygh – dem heutigen Beijing. Von dort aus wurde es jedoch immer schwieriger, entlegene Teile des Reiches zu kontrollieren. Nach dem Tod Kubilais 1294 begann das Riesenreich zu zerfallen. Zu Beginn des 14. Jh. wurden die Provinzen oder Khanate völlig unabhängig. Bis 1368 waren die Mongolen von der einheimischen Dynastie der MING aus ganz China vertrieben. 1410 machte eine chinesische Armee Karakorum dem Erdboden gleich.

Monnet, Jean (1888–1979), französischer Volkswirtschaftler, einer der entschiedensten Fürsprecher der europäischen Einheit. 1947 stellte er den so genannten Monnetplan für die Wiederbelebung der französischen Nachkriegswirtschaft durch staatliche Planung und Hilfe auf. Monnet entwarf den Schumanplan und wurde 1952 der erste Präsident der daraus resultierenden MONTANUNION. Als Internationalist mit starkem Glauben an die europäische Vereinigung sah Monnet in der Montanunion den ersten Schritt zur vollen europäischen Union. 1955 gründete und leitete er das Aktionskomitee für die Vereinigten Staaten von Europa. Viele seiner Gedanken wurden übernommen, als 1957 durch die RÖMISCHEN VERTRÄGE die Europäische Wirtschaftsgemeinschaft geschaffen wurde.

Monroe, James (1758–1831), Präsident der USA 1817–25. Sein politisches Programm, nach dem jede europäische Einmischung in amerikanische Angelegenheiten als unfreundlicher Akt betrachtet werden würde – im Gegenzug würden sich die Amerikaner aus der europäischen Politik heraushalten –, wurde als Monroedoktrin be-

kannt, ein Eckpfeiler der Außenpolitik der USA im 19. Jh. Nach dem Kampf im AMERIKANISCHEN UNABHÄNGIGKEITSKRIEG trat Monroe als Senator 1790–94 in die Politik ein. Er hatte bescheidene Erfolge als Gesandter in Frankreich und Gouverneur von Virginia, aber seine eigentliche politische Karriere begann, als Thomas JEFFERSON Präsident wurde.

1802 schickte Jefferson Monroe nach Frankreich, wo er den Kauf LOUISIANAS aushandelte. 1814/15 war er Kriegsminister unter Präsident James Madison, bevor er 1816

Der Historiker und Jurist Theodor Mommsen erhielt 1902 als erster Deutscher den Nobelpreis für Literatur.

und erneut 1820 selbst zum Präsidenten gewählt wurde. Kennzeichnend für Monroes Präsidentschaft war seine Opposition gegen die europäische Kolonisierung Nord- und Südamerikas und seine Weigerung, in der europäischen Politik mitzusprechen. Diese 1823 geäußerte Auffassung war Monroes Antwort auf Spaniens Drohung, seine südamerikanischen Kolonien wieder herzustellen, und auf Russlands Ansprüche auf die Nordwestküste Amerikas. Wenn auch von Großbritannien für nicht bindend erklärt, wurde die Monroedoktrin von den USA oft herangezogen. Sie beeinflusste die amerikanische Außenpolitik bis ins 20. Jh.

Das Mongolenreich wurde von Dschingis Khans berittenen Kriegern gegründet, die erstaunliches Geschick in der Reitkunst besaßen.

Montanunion, Kurzform für Europäische Gemeinschaft für Kohle und Stahl EGKS. Den Anstoß für den 1952 in Kraft getretenen Vertrag zwischen Belgien, Frankreich, Luxemburg, den Niederlanden, der Bundesrepublik Deutschland und Italien gab Frankreich und insbesondere Jean MONNET. Die Montanunion gewährte Unternehmen Investitionskredite und strebte die Harmonisierung der Lebensbedingungen aller Montanbeschäftigter z.B. durch Wohnungsbaudarlehen an. 1967 ging die EGKS in der Kommission der EUROPÄISCHEN UNION auf.

Montesquieu, Charles de (1689–1755), französischer Jurist und Schriftsteller und eine herausragende Gestalt der AUFKLÄRUNG. Montesquieu machte sich 1721 einen Namen mit der Veröffentlichung der *Persischen Briefe,* in denen zwei fiktive Reisende aus Persien zeitgenössische politische und religiöse Einrichtungen in Frankreich kritisieren. In *Vom Geist der Gesetze* führte er 1748 aus, dass die verschiedenen Regierungsformen sich zwar auf die Natur der jeweiligen Gesellschaft beziehen, alle aber die Herrschaft des Gesetzes einführen sollten. Zwar wünschte er sich eine Demokratie nach antikem Vorbild, seine realpolitischen Forderungen beschränkten sich aber auf die Abschaffung des ABSOLUTISMUS zugunsten einer konstitutionellen Monarchie wie in England. Er bewunderte das britische parlamentarische System. Seine Analyse der Gewaltenteilung in Exekutive, Judikative und Legislative beeinflusste stark die europäischen Liberalen, aber auch die Autoren der amerikanischen Verfassung.

Aztekenherrscher Montezuma, wie ihn sich ein anonymer europäischer Künstler vorstellte.

Monteverdi, Claudio (1567–1643), italienischer Komponist und Musiker, dessen Opern die Gattung revolutionierten. Monteverdis erste Werke erschienen 1587. Der Herzog von Mantua ernannte ihn 1590 zum Hofmusiker. 1602 wurde er Kapellmeister am herzoglichen Hof. Monteverdis erste musikalische Fabel *Orfeo,* 1607 für den Herzog geschrieben, machte ihn zum führenden Komponisten seiner Zeit. In ihr zeigte er, wie die verschiedenen Elemente wie Arien, Rezitative, Chor und Orchesterzwischenspiel zu einem harmonischen Ganzen verwoben werden können und die Musik dazu verwendet wird, Emotionen darzustellen und die Rollen überzeugend zum Leben zu erwecken. Dieses Werk gilt als erste Oper im heutigen Sinn. Monteverdi komponierte mindestens sechs große Opernwerke, von denen nur drei erhalten sind. Seine Kirchenmusik – darunter die *Marienvesper* (1610), mehrere Messen, mehr als 30 Motetten und zwei Magnifikats – war ebenso erfolgreich. 1613 wurde er zum Kapellmeister an San Marco in Venedig ernannt und behielt diesen Posten 30 Jahre lang bis zu seinem Tod.

Montezuma II. (um 1466–1520), Herrscher der Azteken. Montezuma ist eine europäische Verballhornung seines eigentlichen Namens Moctezuma. Sein Reich erstreckte sich von MEXIKO bis ins heutige Honduras und Nicaragua, war aber instabil wegen der Unruhe unter den unterworfenen Völkern. 1519 kam der spanische Entdecker Hernán CORTÉS in die Region. In ihm sahen viele Völker die aztekische Prophezeiung erfüllt, dass der legendäre Gottkönig QUETZALCÓATL als weißer bärtiger Fremder zurückkehren werde. Daher war Cortés gefürchtet und konnte mühelos Bündnisse mit Völkern schließen, die mit der aztekischen Herrschaft unzufrieden waren. Montezuma II. bot den Spaniern Geschenke an, wenn sie abzögen, und im November 1519 lud er sie in seinen Palast in Tenochtitlán, das Gebiet der heutigen Stadt Mexiko, wo Cortés ihn sofort gefangen nahm. Die Spanier versuchten zunächst, das Reich durch Montezuma II. regieren zu lassen, aber im Juni 1520 erhoben sich die Azteken. Nach Cortés' Aussage wurde Montezuma gesteinigt, als er versuchte, sein Volk wegen der Zerstörung der Heiligtümer durch die Spanier zu beruhigen. Aber die Azteken behaupteten, dass die Spanier ihren Herrscher schon vorher ermordet hatten.

Montfort, Simon de, Earl of Leicester (um 1200–65), Führer der englischen Rebellen im AUFSTAND DER BARONE. 1238 heiratete Montfort Eleanor, die Schwester Heinrichs III. Nachdem er sich auf einem Kreuzzug in Syrien ausgezeichnet hatte, wurde er 1248 zum Statthalter der Gascogne ernannt, um dort den Widerstand gegen die englische Herrschaft zu zerschlagen. Vier Jahre später wurde Montfort nach England zurückgerufen, um sich gegen Vorwürfe der Missregierung der Gascogne zu rechtfertigen. Er durfte zurückkehren, wurde aber bald erneut zurückgerufen. Erbost über das

Feldmarschall Montgomery war der Meinung, seine schwarze Uniformmütze und sein Generalsabzeichen seien zwei Divisionen wert, da sie ihn bei seinen Soldaten sofort kenntlich machten.

Sir John Moore (rechts) starb bei einem Gefecht, als er den spanischen Hafen Coruña gegen französische Streitkräfte verteidigte (ganz rechts).

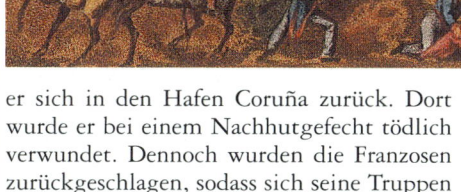

Verhalten des Königs, schloss Montfort sich 1258 den englischen Baronen an, die Verfassungsreformen forderten. Heinrichs Ablehnung dieser Forderung 1264 führte zur Schlacht bei Lewes, in der der König in Gefangenschaft geriet. 1265 rief Montfort zum ersten Mal Ritter und Bürger zum Parlament zusammen, um seine Machtbasis zu verbreitern. Er regierte England bis zu seinem Tod in der Schlacht gegen den Thronfolger bei Evesham im August 1265.

Montgomery, Bernard Law, 1. Viscount Montgomery of Alamein (1887 bis 1976), britischer General im ZWEITEN WELTKRIEG. Als Berufssoldat zeichnete sich Montgomery bereits im Ersten Weltkrieg aus. Aber erst im Zweiten Weltkrieg als Befehlshaber der 8. Armee bei den Kämpfen in NORDAFRIKA und an der ITALIENISCHEN FRONT weckte er so tiefe Loyalität und Zuneigung in seinen Soldaten, dass sie ihn Monty nannten.

Seine Taktik in der Schlacht von EL ALAMEIN 1942 führte zu einem entscheidenden Sieg und leitete den alliierten Vormarsch ein, der die Deutschen bis Mai 1943 aus Nordafrika vertrieb. 1944 befehligte Montgomery die Commonwealth-Truppen bei der INVASION DER ALLIIERTEN in der Normandie. Allerdings trug ihm sein ehrgeiziger Luftlandeangriff auf ARNHEIM seine einzige Niederlage ein. Montgomery spielte eine wichtige Rolle bei der Zurückschlagung der deutschen ARDENNENOFFENSIVE, bevor er 1945 die Kapitulation der deutschen Streitkräfte im Norden in der Lüneburger Heide entgegennahm. Er befehligte nach dem Krieg für ein Jahr die britischen Besatzungstruppen in Deutschland. 1944 zum Feldmarschall und 1946 zum Viscount ernannt, besetzte Montgomery nach dem Krieg verschiedene hohe militärische Posten.

Moore, Sir John (1761–1809), britischer General, dessen Tod bei Coruña in Spanien während des SPANISCHEN UNABHÄNGIGKEITSKRIEGS von dem Dichter Charles Wolfe besungen wurde. Moore wurde 1808 zum Befehlshaber der britischen Armee in Portugal ernannt und sollte die Franzosen von der Iberischen Halbinsel vertreiben. Angesichts einer französischen Übermacht zog

er sich in den Hafen Coruña zurück. Dort wurde er bei einem Nachhutgefecht tödlich verwundet. Dennoch wurden die Franzosen zurückgeschlagen, sodass sich seine Truppen absetzen konnten.

More, Sir Thomas (1478–1535), englischer Politiker und Humanist. 1529 entließ HEINRICH VIII. von England überraschend seinen Lordkanzler Thomas Wolsey. Wolseys Vergehen war, dass er Papst Klemens VII. nicht zu überreden vermochte, dem König die Scheidung von seiner Gemahlin Katharina von Aragón zu erlauben. Als More auf Wolseys Stelle berufen wurde, war er ein erfolgreicher Londoner Jurist, dessen Gelehrsamkeit in ganz Europa anerkannt wurde. More kannte nur allzu gut die Intrigen an Heinrichs Hof, aber eine Einladung des Königs kam einem Befehl gleich, und More nahm das Amt widerstrebend an.

Als entschiedener Katholik wollte More die Kirche reformieren, nicht zerstören. Er war vom neuen humanistischen Denken erfüllt, das auf die Ideale der griechischen und römischen Antike blickte. In seiner Satire *Utopia* beschreibt More 1516 eine gerechte, vernünftig regierte Republik unter Gott und kritisiert zwischen den Zeilen die englische Gesellschaft der Tudorzeit. Von dem Zeitgenossen Robert Whittington als „ein Mann für alle Jahreszeiten" beschrieben, war More kein trockener Jurist: Sein Sinn für Humor und Fröhlichkeit brach sich immer Bahn, manchmal recht schockierend für die Moral der Zeit. So lud er die Freier seiner Töchter dazu ein, sie nackt zu betrachten, um mögliche unangenehme Überraschungen in der Hochzeitsnacht auszuschließen.

Heinrich VIII. ernannte More wegen seines Ranges als Gelehrter und Jurist. Der König hatte versprochen, dass er in der heiklen Frage der Scheidung nie sein Gewissen belästigen würde. More nahm ihn beim Wort, indem er sich respektvoll weigerte, der Rechtmäßigkeit der Scheidung zuzustimmen. Heinrich VIII. trotzte dem Papst weiterhin, daher legte More sein Amt 1532 nieder. 1533 trennte Heinrich sich von Katharina und heiratete Anna Boleyn.

1534 erklärte sich der König zum Oberhaupt der englischen Kirche anstelle des Papstes. Darauf schaffte Heinrich VIII. die Privilegien der Kirche ab und zog Grundbesitz und Vermögen der Klöster ein. Die Bischöfe reagierten unterschiedlich: Manche nahmen den neuen Rang des Königs hin, andere nicht. Ein weiteres Gesetz von 1534 erklärte, dass jeder, der öffentlich den Taten des Königs widersprach, des Hochverrats schuldig sei. Bischof John Fisher weigerte sich, den Suprematseid zu leisten, wurde verurteilt und enthauptet. Heinrich VIII. hatte Fishers Hinrichtung als Warnung an More gedacht, erreichte jedoch das Gegenteil. More weigerte sich standhaft, Heinrich VIII. als Oberhaupt der Kirche anzuerkennen, und wurde des Hochverrats angeklagt. Ein Jahr lang war er im Tower von London in Haft und bestieg am 6. Juli 1535 das Schafott. More scherzte mit dem Henker: „Lasst mich meinen Bart auf die Seite nehmen, denn er hat keinen Hochverrat begangen."

Die Hinrichtungen Fishers und Mores schockierten das katholische Europa und machten den Bruch zwischen England und Rom dauerhaft. Vier Jahrhunderte später wurden beide Männer von der katholischen Kirche heilig gesprochen.

Morgan, Sir Henry (um 1635–88), walisischer BUKANIER, der im 17. Jh. spanischen Schiffen und Siedlungen in der Karibik übel mitspielte. Mitte des 17. Jh. trat er erstmals als einer der Bukanier auf, die niederländische und spanische Siedlungen in Mittel-

Der skrupellose Bukanier Sir Henry Morgan wurde in Großbritannien als Held verehrt.

Die Leiche des italienischen Politikers Aldo Moro wurde im Heck eines Autos entdeckt.

amerika und Westindien überfielen. 1688 wurde er Kommandant der Bukanier und erhielt danach halbamtliche Konzessionen von britischen Behörden, in der Karibik als Freibeuter aufzutreten.

Zu seinen Taten gehören Einnahme und Loskauf von Portobelo 1668, die Plünderung von Städten um den Maracaibosee 1669 und die Zerstörung der Stadt Panama 1671. Die letzten Überfälle fielen in eine Zeit vorübergehend verbesserter englisch-spanischer Beziehungen. Um die Spanier zu besänftigen, wurde Morgan 1673 verhaftet. Doch die Feindseligkeiten flammten wieder auf, noch bevor er vor Gericht kam. 1674 von König KARL II. geadelt, verbrachte er den Rest seines Lebens als stellvertretender Gouverneur von JAMAIKA.

Mormonen, Mitglieder der 5 Mio. starken Kirche Jesu Christi der Heiligen der Letzten Tage, die 1830 von dem amerikanischen Visionär Joseph SMITH gegründet wurde. Smith, der seinen ersten Aufruf zur Prophezeiung mit 15 Jahren hörte, berichtete, dass ihm 1827 ein Engel namens Moroni das Versteck goldener Tafeln offenbart habe, die geheime religiöse Texte in reformägyptischer Sprache enthielten, die stark vom Alten Testament beeinflusst seien. Smith lernte die Prophezeiungen auswendig und diktierte die Übersetzung der Texte einer Reihe von Anhängern. Das auf diese Weise entstandene Buch *Mormon* erschien 1830. Im folgenden Jahr gründete Smith im amerikanischen Bundesstaat New York seine Kirche.

1831 verlegte Smith seinen Sitz nach Ohio, aber die zunehmende Feindseligkeit anderer Christen veranlasste ihn, 1838/39 nach Nauvoo in Illinois zu ziehen. Bis 1844 war der Widerstand gegen ihn selbst unter den Mormonen gewachsen, u.a. wegen seines polygamen Lebenswandels. Noch im selben Jahr nutzte er die Mormonenmiliz, um einen Aufstand von Dissidenten zu unterdrücken. Die staatlichen Behörden nahmen Smith daraufhin fest. Drei Tage später wurde er von einer wütenden Menge ermordet. Angeführt von Brigham Young, brachen die Mormonen in Richtung Westen auf und gründeten an einem entlegenen Ort im heutigen Staat Utah eine Gemeinde, die schnell zur Stadt Salt Lake City wuchs. Die von ihnen praktizierte Mehrehe provozierte immer wieder feindselige Handlungen, 1890 schaffte die Kirche den Brauch ab. Danach konnte Utah 1896 den USA beitreten.

Moro, Aldo (1916–78), italienischer Politiker, der von den ROTEN BRIGADEN entführt und ermordet wurde. Der Jurist Moro wurde 1946 als Christdemokrat ins Parlament gewählt. Als Justizminister 1955–57 reformierte er durchgreifend das italienische Gefängnissystem. 1963–68 und wieder 1974–76 war er Ministerpräsident. 1978 von Mitgliedern der ROTEN BRIGADEN entführt und in einem Volksgefängnis gefangen gehalten, wurde Moro erschossen, als die Regierung sich weigerte, den Forderungen der Terroristen nach Freilassung mehrerer inhaftierter Rotbrigadisten nachzugeben. Damals rechnete man damit, dass Moro Italiens nächster Präsident würde.

Morse, Samuel (1791–1872), amerikanischer Erfinder und Porträtmaler, der mit seinem Assistenten Alexander Bain den Signalcode entwickelte, der seinen Namen trägt. 1835 stellte Morse den ersten elektrischen Telegraphen her, der über eine große Entfernung funktionierte, und entwickelte einen Code, der mit kurzen und langen Signalen die Buchstaben des Alphabets darstellt. Acht Jahre später gewährte ihm der amerikanische Kongress 30 000 Dollar, um probeweise eine Telegraphenlinie zwischen Baltimore und Washington zu errichten. 1844 wurde die erste Botschaft gesendet, sie bestand aus einem Bibelspruch.

Moschee, Gotteshaus, das den Mittelpunkt des religiösen Lebens im ISLAM bildet, von dem arabischen Wort *masdjid* Anbetungsort. Die erste Moschee wurde im Haus des Propheten MOHAMMED in Medina nach seiner Reise dorthin 622 errichtet. Alle folgenden Moscheen wurden nach der Anlage dieses Gebäudes gebaut. Kleine Moscheen brauchen nicht mehr als ein quadratischer oder rechteckiger Bau mit einer einfachen Veranda zu sein, während die größeren gewöhnlich einen Kolonnadenhof mit einem Brunnen oder einer anderen Waschgelegenheit haben. Normalerweise erhebt sich vor jeder großen Moschee ein Minarett, das dem Muezzin eine Plattform bietet, um die Gläubigen fünfmal täglich zum Gebet zu rufen oder zu bestimmten Anlässen den KORAN vorzutragen. Weitere Minarette können an jeder Ecke des Gebäudes stehen.

Die Gebete werden in einem gedeckten Betsaal gesprochen, wo die Freitagspredigt gehalten wird. Vor dem Eintritt müssen die Schuhe abgelegt werden, Frauen müssen den Kopf bedecken. In eine der Wände des Betsaals ist eine Nische eingelassen, die die Gebetsrichtung anzeigt, in die alle Moslems blicken, wenn sie ihre Gebete sprechen. Die Gebetsrichtung wurde 624 von JERU-

Moses lauscht Gott, der zu ihm aus dem brennenden Dornbusch sprach (oben); später empfing er aus Gottes Hand die Zehn Gebote.

SALEM nach MEKKA verlegt, wo der Prophet geboren wurde. Gewöhnlich gibt es einen abgetrennten Bereich für weibliche Betende, deren Anwesenheit bei Gebeten in der Moschee jedoch nicht vorgeschrieben ist.

Berufsmäßige Vorbeter können den Koran nach strengen Gepflogenheiten vortragen, aber in der Moschee ist weder Singen noch Musik erlaubt. Ebenfalls verboten sind Skulpturen oder Bilder von Menschen oder Tieren, da diese als blasphemische Imitationen des Werkes Gottes betrachtet werden. Stattdessen sind Moscheen oft reich mit verschlungenen geometrischen Mustern und dekorativen kalligraphischen Auszügen aus dem Koran geschmückt.

Moses (13. Jh. v. Chr.), zentrale Gestalt der jüdischen Religion, führte nach dem biblischen Buch Exodus die zwölf Stämme des Volkes Israel aus der Sklaverei in Ägypten. Nach dem Alten Testament wurde Moses in Ägypten geboren und entging der Tötung aller neugeborenen israelitischen Knaben, weil seine Mutter ihn in einem Korb versteckte, den sie den Nil hinabtreiben ließ. Das Kind wurde von einer Tochter des PHARAOS gefunden, die ihn selbst aufzog. Durch eine Erscheinung, in der Gott zu ihm aus einem brennenden Dornbusch sprach, empfing Moses als junger Mann die göttliche Inspiration. Er wurde der Führer der Israeliten und zog mit seinem Volk auf der Suche nach dem Gelobten Land durch das Rote Meer und in die Wüste. Während dieses Zuges soll Moses die ersten fünf Bücher des alttestamentarischen Teils der BIBEL geschrieben haben, die bei den Juden Thora heißen.

Er empfing auch von Gott auf dem Berg Sinai die Zehn Gebote, zerbrach aber im Zorn die Steintafeln, auf die sie geschrieben waren, als er merkte, dass die Israeliten ein goldenes Kalb anbeteten. Die Israeliten wurden verdammt, 40 Jahre durch die Wüste zu wandern, und Moses erreichte nie das Gelobte Land Kanaan. Aber Gott gewährte ihm vom Berg Nebo im Gebirge Pisga aus einen Blick auf das Land, bevor er starb. Moses wurde im Land Moab begraben.

Moskau, Fürstentum, das im späten 14. Jh. zur beherrschenden Macht im westlichen Zentralrussland aufstieg und schließlich ganz Russland regierte. Bis zum 13. Jh. wurde das westliche Russland vom Großfürstentum Kiew beherrscht, bevor dieses von den Mongolen oder TATAREN 1237–40 unterworfen wurde. Iwan I., seit 1328 Großfürst, festigte nach 1330 seine Macht in Moskau, zunächst noch mit Billigung der tatarischen GOLDENEN HORDE. Nach dem Sieg über die Goldene Horde 1380 wuchs die Bedeutung Moskaus schnell.

Unter IWAN IV. DEM SCHRECKLICHEN wurde der Großfürst von Moskau 1547 Zar

Louis Mountbatten (vorn) und seine Frau Edwina bei der offiziellen Zeremonie anlässlich der Unabhängigkeit Indiens 1947. Edwina plaudert mit Pandit Nehru, Indiens erstem Premierminister.

von ganz Russland. Von da war Moskau das Zentrum des russischen Reiches, bis PETER DER GROSSE die Hauptstadt 1712 nach St. Petersburg verlegte.

Mountbatten, Louis, 1. Earl Mountbatten of Burma (1900–79), Admiral und Verwaltungsbeamter, der 1947 letzter Vizekönig von Indien wurde.

Mountbatten, der jüngere Sohn des Prinzen Ludwig von Battenberg, diente im Ersten Weltkrieg als Offizier auf den Flaggschiffen des Admirals David Beatty und begleitete später den damaligen Prince of Wales – den späteren EDUARD VIII. – auf zwei Reisen durch das Britische Empire. Als Berufsoffizier befehligte Mountbatten zu Be-

Typische Werkzeuge des Moustérien – Schaber (rechts) und Speerspitze (unten rechts) – sind aus groben Feuersteinbrocken (unten) gefertigt.

ginn des ZWEITEN WELTKRIEGS eine Zerstörerflottille, mit der er 1941 am Kampf um Kreta teilnahm. 1943 wurde er Oberbefehlshaber der alliierten Streitkräfte in Südostasien und bemühte sich um die Wiederherstellung der Moral und Kampfkraft der Commonwealth-Truppen, die in Birma gegen die Japaner kämpften. 1943/44 war er auch in die Planungen der Kämpfe in Italien und die INVASION in der Normandie eingebunden.

Nach dem Krieg zum Vizekönig von INDIEN ernannt, war Mountbatten 1947 für den Übergang des Landes in die Unabhängigkeit verantwortlich. Obwohl die Übertragung der Souveränität von Krawallen und Massakern begleitet wurde, forderte die indische Regierung Mountbatten auf, bis zum Jahr 1948 als erster Generalgouverneur zu bleiben. 1952 kehrte Mountbatten zur Marine zurück. Als Chef des Verteidigungsstabs 1959–65 führte er die Zusammenlegung der Ministerien der Waffengattungen zu einem einheitlichen Verteidigungsministerium durch. Im Ruhestand kritisierte Mountbatten offen die Rüstung mit Kernwaffen. Er wurde 1979 von der IRA ermordet, als er in der Nähe seines Ferienhauses in Irland segelte.

Moustérien, prähistorische Kultur der mittleren ALTSTEINZEIT in und um Europa, die vom NEANDERTALER getragen wurde, benannt nach dem Fundort Le Moustier an der Dordogne in Frankreich. Die Kunsterzeugnisse und Werkzeuge aus dieser Kultur

Der britische Premierminister Neville Chamberlain glaubte, den Frieden gesichert zu haben, nachdem Adolf Hitler das Münchener Abkommen unterzeichnet hatte.

sind bereits weiter entwickelt als die Werkzeuge der früherer Epochen. Sie bestehen aus kleinen Beilen und Schabern, die aus Steinabschlägen gefertigt sind, ferner Speer- und Pfeilspitzen aus Knochen oder Stein. Die im Moustérien 130 000–30 000 v. Chr. hergestellten Dinge finden sich nicht nur in ganz Europa, sondern auch in Nordafrika und im Nahen Osten.

Mozart, Wolfgang Amadeus (1756 bis 1791), österreichischer Komponist, von dessen Werken einige zu den berühmtesten der klassischen Musik gehören. Mit sechs Jahren machte Mozart seine erste Tournee durch Europa und verblüffte Könige und Höflinge mit seinem virtuosen Klavierspiel. Mit 13 hatte er bereits Sinfonien, Sonaten, Konzerte und zwei Opern komponiert.

Nach zehn unglücklichen Jahren als Konzertmeister des Erzbischofs von Salzburg ging Mozart 1781 nach Wien, wo er der Konkurrent des italienischen Komponisten Antonio Salieri wurde. Mozart behauptete, Salieri versuche, ihn zu vergiften, aber es gibt keine Beweise, die diese Behauptung stützen. Mozarts Erfolg mit den Opern *Figaros Hochzeit* (1786) und *Don Giovanni* im folgenden Jahr führten 1787 zu seiner Ernennung zum Hofkomponisten Kaiser Josephs II. Doch seine späteren Opern *Cosi fan tutte* und *La clemenza di Tito* ernteten wenig Beifall. Erst *Die Zauberflöte* wurde 1791 vom Publikum wieder begeistert aufgenommen. Mozart schrieb mehr als 600 Kompositionen, darunter 41 Sinfonien. Er starb, während er an einem Requiem arbeitete.

Mukden-Zwischenfall (18. September 1931), Besetzung der chinesischen Stadt Mukden, dem heutigen Shenyang, durch japanischeTruppen, mit der die japanische Besetzung der ganzen MANDSCHUREI begann. Ein japanisches Kommando, das die süd-

mandschurische Eisenbahn schützen sollte, behauptete, die Chinesen hätten einen Sprengstoffanschlag auf die Linie verübt, und benutzten dies als Vorwand, um Mukden und den Großteil der südlichen Mandschurei zu besetzen. Trotz der Proteste des VÖLKERBUNDS und des japanischen Kabinetts besetzte die Armee bis Februar 1932 den Rest der Mandschurei. Die Krise führte zum Zusammenbruch der japanischen Regierung im Mai jenes Jahres und schließlich 1941 zum Eintritt Japans in den Zweiten Weltkrieg.

Mumie, menschliche oder tierische Leiche, die durch natürliche Prozesse – z. B. langes Liegen in einem Torfmoor, im ewigen Eis oder an sehr trockener Luft – oder durch Einbalsamieren, wie es im alten Ägypten praktiziert wurde, erhalten ist. Einbalsamierung war in Ägypten ursprünglich dem Königshaus vorbehalten. Der Zweck war offenbar, den Körper des Toten unversehrt zu erhalten, damit er im Jenseits wieder belebt werden könnte. Zur Zeit des Neuen Reiches, das 1570 v. Chr. begann, hatte das Einbalsamieren sein höchstes Niveau erreicht. Dabei wurden der Leiche Gehirn und Eingeweide entnommen und durch Kräuter ersetzt, dann wurde der Leib in Schichten eigens präparierter Binden gewickelt.

Damals wurden häufig heilige Tiere wie Kühe, Falken und Katzen einbalsamiert, desgleichen Höflinge und Sklaven, um im Jenseits als königliches Gefolge zu dienen.

Münchener Abkommen (29. September 1938), Vertrag zwischen dem Deutschen Reich, Frankreich, Großbritannien und Italien, der Deutschland erlaubte, das SUDETENLAND zu besetzen und der zum Symbol der Politik des APPEASEMENT gegenüber dem nationalsozialistischen Deutschland wurde. Der britische Premierminister Neville CHAMBERLAIN behauptete, „den Frieden in unserer Zeit" gewonnen zu haben, doch der tschechoslowakische Präsident Edvard BENEŠ sah sich zum Rücktritt gezwungen. Am 1. Oktober marschierten deutsche Truppen ins Sudetenland ein. Noch im selben Monat durften Polen und Ungarn Regionen der TSCHECHOSLOWAKEI besetzen, in denen sie als Minderheitsbevölkerung vertreten waren. Im März 1939 bewies Adolf HITLER, dass das Münchener Abkommen nur ein Trick gewesen war, um die gesamte Tschechoslowakei in Besitz zu nehmen.

Müntzer, Thomas (1486 oder 1489/90 bis 1525), evangelischer Theologe und Revolutionär. Vermutlich stammte Müntzer aus einer Handwerkerfamilie in Stolberg. Nach dem Theologiestudium in Leipzig und Frankfurt/Oder wurde er 1514 zum Priester geweiht. Ab 1514 war er mit Unterbrechungen in Braunschweig tätig. Martin LUTHER gewann ihn 1519 für die REFORMATION und schickte ihn ein Jahr später als Prediger nach Zwickau. 1521 entließ ihn der Rat der Stadt wegen angeblicher Anstiftung zum Aufruhr. Nach Aufenthalten u. a. in Prag und Weimar

Die Nachtwache, die Rembrandt van Rijn 1642 malte, stellt Musketiere in Amsterdam dar. Das Gemälde wurde für das Hauptquartier der sechs Musketiermilizen der Stadt in Auftrag gegeben.

wurde Müntzer in Allstedt Prediger, wo er begann, den Gläubigen das Evangelium in deutscher Sprache zu vermitteln. Der rechte Glaube war für ihn nur durch die Leidensnachfolge Christi und die Entsagung irdischer Leidenschaften zu erreichen. Die aufständischen Bauern verstand er als Gottes Werkzeug gegen die gottlosen Fürsten und unterstützte sie deshalb während des BAUERNKRIEGS in Thüringen. Bereits vorher war es zum Bruch mit Luther gekommen. Im Mai 1525 wurde er bei Mühlhausen gefangen genommen und nach qualvoller Folter hingerichtet.

Murat, Joachim (1767–1815), französischer Kavallerieoffizier und einer der erfolgreichsten Feldmarschälle NAPOLEONS I. Murat zeichnete sich in Napoleons Feldzügen in Italien 1796/97 und in Ägypten 1799 aus. Im selben Jahr unterstützte er Napoleons I. Staatsstreich, der das DIREKTORIUM stürzte. 1800 heiratete er Napoleons Schwester Caroline. Acht Jahre später wurde Murat von Napoleon ausersehen, Joseph Bonaparte als König von Neapel auf den Thron zu folgen. Murat kämpfte mit Napoleon I. in der Schlacht von BORODINO und der Völkerschlacht von LEIPZIG.

Als Napoleon I. im Jahr 1815 aus der Verbannung zurückkehrte, fiel Murat von seinen österreichischen Verbündeten ab, um den Kaiser während seiner HERRSCHAFT DER HUNDERT TAGE zu unterstützen, und wurde von ihnen in der Schlacht von Tolentino geschlagen. Murat floh nach Korsika und unternahm im Oktober 1815 einen letzten Versuch, Neapel zurückzuerobern, das vom WIENER KONGRESS an Ferdinand IV. zurückgegeben worden war. Murat wurde gefangen genommen und erschossen; seine demokratischen Reformen in Neapel machte man rückgängig.

Musketier, Soldat, dessen Schusswaffe die Kriegführung im späten 16. Jh. grundlegend veränderte. Auf der Schulter aufliegend, war die Muskete eine großkalibrige Feuerwaffe mit glattem Lauf, die die wenig tauglichen Handbüchsen des 15. Jh. und die ähnlich plumpen Luntenschlossarkebusen – bei denen das Pulver mit einer Lunte gezündet wurde –, die schwierig zu laden und anzulegen waren, ersetzte. Die Muskete besaß allerdings nur eine geringe Reichweite. Spanische Soldaten benutzten im 16. Jh. als Erste die wirksamere *mosquete* und entwickelten neue Kampftaktiken, da die Waffen gegabelte Stützen zum Auflegen beim Feuern brauchten. Da Musketen langsam zu laden waren, mussten außerdem Pikeniere die Musketiere vor feindlichen Reiterattacken schützen. Die Entwicklung des Bajonetts im späten 17. Jh. machte die Hilfe der Pikeniere überflüssig.

Oben: Mussolini in typischer Pose. Rechts: Auf der Karikatur sieht der Papst zu, wie Mussolini sich auf den Krieg vorbereitet.

Mussolini, Benito (1883 bis 1945), faschistischer Regierungschef Italiens 1922–43, seit 1925 mit diktatorischen Vollmachten. Im Jahr 1940 führte er Italien als eine der ACHSENMÄCHTE an der Seite Deutschlands in den Zweiten Weltkrieg.

Nach kurzer Tätigkeit als Lehrer wandte Mussolini sich 1913 als Herausgeber der sozialistischen Zeitung *Avanti!* dem Journalismus zu. Bald nach dem Ersten Weltkrieg, in dem er den Unteroffiziersrang erreichte, kehrte Mussolini dem Sozialismus den Rücken und organisierte seine Anhänger in den *Fasci di Combattimento*, die zum Kern seiner faschistischen Partei wurden. Ihre rechte nationalistische Politik fand Anklang bei Italiens konservativem Klerus, bei Landbesitzern und Industriellen. Sie drückten gegenüber den Brutalitäten von Mussolinis SCHWARZHEMDEN, dem uniformierten Zweig der Faschisten, ein Auge zu.

1921 wurde Mussolini ins Parlament gewählt, die Nationale Faschistische Partei amtlich anerkannt. König VIKTOR EMANUELS III. Furcht vor den Kommunisten ausnutzend, organisierte Mussolini im Oktober 1922 tausende seiner faschistischen Anhänger zum Marsch auf Rom und wurde daraufhin zum Ministerpräsidenten ernannt. Binnen sechs Jahren hatte seine Regierung die unbeschränkte Macht über das italienische Wirtschaftsleben erreicht. Trotz des von ihm durchgesetzten politischen TOTALITARISMUS genoss Mussolini allgemeine Unterstützung und ließ sich als Duce feiern. 1929 beendete

der Diktator die 60 Jahre währenden territorialen Auseinandersetzungen zwischen Kirche und Staat durch die LATERANVERTRÄGE, die den Vatikanstaat schufen.

Mussolinis Traum, Italien nach dem Vorbild des Römischen Reiches zu formen, führte zur Annexion ÄTHIOPIENS 1936 und ALBANIENS drei Jahre später. Trotz dieser Erfolge war Italien auf einen größeren Konflikt schlecht vorbereitet, und Mussolinis Bündnis mit Hitler, einem der frühen Bewunderer und Nachahmer des Diktators, stellte fast unmittelbar nach dem Eintritt Italiens in den Zweiten Weltkrieg im Juni 1940 die militärische Schwäche des Landes bloß. Eine Reihe militärischer Niederlagen degradierte Mussolini rasch zum Juniorpartner der Achse. Sie schwächten ihn auch innenpolitisch. Im Juli 1943 wurde er von seinen ehemaligen Anhängern abgesetzt und verhaftet. Im September durch ein riskantes Unternehmen von deutschen Fallschirmjägern befreit, errichtete Mussolini in der norditalienischen Stadt Saló eine Marionettenregierung, wurde aber im April 1945 von italienischen Partisanen gefangen genommen und hingerichtet.

Myanmar, offizieller Name Birmas, südostasiatischer Staat am Golf von Bengalen. Die ersten Birmanen wanderten aus ihrer ursprünglichen Heimat in Südwestchina im 7. Jh. in das Gebiet ein, das von dem Volk der Mon beherrscht wurde. Im 11. Jh. verdrängten die Birmanen unter König Amuruddha die Mon und gründeten die Hauptstadt Pagan. Nach einer mongolischen Invasion 1287 durchlebten die Birmanen Jahrhunderte der Anarchie, bis im Jahr 1758 Alaungpaya das Land einte und die nach ihm benannte Dynastie begründete.

Spannungen an der indisch-birmanischen Grenze führten 1824 zu einer britischen Invasion, die Gebietsverluste im Norden nach sich zog. Ein zweiter englisch-birmanischer Krieg brach 1852 aus, ein dritter 1885. Der dritte Krieg führte zur Absetzung König Thibaws, und Birma wurde eine Provinz Britisch-Indiens. Während eines zweijährigen Bauernaufstands forderte die nationalistische Partei Dobama Asi-ayone 1931 die Unabhängigkeit. Obwohl Birma sechs Jahre später Kronkolonie mit birmanischem Ministerpräsidenten und einer gewählten Volksvertretung wurde, begrüßte die Nationalarmee Birmas 1942 die japanische Invasion, da die Japaner Unabhängigkeit versprachen.

Als die Alliierten das Land später zurückeroberten, ging diese Streitmacht auf die andere Seite über. Birma erlangte 1948 die volle Unabhängigkeit und entschied, nicht dem COMMONWEALTH OF NATION beizutreten. Kurz darauf forderten Minderheitenvölker die Zentralregierung in einem Bürgerkrieg heraus, der bis zu einem Militärputsch im Jahr 1962 andauerte. Dessen Führer Ne Win errichtete einen autoritären Staat, der sich auf sozialistische und buddhistische Prinzipien stützte und die Neutralitätspolitik beibehielt. Dennoch hielten die Unruhen vor allem von aufständischen ethnischen Gruppen an.

General Saw Maung riss im September 1988 die Macht an sich und verhängte das Kriegsrecht. Das Land wurde in Myanmar umbenannt. Aber die sozialen, wirtschaftlichen und politischen Probleme verschlimmerten sich, als durch illegalen Drogenhandel finanzierte Privatarmeen die Kontrolle in entlegenen Gebieten übernahmen. 1989 konnte die Politikerin Aung San Suu Kyi die Oppositionsgruppen einen, doch sie wurde unter Hausarrest gestellt. Ihre Nationale Liga für Demokratie NLD gewann trotzdem bei den Wahlen für eine konstituierende Versammlung 1990 eine Zweidrittelmehrheit.

Saw Maung verbot darauf der Versammlung zusammenzutreten und verhaftete weitere Führer der NLD, was international verurteilt wurde. 1991 erhielt Aung San für ihre Bemühungen, Demokratie herzustellen, den Friedensnobelpreis. Ein geringfügiger Wandel auf eine politische Liberalisierung hin folgte auf Saw Maungs Ablösung durch seinen Stellvertreter, General Than Shwe, im April 1992. 1995 wurde der Hausarrest für Aung San aufgehoben. Doch viele Notstandsverordnungen blieben in Kraft.

Mykenische Kultur

Mykenische Kultur, Kultur, die das festländische GRIECHENLAND im Zeitraum 1580–1100 v. Chr. beherrschte, bis sie von den eindringenden DORERN zerstört wurde. Bereits über ein Jahrhundert bevor die Mykener um 1400 v. Chr. Knossos, das Zentrum der MINOISCHEN KULTUR erobert hatten, stand ihre Kultur

Die fein gearbeitete Grabmaske aus gediegenem gehämmertem Gold war ein Produkt der mykenischen Kultur aus dem 16. Jh. v. Chr.

unter dem starken Einfluss der Minoer, die sie als beherrschende Macht im östlichen Mittelmeer ersetzten. Von den städtischen Zentren Mykene und Tiryns sowie dem Hafen Pylos aus breitete sich die mykenische Kultur über den ganzen Peloponnes und nach Norden bis ins südliche Thessalien aus. Anders als minoische Städte, die völlig unbefestigt waren, hatten mykenische Städte starke, hoch entwickelte Befestigungen. Diese reichen Städte unterhielten ausgedehnte Handelsbeziehungen nach Ägypten, Kleinasien, Zypern und Syrien.

Die archäologischen Zeugnisse, die Heinrich Schliemann im 19. Jh. entdeckte, weisen darauf hin, dass es vielleicht Mykener waren, die die Stadt TROJA um 1200 zerstörten, obwohl über dieses Thema immer noch diskutiert wird. Fresken, Bronzewaffen und reich verziertes Tongeschirr aus der frühmykenischen Periode verraten hohes künstlerisches Können. Elfenbein aus Ägypten war ein beliebtes Material für Ornamente. Die Mykener stellten auch Schmuck, Geräte und Totenmasken aus Gold her.

Mysore

Mysore, ehemaliges Fürstentum in Südwestindien, das über 30 Jahre lang den Einfällen der britischen OSTINDISCHEN KOMPANIE standhielt. Als eines von vielen kleinen Hindureichen wurde Mysore der Mittelpunkt des Großreichs Vijayanagar, das im 14. Jh. entstand, um den von Norden her vordringenden Islam aufzuhalten. Als Vijayanagar zerfiel, versuchte die einheimische Familie Wadiyar, ein unabhängiges Reich zu errichten, aber starke Nachbarn ver-

Der Tipus-Tiger – ein lebensgroßes Holzmodell eines Tigers, der einen Europäer zerfleischt – wurde um 1795 für Sultan Tipu von Mysore gefertigt. Durch einen Aufziehmechanismus lässt sich Tigergebrüll erzeugen.

hinderten seine Konsolidierung. 1761 übergab der Wadiyar-Fürst die Macht an die moslemischen Truppen Haidar Alis. Er und sein Sohn Tipu Sahib wehrten in vier Kriegen 1767–99 die Truppen der Ostindischen Kompanie mit Erfolg ab, bis ihre Hauptstadt Seringapatam schließlich fiel. Die Briten annektierten fast die Hälfte von Mysore, gaben aber den Kern des Reiches an die Wadiyar zurück. 1947 wurde Mysore Teil des neuen indischen Staates.

Mystik

Mystik, eine Form des religiösen Lebens, die versucht, Gott oder eine höhere absolute Wirklichkeit, die Transzendenz, direkt im gegenwärtigen Leben zu erfahren. Mystik findet sich in allen Religionen, die Transzendenz als wesentlichen Teil der materiellen Welt begreifen – z. B. HINDUISMUS, BUDDHISMUS und TAOISMUS. In religiösen Systemen, die Transzendenz als völlig unterschieden von der materiellen Welt verstehen, z. B. CHRISTENTUM, JUDENTUM und ISLAM, spielte sie eine etwas geringere Rolle, doch auch diese Religionen haben sehr starke mystische Traditionen.

Manche Mystiker beeinflussten stark die Entwicklung des Christentums, unter ihnen BERNHARD VON CLAIRVAUX, FRANZ VON ASSISI und Teresa von Avila. Es ist auch erwogen worden, dass JESUS und MOHAMMED selbst mystische Erlebnisse hatten, die den Glauben formten, auf den sie ihre Lehren aufbauten. Ein Mystiker kann seine Erfahrungen oft nicht in alltäglichen Worten beschreiben und greift auf Metaphern zurück. Weil diese unabhängig vom jeweiligen Glauben gemeinsame Themen haben können, behaupten manche Fachleute, dass alle mystischen Erfahrungen im Grund ähnlich sind.

Mythen

Mythen, überlieferte Sagen, oft mit Elementen der Fantasie oder Religion, die sich bei den meisten Gesellschaften finden. Manche der älteren Mythen, so bei den Ägyptern, Griechen und Römern, werden als Erklärungen des Ursprungs der Menschen, Tiere und des Weltalls gesehen; andere beziehen sich auf örtliche Tabus oder Gesellschaftsstrukturen. Oft schildern sie die Taten von Göttern, Helden oder gewöhnlichen Menschen mit übernatürlichen Kräften. Manche Mythen wie HOMERS Bericht über den Trojanischen Krieg haben ihren Ursprung zweifellos in historischen Ereignissen. Andere können frühe Formen religiösen oder halbwissenschaftlichen Denkens gewesen sein. Anthropologen und Ethnologen glauben, dass die Mythen eine Gesellschaft wiedergeben, wie sie ihren Standort in der Welt sieht. Psychologen wie Carl Gustav JUNG glaubten, Mythen offenbaren, dass alle Menschen dieselben universellen mythischen Symbole miteinander gemein haben.

N

Nagasaki, japanische Hafenstadt an der Westküste der Insel Kyushu, die im Zweiten Weltkrieg durch eine amerikanische Atombombe größtenteils zerstört wurde. Die Bombe fiel am 9. August 1945, drei Tage nachdem der erste Atombombenangriff auf Hiroshima nicht zur gewünschten Kapitulation Japans geführt hatte. Das hügelige Gelände von Nagasaki schützte die über 200 000 Einwohner vor der vollen Wirkung der Explosion, dennoch kamen mehrere zehntausend Menschen zu Tode und weite Teile der Stadt wurden völlig verwüstet. Nach einigen Tagen, am 15. August, bot Kaiser Hirohito offiziell die bedingungslose Kapitulation an. Nagasaki wurde bald wieder aufgebaut und ist heute ein Zentrum des Schiffbaus.

Nagy, Imre (1896–1958), ungarischer Ministerpräsident 1953–55 und kurze Zeit im Jahr 1956. Nagy war sehr beliebt, da er die Kollektivierung einschränkte und die Macht der Polizei begrenzte. Die Sowjetunion warf ihm jedoch vor, zu liberal zu sein. 1955 wurde Nagy von seinem Rivalen Matyas Rakosi gestürzt und aus der kommunistischen Partei ausgeschlossen. Nach dem Ausbruch von Unruhen Ende Oktober 1956 wurde Nagy erneut Ministerpräsident und gab, als die Revolte weiter um sich griff, den Austritt Ungarns aus dem WARSCHAUER PAKT bekannt. Daraufhin marschierten sowjetische Truppen in Ungarn ein und warfen die Revolution am 3./4. November blutig nieder. Nagy wurde in einem Geheimprozess, den der neue Ministerpräsident János KADAR

und der sowjetische Geheimdienst angestrengt hatten, zum Tod verurteilt und im Jahr 1958 hingerichtet. 1989 rehabilitierte man ihn im Zug der Liberalisierung des kommunistischen Systems,

Namibia, Republik im Süden von Afrika, ursprünglich von Hottentotten, Buschmännern und Herero bewohnt. Nach der ersten kartographischen Erfassung durch die Portugiesen im späten 15. Jh. folgten Engländer und Niederländer im 17. und 18. Jh. Im 19. Jh. kamen deutsche Missionare in das Gebiet, das 1884 zum deutschen Schutzgebiet Deutsch-Südwestafrika erklärt wurde. Während des Ersten Weltkriegs besetzten südafrikanische Truppen das Land und 1920 erhielt es die Südafrikanische Union vom Völkerbund als Mandat zugesprochen. Nachdem 1964 APARTHEID und HOMELANDS eingeführt wurden und die Guerilleros der SWAPO (South West African People's Organization) dagegen Front machten, erklärte der Internationale Gerichtshof 1971 die südafrikanische Besetzung des Landes, das sich seit 1966 Namibia nannte, für illegal, und die Vereinten Nationen erkannten die SWAPO als Vertretung der Bevölkerung an. Südafrika richtete 1979 eine Nationalversammlung ein, doch die SWAPO setzte ihren Kampf vom benachbarten Angola aus

Der Atompilz, der nach der Explosion der Bombe über Nagasaki stand (oben). Die Stadt wurde zu rund 40 % dem Erdboden gleichgemacht; die Gebäude (links) waren mehr als 1 km von der Einschlagstelle entfernt.

fort, in das südafrikanische Truppen wiederholt einmarschierten. Es gelang der von Südafrika 1985 eingesetzten Übergangsregierung nicht, Namibia unter ihre Kontrolle zu bringen. Drei Jahre später nahm Südafrika auf Initiative der UN Verhandlungen mit dem Führer der SWAPO, Samuel Nujoma, auf, und es wurde ein Waffenstillstand vereinbart. Im November 1989 folgten Wahlen, die der Chef der SWAPO gewann, und im Jahr darauf die Unabhängigkeitserklärung. 1994 wurde Nujoma wieder gewählt.

Nanak (1469– um 1538), Begründer der Religionsgemeinschaft der Sikhs. Geboren im Pandschab in Westindien, ließ der Kaufmann auf der Suche nach religiöser Erleuchtung Familie und Beruf hinter sich. Nach seiner Rückkehr predigte er einen neuen Weg zum Heil: Sein Glaube basierte zwar auf dem HINDUISMUS, erkannte aber nur einen Gott an, von dem man sich keine Abbilder machen durfte. Die neue Religionsgemeinschaft breitete sich schnell über den ganzen Pandschab aus, und Nanak wird als erster Guru, d. h. Meister, der Sikhs verehrt.

Nanking, Massaker von (Dezember 1937 bis März 1938), von Japanern während der CHINESISCH-JAPANISCHEN KRIEGE begangene Gräueltaten. Nachdem die kaiserlich-japanische Armee im November 1937 Shanghai erobert hatte, stand sie in der zweiten Dezemberwoche vor Nanking, der Kriegshauptstadt von Nationalchina. Bei der Einnahme der Stadt und in den folgenden Monaten kam es zu dem Massaker: Zehntausende von gefangenen Soldaten wurden hingerichtet, hunderttausende von Zivilisten vergewaltigt, gefoltert und getötet. Insgesamt sollen nach chinesischen Quellen 300 000 Menschen umgekommen sein.

Nantes, Edikt von (1598), Erlass des französischen Königs HEINRICH IV., durch den die HUGENOTTENKRIEGE beendet wurden. Das in Nantes unterzeichnete Dokument legte die religiösen und bürgerlichen Rechte der HUGENOTTEN fest und sicherte ihnen Gewissens- sowie Kultfreiheit an rund 100 Sicherheitsplätzen in Frankreich wie der Stadt La Rochelle zu. Der Katholizismus blieb jedoch offizielle Staatsreligion in Frankreich.

Im 17. Jh. beendete Kardinal RICHELIEU diese tolerante Politik. Er nahm 1628 die Festung La Rochelle ein und entzog im Jahr darauf den Hugenotten die Sicherheitsplätze – allerdings blieben ihre bürgerlichen Rechte bis 1685 noch gewährleistet. Dann aber widerrief LUDWIG XIV., der schon seit rund 20 Jahren die Drangsalierung der Hugenotten wieder eingeführt hatte, das Edikt.

Napoleon I. siehe Seite 358

Napoleon I. – Feldherr und Kaiser

Napoleon Bonaparte war der bedeutendste Militärführer Frankreichs und beherrschte für kurze Zeit den Großteil Europas. Er beendete die Revolution und setzte Reformen durch, die teilweise noch heute Bestand haben, aber er brachte durch seine zahlreichen Kriegszüge auch unermessliches Leid über den Kontinent.

Auf Korsika 1769 als Sohn eines Rechtsanwalts geboren, begann Napoleon Bonaparte im Alter von zehn Jahren in Frankreich eine Offiziersausbildung. Mit 16 schloss er sie erfolgreich als Leutnant der Artillerie ab. Bis 1793 hatte er es wegen seiner Verdienste bei der Rückeroberung von Toulon im revolutionären Frankreich schon zum Brigadegeneral gebracht und zwei Jahre später machte er sich einen Namen, als er in Paris einen Aufstand von Royalisten mit Waffengewalt zerschlug. Daraufhin übertrug das regierende Direktorium dem ehrgeizigen Korsen den Oberbefehl über die Italienarmee.

In den Salons von Paris, zu denen Napoleon dank seines neu gewonnenen Ruhmes Zutritt fand, lernte er Joséphine de Beauharnais, die schöne kreolische Witwe eines Generals, kennen und lieben. Die Heirat fand im März 1796 statt und bald darauf errang Napoleon gegen Österreich in Italien glanzvolle Siege. Diese gingen auf unkonventionelle Militärstrategien wie u. a. rasche Truppenbewegungen und konsequenten Einsatz der Artillerie zurück und brachten Napoleon Ruhm und Popularität bei der Bevölkerung ein. 1798 versuchte er, um britischen Interessen im Mittelmeerraum zu schaden, Ägypten zu erobern, doch nach anfänglichen Erfolgen scheiterte er an deren Flotte unter Admiral Nelson in der Schlacht bei Abukir.

GRIFF NACH DER KRONE

Im November 1799 – nach seiner Rückkehr aus Ägypten – beteiligte sich Napoleon an einem Staatsstreich, der ihm die Übernahme der politischen Macht ermöglichte. Er nahm den Titel des Ersten Konsuls an, doch 1804 ging er noch einen Schritt weiter: In der Kathedrale Notre-Dame von Paris krönte er sich in Anwesenheit des Papstes zum Kaiser der Franzosen und begründete so eine neue Erbmonarchie. Da seine Ehe mit Joséphine

Die Verleihung von Adlerstandarten in Napoleons Armee 1810 sollte an altrömische Militärtraditionen anknüpfen. 1803 forderte Napoleon von Großbritannien die Rückgabe der Insel Malta (links).

kinderlos geblieben war, ließ er sich 1809 von ihr scheiden und heiratete im Jahr darauf die österreichische Kaisertochter Marie-Louise, um durch die Verbindung mit einer der angesehensten Dynastien Europas seine Herrschaft zu legitimieren.

In der Innenpolitik vollbrachte Napoleon bedeutende Leistungen: Er versöhnte die in der Revolution verfeindeten Gruppen der Gesellschaft und ermöglichte den Emigranten die Rückkehr nach Frankreich; er beendete den Kirchenkampf durch ein Konkordat mit dem Papst und schuf mit dem Code Napoléon die Grundlagen der heutigen französischen Rechtsordnung. Seine Außenpolitik war durch Kriege gegen die europäischen Großmächte gekennzeichnet, die sich seinem Hegemonialstreben widersetzten. Nachdem er 1805–07 durch Siege über Österreich, Russland und Preußen die Vormacht in Europa errungen hatte, erließ er die Kontinentalsperre, um mit die-

ser Handelssperre England in die Knie zu zwingen. Als der Zar dagegen verstieß, begann Napoleon 1812 den Russlandfeldzug, der für seine rund 600 000 Mann zählende Große Armee in einer Katastrophe endete: Nur etwa 20 000 Soldaten kehrten in die Heimat zurück.

Der Untergang der Napoleonischen Armee löste die Befreiungskriege aus: Am 16.–19. Oktober 1813 wurde Napoleon in der Völkerschlacht bei Leipzig von den alliierten russischen, österreichischen und preußischen Truppen vernichtend geschlagen. Er musste 1814 abdanken und wurde nach Elba in die Verbannung geschickt. Zwar kehrte er noch einmal für 100 Tage an die Macht zurück, aber nach der verlorenen Schlacht bei Waterloo am 18. Juni 1815 wurde er endgültig auf die entlegene Atlantikinsel Sankt Helena verbannt, wo er 1821 starb. Die Franzosen behielten ihn jedoch in guter Erinnerung: 1840 wurde sein Leichnam nach Paris überführt und im Invalidendom feierlich beigesetzt.

Napoleon III. (1808–73), Kaiser der Franzosen 1852–70.

Nach der endgültigen Niederlage seines Onkels NAPOLEON I. im Jahr 1815 ging Louis Napoleon – so sein vollständiger Name – ins Exil nach Deutschland und in die Schweiz. Nach dem Tod seines Cousins, Napoleons I. einzigem Sohn, dem Herzog von Reichstadt, wurde Louis Napoleon 1832 Chef der Familie Bonaparte und wollte in die Fußstapfen seines Onkels treten. Er unternahm zwei Putschversuche, 1836 und 1840, gegen den amtierenden König LOUIS PHILIPPE, die jedoch scheiterten. Beim zweiten Staatsstreich-Versuch wurde er gefangen genommen und zu lebenslanger Festungshaft verurteilt. 1846 gelang ihm aber in der Verkleidung eines Steinmetzen die Flucht nach London.

Im Revolutionsjahr 1848 kehrte Louis Napoleon nach Frankreich zurück und wurde zum Präsidenten der Zweiten Französischen Republik gewählt. Drei Jahre später gelang seinem Halbbruder, dem Herzog von Morny, ein Staatsstreich gegen die Nationalversammlung, und 1852 wurde Louis Napoleon als Napoleon III. Kaiser der Franzosen. In den letzten zehn Jahren seiner Regierungszeit beugte er sich den Forderungen der Opposition und weitete die Befugnisse der gesetzgebenden Versammlung sowie die bürgerlichen Freiheiten aus. Napoleon III. unterschätzte jedoch die Macht des preußischen Staates und ließ sich von der EMSER DEPESCHE Otto von BISMARCKS zu einer Kriegserklärung provozieren. In der Schlacht von Sedan 1870 im DEUTSCH-FRANZÖSISCHEN KRIEG wurde er von den Preußen gefangen genommen. Danach wurde in Frankreich die Dritte Republik ausgerufen und Napoleon III. verbrachte die letzten Jahre seines Lebens im Exil.

Napoleonische Kriege (1808–15), von

NAPOLEON I. gegen die europäischen Mächte geführte Kriege zu Sicherung seiner Herrschaft in Europa. Sie schlossen an die KOALITIONSKRIEGE an, in denen Napoleon I. Österreich und Preußen besiegt, Italien unterworfen und das HEILIGE RÖMISCHE REICH aufgelöst hatte. Im Jahr 1807 hatte der Korse dann die KONTINENTALSPERRE verkündet, um Großbritannien in die Knie zu zwingen.

Doch Napoleons I. Herrschaft war nicht umumschränkt. In den einzelnen unterworfenen Staaten gärte es; es kam vermehrt zu Unruhen. So erhoben sich 1808 die Spanier und Napoleon I. musste im Krieg auf der Iberischen Halbinsel einige Niederlagen hinnehmen. Hierdurch ermutigt, forderten die Österreicher ihn im Mai 1809 bei As-

pern, einem kleinen Ort östlich von Wien, erneut heraus und brachten ihm die erste wirklich empfindliche Niederlage bei. Im Juli 1809 musste Erzherzog Karl bei Wagram jedoch eine schwere Niederlage einstecken. Danach brach der Aufstand zusammen; der Tiroler Freiheitskämpfer Andreas HOFER wurde verhaftet und in Mantua erschossen. Österreich musste im Frieden von Schönbrunn im Oktober 1809 das Innviertel und Nordtirol an Bayern sowie Südtirol an Italien abtreten; Westgalizien mit Krakau kam an das von Napoleon I. beherrschte Großherzogtum Warschau, während Frankreich Illyrien – die Region um Venedig an der Adriaküste – annektierte und damit Österreich vom Zugang zum Mittelmeer abschnitt. Außerdem wurde die österreichische Armee auf 150 000 Soldaten begrenzt.

Obwohl diese Kämpfe Napoleons Truppen viel Kraft gekostet hatten, fiel der Korse 1812 mit der größten Armee aller Zeiten in Russland ein, um den Zaren mit Waffengewalt zur Einhaltung der Kontinentalsperre zu zwingen. Nach seinem Sieg in der Schlacht von BORODINO besetzte Napoleon das von den Russen verlassene Moskau, doch musste er nach einigen Wochen angesichts der Versorgungsschwierigkeiten und wegen des hereinbrechenden Winters den Rückzug antreten, der in einer Katastrophe für seine Armee endete. Nur wenige Soldaten erreichten ihre Heimat.

Der gescheiterte Russlandfeldzug war das Signal zur allgemeinen Erhebung in Europa. In den BEFREIUNGSKRIEGEN 1813–15 brachten die vereinten preußischen, russischen und österreichischen Truppen der französischen Armee eine vernichtende Niederlage in der Völkerschlacht bei LEIPZIG bei. Nach dem Einmarsch der Alliierten in Paris wurde Napoleon abgesetzt und verbannt.

WUSSTEN SIE, DASS?

Die Niederlage bei Aspern erschütterte Napoleons Nimbus als unbezwingbarer Feldherr. Zum ersten Mal in seiner Karriere scheiterte der kleine Korse am militärischen Widerstand seines Gegners.

Narva, Schlacht von (30. November 1700),

Schlacht im NORDISCHEN KRIEG. Nahe des estnischen Hafens wurden die Truppen des Zaren PETER DES GROSSEN von den Schweden unter König KARL XII. vernichtend geschlagen. Vier Jahre später eroberten die Russen Narva zurück.

NASA, Abkürzung für National Aeronautics and Space Administration,

zivile Behörde, die 1958 zur Koordinierung der Weltraumforschung in den USA gegründet wurde. Sie gewann im Juni 1969 den Wettlauf mit der SOWJETUNION, als die NASA-Astronauten Armstrong und Aldrin als erste Menschen auf dem Mond landeten. Die Behörde ist außerdem für Kommunikations- und Wettersatelliten zuständig und leitet die Arbeiten am Spaceshuttle, das für wiederholte Raumfahrten genutzt werden kann. Seit den frühen 90er-Jahren konzentriert sie sich auf den Bau einer Weltraumstation.

Nasser, Gamal Abd el (1918–70), ab

1954 ägyptisches Staatsoberhaupt. Nasser war 1942 Mitbegründer des antiroyalistischen und antibritischen Komitees freier Offiziere. 1952 zwangen er und einige Gefolgsleute König Faruk zum Rücktritt. Sie riefen die Republik aus und bildeten einen Revolutionsrat mit Muhammad Nagib als Präsidenten. 1954 löste Nasser Nagib als Staatsoberhaupt ab. Nachdem er keine westliche Unterstützung für den Ausbau des Assuan-Staudamms erhielt, verstaatlichte er 1956 die Suezkanal-Gesellschaft, die vorwiegend von französischen und britischen Investoren finanziert wurde. Großbritannien, Frankreich und Israel marschierten daraufhin in Ägypten ein, doch internationale Missbilligung und die diplomatische Intervention der USA beendeten den SUEZKRIEG. Nach dem Sieg Israels im SECHSTAGEKRIEG 1967 über Ägypten wollte Nasser zurücktreten, aber Sympathiekundgebungen der Bevölkerung bewogen ihn, doch im Amt zu bleiben.

Napoleon III. nutzte jede Gelegenheit, Frankreichs Größe zu dokumentieren. Das Bild hält den Empfang einer Abordnung aus Siam fest – ein Ereignis ohne besondere historische Bedeutung.

Vom Nationalgefühl zum Nationalismus

Während der Wunsch vieler Völker nach nationaler Selbstbestimmung als berechtigt angesehen wird, birgt das übersteigerte Nationalbewusstsein, der Nationalismus, ein gewaltiges Gefahrenpotenzial für den Frieden.

Sowohl das Nationalgefühl als auch der Nationalismus gehen zurück auf die Idee der Nation, d.h. einer Gemeinschaft von Menschen mit gemeinsamer Herkunft, gemeinsamer Geschichte und gemeinsamen kulturellen Merkmalen wie etwa Sprache, Kunst und Religion. Doch trotz der einen Wurzel sind die beiden Einstellungen nicht gleichwertig, sondern bezeichnen eher die positive und die negative Seite derselben Idee.

Wenn sich Menschen einer bestimmten Nation zugehörig fühlen, entwickeln sie ein ganz spezifisches Nationalbewusstsein. Sie empfinden die eigene Nation als etwas Besonderes und streben danach, in einem souveränen Nationalstaat leben zu können, dessen Territorium ihr Siedlungsgebiet umfasst. Diese Haltung erscheint uns als normal und berechtigt – anders als der Nationalismus, der eine Art Zerrbild dieser Einstellung darstellt, denn er bedeutet eine übersteigerte Wertschätzung der eigenen Nation. Kennzeichnend dafür ist ein Überlegenheitsgefühl, das mit einer Geringschätzung oder sogar Verachtung fremder Nationen oder Minderheiten innerhalb des eigenen Landes einhergeht. Der Nationalismus verfolgt vorwiegend das nationale Eigeninteresse, und zwar ohne Rücksichtnahme auf die Interessen anderer Nationen; er ist aggressiv und strebt häufig genug nach Vorherrschaft.

1848 gehen in ganz Europa national gesinnte Revolutionäre auf die Barrikaden. In Wien feiert das Volk die Verlesung der neuen Verfassung des österreichischen Kaiserreichs.

In geschichtlichen Zeiträumen gesehen, sind Nationalidee, Nationalstaat und Nationalismus noch recht junge Erscheinungen, die erst Ende des 18. Jh. entstanden sind.

IM GEFOLGE DER REVOLUTION

Nationalidee und Nationalbewusstsein im modernen Sinn gibt es erst seit der Französischen Revolution 1789 und den Napoleonischen Kriegen. Als Gegenreaktion auf das revolutionäre Sendungsbewusstsein der Franzosen entwickelten sich bei den unterworfenen Völkern Europas patriotische Gefühle, die nach Befreiung von der Fremdherrschaft und nach Selbstbestimmung verlangten.

In Deutschland beispielsweise strebte das liberale Bürgertum nach der Restauration auf dem Wiener Kongress 1815 die Zusammenfassung der 39 Staaten des Deutschen Bundes in einem einheitlichen deutschen Nationalstaat an. Nachdem in der Revolution von 1848/49 der Versuch, einen Nationalstaat durch ein vom Volk gewähltes Parlament zu gründen, gescheitert war, schuf die preußische Monarchie unter Reichskanzler Otto von Bismarck 1871 mit Mitteln der Machtpolitik in drei blutigen Kriegen das Deutsche Reich, einen kleindeutschen Nationalstaat ohne Österreich. Die Reichsgründung wurde von den

Germania, das Symbol der deutschen Nation, präsentiert stolz die neue Kaiserkrone.

Deutschen bejubelt, zumal sie nicht nur das Nationalgefühl befriedigte, sondern auch die wirtschaftliche Entwicklung förderte, u.a. durch den Wegfall vieler Grenzen. Unter Kaiser Wilhelm II. entwickelte sich dann, wie in anderen imperialistischen Staaten Europas auch, ein ausgeprägter Nationalismus, der – angeblich um der nationalen Selbstbehauptung willen – nach Weltgeltung und Ausdehnung des eigenen Herrschaftsbereichs durch den Erwerb von zahlreichen Kolonien in Übersee strebte.

Gleichzeitig mit den erfolgreichen nationalen Einigungsbestrebungen wie in Deutschland, aber z.B. auch in Italien, verlangten unterdrückte Völker, die in Vielvölkerstaaten wie der Donaumonarchie oder dem Osmanischen Reich lebten, nach nationaler Unabhängigkeit. Dazu gehörten u.a. Serben, Albaner, Rumänen,

In der 1880 entstandenen allegorischen Darstellung bieten herausragende Persönlichkeiten Frankreich ihre patriotischen Dienste an.

Tschechen und Ungarn, die vehement für Selbstbestimmung eintraten.

Einen Höhepunkt nationalistischer Auseinandersetzungen stellte der Erste Weltkrieg dar. In einigen Staaten zog man mit Hurra-Patriotismus in den Kampf, doch am Ende musste Deutschland erhebliche Gebietsverluste und Österreich den Zerfall des Vielvölkerstaats hinnehmen – abgesehen von den Millionen Toten auf allen Seiten.

Der Dichter Alphonse de Lamartine war das Oberhaupt der französischen Regierung während der Revolution von 1848.

Schon im Januar 1918 schlug der US-Präsident Woodrow Wilson vor, nach Beendigung des Ersten Weltkriegs das nationale Selbstbestimmungsrecht der Völker zur Grundlage einer neuen und dauerhaften Friedensordnung in Europa zu machen. Doch diese Idee scheiterte an den Machtinteressen der europäischen Siegerstaaten, aber auch, weil es unmöglich war, auf den Trümmern der ehemaligen Vielvölkerstaaten in Mittelost- und Südosteuropa klar abgegrenzte neue Nationalstaaten zu schaffen, da in diesen Gebieten viele ethnische Gruppen bunt gemischt miteinander lebten. So entstanden neue instabile Vielvölkerstaaten wie Jugoslawien und die Tschechoslowakei.

In den 20er- und 30er-Jahren entwickelte sich in den faschistischen Staaten – vor allem in Deutschland unter Adolf Hitler – ein höchst aggressiver Nationalismus, der zur Auslösung des Zweiten Weltkriegs, der Unterwerfung Europas durch Deutschland und zum Völkermord an den Juden und Fremdvölkischen führte.

LEHREN DES ZWEITEN WELTKRIEGS

In Afrika und Asien setzten nach dem Zweiten Weltkrieg Unabhängigkeitskämpfe der Kolonialvölker gegen die Kolonialmächte um ihre nationale Selbstständigkeit ein, und so entstand eine große Anzahl neuer Staaten. Gleichzeitig kam es auch innerhalb einiger neu gegründeter Staaten zu Bürgerkriegen und Abspaltungen, vor allem wegen ethnischer und religiöser Konflikte. So löste sich z. B. Pakistan von Indien sowie für kurze Zeit Katanga vom Kongo und Biafra von Nigeria.

In Westeuropa vollzog sich angesichts der Schrecken des Zweiten Weltkriegs und des drohenden Kommunismus eine Abkehr vom Nationalismus. Unter Abtretung nationaler Hoheitsrechte entstanden übernationale Zusammenschlüsse wie die Europäische Wirtschaftsgemeinschaft (EWG) und ihre Nachfolgeorganisation, die Europäische Union (EU), mit einer einheitlichen Währung für mehrere Staaten und dem Fernziel einer politischen Einigung.

Das Volk in Bangladesh berief sich in seinem Unabhängigkeitskampf auf indische Vorbilder.

Dass das Kapitel Nationalismus jedoch noch nicht abgeschlossen ist, zeigte sich in den 90er-Jahren. Nach dem Zusammenbruch des Kommunismus kam es zum Zerfall der Sowjetunion, die sich in ihre Unionsrepubliken, u. a. die Baltischen Staaten, die Ukraine, die Kaukasus-Republiken und asiatische Staaten wie Kasachstan aufteilte. Außerdem lösten sich zu Beginn der 90er-Jahre zwei multinationale europäische Staaten auf, die nach dem Ersten Weltkrieg neu geschaffen worden waren: die Tschechoslowakei und Jugoslawien. Auf ihren Territorien etablierten sich neue Staaten – so entstanden aus der Tschechoslowakei nach einer Volksabstimmung Tschechien und die Slowakei.

Die politische Neuordnung auf dem Balkan forderte im Gegensatz dazu blutigen Tribut. Während sich Slowenien und Makedonien noch ohne größere Auseinandersetzungen aus dem Vielvölkerstaat Jugoslawien zurückziehen konnten, kam es im Zusammenhang mit der Abtrennung von Kroatien und Bosnien zu blutigen Kämpfen zwischen den verschiedenen ethnischen Gruppen und beim Konflikt um den Erhalt von Restjugoslawien 1999 zu ethnischen Säuberungen unvorstellbaren Ausmaßes.

Ana Ipatescu führte 1848 den rumänischen Aufstand an. Er wurde von den Russen blutig niedergeworfen.

Nationale Volksarmee, Bezeichnung für die Streitkräfte der ehemaligen DDR. Die NVA ging 1956 aus der Kasernierten Volkspolizei hervor. Sie war auch in Friedenszeiten dem Oberkommando des WARSCHAUER PAKTES unterstellt. Anfangs hatte sie eine Stärke von 90 000 Mann; nach der Einführung der allgemeinen Wehrpflicht 1962 wurde sie bis zu einer Gesamtstärke von mehr als 170 000 Mann 1989 ausgebaut. Mit der Vereinigung der beiden deutschen Staaten 1990 wurde sie aufgelöst.

Nationalismus siehe Seite 360/361

Nationalliberale Partei, aus einer Spaltung der DEUTSCHEN FORTSCHRITTSPARTEI 1866 hervorgegangene politische Gruppierung, die sich zunächst neue Fraktion der nationalen Partei nannte. Die wichtigsten Punkte ihres Gründungsprogramms vom 12. Juni 1867 waren der Ausbau des Parlamentarismus, liberale Reformen und die Einigung ganz Deutschlands. Als stärkste Fraktion im Reichstag mit Rudolf Bennigsen als Vorsitzendem unterstützte sie Reichskanzler Otto von BISMARCK bei der Reichsgründung und im KULTURKAMPF. 1879 spaltete sich der Flügel, der für den FREIHANDEL eintrat, wegen der Schutzzollpolitik Bismarcks ab. Das SOZIALISTENGESETZ lehnten die Nationalliberalen zunächst ab, aber 1878 nach dem zweiten Attentat auf WILHELM I. befürworteten sie es. Im ERSTEN WELTKRIEG vertrat die Partei, in der stets Rechts- und Machtstaatsdenken konkurrierten, expansive Kriegsziele. Nach der NOVEMBERREVOLUTION 1918 löste sie sich von selbst auf.

1995 organisierte die Nation of Islam den „Marsch der Millionen", bei dem 400 000 Mitglieder zum Weißen Haus in Washington zogen.

Nationalsozialistische Deutsche Arbeiterpartei, abgekürzt NSDAP, rechtsradikale Partei in Deutschland 1919–45. Der Ursprung der NSDAP liegt in der von dem Münchner Schlosser Anton Drechsler gegründeten Deutschen Arbeiterpartei (DAP), die 1920 in Nationalsozialistische Deutsche Arbeiterpartei umbenannt wurde. Bereits ein Jahr später übernahm Adolf HITLER die Parteiführung.

Die NSDAP, die 1933–45 die einzige zugelassene Partei in Deutschland war, lehnte die Demokratie kompromisslos ab. Die Lehre von der Reinheit der arischen Rasse, die zur Judenverfolgung führte, bildete zusammen mit einer extrem nationalistischen Ausrichtung die Kernpunkte des Parteiprogramms. Die nationalsozialistische Ideologie berief sich auf die rassistischen Publikationen des Franzosen Joseph Gobineau, die Schriften des englischen Kulturphilosophen Houston Stewart Chamberlain und das Konzept eines Übermenschen von Friedrich NIETZSCHE. Die verzweifelte Lage des deutschen Volkes, das durch den VERSAILLER VERTRAG aufs Tiefste gedemütigt worden war, die Folgen der INFLATION und der Weltwirtschaftskrise, die Massenarbeitslosigkeit mit sich brachte, sowie die Furcht vor dem Einfluss des Kommunismus verschafften der NSDAP ab 1930 einen gewaltigen Zulauf. Viele erhofften sich von der Partei einen wirtschaftlichen Aufschwung, mehr Sicherheit im Staatsinnern und einen Zuwachs an Macht und Ansehen für Deutschland in Europa.

Nach Hitlers MACHTERGREIFUNG im Januar 1933 wurde die nationalsozialistische Ideologie Grundlage der Innen- und Außenpolitik des DRITTEN REICHES – nicht zuletzt durch die politische und gesellschaftliche GLEICHSCHALTUNG, durch die schon im Frühsommer desselben Jahres alle oppositionellen Parteien und Verbände zur Selbstauflösung gezwungen oder ganz verboten wurden.

Im ZWEITEN WELTKRIEG wurden alle von den Deutschen besetzten Gebiete der NS-Gewaltherrschaft unterstellt. Millionen Juden, Polen, Russen, Sinti und Roma sowie Homosexuelle und politische Gegner fanden in den KONZENTRATIONSLAGERN und Vernichtungslagern den Tod. Nach dem verlorenen Krieg wurde die NSDAP 1945 von den alliierten Siegermächten verboten.

Nationalstaat, Staatswesen, dessen Bewohner – im Gegensatz zum Nationalitätenstaat – Mitglieder einer einheitlichen Nation sind. Das Volk eines solchen Staates fühlt sich u.a. durch gemeinsame Kultur, Geschichte und Sprache verbunden. Typische Beispiele für Nationalstaaten sind Frankreich, Portugal oder Dänemark, während beispielsweise die österreichisch-ungarische Doppelmonarchie vor dem Ersten Weltkrieg und die danach geschaffenen Staaten Jugoslawien und Tschechoslowakei Nationalitätenstaaten waren.

Nation of Islam, moslemische Bewegung der Afroamerikaner in den USA, auch bekannt unter der Bezeichnung Black-Power-Bewegung. 1930 gründete Wallace D. Fard

Das Repertoire der NS-Kleiderkammer: ganz links die Jacke für den HJ-Streifendienst, an Position vier das Braunhemd eines Kreisleiters, rechts außen der Waffenrock der SS.

Muhammad in Detroit die Nation of Islam. Er lehrte seine Anhänger, er sei der Mensch gewordene Allah und die Afroamerikaner stammten alle von einem alten moslemischen Volk ab. Für die Schwarzen sei der Islam der einzige Ausweg aus der Unterdrückung. Unter Fards Nachfolger Elijah Muhammad gewann die Bewegung an Bedeutung; dies traf insbesondere für die Zeit gegen Ende der 50er-Jahre zu, als der charismatische MALCOLM X Sprecher der Organisation war. 1975 übernahm Elijah Muhammads Sohn, Warith Deen Muhammad, die Führung der Nation of Islam. Er widerrief den Göttlichkeitsanspruch des Gründers und gab der Vereinigung den Namen American Muslim Mission. 1985 löste er sie auf, weil er ihre Anhänger als Mitglieder der islamischen Glaubensgemeinschaft der Sunniten betrachtete. Eine New Yorker Splittergruppe um Louis Farrakhan nennt sich jedoch weiterhin Nation of Islam und vertritt die reine Lehre des Gründers. Im Jahr 1995 organisierte diese Gruppe einen Demonstrationszug nach Washington, auf dem hunderttausende von Afroamerikanern gegen Rassendiskriminierung in den USA protestierten.

NATO

militärisches Verteidigungsbündnis westlicher Staaten. Die NATO – Abkürzung von North Atlantic Treaty Organization – wurde 1949 in den ersten Jahren des KALTEN KRIEGES als Antwort auf die militärische Bedrohung Mittel- und Westeuropas durch die SOWJETUNION und ihre Verbündeten gegründet. Der Zusammenbruch des Kommunismus und die Auflösung des WARSCHAUER PAKTES 1991 führten zu einer Neuorientierung: Im Zug der Osterweiterung bot die NATO 1994 den entstehenden Demokratien im ehemaligen Ostblock die Partnerschaft für den Frieden als Vorbereitung für eine spätere Mitgliedschaft an. Am 12. März 1999 erfolgte – gegen den erklärten Willen Russlands – die Aufnahme von Polen, Tschechien und Ungarn. Ende desselben Monats startete die NATO Luftangriffe auf Jugoslawien, um die Vertreibung der Albaner aus dem KOSOVO zu beenden.

Naturwissenschaft siehe Seite 364/365

Navajo

zahlenmäßig stärkstes nordamerikanisches Indianervolk, das ursprünglich zu den APACHEN gehörte und aus Westkanada stammt. Die Navajo zogen als NOMADEN im 17. Jh. in den Nordosten von Arizona und übernahmen die Schafhaltung von den Spaniern. Angriffe auf Siedlungen von Weißen in New Mexico führten zu Vergeltungsmaß-

nahmen, bis Kit Carson 1863/64 die Navajo endgültig unterwarf. Nach ihrer Niederlage wurden die meisten von ihnen in Fort Sumner inhaftiert. 1868 ließ man die Navajo frei und wies ihnen Reservate in Arizona und New Mexico zu, die heutzutage ungefähr 6,5 Mio. ha Land umfassen.

Neandertaler siehe Seite 368/369

Neapel

Stadt am Golf von Neapel im Südwesten Italiens, die vom Vulkan Vesuv überragt wird. Neapel wurde im 7. Jh. v. Chr. als Tochterkolonie von den Griechen besiedelt und 328 v. Chr. von den Römern erobert. Als diese Jahrhunderte später an Macht verloren, besetzten die GOTEN Neapel. Erst unter dem Einfluss von Byzanz konnte die Stadt im 6. Jh. n. Chr. Autonomie erlangen und blieb dann ein unabhängiges Königreich, bis sie 1139 von den Normannen eingenommen wurde. Neapel gehörte bis zum 12. Jh. zum Königreich Sizilien und dann nacheinander dem Haus Anjou und dem Haus ARAGÓN. Seit 1504 im Besitz der spanischen HABSBURGER, diente Neapel ihnen als Basis für ihre Kämpfe gegen das französische Königshaus der VALOIS. Nach dem SPANISCHEN ERBFOLGEKRIEG gelangte Neapel unter die Herrschaft der österreichischen Habsburger, wurde dann aber 1735 von den spanischen BOURBONEN erobert. NAPOLEON I. besetzte die Stadt 1799, doch 1815 wurde erneut ein Bourbone, Ferdinand I., König von Neapel und Sizilien. 1860, nach der Einnahme der Stadt durch Giuseppe GARIBALDI, wurde Neapel dann dem neu gegründeten Königreich Italien angeschlossen.

Nebukadnezar II.

(† 562 v. Chr.), seit dem Jahr 605 v. Chr. babylonischer König. Unter seiner Herrschaft entwickelte sich das Neubabylonische Reich zur Großmacht im Vorderen Orient. Noch als Kronprinz besiegte Nebukadnezar die Ägypter bei Karkemisch am Euphrat, und in den ersten 20 Jahren nach seiner Thronbesteigung unternahm er zahlreiche Feldzüge, um seine Macht zu festigen. 598 v. Chr. eroberte er JERUSALEM und verschleppte dessen König und sein Gefolge nach BABYLON. Nach einem späteren Aufstand nahmen Nebukadnezars Truppen 587 v. Chr. erneut Jerusalem ein, brannten den Tempel nieder und führten den Großteil der Bevölkerung ins BABYLONISCHE EXIL.

In Babylon führte Nebukadnezar ein großes Bauprogramm durch, ließ Tempel und Stadtmauern errichten. Der Tradition zufolge waren auch die Hängenden Gärten, eines der SIEBEN WELTWUNDER, sein Werk.

Necker, Jacques

(1732–1804), französischer Bankier und Politiker zur Zeit der FRANZÖSISCHEN REVOLUTION. 1777 wurde er zum Generaldirektor der Finanzen berufen, um die Staatsfinanzen zu sanieren. 1781 wurden seine Forderungen nach Reformen jedoch abgelehnt, woraufhin er zurücktrat. Als der französische Staat bankrott war, rief ihn LUDWIG XVI. 1788 wieder ins Amt. Erneut empfahl Necker Reformen – sowie die Einberufung der GENERALSTÄNDE, die Klerus, Adel und Volk repräsentierten –, und erneut wurde er 1789 entlassen. Diese Maßnahme war mit ein Anlass für den Sturm auf die BASTILLE am 14. Juli. Daraufhin wurde er wieder berufen, trat aber im nächsten Jahr endgültig zurück.

Nehru, Jawaharlal

(1889–1964), indischer Politiker, auch Pandit – Lehrer – genannt, ab 1947 erster Premierminister der Republik Indien. Nehru wurde 1929 Präsident der Kongresspartei und folgte dem von Mahatma GANDHI vorgegebenen Kurs zur Erlangung der Selbstbestimmung. Er war überzeugt, dass Indien eine Zukunft als In-

Die Navajo besitzen großes Geschick in der Herstellung von Webteppichen und von künstlerisch gestalteten Metallgegenständen.

dustrieland habe, im Gegensatz zu Gandhis Ideal einer Sozialstruktur mit selbstständigen Dörfern als Zentren. Um eine starke Front gegen die Briten aufzubauen, führte Nehru Kampagnen des zivilen Ungehorsams an und kam wiederholt in Haft. Nach seiner Entlassung 1945 nahm er an den Verhandlungen zur 1947 erfolgten Gründung der Staaten Indien und Pakistan teil.

Als Premierminister stellte Nehru mehrere Fünfjahrespläne für die Wirtschaft auf. Er betrieb die Teilung von Kaschmir, die den Indisch-Pakistanischen Krieg 1947–49 zur Folge hatte, und die Annexion der portugiesischen Kolonie GOA 1961. In der Außenpolitik suchte er westliche Hilfe, als China 1962 in Indien einmarschierte.

WUSSTEN SIE, DASS?

Römische Kaiser, Patrizier und Intellektuelle errichteten bereits vor 2000 Jahren in und um Neapel ihre Villen: Lucullus führte in seinem Landhaus ein verschwenderisches Leben und Horaz beschrieb den Müßiggang, das Dolcefarniente Neapels.

Die Geburt der modernen Naturwissenschaft

Im mittelalterlichen Europa gründete sich das Weltbild der Menschen auf den Glauben an Gott und Überlieferungen aus dem Altertum. Doch dann stellten die Forscher die überkommenen Überzeugungen infrage und begannen, die Natur durch Beobachtungen und Experimente zu untersuchen.

Heute versteht man unter Naturwissenschaft den systematischen Versuch, die Beschaffenheit der Natur durch Beobachtungen und Experimente sowie mithilfe des Verstands zu begreifen. Die Grundlage hierfür legten schon die alten Griechen im 6. Jh. v. Chr., die auf der Himmelskunde sowie dem Zahlensystem der Mesopotamier und Ägypter aufbauten.

Die griechischen Philosophen waren der Ansicht, dass Gesetze den Kosmos bestimmten. Die Natur war also weder ein blinder Zufall noch eine willkürliche Schöpfung der Götter. Aristoteles und seine Schüler glaubten, dass die Natur trotz ihrer Vielfalt auf vier Elementen beruhe, und zwar auf Erde, Feuer, Wasser und Luft. Gesundheit und Krankheit wurden entsprechend dieser Theorie über das Zusammenspiel der vier Körpersäfte erklärt. Gemäß den Lehren von Pythagoras im 6. Jh. v. Chr. und Plato glaubten die meisten Griechen, dass die Planetenbahnen und andere Gesetzmäßigkeiten in der Natur über die Zahlenwissenschaft und die Geometrie verstanden werden könnten; und nach diesen Regeln systematisierte Ptolemäus die Himmelskunde. So entwickelten die alten Griechen von der Astronomie bis zur Biologie ein schlüssiges und verständliches Weltbild, das etwa 2000 Jahre Bestand hatte.

DIE ERFORSCHUNG DES KOSMOS

Die Griechen legten somit zwar den naturkundlichen Grundstock, doch erst im 16. und 17. Jh. entstanden die Theorien und Methoden, die die Basis für unsere heutigen Naturwissenschaften bilden. Die ersten Änderungen der antiken Überzeugungen ergaben sich in der Astronomie. 1543 stellte der Domherr Nikolaus Kopernikus aus Thorn im heutigen Polen in seinen Schriften über die Kreisbewegungen der Weltkörper die These auf, dass das Zentrum des Kosmos nicht – wie die alten Griechen glaubten – die Erde sei, sondern die Sonne, und dass in diesem heliozentrischen System alle Planeten einschließlich der Erde um die Sonne kreisten. Die Folgen dieser geänderten Weltsicht waren weit reichend, denn damit stand die Menschheit nicht mehr im Zentrum der göttlichen Schöpfung.

Im frühen 17. Jh. bestätigten die Arbeiten des deutschen Mathematikers und Astronomen Johannes Kepler und des italienischen Physikers Galileo Galilei die Theorien des Kopernikus. Die katholische Kirche stellte Galilei, der als erster Astronom den Himmel durch ein Teleskop beobachtete, aufgrund seiner ketzerischen Auffassung, dass sich die Erde bewegte, vor ein Inquisitionsgericht, und er sah sich zum Widerruf gezwungen. Dennoch vertraten schließlich im 17. Jh. nahezu alle Astronomen die Auffassung, dass die Sonne nicht das Zentrum des Kosmos bilde, sondern nur einer von unendlich vielen Sternen in einem unendlichen Weltall sei.

Auch in anderen naturwisschenschaftlichen Gebieten rückte man vom alten Kenntnisstand ab. Im selben Jahr, in dem Kopernikus seine Theorien über die Astronomie veröffentlichte, widerlegte der italienische Mediziner Andreas Vesal die antiken Auffassungen über die menschliche Anatomie. Durch das Sezieren von Leichen wies er nach, dass der menschliche Körper keineswegs so aufgebaut ist, wie ihn der Arzt Galen im 2. Jh. in seinen allgemein anerkannten Werken beschrieben hatte. Nur wenige Forschergenerationen später entdeckte der englische Arzt William Harvey den Blutkreislauf. Er war damit der Erste, der das Herz als eine Art Pumpe ansah und von einer mechanischen Arbeitsweise der Körperteile und -organe ausging. Ihm

Vesal (oben) erforschte den Aufbau des menschlichen Körpers, Kopernikus skizzierte die Erdumlaufbahn (links).

selbst brachte seine Entdeckung jedoch keine Vorteile: Niemand wollte ihn mehr konsultieren, weil ihn alle für verrückt erklärten.

Viele der großen Forscher im 17. Jh., die nun nicht mehr blind den Vorstellungen von Aristoteles und anderen griechischen Philosophen folgen wollten, waren der Auffassung, dass die Wissenschaft sich nur durch genaue Beobachtung und durch das

Zusammentragen von nachvollziehbaren Tatsachen weiterentwickeln könne. Ein Wegbereiter dieser Entwicklung war der Engländer Francis Bacon, Wissenschaftler und Staatsmann, der Spekulationen verurteilte und darauf bestand, dass nur aufgrund von Fakten eine Theorie aufgestellt werden dürfe.

Da das Sammeln von Fakten so wichtig sei, könne die Wissenschaft – so Bacons Ansicht und die zahlreicher Kollegen – nur durch die gemeinsamen Anstrengungen von vielen vorangebracht werden. Seine Vision einer derartig fortschrittlichen Wissenschaft wurde 1660 mit der Gründung der Royal Society in London verwirklicht. Kurze Zeit

ebenfalls die herausragende Rolle von Fakten in der Wissenschaft; einer seiner Leitsprüche lautete: „Ich stelle keine Hypothesen auf." Newtons größtes Verdienst war die Vereinheitlichung von Astronomie, Physik und Mathematik. In seinem Werk *Mathematische Prinzipien der Naturlehre* formulierte er die Grundgesetze der Mechanik und entwickelte seine Auffassung von den Regeln der Massenanziehung oder Gravitation, die im gesamten Universum auftritt und sowohl die Bewegung der Planeten als auch die eines Apfels, der vom Baum fällt, bestimmt.

Die folgenreichste wissenschaftliche Neuerung im 17. Jh. brachte vielleicht die veränderte Auffassung über Aufbau und Zusammenspiel aller Dinge auf der Welt. Die alten Griechen sahen die Natur als eine Art Organismus an, als ein lebendiges Ganzes voller Zusammenhänge und Wechselwirkungen, die bestimmten Zwecken dienten. So regnete es nach ihrer Auffassung, damit das Gras wachsen

konnte, und schwere Gegenstände fielen deshalb zu Boden, weil sie auf den festen Grund zurückkehren wollten, auf den sie eigentlich gehörten.

Doch die Forscher des 17. Jh. verwarfen diese Ansichten und vertraten nunmehr die Überzeugung, dass die Natur mechanisch und atomistisch sei; Materie bestehe aus verschiedenen unsichtbaren Teilchen, die sich aufgrund der zwischen ihnen bestehenden Kräfte nach mathematischen Gesetzen bewegten. Diese mechanistische Ansicht der Dinge ging einher mit verschiedenen technischen Entwicklungen, vor allem mit den Fortschritten, die man bei der Zeitmessung und somit der Uhrenherstellung erzielte.

DIE BEHERRSCHUNG DER NATUR

Die Vorstellung, dass das Universum wie ein Uhrwerk nach bestimmten Gesetzen funktioniere, eröffnete der Wissenschaft neue Perspektiven. Die Natur wurde nicht länger als ein lebender Organismus angesehen, sondern als eine Art Maschine, die man untersuchen, auseinander nehmen, zusammensetzen und gleichzeitig verändern und verbessern kann. Somit steht die gesamte Natur, die nicht länger als geheimnisvoll oder geheiligt gilt, einschließlich der Tierwelt dem menschlichen Forschergeist zur Verfügung und dient den Wissenschaftlern als Rohmaterial für ihre Arbeit. Die Vordenker der Aufklärung behaupteten sogar, der Mensch sei Herr über die Natur und dürfe sie für seine eigenen Zwecke nutzen. Diese atemberaubende Vision ermöglichte den technologischen Fortschritt in der industriellen Revolution, doch lagen die Vorteile für jeden Einzelnen weniger in der reinen Lehre als vielmehr in deren Folgen, etwa nutzbringenden Erfindungen. Allerdings warnten schon damals einige Zeitgenossen, wie z. B. die britische Schriftstellerin Mary Shelley, die 1818 den Bestseller *Frankenstein* schrieb, vor der Selbstüberschätzung des Menschen.

Die Segnungen und Gefahren der Wissenschaft, wie sie im 17. Jh. entstanden, gelten noch heute. Die ungeahnten Möglichkeiten der Gentechnologie, der Kernenergie, lebensverlängernder Maßnahmen und die Veränderungen der Umwelt zeigen, dass die Probleme, die aus der Wissenschaft entstehen, noch lange nicht gelöst sind.

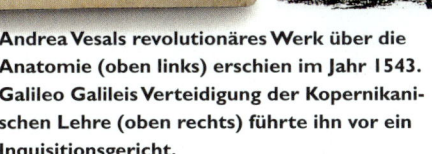

Andrea Vesals revolutionäres Werk über die Anatomie (oben links) erschien im Jahr 1543. Galileo Galileis Verteidigung der Kopernikanischen Lehre (oben rechts) führte ihn vor ein Inquisitionsgericht.

später entstand auch die Académie des Sciences in Frankreich. Die in England tätigen Forscher – darunter u. a. der Chemiker Robert Boyle und der Physiker Robert Hooke – veröffentlichten ihre Entdeckungen in den *Philosophical Transactions*, der ersten wissenschaftlichen Zeitschrift der Welt. Zwar gab es anfangs nur wenige hauptberufliche Naturforscher, doch langsam entwickelte sich eine weltweite Wissenschaftsgemeinde.

Als einer der Höhepunkte der so genannten wissenschaftlichen Revolution werden die Erkenntnisse des englischen Physikers und Mathematikers Isaac Newton angesehen, der sich u. a. auch mit der Theologie und der Alchemie befasste. Er betonte

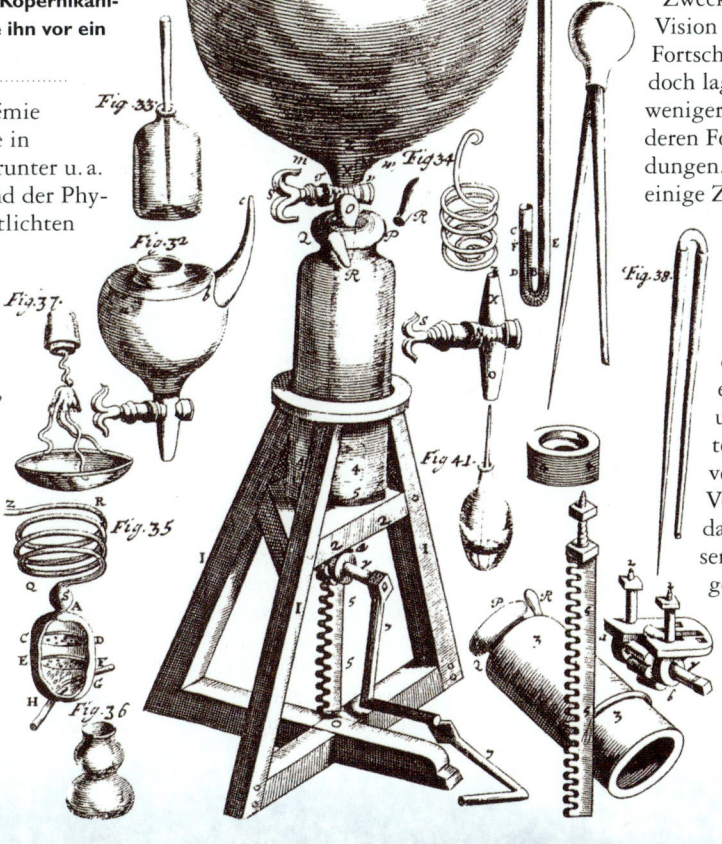

Die Vakuumpumpe des englischen Chemikers Robert Boyle verdeutlicht den Zusammenhang zwischen Druck und Volumen eines Gases.

Das Porträt Nelsons entstand nach dem Sieg bei Abukir. Den Uniformrock trug der Admiral bei Trafalgar – das Loch in der linken Schulter stammt von der tödlichen Kugel.

Nelson, Horatio, Viscount (1758–1805),

britischer Admiral, der zweimal die französische Flotte besiegte. Der Pfarrerssohn aus Norfolk wurde schon mit 20 Jahren zum Kapitän ernannt. 1794 verlor er während eines erfolgreichen Angriffs auf Korsika sein rechtes Auge, drei Jahre später büßte er beim erfolglosen Versuch, Santa Cruz zu erobern, seinen rechten Arm ein.

1798 besiegte Nelson die französische Flotte bei ABUKIR und verhinderte so, dass Napoleon Ägypten eroberte. Danach segelte er nach Neapel, wo er mit der Frau des britischen Botschafters, Lady Emma Hamilton, eine Liebesbeziehung einging, die bis zu seinem Tod andauerte. Da er sich weigerte, Neapel befehlsgemäß zu verlassen, wurde er abberufen und nach Großbritannien zurückbeordert, 1801 aber als Vizeadmiral wieder eingesetzt. Als es erneut zum Krieg gegen Frankreich kam, erhielt er den Oberbefehl über die Mittelmeerflotte. Zwei Jahre lang blockierte er die französischen Schiffe in Toulon, und als diese ausbrachen, verfolgte er sie über den Atlantik und zurück, bis er sie und die spanische Flotte 1805 bei TRAFALGAR nordwestlich von Gibraltar schlug. Sein Sieg bewahrte Großbritannien vor der Einnahme durch NAPOLEON I., doch Nelson selbst fand in der Seeschlacht den Tod.

WUSSTEN SIE, DASS?

Nelson unternahm seine letzte Fahrt in einem Fass. Nach seiner tödlichen Verwundung bei Trafalgar legte man seine Leiche angeblich in Branntwein, damit sie bei der langen Überführung auf dem Seeweg nicht verweste.

Nero (37–68), ab 54 römischer Kaiser, der für Eitelkeit und Machtmissbrauch bekannt wurde. Nero war von Kaiser CLAUDIUS adoptiert worden, der Neros Mutter Agrippina geheiratet hatte. Nachdem Nero nach Claudius' Tod 54 Kaiser geworden war, vergiftete er seinen Stiefbruder Britannicus. Um sich von ihrem Einfluss zu befreien, ließ er außerdem seine Mutter ermorden und zwang SENECA, seinen Lehrer und Berater, sich selbst zu töten. Zudem ließ er seine Frau Octavia umbringen, damit er Poppaea Sabina heiraten konnte.

Der tyrannische Kaiser verfolgte die noch junge Gemeinde der Christen in Rom; er gab ihnen die Schuld an dem Feuer, das 64 in der Stadt wütete. Viele verdächtigten jedoch Nero selbst der Brandstiftung, da er kurz zuvor den Bau eines goldenen Palastes angekündigt hatte, der sich über ein Drittel des Stadtgebiets erstrecken sollte. Neros Macht wurde durch Aufstände in Palästina, Gallien und Spanien geschwächt. Nachdem der Senat ihn geächtet hatte und die Prätorianergarde von ihm abgefallen war, beging er Selbstmord.

Nestorianer, Mitglieder einer christlichen Glaubensgemeinschaft, gegründet von Nestorius, der 428 Patriarch von Konstantinopel wurde. Nestorius lehrte, dass Jesus nicht nur ein Mensch sei, sondern eine Verbindung von zwei verschiedenen Personen, einer göttlichen und einer menschlichen, wobei beide untrennbar sind. Er wandte sich dagegen, Maria Gottesgebärerin zu nennen, da sie nur die menschliche Gestalt Jesu geboren habe. Nestorius' Ansichten wurden im Jahr 431 auf dem Konzil von Ephesos als Irrlehre verboten, woraufhin seine Anhänger nach Persien auswanderten und als Missionare nach China und Indien gingen, wo man sie als Thomaschristen bezeichnete. Im 14. Jh. wurden die Nestorianer Opfer der Mongoleneinfälle; wenige Anhänger leben noch heute im Nahen Osten.

Neue Ökonomische Politik, abgekürzt NEP, LENINS Wirtschaftspolitik in der SOWJETUNION ab 1921. Nach dem wirtschaftlichen Zusammenbruch im Gefolge des Kriegskommunismus machte Lenin 1921 Konzessionen an die Bauern, weil er eine Produktionssteigerung in der Landwirtschaft erreichen wollte, um die Versorgung der Städte und der ROTEN ARMEE mit Lebensmitteln zu sichern. Er erlaubte den Bau-

ern, rund die Hälfte ihrer Erzeugnisse auf dem freien Markt zu verkaufen, und hob die Zwangsabgabe zugunsten einer deutlich geringeren Naturalsteuer auf. Ferner gestattete er die Existenz kleiner Privatunternehmen in Handel und Gewerbe, etwa von Handwerksbetrieben. Fest in staatlicher Hand blieben jedoch Industrie, Verkehrswesen und Banken sowie der Groß- und Außenhandel. Ausländische Firmen erhielten die Möglichkeit, in der Sowjetunion zu investieren.

Insgesamt war die NEP keine Rückkehr zur freien Marktwirtschaft, sondern eine Mischform von profitorientierter kapitalistischer Wirtschaft und sozialistischer Planwirtschaft. Die Zwangskollektivierung der Landwirtschaft und die forcierte Industrialisierung im Rahmen von Jossif STALINS Fünfjahresplänen beendete 1928 die Neue Ökonomische Politik.

Neuengland, Region im Nordosten der USA, die sich über die heutigen Bundesstaaten Connecticut, Massachusetts, Rhode Island, Maine, New Hampshire und Vermont erstreckt. Sie erhielt ihren Namen 1614 von Captain John Smith, der die Gegend erforscht hatte. 1620 wurde Neuengland dem Neuenglandrat, einer neu gegründeten Vereinigung britischer Adliger, unterstellt, die im selben Jahr Landrechte an die PILGERVÄTER und acht Jahre später an die Puritan Massachusetts Bay Company vergab. Um die Verteidigung gegen Niederländer und Indianer zu intensivieren, schloss sich der überwiegende Teil dieser Region 1643 zur Neuengland-Konföderation zusammen.

1675 kam es zu einem Konflikt zwischen dem damals mächtigsten Indianerhäuptling der Region und der Konföderation, der zum blutigsten Krieg in der Kolonialgeschichte Neuenglands führte. Fast alle Indianer wurden entweder getötet, vertrieben oder versklavt. Um seine amerikanischen Kolonien besser verwalten und verteidigen zu können, rief der englische König JAKOB II. im Jahr 1686 das Dominion of New England ins Leben, doch nach seiner Absetzung im Jahr 1688 zerfiel dieses Gebilde wieder. Während des AMERIKANISCHEN UNABHÄNGIGKEITSKRIEGS war Neuengland das Zentrum der Revolution.

Neufrankreich, ehemalige französische Kolonien in Nordamerika, die im 17./18. Jh. von Franzosen besiedelt wurden. Zentren waren die Städte Quebec, gegründet 1608, und Montreal, gegründet 1642. Die größte Ausdehnung erreichten die Kolonien, die 1663 zur königlichen Provinz erklärt wurden, in der Regierungszeit von König LUDWIG XIV.: Sie umfassten damals Neufundland, Neuschottland oder Arkadien sowie das Gebiet um die Hudson Bay und reichten vom St.-Lorenz-Strom über das Mississippi-

Becken – nach dem französischen König Louisiana genannt – bis zum Golf von Mexiko. Nach dem verlorenen SPANISCHEN ERBFOLGEKRIEG musste Frankreich 1713 im Frieden von UTRECHT Neufundland, Neuschottland und das Hudson-Bay-Gebiet an Großbritannien abtreten, das restliche Kanada und Louisiana blieben dagegen französisch. Im SIEBENJÄHRIGEN KRIEG griff dann Großbritannien die französischen Kolonien in Nordamerika an: Der britische General James Wolfe nahm 1759/60 Quebec und Montreal ein. Am Ende des Krieges hatte Frankreich schließlich alle Kolonien n Nordamerika verloren: Schon 1762 kam Louisiana westlich des Mississippi an Spanien und im Jahr darauf fielen Kanada und Louisiana östlich des Mississippi an Großbritannien.

Neuschweden, ehemalige schwedische Kolonie in Nordamerika am Delaware-Fluss. Sie entstand aus einer 1633 von schwedischen und niederländischen Kaufleuten gegründeten Handelsniederlassung. 1638 erwarb der aus Wesel stammende Peter Minnewit umliegendes Land von den Indianern und errichtete ein Fort, das er nach der schwedischen Königin CHRISTINA benannte. Nachdem Schweden dort Siedlungen angelegt hatten, wurde das Gebiet 1642 schwedische Kronkolonie und kam im 18. Jh. an die USA.

Neuseeland, Inselstaat im südwestlichen Pazifischen Ozean südöstlich von Australien. Die zwei Hauptinseln wurden um das Jahr 1000 von den Maori besiedelt. 1642 erblickte der Niederländer Abel TASMAN als erster Europäer die neuseeländische Küste; der Brite James COOK kartographierte die Inseln ab 1769 bei mehreren Entdeckungsreisen. Die Kolonialisierung zu Handelszwecken begann 1792 mit Walfang-Unternehmungen von Neusüdwales aus. Nachdem Neuseeland 1833 einen britischen Residenten erhalten hatte, kam es zu einer dauerhaften Besiedlung durch Briten mit der 1837 gegründeten New Zealand Company. 1840 wurden die Inseln von den Briten mit dem Vertrag von Waitangi annektiert, der den Häuptlingen der Maori das Recht auf eigenes Land zugestand.

1852 teilte man Neuseeland in sechs Provinzen auf, ab 1856 verwaltete es sich selbst. Der Goldrausch in den 60er-Jahren des 19. Jh. rief viele Siedler auf die Südinsel, die den Vertrag von Waitangi missachteten. Es kam zu schweren Kämpfen mit den Maori, von denen sich mehrere Stämme 1858 zu einem Königreich zusammengeschlossen hatten. Die blutigen Auseinandersetzungen dauerten bis 1872 – dann unterlagen die

Maori den Briten und verloren zudem noch den Großteil ihres Landes.

1931 erhielt Neuseeland durch das Statut von WESTMINSTER die Selbstständigkeit, ratifizierte den Vertrag aber erst 1947. Zwischen 1891 und 1947 war Neuseeland eine Art Wohlfahrtsstaat, der der Bevölkerung Wohlstand und Bildung garantierte. Das Land zeichnete sich durch politische Stabilität und hohen Lebensstandard aus. Frauen erhielten in Neuseeland bereits 1893 das Wahlrecht.

In beiden Weltkriegen unterstützte Neuseeland die Briten aktiv, doch nach dem ZWEITEN WELTKRIEG konzentrierte es seine Verteidigungspolitik auf den pazifischen und den ostasiatischen Raum. 1951 wurde es neben den USA und Australien Mitglied des ANZUS- oder Pazifikpakts, 1954 Mitglied der südostasiatischen Verteidigungsgemeinschaft SEATO. Als 1984 die neuseeländische Labour-Party erneut an die Macht kam, schlug die Regierung einen Antiatomwaffenkurs

WUSSTEN SIE, DASS?

Die Maori wanderten von Polynesien aus nach Neuseeland ein. Der Sage nach kamen sie in sieben Booten übers Meer.

ein – 1987 erklärte Neuseeland sich zur nuklearwaffenfreien Zone –, der zum Austritt aus dem ANZUS-Pakt führte. Mit dem Wahlsieg der National Party 1990 wurde Jim Bolger Premierminister in einer Zeit der wirtschaftlichen Rezession. Er musste Einsparungen im Sozialwesen vornehmen und wurde 1993 nur knapp wieder gewählt. Nach dem Verlust der Mehrheit ging er 1996 eine Koalitionsregierung ein. Da die Maori weiterhin einen Ausgleich für das von den Europäern widerrechtlich okkupierte Land forderten, genehmigte die Regierung 1994 Kompensationszahlungen.

New Deal, wirtschaftspolitisches Programm des amerikanischen Präsidenten Franklin Delano ROOSEVELT 1933–39. Roosevelt versuchte damit, die durch den New Yorker Börsenkrach ausgelöste WELTWIRTSCHAFTSKRISE und die durch Bankenzusammenbrüche, Firmenkonkurse und Massenarbeitslosigkeit entstandene Gesellschaftskrise zu überwinden. Die Bezeichnung New Deal, die im Kartenspiel Neuverteilung der Karten bedeutet, unterstreicht, dass es sich dabei

Neufrankreich erlebte in der zweiten Hälfte des 17. Jh. unter dem Gouverneur Graf von Frontenac bewegte Zeiten: Die Irokesen wurden geschlagen, französische Landnehmer drangen bis zu den Großen Seen und zum Mississippi vor, bis nach New Orleans entstand eine Kette von Forts.

Steinzeitliche Koexistenz – zwei Menschenarten teilten sich die Erde

Der Neandertaler lebte vor dem Homo sapiens sapiens. Er konnte Steinwerkzeuge herstellen und verfügte vielleicht schon über eine Art Sprache. Dennoch vermochte er sich nicht gegen unsere findigen Vorfahren zu behaupten.

Steinbrucharbeiter fanden 1856 in einer Höhle im Neandertal bei Düsseldorf zahlreiche Knochen, die sie für die Fossilien von Bären hielten. Tatsächlich waren es aber die Überreste menschlicher Bewohner dieses Tales, die in vorgeschichtlichen Zeiten gelebt hatten und nach der Fundstätte Neandertaler genannt werden. Dank dieses und zahlreicher weiterer Funde weiß man relativ viel über diese Frühmenschen, obwohl sie für die Entwicklungsgeschichte der heutigen Menschheit keine große Rolle spielen.

Vor über einer halben Million Jahre begann unser entfernter Vorfahr, der *Homo erectus*, der aufrechte Mensch, sich zum *Homo sapiens*, dem einsichtigen Menschen, weiterzuentwickeln. Diese Linie spaltete sich auf und es entwickelten sich der Neandertaler und der *Homo sapiens sapiens*, der Vorfahre aller heutigen Menschen.

Der Neandertaler breitete sich einige hundert Jahrtausende in Europa, dem Vorderen Orient und Westasien aus, doch dann – vor ungefähr 30 000 Jahren – starb er aus nicht bekannten Gründen aus. Wie es scheint, hatte er seinen Lebensraum eine Zeit lang mit dem *Homo sapiens sapiens* geteilt, doch schließlich konnte er sich wohl nicht mehr gegen den neuen intelligenteren und erfinderischeren Vorfahren des heutigen Menschen behaupten.

GESTRANDET IN EUROPA

Im Prinzip ist die Anatomie der Neandertaler die gleiche wie die unsrige, doch gibt es einige deutliche Unterschiede: Die Neandertaler besaßen kräftige, gedrungene Körper und große Köpfe mit fliehendem Kinn. Sie hatten große Zähne, ausgeprägte Überaugenwülste, einen flachen Hirnschädel, eine breite Nase und einen massigen Hinterkopf. Ihr Gehirn war lang und flach, der größte Teil lag an der Rückseite und den Seitenteilen des Kopfes – man nimmt daher an, dass ihre Gehirntätigkeit vermutlich mehr auf Sinneswahrnehmungen und Reaktionen und weniger auf eigenständiges Denken ausgerichtet war.

Es ist umstritten, ob die Neandertaler über eine Sprache verfügten. Einige Wissenschaftler sind der Auffassung, dass sie nur einen wenig entwickelten Sprechapparat besaßen und deshalb lediglich einige Laute hervorbringen konnten, die nur eine eingeschränkte verbale Kommunikation ermöglichten. Manche Forscher sehen darin den Grund, warum der Neandertaler gegenüber dem sprachbegabteren *Homo sapiens sapiens* ins Hintertreffen geriet.

In der frühen Steinzeit war Europa eine abgelegene Region. Möglicherweise kamen vor über einer halben Million Jahre die Vorfahren der Neandertaler über den Bosporus, zu einer Zeit, als das Meer dort flacher war als heute; und als der Meeresspiegel anstieg, war ihnen der Rückweg abgeschnitten. Die so von anderen Menschen isolierte Gruppe war gezwungen, sich an das kältere Klima in Europa anzupassen. Während der größten Ausdehnung der Eiszeit lebten die Neandertaler allerdings hauptsächlich im Süden Europas.

Anhand von Funden hat man versucht, sich das Leben der Neandertaler auszumalen. Sie ernährten sich von Wurzeln und Beeren, gingen aber auch auf die Jagd, wie Archäologen in Großbritannien, Deutschland und Spanien herausgefunden haben. Knochenspuren weisen darauf hin, dass sie vor 400 000 Jahren in England beispielsweise Pferde, Hirsche und Nashörner jagten. Sie verwendeten Steine und Holz zur Herstellung von Werkzeugen – in einem der von ihnen erlegten Tiere fand sich noch die tödliche Waffe, ein hölzerner Wurfspeer. Wegen des rauen Klimas müssen die Neandertaler in Höhlen gelebt oder auch schon einfache Behausungen errichtet haben, doch

wurde Derartiges nicht gefunden. Auch muss man davon ausgehen, dass sie sich eine Form von Kleidung herstellten, die aber wohl sehr primitiv war, da sie kein Nähzeug kannten.

Während der technische Fortschritt bei den Neandertalern eher bescheiden war und sie auch offenbar keinerlei Kunstgegen-

Die Neandertaler stellten Werkzeuge aus Feuerstein her wie etwa Äxte (oben) und Schaber (unten).

Oben: Der Schädel einer Frau wurde in Israel gefunden und ist 90 000 Jahre alt.

Arthritische Knochen eines Neandertalers

stände hervorbrachten, scheinen sie aber gewisse soziale Strukturen entwickelt zu haben. In den 80er-Jahren fand man in Nordspanien eine tief in einer Höhle gelegene Grube, die vor 300 000 Jahren vielen Generationen der Vorfahren der Neandertaler als Bestattungsort für ihre Verstorbenen gedient hatte. Bis heute wurden dort 32 zerfallene Skelette gefunden, man schätzt ihre Gesamtzahl jedoch auf 70. Wie es scheint, war es bei ihnen also Gewohnheit, die Toten zu begraben, wahrscheinlich verbunden mit bestimmten Ritualen – ein Umstand, der vielleicht auch schon auf die Anfänge einer Religion hinweist.

Bei der Auswertung der Fundstücke erhält man weiterhin den Eindruck, dass sich die Neandertaler um ihre Alten und Gebrechlichen gekümmert haben.

Viele der Skelette von älteren Neandertalern weisen Merkmale körperlicher Beeinträchtigungen auf, beispielsweise fehlende oder arthritische Gliedmaßen, und derartig behinderte Menschen konnten damals nur überleben, wenn ihnen ihre Gruppenmitglieder hilfreich zur Seite standen.

DAS ENDE DER NEANDERTALER

Vermutlich hat es mehrere hunderttausende Jahre gedauert, bis sich diese ersten Europäer vollständig an das raue Klima gewöhnten. In der extrem kalten Periode vor 190 000–120 000 Jahren fand dann die endgültige Anpassung statt, die den eigentlichen *Homo neanderthalensis* hervorbrachte. Jahrtausende nach dieser Zeitspanne muss es gewesen sein, dass die Neandertaler in ihrem Verbreitungsgebiet auf unseren anatomisch modernen Vorfahren, den *Homo sapiens sapiens,* stießen. Wie man Funden entnehmen kann, scheinen die beiden Menschenarten im Vorderen Orient rund 50 000 Jahre zusammengelebt zu haben, während in Westeuropa der Zeitraum ihrer gemeinsamen Existenz nur wenige tausend Jahre dauerte: Vor rund 30 000 Jahren starben die Neandertaler aus, vor etwa 45 000 Jahren wanderten die ersten Jäger des *Homo sapiens sapiens* in Mitteleuropa ein, vermutlich aus dem Vorderen Orient. Ebenso wie bei den Neandertalern liegt ihr Ursprung in Afrika.

Die neuen Siedler verdrängten die Neandertaler erstaunlich schnell, doch wie dies geschah, ist nicht geklärt. Vermutlich waren sie den Neandertalern bei der Jagd überlegen, möglicherweise bekämpften sie sie aber auch als Konkurrenten um die Jagdbeute, und vielleicht brachten sie neue Krankheiten mit, die die Zahl der Neandertaler weiter verringerten.

In erster Linie waren sie den Neandertalern jedoch geistig weit überlegen. Man hat Werkzeuge von Neandertalern im ganzen Verbreitungsgebiet gefunden, doch ist es bemerkenswert, dass sich sämtliche Stücke stark ähnelten und sich auch im Lauf der Jahrtausende nicht änderten – Erfindungsgeist war also offenbar nicht ihre Stärke. Zwar schauten sich die Neandertaler in ihrer Spätzeit einige Techniken der Werkzeugherstellung vom *Homo sapiens sapiens* ab, doch blieben sie weitgehend bei ihren traditionellen Arbeitsweisen und der Bearbeitung von Feuerstein.

Früher wurde manchmal angenommen, dass sich beide Menschenarten vermischt hätten, dass wir heutigen Menschen also die Nachfahren von Neandertalern und *Homo sapiens sapiens* seien. Genanalysen haben jedoch eindeutig ergeben, dass der Neandertaler nicht mit uns verwandt ist; die Abfolgen der Gene sind zu verschieden. Wir sind also die einzige verbliebene Menschenart und müssen seit 30 000 Jahren die Erde mit keinem anderen mehr teilen.

Neandertaler waren nicht so erfinderisch wie unsere Vorfahren, aber sie bestatteten ihre Toten und bewiesen viel Menschlichkeit im Umgang mit ihren Alten und Gebrechlichen.

um eine Abkehr vom klassischen Wirtschaftsliberalismus und eine Hinwendung zu staatlichen Reglementierungsmaßnahmen handelte. Der New Deal sollte das Missverhältnis zwischen übergroßer Produktion und mangelnder Kaufkraft beheben und stabile soziale Verhältnisse schaffen. Er verlief in zwei Phasen: Bis 1935 lag das Hauptgewicht auf wirtschaftspolitischen Sofortmaßnahmen, z. B. Banken- und Börsengesetzen zur Sicherung der Geldwertstabilität, Gesetzen zur Existenzsicherung von abhängig Beschäftigten und öffentlich finanzierten Arbeitsbeschaffungsprogrammen. In der zweiten Phase bis 1939 lag der Schwerpunkt im Bereich der Sozialpolitik: So wurden Gewerkschaften als Tarifpartner anerkannt, Arbeitern wurde das Streikrecht eingeräumt, Mindestlöhne wurden gesetzlich festgelegt. Durch den Social Security Act entstanden erste Grundlagen für die Alters- und Invaliditätsversicherung.

Tatsächlich entwickelte sich durch den New Deal eine positive Grundeinstellung in der Bevölkerung, doch der wirtschaftliche Aufschwung kam nur langsam in Fahrt, und die Arbeitslosigkeit konnte nur teilweise abgebaut werden. Erst seit dem Eintritt der USA in den ZWEITEN WELTKRIEG im Dezember 1941 wurde durch umfangreiche Rüstungsaufträge und die allgemeine WEHRPFLICHT die Krise behoben.

Newton, Sir Isaac

Newton, Sir Isaac (1643–1727), englischer Mathematiker und Physiker, seit 1669 Professor in Cambridge. Newton gilt als der Begründer der mechanischen Physik und einer der Pioniere der modernen Naturwissenschaft. In den 60er-Jahren des 17. Jh. kam er nach Experimenten zu der Erkenntnis, dass das Licht aus verschiedenen Spektralfarben

Ein Bauarbeiter in New York beim Bau des Empire State Building 1930. Die seit etwa 1880 errichteten Wolkenkratzer halfen, das Wohnungsproblem auf der schmalen Insel Manhattan zu lösen.

zusammengesetzt ist und dass es aus kleinen Teilchen bestünde. 1671 entwickelte er unabhängig von Gottfried Wilhelm LEIBNIZ die Differential- und Integralrechnung. Sein 1687 veröffentlichtes Hauptwerk *Mathematische Prinzipien der Naturlehre* beinhaltet eine mathematische Beschreibung der Mechanik und der Anziehung der Massen, d. h. der Gravitation, und wendet diese Theorien auf die Himmelskunde an.

Newton beschränkte sich nicht nur auf die wissenschaftliche Arbeit. 1699 wurde er zum Vorsteher der königlichen Münze in London ernannt und reformierte das britische Münzwesen. 1703 wählte man ihn dann zum Präsidenten der Royal Society, deren Ansehen unter seiner Führung erheblich stieg.

Eine von Newtons vielen Errungenschaften war das erste Spiegelteleskop, das in der Royal Society aufbewahrt wird.

New York

New York, Bundesstaat im Nordosten der USA sowie dessen Hauptstadt. Vor der Kolonisierung durch die Europäer bewohnten die IROKESEN das Gebiet. 1626 gründeten die Niederländer auf der Insel Manhattan die Kolonie Neu-Niederlande mit der Hauptstadt Neu-Amsterdam. Kurz vor dem Ausbruch des zweiten ENGLISCH-HOLLÄNDISCHEN SEEKRIEGS 1664 kapitulierte der niederländische Gouverneur Peter STUYVESANT vor den Briten und trat die Kolonie ab, die daraufhin samt ihrer Hauptstadt nach dem Herzog von York, dem späteren englischen König JAKOB II., in New York umbenannt wurde. Zu Beginn des SIEBENJÄHRIGEN KRIEGES 1756–63 schlossen sich verschiedene Stämme der Irokesen zusammen und unterstützten die Briten im Kampf gegen die französische Kolonialmacht. Danach erlebte das Gebiet eine rund 100 Jahre währende Blütezeit.

Im AMERIKANISCHEN UNABHÄNGIGKEITSKRIEG hielten die Briten die Stadt New York besetzt; erst 1783 gelang es George WASHINGTON, sie zu befreien. 1785–90 war New York die Hauptstadt der neu gegründeten Vereinigten Staaten von Nordamerika: 1789 fand dort die Amtseinführung des ersten Präsidenten George Washington statt. Während des SEZESSIONSKRIEGS 1861–65 versorgte der Staat New York, dessen Hauptstadt sich mittlerweile zu einem Wirtschafts- und Finanzzentrum entwickelt hatte, die Unionstruppen mit mehr Soldaten und Geld als alle anderen Bundesstaaten. Im 19. Jh. nahm die Bewohnerzahl von New York durch mehrere Einwanderungswellen gewaltig zu. Bis heute wird das Bild der Stadt, die zu den meistbesuchten der USA gehört, durch das ethnische Gemisch seiner Einwohner geprägt.

Ngo Dinh Diem (1901–63), südvietnamesischer Politiker, 1955–63 Staatspräsident. Als Gegner der japanischen Besetzung und des kommunistischen Vietminh emigriert, kehrte er 1954 mit Unterstützung der USA wieder zurück und wurde Ministerpräsident. Im Jahr darauf rief er die Republik aus und wurde Staatspräsident. In seiner Regierungszeit schuf er sich viele Gegner: Als Katholik stand er der buddhistischen Mehrheit im Land feindselig gegenüber, er protegierte skrupellos Familienmitglieder bei der Ämtervergabe und lehnte notwendige Reformen ab. 1963 kam es zu einem Militärputsch, bei dem er ermordet wurde.

Nguni, miteinander verwandte ethnische Gruppen in Südafrika. Dazu zählen u. a. die Zulu und Xhosa, die zwischen 1779 und 1879 die XHOSA-KRIEGE gegen niederländische und britische Kolonialisten führten. In den 20er-Jahren des 19. Jh. errichteten die Zulu in Natal unter ihrem König Tschaka ein Militärregime, das die Nachbarvölker unterwarf. Die während der APARTHEID in Südafrika gebildeten Bantu-HOMELANDS hatten nur wenig mit der eigentlichen Kultur der Nguni gemein.

Nguyen Van Thieu (*1923), südvietnamesischer General und Politiker, während des Vietnamkriegs 1967–75 Staatspräsident. Thieu war zunächst Mitglied von HO CHI MINHS Vietminh, wurde jedoch nach einem Streit General in der südvietnamesischen Armee. 1963 beteiligte er sich am Militärputsch gegen NGO DINH DIEM. Nach seiner Wahl zum Staatspräsidenten kämpfte er weiterhin erbittert gegen den kommunistischen Vietcong und dessen nordvietnamesische Verbündete. Nachdem die USA wirtschaftliche Hilfe zugesagt hatten, unterschrieb er 1973 ein Waffenstillstandsabkommen, das ein Ende der Kämpfe und den Truppenabzug der USA festlegte. Nachdem es im Jahr 1975 dennoch zu einer Offensive Nordvietnams gekommen war, gab Thieu den nördlichen Teil seines Landes auf. Nach dem endgültigen Sieg der Kommunisten ging er ins Exil.

Nicäa, Konzile von, zwei Konzile der christlichen Kirche in Nicäa, heute Iznik in der Türkei. Das erste Konzil, im Jahr 325 vom römischen Kaiser KONSTANTIN I. ein-

berufen, verurteilte die Lehre des ARIANISMUS und formulierte das so genannte Nizänum, das erste christliche Glaubensbekenntnis. Das zweite Konzil wurde 787 von Kaiserin IRENE einberufen, um den von den Bilderstürmern ausgelösten Streit zu klären, ob Bilderverehrung zu leicht zum Götzendienst führen könne. Das Konzil erklärte die Bilderverehrung für erlaubt.

Nicaragua, Staat in Mittelamerika. Zunächst von den Spaniern kolonisiert, entwickelte sich Nicaragua als Teil des Vizekönigreichs Neuspanien und des Generalkapitanats Guatemala nur langsam, bis im 18. Jh. die Landwirtschaft, der Hauptwirtschaftszweig, rasant zunahm. Der Unabhängigkeit von den Spaniern 1821 und dem kurzzeitigen Anschluss an das mexikanische Kaiserreich folgten der Beitritt zur Zentralamerikanischen Föderation und eine erneute

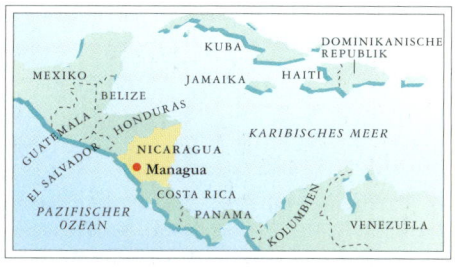

Unabhängigkeitserklärung 1838. Im Jahr 1855 riss der nordamerikanische Abenteurer William Walker die Macht in Nicaragua an sich und ernannte sich selbst zum Präsidenten. Die Nachbarstaaten waren allerdings empört über diese nordamerikanische Einflussnahme und jagten Walker bereits zwei Jahre später wieder aus dem Land.

Nach einer anschließenden Regierungszeit mehrerer konservativer Präsidenten ge-

langte 1893 der liberal gesinnte José Santos Zelaya an die Macht. 1909 kam es zu einem Aufstand gegen ihn, den die USA unterstützten, und als 1912 ein Bürgerkrieg auszubrechen drohte, besetzten amerikanische Marinetruppen das Land, die bis 1933 blieben. 1934 zettelte General Anastasio Somoza, Befehlshaber der in den USA aufgestellten Nationalgarde, die Ermordung des Führers der nationalen antiamerikanisch ausgerichteten Befreiungsbewegung Augusto César Sandino an und ebnete sich so den Weg zur Macht. 1937–56 war er Präsident von Nicaragua, danach folgten seine Söhne. Brutale Unterdrückung und Misswirtschaft kennzeichneten ihr Regime.

1967 organisierte sich der linksgerichtete Widerstand in der Sandinistischen Befreiungsfront (FSLN), benannt nach ihrem Führer Augusto César Sandino. Sie kämpfte gegen den Somoza-Clan und fand bald großen Zulauf durch die völlig verarmte Landbevölkerung. Nach erbittertem Kampf gegen die Nationalgarde, der seinen Höhepunkt im Bürgerkrieg 1977–79 hatte, übernahmen 1979 die Sandinisten die Macht in Nicaragua. Sie enteigneten die Großgrundbesitzer, verteilten das Land an die Landbevölkerung und verstaatlichten Wälder und Bergwerke. Die Großgrundbesitzer organisierten den Widerstand, indem sie mit finanzieller Hilfe des amerikanischen CIA eine bewaffnete Armee aus rechtsgerichteten Contras rekrutierten.

1990 fanden nach Verhandlungen zwischen Präsident Ortega und den Contras freie Wahlen statt. Die Opposition gewann gegen die Sandinisten, doch in dem krisengeschüttelten Land kam es erneut zu Kämpfen zwischen Rechten und Linken. 1994 wurde ein Waffenstillstand geschlossen.

Sandinistische Soldaten im nicaraguanischen Wahlkampf von 1990. Sie tragen um ihre Hüte rote Tücher, auf denen der Name von Präsident Daniel Ortega in Gelb geschrieben steht.

Niederlande, Staat in Nordwesteuropa, nach einer seiner Provinzen auch Holland genannt. Nach dem Zerfall des Römischen Reiches – die Römer hatten bis zum Rhein gesiedelt – besetzten im frühen 5. Jh. Sachsen und Franken das Gebiet. Die Aufteilung des Fränkischen Reiches 843 führte zum Zerfall der Einheit, doch unter den burgundischen Fürsten im 14. und 15. Jh. trat eine Konsolidierung ein. Durch die Heirat von MAXIMILIAN I. mit Maria von Burgund fielen die Niederlande 1477 an die HABSBURGER. Nach dem Tod KARLS V. wurde das Habsburgerreich aufgeteilt, und die Niederlande kamen im 16. Jh. unter die Herrschaft des spanischen Königs PHILIPP II., des Sohnes Karls V. Finanzieller Druck, Einschränkung der ständischen Freiheiten sowie die Drangsalierung der Calvinisten in den Nordprovinzen führten dort zu Aufständen, und 1568 zog Wilhelm von ORANIEN mit den niederländischen Rebellen gegen die spanischen Truppen unter Führung des Herzogs von ALBA. Nach der Plünderung von Antwerpen durch die Spanier schlossen sich die zehn südlichen katholischen Provinzen 1576 in der GENTER PAZIFIKATION mit den rebellischen Nordprovinzen zusammen, doch drei Jahre später erklärten diese sich als Republik der Vereinigten Niederlande für unabhängig, während die Südprovinzen gegen die Garantie ihrer alten Rechte bei Spanien verblieben. Im WESTFÄLISCHEN FRIEDEN 1648 wurden die Vereinigten Niederlande international anerkannt.

Im 17. Jh. entwickelten sich die Niederlande zur führenden See- und Handelsmacht und gründeten das NIEDERLÄNDISCHE KOLONIALREICH. Mit den ENGLISCH-HOLLÄNDISCHEN SEEKRIEGEN 1652–74 und den Kriegen gegen Frankreich 1667–1713 nahm die Macht der Niederlande kontinuierlich ab. Großbritannien eroberte die Kolonien auf Ceylon – heute Sri Lanka – und die Kapkolonie in Südafrika, bedeutende Handelsgebiete der niederländischen Ostindischen Kompanie.

Nach den NAPOLEONISCHEN KRIEGEN wurden auf Beschluss des WIENER KONGRESSES 1815 die niederländische Republik und die habsburgischen Südprovinzen zum Königreich der Vereinigten Niederlande zusammengefügt. 1830 spaltete sich jedoch der südliche Teil ab und wurde zum unabhängigen Staat BELGIEN. Trotz dieser Trennung erlebten die Niederlande unter dem Haus ORANIEN eine Blütezeit und verabschiedeten 1848 eine Verfassung als konstitutionelle Monarchie.

Während des Ersten Weltkriegs blieben die Niederlande, die im 19. Jh. ihre Stellung als bedeutende Kolonialmacht behaupten konnten, neutral, im ZWEITEN WELTKRIEG wurden sie von Deutschland besetzt. Die Niederlande sind Gründungsmitglieder der EUROPÄISCHEN UNION und der NATO.

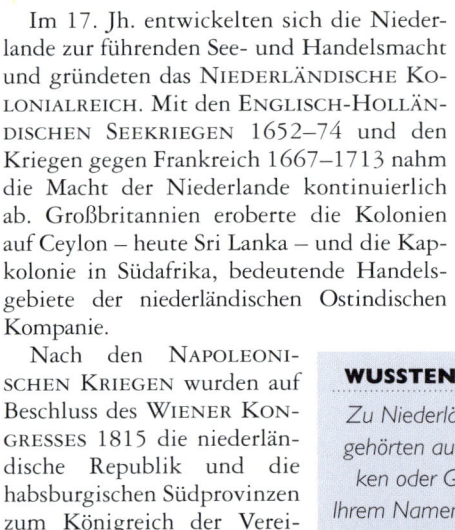

WUSSTEN SIE, DASS?

Zu Niederländisch-Indien gehörten auch die Molukken oder Gewürzinseln. Ihrem Namen entsprechend lieferten sie so begehrte Spezereien wie Gewürznelken oder Muskatnüsse und -blüten.

Niederländisches Kolonialreich, überseeische Territorien der Republik der Vereinigten NIEDERLANDE. Nach der Gründung der Ostindischen Kompanie 1602, die den Handel im südostasiatischen Raum kontrollierte, waren die Niederlande die führende Kolonialmacht; erst nach den ENGLISCH-HOLLÄNDISCHEN SEEKRIEGEN in der zweiten Hälfte des 17. Jh. wurden sie von Großbritannien überflügelt.

Zum niederländischen Kolonialreich gehörten die Niederländischen Antillen, Kolonien an der Nordostküste von Südamerika, kurzfristig das spätere NEW YORK, die Kapkolonie, Ceylon sowie Stützpunkte in Indien und das ehemalige NIEDERLÄNDISCH-INDIEN mit Teilen des Festlands und zahlreichen Inseln. Heute sind nur noch die Niederländischen Antillen vor Venezuela eine autonome Provinz der Niederlande.

Niederländisch-Indien, Inselgruppen in Südostasien, heute ein Teil von Indonesien. Im 16. und 17. Jh. erreichten bewaffnete Portugiesen und Niederländer die Inseln, die vor ihrer Ankunft unter dem Einfluss von Indien und China standen. Zur besseren Kontrolle des Gebiets gründeten die Niederländer 1602 die Ostindische Kompanie, die bei Angriffen auf die Portugiesen und im Kampf gegen Einheimische beteiligt war und Handelsmonopole für exotische Waren errichtete. 1619 wurde Batavia, heute Jakarta, zum Hauptsitz der Kompanie, die auch Faktoreien in Indien, Persien und Japan eröffnete. 1799 wurde die Gesellschaft aufgelöst.

Im ZWEITEN WELTKRIEG besetzten die Japaner 1942 Niederländisch-Indien und kooperierten mit Ahmed SUKARNO, der sich seit den 20er-Jahren für die Befreiung seines Landes von der Kolonialherrschaft einsetzte. 1945 proklamierte er die Unabhängigkeit Indonesiens – die Niederlande erkannten diese erst 1949 an – und machte sich zum Staatspräsidenten.

Niemöller, Martin (1892–1984), evangelischer Theologe, als eine der wichtigsten Persönlichkeiten der Bekennenden Kirche erklärter Gegner der Nationalsozialisten. Niemöller, der im Ersten Weltkrieg U-Boot-Kommandant war, wurde 1931 Pfarrer in Berlin-Dahlem. 1933 gründete er den Pfarrer-Notbund, der sich u. a. gegen die Diskriminierung von Christen jüdischer Abstammung richtete. 1938–45 war er in verschiedenen KONZENTRATIONSLAGERN inhaftiert. Nach dem Krieg wirkte der überzeugte Pazifist 1961–68 als einer der Präsidenten des internationalen Ökumenischen Rates der Kirchen.

Der spanische Maler Velasquez erinnert mit seinem Bild an den Aufstand der Niederlande: 1625 kapitulierte die belagerte Stadt Breda vor den spanischen Truppen unter Ambrogio Spinola.

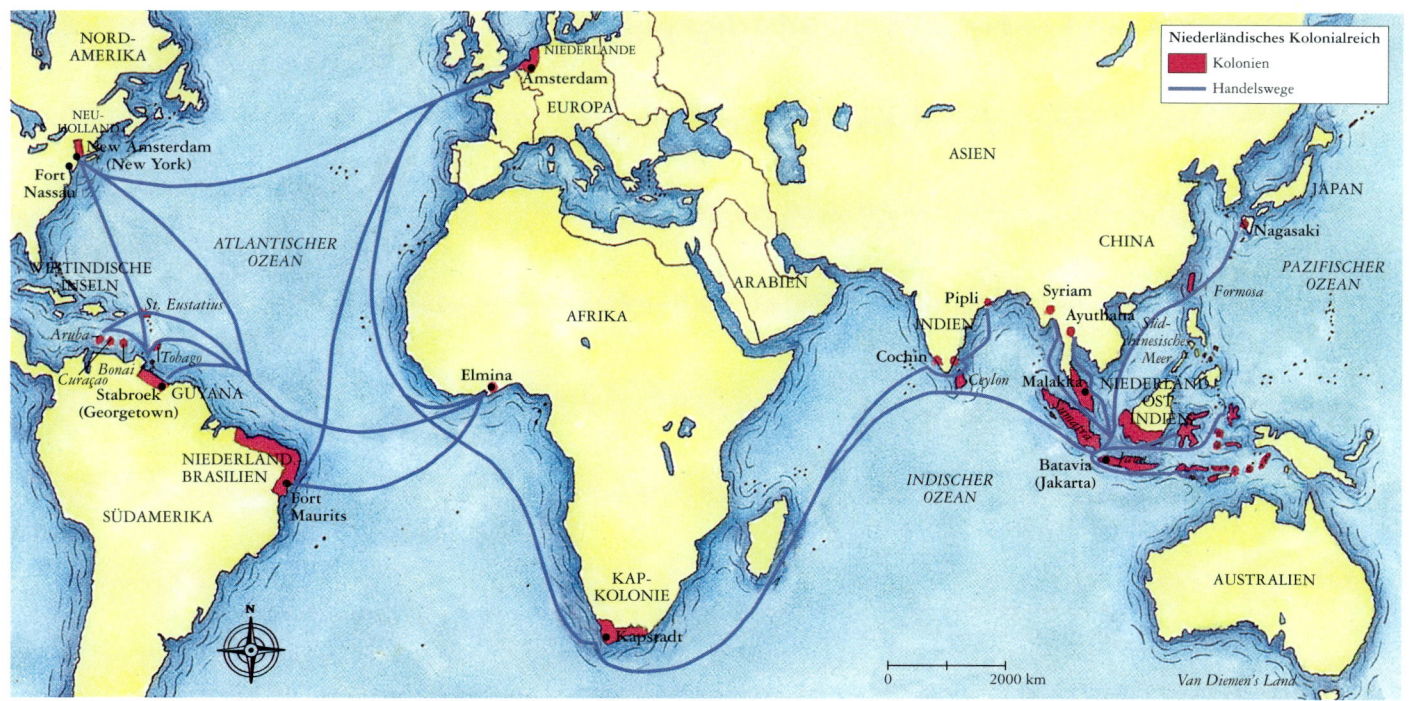

Im 17. Jh. waren die Niederlande einer der führenden Staaten, dessen ausgedehntes Kolonialreich sich über den ganzen Globus erstreckte. Der einträgliche weltweite Handel mit exotischen Produkten und die florierende Schiffbauindustrie bescherten dem Mutterland soliden Wohlstand.

Nietzsche, Friedrich (1844–1900), deutscher Philosoph, der das Konzept vom Übermenschen entwickelte. Mit 24 Jahren wurde er an der Universität von Basel Professor für klassische Philologie und freundete sich mit Richard WAGNER an. In seinem Werk *Jenseits von Gut und Böse* (1886) lehnte er christliche Grundprinzipien ab und propagierte eine heroische Moral, die Bejahung des Lebens im Willen zur Macht. In *Also sprach Zarathustra,* (1883–85), beschwor er einen freien und mächtigen Willen, der den Menschen zum Übermenschen macht. Die Nationalsozialisten verzerrten diese Idee zur Grundlage ihrer Theorie von der Überlegenheit der arischen Rasse. Schon 1879 musste Nietzsche aus gesundheitlichen Gründen sein Professorenamt aufgeben.

Niger, Staat in Zentralafrika. Das Gebiet wurde im Lauf der Jahrhunderte nacheinander von den Haussa, den Songhai und den Fulbe dominiert. Nach Verhandlungen der Kolonialmächte in den 80er-Jahren des 19. Jh. fiel Niger an die Franzosen, die 1891 mit der Erschließung des Landes begannen. 1922 erklärten sie Niger zur Kolonie, und 1958 wurde die Republik Niger innerhalb der französischen Überseegebiete gebildet. Zwei Jahre später, am 3. August 1960, proklamierte Niger seine Unabhängigkeit. Seit 1974 regierte ein Militärregime das Land, politische Parteien waren verboten. Unter Präsident Ali Saibou wurde 1989 in einem Referendum eine neue Verfassung angenommen und die Einheitspartei MNSD gegründet. Ein Jahr später sah sich Saibou nach

Streiks und Demonstrationen zu Reformen genötigt, und 1992 wurde in einer Volksabstimmung eine neue Verfassung angenommen, die das Mehrparteiensystem garantierte. 1993 wählte die Bevölkerung in freien Wahlen eine Koalitionsregierung mit Mahamane Ousmane an der Spitze. Verheerende Überschwemmungen beendeten 1994 die jahrelange Dürre in Ost- und Zentralniger. 1999 kam es zum Putsch durch die Militärs. Am 9. April ließ der Führer der Präsidentengarde, Daouda Malam Wanke, den bisherigen Staatschef Ibrahim Bare Mainassara ermorden und ernannte sich selbst zum neuen Staatsoberhaupt.

Nigeria, Staat in Westafrika, der sich aus einer Föderation von zahlreichen Bundesstaaten zusammensetzt. In Nigeria leben die Fulbe und Haussa im Norden und Westen, die YORUBA im Westen und die Ibo im Os-

ten und Süden. Lagos und andere Handelsstädte entlang der Küste gehörten im 18. Jh. zu den wichtigsten Zentren des Sklavenhandels, das Hinterland dagegen hieß wegen der Malariagefahr „das Grab des weißen Mannes".

1914 gründeten die Briten durch den Zusammenschluss der beiden Protektorate Nord- und Südnigeria Nigeria, die größte britische Kolonie in Afrika. 1960 erhielt sie im Rahmen des COMMONWEALTH OF NATIONS die Unabhängigkeit, 1963 wurde die Republik Nigeria ausgerufen. Nach einem Putsch der Ibo im Januar 1966 verhalfen in einem Gegenputsch nordnigerianische Offiziere General Yakubu Gowon zur Macht. Die Ibo wurden grausam verfolgt und zogen sich in den Osten des Landes zurück, wo sie 1967 die Republik BIAFRA gründeten, die jedoch im Bürgerkrieg drei Jahre später wieder aufgelöst wurde. 1975 erfolgte der Sturz Gowons und im Jahr darauf die Unterteilung des Landes in zahlreiche Bundesstaaten. 1983 kam nach einem weiteren Militärputsch General Ibrahim Babangida an die Macht, der ebenso wie sein Nachfolger Sunni Abacha verhinderte, dass der 1993 angeblich frei gewählte Moshood Abiola Staatsoberhaupt wurde.

1995 kam es zu internationalen Protesten, als der Dichter

Friedrich Nietzsche wurde 1889 geisteskrank und blieb bis zu seinem Tod in der Obhut seiner Schwester.

373

Ken Saro-Wiwa, der gegen die Umweltverschmutzung durch die Erdölförderung kämpfte, sowie acht seiner Mitstreiter zum Tod verurteilt und hingerichtet wurden. Aus den Wahlen von 1998, die höchstwahrscheinlich manipuliert waren, ging Abdulsalam Abubakar als Regierungschef und Staatsoberhaupt Nigerias hervor.

Nightingale, Florence (1820–1910), britische Krankenschwester, die wegen ihres Einsatzes für verwundete Soldaten, besonders im Verlauf des KRIMKRIEGS, berühmt wurde. Nach einer Schwesternausbildung in Kaiserswerth arbeitete sie zwischen 1854 und 1856 in Militärkrankenhäusern in der Türkei. Trotz heftiger Widerstände der Behörden verbesserte sie dort die Situation der Patienten, vor allem hinsichtlich der Hygiene, erheblich. 1856 kehrte sie als gefeierte Heldin nach Hause zurück und gründete vier Jahre später in London eine Schwesternschule.

Nihilismus, geistige Einstellung, die auf völliger Ablehnung traditioneller Werte, auf der Verneinung von Autoritäten wie Kirche und Staat sowie dem bedingungslosen Glauben an die Naturwissenschaften beruht. Von Mitte des 19. bis Anfang des 20. Jh. war der Nihilismus die Weltanschauung einer Gruppe russischer Revolutionäre, die als Anarchisten die konservativen Kräfte in der Gesellschaft bekämpften. In dieser Auseinandersetzung rechtfertigten sie die Gewalt als wichtigstes Mittel; sie waren der Auffassung, dass die Vernichtung bestehender Institutionen der einzige Weg sei, die für den Fortschritt erforderlichen Bedingungen zu schaffen. Aus diesem Grund verübten die verschiedenen Verschwörergruppen mehrere Attentate auf den Zaren ALEXANDER II. Nach der RUSSISCHEN REVOLUTION von 1917 gingen die Nihilisten in anderen revolutionären Gruppen auf.

Die Bronzeskulptur eines bärtigen Herrschers aus Ninive wurde um 2350 v. Chr. gefertigt.

Zar Nikolaus II. und seine Frau Alexandra mit ihren Kindern (v.l.n.r.): den Großfürstinnen Olga, Tatjana, Maria, Anastasia und im Vordergrund der Zarewitsch Alexej.

Nikolaus I. (1796–1855), ab 1825 russischer Zar, Nachfolger seines Bruders ALEXANDER I. Nikolaus I., der unmittelbar nach seinem Regierungsantritt den DEKABRISTEN-Aufstand zerschlug, war ein autoritärer Herrscher. Er regierte mit polizeistaatlichen Mitteln, kontrollierte Universitäten und Presse und verfolgte religiöse Minderheiten. Seine militärischen Erfolge 1826–28 gegen Persien und 1828–29 gegen das OSMANISCHE REICH vergrößerten das russische Reich. 1830 schlug Nikolaus den polnischen Aufstand brutal nieder und während der Revolution von 1848/49 an der Seite von Österreich die nationale Erhebung der Ungarn. Die Absicht des Zaren, Teile des Osmanischen Reiches zu annektieren, führten zum KRIMKRIEG, in dem Russland von Frankreich und Großbritannien besiegt wurde.

Nikolaus II. (1868–1918), letzter russischer Zar 1894–1917. Die sich verschlechternden Beziehungen zu Japan führten 1904/05 zum RUSSISCH-JAPANISCHEN KRIEG. Als Folge der schweren Niederlage und des autokratischen Herrschaftsstils des Zaren brach die RUSSISCHE REVOLUTION von 1905 aus. Nikolaus II. versprach Grundrechte, allgemeines Wahlrecht und eine gesetzgebende Versammlung, die Duma, zu gewähren, schränkte die Zugeständnisse aber schon 1907 wieder ein. Nach dem Mord von Sarajevo und der Kriegserklärung Österreichs an Serbien 1914 veranlasste er die Mobilmachung und führte sein Land gegen Deutschland und Österreich in den ERSTEN WELTKRIEG. Nach der Niederlage der von ihm selbst befehligten Armee sowie dem Aus-

bruch von Streiks in der Heimat musste er am 15. März 1917 abdanken. Nach der OKTOBERREVOLUTION wurde die Zarenfamilie von den BOLSCHEWIKEN nach Jekaterinburg gebracht und dort im Juli 1918 ermordet. Die 1991 aufgefundenen sterblichen Überreste der ROMANOWS wurden im Juli 1998 in St. Petersburg beigesetzt.

Nimitz, Chester William (1885–1966), amerikanischer Admiral im Zweiten Weltkrieg. Er erhielt 1941 nach dem Überfall der Japaner auf PEARL HARBOR das Oberkommando über die Pazifikflotte. Durch den Einsatz von Flugzeugträgern und das so genannte Inselspringen gewann er 1942 die entscheidende Schlacht bei den Midway-Inseln und konnte später Iwo Jima und Okinava einnehmen. Am 2. September 1945 unterzeichnete er für die USA die japanische Kapitulationsurkunde.

Nimwegen, Friede von (1678), Friedensvertrag am Ende des Französisch-Niederländischen Krieges 1672–78, der von der Republik der Vereinigten Niederlande, Frankreich, Spanien und dem Heiligen Römischen Reich geschlossen wurde. LUDWIG XIV. erhielt dadurch von Spanien die Freigrafschaft BURGUND und Teile von Flandern und vom deutschen Kaiser Freiburg im Breisgau und einige elsässische Städte.

Ninive, altorientalische Stadt am linken Tigrisufer und Hauptstadt des Assyrer-Reiches seit Sanherib, der 704–681 v. Chr. regierte. Sanherib ließ in Ninive prachtvolle Bauten errichten, doch wurde die Stadt

612 v. Chr. von den Medern und Babyloniern zerstört. Umfangreiche Ausgrabungen brachten Ninives einstigen Glanz wieder ans Licht: So kann man beispielsweise heute noch fünf der ehemals 15 Torbogen entlang der 12 km langen Stadtmauer bewundern. Außerdem wurden weiträumige Paläste mit kunstvollen Reliefs, auf denen u.a. die Heldentaten der Könige dargestellt sind, sowie zahlreiche Keilschrifttafeln aufgefunden.

> **WUSSTEN SIE, DASS?**
>
> *Der alttestamentarische Prophet Nahum schrieb über den Untergang von Ninive: „Weh der mörderischen Stadt, die voll Lügen ist und von ihrem Rauben nicht lassen kann."*

Nixon, Richard Milhous (1913–94), Präsident der USA, der als erster Amtsinhaber die Präsidentschaft niederlegte. Nixon war 1947–50 republikanischer Abgeordneter im Repräsentantenhaus, danach Senator für Kalifornien und anschließend, 1953–61, Vizepräsident unter Dwight David EISENHOWER. Bei den Präsidentschaftswahlen von 1960 unterlag Nixon nur knapp John F. KENNEDY; acht Jahre später setzte er sich jedoch gegen seinen demokratischen Kontrahenten Hubert Humphrey durch und wurde Präsident. Seine Regierung leitete 1971 drastische Maßnahmen zur Bekämpfung der Wirtschaftskrise ein. Die Inflation wurde durch einen Lohn- und Preisstopp sowie erhebliche Kürzungen im Sozialbereich gedrosselt. Um die Außenhandelsbilanz auszugleichen, wurde 1971 und 1973 der Dollar abgewertet.

In der Außenpolitik gingen die Erfolge der Nixon-Regierung auch wesentlich auf Außenminister Henry KISSINGER zurück. Zunächst weitete Nixon den VIETNAMkrieg aus, doch dann nahmen die USA 1971 Verhandlungen auf, bei denen man sich 1973 auf einen Waffenstillstand und den völligen Rückzug der amerikanischen Truppen einigte. Nixon unterstützte die OSTPOLITIK von Willy BRANDT, und sein Besuch in Moskau 1972 führte zu Handelsverträgen, gemeinschaftlichen Programmen in der Raumfahrt sowie dem SALT-I-Abkommen zur Begrenzung der Nuklearwaffen. Die USA erkannten offiziell das kommunistische Regime in Peking an, und 1972 besuchte Nixon die Volksrepublik China. Noch im selben Jahr wurde er mit großer Mehrheit erneut zum Präsidenten gewählt. Nachdem Nixons Verstrickung in die WATERGATE-Affäre offenbar wurde, trat er am 8. August 1974 zurück, um einem Absetzungsverfahren zu entgehen. Sein Amtsnachfolger Gerald Ford begnadigte ihn bereits im September desselben Jahres.

Nkomo, Joshua (*1917), Politiker SIMBABWES. Als engagierter Nationalist kämpfte er für die Unabhängigkeit Rhodesiens. Ab 1957 Präsident des AFRICAN NATIONAL CONGRESS gründete er nach dessen Verbot im Jahr 1959 die Zimbabwe African People's Union (ZAPU). Nkomos Aktivitäten führten zu Konflikten mit der weißen Minderheitenregierung und brachten ihm zehn Jahre Haft ein.

Nach einer Verfassungsreform 1979 gründete Nkomo zusammen mit Robert Mugabe, dem Führer der Zimbabwe African National Union (ZANU), die Patriotic Front Alliance. Nachdem Simbabwe 1980 unabhängig geworden war, stellten sich beide Freiheitskämpfer zur Wahl. Robert Mugabe trug den Sieg davon und ernannte Joshua Nkomo zu einem seiner Minister. Nach der Wiederwahl Mugabes im Jahr 1990 wurde Nkomo Vizepräsident von Simbabwe.

Nkrumah, Kwame (1909–72), ghanaischer Staatsmann, 1951–60 Ministerpräsident, 1960–66 erster Staatspräsident von GHANA. Nach dem Studium in den USA kehrte Nkrumah 1947 in seine Heimat, die britische Kolonie Goldküste, zurück. Um die Unabhängigkeit des Landes voranzutreiben, gründete er 1949 die Convention People's Party (CCP) und rief zu Streiks und Boykotten auf. Wegen Volksverhetzung wurde er von den Briten 1950 kurzzeitig inhaftiert. Nach dem Wahlsieg seiner Partei 1951 wurde Nkrumah Ministerpräsident der Goldküste und führte das Land unter dem neuen Namen Ghana 1957 in die Unabhängigkeit. Trotz seines autokratischen Führungsstils verhalf ihm seine sozialistische Politik zu einiger Popularität.

Nach der Ausschaltung politischer Gegner ließ sich Kwame Nkrumah im Jahr 1964 zum Präsidenten auf Lebenszeit wählen, doch als er allzu diktatorisch regierte und eine Wirtschaftskrise einsetzte, kam es zu Unruhen. 1966 wurde er durch einen Militärputsch gestürzt, während er sich auf einem Staatsbesuch in der Volksrepublik China befand. Nkrumah floh nach Guinea, wo ihm Präsident Sékou Touré Exil gewährte.

NKWD, russische Bezeichnung für Volkskommissariat für innere Angelegenheiten, 1934 als Nachfolgeorganisation der Geheimpolizei OGPU geschaffenes Ministerium, das für innere Sicherheit und die Straflager der Sowjetunion zuständig war. Als Terrorinstrument Jossif STALINS schaltete es politische Gegner aus, besonders in den Jahren der großen Säuberung der Kommunistischen Partei 1935–39. Anfang der 40er-Jahre wurde unter Lawrentij BERIJA die politische Geheimpolizei abgetrennt und dem Ministerium für Staatssicherheit zugeordnet. Das NKWD wurde 1946 in Ministerium für Inneres umbenannt. Nach Berijas Sturz 1953 wurde die Geheimpolizei dem 1954 gegründeten KGB, Komitee für Staatssicherheit, unterstellt.

Nobel, Alfred (1833–96), schwedischer Industrieller und Begründer des NOBELPREISES. Nobel, der seine Kindheit und Jugend in St. Petersburg verbrachte, bereiste weite Teile Europas und Nordamerikas. Er

August 1974: Nach seinem Rücktritt verabschiedet sich Richard Nixon von den Mitarbeitern des Weißen Hauses. Neben ihm steht sein Schwiegersohn David Eisenhower.

beherrschte fünf Sprachen fließend und verfügte über ausgezeichnete Kenntnisse in den Bereichen Chemie, Technik und Wirtschaft. 1867 erfand er das Dynamit und baute weltweit über 90 Fabriken, in denen bis zu seinem Tod jährlich 66 500 t des Sprengstoffs hergestellt wurden. Durch Patentrechte und Investionen in die Ölfelder des Kaspischen Meeres kam er zu großem Reichtum.

Doch der brillante Geschäftsmann hatte noch andere Interessen: Er befasste sich intensiv mit Fragen, die das friedliche Zusammenleben der Völker betrafen. Er hinterließ sein Vermögen einer Stiftung, aus der seitdem die Nobelpreise finanziert werden.

Nobelpreis, jährliche internationale Auszeichnung für Leistungen, die, wie Alfred NOBEL bestimmte, „während des vorangegangenen Jahres der Menschheit den größten Nutzen gebracht hatten". Die Preise bestehen aus einer Goldmedaille und einer Geldsumme und werden aus dem Zinsertrag einer von Nobel verfügten Stiftung finanziert. 1995 lag der Wert des ungeteilten Preises bei rund 1 Mio. Dollar.

Die Nobelstiftung, die wegen erbitterter Streitigkeiten über die Auslegung des Testaments erst vier Jahre nach Nobels Tod ins Leben trat, legte fünf Preise fest: für Physik, Chemie, Medizin und Literatur sowie den

Friedensnobelpreis; 1969 fügte die schwedische Reichsbank noch den Nobelpreis für Wirtschaftswissenschaften hinzu. Die Preise für Physik, Chemie und Wirtschaft werden auf Vorschlag der Königlich Schwedischen Akademie der Wissenschaften vergeben, der für Medizin auf Initiative des Medikochirurgischen Instituts in Stockholm; den Preis für Literatur schlägt die Schwedische Akademie vor und der Friedensnobelpreis wird nach dem Votum eines norwegischen Parlamentsausschusses verliehen. Die erste feierliche Überreichung der Preise, die jeweils auch mehreren verdienstvollen Personen verliehen werden können, fand im Jahr 1901 statt.

Nofretete (14. Jh. v. Chr.), ägyptische Königin und Gemahlin von Pharao Amenophis IV., später ECHNATON genannt. Viele antike Darstellungen zeigen sie als Anbeterin des Sonnengotts Aton, des einzigen Gottes, dessen Verehrung Echnaton zuließ. Nachdem sie in Ungnade gefallen war, folgte ihr eine ihrer sechs Töchter auf den ägyptischen Thron.

Nofretete wurde der Nachwelt bekannt durch zahlreiche Inschriften, Reliefs und vor allem eine Kalksteinbüste, die in Mittelägypten im Tell el-Amarna gefunden wurde und heute im Ägyptischen Museum in Berlin ausgestellt ist.

Nomaden, Hirtenvölker ohne festen Wohnsitz. Vermutlich entstanden vor etwa 5000 Jahren in den für den Ackerbau ungeeigneten Wüsten oder Steppen Völker, die sich auf ständiger Wanderschaft befanden. Sie hatten fast keinen Besitz, lediglich ein paar Waffen, Zelte und Kochgeschirr. Ihr Reichtum bestand aus den Tieren, die sie mitführten: Kamelen, Pferden, Schafen oder Gänsen. Sie tauschten oder verkauften Waren wie Fleisch, Leder und Wolle an Stadtbewohner oder Ackerbauern, die in Oasen oder in den Randgebieten von Wüsten lebten. Außerdem stellten sie Tiere wie etwa Kamele als Transportmittel zur Verfügung und begleiteten

Alfred Nobel stiftete einen Preis, der aus einem Geldbetrag und einer Medaille besteht, deren eine Seite Allegorien von Natur und Wissenschaft zeigt.

Kaufleute auf Karawanenwegen quer durch die Sahara oder auf der SEIDENSTRASSE bis nach China.

Die Nomaden bildeten einzelne Stämme und akzeptierten normalerweise keine Herrscher. Sie waren sehr stolz auf ihre Traditionen, die sie deutlich von den sesshaften Völkern abhoben. Aufgrund ihrer Zähigkeit und ihrer Reitkünste waren sie ausgezeichnete Kämpfer; sie entwickelten ihre kriegerischen Fähigkeiten bei der Jagd und beim Kampf um die lebenswichtigen Wasserstellen. Manchmal schlossen sich mehrere Nomadenvölker unter einem militärischen Führer zusammen, um ihr Weideland zu vergrößern. Ein Beispiel ist der Hunnenkönig ATTILA. Dürren und die Bemühungen der Regierungen, die Landwirtschaft auszuweiten, haben die Existenz der Nomaden heute stark eingeschränkt. So versuchen z. B. die Staaten Nordafrikas, die unabhängigen Nomadenstämme zur Sesshaftigkeit zu zwingen.

Nordafrika, Kämpfe in (Juni 1940 bis Mai 1943), Kriegshandlungen, die während des ZWEITEN WELTKRIEGS zwischen den Truppen der Alliierten und denen der ACHSENMÄCHTE stattfanden. Als Italien im Juni 1940 den Alliierten den Krieg erklärte, hatte Benito MUSSOLINI bereits 300 000 Mann in Nordafrika stationiert. Nach anfänglichen Siegen musste Italien den Briten Sidi Barrani, TOBRUK und Bengasi überlassen. Zur Unterstützung der Italiener entsandte Adolf HITLER im Februar 1941 das Afrikakorps unter General Erwin ROMMEL nach Nordafrika, dem es im Juni 1942 gelang, Tobruk zu erobern und danach bis EL-ALAMEIN in Ägypten vorzustoßen. Dort konnten die Bri-

Das Porträt der Nofretete stammt aus dem 14. Jh. v. Chr. und wurde im Tal der Königinnen in Theben gefunden.

ten den deutschen Vormarsch stoppen und unter der Führung von General Bernard MONTGOMERY die Truppen Rommels bis nach Tunesien zurückdrängen. Anfang November 1942 landeten unter dem Oberbefehl von General Dwight D. EISENHOWER amerikanische und britische Truppen in Marokko und Algerien. Die deutschen Verbände wurden von West und Ost her in die Zange genommen, und am 7. Mai 1943 musste Tunis aufgegeben werden. Insgesamt gerieten etwa 250 000 Soldaten in Kriegsgefangenschaft der Alliierten – damit waren die Kämpfe in Nordafrika beendet.

Norddeutscher Bund

Norddeutscher Bund, nach dem DEUTSCHEN KRIEG von 1866 geschaffener deutscher Bundesstaat, Vorstufe zum DEUTSCHEN REICH. Am 18. August 1866 schloss Preußen nach der Auflösung des DEUTSCHEN BUNDES mit 17 norddeutschen Kleinstaaten, die in der preußisch-österreichischen Auseinandersetzung an seiner Seite gestanden hatten, einen Bund, dem im September und Oktober 1866 die restlichen deutschen Staaten nördlich des Mains beitraten. Die Bundesverfassung trat am 1. Juli 1867 in Kraft. Sie sah einen erblichen Bundespräsidenten, einen von Preußen beherrschten Bundesrat und einen Reichstag vor, der in allgemeiner, gleicher und direkter Wahl – nur von Männern – gewählt wurde. Bundespräsident wurde der preußische König, Bundeskanzler Otto von BISMARCK. Als Frankreich 1870 Preußen den Krieg erklärte, kämpften im DEUTSCH-FRANZÖSISCHEN KRIEG die süddeutschen Staaten an der Seite des Norddeutschen Bundes. Nach dem Sieg entstand durch den Zusammenschluss der süddeutschen Staaten mit dem Norddeutschen Bund das DEUTSCHE REICH, und der preußische König wurde am 18. Januar 1871 in Versailles bei der KAISERPROKLAMATION zum Deutschen Kaiser WILHELM I. ausgerufen.

Nordirland

Nordirland, Provinz Großbritanniens, die sich aus den sechs nordöstlichen Grafschaften der ehemaligen irischen Provinz ULSTER zusammensetzt. 1918 erklärte die nationalistische irische Bewegung SINN FÉIN die Unabhängigkeit von GROSSBRITANNIEN und rief die Irische Republik aus, woraufhin die britische Regierung nach längeren Auseinandersetzungen im Jahr 1921 die Insel politisch teilte: Der überwiegend katholische Süden wurde als Dominion innerhalb des COMMONWEALTH als Republik IRLAND unabhängig, der größtenteils protestantische Norden blieb weiterhin Bestandteil Großbritanniens.

Preußen verschlingt Kleinstaaten – so karikierten die Franzosen den Norddeutschen Bund.

In den 60er-Jahren schlug der Unmut der nordirischen Katholiken über fortgesetzte Diskriminierungen in Gewalt um. 1968 kam es zu Ausschreitungen bei zahlreichen Friedensmärschen und Demonstrationen. Die IRA, der militärische Arm der nationalistisch-katholischen Sinn Féin, lieferte sich erbitterte Straßenschlachten mit militanten protestantischen Organisationen. Auf Bitten der nordirischen Regierung entsandte London 1969 Truppen an den Parlamentssitz in STORMONT. Paramilitärische katholische Kräfte sahen darin eine Provokation und verstärkten ihre Aktionen durch Bombenattentate und Mordanschläge, um so den Anschluss Nordirlands an die Republik Irland zu erzwingen. Die Gegenseite reagierte ebenfalls, und so spitzte sich die Lage in Nordirland zusehends zu.

1972 enthob die britische Regierung die nordirische Regierung ihres Amtes und übernahm selbst die Verwaltung in Nordirland. Ein Arbeiterstreik von Protestanten brachte die vereinbarten Regelungen jedoch schnell wieder zu Fall, worauf die britische Regierung einen Nordirlandminister entsandte. 1985 schloss Großbritannien mit der Republik Irland ein Abkommen, das der Republik ein gewisses Mitspracherecht bei der Regierung Nordirlands einräumte, doch auch danach kam es wieder zu Streiks und Protesten der Protestanten.

> ### WUSSTEN SIE, DASS?
>
> Der Konflikt in Nordirland forderte zahlreiche Menschenleben: Bis 1992 waren über 3000 Personen, darunter mehr Zivilisten als Soldaten, durch Anschläge und Kämpfe umgekommen.

Nordiren demonstrierten 1985 gegen die Unabhängigkeitsbestrebungen von London.

1993 gaben die Regierungen in London und Dublin eine gemeinsame Erklärung ab, in der Friedensinitiativen unter Beteiligung der Sinn Féin zugesichert wurden. Die IRA erklärte daraufhin ihre Militäraktionen offiziell für beendet und die Gegenseite folgte mit ähnlichen Zusagen – dadurch konnte bis Ende 1994 die Zahl der in Nordirland stationierten Soldaten halbiert werden. Doch 1995 gerieten die Gespräche ins Stocken. Ein vereinbarter Waffenstillstand war nur von kurzer Dauer: Er endete 1996 nach einem Bombenanschlag der IRA in London. Im Frühjahr 1999 mussten sich die Konfliktparteien eingestehen, dass der Friedensprozess bis auf weiteres blockiert war, da die IRA sich nicht bereit erklärte, ihre Kämpfer als Vorleistung für eine Allparteienregierung zu entwaffnen.

Nordischer Krieg

Nordischer Krieg (1700–21), Krieg um die Vormachtstellung im Ostseeraum. Beteiligte waren Russland unter Zar PETER DEM GROSSEN, Dänemark unter König Friedrich IV., Polen unter König AUGUST II. DEM STARKEN sowie Schweden unter König KARL XII. Zunächst waren die Schweden siegreich: Sie schlugen die Dänen, besiegten Peter den Großen bei NARVA und vertrieben August den Starken aus Polen. Dann aber verlor Karl XII. die entscheidende Schlacht bei POLTAWA 1709 gegen den Zaren. In den Friedensschlüssen von Stockholm 1719, Frederiksborg 1720 und Nystad 1721 fielen Bremen und Verden an Hannover, Vorpommern an Preußen, Estland, Livland, Ingermanland und ein Teil Kareliens an Russland – Schweden hatte damit seine Vormachtstellung eingebüßt.

Nord-Korea

Nord-Korea, ostasiatisches Land, das den nördlichen Teil der Halbinsel KOREA und Teile des asiatischen Festlands umfasst. Die Demokratische Volksrepublik Korea wurde 1948 gegründet; sie entstand aus der am Ende des ZWEITEN WELTKRIEGS sowjetisch besetzten Zone Koreas. Nach dem Abzug der Besatzungsmächte unternahm Nord-

Zur Feier der Einweihung befuhr im Juni des Jahres 1895 die kaiserliche Yacht *Hohenzollern* den Nord-Ostsee-Kanal, der damals noch den stolzen Namen Kaiser-Wilhelm-Kanal trug.

Korea 1950 einen Überraschungsangriff auf SÜD-KOREA, mit dem Ziel, das gespaltene Land unter kommunistischer Herrschaft wieder zu vereinen. Der KOREAKRIEG brachte Tod und Verwüstung und verfestigte im Gegenteil die Spaltung des Landes entlang dem 38. Breitengrad.

Mitte der 50er-Jahre beschloss Kim Il Sung, 1948–72 Ministerpräsident und 1972 bis 1994 Staatspräsident, Nord-Korea wirtschaftlich zu stärken; aber ab Anfang der 80er-Jahre stagnierte die Entwicklung und verschlechterte sich schließlich dramatisch. 1992 kam es zwar zu einem Wirtschaftsabkommen zwischen Nord- und Süd-Korea, doch das Verhältnis blieb gespannt. Seit dem Tod Kim Il Sungs 1994 hat sein Sohn Kim Jong Il das Amt des Staatspräsidenten in dem nach wie vor völlig abgeschotteten und verarmten Land inne.

Nord-Ostsee-Kanal, künstliche Wasserstraße von Brunsbüttelkoog an der Elbemündung bis Holtenau bei Kiel. Sie geht auf eine Idee Otto von BISMARCKS zurück, der damit deutschen Schiffen eine schnellere Verbindung von der Ostsee zur Nordsee ermöglichen wollte. 1887–95 wurde der Kanal gebaut und 1907–14 erweitert. Bis zum Ende des ERSTEN WELTKRIEGS war er im Besitz der deutschen Regierung, doch 1919 wurde er im VERSAILLER VERTRAG aufgrund seiner strategischen Bedeutung internationalisiert.

Normandie, Region in Nordwestfrankreich, die nach den Normannen bzw. WIKINGERN benannt ist. Ursprünglich gehörte die Normandie zu GALLIEN, wurde später von Iulius CAESAR erobert und um das Jahr 500 von König CHLODWIG I. dem Frankenreich einverleibt. Die Invasionen der dänischen

und norwegischen Normannen begannen im 9. Jh.; 911 mussten die Franken das Gebiet der heutigen Normandie an den Normannenführer ROLLO abtreten.

Die Macht der Normannen, die das Christentum und die französische Sprache annahmen, wurde den französischen Königen bald gefährlich. Den englischen Herrschern ebenfalls: 1066 eroberte der normannische Herzog Wilhelm England und machte sich als WILHELM I. zum König des Inselreichs. Zwar gelang es den Franzosen 1204, das normannische Herzogtum zurückzugewinnen, doch im HUNDERTJÄHRIGEN KRIEG fiel das Gebiet erneut an England. Erst durch die Schlacht von Formigny 1450 konnten die Franzosen die Normandie endgültig an Frankreich binden.

Angeblich war Nostradamus hellsichtig und prophezeite Ereignisse wie den Jahrhunderte später ausgebrochenen Zweiten Weltkrieg.

Norwegen, Staat, der den Westteil der Skandinavischen Halbinsel einnimmt. Die hier lebenden WIKINGER fuhren im 9. Jh. auf der Suche nach weiterem Siedlungsraum nach Grönland, Island und England. Unter Harald I. Schönhaar, Olaf I. und Olaf II. entwickelte sich im 10. Jh. ein erstes politisches System. 1028–35 regierte der dänische König KNUT DER GROSSE in Norwegen. Nach einem Bürgerkrieg festigte sich unter Haakon IV. im 13. Jh. das Reich, zu dem auch Grönland und Island gehörten. Ab 1254 brachten die Handelsbeziehungen zur HANSE eine Zeit des Wohlstands.

1397 vereinten sich durch die Heirat der dänischen Königin Margarete I. und König Haakons VI. Norwegen, SCHWEDEN und DÄNEMARK zu einem Reich. Diese Union wurde 1523 aufgelöst, aber Norwegen stand weiterhin unter dänischer Herrschaft. 1807 wurde in Norwegen ein Parlament eingerichtet und 1814 trat Dänemark Norwegen an Schweden ab. Das Land blühte auf, doch der Ruf nach völliger Unabhängigkeit wurde laut. Zwar etablierte sich 1884 eine norwegische Regierung, aber erst 1905 wurde die Union mit Schweden endgültig aufgelöst. Prinz Karl von Dänemark bestieg als König HAAKON VII. den norwegischen Thron.

Norwegen blieb bei Ausbruch beider Weltkriege neutral. Doch 1940 besetzten deutsche Truppen das Land und richteten 1942 eine Marionettenregierung unter dem norwegischen Faschisten Vidkun QUISLING ein. Nach dessen Sturz 1945 kehrte König Haakon VII. aus dem britischen Exil zurück und die Arbeiterpartei kam wieder an die Macht. In den 70er-Jahren kurbelte die Ölförderung in der Nordsee, die im Lauf der Zeit immer mehr zunahm, die norwegische Wirtschaft stark an. Gro Harlem Brundtland, die erste Frau im Amt des norwegischen Premierministers, leitete drei Minderheitsregierungen der Arbeiterpartei 1981–93 und wurde im selben Jahr zum vierten Mal wieder gewählt. 1991 folgte Harald V. seinem Vater König Olaf V. auf den norwegischen Thron.

Norwegen ist Gründungsmitglied der EFTA, doch einer seiner wichtigsten Handelspartner waren die Staaten der Europäischen Wirtschaftsgemeinschaft (EG). Aus diesem Grund stellte Norwegen 1992 den Antrag auf Aufnahme in die EG. In einer Volksabstimmung 1994 stimmte jedoch die Mehrheit der Norweger gegen den Beitritt zur EUROPÄISCHEN UNION, der Nachfolgeorganisation der EG.

Nostradamus (1503–66), französischer Astrologe, Mathematiker und Arzt, der eigentlich Michel de Notredame hieß. Nostradamus wurde zunächst bekannt durch seine medizinischen Fähigkeiten, z.B. durch bahnbrechende Behandlungsmethoden wäh-

Nach der No-vemberrevolution 1918 warb die SPD mit solchen Plakaten für die Wahlen zur Natio-nalversammlung, die in Weimar zusammentrat.

rend der Pest 1546/47 in Aix und Lyon. Sei-ne 1555 erschienene Schrift *Centuries*, eine Sammlung von in Versen verfassten Prophe-zeiungen, erregte die Aufmerksamkeit seiner Zeitgenossen. Sein zunehmender Bekannt-heitsgrad verschaffte ihm die Gunst des fran-zösischen Hofes und 1558 konnte er eine er-weiterte Ausgabe seiner Schrift herausgeben, die er dem französischen König Heinrich II. widmete. 1560 wurde Nostradamus zum Leibarzt von Katharina von Medici und ihrem Sohn König Karl IX. ernannt.

Die Prophezeiungen des Nostradamus bo-ten nicht nur zu seinen Lebzeiten, sondern auch noch nach seinem Tod und sogar bis heute immer wieder Stoff für Spekulationen und Kontroversen. Da er sie aus Angst, von der Inquisition der Zauberei beschuldigt zu werden, verschlüsselt hatte, wurden sie auf die verschiedenste Weise ausgelegt.

Notstandsgesetze, in demokratischen Verfassungen verankerte Regelungen für Notlagen. Sie sehen vor, dass im Fall einer akuten Bedrohung der inneren oder äußeren Sicherheit eines Staates – z. B. durch Kriege, Aufstände, Naturkatastrophen – die verfas-sungsmäßig garantierte Gewaltenteilung teilweise und zeitlich begrenzt einge-schränkt wird und bis zur Behebung des Notstands Ausnahmebefugnisse auf die voll-ziehende Gewalt übertragen werden. In der WEIMARER REPUBLIK erhielt z. B. der Reichspräsident, der von der Volksvertre-tung nicht kontrolliert und abgesetzt wer-den konnte, nach Feststellung des Notstands eine fast diktatorische Ausnahmegewalt: Er

konnte persönliche Freiheitsrechte der Bürger ganz oder teilweise außer Kraft set-zen, er durfte die Reichswehr im Staatsin-nern einsetzen und Notverordnungen erlas-sen, die Gesetzeskraft besaßen. In der 1968 verabschiedeten Notstandsgesetzgebung der BUNDESREPUBLIK DEUTSCHLAND gehen im Verteidigungsfall sowie bei einer inneren Notstandssituation alle Ausnahmerechte auf die vom Parlament kontrollierte und absetz-bare Bundesregierung über. Bei der Feststel-lung des Notstands sowie beim Verlangen, die entsprechenden Maßnahmen wieder auf-zuheben, spielen der Bundestag und der Bundesrat die ausschlaggebende Rolle.

Novemberrevolution (1918), politische Revolution in Deutschland. Am 29. Oktober sowie am 3. und 4. November 1918 verhin-derten Matrosen in Wilhelmshaven und Kiel das Auslaufen der Kriegsmarine zu einem sinnlosen Einsatz am Ende des ERSTEN WELTKRIEGS. In den ersten Novembertagen breiteten sich die von der Matrosenmeuterei ausgehenden Unruhen auch auf Soldaten und Arbeiter in anderen Großstädten aus. Die Gründe für den Aufstand waren Kriegsmü-digkeit, Hunger und soziale Not. Bereits am 7. Novem-ber 1918 wurde in München die Republik ausgerufen, und am 9. November gab Reichskanzler Max von Ba-den von sich aus den Thron-verzicht des widerstreben-den Kaisers WILHELM II. bekannt. Am selben Tag wurde in Berlin kurz hinter-einander zweimal die Repub-

lik ausgerufen: zunächst die deutsche Repu-blik durch den Sozialdemokraten Philipp Scheidemann, zwei Stunden später die freie sozialistische Republik durch das Mitglied des SPARTAKUSBUNDS Karl Liebknecht. Alle deutschen Fürsten mussten abdanken und WILHELM II. ging ins niederländische Exil nach Doorn.

Aus dem Großberliner ARBEITER- UND SOLDATENRAT entstand als vorläufige Regie-rung der Rat der Volksbeauftragten unter Friedrich EBERT, der die von der SPD favori-sierte parlamentarische Entwicklung einlei-tete. Eberts Zusammengehen mit der kaiser-lichen Heeresleitung führte zur Niederschla-gung des Spartakusaufstands im Januar 1919, der die Errichtung eines Rätesystems nach sowjetischem Vorbild erstrebte. Eberts Wahl zum Reichspräsidenten durch die Wei-marer Nationalversammlung am 11. Februar 1919 und die Bildung einer parlamentari-schen Reichsregierung schloss die Novem-berrevolution ab, ohne dass es zu einer sozia-len Umwälzung gekommen war.

Nowgorod, Gebietshauptstadt im Nord-westen Russlands, eine der ältesten Städte des Landes. Hier gründeten die aus Skandi-navien eingewanderten Waräger oder WI-KINGER 862 unter ihrem Führer Rurik den ersten russischen Staat. 989 gewaltsam chris-tianisiert, blieb Nowgorod im 13. Jh. von der GOLDENEN HORDE verschont. 1240 wi-dersetzte sich die Stadt unter ihrem Fürs-ten ALEXANDER NEWSKIJ erfolgreich den Schweden und zwei Jahre später besiegte sie den angreifenden DEUTSCHEN ORDEN. Bis ins 15. Jh. war Nowgorod eine blühende Stadt, u. a. dank ihrer Handelsbeziehungen zur HANSE. 1478 musste sie sich jedoch dem aufstrebenden MOSKAU geschlagen geben. 1611–19 war die Stadt von Schweden be-setzt, danach gewann sie ihre politische und wirtschaftliche Bedeutung zurück.

Nubier, Bevölkerung des mittleren Niltals, hauptsächlich im heutigen Ägypten und Su-dan. Um die Mitte des 3. Jt. v. Chr. überfie-len Ägypter das Land, das damals Kusch ge-

Nubische Edelleute, nach ägyptischer Art gekleidet, ver-beugen sich vor dem Pharao.

Die Angeklagten – in der ersten Reihe v. l. Göring, Hess, Ribbentrop, Keitel – verfolgen den Verlauf der Nürnberger Prozesse.

nannt wurde. Nach weiteren ägyptischen Invasionen in den folgenden Jahrhunderten gewannen die Nubier die Oberhand; sie eroberten um 920 v. Chr. ganz Ägypten und stellten jahrhundertelang die herrschende Dynastie.

Nach der Christianisierung im 4. Jh. entstanden in Nubien im 6. Jh. mehrere christliche Königreiche. 652 besiegte eine ägyptische Armee das Königreich Dongola, aus dem Ägypten seine Sklaven bezog. Im späten 13. Jh. nahmen Mamelucken den Norden des Nubier-Reiches ein. Das Südreich konnte sich noch bis ins 16. Jh. erhalten und wurde dann dem sudanischen Reich Sennar einverleibt.

Nuffield, William Morris (1877–1963), britischer Industrieller und Philanthrop. Er begann als Automechaniker und gründete 1919 ein Unternehmen, wo er den Morris Oxford herstellte, das erste britische Auto, das für Familien gedacht und durch Massenproduktion im Preis erschwinglich war. Nuffield begründete 1943 eine im Bereich der Armenhilfe und der Gesundheitsforschung wirkende Stiftung.

Nürnberger Prozesse (1945–49), Verhandlungen eines internationalen Gerichtshofs mit Richtern aus den alliierten Siegerstaaten Frankreich, Großbritannien, den USA und der Sowjetunion gegen die Hauptkriegsverbrecher des ZWEITEN WELTKRIEGS. Die Prozesse, die vom 20. November 1945 bis 1. Oktober 1946 in Nürnberg stattfanden, waren äußerst komplex und unter Fachleuten umstritten, denn es fehlte an Präzedenzfällen, nach denen man internationales Recht auf das Verhalten eines Staates und das seiner Politiker hätte anwenden können. Als Anklagepunkte galten Verbrechen gegen den Frieden, Kriegsverbrechen und Verbrechen gegen die Menschlichkeit.

Gegen 24 Personen wurde am 18. Oktober 1945 Anklage erhoben. Robert Ley, Lei-

ter der Deutschen Arbeitsfront, beging noch vor der Eröffnung seines Verfahrens Selbstmord; der Rüstungsindustrielle Gustav KRUPP galt als nicht verhandlungsfähig und wurde vom Verfahren befreit.

Von den verbleibenden 22 Angeklagten wurden am 1. Oktober 1946 folgende zum Tod durch den Strang verurteilt: Martin BORMANN (in Abwesenheit), Leiter der Parteikanzlei und ab 1943 Sekretär Adolf Hitlers; Hans Frank, Generalgouverneur von Polen; Wilhelm Frick, Innenminister und Reichsprotektor von Böhmen und Mähren; Reichsmarschall Hermann GÖRING; Generaloberst Alfred Jodl; Ernst Kaltenbrunner, Chef der Sicherheitspolizei und des SD; Generalfeldmarschall Wilhelm KEITEL, Chef des Oberkommandos der Wehrmacht; Außenminister Joachim von RIBBENTROP; Alfred Rosenberg, Reichsminister für die besetzten Ostgebiete; Ernst Friedrich Sauckel, Generalbevollmächtigter für den Arbeitseinsatz; Arthur SEYSS-INQUART, Reichskommissar für die Niederlande, und Julius STREICHER, Herausgeber des antisemitischen Hetzblattes *Der Stürmer.*

Zehn der anwesenden Verurteilten wurden am 16. Oktober 1946 hingerichtet; Hermann Göring beging im Gefängnis Selbstmord mit Gift. Freiheitsstrafen erhielten mehrere Angeklagte, darunter Hitlers Stellvertreter Rudolf HESS lebenslänglich; vier wurden zu Haftstrafen zwischen zehn und 20 Jahren verurteilt. Freigesprochen wurden dagegen der ehemalige Reichskanzler Franz von PAPEN, Reichsbankpräsident und Wirtschaftsminister Hjalmar SCHACHT sowie der Rundfunkjournalist Hans Fritsche, wichtiger Mitarbeiter im ehemaligen Propagandaministerium von Joseph GOEBBELS.

Das Gericht erklärte zudem das Führungskorps der NSDAP, die GESTAPO, die SS und den SD zu verbrecherischen Organisationen. Bis 1949 fanden in Nürnberg noch 12 weitere Prozesse vor amerikanischen Militärgerichten statt.

Nyerere, Julius Karambage (*1922), afrikanischer Politiker, 1961 Ministerpräsident von Tanganjika, 1964–85 erster Präsident von TANSANIA. Der Sohn eines Stammesfürsten gründete 1954 die Tanganyika African National Union, die wichtigste politische Organisation Tanganjikas. Er setzte sich für die Unabhängigkeit von Großbritannien ein, die 1961 erreicht wurde; im Jahr 1962 wählte man Nyerere zum Staatspräsidenten.

Auf sein Betreiben hin schlossen sich 1964 Tanganjika und Sansibar zur Republik Tansania zusammen, auch sie unter dem Staatspräsidenten Nyerere. Er verschrieb sich dem Ziel, Boden und Ressourcen des Landes in den Besitz der einzelnen Kommunen zu übertragen. 1967 führte er ein weit reichendes Verstaatlichungsprogramm ein, das jedoch nach 1987 größtenteils wieder zurückgenommen wurde. Nyerere trieb die Arbeit der Organisation für Afrikanische Einheit (OAU) entscheidend voran.

Oberhaus, erste Kammer des britischen PARLAMENTS. In ihr sitzen Bischöfe der anglikanischen Kirche, erbliche sowie auf Lebenszeit ernannte Lords und die Lordrichter, d. h. die obersten Richter des Landes. Das Oberhaus entstand aus der Versammlung der Kronvasallen des Königs im Mittelalter und hatte mehrere Jahrhunderte lang ähnliche Zuständigkeitsbereiche wie das UNTERHAUS. Durch eine Reform wurde 1832 sein Einflussbereich jedoch eingeschränkt, und 1911 legte man fest, dass alle Finanzgesetze mit oder ohne Billigung des Oberhauses einen Monat nach der Verabschiedung durch das Unterhaus in Kraft treten. Heute besteht die Hauptaufgabe des Oberhauses darin, die Gesetzesvorschläge, die vom Unterhaus gemacht werden, zu prüfen und gegebenenfalls Änderungen vorzuschlagen.

Obsidian, säurebeständiges, meist schwarzes oder gebändertes vulkanisches Gesteinsglas. Schon in der JUNGSTEINZEIT wurde es zur Waffen- und Werkzeug-

Obsidian war ein beliebter Werkstoff. Sein Glanz verleiht den Augen der ägyptischen Grabmaske ein geheimnisvolles Funkeln.

Leuchtspurgeschosse erhellen den Nachthimmel beim Angriff auf Okinawa 1945. Japanische Kamikazeflieger versenkten in der Schlacht 36 amerikanische Kriegsschiffe und beschädigten rund 370.

herstellung benutzt und in späterer Zeit war Obsidian aus Kleinasien ein beliebtes Handelsobjekt, das u. a. die Ägypter für ihre Steinplastiken verwendeten. Die im Hochtal von Mexiko lebenden Azteken stellten Klingen für Waffen und Messer aus diesem Material her.

Ockham, Wilhelm von (um 1285–1349),

englischer Theologe und Philosoph, der wegen seines Scharfsinns und seiner Disputierfreude den Beinamen „unbesiegbarer Gelehrter" erhielt. Der Franziskanermönch, der in Oxford lehrte, bekämpfte die Verweltlichung der Kirche und stellte die Autorität des Papstes infrage. 1324 wurde er auf Veranlassung von Papst Johannes XXII. unter dem Vorwurf der Ketzerei in Avignon inhaftiert, von wo er jedoch vier Jahre später erst nach Pisa und dann nach München an den Hof des deutschen Kaisers LUDWIG IV. DES BAYERN fliehen konnte.

Ockham verfasste Schriften über Logik und politische Theorien und war der bedeutendste Vertreter des Nominalismus, einer Lehre, nach der abstrakte Dinge nur als Begriffe existieren. Er unterschied grundlegend zwischen Wissen und Glaube und war somit ein Wegbereiter moderner Denkweisen.

O'Connell, Daniel (1775–1847), bedeu-

tender irischer Politiker und Nationalist, Mitglied des britischen Parlaments. 1823 gründete er die pazifistische Catholic Association, die sich für die Gleichstellung von Katholiken und Protestanten einsetzte, die 1829 mit der so genannten Katholiken-Emanzipation erreicht wurde. O'Connell wurde 1841 erster katholischer Bürgermeister von Dublin, doch sein Eintreten für ein von Großbritannien unabhängiges IRLAND hatte keinen Erfolg.

Octavian siehe AUGUSTUS

Oder-Neiße-Linie, von den alliierten

Siegerstaaten nach dem Zweiten Weltkrieg festgelegte Grenze zwischen dem besetzten Deutschland und Polen, die von den Flüssen Oder und Neiße gebildet wird. Auf der Konferenz von JALTA im Februar 1945 verständigten sich die Alliierten auf eine Verschiebung der Grenze Polens nach Westen, um die Polen für den Verlust ihrer östlichen Gebiete zu entschädigen, die von der Sowjetunion beansprucht wurden und etwa ein Drittel des früheren polnischen Staatsgebiets ausmachten. Bis zur POTSDAMER KONFERENZ im August 1945 war keine Einigung

über den genauen Verlauf der Westgrenze Polens erzielt worden, und da die ROTE ARMEE bis zum Kriegsende ganz Polen und Ostdeutschland besetzt hatte, konnte sie die Westgrenze Polens entlang der Oder und der westlichen Neiße bis zur Grenze der Tschechoslowakei eigenmächtig festlegen. Wenn die USA und Großbritannien keinen Krieg gegen ihren bisherigen Bündnispartner führen wollten, mussten sie diese Grenzziehung hinnehmen – was sie unter Vorbehalt taten. So wurden östlich der Oder/Neiße liegende Gebiete wie Schlesien, Pommern und der südliche Teil Ostpreußens vorläufiger polnischer Verwaltung unterstellt. 1950 unterzeichneten die DDR und Polen einen Vertrag, der die Oder-Neiße-Linie als endgültige Grenze festlegte. Die BUNDESREPUBLIK DEUTSCHLAND betrachtete sie weiterhin als vorläufig, erkannte sie jedoch im Rahmen der OSTPOLITIK 1970 in den Verträgen mit der UdSSR und Polen als „unverletzlich" an. Im Zug der WIEDERVEREINIGUNG Deutschlands wurde die Oder-Neiße-Linie im so genannten Zwei-plus-Vier-Vertrag 1990 als endgültige Grenze zwischen Deutschland und Polen von der Bundesrepublik völkerrechtlich anerkannt.

Odoaker (um 433–493), germanischer

Heerführer, seit 476 König von Italien. Als Offizier der römischen Armee entthronte er den letzten weströmischen Kaiser Romulus Augustulus und machte sich selbst zum Herrn über Italien. Seine Herrschaft wurde anfangs von Ostrom anerkannt, doch 489 marschierte der Führer der Ostgoten THEODERICH DER GROSSE im Auftrag des oströmischen Kaisers in Italien ein. Nach dem Fall von Ravenna, seiner Hauptstadt, gab sich Odoaker 493 geschlagen und wurde von Theoderich bei einem Bankett ermordet.

Odysseus, nach der griechischen Mytholo-

gie König der Insel Ithaka und Heerführer im Trojanischen Krieg, der durch die List mit dem TROJANISCHEN PFERD maßgeblich zum Fall von TROJA beitrug. Seine abenteuerliche Heimreise und die Rückkehr zu seiner Gattin Penelope werden in der *Odyssee*, dem epischen Gedicht von HOMER, erzählt.

OECD, Abkürzung von Organization for

Economic Cooperation and Development: Organisation für wirtschaftliche Zusammenarbeit und Entwicklung, gegründet 1961. Diese in Paris ansässige Organisation, der heute 29 Industriestaaten angehören, soll Wirtschaftswachstum und -stabilität bei den Mitgliedern fördern und unterentwickelten Staaten Hilfe leisten.

Okinawa, größte der zu Japan gehörenden

Riukiu-Inseln zwischen Taiwan und Japan. Sie wurde 1945 in der Endphase des ZWEI-

Im Heiligen Bezirk in Olympia befanden sich in der Antike Tempel, die wichtigsten Altäre, Schatzhäuser und Verwaltungsgebäude, deren Ruinen man heute noch bewundern kann.

TEN WELTKRIEGS von den USA nach erbitterten mehrmonatigen Kämpfen besetzt. Die Insel war mit ihren Häfen und Luftlandeplätzen als Ausgangsbasis für die geplante Invasion Japans von besonderer Bedeutung. In der Schlacht um Okinawa verloren die Japaner rund 110 000 Mann; 12 500 amerikanische Soldaten wurden getötet, 36 600 verwundet. Bis 1972 blieb Okinawa unter militärischer Verwaltung der USA, dann wurde die Insel an Japan zurückgegeben. In den 90er-Jahren wuchs der Druck auf die USA, die dort befindlichen Militärbasen aufzugeben, doch 1997 beschloss das japanische Parlament, die Pachtverträge zu verlängern.

Oktoberrevolution siehe RUSSISCHE REVOLUTION

Öl siehe rechte Seite

Olympia, griechische Stadt im Nordwesten des Peloponnes und in der Antike Austragungsort der OLYMPISCHEN SPIELE. Seit 1000 v. Chr. galt die Stätte als Heiligtum des Göttervaters Zeus, und im 8. Jh. v. Chr.–4. Jh. n. Chr. wurden dort alle vier Jahre im Rahmen religiöser Feierlichkeiten die Olympischen Spiele abgehalten.

Der im Zentrum des Heiligen Bezirks, der Altis, befindliche Zeustempel, der um das Jahr 460 v. Chr. fertig gestellt wurde, war aus Sandstein und Marmor erbaut und gut 64 m lang und etwas über 27 m breit. Sechs Säulen schmückten die Front, 13 Säulen die Seiten. Im Innern befand sich eines der SIEBEN WELTWUNDER: eine von Phidias angefertigte 13 m hohe Statue des sitzenden Zeus, deren Oberfläche aus Elfenbein und Goldplatten bestand. Jenseits der Altis-

Mauer lagen Stadion, Hippodrom, Gymnasion, Ringkampfarena, Bäder und Gästehäuser für die Offiziellen und die Teilnehmer der Wettkämpfe. Der christliche Kaiser THEODOSIUS I. DER GROSSE verbot den Zeuskult und bereitete damit den Olympischen Spielen ein Ende: Die letzte Olympiade fand 393 n. Chr. statt. Die ersten Ausgrabungen in Olympia standen unter französischer Leitung und erfolgten 1829; deutsche Archäologen, darunter Wilhelm Dörpfeld, waren erstmals in den 70er-Jahren des vorigen Jahrhunderts tätig.

WUSSTEN SIE, DASS?

Im März 1998 beschloss die OPEC, die Erdölförderung auf die Höchstmarke von 26,255 Mio. Barrel pro Tag zu beschränken – ein Barrel fasst 159 l.

Olympische Spiele siehe Seite 385

Oman, Sultanat im Südosten der Arabischen Halbinsel. Bis 1970 wurde es Maskat und Oman genannt. Die Einwanderung von Arabern nach Oman begann im 9. Jh. v. Chr., doch erst mit der Islamisierung des Gebiets im 7. Jh. n. Chr. dominierte der arabische Einfluss. 1507 brachten die Portugiesen den Großteil der Küste unter ihre Kontrolle, sie wurden jedoch 1649 von der Dynastie der Jarubiden vertrieben, die auch die portugiesischen Besitzungen an der persischen und an der ostafrikanischen Küste übernahm. 1737 ermöglichte ein Bürgerkrieg in Oman den Einmarsch Persiens, doch Ahmad Ibn Said gelang es vier Jahre später, die Perser zu vertreiben. Er begründete die Said-Dynastie, die bis heute in Oman regiert. Unter seinem Enkel Said Ibn Sultan entwickelte sich Oman im 19. Jh. zu einem mächtigen Staat in der arabischen Welt, der die Küstenregionen Persiens und Belutschistans sowie Sansibar kontrollierte.

Seit 1932 regierte Sultan Said Ibn Taimur in Oman; er schlug mit britischer Hilfe zwei große Aufstände nieder. 1970 wurde er jedoch von seinem Sohn Kabus Ibn Said Ibn Taimur gestürzt, der das Land mit den Einkünften aus dem Verkauf des 1964 entdeckten Erdöls modernisierte. Mit der Unterstützung von Großbritannien und dem Iran zerschlug Sultan Kabus 1975 einen schon lange schwelenden Aufstand der Volksfront für die Befreiung Omans und des arabischen Golfs im Südwesten des Landes.

Bereits 1971 wurde Oman Mitglied der Arabischen Liga. Während des IRAKISCH-IRANISCHEN KRIEGES 1980–88 blieb es neutral; nach dem Einmarsch des Iraks in

Nachdem die Briten in den Opiumkriegen gesiegt hatten, floss Rauschgift in riesige Mengen nach China. Millionen wurden süchtig.

Kuwait kämpfte es im GOLFKRIEG 1991 auf der Seite der Alliierten. In Oman gab es keine politischen Parteien, bis Sultan Kabus 1991 einige Reformen durchführte und eine beratende Versammlung einrichtete.

OPEC, Abkürzung von Organization of Petroleum Exporting Countries: Organisation Erdöl exportierender Länder. Sie wurde 1960 gegründet, ihr Sitz ist in Wien. Die OPEC ist ein Zusammenschluss von heute elf Staaten mit reichen Erdölvorkommen, hauptsächlich im Nahen Osten, und sie dient der Abstimmung der Erdölpolitik sowie der Sicherung vorteilhafter Ölpreise für die Mitgliedsländer.

Zwischen Oktober und Dezember 1973 erhöhte die OPEC die Ölpreise drastisch, teils aus wirtschaftlichen Erwägungen, teils aus Verärgerung darüber, dass die USA und andere Staaten Israel im JOM-KIPPUR-KRIEG gegen Ägypten unterstützten. Die Preiserhöhungen – 1973–80 stiegen die Preise von 3 auf 30 amerikanische Dollar pro Barrel – machten einige arabische Staaten extrem reich und verursachten eine weltweite Wirtschaftskrise in den Öl importierenden Ländern. Als Reaktion darauf subventionierten diese andere Energieträger wie beispielsweise Kohle und Atomkraft. Da zusätzliche Ölanbieter auf den Markt kamen und durch Einsparung von Energie der Erdölbedarf gesenkt werden konnte, verlor die OPEC zunehmend an Einfluss.

Opiumkriege, zwei Kriege zwischen China und Großbritannien um Handelsrechte in China. Der erste Konflikt brach aus, nachdem China die Opiumeinfuhr verboten hatte, um den Konsum des Rauschmittels im Land zu verringern. Chinesische Beamte konfiszierten 1839 in einem britischen Lagerhaus in Guangzhou (Kanton) eine große Menge Opium, die von britischen Kaufleuten aus Indien eingeschmug-

Schwarzes Gold – die Kraft, die die Weltwirtschaft antreibt

Das Öl aus den Tiefen der Erde liefert der ganzen Welt lebenswichtige Energie und den Ländern, in denen es in großen Mengen gefördert wird, außerdem einen gediegenen Wohlstand. Doch in nicht allzu ferner Zukunft werden die jetzt noch sprudelnden Erdölquellen versiegen, denn die Ressourcen gehen allmählich zur Neige.

Nach dem Rückzug der irakischen Truppen aus Kuwait im Golfkrieg 1991 reckten sich riesige Feuersäulen in den Himmel: Auf Befehl von Saddam Husain hatten Soldaten die Ölquellen in Brand gesteckt. Diese Flammen loderten, als seien sie Symbole für das eigentliche Ziel beider Kriegsparteien, nämlich die Kontrolle über die in dieser Weltregion befindlichen Ölreserven.

Bis ins 19. Jh. wurde Öl nur für Lampen oder zum Kochen verwendet. Die Ersten, die es gewannen, waren die Chinesen einige Jahrhunderte vor Christi Geburt. Sie förderten es entweder mit Bohrern und Bambusrohrleitungen zutage oder produzierten Öl – wie auch später die Völker im Vorderen Orient –, indem sie Schiefer zerkleinerten und erhitzten. Erst nachdem Mitte des vorigen Jahrhunderts erstmals Dampfmaschinen und Schlagbohrer verwendet wurden und ein Vierteljahrhundert später von Gottlieb Daimler der mit Flüssigkraftstoff betriebene Verbrennungsmotor entwickelt worden war, wuchs die Erdölindustrie in Schwindel erregendem Tempo.

GLOBALE INDUSTRIE

In der heutigen Zeit ist Erdöl der entscheidende Brennstoff für Heizungen, im Transportwesen, in der Landwirtschaft und in der Petrochemie bei der Herstellung von Kunststoffen, synthetischen Fasern, Klebstoffen, Farben, Medikamenten und Reinigungsmitteln. 40 % der werden weltweit aus Öl gewonnen.

Erdöl bestimmte Einzelschicksale oder die Schicksale von ganzen Nationen. Jean Paul Getty, ein amerikanischer Exzentriker,

bohrte erstmals 1913 in Oklahoma nach dem schwarzen Gold; 1916 war er bereits Millionär, und nachdem er 1949 eine Ölkonzession in Saudi-Arabien erworben hatte, stieg er in den 50er-Jahren in die Riege der Multimilliardäre auf. Bei seinem Tod 1976 war er angeblich der reichste Mann der Welt. Andere Dynastien, die ihren Wohlstand auf Öl gründeten, waren die Rockefellers und die Gulbenkians.

In der Mitte der 40er-Jahre produzierten die USA beinahe zwei Drittel der weltweiten Rohölmenge.

Links: Nach der Havarie des Tankers *Braer* 1993 vor den Shetlandinseln strömten rund 80 000 t Rohöl ins Meer.

Mexiko, die UdSSR und Venezuela folgten dicht dahinter. In der Zeit zwischen den beiden Weltkriegen wurden riesige Ölfelder im Nahen Osten entdeckt und vor einigen Jahren auch in der Nordsee; und so verschob sich das Gleichgewicht von wirtschaftlicher und politischer Macht. Heutzutage sind die USA ein Nettoimporteur von Erdöl, und Saudi-Arabien ist der größte Erdölproduzent; andere wichtige Förderländer sind Republiken der ehemaligen UdSSR, der Iran, die kleineren Golfstaaten, Libyen, Venezuela und Mexiko.

KRISEN UND KRIEGE UMS ÖL

Die Ölproduktion ist für die Herstellerländer eine bedeutende Geldquelle; in Saudi-Arabien z. B. gehört die gesamte Ölindustrie des Landes dem Staat und damit der Dynastie Saud, und sie macht zwei Drittel der staatlichen Einkünfte aus. Öl hat oftmals zu Spannungen zwischen den Förderländern, von denen nur wenige demokratisch regiert werden, und westlichen Industriestaaten geführt, wie beispielsweise beim Suezkrieg 1956.

1960 schlossen sich die Erdöl produzierenden Länder Iran, Irak, Kuwait, Saudi-Arabien und Venezuela zur OPEC zusammen, um ihre Interessen zu schützen. 1973 erhöhten die OPEC-Staaten die Ölpreise drastisch, und da die westeuropäischen Länder aus dem Nahen Osten 80 % ihres Erdöls bezogen, kam es bei ihnen zu einer Wirtschaftskrise. Seit 1986 sind die Ölpreise jedoch wieder gefallen bzw. verhältnismäßig stabil geblieben.

Oben: Kuwaitisches Öl brennt im Golfkrieg. Links: Die ergiebigste Ölquelle in der Geschichte der USA wurde 1928 erschlossen.

gelt worden war und als Zahlungsmittel für Tee, Seide und Porzellan dienen sollte. Daraufhin schickte Großbritannien 1840 mehrere Kanonenboote nach China, die einige Küstenstädte bedrohten. Zwei Jahre später sahen sich die Chinesen gezwungen, den Vertrag von Nanking zu unterzeichnen, in dem China HONGKONG an Großbritannien abtrat und mehrere Handelshäfen, darunter Shanghai, für den britischen Handel öffnete.

1856 kam es zum zweiten Opiumkrieg, nachdem chinesische Zollbeamte ein britisches Schiff durchsucht hatten. Britische und französische Truppen drangen in das Reich der Mitte ein, und China stimmte nach der Einnahme von Guangzhou und Tientsin 1858 notgedrungen zu, weitere Häfen zu öffnen und christliche Missionare ins Hinterland zu lassen. Nach anhaltenden Auseinandersetzungen und dem Einmarsch britisch-französischer Truppen in Beijing unterzeichnete China 1860 eine Konvention, in denen es zusagte, die Verträge von Tientsin einzuhalten und den Opiumhandel zu legalisieren.

Oppenheimer, Julius Robert (1904 bis 1967), amerikanischer Atomphysiker. Seit 1929 Dozent am California Institute of Technology, wurde Oppenheimer 1943 zum wissenschaftlichen Leiter des MANHATTAN PROJECT ernannt, das in Los Alamos, New Mexico, eine Atombombe entwickeln sollte. Im Oktober 1945, zwei Monate nach dem Abwurf von zwei Atombomben auf die japanischen Städte HIROSHIMA und NAGASAKI,

Julius R. Oppenheimer (links) besichtigt die Überreste eines Stahlturms, an dem die im Juli 1945 getestete erste Atombombe explodierte.

Ägeus, der König von Athen, wartet im Heiligtum von Delphi auf den Orakelspruch der in Trance versunkenen Priesterin.

trat Oppenheimer von seinem Amt zurück und wurde ein Vorkämpfer für eine zivile internationale Kontrolle bei der Nutzung der Atomenergie. 1946–52 arbeitete er noch in der amerikanischen Atomenergie-Kommission, doch 1953 sah man in ihm wegen angeblicher Sympathie für den Kommunismus ein Sicherheitsrisiko und entzog ihm die Erlaubnis, an der geheimen Nuklearforschung mitzuarbeiten – allerdings blieb diese Entscheidung umstritten, und man beließ ihm seinen Posten als Direktor des Institute for Advanced Studies an der Princeton University, den er seit 1947 innehatte. Im Jahr 1963 wurde Oppenheimer offiziell rehabilitiert.

Oradour-sur-Glane, Massaker von, Racheakt von deutschen SS-Angehörigen während des Zweiten Weltkriegs an der Bevölkerung des Ortes im französischen Limousin. Am 10. Juni 1944 besetzte eine sich auf dem Rückzug befindende SS-Kompanie die Ortschaft Oradour-sur-Glane bei Limoges, weil die Bewohner angeblich die französische Widerstandsbewegung Résistance unterstützt hatten. Über 600 Männer, Frauen und Kinder wurden erschossen oder in eine Kirche eingesperrt und verbrannt. Danach wurde der Ort völlig zerstört. 1953 verurteilte ein Militärgericht 21 der Täter, aber sie wurden bald amnestiert.

Orakel, Weissagung bzw. Verkündigung des göttlichen Willens. Ein Orakel wurde entweder an bestimmten geweihten Orten oder von bestimmten Personen oder durch bestimmte Handlungen eingeholt. Orakel gab es in fast allen alten Kulturen; zumeist waren sie verschlüsselt und mussten gedeutet werden.

Zu den bekanntesten Orakelstätten des Altertums gehörten das Apollo-Orakel in DELPHI und das Zeus-Orakel von Dodona im Nordwesten Griechenlands. In Delphi empfing die Orakelpriesterin Pythia die Prophezeiungen in einer Art Trance, und ihre Priester verkündeten sie dann in metrischen, oft rätselhaften Versen. So erhielt beispielsweise König Krösus vom Orakel in Delphi die Weissagung, dass er ein großes Reich zerstören werde, wenn er in den Krieg zöge. Darauf marschierte er 546 v. Chr. in Persien ein und wurde vernichtend geschlagen. Er hatte verkannt, dass das erwähnte Reich sein eigenes war.

In Dodona dagegen weissagten die Priester die Zukunft aus dem Rascheln der Blätter einer heiligen Eiche. Auch im alten Rom waren Orakel sehr beliebt; kein Römer – ob Privatmann oder Politiker – unternahm etwas, ohne vorher den Willen der Götter erkundet zu haben. Verkündet wurde dieser durch die Auguren, ein spezielles Priesterkollegium, das den Flug und die Schreie von Vögeln beobachtete und deutete. Ihre etruskischen Kollegen waren die Haruspizes, die aus den Eingeweiden – vor allem der Leber – von geopferten Schafen und Rindern die Zukunft ablasen.

Auch in China befragte man früher Orakel: Die Kaiser der älteren Dynastien ließen Schulterblätter von Schweinen, Ochsen und Schafen kochen und interpretierten die entstehenden Risse als Botschaften ihrer verstorbenen Ahnen.

Oranien, früher südfranzösisches Fürstentum, später Königshaus der Niederlande. Der Name Oranien stammt von der südfranzösischen Stadt Orange, die dem Haus von Oranien im Mittelalter gehörte. 1530 erwarb Graf René von Nassau durch Erbschaft das Fürstentum Oranien, und fortan nannten sich er und seine Nachfahren sich Prinzen von Oranien, so auch der ihm nach 14 Jahren folgende Graf WILHELM I. DER SCHWEIGER. Er führte von 1568 an den Aufstand der NIEDERLANDE gegen die spanische Herrschaft und wurde 1579 Statthalter der neu gegründeten Republik der Vereinigten Niederlande. Bis zum Ende der Republik 1795 hatten stets Angehörige des Hauses Oranien das Amt des Statthalters inne; der bedeutendste war WILHELM III. VON ORANIEN, der 1674–1702 regierte und 1689 König von England, Schottland und Irland wurde.

1815, nach dem WIENER KONGRESS, wurden die Niederlande zu einem unabhängigen Königreich unter dem Haus Oranien-Nassau. Erster König war Wilhelm I., der von 1815–40 die Krone trug. Die heutige Königin Beatrix, die seit 1980 regiert, ist eine direkte Nachfahrin.

Die Welt feiert
im olympischen Geist

Die Nationen im friedlichen Wettkampf des Sports – darin besteht der olympische Gedanke;
doch manchmal trat genau das Gegenteil ein. Bereits die Olympischen Spiele im alten
Griechenland entsprachen nicht immer den Idealen, die ihrer Entstehung zugrunde lagen.

Am Ende des vorigen Jahrhunderts, im Jahr 1896, fanden die ersten Olympischen Spiele der Neuzeit statt, die von dem französischen Baron Pierre de Coubertin ins Leben gerufen worden waren. Sein Motto lautete: „Nicht der Sieg ist wichtig, sondern der Wettkampf." Auch wenn im Sport dieses Ideal bisweilen vergessen wird, so verfolgt man doch auf der ganzen Welt die regelmäßig abgehaltenen Olympischen Spiele.

Die Spiele des Altertums fanden im griechischen Olympia seit 776 v. Chr. statt, bis sie 394 n. Chr. vom christlichen Kaiser Theodosius dem Großen als heidnisches Fest verboten wurden. In den ersten Jahren belohnte man die Sieger mit einem Lorbeerkranz, aber bald schon trainierten die Sportler ganztägig, da sich nach der Rückkehr in die Heimat ein Sieg in barer Münze auszahlte. Wettkämpfe wurden in den Disziplinen Fünfkampf – Laufen, Speer- und Diskuswerfen, Ringen sowie Weitspringen mit Gewichten – und Wagenrennen ausgetragen.

BEWEGTE MÄNNER

Die Ursprünge der Olympischen Spiele verlieren sich in der Mythologie; wahrscheinlich wurden sie als Feiern von militärischen Siegen veranstaltet, und stets waren sie mit religiösen Festen verknüpft. Die Wettkämpfer – nur Männer – traten nackt an. Sie mussten schwören, gesetzestreue Bürger hellenischer Abstammung zu sein, und marschierten gemeinsam ins Stadion, damit das Publikum eventuelle Nichthellenen oder Gesetzesbrecher erkennen konnte.

Der Anstoß für die Wiederbelebung des olympischen Gedankens ging von den Ausgrabungen in Olympia aus. Der junge Pierre de Coubertin, dessen Fantasie dadurch beflügelt wurde, verschrieb sich dem

Nikosthenes (um 550–525 v. Chr.) stellt auf einer Amphore Boxer und Ringkämpfer dar.

Sport und setzte sich dafür ein, große Wettkämpfe zu veranstalten, eben die Olympischen Spiele – nicht zuletzt, um die Wehrtüchtigkeit der Franzosen zu steigern.

1894 wurde das Internationale Olympische Komitee gegründet und beschlossen, dass die Wettkämpfe jedes vierte Jahr nach griechischem Vorbild stattfinden und jede Nation zur Teilnahme aufgefordert werden sollte. Zwölf Nationen nahmen 1896 an den ersten modernen Olympischen Spielen teil, die in Athen stattfanden. Die Spiele von 1900 wurden in Paris ausgetragen und dauerten fünf Monate. 1904 in St. Louis ging es chaotisch zu: Der Sieger des Marathonlaufs wurde disqualifiziert, weil er 16 km mit dem Auto gefahren war. Doch die erfolgreich durchgeführten Spiele in London 1908 und Stockholm 1912 verhalfen der olympischen Idee endgültig zum Durchbruch.

Aufgrund der Weltkriege fanden 1916, 1940 und 1944 keine Olympiade statt. Die Spiele von 1936 in Berlin waren für Adolf Hitler ein willkommener Anlass, für den Nationalsozialismus Propaganda zu betreiben. 1952 in Helsinki wurde die DDR ausgeschlossen, weil sie keiner gemeinsamen deutschen Mannschaft zustimmte, und 1956 in Melbourne kam es wegen des Suezkriegs und der Niederschlagung des ungarischen Aufstandes erstmals zum Boykott einiger Staaten. Die Sowjetunion und Ungarn nahmen aber daran teil, und das Wasserballspiel beider Mannschaften gegeneinander artete in eine Schlägerei aus. 1964 durfte Südafrika in Tokio wegen seiner Apartheidpolitik nicht teil-

Bei der Olympiade in Berlin 1936 (links) gewann Jesse Owens (oben) vier Goldmedaillen. Die Griechen trugen beim Weitsprung Gewichte (ganz oben).

nehmen; vier Jahre später in Mexiko reckten zwei schwarze amerikanische Medaillengewinner des 200-m-Laufs bei der Siegerehrung die Faust als Siegeszeichen für die Black-Power-Bewegung. Die Olympiade 1972 in München war von einem schrecklichen Verbrechen überschattet: Mitglieder der Terrororganisation Schwarzer September verübten im olympischen Dorf einen blutigen Anschlag. Aus Protest gegen den Einmarsch der Sowjetunion in Afghanistan nahmen 30 Staaten, darunter die USA und die Bundesrepublik Deutschland, nicht an den Spielen 1980 in Moskau teil; und im Gegenzug boykottierten kommunistische Staaten wie die UdSSR, die DDR und Kuba 1984 die Spiele in Los Angeles. Bei den letzten Olympiaden sorgten mehrere Dopingfälle und die Vergabepraxis der Orte durch das IOC für Negativschlagzeilen.

Die Pioniere reisten mit Planwagen den Oregon Trail entlang, der sie durch Prärie und Wüste, über Berge und Flüsse führte, bis sie nach Monaten das fruchtbare Willamette-Tal erreichten.

Oranje-Freistaat, ehemalige Provinz der Republik Südafrika, in der im frühen 19. Jh. das Bantuvolk der Sotho siedelte. Mit dem GROSSEN TRECK kamen in den 30er- und 40er-Jahren des vorigen Jahrhunderts zahlreiche niederländische Siedler, die Buren, in dieses Gebiet. 1848 wurde es von den Briten annektiert, doch 1854 erkannten sie in der Konvention von Bloemfontein die Unabhängigkeit des Oranje-Freistaats an. Seit den späten 80er-Jahren verschlechterten sich die Beziehungen zwischen Briten und Buren, da es zu Streitigkeiten über die Rechte britischer Siedler kam, die im TRANSVAAL Gold zu finden hofften. Im Jahr 1896 schlossen sich die beiden Burenrepubliken deshalb zu einem militärischen Bündnis zusammen.

Als britische Truppen zum Schutz der Goldminen ausgesandt wurden, erklärten die Burenrepubliken im Oktober 1899 Großbritannien den Krieg. Trotz anfänglicher Erfolge unterlagen sie im BURENKRIEG und mussten 1902 die britische Herrschaft anerkennen. Im Jahr 1907 gestand man dem Oranje-Freistaat schließlich eine gewisse Autonomie zu, und 1910 wurde er der Südafrikanischen Union eingegliedert.

Oregon Trail, historische Wegstrecke in Nordamerika, die vom Missouri über die Rocky Mountains bis zum Columbia River an der Pazifikküste im 1859 gegründeten amerikanischen Bundesstaat Oregon verläuft. Sie wurde von Entdeckern und Pelztierhändlern ausgekundschaftet, später aber auch von den Pionieren benutzt, die den amerikanischen Westen besiedelten.

Die erste große Wagenkolonne kämpfte sich im Jahr 1842 über den Oregon Trail, und da sich die Bevölkerung der USA in der Zeit 1800–40 verdreifacht hatte und die Wirtschaftslage im Osten sehr angespannt war, zogen bald immer mehr Trecks in langen Konvois mit bis zu 100 Planwagen nach Westen, angelockt von Berichten über das angenehme Klima und den fruchtbaren Boden in Oregon. Mit dem Bau der Eisenbahn wurde der Oregon Trail immer seltener benutzt, und in den 70er-Jahren des 19. Jh. gab man ihn schließlich auf.

Organisation de l'Armée Secrète (OAS), französisch für geheime Armeeorganisation, französische Untergrundbewegung, die die Unabhängigkeit ALGERIENS von Frankreich gewaltsam verhindern wollte. Ihr gehörten in Algerien lebende Franzosen sowie Mitglieder der in Algerien stationierten französischen Streitkräfte an. Sie wurde 1961 von Offizieren unter Führung des Generals Raoul Salan gegründet, unternahm einen Putschversuch in Algerien, beging Sabotageakte und Terroranschläge in Algerien und Frankreich und verübte ein missglücktes Attentat auf den französischen Staatspräsiden-

> **WUSSTEN SIE, DASS?**
>
> *Die ursprünglich niederländischen Buren benannten ihren Freistaat nach dem Fluss Oranje und diesen wiederum nach ihrem Königshaus, den Oraniern.*

ten Charles DE GAULLE, der auf Verständigung mit der algerischen Unabhängigkeitsbewegung hinarbeitete. Nach der Inhaftierung von Salan im Jahr 1962 und nachdem Algerien im Juli desselben Jahres unabhängig geworden war, zerfiel die OAS. Salan wurde zu lebenslanger Haft verurteilt, jedoch 1968 begnadigt.

Organisation Consul, rechtsradikale deutsche Geheimorganisation in der WEIMARER REPUBLIK. An der Spitze der 1920 nach dem KAPP-PUTSCH gegründeten Vereinigung mit radikal nationalistischen, antidemokratischen und antisemitischen Zielsetzungen stand Hermann Ehrhardt, wie viele andere Mitglieder ein ehemaliger Offizier. An der Ermordung von Außenminister WALTHER RATHENAU und des Zentrumspolitikers Matthias Erzberger waren erwiesenermaßen Mitglieder der 1922 verbotenen, aber unter anderem Namen weitergeführten Organisation beteiligt.

Organisation Todt, eine 1938 geschaffene Bauorganisation unter Leitung des NS-Politikers und Ingenieurs Fritz Todt, in der die staatliche Bauverwaltung mit Privatunternehmen kooperierte. Beschäftigte waren zunächst Deutsche, die zum Arbeitsdienst einberufen wurden und Verteidigungsanlagen wie z. B. den Westwall zu errichten hatten. Während des ZWEITEN WELTKRIEGS wurden immer häufiger Zwangsarbeiter, Kriegsgefangene und KZ-Häftlinge herangezogen, die im besetzten Ausland vor allem für den Bau und die Reparatur von Straßen und Eisenbahnlinien sorgen mussten.

Orlando, Vittorio Emanuele (1860 bis 1952), italienischer Politiker und Ministerpräsident 1917–19. Als Justizminister befürwortete er 1915 den Eintritt Italiens in den ERSTEN WELTKRIEG. Nach Kriegsende vertrat er sein Land bei den Pariser Friedensverhandlungen. Dabei kam es zu Auseinandersetzungen mit dem amerikanischen Präsidenten Woodrow WILSON, der sich Orlandos Forderungen nach der Erfüllung des Vertrags von London aus dem Jahr 1915 widersetzte, nach dem Italien als Kompensation für den Eintritt in den Krieg Gebiete in Dalmatien zugesprochen werden sollten. Orlando trat daraufhin 1919 zurück. Nach der Machtübernahme der Faschisten legte er 1925 sein Parlamentsmandat nieder, wurde aber 1946, nach ihrem Sturz, wieder Abgeordneter. Im Alter von fast 90 Jahren scheiterte sein Versuch, nochmals italienischer Ministerpräsident zu werden.

Orléans, Herzog von, Titel für mehrere Seitenlinien der französischen Dynastien VALOIS und BOURBON. 1344 machte erstmals Philipp VI. von Frankreich seinen Sohn

Philippe de Valois zum Herzog von Orléans, dieser starb jedoch ohne Erben. 1392 verlieh Karl VI. Titel und Herzogtum seinem Bruder Ludwig I., Graf von Valois, der 1407 bei dem Machtkampf gegen seinen Onkel Philipp von dessen Sohn Johann ohne Furcht ermordet wurde. Ludwigs Enkel kam 1498 als Ludwig XII. auf den französischen Thron, doch er hinterließ keine direkten Nachkommen. Der Thron ging deshalb an seinen Vetter Franz I., und das Herzogtum fiel an die Nachfahren von Franz.

1626 ernannte König Ludwig XIII. aus dem Haus Bourbon seinen Bruder Gaston zum Herzog von Orléans. Dieser bekämpfte erfolglos die Kardinäle Armand Jean du Plessis RICHELIEU und Jules MAZARIN und wurde wegen Beteiligung an der FRONDE 1652 für vier Jahre verbannt. Nach dessen Tod übergab LUDWIG XIV. Titel und Herzogtum seinem jüngeren Bruder Philipp I., der mit LISELOTTE VON DER PFALZ verheiratet war. Ihn beerbte sein Sohn Philipp II., der ab 1715 für den jungen König LUDWIG XV. die Regentschaft führte. Sein Urenkel Louis Philippe, der ihm 1785 nachfolgte, war ein überzeugter Demokrat und schloss sich 1789 zu Beginn der FRANZÖSISCHEN REVOLUTION dem dritten Stand an, was ihm den Ehrennamen Philippe Égalité einbrachte. Er stimmte für die Hinrichtung seines Vetters, König LUDWIGS XVI., verlor jedoch, da man ihn verdächtigte, die Königswürde anzustreben, 1793 ebenfalls sein Leben durch die Guillotine.

In der JULIREVOLUTION von 1830 wurde der älteste Sohn Philipps von der Deputiertenversammlung als LOUIS PHILIPP zum König von Frankreich gewählt, in der Revolution von 1848 aber abgesetzt und floh nach Großbritannien. Seine Erben, deren Linie 1926 ausstarb, erhoben Ansprüche auf den französischen Thron.

Orsini, Felice (1819–58), italienischer Revolutionär, der wegen eines Attentats auf NAPOLEON III. hingerichtet wurde. Er war ein glühender Anhänger von Guiseppe MAZZINI, dem Anführer des RISORGIMENTO. Diese Bewegung hatte zum Ziel, Italien zu einigen und die unter der Herrschaft von Frankreich und Österreich stehenden Gebiete Italiens zu befreien. Als 1848 in Rom für kurze Zeit eine Republik gegründet wurde, wählte man Orsini in die verfassunggebende Versammlung, doch nachdem die Republik von französischen Truppen zerschlagen worden war, betätigte er sich in verschiedenen Ländern als Agent Mazzinis.

1855 wurde Orsini in Mantua als Revolutionär verhaftet, konnte jedoch nach Großbritannien fliehen und ging später nach Frankreich. Um den angeblichen Verrat Napoleons III. an Italien zu rächen, warf er am 14. Januar 1858 eine Bombe unter den Wagen des Kaisers. Napoleon blieb zwar unversehrt, aber es gab acht Tote und rund 150 Verletzte. Orsini wurde zum Tod verurteilt und hingerichtet.

Orthodoxe Kirchen, Bezeichnung für alle Kirchen, die aus der Kirche des oströmischen Kaiserreichs hervorgegangen sind. Zu ihnen gehören die russisch-orthodoxe Kirche mit dem Patriarchat Moskau, die griechisch-orthodoxe Kirche mit einem Erzbischof an der Spitze, mehrere Kirchen in Osteuropa, z. B. die serbische, bulgarische, rumänische und zyprische, sowie mehrere Kirchen im Nahen Osten, u.a. das Partiarchat Konstantinopel, die Patriarchate Jerusalem und Antiochien und die Kirche Georgiens.

Die Spaltung der christlichen Kirche wurde durch die Teilung des Römischen Reiches in West- und Ostrom wesentlich mitverursacht: 330 verlegte Kaiser KONSTANTIN I. DER GROSSE die Hauptstadt seines Rei-

Ikone mit dem Bildnis Gottvaters. Die Verehrung von Ikonen ist ein wichtiger Bestandteil der Frömmigkeit in den orthodoxen Kirchen.

ches von Rom nach Konstantinopel. Während sich die westliche Kirche weiter auf der Grundlage ihrer lateinischen Herkunft entwickelte, hielt die Ostkirche ihr griechisches Erbe aufrecht. Das kennzeichnende Wort orthodox ist griechisch; es bedeutet so viel wie rechtgläubig und ist zum ersten Mal für das Jahr 753 belegt.

Seitdem im 9. Jh. Missionare den orthodoxen Glauben in Osteuropa verbreiteten, verschärfte sich der Konflikt zwischen ihr und der römisch-katholischen Kirche. 1054 kam es mit dem morgenländischen Schisma zur endgültigen Trennung und zur gegenseitigen Exkommunizierung von Papst Leo IX. und Michael Kerullarios, dem Patriarchen von Konstantinopel. Der entscheidende Streitpunkt dabei war das Glaubensbekenntnis der westlichen Kirche, das nach dem Konzil von NICÄA 325 noch einen Zusatz erhalten hatte, nämlich das Wort *filioque*. Es heißt wörtlich übersetzt „und vom Sohne" und bedeutet, dass der Heilige Geist sowohl vom Vater als auch vom Sohn ausgeht. Außerdem wehrte sich die Ostkirche gegen den päpstlichen Anspruch, allein über die Lehre und die Verwaltung der Kirche zu entscheiden.

Als die Kreuzfahrer 1204–61 Konstantinopel besetzt hielten, kamen sich beide Kirchen für kurze Zeit näher, doch danach vertiefte sich die Spaltung, und Versuche einer Wiedervereinigung im 13. und 15. Jh. scheiterten. Seit dem 2. Vatikanischen Konzil 1962–65 hat sich das wechselseitige Verhältnis jedoch deutlich verbessert.

Der Ritus der orthodoxen Kirchen unterscheidet sich von dem der katholischen Kirche. Es gibt keine Instrumentalmusik, und die ausgedehnten Gottesdienste werden in den alten Landessprachen, etwa Altkirchenslawisch, gehalten. Geistliche unterhalb des Ranges eines Bischofs dürfen heiraten.

Osman I. (1258–1326), Gründer des OSMANISCHEN REICHES. Er wurde im Nordwesten der Türkei als Sohn des ogusischen Stammesoberhaupts geboren und unternahm zusammen mit einer Schar moslemischer Nomaden ausgedehnte Raub- und Eroberungszüge. Um 1300 erklärte er sich von seinem Oberherrn aus der Dynastie der SELDSCHUKEN für unabhängig und machte sich selbst zum Emir eines kleinen Staates in seiner Heimatregion. Diese Keimzelle des Osmanischen Reiches erweiterte er systematisch, indem er mit seinen Kriegern Teile des BYZANTINISCHEN REICHES eroberte. Die Dynastie der Osmanen wurde von Osmans Sohn Orhan fortgesetzt, der als Erster den Titel eines Sultans annahm.

WUSSTEN SIE, DASS?

Für Gläubige der griechisch-orthodoxen Kirche sind die Athosklöster ein heiliger Ort. Frauen und bartlose Jünglinge dürfen dieses Terrain nicht betreten. Einige Mönche leben als Einsiedler und erhalten ihr Essen in Körben, die sie an Seilen zu sich hochziehen.

Osmanisches Reich, moslemische Herrschaft, zu dem im 14.–20. Jh. große Teile des Vorderen Orients und der Südosten Europas gehörten. Es wurde um 1300 von OSMAN I. gegründet und von ihm und seinen Nachfolgern ständig erweitert: 1389 besiegten die Osmanen auf dem AMSELFELD die Serben, 1396 bei Nikopolis ein Kreuzritterheer, und schließlich nahm Sultan Mohammed II. im Jahr 1453 Konstantinopel – heute Istanbul – ein und machte es zur Hauptstadt seines Reiches.

Unter Selim I. und SÜLEIMAN I. DEM PRÄCHTIGEN erreichte das Osmanische Reich im 16. Jh. seine größte Ausdehnung und den Höhepunkt seiner Macht. 1515 annektierte Selim Gebiete in Persien, und bald darauf eroberte er Syrien, Palästina, Ägypten und Algerien. 1517 nahm er den Kalifentitel an und damit das Amt des religiösen Oberhaupts des Islam, das bis 1924 von den osmanischen Sultanen ausgeübt wurde. Unter Süleiman I. dem Prächtigen wurden noch der Irak und Libyen sowie Ungarn dem Reich eingegliedert – 1529 belagerten die Osmanen jedoch vergeblich Wien. Die osmanische Flotte beherrschte damals den gesamten östlichen Mittelmeerraum.

Nach Süleimans Tod begann der allmähliche Niedergang. 1571 wurden die Osmanen in der Seeschlacht von LEPANTO zum ersten Mal vernichtend geschlagen. Da die Thronfolge nicht eindeutig geregelt war, kam es bei jedem Thronwechsel zu Rivalitäten und Blutvergießen; und außerdem wurden Geistlichkeit und JANITSCHAREN, die Elitetruppe der Sultane, immer korrupter. Im 17. und 18. Jh. setzte sich trotz verschiedener Reformversuche der Verfall des Reiches fort, und im 19. Jh. nannte man es den „kranken Mann am Bosporus". 1832 gewannen die Griechen ihre Unabhängigkeit, und auf dem BERLINER KONGRESS nach dem russisch-türkischen Krieg 1877/78 musste das Os-

manische Reich endgültig alle Ansprüche auf Rumänien, Serbien, Montenegro und Zypern aufgeben.

Im Innern hatte schon 1876 Abd ül-Hamid II. eine Verfassung nach westlichem Stil erlassen, die jedoch bald zurückgenommen wurde. Ende des 19. Jh. entstand die nationalistische und reformorientierte Bewegung der JUNGTÜRKEN, die mit einem Aufstand 1908 die Verfassung wieder in Kraft setzte, und 1913 gewann der Jungtürke ENVER PASCHA entscheidenden Einfluss auf die Regierung. Nachdem das Osmanische Reich nach dem Balkankrieg 1912/13 und dem Ersten Weltkrieg vollständig zusammengebrochen war, wurde 1922 der letzte Sultan gestürzt und 1923 die Republik TÜRKEI unter Mustafa Kemal ATATÜRK international anerkannt.

Der osmanische Sultan Selim III. war Staatsmann, Dichter und Komponist. 1648 ermordete ihn sein Neffe Mustafa IV.

Osteraufstand (1916), Rebellion in Dublin, bei der etwa 1800 Mitglieder der irisch-nationalistischen Organisation Irish Republican Brotherhood (IRB) und der Irish Citizan Army mit Waffengewalt gegen die Herrschaft Großbritanniens vorgingen. Der Aufstand wurde im April 1916 ausgelöst, obwohl Roger CASEMENT, Führer der IRB, kurz zuvor festgenommen worden war. Mithilfe der SINN FÉIN gelang es den Rebellen, strategisch wichtige Gebäude zu besetzen, und am 24. April, dem Ostersonntag, riefen sie die Republik IRLAND aus. Sechs Tage später wurden sie von britischen Truppen jedoch gezwungen, sich zu ergeben. Nachdem

15 Aufständische zum Tod verurteilt worden waren, empörte sich die Bevölkerung, und bei den Wahlen 1918 errang die radikale Sinn Féin die meisten irischen Sitze im britischen Unterhaus.

Osterinsel, seit 1888 zu Chile gehörende Insel im Südpazifik, etwa 3600 km von der chilenischen Küste entfernt. Ursprünglich war sie von POLYNESIERN bewohnt, die in den Jahren 1000–1500 zahlreiche massive Steinköpfe von 2 bis 10 m Höhe und bis 50 t Gewicht anfertigten. Am Ostersonntag 1722 entdeckte der Niederländer Jakob Roggeveen die Insel. Für die Ureinwohner hatte der Kontakt mit den Weißen katastrophale Folgen: Sklavenhändler aus Peru entführten 1862/63 ungefähr ein Drittel der Bevölkerung; und diejenigen, die zurückkehren konnten, schleppten Krankheiten wie Tuberkulose und Pocken ein. Nach der Christianisierung 1860 gerieten die polynesischen Traditionen in Vergessenheit.

Österreich, Staat in Mitteleuropa und Kernland des Reiches der HABSBURGER. Ursprünglich von Kelten besiedelt, wurde das Gebiet 14 v. Chr. Teil des Römischen Reiches und nach dessen Zerfall während der Völkerwanderung im 5. Jh. Heimat verschiedener germanischer Stämme. Im 10. Jh. litt die Region unter Einfällen der Ungarn, doch gelang es OTTO I. DEM GROS-

Oben: Die Steinköpfe auf der Osterinsel wurden aus Tuffstein vom Krater des Vulkans Rana Raraku gebildet. Ursprung und Zweck der Skulpturen sind noch ungeklärt. Rechts: 1958 stellten Bewohner der Insel eine 10 m hohe und 30 t schwere Statue wieder auf, wobei sie nur Seile und zwei Stangen als Hebel verwendeten.

SEN mit dem Sieg auf dem LECHFELD 955, diese dauerhaft zu vertreiben. Otto I. vergab die Ostmark an die Babenberger, die dort bis 1246 regierten. 1278 kam Österreich in den Besitz von König RUDOLF I. VON HABSBURG und wurde das Kernland des Habsburger Hauses. Unter KARL V., der zugleich König von Spanien war, erreichte das Habsburgerreich im 16. Jh. seine größte Ausdehnung. 1529 und 1683 wurde die Hauptstadt Wien von den Osmanen belagert, die jedoch in mehreren Kriegen 1683–1718 auf dem Balkan zurückgedrängt werden konnten.

Unter FRIEDRICH II. DEM GROSSEN stieg Preußen zur europäischen Großmacht und zum Rivalen Österreichs um die Vormachtstellung in Deutschland auf. 1792–1815 kämpfte Österreich an der Seite der europäischen Monarchien gegen das revolutionäre Frankreich und NAPOLEON I. Nach der Gründung des RHEINBUNDS legte FRANZ II. 1806 die deutsche Kaiserkrone nieder und nahm als Franz I. den Titel eines Kaisers von Österreich an.

1815 übernahm Österreich den Vorsitz im DEUTSCHEN BUND, der auf dem WIENER KONGRESS gegründet wurde. Am 13. März 1848 löste ein Volksaufstand in Wien gegen das polizeistaatliche System des Staatskanzlers Klemens Wenzel Fürst von METTERNICH die Revolution von 1848/49 aus. Danach kam es in Böhmen, Ungarn und Norditalien zu nationalen Erhebungen und zur Einberufung der FRANKFURTER NATIONALVERSAMMLUNG, die einen deutschen Nationalstaat – mit oder ohne Österreich – gründen sollte. Kaiser Ferdinand I. dankte im Dezember desselben Jahres ab, und seinem Nachfolger FRANZ JOSEPH I. gelang es, die Aufstände der nicht deutschen Völker niederzuschlagen sowie die Wiederherstellung des Deutschen Bundes durchzusetzen. 1859–66 gingen die Lombardei und Venetien an das neu gegründete Italien verloren. Nach der Niederlage im DEUTSCHEN KRIEG 1866 gegen Preußen musste Österreich der Auflösung des Deutschen Bundes zustimmen und wurde so ganz aus Deutschland verdrängt. Dadurch verlagerte sich der Schwerpunkt der österreichischen Politik auf den Balkan.

Um nationalistischen Unabhängigkeitsbewegungen im Vielvölkerstaat entgegenzuwirken, entschloss sich Österreich im Jahr 1867 zum Ausgleich mit Ungarn und schuf

Österreich-Ungarn umfasste 1910 weite Gebiete von Europa, u. a. die heutigen Staaten Österreich, Ungarn, Tschechien, die Slowakei, Kroatien, Slowenien und Teile von Italien.

die Doppelmonarchie ÖSTERREICH-UNGARN. Der Erste Weltkrieg führte jedoch zur Auflösung des Vielvölkerstaats und zum Ende der Monarchie. Die 1918 gegründete Republik Österreich umfasste nur noch den deutschen Teil des ehemaligen Habsburgerreichs. 20 Jahre später vollzog Adolf HITLER den ANSCHLUSS Österreichs an das Deutsche Reich. Nach dem Ende des Zweiten Weltkriegs wurde Österreich von der ROTEN ARMEE besetzt und unter den Alliierten in vier Besatzungszonen aufgeteilt. 1955 erhielt das Land seine volle Souveränität zurück, musste sich aber zur Neutralität verpflichten. 1995 wurde Österreich Mitglied der EU.

Österreichischer Erbfolgekrieg (1740 bis 1748), Krieg europäischer Mächte um die Anerkennung der weiblichen Thronfolge im Haus HABSBURG. Nach dem Tod Kaiser KARLS VI. im Jahr 1740 trat seine Tochter MARIA THERESIA aufgrund der PRAGMATISCHEN SANKTION die Thronfolge als Kö-

Links: Das Wappen von Österreich-Ungarn aus dem Jahr 1895 enthält die Wappen seiner Territorien und in der Mitte das Symbol der Habsburger über den kaiserlichen Orden.

WUSSTEN SIE, DASS?

Staatliche Institutionen in der Doppelmonarchie Österreich-Ungarn erhielten die Bezeichnung: k.u.k. Das war die Abkürzung für die Begriffe kaiserlich und königlich und bezog sich auf die Herrschaftsform beider Reichsteile.

nigin von Ungarn und Böhmen sowie als Erzherzogin von Österreich an. Kurfürst Karl Albrecht von Bayern, der mit einer Tochter Kaiser Josephs I., des Bruders und Vorgängers von Karl VI., verheiratet war, erhob seinerseits Erbansprüche auf die Habsburger Lande und die Kaiserkrone. Der Erbfolgestreit weitete sich zum europäischen Machtkampf aus, da Karl Albrecht von Frankreich und Spanien, Maria Theresia von Großbritannien unterstützt wurden. Schon 1740 hatte FRIEDRICH II. DER GROSSE die unsichere Rechtslage ausgenutzt und sich das zu Böhmen gehörige SCHLESIEN gewaltsam angeeignet. 1742 wurde Karl Albrecht als Karl VII. zum Kaiser gewählt, und nach dessen Tod 1745 trat Maria Theresias Mann Franz Stephan von Lothringen die Nachfolge an. Dieser wurde auch von Preußen als Kaiser anerkannt, weil Österreich endgültig auf Schlesien verzichtete. Dennoch dauerten die Kämpfe an, bis 1748 im Frieden von AACHEN die Rechtmäßigkeit der Erbfolge Maria Theresias und die Angliederung Schlesiens an Preußen international bestätigt wurden.

Österreich-Ungarn, die nach dem verlorenen DEUTSCHEN KRIEG im so genannten Ausgleich 1867 gegründete österreichisch-ungarische Doppelmonarchie, die bis 1918 bestand. In ihr waren beide Reichshälften

Links: Die Docks in London wurden von der britischen Ostindischen Kompanie 1806 für Schiffe gebaut, die Indigo, Gewürze und Seide brachten. Unten: Die Frau eines Kompanie-Mitglieds beaufsichtigt indische Schneider.

selbstständige Staaten mit eigener Regierung und eigenem Parlament, hatten jedoch ein gemeinsames Staatsoberhaupt, den österreichischen Kaiser, und eine gemeinsame Außen-, Militär- und Finanzpolitik, allerdings mit jeweils eigenen Ministerien.

Ostindische Kompanie, britische,
Handelsgesellschaft Londoner Kaufleute, deren starke Stellung die Basis für die britische Vorherrschaft auf dem indischen Subkontinent war. Sie wurde 1600 gegründet, verlor aber schon bald die Molukken an die Niederländer, die 1602 eine eigene Kompanie zur Verwaltung von NIEDERLÄNDISCH-INDIEN schufen. Um 1700 nahm die britische Gesellschaft wichtige indische Handelshäfen wie Madras, Bombay und Kalkutta ein und verdrängte während des SIEBENJÄHRIGEN KRIEGES die 1664 gegründete französische Ostindische Kompanie. Mit dem Sieg über den Herrscher von Bengalen 1757 wurde die britische Kompanie schließlich die größte Handelsmacht in INDIEN. 1833 verlor sie zwar ihre Handelsmonopole, war aber noch in der Kolonialverwaltung tätig. Nach dem Ausbruch eines Aufstands in Indien 1857 wurde das Land unmittelbar der Herrschaft Großbritanniens unterstellt und die Handelskompanie aufgelöst.

Ostkolonisation,
durch Deutsche erfolgte Besiedlung von Gebieten in Mittelosteuropa, die während der VÖLKERWANDERUNG von SLAWEN in Besitz genommen worden waren. Sie hatte das Ziel, das Land dem deutschen Kulturkreis anzunähern. Dabei kam eine gewaltsame Aneignung von Grund und Boden eher selten vor, in der Regel gab es eine vertragliche Landzuteilung.

Ende des 8. Jh. siedelten Bayern bis zur Theiß. Siedlungserfolge im Nordosten im 10. Jh. wurden durch den Slawenaufstand von 983 zunichte gemacht, wodurch Elbe und Saale erneut die Grenze zwischen Deutschen und Slawen bildeten. Im 12. Jh. begann der wichtigste Abschnitt der Ostsiedlung, als u. a. die Lausitz an Konrad I., Markgraf von Meißen, fiel. 1226 wurde der DEUTSCHE ORDEN nach Preußen gerufen. In

Schlesien und SIEBENBÜRGEN fassten deutsche Einwanderer nach Anwerbung durch einheimische Fürsten wie etwa die heilige HEDWIG Fuß. Ab dem 14. Jh. stagnierte die Ostkolonisation, doch im 17.–19. Jh. gab es wieder bedeutende Siedlerströme, vor allem nach Ungarn und Russland.

Ostpolitik,
Bezeichnung für die Bemühungen zur Normalisierung der Beziehungen zwischen der BUNDESREPUBLIK DEUTSCHLAND und den Staaten des Ostblocks in den frühen 70er-Jahren. Sie stand im Gegensatz zur HALLSTEINDOKTRIN, nach der die Bundesrepublik Deutschland mit keinem Staat außer der Sowjetunion diplo-

Kaiser Otto I. der Große „regierte sein Volk mit Milde und befreite es von den Feinden", wie es sein Chronist Widukind schreibt.

matische Beziehungen unterhalten sollte, der die DDR als souveränen Staat anerkannte. Die Ostpolitik setzte ein mit der Bildung der sozialliberalen Koalition 1969 unter Bundeskanzler Willy BRANDT und Außenminister Walter Scheel. Im Jahr 1970 erklärte die Bundesrepublik die ODER-NEISSE-LINIE als Westgrenze Polens für „unverletzlich", und zwei Jahre später wurde der Grundlagenvertrag zwischen den beiden deutschen Staaten abgeschlossen mit dem Ziel, die wechselseitigen Beziehungen zu normalisieren.

Ostrakismos,
Scherbengericht, Volksabstimmung über die Verbannung einzelner Bürger im 5. Jh. v. Chr. in ATHEN. Ihr Ziel war anfangs der Schutz der Demokratie gegen eine mögliche Tyrannis, d. h. der Herrschaft eines Einzelnen; später diente sie bei schweren inneren Konflikten politischen Gruppierungen auch als Mittel, den Anführer der gegnerischen Seite auszuschalten.

Angeblich hat der athenische Staatsmann Kleisthenes das Verfahren 487 v. Chr. eingeführt. Um Missbrauch und Willkür vorzubeugen, durfte die Versammlung der Athener nur einmal im Jahr ein Scherbengericht abhalten, und es mussten wenigstens 6000 stimmberechtigte Bürger daran teilnehmen. Diese ritzten dann einen Namen auf eine Tonscherbe – *ostrakon* – und derjenige, auf den die meisten Tonscherben entfielen, musste den attischen Staat für zehn Jahre verlassen, konnte dann aber zurückkehren und sich wieder am politischen Leben beteiligen. Er verlor weder sein Vermögen noch die bürgerlichen Rechte. Prominente Verbannte waren THEMISTOKLES um 471 v. Chr., der ein ehrgeiziges Flottenbauprogramm durchsetzen wollte, und Thukydides, der Gegenspieler von PERIKLES, 443 v. Chr. Der letzte Ostrakismos fand 416 v. Chr. statt.

Oswald, Lee Harvey (1939–63), Beschuldigter, am 22. November 1963 den Mord am amerikanischen Präsidenten John F. Kennedy in Dallas begangen zu haben. Oswald, ein ehemaliger Marinesoldat, war kommunistisch gesinnt und lebte 1959–62 in der Sowjetunion. Zwei Stunden nach der Ermordung Kennedys wurde er verhaftet; man warf ihm vor, vom sechsten Stock eines Warenlagers aus, an dem die Wagenkolonne vorbeifuhr, den Präsidenten erschossen zu haben. Oswald, der seine Unschuld beteuerte, wurde zwei Tage später von dem Nachtclubbesitzer Jack Ruby auf dem Weg vom Gefängnis zu einem Verhör erschossen. Die Warren-Kommission, die den Mord an Kennedy aufklären sollte, kam 1964 zu dem Schluss, dass Oswald als Einzeltäter gehandelt habe. 1979 wurde offiziell bestätigt, dass Kennedy durch einen Schuss aus Oswalds Gewehr umgekommen war.

WUSSTEN SIE, DASS?

Bis heute sind die Gerüchte nicht verstummt, dass sowohl Lee Harvey Oswald als auch Jack Ruby Verbindung zu Exilkubanern, zur Mafia oder zum amerikanischen Geheimdienst hatten.

Otto I. der Große (912–973), deutscher König ab 936 und Kaiser des HEILIGEN RÖMISCHEN REICHES ab 962. Nach dem Tod seines Vaters HEINRICH I. wurde Otto I. zum deutschen König erhoben, und nachdem er in den ersten Regierungsjahren gegen aufsässige Stammesherzöge zu kämpfen hatte, setzte er Familienangehörige in deren Ämter ein und vergab Reichsgüter als Lehen an die Kirche, um die Königsmacht zu festigen. Nach außen hin vergrößerte er das Reich durch eine erfolgreiche Slawenmissionierung im Osten sowie durch die Unterwerfung von Böhmen 950. Mit seinem glanzvollen Sieg auf dem LECHFELD 955 vertrieb er die Ungarn dauerhaft aus dem Reich.

Ebenso wichtig war für Otto I. die Italienpolitik: 951 besiegte er Berengar II., der sich zum König von Italien gemacht hatte, und nannte sich von da an König der Langobarden. Nach einem Angriff Berengars auf den Kirchenstaat folgte Otto I. 961 einem Hilferuf von Papst Johannes XII. und ließ sich von diesem in Rom zum Kaiser krönen. Als sich jedoch der Papst ein Jahr später mit Berengars Sohn Adalbert gegen ihn verband, ließ er diesen durch eine Synode absetzen und dafür Leo VIII. zum Nachfolger wählen. Nach dem Tod Leos VIII. führte ein Aufstand in Rom zu Ottos I. drittem Italienzug im Jahr 966, bei dem er bis nach Süditalien in das Interessengebiet von Byzanz vorstieß. Die darauf folgenden Auseinandersetzungen wurden erst 972 beigelegt und durch die Hochzeit von Ottos Sohn, seinem späteren Nachfolger Otto II., mit THEOPHANU, der Nichte des oströmischen Kaisers, besiegelt. Im folgenden Jahr starb Otto I. auf dem Höhepunkt seiner Macht.

Otto III. (980–1002), deutscher König seit 983 und Kaiser ab 996. Bis zur Volljährigkeit stand Otto III. unter der Vormundschaft seiner Mutter THEOPHANU und nach deren Tod 991 seiner Großmutter Adelheid. Sein Leben lang träumte er von der Wiedererrichtung des römischen Weltreichs, in dem er selbst als weltlicher Herrscher über die Christenheit regieren würde. Um die Kurie kontrollieren zu können, bestimmte er nach dem Tod von Papst Johannes XV. seinen Vetter als Gregor V. und nach dessen Tod einen Freund als Silvester II. zum Papst. Ottos III. kurzes Leben war geprägt von dem Schwanken zwischen tiefer Religiosität und weltlichem Machtstreben, zwischen stiller Einkehr im Kloster und byzantinischer Prachtentfaltung. Sein Versuch, Rom zu seiner Hauptstadt zu machen, scheiterte. Er wurde 1001 von den Römern verjagt und starb mit 22 Jahren in einer nördlich von Rom gelegenen Burg an Malaria.

Outback, Bezeichnung für das riesige Binnenland Australiens weit ab von den Städten. Es wurde lange versucht, die Besiedlung des Outbacks zu verhindern, und jeder, der sich dennoch dort niederließ, galt als illegaler Siedler. Als jedoch die Nachfrage nach Wolle stark anstieg, zogen immer mehr Schafzüchter ins Outback, und ab 1836 erhielten sie gegen eine geringe Lizenzgebühr alle Rechte an dem von ihnen in Besitz genommenen Land. Neben der Schafzucht sind die Rinderzucht und der Abbau von Mineralien die wichtigsten Wirtschaftszweige.

Outremer, alter französischer Name für den Kreuzfahrerstaat JERUSALEM. Dieses Königreich wurde nach der Eroberung der Stadt durch die Kreuzfahrer 1099 gegründet und von GOTTFRIED VON BOUILLON als „Beschützer des Heiligen Grabes" regiert. Nach seinem Tod 1100 trat sein Bruder BALDUIN I. an seine Stelle. Er und seine Nachfolger eroberten Edessa, Tripolis und Antiochia und errichteten dort Kreuzfahrerstaaten. Im Königreich Jerusalem, in dem Juden und Moslems lebten, wurden europäische Sitten und Gebräuche eingeführt. Christliche Bruderschaften und Ritterorden beschützten das Heilige Land. Bis Mitte des 12. Jh. hatte der König von Jerusalem beträchtliche Macht, doch Aufstände und Kämpfe um die Nachfolge schwächten seine Position. Eine moslemische Armee unter SALADIN kämpfte gegen die europäischen Eindringlinge, und 1187 fiel Jerusalem nach der Niederlage der Christen in der Schlacht bei Hattin in die Hände der MAMELUCKEN.

Owen, Robert (1771–1858), britischer Unternehmer und Sozialreformer. Als Leiter und Mitbesitzer einer Baumwollspinnerei im schottischen New Lanark richtete er um 1800 eine Mustersiedlung für seine Arbeiter ein, verringerte die Arbeitszeiten und schuf 1816 die erste Grundschule. In den 20er-Jahren des 19. Jh. gründete er in Großbritannien, Schottland und den USA Gemeinschaftssiedlungen, in denen sich die Menschen das gesamte Hab und Gut teilen sollten; doch diese hatten aufgrund religiöser Differenzen und unterschiedlicher Ansichten über die Verwaltung keinen Bestand. Nach seiner Heimkehr unterstützte er die Gewerkschaftsbewegung in Großbritannien.

Aufgrund der steigenden Nachfrage nach Wolle entstanden im Outback riesige Schaffarmen. Ihre Besitzer wurden eine der tragenden Säulen der australischen Gesellschaft.

Oxenstierna, Axel Graf (1583–1654),

schwedischer Staatsmann. Nach seiner Ernennung zum Reichskanzler durch König GUSTAV II. ADOLF 1612 begannen 20 Jahre enger Zusammenarbeit, die die Rivalität zwischen König und Adel beendeten und weit reichende wirtschaftliche und soziale Reformen in Schweden ermöglichten. Als erfolgreicher Diplomat handelte Oxenstierna 1613 günstige Friedensverträge mit Dänemark und 1629 mit Polen aus. Trotz seiner ablehnenden Haltung gegenüber Schwedens Eintritt in den DREISSIGJÄHRIGEN KRIEG vertrat er nach Gustav II. Adolfs Tod 1632 vier Jahre lang schwedische Interessen in Deutschland. Ab 1636 führte er als Vormund die Regierung für die minderjährige Königin CHRISTINA.

Paine, Thomas (1737–1809), britisch-ame-

rikanischer Schriftsteller und Politiker. Er wanderte 1774 in die amerikanischen Kolonien aus und verfasste dort zwei Jahre später die Schrift *Common Sense*, in der er die amerikanische Forderung nach Unabhängigkeit rechtfertigte. Sie trug erheblich zur Stärkung der Moral im Kampf gegen das britische Mutterland bei. 1787 kehrte Paine nach England zurück und veröffentlichte 1791 den ersten Teil seines Hauptwerks *Die Rechte des Menschen*, eine Verteidigung der FRANZÖSISCHEN REVOLUTION, mit der er auf eine Veröffentlichung des britischen Revolutionsgegners Edmund BURKE antwortete. Im folgenden Jahr schlug Paine im zweiten Teil seines Werkes praktische Maßnahmen vor, wie Regierungen zur Demokratie übergehen können, und rief zum Sturz der Monarchie auf. Im Jahr 1792 musste er deshalb nach Paris fliehen. Er wurde Mitglied des Nationalkonvents, kam aber, weil er sich gegen die Schreckensherrschaft der JAKOBINER wandte, 1793 für ein Jahr ins Gefängnis. Dort verfasste er *Das Zeitalter der Vernunft*, in dem er sich von den Kirchen distanzierte. Aufgrund dessen wurde er nach seiner Rückkehr in die USA 1802 als Atheist angesehen und gesellschaftlich gemieden.

Pakistan, islamischer Staat in Südasien.

Schon lange vor seiner Entstehung forderten die Moslems von Britisch-Indien einen separaten Staat, weil sie eine zunehmende Dominanz der Hindu befürchteten.

Nachdem Großbritannien seine Herrschaft über den indischen Subkontinent aufgegeben hatte, wurde 1947 Pakistan gegründet. Der neue Staat umfasste zwei getrennte, weit voneinander entfernte Gebiete. Zu

Westpakistan gehörten die Provinzen an der indischen Nordwestgrenze, während Ostbengalen zu Ostpakistan wurde. Obwohl weitgehend von Moslems bewohnt, blieb Kaschmir bei Indien.

Der Abspaltung Pakistans von Indien folgten Auseinandersetzungen über die genaue Grenzziehung. 7–8 Mio. Hindu und Sikhs flüchteten von Pakistan nach Indien, eine ähnliche Zahl von Moslems ging nach Pakistan. Schon wenige Monate nach der Unabhängigkeit kam es im Streit um Kaschmir zum Krieg zwischen beiden Staaten, dem 1965 ein weiterer folgte. Ende der 90er-Jahre erreichte der Konflikt eine neue Qualität, da beide Länder nun Atomwaffen besaßen.

Seit seinem Bestehen gab es in Pakistan Auseinandersetzungen über die Rolle des Islam im Staatswesen und Spannungen zwischen den beiden Landesteilen. Die im Westen stärkste politische Kraft, die Moslemliga, konnte sich im Osten nicht behaupten und verlor bei den dortigen allgemeinen Wahlen 1954 gegen die oppositionelle Awamiliga, die für eine Autonomie des Ostteils eintrat. 1956 wurde Pakistan zur Islamischen Republik erklärt, in deren Parlament beide Staatsteile vertreten waren. 1958 bis 1969 beherrschte General Ayub Khan das Land mit diktatorischen Mitteln. In dieser Zeit kam es zwar zu wirtschaftlichem Wachstum, aber die Spannungen zwischen Ost- und Westpakistan verschärften sich. Bei der Wahl 1970 siegte in Westpakistan die Pakistanische Volkspartei (PPP) unter Füh-

rung von Zulfikar Ali Bhutto, die eine Teilung des Gesamtstaats verhindern wollte; in Ostpakisten trug dagegen die Awamiliga den Sieg davon. Nach einem Bürgerkrieg spaltete sich 1971 Ostbengalen von Westpakistan ab und gründete den Staat BANGLADESH.

Im Jahr 1973 übernahm Bhutto die Regierung in Pakistan, wurde jedoch wegen seiner autokratischen Herrschaft 1977 durch einen Militärputsch von General Mohammed ZIA UL-HAQ gestürzt und später hingerichtet. Nach dem Tod von Zia ul-Haq gewann 1988 die PPP unter Führung der Tochter Bhuttos, Benazir Bhutto, die Wahl. Nach Korruptionsvorwürfen wurde sie gestürzt, gelangte aber 1993 nach einem Wahlsieg wieder an die Macht. Drei Jahre später wurde sie – wiederum wegen Korruptionsvorwürfen – abgesetzt.

> **WUSSTEN SIE, DASS?**
> *Die Wahl von Benazir Bhutto war ein absolutes Novum in der Weltgeschichte: Zum ersten Mal übernahm in einem islamischen Staat eine Frau die Regierungsgewalt.*

Palästina, Region an der Ostküste des Mit-

telmeers, auch Heiliges oder Gelobtes Land genannt, identisch mit dem biblischen KANAAN. Der Name stammt von der römischen Provinz Palaestina, d. h. Land der PHILISTER. Dieses Volk war im 12. Jh. v. Chr. in das Gebiet eingedrungen, das seit dem 3. Jt. v. Chr. von den Kanaanitern besiedelt wurde. Um 1300–1200 v. Chr. zogen die Israeliten, aus Ägypten kommend, ebenfalls in Palästina ein und übernahmen das Land. Um das Jahr 1000 v. Chr. gründeten sie ein Königreich, das jedoch nach dem Tod König SALOMOS 926 v. Chr. in die zwei Reiche ISRAEL und Juda zerfiel. Israel wurde 722 v. Chr. von ASSYRIEN besiegt und Juda 587 v. Chr. von NEBUKADNEZAR II.

Nach der Herrschaft ALEXANDERS DES GROSSEN und seiner Nachfolger wurden die Juden erst 167 v. Chr. unter den Makkabäern wieder unabhängig – bis zum Einmarsch der Römer 63 v. Chr. und der anschließenden Herrschaft der HERODES-Dynastie.

636 n. Chr. eroberten die Araber Palästina, für Juden, Christen und Moslems das Heilige Land und daher Ziel ungezählter PILGERFAHRTEN. Als 1095 durch einen Konflikt zwischen den SELDSCHUKEN und den Byzantinern die Pilgerzüge zum Erliegen kamen, rief Papst URBAN II. zum Ersten Kreuzzug auf. 1099 eroberten die Kreuzritter Jerusalem und errichteten dort ein Königreich, das 1187 an Sultan SALADIN fiel. Später stand es unter der Herrschaft der MAMELUCKEN und ab 1516 unter der der Osmanen.

Bis 1918 blieb Palästina Teil des OSMANISCHEN REICHES, danach kam es als Mandat des VÖLKERBUNDS unter britische Verwaltung. Aufgrund der BALFOUR-

Rechts: Die Medaille erinnert an das Werk des Publizisten Thomas Paine (oben): *Die Rechte des Menschen*

Legende:
- Israel nach dem Teilungsplan der UN 1947
- Israel nach dem Unabhängigkeitskrieg 1948
- israelische Eroberungen während des Sechstagekriegs 1967
- israelische Frontlinie im Jom-Kippur-Krieg 1973
- 1982 an Ägypten zurückgegebenes Gebiet
- 1995 der palästinensischen Selbstverwaltung übereignete Gebiete und Städte

LIBANON
Beirut
Damaskus
SYRIEN
GOLAN-HÖHEN
Megiddo
MITTELMEER
Nablus
Tel Aviv
WESTJORDAN-LAND
Amman
Jericho
Jerusalem
Bethlehem
ISRAEL
Gaza
Hebron
Port Said
TOTES MEER
El-Arisch
NEGEV
JORDANIEN
SINAI
Elat
Akaba
ÄGYPTEN
GOLF VON SUEZ
GOLF VON AKABA
SAUDI-ARABIEN
ROTES MEER

0   800 km

Seit 1947 wurde Palästina in den Kriegen zwischen Israel und seinen arabischen Nachbarn mehrfach aufgeteilt.

aufgrund des CAMP-DAVID-ABKOMMENS aus dem besetzten ägyptischen Territorium zurück, doch kam es im weiterhin besetzten Gazastreifen und im Westjordanland 1988 zur Intifada, dem Aufstand der Palästinenser. Im selben Jahr nahm Jordanien zugunsten der PLO seine Ansprüche auf das Westjordanland zurück und die PLO erklärte das Gebiet zu einem unabhängigen Palästinenserstaat, dem jedoch die internationale Anerkennung versagt blieb.

Als in Israel 1992 der Vorsitzende der Arbeiterpartei Itzhak RABIN die Regierung übernahm, kamen Bemühungen um eine Friedensregelung in Gang. 1993 wurde das Gaza-Jericho-Abkommen unterzeichnet, das die Anerkennung des Existenzrechts Israels durch die PLO als Gegenleistung für eine stufenweise Selbstverwaltung der besetzten Gebiete durch die Palästinenser vereinbarte. Es trat 1995 in Kraft, 1996 wurde Jasir ARAFAT zum Präsidenten der palästinensischen Autonomiebehörde gewählt.

Palästinensische Befreiungsorganisation (PLO)

, 1964 gebildete Organisation, die die gegen ISRAEL gerichteten palästinensischen Befreiungsbewegungen vereinte. Von 1968 an wurde die PLO von der Al Fatah beherrscht, der größten Splittergruppe, und ihr Führer Jasir ARAFAT übernahm 1969 den Vorsitz. Die PLO hatte ihren Schwerpunkt in Jordanien, aber ihr Ziel, die Gründung eines palästinensischen Staates, stand in Widerspruch mit dem Vorhaben Jordaniens, die Kontrolle über das Westjordanland zurückzugewinnen. 1970 kam es zum Konflikt zwischen der PLO und der jordanischen Armee, der damit endete, dass die PLO aus Jordanien vertrieben wurde und nach Libanon und Syrien abwanderte. Radikale Gruppen wie die Organisation der SCHWARZE SEPTEMBER verschärften danach den Kampf und übten durch Geiselnahmen und politische Morde Terror aus.

1974 wurde die PLO von den arabischen Staaten als rechtmäßige Vertretung aller Palästinenser anerkannt, 1976 wurde sie Voll-

mitglied der Arabischen Liga. Nach der Vertreibung aus ihrem Hauptquartier in Beirut 1982 verteilte sich die PLO in der gesamten arabischen Welt. 1988 gelang es Arafat, sie von der Notwendigkeit der Gewaltlosigkeit zu überzeugen. Als Jordanien seine Verbindungen zum Westjordanland löste, erklärte die PLO das Gebiet zu einem palästinensischen Staat und erkannte das Existenzrecht Israels an. 1992 nahm die PLO an den von den USA unterstützten Friedensgesprächen teil, und 1993 unterzeichneten Arafat und Israels Außenminister Simon Perez in Washington das Gaza-Jericho-Abkommen. Daraufhin trat 1995 die palästinensische Selbstverwaltung unter Arafats Führung im Westjordanland und im Gazastreifen in Kraft.

Palmerston, Henry John Temple, Viscount

(1784–1865), britischer Politiker und Premierminister 1855–58 und 1859 bis 1865. Er vertrat die Überzeugung, dass liberale Regierungen auf dem Kontinent sowie das Gleichgewicht der Mächte die außenpolitischen Hauptinteressen Großbritanniens seien. Deshalb setzte er sich 1830/31 für die Unabhängigkeit Belgiens von den Niederlanden ein und trug dazu bei, dass nach einem Aufstand in Ägypten der Zerfall des OSMANISCHEN REICHES verhindert wurde. Er förderte die Einigungsbestrebungen in Italien und Deutschland und unterstützte 1851 NAPOLEON III. beim Staatsstreich. 1856 war er maßgeblich an den Bemühungen beteiligt, den KRIMKRIEG zu beenden.

Nachdem die palästinensische Selbstverwaltung ausgehandelt worden war, wurde PLO-Führer Jasir Arafat im Juli 1994 gefeiert.

ERKLÄRUNG von 1917 sollte es entsprechend den Forderungen des ZIONISMUS den in aller Welt zerstreuten Juden eine Heimstätte werden, doch durch die vermehrte Einwanderung von Juden nahmen die Spannungen mit den Arabern immer mehr zu, und es kam 1936 zum Krieg. 1948 gab Großbritannien sein Mandat auf, und gegen den Widerstand der Araber wurde der Staat Israel gegründet. Der darauf folgende israelisch-arabische Krieg führte dazu, dass Palästina aufgeteilt wurde zwischen Israel, Ägypten, das den Gazastreifen besetzte, und Jordanien, welches das Westjordanland übernahm.

Nach dem SECHSTAGEKRIEG mit Ägypten, Syrien und Jordanien 1967 besetzte Israel das Westjordanland, den Gazastreifen, die Sinai-Halbinsel und die syrischen Golanhöhen. Vermittlungsversuche scheiterten, weil die PALÄSTINENSISCHE BEFREIUNGSORGANISATION PLO und die meisten arabischen Staaten sich weigerten, Israels Existenzrecht anzuerkennen, und Israel nicht mit der als terroristisch angesehenen PLO verhandeln wollte. Dennoch zog es sich 1978

Palmyra, syrische Oasensiedlung an der Karawanenstraße zwischen Babylonien und Syrien, später bedeutende Handelsstadt, ab dem 1. Jh. dem RÖMISCHEN REICH angeschlossen. Odaenathus und seine Gattin Zenobia erweiterten das Gebiet um 260 zum Palmyrischen Reich und machten es kurzzeitig von Rom unabhängig. 272 wurde es vom römischen Kaiser Aurelian zerstört.

Panama, mittelamerikanische Republik an der schmalsten Stelle der Landenge, die Nord- und Südamerika verbindet. Das Gebiet wurde 1501 von dem Spanier Rodrigo de Bastidas entdeckt, ein Jahr später ging Christoph KOLUMBUS hier an Land. Der spanische Eroberer Vasco Núñez de BALBOA, der den Isthmus überquerte und 1513 als erster Europäer den Pazifik sah, gründete an der Karibikküste 1510 die Siedlung Portobelo, die sich zum bedeutendsten Hafen für den Handel zwischen der Neuen Welt und Spanien entwickelte. 1739 wurde Panama Bestandteil des Vizekönigreichs Neugranada, trennte sich 1821 aber von Spanien und schloss sich der Republik Großkolumbien des südamerikanischen Befreiers Simón BOLÍVAR an. 1903 wurde Panama eine unabhängige Republik – mithilfe der USA, die als Gegenleistung das Recht zum Bau des PANAMAKANALS und zeitlich unbegrenzte Pachtrechte erhielten. Die Bemühungen Panamas, die Hoheit über die Kanalzone zu erlangen, führten 1908, 1912, 1918 und 1989 zum Eingreifen von amerikanischen Truppen. 1988 wurde der starke Mann Panamas, General Manuel Noriega, in den USA wegen Drogenhandels angeklagt, im Jahr danach bei einer Intervention der Amerikaner festgesetzt und 1992 zu 40 Jahren Gefängnis verurteilt. Seit 1999 ist Mireya Moscoso Präsidentin, die Witwe von Arnulfo Arias, der selbst dreimal das Land regierte.

Panamakanal, 82 km lange künstliche Wasserstraße durch die Landenge von PANAMA, die Atlantik und Pazifik verbindet. Die Bauarbeiten begannen in den 80er-Jahren des 19. Jh. unter dem französischen Ingenieur Ferdinand de LESSEPS, der auch den SUEZKANAL erbaute, wurden jedoch 1889 aufgrund des Bankrotts der Panama-Gesellschaft eingestellt. Nach der Unabhängigkeit Panamas 1903 handelte der amerikanische Präsident Theodor ROOSEVELT eine zeitlich unbegrenzte Kontrolle über die 16 km breite Kanalzone aus – zum Preis von 10 Mio. Dollar sowie einem jährlichen Pachtzins von 250 000 Dollar –, und 1914 stellten die USA den Bau fertig. 1977 stimmte der amerikanische Präsident Jimmy CARTER dem Panamakanal-Vertrag zu, der Panama ab 2000 die Hoheitsrechte über den Kanal überträgt, mit der Garantie, dass dieser neutral bleibt.

Pankhurst, Emmeline (1858–1928), britische Frauenrechtlerin und Anführerin der militanten SUFFRAGETTEN, die sich für das Wahlrecht für Frauen in Großbritannien einsetzten. Nach der Gründung der Women's Social and Political Union 1903 nahm sie mit ihren zwei Töchtern in London an Demonstrationen und politischen Versammlungen teil, war aber auch an Gewaltaktionen wie Anschlägen auf öffentliche Einrichtungen beteiligt. Sie kam mehrfach in Haft und wurde während ihrer Hungerstreiks zwangsernährt. Wenige Wochen vor ihrem Tod erhielten alle britischen Frauen ab dem 21. Lebensjahr das Wahlrecht.

Panslawismus, politische und kulturelle Bewegung in Osteuropa während des 19. Jh. Sie verfolgte das Ziel, alle Slawen unter Führung und Schutz Russlands in einem Großreich zu vereinen. Der Druck mächtiger panslawistischer Gruppen trug vermutlich zur Entstehung des russisch-türkischen Krieges 1877/78 bei, und die Unterstützung Serbiens durch Russland gegen Österreich-Ungarn in den Balkankonflikten 1908 und 1912/13 verschärfte die Krisensituation, die zum Ausbruch des ERSTEN WELTKRIEGS führte. Nach dessen Ende verringerte sich der Einfluss des Panslawismus aufgrund nationalistischer Differenzen und Rivalitäten unter den verschiedenen slawischen Völkern.

Panzer, früher Tanks genannte gepanzerte Kettenfahrzeuge für den Kampfeinsatz. Sie wurden während des ERSTEN WELTKRIEGS von Briten und Franzosen entwickelt, um deutsche Schützengräben zu überwinden, und erstmals in der Schlacht an der SOMME 1916 eingesetzt. Im ZWEITEN WELTKRIEG dienten Panzer als wichtige Angriffswaffe: Deutsche Panzerverbände überrollten 1939 Polen, 1940 Belgien und Frankreich und drangen 1941 weit in die UdSSR vor. Trotz der Entwicklung fortschrittlicher Abwehrwaffen spielten Panzer auch in der modernen Kriegführung, etwa im GOLFKRIEG, eine entscheidende Rolle.

Papen, Franz von (1879–1969), deutscher Politiker, der Adolf HITLER zur Reichskanzlerschaft verhalf. Als Mitglied des rechten Flügels der ZENTRUMS-Partei war er preußischer Landtagsabgeordneter und wurde 1932 Reichskanzler. Er scheiterte nach sechs Monaten, da Adolf Hitler trotz der Aufhebung des SA-Verbots die Zusammenarbeit mit ihm verweigerte und er keine Unterstützung im Reichstag hatte. 1933 brachte er mit Hitler eine Koalition zwischen DNVP und NSDAP zustande und erreichte, dass Reichspräsident Paul von HINDENBURG am 30. Januar Hitler zum Reichskanzler und ihn zum

Links: Ein Schiff auf dem Weg durch den Panamakanal. Unten: Arbeiter stellten 1912 die riesigen Schleusentore des Kanals fertig.

Vizekanzler ernannte. Papens Konzept, Hitler durch so genannte Einrahmung die Hände zu binden – nur drei von elf Kabinettsmitgliedern gehörten der NSDAP an –, scheiterte am Machtwillen Hitlers. In den NÜRNBERGER PROZESSEN wurde Papen 1946 freigesprochen.

Papsttum, Amt des Oberhaupts der KATHOLISCHEN KIRCHE. Nach katholischer Glaubensauffassung hat Jesus das Papsttum begründet, indem er PETRUS, den ersten Bischof von Rom, als Nachfolger und Oberhaupt seiner Kirche einsetzte. Seit dem 2. Jh. beanspruchte der Bischof Roms eine Vorrangstellung gegenüber allen anderen Bischöfen. Diese wurde im 5./6. Jh. erreicht, als der Papst angesichts des Untergangs des RÖMISCHEN REICHES auch politische Aufgaben in Rom übernahm.

Der Aufstieg des Papsttums wurde begünstigt durch den Übertritt des Frankenkönigs CHLODWIG zum Christentum um 500 und durch die nachfolgende Christianisierung der Germanenstämme. Die machtpolitische Stellung des Papstes verstärkte sich durch die Landschenkung PIPPINS VON 754, die den KIRCHENSTAAT begründete. Seit der Reform von CLUNY im 11. Jh. kämpfte das Papsttum um die Unabhängigkeit der Kirche von weltlicher Macht. Im INVESTITURSTREIT forderte Gregor VII. die Unterordnung der Könige unter den Papst und verbot die Einsetzung geistlicher Würdenträger durch weltliche Herrscher. Unter INNOZENZ III. erreichte das Papsttum im 13. Jh. eine überragende Machtstellung – auch gegenüber weltlichen Monarchen.

1309–77 hatten die Päpste ihre Residenz in Avignon und waren in starkem Maße von den französischen Königen abhängig. Nach ihrer Rückkehr nach Rom kam es 1378 – da sowohl in Avignon als auch in Rom Päpste gewählt wurden – zur Kirchenspaltung, die erst 1417 auf dem Konzil von KONSTANZ beendet wurde.

Mit dem Renaissance-Papsttum zu Beginn des 16. Jh. erreichte die Verweltlichung der Kirche ihren Höhepunkt. Päpste waren machtvolle Kriegsherren, finanzstarke Kunstmäzene und kümmerten sich zu wenig um ihre geistlichen Aufgaben. Da es zu keiner Kirchenreform gekommen war, setzte sich die Reformation Martin LUTHERS durch und bewirkte das Ende der christlichen Glaubenseinheit. Auf dem Konzil von Trient 1545–63 kam es zwar zu einer verspäteten inneren Erneuerung der Kirche, jedoch führten die AUFKLÄRUNG im 18. Jh. und die FRANZÖSISCHE REVOLUTION mit ihren an-

tiklerikalen Tendenzen zur Schwächung des Papsttums. Nach dem Verlust des Kirchenstaats im Jahr 1870 an das neu gebildete Königreich Italien wandten sich die Päpste vermehrt ihren geistlichen Aufgaben zu: Auf dem 1. Vatikanischen Konzil 1870 verkündete Pius IX. das Dogma von der Unfehlbarkeit des Papstes in Glaubens- und Sittenfragen, und Leo XIII. nahm im Jahr 1891 in der Enzyklika *Rerum novarum* zu gesellschaftlichen Problemen Stellung.

Auf dem 1962 von Johannes XXIII. einberufenen 2. Vatikanischen Konzil erklärte sich die katholische Kirche zu Gesprächen mit anderen christlichen und nicht christlichen Glaubensgemeinschaften bereit und stärkte die Position der Bischöfe. Unter Papst Johannes Paul II., dem ersten nicht italienischen Papst seit mehr als 450 Jahren, wurde jedoch die zentrale Verantwortung der Kurie für die Kirche wieder stärker hervorgehoben.

Paraguay, Binnenstaat in Südamerika mit Grenzen zu Brasilien, Argentinien und Bolivien. Ab Anfang des 17. Jh. existierten bei den Guaraní-Indianern selbst verwaltete jesuitische Missionsdörfer, bis 1767 die JESUITEN vertrieben wurden.

1811 erlangte Paraguay nach einer unblutigen Revolte gegen den spanischen Gouverneur die Unabhängigkeit. Der erste Machthaber war José Gaspar Rodríguez de Francia, der 1814–40 diktatorisch regierte. Ihm folgte 1844–62 Carlos A. Lopez, der Paraguay zu modernisieren versuchte und Handelsbeziehungen zu anderen Staaten aufnahm. Sein Sohn Francisco S. Lopez führte 1864–70 Krieg gegen die vereinten Streitkräfte von Brasilien, Argentinien und Uruguay, der für Paraguay in einer Katastrophe endete. In den folgenden Jahrzehnten kam es zu zahlreichen Unruhen, und erst unter dem Liberalen Eduard Schaerer trat 1912–16 vorübergehend eine innenpolitische Stabilisierung ein und es kam zu einem wirtschaftlichen Fortschritt.

Im CHACOKRIEG 1932 bis 1935 eroberte Paraguay unter enormen Verlusten einen großen Teil des Grenzgebiets des Gran Chaco von Bolivien. 1954 ergriff Gene-

ral Alfredo STROESSNER durch einen Putsch die Macht und stand 34 Jahre lang an der Spitze eines Militärregimes. Zwar wurde ein riesiges Wasserkraftprojekt in Angriff genommen und zahlreiche bis dahin besitzlose Kleinbauern konnten angesiedelt werden, doch nach einer wirtschaftlichen Rezession verstärkte die Regierung die Unterdrückung. 1989 entmachtete General Andrés Rodríguez in einem blutigen Putsch Alfredo Stroessner und wurde selbst zum Präsidenten gewählt. Vier Jahre später regierte der ebenfalls der Colorado-Partei angehörige Juan Carlos Wasmosy Monti, und seit August 1998 ist Raul Cubas Staats- und Regierungschef.

Paris, Frieden von (1763), von Großbritannien, Frankreich, Spanien und Portugal unterzeichneter Vertrag, der den SIEBENJÄHRIGEN KRIEG beendete und aus dem Großbritannien als führende Kolonial- und Seemacht hervorging. Er bestimmte, dass Frankreich seine nordamerikanischen Besitzungen Neuschottland, Kanada und LOUISIANA östlich des Mississippi an Großbritannien abtreten musste. Ferner überließ Spanien Großbritannien FLORIDA und erhielt als Ersatz dafür von Frankreich Louisiana westlich des Mississippi. In Afrika trat Frankreich SENEGAL an Großbritannien ab; in Indien durfte es seine Handelsstationen behalten, aber keine Truppen mehr stationieren, wodurch sich Indien fortan unter britischer Hoheit befand.

Pariser Kommune (1871), revolutionärer Stadtrat in Paris nach der Niederlage Frankreichs im DEUTSCH-FRANZÖSISCHEN KRIEG. Während der preußischen Belagerung von Paris von September 1870 bis Januar 1871 herrschte in der Stadt bittere Hungersnot, die jedoch den Widerstand der Pariser gegen den Vorfrieden mit Deutschland nicht brechen konnte. Bei den Wahlen zur Nationalversammlung im Februar 1871 stimmten dann aber die Bewohner der ländlichen Gebiete im Süden und Westen Frank-

Die Frauen der Pariser Kommune unter Führung der Lehrerin Louise Michel bei der Verteidigung des Montmartre

Ludwig XV. besuchte 1723 das Pariser Parlement. Die 13 französischen Parlements, deren Sitze verkauft oder vererbt wurden, blockierten Reformen, bis der König 1771 ihre Macht beschnitt.

reichs für eine konservativ eingestellte Nationalversammlung und für einen Frieden mit den deutschen Siegern, sodass sich die Pariser mit ihrer radikalen Gesinnung und der Forderung, den Krieg fortzuführen, isoliert sahen. Als im März Adolphe THIERS, der von der Nationalversammlung berufene Regierungschef, versuchte, die Nationalgarde in Paris zu entwaffnen und alle Kanonen aus der Stadt abzuziehen, brachen Unruhen aus und die Bewohner von Paris wählten einen radikalen sozialistischen Stadtrat, die Kommune – der Name bezog sich auf die Kommune der JAKOBINER aus dem Jahr 1793. Die Pariser Kommune konfiszierte das Eigentum von Personen, die aus der Hauptstadt geflohen waren, gründete Arbeitergenossenschaften und errichtete Barrikaden.

Thiers schickte Regierungstruppen unter General MACMAHON nach Paris, um den Aufstand niederzuschlagen. Sechs Wochen lang war die Stadt belagert, doch am 21. Mai wurde ihre Verteidigung durchbrochen, und es folgten erbitterte Barrikadenkämpfe: Die Kommunarden ermordeten, bevor sie aufgaben, ihre Geiseln, und die Regierungstruppen streckten während der Straßenschlachten und nach dem Zusammenbruch der Kommune Ende Mai rund 20 000 Menschen nieder. In späteren Gerichtsverhandlungen wurden 47 000 Aufständische verurteilt, allerdings nur wenige zum Tode. In Frankreich entstand eine tiefe Kluft zwischen links gerichteten, revolutionsbereiten Parisern und den Monarchisten auf dem flachen Land.

WUSSTEN SIE, DASS?

Karl Marx bezeichnete die Pariser Kommune als Modell für den notwendigen Klassenkampf. Jedes Jahr am 28. Mai pilgern Marxisten zu einer Mauer im Friedhof Père-Lachaise, an der 147 Kommunarden erschossen wurden.

Park, Mungo (1771–1806), schottischer Arzt und Forschungsreisender. 1795 erhielt er von der African Association den Auftrag, den Verlauf des Flusses Niger zu erforschen und zu kartographieren. Er reiste von der Mündung des Gambia nach Osten, durchquerte das Flussbecken des Senegal und gelangte bis zum Oberlauf des Niger. Bei seiner zweiten Expedition zum Niger 1805 erreichte Park Bamako und Ségou – beide im heutigen Mali –, doch dann wurden er und seine Begleiter in ihren Kanus bei Bussa angegriffen und Park ertrank.

Parlament, Staatsorgan, durch welches das Volk mittels gewählter Vertreter bei der Festlegung der Rechtsordnung und der Gestaltung des politischen Lebens beteiligt ist. Parlamente sind in der Auseinandersetzung zwischen Monarchen und ihren Ständen entstanden, wobei Letztere versuchten, die Allmacht der Herrscher einzuschränken und die Beherrschten vor politischer Willkür zu schützen. Zu den wichtigsten Befugnissen eines Parlaments gehört das Recht, Gesetze zu beschließen und den Staatshaushalt zu genehmigen. In modernen Demokratien mit parlamentarischem Regierungssystem – wie beispielsweise in der BUNDESREPUBLIK DEUTSCHLAND – ist das Parlament zusätzlich an der Regierungsbildung durch die Wahl des Regierungschefs und an der Regierungskontrolle durch die Möglichkeit, die Regierung durch ein Misstrauensvotum zu stürzen, beteiligt.

Das Parlement in Frankreich, das bis zur FRANZÖSISCHEN REVOLUTION 1789 bestand, war kein Parlament im klassischen Sinn, sondern ein Gerichtshof, der königliche Dekrete in Register einzutragen hatte. Hieraus leitete es den Rechtsanspruch ab, die Erlasse des Monarchen zu überprüfen und auch Einspruch gegen sie zu erheben. Erst als sich die Abgeordneten des dritten Standes in den GENERALSTÄNDEN 1789 zur Nationalversammlung erklärten, entstand in Frankreich eine echte Volksvertretung.

Großbritannien besitzt eines der ältesten und traditionsreichsten Parlamente, dessen Anfänge bis ins 13. Jh. zurückreichen. In der MAGNA CHARTA 1215 setzten aufständische Barone durch, dass der König keine neuen Steuern ohne ihre Zustimmung erheben durfte. Aus dem Kronrat, der die Einhaltung dieser Vereinbarung zu überwachen hatte, wurde im Lauf der Zeit das englische Oberhaus. Im 14. Jh. entwickelte sich ein Zweikammersystem, als sich neben dem Oberhaus, *House of Lords*, dem Mitglieder des Hochadels und der hohen Geistlichkeit angehörten, das Unterhaus, *House of Commons*, mit Vertretern aus dem niederen Adel und der Städte bildete. Beide Häuser hatten dadurch Einfluss auf die Gesetzgebung, dass sie Bittschriften an den König einreichten oder von ihnen aufgesetzte Gesetzesanträge von der Krone genehmigen ließen. In den letzten Jahrzehnten büßte das Oberhaus seinen politischen Einfluss weitgehend ein und besitzt heute ausschließlich repräsentative Funktionen.

In Deutschland gibt es ein nationales Parlament erst seit der Gründung des DEUTSCHEN REICHES 1871. Der Reichstag als Vertretung des deutschen Volkes hatte jedoch bis zum Ende des ERSTEN WELTKRIEGS 1918 nur wenig politische Macht, da die Ernennung und Entlassung der Regierung allein dem Kaiser vorbehalten war und die gewählten Abgeordneten von diesem keine politischen Führungsaufgaben übertragen bekamen. Erst durch die Verfassung der WEIMARER REPUBLIK von 1919 und das Bonner GRUNDGESETZ von 1949 hatten die deutschen Parteien und ihre Abgeordneten Einfluss auf die Regierungsbildung, wurden selbst mit Regierungsaufgaben betraut oder konnten als parlamentarische Opposition mit dem Instrument des Misstrauensvotums eine wirksame Kontrolle gegenüber der Exekutive ausüben.

Partisanen, Freischärler. Ohne Angehörige der regulären Truppen zu sein, leisten sie in ihrem Land Widerstand gegen eine eingedrungene Macht oder, bei einem Bürgerkrieg, gegen den innerstaatlichen Feind. Bedeutung erlangten Partisanenkämpfe im SPANISCHEN BÜRGERKRIEG sowie im ZWEITEN WELTKRIEG auf dem Balkan.

Pascal, Blaise (1623–62), französischer Mathematiker, Physiker und Religionsphilosoph. Pascal war ein Wunderkind: Bereits mit elf Jahren beschäftigte er sich mit den euklidischen Lehrsätzen der Geometrie. Mit 16 Jahren schrieb er über die Kegelschnitte, mit 19 konstruierte er, um seinem Vater bei den Abrechnungen zu helfen, die erste Rechenmaschine, die addieren und subtrahieren konnte. Auf dem Gebiet der Physik führten seine hydrostatischen Studien zur Erfindung des Barometers und der hydraulischen Presse. In der Mathematik legte er, angeregt durch die Nachfrage eines notorischen Spielers, den Grundstein für die Wahrscheinlichkeitsrechnung.

Im Jahr 1654 erlebte Pascal eine religiöse Offenbarung, die ihn veranlasste, sich in das jansenistische Kloster in Port-Royal zurückzuziehen. Von hier aus griff er in den *Lettres à un Provincial* die JESUITEN an, die an der Sorbonne, der Pariser Universität, lehrten. In seinem im Jahr 1670 postum veröffentlichten Werk *Pensées* legte er seine Auffassungen über die Intuition und über die Grenzen rationaler Erkenntnis dar. Seiner Meinung nach ist Gott nur mit dem Herzen und nicht mit dem Verstand zu erfahren.

Pascha, höchster offizieller Ehrentitel im OSMANISCHEN REICH. Der Titel, der dem Namen nachgestellt wird, wurde nicht vererbt, sondern meist an verdiente Militärs und hohe Beamte wie etwa WESIRE und Provinzgouverneure auf Lebenszeit verliehen. Zum ersten Mal geschah das im 13. Jh. bei den SELDSCHUKEN; heute ist der Titel in der Türkei und Ägypten offiziell nicht mehr üblich, er wird aber noch umgangssprachlich verwendet.

Pašić, Nikola (1845–1926), serbischer Staatsmann und Wegbereiter des Staates JUGOSLAWIEN. Pasic hatte 1891/92 und 1904–18, von kurzen Unterbrechungen abgesehen, das Amt des Ministerpräsidenten von Serbien inne. Pasics Ziel war ein großserbisches Reich, das auch weite Teile von Kroatien und Dalmatien umfassen und in dem die Serben die Führung über die Südslawen innehaben sollten.

1917 unterzeichnete Pasic den Vertrag von Korfu, in dem das Königreich der Serben, Kroaten und Slowenen beschlossen wurde. Er vertrat den neu gegründeten Staat nach dem ERSTEN WELTKRIEG bei den Friedensverhandlungen in Paris 1919. In der Zeit 1921–26 war Pasic Ministerpräsident des jungen Balkanstaats, der 1929 den Namen Jugoslawien erhielt.

Louis Pasteur (oben) schaut zu, wie der junge Joseph Meister mit einem Serum, das er aus dem Rückenmark tollwütiger Tiere gewonnen hatte, geimpft wird (links). Zwei Wochen danach war der junge Mann wieder wohlauf.

Passiver Widerstand, gewaltfreie Opposition gegen eine Regierung. Der Widerstand äußert sich häufig darin, dass eine Zusammenarbeit mit der Obrigkeit abgelehnt wird oder gesetzliche Vorschriften missachtet werden. Eine der erfolgreichsten Kampagnen des passiven Widerstands unternahm Mohandas Karamchand GANDHI gegen die britische Kolonialherrschaft in Indien. Sie veranlasste die Briten schließlich, Indien 1947 in die Unabhängigkeit zu entlassen. Gandhis Beispiel war ab den 50er-Jahren Vorbild für die Bürgerrechtsbewegung in den USA.

1989 zeigte sich allerdings, dass passiver Widerstand gegen autoritäre Regime nicht unbedingt zum Erfolg führt, als in Beijing die Demonstration demokratisch gesinnter Chinesen auf dem Platz des Himmlischen Friedens blutig niedergeschlagen wurde.

Pasteur, Louis (1822–95), französischer Biologe und Chemiker. Er begründete die Erforschung von Infektionskrankheiten und die Anwendung wissenschaftlicher Erkenntnisse in der Medizin. Schon in jungen Jahren versuchte er praktische Probleme zu lösen, etwa die Frage, warum Milch sauer wird. Um dies zu verhindern, entwickelte er ein neues Verfahren der Wärmebehandlung, das heute Pasteurisieren genannt wird.

Im Verlauf seiner Arbeit kam Pasteur immer mehr zu der Überzeugung, dass Mikroorganismen allgegenwärtig sind und dass viele von ihnen bei Lebewesen Infektionskrankheiten hervorrufen können. Pasteur erforschte die möglichen Wege der Ansteckung und machte Vorschläge zur Vorbeugung. In den 80er-Jahren begann er, angeregt durch den britischen Mediziner Edward JENNER, der Menschen zur Prophylaxe gegen Pocken mit Kuhpockenlymphe geimpft hatte, mit der Entwicklung eines Impfstoffs für Tiere gegen Milzbrand, der sich als wirksam erwies. Seinen größten Erfolg konnte Pasteur 1885 verbuchen, als er einen Jungen, der von einem tollwütigen Hund gebissen worden war, gegen Tollwut impfte und bei diesem die damals häufig vorkommende Krankheit tatsächlich nicht ausbrach.

Patagonien, Hochlandregion in Argentinien und Chile, die den südlichen Zipfel Südamerikas bildet. Das ursprünglich von Indianern, den Tehuelche, bewohnte Gebiet wurde Ende des 19. Jh. von argentinischen und chilenischen Rangern in Besitz genommen. Anfang des 20. Jh. wanderten Europäer, vornehmlich baskischer, walisischer und schottischer Abstammung, in Patagonien ein. Seit den 40er-Jahren hat die Ausbeutung natürlicher Eisenerz-, Erdöl- und Erdgasvorkommen den landwirtschaftlichen Charakter der Region nachhaltig verändert.

Die windgepeitschten Hochebenen Patagoniens erstrecken sich von den Anden bis zum Atlantik. Sie eignen sich gut für die Schafzucht, mit der viele Siedler hier ihren Lebensunterhalt verdienen.

Pathet Lao, kommunistische GUERILLA-Bewegung, die für die Unabhängigkeit von Laos gegen die französische Kolonialmacht kämpfte. Sie wurde am Ende des ZWEITEN WELTKRIEGS von Prinz Souvanna Vong gegründet. Nach der Niederlage der Franzosen im Indochinakrieg 1954 wurde Laos unabhängig, aber im Innern herrschte in den folgenden Jahren ein Machtkampf zwischen der königlichen Regierung und der Pathet-Lao-Bewegung. Im Bemühen um eine friedliche Konfliktlösung wurden 1957 Pathet-Lao-Mitglieder in die Regierung aufgenommen, doch 1959 scheiterte die Koalition, und erneut brach ein Bürgerkrieg aus. 1975 übernahm Pathet Lao die Macht in LAOS und rief die Laotische Demokratische Volksrepublik aus.

Patrick (um 385–461), christlicher Missionar, Nationalheiliger Irlands. Der in Britannien geborene Sohn eines römischen Beamten wurde im Alter von 16 Jahren von irischen Piraten gefangen genommen und als Sklave in Irland verkauft. Dort hütete er sechs Jahre lang Schafe, bis ihm die Flucht nach Gallien gelang. Er soll dann als Mönch auf den Lerinischen Inseln bei Cannes gelebt haben und schließlich in Auxerre zum Priester geweiht worden sein. 432 kehrte er als Missionar nach Irland zurück und wanderte 30 Jahre lang durchs Land, um zu predigen, zu taufen, Priester und Bischöfe zu berufen sowie Klöster und Kirchen zu errichten. Es gelang ihm, den Einfluss der DRUIDEN, der keltischen Priester, einzudämmen und die irische Königsfamilie zum Christentum zu bekehren.

Patrizier, Angehörige des Geburtsadels im alten Rom. Im Jahr 510 v. Chr. wurde Tarquinius Superbus, der letzte König von Rom, von den Patriziern vertrieben – den Oberhäuptern der wohlhabenden Familien der Stadt, die durch Erbrecht Mitglieder des Senats waren und alle Beamten- und Priesterstellen besetzten. Ab dem 4. Jh. v. Chr. kam es jedoch zu den so genannten Ständekämpfen, in denen die Plebejer, die Angehörigen des gemeinen Volkes, 367 v. Chr. Zugang zum Senat und 287 v. Chr. die volle politische Gleichberechtigung erhielten. Im RÖMISCHEN REICH gingen danach die Zahl der Patrizier und ihr politischer Einfluss immer mehr zurück.

Im Mittelalter wurden die Angehörigen des reichen Stadtadels Patrizier genannt. Oft schlossen sie sich zur Verteidigung ihrer Privilegien zu Bündnissen gegen die Fürsten und die Handwerkerzünfte zusammen.

Patton, George (1885–1945), amerikanischer General im ZWEITEN WELTKRIEG. Nach seiner Teilnahme an den Kämpfen in NORDAFRIKA befehligte er die 7. Armee in

Sizilien und nahm 1943 Palermo ein. Nachdem er einen an Kriegsneurose leidenden Soldaten geschlagen hatte, wurde er seines Postens enthoben. Dennoch erhielt er 1944 wieder ein Kommando, das über die 3. Armee in der Normandie. Seine Kritik am alliierten Programm der ENTNAZIFIZIERUNG in Deutschland führte nach dem Krieg zu seiner Entlassung.

Paul I. (1754–1801), ab 1796 russischer Zar. Paul I. war der Sohn von Peter III. und KATHARINA II. DER GROSSEN, die 1762 ihren unfähigen Mann gestürzt und selbst die Macht an sich gerissen hatte. Gleich zu Beginn seiner Regierung erließ Paul ein Thronfolgegesetz, das die PRIMOGENITUR ein-

Unter dem Eindruck der Französischen Revolution hatte Zar Paul I. große Angst vor einem Aufstand in Russland.

führte, und schränkte die Ausbeutung der LEIBEIGENEN durch den Adel ein. Aus Angst vor einer Revolution verschärfte er die Zensur und verbot Auslandsreisen sowie die Einfuhr westlicher Bücher.

1798 trat Paul I. einer Koalition gegen Frankreich bei, aber ein Jahr später verließ er sie wieder, um damit als Großmeister des Malteserordens gegen die britische Besetzung Maltas zu protestieren. 1800 schlug er sich auf die Seite NAPOLEONS und hegte den verwegenen Plan, Indien zu erobern. Wegen seines unberechenbaren Verhaltens in der Außenpolitik und wegen seines brutalen Vorgehens bei Verstößen innerhalb der Armee wurde er bei einer Verschwörung von Offizieren und Adligen ermordet. Ihm folgte sein Sohn ALEXANDER I. auf den Thron.

Paul VI. (1897–1978), Papst ab 1963, mit bürgerlichem Namen Giovanni Battista Montini. Er setzte das Reformwerk seines Vorgängers JOHANNES XXIII. fort und führte das von diesem einberufene 2. Vatikanische Konzil zu Ende, das u. a. die Einrichtung von Bischofssynoden und die Aufnahme von Gesprächen der katholischen Kirche mit anderen christlichen Kirchen wie den ORTHODOXEN KIRCHEN und der ANGLIKANISCHEN KIRCHE, aber auch mit nicht christlichen Religionsgemeinschaften beschloss. Die Liturgie sollte fortan in die Landessprachen übersetzt werden.

Als streng konservativer Papst verurteilte Paul VI. jedoch 1968 in seiner Enzyklika *Humanae Vitae* die Methoden der künstlichen Empfängnisverhütung, und hinsichtlich des priesterlichen Zölibats, der Ehescheidung und der Frage, ob Frauen Priester werden dürften, blieb er ebenfalls unnachgiebig hart.

Paulus (1. Jh. n. Chr.), Apostel, bedeutendster frühchristlicher Missionar. Der unter dem Namen Saulus geborene Jude aus Tarsus in Kleinasien war römischer Bürger. Als strenger PHARISÄER stand er dem CHRISTENTUM sehr ablehnend gegenüber, aber auf einer Reise nach Damaskus im Jahr 33 hatte er eine Vision von Jesus und nahm danach den neuen Glauben an. Er begann zu predigen und bereiste als Missionar Kleinasien und die Ägäis, wobei er zahlreiche Gemeinden gründete, u. a. in Korinth und Ephesus. Paulus fühlte sich vor allem zur Missionierung der Heiden berufen und war der Überzeugung, dass diese vor der Bekehrung nur an Christus glauben müssten und nicht den jüdischen Gesetzen Folge zu leisten hätten – eine Auffassung, die vielen Judenchristen missfiel, die sich aber auf dem Apostelkonzil 48/49 durchsetzte.

In den Jahren 58–60 wurde Paulus in Caesarea aufgrund von Beschuldigungen jüdischer Pilger inhaftiert, dann brachte man ihn nach Rom, wo er nach einiger Zeit freigelassen wurde. Wahrscheinlich unternahm er noch eine Reise nach Spanien, bevor er erneut verhaftet und dann enthauptet wurde.

Quellen für sein Leben sind die Apostelgeschichte und seine zahlreichen Briefe. Die theologischen Auffassungen und das Wirken von Paulus haben die Entwicklung des Christentums stark beeinflusst und Theologen wie etwa AUGUSTINUS, THOMAS VON AQUIN und Martin LUTHER inspiriert.

Paulus, Friedrich (1890–1957), seit 1943 deutscher Feldmarschall im ZWEITEN WELTKRIEG, dessen Armee bei der Schlacht um STALINGRAD vernichtet wurde. Als ranghoher Offizier im Generalstab war er an der Vorbereitung des Russlandfeldzugs, des so genannten Unternehmens Barbarossa, beteiligt. 1942 wurde er Oberbefehlshaber der 6. Armee, die von der ROTEN ARMEE in Stalingrad eingekesselt wurde. Auf Befehl Adolf HITLERS unterließ er einen Ausbruchsversuch und besiegelte damit den Untergang seiner Untergebenen.

Nachdem etwa 60 000 deutsche Soldaten gefallen waren, kapitulierte Paulus jedoch und ging mit rund 110 000 Mann in sowjetische Kriegsgefangenschaft. In dieser Zeit beteiligte er sich an dem von der Sowjetunion unterstützten Nationalkomitee Freies Deutschland, das die deutschen Soldaten in Russland zur Kapitulation und zum Sturz Hitlers aufforderte. Nach seiner Freilassung 1953 lebte Paulus in der DDR und hielt dort Vorlesungen über Militärstrategie.

Pax Romana, wörtlich: römischer Friede, Friedensordnung des AUGUSTUS. Nachdem Octavian, der auch Augustus – der Erhabene – genannt wurde, siegreich aus dem nach Gaius Iulius CAESARS Tod ausgebrochenen Bürgerkrieg hervorgegangen und 31 v. Chr. Herrscher von Rom geworden war, schuf er durch Neuordnung der Verwaltung und des Heeres und neuer Gesetze die Grundlage für einen dauerhaften Frieden sowie für eine günstige wirtschaftliche und kulturelle Entwicklung des RÖMISCHEN REICHES. Diese Ära des Wohlstands und der Stabilität, in der Rom gegenüber den besiegten Völkern eine relativ liberale Haltung einnahm, dauerte ungefähr bis 180 n. Chr. Die Römer dankten dem Friedensherrscher und der Senat ließ Augustus zu Ehren im Jahr 9. v. Chr. den prachtvollen Friedensaltar weihen.

Pazifik, Schlacht im (1941–45), während des ZWEITEN WELTKRIEGS in Fernost und im Pazifik zu Land und zu Wasser ausgetragene Kämpfe der USA und Großbritanniens gegen Japan. Nach dem japanischen Überfall auf PEARL HARBOR auf Hawaii im Dezember 1941 und dem Kriegseintritt der USA fielen bald die amerikanischen Stützpunkte Guam und Wake sowie die britischen Kolonien Hongkong, Malaya und Singapur in die Hand der Japaner. Nach der gewonnenen Schlacht in der Javasee im Februar 1942 drangen diese auf die indonesischen Inseln vor, von wo aus sie Australien bedrohten. Bis Mai waren die Briten aus Birma und die Amerikaner von den Philippinen vertrieben.

Doch dann wendete sich das Blatt: Nach der verlorenen Schlacht im Korallenmeer gelang es den Japanern nicht, wie geplant Papua-Neuguinea zu besetzen. Im Juni 1942 errang die wieder aufgerüstete US-Flotte unter Admiral Chester NIMITZ in der Schlacht bei den Midway-Inseln einen strategisch bedeutenden Sieg, und von nun an waren die US-Truppen beim so genannten Inselspringen in der Offensive. Im Februar 1943 mussten die Japaner nach verlustreichen Kämpfen

Guadalcanal, die größte der Salomon-Inseln, verloren geben. Danach plante Admiral Nimitz auf die Marianen und General Douglas MACARTHUR auf die Philippinen vorzustoßen. Nach der Seeschlacht im Golf von Leyte im Oktober 1944, bei der die Japaner den Großteil ihrer Flotte verloren, begann die erst im Mai 1945 abgeschlossene Rückeroberung der Philippinen. Ab Juni desselben Jahres befand sich die Insel OKINAWA in der Hand der USA, die damit eine Luftbasis in der Nähe Japans besaßen, das im August 1945 nach dem Abwurf von zwei Atombomben auf die Städte HIROSHIMA und NAGASAKI kapitulierte.

Pearl Harbor, Flottenstützpunkt der USA auf Hawaii, der am 7. Dezember 1941 von der japanischen Luftwaffe überfallen wurde. Der ohne Kriegserklärung erfolgte Überraschungsangriff durch Kampfbomber und U-Boote auf die amerikanische Pazifikflotte war der Anlass für den Eintritt der USA in den ZWEITEN WELTKRIEG. In nur zwei Stunden wurden etwa 180 amerikanische Flugzeuge zerstört und 18 Kriegsschiffe – darunter acht Schlachtschiffe – versenkt oder schwer beschädigt. Mehr als 2400 amerikanische Soldaten fanden bei dem Angriff den Tod.

Der Hintergrund für den Konflikt war die Expansionspolitik der Japaner in Fernost, der nur die Vereinigten Staaten mit ihren Stützpunkten im Pazifik Einhalt gebieten konnten. Anlass des Überfalls war die Ablehnung der Aufhebung eines amerikanischen Embargos, das die japanische Rüstungsindustrie empfindlich traf. Doch trotz der großen Schäden, die angerichtet wurden, war der Angriff auf Pearl Harbor kein voller Erfolg: Die strategisch wichtigen US-Flugzeugträger befanden sich auf hoher See und die Treibstofftanks, Werften und Docks hatten die Attacke unbeschädigt überstanden.

WUSSTEN SIE, DASS?

Am Tag von Pearl Harbor attackierten die Japaner auch Malaya, die Philippinen, Guam, Java, Thailand, Hongkong, Borneo und die Insel Wake.

Pedro I. (1798–1834), 1822–31 erster Kaiser von BRASILIEN. Johann VI., König von Portugal, floh, als NAPOLEON I. in sein Land einmarschierte, mit seinem Sohn Pedro 1807 nach Brasilien, von wo aus er 1821 wieder heimkehrte, während der Kronprinz zurückblieb. Als ein Jahr später das portugiesische Parlament versuchte, die Rechte der Kolonie einzuschränken, kam es in Brasilien zu Unruhen. Daraufhin verbündete sich Pedro mit südamerikanischen Nationalisten, erklärte 1822 Brasilien für unabhängig und sich zum Kaiser. Pedros Herrschaft wurde jedoch durch republikanische Aufstände und den Vorwurf, Portugiesen würden bei der Ämtervergabe bevorzugt, geschwächt, und er musste 1831 zugunsten seines minderjährigen Sohnes PEDRO II. abdanken.

Pedro II. (1825–91), 1831 bis 1889 brasilianischer Kaiser. Er folgte seinem Vater PEDRO I. im Alter von fünf Jahren auf den Thron. Bis 1840 lagen die Regierungsgeschäfte in der Hand von Regenten, dann erklärte die brasilianische Nationalversammlung den 14-Jährigen für mündig. Unter Pedro, der im Volk sehr beliebt war, blühte die brasilianische Wirtschaft auf und die Sklaverei wurde abgeschafft. Doch dann schlossen sich die mächtiger gewordenen Industriellen und Kaffeeanbauer sowie das Militär zusammen und stürzten den letzten Monarchen auf dem Kontinent; BRASILIEN wurde 1889 Republik.

Peloponnesischer Krieg (431–404 v. Chr.), militärische Auseinandersetzung zwischen ATHEN und SPARTA um die Vorherrschaft im alten Griechenland. Die Rivalität beruhte auf der Verschiedenartigkeit der beiden bedeutendsten Stadtstaaten Griechenlands: Athen hatte im 5. Jh. v. Chr. die Führung des ATTISCHEN SEEBUNDS übernommen und war damit zur beherrschenden Seemacht der Ägäis aufgestiegen; im Innern hatte es sich zu einer Demokratie entwickelt.

Sparta dagegen war als Führer des Peloponnesischen Bundes die stärkste Landmacht und ein straff organisierter Militärstaat, in dem die kleine Minderheit der Spartaner über die rechtlose Masse der HELOTEN herrschte. Nach Meinung des Historikers THUKYDIDES

Nach Japans Angriff auf Pearl Harbor birgt ein Rettungsboot Überlebende von der brennenden *West Virginia*.

wurde der Krieg durch den Aufstieg Athens und durch die Furcht Spartas vor einem Machtzuwachs seines Rivalen ausgelöst.

Als die Spartaner im Jahr 431 v. Chr. in Attika einmarschierten, fanden sie ein menschenleeres Gebiet vor, denn der führende Staatsmann Athens PERIKLES hatte die Bewohner der Umgebung in die befestigte Stadt Athen evakuiert. Ein Jahr später brach jedoch in der mit Menschen überfüllten Stadt die Pest aus, die innerhalb von zwei Jahren etwa ein Drittel der Bevölkerung – 429 v. Chr. auch Perikles – dahinraffte. Der Krieg, in dem Athen Sparta nicht zu Lande und Sparta Athen nicht zur See besiegen konnte, fand erst im Jahr 421 v. Chr. mit einem Friedensschluss sein vorläufiges Ende.

415 v. Chr. setzte sich der machthungrige und bedenkenlose Alkibiades in der Volksversammlung mit dem Antrag durch, Syrakus, den Bündnispartner Spartas, anzugreifen. Die Sizilien-Expedition endete jedoch 413 v. Chr. mit einer Katastrophe: Die Flotte wurde vernichtet und das Landheer aufgerieben. Trotz dieser entscheidenden Schwächung errangen die Athener in der Folgezeit noch einige Siege, aber 405 v. Chr. gelang es dem Spartaner Lysander, in der Seeschlacht von Aigospotamoi die gegnerische Flotte auszuschalten und Athen von den Getreidelieferungen durch die Dardanellen abzuschneiden. Im Jahr darauf kapitulierte das von der spartanischen Flotte belagerte und ausgehungerte Athen. Gemäß dem Friedensvertrag musste es seine Befestigungsanlagen schleifen, fast alle Kriegsschiffe ausliefern, den Attischen Seebund auflösen und die Vorherrschaft Spartas anerkennen. Damit war die Macht Athens auf Dauer geschwächt und die demokratische Entwicklung in Griechenland weitgehend beendet.

Penicillin, erstes Antibiotikum, das zur Behandlung bakterieller Infektionen eingesetzt wurde. Die Forschungsarbeiten über den Wirkstoff begannen 1928, als der schottische Bakteriologe Alexander FLEMING feststellte, dass auf einer von dem Schimmelpilz *Penicillium notatum* befallenen Bakterienkultur die Bazillen dort, wo der Schimmel wuchs, zerstört waren, während sie sich in etwas weiterer Entfernung wie gewohnt vermehrten. Erst 1940 gelang es dem Pathologen Howard Florey und dem Biochemiker Ernst Chain, Penicillin in Reinform herzustellen. Tests bestätigten seine Wirksamkeit gegen Infektionen und seine Ungiftigkeit für den Menschen. Zum ersten Mal eingesetzt wurde es 1941 zur Behandlung von Verwundeten im Zweiten Weltkrieg, und seither hat es Millionen Menschen das Leben gerettet.

> **WUSSTEN SIE, DASS?**
>
> *Nach der gescheiterten Sizilien-Expedition im Peloponnesischen Krieg wurden 7000 Athener gefangen genommen und kamen elendig in den Steinbrüchen von Syrakus um.*

Penn, William (1644–1718), QUÄKER, Gründer des US-Bundesstaats Pennsylvania und Verfechter religiöser Toleranz. Nach seinem Übertritt zu den Quäkern 1667 war er mehrmals inhaftiert, u. a. wegen einer Schrift, in der er der Lehre von der Dreieinigkeit widersprach. Ab 1669 predigte er in England, den Niederlanden und Deutschland.

1681 erhielt Penn von König Karl II. eine Konzession für die Gründung einer Kolonie in Amerika, die nach seinem Vater, dem Admiral Sir William Penn, Pennsylvania genannt wurde und religiös Verfolgten Zuflucht bieten sollte. 1682 besuchte Penn sein „heiliges Experiment" und entwarf eine Verfassung, die Religionsfreiheit garantierte und gute Beziehungen zu den Indianern verlangte. Insgesamt hielt Penn sich nur vier Jahre, 1682–84 und 1699–1701, in Nordamerika auf. Den Rest der Zeit lebte er in England und fuhr nur nach Übersee, wenn Probleme mit den Siedlern zu regeln waren.

Pentagon-Papiere, 1967 von der amerikanischen Regierung in Auftrag gegebene Studie, die die militärische Verstrickung der USA in Indochina seit 1945 aufklären sollte. Durch Daniel Ellsberg, einen früheren Regierungsangestellten, sickerten Ergebnisse der streng geheimen Untersuchung zur *New York Times* durch. Sie wurden im Juni 1971 veröffentlicht und brachten Fehlkalkulationen, Irrtümer und der Öffentlichkeit verheimlichte Militäraktionen ans Licht. Danach wurde von der Regierung mehr Transparenz bei ihrem Handeln gefordert.

Pepys, Samuel (1633–1703), englischer Schriftsteller und Beamter der Admiralität. 1673 wurde er zum Verwaltungschef der Marine befördert und erhielt einen Sitz im Parlament. 1697 bezichtigte man ihn, militärische Geheimnisse an die Franzosen verraten zu haben, und für kurze Zeit wurde er im Tower von London eingesperrt, aber bald wieder freigelassen.

Bekannt ist Samuel Pepys vor allem durch sein Tagebuch, das er 1660–69 schrieb. Es war nicht für die Allgemeinheit bestimmt, denn er verfasste es in einer Geheimschrift, die erst 1825 entschlüsselt werden konnte. Pepys beschreibt darin sehr lebhaft das gesellschaftliche und politische Leben während der betreffenden Jahre in der englischen Hauptstadt, er berichtet vom BRAND VON LONDON und dem Ausbruch der Pest und auch offenherzig über seine private Lebensführung.

Pérez de Cuéllar, Javier (*1920), peruanischer Diplomat, 1982–91 Generalsekretär der VEREINTEN NATIONEN. Pérez de Cuéllar trat 1940 in den Auswärtigen Dienst Perus ein und war 1964–66 Botschafter in der Schweiz, 1969–71 in der UdSSR und Polen sowie 1971–75 bei den Vereinten Nationen. Als UN-Generalsekretär führte sein geduldiges Engagement bei Friedensbemühungen zu Erfolgen wie dem Waffenstillstand, der den IRAKISCH-IRANISCHEN KRIEG 1988 beendete, oder der Unabhängigkeit NAMIBIAS im Jahr 1990.

Pergamon, antike Stadt im Westen der heutigen Türkei. Der Name weist darauf hin, dass man hier angeblich erstmals Pergament anstatt Papyrus als Schreibmaterial be-

William Penn schloss 1682 mit den Häuptlingen der Delaware-Indianer einen Vertrag, der freundschaftliche Beziehungen zwischen Indianern und Quäkern in Pennsylvania begründen sollte.

Das Tagebuch des Samuel Pepys war verschlüsselt und wurde erst rund 120 Jahre nach seinem Tod entziffert.

nutzte. Im 3./2. Jh. v. Chr. entwickelte sich Pergamon zu einer bedeutenden Macht und verbündete sich mit Rom gegen das Reich der SELEUKIDEN. König Attalos I., der 241–197 v. Chr. regierte, entriss den Seleukiden weite Teile von Kleinasien; sein Nachfolger Eumenes II. besiegte 180 v. Chr. bei Magnesia Antiochos III., den König von Syrien. Im Jahr 133 v. Chr. vermachte Attalos III. das Königreich testamentarisch Rom. Vier Jahre später wurde es Teil der römischen Provinz Asia, und bald wurde Pergamon von Ephesus als Hauptstadt der neu erworbenen Region in den Schatten gestellt.

Eumenes II. ließ auf dem Burgberg von Pergamon zu Ehren seines Vaters den berühmten Pergamonaltar errichten, der Zeus und Athene geweiht war. Im Jahr 1878 begann man das monumentale Bauwerk freizulegen, das heute, teilweise rekonstruiert, im Pergamon-Museum in Berlin zu sehen ist.

Perikles (um 500–429 v. Chr.), Staatsmann und Vorkämpfer der Demokratie im antiken ATHEN. Der von den Historikern THUKYDIDES und PLUTARCH als unbestechlich gepriesene Perikles war die große Führungspersönlichkeit im politischen und kulturellen Leben Athens während des so genannten Goldenen Zeitalters um die Mitte des

5. Jh. v. Chr. Bekannt wurde er 462 v. Chr., als er sich an einem Staatsstreich beteiligte, durch den der Areopag, der mächtige Adelsrat, seine politischen Rechte verlor. Danach erreichte Perikles als Führer der radikalen Partei eine weitere Demokratisierung, indem er sämtliche Staatsämter den meisten männlichen Bürgern zugänglich machte, alle freien Athener an den Volksgerichten und der Volksversammlung – dem wichtigsten politischen Beschlussorgan – beteiligte und Diäten einführte, damit auch Geringverdienende wie einfache Handwerker oder Tagelöhner an den politischen Entscheidungen teilhaben konnten.

Als jährlich wieder gewählter Stratege war Perikles 15 Jahre lang auch für die Außenpolitik zuständig. Er erweiterte die Macht Athens, indem er den Mitgliedern des ATTISCHEN SEEBUNDS zunehmend ihre Selbstständigkeit nahm und sie von Athen abhängig machte. Nachdem 454 v. Chr. die Bundeskasse von der Insel Delos nach Athen verlegt worden war, rief Perikles ein kostspieliges Bauprogramm auf der AKROPOLIS ins Leben, für das auch Tributzahlungen der Bundesstaaten verwendet wurden. Als während des PELOPONNESISCHEN KRIEGES im belagerten Athen 430 v. Chr. die Pest ausbrach, wurde Perikles seines Amtes enthoben. Im darauf folgenden Jahr wurde er wieder gewählt, starb aber dann selbst an der Seuche.

Perón, Maria Eva (1919–52), argentinische Politikerin, unter dem Namen Evita populär geworden. Bevor sie mit Juan PERÓN zusammentraf, war sie eine unbedeutende Sängerin und Schauspielerin, engagierte sich dann aber politisch und organisierte Massendemonstrationen von Arbeitern, die 1945 Peróns Entlassung aus dem Gefängnis bewirkten. Als seine Ehefrau übernahm sie die Führung in der Sozialarbeit des Landes und gründete die Eva-Perón-Sozialhilfestiftung, um Bedürftigen zu helfen. Sie war eine entschiedene Verfechterin von Frauenrechten und wurde von den Armen und Besitzlosen wie eine Heilige verehrt. Nach ihrem frühen Tod verlor das Regime Perón erheblich an Rückhalt in der Bevölkerung.

Perón, Juan (1895–1974), argentinischer Präsident. Er gehörte zu einer Gruppe von Militärs, die 1943 durch einen Putsch die Regierung von Ramón Castillo absetzten. Danach wurde er Vizepräsident, jedoch zwei Jahre später selbst gestürzt. Nachdem er mithilfe eines von seiner Frau Maria Eva PERÓN organisierten Generalstreiks freigekommen war, wurde er 1946 zum Präsidenten gewählt. Zusammen mit seiner Frau versuchte er das Land u. a. durch rasche Industrialisierung sowie die Verstaatlichung ausländischer Firmen wirtschaftlich zu stärken, allerdings nur mit geringem Erfolg. Aufgrund innergesellschaftlicher Streitigkeiten setzte die Armee Perón 1955 ab. Nach mehreren Jahren im Exil versuchte er 1964 erneut, in Argentinien ein politisches Amt zu übernehmen, scheiterte aber. 1973 wurde er jedoch wieder zum Präsidenten gewählt. Nach seinem Tod im Jahr darauf trat seine dritte Ehefrau Isabel Perón seine Nachfolge an und blieb bis 1976 Präsidentin.

Perry, Matthew (1794–1858), amerikanischer Marineoffizier, der als Erster offizielle Kontakte mit Japan aufnahm. Perry, seit 1841 im Rang eines Commodore, half 1843 bei der Unterbindung des Sklavenhandels an der afrikanischen Küste; 1846–48 kämpfte er im Mexikanisch-Amerikanischen Krieg. 1852 beorderte man Perry nach Japan, wo zu dieser Zeit nur ein Hafen, Nagasaki, für Ausländer zugänglich war. Zwei Jahre später fuhr er mit einer größeren Flotte in die Edobucht – die heutige Bucht von Tokio – und überzeugte durch die Zurschaustellung von Pomp und Truppenstärke die japanische Militärregierung, das Shogunat, zwei Häfen, nämlich Schimoda und Hakodate, für den Handel mit den USA zu öffnen. Dieses Übereinkommen wurde 1854 im Vertrag von Kanagawa festgeschrieben.

WUSSTEN SIE, DASS?

Plutarch berichtet folgende Anekdote über Perikles: Als er zum Strategen gewählt worden war und den für das Amt kennzeichnenden Kriegshelm aufsetzte, sagte er halblaut zu sich selbst: „Jetzt nimm dich zusammen, denn du willst über freie Griechen gebieten."

Maria Eva Perón mit ihrem Mann Juan Perón im Jahr 1951. Wegen ihres sozialen Engagements wurde Evita wie eine Heilige verehrt.

Die Palastanlagen des antiken Persepolis lagen hoch oben auf einer Bergterrasse. Das in Kalkstein gemeißelte Flachrelief, das einen Wachtrupp darstellt, entstand vor etwa 2500 Jahren.

Persepolis, antike Hauptstadt des achämenidischen Reiches in PERSIEN. Die Palastanlagen der Stadt wurden auf einer aufgeschütteten Bergterrasse unter der Herrschaft von DAREIOS I. DEM GROSSEN im Jahr 522–486 v. Chr. erbaut, und jedes Frühjahr fand hier ein üppiges Fest zu Ehren des Königs statt. 331 v. Chr. wurde Persepolis von den Truppen ALEXANDERS DES GROSSEN geplündert und niedergebrannt.

Ausgrabungen der Paläste von Dareios I., Xerxes I. und späterer Könige brachten prachtvolle Beispiele achämenidischer Baukunst zu Tage, u. a. Flachreliefs von Gesandten aus fernen Teilen des Reiches, die dem König bei dem Fest Geschenke bringen.

Persien, Land in Vorderasien, der heutige IRAN. 546 v. Chr. begründete KYROS II. DER GROSSE das Perserreich unter der Achämeniden-Dynastie und besiegte den lydischen König KRÖSUS. Sein Reich erstreckte sich über den gesamten heutigen Nahen Osten und sollte für rund 200 Jahre existieren. Unter DAREIOS I. DEM GROSSEN, der 522–486 v. Chr. regierte, besaß es eine effiziente Zentralregierung, und in den Hauptstädten Susa und PERSEPOLIS wurden prachtvolle Palastanlagen errichtet.

Als die griechischen Stadtstaaten an der Küste Kleinasiens, unterstützt von ATHEN und Eretria, gegen die Herrschaft von Dareios revoltierten, brachen 500 v. Chr. die Perserkriege aus. Dareios schlug die Rebellion nieder und zerstörte 490 v. Chr. Eretria, wurde aber im gleichen Jahr in der Schlacht von MARATHON von den Athenern besiegt. Sein Sohn XERXES I. griff Athen erneut an, besiegte die Griechen 480 v. Chr. bei den THERMOPYLEN und nahm Athen ein. Doch

noch im selben Jahr wurde die persische Flotte in der Seeschlacht von SALAMIS vernichtend geschlagen und der Krieg zugunsten Athens beendet.

464 v. Chr. trat Xerxes' Sohn Artaxerxes I. die Nachfolge an. Während seiner Regierungszeit, die bis 425 v. Chr. dauerte, kam es im Reich zu mehreren Aufständen, als SATRAPEN – Statthalter – versuchten, die Herrschaft über ihre Provinzen an sich zu reißen, und Ägypten einen 60 Jahre währenden Kampf um seine Unabhängigkeit begann. Danach setzte der Niedergang des Perserreichs ein, hauptsächlich hervorgerufen durch Streitigkeiten innerhalb der Herrscherfamilie. Nach der Unterstützung griechischer Stadtstaaten im Kampf gegen Sparta im Korinthischen Krieg 395–386 v. Chr. konnte Persien allerdings im Friedensvertrag mit Sparta noch die Herrschaft über die griechischen Städte im Westen Kleinasiens sichern.

Persien erlebte unter Artaxerxes III. im 4. Jh. v. Chr. noch eine letzte Blüte, dann ging jedoch mit Dareios III. die Dynastie der Achämeniden zugrunde. 331 v. Chr. wurde das Reich von ALEXANDER DEM GROSSEN aus Makedonien besiegt und unterworfen, und damit begann eine jahrhundertelange Fremdherrschaft.

Nach dem frühen Tod Alexanders im Jahr 323 v. Chr. teilten seine Feldherren als Diadochen das Reich auf, und Persien kam unter die Hoheit der SELEUKIDEN-Könige. Um die Mitte des 3. Jh. v. Chr. fiel ein iranisches Reitervolk in den Norden des Seleukiden-

reichs ein und begründete dort 247 v. Chr. unter der Dynastie der Arsakiden das Parther-Reich, das sich in der Folgezeit zu einem ernst zu nehmenden Rivalen des RÖMISCHEN REICHES entwickelte.

Im Jahr 224 n. Chr. fiel Parthien an die Dynastie der Sassaniden, und deren König Ardaschir I. baute ein neues Reich auf. Persien erlebte eine erneute Blüte als mächtiger Staat, dessen innerer Zusammenhalt auf der Religion Zarathustras beruhte. Prachtvolle Städte entstanden wie Ktesiphon und Firusabad.

Im Jahr 642 stürzten einfallende Araber die Sassaniden und machten den Islam zur Staatsreligion. Nachdem türkische Armeen die Araber im 10. Jh. besiegt hatten, wurde Persien bis zum 13. Jh. von der türkischen Dynastie der SELDSCHUKEN beherrscht und im 13.–15. Jh. vom MONGOLENREICH. Im 16. Jh. dann erlangte Persien unter Ismail I. 1501–24, dem ersten König der Safawiden-Dynastie, seine Unabhängigkeit. Er bekehrte die Bevölkerung zur islamischen Glaubensrichtung der SCHIITEN.

Die Dynastien der Afschar und der kurdischen Zand während des 18. Jh. erwiesen sich als kurzlebige und unpopuläre Regime und wurden 1794 durch die Kadjaren-Dynastie ersetzt. Die von Teheran aus regierenden Kadjaren blieben an der Macht, bis 1925 RESA SCHAH, Führer einer Kosakenbrigade, der zuvor durch einen Putsch an die Regierung gekommen war, Schah Achmed absetzte, sich selbst zum Herrscher wählen ließ und so die Pahlewi-Dynastie begründete. 1934 wurde der Name Persien durch kaiserlichen Erlass in IRAN geändert.

Peru, Land im Westen Südamerikas, ehemaliges Zentrum der Inka-Kultur. Schon in vorchristlicher Zeit gab es hier blühende Hochkulturen wie die Chavin-Kultur im zentralen Hochland, die Moche-Kultur im nördlichen Küstengebiet und die Nazca-Kultur in der südlichen Küstenregion. In der Zeit 600 bis 1000 beherrschte das Volk der Huari die Zentralanden, und ebenfalls um 1000 erlangten im Norden die Chimú die Macht. Die Inka gründeten eine Hauptstadt im Tal von CUZCO und begannen um 1200, die Umgebung zu erobern; sie errichteten ein machtvolles Reich, das sich im 15. Jh. von Chile bis nach Ecuador erstreckte.

Um 1530 brach ein Machtkampf zwischen den gleichberechtigt herrschenden Brüdern ATAHUALPA und Huáscar aus, den Atahualpa 1532 für sich entschied. Im Jahr darauf wurde er jedoch selbst von dem spanischen Eroberer Francisco PIZARRO besiegt, der Cuzco einnahm und ihn hinrichten ließ. Pizarro gründete die peruanische Hauptstadt Lima, die 1543 zum Verwaltungszentrum des spanischen Vizekönigreichs Peru wurde. 1569–81 war Francisco de Toledo Vizekönig und dehnte sein Reich auf das gesamte spanischsprachige Südamerika mit Ausnahme von Venezuela aus.

Während des 18. Jh. breitete sich unter den Indianern und den Kreolen, den in Peru geborenen Einheimischen spanischer Herkunft, Unzufriedenheit aus, denn sie blieben arm und hatten keine politischen Rechte. Unter Führung von Tupac Amaru II., einem Nachfahren der Inka, brach 1780 ein Aufstand aus, der zwei Jahre später von der spanischen Kolonialregierung blutig niedergeschlagen wurde. Nach der Eroberung Spaniens durch Napoleon I. 1808 entstanden in ganz Lateinamerika Unabhängigkeitsbewegungen. 1821 eroberte der argentinische General José de SAN MARTÍN Lima und erklärte Peru zur Republik. Sein Mitstreiter Simón BOLÍVAR übernahm das Kommando einer Armee, um Peru von den noch im Land befindlichen spanischen Truppen zu befreien, und nach der Entscheidungsschlacht von Ayacucho 1824 mussten die spanischen Kolonialherren den Rückzug antreten.

1836 wurde Peru mit Bolivien zwangsweise vereint, errang aber 1839 seine Selbstständigkeit. General Ramón Castilla, der 1845–51 und 1855–62 Staatspräsident war, schaffte die Sklaverei ab, schuf ein öffentliches Bildungswesen, baute Eisenbahnlinien und förderte Perus Wirtschaft, vor allem den Abbau von Salpeter und Guano. 1879–83 kam es zum so genannten Salpeterkrieg gegen Chile, durch den die nitratreiche Provinz Tarapacá und andere Regionen verloren gingen, wodurch es zu einer schweren Wirtschaftskrise kam.

Perus Wirtschaft erholte sich durch die Eröffnung des PANAMAKANALS 1914 und durch eine Zunahme der Nitratexporte während des Ersten Weltkriegs. 1924 setzte sich die neu gegründete Partei Alianza Popular Revolucionaria Americana APRA unter Führung von Raoul Haya de la Torre für eine stärkere Einbindung der Indianer in die Politik ein. Sie wurde in den 30er-Jahren verboten und erst 1945 wieder zugelassen. Bei den im gleichen Jahr stattfindenden Wahlen siegte ihr Kandidat José Luís Bustamente, doch 1947 kam es zum Zerwürfnis mit der Partei. Die dadurch entstandene instabile Lage führte 1948 zu einem von Manuel Odría geleiteten Militärputsch. Nach einem erneuten Putsch und Neuwahlen 1962 übernahm der links gerichtete Fernando Be-

laúnde Terry die Regierung, wurde aber 1968 von einer Militärjunta seines Amtes enthoben, die die Verstaatlichung der Industrie auf ihr Programm gesetzt hatte. Nachdem die Junta 1975 durch einen weiteren Putsch gestürzt worden war, wurde Belaúnde Terry 1980 erneut zum Präsidenten gewählt. Unruhen und die Gefahr eines Bürgerkriegs gingen von der GUERILLA-Gruppe Sendero Luminoso, Leuchtender Pfad, und der Revolutionsbewegung Tupac Amaru MRTA aus. Der 1985 gewählte Präsident Alán García sowie der seit 1990 amtierende Alberto Fujimori, Sohn japanischer Einwanderer, kämpften gegen die Guerilleros. Im Jahr 1998 wurde der autoritär regierende Fujimori entgegen den Bestimmungen der Verfassung zum dritten Mal zum Präsidenten gewählt.

WUSSTEN SIE, DASS?

Im April 1997 wurde eine der spektakulärsten Geiselnahmen beendet: Die MRTA hatte seit Dezember 1996 über 400 Geiseln in der japanischen Botschaft in Peru in ihrer Gewalt.

Pétain, Henri Philippe (1856–1951), französischer Marschall und Staatsoberhaupt während der VICHY-REGIERUNG. Im ERSTEN WELTKRIEG wurde Pétain zum Nationalhelden. Nachdem es ihm gelungen war, den Vormarsch der deutschen Truppen bei Verdun zu stoppen, wurde er 1917 zum Oberbefehlshaber der französischen Armee ernannt. Unter seinem Kommando nahmen 1918 die Franzosen an der letzten siegreichen Offensive der Alliierten teil. 1926 kämpfte Pétain in Marokko, 1934 wurde er Kriegsminister.

Als die deutschen Streitkräfte während des ZWEITEN WELTKRIEGS im Mai 1940 Frankreich angriffen, wurde Pétain Staatsoberhaupt und Regierungschef. Durch den von ihm geschlossenen Waffenstillstand mit den Nationalsozialisten blieben zwei Drittel Frankreichs von Deutschland besetzt, und Pétain trug die Verantwortung für den nicht besetzten Teil des Landes. Seine Hauptstadt war das Heilbad Vichy in Mittelfrankreich. Pétain regierte autoritär, wurde von französischen Faschisten unterstützt und erließ antisemitische Gesetze.

Nach dem Einmarsch der Alliierten in Frankreich 1944 wurde Pétain in Deutschland interniert, kehrte aber 1945 freiwillig nach Frankreich zurück, um sich einem Gerichtsverfahren zu stellen. Er wurde wegen Hoch- und Landesverrats zum Tod verurteilt, doch begnadigte ihn Charles DE GAULLE zu lebenslanger Haft, die Pétain in einer Festung auf der Insel Yeu vor der Westküste Frankreichs verbrachte.

Peter der Große siehe Seite 404

Peterspfennig, im Mittelalter in manchen Staaten Europas entrichtete Abgabe an den Papst. Ursprünglich eine freiwillige Spende,

wurde der Peterspfennig seit dem 9. Jh. in England erhoben, und zwar anfangs in Höhe von einem Penny pro Haushalt. Später war er auch in anderen Ländern, beispielsweise in den skandinavischen Staaten, in Polen oder in Ungarn üblich. Nach der REFORMATION wurde die Zahlung des Peterspfennigs eingestellt, unter Papst Pius IX. Mitte des 19. Jh. als freiwillige Gabe aber wieder eingeführt. Heute nennt man so die Kirchenkollekte am Feiertag von St. Peter und Paul, dem 29. Juni, die für die Finanzierung kirchlicher Anliegen bestimmt ist.

Petition of Right (1628), vom englischen Parlament an König KARL I. gerichtetes Schreiben, in dem darum gebeten wurde, bestimmte Rechte zu gewähren. Es enthielt u. a. folgende Forderungen: keine Steuererhebungen ohne Bewilligung durch das Parlament, keine willkürlichen Verhaftungen, keine Zwangseinquartierungen von Soldaten in Privatwohnungen. Obwohl Karl I. der Bittschrift zustimmte, regierte er elf Jahre, 1629–40, ohne Parlament, verlangte ohne Zustimmung des Parlaments einen Einfuhrzoll, das so genannte Schiffsgeld, und ließ durch königliche Gerichte z. T. willkürlich Recht sprechen.

Petra, antike Stadt in Jordanien. Die Nabatäer, ein nomadischer Stamm, der sich entlang der Karawanenrouten von Arabien ans Mittelmeer ansiedelte, machten Petra ungefähr ab dem 2. Jh. v. Chr. zu ihrer Haupt-

Die rund 40 m hohe, einem Tempel nachempfundene Fassade des Grabmals Chasna Firaun ist die schönste antike Anlage in Petra.

Blick nach Westen

Zar Peter der Große wollte das rückständige Russland mit eiserner Energie in einen modernen, westlich orientierten Staat verwandeln.

Im Frühling 1703 inspizierte der russische Zar Peter I., der bald der Große genannt werden sollte (1672 bis 1725), den sumpfigen Küstenstreifen an der Mündung der Newa, den er gerade seinen schwedischen Gegnern abgetrotzt hatte, und beschloss, dort eine Stadt zu bauen. Trotz seiner Unwirtlichkeit besaß der Standort einen entscheidenden strategischen Vorteil: einen Zugang zur Ostsee, der den direkten Kontakt mit Europa ermöglichte. Peters Wunsch war Befehl: Als Erstes entstand eine Befestigungsanlage, die Peter-Pauls-Festung, und innerhalb weniger Jahre wurde eine moderne Stadt aus dem Boden gestampft, die Mokau als Hauptstadt ablösen sollte: St. Petersburg. Tausende von zwangsverpflichteten Arbeitern kamen dabei an Unterkühlung, Unterernährung oder Angriffen von Wölfen ums Leben. Die adligen Familien

Bei der Errichtung seiner Schlösser – oben die luxuriöse Sommerresidenz Peterhof – entwarf Peter der Große auch selbst Pläne.

wurden verpflichtet, auf eigene Kosten Häuser in der Stadt zu bauen, und so entwickelte sich St. Petersburg zu einer Metropole, die es an Schönheit mit Venedig aufnehmen konnte.

Die Öffnung nach Westen – das war Peters Zauberformel. Um sich selbst einen Eindruck von dieser für ihn vorbildlichen Region zu verschaffen, bereiste er 1697/98 Mittel- und Westeuropa und erlernte u. a. Militärtechnik und Schiffbau. Nach seiner Rückkehr setzte er mit Energie und Ehrgeiz seine Reformideen durch: Für sein Militär engagierte er europäische Fachleute, um Eisenhütten, Kanonengießereien, Pulverfabriken und Schiffswerften zu errichten sowie Soldaten und Matrosen zu drillen – 1709 bestand die neue Armee ihre erste Probe und schlug die Schweden bei Poltawa in die Flucht.

REFORM OHNE RÜCKSICHT

Peter nahm in seiner Reformbegeisterung keine Rücksicht auf Traditionen oder Vorurteile seiner Landeskinder. So verbot er das Tragen von Bärten, die ihm rückständig erschienen – seine Untertanen waren entsetzt, war Christus auf Bildern doch immer bärtig dargestellt. Er ernannte neue Höflinge, die Aufgaben in Heer und Verwaltung übernahmen, und drängte junge Adlige zu Reisen und einer Berufsausbildung, um ihrem Müßiggang ein Ende zu setzen. Er vereinfachte das kyrillische Alphabet, gründete eine russische Zeitung und ein öffentliches Theater, Elementarschulen, Fachschulen und eine Akademie der Wissenschaften. Schon seit 1708 reformierte er mithilfe ausländischer Experten die Verwaltung und schuf die Voraussetzung für einen wirksamer funktionierenden Staatsapparat. Es gelang ihm zwar nicht, Russland in eine westliche Nation umzuwandeln, aber er machte das Land zu einer europäischen Großmacht.

stadt. Nach ihrer Eroberung durch die Römer unter HADRIAN im Jahr 106 n. Chr. und der Errichtung der römischen Provinz Arabia Petraea schwand ihr Wohlstand allmählich, wahrscheinlich wegen einer Änderung der Karawanenrouten. Im 7. Jh. nahmen moslemische Eroberer Petra ein, und im 12. Jh. bauten christliche Kreuzfahrer hier eine Zitadelle.

Die Ruinen des alten Petra blieben der Nachwelt bis zum Jahr 1812 verborgen; dann entdeckte der Schweizer Orientforscher Johann Ludwig Burckhardt die Überreste der Stadt. Sie ist nur über eine enge Schlucht zugänglich, die sich tief in steile Felswände einschneidet. Die ausgedehnten Ruinen umfassen Felsengräber mit aufwändig gestalteten Fassaden, die in das rosafarbene Gestein der umgebenden Berge gemeißelt sind. Sie wurden von griechischen und römischen Baumeistern in einem Stilgemisch errichtet, das man wegen der vorherrschenden schwellenden Formen spätantikes Barock nennt.

Petrarca, Francesco (1304–74), italienischer Dichter und Humanist. Er studierte Jura, erhielt 1326 in Avignon die niederen Weihen und war 1330–47 für Kardinal Colonna tätig, in dessen Auftrag er mehrere europäische Länder bereiste. 1341 wurde er in Rom für sein literarisches Schaffen zum Dichter gekrönt. Zu Petrarcas bekanntesten Werken gehören die Gedichte, in denen er von seiner unerfüllt gebliebenen Liebe zu Laura erzählt.

Petrarca studierte intensiv die Antike; er befasste sich ausführlich mit dem Werk von Marcus Tullius CICERO und VERGIL und verfasste selbst auch zahlreiche Schriften in lateinischer Sprache, sodass er als Begründer des HUMANISMUS gilt.

Petrus († um 64), einer der zwölf Apostel, Vorsteher der jungen christlichen Kirche. Sein ursprünglicher Name war Simeon bar Jona, Sohn des Jona, und er stammte aus Betsaida am Nordufer des Sees Gennezareth. Als er von Jesus berufen wurde, war er in Kaper-

naum verheiratet und verdiente seinen Lebensunterhalt zusammen mit seinem Bruder Andreas als Fischer. In allen Evangelien ist Petrus der Anführer der Jünger Jesu. Nach Matthäus gab JESUS ihm den Namen Petrus – von griechisch Petros: der Fels – und sagte: „Auf diesen Felsen will ich meine Kirche bauen." Matthäus berichtet ferner, dass Jesus Petrus die „Schlüssel zum Himmelreich" anvertraute – Petrus wird in der Kunst daher oft mit einem Schlüssel in der Hand dargestellt. Nach der Verhaftung von Jesus durch die Römer leugnete Petrus dreimal, ihn zu kennen, wie Jesus ihm prophezeit hatte.

Über die letzten Lebensjahre von Petrus ist nur wenig Genaues bekannt. Man nimmt an, dass er um das Jahr 60 die Stadt Antiochos, wo er missioniert hatte, verließ und nach Rom ging. Dort wurde er der erste Bischof der Stadt und starb angeblich unter Kaiser NERO den Märtyrertod. Seine Gebeine ruhen vermutlich unter dem Petersdom, dem Ort seiner mutmaßlichen Kreuzigung.

Pfalz, Fürstentum im HEILIGEN RÖMISCHEN REICH, bestehend aus der Rheinpfalz und der Oberpfalz. 1156 verlieh Kaiser FRIEDRICH I. BARBAROSSA seinem Stiefbruder Konrad die Pfalzgrafschaft bei Rhein. 1214 kam das Gebiet an die bayerischen WITTELSBACHER, deren nördliche Besitzungen in Bayern zur Oberpfalz wurden.

Der Pfalzgraf bei Rhein gehörte zu den bedeutendsten Territorialherren des Reiches und war – wie in der GOLDENEN BULLE 1356 festgelegt – einer der sieben Kurfürsten bei der Wahl des deutschen Königs. Im 16. Jh. schloss sich die Pfalz der REFORMATION an. Als die Böhmen Kurfürst Friedrich V. von der Pfalz, den Führer der protestantischen Union, 1619 zu ihrem König wählten, verschärfte sich der konfessionelle Konflikt im ein Jahr zuvor ausgebrochenen DREISSIGJÄHRIGEN KRIEG. Friedrich V. verlor im Kampf die Pfalz samt Kurstimme an Maximilian I. von Bayern; im WESTFÄLISCHEN FRIEDEN von 1648 erhielt jedoch sein Sohn Karl Ludwig die Rheinpfalz zurück, musste aber die Oberpfalz endgültig abtreten.

1689 marschierten die Truppen des französischen Königs LUDWIG XIV. im PFÄLZISCHEN ERBFOLGEKRIEG in die Kurpfalz ein und verwüsteten das Land. Bei der Neuordnung Deutschlands auf dem WIENER KONGRESS 1815 teilte man Gebiete der Pfalz Bayern, Preußen und Hessen-Darmstadt zu; nach dem ZWEITEN WELTKRIEG wurde die Pfalz ein Teil des neu gegründeten Bundeslands Rheinland-Pfalz.

Pfälzischer Erbfolgekrieg (1688–97), dritter Eroberungskrieg des französischen Königs LUDWIG XIV., der nach dem Tod des Kurfürsten Karl II. von der Pfalz für dessen Schwester Elisabeth Charlotte – LISELOTTE VON DER PFALZ –, die mit seinem Bruder Philipp, Herzog von Orléans, verheiratet war, Erbansprüche auf Gebiete in der Pfalz erhob. Gegen die Expansionsabsichten Frankreichs bildete sich unter Führung WILHELMS III. VON ORANIEN, Generalstatthalter der Niederlande und nach dem Sturz JAKOBS II. seit 1689 auch englischer König, eine Allianz europäischer Mächte, der neben England und den Niederlanden auch der römisch-deutsche Kaiser Leopold I., Spanien, Schweden und Savoyen angehörten.

Der Krieg begann im Jahr 1688 mit dem Einmarsch Frankreichs in Deutschland und der Besetzung des Kurfürstentums Köln. Ein Jahr später verwüsteten französische Truppen unter General Mélac die Kurpfalz. Zwischen 1690 und 1693 errangen die Franzosen mehrere Siege in den Niederlanden, erlitten aber 1692 in der Seeschlacht am Kap La Hogue eine schwere Niederlage durch die englisch-niederländische Flotte. In den folgenden Jahren fanden Kämpfe in Deutschland, Norditalien, Spanien und den Spanischen Niederlanden statt, doch war keine der beiden Seiten stark genug, sich entscheidend durchsetzen zu können. Durch schwedische Vermittlung kam schließlich 1697 der Frieden von RIJSWIJK zustande, in dem Frankreich Lothringen und seine rechtsrheinischen Eroberungen zurückgab und auf seine Gebietsansprüche in der Pfalz verzichtete.

Phalanx, Schlachtordnung der antiken Fußtruppen, die aus acht oder 16 Reihen von Soldaten bestand. Sie verfügte über große Wucht im Angriff, war aber relativ unbeweglich. Ursprünglich wurde die Phalanx im 6. Jh. v. Chr. von SPARTA angewendet; die größten Erfolge mit dieser Kampfformation erreichten aber die Armeen der makedonischen Könige PHILIPP II. und seines Sohnes ALEXANDER DES GROSSEN im 4. Jh. v. Chr. Bewaffnet mit etwa 4 m langen Stoßlanzen, walzten die makedonischen Soldaten in einer dichten Wand ihre Feinde reihenweise nieder und eroberten so Griechenland und den Vorderen Orient. Ende des 2. Jh. v. Chr. verlängerte man wegen der verstärkten Panzerung der Kämpfer und der zur Abwehr eingesetzten Schwerter die Lanzen auf 6,5 m. Die dadurch noch sperriger gewordene Phalanx konnte es nun nicht mehr mit den beweglicheren

> **WUSSTEN SIE, DASS?**
>
> Eine der romantischsten Ruinen in Deutschland geht auf den Pfälzischen Erbfolgekrieg zurück: 1689 zerstörten französische Truppen unter General Mélac das Heidelberger Schloss.

Christus übergibt Petrus die Schlüssel zum Himmelreich. Deckenmosaik in Santa Constanza in Rom

römischen Legionen aufnehmen und wurde nach dem Sieg der Römer über die Makedonier bei Pydna im Jahr 168 v. Chr. nicht mehr angewendet.

Pharao, Name der Herrscher im alten Ägypten. Er bedeutet großes Haus und bezieht sich auf den Palast des Pharaos. Für die Ägypter war der Pharao zugleich König und Gott. Er wurde als Sohn der obersten Gottheit Re verehrt und im irdischen Leben mit dem Gott Horus und nach seinem Tod mit Osiris, dem Gott der Unterwelt, gleichgesetzt. Die Pharaonen waren allmächtige Herrscher: Ihnen gehörte das ganze Land, und alle Menschen hatten ihnen zu gehorchen. Ihre Untertanen mussten für sie in Fronarbeit große Palastanlagen und Tempel und schon zu Lebzeiten des Pharaos PYRAMIDEN, riesige Grabanlagen und Wohnstätten für das Leben im Jenseits, errichten.

Unter einer Reihe von Pharaonen wurde das ägyptische Herrschaftsgebiet weit über das Niltal hinaus vergrößert: So eroberte Thutmosis I. um 1525 v. Chr. große Teile NUBIENS und drang bis zum Euphrat vor; THUTMOSIS III. unterwarf im 15. Jh. v. Chr. PALÄSTINA und SYRIEN, und RAMSES II. DER GROSSE schloss mit dem Großreich der HETHITER in Vorderasien 1272 v. Chr. einen Friedensvertrag.

Pharisäer, Vertreter einer jüdischen Religionspartei im alten Israel, die um die Mitte des 2. Jh. v. Chr. entstand. Es handelte sich dabei um gelehrte Laien, die in Opposition zur Partei der Hohe Priester oder Sadduzäer standen. Die Pharisäer, die zur Zeit Jesu große Bedeutung hatten, wendeten das Gesetz des Mose auf das Alltagsleben an und passten es so an die veränderten Zeiten an. Sie räumten in ihrer Auslegung der Tora den mündlichen Überlieferungen einen ebenso hohen Rang ein wie den schriftlich formulierten Geboten Gottes. Durch ihre strengen Reinheitsgebote hoben sie sich vom gemeinen Volk ab – daher wohl die Bezeichnung Pharisäer, was so viel wie Abgesonderte bedeutet.

Die Pharisäer unterstützten die Errichtung jüdischer Gebetsstätten, der Synagogen, außerhalb des Tempels in Jerusalem. Nach der Zerstörung Jerusalems durch die Römer 70 n. Chr. hatten sie und ihre Einrichtungen entscheidenden Einfluss auf die Entwicklung des Judentums in der Diaspora.

Philipp I. der Schöne (1478–1506), König von Kastilien, dessen Heirat mit Johanna der Wahnsinnigen, der Tochter von FERDINAND V. von Aragón und ISABELLA I. von

Kastilien, im Jahr 1496 Spanien mit dem Hausbesitz der deutschen HABSBURGER zusammenführte. Philipp, der Sohn des römisch-deutschen Kaisers MAXIMILIAN I. und seiner Gattin Maria von Burgund, erbte nach dem Tod seiner Mutter 1482 BURGUND, die Niederlande und Luxemburg. Nach dem Tod Isabellas 1504 war Johanna Erbin beider spanischen Königreiche, und Philipp wurde zusammen mit seiner Frau Herrscher über das vereinigte Spanien, starb jedoch schon zwei Jahre später an einer Fieberkrankheit. Ihr Sohn wurde 1516 als Karl I. König von Spanien und 1519 als KARL V. römisch-deutscher Kaiser.

Philipp II. (um 382–336 v. Chr.), König von Makedonien, der die griechischen Stadtstaaten unterwarf. Philipp erzielte seine militärischen Erfolge durch mit Lanzen bewaffnete Fußsoldaten, die in der Formation der PHALANX kämpften, und durch die von ihm verwendete Taktik der so genannten schiefen Schlachtordnung. 338 v. Chr. errang er bei Chäronea den entscheidenden Sieg über die vereinigten Griechenstädte, u. a. ATHEN und Theben, die danach dem Korinthischen Bund unter Führung Makedoniens beitreten mussten. Ziel der Vereinigung war ein Rachefeldzug gegen die Perser, der jedoch nicht mehr zustande kam, da Philipp 336 v. Chr. bei einer Hochzeitsfeier ermordet wurde. Nachfolger wurde sein Sohn ALEXANDER DER GROSSE.

Philipp II. (1527–98), ab 1556 König von Spanien. Nach der Abdankung des römisch-deutschen Kaisers KARL V. 1556 wurde das habsburgische Weltreich aufgeteilt: Karls Bruder erhielt die deutschen Erblande und wurde als Ferdinand I. römisch-deutscher Kaiser; Karls Sohn bestieg als Philipp II. den spanischen Königsthron und wurde damit Herrscher über Spanien, die spanischen Kolonien in Amerika, Mailand, Neapel, Sardinien, Sizilien, die Niederlande sowie die Freigrafschaft Burgund – ab 1580 war er auch König von Portugal.

Als strenggläubiger Katholik sah Philipp als seine wichtigste Aufgabe die Wiederherstellung der Einheit des christlichen Glaubens an. So wurde er die treibende Kraft der katholischen GEGENREFORMATION und führte mithilfe der INQUISITION einen unerbittlichen Kampf gegen jede Form von Ketzerei. Gegen seine Gewaltherrschaft erhoben sich 1568–70 die Morisken, getaufte Mauren, und seit 1568 die Reformierten in den NIEDERLANDEN.

In den ersten Jahrzehnten von Philipps II. Regierung stieg Spanien zur führenden Macht in Europa auf. 1559 musste sich Frankreich geschlagen geben und auf seine Ansprüche in Italien und Burgund verzichten, 1571 wurden die Osmanen in der See-

Goldmünze mit dem Bild Philipps II. von Makedonien. Er machte sein kleines Land zu einer Großmacht.

schlacht von LEPANTO besiegt, und 1580 setzte Philipp seine Erbansprüche aus seiner ersten Ehe mit der 1546 verstorbenen Maria von Portugal gewaltsam durch und gliederte das Land Spanien an.

Danach setzten jedoch schwere Rückschläge ein: 1581 kam es in den Niederlanden zum Abfall der sieben Nordprovinzen, und 1588 wurde die spanische Armada von der Flotte der englischen Königin ELISABETH I. vernichtet. Damit war die Vormachtstellung Spaniens zur See beendet, und Philipp II. hinterließ bei seinem Tod ein wirtschaftlich darnieder liegendes Land.

Philipp III. der Gute (1396–1467), ab 1419 Herzog von BURGUND. Er vergrößerte sein zwischen Frankreich und Deutschland gelegenes Land, das über eine effiziente Verwaltung verfügte, erheblich: 1421 eroberte er die Grafschaft Namur, 1428 Holland, Seeland und Friesland, 1430 Brabant und Limburg, 1433 den Hennegau, 1443 Luxemburg. Hohe Kriegssteuern provozierten allerdings einen Aufstand in Gent, der erst durch die blutige Schlacht von Gavere 1453 beendet wurde.

Unter Philipp war der burgundische Hof einer der glanzvollsten in Europa. 1430 stiftete er den Orden vom Goldenen Vlies und förderte eine Reihe bedeutender flämischer Maler wie z. B. Rogier van der Weyden und Jan van Eyck.

Philipp IV. der Schöne (1268–1314), ab 1285 König von Frankreich, der als Folge von Auseinandersetzungen mit dem Papst die Papstresidenz von Rom nach Avignon verlegen ließ. Der Konflikt mit der Kirche brach aus, als Philipp wegen dringenden Geldbedarfs damit begann, den französischen Klerus zu besteuern. Das widersprach jedoch einer von Papst Bonifaz VIII. 1296 erlassenen Bulle, die allen Fürsten verbot, ohne päpstliche Einwil-

Philipp II. von Spanien war ein bedeutender Herrscher, doch am Ende seiner Regierungszeit verließ ihn das Glück.

ligung Steuern von der Geistlichkeit zu erheben. Obwohl Bonifaz VIII. 1297 einlenkte, brach 1301 ein neuer Streit aus, als Philipp den Bischof von Pamiers, Bernard Saisset, wegen Majestätsbeleidigung festnehmen ließ und 1302 erstmals die GENERALSTÄNDE einberief, um vor ihnen sein Vorgehen zu rechtfertigen. Nachdem ihn Bonifaz VIII. daraufhin mit dem Kirchenbann belegt hatte, ließ er den Papst 1303 in Anagni gefangen nehmen. Bonifaz kam zwar bald danach frei, starb aber schon einen Monat später. Sein Nachfolger Benedikt XI. löste Philipp vom Bann, und dieser setzte nach Benedikts baldigem Tod die Wahl Klemens' V. durch, der das Papsttum in enge Abhängigkeit von der französischen Krone brachte und die Papstresidenz 1309 nach Avignon verlegte – damit begann die so genannte babylonische Gefangenschaft der Kirche, die bis 1377 dauerte. 1312 konnte Philipp bei Papst Klemens V. die Aufhebung des Templerordens durchsetzen, wodurch Philipp in den Besitz des umfangreichen Vermögens kam.

Philipp V. (1683–1746), Herzog von Anjou und ab 1700 erster BOURBONEN-König Spaniens. Als 1700 der Tod des letzten HABSBURGER-Königs Spaniens, des kinderlosen Karl II., bevorstand, erhoben die Herrscher zweier europäischer Großmächte, die beide mit Schwestern Karls II. verheiratet waren, Erbansprüche auf die spanische Krone: König LUDWIG XIV. von Frankreich für seinen

Enkel Philipp von Anjou und der römisch-deutsche Kaiser LEOPOLD I. für seinen zweitgeborenen Sohn, Erzherzog Karl. Im November 1700 wurde bekannt, dass Karl II. den Thron testamentarisch Philipp vermacht hatte. Die Aussicht, dass in Zukunft die Bourbonen-Dynastie sowohl Frankreich als auch Spanien regieren würde, und der Widerstand der österrreichischen Habsburger gegen die Thronfolgeregelung stürzten Europa in den SPANISCHEN ERBFOLGEKRIEG 1701–14. In den Friedensschlüssen von Utrecht und Rastatt 1713/14 wurde schließlich Philipp als König von Spanien anerkannt, jedoch durften Spanien und Frankreich in Zukunft nie unter einem Herrscher vereinigt werden. Als Gegenleistung musste Philipp Gibraltar und Menorca an Großbritannien abtreten und auf die spanischen Außenbesitzungen in Europa verzichten: Die Niederlande, Mailand, Neapel und Sardinien kamen an Österreich, Sizilien an SAVOYEN. Durch die Teilnahme am POLNISCHEN THRONFOLGEKRIEG 1733–35 konnte Philipp aber Neapel und Sizilien zurückgewinnen. Bei seinem Tod war Spanien in den ÖSTERREICHISCHEN ERBFOLGEKRIEG verwickelt.

Philipp II. August (1165–1223), französischer König seit 1180, Sohn Ludwigs VII. aus dem Geschlecht der KAPETINGER. Ihm gelang es, die PLANTAGENETS durch die Eroberung der Normandie 1202–04 und den Sieg über das welfisch-englische Heer unter Kaiser Otto IV. bei BOUVINES im Jahr 1214 zu verdrängen und auf diese Weise die weitgehende Einheit des Landes herzustellen. Unter Philipp II. August festigte sich die Herrschaft der Kapetinger, und Frankreich entwickelte sich zum Zentralstaat und zur europäischen Großmacht.

Philippi, Schlacht bei (42 v. Chr.), Entscheidungsschlacht zwischen den Anhängern und Gegnern von Iulius CAESAR nach dessen Ermordung. Cassius und Brutus hatten sich 44 v. Chr. zur Verteidigung der Republik gegen Caesar verschworen und diesen ermordet. Die Anhänger Caesars unter Führung von Antonius und Octavian besiegten die Mörder des römischen Diktators bei Philippi in Makedonien und rächten damit dessen gewaltsamen Tod. Nach ihrer Niederlage begingen Cassius und Brutus Selbstmord.

Im Jahr 29 v. Chr. wurde Octavian, ein Großneffe Cäsars, als so genannter Princeps faktisch der erste römische Kaiser, und 27 v. Chr. verlieh ihm der Senat den Ehrentitel AUGUSTUS, der Erhabene.

Philippinen, Inselstaat in Südostasien. Die Philippinen waren ab dem 16. Jh. spanische Kolonie, 1898 ging die Herrschaft an die USA über. 1935 erreichten die Inseln die Selbstverwaltung und 1946 die völlige Unabhängigkeit.

Um 2000 v. Chr. verdrängten malaiische Einwanderer weitgehend die Ureinwohner, die kleinwüchsigen Negritos. Um etwa

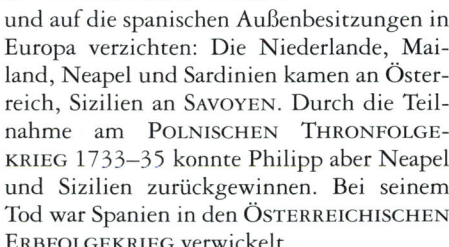

1000 n. Chr. blühte der Handel zwischen den Inseln und benachbarten Gebieten. 1521 gelangten erstmals die Spanier unter dem portugiesischen Entdecker Fernão de MAGALHÃES auf die Inseln, die 1543 nach dem spanischen Prinzen Philipp, dem späteren König PHILIPP II., benannt wurden. 1564 stach der spanische Seefahrer Miguel de Legaspi von Mexiko aus in See, um die Inseln zu erobern, die Filipinos zum Christentum zu bekehren und sich den Handel im südostasiatischen Raum zu sichern. 1565 wurde die erste spanische Stadt Cebu gegründet, sechs Jahre später Manila zur Hauptstadt gemacht, von der aus sich gegen Ende des 16. Jh. ein blühender Handel mit China, Indien und den indonesischen Inseln entwickelte.

Während des 17. und 18. Jh. führte die schroffe Behandlung bestimmter Bevölkerungsgruppen wie der Chinesen und der Moslems oder Moros zu mehreren Revolten. Durch das aggressive Vorgehen der Jesuiten bei der Missionierung kam es zu Aufständen und zur Entstehung von Unabhängigkeitsbewegungen. Als 1896 in Manila der populäre revolutionäre Schriftsteller José Rizal hingerichtet wurde, brach eine Rebellion aus, die das Ziel verfolgte, die Spanier aus dem Land zu vertreiben. Im SPANISCH-AMERIKANISCHEN KRIEG standen die Philippinen auf der Seite der USA, und 1898 erklärte der von den USA mit Waffen ausgerüstete Filipino-Führer General Emilio Aguinaldo das Land für unabhängig. Doch noch im selben Jahr schlossen die USA in Paris einen Vertrag mit Spanien, der ihnen die Philippinen übertrug, und deshalb führte Aguinaldo nun einen Krieg gegen die USA. Er wurde aber besiegt und musste 1901 die amerikanische Herrschaft über die Inseln anerkennen.

Im Mai 1935 erhielten die Philippinen die Selbstverwaltung. Während des ZWEITEN WELTKRIEGS besetzte Japan die Inseln, die aber 1945 von den amerikanischen Streitkräften befreit wurden und im Jahr darauf wieder die Unabhängigkeit erlangten. Der philippinische Präsident Manuel

Roxas erklärte sich damit einverstanden, dass die USA noch 99 Jahre lang ihre Militärstützpunkte behalten durften. 1946–72 sah sich das Land mit schwer wiegenden gesellschaftlichen und wirtschaftlichen Problemen konfrontiert: GUERILLAS unter kommunistischer Führung kämpften um die Macht, Moros wehrten sich gegen die Ansiedlung von Christen, und die Inflation schnellte in die Höhe.

1972 verhängte Präsident Ferdinando MARCOS, der 1965 durch Wahlen an die Macht gekommen war, das Kriegsrecht mit der Begründung, eine kommunistische Revolution stehe bevor. Während der 70er-Jahre wuchsen Armut und Korruption, und im August 1983 wurde am Flughafen von Manila der Oppositionsführer Benigno Aquino ermordet. Die Gegner von Marcos unterstützten Aquinos Witwe Corazon und deren Partei. Nach den Wahlen von 1986, deren Ergebnisse offensichtlich zugunsten von Marcos gefälscht waren, beanspruchte auch Corazon Aquino den Sieg für sich. Es folgten Streiks und Demonstrationen ihrer Anhänger, und im Februar 1986 musste Marcos das Land verlassen. Corazon Aquino wurde Präsidentin; sie bemühte sich um eine demokratische Entwicklung des Landes, doch blieb diese wegen der sich verschlechternden wirtschaftlichen Lage krisenanfällig.

Im Jahr 1992 gewann der frühere Verteidigungsminister Fidel Ramos die Wahlen und wurde Präsident. Er räumte 1996 den Moro politische Mitbestimmung auf der teilweise von Moslems bewohnten Insel Mindanao ein. Seit Juni 1998 regiert Joseph Estrada das Land.

Philippinen, Kampf um die (1944/45), Kriegshandlungen der USA zu Wasser und in der Luft im ZWEITEN WELTKRIEG, um die PHILIPPINEN von den Japanern zurückzuerobern. Im Juni 1944 zerstörten die USA rund 400 japanische Flugzeuge und drei Flugzeugträger; im Oktober vernichteten sie die japanische Flotte im Golf von Leyte, fünf Tage nachdem ihre Truppen die gleichnamige Insel eingenommen hatten. Danach erfolgte bis Mai 1945 die Rückeroberung der Philippinen. Während des Feldzugs verloren mehr als 425 000 Japaner ihr Leben.

Philister, nicht semitisches Volk, das sich im 12. Jh. v. Chr. in KANAAN ansiedelte und der Region den Namen Philisterland oder PALÄSTINA verlieh. Ursprünglich waren die Philister ein vermutlich indoeuropäisches Seevolk, das wahrscheinlich aus der Ägäis kam. Ihre fünf Küstenstädte Ashdod, Askelon, Ekron, Gath und Gaza bildeten einen mächtigen Städtebund.

> **WUSSTEN SIE, DASS?**
>
> Der philippinische Staat besteht aus mehr als 7000 Inseln und Inselchen, von denen allerdings nur ungefähr 400 ständig bewohnt sind.

Die Philister, in der Bibel die Erzfeinde des Volkes Israel, brachten SAUL, dem ersten König der Israeliten, eine Niederlage bei, wurden dann aber, nachdem Sauls Nachfolger DAVID ein großes Reich errichtet hatte, besiegt und auf den Küstenstreifen am Mittelmeer in die fünf Stadtstaaten zurückgedrängt. Nach der Aufteilung des hebräischen Königreichs in Juda und Israel im 10. Jh. v. Chr. erlangten die Philister ihre Unabhängigkeit zurück. Bis zum 7. Jh. v. Chr. kämpften sie mehrmals gegen die beiden jüdischen Königreiche, doch dann fielen sie wie diese unter die Herrschaft von ASSYRIEN. Danach gelang es den Philistern nicht mehr, ihre politische und militärische Macht wiederzuerlangen.

Phönizier, Handelsvolk aus dem Mittelmeerraum, das um 1500 v. Chr. ein Buchstabenalphabet verwendete, welches die Grundlage des modernen Alphabets bildet. Die Phönizier lebten etwa seit 3000 v. Chr. in einem Gebiet, das ungefähr dem heutigen Libanon und Israel entspricht. Sie waren Kanaaniter und sprachen ursprünglich eine der semitischen Sprachen. Sie gründeten Städte wie Byblos, Sidon und Tyros an der Levanteküste und trieben ab etwa 2800 v. Chr. Handel mit Ägypten.

Bis 1250 v. Chr. waren die Phönizier eine erfolgreiche Seemacht und ihre Märkte reichten bis nach Spanien. Im 9.–7. Jh. v. Chr. gründeten sie mehrere bedeutende Kolonien,

darunter auch KARTHAGO. Phönizien wurde zu dieser Zeit von ASSYRIEN beherrscht, fiel im 6. Jh. v. Chr. an BABYLON und schließlich an PERSIEN. Im 4. Jh. v. Chr. eroberte ALEXANDER DER GROSSE das Land und 64 n. Chr. wurde es Teil des RÖMISCHEN REICHES. Die Phönizier exportierten Zedern- und Pinienholz, Glas und mit Purpur gefärbte Stoffe – der Name Phönizien stammt von dem griechischen Wort für die Farbe Purpur.

> ### WUSSTEN SIE, DASS?
> Der Begriff Philister bezieht sich nicht nur auf das gleichnamige Volk. Er bezeichnet auch einen engstirnigen Spießbürger und im früheren Akademikerjargon einen Nichtstudenten.

Photios (um 810–um 895), 858–67 und 877–86 Patriarch von Konstantinopel, dessen Konflikt mit der römisch-katholischen Kirche das erste Stadium der Abspaltung der ORTHODOXEN KIRCHE von Rom kennzeichnete. Als 858 Ignatios als Patriarch von Konstantinopel abgesetzt wurde, trat Photios seine Nachfolge an, aber Papst Nikolaus I. erkannte ihn nicht an, weil er ein Laie war, der innerhalb von wenigen Tagen alle Weihen empfangen hatte. Daraufhin exkommunizierte Photios den Papst und lehnte mehrere Punkte der katholischen Doktrin ab, u. a. das Priesterzölibat. Durch einen Konzilsbeschluss wurde Photios später zwar als Patriarch anerkannt, er unterstrich aber dennoch weiterhin die Unterschiede zwischen Ost- und Westkirche und legte so den Grund für die endgültige Kirchenspaltung, das GROSSE SCHISMA von 1054. In den orthodoxen Kirche wird er als Heiliger verehrt.

Picasso, Pablo (1881 bis 1973), spanischer Maler, Bildhauer, Grafiker und Designer, einer der berühmtesten Künstler des 20. Jh. Picasso war ein Wunderkind, das schon im Alter von zehn Jahren kunstvolle Zeichnungen anfertigte. 1901–04 entwickelte er seinen frühen Stil, der als „blaue Periode" bekannt wurde – benannt nach der vorherrschenden Farbe in seinen Gemälden, in denen er die Verzweiflung der Armen und Benachteiligten darstellte. 1904 zog er nach Paris und begann dort seine lebensbejahende „rosa Periode", die wärmer, aber rätselhafter war als die „blaue Periode". Beeinflusst von den

Handelsschiffe, wie hier auf einem Sarkophag dargestellt, waren der Stolz der Phönizier, die über 1000 Jahre lang die Meere beherrschten.

Arbeiten des französischen Malers Paul Cézanne sowie primitiver afrikanischer und iberischer Kunst, malte Picasso 1907 die berühmten *Demoiselles d'Avignon* – ein Richtung weisendes Werk für den so genannten Kubismus. In diesem Stil, den Picasso und der Maler Georges Braque während der nächsten sieben Jahre entwickelten, werden die Objekte in ihre geometrischen Grundformen zerlegt, um verschiedene Aspekte des Motivs zu kombinieren, statt einfach das normale Aussehen abzubilden.

Picasso war äußerst produktiv und einfallsreich; er schuf Bilder mit eher dekorativen Elementen sowie Werke fast klassischer Ausgewogenheit. Daneben befasste er sich auch mit der Herstellung von Collagen und Skulpturen. Eines seiner bekanntesten Bilder, nach der im SPANISCHEN BÜRGERKRIEG bombardierten Stadt GUERNICA benannt, zeigt die Schrecken des Krieges und war ein Aufsehen erregender Angriff auf den FASCHISMUS. Picassos Kreativität und seine spielerische Schaffensfreude verliehen der Kunst des 20. Jh. eine Gestaltungsfreiheit, von der viele heutige Künstler noch profitieren.

Piccolomini, Octavio (1599–1656), Herzog von Amalfi, Heerführer im DREISSIGJÄHRIGEN KRIEG. Piccolomini befehligte erst spanische Truppen, wechselte dann aber in die Armee von Albrecht von WALLENSTEIN über. Er erwarb dessen Vertrauen, verriet jedoch trotzdem die Absichten des Feldherrn an den Kaiser und war so an seinem Untergang 1634 beteiligt. Friedrich von SCHILLER nahm die Beziehung zwischen Wallenstein und Piccolomini als Grundlage für ein dreiteiliges Drama.

Piemont, Region in Nordwestitalien mit der Hauptstadt Turin, die im Mittelpunkt des RISORGIMENTO, der italienischen Einigungsbewegung im 19. Jh., stand. Vom 11. Jh. an wurde das Gebiet von den Grafen, seit 1415 von den Herzögen von SAVOYEN regiert. 1713, im Frieden von UTRECHT, erhielt Savoyen-Piemont das Königreich Sizi-

Picasso vermochte einen Klumpen Ton in ein Sammlerstück von unschätzbarem Wert zu verwandeln.

lien, doch 1720 musste es dieses an Spanien abtreten und bekam dafür Sardinien. 1801–14 war Piemont Frankreich angegliedert, nach dem Sturz Napoleons I. wurde es jedoch wieder dem Königreich Sardinien angeschlossen und der sardinische König Viktor Emanuel I. kehrte nach Turin zurück. Von 1831 an, als der liberale König Karl Albert den Thron bestieg, wurde Piemont zum Zentrum der Einheitsbestrebungen Italiens; Graf Camillo CAVOUR, der Staatsmann, der die nationalstaatliche Einigung Italiens in die Wege leitete, stammte aus Piemont. Nach einem Vertrag mit NAPOLEON III. im Jahr 1860 kamen Savoyen und Nizza an Frankreich als Gegenleistung dafür, dass Frankreich die Volksabstimmungen in der Romagna, der Toskana, in Parma und Modena für eine Vereinigung mit Piemont-Sardinien anerkannte. Nachdem Giuseppe GARIBALDI Sizilien und Neapel eingenommen hatte, wurde VIKTOR EMANUEL II. 1861 König des vereinigten Italien – mit Turin als Hauptstadt, die es bis 1864 blieb.

Pietismus, Ende des 17. Jh. aufgekommene religiöse Bewegung im PROTESTANTISMUS, hauptsächlich in Deutschland. Sie stand und steht für einen lebendigen Glauben – Herzensfrömmigkeit –, für Verzicht auf weltliche Freuden wie Theater und Tanz und für praktische Frömmigkeit. Anreger waren im 17. Jh. Philipp Jakob Spener mit seiner Schrift *Pia desideria* sowie sein Schüler August Hermann Francke, durch den die Universität Halle zu einem pietistischen Zentrum wurde. Besondere Verbreitung fand der Pietismus auch am Niederrhein, in Württemberg und in der durch Nikolaus Ludwig Graf von Zinzendorf im 18. Jh. gegründeten Brüdergemeinde im sächsischen Herrnhut.

Pikten, keltisches Volk, das im heutigen Schottland heimisch war. Der Name stammt von den Römern und weist darauf hin, dass die Pikten ihre Körper bemalten oder tätowierten – pictus heißt auf Lateinisch bemalt.

Die Pikten überrannten mehrmals den HADRIANSWALL, um die Römer anzugreifen. Im 5. Jh. errichteten skotische Einwanderer aus Irland ein Königreich im Süden des Piktengebiets. Um das 7. Jh. gab es nördlich des Flusses Forth ein Staatswesen der Pikten mit eigener Sprache und Kultur, in dem der Familienname und das Land in der weiblichen Linie weitervererbt wurden. Angriffe der WIKINGER führten dazu, dass sich Pikten und Skoten unter einem König vereinigten. Diese Union um 850 gilt als Geburtsstunde des Königreichs SCHOTTLAND.

Pilatus, Pontius (1. Jh.), Statthalter der römischen Provinz JUDÄA, der JESUS Christus zum Tod durch Kreuzigung verurteilte. Seine Rolle beim Prozess und der Verurteilung Christi wird im Neuen Testament beschrieben. Der antike jüdische Geschichtsschreiber Josephus Flavius beschuldigte ihn der Korruption und antijüdischer Einstellung.

Im Jahr 36 wurde Pilatus seines Amtes enthoben und von Kaiser TIBERIUS nach Rom beordert, um zu Vorwürfen im Zusammenhang mit der grausamen Niederschlagung eines Aufstands von Samaritanern Stellung zu nehmen. Kaiser CALIGULA, der Nachfolger von Tiberius, befand Pilatus für schuldig, und angeblich soll dieser kurz darauf in der französischen Stadt Vienne Selbstmord begangen haben.

Pilgerfahrten siehe Seite 410/411

Pilgerväter, die 102 Begründer der Stadt Plymouth in Massachusetts – der ersten europäischen Siedlung in NEUENGLAND –, die 1620 an Bord der *Mayflower* in der Neuen Welt ankamen. 1608 flohen die so genannten Separatisten, Angehörige einer besonders strengen Gruppe der PURITANER, die die anglikanische Kirche völlig ablehnten, nach Leyden in Holland. Da sie sich aber auch dort nicht heimisch fühlten, baten sie eine Londoner Handelsgesellschaft, die Virginia Company, um die Genehmigung, sich in Amerika ansiedeln zu dürfen. Die Erlaubnis dazu erhielten sie 1619 und zusammen mit einigen Kaufleuten gründeten die Pilgerväter eine Gesellschaft, die die zukünftigen Siedler finanziell unterstützen sollte und von der Investoren für wenig Geld einen Anteil erwerben konnten. Die Pilgerväter selbst erhielten ihren Anteilsschein für sieben Jahre Arbeit.

Im August 1620 stachen die Separatisten im südenglischen Plymouth in See – an Bord der *Mayflower* befanden sich aber auch zahlreiche nicht puritanische Auswanderer. Nachdem nach einer gefahrvollen stürmischen Überfahrt gegen Ende November das amerikanische Festland in Sicht war, verfassten die führenden Köpfe an Bord den Mayflower-Vertrag, in dem die Grundlagen für die Selbstverwaltung der zu gründenden Kolonie festgeschrieben wurden. Da die Emigranten keinen königlichen Freibrief be-

saßen, gaben sie sich selbst das Recht, ihre Angelegenheiten zu regeln, und legten so den Keim für die amerikanische Unabhängigkeitserklärung.

Im Dezember 1620 gingen die Pilgerväter vor Cape Cod in Massachusetts vor Anker und wählten einen weiter im Landesinnern liegenden Ort als Siedlungsgebiet, den sie Plymouth Plantation nannten. Die Lebensbedingungen hier waren sehr hart, nur die Hälfte der Siedler überstand den ersten Winter. Der Anführer der Pilgerväter, William Bradford, berichtete, wie die Kolonie mithilfe eines Englisch sprechenden Indianers namens Squanto überlebte, der den Siedlern beibrachte, wie man Mais anbaute und Tiere fing. Mit der Zeit lieferte der Pelzhandel aber wertvolle Exportgüter, sodass die Siedler 1648 ihre Schulden getilgt hatten. Bis Mitte des 17. Jh. waren den Pilgervätern über 80 000 Auswanderer gefolgt; 1691 wurde Plymouth Massachusetts angeschlossen.

Der Wandteppich erinnert an die glückliche Landung der Pilgerväter im Dezember 1620; aber die Puritaner waren schlecht auf den bevorstehenden harten Winter vorbereitet.

Pilsudski, Józef (1867–1935), polnischer Politiker und Marschall, 1918–22 erster Präsident der Republik Polen. Nach fünfjähriger Verbannung in Sibirien war er 1893 an der Gründung der Polnischen Sozialistischen Partei PPS beteiligt. Er entschloss sich jedoch, zunächst nicht für den sozialen Umsturz, sondern für die Befreiung Polens von russischer Fremdherrschaft zu kämpfen.

Seit 1908 rekrutierte Pilsudski Truppen, die im ERSTEN WELTKRIEG unter seiner Führung an der Seite Österreichs gegen Russland kämpften. Nachdem sich 1916 die Mittelmächte für die Gründung eines polnischen Staates entschieden hatten, trat Pilsudski in die Regierung ein, gab jedoch im

Fortsetzung S. 412

WUSSTEN SIE, DASS!

In einem Brief an Kaiser Caligula bezeichnet Herodes Agrippa Pilatus als „von Natur aus unflexibel, eine Mischung aus Eigensinn und Unnachgiebigkeit".

Wallfahrten zu heiligen Stätten

Schon in frühester Zeit – aber auch noch heute – galten bestimmte Plätze als geheiligt. Fromme Pilger suchten solche Orte auf, um Gott und den Heiligen nahe zu sein.

Viele Religionen besitzen heilige Orte, zu denen die Gläubigen pilgern, um mit ihrem Gott in engere Beziehung zu treten. Sie versprechen sich davon die Sicherung ihres Seelenheils, die Stärkung des Glaubens, Erlösung von Sündenstrafen und oft auch einfach die Erfüllung eines dringenden Wunsches wie etwa die Heilung oder Linderung einer Krankheit.

Bevor die Welt aus wissenschaftlicher Sicht betrachtet wurde, entwickelten die Menschen eine Art „heilige Geographie", in der den Orten die größte Bedeutung zukam, in denen Gott wirksam war. Vielleicht hatte hier eine Gotteserscheinung stattgefunden, vielleicht war hier die Wirkungs- oder Begräbnisstätte eines Heiligen, vielleicht überragte der Ort aber auch nur die umgebende Landschaft auf so eindrucksvolle Weise, dass man ihn für heilig hielt, wie etwa den Olymp in Griechenland, den man sich als Wohnsitz der Götter vorstellte, oder den Fudschijama in Japan, der ein Symbol für die Transzendenz des Göttlichen ist.

Die religiösen Erlebnisse an diesen heiligen Stätten stellten sich nicht immer von alleine ein. Sie mussten gefördert und dokumentiert werden, am besten weithin sichtbar durch Bauwerke aus Stein. Die Wallfahrtskathedralen des Mittelalters mit ihrer überwältigenden Architektur waren dazu angetan, den Betenden mit Ehrfurcht zu erfüllen und religiöse Erwartungen wahr werden zu lassen.

WEG UND ZIEL

Zu vielen Zeiten, vor allem aber im Mittelalter, waren die Menschen bereit, lange, beschwerliche Reisen auf sich zu nehmen, um einen bestimmten heiligen Ort aufzusuchen. Meist zu Fuß, seltener zu Pferd – so zogen die frommen Pilger über die unbefestigten Straßen und übernachteten dicht gedrängt in Herbergen, die an ihren Routen errichtet worden waren. Um in fremden Städten, die mit Vagabunden

Die Pilger haben die Mauern von Canterbury erreicht. Hier können sie Abzeichen kaufen, die Thomas Becket zu Pferde darstellen (oben), oder Gefäße (links), die angeblich das verdünnte, wundertätige Blut des Heiligen enthalten.

oft kurzen Prozess machten, als Wallfahrer versorgt zu werden, trugen viele von den Kirchenbehörden ausgestellte Dokumente bei sich. Doch häufig nutzten solche Schutzbriefe nichts, und mancher Pilger erlag entkräftet den Strapazen der Reise.

Nicht nur das Ziel, schon der Weg dorthin hatte spirituelle Bedeutung, denn er bewies, dass der Pilger gewillt war, seinem normalen Leben, wenigstens eine Zeitlang, den Rücken zu kehren und einen neuen Anfang zu machen. Der Wallfahrer wurde

mit Abraham verglichen, der seine Sippe verlassen hatte, um Gott zu gehorchen, und mit den Israeliten, die aus Ägypten auszogen, um im Gelobten Land zu Gott zu finden.

In Europa spielten die Pilgerfahrten eine bedeutende Rolle für die Unterweisung der Laien in christlichem Lebenswandel. Es war gefordert, dass die Pilger während ihres langen Zuges zu der heiligen Stätte in gewisser Hinsicht wie Mönche oder Nonnen leben mussten: Sie sollten enthaltsam sein und keine Streitigkeiten austragen, und wegen

Viele Pilger legten im Mittelalter zu Fuß weite Entfernungen zurück, um an einer der vielen Heilsstätten für ihr Seelenheil zu beten.

der Schwierigkeiten, sich zu verköstigen, wurde zwangsläufig viel gefastet. Zum Trinken reichte ihnen das Wasser aus Flüssen und Bächen; oft schöpften sie es mit der Jakobsmuschel, dem Abzeichen der Pilger.

HEILSSTÄTTEN DER CHRISTENHEIT

Den obersten Rang in der Hierarchie der heiligen christlichen Orte nahm Jerusalem ein, wo Jesus wirkte, litt, begraben wurde und auferstand. Der Legende nach soll die 329 gestorbene Helena, Mutter Kaiser Konstantins des Großen, kurz vor ihrem Tod hier das wahre Kreuz Christi entdeckt haben. Vom 4. Jh. an unternahmen Pilger aus Europa die beschwerliche Reise in den Orient. Bei ihrem Aufenthalt in Jerusalem beteiligten sie sich an langen, anstrengenden Prozessionen und zogen durch die ganze Stadt, um buchstäblich in die Fußstapfen ihres Erlösers zu treten. Die bedeutendste heilige Stätte in Europa wurde das – vermutliche –

Grab des heiligen Petrus in Rom, über dem die Peterskirche steht, die noch heute das Ziel abertausender von Pilgern ist. Ebenso wichtig war die große Wallfahrt durch Frankreich nach dem in Nordwestspanien gelegenen Santiago de Compostela, wo im 9. Jh. die Begräbnisstätte des heiligen Jakobus wieder entdeckt worden sein soll und schon bald eine Kirche und ein Kloster entstanden – auch sie besitzt für heutige Gläubige noch eine große Anziehungskraft.

Neben diesen drei wichtigsten heiligen Stätten gibt es die ungezählten Wallfahrtsorte, die besonderen Bezug zu einem Heiligen haben. Dazu gehören u. a. die Kathedrale im englischen Canterbury, wo Thomas Becket ruht, der 1170 von den Rittern König Heinrichs II. getötet wurde, weil er für die Rechte der Kirche eintrat. In Irland ziehen Pilger zum so genannten Fegefeuer des heiligen Patrick, einer Höhle auf einer im Nordwesten gelegenen Insel, in deren Umgebung sie beten und fasten, um schließlich in der Höhle mit Visionen vom Fegefeuer und der Hölle belohnt zu werden. Und in Italien beten die Gläubigen schon seit Jahrhunderten am Grab des heiligen Antonius in Padua und am Grab des heiligen Franziskus in Assisi. In Frankreich war und ist die Begräbnisstätte des heiligen Martin in Tours ein beliebter Wallfahrtsort.

Besondere Anziehungskraft auf die Gläubigen besitzen auch die zahlreichen Marienwallfahrtsstätten, an denen vor allem ab der Mitte des 19. Jh. Erscheinungen der Heiligen Jungfrau verzeichnet wurden. Dazu zählen hierzulande eher unbekannte Heiligtümer wie die Kapelle des Konvents der Barmherzigen Schwestern in der Rue du Bac in Paris, vor allem aber die von Millionen besuchten Orte Lourdes am Fuß der Pyrenäen und Fatima in Portugal.

Eine Besonderheit unter den Ma-

Jeder Moslem sollte einmal in seinem Leben nach Mekka reisen. Auf der persischen Illustration aus dem 13. Jh. macht sich eine Pilgerkarawane frohgemut auf den Weg.

rienwallfahrtsorten stellen die Stätten dar, an denen eine schwarze Madonna verehrt wird. So finden z. B. zu Ehren des rußgeschwärzten Gnadenbilds der Mutter Gottes in Altötting in Oberbayern seit 1498 Wallfahrten statt. Damals ertrank ein kleiner Junge in einem nahe gelegenen Bach, kam jedoch wieder zu sich, nachdem ihn seine Mutter auf den Marienaltar gelegt hatte. Die berühmteste schwarze Madonna ist die von der Marienkapelle in Tschenstochau im südlichen Polen. Als 1656 die protestantischen Schweden das katholische Polen einzunehmen drohten, widerstand ihrem Ansturm allein die Festung Tschenstochau. Beflügelt von diesem Durchhaltevermögen, siegten die Polen und pilgern seither zu Maria, der Mutter des Vaterlands.

UNIVERSELLES BEDÜRFNIS

Pilgerfahrten scheinen ein grundlegendes menschliches Anliegen zu sein, unabhängig von einer bestimmten Religion. So war die Wallfahrt nach Mekka in Arabien ursprünglich ein heidnisches Unternehmen, das schon Jahrhunderte vor der Stiftung des Islam durchgeführt wurde. Bereits damals kam man an der Kaaba, dem würfelförmigen Heiligtum, zusammen und befolgte hier komplizierte Rituale, und da diese Handlungen so beliebt waren, verlieh ihnen der Prophet Mohammed, als er im Jahr 630 Mekka eroberte, eine neue, monotheistische Interpretation. Noch heute pilgern jährlich 2 Mio. Gläubige aus aller Welt nach Mekka, denn jeder Moslem sollte einmal im Leben die Hadjdj unternommen haben – nur Armut oder eine schwere Krankheit entbinden ihn von dieser religiösen Pflicht.

Für die Anhänger des Hinduismus in Indien ist Benares eine heilige Stadt. Sie besitzt einen riesigen Tempelbezirk mit mehr als 1500 Kultstätten, von dem aus 47 hundertstufige Steintreppen hinab zu den Fluten des Ganges führen. Dieser entspringt nach der hinduistischen Mythologie aus dem Fuß des gütigen Gottes Wischnu und wird daher von den Indern als heiliger Fluss verehrt. Die Pilger kommen hierher, um sich im Wasser des Ganges rituell zu reinigen, um am Flussufer zu beten und zu meditieren – oder auch um hier zu sterben. Die in Tücher gehüllten Leichen werden am Ufer verbrannt, und ihre Asche wird in den heiligen Fluss gestreut.

Sogar in ausgewiesenen atheistischen Ideologien wie dem Kommunismus kam man dem Bedürfnis der Menschen zu pilgern entgegen und schuf weltliche Wallfahrtsorte, z. B. das Mausoleum am Roten Platz in Moskau, wo der Leichnam des Revolutionsführers Wladimir Iljitsch Lenin aufgebahrt war, an dem Schlangen von Menschen vorbeizogen.

Jahr darauf sein Amt wegen Meinungsverschiedenheiten mit Deutschland auf. Nach einer Internierung in Magdeburg wurde er 1918 polnischer Staatschef und führte 1920/21 erfolgreich Krieg gegen die in Polen eingedrungene bolschewistische Armee. Nach der Verabschiedung einer Verfassung 1922 zog er sich aus der Politik zurück, kam aber 1926 durch einen Staatsstreich wieder an die Macht und regierte bis zu seinem Tod wie ein Diktator. Durch Nichtangriffspakte mit der Sowjetunion 1932 und mit Deutschland 1934 versuchte er Polens Unabhängigkeit zu bewahren.

Piltdown, Mensch von, 1912 bei Piltdown in Großbritannien gefundener Schädel. Viele Gelehrte sahen in dem Fundstück das fehlende Bindeglied, welches bestätigte, dass Menschen und Menschenaffen von einem gemeinsamen Vorfahren abstammen, wie es Charles DARWIN in seiner Evolutionstheorie angedeutet hatte. Erst 1953 zeigten wissenschaftliche Untersuchungen, dass es sich bei den Knochen um den Unterkiefer eines Orang-Utans und das Schädeldach eines Menschen handelte, die gefärbt worden waren, damit sie älter aussahen.

Pinochet, Augusto (*1915), chilenischer Politiker und General, 1973–90 allein regierender Staatschef. 1973 wurde Pinochet Oberbefehlshaber der Armee und leitete im September desselben Jahres einen Putsch gegen die Linksregierung von Präsident Salvador ALLENDE. Als Kopf einer Militärjunta erklärte er sich im Dezember 1974 zum Staatspräsidenten. Während der ersten drei Jahre seines Militärregimes wurden rund 130 000 Gegner verhaftet, viele von ihnen gefoltert und rund 3000 ermordet. Da in der Bevölkerung Unmut über die Militärdiktatur und über die Rücknahme sozialer Reformen aufkam, versprach Pinochet 1980 die Rückkehr zur Demokratie innerhalb von neun Jahren. Danach wuchsen die sozialen Spannungen, die wirtschaftliche Lage vermochte sich nicht zu stabilisieren und die Verfolgung der politischen Gegner wurde fortgesetzt. Im Oktober 1988 lehnten die Chilenen in einer Volksabstimmung eine Fortführung der Präsidentschaft Pinochets ab, und im Mai 1990 kam durch Wahlen der Christdemokrat Patricio Aylwin an die Macht; Pinochet blieb aber bis 1998 Oberbefehlshaber der Armee. Danach wurde er bei einem Klinikaufenthalt in London festgenommen, von wo man ihn möglicherweise nach Spanien ausliefern wird, damit ihm dort der Prozess wegen der während der Militärdiktatur begangenen Verbrechen gemacht werden kann.

Pippin, Name von drei fränkischen Hausmeiern aus dem Geschlecht der KAROLINGER, die im 7./8. Jh. für die schwachen Könige der MEROWINGER die Regierungsgeschäfte führten. Seit dem Regierungsantritt Pippins III. 751 waren die Karolinger selbst Könige des Frankenreichs. Pippin I., der 640 starb, war nur Hausmeier, d. h. oberster königlicher Hofbeamter, in Austrasien, dem Ostteil des Reiches; Pippin II., der 714 starb, und Pippin III., der bis 768 regierte, waren zusätzlich auch Hausmeier in Neustrien, dem Westteil des Reiches.

Pippin III., der Sohn von KARL MARTELL und Vater KARLS DES GROSSEN, stürzte 751 mit Zustimmung von Papst Zacharias den letzten Merowingerkönig Childerich III. und ließ sich vom fränkischen Adel in Soissons zum König wählen. 753 wandte sich der vom Langobardenkönig Aistulf bedrohte Papst Stephan II. um Hilfe an Pippin. Dieser zog deshalb nach Italien und übertrug nach dem Sieg über die Langobarden die eroberten Gebiete und Städte in Mittelitalien, darunter Ravenna, dem Papst: die so genannte Pippinsche Schenkung, die Grundlage für den KIRCHENSTAAT, der bis 1870 bestand. Im Jahr 754 wiederholte der Papst die Königsweihe Pippins und besiegelte damit das dauerhafte Bündnis zwischen dem Papsttum und den fränkischen Königen.

> **WUSSTEN SIE, DASS?**
>
> Hausmeier wie Pippin standen ursprünglich der Hofverwaltung vor. Da dem Amt aber mit der Zeit auch Aufgaben in der Reichsverwaltung zuwuchsen, wurden sie nach und nach Stellvertreter des Herrschers.

Piraten, Seeräuber. Ab etwa 1250 v. Chr. wurden phönizische und später griechische Schiffe von Piraten angegriffen, und im 1. Jh. v. Chr. war Rom sogar von einer Hungersnot bedroht, weil Seeräuber die Getreidelieferungen in die Stadt abfingen. Der römische Feldherr Gnaeus POMPEIUS ging daraufhin erfolgreich gegen die Piraterie im Mittelmeer vor, doch mit dem Niedergang des Römischen Reiches im 5. Jh. n. Chr. lebte sie wieder auf. Im 8.–12. Jh. störten die WIKINGER den Handel in der Ostsee, und moslemische Piraten aus südarabischen Ländern operierten im westlichen Mittelmeer. Im 15. Jh. plünderten die das östliche Mittelmeer beherrschenden Venezianer die Handelsschiffe anderer Stadtstaaten, und im 16.–18. Jh. gingen nordafrikanische Seeräuber gegen die spanische und portugiesische Handelsflotte vor.

Vom 16. Jh. an trieben auch die BUKANIER ihr Unwesen. Sie stammten vor allem aus Großbritannien, Frankreich und Holland und griffen meist spanische Siedlungen und Schiffe in der Karibik und Südamerika an – häufig mit dem stillschweigenden Einverständnis ihrer Regierungen, die einen Anteil an der Beute erwarteten.

1815/16 schlossen sich die USA, Großbritannien und Holland zusammen und machten der Piraterie weitgehend ein Ende. Nach dem Opiumkrieg 1858 war die letzte Seeräuberbastion im Chinesischen Meer gefallen. Die zunehmende Größe der Handelsschiffe, verstärkte Patrouillen auf den Mee-

Wissenschaftler untersuchen 1912 die Überreste des so genannten Piltdown-Menschen (oben). Sie hielten den Fund für so bedeutend, dass sie den mutmaßlichen Hominiden rekonstruierten (rechts). Erst Jahrzehnte später stellte sich heraus, dass das Ganze eine Fälschung war, die ein verärgerter Museumsangestellter vorgenommen hatte.

Jahrhundertelang machten nordafrikanische Piraten die Meere unsicher. Die portugiesische Zeichnung aus dem 16. Jh. zeigt einen Kampf der Seeräuber untereinander im Indischen Ozean.

ren und internationale Ächtung führten dazu, dass die Piraterie auch im 20. Jh. praktisch kaum mehr eine Chance hat – zumal in der 1982 abgeschlossenen Seerechtskonvention ihre Bekämpfung zur Pflicht erklärt wurde. Dennoch sind in bestimmten Teilen der Weltmeere kleine Schiffe auch heute noch nicht völlig sicher vor Seeräubern, und manche nicht politisch motivierte Entführung von Schiffen oder Flugzeugen folgt der kriminellen Tradition der Piraterie.

Pitt, William, der Ältere (1708–78), britischer Staatsmann, unter dem Großbritannien zur Weltmacht aufstieg. Pitt wurde 1735 Mitglied des Parlaments und als Vertreter der WHIGS zu einem Gegner des ersten britischen Premierministers Robert WALPOLE. Nach dem Sturz von dessen Regierung wurde Pitt 1746–55 Generalzahlmeister der Streitkräfte. Im folgenden Jahr übernahm er das Amt des Premierministers, das er bis 1761 innehatte.

Während des SIEBENJÄHRIGEN KRIEGES, in dem Großbritannien und Preußen einer Allianz aus Österreich, Russland und Frankreich gegenüberstanden, konnte Pitt seine staatsmännischen Fähigkeiten unter Beweis stellen. Er baute die britische Flotte aus, besiegte die Franzosen in Indien und nahm das französische Quebec in Kanada ein. Als die Mitglieder seines Kabinetts sich weigerten, Spanien 1761 den Krieg zu erklären, trat Pitt jedoch zurück. Am Ende des Krieges 1763 war Großbritannien weltweit die führende Kolonialmacht.

Als Nationalheld gefeiert, lehnte Pitt 1764 und 1765 die Angebote von König Georg III. ab, erneut Premierminister zu werden. 1765 machte er Front gegen die STEMPELAKTE, durch die für amerikanische Dokumente und Zeitungen eine Steuer erhoben wurde, und bemühte sich um die Beilegung des Konflikts mit den Kolonien in Amerika. Im Jahr 1766 wurde Pitt erneut Premierminister, konnte die Funktion jedoch aus gesundheitlichen Gründen nicht mehr angemessen ausfüllen und trat 1768 zurück. Sein zweiter Sohn war William PITT der Jüngere.

Pitt, William, der Jüngere (1759–1806), 1783–1801 und 1804–06 britischer Premierminister. Mit 23 Jahren wurde er Schatzkanzler, schon ein Jahr später ernannte ihn König Georg III. zum Premierminister. 1793 erklärte das revolutionäre Frankreich Großbritannien den Krieg, und Pitt, der das Gleichgewicht der Mächte in Europa aufrecht erhalten wollte, gelang es 1793 und 1798, Koalitionen gegen Frankreich zustande zu bringen. Da die Unterstützung der Alliierten in Großbritannien die Staatskasse stark belastete, führte Pitt 1799 eine Einkommensteuer mit einem Spitzensatz von 10 % ein, um den Krieg zu finanzieren.

Der 1798 ausgebrochene Aufstand in Irland überzeugte Pitt, dass die Union von Irland und England die einzig mögliche Lösung des Dauerkonflikts sei. Er erreichte diese Union 1800, trat aber schon ein Jahr später zurück, weil Georg III. es ablehnte, den englischen und irischen Katholiken die volle politische und bürgerliche Gleichberechtigung zu gewähren.

1804 wurde Pitt erneut in das Amt des Premierministers berufen, um eine Invasion NAPOLEONS I. auf der Insel zu verhindern. Er brachte die dritte Koalition mit Österreich, Russland und Schweden gegen Frank-

reich zustande, starb aber schon kurz nach Admiral Horatio NELSONS siegreicher Seeschlacht bei TRAFALGAR, mit der die Invasionsgefahr endgültig gebannt war.

Pius VII. (1742–1823), mit bürgerlichem Namen Luigi Barnaba Chiaramonti, Papst ab 1800. Nach der Besetzung Roms durch französische Truppen 1798 und dem Tod von Papst Pius VI. in französischer Gefangenschaft 1799 schloss Pius VII. 1801 ein KONKORDAT mit NAPOLEON I., worauf sich Frankreich aus dem KIRCHENSTAAT zurückzog. 1804 zwang Napoleon I. Pius VII., nach Paris zu kommen, um an seiner Kaiserkrönung mitzuwirken. Als Pius VII. es ablehnte, der KONTINENTALSPERRE gegen Großbritannien beizutreten, besetzte Frankreich 1808 Rom und annektierte im Jahr darauf den Kirchenstaat. 1809 exkommunizierte Pius VII. Napoleon I., und dieser setzte ihn daraufhin in Frankreich gefangen. Nach Napoleons I. Sturz 1814 kehrte Pius VII. im Triumph nach Rom zurück. Er erreichte auf dem WIENER KONGRESS 1815 die Wiederherstellung des Kirchenstaats und stärkte in den folgenden Jahren die Stellung des Papstes.

Pius IX. (1792–1878), mit bürgerlichem Namen Giovanni Mastai-Ferretti, Papst ab 1846 in der Zeit des RISORGIMENTO. Er wurde als fortschrittsorientierter Papst gewählt und begann sein Pontifikat auch mit liberalen Reformen. Nach seiner Flucht aus

Die Taschen von William Pitt dem Jüngeren, für den die Weltpolitik ein Spiel zu sein scheint, sind bis zum Platzen mit Steuergeldern gefüllt.

Rom infolge eines Aufstands national gesinnter Revolutionäre 1848 und der Gründung einer Römischen Republik unter Giuseppe MAZZINI konnte er nur mithilfe französischer Truppen in seine Residenz zurückkehren. Diese Erfahrungen bewirkten bei Pius IX. eine Abkehr vom liberalen Zeitgeist. Er verkündete 1854 das Dogma von der Unbefleckten Empfängnis Marias und 1870 das Dogma von der Unfehlbarkeit des Papstes in Glaubens- und Sittenfragen. Im deutschen Kulturkampf nach der Reichsgründung 1871 war er ein entschiedener Gegner Otto von BISMARCKS und kämpfte für die Unabhängigkeit der katholischen Kirche gegen staatliche Bevormundung. Nach der Besetzung des KIRCHENSTAATS durch italienische Truppen 1870 und dessen Eingliederung in das Königreich Italien verließ er den Vatikan nie mehr, um nicht italienisches Territorium betreten zu müssen.

Pius XII.

Pius XII. (1876–1958), mit bürgerlichem Namen Eugenio Pacelli; Papst ab dem Jahr 1939 in der Zeit des faschistischen und kommunistischen TOTALITARISMUS. 1917–25 war er Nuntius in Bayern, 1920–29 zugleich Nuntius beim Deutschen Reich und ab 1930 Staatssekretär von Papst Pius XI., der 1937 in der Enzyklika *Mit brennender Sorge* die Ideologie des Nationalsozialismus und sein Vorgehen gegen die Katholiken in Deutschland brandmarkte.

Als Oberhaupt der katholischen Christenheit führte Pius XII. die Kirche straff und autokratisch. 1939 versuchte er vergeblich, den Kriegsausbruch zu verhindern. Im ZWEITEN WELTKRIEG blieb er neutral, förderte aber zahlreiche Hilfsprogramme und machte die Vatikanstadt zu einem Asyl für Flüchtlinge; zum HOLOCAUST an den Juden nahm er offiziell nicht Stellung, was ihm nach dem Krieg von Kritikern vorgehalten wurde. Nach Kriegsende sprach er sich gegen den KOMMUNISMUS aus, und seine Sorge galt den Katholiken in Osteuropa.

Pizarro, Francisco

Pizarro, Francisco (1478 bis 1541), spanischer Konquistador. Er begleitete Vasco Núñez de BALBOA 1513 auf seiner Expedition durch Panama, bei der der Pazifische Ozean entdeckt wurde. Als Pizarro von dem sagenhaften Reichtum der Inka hörte, einem Volk, das im 16. Jh. im heutigen Peru ein riesiges Reich aufgebaut hatte, unternahm er zusammen mit Diego de Almagro 1524–28 Expeditionen, bei denen sie die Küsten von Kolumbien, Ecuador und Peru erforschten und Informationen über die Inka sammelten. 1532 traf Pizarro in Cajamarca in Peru auf den Inka-Herrscher ATAHUALPA. Er nahm ihn gefangen, erpresste ein hohes Lösegeld und ließ ihn 1533 dennoch hinrichten. Mit der Einnahme der Inka-Hauptstadt CUZCO schloss er seine Eroberung Perus noch im gleichen Jahr ab.

Pizarro, der im Jahr 1529 von Kaiser KARL V. zum Generalkapitän von Peru ernannt worden war, machte Atahualpas Bruder Manco Capac zum König von Spaniens Gnaden und festigte seine eigene Stellung durch die Gründung neuer Siedlungen, darunter die der späteren peruanischen Hauptstadt Lima im Jahr 1535. Außerdem teilte er seine Beute mit allen, die ihn unterstützten. So versprach er seinem ehemaligen Partner Diego de Almagro das weiter südlich gelegene chilenische Territorium; doch weil er sein Versprechen nicht hielt, eroberte dieser 1537 Cuzco. Um Cuzco zurückzugewinnen, sandte Pizarro seinen Halbbruder Hernando aus, der Almagro 1538 auf Pizarros Befehl hinrichten ließ. 1541 wurde Pizarro in Lima von Almagros Gefolgsleuten aus Rache ermordet.

Plantagenet

Plantagenet, englische Dynastie, die von den französischen Grafen von Anjou abstammte und 1154–1485 insgesamt 14 englische Könige stellte. Wahrscheinlich geht der Name Plantagenet auf die lateinische Bezeichnung für Ginster – *planta genista* – zurück. Der Überlieferung nach trug der Urahn der Plantagenets, Graf Gottfried von Anjou, einen Ginsterzweig am Hut, und auch das Wappen der Familie ziert eine solche Pflanze.

Der erste Herrscher aus diesem Haus war Gottfried Plantagenet, Graf von Anjou. Er herrschte 1113–51. Sein Sohn Heinrich wurde als HEINRICH II. König von England; er regierte 1154–89 und begründete mit seiner Gemahlin ELEONORE VON AQUITANIEN die Dynastie. Er selbst sowie seine Söhne RICHARD I. LÖWENHERZ und JOHANN I. OHNE LAND herrschten über das so genannte Angevinische Reich, das neben England noch den gesamten Westteil Frankreichs umfasste, aber nur bis 1214 bestand.

Das Haus Plantagenet blieb in England an der Macht, bis 1399 Richard II. von Heinrich von Bolingbroke abgesetzt wurde, dem späteren Heinrich IV. Er begründete den LANCASTER-Zweig der Dynastie, der auf John of Gaunt, Herzog von Lancaster und Sohn Eduards III., zurückging und von Heinrich V. und Heinrich VI. im 15. Jh. fortgesetzt wurde. In der Zeit 1455–85 kämpfte das Haus Lancaster mit dem Haus YORK in den so genannten ROSENKRIEGEN um den englischen Thron.

Das Haus York beanspruchte den Thron durch Edmund von Langley, erster Herzog von York und ebenfalls ein Sohn Eduards III. Die Könige Eduard IV., Eduard V. und Richard III. stammten allesamt aus dem Haus York. Nachdem Heinrich Tudor aus dem Haus Lancaster König Richard III. im Jahr 1485 in der Schlacht von Bosworth besiegt hatte, heiratete er Elisabeth von York, beendete damit die Linie Plantagenet und begründete als König Heinrich VII. von England das Haus TUDOR.

Die Eroberung Perus
- Inka-Reich um 1330
- Forschungsreisen 1524–28
- Francisco Pizarro 1531–33

Pizarro wurde in der von ihm gegründeten Stadt Lima getötet.

Francisco Pizarro eroberte Peru und gründete auf seiner Suche nach den Reichtümern der Inka zahlreiche neue Siedlungen in Südamerika.

Platons philosophische Ideen haben mehr als 2000 Jahre überlebt und die Geschichte der westlichen Kultur nachdrücklich beeinflusst.

Platon (427–348/47 v. Chr.), griechischer Philosoph, eine der bedeutendsten Persönlichkeiten des abendländischen Geisteslebens. Platon war ein Schüler des Philosophen SOKRATES und ging nach dessen erzwungenem Selbstmord 399 v. Chr. für kurze Zeit von Athen nach Megara. Später unternahm er weite Reisen in Griechenland, nach Ägypten, Süditalien und Sizilien. Zwischen 387 und 385 v. Chr. gründete er in Athen eine Schule, die Akademie.

Platons überlieferte Werke bestehen vor allem aus Dialogen. In seinen früheren Schriften *Apologie*, *Menon* und *Gorgias* stellt er Sokrates im Wortwechsel mit jemandem dar, dessen philosophischer Standpunkt sich durch logische Fragen und Antworten als falsch erweist – ein Prozess, den man als Dialektik bezeichnet. Zu den später entstandenen Werken gehören u. a. *Politeia* und *Phaidon*. In diesen Dialogen entwickelt er die Theorie, dass in einem Reich außerhalb der physikalischen Welt abstrakte Werte – wie die Wahrheit oder das Gute – existieren, die er als Ideen bezeichnet. In *Politeia*, der ersten Utopie einer gerechten Gesellschaftsordnung, ist Platon der Ansicht, der ideale Staat sei keine Demokratie, sondern würde vielmehr von Philosophenkönigen regiert. In *Phaidon* behauptet er, die menschliche Seele sei unsterblich und finde nach dem Tod ewige Wahrheit.

Platons umfangreichstes Werk aus seiner späten Schaffensperiode ist *Nomoi*, in dem er die demokratische Ordnung Athens verwirft. Platon war der Lehrer von ARISTOTELES. Seine Werke wurden Ende des 15. Jh. ins Lateinische übersetzt.

Plinius der Ältere (23/24–79), auch Gaius Plinius Secundus genannt, römischer Schriftsteller und Autor der *Naturalis historia*, einer 37-bändigen Enzyklopädie, die bis zum 17. Jh. eine wichtige Quelle für wissenschaftliche Erkenntnisse war. Plinius, der zunächst Offizier war, dann in Rom Jura studierte und sich anschließend in Como seinen Forschungen widmete, kehrte nach dem Regierungsantritt von Kaiser VESPASIAN im Jahr 69 ins öffentliche Leben zurück. Nach dem Tod seines Schwagers adoptierte er seinen Neffen PLINIUS DEN JÜNGEREN. Als Kommandant der kaiserlichen Flotte im Golf von Neapel ging Plinius 79 an Land, um den Ausbruch des Vesuv zu beobachten, wobei er den Tod fand.

Plinius der Jüngere (61/62–um 113), auch Gaius Plinius Caecilius Secundus genannt, römischer Schriftsteller und Politiker, Neffe von PLINIUS DEM ÄLTEREN. Nachdem er lange als Anwalt gearbeitet hatte, wurde Plinius im Jahr 100 Konsul. Als Freund von Kaiser TRAJAN und dem Historiker Publius Cornelius TACITUS führte er einen regen Briefwechsel, den er in zehn Bänden veröffentlichte. Sie vermitteln ein detailliertes Bild vom Lebensstil der römischen Oberschicht und liefern u. a. einen Augenzeugenbericht über den Ausbruch des Vesuv bei POMPEJI im Jahr 79.

Plutarch (um 46–um 120), griechischer Philosoph und Historiker. Er lebte in Nordgriechenland, war weit gereist und lehrte in Rom Philosophie. Zu seinen überlieferten Werken gehören u. a. 46 Lebensbeschreibungen, in denen immer zwei berühmte Griechen und Römer miteinander verglichen werden, z. B. ALEXANDER DER GROSSE und Iulius CAESAR. Dabei liegt der Schwerpunkt auf dem Charakter der Personen, die mit ihnen verbundenen Ereignisse werden nur kurz gestreift. Die englischen Übersetzungen dieser Biographien haben das Schaffen William SHAKESPEARES beeinflusst, insbesondere bei den römischen Stücken wie *Antonius und Kleopatra* oder *Julius Caesar*.

Pocken, meldepflichtige, sehr ansteckende Infektionskrankheit – auch unter der Bezeichnung Blattern bekannt –, der jahrhundertelang weltweit ungezählte Menschen zum Opfer gefallen sind. Die durch das Variola-Virus ausgelöste Seuche trat vermutlich schon in Ägypten zur Zeit der Pharaonen auf und ist um 1000 v. Chr. im Fernen Osten belegt. Im 16. Jh. löschte sie, eingeführt durch die Spanier, etwa ein Drittel der einheimischen Bevölkerung in Mittel- und Südamerika aus und war damit ein bedeutender Faktor für den Untergang des Inka-Reiches. Mit der von dem britischen Arzt Edward JENNER 1796 eingeführten Pockenimpfung fand diese Seuche allmählich ein Ende, dennoch forderte Anfang der 70er-Jahre des 19. Jh. eine Pockenepidemie in Deutschland noch rund 100 000 Tote. Heute gilt die Krankheit als ausgerottet.

Pogrom, von einer Regierung gebilligte Gewalttaten gegen rassische, religiöse oder nationale Minderheiten, am häufigsten gegen Juden. Das russische Wort bedeutet Verwüstung und bezeichnet den speziellen

Opfer eines russischen Pogroms liegen auf einem jüdischen Friedhof. Nach der fehlgeschlagenen Revolution 1905 schürte die Regierung den Antisemitismus und die Ausschreitungen eskalierten.

Fall der Angriffe gegen russische Juden 1881–1917. Der erste Pogrom erfolgte 1881 in der Ukraine nach der Ermordung von Zar ALEXANDER II. Obwohl der Mörder kein Jude war, kam es durch böswillige Gerüchte zu Ausschreitungen gegen Juden und deren Eigentum, desgleichen 1903 in Moldawien sowie 1905 nach einer fehlgeschlagenen Revolution in Russland. Der ANTISEMITISMUS veranlasste damals zahlreiche Juden, nach Westeuropa und in die USA auszuwandern und den ZIONISMUS zu unterstützen, der zur Rückkehr der Juden nach PALÄSTINA aufforderte.

In Deutschland kam es während der Herrschaft der Nationalsozialisten zu Judenpogromen. Seit der Machtübernahme Adolf HITLERS 1933 wurden Juden zunehmend diskriminiert und entrechtet. Am 9./10. November 1938 fand mit der so genannten Reichskristallnacht ein von Joseph GOEBBELS angestifteter Pogrom statt, bei dem NS-Trupps jüdisches Eigentum in Brand setzten oder ausplünderten und auch Mordtaten an der jüdischen Bevölkerung begingen. Während des ZWEITEN WELTKRIEGS nahm die staatlich organisierte Gewalt gegen Juden in Deutschland und in den besetzten Gebieten Europas zu und führte schließlich zum HOLOCAUST.

Poincaré, Raymond (1860–1934), französischer Staatspräsident 1913–20, der die Reparationsforderungen gegenüber Deutschland kompromisslos durchsetzte. Als Ministerpräsident 1911–13 bemühte er sich angesichts eines drohenden Krieges um mehr Sicherheit für sein Land, indem er den Militärdienst von zwei auf drei Jahre erhöhte und intensive Beziehungen zu den Bündnispartnern Russland und Großbritannien pflegte. Nach dem Sieg der Alliierten im ERSTEN WELTKRIEG forderte er 1920 als Vorsitzender der Reparations-Kommission unnachsichtig von der deutschen Regierung die buchstabengetreue Erfüllung des VERSAILLER VERTRAGS und der darin festgelegten Reparationszahlungen. Wegen eines geringfügigen Verzugs in der Erfüllung von Reparationsverpflichtungen ließ er 1923 das Ruhrgebiet besetzen, worauf es in Deutschland zum Generalstreik und zu einer explosionsartigen Geldentwertung kam, die in der großen INFLATION von 1923 mündete.

Nachdem Poincaré 1924 nach einer Wahlniederlage zurücktreten musste, wurde er 1926 erneut Ministerpräsident. 1929 gab er sein Amt aus gesundheitlichen Gründen auf, warnte aber die Franzosen vor möglichen Aggressionen Deutschlands.

Poitiers, Schlacht bei (19. September 1356), vernichtende Niederlage der Franzosen im HUNDERTJÄHRIGEN KRIEG zwischen England und Frankreich. EDUARD, der Schwarze Prinz, Sohn des englischen Königs Eduard III., führte eine englisch-gascognische Armee von etwa 7000 Mann nach Zentralfrankreich, wo er am 17. September in der Nähe von Poitiers auf eine zahlenmäßig weit überlegene französische Armee traf. Da für den folgenden Tag, einen Sonntag, Waffenruhe beschlossen worden war, konnten Eduards Truppen entlang einem Sumpfgebiet Stellung beziehen. In der Schlacht am Montag sanken die französischen Ritter im Sumpf ein, wurden abgeworfen und stellten so leichte Ziele für die englischen Bogenschützen dar. Der französische König Johann II. der Gute wurde gefangen genommen und so lange festgehalten, bis er im Mai 1360 dem Friedensvertrag von Bretigny zustimmte, der ihn große Gebietsverluste und ein hohes Lösegeld kostete. Das Abkommen beendete die erste Phase des Hundertjährigen Krieges.

Polen, Staat in Mitteleuropa. Erster König war im 10. Jh. Mieszko I. aus dem Geschlecht der Piasten, der unter dem Einfluss seiner tschechischen Frau Dubrawka das Christentum annahm. Die Piasten wurden 1386 von den litauischen Jagiellonen abgelöst, und 1569 wurde durch den Vertrag von Lublin ein gemeinsamer polnisch-litauischer Staat geschaffen.

Nach dem Tod von Sigismund II. 1572 führte man in Polen das Wahlkönigtum ein. Zu den bekanntesten Herrschern der folgenden Zeit gehörte Jan SOBIESKI, der 1673 bei Kotin die Osmanen schlug. Nach dem Schwedisch-Polnischen Krieg 1655–60 musste Polen die schwedische Herrschaft über Livland und Estland bestätigen. Unter PETER DEM GROSSEN geriet es in russische Abhängigkeit, und dieser sorgte dafür, dass Friedrich August I., Kurfürst von Sachsen, als AUGUST II. DER STARKE die polnische Königskrone erlangte.

In den Jahren 1772, 1793 und 1795 wurde der polnische Staat unter den drei mächtigen Nachbarn RUSSLAND, PREUSSEN und ÖSTERREICH aufgeteilt. Nach seinem Sieg über Preußen und Russland schuf NAPOLEON I. 1807 ein von Frankreich abhängiges Großherzogtum Warschau; doch nach

seinem Sturz wurde auf dem WIENER KONGRESS 1815 das mit Russland in Personalunion verbundene Königreich Polen gegründet, dessen Hauptbestandteil das ehemalige Herzogtum war. Polnische Patrioten erhoben sich jedoch 1830/31 gegen die Fremdherrschaft, woraufhin Zar NIKOLAUS I. Polen annektierte.

Am Ende des ERSTEN WELTKRIEGS schufen die siegreichen Alliierten eine unabhängige Republik Polen, die unter der Führung von Marschall Jozef PILSUDSKI stand. Durch den Versailler Friedensvertrag 1919 erhielt sie über das Gebiet des POLNISCHEN KORRIDORS, der Ostpreußen vom Rest des Deutschen Reiches abtrennte, Zugang zur Ostsee. Streitigkeiten wegen des polnischen Korridors nahm Adolf HITLER 1939 zum Anlass, Polen zu überfallen, und löste damit den ZWEITEN WELTKRIEG aus. Nur wenige Tage vor Kriegsausbruch hatten sich die Diktatoren Adolf Hitler und Jossif STALIN in einem geheimen Zusatzartikel des deutsch-sowjetischen Nichtangriffspakts über die Aufteilung Polens zwischen Deutschland und der UdSSR geeinigt. Nach dem Überfall Hitlers auf die Sowjetunion 1941 kam ganz Polen unter deutsche Herrschaft; bei der Gegenoffensive der ROTEN ARMEE wurden die Deutschen jedoch aus Polen vertrieben, und es etablierte sich dort eine von Moskau abhängige Regierung. Auf Beschluss der Konferenzen von JALTA und POTSDAM wurden 1945 die Grenzen von Polen neu festgelegt: Die UdSSR bekam Ostpolen zugesprochen, Deutschland musste seine Gebiete östlich der ODER-NEISSE-LINIE an Polen abtreten.

Die enge Zusammenarbeit zwischen dem polnischen Kommunistenführer Boleslaw Bierut und Jossif Stalin führte nach Kriegsende zum Aufbau einer Diktatur nach sowjetischem Vorbild, und 1952 wurde Polen auch offiziell eine sozialistische Volksrepublik. 1956 kam es aufgrund von Lebensmittelknappheit zum Streik polnischer Arbeiter, und 1970 führten landesweite Unruhen zum Rücktritt Wladyslaw GOMULKAS zugunsten von Eduard Gierek als Parteiführer. 1980 wurde im Anschluss an Streiks auf der Danziger Lenin-Werft um bessere Lebensbedingungen und mehr politische Freiheiten die Gewerkschaft SOLIDARNOŚĆ unter Führung von Lech WAŁĘSA gegründet. Eine erneute Streikwelle 1988 führte zu Verhandlungen der Regierung mit Solidarność.

Anfang 1990 löste sich die bis dahin allein regierende Kommunistische Partei auf, und bei den ersten freien Wahlen im selben Jahr errang die Solidarność einen überwältigen-

---

WUSSTEN SIE, DASS?

Eine polnische Besonderheit im 17./18. Jh. war das Liberum veto, das Recht jedes Reichstagsmitglieds, gegen Beschlüsse Einspruch zu erheben. Entscheidungen konnten daher nur einstimmig gefasst werden – wodurch Polen politisch sehr geschwächt war.

ПОЛИТБЮРО ЦК КПСС

Das Politbüro von 1977 an der Spitze der Kommunistischen Partei der UdSSR übte absolute Macht aus.

den Sieg. Im Dezember 1990 wurde Wałęsa zum Staatspräsidenten gewählt, doch sein Versuch, übergangslos die Marktwirtschaft einzuführen, brachte nicht den erhofften Erfolg und verursachte mehrere Regierungskrisen. 1995 verlor Wałęsa das Präsidentenamt an Aleksander Kwasniewski, und seit 1997 wird Polen von einer liberal-konservativen Koalition regiert.

Polis, Stadtstaat im alten Griechenland. Seit etwa dem 8. Jh. v. Chr. bildeten sich in Griechenland zahlreiche Stadtstaaten, die im 6.–4. Jh. v. Chr. als Zentren hoch entwickelter Politik und Kultur ihre Blütezeit erreichten. Die Polis entstand meist am Fuß einer Burg, der Akropolis, um die sich eine befestigte Stadt ansiedelte, die auch die umliegende ländliche Region beherrschte.

Die Polis verstand sich als Gemeinschaft freier Bürger, die sich nach eigenen Gesetzen selbst verwaltete und in der jeder Vollbürger bestimmte Rechte und Pflichten hatte – das galt allerdings nicht für Frauen, für in der Polis wohnende Fremde und für Sklaven. Die Volksversammlung traf auf der Agora, dem Marktplatz, alle politischen Entscheidungen; Rat und Magistrate, deren Mitglieder für ein Jahr gewählt bzw. ausgelost wurden, waren für die Verwaltung zuständig.

Nach dem Sieg König PHILIPPS II. von Makedonien 338 v. Chr. bei Chäronea verloren die griechischen Stadtstaaten teilweise ihre Unabhängigkeit, konnten sich aber auch in der Zeit des HELLENISMUS noch eine gewisse Autonomie und in begrenztem Umfang ein eigenständiges kulturelles Leben bewahren.

Politbüro, das führende politische Organ der Kommunistischen Partei der SOWJETUNION der KPdSU und kommunistischer Satellitenstaaten nach dem ZWEITEN WELTKRIEG.

In Russland wurde das Politbüro nach der Revolution der BOLSCHEWIKEN 1917 als Führungsorgan geschaffen. Es wurde zwar nominell vom Zentralkomitee der Partei gewählt, übte aber in der Praxis unumschränkte Gewalt aus. Der Vorsitzende des Politbüros war der Generalsekretär der Kommu-

nistischen Partei und der eigentliche Machtfaktor der UdSSR. Nachdem die Sowjetunion auseinander gebrochen war und die KPdSU im Jahr 1991 das Machtmonopol verloren hatte, wurde das Politbüro aufgelöst.

Polizei, Verwaltungsinstitution mit den Hauptaufgaben der Verfolgung von Straftaten und Ordnungswidrigkeiten und der Abwehr von Gefahren für die öffentliche Sicherheit und Ordnung. In Deutschland richten sich die Maßnahmen, die die Polizei für die erstgenannte Aufgabe trifft, nach der Strafprozessordnung; die Maßnahmen für die zweite Aufgabe richten sich nach den jeweiligen Polizeigesetzen der einzelnen Bundesländer.

Die Polizei entstand zur Zeit des ABSOLUTISMUS – allerdings waren damals Gesetzgebung und ausführende Gewalt beide in der Hand des Monarchen bzw. der Regierung, und die Justiz war nicht unabhängig, sodass die Polizeigewalt des Staates unbeschränkt war. In derartigen Polizeistaaten waren die Rechte des Einzelnen nicht geschützt. Erst die Philosophie der AUFKLÄRUNG und die FRANZÖSISCHE REVOLUTION gaben den Anstoß für die Entwicklung des modernen Rechtsstaats, in dem Gewaltenteilung herrschte und die Befugnisse der Polizei festgelegt und schließlich in speziellen Gesetzen genau geregelt wurden.

Einen Sonderfall stellt die politische Polizei in totalitären Diktaturen dar wie die TSCHEKA unter Jossif STALIN und die GESTAPO bei den Nationalsozialisten.

Polnischer Korridor, ein Teil des polnischen Territoriums, der nach dem ERSTEN WELTKRIEG Ostpreußen vom restlichen Deutschen Reich trennte. Er wurde POLEN 1919 im VERSAILLER VERTRAG zugesprochen, damit es einen Zugang zur Ostsee hatte. Im September 1939 überfiel Adolf HITLER Polen und marschierte in den polnischen Korridor ein, in dem eine deutsche Minderheit lebte. Großbritannien und Frankreich – durch Beistandspakte Polen verpflichtet – erklärten Deutschland den Krieg, und damit begann der ZWEITE WELTKRIEG. Nach Kriegsende erhielt Polen den Korridor zurück und dazu weitere deutsche Gebiete bis zur ODER-NEISSE-LINIE.

Polnischer Thronfolgekrieg (1733–35), Krieg zwischen den Verbündeten Russland und Österreich gegen Frankreich um die Nachfolge des 1733 verstorbenen Königs von Polen, AUGUST II. DES STARKEN. Russland und Österreich unterstützten dessen Sohn Friedrich August von Sachsen, die Franzosen hingegen setzten sich für den Schwiegervater LUDWIGS XV., Stanislaus Leszczynski, ein, der vom polnischen Adel als Stanislaus I. zum König gewählt wurde. Daraufhin marschierten russische Truppen in Polen ein, wo sie die Nachfolge Friedrich Augusts als August III. durchsetzten. Die Auseinandersetzung zwischen Russland und Frankreich griff auf andere Länder über: Spanien und Sardinien schlossen sich Frankreich an, Österreich hingegen Russland.

Im Friedensvertrag 1735 verzichtete Stanislaus I. auf den polnischen Thron, erhielt aber die Herzogtümer Lothringen und Bar, die nach seinem Tod wieder an Frankreich zurückfallen sollten. Spanien bekam Neapel und Sizilien von Österreich, und Frankreich stimmte der PRAGMATISCHEN SANKTION zu, durch die MARIA THERESIA die Nachfolge ihres Vaters antreten konnte.

Um 1850 gehörte es zu den Aufgaben der britischen Polizisten, den Bobbys, Verbrechen zu verhindern, die Straßenlaternen anzuzünden, die Zeit auszurufen und Brände zu melden.

Pol Pot (1928–98), kambodschanischer Politiker und Anführer der GUERILLA-Bewegung ROTE KHMER, unter deren Terrorherrschaft 1975–79 rund 2 Mio. Menschen ermordet wurden. Pol Pot, dessen richtiger Name Saloth Sar lautete, lebte 1949–53 in Frankreich; er studierte in Paris und wurde dort Mitglied der französischen kommunistischen Partei. Nach seiner Rückkehr war er 1960 Mitbegründer der kommunistischen Partei Kambodschas, die gegen die französische Kolonialmacht kämpfte.

1970 brach ein Bürgerkrieg aus, und nach fünf Jahren stürzten die Roten Khmer die Militärregierung von General Lon Nol. Prinz Norodom SIHANOUK kehrte aus dem chinesischen Exil zurück und wurde nominell Staatsoberhaupt, aber praktisch ohne Machtbefugnisse. Nach seiner Wahl zum Ministerpräsidenten 1976 begründete Pol Pot eine Diktatur, in der Massenmorde an der Bevölkerung verübt wurden, um Kambodscha in einen primitiven kommunistischen Agrarstaat zu verwandeln.

Nachdem Pol Pot 1979 von einmarschierenden vietnamesischen Truppen gestürzt worden war, zog er sich mit den Roten Khmer an die thailändische Grenze zurück, von wo aus sie den Guerillakrieg weiterführten. 1985 gab Pol Pot die Leitung der Bewegung auf, behielt aber bestimmenden Einfluss, bis er 1997 von eigenen Truppen gefangen genommen und von einem so genannten Volksgerichtshof zu lebenslanger Haft verurteilt wurde.

Poltawa, Schlacht bei (1709), entscheidender russischer Sieg gegen Schweden im NORDISCHEN KRIEG. Obwohl der schwedische König KARL XII. von Iwan Mazeppa, dem Hetman der Kosaken, unterstützt wurde, erlitt seine Armee durch die Truppen des russischen Zaren PETER DES GROSSEN bei der Stadt Poltawa in der Ukraine eine schwere Niederlage. Durch den Frieden von Nystadt 1721 verlor Schweden seine Vormachtstellung an der Ostsee, und Russland beherrschte durch den Zugewinn von Livland, Estland, Ingermanland und einem Teil Kareliens das Baltikum.

Polybios (um 200–um 120 v. Chr.), griechischer Geschichtsschreiber, der über den Aufstieg des RÖMISCHEN REICHES berichtete. Polybios wurde nach der Eroberung Makedoniens durch die Römer 168 v. Chr. als Geisel nach Rom gebracht, wo er sich mit Publius Cornelius SCIPIO Aemilianus anfreundete, mit dem er zusammen in den Dritten PUNISCHEN KRIEG zog. Polybios verfasste 264–144 v. Chr. eine 40-bändige Geschichte des Römischen Reiches, von der jedoch nur fünf Bücher vollständig erhalten sind. Er schrieb den Erfolg Roms den Fähigkeiten der

Die Polynesier beschworen Glück und Unglück mit magischen Riten. Vermutlich diente auch die Holzfigur aus Tahiti der Hexerei.

Armeeführer sowie einem Gleichgewicht zwischen aristokratischen und demokratischen Elementen in der RÖMISCHEN REPUBLIK zu. Polybios gilt als moderner Historiker, weil er sich um eine objektive Sichtweise bemühte und Quellen auswertete.

Polynesier, Bewohner der polynesischen Inseln im Pazifik, etwa in dem von Hawaii, der OSTERINSEL und NEUSEELAND gebildeten Dreieck. Sie kamen vermutlich vor über 3500 Jahren aus Indien und Indonesien über Mikronesien hierher und siedelten sich um 1140 v. Chr. auf Tonga und zwischen 1000 und 500 v. Chr. auf Samoa an. Später breiteten sie sich in andere Teile von Französisch-Polynesien aus, und bis 500 n. Chr. waren sie nach Osten bis zur OSTERINSEL und nach Norden bis nach Hawaii vorgedrungen. Innerhalb der nächsten 500 Jahre erreichten sie die Cook-Inseln und Neuseeland. Die größte Einwanderungswelle der Maori von den Marquesas-Inseln nach Neuseeland erfolgte um 1350. Obwohl die Kulturen auf den einzelnen Inselgruppen sehr unterschiedlich sind, haben die Polynesier neben der Verwandtschaft ihrer Sprachen einige Gemeinsamkeiten: überlieferte Familiengeschichten, den Glauben an viele Götter und die Einteilung der Gesellschaft in verschiedene Klassen.

Pombal, Sebastião José, Marquis von (1699–1782), Staatsmann und 1756–77 Regierungschef von PORTUGAL. Nach der Zerstörung Lissabons durch ein furchtbares Erdbeben 1755 organisierte er den Wiederauf-

bau der Stadt. Als Anhänger der AUFKLÄRUNG wies er 1759 die JESUITEN aus Portugal und seinen Kolonien aus und unterstellte die INQUISITION königlicher Kontrolle. Er stärkte Gewerbe und Handel und ging gegen die Korruption in der Verwaltung vor. Nach dem Tod König Josés I. 1777 wurde er von der kirchenfreundlichen Königin Maria I. entlassen.

Pommern, Gebiet an der Ostsee, beiderseits des Unterlaufs der Oder. Die von slawischen Stämmen bewohnte Region wurde im 12. Jh. von Polen erobert und christianisiert. 1532 wurde Pommern aufgeteilt in das östlich gelegene Hinterpommern, das nach dem DREISSIGJÄHRIGEN KRIEG durch den WESTFÄLISCHEN FRIEDEN 1648 zu Brandenburg-Preußen kam, und in das westlich gelegene Vorpommern, das im selben Jahr an Schweden fiel. Nach dem NORDISCHEN KRIEG 1700–21 erhielt PREUSSEN den östlichen Teil Vorpommerns von Schweden und nach den BEFREIUNGSKRIEGEN auf dem WIENER KONGRESS 1815 noch das restliche schwedische Vorpommern. Preußen war damit im Besitz von ganz Pommern. Nach dem ZWEITEN WELTKRIEG ging der östlich der Oder liegende Teil Pommerns an Polen, der westliche Teil kam an die 1949 gegründete DEUTSCHE DEMOKRATISCHE REPUBLIK. Seit der WIEDERVEREINIGUNG 1990 ist dieser Teil Pommerns im Bundesland Mecklenburg-Vorpommern aufgegangen.

Pompadour, Jeanne, Marquise de (1721–64), Mätresse König LUDWIGS XV. von Frankreich. Die schöne und intelligente Frau, die aus bürgerlichen Verhältnissen stammte und 1745 Mätresse des Königs wurde, übte Einfluss auf seine Politik aus. Sie bewunderte und unterstützte VOLTAIRE und andere Philosophen der AUFKLÄRUNG. Darüber hinaus war sie eine großzügige

Die schöne und verwöhnte Madame de Pompadour erregte 1745 bei einem Ball die Aufmerksamkeit des französischen Königs Ludwig XV.

Durch die Ascheschicht konservierte Körperumrisse und Fresken brachten die Ausgrabungen in Pompeji ans Licht.

Kunstmäzenin und gründete die Porzellanmanufaktur von Sèvres. Die Pompadour sprach sich für die Allianz mit Österreich aus, durch die Frankreich im 18. Jh. in den SIEBENJÄHRIGEN KRIEG verwickelt wurde, der für das Land mit einer schweren Niederlage endete.

Pompeius, Gnaeus P. Magnus (106 bis 48 v. Chr.), römischer Feldherr und Staatsmann, Rivale von Iulius CAESAR. Sein Aufstieg begann 81 v. Chr., als er im Auftrag von Lucius Cornelius SULLA die Anhänger von Marius besiegte. 71 v. Chr. schlug er den von SPARTAKUS angeführten Sklavenaufstand in Italien nieder. Im folgenden Jahr zum Konsul gewählt, setzte er durch, dass die Rechte der Volkstribunen wieder hergestellt wurden. In nur drei Monaten befreite er 67 v. Chr. das Mittelmeer vom PIRATEN-Unwesen.

66–63 v. Chr. kämpfte Pompeius erfolgreich gegen MITHRIDATES VI. von PONTOS und gliederte dessen Land dem RÖMISCHEN REICH ein. Nach seiner Rückkehr nach Rom zeichnete ihn der Senat 61 v. Chr. mit dem Ehrentitel Magnus aus. Im Jahr darauf verbündete sich Pompeius mit Iulius Caesar und Marcus Licinius CRASSUS gegen den Senat und schuf das Erste Triumvirat. Nach dem Tod von Crassus 53 v. Chr. entwickelte sich jedoch zwischen ihm und seinem Schwiegervater – seine 54 v. Chr. verstorbene Frau Iulia war Caesars Tochter – eine zunehmende Rivalität.

Im Jahr 49 v. Chr. überschritt Caesar mit einer Legion den RUBIKON, die Grenze zwischen der Provinz GALLIEN und dem Bürgerland Rom, und eröffnete damit den Bürgerkrieg gegen Pompeius und seine Anhänger. Ein Jahr später fiel die Entscheidung im Machtkampf: Pompeius wurde von Caesar in der Schlacht von Pharsalos in Thessalien geschlagen, floh nach Ägypten und wurde dort bei seiner Ankunft auf Veranlassung des Königs Ptolemaios XIII. ermordet.

Pompeji, Stadt am Golf von Neapel, die im August 79 durch einen Ausbruch des Vesuv zerstört wurde. Pompeji war eine florierende Kolonie Roms, die der Venus, der römischen

Göttin der Liebe, geweiht war, und hatte vor der Katastrophe rund 15 000 Einwohner. Bereits im Jahr 62 waren Pompeji und das benachbarte HERCULANEUM durch ein Erdbeben zerstört worden, aber man hatte beide Städte nahezu wieder aufgebaut, als sie 17 Jahre später Opfer des Vulkans wurden. PLINIUS DER JÜNGERE war Augenzeuge des Ausbruchs, bei dem Pompeji unter einer tödlichen Aschewolke versank, und beschrieb ihn in seinen Briefen an den Historiker TACITUS.

Im 16. Jh. wurden erste Hinweise auf die Ruinen Pompejis entdeckt. Ausgrabungsarbeiten begannen 1748, wurden aber erst Mitte des 19. Jh. systematisch in Angriff genommen. Sie trugen zu einer Wiederbelebung des klassischen Kunst- und Architekturstils bei, den man als Neoklassizismus bezeichnet.

Pompidou, Georges (1911–74), französischer Politiker, Staatspräsident 1969–74. Er war im ZWEITEN WELTKRIEG Mitglied der WIDERSTANDSBEWEGUNG und wurde 1944 Mitstreiter von Charles de GAULLE. Von 1946 an hatte Pompidou verschiedene Regierungsämter und einen hohen Posten in einer Bank inne, bis er 1962 von de Gaulle zum Premierminister ernannt wurde. Im selben Jahr führte er in Evian-les-Bains Verhandlungen mit der provisorischen Regierung ALGERIENS, die mit einem Vertrag endeten, in dem die algerische Unabhängigkeit anerkannt wurde.

Nach Streiks und Unruhen im Mai 1968 entließ de Gaulle Pompidou, doch als dieser ein Jahr später zurücktrat, wurde Pompidou

sein Nachfolger als Staatspräsident. Er setzte sich für die europäische Einigung ein und hob das Veto Frankreichs gegen die Mitgliedschaft Großbritanniens in der Europäischen Wirtschaftsgemeinschaft auf. Das nationale Kulturzentrum in der Hauptstadt Paris, das unter ihm in Auftrag gegeben worden war, wurde ihm zu Ehren Centre Pompidou benannt.

Pontifex, lateinisch wörtlich: Brückenbauer, Bezeichnung für die obersten Priester im antiken Rom. Sie hatten die Aufgabe, für die Einhaltung der religiösen Gesetze und Vorschriften zu sorgen. Ihr Oberhaupt war der Pontifex maximus, der auf dem FORUM residierte. Seit der Herrschaft des AUGUSTUS nannten sich auch römische Kaiser Pontifex maximus, und ab der Renaissance ist diese Bezeichnung – abgekürzt P. M. – ein offizieller Titel der Päpste, den bereits LEO I. DER GROSSE im 5. Jh. für sich beanspruchte, um den Vorrang des Bischofs von Rom zu dokumentieren.

Pontos, Königreich in Kleinasien – im Nordosten der heutigen Türkei –, das im 4. Jh. v. Chr. gegründet wurde. In den beiden folgenden Jahrhunderten wuchs die Macht von Pontos. 183 v. Chr. annektierte Pharnakes I. den Schwarzmeerhafen Sinope und machte ihn zu seiner Hauptstadt. Die größte Machtentfaltung erreichte Pontos unter MITHRIDATES VI., der ganz Kleinasien eroberte und bis zur Krim vorrückte. Da er damit in den Herrschaftsbereich Roms vor-

Die kühne Architektur des Centre Pompidou bereichert das Pariser Stadtbild und ist ein Vermächtnis des gleichnamigen Staatspräsidenten.

stieß, wurde er 66 v. Chr. von dem römischen Feldherrn Gnaeus POMPEIUS bekämpft und besiegt. Bei der anschließenden Neuordnung Kleinasiens schloss dieser Pontos der römischen Provinz Bithynien an.

Portsmouth, Frieden von (1905), in Portsmouth im amerikanischen Bundesstaat New Hampshire unterzeichneter Friedensvertrag, der den RUSSISCH-JAPANISCHEN KRIEG beendete. Nach mehreren Niederlagen Russlands gegen Japan 1904/05 trat der amerikanische Präsident Theodore ROOSEVELT als Vermittler auf, um den Krieg zu beenden. Im Friedensvertrag wurde vereinbart, dass Russland die Mandschurei räumen und Port Arthur – heute Lüshun – sowie die Südhälfte der Insel Sachalin an Japan abtreten musste und die japanische Einflussnahme auf Korea anerkannte. Damit etablierte sich Japan endgültig als das stärkste Land in Fernost, während Russland fortan den Schwerpunkt seiner Außenpolitik wieder auf Südosteuropa verlegte.

Portugal, europäischer Staat im Westen der Iberischen Halbinsel. Um 500 v. Chr. siedelten keltische Stämme in dieser Region, die rund 350 Jahre später von den Römern unterworfen und zur Provinz Lusitania gemacht wurde. Im 5. Jh. n. Chr. nahmen die germanischen Sweben den Nordteil und die Westgoten den Südteil des Landes in Besitz; 585 unterwarfen die Westgoten auch das Gebiet der Sweben. 711 vernichteten arabische Moslems unter dem Feldherrn Tarik das Westgotenreich; nur im Norden konnte sich ein christliches Gebiet, das Königreich Asturien, behaupten. Von dort aus begann später die RECONQUISTA, die christliche Rückeroberung des Landes, die um 1250 abgeschlossen war.

Unter der Aviz-Dynastie entstand zwischen 1385 und 1580 ein riesiges Kolonialreich. 1580 gliederte König PHILIPP II. von Spanien aufgrund von Erbansprüchen seiner verstorbenen ersten Gemahlin Portugal seinem Land an, doch 1640 wurde es wieder selbstständig, nachdem Johann II., Herzog von Braganza, als Johann IV. 1640–56 den Thron bestiegen und damit die portugiesische Königsdynastie der Braganza begründet hatte. Als Portugal 1807 der Kontinentalsperre NAPOLEONS I. nicht beitrat, marschierten französische Truppen ins Land ein, und die königliche Familie floh in die portugiesische Kolonie Brasilien. Johann VI. musste nach der Rückkehr 1822 eine liberale Verfassung akzeptieren.

Eine Revolution führte 1910 zum Sturz der Monarchie – der neu gegründeten Republik fehlte es jedoch an innerer Stabilität.

So kam es 1926 zu einem Militärputsch und 1932–68 zu einer diktatorischen Regierung des Ministerpräsidenten Antonio SALAZAR. 1974 stürzte eine Gruppe von Offizieren die Diktatur und sorgte nach den verlustreichen Kolonialkriegen, besonders in ANGOLA und Moçambique, dafür, dass fast alle PORTUGIESISCHEN KOLONIEN in die Unabhängigkeit entlassen wurden. Unter dem 1986–96 amtierenden sozialistischen Präsidenten Mario Soares trat Portugal 1988 der EUROPÄISCHEN UNION bei. Danach stabilisierte sich die innenpolitische Lage des Landes, und die Wirtschaft erlebte einen Aufschwung. Nachfolger von Soares ist seit März 1996 Jorge Sampaio, der frühere Generalsekretär der Sozialistischen Partei.

WUSSTEN SIE, DASS?

Der unblutige Umsturz von 1974 in Portugal wurde als so genannte Nelkenrevolution bezeichnet, weil eine rote Nelke das Symbol der putschenden Militärs war.

Portugiesisches Kolonialreich, Überseegebiete Portugals. Den Grundstein für das ausgedehnte Kolonialreich legte HEINRICH DER SEEFAHRER, unter dessen Schirmherrschaft seit 1418 die ersten Entdeckungsreisen stattfanden. Um 1530 umfassten die portugiesischen Überseebesitzungen im Atlantik die Kapverdischen Inseln, Madeira und die Azoren, außerdem den Großteil BRASILIENS sowie Siedlungen in Westafrika und die Küstengebiete von Angola; zu den Stützpunkten im Indischen Ozean gehörten außer dem ostafrikanischen Moçambique Hormus, Goa und Colombo, im Fernen Osten die Molukken, Macau, Malakka, Timor und Java. Die Kolonien brachten Portugal zunehmenden Reichtum, insbesondere aus dem fernöstlichen Gewürzhandel. Während des 17. Jh. ging der Großteil der Gebiete im Fernen Osten an Großbritannien und die Niederlande verloren. Brasilien erklärte sich 1822 für unabhängig, und die verbliebenen Kolonien errangen im 20. Jh. ihre Souveränität – mit Ausnahme von Macau, das erst im Dezember 1999 vollständig an China übergeht.

Porzellan, durchscheinend weiße, feinkörnige Keramik, die ihren Ursprung in China hat. Bereits ab der Tang-Dynastie 618–907 wurde Porzellan in den Vorderen Orient exportiert, wo es

Die Porzellankanne wurde im Jahr 1760 angefertigt und stammt aus der Manufaktur in Meißen.

sehr begehrt war. Während der Yuan-Dynastie 1279–1368 stellte man unter Verwendung von Kobalt das so genannte Blauweiß-Porzellan her, und in der Ming-Periode 1368–1644 entstand bereits prächtig gefärbtes Porzellan.

In Europa wurde Porzellan erstmals um 1575 in Florenz hergestellt; ab 1710 erfolgte die kommerzielle Produktion vor allem in Deutschland, und zwar in Meißen, das deshalb auch das sächsische Peking genannt wurde. Während man zunächst in der Bemalung noch den chinesischen Stil mit Motiven wie gelben Löwen und roten Drachen kopierte, entwickelte sich später ein neuer europäischer Dekorationsstil.

Bis zum Anfang des 18. Jh. blieb die Benutzung des teuren Porzellans nur den wohlhabenden Adligen vorbehalten, aber nachdem sich die Manufakturen zu Fabriken entwickelt hatten, die eine größere Stückzahl herstellen konnten, verdrängte das Porzellan auch in den bürgerlichen Haushalten allmählich das bis dahin übliche Zinn- und Steingutgeschirr. Etwa ab 1850 wurde Porzellan zur Massenware.

Post, staatliche Institution zur Beförderung von Nachrichten, Gütern und Personen und zur Abwicklung finanzieller Transaktionen. Die ersten postartigen Einrichtungen in der Antike und bis zum Spätmittelalter waren ausschließlich für die Obrigkeit bestimmt; erst die Einrichtung eines ständigen Kurierdienstes 1490 von Kaiser MAXIMILIAN I. zwischen den Habsburger Residenzen Innsbruck und Mechelen in Flandern legte den Grundstein für den Beginn des deutschen Postwesens. Es war jahrhundertelang das Monopol der Familie von Taxis, die sich später als Fürstengeschlecht von THURN UND TAXIS nannte. Sie übernahm neben der Beförderung von Schriftstücken seit Mitte des 16. Jh. auch die Beförderung von Amts- und seit Mitte des 17. Jh. auch die von Privatpersonen. Als Transportmittel dienten Postkutschen, an Poststationen wurden die Pferde gewechselt und den Passagieren Unterkunft und Verpflegung angeboten.

Nach dem Sieg Preußens im DEUTSCHEN KRIEG wurde 1868 eine einheitliche Post für den NORDDEUTSCHEN BUND geschaffen, die nach der Reichsgründung 1871 in die Reichspost umgewandelt wurde und für das ganze Reich – außer Bayern und Württemberg – zuständig war. Ab dem Jahr 1885 übernahm die Post, die sich seit Mitte des 19. Jh. der Eisenbahn und moderner Dampfschiffe bediente, eine neue Aufgabe: die Auszahlung der Renten aus der von Otto von BISMARCK neu gegründeten Rentenversicherung.

Das freundliche Lächeln von Winston Churchill, Harry S. Truman und Jossif Stalin bei der Potsdamer Konferenz täuscht über die Spannungen zwischen den ehemaligen Verbündeten hinweg.

Potemkin, Grigorij Aleksandrowitsch

(1739–91), russischer Feldmarschall und Günstling der Zarin KATHARINA II. DER GROSSEN. Nachdem er sich im Krieg Russlands mit dem Osmanischen Reich ausgezeichnet hatte, wurde er 1774 zum Grafen erhoben, 1783 nach der Annexion der Krim zum Fürsten. Er war trotz seines ausschweifenden Lebenswandels ein fähiger Staatsmann und ein verlässlicher Vertrauter Katharinas II. der Großen. Den Namen *Potemkin* trug das größte russische Schlachtschiff der Schwarzmeerflotte, auf dem im Juni 1905 eine Meuterei ausbrach, bei der der Kommandant und mehrere Offiziere über Bord geworfen wurden. Dieser Aufruhr wurde zum Symbol des Kampfes der unzufriedenen Bevölkerung gegen das zaristische Regime.

> ### WUSSTEN SIE, DASS?
>
> *Angeblich hat Potemkin bei einer Reise Katharinas auf die Krim Attrappen von Häuserfassaden errichten lassen, um Wohlstand in der Region vorzutäuschen. Doch das Blendwerk – die potemkinschen Dörfer – trägt seinen Namen zu Unrecht.*

Potosí

im 16. Jh. gegründete bolivianische Stadt. Im Jahr 1546 legten die Spanier Juan de Villaroel und Diego Centeno den Grundstein für die Siedlung und begannen mit dem Abbau ihrer ergiebigen Silberminen. Um 1700 war Potosí mit knapp 200 000 Einwohnern die größte und reichste Stadt Amerikas. Aufgrund der zahlreichen prachtvollen Bauten im Kolonialstil wurde sie zum Weltkulturerbe erklärt.

Potsdamer Konferenz

(17. Juli–2. August 1945), Konferenz der alliierten Siegerstaaten nach Beendigung des ZWEITEN WELTKRIEGS, in der über die politische Zukunft Deutschlands entschieden wurde. Konferenzteilnehmer im Schloss Cecilienhof bei Potsdam waren: der Präsident der USA Harry S. TRUMAN, der Diktator der UdSSR Jossif STALIN und der britische Premierminister Winston CHURCHILL, der Ende Juli von seinem Nachfolger Clement ATTLEE abgelöst wurde. Laut Konferenzbeschluss musste Deutschland auf sein Staatsgebiet östlich der ODER-NEISSE-LINIE verzichten. Bis zur endgültigen Festlegung der Grenze zwischen Deutschland und Polen in einem späteren Friedensvertrag wurde der Nordteil Ostpreußens mit Königsberg in sowjetische und der Südteil Ostpreußens sowie alle übrigen abgetretenen ostdeutschen Gebiete in polnische Verwaltung gegeben. Das restliche Deutschland wurde in vier BESATZUNGSZONEN aufgeteilt und vorläufig der obersten Regierungsgewalt der Siegerstaaten unterstellt. Deutschland wurden für die angerichteten Kriegsschäden Reparationszahlungen auferlegt. Außerdem sollte es völlig entmilitarisiert und entnazifiziert werden: Man beabsichtigte, die NSDAP zu zerschlagen, die Kriegsverbrecher vor Gericht zu stellen und die Deutschen zu einer friedliebenden, demokratischen Nation umzuerziehen.

Prager Fenstersturz

(1618), Protestaktion protestantischer böhmischer Stände gegen das katholische Herrscherhaus der HABSBURGER, die den DREISSIGJÄHRIGEN KRIEG auslöste. Am 23. Mai 1618 fand in Prag eine Versammlung böhmischer Adliger statt, die über die Verletzung protestantischer Rechte durch die Habsburgerregierung beriet. Empört über das Verhalten ihres Herrschers, zogen Abgesandte der Versammlung auf die Prager Burg, den Hradschin, und warfen kurzerhand die kaiserlichen Statthalter Martinic und Slavata samt ihrem Schreiber Fabricius aus dem Fenster ihres Amtszimmers. Alle drei überlebten den Sturz aus 15 m Höhe, weil sie auf einem weichen Abfallhaufen landeten. Dieser Gewaltakt führte zum Ausbruch eines jahrzehntelangen grausamen Religionskriegs und europäischen Machtkampfs.

Pragmatische Sanktion

ein von einem Herrscher herausgegebener Erlass, insbesondere zur Regelung der Thronfolge. Bekannt ist der Begriff vor allem durch die Pragmatische Sanktion aus dem Jahr 1713, durch die der römisch-deutsche Kaiser KARL VI. die Thronfolgeordnung im Haus HABSBURG abänderte. Karl VI. wollte sicherstellen, dass – falls er ohne männlichen Nachfolger bleiben sollte – auch eine Tochter von ihm die habsburgischen Lande erben würde. Mit dieser Bestimmung schloss er die Töchter seines 1711 verstorbenen Bruders und Vorgängers auf dem Thron, Kaiser Josephs I., von der Erbfolge aus.

Obwohl Kaiser Karl VI. durch Zugeständnisse erreicht hatte, dass die Monarchen der anderen europäischen Großmächte diese Regelung anerkannten, musste nach seinem Tod 1740 seine Tochter MARIA THERESIA im ÖSTERREICHISCHEN ERBFOLGE-

Die Prätorianer, hier in einem Marmorrelief dargestellt, waren nahe Rom kaserniert und übten großen politischen Einfluss aus.

Bei einer Vorwahl – in den USA Primary genannt – in Philadelphia 1980 winkt Senator Edward Kennedy seinen Anhängern zu.

KRIEG 1740–48 einen harten und zähen Kampf um die Durchsetzung ihrer Erbansprüche ausfechten.

Prätorianer, Mitglieder der kaiserlichen Leibwache im alten Rom. 27 v. Chr. stellte AUGUSTUS in Rom neun Kohorten von Prätorianern auf, die Abteilungen von 300 bis 600 Mann umfassten. An der Spitze dieser einflussreichen Elitetruppe, die den Kaiser begleitete, standen zwei Präfekten, die neben militärischen auch zunehmend zivile Aufgaben wahrnahmen. In späterer Zeit bestimmten die Prätorianer oft entscheidend die politische Entwicklung des Reiches, indem sie einen Kaiser proklamierten. Im Jahr 312 n. Chr. löste Kaiser KONSTANTIN I. DER GROSSE die Prätorianergarde auf und ersetzte sie durch eine neue Leibwache.

Presbyterianer, Mitglieder einer protestantischen reformierten Kirche, die statt von Bischöfen von Presbytern, den Ältesten, geleitet wird. Die Presbyterianer orientierten sich an der 1541 von dem Reformator Johann CALVIN für die Stadt Genf aufgestellten Kirchenordnung, nach deren Vorbild sie ganz auf Selbstverwaltung ausgerichtete Gemeindekirchen schufen. Der aus gewählten Presbytern zusammengesetzte Kirchenvorstand hatte über das religiöse Verhalten, aber auch über den sittlichen Lebenswandel der Gemeindemitglieder zu wachen. Der Besuch der Gottesdienste war Pflicht, die Teilnahme an weltlichen Vergnügungen wie beispielsweise Theater- oder Gasthausbesuch, Tanz oder Kartenspiel waren Vergehen, die hart bestraft wurden. Die presbyterianische Kirche verbreitete sich vor allem in angelsächsischen Ländern. 1560 wurde in Schottland die einzige presbyterianische Staatskirche, die unter der Leitung von John KNOX stand, geschaffen. In Großbritannien entstand eine Kirchenorganisation dagegen erst 1876. In den USA wurde schon 1706 die erste presbyterianische Kirche in Philadelphia gegründet; heute zählen die Presbyterianer in den USA rund 4 Mio. Mitglieder.

Preußen, ehemaliges deutsches Herzogtum an der Ostsee, seit dem 18. Jh. Bezeichnung für den brandenburgisch-preußischen Staat. Im 13. Jh. eroberten die Ritter des DEUTSCHEN ORDENS das Land zwischen Weichsel und Memel von dem heidnischen Stamm der Pruzzen und gründeten den Ordensstaat, der 1525 – nach dem Übertritt des letzten Hochmeisters zum Luthertum – eine weltliche Herrschaft, das Herzogtum Preußen, wurde.

Dieses kam 1618 durch Erbvertrag an den Kurfürsten von BRANDENBURG aus dem Haus der HOHENZOLLERN. Da das Herzogtum Preußen nicht zum HEILIGEN RÖMISCHEN REICH gehörte, konnte sich Kurfürst Friedrich III. im Jahr 1701 als Friedrich I. zum König in Preußen krönen. Danach wurde der Name Preußen auf den gesamten brandenburgisch-preußischen Staat übertragen, der im 18. Jh. unter den Königen FRIEDRICH WILHELM I. und FRIEDRICH II. DEM GROSSEN zur europäischen Großmacht aufstieg.

In den Kriegen gegen Napoleon I. verlor Preußen im Frieden von Tilsit 1807 rund die Hälfte seines Staatsgebiets, doch durch den WIENER KONGRESS 1815 bekam es den Großteil der verlorenen Ländereien wieder

zurück und wurde Mitglied im neu gegründeten DEUTSCHEN BUND. In den DEUTSCHEN EINIGUNGSKRIEGEN verdrängte Preußen unter Führung des Ministerpräsidenten Otto von BISMARCK 1866 Österreich aus Deutschland, und nach dem Krieg gegen Frankreich schuf dieser 1871 das DEUTSCHE REICH. In diesem kleindeutschen Nationalstaat war Preußen bis zum Jahr 1945 das größte und einflussreichste Land und stellte mit Berlin die Hauptstadt.

Am Ende des ZWEITEN WELTKRIEGS wurde Deutschland von den alliierten Siegerstaaten besetzt und das Land Preußen aufgelöst. Der Nordteil Ostpreußens – des ehemaligen Herzogtums Preußen – kam unter sowjetische, dessen Südteil unter polnische Verwaltung; die übrigen preußischen Gebiete östlich der ODER-NEISSE-LINIE wurden ebenfalls Polen unterstellt. Die westlich dieser Grenze liegenden Landesteile Preußens wurden in die alliierten BESATZUNGSZONEN einbezogen und sind seit der WIEDERVEREINIGUNG 1990 Bestandteile verschiedener Länder der BUNDESREPUBLIK DEUTSCHLAND.

Primary, gesetzlich festgelegte Vorwahl in den Bundesstaaten der USA, bei der die Kandidaten für ein Amt – darunter auch das Präsidentenamt – nominiert und Delegierte für den Nationalkonvent ihrer Partei gewählt werden. Während noch im 19. Jh. die Delegierten für den Nationalkonvent von verdienten Parteimitgliedern auf eher undemokratische Weise bestimmt wurden, hielt Wisconsin im Jahr 1903 als erster US-Bundesstaat eine demokratische Vorwahl für die Nominierung von Kandidaten ab. 1917

Während der Prohibitionszeit 1920–33 wurde in den USA in staatlichem Auftrag literweise Whisky in die Kanalisation geschüttet, doch Schwarzbrennerei und Schwarzhandel florierten.

wurden in allen Bundesstaaten – mit Ausnahme von vier – Primary-Wahlen abgehalten, und heutzutage finden sie in allen Staaten statt.

Primo de Rivera, Miguel (1870–1930), spanischer General und Politiker, Diktator Spaniens 1923–30. Im SPANISCH-AMERIKANISCHEN KRIEG von 1898 kämpfte Primo de Rivera, der mit 14 Jahren in die Armee eingetreten war, in Kuba und auf den Philippinen, 1909–13 diente er in Marokko. 1922/23 bekleidete er das Amt des Generalkapitán von Katalonien, dann kam er durch einen Putsch, den der spanische König Alfons XIII. unterstützte, an die Macht. Primo de Rivera errichtete zunächst eine Militärdiktatur, nahm aber ab 1925 auch Zivilisten in sein Kabinett auf. Weil er die Großgrundbesitzer bevorzugte, zog er den Widerstand der Liberalen auf sich. 1930 führten wirtschaftliche und politische Fehlschläge dazu, dass er in Bevölkerung und Armee den Rückhalt verlor und der König ihn entließ.

Primogenitur, Erbfolgeregelung in Herrscherhäusern nach dem Erstgeburtsrecht, d. h. Titel und Besitz gehen vom Vater auf den ältesten Sohn und dessen Nachkommen über. Die Primogenitur ist die am häufigsten geübte Nachfolgeordnung, da dadurch eine Besitzaufteilung vermieden wird. In manchen Ländern gilt heute die Primogenitur auch, wenn das älteste Kind weiblich ist, z. B. in Schweden. Und schon 1740 wurde MARIA THERESIA durch die 1713 erlassene PRAGMATISCHE SANKTION Nachfolgerin ihres Vaters Karl VI.

Prohibition (1920–33), Zeitraum, in dem in den Vereinigten Staaten von Amerika Herstellung, Verkauf und Genuss von Alkohol verboten war. Schon im 19. Jh. zog die amerikanische Abstinenzlerbewegung gegen den Alkoholkonsum zu Felde; während des Ersten Weltkriegs war die Produktion von Alkohol eingeschränkt und im Jahr 1919 wurde durch den 18. Verfassungszusatz in allen Bundesstaaten der USA ein Alkoholverbot angeordnet.

Trotzdem wurden 1920–33 in illegalen Bars, den so genannten Flüsterkneipen, heimlich alkoholische Getränke konsumiert und die illegale Herstellung und der Schmuggel von Alkohol blühten. Das organisierte Verbrechen profitierte besonders davon: Gangster wie Al CAPONE kontrollierten die Versorgung mit Alkohol und bei Polizei und Beamtenschaft breitete sich Korruption aus. Da die Prohibitionsgesetze nicht durchsetzbar waren, wurden sie 1933 aufgehoben, und bis 1966 hatten alle Bundesstaaten die Prohibition abgeschafft.

Protektorat siehe Oliver CROMWELL

Protestantismus, die während der REFORMATION im 16. Jh. entstandenen Formen des christlichen Glaubens. Protestantische Kirchen gehören neben der KATHOLISCHEN KIRCHE und der ORTHODOXEN KIRCHE den drei Hauptrichtungen des Christentums an. Der Begriff Protestantismus geht zurück auf die so genannte Protestation, d. h. den Protest der lutherischen Minderheit auf dem Reichstag von Speyer 1529 gegen den Beschluss der katholischen Mehrheit, der untersagte, weitere Reformmaßnahmen im Sinn Martin LUTHERS vorzunehmen.

Für alle Formen des Protestantismus sind die Worte der Bibel und nicht die Aussagen kirchlicher Autoritäten wie Papst oder Konzil die einzig verbindlichen Glaubensgrundlagen. Aus abweichenden Auffassungen verschiedener Reformer entstanden die lutherischen Kirchen, die sich auf die Lehre Martin Luthers beriefen, sowie die reformierten Kirchen, die von Johann CALVIN in Genf und Ulrich ZWINGLI in Zürich gegründet wurden. Einen Sonderfall stellt die ANGLIKANISCHE KIRCHE dar: Sie wurde nicht aus Glaubensgründen geschaffen, sondern weil sich der englische König HEINRICH VIII. von seiner Ehefrau Katharina von Aragón scheiden lassen wollte. Da Papst Klemens VII. die Aufhebung der Ehe verweigerte, brach Heinrich 1534 mit Rom, gründete eine englische Staatskirche und machte sich zu deren Oberhaupt.

In Deutschland wurden die Lutheraner im AUGSBURGER RELIGIONSFRIEDEN 1555 von den Katholiken als gleichberechtigt anerkannt; die Reformierten erreichten erst im WESTFÄLISCHEN FRIEDEN 1648 die Gleichstellung mit den Lutheranern.

Proudhon, Pierre Joseph (1809–65), französischer Schriftsteller und Sozialist, der sich mit seiner Aussage „Eigentum ist Diebstahl" gegen die ungerechte Verteilung von Besitz wandte. Nach der MÄRZREVOLUTION 1848 wurde er in die Nationalversammlung gewählt und strebte soziale Reformen an. 1849 versuchte er erfolglos, eine Volksbank zu gründen, die zinslose Kredite vergab. Seine Werke, in denen er sozialistische Auffassungen vertrat, beeinflussten u. a. den Philosophen Karl MARX.

Die Arena von Arles in der Provençe liegt etwas erhöht, sodass man von den oberen Rängen über die Stadt ins Rhonetal blicken kann. Sie entstand im 2. Jh. und fasste 21 000 Zuschauer.

Provençe, Region im Südosten Frankreichs. Im 6. Jh. v. Chr. gründeten griechische Kolonisten Siedlungen in diesem Gebiet, u. a. Marsilia, das heutige Marseille. Im 2. Jh. v. Chr. wurde die Provençe Teil der römischen Provinz Gallia Narbonensis, meist aber nur Provincia genannt, woher sich ihr Name ableitet. Im 5./6. Jh. n. Chr. geriet die Region unter die Herrschaft germanischer Stämme, zunächst der Westgoten, dann der Ostgoten und schließlich der Franken. Anfang des 8. Jh. fielen arabische Sarazenen in das Land ein, wurden aber 737–39 von KARL MARTELL verdrängt. Seit 879 gehörte die Provençe zum Königreich Niederburgund, das 933 mit Hochburgund zum Königreich Arelat vereinigt wurde. Im 12. Jh. erlebte die Provençe eine Blütezeit; davon zeugen die Lieder der TROUBADOURE, die Dichtungen in provenzalischer Sprache und die kunstvollen romanischen Kirchenbauten. 1246 kam die Provence durch Heirat an das Haus Anjou und 1481 durch Erbschaft an das französische Königshaus. In der FRANZÖSISCHEN REVOLUTION wurde die Region aufgeteilt und in neu geschaffene Departements eingegliedert.

Ptolemäer, makedonisches Herrscherhaus, das 323–30 v. Chr. in Ägypten regierte. Begründer der Dynastie war Ptolemäus I., ein Feldherr und Freund ALEXANDERS DES GROSSEN, der sich nach dessen Tod die Herrschaft über Ägypten sicherte und 304 v. Chr. den Königstitel annahm. Ptolemäus eroberte PALÄSTINA, Teile von Kleinasien, Zypern und zahlreiche Inseln in der Ägäis. Unter seiner Herrschaft wurde in Alexandria eine Forschungsstätte mit einer riesigen Bibliothek erbaut, und die Stadt entwickelte sich zu einem berühmten Wissenschafts- und Kunstzentrum.

In die Regierungszeit der nachfolgenden Ptolemäer fielen Kriege gegen die SELEUKIDEN, eine Dynastie, die von einem anderen Feldherrn Alexanders des Großen, Seleukos I. begründet worden war. Als 48 v. Chr. Iulius CAESAR Königin KLEOPATRA in einem Thronstreit gegen ihren Bruder Ptolemäus XIII. unterstützte, kam es in Alexandria zu einem Aufstand gegen die römischen Truppen. 31 v. Chr. besiegte der römische Feldherr Octavian, der spätere AUGUSTUS, seinen Rivalen ANTONIUS und Kleopatra in der Seeschlacht bei AKTIUM. Beide flohen nach Ägypten und begingen dort 30 v. Chr. Selbstmord. Ägypten wurde römische Provinz, und damit endete die Dynastie der Ptolemäer.

Pueblos, Sammelname amerikanischer Indianer, die im Südwesten der heutigen USA in Stein- und Lehmziegelhäusern lebten; der Begriff leitet sich vom spanischen Wort *pueblo* für Volk oder Dorf ab. Während die Pueblo-Indianer um das 1. Jh. noch in Höhlen oder Gruben wohnten, errichteten sie um 1000 bis zu fünf Stockwerke hohe Gebäude. Jede Etage war etwas zurückversetzt, sodass das ganze Bauwerk wie eine Stufenpyramide aussah. Bei MESA VERDE lebten die Pueblos

im 13. und 14. Jh. in mehrstöckigen Häusern, die in Felswände gebaut waren. Im 16. Jh. erreichten spanische Konquistadoren das Gebiet des Rio Grande, in dem die Pueblo-Indianer lebten. Diese lehnten sich 1680 erfolgreich gegen die spanische Herrschaft auf, wurden aber 1692 wieder unterworfen. Einige Pueblo-Siedlungen im Westen blieben jedoch unabhängig; zu ihnen gehören die der Hopi, deren Städte rund 700 Jahre lang ständig bewohnt waren.

Puerto Rico, Inselstaat in der Karibik. 1483 gelangte Christoph KOLUMBUS dorthin, 1508 begann unter dem Spanier Juan Ponce de Léon die Besiedlung der Insel. Wichtigste Anbau- und Handelsprodukte wurden Zuckerrohr und Tabak, ab dem 18. Jh. wurde auch großflächig Kaffee angebaut. Da die einheimische Bevölkerung ermordet worden oder Krankheiten zum Opfer gefallen war, holte man für die Arbeit auf den Plantagen afrikanische Sklaven. Erst 1873 wurde die Sklaverei in Puerto Rico abgeschafft.

Während des SPANISCH-AMERIKANISCHEN KRIEGES von 1898 kam die Insel unter Kontrolle amerikanischer Militärs, bei Kriegsende wurde sie dann an die USA abgetreten. 1917 erhielten die Puertoricaner die amerikanische Staatsbürgerschaft und begrenzte Autonomie. 1952 wurde Puerto Rico ein mit den USA assoziierter Staat, der sich selbst verwaltete. In einem 1993 abgehaltenen Referendum stimmten die Einwoh-

ner von Puerto Rico dafür, diesen Status beizubehalten, anstatt die Unabhängigkeit zu fordern oder zum 51. Bundesstaat der USA zu werden.

Pufendorf, Samuel von (1632–94), deutscher Rechtsgelehrter und Historiker. Er studierte in Leipzig und Jena Geschichte, Philosophie und Jura und wirkte seit 1661 als Professor für Natur- und Völkerrecht an einem eigens für ihn eingerichteten Lehrstuhl der Universität Heidelberg. Nach mehreren in Schweden verbrachten Jahren wurde er 1688 in Berlin Geheimer Rat.

1667 verfasste Pufendorf unter einem Pseudonym eine in Fachkreisen viel beachtete Abhandlung, in der er sich kritisch mit der Verfassung des HEILIGEN RÖMISCHEN REICHES auseinander setzte, das er als ein Monstrum bezeichnete. Seine Ideen über das Naturrecht und die Freiheit des Menschen machten ihn zu einem Vordenker der AUFKLÄRUNG.

Pugatschow, Jemeljan (um 1742–75), Kosakenführer, der in Russland einen Aufstand gegen die Zarin KATHARINA II. DIE GROSSE anführte. 1773 behauptete er, Zar Peter III., der ermordete Ehemann Katharinas, zu sein und gab sich damit als rechtmäßiger Thronanwärter aus. Er stiftete im Süden Russlands eine Rebellion an, der sich tausende von Tataren, Kosaken und Leibeigene anschlossen, um einen unabhängigen Kosakenstaat zu gründen. 1774 gelang es Pugatschow, Kasan einzunehmen, doch wurde er bald von Katharinas Truppen überwältigt, in einem Käfig nach Moskau gebracht und dort hingerichtet.

Pulververschwörung, Komplott von Katholiken zur Ermordung König JAKOBS I. von England und der Mitglieder seines Parlaments. Die Gewalttat sollte bei der Parlamentseröffnung am 5. November 1605 statt-

Die Mitglieder der Pulververschwörung verfolgten das Ziel, die Stellung der Katholiken in England zu stärken, aber ihr Komplott scheiterte.

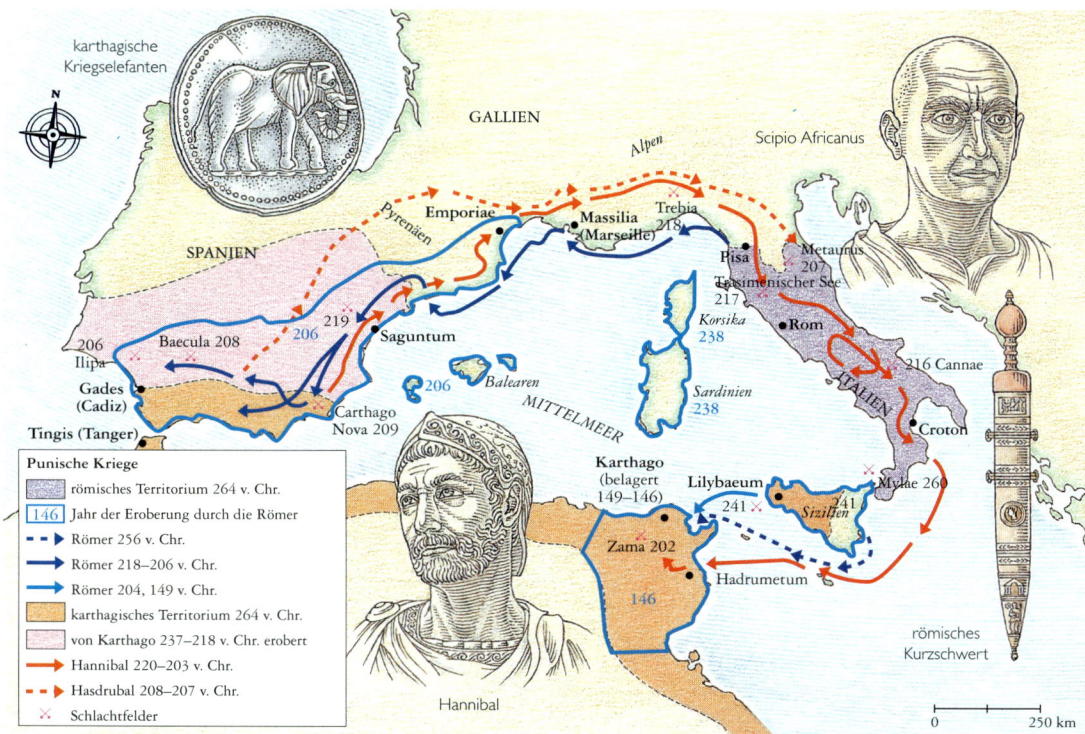

karthagische Kriegselefanten

GALLIEN

Scipio Africanus

SPANIEN

Alpen

Pyrenäen

Emporiae

Massilia (Marseille)

Trebia 218

Metaurus 207

Pisa

Trasimenischer See 217

Rom

Korsika 238

216 Cannae

ITALIEN

Croton

Baecula 208

219

206

Saguntum

206

206

Balearen

Sardinien 238

MITTELMEER

Carthago Nova 209

Mylae 260

Lilybaeum

241

Sizilien

241

Gades (Cadiz)

Karthago (belagert 149–146)

Zama 202

146

Hadrumetum

römisches Kurzschwert

Hannibal

0   250 km

Punische Kriege
- römisches Territorium 264 v. Chr.
- 146 Jahr der Eroberung durch die Römer
- Römer 256 v. Chr.
- Römer 218–206 v. Chr.
- Römer 204, 149 v. Chr.
- karthagisches Territorium 264 v. Chr.
- von Karthago 237–218 v. Chr. erobert
- Hannibal 220–203 v. Chr.
- Hasdrubal 208–207 v. Chr.
- Schlachtfelder

Der Erste Punische Krieg endete mit einem Sieg der Römer, und Karthago gab 241 v. Chr. Sizilien auf. Im Zweiten Punischen Krieg marschierte Hannibal in Italien ein, wurde aber 202 v. Chr. von Scipio bei Zama besiegt. Im dritten Krieg zerstörten römische Legionen 146 v. Chr. Karthago.

finden und ihr sollte ein landesweiter Aufstand der Katholiken folgen mit dem Ziel, in England die Macht zu übernehmen. Doch am Abend des 4. November wurden in einem Keller unter dem House of Lords einer der Verschwörer sowie 20 Fässer Schießpulver entdeckt, mit denen das Parlament in die Luft gesprengt werden sollte.

Nach der Festnahme und Hinrichtung weiterer Verschwörer distanzierten sich die meisten Katholiken von dem Komplott, das zwar ihre Rechtsstellung in England verbessern sollte, aber mit dessen Methoden sie nicht einverstanden waren. Es wurde sogar behauptet, der bekannte Politiker Robert Cecil hätte die Verschwörung angezettelt, um die Katholiken in Misskredit zu bringen, und unmittelbar nach der Aufdeckung der geplanten Gewalttat wurden die Gesetze gegen die Katholiken verschärft.

Punische Kriege, drei Kriege zwischen Rom und KARTHAGO im 3./2. Jh. v. Chr.

Der Erste Punische Krieg 264–241 v. Chr. entstand aus einem Streit um die Stadt Messina und entwickelte sich zu einem Kampf um Sizilien und die Seeherrschaft. Nach einigen Niederlagen siegte Rom 241 v. Chr. bei den Ägadischen Inseln und zwang Karthago zur Aufgabe Siziliens. Es kam zu erneuten Spannungen, als Rom Sardinien und Korsika unter seine Kontrolle brachte und der karthagische Feldherr HAMILKAR BARKAS Süd- und Ostspanien eroberte und damit die

Vorherrschaft Roms im westlichen Mittelmeer bedrohte.

Der Zweite Punische Krieg 218–201 v. Chr. brach aus, als der Sohn von Hamilkar Barkas, HANNIBAL, die unter römischem Schutz stehende Stadt Sagunt einnahm. Hannibal überquerte mit einer gewaltigen Armee – darunter mehrere Elefanten – die Alpen und fiel in Italien ein. Nach schweren Niederlagen am Trasimenischen See 217 v. Chr. und vor allem bei Cannae 216 v. Chr. stand Rom kurz vor dem Zusammenbruch. Hannibal konnte jedoch keine Entscheidung erzwingen und musste 203 v. Chr. in seine Heimat zurückkehren, weil der römische Feldherr Publius Cornelius SCIPIO Africanus mit einer Armee in Nordafrika gelandet war. In der Schlacht bei Zama im Jahr 202 v. Chr. wurden Hannibals Truppen vernichtet, und Karthago musste in dem ein Jahr später abgeschlossenen Frieden auf Spanien verzichten und nahezu alle seine Kriegsschiffe an Rom ausliefern.

Der Dritte Punische Krieg 149–146 v. Chr. brach aus, nachdem der römische Senat beschlossen hatte, Karthago zu zerstören, wie es der kurz zuvor verstorbene Marcus Porcius CATO der Ältere immer wieder verlangt hatte. Nach zweijähriger Belagerung nahm Publius Cornelius Scipio Aemilianus die

Hauptstadt der Karthager ein, machte sie dem Erdboden gleich und schickte rund 50 000 Bewohner in die Sklaverei. Aus dem Gebiet um Karthago wurde danach die römische Provinz Africa.

Puritaner, Anhänger einer calvinistischen Form des PROTESTANTISMUS, die ihren Ursprung im 16. Jh. in England hatte. Sie lebten nach strengen sittlichen Grundsätzen, lehnten jede Art von Vergnügungen ab und waren davon überzeugt, von Gott auserwählt zu sein. Da sie sich gegen die ANGLIKANISCHE KIRCHE stellten, wurden sie, wie etwa unter Königin ELISABETH I., verfolgt. Um 1620 begann die Auswanderung der Puritaner in die Niederlande und danach nach Nordamerika. Dazu gehörten auch die PILGERVÄTER, die 1620 in die Neue Welt aufbrachen.

Als es 1642 in England zu Streitigkeiten zwischen König und Parlament kam, errangen die Puritaner unter Oliver CROMWELL die Macht, die sie aber schon 1660 wieder verloren. Mit der Toleranzakte von 1689 erhielten sie für die Zukunft Rechtssicherheit.

Puschkin, Aleksandr Sergejewitsch (1799–1837), russischer Dichter, der als der Begründer der russischen Literatur gilt. Er wurde in Moskau als Kind einer alten Aristokratenfamilie geboren. 1817 kam er in den Staatsdienst, wurde aber 1820 von Zar ALEXANDER I. wegen seiner satirischen und provokanten Gedichte ins Exil nach Südrussland geschickt. Sechs Jahre später kehrte er wieder zurück, blieb aber der Zensur unterworfen, die später der Zar selbst übernahm.

Zu Puschkins bekanntesten Werken zählt das Märchenepos *Ruslan und Ludmilla* (1817), das historische Drama *Boris Godunow* (1824/25), das Modest Mussorgskij als Vor-

WUSSTEN SIE, DASS?

In den Adern Aleksandr Puschkins floss exotisches Blut: Der Großvater seiner Mutter, Ibrahim Hannibal, stammte aus Abessinien und war als Kind geraubt worden. Der türkische Sultan schenkte ihn Zar Peter dem Großen, und er wurde dessen „Hofmohr".

lage zu einer Oper diente, sowie der Versroman *Eugen Onegin* (1833), den Peter Tschaikowsky 1879 zu einer Oper vertonte. Puschkin starb im Jahr 1837 an den Folgen eines Duells mit dem in Russland lebenden französischen Adligen Georges d'Anthès, über den ihm in anonymen Briefen zugetragen worden war, er sei der Liebhaber seiner Frau.

Pygmäen, Angehörige eines kleinwüchsigen Volkes im tropischen Afrika, die sich selbst Bayaka nennen. Vermutlich ist ihre Körpergröße – durchschnittlich 1,50 m – eine Anpassung an das Leben im Dschungel. Sie leben als Jäger und Sammler und verehren ein höchstes Wesen sowie zahlreiche gute und böse Waldgeister, die sie durch Tänze und Verkleidungen zu beschwören versuchen. Pygmäen wurden in zahlreichen antiken Sagen beschrieben, aber erst im 16. Jh. bekamen Europäer sie zu Gesicht.

Pyramiden, hohe Monumentalbauten, speziell Grabmäler der PHARAONEN im alten Ägypten. Die meisten ägyptischen Pyramiden wurden 2700–2200 v. Chr. während des Alten Reiches erbaut. Der Architekt IMHOTEP entwarf die erste Pyramide, die Stufenpyramide von Sakkara für König Djoser. Die bekanntesten Pyramiden sind die bei Giseh nahe Kairo: die Cheops-Pyramide, eines der noch erhaltenen SIEBEN WELTWUNDER, sowie die Pyramiden von Chephren und Mykerinos.

In MESOPOTAMIEN baute man vom 3. Jt. v. Chr. an bis etwa zum 6. Jh. v. Chr. die ZIKKURATS, treppenartige Tempeltürme. Die Römer errichteten ebenfalls derartige Bauwerke, z. B. die als Grabstätte dienende Pyramide des Cestius in Rom. Ähnliche Baudenkmäler sind auch aus den Kulturen der präkolumbianischen Indianer in Mittelamerika erhalten, die im Zeitraum 250 bis 1520 entstanden.

WUSSTEN SIE, DASS?

Der sprichwörtlich gewordene Begriff Pyrrhussieg geht auf einen Ausspruch zurück, den Pyrrhus angeblich anlässlich des unter hohen Verlusten errungenen Sieges bei Herakleia getan hat: „Noch einen solchen Sieg können wir uns nicht leisten."

Pyrenäenfrieden, 1659 vereinbarter Friedensschluss, der den 1635 begonnenen Krieg zwischen Spanien und Frankreich beendete. Spanien musste danach das Roussillon und Gebiete im Artois und Hennegau sowie in Flandern und Luxemburg an Frankreich abtreten. Durch diesen Friedensvertrag wurde die Machtstellung Spaniens in Westeuropa zugunsten von Frankreich geschwächt, und die unwegsamen Pyrenäen bildeten fortan eine natürliche Grenze zwischen beiden Staaten.

Pyrrhus I. (319–272 v. Chr.), in den Jahren 306–302 v. Chr. und von 297 v. Chr. bis zu seinem Tod König von Epirus, einem Gebiet in Nordgriechenland. Im Jahr 280 v. Chr. zog er mit mehr als 20 000 Mann nach Tarent, einer griechischen Stadt in Süditalien, die ihn um Hilfe gegen Rom ersucht hatte. Er besiegte die Römer 280 v. Chr. bei Herakleia am Siris und 279 v. Chr. bei Ausculum in Apulien, büßte dabei aber den Großteil seiner Armee ein. Von diesen verlustreichen Siegen leitet sich der auch heute noch verwendete Begriff vom Pyrrhussieg her.

Nachdem er in langwierige Kämpfe gegen die Karthager auf Sizilien verwickelt gewesen war, setzte Pyrrhus wieder auf das italienische Festland über und wurde 275 v. Chr. bei Benevent von den Römern entscheidend geschlagen. Im Jahr 272 v. Chr. wurde Pyrrhus bei einem Straßenkampf gegen Makedonier in der nordgriechischen Stadt Argos getötet.

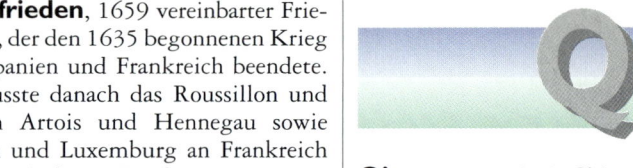

Qin (221–06 v. Chr.), Chinas erste kaiserliche Dynastie, von der sich der Name CHINA ableitet. Während des 4. Jh. v. Chr. begann der kleine, aber kriegerische Staat Qin, die umliegenden Reiche zu annektieren, und hatte sich bis Mitte des 3. Jh. über fast ganz China ausgedehnt. Abgeschlossen wurde dieser Prozess der Reichseinigung von König Zheng, der sich 221 v. Chr. selbst Qin Shi Huang-di, „Erster Erhabener und Göttlicher von Qin" nannte.

Um das riesige Gebiet regieren zu können, schaffte er den Feudalismus ab, vereinheitlichte Schrift und Maße und schuf eine starke, zentralisierte Regierung. Er nahm auch den Bau der CHINESISCHEN MAUER in Angriff, indem er eine Reihe von älteren Verteidigungsanlagen an der Nordgrenze des Reiches miteinander verband. Nach seinem Tod 210 v. Chr. kam es zu Aufständen, vier Jahre später wurde sein Sohn gestürzt. Die Machtkämpfe zogen sich bis 202 v. Chr. hin, ehe die HAN-Dynastie in China die Macht übernahmen.

Qing (1644–1911), CHINAS letzte kaiserliche Herrscherfamilie, bisweilen auch als MANDSCHU-Dynastie bezeichnet. 1644 war die MING-Dynastie nach mehrjährigen Aufständen und Bürgerkriegen entscheidend geschwächt. Ein Rebellenführer namens Li Zicheng hatte Teile Beijings eingenommen und sich selbst zum Kaiser ernannt. Der Ming-Befehlshaber Wu Sangui beging den Fehler, Mandschu-Truppen um Unterstützung im Kampf gegen Li Zicheng zu bitten; in den daraus resultierenden Tumulten besetzten die Mandschu Beijing und erklärten ihren eigenen Herrscher zum Kaiser von China.

Den Qing-Kaisern gelang es, von der einheimischen chinesischen Bevölkerung akzeptiert zu werden, indem sie viele Aspekte der Ming-Regierung übernahmen und auf eine kontinuierliche Fortführung der bisherigen Politik und Traditionen Wert legten. Unter Kaiser Kangxi, der 1661–1722 regierte, dehnte sich China weiter aus und umfasste die Mongolei, Turkestan, Tibet und Taiwan. Unter Kaiser Qianlong erlangte das Reich im 18. Jh. seine größte Ausdehnung.

Während des 19. Jh. erlitt die Qing-Dynastie eine Reihe von Rückschlägen, insbesondere durch die OPIUMKRIEGE mit Großbritannien, den TAIPING-AUFSTAND und den ersten der CHINESISCH-JAPANISCHEN KRIEGE 1894/95. Die politische Situation verschlimmerte sich noch durch die Kaiserwitwe CIXI, die von 1895 an am chinesischen

In der Castillo-Pyramide von Chichen Itzá auf Yucatán vermischen sich Architekturelemente der Maya und Tolteken. 91 Stufen führen auf jeder Seite der Pyramide zum Tempel auf der Spitze.

Bei den Andachten der Quäker ergriffen auch die Frauen das Wort. Dieser Umstand trug ihnen bei den Zeitgenossen viel Spott ein.

Hof herrschte, sämtliche Versuche zur Modernisierung unterdrückte und maßgeblich am BOXERAUFSTAND beteiligt war, der die Ausländer aus China vertreiben sollte. 1911 kam es zur Revolution gegen die kaiserliche Regierung und China wurde unter SUN YATSEN zur Republik erklärt.

Quadrupelallianz

Quadrupelallianz, Bezeichnung für mehrere Bündnisse von vier europäischen Großmächten zur Wahrung des europäischen Mächtegleichgewichts. Die erste Quadrupelallianz entstand 1718, als sich Österreich, Frankreich, Großbritannien und die Niederlande zusammenschlossen, um zu verhindern, dass Spanien entgegen dem 1713 beschlossenen Frieden von UTRECHT Sizilien und Sardinien übernahm. Die Verbündeten zwangen Spanien, seine Ansprüche zu Gunsten der Habsburger- und der Savoyer-Dynastie zurückzuziehen.

Eine zweite Quadrupelallianz bildeten am 1. März 1814 Großbritannien, Österreich, Preußen und Russland, um NAPOLEON I. in die Knie zu zwingen. Vier Wochen später marschierten die Alliierten als Sieger in Paris ein. Napoleon I. musste abdanken und ins Exil nach Elba gehen. Doch bereits 1815 musste die Quadrupelallianz erneuert werden, als Napoleon I. Elba verließ und den Kampf wieder aufnahm. Nach seiner endgültigen Niederlage bei WATERLOO erneuerten die Siegermächte ihr Bündnis auf dem WIENER KONGRESS, um sicherzustellen, dass Frankreich nicht erneut den Frieden in Europa gefährden konnte.

Eine dritte Quadrupelallianz von internationaler Bedeutung schlossen Großbritannien, Österreich, Preußen und Russland im Jahr 1840, um dem osmanischen Sultan in der Auseinandersetzung mit dem ägyptischen Pascha den Rücken zu stärken. Ägypten, das von Frankreich unterstützt wurde, musste daraufhin seine Eroberungen in Syrien wieder an das OSMANISCHE REICH zurückgeben.

Quäker

Quäker, Mitglieder einer christlichen Gemeinschaft, die der englische Puritaner George FOX Mitte des 17. Jh. in Großbritannien gründete. Sie selbst nannten sich meist „Gesellschaft der Freunde". Anfangs hielten die Quäker ihre Andachten ohne Priester oder Liturgie ab, weil sie glaubten, Gott würde eines der anwesenden Mitglieder inspirieren, die Versammlung abzuhalten.

Der Name war ursprünglich ein Spottbegriff, den Gegner verwendeten, weil diese bei ihren Versammlungen so oft zitterten – im Englischen *quake* – oder andere Anzeichen von Gefühlsregungen zeigten. Im Lauf der Jahre hat sich Quäker zu einem akzeptierten, halboffiziellen Namen der Gesellschaft der Freunde entwickelt. Vor der TOLERANZAKTE VON 1689 litten die Quäker häufig unter gewaltsamer Verfolgung wegen ihres Glaubens, der eine etablierte Kirche und ordinierte Geistliche ablehnte; zudem weigerten sie sich, Eide abzulegen und Waffen zu tragen, und glaubten an die Gleichheit von Männern und Frauen.

1681 gründete William PENN mit königlicher Genehmigung die Quäkerkolonie Pennsylvania und erhielt die Garantie für religiöse und politische Freiheit. Die Kolonie entwickelte sich zu einem Zufluchtsort für verfolgte Quäker. Besondere Verdienste erwarben sie sich vor allem im 19. Jh. im Kampf gegen die SKLAVEREI. Wegen ihrer Bemühungen, Frieden und Verständnis unter den Völkern zu fördern, werden die Quäker weltweit anerkannt. 1947 erhielt die Gemeinschaft den Friedensnobelpreis zuerkannt.

Quetzalcóatl

Quetzalcóatl, alte mittelamerikanische Gottheit, die oft als gefiederte Schlange dargestellt ist. Quetzalcóatl war der Hauptgott der TOLTEKEN, die im 9.–12. Jh. Mexiko bewohnten, und der ihnen nachfolgenden Azteken. Die beiden eindrucksvollsten, diesem Gott gewidmeten Tempel stehen in Cholula und Teotihuacán. Bei den Maya, die den Tolteken vorausgingen, war Quetzalcóatl als Kukulcán bekannt.

Einem Mythos zufolge war Quetzalcóatl ein Priesterkönig, der aus der Toltekenhauptstadt Tollan vertrieben wurde und anschließend davonsegelte mit dem Versprechen, bald wiederzukommen. Die Ankunft der Spanier unter dem Konquistadoren Hernán CORTÉS passte in Teilen zu diesem Mythos und veranlasste die Azteken zunächst zu dem Glauben, Quetzalcóatl hätte sein Versprechen erfüllt und sei in seiner Gestalt zurückgekehrt. Dies erwies sich jedoch als ihr Verhängnis.

Quisling, Vidkun Abraham Lauritz

Quisling, Vidkun Abraham Lauritz (1887–1945), norwegischer Faschistenführer. Als Armeeoffizier diente Quisling 1918–21 als norwegischer Militärattaché in Russland und Finnland, bevor er 1931 Verteidigungsminister wurde. Zwei Jahre später trat Quisling von seinem Amt zurück, um die faschistische Partei „Nasjonal Samling" zu gründen, die aber nie einen Sitz im norwegischen Parlament gewann.

1939 traf Quisling Adolf HITLER und half den Nationalsozialisten in den folgenden Monaten, die Einnahme Norwegens vorzubereiten. Nach dem Einmarsch im April 1940 arbeitete er für die deutschen Besatzer und wurde 1942 von den Deutschen zum Chef einer nationalen Regierung erklärt. Trotz des leidenschaftlichen Widerstands der großen Mehrheit der Norweger blieb er bis zur Befreiung Norwegens 1945 an der Macht. Anschließend wurde er wegen Hochverrats verurteilt und hingerichtet. Der Name Quisling gilt seitdem in Skandinavien als ein Synonym für Verräter und Kollaborateur.

Der als gefiederter Gott des Winds, des Lichts und des Guten dargestellte Quetzalcóatl hat seinen Namen vom Vogel Quetzal, dessen kostbare Federn als Schmuck begehrt waren.

R

Rabelais, François (um 1494–1553), französischer Satiriker und Arzt. Seine bekanntesten Werke sind *Pantagruel* und *Gargantua*, in denen er die SCHOLASTIK und den Aberglauben des Mittelalters verspottet. Seine Werke sind vor allem für ihre geistreiche Weisheit bekannt, enthalten aber auch zahlreiche derb-witzige Stellen, die nicht so recht zu Rabelais' Frömmigkeit – er war zunächst Franziskaner-, später Benediktinermönch – passen wollen. Er hatte Zugang zur umfangreichen Bibliothek des Klosters Fontenay, wo er Griechisch, Hebräisch und Arabisch lernte. Rabelais studierte Medizin in Montpellier und war sein Leben lang als Arzt tätig. Bei einem Romaufenthalt mit Jean du Bellay, dem Bischof von Paris, sah der begeisterte Botaniker Rabelais erstmals Melonen, Artischocken und Nelken und machte diese Pflanzen auch in Frankreich heimisch.

Rabin, Itzhak (1922–95), israelischer General und Ministerpräsident. Als Generalstabschef der israelischen Armee 1964–68 hatte er 1967 maßgeblichen Anteil am Sieg der Israelis im SECHSTAGEKRIEG. 1968–73 war Rabin israelischer Botschafter in Washington. Nach seiner Rückkehr nach ISRAEL 1973 wandte er sich der Politik zu. Im Juni 1974 wurde er der erste im Land geborene Ministerpräsident Israels. Er handelte mit SYRIEN den Waffenstillstand auf den Golanhöhen aus und befehligte im Juli 1976 die Erstürmung des Flughafens von Entebbe, bei der Geiseln aus der Hand palästinensischer Terroristen befreit wurden. 1977 musste Rabin aufgrund eines Verstoßes gegen die Devisenbestimmungen sein Amt als Ministerpräsident niederlegen, trat aber 1984–90 wieder als Verteidigungsminister in Erscheinung. Ab Dezember 1987 leitete er Israels rigoroses Vorgehen gegen die palästinen-

sische Widerstandsbewegung Intifada. Im Juni 1992 übernahm Rabin von seinem Rivalen Shimon Peres den Vorsitz der Arbeitspartei und trat die Nachfolge Yitzhak Shamirs als Premierminister an. Er stoppte die Bautätigkeit neuer israelischer Siedlungen in den besetzten Gebieten. Geheimverhandlungen über die Selbstverwaltung der Palästinenser führten im September 1993 zum Friedensvertrag mit der PALÄSTINENSISCHEN BEFREIUNGSORGANISATION (PLO), für den Rabin, Außenminister Shimon Peres und Jasir ARAFAT gemeinsam den Friedensnobelpreis erhielten. Arabische und jüdische Ultranationalisten lehnten die Vereinbarung nach wie vor ab. Nach einer Rede bei einer Friedenskundgebung in Tel Aviv wurde Rabin am 4. November 1995 von Yigal Amir ermordet; der jüdische Extremist verübte die Tat aus religiösen Gründen.

Racine, Jean (1639–99), französischer Dramatiker und Dichter, bekannt vor allem für seine Tragödien auf der Grundlage klassischer griechischer und römischer Themen, so etwa *Andromaque*, *Britannicus* und *Phèdre* aus den 70er-Jahren des 17. Jh. Racine wurde in Nordfrankreich geboren und nach streng katholischen Grundsätzen in einem Kloster erzogen. Er entwickelte schon recht früh eine Begabung zur Dichtung, beispielsweise mit der 1660 entstandenen Ode *La Nymphe de la Seine* anlässlich der Heirat von LUDWIG XIV. Racines Werke fanden allmählich Anerkennung und er freundete sich mit dem Dichter Jean de la Fontaine sowie dem Dramatiker MOLIÈRE an, dessen Ensemble 1664 Racines erstes Stück uraufführte. Im selben Jahr erhielt er vom König eine Sonderzuwendung für eine Ode, die er zu dessen Ehren verfasst hatte. In den folgenden 13 Jahren entstanden Racines wichtigste Werke.

Das erste britische Radarsystem wurde im September 1938 in Betrieb genommen und war bis 1945 im Einsatz.

Radar, Methode zur Ortung von Gegenständen oder zur Bestimmung der eigenen Position, bei der hochfrequente Radiowellen ausgesendet und deren Reflexionen gemessen werden. Da Radiowellen sich mit Lichtgeschwindigkeit fortbewegen, kann die Entfernung durch Messung der Zeit berechnet werden, die sie zu dem betreffenden Gegenstand und wieder zurück benötigen. Die Radarmessung ist eine wertvolle Navigationshilfe für Schiffe und Flugzeuge, vor allem bei Dunkelheit und schlechter Witterung. Im Krieg dient die Methode dazu, feindliche Schiffe, Flugzeuge und Marschflugkörper aufzuspüren.

Bei der Luftschlacht um ENGLAND 1940 spielte Radar, das abgekürzt für das englische *radio detecting and ranging* steht, eine wesentliche Rolle zur Abwehr einer deutschen Invasion. Da die an der südenglischen Küste aufgestellten Radarstationen Zahl und Position der angreifenden Flugzeuge ermittelten, konnte die Royal Air Force ihre Abwehr organisieren. Radar wird darüber hinaus auch in der Meteorologie – etwa zur Ortung weit entfernter Gewitter –, zur Prüfung unterirdisch verlegter Rohre, für archäologische Untersuchungen sowie für Geschwindigkeitsmessungen der Verkehrspolizei eingesetzt.

Radek, Karl (1885–um 1939), in Galizien, damals Österreich-Ungarn, geborener Schriftsteller und Führer des internationalen KOMMUNISMUS. Er trat in die sozialdemokratische Partei Polens ein, beteiligte sich 1905 aktiv an der RUSSISCHEN REVOLUTION und wurde dafür inhaftiert. Nach seiner Entlassung schrieb er für polnische und deutsche Zeitungen und machte sich einen Namen als geistreicher politischer Kommentator. 1917 begleitete Radek nach dem Ausbruch der Revolution Wladimir Iljitsch LENIN bei seiner Rückkehr nach Russland. Er blieb dort und wurde leitendes Mitglied des internationalen Verbandes der kommunistischen Parteien, des KOMINTERN, und Mitherausgeber der russischen

Itzhak Rabin, Bill Clinton und Jasir Arafat (v. l. n. r.) 1993 in Washington. 1995 wurde Rabin in Tel Aviv ermordet (rechts).

Staatszeitung *Iswestija*. 1927 wurde er als angeblicher Trotzkist aus der Partei ausgeschlossen, nach einem öffentlichen Widerruf später jedoch wieder aufgenommen; 1936 war er Jossif STALIN bei der Formulierung seiner Verfassung behilflich. Noch im selben Jahr wurde Radek wegen Hochverrats angeklagt und 1937 zu einer Haftstrafe verurteilt. Er soll in einem sibirischen Arbeitslager umgekommen sein.

Radetzky, Joseph Wenzel Graf (1766 bis 1858), österreichischer Feldmarschall und Kriegsheld. 1792–1802 kämpfte Radetzky gegen die französische Revolutionsarmee. Nach der österreichischen Niederlage gegen die kaiserlichen Truppen Frankreichs und italienische Streitkräfte in Wagram bei Wien 1809 wurde er als Adjutant Feldmarschall Prinz Johanns von Liechtenstein mit der Neuordnung der Armee betraut. 1813 spielte seine Strategie bei der Völkerschlacht von LEIPZIG eine entscheidende Rolle für den Sieg über NAPOLEON I. 1831–57 war Radetzky Kommandeur der österreichischen Streitkräfte in der LOMBARDEI, um die Interessen der HABSBURGER gegenüber den Bestrebungen nach einem unabhängigen italienischen Nationalstaat, dem so genannten RISORGIMENTO, zu schützen. Radetzky errang mehrere Siege über Italiener und Franzosen und verwaltete die österreichischen Gebiete in der Lombardei und Venezien als Generalgouverneur bis ins hohe Alter.

Raeder, Erich (1876–1960), deutscher Marinekommandant, wurde wegen seiner Aktivität im Zweiten Weltkrieg als Kriegsverbrecher verurteilt. Im Ersten Weltkrieg war er Stabschef unter Admiral von Hipper und wurde 1928 Oberbefehlshaber der Marine; er baute gegen die Bestimmungen der VERSAILLER VERTRÄGE insgeheim die deutschen Seestreitkräfte wieder auf und schuf die U-Boot-Flotte. Adolf HITLER beförderte ihn zum Großadmiral. Aufgrund Hitlers Entrüstung über die miserablen Leistungen der Flotte gegen die Geleitzüge der Alliierten trat er 1943 zurück. Bei den NÜRNBERGER PROZESSEN wurde Raeder aufgrund seiner Beteiligung am Angriffskrieg zu einer lebenslänglichen Haftstrafe verurteilt.

Raffael (1483–1520), italienischer Maler und eine der Leitfiguren der RENAISSANCE. Raffael wurde in Urbino als Sohn des Hofmalers Giovanni Santi geboren. In Perugia studierte er bei dem als Perugino bekannten Künstler und erhielt 1500 seinen ersten dokumentierten Auftrag. Sein Frühwerk, darunter die *Vermählung Mariä* von 1504, spiegelte noch den Stil seines Lehrmeisters wider. Im selben Jahr übersiedelte Raffael nach Florenz, wo er LEONARDO DA VINCI, MICHELANGLO und Fra Bartolomeo kennen lernte. Seine *Madonna*

Ansidei zeigt ebenso wie andere Werke aus dieser Zeit den Einfluss Leonardos. 1508 erteilte Papst JULIUS II. Raffael seinen ersten bedeutenden Auftrag. Es handelte sich um die Ausgestaltung der neuen päpstlichen Prunkgemächer im römischen Vatikan. Die von Raffael geschaffenen Meisterwerke, etwa die Fresken *Die Schule von Athen* und *Disputa,* begründeten seinen Ruf als einer der größten Künstler seiner Epoche.

Als Architekt wurde er mit dem Bau des Petersdoms beauftragt und arbeitete zusammen mit Donato Bramante an der Basilika. Nach Bramantes Tod übernahm er die Leitung der Bauarbeiten.

Raiffeisen, Friedrich Wilhelm (1818 bis 1888), deutscher Genossenschaftsgründer. Raiffeisen wurde nach dem Abbruch einer Offizierslaufbahn in der preußischen Armee Beamter und ab 1845 Bürgermeister zahlreicher Gemeinden. Die große Hungersnot von 1846/47 brachte ihn dazu, in seinen Kommunen ländliche Hilfsvereine mit rein karitativem Charakter zu gründen. Später gewann der Selbsthilfegedanke in den Darlehenskassenvereinen an Bedeutung. Eckpfeiler dieser Idee waren Ehrenamtlichkeit, unbeschränkte Haftung und Beschränkung der Mitglieder auf die engere Nachbarschaft. Nach seiner Pensionierung 1866 stellte er sich ganz in den Dienst der Vereine, die er zentral zusammenfasste. 1877 gründete er den Anwaltsverband ländlicher Genossenschaften, der die Kooperativen betreuen und beaufsichtigen sollte. Raiffeisens sozialreformerisches Werk führte zu einer deutlichen Verbesserung der Situation der Bauern.

Rainald von Dassel (um 1120–67), Erzbischof von Köln. Der Sohn eines Grafen wurde um 1147 Domprobst in Hildesheim. Bevor er 1159 zum Erzbischof von Köln und damit zugleich zum Erzkanzler für Italien ernannt wurde, war er ab 1156 als Kanzler engster Berater von Kaiser FRIEDRICH I. BARBAROSSA. Als Anhänger des gottunmittelbaren Kaisertums setzte er sich energisch für die Unterwerfung Reichsitaliens und des Papsttums unter die Kaisergewalt

Der italienische Künstler Raffael malte diese Madonna 1508, kurz nach seiner Ankunft in Rom, wo er als Malerfürst gefeiert wurde.

ein. Nach dem Tod des kaiserlichen Papstes Viktor IV. 1164 betrieb er die Wahl von Paschalis III. als Gegenpapst Alexanders III. Auf Veranlassung von Friedrich I. Barbarossa sprach Paschalis 1165 KARL DEN GROSSEN heilig. Zusammen mit Erzbischof Christian von Mainz besiegte Dassel in der Schlacht von Tuskulum 1167 die Römer, bald darauf fiel er aber wie zahlreiche andere Angehörige des kaiserlichen Heeres einer verheerenden Malariaepidemie zum Opfer.

Raketen, mit Schießpulver angetriebene Raketen wurden erstmals um 1300 in China als Brandbomben eingesetzt. Heute werden sie mit Flüssigtreibstoff gefüllt und dienen als Antrieb für Raumfahrzeuge. In Europa verbreiteten sie sich als Feuerwerkskörper und als Waffen im Lauf des 14. Jh. Der britische Artillerieexperte William Congreve entwickelte eine Rakete mit einer Reichweite von 2750 m, die 1806 gegen die Franzosen eingesetzt wurde. Ende des 19. Jh. kam die Idee auf, man könne Raketen dazu verwenden, eine Kapsel ins All zu befördern. Die Experimente gipfelten 1926 in dem ersten Abschuss einer mit flüssigem Treibstoff angetriebenen Rakete durch den amerikanischen Physiker Robert H. Goddard.

Im Zweiten Weltkrieg machte die Raketenforschung bedeutende Fortschritte, vor allem in Deutschland, wo sie aus dem Rüstungsetat finanziert wurde. Die von dem

Eine deutsche V-2-Rakete 1945 in einem verlassenen unterirdischen Montagebetrieb in Nordhausen. Sowohl die Amerikaner als auch die Russen profitierten von der deutschen Raketentechnologie, die ihnen mit der Kapitulation der Nationalsozialisten in die Hände fiel.

Physiker und Raketeningenieur Wernher von Braun 1942 entwickelte V-2-Rakete bildete die technologische Grundlage für die sowjetischen Satelliten mit der Bezeichnung SPUTNIK, die 1957 in die Erdumlaufbahn geschossen wurden. Aufgrund weiterer Fortschritte entstand in den USA die Saturn-V-Antriebsrakete, die in den 60er- und 70er-Jahren das Kernstück der Apollo-Raumflüge darstellte. In den 80er-Jahren konzentrierte sich die NASA stärker auf ein wieder verwendbares Raumflugzeug, das so genannte *Spaceshuttle.* Die leistungsstärkste Rakete der 90er-Jahre ist die russische *Energia,* die 100 t Fracht ins Weltall befördern kann.

Rákosi, Mátyás (1892–1971), ungarischer

Staatschef, spielte eine Schlüsselrolle bei der Gestaltung des kommunistischen Staates UNGARN nach dem Zweiten Weltkrieg. Als erster Generalsekretär der Kommunistischen Partei Ungarns tyrannisierte Rákosi 1949–53 in stalinistischer Manier das Land und ließ die Geheimpolizei ein Terrorregime führen. Nach Stalins Tod wurde Rákosi durch den Reformer Imre NAGY abgelöst. 1955 gelangte er wiederum an die Macht, stieß jedoch beim Volk auf heftigen Widerstand, der 1956 im UNGARNAUFSTAND gipfelte. Die UdSSR setzte ihn ab, er starb im Exil in der Sowjetunion.

Raleigh, Sir Walter (um 1554–1618), eng-

lischer Entdecker, Höfling und Dichter, Günstling von Königin ELISABETH I. Der in Devon geborene Raleigh nahm 1578 an einem Beutezug gegen die Spanier auf den Westindischen Inseln teil. Zwei Jahre später wurde er von der Krone ausgesandt, einen Aufstand in Irland niederzuschlagen, was er erfolgreich erledigte. Bei seiner Rückkehr nach England im Jahr 1581 wurde er Günstling der Königin, die ihn mit Ehren überhäufte und ihm große Besitzungen in Irland schenkte. 1585–89 leitete Raleigh mehrere Amerikareisen und bemühte sich um die Besiedlung von Virginia, die aber letztlich fehlschlug.

Seine Stellung als Günstling der Königin wurde ihm 1587 vom Grafen von Essex streitig gemacht, und als 1592 Raleighs heimliches Verhältnis mit Elisabeth Throckmorton, einer Hofdame der Königin, ans Tageslicht kam, warf man das Paar in den Londoner Tower. Raleigh konnte sich und seine Geliebte zwar freikaufen, wurde jedoch vom Hof verbannt. Später heirateten die beiden.

1595 segelte Raleigh den Orinoco hinab durch das südamerikanische Guayana auf der Suche nach den sagenhaften Goldminen von EL DORADO. Sein Bericht von dieser Reise, *The Discoverie of Guiana,* gehört zu den schönsten elisabethanischen Abenteuererzählungen. Der inzwischen zum König gekrönte JAKOB I. sah in Raleigh einen Feind und ließ den Seefahrer wegen Hochverrats zum Tod verurteilen; das Urteil wurde jedoch nicht vollstreckt, Raleigh aber erneut im Tower gefangen gehalten, wo er zwischen 1603 und 1616 neben Gedichten seine unvollendete Weltgeschichte, *History of the World,* schrieb. 1616 wurde er freigelassen und versprach dem König Gold aus Guayana. Als die Expedition scheiterte, wurde nach Raleighs Rückkehr das Todesurteil gegen ihn doch noch vollstreckt.

Sir Walter Raleigh sandte Ende des 16. Jh. mehrere Expeditionen nach Virginia, um das Gebiet für die englische Krone in Besitz zu nehmen.

Rambouillet, Marquise de (1588–1665),

französische Aristokratin, leitete den ersten der literarischen Salons, die das kulturelle Leben von Paris im 17. Jh. prägen sollten. Sie wurde als Catherine de Vivonne in Rom geboren und bereits im Alter von zwölf Jahren mit dem Sohn des Marquis de Rambouillet verheiratet. Von den am französischen Hof herrschenden Sitten hielt sie sehr wenig. In ihrem Stadtpalais, dem Hôtel de Rambouillet, scharte sie stattdessen berühmte Aristokraten und Schriftsteller um sich, wobei sie vor allem Wert auf Kultiviertheit und guten Geschmack legte. Für diesen Anspruch wurde der Begriff *précieux* geprägt, über den sich MOLIÈRE später in seiner Komödie *Les Précieuses Ridicules* mokierte. Zu den Gästen der literarischen Salons gehörten u. a. der Dramatiker Pierre Corneille, die als Briefautorin bekannt gewordene Madame de Sévigné sowie der Rhetoriker und Schriftsteller Jacques Bossuet. Das französische Wort *salon*, Wohnzimmer, bürgerte sich später generell als Bezeichnung für solche literarischen Zirkel ein.

Ramses II. der Große, ägyptischer

PHARAO 1290–1224 v. Chr., galt seinen Untertanen und der Nachwelt als erfolgreichster aller ägyptischen Herrscher. Nach jahrelangen Gefechten schloss er um 1270 v. Chr. einen Friedensvertrag mit den HETHITERN und stärkte diese Verbindung 1257 v. Chr. durch seine Heirat mit einer hethitischen Prinzessin. Seine Regierungszeit brachte Ägypten Wohlstand und gab ihm die Möglichkeit, ehrgeizige Bauprojekte in Angriff zu nehmen. Sein Ruf als einer der größten

Bauherren des alten Ägypten gründet sich auf grandiose Bauwerke wie den Tempel für seinen Vater Sethos I. in Luxor, die Säulenhalle von KARNAK, die beiden in den Fels geschlagenen Tempel von Abu Simbel und den Tempelkomplex in Abydos.

Ranke, Leopold von (1795–1886), deutscher Historiker. Nach dem Studium der Theologie und Philologie in Leipzig ab 1814 wandte er sich über die historisch-philologische Quellenkritik der Geschichtswissenschaft zu. Seine erste Publikation aus dem Jahr 1824, *Geschichte der romanischen und germanischen Völker von 1494 bis 1514*, verhalf ihm im darauf folgenden Jahr zu einer außerordentlichen Professur an der Berliner Universität. 1834 erfolgte dann der Ruf zum ordentlichen Professor. Zwar hatten schon Historiker vor ihm historiographische Quellen strenger Kritik unterzogen, aber Ranke machte diese Arbeitsweise zum methodischen Prinzip. Er glaubte an die göttliche Lenkung der Geschichte, die er nicht wertend, sondern objektiv darstellen wollte. Zu seinen Werken gehören u. a. *Die römischen Päpste*, *Deutsche Geschichte im Zeitalter der Reformation* und *Französische Geschichte*.

Rapalloverträge, zwei internationale Abkommen, benannt nach der norditalienischen Hafenstadt, in der sie unterzeichnet wurden. Der erste Vertrag 1920 legte die Grenzen zwischen ITALIEN und JUGOSLAWIEN neu fest. Während Italien die Halbinsel Istrien erhielt, wurde Dalmatien zu Jugoslawien geschlagen, Fiume wurde Freistaat.

Mit dem zweiten Vertrag 1922 verzichteten DEUTSCHLAND und die SOWJETUNION wechselseitig auf jegliche finanziellen Ansprüche aus dem Ersten Weltkrieg und vereinbarten die Wiederaufnahme von diplomatischen Beziehungen.

Rasputin (um 1865–1916), russischer Wunderheiler und vagabundierender Volksheiliger. Rasputin behandelte die Bluterkrankheit des russischen Kronprinzen Alexej, erwarb sich damit die Hochachtung der Zarin Alexandra und gewann bald großen Einfluss am Zarenhof. Unter seinem wirklichen Namen Grigorij Jefimowitsch lebte Rasputin zunächst als Bauer in Sibirien und gelangte 1903 nach St. Petersburg, zu einer Zeit, als am Hof großes Interesse für alles Mystische und Okkulte herrschte. Die Zarenfamilie wurde auf ihn aufmerksam und 1908 behandelte er erstmals den Thronfolger. Zar NIKOLAUS II. und seine Frau zeigten sich schon bald von Rasputin angetan. Außerhalb des Hofes war er allerdings für seine unmoralischen Umtriebe berüchtigt: Der Name Rasputin bedeutet der Verwerfliche.

Als Zar Nikolaus im Ersten Weltkrieg als oberster Befehlshaber den Hof verließ, über-

Ramses II. als Kind auf einer Steintafel, die im Tal der Könige gefunden wurde. Mit zehn Jahren trug er den Ehrentitel eines Heerführers.

nahm seine Frau Alexandra seine innenpolitischen Aufgaben. Unter dem Einfluss Rasputins ersetzte sie angesehene Minister durch Rasputin genehme Politiker und brachte die Monarchie in Verruf. Der Zar selbst erfuhr nichts von den Protesten seiner Berater.

Es erfolgten mehrere Mordanschläge gegen Rasputin, die zunächst fehlschlugen. Eine Gruppe Adliger unter Führung des Fürsten Jussupow vergiftete ihn schließlich, doch als das Gift nicht die erwünschte Wirkung zeigte, schoss man fünfmal auf Rasputin und warf ihn in die eisige Newa.

Rassentrennung, Aufhebung der, Bewegung in den USA, die sich für ein Ende der Diskriminierung schwarzer Bürger einsetzte. In den Südstaaten wurden nach Beendigung des SEZESSIONSKRIEGS zahlreiche Rassentrennungsgesetze erlassen und von einer Entscheidung des Obersten Gerichtshofs von 1896 bekräftigt, die ein in LOUISIANA geltendes Gesetz für verfassungsgemäß erklärte, nach dem Weißen und Schwarzen getrennte, jedoch gleichwertige Einrichtungen in Eisenbahnwaggons zur Verfügung stehen mussten. Weitere 50 Jahre lang verwendeten viele der Südstaaten das Prinzip „getrennt, aber gleichwertig" als Ausrede dafür, dass sie ausschließlich nach Rassen getrennte Einrichtungen anboten. Die Rassentrennung weitete sich zu Beginn des 20. Jh. auch auf Schulen, Krankenhäuser, Kirchen und Gefängnisse aus.

Schwarze und weiße Amerikaner forderten gemeinsam ein Ende der Rassentrennung und gründeten 1909 den Nationalverband zur Förderung farbiger Menschen, die National Association for the Advancement of Colored People, stießen damit jedoch vor allem im Süden auf heftigen Widerstand seitens der Staatsbehörden und der Weißen-Organisationen. Nach dem Zweiten Weltkrieg war der Wandel jedoch nicht mehr aufzuhalten, zumal mehr als 1 Mio. schwarzer Amerikaner beim Militär gedient hatte. 1948 ließ Präsident Harry S. TRUMAN dann die Rassentrennung bei den Streitkräften aufheben, doch erst die BÜRGERRECHTSBEWEGUNG der 50er- und 60er-Jahre brachte maßgebliche Reformen zustande.

Angehörige der amerikanischen Nationalgarde sichern 1957 die gesetzlich vorgeschriebene Aufhebung der Rassentrennung in einer ehemals Weißen vorbehaltenen Schule in Arkansas.

Die Entscheidung des Obersten Gerichtshofs gegen die Rassentrennung in staatlichen Schulen stellte 1954 einen Meilenstein dar. In den 60er-Jahren entstand die Praxis, Kinder aus anderen Gemeinden zu bestimmten Schulen zu befördern, um eine stärkere Rassendurchmischung der Klassen zu erreichen. Dank der Bemühungen des schwarzen Geistlichen Martin Luther KING wurden 1964 das Bürgerrechtsgesetz und das Wahlrechtsgesetz erlassen, die der Rassentrennung ein Ende setzten und die Einschulungstests abschafften, mit deren Hilfe man bis dahin schwarze Kinder aus weißen Schulen fern gehalten hatte.

Rassismus, Überzeugung, dass die Fähigkeiten eines Menschen von seiner Rasse oder seiner Zugehörigkeit zu einer ethnischen Gruppe bestimmt werden, oft verbunden mit der Behauptung, eine Rasse bzw. Gruppe sei anderen überlegen. Rassismus kann sich in Form von Diskriminierung, Gewalttätigkeit sowie verbalem Missbrauch ausdrücken und spielt auch bei der Entstehung von Kriegen eine Rolle. Die NATIONALSOZIALISTEN vertraten einen extremen Rassismus, der blonde ARIER vom germanischen Typus als Herrenmenschen über andere Rassen erhob. Die Nationalsozialisten ermordeten 1933–45 vor diesem Hintergrund Millionen europäischer Juden, Slawen, Sinti und Roma. Rassismus bildete auch die Grundlage für das System der APARTHEID in Südafrika, das die verschiedenen Rassen des Landes voneinander trennte.

Rathenau, Walther (1867–1922), deutscher Industrieller und Politiker. Rathenau wurde in Berlin als Sohn jüdischer Eltern geboren. Während des Ersten Weltkriegs bestimmte er die Ausrichtung der deutschen Industrie. 1921 wurde er Minister für Wiederaufbau und war damit auch für die REPARATIONEN zuständig, im Jahr darauf Reichsaußenminister. Da er an die Fähigkeit Deutschlands glaubte, innerhalb Europas eine Vormachtstellung einzunehmen, handelte er 1922 einen der RAPALLOVERTRÄGE mit der Sowjetunion aus. Das Abkommen normalisierte zwar die Beziehungen zwischen den beiden Staaten nach dem Ersten Weltkrieg und galt als diplomatischer Erfolg, wurde jedoch von den westlichen Alliierten als provokante Demonstration deutschen Unabhängigkeitsstrebens gewertet. Rathenau wurde 1922 von antisemitischen Nationalisten ermordet.

Raubritter, aus der ROMANTIK stammender Begriff; er bezeichnet gemeinhin Angehörige des niederen Ritterstands, die im späten MITTELALTER vor allem aufgrund des Verlustes ihrer militärischen Bedeutung durch das Aufkommen von Söldnerheeren

sowie des Übergangs von der Natural- zur Geldwirtschaft verarmten und z. B. durch illegal erhobene Zölle und provozierte Fehden versuchten, ihre Notlage zu verbessern. Seit dem VORMÄRZ dient der Begriff auch zur Diffamierung politischer Gegner.

Raumfahrt siehe rechte Seite

Reagan, Ronald (*1911), Präsident der USA 1981–89. Der frühere Hollywoodstar Reagan gewann im Jahr 1980 mit großer Mehrheit die Präsidentschaftswahlen mit einem Wahlkampfprogramm, das auf Steuersenkungen und einer Erhöhung der Verteidigungsausgaben zur Bekämpfung des Weltkommunismus basierte. Er erwies sich als populärer republikanischer Präsident und geschickter Rhetoriker.

Reagan wurde in Tampico, Illinois, als Urenkel eines irischen Einwanderers geboren. 1937 startete er seine Filmkarriere; er wirkte in 50 Filmen mit, hauptsächlich B-Produktionen, in denen er zumeist romantische Helden spielte. 1952 heiratete er in zweiter Ehe die Schauspielerin Nancy Davis. Seine politischen Neigungen galten ursprünglich eher den DEMOKRATEN, doch während seiner Amtszeit als Präsident des Schauspielerverbands Screen Actors' Guild 1947–52 wurden seine Ansichten zunehmend konservativ. 1952 und 1956 unterstützte er den Wahlkampf des Republikaners Dwight D. EISENHOWER und trat 1962 in die republikanische Partei ein. 1966 wurde er zum Gouverneur von Kalifornien gewählt und übte dieses Amt acht Jahre lang aus. 1968 und 1976 forderte er zunächst ohne Erfolg als republikanischer Präsidentschaftskandidat Richard NIXON bzw. Gerald FORD heraus, schlug 1980 aber Jimmy CARTER. Kurz

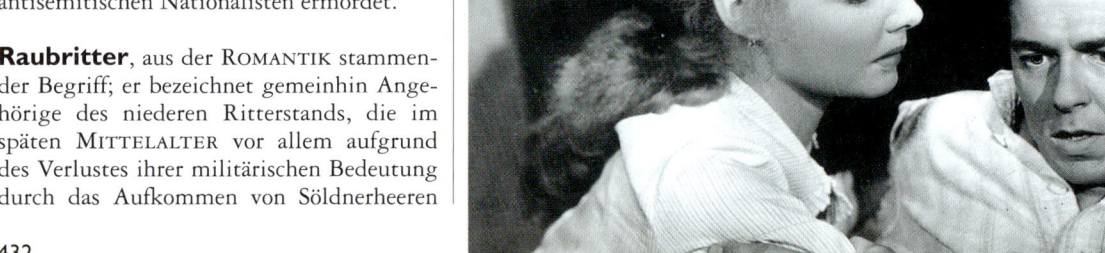

Seine beste Rolle spielte Ronald Reagan, hier neben Ann Sheridan (unten), in dem Film *King's Row*.

nach seiner Amtseinführung im Jahr 1981 entging Reagan nur knapp einem Attentat.

Er kürzte Sozialhilfe- und Wohlfahrtsprogramme, senkte die Einkommenssteuer um 25 % und sorgte für die größte Erhöhung der Verteidigungsausgaben, die Amerika in Friedenszeiten je erlebt hatte. Gegen den KOMMUNISMUS und die SOWJETUNION schlug er einen harten Kurs ein. 1983 brachte er die umstrittene *Strategische Verteidigungsinitiative* zum Schutz der USA gegen Angriffe von Nuklearraketen auf den Weg und bewilligte enorme Summen für die entsprechenden Forschungsprojekte. Im selben Jahr schickte er zur Sicherung des Waffenstillstands US-Elitesoldaten in den LIBANON, von denen jedoch 260 bei einem Bombenattentat getötet wurden, woraufhin sich die USA wieder zurückzogen. Die erfolgreiche Invasion der Antilleninsel GRENADA nach einem Putschversuch linker Militärs wurde im Ausland verurteilt, stärkte jedoch das Selbstvertrauen der Amerikaner.

1984 gelang Reagan die Wiederwahl. Während seiner zweiten Amtszeit stand die RÜSTUNGSKONTROLLE im Vordergrund. Vor dem Hintergrund der außenpolitischen Öffnung der UdSSR traf sich Reagan viermal mit dem sowjetischen Staatschef Michail GORBATSCHOW. Die zwischen 1985 und 1988 stattfindenden Treffen gipfelten in der Vereinbarung mit der Sowjetunion über den Abbau von Mittelstreckenraketen.

Ende 1986 geriet Reagan wegen der Irangate-Affäre unter Beschuss, als bekannt wurde, dass seine Regierung illegale Verhandlungen über Waffenverkäufe mit dem IRAN aufgenommen hatte; im Gegenzug sollten amerikanische Geiseln islamischer Gruppierungen im Mittleren Osten freigelassen werden; mit den Gewinnen aus diesen Transaktionen wurden die antimarxistischen Contras in NICARAGUA unterstützt. Der Präsident überstand die Affäre, wenn auch politisch angeschlagen. Reagan gelang es zwar, das kurzfristige Problem der Inflation zu bewältigen, jedoch zum Preis einer hohen Staatsverschuldung. Er hinterließ seinem Nachfolger George BUSH enorme Defizite in Staatshaushalt und Handelsbilanz.

Raumfahrt – das Wettrennen zum Mond

Kaum 25 Jahre nachdem deutsche V-2-Raketen die Bevölkerung Londons in Panik versetzt hatten, schickten die Amerikaner mithilfe einer daraus weiterentwickelten Technologie erstmals Menschen zum Mond. Diese Tat war zwar ein gewaltiger Schritt für die Menschheit, erwies sich jedoch für die Erforschung des Weltalls als der falsche Ansatz.

In den 50er-Jahren verfügten die Supermächte allmählich über die technischen Mittel, Menschen ins All zu befördern. Den Grund dafür lieferte der Kalte Krieg zwischen den USA und der Sowjetunion; die technischen Mittel basierten auf der Raketentechnologie, die beide Staaten nach dem Zweiten Weltkrieg dem gemeinsamen Gegner Deutschland abgenommen hatten. Das Rennen gewann die Sowjetunion mit dem Raumflug Jurij Gagarins am 12. April 1961, doch mit der ersten Landung von Menschen auf dem Mond holten die USA wieder auf.

Die Ursprünge der Raumfahrt lagen bereits im vorrevolutionären Russland. Der 1857 geborene Lehrer Konstantin Ziolkowskij erkannte als Erster, dass ein Flugkörper nur mithilfe einer Rakete ins luftleere All befördert werden kann und dass die Rakete mehrere Stufen haben muss, um der Erdanziehung entkommen zu können. Nach Verbrauch des Brennstoffs sollten die Stufen eine nach der anderen zurück zur Erde fallen, um das Eigengewicht des Flugkörpers zu verringern. Als Treibstoff schlug Ziolkowskij ein Gemisch aus zwei brennbaren Flüssigkeiten vor. In den 20er-Jahren wurde dieses Prinzip erstmals von dem Amerikaner Robert Goddard umgesetzt, doch erst die mit Sauerstoff und Alkohol betriebene deutsche V-2-Rakete, die kurz vor dem Ende des Zweiten Weltkriegs gegen London und Antwerpen eingesetzt wurde, bewies, dass Raumflüge möglich waren. Die von dem Raketeningenieur Wernher von Braun entwickelte V-2 erreichte eine Höhe von 80 km.

Links: Amerikanische Weltraumfähren gehen seit 1982 an den Start. Unten: Die sowjetische Briefmarke zeigt einen Weltraumspaziergang von Kosmonauten.

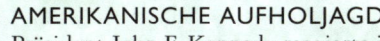

Nach dem Krieg nutzten die USA und die Sowjetunion die Kenntnisse deutscher Forscher für eigene Weiterentwicklungen der V-2. 1953 baute der sowjetische Raketeningenieur Sergej Koroljew mit der SS-6 die erste Interkontinentalrakete, deren Schubkraft die der V-2 um das 20fache übertraf; sie stand im August 1957, vier Monate vor der ersten amerikanischen Interkontinentalrakete *Atlas*, zum Abschuss bereit.

Der sowjetische Staatschef Nikita Chruschtschow sah eine Gelegenheit für einen Propaganda-Coup und ließ Koroljew einen unbemannten Satelliten ins All schießen. Dank Koroljews wirkungsvollen Abschussvorrichtungen schickten die Sowjets auch den ersten Menschen ins All: Jurij Gagarin umkreiste in *Vostok 1* einmal die Erde.

AMERIKANISCHE AUFHOLJAGD

Präsident John F. Kennedy reagierte im Mai 1961 mit der Zusage, noch vor dem Ende des Jahrzehnts werde ein Amerikaner auf dem Mond landen. Dazu wurde ein umfangreiches Forschungsprogramm in Gang gesetzt und bereits am 20. Juli 1969, bei der Apollo-11-Mission, setzte Neil Armstrong als erster Mensch seinen Fuß auf die Oberfläche des Mondes.

Später konzentrierte sich die Sowjetunion auf bemannte Raumstationen wie *Saljut* und *Mir*, während die USA den *Spaceshuttle* entwickelten, eine wieder verwendbare Weltraumfähre, die Reisen ins All erheblich preiswerter machte. Der Erfolg unbemannter Raumflüge, z. B. von Sonden zur Erforschung des Weltalls, hat aber inzwischen deutlich gemacht, dass die bemannte Raumfahrt für die meisten Aufgaben einen überflüssigen Luxus darstellt. Zwar gilt sie nach wie vor als Triumph der Technik, sie bleibt jedoch ein kostspieliges Unterfangen ohne unmittelbaren wirtschaftlichen Gewinn.

Neil Armstrong (links), der Apollo-11-Kommandant, neben seinen Crew-Kollegen Michael Collins und Edwin Buzz Aldrin.

Reconquista, spanisch für Rückeroberung, bezeichnet den fast 800 Jahre langen Prozess des Machtübergangs von den Moslems an die Christen auf der Iberischen Halbinsel. Mit der Niederlage des Westgotenkönigs Roderich 711 bei Jerez de la Frontera geriet Spanien unter maurische Herrschaft. 718 kam es zur ersten christlichen Erhebung in Asturien, wo Pelayo die Moslems besiegte. Ab 850 weitete sich Asturien bis an den Duero aus. Nach der Eroberung KASTILIENS 1015 unter Sancho III. entstanden die Königreiche Navarra, KASTILIEN und ARAGÓN. In der Niedergangsphase des KALIFATS Anfang des 11. Jh. lebte der Kampf wieder auf. Als Papst ALEXANDER II. die Rückeroberung moslemischer Gebiete zur Sache der Christenheit machte, nahm der Kampf gegen die Ungläubigen den Charakter von KREUZZÜGEN an. Seit 1064 unterstützten Kreuzfahrer aus allen europäischen Ländern die spanischen Königreiche, die Ende des 12. Jh. untereinander Frieden schlossen. Im Jahr 1236 eroberte König Fernando III. Córdoba, 1238 fiel Valencia in christliche Hand und 1248 wurde Sevilla eingenommen. Durch die Heirat von ISABELLA I. von Kastilien mit Ferdinand II. von Aragón 1469 machte die Reconquista nach beinahe 200-jähriger Stagnation große Fortschritte, bis sie 1492 mit der Eroberung Granadas endete.

Reden, die die Welt veränderten siehe rechts

Reformation siehe Seite 436

Reichsdeputationshauptschluss, Beschluss der letzten außerordentlichen Reichsdeputation vom 25. Februar 1803 mit dem Ziel, die u.a. aufgrund des Friedens von Lunéville 1801 von der Abtretung des linken Rheinufers an Frankreich betroffenen weltlichen Fürsten zu entschädigen. 1801 hatte der REICHSTAG beschlossen, eine Abordnung mit der Ausarbeitung eines Entschädigungsplans zu beauftragen. Auf Grundlage einer von FRANKREICH und RUSSLAND vorgelegten Vereinbarung wurden tief greifende territoriale, staats- und kirchenrechtliche Veränderungen beschlossen. Durch die Beseitigung fast aller geistlicher Fürstentümer und die Aufhebung der Reichsunmittelbarkeit vieler REICHSSTÄDTE erhielten Gebiete von insgesamt fast 95 000 km² neue Herren. Zu den Nutznießern der Umgestaltung gehörten Preußen, Bayern, Baden und Württemberg.

Reichskleinodien, Kronschatz im HEILIGEN RÖMISCHEN REICH. Er setzte sich aus den Reichsinsignien, dem Krönungsornat und den Heiltümern zusammen. Eine besondere Rolle spielten die Insignien, bestehend aus der Krone, dem Reichsschwert, dem Reichsapfel und dem Zepter sowie der Heili-

Sechs Reden, die die Welt veränderten

Manche Reden übten eine erstaunliche Wirkung aus – nicht nur auf zeitgenössische Zuhörer, sondern auch auf spätere Generationen.

„SELIG, DIE DA GEISTIG ARM SIND"

Jesus verbrachte die letzten drei Jahre seines irdischen Lebens als Prediger in Galiläa, doch was er von einem Berg, dem traditionellen Ort göttlicher Offenbarungen, verkündete, richtete sich ausschließlich an seine Jünger. In der so genannten Bergpredigt, die er wahrscheinlich um das Jahr 33 hielt, nannte er als Grundlagen seiner Botschaft an die Menschheit die Zurückweisung von Reichtümern zum eigenen Besten, die Segnung der Gütigen, Barmherzigen und Friedfertigen und die Besinnung auf eigene Fehler, bevor man andere kritisiert. Die Bergpredigt, zu der auch das Vaterunser gehört, ist noch heute, nach fast 2000 Jahren, einer der Eckpfeiler westlicher Moralvorstellungen.

Christus unterweist seine Jünger in der Bergpredigt.

Auf dieser Darstellung wird der englische König Harold 1066 in der Schlacht von Hastings von einem Pfeil ins Auge getroffen und getötet.

mannen fanden den Mut, den Angriff zurückzuschlagen und in einer langwierigen Schlacht den Gegner schließlich doch noch zu besiegen. König Harold wurde tödlich verwundet und Wilhelm setzte sich als der Eroberer auf den Thron von England. An die Stelle der angelsächsischen trat die normannische Regierung, die England den Weg zu einem zentralisierten Feudalstaat und zu einer Rolle innerhalb Europas ebnete.

„ICH WERDE MICH DOCH NOCH ALS SIEGER ERWEISEN"

Bei der Schlacht von Hastings im Jahr 1066 schien der Kampf bereits zugunsten der Engländer entschieden, als der normannische Heerführer Wilhelm gelassen sein Visier hochschob und mit ungeschütztem Gesicht zu seinen Soldaten sagte: „Schaut mich an. Ich lebe noch, und mit Gottes Gnade werde ich mich doch noch als Sieger erweisen." So kam es dann auch, denn die Nor-

„HIER STEHE ICH, ICH KANN NICHT ANDERS"

1517 nagelte Martin Luther an das Portal der Stadtkirche von Wittenberg seine 95 Thesen, in denen er die Verfehlungen der katholischen Kirche verdammte, vor allem den Ablasshandel. Er setzte damit

Martin Luther verteidigt seine Ansichten zur Kirche im Jahr 1521 vor dem Reichstag zu Worms.

einen Prozess in Gang, der sich zur protestantischen Reformation ausweitete. Von Kaiser Karl V. vor ein offizielles kaiserliches Gremium in Worms gerufen, ließ sich Luther nicht zu einem Widerruf seiner Aussagen bewegen und weigerte sich, seinen Lehren und seiner Verurteilung des Papstes abzuschwören. Vielmehr wiederholte er seine heftigen Attacken gegen die Korruptheit der Kirche. Er schloss seine Verteidigungsrede mit den Worten: „Hier stehe ich, ich kann nicht anders, so wahr mir Gott helfe."

„DIE REGIERUNG DES VOLKES, DURCH DAS VOLK UND FÜR DAS VOLK"

Bei der Einweihung eines Friedhofs für die Gefallenen der Schlacht von Gettysburg, die im amerikanischen Bürgerkrieg die Niederlage der konföderierten Südstaaten besiegelte, beschwor Präsident Abraham Lincoln 1863 mit diesen Worten die Grundsätze von Freiheit und Demokratie als Rechtfertigung für die Opfer, die erbracht werden mussten. Seine Rede war sehr schlicht gehalten, doch die nur drei Minuten dauernde, von religiöser Feierlichkeit geprägte Ansprache hatte eine derart nachhaltige Wirkung, dass sie zu einer der am häufigsten zitierten Reden aller Zeiten wurde.

„ICH HABE NICHTS ANZUBIETEN AUSSER BLUT, PLAGEN, TRÄNEN UND SCHWEISS"

Drei Tage nach seiner Ernennung zum britischen Premierminister hielt Winston Churchill 1940 vor dem Unterhaus eine kurze Rede, in der er erstmals die trotzige Haltung propagierte, die England in den folgenden zwei entscheidenden Jahren prägen sollte. Er machte deutlich, dass es keinen friedlichen Kompromiss mit Hitler geben könne: „Welche Politik verfolgen wir? Wir werden Krieg führen: zu Wasser, zu Lande und in der Luft … Was ist unser Ziel? Die Antwort ist ein einziges Wort: Sieg. Sieg um jeden Preis …" Diese Rede festigte Churchills Position, und auch in der Zeit nach der Niederlage Frankreichs 1940 und

Winston Churchill rüttelte die Briten im Zweiten Weltkrieg mit seinen Ansprachen auf.

dem Blitzkrieg gab er die Überzeugung, dass England letztlich doch noch den Sieg davontragen werde, niemals auf.

„ICH HABE EINEN TRAUM"

Anlässlich der 100-Jahr-Feier von Abraham Lincolns Bekanntgabe der Abschaffung der Sklaverei in Amerika hielt Martin Luther King, der exponiertteste Vertreter der Bürgerrechtsbewegung, 1963 eine berühmte Rede. Vor vielen tausend Menschen, die sich vor dem Lincoln Memorial in Washington versammelt hatten, verkündete er seine Botschaft der Gewaltlosigkeit, seinen Traum von einer wunderbaren Sinfonie der Brüderlichkeit zwischen Schwarz und Weiß, und forderte: „Lasst die Freiheit erklingen." Die Rede, die begeistert wie kaum eine andere im 20. Jh. aufgenommen wurde, beschleunigte die Reform der Bürgerrechte der USA und gab auch anderen Völkern der Welt ein Signal der Hoffnung.

Abraham Lincoln während seiner Rede in Gettysburg im Jahr 1863

Martin Luther Kings Rede im Jahr 1963 ebnete den Weg für Bürgerrechtsreformen.

gen Lanze. Sie hatten sehr große rechtssymbolische Bedeutung und wurden, mit Ausnahme der Lanze, bei der Krönung dem Kaiser oder König übergeben und von diesem sicher verwahrt. Die Lanze war sowohl Herrschaftssymbol als auch Reliquie. Der Krönungsornat bestand aus Ober- und Untergewand, Handschuhen, Schuhen und Strümpfen. Die Heiltümer umfassten Reliquiare und Reliquien. Als Aufbewahrungsorte dienten u. a. der Dom zu Speyer, Burg Karlstein in Böhmen und Burg Trifels in der Pfalz. Ab 1424 verblieben sie in Nürnberg und wurden nur zur Krönung überlassen. Seit 1805 werden sie in Wien aufbewahrt, 1938–45 befanden sie sich nochmals in Nürnberg.

Reichskristallnacht, gegen Juden organisierter POGROM am 9./10. November 1938 in Deutschland. Die nationalsozialistische Propaganda versuchte, die Terrorakte als spontane Reaktion der Bevölkerung auf den Anschlag Herschel Grünspans auf den Legationssekretär Ernst vom Rath an der deutschen Botschaft in Paris darzustellen. Es waren aber SA- und NSDAP-Mitglieder, die 171 Synagogen in Brand setzten, über 7000 Geschäfte zerstörten und Wohnungen verwüsteten. Offiziell wurde von 91 Todesopfern gesprochen. Rund 26 000 Juden wurden in verschiedene KONZENTRATIONSLAGER gebracht, wo viele durch Prügel und Verweigerung medizinischer Versorgung starben. Die meisten wurden jedoch nach einigen Wochen entlassen, nachdem man Auswanderungserklärungen von ihnen erpresst hatte. Die Reichskristallnacht – der Begriff geht auf den Berliner Volksmund zurück – markiert den Übergang von der Diskriminierungs- zur Vertreibungs- und Enteignungspolitik.

Reichsstädte, im HEILIGEN RÖMISCHEN REICH Städte, die nicht einem Landesherrn, sondern unmittelbar dem König unterstanden. Seit etwa der Mitte des 13. Jh. entstanden teils auf Königsgut, teils durch Erlöschen der landesfürstlichen Rechte oder durch Verträge bis gegen Ende des MITTELALTERS bis zu 100 Reichsstädte, die auf den REICHSTAGEN vertreten waren. Die von königlichen Beamten ausgeübten Hoheitsrechte gingen auf die Reichsstädte über. Die Anzahl der landesfürstlichen Städte überwog zwar bei weitem, aber aufgrund ihrer wirtschaftlichen Bedeutung und ihrer Einwohnerzahl herrschten die Reichsstädte vor. Durch den REICHSDEPUTATIONSHAUPTSCHLUSS aus dem Jahr 1803 verloren die Reichsstädte bis auf Frankfurt am Main, Augsburg, Nürnberg, Bremen, Hamburg und Lübeck ihre Vorrechte.

Die Reformation – Kritik im Namen Gottes

Im 16. Jh. wurde Europa durch die Ideen Martin Luthers entzweit, der einen direkten Weg zu Gott suchte. Die daraus folgenden politischen und religiösen Konflikte rüttelten an den Grundfesten der mittelalterlichen Welt.

Zu Beginn des 16. Jh. waren alle europäischen Christen römisch-katholisch und akzeptierten den Papst als geistliches Oberhaupt. Doch innerhalb von 50 Jahren vollzog sich eine Spaltung Europas. Den Katholiken standen diejenigen gegenüber, die sich gegen die päpstliche Autorität auflehnten: die Protestanten. Diese Teilung und die religiösen sowie gesellschaftlichen Konflikte, die sie zur Folge hatte, wird als Reformation bezeichnet.

Ihre Ursprünge lassen sich bis ins späte 14. Jh. zurückverfolgen, als der Engländer John Wycliffe und der Böhme Jan Hus gegen die Korruption des Papsttums wetterten. Die Unzufriedenheit kam 1517 zum Ausbruch, als der deutsche Augustinermönch Martin Luther die Kirche aufforderte, zu seinen 95 Thesen über ihren Zustand Stellung zu nehmen. Luther zeigte sich entrüstet über den

Rechts: Luther (links) und andere Wittenberger Reformer stehen geschützt hinter ihrem Fürsprecher, dem sächsischen Kurfürsten Johann Friedrich I.

Ablasshandel, die erkaufte Reinwaschung von Sünden; unter Papst Leo X. hatte dieses Geschäft stark zugenommen, da er seine Schulden damit deckte. Mit seinen Thesen setzte Luther einen Prozess in Gang, der sich zur Reformation ausweitete.

Deutschland befand sich zu dieser Zeit mitten in einer landwirtschaftlichen Rezession. Die Bauern und der niedere Adel waren bereit, ihrer Wut auf die Großgrundbesitzer Luft zu machen, vor allem gegenüber den geistlichen Herren, denen die Kirchengüter unterstanden. Die weltlichen Regierungen zahlreicher europäischer Staaten sahen in Luthers Aufbegehren eine Gelegenheit, ihrer Forderung nach Unabhängigkeit von päpstlichen Eingriffen Nachdruck zu verleihen.

Luthers Botschaft dagegen war rein spirituell. Er lehrte die Doktrin der Rechtfertigung allein durch den Glauben und der Priesterschaft aller Gläubigen. Formalreligiöser Gehorsam sei kein Weg zum ewigen Heil, nur die erlösende Kraft Christi rechtfertige den Glauben des Menschen an Gott. Jeder Mensch sei

sein eigener Priester mit direktem Zugang zu Gott und der Wahrheit der heiligen Schrift. Er folgerte daraus, dass die erstarrte Hierarchie der Kirche für das Seelenheil bedeutungslos sei.

EINE NEUE STRÖMUNG

Luther wurde 1521 auf dem Reichstag zu Worms exkommuniziert, nachdem er sich geweigert hatte, seinen Überzeugungen abzuschwören. Indem er sich 1525 gegen die aufständischen Bauern stellte, trug er zur Niederschlagung der in seinen Lehren enthaltenen demokratischen Ideen bei, doch die Verbreitung des protestantischen Gedankenguts war nicht mehr aufzuhalten. Die Erfindung des Buchdrucks Mitte des 15. Jh. durch Johannes Gutenberg hatte die Bibel auch Menschen zugänglich gemacht, die kein Latein beherrschten. Nur die Randgebiete Europas, etwa Russland oder Irland, blieben von der neuen Strömung noch unberührt.

Dank der Gegenreformation – der Erneuerung der katholischen Kirche durch Reformen – blieben Spanien, Portugal, Italien und Frankreich dem Papst treu ergeben. Im nördlichen Europa jedoch eroberte der Protestantismus immer größere Gebiete und nahm z. T. extreme Formen an, etwa in den Lehren Johannes Calvins, der 1641 in der Schweiz eine puritanische Theokratie entwickelte. Nationalkirchen wie die in den 30er-Jahren des 16. Jh. von Heinrich VIII. gegründete Kirche von England lösten sich vom Papsttum. Das ganze folgende Jahrhundert lang erlebte Europa eine Reihe erbitterter Religionskriege.

Das Gemälde von 1601 zeigt Protestanten bei sakralen Handlungen. Am linken Bildrand sieht man Johann Friedrich I. von Sachsen im Disput mit dem katholischen Kaiser Karl V.

Reichstag, im HEILIGEN RÖMISCHEN REICH die Vertretung der Reichsstände. Diese setzten sich aus den Kurfürsten, den Reichsstädten und dem Reichsfürstenrat zusammen. Letzterem Gremium gehörten geistliche – Bischöfe, Reichsäbte – und weltliche Fürsten an. Die Reichstage tagten unregelmäßig und wurden je nach politischer Erfordernis einberufen. Bedeutende Reichstage kamen u. a. 1500 in Augsburg, 1507 in Konstanz und 1518 in Frankfurt zusammen. Der berühmteste war der WORMSER Reichstag 1521, bei dem der protestantische Reformator Martin LUTHER dem Kaiser des Heiligen Römischen Reiches, KARL V., entgegentrat. Da die Fürsten das Luthertum dazu benutzten, die Autorität Karls V. zu beschneiden, wurden auf den folgenden Reichstagen Religionsfragen behandelt. So wurde in Speyer 1526 Religionsfreiheit gefordert, 1529 dann wieder ein streng katholischer Gegenvorschlag unterbreitet. Beide Seiten führten ihre Grundsätze 1530 in Augsburg weiter aus und bemühten sich 1541 in Regensburg erneut um eine Versöhnung, doch erst die Reichstage in Augsburg 1547/48 und 1555 brachten eine Einigung in der Religionsfrage. Bei einem weiteren bedeutenden Reichstag, der 1732 in Regensburg abgehalten wurde, stimmten die Fürsten der PRAGMATISCHEN SANKTION zu, die den Streit um die Nachfolge des Kaisers beenden sollte. Die Institution der Reichstage wurde im Heiligen Römischen Reich 1806 abgeschafft.

Reichstag, Versammlung der Volksvertreter im DEUTSCHEN REICH 1871–1919 und in der WEIMARER REPUBLIK 1919–33, die in allgemeiner, gleicher, geheimer und unmittelbarer Wahl bestimmt wurden. Der Reichstag als Volksvertretung ging auf Otto von BISMARCK zurück, der 1867 für die Gründung des NORDDEUTSCHEN BUNDES ein solches Gremium vorsah. Bismarck verstand den Reichstag als Zugeständnis an den liberalen und demokratischen Zeitgeist. Die Befugnisse des Reichstags, der 1871 insgesamt 383 Abgeordnete umfasste, deren Zahl später auf 397 erhöht wurde, waren eingeschränkt. So stand der Volksvertretung die Bewilligung des jährlichen Etats zu, doch der Reichskanzler war nur dem Kaiser und nicht dem Parlament verantwortlich. In der Weimarer Republik hatte er weiter reichende Befugnisse. Er beschloss Gesetze, stimmte Verträgen zu und besaß das Entscheidungsrecht über Krieg und Frieden. Im Juli 1932 gewannen die Nationalsozialisten die Mehrheit im Reichstag und im Januar 1933 wurde Adolf HITLER mit der Regierungsbildung beauftragt.

Am 27. Februar 1933 stand der Reichstag in Flammen. Die Nationalsozialisten bezichtigten die Kommunisten der Brandstiftung; am Tag darauf widerrief Hitler per Dekret alle bürgerlichen Freiheiten und ließ den Notstand ausrufen. Viele kommunistische sowie einige sozialistische Reichstagsabgeordnete wurden verhaftet und in KONZENTRATIONSLAGER verschleppt. Den niederländischen Kommunisten Marius van der Lubbe verurteilte man als angeblichen Brandstifter zum Tod. Bereits damals wurden Stimmen laut, der spätere Reichsmarschall Hermann GÖRING habe im Reichstag Feuer legen lassen; diese Sichtweise wird auch heute noch von vielen geteilt. Das ERMÄCHTIGUNGSGESETZ vom 23. März 1933 schaffte den Reichstag als Institution dann faktisch ab. Das nach dem Krieg mehrfach umgebaute Reichstagsgebäude in Berlin wurde am 19. April 1999 als Regierungssitz des wieder vereinigten Deutschland offiziell eingeweiht.

Reliquie, Teil der sterblichen Hülle eines Heiligen oder ein mit seiner Person eng verbundener Gegenstand. Die Reliquien frühchristlicher MÄRTYRER waren angeblich wundertätig, doch am meisten geschätzt wurden Splitter vom wahren Kreuz, an dem Christus starb. Pilger brachten von weit entfernten Heiligtümern Reliquien für ihre heimischen Kirchen und Klöster mit, die diese ihrerseits zu Pilgerstätten werden ließen, weil ihr Ansehen durch die dort verwahrten Reliquien stieg. Im Mittelalter war der Glaube an Reliquienwunder so stark ausgeprägt, dass Europa während der KREUZZÜGE mit Reliquien geradezu überschwemmt wurde. LUDWIG IX. von Frankreich ließ im 13. Jh. in Paris die Sainte-Chapelle eigens für Reliquien aus Konstantinopel erbauen. Als aber Missbrauch bekannt wurde, verbot das LATERANKONZIL von 1215 den Verkauf von Reliquien und verfügte, ausschließlich vom Papst anerkannte Reliquien dürften verehrt werden. Die Anbetung von Reliquien wurde von den Protestanten kritisiert und das TRIENTER KONZIL verfügte 1563, dass die Reliquienverehrung nur als Hilfsmittel des Heiligenkults zulässig sei. Ähnliche offizielle Verehrung finden Reliquien auch im BUDDHISMUS, nicht jedoch im ISLAM.

Renaissance siehe Seite 438/439

Reparationen, Entschädigungs- oder Wiedergutmachungszahlungen, die von einer unterlegenen Nation für Kriegsschäden geleistet werden müssen. Laut dem VERSAILLER VERTRAG, der zwischen den Alliierten und Deutschland am Ende des Ersten Weltkriegs geschlossen wurde, musste Deutschland Reparationen in Höhe von insgesamt 132 Mrd. Reichsmark leisten. Als sich 1923 zeigte, dass Deutschland nicht wie vorgesehen zahlen konnte, besetzten Frankreich und Belgien zur Entrüstung der Deutschen das RUHRGEBIET. Die Besatzung endete 1924, nachdem eine Kommission der Alliierten den Dawes-Plan vorgelegt hatte, dem zufolge die Deutschland

Ein durch Brandstiftung verursachtes Feuer zerstörte am 27. Februar 1933 das Reichstagsgebäude in Berlin.

abverlangte Summe herabgesetzt werden sollte. Als selbst dieser Betrag nicht gezahlt werden konnte, senkte der YOUNG-PLAN 1929 die Schulden auf ein Drittel der ursprünglichen Summe. Die Lausanner Konferenz verwandelte die Restschuld im Jahr 1932 in eine Anleiheemission und die Zahlungen wurden wieder aufgenommen.

Nach dem Zweiten Weltkrieg besetzten die Alliierten Deutschland und Japan und forderten Reparationen ein. Großbritannien, Frankreich und die Vereinigten Staaten verzichteten 1952 auf weitere Reparationsleistungen. Die Sowjetunion zog Geld und Industrieausrüstung aus Ostdeutschland ab und beschlagnahmte japanisches Vermögen in der Mandschurei. Die Opfer der Verfolgungen durch die Nationalsozialisten, darunter auch der israelische Staat, erhielten von Westdeutschland rund 2 Mrd. Dollar, sonstige Entschädigungen blieben gering.

Repräsentantenhaus, Unterhaus des KONGRESSES der USA. Bei seiner ersten Sitzung 1789 hatte das Repräsentantenhaus lediglich 59 Mitglieder, vergrößerte sich jedoch stetig, bis sich die Zahl ab 1912 auf 435 Abgeordnete einpendelte, die jeweils für zwei Jahre gewählt werden. Die jeweilige Zahl der Sitze pro Bundesstaat wird alle zehn Jahre anhand der Ergebnisse einer Volkszählung neu festgelegt. Der Vorsitzende, der so genannte Speaker of the House, wird von den

Fortsetzung S. 440

Anbruch eines neuen Zeitalters der Kunst und Kultur

Die Renaissance, die Wiedergeburt der Kultur der griechischen und römischen Antike im Spätmittelalter, verbreitete sich von Italien aus unaufhaltsam über Europa und veränderte die Kultur der gebildeten Klassen.

Die Renaissance brachte eine kulturelle Neubelebung, eine Welle der Begeisterung für die antike Welt und insbesondere Rom. Zu den wichtigsten Ideen, die von den Schriftstellern Italiens und anderer Länder im 14.–16. Jh. geäußert wurden, gehörte die Vorstellung, eine Wiedergeburt mitzuerleben. Man ging davon aus, dass Literatur, Plastik und Architektur im alten Rom einst eine Blüte erlebt hatten, jedoch in der Zeit der Barbareneinfälle verloren gegangen und schließlich im 14. Jh., im Italien Petrarcas, wieder zu neuem Glanz gelangt waren.

„Es ist nicht nur so, dass jahrhundertelang niemand korrektes Latein gesprochen hat", beklagte der italienische Gelehrte Lorenzo Valla im 15. Jh., „sondern es hat auch niemand wirklich lesen und verstehen können. Es war so, als sei es nach dem Niedergang des Römischen Reiches nicht mehr angemessen gewesen, die Sprache der Römer zu sprechen oder zu verstehen."

WIEDERBELEBUNG DER ANTIKE

Dichter und Künstler entwickelten eine ausgesprochene Vorliebe für die Vergangenheit. Sie unterteilten sie nun auch in verschiedene Epochen: die glorreiche Antike, die in die barbarische Zeit mündete, der sie als Erste das Etikett des finsteren Mittelalters aufdrückten.

Einen Ausdruck für die Wertschätzung der Antike stellte der Wunsch dar, alles, was man darüber wusste, zu sammeln und zu erhalten. Auch bemühte man sich, die klassischen Meisterwerke zu kopieren – im Glauben, dass die Kultur wieder aufblühen werde, wenn die Menschen zum Stil des Zeitalters der ersten Blüte zurückfänden. Petrarca schrieb ein langes episches Gedicht im Stil Vergils mit dem Titel *Afrika*. In der Architektur folgte man den Vorbildern römischer Gebäude wie des Kolosseums und des Pantheons. Bildhauer, unter ihnen auch Michelangelo, ließen

Oben: Antonio da Sangallos Entwurf für den Petersdom in Rom wurde nie ausgeführt. Andrea Palladio entwickelte mehrere Grundrisse für klassizistische Villen (oben rechts).

sich von klassischen Statuen inspirieren, die man in Rom und anderswo wieder entdeckt hatte. Über eine dieser Plastiken, den so genannten Apollo vom Belvedere, sagte der Künstler, sie müsse das Werk eines Mannes sein, der mehr kannte als die Natur. Auch Maler wie Raffael studierten antike Statuen, da keine griechischen und rö-

mischen Malereien erhalten geblieben waren. Die Komponisten versuchten, Musikstücke der griechischen Antike formal zu rekonstruieren.

Raffaels Fresko *Die Schule von Athen* zeigt eine Gruppe von Philosophen, in ihrer Mitte Plato und Aristoteles, und versinnbildlicht den rationalen Zugang zur Wahrheit.

Oben: In Botticellis *Geburt der Venus* ist die Göttin als Schönheit dargestellt, die zu edlen Gedanken inspiriert. Ihre Pose, auch als schamhafte Venus bekannt, bezog sich auf ein in der griechischen Plastik übliches Vorbild (links).

Blüte der italienischen Kultur. Manche reisten persönlich nach Italien, um sich ein Bild zu machen. So besuchte Albrecht Dürer Venedig, um die neuen Entwicklungen in der Malerei kennen zu lernen. Erasmus von Amsterdam hatte zwar wenig für Italien übrig, doch auch er sah ein goldenes Zeitalter anbrechen, in dem Literatur und Bildung in ganz Europa zu neuem Glanz gelangten.

Viele gelehrte Bücher wurden vom Italienischen und Lateinischen ins Französische, Spanische, Englische und andere europäische Sprachen übersetzt und standen nach der Erfindung des Buchdrucks ab 1450 einem größeren Publikum zur Verfügung. Italienische Künstler wurden zu Aufträgen ins Ausland geholt, etwa Leonardo da Vinci, der auf Einladung Franz' I. nach Frankreich ging, oder der Florentiner Bildhauer Pietro Torrigiano, der nach England umsiedelte und dort das Grabmal von Heinrich VII. in der Westminster-Abtei schuf.

Rechts: Michelangelos *Pietà* zeigt die Muttergottes mit dem Leichnam ihres Sohnes Jesus. Die Marmorskulptur entstand im Auftrag eines französischen Kardinals.

besitze er selbst doch „die Fähigkeit, ein dreimal so gutes Werk zu schaffen".

Männer wie Cellini wollten die Werke der Alten nicht nur kopieren, sondern versuchten, die antiken Modelle den Bedingungen ihres eigenen Zeitalters entsprechend umzuformen. Der Florentiner Philosoph Marsilio Ficino bezeichnete sein Werk als einen Versuch, die Vorstellungen des Griechen Plato mit der christlichen Tradition zu versöhnen. Niccolò Machiavelli propagierte, die Fürsten sollten dem Beispiel antiker Herrscher folgen, und schrieb zu ihrer Anleitung einen Kommentar zur Frühgeschichte Roms. „Angesichts der Ehren, in denen die Antike heute steht, und des hohen Preises, der mit einem Stück einer alten Statue erzielt werden kann", so erklärte er, sei er voller „Verwunderung und Kummer" über das mangelnde Interesse an den politischen Praktiken der alten Römer. Zugleich bildete sein Werk *Der Fürst*, in dem er den Herrschenden erläuterte, wie sie an der Macht bleiben konnten, ein neues, nicht auf antiken Vorbildern basierendes Genre.

DIE SPRACHE DES VOLKES

Dichter wie Petrarca schrieben nicht nur in klassischem Latein, sondern auch in der Sprache des Volkes, in Petrarcas Fall dem Dialekt der Toskana, die von anderen Teilen Italiens aufgegriffen wurde und die Grundlage für das moderne Italienisch bildete.

Gebildete und Künstler anderer Länder erfuhren voller Spannung von der neuen

EIN NEUES ZEITALTER

Überall in Europa eiferten die Dichter italienischen und antiken Vorbildern nach. Die Verwendung der Volkssprachen anstelle des Lateinischen in der Literatur wurde durch Petrarca, aber auch von Ludovico Ariosto und seinem Epos *Orlando furioso* angeregt, das von Portugal bis Polen überall begeisterte Leser und Nachahmer fand. Illustrierte Bücher mit Anregungen für neuartige architektonische Ornamente veranschaulichten den Bauherren, wie sie ihre Portale und Kamine gestalten konnten. Antiken Vorbildern nachempfundene Reiterstandbilder von Fürsten wurden vielerorts errichtet; in zahlreichen europäischen Städten entstanden sogar symmetrische Plätze in der Art des Forum Romanum in Rom.

Mit der Ausbreitung der Renaissance entwickelte sich auch die Vorstellung, ein neues Zeitalter habe begonnen, das sich allmählich auch auf Gebiete wie Forschung, Wissenschaft und Medizin erstreckte. Der Arzt Jean Fernels drückte es im 16. Jh. so aus: „Die Weltumsegelung, die Entdeckung des größten Kontinents der Erde, die Erfindung des Kompass', der Wissen verbreitenden Druckerpresse und des Schießpulvers, das die Kriegskunst revolutioniert hat, die Rettung uralter Manuskripte und die Wiederbelebung des gelehrten Wissens – all das bezeugt den Triumph unseres neuen Zeitalters."

An Schulen und Universitäten ließ man lateinische Dramen einstudieren und besann sich auf das römische Bildungssystem auf der Grundlage von Grammatik, Rhetorik, Dichtung, Geschichte und Ethik. Die Fächer sollten den Schülern reifere menschliche Werte vermitteln, was zum Begriff des Humanismus führte.

Neben ihrer Hochachtung vor der Antike besaßen die Künstler und Schriftsteller auch ein ausgeprägtes Selbstbewusstsein. Der Florentiner Bildhauer und Goldschmied Benvenuto Cellini erklärte im 16. Jh. dem Herzog von Florenz, wenn auch „der große Donatello und der wundervolle Michelangelo die größten Künstler seit der Antike" seien, so

Abgeordneten gewählt. Für den Fall, dass der Präsident und der Vizepräsident der Vereinigten Staaten beide sterben sollten, würde gemäß dem amerikanischen Grundgesetz der Speaker den Präsidenten ersetzen. Das Repräsentantenhaus und der SENAT haben gleich viel Einfluss auf die Gesetzgebung, allerdings ist das Unterhaus grundsätzlich für alle Steuervorlagen zuständig. Seit 1900 hatte die demokratische Partei insgesamt 68 Jahre lang die Mehrheit im Unterhaus; 1995 gab es erstmals seit 1954 wieder eine republikanische Mehrheit.

Republikaner, eine der beiden großen politischen Parteien der VEREINIGTEN STAATEN VON AMERIKA. Die 1854 gegründete Partei vereinigte mehrere Gruppen unter einem Dach, die sich gegen die SKLAVEREI aussprachen und Schutzzölle befürworteten. Als erster republikanischer Präsident wurde Abraham LINCOLN 1860 gewählt. Abgesehen von einigen kurzen Phasen dominierten die Republikaner im KONGRESS der USA bis 1932.

Der frühe Erfolg der Partei beruhte auf der Unterstützung durch Farmer und Industriearbeiter im Norden und Westen des Landes sowie auf ihrer konservativen Finanzpolitik und den Schutzzöllen. Anfang der 20er-Jahre spaltete sich die Partei, als Theodore ROOSEVELT die liberal-progressive Partei gründete. In den 30er- und 40er-Jahren verloren die Republikaner die Mehrheit gegenüber der DEMOKRATISCHEN PARTEI und kehrten erst 1952 dank der Popularität des Präsidenten Dwight EISENHOWER an die Macht zurück. Seit 1968 hießen die republikanischen Präsidenten Richard NIXON, Gerald FORD und Ronald REAGAN. Mit ihnen wurde die Partei zum Inbegriff für einen riesigen Verteidigungsetat und das selbstbewusste Auftreten der USA in der internationalen Politik.

Ein amerikanischer Zeichner sah den Elefanten als Symbolfigur der Republikaner: „Er gewinnt mühelos, solange er sauber bleibt und keine allzu schwere Last zu tragen hat."

Requerimiento, 1513 auf Anordnung Ferdinands II. von Spanien aufgesetzte Urkunde. Sie verpflichtete die Ureinwohner Südamerikas zur Anerkennung der Souveränität des Papstes und der spanischen Krone über ihr Land. Außerdem mussten die Indianer christliche MISSIONARE in ihr Gebiet lassen. Eine Weigerung, diese Erklärung zu unterzeichnen, hätte ein Dasein als Sklaven der Spanier bedeutet. Nach dem Gesetz musste das Dokument allen Indianern vorgelesen werden, doch nur wenige beherrschten so viel Spanisch, dass sie die Bestimmungen verstanden. Bis zum Erlass eines neuen Gesetzes im Jahr 1573 rechtfertigten die Spanier ihre ständigen Eroberungszüge mit diesem Papier.

Resa Schah (1878–1944), Schah von IRAN 1925–41. Als Offizier der persischen Kosakenbrigade riss er 1921 durch einen Staatsstreich die Macht an sich, richtete eine Militärdiktatur ein und gründete die Dynastie der Pahlewi. Er setzte auf die rasche Modernisierung und wirtschaftliche Entwicklung des Landes, das jahrhundertelang unter Willkürherrschaften und Kriegswirren gelitten hatte. Widerstand seitens der Stämme und jegliche sonstige Opposition wurden brutal zerschlagen. Im Zweiten Weltkrieg weigerte er sich, deutsche Staatsbürger auszuweisen und löste damit die Besetzung des Iran durch sowjetische und britische Truppen aus. 1941 dankte Resa Schah zugunsten seines Sohnes MOHAMMED RESA ab. Er starb im Exil in Südafrika.

Restauration siehe VORMÄRZ

Reuter, Paul Julius Freiherr von (1816 bis 1899), Gründer einer der ersten Nachrichtenagenturen. Der in Deutschland unter dem Namen Israel Josaphat geborene Reuter begann 1850 mit einem Brieftaubendienst für Wirtschaftsinformationen zwischen Aachen und Brüssel. 1851 übersiedelte er nach London und eröffnete in der Nähe der Börse ein Telegrafenbüro. Dank seiner Verbindungen zu Korrespondenten in anderen Ländern lieferte Reuter den Tageszeitungen Informationen über Aktienkurse, Augenzeugenberichte ausländischer Ereignisse und sonstige internationale Meldungen. In den 70er-Jahren des 19. Jh. hatte sich seine Agentur bereits zu einer weltweit operierenden Organisation entwickelt. 1871 adelte ihn der deutsche Herzog von Sachsen-Coburg; der Titel Paul Julius Freiherr von Reuter wurde später auch in England anerkannt, als er 1857 die britische Staatsbürgerschaft annahm.

Revisionismus, überwiegend für die kommunistische Bewegung verwendeter Begriff; bezeichnet die Revision der marxistischen Theorie, meist im Sinn einer gemäßigteren Haltung. Ein bekannter Revisionist im 19./20. Jh. war der deutsche Sozialist Eduard Bernstein, der die Grundpfeiler des Marxismus infrage stellte und sich für eine allmähliche Wendung zum SOZIALISMUS ohne Revolution aussprach. In jüngerer Zeit bezeichnet Revisionismus eine Haltung, die davon ausgeht, die Grundziele des Marxismus seien ohne umfassende Verstaatlichungen der Industrie machbar; häufig wird der Begriff abwertend benutzt.

Reynaud, Paul (1878–1966), französischer Politiker, Premierminister zur Zeit der Besetzung Frankreichs 1940 durch deutsche Truppen, die er vergeblich zu verhindern versuchte. Er wurde verhaftet und blieb während des gesamten Zweiten Weltkriegs im KONZENTRATIONSLAGER. Nach der Befreiung war Reynaud Finanzminister sowie Vize-Premierminister und hatte maßgeblichen Anteil an der Gestaltung der 5. Republik; später überwarf er sich jedoch mit Charles de GAULLE wegen dessen Beharren auf der präsidentiellen Regierungsform. Reynaud veröffentlichte eine Reihe von Büchern, darunter seine *Mémoires*, die 1960–63 entstanden.

Rhee, Syngman (1875–1965), Präsident von Süd-Korea 1948–60. Rhee förderte schon früh Bestrebungen zur Lösung KOREAS von JAPAN. Er wurde in einer englischsprachigen Schule der METHODISTEN erzogen und trat 1896 der Kampagne für die Unabhängigkeit Koreas bei. Nach Verbüßung einer Haftstrafe wegen seiner nationalistischen Aktivitäten 1897–1904 ging er in die USA und wurde 1919 Präsident der Exilregierung in Shanghai. Nach der Kapitulation Japans kehrte Rhee 1945 in das unter amerikanischer Kontrolle stehende Korea zurück und wurde 1948 erster Staatspräsident von Süd-Korea. Sowohl vor als auch nach dem KOREAKRIEG trat Rhee für die Vereinigung Koreas ein. 1952 wurde er wieder gewählt, doch der Widerstand gegen seinen korrupten, autokratischen Regierungsstil wuchs; bei der dritten Wiederwahl 1960 wurde der Vorwurf der Wahlmanipulation erhoben und es kam zu schweren Aufständen, die Rhee dazu zwangen, ins Exil zu gehen.

Rheinbund (1806–13), auf Veranlassung von NAPOLEON I. nach seinem Sieg in der Schlacht bei AUSTERLITZ 1805 gegründeter Bund mittel- und süddeutscher Fürstentümer. Die Mitglieder des Bundes mussten aus dem HEILIGEN RÖMISCHEN REICH austreten, das damit faktisch aufgelöst wurde. Nach PREUSSENS Niederlage bei Jena 1806 traten weitere Fürstentümer der Konföderation bei. Der neue deutsche Bund dehnte sich vom Rhein bis zur Elbe aus und bildete quasi einen Schutzwall gegen Preußen und das österreichische Kaiserreich. Die Deutschen begrüßten diese Lösung zunächst, da sie in dem Bund einen Schritt zur staatlichen Einheit sahen, doch Napoleons KONTINENTALSPERRE und Großbritanniens Gegenmaßnahmen führten zunehmend zu wirtschaftlichen Problemen und machten den Bund weniger attraktiv. Der Bund stellte zwar Truppen für die napoleonischen Feldzüge von 1813, brach jedoch nach Napoleons Niederlage in der Völkerschlacht von LEIPZIG auseinander. Die Mitglieder schlossen eines nach dem anderen Frieden mit der HEILIGEN ALLIANZ zwischen Preußen, Großbritannien, Russland und Österreich.

Rheinland, an den Rhein angrenzendes Gebiet im westlichen Teil Deutschlands. Die ehemalige preußische Provinz war lange Zeit hart umkämpft. Das linksrheinische Gebiet kam nach dem Sieg der französischen Revolutionsarmee 1794 zu Frankreich, wurde jedoch vom WIENER KONGRESS 1815 als Bollwerk gegen die französische Expansion zu Preußen geschlagen. Im Frankfurter Frieden von 1871 wurden die angrenzenden französischen Provinzen Elsass und Lothringen, die über reiche Erz- und Kohlevorkommen verfügten, von Deutschland annektiert. 1918 wurden beide Gebiete an Frankreich zurückgegeben und das Rheinland entmilitarisiert, es durfte jedoch Teil der WEIMARER REPUBLIK bleiben. HITLERS Truppen marschierten 1936 in die Region ein; England und Frankreich protestierten dagegen nur symbolisch. 1944 war das Rheinland Schauplatz heftiger Gefechte und wurde schließlich von amerikanischen Truppen eingenommen. Nach dem Zweiten Weltkrieg wurde das Gebiet Teil des Bundeslands Nordrhein-Westfalen.

Rhodes, Cecil (1853–1902), britischer Kolonialpolitiker. 1888 kaufte Cecil Rhodes die südafrikanische Kimberly-Diamantenmine. Seine Firma De Beers beherrschte schon bald den größten Teil der weltweiten Diamantenproduktion. Rhodes war nicht nur Unternehmer, sondern vertrat auch den britischen IMPERIALISMUS. Während andere europäische Länder Kolonien in Afrika gründeten, hatte Rhodes noch grandiosere Träume für das BRITISCHE EMPIRE, beispielsweise den Bau einer Eisenbahnlinie, die von der Kapregion bis nach Kairo führen sollte.

Der 1853 in Großbritannien geborene Rhodes kam im Alter von 17 Jahren nach Afrika. 1881 wurde er in das Parlament der Kapkolonie ge-

Bei der militärischen Wiederbesetzung des Rheinlands durch Hitlers Truppen marschierte im März 1936 Infanterie über die Hohenzollernbrücke in Köln.

wählt und 1890 zum Premierminister ernannt. Für Missionare, humanitäre Skrupel und die vorsichtige Politik der Londoner Kolonialbehörden hatte er nur wenig übrig. Rhodes wollte nach Norden hin ins Landesinnere expandieren, bevor die Belgier oder Portugiesen ihm zuvorkamen. Dabei gab es zwei wesentliche Hindernisse: zum einen Lobengula, den König des Matabelelands im Norden, und Paul KRÜGER, den Präsidenten der nordöstlich gelegenen Republik TRANSVAAL, wo es ergiebige Goldvorkommen gab.

Der widerstrebende Lobengula wurde zu einem Vertrag überredet, mit dem sich Rhodes Schürfrechte sicherte. Direkt nach der Unterzeichnung machten sich Rhodes und seine Agenten ans Werk. Ein königlicher Freibrief aus London gab ihm die Erlaubnis, das Wirkungsgebiet seines Unternehmens bis zum Sambesi und sogar darüber hinaus zu erweitern – über ein erheblich größeres Gebiet, als Lobengula es je zugestanden hatte. 1890 schickte Rhodes eine Expedition bis hinauf ins Mashonaland, dem späteren SIMBABWE, wo sie ein Fort gründete und nach dem Premierminister Salisbury benannte. Im Jahr 1893 wurde ein von Lobengula entfachter Aufstand niedergeschlagen, der König getötet und sein Reich ausgelöscht. Das riesige neue Territorium, flächenmäßig beinahe halb so groß wie Europa, erhielt den Namen Rhodesien.

Cecil Rhodes, hier in späteren Jahren, förderte die Erschließung des afrikanischen Kontinents.

Krügers burische Republik erwies sich als größeres Problem. Krüger benötigte britische Arbeiter in den Goldminen, doch als Ausländer waren sie politisch rechtlos. Krüger hatte die Briten bereits 1881 bei Majuba Hill geschlagen und schloss nun die Grenze am Fluss Vaal entlang. Rhodes ersann ein tollkühnes Unternehmen gegen die Republik.

Im Dezember 1895 brach ein Trupp von knapp 50 Berittenen unter der Führung von Leander Starr Jameson in den Transvaal ein und ritt auf Johannesburg zu, wo sie einen Aufstand unterstützen sollten. Die Expedition, die als JAMESON RAID in die Geschichte einging, endete mit einem Fiasko. Es gab gar keinen Aufstand, und Jamesons Trupp wurde mit Leichtigkeit aufgerieben. Rhodes musste seinen Posten als Premierminister räumen.

In der Hoffnung auf deutsche Unterstützung zettelte Krüger 1899 einen katastrophalen Krieg gegen die Briten an. Rhodes starb 1902, in dem Jahr, als die Briten mit dem endgültigen Sieg über die Buren die Herrschaft über ganz Südafrika errangen.

Ribbentrop, Joachim von (1893–1946), deutscher Politiker, Nationalsozialist und enger Vertrauter Adolf HITLERS. Ribbentrop trat 1932 in die NATIONALSOZIALISTISCHE DEUTSCHE ARBEITERPARTEI, die NSDAP, ein und war 1936–38 Botschafter in Großbritannien. Als Außenminister führte Ribbentrop 1938–45 Verhandlungen mit Staaten, die dann später von Hitler überfallen wurden. Der im Jahr 1939 ausgehandelte deutsch-sowjetische Nichtangriffspakt galt als seine größte Leistung, da er den Nationalsozialisten die Möglichkeit eröffnete, Polen und die baltischen Staaten zu erobern.

Richard I. Löwenherz, selbst ein Dichter, war der Held zahlreicher romantischer Gedichte und Legenden. Hier ist er im Kampf mit einem Löwen dargestellt.

Ribbentrop handelte auch 1940 den Dreimächtepakt zwischen Deutschland, Italien und Japan aus. 1946 wurde Ribbentrop vom internationalen Militärgericht in NÜRNBERG als Kriegsverbrecher zum Tod verurteilt und hingerichtet.

Richard I. Löwenherz (1157–99), ab 1189

König von England, Herzog der NORMANDIE und Graf von Anjou. Seine militärischen Erfolge brachten Richard den Beinamen Löwenherz ein. Richard war der dritte Sohn von HEINRICH II., gegen den er sich auflehnte, und ELEONORE VON AQUITANIEN. Mit zwölf Jahren wurde er Herzog von Aquitanien. Aufgrund eines Gelöbnisses reiste Richard 1190 mit dem dritten KREUZZUG nach Palästina, eroberte Akko und besiegte Sultan SALADIN in Arsuf. Nach Vereinbarung eines Waffenstillstands kehrte er 1192 nach England zurück, wurde aber auf der Durchreise in Österreich von Kaiser Heinrich VI. gefangen genommen. England brachte für Richards Freilassung ein hohes Lösegeld auf, sodass er 1194 heimkehren konnte. Kurz darauf überquerte er erneut den Ärmelkanal, um seinen Familienbesitz in Aquitanien, Anjou und der Normandie zurückzuerobern. Den Rest seines Lebens verbrachte Richard in Frankreich, wobei er ständig seine Ländereien verteidigen musste. Er starb beim Sturm auf das Schloss Chalus.

Richard II. (1367–1400), König von Eng-

land 1377–99. Richard war der einzige Sohn EDUARDS DES SCHWARZEN PRINZEN und Enkel von EDUARD III., dem er mit zehn Jahren auf den Thron folgte. Bis zu seiner Volljährigkeit wurde das Land von einem Regentschaftsrat unter der Leitung seines Onkels Johann von Gent regiert. Die erste Krise erlebte Richard mit dem 1381 ausgelösten BAUERNAUFSTAND. Eine Gruppe von Adligen unter der Führung eines anderen Onkels, Thomas of Woodstock Herzog von Gloucester, lehnte sich gegen die Regentschaft Johanns von Gent auf. 1388 ließen die Anhänger von Thomas of Woodstock Richards wichtigste Parteigänger verhaften oder hinrichten und setzten einen Regentschaftsrat ein, der den König überwachen sollte. Richard widersetzte sich, nahm die Herrschaft selbst in die Hand und übte Rache an seinen Feinden. 1399 setzte der Sohn Johanns von Gent, Henry Bolingbroke, Richard ab und bestieg selbst als HEINRICH IV. den Thron. Richard starb im Verlies von Pontefract Castle.

Richard III. (1452–85), ab 1461 Herzog

von Gloucester, von 1483 bis zu seinem Tod König von England. Richard war ein jüngerer Bruder EDUARDS IV. und Sohn des Herzogs von York, Richard PLANTAGENET. Als Herzog von Gloucester war er Eduard treu ergeben. Bei der Thronbesteigung seines zwölfjährigen Neffen Eduard V. 1483 wurde Richard als Reichsverweser eingesetzt. Im selben Jahr behauptete er jedoch, die Kinder seines Bruders seien illegitim, und beanspruchte die Krone für sich selbst. Eduard V. und sein jüngerer Bruder verschwanden; nach Meinung vieler wurden sie von Richards Gefolgsleuten im Londoner Tower ermordet. Bis heute ist strittig, ob er tatsächlich für ihren Tod verantwortlich war. Von den zeitgenössischen Mächtigen hielten ihn mehrere für schuldig und schlugen sich 1485 auf die Seite seines Gegenspielers Henry Tudor, des späteren HEINRICH VII. In der Schlacht von BOSWORTH FIELD unterlag Richard gegen Heinrich und wurde getötet.

Richelieu, Armand Jean du Plessis

(1585–1642), französischer Kardinal und Staatsmann. Als wichtigster Minister Ludwigs XIII. ab 1629 stärkte Richelieu nachhaltig die Macht der Monarchie und schlug Verschwörungen des Adels nieder. Ihm verdankte Frankreich auch seine Vormachtstellung in Europa. Geboren wurde Richelieu in der Nähe von Chinon. 1607 wurde er zum Bischof von Luçon geweiht und 1616 zum Berater der Regentin Marie de Medici ernannt. Im Inland erreichte er die Zerschlagung der politischen und militärischen Macht der HUGENOTTEN. Richelieus überzogene Besteuerung führte zu einem Aufstand, doch er benötigte das Geld dringend, um Frankreichs außenpolitische Bestrebungen gegen die HABSBURGER zu finanzieren. Er führte Frankreich ab 1635 in den DREISSIGJÄHRIGEN KRIEG und sagte den protestantischen Niederländern, Dänen und Schweden finanzielle Unterstützung zu, damit sie sich gegen Österreich wandten. Sein Nachfolger war Jules MAZARIN, den er noch zu Lebzeiten auf seine politische Linie eingeschworen hatte.

Rijswijk, Friede von (1697), Vereinbarung,

die den PFÄLZISCHEN ERBFOLGEKRIEG zwischen der Augsburger Allianz – bestehend aus England, den Niederlanden, dem Kaiser, dem deutschen Reich, Savoyen, Spanien und Schweden – und Frankreich beendete. Der Vertrag wurde im niederländischen Rijswijk unterzeichnet. LUDWIG XIV. verpflichtete sich darin, WILHELM III. als König von England anzuerkennen, seine Ansprüche auf Köln und die PFALZ aufzugeben und die französische Besatzung LOTHRINGENS zu beenden. Zudem musste er Luxemburg, Courtrai, Mons und Barcelona an Spanien zurückgeben.

Ab dem Jahr 1629 besaß Richelieu faktisch die Herrschaft über Frankreich. Unter ihm löste Frankreich Spanien als mächtigsten Staat in Europa ab.

Der schwer beschädigte deutsche Panzerkreuzer *Graf Spee* wurde auf Befehl seines Kapitäns versenkt, damit das Schiff nicht den Briten in die Hände fiel.

Rio de la Plata, Seegefecht am (13. bis 17. Dezember 1939), erste bedeutende Seeschlacht des ZWEITEN WELTKRIEGS. Das deutsche Panzerschiff *Graf Spee* hatte bereits zahlreiche Frachter im Südatlantik versenkt, wurde dann aber von drei britischen Kreuzern angegriffen und musste zur Reparatur den Hafen von Montevideo, Uruguay, anlaufen. Angesichts der Schiffe, die sich in der Mündung des Rio de la Plata versammelt hatten, entschied Kapitän Hans Langsdorff, sein Schiff lieber selbst zu versenken als das Gefecht wieder aufzunehmen.

Risorgimento, Unabhängigkeitskampf Italiens. Nach 20 Jahren Krieg und französischer Besatzung war ITALIEN 1815 noch ebenso zerstückelt wie nach dem Niedergang des Römischen Reiches. Anstelle von Napoleon I. lenkte nun Fürst von METTERNICH als Kanzler des österreichischen Kaiserreichs die Geschicke der Halbinsel. Die Lombardei und Venezien waren zum Reich geschlagen worden, die Herzogtümer Mittelitaliens durchweg Vasallenstaaten, sogar der Vatikan stand unter österreichischer Protektion. Lediglich der nordwestliche Staat PIEMONT verfügte noch über ein begrenztes Maß an Autonomie. Immer mehr Italiener schlossen sich nach dem Vorbild der FRANZÖSISCHEN REVOLUTION einer Verschwörung gegen die verhassten fremden Herren an. Ihre Forderung war das *Risorgimento,* die Wiedererhebung Italiens. Ab 1830 übernahm Giuseppe MAZZINI die Führung der Befreiungsfront und schürte einen Aufstand gegen die Österreicher. Zwar blieben seine Bemühungen erfolglos, doch hatte er als Prophet und Propagandist entscheidenden Einfluss auf das weitere Geschehen.

Für Metternich war Mazzini der „gefährlichste Mann Europas", und auch gemäßigte Italiener stellten sich gegen ihn. Sie planten eine italienische Föderation, in der jeder Fürst seine Krone behalten und der Papst als Präsident fungieren sollte. Piemontesische Liberale wie Camillo CAVOUR wiederum hofften auf ein unabhängiges Italien mit ihrem eigenen Königreich als Kern.

Während der Revolutionen, die 1848 fast ganz Europa erschütterten, schienen die Österreicher unfähig, die Kontrolle über Italien zu behalten, doch verhinderten politische Differenzen zwischen Föderalisten, Piemontesern und Anhängern Mazzinis vorerst einen Zusammenschluss, zumal das einfache Volk sich nicht an den Unruhen beteiligte. Papst PIUS IX., der bis dahin als liberaler Nationalist gegolten hatte, erwies sich nun als Gegner des Risorgimento. Seine Entscheidung machte die Pläne der Föderalisten mit einem Schlag zunichte.

Die piemontesische Armee trat gegen die Österreicher an, wurde jedoch zweimal geschlagen. Mazzini kehrte aus dem Exil zurück und wurde nun unterstützt von Giuseppe GARIBALDI, der damals bereits einen legendären Ruf als Guerillakämpfer hatte. Gemeinsam verteidigten Mazzini und Garibaldi die nach der Flucht des Papstes gegründete Republik Rom.

Während der verbleibenden Monate des Jahres 1849 stellten die Österreicher die alten Herrschaftsverhältnisse wieder her. Piemont allerdings behielt seine Verfassung, und als Premierminister verwandelte Cavour sein Land in einen modernen, liberalen Staat, der auf den zweiten Unabhängigkeitskrieg bestens vorbereitet war. Cavour konnte eine Allianz mit NAPOLEON III. zuwege bringen,

sodass er die Österreicher 1859 aus der LOMBARDEI vertreiben und die Befreiung Mittelitaliens erzwingen konnte.

Völlig unerwartet eroberte Garibaldi 1860 mit 1000 Freiwilligen, den Rothemden, SIZILIEN und Neapel für Viktor Emanuel III. von Piemont, der 1861 zum König des geeinten Italien gekrönt wurde. 1870 wurde Rom Hauptstadt. „Wir haben Italien gemacht", hieß es; „nun müssen wir noch die Italiener machen."

Eine kleine Minderheit der Italiener hatte einen unabhängigen Staat gegründet, dessen Einheit jedoch ständig durch regionalistische Bestrebungen, den Konflikt zwischen Kirche und Staat sowie Klassenkämpfe bedroht war. Diese Probleme blieben auch im folgenden Jahrhundert aktuell. Doch die Erinnerung an das Risorgimento und die Hochachtung vor seinen drei Hauptakteuren trugen dazu bei, dass sich die Italiener innerhalb weniger Generationen als einheitliche Nation fühlten.

Ritter, die ersten Ritter traten im europäischen Mittelalter als bewaffnete und berittene Berufssoldaten in Erscheinung. Im 9. und 10. Jh. standen sie wegen ihrer kostspieligen militärischen Ausrüstung gesellschaftlich über dem Bauernstand. Ab dem Ende des 10. Jh. versuchte die Kirche, den Rittern christliche Zucht und Ordnung aufzuerlegen. Die Zeremonie des Ritterschlags wurde zu einer sakralen Handlung erklärt.

Fortsetzung S. 446

Die Abbildung eines knienden Ritters auf dem Fenster einer Rüstkammer in Österreich verkörpert die für das 14. Jh. typische Vermischung christlicher und militärischer Werte.

Kämpfer für die Ehre des Christentums

Die Kampfdisziplin mittelalterlicher Ritter beruhte auf der Befolgung eines dauerhaften Verhaltenskodex, der sich auf Tugend, Mut, Standesehre und die Verteidigung des wahren Glaubens stützte.

Das Rittertum basierte auf einem Regelwerk, das die berittenen Krieger des mittelalterlichen Europa als Verhaltenskodex akzeptierten. Im 9. Jh. hatten sich die schwer gerüsteten Berittenen den Gebrauch von Steigbügeln angeeignet, im 12. Jh. kam die waagrecht angelegte Lanze als Stoßwaffe hinzu.

Durch die Unterteilung der Gesellschaft in Edle, Geistliche und Bauern fiel den Rittern die Rolle von Friedenshütern zu. Diese Funktion rechtfertigte auch den Einsatz von Gewalt; Rituale zur Segnung der Waffen entwickelten sich. Zeugnis dafür legt ein Ge-

bet aus dem 10. Jh. ab, in dem Gott angefleht wurde: „Segne dieses Schwert, mit dem dein Diener Kirchen, Witwen und Waisen sowie alle deine Diener gegen die Grausamkeit der Heiden verteidigen und schützen will."

Gegen Ende des 11. Jh. rief der christliche Westen zur Befreiung des Heiligen Landes von den moslemischen Besatzern auf. Ganze Ritterheere fanden sich 1095 zum Ersten KREUZZUG zusammen und viele weitere kämpften in den folgenden Jahrhunderten im Vorderen Orient. Streng nach dem Vorbild der Klöster aufgebaute Ritterorden wurden für die Kämpfe in Palästina gegründet, so etwa die der TEMPLER und der Johanniter. Der heilige Bernhard be-

Ein deutscher Ritter aus dem 13. Jh. reitet in die Schlacht mit einem Falkenhelm sowie Falkenemblemen auf Schild und Fahne.

schrieb die Templer als „mutige Männer Israels, die zur Bewachung von Salomons Grab ausgewählt wurden; jeder Bewaffnete ist für den Krieg bestens ausgebildet."

Nachdem 1291 Akko als letzter christlicher Außenposten in Syrien gefallen war, verlegten sich die Kreuzritter auf andere

Ritterturniere wie das unten gezeigte, das René von Anjou im 15. Jh. miterlebte, dienten als beliebte Zerstreuung. Der Zeremonialschild aus Seedorf (links) aus dem 12. Jh. war ein Erbstück der Familie Arnolds von Brienz.

Überall in Europa stifteten weltliche Herrscher nun eigene Ritterorden. Beispiele dafür sind der 1332 gegründete kastilische Schärpenorden oder der vom englischen König EDUARD III. im Jahr 1347 gestiftete Hosenbandorden, der von René von Anjou im 15. Jh. gegründete Halbmondorden und der Orden vom Goldenen Vlies, der 1430 ins Leben gerufen wurde. Zu den Orden gehörten auch Priester, die in den jeweils zugehörigen Kirchen tätig waren und dort für das Seelenheil der Ritter ihres Ordens beteten.

PRUNKVOLLE HOFHALTUNG

Das Leben innerhalb der Ordensgemeinschaften folgte exakten Regeln. Manche nahmen nur wenige Mitglieder auf – beim Hosenbandorden waren es nur 26. Das Rittertum erwies sich als hoch effizientes Mittel, um eine Kampftruppe zusammenzuschweißen und ihr einen gemeinsamen Ehrenkodex zu verleihen. Die englischen und französischen Könige nutzten dies im HUNDERTJÄHRIGEN KRIEG 1337–1453 auf beiden Seiten aus.

Ab dem frühen 12. Jh. wurden Turniere zu einer wichtigen Bühne ritterlichen Verhaltens; zugleich boten sie Gelegenheit zum Kriegstraining. Im 14. Jh. konnten solche nach festen Regeln verlaufenden Begegnungen zwischen zwei Parteien oder einzelnen Gegnern friedlich oder feindlich sein. Feindliche Turniere wurden mit scharfen Waffen ausgefochten, wie man sie auch auf dem Schlachtfeld benutzte, während man bei friedlichen Begegnungen stumpfe Schwerter und Lanzen einsetzte.

Diese beiden Turnierversionen bestimmten auch die Wahl des Abzeichens, das der Ritter trug, eines für den Krieg – sein Familienwappen – und eines für freundschaftliche Turniere. Der 1376 im Kampf gefallene Prinz von Wales, wegen der Farbe seiner Rüstung schwarzer Prinz genannt, trug als Familienwappen das königliche Emblem mit Leoparden und Lilien, besaß darüber hinaus aber ein „friedliches" Abzeichen, das Straußenfedern auf schwarzem Feld zeigte. Die in mittelalterlichen Chroniken abgebildeten farbenprächtigen Schilde, Banner und Wimpel dienten der ritterlichen Gesellschaft zur Identifizierung einzelner Ritter und verrieten ihren Status sowie die geltenden Kampfregeln.

Dieses kollektive Rittertum in Krieg und Frieden basierte auf einem persönlichen Ehrenkodex, der auch die Verehrung kämpferischer Heiliger einschloss, wie z. B. der Heiligen Georg, Mauritius und Sebastian. Der Kodex, der sich im 12. Jh. in Frankreich herausbildete und schon bald über ganz Europa ausbreitete, zeichnete sich dadurch aus, dass viel Wert auf persönliche Qualitäten wie Ehre, Loyalität und Mut gelegt wurde. Als Ritter wurde man nicht geboren, sondern musste sich öffentlich zu diesem Ideal bekennen und mit dem Ritterschlag das Schwert aus der Hand seines Herrn empfangen. Dies stand im Gegensatz zu der früheren Betonung der Rolle des Einzelnen als Teil einer Gruppe und spiegelte den generellen Trend zum Individualismus, der im 12. Jh. spürbar wurde.

Die Ritterromane über König Artus und seine Tafelrunde entwickelten sich zu äußerst beliebten Stoffen und brachten auch eine veränderte Einstellung zu Frauen mit sich, die nun oft als diejenigen auftraten, zu deren Ehre der Ritter antrat. Bei den Turnieren wurden Liebespfänder, etwa ein Taschentuch der Dame, ganz offen getragen. Die Frauen nahmen eine neue Rolle als Zuschauerinnen ein und verliehen nun auch die Ehrenpreise.

Die höfische Liebe oder „Minne" eines Ritters zu seiner Dame blieb oft unerwidert, zumal viele jüngere Söhne aufgrund der Erbschaftsregeln keinerlei Hoffnung auf eine standesgemäße Heirat hatten. Oft war die Angebetete unerreichbar fern, wie für den Kastellan von Coucy, einen nordfranzösischen Minnesänger des 13. Jh.: „Ich nahm mir vor, ohne die Liebe zu leben/ … doch mein Herz … zog mich zurück in den Wahn/ schlimmer als der eines Knaben, der nach einem Stern weint/ den er in weiter Ferne hoch über sich funkeln sieht."

STÄDTISCHE RITTERSPIELE

Nach und nach wurde das ritterliche Ethos von der ganzen Gesellschaft übernommen. Reiche, ehrgeizige Städter sahen in ritterlichem Benehmen eine Chance, in die oberen Klassen aufzusteigen. In den Niederlanden veranstaltete man besonders prächtige Turniere, an denen auch der ortsansässige Adel ohne Zögern teilnahm. Eines der berühmtesten Werke mittelalterlichen Rittertums, die Heidelberger oder *Manessische Liederhandschrift,* wurde für eine reiche Bürgerfamilie in Zürich zusammengestellt.

Quer durch alle Schichten beeinflusste das Rittertum das persönliche Verhalten in Krieg und Duell ebenso wie die Beziehungen zwischen den Geschlechtern. Dieser Kodex überlebte die Jahrhunderte und bezeugt, dass die ritterlichen Ideale noch lange nach dem Ende des Mittelalters aktuell waren.

Wer ein Turnier verlor, musste dafür bitter bezahlen (oben). Dem Gewinner jedoch winkten Belohnungen aus zarter Hand wie dieser Siegeskranz (rechts).

Gegen Ende des 13. Jh. fürchtete man die finanzielle Macht der Tempelritter.

Ziele und wandten sich gegen „Ungläubige" in Spanien und im Land der Preußen. Auch in der Literatur spiegelte sich dieser Wandel. So beschrieb der englische Dichter Geoffrey Chaucer Ende des 14. Jh. den Ritter im Prolog zu seinen *Canterbury Tales* als Soldaten in Litauen und Russland oder im spanischen Granada. Die Tempelritter erwarben immensen Reichtum, ihr Orden wurde aber 1312 verboten; ihr Großmeister starb auf dem Scheiterhaufen.

HIS FAVORITE REMEDY.

A man called six times to give Mr. Rockefeller a cure for dyspepsia. But John D. knows what he needs.

Die Karikatur zeigt John D. Rockefeller, wie er einen Teil seines Vermögens spendet, gleichzeitig aber seine tägliche Dosis Öl einnimmt.

Das christliche Ideal ritterlichen Verhaltens forderte Frömmigkeit und Demut, Ergebenheit gegenüber sozial höher Stehenden und militärischen Vorgesetzten sowie die Wahrung der persönlichen Ehre. Dieses Ideal entwickelte sich zu einem Verhaltenskodex, der mit dem Konzept des RITTERTUMS verknüpft ist. Im 11. Jh. stiegen Ritter zur untersten Stufe des niederen Adels auf, ritterliches Verhalten jedoch wurde zum Ideal aller Stände. Der Ritter als „Soldat Christi" war Vorbild vor allem während der KREUZZÜGE. Die Kirche gründete nun Ritterorden, z. B. 1113 den Orden vom Heiligen Grabe und 1118 den Orden der TEMPLER. Die Ordensritter waren durch ihr Gelübde verpflichtet, für das Christentum zu kämpfen, wandten sich jedoch mit steigender Zahl und zunehmendem Wohlstand auch anderen Aufgaben zu. Die Tempelritter fungierten beispielsweise als Bankiers für praktisch den gesamten europäischen Adel und machten sich dadurch viele Feinde. 1312 wurde der Orden der Ketzerei und Unmoral beschuldigt und verboten.

Vom Spätmittelalter an gab es auch weltliche Ritterorden. Einer der ersten war der Hosenbandorden, der 1348 vom englischen König Eduard III. gestiftet wurde. Durch die Entwicklung neuartiger Feuerwaffen und Musketenkugeln, die Ritterrüstungen durchschlagen konnten, verloren Ritter vom alten Typus im 16. Jh. mehr und mehr an Bedeutung. Der Begriff jedoch überlebte

lange Zeit als Adelstitel und als Ehrenbezeichnung, die in Anerkennung ziviler oder militärischer Dienste verliehen wurde.

Rittertum siehe Seite 444/445

Robert I. Bruce (1274–1329), ab 1306 König der Schotten. Er errang 1314 in der Schlacht von Bannockburn einen entscheidenden Sieg über die Engländer und festigte damit seine Stellung als Herrscher. Dies beendete jedoch nicht die Feindseligkeiten mit England, die erst 1328 beigelegt wurden, als EDUARD III. Schottlands Unabhängigkeit bestätigte. Roberts Nachfolger war sein Sohn David II.

Robespierre, Maximilien de (1758–94), französischer Politiker, einer der Hauptakteure der FRANZÖSISCHEN REVOLUTION und Leiter des Jakobinerklubs. Er stimmte 1793 für die Hinrichtung LUDWIGS XVI., wurde jedoch kurze Zeit später gestürzt und selbst guillotiniert.

Robespierre war von Beruf Rechtsanwalt und trat für die Rechte der Armen ein. Mit 30 Jahren wurde er als Abgeordneter in die Nationalversammlung gewählt und gewann dort rasch an Einfluss. Zwei Jahre darauf trat er dem Klub der JAKOBINER bei und begann eine erbitterte Fehde gegen die mächtigen republikanischen GIRONDISTEN. Der für seine Aufrichtigkeit bekannte Robespierre kämpfte für soziale Reformen. Er befürwortete die Erklärung der MENSCHENRECHTE und war beim Pariser Volk beliebt. 1793 beteiligte er sich maßgeblich am Sturz der

Girondisten und wurde in den WOHLFAHRTSAUSSCHUSS – die Revolutionsregierung – gewählt.

Robespierre war zwar nicht Urheber der Schreckensherrschaft, unterstützte jedoch aktiv Aktionen, mit denen die Gegner der Revolution aus dem Weg geräumt werden sollten, er denunzierte Radikale und ordnete Hinrichtungen an. Mit zunehmender Macht wuchs auch die Phalanx von Robespierres Feinden, denen sein diktatorischer Regierungsstil ebenso wenig gefiel wie seine so genannte moderate Politik. Im Juli 1794 wurde er verhaftet und hingerichtet.

Rockefeller, John Davison (1839–1937), amerikanischer Industrieller und Philantrop, Gründer der Standard Oil Company, eines der ersten Monopolunternehmen der USA. Geboren wurde Rockefeller in Richford, New York. Seine Laufbahn begann er 1858 als Partner einer Heu- und Getreidehandlung. Fünf Jahre später erkannte er das Potenzial der aufstrebenden Erdölindustrie und baute in Ohio eine Raffinerie auf, die den Grundstock für die Standard Oil bilden sollte. 1879 kontrollierte sein Unternehmen bereits 90 % der Raffinerien der USA, 1881 wurde es zu einem der ersten Trusts und zum Vorbild für weitere Monopole. Die zunehmende Ablehnung solcher Monopole in der Bevölkerung führte 1892 zum Erlass des Sherman Anti-Trust Act und 1911 letztlich zur Aufsplittung der Standard Oil in 34 Einzelfirmen. Als frommer Baptist und Philantrop rief Rockefeller bereits in den 90er-Jahren des 19. Jh. diverse Organisationen zur Förderung der medizinischen Forschung und der allgemeinen Bildung ins Leben, so etwa 1901 die Rockefeller-Universität und 1913 die Rockefeller Foundation for the wellbeing of mankind, eine Stiftung zum Wohl der Menschheit. Er spendete im Lauf seines Lebens insgesamt 600 Mio. Dollar. Sein Werk wurde von seinem Sohn John D. Rockefeller jr. fortgeführt.

Röhmputsch (29./30. Juni 1934), nach einem Ausspruch Adolf HITLERS auch als „Nacht der langen Messer" bekannt. Die der Propaganda Hitlers entstammende irreführende Bezeichnung steht für die Ereignisse an jenem Wochenende, an dem überall in Deutschland politische Gegner Hitlers ermordet wurden. Nachdem Hitler 1933 Reichskanzler geworden war, hatte er der SA unter der Führung Ernst Röhms freie Hand gegen seine Gegner gelassen, war deswegen jedoch von den Generälen der Reichswehr kritisiert worden. Während Hitler um die Loyalität der Reichswehr bemüht war, wollte Röhm diese ausschalten und durch seine SA-Truppen ersetzen. Parteiintern betrachteten auch Hermann GÖRING und SS-Führer Heinrich HIMMLER den SA-Chef als Rivalen.

Hitler ließ in der Presse verbreiten, Ernst Röhm (oben Mitte) habe einen Putschversuch unternommen, um so dessen Hinrichtung zu rechtfertigen (links).

Extra=Blatt

Röhm verhaftet und abgesetzt

Die Romanik

Hervorgegangen aus verschiedenen Kulturkreisen, die z.T. auch außerhalb Europas lagen, war die Romanik der erste internationale Architektur- und Kunststil, der im ganzen Abendland verbreitet war.

Der Dom zu Speyer gilt als eindrucksvollstes romanisches Bauwerk Deutschlands.

Wie sooft, wenn es um die Abgrenzung einer Kunstepoche geht, herrscht Uneinigkeit über ihren Anfang und ihr Ende. Die einen lassen die Romanik von 950 bis 1200 dauern, die anderen legen ihren Anfang auf etwa 1000 und lassen sie 1250 enden. Weitgehende Einigkeit herrscht darüber, dass sich der Stil um die Mitte des 11. Jh. in Westeuropa durchgesetzt hatte und dass seine Blüte etwa von 1050 bis 1150 dauerte. Der Begriff romanischer Stil wurde wahrscheinlich um 1820 in Frankreich geprägt, wobei man hauptsächlich auf Elemente der römischen Baukunst anspielte, auf Rundbogen, Pfeiler und Gewölbe. Die deutsche Romanik ging aus der ottonischen Kunst hervor, ihren Beginn kann man etwa auf den Anfang der Salierherrschaft 1024 legen. Die romanische Kunst hatte einen internationalen Charakter im doppelten Sinn: Zum einen bewirkte der gemeinsame christliche Glaube der Menschen ähnliche Einstellungen in ganz Westeuropa, und zum anderen erhielt die Kunstrichtung nicht nur aus der Spätantike wesentliche Impulse, sondern auch aus Byzanz und der islamischen Welt Spaniens und des Nahen Ostens.

Die romanische Kirche ging aus der Basilika hervor, jener meist dreischiffigen Säulenhalle mit oder ohne Querhaus und einer Apsis im Osten. Dieser Teil des Baukörpers wurde nun u. a. durch gestaffelte Apsiden besonders hervorgehoben. Die Krypta wurde zur großen Halle ausgeweitet, die Innenräume stärker gegliedert. In vielen Kirchen waren die Wände verputzt und reich bemalt. Anfangs ruhten meist Tonnen- oder Spitztonnengewölbe auf massiven Mauern und Pfeilern. Erst allmählich gelang die Konstruktion leichterer Wölbungsformen wie das Kreuzgratgewölbe (z. B. über dem Mittelschiff des Speyerer Domes), das größere Spannweiten erlaubte. Über der Kreuzung von Lang- und Querhaus, der Vierung, wurden häufig Vierungstürme errichtet. Der Fassadengestaltung schenkte man immer mehr Aufmerksamkeit. Neben dem Haupteingang ragten oft zwei Türme empor.

Romanische Profanarchitektur blieb in weit geringerem Umfang als sakrale Bauwerke erhalten. In Deutschland gehört dazu die Kaiserpfalz von Gelnhausen. Das Castel del Monte, um 1240 von Kaiser Friedrich II. errichtet, ist wohl der bekannteste weltliche Bau der Romanik.

In Frankreich begann man, Kirchen mit Bildhauerarbeiten zu schmücken. Sie erhielten seit dem Ende des 11. Jh. Portale, die an römische Triumphbogen erinnern und die im Bogenfeld über dem Türsturz, dem Tympanon, häufig das Jüngste Gericht oder andere biblische Szenen zeigen. Die wichtigsten Bildhauerschulen befanden sich in Frankreich, Italien und Spanien, wobei ein reger Ideenaustausch

Die Romanik beeinflusste auch das Kunsthandwerk – wie dieses rheinländische Reliquienkästchen aus dem 12. Jh. bezeugt.

nachzuweisen ist. In Deutschland war dem Portal kein besonderes Augenmerk gegeben worden. Hier widmeten sich die Bildhauer eher dem Kunsthandwerk – z. B. genossen kostbare Reliquiare in Form von Miniaturkirchen höchstes Ansehen. Große Bedeutung hatte die Romanik auch für andere Kunstrichtungen wie die Glasmalerei, die Mosaikkunst, die Wandmalerei und die Malerei. In unterschiedlichem Ausmaß war der byzantinische Einfluss fast überall in diesen Bereichen zu spüren, besonders in der Übergangsphase zur Gotik, die der Romanik folgen sollte.

Der goldene Altar von Liesbjerg im dänischen Aarhus aus dem 12. Jh. ist ein herausragendes Beispiel romanischer Skulpturkunst.

Unter dem Vorwand, Röhm plane einen Putsch gegen Hitler, begann am 30. Juni eine umfassende Mordaktion. Hitler ließ Röhm verhaften und erschießen, ebenso etwa 200 weitere Personen. Der Röhmputsch beendete jede Hoffnung auf eine demokratische Entwicklung in Deutschland und die brutale Vorgehensweise prägte den Stil der politischen Methoden bis zu Hitlers Tod 1945.

Rokoko, europäische Kunstepoche im 18. Jh. Das Rokoko entwickelte sich aus einem französischen Dekorationsstil. Der Begriff ist von Rocaille, der Bezeichnung für eine unregelmäßige, muschelförmige Schmuckform abgeleitet, Hinweis auf die überragende Bedeutung des Ornaments im Rokokostil. Das Pathos des BAROCK weicht dem Intimen, Gefälligen, Eleganten, auch dem Naiv-Verspielten. In der Innenarchitektur dominieren große Fenster, Schmuckspiegel, helle Tapeten und Stuckverzierungen. Rokokoresidenzen wurden u. a. in Würzburg und Bruchsal von Balthasar Neumann erbaut. Das kirchliche Rokoko brachte lebhafte Innenräume hervor, in denen häufig illusionistische Deckenmalerei sinnliche Exotik und Spiritualität vereinen. Genredarstellungen, intime Boudoirmotive, Landschaften, aber auch Plätze oder Kanäle spielen in der Malerei eine wichtige Rolle. Bedeutende Rokokomaler waren u. a. Canaletto, J. H. Fragonard und A. Watteau.

Rollo (um 890–932), Anführer einer Gruppe WIKINGER, die in Nordwestfrankreich einfiel. Er wurde in Frankreich ebenso wie auch in Skandinavien und Island zur Legende. Der Sohn eines norwegischen Grafen segelte von Norwegen aus nach Süden und plünderte Teile von Schottland, England, Irland und Frankreich. Ein Friedensabkommen mit Frankreich machte Rollo 911 zum Herzog der Normandie an der unteren Seine. Rollo ließ sich taufen, belehnte seine Gefolgsleute mit Land und öffnete damit das Kapitel der Normannenherrschaft in Europa.

Rom, am Tiber gelegene Hauptstadt der Republik ITALIEN und Diözese des Papstes. Rom war einst das Herz des RÖMISCHEN REICHES. Reste der antiken Stadt sind noch heute zu sehen, z. B. das Kolosseum und das Forum Romanum. Der Sage nach gründeten die Zwillinge Romulus (nach dem die Stadt benannt wurde) und Remus 753 v. Chr. die erste Siedlung auf dem Palatin. Im 6. Jh. v. Chr. beherrschten die Etrusker dieses Gebiet und brachten Kunst und Kultur, das Münzwesen und das griechische Alphabet mit, die von den Römern weiterentwickelt wurden. Die Expansion der RÖMISCHEN REPUBLIK über die angrenzenden Meere hinaus brachte großen Wohlstand.

Mit dem Niedergang des Kaiserreichs wurde der Regierungssitz nach Konstantinopel verlegt. Ab dem 6. Jh. n. Chr. war Rom Zentrum der Christenheit unter der Herrschaft des PAPSTTUMS. Roms Einfluss in künstlerischer, kultureller und rechtlicher Hinsicht verbreitete sich über ganz Europa, und im 16. Jh. wurde es zu einem der wichtigsten Zentren der RENAISSANCE. 1789 bis 1867 stand Rom unter französischer Besatzung. 1870 wurde es Hauptstadt des noch jungen vereinigten Italien. Der Papst zog sich in den VATIKAN zurück, der 1929 zum unabhängigen, eigenständigen Kirchenstaat erklärt wurde.

Romanik siehe Seite 447

Romanow, russische Zarendynastie von 1613 bis zur Revolution von 1917. Begründet wurde die Dynastie durch Zar Michail Romanow, der bis 1645 den Thron innehatte, und seine Nachfolger Alexej und Fjodor III. Unter diesen Zaren entwickelte sich Russland zum mächtigsten slawischen Reich. PETER DER GROSSE und KATHARINA DIE GROSSE festigten Russlands Stellung als Großmacht auch innerhalb Europas. Der letzte Zar, Nikolaus II., wurde 1917 zur Abdankung gezwungen und – wie erst seit wenigen Jahren zweifelsfrei feststeht – 1918 mit seiner ganzen Familie ermordet.

Romantik, literarische und künstlerische Strömung, die ihren Ursprung Ende des 18. Jh. in Europa hatte. Die romantische Bewegung bewertete individuelle Einfühlsamkeit und Fantasie höher als das Streben nach einer vernunftbetonten, intellektuellen Haltung, das die davor liegende Epoche geprägt hatte. Die Romantik entstand zur Zeit der FRANZÖSISCHEN REVOLUTION als Reaktion auf die strengen Regeln des Klassizismus und erreichte ihren Höhepunkt in Mitteleuropa zu Beginn des 19. Jh. In der Malerei gaben die Romantiker Leidenschaft, Fantasie und einer Liebe zur Exotik den Vorrang, wobei die Betonung zum einen auf natürlicher Schönheit, zum anderen aber auf Übersinnlichem lag, eine Mischung, wie sie in den Bildern des französischen Malers Eugène Delacroix auffällt. In der Literatur und Musik wurde dem emotionalen Ausdruck mehr Bedeutung beigemessen als der formalen Struktur. Schriftsteller wie Lord BYRON, Johann Wolfgang von GOETHE und Honoré de Balzac gehörten zu den Begründern der Bewegung, die auch Komponisten wie Hector Berlioz, Franz Liszt, Robert Schumann, Frédéric CHOPIN und Richard WAGNER beeinflusste.

Römische Republik, römischer Staat, der nach der Beseitigung des Etruskerkönigtums um 470 v. Chr. mehr als 400 Jahre lang Bestand hatte. Die zuvor in den Händen des Monarchen vereinte Macht ging nun auf die adligen Großgrundbesitzer über, die PATRIZIER. Die Regierung übten neben dem Senat jeweils zwei Prätoren – später Konsuln genannt – aus ihren Reihen aus, die nach dem Rotationsprinzip immer nur für eine kurze Zeit ernannt wurden. Die unteren Gesellschaftsschichten, die Plebejer, hatten eigene Vertreter.

Ab dem 3. Jh. v. Chr. führten die Römer eine Reihe von Kriegen – die bedeutendsten sind wohl die PUNISCHEN KRIEGE –, deren Ergebnis die Bildung des römischen Weltreichs war. Die Expansion des römischen Herrschaftsgebiets führte zu einem enormen Machtzuwachs der Feldherren. Der letzte

Eine Sitzung des römischen Senats, in dessen Händen während der Zeit der römischen Republik die Macht ruhte.

Die taktischen Fähigkeiten des „Wüstenfuchses" Rommel brachten ihm die Bewunderung der gegnerischen Militärs ein.

dieser Heerführer, Octavian (siehe AUGUSTUS) wurde Alleinherrscher, indem er scheinbar die republikanischen Ideale mit militärischer Macht koppelte und so den Grundstein für das RÖMISCHE REICH legte.

Römische Verträge (1957), zwei internationale Vereinbarungen, mit denen die Europäische Wirtschaftsgemeinschaft (später die EUROPÄISCHE UNION) sowie die Euratom (Europäische Atomgemeinschaft) gegründet wurden. Unterzeichnet wurden die Verträge in Rom von Belgien, Frankreich, Italien, Luxemburg, den Niederlanden und der Bundesrepublik Deutschland. Sie enthielten u. a. Bestimmungen über den freien Austausch von Arbeitskräften und Kapital zwischen den Mitgliedsstaaten, die Abschaffung von Binnenzöllen und die Verfolgung einer gemeinsamen Agrar- und Wirtschaftspolitik. Neu hinzukommende Mitglieder der EU mussten sich zur Einhaltung beider Vertragswerke verpflichten. Die Funktion der Euratom war die Förderung einer Kooperation in der Nuklearforschung. Die Verträge bilden noch heute die Grundlage für die Bestrebungen zu einem engeren politischen und wirtschaftlichen Zusammenhalt zwischen den europäischen Staaten.

Römisches Reich siehe Seite 450/451

Rommel, Erwin (1891–1944), deutscher Generalfeldmarschall. Im ZWEITEN WELTKRIEG zeichnete sich Rommel 1940 als Kommandeur einer Panzerdivision in dem aus Sicht der Militärs erfolgreichen Überfall auf Frankreich aus. Im Lauf der folgenden Jahre wurde er zum Befehlshaber des Afrika-Korps ernannt, eines Panzerverbands, der zur Unterstützung des italienischen Feldzugs in Libyen kämpfte. 1942 drang er bis EL ALAMEIN vor, wurde jedoch von den Briten besiegt und zum Rückzug gezwungen. 1944 ernannte Hitler ihn zum Kommandeur der Abwehrtruppen an der nordfranzösischen Westfront, wo er die Invasion der Alliierten erwartete. Beim Normandie-Feldzug wurde Rommel verwundet und nach Deutschland zurückbeordert. Die Gestapo verdächtigte ihn der Beteiligung am Attentat vom 20. Juli 1944 und ließ ihm die Wahl zwischen Selbstmord und Erschießungskommando. Rommel vergiftete sich.

Roosevelt, Franklin Delano (1882 bis 1945), absolvierte als einziger amerikanischer Präsident vier Amtszeiten. Er führte sein Land aus einer schweren Wirtschaftskrise und im ZWEITEN WELTKRIEG zum Sieg.

1933 trat der seit 1921 infolge einer Polioerkrankung gehbehinderte Demokrat Roosevelt sein Amt im Weißen Haus an. Seine erste Amtszeit war überschattet von der drohenden Weltwirtschaftskrise, doch nahm er die Probleme voller Elan in Angriff. Nach seiner Wahl brachte er die innovativste Reformwelle ins Rollen, die die USA je erlebt hatten.

Gemeint ist der NEW DEAL, eine Reihe von Maßnahmen, mit denen Roosevelt die staatliche Sozialhilfe ausbaute und in großem Umfang öffentliche Arbeiten ausschreiben ließ, um das Millionenheer der Arbeitslosen abzubauen. Um die Investitionen zu bezahlen, nahm die Regierung Kredite auf und ersann Mittel und Wege, um Industrie, Landwirtschaft und Bankwesen zu stärken. Den krönenden Abschluss bildete 1935 ein neues Sozialgesetz, das Altersrenten, eine Arbeitslosenversicherung sowie Fürsorgeleistungen für Erwerbsunfähige und arme Familien einführte.

Roosevelt wurde so zum Helden der Armen Amerikas, insbesondere in den Augen vieler Schwarzer, die traditionell eigentlich die REPUBLIKANER unterstützten. 1936 wurde er mit überwältigender Mehrheit wieder gewählt.

Trotz der großen Zustimmung zu seiner Politik zeigte sich 1938 deutlich, dass auch der New Deal keine Vollbeschäftigung würde gewährleisten können. Doch zu dieser Zeit wurde das Problem bereits zunehmend von HITLERS Aufstieg in den Hintergrund gedrängt. Die Amerikaner wollten sich aus den Problemen Europas heraushalten, doch Roosevelt kämpfte darum, eine aktive Rolle gegen den Faschismus einnehmen zu können. Nach der Besetzung Frankreichs 1940 manövrierte er sein widerstrebendes Volk in eine Allianz mit GROSSBRITANNIEN – zunächst nur als Waffenlieferant und als Marineunterstützung auf den wichtigen Nordatlantikrouten.

Aus Empörung über Amerikas Versuch, ihre Expansion in Asien einzudämmen, überfielen die Japaner am 7. Dezember 1941 die in PEARL HARBOR stationierte amerikanische Pazifikflotte. Drei Tage später hatten die USA auch Deutschland und Italien den Krieg erklärt. Vier Jahre lang führte Roosevelt gemeinsam mit Großbritanniens Premier Winston CHURCHILL und Russlands Staatschef Jossif STALIN die große Allianz gegen die ACHSENMÄCHTE. Als Kriegspräsident verwandelte er die USA in die „Rüstkammer der Demokratie". Trotz anfänglicher Erfolge der Japaner im Pazifikraum akzeptierte Roosevelt die Strategie, zunächst auf dem Kriegsschauplatz Europa direkt einzugreifen. Der Kriegseintritt der USA hatte entscheidende Bedeutung für den weiteren Kriegsverlauf, der mit Deutschlands Kapitulation im Mai 1945 endete. Roosevelt war überzeugt, dass die Alliierten nach dem Krieg weiter zusammenarbeiten würden, und gab sowjetischen Forderungen bei der Konferenz von JALTA im Februar 1945 nach.

Das Kriegsende erlebte Roosevelt selbst nicht mehr. Er starb am 12. April 1945, während die alliierten Armeen tief nach Deutschland vorrückten. Die Nation betrauerte den Mann, der Millionen Menschen neue Hoffnung gegeben und dazu beigetragen hatte, die seit Menschengedenken größte Bedrohung der Freiheit abzuwenden.

Roosevelt bei einem Auftritt in der Öffentlichkeit (oben) und Seite an Seite mit „Uncle Sam" auf einem Plakat (links). Das Ausmaß seiner Behinderung wurde geheim gehalten.

Roms glorreiche Vergangenheit

Eine bescheidene Siedlung am Ufer des Tiber entwickelte sich vor gut 2000 Jahren zu einem mächtigen Imperium, das sich über das gesamte Mittelmeergebiet erstreckte. Sein Einfluss auf Kultur, Sprache und Politik Europas ist noch heute spürbar.

Das Römische Reich war das größte Imperium der antiken Welt. Auf dem Höhepunkt seiner Macht erstreckte es sich vom Atlantik im Westen bis zur syrischen Wüste im Osten, von der Sahara im Süden bis zur Rheinmündung und den schottischen Lowlands im Norden.

Die Römer planten nicht die Schaffung eines Weltreichs, aber die ihnen zur Verfügung stehenden Arbeitskräfte, die streng militärische Disziplin und Entschlossenheit im Krieg bescherten ihnen einen Sieg nach dem anderen.

DIE NIEDERLAGE KARTHAGOS

Die erste Phase der römischen Expansion beschränkte sich auf die italienische Halbinsel selbst. Diese Phase endete um 264 v. Chr. mit Beginn der Feldzüge gegen die Karthager um die Herrschaft über Sizilien. Den Sieg über KARTHAGO im ersten PUNISCHEN KRIEG 264–241 v. Chr. errang Rom nur, weil es sich zur See als ebenso schlagkräftig erwies wie zu Land. Die ersten bedeutenden überseeischen Eroberungen der Römer nach dem zweiten Punischen Krieg 218–201 v. Chr. waren Südspanien und ein Stützpunkt an der Adriaküste. Im Lauf des 2. Jh. v. Chr. erbeuteten sie Griechenland, Mazedonien und Tunesien sowie das westliche Kleinasien.

Diese neuen Gebiete machten aus dem rein italischen Staat ein Reich, das den ganzen Mittelmeerraum überspannte. Rom war zwar nun der Mittelpunkt eines Imperiums, doch keineswegs unter der Herrschaft eines Kaisers. Es blieb vielmehr bis ins späte 1. Jh. v. Chr. Republik. Die Macht ruhte in den Händen des Senats, eines Gremiums angesehener Bürger, und jährlich gewählter Beamter, die verschiedene Regierungsämter ausübten. Die wichtigsten von ihnen waren die Konsuln, die den Vorsitz bei

Trajan baute im eroberten nordafrikanischen Territorium für Veteranen die Stadt Timgad.

Senatssitzungen und im Kriegsfall den Oberbefehl über die Truppen hatten. Die Überseeterritorien wurden zu Provinzen unter der Herrschaft von Gouverneuren (oft ehemaligen Konsuln), die vom Senat ernannt wurden.

Ein Wandel setzte im 1. Jh. v. Chr. ein, als eine Reihe mächtiger Generäle mithilfe ihrer militärischen Gefolgschaft die Republik zu unterwandern begann. Einer von ihnen war Sulla, der auf aristokratische Privilegien aus war und Rom als ungekrönter König regierte. Ihm folgten Pompeius und später Julius Caesar, der in den Gallischen Kriegen 58–51 Gallien eroberte und Pompeius 48 v. Chr. bei Pharsalos besiegte. Er stieg damit zum „Diktator" und uneingeschränkten Herrscher über das römische Reich auf. Von seinen Widersachern wurde Caesar 44 v. Chr. nach einer von Brutus und Cassius angezettelten Verschwörung ermordet.

Ein Centurio wie der rechts abgebildete hatte den Befehl über 100 Soldaten.

Der 119 km lange Hadrianswall bildete die Nordgrenze des Römischen Reiches. Er verlief von der Nordsee bis zur Irischen See.

Die Mörder hofften möglicherweise, damit die Republik zu retten, doch die Alleinherrschaft war inzwischen schon die einzig denkbare Regierungsform geworden. Nach Caesars Tod stritten zwei Rivalen um die Macht: Caesars Adoptivsohn Octavian und Marcus Antonius. Eine Zeitlang herrschten beide einträchtig über einen Teil des Reiches, wobei Antonius die östlichen Provinzen bekam; er heiratete die ägyptische Königin Kleopatra. Octavian regierte den Westen und fühlte sich 31 v. Chr. stark genug, sich des Rivalen zu entledigen. Er besiegte Antonius und Kleopatra in der Seeschlacht bei Aktium. Vier Jahre später wurde er vom Senat als Princeps anerkannt und erhielt den Oberbefehl über die Armee und alle Schlüsselprovinzen. Unter dem Beinamen Augustus wurde er zum ersten römischen Kaiser; seine Nachfolger herrschten im Westen bis 476 n. Chr. und im Osten bis zur Eroberung von Konstantinopel durch die Osmanen 1453.

Das von Augustus regierte Kaiserreich war während des 1. Jh. v. Chr. beträchtlich gewachsen und umfasste jetzt fast ganz Kleinasien und Syrien, das von Pompeius erobert worden war; Gallien, das Julius Caesar beigesteuert hatte, sowie das von Augustus besiegte Ägyp-

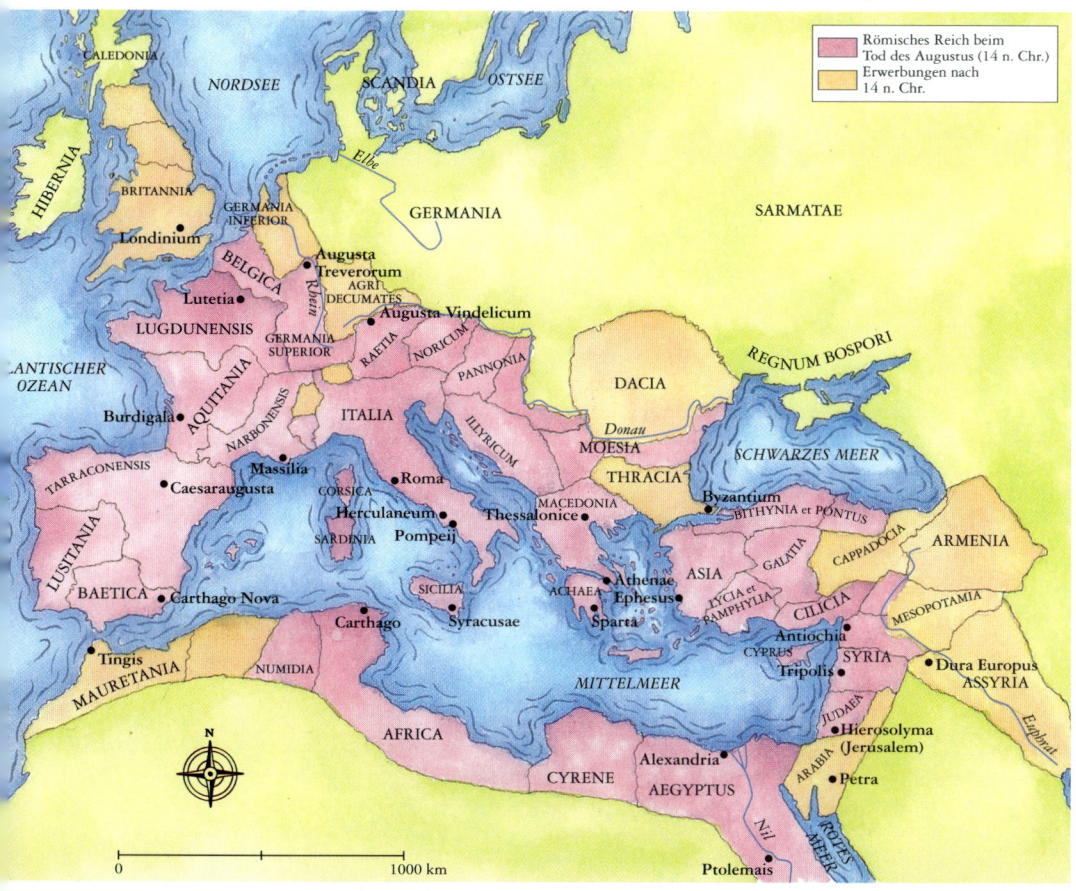

In seiner größten Ausdehnung unter Trajan erstreckte sich das Römische Reich vom Norden Großbritanniens bis nach Ägypten und von der Iberischen Halbinsel bis zum Kaspischen Meer.

ten. Römisches Recht galt nun in allen Teilen des Mittelmeerraums. Augustus bemühte sich um eine Sicherung durch natürliche Grenzen, indem er beispielsweise einen Feldzug in den Balkan unternahm, um das Land bis zur Donau unter Kontrolle zu haben. In Germanien strebte er an, die Grenze bis zur Elbe vorzuschieben, zog sich jedoch wieder an den Rhein zurück, als drei seiner Legionen 9 n. Chr. bei der Schlacht im Teutoburger Wald aufgerieben wurden. Ungeachtet dieses Rückschlags kamen unter Augustus' Nachfolgern allmählich weitere Gebiete hinzu.

Während Augustus' Herrschaft standen die Künste in hoher Blüte. Das Mäzenatentum hielt er für eine seiner Pflichten als erster Bürger Roms. So förderte und ermutigte er Horaz, Vergil und Livius. Andere wohlhabende Römer unterstützten zeitgenössische Dichter und Historiker. Das großartigste literarische Werk der Zeit war Vergils Epos *Äneis,* in dem die Gründung Roms mit der Sage von Äneas erzählt wird, der nach dem Fall Trojas mit Vater und Sohn floh und in Italien ein neues Reich gründete. Augustus sorgte auch dafür, dass Rom sich als Hauptstadt des Reiches würdig erwies. Zu dieser Zeit hatte Rom mit einer Bevölkerung von knapp 1 Mio. Men-

schen Alexandria als ehemals größte Stadt des Abendlands bereits in den Schatten gestellt. Neben Bauwerken wie seinem neuen Forum ließ Augustus Aquädukte bauen und organisierte die Versorgung der Armen der Stadt mit kostenlosem Getreide.

DIE GLANZZEIT DES KAISERREICHS

Die römische Kultur stand auch unter den Nachfolgern des Augustus weiter in Blüte, sei es unter dem mürrischen Tiberius, dem autoritären Caligula, dem exzentrischen Claudius oder dem Kunst liebenden Nero. Der Reichtum Italiens während dieser Zeit spiegelt sich in den Überresten der Städte und Villen, beispielsweise in Pompeji und Herculaneum, und in luxuriösen Metallarbeiten und Schmuckstücken. Italienische Kaufleute reisten auf der Suche nach neuen wirtschaftlichen Möglichkeiten in ferne Länder und bauten dabei kleine Kolonien auf, teilweise in so entfernten Ländern wie Südindien.

Gleichzeitig gewannen die Provinzen an Mitspracherecht. Im 2. Jh. n. Chr. wurden Spanien und Nordafrika (das heutige Tunesien) die reichsten Gebiete des Kaiserreichs und übertrafen sogar Italien selbst an Wohlstand. In dieser Phase herrschte relative Stabilität, wenn auch die immer wieder auf-

flackernden Grenzkriege ein Problem darstellten. Kaiser Trajan eroberte im Osten weite Gebiete, sodass der Einflussbereich des Römischen Reiches sich nun bis zum Persischen Golf erstreckte. Der größte Teil dieser Territorien wurde von Hadrian im 2. Jh. wieder abgestoßen; seine Politik der Konsolidierung zeigte sich z.B. in dem Wall, den er quer durch Nordengland bauen ließ, um die Provinz gegen Angriffe aus dem Norden zu schützen. Die Soldaten wurden immer mehr zu Grenzschützern. Das hatte zur Folge, dass kaum noch Soldaten für Feldzüge zur Verfügung standen. Gelöst wurde das Problem im 3. Jh. mit der Gründung einer eigenständigen permanenten Feldarmee zusätzlich zu den Grenzeinheiten.

Mitte des 3. Jh. geriet das Reich durch innere Unruhen und Invasionen von außen in eine Krise. Im Osten marschierten die persischen Sassaniden als mächtige neue Nachbarn in Syrien ein. Im Norden und Westen überquerten Germanenvölker wie die Goten und Alemannen Rhein und Donau und drangen tief in römisches Gebiet ein. Angesichts dieser Bedrohungen setzte die kaiserliche Regierung immer stärker auf militaristische Autokratie, das Reich verarmte zusehends. Italien und seine Provinzen standen sich jetzt gleichwertig gegenüber, zumal alle Bewohner der Provinzen außer Frauen und Sklaven seit 212 als vollwertige Bürger Roms anerkannt waren.

Das Reich überstand die Krise im 3. Jh. und wurde unter starken Herrschern wie Diokletian und Konstantin I. dem Großen noch einmal gefestigt und umstrukturiert. Konstantin I. der Große führte das Christentum als Staatsreligion ein und gründete im oströmischen Byzanz seinen neuen Kaisersitz. Mehr oder weniger intakt blieb das Reich noch bis 395, zerfiel dann jedoch endgültig in zwei Hälften. Während der östliche Teil als Byzantinisches Reich bis 1453 weiterlebte, fielen die westlichen Provinzen im 5. Jh. germanischen Invasoren in die Hände. Der letzte weströmische Kaiser, Romulus Augustulus, dankte 476 ab und Italien wurde ein germanisches Königreich ebenso wie Großbritannien, Frankreich, Spanien und eine Zeitlang Nordafrika. Wesentliche Elemente der römischen Kultur jedoch blieben erhalten, beispielsweise das Lateinische, und zwar nicht nur als Kirchensprache, sondern als Grundlage der meisten Sprachen Westeuropas. Römisches Recht bildet bis heute die Basis für viele abendländische Rechtssysteme.

Roosevelt, Theodore (1858–1919), republikanischer Präsident der USA 1901–09. Roosevelt wurde in New York geboren und studierte in Harvard. 1897 wurde er zum Unterstaatssekretär für Angelegenheiten der US-Marine ernannt. Roosevelt stellte ein Freiwilligenheer auf, die so genannten Rauen Reiter, und befehligte es 1898 persönlich im SPANISCH-AMERIKANISCHEN KRIEG auf Kuba. Nach seiner Rückkehr als Kriegsheld wurde er zum Gouverneur von New York gewählt.

Roosevelt wurde 1900 zum Vizepräsidenten ernannt und wegen des Attentats auf Präsident William McKinley im Jahr darauf Präsident. 1902 führte Roosevelt den „Square Deal" zur Regulierung von Wirtschaftsmonopolen ein und sicherte 1903 die Vorrangstellung der USA beim Bau des PANAMAKANALS. Für seine Vermittlerrolle, die zur Beendigung des RUSSISCH-JAPANISCHEN KRIEGES 1904/05 führte, erhielt Roosevelt den Friedensnobelpreis. 1904 wurde er mit überwältigender Mehrheit als Präsident wieder gewählt. Die konservative Politik seines Nachfolgers William TAFT veranlasste ihn zur Abspaltung einer republikanischen Splittergruppe, der Progressiven Partei; bei den Präsidentschaftswahlen 1912 hatte er jedoch keinen Erfolg mehr.

Rosenkreuzer, Mitglieder eines im 17. und 18. Jh. aktiven religiösen Geheimbunds. Die Rosenkreuzer behaupteten, einen geheimen esoterisch-urchristlichen Glauben gefunden zu haben, der von den Dogmen der katholischen Kirche völlig abwich. Sie verehrten die Rose und das Kreuz als Symbole für die Auferstehung Christi. Zwei anonyme Traktate, die zwischen 1604 und 1614 in Deutschland erschienen und heute meist dem lutherischen Theologen Johann Valentin Andreae (1586–1654) zugeschrieben werden, sollen die Bewegung ausgelöst haben. Beide Werke waren satirisch gemeint, wurden jedoch für bare Münze genommen. Der erstaunlichste Text, die *Fama Fraternitatis,* erzählt von einem mythischen Ritter des 15. Jh. namens Christian Rosencreutz, der weite Reisen unternahm, um die Weisheit des Ostens zu lernen, und später den Orden stiftete. Der englische Arzt und Mystiker Robert Fludd verbreitete die Vorstellungen der Rosenkreuzer 1616 mit seiner Abhandlung *Apologia Compendiaria Fraternitatem de Rosea Croce.* Der moderne Rosenkreuzer-Orden bemüht sich, esoterische Vorstellungen auf das Alltagsleben zu übertragen.

Rosenkriege (1455–85), immer wieder aufflackernde Kämpfe um den Thron von ENGLAND zwischen dem Haus YORK, in dessen Wappen eine weiße Rose stand, und dem Haus LANCASTER, dessen Zeichen eine rote Rose war. Beide Häuser erhoben aufgrund ihrer Abstammung von EDUARD III. Anspruch auf die Krone, und es entbrannte eine erbitterte Fehde zwischen dem zu Lancaster gehörenden Herzog von Somerset, Edmund Beaufort, und Richard, dem dritten Herzog von York. Beaufort unterstützte den einfältigen Heinrich VI. und seine ehrgeizige Gattin, Königin Margarethe von Anjou, wohingegen Richard, der während Heinrichs Krankheit Reichsverweser war und seine Macht weiter ausbauen wollte, zu ihrem Gegenspieler wurde.

1455 siegte Richard in der ersten Schlacht von St. Albans. Ein instabiler Waffenstillstand dauerte bis 1459 und mündete in einen neuen Bürgerkrieg. Auf Erfolge des Hauses York folgte 1460 der Tod Richards bei einem Überraschungsangriff des Hauses LANCASTER. Die Partei Heinrichs VI. errang einen weiteren Sieg in der zweiten Schlacht von St. Albans im Februar 1461. Im selben Monat marschierte Richards Sohn Eduard nach einem Sieg über die Lancaster-Partei nach London und ließ sich dort als Eduard IV. zum König krönen, womit erstmals ein „Yorkist" den Thron bestieg. Am 29. März schlug er Margarethes Streitkräfte bei Towton; Margarethe floh nach Schottland.

1470 brachte das Haus Lancaster unter dem abtrünnigen Grafen von Warwick wieder Heinrich VI. auf den Thron, der jedoch 1471 von Eduard zurückerobert wurde. Margarethe wurde gefangen gesetzt, die meisten Anführer auf Lancaster-Seite fielen im Mai 1471 bei Tewkesbury. Dennoch endete der Krieg erst 1485 mit dem Sieg Henry Tudors über RICHARD III. bei Bosworth Field. Im folgenden Jahr heiratete der inzwischen als Heinrich VII. gekrönte König die Tochter Eduards IV., Elisabeth von York, um die beiden Häuser zu vereinigen.

Eine Vorentscheidung in den Rosenkriegen fiel 1471 in der Schlacht von Tewkesbury zugunsten des Hauses York.

Roskilde, Frieden von (1658), Friedensvertrag, dem zufolge DÄNEMARK Gebiete in Südskandinavien, die es seit vielen Jahrhunderten besetzt hielt, an SCHWEDEN abgeben musste. Die Vereinbarung schlug Halland, Scania, Blekinge, die Insel Bornholm und die norwegischen Gebiete Trondheim und Bohuslän zu Schweden und vertrieb Dänemark damit endgültig vom schwedischen Festland. Der Vertrag beendete den ersten NORDISCHEN KRIEG 1657/58.

Rote Armee, von Leo TROTZKIJ nach der RUSSISCHEN REVOLUTION von 1917 gegründete Armee. Die „Rote Arbeiter- und Bauernarmee" setzte sich überwiegend aus Soldaten und früheren Offizieren der zaristischen Armee zusammen. Das unter dem Kommando der bolschewistischen Partei stehende Heer bekämpfte und besiegte konterrevolutionäre Gruppierungen im RUSSISCHEN BÜRGERKRIEG 1918–20. Trotzkij sorgte für Linientreue, indem er für jede Einheit politische Kommissare ernannte, die Propaganda verbreiten und Unzufriedenheit melden sollten. 1937 – Trotzkij war mittlerweile im Exil – führte Jossif STALIN unter den Armeeoffizieren eine „Säuberung" durch. Über 40 000 Offiziere wurden verhaftet und größtenteils ermordet. Im ZWEITEN WELTKRIEG war dadurch die Schlagkraft der Armee während der ersten Monate nach dem deutschen Einmarsch stark herabgesetzt. 1945 war die Rote Armee mit 11 Mio. Soldaten der größte Truppenverband der Welt. 1946 wurde sie in Sowjetarmee umbenannt. Seit der Auflösung der Sowjetunion 1991 verfügen die einzelnen daraus hervorgegangenen Staaten über eigene Armeen.

Rote Brigaden, linksextremistische Terroristengruppierung, die zwischen 1977 und 1981 in Italien aktiv war und ihre Mission darin sah, die Regierung zu unterwandern, um dem Marxismus zum Durchbruch zu verhelfen. Sie gelten als Urheber zahlreicher Bombenanschläge, Entführungen und Morde, darunter die Ermordung des Vorsitzenden der italienischen Christdemokraten und früheren Ministerpräsidenten Aldo MORO im Jahr 1978. Viele Mitglieder der Brigate Rosse wurden später verhaftet und zu Gefängnisstrafen verurteilt.

Rote Garden, militante junge chinesische Anhänger MAO ZEDONGS, überwiegend Studenten, während der chinesischen KULTURREVOLUTION 1966–69. Die nach den von Mao 1927 eingesetzten Armee-Einheiten benannten millionenstarken Truppen mit roten Armbinden bildeten den paramilitärischen Flügel der Revolution. Sie wandten sich gegen die verkrustete Partei- und Staatsbürokratie sowie gegen alle Spuren westlichen Einflusses. Ihr oft blinder Aktionismus

Ein Rotkreuzmitarbeiter in Zaire verteilt in einem Behelfslager Reis an Flüchtlinge – mehr als eine halbe Million Menschen – die am 15. Juli 1994 aus Ruanda geflohen waren.

sorgte für bürgerkriegsähnliche Zustände. Die Gewalttaten der Roten Garden kosteten Tausende das Leben. Mao beendete die Kulturrevolution 1969, und viele Mitglieder der Roten Garden wurden zur zwangsweisen „Umerziehung" aufs Land geschickt.

Rote Kapelle, von der GESTAPO so bezeichnete deutsche Widerstandsgruppe gegen HITLER. Die Gruppe um den Nationalökonomen Dr. Arvid Harnack und den Oberleutnant Harro Schulze-Boysen lieferte der SOWJETUNION seit dem Sommer 1941 Informationen u. a. über die deutsche Flugzeugproduktion. Es ist nicht geklärt, in welchem Maß diese Spionagetätigkeit für die Sowjetunion von Nutzen war. Gleichzeitig entfaltete die hinsichtlich ihrer politischen Ideen und sozialen Herkunft sehr heterogene Gruppe eine Untergrundtätigkeit durch Verteilen von Broschüren und Flugblättern. Am 31. August 1942 wurden weit über 100 ihrer Mitglieder verhaftet. Die Todesurteile gegen mehr als 50 Männer und Frauen wurden im Dezember 1942 vollstreckt.

Rote Khmer, kommunistische Bewegung, die 1975–79 KAMBODSCHA beherrschte. Sie wurde 1967 als bewaffneter Flügel der Kommunistischen Partei Kambodschas gegründet und bildete 1970 eine Koalition mit Prinz SIHANOUK, nachdem dieser mit Billigung der USA von der konservativen Regierung Lon Nol gestürzt worden war. Zu Beginn der 70er-Jahre erhielten die Roten Khmer Unterstützung von Nordvietnam und gewannen vor allem in ländlichen Gebieten an Einfluss, wobei ihnen die Bombenangriffe der USA auf Kambodscha zu dieser Zeit förderlich waren. Nach fünf Jahren Bürgerkrieg eroberten die Roten Khmer 1975 die Hauptstadt Phnom Penh. Unter Führung von POL POT kam es zu Massenmordexzessen, bei denen neben Regierungsbeamten und buddhistischen Mönchen fast die gesamte geistige Elite des Landes ausgelöscht wurde.

Die Mehrheit der Stadtbewohner wurde aus ideologischen Gründen zur Landarbeit gezwungen, wobei viele umkamen. Pol Pots Regime war verantwortlich für bis zu 2 Mio. Tote und für die völlige Zerrüttung des kambodschanischen Staates. 1979 wurde Pol Pot bei einem von VIETNAM unterstützten Staatsstreich gestürzt. Von Thailand aus setzte er den Guerillakrieg gegen die neue Regierung jedoch fort.

Im Oktober 1991 erklärten sich die Roten Khmer nach einem Friedensabkommen bereit, als Partei des Demokratischen Kampuchea, in der Pol Pot noch immer Einfluss besaß, dem neu gegründeten Obersten Nationalrat für Kambodscha beizutreten.

Rotes Kreuz, internationale Gesellschaft, die sich die Linderung menschlichen Leids zur Aufgabe gemacht hat. Ihr Gründer, der Schweizer Philantrop Jean-Henri Dunant, war vom Elend der 1859 in der Schlacht bei SOLFERINO verwundeten Engländer und Österreicher derart erschüttert, dass er die Bildung einer ehrenamtlichen Hilfsorganisation zur Versorgung von Kriegsopfern vorschlug.

Das Rote Kreuz wurde dank seiner Initiative 1864 im Rahmen der ersten GENFER KONVENTION gegründet. Die Konvention legte Bestimmungen für die Versorgung von Soldaten fest und wurde 1906 auf Seekriegsopfer, 1929 auf Kriegsgefangene und 20 Jahre später auch auf Zivilisten erweitert. Das Rote Kreuz kommt außerdem Flüchtlingen und Opfern von Naturkatastrophen zu Hilfe. Die Genfer Konvention wurde von fast 150 Nationen ratifiziert.

Kennzeichen der Organisation ist in christlichen Ländern die Fahne mit dem roten Kreuz auf weißem Grund, in moslemischen Ländern der rote Halbmond, nach dem die Organisationen dort auch benannt sind.

Rothschild, Bankiersfamilie, die im 19. und zu Beginn des 20. Jh. erheblichen Einfluss auf die wirtschaftliche und politische Entwicklung Europas ausübte. Den Grundstein für die Bankhäuser der Rothschilds legte im 18. Jh. der Frankfurter Geldverleiher Meyer Amschel Rothschild. Mit seinen fünf Söhnen gründete er mehrere gut gehende Niederlassungen in London, Paris,

Waddesdon Manor im englischen Buckinghamshire (oben) wurde mit dem Geld der Familie Rothschild erbaut. Das Andenken an den in Finanzkreisen schmerzlich vermissten Nathaniel Rothschild (rechts) blieb auch nach seinem Tod in der Londoner City lebendig.

Bekenntnisse eines Radikalen

Kaum ein Philosoph übertraf Jean-Jacques Rousseau an Einfluss auf die europäische Geschichte. Nach seiner Meinung verdarb erst die Zivilisation den Menschen – den „edlen Wilden". Alle Institutionen hielt er für fehlerhaft.

Jean-Jacques Rousseau (1712 bis 1778) wurde vor allem durch seine politischen Theorien bekannt. Von ihm stammt das Postulat, alle Menschen seien bei ihrer Geburt frei und gleich und ein gerechter Staat müsse ohne Unterschied nach Herkunft und Stand die Würde aller seiner Bürger schützen. „Der Mensch ist frei geboren, und dennoch liegt er überall in Ketten", schrieb er 1762 in seinem berühmtesten Werk, *Du contrat social (Der Gesellschaftsvertrag)*. Sein Eintreten für die Rechte der einfachen Leute gegen fest gefügte Privilegien machte ihn ebenso wie Voltaire zu einer Leitfigur der Aufklärung, die sich der Beseitigung religiöser und abergläubischer Mysterien durch rationale Erklärungsmodelle verschrieben hatte.

Mit seiner Kritik an der römisch-katholischen Kirche in dem Buch *Émile (Emil oder Über die Erziehung)* machte sich Rousseau viele Feinde; angesichts seiner drohenden Verhaftung musste er aus Paris fliehen und litt in der Folgezeit lange an einer psychischen Störung. Ab Januar 1766 verbrachte er 17 Monate in England und kehrte dann nach Frankreich zurück, jedoch noch immer in der Sorge, verfolgt zu werden. Seine Persönlichkeit war von paranoiden Verdächtigungen geprägt.

Émile ist im Wesentlichen eine Abhandlung über die Erziehung und beschreibt den Werdegang eines imaginären Schülers. Die Grundaussage lautet, dass der Mensch von Natur aus gut ist und nur durch soziale Kontakte verdorben wird. Um dies zu verhüten, sollte man Kindern so weit wie möglich Freiheit lassen, sich in ihrem eigenen Tempo und Maß entwickeln zu können.

ROUSSEAUS DUNKLES GEHEIMNIS

Mit 56 Jahren heiratete Rousseau seine langjährige Mätresse Thérèse Levasseur. Die gemeinsamen Kinder hatte er – so

Eine Illustration aus seinen *Confessions* zeigt Rousseau beim Aussetzen von Kaninchen auf einer Insel – er entlässt sie zurück in die geliebte Freiheit.

wird mit großer Sicherheit angenommen – ins Findelhaus gebracht. Die Entdeckung dieses Umstands löste einen ungeheuren Skandal aus und lässt noch heute vieles an Rousseaus Status als Pädagogikexperte fragwürdig erscheinen.

Seine Autobiographie *Confessions (Bekenntnisse)* ist ein sehr offenes und aufrichtiges Buch. Zu den weniger bekannten Seiten Rousseaus gehören seine Kompositionen (darunter eine Oper, die 1745 in Versailles uraufgeführt wurde), seine Schriften über die Botanik und ein Roman voller heftiger, lasterhafter Leidenschaft, *La Novelle Héloïse (Julie oder Die neue Héloïse)* von 1761.

Rousseau wurde zwar in Genf geboren, gilt jedoch als einer der größten Bürger Frankreichs. Nachhaltig beeinflusste er die Französische Revolution von 1789. Denn die von ihm behandelten politisch-philosophischen Themen Freiheit, Brüderlichkeit und Gleichheit wurden zum Motto der Revolutionäre.

Wien und Neapel und finanzierte einige der bedeutendsten europäischen Staatsanleihen des 19. Jh. Sein Sohn Nathan gründete 1804 die Londoner Niederlassung; dessen Sohn Lionel hatte ab 1858 als erster Jude einen Sitz im britischen Unterhaus.

Lionel gewährte der britischen Regierung 1875 ein Darlehen in Höhe von 4 Mio. Pfund zum Ankauf von Aktien des SUEZKANALS. Sein Sohn Nathan, der als erster Jude in den britischen Hochadel aufstieg, galt als inoffizielles Oberhaupt der französischen und britischen Juden. An seinen Sohn Lionel Walter, den zweiten Baron Rothschild, Wissenschaftler, Gelehrten und Vorsitzenden des Britischen Zionistenverbands, war 1917 die BALFOUR-ERKLÄRUNG gerichtet, mit der sich der britische Außenminister für eine nationale Heimstätte der Juden in Palästina aussprach.

Der Einfluss der Rothschilds hält bis heute an. In den 90er-Jahren sind noch rund 50 lebende Nachfahren Meyer Rothschilds im Bankwesen tätig und zeichnen sich als Förderer gemeinnütziger Projekte und als Kunstmäzene aus.

Rotten Boroughs, britische „verrottete Wahlkreise", die ihre Bevölkerung um 1830 vor allem durch Abwanderung in die Städte praktisch verloren hatten, jedoch noch immer berechtigt waren, Parlamentsabgeordnete zu wählen.

Seinerzeit gab es etwa 148 solcher Bezirke, von denen etwa ein Drittel weniger als 50 Wähler aufzuweisen hatten. Dadurch hatten es die Grundbesitzer leicht, die Wahl ihnen genehmer Abgeordneter durchzusetzen, indem sie die Wahlbezirke durch Bestechung und Druck künstlich „verrotten" ließen. Der Wahlkreis Old Sarum etwa hatte zwei Parlamentssitze, verfügte jedoch über nicht mehr als sieben Wähler. Die Rotten Boroughs wurden durch das Reformgesetz von 1832 abgeschafft.

Rousseau, Jean-Jacques siehe links

Ruanda, zentralafrikanische Republik, die an UGANDA, TANSANIA, Burundi und den KONGO grenzt. Hauptstadt Ruandas ist Kigali. Das gebirgige Land ist dicht bevölkert und wird überwiegend von zwei Volksstämmen bewohnt, einer Mehrheit von Hutu und einer Minderheit von Tutsi. Die Wirtschaft des Landes stützt sich auf die Ausfuhr von Kaffee und Tee, daneben beginnt man heute auch mit der Erschließung der reichen Bodenschätze. Seit dem 16. Jh. war das Land mit Burundi verbunden und stand von 1919 bis zur Unabhängigkeit 1962 als Ruanda-Urundi unter belgischer Verwaltung. 1959 hatten gewalttätige Auseinandersetzungen den Sturz der Tutsi-Monarchie zur Folge. 1961 wurde die Republik ausgerufen und

1962 die Selbstverwaltung erlangt. Die verfeindeten Volksgruppen schlossen zwar einen Waffenstillstand, doch flackerten die Kämpfe in den 70er-Jahren wieder auf. 1978 trat eine neue Verfassung in Kraft, eine Zivilregierung nahm ihre Arbeit auf.

1990 drang die Tutsi-Rebellenarmee der Rwandan Patriotic Front (FPR) von Uganda aus ins Land ein. Trotz eines Friedensabkommens von 1993 gingen die Kämpfe weiter. Im April 1994 kamen die Präsidenten von Ruanda und Burundi bei einem Flugzeugabsturz ums Leben. Die Kämpfe eskalierten und bei den nachfolgenden Massakern kamen Hunderttausende um, vor allem Angehörige der Tutsi-Minderheit. Viele flohen in benachbarte Länder, während Hutu-Stoßtrupps unter den verbliebenen Tutsi ein Blutbad anrichteten.

Im Juni 1994 endete der Völkermord zunächst mit einem Waffenstillstand und es wurde eine nationale Einheitspartei gebildet. Versuche der Vereinten Nationen, die Flüchtlinge im folgenden Jahr wieder in ihre Heimat zurückzuführen, wurden von brutalen Racheakten überschattet. Seit 1995 untersucht ein internationales Strafgericht für Ruanda die Massaker.

Rubikon, kleiner Fluss im Nordosten Italiens, der in die Adria mündet. In der römischen Antike gehörte der Rubikon zur Grenze zwischen den Provinzen Gallia Cisalpina und Italien. Julius CAESAR überquerte 49 v. Chr. diese Grenze mit seinem Heer und erklärte damit dem Römischen Senat den Krieg. Seither wird der Ausdruck „den Rubikon überschreiten" für Entscheidungen verwendet, nach denen kein Zurück mehr möglich ist.

Rückversicherungsvertrag, Geheimvertrag vom 18. Juni 1887 zwischen Russland und Deutschland. Der von Otto von BISMARCK initiierte Vertrag war gegen Österreich-Ungarn und Frankreich gerichtet.

Auf dem Balkan hatten die Interessengegensätze zwischen Russland und Österreich zur Kriegsgefahr geführt. Deutschlands Verhältnis zu Frankreich wiederum war wegen der lauter werdenden Revancherufe im Nachbarland sehr angespannt. Gleichzeitig führten wachsende wirtschaftliche Gegensätze zwischen Russland und Deutschland, die zur Verweigerung deutscher Kredite führten, zu einer für Deutschland gefährlichen Entfremdung, der Bismarck durch politische Zugeständnisse entgegenwirken wollte. Die Vertragspartner sicherten sich für den Fall eines deutschen Angriffskriegs gegen Frankreich oder eines russischen gegen Österreich-Ungarn Neutralität zu. Der in seiner Tragweite häufig überschätzte Vertrag wurde nach dem Sturz Bismarcks im Jahr 1890 nicht verlängert.

Rudolf I. von Habsburg (1218–91), Graf von Habsburg, römisch-deutscher König. Rudolf war der mächtigste Territorialherr im deutschen Südwesten, als er von den Kurfürsten am 1. Oktober 1273 in Frankfurt am Main zum König gewählt wurde. Seine Krönung in Aachen führte zur Beendigung des INTERREGNUMS. Bereits 1276 zwang er den böhmischen König Ottokar II. u. a. zum Verzicht auf Österreich, Steiermark und Kärnten. 1278 wurde der sich erneut erhebende Ottokar II. in der Schlacht bei Dürnkrut getötet. Rudolfs I. Söhne Albrecht und Rudolf erhielten 1282 Österreich und die Steiermark als Lehen. Der spätere König Albrecht wurde 1283 Alleinregent. Die Herrschaft der Habsburger in ihrem Hauptland dauerte bis 1918. Innenpolitisch verfolgte Rudolf I. einen harten Kurs zur Durchsetzung des LANDFRIEDENS. 1290 ließ er zahlreiche RAUBRITTER hinrichten. Die erhoffte Verleihung der Kaiserwürde blieb ihm versagt.

Ruhrgebiet, Industrie- und Bergbauregion im Tal der Ruhr. Seit dem Mittelalter wird in diesem Gebiet Kohle gefördert, doch erst mit Rückgabe des Ruhrgebiets an Preußen setzte 1815 die Entwicklung zu einem bedeutenden Zentrum der Kohle- und Stahlproduktion ein. Von 1923 bis 1925 stagnierte die wirtschaftliche Entwicklung, als das Ruhrgebiet von französischen und belgischen Truppen besetzt war, nachdem Deutschland mit den an Frankreich zu entrichtenden REPARATIONSZAHLUNGEN in Rückstand gekommen war. In den 30er-Jahren erlebte die Rüstungsindustrie im Ruhrgebiet im Zuge der Bewaffnung Deutschlands einen Aufschwung. Bei Bombenangriffen der Alliierten im ZWEITEN WELTKRIEG wurden weite Teile des Ruhrgebiets zerstört. Den Wiederaufbau in der Nachkriegszeit überwachte die Internationale Ruhrbehörde. Sie stellte ihre Tätigkeit mit der Einrichtung der europäischen MONTANUNION 1953 ein.

Ruhrkampf, im Wesentlichen passiver Widerstand gegen die Besetzung des Ruhrgebiets 1923. Ausbleibende Holz- und Kohlelieferungen an Frankreich, zu denen Deutschland durch den VERSAILLER VERTRAG verpflichtet war, bildeten den unmittelbaren Anlass für die von langer Hand geplante Besetzung der Ruhrgebietes durch rund 100 000 französische und belgische Soldaten ab dem 11. Januar 1923. Ein Generalstreik führte zur Einstellung aller Reparationslieferungen an Frankreich. Sabotageakte und folgende Racheaktionen forderten Dutzende von Opfern. Die deutsche Regierung Cuno unterstützte die etwa 2 Mio. Arbeitslosen, wodurch in gefährlichem Maße die Inflation beschleunigt wurde. Nach dem Rücktritt des Reichskanzlers Wilhelm Cuno setzte sein Nachfolger Gustav STRESEMANN am 26. September 1923 die Beendigung des Generalstreiks durch. Die Besetzung des Ruhrgebiets dauerte bis August 1925.

Rumänien, Staat im Südosten Europas am Schwarzen Meer. Er entstand 1861 durch den Zusammenschluss der Fürstentümer Walachei und Moldau und grenzt heute an die UKRAINE, Moldova, BULGARIEN, JUGOSLAWIEN und UNGARN. Die rumänische Landschaft wird im Nordwesten vom Karpatengebirge dominiert, das nach Südosten zur Donauebene hin abfällt. Hauptstadt ist Bukarest. Das heutige Staatsgebiet Rumäniens

Die Gießereien in Essen, vor allem Krupp und Thyssen, trugen dazu bei, dass das Ruhrgebiet Europas größter Stahlproduzent und Zugmaschine der deutschen Rüstungsindustrie wurde.

wurde zu Beginn von Illyrern, Thrakern und Skythen besiedelt. Die Griechen gründeten im 7. Jh. v. Chr. erste Kolonien an der Schwarzmeerküste, ihnen folgten die Daker, Römer und Goten.

Die Fürstentümer Walachei und Moldau wurden im 14. Jh. gegründet und im 15. Jh. dem OSMANISCHEN REICH einverleibt. Moldau – Bessarabien – fiel im Jahr 1812 an Russland. Der BERLINER KONGRESS erkannte 1878 Rumäniens Unabhängigkeit an und Carol I. wurde König. Im ERSTEN WELTKRIEG kämpfte Rumänien aufseiten der Alliierten und wurde im Ergebnis mit einer Verdopplung seines Staatsgebiets belohnt. Ferdinand I. folgte Carol I. auf den Thron; CAROL II. führte während seiner Re-

gierungszeit 1930–40 ein faschistisches Regime ein. Er musste einen großen Teil seines Territoriums 1940 an die ACHSENMÄCHTE abtreten.

Im ZWEITEN WELTKRIEG kooperierten rumänische Truppen mit der deutschen Armee, der Staat verlor jedoch mit dem Vorrücken der ROTEN ARMEE Land an die UdSSR und Bulgarien. Nach Kriegsende wurde Rumänien nach sowjetischem Vorbild zu einer von der kommunistischen Partei dominierten Republik. Es behielt ein gewisses Maß an Unabhängigkeit, das unter Staatspräsident Nicolae Ceaușescu noch zunahm. Er führte ein rücksichtslos brutales Regime. Im Verlauf von Unruhen, die eine Hinwendung zu einer demokratischen Regierungsform zur Folge hatten, wurden Ceaușescu und seine Frau am 25. Dezember 1989 hingerichtet. Es folgte die Gründung der Nationalen Heilsfront unter der Leitung von Ion Iliescu, der anschließend zum Staatspräsidenten gewählt wurde. Rumänien öffnete sich der Marktwirtschaft. Im Jahr 1991 trat eine neue Verfassung in Kraft, und auch die orthodoxe Kirche wurde wieder zugelassen. Demonstrationen gegen hohe Preise für Konsumartikel wurden von einer Regierung niedergeschlagen, die überwiegend aus früheren Kommunisten bestand. Trotz des Widerstands wurde Iliescu 1992 wieder gewählt, nachdem er vom INTERNATIONALEN WÄHRUNGSFONDS die Zusage über ein Darlehen in Höhe von 748 Mio. Dollar erwirkt hatte.

Rumpfparlament, puritanischer Überrest des englischen LANGEN PARLAMENTS, das nach dem Ausscheiden von 121 Royalisten 1648 weiterhin im *House of Commons* tagte. Im Januar 1649 ordnete das Rumpfparlament die Hinrichtung KARLS I. an, schaffte die Monarchie ab und gründete den COMMONWEALTH. Oliver CROMWELL löste das Rumpfparlament 1653 auf und berief ein kurzlebiges Parlament aus Armeeoffizieren ein. Später übernahm er als Lord Protector ohne Parlament die Regierungsgewalt über England. Nach Cromwells Tod wurde das Rumpfparlament wieder eingeführt und damit das Ende des PROTEKTORATS besiegelt. 1660 wurden die ausgeschlossenen Abgeordneten wieder zugelassen und das Lange Parlament wieder hergestellt. Im Zuge der Restauration der Monarchie löste es sich schon bald darauf selbst wieder auf.

Rumrebellion (1808), Aufstand im australischen Neusüdwales, bei dem Offiziere des New South Wales Corps den Gouverneur William BLIGH stürzten und ihren Kommandanten George Johnston an seiner statt einsetzten. Ausgelöst wurde die Rebellion durch Blighs Entschluss, den zunehmenden Einfluss des Corps zu beschneiden, das wegen seiner Rolle im Rumhandel als „Rum Corps" bekannt war. Bligh, dessen cholerisches Temperament schon früher die Meuterei auf der von ihm befehligten *Bounty* provoziert hatte, erzürnte das Corps noch weiter, indem er es der Korruption beschuldigte und seinen wichtigsten Förderer, den Unternehmer John Macarthur, ins Gefängnis werfen ließ. Bei seiner Ernennung zum Gouverneur ließ Johnston Macarthur frei und verhaftete stattdessen Bligh. Als Lachlan MACQUARIE 1810 das Gouverneursamt antrat, wurde das Corps zusammen mit Johnston und Macarthur nach England zurückberufen. Johnston wurde vor ein Kriegsgericht gestellt und 1811 aus der Armee entlassen. Macarthur kehrte nach Australien zurück und machte im Geschäft mit Schafwolle sein Glück. Bligh wurde rehabilitiert und zum Admiral befördert.

Rundköpfe, Begriff, mit dem man während und nach dem ENGLISCHEN BÜRGERKRIEG 1642–51 die Puritaner unter den Parlamentariern bezeichnete. Ihre Abneigung gegen die Langhaarfrisur, die unter den Rittern KARLS I. Mode geworden war, zeigten die Puritaner durch einen streichholzkurzen Haarschnitt. Man vermutet, dass der Begriff ursprünglich 1641 während Parlamentsdebatten als Beleidigung verwendet wurde.

Rundstedt, Gerd von (1875–1953), deutscher Generalfeldmarschall. Rundstedt diente bereits im Ersten Weltkrieg. In den

30er-Jahren wurde er wegen kritischer Äußerungen über Adolf HITLER aus der Armee entlassen, jedoch 1939 zurückberufen. Er befehligte den Einmarsch in Frankreich 1940 und in Russland 1941. Von 1942 bis 1945 war er, abgesehen von einer kurzen Unterbrechung nach der Invasion der Alliierten, Oberbefehlshaber der Westfront von den Niederlanden bis zur italienischen Grenze. In dieser Funktion befehligte er die deutschen Truppen 1944 in der ARDENNENOFFENSIVE. Seine Armee bereitete einen Überraschungsangriff gegen die Alliierten vor, es gelang ihr jedoch nicht, das Ziel Antwerpen zu erreichen. Im März 1945 wurde Rundstedt abgelöst, später von US-Truppen verhaftet und als Kriegsgefangener nach Großbritannien gebracht. Wegen seines schlechten Gesundheitszustands blieb ihm das Kriegsgericht erspart. 1949 wurde er auf freien Fuß gesetzt.

Russell, Bertrand, Earl (1872–1970), britischer Philosoph, Mathematiker und Schriftsteller. Russell machte englischsprachige Philosophen mit den Neuerungen in der mathematischen Logik vertraut, die der deutsche Mathematiker Gottlob Frege entwickelt hatte. 1913 erschien seine *Einführung in die mathematische Logik,* in der er die Mathematik als Weiterführung der Logik erklärte. Der Enkel des liberalen Premierministers Lord John Russell studierte in Cambridge Mathematik und Philosophie und wurde 1895 selbst dort Dozent. Neben den philosophischen Aspekten, auf die sich sein Werk überwiegend konzentriert, schrieb er über soziale, pädagogische und religiöse Themen. Aufgrund seiner pazifistischen Aktivitäten wurde er während des Ersten Weltkriegs ins Gefängnis geworfen und später wegen seiner in *Ehe und Moral* 1929 dargelegten Ansichten über Sexualmoral geächtet. Er reiste viel, besuchte u. a. die UdSSR und hielt Vorträge in China und den USA. Nach dem Zweiten Weltkrieg wurde er zum Sprecher und zur Leitfigur der Kampagne für Nukleare Abrüstung. 1950 erhielt er den Nobelpreis für Literatur.

Russische Revolution (1905), Aufstand, der zur Bildung eines Parlaments, der DUMA, führte. Die in RUSSLAND verspätet eingeleitete Industrialisierung hatte zur Verelendung breiter Schichten geführt. Zudem hatte Russlands Niederlage im RUSSISCH-JAPANISCHEN KRIEG die Schwäche des zaristischen Regimes offenbar werden lassen. Am 22. Januar 1905 marschierten Tausende unbewaffneter Arbeiter zum St. Petersburger Winterpalais und forderten Reformen. Die zaristischen Truppen schossen in die Menge und töteten viele der Demonstranten, sodass dieser Tag als Blutsonntag in die Geschichte einging. Ein Generalstreik lähmte daraufhin

Soldaten schießen am 22. Januar 1905 in St. Petersburg wahllos in die Menge der Demonstranten; das Massaker forderte 1000 Todesopfer.

das Land. Im Oktober gab der Zar der Forderung nach Reformen nach und genehmigte die Einberufung einer gesetzgebenden Repräsentativversammlung, der Duma. Damit entsprach er vor allem den Wünschen der Liberalen; die in Menschewiken und BOLSCHEWIKEN gespaltenen Sozialdemokraten, die für eine Abschaffung des Systems kämpften, blieben scharfen Repressalien ausgesetzt.

Russische Revolution (1917), in zwei Wellen, der Februar- und der Oktoberrevolution, verlaufender Umsturz, der zunächst zur Abdankung des Zaren NIKOLAUS II. und der zaristischen Regierung und später zur Machtübernahme durch die BOLSCHEWIKEN unter der Führung Wladimir Iljitsch LENINS führte. Die Revolution von 1917 beendete die 300-jährige Herrschaft der Romanows und führte zur Gründung der Union der Sozialistischen Sowjetrepubliken (UdSSR) im Jahr 1922. Die erste Phase begann im Februar – nach gregorianischem Kalender im März – 1917 unter Führung der liberalen Intelligenz, die eine demokratische Republik nach westlichem Vorbild errichten wollte. Die zweite Welle, die im Oktober – nach gregorianischem Kalender im November – stattfand, bestand in der Revolution der Bolschewiken, die bereit waren, mit Gewalt einen marxistischen Proletarierstaat zu gründen.

Die jahrelange Unterdrückung durch die Regierung und die aus dem Ersten Weltkrieg resultierende verzweifelte Notlage führten zur Februarrevolution; dabei zwangen Streiks und Unruhen in Petrograd, dem früheren St. Petersburg, den Zaren zur Abdankung. Es wurde eine provisorische Regierung zunächst unter Leitung des Fürsten Lwow gebildet, der später durch den Sozialisten Alexandr KERENSKIJ abgelöst wurde. Die Differenzen zwischen dem Petrograder Arbeiter-Sowjet und den Soldatenab-

geordneten eskalierten, und im Oktober besetzten die Bolschewiken unter Lenins Führung das Winterpalais, verhafteten die Mitglieder der provisorischen Regierung und übernahmen die Kontrolle über die Städte. Mit dem Rat der Volkskommissare wurde eine neue Regierung eingesetzt, das Land an die Bauern gegeben und die Banken verstaatlicht. Im Juli 1918 wurde die Sowjet-Verfassung proklamiert und Lenin verlegte den Regierungssitz von Petrograd nach Moskau. Im RUSSISCHEN BÜRGERKRIEG folgte eine blutige Auseinandersetzung mit konterrevolutionären Kräften, die drei Jahre später mit dem Sieg der Bolschewiken endete.

Russischer Bürgerkrieg (1918–21), erbitterter Konflikt zwischen den Monarchisten, bürgerlichen Demokraten, Sozialrevolutionären und Menschewiken (Weiße) auf der einen und der bolschewistischen ROTEN ARMEE auf der anderen Seite im Anschluss an die RUSSISCHE REVOLUTION (1917). Im Dezember 1917 nahmen die Weißgardisten den organisierten Widerstand auf und stießen dabei mit der von Leo TROTZKIJ hastig aufgestellten Roten Armee zusammen. Die Kämpfe wüteten im Norden und Süden Russlands, in der Ukraine, dem Baltikum und dem Kaukasus.

Im nordrussischen Murmansk landeten 1918 französische und britische Truppen, besetzten Archangelsk und installierten eine Marionettenregierung, die bis 1920 bestehen blieb. In Sibirien, wo amerikanische und japanische Truppen landeten, fungierte der russische Marinekommandeur Alexander Koltschak als Kriegsminister einer Weißgardistenregierung in Omsk, bis die Stadt 1920 den Bolschewiken in die Hände fiel und Koltschak hingerichtet wurde. Die fest unter Trotzkijs Führung stehende Rote Armee besaß eine größere Durchschlagskraft als die zusammengewürfelten Weißgardisten. Sie schlug die durch Hungersnöte geförderten Bauernaufstände nieder und unterdrückte den KRONSTADTER AUFSTAND, eine Matrosenrevolte. Die mangelnde Zusammenarbeit zwischen den verschiedenen Teilen der gegenrevolutionären Weißen beschleunigte deren Zusammenbruch und damit die Gründung der SOWJETUNION (UdSSR – Union der sozialistischen Sowjetrepubliken).

Russisch-Japanischer Krieg (1904/05), Auseinandersetzung zwischen Russland und Japan über die Mandschurei und Korea. Die Japaner starteten einen Überraschungsangriff gegen russische Kriegsschiffe, die im mandschurischen Hafen Port Arthur (heute Lüshun) vor Anker lagen, nachdem Russland dem vereinbarten Truppenabzug aus der Mandschurei nicht nachgekommen war. Port Arthur wurde von den Japanern erobert, ebenso Mukden, die Hauptstadt der Mandschurei. Auf See schlugen die Japaner die russische Ostseeflotte vernichtend in der Meerenge von Tsushima. Der Krieg endete mit dem Frieden von PORTSMOUTH, dem zufolge Russland auf seine Ansprüche auf Korea und Port Arthur verzichten musste.

Der Kopf dieser umgestürzten Monumentalstatue Zar Nikolaus' II. spiegelt das Schicksal, das den Zaren selbst ereilte. Nach seiner Abdankung im März 1917 wurde Nikolaus im Juli 1918 erschossen.

Der Moskauer Kreml, hier eine Ansicht von der Moskwa aus, war über Jahrhunderte die Zentrale der Macht in Russland. Heute ist er Amtssitz des russischen Präsidenten.

Damit besiegte Japan eine westliche Macht erstmals sowohl zu Land als auch zu Wasser. In Russland trug diese beschämende Niederlage zum Ausbruch der RUSSISCHEN REVOLUTION von 1905 bei.

Russland, in Nordeuropa und Nordasien gelegener Staat. Das Staatsgebiet der Russischen Föderation erstreckt sich von der Ostsee bis zum Pazifik, vom Nordpolarmeer zum Schwarzen Meer und umfasst 16 autonome Regionen. Hauptstadt ist Moskau. Das ursprünglich mit dem Zarenreich identische Russland führte von 1922 bis 1991 den Namen Russische Sozialistische Föderative Sowjetrepublik und bildete die größte Republik innerhalb der SOWJETUNION.

Der nördliche Teil des Landes war ursprünglich von SLAWEN besiedelt, der Süden von Nomadenvölkern. Im 9. Jh. übernahmen die WIKINGER die Herrschaft und errichteten den ersten russischen Staat mit KIEW als Hauptstadt. Die Mongolen regieren vom 13. bis zum späten 14. Jh. Im Jahr 1480 wurde ihre Oberherrschaft auch formell aufgehoben und Russland ein Einheitsstaat. IWAN der Schreckliche nahm als erster russischer Herrscher 1547 den Titel Zar (Kaiser) an. Er dehnte Russlands Territorium auf Kosten der Mongolen weiter nach Süden und Osten bis nach Sibirien aus. Nach einer Zeit dynastischer und politischer Wirren setzte sich die Dynastie der ROMANOWS durch, die 1613–1917 regieren sollte. Vor allem PETER DER GROSSE öffnete sein Land mehr und mehr in Richtung Europa, führte westlichen Rationalismus am Moskauer Hof ein und

machte den alten Staat zu einem Weltreich, das sich von der Ostsee bis zum Pazifik erstreckte. Im 18. Jh. spielte Russland eine wesentliche Rolle in der europäischen Politik. Unter Zarin KATHARINA II. beherrschte es POLEN und errang eine Reihe von Siegen über die Osmanen. 1783 annektierte Katharina die Krim, was Russland zur Schwarzmeermacht machte und dem Land die freie Schifffahrt durch die Meerengen eröffnete. 1798–1814 war Russland treibende Kraft in den KOALITIONSKRIEGEN und den NAPOLEONISCHEN KRIEGEN und beschleunigte den Sturz Napoleons I. Interessenkonflikte im Balkan lösten den KRIMKRIEG 1853–56 zwischen Russland und den Westmächten aus.

Im Land selbst wurde 1861 die Leibeigenschaft der Bauern abgeschafft, die Industrie blühte auf. Reformansätze hinsichtlich der Lokalverwaltungen, des Rechts- und Bildungssystems verliefen nur teilweise erfolgreich, zugleich entwickelte sich jedoch im Untergrund eine revolutionäre Bewegung. Russlands Niederlage im RUSSISCH-JAPANISCHEN KRIEG 1904–1905 mündete in die RUSSISCHE REVOLUTION von 1905. Zar NIKOLAUS II. musste den Forderungen nach Einberufung des ersten Parlaments, der DUMA, nachgeben, dessen Kompetenzen jedoch noch sehr eingeschränkt waren.

Russlands Beteiligung am ERSTEN WELTKRIEG hatte für die Bevölkerung eine schwere Notlage zur Folge. Eine Reihe von Revolten gipfelte in der RUSSISCHEN REVOLUTION von 1917, der Abdankung des Zaren und dem RUSSISCHEN BÜRGERKRIEG. Die

Russische Republik bildete das größte der 15 Mitglieder der 1922 unter dem Vorsitz von Wladimir Iljitsch LENIN und der Kommunistischen Partei gegründeten SOWJETUNION (UdSSR). 1939 brachte die 4. Teilung Polens der Sowjetunion nach dem Beginn des ZWEITEN WELTKRIEGS und dem Einmarsch der Roten Armee in Ostpolen eine Territorialerweiterung, ebenso wie die Besetzung der baltischen Staaten 1940. Der deutsche Überfall auf die Sowjetunion 1941 brachte das Land auf die Seite der Alliierten. Ein Ergebnis des Krieges war eine enorme Ausdehnung der Einflusssphäre des Landes.

Die Nachkriegszeit war geprägt vom KALTEN KRIEG und dem immer schlechter werdenden Verhältnis zum Westen. Im WARSCHAUER PAKT von 1955 ging die UdSSR mit anderen kommunistischen Staaten Osteuropas eine militärische Allianz ein, die bis 1991 Bestand hatte. Die Kommunistische Partei behielt das Land fest im Griff, bis Mitte der 80er-Jahre Forderungen nach Unabhängigkeit von der Union in den Sowjetrepubliken laut wurden, darunter auch in Russland selbst.

1985 wurde Michail GORBATSCHOW Staatschef. Seine Politik der Glasnost, Offenheit, und Perestroika, Umgestaltung, ebneten den Weg zu Reformen, einer stärkeren Demokratisierung und einer Hinwendung zur Marktwirtschaft. Außenpolitisch leitete Gorbatschow eine Phase der Entspannung ein und intensivierte die bereits in den vorangegangenen Jahrzehnten aufgenommenen Abrüstungsgespräche mit dem Westen.

1989 tagte das erste frei gewählte Sowjetparlament seit 1918. Als gewählter Präsident sah sich Gorbatschow nun neben den wirtschaftlichen Problemen auch mit nationalistischen Bestrebungen in den Sowjetrepubliken konfrontiert. Nach einem missglückten Staatsstreich und der Auflösung der Sowjetunion gewann Boris JELZIN 1991 die Präsidentschaftswahlen. Als neue Staatsform entstand die Gemeinschaft unabhängiger Staaten GUS. Staatliche Subventionen wurden gestrichen und stattdessen die Privatwirtschaft gefördert. Rapide steigende Preise lösten im Volk Unzufriedenheit aus, die zur breiten Unterstützung rechter nationalistischer Parteien führte. 1993 trat eine neue Verfassung in Kraft, mit der ein 450 Sitze umfassendes Parlament, die DUMA, und ein 178 Sitze umfassender Föderationsrat geschaffen wurden. Die zunehmenden regionalistischen Bestrebungen der rohstoffreichen Territorien entwickelten sich mehr und mehr zu einem politischen Problem. Jelzins Gesundheitszustand ist seit 1996 bedenklich. Dennoch wurde er gegen den Widerstand der Kommunisten unter Führung Gennadij Sjuganows, aber mit der Unterstützung des Leiters des Sicherheitsdienstes, Alexander Lebed, wieder gewählt.

S

SA, politischer Kampfverband der NSDAP, von Adolf HITLER 1921 gegründet. Die SA – Abkürzung für Sturmabteilung – erhielt ihren Namen nach einer Saalschlacht im November 1921 in München. Sie rekrutierte ihre Mitglieder aus verschiedenen unzufriedenen Gesellschaftsschichten, die vom aufkommenden Nationalsozialismus angezogen wurden. Die militärisch organisierte SA war leicht an ihren braunen Uniformen mit der Hakenkreuzarmbinde zu erkennen. Ihre Aufgabe bestand einerseits darin, Aufmärsche und Kundgebungen der nationalsozialistischen Parteiführung vor Übergriffen zu schützen und andererseits Veranstaltungen des politischen Gegners gezielt zu stören und Krawalle zu provozieren. Die SA-Schlägertrupps waren gefürchtet und verbreiteten nicht nur unter den politischen Gegnern des Nationalsozialismus, sondern auch unter der Zivilbevölkerung Angst und Schrecken.

Nach dem HITLERPUTSCH 1923 wurde die SA vorübergehend verboten. Nach der Wiedergründung der NSDAP 1925 lebte auch die SA als parteiinterne Kampftruppe unter der Leitung des ehemaligen Offiziers Pfeffer von Salomon wieder auf. 1930 übernahm Hitler persönlich die Führung, ehe 1931 Ernst RÖHM, ein Duzfreund Hitlers, Chef des SA-Stabs wurde.

Röhm beabsichtigte, die SA zu einem selbstständigen, von der Partei unabhängigen paramilitärischen Wehrverband zu machen, der in Konkurrenz zur Reichswehr stehen sollte. Im Sommer 1932 übertraf die SA mit über 200 000 aktiven Mitgliedern bei weitem die zahlenmäßige Stärke der Reichswehr. Die SA-Trupps beherrschten mit ihren Knüppeln und Hetzparolen die Straße und lieferten sich mit dem kommunistischen Roten Frontkämpferbund und dem sozialdemokratischen Reichsbanner Schwarz-Rot-Gold offene Straßenschlachten. Blutiger Höhepunkt dieser bürgerkriegsähnlichen Zustände war der so genannte Altonare Blutsonntag, bei dem am 17. Juli 1932 insgesamt 15 Menschen ums Leben kamen.

Nach der MACHTERGREIFUNG 1933 wurde die auf über 1 Mio. Mitglieder angewachsene SA im Zug der GLEICHSCHALTUNG als so genannte Hilfspolizei eingesetzt und war für ihre Terrormaßnahmen berüchtigt. Röhms weit reichende politische Ambitionen, die Reichswehr in der SA aufgehen zu lassen, gerieten bald in Widerspruch zu Heinrich HIMMLERS Vorstellungen, dessen SS die SA als lästige Konkurrenz innerhalb des NS-Regimes ansah. In der Nacht vom 29./30. Juni 1934 ließ Hitler die gesamte Führungsriege der SA, einschließlich Ernst Röhm, unter Hinweis auf einen angeblich bevorstehenden Putschversuch von der SS beseitigen. Nach diesem vermeintlichen RÖHMPUTSCH verlor die SA ihre politische Bedeutung, ihre Aufgaben beschränkten sich in der Folgezeit auf den Wehrsportbereich.

Sacco di Roma, Plünderung Roms durch Söldnertruppen Kaiser KARLS V. im Krieg gegen die Heilige Liga von Cognac. Die in der Lombardei stehenden kaiserlichen Truppen wurden durch mehr als 15 000 Landsknechte verstärkt. Am 6. Mai 1527 stürmte die Soldateska Rom. Monatelange Verwüstungen und Greueltaten folgten, die die lebensfrohe Renaissancestadt nachhaltig erschütterten. Die Plünderungen nahmen erst im Februar 1528 ein Ende, als französische Truppen die Söldner aus der Stadt vertrieben.

Sacco-Vanzetti-Fall, umstrittener Justizfall in den USA. 1920 wurden zwei italienische Immigranten, Nicola Sacco und Bartolomeo Vanzetti, verhaftet und des Mordes an einem Zahlmeister und seinem Begleiter in Massachusetts angeklagt. Trotz widersprüchlichen Beweisen befand das Gericht 1921 beide für schuldig. Allgemein glaubte man, dass sie nur deswegen verurteilt wurden, weil sie Einwanderer waren und sich als Anarchisten bekannten. Aufgrund des Urteils kam es weltweit zu antiamerikanischen Demonstrationen, in Paris starben 20 Menschen bei einer Bombenexplosion. Trotz Bemühungen um eine Wiederaufnahme des Verfahrens starben Sacco und Vanzetti 1927 auf dem elektrischen Stuhl.

Sachsen, germanisches Volk, das etwa seit dem 2. Jh. nördlich der Elbe siedelte. Von dort breiteten sie sich in den folgenden Jahrhunderten nach Westen und Norden aus. Seit dem 5. Jh. wanderten Teile der Sachsen zusammen mit den Angeln und Jüten in das von den Römern verlassene Britannien aus. Sie verdrängten die keltischen Briten nach Wales, Schottland, Cornwall und in die Bretagne und gründeten sieben Reiche: Die Jüten in Kent, die Angeln in Ost-Anglia, Mercia und Northumbria und die Sachsen in Essex, Sussex und Wessex. Der Widerstand der einheimischen Briten konnte die Eroberer vom Festland zwar nicht aufhalten, lebt aber bis heute in der Sage vom König ARTUS fort.

Der Teil der germanischen Sachsen, der auf dem Festland geblieben war, besiedelte den größten Teil Nordwestdeutschlands, so-

Nach dem Sacco di Roma verspotteten Landsknechte den Papst dadurch, dass sie einen kirchlichen Umzug nachahmten.

In seinem Bemühen um Frieden im Nahen Osten reiste Anwar as-Sadat (links) nach Israel und nahm mit Premierminister Menachem Begin Gespräche auf.

dass ihr Herrschaftsgebiet im 7. Jh. von der Nord- bis zur Ostsee reichte. Man unterscheidet die vier Teilreiche der Engern, Ostfalen, Westfalen und Elbsachsen.

KARL DER GROSSE brach in den so genannten Sachsenkriegen 772–804 den Widerstand der Sachsen unter ihrem Führer WIDUKIND und gliederte das Land seinem europäischen Reich ein. Bei der Teilung des karolingischen Imperiums im Vertrag von VERDUN 843 kam Sachsen zum Ostfränkischen Reich und entwickelte sich im frühen 10. Jh. zu einem mächtigen Stammesherzogtum zwischen Weser und Harz. Im Jahr 919 wurde HEINRICH I., Herzog von Sachsen, zum deutschen König gewählt. Sein Sohn, OTTO I. DER GROSSE, folgte ihm auf den Thron, ließ sich 962 in Rom zum Kaiser krönen und schuf ein Reich, das von Haithabu bis nach Rom reichte. Die sächsische Dynastie, auch Ottonen genannt, stellte bis 1024 die deutschen Herrscher.

Das Herzogtum Sachsen wurde nach dem Machtkampf zwischen Herzog HEINRICH DEM LÖWEN und den STAUFERN Ende des 12. Jh. aufgeteilt. Der Westen – Engern und Westfalen – kam an den Erzbischof von Köln und ging von da an andere Wege, der Osten – im Wesentlichen das heutige Sachsen-Anhalt und Sachsen – bildete den Kern eines neuen sächsischen Herzogtums unter verschiedenen Adelshäusern.

In der GOLDENEN BULLE von 1356 erhielt der Herzog von Sachsen die Kurwürde zugesprochen; er besaß damit eine der sieben Stimmen, die über die Wahl des deutschen Königs entschieden. Seit der REFORMATION war Sachsen der führende Vertreter des protestantischen Glaubens in Deutschland. Nach

dem DREISSIGJÄHRIGEN KRIEG verlor das Herzogtum seine politische Vormachtstellung im Norden des Reiches an Brandenburg-Preußen.

NAPOLEON I. erhob Sachsen 1806 zum Königreich. Auf dem WIENER KONGRESS 1815 trat Sachsen dem DEUTSCHEN BUND bei, musste zuvor jedoch fast die Hälfte seines Staatsgebiets an Preußen abtreten. 1871 wurde Sachsen Teil des Deutschen Reiches, 1918 dankte der letzte König ab. Nach dem Zweiten Weltkrieg gehörte Sachsen zur sowjetisch besetzten Zone. 1952 wurde es als Verwaltungseinheit innerhalb der DDR formell aufgelöst. Seit der WIEDERVEREINIGUNG 1990 gibt es die beiden Bundesländer Sachsen mit der Landeshauptstadt Dresden und Sachsen-Anhalt mit Magdeburg als Sitz der Landesregierung.

Sachsenspiegel, bedeutendes Rechtsbuch des deutschen Mittelalters. Eike von Repgow fasste in dieser Sammlung 1220–35 das gesamte Recht Nordostdeutschlands zusammen. Da der ursprünglichen lateinischen Fassung eine Übersetzung Eikes in die niederdeutsche Sprache folgte, ist sein Buch auch ein bedeutsames Werk mittelalterlicher deutscher Prosa. So werden teilweise Reimformen verwendet, um Rechtsgrundsätze einprägsamer zu machen. Gedankensprünge und Abschweifungen erschweren oft das Verständnis. Die sehr differenzierten Strafen, die das in Land- und Lehnrecht gegliederte Werk erwähnt, sind von heutiger Sicht aus nur schwer nachzuvollziehen. Der Sachsenspiegel bildete die Grundlage für wichtige andere deutsche Rechtsbücher.

Sadat, Mohammed Anwar as- (1918–81), von 1970 bis zu seiner Ermordung Staatspräsident von ÄGYPTEN. Unter seiner Führung schloss Ägypten 1979 als erstes arabisches Land einen Friedensvertrag mit Israel. Während seines Militärdienstes 1936–38 machte Sadat die Bekanntschaft vieler ägyptischer Nationalisten, unter ihnen auch Gamal Abd el NASSER. Im Zweiten Weltkrieg wurde er von den Briten inhaftiert, die ihm vorwarfen, für die Deutschen spioniert zu haben. Er konnte fliehen, wurde aber wegen terroristischer Aktivitäten 1946–49 ein zweites Mal inhaftiert.

Als Mitglied von Nassers Komitee der freien Offiziere beteiligte er sich 1952 an einem Staatsstreich, durch den König Farouk entthront wurde und Nasser an die Macht kam. Unter Nasser hatte Sadat zweimal – 1964–66 und 1969/70 – das Amt des Vizepräsidenten inne und bekleidete nach dessen Tod den Posten des Staatspräsidenten.

Unter seiner politischen Führung entzog sich Ägypten dem Einfluss der Sowjetunion. 1972 verlangte er den Abzug sämtlicher sowjetischer Techniker und Militärberater. Ein Jahr später unternahm er den JOM-KIPPUR-KRIEG gegen Israel. In der arabischen Welt wurde Sadat bald zu einem gefeierten Helden, denn es gelang ihm, einen Teil der Sinai-Halbinsel, die die Israelis im Jahr 1967 im SECHSTAGEKRIEG besetzt hatten, zurückzuerobern.

Zusammen mit den USA unternahm Sadat in Folge erste Schritte, um den Friedensprozess im Nahen Osten zu fördern. Sein Staatsbesuch in Israel 1977 brachte die Wende, da zum ersten Mal Israel von einem arabischen Land anerkannt wurde. Durch diesen Akt zog sich Sadat den Unmut und das Unverständnis fast der gesamten arabischen Welt zu. Auf Einladung des amerikanischen Präsidenten Jimmy CARTER besuchte Sadat im September 1978 die USA. In Camp David führte er intensive Gespräche mit dem israelischen Ministerpräsidenten Menachem BEGIN, die zum Abschluss des CAMP-DAVID-ABKOMMENS führten, das den Rahmen zur Lösung des Nahostkonflikts schuf. Noch im selben Jahr wurde beiden Männern für ihre Bemühungen der Friedensnobelpreis verliehen. Im März 1979 unterzeichneten Sadat und Begin den ägyptisch-israelischen Friedensvertrag. Am 6. Oktober 1981 fiel Sadat einem Attentat islamischer Fundamentalisten zum Opfer.

Saint-Just, Louis Antoine Léon de (1767–94), französischer Revolutionär. Zu Beginn der FRANZÖSISCHEN REVOLUTION war Saint-Just als Verwaltungsbeamter tätig. 1791 machte er mit der Veröffentlichung seiner Schrift *Esprit de la Révolution et de la Constitution de France* erstmals von sich reden. Als treuer Befürworter des Führungsstils Maximilien de ROBESPIERRES wurde Saint-Just 1792 in den Nationalkonvent gewählt, wo er bereits in seiner ersten Ansprache den französischen König LUDWIG XVI. scharf angriff. Ein Jahr später wurde der König vom Nationalkonvent verurteilt und hingerichtet.

Im selben Jahr, 1793, wurde Saint-Just Mitglied des WOHLFAHRTSAUSSCHUSSES, in dem er die Leitung von Militäreinsätzen übernahm. Er wurde bald zum Verfechter der so genannten Schreckensherrschaft, die mit Justizterror und Massenhinrichtungen Frankreich regierte. 1794 war er maßgeblich am Sturz von Georges DANTON beteiligt. Saint-Just verabschiedete darüber hinaus aber auch eine Reihe von Gesetzen, die den Mittellosen Besitztümer zuteilten.

> **WUSSTEN SIE, DASS?**
>
> Sadats Schwiegermutter, eine Engländerin, war zunächst gegen die Hochzeitspläne ihrer Tochter, bis sie herausfand, dass auch Sadat sich für die Romane von Charles Dickens begeisterte.

Im Juli 1794 besiegte er das Koalitionsheer unter Führung der Österreicher bei Fleurus in Belgien. Nur einen Monat später ereilte ihn das gleiche Schicksal wie seine politischen Gegner. Am 27. Juli 1794 wurde Saint-Just nach dem Sturz Robespierres verhaftet und bereits am nächsten Tag unter der Guillotine hingerichtet.

Saint-Simon, Claude Henri de Rouvroy, Graf von (1760–1825), französischer Philosoph und Begründer des französischen Sozialismus. Saint-Simon, der mit 17 Jahren in den Militärdienst eintrat, kämpfte unter Lafayette im AMERIKANISCHEN UNABHÄNGIGKEITSKRIEG. Während der Französischen Revolution wurde er für kurze Zeit in Paris inhaftiert und machte dann durch den Aufkauf verstaatlichter Ländereien ein Vermögen. Nach seinem Bankrott wandte er sich dem Studium der Wissenschaften zu.

Saint-Simon entwarf das Idealbild einer Regierung, die von Industriellen, Wissenschaftlern und Dichtern geführt wurde, denn nur diese Gruppen verfügen seiner Ansicht nach über das notwendige Handlungs-, Denk- und Einfühlungsvermögen. In seinem Hauptwerk, *Nouveau Christianisme*, entwickelt er den Gedanken, dass die Religion eine Gemeinschaft dahingehend beeinflussen solle, die Lebensbedingungen ihrer ärmsten Mitglieder zu verbessern. Nach dem Tod Saint-Simons wurden seine Gedanken von seinen Schülern in aller Welt verbreitet. Die Sozialphilosophie Saint-Simons beeinflusste maßgeblich den deutschen Sozialisten Friedrich ENGELS.

Saladin, Jusuf ibn Aijub (1138–93), Sultan von Ägypten und Syrien. Der Herrscher machte sich einen Namen als militärischer Führer der moslemischen Truppen gegen die Kreuzfahrer.

1152 trat der gebürtige Kurde in die Dienste des syrischen Sultans Nur ad-Din, der gegen die in Ägypten herrschenden Fatimiden kämpfte. 1169 übernahm Saladin von seinem Onkel das Amt des WESIRS in Ägypten und setzte 1171 den letzten Fatimidenkalifen ab und begründete die Dynastie der Aijubiden, die bis Mitte des 13. Jh. am Nil regierten. Nach Nur al-Dins Tod 1174 erklärte sich Saladin selbst zum Sultan von Syrien und übernahm die Macht in Damaskus. Im Lauf der folgenden zehn Jahre bemächtigte er sich im Osten Mesopotamiens, außerdem huldigten ihm die Seldschuken in Kleinasien.

Danach begann Saladin den Krieg gegen die Kreuzfahrerstaaten. 1187 schlug er ein christliches Heer des Königs von Jerusalem bei Hittim und eroberte Jerusalem und das stark befestigte Akko. Daraufhin rief das christliche Abendland zum dritten KREUZZUG auf. Im Jahr 1191 gelang es den Kreuz-rittern unter Führung des englischen Königs RICHARD I. LÖWENHERZ und des französischen Herrschers PHILLIP II. AUGUST, Akko für die Christen zurückzugewinnen. Doch die Rückeroberung von Jerusalem blieb den Kreuzfahrern verwehrt. So vereinbarte man einen dreijährigen Waffenstillstand, außerdem erhielten die Christen das Recht zugestanden, ohne Beschränkungen nach Jerusalem pilgern zu dürfen. Nach Saladins Tod 1193 verbreiteten sich Legenden über diesen klugen, ritterlichen und weisen Herrscher.

Salamis, Seeschlacht von (480 v. Chr.), erste bedeutende Seeschlacht in der Geschichte. Sie fand während der Perserkriege 500–479 v. Chr. statt. Der persische König XERXES I. kontrollierte den Norden Griechenlands, als der Flottenkommandant der Athener, Themistokles, die persische Flotte in die Meerenge zwischen der Insel Salamis und dem Festland lockte. Die 800 schwerfälligen Galeeren der Perser waren in diesem engen Meeresarm nicht mehr manövrierfähig, sodass es den Griechen gelang, beinahe die Hälfte der persischen Schiffe zu zerstören, wobei sie selbst nur 40 von ihren 310 wendigen Schiffen, den TRIEREN, verloren. Der Rest der persischen Flotte zog unbehelligt ab. Dadurch gewannen die Griechen Zeit, um ihre Truppen neu aufzustellen und die letzten persischen Eroberer aus Nordgriechenland zu vertreiben. Xerxes I. gab daraufhin seine Eroberungsabsichten auf und die griechische Kultur konnte sich ungehindert entfalten.

Sultan Saladin wurde im Abendland sehr verehrt. In Lessings Schauspiel *Nathan der Weise* **spielt er eine der Hauptfiguren.**

Salazar, António de Oliveira (1889 bis 1970), Premierminister und Diktator von Portugal 1932–68. Im Jahr 1921 wurde Salazar zum ersten Mal ins Parlament gewählt. Nach nur einer Legislaturperiode kehrte er jedoch wieder in seinen Beruf als Professor für Volkswirtschaft zurück. Im Anschluss an den Militärputsch von 1926 sowie 1928–32 war Salazar portugiesischer Finanzminister. Im Juli 1932 wurde Salazar von Staatspräsident António Carmona zum Premierminister ernannt. 1933 führte er eine neue Verfassung ein, die ihn mit diktatorischen Befugnissen ausstattete und das Regierungssystem auf ständisch-korporativer Grundlage ausrichtete. 1936–44 übte Salazar zusätzlich noch das Amt des Kriegsministers und 1936–47 das Amt des Außenministers aus.

Im SPANISCHEN BÜRGERKRIEG schlug sich Salazar auf die Seite von General Francisco FRANCO. Während des Zweiten Weltkriegs hielt er Portugal neutral, obwohl er duldete, dass Großbritannien auf den Azoren Militärstützpunkte errichtete.

Salazar schaffte es nicht, Armut und Analphabetentum in Portugal zu verringern. Seine Regierungszeit wurde durch mehrere Unabhängigkeitsbestrebungen in den portugiesischen Kolonien erschüttert. 1968 erlitt Salazar einen Schlaganfall und Marcello Caetano löste ihn als Premierminister ab. 1974 kam es zu einem Militärputsch, der Portugal die Demokratie brachte.

Salier, deutsche Königsdynastie des Mittelalters 1024–1125. Der Aufstieg der Salier begann mit Konrad dem Roten, Herzog von Lothringen, der 955 in der Schlacht auf dem LECHFELD fiel. Konrad war mit Liudgard, einer Tochter OTTOS I. DES GROSSEN, verheiratet. Der salische Familienbesitz lag im Raum um Worms und Speyer.

Nach dem Aussterben des sächsischen Kaiserhauses wurde KONRAD II., ein Urenkel Konrads des Roten, 1024 bei Oppenheim am Rhein zum deutschen König gewählt und drei Jahre später in Rom zum Kaiser gekrönt. Durch Konrads II. Ehe mit Gisela von Schwaben erwarben die Salier auch Grundbesitz in Schwaben, so etwa die Herrschaft Waiblingen. Unter Konrad II. entwickelte sich Speyer zum Mittelpunkt der salischen Herrschaft. So veranlasste er 1030 den Bau des Doms, dem größten romanischen Bauwerk Europas. Diese imposante Kirche mit ihren sechs Türmen diente den Saliern als Grablege und war Ausdruck ihrer Macht und ihrer Ausnahmestellung in Europa. In der mächtigen Krypta sind insgesamt vier Kaiser, vier Könige, drei Kaiserinnen und fünf Bischöfe bestattet.

WUSSTEN SIE, DASS?

Salazar war kein Diktator im herkömmlichen Sinne. Er scheute die Öffentlichkeit und regierte lieber vom Schreibtisch aus das Land. Außerdem verabscheute er jegliche Art von Demagogie und Agitation.

Nachfolger Konrads II. auf dem deutschen Thron waren HEINRICH III., HEINRICH IV. und Heinrich V., die ebenfalls die Kaiserwürde besaßen. Letzterer starb im Jahr 1125 kinderlos, sodass die deutsche Königskrone in einer Kampfabstimmung unter den deutschen Fürsten an den norddeutschen Grafen Lothar III. von Supplinburg fiel, dessen Stammsitz nahe Braunschweig liegt.

Sallust (86–34 v. Chr.), römischer Politiker und Historiker. Er wurde 52 v. Chr. zum Volkstribun berufen, doch schon zwei Jahre später vom Senat ausgeschlossen, der ihm Ehebruch vorwarf.

Da Sallust im Bürgerkrieg Gaius Iulius CAESAR unterstützte, erhielt er bei Ausbruch der Kampfhandlungen 49 v. Chr. das Kommando über eine von Caesars Legionen. Für seine Erfolge während Caesars Afrikafeldzug 46 v. Chr. erhob ihn Caesar zum Statthalter von Numidien, dem heutigen Algerien. Er trat jedoch schon zwei Jahre später von seinem Amt zurück, nachdem ihm Erpressung nachgesagt worden war. Nach Caesars Ermordung zog er sich aus dem politischen Leben zurück.

Im Ruhestand schrieb Sallust vor allem historische Abhandlungen. In *De coniuratione Catilinae* beschreibt er die Verschwörung des Patriziers Lucius Sergius Catilina, der 63/62 v. Chr. die römische Regierung stürzen wollte. In *Bellum Iugurthinum* berichtet er über den Krieg gegen den numidischen König Jugurtha im 2. Jh. v. Chr. Außerdem sind von Sallust Fragmente einer Geschichte Roms der Jahre 78–67 erhalten. Trotz der darin vorkommenden Fehler und subjektiven Darstellungen beeinflussten Sallusts Schilderungen spätere römische Historiker wie beispielsweise TACITUS.

Salomo beabsichtigt, ein Baby zwischen zwei Frauen aufzuteilen, um an der Reaktion zu erkennen, welche die wirkliche Mutter ist.

Salomo (10. Jh. v. Chr.), König eines vereinten Israel 965–926 v. Chr. Der Sohn und Nachfolger König DAVIDS gelangte durch Intrigen seiner Mutter Bathseba auf den Thron. Er übernahm die Herrschaft zu einer Zeit, als Israel daran ging, seine politische und wirtschaftliche Macht auszubauen. Salomos Reichtum und seine Weisheit sind legendär und unter seiner Herrschaft wurde das Land immer wohlhabender. Er ging Bündnisse mit Ägypten und Phönizien ein, um den Frieden in der Region zu sichern. Es kam jedoch zu Unfrieden unter den Israeliten, denn die Bündnisse ermöglichten es den fremden religiösen Kulten, sich in Jerusalem zu etablieren. König Salomo teilte sein Land in verschiedene Verwaltungsbezirke auf, um das Regieren zu vereinfachen, und reorganisierte das Heerwesen und ließ die Befestigungen in seinem Reich verstärken. Außerdem entwickelte er ein System von Zwangsarbeit für sein beispielloses Bauprogramm zur Errichtung verschiedener Städte und Paläste sowie eines ersten Tempels in Jerusalem um 970 v. Chr., der zum zentralen Heiligtum der Juden wurde.

Da der Herrscher hohe Steuern erhob, um den Luxus an seinem Hof zu finanzieren, spalteten sich nach seinem Tod die nordisraelitischen Stämme, die seine freigebige Hofhaltung kritisierten, unter Jerobeam I. ab. Salomo stand in dem Ruf, weise und gerecht zu sein. Aus diesem Grund werden ihm verschiedene alttestamentarische und apokryphe Schriften zugeschrieben, u.a. die Sprüche Salomos, das Hohe Lied, das Buch Salomo und die apokryphe Weisheit Salomo.

SALT (Strategic Arms Limitation Talks), Vereinbarungen zwischen den USA und der Sowjetunion über eine Begrenzung von strategischen Atomwaffen.

Eine erste Verhandlungsrunde zwischen den beiden Supermächten begann im November 1969 in Helsinki und führte im Mai 1972 in Genf zum Abschluss des SALT-I-Vertrags. Darin kamen beide Seiten überein, die Zahl der Interkontinentalraketen für fünf Jahre zu begrenzen: Der USA wurden 1054 landgestützte und 656 seegestützte Raketen, der UdSSR 1618 bzw. 740 zugestanden.

Im November 1972 begannen dann bereits Verhandlungen über ein SALT-2-Abkommen mit dem Ziel, den nuklearen Rüstungswettlauf einzudämmen. Bei den Gesprächen ging es vor allem um die Einbeziehung von Trägerraketen mit nuklearen Mehrfachsprengköpfen. Die Verhandlungen zogen sich über mehr als sechs Jahre hin und das Abkommen wurden erst im Juni 1979 unterzeichnet. Allerdings trat das Abkommen nicht in Kraft, da der amerikanische Senat sich weigerte, die Urkunde zu ratifizieren. 1982 nahm man neue Abrüstungsgespräche über START auf.

Sambia, Land in Zentralafrika. Im 16. bis 18. Jh. wanderten zahlreiche Stämme von Westen und Norden in das Gebiet des heutigen Sambia ein. In der ersten Hälfte des 19. Jh. musste das Volk der NGUNI aus dem Zululand fliehen und siedelte ebenfalls in Sambia. Seit 1889 unterstand diese Region Cecil RHODES, der ab 1902 systematisch die ergiebigen Kupfervorkommen ausbeutete. Im Jahr 1911 erhielt das Land den Namen

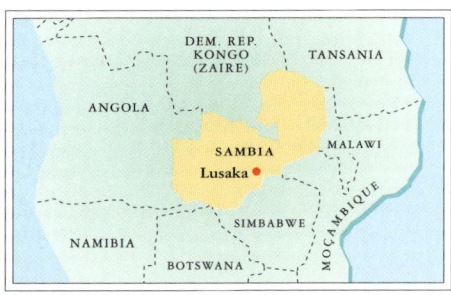

Nordrhodesien und unterstand 1924–64 direkt der britischen Regierung.

1964 erhielt Sambia seine Selbstständigkeit und die Bevölkerung wählte Kenneth KAUNDA zum Präsidenten des neuen Staates. Internationale Sanktionen gegenüber dem Nachbarland Rhodesien blockierten den Export sambischer Produkte, da diese durch Rhodesien transportiert werden mussten, um von der ostafrikanischen Küste aus verschifft werden zu können. 1975 löste man dieses Problem durch den Bau einer Eisenbahnlinie quer durch TANSANIA.

Erst 1990 stimmte Kaunda, der das Land als unumschränkter Herrscher regiert, der Durchführung eines Referendums zur Einführung eines Mehrparteiensystems zu. 1991 wählte die Bevölkerung dann Frederik Chiluba, den Vorsitzenden der Bewegung für eine Mehrparteiendemokratie, zu ihrem Präsidenten.

Samuel, Israelitenführer und Prophet, der im 11. Jh. v. Chr. lebte. Im Alten Testament war Samuel, dessen Name im Hebräischen vermutlich Name Gottes bedeutet, der letzte Führer des israelitischen Stämmeverbands vor der Gründung eines erblichen Königreichs. Nach der Niederlage Israels und dem Verlust der Bundeslade an die PHILISTER führte Samuel sein Volk in den Aufstand gegen die Philister. Er war maßgeblich an der Begründung einer israelitischen Monarchie beteiligt, als er SAUL zum ersten israelitischen König salbte. Samuel stand Saul als prophetischer Berater zur Seite, bis sie sich über Sauls priesterliche Pflichten zerstritten, woraufhin Samuel DAVID zu Sauls Nachfolger ernannte.

Samurai, Angehörige des Kriegerstands in Japan. Im 10. Jh. waren die Samurai Krieger im Dienst der Territorialfürsten. Im 12. Jh. entwickelten sie sich zu einer heraus-

ragenden Macht im Land, als Kriegerfürsten wie etwa der Clan der Minamoto dem Adel und dem Herrscherhaus die Macht entrissen. So gab 1192 der japanische Kaiser das SHOGUNAT an Minamoto Yoritomo; damit begann die 700 Jahre dauernde Herrschaft des Militärs in Japan. Die Samurai wurden militärische Vasallen der Shogune und des Adels, sie erhielten Land im Gegenzug für ihren militärischen Dienst. Allmählich entwickelte sich die unverwechselbare Kampfkultur der Samurai, die von der Selbstdisziplin, wie sie beispielsweise der ZEN-Buddhismus lehrt, beeinflusst ist.

Das Ideal der Samurai bestand darin, einem strengen Verhaltenskodex zu folgen, nach dem Tapferkeit, Familienehre und Loyalität einen höheren Stellenwert genießen als das eigene Leben. Während des Shogunats der TOKUGAWA 1603–1867 entwickelten sich die Samurai zu einer geschlossenen Kaste mit eigener Gerichtsbarkeit und Erblichkeit der Würde, die über den anderen Kasten stand. Sichtbares Zeichen des Samurai war das Recht, zwei Schwerter tragen zu dürfen.

1868 setzten die Samurai den Kaiser wieder als Regierungsspitze ein. Damit begann die MEIJI-ÄRA. Als 1871 der Feudalismus abgeschafft und ein Jahr später eine nationale Armee eingerichtet wurde, verloren die Samurai ihre privilegierte Stellung und 1876 neben ihren Einkünften auch das Recht, die Schwerter zu tragen. Einige Samurai probten den Aufstand – allerdings vergeblich, andere gingen in die neu gegründete Armee, die Politik oder die Wirtschaft. Der prägende Einfluss der Samurai wirkte jedoch noch lange nach der Auflösung der privilegierten Kriegerkaste fort.

> **WUSSTEN SIE, DASS?**
>
> *Für einen Samurai war die Ehre wichtiger als sein Leben. Ein Samurai, der entehrt worden war, musste Selbstmord begehen. Dieses Ritual des Harakiri konnte mehrere Stunden oder Tage dauern und wurde bis weit ins 20. Jh. hinein praktiziert.*

Samurai mussten im Kampf geschickt sein und durften im Angesicht des Feindes keine Angst zeigen.

San Francisco, Friede von (8. September 1951), zwischen Japan und seinen Gegnern im ZWEITEN WELTKRIEG geschlossener Friedensvertrag. Mit dem offiziellen Inkrafttreten des Vertrags im April 1952 fand die Besetzung Japans durch die Alliierten ein Ende und die Souveränität des Landes wurde wieder hergestellt. Japan musste die Unabhängigkeit von Korea anerkennen und seine Ansprüche auf Taiwan und andere kleinere Inseln aufgeben, die Japan vor dem Krieg vom VÖLKERBUND zugesprochen worden waren. Japan erwarb mit dem Frieden von San Francisco das Recht auf Selbstverteidigung, doch die USA stationierten weiterhin Truppen in Japan, bis das Land seine eigene Armee wieder aufgebaut hatte. Die Sowjetunion unterzeichnete die Verträge nicht, nahm jedoch die diplomatischen Beziehungen zu Japan 1956 wieder auf.

San Martín, José de (1778–1850), argentinischer Anführer im Kampf gegen die spanische Kolonialherrschaft in Südamerika. Als Kind zog San Martín von Argentinien nach Spanien, wo er später in den Militärdienst eintrat. 1808–11 kämpfte er im SPANISCHEN UNABHÄNGIGKEITSKRIEG gegen Napoleon I. 1812 kehrte er nach Argentinien zurück und widmete sein Leben fortan dem südamerikanischen Freiheitskampf. 1817, als die Unabhängigkeit Argentiniens durch die Stationierung spanischer Truppen in Chile und Peru bedroht wurde, führte er eine Armee über die Anden nach Chile. Nach seinem Sieg über die Spanier bei Maipú 1818 erklärte er die Unabhängigkeit Chiles.

Zwei Jahre später nahm San Martín Lima ein, erklärte 1821 Peru für unabhängig und wurde daraufhin zum Protektor des Landes ernannt. Dennoch war seine Macht in Peru nicht gesichert. 1822 traf er mit dem Freiheitskämpfer Simón BOLÍVAR zusammen. Die beiden konnten keine gemeinsame politische Linie finden und noch im selben Jahr gab San Martín das Amt des Protektors von Peru ab und ging zurück nach Argentinien. Als man von ihm erwartete, bei den innenpolitischen Auseinandersetzungen seines Heimatlands eindeutig Stellung zu beziehen, zog er es vor, Argentinien zu verlassen. Er ging nach Europa, wo er 1824 im französischen Exil starb.

Sansculotten, Begriff aus dem Französischen, der so viel wie ohne Kniehosen bedeutet. So bezeichnete man während der FRANZÖSISCHEN REVOLUTION die unteren Gesellschaftsschichten, vor allem kleine Geschäftsleute, Handwerker, Arbeiter und die verarmte Stadtbevölkerung. 1792–95 wurden auch die radikalen Revolutionäre als Sansculotten bezeichnet, da sie die damals üblichen Kniehosen als Zeichen des Klerus und des Adels ablehnten und stattdessen lange Hosen trugen.

Der Begriff wurde erstmals 1789 benutzt und bezeichnete die Kleinbürger, die am Sturm auf die BASTILLE teilnahmen. Mit dem Ausbruch der KOALITIONSKRIEGE im April 1792 wurden sie zu einer wichtigen politischen Kraft, denn sie hatten bald die Nationalgarde unter ihre Kontrolle gebracht. Im August stürmten die Sansculotten und andere radikale Revolutionäre den Palast des Königs und brachten die Monarchie zu Fall. Kurze Zeit später dominierten sie den Stadtrat von Paris sowie die örtlichen Revolutionskomitees. Im Juni 1793 verhalfen sie den JAKOBINERN an die Macht und im September waren sie maßgeblich an dem Justizterror in Paris durch das Revolutionstribunal beteiligt. Im März 1794 befahl Maximilien de ROBESPIERRE die Verhaftung des Anführers der Sansculotten, des Jakobiners Jacques René Hébert. Er wurde zusammen mit anderen Anführern hingerichtet.

Saragossa, Stadt im Nordosten Spaniens und Hauptstadt der gleichnamigen Provinz. Die Stadt wurde an der Stelle der ehemaligen römischen Kolonie Caesaraugusta erbaut, wie der arabische Name Saraqusta und die spanische Bezeichnung Zaragoza zeigen.

Saragossa war eine der ersten Städte Spaniens, die christianisiert wurden. Im 5. Jh. plünderten die Westgoten Saragossa und um 714 marschierten die MAUREN ein. 1118 eroberte König Alfons I. die Stadt zurück, machte sie zur Hauptstadt seines Königreichs ARAGÓN und verhalf ihr damit zu einem wirtschaftlichen und kulturellen Aufschwung. Nach der Vereinigung von KASTILIEN und Aragón 1492 verlor Saragossa an Bedeutung. Im SPANISCHEN UNABHÄNGIGKEITSKRIEG erlangte Saragossa Berühmtheit, als die Bewohner 1808/09 einer monatelangen Belagerung durch die Franzosen standhielten.

Sarazenen, ursprüngliche Bezeichnung für nomadisierende Araber, die in der syrischen und arabischen Wüste sowie auf der Halbinsel Sinai lebten. Während der KREUZ-

ZÜGE verwendeten die Christen das Wort Sarazenen für die Gesamtheit der Moslems. Im Mittelalter gebrauchten abendländische Schriftsteller das Wort oft synonym für die MAUREN auf der Iberischen Halbinsel.

Satrap, Statthalter der Provinzen im alten PERSIEN. Der König ernannte die Satrapen, die meist Mitglieder der königlichen Familie waren oder dem Adel entstammten. Sie besaßen die höchste Gerichtsgewalt und waren für das Eintreiben der Steuern und die Unterhaltung der Armee zuständig. DAREIOS I. DER GROSSE, der 522–486 v. Chr. regierte, teilte sein Reich in 20 Satrapien ein, die ihm jährlich einen bestimmten Tribut zahlen mussten. Obwohl die Satrapen eigentlich ihrem König die Treue halten sollten, förderte die weitgehende Autonomie keineswegs die Loyalität zum Herrscher und so kam es oftmals zu Aufständen, wie beispielsweise 366 v. Chr. gegen ARTAXERXES II.

ALEXANDER DER GROSSE behielt nach seiner Eroberung des Perserreichs das System der Satrapen bei, ebenso verfuhren die Parther, doch während der Herrschaft der Sassaniden 224–651 n. Chr. verloren die Satrapen viele ihrer Machtbefugnisse.

Saudi-Arabien, Staat, der vier Fünftel der Arabischen Halbinsel einnimmt. Im Jahr 622 begründete der Prophet MOHAMMED in Medina im Westen Saudi-Arabiens den ISLAM. Um die Mitte des 8. Jh. erstreckte sich das islamische Reich bereits von Indien über Arabien bis nach Spanien. Rivalitäten zwischen den einzelnen Glaubensrichtungen führten zum Niedergang der islamischen Weltmacht und bis zum 13. Jh. zerfiel Arabien in verschiedene kleine Scheichtümer. 1517 eroberten die Osmanen den Norden und Westen Arabiens.

1745 versuchten die Wahhabiten, eine puritanische islamische Gruppe, Arabien zu vereinen, doch diese Versuche scheiterten im 19. Jh. im Kampf gegen rivalisierende Familienclans, und 1891 wurden die Wahhabiten endgültig vertrieben. 1901 begann ein Nachfahre der Wahhabitenfürsten, Abd al-Asis III. Ibn Saud, die Osmanen aus Arabien zu verdrängen. Als das OSMANISCHE REICH im Ersten Weltkrieg gegen Großbritannien kämpfte, unterstützte Großbritannien das Land der Dynastie Saud mit Waffen und Geld. So stand Thomas Edward LAWRENCE – auch bekannt unter dem Namen Lawrence von Arabien – zahlreichen arabischen Stämmen im Kampf gegen die Osmanen zur Seite.

Nach dem Ende des Ersten Weltkriegs besiegte Abd al-Asis III. Ibn Saud seine Rivalen und vereinte im Jahr 1926 die Königreiche Hidjas an der Nordwestküste und Nedjd in Zentralarabien westlich von Riad mit seinem Reich. 1927 erkannte Großbritannien die Unabhängigkeit des Landes an. 1932 benannte es Ibn Saud, der bis 1953 regierte, in Saudi-Arabien um. Der Reichtum beruht auf seinen unerschöpflichen Ölquellen, die man erstmals 1936 entdeckte. Bereits wenige Jahre später kontrollierte Saudi-Arabien die größten bekannten Ölreserven der Welt und gehörte 1960 zu den Gründungsmitgliedern der OPEC.

Saud Ibn Abd al-Asis folgte seinem Vater 1953 auf den Thron und herrschte bis 1964, bis er von seiner Familie gestürzt und von Kronprinz Faisal ersetzt wurde. Faisal setzte die Macht, die Saudi-Arabien durch das Öl gewonnen hatte, geschickt ein; so war er beispielsweise am Embargo der OPEC-Staaten gegen die USA und andere Länder beteiligt, die Israel im JOM-KIPPUR-KRIEG unterstützten. 1975 wurde Faisal ermordet und der vierte Sohn von Saud, Chalid, übernahm die Macht und herrschte bis 1982. Im Jahr 1979 brach Saudi-Arabien die diplomatischen Beziehungen zu Ägypten ab, da dieses mit Israel Frieden geschlossen hatte. Saudi-Arabien unterstützte den Irak im IRAKISCH-IRANISCHEN KRIEG.

Im August 1990 stimmte Chalids Nachfolger, König Fahd, zu, Truppen der VEREINTEN NATIONEN auf dem Gebiet Saudi-Arabiens zu stationieren, um die dortigen Ölfelder gegen einen Einmarsch der Iraker zu sichern, außerdem nahm Saudi-Arabien die königliche Familie aus dem besetzten KUWAIT auf. Im kurz danach ausbrechenden GOLFKRIEG kamen 1991 auch mehrere tausend Soldaten Saudi-Arabiens gegen den Irak zum Einsatz.

Der Golfkrieg führte zu verstärkter Kritik an Fahds Regierung. Einerseits kritisierte der Westen Menschenrechtsverletzungen, andererseits warfen ihm die arabischen Staaten seine prowestliche Haltung vor, zudem musste er sich dem Druck der einflussreichen islamischen Fundamentalisten erwehren. Im Januar 1996 legte der kränkelnde König Fahd die Regierungsgewalt in die Hände seines Halbbruders, Kronprinz Abdullah, und blieb nur noch nominell Monarch.

Saul (11. Jh. v. Chr.), erster König des alten Israel 1020–04 v. Chr., dessen Geschichte im Alten Testament erzählt wird. Der Prophet SAMUEL salbte Saul zum König, doch da sich Saul einige priesterliche Pflichten Samuels widerrechtlich aneignete, kam es zwischen beiden zum Streit. Während der Regierungszeit Sauls nahm die Macht seines Schwiegersohns DAVID zu. Saul war neidisch auf Davids militärische Erfolge und auf Davids Freundschaft mit Sauls Sohn Jonathan. Samuel salbte David heimlich zu Sauls Nachfolger. Am Vorabend einer Schlacht gegen die benachbarten PHILISTER am Berg Gilboa besuchte Saul eine Hexe, die ihm eine Niederlage und seinen Tod prophezeite. Am folgenden Tag beging der besiegte und verwundete Saul Selbstmord, um der Gefangenschaft zu entgehen.

Savonarola, Girolamo (1452–98), italienischer Glaubensreformer. 1476 trat Savonarola in den Orden der DOMINIKANER ein. Als Prediger im Kloster San Marco bei Florenz griff er die in der Kirche herrschende Korruption und die staatliche Tyrannei an. Er gewann viele Anhänger und wurde 1491 Prior dieses Klosters. Als 1494 der französische König Karl VIII. in Italien einmarschierte und die Medici aus Florenz vertrieb, bestätigte sich Savonarolas Prophezeiung. Er nutzte die politisch günstige Situation, gab Florenz eine demokratische Verfassung, erließ Gesetze gegen verschiedene Laster, bekämpfte den allgemeinen Sittenverfall der Kirche und griff wiederholt den korrupten Papst Alexander VI. an.

Girolamo Savonarola wurde auf der Piazza della Signoria in Florenz gehenkt und zusammen mit zwei seiner Anhänger verbrannt.

Das deutsche Schlachtschiff *König Albert*, das sich in Scapa-Flow selbst versenkte, wird von britischen Schleppern aus der Bucht gezogen.

1497 veranstalteten Savonarolas Anhänger mit persönlichen Ziergegenständen, verschiedenen Glücksspielen und Bildern ein gewaltiges Spektakel und warben für seine Lehre. Im gleichen Jahr ignorierte Savonarola den Befehl des Papstes, die Verbreitung seiner Lehre zu unterlassen, und wurde exkommuniziert. 1498 stimmte einer seiner Schüler einer Feuerprobe zu, mit der die Gültigkeit der Exkommunizierung überprüft werden sollte. Zu dieser Probe kam es nicht. Die Dispute zwischen Anhängern und Gegnern verbreiteten sich jedoch wie ein Lauffeuer in Italien. Savonarola wurde schließlich vor ein Gericht gestellt, gefoltert, der Ketzerei beschuldigt und am 23. Mai 1498 hingerichtet.

Savoyen, Region an der französisch-italienischen Grenze in den Westalpen. Die ersten Siedler waren keltische Stämme, die von den Römern 121 v. Chr. unterworfen wurden. Das Land geriet 532 n. Chr. unter die Kontrolle der Franken, die es ihrem Herrschaftsbereich Burgund unterstellten. Seit dem 11. Jh. wurde es von den Grafen von Savoyen regiert, die im Mittelalter ihr Gebiet nach Norden, Süden und Osten ins PIEMONT ausweiteten. 1416 wurde Savoyen zum Herzogtum erhoben und entwickelte sich in der Folgezeit zu einer der mächtigsten Herrschaften in Norditalien. 1560 erhob Herzog Emmanuel Philibert Turin zur Hauptstadt Savoyens.

Mit dem Frieden von Utrecht, der 1713 den SPANISCHEN ERBFOLGEKRIEG beendete, erhielt der Herzog von Savoyen das Königreich Sizilien zuerkannt. 1720 tauschte er Land und Titel gegen Sardinien ein und es entstand das Königreich Sardinien-Piemont. Französische Truppen besetzten Savoyen 1796, mussten es aber nach der Niederlage NAPOLEONS I. 1814 wieder räumen.

Im 19. Jh. war Savoyen ein Vorreiter bei der Einigung Italiens, dem RISORGIMENTO. 1861 erhielt Frankreich den französischen Teil von Savoyen, da NAPOLEON III. Italien gegen Österreich zur Seite gestanden hatte. Bis zur Gründung der Republik ITALIEN 1946 stellte das Haus Savoyen die italienischen Könige.

Scapa-Flow, geschützte Bucht zwischen den Orkney-Inseln nördlich von Schottland, in der im ERSTEN WELTKRIEG der Hauptstützpunkt der britischen Kriegsmarine lag. Am 21. Juni 1919 versenkten die verbliebenen Besatzungen der dort internierten deutschen Hochseeflotte innerhalb von zwei Stunden ihre 72 Kriegsschiffe, um gegen die Bestimmungen des VERSAILLER VERTRAGS zu protestieren und um zu verhindern, dass die Schiffe der britischen Flotte eingegliedert würden. Im Oktober 1939 gelang es einem deutschen U-Boot, die Sperren zu durchbrechen und das britische Kriegsschiff *Royal Oak* zu versenken. Daraufhin wurden die östlichen Zugänge zu der Bucht hermetisch abgeriegelt.

Schacht, Hjalmar (1877–1970), deutscher Bankier und Finanzminister zwischen den beiden Weltkriegen. 1923 wurde er zum Leiter der Sonderkommission zur Bekämpfung der INFLATION ernannt. Schacht gelang es, die verheerende Inflation zu bremsen, und er wurde noch im Dezember des gleichen Jahres Präsident der Reichsbank. 1929 nahm er an der Pariser Konferenz über die Reparationszahlungen Deutschlands teil, lehnte jedoch den YOUNGPLAN ab und trat nach seiner Annahme durch die Reichsregierung von seinem Amt zurück.

Schacht bewunderte Hitler und machte führende Industrielle auf ihn aufmerksam, um ihm finanzielle Unterstützung zukommen zu lassen. Nach Hitlers MACHTERGREIFUNG 1933 wurde Schacht erneut Reichsbankpräsident und ein Jahr später Wirtschaftsminister. Rivalitäten mit Hermann GÖRING über die NS-Wirtschaftspolitik führten zu Schachts Rücktritt 1937. Zwei Jahre später musste er auch das Amt des Reichsbankpräsidenten abgeben, da er mit Hitler über Rüstungsausgaben uneins war. 1944/45 saß er im KZ. Bei den NÜRNBERGER PROZESSEN wurde er vom Vorwurf der Kriegsverbrechen freigesprochen und gründete 1953 eine eigene Bank.

Scharnhorst, Gerhard Johann David von (1755–1813), preußischer General und Militärreformer. Der in Hannover geborene Scharnhorst trat 1801 in den preußischen Militärdienst ein. Nach der vernichtenden Niederlage Preußens gegen Napoleon I. in der Doppelschlacht von JENA UND AUERSTEDT 1806 organisierte Scharnhorst als Leiter des neu geschaffenen Kriegsministeriums die preußische Armee neu, schaffte die Todesstrafe ab, öffnete das Offizierskorps auch für Nichtadlige und führte das so genannte Krümpersystem ein, in dem einfache Bürger eine kurze militärische Ausbildung erhielten und eine Reservearmee bildeten. Auf diese Weise erhöhte Scharnhorst die Anzahl der militärisch ausgebildeten Männer über die von Napoleon I. für Preußen vorgeschriebene Zahl von 42 000 Mann.

In den BEFREIUNGSKRIEGEN gegen Napoleon I. ernannte der preußische Feldmarschall Gebhard Leberecht Fürst BLÜCHER VON WAHLSTATT Scharnhorst 1813 zu seinem Generalstabschef, doch Scharnhorst starb schon bald darauf an den in der Schlacht bei Großgörschen erlittenen Verletzungen. Seine Reformen trugen maßgeblich dazu bei, dass die preußische Armee gemeinsam mit ihren Verbündeten die napoleonischen Truppen in der Völkerschlacht bei LEIPZIG 1813 vernichtend schlagen konnte.

Schießpulver siehe Seite 466

Schiiten, zweitgrößte Glaubensgruppe des ISLAM, die sich deutlich von der Mehrheit der Sunniten unterscheidet. Der Name leitet sich von Schia her, der Partei des vierten Kalifen Ali Ibn Abi Talib, des Vetters und

Fortsetzung S. 467

Gerhard von Scharnhorst bat in einem direkten Brief an den preußischen König um die Erlaubnis, die Armee reformieren zu dürfen.

465

Vom Schießpulver zum Dynamit

Schwarzpulver kam im 13. Jh. aus dem Fernen Osten nach Europa. Die Entwicklung und der Einsatz von Sprengstoffen und Feuerwaffen änderte auch die Kriegführung. Der Kampf Mann gegen Mann trat in den Hintergrund, die Technik beherrschte immer mehr die kriegerischen Auseinandersetzungen.

Die Ursprünge des Schießpulvers lagen in Asien. Die Chinesen verwendeten Salpeter, um Feuerwerke abzubrennen. Die erste chinesische Rezeptur für Schießpulver stammte von 1044: Es handelte sich um eine Mischung aus Salpeter, Holzkohle und Schwefel. Sie verwendeten es, um Geschosse aus Bambus-, Bronze- oder Eisenrohren abzuschießen. Seit Mitte des 13. Jh. setzten die Mauren Schießpulver ein, um Geschosse mit Katapulten abzufeuern. Die Kenntnisse über Sprengstoffe brachten moslemische Völker nach Europa. Als Erfinder des Schießpulvers in Europa gelten der englische Franziskaner Roger Bacon und der deutsche Mönch Berthold Schwarz im 13./14. Jh.

GEWEHR UND KANONEN

Primitive Kanonen wurden – soweit bekannt – erstmals 1344 bei der Verteidigung von Meersburg eingesetzt. 1346 bauten die Engländer in der Schlacht bei Crécy-en-Ponthieu auf die neue Waffe, um das zahlenmäßig weit überlegene Ritterheer der Franzosen zu besiegen. Vor

Die von den Griechen auf ihren Schiffen eingesetzten Flammenwerfer hatten eine ähnliche Wirkung wie Napalm.

allem bei Belagerungen erwiesen sich Bombardements als erfolgreich. So entwickelten Techniker im 15. Jh. Kanonen, mit denen man steinerne Kanonenkugeln mit einem Gewicht von 250 kg abschießen konnte. Diese ersten Geschütze waren sowohl für den Soldaten, der sie abfeuerte, als auch für den Feind, auf den der Schuss sich richtete, höchst gefährlich.

Die ersten Kanonen wurden aus geschmiedetem Eisen hergestellt, über das man wie bei Fässern Reifen

zog. Leichtere Geschütze goss man aus Bronze oder Messing und montierte sie auf fahrbare Untersätze. Die ersten Handfeuerwaffen waren lediglich kleine Rohre mit Griffen. Die Zündung erfolgte von Hand mit einem heißen Draht oder einer Schnur aus Hanf oder Flachs, die mit Salpeter getränkt war und zur Pulveröffnung führte. Mitte des 15. Jh. kam das Luntenschloss in Gebrauch, bei dem die langsam abbrennende Lunte an einem Hebel auf die Pulverpfanne mit der schussfertigen Ladung schlug, sobald der Abzug betätigt wurde.

Im 18. Jh. gehörten Steinschlossgewehre bereits zur Grundausstattung der Soldaten. Bei diesem Zündmechanismus streift ein Feuerstein an einem Stahlstreifen entlang und erzeugt so den Zündfunken. Im 19. Jh. wurden sie vom Perkussionsgewehr verdrängt; hierbei zerschlägt der Hahn ein Zündhütchen mit Sprengstoff, dessen Feuerstrahl dann die Pulverladung entzündet. Zündhütchen und Geschoss befanden sich zusammen in einer Papierhülle. Bald schon verwendete man Metallpatronen.

TECHNIK FÜR DEN KRIEG

Mitte des 18. Jh. gewann die Artillerie an Bedeutung. Mit Kanonen feuerte man Kugeln oder Kartätschen, d. h. mehrere kleine Kanonenkugeln ab. Es wurden Granaten entwickelt, die entweder in der Luft oder beim Aufschlagen auf den Boden explodierten. Und Schiffe wurden umgebaut, damit sie als schwimmende Geschütze dienen konnten. Ende des 19. Jh. lösten Sprengstoffe aus Nitrozellulose das Schwarzpulver ab. Der Einsatz von Maschinengewehren im Ersten Weltkrieg machte die Kavallerie überflüssig und erzielte eine verheerende Wirkung unter den Soldaten.

1867 entwickelte Alfred Nobel aus Nitroglyzerin das Dynamit, einen Sprengstoff mit extrem hoher Sprengkraft. Noch nicht sehr lange im Gebrauch ist dagegen Plastiksprengstoff.

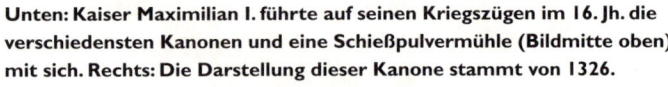

Unten: Kaiser Maximilian I. führte auf seinen Kriegszügen im 16. Jh. die verschiedensten Kanonen und eine Schießpulvermühle (Bildmitte oben) mit sich. Rechts: Die Darstellung dieser Kanone stammt von 1326.

Das alte Museum entstand nach Entwürfen Karl Friedrich Schinkels in den Jahren 1822–30. Der 87 m lange Bau bildet den repräsentativen nördlichen Abschluss des ehemaligen königlichen Lustgartens. In den Ausstellungsräumen war die Kunstsammlung der preußischen Könige untergebracht.

Schwiegersohns vom Propheten MOHAMMED. Ali und seine Nachfahren werden von den Schiiten als die einzigen wahren Erben Mohammeds und daher als Führer des Islam angesehen.

Wichtige Unterschiede zwischen den Schiiten und den Sunniten bestehen in der Auffassung von den Imamen, den religiösen Führern. Die Schiiten sehen ihn als gottähnlichen Führer und Vermittler der Lehre des Propheten, viele von ihnen glauben auch an einen verborgenen Imam, der eines Tages als MAHDI den Gläubigen erscheinen wird. Die Schiiten, die sich in mehrere Untergruppen aufgespalten haben, verehren die Gräber von Ali und seinen Söhnen Hasan und Husain. Außerdem gedenken sie am zehnten Tag des Monats Moharran, des ersten Monats des moslemischen Kalenders, mit Passionsspielen der Ermordung des dritten Imam Husain, der 680 als Märtyrer starb.

Eine der bedeutendsten schiitischen Dynastien waren die Safawiden im 16. Jh. Nach der Revolution des Ayatollah Ruholla KHOMEINI 1979 ist der Iran Zentrum des schiitischen Glaubens.

Schiller, Friedrich von (1759–1805),
deutscher Dichter. Auf Befehl des württembergischen Herzogs Karl Eugen, des Herrn seines Vaters, genoss Schiller eine strenge Erziehung in einem militärischen Internat. Danach studierte er auf Anweisung seines Landesherrn Jura und wechselte später zur Medizin. 1780 wurde er Regimentsmedikus beim Militär. In seinem ersten, 1781 anonym veröffentlichten Drama, *Die Räuber*, greift er die politische Tyrannei an. Es wurde 1782 in Mannheim uraufgeführt. Das Bühnenstück fand sofort Gefallen beim Publikum. Schiller, der sich wiederholt gegen seinen Landesherrn auflehnte, verließ das Land und zog 1785 nach Leipzig. Dort schrieb er *Don Carlos* (1785), ein Versdrama über PHI-

LIPP II. von Spanien, und anschließend verfasste er eine Geschichte des niederländischen Aufstands gegen die Spanier. Daraufhin erhielt er an der Universität von Jena eine Professur für Geschichte und schrieb die *Geschichte des dreißigjährigen Krieges* (1791–93). In diese Zeit fällt auch die Begegnung mit Johann Wolfgang von GOETHE, mit dem sich nach anfänglichen Animositäten eine dauerhafte und fruchtbare Freundschaft entwickelte. Seit 1799 lebte Schiller, der an Lungentuberkulose litt, ständig in Weimar. Dort entstanden seine letzten großen Dramen *Wallenstein* (1798/99), *Maria Stuart* (1800), *Die Jungfrau von Orleans* (1801) und *Wilhelm Tell* (1804).

Schinkel, Karl Friedrich (1781–1841),
deutscher Architekt und Maler. Nach Studien bei Friedrich Gilly schuf Schinkel Bauwerke im strengen frühklassizistischen Stil. In der ersten Hälfte des 19. Jh. errichtete er einige der bedeutendsten klassizistischen Bauten Deutschlands, darunter die Neue Wache, das Schauspielhaus am Gendarmenmarkt, das Alte Museum und die Schlossbrücke in Berlin. Erfolg hatten u.a. auch seine Entwürfe von Bühnendekorationen, Möbeln, Bauplastik und Wandmalereien.

Schlegel, Familienname zweier bedeutender Gelehrter – August Wilhelm und Friedrich –, die im 18./19. Jh. Herausragendes auf den Gebieten der Kunstgeschichte, Literatur und Philosophie leisteten.

1798 wurde August Wilhelm mit 31 Jahren Professor für Literatur und schöne Künste an der Universität Jena. Hier gab er die Zeitschrift *Athenaeum* heraus, das Sprachrohr der Vertreter der deutschen ROMANTIK. In der Zeit 1797–1810 übersetzte er 17 Stücke von Shakespeare ins Deutsche, die in dieser Fassung noch heute auf deutschen Bühnen gespielt werden. Als Privatsekretär und Rat-

geber begleitete er Madame de STAËL bis zu ihrem Tod 1817 auf ihren Reisen durch Europa. Von 1818 bis zu seinem Tod 1845 war er Professor für Kunst und Literaturgeschichte an der Universität Bonn.

Der fast fünf Jahre jüngere Bruder Friedrich lebte zunächst in Berlin, wo er die deutschen Geistesgrößen der Romantik kennen lernte und als Mitarbeiter an Wielands Zeitschrift *Der Teutsche Merkur* von sich reden machte. 1802–04 studierte er orientalische Sprachen in Paris und veröffentlichte 1808 ein wegweisendes Buch über Sanskrit und indogermanische Linguistik. Während dieser Zeit unterstützte Friedrich die gegen NAPOLEON I. gerichteten nationalen Befreiungsversuche in Deutschland. In seinem Werk *Geschichte der antiken und zeitgenössischen Literatur* (1815) stellte er seine Auffassung von der Untrennbarkeit der Entwicklung einer Nation auf intellektueller, geistiger politischer und wirtschaftlicher Ebene dar. Seit 1809 im diplomatischen Dienst in Wien, starb er 1829 in Dresden, wo er zuletzt lebte und wissenschaftliche Vorträge hielt.

Schlesien, bedeutende Industrie- und Bergbauregion im östlichen Mitteleuropa, die zum größten Teil im heutigen Polen und zum kleineren Teil in Tschechien liegt. Jahrhundertelang wurde Schlesien von den verschiedensten slawischen und germanischen Völkern besiedelt. 1348 kam das in zahlreiche Fürstentümer zerfallene Gebiet zur böhmischen Krone und wurde damit indirekt Teil des HEILIGEN RÖMISCHEN REICHES. Knapp zwei Jahrhunderte später fiel Schlesien an die Habsburger.

Die Besetzung Schlesiens durch den preußischen König FRIEDRICH II. DEN GROSSEN 1740 löste den ÖSTERREICHISCHEN ERBFOLGEKRIEG aus. Er endete damit, dass Österreich die Provinz Schlesien an die neue europäische Großmacht Preußen verlor. Der

Bundeskanzler Helmut Schmidt und Ehefrau Loki beim Gang zur Wahlurne im Jahr 1976

SIEBENJÄHRIGE KRIEG bestätigte 1763 dieses Ergebnis: Neun Zehntel der Provinz Schlesien fielen an Preußen und ein Zehntel – der südliche Teil um Teschen, Troppau und Jägerndorf – verblieb bis 1918 bei Österreich. Im DEUTSCHEN REICH 1871 gehörte das schlesische Industrierevier neben dem Ruhrgebiet und den Kohlegruben in Lothringen und an der Saar zum wichtigsten Kohle- und Stahlproduzenten der noch jungen Industrienation.

Nach der Niederlage Deutschlands und seiner Verbündeten im ERSTEN WELTKRIEG und mehreren Volksabstimmungen erhielt der wieder erstandene Staat POLEN Oberschlesien mit den reichen Kohlevorkommen. Der größte Teil des österreichischen Schlesien kam zur Tschechoslowakei, während Deutschland Niederschlesien behielt. In den abgetretenen Gebieten kam es in den 20er-Jahren immer wieder zu gewalttätigen Konflikten zwischen Deutschen und Polen. Im Zweiten Weltkrieg brachte Adolf HITLER ganz Schlesien wieder unter deutsche Kontrolle. Nach dem Zweiten Weltkrieg wurde auf der POTSDAMER KONFERENZ beschlossen, dass das gesamte nicht tschechische Schlesien an Polen fallen sollte. Außerdem ordneten die Sieger an, dass möglichst alle deutschen Staatsbürger nach Deutschland umgesiedelt werden sollten.

Schlesische Kriege siehe ÖSTERREICHISCHER ERBFOLGEKRIEG

Schleswig-Holstein, nördlichstes Bundesland Deutschlands, das an Dänemark grenzt. Im Ripener Freiheitsbrief von 1460 verpflichtete sich der dänische König CHRISTIAN I., dass Schleswig und Holstein „auf ewig ungeteilt" sein sollten. Obgleich Holstein staatsrechtlich weiterhin ein Teil Deutschlands blieb, wurde es nunmehr von einem dänischen König regiert. Auf dem WIENER KONGRESS 1814/15 kam das mehrheitlich deutschsprachige Holstein zum DEUTSCHEN BUND, während das dänischsprachige Schleswig weiterhin selbstständiges Herzogtum blieb.

Als DÄNEMARK im Jahr 1848 Schleswig besetzte, brach in beiden Herzogtümern ein Krieg aus. Im Auftrag des Deutschen Bundes vertrieben preußische Truppen die dänische Armee, doch das Eingreifen Großbritanniens, Russlands und Frankreichs zwang Preußen 1850 zum Rückzug. So entwickelten sich die Herzogtümer an der Eider zu einem europäischen Problem. Nach langwierigen Verhandlungen erreichte man 1852 im so genannten Londoner Protokoll einen Kompromiss: Dänemark verzichtete auf jeglichen Einmarsch in Schleswig, erhielt aber die Zusicherung, dass Schleswig-Holstein weiterhin in Personalunion vom dänischen König regiert wurde. Doch schon 1863 unterzeichnete der dänische König Christian IX. eine gemeinsame Verfassung für Dänemark und Schleswig, was den Bestimmungen des Londoner Protokolls entschieden widersprach.

Daraufhin erklärten 1864 die beiden deutschen Mächte Preußen und Österreich Dänemark den Krieg, das in wenigen Wochen besiegt wurde und beide Herzogtümer an seine Gegner abtreten musste: Schleswig kam unter österreichische, Holstein unter preußische Verwaltung. 1866 nutzte der preußische Ministerpräsident Otto von BISMARCK eine Unstimmigkeit über die Verwaltung der Herzogtümer, um den DEUTSCHEN KRIEG gegen Österreich zu beginnen. Nachdem Preußen Österreich besiegt hatte, annektierte Bismarck beide Herzogtümer, die als Teil Preußens nach 1871 im DEUTSCHEN REICH aufgingen.

1920 fiel Nordschleswig durch eine Volksabstimmung an Dänemark und bildete die Provinz Südjütland. Der übrige Teil blieb bei Deutschland. Nach 1945 entstand aus der ehemaligen preußischen Provinz Schleswig-Holstein eines der damals elf Bundesländer Deutschlands.

Schlieffenplan, die nach Generalfeldmarschall Alfred Graf von Schlieffen genannte Strategie der deutschen Armee im Fall eines Zweifrontenkriegs. Schlieffen, der 1891–1905 Generalstabschef der deutschen Armee war, hatte 1905 in seiner letzten amtlichen Denkschrift die Grundzüge seiner militärischen Überlegungen niedergelegt. Darin ging er von der Annahme aus, dass sich ein Zweifrontenkrieg gegen Russland und Frankreich auf Dauer für das kaiserliche Deutschland nicht vermeiden ließ. Um einen solchen Krieg überhaupt gewinnen zu können, musste einer der beiden Gegner möglichst rasch vernichtet werden.

Schlieffens Plan sah vor, dass die Russen, die mehrere Wochen für eine Mobilmachung brauchen würden, durch eine Defensivtaktik hingehalten werden könnten, während der größte Teil der deutschen Truppen die Befestigungen an der französisch-deutschen Grenze durch einen sichelförmigen Vorstoß über die Niederlande, Belgien und Luxemburg umging. Die deutschen Kräfte sollten dabei auf dem rechten Flügel konzentriert werden, nach Nordfrankreich vorstoßen, um den französischen Truppen in den Rücken zu fallen. Schlieffen plante einen Sieg über Frankreich innerhalb von sechs Wochen. Danach konnten nicht mehr benötigte deutsche Truppen an die Ostfront verlegt werden, um dort gegen die russischen Armeen zum Einsatz zu kommen.

Eine überarbeitete Fassung des Schlieffenplans bildete die Grundlage für die tatsächliche deutsche Strategie bei Ausbruch des ERSTEN WELTKRIEGS, doch die französische Gegenoffensive in der MARNESCHLACHT im September 1914 stoppte den deutschen Vormarsch und endete im STELLUNGSKRIEG.

Das Grundübel von Schlieffens Überlegung war die militärische, unpolitische Sichtweise. Er nahm bewusst in Kauf, die Neutralität der Beneluxstaaten zu verletzen, wohl wissend, dass diese völkerrechtswidrige Aktion Großbritannien zum Kriegseintritt nötigen würde, das für deren Neutralität garantierte.

> **WUSSTEN SIE, DASS?**
>
> *Helmuth von Moltke, Chef des deutschen Generalstabs, hielt zu Kriegsbeginn 1914 starr am Schlieffenplan fest, obwohl bei der Umsetzung in die Praxis erhebliche Schwächen zutage traten.*

Schmalkaldischer Bund, am 27. Februar 1531 im thüringischen Schmalkalden geschlossener Bund der Protestanten unter der Federführung des Landgrafen Philipp von Hessen und des Kurfürsten Johann Friedrich von Sachsen zur Verteidigung des protestantischen Glaubens. Insgesamt unterzeichneten sechs Landesfürsten und elf Reichsstädte das Abkommen. Nach der Niederlage gegen Kaiser KARL V. im Schmalkaldischen Krieg 1546/47 zerfiel die Allianz.

Schmidt, Helmut (*1918), deutscher Bundeskanzler 1974–82. Der gebürtige Hamburger wurde 1953 als Mitglied der SPD erstmals in den Bundestag gewählt. In der Regierung Willy BRANDTS bekleidete er 1969–72 das Amt des Verteidigungsministers, übernahm 1972–74 das Wirtschafts-

und Finanzministerium. Nach dem Rücktritt Brandts 1974 wurde er vom Deutschen Bundestag zum Bundeskanzler der sozialliberalen Koalition gewählt. In den Bundestagswahlen von 1976 gegen Helmut KOHL und 1980 gegen Franz Josef STRAUSS wurde er jeweils im Amt bestätigt.

Schmidt setzte Brandts OSTPOLITIK, den Dialog mit der DEUTSCHEN DEMOKRATISCHEN REPUBLIK und der Sowjetunion, fort, ohne dabei die engen Beziehungen zwischen der Bundesrepublik und den USA zu vernachlässigen. Seine Weigerung, das soziale Netz zu beschneiden, und die Diskussion um den NATO-Doppelbeschluss führten im Oktober 1982 zum Auseinanderbrechen der SPD/FDP-Koalition. Schmidt wurde durch ein KONSTRUKTIVES MISSTRAUENSVOTUM von Helmut Kohl abgelöst, der eine CDU/CSU-Regierung mit der FDP einging.

WUSSTEN SIE, DASS?

Helmut Schmidt machte sich in seinen politischen Anfangsjahren als bissiger und kämpferischer Redner einen Namen. Dies trug ihm die respektvolle Bezeichnung „Schmidt Schnauze" ein.

Schmuggel, heimlicher Transport von Waren über Landesgrenzen hinweg, um Abgaben bzw. Steuern zu umgehen. Das Gewerbe der Schmuggelei gibt es schon seit Beginn der Zivilisation. Im alten Ägypten wurde jeder, der Katzen aus dem Königreich stahl, zum Tod verurteilt und in China ereilte Schmuggler, die Seidenraupen außer Landes brachten, das gleiche Schicksal.

Hohe Schutzzölle förderten im 17. Jh. die Entstehung der organisierten Schmuggelei. In Großbritannien genossen Schmuggler beträchtliches Ansehen, da sie Waren, wie z. B. Tee, Brandy, Seide und Parfüm, zu erschwinglichen Preisen anboten. Im Amerika der Kolonialzeit betrachtete man Schmuggler als heldenhafte Patrioten, da sie die verhassten Bestimmungen umgingen, durch die Großbritannien die gesamte Ein- und Ausfuhr beherrschte. Im 18./19. Jh. setzten die Regierungen Schmuggelei als Waffe in Wirtschaftskriegen ein, vor allem während der von Napoleon I. verhängten KONTINENTALSPERRE 1805–13. So ermutigte Großbritannien Schmuggler, britische Waren nach Frankreich und Spanien zu bringen. Andere westliche Großmächte setzten ähnliche Methoden ein, um die Handelssperren Chinas zu umgehen.

Die Verringerung der Zollabgaben, die Verbreitung des FREIHANDELS und die Einrichtung von Küstenwachen ließen das Geschäft mit Schmuggelgut zurückgehen; die Schmuggler der heutigen Zeit handeln mit Waren wie Waffen, Drogen und Elfenbein.

Scholastik, mittelalterliche philosophisch-theologische Wissenschaft, die ein besseres Verständnis der christlichen Lehre mittels Dialektik und systematischer Argumente anstrebte. Die Tradition der Scholastik entwickelte sich im 11. Jh. an den mittelalterlichen Universitäten und Schulen und erreichte im 12./13. Jh. ihre Blüte. Die Schriften von ARISTOTELES und AUGUSTINUS spielten eine wichtige Rolle bei der Entstehung der Scholastik. Einer der ersten Scholastiker war der heilige Anselm, der 1033–1109 lebte. In seinen Schriften versuchte Anselm, religiösen Glaube anhand von Gründen zu verstehen und zu verteidigen, die nicht aus der Heiligen Schrift oder von anderen Autoritäten stammen.

Höhepunkt der Scholastik bildete die Schrift *Summa Theologica*, die THOMAS VON AQUIN 1265–73 schrieb. In ihr versuchte er ein vollständiges theologisches System zu entwickeln, das Glaube und Vernunft in Einklang miteinander bringt. Der wichtigste Gegner von Aquin war der Philosoph und Franziskaner Duns Scotus, der in seinen Schriften die Unversöhnlichkeit zwischen Glaube und Vernunft hervorhob. Im späten Mittelalter verlor die Scholastik an Bedeutung. Im 14. Jh. stellten die Werke von Wilhelm von OCKHAM die Theorien der Scholastik infrage, da er der Auffassung war, dass Glaube nicht rational begründet werden könne.

Schopenhauer, Arthur (1788–1860), deutscher Philosoph, nach dessen Auffassung der menschliche Wille eine irrationale treibende Kraft ist. Schopenhauer richtete sich

Schottlands Herz schlägt in Glasgow, das durch seine vielen Werften bekannt wurde und das über den Fluss Clyde Zugang zum Meer hat.

gegen die Tradition der deutschen Idealisten wie etwa Georg Wilhelm Friedrich HEGEL. Schopenhauer hebt in seinem Hauptwerk *Die Welt als Wille und Vorstellung* (1819) die Rolle hervor, die der Wille in der Natur des Menschen spielt. Intellekt und Bewusstsein stehen im Dienst des Willens, und Konflikte zwischen dem Willen verschiedener Personen sind der Grund für den Unfrieden auf der Welt. Nach Schopenhauer stellen die Kunst und ästhetisches Denken ein Gegenmittel zu der zutiefst pessimistischen Weltsicht dar.

1820 nahm Schopenhauer eine Lehrtätigkeit an der Universität Berlin an, konnte seine Studenten jedoch nicht begeistern. Da sein Werk weitestgehend ignoriert wurde, zog er nach Frankfurt, wo er ein unglückliches und zurückgezogenes Leben führte und seine Ideen überarbeitete. Erst seit der Mitte des 19. Jh. zogen Schopenhauers Werke die Aufmerksamkeit auf sich. So wurden vor allem Friedrich NIETZSCHE, Richard WAGNER und Sigmund FREUD von Schopenhauers Weltsicht beeinflusst.

Schottland, Region im nördlichen Teil der britischen Inseln, die seit 1707 zu Großbritannien gehört. Die Römer bezeichneten das seit dem 2. Jt. v. Chr. besiedelte Gebiet als Kaledonien und marschierten in den Jahren 82–208 n. Chr. wiederholt erfolglos ein. Im 5. Jh. teilten sich Pikten, Angeln und gälische Skoten das Land. Das Christentum, das gegen Ende der römischen Besetzung von keltischen Klerikern aus Irland eingeführt wurde, einte die verschiedenen Völker. Kenneth I. fasste um 483 die Königreiche der Pikten und Skoten zum Königreich von Alban zusammen, in dem Kultur und Sprache der Skoten dominierten.

Die Könige Malcolm II. und Duncan I. erweiterten im 11. Jh. das Reich und eroberten Lothian und Strathclyde. Versuche des englischen Königs Eduard I., Schottland 1296 zu unterwerfen, führten zum Krieg und erst 1328 konnte ROBERT I. BRUCE die Unabhängigkeit Schottlands wieder herstellen. Seit 1371 hielten die regierenden katholischen STUARTS die Allianz Schottlands mit Frankreich aufrecht, doch während der Reformation, die sich in Schottland unter John KNOX ausbreitete, zerbrach dieser Bund. 1560 wurde der Protestantismus zur Staatsreligion erhoben und 1567 zwang der protestantische Adel die katholische Königin MARIA STUART zur Abdankung. Jakob VI. von Schottland vereinte 1603 die Königreiche England und Schottland und regiere als JAKOB I., doch die politische Union wurde erst 1707 vollzogen. Als 1714 das Haus HANNOVER den britischen Thron bestieg, kam es unter den Anhängern der Stuarts zu den erfolglosen JAKOBITENAUFSTÄNDEN von 1715 und 1745. Das Scheitern der Jakobitenaufstände führte zur Unterdrückung des in Schottland weit verbreiteten CLAN-Systems. Die Landbesitzer brauchten freies Land für die Einführung der Schafzucht und wiesen deshalb Pächter und Kleinpächter aus den Highlands aus. Der INDUSTRIELLEN REVOLUTION verdankte Glasgow seinen Aufstieg zur Industriemetropole.

Im 20. Jh. kam es zu einem Niedergang der Schwerindustrie. Neue Industriezweige wie die Mikroelektronik oder die Ölförderung in der Nordsee bremsten den Niedergang, konnten ihn jedoch nicht auffangen. In den 70er-Jahren setzten schottische Nationalisten, die große Unterstützung in der Bevölkerung genossen, eine Volksabstimmung über eine eingeschränkte Selbstverwaltung durch. Infolge der allgemeinen Rezession der frühen 90er-Jahre sah sich Schottland mit einer hohen Arbeitslosigkeit konfrontiert, die teilweise durch Fördermittel der EU und der Regierung in London gesenkt werden konnte.

Schrift siehe rechts

Schukow, Georgij Konstantinowitsch (1896–1974), sowjetischer Marschall der ROTEN ARMEE. Schukow kämpfte in der RUSSISCHEN REVOLUTION 1917 und war während des anschließenden RUSSISCHEN BÜRGERKRIEGS Kommandant in der Kavallerie. 1939–41 hatte er das Kommando der sowjetischen Streitkräfte im Fernen Osten inne. Als Oberbefehlshaber der sowjetischen Mittelfront im Westen brachte er der deutschen Armee bei STALINGRAD 1943 eine vernichtende Niederlage bei und beendete zusammen mit Marschall Kliment Jefremowitsch Woroschilow die Belagerung Leningrads.

1945 leitete Schukow den Angriff auf Deutschland, besetzte Berlin und nahm im Vorort Karlshorst die bedingungslose KAPITULATION Deutschlands entgegen. 1945/46 ernannte ihn Jossif STALIN zum Kommandanten der sowjetisch besetzten Zone und zum Oberbefehlshaber der Roten Armee in Deutschland. Nach Stalins Tod bekleidete Schukow das Amt des Verteidigungsministers, war Mitglied des Politbüros und unterstützte Nikita CHRUSCHTSCHOW 1957 gegen seine innenpolitischen Gegner. Als Schukow im selben Jahr jedoch für eine Einschränkung des Einflusses der KPdSU auf die Rote Armee eintrat, verlor er seine Ämter und Funktionen in Staat und Partei.

Schulsysteme, staatliche oder private Einrichtungen, die den Auftrag haben, vor allem Heranwachsenden Wissen, Fertigkeiten und allgemeine Bildung zu vermitteln.

Erste Formen des Unterrichts finden sich bereits bei den alten Ägyptern. So gehörte zum Unterricht in erster Linie Schreiben, Lesen und Rechnen. Die Griechen legten großen Wert auf Bildung. So unterrichteten ge-

Wie die Menschen Wörter unsterblich machten

Die Schrift gilt als eine der wichtigsten Errungenschaften der Menschheit. Sie war ein Markstein in der Entwicklung der Zivilisation und diente der menschlichen Kommunikation. Mit ihr begann auch die Geschichtsschreibung.

Vor der Erfindung der Schrift mussten sich die Menschen auf ihre Erinnerungen stützen; mit der Schrift hingegen konnten sie ihre Gedanken aufzeichnen. Die Geschäfte eines Händlers, die Befehle eines Königs, die Berechnungen eines Architekten blieben nun weit über das Leben des Einzelnen hinaus der Nachwelt erhalten. Allerdings weiß die Wissenschaft bis heute nicht genau, wie die Schrift entstand und wer das erste Alphabet erfand.

DIE ERSTEN SCHREIBER
Die Sumerer, die um 3000 v. Chr. in Mesopotamien lebten, gelten als das erste Volk, das ein durchdachtes Schriftsystem verwendete. Man nimmt an, dass die Schrift aus der Notwendigkeit heraus geboren wurde, ein Buchhaltungssystem zu entwickeln. Allem Anschein nach handelt es sich bei den ältesten Funden um Teile einer Art Steuererklärung.

Die Sumerer schrieben hauptsächlich auf Tontafeln. Hierzu drückten sie die keilförmige Spitze eines Rohrgriffels in weichen Ton. So entstanden Striche, die an die Abdrücke von Vögeln im Schlamm erinnern. Zunächst beinhaltete die Schrift der Sumerer, die zu den Keilschriften zählt, die Darstellung von Gegenständen. Später jedoch verlagerte man sich auf die Darstellung abstrakter Gedanken. Die Keilschrift setzte sich ebenfalls in Babylonien, Assyrien und Persien durch. 3000 Jahre lang war sie die beherrschende Schriftform im Vorderen Orient.

Etwa zur gleichen Zeit entwickelten die Priester im alten Ägypten die Hieroglyphen, die im Gegensatz zur Keilschrift erkennbare Bilder darstellen, z. B. eine Eule, eine Schlange, eine Hand oder einen Menschen, der auf dem Kopf steht. Die Hieroglyphen konnten für Dinge stehen, aber auch nur bestimmte Laute darstellen. Sie wurden in Stein gehauen, auf Gegenstände gemalt oder auf Papyrusrollen aufgetragen. Die letzte bekannte hieroglyphische Inschrift wurde im Jahr 394 in Stein gehauen.

Die chinesische Schrift, die sich aus abstrakten Zeichen zusammensetzt, ent-

Die Hieroglyphen auf dieser farbenprächtigen Seite des altägyptischen *Totenbuchs* erklären, wie sich die Toten in der Unterwelt zu benehmen haben.

wickelte sich im 2. Jt. v. Chr. Einige der ältesten Schriftzeichen weisen Ähnlichkeiten mit konkreten Darstellungen auf; es wurden Menschen, der Mond, ein Pferd oder ein Baum dargestellt. Bei der überwiegenden Mehrheit der Zeichen besteht jedoch kein Zusammenhang zwischen Bild und Wortbedeutung. Besonders interessant ist die Tatsache, dass die alten Schriftzeichen denen des modernen Chinesisch ähneln. Der heutige Leser kann also die Schriften seiner Vorfahren durchaus lesen. Die chinesische Schrift, die tausende von Symbolen enthält, ist die älteste lebendige Schrift. Sie hat die anderen Schriften des Fernen Ostens, insbesondere das Japanische, nachhaltig beeinflusst.

DER WEG ZUM ALPHABET
Im Unterschied zur Bilderschrift beruht die Buchstabenschrift auf der Verwendung von grafischen Symbolen für einzelne Laute, die zu Wörtern zusammengesetzt werden. Zu den wichtigsten Alphabeten gehören das lateinische, das für die deutsche und die meisten anderen westeuropäischen Sprachen verwendet wird; das kyrillische,

das die russische und einige andere slawische Sprachen benutzen; sowie das griechische, arabische und hebräische. Viele Sprachen verwenden die oben genannten Alphabete in leicht abgewandelter Form. Je nach Bedarf werden dabei für bestimmte Laute Buchstaben hinzugefügt oder weggelassen. Obwohl diese einzelnen Alphabete in ihrer abgewandelten Form auf den ersten Blick recht unterschiedlich aussehen, sind sie dennoch miteinander verwandt und haben alle den gleichen Ursprung.

Das erste Alphabet, das so genannte nordsemitische Alphabet, wurde etwa im 17./16. Jh. v. Chr. im palästinensisch-syrischen Raum benutzt. Einen wichtigen Grundstein für die Entwicklung der europäischen Schreibschrift legten die Phönizier, die entlang der Mittelmeerküste regen Handel trieben. Ihr im 9. Jh. v. Chr. ausgebildetes Alphabet bestand aus 22 Konsonanten. Es verbreitete sich bereits einige Jahrhunderte später in abgewandelter Form im Mittleren Osten bis nach Indien sowie im Mittelmeerraum. Aus dem phönizischen

entwickelte sich im 1. Jt. v. Chr. dann das griechische Alphabet. Mit der systematischen Verwendung von Vokalen veränderte sich die Buchstabenschrift damit zu einer Lautschrift, wie man sie heute kennt.

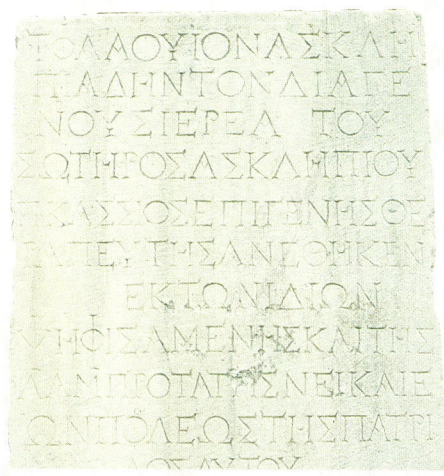

Wer Griechisch gelernt hat, kann diese über 2000 Jahre alte griechische Inschrift entziffern.

Phönizisch									
frühes Griechisch									
klassisches Griechisch	A	B	Γ	Δ	E	Φ	Γ	H	I
Römisch	A	B	C	D	E	F	G	H	I

Oben: Zahlreiche Buchstaben des modernen lateinischen Alphabets lassen sich auf Buchstaben des alten phönizischen Alphabets zurückführen. Links: Der phönizische Text stammt aus dem 3. Jh. v. Chr. Unten: Die lateinische Inschrift erinnert an den Bau des Amphitheaters von Pompeji 80 v. Chr.

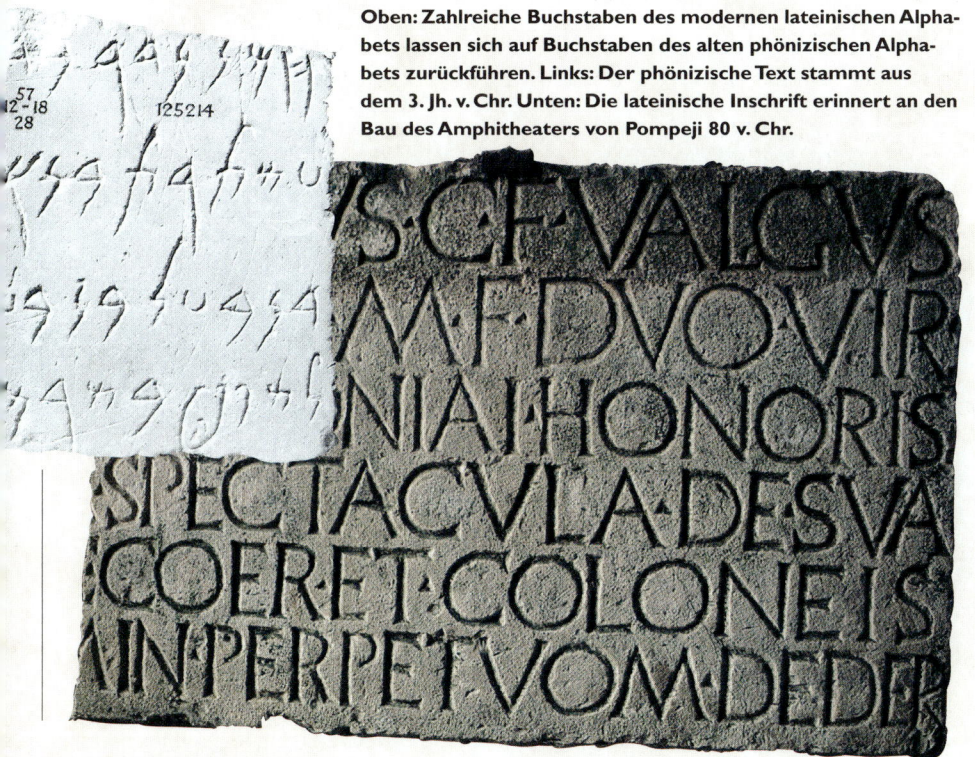

bildete Sklaven die Söhne reicher Familien zu Hause. Im 5. Jh. v. Chr. gab es jedoch in Athen und anderen griechischen Stadtstaaten bereits zahlreiche Schulen für Schüler jeglicher Herkunft. Dabei handelte es sich meist um Stiftungen reicher Bürger. Die Kinder kamen in der Regel mit sieben Jahren in die Schule. Der Unterricht umfasste neben lesen, Schreiben und Rechnen auch das Spielen eines Musikinstruments sowie körperliche Ertüchtigung. Ältere Schüler wurden zusätzlich in der Kunst der Rhetorik und Mathematik unterwiesen. Die Römer übernahmen im Wesentlichen das hellenistische Schulwesen. Das Schulsystem in der Antike blieb jedoch nur der privilegierten Schicht vorbehalten, die Masse der Bevölkerung – immerhin über 90 % – konnte weder lesen noch schreiben.

Im Mittelalter lag die schulische Ausbildung in Europa in den Händen der Kirche, die Themen orientierten sich an der Bibel und der christlichen Religion. Klöster und Domschulen entwickelten sich zu Zentren der Wissensvermittlung. Nach der Reformation boten sowohl die protestantische als auch die katholische Kirche Unterricht in größerem Umfang an und die Zahl der öffentlichen und privaten Schulen nahm erheblich zu.

Ein staatliches Schulsystem entwickelte sich erst im 18. Jh., als Preußen als erstes Land 1717 eine allgemeine Volksschulpflicht einführte und 1794 die Verantwortung des Staates für die Bildung seiner Bürger gesetzlich verankerte. 1810 führte das preußische Innenministerium staatliche Prüfungen für Lehrer ein, um den Unterricht zu vereinheitlichen. Frankreich war der erste Staat, der eine zentrale Kontrolle des Schulsystems einführte. 1854 wurde das Land in so genannte Schulverwaltungsbezirke eingeteilt. Gegen Ende des 19. Jh. wurden dann staatliche Schulen ohne kirchliche Träger eingerichtet. In Großbritannien richtete man 1870 eine staatliche Grundschule ein, und 1902 legte ein Gesetz die Basis für ein staatliches System von Grund- und weiterführenden Schulen.

Die Entwicklung im 20. Jh. zeigt, dass es markante Unterschiede zwischen den zentralistischen Schulsystemen in Deutschland und Frankreich und dem eher dezentralisierten Schulsystem in den USA und Großbritannien gibt. Allgemein durchgesetzt in der Welt aber hat sich der Besuch der Grundschule.

Schumacher, Kurt (1895–1952), deutscher SPD-Politiker. Der im Ersten Weltkrieg schwer verwundete Kriegsfreiwillige gehörte 1918 in Berlin dem ARBEITER- UND SOLDATENRAT an. 1924-31 vertrat der überzeugte Sozialdemokrat die SPD im württembergischen Landtag. 1930–33 war der promovierte Jurist Mitglied des Reichstags. Als entschiedener Gegner des NS-Regimes wurde er von den Nazis schikaniert und saß mit kurzen Unterbrechungen 1933–43 in KONZENTRATIONSLAGERN. Von Misshandlungen gezeichnet wurde er 1943 schwer krank entlassen. Schumacher war nach dem Ende des Zweiten Weltkriegs treibende Kraft beim Wiederaufbau der SOZIALDEMOKRATISCHEN PARTEI DEUTSCHLANDS, deren Vorsitz er 1946 übernahm. Nach der Wahl zum ersten deutschen Bundestag 1949 führte er die SPD-Opposition und machte sich als erbitterter Gegner der Politik Konrad ADENAUERS einen Namen. Schumachers großes politisches Ziel war die deutsche WIEDERVEREINIGUNG.

Schumpeter, Joseph Alois (1883–1950), in Mähren geborener bedeutender Wirtschaftswissenschaftler und Soziologe, dessen Ansichten die Volkswirtschaftslehre im 20. Jh. entscheidend prägten. Schumpeter, der 1919/20 auch das Amt des österreichischen Finanzministers innehatte, unterrichtete als Professor der Wirtschaftswissenschaften an den Universitäten Graz und Bonn. 1932 folgte er dem Ruf in die USA und lehrte an der Harvard University.

Schumpeters Theorie, dass der Unternehmer der dynamische Faktor in der Beeinflussung der Konjunktur sei, hatte großen Einfluss, ebenso wie seine Theorie über die Entwicklung des Kapitalismus. In seinem grundlegenden Werk *Kapitalismus, Sozialismus und Demokratie* (1942) sagte Schumpeter voraus, dass der wirtschaftliche Erfolg des Kapitalismus letztlich zu seinem eigenen Untergang führen würde. Die Unternehmen würden wachsen und den einzelnen Unternehmern immer weniger Spielraum lassen. Das Ergebnis sei eine Form des Sozialismus, in dem wirtschaftliche Entscheidungen zentral von der Bürokratie bestimmt seien.

Schuschnigg, Kurt von (1897–1977), österreichischer Bundeskanzler 1934–38. Der in Wien tätige Rechtsanwalt wurde 1927 für die Christlichsoziale Partei in den Nationalrat gewählt und war 1932/33 Justiz- und 1933/34 Unterrichtsminister. Nach der Ermordung von Engelbert DOLLFUSS im Jahr 1934 wurde Schuschnigg Bundeskanzler. Die Verständigung der faschistischen Staaten Deutschland und Italien und die abwartende Haltung der anderen westeuropäischen Länder führten Mitte der 30er-Jahre zur außenpolitischen Isolierung Österreichs. Schuschnigg versuch-

te dieser Tendenz entgegenzuwirken, indem er mit Adolf HITLER im Juli 1936 ein Abkommen unterzeichnete, das die besonderen Beziehungen beider Staaten zueinander regeln sollte. Doch die nationalsozialistische Propaganda schürte weiter den Wunsch großer Teile der österreichischen Bevölkerung nach ANSCHLUSS der Alpenrepublik an Deutschland. Hitler setzte Schuschnigg 1938 in Berchtesgaden dermaßen unter Druck, dass dieser trotz aller Bemühungen keine Chance hatte: Am 12. März marschierten die Deutschen in Österreich ein und vollzogen den Anschluss. Schuschnigg wurde zum Rücktritt gezwungen und saß bis Ende des Krieges in Konzentrationslagern. Im Mai 1945 wurde er von amerikanischen Soldaten in Tirol befreit. Danach nahm er eine Professur für Politikwissenschaft in den USA an. 1967 kehrte er nach Österreich zurück, wo er bis zu seinem Tod lebte.

Schwaben, Region im Südwesten Deutschlands, die seit der Römerzeit nach dem germanischen Volksstamm der Sweben benannt wurde. Unter den STAUFERN, die 1079–1268 das Herzogtum regierten, erlebte Schwaben politisch, wirtschaftlich und kulturell eine Blütezeit. Nach dem Erlöschen des staufischen Herrscherhauses im 13. Jh. zerfiel die Herrschaft und wurde unter den kleinen lokalen Fürsten aufgeteilt. Versuche König RUDOLFS I. VON HABSBURG, das Reichsgut der Krone zu erhalten, erwiesen sich als schwierig. Kaiserliche Landvögte verwalteten die Reste herzoglichen Besitzes um Ravensburg, das mit der Auflösung des Heiligen Römischen Reiches im REICHSDEPUTATIONSHAUPTSCHLUSS 1803 an die Königreiche Bayern und Württemberg fiel.

Am meisten profitierten von dem Zerfall des staufischen Herzogtums die Grafen von Württemberg, deren Stammgut sich am mittleren Neckar um Stuttgart befand. In den folgenden Jahrhunderten erweiterten die Grafen ihre Herrschaft und schufen ein geschlossenes Territorium, das vom Schwarzwald bis zur Donau reichte. 1495 wurden die württembergischen Grafen zu Herzögen erhoben, die sich später in Stuttgart und Ludwigsburg prächtige Residenzschlösser errichten ließen. Seitdem ist der Begriff Schwaben

Das Abzeichen der Schwarzen Hand zierte ein Totenkopf, ihr Wahlspruch lautete: „Einheit oder Tod."

unzertrennbar mit dem Namen Württemberg verbunden. Zum Dank für die Bündnistreue im Krieg gegen Österreich erhob NAPOLEON I. 1805 Württemberg zum Königreich.

Die dritte Kraft, die vom Zerfall des Herzogtums Schwaben profitierte, waren die Reichsritterschaft und die zahlreichen schwäbischen Reichsstädte, die direkt dem Kaiser unterstanden. Im 14. Jh. führten sie gegen die württembergischen Grafen und den Kaiser erbitterte Kämpfe um ihre Selbstständigkeit und Privilegien. Im süddeutschen Städtekrieg 1377–89 mussten sie sich allerdings der Übermacht der Territorialfürsten beugen und wurden der jeweiligen Landesherrschaft eingegliedert.

Schwarze Hand, Symbol und Name einer serbischen Terrororganisation. Der von Dragutin Dimitrijewitsch, Oberst im serbischen Generalstab und Chef des Nachrichtendienstes, 1911 im Königreich Serbien gegründete Geheimbund hatte sich zum Ziel gesetzt, mit allen Mitteln die außerhalb Serbiens lebenden Serben von der Herrschaft der Habsburger und der Osmanen zu befreien. Die Schwarze Hand besaß einen nicht unbeträchtlichen Einfluss und war verantwortlich für die Ermordung des österreichischen Erzherzogs FRANZ FERDINAND in Sarajewo 1914.

Schwarzenberg, Felix Fürst zu (1800 bis 1852), österreichischer Politiker. Der Diplomat wurde beim Ausbruch der Revolution von 1848 in Prag und Wien politischer Berater des Feldmarschalls Joseph Wenzel Graf RADETZKY. Als er im November 1848 zum Ministerpräsidenten ernannt wurde, überzeugte er Kaiser Ferdinand I., zugunsten seines Neffen FRANZ JOSEPH I. zurückzutreten. Die ungarische Revolution 1848/49 zerschlug er mithilfe Russlands, außerdem stellten die Habsburger ihre Herrschaft in Norditalien wieder her. Schwarzenberg wehrte sich gegen Autonomiebestrebungen einzelner Nationalitäten innerhalb des österreichischen Vielvölkerstaats und erließ 1849 eine Verfassung, die das Reich der Habsburger zu einer zentralistischen und absolutistischen Monarchie mit gestärkten Machtbefugnissen des Kaisers machte. 1850 stellte Schwarzenberg sicher, dass Preußen die österreichische Vorherrschaft im DEUTSCHEN BUND anerkannte. Zwei Jahre später starb Schwarzenberg unerwartet.

Schwarze Reichswehr, illegale militärische Organisation in der WEIMARER REPUBLIK. Mit dem Ziel, die Stärke der Reichswehr unter Umgehung der Bestimmungen des

---

WUSSTEN SIE, DASS?

Verschiedene kriminelle Organisationen in amerikanischen Städten, die 1890–1920 in der Hand der Mafia waren, verwendeten ebenfalls die Bezeichnung Schwarze Hand.

Der Börsenkrach vom Herbst 1929 veranlasste viele Amerikaner, ihre Wertgegenstände zu Dumpingpreisen zu verkaufen, nur um an Bargeld zu kommen. Ein Händler versucht, sein Auto auf der Wall Street für lächerliche 100 Dollar loszuwerden.

VERSAILLER VERTRAGS zu erhöhen, wurden ab 1921 aus Mitgliedern aufgelöster Freikorps getarnte militärische Einheiten aufgebaut. Die 1923 etwa 20 000 Mann starke Reservearmee war in der Gegend um Küstrin stationiert und bewachte u. a. geheime Waffenlager. Aufgrund ihrer Beteiligung an einem Putschversuch wurden die Einheiten 1924 aufgelöst.

Schwarzer Freitag (25. Oktober 1929), Bezeichnung für die rapiden Kursverluste der Aktien an der New Yorker Börse, die zum Zusammenbruch des amerikanischen Aktienmarkts führten und einer der Auslöser der WELTWIRTSCHAFTSKRISE in den 30er-Jahren waren.

Im Lauf des 24. Oktobers kam es an der Wall Street, des größten Geldmarkts der Welt, zu einem plötzlichen Kursverfall, als nur noch Verkaufsaufträge für Aktien eingingen. Als um 15 Uhr die Börse schloss, hatten die in Panik geratenen Börsenmakler 16 Mio. Aktien verkauft, fast viermal so viel wie an Tagen mit normalem Geschäft. Am folgenden Tag, dem Schwarzen Freitag, fielen die Kurse drastisch. Es gab Aktien, die nur noch 10 % ihres Ausgangswerts wert waren. Zahlreiche Makler standen innerhalb von Stunden vor dem Ruin.

Die Krise hatte sich bereits in den Monaten zuvor angekündigt. In der ersten Hälfte des Jahres 1929 erlebte die Wall Street einen noch nie dagewesenen Aufschwung, doch im September begannen die Kurse zu fallen und es kam zu massenhaften Panikverkäufen. Innerhalb eines knappen Monats verloren die Aktien bis zu 40 % an Wert. Hauptursache für den Kursverfall waren die durch Spekulationen künstlich in die Höhe getriebenen Aktienkurse. Sie entsprachen nicht dem tatsächlichen Wert. Der Schwarze Freitag wirkte sich auch auf die europäischen Börsen aus und so gerieten auch die anderen Industrieländer in den Sog der Krise.

Schwarzer September, palästinensische Terrororganisation, die bei den Olympischen Spielen in München im September 1972 einen Mordanschlag auf die israelische Olympiamannschaft verübte. Dabei kamen zwei Sportler ums Leben. Die Befreiungsaktion misslang und endete in einem Blutbad: Weitere neun israelische Sportler, die die Terroristen als Geiseln genommen hatten, fünf Araber und ein deutscher Polizist starben bei der Schießerei auf dem Flughafen Fürstenfeldbruck. Trotz weltweiten Entsetzens und tiefer Trauer wurden die OLYMPISCHEN SPIELE im Einvernehmen mit Israel fortgesetzt. Der Schwarze September formierte sich, nachdem Jordanien im September 1970 militante Palästinenser ausgewiesen hatte. Auf dieses Datum verweist auch der Name der Organisation. Der Schwarze September gab an, eine unabhängige Gruppe zu sein, gehörte jedoch zur Al-Fatah, der führenden Fraktion innerhalb der PALÄSTINENSISCHEN BEFREIUNGSORGANISATION.

Schwarzer Tod siehe Seite 474/475

Schwarzhemden, allgemein verwendete Bezeichnung für die italienischen Faschisten Benito MUSSOLINIS. Der Name entstand in Anlehnung an die schwarzen Hemden, die sie trugen und Teil ihrer Uniform war. Erste faschistische Kampfverbände entstanden 1919 unter Mussolini in Mailand. Sie griffen in der Folgezeit Sozialisten, Kommunisten und Republikaner gewaltsam an und unterstützten Mussolinis Machtergreifung durch den „Marsch auf Rom" 1922. Die Schwarzhemden beherrschten in den 20er- und 30er-Jahren mit ihren martialischen Aufmärschen und Kundgebungen das Straßenbild Italiens.

Schweden, Land in Nordeuropa, das im frühen Mittelalter von den Svaer und Gauten besiedelt war. Schwedische Wikinger unternahmen im 9./10. Jh. Plünderungszüge im

Fortsetzung S. 476

Ein Bild, das um die Welt ging: Einer der vermummten Terroristen des Schwarzen Septembers vor dem Quartier der israelischen Athleten im olympischen Dorf in München.

Der schwarze Tod –
die Pest beherrscht Europa

Im Jahr 1347 wurde ganz Europa von einer Pestepidemie heimgesucht.

Rund 25 Mio. Menschen fielen der Seuche zum Opfer. Fünf Jahre später schien der Spuk vorüber.

Doch in den folgenden Jahrhunderten kam es immer wieder zu einzelnen lokalen Epidemien.

Mitte der 40er-Jahre des 14. Jh. machten in den europäischen Hafenstädten immer wieder Gerüchte die Runde, in denen von einer geheimnisvollen und verheerenden Krankheit die Rede war. Ferne Länder wie Indien, Syrien und Armenien, so hieß es, seien mit Toten übersät.

Dann liefen 1347 drei Galeeren aus dem Schwarzen Meer in den norditalienischen Hafen Genua ein. Die Besatzung hatte sich über die Stiche von Flöhen, die im Fell der Schiffsratten lebten, infiziert. Als die Seeleute unter Beschuss genommen und zur Rückkehr gezwungen wurden, war es bereits zu spät. Der schwarze Tod, der verheerendste Ausbruch von Beulen- und Lungenpest, den Europa je erlebte, hatte Einzug gehalten. In den kommenden Jahren sollte ihm rund ein Drittel der Bevölkerung Europas zum Opfer fallen. Schätzungen gehen von bis zu 25 Mio. Toten aus.

EIN GRAUSAMER TOD

Die Infizierten erlitten ein schreckliches Ende. Der italienische Dichter Boccaccio erlebte die Pest, während er sich in Florenz aufhielt: „Erstes Anzeichen der Pesterkrankung war das Aufkommen von Geschwülsten in der Leistengegend oder der Achselhöhle. Manche Geschwülste wurden so groß wie ein Ei oder gar wie ein Apfel." Weitere untrügliche Anzeichen der Krankheit waren hohes Fieber, Benommenheit und starke Kopf- und Gliederschmerzen. Weit bösartiger als die Beulenpest war die Lungenpest. Dabei litten die Betroffenen unter blutigem Auswurf, Atemnot und bläulich verfärbter Haut. Der Tod trat meist innerhalb von ein bis zwei Tagen ein. Manche Opfer starben qualvoll unter furchtbaren Schmerzen erst nach vier oder fünf Tagen. Für sie bedeutete der Tod eine Erlösung. Eine Rettung für die vom schwarzen Tod Betroffenen gab es nicht.

Die Pest breitete sich rasch in ganz Europa aus. Bis Ende 1348 hatte sie ganz Mittel- und Westeuropa erreicht. In Avignon, wo seit dem Jahr 1309 der Papst residierte, wütete die Epidemie mehrere Monate und forderte schätzungsweise 50 000 Menschen-

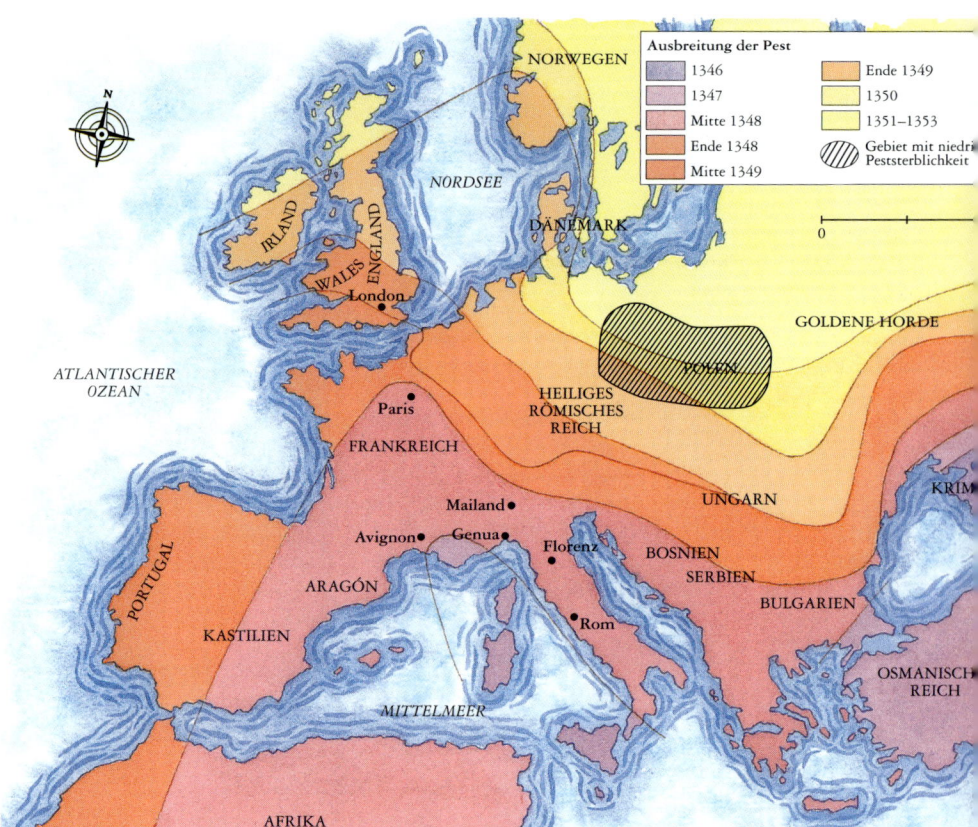

Bevor die Pest im Jahr 1347 nach Genua gelangte, hatte sie bereits im Osten die Krim und Kleinasien erreicht. Rasch dehnte sie sich in ganz Europa bis nach Island aus.

leben. Es gab nicht genügend Särge, die Leichen türmten sich vor den Stadtmauern und über der Stadt lag ein leicht süßlicher Geruch der Verwesung. Um dem Sterben Herr zu werden, weihte der Papst das Wasser der Rhone und man warf die Toten – nur in Tücher eingehüllt – kurzerhand ins Wasser.

In Mailand ging man dazu über, die von der Pest betroffenen Häuser zuzumauern, gleichgültig ob in den Wohnungen noch Gesunde lebten. Man überließ sie wie die Infizierten einfach dem sicheren Tod. So dezimierte in Florenz die Pest die 110 000 Einwohner um knapp die Hälfte und in Wien starben an manchen Tagen mehr als 1000 Menschen. In diesen wie auch anderen Städten Mitteleuropas richtete man

Massengräber ein, in denen man die Toten notdürftig verscharrte.

KONTINENT OHNE MENSCHEN

Wer die Möglichkeit dazu hatte, verließ die Städte, die zu einer Brutstätte der Seuche geworden waren, und floh aufs Land. Doch es war nur eine Frage der Zeit, wann die Pest auch die kleinen Dörfer abseits der Zentren erreichte. Allein in Deutschland wurde nach vorsichtigen Schätzungen von den 170 000 Dörfern und Weilern rund ein Viertel entvölkert. Viele von ihnen wurden nach dem Ende der Epidemie nicht mehr besiedelt. Ganze Landstriche veröden, die Überlebenden vegetierten in Armut dahin, und Diebe und Räuber trieben ihr Unwesen. Es dauerte fast 250 Jahre, bis sich

Oben: Diese Darstellung eines flämischen Künstlers aus dem Jahr 1352 zeigt, wie die Einwohner von Tournai ihre durch die Pest hingerafften Toten bestatteten.

Während der Pestepidemie hielt der Tod – hier dargestellt als Sensenmann – reiche Ernte.

Duftkugeln oder Duftetuis sollten die Infektionsgefahr verhindern.

Dieser London Pestdoktor aus dem 17. Jh. trug eine Maske, deren Schnabel mit Duftstoffen gefüllt war.

Europa von diesem furchtbaren Aderlass erholt hatte. Erst um etwa 1600 erreichte der Kontinent den Bevölkerungsstand aus der Zeit vor dem Ausbruch des schwarzen Todes wieder.

RATLOSE ÄRZTE

Die Menschen der damaligen Zeit waren sehr verunsichert, da sie sich nicht erklären konnten, wie sich die Krankheit übertrug. Die Mediziner waren ratlos, angesichts der Pest versagte ihre Kunst. Der Leibarzt des Papstes in Avignon, Guy de Chauliac, ein überaus gebildeter Mann, wusste mehr über die Pest als irgendein anderer Zeitgenosse. Und dennoch glaubte er, die Krankheit übertrüge sich durch bloßen Blickkontakt mit den Infizierten. Ein Arzt in Paris schrieb, dass ein an der Pest erkrankter Mensch die ganze Welt anstecken könne. Die Behandlungsmethoden der Mediziner beschränkte sich darauf, die Pestbeulen aufzuschneiden, Schweiß treibende Mittel zu verabreichen und die verseuchten Räume auszuräuchern. Doch die Ärzte zogen auch wichtige Erkenntnisse aus der tödlichen Krankheit. So führte man in Venedig die Quarantäne ein. Schiffe, die aus dem Orient kamen, wurden 40 Tage lang im Hafen isoliert und ihre Besatzungen am Betreten des Festlands gehindert. Die Bezeichnung stammt vom italienischen *quaranta*, was 40 bedeutet.

WIEDERKEHRENDER TOD

Das Jahr 1350 rief Papst Klemens V. zum heiligen Jahr aus. Tausende von Menschen pilgerten nach Rom, um dort das Überleben der Menschheit zu feiern. Doch die Seuche wütete noch weitere zwei Jahre schrecklich unter den Menschen. Außerdem kam es in den Jahren 1360 und 1369 erneut zu Pestepidemien, die allerdings nicht so dramatische Formen annahmen.

Der schwarze Tod 1347–52 war nicht die erste große Pestepidemie, die Europa heimsuchte. Bereits während des Peloponnesischen Krieges im 5. Jh. v. Chr. kam es im belagerten Athen zu einer Pestwelle. Im 6. Jh. zur Zeit Kaiser Justinians I. breitete sich die Seuche im Byzantinischen Reich aus und forderte in Konstantinopel tausende von Todesopfern. Um dieselbe Zeit berichtete auch der fränkische Historiker Gregor von Tours von einer Epidemie, die durch Gallien zog. Und 550 vermerkten irische Chronisten, dass die so genannte gelbe Pest Einzug in ihr Land gehalten hätte.

Die letzte große Epidemie auf den britischen Inseln war die Pest von London 1665/66. Erstaunlicherweise beschränkte sich dieser Ausbruch auf das Stadtgebiet und nicht jeder, der sich infizierte, starb an der Krankheit. Die Ausgrabungen eines Friedhofs für Pestopfer in London haben ergeben, dass die Pest von 1665 weniger Tote forderte, als man bisher annahm. In London lebten damals etwa 40 000–100 000 Einwohner. Die Anzahl der Skelette, die man fand, lässt auf eine Todesrate von nicht mehr als 12 400 schließen. Die methodische Anordnung des Friedhofs zeigt darüber hinaus, dass London über ein für die damalige Zeit gut funktionierendes Gesundheitswesen verfügte. Im 18. Jh. wurde dann Frankreich von einer Pestwelle heimgesucht. Die Hafenstädte Marseille und Toulon sowie das provenzalische Hinterland litten unter dem heimtückischen Erreger.

BEFREIENDE ENTDECKUNG

Ein entscheidender Schritt gelang der Wissenschaft 1894, als der Schweizer Tropenarzt Alexandre Yersin den nach ihm benannten Pesterreger *Yersinia pestis* entdeckte. Im selben Jahr kam der japanische Bakteriologe Shibasaburo Kitisato – unabhängig von ihm – zu demselben Ergebnis. Im 20. Jh. verlor die Seuche weitgehend ihren Schrecken für die Menschheit. Zwar stellte man 1936 auf Malta noch Pesterkrankungen in geringem Umfang fest, doch mit der Entdeckung des Antibiotikums und von Sulfonamiden konnte man die Seuche – zumindest in den Industrienationen – so gut wie ausrotten.

475

Ostseeraum, nach Russland und bis in den Vorderen Orient. Im Jahr 1008 ließ sich König Olaf Skötkonung taufen, doch die Christianisierung der Schweden zog sich über mehr als zwei Jahrhunderte hin.

1397 schlossen sich Schweden, Norwegen und Dänemark zur Kalmarer Union zusammen. Dänemark dominierte den Bund bis 1523, bis GUSTAV I. ERIKSSON WASA in einer erfolgreichen Revolte die schwedische Unabhängigkeit wieder herstellte. Er begründete die Dynastie Wasa und führte 1527 den Protestantismus als Staatsreligion ein. In den folgenden Jahrzehnten vergrößerte Schweden seinen Besitz und seine Macht, vor allem unter dem erfolgreichen Heerführer GUSTAV II. ADOLF, der das damals modernste Heer Europas befehligte.

Die Schwierigkeit, ein weit verstreutes Reich zu regieren, zeigte sich unter KARL XII., der 1687–1718 die Geschicke Schwedens bestimmte. Mit dem Ende des NORDISCHEN KRIEGES 1721 verlor Schweden seine Vormachtstellung im Ostseeraum an Russland. Innenpolitisch ging die Macht vom Monarchen auf die schwedischen Reichsstände über. Erst Gustav III. stellte 1772 den Absolutismus wieder her. Seit 1814 regierte der schwedische König in Personalunion auch das benachbarte NORWEGEN. 1818 bestieg auf Veranlassung des Adels der ehemalige französische Marschall Jean-Baptiste Bernadotte als Karl XIV. Johann den Thron und begründete die gleichnamige Dynastie, die bis heute den schwedischen König stellt.

Schweden blieb in beiden Weltkriegen neutral. Nach 1945 entwickelte es sich zu einem der modernsten Wohlfahrtsstaaten mit hohem Lebensstandard. Nach einer langen Periode sozialdemokratischer Regierungen verlor Ministerpräsident Olaf Palme 1976 die Wahlen, als er Steuererhöhungen ankündigte, um die steigenden Sozialausgaben zu finanzieren. 1982 gelangten die Sozialdemokraten wieder an die Regierung. Trotz der Ermordung Palmes 1986 blieben sie bis 1991 an der Macht. Danach übernahm eine bürgerlich-konservative Koalition das Zepter. Vor dem Hintergrund einer Währungskrise und hoher Staatsschulden gewannen die Sozialdemokraten 1994 die Wahlen. Seit 1995, als 51,2 % der Schweden in einem Referendum mit Ja stimmten, ist das Land Mitglied der EUROPÄISCHEN UNION.

Schweinebucht, Invasion in der, Bucht im Südwesten Kubas, in der am 17. April 1961 Exilkubaner landeten, um das kommunistische Regime von Fidel CASTRO zu stürzen. Die Exilkubaner waren vom amerikanischen Geheimdienst, der CENTRAL INTELLIGENCE AGENCY CIA, für diesen Einsatz trainiert worden, doch Castros Truppen schlugen die Invasoren kläglich in die Flucht. Der Zwischenfall war ein harter Schlag für das Ansehen der USA und Präsident John F. KENNEDYS; das missglückte Unternehmen führte dazu, dass KUBA die Verbindungen zur SOWJETUNION verstärkte.

Schweiz, Staat in Mitteleuropa. Im 2. Jh. v. Chr. siedelten die keltischen Helvetier in diesem Gebiet. Die strategisch günstige Lage der Schweiz, durch die die Haupthandelswege Europas in Nordsüdrichtung verliefen, zog immer wieder Eroberer an. Römer, Alemannen, Burgunder, Goten und Franken eroberten das kleine Land und kontrollierten die wichtigen Alpenpässe. Seit dem 10. Jh. gehörte der größte Teil der Schweiz zum HEILIGEN RÖMISCHEN REICH, doch die tatsächliche Macht lag bei den zahlreichen lokalen geistlichen und weltlichen Herrschern.

> **WUSSTEN SIE, DASS?**
>
> Die Diskussion 1998 um den Verbleib jüdischen Vermögens, das in der Nazizeit auf Schweizer Bankkonten einbezahlt wurde („Nazigold"), warf ein neues Licht auf die Rolle der Schweiz als neutralem Staat.

Die Urkantone Uri, Schwyz und Unterwalden erklärten 1291 ihre Unabhängigkeit von den Habsburgern und schlossen sich zum Ewigen Bund zusammen, dem später noch Luzern, Zürich, Zug, Glarus und Bern beitraten. In der Schlacht von Sempach 1386 verteidigten die Eidgenossen ihre Selbstständigkeit gegen die Habsburger. 1499 gestand ihnen Kaiser Maximilian I. ihre politische Unabhängigkeit zu. Die Schweiz schied damit aus dem Staatsverband des Heiligen Römischen Reiches aus. Der Westfälische Frieden 1648 bestätigte diese Entwicklung. 1798 marschierten französische Revolutionstruppen in die Schweiz ein und riefen die Helvetische Republik aus, doch die Selbstverwaltung der Schweiz wurde auf dem WIENER KONGRESS 1815 wieder hergestellt und ihre Neutralität garantiert. Dennoch verursachten Glaubensstreitigkeiten immer wieder politische Krisen. Sieben katholische Kantone schlossen sich 1845 zum Sonderbund zusammen, um der liberalen Regierung Widerstand zu leisten. Dadurch kam es zu einem kurzen Bürgerkrieg, den die Verabschiedung einer demokratischen, föderativen Verfassung 1848 beendete.

Die Schweiz blieb in beiden Weltkriegen neutral. Sie entwickelte sich nach 1945 zu einem der größten und bedeutendsten Finanzplätze der Welt. In einer Volksabstimmung 1992 sprachen sich die Schweizer gegen einen Beitritt zur EUROPÄISCHEN UNION aus.

Scipio, Patriziergeschlecht im alten Rom, aus dem im 3. und 2. Jh. v. Chr. herausragende Politiker und Heerführer hervorgingen. Publius Cornelius Scipio, genannt Scipio Africanus maior, war einer der bedeutendsten Feldherren Roms. Im zweiten

Scipio Africanus maior (Bildmitte) hört sich die Rechtfertigung des numidischen Prinzen Symax an, der im zweiten Punischen Krieg gegenüber Rom wortbrüchig geworden war: Schuld daran sei nur seine Frau Sophonisba (links), die gebürtige Karthagerin war und Scipio feindlich gesonnen sei.

PUNISCHEN KRIEG 218–201 v. Chr. vertrieb Scipio die Karthager aus Spanien und brach mit seinem Sieg über HANNIBAL bei Zama 202 v. Chr. endgültig die Macht Karthagos. Zum Dank erhielt er den Titel Africanus verliehen. Vorwürfe wegen Korruption führten 184 v. Chr. zu Scipios Sturz.

Sein Enkel Publius Cornelius Scipio Aemilianus, genannt Scipio Africanus minor, wurde zum Nationalhelden, als er im dritten Punischen Krieg 149–146 v. Chr. als Oberbefehlshaber des römischen Heeres Karthago erneut zerstörte. Auch er erhielt den Ehrennamen Africanus zuerkannt. 129 v. Chr. verlor Scipio jegliche politische Unterstützung, als er sein Missfallen an den Reformen seines Schwagers, des Volkstribuns Tiberius Sempronius GRACCHUS, äußerte. Bei den daraufhin ausbrechenden Unruhen kam Scipio ums Leben.

Sechstagekrieg
(5.–10. Juni 1967), israelisch-arabischer Krieg, den Ägypten durch die Sperrung des Golfs von Akaba für israelische Schiffe und die Stationierung von Truppen auf der Sinaihalbinsel provozierte. Der vom israelischen Verteidigungsminister Moshe DAYAN angeordnete Präventivschlag traf die neu gegründete militärische Allianz zwischen ÄGYPTEN, SYRIEN und JORDANIEN völlig überraschend. Ein Luftschlag der Israelis zerstörte den Großteil der ägyptischen Luftwaffe und israelische Truppen eroberten die Sinaihalbinsel. Israel nutzte den Schock seiner Gegner und besetzte innerhalb von sechs Tagen den Ostteil JERUSALEMS, das Westjordanland, den Gazastreifen und die strategisch wichtigen Golanhöhen. Der spektakuläre militärische Erfolg Israels stärkte das Selbstvertrauen des Israelis und zerstörte Ägyptens Anspruch auf die Vorherrschaft in der arabischen Welt.

Sedan, Schlacht bei
(1.–2. September 1870), entscheidende Schlacht im DEUTSCH-FRANZÖSISCHEN KRIEG. Als die Preußen bemerkten, dass eine französische Armee unter Marschall Mac-Mahon losmarschierte, um Metz zu befreien, schickten sie zwei Armeen Richtung Paris und kesselten die Truppen Kaiser NAPOLEONS III. bei Sedan an der Maas in der Nähe der belgischen Grenze ein. Die Preußen waren mit den neuen Zündnadelgewehren ausgerüstet, die den Waffen der Franzosen weit überlegen waren. Die Franzosen mussten sich ergeben und Napoleon III. geriet zusammen mit 107 000 seiner Soldaten in Gefangenschaft. Diese Schlacht bedeutete das Ende des französischen Kaiserreichs und die Gründung des DEUTSCHEN REICHES, das zur dominierenden militärischen Macht in Europa aufstieg. Das Wilhelminische Deutschland feierte von da an am 2. September mit großem Pomp und Pathos den Sieg bei Sedan.

Die Armeen Preußens und seiner deutschen Verbündeten fügten den Franzosen – im Vordergrund des Bildes – bei Sedan große Verluste zu: Die Franzosen beklagten 17 000 Tote und Verwundete.

Seeckt, Hans von
(1866–1936), deutscher General, der in der Weimarer Republik entscheidenden Einfluss auf die Organisation und Einstellung der Reichswehr nahm. Im Ersten Weltkrieg war Seeckt Generalstabsoffizier und kämpfte an der Front in Osteuropa und auf dem Balkan. 1920 wurde er zum Chef der Heeresleitung ernannt und setzte sich vehement für die illegale Aufrüstung der Reichswehr ein – unter Umgehung der Bestimmungen des Versailler Vertrags, die die Größe des deutschen Heeres auf 100 000 Mann festgesetzt hatte. Darüber hinaus schloss er 1922 einen Geheimvertrag mit der Sowjetunion, die die Ausbildung deutscher Truppen auf ihrem Territorium erlaubte. Der in preußisch-militärischen Traditionen erzogene und denkende Seeckt ging daran, die Reichswehr zu einem Staat im Staate umzubilden und verhinderte somit die Integration der Truppe in die Weimarer Republik. Diese eigenmächtige Politik brachte ihn in scharfen Gegensatz zu zahlreichen demokratisch gesonnenen Politikern, vor allem zu Gustav STRESEMANN. Im Jahr 1926 musste er zurücktreten, nachdem er einen Hohenzollernprinzen zu Manövern eingeladen hatte.

Seefahrt siehe Seite 479

Seidenstraße
Netz von Karawanenstraßen, auf denen seit der Antike quer durch Zentralasien begehrte Luxusgüter aus dem Fernen Osten in den Mittelmeerraum transportiert wurden.

Die wertvollste Ware, die aus dem Fernen Osten ins Römische Reich gebracht wurde, war chinesische Seide. Kostbare Seidenstoffe wurden in China schon seit dem 3. Jh. v. Chr. hergestellt, doch bis zum 6. Jh. n. Chr., als die ersten Seidenraupen heimlich und trotz strenger Verbote in den Westen geschmuggelt wurden, glaubten die Römer, dass die Seide auf Bäumen wüchse. Seidene Gewänder galten seit dem 1. Jh. als Zeichen des Reichtums im Römischen Reich.

Die Seidenstraße begann am westlichen Ende der CHINESISCHEN MAUER, führte durch Zentralasien und den Norden Persiens bis nach Mesopotamien und zu den Mittelmeerhäfen. Die meisten Händler bereisten nicht die gesamte Strecke, sondern legten immer nur kurze Etappen zurück und verkauften ihre Waren auf den Märkten der nächstgrößeren Oase entlang dem Handels-

Siegreiche israelische Truppen ziehen im Juni 1967 in den bis dahin von Arabern beherrschten Ostteil von Jerusalem ein.

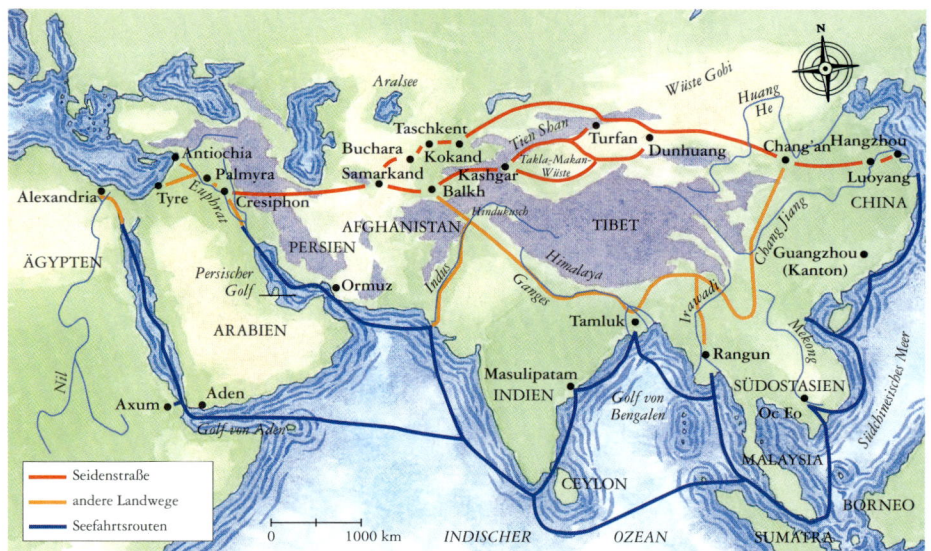

Die Seidenstraße quer durch Asien wurde von chinesischen Kaufleuten im 2. Jh. v. Chr. entdeckt und war bis zum 16. Jh. eine der wichtigsten Verbindungen zwischen Europa und dem Fernen Osten.

weg an andere Händler. Im Gegenzug übernahmen sie dafür deren Waren und transportierten diese auf ihrer Rückreise in ihre Heimat. Bevorzugtes Transportmittel waren Kamele und Esel, es gab jedoch auch von Pferden und Ochsen gezogene Gespanne. Die Kaufleute hatten mit Räuberbanden zu kämpfen und mussten mit den extremen Klimaschwankungen in Zentralasien zurechtkommen, vor allem in den höher gelegenen Regionen im nördlichen Tibet und im Hindukusch. Hier gabelte sich auch die Seidenstraße und die Karawane musste sich entscheiden, ob sie auf der nördlichen oder südlichen Seite durch die Takla-Makan-Wüste reisen wollten, die als schrecklichste Einöde der Welt bekannt und berüchtigt war.

Außer nach Seide verlangten die Römer nach Gewürzen und Edelsteinen, die man zu enorm hohen Preisen in den Häfen im Osten des Mittelmeers wie Antiochia und Alexandria kaufen konnte. Die römischen Händler verfügten allerdings nicht über ähnlich hochwertige Waren, die sie hätten eintauschen können, und zahlten deshalb mit Gold und Silber. Roms Handel mit Indien und dem Fernen Osten führte nicht nur zum Waren-, sondern auch zu einem regen Kulturaustausch. So berichteten die heimkehrenden Händler und Kaufleute von wundersamen Sitten und Gebräuchen, fremden Sprachen und knüpften an den Höfen der Herrscher neue Kontakte.

Seldschuken, türkische Dynastie, die im 11./12. Jh. den größten Teil Vorderasiens beherrschte. Seldschuk, der Führer der Ogusen, begründete die Dynastie. Die Ogusen waren im 10. Jh. zum Islam konvertiert. Seldschuks Enkel Togrilbeg eroberte Persien, und als er 1055 in Bagdad einmarschierte, wurde er zum Sultan ernannt. Sein Nachfolger Alp

Arslan eroberte Syrien und besiegte 1071 den byzantinischen Kaiser Romanus IV. und eröffnete den Seldschuken den Zugang nach Anatolien. Unter Melik-Schah, der 1072–92 regierte, erreichte das Seldschukenreich seine größte Ausdehnung. Im 12. Jh. zerfiel das Seldschukenreich in verschiedene Teilfürstentümer, die schließlich von DSCHINGIS KHAN und seinen Nachfolgern erobert wurden. Das ehemalige Seldschuken-Sultanat Rum in Anatolien fiel 1243 in die Hände der Mongolen und bildete im 14. Jh. die Keimzelle des OSMANISCHEN REICHES.

Seleukiden, hellenistische Dynastie, die vom makedonischen General Seleukos I. im Jahr 312 v. Chr. östlich des Euphrat begründet wurde. Es war eines der Diadochenreiche, die sich nach dem Tod ALEXANDERS DES GROSSEN herausbildeten. Während seiner Herrschaft dehnte er das Reich bis zum Indus und zum Mittelmeer aus, wo er die Stadt ANTIOCHIA gründete. 281 v. Chr. gewann er die Kontrolle über Kleinasien, wurde jedoch im Jahr darauf ermordet. Als Antiochus III. der Große im 2. Jh. v. Chr. Thrakien eroberte und anschließend in Griechenland einmarschierte, geriet er in Streit mit Rom. Bei Magnesia erlitt er eine vernichtende Niederlage und schloss 188 v. Chr. Frieden mit den Römern, musste jedoch Kleinasien abtreten. Danach nahm die Macht der Seleukiden beständig ab. 64 v. Chr. annektierte Gnaeus P. Magnus POMPEIUS das noch verbliebene Seleukidenreich und bildete daraus die römische Provinz Syrien.

Selim I. der Strenge (um 1470–1520), Sultan des OSMANISCHEN REICHES von 1512 bis zu seinem Tod. Nach einem missglückten Putschversuch wurde er auf die Krim verbannt. 1512 putschte er erneut: Er

zwang seinen Vater Bayezit II. zur Abdankung und ließ ihn dann zusammen mit seinen Brüdern und Neffen umbringen. 1514 eroberte er Mesopotamien und 1516 Syrien und Palästina. Danach wandte sich Selim I. gegen die ägyptische Dynastie der MAMELUCKEN und eroberte 1517 Ägypten. Damit machte er sich zum Beschützer der heiligen Städte Jerusalem, Mekka und Medina. Sein Sohn SÜLEIMAN I. DER PRÄCHTIGE folgte ihm auf den Thron.

Semiten, Gruppe von Völkern im Mittleren Osten, die nach dem Alten Testament von Noahs ältestem Sohn Sem abstammen. Die Semiten lebten als nomadische Bauern auf der arabischen Halbinsel und breiteten sich seit dem 3. Jt. v. Chr. über Mesopotamien, Ostanatolien, Syrien und das Nildelta aus. Die Einwohner von Akkad in Nordbabylonien waren Semiten, ebenso die Assyrer, Aramäer, Elamiter und andere. Im Lauf der Jahrhunderte verwischten sich die Unterschiede zwischen den einzelnen semitischen Stämmen, nur die Juden blieben stets von den anderen Semiten getrennt, da sie eine eigene Religion besaßen.

Die Bezeichnung entstammt der Sprachwissenschaft und wurde erstmals Ende des 18. Jh. verwendet. Für eine ethnographische Unterscheidung der Völker ist der Begriff nur unzureichend geeignet. Alle semitischen Sprachen stammen von einer gemeinsamen Sprache ab, deren Ursprünge in Mesopotamien liegen. Das um 1700 v. Chr. entwickelte semitische Alphabet wird als Vorläufer für alle Alphabete der Welt angesehen.

Selim I. nimmt den abgeschlagenen Kopf von Sultan Kansu Gavri entgegen, um zu demonstrieren, dass er Ägypten erobert hat.

Seefahrt – mit voller Kraft voraus

Macht und Erfolg der seefahrenden Nationen gründeten sich selten ausschließlich auf Kriegsschiffe.

Handelsschiffe – ob Hansekoggen, Ostindienfahrer oder Supertanker –

spielten eine ebenso wichtige Rolle auf den Weltmeeren.

Seit tausenden von Jahren transportieren Schiffe Waren und Menschen über die Ozeane. Die großen Handelsnationen rund ums Mittelmeer – Phönizier, Ägypter, Griechen und Römer – benötigten keine ozeantauglichen Schiffe. Aus diesem Grund waren ihre Handelsschiffe verhältnismäßig klein und besaßen nur einen Mast mit einem großen, rechteckigen Segel.

Die Wikinger konstruierten so genannte Langschiffe, die den Anforderungen und Gefahren des Atlantiks gewachsen waren. Die Kaufleute der Hanse verwendeten im Mittelalter Koggen. Diese hatten ein Heckruder und wurden nicht mehr mit den Rudern, die auch zum Antrieb dienten, gesteuert. Die Seitenwände der Koggen waren hochgezogen, um besseren Schutz zu bieten und ermöglichten die Einrichtung von geschlossenen Kabinen.

Im 15. Jh. kam es zu einer Revolution im Schiffsbau, als man begann, Schiffe mit zwei und später mit drei Masten zu bauen. Entdecker wie Christoph Kolumbus, Vasco da Gama oder Fernão de Magalhães gingen mit solchen Schiffen auf ihre großen Entdeckungsfahrten rund um den Erdball.

Im 17. Jh. entwickelten die Niederländer die *fluyt*, ein kleines, aber sehr effektives Frachtschiff, das eine große Ladung

Segelschiffe wie diese mittelalterliche Kogge (oben links) und der Klipper *Flying Cloud* aus dem 19. Jh. (oben) waren von großer Bedeutung für die Ausweitung des Handels.

mit einer nur geringen Besatzung transportieren konnte. Dieser Schiffstyp machte die Niederlande zur führenden Handelsmacht der Welt, ihre Vorherrschaft wurde jedoch schon bald von Großbritannien infrage gestellt.

SEEMACHT GROSSBRITANNIEN
Nach der Niederlage der Niederlande in den Englisch-Holländischen Seekriegen in der zweiten Hälfte des 17. Jh. entwickelte sich Großbritannien zur führenden Handelsmacht auf den Weltmeeren. Mitte des 18. Jh. dominierten die Briten auf den Handelsrouten nach Indien und in den Fernen Osten. Die riesigen britischen Ostindienfahrer, die größten Handelsschiffe der damaligen

Die dampfgetriebene *Great Western* benötigte auf ihrer Jungfernfahrt 1838 nur 15 Tage bis New York.

Zeit, konnten mehr als 1000 t Fracht befördern. Um 1850 verlor die Ostindische Kompanie ihr Monopol im Handel mit Indien und die Konkurrenz war nicht zu unterschätzen.

In dieser Zeit kam es zu einer Revolution im Schiffsbau. Die im 19. Jh. eingesetzten Dampfschiffe verdrängten allmählich die alten Segelschiffe. Seit 1838, als die *Great Western* vom Stapel lief, überquerten dampfgetriebene Passagierschiffe regelmäßig den Atlantik. Die Eröffnung des Suezkanals 1869 beschleunigte die Verdrängung der Segelschiffe, da diese Platz zum Kreuzen brauchten und daher den engen Kanal nicht befahren konnten.

Die letzte Revolution im Schiffsbau begann in den späten 50er-Jahren des 20. Jh., als man Supertanker konstruierte, die bis zu 500 000 t Öl fassen konnten. Außerdem entwickelten Schiffsbauer in dieser Zeit Containerschiffe, die ihre Fracht in einzelnen Containern beförderten, die leicht vom Schiff auf Lkw oder Eisenbahn verladen werden können. Heutige Containerschiffe sind in der Lage, bis zu 6000 Container zu transportieren; sie kommen dabei mit nur 14 Mann Besatzung aus.

Senat, erste Kammer des amerikanischen KONGRESSES, der von der verfassunggebenden Nationalversammlung 1787 entworfen und 1789 erstmals eröffnet wurde. Aus jedem Bundesstaat der USA werden zwei Senatoren für sechs Jahre in den Senat gewählt. Laut Verfassung müssen sie mindestens 30 Jahre alt sein, seit neun Jahren die amerikanische Staatsangehörigkeit besitzen und ihren ständigen Wohnsitz in dem Bundesstaat haben, den sie im Senat repräsentieren. Anfangs wurden die Senatoren von den Parlamenten der einzelnen Bundesstaaten bestimmt. Dies änderte sich erst 1913, als man festlegte, die Senatoren direkt vom Volk wählen zu lassen. Seitdem wird alle zwei Jahre ein Drittel des Senats neu gewählt.

Der Senat muss alle Verträge, die mit ausländischen Regierungen getroffen werden, mit einer Zweidrittelmehrheit ratifizieren, alle Ernennungen des Präsidenten mit einer einfachen Mehrheit bestätigen und sich im gleichen Maß wie das Repräsentantenhaus an der Gesetzgebung beteiligen. Vollversammlungen des Senats sind eher selten, denn die Senatoren erledigen ihre Arbeit meist in Ausschüssen. Der amerikanische Vizepräsident ist Senatsvorsitzender. Er ist jedoch nur dann stimmberechtigt, wenn der Senat aufgrund von Stimmengleichheit zu keiner Entscheidung kommt.

Seneca, Lucius Annaeus (um 4 v. Chr. bis 65 n. Chr.), römischer Philosoph und Politiker. Im Jahr 41 wurde Seneca wegen Ehebruchs von Kaiser CLAUDIUS nach Korsika verbannt. Schon acht Jahre später rief ihn Claudius' Ehefrau Agrippina als Lehrer für ihren zwölfjährigen Sohn NERO zurück. Als Nero 54 Kaiser wurde, ernannte er Seneca zu seinem politischen Berater. Nach der Ermordung von Agrippina 59 verfasste Seneca die Rechtfertigung des Kaisers für den Senat, doch in den folgenden Jahren schwand sein Einfluss mehr und mehr, 62 zog er sich deswegen aus dem politischen Leben zurück.

Drei Jahre später beschuldigte ihn Nero des Verrats und zwang ihn zum Selbstmord. Es sind verschiedene Werke von Seneca erhalten, darunter Theaterstücke, Abhandlungen und Briefe.

Senegal, Staat in Westafrika. Im 14./15. Jh. lag das Gebiet im Einflussbereich des Reiches Mali. 1659 errichtete Frankreich dort seine erste Handelsniederlassung auf afrikanischem Boden, die sich bald zu einem wichtigen Zentrum des Sklavenhandels entwickelte. 1895 wurde Senegal Teil des Generalgouvernements Französisch-Westafrika. 1946 erhielten alle Senegalesen die französische Staatsangehörigkeit. 1958 wurde Senegal zu einer autonomen Republik innerhalb der Französischen Union. Zwei Jahre später konstituierte sich Senegal als unabhängige Republik. Erster Staatspräsident war Léopold Senghor. Ihm folgte nach seinem freiwilligen Rücktritt 1980 Abdou Diouf ins Amt.

1982–89 bildeten Senegal und GAMBIA die Föderation Senegambia. Senegal und Mauretanien trugen 1989–92 einen erbitterten Grenzkrieg aus. Zur selben Zeit formierte sich im Süden Senegals eine Separatistenbewegung, die den ordnungsgemäßen Ablauf der Präsidentschaftswahlen 1993, aus denen Diouf erneut als Sieger hervorging, erheblich störten. Nach seiner Wiederwahl gelang es Diouf jedoch, ein Waffenstillstandsabkommen mit den Separatisten auszuhandeln. Trotz Finanzhilfen vonseiten Frankreichs und des INTERNATIONALEN WÄHRUNGSFONDS steht die senegalesische Wirtschaft am Rand des Bankrotts.

Septimius Severus (146–211), römischer Kaiser von 193 bis zu seinem Tod. Der in Nordafrika geborene Septimius Severus war Provinzstatthalter von Pannonien, als Kaiser Pertinax 193 ermordet wurde. Seine Truppen riefen ihn zum Kaiser aus; daraufhin zog er, ohne auf großen Widerstand zu treffen, nach Rom und ließ sich vom Senat den Titel bestätigen. Septimius Severus' erste Amtshandlung war die Entlassung der PRÄTORIANER, die er durch seine eigenen Leute ersetzte. Nachdem er seine Rivalen besiegt hatte, stellte er die Ordnung im RÖMISCHEN

**Oben: Kaiser Septimius Severus mit seiner syrischen Frau Julia Domna und seinem Sohn Caracalla, den er 197 zum Mitregenten ernannte, um die Thronfolge zu sichern.
Links: Der vom Senat und Volk 203 gestiftete Triumphbogen in Rom erinnert an den militärischen Ruhm Septimius Severus'. Die von ihm begründete Dynastie regierte bis 235 das römische Weltreich.**

REICH wieder her und festigte die Ostgrenze. Schon frühzeitig berief er seine Söhne
CARACALLA und Geta zu Mitregenten. 208
fuhr er per Schiff nach Britannien, um die
dortigen Aufstände niederzuschlagen. 211
starb der Kaiser in York.

Serbien, größte unabhängige Teilrepublik
des ehemaligen JUGOSLAWIEN. Im 7. Jh. eroberten slawische Stämme das Gebiet auf
dem Balkan, in dem bis dahin Griechen und
von den Römern unterworfene Völker siedelten. Im 14. Jh. gründete STEPHAN IV. DU-
SAN ein serbisches Königreich mit der
Hauptstadt Skopje, das allerdings nur für
kurze Zeit bestand. Schon 1389 geriet Serbien unter die Kontrolle des OSMANISCHEN
REICHES.

1804 kam es in Serbien zu einem Aufstand unter KARAGEORGE, der für die Unabhängigkeit kämpfte und 1817 von seinem
Rivalen Milos Obrenovic ermordet wurde.
1830 erkannte Konstantinopel die Autonomie Serbiens unter osmanischer Oberhoheit
an, doch erst beim BERLINER KONGRESS
1878 erhielt Serbien die volle Unabhängigkeit zugestanden, vier Jahre später wurde es
zum Königreich erhoben. Bis zum ERSTEN
WELTKRIEG versuchte Serbien, die unter der
Herrschaft ÖSTERREICH-UNGARNS und des
Sultans stehenden Serben auf dem BALKAN
zu befreien. Da Österreich eine serbische Expansion befürchtete, annektierte es 1908 die
Regionen BOSNIEN UND HERZEGOWINA.
Die Ermordung des österreichischen Erzherzogs FRANZ FERDINAND 1914 in Sarajewo
durch einen serbischen Nationalisten löste
den Ersten Weltkrieg aus.

1918 gründete Serbien zusammen mit
Kroatien und Slowenien ein Königreich, das
1929 in JUGOSLAWIEN umbenannt wurde.
Die Spannungen zwischen Kroaten und Serben wurden dadurch allerdings nur überdeckt, jedoch nicht gelöst. Gegenseitige Verfolgung während der deutschen Besetzung
Jugoslawiens im Zweiten Weltkrieg vertiefte die Kluft zwischen beiden Völkern.
Nach dem Krieg gelang es Josip Broz TITO,
diesen drohenden Konflikt unter Kontrolle
zu halten, doch nach seinem Tod 1980 eskalierte der Streit.

1990 wurde der serbische Nationalist
Slobodan Milošević zum jugoslawischen
Staatspräsidenten gewählt. Er versuchte, die
Vision eines großserbischen Reiches zu verwirklichen, das aus Serbien, der Wojwodina,
dem Kosovo, den von Serben bewohnten Teilen Kroatiens, Montenegro sowie aus Bosnien und der Herzegowina bestehen sollte.
Gestützt auf die jugoslawische Armee hob
Milošević 1990 die Autonomie der Provinz
KOSOVO auf, die zu 90 % von Albanern bewohnt wird, und begann Ende der 90er-Jah-
re mit der gewaltsamen systematischen Vertreibung der Albaner aus der Region.

**Ein Offizier der Nordstaaten verhört gefangene Südstaatler. Der Sezessionskrieg fachte die Anti-
pathien zwischen Nord- und Südstaaten erst recht an, die noch lange fortbestehen sollten.**

In einem blutigen Bürgerkrieg in Bosnien
und Herzegowina 1991–95 unterstützte Milošević die Politik der ethnischen Säuberungen des Serbenführers Radovan Karadžić.
Ende 1995 akzeptierten die Regierungen
von Serbien, Bosnien-Herzegowina und Kroatien das von den USA in Dayton vermittelte
Friedensabkommen. Danach besteht Bosnien-Herzegowina aus einem serbischen und
einem kroatisch-moslemischen Teil.

Sèvres, Frieden von (10. August 1920),
letzter Friedensvertrag zwischen den Siegermächten des ERSTEN WELTKRIEGS und dem
OSMANISCHEN REICH. Mit dem Friedensschluss wurde die seit sechs Jahrhunderten
dauernde Vorherrschaft des Osmanischen
Reiches im Mittleren Osten, auf dem Balkan
und auf der Arabischen Halbinsel beendet,
machte Zugeständnisse an die Griechen, die
Kurden und die Armenier, gab Großbritannien das Mandat über Palästina, den Irak und
Transjordanien und Frankreich das Mandat
über Syrien. Außerdem wurden die Meerengen entmilitarisiert. Das türkische Parlament ratifizierte den Vertrag allerdings nicht
und erst der neu gewählte Mustafa Kemal
ATATÜRK bestätigte 1923 mit dem Vertrag
von Lausanne den Friedensvertrag.

Seyß-Inquart, Arthur (1892–1946), österreichischer nationalsozialistischer Politiker.
Nach dem ANSCHLUSS Österreichs 1938 an
Deutschland, an dem er wesentlich beteiligt
war, ernannte ihn Adolf HITLER zum
Reichsstatthalter der nunmehrigen Ostmark. 1940 wurde er Reichskommissar für
die besetzten Niederlande. In dieser Funktion war er für die Ermordung und Deportation tausender Menschen verantwortlich.

1946 wurde Seyß-Inquart im Rahmen der
NÜRNBERGER PROZESSE zum Tod verurteilt. Am 16. Oktober 1946 wurde das Urteil vollstreckt.

Sezessionskrieg, Bürgerkrieg in den USA
1861–65, der zur Aufhebung der Sklaverei
führte und die verfeindeten Bundesstaaten
wieder unter einer Regierung vereinte.

Fast 4 Mio. Schwarze schufteten als Sklaven auf den Baumwollplantagen der Weißen
in den Südstaaten und sicherten so deren
wirtschaftlichen Erfolg. Die Mehrheit der
Nordstaatler verabscheute dagegen die Sklaverei. Seit 1848 spiegelte sich dieser Mei-
nungsunterschied im Parteiensystem der
Union wider. Als 1860 der Republikaner
Abraham LINCOLN zum Präsidenten gewählt wurde, traten die elf Südstaaten aus
der Union aus, um nicht eine Regierung akzeptieren zu müssen, die sich gegen ihre Interessen richtete. Sie schlossen sich zu den
Konföderierten Staaten von Amerika zusammen, wählten Jefferson Davis zu ihrem Präsidenten und Richmond zu ihrer Hauptstadt. Die konföderierte Regierung forderte
von Lincoln, das Unionsfort auf dem Gebiet
der Konföderation, Fort Sumter, zu räumen. Als Lincoln sich weigerte, griffen am
12. April 1861 konföderierte Truppen das
Fort an. Damit begann der Sezessionskrieg.

In den Wochen nach diesem ersten Gefecht flutete eine Welle patriotischer Gefühle sowohl durch den Norden als auch
durch den Süden. Die Strategie des Südens
bestand darin, den Krieg für die Union so
teuer zu machen, dass sie die Unabhängigkeit der Konföderation akzeptierten. Das
Ziel der Nordstaaten war, die Rebellion im
Süden zu ersticken und die Autorität der

Unionsregierung in den Südstaaten wieder herzustellen. Präsident Lincoln übertrug George McClellan das Oberkommando für die Gegenoffensive der Union.

1862 marschierte dieser gegen Richmond, die Hauptstadt der Konföderation. Doch die wochenlangen Kämpfe gegen die Konföderierten unter Robert E. LEE führten zu keiner Entscheidung, sodass McClellan den Angriff schließlich abbrach. Im Westen der Appalachen erzielte der Kommandant der Unionsarmee, Ulysses GRANT, größere Erfolge. So nahmen im Sommer 1862 Unionstruppen New Orleans ein, die größte Stadt des Südens. Zu Beginn des Krieges hielten nur wenige Nordstaatler die Abschaffung der Sklaverei für das eigentliche Ziel im Krieg gegen die Südstaaten. 1862 jedoch erkannte Lincoln, dass die Abschaffung der Sklaverei per Gesetz die Konföderation schwächen würde. Am 1. Januar 1863 verbot Lincoln die Sklaverei in allen Gebieten Amerikas, die sich im Aufstand befanden. Wo immer nach diesem Tag die Armee der Nordstaaten einmarschierte, verließen die Sklaven die Plantagen, um ihr Recht auf Freiheit geltend zu machen. Bis zum Ende des Krieges trugen 200 000 Schwarze, zum Großteil ehemalige Sklaven, die blaue Uniform der Unionsarmee.

1863–65 wogte der Kampf hin und her. 1863 eroberte Grant Vicksburg und nahm 30 000 Soldaten gefangen. Damit befand sich das gesamte Mississippital in den Händen der Unionsarmee. Kurz zuvor hatte die Union bei GETTYSBURG Lees Armee vernichtend geschlagen. Die Schlacht von Gettysburg wird oft als Wendepunkt des Krieges bezeichnet. Tatsächlich dauerten die

Kämpfe jedoch noch 20 Monate lang an. Am 9. April akzeptierte Lee in Appomattox die Kapitulationsbedingungen Grants. Diese Nachricht rief Jubel in den Reihen der Yankees hervor. Fünf Tage später, am 14. April, fiel Lincoln im Ford's Theater in Washington einem Attentat zum Opfer; der Schauspieler John Wilkes BOOTH, der Rache für die Niederlage der Südstaaten suchte, erschoss den Präsidenten. Die freudige Hochstimmung wurde von Bestürzung abgelöst und schürte den Hass in der amerikanischen Bevölkerung.

Der Krieg forderte furchtbare Verluste. In den vier Kriegsjahren kamen etwa 618 000 Menschen ums Leben. 360 000 Soldaten der Union und 258 000 Konföderierte ließen ihr Leben auf den Schlachtfeldern. Der Krieg verschlang mehrere Milliarden Dollar und die Armeen hinterließen eine Spur der Verwüstung. Aber der Krieg hatte die Schwarzen aus der Sklaverei befreit und den Süden unterworfen, der die freie Entfaltung des Unternehmertums im Norden behindert hatte. Die USA entwickelten sich in den folgenden Jahrzehnten zur weltweit führenden Industrienation.

Sforza, italienisches Adelsgeschlecht, das im 15./16. Jh. in Mailand herrschte. Die Familie tat sich durch die Förderung der Künste hervor und ihr Hof wurde zu einem Zentrum der RENAISSANCE-Kultur. Begründer der Dynastie war Muzio Attendolo, einer der mächtigsten Kondottiere seiner Zeit. Er trug den Beinamen Sforza, Bezwinger. Unter seinem unehelichen Sohn Francesco entwickelte sich die Familie zu einer politisch bedeutenden Dynastie in Italien. Nachdem Francescos Truppen 1450 siegreich aus dem Krieg gegen die Stadtstaaten Mailand und Venedig hervorgegangen waren, heiratete er die Tochter des Herzogs Filippo Maria Visconti und wurde somit Herzog von Mailand. Sein ältester Sohn und Nachfolger Galeazzo wurde 1476 ermordet. Sein jüngerer Sohn Ludovico, der wegen seines dunklen Teints auch der Mohr genannt wurde, stürzte 1480 Galeazzos Witwe und regierte fortan selbst in Mailand. 1499 wurde Ludovico vom französischen König Ludwig XII. aus seinem Herzogtum vertrieben. Ludovico, der 1508 starb, gehörte zu den frühen Förderern Leonardo da Vincis.

Mit Unterstützung der Schweiz gelang es Ludovicos 17-jährigem Sohn Massimiliano, 1512 Mailand zurückzuerobern. Doch bereits drei Jahre später wurde er vom französischen König FRANZ I. bei Marignano vernichtend geschlagen. Massimiliano musste Mailand abtreten, erhielt jedoch eine Rente von 30 000 Dukaten. 1522 ernannte Kaiser KARL V. Massimilianos jüngeren Bruder

Oben: Shakespeare im Gespräch mit Freunden. Links: Porträt auf dem Titelblatt der ersten Gesamtausgabe von 1623

zum Herzog von Mailand. Francesco starb 1535 ohne männliche Nachkommen und Mailand fiel an die spanischen HABSBURGER.

Shaftesbury, Anthony Ashley Cooper, Earl of (1801–85), britischer Politiker der TORIES und Reformer. Als Shaftesbury 1826 erstmals ins britische Unterhaus gewählt wurde, war sein erstes Ziel, den indischen Brauch der Witwenverbrennung, wonach die Frau ihrem verstorbenen Ehemann auf den Scheiterhaufen folgt, zu unterbinden. Shaftesburys Engagement in dieser Sache blieb jedoch erfolglos. Als Nächstes widmete er sich den psychisch Kranken und den Textilarbeitern. Auf sein Bestreben hin wurden Gesetze verabschiedet, die Geisteskranken eine bessere medizinische Behandlung garantierten und die Arbeitszeit der Beschäftigten in der Textilindustrie auf zehn Stunden pro Tag reduzierte. Shaftesbury unterstützte die Gründung von Armenschulen und setzte sich dafür ein, Kinder von gesundheitsgefährdenden Arbeiten zu befreien. Obwohl er befürwortete, die Wohnmöglichkeiten der Arbeiter zu verbessern und ihre Arbeitszeit zu verkürzen, war er gegen die Bildung von Gewerkschaften, da er fürchtete, sie könnten die bestehende Gesellschaftsordnung gefährden.

Shakespeare, William (1564–1616), englischer Schauspieler und Dramatiker. Der Sohn eines wohlhabenden Lederhändlers wurde am 25. April 1564 im englischen Stratford-upon-Avon getauft. Wahrscheinlich besuchte er das dortige Gymnasium und erhielt eine Ausbildung, die sich in erster Linie auf das Studium der lateinischen Sprache und

Die Mitglieder der Sforza-Dynastie, die hier in idealisierter Form mit der Madonna dargestellt werden, regierten Mailand 1450–1535.

der Literatur stützte. Sein erster Kontakt mit der Welt des Theaters war wohl der Besuch von Wanderbühnen, die in seiner Heimatstadt gastierten. 1582 heiratete er die acht Jahre ältere Anne Hathaway, Tochter eines Landwirts.

1592 war er als Dramatiker in London tätig, wo sein Werk *Heinrich IV.* die Zuschauer zu Tränen rührte. Als Schauspieler gehörte er einer Theatertruppe an, die sowohl für die Londoner Öffentlichkeit als auch für Königin ELISABETH I. und ihren Hof Vorstellungen gab. Bis 1598 hatte Shakespeare eine Reihe erfolgreicher Stücke geschrieben, darunter *Richard III.*, *Romeo und Julia*, *Ein Sommernachtstraum* und *Der Kaufmann von Venedig*. Zunächst hatte die Theatertruppe ihren Sitz im Londoner Stadtteil Shoreditch. Später zog sie an das Südufer der Themse und erbaute dort das legendäre Globe Theatre. Hier wurden Shakespeares *Heinrich V.* und *Julius Cäsar* uraufgeführt. Shakespeare beteiligte sich am Globe Theatre und war bald in der Lage, in seiner Heimatstadt ein Haus zu erwerben. Während der ersten Regierungsjahre Jakobs I. schrieb Shakespeare die Tragödien *Hamlet*, *Othello*, *König Lear* und *Macbeth*. 1608 erwarb die Theatertruppe ein Theater im Zentrum Londons. Für diese neue Bühne schrieb Shakespeare u. a. *Ein Wintermärchen*. Anschließend zog er sich nach Stratford-upon-Avon zurück, wo er 1616 starb. Bis zu seinem Tod hatte Shakespeare 37 Bühnenstücke, eine Sammlung von Sonetten sowie zwei Verserzählungen verfasst.

Schon zu Lebzeiten galt Shakespeare als äußerst talentiert, und noch heute ist er einer der erfolgreichsten Bühnenautoren aller Zeiten. Der Dramatiker hatte das Glück, von der kulturellen Blüte Englands zu jener Zeit zu profitieren. Neben den römischen Klassikern lernte er auch den Reichtum mittelalterlicher Dramen kennen. Und er lebte in London, wo er ein begeisterungsfähiges Theaterpublikum vorfand.

Sharpeville, Massaker von (21. März 1960), Zusammenstoß zwischen schwarzen Widerstandskämpfern und der Polizei im südafrikanischen Sharpeville nahe Johannesburg. Als der AFRICAN NATIONAL CONGRESS und der Pan-African-Congress illegal, aber friedlich gegen die Passgesetze des Apartheidregimes demonstrierten, um gegen die Einteilung der Südafrikaner in Menschen verschiedener Klassen zu protestieren, eröffnete die Polizei das Feuer und erschoss 69 Afrikaner, weitere 180 wurden verwundet. Zwei Tage später überfiel ein bewaffneter Mob eine Polizeistation nahe Kapstadt und brachte dabei sechs unschuldige Passanten um. Daraufhin erklärte SÜDAFRIKA den Ausnahmezustand, nahm 1700 Personen fest und verbot kurz danach die beiden politi-

schen Organisationen, die für die Demonstrationen verantwortlich waren. Der COMMONWEALTH verurteilte die Vorfälle scharf, Südafrika trat daraufhin aus dem Commonwealth aus und wurde 1961 unabhängige Republik.

Shaw, George Bernard (1856–1950), irischer Dramatiker, Schriftsteller und Kritiker. Shaw schrieb bereits mit großem Enthusiasmus Leserbriefe an verschiedene Zeitungen, als er im Alter von 20 Jahren Dublin verließ, um bei seiner Mutter, einer Gesanglehrerin, in London zu leben. Hier las er zum ersten Mal die Werke von Karl MARX und fühlte sich zum SOZIALISMUS hingezogen. Mehrere Jahre lange lebte er als verarmter Schriftsteller, bis er eine Stelle als Theater- und Musikkritiker fand und sich auf diesem Gebiet einen Namen machte.

Als Reaktion auf seine eigenen Forderungen nach einer Veränderung der Einstellung zum Theater und nach einer Entwicklung neuer Ideen für das Drama, schrieb er sein erstes Bühnenstück *Die Häuser des Herrn Sarto-*

Shaw war sehr agil und jähzornig. Noch mit 90 Jahren tippte er seine Manuskripte auf der Schreibmaschine in seinem Holzhaus, das er als seinen Schlupfwinkel bezeichnete.

rius (1892). Kurz darauf entstanden *Helden* (1894) und *Frau Warrens Gewerbe* (1898), das wegen seiner freizügigen Behandlung des Themas Prostitution verboten wurde. Shaw selbst wollte seine Stücke nicht als Gesellschaftskritik verstanden wissen, doch Themen mit einem sozialkritischen Hintergrund sind in vielen seiner Stücke zu finden; eine ganze Reihe seiner veröffentlichten Werke hat Shaw mit einem einführenden Text versehen, in dem er seine Ansichten darstellt und verteidigt. Diskussionen über soziale und politische Fragen stehen in vielen von

Shaws Stücken im Mittelpunkt; der typische Geist Shaws, seine unorthodoxen Ansichten und die Liebe zu Paradoxien überzeugten sein Publikum davon, dass geistige und moralische Leidenschaft fesselnde Dramen erzeugen können. Das bekannteste von Shaws Stücken, *Pygmalion* (1913), eine Komödie über Liebe und gesellschaftliche Klassen, wurde später als Musical und Film unter dem Titel *My Fair Lady* berühmt. Shaw engagierte sich in vielen Bereichen, so trat er u. a. für das FRAUENWAHLRECHT ein und kämpfte für eine Reform des englischen Alphabets. Im Jahr 1925 erhielt er den Literaturnobelpreis.

Sheridan, Philip Henry (1831–88), amerikanischer General. Im SEZESSIONSKRIEG trat er als herausragender Kavalleriekommandant der Nordstaaten in Erscheinung und zeichnete sich in Tennessee und in der Schlacht von Chattanooga 1863 aus. Der Sieg in der Schlacht bei Five Forks 1865 zwang Robert E. LEE zum Rückzug aus Petersburg und Richmond. Nach dem Bürgerkrieg war Sheridan u. a. Militärkommandant von Louisiana und Texas. 1884 trat er die Nachfolge Shermans als Oberbefehlshaber der amerikanischen Armee an.

Sheriff, seit dem frühen 11. Jh. in England von der Krone ernannter Repräsentant einer Grafschaft. Das Wort bedeutet so viel wie Vogt einer Grafschaft. Die Sheriffs waren verantwortlich für die Aufstellung der Miliz, die Eintreibung der königlichen Steuern, die Verwaltung des Landbesitzes des Königs und die Rechtsprechung in der Grafschaft. Sie standen außerdem ihren eigenen Gerichten vor. Eine Bestandsaufnahme aus dem Jahr 1170 zeigt, dass zahlreiche Sheriffs in England ihre Macht missbrauchten, woraufhin viele von ihnen abgesetzt wurden. Bis 1550 war das Amt ein reines Zivilamt geworden. Gleichzeitig wurden immer mehr königliche Sonderämter eingeführt, so 1194 der Coroner, der nicht natürliche Todesfälle zu untersuchen hatte, 1361 der Friedensrichter und 1547 die Statthalter.

Shimonoseki, Frieden von (17. April 1895), Vertrag, der den CHINESISCH-JAPANISCHEN KRIEG 1894/95 beendete. Da die überlegenen japanischen Streitkräfte die chinesische Kriegsmarine zerstört hatten und Beijing bedroht war, sah sich CHINA gezwungen, Korea die Unabhängigkeit zu gewähren, hohe Reparationszahlungen an JAPAN zu leisten, dem Land günstige Handelsbedingungen zu gewähren und TAIWAN, die Pescadoresinseln sowie den Hafen Port Arthur an Japan abzutreten. Auf internationalen Druck hin musste Japan Port Arthur wieder zurückgeben. Die Herrschaft Japans über den Norden von China blieb jedoch bestehen.

Shinto, Religion der Japaner, die gekennzeichnet ist von Ahnenkult und Naturverehrung. Der Name bedeutet Weg der Gottheiten. Die Anhänger dieser Religion glauben, dass beispielsweise Dinge, die Ehrfurcht erregen, wie skurril gewachsene Bäume, interessante Felsen oder tote Krieger, einen Geist in sich bergen.

Die Herrschaft eines Clans in der Region Yamato führte dazu, dass dessen Sonnengöttin Amatesaru, die im Tempel in Ise wohnt, zur Hauptgöttin wurde. Im 6. Jh. wurde der Name Shinto eingeführt, um diese Religion vom BUDDHISMUS und Konfuzianismus abzugrenzen. Die meisten Japaner praktizieren Shinto und Buddhismus gleichzeitig. Im Shintoismus wird kein Verhaltenskodex vorgeschrieben, ihm liegt auch keine Philosophie zugrunde. Auf rituelle Reinigungen wird jedoch Wert gelegt. Erste westliche Besucher amüsierten sich über die Gewohnheit, häufige Bäder zu nehmen. An einfachen Schreinen spülten sich die Gläubigen die Hände ab, reinigten sich den Mund, verbeugten sich und opferten Speisen und Getränke.

Im 18. Jh. hoben japanische Gelehrte immer mehr die Abstammung der Kaiser von der Sonnengöttin in den Vordergrund. Mit dem Beginn der MEIJI-ÄRA 1868 förderte die Regierung die Richtung des Shinto, die keine Religion im engeren Sinn, sondern ein Kodex ist, der Loyalität und Gehorsam gegenüber dem göttlichen Kaiser fordert und damit vom so genannten Schrein-Shinto mit seinen einfachen Ritualen und lokalen Festen zu unterscheiden ist.

Shogunat, Regierungssystem in Japan, bei dem die Militärs das Land beherrschten und der Kaiser nur noch eine Marionette war. Ursprünglich wurde der Titel seit dem 8. Jh. als Ehrenbezeichnung an erfolgreiche Heerführer verliehen. Er geriet bald wieder in Vergessenheit. 1192 führte Minamoto No Yorimoto ein neues System ein, das bis 1868 Bestand hatte. Yorimoto erhielt als erster

Shogun uneingeschränkte Macht, die er im Namen des Kaisers im Reich ausübte. Nach Yorimotos Tod folgten verschiedene Shogune, die u. a. aus dem Kaiserhaus stammten. 1338–1573 hatte das Geschlecht der Ashikaga das Shogunat inne. Die Anfänge ihrer Herrschaft waren geprägt durch die Teilung des Kaiserhauses in einen südlichen und einen nördlichen Hof. Seit dem Ende des 15. Jh. herrschte in Japan ein innenpolitisches Chaos, in dem jeder gegen jeden kämpfte. Es wurde erst durch das TOKUGAWA-Shogunat 1603 beendet. Unter dieser Dynastie erreichte die Macht der Shogune ihre größte Ausformung.

Seit den 40er-Jahren des 19. Jh. geriet Japan unter wachsenden Einfluss westlicher Staaten, das Shogunat wurde geschwächt und konservative Politiker begannen, die Einsetzung eines starken Kaisers zu fordern. In den Jahren 1866–68 wurde die Armee der Tokugawa von einer Allianz der Provinzfürsten geschlagen, die für den Kaiser aus der MEIJI-DYNASTIE eintraten und ihn 1868 formell wieder einsetzten.

Sicherheitsrat, Hauptorgan der VEREINTEN NATIONEN, das für die Sicherung des Weltfriedens zuständig ist. Dem Sicherheitsrat gehören fünf ständige Mitglieder an – Großbritannien, die USA, Russland, China und Frankreich – sowie zehn nicht ständige Mitglieder, die für jeweils zwei Jahre von der Generalversammlung der Vereinten Nationen gewählt werden.

Der Sicherheitsrat kann jeden internationalen Streitfall untersuchen; die Empfehlungen des Sicherheitsrats, die einen Friedens-

Oben: Shinto-Priester nehmen an einer Feier teil. Links: Im Himenomiya-Schrein beten Frauen für eine glückliche Ehe.

vertrag beinhalten können, die Verhängung von Handelssanktionen oder Anfragen an UN-Mitgliedsländer zur Entsendung von militärischen Einheiten müssen von jedem Mitgliedsland befolgt werden. Um eine Resolution zu verabschieden, müssen neun Mitglieder des Sicherheitsrats zustimmen, doch jedes der fünf ständigen Mitglieder besitzt ein Vetorecht.

1992 wurden von verschiedenen Seiten, u. a. auch vom damaligen Generalsekretär Boutros Boutros-Ghali, angeregt, dass die Zusammensetzung des Sicherheitsrates geändert werden müsse, damit dieser noch den gegenwärtigen Machtverhältnissen in der Welt entspräche. 1994 wurde erstmals erwogen, die Zahl der ständigen Mitglieder im Sicherheitsrat zu verdoppeln, doch konnte bis heute keine einheitliche Linie für eine Reform des Sicherheitsrats gefunden werden.

Sickingen, Franz von (1481–1523), deutscher Reichsritter. Der streitbare Adlige, der häufig das Fehdeverbot umging, errang durch geschickte Politik und zahllose Kleinkriege eine bedeutende Machtstellung am Mittelrhein. Er machte sich einen Namen als Heerführer, u. a. im Dienst der HABSBURGER. Sickingen beherbergte auf seinen Burgen zahlreiche Anhänger der Reformation wie z. B. Ulrich von Hutten und Martin Bucer. Er vertrat mit Vehemenz die Partei des niederen Adels und kämpfte gegen den sozialen Abstieg der Reichsritterschaft. 1522 zog er mit einem Söldnerheer von 7000 Mann gegen den Trierer Erzbischof, um seine Rechte zu wahren, musste aber eine vernichtende Niederlage einstecken. Wegen Landfriedensbruchs geächtet erlag er bei der Beschießung der Burg Landstuhl seinen Verletzungen.

Sieben Weltwunder siehe Seite 486/487

Siebenbürgen, Gebiet im heutigen Rumänien, auch unter dem Namen Transsilvanien bekannt. Siebenbürgen war das Zentrum der römischen Provinz Dakien. Um 270 fielen Goten, Hunnen und Slawen ein, bevor sich dort seit dem 9. Jh. UNGARN ansiedelten. 1003 wurde Siebenbürgen vom ungarischen König STEFAN I. Ungarn unterstellt, genoss jedoch ein hohes Maß an Autonomie. Seit dem 12. Jh. holten die Ungarn deutsche Siedler zur Grenzverteidigung ins Land. Siebenbürgen besaß eine eigene Verfassung, die die Union der drei Nationen zwischen den drei beherrschenden Bevölkerungsgruppen der Ungarn, Szekler und Siebenbürger Sachsen regelte. Die Rumänen blieben von dieser Union ausgeschlossen.

1526 besiegten die Osmanen die Ungarn in der Schlacht bei MOHÁCS, doch Siebenbürgen blieb ein unabhängiges Fürstentum, unterstand jedoch fortan dem OSMANISCHEN

Die ersten britischen Telegrafenkabel wurden in der Firma von Wilhelm Siemens in Woolwich an der Themse hergestellt.

REICH. Im 17. Jh. war Siebenbürgen aufgrund seiner religiösen Toleranz international bekannt. Nach der Niederlage der Osmanen vor Wien 1683 weiteten die HABSBURGER ihre Macht Richtung Südosten aus und unterstellten 1699 Transsilvanien dem Kaiser in Wien.

Der aufkommende rumänische Nationalismus fiel mit der Niederlage des Habsburgerreichs im Ersten Weltkrieg zusammen. 1920 erhielt Rumänien Siebenbürgen von den Alliierten als Dank für die Unterstützung während des Krieges. 1940 annektierte Ungarn große Teile von Siebenbürgen, die es jedoch 1947 wieder an Rumänien abtreten musste.

Siebenjähriger Krieg (1756–63), Auseinandersetzung zwischen Preußen, Großbritannien und Hannover auf der einen, Österreich, Frankreich, Russland, Sachsen, Schweden und Spanien auf der anderen Seite. Während ÖSTERREICH um die Wiedergewinnung von SCHLESIEN gegen Preußen kämpfte, führten Großbritannien und Frankreich gleichzeitig einen Krieg um die Kontrolle über ihre nordamerikanischen und indischen Kolonien.

Der Frieden von AACHEN 1748 verstärkte den preußisch-österreichischen Dualismus und führte zu politischen Spannungen in Europa. Daher schloss der preußische König FRIEDRICH II. DER GROSSE 1756 mit Großbritannien den Vertrag von Westminster zum Schutz Hannovers, dem Stammland der britischen Krone, während sich MARIA THERESIA von Österreich und ihr Kanzler Wenzel Anton Graf von KAUNITZ mit Frankreich und Russland verbündeten.

Der Krieg begann mit dem Einmarsch Preußens in Sachsen im August 1756. Trotz der Siege bei Roßbach und Leuthen befand sich Friedrichs Heer 1759 angesichts der militärischen Übermacht seiner Gegner in einer verzweifelten Lage, doch die Uneinigkeit der Verbündeten nach der Schlacht bei Kuners-

dorf rettete Friedrich II. den Großen vor dem Untergang. Unterdessen erzielten die Briten in den Kolonien und auf See gegen die Franzosen eine Reihe von Erfolgen: James WOLFE eroberte Quebec und Montreal, Admiral Edward Hawke zerstörte die französische Flotte vor der bretonischen Küste und auf dem indischen Subkontinent errang Robert Clive die Kontrolle über Bengalen. In Russland bestieg 1762 Zar Peter III. den Thron, der Friedrich II. den Großen verehrte. Der Zar stieg aus der antipreußischen Allianz aus und schloss mit Preußen und Schweden Frieden. Im folgenden Jahr unterzeichneten Preußen, Österreich und Sachsen auf der Hubertusburg bei Leipzig einen Friedensvertrag, während Großbritannien, Frankreich und Spanien den Frieden von PARIS schlossen. Preußen ging aus dem Krieg als fünfte europäische Großmacht hervor, Großbritannien etablierte sich als führende Kolonialmacht der Welt.

Siegfriedstellung, befestigtes Verteidigungssystem Deutschlands, das im ERSTEN WELTKRIEG nach dem Kampf um Verdun 1916 errichtet wurde. Diese begradigte Verteidigungslinie erstreckte sich quer durch Frankreich von Arras nach Soissons. Die Alliierten verwendeten hierfür die Bezeichnung Hindenburglinie. 1917 konnte die deutsche Armee entlang der Siegfriedlinie eine Verteidigungsfront aufrechterhalten, obwohl ihre Truppen schon große Verluste erlitten hatten. Im Zweiten Weltkrieg bezeichneten die Briten den Westwall ebenfalls als Siegfriedlinie.

Siegmund (1368–1437), letzter Kaiser aus der Dynastie der Luxemburger. Siegmund, Sohn Kaiser KARLS IV., wurde 1387 König von Ungarn. 1411 erbte er den deutschen Thron. Seine Herrschaft war geprägt vom Kampf gegen die Glaubensgemeinschaft der HUSSITEN in Böhmen. Als strenger Katholik bekämpfte er die Hussiten aufs Schärfste. Nachdem er Papst Johannes XIII. gezwungen hatte, zur Wiederherstellung der kirchlichen Einheit 1415 ein Konzil nach KONSTANZ einzuberufen, brach er sein Versprechen, den Gesandten der Hussiten freies Ge-

leit zu gewähren. Er ließ ihren Führer Jan Hus verhaften und willigte in seine Hinrichtung ein.

Dieses Todesurteil entfachte nicht nur die Hussitenkriege, sondern führte auch dazu, dass sich erheblicher Widerstand formierte, als Siegmund 1420 die Krone Böhmens erbte. Obwohl Siegmund durch mehrere blutige Kriegszüge versuchte, den Widerstand Böhmens zu brechen, weigerten sich die Tschechen, Siegmund als ihren neuen König anzuerkennen. 1433 wurde Siegmund zum Kaiser des Heiligen Römischen Reiches gekrönt, drei Jahre später erreichte er auch seine Anerkennung als König von Böhmen.

Trotz der zahlreichen Kriege, die er führte, verstand sich Siegmund als ein Herrscher, der die Einheit des christlichen Glaubens gegen äußere Angriffe – Hussiten wie Osmanen – zu wahren versuchte.

Siemens, deutsche Industriellenfamilie, die auf Werner von Siemens zurückgeht. Der 1816 bei Hannover geborene Werner machte zusammen mit seinem jüngeren Bruder Wilhelm im 19. Jh. grundlegende Erfindungen auf den Gebieten der Elektrotechnik und der Telegrafie. Als Artillerieoffizier in der preußischen Armee entwickelte Werner von Siemens für die Armee ein neues Telegrafensystem, bei dem der bisher verwendete optische Telegraf durch eine elektrische Telegrafie ersetzt wurde. 1847 gründete er mit dem Mechaniker Johann Georg Halske die „Telegraphenbauanstalt Siemens & Halske", die Keimzelle der heutigen Siemenswerke. 1848 erhielt die Gesellschaft den Auftrag zum Bau einer Telegrafenleitung von Berlin nach Frankfurt. In den folgenden Jahrzehnten wurden alle größeren Städte Norddeutschlands in das Telegrafennetz eingebunden.

Der 1823 geborene Wilhelm Siemens studierte Ingenieurwesen und ging 1843 nach Großbritannien, um die von seinem Bruder entwickelten elektrotechnischen Erfindungen zu vertreiben. Gleichzeitig machte er auch eigene Entwicklungen wie den Regenerativofen zur Glasschmelze, der später auch bei der Stahlerzeugung eingesetzt wurde. Das Patent für dieses Verfahren meldete er gemeinsam mit seinem jüngeren Bruder Friedrich an.

Die Siemens-Unternehmen waren weltweit gut im Geschäft. So verlegten sie Telegrafenkabel durch das Mittelmeer und von Europa nach Indien. 1852 baute man die erste große Telegrafen-Überlandline von Finnland nach Odessa auf der Krim. 1855 gründete Carl, der jüngste der Siemensbrüder, ein eigenes Geschäft in Russland. Derweil leitete Wilhelm die Londoner Vertretung, in der

> **WUSSTEN SIE, DASS?**
>
> *1879 führte Werner von Siemens auf der Berliner Gewerbeausstellung erstmals eine elektrisch betriebene Lokomotive vor. Ihre Energie bezog sie von einem eigens entwickelten Dynamo.*

Fortsetzung S. 488

Die sieben Weltwunder des Altertums

In der Antike riefen einige Baudenkmäler allein durch ihre Größe bei den Zeitgenossen ehrfürchtiges Staunen hervor. Erhalten haben sich von den sieben klassischen Meisterwerken bis zum heutigen Tag allerdings nur die ägyptischen Pyramiden.

Die alten Griechen unternahmen ausgiebige Reisen. Sie besuchten die Länder des Mittelmeerraums und lernten so andere Zivilisationen kennen. Sie machten sich Notizen von den herausragenden Bau- und Kunstwerken, denen sie auf ihren Reisen begegneten, und fertigten schließlich sogar eine Liste mit den Bau- und Kunstwerken an, die sie für die bedeutendsten hielten. Im Folgenden werden die Bauten vorgestellt, die die Griechen als die sieben Weltwunder bezeichneten.

PYRAMIDEN VON GISEH

Die Pyramiden wurden zur Zeit der vierten ägyptischen Dynastie 2590–2470 v. Chr. für die Pharaonen Cheops, Chephren und Mykerinos und ihre Gemahlinnen erbaut. Sie sind die ältesten und zugleich die einzigen noch bestehenden Bauten der Sieben Weltwunder. Als die alten Griechen die Pyramiden entdeckten, waren sie bereits 2000 Jahre alt. Bei den Pyramiden handelte es sich um Grabmäler, die die königlichen Mumien und die mit ihnen bestatteten Schätze auf ewig gegen Eindringlinge schützen sollten. Sie symbolisierten auch den Ort, von dem aus der Geist des als Gott verehrten Pharaos zu seinen göttlichen Verwandten in den Himmel aufstieg. An den Pyramiden wurden darüber hinaus täglich Opfergaben dargeboten. Die Cheops-Pyramide ist die größte der drei Pyramiden. Sie war 147 m hoch – heute nur noch 137 m – und hat einen quadratischen Grundriss mit einer Seitenlänge von 230 m. Sie besteht aus etwa 2,3 Mio. Steinblöcken. Die meisten dieser Quader wiegen durchschnittlich 2,8 t. Die Steinblöcke sind so exakt geschnitten, dass es unmöglich ist, eine Messerklinge zwischen zwei Blöcke zu setzen. Zum Bau der Pyramide wurden mehr als 5000 ausgebildete Steinmetze eingesetzt, dazu kamen noch 100 000 Landarbeiter, die die Quader aus den Steinbrüchen und dann weiter bis zum Bauplatz zogen.

HÄNGENDE GÄRTEN IN BABYLON

Der Sage nach sehnte sich Amyitis, eine Prinzessin vom Volk der Meder, nach ihrer Vermählung mit dem babylonischen König Nebukadnezar II. im 6. Jh. v. Chr. nach der Berglandschaft ihrer alten Heimat. Aus Liebe ließ der König ihr einen künstlichen Berg bauen. Dieser Berg ähnelte in seiner Form wahrscheinlich einer babylonischen Zikkurat, einem stufenförmigen Tempel, der in aufsteigender Richtung von Stufe zu Stufe kleiner wird. Man nimmt an, dass die gesamte Konstruktion etwa 40 m hoch war. Die einzelnen Terrassen bepflanzte man mit Blumen, Sträuchern und Bäumen, die der König aus dem gesamten Königreich und aus fernen Ländern kommen ließ. Um die Pflanzen in der kargen Landschaft am Leben zu erhalten, benötigte jede Terrasse ein eigenes Bewässerungssystem. Man nimmt an, dass Sklaven mittels einer Tretmühle Wasser zu den einzelnen Terrassen beförderten. 538 v. Chr. eroberten die Perser das babylonische Reich und die Stadt verfiel. Damit verschwanden auch die hängenden Gärten. Vor nicht allzu langer Zeit legten Archäologen in der Nähe des südlichen Palastes das Fundament eines großen viereckigen Gebäudes frei. Dabei könnte es sich um die legendäre Gartenanlage handeln, die manche antiken Quellen auch der Königin Semiramis zuschreiben.

ARTEMISTEMPEL IN EPHESUS

Der Tempel wurde Mitte des 6. Jh. v. Chr. mit finanzieller Unterstützung des legendären lydischen Königs Krösus errichtet und war der Fruchtbarkeitsgöttin Artemis, Tochter des Zeus, geweiht. Artemis, die bei den Römern Diana hieß, war die Göttin der Jagd. Der stufenförmige Tempel aus Kalkstein und Marmor hatte einen Grundriss von 131 m auf 79 m. Er besaß 117 üppig verzierte Marmorsäulen, die jeweils 20 m hoch waren. Die Anlage gehörte zu den größten Tempeln der griechischen Welt. Im Innern des Tempels befand sich eine eigenartige, vielbrüstige Statue der Göttin, die viele Pilger nach Ephesus zog. 356 v. Chr. zerstörte ein Feuer den Tempel. Er wurde jedoch später auf Anordnung Alexanders des Großen wieder aufgebaut. Im 3. Jh. n. Chr. plünderten die Goten den Tempel und heute zeugen nur noch ein paar Steinblöcke von seiner einstigen Größe.

STANDBILD DES ZEUS IN OLYMPIA

Olympia war der bedeutendste Kultort des griechischen Gottes Zeus. Im Rahmen der Festlichkeiten zu Ehren der Götter hielten die Griechen hier ihre athletische Wettbewerbe ab wie die Olympischen Spiele. In den Jahren 466–56 v. Chr. errichtete man in Olympia einen imposanten Zeustempel. Es dauerte jedoch noch einige Jahre, bis Phidias, der berühmteste Bildhauer der Antike, den Auftrag erhielt, eine Zeusstatue anzufertigen, die an Glanz und Schönheit dem Tempel in nichts nachstehen sollte. Um 435 v. Chr. vollendete er einen thronenden Zeus, der in der Linken einen Stab trägt, auf dessen Spitze ein Adler sitzt, und in der Rechten die Figur der Siegesgöttin Nike hält. Die gewaltige Statue war 13 m hoch. Sie besaß ein hölzernes Skelett, das mit einer Außenhülle aus Gold und Elfenbein umgeben war. Nach der Christianisierung des Römischen Reiches wurden die Olympischen Spiele 394 verboten. Die Statue des Zeus, die Kaiser Theodosius II. nach Konstantinopel bringen ließ, wurde bei einem Palastbrand 462 völlig zerstört.

MAUSOLEUM IN HALIKARNASSOS

König Mausolos, persischer Satrap und Herrscher über Karien in der heutigen Türkei, und seine Gemahlin Artemisia ließen sich im 4. Jh. v. Chr. in Halikarnassos, dem heutigen Bodrum, ein kolossales Grabmal errichten. Mausolos starb vor der Vollendung des Werkes, aber Artemisia setzte die Arbeit fort und so wurde die Grabstätte 350 v. Chr. fertig gestellt. Das Fundament des Monuments bestand aus einem Quadersockel, der sich aus drei immer kleiner werdenden Stufen zusammensetzte. Jede Stufe wurde von mehr als 300 prächtigen Statuen von Menschen und Tieren verziert, die griechische

Bildhauer angefertigt hatten. Das Hauptgeschoss des Monuments über der dritten Stufe war von Säulen und weiteren Statuen umgeben. Darüber ragte eine Pyramide empor, auf deren Spitze eine in Marmor gehauene Quadriga stand. Das Grabmal war rund 50 m hoch. Die Asche des verstorbenen Königspaars wurde in Goldurnen am Fuß des überaus prächtigen Monuments beigesetzt. Bald wurde die Grabstätte nach ihrem Erbauer Mausoleum benannt. Unter diesem Namen ging sie in die Geschichte ein. Im heutigen Sprachgebrauch bezeichnet das Wort Mausoleum ein prächtiges Grabmal. Im Mittelalter wurde die antike Grabstätte durch ein Erdbeben völlig zerstört. 1489 verwendeten Johanniter die Steine der Ruine für den Bau ihrer nahe gelegenen Burg.

KOLOSS VON RHODOS

Nachdem die Bewohner von Rhodos der Belagerung durch die Makedonier im Jahr 305/04 v. Chr. erfolgreich standgehalten hatten, ließen sie aus Dankbarkeit ihrem Sonnengott Helios eine gewaltige Statue errichten. Die Arbeiten unter der Leitung des Baumeisters Chares von Lindos dauerten zwölf Jahre und wurden 280 v. Chr. beendet. Die Konstruktion hatte vermutlich einen Eisenrahmen, auf dem die einzelnen Bronzeteile der Statue befestigt wurden. Um den über 30 m hohen Koloss standfest zu machen, füllte man sein Inneres mit Steinen.

Der Sage nach stand der Koloss mit gespreizten Beinen über der Hafeneinfahrt von Rhodos. In Wahrheit jedoch hatte man ihn im Stadtzentrum errichtet, von wo aus er in Richtung Meer blickte. Bei einem Erdbeben 226 v. Chr. brach die Statue an den Knien entzwei und kippte um. Daraufhin befragten die Bewohner von Rhodos ein

Orakel, was zu tun sei. Das Orakel gab den Rat, die Riesenstatue nicht wieder aufzubauen. 654 n. Chr. sammelten syrische Eroberer die Bronzeteile auf, um daraus Münzen herzustellen.

LEUCHTTURM VON ALEXANDRIA

Auf der Insel Pharos, die an der gefährlichen Einfahrt zum Hafen von Alexandria lag, wurde im 3. Jh. v. Chr. ein Leuchtturm errichtet. Auf dem Sockel aus riesigen Steinblöcken stand ein rechteckiger Turm, um den eine spiralförmige Rampe führte. Über diese Rampe erreichte man einen dritten, zylinderförmigen Turm, auf dessen Spitze eine Zeusstatue thronte und in dem das Feuer brannte. Von hier aus wurde das Licht mithilfe von dünnen Bronzescheiben aufs Meer reflektiert. Bei Nacht konnten die Schiffsbesatzungen das von dem 117 m hohen Leuchtturm ausgesendete Licht bis auf eine Entfernung von 50 km sehen. Bei Tag stieg zum Schutz der Seeleute Rauch aus dem Turm empor. Im 14. Jh. zerstörte ein Erdbeben den Leuchtturm und auf seinen Ruinen wurde eine Mameluckenfestung errichtet.

Auf der Spitze der Pyramide steht eine Marmorstatue von Mausolos. Der König lenkt einen vierspännigen Streitwagen.

Löwen, die die Sonnenverehrung symbolisieren, heben die Nähe von König Mausolos zum Sonnengott Helios hervor.

So in etwa muss das aus weißem Marmor errichtete Mausoleum in Halikarnassos ausgesehen haben. Zeitgenossen bestaunten die Größe und Pracht der Grabstätte von König Mausolos und seiner Gattin Artemisia.

Entlang dem Sockel der dritten Stufe verläuft ein Relief, das den Kampf zwischen Griechen und Amazonen darstellt.

Zwischen ionischen Säulen stehen überlebensgroße Statuen von trauernden Frauen und Männern.

der Vertrieb und Verkauf von elektrischen Lampenanlagen, elektrischen Straßenbahnen und Telegrafenkabeln erfolgte. Außerdem wurde unter seiner Leitung das Dampfschiff *Faraday* gebaut, das erste Schiff, das auf dem Meeresboden Kabel verlegen konnte. 1859 erhielt Wilhelm die britische Staatsangehörigkeit und 1883 den Adelstitel. Werner wurde 1888 in den deutschen Adelsstand erhoben.

Sierra Leone, westafrikanischer Staat, der im 16./17. Jh. das Zentrum des schwarzafrikanischen Sklavenhandels bildete. Etwa um die Mitte des 15. Jh., als der portugiesische Seefahrer Pedro de Cintra erstmals nach Sierra Leone gelangte, zogen die einheimischen Volksstämme vom Landesinneren an die Küste. Bis zu Beginn des 16. Jh. hatte sich der Sklavenhandel zum Hauptwirtschaftszweig der Küstenregion und des Hinterlands entwickelt. Dies endete 1787, als britische Gegner der SKLAVEREI dem örtlichen Herrscher den Küstenstreifen abkauften. Um befreiten Sklaven einen Zufluchtsort zu schaffen, gründeten sie die Stadt Freetown. 15 Jahre zuvor hatte die britische Justiz verfügt, dass ein entflohener Sklave, der nach Großbritannien gelangte, automatisch die Freiheit erlangte. Obwohl dieser erste Versuch, die Sklaverei in Sierra Leone zu beenden, fehlschlug, ließen sich die Gegner der Sklaverei nicht entmutigen. 1791 gründete Alexander Falconridge die Sierra-Leone-Kompanie und brachte ein Jahr später die ersten Siedler nach Freetown. 1808 wurde Freetown zur ersten britischen Kronkolonie in Afrika und ab 1815 brachten britische Kriegsschiffe befreite Sklaven nach Freetown.

Erst 1951 kam die Kolonie Freetown zu Sierra Leone. Zehn Jahre später erklärte das Land seine Unabhängigkeit von Großbritannien. Anfang der 80er-Jahre kam es aufgrund von Lebensmittelknappheit, Korruption und Spannungen unter den verschiedenen Stämmen zu schweren gewalttätigen Ausschreitungen. Nach dem Sturz des Militärregimes 1998 übernahm Präsident Ahmad Tejan Kabbah die Macht. Sein Ziel ist es, die Wirtschaft wieder aufzubauen.

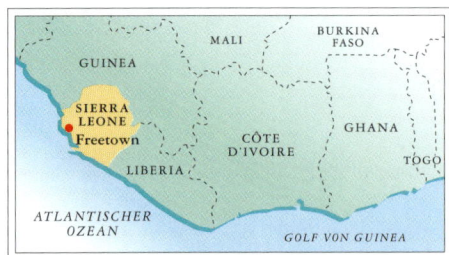

Sieyès, Emmanuel Joseph Graf (1748 bis 1836), französischer Politiker und katholischer Priester. Der allgemein unter dem Namen Abbé Sieyès bekannte Geistliche war einer der bedeutendsten Denker der FRANZÖSISCHEN REVOLUTION. Bekannt wurde Sieyès, als er 1788 als Generalvikar der Diözese Chartres eine Kampfschrift mit dem Titel *Was ist der dritte Stand?* verfasste. Er forderte eine Nation gleichberechtigter Bürger und weckte damit das Interesse der Bourgeoisie, die von den Standesprivilegien, die Adel und Klerus genossen, ausgeschlossen war. 1789 führte er als Abgeordneter der Nationalversammlung die Angriffe auf die Aristokratie an und beteiligte sich an der Ausarbeitung der neuen französischen Verfassung.

Als man ihn später fragte, was er während der Revolution getan habe, antwortete er: „Ich habe überlebt." Nach der Revolution ließ seine Popularität nach und Sieyès zog sich ins Privatleben zurück. 1799 wurde er ins Direktorium berufen und beteiligte sich am Staatsstreich, der NAPOLEON I. an die Macht brachte. Nach dessen Sturz 1815 musste Sieyès ins Exil gehen, er kehrte erst nach der JULIREVOLUTION 1830 nach Frankreich zurück.

Sihanouk, Norodom (*1922), kambodschanischer Politiker, der die Unabhängigkeit für sein Land erkämpfte. Er regierte KAMBODSCHA zunächst als König, später als Ministerpräsident und Staatschef. Kurz nach seiner Wahl zum König des von Frankreich regierten Gebiets 1941 setzte Sihanouk, der in Paris studiert hatte, auf die gerade entstehende Unabhängigkeitsbewegung Kambodschas. Schnell entwickelte er sich zu einem ausgezeichneten politischen Taktiker. Er nutzte die politischen Wirren, die durch den Indochinakrieg in Südostasien entstanden waren, um 1954 die Unabhängigkeit Kambodschas von Frankreich durchzusetzen. 1960 wurde er Staatschef.

Anfänglich blieb Sihanouk im Vietnamkrieg neutral, doch als er zur Überzeugung kam, dass die kommunistischen Truppen siegen würden, unterstützte er ihren Kurs. Dadurch machte er sich die USA zum Feind, die 1970 den Militärputsch von General Lon Nol gegen ihn förderten. Aus dem Exil in China favorisierte er die ROTEN KHMER. Nach deren Sieg 1975 kehrte Sihanouk als nomineller Staatschef nach Kambodscha zurück. Ein Jahr später wurde er wieder abgesetzt und ging erneut ins Exil.

1991 richtete man in Zusammenarbeit mit den VEREINTEN NATIONEN in Kambodscha den Obersten Nationalrat ein, dem Sihanouk als Staatschef vorstand. Seit 1993 ist Sihanouk als König Staatsoberhaupt.

Sikhismus, Religion, die aus den Lehren des mystischen indischen Gurus Nanak im 15. Jh. und seinen neun Nachfolgern entstand. Der Sikhismus entwickelte sich aus dem HINDUISMUS, Meditationen richten sich jedoch nur an einen Gott. Die von den ersten fünf Gurus erdachten Hymnen, die 1604 vom Guru Arjun zusammengestellt wurden, sind die zentralen Texte des Sikhismus und bieten den Sihks, den Anhängern des Sikhismus, Lebenshilfe. Orthodoxe Sikhs tragen stets die so genannten fünf K: *kesh* – ungeschnittenes Haar, nicht gestutzter Bart, *kangha* – einen Kamm, *kaccha* – Shorts, *kara* – stählerner oder eiserner Fuß- oder Armreif, und *kirpan* – Schwert oder Dolch.

Auseinandersetzungen mit den MOGULN im 17. Jh. führten zur Hinrichtung des fünften und des neunten Guru. 1699 errichtete

Ein Sikh vor dem Goldenen Tempel, dem höchsten Heiligtum der Sikhs, in Amritsar. 1984 stürmten indische Truppen den Tempel und beendeten die Besetzung durch Sikhs mit Gewalt.

General Sikorski leitete während des Zweiten Weltkriegs die polnische Exilregierung in London.

der zehnte und letzte Guru, Gobind Singh eine militärische Bruderschaft, deren Mitglieder sich als Akalis bezeichnen. Im 19. Jh. gründete Ranjit Singh ein mächtiges Sikh-Königreich im Pandschab, doch die Eroberung Indiens durch Großbritannien 1849 beendete die Existenz des Reiches.

Die indische Regierung gewährte 1966 den rund 11 Mio. Sikhs einen eigenen Bundesstaat. Doch die Forderung nach einem unabhängigen Sikh-Staat eskalierte in den 80er-Jahren. Trauriger Höhepunkt war die Ermordung Indira GHANDIS durch zwei ihrer Leibwächter, die dem Sikhismus verpflichtet waren.

Sikhkriege (1845–49), Auseinandersetzungen zwischen den Sikhs in Lahore und der britischen OSTINDISCHEN KOMPANIE. Im ersten der beiden Kriege überquerten 1845 Truppen der Sikhs den Fluss Sutlej und drangen nach Britisch-Indien ein. Doch ein Jahr später erlitten sie bei Aliwal und Sobraon Niederlagen und mussten mit dem Vertrag von Lahore Gebiete an Großbritannien abtreten. Großbritannien erhielt außerdem Kaschmir und setzte in Lahore einen Residenten ein.

Der Widerstand der Sikh gegen den Vertrag von Lahore führte 1848 zu einem weiteren Krieg. Der blutigen, jedoch unentschiedenen Schlacht bei Chilianwallah folgte 1849 ein deutlicher Sieg der Briten bei Gujerat über 60 000 Sikhs. Der britische Generalgouverneur annektierte 1849 das Pandschab-Gebiet.

Sikorski, Wladyslaw (1881–1943), polnischer General und Politiker, der während des Zweiten Weltkriegs in London die polnische Exilregierung leitete. 1919/20 kommandierte Sikorski Divisionen der polnischen Armee gegen die Bolschewiken, 1922/23 bekleidete er das Amt des Ministerpräsidenten und 1924/25 war er Kriegsminister. Bei Ausbruch des Zweiten Weltkriegs 1939 floh Sikorski über Frankreich nach London und wurde Vorsitzender der polnischen Exilregierung. Als sich die Sowjetunion auf die Seite der Alliierten schlug, ermutigte Sikorski polnische Kriegsgefangene in Russland, eine polnische Division zu bilden, die der Roten Armee unterstand. Die Beziehungen, die Sikorski zur Sowjetunion aufgebaut hatte, zerbrachen, als das Massaker von KATYN bekannt wurde. Sikorski starb bei einem Flugzeugabsturz unter nicht ganz geklärten Umständen.

Silicon Valley, Bezeichnung des Santa Clara County in Kalifornien südlich von San Francisco, in dem seit den späten 50er-Jahren das Zentrum der amerikanischen Mikroelektronik- und Computerindustrie liegt. Der Name stammt von den kleinen Siliconchips, die einen kompletten elektronischen Schaltkreis enthalten können und die gesamte Industrie veränderten, indem sie den Einsatz von Computern in großem Maßstab möglich machten. Ursprünglich befanden sich an diesem Ort in den 40er-Jahren Rüstungsbetriebe der amerikanischen Armee. Heute konzentriert sich im Silicon Valley vor allem die Forschung und Entwicklung neuer Technologien, während sich die Produktion und die Montage inzwischen an anderen Standorten befinden.

Simbabwe, Land im Südosten Afrikas, das früher die britische Kolonie Südrhodesien bildete. Im 5.–10. Jh. zogen bantusprachige Völker entlang dem Fluss Sambesi in Rich-

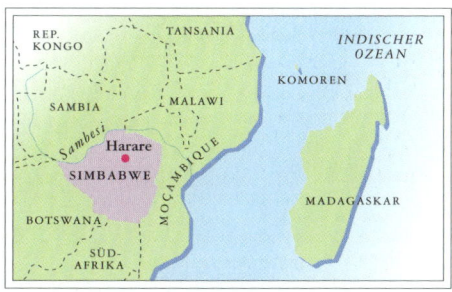

tung Süden. Sie vertrieben den dort ansässigen Stamm der Buschmänner und siedelten selbst in dem Gebiet. Im 10. Jh. exportierten sie Gold und Kupfer aus über 100 Minen nach Arabien. Seit 1250 war die Stadt Simbabwe die Hauptstadt des Shona-Königreichs der Mwene Mutapa, das zwischen den Flüssen Sambesi und Limpopo lag. Durch den Handel mit Gold, Zinn, Eisen, Kupfer, Salz und Getreide in den Küstenstädten am Indischen Ozean gelangte das Königreich zu beträchtlichem Wohlstand.

In den 30er-Jahren des 16. Jh. drangen die Portugiesen ins Land ein und errichteten Handelsniederlassungen. Im 17. Jh. verlor das Königreich immer mehr an Bedeutung und Ende des Jahrhunderts wurden die Portugiesen von den einheimischen Rotse vertrieben. Ihre Herrschaft dominierte den gesamten Süden Afrika bis 1830 der Einmarsch des Volkes der Ndebele unter ihrem Führer Mzilikazi die Rotse besiegte. Mzilikazi gründete das Königreich von Matabeleland und schloss mit der Burenrepublik TRANSVAAL einen Friedensvertrag. 1888 vergab sein Sohn Lobengula, Bergbaukonzessionen an Cecil RHODES. Siedler aus Südafrika zogen 1890 nach Norden und 1891 erklärte Großbritannien Rhodesien zum britischen Protektorat.

1923 erhielt Südrhodesien den Status einer von den weißen Siedlern selbst verwalteten Kolonie. Nach dem Wahlsieg der rechtsgerichteten Rhodesian Front 1962 wehrte sich die Kolonie gegen Forderungen Großbritanniens, Schwarze an der Regierung zu beteiligen. 1965 erklärte Premierminister Ian Douglas Smith einseitig die Unabhängigkeit Rhodesiens und versuchte auf diese Weise, die Herrschaft der weißen Minderheit zu sichern. Großbritannien verhängte daraufhin Wirtschaftssanktionen gegen das Land, die vom SICHERHEITSRAT der Vereinten Nationen bestätigt wurden. Im Land selbst entfachten die Guerillakämpfer der Zimbabwe African People's Union ZAPU und der Zimbabwe African National Union ZANU einen Bürgerkrieg, da sie die neue Verfassung nicht anerkannten.

Nach einer Verfassungskonferenz in London 1979 wurde Robert Gabriel Mugabe, der Führer der ZANU, zum Premierminister gewählt und im folgenden Jahr wurde Rhodesien offiziell in die Unabhängigkeit entlassen und nannte sich fortan Simbabwe. 1987 erhielt das Land eine neue Verfassung und ZAPU und ZANU schlossen sich zu einer Partei zusammen. 1995 wurde Mugabe zum vierten Mal in Folge wieder gewählt. Der Führer der einzigen Oppositionspartei, die Sitze im Parlament erringen konnte, Ndabaningi Sithole wurde 1995 verhaftet, da er verdächtigt wurde, an einer Verschwörung beteiligt zu sein, die die Ermordung Mugabes plante.

Simonie, Kauf und Verkauf von geistlichen Gütern, wie beispielsweise der Verkauf von Sündenerlässen. Auf die Simonie konzentrierte sich die Kritik, die während der REFORMATION an der katholischen Kirche geübt wurde. Der Name Simonie stammt aus dem neutestamentlichen Bericht über Simon Magus, der Petrus den Heiligen Geist abkaufen wollte.

Simonie ermöglichte Klerikern, die Politik der Kirche zu umgehen, ihr Vermögen und vor allem ihre Ländereien nicht verkaufen zu dürfen. Die reichen Ländereien boten

Großformatige Graffiti und Wandmalereien im nordirischen Londonderry – für irische Nationalisten nur Derry – zeigen deutlich die Unterstützung für die Ziele von Sinn Féin und IRA.

oft ein hohes Einkommen und viele Adlige des Mittelalters beanspruchten diese Ländereien für sich, um sie nach ihren Vorstellungen zu bestellen oder zu verkaufen. Wenn die Kirche ihre Besitztümer in Gefahr sah, verkaufte sie Ämter wie die Verwaltung von Pfarreien, Klöster oder sogar ganze Diözese an Mitglieder wohlhabender Familien. Dadurch verlor die Kirche zwar die Einkünfte aus ihren Pfründen, blieb jedoch vor dem Gesetz Eigentümerin des Landes. Durch die Simonie waren die Geldtruhen der Kirche immer gut gefüllt. Später umfasste die Simonie auch den Kauf oder Verkauf von allen kirchlichen Ämtern.

Singapur, Stadtstaat in Südostasien. 1819 erwarb Thomas Stamford Raffles Singapur im Auftrag der britischen OSTINDISCHEN KOMPANIE von Sultan Johore. Schon bald entwickelte sich Singapur unter Raffles zu einem wichtigen Handelshafen an der Spitze der Halbinsel Malakka. 1867 bildete Singapur zusammen mit anderen britischen Niederlassungen an der Malakkastraße eine eigene Kolonie. Den wirtschaftlichen Aufschwung verdankte die Region vor allem den eingewanderten Chinesen.

Nach dem Ersten Weltkrieg bauten die Briten Singapur zu einem strategisch wichtigen Militärhafen aus, den die Japaner 1942 innerhalb von nur acht Tagen eroberten. Am 15. Februar musste sich die 80 000 Mann starke Garnison aus britischen, indischen und australischen Soldaten ergeben; bis zum Ende des Krieges blieb Singapur in japani-

scher Hand. 1959 erlangte die Stadt unter Lee Kuan Yew die innere Selbstverwaltung. 1963 wurde Singapur Mitglied der Föderation Malaysia, doch schon 1965 erfolgte der Ausschluss, da man eine Diskriminierung der Malayen durch den überwiegend chinesischen Bevölkerungsteil befürchtete. Seit 1965 wird Singapur von der konservativ ausgerichteten People's Action Party regiert.

Sinn Féin, irische politische Partei, die die Gründung eines geeinten IRLANDS anstrebt. Sie wurde 1902 von Arthur Griffith als eine Bewegung gegründet, die vorgab, die irische Kultur zu fördern. Der Name Sinn Féin ist gälisch und bedeutet „wir selbst". Schon bald wurden die politischen Ambitionen der Sinn Féin deutlich, als sie 1916 die militant nationalistischen Kämpfer des OSTERAUFSTANDS unterstützte. Drei Jahre später war die Sinn Féin eine treibende Kraft bei der Gründung der IRA, der Irisch Republikanischen Armee. Die Sinn Féin errang die Mehrheit der irischen Stimmen bei den britischen Parlamentswahlen 1918, doch die gewählten Politiker weigerten sich, ihre Arbeit in London aufzunehmen, und versammelten sich in Dublin, wo sie 1919 die Unabhängigkeit Irlands ausriefen. Obwohl daraufhin viele von ihnen verhaftet wurden oder vor den britischen Behörden fliehen mussten, richteten sie ein eigenes Parlament, das Dáil Éireann, ein.

Daraufhin kam es zu einem Guerillakrieg gegen die Polizei und die britischen Truppen in Irland, der sich auch nach der Anerken-

nung Irlands als Freistaat und der Einrichtung NORDIRLANDS als Teil Großbritanniens im Dezember 1921 fortsetzte. In der Folgezeit spaltete sich die Partei und verlor zunehmend an Bedeutung.

1993 bot die britische Regierung der Sinn Féin, die sich zum politischen Arm der IRA entwickelt hatte, an, sie an den Friedensgesprächen über Nordirland zu beteiligen. Doch die Glaubwürdigkeit der Sinn Féin wurde schwer erschüttert, als die IRA einen 18-monatigen Frieden im Februar 1996 abrupt beendete und in Großbritannien wieder Bombenanschläge verübte.

Sinowjew, Grigorij Jewsejewitsch (1883–1936), sowjetischer Kommunistenführer. Obwohl er der RUSSISCHEN REVOLUTION von 1917 ablehnend gegenüberstand, war er 1919–26 Vorsitzender des Exekutivkomitees der KOMINTERN, der internationalen Organisation aller kommunistischen Parteien. Im Oktober 1924 gelangte ein Brief an die kommunistische Partei Großbritanniens, der anscheinend von Sinowjew unterschrieben war und in dem der Autor auf eine baldige Revolution in Großbritannien drängte. Als der Brief vier Tage vor den Parlamentswahlen in britischen Zeitungen erschien, verlor die erste britische Labour-Regierung die Wahl. Später ging man übrigens davon aus, dass es sich bei der Unterschrift um eine Fälschung gehandelt habe. Nach Lenins Tod 1924 bildete Sinowjew gemeinsam mit Jossif STALIN und Lew Kamenew die so genannte Troika zur Führung der Partei. Doch schon bald verlor Sinowjew an Macht und wurde nach dem ersten Schauprozess während Stalins Säuberungen hingerichtet.

Sioux, Gruppe sprachverwandter nordamerikanischer Indianerstämme. Der Name ist eine Verballhornung des indianischen Wortes Schlange bzw. Feind. Die im nördlichen Flachland lebenden sieben Stammesgruppen gliederten sich in die drei Verbände Dakota, Nakota und Lakota. Letzterer ist der größte und bekannteste von ihnen. Ihm entstammte der Häuptling SITTING BULL. Heute leben etwa 70 000 Sioux in den Reservaten der USA und Kanadas.

Sitting Bull (um 1831–90), Häuptling der Sioux-Indianer, dessen Widerstand gegen die Ansiedlung seines Volkes in Reservaten 1876 zur Schlacht am Little Bighorn River führte, in der General George CUSTER ums Leben kam. Sitting Bulls Ruf, ein hervorragender Kämpfer zu sein, stammte aus den Kriegen der Sioux gegen die Crow-Indianer und dem bewaffneten Widerstand gegen die Weißen in der Zeit 1860–80. Die Kampflust des Indianerhäuptlings, der sich gegen die Zwangsansiedlung seines Stammes wehrte, provozierte Custer zu dem verhängnisvol-

WUSSTEN SIE, DASS?

Die Japaner bereiteten zehn Jahre lang die Besetzung Malaysias und Singapurs vor, indem sie Agenten in die Region einschleusten, die als Fotografen, Kaufleute oder Bordellbesitzer die Landschaft für militärische Zwecke fotografierten und kartographierten.

len Feldzug gegen die Sioux. Trotz seines Sieges musste Sitting Bull nach Kanada fliehen, erst 1881 kehrte er aufgrund einer Amnestie der amerikanischen Regierung in die USA zurück. Bei einem der vielen weiteren Aufstände wurde Sitting Bull getötet, als er sich seiner Festnahme widersetzte.

Sitzkrieg, Phase des Zweiten Weltkriegs an der MAGINOTLINIE, die den Zeitraum vom 3. September 1939 bis zum Beginn der deutschen Westoffensive am 10. Mai 1940 umfasste. Am 1. September 1939 überfiel die deutsche Wehrmacht Polen. Großbritannien und Frankreich forderten ultimativ den Rückzug der deutschen Truppen. Nach Ablauf der gesetzten Frist erklärten beide Staaten Deutschland am 3. September 1939 zwar den Krieg, blieben aber an der deutschen Westgrenze militärisch passiv, obwohl das deutsche Heer zu diesem Zeitpunkt eine Großoffensive nicht hätte abwehren können. Da Frankreich sein Versprechen, am 15. Kriegstag Deutschland anzugreifen, nicht einhielt und Großbritannien sich auf eine weitgehend wirkungslose Blockadepolitik beschränkte, standen sich deutsche und französische Soldaten in ihren Stellungen auf Sichtweite gegenüber und warteten auf ihren Einsatz.

Sixtus IV. (1414–84), Franziskanerpriester und seit 1471 Papst. Er gab den Bau der nach ihm benannten Sixtinischen Kapelle in Auftrag. Sixtus IV. stellte großzügige Geldmittel zur Förderung der Kunst und zur Finanzierung seiner Feldzüge zur Verfügung, die ihn zu einem mächtigen Herrscher in Mittelitalien machten. Seine zwei Angriffe gegen die Osmanen 1472–76 stärkten die politische und territoriale Macht des Papstes. Im Krieg gegen Venedig 1483 war er weniger erfolgreich, außerdem schlug sein Versuch fehl, die mächtigen MEDICI in Florenz zu stürzen. 1478 leitete er den Beginn der Inquisition ein und ernannte 1483 Tomas de TORQUEMADA zum Großinquisitor. Im letzten Jahr seines Papsttums konzentrierte sich Sixtus IV. auf die Förderung der Interessen seiner Familie, sechs der von ihm eingesetzten 34 Kardinäle waren seine eigenen Neffen.

Sixtus V. (1521–90), Papst, der in den fünf Jahren im Amt Rom aus einer mittelalterlichen in eine Stadt des Barock verwandelte. Der Geistliche war in Italien ein bekannter Franziskanerprediger. Vor seiner Wahl zum Papst 1585 gehörte er drei Jahre lang in Venedig zum Kreis der Inquisitoren. Er reformierte die zentrale Kirchenverwaltung und verringerte die Anzahl der Kardinäle erheblich. Außerdem führte die Neuordnung des Kirchenstaats zu einer beträchtlichen Erhöhung der Einnahmen, mit denen das umfangreiche Bauprogramm in Rom finanziert werden konnte.

Sizilianische Vesper, Massaker an den französischen Bewohnern Siziliens am Ostermontag 1282 während der Zeit des Vespergottesdienstes. Der Aufstand richtete sich gegen das Haus Anjou und beendete ihre Herrschaft in Italien. 1268 hatte Karl I. von Anjou dem letzten STAUFER Konradin die entscheidende Niederlage zugefügt und erhielt zum Dank von Papst Urban IV. das Königreich Sizilien und Neapel. Hohe Steuern und Karls I. strenges Regime brachten die Bevölkerung gegen die Franzosen auf; innerhalb eines Monats nach dem Massaker waren alle Franzosen ermordet oder zur Flucht gezwungen worden. Sizilien fiel an Peter III. von Aragon.

Sizilien, Mittelmeerinsel vor der Südwestküste Italiens. Im 8. Jh. v. Chr. besiedelten die Griechen die Ost- und Südküste, während die Phönizier Handelshäfen an der Westküste gründeten. 300 Jahre lang lebten die beiden Völker friedlich zusammen, doch im frühen 5. Jh. kam es zur Auseinandersetzung zwischen der phönizischen Hafenstadt Karthago und dem griechischen Syrakus auf Sizilien, wodurch die Insel immer wieder zum Schauplatz von Kriegen wurde.

241 v. Chr. eroberten die Römer Sizilien. Während der Zeit der VÖLKERWANDERUNG besetzten erst die Vandalen, dann die Ostgoten die Insel. Belisarius, Feldherr von Kaiser JUSTINIAN I., machte Sizilien 535 n. Chr. zu einem Teil des BYZANTINISCHEN REICHES, ehe im 9. Jh. die Araber nach langen, blutigen Kämpfen die Macht errangen. In den zwei Jahrhunderten arabischer Herrschaft erlebte Sizilien eine kulturelle und wirtschaftliche Blüte, die mit der Eroberung durch die Normannen im 11. Jh. ein Ende fand. Auf diese folgten die STAUFER und nach ihnen fiel Sizilien an das Haus Anjou, deren Herrschaft mit der SIZILIANISCHEN VESPER im Jahr 1282 endete.

Anschließend wurde Sizilien vom spanischen Haus Aragon regiert. 1798 erlitt Ferdinand, der gleichzeitig König von Sizilien und Neapel war, eine Niederlage gegen die französische Revolutionsarmee, die bereits Neapel erobert hatte. Als die Franzosen auf Sizilien eine Republik ausriefen, suchte Ferdinand den Schutz Großbritanniens in der Inselhauptstadt Palermo und kehrte im Juni 1799, eskortiert von Admiral Horatio NELSON, als Sieger nach Neapel zurück. 1806 musste Ferdinand erneut den Schutz der Briten suchen, als Napoleon I. seinen General Joachim MURAT als König von Neapel einsetzte. Auf den Druck der Briten verkündete Ferdinand 1812 eine Verfassung nach britischem Vorbild und richtete ein Parlament ein, konnte jedoch die Macht der Feudalherren nicht brechen. Sowohl er als auch sein Sohn Ferdinand II. waren beim Volk unbeliebt und so bot Sizilien den idealen Nährboden für Nationalisten, die eine Einigung Italiens anstrebten.

Die erste Revolution in Italien fand 1848 in Palermo statt. 1860 erreichte Giuseppe GARIBALDI mit seinem Zug der Tausend Sizilien und befreite die Insel vom verhassten

Sizilien im Schnittpunkt der Kulturen: Die Griechen errichteten monumentale Tempel (oben), die Römer verewigten sich mit prächtigen Mosaiken, die Szenen aus dem Alltag darstellten (links).

Leben in Sklaverei

Sklaven gab es seit dem Altertum, doch erst im 18. Jh. nahm der Sklavenhandel gewaltige Ausmaße an, und Millionen von Schwarzafrikanern wurden über die Ozeane in ferne Länder verkauft.

Eines der ersten Beispiele für die Sklaverei findet sich in der Bibel, als Joseph nach Ägypten verkauft wurde. In der Welt des Altertums gehörten Sklaven zum alltäglichen Leben. Für die Griechen besaßen Sklaven keinerlei Rechte und waren das persönliche Eigentum ihres Besitzers, mit dem er machen konnte, was er wollte. Die Gesellschaft der Antike basierte zu einem nicht geringen Teil auf Sklavenarbeit. Bei den Sklaven handelte es sich zumeist um Kriegsgefangene, die für die siegreichen Eroberer arbeiten mussten. Sie fügten sich allerdings nicht immer widerspruchslos in ihr Schicksal. Der bekannteste Sklavenaufstand fand 73 v. Chr. im Römischen Reich unter Spartakus statt.

Mit der Entdeckung Amerikas 1492 durch Christoph Kolumbus entwickelte sich eine neue Dimension der Sklaverei. Als Kaiser Karl V. 1517 das Verbot aufhob, Schwarzafrikaner als Sklaven in die spanischen Kolonien Amerikas zu verkaufen, setzte ein schwunghafter Handel mit Menschen ein.

Auch andere Nationen beteiligten sich an diesem äußerst lukrativen Geschäft. So gründeten geschäftstüchtige britische Kaufleute 1660 The Royal African Company. Schon wenige Jahre später dominierte Großbritannien den Sklavenhandel.

MENSCHEN GEGEN GELD

Beladene Schiffe segelten von Bristol und Liverpool nach Westafrika, wo die Sklaven in der Regel gegen die mitgeführte Handelsware eingetauscht wurden. Die Briten fingen selbst keine Sklaven, sie kauften sie von einheimischen Sklavenhändlern, die ihre Landsleute in Kriegen oder bei Überfällen gefangen genommen hatten. Die Händler verlangten von den Sklavenjägern „frische Ware": keine Alten, Kranken oder schwächliche Kinder, sondern gesunde, kräftige junge Männer und Frauen. Das Elend unter den Betroffenen war

Links: Auf einem Flugblatt von 1823 werden in Virginia Schwarze zum Verkauf angeboten. Unten: Auf Antigua pflanzen Sklaven Zuckerrohr. Rechts: Kupfermarken aus South Carolina kennzeichnen Sklaven, die von ihren Besitzern ausgeliehen wurden.

unermesslich: Familien wurden auseinander gerissen, ältere Menschen ausgesetzt und Kinder zu Waisen gemacht.

Sobald die Schiffe voll beladen waren, legten sie nach Amerika oder in Richtung der Westindischen Inseln ab. Die Gefangenen lagen dicht gedrängt in den Laderäumen. Die hygienischen Zustände spotteten jeder Beschreibung. Unter Deck brachen Krankheiten aus und die Toten warf man einfach über Bord. Etliche Sklaven versuchten sich umzubringen, indem sie von Bord sprangen oder die Nahrung verweigerten. Wer aufsässig war, wurde ausgepeitscht.

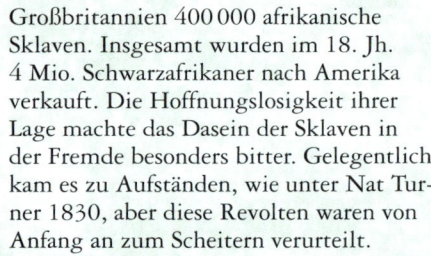

Wer den Transport unter diesen unmenschlichen Bedingungen überlebte, wurde in der Neuen Welt für die Arbeit auf Zuckerrohr-, Tabak- und Baumwollplantagen verkauft. Der Bedarf an billigen Arbeitskräften war grenzenlos – und die Gewinne aus dem Sklavenhandel ebenfalls. Nie zuvor waren so viele Menschen zwangsweise von einem Kontinent auf einen anderen gebracht worden. In den Jahren 1795–1804 verschiffte allein Großbritannien 400 000 afrikanische Sklaven. Insgesamt wurden im 18. Jh. 4 Mio. Schwarzafrikaner nach Amerika verkauft. Die Hoffnungslosigkeit ihrer Lage machte das Dasein der Sklaven in der Fremde besonders bitter. Gelegentlich kam es zu Aufständen, wie unter Nat Turner 1830, aber diese Revolten waren von Anfang an zum Scheitern verurteilt.

KAMPF GEGEN DIE SKLAVEREI

1688 wurde zum ersten Mal in der Geschichte der Handel mit Menschen verurteilt, als Francis Daniel Pastorius aus Pennsylvania ein Pamphlet gegen die Sklaverei schrieb. Und im Jahr 1807 wurde die Sklaverei im Britischen Empire geächtet. Diesem löblichen Vorstoß folgten bald andere europäische Länder. Aber erst 1833 wurde die Sklaverei in den britischen Kolonien offiziell abgeschafft und in den USA bedurfte es erst eines blutigen Bürgerkriegs um die Mitte des 19. Jh., um die Sklaverei in den Südstaaten aufzuheben.

König. Im Oktober 1861 kam Sizilien durch eine Volksabstimmung zum Königreich Italien, behielt jedoch den Großteil seiner feudalen Tradition, was die Grundlage für die Entstehung der MAFIA bot. 1947 erhielt Sizilien den Status einer autonomen Region.

Skagerrak, Seeschlacht vor dem

(31. Mai–1. Juni 1916), Seeschlacht zwischen der britischen und der deutschen Flotte, bei der es keinen Sieger gab. Diese einzige große Seeschlacht des ERSTEN WELTKRIEGS fand vor der Küste Jütlands in der Nordsee statt. Aufgrund der starken Verluste des ersten Kampftags schloss sich der britische Verband der Hauptflotte unter John JELLICOE an, die einen Angriff auf die deutsche Hochseeflotte führte. Die Schlacht wurde gegen 18 Uhr beendet, doch als die deutschen Schiffe in Richtung ihrer Heimathäfen abdrehten, trafen sie erneut auf die britische Flotte. Beide Seiten reklamierten den Sieg für sich. Die Briten verloren 14 Schiffe, einschließlich dreier Schlachtkreuzer, die Deutschen elf Schiffe. Großbritannien behielt jedoch die Kontrolle über die Nordsee.

Sklaverei siehe linke Seite

Skythen, indoeuropäisches Nomadenvolk

des Altertums. Im 7. Jh. v. Chr. siedelten die Skythen im südlichen Russland zwischen Don und Donau und trieben Handel mit den griechischen Städten am Schwarzen Meer. Die Skythen waren ausgezeichnete Reiter und gefürchtete Bogenschützen. Der Versuch des Perserkönigs DAREIOS I. DES GROSSEN, die Skythen 512 v. Chr. zu unterwerfen, blieb erfolglos. Erst die aus den asiatischen Steppen vordringenden Sarmaten verdrängten die Skythen und verschmolzen mit ihnen. Schmuckstücke aus Gold und Bronze, die in Gräbern von skythischen Königen und Adligen gefunden wurden und teilweise aus Griechenland stammen, belegen die herausragenden künstlerischen Fähigkeiten der Skythen.

Slawen, Völker in Ost- und Mitteleuropa

mit gemeinsamer ethnischer Herkunft und verwandten Sprachen. Die Slawen sind die größte Volksgruppe Europas, weltweit wird ihre Zahl auf ca. 230 Mio. geschätzt. Die Ursprünge der Slawen sind unbekannt, sie leiten sich vermutlich von Stämmen her, die in den Pripjetsümpfen zwischen Weichsel und Dnjepr beheimatet waren. Teile der Slawen verschmolzen schon recht früh mit anderen Völkern wie den Goten, Hunnen und den asiatischen Turkvölkern. Mit diesen zogen sie in westlicher Richtung. Seit dem 6. Jh. siedelten slawische Völker östlich der Elbe, in Böhmen und Mähren sowie an der unteren Donau. Eine zweite Einwanderungswelle um die Mitte des 8. Jh. führte zur Be-

siedlung von Teilen Griechenlands. Durch den Einfall der Magyaren Ende des 9. Jh. auf dem Balkan teilten sich die Slawen in der Folgezeit in Ostslawen (Russen), Westslawen (Polen, Pomoranen, Obodriten, Sorben, Slowaken und Tschechen) und Südslawen (Bulgaren, Kroaten, Serben und Slowenen). KARL DER GROSSE unterwarf die Slawen östlich der Elbe und Donau und trieb die Christianisierung in seinem Reich voran, während die byzantinischen Mönche KYRILLOS und Methodios im Auftrag von Byzanz die Südslawen zum Christentum bekehrten. Damit begann bereits eine Entwicklung, die später zur Teilung der Christenheit in eine römisch-katholische West- und eine griechisch-orthodoxe Ostkirche führte.

Slowenien, kleiner Staat im Norden des

Balkans, dessen jahrhundertelanger Unabhängigkeitskampf erst 1990 erfolgreich war. Die Slowenen gehören zur Gruppe der süd-

slawischen Völker, deren Existenz im Mittelalter von deutscher Kolonisation und ungarischen Expansionsbestrebungen bedroht war. 1282 fiel Slowenien an die HABSBURGER, die trotz wiederholter Unabhängigkeitsbestrebungen ihre Herrschaft bis 1918 aufrechterhalten konnten. Nach dem Ersten Weltkrieg ging das Land im neu gegründeten Königreich der Serben, Kroaten und Slowenen auf, das 1929 in JUGOSLAWIEN umbenannt wurde. 1941 wurde das Land erneut aufgeteilt unter den Verbündeten Italien, Ungarn und dem Dritten Reich. In den Nachkriegsjahren kamen Teile der Halbinsel Istrien zu Slowenien, das unter Josip Broz TITO einer der Bundesstaaten Jugoslawiens war.

Der Wunsch nach Unabhängigkeit nahm 1989 mit der Bildung eines Bündnisses aus sechs Parteien, der Demokratischen Opposition in Slowenien Form an. Im Mai 1990 setzte diese Gruppierung eine nicht kommunistische Regierung ein, die die Unabhängigkeit des Landes erklärte. Daraufhin brachen zwischen der slowenischen Bürgerwehr und der hauptsächlich von Serben dominierten jugoslawischen Bundesarmee Kämpfe aus, bis Belgrad den neuen Staat anerkannte. Seit 1992 regiert der liberaldemokratisch gesinnte Janez Drnovsek das Land, Staatspräsident ist Milan Kucan, der 1997 wieder gewählt wurde.

Smith, Joseph (1805–44), amerikanischer

Begründer der Kirche der MORMONEN. Smith behauptete, dass ihm als jungem Mann ein Engel, den er Moroni nannte, erschienen sei, der ihm mystische religiöse Schriften auf goldenen Blättern überreicht habe, die vor über 1000 Jahren auf einem Hügel bei New York begraben worden seien. 1829 veröffentlichte Smith diese Schriften als *Buch Mormon*; sie bilden die Grundlage der Kirche Jesu Christi der Heiligen der letzten Tage, die Smith in Fayette im Bundesstaat New York gründete. Da die Gemeinschaft der Mormonen von den Einheimischen verfolgt wurde und sich bereits innerlich zerstritten hatte, zog die Gemeinde Richtung Westen durch Ohio und Missouri, bis Smith 1840 im Bundesstaat Illinois die Stadt Nauvoo gründete und sich selbst zum Bürgermeister ernannte. Trotz des Misstrauens, das die Bevölkerung den Mormonen entgegenbrachte, hatte Smith innerhalb von drei Jahren bereits 20 000 Anhänger um sich geschart. Außerdem hatte er einen Harem von Frauen um sich versammelt und bekannte sich zur Polygamie. Im Juni 1844 wurden Smith und sein Bruder Hyrum festgenommen und inhaftiert. Ungefähr 150 maskierte Gegner der Mormonen stürmten das Gefängnis und lynchten beide Männer. Die Führung der Kirche übernahm Brigham Young, der die Mormonen nach Utah führte.

Smuts, Jan Christiaan (1870–1950), süd-

afrikanischer Politiker. Der in Südafrika geborene Smuts studierte in Cambridge Jura und wurde nach seiner Rückkehr nach TRANSVAAL 1898 Mitglied der Regierung unter Paul KRUGER. Smuts trat stets für die Sache der Buren ein. Im BURENKRIEG zeichnete er sich als Guerillaführer aus. Sein Talent als Redner und Jurist machte ihn zu einem führenden Vertreter der Buren bei den Friedensverhandlungen 1902, bei denen er die Auffassung vertrat, Südafrikas Zukunft liege in einer Kooperation mit Großbritannien. Nach seiner Wahl ins südafrikanische Parlament 1907 hatte Smuts verschiedene Ministerposten in der Regierung von Louis BOTHA inne.

Skythische Steinskulptur aus dem 3. Jh. v. Chr., die man bei Ausgrabungen in der Festungsstadt Ahiccattra fand

Bei Ausbruch des Ersten Weltkriegs war Smuts Verteidigungsminister, 1916/17 leitete er die Truppen des britischen Empire gegen Deutsch-Südwestafrika. Er nahm außerdem an den Friedensverhandlungen von Versailles 1919 teil und war maßgeblich am Aufbau des VÖLKERBUNDS beteiligt. Im gleichen Jahr kehrte er nach Südafrika zurück und wurde dort zum Premierminister gewählt. Der Einsatz bewaffneter Truppen gegen weiße Minenarbeiter 1922 kostete ihn die Unterstützung der breiten Öffentlichkeit und er verlor die Wahlen 1924.

Bis 1933 saß er in der Opposition, dann wurde er in einer Koalitionsregierung unter General James Barry Munnick Hertzog stellvertretender Premierminister. Mit dem Ausbruch des Zweiten Weltkriegs zerbrach die Koalition, da Hertzog eine neutrale Haltung Südafrikas anstrebte, während Smuts eine antideutsche Haltung vertrat. Smuts übernahm das Amt des Premierministers und zugleich das des Oberbefehlshabers der südafrikanischen Armee. 1941 erhielt er den Titel eines Feldmarschalls verliehen. 1945 gehörte Smuts mit zu den Verfassern der Präambel der Charta der VEREINTEN NATIONEN. Drei Jahre später verlor er die Wahlen und zog sich aus der Politik zurück.

Sobieski, Jan (1629–96), polnischer Adliger, der nach dem Sieg über die Osmanen bei Chocim 1673 als Johann III. Sobieski zum König von POLEN gewählt wurde und das Land bis zu seinem Tod regierte. Während seiner Regentschaft vertrieb er nicht nur die Osmanen aus dem Süden Polens, sondern errang – im Bündnis mit dem Kaiser – mit seinem Sieg am Kahlenberg 1683 auch die Befreiung Wiens von der osmanischen Belagerung. Im Gegensatz dazu war Johann III. innenpolitisch nicht allzu erfolgreich, denn es gelang ihm nicht, die starke Stellung des polnischen Adels zugunsten der Krone zu brechen.

Sokrates siehe rechts

Soldatenhandel, seit dem Spätmittelalter das Überlassen von Söldnern oder ganzen Truppenteilen an andere Staaten gegen Bezahlung. So kämpften 1683 Soldaten aus deutschen Kleinstaaten auf österreichischer Seite gegen die Osmanen. Während des ABSOLUTISMUS im 18. Jh. nahm diese Praxis, vor allem in den deutschen Fürstentümern Hessen-Kassel und Braunschweig, besondere Formen an, als der teure Verkauf unliebsamer Untertanen eine wesentliche Einnahmequelle für die Finanzierung aufwändiger Hofhaltung und Prunksucht wurde. Die zwangsrekrutierten Soldaten wurden u. a. an Großbritannien verkauft, die die Soldaten in ihren nordamerikanischen Kolonien gegen die Indianer und Franzosen einsetzten.

Sokrates – die Macht des Verstands

Der Philosoph galt als einer der weisesten Menschen der antiken Welt.
Mit seinen Gesprächen zog er einen Kreis junger Gelehrter
in seinen Bann, die seine Worte für die Nachwelt niederschrieben.

Der Philosoph Sokrates lebte im 5. Jh. v. Chr. in Athen. Er verfasste keine Schriften und war offiziell nicht als Lehrer tätig. Sein philosophisches Schaffen bestand aus Gesprächskreisen, die er mit kleinen Gruppen von Freunden und Bekannten unterhielt. Im Rahmen dieser Zusammenkünfte wurden in erster Linie Fragen der Ethik erörtert. Dabei ging es Sokrates weniger darum, seine eigenen Ansichten darzulegen, als die anderen durch kritische Fragen auf die Probe zu stellen und sie somit auf ihre Denkfehler hinzuweisen. Einige Schriftsteller, die Sokrates persönlich kennen gelernt hatten, verfassten lebendige Porträts über ihn, rühmten seine Argumentationskunst, seine Rechtschaffenheit und bewunderten seine außergewöhnliche Persönlichkeit.

Bekannt war Sokrates dafür, dass er stets der Stimme seines Gewissens folgte.

dann anhand der Antworten, wie unzulänglich das Verständnis seiner Gäste ist.

Es ist nicht verwunderlich, dass viele Athener einen Groll gegen die geistige und moralische Überlegenheit von Sokrates hegten. Sie sahen in ihm eine Bedrohung, denn sie fürchteten, er könne die bestehenden Werte infrage stellen. Das Misstrauen gegenüber Sokrates wurde noch verstärkt, als sich einige seiner ehemaligen Schüler offen gegen die Regierung Athens wandten und sich an Umsturzversuchen beteiligten. Nach Wiederherstellung der Ordnung eskalierte der Hass gegen Sokrates. Man klagte ihn an, die Götter Athens zu leugnen und die Jugend zu verderben. Die Verhandlung endete mit der Verurteilung des Philosophen zum Tod durch Gift.

PLATO MACHTE IHN UNSTERBLICH

Dem Kreis um Sokrates gehörten einige junge Gelehrte mit politischen Ambitionen an. Der bekannteste unter ihnen war Plato, der in seinen Schriften Sokrates als den größten Philosophen aller Zeiten idealisierte. Die meisten von Platos Schriften über Sokrates sind in Dialogform verfasst. Sokrates stellt den Anwesenden grundlegende Fragen zur Moral und erläutert

Das Todesurteil gegen Sokrates veranlasste Plato, seine politische Laufbahn zu beenden und sein Leben ganz der Philosophie zu widmen. Dabei bestand eines seiner Ziele darin, seinen Lehrmeister zu rehabilitieren. Plato wollte zeigen, dass Sokrates von einer undankbaren Öffentlichkeit zu Unrecht verurteilt worden war und dass die Athener Gefangene einer korrupten Gedankenwelt waren, von der Sokrates sie vergebens zu befreien versucht hatte. Es ist vor allem Plato zu verdanken, dass Sokrates nicht nur als Philosoph, sondern auch als Verkörperung von Gewissen, Moral und Rechtschaffenheit in die Geschichte einging.

Sokrates nahm sein Todesurteil gelassen hin. Selbst als er aus dem Schierlingsbecher trank, unterhielt er sich mit seinen Freunden.

Anhänger der Gewerkschaft Solidarność demonstrieren für größere demokratische Freiheiten in Polen. Die auf der Danziger Lenin-Werft entstandene Bewegung veränderte Polen grundlegend.

Soldatenkönig siehe FRIEDRICH WILHELM I.

Solferino, Schlacht bei (24. Juni 1859), Schlacht in der Lombardei während des RISORGIMENTO, der Einigung Italiens. Camillo Graf CAVOUR gelang es, Frankreich zu überzeugen, Piemont im Kampf um die Einheit Italiens gegen Österreich zu unterstützen, das die Lombardei beherrschte.

Nachdem die vereinigten französisch-piemontesisch-sardinischen Truppen unter NAPOLEON III. am 4. Juni die Österreicher in der Schlacht von MAGENTA besiegt hatten, bezogen sie am 24. Juni Stellung auf einer Anhöhe bei Solferino in der Nähe von Verona. Sie verteidigten die Anhöhe erfolgreich gegen den Angriff der Österreicher, die wegen eines hereinbrechenden Gewitters den Rückzug antreten mussten.

Auf einem Treffen zwischen dem österreichischen Kaiser FRANZ JOSEF I. und Napoleon III., das kurz darauf bei Villafranca stattfand, stimmten die Österreicher einem Waffenstillstand zu. Österreich trat die Lombardei offiziell an Frankreich ab, die sie an Piemont-Sardinien weitergaben. Venedig blieb jedoch in den Händen der Österreicher. Piemont bestätigte den Kompromiss, woraufhin Cavour aus Protest zurücktrat. Die hohen Verluste in der Schlacht – auf österreichischer Seite etwa 12 000, auf italienisch-französischer Seite rund 18 000 Soldaten – bewegten den Schweizer Henri Dunant zur Gründung des ROTEN KREUZES.

Solidarność, unabhängige polnische Gewerkschaft, die 1980 aus einer Streikwelle in Danzig entstand. Die Arbeiter der Lenin-Werft forderten u. a. eine Gewerkschaft, die nicht von der Kommunistischen Partei kontrolliert wurde. Unter der Führung von Lech WAŁĘSA stieg die Mitgliederzahl dieser neuen Gewerkschaft stark an, gleichzeitig wurden in ganz Polen Forderungen nach politischen und wirtschaftlichen Reformen laut. 1981 stieg die Unruhe in der Bevölkerung; im gleichen Jahr übernahm General Wojciech Jaruzelski die Macht. Er verhängte das Kriegsrecht, inhaftierte Führer der Solidarność und verbot die Bewegung. Ihre Mitglieder arbeiteten jedoch im Untergrund weiter.

Sowohl von rechten, als auch von linken politischen Kräften unter Druck gesetzt, stimmte die Regierung 1989 Gesprächen am runden Tisch zu. Aus diesen ging die Solidarność als führende politische Kraft Polens hervor. In dem freien politischen Klima, das nach dem Zusammenbruch des KOMMUNISMUS in Osteuropa herrschte, wurde Lech Wałęsa 1990 zum Staatspräsidenten Polens gewählt. Doch ideologische Differenzen innerhalb der Solidarność und die Unzufriedenheit der Bevölkerung mit dem langsamen wirtschaftlichen Aufschwung Polens schwächten sowohl die Solidarność als auch ihren charismatischen Führer. Die Bewegung zerfiel in mehrere politische Gruppierungen und Wałęsa verlor 1995 die Wahlen und damit sein politisches Amt.

Solon (um 640–nach 561 v. Chr.), athenischer Staatsmann, dessen Maßnahmen den Staat neu ordneten. Die athenische Bürgerschaft wurde nach ihrem Einkommen in vier Klassen eingeteilt, denen bestimmte politische Rechte und Pflichten zugeordnet waren. Dieses System schwächte den Adel, der bis dahin seine Macht von Generation zu Generation weitergegeben hat. Außerdem verfügte Solon die Rückführung von Athenern, die früher in die Sklaverei verkauft worden waren. Solon richtete darüber hinaus einen neuen Rat ein, der die Angelegenheiten der Bürgerversammlung vorbereitete; auf diese Weise schränkte er die Rolle der traditionellen Ratsversammlung, des Areopags, erheblich ein. Weiterhin ersetzte Solon die DRAKONISCHEN GESETZE durch ein weniger strenges Gesetzbuch, das die Basis für die späteren Gesetze der Antike bildete.

Somalia, Staat in Ostafrika. Ursprünglich siedelte das Nomadenvolk der Somal in diesem Gebiet, das sich bis zum 10. Jh. zum ISLAM bekehrt hatte. Im späten 19. Jh. teilten die Kolonialmächte Frankreich, Italien und Großbritannien das „Horn von Afrika" untereinander auf.

1960 legten Italien und Großbritannien ihre früheren Kolonien in der Region zusammen und gründeten damit das heutige Somalia. Schon bald kam es zu Grenzkonflikten mit den Nachbarstaaten KENIA und ÄTHIOPIEN, wo Minderheiten von Somalis lebten. 1969 gelangte die sozialistische Partei Somalias durch einen Militärputsch an die Macht. Unter General Mohammad Siad Barre begann eine 21 Jahre während Diktatur; die wirtschaftliche Lage verschlechterte sich und ein Bürgerkrieg brach zwischen Regierungstruppen und Rebellengruppen aus. Somalia erlitt 1978 im Krieg mit Äthiopien eine herbe Niederlage, gleichzeitig stellte

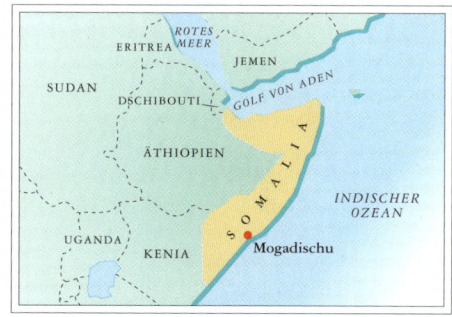

die UdSSR ihre Wirtschafts- und Militärhilfe für Somalia ein.

1988 ereignete sich in Somalia eine der größten von Menschen verschuldeten Katastrophen, als Bürgerkrieg und Dürren Leid und Hunger über das ganze Land brachten und tausende von Somalis elend starben. Als Mohammed Siad Barre 1991 fliehen musste, riefen die Aufständischen im Norden des Landes die Republik Somaliland aus. Gleichzeitig rangen rivalisierende Kriegsherren um die Macht und Millionen Somali waren vom Hungertod bedroht. Nachdem die VEREINTEN NATIONEN 1992 einen Waffenstillstand vermittelt hatten, schickten sie Friedenstruppen, um die Verteilung von Lebensmitteln und Hilfsgütern zu sichern, doch es gelang der Mission nicht, den Waffenstillstand aufrechtzuerhalten. Im März 1995 wurden die Friedenstruppen wieder abgezogen.

Somme, Schlacht an der (1916), groß angelegte Offensive der Alliierten gegen die deutschen Stellungen entlang dem Fluss Somme in Nordfrankreich während des ERSTEN WELTKRIEGS. Der französische General Joseph Joffre und der britische Feldmarschall Douglas HAIG planten den Vorstoß als gemeinsame Unternehmen, doch bevor der Angriff erfolgen konnte, war die französische Armee durch die Verteidigung von Verdun beinahe aufgerieben worden, sodass die Briten die volle Wucht des Angriffs alleine tragen mussten.

Die Schlacht begann am 1. Juli 1916. Britische Truppen stürmten aus ihren Schützengräben hervor und boten so ein leichtes Opfer für die deutschen Maschinengewehre. Mehr als 19 000 Soldaten kamen allein am ersten Tag der Offensive ums Leben. Trotzdem konnten die deutschen Truppen in mehreren Angriffswellen zurückgedrängt werden. Bis zum 20. Juli erreichte man einen mehrere Kilometer tiefen Einbruch in die deutschen Stellungen, doch dann erlahmte der Angriff der Alliierten.

Im September startete Haig einen weiteren Großangriff mit 32 Panzern. Zum ersten Mal in der Geschichte wurden Panzer in einer Schlacht eingesetzt, aber es waren nicht genügend, um eine entscheidende Wende herbeizuführen. Als die Schlacht am 15. November endete, waren die Alliierten lediglich 8 km vorgedrungen. In der größten Materialschlacht des Ersten Weltkriegs beklagten die Deutschen und Briten etwa 500 000 Mann Verluste, die Franzosen ungefähr 200 000 Mann.

Sophisten, Gruppe von Gelehrten, die im 5. und 4. Jh. v. Chr. in großen Teilen Griechenlands unterrichteten. Zu den bekanntesten Sophisten zählen Gorgias, Kritias und Protagoras. Vor allem Gorgias' Aufenthalt in Athen 427 v. Chr. führte zum Durchbruch der Demokratie in dem Stadtstaat.

Der Name stammt aus dem Griechischen und bedeutet weise Männer. In der Öffentlichkeit genossen die Sophisten einen zweifelhaften Ruf, da sie in Diskussionen keine klare Position bezogen, sondern ihre Stellungnahmen häufig relativierten. Ihre Gegner bezeichneten sie als Wortverdreher, denen es nicht darum ging, Menschen mit inhaltlichen Argumenten zu überzeugen, sondern mit rhetorischen Mitteln zu überreden. Während der Herrschaft Roms erlebten die Sophisten im 2. Jh. erneut eine Blütezeit.

Sophokles (497/96–406/05 v. Chr.), griechischer Dramaturg, der neben Aischylos und Euripides der dritte große Tragiker Griechenlands war. Sophokles trug viel zur Weiterentwicklung des klassischen griechischen Theaters bei. Er führte Bühnenbilder ein und setzte zu den üblichen zwei Schauspielern zusätzliche Akteure ein. Außerdem vergrößerte er den Chor. Während Aischylos seine Themen in der Götterwelt fand und Euripides die menschlichen Eigenheiten thematisierte, schrieb Sophokles Dramen über Helden und den Einfluss, den die Schicksalsgöttinnen auf sie ausübten.

Von seinen insgesamt 123 Dramen sind nur sieben erhalten, u.a. *Antigone*, *Elektra* und *König Ödipus*. Sophokles war in Athen ein geachteter Mann, er bekleidete wichtige zivile und militärische Ämter, außerdem verband ihn eine tiefe Freundschaft mit dem Staatsmann PERIKLES.

Sorben, westslawische Volksgruppe, die heute noch in der Nieder- und Oberlausitz lebt. Sie ist auch unter dem Namen Wenden bekannt. Mehr als die Hälfte der etwa 100 000 Sorben in Deutschland beherrschen noch die sorbische Sprache, die sich an das Polnische und Tschechische anlehnt. Seit dem 16. Jh. gibt es auch eine eigene nieder- und obersorbische Literatur.

Während des DRITTEN REICHES verboten die Nazis jeden Ausdruck sorbischer Identität, zahlreiche Persönlichkeiten der Sorben wurden inhaftiert. In der DEUTSCHEN DEMOKRATISCHEN REPUBLIK gewährte ihnen das SED-Regims kulturelle Eigenständigkeit in der Hoffnung, auf diese Weise die kommunistische Politik besser durchsetzen zu können. Seit der Wiedervereinigung Deutschlands fördert die Bundesregierung in Zusammenarbeit mit den Bundesländern Brandenburg und Sachsen Kultur und Heimatpflege der Sorben.

Soto, Hernando de (um 1496–1543), spanischer Konquistador und Eroberer, den Kaiser KARL V. zum Gouverneur von KUBA ernannte und ihm das Recht verlieh, das amerikanische Festland zu erobern. 1539 erreichte Soto die Küste Floridas, reiste weiter nach North Carolina, überquerte das Appalachengebirge und kehrte durch Tennessee und Alabama auf die Insel zurück. 1541 führte er eine zweite Expedition an, die den Mississippi überquerte und den Arkansas bis nach Oklahoma entlangsegelte. Soto war vermutlich der erste Europäer, der den Mississippi erblickte. Diese zweite Expedition suchte vor allem nach Gold und Silber, hatte jedoch keinen Erfolg. Soto starb auf der Rückreise am Mississippi.

Soweto, nur von schwarzen Südafrikanern bewohnte Siedlung im Südwesten von Johannesburg. Im Juni 1976 demonstrierten schwarze Schulkinder gegen ein neues Gesetz, das Afrikaans – die Sprache der weißen Minderheit – als Unterrichtssprache vorschrieb. Die Polizei zerschlug die Demonstration durch den Einsatz von Gewehren und Tränengas. Damit trat die Polizei eine Welle der Gewalt los. Während der folgenden Monate kamen 500 Schwarze und Mischlinge, darunter auch viele Kinder, bei Zusammenstößen mit der Polizei ums Leben. Die Pläne der Regierung, den Schulunterricht auf Afrikaans abzuhalten, wurde daraufhin fallen gelassen. Bis zu den Wahlen 1994, bei denen zum ersten Mal alle Südafrikaner wählen durften, kam es am Jahrestag der ersten Demonstration stets zu Unruhen.

> **WUSSTEN SIE, DASS?**
>
> *Africaans ist neben Englisch die Amtssprache in Südafrika. Die Sprache entwickelte sich im 17. Jh. aus mehreren niederländischen Dialekten und enthält zahlreiche Elemente des Englischen, Portugiesischen, Malaiischen und den Bantusprachen der Einheimischen.*

Sowjet, gewähltes Regierungsorgan in Russland. Die Bezeichnung stammt vom russischen Wort *sowjet*, der Rat. Sowjets wurden erstmals 1905 im Rahmen der Revolution gegründet, als in St. Petersburg ein Arbeiterrat Streiks und andere regierungsfeindliche Aktionen in den Fabriken koordinierte. Jede Fabrik entsandte Vertreter in diese Arbeiterräte und bald wurde jede russische Stadt von den Sowjets dominiert. Sowohl BOLSCHEWIKEN als auch Menschewiken begrüßten die potenzielle Bedeutung der Sowjets und der Delegierten. 1917 wurde in St. Petersburg – damals in Petrograd umbenannt – ein neuer Sowjet eingerichtet, der mächtig genug war, Aktionen in der Industrie vorzuschreiben und den Einsatz bewaffneter Kräfte zu kontrollieren. Dieser Sowjet versuchte nicht, die provisorische Regierung abzusetzen, doch stellte er eine immer mächtigere Opposition gegen den Eintritt Russlands in den Ersten Weltkrieg dar. Im gesamten Land wurden Sowjets eingerichtet und 1917 trat zum ersten Mal der Allrussische Sowjetkongress zusammen. Die Bolschewiken hatten auf dem Kongress eine knappe Mehrheit und gewannen erst im Lauf des Jahres 1917 mit dem Beginn der Oktoberrevolution an Macht. Im nachfolgenden Bürgerkrieg kontrollierten die Sowjets in den Dörfern lokale Angelegenheiten und die Landwirtschaft. 1922 erhielt der Oberste Sowjet, in dem Delegierte aus allen Sowjetrepubliken saßen, die gesetzgebende Macht in der neu gegründeten Union der Sozialistischen Sowjetrepubliken, der UdSSR.

Sowjetunion, größtes Land der Erde, das sich über die Nordhälfte Asiens und einen Teil von Osteuropa erstreckte. Die Sowjetunion bestand aus 15 Teilrepubliken, deren größte RUSSLAND war.

Nach dem Sturz von Zar NIKOLAUS II. während der RUSSISCHEN REVOLUTION von 1917 und dem RUSSISCHEN BÜRGERKRIEG 1918-20 gründeten die BOLSCHEWIKEN unter Führung von Wladimir Iljitsch LENIN im Jahr 1922 die Sowjetunion. Die kommunistische Regierung stützte sich auf die Verstaatlichung von Land und Produktionsmitteln. Die gesetzgebende Macht lag in den Händen des Obersten Sowjet, der von der Kommunistischen Partei der Sowjetunion, der KPdSU, kontrolliert wurde. Nach Lenins Tod 1924 übernahm Jossif STALIN die Regierung des Landes. Mithilfe von Fünfjahresplänen ab 1928 förderte er die Entwicklung der Industrie und trieb die Kollektivierung der Landwirtschaft voran. In den 30er-Jahren führte Stalin eine umfassende Säuberung von Staat und Armee durch. Bei dieser Aktion wurden mehrere Millionen Menschen in Straflagern inhaftiert. Den politischen Schauprozessen fielen altgediente Revolutionäre und die komplette Führung der ROTEN ARMEE zum Opfer. 1939 schlossen die Sowjetunion und Deutschland einen Nichtangriffspakt. Zu Beginn des Zweiten Weltkriegs besetzte die Sowjetunion Polen, die baltischen Staaten und marschierte in Finnland ein. Deutschland griff 1941 die Sowjetunion an und zwang sie so auf die Seite der Alliierten.

> **WUSSTEN SIE, DASS?**
>
> In der früheren Sowjetunion, die sich von West nach Ost um fast ein Viertel des Erdballs erstreckt, lebten etwa 102 Völker mit mehr als 100 verschiedenen Sprachen.

Während des KALTEN KRIEGES verstärkte die Sowjetunion ihren Einfluss auf die osteuropäischen Staaten, während sich die Beziehungen zum Westen verschlechterten. Nach Stalins Tod 1953 übernahm Nikita CHRUSCHTSCHOW die Macht. Unter seiner Federführung wurde der WARSCHAUER PAKT geschlossen, eine Militärallianz zwischen der UdSSR und den Ostblockstaaten. 1956 entsandte die Sowjetunion Truppen nach Ungarn und Polen, um die dortigen Aufstände niederzuschlagen. Zwischen der Sowjetunion und den USA kam es vor allem auf dem Gebiet der militärischen Rüstung zu einem Wettlauf. 1957 schickte die UdSSR als erster Staat der Welt einen Satelliten – SPUTNIK – in den Weltraum. Die Sowjetunion unterstützte Entwicklungsländer, die eine prosowjetische Regierung hatten. 1964 trat Leonid BRESCHNEW die Nachfolge von Chruschtschow an und schickte 1968 Truppen des Warschauer Paktes in die TSCHECHOSLOWAKEI, um den so genannten Prager Frühling zu beenden.

In den 70er-Jahren, während der Politik der ENTSPANNUNG, traf sich Breschnew mit zahlreichen Regierungschefs westlicher Staaten und nahm an den Abrüstungsverhandlungen mit den USA teil. Auf der Konferenz von HELSINKI 1975 unterzeichneten 75 Staaten – einschließlich der UdSSR und der USA – eine Reihe von Vereinbarungen über technische Zusammenarbeit, Sicherheitsfragen und die Einhaltung der Menschenrechte. Doch mit dem Einmarsch der Sowjetunion Ende 1979 in AFGHANISTAN fand die Entspannungspolitik ein Ende.

Die Ernennung von Michail GORBATSCHOW zum Parteichef 1985 markierte den Beginn eines neuen Regierungsstils, der auf Reformen ausgerichtet war, die Politik für die Öffentlichkeit durchschaubar machen wollte, eine internationale Waffenkontrolle anstrebte und die Korruption der Bürokratie beenden sollte. Gorbatschow führte weit reichende Verfassungsänderungen durch und ließ andere politische Parteien zu. Dieser Prozess der inneren Umgestaltung führte dazu, dass die Teilrepubliken immer deutlicher ihre Unabhängigkeit forderten. Im August 1991 unternahmen orthodoxe Kommunisten innerhalb der Partei einen Putschversuch, der jedoch scheiterte. Als Folge davon verlor die KPdSU die Kontrolle über das Land und die Sowjetunion brach im Dezember 1991 zusammen. Die Sowjetrepubliken machten sich selbstständig und bildeten mit Ausnahme der baltischen Staaten und Georgiens einen lockeren Staatenbund, die Gemeinschaft Unabhängiger Staaten GUS, der jedoch keine große Bedeutung erlangte.

In den 20er- und 30er-Jahren wandelte sich die Sowjetunion vom Agrarstaat zur Industrienation: Im Hof einer Leningrader Fabrik warten Traktoren auf ihren Einsatz.

Das Spruchbild mit dem Porträt August Bebels entstand 1910 und charakterisiert treffend den kämpferischen Geist der Sozialdemokraten im Kaiserreich.

Sozialdarwinismus, Theorie über die soziale und kulturelle Entwicklung von Gesellschaften, die sich an Charles DARWINS Lehre von der natürlichen Auslese orientiert. Noch bevor Darwin 1859 *On the Origin of Species* veröffentlichte, schrieb Herbert SPENCER unter dem Einfluss der zeitgenössischen Evolutionstheorien 1855 das Buch *Principles of Psychology*, in dem er die Lehre von der Evolution auf die Entwicklung der Gesellschaft anwandte.

Diese Theorie, nach der nur das stärkste und aggressivste Individuum überleben kann, wurde oft missbraucht, um bestimmte radikale politische Ansichten zu rechtfertigen. So konnte mithilfe der Lehre des Sozialdarwinismus die Ungleichheit zwischen einzelnen Individuen oder Rassen begründet werden. Außerdem argumentierten konservative Politiker, dass Reformen die natürliche Auslese und Entwicklung von Gesellschaften negativ beeinflussen. Im 20. Jh. wurde die Theorie des Sozialdarwinismus missbraucht, um rassistische Ideologien zu rechtfertigen und die Funktionsweisen des so genannten freien Marktes zu erklären.

Sozialdemokratische Partei Deutschlands,

abgekürzt SPD, älteste, bis heute existierende politische Partei in Deutschland. Im August 1869 trafen sich in Eisenach auf einem Arbeiterkongress mehrere hundert Delegierte verschiedener Arbeitervereine aus ganz Deutschland, um die zersplitterten Kräfte der Arbeiterbewegung zu einen. Sie gründeten die SDAP, die Sozialdemokratische Arbeiterpartei, die Vorläuferin der SPD. Das stark vom Marxismus beeinflusste Pro-

gramm forderte die Errichtung einer sozialistischen und demokratischen Republik und die Abschaffung der Klassenherrschaft.

Im Mai 1875 trafen sich die SDAP und der von Ferdinand LASSALLE gegründete Allgemeine Deutsche Arbeiterverein in Gotha und schlossen sich zu einer Partei, der Sozialistischen Arbeiterpartei SAP, zusammen. Nach der Aufhebung des SOZIALISTENGESETZES 1890 erhielt die SAP ihren heutigen Namen. Verfasser des neuen Parteiprogramms waren der marxistische Theoretiker Karl Kautsky und Eduard Bernstein, Chefredakteur der Parteizeitung *Der Sozialdemokrat*. In den folgenden Jahren entwickelte sich die SPD zur stärksten Partei im Kaiserreich. 1912, bei den letzten Reichstagswahlen vor dem Ersten Weltkrieg, errangen die Sozialdemokraten 110 von 397 Mandaten.

1919 setzte die SPD u. a. das allgemeine Wahlrecht für Frauen und den achtstündigen Arbeitstag durch. In der Weimarer Republik stellte sie mit Friedrich EBERT den ersten Reichspräsidenten und war an mehreren Regierungen beteiligt. Im Juni 1933 wurde sie von den Nationalsozialisten verboten, viele Parteimitglieder tauchten unter oder gingen ins Exil.

Unter ihrem Nachkriegsvorsitzenden Kurt SCHUMACHER erfolgte ab 1946 der Wiederaufbau. Im Godesberger Programm grenzte sich die SPD 1959 gegenüber der kommunistischen Lehre ab und bekräftigte ihr Bekenntnis zur parlamentarischen Demokratie. 1969 übernahm die SPD in einer Koalition mit der FREIEN DEMOKRATISCHEN PARTEI

Das Plakat zum 1. Mai zeigt den Sozialismus in Gestalt einer Frau, die die versklavende kapitalistische Schlange besiegt.

die Regierung. Willy BRANDTS Ostpolitik trug wesentlich zur Entspannung bei. 1974 wurde Helmut SCHMIDT zum Bundeskanzler der sozialliberalen Koalition gewählt, die bis 1982 regierte. Danach verlor die SPD die Wahl und musste in die Opposition. Erst 1998 kamen die Sozialdemokraten wieder unter Bundeskanzler Gerhard Schröder zusammen mit den Grünen an die Regierung.

Sozialismus, Politik- und Wirtschaftstheorie, nach der durch den gemeinschaftlichen Besitz aller Produktionsmittel die Kontrolle der Produktion und des Warenaustauschs der Wohlstand einer Nation gerecht verteilt werden kann. Der Begriff Sozialismus taucht im 19. Jh. in den Schriften der Franzosen François Fourier und Graf von SAINT-SIMON zum ersten Mal auf. Der Brite Robert OWEN machte schon um 1800 Experimente mit einer gemeinschaftlichen Kontrolle seiner Produktionsstätte im schottischen New Lanark durch die Arbeiter.

Ungefähr 50 Jahre später vertrat Karl MARX die Auffassung, dass der Gewinn der Kapitalisten nur auf einer Ausbeutung der Arbeiterklasse beruhe und dass nur die Masse der Arbeiter eine sozialistische Gesellschaft aufbauen könne. Über diese Theorie wurde viel diskutiert und aus den unterschiedlichen Meinungen, wie eine solche Gesellschaft erreicht und aufrechterhalten werden solle, entstanden zahlreiche verschiedene sozialistische Parteien. Es gab einerseits moderate Reformparteien und andererseits linksextremistische Parteien, die nur in einer gewaltsamen Revolution die Möglichkeit eines gesellschaftlichen Wandels sahen.

Zu Beginn der 90er-Jahre des 20. Jh. erwiesen sich viele Punkte aus der reinen sozialistischen Lehre als nicht durchführbar und der Sozialismus musste sich auf politischer und ökonomischer Ebene den Zwängen des realen Marktes unterwerfen.

Sozialistengesetz, Ausnahmegesetz gegen die Sozialdemokratie. Zwei Attentate auf Kaiser WILHELM I., deren Urheber keine Sozialdemokraten waren, erleichterten es Reichskanzler Otto von BISMARCK 1878, das Gesetz durchzusetzen. Bis zu seiner Aufhebung 1890 waren danach Versammlungen, Veranstaltungen, Druckschriften und Vereine der Sozialdemokraten im Kaiserreich verboten. Viele Parteimitglieder wurden des Landes verwiesen oder zu Gefängnisstrafen verurteilt.

Die Reichstagsfraktion der Sozialdemokraten sowie das aktive und passive Wahlrecht blieben von diesen staatlichen Repressionsmaßnahmen verschont, weshalb die SAP trotz aller Schikanen politisch überlebte. Das Ausnahmegesetz konnte nicht verhindern, dass die Partei 1890 mehr als dreimal so viele Wähler wie 1878 hatte.

Sozialistische Einheitspartei Deutschlands, abgekürzt SED, Staatspartei der DEUTSCHEN DEMOKRATISCHEN REPUBLIK. Die SED entstand 1946 in der sowjetischen Besatzungszone durch den Zusammenschluss von KPD und SPD. Nach ihrer Entwicklung zur leninistischen Kaderpartei beherrschte sie alle staatlichen und politischen Ebenen. Im Februar 1990 entstand aus ihr die PDS, die Partei des Demokratischen Sozialismus, die seit den Bundestagswahlen am 3. Dezember 1990 im Deutschen Bundestag vertreten ist.

Sozialversicherung, staatliches Unterstützungssystem für all jene Bürger, die nicht über die lebensnotwendigen Mittel verfügen.

Die ersten Sozialversicherungen kamen auf Initiative von Reichskanzler Otto von BISMARCK zustande. 1883 wurde in Deutschland die Krankenversicherung eingeführt, ein Jahr später folgte die Unfallversicherung und 1889 die Invaliden- und Altersversicherung. Mit diesen Gesetzen legte Bismarck den Grundstein für eine umfassende und vorbildliche Sozialgesetzgebung in Deutschland, die in ihren Grundzügen bis heute noch Bestand hat. 1911 wurden die einzelnen Bestimmungen in einem einheitlichen Reichsgesetz zusammengefasst und weiter verbessert. Im Jahr 1927 führte die Regierung die Arbeitslosenversicherung als Pflichtversicherung ein. Ein weiterer Schritt war die Pflegeversicherung, die am 1. Juli 1994 in Kraft trat.

Ähnliche Versicherungen wurden 1898 in Neuseeland und 1905 in Frankreich eingerichtet. In Großbritannien führte die Regierung von Herbert ASQUITH 1908 eine Rentenversicherung und 1911 eine kombinierte Kranken- und Arbeitslosenversicherung ein. 1941 ließ Winston CHURCHILL das Sozialversicherungssystem überarbeiten; die Empfehlungen bildeten die Grundlage für den britischen Wohlfahrtsstaat der Nachkriegszeit. In den USA führte die Zunahme der Arbeitslosigkeit und der sozialen Härtefälle in den 30er-Jahren zur Verabschiedung des NEW DEAL unter Franklin D. ROOSEVELT, in dem das Sozialversicherungsgesetz von 1935 enthalten war. In den 60er-Jahren wurde das Sozialversicherungssystem in den USA weiter ausgebaut, doch in den 80er-Jahren wieder eingeschränkt. Seitdem ist die Sozialversicherung in den USA ein umstrittenes Thema in der Politik.

Da die Menschen immer älter werden und der Prozentsatz der Arbeitslosen in der Bevölkerung weiter steigt, sehen sich die Re-

> **WUSSTEN SIE, DASS?**
>
> Die Einführung der Sozialversicherung in Deutschland stieß nicht nur auf Zustimmung: Die Liberalen warnten vor dem Staatssozialismus, die Konservativen befürchteten zu hohe Kosten und die SPD verweigerte der Sozialpolitik von oben ihre Zustimmung.

Die von Bismarck entwickelte Sozialversicherung gab arbeitslosen Menschen in Deutschland während der wirtschaftlich schwierigen 20er-Jahre wenigstens ein Minimum an sozialer Sicherheit.

gierungen der meisten Industriestaaten mit explodierenden Kosten im sozialen Bereich konfrontiert.

Spanien, Land, das sich über den größeren Teil der Iberischen Halbinsel erstreckt. Nachdem Spanien mehrere Jahrhunderte von KARTHAGO beherrscht worden war, eroberten es die Römer nach 201 v. Chr., verloren es jedoch 415 n. Chr. an die Westgoten. Als die moslemischen MAUREN Anfang des 8. Jh. die Westgoten besiegten, begannen drei Jahrhunderte maurischer Dominanz in Politik, Kultur und Architektur, die ihre Blütezeit unter dem Kalifat der Omaijaden hatten. Nach deren Sturz 1031 zerfiel Spanien in mehrere Teilfürstentümer. In der Zeit der RECONQUISTA eroberten die Christen nach und nach das Land von den Mauren zurück. Durch die Hochzeit von Ferdinand II. von Aragón und ISABELLA I. von Kastilien 1469 wurden diese beiden Königreiche vereint. Gemeinsam eroberten sie 1492 das maurische Granada und begründeten damit ein mächtiges und vereintes Königreich. Im 16. Jh. erlebte Spanien unter KARL V. und PHILIPP II. sein goldenes Jahrhundert.

Das 17. Jh. war für Spanien eine Epoche des Niedergangs. Im SPANISCHEN ERBFOLGEKRIEG 1701–14 wurden die HABSBURGER vom spanischen Thron verjagt und durch die BOURBONEN ersetzt. Die Herrschaft Spaniens über die Weltmeere fand mit der Besetzung der Iberischen Halbinsel durch NAPOLEON I. ein Ende, die den Kon-

takt Spaniens zu seinen südamerikanischen Kolonien unterbrach. Spanien erlebte im Unterschied zu den anderen europäischen Ländern im 19. Jh. keine industrielle Revolution. Es gelang den Spaniern ebenso wenig, die absolute Monarchie zu liberalisieren. Im SPANISCH-AMERIKANISCHEN KRIEG verlor Madrid 1898 seine letzten amerikanischen Kolonien in der Neuen Welt.

Der Diktator General Miguel PRIMO DE RIVERA herrschte seit 1923, ihm folgte seit 1931 eine republikanische Regierung und schließlich der SPANISCHE BÜRGERKRIEG, der mit dem Sieg der Nationalisten 1939 endete. Das strenge Regime des Diktators General Francisco FRANCO lockerte sich erst in den späten 60er-Jahren. Nach Francos Tod 1975 leitete der neu eingesetzte spanische König JUAN CARLOS I. die politische Liberalisierung ein und setzte sich für den Aufbau einer parlamentarischen Demokratie ein. 1981 überstand der König einen Militärputsch. 1981 kam eine links gerichtete Regierung an die Macht, die 1996 von einer konservativen Koalition abgelöst wurde. Bis zum heutigen Tag bilden die oft gewaltsamen Aktionen der baskischen Separatisten eines der größten Probleme Spaniens.

Spanisch-Amerikanischer Krieg (1898), Auseinandersetzung zwischen den USA und Spanien um die spanischen Kolonien Kuba und die Philippinen. 1895 brach in Kuba eine Rebellion gegen die spanische Herrschaft aus. Blutrünstige Darstellungen über die Behandlung der Rebellen durch die Spanier kursierten in der amerikanischen Presse und riefen große Empörung hervor. Als im Februar 1898 das amerikanische Kriegsschiff *Maine* im Hafen von Havanna unter mysteriösen Umständen sank, nahm dies der amerikanische Präsident William McKinley zum Anlass, Spanien im April den Krieg zu erklären. Bis zum Juni hatten die USA die veraltete spanische Flotte auf den Philippinen und auf Kuba zerstört. Im August vereinbarten beide Seiten einen Waffenstillstand. Mit dem in Paris geschlossenen Frieden wurde Kubas Unabhängigkeit bestätigt. Spanien musste Puerto Rico und die Pazifikinsel Guam an die USA abtreten, die außerdem die Philippinen für 20 Mio. Dollar erwarben. Spanien verlor damit in der Weltpolitik an Bedeutung, während die USA zur Kolonialmacht mit Besitz in der Karibik und in Südostasien aufstiegen.

Spanische Armada, gewaltige Militärflotte, die der spanische König PHILIPP II. 1598 aussandte, um England anzugreifen und zu erobern. Die Armada, die unter dem Kommando des Herzogs von Medina-Sidonia stand, startete im Mai von Lissabon in Richtung England. Die 130 Schiffe mit ihren 8000 Mann Besatzung transportierten 19 000 Soldaten und über 2500 Kanonen. Nachdem Unwetter die Fahrt der Armada verzögert hatten, wurde sie von der zahlenmäßig unterlegenen englischen Flotte unter Lord C. Howard und Sir Francis DRAKE am 19. Juli im Ärmelkanal gesichtet. Die Engländer vermieden den Nahkampf und bauten auf ihre an Feuerkraft und Reichweite überlegenen Kanonen. Es kam zu mehreren Gefechten, die unentschieden endeten. Daraufhin brachen die Spanier das Unternehmen ab. Starker Wind trieb die Armada in die Nordsee hinaus. Auf ihrem Rückweg um Schottland herum geriet die Flotte in verheerende Stürme. Viele Schiffe versanken, sodass nur wenige ihren Heimathafen erreichten.

Spanischer Bürgerkrieg (1936–39), kriegerische Auseinandersetzung in Spanien. Nach der Proklamierung der Republik 1931 war Spanien zerstritten, auf der einen Seite standen diejenigen, die die Republik unterstützten, wie gemäßigte linke Politiker, Sozialisten und Kommunisten. Auf der anderen Seite gab es die Nationalisten, Monarchisten, die konservativen Katholiken und die faschistischen Falangisten. Der Wahlsieg der links gerichteten Volksfront im Februar 1936 führte zu Streiks, Unruhen und Putschversuchen. Im Juli unternahm Francisco FRANCO eine Militärrevolte gegen die Republik, die den Bürgerkrieg auslöste. Beide Seiten fanden internationale Unterstützung, 50 000 italienische und 10 000 deutsche Soldaten kämpften an Francos Seite, während die Sowjetunion den Republikanern mit Rat und Geld zur Seite stand. Links gerichtete und kommunistische Freiwillige aus verschiedenen Ländern kämpften zusammen mit den Republikanern in den INTERNATIONALEN BRIGADEN.

Auch nach der Zerstörung der spanischen Stadt GUERNICA durch die deutsche Legion Condor 1937 griffen trotz internationaler Empörung die nicht faschistischen Staaten Europas in den Konflikt nicht ein. Francos Truppen erlangten schnell die Kontrolle über das republikanische Baskenland. 1938 eroberten sie das Gebiet zwischen Barcelona und Valencia und teilten so die von inneren Rivalitäten zerstrittenen republikanischen Truppen. Nachdem ein verzweifelter Gegenangriff der Republikaner fehlgeschlagen war, fiel im Januar 1939 Barcelona in Francos Hände, im März dann Madrid. Damit war Franco unumschränkter Herrscher in Spanien. Im Bürgerkrieg kamen insgesamt 700 000 Menschen ums Leben.

Spanischer Erbfolgekrieg (1701–14), europäischer Konflikt um die spanische Thronfolge, nachdem der letzte spanische Habsburger Karl II. ohne Nachkommen gestorben war. Frankreichs König LUDWIG XIV., der mit einer von Karls Schwestern verheiratet war, unterstützte die Ansprüche seines Enkels Philipp von Anjou auf den spanischen Thron. Kaiser LEOPOLD I., der Karls andere Schwester geheiratet hatte, unterstützte jedoch seinen Sohn, den Erzherzog Karl. Der englische König WILHELM III. VON ORANIEN versuchte, die Krise auf diplomatischem Weg beizulegen, doch der spanische König vererbte sein Reich an Philipp von Anjou, der mit tatkräftiger Unterstützung von Ludwig XIV. als König PHILIPP V. von Spanien den Thron bestieg.

England, Österreich und die Niederlande, die sich der wachsenden Macht Frankreichs gegenübersahen, schlossen deshalb 1701 ein Bündnis, dem beim Ausbruch der Feindseligkeiten 1702 die meisten deutschen Fürsten sowie Portugal und Savoyen beitraten. Die alliierten Streitkräfte unter dem Oberbefehl des Herzogs von MARLBOROUGH und des Prinzen EUGEN von Savoyen gingen aus einer Reihe von Schlachten siegreich hervor.

Die Wende brachte jedoch der Tod des Kaisers in Wien, Nachfolger wurde sein Sohn Karl VI.; damit bestand die Gefahr einer möglichen österreichisch-spanischen Allianz und die Bildung einer habsburgischen Weltmacht. Daher drängte Großbritannien auf Beendigung des Krieges. Mit dem Frieden von UTRECHT 1713 wurde Philipp V. auf dem spanischen Thron bestätigt, die spanischen Besitzungen in Italien und in den Niederlanden gingen an Österreich, Großbritannien erwarb von Frankreich umfangreichen Kolonialbesitz in Nordamerika sowie Gibraltar. Der Frieden von Rastatt und Baden 1714 bestätigte dieses Ergebnis.

Spanischer Unabhängigkeitskrieg (1808–14), nationale Erhebung der Spanier gegen die Herrschaft NAPOLEONS I. 1808 marschierten französische Truppen in Spanien ein, um Madrid zur Einhaltung der KONTINENTALSPERRE gegen Großbritannien zu zwingen. Napoleon I. setzte im Mai seinen Bruder Joseph als spanischen König ein. Doch ein Aufstand der Spanier zwang Joseph bereits im August zur Flucht aus Madrid. Im gleichen Monat landete der Herzog von WELLINGTON mit seinen Truppen in Portugal, das vom spanischen Aufstand erfasst worden war, und vertrieb innerhalb nur weniger Wochen die Franzosen aus dem Land. Danach wandten sich Teile des britischen Expeditionskorps nach Spanien, wo Napoleon I. persönlich den Oberbefehl über seine Armee übernommen hatte. Trotz aller Anstrengungen des britischen Kommandeurs Sir John MOORE gelang es Napoleons

Die zeitgenössische Karikatur zeigt, wie die USA – verkörpert durch Uncle Sam – im Jahr 1898 Kuba, die Lady der Meere, vor der spanischen Kolonialmacht retten.

Die Soldaten aus Sparta trainierten ihre militärischen Fähigkeiten in zahlreichen Wettkämpfen. Eine der Disziplinen bestand im Lauf mit kompletter Ausrüstung, wie es auf einer Amphore aus dem 6. Jh. v. Chr. festgehalten ist.

Armee im Dezember 1808, Madrid zurückzuerobern. Im Januar 1809 erlitten Moores Truppen eine vernichtende Niederlage in der Schlacht bei Coruña, bei der Moore fiel. Dadurch war Wellington gezwungen, den Kampf gegen die französischen Besatzer von Portugal aus zu führen. 1812 gelang es ihm, nach Spanien vorzudringen, die Franzosen bei Salamanca zu besiegen und Madrid einzunehmen. Im folgenden Jahr schlug Wellington die Armee Joseph Bonapartes bei Vitoria und drang bis Toulouse vor. Napoleon I. gab daraufhin dem rechtmäßigen spanischen König Ferdinand VII. die Krone zurück, der im März 1814 unter dem Jubel der Bevölkerung in Madrid einzog. Eine seiner ersten Amtshandlungen war die Aufhebung der liberalen Verfassung. Seine absolutistische Herrschaft löste in den folgenden Jahren Aufstände in Spanien aus.

Spanisches Kolonialreich

Spanisches Kolonialreich, überseeische Territorien, die Spanien seit dem späten 15. Jh. kontrollierte. Auf dem Höhepunkt ihrer Macht beherrschten die Spanier Mittelamerika, die Karibik, den Großteil von Südamerika die Kanaren sowie die Philippinen. Den

Das Spanische Kolonialreich erstreckte sich im 16.–19. Jh. um den ganzen Erdball und bescherte dem Mutterland dank der Gold- und Silbervorkommen großen Reichtum.

Grundstein für das spanische Kolonialreich legte Christoph KOLUMBUS, als er mit seinen vier Reisen 1492–1504 nach einer Möglichkeit suchte, in westlicher Richtung nach Indien zu gelangen, und dabei den amerikanischen Kontinent entdeckte.

Anfänglich kolonialisierten kleine Gruppen von Konquistadoren Mexiko und Peru. So bildete das Azteken-Reich in Zentralmexiko, das Hernán CORTÉS 1518 erstmals betrat, die Keimzelle der Kolonie Neuspanien. Nach der Zerstörung des Landes verlegte Cortés die neue Hauptstadt nach Mexico Stadt und wurde 1522 zum Gouverneur ernannt. Gemeinsam mit seinen Getreuen erweiterte er das spanische Hoheitsgebiet im Süden bis nach El Salvador, Guatemala und Honduras und im Norden eroberte er die abgelegeneren Gegenden Mexikos. 1536 wurde die Kolonie in ein Vizekönigreich umgewandelt und umfasste bald auch Kalifornien, den Südwesten Nordamerikas und Florida, auch wenn in vielen Gegenden nur wenige Spanier siedelten. In der folgenden Zeit entstanden weitere Vizekönigreiche: 1543 Peru, 1739 Neugranada und 1776 Rio de la Plata. Die Kolonien bargen riesige Vorkommen an Gold und Silber und machten das Mutterland Spanien im 16. und 17. Jh. zum reichsten Land in Europa. Der Glanz des spanischen Hofes beruhte jedoch auf der Ausbeutung der eingeborenen Völker

Die Kriege, die im 18. Jh. in Europa tobten, betrafen auch die spanischen Kolonien. 1763 musste Spanien Florida an Großbritannien abtreten und erhielt Louisiana von Frankreich. Nach dem AMERIKANISCHEN UNABHÄNGIGKEITSKRIEG gewann Spanien 1783 Florida zurück, war jedoch im Jahr 1800 gezwungen, Louisiana wieder an Frankreich abzutreten. 1819 verkauften die Spanier Florida dann an die USA. 1821 erklärte

MEXIKO seine Unabhängigkeit und trennte sich vom spanischen Mutterland. Bis Ende des 19. Jh. verlor Spanien alle seine Kolonien; als letzte Kuba, Puerto Rico und die Philippinen 1898 an die USA im SPANISCH-AMERIKANISCHEN KRIEG.

Sparta, gebräuchlicher Name für den antiken griechischen Staat Lakedaimon, dessen Hauptstadt Sparta war. Die Siedlung Sparta entstand um 900 v. Chr. aus dem Zusammenschluss mehrerer Dörfer. In den folgenden zwei Jahrhunderten eroberten die Spartaner den westlichen Nachbarn Messenien und brachten auch Argos unter ihren Einfluss. Im 6. Jh. v. Chr. besaß Sparta die militärische Vormachtstellung auf dem Peloponnes. Die abhängigen Stadtstaaten waren zur Heerfolge verpflichtet.

Als Führer des Peloponnesischen Bundes leitete Sparta den erfolgreichen Widerstand Griechenlands in den Kriegen gegen PERSIEN 500–479 v. Chr. Im PELOPONNESISCHEN KRIEG 431–404 v. Chr. wandte sich dann Sparta gegen Athen. Nach dem Sieg über den alten Rivalen dominierte Sparta Griechenland und die Ägäis, doch die ablehnende Haltung Spartas gegenüber neuen Ideen, die Bedrohung durch Aufstände der Heloten und eine starke Reduzierung der Anzahl der regierenden Gruppe verhinderten eine dauerhafte Vormachtstellung Spartas in Griechenland. Vernichtende Niederlagen gegen Theben bei Leuktra 371 v. Chr. und bei Mantinea 362 v. Chr. beendeten die spartanische Vorherrschaft endgültig.

Grundlage des spartanischen Erfolgs war die überlegene Kriegführung. Kernstück des Heeres bildeten die Hopliten, gepanzerte Infanteristen, die mit Speer, Schwert, Rundschild, Harnisch und Beinschienen ausgerüstet waren. Sie kämpften in einer so genann-

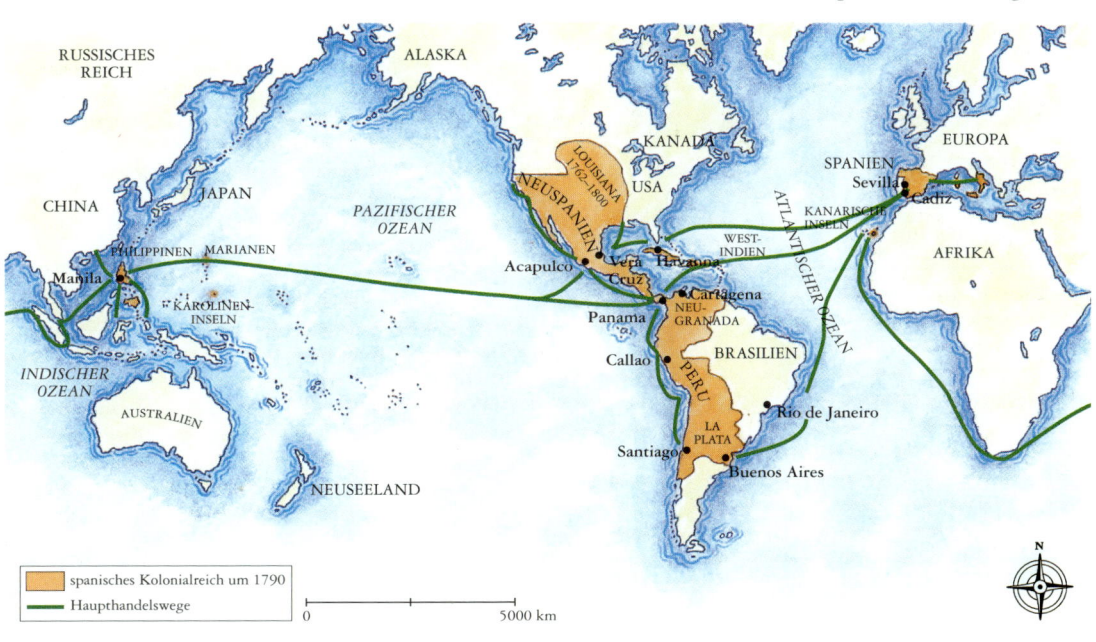

spanisches Kolonialreich um 1790
Haupthandelswege

0   5000 km

ten Phalanx, einer geschlossenen Linie von Soldaten, die von den feindlichen Truppen kaum aufzuhalten war. Die Spartaner legten großen Wert auf körperliche Ertüchtigung und militärische Ausbildung. Bereits im Alter von sieben Jahren wurden die Jungen für den Kriegsdienst gedrillt. So ist es kein Wunder, dass Sparta über die besten Soldaten des antiken Griechenland verfügte. Die Gestaltung der spartanischen Gesellschaft, deren Erziehungsideale Entbehrung und Disziplin hießen, schrieb man dem sagenhaften spartanischen Gesetzgeber Lykurg zu.

Die Verfassung von Sparta stammte aus dem 6. Jh. v. Chr. Der Militärstaat wurde von zwei Königen geleitet, die das erbliche Amt des Oberkommandos über das Heer innehatten. Unterstützt wurden die Könige vom 28-köpfigen Rat der Alten, der von der Heeresversammlung gewählt wurde. Diese Versammlung repräsentierte die privilegierten Spartaner. Darunter standen die Perioken, die so genannten Umwohner. Sie besaßen kaum Rechte, waren aber zur Heerfolge verpflichtet. Die unterste Stufe der spartanischen Gesellschaft bildeten die rechtlosen Heloten, die die Äcker bewirtschafteten und jährlich den halben Ertrag der Ernte abliefern mussten.

Spartakus († 71 v. Chr.), thrakischer GLADIATOR, der im Jahr 73 v. Chr. einen Sklavenaufstand anführte und mehrfach römische Truppen besiegte, bevor der Aufstand niedergeschlagen wurde. Zunächst war er Schäfer, dann römischer Soldat, ehe er desertierte. Nachdem man ihn wieder gefasst hatte, kam er auf eine Gladiatorenschule in Capua bei Neapel. 73 v. Chr. floh er erneut und verbündete sich mit anderen geflohenen Sklaven. Seine Anhänger, deren Zahl auf 40 000 stieg, verwüsteten Süditalien, bevor sie im Jahr 71 v. Chr. von Marcus Licinius CRASSUS besiegt wurden. Spartakus starb im Kampf.

> **WUSSTEN SIE, DASS?**
>
> *Karl Liebknecht war der einzige Abgeordnete, der sich am 2. Dezember 1914 im Berliner Reichstag gegen die Bewilligung weiterer Kriegskredite aussprach.*

6000 Sklaven wurden gefangen genommen und gekreuzigt. Spartakus wurde für Revolutionäre jeglicher Art ein Vorbild; die radikalen deutschen Sozialisten nannten ihre Gruppe denn auch SPARTAKUSBUND.

Spartakusbund, Gruppe deutscher Sozialisten, aus denen 1918 die KOMMUNISTISCHE PARTEI DEUTSCHLANDS hervorging. Eine linke Gruppierung innerhalb der SPD um Karl Liebknecht und Rosa LUXEMBURG, die die offizielle Burgfriedenspolitik der Parteiführung im Ersten Weltkrieg kritisierte, schloss sich 1915 zum Spartakusbund zusammen. Der Bund forderte die Abschaffung der Monarchie und den Aufbau einer kommunistischen Gesellschaft. Der Name des Spartakusbunds leitete sich von dem Pseudonym her, unter dem Liebknecht seine Publikationen veröffentlichte, in denen er die internationale Kriegführung als kapitalistische Verschwörung verurteilte, und die „Lohnsklaven" zum Aufstand nach dem Vorbild des römischen Gladiators SPARTAKUS aufrief.

Nach dem Sturz des Kaisers WILHELM II. im November 1918 gingen die Spartakisten in die Opposition und organisierten Massenversammlungen in Berlin. Am 30. Dezember 1918 gründeten sie die KPD und versuchten im Januar 1919 in Berlin, gewaltsam die Macht an sich zu reißen. Innerhalb weniger Tage wurde der Spartakusaufstand von der Reichswehr brutal niedergeschlagen. Die beiden Anführer – Karl Liebknecht und Rosa Luxemburg – wurden inhaftiert und ohne Gerichtsverfahren ermordet. 1920 blieb ein Aufstand der Spartakisten im Ruhrgebiet ebenfalls erfolglos.

Speer, Albert (1905–81), deutscher Architekt und Politiker. Nachdem Speer, der seit 1931 Mitglied der NSDAP war, von Adolf Hitler 1937 zum Generalbauinspektor für die Reichshauptstadt Berlin ernannt worden war, entwarf er zahlreiche repräsentative und monumentale Bauten für das NS-Regime. Aufgrund seines Organisationstalents wurde er im Jahr 1942 Reichsminister für Bewaffnung und Munition und war in dieser Position verantwortlich für die deutsche Kriegswirtschaft, den Einsatz der Zwangsarbeiter in

Albert Speer (links) erläutert sein Modell für die Berliner Technische Hochschule, die 1939 eröffnet wurde.

den Fabriken und den Bau strategisch wichtiger Straßen und Verteidigungslinien. In den NÜRNBERGER PROZESSEN wurde Speer zu 20 Jahren Haft verurteilt, die er 1946–66 in Spandau absaß.

Spencer, Herbert (1820–1903), britischer Philosoph und Soziologe. Spencer arbeitete als Eisenbahningenieur und Lehrer, bevor er sich der Schriftstellerei und dem Studium der Philosophie zuwandte. Sein erstes Buch veröffentlichte er 1851. Aus Interesse an zeitgenössischen Evolutionstheorien verfasste er die *Principles of Psychology*, die vier Jahre später erschienen. In diesem Buch entwickelte er in Anlehnung an Charles DARWINS Evolutionstheorie die Theorie des SOZIALDARWINISMUS. Spencer prägte den bekannten Ausdruck vom „Recht des Stärkeren". In seinem elfbändigen Werk *A System of Synthetic Philosophy* (1855–96) zeigte er, dass sich die Spuren der Evolution in beinahe allen Wissensgebieten niederschlagen. Der dritte Band fand das größte öffentliche Interesse. Spencer sprach sich gegen jegliche Einmischung des Staates aus, die nur zum Verlust der individuellen Freiheit führen würde. Sein optimistischer Glauben an den beständigen Fortschritt der Menschheit durch Evolution verschaffte ihm eine große Anhängerschaft.

Spiegelaffäre, innenpolitische Krise in der BUNDESREPUBLIK DEUTSCHLAND 1962. In der Kontroverse um die richtige Verteidigungsstrategie befürwortete Verteidigungsminister Franz Josef STRAUSS die Strategie der massiven Abschreckung, d. h., im Fall eines sehr sicheren sowjetischen Angriffs sollte ein vorbeugender Atomschlag des Westens erfolgen. Seine Gegner waren für eine flexible Reaktion, um Verhandlungsspielraum vor einem möglichst späten Atomwaffeneinsatz zu gewinnen.

Im Oktober 1962 wurde in einem Artikel im Nachrichtenmagazin *Der Spiegel* die Strategie des Ministers heftig kritisiert und die Abwehrfähigkeit der Bundesrepublik Deutschland bezweifelt. Ende Oktober 1962 wurde unter dem Vorwurf des Landesverrats die Redaktion des Magazins besetzt und der Herausgeber Rudolf Augstein sowie mehrere Redakteure verhaftet. Die Aktion löste eine Regierungskrise aus, die noch dadurch gesteigert wurde, dass Bundeskanzler Konrad ADENAUER die rechtswidrige Verhaftung im Parlament verharmloste und Strauß seine Beteiligung an der Angelegenheit trotz eindeutiger gegenteiliger Hinweise leugnete. Es kam zu massiven öffentlichen Protesten, die sich gegen Eingriffe in die Presse- und Meinungsfreiheit richteten. Strauß und zwei Staatssekretäre aus dem Verteidigungsministerium mussten daraufhin von ihren Ämtern zurücktreten.

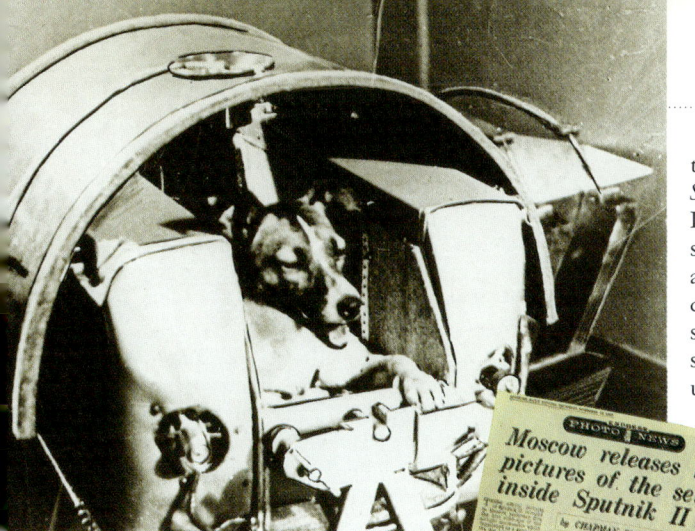

Oben: Laika, die erste Reisende im Weltall, legt sich in ihrer Kabine zurecht, die dann in den russischen Satelliten *Sputnik 2* eingebaut wird. Rechts: Amerikanische Medien berichteten ausführlich darüber.

Spinoza, Baruch de (1632–77), in den Niederlanden geborener jüdischer Philosoph. Nachdem er 1656 aus der jüdischen Gemeinde in Amsterdam ausgeschlossen worden war, weil er in seinen Auffassungen von der offiziellen jüdischen Lehre abwich, lebte er als Linsenschleifer in Den Haag. Er lehnte die Auffassung von der Unsterblichkeit des Einzelnen ab und vertrat die Ansicht, Gott und das Universum seien identisch und Gott sei in allem vertreten. Sein kritisches Infragestellen der Bibel wurde als Gotteslästerung angesehen und die meisten seiner Schriften wurden erst nach seinem Tod veröffentlicht. Auf politischem Gebiet trat er für einen so genannten GESELLSCHAFTSVERTRAG ein, nach dem der einzelne Mensch bestimmte Rechte, die er von Natur aus hat, an die Gesellschaft abtritt und im Gegenzug eine gewisse Sicherheit garantiert bekommt.

Sputnik, erste Serie sowjetischer Satelliten, denen 1957 die erste Erdumrundung gelang, und mit denen die Ära der Weltraumflüge eingeleitet wurde. Die *Sputnik I* startete am 4. Oktober 1957 vom sowjetischen Weltraumzentrum Baikonur. Die Bezeichnung Sputnik bedeutet Weggefährte.

Der künstliche Satellit hatte einen Durchmesser von nur 58 cm und wog lediglich 84 kg. Bei einer Fluggeschwindigkeit von 24 500 km/h benötigte er für eine Erdumrundung nur rund 95 Minuten. *Sputnik I* umrundete die Erde 92 Tage lang, bevor er in der Atmosphäre verglühte. Die Resonanz über diese Weltpremiere fiel geteilt aus. Während die Sowjetunion von einem „kolossalen Beitrag zu den Schätzen der Weltwissenschaft" sprach, blieben die USA skeptisch und vermuteten an Bord des Satelliten Infrarotkameras, die den nordamerikanischen Kontinent aus der Luft fotografierten.

Nur einen Monat später startete die Sowjetunion *Sputnik II* mit dem Hund Laika an Bord. Das Tier starb zwar nach sechs Tagen an Sauerstoffmangel, doch die aufgezeichneten wissenschaftlichen Daten bewiesen, dass ein Lebewesen auch unter den Bedingungen der Schwerelosigkeit existieren konnte. Bei den ersten Sputnik-Satelliten ging es vor allem um Testflüge für die bemannte Raumfahrt.

Im Wettlauf um die Vorherrschaft im Weltraum wollten die USA keineswegs zurückstehen und schickten am 1. Februar 1958 ihren ersten Satelliten *Explorer I* ins All.

Sri Lanka, Inselstaat im Indischen Ozean, der vor der Südostküste Indiens liegt und früher unter dem Namen Ceylon bekannt war. Die Insel wurde ursprünglich von der indoarischen Volksgruppe der Singhalesen aus Nordindien bevölkert, die in der Zeit 5. Jh. v. Chr.–12. Jh. n. Chr. die nördliche Ebene der Insel beherrschten. Sie gründeten in dieser Region mehrere Königreiche.

Seit dem 3. Jh. verbreiteten indische Missionare den BUDDHISMUS unter den Singhalesen, doch es entstanden auch rivalisierende religiöse Gruppierungen. Parakramabahu I. vereinte die kämpfenden Sekten während seiner Regierungszeit 1153–86. Zur gleichen Zeit entstand durch eine verstärkte Einwanderung von hinduistischen Tamilen aus Südindien eine Enklave im Norden der Insel. Da im 14.–16. Jh. immer mehr Tamilen einwanderten, wurden die einheimischen Singhalesen in den Südwesten der Insel abgedrängt und ihre Herrschaft zerfiel in mehrere kleinere Königreiche, unter denen Kandy das mächtigste war.

1505 gelang es den Portugiesen, an der Westküste der Insel Fuß zu fassen. Von dort aus weiteten sie im Verlauf des 16. Jh. ihre wirtschaftliche und politische Macht immer weiter aus, die jedoch ab 1638 geschwächt wurde, als die niederländische Ostindische Kompanie die Kontrolle über den Gewürzhandel erlangte. 1796 verdrängten britische Truppen die Niederländer und brachten bis 1815 die gesamte Insel unter ihre Kontrolle, die sie von nun an Ceylon nannten.

Um 1860 lief der Teeanbau den Kaffeeplantagen den Rang als führender Wirtschaftszweig ab, die Wirtschaft basierte auf den großen Plantagen, auf denen später neben Tee und Kaffee auch Kautschuk angebaut wurde.

Der zunehmende Wohlstand der Einwohner brachte eine Mittelschicht hervor, die eine Selbstverwaltung anstrebte. 1931 wurde eine Verfassung verabschiedet, die der Insel die Autonomie zugestand. Bis 1948 blieb Ceylon britische Kronkolonie und erhielt dann die Unabhängigkeit im Rahmen des COMMONWEALTH. Mit der 1972 verabschiedeten neuen Verfassung wurde die Insel in die Republik Sri Lanka umgewandelt.

In den späten 70er-Jahren eskalierten die Spannungen zwischen der singhalesischen Mehrheit und den Tamilen in gewalttätigen Ausschreitungen und 1983 begann der Bürgerkrieg. Die tamilischen Rebellen brachten die Halbinsel Jaffna und den Großteil des Nordens von Sri Lanka unter ihre Kontrolle. Der 1987 von der indischen Regierung vermittelte Waffenstillstand konnte die Situation kaum entschärfen und schon im darauf folgenden Jahr sahen sich die Regierungstruppen einem neuen Problem gegenüber. Die marxistische, von Singhalesen dominierte Volksbefreiungsfront JVP brachte bei einem Aufstand 1989 mehr als 30 000 Zivilisten um. Der Aufstand der JVP 1990 wurde gewaltsam unterdrückt, das brutale Vorgehen von Polizei und Armee führte aber zu einer internationalen Verurteilung der Regierung Sri Lankas und zu einer zeitweiligen Einstellung westlicher Finanzhilfen. Staatspräsident Ranasinghe Premadasa fiel 1993 einem Mordanschlag eines Tamilen in Colombo zum Opfer.

1994 wurde Chandrika Kumaranatunge, die Tochter von Sirimavo Bandaranaike, zur Ministerpräsidentin gewählt. Im gleichen Jahr wurde sie Staatspräsidentin des Landes und ihre Mutter übernahm das Amt der Ministerpräsidentin. Ein 1994 vereinbarter Waffenstillstand zwischen der Regierung und den tamilischen Rebellen konnte den Bürgerkrieg nicht beenden. Die Kampfhandlungen gehen mit unverminderter Schärfe weiter. Die Auseinandersetzungen forderten bis 1999 mehr als 100 000 Menschenleben.

SS, Elitetruppe der NSDAP, 1925 aus dem Stoßtrupp Adolf Hitler und der seit 1923 bestehenden Stabswache gebildet. Die SS – Abkürzung für Schutzstaffel – übernahm Schutz- und Sicherheitsaufgaben innerhalb der Partei. Ihr Erkennungsmerkmal waren die schwarze Uniform, das Runenabzeichen und der Totenkopf. Die Mitglieder der SS

> **WUSSTEN SIE, DASS?**
>
> *Solomon Bandaranaike regierte Sri Lanka 1956–59. Seine Witwe Sirimavo war 1959–65, 1970–77 Ministerpräsidentin und hat dieses Amt erneut seit 1994 inne. Ihre Tochter ist seit 1994 Staatspräsidentin.*

Fortsetzung S. 506

Der Siegeszug der Städte – von Lehmhütten zu Wolkenkratzern

Die ersten Hochkulturen entstanden um 3000 v. Chr. in Städten. Im Lauf der Jahrhunderte entwickelten sich aus den ersten unbefestigten Siedlungen blühende Handelsstädte und fürstliche Residenzen, andere wurden zu Industriemetropolen. Wo früher nur wenige Menschen wohnten, breiten sich heute oft Millionenstädte aus.

Vor mehr als 5000 Jahren entwickelten sich in Mesopotamien, dem fruchtbaren Land zwischen den beiden Flüssen Tigris und Euphrat, die ersten städtischen Siedlungen. Die Sumerer machten Städte wie Ur – eines der großen Lagerzentren für den Binnen-, Fluss- und Seehandel –, Lagasch, Uruk und Eridu zu Stätten des Fortschritts. Dort lebten die Menschen in fest gemauerten Häusern aus Lehmziegeln und erbauten riesige stufenförmige Tempel, so genannte Zikkurats. Außerdem bildeten diese städtischen Hochkulturen eine hervorragende Basis für weit reichende Entdeckungen. So waren es mesopotamische Töpfer, die als Erste um 3500 v. Chr. das Rad erfanden und Wagen zum Transport ihrer Waren bauten. Die Sumerer waren darüber hinaus Meister in der Metallverarbeitung und gelten ebenfalls als Erfinder eines durchdachten und verwendbaren Schriftsystems.

Weiter östlich erschlossen etwa um die gleiche Zeit Siedler das fruchtbare Tal des Indus. Während die Städte Mesopotamiens eher willkürlich entstanden, verlief der Städtebau am Indus nach genauen Plänen. So wiesen die Städte Mohenjo-Daro und Harappa, obwohl sie 650 km voneinander entfernt lagen, ähnliche Grundrisse und Einwohnerzahlen auf. Mauern und Straßen wurden in Form eines Rechtecks angeordnet. Die beiden Städte besaßen Zisternen und Klosteranlagen und jede hatte etwa 20 000 Einwohner, eine für die damalige Zeit gewaltige Zahl, wenn man sich überlegt, dass es um 1800 in ganz Europa nur etwa 360 Städte mit mehr als 10 000 Einwohnern gab.

DAS WUNDER VON BABYLON

Von der mesopotamischen Stadt Babylon, die zunächst zerstört und dann wieder aufgebaut worden war, nimmt man an, dass sie zu ihrer Blütezeit etwa ebenso viele Einwohner zählte wie die Städte im Industal. Um 500 v. Chr. beschrieb der griechische Historiker Herodot die Stadt mit folgenden Worten: „Sie bildet ein genaues Quadrat, 120 Achtelmeilen in jede Richtung, von einem tiefen Wassergraben umgeben, hinter dem sich eine Mauer erhebt, die 100 Mes-singtore hat. Die Straßen verlaufen ganz gerade und jeder Stadtteil hat eine eigene Festung."

Bei den alten Ägyptern bestand die Hieroglyphe für Stadt aus einem Kreis, in dem sich ein Kreuz befand. Vielleicht symbolisierte das Kreuz Kommunikation und Zusammentreffen. Der Kreis mag stellvertretend für die die Stadt umgebende Mauer oder den Wassergraben gestanden und somit Schutz und Begrenzung verkörpert haben. Es könnte aber auch sein, dass das Kreuz den Hammer eines Steinmetzes darstellt. Dann wäre es ein Symbol für die Handwerkskunst gewesen, auf das sich der gesamte Städtebau gründete. Eine der bedeutendsten Städte des alten Ägypten war Memphis, die von Menes um 2900 v. Chr.

Größere Häuser baute man aus Stein. Sie wurden oft durch eine hohe Mauer von der Seine und den umliegenden Straßen abgetrennt. Die wichtigsten Räume gingen auf einen Innenhof hinaus oder mündeten im Garten.

Die Ile de la Cité war das Herz von Paris.

Die kleineren Seine-Inseln dienten vorwiegend als Viehweiden.

Seine

Häuser und Geschäfte säumten die Brücken.

Der Louvre, im 13. Jh. von Philippe II. August begonnen, diente zunächst als Festung. Karl V. ließ ihn im 14. Jh. zum Palast umbauen.

Die Stadtmauer war bis zu 9 m hoch und bis zu 3 m dick.

Der Bau von Notre-Dame de Paris war Ende des 13. Jh. weitgehend abgeschlossen.

Die Ste-Chapelle wurde im 13. Jh. von Ludwig IX. dem Heiligen erbaut. Hier wurden die Reliquien der französischen Könige aufbewahrt.

Im späten 14. Jh. gab es in Paris, das von einer Stadtmauer umgeben war, zahlreiche hohe, schmale Holzfachwerkhäuser mit Strohdächern. Die Stadt geht auf eine keltische Siedlung auf der Ile de la Cité zurück.

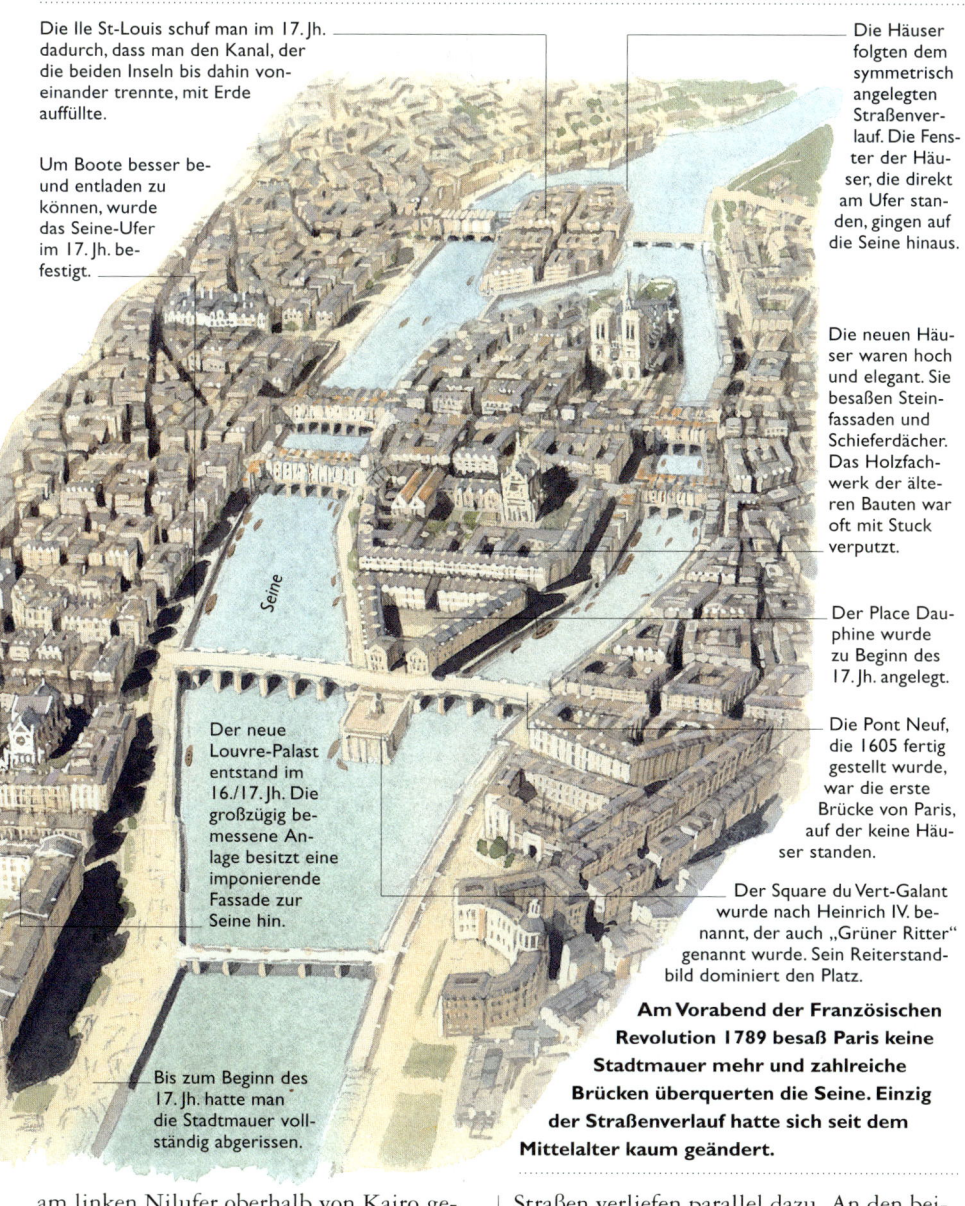

Die Ile St-Louis schuf man im 17. Jh. dadurch, dass man den Kanal, der die beiden Inseln bis dahin voneinander trennte, mit Erde auffüllte.

Um Boote besser be- und entladen zu können, wurde das Seine-Ufer im 17. Jh. befestigt.

Der neue Louvre-Palast entstand im 16./17. Jh. Die großzügig bemessene Anlage besitzt eine imponierende Fassade zur Seine hin.

Bis zum Beginn des 17. Jh. hatte man die Stadtmauer vollständig abgerissen.

Die Häuser folgten dem symmetrisch angelegten Straßenverlauf. Die Fenster der Häuser, die direkt am Ufer standen, gingen auf die Seine hinaus.

Die neuen Häuser waren hoch und elegant. Sie besaßen Steinfassaden und Schieferdächer. Das Holzfachwerk der älteren Bauten war oft mit Stuck verputzt.

Der Place Dauphine wurde zu Beginn des 17. Jh. angelegt.

Die Pont Neuf, die 1605 fertig gestellt wurde, war die erste Brücke von Paris, auf der keine Häuser standen.

Der Square du Vert-Galant wurde nach Heinrich IV. benannt, der auch „Grüner Ritter" genannt wurde. Sein Reiterstandbild dominiert den Platz.

Am Vorabend der Französischen Revolution 1789 besaß Paris keine Stadtmauer mehr und zahlreiche Brücken überquerten die Seine. Einzig der Straßenverlauf hatte sich seit dem Mittelalter kaum geändert.

am linken Nilufer oberhalb von Kairo gegründet wurde. Knossos auf der Insel Kreta gehörte als Zentrum der minoischen Kultur ebenfalls zu den außergewöhnlichen Städten des Altertums. Im 16. Jh. v. Chr. lebten nach Schätzungen der Archäologen etwa 50 000 Menschen in der mehr als 75 ha großen Metropole.

Im antiken Griechenland gab es zahlreiche unabhängige Stadtstaaten, die jeweils aus der städtischen Siedlung mit dem Marktplatz als Zentrum und ihrem Umland bestanden. Die Stadtstaaten unterschieden sich in Größe, Aussehen und Bedeutung. Das Wort Politik kommt vom griechischen *polis*, was Stadtstaat bedeutet.

RÖMISCHE STÄDTEPLANER

Der Bau römischer Städte erfolgte stets nach dem gleichen Muster. Innerhalb der Stadtmauer teilten zwei Hauptverkehrsachsen, die sich im rechten Winkel kreuzten, die Siedlungsfläche in vier Teile. Alle weiteren

Straßen verliefen parallel dazu. An den beiden Hauptstraßen lag das Forum, die Tempel, die öffentlichen Bäder und das Amphitheater. Das Forum diente gleichzeitig als Versammlungsort und Marktplatz. Hier wurde Politik gemacht, diskutiert und entschieden. In allen Regionen, die die Römer eroberten, gründeten sie Städte, die sich meist aus Militärlagern entwickelten. Die herausragendsten unter ihnen in Germanien waren die Kaiserresidenz Trier, die im 4. Jh. mit fast 70 000 Einwohnern die größte Stadt nördlich der Alpen war, und Köln, das etwa eine Fläche von 100 ha einnahm. Zum Vergleich: Bevor Kaiser Konstantin I. der Große im Jahr 330 die Hauptstadt von Rom nach Byzanz verlegte, nahm die Stadt am Tiber eine Fläche von nahezu 2000 ha ein.

Im Mittelalter waren es in erster Linie Handelsplätze, die sich in Europa zu bedeutenden Städten entwickelten. Die Verleihung von Marktrechten, die Gewährung von Handelsprivilegien und die Bildung

von Kaufmannsgilden sind entscheidende Meilensteine in der Geschichte des Städtewesens. Die Bürger schützten ihre Siedlungen durch Stadtmauern und Burganlagen vor feindlichen Angriffen. Die Kirche errichtete in vielen größeren Städten mächtige Kathedralen und machte sie zum Zentrum ihrer Diözese. Vor allem die norditalienischen Stadtstaaten wie Mailand, Venedig, oder Florenz erwarben Reichtum, Macht und Ansehen.

Mit dem Beginn der Neuzeit gerieten die Städte immer stärker in die Abhängigkeit der jeweiligen Landesherren. Diese machten sie zum Mittelpunkt ihrer Herrschaft und bauten sie zu Verwaltungszentren aus. Mit den vielfältigen Angeboten einer Hauptstadt konnte keine andere Stadt im Land mithalten. Paris hatte im 17. Jh. 180 000, London bereits 250 000 Einwohner.

ZECHEN UND SCHORNSTEINE

Im Zug der Industrialisierung im 18./19. Jh. veränderte sich auch das Gesicht der Städte. Wo früher nur Kornspeicher oder Handelskontore gestanden hatten, wurden nun Fabriken errichtet, deren Schornsteine bald die Turmspitzen der Kirchen überragten. Mit der Arbeiterklasse entstand auch eine neue Gesellschaftsschicht. Aufgrund des ungehemmten Zuzugs von Arbeitskräften explodierte die Bevölkerungszahl in den Industriestädten und es kam zu sozialen Spannungen. Um die Städte herum schossen Slums wie Pilze aus dem Boden, in denen katastrophale Lebensbedingungen herrschten. Bevölkerungsdichte und Sterblichkeitsrate waren um ein Vielfaches höher als in den bürgerlichen Wohnvierteln. Eines der gewaltigsten industriellen Ballungsgebiete in Europa entstand – ganz im Zeichen von Kohle und Bergbau – im Ruhrgebiet. Dutzende von Gemeinden, Dörfern und Kleinstädten wuchsen innerhalb von nur 100 Jahren zu einem riesigen Verbund zusammen, bei dem man heute kaum mehr feststellen kann, wo eine Stadt aufhört und die andere beginnt. Insbesondere der Bau der Eisenbahn hatte erhebliche Auswirkungen auf den Prozess der Urbanisierung sowie auf die Städteplanung. In Europa verbanden die Eisenbahnstrecken bereits bestehende Städte miteinander. In den USA hingegen ließ die Eisenbahn viele Städte überhaupt erst entstehen, wie z. B. Chicago. Ende des 19. Jh. nahm die Anzahl der Großstädte in den USA von 23 auf 39 zu. Dort, wo das Land knapp war, wie z. B. in Manhattan, bauten die Architekten Wolkenkratzer.

Im 20. Jh. nahm die Zahl der Großstädte rapide zu. Gab es 1950 weltweit 75 Städte mit einer Bevölkerungszahl von mehr als 1 Mio., so waren es 1990 bereits 249 Städte; in zwölf von ihnen lebten über 10 Mio. Menschen.

mussten absolut loyal gegenüber Hitler sein. Ihr Wahlspruch lautete: „Meine Ehre heißt Treue." Mitglied der SS konnte nur werden, wer den „Ariernachweis" bis zum Jahr 1750 erbrachte und mindestens 1,80 m groß war. Die SS verstand sich als nationalsozialistische Elite und vertrat eine extreme Rassenideologie („Züchtung einer germanischen Herrenrasse"). Ab 1929 unterstand die SS dem Reichsführer Heinrich HIMMLER. Innerhalb von nur vier Jahren wuchs die Mitgliederzahl von 280 auf über 200 000 im Jahr 1933 an. Die SS war anfangs der SA unterstellt, doch nach der Niederschlagung des RÖHMPUTSCHS 1934, an dem sie maßgeblich beteiligt war, wurde sie selbstständig und bekam immer größeren Einfluss innerhalb des NS-Regimes.

Die SS gliederte sich in mehrere Unterorganisationen: Neben der Allgemeinen SS gab es die Waffen-SS. Dabei handelte es sich um eine bewaffnete Elitekampftruppe, die im ZWEITEN WELTKRIEG unabhängig von der Wehrmacht hinter den eigenen Linien operierte: So waren spezielle Erschießungskommandos und Einsatzgruppen an der Judenvernichtung beteiligt, wie z. B. bei der Niederschlagung des WARSCHAUER AUFSTANDS und dem Massaker von BABIJ JAR. Die SS war außerdem für die Verwaltung der KONZENTRATIONSLAGER zuständig. Aus den SS-Wachmannschaften der Konzentrationslager gingen beispielsweise die SS-Totenkopfverbände hervor. Zur SS gehörte auch die Leibstandarte Adolf Hitler unter der Leitung von Sepp Dietrich. Im Jahr 1936 gewann Himmler mithilfe von Reinhard HEYDRICH die Kontrolle über die Polizei. Die GESTAPO und der Nachrichtendienst der NSDAP, der Sicherheitsdienst SD, richteten sich gegen politische Gegner und Oppositionelle. In den NÜRNBERGER PROZESSEN wurden die SS und ihre Unterorganisationen zu verbrecherischen Organisationen erklärt.

Städte siehe Seite 504/505

Städtekrieg, Kämpfe zwischen den REICHSSTÄDTEN, dem Königtum und den Landesfürsten 1376–88. Im Jahr 1376 schlossen sich 14 schwäbische Städte – darunter Ulm, Konstanz, Ravensburg und Reutlingen – zusammen, um ihre Unabhängigkeit gegen Kaiser KARL IV. zu wahren. Im Oktober 1376 versuchte der Kaiser vergeblich, Ulm einzunehmen. Im folgenden Jahr unterlag

Graf Ulrich von Württemberg bei Reutlingen dem gut gerüsteten Heer des Städtebunds. 1384 mussten die Fürsten den Bund, der sich 1381 mit dem Rheinischen Städtebund verbündet hatte, in einem LANDFRIEDEN anerkennen. Nach dem Bruch des Landfriedens durch die Herzöge von Bayern kam es zum Krieg zwischen den Städten und dem u. a. mit Württemberg verbündeten Bayern. Die Truppen des Städtebunds wurde 1388 bei Döffingen im Schwäbischen vernichtend geschlagen. Das Verbot aller Bünde 1389 durch König Wenzel, den Sohn Karls IV., erzwang den Ausgleich zwischen den Städten, dem König und den Fürsten.

Staël, Madame de (1766 bis 1817), französisch-schweizerische Literaturkritikerin und politische Propagandistin, die großen Einfluss auf die französische ROMANTIK hatte. Die Tochter eines berühmten Bankiers wurde in Paris unter dem Namen Anne Louise Germaine Necker geboren, 1786 heiratete sie den schwedischen Diplomaten Baron von Staël-Holstein. Ihr leidenschaftliches Eintreten für die persönliche politische Freiheit trug ihr das Missfallen Napoleons I. ein, der sie 1803 schließlich aus

Paris verbannte. 1807 veröffentlichte sie den halb autobiographischen Roman *Corinne, ou l'Italie*, der sie in ganz Europa bekannt machte. Drei Jahre später etablierte sich Madame de Staël als bedeutende Literatin mit *D'Allemagne*, einem literaturkritischen Werk, das ihre Begeisterung für die deutsche Romantik zeigte. 1811 befahl Napoleon I. die Vernichtung der ersten Ausgabe des Werkes, da es unfranzösisch sei. Madame de Staël floh nach Russland und Großbritannien, bevor sie in die Schweiz zurückkehrte.

Das Gemälde von Madame de Staël befindet sich auf dem Schweizer Schloss Coppet, auf dem sich seit 1805 Liberale und Kosmopoliten zum Gedankenaustausch trafen.

WUSSTEN SIE, DASS?

Nach dem Zweiten Weltkrieg wurde der Stahlhelm 1951 in der Bundesrepublik Deutschland wieder ins Leben gerufen, er erlangte jedoch keine nennenswerte Bedeutung mehr.

Stahlhelm, am 13. November 1918 gegründeter republikfeindlicher Wehrverband der ehemaligen Frontsoldaten des Ersten Weltkriegs. 1930 hatte er mit seinen Untergruppierungen etwa 500 000 Mitglieder. Im März 1933 erreichte der Stahlhelm im Bündnis mit der DEUTSCHNATIONALEN VOLKSPARTEI DNVP bei den Reichstagswahlen 8 % der Stimmen. Der Gründer Franz Seldte trat daraufhin als Reichsarbeitsminister in das Kabinett Adolf HITLERS ein. Ein Teil des Verbands wurde in die SA eingegliedert, 1935 erfolgte die Auflösung.

Stalin, Jossif Wissarionowitsch (1879 bis 1953), sowjetischer Revolutionär, der die Sowjetunion ab Mitte der 20er-Jahre bis zu seinem Tod als Diktator regierte. Sein ursprünglicher Name lautete Jossif Wissarionowitsch Dschugaschwili, sein Vater war georgischer Schuhmacher, seine Mutter arbeitete als Wäscherin. Im Jahr 1898 trat er den russischen Sozialdemokraten bei. Schon bald zählte er zum linken Flügel, den BOLSCHEWIKEN unter Wladimir Iljitsch LENIN. Stalin wurde 1902 und erneut 1914 wegen seiner politischen Aktivitäten in die Verbannung nach Sibirien geschickt. Um diese Zeit nahm er auch den Namen Stalin, der Mann aus Stahl, an.

Zu Beginn der Oktoberrevolution 1917 floh Stalin aus Sibirien nach St. Petersburg, wo er die bolschewistische Zeitung *Prawda* herausgab. 1922 wurde er Generalsekretär der kommunistischen Partei und baute seine Position aus, indem er die Schlüsselpositionen der Partei mit treuen Gefolgsleuten besetzte. Nach Lenins Tod 1924 begann ein dreijähriger Machtkampf zwischen Leo Dawidowitsch TROTZKIJ, der der Auffassung war, dass erst eine gesamteuropäische Revolution den Aufbau eines kommunistischen Systems in der UdSSR ermögliche, und Stalin, der unter dem Schlagwort Sozialismus in einem Land die sofortige Einführung des Kommunismus in der Sowjetunion favorisierte. Stalin, der diesen Richtungsstreit für sich entschied, setzte sich danach selbst als

Nach der Schlacht um Stalingrad marschieren tausende von deutschen Soldaten in langen Reihen von ihren Stellungen nahe der Stadt in sowjetische Kriegsgefangenschaft. Nur wenige erlebten das Kriegsende und sahen ihre Heimat wieder.

Diktator über die Sowjetunion ein. So zwang er Trotzkij, nach Mexiko ins Exil zu gehen, und ließ ihn dort ermorden. In den 30er-Jahren vernichtete Stalin in mehreren Schauprozessen und zahllosen Hinrichtungen sowohl seine parteiinternen Gegner als auch unbequeme, altgediente Revolutionäre sowie den Großteil der sowjetischen Generalität. Bei diesen Säuberungen kamen mehr als 10 Mio. Menschen ums Leben und etwa doppelt so viele wurden in entlegene Straflager verbannt.

Stalin forcierte die Industrialisierung der Sowjetunion mithilfe von Fünfjahresplänen und machte damit sein Land zur zweitwichtigsten wirtschaftlichen und militärischen Macht hinter den USA. Die erzwungene KOLLEKTIVIERUNG der Landwirtschaft und die Bildung riesiger staatlicher Landwirtschaftsbetriebe – KOLCHOSEN und Sowchosen – führte jedoch zu Hungersnöten, bei denen mehr als 7 Mio. Bauern umkamen.

1939 schlossen Stalin und Adolf HITLER einen Nichtangriffspakt, doch ungeachtet dessen ließ Hitler seine Truppen 1941 in die Sowjetunion einmarschieren. Der überraschte Stalin griff an der Seite Großbritanniens in den ZWEITEN WELTKRIEG ein. Bei den diplomatischen Gipfeltreffen mit dem amerikanischen Präsidenten Franklin D. ROOSEVELT und dem britischen Premierminister Winston CHURCHILL in Teheran 1943, in JALTA 1945 und auf der POTSDAMER KONFERENZ 1945 sicherte sich Stalin

durch eine geschickte Diplomatie die Grundlage für die Schaffung eines neuen Einflussbereichs in Osteuropa.

Nach Stalins Tod 1953 kritisierte sein Nachfolger Nikita CHRUSCHTSCHOW Stalins Politik und Maßnahmen. Auf dem Parteitag der KPdSU 1956 klagte er öffentlich den Terror und die Tyrannei des sowjetischen Diktators an und leitete eine Phase der Entstalinierung ein.

Stalingrad, Schlacht um

(1942/43), eine der entscheidenden Schlachten im ZWEITEN WELTKRIEG, die das Ende der deutschen Kriegserfolge an der Ostfront bedeutete. Im Lauf des Jahres 1942 eroberte die 6. Armee unter Generalfeldmarschall Friedrich Paulus die Städte Kursk, Charkow, die Krim und die Ölfelder bei Maikop, bevor sie im August die Wolga und das strategisch wichtige Stalingrad, das heutige Wolgograd, erreichte. Hier stoppte ein schlecht ausgerüsteter und relativ kleiner sowjetischer Truppenverband den deutschen Vormarsch und verhinderte die Überquerung der Wolga. Es kam zu erbitterten Straßenkämpfen, die keine Entscheidung brachten.

Als im November die Stadt und ihre Verteidiger dem Hungertod nahe waren, hatte Stalin ausreichende Truppen zusammengestellt, um mit sechs Verbänden die 6. Armee anzugreifen. Im Januar 1943 waren die deutschen Soldaten eingeschlossen und ihre Lage

WUSSTEN SIE, DASS?

Jossif Stalin sollte eigentlich Priester werden. Er besuchte ein Priesterseminar in Tiflis, wurde allerdings wegen revolutionärer Aktivitäten ausgeschlossen.

aussichtslos. General Friedrich Paulus bat daraufhin um die Genehmigung zur Kapitulation, doch Adolf HITLER lehnte dieses Gesuch empört ab und befahl durchzuhalten und sich mit den Truppen einzuigeln. Angesichts der sowjetischen Übermacht, des extremen Winters, mangelnder Versorgung und sinkender Kampfmoral unterzeichnete Paulus am 31. Januar 1943 schließlich die Kapitulation. Der Kampf kostete 60 000 deutsche Soldaten das Leben, 110 000 gerieten in sowjetische Kriegsgefangenschaft, von denen nur etwa 6000 nach dem Krieg nach Deutschland zurückkehrten. Die ROTE ARMEE stieß nach diesem Sieg bei Stalingrad auf breiter Front nach Westen vor und drängte damit die deutsche Armee immer weiter zurück.

Stanislaus II. August Poniatowski

(1732–98), letzter polnischer König 1764–95. Der im sächsischen Dienst stehende Diplomat war ein Günstling der russischen Zarin KATHARINA II., die ihn auf den polnischen Thron sehen wollte. Stanislaus schlug nach seiner Inthronisation einen innenpolitischen Reformkurs ein, was ihn beim polnischen Adel und bei den konservativen Großmächten unbeliebt machte. So kam es 1772 zur ersten polnischen Teilung: Russland erhielt Teile Ostpolens, Österreich die Region Galizien und Preußen die Provinz Westpreußen. Stanislaus' Regierungszeit stand weiter unter einem ungünstigen Stern: 1793 musste er die zweite Teilung Polens hinnehmen, die ihn zu einem Vasallen Russlands in einem kaum lebensfähigen Reststaat machte. 1795 kam es zu einer Volkserhebung gegen die Fremdherrschaft, der Aufstand wurde niedergeschlagen und die drei Mächte lösten Polen endgültig auf. Im November 1795 sah sich Stanislaus zum Rücktritt gezwungen.

Stanley, Sir Henry Morton

(1841–1904), britisch-amerikanischer Journalist und Forschungsreisender. Eigentlich hieß er John Rowland. Als Waise verbrachte er die ersten Jahre seines Lebens in einem Armenhaus in Wales, bevor er 1859 in die USA floh. Dort adoptierte ihn der Kaufmann Henry Stanley in New Orleans, dessen Namen er annahm. Im SEZESSIONSKRIEG diente er auf der Seite der Konföderierten und war später Matrose auf amerikanischen Handelsschiffen. Er wurde Journalist bei der Zeitung *New York Herald*, die ihn nach Afrika schickte, um den verschollenen Forscher David LIVINGSTONE zu finden.

Stanley und Livingstone trafen sich zufällig in Ujiji am 10. November 1871 und erforschten gemeinsam den Tanganjikasee. Stanley wurde bei seiner Rückkehr gefeiert und nahm wieder die britische Staatsangehörigkeit an. Er unternahm drei weitere Reisen nach Afrika und erforschte Uganda und den Kongo, wo er sich im Auftrag des belgischen Königs an der Kongokonferenz beteiligte, die die Gründung des Kongo vorbereitete, dem späteren ZAIRE.

Stanton, Elizabeth Cady (1815–1902), amerikanische Sozialreformerin und Vorreiterin der Frauenrechtsbewegung. Bei ihrem Vater studierte sie die Grundlagen des amerikanischen Rechts und erkannte, dass viele Gesetze Frauen benachteiligten. 1840 heiratete sie den Anwalt Henry Brewster Stanton, der sich gegen die SKLAVEREI einsetzte. 1848 legte sie die *Declaration of Sentiments* vor, in der sie umfassende Reformen des Gesetzbuchs und die Einführung des Frauenwahlrechts forderte. Von 1852 an leitete sie zusammen mit Susan B. Anthony die Frauenrechtsbewegung der USA.

START, Abkürzung für Strategic Arms Reduction Talks, Gespräche über die Reduzierung der Atomwaffen zwischen den USA und der Sowjetunion. Die START-Verhandlungen – eine Fortsetzung der SALT-Gespräche – wurden 1982 aufgenommen, doch von der Sowjetunion schon 1983 aus Protest gegen die Stationierung amerikanischer Mittelstreckenraketen mit Atomsprengköpfen in Mitteleuropa wieder abgebrochen. 1985 wurden die Gespräche erneut aufgenommen und der 1991 unterzeichnete START-I-Vertrag verpflichtete die beiden Supermächte zur Reduzierung ihrer Atomwaffenpotenziale um 30 %. 1993 schlossen die USA und Russland den START-II-Vertrag, der die Reduzierung des Atomwaffenpotenzials um zwei Drittel vorsah. Der amerikanische Senat billigte die Übereinkunft 1996, das russische Parlament hat die Vereinbarung jedoch aus Kostengründen und Sicherheitsbedenken bisher nicht ratifiziert.

Staufer, deutsche Herrscherdynastie des Mittelalters aus dem Schwäbischen. Die Ursprünge reichen bis ins 11. Jh. zurück. Friedrich von Büren vermehrte seinen Besitz durch die Heirat mit Hildegard aus einem angesehenen elsässischen Grafengeschlecht. Da sein Sohn Friedrich I. Kaiser HEINRICH IV. im INVESTITURSTREIT unterstützt hatte, erhielt er dessen Tochter Agnes zur Frau und das Herzogtum SCHWABEN als Mitgift. Um 1075 ließ er die Burg Hohenstaufen bei Göppingen errichten, die der Familie den Namen gab. Nach dem Tod des kinderlosen Kaisers Heinrich V. fielen die Hausgüter der SALIER an seinen Neffen Herzog Friedrich II. von Schwaben, den Sohn Friedrichs I. 1138 wurde Friedrichs II. Bruder als KONRAD III. der erste Stauferkönig. Seine Regierungszeit war beherrscht vom Kampf gegen seine Widersacher, die WELFEN. Während der 38-jährigen Herrschaft Kaiser FRIEDRICHS I. BARBAROSSA erlebte

Den 15 000 Jahre alten Kalkstein aus der Steinzeit ziert ein Steinbock.

Deutschland eine politische und kulturelle Blütezeit. Barbarossas Hauptziel war die Wiederherstellung der Kaisermacht und der Reichsgewalt. Mit dem Erbe SIZILIENS verlagerte sich unter Kaiser Friedrich II. das Zentrum der Herrschaft mehr nach Süditalien. Mit dem gewaltsamen Tod Konradins 1268 erlosch das Geschlecht der Staufer.

Stauffenberg, Claus Graf Schenk von siehe ZWANZIGSTER JULI

Steigbügel, Fußstütze für den Reiter. Vermutlich verwendeten die SKYTHEN, die im 4. Jh. v. Chr. in der Ukraine lebten, als Erste Steigbügel. Es handelte sich hierbei jedoch lediglich um Lederschlaufen, die es den Reitern auf bequemere Weise ermöglichte, sich in den Sattel zu schwingen. Die Chinesen benutzten erstmals Steigbügel aus Metall. Jedoch erst im 6. Jh. n. Chr. wurden Steigbügel als Reithilfe verwendet. Die AWAREN brachten bei ihren Einfällen nach Europa im 6.–8. Jh. den Steigbügel nach Westeuropa und revolutionierten damit die Kriegführung. Zusammen mit einem Sattel ermöglichen die Steigbügel einen wesentlich stabileren Sitz und damit wurde es berittenen Soldaten möglich, lange, schwere Lanzen oder Speere in den Händen zu halten.

Stein, Heinrich Friedrich Karl Freiherr vom und zum (1757–1831), Staatsmann und Reformer. Stein wurde 1804 Finanz- und Wirtschaftsminister in PREUSSEN. König FRIEDRICH WILHELM III. entließ ihn jedoch schon bald wieder, da er versuchte, die Verantwortlichkeiten der Minister auf Kosten der Krone zu erweitern. Nach Preußens Niederlage gegen NAPOLEON I. und dem demütigenden Frieden von TILSIT 1807 berief ihn der König erneut zum Staatsminister und Stein konnte einige Reformen durchführen. So verkündete er die BAUERNBEFREIUNG, führte die Selbstverwaltung der Städte ein und schuf die Grundlagen für eine moderne Verwaltung. Es gelang Stein jedoch nicht, den König von der Notwendigkeit einer freiheitlichen Verfassung zu überzeugen, die einen Aufstand Preußens gegen Frankreich ermöglicht hätte. Durch diesen Vorstoß sah sich Napoleon I. jedoch gewarnt und brachte Friedrich Wilhelm III. dazu, sei-

nen Minister 1808 zu entlassen. Stein musste fliehen und wurde politischer Berater des Zaren ALEXANDER I. Er war maßgeblich am russisch-preußischen Bündnis beteiligt, das in den BEFREIUNGSKRIEGEN Napoleon I. besiegte. Seine Appelle auf dem WIENER KONGRESS 1815, ein geeintes Deutschland zu gründen, fanden kein Gehör.

Steinzeit, Epoche der Vorgeschichte, deren Name von den in dieser Zeit verwendeten Steinwerkzeugen und -waffen stammt. In Europa wird die Steinzeit üblicherweise in die ALTSTEINZEIT, die MITTELSTEINZEIT und die JUNGSTEINZEIT gegliedert. Die Steinzeitmenschen verwendeten geeignete Steine als Hämmer oder Handäxte und sie lernten, diese in effektivere Werkzeuge umzuarbeiten. Außerdem setzten sie scharfe Steinsplitter als Speer- oder Pfeilspitzen ein. Vor 500 000 Jahren verwendeten die Steinzeitmenschen in Europa Feuerstein für ihre Werkzeuge, in Afrika bearbeiteten sie vor allem Quarz, Gneis oder Basalt. Im Mittleren Osten bevorzugten die Menschen OBSIDIAN, eine vulkanische Gesteinsart, die sie oftmals aus weit entfernten Gegenden bezogen. Die Menschen der Altsteinzeit lebten als Jäger und Sammler, erst die Menschen in der Jungsteinzeit begannen in Europa mit der Kultivierung einzelner Getreidearten. Bald danach entdeckten die Menschen die Metallverarbeitung und verwendeten Stein- und Metallwerkzeuge oftmals parallel.

Stellungskrieg, Kriegführung, bei der sich die Gegner in Schützengräben gegenüberstehen. Bereits im SEZESSIONSKRIEG

Im Ersten Weltkrieg lagen sich die Feinde in Schützengräben gegenüber, die oft nur wenige Meter voneinander entfernt waren.

1861–65 wurden Schützengräben häufig verwendet, doch der Stellungskrieg dominierte auf den Schlachtfeldern des ERSTEN WELTKRIEGS.

Zu Beginn des Krieges 1914 glaubten die Kommandierenden aller Truppen, dass nur massive Infanterieangriffe den Sieg brächten, obwohl der weit verbreitete Einsatz von Maschinengewehren und Artillerie völlig neue Möglichkeiten der Kriegführung bot. Nach der MARNESCHLACHT im September 1914 gruben Soldaten auf beiden Seiten der Westfront parallele Schützengräben mit einem komplizierten Netz an Verbindungsgräben. Das ganze System sicherten sie mit Stacheldraht. Schon bald standen sich die verfeindeten Seiten in einer Pattsituation gegenüber und mussten neue Waffen – Handgranaten, Giftgas, Minenwerfer, Panzer – einsetzen. Massives Artilleriefeuer hatte nicht die gewünschte Schwächung des Feindes zur Folge. Der Stellungskrieg brachte keinen nennenswerten Geländegewinn und führte zur Ermattung und Demoralisierung der Streitkräfte.

Stempelakte (1765), von George Grenville eingeführtes britisches Steuersystem, das die Kosten decken sollte, die Großbritannien bei der Verteidigung seiner nordamerikanischen Kolonien während des SIEBENJÄHRIGEN KRIEGES 1756–63 entstanden waren. Nach der Stempelakte mussten alle Dokumente, Zeitungen, Druckschriften und Anzeigen, die in den Kolonien angefertigt wurden, genauso wie in Großbritannien einen kostenpflichtigen Stempel tragen.

Viele Amerikaner sahen in der Stempelakte eine Steuer, die sie ohne eine entsprechende Gegenleistung zahlen sollten, und so kam es zu offenem Widerstand in der Bevölkerung. 1765 trafen sich Vertreter der neun Kolonien in New York, um die Abschaffung der Stempelakte durchzusetzen. Ein amerikanischer Boykott von britischen Produkten und ziviler Ungehorsam veranlassten Großbritannien, 1766 die Steuer zurückzunehme;, doch gleichzeitig wurden neue Einfuhrzölle beschlossen. Die Stempelakte war eine der Ursachen für den AMERIKANISCHEN UNABHÄNGIGKEITSKRIEG.

Stephan I. der Heilige (um 974–1038), erster ungarischer König. Papst Silvester II. krönte Stephan I. im Jahr 1000 mit einer Krone, die bis heute das Symbol der ungarischen Unabhängigkeit ist. Eines der wichtigsten Anliegen Stephans I. war die Christianisierung seines Landes, außerdem erließ er ein für lange Zeit gültiges Gesetzbuch. Während seiner Regentschaft führte er häufig Kriege, in erster Linie gegen die Bulga-

ren und später gegen den deutschen Kaiser KONRAD II., den er besiegte. 1083 wurde Stephan I. heilig gesprochen. Er ist der Schutzheilige Ungarns.

Stephan IV. Dusan Uros (um 1308–55), serbischer König von 1331 bis zu seinem Tod. Er gilt als der größte Herrscher des mittelalterlichen Serbien. 1331 stürzte er seinen Vater und erlangte kurz danach durch eine geschickte Heirat die Herrschaft über Bulgarien. Nachdem er Mazedonien, Albanien und Nordgriechenland unterworfen hatte, ernannte er sich 1346 zum Zaren der Serben und Griechen. In seinem gesamten Reich führte er neue Gesetze ein; doch die neue Ordnung war nur von kurzer Dauer, da es seinem Sohn nicht gelang, die Herrschaft gegen den Einmarsch der Osmanen zu verteidigen und regionale Aufstände niederzuschlagen.

> **WUSSTEN SIE, DASS?**
>
> *Beim Stellungskrieg lagen sich die Truppen in Schützengräben gegenüber, die nur 70–400 m voneinander getrennt waren. Die Soldaten hausten in Erdlöchern und primitiven Unterständen.*

Stephenson, George (1781–1848), britischer Eisenbahningenieur. Als Sohn eines Bergmanns kannte George Stephenson die Dampfmaschinen genauestens, wie sie im Bergbau eingesetzt wurden. Er begann, stationäre Dampfmaschinen zu bauen, und wandte sich später dem Bau von dampfgetriebenen Zugmaschinen zu. Im Jahr 1814 entwickelte Stephenson die erste Grubenlokomotive mit Dampfantrieb und übernahm sieben Jahre später den Bau der ersten Eisenbahnstrecke für die Personenbeförderung zwischen Stockton und Darlington. Sie wurde 1825 eröffnet und schon 1830 folgte die nächste Eisenbahnverbindung zwischen Manchester und Liverpool. In seiner Firma in Newcastle upon Tyne bauten George und sein Sohn Robert die *Rocket*, eine Lokomotive, die Personenwaggons mit einer Rekordgeschwindigkeit von 46 km/h ziehen konnte. Dort fertigten sie auch viele Lokomotiven späterer Generationen.

Steuern, Abgaben, die der Staat von seinen Bürgern erhebt. In der antiken Welt stammten die meisten Steuereinnahmen von unterworfenen Völkern, wodurch die Wirtschaft des überlegenen Volkes von Steuern entlastet wurde. Solche Tributzahlungen waren eigentlich eine Art Schutzgeld, mit dem sich Völker von Angriffen freikauften; außerdem konnten die Sieger auf diese Weise ihre Armeen vergrößern, um weitere Länder zu erobern, wodurch wieder neue Gelder in ihre Schatzkisten flossen. Dieser Mechanismus funktionierte auf der gesamten Welt als Triebkraft für die Entstehung großer Reiche. Der Bedarf an Einnahmen durch Steuern stieg im Zeitalter des ABSOLUTISMUS im 17./18. Jh. sprunghaft an. Die Einrichtung

von stehenden Heeren und die verschwenderische Hofhaltung der Landesfürsten machten neue Steuersysteme notwendig.

Bis in die heutige Zeit wurden Steuern entweder als Naturalsteuern, meist in Form von Getreide, Vieh oder anderen Produkten, oder direkt mit Geld bezahlt. Die beiden ältesten Formen von Steuern sind zum einen die Kopfsteuer, die unabhängig von Einkommen oder Besitz von jeder Person erhoben wird, und zum anderen die Verbrauchsteuer auf die im Handel sich befindenden Güter. Beide Steuerarten sind einfach zu bestimmen und relativ leicht einzutreiben. Es gab aber auch sehr skurrile Steuerarten in der Geschichte, beispielsweise Steuern auf Bärte, Perücken oder Fenster.

Steuern zählten zu den häufigsten Auslösern von Revolutionen: So stand der Kampf zwischen Krone und Parlament in England im 17. Jh. ganz im Zeichen der Frage, wer die Kontrolle über die Steuereinnahmen ausübte; so löste die Steuerpolitik der britischen Regierung 1776 den AMERIKANISCHEN UNABHÄNGIGKEITSKRIEG aus; und so war einer der Hauptpunkte der Aufständischen in der

Die Steuereintreiber im alten Ägypten verwendeten Kerbhölzer, um das Vermögen der Bürger abzuschätzen und die Steuern zu berechnen.

FRANZÖSISCHEN REVOLUTION von 1789 die Tatsache, dass Adel und Klerus größtenteils von der Steuerpflicht ausgenommen blieben.

Stilwell, Joseph (1883–1946), amerikanischer General. Der Veteran des Ersten Weltkriegs erwarb 1932–39 als amerikanischer Militärattaché in Peking den Ruf, ein ausgezeichneter Kenner Chinas zu sein. Nach dem Eintritt der USA in den ZWEITEN WELTKRIEG als Reaktion auf den japanischen Angriff auf PEARL HARBOUR erhielt Stilwell das Kommando über die amerikanischen und chinesischen Truppen in Südchina und Birma, dem heutigen Myanmar. Stilwell wurde von CHIANG KAI-SHEK zum Stabschef ernannt, doch Meinungsverschiedenheiten mit dem chinesischen Politiker führten zu Stilwells Abberufung.

Stimson, Henry Lewis (1867–1950), amerikanischer Politiker. Der studierte Jurist und Anwalt war als Mitglied der Republikaner 1911–13 Kriegsminister unter Präsident William Howard TAFT. Im Ersten Weltkrieg diente Stimson an der französischen Front. 1928/29 war er Generalgouverneur der Philippinen und wurde anschließend von Präsident Herbert HOOVER zum Außenminister ernannt, ein Amt, das er bis 1933 innehatte.

Als Japan im Jahr 1931 die MANDSCHUREI besetzte, nahm Stimson eine entschiedene Haltung ein und machte in der so genannten Stimson-Doktrin die Absicht der USA deutlich, Handlungen, die die territoriale Integrität Chinas verletzten, nicht anzuerkennen. Während des Zweiten Weltkriegs war Stimson unter den Präsidenten Franklin D. ROOSEVELT und Harry S. TRUMAN erneut Kriegsminister. Er empfahl u.a. die Atombombenabwürfe über HIROSHIMA und NAGASAKI 1945, um den Krieg gegen Japan zu verkürzen.

Stinnes, Hugo (1870–1924), deutscher Großindustrieller. Stinnes baute vor dem ERSTEN WELTKRIEG einen der größten deutschen Montankonzerne auf. So war er an in- und ausländischen Kohlegruben beteiligt, im Bergbau und Erdölgeschäft sowie im Papierhandel tätig. Nach dem Ersten Weltkrieg erwarb er u.a. Beteiligungen an diversen Werften, Banken und Zeitungsverlagen. 1919 gehörte er zu den Mitbegründern der Zentralarbeitsgemeinschaft in Deutschland, die erstmals eine Tarifpartnerschaft schuf. 1920–24 vertrat der überzeugte Gegner des parlamentarischen Systems der WEIMARER REPUBLIK die DEUTSCHE VOLKSPARTEI DVP im Reichstag. Nach seinem Tod zerfiel sein auf mehrere hundert Firmen angewachsener Konzern rasch.

Stoiker, Mitglied der philosophischen Schule, die vom griechischen Philosophen Zenon von Kition um 300 v.Chr. gegründet wurde. Der Name der Richtung stammt von der *Stoa Poikile*, der Säulenhalle auf der Agora, dem Versammlungsplatz in Athen, in der Zenon anfänglich lehrte.

Die Stoiker waren der Auffassung, dass wahre Tugend nur durch Wissen entstehe, die ganze Welt von der Vernunft regiert werde und der Mensch in Harmonie mit der Natur leben müsse. Den Launen des Schicksals sahen sie mit Gleichmut entgegen; Freude, Schmerz und sogar der Tod waren ihrer Meinung nach bedeutungslos im Vergleich zu wahrem Glück. Im Lauf der Zeit wurde der Gedanke, dass nur eine vollkommen weise Person, d.h. der Philosoph, zur wahren Tugend gelangen könne, infrage gestellt; allmählich wurden auch Politiker und Staatsmänner zu Anhängern des Stoizismus.

Die Auffassung von der Brüderlichkeit der gesamten Menschheit hatte großen Einfluss auf die politische Kultur des RÖMISCHEN REICHES. Wichtige römische Vertreter des Stoizismus waren beispielsweise Marcus Porcius CATO DER JÜNGERE, der lieber den Freitod wählte, als sich nach der vernichtenden Niederlage im Bürgerkrieg begnadigen zu lassen; außerdem Marcus Junius BRUTUS und Marcus Tullius CICERO, Lucius Annaeus SENECA, der Lehrer und spätere politische Berater des despotischen Kaisers NERO, sowie der Philosoph unter den römischen Herrschern, MARK AUREL.

Stolypin, Pjotr Arkadjewitsch (1862 bis 1911), unter Zar NIKOLAUS II. russischer Ministerpräsident von 1906 bis zu seinem Tod. In seinem Amt als Gouverneur der Provinz Saratow hasste ihn die Bevölkerung wegen seiner unbarmherzigen gewaltsamen Unterdrückung der Bauernaufstände und wegen der drakonischen Strafen, die er gegen Aktivisten in der RUSSISCHEN REVOLUTION von 1905 verhängte.

Nachdem ihn Zar Nikolaus II. zum Ministerpräsidenten ernannt hatte, löste Stolypin die DUMA, das russische Parlament, auf, obwohl der Zar seinem Volk versprochen hatte, die autokratische Herrschaft in Russland zu beenden und der Duma gesetzgebende Befugnisse zu erteilen. Außerdem ergriff Stolypin harte Maßnahmen gegen die russischen Juden. Im Bereich der Landwirtschaft führte seine Agrarreform zu einer Verbesserung der bisherigen Lebens- und Arbeitsverhältnisse. Da er glaubte, zufriedene Bauern würden einer Revolution entgegenstehen, gewährte er den KULAKEN, den russischen Großbauern, das Recht, ihr gesamtes Land selbst zu bewirtschaften. Bis dahin war es üblich gewesen, dass die Bauern im Rahmen der alten überkommenen russischen Dorfgemeinde einzelne Parzellen zugewiesen bekamen. Diejenigen Bauern, die die Vorteile des neuen Systems nutzten, profitierten davon. Doch erwiesen sich die Reformen nicht als weit reichend genug, um der revolutionären Stimmung im Land entgegenzutreten. Stolypin wurde 1911 in Kiew von radikalen Revolutionären ermordet.

Die Karikatur aus dem *Simplizissimus* bezieht sich auf die von Hugo Stinnes aufgebaute Unternehmensgruppe, die über 1500 verschiedene Firmen mit fast 3000 Produktionsstätten in aller Welt umfasste.

Stonehenge, prähistorisches Monument im Süden Englands. Der Steinring entstand in der JUNGSTEINZEIT, als die Jäger und Sammler in Europa dazu übergingen, sesshaft zu werden. Fachleute können sich bis heute nicht eindeutig auf die Funktion von Stonehenge festlegen: Es kann sich um einen Tempel, ein Zentrum für heilige Zeremonien oder ein astronomisches Observatorium gehandelt haben.

Der älteste Teil der Anlage stammt etwa aus der Zeit 3100–2100 v.Chr., er besteht aus einem Ringwall und einem äußeren Graben, die einen Ring aus ursprünglich 56 kleinen Gruben umschließen. Der englische Antiquitätenhändler John Aubrey war der erste Wissenschaftler, der im 17. Jh. eine detaillierte Beschreibung von Stonehenge erstellte. Im Mittelpunkt des Walles befindet sich ein einzelner liegender Megalith, der so genannte Altarstein, der früher einmal aufrecht stand.

In späterer Zeit wurde ein doppelter Steinkreis innerhalb des Walles errichtet, der um 1500 v.Chr. durch die Steine ersetzt wurde, die man noch heute besichtigen kann. Fünf Trilithen – aufrecht stehende Steine, die durch aufliegende Quersteine verbunden sind – stehen hufeisenförmig in einem Kreis von 30 riesigen Steinen. Einige dieser Giganten aus Sandstein wiegen bis zu 54 t. Innerhalb des Trilithen-Hufeisens stehen mehrere Blöcke aus Blaustein, die ebenfalls hufeisenförmig angeordnet sind. Jeder dieser Blöcke wiegt bis zu 4 t. Sie stammen aus etwa 230 km entfernten Steinbrüchen in Südwales.

Die Erbauung von Stonehenge erforderte weit entwickelte technische und bauliche

Stonehenge flößt seit Jahrhunderten den staunenden Besuchern Ehrfurcht ein. Schon die Normannen nannten die Ruinen eines der Wunder Britanniens.

Fertigkeiten. Auf einigen der Sandsteinblöcke entdeckte man Abbildungen von minoischen Dolchen und Doppeläxten. Dies lässt den Schluss zu, dass minoische Seefahrer, die erwiesenermaßen bis nach Britannien segelten, an den Bauarbeiten von Stonehenge beteiligt waren.

Obwohl einer der Megalithen in Stonehenge am Tag der Sommersonnenwende genau auf den Sonnenaufgang zeigt, wurde die Verbindung zwischen keltischen DRUIDEN und Stonehenge erst 1905 hergestellt. Stonehenge wie auch CARNAC in der Bretagne gehören zu den faszinierendsten Monumenten der MEGALITHKULTUR.

Stormont, Vorort von Belfast und Sitz des Parlaments von NORDIRLAND bis zu dessen Auflösung 1972. Das Parlament wurde 1921 gegründet und blieb dem britischen Parlament in Westminster untergeordnet. Als es in den späten 60er-Jahren immer wieder zu Unruhen in Nordirland kam, lösten die Briten das Parlament auf und übernahmen die direkte politische Kontrolle durch die Einsetzung von Staatsbeamten.

Störtebeker, Klaus (†1401), deutscher Seeräuber. Der Pirat, um den sich zahlreiche Legenden ranken, wurde wahrscheinlich in Wismar geboren. Er war einer der Anführer der Vitalienbrüder, die 1389–92 das von Dänemark eingeschlossene Stockholm mit Lebensmitteln, so genannten Vitalien, versorgten. Nach der Vertreibung aus der Ostsee fügten sie in der Nordsee dem Handel der HANSE über Jahre hinweg schweren Schaden zu. 1401 wurden sie vor Helgoland von einer gemeinsamen Flotte der Hansestädte Hamburg und Lübeck vernichtend geschlagen. Störtebeker und etwa 70 Gefährten gerieten in Gefangenschaft. Sie wurden im Oktober des gleichen Jahres in Hamburg hingerichtet.

Stowe, Harriet Elizabeth Beecher (1811–96), amerikanische Autorin, die mit ihrem Roman *Onkel Toms Hütte* die Sympathien der amerikanischen Öffentlichkeit für die Bewegung gewann, die sich die Abschaffung der SKLAVEREI in den Südstaaten zum Ziel gesetzt hatte. „Ich habe das Buch nicht geschrieben. Gott hat es geschrieben. Ich habe nur sein Diktat aufgenommen", sagte Stowe über ihren 1852 veröffentlichten Roman. Ihre Beschreibung des Lebens der Sklaven wurde in den Nordstaaten der USA und in Großbritannien positiv aufgenommen und galt als einer der Auslöser für den SEZESSIONSKRIEG in den USA.

Innerhalb eines Jahres wurden 300 000 Bücher verkauft, der Roman wurde außerdem in 23 Sprachen übersetzt. Stowe war die Tochter von Lyman Beecher, einem bekannten kalvinistischen Geistlichen. Ihr ganzes Leben lang war sie fromme Christin und befasste sich mit religiösen Fragen. 1836 heiratete sie Calvin Stowe, einen Pfarrer und Professor an einem Priesterseminar. Im Jahr nach der Veröffentlichung ihres Bestsellers gab sie *Schlüssel zu Onkel Toms Hütte* heraus, eine Zusammenfassung verschiedener Unterlagen und Aussagen gegen die Sklaverei. Stowe besuchte mehrere Male Europa und gewann große Popularität. Ihr ganzes Leben lang trat sie entschieden für soziale Reformen ein.

Strafkolonien, unwirtliche Kolonialgebiete, in denen Sträflinge Zwangsarbeit verrichten mussten. Vor allem in Großbritannien, Frankreich und der Sowjetunion wurde diese Form der Strafe angewandt. So richtete Großbritannien im 18. Jh. in den amerikanischen Kolonien Virginia und Georgia Strafkolonien ein. Außerdem schickte die britische Regierung Straftäter nach AUSTRALIEN, um den dortigen Kontinent erschließen und kolonisieren zu helfen. Frankreich richtete Straflager vor allem in Afrika, Neukaledonien und vor der südamerikanischen Küste ein. Unter Jossif STALIN wurden in den 30er-Jahren dutzende von Arbeitslagern in Sibirien eingerichtet. Die Sterblichkeitsrate in diesen Lagern lag bei über 90 %, die meisten Gefangenen überlebten dort nur zwei Jahre, und insgesamt etwa 10 Mio. Menschen kamen in den sowjetischen Lagern ums Leben.

Stralsund, Frieden von (24. Mai 1370), bedeutendster politischer Erfolg der HANSE, der dem Städtebund seine politische und wirtschaftliche Vormachtstellung in Nordeuropa sicherte. Anfang der 60er-Jahre des 14. Jh. war es zum Krieg zwischen den Han-

sestädten und dem dänischen König Waldemar IV. Atterdag gekommen, den Dänemark für sich entschieden hatte. Daraufhin bildeten im November 1367 auf dem Kölner Hansetag die Hansestädte Lübeck, Rostock, Wismar und Stralsund mit den preußischen Städten Kulm, Thorn und Elbing, einigen niederländischen Orten und den nicht zur Hanse gehörenden Städten Amsterdam und Briel ein Waffenbündnis gegen Dänemark.

Die Städte rüsteten 41 Schiffe aus und besiegten 1368–70 Dänemark. Der Frieden von Stralsund 1370 erneuerte u. a. alle Handelsprivilegien der Hanse auf Schonern und sicherte ihr die freie Fahrt durch den Sund zu, der Nord- mit Ostsee verband. Die vier den Sund bewachenden Burgen und der Großteil ihrer Einnahmen mussten für 15 Jahre abgetreten werden. Zudem gewann die Hanse Einfluss auf die Thronfolge des 1375 verstorbenen Dänenkönigs.

Strauß, Franz Josef (1915–1988), deutscher Politiker und Vorsitzender der CHRISTLICH SOZIALEN UNION 1961–88. Erste politische Erfahrungen sammelte Strauß, der u. a. Germanistik und Volkswirtschaft studiert hatte, 1945 als stellvertretender Landrat in Schongau. Seit August 1949 vertrat er die CSU im Bundestag. Im Kabinett von Konrad Adenauer wurde er 1953 Minister für Sonderaufgaben und 1955 für Atomfragen. 1956 verantwortete er dann als Verteidigungsminister den Aufbau der BUNDESWEHR. Aufgrund seiner Verwicklungen in die SPIEGELAFFÄRE musste er 1962 zurücktreten. In der Großen Koalition 1966–69 bekleidete er das Amt des Finanzministers. Die OSTPOLITIK der sozialliberalen Koalition lehnte er entschieden ab. 1978 wurde Strauß zum bayerischen Ministerpräsidenten gewählt. 1980 kandidierte er erfolglos gegen den amtierenden Bundeskanzler Helmut SCHMIDT. Der in Bayern überaus populäre und als Landesvater verehrte Politiker gehörte zu den Politikern, die die politische Landschaft Deutschlands nach dem Krieg entscheidend geprägt haben.

> **WUSSTEN SIE, DASS?**
> Berühmt wurden die Strafkolonien durch den französischen Roman *Papillon*, der die geglückten Ausbrüche eines Häftlings aus einem Lager in Französisch-Guayana beschreibt. Die Geschichte wurde mit Steve McQueen verfilmt.

Streicher, Julius (1885–1946), nationalsozialistischer Politiker. Der ehemalige Volksschullehrer veröffentlichte seit 1923 seine radikalen antisemitischen Ansichten in der von ihm gegründeten Wochenschrift *Der Stürmer*. Als NSDAP-Gauleiter in Franken 1928–40 entwickelte Streicher die Zeitung zu einem Hetzblatt gegen die Juden. Streicher gehörte u. a. auch mit zu den Urhebern der Nürnberger Rassengesetze von 1935. Er wurde in den NÜRNBERGER PROZESSEN zum Tod verurteilt und 1946 hingerichtet.

Streitwagen, in der Antike im Krieg verwendeter zweirädriger Kampfwagen. Vorläufer des Streitwagens waren die vierrädrigen Wagen der SUMERER. Der Einsatz leichter, von Pferden gezogener Streitwagen im Vorderen Orient um 2000 v. Chr. veränderte die Kriegführung grundlegend. Streitwagengespanne waren den Fußtruppen an Schnelligkeit und Wendigkeit weit überlegen. Im 2. Jh. v. Chr. verbreiteten sie sich über Griechenland und Ägypten bis nach China. Als im 1. Jh. n. Chr. die Zucht stämmigerer Pferde zur allmählichen Ausbildung der Kavallerie führte, nahm die Bedeutung der Streitwagen ab. Bereits Iulius Caesar zeigte sich überrascht, dass in Britannien noch immer Streitwagen verwendet wurden, die nur auf ebenem Gelände eingesetzt werden konnten. Die Römer setzten sie nur noch in Wagenrennen ein.

Stresafront (11.–14. April 1935), Konferenz Großbritanniens, Frankreichs und Italiens im italienischen Ort Stresa am Lago Maggiore. Die drei Länder vereinbarten gemeinsame politische Maßnahmen gegen die Aufrüstung Deutschlands unter Adolf HITLER, die gegen den VERSAILLER VERTRAG verstieß. Doch die Beschlüsse wurden nicht in die Tat umgesetzt. Im Juni 1935 schloss Großbritannien ein bilaterales Flottenabkommen mit Deutschland und im November 1936 bildeten die beiden Faschistenführer Hitler und Benito MUSSOLINI die ACHSENMÄCHTE.

Stresemann, Gustav (1878–1929), deutscher Politiker in der WEIMARER REPUBLIK. Im Kaiserreich und während des Ersten Weltkriegs vertrat Stresemann streng nationalistische Ansichten, doch von dieser Haltung rückte er als deutscher Reichskanzler 1923 und Außenminister 1923–29 immer mehr ab und bemühte sich um eine Verständigungspolitik mit den ehemaligen Kriegsgegnern. So beendete Stresemann 1923 den RUHRKAMPF, den passiven Widerstand gegen die französische Besetzung des Ruhrgebiets, und akzeptierte die Pläne der Alliierten für die Reparationszahlungen Deutschlands. Er war maßgeblich an den Verhandlungen und dem Abschluss der LOCARNO-VERTRÄGE 1925 beteiligt und erreichte 1926 den Eintritt Deutschlands in den VÖLKERBUND.

Stresemann gehörte 1918 zu den Mitbegründern der liberal-konservativen DEUTSCHEN VOLKSPARTEI DVP, deren Vorsitzender er bis zu seinem Tod war. Ein besonderes Anliegen war dem Realpolitiker Stresemann die Aussöhnung mit dem so genannten Erzfeind Frankreich. Gemeinsam mit dem französischen Politiker Aristide BRIAND erhielt er für seine Bemühungen 1926 den Friedensnobelpreis.

Stroessner, Alfredo (*1912), General und Präsident von Paraguay 1954–89. Stroessner war der Sohn eines deutschen Immigranten und einer Paraguayanerin. Seine militärische Karriere begann im CHACOKRIEG 1932–35. Er machte Karriere in der Armee und wurde 1951 zum Oberbefehlshaber des paraguayanischen Heeres ernannt. Im Mai 1954 war Stroessner maßgeblich an dem Staatsstreich gegen Frederico Chavez beteiligt, im Juli des gleichen Jahres ließ er sich zum Staatspräsidenten wählen. Stroessners diktatorisches Regime stützte sich auf die Armee; jeglicher politischer Widerstand wurde brutal unterdrückt. Viele Nationalsozialisten fanden nach dem Zweiten Weltkrieg in Paraguay Zuflucht.

Stroessner privilegierte die Interessen der großen Landbesitzer und der internationalen Konzerne auf Kosten der kleinen Bauern. Zwar verwendete er internationale Hilfe für den Bau von Schulen und Krankenhäusern, doch der größte Teil der Entwicklungshilfe floss in die Armee und in den Bau von Straßen und Wasserkraftwerken. 1989 wurde Stroessner bei einem Militärputsch gestürzt und ging ins Exil nach Brasilien.

Stuart, schottische Dynastie, die 1371–1714 die schottischen Monarchen stellte und 1603–1714 den englischen Thron innehatte. Der Name stammte von Walter Fitzalan der im 12. Jh. dem König von Schottland als Steward, d. h. als mächtigster Kronvasall, diente. 1371 kam Robert II. als erster Vertreter der Dynastie auf den schottischen Thron. Die Stuarts knüpften 1502 enge Kontakte zum englischen Königshaus, als Jakob von Schottland Margaret TUDOR, die Tochter des englischen Königs Heinrich VII.

heiratete. Nachdem Elisabeth I. 1603 kinderlos gestorben war, folgte ihr Jakob VI. von Schottland als JAKOB I. auf den englischen Thron.

Mit der Hinrichtung von Karl I. im Jahr 1649 verloren die Stuarts für einige Jahre den Anspruch auf den Thron, bis dessen Sohn Karl II. 1660 zum König gekrönt wurde. Nachdem in der GLORREICHEN REVOLUTION 1688 JAKOB II. vertrieben worden war, schloss man im ACT OF SETTLEMENT die katholischen Stuarts von der englischen Thronfolge aus. Als Königin ANNA 1714 starb, ohne einen Erben hinterlassen zu haben, ging die Krone Großbritanniens auf das protestantische Haus HANNOVER über. Die männliche Linie der Stuarts existierte bis zum Jahr 1807.

Studentenbewegung, Proteste von politisch interessierten Studentengruppen gegen Staat und Gesellschaft, die im frühen 19. Jh. in Europa ihren Anfang nahmen und sich zu einem weltweiten Phänomen entwickelten.

Studenten sind offen für neue Ideen und radikale Lehren; in allen großen Revolutionen der vergangenen 200 Jahre schlugen sich die Ansichten der kritischen Jugend nieder. Im frühen 19. Jh. fand der Kampf der BURSCHENSCHAFTEN um die nationale Einheit Deutschlands viele Anhänger. Im zaristischen Russland wurden Studenten, die für eine Liberalisierung des Landes eintraten, verhaftet, verbannt oder hingerichtet.

In den 60er-Jahren erfreuten sich marxistische und antiimperialistische Theorien großer Beliebtheit unter den Studenten in Europa, Japan und den USA. Die Kritik an „der Macht des Establishment", an Staat und Gesellschaft, war in Mode. Die Studentenbe-

Im Streitwagen, der von prächtig geschmückten Pferden gezogen wurde, führte der ägyptische Pharao Tut-ench-Amun seine Truppen in die Schlacht.

wegung der USA begann 1964 an der Berkeley University in Kalifornien und fand sechs Jahre später ihren Höhepunkt, als tausende von Studenten an mehr als 200 amerikanischen Universitäten gegen die Vietnampolitik der Regierung demonstrierten. Die Pariser Studentenproteste fanden Unterstützung bei der arbeitenden Bevölkerung, die 1968 während eines Generalstreiks gegen die Politik von Staatspräsident Charles de GAULLE gemeinsam mit den Studenten auf die Straße ging und dessen Rücktritt verursachten. In der Bundesrepublik Deutschland lösten die NOTSTANDSGESETZE und das Attentat auf Rudi Dutschke 1968 unter den Studenten Massendemonstrationen aus. Als Reaktion darauf entstand die AUSSERPARLAMENTARISCHE OPPOSITION APO.

Demonstrationen südkoreanischer Studenten führten 1987 zu einer Änderung der Verfassung, freien Wahlen und zur Freilassung politischer Gefangener. In Peking wurde im Juni 1989 dagegen eine Demonstration von Studenten für mehr Demokratie von der Regierung brutal niedergeschlagen. Das Massaker auf dem Platz des Himmlischen Friedens kostete mehr als 2000 Studenten das Leben, hunderte wurden inhaftiert.

Sturm und Drang, literarische und geistige Bewegung in Deutschland 1765–85. Die Epoche folgte der AUFKLÄRUNG, in der Vernunft und kritisches Denken zentrale Begriffe waren. Der Sturm und Drang, benannt nach einem Drama von Friedrich Maximilian Klinger, hob neben der Bedeutung der Vernunft auch die der Gefühle, Ahnungen und der Naturverbundenheit hervor. Der philosophische Wegbereiter war Johann Gottfried von Herder, der einen organischen Zusammenhang zwischen Natur und Geschichte sah und an eine Entwicklung zu immer größerer Harmonie glaubte. Die bevorzugte literarische Form war das meist in Prosa geschriebene Drama, Rebellion gegen starre, überkommene Verhältnisse eines der Hauptthemen. Zu den bekanntesten Werken gehören Johann Wolfgang von GOETHES *Götz von Berlichingen* (1773), Friedrich von SCHILLERS *Kabale und Liebe* (1784) und *Die Räuber* (1781) sowie Heinrich Leopold Wagners *Die Kindermörderin* (1776).

Stuyvesant, Petrus (um 1610–72), niederländischer Kolonialpolitiker. 1646 wurde er Gouverneur der niederländischen Kolonie Neuniederlande mit dem Zentrum Neu Amsterdam, dem heutigen New York. Stuyvesant brachte durch sein herrisches Verhalten und seiner Ablehnung jeglicher Religionsfreiheit die niederländischen Siedler in Nordamerika gegen sich auf und er-

Oben: Im Mai 1968 lieferten sich Pariser Studenten Straßenschlachten mit der Polizei. Links: Auf Transparenten zeigten sie ihren Unmut gegenüber dem französischen Präsidenten Charles de Gaulle und seiner Politik.

leichterte es damit den englischen Kolonisten, sich anzusiedeln. So konnte er dem Einmarsch des Herzogs von York kaum Widerstand leisten, der die Kolonie 1664 für England eroberte.

Südafrika, Staat an der Südspitze Afrikas. Ursprünglich lebte hier das Volk der San, das vor 2000 Jahren von den Khoikhoi verdrängt wurde. 1488 sichtete der Portugiese Bartolomeu Diaz als erster Europäer das Kap der Guten Hoffnung. Die Besiedlung des Landes begann jedoch erst 1652, als die Niederländer am Kap eine Station für ihre Schiffe einrichteten, die in den Osten nach Asien fuhren oder von dort kamen. Auseinandersetzungen zwischen dem Volk der Xhosa und den weißen Farmern, die sich Buren nannten, eskalierten in den XHOSA-KRIEGEN 1779–1879.

Die ersten Briten siedelten 1795 in Südafrika. Auf dem WIENER KONGRESS 1815 wurde das Kap Großbritannien unterstellt. Als die britische Kolonialregierung Beschränkungen über die Besiedlung von Land verhängte, zogen 1835–43 etwa 12 000 Buren im GROSSEN TRECK ins Binnenland. Dort besiegten sie 1838 die Zulus und gründeten 1839 Natal, die erste Burenrepublik. In den 50er-Jahren erkannten die Briten den ORANJE-FREISTAAT und TRANSVAAL an. Mit der Entdeckung von Gold und Diamanten kam es zu einer starken Konkurrenz zwischen der Kolonialmacht Großbritannien und den einheimischen Buren und schließlich zum BURENKRIEG. 1910 schlossen sich Natal, der Oranje-Freistaat, die Kap-Provinz und Transvaal zur Südafrikanischen Union zusammen.

Zwischen den beiden Weltkriegen kam es zwischen der weißen Minderheit und der schwarzen Bevölkerungsmehrheit mehrmals zu gewalttätigen Auseinandersetzungen um die Sicherung der politischen und gesellschaftlichen Vorherrschaft. 1948 führte die Regierung die APARTHEID ein. Nach dem Massaker von SHARPEVILLE 1960 wuchs der Widerstand der Schwarzen gegen das Apartheidregime. Der African National Congress ANC und der militante Pan African Congress PAC wurden verboten und in den 60er-Jahren ihre Führer, darunter auch Nelson MANDELA, inhaftiert. 1961 trat Südafrika aus dem COMMONWEALTH OF NATIONS aus und wurde Republik. Die wirtschaftlichen Erfolge ermöglichten es Südafrika, den Süden des afrikanischen Kontinents auch politisch zu dominieren. Der immer stärker werdende Widerstand der Schwarzen im eigenen Land wie auch in den Nachbarstaaten führte zu immer mehr Gewalt und zur Isolation Südafrikas in der internationalen Politik.

1989 suchte Präsident Frederick de KLERK endlich einen Weg zum Abbau des Rassenkonflikts. Seit 1990 ist der ANC wieder erlaubt und Mandela wurde aus dem Gefängnis entlassen. Nach der Abschaffung der letzten Apartheidgesetze wurden die internationalen Sanktionen aufgehoben. 1994 gewannen der ANC und seine Koalitionsparteien die ersten Wahlen in Südafrika, bei denen mehrere Parteien zugelassen waren. Mandela wurde Präsident und de Klerk einer von zwei Vizepräsidenten. Südafrika trat wieder dem Commonwealth bei. 1996 traten de Klerk und die anderen nationalistischen Minister zurück, um in die Opposition zu gehen.

Im April 1996 konstituierte sich unter Vorsitz des Friedensnobelpreisträgers Bischof Desmond Tutu die Kommission für Wahrheit und Versöhnung. Ihre Aufgabe bestand darin, die während des Apartheidregimes verübten Verbrechen aufzuklären. 1997 trat der 79-jährige Mandela als Führer des ANC zurück und übergab das Amt an den jüngeren Mbeke.

Südamerika, südliche Hälfte des amerikanischen Doppelkontinents. Zu der Urbevölkerung zählten bedeutende INDIANISCHE HOCHKULTUREN. 1498 segelte Christoph KOLUMBUS die Küste des heutigen Venezuela entlang. Zwei Jahre später erreichten die Portugiesen Bahia in Brasilien. In der Folgezeit kolonisierten spanische KONQUISTADOREN und portugiesische Forscher den größten Teil Südamerikas. Im 17. Jh. gründeten die Niederlande, England und Frankreich kleine Kolonien entlang der südamerikanischen Nordostküste.

1816–25 erkämpften Simón de BOLÍVAR und José de SAN MARTÍN für fast alle spanischen Kolonien die Unabhängigkeit. Im 19. Jh. war der Kontinent Ziel für ungefähr 15 Mio. europäische Einwanderer. Der Umfang europäischer Investitionen in die Landwirtschaft und den Bergbau Südamerikas war beträchtlich, gleichzeitig verarmte die Landbevölkerung jedoch immer mehr, wodurch es zu politischen Unruhen kam. Die katholische Kirche ist immer noch eine bedeutende konservative Kraft in Südamerika, obwohl sich ihr Einfluss seit der im 20. Jh. einsetzenden Industrialisierung stetig vermindert. Mit der wirtschaftlichen Entwicklung der südamerikanischen Staaten steht es Ende des 20. Jh. nicht zum Besten. Die meisten Länder mussten enorme Kredite zur Finanzierung ihrer Volkswirtschaften aufnehmen. Bis heute haben sie noch keinen Ausweg aus der Verschuldung gefunden.

Sudan, Bundesstaat im Nordosten Afrikas. Mit Ausnahme der Gebiete, in denen der Nil großflächige Bewässerung ermöglicht, be-

Während der Apartheidregierung in Südafrika kam es in Soweto häufig zu Unruhen. Straßenschlachten und angezündete Autos waren an der Tagesordnung.

steht der Norden des Landes hauptsächlich aus Wüsten oder Halbwüsten. Die meisten Nordsudanesen sind Araber moslemischen Glaubens. Der Süden Sudans ist fruchtbarer als der Norden und eignet sich hervorragend als Weideland. Die verschiedenen Völker des Südens – Nuer, Dinka, Anuak und andere – hatten einst eigene Religionen. Heute sind sie größtenteils Christen.

Im Jahr 1800 kam es im nordsudanesischen Reich der Funji zu einer Wiederbelebung des Islam. Die hieraus resultierenden Unruhen nutzte der ägyptische Pascha Mehmet Ali und eroberte 1820 den Sudan. Ägypten hatte jedoch viele Probleme mit seinem neuen Untertan. 1874 ernannte der ägyptische Vizekönig Ismail den britischen General Charles Gordon zum Gouverneur des Sudan. Dieser versuchte vergebens, die Sklaverei im Sudan zu beenden. Sein Bemühen schürte jedoch nur den Hass der Sudanesen gegen die Unterdrückung durch Ägypten und Gordon sah sich 1880 gezwungen, von seinem Amt zurückzutreten.

Ein Jahr später ernannte sich Mohammad Ahmed zum Mahdi, d. h. zum Messias, der gekommen war, um den Moslems Gerechtigkeit widerfahren zu lassen. Seine Bewegung fand wachsenden Zulauf und drohte, sich bald in ganz Nordafrika auszubreiten. Daher entschloss sich Großbritannien 1882 zum Eingreifen. Britische Truppen besetzten Ägypten und marschierten im Sudan ein. Derweil hielt Gordon das belagerte Khartum zehn Monate lang. Dann aber fiel die Stadt in die Hände der Anhänger des Mahdi und er selbst wurde getötet. Der Widerstand dauerte sogar noch

Mit solchen Propagandapostkarten feierte das NS-Regime die Eingliederung des Sudetenlands.

an, nachdem 1898 eine von Horatio Herbert KITCHENER angeführte angloägyptische Einheit die moslemischen Sudanesen bei Omdurman geschlagen hatte. Nach Beilegung der FASCHODA-KRISE wurde der Sudan 1899 zum angloägyptischen Kondominium unter einem britischen General erklärt.

Erst 1948 wurde dem Sudan eine Teilautonomie zugebilligt. 1951 ernannte sich der ägyptische König Farouk zum König von Sudan. Nach seiner Abdankung 1952 willigte Ägypten schrittweise in die Unabhängigkeit ein. 1953 erhielt das Land zunächst das Recht auf Selbstverwaltung und 1956 die volle Unabhängigkeit. Aber auch danach wirkten sich die politischen und religiösen Spannungen zwischen den Nord- und Südsudanesen negativ auf die Stabilität des Landes aus. 1969 wurde General Gaafar Numairi Premierminister. Er beendete den Bürgerkrieg, indem er dem Süden 1972 weitgehende innere Autonomie gewährte, die sich jedoch bald als unzureichend erwies.

Zu Beginn der 80er-Jahre brach die Wirtschaft des Landes zusammen und eine schwere Hungersnot suchte die Bevölkerung heim. Als Folge dieser Probleme brachen im Süden erneut Kämpfe aus und die südsudanesische Volksbefreiungsarmee konnte ihre Machtposition festigen. Dem Militärputsch von 1989 folgte ein Verbot aller politischen Parteien, wodurch der Bürgerkrieg nicht beendet werden konnte. 1998 eskalierten die Auseinandersetzungen. Die Militärregierung in Khartum sandte Truppen in den umkämpften Süden. Daraufhin flohen mehrere hunderttausend Menschen und sind seither vom Hungertod bedroht.

Sudetenland, Gebiet im Nordwesten Tschechiens, in dem früher eine überwiegend deutschstämmige Bevölkerung lebte. Nach dem Zerfall der Habsburger Monarchie 1918 wurde das Sudetenland der TSCHECHOSLOWAKEI zugesprochen. In den 30er-Jahren schürte Konrad HENLEIN, Gründer der Sudetendeutschen Partei, unter der deutschen Bevölkerung des Sudetenlands Widerstand

WIR DANKEN UNSERM FÜHRER

gegen die tschechoslowakische Herrschaft und forderte die Angliederung an Deutschland. Die angebliche nationale Unterdrückung nahm Adolf HITLER 1938 als Vorwand, das Sudetenland zu annektieren. Auf der POTSDAMER KONFERENZ 1945 gaben die Siegermächte das Gebiet an die Tschechoslowakei zurück. Der größte Teil der deutschsprachigen Bevölkerung wurde daraufhin ausgewiesen.

Süd-Korea

Süd-Korea, südostasiatisches Land, das die koreanische Halbinsel südlich des 38. Breitengrads einnimmt. 1948 wurde die von amerikanischen Truppen besetzte Zone zum unabhängigen Staat Süd-Korea ausgerufen. Der KOREAKRIEG 1950–53 machte die Hoffnungen der Bevölkerung auf ein rasches Wirtschaftswachstum zunichte. Fehlende Rohstoffvorkommen und ein starker Flüchtlingsstrom erschwerten die Lage des Landes. Hohe Arbeitslosenzahlen und eine galoppierende Inflation machten Präsident Syngman RHEE bei der Bevölkerung unbeliebt; zunehmende Brutalität und Korruption der Staatsbeamten führten 1960 zu seinem Sturz. Als es der zivilen Regierung nicht gelang, die Lage des Landes zu verbessern, putschte sich 1961 die Armee an die Macht. Unter General Park Chung Hee entwickelte sich Süd-Korea zu einem Industriestaat, doch die Unterdrückung jeglicher demokratischer Ansätze rief Unruhen hervor. Im Jahr 1979 wurde Park Chung Hee ermordet.

1987 zwangen Studentenrevolten die Regierung zur Durchführung eines Referendums und zur Verabschiedung einer neuen Verfassung. Neuer Präsident wurde Roh Tae Woo, der für eine Wiedervereinigung mit NORD-KOREA eintrat. 1994 verschärften sich allerdings die Spannungen zwischen Nord- und Süd-Korea, da sich der Norden weigerte, sein Nuklearforschungsprogramm internationaler Kontrolle zu unterstellen. 1997 geriet Süd-Korea in eine schwere Wirtschaftskrise. Nur kurzfristige Kredite des INTERNATIONALEN WÄHRUNGSFONDS konnten die Zahlungsunfähigkeit des Landes verhindern. Eine Hoffnung auf Modernisierung und Demokratisierung zeichnete sich im Dezember 1997 ab, als die Südkoreaner den früheren Dissidenten Kim Dae Jung überraschend zum neuen Staatspräsidenten wählten.

Süd-Vietnam

Süd-Vietnam siehe VIETNAM

Sueton

Sueton (um 70–um 130), eigentlich Gaius Suetonius Tranquillus, Rechtsanwalt, Privatsekretär von Kaiser HADRIAN und Biograph der Herrscher des Römischen Reiches von Iulius Caesar bis Domitian. Suetons *Caesarenleben* basiert teilweise auf Tatsachen und teilweise auf Anekdoten und Gerüchten, doch es enthält viele wertvolle Informationen, auch wenn es teilweise fehlerhaft ist. Sueton war einer der ersten nicht christlichen Historiker, der über die frühen Anhänger von Jesus Christus berichtete.

Suezkanal

Suezkanal, künstlich geschaffene Schifffahrtsstraße zwischen den ägyptischen Städten Suez und Port Said, die das Mittelmeer mit dem Roten Meer verbindet und damit die Anbindung an den Indischen Ozean herstellt. Die Ausmaße des Kanals sind beeindruckend, er ist heute 195 km lang, bis zu 190 m breit und 20 m tief. Die strategische Bedeutung ließ ihn immer wieder zu einem Brennpunkt internationaler Konflikte werden.

Der Nutzen dieses Kanals ist leicht ersichtlich. Der Handel zwischen Europa und dem Fernen Osten war bis zur Mitte des 19. Jh. nur durch die Umsegelung des afrikanischen Kontinents möglich; diese Seeverbindung dauerte viele Wochen und Zeitersparnis bedeutete schon damals Geld. So verkürzte sich durch die Benutzung des Suezkanals beispielsweise die Passage von Bombay nach Hamburg um immerhin 24 Tage. Vor allem für die aufkommenden Dampfschiffe war die Route um das Kap der Guten Hoffnung herum kaum lukrativ wegen der hohen Treibstoffkosten und der fehlenden Möglichkeiten, unterwegs Kohle zu bunkern.

Ferdinand de LESSEPS, Frankreichs Konsul in Ägypten, erkannte schon früh den Nutzen eines Kanals bei Suez, der engsten Stelle zwischen dem afrikanischen und asiatischen Kontinent. Nach seinem Ausscheiden aus dem diplomatischen Dienst gründete er um die Mitte des 19. Jh. eine Aktiengesellschaft, deren Pläne zum Bau eines Kanals von einer internationalen Kommission gutgeheißen wurden. 1854 erhielt er vom ägyptischen Vizekönig eine vorläufige Bauerlaubnis. Die endgültige Genehmigung durch den osmanischen Sultan in Konstantinopel, zu dessen Hoheitsgebiet Ägypten gehörte, ließ allerdings bis 1866 auf sich warten. Großbritannien zögerte nämlich das Konzessionsverfahren durch diplomatischen Druck auf den Sultan hinaus, da es um seinen Einfluss im Nahen Osten zugunsten Frankreichs fürchtete, das die Mehrheit der Suezkanal-Aktien besaß.

Die Anstrengungen, die für den Bau des Kanals unternommen wurden, waren kolossal. 20 000 ägyptische Zwangsarbeiter schufteten an der Umsetzung des Mammutprojekts, unterstützt wurden sie von 60 speziell hergestellten Schwimmbaggern, die das Kanalbett aushoben. Außerdem mussten 1500 erfahrene Bauarbeiter aus dem italienischen Piemont ein riesiges Felsriff bei Shaluf beseitigen. In Port Said wurde extra ein Hafen angelegt. Bis zur Eröffnung des Kanals im Jahr 1869 hatten die Arbeiter in nur zehnjähriger Bauzeit 75 Mio. m³ Erde bewegt. Es war eine der größten Leistungen im Ingenieurbau des 19. Jh.

1875 erwarb Großbritannien unter Mithilfe des Privatbankiers Kionel Nathan ROTHSCHILD den ägyptischen Anteil der Suezkanal-Aktien, und 1882 besetzten britische Truppen die Kanalzone. Sechs Jahre später unterzeichneten die damaligen Großmächte ein Abkommen, in dem der völkerrechtliche Status dem Suezkanal festgelegt wurde. Sie neutralisierten die Kanalzone und garantierten Kriegs- und Handelsschiffen aller Nationen freie Durchfahrt sowohl in Friedens- wie auch in Kriegszeiten. Die Konvention gilt trotz aller Missachtung bis zum heutigen Tag.

Der Suezkanal zahlte sich für die internationale Schifffahrt aus. Anfänglich dauerte die Durchfahrt knapp 50 Stunden. Zu Beginn des 20. Jh. konnte die Passage durchschnittlich auf 15–20 Stunden gesenkt werden. Nach der Einrichtung einer elektrischen Beleuchtung entlang des Kanals konnten die Schiffe auch nachts den Kanal passieren. Die Gebühren lagen in den ersten Jahren bei zehn Francs pro Tonne. Die Betreibergesellschaft verzeichnete erstmals 1872 – drei Jahre nach der Eröffnung – einen Überschuss.

Nach dem Zweiten Weltkrieg stritten Ägypten auf der einen und Großbritannien und Frankreich auf der anderen Seite um die Kontrolle des Suezkanals. Die europäischen Länder sahen den Zugang zu ihren Ölvor-

Schaufelbagger (im Vordergrund) mussten die Fahrrinne des Suezkanals freihalten, damit große Schiffe den Kanal ungehindert befahren konnten.

Während des Suezkriegs wurde u. a. auch der Leuchtturm in Port Said von Kugeln getroffen. Der norwegische Tanker lag zwei Monate fest.

kommen im Mittleren Osten nur auf diese Weise gesichert. Nach dem SUEZKRIEG blieb die Wasserstraße wegen gesunkener Schiffe bis 1975 gesperrt. Doch als der Kanal wieder für den Schiffsverkehr freigegeben wurde, war eine neue Ära angebrochen. Flugzeuge hatten die Schiffe abgelöst und die neuen Öltanker waren zu groß für den Suezkanal. Seine großen Tage waren damit vorbei.

Suezkrieg (1956), Einmarsch britischer, französischer und israelischer Truppen in Ägypten als Reaktion auf die Verstaatlichung der Suezkanalgesellschaft durch den ägyptischen Präsidenten Gamal Abd el NASSER. 1956 war Israel kurz davor, für Anschläge von ägyptischen Freischärlern Vergeltung zu üben. Zögernd stimmten Großbritannien und Frankreich zu, dass Israel am 29. Oktober die Verstaatlichung des Kanals als Vorwand für einen Präventivschlag gegen ägyptische Stellungen auf dem Sinai nutzte.

Frankreich und Großbritannien forderten danach in einem Ultimatum den Rückzug ägyptischer und israelischer Truppen vom Kanal, wodurch der Kanal wieder internationaler Kontrolle unterstellt worden wäre, doch Nasser lehnte das Ultimatum ab. Daraufhin landeten französische und britische Truppen in Port Said und die Luftwaffe beider Länder bombardierte ägyptische Militär-

basen. Sofort sahen sich Großbritannien und Frankreich dem Druck der beiden Supermächte sowie weltweiter Kritik an ihrem Vorgehen ausgesetzt, sodass sie sich zurückziehen mussten und eine Friedenstruppe der VEREINTEN NATIONEN in die Region entsandt wurde. Im März 1957 mussten sich die israelischen Truppen aus dem Sinai zurückziehen und Ägypten sah sich gezwungen, die Straße von Tiran im Golf von Akaba wieder für israelische Schiffe freizugeben. Der Kanal blieb bis 1975 geschlossen.

Suffragetten, Mitglieder einer militanten britischen Frauenbewegung, die für das Frauenwahlrecht kämpften. In den 70er-Jahren des 19. Jh. richteten britische Frauen eine Petition an das Parlament, in der sie mit 3 Mio. Unterschriften das Frauenwahlrecht forderten. Seit 1903 führte Emmeline PANKHURST die britische Frauenbewegung an, die schnell breite Unterstützung in der weiblichen Bevölkerung gewann. Das Parlament lehnte jedoch alle Anträge ab und die Suffragetten griffen zu immer radikaleren Methoden, um auf sich und ihre Forderungen aufmerksam zu machen. So organisierten sie Großdemonstrationen, begannen Eigentum anderer zu beschädigen, Parlamentsdebatten zu unterbrechen und weigerten sich, Steuern zu bezahlen. Verhaftete Suffragetten traten in den Hungerstreik; Emily Davison wurde schwer verletzt, als sie sich 1913 vor das Pferd des Königs warf.

Mit Beginn des Ersten Weltkriegs beendeten die Suffragetten diese extremistische Vorgehensweise und unterstützten ihr Land im Krieg. Emmeline Pankhursts Tochter Sylvia kämpfte jedoch weiterhin für das Frauenwahlrecht. 1918 erhielten die Frauen

in Großbritannien das Wahlrecht, jedoch nur, wenn sie bestimmte Bedingungen hinsichtlich von Bildung und Besitz erfüllten. 1928 wurden diese Einschränkungen aufgehoben und Frauen erhielten das gleiche Wahlrecht wie Männer.

Suharto, Thojib (*1921), indonesischer Präsident 1968–98. Suharto spielte eine führende Rolle während der Revolution in INDONESIEN nach dem Zweiten Weltkrieg und wurde 1965 Stabschef der Armee. Er zerschlug einen Putschversuch der indonesischen Kommunisten und beschuldigte Präsident Ahmed SUKARNO, an diesem Staatsstreich beteiligt gewesen zu sein. So zwang er Sukarno, ihm weit reichende Machtbefugnisse zu verleihen, die er zur Stärkung seiner politischen Stellung nutzte. Mit Unterstützung des Militärs stürzte er dann 1966 die Regierung und beendete den seit drei Jahren dauernden Konflikt mit MALAYSIA. 1967 wurde Suharto Regierungschef und übernahm im darauf folgenden Jahr das Präsidentenamt. Unter seiner Politik kam es in Indonesien zu einem wirtschaftlichen Aufschwung und das Land fand Anschluss an die großen Industrienationen. Suhartos diktatorischer Regierungsstil und der Vorwurf der Korruption und der Vetternwirtschaft riefen jedoch den Widerstand der islamischen Fundamentalisten und der Gewerkschaft hervor.

1998 geriet Indonesien in eine schwere Wirtschaftskrise: Die Landeswährung verfiel und die Staatsfinanzen waren total zerrüttet. Im Mai 1998 trat Suharto auf Druck der westlichen Industrienationen zurück, neuer Präsident wurde Bacharuddin Jusuf Habibie, der sich für eine vorsichtige Demokratisierung Indonesiens ausgesprochen hat.

Oben: **Streikposten der Suffragetten vor dem Londoner Parlament**
Rechts: **Flugblätter wiesen auf die Benachteiligung der Frauen hin.**

Osmanen vor Wien

Süleiman I. der Prächtige gilt als der größte Herrscher des Osmanischen Reiches. Er unterwarf den Großteil des Balkans.

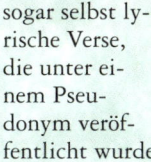

Während der 46 Jahre langen Herrschaft über das Osmanische Reich wurde Sultan Süleiman I. der Prächtige zum gefürchtetsten Heerführer seiner Zeit. Im Frühjahr 1521 zog der erst 27-jährige Süleiman I. an der Spitze seiner Truppen erstmals auf den Balkan und belagerte die serbische Metropole Belgrad. Innerhalb von nur drei Wochen gelang es Süleiman I., die damals stärkste Festung auf dem Balkan einzunehmen.

Im darauf folgenden Jahr griffen seine Truppen die Insel Rhodos an, den Hauptstützpunkt des Christentums im Ägäischen Meer. Süleiman ließ die Verteidiger der Insel aushungern. Im Dezember 1522 ergaben sich die völlig demoralisierten Soldaten. Vier Jahre später fiel er mit einem gewaltigen Heer in Ungarn ein und besiegte im August 1526 bei Mohács das ungarische Heer. Innerhalb eines einzigen Tages verloren rund 20 000 Ungarn ihr Leben und der ungarische König Ludwig II. ertrank auf der Flucht. Von da an gehörte der größte Teil des Balkans zum Osmanischen Reich und das christliche Abendland lebte in der Sorge, unter islamische Herrschaft zu geraten.

Das Jahr 1529 brachte die Wende. Süleimans I. Truppen lagerten bereits vor den Stadtmauern Wiens und es schien, als müssten die zahlenmäßig weit unterlegenen Verteidiger die Eroberung der Stadt machtlos hinnehmen. Doch ein früher Wintereinbruch rettete Wien. Nach nur 19 Tagen befahl Süleiman I. seinen Truppen, sich nach Belgrad zurückzuziehen.

GESETZGEBER UND POET

Während der nächsten 30 Jahre erweiterte Süleiman I. die Grenzen seines Reiches nach Osten und Südosten hin. Er unternahm drei Feldzüge gegen die Safawiden in Persien und es gelang ihm, den Osten Kleinasiens sowie Mesopotamien zu unterwerfen. Des Weiteren reformierte Süleiman die Gesetzgebung und das Regierungssystem in seinem Reich. Seine Untertanen nannten ihn deshalb auch *Kanunî*, den Gesetzgeber. Zusammen mit seinem Baumeister Sinan ließ er in Konstantinopel eine prächtige Moschee errichten, die noch heute seinen Namen trägt. Reisende aus dem Westen bestaunten den Glanz und die Pracht, in der Süleiman die Stadt am Bosporus erstrahlen ließ.

Aber der Sultan war nicht nur Feldherr und Staatsmann, sondern auch ein engagierter Förderer der Künste und der Literatur. Für seine Frau Roxelana verfasste er sogar selbst lyrische Verse, die unter einem Pseudonym veröffentlicht wurden.

1566 versuchte Süleiman I. ein letztes Mal, sein Lebenswerk mit der Eroberung Wiens zu krönen. Aber der Feldzug erwies sich als zu anstrengend für den 71-jährigen Sultan und er starb nur wenige Tagesmärsche von seinem Ziel entfernt. Auf dem Sterbebett hatte er seine Generäle ermahnt, seinen Tod so lange geheim zu halten, bis die Truppen geordnet den Rückzug angetreten hatten und die Thronfolge für seinen Sohn gesichert war. Süleiman I. der Prächtige wurde in der von ihm erbauten Moschee in Konstantinopel beigesetzt.

Links: Osmanische Truppen belagern 1541 Buda. Unten: Die Zeichnung vom Sultan stammt von Albrecht Dürer.

Sukarno, Ahmed (1901–70), Führer der indonesischen Unabhängigkeitsbewegung und erster Präsident INDONESIENS 1945–67. Er gründete 1927 die Indonesische Nationalpartei und erhielt breite Unterstützung von der Bevölkerung in seinem enthusiastischen Kampf für die Unabhängigkeit. 1929 inhaftierten ihn die niederländischen Behörden für zwei Jahre und verwiesen ihn danach von der Insel Java. Während des Zweiten Weltkriegs arbeitete er mit den japanischen Besatzern zusammen und festigte seine Stellung als Führer der Unabhängigkeitsbewegung. Nach Japans Niederlage 1945 rief ein von den Japanern eingerichteter Rat Sukarno zum indonesischen Präsidenten aus. Er führte den Unabhängigkeitskampf gegen die niederländische Kolonialmacht, die 1949 endgültig die Souveränität Indonesiens anerkennen und sich aus dem Inselreich zurückziehen musste. Sukarno fungierte als Sprecher für die Blockfreiheit Asiens und war der Gastgeber der Bandung-Konferenz 1955. Doch in den 60er-Jahren schwächten sein autokratischer Regierungsstil, die wachsenden wirtschaftlichen Probleme des Landes und die Konfrontation mit MALAYSIA seine Position. Sukarno suchte Unterstützung bei den Kommunisten und ermutigte links gerichtete Offiziere 1965 zu einem Staatsstreich. Der Putsch misslang, Sukarno verlor die Unterstützung der Armee und wurde 1967 offiziell von Thojib SUHARTO seines Amtes enthoben.

Süleiman I. der Prächtige siehe oben

Sulla, Lucius Cornelius (138–78 v. Chr.), römischer Soldat und Politiker, dessen erbitterte Fehde mit Gaius Marius die Republik in einen Bürgerkrieg stürzte. Der Streit zwischen diesen beiden konträren Persönlichkeiten begann 107 v. Chr., als Sulla unter Marius im Krieg gegen den Numidierkönig Jugurtha als Quästor diente. Der Streit schwelte weiter und trat erst 88 v. Chr. offen zutage. Im Kampf gegen König Mithridates VI. in Kleinasien ließ sich Konsul Sulla vom Senat den Oberbefehl über die römischen Truppen übertragen. Diesen Entschluss revidierte der Senat noch im selben Jahr und übergab das Kommando dem im Volk beliebten Heerführer Marius. Daraufhin besetzte Sulla mit seinem Heer Rom. Nachdem er seine Gegner ausgeschaltet hatte, eröffnete er den Feldzug gegen Mithridates VI. Als er 83 v. Chr. als Sieger nach Italien zurückkehrte, schlug er den inzwischen wieder erstarkten Marius und seine Anhänger und ließ sich in Rom zum Diktator ernennen. Sulla reformierte die Verwaltung und führte strenge Kontrollen für die Volkstribune und andere Staatsämter ein, indem er die alte Macht des Senats wieder herstellte. 79 v. Chr. trat Sulla überraschend von all seinen Ämtern zurück.

Sully, Maximilien de Béthune, Herzog von (1560–1641), französischer Staatsmann, der als Minister König HEINRICHS IV. nach den HUGENOTTENKRIEGEN der darnieder liegenden französischen Wirtschaft zu einem ungeahnten Aufschwung verhalf. Der Hugenotte Béthune entrann 1572 in der BARTHOLOMÄUSNACHT nur knapp dem Tod. Vier Jahre später trat er in die Armee Heinrichs ein und unterstützte dessen Anspruch auf den französischen Thron. Als Heinrich im Jahr 1589 zum König gekrönt wurde, war Béthune sein engster Vertrauter und handelte die Hochzeit Heinrichs mit Maria de' Medici 1600 aus. Doch die Fähigkeiten Béthunes auf wirtschaftlichem und finanziellem Gebiet waren für Frankreich und Heinrich IV. noch nützlicher. Eine Vereinheitlichung des Steuerwesens, Abbau der Staatsschulden, verschiedene Agrarreformen und eine strenge Aufsicht über die Verwaltung brachten Frankreichs Finanzen wieder in Ordnung. 1606 erhielt Béthune den Herzogstitel. Nach der Ermordung Heinrichs IV. 1610 wurde Béthune auf Betreiben der Königin aus dem Amt entlassen.

Sultanat, souveräner und unabhängiger moslemischer Staat. Der Begriff stammt von dem Wort Sultan, das im Koran und in der islamischen Tradition als Herrschertitel gebraucht wird. Als Erster schmückte sich der islamische Herrscher Mahmud von Ghazni im Jahr 999 mit dem Titel. Sein Machtbereich erstreckte sich vom Iran bis nach Indien. Später bezeichneten die Moslems jeden ihrer Herrscher, der weltliche Macht ausübte, als Sultan; die Osmanen verwendeten den Titel auch für die Prinzen und Prinzessinnen des königlichen Hofes, um so ihren Respekt auszudrücken. Einige islamische Königreiche in Asien und Afrika wurden ebenfalls als Sultanate bezeichnet.

Sumerer, Einwohner des südlichen Mesopotamien im 4./3. Jt. v. Chr. Die Sumerer entwickelten die Keilschrift, die älteste belegte SCHRIFT der Welt, bei der keilförmige Zeichen mit einem Stück Schilfrohr auf eine weiche Tontafel gedrückt wurden. Um 3000 v. Chr. ermöglichten die fruchtbaren Gebiete zwischen Euphrat und Tigris die

Entstehung großer Stadtstaaten wie Uruk, Ur und Lagasch. Für die Verwaltung und Chroniken entwickelten die Sumerer zahlreiche Piktogramme, wofür sie sich ebenfalls der Keilschrift bedienten. Viele dieser Inschriften sind bis heute erhalten. Träger der sumerischen Kultur waren vor allem die Priester und Beamten.

Die sumerischen Stadtstaaten wurden von Sargon I. unterworfen, der um 2235 v. Chr. im Süden Mesopotamiens das Reich von Akkad schuf. Die von ihm begründete Dynastie bestand nur etwa 150 Jahre lang und schon um 2050 v. Chr. gelang es dem Königreich von Ur, im Reich der Sumerer wieder Fuß zu fassen und die Hauptstadt Akkad einzunehmen. Doch auch dieses neue Königreich war recht kurzlebig. Um 1940 v. Chr. plünderten Elamiter und Amoriter die Stadt Ur und verwüsteten Mesopotamien. Doch der kulturelle Einfluss Sumers machte sich in nachfolgenden Reichen bemerkbar.

Sung (960–1279), chinesische Dynastie. Die Herrschaft der Sung gliedert sich in zwei Epochen. Die Nördlichen Sung regierten 960–1127. In dieser Zeit gelang es ihnen, das in Teilreiche zerfallene CHINA zu vereinen. Allerdings mussten sie als Preis dafür den benachbarten Kitan, einem kriegerischen Hirtenvolk aus der Mandschurei, Tribute entrichten. Nach dem Verlust des nördlichen Teils von China 1127 an die einfallen-

Diese Holzschnitzerei mit dem Titel „Genie auf Geisterpferd" stammt aus der Zeit der Sung-Dynastie.

den Dschurdschen regierten die Südlichen Sung das verbliebene Rumpfreich bis 1279. Trotz geringer politischer Macht erlebte China unter der Sung-Dynastie eine wirtschaftliche und kulturelle Blüte. In diese Zeit fiel die Erfindung des Papiergelds, des Schießpulvers und des Porzellans. Im 12. Jh. führte die Entwicklung des Buchdrucks zur Veröffentlichung von zahllosen Büchern, vor allem Enzyklopädien, wissenschaftlichen Abhandlungen, Kurzgeschichten und Gedichten, und die Landschaftsmalerei erreichte eine Blüte.

Sun Yat-sen (1866–1925), chinesischer Revolutionär, der sowohl von den chinesischen Kommunisten als auch von den Nationalisten als Gründer des modernen China angesehen wird. Er stammte aus einer Bauernfamilie und besuchte eine anglikanische Schule in Honolulu, bevor er zum Medizinstudium nach Hongkong ging. Als Arzt arbeitete er in verschiedenen chinesischen Städten, bevor er 1895, nachdem er eine erfolglose Revolution gegen die Dynastie der QING organisiert hatte, fliehen musste.

In den Jahren seines Exils reiste er durch die ganze Welt, um Unterstützung für seine Sache zu gewinnen, und fand immer mehr Gefallen an den Theorien von Karl MARX. 1905 gründete Sun Yat-sen in Tokio, wo er sich niedergelassen hatte, eine revolutionäre Partei. Ihr Ziel war der Sturz der Qing-Dynastie und die Errichtung der Republik sowie der drei Grundsätze des Volkes: Nationalismus, Demokratie und Volkswohlstand.

Nach Ausbruch revolutionärer Aufstände in China 1911 kehrte Sun Yat-sen in seine Heimat zurück und wurde provisorischer Präsident der neuen Republik, doch bald schon trat er zugunsten von Marschall Yuan Shikai zurück. Als Yuan 1913 die von Sun Yat-sen gegründete nationale Sammelpartei GUOMINDANG unterdrückte, richtete Sun Yat-sen zusammen mit Vertretern des Militärs eine separate Regierung für Kanton ein. Zehn Jahre später nahm er die Unterstützung der Sowjetunion an, um die Guomindang neu zu formieren. Dazu musste er eine umstrittene Koalition mit der KOMMUNISTISCHEN PARTEI CHINAS eingehen. Der Versuch, das vom Bürgerkrieg zerrissene China zu einen, scheiterte an seinem Tod.

Suprematsakte (1534 und 1559), Gesetzessammlung, die die Vormachtstellung des englischen Monarchen über die ANGLIKANISCHE KIRCHE unter HEINRICH VIII. und ELISABETH I. festschrieb. Nach der Verab-

Ein sumerisches Mosaik zeigt Szenen aus dem Alltag der Stadt Ur. Die Darstellung entstand um die Mitte des 3. Jt. v. Chr.

schiedung der Suprematsakte mussten alle Staatsbeamten und Kleriker einen Eid gegenüber dem König schwören, mit dem sie den englischen Monarch als Oberhaupt in allen weltlichen und kirchlichen Dingen anerkannten. Damit konnte der englische Herrscher auf die innere Organisation der Kirche und auf die kirchliche Lehre Einfluss nehmen.

Surinam, kleiner Staat an der Nordostküste von Südamerika. 1651 besiedelten Briten das Land, doch Niederländer eroberten es 14 Jahre später. Die beiden Kolonialmächte herrschten abwechselnd über Surinam, bis die Niederlande 1815 endgültig Niederländisch-Guyana gründeten.

Zunächst arbeiteten afrikanische Sklaven auf den Plantagen der Kolonialherren, doch im späten 19. Jh. schafften die Niederländer Arbeitskräfte von den Ostindischen Inseln und von Java herbei. Die Nachfahren dieser Sklaven machen heutzutage beinahe die Hälfte der Bevölkerung Surinams aus. 1975 erhielt das Land die völlige Unabhängigkeit. In den folgenden Jahren kam es zu politischen und Rassenkonflikten und 1980 übernahm die Armee die Macht. Erst 1986 wurde wieder eine zivile Regierung gebildet, doch

die Guerillakämpfer der surinamesischen Befreiungsarmee SLA, die vom Dschungel des benachbarten Französisch-Guayana aus agierten, setzten die Regierung wiederholt unter Druck. Einem zweiten Militärputsch 1990 folgten Friedensverhandlungen zwischen der SLA und einem demokratischen Bündnis, dessen Kandidat Ronald Venetiaan zum Präsidenten gewählt wurde. Seit 1996 amtiert Jules Albert Wijdenbosch als Regierungschef und Staatsoberhaupt.

Suttner, Bertha Freifrau von (1843 bis 1914), österreichische Schriftstellerin, Journalistin und Pazifistin. Die in Prag geborene Bertha gründete 1891 die Österreichische Gesellschaft der Friedensfreunde, die heute noch unter dem Namen Suttner-Gesellschaft existiert. Ihr berühmter, in viele europäische Sprachen übersetzter Roman *Die Waffen nieder!* (1889) förderte das Anwachsen der europäischen Friedensbewegung entschieden. Der Antikriegsroman erzählt die Geschichte einer Frau, die ihren ersten Mann in der Schlacht von Magenta 1859, den zweiten während des Deutsch-Französischen Krieges 1870 verliert. Auf dem Weltfriedenskongress 1891 in Rom hielt sie ihre erste öffentliche Rede. In den folgenden Jahren reiste sie durch Europa und Nordamerika und hielt zahlreiche Vorträge zum Thema Frieden. 1905 erhielt die Pazifistin den von ihr selbst angeregten Friedensnobelpreis.

Bertha von Suttner erlebte den Beginn des Ersten Weltkriegs nicht mehr. Sie starb am 21. Juni 1914, nur sieben Tage vor dem Attentat von Sarajewo, das die Welt in einen Krieg von ungeahnten Dimensionen ziehen sollte.

SWAPO, Abkürzung für South West Africa People's Organization, Bewegung, die nach einem 30 Jahre dauernden Kampf die Unabhängigkeit NAMIBIAS erreichte und erste Regierungspartei wurde.

Die ersten Anzeichen einer Unabhängigkeitsbewegung unter den Eingeborenen wurden von den deutschen Kolonialherren brutal unterdrückt. Nach dem Ersten Weltkrieg erhielt SÜDAFRIKA vom Völkerbund ein Mandat über die ehemalige deutsche Kolonie Südwestafrika und die Vereinten Nationen erneuerten das Mandat nach dem Zweiten Weltkrieg. Streitigkeiten zwischen den einzelnen eingeborenen Stämmen, wodurch schon frühere Aufstände geschwächt worden waren, erschwerten den Widerstand gegen die Besetzung Namibias durch südafrikanische Truppen. So entstand zu Beginn der 60er-Jahre des 20. Jh. im Exil die SWAPO als Reaktion auf die von Südafrika eingeführte Apartheid. Da die SWAPO verboten war, agierte sie zunächst nur im Untergrund. Unter ihrem Führer, Samuel Nujoma, unternahm die SWAPO eine Reihe terroristischer Anschläge vom Nachbarland ANGOLA aus. Die Sowjetunion bildete teilweise die Guerillakämpfer der SWAPO aus.

1988 wurde der Krieg mit einem Waffenstillstandsabkommen beendet und Südafrika ließ politische Aktivitäten und freie Wahlen in Namibia zu. Die SWAPO gewann die ersten Wahlen 1989: Nujoma wurde zum Staatsoberhaupt und Hage Geingob zum Regierungschef Namibias gewählt. Bei den ersten Wahlen im unabhängigen Namibia im Jahr 1994 erzielte die SWAPO eine Zweidrittelmehrheit in der Nationalversammlung und bestätigte die Regierung im Amt.

Syndikalismus, Ende des 19. Jh. entstandene Arbeiterbewegung, deren Anhänger revolutionäre Änderungen durch gewerkschaftliche Aktionen bewirken wollten. Die Syndikalisten wurden von den Ansichten des französischen Anarchisten Pierre Joseph PROUDHON und den Schriften von George Sorel beeinflusst, die Boykotts, Sabotageakte und Generalstreiks als geeignetes Mittel ansahen, soziale Veränderungen durchzusetzen.

Vor allem in Frankreich, Italien, Spanien, Russland und den USA war der Syndi-

Anhänger der SWAPO trauern 1989 in der Schwarzensiedlung Katutara bei Windhuk um den Tod des SWAPO-Führers Anton Lubowski.

kalismus Anfang des 20. Jh. vertreten, doch durch die Verbreitung des KOMMUNISMUS und einer immer komplexer werdenden Arbeitswelt nach dem Ersten Weltkrieg schwand sein Einfluss merklich.

Syrien, Staat in Vorderasien, der in der Antike von Sargon I. von Akkad regiert wurde, später besiedelten Aramäer die Küsten- und Kanaanäer die Wüstenregion. Große Bedeutung erlangten seit dem 9. Jh. v. Chr. vor allem die am Mittelmeer liegenden Handelsstädte der Phönizier. In den folgenden Jahrhunderten war Syrien ein ständiger Zankapfel zwischen den Reichen in Ägypten, Assyrien und Babylon.

Im Jahr 395 kam die Region zum BYZANTINISCHEN REICH. Die Araber eroberten Syrien um 630. Unter den Omaijadenkalifen, die 661–750 regierten, entwickelte sich Damaskus zur blühenden Hauptstadt des Kalifats. Doch nach dem Fall dieser Dynastie er-

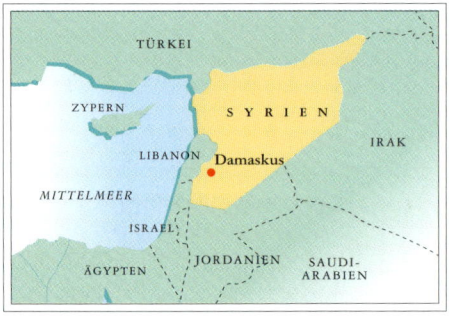

hielt Syrien unter den Fatimiden und Mamelucken den Status einer Provinz. 1516 wurde Syrien von den Osmanen erobert.

Nach dem Zerfall des Osmanischen Reiches im Ersten Weltkrieg erhielt Frankreich Syrien als Mandat zugesprochen. Nach der schnellen Kapitulation Frankreichs im Zweiten Weltkrieg besetzten die Alliierten 1941 Syrien und verhalfen dem Land zur Unabhängigkeit. 1949, 1951 und 1954 kam es zu mehreren Militärputschen. Syrien suchte kurzzeitig den Anschluss an Ägypten, was zur Gründung der Vereinigten Arabischen Republik führte, doch ein weiterer Militärputsch 1961 in Syrien beendete diese politische Allianz.

Die dominierende Bath-Partei teilte sich aufgrund interner persönlicher und ideologischer Streitereien. 1970 zerschlug ein neues Regime unter General Hafiz al-Assad die Opposition und machte den Einfluss Syriens auf den benachbarten LIBANON geltend. Sowohl im SECHSTAGEKRIEG 1967 als auch im JOM-KIPPUR-KRIEG 1973 erlitt Syrien Niederlagen gegen Israel. Syrien war am Bürgerkrieg im Libanon beteiligt und stand Israel feindselig gegenüber. Während des GOLFKRIEGS 1990 stellte sich Syrien an die Seite der Alliierten. Seit 1992 unterstützt Hafiz al-Assad vorsichtig den Friedensprozess im Nahen Osten.

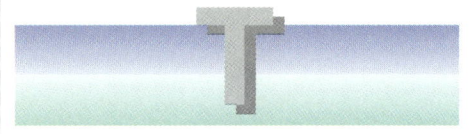

Tacitus, Publius Cornelius (55 bis nach 116), römischer Historiker und Amtsträger. Tacitus wurde 112 Prokonsul der Provinz Asia. Sein bekanntestes Werk, die *Annales,* zeugt von seiner profunden Kenntnis der römischen Machtpolitik. Etwa zwei Drittel der *Annales,* die Geschichte Roms 14–68, sind erhalten geblieben, aber der größte Teil seiner *Historiae* über den Zeitraum 69–96, die er erst nach der Gewaltherrschaft Kaiser Domitians veröffentlichte, ging verloren. Seine Schrift über Germanien ist immer noch die wichtigste Informationsquelle über Germanien, und die Biographie seines Schwiegervaters Agricola, Statthalter in Britannien, verschafft Einblick in das Leben der Briten zur Römerzeit. Tacitus war einer der ersten nicht christlichen Chronisten, die über die Kreuzigung JESU berichteten, in Verbindung mit der Christenverfolgung im Jahr 64. Als Historiker wurde Tacitus stets für seine Genauigkeit und seine prägnante Ausdrucksweise bewundert.

Taft, William Howard (1857–1930), Richter und Präsident der USA 1909–13. Das Interesse des aus einer alten Richterfamilie stammenden Taft galt in erster Linie dem Recht, zur Politik kam er nur widerstrebend. Er war 1904–08 Kriegsminister unter Präsident Theodore ROOSEVELT und dessen designierter Nachfolger für die Präsidentschaftswahl 1908. Der Republikaner Taft hatte allerdings nicht das nötige politische

Geschick, um Auseinandersetzungen mit dem progressiven Flügel in der Partei zu vermeiden. So kam es über die Frage der Schutzzölle zu einer Spaltung. Die Wahl hatte er vor allem durch das Versprechen der Senkung der Importzölle gewonnen.

Als sich Taft 1912 zur Wiederwahl stellte, war aus seinem einstigen Förderer Roosevelt ein erbitterter Gegner geworden, der sich noch einmal als Gegenkandidat der Progressiven gegen ihn aufstellen ließ. Diese Spaltung führte zum Sieg des Demokraten Woodrow WILSON. Taft war von 1921 bis zu seinem Tod oberster Bundesrichter und verfolgte in der Rechtsprechung einen konservativen, aber reformfreundlichen Kurs. Er war der einzige Präsident in der amerikanischen Geschichte, der auch oberster Bundesrichter war.

Tage, die die Welt veränderten siehe Seite 522

Taiping-Aufstand (1851–64), radikale Erhebung in CHINA, die 20 Mio. Menschenleben forderte und die QING-Dynastie dauerhaft schwächte. Initiiert und geführt wurde sie von Hong Xiuquan, der die Visionen hatte, er sei der jüngere Bruder von Jesus Christus und seine Mission wäre es, die QING zu stürzen. Der Aufstand begann in der Provinz Guangxi und breitete sich schnell über den Großteil der mittleren und unteren Region Chang Jiang aus. Die etwa 1 Mio. zählenden Aufrührer eroberten 1853 Nanjing und machten es zur Hauptstadt ihres Königreichs Taiping, Großer Frieden. Es gründete sich auf idealistische moralische Prinzipien, die vollständige Gleichheit für Frauen, Modernisierung der Wirtschaft und gerechte

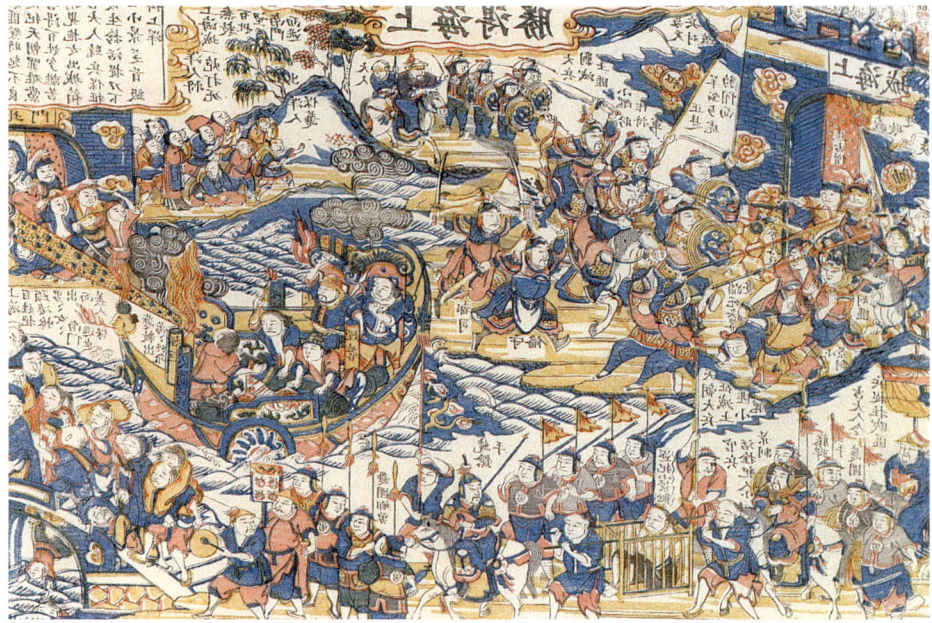

1860 rückten die Taiping-Rebellen bis nach Shanghai in den Norden vor, wurden jedoch von der siegreichen Armee des Kaisers und mit Waffen aus dem Westen besiegt.

Landverteilung, wurde jedoch durch Rivalitäten an der Führungsspitze geschwächt. 1864 nahmen die Streitkräfte der Qing mit britischer und französischer Hilfe Nanjing wieder ein. Hong brachte sich selbst um, 100 000 Aufrührer starben. Spätere Revolutionäre, auch die Kommunisten, beriefen sich auf die Taiping-Ideologie.

Taiwan, Insel etwa 160 km vor der chinesischen Küste. Die von malaiisch-polynesischen Völkern spärlich besiedelte Insel war lange Jahre Piratenbasis für Chinesen und Japaner. Als erste Europäer erreichten die Portugiesen 1590 Taiwan. In den 20er-Jahren des 17. Jh. wurden spanische und niederländische Handelsstützpunkte eingerichtet. 1664 vertrieben die Niederländer die Spanier. 1661 wurden die Niederländer ihrerseits durch den Piraten Koxinga vertrieben, der von 1644 an aus Taiwan einen Zufluchtsort für Anhänger der abgesetzten MING-Dynastie machte. 1683 ergab sich Taiwan der QING-Dynastie und wurde Teil der chinesischen Provinz Fujian. Bis ins 19. Jh. hinein brachen immer wieder Kämpfe zwischen den Ureinwohnern und den chinesischen Siedlern aus. Im Jahr 1895 wurde Taiwan im Vertrag von SHIMONOSEKI am Ende des ersten CHINESISCH-JAPANISCHEN KRIEGES an Japan abgetreten und als japanische Kolonie verwaltet.

Taiwan kam 1945 wieder an CHINA zurück. 1949 wurde die Insel nach der kommunistischen Machtübernahme auf dem chinesischen Festland am Ende des CHINESISCHEN BÜRGERKRIEGS zum Zufluchtsort für Anhänger der abgesetzten Nationalregierung. Um 1950 waren fast 2 Mio. Flüchtlinge vom Festland auf der Insel. Von ihrer Basis auf Taiwan aus beanspruchten die Nationalisten unter CHIANG KAI-SHEK weiterhin die Souveränität über ganz China und versuchten das Festland zu erobern. Die Vereinten Nationen unterstützten die Ansprüche der Nationalisten, und so wurde 1954 ein gegenseitiger Verteidigungspakt geschlossen.

Chiang Kai-shek blieb bis zu seinem Tod Taiwans ungewählter Präsident. Nachfolger wurde sein Sohn Chiang Ching-kuo. 1971 verlor Taiwan seinen Sitz in den Vereinten Nationen an die Volksrepublik China und 1978 mit der Aufkündigung des amerikanisch-taiwanesischen Sicherheitspakts und der Anerkennung der Volksrepublik China im folgenden Jahr weitere internationale Unterstützung. Die amerikanische Militärhilfe blieb jedoch bestehen. Die USA und Taiwan unterhalten weiterhin inoffizielle Beziehungen.

Das monumentale Grabmal des Taj Mahal ist eine der meist besuchten Touristenattraktionen Indiens. Es gehört heute zum Weltkulturerbe der UNESCO.

Taiwans wirtschaftliche Erfolge, insbesondere bei der Herstellung und dem Export von Elektronikprodukten, ließen Forderungen nach politischer Liberalisierung laut werden. Chiang Ching-kuo, der 1978 zum Präsidenten gewählt und 1984 im Amt bestätigt wurde, betrieb bis zu seinem Tod 1988 eine Politik der schrittweisen demokratischen Reform. Das Kriegsrecht, das seit 1949 in Kraft war, wurde 1987 aufgehoben, ebenso Reise- und Handelsbeschränkungen nach und mit dem chinesischen Festland. Chiang Ching-kuos Nachfolger Li Teng-hui war der erste in Taiwan geborene Präsident. Mit der Entwicklung des taiwanesischen Nationalismus seit 1991 zeigte sich China über die Aussicht auf ein demokratisches und dauerhaft unabhängiges Taiwan beunruhigt.

Taj Mahal, dieses Meisterwerk indischer Mogul-Architektur, das 1648 fertig gestellt wurde, befindet sich in Agra an der Jumna. Das Taj Mahal ist eine Darstellung des Gottesthrons im Paradies und wurde ursprünglich als Grabmal für die Lieblingsfrau des MOGUL-Herrschers Shah Jahan, Arjun- and Banu Begum, in Auftrag gegeben. Sie starb 1631 im Wochenbett und war bekannt unter dem Titel Taj Mahal, „Krone des Palastes". Die Pläne stammen von einem Rat aus den besten Architekten aus Indien, Persien und Zentralasien, die Arbeiten selbst wurden 1632 aufgenommen und erst etwa 1648 beendet. Das filigrane Kuppelgebäude ist 57 m hoch und um vier Achsen völlig symmetrisch aufgebaut.

Tal der Könige, enge Schlucht am westlichen Nilufer von THEBEN mit den Grabstätten von mindestens 60 ägyptischen Königen, die 1550–1050 v. Chr. herrschten. Der erste PHARAO, der dort begraben wurde, war der im 16. Jh. v. Chr. verstorbene Thutmosis I. Obwohl das Tal eigentlich geheim gehalten werden sollte, war es reicher Beutegrund für Grabräuber. Von den entdeckten Gräbern blieb nur das von TUTANCHAMUN unversehrt, weil es unter den Trümmern des darüber liegenden Grabes von Ramses VI. verschüttet war.

Talleyrand-Périgord, Charles de (1754 bis 1838), französischer Diplomat und Staatsmann, der seine hohen Ämter während der FRANZÖSISCHEN REVOLUTION, unter NAPOLEON I. und unter der wieder eingeführten französischen Monarchie ausübte. Der aus einer alten Adelsfamilie stammende Talleyrand wurde wegen seines Klumpfußes nicht zur Armee eingezogen. Er wählte stattdessen eine kirchliche Laufbahn und wurde 1780 Generalagent des Klerus bei der französischen Regierung und energischer Verfechter der kirchlichen Privilegien. Mit Beginn der Französischen Revolution unterstützte er jedoch die Einziehung der Kirchengüter. Bald darauf wurde er vom Papst

Fortsetzung S. 523

Fünf Tage, die die Welt veränderten

Immer wieder gab und gibt es in der Geschichte bedeutende Ereignisse,
aber diese fünf Tage waren besonders herausragend – ob Freiheitskämpfe oder Machtdemonstrationen,
die Auswirkungen auf die Menschheit waren entscheidend.

SEESCHLACHT VON SALAMIS (23. SEPTEMBER 480 V. CHR.)

Über 20 Jahre lang hatten die Perser immer wieder versucht, Griechenland zu erobern. Im Sommer 480 v. Chr. stand Xerxes scheinbar kurz vor dem Sieg. Sein riesiges Invasionsheer bahnte sich den Weg über die Thermopylen an Spartanern vorbei, besetzte die Halbinsel Attika sowie Athen selbst und plünderte die Akropolis. Die griechische Flotte zog sich unter ihrem Anführer Themistokles an den Sund von Salamis zurück. Durch diesen vorgetäuschten Rückzug lockten sie die Perser in einen Hinterhalt und rammten die persischen Schiffe mit ihren Trieren. Xerxes floh und im nächsten Jahr wurde seine Armee in der Schlacht von Platäa von den Griechen besiegt. In den folgenden 50 Jahren erlebte die athenische Kultur eine nie wieder erreichte Blütezeit.

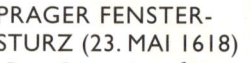

PRAGER FENSTERSTURZ (23. MAI 1618)

„Jesus Maria!", rief Jaroslav von Martinitz, kaiserlicher Statthalter von Prag, als protestantische Rebellen ihn aus einem Fenster des Hradschins warfen, dem Zentrum der katholischen Herrschaft über das protestantische Böhmen im Heiligen Römischen Reich. Martinitz überlebte, aber sein Fenstersturz war das Signal für den offenen Aufstand in Böhmen und auch Auslöser für den Dreißigjährigen Krieg, der bis 1648 dauerte. Proteste in Frankreich, der Aufstieg Preußens und die Begrenzung des Habsburgerreichs waren nur einige der Konsequenzen. Böhmen wurde kein unabhängiger Staat, aber der Fortbestand des Protestantismus war gesichert.

STURM AUF DIE BASTILLE IN PARIS (14. JULI 1789)

Eine Festung aus dem 14. Jh. wurde zum Sinnbild der königlichen Tyrannei. Am 11. Juli verbreiteten sich Gerüchte, dass Ludwig XVI. die neu formierte Nationalversammlung aufzulösen beabsichtigte. Diese hatte geschworen, nicht vor Vollendung einer Verfassung auseinander zu gehen. Am nächsten Tag machte sich eine große Menschenmenge zum Sturm auf die Bastille auf, die schließlich am 14. Juli erobert wurde.

ABWURF DER ATOMBOMBE AUF HIROSHIMA (6. AUGUST 1945)

Sofortige und vollständige Vernichtung oder bedingungslose Kapitulation lautete das Angebot der Alliierten an Japan am 26. Juli 1945. Die Japaner lehnten eine Kapitulation ab. Elf Tage später fiel eine Atombombe auf Hiroshima. Bis zu 100 000 Menschen waren sofort tot, weitere 100 000 starben später. Nach dem Abwurf einer zweiten Bombe auf Nagasaki kapitulierte Japan am 10. August.

Der Dreißigjährige Krieg wurde 1618 durch den Prager Fenstersturz ausgelöst (oben). Der Fall der Berliner Mauer 1989 (links) vereinte Deutschland 1989.

FALL DER BERLINER MAUER (9. NOVEMBER 1989)

28 Jahre lang stand die Berliner Mauer als Sinnbild für den Eisernen Vorhang, der den sowjetisch beherrschten Osten seit dem Zweiten Weltkrieg von Westeuropa trennte. Über 500 Ostdeutsche waren bei ihrem Versuch, über die Mauer in den Westen zu gelangen, ums Leben gekommen. 1989, als sich die kommunistische Welt allmählich aufzulösen begann, wurde Egon Krenz Nachfolger des Hardliners Erich Honecker an der DDR-Staatsspitze. Doch der politische Reformdruck verstärkte sich. Am 9. November gab die SED bekannt, dass die Grenzen ab Mitternacht geöffnet seien. In dieser Nacht wurden Spitzhacken zur Mauer mitgenommen, und die Ostberliner marschierten ungehindert unter unbeschreiblichen Freudenszenen durch die Mauer durch. Deutschland war endlich wieder vereint.

Eine Uhr aus den Trümmern von Hiroshima. Sie blieb um 8.16 Uhr stehen, dem Zeitpunkt, als die Atombombe explodierte.

mit dem Kirchenbann belegt, weil er Bischöfe weihte, die dem neuen Regime gegenüber loyal eingestellt waren.

1791 trat Talleyrand aus der Kirche aus und begann eine Diplomatenlaufbahn in London, wo er den Krieg zwischen Großbritannien und Frankreich zu verhindern versuchte. 1794 wurde er aus Großbritannien ausgewiesen und verbrachte zwei Jahre in den USA. Dort machte er mit finanziellen Spekulationen ein großes Vermögen und kehrte 1796 nach Frankreich zurück. Innerhalb von nicht einmal einem Jahr wurde er zum Außenminister ernannt. Als Mitbeteiligter am Staatsstreich Napoleons I. wurde er dessen vertrauter Ratgeber und 1799–1809 Außenminister, der sein außergewöhnliches Verhandlungsgeschick in die meisten Friedensverhandlungen während der KOALITONS-KRIEGE einbrachte. 1807 trat er als Außenminister zurück und verbündete sich insgeheim mit den Alliierten gegen Napoleon I. Beim Einmarsch der alliierten Streitkräfte 1814 in Paris brachte er den Senat dazu, Napoleon I., dessen Stern zu sinken begann, abzusetzen.

Als Führer einer provisorischen Regierung holte Talleyrand selbst LUDWIG XVIII. auf den Thron zurück. In seiner Funktion als Außenminister des Königs vertrat er Frankreich beim WIENER KONGRESS. Um 1830 nahm er angesichts der wachsenden Unpopularität der Regierung von KARL X. Verbindung zu LOUIS PHILIPPE auf und verhalf diesem während der JULIREVOLUTION 1830 auf den Thron. Kurz bevor er starb, söhnte er sich mit der katholischen Kirche aus.

Talmud, Zusammenfassung der mündlich überlieferten Bräuche, Gesetze und Kommentare des JUDENTUMS. Die Zerstörung des Tempels von Jerusalem im Jahr 70 und die Zerstreuung der jüdischen Gemeinden, die DIASPORA, hatten verstärkte Bemühungen zur Erhaltung der traditionellen Lehren zur Folge. Um 100 fasste Judah ha-Nasi den Lehrstoff aus den Schulen der Tannaiten in der *Mischna* zusammen. Dieses Werk bildet zusammen mit den rabbinischen Kommentaren, der *Gemara*, den Talmud; das hebräische Wort selbst bedeutet Lehre.

Zwei Versionen des Werkes haben überdauert: der palästinensische Talmud aus dem Jahr 450 und der erheblich umfangreichere babylonische Talmud um 500. Die spätere Version ist vollständiger und für traditionelle Juden bleibt sie die höchste Autorität über das Gesetz.

Zusammenfassungen der Talmud-Lehren wurden später von Gelehrten wie Moses MAIMONIDES im 12. Jh. und Joseph Karo im 16. Jh. verfasst. Karos Sammelwerk des jüdischen Religionsgesetzes ist in orthodoxen Kreisen maßgeblich. Das Studium des Talmuds war schon immer ein zentraler Punkt

für das jüdische Geistes- und Religionsleben, seine Lehren werden von den orthodoxen Juden strikt befolgt.

Tammany, 1789 in New York gegründete patriotische Gesellschaft. Der Name kommt von Tammanend, einem friedlich gesonnenen Delaware-Häuptling, der einen Vertrag mit dem Quäker William PENN geschlossen haben soll. Die Gesellschaft, die auch als Tammany Hall nach ihrem Hauptquartier in Manhattan bekannt war, ahmte in ihren Zeremonien indianische Riten nach und wurde ursprünglich gegründet, um die Interessen des amerikanischen Mittelstands gegenüber der mächtigen Föderalistischen Partei zu fördern. Im Jahr 1800 wurde Aaron Burr mit Unterstützung der Tammany-Gesellschaft zum amerikanischen Vizepräsidenten gewählt. Von da an erlangte die Gesellschaft immer größeren politischen Einfluss und dominierte schließlich den Bundesstaat New York vollständig.

In den 70er-Jahren des 19. Jh. war die Tammany allerdings berüchtigt für ihre skrupellosen politischen Methoden und ihren korrupten Parteiführungsstab. Nach einer Reihe von Skandalen, Bestechungsaffären und Untersuchungen unterlag die Tammany bei einer wichtigen Stadtratswahl im Jahr 1932 und verlor anschließend allmählich an Bedeutung.

Tanaka, Kakuei (1918–93), japanischer Politiker der Liberaldemokratischen Partei, der 1972 zum jüngsten Premierminister seines Landes nach dem Krieg gewählt wurde. Kurz nach seiner Machtübernahme unterzeichnete Tanaka, der vor seiner politischen Karriere als Bauunternehmer tätig war, eine Vereinbarung zur Aufnahme diplomatischer

Diese Karikatur von 1884 zeigt John Kelly, einen einflussreichen Tammany-Politiker, der sich aus der New Yorker Stadtkasse bedient.

Beziehungen mit der Volksrepublik China. Er musste 1974 unter Korruptionsverdacht zurücktreten und wurde zwei Jahre später förmlich wegen der Annahme von Bestechungsgeldern des amerikanischen Flugzeugbauers Lockheed angeklagt. Auch nach seiner Verurteilung zu einer vierjährigen Haftstrafe 1983 blieb Tanaka weiterhin ein einflussreicher Politiker in seiner Partei.

Tang (618–907), chinesische Dynastie, deren Machtbereich sich von Korea bis Turkistan erstreckte. Die Herrschaft der Tang stellte eine der kreativsten künstlerischen Perioden der chinesischen Geschichte dar. Der erste Tang-Kaiser, Li Yuan, war ein Beamter der Sui-Dynastie und kam durch die Ausschaltung zahlreicher Rivalen und Rebellen zur Macht. Er übernahm und verbesserte das hocheffiziente Verwaltungssystem der Sui, überarbeitete die chinesische Gesetzgebung und führte Kupfermünzen ein, die die ganze Dynastie über verwendet wurden. 626 zwang sein ehrgeiziger Sohn Li Shihmin, späterer Kaiser Taizong, Li Yuan zur Abdankung. Unter seiner Herrschaft dehnte sich China am weitesten nach Westen aus.

Unter der Regierung des dritten Tang-Kaisers Gaozong, der 649–83 herrschte, gelangte eine beeindruckende Frau an die Macht. 655 wurde nach der Absetzung des Kaisers die Konkubine Wu Hou Kaiserin. In den folgenden 50 Jahren bestimmte sie die Politik mit starker Hand. Nach dem Tod Gaozongs im Jahr 683 regierte Wu China zunächst mit zwei Marionettenkaisern, bevor sie 690 selbst den Thron für sich beanspruchte. Ihre Herrschaft war unbarmherzig, aber auch kompetent und aufgeklärt. Sie wählte ihre Ratgeber und Verwalter vor allem nach ihren Fähigkeiten und nicht nach ihrem sozialen Stand aus. Diese Politik verhalf der chinesischen Kultur im 8. Jh. zu einer großen Blütezeit.

Die Tang-Dynastie erreichte ihren Höhepunkt während der Herrschaft des Kaisers Xuanzong 712–56. In dieser Zeit erlebten Malerei, Musik und Poesie durch die starke kaiserliche Förderung eine glanzvolle Epoche. Fremde waren willkommen, der Handel blühte, die Städte wuchsen und es wurden neue künstlerische Ideen und neue Religionen, z.B. das Christentum und der Zoroastrismus eingeführt.

751 unterlagen die kaiserlichen Streitkräfte den Arabern in Turkistan und die Tang-Dynastie löste sich allmählich auf. Ein größerer Aufstand 755–63 sorgte für eine ernsthafte Destabilisierung. In den folgenden Jahrzehnten zerfiel die Regierungsmaschinerie immer mehr. Zerrissen von den Intrigen der Hofbeamten und unter fast ständiger Bedrohung durch die Mongolen und die Tibeter begann sich das Land in viele kleine Staaten aufzusplittern, die von lokalen

Kriegsherren beherrscht wurden. Der Zusammenbruch der Dynastie im Jahr 906 war unausweichlich. China trat nun in eine Epoche starker Auseinandersetzungen ein, die 53 Jahre dauern sollte.

Tannenberg, Schlacht von (1410), eine der größten Schlachten des MITTELALTERS, die in der polnischen Geschichtsschreibung als Schlacht bei Grunwald bezeichnet wird. Nahe des ostpreußischen Ortes im heutigen Polen schlug am 15. Juli 1410 ein starkes polnisch-litauisches Heer unter König Wladislaw II. die Streitmacht des DEUTSCHEN ORDENS vernichtend. Der Orden musste zwar im ersten Thorner Frieden von 1411 nur relativ geringe Gebietsverluste hinnehmen, aber die hohe Auslösesumme für die in Gefangenschaft geratenen Ordenskrieger schwächten ihn deutlich.

Tannenberg, Schlacht von (1914), Schlacht am Anfang des ERSTEN WELTKRIEGS. Im August 1914 gelang es der 153 000 Mann starken 8. Armee unter Paul von HINDENBURG, östlich von Tannenberg die 191 000 Soldaten zählende 2. russische Armee unter General Samsonow zu umfassen und vernichtend zu schlagen. Über 90 000 Russen gerieten in Gefangenschaft. Die Deutschen verloren 12 000 Soldaten. Größer als die strategische war die psychologische Bedeutung des Sieges. Ein 1927 errichtetes Denkmal wurde 1945 gesprengt. Der darin aufbewahrte Sarg Hindenburgs kam nach Marburg.

Tansania, Staat in Ostafrika, gegründet 1964 durch den Zusammenschluss der früheren Republik Tanganjika und der vorgelagerten Inseln Pemba und SANSIBAR.

Vor der Ankunft des portugiesischen Seefahrers Vasco da GAMA 1498 war die Region vorwiegend von Bantu-Stämmen bevölkert. Arabische Handelsniederlassungen befanden sich entlang der Küste. Die Portugiesen unternahmen keinerlei Versuche, das Hinterland zu erforschen, sondern verdrängten nach und nach die Araber an der Küste, bevor sie selbst 1698 mit der Unterstützung von Arabern aus dem benachbarten Oman vertrieben wurden. In den nächsten 250 Jahren drangen arabische Händler auf der Suche nach Sklaven und Elfenbein ins Landesinnere vor und gründeten auch am weit im Westen gelegenen Tanganjikasee Handelsniederlassungen.

In den 80er-Jahren des 19. Jh. fiel das Land unter die Hoheit der Deutsch-Ostafrikanischen Gesellschaft, 1891 übernahm das DEUTSCHE REICH die Regierung des nun Deutsch-Ostafrika genannten Gebiets. Der antikolonialistische Maji-Maji-Aufstand in den Jahren 1905–07 konnte erst nach blutigen Kämpfen von den deutschen Kolo-

nialtruppen niedergeschlagen werden. Nach dem Ersten Weltkrieg kam Tanganjika als VÖLKERBUND-Mandat unter englische Herrschaft. 1963 in die Unabhängigkeit entlassen, wurde Tanganjika zur Republik erklärt. Julius NYERERE wurde der erste Staatspräsident.

Im Jahr 1967 verkündete Nyerere ein sozialistisches Entwicklungsprogramm. Das hatte die Verstaatlichung von Banken und Industrie und die Umsiedlung tausender von Bauern in landwirtschaftlichen Genossenschaften zur Folge. Diese Politik scheiterte 1977 wegen Ineffizienz, Korruption und hohen Preissteigerungen. Tansania wurde zu einem Einparteienstaat. Zwei Jahre später drang die tansanische Armee in UGANDA ein und stürzte den Diktator Idi AMIN. Nyerere zog sich 1985 zurück. Unter seinem Nachfolger Ali Hassan Mwinyi verbesserten sich die wirtschaftlichen Bedingungen wieder beträchtlich.

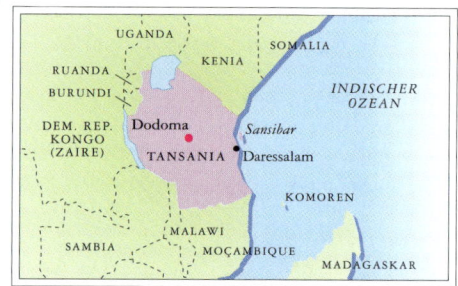

Taoismus, philosophische und religiöse Lehre in China, neben dem Konfuzianismus eine der beiden Hauptströmungen des traditionellen chinesischen Gedankenguts. Zentrales Konzept und Ziel des Taoismus ist *Tao*, der Weg – ein schwer fassbarer Begriff, mit dem die der Natur innewohnende Kraft bezeichnet wird und, in der Erweiterung, ein Verhalten, das mit der natürlichen Ordnung im Einklang steht.

Dieses Verhalten kann nicht definiert werden, denn es muss instinktiv erkannt werden, aber es wird stets erreicht, wenn man den Weg des geringsten Widerstands geht, was bis hin zum vollkommenen Nichtstun gehen kann. Die zentralen Prinzipien des Taoismus werden in dem Werk *Tao-te-ching*, (*Buch von Tao und Te*), dargelegt, das Laozi, einem legendären Philosophen, der im 6. Jh. v. Chr. gelebt haben soll und als Begründer der Bewegung gilt, zugeschrieben wird. Allerdings stammt das *Tao-te-ching* aus dem 3. Jh. v. Chr. und viele moderne Gelehrte zweifeln an der tatsächlichen Existenz Laozis.

Im 2. Jh. n. Chr. hatte sich die strenge Philosophie in einen Volkskult mit vielen Göttern, einschließlich Laozi selbst, gewandelt. Die religiöse Form des Taoismus fügte sich zusammen mit Mystizismus, Alchemie, Aberglauben und Zauberei – Glauben und Praktiken, die im Gegensatz zu den ur-

sprünglichen Grundsätzen des *Tao-te-ching* stehen. Der Taoismus bekam Priester, Rituale und zahlreiche heilige Schriften, vom BUDDHISMUS wurde die Vorstellung der Wiedergeburt übernommen, und es wurde eine Reihe von praktischen Anweisungen entwickelt, um die Unsterblichkeit zu erreichen. Im Lauf der Jahrhunderte wurde der Kult einmal von den chinesischen Herrschern gefördert, dann wieder verfolgt. Er lebt heute vorwiegend in Taiwan weiter, auf dem Festland wurde er während der KULTURREVOLUTION 1966–68 verboten.

Tasman, Abel (um 1603–59), niederländischer Seefahrer, der als erster Europäer Tasmanien, Neuseeland, die Fidschi-Inseln und Tonga entdeckte. 1642 umsegelte Tasman die West- und Südküste Australiens und demonstrierte damit, dass sich der Kontinent nicht, wie viele glaubten, über die gesamte südliche Hemisphäre erstreckte. Dabei landete er in TASMANIEN und erforschte die Westküste von Neuseeland. Auf seiner Fahrt durch den Pazifik entdeckte er die Tonga- und Fidschi-Inseln. Bei seiner nächsten Reise 1644 kartierte er vor allem die australische Nordküste.

Tasmanien, gebirgige Insel vor der Südwestküste Australiens. Die ersten Einwohner kamen vermutlich vor 40 000 Jahren, als Tasmanien noch mit dem australischen Kontinent verbunden war. Der erste Europäer auf Tasmanien, der niederländische Seefahrer Abel TASMAN, gab dem Land den Namen Van Diemen's Land nach dem Gouverneur von Niederländisch-Westindien. Im Jahr 1803 machten die Briten ihren Anspruch auf die Insel geltend, auf der sie in Port Arthur eine Strafkolonie gründeten. Bis 1825 wurde Van Diemen's Land als Teil von Neusüdwales regiert. Danach wurde es 1855/56 unter der Bezeichnung Tasmanien zu einer eigenen Kolonie und 1901 ein Staat im Rahmen des föderalistisch strukturierten australischen

Laozi, der Begründer des Taoismus, wird oft auf einem Büffel reitend dargestellt.

Bundes. In dieser Zeit gab es auf der Insel keine Eingeborenen mehr. Sie waren von Siedlern und BUSHRANGERS fast völlig ausgerottet worden. 1831 gab es nur noch 200 tasmanische Ureinwohner, die von den Behörden verlangten, sie als Gruppe auf die Insel Flinders vor der tasmanischen Küste umzusiedeln. Diese Maßnahme war jedoch nicht von Erfolg gekrönt. Die letzte reinrassige Tasmanierin starb 1876.

Tataren, vorwiegend moslemisches Volk in der Tatarenrepublik in Westrussland. Sie stammen von Türkisch sprechenden, ursprünglich im Nordosten der Mongolei ansässigen Nomadenvölkern ab, die sich im 13. Jh. DSCHINGIS KHAN, dem mongolischen Eroberer, angeschlossen hatten. Europäer und Russen nannten sie Tartaren, vermutlich infolge der Assoziation mit Tartarus, dem Bestrafungsort aus der griechischen Mythologie. Viele Tataren siedelten im riesigen Reich der GOLDENEN HORDE, das von Dschingis Khan und seinen Nachfolgern in Westrussland gegründet wurde. Als dieses Reich im 14. Jh. allmählich zerfiel, bildeten sich vier größere tatarische Khanate: Kasan, Astrachan, Sibir und Krim. 1783 wurden alle diese Staaten von Russland erobert oder annektiert.

Teamsters, amerikanische Gewerkschaft, auch als International Brotherhood of Teamsters bekannt. 1903 von Transportarbeitern gegründet, war sie in den 40er-Jahren die größte Einzelgewerkschaft der USA. Die Teamsters wurden 1907–52 erfolgreich von Daniel Tobin geführt, später jedoch durch Korruptionsskandale erschüttert. 1958 kam der Vorsitzende David Beck wegen Steuervergehen in Haft, 1967 wurde sein Nachfolger James Hoffa der versuchten Einflussnahme auf ein Bundesgericht im Verfahren über den Missbrauch von Gewerkschaftsgeldern für schuldig befunden. Hoffa kam 1971 frei, nachdem die Teamsters den Wahlkampf für die Wiederwahl Richard Nixons unterstützt hatten. Hoffa verschwand 1975. Vermutlich wurde er ermordet. Die Teamsters sind immer noch eine der einflussreichsten Gewerkschaften der USA.

Teheran, Konferenz von (28. November bis 1. Dezember 1943), Treffen zwischen den drei alliierten Regierungschefs Winston CHURCHILL, Franklin D. ROOSEVELT und Jossif STALIN in der iranischen Hauptstadt Teheran zur Koordinierung der Errichtung einer ZWEITEN FRONT in Europa durch eine sowjetische Offensive gegen Deutschland. Man einigte sich auch prinzipiell über die Aufteilung Deutschlands und die Schaffung der Vereinten Nationen nach dem Krieg und Stalin drängte auf eine zukünftige sowjetische Einflusssphäre in Osteuropa.

Eine gewaltige Explosion zerreißt ein von palästinensischen Terroristen gekidnapptes Flugzeug 1970 in der jordanischen Wüste. Die als Geiseln gehaltenen Passagiere konnten befreit werden.

Tell, Wilhelm, sagenhafter Schweizer Freiheitskämpfer aus dem Kanton Uri, der dem habsburgischen Landvogt Geßler den Gehorsam verweigerte und zur Strafe mit einer Armbrust einen Apfel vom Haupt seines kleinen Sohnes schießen musste. Dies gelang zwar, aber später tötete Tell den Landvogt. Bereits im 16. Jh. begannen Schweizer Chronisten dieses Ereignis ursächlich mit dem 1291 geschlossenen Verteidigungsbündnis der drei Waldstätten Uri, Schwyz und Unterwalden zu verbinden. Friedrich von SCHILLER verfasste auf dieser Grundlage das Trauerspiel *Wilhelm Tell*.

Templer, geistlicher Ritterorden. Die „Armen Ritter Christi vom Tempel Salomoni" wurden 1119 von Hugo von Payens in Jerusalem gegründet. Die Ritter wollten vor allem für die Sicherheit der Pilger im Heiligen Land sorgen. BERNHARD VON CLAIRVAUX war es zu verdanken, dass der Orden auf der Synode von Troyens 1128 anerkannt wurde. Unter seinem Einfluss entstanden auch die Ordensregeln. Seit 1146 trugen die Templer als unverwechselbares Kennzeichen das achtspitzige rote Kreuz auf dem weißen Mantel. Ab 1139 waren die Ritter nur dem Papst gegenüber zu Gehorsam verpflichtet. Da jeder, der in den Orden eintrat, ihm sein gesamtes Eigentum überließ, verfügten die Templer in ganz Europa über beträchtlichen Besitz. Ohne ihren oft fanatischen Einsatz wäre der zweite KREUZZUG 1147–49 ein Fiasko gewesen. Nach dem Verlust des Heiligen Landes 1291 kam der Wunsch nach einem eigenen Staat in Europa auf. Vermutlich bewegten diese Bestrebungen sowie das immense Vermögen den französischen König Philipp IV. dazu, den Orden zu zerschlagen. Mit

Unterstützung von Papst Clemens V. wurde er 1312 wegen angeblicher Ketzerei und Unzucht aufgehoben. Außerhalb Frankreichs ging der Orden teils im DEUTSCHEN ORDEN, teils in den Johannitern auf.

Teresa siehe Seite 526

Terrorismus, angedrohte oder ausgeübte Gewalt zur Verwirklichung politischer Ziele. Dazu zählen u. a. Bombenanschläge, Morde, Geiselnahmen und Entführungen. Im 19. Jh. und zu Anfang des 20. Jh. bezog man den Begriff hauptsächlich auf die russischen Anarchisten, die das Zarentum bekämpften. In neuerer Zeit wurden bzw. werden mehrere verbrecherische Organisationen des Terrorismus bezichtigt, darunter die BAADER-MEINHOF-BANDE, die italienischen ROTEN BRIGADEN, der Leuchtende Pfad in Peru, die Irisch-Republikanische Armee sowie die Hamas und die SCHWARZER SEPTEMBER im Nahen Osten. Ende 1997 verabschiedeten die Vereinten Nationen eine Konvention gegen den Terrorismus, die die Strafverfolgung von Terroristen effektiver machen soll.

Teststoppabkommen (5. August 1963), internationaler Vertrag über das Verbot von Kernwaffenversuchen in der Atmosphäre, im Weltraum und unter Wasser, unterzeichnet von den USA, der Sowjetunion und Großbritannien. Das Thema der ABRÜSTUNG kam bei der Genfer Konferenz von 1955 auf den Tisch. 1958 begannen die Gespräche über das Verbot von Kernwaffenversuchen in Genf. Der Vertrag war das Resultat einer Vereinbarung zwischen dem amerikanischen Präsidenten John F. KENNEDY, dem sowjetischen Premier Nikita CHRUSCHTSCHOW

Missionarin der Liebe – Mutter Teresa

Die aus Albanien stammende Ordensfrau widmete ihr Leben der Bekämpfung des Leidens in den Slums von Kalkutta und gab vielen wieder Hoffnung.

Für Millionen von Menschen verkörpert Mutter Teresa den Geist Gottes im späten 20. Jh., das vorwiegend von Materialismus und Habgier geprägt ist. Sie wurde am 26. August 1910 in Skopje, Mazedonien, als jüngstes Kind eines albanischen Gemüsehändlers geboren und bekam den Namen Agnes Gonxha Bojaxhio. Mit 18 lernte sie Englisch in Dublin bei den irischen Schwestern von Loreto, bevor sie im Januar 1929 nach Kalkutta reiste. Nach einem einjährigen Noviziat in Darjeeling kehrte sie nach Kalkutta zurück und unterrichtete Erdkunde in einer Klosterschule.

DER RUF GOTTES

Mutter Teresa saß 1946 in einem Zug, als sie einen Ruf Gottes vernahm: Sie solle unter den Kranken und Bedürftigen arbeiten. 1948 verließ sie das Kloster und ging zu den Slumbewohnern. In Paris ließ sie sich medizinisch ausbilden und eröffnete dann in Kalkutta ein Heim für die Armen und Sterbenden, genannt Nirmal Hriday, Heiliges Herz. Zu späteren Projekten gehörte ein Heim für Waisen, ein Heim für Alte und eine Kolonie für Leprakranke sowie eine Werkstatt für Arbeitslose. 1950 gründete sie die Schwesternkongregation Missionaries of Charity, die Missionarinnen der Liebe.

Mutter Teresa setzte sich ein halbes Jahrhundert lang unermüdlich für die Armen und Sterbenden in Indien ein.

1971 besuchte Mutter Teresa Großbritannien zur Gründung eines Novizenhauses, eines der ersten Missionshäuser außerhalb Indiens, obwohl ihre Missionarinnen – inzwischen etwa 2000 Nonnen und Hilfskräfte – über die ganze Welt verteilt sind. Bei ihrer Rückkehr nach Indien über Rom erhielt sie als erste Trägerin den päpstlichen Friedenspreis von Paul VI. 1979 wurde Mutter Teresa der Friedensnobelpreis verliehen. Wie es ihrem Charakter entsprach, verfügte sie gleich vom Festbankett aus, das Preisgeld für die Armenspeisung auszugeben.

Diese kleine, zerbrechlich wirkende Frau war eine höchst bemerkenswerte Person in ihrer rauen Baumwollkutte und ihrem Kopftuch. Sie hatte starken internationalen Einfluss und wurde auch von der indischen Premierministerin unterstützt. Viele prominente Besucher kamen in die Mission in Kalkutta: 1986 sowohl der Papst als auch der Erzbischof von Canterbury. 1983 machte Königin Elisabeth II. Mutter Teresa in Delhi zum Ehrenmitglied des Order of Merit. Der amerikanische Präsident Ronald Reagan verlieh ihr die Freiheitsmedaille.

Ihre strikte Ablehnung von Verhütungsmitteln und Abtreibung brachte ihr nicht nur Freunde ein. In Indien protestierte eine Gruppe bei der Verleihung des Nobelpreises gegen eine Person, deren „einziges Ziel es ist, Menschen für das Christentum zu beeinflussen. Missionare sind die Werkzeuge der westlichen imperialistischen Völker – und nicht die unschuldigen Stimmen Gottes." Aber auch die stärksten Kritiken konnten Mutter Teresas harte Arbeit, ihre Zuversicht und ihr Engagement nicht infrage stellen. Sie starb 1997.

---

und dem britischen Premierminister Harold MACMILLAN. Es gab keine Einigung über das Verbot von unterirdischen Versuchen, aber der Vertrag setzte eine Verpflichtung zur Lösung dieses Themas fest und war ein Schritt zur Beendigung des KALTEN KRIEGES. 1963–65 wurde der Vertrag von über 100 anderen Staaten unterzeichnet, nicht jedoch von China und Frankreich, die ihre Kernwaffenversuche in der Atmosphäre weiterhin fortsetzten.

Teutoburger Wald, Schlacht im, Gefecht zwischen verbündeten germanischen Stämmen und römischen Legionen. Quinctilius Varus, der Schwager von Kaiser AUGUSTUS, unternahm im Jahr 9 n. Chr. einen Feldzug mit insgesamt etwa 20 000 Mann, um die römische Herrschaft in den germanischen Gebieten jenseits des Rheins zu festigen. ARMINIUS, Fürst eines Cherusker-Stamms, hatte mehrere germanische Stämme vorübergehend unter seiner Führung vereinigt. Ein Ablenkungsmanöver brachte die

Römer dazu, bei schlechtem Wetter durch unwegsames Gelände höchstwahrscheinlich an den Ausläufern des Wiehengebirges vorzurücken. In der Niederwedder Senke gerieten sie an einer Engstelle in einen Hinterhalt. Drei Legionen, ein Sechstel des römischen Heeres, wurden völlig aufgerieben. Erschüttert von der vernichtenden Niederlage gab Augustus Pläne für eine römische Provinz in Germanien zwischen Rhein und Elbe auf.

Thailand, südostasiatischer Staat, der bis 1939 Siam hieß. Die Thaivölker stammen vorwiegend aus der südchinesischen Provinz Yünnan. Sie wanderten nach Siam, als ihre Heimat ab dem 11. Jh. von den Mongolen verwüstet wurde. Um 1238 wurde das Reich von Sukhothai gegründet, dem 1350 das Königreich Ayutthaya folgte. Im 16. Jh. verschlechterten sich die Beziehungen zum benachbarten Birma, dem heutigen MYANMAR. 1569–84 wurde Siam von Birma besetzt. Die Ankunft portugiesischer Händler 1512 war

der Anfang der siamesischen Beziehungen zum Westen. Briten, Niederländer und Franzosen folgten im 17. Jh., aber ein französischer Versuch zur Beherrschung des Landes führte 1688 dazu, dass sich Siam über 100 Jahre lang für die meisten Ausländer verschloss.

Kurz nachdem die noch heute herrschende Chakri-Dynastie 1782 an die Macht gelangte, wurde die Hauptstadt nach Bangkok verlegt. Im 19. Jh. gelang es den siamesischen Herrschern trotz aller Bemühungen Großbritanniens und Frankreichs, Thailands Unabhängigkeit zu bewahren. Das Land wurde Anfang des 20. Jh. modernisiert, blieb aber dennoch eine absolute Monarchie, bis 1932 ein unblutiger Staatsstreich eine konstitutionelle Monarchie mit einer gewählten Regierung durchsetzte. Die ersten allgemeinen Wahlen wurden 1934 abgehalten und Siams erster Premier Pibul Songgram nannte das Land 1939 wieder Thailand.

Im Zweiten Weltkrieg stellte sich Thailand auf die Seite Japans, wurde später jedoch ein starker Verbündeter der USA, zum großen Teil infolge der strikt antikommunistischen Haltung der Militärführer. Seit Kriegsende ist Thailand politisch sehr instabil, mit zahlreichen Militärputschen und mehrmaliger Verhängung des Kriegszustands. Dennoch ist das Land eines der wirtschaftlich stärksten in Südostasien.

Thatcher, Margret (*1925), erste Premierministerin in der britischen Geschichte 1979–90, zugleich mit der längsten Regierungszeit im 20. Jh. Geboren in Grantham, Lincolnshire, studierte sie Chemie in Oxford und arbeitete in der Forschung, bevor sie 1954 Rechtsanwältin wurde. Erstmalig kam sie 1959 für die Konservative Partei ins Parlament und war unter Edward HEATH Erziehungsministerin 1970–74. 1975 gewann sie als Gegenkandidatin zu Heath den Parteivorsitz; sie führte dann die Konservativen in den Parlamentswahlen von 1979 zum Sieg.

Als Premierministerin sorgte Thatcher für niedrigere Steuern, eine liberale Wirtschaftspolitik, eine restriktive Geldpolitik zur Inflationskontrolle, die Reduzierung der Staatsausgaben, Privatisierung staatlicher Industriebetriebe und Beschneidung der Gewerkschaftsrechte. Die restriktive Geldpolitik und der Abbau staatlicher Subventionen führte zu einer Bankrottwelle und sorgte für einen seit den 30er-Jahren nicht mehr gekannten Anstieg der Arbeitslosigkeit. Die Popularität der Eisernen Lady sank, stieg jedoch nach dem britischen Sieg im FALKLANDKRIEG 1982 wieder. Daher konnte sie erneut einen erdrutschartigen Sieg für die Konservativen bei den Parlamentswahlen 1983 erringen. 1984/85 widerstand sie erfolgreich einem Streik der Bergarbeitergewerkschaft. Die Konfrontation wurde als entscheidender Test für die Macht der Gewerkschaften betrachtet und für die Fähigkeit der Regierung, sich dieser zu widersetzen. 1984 entkam Thatcher nur knapp einem Attentat durch eine IRA-Bombe.

Nach einer dritten gewonnenen Parlamentswahl für die Konservativen im Jahr 1987 führte sie liberalistische Reformen des Erziehungs- und Gesundheitswesens ein, die auf heftigen Widerstand stießen. Auch die Einführung der Kopfsteuer führte zu massiven Unruhen im März 1990. Im November desselben Jahres trat Thatcher vom Parteivorsitz zurück.

Thatcher war das erste westliche Staatsoberhaupt, das dem sowjetischen Reformpolitiker Michael GORBATSCHOW Unterstützung zusagte. Gegenüber der EUROPÄISCHEN UNION trat sie vehement für die Interessen Großbritanniens ein. Innenpolitisch unterwarf ihre Regierung alle Bereiche der britischen Gesellschaft ohne jegliche Zugeständnisse den Zwängen und Ungewissheiten des freien Marktes.

Theben, ehemalige Hauptstadt im alten ÄGYPTEN und eine der größten Städte der Antike, an deren Stelle sich heute Luxor befindet, etwa 675 km südlich von Kairo. Das eigentliche Wohngebiet lag am östlichen Nilufer. Hier stand der Tempel von Luxor, erbaut vom Pharao Amenophis III., der im 14. Jh. v. Chr. regierte. Theben war zu diesem Zeitpunkt die bedeutendste Weltstadt. 664 v. Chr. verwüsteten die Assyrer Theben, doch die Stadt erholte sich, bis sie 30 v. Chr. von den Römern endgültig zerstört wurde.

Nördlich von Luxor befindet sich der große Tempelkomplex von Karnak, der dem offiziellen Reichsgott Amun geweiht war. Am Westufer des Nil liegen zahlreiche beeindruckende Totentempel, in denen die Pharaonen nach ihrem Tod verehrt wurden. Dahinter findet man die geheimen Grabmäler der Pharaonen und anderer Adliger im TAL DER KÖNIGE.

Themistokles (um 525–um 460 v. Chr.), Athener Politiker und Seefahrer, der die Perser in der Schlacht von SALAMIS 480 v. Chr. besiegte. Nach dem Sieg der Griechen über die Perser in der Schlacht von MARATHON im Jahr 490 v. Chr. dachten die griechischen Führer nicht mehr an die persische Gefahr. Themistokles wollte die Athener Flotte um 200 TRIEREN ausbauen, um sie gegen das persische Vordringen zur See zu wappnen. 483 v. Chr. erhielt er weitere Gelder für sein Programm. So konnte sich eine bedeutend verstärkte Flotte den Persern entgegensetzen, als diese 480 v. Chr. angriffen. Nach einer unentschiedenen Schlacht lockte Themistokles die Perser in den engen Sund von

Salamis, wo sie aus dem Hinterhalt angegriffen und vernichtend geschlagen wurden. Nach dem Sieg wurde Themistokles in SPARTA gefeiert, in Athen jedoch immer unbeliebter. 472 v. Chr. wurde er verbannt und später des Hochverrats sowie der Konspiration mit den Persern beschuldigt. Er floh nach Persien, wo ihn König Ataxerxes I. in seine Dienste nahm.

Theoderich I. (†451), erster König der WESTGOTEN. Theoderich I. wurde bald nach der Besiedlung Aquitaniens durch die Westgoten 418 zum Herrscher ernannt. Versuche zur Vergrößerung seines Herrschaftsgebiets brachten ihn in Konflikt mit Rom. Er wurde 439 in Toulouse vom römischen General Flavius Aetius besiegt. Im Jahr 451 verbündete sich Theoderich I. jedoch mit Aetius zur Bekämpfung ihres gemeinsamen Feindes ATTILA, dessen Hunnen Europa bedrohten. Die vereinten römisch-westgotischen Streitkräfte besiegten Attila bei der Schlacht auf den Katalaunischen Feldern, in der Theoderich I. allerdings fiel.

Theoderich der Große (um 451–526), König der Ostgoten, 493 zum König von Italien ausgerufen. Theoderich verbrachte einen großen Teil seiner Kindheit in der oströmischen Hauptstadt Konstantinopel als Geisel und Pfand für das Wohlverhalten seines Volkes, das erst kurze Zeit auf römischem Territorium siedeln durfte. 471 folgte er seinem Vater als König der Ostgoten nach und wurde 488 von dem oströmischen Kaiser Zenon mit der Invasion Italiens und der Absetzung des germanischen Häuptlings Odoaker

Vor über 3400 Jahren säumten diese Sphinxe die Straße zwischen dem Tempel von Luxor im antiken Theben und den ausgedehnten Tempelanlagen von Karnak.

beauftragt, der den legitimen westlichen Kaiser 20 Jahre zuvor abgesetzt hatte.

493 beendete Theoderich seine Eroberung Italiens und wurde Regent. Erst vier Jahre später erkannte ihn der oströmische Kaiser als König des westlichen Reiches an. Theoderich ließ öffentliche Arbeiten zur Reparatur von Gebäuden und Straßen und zum Ausbau der Häfen durchführen. Seine Herrschaft, die in die beginnende Verschmelzung der römischen und germanischen Kulturen fällt, gilt als goldene Epoche, einzig etwas beeinträchtigt durch die Hinrichtung des Philosophen Anicius BOETHIUS wegen des zweifelhaften Verdachts auf Hochverrat im Jahr 525.

Theodora (um 500–48), byzantinische Kaiserin, Gattin von JUSTINIAN I. und vermutlich die mächtigste Frau in der byzantinischen Geschichte. Vor ihrer Heirat mit Justinian 525 war die Tochter eines Tierwärters vermutlich Schauspielerin und Prostituierte. Von 527 an, als Justinian den Thron bestieg, übte Theodora beträchtlichen Einfluss auf das BYZANTINISCHE REICH aus. Obwohl sie niemals offiziell als Mitregentin benannt wurde, gewährte ihr Justinian dank ihrer Intelligenz und ihrer politischen Klugheit erstaunliche Freiheiten bei der Führung der Staatsgeschäfte. Zu Theodoras größten Errungenschaften gehörten Gesetze zur Verbesserung der Rechte der Frauen – darunter auch ein Verbot des Mädchenhandels und eine Reform des Scheidungsrechts.

Theodosius I. der Große (347–95), Kaiser im östlichen Teil des Römischen Reiches 379–95 und in beiden Reichshälften von 394 bis zu seinem Tod. Nach seinem Dienst als militärischer Provinzgouverneur unter Kaiser Gratian wurde Theodosius 379 zum Mitregenten erhoben. Er schloss Frieden mit den West- und den Ostgoten, die die Stabilität der östlichen Reichshälfte bedrohten, und nutzte sie dann zur Vergrößerung seiner Armeen. Nach der Ermordung Gratians im Jahr 383 besiegte Theodosius zahlreiche Usurpatoren im Westen und übernahm dort die Macht. Im gleichen Jahr verbot er, nachdem er 381 das Christentum zur Staatsreligion gemacht hatte, die heidnischen OLYMPISCHEN SPIELE. Er ernannte seine Söhne Arkadios und Honorius zu Herrschern über den Ost- bzw. Westteil, was nach seinem Tod zur definitiven Teilung des Reiches führte. Theodosius war bekannt für seine orthodoxen religiösen Ansichten, die ihn zur Unterdrückung des ARIANISMUS veranlassten.

Theophanu (um 955–91), deutsche Kaiserin. OTTO I. DER GROSSE, der Vater von Otto II., strebte seit 967 durch eine dynastische Verbindung den Ausgleich mit dem BYZANTINISCHEN REICH an. Der byzantinische Kaiser Johannes I. Tsimiskes bestimmte nach längeren Verhandlungen, in denen Kaiser Otto I. der Große u. a. territoriale Zugeständnisse in Süditalien machte, seine Nichte Theophanu zur künftigen Frau Ottos II. Im Jahr 972 fand dann in Rom die glanzvolle Hochzeit statt.

Nach dem frühen Tod Ottos II. im Jahr 983 übernahm Theophanu die Vormundschaft des 980 geborenen Sohnes Otto III. Sie wusste sich geschickt aller politischen Rivalitäten zu erwehren und gewann die Loyalität der meisten Reichsfürsten, sodass sie ab 984 als unangefochtene Kaiserin regieren konnte. Es gelang ihr, den Frieden an den Ost- und Westgrenzen des Reiches zu sichern. Theophanu, ohne Zweifel eine der bedeutendsten Frauengestalten des Mittelalters, wurde in der Kirche St. Pantaleon in Köln beigesetzt.

Thermopylen, enger, strategisch günstig gelegener Pass im Osten Mittelgriechenlands, etwa 137 km nordöstlich von Athen. Der Pass war Austragungsort von drei berühmten Schlachten in der Antike.

Die erste und bedeutendste fand im Jahr 480 v. Chr. zwischen dem Spartanerkönig LEONIDAS und einem zahlenmäßig überlegenen Perserheer unter XERXES I. statt. Als Leonidas erkannte, dass er verraten und umstellt war, befahl er den meisten seiner Männer den Rückzug, während er mit einer kleinen Truppe ausharrte, um die Perser aufzuhalten. Die Griechen wurden getötet, aber Leonidas' heroische Haltung fügte den Persern große Verluste zu.

279 v. Chr. hielten die Griechen eine Invasionsarmee von Galliern an den Thermopylen mehrere Monate lang auf, bevor auch sie wiederum umzingelt wurden. Im Jahr 191 v. Chr. besiegten dann die Römer das Heer der SELEUKIDEN unter Antiochus III. an diesem Pass.

Thiers, Adolphe (1797–1877), französischer, republikanisch gesinnter Politiker, Schriftsteller, Gründer und erster Präsident der Dritten Republik. Nach dem Studium der Rechte wurde Thiers Journalist in Paris, wo er eine zehn Bände umfassende Geschichte der FRANZÖSISCHEN REVOLUTION verfasste. 1830 beteiligte er sich an der Gründung der liberalen Tageszeitung *Le National*, die zum Widerstand gegen den reaktionären König KARL X. aufrief. Nach der Julirevolution, in der Karl gestürzt wurde und LOUIS PHILIPPE auf den französischen Thron kam, hatte Thiers verschiedene Ministerposten inne. 1851 wurde er verbannt. Mit der Machtergreifung NAPOLEONS I. konnte er jedoch zwei Jahre später wieder zurückkehren. Von 1863 an war Thiers Führer der parlamentarischen Opposition gegen NAPOLEON III. Nach Frankreichs katastrophaler Niederlage im DEUTSCH-FRANZÖSISCHEN KRIEG 1870/71 ernannte man ihn zum Oberhaupt einer neuen provisorischen Regierung. 1871 führte Thiers die Friedensverhandlungen mit Otto von BISMARCK, zerschlug den Aufstand der radikalen PARISER KOMMUNE und wurde Präsident der Dritten Republik. Seine effiziente Wirtschaftspolitik führte zur frühzeitigen Rückzahlung der Kriegsreparationen an Preußen und damit zum Rückzug der deutschen Truppen aus Frankreich im Jahr 1873. Trotz dieser Erfolge musste er auf Druck der monarchistischen Mehrheit in der Nationalversammlung 1873 zurücktreten.

König Leonidas von Sparta ist zum Kampf bis auf den Tod bereit, um ein Invasionsheer der Perser am Thermopylenpass aufzuhalten; Gemälde aus dem Jahr 1814 von Jacques-Louis David.

Thomas von Aquin (um 1225–74), bedeutendster Philosoph und Theologe des MITTELALTERS. Der aus neapolitanischem Adel stammende Thomas trat 1244 gegen den Willen seiner Familie dem Orden der DOMINIKANER bei. In Köln studierte er bei Albertus Magnus, einem der bedeutenden Gelehrten in jener Zeit. Er unterrichtete danach in Paris und lebte eine Zeit lang am Hof des Papstes.

Thomas, der 1267 zum Kirchenlehrer erhoben wurde, war ein einflussreicher Vertreter der SCHOLASTIK, die sich sowohl auf Aristoteles als auch auf die früheren Kirchenväter, vor allem auf AUGUSTINUS, berief. Thomas machte das aristotelische Werk im westlichen christlichen Europa bekannt; seine eigene Deutung der Wirklichkeit, seine Darstellung des menschlichen Geistes und seine Moralphilosophie waren eine Weiterentwicklung dieses Gedankenguts. Thomas' Haupttheorien fanden Eingang in sein Werk *Summa theologica*. Seine Anhänger werden als Thomisten bezeichnet und sein Werk ist immer noch allseits akzeptierte Grundlage der römisch-katholischen Philosophie und Theologie. 1323 wurde Thomas heilig gesprochen.

Thorn, Frieden von (1466), Abkommen, das den Krieg zwischen dem DEUTSCHEN ORDEN und dem Preußischen Bund beendete. Dem Bündnis der preußischen Stände gehörten über 50 Adelige und 19 Städte an. Es war 1440 zustande gekommen, um angesichts zunehmender Rechtsunsicherheit im Ordensstaat vor allem in der Rechtsprechung Einfluss zu erlangen. Polen verbündete sich mit den preußischen Ständen, um den Ordensstaat zu schwächen.

Der Deutsche Orden verlor im 1454 ausgebrochenen Krieg fast alle Burgen an seine Gegner. Auch die Städte Danzig, Elbing, Thorn und die Marienburg mussten abgetreten werden. Im Thorner Frieden gingen weitere große Teile seines Territoriums, darunter Pommerellen, das Ermland und das Culmer Land, an die polnische Krone. Über die verbliebenen Gebiete durfte der Hochmeister als polnischer Fürst nach einem persönlichen Eid gegenüber dem polnischen König weiterhin herrschen. Insgesamt gesehen besiegelte der Thorner Frieden den Niedergang des Deutschen Ordens.

Thrakien, historische Landschaft auf dem Balkan, die in etwa Nordostgriechenland, die europäische Türkei und Südbulgarien umfasst. In der Antike war Thrakien bekannt für seine Soldaten, die oft als Söldner rekrutiert wurden. Im 7. Jh. v. Chr. hatten die Griechen zahlreiche Kolonien entlang der thrakischen Küste errichtet, darunter auch Byzanz. 516–479 v. Chr. wurde der Großteil Thrakiens von den Persern erobert; danach war es für kurze Zeit unabhängig und kam dann 342 v. Chr. unter die Herrschaft des makedonischen Herrschers PHILIPP II. Im 3. Jh. v. Chr. etablierte sich das keltische Reich von Tylis, bis Thrakien allmählich unter römischen Einfluss geriet. 44 n. Chr. schuf Kaiser CLAUDIUS eine neue römische Provinz unter dem Namen Thrakien, allerdings weitaus kleiner als die bei den Griechen so bezeichnete Region.

Seit dem 3. Jh. wurde Thrakien wiederholt von gotischen und slawischen Völkern erobert und im 7. Jh. gehörte ein großer Teil zum entstehenden bulgarischen Staat. Die gesamte Region fiel 1453 an das OSMANISCHE REICH. Ab 1878 war Thrakien im Zug des Zerfalls der osmanischen Herrschaft Gegenstand zahlreicher Territorialstreitigkeiten auf dem Balkan. Das Gebiet wurde schließlich 1923 im Vertrag von Lausanne zwischen Bulgarien, Griechenland und der Türkei aufgeteilt.

Thukydides (um 460–400 v. Chr.), griechischer Geschichtsschreiber, dessen *Geschichte des Peloponnesischen Krieges* als erster Versuch der wissenschaftlichen Aufzeichnung historischer Ereignisse gilt. 424 v. Chr. nahm Thukydides aufseiten Athens als Flottenkommandant am PELOPONNESISCHEN KRIEG zwischen Sparta und Athen teil, konnte den Fall von Amphipolis allerdings nicht verhindern und wurde aus Athen verbannt. In den folgenden 20 Jahren schrieb er an einem Bericht über den Konflikt, bei dem es ihm vor allem um eine objektive Darstellung der Ereignisse ging. Thukydides stützte sich dabei auf Augenzeugen, sorgfältige Recherchen und Originalurkunden.

> **WUSSTEN SIE, DASS?**
>
> *Thukydides gilt als Begründer der exakten Geschichtsschreibung. Bei ihm bestimmen nicht die Götter, sondern die Menschen den Gang der Geschichte.*

Thurn und Taxis, deutsches Adelsgeschlecht lombardischer Herkunft. Seit dem Ende des 15. Jh. organisierten Mitglieder der Familie im Dienst der HABSBURGER regelmäßige Postdienste. Kaiser KARL V. gewährte Johann Baptista von Taxis das Postmonopol im spanischen Habsburgerreich. 1597 wurde das Postwesen kaiserliches Hoheitsrecht. Für seine treuen Dienste erhielt das Haus 1615 das höchste Postmeisteramt als erbliches Lehen im HEILIGEN RÖMISCHEN REICH. 1695 wurde das Geschlecht in den Reichsfürstenstand erhoben.

In der zweiten Hälfte des 18. Jh. verlegten die Thurn und Taxis ihre Residenz von Frankfurt am Main nach Regensburg, der Stadt des Immerwährenden Reichstages. 1803 wurden sie vom REICHSDEPUTATIONSHAUPTSCHLUSS für ihre linksrheinischen Verluste u. a. mit den Reichsabteien Marchtal und Neresheim entschädigt. 1867 übernahmen die deutschen Bundesstaaten gegen eine finanzielle Abfindung die Postorganisation des Hauses Thurn und Taxis, dessen Sitz heute noch Regensburg ist.

Mit dem Friedensschluss von Thorn im Jahr 1466 verlor auch die Marienburg an der Nogat ihre Bedeutung. Die gewaltige, stark befestigte Burganlage war seit 1309 Sitz des Hochmeisters des Deutschen Ordens.

Thutmosis III., ägyptischer PHARAO, der 1490–36 v. Chr. regierte und als einer der größten ägyptischen Könige der Antike betrachtet wird. In den ersten 22 Jahren seiner Herrschaft stand er im Schatten seiner Tante und Stiefmutter HATSCHEPSUT, der Witwe von Thutmosis II., die sich 1503 v. Chr. selbst zur Königin ernannt hatte. Nach dem Tod Hatschepsuts im Jahr 1468 v. Chr. zeichnete sich Thutmosis III. als furchtloser Krieger aus. Er besiegte eine starke Koalition von Feinden in Megiddo, in der Nähe des heutigen Haifa in Israel. Er eroberte fast ganz Syrien sowie das Königreich Mitanni an der Ostseite des Euphrat. Darstellungen von Thutmosis' Heldentaten finden sich insbesondere am Amuntempel in KARNAK, der ausgebaut wurde, aber auch in vielen anderen von ihm in ganz Ägypten erbauten Tempeln und Gebäuden.

Tiberius (42 v. Chr.–37 n. Chr.), zweiter römischer Kaiser, von 14 n. Chr. bis zu seinem Tod. Er stand im Ruf eines militärischen Führers und fähigen Herrschers, lebte am Ende seiner Herrschaft jedoch als tyrannischer Einsiedler. Tiberius war der älteste Stiefsohn von Kaiser AUGUSTUS, der keine leiblichen Söhne hatte. Mit 22 Jahren erhielt er sein erstes militärisches Kommando und zeichnete sich schnell durch seine außergewöhnlichen Führungsqualitäten aus. Er errang zahlreiche bedeutende Siege und wurde von seinen Truppen verehrt.

12 v. Chr. zwang Augustus ihn zur Scheidung von seiner Frau, damit er Julia, Augustus' seit kurzem verwitwete Tochter, heiraten konnte. Tiberius erkannte aber schnell, dass Julia ihm untreu war, und ließ sich auf einen Feldzug schicken. 6 v. Chr. ging er ins selbstgewählte Exil nach Rhodos. Sieben Jahre später rief ihn Augustus nach Rom zurück und adoptierte ihn 4 v. Chr. als Sohn und Nachfolger.

Zu Beginn seiner Herrschaft 14 n. Chr. nahm Tiberius ein Reformprogramm in Angriff. Er verstärkte die Flotte, strebte jedoch nicht nach größeren Eroberungen; er verzichtete auf Gladiatorenkämpfe und lehnte es ab, einen Monat zu Ehren seines Namens zu bezeichnen. Nach dem Tod seines Sohnes Drusus im Jahr 23 übertrug Tiberius immer mehr Regierungsgeschäfte auf Sejan, einen Präfekten der PRÄTORIANER. 27 zog sich Tiberius nach Capri zurück, wo er sich angeblich seltsamen Perversionen und Grausamkeiten hingab. Als Sejan seiner Meinung nach zu mächtig wurde, denunzierte er ihn 31 vor dem Senat und ließ ihn hinrichten. In seinem letzten Lebensjahr verübte er angeblich unzählige grausame politische Morde und machte damit seine früheren Verdienste zunichte. Sein Nachfolger wurde der zum Kaiser ausgerufene CALIGULA.

Kamee mit der Darstellung von Tiberius' Erfolgen als brillanter Kriegsführer. Als Kaiser nahm er wichtige Reformen in Angriff.

Tibet, Landschaft in Zentralasien, seit 1951 autonome chinesische Region. Tibet wurde erstmals Anfang des 7. Jh. vereinigt und bildete ein unabhängiges Königreich mit der Hauptstadt Lhasa. Im 8. Jh. erstreckte sich das tibetische Reich von Lanzhou in China bis nach Kashgar in Zentralasien und Nordindien im Süden. Zeitweise war es ein ernst zu nehmender Rivale des chinesischen TANG-Imperiums, 763 gelang den Tibetern sogar die Eroberung der chinesischen Hauptstadt Chang'an. In dieser Zeit bildete sich eine charakteristische religiöse Kultur in Tibet heraus, basierend auf einer Mischung aus Theravada- und dem tantrischen BUDDHISMUS, kombiniert mit altem Schamanenglauben. Dieser tibetische Buddhismus, auch Lamaismus genannt, forderte große Teile der Bevölkerung dazu auf, sich dem klösterlichen Leben zu widmen. Tausende religiöser Gemeinschaften bildeten sich überall in Tibet, einige davon in der Größe von Kleinstädten.

Im 13. Jh. wurde Tibet von dem chinesischen Mongolenherrscher KUBILAI erobert. Er konvertierte später unter dem Einfluss des Abtes des Klosters Sakya zum Buddhismus und schickte diesen als ersten Priesterkönig unter der Schirmherrschaft des Khans nach Tibet zurück. Der Sieg der MING-Dynastie über die Mongolen 1368 ermöglichte Tibet die Wiedererlangung der Unabhängigkeit, aber das Land akzeptierte zwei Jahrhunderte später freiwillig wieder die mongolische Schirmherrschaft. 1642 gewährte ein mongolischer Prinz dem DALAI-LAMA, dem Führer der reformierten buddhistischen Gelbmützensekte, die vollständige geistige und politische Kontrolle über Tibet. Zwei Jahre später übernahm die QING-Dynastie der Mandschu die Kontrolle über China. Die Mandschu marschierten 1720 in Tibet ein, um die dortigen Unruhen zu beenden. Diese Besetzung wurde von den Tibetern im Großen und Ganzen als Beginn einer neuen Ära der Schutzherrschaft begrüßt.

Nach 1792 lehnte Tibet den Kontakt mit der Außenwelt, insbesondere mit dem Westen, ab. Im späten 19. Jh. war das Land fast autark geworden. Diese selbst auferlegte Isolation war für die Briten frustrierend, die an der Kontrolle des Landes wegen der Handelswege nach Zentralasien interessiert waren. 1904 drangen die Briten gewaltsam in Tibet ein, um ihre Interessen in der Region zu sichern. 1906 wurde die chinesische Souveränität über das Land förmlich anerkannt. Dies verärgerte die Tibeter, die mit dem Hinauswurf der Chinesen nach dem Sturz der Qing-Dynastie 1912 reagierten.

Tibet blieb bis zum Einmarsch der Chinesen im Oktober 1950 unabhängig. Im folgenden Jahr sah die tibetische Regierung keine andere Möglichkeit als die Kapitulation, aber im März 1959 erhob sich die Bevölkerung zu einem Aufruhr. CHINAS gewaltsame Unterdrückung der Revolte zwang den Dalai-Lama zur Flucht ins Exil nach Indien. Während der chinesischen KULTURREVOLUTION 1966–68 zerstörten die Roten Garden systematisch Klöster und andere Zentren tibetischer Kultur. Die Religionsausübung wurde bis 1976 verboten. Auch weitere Proteste gegen die chinesische Besetzung in den 80er- und 90er-Jahren wurden gewaltsam niedergeschlagen.

Tilly, Johann Tserclaes Graf von (1559–1632), Heerführer aus Brabant. Tilly trat 1610 als Feldherr in den Dienst der Katholischen Liga. Für seine Siege über die protestantischen Heere im DREISSIGJÄHRIGEN KRIEG u. a. am Weißen Berg 1620 und bei Wimpfen 1622 wurde er mit dem Reichsgrafentitel belohnt. Nach WALLENSTEINS Absetzung übernahm er 1630 den Oberbefehl über das kaiserliche Heer. Im Kampf gegen die Schweden wurde er bei Rain am Lech tödlich verwundet.

Tilsit, Frieden von, Friedensverträge von 1807 zwischen Frankreich und Russland (7. Juli) und zwischen Frankreich und Preußen (9. Juli) im ostpreußischen Tilsit, dem heutigen Sowjetsk. Die Abkommen wurden nach den Siegen NAPOLEONS I. über Russland in der Schlacht von Friedland im Juni 1807 sowie über Preußen in der Doppel-

Eine Tragödie, die die Welt erschütterte: Der Untergang der als unsinkbar geltenden *Titanic* beschäftigt die Menschen bis heute.

schlacht von JENA UND AUERSTEDT im Oktober 1806 geschlossen. Im ersten Vertrag verbündeten sich Frankreich und Russland und teilten Europa unter sich auf. Frankreich wollte Russland im Konflikt mit dem Osmanischen Reich zur Seite stehen und Russland erklärte sich bereit, der KONTINENTAL-SPERRE zur Blockierung des britischen Handels beizutreten, mit der Großbritannien zum Frieden gezwungen werden sollte. Im zweiten Vertrag verlor Preußen fast die Hälfte seines Staatsgebiets, verpflichtete sich zur Zahlung einer hohen Kriegsentschädigung und zur Unterstützung der Wirtschaftsblockade.

Timbuktu, Oasenstadt im westafrikanischen Mali, wichtiger Handelsstützpunkt und Zentrum islamischer Kultur. Timbuktu wurde als Tuareg-Lager um 1000 gegründet und entwickelte sich schnell zu einem der wichtigsten Handelszentren Westafrikas. Es war Umschlagplatz für nordafrikanische Händler, die Salz, Kleidung und Pferde gegen Gold, Elfenbein und Sklaven eintauschten. Im 14. Jh. kam die Stadt unter die Herrschaft Malis, 1468 wurde sie Teil des Songhai-Reiches, das damals in Westafrika regierte. Seit dieser Zeit war Timbuktu auch berühmt für seine zahlreichen islamischen Gelehrten. Die Stadt erlebte ihre Blütezeit im 16. Jh., doch nach der Einnahme durch marokkanische Eroberer 1591 folgte der Niedergang. Timbuktu wurde in den folgenden Jahrhunderten wiederholt überfallen und kam 1894 schließlich unter französische Herrschaft. Die Stadt gehört heute zu Mali.

Timur (um 1336–1405), auch Tamerlan genannt, mongolischer Herrscher. Er wurde unweit von Samarkand geboren, sprach Türkisch, war aber mongolischer Abstammung. Da er kein Nachkomme des DSCHINGIS KHAN war, daher nicht den Khan-Titel tragen durfte, nahm Timur den Emir-Titel an und vergrößerte sein Ansehen durch die Heirat mit zwei Prinzessinnen aus der Familie Dschingis Khans.

Wie Dschingis Khan kam auch Timur zu seiner größten Macht, weil er Anhänger mit militärischen Erfolgen anzog und sich dann mit stärkeren Verbündeten zusammentat. 1370 war er zur alles beherrschenden Persönlichkeit in der Westhälfte des Khanats Dschagatai geworden, einem der Staaten, die vom MONGOLENREICH besetzt worden waren. Die letzten 35 Jahre seines Lebens verbrachte er mit zahlreichen Eroberungszügen. Die Beute diente zur Verschönerung seiner Hauptstadt Samarkand. Viele der prachtvollen Gebäude aus dieser Zeit sind noch erhalten. Persien wurde ab 1383 wiederholt angegriffen und schließlich Timurs Reich einverleibt. Bei der Eroberung des Gebiets der GOLDENEN HORDE 1388–91 drang Timur bis Moskau vor. Er zerstörte das indische Delhi 1398, plünderte Syriens Hauptstadt Damaskus, legte die irakische Hauptstadt Bagdad 1401 in Schutt und Asche und besiegte 1402 den osmanischen Sultan Bajasid I. in Kleinasien. Kurz vor seinem Feldzug nach China starb Timur im Jahr 1405. Einer seiner Nachfahren war BABUR, der im 16. Jh. die MOGUL-Dynastie auf dem indischen Subkontinent gründete.

Tirpitz, Alfred von (1849–1930), Großadmiral, Chefarchitekt der deutschen Hochseeflotte und eine der mächtigsten Persönlichkeiten unter WILHELM II. 1865 trat Tirpitz in die preußische Marine ein, wurde 1877 mit der Leitung der Torpedoabteilung betraut und 1897 zum Staatssekretär im Reichsmarineamt befördert. Er erstellte umgehend ein ehrgeiziges Programm für den Aufbau einer mächtigen Schlachtflotte, die den britischen DREADNOUGHTS Paroli bieten sollte.

Tirpitz konnte jedoch auf keine starke Unterstützung zählen, seine Pläne wurden von der Regierung zusammengestrichen, weil die Gelder für das Heer verwendet werden sollten. Die deutsche Flotte konnte deshalb im Ersten Weltkrieg nicht mit der britischen Marine mithalten. Nach der Schlacht von JÜTLAND im Mai 1916 lag sie weitgehend in den Häfen fest. Tirpitz trat wegen seines Scheiterns von seinem Marineamt zurück und ging wieder in die Politik. Als Abgeordneter vertrat er die von ihm mitgegründete rechtsgerichtete Deutsche Vaterlandspartei 1924–28 im Parlament.

Titanic, 1912 fertig gestellter, größter Passagierdampfer seiner Zeit. Am 10. April 1912 lief die *Titanic* von Southampton mit über 2200 Personen an Bord zur Jungfernfahrt nach New York aus. 300 Meilen südöstlich von Neufundland stieß sie am 14. April kurz vor Mitternacht mit einem gewaltigen Eisberg zusammen. Das ausgeklügelte Schottensystem konnte den Untergang aufgrund des riesigen Lecks nicht verhindern. Die *Titanic* sank in drei Stunden. Wegen zu weniger Rettungsboote konnten nur 703 Menschen gerettet werden.

Die Miniatur aus dem 16. Jh. zeigt Timurs Truppen beim Bau eines Turmes aus den Trümmern einer Festung und den Köpfen der Besiegten.

Tito, Josip Broz (1892–1980), jugoslawischer Politiker, geboren als Josip Broz in Kroatien, das damals zu Österreich-Ungarn gehörte. 1915 wurde er als Feldwebel der österreichisch-ungarischen Armee von den Russen gefangen genommen. Als Tito 1920 wieder nach Kroatien zurückkehren durfte, war dieses Teil JUGOSLAWIENS geworden. Er beteiligte sich am Aufbau der Kommunistischen Partei und kam mehrfach in Haft, zuletzt 1928–34. Nach seiner Entlassung wurde er Mitglied des Politbüros. Etwa um diese Zeit nahm er den Tarnnamen Tito an, was „dieses" bzw. „jenes" bedeutet und von seiner Art, Befehle zu geben, „tu dieses, tu jenes", stammt. 1937 wurde er zum Generalsekretär der Kommunistischen Partei Jugoslawiens ernannt.

Nach der deutschen und italienischen Besetzung 1941 trat Tito als Führer des Partisanenwiderstands auf. Zu seinen Feinden gehörten nicht nur die Besatzer, sondern auch die Ustascha, die kroatischen Separatisten, sowie die serbischen Nationalisten, die Cetnici. Mit der Unterstützung der Alliierten widerstanden Titos Partisanen mehreren deutschen Angriffen, hielten 30 deutsche Divisionen in Schach und befreiten das Land allein, ohne den Einmarsch der Alliierten. 1943 wurde Tito zum Präsidenten einer provisorischen Revolutionsregierung gewählt und erhielt den Titel Marschall von Jugoslawien. Nach Kriegsende wehrte er Jossif STALINS Versuche zur Beherrschung der kommunistischen Staaten in Osteuropa ab. Er verfolgte einen eigenen Weg für Jugoslawien mit einer dezentralisierten Form des Sozialismus und einer unabhängigen Außenpolitik, bei der er sich weder mit der Sowjetunion noch mit den USA verbündete. Unter Tito wurde Jugoslawien einer der freisten kommunistischen Staaten Europas. Seine große innenpolitische Leistung war die Erhaltung der Einheit Jugoslawiens. Nicht einmal ein Jahrzehnt nach seinem Tod fiel das Land im Bürgerkrieg auseinander.

Titus (39–81), römischer Kaiser 79–81. Titus war Sohn des VESPASIAN. Er diente im römischen Heer in Britannien und Germanien, bevor er seinem Vater bei der Niederschlagung der jüdischen Rebellion in Judäa im Jahr 67 beistand. Als sein Vater 69 Kaiser wurde, behielt Titus das Oberkommando über den Feldzug nach Judäa, der im folgenden Jahr mit der Zerstörung Jerusalems und auch des großen Tempels endete.

Bei seiner triumphalen Rückkehr nach Rom 71 wurde Titus zum Befehlshaber der PRÄTORIANER-Garde ernannt. In den folgenden Jahren übte er beträchtliche Macht über die römischen Militärangelegenheiten aus. Als Nachfolger Vespasians ab dem Jahr 79 erwies sich Titus als fähiger und beliebter Herrscher. Er gewährte den Einwohnern

Kampaniens, die den Ausbruch des Vesuv 79 überlebt hatten, großzügige Unterstützung und finanzierte auch den Wiederaufbau Roms nach der Feuersbrunst im Jahr 80. Titus' plötzlicher Tod wird gerüchteweise seinem Bruder Domitian zugeschrieben, der ihm als Kaiser nachfolgte.

Tobruk, Hafenstadt an der Nordostküste Libyens und Schauplatz der längsten Schlacht in Nordafrika während des ZWEITEN WELTKRIEGS. Im Januar 1941 eroberten die englischen Streitkräfte unter General Archibald WAVELL Tobruk von den Italienern. Im April wurden die Briten durch das Afrikakorps von General Erwin ROMMEL gezwungen, sich nach Osten zurückzuziehen. Sie hatten jedoch eine australische Garnison zurückgelassen, die einer achtmonatigen Belagerung durch deutsche Truppen standhielt.

Im Dezember 1941 kam die 8. Britische Armee zu Hilfe, musste jedoch im Mai 1942 zurückweichen. Die in Tobruk zurückgelassene Garnison ergab sich am 21. Juni Rommel nach eintägiger Belagerung. Nicht einmal fünf Monate später, am 13. November, wurde Tobruk von der 8. Britischen Armee zurückerobert, dieses Mal unter General Bernard MONTGOMERY.

Tocqueville, Alexis de (1805–59), französischer Politiker und Historiker, bekannt durch seine Analyse der amerikanischen Demokratie zu Anfang des 19. Jh. Tocqueville reiste in den Jahren 1831/32 neun Monate lang durch die USA. Er beschäftigte sich im

Dieses Bild von Josip Broz Tito stammt aus dem Jahr 1942 und zeigt ihn als Führer der jugoslawischen Kommunisten.

Auftrag der französischen Regierung mit den Strafvollzugsreformen. Sein wahres Interesse galt aber den demokratischen Institutionen Amerikas und wie man diese eventuell auf Europa übertragen konnte. Bei seiner Rückkehr nach Frankreich begann Tocqueville mit der Niederschrift seines vierbändigen Hauptwerks *Die Demokratie in Amerika* (1835–40), das sofort nach seiner Erscheinung als Klassiker der Politiktheorie anerkannt wurde.

Tocqueville war besonders beeindruckt von der politischen Freiheit in den USA. Im Vergleich dazu war Frankreich, das noch von einer adligen Elite regiert wurde, ein rückständiges Land. Die Versprechungen der FRANZÖSISCHEN REVOLUTION, so betonte er, seien nicht gehalten worden. 1839 wurde Tocqueville in die Deputiertenkammer gewählt. Er bekleidete 1849 für kurze Zeit das Amt des Außenministers, musste die politische Bühne jedoch verlassen, weil er den Treueschwur auf Kaiser NAPOLEON III. nach dessen Staatsstreich von 1851 verweigerte.

Togliatti, Palmiro (1893–1964), italienischer Politiker und über 40 Jahre lang Führer der kommunistischen Partei Italiens PCI. Togliatti wirkte 1921 nach der Abspaltung von der Sozialistischen Partei beim Aufbau der kommunistischen Partei mit. Diese wurde 1926 von Benito MUSSOLINI verboten. Togliatti, der sich zu dieser Zeit auf einer Konferenz der Kommunistischen Internationale in Moskau befand, musste im Exil bleiben. Er arrangierte von Moskau aus Geheimtreffen der italienischen Kommunisten. 1944 kehrte er nach Italien zurück, arbeitete in der Regierung Pietro BADOGLIOS mit und wurde 1945 unter Alcide DEGASPERI stellvertretender Ministerpräsident.

Wie Marschall TITO in Jugoslawien lehnte auch er STALINS Vorstellung von einer international koordinierten kommunistischen Bewegung ab. Er wollte seinen eigenen italienischen Weg zum Sozialismus entwickeln. Dazu gehörten auch die Beziehungen zur römisch-katholischen Kirche, ganz im Gegensatz zu den atheistischen Bestrebungen in der Sowjetunion. Allerdings forderte Togliatti Stalin nie direkt heraus und unterhielt mit ihm stets gute Beziehungen.

Tojo, Hideki (1884–1948), japanischer General und Politiker, der fast während des gesamten ZWEITEN WELTKRIEGS Premierminister war. In seiner langjährigen Armeekarriere verschaffte sich Tojo einen Ruf als disziplinierter und talentierter Befehlshaber. 1937 wurde er zum Oberbefehlshaber der japanischen Armee in der MANDSCHUREI ernannt. Im folgenden Jahr wurde er Vizeheeresminister und einer der führenden Verfechter des 1940 von Japan, Deutschland und Italien unterzeichneten Dreimächtepakts.

Tojo Hideki, Japans Premierminister im Krieg, bei der Verkündung der Todesstrafe durch das Internationale Militärgericht im Jahr 1948.

Nach seiner Beförderung zum Heeresminister 1940 überzeugte Tojo die französische VICHY-REGIERUNG, Japan die Besetzung der strategischen Stützpunkte im französischen Indochina zu gestatten. Dies führte zu Spaltungen in der japanischen Regierung und Spannungen mit den USA. Im Oktober 1941 erzwang Tojo den Rücktritt des Premierministers Konoe Fumimaro und übernahm umgehend dessen Posten.

Mit Tojo an der Spitze trat Japan in die kriegerische Phase ein. Nicht einmal zwei Monate nach der Amtsübernahme gab Tojo der japanischen Luftwaffe den Befehl zum Angriff der amerikanischen Pazifikflotte in PEARL HARBOR. Er führte Japan dann durch eine Reihe von erfolgreichen Feldzügen und erfreute sich großer Popularität. Als sich das Kriegsglück jedoch 1943 gegen Japan wandte, regierte Tojo immer diktatorischer. Im Juli 1944 musste er nach dem Verlust der Marianen-Inseln an die USA zurücktreten. Nach Kriegsende nahm er die Verantwortung für die japanische Kriegsführung auf sich, entlastete auf diese Weise Kaiser HIROHITO. Tojo wurde als Kriegsverbrecher zum Tode verurteilt.

Tokugawa, Shogun-Dynastie, die Japan im SHOGUNAT 1603–1867 regierte – eine Periode, die als Tokugawa-Shogunat oder Edo-Periode bekannt ist. Ende des 16. Jh. tauchte Ieyasu Tokugawa als beherrschende Figur des feudalen Japan auf. 1603 hatte er seine größten Rivalen überwältigt und erhielt den Shogun-Titel vom Kaiser. Ieyasu errichtete seine Hauptstadt in Edo, dem heutigen Tokio, das unter seinen Nachfolgern der Mittelpunkt eines weitgehend zentralisierten Feudalsystems wurde. Die Tokugawa zwangen ihre Lehnsherren, ihren Wohnort in Edo zu behalten und bei jeder Reise aus der Stadt Geiseln zurückzulassen. Dies sorgte u. a. für eine über 250 Jahre andauernde friedliche und stabile Periode.

Weniger vorteilhaft waren jedoch die strengen Zwänge, die die Tokugawa der japanischen Gesellschaft auferlegten. Reisen wurden genauestens überwacht. Bauern war es untersagt, andere als landwirtschaftliche Arbeit zu verrichten. Ab den 30er-Jahren des 17. Jh. schirmten die Tokugawa Japan wirksam vor wirtschaftlichen und kulturellen Fremdeinflüssen ab. Das Christentum wurde verboten und der Überseehandel beschränkte sich auf wenige niederländische Handelsstützpunkte am Hafen von Nagasaki.

Anfang des 19. Jh. stagnierte das Shogunat politisch und technologisch. 1867 zwang der vereinte Druck von zwei mächtigen Rivalen den letzten Shogun Tokugawa Keiki zum Rücktritt. Es dauerte nicht einmal ein Jahr, bis die Restauration der MEJI den Kaiser wieder zur obersten Macht in Japan machte.

Toleranzakte (1689), englisches Gesetz, das Baptisten, Methodisten und anderen nicht konformistischen Protestanten, d. h. denjenigen, die die Autorität und die Lehre der ANGLIKANISCHEN STAATSKIRCHE nicht anerkannten, Religionsfreiheit garantierte. Ihnen wurde das Recht auf eigene Priester, Lehrer und Kultstätten eingeräumt. Die Gesetze, denen zufolge Nichtkonformisten keinen Zugang zu öffentlichen Ämtern haben durften, blieben jedoch in Kraft. Allerdings ermöglichten ihnen ab 1727 Ausnahmegesetze den Zugang zu lokalen Ämtern. Die Toleranzakte galt nicht für Katholiken und Unitarier, die bis ins 19. Jh. gravierende Einschränkungen ihrer Rechte hinnehmen mussten.

Tolstoi, Lew Nikolajewitsch (1828 bis 1910), russischer Schriftsteller, Philosoph und Moralist. Tolstois drei umfangreiche Romane kombinieren in brillanter Weise Kunst, Realismus und Moralismus. Er schrieb außerdem zahlreiche Geschichten und Novellen sowie einflussreiche Traktate über individuelles und politisches Verhalten.

Der Spross einer russischen Adelsfamilie nahm in jungen Jahren am Krimkrieg teil und wurde fast von einer Granate getötet. Später führten ihn Reisen durch ganz Europa, er gründete seine eigene Schule und schrieb mehrere Jahre an *Krieg und Frieden* (1865–69). Dieser umfangreiche historische Roman spielt während der NAPOLEONISCHEN KRIEGE. Im Einklang mit dem russischen Patriotismus sollte das Werk zeigen, dass ein so großer Feldherr wie Napoleon I. doch nur einen begrenzten Einfluss auf den Lauf der Geschichte hat. Es war der Beginn von Tolstois beharrlicher Erforschung der letzten Mysterien des Lebens.

Sein zweites Meisterwerk *Anna Karenina* (1875–77) verhalf Tolstoi zu internationalem Ruhm und war die Krönung seiner literarischen Laufbahn. Im mittleren Alter durchlitt er eine Sinnkrise. Der große Egoist und unglückliche Ehemann verfasste *Meine Beichte* (1878/79). Seine Schaffensperiode war jetzt stark religiös gefärbt – Sexualität lehnte er strikt ab – und fand 1899 ihren Höhepunkt in seinem letzten großen Roman *Auferstehung*.

Mittlerweile war Tolstoi weltberühmt geworden. Er schrieb Briefe, Essays und Pamphlete über eine Vielzahl von Themen, u. a. auch über gewaltlosen Widerstand. Diese Traktate beeinflusste vor allem Mohandas Karamchand GANDHI, der die Doktrin des gewaltlosen Widerstands für seinen Kampf zur Befreiung Indiens übernahm.

Lew Tolstoi 1908 beim Schachspiel mit seiner Frau Sofia, Mitte, und seiner Familie. Er lebte als einfacher Mensch und bezeichnete seine großen Werke als wertlos.

Tolteken, historisches Volk in Zentralmexiko, das seine Blütezeit im 10.–12. Jh. hatte. Der Name kommt von der Hauptstadt Tollan, dem heutigen Tula, etwa 80 km nördlich der Stadt Mexiko.

Um 900 zerstörten die Tolteken die große Stadt Teotihuacán und erbauten sich ein Reich aus den umliegenden Staaten einschließlich der der Maya. Im Mittelpunkt der Toltekenreligion stand die Anbetung von QUETZALCÓATL, der Federschlange; dies war auch der Name des zweiten Toltekenkönigs und Religionsgründers. Die Anbetung der Sonne bestimmte die Zeremonien, für die sie zahlreiche beeindruckende Tempel erbauten. Die Tolteken wurden Mitte des 12. Jh. von verschiedenen nördlichen Nomadenvölkern überrannt, die unter dem Sammelbegriff Chichimeken zusammengefasst werden und aus denen ungefähr zwei Jahrhunderte später die Kultur der Azteken hervorging.

> **WUSSTEN SIE, DASS?**
>
> *Die berühmt-berüchtigten Menschenopfer der Tolteken kamen erst sehr spät, kurz vor dem Niedergang des Toltekischen Reiches, auf. Sie wurden von den Azteken übernommen.*

Tönerne Armee, in Lebensgröße aus Ton gefertigte Soldaten, die das Grab von Qin Shi Huangdi, des ersten Kaisers von CHINA, bewachten. Im März 1974 entdeckten Arbeiter bei Brunnenbohrungen in der chinesischen Provinz Shaanxi am Gelben Fluss die ersten Exemplare von 7000 Figuren. Sie gehörten zu einem 50 km² großen Grabfeld von König Zheng, der 221 v. Chr. China einte und sich Kaiser Qin Shi Huangdi nannte.

Die Arbeiten an der tönernen Armee begannen schon zu Lebzeiten des Herrschers. Um die wertvollen Grabbeigaben vor Räubern zu schützen, befahl Qin Shi Huangdi den Einbau von Fallen, darunter Armbrüste mit mechanischen Selbstauslösern. Die tönerne Armee, die etwa 1,6 km von der Grabkammer entfernt steht, sollte den Kaiser nach seinem Tod beschützen. Jede Figur hatte vermutlich ein lebendiges Vorbild, denn jede ist einzigartig. In vorderster Reihe stehen 200 Bogen- und Armbrustschützen. Dahinter folgen sechs Streitwagen mit je vier Pferden. Dahinter kommt das Fußvolk. Eine zweite Kammer, getrennt von der Kammer mit der Infanterie, enthält 1400 Kavalleriesoldaten und 90 Streitwagen. Die dritte Kammer könnte möglicherweise den Oberbefehlshaber beherbergt haben, denn sein Wagen und seine Leibgarde sind noch vorhanden. Die unterirdische Armee ist nach Osten ausgerichtet, woher der Kaiser Feinde zu erwarten hatte.

Tordesillas, Vertrag von (7. Juni 1494), Vertrag zwischen Spanien und Portugal zur Aufteilung der damals bekannten Neuen Welt und der noch zu entdeckenden Gebiete. 1493 stimmte Papst Alexander VI. einer Demarkationslinie zu, die sich rund 500 km westlich der Kapverdischen Inseln zwischen den Polen erstreckte. Spanien wurden die westlich liegenden Gebiete – also Amerika – Portugal die östlich liegenden – Afrika und Indien – zugesprochen.

Bei einem Treffen im spanischen Tordesillas ein Jahr später gelang es den Portugiesen, die Linie um weitere 1300 km nach Westen zu verschieben. Angeblich wollten sie dadurch die besten Winde für die Umsegelung Afrikas nutzen. Sie konnten so aber den Großteil Brasiliens für sich beanspruchen. 1506 wurde der Vertrag von Papst JULIUS II. sanktioniert, jedoch von keinem anderen europäischen Staat anerkannt.

Tories, britische Partei, traditionell Gegner der WHIG-Partei. Die Bezeichnung galt ursprünglich katholischen irischen Banditen und wurde als abwertende Bezeichnung für die Royalisten verwendet, die JAKOB II. bei der Thronfolge unterstützten. Nach der GLORREICHEN REVOLUTION von 1688, die von vielen führenden Tory-Politikern unterstützt worden war, legten sich die Streitigkeiten zwischen Tories und Whigs etwas. Die Tories vertraten in erster Linie die Interessen der Landbevölkerung. Die adligen Landbesitzer und die Mittelklasse konnten sich besser mit den Whigs identifizieren. Die Tories waren 1710–14 besonders einflussreich unter der Führung von Robert HARLEY. 1784 gewann William PITT DER JÜNGERE eine Parlamentswahl, und in den folgenden 22 Jahren bildete sich eine neu erstarkte Tory-Fraktion. Diese Gruppe behielt die Regierungskontrolle bis 1830 und musste dann der Zerstörung ihrer Macht im Unterhaus durch das Reformgesetz zusehen. Die Partei war tief greifend demoralisiert, brachte jedoch bald darauf eine neue Gruppe als Konservative Partei hervor.

Torquemada, Tomás de (1420 bis 1498), spanischer Dominikanermönch, der zum ersten Großinquisitor der spanischen INQUISITION bestellt wurde. Torquemada war Beichtvater und Berater von Ferdinand II. und Isabella I. Er überzeugte sie von der ernsten Gefahr, die Juden und Moslems seiner Meinung nach für den Katholizismus und die Kultur Spaniens darstellten. 1478 wurde das Inquisitionsverfahren eingerichtet und 1484 ernannte man Torquemada zum Großinquisitor. Er stellte Richtlinien darüber auf, bei welchen Vergehen die Inquisition ermitteln sollte, und erlaubte die Folter zur Erzwingung von Geständnissen. In Torquemadas Amtszeit wurden etwa 2000 Menschen auf dem Scheiterhaufen verbrannt und eine weitaus größere Anzahl gefoltert. Unter seinem Einfluss vertrieb das Königspaar FERDINAND V. und ISABELLA I. 1492 mehr als 160 000 Juden, die sich nicht zum christlichen Glauben bekehren ließen, aus Spanien.

Totaler Krieg, von Adolf HITLER am 13. Januar 1943 befohlene Mobilisierung aller personellen und materiellen Ressourcen für die Kriegführung. Hitlers Befehl erging etwas mehr als zwei Wochen vor der Kapitulation der in den Kesseln von STALINGRAD eingeschlossenen deutschen Armeen. Mit GOEBBELS' fanatischer Rede vom 18. Februar 1943 im Berliner Sportpalast wurde der totale Krieg öffentlich ausgerufen. Für Männer vom 16. bis zum 65. und für Frauen vom 17. bis zum 45. Lebensjahr wurde Arbeitspflicht erlassen. Unter der Losung „Siegen oder fallen" wurden u. a. der VOLKSSTURM 1944 und fliegende Standgerichte eingeführt sowie die Zwangsrekrutierung so genannter Fremdarbeiter verschärft. Die sinnlose Opferung der Zivilbevölkerung durch die Intensivierung des Bombenkriegs und die Verlängerung eines längst aussichtslosen Krieges waren Folgen der radikalen Maßnahmen.

Totalitarismus, politisches System, bei dem alle Aktivitäten und sozialen Beziehungen des Individuums vom Staat überwacht und kontrolliert werden. Der Begriff tauchte 1923 in Italien in Bezug auf MUSSOLINIS faschistisches Regime erstmals auf. Bald entdeckten Beobachter Parallelen zum NATIONALSOZIALISMUS in Deutschland und dem STALINISMUS in der Sowjetunion. In beiden Staaten war eine Einheitspartei unter der Führung einer einzigen, mächtigen Ein-

Die tönerne Armee zeigt die ganze Breite der chinesischen Kriegskunst. Jede Figur ist ein Einzelexemplar.

Dichter Pulverdampf hüllte die Schiffe in der Seeschlacht bei Trafalgar ein, sodass die Kommandanten der einzelnen Schiffe oftmals nicht zwischen Freund und Feind unterscheiden konnten.

zelperson an der Regierung. Beide propagierten über die Medien eine allein gültige offizielle Ideologie und beide bedienten sich der Terrormaßnahmen der Geheimpolizei zur Einschüchterung der Bevölkerung. Diese Merkmale kennzeichnen eine Gesellschaft, in der die Macht stark zentralisiert ist und in der der Einzelne der staatlichen Überwachung nicht entrinnen kann. Ein totalitäres Regime ist eine spezifische moderne Form des autoritären Staates, die eine verfeinerte Technik der gesellschaftlichen Kontrolle erfordert.

Toussaint l'Ouverture, François (um 1743–1803), Freiheitsheld HAITIS, der für die Unabhängigkeit seines Landes von Frankreich kämpfte. Er wurde als Sklave geboren, erhielt aber 1777 seine Freiheit. 1791 schloss er sich einem Sklavenaufstand an und wurde bald zum herausragenden Anführer. 1793 verbündete er sich kurzzeitig mit den Spaniern aus Santo Domingo und britischen Truppen, die die haitianische Küste besetzt hatten. Etwa um diese Zeit gab er sich den Namen l'Ouverture. 1794 wandte sich Toussaint gegen seine britischen und spanischen Verbündeten und vertrieb sie mit Unterstützung seiner Generäle Jean Jacques DESSALINES und Henri Christophe. Im Gegenzug machte ihn der französische Gouverneur von Haiti zu seinem Statthalter. 1796 regierte Toussaint die Kolonie als Generalgouverneur und 1801 eroberte er das benachbarte Santo Domingo, wo noch Sklaverei herrschte. Obwohl Toussaint ständig seine Loyalität gegenüber Frankreich beteuerte, ließ NAPOLEON Bonaparte im Januar 1802 seine Truppen in Haiti einmarschieren. Letztlich stimmte Toussaint der Kapitulation unter der Bedingung zu, dass die Franzosen die Sklaverei nicht wieder einführten. Toussaint wurde verhaftet und nach Frankreich deportiert, wo er im Gefängnis starb. Im darauf folgenden Jahr wurde Haiti nach den USA das zweite Land der Neuen Welt, das seine Unabhängigkeit erlangte.

Trafalgar, Seeschlacht bei (21. Oktober 1805), britischer Flottensieg unter der Führung von Admiral Horatio NELSON gegen die verbündete französische und spanische Flotte unter der Führung von Admiral Pierre de Villeneuve vor Kap Trafalgar nahe der spanischen Hafenstadt Cadiz. Die französisch-spanische Flotte verließ Cadiz in der Nacht des 19. Oktober, weil sie kampflos an den Briten vorbei ins Mittelmeer fahren wollte. Sie wurde am 21. Oktober angegriffen, nachdem Nelson seinen Schiffen die Nachricht übermittelt hatte: „England erwartet, dass jeder seine Pflicht erfüllt." Nelson selbst wurde von einem Heckenschützen vom französischen Schiff *Redoutable* aus tödlich verwundet, aber als er starb, war er sich des englischen Sieges sicher. Die Briten verloren ungefähr 1500 Mann, aber kein einziges Schiff. Villeneuve dagegen musste den Verlust von 22 Schiffen beklagen und wurde gefangen genommen. Damit waren NAPOLEONS I. Pläne zur Invasion Großbritanniens gescheitert und die britische Seeherrschaft für den Rest des 19. Jh. gesichert.

Trajan (53–117), römischer Kaiser ab 98, der das Reich durch zahlreiche Eroberungen nach Osten hin erweiterte. Trajan war gebürtiger Spanier und diente in der römischen Armee, bevor er 91 von Kaiser Domitian zum Konsul ernannt wurde. Kaiser Nerva adoptierte Trajan 97. Schon drei Monate später erlangte Trajan selbst den Caesarentitel. Unverzüglich startete er zahlreiche Feldzüge, schuf die neue Provinz Dakien im heutigen Rumänien und eroberte den Großteil des Parther-Reichs in Armenien und im nördlichen Mesopotamien. Er sorgte auch für ein ehrgeiziges Straßen-, Wasserleitungs- und Brückenbauprogramm im gesamten Reich. In Rom umfassen Trajans Bauten öffentliche Bäder, ein Theater und ein riesiges neues Forum, an dessen Eingang er eine auch heute noch stehende Triumphsäule bauen ließ, die Szenen aus seinen dakischen Feldzügen zeigt. Trajan war außerdem für seine Großzügigkeit gegenüber der armen Bevölkerung Roms bekannt. Er starb in Kleinasien. Sein Nachfolger HADRIAN gab zwar die parthischen Eroberungen auf, behielt jedoch die Provinz Dakien.

Transsibirische Eisenbahn, längste Eisenbahnlinie der Welt, die große Bereiche Sibiriens erschloss, die russischen Interessen im Fernen Osten förderte und eine 9289 km lange Verbindung zwischen Moskau und Wladiwostok schuf. Die Arbeiten begannen 1891. Die ursprüngliche Strecke führte durch die Mandschurei. Eine Provokation für Japan, die zum RUSSISCH-JAPANISCHEN KRIEG 1904/05 führte. 1916 wurde eine längere Strecke, die komplett über russisches Gebiet führte, fertig gestellt. Seit damals kamen zahlreiche Nebenstrecken hinzu, u.a. eine Alternativstrecke am Nordufer des Baikalsees 1974–89. Die Reise von Moskau nach Wladiwostok dauert etwa sechs Tage.

Die Transsibirische Eisenbahn, die den Ural über die asiatischen Steppengebiete mit dem Pazifik verbindet, war eines der ehrgeizigsten technischen Vorhaben Russlands im 19. Jh.

Transvaal, ehemalige Provinz in der Republik SÜDAFRIKA im Norden des Flusses Vaal. Das Gebiet war schon vor hunderttausenden von Jahren von Menschen bewohnt und wurde etwa um das 2. Jh. n. Chr. von Ndebele-Stämmen auf ihrer Wanderung nach Süden bevölkert.

Die ersten Europäer in Transvaal waren Buren, die Mitte der 30er-Jahre des 19. Jh. aus der Kapkolonie auswanderten. Sie wurden immer zahlreicher, nachdem Großbritannien 1848 den ORANJE-FREISTAAT annektiert hatte. Vier Jahre später erkannten die Briten das Autonomierecht der Transvaal-Buren an. Die Entdeckung von Diamanten führte zu verstärkter Zuwanderung. 1877 entschloss sich Großbritannien zur Annektierung von Transvaal und löste damit den ersten BURENKRIEG 1880/81 aus. Der Vertrag von Prätoria 1881 gewährte Transvaal, nun als Südafrikanische Republik bezeichnet, die Selbstständigkeit. Als jedoch 1886 riesige Goldvorkommen entdeckt wurden, versuchten die Briten erneut, die Kontrolle über die Region zu erlangen. Dies führte zum BURENKRIEG 1899–1902. Mit dem Einigungsvertrag 1902 wurde Transvaal zur britischen Kolonie, erlangte aber fünf Jahre später das Selbstverwaltungsrecht. Ab 1910 war es eine Provinz der Südafrikanischen Union. Nach den ersten gemischtrassigen Wahlen Südafrikas im Jahr 1994 wurde Transvaal aufgelöst und auf vier neue Regionen aufgeteilt.

Tribun, Bezeichnung für zwei verschiedene Ämter im alten Rom – eines militärisch, eines zivil. Militärtribune waren ursprünglich Stabsoffiziere der Legion: Jede Legion hatte sechs Tribune unter den ranghöchsten Offizieren. Während des Römischen Reiches war die Position des Militärtribuns ein wichtiger Anfangsposten in der politischen Laufbahn.

Volkstribune waren gewählte Vertreter zur Wahrung der Interessen des Volkes. Seit Mitte des 5. Jh. v. Chr. standen zehn Volkstribune der Volksversammlung in Rom vor. Zu ihren Pflichten gehörte die Vorlage von Gesetzen und die angemessene Wahrung der Interessen des Volkes. Sie konnten ihr Veto gegen Entscheidungen der Stadtverwaltung, die Gesetze der Konsuln und sogar gegen Senatsbeschlüsse einlegen. Sie besaßen Immunitätsrechte und wurden somit zu den mächtigsten Amtsinhabern in Rom. Mit AUGUSTUS verloren die Tribunen ihre Macht an die Kaiser, die sich selbst als Vertreter des Volkes darstellten.

Trienter Konzil (1545–63), ökumenischer Rat, in dem die römisch-katholische Kirche die durch die protestantische REFORMATION ausgelöste Krise bewältigen wollte. Das Konzil fand im norditalienischen Trient in drei Perioden statt, die jeweils von einem anderen Papst geleitet wurden. Die erste 1545–47 unter dem Vorsitz von Paul III., die zweite unter Julius III. 1551/52 und die dritte 1562/63 unter dem Vorsitz Pius IV. Ziel des Konzils war eine Reformierung der römisch-katholischen Kirche als Antwort auf die protestantische Kritik. Zudem sollten klare Aussagen zu den kirchlichen Lehren gemacht werden. Diese Ziele wurden erreicht, zugleich gab es aber auch heftige Ablehnung zentraler protestantischer Vorstellungen, einschließlich Martin LUTHERS Rechtfertigungslehre. Dadurch machte das Konzil die Versöhnung mit den Protestanten unmöglich und erstellte verbindliche Richtlinien für die GEGENREFORMATION.

Die Triere war das schnellste Ruderschiff, das je gebaut wurde. Bei gutem Wetter erreichte sie eine Geschwindigkeit von ca. 15 km/h, die die Ruderer über den Tag hinweg halten konnten.

Die Masten konnten während der Schlacht zum präziseren Manövrieren abgesenkt werden.

Bis zu 170 Ruderer saßen unter Deck in drei übereinander liegenden Rängen.

Leinensegel unterstützten die Ruderer im offenen Wasser.

Eine fachwerkartige Wand, *epotis*, schützte die Ruderer auf beiden Seiten des Schiffes.

Das nach vorn gebogene Heck ist ein typisches Merkmal der griechischen Trieren.

Die Hauptangriffswaffe der Trieren befand sich am Bug: der bronzene Rammsporn.

Auf dem flachen, offenen Deck fand sich Platz für Bogenschützen und Fußsoldaten für den Nahkampf.

Triere, wichtigste Kriegsgaleere im Mittelmeer im 6.–4. Jh. v. Chr. Sie hatte drei Reihen Ruder auf jeder Seite. Die in Leichtbauweise gebaute Galeere war schnell und wendig und vorwiegend für den Einsatz in Küstennähe geeignet. Jedes Schiff hatte eine Besatzung von 200 Mann, vorwiegend Ruderer. Sie saßen in drei übereinander liegenden Rängen, sodass jeder Ruderer ein gesondertes Ruder ziehen konnte. Triremen waren etwa 37 m lang und zur Zerstörung feindlicher Schiffe am Bug mit einem bronzenen Rammsporn ausgestattet. 480 v. Chr. errang eine Trierenflotte einen entscheidenden Sieg über eine zahlenmäßig überlegene persische Flotte in der Schlacht von SALAMIS. In den folgenden Jahrzehnten trugen Triremen in großem Maß dazu bei, ATHEN zum mächtigsten Stadtstaat Griechenlands zu machen.

Triest, Hafenstadt im Norden der italienischen Adria. Im 13. Jh. stand Triest unter venezianischer Herrschaft. 1382 stellte sich die Stadt unter den Schutz des Herzogs Leopold III. von Österreich und erlebte danach eine Blütezeit als einziger Hafen des Habsburgerreiches. Ab den 60er-Jahren des 19. Jh. wählten italienische Nationalisten Triest zu ihrem Zentrum. 1919 wurden die Stadt und die Küstengebiete von ITALIEN annektiert. JUGOSLAWIEN meldete nach dem Zweiten Weltkrieg Ansprüche auf das Gebiet an, es wurde jedoch 1947 zum Freistaat unter UN-Aufsicht erklärt. Nach anhaltenden Spannungen zwischen Italien und Jugoslawien wurde das Gebiet 1954 zwischen diesen Staaten aufgeteilt, die Stadt Triest fiel an Italien. Die Küstenregion Istriens ist jetzt Teil der Republik SLOWENIEN.

Troja, antike Stadt im Nordwesten Kleinasiens, auch unter dem Namen Ilion bekannt. Nach der griechischen Sage wurde die Stadt zehn Jahre lang von dem griechischen König Agamemnon belagert. Die Stadt fiel an die Griechen, nachdem ihre Einwohner die Tore einem hölzernen Pferd geöffnet hatten, ohne zu wissen, dass sich darin feindliche Soldaten versteckten. Die Geschichte des Trojanischen Krieges wird in dem HOMER-Epos *Ilias* beschrieben. Der deutsche Archäologe Heinrich Schliemann war davon überzeugt, dass Homers Bericht nicht reiner Mythos war, und wollte nachweisen, dass der Ruinenhügel von Hisarlik in der Türkei der Ort des homerischen Troja ist. Seine Ausgrabungen 1870–90 legten eine Stadt mit zehn verschiedenen Besatzungszeiten frei. Diese Stadt wird nun als Troja bezeichnet.

Die ersten fünf Hauptsiedlungen (Troja I–V) gehören in die frühe BRONZEZEIT bis um 2000 v. Chr. Vor allem Troja II war ein blühendes Gemeinwesen mit beeindruckenden Festungsbauten. Troja VI und VII zeugen von der Ankunft neuer Siedler, aber

Troubadoure sorgen für Unterhaltung und Heiterkeit mit Zimbeln, Zithern und Lauten.

ein Erdbeben zerstörte ihre Stadt etwa um 1300 v. Chr. Die nächste Hauptsiedlung, Troja VIIa, dauerte nur kurz, denn die Stadt ging in Flammen auf. Das Datum dieser Feuersbrunst etwa um das Jahr 1250 v. Chr. fiel zusammen mit einer Blütezeit der MYKENISCHEN KULTUR und legt die Vermutung nahe, dass dieses Ereignis den Hintergrund der Homer'schen Erzählung darstellt und dass die Eroberer von Troja VIIa Griechen waren. Der Ort blieb für etwa 400 Jahre unbesiedelt, bis Troja VIII dort errichtet wurde. Troja IX besteht aus der hellenischen Stadt Ilion, die bis in die römischen Zeiten überdauerte.

Trojanisches Pferd, sagenhafte Kriegslist der Griechen im Trojanischen Krieg. Das große hölzerne Pferd wurde von den Griechen bei einem Scheinrückzug über See zurückgelassen. Im Innern befanden sich ihre besten Krieger. Da die Trojaner es für ein Weihegeschenk hielten, zogen sie es in ihre Mauern. In der folgenden Nacht riefen die versteckten Soldaten die griechischen Schiffe mit Feuerzeichen zurück und öffneten die Tore der Stadt, die auf diese Weise leicht erobert werden konnte.

Trotzkij, Leo Dawidowitsch (1879 bis 1940), russischer Revolutionär und Politiker. Der unter dem Namen Leib Bronschtein in der Ukraine geborene Sohn wohlhabender jüdischer Bauern wurde 1896 Marxist. 1898 verhaftet und nach Sibirien verbannt, gelang ihm 1902 unter dem Namen Trotzkij die Flucht nach London, wo er den verbannten Wladimir LENIN traf. Trotzkij bewunderte Lenin, fürchtete jedoch, dass dessen Methoden zur Diktatur führen könnten. Er schloss

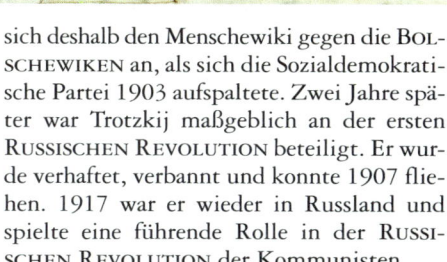

sich deshalb den Menschewiki gegen die BOLSCHEWIKEN an, als sich die Sozialdemokratische Partei 1903 aufspaltete. Zwei Jahre später war Trotzkij maßgeblich an der ersten RUSSISCHEN REVOLUTION beteiligt. Er wurde verhaftet, verbannt und konnte 1907 fliehen. 1917 war er wieder in Russland und spielte eine führende Rolle in der RUSSISCHEN REVOLUTION der Kommunisten.

Als Außenkommissar im Rat der Volkskommissare handelte Trotzkij den Friedensvertrag von BREST-LITOWSK aus, mit dem sich Russland 1918 aus dem Ersten Weltkrieg zurückzog. Die Bedingungen waren jedoch so demütigend, dass sich Trotzkij zum Rücktritt gezwungen sah. 1918–24 baute er als Kriegskommissar die ROTE ARMEE auf, die er während des RUSSISCHEN BÜRGERKRIEGS 1918–21 anführte. Als Lenin 1924 starb, galt Trotzkij als designierter Nachfolger, doch Jossif STALIN entmachtete ihn. Als Vertreter des Internationalismus verfocht er die Idee der permanenten Weltrevolution und stellte sich damit gegen Stalins Methode des Sozialismus in einem Land. Trotzkij verlor an Einfluss und wurde 1927 aus der Partei ausgeschlossen. 1929 musste er die Sowjetunion verlassen. Er ließ sich 1936 in Mexiko nieder, wo er vier Jahre später von Ramón Mercader ermordet wurde.

Troubadour, Dichter und Sänger aus Südfrankreich, Nordspanien und Norditalien des 11.–13. Jh. Die Sprache des Troubadours ist unabhängig von seiner eigenen Herkunft die *Langue d'oc*, ein provenzalischer Dialekt. Viele Troubadoure waren adliger Herkunft, einige davon

Trotzkij war wahrscheinlich einer der beeindruckendsten Vordenker unter den frühen russischen Kommunisten.

sogar Könige, z. B. Richard I. von England und Alfonso X. von Kastilien und Léon. Fahrende Sänger aus den niederen Ständen, die die Texte der Troubadoure vertonten und aufführten, wurden gewöhnlich als Gaukler bezeichnet.

Die Texte der Troubadoure handelten von höfischer Liebe, Ritterlichkeit, Religion und Politik, aber oft war das Thema in der förmlichen, gezierten Sprache stark verfremdet. Ein Teil davon wurde sogar als ketzerisch betrachtet, was im 13. Jh. zur Verfolgung der Troubadoure führte. Ihre Poesie gehört dennoch zu den wichtigsten schriftlichen Aufzeichnungen aus dem Mittelalter, die einen starken Einfluss auf die spätere Entwicklung der Poesie ausübten.

Trudeau, Pierre (*1919), kanadischer Politiker der Liberalen Partei, Premierminister 1968–79 und 1980–84. Der von französisch-schottischen Eltern abstammende Trudeau errang 1965 erstmals einen Sitz im kanadischen Parlament. Drei Jahre später wurde er Nachfolger von Lester PEARSON als Parteivorsitzender und auch als Premierminister von Kanada. Sein 1968 verabschiedetes Gesetz über die Zweisprachigkeit verlieh dem Französischen und dem Englischen den gleichen Status in ganz Kanada und trug zur Verbesserung der Beziehungen zwischen der Französisch und der Englisch sprechenden Bevölkerung bei. Er widersetzte sich jedoch der Abtrennung von QUEBEC und ergriff 1969/70 harte Maßnahmen gegen separatistische Terroristen.

In den 70er-Jahren versuchte Trudeau das Wirtschaftswachstum durch die Bekämpfung der ständig steigenden Inflation und Arbeitslosigkeit zu sichern. Er verbesserte die Beziehungen zu Frankreich, erzielte jedoch nur kleine Fortschritte bei seinen Bemühungen, Kanada unabhängiger von den USA zu machen. 1979 steckte Kanada in ernsten Wirtschaftsproblemen und seine Liberale Partei verlor die Wahlen. Die Progressive Konservative Partei übernahm kurzzeitig die Macht in einer Minderheitsregierung, bevor die Liberalen 1980 nach Neuwahlen wieder die Regierung stellten.

In seiner zweiten Amtszeit führte Trudeau zahlreiche größere politische Reformen durch. Nach einem Referendum im Mai 1980, in dem die Teilung Kanadas mit großer Mehrheit abgelehnt wurde, schlug er vor, dass das britische Parlament die Befugnis zur Änderung der kanadischen Verfassung abtreten sollte. Dies wurde sowohl in Kanada als auch in Großbritannien akzeptiert. Am 4. April 1982 wurde das kanadische Parlament vom britischen unabhängig. Trudeau widmete sich in der Folgezeit verstärkt der Förderung der kanadischen Wirtschaft. Anfang 1984 legte er vorzeitig sein Amt nieder.

Truman, Harry S. (1884–1972), Präsident der USA 1945–53. Der ehemalige demokratische Senator für Missouri wurde erst 82 Tage vor dem Tod von Präsident Franklin D. ROOSEVELT zum Vizepräsidenten ernannt. Er folgte ihm automatisch nach und übernahm sofort eine führende Rolle in der Weltpolitik. Im Juli nahm er an der POTSDAMER KONFERENZ teil, in der über das weitere Schicksal Europas verhandelt wurde, und im September befahl er den Abwurf von zwei Atombomben auf Japan. 1947 verkündete Truman eine Hilfspolitik für Länder, die unter der Bedrohung durch bewaffnete Minderheiten oder fremde Einmischung standen, die so genannte TRUMAN-DOKTRIN. Innenpolitisch führte er weitgehend Roosevelts NEW-DEAL-Politik weiter, zerstritt sich allerdings mit dem Kongress wegen seiner Bemühungen zur Einführung von Reformen im Gesundheitswesen und Wohnungsbau, bei der Sozialversicherung und der Arbeitspolitik. 1948 besiegte Truman unerwartet den Republikaner Thomas Dewey bei den Präsidentschaftswahlen. Er führte die USA in die NATO und initiierte 1949 das Vierpunkteprogramm zur technischen Hilfe für weniger entwickelte Länder.

Nach Ausbruch des KOREAKRIEGS 1950 stellte Truman sicher, dass der Einsatz der westlichen Truppen unter dem Kommando der UN und nicht der USA erfolgte. Im folgenden Jahr musste er General Douglas MACARTHUR entlassen, weil dieser einen Krieg mit der Volksrepublik China befürwortet hatte. Truman stellte sich 1953 nicht mehr zur Wiederwahl, blieb jedoch noch lange nach seinem Rückzug politisch aktiv. Obwohl er während seiner Amtszeit kaum beachtet wurde, gilt er heute als einer der stärksten Präsidenten.

Truman-Doktrin (1947), außenpolitische Leitlinie der USA zur Eindämmung des Kommunismus. Sie wurde im März 1947 von Präsident Harry S. TRUMAN verkündet,

als in Griechenland und der Türkei die Gefahr einer kommunistischen Machtübernahme bestand. Truman sicherte die Bereitschaft der USA zu, „freie Völker, die sich der Unterwerfung durch bewaffnete Minderheiten oder durch Druck von außen widersetzen", zu unterstützen. Der Kongress stellte umfangreiche Geldmittel für Militär- und Wirtschaftshilfe für die Länder zur Verfügung, deren Stabilität vom Kommunismus bedroht war. Diese Politik spielte eine wichtige Rolle für den Beginn des KALTEN KRIEGES.

Tschechoslowakei, ehemaliger Staat in Mitteleuropa, entstanden aus einem Teil der österreichisch-ungarischen Monarchie, seit 1993 aufgespalten in Tschechien und die Slowakei. Zur Tschechoslowakei gehörten Teile Böhmens und Schlesiens, das Moravatal und der slowakisch sprechende Teil Ungarns sowie weitere nationale Minderheiten. Die ursprüngliche Verbindung zum VÖLKERBUND und die Bündnisse mit Jugoslawien und Rumänien von 1921, mit Frankreich 1924 und mit der UdSSR 1935 sicherten einen gewissen Grad der Stabilität; aber die nationalen Minderheiten auf dem Staatsgebiet – insbesondere die Deutschen und die Ungarn – sorgten für Spannungen. 1938 wurde das Land zur Annahme des MÜNCHENER ABKOMMENS von Adolf HITLER gezwungen und musste das Sudetenland und damit fast 5 Mio. Staatsbürger abtreten. Am 15. März 1939 besetzten deutsche Truppen das verbliebene Staatsgebiet und errichteten das von Deutschland abhängige Protektorat Böhmen und Mähren.

1948 wurde die Tschechoslowakei nach einer kurzen Unabhängigkeitsphase als Satellitenstaat Teil des sowjetischen Imperiums. Liberale Kommunisten versuchten einen gewissen Grad der Selbstständigkeit zu erreichen. Diese als Prager Frühling von 1968 bekannte Reformbewegung wurde durch den Einmarsch der Armeen des Warschauer Paktes niedergeschlagen. Die antisowjetische Opposition in den 80er-Jahren erreichte ihren Höhepunkt in einem Generalstreik im November 1989, der das kommunistische Regime zu Fall brachte. Nun regiert ein Bundesparlament unter dem Vorsitz des Präsidenten Václav HAVEL. Der tschechische und slowakische Nationalrat, die vom Bundesparlament eingesetzt wurden,

Harry S. Truman, Sieger der Präsidentschaftswahl 1948, zeigt eine Falschmeldung, laut der er verloren hat.

Die Rose, das Emblem der Tudors, schmückt den Samteinband einer Bibel, die Königin Elisabeth I. 1584 als Geschenk erhielt, sowie den Deckel eines Medaillons, das ihr Miniaturporträt enthält.

besaßen Gesetzgebungsbefugnis und leiteten einen allmählichen Übergang zur Marktwirtschaft ein. Im Jahr 1992 stimmte das slowakische Volk jedoch für die Unabhängigkeit und für ein eher zentral kontrolliertes Wirtschaftssystem. Im Januar 1993 wurden Tschechien und die Slowakei formell als eigenständige Staaten gegründet.

Tscheka, von Wladimir LENIN 1917 zur Durchsetzung der RUSSISCHEN REVOLUTION durch Terror gegründete sowjetische Geheimpolizei, die unter der Leitung von Felix Dserschinskij stand und ihr Hauptquartier im Lubjanka-Gefängnis in Moskau hatte, wo ausreichend Folterzellen und Hinrichtungsplätze vorhanden waren. 1922 wurde die Tscheka, eine Kurzbezeichnung für die „Außerordentliche Kommission für den Kampf gegen Konterrevolution und Sabotage", in die GPU und 1934 in den NKWD, das Volkskommissariat für Innere Angelegenheiten, umgewandelt. Daraus entstand nach dem Zweiten Weltkrieg der KGB.

Tschernobyl, sowjetische Stadt bei Kiew, Ukraine, in deren Kernkraftwerk sich im Jahr 1986 der bisher folgenschwerste Reaktorunfall ereignete.

Ursache war die absichtliche Umgehung der Sicherheitssysteme zu Testzwecken. Dadurch kam es zu einer Überhitzung, die zu zwei großen Explosionen führte. 250 Menschen starben sofort, tausende wurden gefährlichen Strahlendosen ausgesetzt. Die sowjetischen Behörden versiegelten den Reaktor umgehend, konnten aber die Verbreitung radioaktiver Strahlung in weiten Teilen Europas nicht verhindern. In den Gebieten mit hohem radioaktivem Fall-out mussten ganze Viehherden getötet werden. Experten schätzen, dass die Nachwirkungen bis zu 40 Jahre nach der Katastrophe mit rund 30 000 zusätzlichen Krebstoten in Europa und Russland noch spürbar sein werden.

Tshombé, Moïse (1919–69), Führer des kurzzeitig unabhängigen afrikanischen Staates Katanga – inzwischen zairische Provinz Shaba –, die sich von der Republik Kongo zwei Wochen nach deren Unabhängigkeit von Belgien 1960 abspaltete. Als Präsident der Conakat-Partei vertrat Tshombé die Idee einer losen Staatenföderation für den Kongo, konnte sich damit jedoch nicht gegen die Vorstellungen Patrice Lumumbas von einer stark zentralistisch geführten Republik durchsetzen. Zwei Wochen nach der Amtsübernahme Lumumbas als erster Präsident des Kongo rebellierte die Armee. Tshombé ergriff die günstige Gelegenheit und erklärte die Unabhängigkeit seiner Heimatprovinz Katanga.

Mit der Unterstützung weißer Söldnertruppen und der belgischen Minengesellschaft Union minière konnte Tshombé sich bis zum Einmarsch der UN-Truppen im Januar 1963 an der Macht halten. Danach ging Tshombé nach Spanien ins Exil. Im folgenden Jahr kehrte er als Premierminister in den Kongo zurück, wurde jedoch 1965 wieder entlassen und des Verrats beschuldigt. Er zog sich wiederum ins spanische Exil zurück, wurde 1967 entführt und nach Algerien gebracht, wo er in der Haft starb.

Tudor, englisches Königshaus 1485–1603. Entstammte ursprünglich einem walisischen Geschlecht und gewann bedeutenden Einfluss durch die Hochzeit von Owen Tudor und Katharina von Valois, der Witwe des englischen Königs HEINRICH V., um 1428. Deren ältester Sohn Edmund wurde von Heinrich VI. zum Earl of Richmond ernannt. Er heiratete Margaret BEAUFORT, Urgroßenkelin von John of GAUNT, die aufgrund dieser Verwandtschaft einen Thronanspruch des Hauses Lancaster hatte.

Edmund wurde nach dem Sieg der YORK bei der Schlacht von Mortimer's Cross 1461 hingerichtet, aber sein Sohn Henry Tudor kam nach dem Sieg über RICHARD III. 1485 in der Schlacht bei BOSWORTH unter dem Namen HEINRICH VII. auf den Thron. Dieser Sieg beendete die ROSENKRIEGE und verschaffte Heinrich als erstem Tudor-König den Thron. Heinrich sicherte seinen Thronanspruch durch die Heirat mit Elisabeth von York und einte damit die Häuser York und Lancaster.

Sein Nachfolger war HEINRICH VIII., dessen einziger überlebender legitimer Sohn EDUARD VI. bereits 1553 in jungen Jahren starb. Seine ältere Halbschwester MARIA I. folgte ihm auf dem Thron nach, starb aber bereits 1558 nach einer kinderlosen Ehe. Ihre Nachfolgerin war die jüngere Halbschwester ELISABETH I., die unverheiratet blieb. Mit dem Tod Elisabeths I. 1603 endete die Tudorlinie und der Thron fiel an Jakob VI. von Schottland. Jakob war Mitglied des Hauses STUART, der seine Thronansprüche von Margaret Tudor, der älteren Schwester Heinrichs VIII. ableitete, mit der er verheiratet war.

Tunesien, nordafrikanischer Staat in zentraler Lage am Mittelmeer. Die tunesische Küste wurde etwa um 1100 v. Chr. von den PHÖNIZIERN besiedelt. Um das 6. Jh. v. Chr. war die Küstenstadt KARTHAGO in der Nähe des heutigen Tunis Hauptstadt eines mächtigen Königreichs, das die Römer am Ende der PUNISCHEN KRIEGE 146 v. Chr. zerstörten. Die Region wurde dann Teil der römischen Provinz Africa, die Rom mit großen Mengen Getreide, Oliven und Wein versorgte.

44 v. Chr. begannen die Römer mit dem Wiederaufbau Karthagos, das bald zu einem wichtigen Verwaltungszentrum wurde. Im Jahr 429 n. Chr. drangen die WANDALEN aus Spanien in Karthago und Umgebung ein. Sie

Über die Jahrhunderte haben barbarische Piraten von ihren Stützpunkten in Tunesien aus europäische Schiffe überfallen.

blieben bis zu ihrer Vertreibung durch den byzantinischen General BELISAR im Jahr 533 im Land. In dieser Zeit wurde der Großteil der im Hinterland liegenden Gebiete von BERBERN beherrscht, die erst nach der überwältigenden arabischen Invasion Mitte des 7. Jh. zurückwichen. Die Araber zerstörten Karthago und bauten ihre eigene Hauptstadt Kairuan als Binnenlandbasis, von der aus sie den Norden und die Mitte Afrikas kontrollieren konnten. Die Stadt wurde zu einer der heiligen Pilgerstätten des ISLAM.

Mehrere arabische Dynastien regierten in Tunesien, darunter die Aghlabiden, die Fatimiden und die Ziriden. 1159 wurde das Land von dem Almohaden-Kalifen von Marokko erobert und fiel 1228 unter die Herrschaft einer lokalen Berberdynastie, der Hafsiden, die bis zu ihrer Niederlage gegen das OSMANISCHE REICH 1574 herrschten. Vom 17. Jh. an erreichte Tunesien wachsende Unabhängigkeit unter dem osmanischen Gouverneur, dem Bei von Tunis. Um die Mitte des 19. Jh. gelang es den Franzosen, Tunesien zu erobern, und dort 1881 ein Protektorat zu errichten.

Nach dem Ende des Ersten Weltkriegs wurden die Unabhängigkeitsbestrebungen im Land größer. Anfang der 50er-Jahre brachen immer mehr Kämpfe zwischen den Nationalisten und der Kolonialregierung auf und veranlassten die Franzosen zu Verhandlungen mit dem inhaftierten Nationalistenführer Habib BOURGUIBA. Im Jahr 1956 wurde Tunesien unabhängig und Bourguiba zum ersten Staatspräsidenten gewählt. Im folgenden Jahr zwang Bourguiba den letzten Bei von Tunis zur Abdankung und Tunesien wurde zur Republik. 1961 kam es zu Streitigkeiten mit den Franzosen um die Nutzung des Flottenstützpunkts in Bizerta. Dies führte zum endgültigen französischen Rückzug 1963. Bourguiba regierte Tunesien bis 1987, als er

Der goldene Innensarg Tut-Ench-Amuns mit Einlegearbeiten aus gefärbtem Glas und Schmucksteinen zeigt den hohen Grad der ägyptischen Kultur.

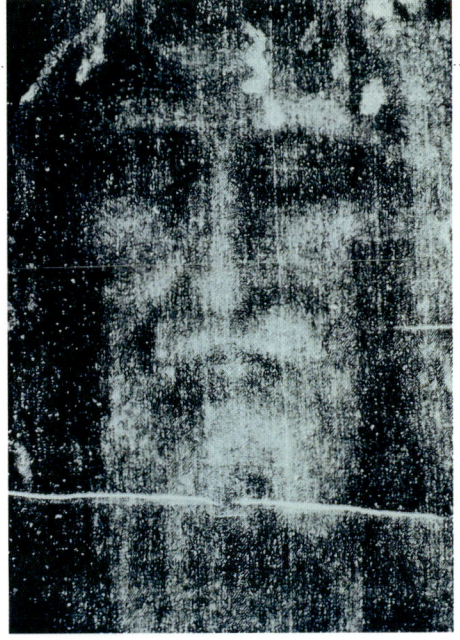

Jahrhundertelang glaubten die Menschen, dass dieses Gesicht auf dem Turiner Grabtuch der Abdruck Jesu nach seiner Kreuzigung sei.

von General Zine el-Abidine Ben Ali wegen Altersschwäche seines Amtes enthoben wurde. Seit dieser Zeit sind wachsende islamisch-fundamentalistische Strömungen zu beobachten, die seit 1990 verstärkt unterdrückt werden. Tunesien blieb im GOLF-KRIEG aufgrund der Androhung des Rückzugs von Investitionen durch Kuwait, Saudi-Arabien und die USA neutral.

Turenne, Henri (1611–75), Marschall von Frankreich und einer der bedeutendsten Befehlshaber Ludwigs XIV. Turenne erwarb sich seinen Ruf als überragender Feldherr auf den Schlachtfeldern des DREISSIGJÄHRIGEN KRIEGES. Seine Siege von 1652 trugen zur Beendigung der FRONDE-Kriege zugunsten des jungen Königs LUDWIG XIV. bei und seine Eroberung Dünkirchens 1658 versetzte Frankreich in eine starke Ausgangsposition für den Pyrenäenfrieden im folgenden Jahr. Als Frankreich 1674 von allen Seiten bedroht wurde, bewies Turenne seine Fähigkeiten bei der Führung der Truppen gegen übermächtige Streitkräfte. Er starb bei einer Schlacht in der Nähe von Straßburg.

Turiner Grabtuch, seit 1578 im Turiner Dom aufbewahrtes Leinentuch, das lange Zeit als das Tuch angesehen wurde, in dem JESUS begraben wurde. Auf dem Stoff erscheint der Abdruck eines Mannes, der gegeißelt wurde und der eine Stichwunde in der Taille sowie durchbohrte Hand- und Fußgelenke hat. Unter wissenschaftlicher Aufsicht durchgeführte Radiokarbonanalysen ergaben, dass das Tuch auf den Zeitraum 1260–1390 datiert werden kann. Bereits 1389 bezweifelte erstmals ein Vertreter der katholischen Kirche, der Bischof von Troyes, die Echtheit.

Türkei, Staat in Südwestasien, der seit der Antike von zahlreichen Völkern besiedelt wurde, darunter Hethitern, Persern, Griechen und Römern. Das BYZANTINISCHE REICH mit der Hauptstadt Konstantinopel dauerte bis 1453 und fiel dann an das OSMANISCHE REICH, das erst Ende des Ersten Weltkriegs zusammenbrach.

Im Vertrag von Sèvres 1920 wurde das Osmanische Reich auf einen Bruchteil seiner früheren Größe reduziert. Die dadurch ausgelöste starke nationalistische Widerstandsbewegung stand unter der Führung von Mustafa Kemal ATATÜRK, dem „Vater der Türken". Nach dem Sieg über eine in die Türkei einmarschierte griechische Armee konnte Atatürk auf der Konferenz von Lausanne 1923 großzügige Bedingungen für sein Land aushandeln. Damals wurden die Grenzen weitgehend in den heutigen Formen festgelegt, sodass etwa 1,5 Mio. Griechen und eine halbe Million Armenier ausgesiedelt werden mussten.

Im Oktober 1923 wurde die Republik ausgerufen. Erster Präsident war Mustafa Kemal Atatürk. Bereits im November 1922 hatte er das Ende des Osmanischen Sultanats erklärt, und 1924 schaffte er das alte KALIFAT ab. Der als Diktator regierende Atatürk sorgte für radikale soziale und wirtschaftliche Reformen, modernisierte und säkularisierte das Land und richtete es nach westlichem Vorbild aus. Sein Nachfolger Ismel Inönü, der die Türkei im Zweiten Weltkrieg neutral hielt, führte 1950 Mehrparteienwahlen ein. Diese wurden von der oppositionellen Demokratischen Partei gewonnen, die die westliche Orientierung der Türkei fortsetzte. 1952 trat die Türkei trotz der Spannungen mit Griechenland wegen ZYPERN der NATO bei. Im Jahr 1974 eskalierte der Streit, als türkische Truppen Zypern nach einem Staatsstreich unter griechischer Leitung besetzten.

Die politische Instabilität und Gewalt in der Türkei führte zu einem unblutigen Staatsstreich und zur Verhängung des Kriegsrechts 1980. Wahlen wurden erst wieder 1983 abgehalten und das Kriegsrecht blieb bis 1987 in Kraft. Es gilt heute noch in einigen Provinzen mit kurdischen Minderheiten, deren nationalistische Bestrebungen sich in wachsender bewaffneter Konfrontation mit den türkischen Truppen und in Terroraktionen ausdrücken. Die Verhaftung des Kurdenführers Abdullah Öcalan 1998 sorgte für eine neue Terrorwelle. Die Festnahme gab vor allem der Demokratischen Linkspartei von Ministerpräsident Bülent Ecevit neuen Auftrieb und verhalf ihm bei den Parlamentswahlen im April 1999 zum Sieg.

1989 bewarb sich die Türkei um die Mitgliedschaft in der EU. Der Beschluss darüber wurde jedoch mehrmals aufgrund der Missachtung der Menschenrechte verschoben.

Turner, Nat (1800–31), schwarzer Führer eines amerikanischen Sklavenaufstands in Virginia, dem einzigen länger dauernden Sklavenaufstand in der amerikanischen Geschichte. Der begnadete Laienprediger Turner hielt sich selbst für einen von Gott auserwählten Führer, der sein Volk aus der Sklaverei befreien sollte. Im August 1831 war er der Anführer von etwa 60 Sklaven bei einer Revolte in Southampton County, Virginia. Rund 55 Weiße wurden getötet, bevor die Staatsmiliz eintraf und seine Anhänger zersprengte. Einige Sklaven wurden sofort gehängt, darunter auch viele Unschuldige. Turner selbst konnte sich sechs Wochen lang halten, bevor auch er gefangen genommen und erhängt wurde. Seine Revolte führte zu einer Verschärfung der Zwangsgesetze gegen die Sklaven in den Südstaaten und verstärkte die Feindseligkeiten gegenüber den Abolitionisten. Turner wurde bekannt durch William Styrons Roman *Die Bekenntnisse des Nat Turner* aus dem Jahr 1967.

Turnier, mittelalterliche Waffenspiele der Ritter, bei denen sie ihre Geschicklichkeit im bewaffneten Kampf demonstrierten. Sie kamen erstmals im frühen 11. Jh. in Frankreich auf. Von dort aus verbreiteten sie sich nach England, Deutschland und Südeuropa. Die frühesten Versionen bestanden aus großen Scheingefechten zwischen Rittergruppen, die mit richtigen Kriegswaffen kämpften. Im späten 13. Jh. wurden stumpfe Waffen eingeführt, die aber dennoch zu ernsten Verletzungen und sogar zum Tod führen konnten. Neben dem Scheingefecht entwickelten sich noch kontrollierte Turnierformen, an denen kleinere Rittergruppen teilnahmen. Der Höhepunkt war dabei der Zweikampf oder *Tjost*, bei dem sich zwei mit Lanzen bewaffnete Ritter entlang einer abgepolsterten Absperrung zu Pferde angriffen. Fußkämpfe waren ebenfalls beliebt und bei einigen der verfeinerten Turnierformen wurden Scheinbelagerungen in eigens dafür gebauten Burgen inszeniert.

Tut-Ench-Amun, ägyptischer König etwa 1347–39 v. Chr. Über seine Herrschaft und seinen frühen Tod im Alter von etwa 18 Jahren ist nur wenig bekannt, außer dass er zur polytheistischen Religion zurückkehrte, nachdem sein Vater ECHNATON diese durch den monotheistischen Kult des Sonnengottes Aton ersetzt hatte. Tut-Ench-Amun wäre nur ein kaum bekannter PHARAO geblieben, wenn nicht sein Grab im TAL DER KÖNIGE in der Nähe von Luxor als einziges in der Antike von Plünderung verschont geblieben wäre. Das Pharaonengrab war vom Schutt aus der Ausgrabung eines späteren Grabes ver-

schüttet und wurde erst 1922 entdeckt, als der britische Ägyptologe Howard Carter und sein Geldgeber Lord Carnarvon die vollständig erhaltene Grabkammer freilegten. Tut-Ench-Amuns mumifizierter Körper lag in drei Särgen, von denen der innere aus reinem Gold bestand und die äußeren aus Holz mit einer Goldauflage. Über seinem Gesicht lag eine prachtvolle goldene Totenmaske. Die Grabkammer und die anderen Räume beherbergten eine einzigartige Sammlung von Schmuck, Waffen und anderen Gegenständen. Die Wissenschaft erhielt dadurch viele neue Informationen über das Leben im alten Ägypten. Auf die Frage Lord Carnarvons, was er sehen konnte, als er das erste Mal ins Grab hineinblickte, antwortete Carter nur: „Wunderbare Dinge."

> ### WUSSTEN SIE, DASS?
> *Der Name Mark Twain ist eigentlich der Matrosenruf, mit dem die Flusstiefe von zwei Faden angegeben wird. Twain arbeitete einst als Schiffslotse.*

Twain, Mark (1835–1910), Pseudonym des amerikanischen Schriftstellers Samuel Langhorne Clemens. Er verbrachte seine Kindheit am Mississippi und arbeitete Ende der 50er-Jahre des 19. Jh. als Lotse auf Dampfschiffen. Als die Schifffahrt wegen des Sezessionskriegs 1861 eingestellt wurde, versuchte Clemens sein Glück mit verschiedenen Tätigkeiten. So war er u. a. Goldgräber, bevor er als Journalist und humoristischer Schriftsteller unter dem Namen Mark Twain bekannt wurde.

Twain erfuhr 1869 mit seinem satirischen Roman *Die Arglosen im Ausland* erste Anerkennung und entwickelte sich zu einem der bedeutendsten Autoren des amerikanischen Realismus. Seine bekanntesten Werke sind die beiden Jugendromane *Die Abenteuer Tom Sawyers* (1876) und dessen Fortsetzung *Die Abenteuer des Huckleberry Finn* (1884), in denen er ironisch die amerikanischen Grundwerte hinterfragt. Ein weiteres bekanntes Werk, *Ein Yankee am Hofe des Königs Artus*, wurde 1889 veröffentlicht.

Tyndale, William (1490/95–1536), englischer Humanist, der die Meinung vertrat, die Menschen müssten die Bibel auch in ihrer eigenen Sprache lesen können. Nachdem ihm die Kirchenleitung die Übersetzung der Bibel ins Englische verboten hatte, machte er sich mit finanzieller Unterstützung durch reiche Kaufleute in Deutschland ans Werk. 1525 hatte er seine Übersetzung des Neuen Testaments fertig gestellt, die in England reißenden, wenn auch illegalen Absatz fand. Tyndale arbeitete dann am Alten Testament und zog sich dadurch den Zorn des Klerus zu. Er fiel in England noch mehr in Ungnade wegen eines Traktats, in dem er die Scheidung HEINRICHS VIII. missbilligte. Tyndale wurde in Antwerpen verhaftet und als Ketzer auf dem Scheiterhaufen verbrannt.

U-Boot, zum Tauchen und zur Unterwasserfahrt geeignetes Schiff, meist Kriegsschiff. Bereits 1620 baute der Niederländer Cornelius Drebbel ein Unterwasserboot für JAKOB I. von England. Das Schiff war mit Tierhäuten wasserdicht gemacht und wurde über Ruder angetrieben. Die ersten eigentlichen U-Boote waren die *Turtle*, die David Bushnell um 1755 in den USA baute, und die *Nautilus*, die Robert Fulton 1801 für Napoleon fertig stellte. Fultons U-Boot war zunächst mit einem Luftrohr versehen, später erst wurde ein Tank für komprimierte Luft entwickelt. Es konnte bis zu sechs Stunden unter Wasser bleiben. Keines dieser Schiffe war freilich für den Kampfeinsatz geeignet.

Erst ab den 90er-Jahren des 19. Jh. ermöglichten die Erfindung von Verbrennungsmotoren, ausreichend starken Elektromotoren und effektiven Batterien den Bau wirklich leistungsfähiger U-Boote. Gemeinsame Elemente waren Ballasttanks, die zum Tauchen mit Wasser gefüllt und zum Auftauchen wieder geleert wurden, Elektromotoren zum Antrieb bei Unterwasserfahrt sowie dampf- oder benzingetriebene Motoren zum Aufladen der Batterien und zum Antrieb bei Überwasserfahrt. Außerdem verfügten diese ersten U-Boote über Periskope und einen zweiten inneren Schiffsrumpf, um dem hohen Druck unter Wasser standzuhalten. Mehr als 80 % ihrer gesamten Fahrzeit

Ein Leck im Kühlsystem zwang 1989 dieses sowjetische Atom-U-Boot vom Typ Echo-2, vor der norwegischen Küste aufzutauchen.

verbrachten sie an der Oberfläche. Bald begann man, sie mit Waffen auszurüsten, sodass Torpedo-U-Boote in beiden Weltkriegen eine wichtige Rolle spielten, insbesondere diejenigen der deutschen Kriegsmarine während des U-Boot-Kriegs 1915–18.

Die ab 1954 entwickelten Atom-U-Boote sind heutzutage die effektivsten Kriegsschiffe. Sie können in großer Tiefe fahren und dabei viele Wochen unter Wasser bleiben. Sie sind mit Interkontinentalraketen ausgestattet, die sowohl bei Über- als auch Unterwasserfahrt gezündet werden können.

U-Boot-Krieg, gegen Großbritannien gerichtete Form der Kriegführung Deutschlands im Ersten Weltkrieg. Im November 1914 erklärte Großbritannien die Nordsee zum Sperrgebiet, wodurch das Reich von allen Lebensadern abgeschnitten wurde. Mit zunächst noch wenigen U-Booten wurden im so genannten eingeschränkten U-Boot-Krieg Handelsschiffe in den Gewässern um England bekämpft mit dem Ziel, eine Gegenblockade zu errichten. Die Deutschen versenkten aufgebrachte Frachter aber erst, nachdem die Besatzung von Bord gegangen war. Da die Deutschen hierbei hohe Verluste zu beklagen hatten, wurden im folgenden uneingeschränkten U-Boot-Krieg ab Februar 1915 Kriegs- oder Handelsschiffe nunmehr ohne Vorwarnung versenkt. Diese Variante gab man nach der Torpedierung des britischen Passagierschiffs Lusitania im Mai 1915 wegen heftiger amerikanischer Proteste auf, kehrte aber später zur eingeschränkten Form zurück. Nach der Seeschlacht vor dem Skagerrak, die die britische Seeüberlegenheit untermauerte, nahmen die Deutschen im Februar 1917 den uneingeschränkten U-Boot-Krieg erneut auf. Da Großbritannien dem Druck aber standhalten konnte, die deutschen Verluste größer waren als die U-Boot-Neubauten der Alliierten und am 6. April 1917 Amerika in den Krieg eintrat, waren die Folgen verheerend. Nach dem Verlust wichtiger Basen stellte das Reich den U-Boot-Krieg im Oktober 1918 ein. Bis zum Kriegsende verlor Deutschland 178 U-Boote.

UdSSR siehe Sowjetunion

Uganda, Staat in Ostafrika. 1894 wurde ein halbes Dutzend Königreiche, darunter das am Victoriasee gelegene Buganda, als britisches Protektorat proklamiert. 1962 erlangte Uganda die Unabhängigkeit.

Die folgenden 24 Jahre waren von ethnischen Kämpfen geprägt. 1963 setzte Premierminister Milton Obote die Verfassung außer Kraft und erklärte Uganda zur Republik. König Mutesa II. wurde zum Staatspräsidenten gewählt, bereits 1966 aber von Obote abgesetzt, der sich selbst zum Amtsinhaber ernannte. Durch einen Staatsstreich

gelangte 1971 General Idi Amin an die Macht, der ein brutales Terrorregime errichtete, dem ca. 300000 Menschen zum Opfer fielen und das Land an den Rand des wirtschaftlichen Ruins trieb. Mithilfe tansanischer Truppen gelang es 1979, Amin zu stürzen. Obote kehrte 1981 an die Macht zurück, doch seine Unfähigkeit, die Ordnung im Land wiederherzustellen, führte 1985 zu einem erneuten Militärputsch. Der Widerstandsarmee gelang es jedoch rasch, das Militärregime zu stürzen und die Macht zu übernehmen. 1986 wurde ihr Anführer Yoweri Museveni als neuer Staatspräsident vereidigt. Unter seiner Führung kehrte Uganda zur Demokratie zurück; 1995 wurde eine neue Verfassung verabschiedet.

Ukraine, Staat in Osteuropa, in dem sich 1986 im Kernkraftwerk Tschernobyl der folgenschwerste Unfall in der Geschichte der Atomenergie ereignete. Im 9. Jh. gründeten Warägerfürsten ein mächtiges slawisches Königreich mit der Hauptstadt Kiew. Nach dem Tatareneinfall im 13. Jh. war die Ukraine Teil des polnisch-litauischen Großreichs, bis 1569 die alleinige Herrschaft Polens Sklaverei und religiöse Verfolgung über das Land brachte. 1796 geriet das Land unter die Kontrolle Russlands. 1918/19 bestand eine unabhängige Republik, die jedoch von den Bolschewiken zerschlagen wurde; 1922 wurde die Ukrainische Sozialistische Sowjetrepublik Gründungsmitglied der Sowjetunion. 1932/33 kosteten Hungersnöte, die auf die Kollektivierung der Landwirtschaft unter Jossif Stalin folgten, mehr als 7 Mio. Ukrainern das Leben.

Nach der Unabhängigkeitserklärung 1991 gründete die Ukraine zusammen mit Russland und Weißrussland die Gemeinschaft Unabhängiger Staaten GUS. Kurz darauf wurde Leonid Krawtschuk zum Präsidenten gewählt. Sein Nachfolger Leonid Kutschma brachte ab 1994 die Ökonomie auf einen marktwirtschaftlichen Reformkurs und festigte die Bindungen mit Russland. 1996 verabschiedete das Parlament eine neue Verfassung. Im selben Jahr erhielt auch die Halbinsel Krim eine neue Verfassung, die ihr zwar das Recht zur Gesetzgebung verweigert, sie aber als autonome Republik anerkennt. 1998 wurde Kutschma trotz Stimmengewinnen der Kommunisten wieder gewählt.

Soldaten der nordirischen Ulster Volunteers bauten 1922 bei Kampfhandlungen ein Rot-Kreuz-Zelt auf.

Ulbricht, Walter (1893–1973), ostdeutscher Politiker, der maßgeblich am Aufbau der Deutschen Demokratischen Republik 1949 beteiligt war. Schon 1919 war der gelernte Tischler Mitbegründer der Kommunistischen Partei Deutschlands KPD und 1928–33 Mitglied des Reichstags. Nach der Machtergreifung durch die Nationalsozialisten emigrierte er zunächst nach Frankreich und später in die Sowjetunion. Nach dem Zweiten Weltkrieg trat er der Sozialistischen Einheitspartei Deutschlands SED bei, die bald ihren alleinigen Führungsanspruch in der DDR durchsetzte. Ulbricht, ein Verfechter des sowjetischen Sozialismus, wurde 1950 Generalsekretär des Zentralkomitees der SED und drei Jahre später Erster Sekretär. 1960 übernahm er den Vorsitz des neu geschaffenen Staatsrats der DDR und war damit Staatsoberhaupt. 1961 ließ er die Berliner Mauer errichten. Ulbricht behielt das höchste Staatsamt, bis er 1971 Erich Honecker Platz machen musste.

Ulster, nördlichste der vier historischen Provinzen Irlands. Die Provinz bestand aus neun Grafschaften, von denen sechs – Antrim, Armagh, Down, Fermanagh, Londonderry und Tyrone – das heutige Nordirland bilden, während Donegal, Monaghan und Cavan im Nordwesten der Insel zur Republik Irland gehören.

Unter den Kelten erlebte das Königreich Ulster ab dem 3. Jh. eine Zeit der Blüte, bis es im 5. Jh. zerfiel. Nach der Eroberung durch die Normannen ab 1169 wurde es von nacheinander drei einflussreichen Familien beherrscht. Als die Engländer den katholischen Iren den Protestantismus aufzwingen wollten, erhob sich das Volk 1594 unter Hugh O'Neill, dem Grafen von Tyrone. Der Aufstand dauerte neun Jahre, wurde letztlich aber niedergeschlagen. Die rechtmäßigen irischen Landbesitzer wurden enteignet, ihr Land an protestantische englische Siedler, in

Während des Ungarischen Aufstands 1956 verbrannten Studenten russisches Propagandamaterial. Um der Verfolgung zu entgehen, mussten nach der Niederschlagung 200 000 Rebellen fliehen.

der Folge auch an presbyterianische Schotten verteilt. Auch spätere blutige Erhebungen vermochten die rücksichtslose englische Herrschaft nicht zu brechen.

Als nach der Vereinigung Irlands mit Großbritannien im Jahr 1800 auf der ganzen Insel der Widerstand gegen die Briten wuchs, wurden 1886 bzw. 1912 die protestantische Ulster Unionist Party UUP und die paramilitärische Vereinigung der Ulster Volunteers gegründet, die sich beide für den Verbleib in der Union aussprachen. Bei der Gründung des Freistaats Irland 1921 blieben die sechs protestantischen Grafschaften von Ulster als Nordirland Teil Großbritanniens. Der Vorsitzende der Ulster Unionist Party, Sir James Craig, wurde erster Premierminister des Nordirlandparlaments und seine Partei blieb an der Macht, bis Großbritannien 1972 die direkte Kontrolle übernahm.

Im Jahr 1969 spaltete sich die Protestant Unionist Party unter dem Gründer der Freien Presbyterianischen Kirche, Ian Paisley, ab. Sie wurde 1972 in Democratic Unionist Party DUP umbenannt und vertritt bis heute eine kompromisslose Politik. Im Kampf gegen die Irisch Republikanische Armee IRA traten insbesondere die Ulster Volunteer Force und die militante Ulster Defence Association hervor.

UNESCO, Abkürzung für United Nations Educational, Scientific and Cultural Organization. Die UNESCO wurde 1945 als Sonderorganisation der Vereinten Nationen mit Sitz in Paris gegründet. Hauptaufgabe ist die Förderung der internationalen Zusammenarbeit auf den Gebieten Erziehung, Wissenschaft, Kultur und Information. So kämpft

die UNESCO z. B. gegen Analphabetismus, für das Recht aller Menschen auf Schulbildung und für eine Verbesserung des Informationsaustauschs zwischen einzelnen Wissenschaften. Im Bereich Kultur setzt sich die Organisation u. a. für den Schutz des Weltkulturerbes, also von Denkmälern und historischen Stätten, ein. 1984/85 traten zuerst die USA, dann Singapur und Großbritannien aus der UNESCO aus, da sie ihr Misswirtschaft und Einseitigkeit vorwarfen. Anfang 1999 gehörten ihr 186 Staaten an, darunter seit 1997 wieder Großbritannien.

Ungarischer Aufstand (1956), Revolution in UNGARN während des KALTEN KRIEGES. Auf dem XX. Parteitag der KPdSU in Moskau kündigte Nikita CHRUSCHTSCHOW im Februar 1956 Maßnahmen zur Entstalinisierung der SOWJETUNION an. Diese Rede und ein antikommunistischer Aufstand in Polen im selben Jahr entfachten den ungarischen Widerstand. Am 23. Oktober 1956 demonstrierten in Budapest Studenten und Arbeiter für wirtschaftliche und politische Reformen. Sowjetische Panzer rückten an, zogen aber, als die ungarischen Soldaten sich mit den Aufständischen verbündeten, wieder ab. Der Reformkommunist Imre NAGY wurde Ministerpräsident. Er erklärte den Austritt Ungarns aus dem WARSCHAUER PAKT und kündigte freie Wahlen an. Aus der Protestbewegung war nun ein offener Aufstand im ganzen Land geworden.

Da Nagys Kurs für die Sowjetunion unannehmbar war, schickte Chruschtschow Truppen, die den Volksaufstand ab dem 4. November blutig niederschlugen. Nagy wurde abgesetzt und der Kommunistenführer János

KÁDÁR übernahm sein Amt. 4000 Aufständische, darunter auch Imre Nagy, wurden bei der anschließenden Säuberungswelle hingerichtet, zehntausende interniert. 200 000 flohen außer Landes.

Ungarn, Republik im südöstlichen Mitteleuropa. Auf dem heutigen Staatsgebiet befanden sich zur Römerzeit die Provinzen Pannonien und Dakien. 896 erhob Kaiser Arnulf die Árpáden aus dem Stamm der russischen MAGYAREN zu den Herrschern über das Gebiet. Unter ihnen wurde Ungarn im späten Mittelalter das Zentrum des mächtigen magyarischen Königreichs. 1241 verwüsteten Mongolen das Land. Nachdem die Dynastie der Árpáden 1301 ausgestorben war, ging das Land in Folge an verschiedene ausländische Königshäuser. Eine wachsende Bedrohung stellte die Ausdehnung des OSMANISCHEN REICHES dar, insbesondere nach der Schlacht von Nikopol 1396, in der der Ungarnkönig Sigismund von den Türken besiegt wurde. Auf die schwere Niederlage der Türken bei Belgrad 1456 folgte eine Zeit des Friedens. Als König Ludwig II. 1526 im Kampf gegen die Türken bei MOHÁCS fiel, wurde das Reich zwischen Habsburgern und Osmanen aufgeteilt. Nach der Befreiung von der Türkenherrschaft 1699 beherrschten die Habsburger ganz Ungarn.

1848 brach auch in Ungarn unter Ludwig von Kossuth die Revolution aus, die Österreicher schlugen sie jedoch nieder. 1867 wurde die Doppelmonarchie ÖSTERREICH-UNGARN gegründet und Ungarn bekam weitgehende Autonomie. Auf die Niederlage

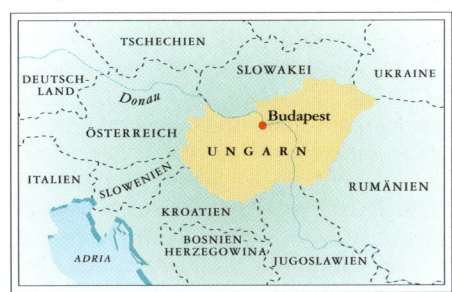

im Ersten Weltkrieg folgte eine Revolution, in der die Ungarn die vollständige Unabhängigkeit von den Habsburgern erkämpften. Ungarn wurde zunächst eine demokratische, dann 1919 für kurze Zeit unter Béla Kun eine Räterepublik. 1920–44 kehrte das Land unter Reichsverweser Nikolaus HORTHY VON NAGYBÁNYA zur Monarchie zurück.

Im Zweiten Weltkrieg verbündete sich Ungarn mit den Achsenmächten Deutschland, Italien und Japan. Nach der Proklamation der Republik am 1. Februar 1946 übernahm die Kommunistische Partei die Macht; zwei Jahre später wurde ein Einparteiensystem errichtet und damit jegliche Opposition ausgeschaltet. Unter dem Stalinisten Mátyás Rákosi wurde Ungarn 1949 Volksrepublik.

Im Vatikan erinnert eine im 17. Jh. von Gian Lorenzo Bernini geschaffene Statue an Papst Urban VIII.

Unitarismus, Glaubensrichtung, die aus dem PROTESTANTISMUS hervorging und heute vor allem in den USA vertreten ist. Unitarier lehnen das Trinitätsdogma ab und betonen das menschliche, nicht göttliche Wesen Jesu. Der Unitarismus geht auf protestantische Theologen des 16. Jh. zurück, die die Einheit Gottes proklamierten. In Transsilvanien gründete Ferenc Dávid die älteste unitarische Kirche.

Unter politischem Unitarismus versteht man in einem Staatenverband im Gegensatz zum FÖDERALISMUS das Streben nach Stärkung der Kompetenzen des Gesamtstaats gegenüber den einzelnen Gliedern.

Der UNGARISCHE AUFSTAND von 1956 war der verzweifelte Versuch, die Kontrolle durch die Sowjetunion zu beenden. 1968 leitete János KÁDÁR ein Reformprogramm ein, das die zentrale Planung lockerte. Das Resultat war ein im Ostblock ungeahntes Maß an Wohlstand und Freiheit.

Als erster Staat des Ostblocks machte Ungarn 1989 den Eisernen Vorhang durchlässig und führte in einem friedlichen Reformprozess die Demokratie ein. Die ersten freien Wahlen 1990 gewann das Ungarische Demokratische Forum. Der Austritt aus dem zerfallenden Warschauer Pakt führte allerdings zu einem drastischen Einbruch im Außenhandel und Anstieg der Arbeitslosigkeit. Die Einführung der freien Marktwirtschaft wurde bereits 1990 beschlossen, aber weder die großflächige Privatisierung von Unternehmen noch der Anstieg von Investitionen aus dem Ausland konnten die Rezession stoppen, sodass aus den Parlamentswahlen vom Mai 1994 die Ungarische Sozialistische Partei von Gyula Horn als Sieger hervorging. Im Mai 1998 kam es zum Machtwechsel; stärkste Partei wurde die rechtsliberale Jungdemokraten-Bürgerpartei, Viktor Orbán neuer Regierungschef.

Aufgrund einer hohen Inflationsrate und der weiterhin hohen Arbeitslosigkeit lebt ein Drittel der ungarischen Bevölkerung im ausgehenden 20. Jh. immer noch unterhalb der Armutsgrenze. Seit 1998 laufen Verhandlungen über die Aufnahme in die EUROPÄISCHE UNION. Am 12. März 1999 trat Ungarn der NATO bei.

Universitäten siehe rechte Seite

Unterhaus, Abgeordnetenhaus, das zusammen mit OBERHAUS und König bzw. Königin das britische PARLAMENT bildet. Es geht zurück auf das von Simon de MONTFORT 1265 einberufene Parlament, bei dem erstmals neben den Lords auch niederer Adel und Bürger vertreten waren. Ab dem 14. Jh. tagten Ober- und Unterhaus in zwei getrennten Kammern, dem *House of Lords* und dem *House of Commons*, und im Lauf der Zeit stieg ihr Einfluss auf Gesetzgebung und Steuerpolitik. Im frühen 17. Jh. vertieften sich die Interessenkonflikte zwischen König und Parlament. 1628 zwang das Unterhaus KARL I., die PETITION OF RIGHT anzunehmen, wonach Steuern nur mit Genehmigung des Parlaments erhoben werden durften.

Das Unterhaus trat entschieden für die BILL OF RIGHTS ein, die die Krone dem Staatsgesetz unterstellte. Mit der Verabschiedung der ACT OF SETTLEMENT 1701 bestimmte das Unterhaus die Beziehungen zwischen Unterhaus, Adel und König, womit die Grundlage für das heutige Regierungssystem gelegt war. Obwohl das Unterhaus damit gesetzgebende Gewalt errungen hatte und bereits als Stimme des Volkes galt, war es bis Ende des 19. Jh. nur gleichberechtigt neben dem Oberhaus. Mit dem ersten von sieben Reformgesetzen 1832 wuchs der Einfluss mehrerer Mitglieder des Unterhauses, etwa Lord PALMERSTONS und William GLADSTONES. Im 20. Jh. wurde das Unterhaus per Gesetz über das Oberhaus gestellt.

Heute werden politisch umstrittene Gesetze zunächst im Unterhaus erörtert, bevor sie dem Oberhaus vorgelegt werden. Außerdem entscheidet das Unterhaus über Steuern und Ausgaben.

Upanischaden, 108 philosophisch-theologische Schriften, die ab etwa 800 v. Chr. in Sanskrit verfasst wurden. Das Wort *upanisad* bedeutet neben jemandem sitzen und meint den Schüler, der zur Unterweisung neben dem Lehrer sitzt. Die Upanischaden enthalten Auszüge aus den 4000 Jahre alten Veden, den heiligsten Schriften des HINDUISMUS. Manche bilden Teile der Brahmanas, die die Veden kommentieren. Sowohl die Upanischaden als auch spätere Zusammenfassungen werden Vedanta, Ende des Veda, genannt. Die Upanischaden handeln vom Ursprung der Welt, dem Kreislauf der Wiedergeburten, von Karma und Nirwana. Sie weisen den Weg zur Erlösung durch die Erkenntnis der Einheit der Einzelseele, des Atman, mit der Weltseele, dem Brahman.

Ur, Stadt der SUMERER im Süden MESOPOTAMIENS; heutiger Ruinenhügel Mugajjar im Irak. Nach dem Alten Testament ist das Ur der Chaldäer die Heimatstadt ABRAHAMS. Bereits 5000 v. Chr. war Ur besiedelt und entwickelte sich mit der Zeit zu einem wirtschaftlichen und kulturellen Zentrum. Mehrere Reiche machten es zu ihrer Hauptstadt. Im 19. Jh. wurden die Überreste der Stadt ausgegraben; dabei fand man auch die ZIKKURAT, einen pyramidenförmigen Tempelturm, der um 2100 v. Chr. von König Urnammu errichtet wurde. Unter ihm erlebte die Stadt ihre Blüte. Wegen der Verlegung des Flusses Euphrat im 4. Jh. v. Chr., von dem Handel und Reichtum abhingen, verließen die Einwohner ihre Stadt.

Urban II. (um 1035–99), Papst ab 1088. Zunächst Mönch in CLUNY, wurde der Franzose um 1080 Kardinalbischof von Ostia und später Legat Papst GREGORS VII. in Deutschland. Auf der Synode von Clermont 1095 rief Urban dazu auf, auf einem Kreuzzug Palästina von den Moslems zurückzuerobern, und leitete damit die Kreuzzugbewegung ein. Ferner setzte er die Kirchenreformen seines Vorgängers Gregor fort. Auf den während seines Pontifikats abgehaltenen Konzilen wurden SIMONIE und Priesterehe verdammt sowie die INVESTITUR von Laien bekämpft.

Urban VIII. (1568–1644), Papst ab 1623. Der gebürtige Florentiner wurde 1606 Kardinal und 1608 Bischof von Spoleto. Als Papst sprach er Ignatius von LOYOLA heilig; Galileo GALILEI und den von Cornelius JANSEN begründeten Jansenismus verurteilte er. Urban VIII. war Dichter und Gelehrter und förderte Künste und Wissenschaften. Unter

Stätten der Gelehrsamkeit

Ab dem 12. Jh. brachen die Universitäten das Monopol der Klosterschulen auf dem Gebiet von Forschung und Lehre. Die weite Welt der Wissenschaft stand damit auch Nichtgeistlichen offen.

In China und der moslemischen Welt gab es schon früh Studienmöglichkeiten; so waren an Moscheen Schulen zum Studium des Islam und der islamischen Gesetze angegliedert. Die abendländische Universität ist eine Schöpfung des 12. Jh. Sie kombinierte die Lehre verschiedener Fächer an einem Ort, wodurch das Studium generale entstand.

1119 wurde in Bologna die erste Universität gegründet, gefolgt von Paris in der zweiten Hälfte des 12. Jh. Deren unterschiedliche Organisationsstrukturen wurden zu Vorbildern für andere Universitätsgründungen, etwa die erste deutsche Universität in Prag 1348 oder Krakau 1364. Während in Paris die Dozenten das Sagen hatten, wurden in Bologna anfangs die Professoren von der meist adligen Studentenschaft eingestellt. Außerdem waren hier die Lehrer keine Kleriker wie in Paris, sondern weltliche Professoren.

Die Studenten begannen ihr Studium mit den Geisteswissenschaften, die sich in sieben Fächer, die *septem artes*, aufteilten. Die drei Grundfächer, das Trivium, waren Grammatik, Dialektik und Rhetorik, danach folgte das Quadrivium mit Arithmetik, Geometrie, Astronomie und Musik. Anschließend konnte mit dem eigentlichen Fachstudium begonnen und in Recht, Medizin oder Theologie ein Abschluss gemacht werden. Die Absolventen durften auf eine spätere Beschäftigung im Dienst der Kirche, eines Fürsten oder einer Stadt hoffen. Die ersten Universitäten waren internationale Institutionen und oftmals kamen die Studenten von weit her. In Bologna studierte man Rechtswissenschaften, in Oxford Theologie und in Montpellier Medizin.

Der Unterricht an der mittelalterlichen Universität bestand in erster Linie aus Vorlesungen, in denen der Dozent Werke, etwa von Aristoteles, vorlas und den Text kommentierte.

Ferner mussten sich die Studenten an Disputationen beteiligen, d. h. Streitgesprächen über eine bestimmte Aussage oder These. Die Debatten fanden in den Schulen oder Vorlesungsräumen statt – vielleicht nennt man deshalb Fächer wie Philosophie oder Theologie scholastisch, von Lateinisch *schola*, Schule. Der Unterricht wurde in Latein geführt. Im 15. Jh. kam die historisch-philologische Interpretation antiker Originalwerke hinzu.

UNIS FÜR PROTESTANTEN

Der Übergang vom Mittelalter zur Neuzeit brachte für die Universitäten grundlegende Veränderungen. Im 16. Jh. geriet das mittelalterliche Weltbild durch die bahnbrechenden neuen Erkenntnisse in den Naturwissenschaften und die Entdeckung fremder Kontinente ins Wanken. Aber auch die neuen religiösen Ideen der Reformation wurden an den Hochschulen erörtert. So lehrte der Reformator Martin Luther an der Universität Wittenberg den protestantischen Glauben. Eine Reihe von protestantischen Universitäten wurde gegründet und viele davon, z. B. Marburg, mit Geldern aus unterdrückten Klöstern finanziert. Andere Hochschulen dagegen, einschließlich Paris und Ingolstadt, wehrten sich gegen die Reformation. Erst im 18. Jh. konnte die Konfessionalisierung der Hochschulen überwunden werden. In den Gründungen von Halle 1694 und Göttingen 1736 zeigte sich das neue, zukunftweisende Universitätsideal, die Freiheit von Forschung und Lehre, das noch heute unser Wissenschaftsverständnis prägt.

Das 19. Jh. brachte eine Reihe von Reformen. Neue Fächer wurden eingeführt, von Chemie über Ingenieurwesen bis hin zu moderner Geschichte und Literatur in der jeweiligen Landessprache. Die 1810 während der Befreiungskriege gegründete Berliner Universität diente nun als Vorbild; hier legte man den Schwerpunkt auf die Forschung, nicht auf die Lehre in unteren Semestern, und anstelle von Vorlesungen fanden eher Seminare statt. Seit Beginn des 20. Jh. sind auch Frauen an den Universitäten zugelassen.

In Bologna (unten) und Paris (rechts) wurden die ersten Universitäten gegründet. Das Siegel der Universität Cambridge aus dem 13. Jh. (oben) zeigt den Kanzler zwischen zwei Aufsichtsführenden.

ihm wurde der Petersdom fertig gestellt. Aus Furcht vor der Macht der Habsburger schloss er sich im DREISSIGJÄHRIGEN KRIEG Frankreich an und unterstützte damit indirekt die Protestanten. Im Krieg gegen den Herzog von Parma erlitt er 1642–44 eine vernichtende Niederlage. Dieser Krieg ruinierte die Finanzen des Kirchenstaats und zerstörte das Vertrauen des römischen Volkes in den Papst.

Uruguay, Republik an der Ostküste Südamerikas mit der Hauptstadt Montevideo. Wegen seiner bedeutenden Viehzucht zählt Uruguay zu den reichsten Staaten des Kontinents. Im 17. Jh. von Portugiesen und Spaniern besiedelt, wurde es 1776 spanische Kolonie. Im frühen 19. Jh. wurden die Kolonialherren von Brasilianern vertrieben, die das Land 1821 annektierten. Sieben Jahre später erhielt Uruguay die volle Unabhängigkeit.

Im 19. Jh. kämpften die liberale Partido Colorado und die nationalkonservative Partido Blanco um die politische Macht. 1903 übernahm der sozial eingestellte José Batlle y Ordóñez das Präsidentenamt. Er führte eine sehr fortschrittliche Sozialgesetzgebung ein und machte Uruguay zum ersten Wohlfahrtsstaat Südamerikas. Nach dem Zweiten Weltkrieg zeigten sich schwere wirtschaftliche Probleme, die sich in den 60er- und 70er-Jahren zuspitzten. Es kam zu politischen Unruhen und Terrorakten der Stadtguerilla, der Tupamaros. 1973 übernahm das Militär die Macht und erst elf Jahre später wurden wieder freie Wahlen zugelassen. 1985 wurde Julio María Sanguinetti von der Colorado-Partei Staatspräsident. 1990 unterlag er Luis Alberto Lacalle, wurde fünf Jahre später aber erneut ins Amt gewählt.

Uruk, sumerischer Stadtstaat in MESOPO-TAMIEN; das biblische Erech. Schon um 5000 v. Chr. war die Stadt besiedelt und um 2700 v. Chr. wurde eine gut 9 km lange Stadtmauer gebaut, die dem sagenhaften König Gilgamesch zugeschrieben wird. Um diese Zeit war Uruk die Hauptstadt Babyloniens. Die seit dem frühen 20. Jh. durchgeführten Ausgrabungen förderten innerhalb der Stadtmauer verschiedene Städte zutage, die bis ins 5. Jh. besiedelt waren. Man fand u. a. ZIKKURATS, die den Göttern Inanna und Anu gewidmet waren. Den Tempel der Göttin Inanna ließ König Urnammu um 2050 v. Chr. zur Zikkurat ausbauen.

USA siehe VEREINIGTE STAATEN VON AMERIKA

Usbekistan, zentralasiatische Republik, deren Bevölkerung mehrheitlich aus sunnitischen Moslems besteht. Usbekistan lag an der SEIDENSTRASSE; ab ca. 1000 v. Chr. florierte der Handel in Samarkand und Taschkent, der heutigen Hauptstadt. 1220 überfielen die Mongolen unter DSCHINGIS KHAN das Land. Im späten 14. Jh. war Samarkand Herrschersitz von TIMUR. Etwa ab 1500 zogen die Usbeken nach Transoxanien, das dem heutigen Usbekistan entspricht. Dort entstanden im 17. Jh. die drei Khanate Buchara, Chiwa und Kokand.

1876 geriet Usbekistan unter russische Oberherrschaft und 1929 kam es zur SOW-JETUNION. Unter Stalin wurden riesige Baumwollplantagen angelegt. Die ersten Wahlen nach der Unabhängigkeitserklärung 1991 gewann die Demokratische Volkspartei, die Nachfolgepartei der KP; Islam Karimow wurde Präsident. Wenig später wurde Usbekistan Mitglied der Gemeinschaft Unabhängiger Staaten. Die neue Verfassung von 1992 sollte Usbekistan den Weg zur Mehrparteiendemokratie ebnen.

U Thant, Sithu (1909–74), birmanischer Politiker und Generalsekretär der VEREIN-TEN NATIONEN 1961–71. 1957 wurde U Thant ständiger Vertreter seines Landes bei den Vereinten Nationen. Zu seinen Verdiensten als Generalsekretär in der Nachfolge von Dag HAMMARSKJÖLD zählen u. a. die Schlichtung der KUBA-KRISE 1962, die Entsendung einer UN-Friedenstruppe nach ZYPERN 1964 und die Aufnahme von China als Vollmitglied der UN 1971.

Stolz ließ sich dieser Usbeke 1840 in landestypischer Tracht porträtieren.

Utilitarismus, im 18. Jh. begründetes ethisches System. 1789 veröffentlichte der englische Sozialphilosoph Jeremy Bentham eine Abhandlung, in der er ein Konzept menschlichen Handelns propagierte, das auf das größtmögliche Glück der meisten Menschen ausgerichtet ist. John Stuart MILL führte diesen Gedanken 1863 in seiner Studie *Utilitarianism* weiter aus. Dem Utilitarismus liegt das Nützlichkeitsprinzip zugrunde, nach dem alle Handlungen beurteilt werden. Bentham und seine Anhänger beeinflussten nachhaltig die politischen und sozialen Reformen Großbritanniens im 19. Jh.

Utopie, literarisches Genre, in dem ideale Gegenwelten entworfen werden, um Fehler am existierenden Gesellschaftssystem deutlich zu machen. So benannt wurde es nach Thomas MORES Staatsroman *Utopia* von 1516, der einen Staat beschreibt, in dem alle Menschen ihren Besitz teilen und unter der Leitung spiritueller Führer arbeiten. More leitete den Begriff aus dem Griechischen ab; er bedeutet so viel wie Nicht-Ort. Damit stellte er einen krassen Gegensatz zu der Welt voller Habgier und Eigennutz dar, in der er lebte. Weitere Vertreter sind u. a. PLA-TONS Dialog *Politeia* aus dem 4. Jh. v. Chr. sowie die utopischen Romane *Erewhon* von Samuel Butler und *News from Nowhere* von William Morris, die Ende des 19. Jh. in England erschienen. Im 20. Jh. entstand die neue literarische Gattung der Antiutopien, die einen pessimistischen Blick in die Zukunft werfen, etwa Aldous Huxleys Roman *Schöne neue Welt* von 1932 oder George Orwells *1984* von 1949. Utopische Gesellschaften wurden von vielen Religionsgemeinschaften gegründet, etwa den Shakers in den USA, doch nur wenige hatten nach dem Tod ihres Gründers Bestand.

Utrecht, Friede von (11. April 1713), mehrere Friedensverträge, die in der niederländischen Stadt Utrecht von Frankreich und anderen europäischen Nationen unterzeichnet wurden, um den SPANISCHEN ERBFOL-GEKRIEG zu beenden. Danach blieb PHILIPP V. König von Spanien, musste aber seinen Anspruch auf den französischen Thron aufgeben und verlor einen großen Teil seiner europäischen Besitzungen. Österreich erhielt die Spanischen Niederlande, Mailand, Neapel und Sardinien. Der eigentliche Sieger hieß England, das nun auf dem Sprung zur Weltmacht stand. Es erhielt Gibraltar, Menorca, Teile Kanadas, Neufundland und Neuschottland sowie das Recht, afrikanische Sklaven in die spanischen Kolonien zu verkaufen. Der Herzog von Savoyen erhielt Sizilien. Der österreichische Kaiser KARL VI. unterzeichnete den Friedensschluss erst 1714 in zwei verschiedenen Verträgen in Rastatt und im schweizerischen Baden.

Valera, Eamon de (1882–1975), irischer Politiker und Nationalheld, der sein Leben dem Unabhängigkeitskampf IRLANDS widmete. 1916 wurde de Valera als einer der Führer des OSTERAUFSTANDS verhaftet und zum Tod verurteilt; nur sein amerikanischer Pass bewahrte ihn vor der Vollstreckung des Urteils. 1917 freigelassen, wurde er noch im selben Jahr Präsident der SINN FÉIN. 1918 kam er erneut in Haft, doch gelang es ihm wenig später, in die USA zu fliehen, von dort kehrte er 1921 zurück. 1919 wurde de Valera in Abwesenheit zum Präsidenten des Dáil Éireann, der Regierung der selbst ernannten unabhängigen irischen Republik, gewählt.

De Valera war gegen den von seinen eigenen Leuten ausgehandelten Angloirischen Vertrag vom Dezember 1921, wonach Irland den Status eines Freistaats bekam, NORDIRLAND jedoch bei Großbritannien blieb. Als Verfechter der Unabhängigkeit ganz Irlands trat er 1922 vom Präsidentenamt zurück und wurde zum gefährlichsten Gegner der irischen Regierung Cosgrave. 1926 gründete de Valera die FIANNA FÁIL, die sechs Jahre später die Parlamentswahlen gewann und ihn zum Regierungschef ernannte. De Valera kündigte den Treueid auf die britische Krone und stellte die Jahreszahlungen an Großbritannien ein. 1937 proklamierte er den souveränen Freistaat Éire. Während des ganzen Zweiten Weltkriegs sicherte er Irlands Neutralität. Bis auf wenige Jahre war er auch nach dem Krieg Premierminister und wurde 1959 Staatspräsident. Als seine Amtszeit 1973 endete, war er bereits über 90 Jahre alt.

Valley Forge (1777–78), Winterlager der amerikanischen Revolutionstruppen ca. 35 km nordwestlich von Philadelphia. Nachdem die amerikanische Armee unter George WASHINGTON im Herbst 1777 bei Brandywine und Germantown schwere Niederlagen gegen die Briten erlitten hatte, die zur Besetzung Philadelphias führten, musste sie sich ins Wintercamp bei Valley Forge zurückziehen. Der Winter war hart, und Versorgungsprobleme und Hunger ließen zahllose Soldaten desertieren. Die anderen 11 000 aber wurden durch die Unbilden noch stärker zusammengeschweißt und Valley Forge zum Symbol des Durchhaltevermögens im AMERIKANISCHEN UNABHÄNGIGKEITSKRIEG.

Valmy, Kanonade von (20. September 1792), erste Schlacht der französischen Revolutionsarmee in den KOALITIONSKRIEGEN, in der sie die österreichisch-preußischen Truppen besiegte. In Valmy, einem kleinen Dorf östlich von Paris, trafen die Verbündeten unter Herzog Karl Wilhelm Ferdinand von Braunschweig auf die französische Revolutionsarmee, die von Charles Dumouriez und François Kellermann kommandiert wurde, und wurden von ihnen zur Rückkehr nach Deutschland gezwungen. Der Mut, den die siegreichen Revolutionäre in dieser Schlacht gewannen, war entscheidend für die Fortsetzung der Revolution.

Valois, französische Königsfamilie und Seitenlinie der KAPETINGER; sie regierten Frankreich 1328–1589. Als Karl IV., der letzte Kapetingerkönig, 1328 ohne männliche Nachkommen starb, wandte die Adelsversammlung das Salische Gesetz an, wonach Frauen von der Thronfolge ausgeschlossen blieben. So kam Philipp, Graf von Valois und Enkel König Philipps III., als Philipp VI. auf den Thron. Die direkte Linie der Valois endete mit dem Tod Karls VIII. 1498, doch führten Ludwig XII. von Valois-Orléans und Franz I. von Valois-Angoulême die Dynastie in Seitenlinien fort.

Die Macht des Hauses Valois wurde durch Auseinandersetzungen mit den HABSBURGERN und durch die Regentschaft von Katharina de MEDICI ab 1560 geschwächt. Unter ihr eskalierten Konflikte zwischen adligen protestantischen HUGENOTTEN und den katholischen Vertretern des Hauses GUISE zu den HUGENOTTENKRIEGEN 1562–98. Ihr dritter Sohn, Heinrich III., forderte die Katholiken durch die Ermordung von Heinrich, dem 3. Herzog von Guise, heraus. Die Linie Valois endete, als Heinrich III. bei der Belagerung von Paris 1589 erstochen wurde. Das Haus Bourbon übernahm den Thron und der Hugenotte Heinrich von Navarra wurde zum König HEINRICH IV. gekrönt.

Vancouver, George (1757–98), englischer Kapitän, der die nordamerikanische Pazifikküste erkundete. Die kanadische Insel Vancouver trägt heute noch seinen Namen. Vancouver begann seine Entdeckungsfahrt

Nach der Eroberung Neapels im Mai 1495 zog Karl VIII. aus dem Haus Valois in die Stadt ein. Nur Wochen später wurde er wieder verjagt.

1791 in Australien. Indem er Vancouver Island umsegelte, konnte er beweisen, dass es sich um eine Insel handelte. 1794 segelte er von Hawaii die Küste entlang bis nach Alaska und erforschte den Fjord Cook's Inlet an der Südküste, die James COOK 1778 letztmals bereist hatte. Nach viereinhalbjähriger Abwesenheit kehrte er nach England zurück.

Vanderbilt, Cornelius (1794–1877), US-amerikanischer Unternehmer, der mit dem Bau von Eisenbahnen und zahlreichen Schifffahrtslinien ein Vermögen machte. Bereits im Alter von 16 Jahren beförderte Vanderbilt Personen und Güter auf Fähren von Staten Island nach Manhatten und erhielt wenig später das Monopol für alle Fährverbindungen entlang der Küste. Als der Goldrausch in Kalifornien 1849 neue Verkehrsverbindungen erforderlich machte, errichtete er eine Schnellverbindung von New York nach San Francisco via Nicaragua. In Nicaragua baute er Straßen bis zum Nicaraguasee und weiter bis zur Ostküste Mittelamerikas. Im amerikanischen SEZESSIONSKRIEG beteiligte sich Vanderbilt am Bau von Eisenbahnen und be-

George Washington betrachtete 1777 die zerlumpten Überreste seiner amerikanischen Armee, die durch den Schnee in ihr trostloses Wintercamp im Valley Forge stapfte.

Seine Unternehmen und Börsenspekulationen machten Cornelius Vanderbilt zum reichsten amerikanischen Geschäftsmann seiner Zeit.

herrschte schnell das Eisenbahnnetz in und um New York bis nach Chicago. Aus seinem immensen Vermögen spendete er 1 Mio. Dollar zur Gründung der Vanderbilt University in Nashville, Tennessee.

Vargas, Getúlio

(1883–1954), brasilianischer Politiker. Gestützt von einer breiten Mehrheit der Bevölkerung übernahm Vargas 1930 als provisorischer Präsident die Regierung der durch WELTWIRTSCHAFTSKRISE und Korruption stark angeschlagenen Republik und wurde 1934 vom Nationalkongress offiziell in seinem Amt bestätigt. Drei Jahre später ließ er die Verfassung aufheben und übernahm die absolute Macht. Er verbot alle politischen Parteien, löste den Nationalkongress auf und proklamierte als Diktator einen vom Militär gestützten Staat nach faschistischem Vorbild, den *Estado Novo*. Mithilfe von Wirtschaftsreformen versuchte Vargas die Landwirtschaft wieder aufzurichten und die Industrie auszubauen. Die wachsende wirt-

schaftliche Zusammenarbeit mit den USA führte 1942 dazu, dass BRASILIEN aufseiten der Alliierten in den Zweiten Weltkrieg eintrat. Nach dem Sieg über die Achsenmächte verlangte das Volk von Vargas, die autoritären Beschränkungen des *Estado Novo* zu lockern. Weil er sich gegen Liberalisierungen wehrte, wurde er 1945 vom Militär gestürzt, doch verhalfen ihm seine Popularität und ein leichter Linksruck bei den allgemeinen Wahlen 1950 zu einem erneuten großen Sieg. Unter dem Druck einer weiteren Wirtschaftskrise und eines – allerdings unbegründeten – Korruptionsvorwurfs seitens des Militärs wurde Vargas 1954 zur Abdankung gezwungen und beging Selbstmord.

Vasall, Lehnsmann, dem von seinem Lehnsherrn ein Lehen in Form von Land oder Ämtern übertragen wurde. Das mittelalterliche Vasallentum ist ein wichtiger Bestandteil des FEUDALISMUS. Oberster Lehnsherr war der König, die großen Grundherren waren die Kronvasallen. Von ihnen bekamen Ritter und Dienstmannen ihr Lehen, die wiederum Hörige und Leibeigene belehnen konnten. Der Lehnsvertrag wurde dadurch geschlossen, dass der Vasall vor seinem Herrn niederkniete und seine gefalteten Hände in dessen Hände legte. Für seinen Dienst und seine Treue dem Herrn gegenüber genoss der Vasall dessen Schutz. Der Vertrag galt auf Lebenszeit und konnte nur durch Tod oder Treuebruch aufgelöst werden. In einigen Fällen erwarben Vasallen mehr Land und somit mehr Macht als ihre Herren.

Vatikanstadt, selbstständiger Nachfolgestaat des KIRCHENSTAATS in Rom und Sitz der KATHOLISCHEN KIRCHE. Im Rahmen des RISORGIMENTO wurde der Kirchenstaat 1870 aufgelöst und seine weitläufigen mittelitalienischen Ländereien kamen zum Königreich Italien. Ein Jahr später wurde ein Gesetz verabschiedet, das die Exterritorialität des Vatikans festschrieb und die weltliche Macht des Papstes aufhob. Erst 1929, mit der Unterzeichnung der LATERANVERTRÄGE durch Papst Pius XI. und Benito Mussolini, erlangte der Heilige Stuhl die volle Souveränität zurück. Der Papst erhielt die absolute legislative, exekutive und richterliche Gewalt innerhalb des Vatikans. Der kleine Stadtstaat ist 44 ha groß und hat rund 800 Einwohner. Er verfügt

Petersdom und Petersplatz bilden das Herz der Vatikanstadt. Im Vordergrund die 1971 erbaute päpstliche Audienzhalle mit gewelltem Dach.

über eine eigene Polizei, die Schweizergarde, drei Gerichtshöfe, einen diplomatischen Dienst, ein eigenes Post-, Münz- und Pressewesen sowie eine auf italienischem Staatsgebiet gelegene Radiostation.

Vauban, Sébastien le Prestre de (1633–1707), französischer Marschall und innovativer Festungsbaumeister. Er leitete erfolgreich die Belagerung diverser Städte und entwarf Festungsanlagen für LUDWIG XIV., die bis ins 19. Jh. hinein als uneinnehmbar galten, darunter die Festung in Straßburg sowie Verteidigungsanlagen für Luxemburg und Landau in der Pfalz. Auch als Verfasser von militär- und wirtschaftswissenschaftlichen Schriften sowie statistischen Untersuchungen machte er sich einen Namen.

Venedig, auf 118 Inseln erbaute Lagunenstadt an der Adriaküste Nordostitaliens. Die ersten Siedler waren Flüchtlinge vom italienischen Festland, die sich hier im 5. Jh. vor einfallenden HUNNEN in Sicherheit brachten. Im 8. Jh. begannen sie, größere Gebäude auf Pfählen zu errichten, die sie bis in die Lehmschicht der sumpfigen Inseln trieben. Ab dem 8./9. Jh. bildete Venedig eine unabhängige Stadtrepublik unter der Führung eines gewählten DOGEN. Um das Jahr 1000 eroberte es Dalmatien und gewann so die Kontrolle über die gesamte nördliche Adria. Durch den Seehandel mit den Hafenstädten im östlichen Mittelmeer gelangte die Stadt zu immensem Reichtum. Während der KREUZZÜGE eroberte der Doge Enrico Dandolo 1204 Konstantinopel und weitete das venezianische Reich bis ins Ionische Meer und die Ägäis aus. Im 15. Jh. regierte Venedig außerdem über Istrien, mehrere griechische Inseln sowie die Terra ferma, ein geschlossenes Territorium auf dem Festland zwischen Adria, Alpen, Po und Adda, das u. a. Venetien, Padua, Verona und Bergamo umfasste. Mit der Eroberung von Zypern 1489 stand Venedig als beherrschende Seemacht im Mittelmeerraum auf dem Höhepunkt seiner Macht. Die Regierungsgewalt lag in den Händen einiger weniger Familien.

Der Niedergang setzte ein, als Ende des 15. Jh. der Seeweg nach Ostindien und Amerika entdeckt wurde und Venedig im Lauf des 16./17. Jh. allmählich seine griechischen Besitzungen an das OSMANISCHE REICH verlor. Dem Einmarsch Napoleons 1797 leistete Venedig nur wenig Widerstand. Ein Jahr später wurde es an Österreich abgetreten und kam erst 1866 – allerdings ohne Istrien und Dalmatien – an das Königreich Italien.

Venezuela, Bundesrepublik an der Karibikküste Südamerikas. Kolumbus erblickte die Küste als erster Europäer auf seiner dritten Reise 1498 und ein Jahr später erkundete Amerigo VESPUCCI das Land. Er nannte es

Diese Ansicht von Venedig aus dem 17. Jh. zeigt den Markusplatz und die Rialto-Brücke über den Canal Grande.

Venezuela, Klein-Venedig, als er die Pfahlbauten im Maracaibosee erblickte. Im 16. Jh. machten die Spanier das Land zu ihrer Kolonie. In der Hauptstadt Caracas nahm 1810 die lateinamerikanische Unabhängigkeitsbewegung ihren Anfang. Nach dem entscheidenden Sieg über die Spanier bei Caraboba gründete Simón BOLÍVAR 1821 die Republik Groß-Kolumbien, die Venezuela, Kolumbien, Panama und Ecuador umfasste. Als sie 1829/30 zerfiel, wurde Venezuela unter José Antonio Páez, einem Mitstreiter Bolívars, vollkommen unabhängig und Páez wurde für die Jahre 1831–35 zum ersten Präsidenten der neuen Republik gewählt und behielt die Macht bis 1845 in seinen Händen. Páez war der erste der Caudillos, die das Land fast ununterbrochen bis 1958 diktatorisch regierten. Viele Bürgerkriege, Putschversuche und Aufstände erschütterten Venezuela in dieser Zeit. Während der Diktatur von Juan Vicente Gómez wurden große Erdölvorkommen erschlossen und 1928 war Venezuela weltgrößter Erdölexporteur; es entwickelte sich zu einem der reichsten und modernsten lateinamerikanischen Staaten. Der letzte Militärdiktator Marcos Peréz Jiménez wurde 1958 gestürzt.

Nach der sozialdemokratischen Übergangsregierung von Rómulo Betancourt erlebte Venezuela 1964 den ersten verfassungsmäßigen Präsidentenwechsel und in der Folge waren abwechselnd die sozialdemokratische Acción Democrática und die Christlich-Soziale Partei an der Macht. Die nach dem Weltkrieg boomende Erdölindustrie brachte zwar ein Wirtschaftswachstum, doch die ra-

sante Inflation und steigende Auslandsverschuldung machten unter Jaime Lusinchi 1984–88 ein striktes Sparprogramm nötig. Sein sozialdemokratischer Nachfolger Carlos Andrés Pérez hatte mit dem Ende des Ölbooms, aber auch mit zwei Putschversuchen und durch drastische Preiserhöhungen ausgelösten blutigen Unruhen zu kämpfen.

Wegen des Vorwurfs der Unterschlagung öffentlicher Gelder wurde Pérez im Mai 1993 entlassen und Rafael Caldera Rodríguez zum neuen Regierungschef einer 17-Parteien-Koalition. Aus den Wahlen vom Dezember 1998 ging der linksnationalistische ehemalige Offizier Hugo Chávez als Sieger hervor, der sich auf Simón Bolívar beruft und eine friedliche Revolution versprach. Er hatte sich 1992 am Putschversuch gegen Pérez beteiligt.

Venizelos, Eleftherios (1864–1936), mehrfacher griechischer Ministerpräsident in den Jahren 1910–35. Der gebürtige Kreter modernisierte die politischen Institutionen GRIECHENLANDS, vertrieb die Türken in den Balkankriegen 1912/13 von europäischem Gebiet und erreichte den Anschluss KRETAS. 1917 führte er Griechenland aufseiten der Alliierten in den Ersten Weltkrieg; König Konstantin I. wurde zur Abdankung gezwungen. In den Pariser Vorortverträgen erreichte Venizelos bedeutende Gebietsgewinne für Griechenland, und zwar Smyrna in Kleinasien, Ost- und Westthrakien sowie alle ägäischen Inseln außer Rhodos. Darüber kam es 1920 zum Krieg mit der Türkei. Venizelos wurde gestürzt und ging ins Exil, König Konstantin kehrte zurück, wurde wenig später aber entthront. Nach einer kurzen Regierungszeit 1924 wurde Venizelos 1928 erneut zum Ministerpräsidenten gewählt und hatte das Amt mit Unterbrechungen bis März 1935 inne. Drei Jahre später starb er im Pariser Exil.

Verbannung, Landesverweisung von Straffälligen an einen anderen Ort, meist in entlegene STRAFKOLONIEN. In den deutschen Strafgesetzbüchern des 15./16. Jh. wird die Verbannung als Ersatz- bzw. Gnadenstrafe genannt für Verbrechen, die eigentlich den Tod verdient hätten.

Die Franzosen verbannten Verbrecher auf die Westindischen Inseln, russische Verbannte landeten stets in Sibirien. In Großbritannien war die Verbannung die häufigste Form der Strafe; sie wurde meist bei Diebstahl verhängt, traf aber auch politische Gefangene vor allem aus Irland. Bis zum Amerikanischen Unabhängigkeitskrieg kamen die Verurteilten in die amerikanischen Kolonien, später nach Australien oder Tasmanien.

Zunächst verrichteten die Gefangenen gemeinnützige Arbeiten, später wurden sie den Siedlern als bezahlte Arbeitskräfte zugewiesen. Wer während der Verbannung weitere Verbrechen beging, konnte mit Auspeitschen, Einzelhaft oder längeren Aufenthalten in Straflagern bestraft werden, in denen er im Kohlebergbau oder in Leimkochereien arbeiten musste. Das Straflager im tasmanischen Port Arthur war Mitte des 19. Jh. eines der gefürchtetsten Lager; hier wurden Sträflinge schon für den geringsten Ungehorsam ausgepeitscht und nicht wenige in den Wahnsinn getrieben. Französische Straffällige wurden noch bis 1938 in ein ähnlich grausames Straflager auf der Teufelsinsel vor der Küste Südamerikas verbannt. In England wurde die Verbannung 1868 abgeschafft.

Verbotene Stadt, bis 1911 privater Lebensbereich der Kaiser von CHINA im Kern der Pekinger Innenstadt. Der 70 ha große Bezirk hieß so, weil gewöhnliche Bürger und Ausländer ihn ohne Genehmigung nicht betreten durften. Der weitläufige Kaiserpalast, der 1407–20 erbaut wurde, hatte 9999 Zimmer und ist heute noch von einem Wassergraben und einer hohen Mauer umgeben. Als die Kommunisten 1949 die Macht erhielten, wandelten sie ihn in ein Museum um.

Vercingetorix (um 82–46 v. Chr.), gallischer König aus dem Stamm der Arverner. Gegen Ende der GALLISCHEN KRIEGE 52 v. Chr. wandte er sich gegen die römischen Besatzer und wurde von seinem Volk zum König eines vereinten Galliens ernannt. CAESAR schlug die Revolte 46 v. Chr. erfolgreich nieder, präsentierte den Gallier beim Triumphzug durch Rom als Kriegsbeute und ließ ihn dann enthaupten.

Verdi, Giuseppe (1813–1901), italienischer Opernkomponist, dessen frühe Opern als Symbole des italienischen Nationalismus zur Zeit des RISORGIMENTO gelten. Das Musikstudium des Bauernsohns in Mailand wurde von dem Kaufmann Antonio Barezzi finanziert, dessen Tochter Verdi später heiratete. Schon Verdis erste Oper *Oberto* von 1839 hatte erstaunlichen Erfolg und er erhielt den Auftrag zur Komposition weiterer Opern. 1840 starben seine Frau und seine beiden Kinder. Nach einer längeren Pause komponierte er 1842 seine dritte Oper *Nabucco*. Sie

IL MAESTRO VERDI, PAR GÉDÉON

Diese Karikatur nimmt Verdis Patriotismus auf die Schippe: Er spielt *Don Carlos* auf der Drehorgel und hält zwei Siegerkränze mit der Aufschrift *Rigoletto* und *Il Trovatore* in der Hand.

thematisierte das biblische Exil der Juden und wurde ein triumphaler Erfolg, da sich die Italiener in ihrem Kampf für ein geeintes, freies Italien mit den Juden identifizierten. Seine nächsten Werke *Rigoletto*, *Il trovatore* und *La Traviata* wurden auf der ganzen Welt gefeiert. 1859 heiratete Verdi die Sopranistin Giuseppina Strepponi. Den Beginn seiner späteren Schaffensperiode markieren *Don Carlos* und *Aida*. Letztere hatte Verdi für das Opernhaus in Kairo komponiert, wo sie ursprünglich bei der Eröffnung des Suezkanals uraufgeführt werden sollte. Sein *Requiem* von 1873/74 war dem Andenken des Dichters Alessandro Manzoni gewidmet.

In den letzten Jahren seines Lebens überraschte Verdi die Opernwelt noch einmal mit zwei Opern, die sich auf Bühnenwerke William SHAKESPEARES stützten: mit der Tragödie *Othello* 1887 und der Komödie *Falstaff* 1893. Insgesamt komponierte er 26 Opern.

Verdun, Vertrag von (843), Teilung des Fränkischen Reiches der Karolinger zwischen den Enkeln KARLS DES GROSSEN, den Königen Lothar I., KARL II. dem Kahlen und LUDWIG II. DEM DEUTSCHEN, die die Struktur des heutigen Europa begründete. Ihr Vater LUDWIG I. der Fromme hatte 817 seinen ältesten Sohn Lothar zum Mitkaiser und Nachfolger wählen und krönen lassen, später aber die Nachfolge zugunsten Karls geändert. Nach dem Tod ihres Vaters 840 verbündeten sich Ludwig und Karl gegen Lothar, der kaiserliche Rechte beanspruchte. Der Bruderkrieg wurde erst 843 mit dem Vertrag von Verdun beigelegt. Danach erhielt Karl Westfranken, das ungefähr dem heutigen Frankreich entspricht, und Ludwig Ostfranken,

etwa das Gebiet des heutigen Deutschland, während Lothar die Kaiserwürde behielt und Italien sowie das mittlere Reich bekam, das von der Nordsee bis zur Rhône und den Ostalpen reichte. Dieses Gebiet, Lotharingien, verlor bald seine Identität und wurde eines der Schlachtfelder, auf denen die neu entstehenden Königreiche Frankreich und Deutschland ihre Schlachten austrugen.

Vereinigte Arabische Emirate, Föderation aus sieben autonomen Staaten an der Piratenküste des Persischen Golfes. Sie heißt deshalb so, weil die Küstenemirate Zwangsabgaben von den zahlreichen Handelsschiffen kassierten, die das Seegebiet auf dem Weg nach Persien oder Indien passierten. Um ihre Forderungen durchsetzen zu können, unterhielten die Emirate gefürchtete Kaperflotten. Ab 1892 bestimmte Großbritannien die Außenpolitik an der Piratenküste, nachdem die dortigen Fürsten mit den Briten entsprechende Verträge abgeschlossen hatten. 1971 zogen sich die Briten vom Persischen Golf zurück und noch im selben Jahr schlossen sich die Emirate zu einem unabhängigen Staatswesen zusammen und unterzeichneten einen Freundschaftsvertrag mit Großbritannien. Die Föderation besteht aus den sieben kleinen Scheichtümern Abu Dhabi, Dubai, Sharja, Ajman, Umm al-Kaiwain, Fujaira und Ras al-Khaimah. Höchstes Organ ist der Oberste Rat, der sich aus den sieben Scheichs zusammensetzt und die Regierung ernennt. Staatsoberhaupt ist seit 1971 der Emir von Abu Dhabi, Said ibn Sultan an-Nahjan. Es gibt keine politischen Parteien. Der fantastische Reichtum der Emirate beruht auf ihren großen Erdöl- und Erdgasvorkommen.

Vereinigte Staaten von Amerika, Staat in Nordamerika, der aus 50 Bundesstaaten einschließlich Hawaii und Alaska besteht und im Norden an Kanada, im Süden an Mexiko grenzt. Die Ureinwohner sind INDIANER asiatischen Ursprungs, die vor rund 40 000 Jahren über die Beringstraße von Sibirien nach Alaska einwanderten. Ab dem 16. Jh. begannen die Europäer das Land zu kolonisieren. 1565 gründeten die Spanier in FLORIDA die erste feste europäische Siedlung in Nordamerika. Nach ihnen errichteten die Franzosen Handelsposten am St.-Lorenz-Strom und im unteren Mississippital; dazwischen siedelten Briten, Niederländer und später Deutsche. Die erste dauerhafte britische Kolonie entstand 1607 in Virginia. Im SIEBENJÄHRIGEN KRIEG, der 1763 mit dem Frieden von PARIS endete, besiegte Großbritannien Frankreich im Kampf um die Vorherrschaft in der Neuen Welt.

Bald wehrten sich die DREIZEHN KOLONIEN dagegen, von Großbritannien regiert zu werden. 1775 kam es in Massachusetts zur ersten Schlacht des AMERIKANISCHEN UN-

ABHÄNGIGKEITSKRIEGS, bei dem die Amerikaner von Frankreich und Spanien unterstützt wurden. Am 4. Juli 1776 riefen sich die neuenglischen Kolonien durch die AMERIKANISCHE UNABHÄNGIGKEITSERKLÄRUNG zu den Vereinigten Staaten von Amerika aus und nach langen Kämpfen mussten die Briten schließlich kapitulieren. 1783 gewannen die früheren Kolonien im Frieden von Versailles die volle Unabhängigkeit und vier Jahre später gab sich die junge Nation eine Verfassung, in der eine zentrale Regierung geschaffen und eine Teilung der gesetzgebenden Gewalt in SENAT und REPRÄSENTANTENHAUS festgelegt wurde. 1789 wählten die Amerikaner George WASHINGTON, den früheren Oberbefehlshaber im Unabhängigkeitskrieg, zu ihrem ersten Präsidenten.

Mit dem Kauf von LOUISIANA 1803 begann die territoriale Expansion; 16 Jahre später erwarben die USA das spanische FLORIDA. TEXAS wurde 1845 annektiert, das Gebiet von New Mexico bis KALIFORNIEN im Krieg gegen MEXIKO 1846–48 übernommen. Der kalifornische GOLDRAUSCH 1848 trug mit dazu bei, dass sich das Land immer weiter westwärts ausdehnte und der WILDE WESTEN erkundet wurde. Gleichzeitig förderte der Ausbau des Eisenbahnnetzes und der steigende Zustrom von Einwanderern aus Europa die Besiedlung des Mittleren Westens. Dabei kam es zu blutigen Auseinandersetzungen mit den Indianern; viele wurden von den Weißen getötet, vertrieben oder in INDIANERRESERVATE gezwungen.

Mitte des 19. Jh. spaltete sich das Land an der Frage der SKLAVEREI. Während der landwirtschaftlich orientierte Süden die Sklavenhaltung verteidigte, wollte sie der industrialisierte, liberale Norden abschaffen. Die Südstaaten traten aus der Union aus, wurden aber im SEZESSIONSKRIEG 1861–65 besiegt und wieder eingegliedert und die Sklaverei abgeschafft. 1867 erwarben die USA ALASKA und erhielten nach ihrem Sieg im SPANISCH-AMERIKANISCHEN KRIEG 1898 auch die gesamten überseeischen Kolonien Spaniens.

Im 20. Jh. entwickelten sich die USA zur Weltmacht. Entgegen ihrem ursprünglichen Willen wurden sie in den ERSTEN und ZWEITEN WELTKRIEG hineingezogen; 1945 waren sie es, die die Atombomben auf die japanischen Städte NAGASAKI und HIROSHIMA warfen. Aus dem Zweiten Weltkrieg gingen die USA als erste Macht der Welt hervor. Im Wesentlichen durch amerikanische Initiative wurden 1945 die VEREINTEN NATIONEN ins Leben gerufen. Mit dem Ziel, den KOMMUNISMUS an der Ausbreitung zu hindern, kämpften Amerikaner 1950–53 im KOREAKRIEG und 1964–75 in VIETNAM; darüber hinaus unterstützten sie antikommunistische Regierungen insbesondere in Lateinamerika. In den 70er- und 80er-Jahren bemühten sich die USA um Entspannung und Abrüstung und trugen so ihren Teil zur Beendigung des KALTEN KRIEGES bei. 1991 entsandten die USA eine riesige Streitmacht in den GOLFKRIEG und vertrieben mit ihren Verbündeten die irakischen Besatzer aus Kuwait. Seither haben sie ihren Anspruch, als Vorkämpfer der internationalen Staatengemeinschaft für Freiheit und Demokratie einzutreten, immer wieder bekräftigt – sei es durch die Vermittlung von Friedensabkommen etwa im Nahen Osten oder durch militärische Einsätze wie im KOSOVO im Frühjahr 1999.

Zu den wichtigsten innenpolitischen Ereignissen des 20. Jh. zählen u. a. die WELTWIRTSCHAFTSKRISE 1929, das Attentat auf John F. KENNEDY 1963 und die Verabschiedung des Bürgerrechtsgesetzes 1964. Der schwarze Bürgerrechtler Martin Luther KING wurde 1968 ermordet, im Jahr darauf betrat ein Amerikaner als erster Mensch den Mond. WATERGATE zwang 1974 Richard NIXON zum Rücktritt. Am 3. Oktober 1992 wurde der Demokrat Bill CLINTON zum Präsidenten der USA gewählt; seine Politik brachte dem Land einen stabilen wirtschaftlichen Aufschwung.

Vereinte Nationen, englisch United Nations Organization, abgekürzt UNO; eine der INTERNATIONALEN ORGANISATIONEN. Sie wurde 1945 als Nachfolgerin des VÖLKERBUNDS gegründet. Ihre Hauptaufgabe besteht in der Sicherung des Weltfriedens und der internationalen Sicherheit. Die Vereinten Nationen spielen eine bedeutende Rolle bei der Beendigung von Kriegen, sie leisten Entwicklungshilfe, Flüchtlingshilfe und Hilfe bei Naturkatastrophen, fördern den internationalen Handel, die wissenschaftliche und kulturelle Zusammenarbeit und treten für die Wahrung der Menschenrechte und das Wohlergehen und die Bildung aller Kinder ein.

Im Februar 1945 beschlossen Großbritannien, die USA und die Sowjetunion auf der Konferenz von JALTA die Gründung der Vereinten Nationen. Vier Monate später wurde die UN-Charta unterschrieben und im Oktober traten 51 Länder zur ersten Sitzung zusammen. Im Frühjahr 1999 hat die UNO 185 Mitgliedsstaaten, der Hauptsitz ist in New York. Die einzelnen Mitgliedsländer zahlen einen ihrer Bedeutung angemessenen Beitrag. Allerdings gefährden anhaltend hohe Beitragsrückstände zunehmend die Arbeit der UNO. Größter Schuldner waren Ende 1997 die USA mit 1,3 Mrd. Dollar.

Die Vereinten Nationen haben sechs Hauptorgane: die Generalversammlung, den Weltsicherheitsrat, den Wirtschafts- und Sozialrat, den Treuhandrat, das Sekretariat und den Internationalen Gerichtshof. In der Generalversammlung sitzen Vertreter aller Mitgliedsländer, sie entscheiden über den Haushalt und sprechen Empfehlungen für die Arbeit der UN auf allen Gebieten aus. Der Weltsicherheitsrat hat die größten Machtbefugnisse; seine Aufgabe ist es, den internationalen Frieden zu sichern. Im Sicherheitsrat sitzen fünf ständige Mitglieder – Großbritannien, die Russische Föderation, China, Frankreich und die USA – und zehn nicht ständige Vertreter, die von der Generalversammlung für zwei Jahre gewählt werden. Der Sicherheitsrat entsendet Friedenstruppen in verschiedene Krisenherde, etwa 1964 nach ZYPERN, 1978 in den LIBANON und 1992 nach BOSNIEN UND HERZEGOWINA. 1991 erteilte der Sicherheitsrat die Ermächtigung, im GOLFKRIEG militärisch gegen den Aggressor Irak vorzugehen. Da der Sicherheitsrat über keine eigene Streitmacht verfügt, überträgt er diese Aufgabe bestimmten Staaten oder einem Staatenbündnis wie der NATO. Die Ermächtigung muss einstimmig ergehen. Die NATO-Angriffe auf JUGOSLAWIEN im KOSOVO-Krieg 1999 waren nicht vom Sicherheitsrat autorisiert.

Der Wirtschafts- und Sozialrat fördert den sozialen und wirtschaftlichen Fortschritt und der Treuhandrat ist für Länder zuständig, die sich auf die Unabhängigkeit vorbereiten. Das juristische Organ, der Internationale Gerichtshof in Den Haag, besteht aus 15 Richtern. Das Sekretariat übernimmt Verwaltungsaufgaben. Erster Generalsekretär war der Norweger Trygve LIE 1946–53; am 1. Januar 1997 übernahm Kofi Annan aus Ghana das Amt.

Die Vereinten Nationen haben verschiedene Sonderorganisationen und -organe, z. B. das Weltkinderhilfswerk UNICEF, die Organisation für Erziehung, Wissenschaft und Kultur UNESCO, die Welthandelskonferenz UNCTAD und den Hohen Flüchtlingskommissar UNHCR. Außerdem unterstehen ihrer Schirmherrschaft andere internationale Organisationen wie die WELTBANK, der INTERNATIONALE WÄHRUNGSFONDS und die Weltgesundheitsorganisation WHO.

Vergil (70–19 v. Chr.), römischer Dichter aus der Nähe von Mantua. Nachdem er seine Studien in Mailand, Neapel und Rom beendet hatte, arbeitete er etwa zehn Jahre auf dem Hof seines Vaters und schrieb Gedichte. Als der Hof 41 v. Chr. konfisziert wurde, ging er nach Rom, wo er bald in den dortigen literarischen Kreisen verkehrte. Während seine erste Gedichtsammlung *Eclogae* das Leben auf dem Land idealisierte, war die landwirtschaftliche Lehrdichtung *Georgica* realistischer. In seinem letzten und berühmtesten Werk, dem

Das Kapitol in Washington ist Sitz des Repräsentantenhauses und des Senats der USA. Seine Kuppel ist dem Petersdom in Rom nachgebildet.

Dieser Holzschnitt zeigt Amerigo Vespucci, der mit dem Schiff die südamerikanische Küste erkundet und dabei von neugierigen Eingeborenen beobachtet wird.

aus zwölf Büchern bestehenden Heldenepos *Aeneis*, beschreibt Vergil die Irrfahrten des Äneas nach dem Fall Trojas. Dem Wunsch des sterbenden Dichters, das noch nicht ganz vollendete Werk zu verbrennen, wurde nicht entsprochen. Seine Werke wurden schnell zu den herausragendsten der klassischen lateinischen Dichtkunst und beeinflussten die Dichter vieler Jahrhunderte, darunter vor allem DANTE ALIGHIERI, bis hin zu den Poeten der ROMANTIK.

Versailler Vertrag (28. Juni 1919), von den vier Siegermächten und den ihnen angeschlossenen Staaten sowie Deutschland nach dem ERSTEN WELTKRIEG unterzeichneter Friedensvertrag. Im November 1918 hatten die Alliierten mit Deutschland einen an den VIERZEHN PUNKTEN von US-Präsident WILSON orientierten Waffenstillstand vereinbart. Am 28. Juni 1919 unterzeichneten Delegationen der Alliierten und der WEIMARER REPUBLIK im Spiegelsaal des Versailler Schlosses das Vertragswerk, das von der Pariser Friedenskonferenz ab 18. Januar unter Ausschluss Deutschlands und Österreichs erarbeitet worden war. Deutschland hatte den Vertrag unter Androhung militärischer Konsequenzen ohne Verhandlungen akzeptieren müssen. In Artikel 231 mussten Deutschland und seine Verbündeten die Alleinschuld für den Ausbruch des Krieges und für alle entstandenen Schäden anerkennen. Daraus leiteten die Sieger Wiedergutmachungsforderungen gewaltigen Ausmaßes ab.

Aufgrund des Vertrags musste Deutschland große Gebiete abtreten: Polen erhielt Teile Oberschlesiens sowie den polnischen Korridor, die Tschechoslowakei das Hult-schiner Ländchen und Frankreich ELSASS-LOTHRINGEN. Danzig wurde zur freien Stadt, das Saargebiet für 15 Jahre dem Völkerbund unterstellt und das RHEINLAND entmilitarisiert. Durch Volksabstimmungen ging Nordschleswig an Dänemark und Eupen-Malmédy an Belgien. Das Memelgebiet wurde 1923 von Litauen annektiert. Auch die Kolonien in Afrika und im Fernen Osten wurden Deutschland genommen. Insgesamt verlor es über 70 000 km², mehr als ein Siebtel seines Territoriums. Das Reichsheer wurde auf 100 000, die Marine auf 15 000 Mann beschränkt und die Produktion von U-Booten, Militärflugzeugen und -fahrzeugen musste eingestellt werden.

Überdies wurde Deutschland zur Wiedergutmachung im großen Stil verpflichtet; im Gegensatz zu den Sachleistungen war die endgültige Höhe der Reparationszahlungen im Vertrag von Versailles allerdings noch nicht festgeschrieben. Erst im Januar 1921 einigten sich die Alliierten auf eine Entschädigung in Höhe von 226 Mrd. Goldmark, die im April auf 132 Mrd., zahlbar in 30 Jahren, herabgesetzt wurde. Der Friedensvertrag trat am 10. Januar 1920 in Kraft. Die äußerst harten Bedingungen, die eine schwere, wenn nicht unbezahlbare Hypothek für die junge Demokratie darstellten, stießen im Volk wie im Parlament auf einhellige Ablehnung. Adolf HITLER wusste dieses Klima geschickt für seine Zwecke auszunutzen.

Mit Deutschlands Verbündeten im Ersten Weltkrieg – Österreich, Ungarn, Bulgarien und der Türkei – schlossen die Alliierten 1919/20 eigene Verträge.

Versailles siehe rechte Seite

Verwoerd, Hendrik Frensch (1901–66), südafrikanischer Politiker und Führer der Nationalen Partei, der als Minister für Eingeborenenfragen 1950–58 das System der APARTHEID einführte und 1958–66 Ministerpräsident von SÜDAFRIKA war. Die verschärfte Rassentrennung führte in seiner Regierungszeit zu Unruhen; beim Massaker von SHARPEVILLE 1960 kamen 69 Schwarze ums Leben. Um die Opposition zum Schweigen zu bringen, verbot die Regierung Verwoerd den AFRICAN NATIONAL CONGRESS ANC und den Panafrikanischen Kongress, die für die Gleichberechtigung eintraten. 1966 wurde Verwoerd während einer Parlamentssitzung von einem griechischstämmigen Parlamentsdiener aus Moçambique ermordet.

Vespasian (9–79), römischer Kaiser ab 69 bis zu seinem Tod; Begründer der flavischen Dynastie. Im Jahr 51 wurde Titus Flavius Vespasianus, der sich im Britannienfeldzug des Claudius ausgezeichnet hatte, Konsul und 63 Prokonsul von Nordafrika. Als sich die Einwohner PALÄSTINAS 66 gegen die römischen Besatzer erhoben, wurde er von NERO zur Niederwerfung des Aufstands dorthin geschickt. Nachdem seine Truppen ihn im Jahr 69 in Syrien zum Kaiser ernannt hatten, übertrug er den Oberbefehl im jüdischen Krieg seinem Sohn TITUS. Vespasian zog nach Rom, wo er die Truppen des Vitellius besiegte und schließlich vom Senat anerkannt wurde. Als römischer Kaiser stellte er die Disziplin in der Armee wieder her und reformierte das Steuersystem. Außerdem hielt er die Verwaltung unter strenger Kontrolle, sodass Rom am Ende seiner Regentschaft wieder zahlungsfähig war. In Rom ließ Vespasian das Kolosseum bauen.

Vespucci, Amerigo (1451–1512), Kaufmann und Seefahrer aus Florenz, der mehrere Entdeckungsreisen in die Neue Welt unternahm. 1497/98 reiste der Abenteurer nach eigenen Angaben in spanischen Diensten zum Golf von Mexiko. Zusammen mit dem spanischen Konquistador Alonso de Ojeda erkundete er 1499 die Nordostküste Südamerikas. Ohne Ojeda segelte er weiter Richtung Süden auf der Suche nach einer Westpassage nach Indien, musste aber widriger Umstände wegen umkehren. Auf seiner nächsten Fahrt, nun unter portugiesischer Flagge, erreichte er als erster Europäer 1502 den Río de la Plata und drang bis nach Patagonien vor. Vespuccis Erkenntnisse setzte der deutsche Kartograph Martin Waldseemüller 1507 in einer Weltkarte um. Da er Vespucci für den Entdecker Amerikas hielt, benannte er das neue Land nach ihm. Vespucci entwickelte außerdem ein System zur Bestimmung des Längengrads und berechnete den Erdumfang mit einer Abweichung von nur 80 km vom tatsächlichen Umfang.

Der Palast des Sonnenkönigs

Ludwig XIV. wollte Versailles zum prachtvollsten Königsschloss Europas machen. In ihm sollten sich der Ruhm des absolutistischen Monarchen und die Größe Frankreichs widerspiegeln.

Ludwig XIV. war gerade neun Jahre alt, als er im Jahr 1648 in Paris die Fronde miterlebte, eine Adelserhebung, die sich gegen seinen Vormund Kardinal Mazarin und das Königtum richtete und in deren Verlauf die Rebellen auch in den Louvre, den Wohnsitz der königlichen Familie, eindrangen. Aus den Kämpfen zog der junge König die Lehre, dass es wohl sicherer wäre, Paris nicht zu seiner Residenz zu machen.

Anfang der 60er-Jahre des 17. Jh. beschloss er, ein königliches Jagdschlösschen im 18 km entfernten Versailles in einen prächtigen Palast umbauen zu lassen, der seiner Stellung als mächtigster Monarch Europas würdig war. Versailles sollte zum Zentrum seines Reiches werden, von hier

Nicht nur der Spiegelsaal (unten) und das königliche Schlafgemach (rechts) des Schlosses erstrahlen in verschwenderischer Pracht.

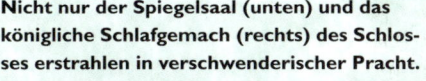

aus wollte er Frankreichs territoriale Ausdehnung und politische Macht vergrößern. Mit seinem Ausspruch *„L'état ç'est moi"* – „Der Staat bin ich" war Ludwig XIV. die Personifikation des französischen Absolutismus. Alle seine Befehle, wie eigenartig sie auch waren, mussten befolgt werden.

Mit dem Bau des Palastes und seiner Gärten beauftragte Ludwig den Architekten Louis Le Vau, der später von Jules Hardouin-Mansart abgelöst wurde; den Gartenbaumeister André Le Nôtre sowie den Maler Charles Lebrun, der die Innendekoration übernahm. 1662 begann man damit, um die

ursprünglich 20 Räume des Schlösschens einen riesigen barocken Palast zu bauen. Eine Armee von 30 000 Arbeitern ebnete die Anhöhe, auf der er stehen sollte, staute einen nahe gelegenen Bach und pumpte von der 8 km entfernten Seine Wasser in ein eigens angelegtes Reservoir.

Als 15-Jähriger tanzte Ludwig in dem Ballett *La Nuit* den Sonnenkönig, ein Name, den er bis über den Tod hinaus behalten sollte. Ganz im Sinn dieses Beinamens sollte jedes kleinste Detail des Palastes seinen Ruhm verherrlichen. Das Dach etwa wurde mit einer Goldschicht überzogen, sodass es bei

Sonnenaufgang Feuer zu fangen schien. Die herrlich angelegten Gärten besaßen über 1400 Fontänen mit eigenen Becken und Wasserfällen.

HEERSCHAREN VON DIENERN

Über 7000 Hofbeamte drängten sich in den öffentlichen Empfangsräumen und Privatwohnungen. Mancher Besucher verlor sich in dem Labyrinth von Gängen und es gab Beamte, die über Jahre nicht wussten, was genau ihre Rolle am Hof war. Hinzu kamen weitere 7000 Bedienstete des Hauspersonals sowie eine ständig wechselnde Zahl von Malern, Dramatikern, Musikern, Philosophen, Dichtern, Geistlichen, Handwerkern und Ärzten, deren einzige Aufgabe darin bestand, sich um den König zu kümmern, ihn zu unterhalten und zu inspirieren.

Das Leben am Hof folgte einer strengen Routine. Jeder Tag begann mit dem *Lever*, dem Morgenempfang des Königs, an dem seine Kammerdiener, der königliche Barbier, der erste Hofarzt und der königliche Uhrmacher zugegen waren. Ludwig XIV. wurde von seinen Dienern, engen Vertrauten und einem Schwarm von Gefolgsleuten gewaschen und angezogen, bekam sein Frühstück serviert und wurde über die neuesten Nachrichten unterrichtet. Anschließend empfing er Botschafter und Gesandte aus aller Welt. Zwischendurch blieb noch Zeit für ein Schäferstündchen mit seiner Frau oder einer seiner Mätressen.

1682 – der Bau des Palastes war noch nicht abgeschlossen – verlegte Ludwig die Regierung nach Versailles. Nun überwachte er jedes Detail der Regierungsgeschäfte, vom Straßenbau bis zu den Truppenbewegungen seiner Armee. Als Ludwig XIV. 1715 starb, war aus dem kleinen Versailles eine Stadt mit 30 000 Einwohnern geworden. Der Palast selbst wurde erst nach dem Tod des Sonnenkönigs vollendet.

Ludwig XIV. inspizierte die eigens angelegten Wasserreservoirs.

In der Nähe von Rom kann man noch ein Stück auf der antiken Via Appia zurücklegen, die einst Rom mit Brindisi verband.

Vestalinnen, die jungfräulichen Priesterinnen der Vesta, der römischen Göttin des Herdfeuers. Aus einer Gruppe von Töchtern wohlhabender freier Römer zwischen sechs und zehn Jahren wurden sechs Jungfrauen bestimmt, die neben dem Tempel der Vesta auf dem Forum Romanum in Rom lebten. Sie waren wie Bräute gekleidet und für 30 Jahre zum Dienst in Keuschheit verpflichtet. Eine Vestalin, die das Keuschheitsgelübde brach, wurde bei lebendigem Leib verbrannt. Zu ihren Aufgaben gehörten die Dienste bei den jährlichen Vestalia, den Feierlichkeiten zu Ehren Vestas im Juni. Außerdem reinigten sie den Schrein der Göttin, hüteten das ewige Feuer und bereiteten rituelle Speisen zu.

Via Appia, erste Militärstraße im antiken Rom. Sie wurde nach dem Zensor Appius Claudius Caecus benannt, unter dem die Bauarbeiten 312 v. Chr. begonnen wurden. Die gepflasterte Straße verlief zunächst von Rom nach Capua und wurde 267 v. Chr. bis nach Brindisi verlängert. Im Einzugsbereich der 540 km langen Straße wurden prachtvolle Villen erbaut. 71 v. Chr. wurden nach dem Aufstand des SPARTACUS rund 6000 Gefangene an der Via Appia gekreuzigt.

Vichy-Regierung (1940–44), französische Regierung während der deutschen Besatzung im ZWEITEN WELTKRIEG. Nachdem der französische Ministerpräsident Henri-Philippe PÉTAIN am 22. Juni 1940 einen Waffenstillstand mit Deutschland geschlossen hatte, wurden zwei Drittel Frankreichs von deutschen Truppen besetzt. Für die nicht besetzten Gebiete stellte die Nationalversammlung eine Regierung mit Sitz im Heilbad Vichy auf. Unter der Führung von Staatschef Pétain verabschiedete die Vichy-Regierung eine Verfassung, die einen autoritären Staat, den État Français, begründete. Durch Kollaboration mit Hitler versuchte sie für Frankreich größtmögliche Eigenständigkeit

zu wahren. Die Regierung wurde erst von Pierre LAVAL geführt, dann von Admiral François Darlan und ab April 1942 wieder von Laval. Im Innern wurde sie von der Résistance bekämpft; deren Widerstand verschärfte sich, als auch der Rest Frankreichs im November 1942 von den Deutschen besetzt wurde. Nach der Befreiung Frankreichs durch die Alliierten 1944 brach die Vichy-Regierung zusammen.

Viererbande, radikale Spitzenpolitiker der chinesischen Kommunistischen Partei, die bereits während der KULTURREVOLUTION in den 60er-Jahren in Erscheinung traten. Die Gruppe bestand aus Wang Hongwen, Yao Wenyuan, Zhang Chunqiao und Jiang Qing, der Frau von MAO ZEDONG. Sie hatten ihre Machtbasis in Shanghai und nahmen nach dem zehnten Parteikongress 1973 wichtige Positionen im Politbüro ein. Nach Maos Tod 1976 wurde behauptet, sie planten eine Verschwörung zur Machtergreifung; sie wurden aus der Partei ausgeschlossen und inhaftiert. 1980/81 wurde ihnen wegen konterrevolutionärer Verbrechen der Prozess gemacht. Jiang und Zhang wurden zum Tod verurteilt, später jedoch zu lebenslanger Haft begnadigt. Wang erhielt lebenslänglich und Yao musste für 20 Jahre ins Gefängnis.

Vierzehn Punkte, vom amerikanischen Präsidenten Woodrow WILSON entwickeltes Friedensprogramm zur Beendigung des Ersten Weltkriegs. Am 8. Januar 1918 stellte Wilson dem Kongress die Vierzehn Punkte vor, die u. a. eine allgemeine Abrüstung, die Räumung der von Deutschland besetzten Gebiete in Russland und Belgien, die Unabhängigkeit Polens und die Gründung einer internationalen Organisation, des späteren VÖLKERBUNDS, vorsahen. Das Programm bildete die Grundlage für den VERSAILLER VERTRAG, der Deutschland dann aber weitaus mehr abverlangte.

Vietnam, Volksrepublik an der Ostküste Südostasiens. 111 v. Chr. eroberten die Chinesen das mittlere Reich Nam-Viet, das spätere Annam, und regierten dort bis zu ihrer Vertreibung Mitte des 10. Jh. 1802 vereinte Kaiser Gia Long mit französischer Unterstützung Tongking und Annam und 1883 ging Vietnam im französischen Kolonialreich Indochina auf.

Im Lauf des Zweiten Weltkriegs lösten die Japaner die Franzosen als Besatzer ab. In jenen Tagen gründete HO CHI MINH die kommunistische Befreiungsbewegung Vietmin. Am 2. September 1945 rief er nach der Kapitulation Japans die Demokratische Republik Vietnam aus. Ein Jahr später brach der Indochinakrieg aus, in dem die Vietmin den zurückgekehrten französischen Truppen erbitterten Widerstand leisteten und sie bei DIEN BIEN PHU 1954 schließlich besiegten. Auf der Genfer Indochinakonferenz im Juli des Jahres wurde Vietnam geteilt. Im Norden entstand eine kommunistische Volksrepublik mit der Hauptstadt Hanoi, während 1955 im Süden eine antikommunistisch eingestellte Regierung unter Präsident NGO DINH DIEM die Verantwortung übernahm; die Hauptstadt wurde Saigon. Südvietnam konnte von Anfang an mit der Unterstützung der USA rechnen, die hier ein letztes Bollwerk gegen den vordringenden KOMMUNISMUS in Südostasien sahen und eine von Ho Chi Minh, mittlerweile Staatspräsident Nordvietnams, geplante Machtübernahme unter allen Umständen verhindern wollten.

Weil Diem die in Genf beschlossene Volksabstimmung ablehnte und notwendige Wirtschaftsreformen ausblieben, nahm ab 1957 der Vietcong, die vom Norden unterstützte südvietnamesische Befreiungsfront, den bewaffneten Kampf gegen die Regierung auf. Als die nordvietnamesischen Kom-

munisten nach Diems Sturz 1963 versuchten, im allgemeinen politischen Chaos in Südvietnam Fuß zu fassen, entschieden sich die USA 1964 nach einem vietnamesischen Angriff auf US-Kriegsschiffe im Golf von Tongking zum Eintritt in den Vietnamkrieg. Eine offizielle Kriegserklärung blieb jedoch aus. Im März 1965 begann die Luftwaffe ihre Flächenbombardements in Nordvietnam.

Der Vietcong wurde von nordvietnamesischen Truppen sowie Waffen aus der Sowjetunion und China unterstützt; auf der anderen Seite wurde Amerika immer tiefer in den Krieg hineingezogen. Ende 1968 waren 543 000 GIs in Südvietnam stationiert. Doch selbst durch den massiven Einsatz von US-Bombern und hoch giftigem Entlaubungsmittel konnte der zahlenmäßig wie auch an Ausrüstung unterlegene Gegner nicht besiegt werden. Mehr noch, die USA führten den Krieg auf Kosten einer wehrlosen Zivilbevölkerung. Grausamer Höhepunkt war das Massaker in dem südvietnamesischen Dorf My Lai, das US-Soldaten am 16. März 1968 an über 500 Menschen, meist Kindern und Greisen, verübten. Als der militärische Erfolg weiter ausblieb und die Proteste gegen das Vorgehen der USA weltweit zunahmen, zogen sich die amerikanischen Truppen bis Anfang 1973 stufenweise aus Vietnam zurück. Damit war die Niederlage der südvietnamesischen Armee besiegelt. Am 30. April 1975 besetzten nordvietnamesische Truppen die Hauptstadt Saigon und am 2. Juli 1976 wurden Nord und Süd zur Sozialistischen Republik Vietnam mit der Hauptstadt Hanoi vereint.

Der Krieg hatte weite Teile des Landes vernichtet, zahllose Menschen arbeitslos, obdachlos oder zu Krüppeln gemacht und die Wirtschaft aufs Schwerste geschädigt. Tausende versuchten nach der Machtübernahme aus Angst vor politischer Verfolgung zu flüchten. Als sich die wirtschaftliche Lage durch Überschwemmungen und Dürren noch drastisch verschlimmerte, waren es 1978–85 hunderttausende, die über das Südchinesische Meer ins nicht kommunistische Ausland fliehen wollten. Mindestens ein Drittel dieser so genannten Boatpeople kamen bei der Flucht auf oftmals seeuntüchtigen Schiffen ums Leben.

Die innenpolitischen Probleme hielten Vietnam nicht davon ab, 1978/79 in KAMBODSCHA einzumarschieren, um dort das von China gestützte Regime der ROTEN KHMER zu stürzen; erst nach zehn Jahren zogen sie sich wieder zurück. Nach dem Zerfall der Sowjetunion 1991 begann Vietnam seine Beziehungen zu China und den USA zu verbessern. 1992 verabschiedete die Regierung eine neue Verfassung und ein umfangreiches Reformprogramm, das auf die Einführung der Marktwirtschaft abzielt. Trotz des immer liberaleren Wirtschaftssystems und einer allgemeinen Öffnung des Landes ist die Kommunistische Partei auch 1999 einzige maßgebliche politische Kraft im Staat.

Viktor Emanuel II. (1820–78), erster König eines vereinten ITALIEN von 1861 bis zu seinem Tod. Nach dem Rücktritt seines Vaters Karl Albert 1849 übernahm er den Thron des Königreichs Sardinien-PIEMONT. Während der Revolution von 1848/49 kämpfte Viktor Emanuel gegen die Österreicher. 1852 ernannte er Camillo Graf CAVOUR zum Premierminister und unter ihm setzte sich das liberale Land an die Spitze des RISORGIMENTO, der Bewegung für ein vereintes, unabhängiges Italien. Indem Piemont Truppen zur Unterstützung Frankreichs in den KRIMKRIEG schickte, gewann es den französischen Kaiser NAPOLEON III. als Bündnispartner zur Befreiung Norditaliens von der österreichischen Herrschaft. Nachdem Viktor Emanuel 1861 mit Billigung des ersten italienischen Parlaments den Titel eines Königs von Italien angenommen hatte,

Von Eugène Viollet-le-Duc (links) stammt die maßstabsgetreue Zeichnung der Apsis der Kirche St. Sernin in Toulouse (oben), die er restaurierte.

unterstützte Italien Preußen 1866 im DEUTSCHEN KRIEG. Im selben Jahr fiel Venedig und vier Jahre später der KIRCHENSTAAT an Italien. Damit war die Einigung Italiens abgeschlossen.

Viktor Emanuel III. (1869–1947), König von ITALIEN in den Jahren 1900–46. Als Nachfolger von Umberto I. hielt der Enkel VIKTOR EMANUELS II. die guten Beziehungen zu Großbritannien und Frankreich aufrecht, obwohl Italien sich bereits 1882 mit Deutschland und Österreich zum geheimen DREIBUND zusammengeschlossen hatte. Zu Beginn des Ersten Weltkriegs blieb Italien neutral, schlug sich aber 1915 auf die Seite der Alliierten. Nach Benito MUSSOLINIS Marsch auf Rom und aus Furcht vor einem drohenden Bürgerkrieg sah er sich im Oktober 1922 gezwungen, Mussolini an die Spitze der Regierung zu berufen. 1936 wurde Viktor Emanuel zum Kaiser von Äthiopien und 1939 zum König von Albanien ernannt, nachdem Mussolini die beiden Länder erobert hatte.

Im Juli 1943 ließ Viktor Emanuel Mussolini, der ein enges Bündnis mit HITLER eingegangen war, gefangen nehmen. Kurze Zeit später vereinbarte der neue Ministerpräsident Pietro BADOGLIO einen Waffenstillstand mit den Alliierten, der zur deutschen Besetzung Italiens führte. Nach der Befreiung Roms durch die Alliierten dankte Viktor Emanuel auf Druck des Nationalen Befreiungskomitees 1944, endgültig 1946 zugunsten seines Sohnes Umberto II. ab. Er starb nur ein Jahr später im Exil in Ägypten.

Viktoria (1819–1901), Königin von GROSSBRITANNIEN und Irland und den britischen Kolonien von 1837 sowie Kaiserin von Indien von 1877 bis zu ihrem Tod. Viktoria war das einzige Kind von Herzog Eduard von Kent, dem vierten Sohn Georgs III., und bestieg nach dem Tod ihres Onkels Wilhelm IV. 1837 den britischen Thron. Es gelang ihr, den politischen Einfluss der Krone und ihre Wertschätzung im Volk wieder zu stärken, die unter Wilhelm gelitten hatten.

Die Ära der Regentschaft Viktorias wird nach ihr Viktorianisches Zeitalter genannt; in ihm wurden die Werte Sparsamkeit, Fleiß und Tugend hochgehalten. Unter ihr erlebte das Land die INDUSTRIELLE REVOLUTION und eine beispiellose wirtschaftliche Blüte. Die WELTAUSSTELLUNG 1851 in London, auf der Produkte der britischen Industrie gezeigt wurden, war ein triumphaler Erfolg und belegte die Bedeutung Großbritanniens als führende Industriemacht des BRITISCHEN EMPIRES. Die Ehe mit ihrem Vetter Prinz Albert von Sachsen-Coburg-Gotha, von dem sie neun Kinder bekam und der starken Einfluss auf ihren Regierungsstil hatte, war glücklich und sein früher Tod 1861 für Viktoria ein schwerer Schlag, von dem sie sich nie ganz erholte. Danach zog sie sich fast völlig aus der Öffentlichkeit zurück. 1877 nahm sie auf Veranlassung von Premierminister Benjamin DISRAELI den Titel Kaiserin von Indien an. Darin spiegelte sich der beispiellose Aufstieg Großbritanniens zur ersten Kolonialmacht.

Viollet-le-Duc, Eugène Emmanuel (1814–79), französischer Architekt und Kunsttheoretiker. Bekannt wurde er in erster Linie durch seine Restaurierung mittelalterlicher Gebäude, vor allem von Kirchen und Kathedralen. 1836/37 widmete er sich vor Ort dem Studium der italienischen Baukunst. Ab 1840 restaurierte Viollet-le-Duc beispielsweise Notre-Dame und die Ste-Chapelle in Paris sowie die Stadtbefestigung von Carcassonne. Die Rekonstruktion der Kathedrale von Clermont-Ferrand etwa zeichnet sich durch eine genaue Detailkenntnis der französischen Gotik aus. Kritiker stießen sich freilich an seinem romantisierenden Stil, der den ursprünglichen Baukörper verfälsche. Durch seine Arbeit hat Viollet-le-Duc jedoch etliche Gebäude vor Zerstörung oder Einsturz bewahrt. Darüber hinaus schrieb er zahlreiche Abhandlungen über Architektur, worin er auf die enge Verwandtschaft zwischen der gotischen Skelettbauweise und der zeitgenössischen Eisenskelettkonstruktion hinwies. Als Architekt erwarb sich Viollet-le-Duc keine besonderen Verdienste, seine Restaurationen aber machten ihn zu einem Initiator der Denkmalpflege.

Virchow, Rudolf (1821–1902), deutscher Arzt und Politiker. 1849 wurde Virchow Professor für Pathologie in Würzburg, 1856 in Berlin. Neben der Medizin beschäftigte er sich eingehend mit Anthropologie, Ethnologie und Archäologie. Ab 1848 war der Gelehrte von Weltruf und Bismarck-Gegner jahrzehntelang engagierter liberaler Politiker, weshalb er 1849 seine Dozentur verlor. Er war u. a. Stadtverordneter von Berlin, einer der Gründer der DEUTSCHEN FORTSCHRITTSPARTEI und ab 1862 Mitglied des preußischen Abgeordnetenhauses. Virchow prägte Anfang der 70er-Jahre des 19. Jh. als liberaler Gegner der Kirche den Begriff KULTURKAMPF. Er kämpfte für eine Verbesserung der Lebensumstände der kleinen Leute in den städtischen Elendsvierteln und forderte bereits in jungen Jahren eine medizinische Grundversorgung für alle. Seine Erkenntnisse beeinflussten nachhaltig die Hygienegesetzgebung im Kaiserreich. Berlin verdankte ihm seine modernen Wasserleitungen, sein Kanalsystem und die nach neuestem Stand eingerichteten Krankenhäuser. Nicht zuletzt deshalb wurde Berlin eine der gesündesten Großstädte Europas. Im Jahr 1891 erschien Virchows Grundlagenwerk *Cellularpathologie*. 1880–93 war er Mitglied des Reichstags.

Visconti, Giangaleazzo (1351–1402), italienischer Politiker und Kunstmäzen, der die Dynastie der Visconti im 14./15. Jh. auf den Höhepunkt ihrer Macht brachte. Giangaleazzo heiratete 1360 Isabella von Orléans, die Tochter Johanns II. von Frankreich, und regierte mit seinem Bruder Barnabò, bis dessen Heiratspolitik zwischen den Viscontis und dem französischen Königshaus 1385 zu einer Fehde beider Länder führte. Barnabò wurde verhaftet und starb im Gefängnis.

Giangaleazzos Expansionsbestrebungen brachten die unabhängigen Städte Pisa und Siena unter die Herrschaft MAILANDS und machten die Viscontis zur beherrschenden Macht in Norditalien. Um Italiens Position zu stärken, arrangierte Giangaleazzo Hochzeiten mit vielen anderen europäischen Herrscherhäusern. 1395 wurde er von König Wenzel zum Reichsfürsten und ersten Herzog von Mailand erhoben, ein Jahr später zum Grafen von Pavia und wieder ein Jahr später zum Herzog der LOMBARDEI. Nach seinem Tod vermochten seine Witwe und sein Sohn Giovanni Maria allerdings nicht, die Einheit des Landes zu bewahren, und viele der Eroberungen gingen wieder verloren. Giangaleazzos zweiter Sohn Filippo Maria, der 1412–47 Herzog von Mailand war, stellte die Einheit wieder her. Nach Filippos Tod ging die Herrschaft über Mailand auf die Adelsfamilie der SFORZA über.

Völkerbund, INTERNATIONALE ORGANISATION zur Sicherung des Weltfriedens, die am 10. Januar 1920 mit In-Kraft-Treten des VERSAILLER VERTRAGS entstand. Die Initiative zu seiner Gründung ging von den siegreichen alliierten Mächten des Ersten Weltkriegs aus. Sie wollten eine Instanz schaffen, die sich um die Lösung internationaler Streitfälle und die Sicherung des Friedens bemühen sollte. Die USA blieb der Organisation indes fern. Der Völkerbund war auf verschiedenen Gebieten erfolgreich, beispielsweise auf dem Gesundheitssektor, in der Arbeitsmarktpolitik oder auf dem Gebiet der Abrüstung. Mit den LOCARNO-VERTRÄGEN erlangte er hohes Ansehen. Den Expansionsbestrebungen Italiens, Deutschlands und Japans in den 30er-Jahren allerdings stand er hilflos gegenüber und es gelang ihm auch nicht, den Ausbruch des Zweiten Weltkriegs zu verhindern. 1945 wurde der Völkerbund von den VEREINTEN NATIONEN ersetzt. 1946 löste sich die Organisation auf.

Völkerwanderung, Wanderzüge der germanischen Völker, die zum Zerfall des RÖMISCHEN REICHES führten und die Zeit vom 2. Jh. bis 8. Jh. umfassen. Das entscheidende Stadium wurde durch den Einfall der HUNNEN in Europa nach 370 eingeläutet; 375 zerstörten sie das Gotenreich in der heutigen Ukraine. Zahlreiche germanische Völker zogen in der Folge nach West- und Südeuropa und ließen sich nieder, wo immer es möglich war. Viele davon gründeten eigene Königreiche, etwa die WANDALEN in Nordafrika, die Westgoten in Spanien, die FRANKEN in Frankreich und im Westen Deutschlands, die Ostgoten und Langobarden in Norditalien, die Angelsachsen in England. Nur die Reichsgründung der Franken hatte allerdings dauerhaft Bestand. Zur Zeit der Völkerwanderung wurden etliche Klöster gegründet.

Volksaufstand (16./17. Juni 1953), vorwiegend von Arbeitern getragene, spontane Rebellion in der DEUTSCHEN DEMOKRATISCHEN REPUBLIK, auch als Juniaufstand bezeichnet. Aufgrund von Produktionsstörungen,

Aufgebrachte Demonstranten steckten beim Volksaufstand das Columbushaus, ein Verwaltungsgebäude der DDR, am Potsdamer Platz in Brand.

u.a. infolge der anhaltenden Fluchtbewegung nach Westdeutschland, hatte sich die wirtschaftliche Situation vor allem der Arbeiter drastisch verschlechtert. Die SOZIALISTISCHE EINHEITSPARTEI DEUTSCHLANDS SED verkannte die angespannte Lage völlig und beschloss, am 28. Mai 1953 in der Industrie und Bauwirtschaft die Arbeitsnormen um 10 % zu erhöhen. Am 16. Juni streikten die Bauarbeiter in Ostberlin für eine Herabsetzung der Normen. Einen Tag später wurde aus dem unorganisierten Protest ein republikweiter Massenaufstand; etwa 500 000 Menschen nahmen an Streiks, über 400 000 an Demonstrationen teil. Nun wurde nicht mehr nur die Rücknahme der Reformen gefordert, sondern vielmehr die Absetzung der Regierung, der Rücktritt ULBRICHTS sowie freie Wahlen. Die Lage eskalierte, als Sowjetpanzer auf die wehrlosen Demonstranten zurollten, die mit bloßen Fäusten und Pflastersteinen dagegen angingen. Binnen Stunden war die Revolution erstickt. Einschließlich der standrechtlich zum Tod Verurteilten waren mindestens 51 Todesopfer zu beklagen. Rund 1200 Demonstranten wurden verhaftet.

Volksfront, Koalition von links gerichteten und Zentrumsparteien in den 30er-Jahren, die gegen den FASCHISMUS kämpften. Die französische Volksfrontregierung war von Juni 1936 bis Oktober 1938 an der Macht; sie wurde zunächst von Léon BLUM, dann Camille Chautemps und Edouard DALADIER geleitet. Sie führte eine Reihe von Sozialreformen durch und unterdrückte faschistische Parteien. In Spanien kämpften unter den Premierministern Manuel Azaña y Díaz, Fernán Caballero und Juan Negrín 1936–39 Volksfrontregierungen gegen General Francisco FRANCO. Chile wurde 1938–47 und erneut 1970–73 unter Salvador ALLENDE von einer Volksfrontregierung geführt.

Volkssturm, 1944 gebildete deutsche Kampforganisation. Durch Erlass HITLERS vom 25. September 1944 wurde aus den nicht eingezogenen Männern im Alter von 16–60 Jahren eine Truppe gebildet, die militärisch Reichsführer HEINRICH HIMMLER unterstand. Die schlecht ausgerüstete und ausgebildete Miliz wurde u.a. für völlig sinnlose Schanzarbeiten herangezogen. Sie kam vor allem im Osten zum Kampfeinsatz, wo sie sehr hohe Verluste erlitt. Die Mehrzahl der 175 000 Vermissten ist wohl gefallen.

Volta, Alessandro Graf (1745–1827), italienischer Physiker und Professor an der Universität Pavia, der im Jahr 1800 mit der Urform aller Batterien, der Volta-Säule, erstmals ein Gerät entwickelte, das Gleichstrom erzeugen konnte. Angeregt wurde er dazu durch einen Landsmann, den Anatomiepro-

Mit der Erstürmung der Frankfurter Hauptwache am 3. April 1833 versuchten Burschenschaftler und Handwerker im Vormärz eine gesamtdeutsche Revolution auszulösen. Der Aufstand scheiterte.

fessor Luigi Galvani, der 1791 glaubte, eine neue Art von Elektrizität entdeckt zu haben, als er zufällig mit einem Stahlskalpell einen auf einer Stahlplatte liegenden Froschschenkel berührte und dieser plötzlich zu zucken begann. Volta setzte die galvanischen Experimente fort und konnte beweisen, dass es der Kontakt der beiden unterschiedlichen Metalle war, der den elektrischen Strom fließen ließ, und der Froschschenkel lediglich als Leiter diente. So entdeckte er das Prinzip der Batterie als Elektrizitätsquelle. Durch diese und andere Erfindungen, etwa den Elektrophor zur Speicherung von Elektrizität oder das Elektroskop zum Auffinden elektrischer Ladung, erlangte Volta höchste Anerkennung und erhielt 1810 den Grafentitel. Die Einheit der elektrischen Spannung, Volt, wurde nach ihm benannt.

Voltaire (1694–1778), Pseudonym des französischen Schriftstellers und Philosophen François Marie Arouet, Haupt der französischen AUFKLÄRUNG des 18. Jh., der sich scharf gegen überlieferte Ordnungen wie Kirche und Adel wehrte und für Menschenrechte, Toleranz, Gleichheit und Recht eintrat. Voltaire erhielt eine humanistische Ausbildung in einem Jesuitenkolleg und begann ein Jurastudium, das er jedoch abbrach, um sich dem Schreiben zu widmen. Wegen seiner Spottverse auf Philipp II. von Orléans und seiner liberalen religiösen Auffassungen wurde er 1717 für elf Monate in der Pariser Bastille inhaftiert. Dort entstanden das Nationalepos *Henriade* und die Tragödie *Oedipus*. 1726 floh er ins Exil nach London, wo er mit Freigeistern und Deisten zusammentraf und LOCKES Philosophie studierte. Drei Jahre später kehrte er nach Frankreich zurück. 1734 verursachten seine *Philosophischen Briefe*, in denen er sein Gefallen am englischen Re-

gierungssystem und den dortigen politischen Freiheiten kundtat, einen Skandal in Paris. Um einer erneuten Verhaftung zu entgehen, zog sich der Dichter auf Schloss Cirey der Marquise du Châtelet zurück, wo er sich mit Religion, Geschichte und Naturwissenschaften befasste. Nach dem Tod der Marquise folgte er 1750 der Einladung FRIEDRICHS II. DES GROSSEN an den preußischen Hof, doch schon bald kam es zum Zerwürfnis und 1753 ging Voltaire in die Schweiz. In seiner Erzählung *Candide* verspottete er den Optimismus mancher Philosophen des 18. Jh. Bei seiner Rückkehr nach Paris 1778 wurde Voltaire begeistert empfangen. Er starb noch im selben Jahr.

Vormärz, Epoche vom WIENER KONGRESS 1815 bis zur MÄRZREVOLUTION 1848. In dem auch als BIEDERMEIER bezeichneten Zeitalter, das von einem äußeren Frieden begleitet war, förderten Zollverein und Eisenbahnbau in Deutschland die ökonomische Entwicklung und zögernd setzte die INDUSTRIELLE REVOLUTION ein. Die innere Ruhe wurde durch repressive Maßnahmen wie die KARLSBADER BESCHLÜSSE aufrecht erhalten. Dennoch war die nationale, liberale und demokratische Bewegung nicht mehr mundtot zu machen; das HAMBACHER FEST 1832 stellt die erste Massenkundgebung von freiheitlich-demokratisch gesinnten Deutschen dar. Auch im literarischen Vormärz drückte sich das Aufbegehren des wirtschaftlich erstarkenden Bürgertums gegen adelige Privilegien und den absolutistischen Staat aus. Heinrich HEINE attackierte in *Deutschland. Ein Wintermärchen* mit scharfer Satire den preußischen Militarismus und das Obrigkeitsdenken und auch Ludwig BÖRNE kritisierte in seinen *Briefen aus Paris* scharfsichtig und bissig die deutschen Verhältnisse.

Waffenstillstandsabkommen (11. November 1918),

Dokument, das die Feindseligkeiten des ERSTEN WELTKRIEGS beendete, obwohl es sich ursprünglich nur auf einen Zeitraum von 36 Stunden bezog. Der Befehlshaber der alliierten Streitkräfte, Marschall Ferdinand FOCH, empfing eine vom Zentrumsabgeordneten Matthias Erzberger geleitete deutsche Delegation in seinem Salonwagen im Wald von Compiègne nördlich von Paris.

Der Waffenstillstand, der um 5.10 Uhr unterzeichnet wurde, trat um 11.00 Uhr in Kraft. Zu den entscheidenden Bedingungen gehörte, dass Deutschland die besetzten Gebiete in Belgien, Luxemburg und Frankreich unverzüglich räumen musste, den Siegermächten die linksrheinischen Gebiete überließ und ihnen 5000 Kanonen, 25 000 Maschinengewehre, 1700 Flugzeuge, sämtliche U-Boote, 5000 Lkw und 5000 Lokomotiven nebst 150 000 Waggons aushändigte.

Der 11. November ist in Frankreich ein nationaler Feiertag. In Großbritannien wird jedes Jahr an dem Sonntag, der dem Jahrestag des Abkommens am nächsten kommt, um 11.00 Uhr eine Schweigeminute eingelegt, um der Millionen Menschen zu gedenken, die in beiden Weltkriegen ihr Leben verloren.

> ### WUSSTEN SIE, DASS?
> Die Schwärmerei König Ludwigs II. für Richard Wagners Musik und dessen Verpflichtung nach München kostete die bayerische Staatskasse die damals ungeheure Summe von mehr als 1 Mio. DM.

Wagner, Richard (1813–83), deutscher

Opernkomponist und Gründer der Bayreuther Festspiele. Wagner übte einen starken Einfluss auf die Musik des 19. Jh. aus und ist für die Einführung des Leitmotivs bekannt, eines wiederkehrenden Themas, das die Personen und ihre Gefühle in opulenten Orchesterpassagen darstellt. Seine Tätigkeit als Chormeister und Dirigent vermehrte seine Kenntnis von den Operntechniken und er machte sich mit den Opern *Der Fliegende Holländer* (1841), *Tannhäuser* (1842–45) und *Lohengrin* (1846–48) einen Namen, bevor er sich dem Werk zuwandte, das seine größte Leistung darstellen sollte: *Der Ring der Nibelungen* (1852–74), der auf germanischem Sagenstoff basiert.

Wagner lebte anfänglich in bescheidenen Verhältnissen; er arbeitete u. a. in Würzburg, Königsberg, Dresden, Venedig, Paris, Wien und München, wo ihn der bayerische König LUDWIG II. förderte. Der Monarch unterstützte die erfolgreiche Aufführung von *Tristan und Isolde* 1865. Mit seiner zweiten Frau, Cosima von Bülow, der Tochter des Komponisten Franz Liszt, ließ sich Wagner in der Schweiz nieder. Er begann, Gelder zu sammeln, um seinen Traum vom Bau eines Theaters zu verwirklichen. Das Bayreuther Festspielhaus wurde 1876 mit der umjubelten Aufführung des vollständigen *Rings der Nibelungen* eröffnet. Ein Jahr vor seinem Tod 1882 vollendete Wagner den *Parsifal*. Cosima und ihr Sohn Siegfried führten Wagners Werk in Bayreuth fort, das bis heute Schauplatz der alljährlichen Festspiele ist.

Wagram, Schlacht bei (5./6. Juli 1809),

Schlacht zwischen den verbündeten französischen und italienischen Streitkräften unter NAPOLEON I. gegen die Österreicher unter Erzherzog Karl beim Ort Wagram in der Nähe von Wien. Napoleon, der entschlossen war, frühere Niederlagen wettzumachen, befahl einen massiven Angriff auf die gut gewählte österreichische Stellung. Der erste Tag der Schlacht brachte keine Entscheidung. Am folgenden Tag eröffneten die Österreicher die Kampfhandlungen, konnten jedoch ihre nummerische Überzahl nicht nutzen. Um 14 Uhr gab Erzherzog Karl die Schlacht verloren. Die Verluste betrugen auf österreichischer Seite 37 000 Mann, die auf französischer Seite wurden mit 27 500 angegeben. Wenige Tage später schloss Karl einen Waffenstillstand, der zum Frieden von Schönbrunn führte, in dem Österreich zahlreiche Gebiete verlor, eine Kriegsentschädigung von 85 Mio. Francs zahlen musste und der KONTINENTALSPERRE gegen Großbritannien beitrat.

Die neuen Banknoten wurden in den USA gedruckt und in gewöhnlichen Holzkisten nach Deutschland transportiert.

Währungsreform, Neuordnung des Geld-

wesens in Deutschland nach dem Zweiten Weltkrieg. Im Juni 1948 führten die alliierten Besatzungsmächte USA, Großbritannien und Frankreich in ihren Zonen eine neue Währung ein. Die Reichsmark verlor am 21. Juni 1948 ihre Gültigkeit, an ihre Stelle trat die Mark. Jedem Bewohner in den drei Westzonen standen 60 DM im Tausch gegen die gleiche Menge Reichsmark zu. Die ersten 40 DM erhielt man sofort, das restliche Geld im August 1948.

Die UdSSR, die diesen einseitigen Entschluss der Westmächte ablehnte, sperrte als Reaktion darauf jeglichen Personenverkehr aus den Westzonen in die Westsektoren Berlins, um, wie es hieß, einen befürchteten Währungsschmuggel zu unterbinden. Am 23. Juni verkündete die sowjetische Besatzungsmacht eine eigene Währungsreform, die auch für die Westsektoren der Stadt gelten sollte. Daraufhin verboten die Westmächte die Ostmark in ihren Sektoren und führten ebenfalls die Mark als offizielle

Wagner-Aufführungen stehen bis heute auf den Spielplänen deutscher Opernhäuser ganz oben: Szenenbild aus einer modernen *Tannhäuser*-Inszenierung.

Lech Wałęsa bei einer Rede während der Solidarność-Wahlkampagne 1989, als die Gewerkschaft legalisiert und politisch aktiv wurde

Währung ein. Die Auseinandersetzungen zwischen den Siegermächten führten zur BERLINBLOCKADE und letztlich zur Spaltung der Stadt. Die Währungsreform war ein entscheidender Anstoß zur Gründung der beiden deutschen Staaten 1949.

Waldenser, christliche Sekte mittelalterlichen Ursprungs, die Peter Waldes um 1175 in Frankreich gründete. Er und seine Anhänger propagierten ein Leben in Armut und Frömmigkeit. Sie lebten hauptsächlich in Südfrankreich und im norditalienischen Piemont. Nachdem sie in Frankreich als Ketzer verfolgt und fast ausgerottet worden waren, schlossen die Waldenser 1532 einen Bund mit der Schweizerischen Reformierten Kirche. Heute gehören weltweit etwa 50 000 Mitglieder der Waldenser-Kirche an.

Wales, Region Großbritanniens mit der Hauptstadt Cardiff. Wales hat bis heute seine eigenständige Kultur bewahrt und die walisische Sprache wird heute von fast 20 % der Bevölkerung gesprochen. Die Ureinwohner waren Kelten, die vor den nach Großbritannien eindringenden Angelsachsen flohen, die sie als Waelisc, als Fremde, bezeichneten. Im 3. Jh. war Wales bereits christianisiert. Vom 11. Jh. an kolonisierten die Normannen Wales.

Im Jahr 1538 vereinigte der englische König HEINRICH VIII. durch den ACT OF UNION Wales offiziell mit England. Die INDUSTRIELLE REVOLUTION brachte dem Land Wohlstand und Ende des 19. Jh. hatte der Kohlebergbau Wales zum wichtigsten Kohleexporteur der Welt gemacht. Heute jedoch ist in den meisten dieser Zechen die Arbeit eingestellt worden. Der walisische Nationalismus war immer eine starke Kraft gewesen und 1966 schickte die walisische Partei ihren ersten Abgeordneten ins britische Unterhaus. Bei einer Volksabstimmung 1979 sprach sich allerdings die Mehrzahl der Bevölkerung gegen eine Trennung von Großbritannien aus.

Wałęsa, Lech (*1943), populärer Gewerkschaftsführer und polnischer Staatspräsident 1990–95. Wałęsa, Sohn eines Zimmermanns, arbeitete als Elektriker auf der Danziger Leninwerft. Im Jahr 1980 setzte er als Führer des Streikkomitees der Solidarność in Verhandlungen mit der kommunistischen Regierung wichtige politische Forderungen durch: das Recht der Arbeiter, sich frei zu organisieren und für ihre Ziele und Forderungen zu streiken. Nach Verhängung des Kriegsrechts Ende 1981 verbot das Regime von General Wojzeck Jaruselski die Solidarność und stellte Wałęsa ein Jahr unter Hausarrest. 1983 erhielt er für seine Bemühungen, die Rechte der Arbeiter zu stärken, den Friedensnobelpreis. In den Jahren 1988/89 führte er wichtige Verhandlungen mit der Regierung, die schließlich zu einer Legalisierung der Solidarność und anderer Gewerkschaften führten und den Weg für die Einführung der Demokratie ebneten.

1990 errang Wałęsa bei den Präsidentschaftswahlen mit 74,25 % der Stimmen im zweiten Wahlgang einen überwältigenden Sieg. Seine Ziele waren politische Stabilität und die Hinführung Polens zur freien Marktwirtschaft. Nachdem er bei den Präsidentenwahlen 1995 gegen Alexander Kwas-

niewski unterlag, kehrte Wałęsa 1996 offiziell auf seinen früheren Arbeitsplatz als Elektriker auf die Leninwerft in Danzig zurück.

Wallace, Sir William (um 1270–1305), schottischer Nationalheld, der einen Volksaufstand gegen die englische Herrschaft entfachte. Nachdem er die Engländer 1297 aus Schottland vertrieben hatte, fiel er mit seinen Truppen in Nordengland ein und führte einen Kleinkrieg gegen den englischen Adel. 1298 griff König Eduard I. mit einem Heer von 88 000 Mann Schottland an und besiegte Wallace bei Falkirk. Wallace konnte fliehen, wurde aber später in London vor Gericht gestellt und hingerichtet.

Wallenstein, Albrecht Wenzel Eusebius von (1583–1634), Herzog von Friedland und Mecklenburg, Fürst von Sagan. Der Feldherr wurde beim Ausbruch des DREISSIGJÄHRIGEN KRIEGES 1618 zum Gouverneur Böhmens ernannt. Er führte als Generalissimus die kaiserlichen Truppen 1625–30, vertrieb die Dänen aus Norddeutschland, besetzte Mecklenburg und Pommern und versuchte, ein eigenes Reich aufzubauen, aber die deutschen Fürsten erzwangen seine Entlassung. 1631 wurde er als kaiserlicher General zurückgerufen, um dem Vordringen schwedischer Truppen Einhalt zu gebieten. Wallensteins zögernde Kriegführung und die Friedensverhandlungen mit den protestantischen Schweden sowie Intrigen am kaiserlichen Hof führten zur Entfremdung mit dem Kaiser. Kurze Zeit später wurde Wallenstein in Eger ermordet. Anhand von Akten versuchte der Hof in Wien, den Hochverrat Wallensteins zu beweisen und die Ermordung nachträglich zu rechtfertigen.

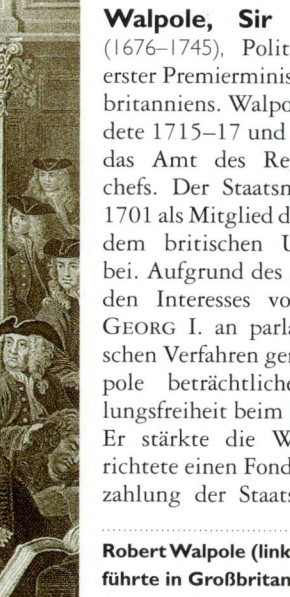

Walpole, Sir Robert (1676–1745), Politiker und erster Premierminister Großbritanniens. Walpole bekleidete 1715–17 und 1721–42 das Amt des Regierungschefs. Der Staatsmann trat 1701 als Mitglied der WHIGS dem britischen Unterhaus bei. Aufgrund des mangelnden Interesses von König GEORG I. an parlamentarischen Verfahren genoss Walpole beträchtliche Handlungsfreiheit beim Regieren. Er stärkte die Wirtschaft, richtete einen Fonds zur Abzahlung der Staatsschulden

Robert Walpole (links im Bild) führte in Großbritannien das Amt des Premierministers ein, trug jedoch selbst nie offiziell diesen Titel.

ein und sorgte für innen- und außenpolitische Stabilität. Außerdem fungierte er als Vorsitzender bei den Treffen einer kleinen Gruppe von Ministern, die später unter dem Namen KABINETT bekannt wurde. 1739 wurde Großbritannien gegen seinen Willen in den Krieg mit Spanien und Frankreich hineingezogen. Drei Jahre später legte Walpole sein Amt nieder, nachdem man seiner Regierung vorgeworfen hatte, eine Nachwahl manipuliert zu haben.

Wandalen, germanischer Volksstamm im Oder-Warthe-Raum. Während der VÖLKERWANDERUNG von den GOTEN verdrängt, verließen die Wandalen ihre Heimat und siedelten in der heutigen Slowakei und in Siebenbürgen. Auf der Flucht vor den einfallenden HUNNEN zogen sie zu Beginn des 5. Jh. über den Rhein nach Gallien und erreichten 409 die Iberische Halbinsel, wo sie sich in Andalusien niederließen. Der Name der Region leitet sich vom arabischen Begriff *al-Andalus*, die Insel der Vandalen, her. 429 setzten die Wandalen unter ihrem Führer Geiserich nach Nordafrika über und gründeten dort ein eigenständiges Reich, das bis 534 bestand.

Warlords, lokale Gebietsbefehlshaber in China. Nach dem Tod von Yuan Shikai 1916, dem ersten republikanischen Präsidenten Chinas, errichteten einzelne Machthaber in ihren Regionen ihre eigene Herrschaft, die sie von Privatarmeen ausüben ließen. Bei den Warlords handelte es sich hauptsächlich um ehemalige Offiziere der chinesischen Armee und um Banditen. Bis die Zentralmacht unter CHIANG KAI-SHEK 1928 wieder eine nationale Regierung einrichten konnte, führten sie untereinander einen erbitterten Bürgerkrieg. Einige dieser Warlords hielten sich im Westen Chinas bis 1949, als die Kommunisten an die Macht gelangten.

Warschauer Aufstand (1944), polnischer Aufstand während des Zweiten Weltkriegs in Warschau, bei dem die polnische Untergrundarmee versuchte, die deutschen Truppen aus der Stadt zu vertreiben, bevor die heranrückende ROTE ARMEE die Stadt besetzte. Polnische Widerstandskämpfer, die von der Exilregierung in London unterstützt wurden, erhoben sich am 1. August gegen die deutsche Besatzungsmacht, um die Kontrolle über die Stadt zu erlangen. Die Besatzer antworteten darauf mit einer 63 Tage dauernden brutalen Verfolgung. Zwischenzeitlich erlaubte es die Rote Armee den Alliierten nicht, sowjetische Luftstützpunkte zu benutzen, um die Widerstandskämpfer auf dem Luftweg mit Lebensmitteln und Waffen zu versorgen. Am 2. Oktober gingen die Vorräte aus und die Polen mussten kapitulieren.

Chang Tso-Lin war ein gefürchteter Warlord in der Mandschurei. Er wurde 1928 von den Japanern ermordet, nachdem er ihnen Geld weggenommen und sie betrogen hatte.

Die Deutschen begannen daraufhin, die Bevölkerung systematisch zu deportieren und die Stadt zu zerstören. Die Rote Armee setzte unterdessen ihren Vormarsch nach Polen hinein fort und 1945 wurde eine provisorische kommunistische Regierung ins Leben gerufen.

Warschauer Pakt (1955), in Warschau unterzeichnetes Verteidigungsbündnis. Der Vertrag „für Freundschaft, Zusammenarbeit und gegenseitigen Beistand" wurde zwischen der UdSSR und den von ihr dominierten Ostblockstaaten abgeschlossen. Dazu gehörten Albanien, Bulgarien, Polen, Rumänien, Ungarn, die DDR und die Tschechoslowakei. Albanien schied 1968 aus dem Bündnis wieder aus. Der Warschauer Pakt – als Gegenmaßnahme zum Beitritt der BUNDESREPUBLIK DEUTSCHLAND zur NATO abgeschlossen – enthielt vor allem die Verpflichtung zu gegenseitigem Beistand im Fall eines militärischen Angriffs auf einen der Unterzeichnerstaaten. Bei dem Pakt handelte es sich nicht

Während des Warschauer Aufstands musste die polnische Untergrundarmee 16-jährige Soldaten einberufen, um die hohe Zahl an Gefallenen zu ersetzen.

um ein Bündnis gleichberechtigter Partner, sondern um ein Instrument sowjetischer Kontrolle in Osteuropa. Auf die Bestimmungen des Paktes griff die UdSSR auch im Jahr 1968 zurück, als die Truppen der Mitgliedsstaaten in die TSCHECHOSLOWAKEI einmarschierten, um das liberale Regime Alexander DUBCEKS zu unterdrücken. Der Warschauer Pakt wurde, nach dem Zusammenbruch der UdSSR, offiziell am 1. Juli 1991 aufgelöst.

Wartburgfest, Studententreffen auf der Wartburg bei Eisenach am 18./19. Oktober 1817. Das Treffen wurde von den Jenaer BURSCHENSCHAFTEN angeregt, um der REFORMATION vor 300 Jahren und der Völkerschlacht bei LEIPZIG 1813 zu gedenken. Rund 500 Studenten und Professoren aus ganz Deutschland kamen zu der Veranstaltung. In mehreren Festansprachen riefen die Festredner zur Einheit und Freiheit Deutschlands auf, damals eine provozierende Forderung für die reaktionären Regierungen. Eine kleine Gruppe von besonders engagierten Patrioten verbrannte nach der offiziellen Feier neben einer Reihe von Büchern, die als besonders reaktionär galten, u.a. einen Korporalstock und einen Zopf als Symbole obrigkeitsstaatlicher Herrschaft.

Dieses Ereignis löste bei Klemens Wenzel Fürst von METTERNICH, dem Leiter der deutschen Politik am Bundestag in Frankfurt, Umsturzbefürchtungen aus, die scheinbar durch die Ermordung des konservativen Schriftstellers August Friedrich von Kotzebue 1819 durch den Studenten Karl Ludwig Sand bestätigt wurden. Das Attentat bot Metternich den willkommenen Anlass für die KARLSBADER BESCHLÜSSE.

Washington, George (1732–99), erster Präsident der USA 1789–97. Washington leitete den Feldzug, der zum AMERIKANISCHEN UNABHÄNGIGKEITSKRIEG und zur Gründung der USA führte. Von den Ameri-

kanern als „Vater der Nation" bezeichnet und verehrt, bewies er Führungsqualitäten, Sachverstand und persönliche Integrität, die ihm auch bei seinen politischen Gegnern Bewunderung einbrachten.

Washington, Sohn einer wohlhabenden Familie aus Virginia, begann seine Karriere als Kriegsbeobachter. Politisch unterstützte er den amerikanischen Widerstand gegen die britische Kolonialpolitik und war 1759–74 Mitglied des Abgeordnetenhauses von Virginia. Zu Beginn des Unabhängigkeitskriegs wurde Washington zum Oberbefehlshaber der kontinentalen Truppen gewählt. Er übernahm den Befehl über 16000 Freiwillige und vertrieb die britischen Truppen im März 1776 aus Boston. Danach kämpfte er mit unterschiedlichem Erfolg weiter, bis 1780 französische Truppen als Verbündete die Amerikaner verstärkten. Nach der Einnahme von YORKTOWN 1781 kapitulierten die Briten endgültig. Die amerikanische Unabhängigkeit wurde 1783 durch den Frieden von Versailles anerkannt.

Besorgt über eine mögliche politische Anarchie in der Nachkriegszeit unterstützte Washington die verfassunggebende Versammlung 1787 und die daraus resultierende Verfassung der VEREINIGTEN STAATEN VON AMERIKA. Washington wurde zweimal einstimmig zum Präsidenten gewählt. Zunächst für seine politische Neutralität bekannt, schloss er sich jedoch schließlich den Föderalisten an, die eine starke Zentralregierung erstrebten, wirtschaftliche Lenkungsmaßnahmen des Bundes für wünschenswert hielten und eine eher probritische Außenpolitik betrieben. Diese Politik brachte ihn in Gegensatz zur demokratisch-republikanischen Richtung von Thomas JEFFERSON. In seiner Abschiedsrede 1796 beklagte Washington die Parteienzersplitterung und rief die Politiker zur außenpolitischen Neutralität der USA auf.

Washingtoner Konferenz (November 1921–Februar 1922),

in der Hauptstadt der USA abgehaltene Konferenz, die dem Wettrüsten zur See und dem Expansionsstreben JAPANS im Fernen Osten Einhalt gebieten sollte. Teilnehmer des Treffens waren Belgien, Frankreich, Großbritannien, Italien, die Niederlande, Portugal, Japan, China und die USA. Mehrere Verträge wurden unterzeichnet: ein Abkommen, das die Unabhängigkeit CHINAS garantierte; ein Abkommen, das die Stärke der Seestreitkräfte Großbritanniens, der USA, Japans, Frankreichs und Italiens festlegte, und ein Vertrag, auf dessen Grundlage Japan Shantung und Kiautschou an China zurückgeben und seine Truppen aus Sibirien zurückziehen musste. Diese Vereinbarungen erwiesen sich jedoch als nicht sehr wirksam und in den 30er-Jahren kam es erneut zu Problemen bei diesen Fragen.

Watergate,

politischer Skandal in den USA, der zum Rücktritt von Präsident Richard NIXON führte. Während des Präsidentschaftswahlkampfs 1972 wurden Einbrecher mit elektronischen Überwachungsgeräten ertappt, wie sie in das Hauptquartier der Demokratischen Partei im Watergate-Gebäude in der Hauptstadt Washington eindrangen. Es stellte sich heraus, dass ihre Aktion Teil einer Kampagne der Republikanischen Partei war, die dazu dienen sollte, Nixons Wiederwahl zu sichern.

Zunächst stritt das Weiße Haus jeden Zusammenhang mit dem Vorfall ab, doch nach gründlichen Nachforschungen unter der Leitung der beiden Journalisten Bob Woodward und Carl Bernstein von der *Washington Post* wurde offenkundig, dass Mitarbeiter des Präsidenten an den illegalen Aktivitäten beteiligt waren und versucht hatten, den Vorgang zu vertuschen. Mehrere hohe Beamte des Weißen Hauses wurden angeklagt und verurteilt. Nixon, der in die Watergate-Affäre verwickelt war und mehr wusste, als er zunächst zugab, trat nach massivem Druck durch die Öffentlichkeit im August 1974 zurück, um einer drohenden Amtsenthebung durch den Kongress – einem so genannten IMPEACHMENT – zu entgehen. Sein Nachfolger im Präsidentenamt, der bisherige Vizepräsident Gerald Ford, gewährte ihm als Erstes Straffreiheit.

Waterloo, Schlacht bei (18. Juni 1815),

kriegsentscheidender Sieg der alliierten britischen und preußischen Armeen über NAPOLEON I. in der Nähe des belgischen Dorfes Waterloo. Napoleon I. musste zum zweiten Mal abdanken und wurde endgültig nach St. Helena in die Verbannung geschickt.

Während der WIENER KONGRESS über die Neuordnung Europas beriet, hatte Napoleon I. im März 1815 die Insel Elba verlassen und war in Frankreich gelandet, um wieder die Macht zu übernehmen. Von Paris aus stellte er eilig eine Armee zusammen, in der Hoffnung, das britische Heer des Herzogs von WELLINGTON und die preußische Armee des Fürsten von BLÜCHER in der Nähe von Brüssel besiegen zu können.

Am 16. Juni griff Napoleon an und besiegte in einem ersten Gefecht die Preußen bei Ligny, danach wandte er sich den britischen Truppen zu, die den Angriff der Franzosen südlich von Brüssel erwarteten. Am 18. Juni gegen 14 Uhr griff Napoleon mit 72000 Soldaten Wellingtons Armee an, die über 68000 Soldaten und 184 Geschütze verfügte. Die Briten hielten dem französischen Angriffswirbel stand, bis Blücher am späten Nachmittag mit seiner preußischen Armee auf dem Schlachtfeld erschien und die Franzosen in der Flanke attackierte. Wellington ordnete daraufhin einen allgemeinen Vormarsch an, und die französischen Soldaten wurden eingekreist. 30000 Franzosen verloren in der Schlacht ihr Leben, die Briten beklagten 13000 und die Preußen 7000 Tote und Verletzte.

Watt, James (1736–1819),

schottischer Ingenieur und Erfinder der modernen Dampfmaschine. Die Einheit für elektrischen Strom erhielt ihren Namen von ihm, und er dachte sich den Begriff der Pferdestärke aus. Als Lehrling erlernte Watt den Bau mathematischer Instrumente. Danach arbeitete er als Kanalbeobachter, bis man ihn 1764 bat, eine Dampfmaschine zu reparieren. Um die Effizienz des Motors zu verbessern, setzte

Die Watergate-Affäre sorgte 1973 für Schlagzeilen in den USA. Ein Jahr später trat Präsident Richard Nixon zurück und machte Gerald Ford Platz.

Watt einen separaten Kondensator zur Kühlung des verbrauchten Dampfes ein und nahm noch weitere entscheidende Veränderungen vor. Schließlich verband er sich mit dem Erfinder Matthew Boulton, um die neue Maschine herzustellen. 1774 wurde die erste seiner Dampfmaschinen in der Maschinenfabrik von Soho bei Birmingham fertig gestellt. Zu Watts weiteren Erfindungen gehörte auch der Entwurf einer Dampflokomotive aus dem Jahr 1784.

Weber, Max (1864–1920), bedeutender deutscher Soziologe. Der Professor lehrte in Berlin, Freiburg, Heidelberg, Wien und München, gehörte 1919 zu den Gründungsmitgliedern der DEUTSCHEN DEMOKRATISCHEN PARTEI und arbeitete an der Reichsverfassung der WEIMARER REPUBLIK mit.

Webers weit tragende Ideen über soziale Schichten, politische Macht, die Wirtschaft, das Gesetz und die Religion beeinflussen die soziologische Denkweise bis zum heutigen Tag. Laut Weber kann die Klasse, zu der ein Mensch gehört, von seinen Fähigkeiten, seinem Vermögen und seinem Beruf abhängen. Seiner Meinung nach soll die Soziologie sich mit der Auslegung und Erklärung des sozialen Verhaltens und nicht nur mit seiner Beobachtung und Beschreibung befassen. Weber beschäftigte sich mit den Verantwortlichkeiten der Sozialwissenschaftler und vertrat vehement die Meinung, dass persönliche Ansichten aus Untersuchungen und Analysen herausgehalten werden müssen. Webers bedeutendstes Werk, *Wirtschaft und Gesellschaft*, wurde erst postum 1922 veröffentlicht.

Weberaufstände, Hungerrevolten schlesischer Weber im Sommer 1844. Durch Konkurrenzdruck, Unterbezahlung, ungünstige Zölle und Industriealisierung hatte sich die Lage der schlesischen Weber schon seit Jahrzehnten dramatisch verschlechtert. Als dann noch in den 40er-Jahren Missernten das Elend verschärften, entstanden schwere soziale Spannungen. Die Verhaftung eines Webers, der öffentlich in Peterswaldau ein aufrührerisches Lied gesungen hatte, brachte schließlich im Juni 1844 das Fass zum Überlaufen. Die Weber verwüsteten Villa und Fabrik eines örtlichen Unternehmers. Der Aufstand breitete sich auf den Nachbarort Langenbielau und die Umgebung aus, bis etwa 3000 Weber beteiligt waren. Rasch schlug das preußische Militär die Aufstände blutig nieder.

Wedgwood, Josiah (1730–95), britischer Kunstkeramiker. Wedgwood wurde als Sohn einer Keramikerfamilie geboren und gründete 1759 sein eigenes Geschäft in Burslem. Dort stellte er die so genannte Queensware her, ein stabiles cremefarbenes Steingutgeschirr zum täglichen Gebrauch, das entweder in seiner natürlichen Schönheit belassen oder aber mit der gerade erfundenen Technik des Transferdrucks verziert wurde. Die Steingutware konkurrierte schließlich mit dem zwar hochwertigeren, aber empfindlicheren Porzellan. 1768 eröffnete Wedgwood eine neue Fabrik in dem Dorf, das er eigens zur Unterbringung seiner Arbeiter gebaut und Etruria genannt hatte. Dort beschäftigte er u.a. auch zahlreiche Künstler zur Herstellung von Zierrat. Und der Erfolg gab ihm recht: 1774 bestellte die russische Zarin KATHARINA II. DIE GROSSE ein 952-teiliges Service für den russischen Hof. 1775 führte Wedgwood eine neue Marke ein. Diese mit Mattlack überzogene und meist in Wedgwoodblau gefärbte Keramikware mit ihrer einen schönen Kontrast bildenden, weißen Verzierung wurde sehr beliebt und wird heute noch hergestellt. Als cleverer Geschäftsmann war Wedgwood überdies ein Wegbereiter von Verkaufskatalogen, in denen er seine Ware anbot.

WUSSTEN SIE, DASS?

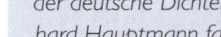

Den aufständischen schlesischen Webern hat der deutsche Dichter Gerhard Hauptmann fast 50 Jahre später ein Denkmal gesetzt. 1892 veröffentlichte er sein berühmtes sozialkritisches Drama Die Weber.

Wehrpflicht, Verpflichtung der wehrfähigen Bürger eines Staates, Wehrdienst zu leisten. In Friedenszeiten ist die Wehrpflicht auf einen bestimmten Zeitraum begrenzt, im Kriegsfall unbeschränkt. Die allgemeine Wehrpflicht ist ein Ergebnis des Gleichheitsprinzips der FRANZÖSISCHEN REVOLUTION. Sie tauchte erstmals in einer Erklärung des Wohlfahrtsausschusses 1792 auf. Das so genannte Levée en masse, die Rekrutierung der Volksheere, in Frankreich während der Revolution war eine erste Form der Wehrpflicht.

Preußen führte 1814 als einer der ersten Staaten die allgemeine Wehrpflicht in Deutschland ein, sie wurde später vom Deutschen Reich übernommen. Ende des 19. Jh. galt in den meisten größeren Staaten der Erde die Wehrpflicht, Ausnahmen bildeten nur Großbritannien, die USA und die lateinamerikanischen Staaten, die am Freiwilligensystem bzw. an der Berufsarmee festhielten. In Großbritannien und den USA wurde die Wehrpflicht zu Beginn des Zweiten Weltkriegs eingeführt und bestand in der Nachkriegszeit weiter. Sie endete in Großbritannien 1957, in den USA 1973. In Deutschland besteht die Wehrpflicht für Männer vom 18. bis zum 45. Lebensjahr, im Verteidigungsfall bis zum 60. Lebensjahr, in Österreich vom 18. bis zum 51. Lebensjahr und in der Schweiz vom 20. bis zum 50. Lebensjahr, bei Offizieren fünf Jahre länger.

Weimarer Republik, Periode der deutschen Geschichte 1918–33, benannt nach der Stadt Weimar, dem ersten Tagungsort der verfassungsgebenden deutschen Nationalversammlung 1919. Die Republik entstand nach dem Ende des Ersten Weltkriegs und nach der erzwungenen Abdankung von Kaiser WILHELM II., sie wurde am 9. November 1918 vom SPD-Politiker Philipp Scheidemann in

Die Dampfmaschine (unten), die James Watt (links) erfand, hatte einen unmittelbaren Einfluss auf die industriellen Produktionstechniken.

Während der Inflation 1923 schleppten Bedienstete der Weimarer Republik täglich waschkorbweise neu gedrucktes Geld zu den Auszahlungsstellen der Arbeitsämter.

Berlin ausgerufen. Im Januar 1919 arbeitete ein Verfassungskonvent in Weimar eine demokratische Verfassung aus und wählte den Sozialdemokraten Friedrich EBERT zum ersten Reichspräsidenten.

Die neue Republik musste die harten Bedingungen des VERSAILLER VERTRAGS akzeptieren, die für Deutschland Gebietsabtretungen, den Verlust der Kolonien in Übersee und hohe Schulden in Form von REPARATIONEN bedeuteten. Diese Hypothek des verlorenen Krieges und die von den Siegermächten erzwungene Anerkennung der Kriegsschuld lastete schwer auf der jungen Demokratie und begünstigte von Anfang an die radikalen politischen Kräfte von links und rechts. Frankreich besetzte 1923 das Ruhrgebiet, um sicherzustellen, dass die Reichsregierung ihren Reparationsverpflichtungen auch nachkam. Eine hohe Inflationsrate und Massenarbeitslosigkeit bildeten einen Nährboden für Rechtsextremisten, zu denen auch Adolf HITLER zählte. 1925 wurde der populäre General Paul von HINDENBURG Eberts Nachfolger.

In Vereinbarung mit den USA wurden in der zweiten Hälfte der 20er-Jahre die Reparationen neu geregelt, und die Franzosen zogen sich wieder aus dem Ruhrgebiet zurück. Deutschlands Wirtschaft begann sich zunächst zu erholen, aber die WELTWIRTSCHAFTSKRISE von 1929 verstärkte die Arbeitslosigkeit und bereitete den Nationalsozialisten den Boden. 1933 überredeten einflussreiche konservative Kreise Hindenburg dazu, Hitler als Reichskanzler zu akzeptieren. Die Nationalsozialisten nutzten diese Chance zur MACHTERGREIFUNG: Nach dem Reichstagsbrand verboten sie die Kommunisten, lösten mithilfe des Ermächtigungsgesetzes das Parlament auf und schalteten kurz darauf die Länder gleich. Als Hindenburg 1934 starb, ernannte Hitler sich selbst zum „Führer und Reichskanzler" des DRITTEN REICHES.

Weiße Rose, deutsche Widerstandsgruppe gegen das NS-Regime. Den Kern der hauptsächlich in München aktiven Gruppe bildeten die Studenten Hans und Sophie Scholl, Willi Graf, Alexander Schmorell, Christoph Probst sowie der Musikwissenschaftler Kurt Huber. Erste Flugblätter unter dem Titel *Weiße Rose*, die zum passiven Widerstand gegen die Nationalsozialisten aufriefen, fanden sich 1942 in den Briefkästen einiger Intellektueller. Unter dem Eindruck der Katastrophe von STALINGRAD wandten sich die folgenden Flugblätter an breitere Bevölkerungsschichten. Am 18. Februar 1943 wurden Hans und Sophie Scholl beim Verteilen von Flugblättern in der Münchner Universität verhaftet. Am gleichen Tag nahm man auch Graf und Probst fest. Ihnen wurde vor Roland Freißlers Volksgerichtshof der Prozess gemacht. Die Geschwister Scholl und Probst wurden sofort nach ihrer Verurteilung am 22. Februar 1943 hingerichtet: Hans war 24, seine Schwester Sophie 21 und Christoph 23 Jahre alt, als sie unterm Fallbeil starben. Der Rest der Familie Scholl kam in Sippenhaft. Die anderen Gruppenmitglieder der Weißen Rose wurden im Lauf des Jahres 1943 ermordet.

Weißrussland, Staat in Osteuropa, früher als Weißrussische SSR Teil der UdSSR. Im 14. Jh. wurde das Gebiet Teil des polnisch-litauischen Großreichs. Durch die Aufteilung Polens im 18. Jh. kam Weißrussland an das russische Zarenreich. Das Land wurde während des Russlandfeldzugs Napoleons I. 1812, im Ersten Weltkrieg, im sowjetisch-polnischen Krieg 1919–21 und im Zweiten Weltkrieg stark verwüstet. Der Vertrag von Riga 1921 sprach Weißrussland dem polnischen Staat zu; 1922 traten die östlichen Gebiete als Weißrussische Sozialistische Sowjetrepublik der UdSSR bei. Die westlichen Gebiete gliederte Jossif STALIN nach der militärischen Niederlage Polens 1939 wieder der Sowjetunion ein. Nach dem Zusammenbruch des Kommunismus erklärte 1991 die Weißrussische SSR ihre Unabhängigkeit

> **WUSSTEN SIE, DASS?**
>
> In den Flugblättern der Weißen Rose heißt es u. a.: „Auch dem dümmsten Deutschen hat das furchtbare Blutbad die Augen geöffnet, das Hitler und seine Genossen im Namen von Freiheit und Ehre der deutschen Nation in ganz Europa angerichtet haben und täglich neu anrichten."

und trat der GUS bei. 1994 verabschiedete Weißrussland eine neue Verfassung, Präsident wurde der Altkommunist Alexander Lukaschenko, dessen Politik sich eng an RUSSLAND anlehnte.

Weizmann, Chaijim (1874–1952), Mitbegründer des Staates Israel und dessen erster Präsident 1948–52. Der in Weißrussland geborene Biochemiker erhielt 1910 die britische Staatsbürgerschaft. Als Leiter der Laboratorien der britischen Admiralität während des Ersten Weltkriegs entwickelte er eine Methode zur Herstellung flüssigen Azetons. Durch seine Arbeit wurde der britische Premierminister Lloyd George auf ihn aufmerksam. Weizmann nutzte seine Verbindungen aus, um zur Durchsetzung der BALFOUR-DEKLARATION von 1917 beizutragen, durch die den Juden eine Heimat in Palästina versprochen wurde. Der Politiker bekleidete 1920–31 und 1935–46 das Amt des Präsidenten der zionistischen Weltorganisation und war seit 1929 Leiter der Jewish Agency, die die Interessen der Juden in Palästina vertrat. Bevor er 1948 sein Amt als Präsident des neuen Staates ISRAEL antrat, war er Direktor der Hebräischen Universität in Jerusalem.

Weizsäcker, Richard Freiherr von (*1920), deutscher CDU-Politiker und Bundespräsident 1984–94. Weizsäcker stammt aus einer angesehenen Juristen- und Theologenfamilie in Württemberg. 1964–70 Präsident des Deutschen Evangelischen Kirchentags zog Weizsäcker 1969 für die CDU in den Bundestag ein. Sein Abgeordnetenmandat gab er 1981 auf und ging für fast vier Jahre als Regierender Bürgermeister nach Westberlin. Nach seiner Wahl zum Bundespräsidenten am 23. Mai 1984 bemühte sich Weizsäcker um Konsens und Integration über alle Parteigrenzen hinweg, wobei er nicht selten dafür vom rechten Flügel der CDU kritisiert wurde. Aufmerksamkeit und internationale Anerkennung fand seine Rede zum 40. Jahrestag des Kriegsendes am 8. Mai 1985. Er betonte, dass dieses Datum ein Tag der Befreiung von der menschenverachtenden, nationalsozialistischen Gewaltherrschaft gewesen sei, bekannte sich aber auch zur besonderen Verantwortung der Deutschen zu ihrer Vergangenheit. Nach der WIEDERVEREINIGUNG warb Weizsäcker für Geduld und Opferbereitschaft im Einigungsprozess. Im In- wie im Ausland wurde Weizsäcker oftmals als Glücksfall für die deutsche Politik apostrophiert. Nach Ablauf seiner zweiten Amtszeit als Bundespräsident schied er 1994 aus der Politik aus.

Welfen, Angehörige eines bedeutenden fränkischen Adelsgeschlechts, das seit dem 8. Jh. nachweisbar ist. Die Welfen stellten im 11./12. Jh. die Herzöge von Bayern und Sachsen. Seit der Königswahl von 1125 standen die Welfen im Widerstreit mit den Staufern. Unter Herzog HEINRICH DEM LÖWEN waren die Welfen zeitweilig sogar mächtiger als die Stauferkaiser. Kaiser FRIEDRICH I. BARBAROSSA kämpfte fast 40 Jahre gegen die Welfen, ehe es ihm 1180 gelang, die Machtbasis Heinrichs des Löwen zu zerschlagen und ihn aus Deutschland zu verbannen.

Die staufisch-welfischen Auseinandersetzungen gipfelten in dem Schlachtruf der Anhänger beider Seiten: „Hie Welf, hie Waiblingen." Dabei stand die schwäbische Besitzung Waiblingen für die Stauferdynastie. In Italien, wo die Welfen vor allem Unterstützung in den großen norditalienischen Städten hatten, nannte man die Staufer in Anlehnung an ihre Besitzungen in Waiblingen Ghibellinen. Nachweisbar ist dieser Parteiname seit dem Jahr 1215, als der Florentiner Adel sich in Ghibellinen – Anhänger des Stauferkaisers FRIEDRICH II. – und Welfen spaltete. Die Welfen gründeten im Jahr 1235 das Herzogtum Braunschweig-Lüneburg, aus dem später das Haus HANNOVER hervorging.

Wellington, Arthur Wellesley, Herzog von (1769–1852), britischer Feldherr und Staatsmann.

Er machte sich vor allem dadurch einen Namen, dass er die britischen Truppen befehligte, die NAPOLEON I. in der Schlacht von WATERLOO im Juni 1815 entscheidend besiegten. Wellington kam in Dublin zur Welt und trat 1787 der britischen Armee bei. 1796 wurde er in Indien stationiert, wo er sich sowohl als Soldat als auch als fähiger Verwalter auszeichnete. 1808 betraute man ihn mit dem Oberbefehl über das britische Expeditionskorps, das in Portugal und Spanien gegen Napoleons I. Hegemonialstreben kämpfte. 1812 befreite er Madrid und vertrieb ein Jahr später die Franzosen von der Iberischen Halbinsel. Für seine militärischen Leistungen erhob ihn der britische König in den Herzogstand. Auf dem WIENER KONGRESS vertrat er als Generalbevollmächtigter die Interessen Großbritanniens.

Der Sieg bei Waterloo war Wellingtons letzte Schlacht, sie machte ihn in Großbritannien zum Nationalhelden. Bekannt wurde sein Ausspruch, als der Kampf auf Messers Schneide stand: „Ich wollt, es wäre Nacht, und die Preußen kämen." Er nutzte seine Popularität und ging in die Politik. Als Tory war er bereits 1806 ins britische Parlament gewählt worden, 1819 trat er dem Kabinett als Generalzahlmeister des Heeres bei, 1828 wurde er Premierminister. Durch seinen Widerstand gegen eine parlamentarische Reform machte er sich jedoch unbeliebt und trat 1830 zurück. 1834/35 bekleidete er das Amt des Außenministers unter Sir Robert PEEL. 1842 wurde er zum Oberbefehlshaber der britischen Armee ernannt. Vier Jahre später zog er sich aus dem öffentlichen Leben zurück.

Der toskanische Ritter in kompletter Kriegsausrüstung – Schild, Lanze und gepanzerter Pferdeschutz – ist ein Parteigänger der Welfen.

Henry Wells (links) und William Fargo (rechts) transportierten Goldbarren aus den Goldminen mithilfe von bewaffnetem Wachpersonal. Diese Fuhrwerke (unten) waren Vorläufer der Postkutschen, mit denen Wells & Fargo zur Legende des Wilden Westens wurden.

Wells, Fargo & Company, amerikanisches Transport- und Bankunternehmen. Die Firma wurde 1852 von Henry Wells und William Fargo gegründet. Ihre vordringliche Aufgabe bestand darin, die während des kalifornischen GOLDRAUSCHS geförderten Goldbarren zu transportieren. 1866 hatten die beiden Unternehmer das Monopol über die Postkutschenlinien westlich des Mississippi und dominierten 20 Jahre lang den Postdienst im Wilden Westen. Die Entstehung der Eisenbahnlinien führten zu einem allmählichen Niedergang des Postkutschengeschäfts. 1905 fusionierte das Bankunternehmen zur Wells Fargo Nevada National Bank. 1918 wurde aus dem für den Transport zuständigen Teil die American Railway Express Company.

Weltausstellungen, erste, für eine breite Öffentlichkeit veranstaltete Ausstellungen, bei denen die industriellen, wissenschaftlichen und technologischen Entwicklungen der Industrienationen vorgestellt wurden, fanden im 18. Jh. in Großbritannien und Frankreich statt. Einer der Höhepunkte war die Weltausstellung, die man 1851 im Kristallpalast in Londons Hyde Park abhielt. Die Weltausstellung 1889 in Paris, für die der Eiffelturm gebaut wurde, lockte 32 Mio. Besucher an. In den USA wurde die erste Ausstellung 1853 in New York eröffnet. Zu den bedeutendsten Weltausstellungen des 20. Jh. gehörte die Veranstaltung, die das Britische Empire 1924/25 in London ausrichtete. Die nächste Weltausstellung findet im Jahr 2000 im niedersächsischen Hannover statt.

Weltbank, 1944 gegründete Sonderorganisation der VEREINTEN NATIONEN zur Förderung der wirtschaftlichen Entwicklung in den Mitgliedsstaaten. Die auch unter dem Namen Internationale Bank für Wiederaufbau und Entwicklung bekannte Bank wurde zunächst bei der Konferenz von BRETTON WOODS 1944 vorgeschlagen. Heute gehören 181 Staaten der Organisation an. Die Weltbank bezieht ihr Einkommen aus Zinsen und Kreditrückzahlungen sowie aus Krediten, die sie auf den internationalen Geldmärkten aufnimmt. Ursprünglich gab die Weltbank Darlehen für den Wiederaufbau in den durch den Krieg zerstörten Staaten und Volkswirtschaften. Doch schon 1949 konzentrierte sie sich vor allem auf die Vergabe von Krediten zum Ankurbeln der Wirtschaft in Staaten der Dritten Welt. Seit 1970 besteht ihr Hauptanliegen in der Förderung der Landwirtschaft und ländlicher Gebiete, des Bildungs- und Gesundheitswesens sowie in der Unterstützung von Industrieprojekten. Kontrollorgan der Bank ist ein Aufsichtsrat, der sich aus Vertretern der Mitgliedsländer zusammensetzt.

Weltkirchenrat, ökumenische Organisation der protestantischen und orthodoxen östlichen Kirchen. Der Rat wurde 1948 in Amsterdam gegründet, um die Einheit der christlichen Kirche zu fördern. Mehr als 100 Länder und 300 Kirchen gehören ihm an, und er unterhält enge Kontakte zur römisch-katholischen Kirche, die kein Mitglied ist. Der Rat übt überwiegend eine beratende Funktion aus. Sein Hauptsitz befindet sich in Genf und sein leitendes Organ, die Vollversammlung, tritt in der Regel alle sieben Jahre zusammen.

Weltwirtschaftskrise, Krise, die die Volkswirtschaften der wichtigsten Industriestaaten 1929 erfasste. Am Donnerstag, dem 24. Oktober, brach unter den Börsenmaklern an der New Yorker Wallstreet Panik aus, als innerhalb von wenigen Stunden Millionen von Aktien an der Börse verkauft wurden. Am folgenden Tag, der als SCHWARZER FREITAG in die Geschichte einging, fielen die Notierungen drastisch. Die Aktien gaben bis zu 90 % ihres Ausgangswerts nach. Am darauf folgenden Dienstag kollabierte der Markt. Es zeigte sich, dass die Aktienkurse in den Jahren zuvor durch Spekulationen künstlich in die Höhe getrieben worden waren und nicht dem tatsächlichen Wert der Firmen entsprachen.

Als Reaktion auf den Zusammenbruch der Börse begannen die Banken der USA, international vergebene Kredite zurückzufordern, einschließlich der Gelder, die man Deutschland nach dem Ersten Weltkrieg zur industriellen Entwicklung und zur Zahlung der REPARATIONEN geliehen hatte. Auf diese

Während der Weltwirtschaftskrise wussten sich arbeitslose Amerikaner, die verzweifelt Geld brauchten, nicht mehr anders zu helfen, als Teile ihres Hausrats auf der Straße zu verkaufen.

Weise entzog man der Wirtschaft der WEIMARER REPUBLIK lebenswichtiges Kapital. Im Sommer 1931 war die Katastrophe perfekt: Allein im Juni verloren die deutschen Großbanken ihre gesamten Spareinlagen. Das zweitgrößte deutsche Bankhaus, die Darmstädter und Nationalbank, stellte am 13. Juli ihre Zahlungen ein.

Der amerikanische Präsident Herbert HOOVER handelte zwar einen einjährigen Zahlungsaufschub für die Reparationen aus, aber es war bereits zu spät. Der deutsche Zusammenbruch wirkte sich inzwischen auf andere europäische Länder aus. In den USA und in Deutschland begannen Sparer ihre Ersparnisse abzuheben, daraufhin mussten noch mehr Banken wegen Zahlungsunfähigkeit ihre Schalter schließen. 1932 war die Hälfte der Banken in den USA bankrott und zahlungsunfähig.

Die Weltwirtschaftskrise ließ die Zahl der Arbeitslosen beträchtlich anwachsen. Allein in Deutschland waren im Februar über 6 Mio. Menschen arbeitslos, das entsprach einer Quote von über 30 %, dazu kamen noch mehr als 3 Mio. Kurzarbeiter; in Großbritannien belief sich die Zahl der Arbeitslosen auf etwa 3 Mio. Und dem Verlust der Arbeit folgte meist der soziale Abstieg. Viele Familien konnten ihre Miete nicht mehr zahlen und mussten in Elendsquartiere umziehen. Im krisengeschüttelten Europa fand der politische Extremismus einen idealen Nährboden.

Nicht nur in Deutschland, sondern auch in den Balkanstaaten führten wieder aufkommende Ängste vor einem kommunistischen Aufstand zur Einrichtung rechtsextremer und vom Faschismus inspirierter Militärregimes.

Wenzel I. der Heilige (um 903–29 oder 935), Herzog und Schutzheiliger BÖHMENS. Einer alten Tradition entsprechend wurde er von seiner Großmutter, der heiligen Ludmilla, zum Christen erzogen. Sie wurde später von Wenzels heidnischer Mutter Drahomra umgebracht. Bis zu seiner Volljährigkeit war Drahomra Regentin. Der für seine Frömmigkeit bekannte Wenzel setzte sich für die Förderung des Christentums ein. Er zog sich den Zorn des einheimischen Adels zu, dem es ein Dorn im Auge war, dass er sich dem deutschen König HEINRICH I. unterordnete. Wenzel wurde von seinem heidnischen Bruder Boleslaw ermordet.

Wesir, leitender Minister in den meisten früheren islamischen Staaten. Das Wort stammt von dem arabischen Begriff *wazir*. Bei den Wesiren handelte es sich häufig um die eigentliche, die Politik bestimmende Person am Hof der Kalifen. An einigen Höfen – wie etwa der Dynastie der ABBASSIDEN im 8. Jh. – war das Amt erblich.

Die Wesire der ursprünglich aus Persien stammenden Familie Barmakid dienten unter den Kalifen oder Herrschern der Abbassi-

> **WUSSTEN SIE, DASS?**
>
> *Den finanziellen Ruin vor Augen erlitten an der Wallstreet zahlreiche Makler Nervenzusammenbrüche und Herzanfälle. Geschäftsleute stürzten sich aus den Fenstern ihrer Büros in den Tod.*

den. Die Osmanen verliehen den Titel Wesir erstmals im 14. Jh., im folgenden Jahrhundert nahmen sie den alten islamischen Brauch auf, den Titel eines Wesirs dem leitenden Minister zu verleihen, der zum Großwesir ernannt und von anderen Wesiren in leitender Funktion unterstützt wurde. Der Großwesir fungierte als Vertreter des Sultans, dessen Siegelring er als Insignie seines Amtes erhielt. 1654 wurde dem Großwesir eine offizielle Residenz in Konstantinopel zugewiesen.

Mehmed Löprülü, ein angesehener Regent, der zuvor als Wesir gedient hatte, wurde 1656 zum Großwesir ernannt und fasste die Kontrolle unter einer Zentralmacht zusammen, indem er politische Rivalen und Andersdenkende unterdrückte, die Armee neu organisierte und die Finanzen des OSMANISCHEN REICHES einer Reform unterzog. Sein Amt wurde fast 80 Jahre lang durch Erbfolge auf die Familie Löprülü übertragen. Im 19. Jh. übernahmen die Großwesire den Vorsitz über den Ministerrat und nach 1908 besaßen sie sogar die Befugnis, die Minister des Kabinetts zu ernennen. Nach dem Zusammenbruch des Osmanischen Reiches 1918 schaffte die Türkei den Titel des Wesirs endgültig ab.

Wesley, John (1703–91), englischer Geistlicher und Begründer der METHODISTEN. Wesley wurde in Lincolnshire als Sohn eines anglikanischen Geistlichen geboren. An der Universität von Oxford leitete er eine fromme Gruppe, zu der auch sein Bruder Charles zählte. Nachdem er 1728 die Priesterwürde erhalten hatte, begab Wesley sich als Missionar in die USA. Nach seiner Rückkehr nach Großbritannien 1738 durchlebte er einen tief gehenden Sinneswandel und wurde zum inbrünstigen Prediger einer gegen Rationalismus und AUFKLÄRUNG gerichteten Glaubensbewegung.

Wesleys Glaubenseifer erzürnte jedoch viele Geistliche der ANGLIKANISCHEN KIRCHE in Großbritannien, die ihn von ihren Kanzeln verbannten und ihm verboten, in den Kirchen seine Ansichten zu verkünden. Daraufhin begann er im Freien zu predigen. 1739 gründete er in Bristol die erste Methodistenkapelle und von da an rief er überall dort, wo er predigte, Methodistenverbände ins Leben. 1744 verfasste er ein Buch über die Vorschriften für die Zusammenschlüsse der Methodisten. Über 50 Jahre lang wirkte Wesley, gewann viele neue Anhänger, hielt über 40 000 Predigten und reiste mehr als 400 000 km weit um die Welt.

Westfälischer Frieden (1648), in Münster und Osnabrück unterzeichneter Vertrag, der den DREISSIGJÄHRIGEN KRIEG beendete. Das Vertragswerk vereitelte die Vormachtstellung der Habsburger in Europa; Frankreich und Schweden stiegen zu neuen Großmächten auf und in Deutschland konnten sich die Landesfürsten über die kaiserliche Zentralmacht durchsetzen. Im Einzelnen wurde vereinbart: Frankreich erhielt den Sundgau, die Bistümer Metz, Toul und Verdun sowie zehn elsässische Reichsstädte. Damit war die Rheingrenze vorerst gesichert. An Schweden ging Vorpommern, Bremen und Verden. Der Vertrag sicherte der Schweiz und den Niederlanden die Unabhängigkeit zu. Darüber hinaus wurde Lutheranern, Calvinisten und den Anhängern der römisch-katholischen Kirche die gleichen Rechte zugesprochen. Die Bestimmungen des AUGSBURGER RELIGIONSFRIEDENS von 1555 wurden ausdrücklich anerkannt.

Westfront, Schlachtgebiet während des ERSTEN WELTKRIEGS, auf dem die deutschen Truppen den Franzosen und Briten gegenüberstanden. Gräben wurden entlang der Front ausgehoben, die sich von Nieuport an der belgischen Küste bis zu den Vogesen im Nordosten Frankreichs erstreckten. Im Stellungskrieg 1915–18 kam es zu zahlreichen sinnlosen Schlachten, die keine Geländegewinne einbrachten und mit großen Verlusten auf beiden Seiten endeten. Giftgas setzten die Deutschen erstmals im April 1915 bei Ypern ein.

Von Februar bis Dezember 1916 kam es zum Kampf um Verdun: Nach anfänglichen deutschen Erfolgen geriet der Angriff ins Stocken. Der Gegenangriff der Franzosen brachte ebenfalls nicht den erhofften Befreiungsschlag. Am Ende mussten 340 000 deutsche und 360 000 französische Soldaten ihr Leben lassen, ohne dass eine der beiden Seiten einen Meter Gelände gewonnen hatte. Von Juni bis November 1916 tobte die Schlacht an der SOMME, die ebenfalls hunderttausenden von Soldaten das Leben kostete. Zu Beginn des Jahres 1917 zogen sich die Deutschen auf die SIEGFRIEDSTELLUNG zurück. Die Frühjahrsoffensive 1918 brachte der deutschen Armee keinen Geländegewinn und im August 1918 erzielten die Alliierten bei Amiens dank der eingesetzten Panzer einen entscheidenden Sieg. Am 11. November 1918 wurde in Compiègne das WAFFENSTILLSTANDSABKOMMEN unterzeichnet, das den Krieg beendete.

Westminster, Statut von, völkerrechtlich verbindliche Erklärung von 1931 über den rechtlichen Status der britischen Dominions, die das COMMONWEALTH OF NATIONS begründete. Während der 1926 und 1930 abgehaltenen Reichskonferenzen streb-

Einer unbewohnbaren Mondlandschaft gleicht das von Granaten verwüstete und durch tagelange Regenfälle aufgeweichte Schlachtfeld im flandrischen Ypern.

Oben: Französische Soldaten und Widerstandskämpfer der Résistance hören einer BBC-Übertragung zu. Rechts: Reißzweckendöschen mit eingebautem Geheimradio

ten Südafrika, Kanada, Neufundland, Australien, Neuseeland und Irland nach vollständiger Autonomie innerhalb des BRITISCHEN EMPIRE und übten starken Druck auf London aus. Das Statut erkannte den Dominions bei gleichzeitiger Aufrechterhaltung ihrer Treue zur britischen Krone das Recht an, ihre innen- und außenpolitischen Angelegenheiten selbst zu regeln, eigene diplomatische Vertretungen einzurichten und im VÖLKERBUND vertreten zu sein.

Weygand, Louis Maxime (1867–1965), französischer General. Weygand diente im Ersten Weltkrieg als Stabschef unter Marschall FOCH. 1920 beauftragte die französische Regierung ihn, den Polen bei ihrer erfolgreichen Verteidigung gegenüber der ROTEN ARMEE zu helfen. 1931–35 war er Stabschef der französischen Armee.

Als 1939 der Zweite Weltkrieg ausbrach, wurde der bereits pensionierte Weygand wieder reaktiviert und übernahm im Mai 1940 den Oberbefehl über die französischen Truppen. Er versuchte den Vormarsch der deutschen Truppen in Frankreich aufzuhalten, was jedoch misslang. Später führte er die Truppen der VICHY-REGIERUNG in Nordafrika an, geriet jedoch in deutsche Gefangenschaft. Nach dem Krieg wurde Weygand von der Regierung unter Charles de GAULLE wegen Kollaboration mit den Deutschen vor Gericht gestellt, aber freigesprochen.

Whigs, 1679 gegründete englische Partei und Vorläufer der Liberalen Partei des 19. Jh. Die Whigs entstanden unter der Herrschaft König KARLS II., als sie erfolglos versuchten, eine Gesetzesvorlage durchzusetzen, mit der sie verhindern wollten, dass Karls Bruder James sein Thronfolger würde. Sie begründeten ihren Vorstoß damit, dass James Katholik sei. Den Namen Whigs erhielten sie von ihren Gegnern, den TORIES. Er ist höchstwahrscheinlich hergeleitet von den Whiggamores, den militanten schottischen Presbyterianern.

1688 forderten die Whigs zusammen mit den Tories den Protestanten WILHELM III. VON ORANIEN und seine Frau auf, den englischen Thron zu übernehmen, um eine katholische Dynastie auf dem Thron zu verhindern. 1714–60 standen die Whigs in der Regierungsverantwortung. Die frühen Whigs repräsentierten die britische Aristokratie. Sie versuchten die Macht des Monarchen in Schranken zu halten, tolerierten Angehörige anderer Konfessionen und spielten eine aktive Rolle in Europa. Im 18./19. Jh. vertraten die Whigs die geschäftlichen Interessen des aufkommenden Großbürgertums und wurden zur dominierenden Reformpartei in Großbritannien. Zu den bemerkenswertesten Politikern der Whigs zählten Sir Robert WALPOLE und Charles James FOX.

Die amerikanische Whig-Partei entstand Mitte der 30er-Jahre des 19. Jh. als Opposition zur Politik von Präsident Andrew JACKSON. Um die Mitte des Jahrhunderts zerstritt sich die Partei über der Frage der Sklaverei. Ein Teil der Whigs in den Nordstaaten trat der Partei der REPUBLIKANER bei, während sich ihre Anhänger in den Südstaaten mit den DEMOKRATEN zusammenschlossen.

Widerstandsbewegung, im Allgemeinen eine organisierte Untergrundbewegung, die gegen eine als unrechtmäßig angesehene Herrschaft – z. B. Diktatur oder Tyrannei – kämpft. Bekannt wurden vor allem die Untergrundorganisationen, die während des ZWEITEN WELTKRIEGS gegen die deutsche Besatzungsmacht kämpften wie etwa die Résistance in Frankreich oder die Resistenza in Italien. Die Widerstandskämpfer verhalfen den Verfolgten wie Juden und Kriegsgefangenen zur Flucht, veröffentlichten Untergrundzeitungen, übermittelten mittels geheimer Sender Nachrichten und begingen Spionage- und Sabotageakte, die die militärischen Operationen der Besatzer erheblich behinderten.

Der deutsche Widerstand gegen das NS-Regime ist nur schwer zu fassen. Es gab Einzeltäter wie etwa Georg Eisler, dessen Sprengstoffattentat 1939 fehlschlug, den von der Arbeiterbewegung organisierten Widerstand, der von den Kommunisten geführte Kampf gegen den Faschismus, kirchliche Gruppen sowie den eher nationalkonservativen-bürgerlichen Kreis, zu dem auch die Attentäter des ZWANZIGSTEN JULI zu zählen sind.

Widukind (†807), westfälischer Adeliger, der zu den erbittertsten und hartnäckigsten Gegnern KARLS DES GROSSEN in den Sachsenkriegen gehörte. 778 brach ein Aufstand unter Widukinds Führung aus, in dessen Verlauf 782 im Weserbergland am Süntel eine fränkische Heeresabteilung vollständig aufgerieben wurde. Widukind musste trotz des Erfolgs fliehen, da ihm der sächsische Adel in den Rücken fiel und ihn verriet. 785 ließ er sich nach erneuter erfolgloser Erhebung am fränkischen Königshof taufen.

Wiedertäufer, religiöse Bewegung während der REFORMATION. Sie hatte ihren Ursprung in Zürich und Umgebung. Da die Wiedertäufer davon überzeugt waren, dass sich nur Erwachsene Christus hingeben konnten, verfochten sie die Erwachsenentaufe. 1525 fanden in Zürich erstmals Zweittaufen statt. Ihr Streben nach Autonomie der Pfarrei einschließlich der Wahl der Pfarrer, ihre Ablehnung der offiziellen Kirche und meist auch der weltlichen Autoritäten führte zu schweren Verfolgungen. Dies wiederum radikalisierte die Wiedertäufer derart, dass sie nun Andersgläubige ihrerseits diskriminierten. So geschah es in Münster, wo Wiedertäufer 1534/35 die Macht übernahmen und Glaubensgegner vertrieben. Wichtige Zentren entstanden im 16. Jh. unter der Führung von Jakob Hutter in Mähren. Aus den Wiedertäufern gingen Glaubensgemeinschaften wie BAPTISTEN und Mennoniten hervor.

Wiedervereinigung (3. Oktober 1990),

Wiederherstellung der staatlichen Einheit Deutschlands. Auslöser der Wiedervereinigung war die durch den sowjetischen Staats- und Parteichef Michail GORBATSCHOW in den 80er-Jahren ausgelöste Reformwelle – *glasnost* und *perestroika* –, die letztlich zum Zusammenbruch des kommunistischen Regimes im ganzen Ostblock führte.

So geriet 1989 die Regierung der DEUTSCHEN DEMOKRATISCHEN REPUBLIK unter Erich HONECKER erheblich unter Druck Moskaus. Gleichzeitig kam es zu Massendemonstrationen der Bevölkerung in der DDR, die Demokratie und Freiheit forderten. Viele DDR-Bürger setzten sich im Sommer 1989 nach Prag und Budapest ab, und als Ungarn seine Grenzen öffnete, kam es zu einem Massenexodus von Ostdeutschen über Österreich in die BUNDESREPUBLIK DEUTSCHLAND. Von da an war die Demokratiebewegung nicht mehr aufzuhalten. Honecker wurde im Oktober 1989 von Egon Krenz abgelöst und am 9. November öffnete die DDR die Grenzen nach Westen. Die BERLINER MAUER, die die Stadt bis dahin geteilt hatte, fiel.

Im Dezember 1989 erstellte Bundeskanzler Helmut KOHL einen Zehnpunkteplan zur Wiedervereinigung der beiden deutschen Staaten. Enthüllungen über die Korruption unter Honeckers Regime führten zum Rücktritt von Krenz und zur Festnahme Honeckers. Die Kommunisten erlitten bei den ersten freien Wahlen in der DDR im März 1990 eine vernichtende Niederlage. Die Wirtschafts- und Währungsunion – mit Zustimmung der vier Siegermächte des Zweiten Weltkriegs – wurde im Juli vertraglich festgelegt und unterzeichnet. Die offizielle Wiedervereinigung fand am 3. Oktober 1990 statt. Berlin wurde wieder Hauptstadt. Aus den ersten gesamtdeutschen Bundestagswahlen im Dezember 1990 gingen Helmut Kohl und seine Koalitionsregierung aus CDU/CSU und FDP siegreich hervor.

Wiener, Norbert (1894–1964), amerika-

nischer Mathematiker und Begründer der Kybernetik. Als Wunderkind studierte Wiener bereits mit elf Jahren an Universitäten in den USA und Europa Zoologie und Philosophie. 1932 wurde er Dozent für Mathematik am Technologischen Institut von Massachusetts. Während des Zweiten Weltkriegs arbeitete Wiener an gesteuerten Flugkörpern. Im Lauf seiner Arbeit fand er zuneh-

Seine Fertigkeit, Bisons zu erlegen, brachte William Frederick Cody im Wilden Westen den Namen Buffalo Bill ein.

mend Interesse an der mathematischen Analyse des Informationsflusses unter Benutzung elektronischer Geräte. Dafür prägte er den Ausdruck Kybernetik.

Wiener Kongress (1814/15), Friedens-

konferenz der europäischen Großmächte zur Neuordnung Europas nach der Niederlage NAPOLEONS I. Der Kongress tagte vom September 1814 bis zum Juni 1815 in Wien. Österreich war vertreten durch Klemens Wenzel Fürst von METTERNICH, Großbritannien durch Robert CASTLEREAGH, Russland durch Zar ALEXANDER I., Preußen durch Karl August Fürst von HARDENBERG und Wilhelm Freiherr von HUMBOLDT sowie Frankreich durch Charles Maurice de TALLEYRAND.

Die abschließende Kongressakte stellte das Gleichgewicht der fünf Großmächte in Europa wieder her. Frankreich wurde in den Grenzen von 1792 bestätigt; Großbritannien erhielt Malta, Ceylon, Helgoland und die Kapkolonie; Russland gewann große Teile Polens und stieg zur führenden Kontinentalmacht auf; Österreich verzichtete auf die habsburgischen Niederlande und erhielt dafür Besitz in Galizien, Oberitalien und Dalmatien; Preußen erhielt Teile von Sachsen und vergrößerte sein Staatsgebiet im Westen Deutschlands um das Rheinland und Westfalen. Darüber hinaus wurden Schweden und Norwegen in Personalunion von einem Mo-

narchen regiert, die Niederlande zum Königreich erhoben und das Königreich Sardinien-Piemont erhielt Savoyen zugesprochen.

Außerdem beschloss der Kongress die Neuordnung Deutschlands. Der DEUTSCHE BUND – ein Staatenbund aus 37 deutschen souveränen Königreichen und Fürstentümern sowie den vier Freien Reichsstädten Hamburg, Bremen, Lübeck und Frankfurt – ersetzte das 1806 aufgelöste HEILIGE RÖMISCHE REICH. Führende Macht wurde Österreich, dessen Staatsgebiet allerdings nur zu einem Teil dem neuen politischen Gebilde in der Mitte Europas angehörte. Das Gleiche traf auch für die zweite deutsche Großmacht PREUSSEN zu.

Die Bestimmungen des Wiener Kongresses verhalfen Europa im 19. Jh. zwar wieder zu politischer Stabilität. Dies geschah jedoch in vielen Fällen auf Kosten der Forderung nach nationalstaatlicher Einheit, die sich während der MÄRZREVOLUTION von 1848 in West- und Mitteleuropa äußerte.

Wiesenthal, Simon (*1908), österreichi-

scher Architekt und Autor. Wiesenthal verlor seine ganze Familie durch die Nationalsozialisten. Nach der Befreiung aus dem KONZENTRATIONSLAGER Mauthausen machte er es sich zur Aufgabe, in der ganzen Welt NS-Verbrecher aufzuspüren. Aufgrund seiner Recherchen konnten etwa 1100 Nazis, darunter Adolf EICHMANN, festgenommen und verurteilt werden. Er publizierte u. a. *Ich jagte Eichmann* (1960) und *Recht, nicht Rache* (1988).

Wikinger siehe rechte Seite

Wilder Westen, Name für den westli-

chen Teil der USA im 19. Jh. während der Zeit der Erschließung durch weiße Siedler. Der Wilde Westen steht für eine von GOLDRAUSCH, verwegenen Cowboys, wagemutigen Pionieren, Banditentum, Indianerkämpfen und allgemeiner Gesetzlosigkeit geprägte Zeit und schuf sich seinen eigenen Mythos. Diese Ära wurde von Schriftstellern wie Edward Judson romantisiert. Unter dem Pseudonym Ned Buntline schrieb er Groschenromane über die Abenteuer seines Freundes William Frederick Cody, der unter dem Namen Buffalo Bill bekannt wurde. Buffalo Bill gehörte zu den wenigen amerikanischen Pionieren, die über die Grenzen Nordamerikas hinaus bekannt waren. Seit 1883 ging er mit seiner Wildwestschau in den USA und Europa auf Tournee und trug zur Glorifizierung des Wilden Westens bei, die im 20. Jh. in unzähligen Westernfilmen anzutreffen ist und bis zum heutigen Tag noch die Vorstellungen prägt. Mit zunehmender Industrialisierung und Besiedlung verlor der Wilde Westen seit Beginn des 20. Jh. stetig an Glanz.

Piraten aus dem hohen Norden

Auf der Suche nach Beute, Macht, Land und Abenteuer

verbreiteten die Wikinger seit dem Ende des 8. Jh. Angst und Schrecken in Europa.

Doch sie gründeten auch dauerhafte Reiche und trieben einen expansiven Handel.

Um das Jahr 790 brachen die Wikinger erstmals von Skandinavien aus auf, um die keltischen Klöster Lindisfarne und Iona sowie die Insel Noirmoutier an der Loiremündung zu plündern. Von da an waren sie nicht mehr aufzuhalten. In unregelmäßigen Abständen suchten sie mit ihren Schiffen die europäischen Küsten heim und überfielen plündernd und mordend Siedlungen, Klöster und sogar befestigte Städte. Ihr Erfolg beruhte auf ihren Langschiffen, die nur einen geringen Tiefgang hatten und dadurch in der Lage waren, auch seichte Flüsse hinaufzusegeln. Die Wikinger lebten von dem Überraschungsmoment: So plötzlich wie sie an den Küsten und den Ufern auftauchten und ihre Beute machten, so plötzlich verschwanden sie auch wieder. Bei ihren Raubzügen kam ihnen entgegen, dass die Herrscher der überfallenen Gebiete sich nicht einig und durch Kriege geschwächt waren.

Ausgelöst wurde die Expansion der Wikinger wahrscheinlich aufgrund ihrer wachsenden Bevölkerung bei gleichzeiti-

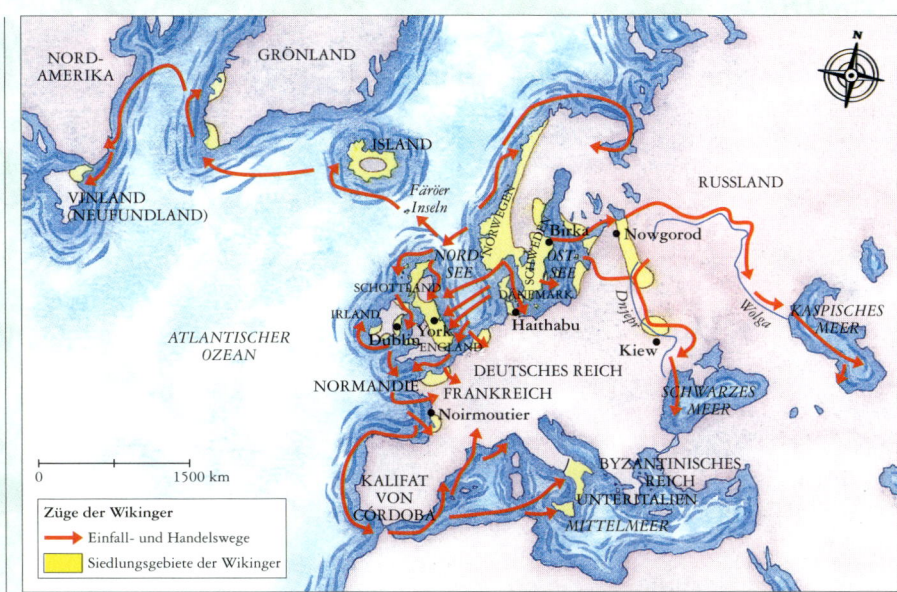

Die aus Skandinavien stammenden Wikinger unternahmen seit dem 8. Jh. zahlreiche Raub- und Erkundungszüge, die sie bis nach Unteritalien, ans Schwarze und Kaspische Meer führten.

Vom Osebergschiff, das 1903 entdeckt wurde (unten), stammt der geschnitzte Drachenkopf.

ger Landknappheit, ihrer Unzufriedenheit mit den politischen Verhältnissen in der Heimat sowie der Aussicht auf Abenteuer und Ruhm. Ein nicht zu unterschätzendes Motiv war jedoch die Möglichkeit, mit der Aussicht auf großen Gewinn Handel zu treiben.

STAATENGRÜNDER

Doch die Wikinger waren nicht nur Piraten, sondern auch geschickte Diplomaten. So gab 911 der französische König Karl der Einfältige dem Wikinger Rollo das Gebiet um die Seinemündung als Lehen, der es dafür gegen die Feinde der Krone verteidigte. Das Land wurde später unter dem Namen Normandie, Land der Normannen, bekannt. In England eroberten dänische Wikinger im 9. Jh. Northumbria, Mercia und Ost-Anglia und gründeten das so genannte Danelag, das von den Dänen beherrschte Land. Norwegische Wikinger erschlossen etwa um dieselbe Zeit die schottischen Inseln und gründeten die ersten Städte in Irland.

Die schwedischen Wikinger segelten auf der Suche nach Seidenstoffen und Silbermünzen der arabischen Kaufleute auf bisher unbekannten Wasserwegen von der

Ostsee aus über Russland zum Schwarzen und Kaspischen Meer. Sie gründeten die Reiche von Nowgorod und Kiew. Von dort aus knüpften sie Handelskontakte nach Konstantinopel, der Hauptstadt des Byzantinischen Reiches.

Den Furcht erregenden Gestalten aus dem Norden eilte der Ruf voraus, grausame und brutale Krieger zu sein, doch dies beruhte auf einem Mythos, den Mönche in Europa verbreiteten. In Wirklichkeit waren die Wikinger nicht blutrünstiger als viele ihrer christlichen Zeitgenossen. Wenn sie ein Gebiet erst einmal in ihren Besitz genommen hatten, so ließen sie sich meist dort nieder, um zu herrschen, Handel und Landwirtschaft zu treiben. Die Wikinger waren redliche Leute mit Unternehmer- und Abenteuergeist, für die gewinnbringender Handel ebenso wichtig war wie die Eroberung.

Um das Jahr 1000 stachen Wikinger von Island aus in See und erreichten als erste Europäer Grönland und den amerikanischen Kontinent. Kurz darauf segelten Normannen aus der Normandie um Spanien herum ins Mittelmeer und gründeten unter Robert Guiskard 1059 in Unteritalien ein Reich, das bis 1194 bestand.

Wilhelm I. der Eroberer (1028–87), seit 1066 bis zu seinem Tod erster Normannenkönig Englands. Als illegitimer Sohn Roberts des Teufels wurde Wilhelm 1035 Herzog der Normandie. Sein Anspruch auf den englischen Thron basierte auf einem Versprechen, das sein Vetter Eduard der Bekenner angeblich 1051 gegeben hatte. Mit Unterstützung des Papstes landete Wilhelm I. der Eroberer 1066 in England, wo er in der Schlacht von HASTINGS Eduards Nachfolger HAROLD II. besiegte.

Wilhelm wurde am 25. Dezember in der Westminster Abtei zum König gekrönt. Er erstickte jeglichen Widerstand des englischen Adels mit Waffengewalt und ersetzte angelsächsische Führer durch eigene normannische Gefolgsleute. Die normannische Kirche erlebte unter seiner Herrschaft eine Blüte, er weigerte sich jedoch, Einmischungen von Bischöfen oder dem Papst hinzunehmen. Den größten Teil seiner Regierungszeit verbrachte Wilhelm I. der Eroberer damit, in der Normandie gegen den französischen König Philipp I. zu kämpfen. Kurz vor seinem Tod führte er für englische Grundbesitzer das DOMESDAY BOOK, eine Art amtliches Grundstücksverzeichnis, ein. Nachdem er auf einem Feldzug verletzt worden war, starb Wilhelm I. der Eroberer in Rouen und wurde in Caen beigesetzt. Er überließ die Normandie seinem ältesten Sohn Robert Kurzhose und England seinem zweitältesten Sohn Wilhelm Rufus.

Wilhelm I. der Schweiger (1533–84), der Graf von Nassau-Dillenburg erbte 1544 als Prinz von Oranien ausgedehnte niederländische Besitzungen. 1559 ernannte ihn der spanische König PHILIPP II. zum Statthalter von Holland, Seeland und Utrecht. Bald schon wandte sich Wilhelm gegen die spanische Herrschaft in den Niederlanden, die weder politische noch religiöse Freiheiten duldete. Als Gegenspieler des Herzogs von ALBA, der die Interessen der katholischen spanischen Krone vertrat, setzte sich Wilhelm I. für die Sache der protestantischen niederländischen Stände ein. 1576 gelang es ihm für kurze Zeit, seinen Traum zu verwirklichen, als er den katholischen Süden und den protestantischen Norden vereinte, bevor der Süden – das heutige Belgien und Luxemburg – wieder von Spanien in Besitz genommen wurde. 1579 bildeten die nördlichen Provinzen eine Föderation mit Wilhelm I. als erstem Statthalter und erklärten ihre Unabhängigkeit von Spanien. Wilhelm wurde daraufhin von Philipp II. geächtet und 1584 in Delft von einem spanischen Agenten ermordet.

Wilhelm II. liebte die militärische Selbstdarstellung über alles: Bei öffentlichen Auftritten – hier zusammen mit Kaiserin Augusta Victoria – trug er gern die Uniform der Totenkopfhusaren.

Wilhelm I. (1797–1888), seit 1861 König von Preußen und nach der Reichsgründung 1871 Deutscher Kaiser. Wilhelm wurde als Sohn von FRIEDRICH WILHELM III. in Berlin geboren. Er widmete sich der preußischen Armee und kämpfte erfolgreich in den BEFREIUNGSKRIEGEN gegen Napoleon I. Die blutige Niederschlagung der MÄRZREVOLUTION von 1848 brachte ihm den Spitznamen „Kartätschenprinz" ein. Seine Unbeliebtheit führte u. a. dazu, dass er sich ein Jahr lang in London aufhielt. 1858 übernahm er für seinen geistig kranken Bruder die Regentschaft in Preußen. Bald darauf geriet er mit dem liberalen Landtag in Konflikt über die geplante Heeresreform, der ihn an Abdankung denken ließ. Dies war die Stunde des märkischen Junkers OTTO VON BISMARCK, den er 1862 auf Veranlassung seiner konservativen Berater zum Ministerpräsident berief. Die Regierungszeit des Monarchen trug von da an bis zu seinem Tod 1888 mit fast 91 Jahren die Handschrift Bismarcks, der ihn u. a. gegen seine Willen zum Kaiser ausrufen ließ.

Wilhelm II. (1859–1941), Deutscher Kaiser und König von Preußen 1888–1918. Wilhelm war Enkel der britischen Monarchin Viktoria und Kaiser WILHELMS I. 1890 zwang er Reichskanzler Otto von BISMARCK zum Rücktritt und begann sein „persönliches Regiment". Seine Innen- und Außenpolitik war sprunghaft, emotional und unberechenbar. Durch seine unbedachten, markigen Äußerungen machte er sich im Ausland viele Feinde und war maßgeblich an der Isolierung Deutschlands in der Welt beteiligt. Er überschätzte die Gestaltungsmöglichkeiten deutscher Politik und wollte mit aller Macht Weltpolitik betreiben. So unterstützte und forcierte er die Pläne seines Marineministers Alfred von TIRPITZ, eine Flotte zu bauen, die mit der Seemacht Großbritanniens konkurrieren sollte. Dies führte zu zu einem ruinösen Wettrüsten und zur Abkühlung der traditionell guten Beziehungen zu Großbritannien. Dies sollte sich 1914 bitter rächen. Während der Julikrise ermutigte Wilhelm II. Österreich-Ungarn zur Kraftprobe mit Serbien, was zum ERSTEN WELTKRIEG führte. Als die militärische Auseinandersetzung unausweichlich wurde, wollte Wilhelm II. den Konflikt nicht wahrhaben und offenbarte Führungsschwäche. Nach Deutschlands Niederlage 1918 musste Wilhelm II. abdanken und ging ins Exil ins niederländische Doorn, wo er 1941 starb.

Wilhelm III. von Oranien (1650–1702), seit 1689 König von England. Der Statthalter der Vereinigten Niederlande war mit Mary, der Tochter des englischen Königs Jakob II. verheiratet. Als der katholische Jakob II. unerwartet die Geburt eines Thronfolgers anzeigte, bestand die Gefahr einer katholischen Herrschaft auf Dauer im protestantischen England. Die Adelsopposition trug daraufhin 1688 Wilhelm III. von Oranien und seiner Frau gemeinsam die Krone an. Als der Oranier mit seiner Armee auf der Insel landete, floh Jakob II. nach Frankreich. Dieser unblutige Staatsstreich ging als GLORREICHE REVOLUTION in die Geschichte ein. Am 23. Februar 1689 bestiegen Wilhelm und Mary zusammen den Thron.

WUSSTEN SIE, DASS?

Kaiser Wilhelm I. überlebte zwei Attentate: Am 12. Mai 1878 feuerte Max Hödel zwei Schüsse auf den Monarchen, die ihr Ziel verfehlten. Am 2. Juni 1878 verletzte Karl Nobiling den Kaiser mit einer Schrotladung.

Wilhelm brach den Widerstand der katholischen Anhänger Jakobs II. in Irland 1690 in der Schlacht am Fluss Boyne. Doch sein Ruf litt darunter, dass er 1691 im Vertrag von Limerick den irischen Katholiken politische und religiöse Freiheit zusicherte und sich dann nicht daran hielt. Er überließ Mary das Amt der Regentin und richtete seine Aufmerksamkeit fortan auf den Krieg gegen Frankreich, der 1697 mit dem Frieden von RIJSWIJK endete. Er brachte Wilhelm III. von Oranien die offizielle Anerkennung als König von England durch Frankreich. Wilhelm III. starb an den Folgen eines Reitunfalls, und Marys Schwester ANNE trat seine Nachfolge an.

Wilson, Sir James Harold, Baron Wilson of Rievaulx (1916–95), britischer Premierminister 1964–70 und 1974–76. Wilson studierte an der Universität von Oxford Wirtschaftswissenschaften. 1945 wurde er Parlamentsabgeordneter und 1963 Nachfolger von Hugh Gaitskell als Parteiführer der LABOUR PARTY. Ein Jahr später gewann er die Parlamentswahlen.

Wilsons erste Amtszeit war gekennzeichnet von der Abschaffung der Todesstrafe, der Abwertung des Pfund Sterling und der Einführung der Gesamtschule. 1969 schickte er britische Truppen nach NORDIRLAND, um die ausbrechenden gewalttätigen Konflikte zwischen den Konfessionen unter Kontrolle zu halten. 1975 stimmte die Mehrheit der Briten in einem Volksentscheid für den Beitritt zur EUROPÄISCHEN UNION, wodurch das innerparteiliche Zerwürfnis der Labour Party in Bezug auf dieses Thema endlich ein Ende fand. Im Ausland versuchte Wilson erfolglos, das Problem der Unabhängigkeitserklärung der weißen Regierung Rhodesiens durch Verhandlungen und Anordnung von Wirtschaftssanktionen zu lösen.

1970 verlor Wilson die Wahlen und übernahm die Rolle des Oppositionsführers. Vier Jahre später wurde er erneut Premierminister. Im März 1976 trat er unerwartet von seinem Amt zurück. Sein Nachfolger wurde der Labour-Politiker James Callaghan.

Wilson, Woodrow (1856–1924), Präsident der USA 1913–21. Wilson wurde in Virginia als Sohn eines presbyterianischen Predigers geboren. Er begann die akademische Karriereleiter zu erklimmen und wurde 1902 Präsident der Princeton University. 1910 nahm er die Nominierung der Demokraten an und wurde zum Gouverneur von New Jersey gewählt. Als geschickter Redner mit großer Ausstrahlung schaffte Wilson es, 1912 von den DEMOKRATEN als Präsidentschaftskandidat nominiert zu werden. Als gewählter Präsident ging er dazu über, seine Politik der „Neuen Freiheiten" durchzusetzen, um den internationalen Wettbewerb anzuregen, gleiche Chancen für alle zu fördern und der Korruption Einhalt zu gebieten. Die Verfassung wurde durch die PROHIBITION und das Wahlrecht für Frauen ergänzt.

Zu Beginn des ERSTEN WELTKRIEGS konzentrierte er sich darauf, die Neutralität der USA zu betonen. Jedoch führte die deutsche Strategie des uneingeschränkten U-BOOT-KRIEGS im April 1917 zur Kriegserklärung der USA an die Mittelmächte. Von da an arbeitete Wilson an der Verwirklichung seiner Vision einer friedlichen Nachkriegswelt und der Gründung des VÖLKERBUNDS, die er in seinem 14-Punkte-Programm dargelegt hat.

Nachdem er an den Verhandlungen über den VERSAILLER VERTRAG 1919 teilgenommen hatte, erlitt er während seiner Bemühungen, öffentliche Unterstützung für seine Vorstellungen und den Völkerbund zu gewinnen, einen schweren Zusammenbruch, was ihn in seiner Arbeit erheblich behinderte. In den letzten Amtsjahren übernahm seine Ehefrau Edith viele seiner Pflichten als Präsident.

Windsor, Name der britischen Königsfamilie seit dem 17. Juli 1917. Die Bezeichnung Windsor wurde von König GEORG V. angenommen, um die deutsche Dynastiebezeichnung Sachsen-Coburg-Gotha, die durch die Heirat Königin VIKTORIAS mit Prinz Albert aus dem Haus Sachsen-Coburg-Gotha im Jahr 1840 begründet worden war, zu ersetzen. Der Name Windsor wurde deshalb gewählt, weil das Schloss von Windsor in Berkshire bereits seit dem 12. Jh. als Hauptwohnsitz der britischen königlichen Familie galt. 1960 gab ELISABETH II. bekannt, dass die Angehörigen ihrer Nachkommenschaft, die keine Prinzen oder Prinzessinnen seien, den Nachnamen Mountbatten-Windsor annehmen sollten.

Wirtschaftswunder, Periode des wirtschaftlichen Aufschwungs in der BUNDESREPUBLIK DEUTSCHLAND in den 50er- und 60er-Jahren unseres Jahrhunderts. Das Zusammentreffen günstiger Faktoren und die Einführung der sozialen Marktwirtschaft durch Ludwig Erhard führten zu einer besonders raschen Wirtschaftsentwicklung. Die Basis dazu legte die WÄHRUNGSREFORM von 1948. Hinzu kamen u. a. die Marshallplanhilfe, günstige weltwirtschaftliche Rahmenbedingungen, die zurückhaltende Lohnpolitik der Gewerkschaften, eine investitionsfreundliche Steuerpolitik und ein großes Potenzial qualifizierter Arbeitskräfte aus den ehemaligen deutschen Ostgebieten. Die Teilhabe breiter Bevölkerungsschichten am Wohlstand trug wesentlich zur Akzeptanz der noch jungen Demokratie in Deutschland bei. Kennzeichen des Wirtschaftswunders war eine langanhaltende Hochkonjunktur mit anhaltender Vollbeschäftigung.

Witan, von den angelsächsischen Königen einberufener Rat und Vorläufer des englischen PARLAMENTS. Diese Versammlungen von Angehörigen des Hochadels, der Großgrundbesitzer und der Bischöfe im 10./11. Jh. berieten den König in hoheitlichen Angelegenheiten, wie die Überlassung von Land, Pfründen, Freibriefen, der Besteuerung sowie der Verfolgung und Bestrafung von Verrätern. In den meisten Fällen musste der Rat auch die Thronfolge des Monarchen anerkennen.

Ein Witan wählte und beriet die angelsächsischen Könige Englands. Diese Buchmalerei illustriert, wie der Witan einen Verbrecher hängt.

James Wolfes tödliche Verwundung in Quebec (rechts). Seine Leiche wurde, in seinen Mantel (unten) gehüllt, nach Großbritannien zurückgebracht.

Witte, Sergej Juljewitsch, Graf (1849 bis 1915), russischer Staatsmann. Als Verkehrs- und Finanzminister 1892–1903 und als Ministerpräsident 1905/06 hatte Witte maßgeblichen Anteil an der Industrialisierung RUSSLANDS. Er förderte Investitionen und holte ausländische Anleihen ins Land. Unter ihm wurden neue Eisenbahnlinien – u. a. die Transsibirische Bahn – gebaut, die Stahlproduktion begann, und es wurde Öl im großen Stil gewonnen, um es in alle Welt zu exportieren. Dieser rasch betriebene Umbau des Riesenreichs von einem Agrarstaat zu einer Industrienation führte zu einer extrem hohen Staatsverschuldung bei unterentwickelter Kaufkraft der Bevölkerung, was die Bildung eines unzufriedenen Proletariats bewirkte.

Wittes Vorstellung von einer leistungsstarken Wirtschaft im zaristischen Russland bestand in einer Kombination aus wirtschaftlicher Modernisierung und autoritärer Herrschaft. Während der RUSSISCHEN REVOLUTION VON 1905 überredete Witte Zar NIKOLAUS II. zum Erlass des so genannten Oktobermanifests, der zur Gründung eines Parlaments, der DUMA, führte und Russland einen Scheinkonstitutionalismus gewährte. Zar Nikolaus II., der seinen mächtigen Minister fürchtete, setzte Witte 1906 ab.

Wittelsbacher, deutsche Herrscherdynastie, die Bayern 1180–1918 regierte. Stammvater war Graf Otto von Scheyern, der im Jahr 1115 die nordöstlich von Aichach gelegene Burg Wittelsbach bezog und den Namen als Familiennamen annahm. Seitdem regierten in Bayern trotz zahlreicher Teilungen des Erbes und Aufspaltungen in verschiedene Linien die Wittelsbacher als Herzöge, Kurfürsten und Könige. Kurfürst Karl Albert von Bayern wurde 1742 als Karl VII. sogar zum Kaiser des HEILIGEN RÖMISCHEN REICHES gekrönt. Von NAPOLEON I. erhielten die Wittelsbacher 1806 die Königswürde verliehen, die sie bis 1918 trugen, als der letzte König, Ludwig III., abdankte. Sein Sohn, Prinz Rupert, besaß aufgrund seiner Abstammung von der englischen Herrscherdynastie der STUARTS mütterlicherseits einen potenziellen Anspruch auf den britischen Thron. Rupert starb jedoch 1955.

Die Wittelsbacher stellten auch in anderen Ländern Europas die Herrscher. So wählten die Griechen nach ihrer Unabhängigkeit einen Bayern als Otto I. 1832 zum König, der bis zu seiner Absetzung 1862 das Land absolutistisch regierte.

Wladimir I. der Heilige († 1015), Schutzheiliger von Russland und seit etwa 980 Großfürst von KIEW, der Hauptstadt des ersten russischen Staates. Bis zu seiner Bekehrung zum Christentum im Jahr 988 und der darauffolgenden Heirat mit Prinzessin Anna, der Schwester des byzantinischen Kaisers Basileos II., war Wladimir I. überzeugter Heide. Er trug wesentlich zur Christianisierung RUSSLANDS bei, indem er Missionare

aus Griechenland in sein Reich holte. Wladimir I. widmete seine Regierungszeit vor allem dem Bau von prachtvollen christlichen Kirchen.

Wohlfahrtsausschuss, Gremium, das während der Französischen Revolution die Macht ausübte. Es wurde am 6. April 1793 vom Nationalkonvent eingesetzt. Seine ursprüngliche Zahl von neun Mitgliedern wurde später auf zwölf erhöht. Zunächst leitete Georges DANTON den Ausschuss und später Maximilien de ROBESPIERRE. Der Ausschuss führte in den folgenden Monaten ein diktatorisches Regime und übte in Paris und den Departements eine Schreckensherrschaft aus. Aufstände und Unruhen wurden mit brutaler Waffengewalt unterdrückt und die Royalisten wurden schonungslos verfolgt.

Im März 1794 scheiterte der Versuch von Jacques Hebert, Robbespierres Erzfeind, den Ausschuss zu stürzen. Dennoch entzog man dem Ausschuss vier Monate später durch Robespierres Sturz und Hinrichtung fast sämtliche Befugnisse. Im Oktober 1795 löste das DIREKTORIUM die Diktatur des Wohlfahrtsausschusses ab.

Wolfe, James (1727–59), britischer General, der durch seinen Überraschungsangriff auf Quebec 1759 und seinen Sieg über die Franzosen unter der Leitung von General Montcalm, Kanada für Großbritannien eroberte. Sein Einsatz kostete ihn aber das Leben. Wolfe machte sich einen Namen, als er in den 40er-Jahren des 18. Jh. gegen die Anhänger des vertriebenen Königs JAKOB II. kämpfte.

Als 1756 der SIEBENJÄHRIGE KRIEG ausbrach, wurde er nach Kanada gesandt und erzwang dort 1758 als Brigadegeneral die Kapitulation von Louisburg, einer Festung auf der Kap-Breton-Insel. William PITT der Ältere, der auf seine militärischen Leistungen aufmerksam geworden war, wählte ihn daher als Befehlshaber für den Angriff auf Quebec.

Wolsey, Thomas (um 1475–1530), englischer Kardinal und 1515–29 Lordkanzler.

Als Sohn eines Metzgers erhielt Wolsey 1498 die Priesterwürde und wurde nach König HEINRICH VIII. der wohlhabendste und mächtigste Mann im Land. Er trat den königlichen Dienst als Kaplan unter Heinrich VII. an und erhielt unter Heinrich VIII. eine Reihe wertvoller Pfründe, darunter das Erzbistum York. Wolsey wurde 1515 Kardinal und 1518 päpstlicher Legat. Als Lordkanzler leitete er die Regierung, begann mit der Auflösung der Klöster und übte einen beträchtlichen Einfluss auf die Rechtsreform in England aus.

In der Außenpolitik war Wolsey fest entschlossen, England zu einer europäischen Großmacht zu machen. Sein erfolgloser Eingriff in den Krieg zwischen Frankreich und Spanien und seine Versuche, die Steuern zu erhöhen, um die Kosten dafür zu decken, machten ihn im Inland allerdings unbeliebt. Da es Wolsey nicht gelang, den Papst dazu zu überreden, die Ehe Heinrichs VIII. mit Katharina von Aragon zu annullieren, wurde er gestürzt. Man enthob ihn seiner Ämter und klagte ihn des Hochverrats an. Doch noch bevor er dem Gericht vorgeführt werden konnte, starb er.

Wormser Konkordat

(1122), Kompromiss zwischen Kaiser Heinrich V. und Papst Calixtus II. zur Beilegung des Investiturstreits. Nach schwierigen Verhandlungen wurde am 23. September 1122 bei Worms ein Abkommen geschlossen, das die künftige INVESTITUR regelte. Der Kaiser musste die freie Wahl und unbehinderte Weihe der Bischöfe zusichern und zugunsten des Papstes auf die Einsetzung der Bischöfe mit den geistlichen Symbolen Ring und Stab verzichten. Heinrich V. durfte im Gegenzug auf deutschem Reichsgebiet bei der Wahl der Bischöfe und Äbte anwesend sein und bei unent-

schiedenen Wahlen entscheiden. Der Gewählte sollte aus der Hand des Königs die Hoheitsreche durch das Zepter als weltliches Symbol verliehen bekommen, und zwar in Deutschland vor der Weihe, in Reichsitalien und Burgund sechs Monate danach. Bischöfe und Äbte wurden so lehensrechtlich an den König gebunden und den weltlichen Fürsten gleichgestellt.

Wormser Reichstag, von Kaiser KARL V. 1521 einberufener Reichstag der Reichsstände zur Klärung der Glaubensstreitigkeiten in Deutschland.

Statt seine Kritik an der Paxis des kirchlichen ABLASSHANDELS zu widerrufen, bekräftigte der vorgeladene Wittenberger Mönch Martin LUTHER seine religiöse Überzeugung. Damit war der Bruch mit dem Kaiser, der sich als Verteidiger des Glaubens und der Kirche verstand, perfekt. Karl V. verhängte die Reichsacht über Luther und verbot die Lektüre und Verbreitung seiner Schriften. Luther, dem man freies Geleit zugesagt hatte, verließ Worms und konnte unter dem Schutz seines Landesherrn, Kurfürst Friedrich III. von Sachsen, auf der Wartburg die Bibel übersetzen.

In den folgenden Jahren eskalierte der Streit zwischen Luthers Anhängern und den Vertretern der etablierten Kirche. Immer mehr Menschen wechselten zur neuen Glaubensrichtung. Am Ende dieser Entwicklung stand die REFORMATION in Deutschland.

Wolsey (oben) gründete das Cardinal's College in Oxford, wo sein Hut (rechts) heute noch aufbewahrt wird.

Wounded Knee, Schlacht am (29. Dezember 1890), letztes großes Gefecht zwischen dem amerikanischen Heer und den SIOUX im Pine-Ridge-Reservat von South-Dakota.

1889 waren die Sioux dem Hungertod nahe, nachdem die Fläche ihres Reservats erheblich reduziert worden war und sie keine ausreichende Nahrung mehr fanden. Ein Wahrsager der Paiuten namens Wovoka versprach, dass der weiße Mann ihnen ihr Land zurückgebe, wenn sie bestimmte Tänze durchführen würden. Der daraus resultierende Geistertanz versetzte die weiße Bevölkerung in Unruhe. Daraufhin glaubte die Bundesarmee eingreifen zu müssen; der Konflikt eskalierte und am 15. Dezember wurde Häuptling SITTING BULL erschossen.

Eine von Häuptling Big Foot angeführte Gruppe von Sioux-Indianern flüchtete in die Badlands, wurde jedoch von der siebten Kavallerie gestellt, gefangen genommen und zum Wounded Knee Creek gebracht. Als an dieser Stelle ein Medizinmann der Sioux Staub in die Luft warf, schoss ein Krieger auf einen der umstehenden Offiziere und verletzte ihn. Die amerikanische Kavallerie eröffnete daraufhin das Feuer auf die Sioux und richtete ein Massaker unter den Indianern an: Über 400 Männer, Frauen und Kinder fanden den Tod.

Wycliffe, John (um 1330–84), englischer Theologe und Reformer, der die Missstände in der Kirche angriff und eine neue englische Bibelübersetzung vorlegte.

Wycliffe wurde in Yorkshire geboren und studierte in Oxford, wo er später auch unterrichtete. Er erregte durch seine theologischen Schriften, die meist in englischer Sprache und nicht in Latein abgefasst waren, Aufmerksamkeit. Er griff die Hierarchie der Kirche an, verurteilte den verschwenderischen Lebensstil der Päpste im Exil in Avignon und den Anspruch auf weltliche Herrschaft. Stattdessen predigte er ein Leben in Demut und Armut. 1376 erschien seine Schrift *Über die weltliche Herrschaft*, die von Papst Gregor XI. missbilligt wurde. Trotzdem konnte Wycliffe in England unbehelligt weiter seine Ansichten verbreiten.

In der Folgezeit wurde seine Kritik an der Kirche immer größer: So verwarf er u. a. das Zölibat und die Ohrenbeichte; letztlich erschien ihm sogar der Papst als der Antichrist persönlich. 1382 wurden Wycliffes Ansichten als ketzerisch verurteilt. Man zwang ihn, sich in seine Gemeinde nach Leicesterhire zurückzuziehen, wo er weiterhin in großem Umfang Schriften verfasste. Nach Wycliffes Tod ließ die Kirche seine Anhänger mit Gewalt verfolgen.

Xenophon (um 430–355 v. Chr.), griechischer Geschichtsschreiber, Philosoph und Befehlshaber. Xenophon war zunächst Schüler von SOKRATES, bevor er Athen 401 v. Chr. verließ, um den 10 000 griechischen Söldnern beizutreten, die von Kyros dem Jüngeren angeheuert wurden, um den persischen Thron von seinem älteren Bruder ARTAXERXES II. zu erobern. Nach Kyros' Niederlage in Kunaxa am Euphrat wählten die Söldner Xenophon zu ihrem General, der sie dann zum Schwarzen Meer und an den Hellespont zurückführte. Später hielt er diese Erfahrungen in der *Anabasis* fest.

Ab 396 v. Chr. kämpfte Xenophon an der Seite des Spartanerkönigs Agesilaos II. zunächst gegen die Perser in Kleinasien, dann gegen die mit Athen verbündeten Thebaner. Er wurde aus Athen verbannt und die Spartaner vermachten ihm ein Gut in der Nähe von Olympia. Nach 371 v. Chr. zog er nach Korinth, wo er wahrscheinlich den Rest seines Lebens verbrachte.

Zu Xenophons bedeutendsten Werken zählt neben *Anabasis* die *Hellenika,* in der er die Geschichte Griechenlands dort fortsetzt, wo THUKYDIDES aufgehört hatte zu schreiben, nämlich 411 v. Chr. In *Apomnemoneumata* schrieb er seine Erinnerungen an Sokrates nieder.

Xerxes I. (um 519–465 v. Chr.), Herrscher im persischen Reich der Achaimeniden von 486 v. Chr. bis zu seinem Tod; Sohn von DAREIOS I. DEM GROSSEN. Im Alten Testament taucht Xerxes als Ahasverus auf.

Als Xerxes I. den Thron bestieg, musste er zunächst Aufstände in Ägypten und Babylonien niederschlagen, um sich dann der Eroberung Griechenlands zu widmen. 480 v. Chr. zog er mit einer Streitmacht von 360 000 Mann gegen Griechenland, um die Niederlage seines Vaters in MARATHON zehn Jahre zuvor zu rächen. Mithilfe einer eigens errichteten Schiffsbrücke überquerte sein Heer den Hellespont, marschierte nach Thessalien und unterwarf auf dem Weg nach Süden mehrere griechische Staaten. Am THERMOPYLEN-Pass bezwang er die Spartaner, die sich ihm in den Weg gestellt hatten, und ging anschließend an die Plünderung und Zerstörung Athens. Das Blatt wendete sich, als seine Flotte in der Seeschlacht bei SALAMIS von den zahlenmäßig unterlegenen Griechen besiegt wurde. Xerxes I. zog sich zurück und überließ seinem Vetter Mardonius den Befehl über die persische Armee, die 479 v. Chr. in Platää entscheidend geschlagen wurde. Nun gab Xerxes I. seine Ambitionen auf Griechenland auf und kümmerte sich stattdessen um den Ausbau seiner prächtigen Hauptstadt Persepolis. Als Herrscher unbeliebt, wurde er vom Führer seiner Leibgarde bei einer Palastrevolte ermordet.

Xhosa-Kriege (1779–1879), Grenzkriege in Südafrika zwischen dem Bantuvolk der Xhosa, das zu den NGUNI gehört, und den europäischen Siedlern am östlichen Kap; auch Kaffernkriege genannt. Seit den späten 70er-Jahren des 18. Jh. rivalisierten Buren und Xhosa miteinander um die reichen Weidegebiete, und aus den anfänglichen Plänkeleien wurden schließlich Kriege. Nachdem die Briten das Kap 1806 besetzt und die Kapkolonie geschaffen hatten, kamen britische Truppen den Rinderzüchtern zu Hilfe und begannen fünf Jahre später damit, das Land von den Xhosa zu säubern. Nach den Kämpfen 1818/19 wurden am Großen Fischfluss rund 4000 britische Siedler stationiert. 1856/57 schlachteten die Xhosa – einer Prophezeiung zufolge, wonach die Weißen danach verschwinden würden – ihr eigenes Vieh ab und zerstörten somit ihre Lebensgrundlage. Der letzte Krieg 1877–79 war der vergebliche Versuch der Xhosa, ihr Land zurückzuerlangen.

Bis 1894 waren die Ureinwohner unterworfen, ihr Gebiet wurde innerhalb der Kapkolonie von Europäern in Besitz genommen und landwirtschaftlich genutzt. Für die Xhosa schuf die Republik Südafrika in den 60er-Jahren des 19. Jh. die Heimatländer Transkei und Ciskei.

York, Nebenlinie des englischen Königshauses PLANTAGENET, die auf Herzog Richard von York zurückgeht; ihr Emblem war eine weiße Rose. Das Haus York stellte im 15. Jh. mit Eduard IV., Eduard V. und RICHARD III. drei englische Könige. Mit dem Haus Lancaster, ebenfalls eine Nebenlinie der Plantagenet mit der roten Rose als Kennzeichen, rivalisierte York während der ROSENKRIEGE 1455–85 um die englische Krone.

Obwohl Herzog Richard 1460 in der Schlacht bei Wakefield fiel, gewannen die Anhänger von York die Oberhand über die Truppen des Hauses Lancaster, und Richards Sohn wurde 1461 als Eduard IV. König. Nach seinem Tod 1483 trat sein Sohn Eduard V. die Thronfolge an, wurde aber drei Monate später von seinem Onkel Richard III. entthront. Richards III. Tod in der Schlacht bei Bosworth 1485 bahnte Heinrich TUDOR den Weg auf den Thron. Als HEINRICH VII. neutralisierte er den Anspruch des Hauses York, indem er die Erbin Elisabeth von York, Tochter Eduards IV., heiratete und den letzten männlichen York-Abkömmling 1499 enthaupten ließ.

Yorktown, Ort der endgültigen Niederlage Großbritanniens im AMERIKANISCHEN UNABHÄNGIGKEITSKRIEG im Bundesstaat Virginia. Im August 1781, nachdem bereits viele Soldaten in einem erfolglosen Feldzug in Nord- und Süd-Carolina gefallen waren, ergriff der britische General Charles Cornwallis in der Chesapeake Bay Besitz von der Halbinsel Yorktown, befestigte sie und wartete dort auf die Unterstützung der britischen Flotte.

Lord Cornwallis musste jedoch bald feststellen, dass seine Armee in eine Falle gelaufen war. Im selben Monat nämlich blockierte

Britische Rotröcke marschieren in würdevoller Prozession aus Yorktown heraus, um am 19. Oktober 1781 vor den frankoamerikanischen Truppen von George Washington zu kapitulieren.

eine französische Flotte die Bucht und wehrte die ankommenden britischen Marinestreitkräfte erfolgreich ab. Überdies brachten die Franzosen George WASHINGTON dazu, mit seinen Truppen von New York aus in Richtung Süden zu eilen und Yorktown zu belagern. Durch Washingtons Vorstoß überrascht, fand sich Cornwallis von Land und See abgeschnitten, sodass ihm nur die Kapitulation am 19. Oktober blieb. Damit hatten die Amerikaner den entscheidenden Sieg errungen, der das Ende des Krieges besiegelte und den Kolonien die Freiheit und Unabhängigkeit brachte.

Yoruba, Volk in NIGERIA. Bereits im 15. Jh. gab es mehrere Königreiche mit hoch entwickelten Kulturen, darunter IFE, BENIN und OYO, die in einem lockeren Verbund organisiert waren. Die Oberhoheit lag beim König des nördlichsten Reiches Oyo. Religiöses Oberhaupt aller Yoruba war der Oni von Ife. Der Staatenverbund zerfiel in der ersten Hälfte des 19. Jh. gleichzeitig mit dem Ende des Sklavenhandels und der Erhebung des militanten Moslems Fulani, der die Stadt Oyo zerstörte und das Emirat von Ilorin errichtete.

Alafin Atiba, der 1836–59 über das Reich herrschte, verbündete Oyo mit dem Stadtstaat von Ibadan, doch nach seinem Tod brach ein Bürgerkrieg aus. Ab 1861 drangen die Briten in das Land ein und 1888 wurde mit dem König von Oyo ein Vertrag geschlossen, durch den binnen fünf Jahren alle Yoruba-Königreiche unter britische Schutzherrschaft gestellt wurden. Bis 1960, als aus der Föderation von Nigeria ein unabhängiger Staat wurde, befanden sich die Yoruba unter britischer Kontrolle. Die Sprache der Yoruba heißt wie das Volk; man unterscheidet ca. 20 verschiedene Dialekte. Die Yoruba verehren rund 400 Gottheiten.

Youngplan, Plan zur Neuregelung der deutschen REPARATIONEN nach dem Ersten Weltkrieg. Er wurde von einem Ausschuss von Finanzsachverständigen vorgelegt, der 1929 in Paris unter dem Vorsitz des amerikanischen Wirtschaftsfachmanns Owen D. Young zusammengetreten war, um den Dawesplan aus dem Jahr 1924 zu revidieren, da dieser für Deutschland wegen seiner unrealistischen Bestimmungen nicht einhaltbar war.

Der neue Zahlungsplan wurde im Januar 1930 auf der zweiten Haager Konferenz angenommen. Die Gesamtsumme, die Deutschland zu zahlen hatte, wurde endgültig auf 112 Mrd. Reichsmark festgelegt, die in 59 jährlichen Raten zu durchschnittlich 2 Mrd. Mark, also bis zum Jahr 1988, bezahlt werden sollten. Die ausländischen Kontrollen über die deutsche Wirtschaft wurden aufgehoben. Nachdem der deutsche Reichstag den

Im Volk der Yoruba gibt es eine hohe Rate von Zwillingsgeburten. Bei der Geburt von Zwillingen werden solche Doppelskulpturen aus Holz, *ibejis*, angefertigt, die auch bei Beerdigungsriten zum Einsatz kommen.

Plan im März 1930 ratifiziert hatte, begannen die Belgier und Franzosen mit der Räumung des besetzten RHEINLANDS. Noch im selben Jahr zahlte Deutschland die erste Rate. Weitere Zahlungen ließen wegen der WELTWIRTSCHAFTSKRISE indes auf sich warten und im Sommer 1932 verzichteten die Siegermächte im Vertrag von Lausanne gegen eine einmalige Abfindung von 3 Mrd. Reichsmark auf weitere Reparationszahlungen. Als Adolf HITLER ein Jahr später die Macht übernahm, wies er diese Restzahlung jedoch entschieden zurück.

Schon vor der MACHTERGREIFUNG hatten die Nationalsozialisten die im Youngplan festgelegten Reparationszahlungen, die sich über Generationen hingezogen hätten, zum Anlass genommen, gegen die WEIMARER REPUBLIK und ihre Außenpolitik zu agitieren. Bereits im Oktober 1929 hatten die rechtsgerichteten politischen Kräfte zu einem Volksbegehren gegen den Youngplan aufgerufen, der Volksentscheid im Dezember scheiterte jedoch.

Ypsilanti, Alexandros (1792–1828), griechischer Freiheitskämpfer. Der Nationalistenführer stand zunächst als Offizier in russischen Diensten und wurde 1820 zum Führer der Hetairia Philikon gewählt. Diese griechische Geheimorganisation strebte die Unabhängigkeit Griechenlands vom OSMANISCHEN REICH an. 1821 führte Ypsilanti eine Erhebung in der Moldau an und rief die Un-

abhängigkeit Griechenlands aus. Da ihn jedoch weder Russland noch Rumänien unterstützte, unterlag er den Osmanen, floh nach Österreich und kam dort bis 1827 in Gefangenschaft. Zusammen mit der erfolgreichen griechischen Rebellion auf dem Peloponnes markierte sein Aufstand den Beginn des GRIECHISCHEN UNABHÄNGIGKEITSKRIEGS. Alexandros' Bruder Demetrios engagierte sich ebenfalls erfolgreich für die Freiheit Griechenlands.

Yüan (1271–1368), chinesische Dynastie mongolischen Ursprungs, die nach KUBILAIS Sieg über die Song-Dynastie in CHINA herrschte; der Name bedeutet Uranfang. Während Kubilais Herrschaft und der seines Enkels Temur, die 1294–1307 währte, wurden die Handelsbeziehungen mit dem Westen längs der SEIDENSTRASSE wieder aufgenommen. Der Kaufmann MARCO POLO stand in Kubilais Dienst.

Nach Temurs Tod breitete sich Unruhe im Reich aus und es kam zu Erhebungen gegen die Fremdherrschaft. Ab 1348 gab es fortwährend Konflikte, wobei rebellierende chinesische Armeen die Mongolen angriffen und sich auch gegenseitig bekämpften. 1368 floh der letzte Kaiser der Yüan-Dynastie in die Mongolei, als der Rebellenführer Zhu Yuanzhang Cambaluc, das heutige Peking, eroberte und die MING-Dynastie gründete.

Yucatán, mexikanischer Staat im Nordteil von Yucatán. Die Halbinsel war das nördliche Gebiet der Maya-Zivilisation, einer der drei INDIANISCHEN HOCHKULTUREN. In der Region gab es auch einige Städte, die bereits um 750 v. Chr. bewohnt waren. Ungefähr ab 800 n. Chr. wanderten zahlreiche Maya aus den südlichen Tiefebenen, dem heutigen Guatemala, in die nördlichen Tiefebenen der Halbinsel ab und gründeten neue Staaten in Chichén Itzá, Izamal, Mayapán und Uxmal, die durch politische Bündnisse und Handel miteinander verbunden waren. Zunächst dominierte Chichén Itzá, später Mayapán. Bis zum späten 15. Jh. hatten sich 17 kleine Fürstentümer herausgebildet.

Um 1515 erforschte Fernández de Córdoba den Küstenstreifen. Der anschließenden Eroberung der Halbinsel durch die spanischen KONQUISTADOREN ab 1527 widersetzten sich die Maya in erbitterten Kämpfen. Es dauerte 20 Jahre, bis die Spanier die Hälfte der Halbinsel unter ihre Kontrolle gebracht hatten. Gleichwohl versuchten die Maya bis ins 19. Jh. immer wieder, ihr Land zurückzugewinnen – letztendlich aber vergeblich.

> **WUSSTEN SIE, DASS?**
>
> In Chichén Itzá auf der Halbinsel Yucatán bauten die Maya ein astronomisches Observatorium. Die Visierscharten im Turm sind exakt auf bestimmte Himmelsereignisse ausgerichtet.

Z

Zabernaffäre, politischer Skandal im Deutschen Reich Ende 1913. In der elsässischen Garnisonsstadt Zabern hatte ein deutscher Offizier durch elsassfeindliche Äußerungen Proteste der Bevölkerung und Zusammenstöße mit dem Militär provoziert. Im Anschluss wurden mehrere Zivilisten rechtswidrig verhaftet und durch ein Militärgericht verurteilt. Reichskanzler von Bethmann Hollweg versuchte vergeblich, das Zivilrecht durchzusetzen, billigte dann aber das Vorgehen des Militärs. Daraufhin sprach der Reichstag der Regierung das Misstrauen aus. Die Affäre förderte die antideutsche Stimmung in ELSASS-LOTHRINGEN.

Zaire, Republik in Zentralafrika bis 1997, heute Demokratische Republik Kongo. Die Urbevölkerung waren Pygmäen. In den ersten nachchristlichen Jahrhunderten wanderten Völker der Bantu von Nordwestafrika ein und etwa ab 700 arbeiteten und handelten sie in den Kupferlagern von Katanga, der heutigen Provinz Shaba. In vorkolonialer Zeit gab es in dem Gebiet außer dem Königreich Kongo noch drei weitere Staaten. David LIVINGSTONE erforschte im 19. Jh. als erster Europäer die östlichen Regionen des Kongo und Sir Henry STANLEY befuhr den gleichnamigen Fluss. Im Auftrag von LEOPOLD II. von Belgien erwarb Stanley ab Mitte der 70er-Jahre des 19. Jh. weite Teile des Flussbeckens, die fortan als Freistaat Kongo in königlichem Besitz waren. 1908 sah sich Leopold II. gezwungen, den Kongo an den belgischen Staat abzutreten.

1960 entließ Belgien die Kolonie in die Unabhängigkeit. Innerhalb weniger Wochen unterminierten ein blutiger Bürgerkrieg und die Sezession der Provinz Katanga unter Moïse TSHOMBÉ das Regime von Patrice LUMUMBA. 1965 kam General MOBUTU SESE-SEKO durch einen Staatsstreich an die Macht. Er führte das Einparteiensystem ein und verkündete eine neue, stark zentralistische Verfassung. 1971 änderte er den Namen Kongo in Zaire, einer alten Bantu-Bezeichnung des Flusses Kongo, um. Ende der 80er-Jahre geriet das korrupte, diktatorische Regime zunehmend unter innen- und außenpolitischen Druck, weshalb Mobutu 1991 ein Mehrparteiensystem zuließ. Im Frühjahr 1994 wurde ein Übergangsparlament eingesetzt.

Nach monatelangen heftigen Kämpfen seiner Regierungstruppen gegen Rebellen unter der Führung von Laurent-Désiré Kabila musste Mobutu im Januar 1997 außer Landes gehen und um Militärhilfe ersuchen. Wenig später eroberten die Rebellen, unter-

stützt von ugandischen, ruandischen und burundischen Truppen, den Osten Zaires. Nach Mobutus Rückkehr im März kam es in der Hauptstadt Kinshasa zu Unruhen. Als die Rebellentruppen im Mai vor Kinshasa standen, verließ Mobutu endgültig das Land. Kabila zog am 20. Mai in die Hauptstadt ein, ernannte sich zum Präsidenten und ordnete die Rückbenennung in Demokratische Republik Kongo an. Damit waren die jahrelangen Stammesfehden bis auf weiteres beendet. Für 1999 kündigte der neue Mann im Staat Wahlen an. Entgegen seinen Versprechungen errichtete er aber ein stark autoritäres Regime, verbot politische Parteien und schaffte die Bürgerrechte weitgehend ab.

Frieden kehrte im Kongo auch nicht ein; 1998/99 kam es erneut zu bewaffneten Auseinandersetzungen. Die ohnehin katastrophale Lage des armen Landes wird durch die Erhebung von Rebellen, die von Tutsis geführt und von UGANDA und RUANDA unterstützt werden, noch verschlimmert. Die Leidtragenden sind die Menschen; aus Angst vor Massakern sind viele in die Wälder geflohen, wo sie ohne jegliche Hilfe von außen einem ungewissen Schicksal ausgeliefert sind.

1994 hatte mehr als 1 Mio. Menschen aufgrund des Bürgerkriegs in Ruanda Zuflucht im Osten des damaligen Zaire gesucht. Nach Kabilas Machtübernahme hatten seine Soldaten tausende Hutu-Flüchtlinge zurück nach Ruanda getrieben oder grausame Massaker an ihnen verübt.

Zapata, Emiliano (1883–1919), einer der Anführer der mexikanischen Revolution; Nationalheld. Der Mestize aus einfachen Verhältnissen besetzte Land, das zuvor den Besitzern von Haziendas gehört hatte, und

verteilte es an die Bauern. Zapata schloss sich 1910 der Revolution an, nachdem der Diktator Porfirio DÍAZ in manipulierten Präsidentschaftswahlen wieder gewählt worden war. Als der unterlegene Reformer Francisco Madero im Folgejahr zum Aufstand aufrief, fand er im Bauernführer Zapato und dem Desperado Pancho Villa Verbündete. Sie führten einen Guerillakrieg gegen Diaz, der im Mai 1911 schließlich aufgeben musste. Erfolglos unterbreitete Zapata Madero seinen Plan von Ayala, in dem er eine Agrarreform und die Rückgabe von Land an die Indianer forderte. Acht Jahre führte er seine Guerillatruppen gegen Hazienda-Besitzer an, wurde aber schließlich in Chinameca ermordet. Sein Einfluss ist bis heute spürbar: Aufständische der Region Chiapas nannten sich 1994 Zapatista Nationale Befreiungsarmee.

> **WUSSTEN SIE, DASS?**
>
> Schillerndste Figur der Mexikanischen Revolution war Zapatas Mitstreiter Francisco Pancho Villa. Er griff die USA – einmalig in der Geschichte Mexikos – 1916 in der Stadt Columbus auf eigenem Gebiet an.

Zeitmessung, Registrierung von Zeitpunkten und Zeitspannen mithilfe von Uhren. Um 1450 v. Chr. erfanden die Ägypter eine Wasseruhr, die die Zeit anhand dessen maß, wie viel Wasser durch ein Loch floss. Auch von Sonnenuhren, die ebenfalls aus vorchristlicher Zeit datieren, wurde jahrhundertelang Gebrauch gemacht; wenn sie groß genug waren, konnte man von ihnen die Zeit minutengenau ablesen. In den Häusern verließ man sich auf eine brennende Kerze, auf der Kerben den Ablauf der Stunden markierten. Die Sanduhr ist erst im 14. Jh. belegt.

Die ersten mechanischen Räderuhren wurden Ende des 13. Jh. hergestellt. Möglich wurden sie durch die Erfindung der so genannten Hemmung, die die Zugkraft von Gewichten gleichmäßig freisetzt und somit einen gleichmäßigen Lauf erzielt. Tragbare Uhren kamen Ende des 15. Jh. auf. Der erste Hersteller von Taschenuhren war der Nürnberger Peter Henlein; diese Uhren besaßen anfangs aber nur einen Stundenzeiger. Genauigkeit wurde seit dem 17. Jh. mit der Penduluhr erzielt, doch war sie nicht seetauglich, da auf dem Meer eine genauere Zeitmessung notwendig war. Denn den Längengrad, auf dem man sich befand, bestimmte man durch den Vergleich der Ortszeit, gemessen an der Sonne und den Sternen, mit der Greenwichzeit, der mitteleuropäischen Zeit (MEZ), auf dem Längengrad 0. Das erste Chronometer, das für diesen Zweck genau genug arbeitete, stellte John Harrison 1762 her. Die ersten Armbanduhren sind ab 1750 nachgewiesen.

Astronomische Uhren wie diese aus dem Jahr 1560 vermochten nicht nur die Uhrzeit anzuzeigen, sondern auch die Bewegungen von Planeten und Sternen.

Zeitrechnung, Berechnung des Zeitablaufs, die auf Beobachtungen des Tages- und Jahresablaufs beruht. Primitive Völker teilten das Jahr in Jahreszeiten auf, wodurch sie die richtige Zeit zum Säen und Ernten bestimmen und Wanderungen von Tieren vorhersagen konnten. Die alten Ägypter kannten drei Jahreszeiten: die Nilschwelle, die Saatzeit und die Erntezeit. Allerdings ergaben sich Probleme aus der Tatsache, dass die Monate, gemessen an den Mondphasen, nicht genau in Beziehung zur Jahreslänge – d. h. zu der Zeit, die die Erde benötigt, um die Sonne zu umkreisen – zu setzen waren. Viele verschiedene Lösungen wurden hierfür erdacht; am längsten währte die Methode CAESARS im Julianischen Kalender. Um zu berücksichtigen, dass das Jahr 365,25 Tage lang ist, setzte er in jedem vierten Jahr einen zusätzlichen Tag, einen Schalttag, ein.

Freilich war dieser Kalender noch nicht ganz genau: Der jährliche Fehler betrug immerhin 11 Minuten. Bis 1582 waren daraus 10 Tage geworden, weshalb Papst Gregor XIII. eine Revision anordnete. Dadurch gingen zehn Tage verloren, aus dem 5. Oktober 1582 wurde der 15. Oktober. Um weitere Fehler zu vermeiden, verfügte der Papst, dass Schaltjahre nur 97-mal in 400 Jahren vorkommen sollten. So zählen die Jahre eines Jahrhundertwechsels nur dann als Schaltjahre, wenn sie durch 400 teilbar sind.

Der Zeitpunkt, ab dem eine durchgehende Jahreszählung stattfindet, ist von Kulturkreis zu Kulturkreis verschieden. Während sich die christliche Welt auf die Geburt Jesu beruft, zählen Moslems ab der Übersiedlung Mohammeds von Mekka nach Medina, also 622 n. Chr. Die jüdische Zeitrechnung beginnt 3761 v. Chr.

Zeitungen, regelmäßig, meist täglich erscheinende Druckerzeugnisse mit Nachrichten, Meinungen und Anzeigen. Die schriftliche Bekanntgabe offizieller Nachrichten wurde 59 v. Chr. von Julius CAESAR eingeführt: Die *Acta Diurna* war ein handgeschriebenes Nachrichtenblatt, das jeden Tag auf öffentlichen Plätzen ausgehängt wurde. Voraussetzung für die Verbreitung von gedruckten Nachrichten war die Erfindung des BUCHDRUCKS um 1450. Im 16. Jh. kamen politische Flugschriften und andere Mitteilungsblätter auf, die Themen von öffentlichem Interesse behandelten und von Leser zu Leser weitergereicht wurden.

Im 17. Jh. wurden zuerst in Deutschland, dann Holland, England, Frankreich, Italien, Schweden und Polen Zeitungen gegründet. Die Holländer erwiesen sich als Vorreiter beim Sammeln von Neuigkeiten auf internationaler Ebene, wobei ihre *corantos*, d. h. die aktuellsten Nachrichten, sogar ins Französische und Englische übersetzt wurden. In Japan brachte man ungefähr um die gleiche Zeit gesellschaftliche Nachrichten in Form von Einblattdrucken an die Öffentlichkeit. Die ersten deutschen Wochenzeitungen waren die Straßburger *Relation* von 1605 und die in Wolfenbüttel vier Jahre später erschienene *Aviso*. 1650 kam als erste Tageszeitung in Leipzig die *Einkommende Zeitung* auf den Markt, in England erschien 1622 die *Weekly News* und am 25. September 1690 in Nordamerika die *Publick Occurrences Both Forreign and Domestick* – freilich nur als einzige Ausgabe.

Bis zum 18. Jh. bestanden die Zeitungen wegen der Pressezensur fast ausschließlich aus Nachrichten. Als erster Staat gewährte England 1695 die Pressefreiheit. In Deutschland wurde im Revolutionsjahr 1848 der Ruf nach Pressefreiheit laut, die dann von der FRANKFURTER NATIONALVERSAMMLUNG proklamiert wurde. Gleichzeitig entstand die Meinungs- und Parteipresse; die SPD-Zeitung *Vorwärts* etwa erschien erstmals 1876.

Mitte des 19. Jh. kam in den USA und Großbritannien die Populärpresse auf. Diese Zeitungen waren mehr auf Unterhaltung als auf politische Themen ausgerichtet und billiger, da sie z. T. durch Werbung finanziert wurden. Die moderne Massenpresse wurde durch technische Neuerungen wie Schnellpresse, Stereotypie und Setzmaschine sowie die Erfindung des Tele-

Ein britischer Zeitungsjunge verkündet die Befreiung von Mafeking im Jahr 1900. Während des Burenkriegs verkaufte die *Daily Mail* täglich mehr als 1 Mio. Exemplare.

WUSSTEN SIE, DASS?

Das Wort Gazette stammt vom italienischen gazzetta. Das war eine Kupfermünze, die die Venezianer im 16./17. Jh. bezahlen mussten, wenn sie der öffentlichen Verlesung von Nachrichtenblättern zuhören wollten.

grafen möglich. Die neue Drucktechnik ließ die Auflagen in die Höhe schnellen. Dies und die zunehmende Lese- und Schreibfähigkeit der Bevölkerung führten Ende des 19. Jh. zur Entstehung von Großkonzernen. In Berlin druckten die Konzerne von Rudolf Mosse, August Scherl und Leopold Ullstein mehrere Zeitungen in einem Haus. Ullstein gab ab 1881 die *Berliner Illustrierte Zeitung* heraus, ein Vorläufer der heutigen Illustrierten, und gründete 1904 die erste deutsche Boulevardzeitung, die *BZ am Mittag*. Als erste britische Boulevardzeitung war bereits 1903 der *Daily Mirror* auf den Markt gekommen. Kennzeichen dieser Art von Zeitung ist der Sensationsjournalismus, der mit reißerischen Schlagzeilen, enthüllenden Fotos und Klatschgeschichten die Neugier einer breiten Leserschaft zu befriedigen sucht. Bahnbrecher hierfür war der amerikanische Zeitungsverleger William Randolph HEARST.

Seit den 80er-Jahren des 20. Jh. werden Zeitungstexte am Computer geschrieben. Durch die Umstellung auf die moderne Technik verloren viele Angestellte mit traditionellen Druckberufen ihre Arbeit. Ganz auf Papier verzichtet die Internet-Zeitung, die seit einigen Jahren ständig an Bedeutung gewinnt. Anfang 1998 gab es bereits 113 deutsche Zeitungen, die ihre Nachrichten direkt ins Netz stellten.

Der immer schärfer werdende Wettbewerb zwischen den einzelnen Zeitungen hat zunehmend zweifelhaftere journalistische Methoden hervorgebracht. Die skrupellose Verletzung der Privatsphäre und der so genannte Scheckbuchjournalismus geben immer wieder Anlass zu Rechtsstreitigkeiten.

Zeloten, militante jüdische Religionspartei, die von Judas dem Galiläer und dem Pharisäer Zadok um 6 n. Chr. gegründet wurde und sich durch einen starken Fanatismus auszeichnete. Da sich die Zeloten weigerten, einen anderen König außer Gott anzuerkennen, lehnten sie sich gegen die Fremdherrschaft der Römer in ISRAEL auf. Auch JUDEN, die nach Versöhnung mit Rom strebten, griffen sie an.

Als Quirinius, der römische Herrscher von Syrien, im Jahr 6 eine Volkszählung der Juden durchführen wollte, erhoben sich die Zeloten, doch der Aufstand wurde niedergeschlagen. Zusammen mit den radikalen Sikariern waren sie maßgeblich an der Revolte gegen Rom in den Jahren 66–70 beteiligt, die mit der Zerstörung Jerusalems endete. Bei den 960 Bewohnern der Bergfestung Masada, die im Jahr 73 lieber Selbstmord begingen als vor den Römern zu kapitulieren, handelte es sich wohl ebenfalls um Zeloten. Der Name Zelot kommt vom griechischen *zelos*, Eifer, und wird heute für blinde Eiferer aller Art verwendet.

Zen, vornehmlich in Japan vertretene Richtung des BUDDHISMUS. Zen sucht Erleuchtung, *satori*, durch sitzende Versenkung und Meditation, *zazen*. Die Lehre wird persönlich vom Meister an den Schüler weitergegeben.

Vom TAOISMUS beeinflusst wurde Zen um 520 in China gegründet und im 12./13. Jh. in Japan eingeführt, wo es sich während der Kamakura-Periode 1192–1333 ausbreitete und weiterentwickelte. In Japan bildeten sich zwei Sekten heraus: die Rinzai-Sekte, die Koans verwendet – Rätsel, die mit logischem Denken nicht zu lösen sind –, und die Soto-Sekte, die den Schwerpunkt auf Meditation und Studium legt. Durch seine strenge Disziplin und die Förderung der Furchtlosigkeit übte Zen auf die SAMURAI-Krieger eine große Anziehung aus.

Während des Ashikaga-SHOGUNATS 1338–1573 erlebte der Zen-Buddhismus eine Blüte, verlor jedoch im 17. Jh. wieder an Bedeutung. Hakuin ließ ihn im 18. Jh. wieder aufleben; heutige Rinzai-Meister verfolgen ihren Weg bis zu ihm zurück. Durch Daisetz T. Suzuki kam die westliche Welt Anfang des 20. Jh. mit dem Zen in Berührung. Seitdem fühlen sich immer mehr Menschen im Westen zur Zen-Meditation hingezogen, die u. a. in manchen christlichen Klöstern praktiziert und gelehrt wird.

Zentrum, deutsche Partei im Kaiserreich und der WEIMARER REPUBLIK. Sie entstand 1870 als katholische Interessenvertretung gegen die Vorherrschaft des protestantischen Preußens. Da sie ihre Position zwischen Konservativen und Liberalen sah, bezeichnete sie sich als Zentrum. Nur widerstrebend akzeptierte sie die Weimarer Verfassung, war dann aber 1919–32 in allen Reichsregierungen vertreten. Einer der vier Reichskanzler des Zentrums war Heinrich BRÜNING. 1933 wurde die Partei zur Selbstauflösung gezwungen. Nach dem Zweiten Weltkrieg gehörten einige ehemalige Zentrumsführer zu den Mitbegründern der CHRISTLICH DEMOKRATISCHEN UNION (CDU).

Zeppelin, Ferdinand Graf von (1838 bis 1917), deutscher Flugpionier. Als Offizier der Armee und Beobachter des amerikanischen Bürgerkriegs 1863 sowie der preußischen Belagerung von Paris 1870 war Zeppelin beeindruckt von Heißluftballons. Danach wandte er sich selbst der LUFTFAHRT zu und konstruierte das erste Starrluftschiff *LZ 1*, das am 2. Juli 1900 seinen Jungfernflug über den Bodensee antrat. Es hatte einen mit Baumwollstoff bedeckten Aluminiumrahmen und war 128 m lang. Mittels riesiger Taschen voller Wasserstoff, der leichter ist als

Das zigarrenförmige Luftschiff *Graf Zeppelin* (oben), so benannt nach seinem Erfinder (links), flog 1929 um die Welt und blieb bis 1937 im Transatlantikeinsatz.

Luft, konnte das Luftschiff in die Höhe steigen. Sechs Jahre später konnten Zeppeline bereits 24 Stunden in der Luft bleiben. Im ERSTEN WELTKRIEG wurden einige Zeppeline bei Bombenangriffen über Großbritannien eingesetzt, später auch für kommerzielle Flüge. Als 1937 jedoch das weltgrößte Luftschiff, die *Hindenburg,* in Flammen aufging, wurde das Ende der Luftschiffära eingeläutet. Heute baut man wieder Luftschiffe.

Zhou Enlai (1898–1976), chinesischer Ministerpräsident von 1949 bis zu seinem Tod. Er studierte in JAPAN und war dann als Werkstudent in Europa; in Frankreich gründete er einen Zweig der KOMMUNISTISCHEN PAREI CHINAS (KPCh). 1924 nach CHINA zurückgekehrt, wurde er unter CHIANG KAISHEK Politkommissar der Militärakademie Whampoa der Kuo-min-tang-Regierung und erhielt leitende Funktionen in der mit ihr verbündeten KPCh. Nachdem Chiang Kaishek den kommunistischen Widerstand in Shanghai niedergeschlagen hatte, kam es 1927 zum Bruch zwischen KPCh und Kuo-min-tang und 1931 zum Krieg, an dem Zhou aufseiten der Kommunisten teilnahm. 1934/35 beteiligte er sich am LANGEN MARSCH und wurde Hauptberater MAO ZEDONGS. Im Dezember 1936 wurde er in den Verhandlungen mit der Kuo-min-tang-Regierung über ein gemeinsames Bündnis gegen Japan zum Hauptunterhändler der KPCh ernannt und hatte dieses Amt bis zur Kapitulation der Japaner 1945 inne.

Bei der Gründung der Volksrepublik China 1949 wurde Zhou Ministerpräsident und bis 1958 auch Außenminister. Bei der Genfer Indochinakonferenz 1954 und der Bandungkonferenz 1955 spielte er eine bedeutende Rolle und verhalf seinem Land zu internationalem Ansehen. In den 70er-Jahren arbeitete Zhou an der Wiederaufnahme von Kontakten mit dem Westen. Er war ein früher Verfechter der Modernisierungsprozesse, die DENG XIAOPING später anregte.

Zia ul-Haq, Mohammed (1924–88), Offizier der pakistanischen Armee und Politiker. 1977 führte er als Stabschef des Heeres einen Militärputsch gegen Zulfikar Ali Bhutto an und ernannte sich 1978 zum Präsidenten von PAKISTAN. Er führte einen strengen islamischen Gesetzeskodex ein. Seine Weigerung, trotz weltweiter Proteste Bhuttos Hinrichtung 1979 zu verhindern, wurde international verurteilt. Zia ul-Haq kam bei einem Flugzeugabsturz ums Leben, hinter dem ein Sabotageakt vermutet wird.

Zieten, Hans Joachim von (1699–1786), preußischer Reitergeneral von FRIEDRICH II. DEM GROSSEN. Als Führer des Leibhusarenregiments reorganisierte er ab 1714 die preußische Reiterei. Er entschied mehrere Schlachten des SIEBENJÄHRIGEN KRIEGES für Preußen, wobei er sich besonders in der Schlacht von Torgau hervortat. Zietens mit Säbeln bewaffnete Reiterhusaren waren von den Gegnern besonders gefürchtet.

Zikkurat, Tempel der frühen Hochkulturen MESOPOTAMIENS in Form von abgestuften Pyramiden auf quadratischem oder rechteckigem Grundriss. In ASSYRIEN und Babylonien entdeckte man etwa 30 Zikkurats. Die älteste ist die von UR aus der Mitte des 3. Jt. v. Chr., die jüngste die des Gottes Marduk in BABYLON aus dem ausgehenden 7. Jh. v. Chr. Der Zugang zum Hochtempel erfolgte auf einer Seite über eine Rampe oder Treppe. Fast die Hälfte der bekannt gewordenen Zikkurats verfügte jedoch über gar keine Möglichkeit hinaufzusteigen.

Zimmermann-Note (19. Januar 1917), deutsches Geheimtelegramm, dessen Entdeckung zum Eintritt der USA in den ERS-TEN WELTKRIEG führte. Es enthielt eine kodierte Nachricht des deutschen Staatssekretärs im Auswärtigen Amt, Arthur Zimmermann, an die mexikanische Regierung. Darin bot er Mexiko ein Militärbündnis gegen die USA an, falls die Amerikaner aufseiten der Alliierten in den Krieg eintreten sollten. Dies könnte geschehen, wenn Deutschland mit dem uneingeschränkten U-Bootkrieg beginnen würde. Mexiko sollte dabei Territorien zurückgewinnen, die es 1848 an die USA verloren hatte: Texas, Neu-Mexiko und Arizona. Dummerweise fing der britische Geheimdienst die Depesche ab und reichte eine Kopie davon an die amerikanische Regierung weiter. Die erklärte am 6. April 1917 dem Kaiserreich den Krieg.

Zionismus, politische Bewegung im JU-DENTUM, die auf die Rückkehr nach PALÄS-TINA abzielte. Gegründet wurde die Bewegung von dem österreichischen Schriftsteller Theodor HERZL, dessen Werk *Der Judenstaat* von 1896 den Grundriss für einen jüdischen Staat unter osmanischer Herrschaft darlegte. 1897 organisierte er den ersten Zionistischen Weltkongress in Basel. Bis zum Ersten Weltkrieg stellte sich jedoch nur eine Minderheit der europäischen Juden hinter den Zionismus, der Großteil hielt an der einmal begonnenen Assimilation fest.

1917 brachte die britische Regierung ihre Unterstützung einer jüdischen Heimatstätte in der BALFOUR-ERKLÄRUNG zum Ausdruck. 1920 erhielt Großbritannien ein Mandat des Völkerbunds, um Palästina zu regieren und die vorgenannten Pläne zu realisieren. In dieser Zeit spielte die Zionistische Weltorganisation unter Chaijim WEIZ-MANN eine führende Rolle bei der Förderung der jüdischen Gemeinschaft in Palästina, obwohl dies zu Konflikten mit Palästinensern und Engländern führte. Nach den Massakern des HOLOCAUST fand die Schaffung eines Judenstaats immer größere internationale Unterstützung und 1948 wurde schließlich der Staat ISRAEL gegründet.

Zisterzienser, asketischer Mönchsorden, dessen Mitglieder sich an eine strenge Interpretation der Ordensregel des heiligen BENEDIKT VON NURSIA halten. Er wurde 1098 als Reformorden vom Benediktinerabt Robert von Molesme bei Cîteaux in Frank-

reich gegründet. Der Orden breitete sich schnell in ganz Europa aus und nahm unter dem Einfluss BERNHARDS VON CLAIRVAUX einen enormen Aufschwung, weshalb man auch vom Bernhardinerorden spricht. Bereits um 1132 bildete sich ein weiblicher Zweig heraus. Die Mönche erwiesen sich als besonders geschickt in der Gewinnung landwirtschaftlicher Nutzfläche aus unproduktivem Sumpf- und Moorland und gelangten als Schafsbesitzer und Wollhändler zu großem Reichtum. Heute sind die Zisterzienser in zwei Observanzen unterteilt: die Trappisten, die in strikter Askese leben und zum Schweigen verpflichtet sind, und die weniger strengen Zisterzienser der allgemeinen Observanz.

Zivilisation, Entwicklungsstadium einer Gesellschaft, das von einer strukturierten sozialen, wirtschaftlichen und religiösen Grundordnung geprägt ist. In MESOPOTAMIEN, einer der frühesten Zivilisationen, führten bessere Bewässerungs- und Landwirtschaftstechniken den Übergang von der aufs Überleben ausgerichteten Agrarwirtschaft auf die Arbeitsteilung in einer geordneten Gesellschaft herbei. Während die Bauern die Gemeinschaft noch mit Essen versorgten, gaben ihre gesteigerten Erträge anderen die Freiheit, Maurer, Handwerker

oder Priester zu werden, sodass jeder eine bestimmte Aufgabe erfüllen konnte. Aus niedergelassenen Gemeinschaften wurden langsam STÄDTE, in denen Könige oder Priester regierten. In dieser stabileren Umgebung wurden nun Niederschriften verwahrt und religiöse Gebäude errichtet. Um 3000 v. Chr. bildeten sich in Ägypten urbanisierte Gesellschaften heraus; unabhängig davon entstanden auch im Industal, in China, Mexiko und Peru Städte. Von diesen Zentren ausgehend, breitete sich die Organisation von Wirtschaft und Gesellschaft auf umliegende Gebiete aus.

Zollverein siehe DEUTSCHER ZOLLVEREIN

Zulukrieg (1879), Krieg zwischen Großbritannien und Zululand im östlichen Südafrika. 1843 besaß Großbritannien zwei Kolonien in Südafrika: die Kapkolonie und Natal. Als in den 60er-Jahren des 19. Jh. reiche Gold- und Diamantvorkommen gefunden wurden, zogen die Briten einen Zusammenschluss des ganzen südlichen Afrika als britische Konföderation in Erwägung. Dazu musste man aber umliegende unabhängige Staaten wie TRANSVAAL und Zululand annektieren.

Transvaal wurde 1877 annektiert. Ein Jahr später fanden die Briten auch einen Vorwand für die Invasion in Zululand – die Existenz einer rund 60 000 Mann starken Zuluarmee. Da der Zulukönig Cetshwayo ein Ultimatum ignorierte, diese Streitkräfte aufzulösen, marschierte im Januar 1879 ein britisches Heer in Zululand ein. Am 22. Januar mussten die Briten jedoch eine ihrer schlimmsten Niederlagen im Lauf der Kolonialkriege hinnehmen, als eine schlecht vorbereitete Kolonne in Isandlwana beinahe gänzlich ausgelöscht wurde. Später am selben Tag wehrte eine Garnison von rund 120 Engländern und Buren den Angriff von mehreren tausend Zulus auf der Missionsstation bei Rorke's Drift mit

Fortsetzung S. 582

> **WUSSTEN SIE, DASS?**
>
> *Der gefangen genommene Zulukönig Cetshwayo wurde nach London gebracht, wo seine Sache vor Gericht vertreten werden sollte. Er wohnte in einem Haus in Kensington, genoss Führungen durch die Hauptstadt und aß sogar mit der Queen zu Mittag.*

Die Briten hatten sich auf einen leichten Sieg im Zulukrieg eingestellt und waren erstaunt über den heftigen und wild entschlossenen Widerstand der Zulu.

Die ganze Welt im Krieg

Der Zweite Weltkrieg begann 1939 als europäischer, von Hitler angezettelter Krieg. Zwei Jahre später wurde daraus ein Weltkrieg, der unsägliches Leid über Millionen Menschen brachte und 1945 mit dem Atombombenabwurf auf Japan endete.

Wie durch ein Wunder überstand die St.-Pauls-Kathedrale den deutschen Fliegerangriff auf London nahezu unversehrt.

Als Adolf Hitler im Januar 1933 Reichskanzler wurde, machte er keinen Hehl aus seinen Absichten: dem deutschen Volk „Lebensraum" im Osten zu erobern. Nach dem Anschluss Österreichs und der erzwungenen Abtretung des Sudetenlands an das Deutsche Reich 1938 besetzte Hitler im März 1939 die restliche Tschechoslowakei, wonach Großbritannien und Frankreich Polen ein Garantieversprechen gaben. Dies hielt Hitler aber nicht davon ab, am 1. September 1939 in Polen einzumarschieren. Mit der Kriegserklärung der beiden Westmächte an Deutschland zwei Tage später war der Krieg eröffnet. Polen wurde in einem nur knapp vier Wochen dauernden Blitzkrieg überrollt.

Im April 1940 marschierte Hitler in Dänemark und Norwegen ein. Ihre Westoffensive starteten die Deutschen am 10. Mai. Der Hauptangriff erfolgte über die belgischen Ardennen und deutsche Panzer stießen bis zum Ärmelkanal vor. In Dünkirchen wurden Briten und Franzosen in die Enge getrieben, doch konnten 338 000 Mann über den Kanal nach Großbritannien entkommen. Die Deutschen setzten ihren Vormarsch fort und am 22. Juni 1940 musste Frankreich bei Compiègne ein Waffenstillstandsabkommen unterzeichnen.

LUFTSCHLACHT UM ENGLAND

Großbritannien stand damit allein gegen Deutschland und Italien, das am 10. Juni ebenfalls auf deutscher Seite in den Krieg eingetreten war. Im Juli gab Hitler den Befehl, die Invasion Großbritannien vorzubereiten; Voraussetzung dafür war die Kontrolle des Luftraums über Südengland. Die Luftwaffe startete ihre erste Offensive auf südenglische Ziele am 13. August. Bis Mai 1941 flogen deutsche Staffeln Bombenangriffe zuerst auf militärische Ziele, dann auch ohne Rücksicht auf die Zivilbevölkerung gegen Städte; doch gelang es nicht, die britische Jagdabwehr niederzukämpfen. Hitler musste den Plan einer Landung in Großbritannien aufgeben. Mit der Luftschlacht hatte Hitler auch den Seekrieg verschärft, den er seit 1939 gegen Großbritannien führte. Seine U-Boot-Flotte konnte zwar zahlreiche Erfolge verbuchen, doch blieb auch hier der entscheidende Sieg aus. Allein im Mai 1943 gingen binnen drei Wochen 38 U-Boote verloren.

KRIEG IN DER WÜSTE

Nach dem Kriegseintritt Italiens breitete sich der Krieg bis zum Mittelmeer und zum Nahen Osten aus. Im Oktober 1940 marschierte der italienische Duce Mussolini in Griechenland ein, wo ihm die Deutschen im April 1941 zur Hilfe kommen mussten. Hitler schickte den Italienern auch Verstärkung nach Nordafrika. Hier eroberte Erwin Rommels Afrikakorps im Juni 1942 Tobruk und bedrohte den Suezkanal. Im Oktober wurden die deutschen und italienischen Truppen in El-Alamein von der britischen Armee besiegt und mussten im Mai 1943, nach einem Feldzug in Tunesien, kapitulieren. In Europa gewannen die Alliierten erstmals sicheren Boden, als sie am 10. Juli 1943 in Sizilien einmarschierten und im September auf dem italienischen Festland landeten. Ab Anfang 1942 zählten auch die USA zu den Alliierten: Hitler und Mussolini hatten Amerika am 11. Dezember 1941 den Krieg erklärt, nachdem die USA in den Krieg gegen Japan eingetreten waren.

UNTERNEHMEN BARBAROSSA

Hitlers Russlandfeldzug begann am 22. Juni 1941 mit dem Ziel, sein Lebensraum-Konzept zu verwirklichen. Anfangs erfolgreich,

Britische Jagdflieger stürmen zu ihren mit laufendem Motor bereitstehenden *Hurricanes*. Die Einsitzer wurden mit Erfolg u. a. gegen Rommels Panzer in Nordafrika eingesetzt.

Der amerikanische Flugzeugträger *Franklin* (oben) neigt sich zur Seite, nachdem er im März 1945 von einem japanischen Kamikazebomber getroffen wurde. Ein deutscher U-Boot-Kommandant (links) beobachtet einen britischen Konvoi durch sein Periskop.

wurden die Deutschen jedoch vor Moskau von einem verfrühten Winter überrascht, für den sie nicht gerüstet waren, und im Dezember gingen die Russen zu einem erfolgreichen Gegenangriff über. Hitler wandte sich daraufhin gen Süden und griff im Frühjahr 1942 den Kaukasus an. Die katastrophale Niederlage der 6. deutschen Armee in Stalingrad im Februar 1943 brachte die Wende. 146 000 deutsche Soldaten verbluteten, verhungerten oder erfroren, 91 000 gerieten in sowjetische Gefangenschaft, von denen nur 6000 später heimkehrten. Bis zum Sommer 1944 hatte die Rote Armee die Deutschen von sowjetischem Boden vertrieben.

In den besetzten Gebieten Europas gingen die Nazis zu einer Strategie der skrupellosen Ausbeutung, Unterdrückung und des Völkermords über. Immer mehr nahm nun auch der Widerstand gegen die Nazis zu. Während die Partisanen von Josip Broz Tito in Jugoslawien die deutschen Besatzer aus ganzen Landstrichen vertrieben, ergriffen die Juden in Warschau die Waffen, doch umsonst. 6 Mio. Juden kamen im Rahmen der so genannten Endlösung in den Gaskammern der Konzentrationslager ums Leben oder wurden erschossen, über 3 Mio. Polen wurden niedergemetzelt.

TERROR DURCH BOMBEN
Ab Februar 1942 hatten britische Jagdbomber begonnen, deutsche Städte zu bombardieren, um die Rüstungsindustrie zu zerschlagen und den Widerstandswillen des Volkes zu brechen. Man hoffte so, ein beschleunigtes Ende des Krieges zu erzwingen.

In der Nacht zum 31. Mai 1942 griffen fast 1000 britische Bomber Köln an. Ab Juli 1943 griffen die Royal Air Force und die amerikanische Luftflotte gemeinsam Hamburg, das Ruhrgebiet und Berlin an. Die deutsche Rüstungsproduktion nahm zunächst jedoch noch zu; erst 1944 ging sie deutlich zurück. Langstreckenjäger prägten die letzte Phase der Bombenoffensive, die ihren Höhepunkt in der nahezu totalen Zerstörung Dresdens am 13./14. Februar 1945 fand, bei der rund 50 000 Menschen starben. Auch die Verluste der Alliierten waren beträchtlich. Fast 100 000 britische und amerikanische Flugzeugbesatzungsmitglieder wurden getötet. Insgesamt kamen bei den alliierten Bombenangriffen auf deutsche Städte 590 000 Zivilisten, hauptsächlich Frauen, Kinder und Greise, ums Leben.

INVASION DER ALLIIERTEN
Am 6. Juni 1944 begannen die Alliierten mit der Invasion und Befreiung Westeuropas. Unter dem Befehl des amerikanischen Generals Eisenhower wurden bereits am ersten Tag über 156 000 alliierte Soldaten über den Ärmelkanal transportiert und landeten in der Normandie. Nach einem Monat schwerer Kämpfe fiel Caen. Ende Juli gelang den Alliierten der Durchbruch. Paris wurde am 25. August, Brüssel am 3. September befreit. Montgomerys Plan, über die Niederlande eine Hin-

Deutsche Truppen warten im September 1939 im besetzten Polen auf weitere Befehle.

tertür nach Deutschland zu öffnen, scheiterte am 26. September, als die 1. britische Luftlandedivision in Arnheim zum Rückzug gezwungen wurde. Hitlers letzte Offensive begann im Dezember in den Ardennen. Die Deutschen wurden jedoch abgewehrt und im März 1945 überquerten die Alliierten den Rhein. An der Elbe machten sie Halt und ermöglichten es so den Russen am 2. Mai Berlin zu erobern. Hitler hatte zwei Tage zuvor Selbstmord begangen. Am 4. Mai kapitulierten deutsche Truppen in Nordwesteuropa gegenüber Montgomery, und am 8. Mai trat die am Vortag in Reims unterzeichnete Gesamtkapitulation des Deutschen Reiches in Kraft. Damit war der Krieg in Europa beendet.

KRIEG IM PAZIFIK
Nach dem Sieg über Deutschland konzentrierten sich die Alliierten auf den Kriegsschauplatz Pazifik. Dort hatten die Japaner am 7. Dezember 1941 ohne Kriegserklärung die amerikanische Pazifikflotte in Pearl Harbor bombardiert und damit den Kriegseintritt der USA provoziert. Bis zum Sommer 1942 waren die Japaner bereits auf den Philippinen, in Malaysia, Burma und auf dem Malayiischen Archipel eingefallen.

Anfang Juni 1942 erlebten die Japaner in der von Flugzeugträgern beherrschten Schlacht bei den Midway-Inseln ihre erste Niederlage. Dies war der Wendepunkt des Seekriegs im Pazifik, da Japan die schweren Verluste nie mehr ausgleichen konnte. Bald wurden die Japaner aus den eroberten Gebieten zurückgedrängt. Die amerikanischen Truppen kämpften sich über Neuguinea bis zu den Philippinen durch, während die Salomoninseln nach erbitterten Kämpfen auf Guadalcanal zurückerobert wurden.

Im Zentralpazifik führte Admiral Nimitz eine Reihe von Operationen an, die die US-Truppen in Bombenreichweite von Tokio brachten. In Burma erlangte die 14. britische Armee einen entscheidenden Sieg in Imphal-Kohima, bevor Rangun und Mandalay wieder eingenommen werden konnten. Im Frühjahr 1945 liefen Vorbereitungen für eine Invasion Japans. Die Japaner lehnten die Aufrufe der Alliierten zur Kapitulation ab und leisteten in Iwo Jima und Okinawa fanatischen Widerstand. Um den Krieg zu beenden, erteilte der amerikanische Präsident Truman schließlich den Befehl zum Einsatz der neu entwickelten Atombombe und nahm damit den grauenvollen Tod hunderttausender Zivilisten und unvorhersehbare Folgeschäden in Kauf. Die Erste wurde am 6. August 1945 über Hiroshima abgeworfen, die Zweite drei Tage später über Nagasaki. Am 14. August 1945 kapitulierte Japan bedingungslos. Weltweit mussten mindestens 62 Mio. Menschen den grausamen Krieg mit dem Leben bezahlen.

minimalen Verlusten ab. Nachdem sie zwecks Verstärkung eine Kampfpause eingelegt hatten, starteten die Engländer im März eine erneute Invasion, besiegten die Zulu und verbrannten deren Hauptstadt Ulundi. Bis zum Juli waren die Zulu endgültig unterworfen. Cetshwayo wurde gefangen genommen und nach Kapstadt, später London gebracht. 1887 wurde Zululand annektiert und zehn Jahre später Teil von Natal.

Zünfte siehe rechte Seite

Zwanzigster Juli, erfolgloser Versuch deutscher Militärs 1944, Adolf HITLER zu ermorden. Wie andere Widerstandskämpfer auch sahen zahlreiche Heeresoffiziere im Sommer 1944 in Hitlers Tod die einzige Möglichkeit, sein Unrechtsregime zu stürzen. Nach der Ermordung des Führers wollte man eine alternative Regierung errichten, die mit den Alliierten einen Frieden aushandeln sollte. Nachdem andere Attentatspläne schon im Vorfeld fehlgeschlagen waren, setzte der Widerstand große Hoffnungen auf den Stabschef beim Befehlshaber des Ersatzheers, Claus Schenk Graf von Stauffenberg. Er brachte die Zeitbombe selbst in einer Aktentasche in die Holzbaracke im Führerhauptquartier bei Rastenburg und platzierte sie in unmittelbarer Nähe von Hitlers Stuhl. Sie explodierte, verletzte Hitler aber nur leicht und tötete dafür vier Angehörige seines Stabes. Ein Teilnehmer der Lagebesprechung hatte die Aktentasche zuvor zur Seite gestellt. In der Annahme, das Attentat sei geglückt, flog Stauffenberg nach Berlin, wo die Verschwörer in einem Staatsstreich die Macht übernehmen wollten. Noch am Abend brach die Aktion zusammen, gut 200 Verschwörer wurden festgenommen. Stauffenberg und drei Mitverschwörer wurden sofort standrechtlich erschossen, andere vor den Volksgerichtshof gezerrt. Sie wurden erschossen, erhängt, z. T. sogar erwürgt. Feldmarschall Erwin ROMMEL, der auch in die Sache verwickelt war, zwang man zum Selbstmord.

Zweibund, Verteidigungsbündnis zwischen Österreich-Ungarn und dem Deutschen Reich, das am 7. Oktober 1879 geschlossen wurde. Damit versicherten sich beide Parteien zu gegenseitigem Beistand im Fall eines russischen Angriffs oder eines Angriffs durch einen von Russland unterstützten Staat. Drei Jahre später wurde durch den Beitritt Italiens daraus ein DREIBUND.

Zweite Front, Einmarsch der Alliierten in das von Deutschland besetzte Frankreich im ZWEITEN WELTKRIEG. Der Sowjetführer Jossif STALIN drängte seit August 1941 auf die frühe Errichtung einer Zweiten Front, um den Druck auf die Rote Armee im Osten zu verringern. Großbritannien war jedoch für einen Aufschub, da für mehrere gleichzeitige Großoperationen noch die Kräfte fehlten und das Risiko einer Direktlandung in Frankreich zu hoch erschien. Dieses Argument erwies sich nach der gescheiterten LANDUNG VON DIEPPE im August 1942 als richtig. 1943 überzeugte der britische Premierminister Winston CHURCHILL bei der Konferenz von CASABLANCA den amerikanischen Präsidenten Franklin D. ROOSEVELT davon, dass die Besetzung Italiens Vorrang habe. Die Sowjetregierung kritisierte die zögerliche Haltung Großbritanniens und sah darin ein Ausweichmanöver. Ende 1943 schließlich fiel die Entscheidung, die Zweite Front zu eröffnen. Es sollte noch bis zum 6. Juni 1944 dauern, bis die INVASION der Alliierten in der Normandie begann und den Anfang vom Ende des DRITTEN REICHES einläutete.

Zweiter Weltkrieg siehe Seite 580/581

Zwingli, Ulrich (1484–1531), Schweizer Reformator. Er studierte an den Universitäten Wien und Basel Theologie, bevor er die Priesterwürde erhielt und ab 1506 als Pfarrer in Glarus wirkte. Zwingli war stark von dem Rotterdamer Humanisten Desiderius ERASMUS beeinflusst. Als Leutpriester in Einsiedeln 1516–18 begann er seine Doktrinen zu formulieren, was schließlich dazu führte, dass er der KATHOLISCHEN KIRCHE entsagte und sich zur REFORMATION bekannte. Wie Martin LUTHER erkannte er die Bibel als einzige geistliche Autorität an. Er wandte sich gegen Priesterzölibat und versuchte alles abzuschaffen, was nicht biblisch zu begründen war – Klöster, Prozessionen, Orgelspiel und Bildwerk im Gottesdienst, Firmung, letzte Ölung usw. Auch den ABLASSHANDEL bekämpfte er als kirchlichen Missbrauch.

Nachdem er 1518 Prediger am Großmünster in Zürich geworden war, spielte er eine wichtige Rolle bei der Konvertierung der Stadtbehörden zum PROTESTANTISMUS. Auf einer öffentlichen Disputation mit einem Vertreter des Papstes 1523 stellte Zwingli seine Doktrinen in 67 Thesen vor. Sie wurden vom Rat der Stadt Zürich als offiziell reformiertes Glaubensbekenntnis anerkannt, das alle Priester innerhalb des Kantons zu befolgen hatten. Zwingli leugnete die körperliche Gegenwart Christi im Brot der Eucharistie und vertrat stattdessen eine symbolische Deutung. Beim Marburger Religionsgespräch 1529 zerstritt er sich mit Martin Luther über diese Frage. Die Kluft zwischen den beiden Reformatoren erwies sich als so tief, dass an eine Vereinigung der beiden protestantischen Zweige nicht zu denken war. Zwingli fiel als Feldprediger bei einem Feldzug, in dem Zürich sich gegen die römisch-katholischen Kantone der Schweiz verteidigte. In der französischen Schweiz führte Johann CALVIN später von Genf aus die Reformation durch.

Nach dem fehlgeschlagenen Attentat vom 20. Juli begutachtet Hermann Göring (dritter von links) das Ausmaß der Zerstörungen im Führerhauptquartier.

Goldenes Handwerk

Stattliche Zunfthäuser künden noch heute von der wirtschaftlichen und politischen Bedeutung, die die Handwerkszünfte im Spätmittelalter hatten.

Vermutlich aus den Zusammenschlüssen von Handwerkern in religiösen Bruderschaften hervorgegangen, wurden die Zünfte mit dem Ziel gegründet, ihre Interessen gegenüber der städtischen Oberschicht wirkungsvoller vertreten zu können. Im deutschen Sprachraum gab es dafür eine Reihe von Bezeichnungen wie Ambacht, Innung, Zeche und Gaffel.

Auf dem Zunftschild der Zimmerleute hält ein Engel das Wappen, auf dem das typische Handwerksgerät zu sehen ist.

ZÜNFTE AN DIE MACHT

Eng verknüpft mit der Entwicklung der mittelalterlichen Städte entstanden erste Zünfte um die Wende des 11./12. Jh., so 1095 in Pisa, 1106 in Worms und 1128 in Würzburg. Ab dem 13./14. Jh. versuchten sie verstärkt, die stadtherrliche Abhängigkeit abzustreifen und politisch mitzubestimmen. In zahlreichen Städten wie Augsburg gelang es ihnen sogar, dem Patriziat die Macht zu entreißen.

Es herrschte Zunftzwang, wonach nur Zunftmitglieder das jeweilige Handwerk oder Gewerbe betreiben durften. In den Zunftordnungen wurden u. a. Ausbildung, Arbeitszeit, Löhne, Preise und Produktqualität festgelegt. Außerdem nahmen die Zünfte die Meister- und Gesellenprüfungen ab und schützten ihre Mitglieder und deren Familien vor Not. Oftmals lebten die Handwerker in eigenen Vierteln, etwa die Färber und Gerber an den Flüssen, da sie auf fließendes Wasser angewiesen waren.

Das Brauchtum der Zünfte war eng mit der Kirche verbunden. In den Kirchen hatten sie einen eigenen Altar, eine ewige Kerze und z.T. eigene Kapellen. Jede Zunft hatte einen Heiligen als Schutzpatron, dessen Bild Zunftschilder und -fahnen schmückte.

Dieses Zunftschild aus Messing nannten im frühen 19. Jh. Schuhmachermeister ihr Eigen.

Wurde der Wettbewerb zu groß, konnte die Zunft die Zahl ihrer Mitglieder beschränken. Verschärfte Aufnahmebedingungen gab es vor allem ab der zweiten Hälfte des 16. Jh., als sich die Konjunkturlage drastisch verschlechtert hatte. Überwiegend erst zu dieser Zeit führte man Probezeit und Meisterstück ein. Damals wurde auch von den meisten Zünften das Gesellenwandern zur Pflicht gemacht. Ebenfalls ab dem 16. Jh. versuchten die Landesherren den Zunftzwang aufzuweichen. Die Einführung der Gewerbefreiheit in vielen Ländern nach der Französischen Revolution brachte schließlich das allmähliche Ende der Zünfte.

Zypern, Insel im östlichen Mittelmeer, die seit 1974 in einen griechisch- und einen türkischsprachigen Teil gespalten ist und eine kontinuierliche politische Reibungsfläche zwischen GRIECHENLAND und der TÜRKEI darstellt. Im 14. Jh. v. Chr. war Zypern ein Zentrum der MYKENISCHEN KULTUR; später wurde es nacheinander von Assyrern, Persern, Römern und Byzantinern beherrscht. Der englische König RICHARD I. LÖWENHERZ eroberte die Insel 1191 und übergab sie dem französischen Kreuzritter Guido von Lusignan, der sie als Feudalmonarchie verwaltete und aus ihr einen wichtigen Stützpunkt für die KREUZZÜGE machte.

Ab 1571 war Zypern Teil des OSMANISCHEN REICHES, bis es 1878 nach dem BERLINER KONGRESS unter britische Verwaltung gestellt wurde. Nach der Annexion durch Großbritannien 1914 wurde Zypern 1925 zur Kronkolonie erklärt. Die zypriotische Politik war von Anfang an von Rivalitäten zwischen der griechischsprachigen Gemeinschaft, die die Vereinigung mit Griechenland forderte, und der türkischen Minderheit auf der Insel geprägt. Nach dem Zweiten Weltkrieg steigerte sich dieser Konflikt, es kam zu Terrorakten der griechischnationalistischen Guerillaorganisation EOKA gegen Briten und türkische Zyprer. Gespräche zwischen Großbritannien, der Türkei und Griechenland brachten schließlich eine Einigung und 1960 wurde die unabhängige Republik Zypern unter der Präsidentschaft des zypriotisch-orthodoxen Erzbischofs Makarios III. proklamiert.

Innerhalb von drei Jahren brach ein blutiger Bürgerkrieg zwischen beiden Volksgruppen aus, sodass eine UN-Friedenstruppe eingreifen musste. Im Juli 1974, nachdem Makarios in einem von der griechischen Militärjunta unterstützten Staatsstreich abgesetzt worden war, marschierten türkische Truppen ein und gewannen die Kontrolle über den Nordteil der Insel. Über 200 000 griechische Zyprer wurden aus ihren Häusern in den Süden vertrieben, um Siedlern aus der Türkei Platz zu machen. Obwohl Makarios 1975 abermals Präsident der Republik Zypern wurde, bildete sich im Norden der Türkische Föderationsstaat von Zypern, der ungefähr 40 % der Insel umfasst; Präsident wurde Rauf Denktasch. Der 1983 in Türkische Republik Nordzypern umbenannte Staat wird aber bisher international nur von der Türkei anerkannt. Seit der Spaltung kam es immer wieder zu Zusammenstößen zwischen den beiden Bevölkerungsteilen, und obwohl sich die Gespräche bis zum Ende der 90er-Jahre fortsetzten, konnte noch keine Einigung erzielt werden. Präsident der Republik Zypern ist seit 1993 Glafkos Klerides.

WUSSTEN SIE, DASS?

Aphrodite, die griechische Göttin der Liebe, wurde der Sage nach aus den schäumenden Wellen vor der Südküste Zyperns geboren. Ihr Name stammt vom griechischen Wort aphrós *und bedeutet Schaumgeborene.*

583

Zeittafel

Die folgende Tabelle bietet eine Übersicht über die Weltgeschichte von den Anfängen bis zur Gegenwart. Sie zeigt, welche Ereignisse an weit voneinander entfernten Orten zur gleichen Zeit stattfanden und wie sich diese möglicherweise gegenseitig beeinflussten.

Diese Höhlenmalerei aus dem französischen Lascaux entstand etwa 10000 v. Chr.

EUROPA

um 10000 Die ersten Jäger und Sammler besiedeln Nordeuropa
um 9000 Erste Besiedlung einzelner Mittelmeerinseln

Rechts: Der goldene Brustschmuck aus Bulgarien ist ungefähr 8000 Jahre alt

um 6500 Der Ackerbau gelangt nach Südosteuropa
um 6000 Erste keramische Erzeugnisse
um 5500 Gründung der Stadt Khirokitia auf Zypern. In der Siedlung leben ungefähr 1500 Menschen

um 5000 Erste Schiffe befahren das Mittelmeer
um 5000 Herstellung erster Metallgegenstände aus Gold und Kupfer
um 5000 Keramik und geschnitzte Statuetten auf dem Balkan
um 4500 Erster Gebrauch des Pflugs in Südosteuropa
um 4500 Aufkommen der Megalith-Kultur in Frankreich
um 3500 Vorkommen des Radkarren in Mitteleuropa
um 3200 Menhire in England und Frankreich

um 3000 Vorkommen von Oliven, Wein und Getreide in der Ägäis
um 1700 Beginn der Bronzezeit
um 1600 Beginn der mykenischen Zeit in Griechenland
um 1600 Linear-A-Schrift auf Kreta
um 1200 Eroberung Trojas beendet den Trojanischen Krieg
um 1200 Griechische Völkerwanderung nach dem Niedergang von Mykene

um 1000 Griechen kolonisieren ägäische Küste
um 900 Etrusker in Oberitalien
um 800 Beginn der Eisenzeit, nach dem Gräberfeld bei Hallstatt in Österreich auch Hallstattzeit genannt
um 750 Griechen übernehmen phönizisches Alphabet

Tonmaske, um 10000 v. Chr., die man in Jordanien fand

ASIEN

um 10000 Anbau von Nahrungspflanzen im Vorderen Orient
um 10000 Erste Keramik in Japan
um 9750 In Thailand baut man Erbsen, Bohnen, Wassernüsse an
um 9000 Jericho entwickelt sich zu einer Stadt mit 2000 Einwohnern
um 8500 Nomaden domestizieren Schafe im Vorderen Orient

um 7000 Domestizierung von Rind und Schwein
um 7000 Entwicklung der Kunst des Töpferns, Spinnens und Webens in Westasien
um 6500 Gipsstatuen von Menschen im jordanischen Ain Ghazal
um 6500 Entstehung der anatolischen Stadt Çatal Hüyük mit etwa 2000 Menschen
um 6000 Erste Bewässerungsanlagen in den fruchtbaren Niederungen von Tigris und Euphrat
um 6000 Beginn des Ackerbaus in Indien
um 6000 Früheste Keramik in China hergestellt

um 5000 Wasserreisanbau in China
um 4500 Erster Tempel der Welt im sumerischen Eridu
um 3500 Entstehung von Städten in Mesopotamien
um 3000 Erste Keilschrift im sumerischen Uruk
um 3000 Entwicklung der Kultur im Industal

um 2350 König Sargon I. von Akkad gründet erstes Großreich
um 1800–1750 Erstes assyrisches Großreich
um 1595 Die Hethiter plündern Babylon
um 1500 Zusammenbruch der Städte im Industal
um 1500 Arier dringen in Nordindien ein
1450 Reich der Hethiter
1250 Israeliten kehren nach Kanaan zurück
um 1000 David eint die Stämme Israels; Hauptstadt wird Jerusalem

Sumerische Schrifttafel um 3000 v. Chr.

5000 Jahre altes Brettspiel aus Ur

um 1000 In China erscheinen Landkarten und ein Wörterbuch; außerdem wird ein astronomisches Observatorium eingerichtet
um 950 Salomo baut ersten Tempel in Jerusalem
926 Salomo stirbt: Juda und Israel trennen sich
911 Das Neuassyrische Reich wird stärkste Macht im Nahen Osten
835 Aufstieg der Meder

AMERIKA

um 10000 Jäger und Sammler in nomadischen Gruppen
um 9000 Jäger breiten sich südwärts durch Amerika aus
um 8500 Erste Versuche mit Ackerbau in den Anden

um 7000 Anbau von Kürbis, Bohnen und Cayennepfeffer in Mexiko
um 7000 Kartoffeln in den Anden angebaut
um 7000 Menschen im Amazonasgebiet essen Maniok

um 5000 Pflanzung von Mais im Tal von Tehuacán, Mexiko
um 4000 Keramik im Amazonasgebiet, die früheste bekannte in Amerika
um 3500 Bauern in Peru bauen Baumwolle und Mais an

um 3000 Keramik in Ecuador, Kolumbien und später auch Mexiko
um 1200 Ackerbau breitet sich durch Nordamerika aus
um 1150 Kultur der Olmeken in Mexiko

um 1000 Kupferverarbeitung in den Anden
um 900 La Venta wird neues Zentrum der Olmeken
um 850 Chavín-Kultur tritt in Peru in Erscheinung

Peruanische Chavín-Flasche mit Plastik um 800 v. Chr.

AFRIKA

um 10000 Jäger und Sammler in nomadischen Gruppen
um 9000 Ägyptische Bauern dreschen mit Steinen erstmals Getreide
um 9000 Grabanlagen am Nil zeugen von kriegerischen Auseinandersetzungen

um 7000 Bäuerliche Hirten in Libyen und Algerien nachweisbar
um 6000 In der Zentralsahara entstehen erste Felsenmalereien

um 5000 Viehzucht in der damals noch fruchtbaren Sahara
um 5000 Beginn des Ackerbaus in Ägypten
um 3100 König Menes eint Ägypten; Hauptstadt ist Memphis
um 3100 Hieroglyphenschrift in Ägypten entwickelt

2660–2160 Altes Reich in Ägypten
um 2590–2470 Bau der Pyramiden in Giseh
um 2040–1785 Mittleres Reich in Ägypten
1650–1550 Hyksos-Herrschaft in Ägypten
um 1552–1070 Neues Reich in Ägypten

um 900 Königreich Napata in Nordostafrika
814 Phönizier gründen Karthago

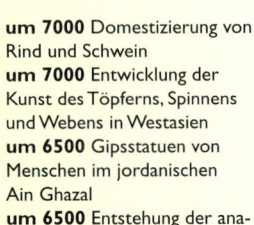

10000 v. Chr.   **7000 v. Chr.**   **5000 v. Chr.**   **3000 v. Chr.**   **1000 v. Chr.**

Links: Diese griechische Sphinx – hier eine Marmorskulptur aus dem 6. Jh. v. Chr. – unterscheidet sich von der ägyptischen durch den Frauenkopf und die Vogelflügel.

Links: Ein Kopf Apollos in Syrien ehrte König Antiochos I., der behauptete, von dem griechischen Gott abzustammen.

Rechts: Iulius Caesar schuf mit seinen Eroberungen die Grundlagen des römischen Weltreichs, bevor er 44 v. Chr. ermordet wurde.

776 Erste Olympische Spiele
um 753 Sagenhafte Gründung Roms durch Romulus
um 750 *Odyssee* und *Ilias* in überlieferter Form vollendet
um 683 Athen ersetzt Könige durch gewählte Beamte

Eine spätere Prägung einer der ersten lydischen Münzen, die um 700 v. Chr. entstanden

um 800 Der Hinduismus breitet sich nach Süden und Osten aus
704–681 Der assyrische König Sanherib erobert Babylon und Juda
700 Erste Münzen in Lydien geprägt
660 Nach der Legende Japan von Jimmu gegründet
um 614 Meder und Babylonier zerstören das Assyrische Reich
600–584 Unter Nebukadnezar II. entstehen die Hängenden Gärten und der Turm zu Babel

um 800 Monte Albán im mexikanischen Oaxaca gegründet
um 800 Olmeken stellen Figuren in Tlatilco her
um 700 Beginn des Fischfangs entlang der Beringstraße

750 Nubier erobern Ägypten
um 700 Pyramidengräber der Nubierkönige im Sudan angelegt
um 700 Eisengeräte in Nordafrika in Gebrauch
671 Assyrer erobern Ägypten
650 Die nordafrikanische Stadt Karthago baut eine Flotte

500 Rom wird Republik: der letzte etruskische König vertrieben
480 Griechische Flotte besiegt Perser bei Salamis
um 480 Beginn des klassischen Zeitalters der griechischen Kultur
477 Gründung des Attischen Seebunds, dem Kern des athenischen Reiches
431–404 Peloponnesischer Krieg endet mit dem Sieg Spartas über Athen
um 430 Der Arzt Hippokrates revolutioniert die Ansichten über die Medizin

600 Taoismus breitet sich in China aus
587 Nebukadnezar II. zerstört Jerusalem
550 Persisches Reich von Kyros II. gegründet
539 Perser vernichten das Babylonische Reich
um 500 Teile des indischen Epos *Ramayana* fertiggestellt
473 Fürst Vijaya gründet neues Königreich in Sri Lanka

Dieses rätselhafte Muster eines Kandelabers findet man in der peruanischen Nazca-Wüste. Es stammt etwa aus dem 2. Jh. v. Chr.

um 600 Grabhügel der Adena-Kultur in Nordamerika
um 500 Frühe Hieroglyphen in Monte Albán
um 450–250 Höhepunkt des Einflusses der Chavín-Kultur in den Anden

510 Erster Vertrag zwischen Rom und Karthago
um 500 v. Chr.–200 n. Chr. Nok-Kultur in Nigeria
um 500 Kamele ersetzen Pferde in der Sahararegion als Last- und Reittiere
450 Verbreitung der Eisenherstellung südlich der Sahara

387 Gallier zerstören und plündern Rom
336–323 Feldzüge Alexanders des Großen
um 280 Koloss von Rhodos erbaut
264–241 Erster Punischer Krieg: Rom kämpft gegen Karthago und gewinnt Sizilien
218–201 Zweiter Punischer Krieg: Karthager dringen nach Italien ein
218 Der karthagische Feldherr Hannibal überquert mit Elefanten die Alpen

331 Alexander besiegt Perser bei Gaugamela
325 Alexander kehrt aus Indien zurück
323–280 Diadochenkämpfe um das Erbe Alexanders des Großen
272–231 Aschoka errichtet buddhistisches Reich in Indien
221 China unter einem Herrscher vereint, der sich erstmals Kaiser nennt

um 300 v. Chr.–300 n. Chr. Höhepunkt der Gallinazo-Kultur in Peru
um 250 Maya-Zentren im Tiefland von Guatemala

332 Alexander erobert Ägypten
323 Ptolemäer regieren Ägypten
305 Große Bibliothek in Alexandria eingerichtet
202 Scipio schlägt Hannibal bei Zama

um 200 Festländische Kelten drängen die einheimischen Briten zurück
188 Mit dem Sieg über die Seleukiden beherrscht Rom das gesamte Mittelmeer
um 160 Erste öffentliche Bibliotheken in Rom
149–146 Dritter Punischer Krieg: Rom besiegt Karthago endgültig
um 150 Blütezeit der Kelten im süddeutschen Raum
133–121 Reformbewegung der Gracchen

206 v. Chr.–220 n. Chr. Han-Dynastie regiert China
um 200 Übersetzung des Alten Testaments ins Griechische
168 Aufstand der Hasmonäer in Juda gegen die Seleukiden
142 Juden erhalten politische Autonomie und erklären Jerusalem zu ihrer Hauptstadt
136 Konfuzianismus wird Staatsreligion in China

um 100 Blüte der Pucará-Kultur am Titicacasee
um 100 v. Chr.–750 n. Chr. Glanzvolle Zeit von Teotihuacán in Mexiko

um 200 Bantu lassen sich im Gebiet des Kongodeltas als Bauern nieder
um 197 Stein von Rosette in Ägypten beschriftet
146 Völlige Zerstörung von Karthago; Nordafrika wird römische Provinz

82–79 Diktatur Sullas in Rom
73–71 Spartakus führt römischen Sklavenaufstand an
58–51 Caesar erobert Gallien
55 Caesar landet in Britannien
49–46 Caesar überquert den Rubicon und beginnt den Bürgerkrieg gegen Pompeius
44 Caesar ermordet
38 Der römische Feldherr Agrippa gründet das spätere Köln
27 Octavian wird zum römischen Kaiser Augustus ernannt

um 100 Die Skythen dringen über die Pässe des Hindukusch nach Nordindien ein
64 Pompeius erobert Syrien; Ende des Seleukiden-Reiches
63 Römer nehmen Jerusalem ein
um 5 Strabo stellt Geographie der damals bekannten Welt zusammen
um 4 Jesus Christus geboren

Der Kupfervogel stammt aus der Hopewell-Kultur.

um 100 Hopewell-Kultur im Ohio-Tal
36 Älteste Grabstele im mexikanischen Chiapa de Corzo

um 100 Bantu gründen neue Siedlungen in Zentralafrika
51–30 Kleopatra Königin von Ägypten
47 Feuer zerstört die berühmte Bibliothek von Alexandria
30 Nach dem Selbstmord Kleopatras wird Ägypten römische Provinz

800 v. Chr.   **600 v. Chr.**   **400 v. Chr.**   **200 v. Chr.**   **100 v. Chr.**

Der von Römern erbaute Aquädukt Pont du Gard versorgte Nîmes mit Wasser.

Porträt eines Paares, das man in dem vom Vesuvausbruch zerstörten Pompeji fand.

Links: Hadrianswall in Großbritannien

EUROPA

um 1 Der Markomannenfürst Marbod gründet das erste Germanenreich
um 5 Ovids *Metamorphosen* erscheinen, in der er ca. 250 Sagen der römischen und griechischen Mythologie erzählt
9 Arminius besiegt die Römer im Teutoburger Wald
um 10 Die Hauptstraßen Roms werden erstmals mit Fackeln beleuchtet
14–37 Nachfolger von Augustus wird Tiberius
um 14 Pont du Gard bei Nîmes erbaut
37–41 Caligula römischer Kaiser
41–54 Claudius römischer Kaiser
43 Römische Legionäre erobern Britannien

54–68 Nero römischer Kaiser
um 58 Paulus schreibt seine Briefe an die Korinther
64 Großbrand von Rom lösen die ersten Christenverfolgungen aus
69–79 Vespasian setzt sich gegen seine Konkurrenten durch und wird alleiniger Herrscher Roms
um 70–79 Plinius der Ältere verfasst seine *Naturgeschichte*
79 Vesuvausbruch zerstört Pompeji und Herculaneum
80 Kaiser Titus eröffnet das Kolosseum in Rom
84 Baubeginn des Limes
98 Tacitus vollendet sein Werk über die Germanen
98–117 Trajan römischer Kaiser: Unter ihm erreicht das Römische Reich seine größte Ausdehnung

106 Die Römer erobern Dakien nördlich der Donau
um 110 Trajan lässt den Limes als Reichsgrenze zum freien Germanien weiter ausbauen und befestigen
um 110 Aquädukt im spanischen Segovia fertig gestellt
um 110 Trajanssäule in Rom errichtet
117–38 Hadrian römischer Kaiser
118–30 Pantheon, erster großer Kuppelbau in Rom, fertig gestellt
122–26 Hadrianswall im Norden Britanniens zur Abwehr der Pikten befestigt
136 Baubeginn der Engelsburg, des Mausoleums von Kaiser Hadrian
138–61 Antoninus Pius römischer Kaiser

161–80 Mark Aurel römischer Kaiser
162 Die germanischen Chatten durchbrechen den Limes
164–80 Im Römischen Reich wütet die Pest
177 Christenaufstand in Lyon
179 Mark Aurel besiegt die Markomannen bei Vindobona, dem heutigen Wien, und zerstört deren Reich
180 Römer hinter den Hadrianswall zurückgedrängt
um 190 Der Arzt Galen extrahiert Pflanzensäfte für medizinische Zwecke
192 Im Römischen Reich kommt es zu mehreren Aufständen
193–211 Septimus Severus römischer Kaiser

um 200 Verbreitung des Mithras-Kults im Römischen Reich
um 200 Germanische Stämme greifen die römische Grenze im Norden an
208 Britannien in zwei römische Provinzen geteilt
212 Verleihung des vollen römischen Bürgerrechts an alle freien Provinzialen
212–17 Errichtung der Caracalla-Thermen in Rom
220 Goten dringen auf den Balkan vor
248 Einfallende Germanen zerstören den Limes
um 250 Christenverfolgungen nehmen immer mehr zu

ASIEN

6 Judäa wird römische Provinz
9–25 Die 400 Jahre der Han-Dynastie in China werden kurz unterbrochen von der Xin-Dynastie des Wang Mang
um 27 Jesus beginnt in Galiläa zu predigen
um 33 Jesus von den Römern gekreuzigt
43–57 Missionsreisen des Paulus
48 Die Hunnen (Hsiung-Nu) unterstellen sich der chinesischen Lehnsherrschaft.
um 50 Herstellung des ersten Porzellans in China

um 50–90 Die Schriften des Neuen Testaments entstehen
nach 50 Korea zerfällt in drei Reiche: im Norden Koguryo, im Südosten Silla und im südwesten Paechke
um 60 Aufstieg des Kuschan-Reichs
66–70 Die Juden in Judäa revoltieren gegen römische Herrschaft
70 Die Römer plündern Jerusalem und zerstören den Tempel
um 78–102 Kuschan-Reich gewinnt Herrschaft über Nordindien

um 100 Erste Metallbearbeitung auf Inseln Südostasiens
um 105 Der chinesische Eunuch Ts'ai Lun stellt Papier her
um 106 Römer annektieren Arabien
114–117 Römer erobern Armenien, Assyrien und Mesopotamien
132–35 Die Juden revoltieren unter Bar Kochba gegen die Römer, daraufhin Zerstörung Jerusalems; Beginn der jüdischen Diaspora

150 Früheste erhaltene Sanskrit-Inschrift
155 Parther dringen erstmals in die römische Provinz Armenien ein
162–65 Die Partherkriege enden mit einem Sieg der Römer
166 Die erste römische Gesandtschaft trifft am chinesischen Hof ein
184 Die „Gelben Turbane" rebellieren wegen zu hoher Steuerabgaben gegen die Han-Dynastie in China

Szene aus dem Leben Ramas im indischen Epos *Ramayana*

um 200 Die indischen Sanskrit-Epen *Ramayana* und *Mahabharata* erhalten ihre endgültigen Formen
220 Ende der Han-Dynastie: China zerfällt in drei Teile
224 Gründung des Sassaniden-Reichs

AMERIKA

um 1–700 Mochica-Kultur an der Küste Nordperus

um 50–600 Blütezeit der Recuay-Kultur im peruanischen Santa-Tal

um 100 Anasazi-Bauern siedeln im Südwesten des nordamerikanischen Kontinents

um 150 Bau von Pyramiden in Teotihuacán

Kopf aus der Nok-Kultur

um 200–700 Blütezeit des zapotekischen und mixtekischen Zentrums Monte Albán in Mexiko
um 250 Neuanlage der Maya-Stadt Tikal unter neuer Dynastie

AFRIKA

44 Mauretanien von den Römern annektiert
um 50 Reich von Aksum (Äthiopien) expandiert

um 80 Heron von Alexandria beschreibt die Funktion des Zahnradgetriebes und des Flaschenzugs

115–17 Die Juden in der Cyrenaika revoltieren gegen die römische Herrschaft
um 150 Berber-Stämme herrschen im Sudan

um 150 Blütezeit der Nok-Kultur in Nigeria
um 150 Der Geograph Ptolemäus vermaßt 8000 Orte nach Längen- und Breitengraden

um 200 Gründung der koptischen Kirche
um 250 Der Mönch Antonius zieht als Eremit in die ägyptische Wüste

1 n. Chr.   **50**   **100**   **150**   **200**

Oben: Mittelamerikanische Pyramiden an der Straße der Toten aus dem 2. Jh.
Rechts: Nubische Pyramiden im sudanesischen Meroë aus dem 3. Jh.

Oben: Darstellung des Sonnengotts der Maya

251 Westgoten dringen in die römische Provinz Dakien ein
253 Franken und Alemannen überfallen Gallien und dringen bis nach Italien vor
257 Franken dringen in Spanien ein
268 Goten plündern Athen, Sparta und Korinth
268–70 Kaiser Claudius II. besiegt Alemannen und Goten
276–82 Wiederherstellung der Grenze an Rhein und Donau unter Kaiser Probus
285 Diokletian teilt das Römische Reich in eine West- und eine Osthälfte
298 Bau des Diokletianspalastes in Split

312 Konstantin I. der Große gewinnt die Schlacht an der Milvischen Brücke gegen seinen Rivalen Maxentius; Konstantin bekennt sich zum Christentum
313 Edikt von Mailand gewährt allgemeine Religionsfreiheit
324 Konstantin I. der Große ist Alleinherrscher des Römischen Reiches
321 Konstantin I. der Große erklärt den Sonntag zum allgemeinen Ruhetag
330 Byzanz wird in Konstantinopel umbenannt und neue Hauptstadt des Römischen Reiches

357 Die Römer schlagen bei Straßburg die Alemannen
um 360 Schriftrollen werden allmählich durch Bücher ersetzt
360 Pikten und Skoten durchbrechen Hadrianswall
362 Erstes öffentliches Krankenhaus in Rom
um 375 Hunnen tauchen erstmals in Europa auf
um 375 Ansiedlung von Westgoten auf dem Balkan
378 Westgoten besiegen die Römer bei Adrianopel
391 Christentum wird Staatsreligion
393 Verbot der Olympischen Spiele
395 Nach dem Tod Theodosius des Großen Ende der Reichseinheit
396 Westgoten fallen in Griechenland ein

402 Verlegung der Hauptstadt des Weströmischen Reiches von Mailand nach Ravenna
409–534 Wandalen siedeln in Spanien
410 Westgoten unter Alarich plündern Rom
418 Franken fallen in Gallien ein
419–507 Westgoten errichten Königreich in Aquitanien mit Hauptstadt Toulouse
435 Der heilige Patrick beginnt Mission in Irland
um 440 *Codex Theodosianus* fasst das römische Recht zusammen
443–534 Reich der Burgunder an Saône und Rhône
um 450 Angeln, Sachsen und Jüten beginnen Britannien zu erobern

451 Schlacht auf den Katalaunischen Feldern: Hunnen verlassen Gallien
452 Hunnen dringen in Italien ein, werden aber von Papst Leo I. zur Umkehr überredet
452 Gründung Venedigs
455 Wandalen plündern Rom
476 Germanischer Heerführer Odoaker setzt Romulus Augustulus ab; Ende des Weströmischen Reiches
486 Nach dem Sieg über die Römer gründet der Merowingerkönig Chlodwig I. das Fränkische Reich
493 Theoderich der Große errichtet in Italien das Ostgoten-Reich

---

Das Mosaik zeigt den Palast des ostgotischen Königs Theoderich in Ravenna.

Römische Goldmünze mit dem Porträt von Kaiser Valerian

260 Perser besiegen Römer und nehmen Valerian gefangen
265–316 China zerfällt in mehrere Kleinstaaten
um 270 Bau des Sonnentempels von Baal in Palmyra
271 Gebrauch des Magnetkompasses in China
272 Römer besiegen das palmyrische Reich der Kaiserin Zenobia im Nahen Osten
297 Römer vertreiben Perser aus Armenien

300 Gründung des Yamoto-Staates in Japan
309–79 Schapur II. Herrscher von Persien
317 Teilung Chinas in ein Süd- und ein Nordreich
um 320 Tschandragupta I. begründet Gupta-Reich in Nordindien
325 Konzil von Nicäa: Arianismus verdammt
um 350 Erste Hunneneinfälle in Persien und Indien

359 Perser erobern Syrien
um 360 Chinesische Kaufleute erreichen den Euphrat
363–64 Die Römer schließen mit den Persern einen 30-jährigen Frieden
379 In Syrien stirbt der Metropolit von Kappadokien Basilius der Große. Er formulierte das christliche Glaubensbekenntnis von Nicäa
386 Nördliche Wei-Dynastie in China begründet, die bis ins 6. Jh. herrscht
um 399–420 Jesdgerd I. Herrscher von Persien

um 400 Japan übernimmt die chinesische Schrift
um 400 Glanzzeit des Gupta-Reichs
405 Königreich Yamoto gewinnt die Oberhoheit in Japan
420 Nanking wird Hauptstadt Nordchinas
428 Wiedervereinigung Persiens und Armeniens
430 Weiße Hunnen aus Zentralasien dringen in Persien ein
434–453 Attila Herrscher der Hunnen

477 Buddhismus wird Staatsreligion in China
457–474 Kaiser Leo I. beseitigt westlichen Einfluss am Hof in Konstantinopel
um 480 Weiße Hunnen zerstören Gupta-Reich in Indien
um 480 In Japan tauchen erste Shinto-Heiligtümer auf

um 290 Herrscher von Sipan mit reichen Beigaben in Peru bestattet
um 300 Mexikanische Stadt Cuicuilco durch Vulkanausbruch verwüstet

um 300 Hopewell-Indianerkulturen in Nordamerika
um 300–900 Klassische Periode der Maya-Kultur

um 350 Tiahuanaco-Kultur beherrschend in den Anden
um 350–500 Blütezeit der Nazca-Kultur in Peru

um 400 Aufstieg der Marajoara-Kultur im Amazonasgebiet
um 450 Einfluss Teotihuacáns im Maya-Gebiet

um 500 Huari-Völker gelangen in Peru an die Macht
um 500 Teotihuacán gilt als sechstgrößte Stadt der Welt

269 Palmyrer erobern Teile Ägyptens
um 300 Aksum gewinnt Kontrolle über Handel am Roten Meer

Gefäßdeckel aus Meroë

um 350 Aksum kontrolliert den Handel am Roten Meer

um 360 Aksum tritt zum Christentum über

um 400 Erste Städte südlich der Sahara
429–534 Gründung des Wandalen-Reichs in Afrika

um 500 Bauern und Hirten vom Stamm der Bantu siedeln in Südafrika

250 **300** **350** **400** **450**

Die byzantinische Kunst ist bekannt für ihre Mosaiken, wie man sie heute noch in Ravenna bewundern kann.

Rechts: Eine Miniatur des heiligen Markus ziert dieses um 700 entstandene Evangelium.

Die aus dem 8. Jh. stammenden toltekischen Skulpturen stehen auf einer Pyramide in Mexiko.

EUROPA

507 Die Franken unter Chlodwig besiegen die Westgoten bei Vouillé
507–711 Westgoten-Reich in Spanien
527–65 Justinian I. wird Kaiser von Byzanz
529 Benedikt von Nursia gründet den Benediktinerorden
535–53 Gotenkrieg Justinians um die Macht in Italien
um 550 Die Pest wütet in Mitteleuropa

um 550 Erstmals werden in Frankreich Kirchenglocken benutzt
um 550 Goldenes Zeitalter der Kunst in Byzanz
um 554 Justinian erobert Südspanien zurück
568 Die Langobarden erobern Norditalien
591 Der irische Mönch Columban beginnt, die Franken zu missionieren

Links: Der Westgote Alarich II. unterwirft sich Chlodwig.

603 Vordringen der Slawen auf dem Balkan
610–41 Kaiser Heraklius begründet das Mittelbyzantinische Reich: Er nennt sich Basileus statt Imperator und Griechisch löst Latein als Amtssprache ab
um 625 Sutton-Hoo-Schiffsbestattung in England
633 Die Araber vertreiben die Byzantiner von der Iberischen Halbinsel

um 674–78 Araber erobern große Gebiete von Byzanz
um 680 Die Bulgaren dringen auf dem Balkan vor
685 Die Pikten schlagen die Invasion der Northumbrier in Schottland nieder
687 Schlacht von Tertry: Pippin II. wird alleiniger Herrscher des Franken-Reichs. Damit beginnt der Aufstieg der Karolinger
um 700 Lindisfarne-Evangelien: erste angelsächsische Psalmenbücher

711 Die Mauren besiegen bei Jerez de la Frontera die Westgoten: Beginn der moslemischen Herrschaft Spaniens
718 Arabische Belagerung Konstantinopels schlägt fehl
723 Der angelsächsische Missionar Bonifatius beginnt mit der Christianisierung der Germanen
730 Der Bilderstreit führt zur Kirchentrennung in West- und Ostkirche
732 Die Franken unter Karl Martell besiegen die Araber bei Tours und Poitiers

ASIEN

um 500 Dezimalsystem in Indien erfunden
503–05 Krieg zwischen Byzanz und Persien
um 531 Das persische Sassaniden-Reich erreicht seine größte Ausdehnung
535 Nördliche Wei-Dynastie in China zerfällt in zwei Teile
540–62 Erneuter Krieg zwischen Byzanz und Persien

Die persische Münze zeigt den Sassanidenherrscher Schapur II.

um 550 Der Buddhismus breitet sich von Südkorea nach Japan aus
562 Die Japaner werden aus Korea vertrieben
589 Unter der Sui-Dynastie wird China wieder vereint

606 Harschavardhana errichtet ein Großreich, das den gesamten Norden Indiens umfasst
622 Die Hedschra, Übersiedlung Mohammeds von Mekka nach Medina, ist die Geburtsstunde des Islam
627–49 Blütezeit Chinas unter Kaiser Tai-Tsung
632 Tod Mohammeds
638 Jerusalem von den Moslems erobert
642–51 Die Araber erobern das persische Sassaniden-Reich

Die Große Moschee von Okba in Tunesien stammt aus dem 7. Jh.

ab 655 Die Araber besiegen die byzantinische Flotte: Beginn der Vorherrschaft der Moslems im Mittelmeerraum
661–750 Dynastie der Omaijaden-Kalifen: Der Islam regiert ein Drittel der Welt; Damaskus wird zu Residenz ausgebaut
668 Korea wird unter Silla vereint
676 Die Chinesen ziehen sich aus Korea zurück
685 Buddhismus wird in Japan zur Staatsreligion erhoben
691 Bau des Felsendoms in Jerusalem

um 700 Goldenes Zeitalter der chinesischen Dichtkunst
705 Mit dem Tod der Kaiserin Wu geht die einzige Frauendynastie in der chinesischen Geschichte zu Ende
705 Große Moschee in Damaskus fertig gestellt
705 Das Omaijaden-Reich erreicht seine größte Ausdehnung und erstreckt sich von Spanien bis zum Indus
710–94 Die Nara-Periode führt zur Erstarkung des Feudalismus in Japan
745 Beginn des Uiguren-Reichs in der Mongolei
748 Erste gedruckte Zeitung in Beijing

AMERIKA

um 500 Die Ureinwohner Perus spielen Flöte, Horn, Tuba und Trommel

562–94 32 Jahre währende Dürreperiode im peruanischen Mochica-Reich
600–900 Blütezeit der Maya-Kultur in Mexiko

um 600 Blütezeit des peruanischen Reiches unter den Bergindianern vom Stamm der Tiahuanaco
628 Copán wird zu einem wichtigen Zentrum der Maya-Kultur

um 700 Hohokam-, Mogollon- und Anasazi-Kulturen in Nordamerika
um 700 Mississippi-Tempelhügel: Cahokia erste Stadt in Nordamerika
um 700 Blütezeit des Maya-Zentrums Tikal in Guatemala

700–900 Kolumbianische Hochkultur mit Zentrum in Murillo
750 Aufstieg der Tolteken in Mexiko; Tollan wird Hauptstadt

AFRIKA

533–48 Byzantiner erobern Wandalen-Reich in Nordafrika
540 Die Nubier bekennen sich zum Christentum
547 Die Byzantiner schlagen einzelne Berberaufstände nieder

um 550 Das Reich Aksum in Äthiopien beherrscht Teile der südarabischen Halbinsel
um 550 Webstühle werden in Ägypten zur Herstellung von gemusterten Seidenstoffen benutzt

ab 600 In Nubien setzt sich das Christentum durch
642 Die Araber erobern Ägypten
646 Karthago rebelliert gegen Byzanz
647 Die Araber erobern Tripolis

651 Araber dringen bis nach Nubien vor
670 Gründung der Stadt Kairouan in Tunesien
um 690 Gründung des Reiches Gao am oberen Niger
697 Araber erobern Karthago

um 700 Aufstieg des Reiches von Ghana
700 Die Araber erobern Algier
745 Die Nubier fallen in Ägypten ein

500   **550**   **600**   **650**   **700**

Links: Pippin III. war der erste Karolingerkönig der Franken.

Unten: Die Moschee im spanischen Córdoba entstand im 8. Jh.

Links: Es dauerte über 300 Jahre, bis die 976 begonnene Markuskirche in Venedig vollendet war.

Rechts: Die Statue des Maya-Gottes Chac in Chichén Itzá diente auch als Altar.

751–68 Pippin III. ist der erste Karolingerkönig auf dem fränkischen Thron
751 Langobarden erobern Ravenna, die letzte Bastion der Byzantiner in Italien
754 Entstehung des Kirchenstaats
754 Märtyrertod des Missionars Bonifatius in Friesland
756 Abd-ar-Rahman I. begründet das Emirat von Córdoba
772–804 Sachsenkriege Karls des Großen
773 Karl der Große erobert das Langobarden-Reich

750 Die Abbasiden stürzen die Dynastie der Omaijaden
750–1258 Goldenes Zeitalter der islamischen Kultur, Zentren sind Bagdad, Damaskus, Kairo, Mekka und Samarkand
751 Die Araber besiegen die Chinesen am Talas in Zentralasien und stoppen damit den Vormarsch der Chinesen nach Westen
762 Die Araber erheben Bagdad zu ihrer Hauptstadt
790 In China kommt es zu schweren Buddhistenverfolgungen, sie schwächen die Herrschaft der Tand-Dynastie
um 790 Die Papierherstellung breitet sich von China in der islamischen Welt aus

um 790 Erste Verwendung von Pfeil und Bogen im Mississippital

nach 750 Islamisierung der somalischen Hirtennomaden
788–974 König Idris I. gründet in Nordwestafrika die Dynastie der Idrisiden
um 788–89 Die Stadt Fès wird Residenz des Idrisiden-Reichs

800 Karl der Große wird von Papst Leo III. in Rom zum Kaiser gekrönt
835 Die ersten Einfälle der Wikinger (Dänen) in England
843 Vertrag von Verdun: Teilung des Karolinger-Imperiums in drei Teilreiche, aus denen sich im Mittelalter die beiden Staaten Frankreich und Deutschland entwickeln

Detail aus der Votivkrone des byzantinischen Kaisers Leo VI. aus dem 9. Jh.

um 800 Erste moslemische Bedrohung Nordindiens
um 802 Reich von Angkor gegründet
um 825 Der persische Wissenschaftler Mohammed ibn Musa al-Charismi prägt in Bagdad den Begriff der Algebra
840 Die Kirgisen zerstören das Reich der Uiguren in Zentralasien und erobern Teile der Mongolei
842 Das tibetische Reich zerfällt

um 800 In der Maya-Stadt Tikal leben mehr als 10 000 Einwohner
nach 800 Beginn der Dorset-Kultur in Grönland und Nordostkanada

um 800 Der Stamm der Dugu gründet in der Region um den Tschadsee den Staat Kanem, dessen Nachkommen ca. 1000 Jahre die Macht ausüben
um 815 Einwanderung von Arabern nach Madagaskar und Islamisierung der Insel

859–62 Raubzüge der Wikinger im Mittelmeerraum
863 Entstehung des kyrillischen Alphabets in Osteuropa
866 Beginn der Christianisierung Russlands
871–99 Alfred der Große stoppt den Vormarsch der Wikinger in England
874 Wikinger besiedeln Island
875 Normannenhorden plündern und zerstören Paris
887–99 Arnulf von Kärnten König des Ostfranken-Reichs

850 Arabische Seefahrer erreichen China
um 850 Arabische Wissenschaftler vervollkommnen das Astrolabium
um 850 Araber entdecken den Kaffee
um 868 In China erscheint das erste gedruckte Buch, die *Diamanten-Sutra*
875–999 Dynastie der Samaniden in Persien
um 890 Japanische Renaissance: Poesie, Malerei, Romane

um 830 Tolteken siedeln in Ixtapalapa und geraten mit den mächtigen Cholula in Konflikt
um 850 Überbevölkerung und Missernten führen zum Zerfall von Tikal

868–905 Unter den Tuluniden, der ersten islamischen Dynastie, erlebt Ägypten eine wirtschaftliche und kulturelle Blüte
880 Die Songhai erobern Gao in Zentralafrika

ab 900 Entstehung von Königreichen in Skandinavien, die sich zum Christentum bekehren
900 Gründung einer medizinischen Fakultät in Salerno
910 Gründung der Benediktinerabtei Cluny, die das Klosterleben reformieren soll
911 Der Normannenführer Rollo gründet das Herzogtum Normandie
919 Heinrich I. aus der Dynastie der Sachsen wird zum ersten deutschen König erhoben
933 Heinrich I. besiegt die Ungarn bei Riade

905 In Japan erscheinen erstmals amtliche Gedichtsammlungen des Kaiserhauses
907–960 Im Norden Chinas beginnt die Epoche der fünf Dynastien, im Süden entstehen unbedeutende Kleinstaaten
918 Wang Kong gründet das Königreich Koryo, von dem sich später der Name Korea ableitet
935 Der Koran erhält seine endgültige Form
939 Vietnam wird unabhängig von China

um 900 Chichén Itzá wird Zentrum der neuen Maya-Kultur
um 900 Die Anasazi-Indianer bauen die ersten Pueblos
um 900 Die Hohokam im Südwesten Nordamerikas legen Bewässerungskanäle an

um 900 Gründung des Staates Benin
nach 900 Islamisierung Nubiens durch Einwanderung von Moslems aus Ägypten
nach 900 Zerfall des Reiches von Aksum

955 Otto der Große besiegt die Ungarn in der Schlacht auf dem Lechfeld
962 Kaiserkrönung Ottos des Großen in Rom
972–97 Christianisierung und Sesshaftwerdung der Ungarn unter Herzog Geza
976 Beginn mit dem Bau der Markuskirche in Venedig
983 Slawenaufstand: Deutschland verliert die Gebiete östlich der Elbe
987–996 Hugo Capet begründet die Kapetinger-Dynastie, die bis 1328 Frankreich regiert

960–1127 Begründung der Sung-Dynastie im Norden Chinas: Ausbildung des totalen Beamtenstaats
967–1068 In Japan kommt die Fujiwara-Dynastie an die Macht
983 Fertigstellung einer chinesischen Enzyklopädie von 1000 Bänden
998 Mahmud von Ghazni gründet ein Reich, das fast den gesamten Iran umfasst. In mehreren Feldzügen erobert er Pakistan, Afghanistan und Nordindien bis zum Ganges

Die chinesische Sung-Dynastie war bekannt für ihr wertvolles Porzellan.

um 960 Die Tolteken verlegen unter Quetzalcóatl Topiltzin ihre Hauptstadt nach Tollan
um 990 Die Inka legen den Grundstein zu ihrem Reich in Peru
um 1000 Erste Siedlungen der Wikinger in Labrador

969 Die Fatimiden gründen die Stadt Kairo
974 Die spanischen Omaijaden verdrängen die arabischen Idrisiden in Nordwestafrika vom Thron

750   **800**   **850**   **900**   **950**

Normannen in ihren Langbooten auf Kriegsfahrt

Oben: Der spanische Held
El Cid besiegt die Mauren.

Oben: Sultan Saladins Truppen kämp
erfolgreich gegen die Kreuzrit

Links: Thailändische Buddha
statue aus dem 12. Jh.

EUROPA

1002–24 Kaiser Heinrich II.
um 1000 Missionierung Skandinaviens
1013 Dänen unter Sven I. fallen in England ein und vertreiben den englischen König Aethelred II.
1016 Dänenkönig Knut der Große wird Herrscher von England
1018 Konzil von Pavia setzt Zölibat des Klerus durch
1019–54 Jaroslaw der Weise regiert Reich von Kiew
1024 Mit Konrad II. kommen in Deutschland die Salier an die Macht
1025 Byzantinisches Reich erreicht größte Ausdehnung
1031 Hischam III. abgesetzt; Ende des Kalifats von Córdoba
1033 Wilhelm I. wird Herzog der Normandie

1040 Verkündung des Gottesfriedens
1041–44 Kaiser Heinrich III. unterwirft Böhmen und Ungarn
1053–59 Normannen unter Robert Guiskard erobern Süditalien und gründen eigenen Staat
1054 Reich von Kiew zerfällt in Teilfürstentümer
1054 Schisma zwischen lateinischer und griechischer Kirche
1066 Normannen schlagen Engländer bei Hastings
1067–77 Entstehung des Teppichs von Bayeux
1074–1122 Investiturstreit: Konflikt zwischen Kaiser und Papsttum

1084 Normannen plündern Rom
1085 Kastilien erobert Toledo von den Mauren
1086 Domesday Book für Wilhelm I. den Eroberer fertiggestellt
1094 El Cid erobert Valencia von den Mauren
1095 Papst Urban II. ruft zum Ersten Kreuzzug auf
1098 Robert von Mollesme gründet Zisterzienserorden
um 1100 Die Lepra sucht weite Teile Europas heim
1105 Bürgerkrieg zwischen Heinrich IV. und seinem Sohn Heinrich V. um die Macht im Reich
1115 Florenz wird freie Republik

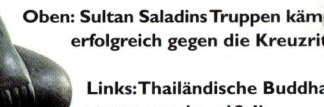

Wappen des christlichen Ritterordens der Johanniter

1122 Wormser Konkordat beendet Investiturstreit: freie Bischofswahl statt Einsetzung durch den Kaiser
1125 Venezianer plündern Rhodos, Chios und Lesbos
1130 Normannen errichten Königreich Sizilien
1137 Dynastie der Staufer regiert das Reich
1139 Bürgerkrieg in England über Thronfolge
1147–49 Zweiter Kreuzzug endet erfolglos
1150–1450 Gotische Epoche in Kunst und Architektur
1154–89 Der englische König Heinrich II. begründet das Angevinische Reich in England und Frankreich
1152–90 Kaiser Friedrich I. Barbarossa

1162 Kaiser Friedrich I. Barbarossa erobert und zerstört Mailand
um 1165 Gründung des Lombardischen Städtebunds: 16 norditalienische Städten schließen sich gegen den Kaiser zusammen
1170 Thomas Becket in Canterbury ermordet
1189–92 Dritter Kreuzzug zur Befreiung Jerusalems
1192 Sizilien mit dem Heiligen Römischen Reich vereinigt
1193 Richard I. Löwenherz bis zur Zahlung von Lösegeld in Österreich gefangen gehalten
1198–1208 Bürgerkrieg zwischen Staufern und Welfen um die Krone im Reich
1198 Papst Innozenz III. betreibt aktive Machtpolitik in Europa

ASIEN

um 1000 Chinesen verwenden Schießpulver für Feuerwerk
um 1009 Moslems entweihen Heiliges Grab in Jerusalem
1018 Mahmud von Ghasni bricht die Macht der Hindu-Staaten
1018–21 Die Tschola erobern Ceylon und dringen in Bengalen ein
1040 Tschaghribeg und Toghrilbeg begründen in Vorderasien die Herrschaft der Seldschuken-Dynastie

1044 Erster birmanischer Nationalstaat in Pagan
um 1050 Erster Druck mit beweglichen Lettern in China
1055–63 Seldschukische Türken plündern Bagdad, erobern Georgien und Armenien und dringen in Syrien und Kleinasien ein
1068–85 She-tsung wird Kaiser von China
1071 Seldschuken schlagen byzantinischen Kaiser bei Mantzikert

1098–99 Kreuzfahrer erobern Antiochia und Jerusalem
1099 Gründung des christlichen Königreichs Jerusalem
1113 Entstehung des Johanniterordens
1120 Entstehung des Templerordens
um 1125 Khmer-Reich in Kambodscha erlebt eine Blütezeit

1124 Kreuzfahrer erobern Tyros
1127 Qin-Dynastie fällt in Nordchina ein: Sung-Dynastie herrscht nur noch im Süden
1144–48 Seldschuken erobern Kreuzfahrerstaat Edessa und nehmen Damaskus ein
um 1150 Goldenes Zeitalter der buddhistischen Kunst
um 1150 Fertigstellung des Tempels Angkor Wat in Kambodscha
1156–81 Bürgerkrieg in Japan

1169–1250 Saladin gründet Ajjubiden-Dynastie
1175 Erstes moslemisches Reich in Indien
1176 Byzantiner von Seldschuken bei Myriokephalon geschlagen
1187 Saladin erobert Jerusalem und löst den dritten Kreuzzug aus
1190 Gründung des Deutschen Ritterordens in Akkon

Peruanisches Zeremonialmesser aus Gold und Türkis, um 1200

AMERIKA

um 1000 Inka gründen Cuzco im südlichen Peru
um 1000–1530 Glanzzeit der Tairona-Kultur in Kolumbien
1020 Maya verlassen Uxmal

um 1040 Keramik im Tiahuanaco-Stil im peruanischen Ayacucho entdeckt
1060 Niedergang der Coclé-Kultur in Panama

um 1100 Felsenhäuser von Mesa Verde, Colorado, gebaut
1115 Chaco Canyon in New Mexico entsteht als Handelszentrum und kultischer Mittelpunkt der Anasazi-Kultur

um 1120 Höhepunkt der Lamayeque-Kultur in Peru
um 1150 Ende der Vorherrschaft der Tolteken in Zentralmexiko

1168 Chichimeken nehmen toltekische Hauptstadt Tula ein
um 1200 Chimú-Kultur breitet sich entlang der Pazifikküste Perus aus

AFRIKA

um 1000 Erste eisenzeitliche Siedlungen in Simbabwe
1034 Genua und Pisa erobern die Stadt Bône in Tunis

1061–1147 Maurische Dynastie der Almoraviden beherrschen Nordafrika und Spanien
1062 Gründung der Hauptstadt Marrakesch
1076 Zerstörung von Ghana

um 1100 Aufstieg des Königreichs Simbabwe
um 1100 Moslems bekehren Ghana

1147–1269 Maurische Dynastie der Almohaden vertreibt Almoraviden aus Nordafrika
1148 Normannen unterwerfen Tunis und Tripolis
1150 Yoruba in Nigeria

1171 Saladin Herrscher von Ägypten
1190 Lalibela König von Äthiopien
1196–1465 Meriniden-Dynastie in Marokko

1000 | **1040** | **1080** | **1120** | **1160**

Links: Indianische Speckstein-figur aus dem 13. Jh. aus Oklahoma

Rechts: Palast der Päpste in Avignon

Rechts: John Ball, Führer des englischen Bauern-aufstands von 1381, spricht zu den Bauern.

Oben: Reiter aus Mali aus dem 14. Jh.

1202 Arabische Ziffern von Europäern übernommen
1202–04 Vierter Kreuzzug: Christen erobern Byzanz aus Macht- und Geldgier
1209 Franz von Assisi stellt Regeln für seine Bruderschaft auf
1209–29 Albigenserkriege in Frankreich
1212 Kinderkreuzzug: Jungen und Mädchen werden zu tausenden als Sklaven verkauft
1215 Der englische König Johann I. ohne Land unterzeichnet die Magna Charta
1216 Dominikanerorden gegründet
1226 Gründung des deutschen Ordensstaates
1236 Ferdinand III. erobert Córdoba von den Mauren
1236 Mongolen in Russland

1241 Die Schlacht von Liegnitz stoppt das Vordringen der Mongolen nach Mitteleuropa
1242 Alexander Newskij besiegt den Deutschen Ritterorden auf dem Peipus-See
1250 Zusammenbruch der kaiserlichen Macht in Deutschland und Italien
1252 Erste Goldgulden in Florenz geprägt
1254–73 Interregnum in Deutschland
1259 Handelsbund zwischen Lübeck, Hamburg, Wismar und Rostock
1265 Erstes Parlament Englands tagt in Westminster Hall
1278 Schlacht auf dem Marchfeld: Rudolf I. von Habsburg besiegt Ottokar II. von Böhmen

1282 Sizilianische Vesper: Massaker an herrschenden Franzosen auf Sizilien
1283 Deutscher Orden erobert Preußen
1291 Schweizer Eidgenossenschaft gegründet
1295 „Model Parliament" tritt in England zusammen
1297 Portugals Grenzen zu Spanien in der bis heute geltenden Form festgelegt
um 1300 Schießpulver erstmals in Europa hergestellt
1306 Philipp IV. vertreibt die Juden aus Frankreich
1309 Papstsitz nach Avignon verlegt
1313 Templerorden durch päpstliches Dekret aufgelöst
1315 Schlacht bei Morgarten: Schweiz verteidigt ihre Unabhängigkeit gegen die Habsburger

um 1320 Beginn der Renaissance in Italien
1325–41 Unter Iwan I. beginnt der Aufstieg des Großfürstentums Moskau
1328 Philipp VI. begründet die Dynastie der Valois in Frankreich
1328 Schottland erhält endgültig Autonomie zugestanden
1338–1453 Hundertjähriger Krieg zwischen Frankreich und England
1347–52 Rund 25 Mio. Menschen sterben in Europa an der Pest
1356 Goldene Bulle regelt die Königswahl in Deutschland
1358 Aufstand der französischen Bauern gegen Steuer- und Fronlasten
1358 Gründung der Hanse

1369 Bau der Bastille
1370 Friede von Stralsund: Vormachtstellung der Hanse in Nordeuropa
1372 Spanische Flotte schlägt englische vor La Rochelle
um 1375 John Wycliffes Versuche, die englische Kirche zu reformieren, scheitern
1377–89 Süddeutscher Städtekrieg gegen Fürsten endet mit Niederlage der Städte
1378–1417 Großes Abendländisches Schisma
1381 Venedig schlägt Genua und wird führende Macht im östlichen Mittelmeer
1381 Bauernaufstand in England scheitert
1389 Schlacht auf dem Amselfeld: Die Osmanen erobern den Balkan

---

um 1200 Mongolen unter Dschingis Khan beginnen mit der Eroberung Asiens
1206–1526 Sultanat von Delhi
1219 Hojo-Dynastie übernimmt die Macht in Japan
1227 Dschingis Khan stirbt; das Reich wird unter seinen Söhnen aufgeteilt
1228–29 Fünfter Kreuzzug: Kaiser Friedrich II. krönt sich zum König von Jerusalem
1234 Mongolen erobern den Norden Chinas

1258 Mongolen plündern die Millionenstadt Bagdad: Ende des Abbasiden-Kalifats
1260 Mamelucken besiegen die Mongolen bei Ain Dschalut in Syrien
1268–79 Kubilai Khan erobert das südliche China und begründet die Yüan-Dynastie
1275 Marco Polo erreicht den kaiserlichen Hof in Beijing

1291 Hafenstadt Akko, letztes christliches Bollwerk im Heiligen Land, fällt an die Mamelucken
1293 Die ersten christlichen Missionare kommen nach China
1294 Tod Kubilai Khans
1299 Osman I. gründet das Osmanische Reich als Nachfolgestaat des Seldschuken-Reichs

1321 Sultanat Delhi erreicht seine größte Ausdehnung
1325 Hungersnot in China kostet 8 Mio. Menschen das Leben
1338 Erster Ashikaga-Shogun regiert Japan
um 1341 Pestwelle in Asien
1354 Osmanen erobern Gallipoli

Rechts: Mongolen plündern im 14. Jh. die Stadt Isfahan

1368 Ming-Dynastie folgt auf die Herrschaft der Mongolen in China
um 1360 Timur erneuert das mongolische Weltreich
1383 Er erobert Zentralasien
1398 Timur fällt in Indien ein und plündert die Hauptstadt Delhi
1394 Thai dringen in Kambodscha ein

---

um 1200 Azteken besetzen Hochtal von Mexiko
1224 Chichén Itzá verlassen
1225 Erste Siedlungen in Moundville im Mississippital,

um 1260 Machtzuwachs für die Chichimeken-Stämme in Mexiko

Die Felsenwohnungen der Pueblo-Indianer in Mesa Verde entstanden im 11.–14. Jh.

1283 Glanzzeit der Maya-Hauptstadt Mayapán
um 1300 Anasazi-Indianer geben Mesa Verde auf

1345 Azteken-Hauptstadt Tenochtitlán in Mexiko gegründet
1350 Krieg der Inka- und Chimú-Staaten

um 1370 Chimú-Herrscher Michancamon von den Inka gefangen genommen
um 1380 Expansion der Azteken in Mexiko

---

um 1200 Aufstieg der Haussa-Staaten in Nigeria
um 1240 Blütezeit des Mali-Reichs

1248–54 Sechster Kreuzzug gegen Ägypten scheitert kläglich
1250–1517 Mamelucken-Dynastie in Ägypten
1270 Siebter Kreuzzug

um 1300 Aufstieg des Benin-Reichs in Nigeria

um 1340 Bau der großen Moschee von Djenné in Mali
1352 Der arabische Forscher Ibn Battuta durchquert als Erster die Sahara nach Mali

um 1400 Umfassungsmauern der Königsresidenz von Simbabwe, dem größten Bau Schwarzafrikas, fertig gestellt
um 1400 Herstellung von Bronzeköpfen im Benin-Reich

1200   **1240**   **1280**   **1320**   **1360**

Jan van Eyck verwendete als Erster Ölfarben.

Oben: Löwe bewacht Verbotene Stadt.

Rechts: Sandro Botticellis berühmtes Gemälde *Der Frühling* hängt in Florenz.

Links: Vlad III. Tepes war bekannt dafür, dass er seine Feinde auf spitze Pfähle aufspießte.

EUROPA

um 1400 Portugiesen entwickeln dreimastige Karavelle
1410 Polen besiegt Deutschen Orden bei Tannenberg
1415 Johannes Hus wegen Ketzerei auf dem Scheiterhaufen verbrannt
1415 Engländer schlagen Franzosen bei Azincourt
1415 Hohenzollern erhalten Kurfürstentum Brandenburg
1415 Jan und Hubert van Eyck benutzen als Erste Ölfarben
1417 Ende des Großen Abendländischen Schismas
1419–36 Hussitenkriege in Böhmen

1420 Dombau von Florenz begonnen
1421 Handgranaten auf Korsika verwendet
1429 Jeanne d'Arc zieht in Reims ein und rettet den französischen König Karl VII.
um 1430 Kettenpanzer von Metallrüstung verdrängt
1431 Jeanne d'Arc wegen Ketzerei in Rouen verbrannt
1434 Die Medici werden zur beherrschenden Familie in Florenz
1435 Vertrag von Arras: Ausgleich zwischen Burgund und Frankreich
1438 Mit Albrecht II. besteigen die Habsburger den Thron im Reich
1439 Versuch, die griechisch-orthodoxe und die römisch-katholische Kirche zu versöhnen, scheitert

um 1450 Gutenberg führt Druckerpresse ein
1453 Ende des Hunderjährigen Krieges: England verliert alle Besitzungen auf dem Kontinent bis auf Calais
1454 Friede von Lodi beendet Kämpfe zwischen den italienischen Stadtstaaten
um 1454 Druck der Gutenbergbibel in Mainz
1455–85 Englische Rosenkriege
1456–77 Fürst Vlad III. Tepes, auch Dracula genannt, rumänischer Nationalheld

1462–1505 Iwan III. der Große nennt sich erstmals Zar und regiert das Moskowiter-Reich
1466 Der Thorner Frieden bedeutet das Ende des Deutschen Ordensstaates
1467–77 Karl der Kühne erhebt Burgund zum politischen Machtfaktor in Europa
1469 Seekrieg der Hanse gegen England
1472 Gedruckte Banknoten in Bologna herausgebracht
1476 Caxton richtet in London Druckerpresse ein
1478 Beginn der Inquisition in Spanien
1479 Die beiden Königreiche Aragón und Kastilien vereinigen sich zu Spanien

1480 Sandro Boticelli stellt das Renaissancegemälde *Die Geburt der Venus* fertig
1481 Torquemada zum Großinquisitor ernannt
1485 Die Ungarn unter Mathias I. Corvinius erobern Wien
1485 Schlacht bei Bosworth begründet in England das Königshaus der Tudors
1494 Spanier vertreiben Mauren aus Granada und schließen damit die Reconquista ab
1494 Karl VIII. von Frankreich erobert Neapel: Beginn des Krieges um Italien
1494 Vertrag von Tordesillas: Spanien und Portugal teilen die Neue Welt untereinander auf
1495 Kaiser Maximilian I. verkündet den Ewigen Landfrieden für das Reich

ASIEN

Weißer Marmor und glasierte blaue Ziegel schmücken den Himmelstempel in Beijing

1401–02 Mongolen unter Timur schlagen Osmanen vernichtend
1405–33 Forscher Cheng Ho reist mehrfach von China nach Afrika
1406 Himmelstempel in Beijing erbaut

um 1420 Chinesischer Kaiser verlegt Hauptstadt nach Beijing
1420 Baubeginn der Verbotenen Stadt in Beijing
1421–51 Sultan Murad II. überwindet die Staatskrise und stellt die Macht des Osmanischen Reiches wieder her

1447 Timurs Reich zerfällt
1451–81 Sultan Mohammed II. verkündet, dass „jeder Sultan seine Brüder zu töten habe", um die Herrschaft zu erhalten
1453 Osmanen erobern Konstantinopel

Grabanlage Timurs

1467–77 Bürgerkrieg spaltet Japan
1472 Osmanen besiegen die Perser
1473 Venezianische Flotte zerstört Smyrna in Kleinasien
1475 Osmanen erobern die Krim

1483 Der Shogun Yoshimasa erbaut den Silbernen Pavillon in Japan
1498 Vasco da Gama umsegelt Afrika und erreicht als erster Europäer Indien

AMERIKA

1400 Inka-Reich beginnt Expansion unter seinem Herrscher Viracocha
um 1420 Chimú erobern Lambayeque-Kultur im Norden Perus

1428 Azteken erobern rivalisierende Stadt Azcapotzalco
1434 Tenochtitlán, Tlacopán und Texcoco bilden ein politisches Bündnis
1438 Inka schlagen rivalisierenden Staat Chanca
1438–71 Pachacuti Herrscher des Inka-Reichs

1440–69 Montezuma I. wird Herrscher der Azteken
1445 Inka-Entdecker erreichen den Pazifischen Ozean
um 1450 Mittlere Mississippi-Region in Nordamerika verlassen

1465 Inka erobern Chimú-Reich in Nordperu
1469–81 Axayácatl Herrscher des Azteken-Reichs
1471–93 Tupac Yupanqui Herrscher des Inka-Reichs
1476 Inka erobern Südküste Perus

1486–1502 Ahuitzotl Herrscher des Azteken-Reichs
1492 Christoph Kolumbus landet in Amerika: Er nennt die Insel San Salvador
1498 Amerigo Vespucci erreicht Südamerika

Amerigo Vespuccis Buch über Amerika

AFRIKA

um 1400 Reger Goldhandel im Tal des Sambesi
1402–05 Kastilische Seefahrer erforschen Kanarische Inseln
1415 Portugiesen erobern Ceuta in Marokko
um 1418 Portugiesen entdecken Madeira

1432 Portugiesische Entdecker erreichen die Azoren
1434 Portugiesen umrunden erstmals Kap Bojador in Westafrika

1440–45 Portugiesische Seefahrer erreichen die Küste des Senegal
um 1450 Glanzzeit des Songhai-Reichs in Westafrika

1470 Portugiesen erreichen die Goldküste
1479 Portugal gewinnt aufgrund seiner Entdeckungen das Handelsmonopol an Afrikas Westküste

1484–86 Diego Cao erforscht die Flüsse Kongo und Zaire
1488 Bartolomeu Diaz umrundet als erster Europäer das Kap der Guten Hoffnung
1494 Pedro de Covilhão erreicht Äthiopien

1400   **1420**   **1440**   **1460**   **1480**

Links: Giuliano de Medici aus Florenz

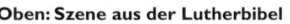

Oben: Szene aus der Lutherbibel

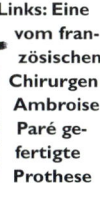

Links: Eine vom französischen Chirurgen Ambroise Paré gefertigte Prothese

Rechts: Inuit im Kampf mit Goldsuchern in Alaska

Admiral Lord Howard besiegte die Spanische Armada.

1503 Leonardo da Vinci stellt *Mona Lisa* fertig
1504 Michelangelo vollendet *David*-Statue
1505–12 Michelangelo malt Decke der Sixtinischen Kapelle aus
um 1516 Erstmals Kaffee aus Arabien in Europa
1517 Luthers 95 Thesen lösen die Reformation aus
1519 Karl V. zum Kaiser gewählt: Der Habsburger herrscht über ein Reich, das vom Balkan bis nach Spanien reicht

Michelangelos berühmte *David*-Statue

1521 Martin Luther auf dem Wormser Reichstag von Karl V. exkommuniziert
1521–29 Krieg zwischen Karl V. und Franz I. um die Vormachtstellung in Europa
1525 Bauernkrieg in Deutschland
1526 Osmanen schlagen Ungarn bei Mohács
1527 Sacco di Roma: Kaiserliche Söldner plündern Rom
1529 Erste Belagerung Wiens durch die Osmanen
1530 Johanniterorden lässt sich auf Malta (Malteser) nieder
um 1530 Kartoffel aus Südamerika eingeführt
1534 Ignatius von Loyola gründet den Jesuitenorden
1534 Heinrich VIII. wird Oberhaupt der anglikanischen Kirche
1534 Martin Luther veröffentlicht deutsche Bibelübersetzung

1541 Ungarn wird osmanische Provinz
1541 Gründung der calvinistischen Kirche in Genf
1543 Nikolaus Kopernikus entdeckt, dass die Erde die Sonne umkreist
1545 Trienter Konzil: Beginn der Gegenreformation
1547 Iwan IV. der Schreckliche wird Zar von Russland
1555 Augsburger Religionsfrieden: Anerkennung der protestantischen Lehre
1559 Tabak aus Mittelamerika gelangt nach Europa

Links: Das kopernikanische System stellt die Sonne in den Mittelpunkt, nicht die Erde.

1562 Beginn des englischen Sklavenhandels
1563 Siebenjähriger Krieg zwischen Schweden und Dänemark um die Vorherrschaft in Nordeuropa
1569 Mercator stellt Weltkarte her
1571 Spanisch-venezianische Flotte schlägt Osmanen bei Lepanto
1572 Bartholomäusnacht: Massaker an Hugenotten in Frankreich
1572–1648 Aufstand der Niederlande gegen die spanische Herrschafft

1580 Spanien annektiert Portugal
1582 Einführung des gregorianischen Kalenders
1588 Engländer schlagen die spanische Armada
1590 Ambroise Paré, bekannt als „Vater der modernen Chirurgie", stirbt in Paris
1595 Galileo Galilei stellt erstes Thermometer her
1598 Edikt von Nantes: Religiöse Toleranz in Frankreich
1598 Beginn des Niedergangs der Hanse
1598–1613 Zeit der Wirren in Russland

Elisabethanische Spielkarte

1502 Schah Ismail I. gründet Safawiden-Dynastie in Persien
1504 Babur besetzt Kabul
1509 Erdbeben in Konstantinopel fordert ca. 13 000 Tote
1510 Portugiesen erobern Goa
1517 Osmanen erobern Palästina
um 1519 Nanak gründet die Sekte der Sikhs in Indien

1520 Der Seefahrer Fernão de Magalhães auf den Philippinen ermordet
1520–66 Unter Sultan Süleiman I. dem Prächtigen erreicht das Osmanische Reich seine größte territoriale Ausdehnung
1526 Babur schlägt Sultan von Delhi bei Panipat und begründet die Mogul-Dynastie

1549 Jesuit Francisco de Xavier beginnt mit der Missionierung Japans
1552 Iwan IV. erobert das Tataren-Reich Kasan
1556 Großmogul Akbar der Große schlägt die Hindu bei Panipat
1558 Abd Allah II. begründet das usbekische Großreich

1565 Moguln zerstören indisches Vijayanagara-Reich
1571 Spanier gründen Manila auf den Philippinen
1573–1603 Shogunlose Zeit in Japan

1581 Kosaken unter Jermak beginnt mit der Eroberung Sibiriens
1583 Akbar der Große erlässt Toleranzedikt für alle Religionen in seinem Reich
1592–98 Japanische Invasion in Korea
1595 Erste niederländische Siedlungen auf Java

um 1500 Portugal beginnt mit der Kolonialisierung Brasiliens
um 1500 Azteken-Reich auf dem Höhepunkt seiner Macht
1519 Fernão de Magalhães durchfährt die später nach ihm benannte Meeresstraße bei Feuerland

1521 Der spanische Konquistador Cortés erobert die aztekische Stadt Tenochtitlán
1531–33 Der spanische Konquistador Pizarro erobert Inka-Reich in Peru
1535 Gründung von Lima

Silberminen bei Potosí

1541 Der Spanier de Soto erreicht den Mississippi
1542 Der Spanier Cabrillo erforscht kalifornische Küste
1545 Silberbergbau im bolivianischen Potosí

1565 Spanier gründen Rio de Janeiro
1572 Francis Drake kapert spanische Silberflotte bei Panama
1576 Martin Frobisher entdeckt Frobisher Bay in Kanada

1580 Der Spanier Juan de Garay gründet Buenos Aires
1583 Engländer gründen Kolonie auf Neufundland
1595 Walter Raleigh erforscht Venezuela auf der Suche nach El Dorado
1598 Spanier beginnen mit der Eroberung von New Mexico

1503 Portugiesen erobern Sansibar
1504 Nubier zerstören christliches Königreich Meroë
um 1517 Osmanen erobern Ägypten

um 1520 Der organisierte Sklavenhandel von Afrika in die Neue Welt beginnt
1529 Osmanen schließen Eroberung Algeriens ab
1535 Kaiser Karl V. landet in Tunis und besiegt den Piratenführer Chair Ad Din

1544 Portugiesen eröffnen Handelsposten in Moçambique
1546 Songhai zerstören das Mali-Reich
1554–56 Osmanen unterwerfen die gesamte Küste Nordafrikas ihrer Herrschaft

1576 Portugiesen gründen Luanda im Kongo
1578 Marokkaner besiegen Portugiesen bei Al-Kasr al-Kebir

1591 Schlacht von Tondibi: Marokko zerstört Songhai-Reich
1596 Portugiesen errichten befestigten Stützpunkt in Mombasa in Ostafrika

1500 | **1520** | **1540** | **1560** | **1580**

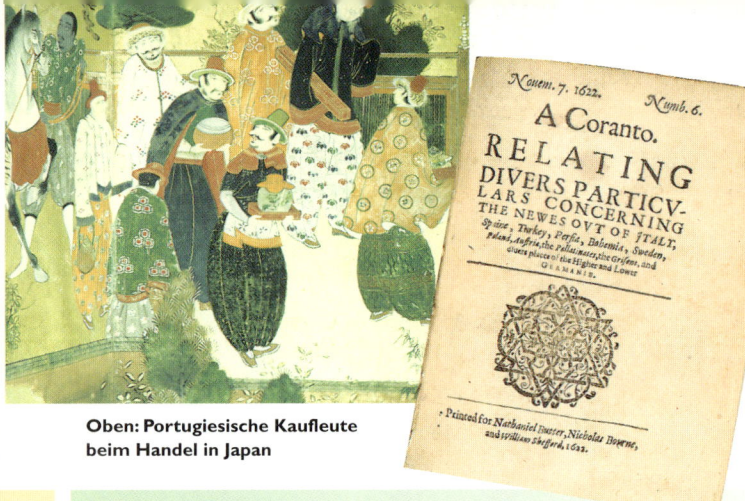

Oben: Portugiesische Kaufleute beim Handel in Japan

Oben: Bauern fällen die so genannte Karls-Eiche im englischen Bürgerkrieg.

EUROPA

1600 Englische Ostindische Kompanie gegründet
1602 Niederländische Ostindische Kompanie gegründet
1605 Pulververschwörung der Katholiken in London
1609 In Straßburg erscheint erste Wochenzeitung
1609 In Amsterdam wird das erste öffentliche Bankhaus gegründet
1609–19 Astronom Johannes Kepler veröffentlicht die Planetengesetze

1610 Heinrich IV. von Frankreich ermordet
1611–32 Gustav II. Adolf
1613 Russland verliert Zugang zur Ostsee
1613–1917 Dynastie der Romanows stellt die Zaren
1615 William Shakespeare, dessen Theaterstücke ein Spiegel der Zeit sind, stirbt
1618 Sir Walter Raleigh wegen Hochverrats hingerichtet
1618 Beginn des Dreißigjährigen Krieges

Diese Wochenzeitung aus dem 17. Jh. enthielt ausländische Nachrichten.

1620 Schlacht am Weißen Berg: Sieg der Katholischen Liga
1625 Dänemark tritt in Dreißigjährigen Krieg ein
1625 Albrecht von Wallenstein stellt dem Kaiser ein Söldnerheer zur Verfügung
1626 Einweihung des Petersdoms in Rom
1628 William Harvey veröffentlicht Entdeckung des Blutkreislaufs
1630 Gustav II. Adolf von Schweden tritt in Dreißigjährigen Krieg ein

1632 Schlacht von Lützen: Gustav II. Adolf fällt
1632 William Oughtred erfindet den Rechenschieber
1633 Galileo Galilei widerruft seine Lehre
1634 Wallenstein in Eger ermordet
1635 Frieden von Prag beendet deutsche Beteiligung am Dreißigjährigen Krieg
1635 Frankreich tritt in Dreißigjährigen Krieg ein
1635 Kardinal Richelieu gründet Académie Française
1637 René Descartes Schrift mit dem Motto der Aufklärung erscheint: „Ich denke, also bin ich."

1640 Portugal wieder unabhängig von Spanien
1642–48 Bürgerkrieg in England
1648 Westfälischer Frieden beendet Dreißigjährigen Krieg
1648 Aufstand der Fronde gegen Ludwig XIV.
1648 Kosaken besiegen polnisches Ritterheer
1649 Hinrichtung Karls I. von England
1649–60 England Republik unter Oliver Cromwell

Medaille anlässlich der Hinrichtung Karls I.

ASIEN

1603–1867 Tokugawa-Shogunat in Japan
1604 Heiliges Buch der Sikhs *Adigrantha* erscheint
1605 Dschahangir folgt Akbar als Mogul in Indien
1609 Beginn der Bauarbeiten an der Blauen Moschee in Konstantinopel

Blaue Moschee in Konstantinopel

1614 Erster englischer Handelsposten in Indien
1616 Nurhatschi gründet Mandschu-Dynastie in China
1617 Feierliche Eröffnung der Blauen Moschee
1619 Niederländer gründen Batavia in Indonesien

1623 Engländer verlassen Japan
1624 Niederländer errichten Handelsposten auf Taiwan
1628–57 Dschahan Nachfolger Dschahangirs
1629–42 Safi Nachfolger von Schah Abbas I. dem Großen als Safawidenherrscher in Persien

1632–48 Bau des Tadsch Mahal bei Agra in Indien
1637 Korea wird Vasallenstaat der Mandschu und schottet sich gegenüber dem Ausland ab
1637 Japan lässt keine westlichen Gesandten und Missionare mehr ins Land
1638 Hof des Großmoguls von Agra nach Delhi verlegt
1639 Engländer gründen Madras

1641 Niederländer erobern Halbinsel Malakka von den Portugiesen
1644–1911 Mandschu gründen Qing-Dynstie in China
1645 Mandschu zwingen einheimische Chinesen, Zöpfe zu tragen
1648 Rotes Fort in Delhi erbaut
1649 Russen erreichen erstmals den Pazifik

AMERIKA

1604 Spanier geben Guyana auf
1607 Erste dauerhafte englische Siedlung Jamestown in Virginia gegründet
1608 Jesuiten lassen sich in Paraguay nieder
1608 Samuel de Champlain gründet Quebec
1610 Henry Hudson erreicht südliches Ende der Hudsonbai

1612 Erstmals Tabak in Virginia angebaut
1613 Samuel de Champlain richtet Pelzhandelsroute ins Innere Kanadas ein
1619 Erste afrikanische Sklaven in Nordamerika verkauft
1619 Erste Versammlung der Repräsentanten der englischen Siedler in Jamestown

Frühe Zeichnung einer Tabakpflanze

1620 Pilgerväter überqueren Atlantik auf der *Mayflower*
1626 Gründung der Siedlung Neu-Amsterdam
1626 Peter Minuit kauft Manhattan für 24 Dollar von den Indianern
1628 Nevis ist erste englische Siedlung in der Karibik

1630 Gründung von Boston
1630–40 Zahlreiche Schiffe bringen englische Siedler nach Massachusetts
1636 Harvard College gegründet
1637 Weiße Siedler rotten die Pequot-Indianer aus
1639 Roger Williams gründet auf Rhode Island die erste amerikanische Baptisten-Gemeinde

1641 Niederländer errichten auf den Westindischen Inseln Zuckerplantagen, auf denen Sklaven arbeiten
1641 Gesetzbuch in Massachusetts in Kraft
1642 Paul de Maisonneuve gründet Montréal
1643 Niederländische Siedler verüben Massaker an Algonquin-Indianern
1643 Erdbeben in Chile

AFRIKA

um 1600 Oyo-Reich in Nigeria im Zenit seiner politischen Macht und kulturellen Leistungen

1613 Paez erreicht Quelle des Blauen Nil
1616 Niederländische und französische Handelsniederlassungen in Westafrika

1626 Erste französische Siedlung auf Madagaskar
1628 Bantu-Reich der Monomotapa in Simbabwe unterliegt den Portugiesen

1637 Niederländer erobern El Mina in Westafrika von den Portugiesen

1642 Portugiesen treten Goldküste an die Niederländer ab
1645 Kapuzinermönche segeln erstmals den Kongo hinauf

1600   **1610**   **1620**   **1630**   **1640**

594

Links: 1666 vernichtete ein Feuer vier Fünftel von London.

Rechts: John Bunyan träumt zu Beginn seiner Pilgerreise vom sündigen Christen.

Niederländische Siedler rotteten die Dronte, einen flugunfähigen Vogel, auf Mauritius aus.

1652 Russland verbietet Alkoholausschank
1652–54 Erster Englisch-Holländischer Seekrieg um die Vorherrschaft zur See
1653 Niederlage des Fronde-Aufstands in Frankreich
1653–58 Oliver Cromwell ist Lordprotector von England
1654 Russland gewinnt im Krieg gegen Polen die Ukraine
1654–60 Schwedisch-Polnischer Krieg
um 1655 Otto von Guericke entdeckt das Vakuum
1659 Pyrenäenfrieden: Niedergang Spaniens und Aufstieg Frankreichs

1660 Wiederherstellung der Monarchie: Karl II. wird König von England
1661 Ludwig XIV. übernimmt die Herrschaft: goldenes Zeitalter des Absolutismus
1663 Eröffnung des Reichstags in Regensburg als ständig tagendes Gremium
1663–64 Abwehrkampf der Europäer gegen die Osmanen auf dem Balkan
1665–67 Zweiter Englisch-Holländischer Seekrieg
um 1665 Pest in London: ca. 70 000 Tote
1666 Großer Brand von London

1670 Der polnische König Jan Sobieski unterdrückt ukrainische Kosaken
1672–78 Französisch-Holländischer Krieg um die Macht in den Spanischen Niederlanden
1672–74 Dritter Englisch-Holländischer Seekrieg
1675 Schlacht bei Fehrbellin begründet Preußens Militarismus
1678 John Bunyan veröffentlicht *Die Pilgerreise*
1678 Chrysanthemen gelangen aus Japan in die Niederlande
1679 Habeas-Corpus-Akte in England verabschiedet: Schutz der persönlichen Freiheit

1681 Reunionspolitik Ludwigs XIV. gegen Kaiser und Reich: Eroberung der Rheingrenze
1682 Zar beschneidet Macht der Bojaren-Aristokratie in Russland
1682 Edmond Halley beobachtet den Halleyschen Kometen
1683 Türken belagern Wien
1685 Edikt von Nantes aufgehoben: Hugenotten fliehen aus Frankreich
1687 Republik Venedig erobert Athen von den Osmanen
1688 Kaiserliche Truppen befreien Ungarn von den Türken
1688 Glorreiche Revolution in England

1692 Seeschlacht bei La Hogue: Niederlage der Franzosen gegen englisch-holländische Flotte
1694 Gründung der Bank von England
1697 Frieden von Rijswijk beendet Pfälzischen Erbfolgekrieg
1697 Zar Peter der Große unternimmt als Zimmermann verkleidet eine Bildungsreise durch Europa
1698 Newton berechnet die Schallgeschwindigkeit
1699 Frieden von Karlowitz beendet Türkengefahr auf dem Balkan; Österreich steigt zur europäischen Großmacht auf

1650 Erste römisch-katholische Kirche in Beijing
1655 Missionar in China erfindet Fahrzeug mit Dampfantrieb
1656 Niederländer vertreiben Portugiesen aus Ceylon
1658–1707 Unter Aurangseb erreicht das indische Mogul-Reich seine größte Ausdehnung

1661 England erbt Bombay als Mitgift von Portugal: Die portugiesische Prinzessin Katharina heiratet den englischen König Karl II.
1663 Japan verbietet Feuerwerk
1669 Aurangseb verwirft Religionsfreiheit in Indien
....
Mogul Aurangseb hält Hof.

1674 Hindu-Reich der Marathen gegründet
1674 Kulturelle Blüte Japans unter dem Shogun Ietsuma Togukawa
1674 Französische Kaufleute errichten an der Südostküste Indiens die Niederlassung Pondicherry
1674–81 Rebellion der drei Vasallen in China
1679 Erstes englisches Schiff befährt den Ganges

1681 Exotischer Dronte-Vogel auf Maritius ausgerottet
1683 Chinesen erobern Formosa, das heutige Taiwan
1685 Engänder errichtet Faktorei im chinesischen Kanton
1686 Franzosen sichern sich Einfluss in Thailand
1687 Aufstand der Janitscharen im Osmanischen Reich
1689 Vertrag von Nertschinsk schreibt Amurgrenze zwischen Russland und China fest

1690 Kaufleute der englischen Ostindischen Kompanie gründen Kalkutta
1692 China gewährt Religionsfreiheit: Jesuiten arbeiten am kaiserlichen Hof in Beijing
1696 Chinesen besetzen die Mongolei

1652 Rhode Island erlässt Gesetz gegen Sklaverei
1654 Erste jüdische Siedler landen in Neu-Amsterdam
1655 Quäker William Penn erobert die von den Spaniern besetzte Insel Jamaika

1662 Vertreibung der Niederländer aus Brasilien
1664 Briten erobern Neu-Amsterdam und nennen es New York
1669 Carolina übernimmt die von John Locke ausgearbeitete Verfassung

1673 Der französische Jesuit Jacques Marquette befährt als erster Europäer den Oberlauf des Mississippi
1674 Québec wird französische Kronkolonien
1675 Siedler Neuenglands besiegen Indianer
1676 Rebellion des Pflanzers Nathaniel Bacons gegen den Gouverneur von Virginia
1678 Entdeckung der Niagara-Wasserfälle

1681 William Penn gründet Kolonie Pennsylvania
1682 Der französische Entdecker René de La Salle nimmt Louisiana für Frankreich in Besitz
1683 Beginn der deutschen Einwanderung nach Pennsylvania: 13 Mennoniten-Familien siedeln in Germantown

1692 Hexenprozesse in der Stadt Salem in Massachusetts
1693 Gold- und Diamantenfunde in Brasilien locken tausende von Abenteurern und Schatzsuchern in das Land
1697 Spanier erobern letztes Maya-Reich in Mittelamerika
1699 Virginia ist die Kolonie mit den meisten Einwohnern

1650 Franzosen gründen Handelsposten an der Küste von Senegal
1652 Niederländer gründen Kapstadt

1660 Aufstieg der Bambara-Reiche am oberen Niger
1662 Schlacht von Ambuila: Portugiesen zerstören das Königreich Kongo
1666 Dynastie der Alawiten übernimmt die Macht in Marokko

1672 Gründung der englischen Afrikakompanie
1674 Franzosen aus Madagaskar vertrieben

1683 Kurfürst Friedrich Wilhelm von Brandenburg gründet erste deutsche Niederlassung an der Goldküste
1684 Sultan von Marokko erobert Tanger von den Briten
1687 Aus Frankreich vertriebene Hugenotten lassen sich in Kapstadt nieder.

1695 Osei Tutu gründet in Westafrika das Aschanti-Reich
um 1698 Araber aus Oman vertreiben die potugiesischen Siedler aus Ostafrika

1650 ▸   **1660** ▸   **1670** ▸   **1680** ▸   **1690** ▸

In St. Petersburg, der neuen Hauptstadt Peters des Großen, erhebt sich am Newaufer der Winterpalast.

Oben: William Hogarth's Wüstling zecht in der Rose Tavern.
Links: Der Riese Gulliver fängt in Jonathan Swifts Satire von 172... Lilliputs Flotte ein.

EUROPA

1700–21 Nordischer Krieg zwischen Schweden und Russland
1701 Friedrich I. erster preußischer König
1701–13/14 Spanischer Erbfolgekrieg
1703 St. Petersburg von Zar Peter dem Großen gegründet
1704 Großbritannien erobert Gibraltar von Spanien
1704 Isaac Newton veröffentlicht Theorien über das Licht
1707 Act of Union vereinigt England und Schottland unter dem neuen Namen Großbritannien
1709 Schlacht bei Poltawa: Russland besiegt Schweden

1712 St. Petersburg wird russische Hauptstadt
1713 Pragmatische Sanktion erklärt Habsburger Besitz für unteilbar
1713–14 Frieden von Utrecht beendet Spanischen Erbfolgekrieg
1714 Gabriel Fahrenheit konstruiert Thermometer
1715–74 Ludwig XV. König von Frankreich
1715 Erhebung der Jakobiten in Schottland
1718 Erste Banknoten in England in Gebrauch
1719 Daniel Defoe veröffentlicht *Robinson Crusoe*
1719 Frieden von Passarowitz mit den Osmanen: größte Ausdehnung Österreichs

1720 Staatsbankrott in Frankreich
1720 Johann Sebastian Bach: *Brandenburgische Konzerte*
1721 Robert Walpole erster Premierminister von Großbritannien
1721 Frieden von Nystadt beendet Nordischen Krieg
1726 Jonathan Swift: *Gullivers Reisen*
1726 Stephen Hales misst erstmals Blutdruck
1727–29 Spanisch-Britischer Krieg um Gibraltar
1729 John Wesley begründet Methodismus

1730–50 Höhepunkt des Rokoko-Stils in Europa
1731 Downing Street Nr. 10 Amtssitz des britischen Premierministers
1733 William Hogarth: *Das Leben des Wüstlings*
1734 Spanien erobert Königreich Neapel
1736 Gummi aus Mittelamerika eingeführt
1738 Frieden von Wien beendet Polnischen Erbfolgekrieg
1739 Englisch-Spanischer Seekrieg um Handelsvorteile

Originalpartitur von Händels Messias

1740–86 Aufstieg Preußens unter Friedrich II. dem Großen
1740–42 Erster schlesischer Krieg zwischen Preußen und Österreich
1740–48 Österreichischer Erbfolgekrieg
1742 Anders Celsius entwickelt 100-teilige Thermometerskala
1742 Georg Friedrich Händel stellt *Messias* fertig
1744–45 Zweiter schlesischer Krieg
1746 Schlacht bei Culloden: Briten besiegen aufständische Jakobiten
1748 Frieden von Aachen: Schlesien bleibt endgültig preußisch

ASIEN

1707 Mit dem Tod von Aurangsebs beginnt der Verfall des Mogul-Reichs
1709 Afghanische Erhebung gegen Perser

1710–11 Osmanisches Reich im Krieg mit Russland
1711 Osmanen schlagen Russen am Pruth

1720 Tibet wird China tributpflichtig
1722 Sturz der Safawiden-Dynastie: Persien unter afghanischer Herrschaft
1728 Forscher Vitus Bering entdeckt Beringstraße zwischen Russland und Alaska

1736 Nadir Schah von Persien plündert Dehli
1737 Marathen erweitern ihre Macht in Nordindien
um 1739 Gründung der islamischen Reformbewegung der Wahabiten in Arabien

1740–56 Alvardi Khan unabhängiger Herrscher von Bengalen
1746–61 Franzosen erobern Madras: englisch-französische Rivalität in Indien
1747 Königreich Afghanistan gegründet

AMERIKA

1701 Franzosen legen Handelsplatz Detroit an
1702–13 Krieg zwischen Großbritannien und Franzosen um die nordamerikanischen Territorien
1706 Juan de Uribarri beansprucht Colorado für Spanien

1713 Franzosen treten Neufundland an Großbritannien ab
1716 Frezier erforscht Küste Chiles und Perus
1718 Jean Baptiste le Moyne gründet New Orleans

1726 Montevideo gegründet
1727 Kaffee erstmals in Brasilien angebaut

1732 Gründung von Georgia als letzte der 13 Kolonien
1735 Französische Siedler lassen sich in Indiana nieder

Rechts: Bering findet die Beringstraße.

1741 Vitus Bering erreicht Alaska
1743 Franzosen erforschen Rocky Mountains

AFRIKA

um 1700 Aufstieg des Ashanti-Reichs
um 1700 Aufstieg des Bantu-Reichs Buganda in Ostafrika
1700–1894 Aufstieg von Dahome

Armband und Elefantenring der Ashanti

1713 Pockenepidemie wütet unter den Khoisan im südlichen Afrika

1723 Briten gewinnen Land in Gambia

1700 Portugiesen verlieren Mombasa an einfallende Araber aus Oman
um 1730 Erneute Blüte des alten Reiches Bornu im Sudan
1737 Perser dringen in Oman ein

um 1740 Entstehung des Königreichs Lunda in Zentralafrika

OZEANIEN

1700 William Dampier erkundet Neuguinea, nachdem er bereits im Jahr zuvor in Australien gelandet war

1722 Niederländer entdecken Samoa, die Oster- und die Gesellschaftsinseln

1700   **1710**   **1720**   **1730**   **1740**

Oben: Katharina II. die Große von Russland.

Oben: Paradiesische Ansicht von der Adventure Bay auf Tasmanien. Links: Den ersten bemannten Flug unternahmen die Brüder Montgolfier im 18. Jh. im eigenen Ballon.

1751–80 Denis Diderot veröffentlicht *Encyclopédie*
1754 Joseph Black entdeckt Kohlendioxid
1755 Bei Erdbeben in Lissabon sterben ca. 60 000 Menschen
1756–63 Siebenjährigen Krieg: Großbritannien führende Weltmacht nach dem Sieg über Frankreich im
1757–58 Friedrich II. der Große besiegt österreichisch-russisch-französische Allianz bei Roßbach, Leuthen und Kolin
1759 Schlacht bei Kunersdorf: Trotz vernichtender Niederlage des Alten Fritz Fortbestand Preußens

1762 Earl of Sandwich erfindet das Sandwich
1762 Jean-Jacques Rousseau: *Gesellschaftsvertrag*
1762–96 Katharina II. die Große Zarin von Russland
1763 Frieden von Paris beendet Siebenjährigen Krieg
1767 James Hargreaves erfindet Feinspinnmaschine
1769 Genua tritt Korsika an Frankreich ab

Hargreaves' Feinspinnmaschine

1771 Russland erobert die Krim und vernichtet die osmanische Flotte
1771 Richard Arkwright führt die mit Wasserkraft betriebene Spinnmaschine ein
1771 *Encyclopaedia Britannica* erscheint
1772 Erste polnische Teilung durch Russland, Österreich und Preußen
1773–74 Der Donkosak Pugatschow führt Bauernaufstände in Russland an
1774 James Watt baut erste Dampfmaschine
1778 La Scala in Mailand erbaut
1779 Das erste Fahrrad erscheint in Paris

1781 Joseph II. hebt Leibeigenschaft im Habsburger-Reich auf
1783 Erster bemannter Flug mit Heißluftballon
1788 Mozart stellt seine Symphonien 39–41 fertig
1789 Beginn der Französischen Revolution: Pariser Bevölkerung stürmt die Bastille

Das Veloziped, eine frühe französische Version des Fahrrads

1792 Zweite polnische Teilung
1792 Edmund Cartwright erfindet Webstuhl mit Dampfantrieb
1792 Frankreich wird Republik
1793 Ludwig XVI. von Frankreich guillotiniert
1793 Metrisches System in Frankreich eingeführt
1793–94 Terrorherrschaft in Frankreich
1794 Maximilien de Robespierre guillotiniert
1792 Dritte polnische Teilung: Ende des Staates Polen
1796 Erste Pockenschutzimpfung durch Edward Jenner
1796–97 Napoleon erobert großen Teil Italiens
1799 Staatsstreich Napoleons

1752 China besetzt Mongolei und Ostturkestan
1756 China erobert das Gebiet der heutigen Provinz Sinkiang
1757 Robert Clive schlägt bei Plassey Truppen des Nabob von Bengalen

1761 Moslemische Afghanen schlagen hinduistische Marathen bei Panipat
1761 Briten besiegen Franzosen bei Pondicherry in Indien

1770 Russen vernichten osmanische Flotte
1773 Briten erwerben Opiummonopol für China
1774 Warren Hastings wird Gouverneur von Bengalen
1776 Unabhängigkeit Siams von Birma

1782 Rama I. gründet Chakri-Dynastie in Siam
1788-89 China erobert Burma und Annam

1796 Briten erobern Ceylon
1797 Nach dem Tod von Schah Aga Mohammed gerät Persien in den Sog europäischer Machtpolitik
1799 Briten nehmen Südindien in Besitz

1752 Benjamin Franklin erfindet Blitzableiter
1759 Britische Truppen schlagen Franzosen bei Quebec

1763 Frankreich tritt Kanada an Großbritannien ab
1765 Stempelakte sorgt für Unruhe in britischen Kolonien

US-Präsident George Washington

1773 Boston Tea Party: Protest der amerikanischen Siedler gegen britische Steuern
1775–83 Amerikanischer Unabhängigkeitskrieg
1776 Unabhängigkeitserklärung der 13 Kolonien

1781 Briten kapitulieren in Yorktown
1783 Frieden von Paris erkennt amerikanische Unabhängigkeit an
1787 Verfassung der USA verabschiedet
1789–97 George Washington erster Präsident der USA

1792 Dollar wird Währung der USA
1795 Lima durch Erdbeben zerstört
1798 Georgia verbietet Sklavenhandel
1800 Washington wird Sitz der amerikanischen Regierung

1758 Großbritannien in Konflikt mit Frankreich um Senegal

1768 Ali aus der Mamelucken-Dynastie wird Herrscher von Ägypten

1772 James Bruce entdeckt die Quelle des Blauen Nils wieder
1776 Franzosen schließen lukrativen Vertrag über Sklavenlieferungen mit Sultan von Kilwa

um 1780 Massai expandieren in Ostafrika
um 1787 Ehemalige Sklaven gründen Siedlung in Sierra Leone

1796 Der Schotte Mungo Park erreicht den Niger
1798 Napoleon I. besiegt die Mamelucken bei den Pyramiden
1798 Horatio Nelson vernichtet die französische Flotte bei Abukir im Nildelta

1768 Cook landet in Tahiti
1769 Cook kartiert die Ostküste Australiens und nimmt sie für die britische Krone in Besitz
1769 Cook erreicht Neuseeland

1773 Cook überquert als Erster südlichen Polarkreis
1779 Cook auf Hawaii von Einheimischen erschlagen

1788 Die ersten britischen Schiffe mit Sträflingen kommen in der Botany Bay an: Gründung der Siedlung Sydney
1789 Meuterer der *Bounty* lassen sich auf der Insel Pitcairn nieder

1797 Erste christliche Missionare kommen nach Tahiti
1798 Matthew Flinders stellt fest, dass Tasmanien eine Insel ist

1750 ▸ **1760** ▸ **1770** ▸ **1780** ▸ **1790** ▸

Richard Trevithick führte 1808 seine Lokomotive vor.

Oben: Die Schrecken der Napoleonischen Kriege regten Goya zu einer Radierung an, die eine junge Frau allein an der Kanone zeigt.

Niépce benötigte acht Stunden, um dieses Foto zu belichten.

EUROPA

1803 Richard Trevithick konstruiert erste Dampflokomotive
1804 Code Napoléon tritt in Kraft
1804 Napoleon I. krönt sich zum Kaiser von Frankreich
1805 Napoleon I. schlägt Russland und Österreich bei Austerlitz
1805 Admiral Horation Nelson schlägt französische Flotte bei Trafalgar
1806 Auflösung des Heiligen Römischen Reiches
1807 Abschaffung des Sklavenhandels durch Großbritannien
1808–14 Spanischer Unabhängigkeitskrieg: Großbritannien kämpft in Spanien gegen Frankreich

1810–13 Goya malt *Die Schrecken des Krieges*
1812 Gleichberechtigung der Juden in Preußen
1812 Brüder Grimm veröffentlichen ihre Volksmärchen
1812 Russlandfeldzug Napoleons I. endet mit Fiasko
1813–15 Befreiungskriege gegen Napoleon I.
1814 Napoleon I. nach Elba verbannt
1814–15 Wiener Kongress: Neuordnung Europas und Gründung des Deutschen Bundes
1815 Napoleon I. endgültig nach St. Helena verbannt
1819 Karlsbader Beschlüsse

Links: Faraday baute im Jahr 1831 den ersten Dynamo.

um 1820 Romantik in Kunst und Literatur
1821 Michael Faradays erster Elektromotor
1821–29 Griechischer Freiheitskampf gegen die Türken
1823 Beethoven: 9. Symphonie
1825 Dekabristen-Aufstand in Russland niedergeschlagen
1827 Erste bekannte Fotografie von Joseph Niépce aufgenommen
1828–29 Russisch-türkischer Krieg um die Macht auf dem Balkan

1830 Revolutionäre Bewegungen in Deutschland, Italien, Polen und Frankreich
1830 Belgien von den Niederlanden unabhängig
1831 Faraday entdeckt Prinzip des elektrischen Dynamos
1834 Gründung des deutschen Zollvereins
1838 Isambard Brunels Dampfschiff *Great Western* vom Stapel gelassen
1839 Dickens veröffentlicht *Oliver Twist*

Brunel neben den Stapellaufketten

1840 Aufklebbare Briefmarke in Großbritannien eingeführt
1845–48 Schwere Hungersnot in Irland
1846 Korngesetze in Großbritannien aufgehoben
1846 Äthernarkose bei Operationen
1848 Karl Marx und Friedrich Engels veröffentlichen *Kommunistisches Manifest*
1848 Revolutionen in Frankreich, Italien, Ungarn, Schweiz, Österreich und Deutschland
1848 Deutsch-Dänischer Krieg um Schleswig-Holstein
1849 Frankfurter Nationalversammlung verabschiedet Verfassung für Deutschland
1849 Giuseppe Mazzini erklärt Rom zur Republik

ASIEN

um 1800 Briten exportieren indisches Opium nach China
1800 Niederlande übernehmen Regierung in Indonesien

1815 Darjeeling wird britisch
1818 Briten besiegen Marathen
1819 Britische Ostindische Kompanie kauft Singapur

1825–30 Indonesier revoltieren gegen Niederlande
1826 Briten erobern Birma und Assam
1828 Im Frieden von Turkmantschai gewinnt Russland Eriwan von Persien

1830 Britische Ostindische Kompanie erobert Mysore
1833 Verbot der Witwenverbrennung in Indien
1838–42 Krieg zwischen Afghanistan und Großbritannien

1842 Ende des Opiumkriegs: Großbritannien annektiert Hongkong
1845–49 Briten erobern Pandschab und Kaschmir
1848 Aufstand der Sikhs

AMERIKA

1803 Der Kauf Louisianas vergrößert die USA auf fast das Doppelte
1804–06 Meriwether Lewis und William Clark eröffnen Route zur Westküste Nordamerikas
1804 Haiti erstes unabhängiges Land Lateinamerikas

1812–15 Krieg zwischen USA und Großbritannien
1813 Unabhängigkeit Mexikos
1815 Gleichberechtigung Brasiliens mit Portugal
1819–26 Simon Bolívar befreit Südamerika
1819 USA kaufen Florida

1823 Monroe-Doktrin: Nichteinmischung der Europäer auf dem amerikanischen Doppelkontinent
1824 Proklamation der Republik Mexiko
1825 Bolivien unabhängig
1827 Peru unabhängig
1828 Uruguay unabhängig

1831 James Clark Ross entdeckt den nördlichen Magnetpol
1833 Briten besetzen Falklandinseln
1833 Erste mechanische Mähmaschine
1836 Texas proklamiert Unabhängigkeit von Mexiko

1840 Ober- und Unterkanada vereinigt
1843 Amerikanische Truppen rotten Seminolen-Indianer in Florida aus
1846 USA gewinnen Oregon
1848 USA erobern New Mexico und Kalifornien
1848 Goldfieber in Kalifornien

AFRIKA

1806 Großbritannien gewinnt das Kapland zurück
1808 Briten nehmen Sierra Leone in Besitz

um 1815–30 Stammeskämpfe in Südafrika
1818 Shaka bildet Zulu-Reich

1820 Ägypten erobert Sudan
1821 Goldküste und Gambia werden britische Kolonien
1822 Erste Siedlungen für freigelassene Sklaven in Liberia

1830 Franzosen erobern Algerien
1835–39 Großer Burentreck
1838 Gründung von mehreren Burenrepubliken

1843 Großbritannien annektiert Natal und Südafrika
1849 David Livingstone durchquert die Wüste Kalahari

OZEANIEN

1801–04 Matthew Flinders umsegelt Australien
1804 Hobart als Strafkolonie gegründet

1814 Die ersten britischen Missionare kommen nach Neuseeland
1817 Australien erhält seinen Namen

1824 Brisbane gegründet
1828–29 Charles Sturt erforscht die Flüsse im Südosten Australiens

1835–36 Gründung von Melbourne und Adelaide
1838 Massaker an Aborigines am Myall Creek

1840 Großbritannien annektiert Neuseeland
1845 Maori revoltieren gegen die britischen Siedler in Neuseeland

1800   1810   1820   1830   1840

Alexander Graham-Bell (links) erfand 1876 das Telefon (unten).

Oben: Der Ingenieur Gustave Eiffel schuf 1889 mit dem Eiffelturm in Paris ein Wahrzeichen der Eisenarchitektur.

Rechts: Eine der ersten Röntgenaufnahmen des deutschen Physikers Conrad Wilhelm Röntgen

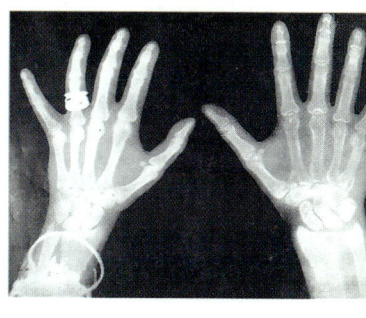

1852 Louis Napoléon besteigt als Kaiser Napoléon III. den französischen Thron
1853 Verdis *La Traviata*
1853–56 Krimkrieg: Großbritannien, Frankreich und Türkei gegen Russland
1856 Louis Pasteur entdeckt, dass Bakterien Krankheiten verbreiten
1856 Entdeckung des Neandertalers bei Düsseldorf
1858–62 Liberale „Neue Ära" in Preußen
1859 Charles Darwins Werk *Über die Entstehung der Arten* erscheint
1859 Schlachten von Solferino und Magenta: Franzosen und Piemontesen schlagen Österreich: Die Habsburger müssen Norditalien verlassen

1860 Mit Giuseppe Garibaldis „Zug der Tausend" beginnt die nationale Einigung Italiens
1861 Bauernbefreiung in Russland
1862 Otto von Bismarck leitet preußische Politik
1863 Aufstand in Polen
1864 In London findet Erste Internationale statt
1864 Deutsch-Dänischer Krieg: Preußen gewinnt Schleswig-Holstein
1864 Rotes Kreuz gegründet
1866 Deutscher Krieg: Preußen schlägt Österreich bei Königgrätz
1867–71 Norddeutscher Bund
1867–1918 Doppelmonarchie Österreich-Ungarn
1867 Karl Marx veröffentlicht Band I von *Das Kapital*

1870–71 Deutsch-Französischer Krieg
1871–1918 Gründung des Deutschen Reiches
1871–1940 Dritte französische Republik
1871 Aufstand der Pariser Kommune niedergeschlagen
1874 Erste Ausstellung der Impressionisten in Paris
1875 Krieg-in-Sicht-Krise zwischen Frankreich und Deutschland
1877–78 Russisch-Türkischer Krieg um Einfluss auf dem Balkan
1878 Berliner Kongress: Serbien, Rumänien und Montenegro werden selbstständig
1879 Deutschland und Österreich-Ungarn schließen den Zweibund

1881 Zar Alexander II. von Russland ermordet
1882 Dreibund zwischen Deutschland, Italien und Österreich
1884–85 Wahlrecht für Männer über 21 Jahren in Großbritannien
1884 Charles Parsons entwickelt Dampfturbine
1885 Gottlieb Daimler produziert erstes Motorrad
1886 Carl Benz baut erstes Kraftfahrzeug mit Benzinmotor
1887 Bismarck schließt Rückversicherungsvertrag mit Russland
1887–89 Eiffelturm erbaut
1888 Heinrich Hertz entdeckt Radiowellen
1888 Dreikaiserjahr in Deutschland: Wilhelm I., Friedrich III. und Wilhelm II.

1890 Reichskanzler Bismarck entlassen
1891–1904 Bau der Transsibirischen Eisenbahn
1894 Dreyfus-Affäre in Frankreich
1895–99 Guglielmo Marconi verwendet Radiowellen zur Übertragung von Signalen
1895 Wilhelm Röntgen entdeckt die Röntgenstrahlen
1895 Erste Filmvorführung der Brüder Lumière in Paris
1896 Theodor Herzl fordert nationale Heimstätte für Juden
1896 Erste Olympische Spiele der Neuzeit in Athen
1896 Otto Lilienthal unternimmt Flugversuche in Berlin
1898 Beginn des deutschen Flottenprogramms
1898 Pierre und Marie Curie entdecken Radium

1850–64 Taiping-Aufstand in China
1854 Truppen der USA zwingen Japan, sich ausländischen Händlern zu öffnen
1855 Siam schließt Handelsverträge mit dem Westen

1862 Franzosen errichten Protektorat in Indochina
1868–1912 Meiji-Restauration: Japan wird modernisiert

1874 Chinesisch-japanischer Streit um Taiwan
1877–1901 Königin Victoria wird Kaiserin von Indien

1882 Handelsvertrag Koreas mit den USA
1883 Ausbruch des Vulkans Krakatau auf Java
1887 Bildung des französischen Kolonialreichs in Indochina

1890 Erste Parlamentswahlen in Japan
1894 Chinesisch-Japanischer Krieg um Korea
1898 Kiautschou für 99 Jahre an Deutsches Reich verpachtet

1851 Erste Ausgabe der *New York Times* erscheint
1853 Levi Strauss fertigt erstmals Jeans für Bergleute
1854 Gründung der Republikanischen Partei in den USA
1859 Goldrausch in Colorado
1859 Bürgerkrieg in Mexiko

1861–65 Sezessionskrieg in den USA
1867 Hinrichtung Maximilians, Kaiser von Mexiko
1867 USA kaufen Alaska von Russland
1869 Eisenbahn verbindet Ost- mit Westküste

Plakat der Union Pacific

1876 Sioux gewinnen Schlacht am Little Bighorn
1876 Alexander Graham Bell erfindet das Telefon

1882 Rockefeller gründet Standard Oil Trust Company
1883 Salpeterkrieg endet mit einer Niederlage Perus
1885 Fertigstellung des ersten Wolkenkratzers in Chicago
1886 Freiheitsstatue in New York eingeweiht
1889 Brasilien wird Republik

1890 Massaker an den Indianern am Wounded Knee
1890 Ellis Island eröffnet
1895 Beginn der Erforschung der Antarktis
1898 Spanisch-Amerikanischer Krieg: Kuba wird unabhängig

1854 Großbritannien erkennt Unabhängigkeit von Transvaal und Oranje-Freistaat an
1854 Konzession für den Bau des Suezkanals

um 1860 Inder als Gastarbeiter in Südafrika
1861 Lagos als britische Kolonie annektiert
1869 Suezkanal eröffnet

1871 Henry Morton Stanley findet den als verschollen geltenden David Livingstone
1875 Großbritannien kauft Suezkanal-Aktien

1881 Mahdi-Aufstand im Sudan
1884–85 Kamerun, Togo und Südwestafrika deutsch
1882 Ägypten wird britisch
1885 Belgier erwerben Kongo

1891 Deutschland erwirbt Deutsch-Ostafrika
1896 Schlacht von Adowa: Äthiopien besiegt Italien
1899–1902 Burenkrieg

1851 Erstes Goldfieber
1851–59 Anfänge der Selbstverwaltung in Australien und Neuseeland
1854 Bewaffneter Konflikt zwischen Goldgräbern und Behörden in Australien

1860–70 Maori und Siedler im Krieg in Neuseeland
1862 Stuart durchquert Australien von Süden nach Norden
1866 Pazifikinsel Neukaledonien wird französische Strafkolonie

1870 Die letzten britischen Truppen verlassen Australien
1874 Großbritannien annektiert Fidschi-Inseln
1878 Samoa schließt Freundschaftsvertrag mit den USA

1880 Frankreich annektiert Tahiti
1884–85 Deutschland erwirbt in der Südsee Kolonien: Kaiser-Wilhelm-Land und Bismarck-Archipel

1893 USA annektieren Hawaii
1899 Kolonie Deutsch-Neuguinea um Karolinen-, Marianen- und Palau-Inseln erweitert
1899 Deutschland und USA teilen Samoa unter sich auf

1850   **1860**   **1870**   **1880**   **1890**

Rechts: Charlie Chaplin und der Kinderstar Jackie Coogan in dem Film *The Kid* von 1921

Links: Entwurf für Nijinskis Kostüm in dem Ballett *L'après-midi d'un Faune*

EUROPA

1900 Labour Party in Großbritannien gegründet
1900 König Humbert I. von Italien von Anarchisten ermordet
1900 Erste Flüge mit dem Zeppelin
1901 Marconi überträgt drahtlos Signale über Atlantik
1901 Erste Nobelpreise verliehen
1903 Radrennen Tour de France eröffnet
1904 Puccini veröffentlicht *Madame Butterfly*

1905 Beschießung friedlicher Demonstranten löst Revolution in Russland aus
1905 Relativitätstheorie von Albert Einstein veröffentlicht
1907 Baden-Powell gründet Pfadfinderbewegung
1908 Österreich-Ungarn annektiert Bosnien und Herzegowina

1912–13 Balkankriege
1912 Russischer Tänzer Waslaw Nijinski begründet den Ruhm des modernen Balletts
1913 Marcel Proust Werk *Auf der Suche nach der verlorenen Zeit* erscheint
1913 Suffragetten-Aufstand in Großbritannien
1914 Erzherzog Franz Ferdinand in Sarajewo ermordet
1914–18 Erster Weltkrieg
1914 Schlacht bei Tannenberg

1916 Osteraufstand in Dublin
1916 Materialschlachten an der Somme und bei Verdun
1917 Mata Hari als Spionin erschossen
1917 Bolschewiken lösen Oktoberrevolution aus
1918 Revolution in Deutschland: Kaiser Wilhelm II. muss abdanken
1919 Versailler Vertrag zeichnet die Karte Europas neu
1919 Bauhaus von Walter Gropius in Deutschland gegründet

1919 Völkerbund mit Sitz in Genf nimmt Arbeit auf
1921 Franzosen besetzen Ruhrgebiet
1921 Gründung des Freistaats Irland
1922 Mussolini bildet faschistische Regierung in Italien
1923 Tuberkulose-Impfstoff in Frankreich entwickelt
1923 Hitlerputsch in München gescheitert
1923 Inflation in Deutschland
1924 Dawes-Plan regelt deutsche Reparationszahlungen

ASIEN

1900 Russland erobert Mandschurei
1900–01 Niederschlagung des Boxeraufstands in China
1904–05 Russisch-Japanischer Krieg

Angriff der Japaner auf die von den Russen besetzte chinesische Stadt Port Arthur 1904

1905 Japaner vernichten russische Flotte bei Tsushima
1909 Bewegung der Jungtürken stürzt osmanischen Sultan

1911 Chinesische Revolution: Sturz der Mandschu-Dynastie
1912 Sun Yat-sen gründet die Nationalchinesische Volkspartei Guomindang
1916 Arabischer Aufstand unter Lawrence von Arabien

1917 Balfour-Erklärung unterstützt jüdische Heimstätte in Palästina
1918 Guomindang bildet provisorische Regierung in China
1919 Blutbad von Amritsar: Briten metzeln über 1000 Gandhi-Anhänger nieder

1920 Großbritannien und Frankreich Mandatsmächte im Nahen Osten
1920 Mohandas Gandhis gewaltloser Widerstand gegen britische Herrschaft in Indien
1921 Kommunistische Partei in China gegründet

AMERIKA

1900 Erster Hamburger in Connecticut hergestellt
1903 Panama tritt Kanalzone an die USA ab
1903 Erster Motorflug der Brüder Wright
1904 Präsident Theodore Roosevelt proklamiert das Recht, in Lateinamerika notfalls mit Gewalt die Interessen der USA durchzusetzen

1906 Die letzten britischen Truppen verlassen Kanada
1906 Schweres Erdbeben in San Francisco
1907 Erster Kunststoff, Bakelit, erfunden
1907 Dominikanische Republik unter Kontrolle der USA
1908 Henry Ford produziert Model T

1910 USA intervenieren in Nicaragua
1910–17 Mexikanische Revolution
1912 Untergang der *Titanic*
1913–24 Woodrow Wilson Präsident der USA
1914 Eröffnung des Panamakanals
1914 Deutsch-Britisches Seegefecht bei den Falkland-Inseln

1916 USA kaufen Jungfern-Inseln von Dänemark
1917 Erstmals Verleihung des Pulitzerpreises
1917 USA erklären Deutschland den Krieg
1918 Präsident Woodrow Wilson entwirft Friedensplan der „Vierzehn Punkte"

um 1920 Beginn des Jazz-Zeitalters
1920 Prohibition in den USA in Kraft
1921 Charlie Chaplin in dem Film *The Kid*
1922 Insulintherapie erstmals bei Diabetes eingesetzt
1922 Washingtoner Flottenabkommen verabschiedet
1924 USA ziehen Truppen aus der Dominikanischen Republik ab

AFRIKA

1900 Großbritannien, Frankreich und Deutschland teilen den Tschad unter sich auf
1902 Ende des Burenkriegs: Burenrepubliken werden britische Kolonien
1904 Herero-Aufstand in Deutsch-Südwestafrika

1905–06 Erste Marokkokrise endet mit diplomater Niederlage von Kaiser Wilhelm II.
1906 Zulu-Aufstand niedergeschlagen
1908 Belgien übernimmt Kongo als Kolonie

1910 Gründung der Südafrikanischen Union
1911 Zweite Marokkokrise
1911 Italien erobert Libyen
1912 Afrikanischer Nationalkongress ANC gegründet
1914 Ägypten wird britisches Protektorat

1915 Deutsche Kolonialtruppen in Südwestafrika besiegt
1916 Aufteilung Kameruns: Frankreich erhält 80 % des Landes
1918 Deutsch-Ostafrika kapituliert

1922 Ägypten erhält nominelle Unabhängigkeit
1922 Grab Tut-ench-Amuns entdeckt
1924 Südafrika nimmt Afrikaans als Amtssprache an

OZEA-NIEN

1901 Australien wird Bundesstaat mit britischer Königin als Staatsoberhaupt
1903 Paul Gauguin stirbt auf den Marquesa-Inseln

1906 Australien erwirbt Papua
1907 Neuseeland wird Dominion im britischen Commonwealth

1914 Australien tritt in Ersten Weltkrieg ein
1914 Australische und neuseeländische Truppen besetzen die deutschen Kolonien Neuguinea und Samoa

1925 Ratana-Kirche in Neuseeland gegründet

1900 **1905** **1910** **1915** **1920**

Al Jolson und May McAvoy in dem Film *The Jazz Singer*

Links: Britische Soldaten besetzten während des Osteraufstands 1916 Barrikaden in Dublin.

Rechts: Ein amerikanisches Versorgungsflugzeug landete während der Berlinblockade auf dem Flugplatz Tempelhof.

Oben: Mohandas Gandhi einigte Indien.

1925 Adolf Hitlers *Mein Kampf* erscheint
1925 Locarno-Pakt in Kraft: Anerkennung der Westgrenze Deutschlands
1926 Generalstreik in Großbritannien für Achtstundentag
1926 John Logie Baird demonstriert sein Fernsehsystem
1928 Kollektivierung der Landwirtschaft in der UdSSR
1928 Alexander Fleming entdeckt das Penizillin
1928 Briand-Kellogg-Pakt: Internationale Ächtung des Krieges
1929 Young-Plan über Reparationen verabschiedet

1931 Hoover-Moratorium: Deutschland werden die Kriegsschulden gestundet
1931 Spanien zur Republik erklärt
1933 Adolf Hitler Reichskanzler: Machtübernahme der Nationalsozialisten
1933 In Spanien faschistische Partei der Falange gegründet
1933 Ermächtigungsgesetz und Gleichschaltung der deutschen Länder
1933 Diktator Salazar regiert Portugal
1934 Röhmputsch niedergeschlagen

1936 Olympiade in Berlin
1936–39 Spanischer Bürgerkrieg
1936 Achse Berlin–Rom
1937 Spanische Stadt Guernica durch deutschen Luftangriff zerstört
1937 Großbritannien testet erstmals Düsenflugzeuge
1938 Münchener Abkommen
1938 Deutschland annektiert Österreich
1938 „Reichskristallnacht": Pogrome an deutschen Juden
1939 Deutschland überfällt Polen: Beginn des Zweiten Weltkriegs

1940 Deutschland überrollt Belgien, die Niederlande und Frankreich
1940 Marschall Petain gründet Vichy-Frankreich
1940 Deutscher Angriff auf Dänemark und Norwegen
1940 Luftschlacht um England
1941 Hitler überfällt Sowjetunion
1942–43 Schlacht um Stalingrad bringt Wende im Krieg
1943 Sturz Mussolinis: Italien kapituliert
1944 „D-Day": Landung der Alliierten in der Normandie

1945 Bedingungslose Kapitulation Deutschlands
1945–46 Nürnberger Prozesse gegen Kriegsverbrecher
1947 Marshallplan zur Hilfe für Europa seitens der USA
1948 Beginn der staatlichen Gesundheitsfürsorge in Großbritannien
1948 Kommunistische Machtübernahme in Ungarn und Tschechoslowakei
1948–49 Berlinblockade
1949 Gründung der BRD und der DDR
1949 Gründung der NATO

1925 Resa Pahlawi Schah von Persien
1926 Hirohito neuer Kaiser in Japan
1927 Bruch zwischen Guomindang und Kommunisten in China

1931 Japan besetzt Mandschurei
1932 Gründung des Königreichs Saudi-Arabien
1934–35 „Langer Marsch" Mao Zedongs
1935 Iran neuer Name Persiens

1936 Militärputsch in Japan gescheitert
1937–45 Krieg zwischen Japan und China um die Vorherrschaft in Südostasien
1939 Siam benennt sich in Thailand um

1940–41 Japan besetzt Indochina
1942 Japan okkupiert Niederländisch-Indien
1943 Konferent von Teheran zwischen Churchill, Roosevelt und Stalin
1944 USA bombardieren Japan

1945 USA werfen Atombombe über Hiroshima ab
1947 Indien und Pakistan unabhängige Staaten
1948 Gandhi wird ermordet
1948 Gründung Israels
1949 Kommunistischer Sieg in China

1927 Sacco und Vanzetti in den USA hingerichtet
1927 Al Jolson in *The Jazz Singer*
1928 Walt Disney kreiert *Mickey Mouse*
1929 Kurssturz der New Yorker Börse löst Weltwirtschaftskrise aus

1931 Empire State Building in New York fertig gestellt
1932–35 Chacokrieg
1933 Präsident Franklin D. Roosevelt führt New Deal ein

1935 Landverteilung in Mexiko
1936 Bildung einer faschistischen Regierung in Paraguay
1939 Amerikanische Staaten erklären angesichts des Krieges in Europa ihre Neutralität
1939 Selznick verfilmt Bürgerkriegsepos *Vom Winde verweht*

1940 Angelsächsisches Verteidigungsbündnis
1940 Leo Trotzkij in Mexiko ermordet
1941 USA treten in den Krieg gegen Deutschland und Japan ein
1941 Churchill und Roosevelt verkünden Atlantikcharta
1942 Enrico Fermi baut ersten Kernreaktor in den USA
1943 Militärdiktatur in Argentinien

1945 Gründung der Vereinten Nationen
1945 Gründung der Weltbank
1946 Churchill prägt Begriff vom Eisernen Vorhang
1946 Erster elektronischer Großrechner in den USA
1946 General Juan Perón gewinnt Wahl in Argentinien
1947 Verkündung der Truman-Doktrin: Unterstützung der freien Welt durch USA
1949 Gründung der NATO

Das Empire State Building ist bei seiner Fertigstellung 1931 das höchste Gebäude der Welt.

1925 Schwarze von Fachberufen in Südafrika ausgeschlossen
1926 Aufstand von Abd El-Krim in Marokko niedergeschlagen

1930 Haile Selassie I. wird Kaiser von Äthiopien
1932 Äthiopien schafft offiziell Sklaverei ab

1936 Italien annektiert Äthiopien
1936 Faruk König von Ägypten
1936 Britisch-ägyptischer Vertrag: Stationierung von britischen Soldaten in der Suezkanalzone

1940–41 Italiener aus Eritrea, Somalia und Äthiopien vertrieben
1942 Alliierte schlagen Deutsche bei El-Alamein
1943 Deutsche kapitulieren in Nordafrika

1945 Gründung der Arabischen Liga
1947 Geheimbund Mau-Mau in Kenia gegründet
1948 Einführung der Apartheidpolitik in Südafrika

1927 Parlamentsgebäude in Canberra eröffnet
1928 Erster Transpazifikflug

1932 Brücke im Hafen von Sydney fertig gestellt

1939 Australien und Neuseeland erklären Deutschland den Krieg

1941 Japaner bombardieren Pearl Harbor
1942 Schlacht bei den Midway-Inseln: USA stoppen Vormarsch der Japaner im Pazifik

1946 USA führen Atombombentest auf dem Bikini-Atoll durch
1947 Neuseeland erwirbt Souveränität

1925 **1930** **1935** **1940** **1945**

Oben: 1952 zündeten die **USA** auf dem Pazifikatoll Eniwetok die erste **Wasserstoffbombe**.

Rechts: Janet Leigh in der berühmten Duschszene aus Hitchcocks *Psycho*

Oben: **Astronaut Aldrin auf dem Mond**

EUROPA

1951 Winston Churchill erneut Premierminister
1951 Montanunion in Kraft
1953 Arbeiteraufstand in Ostberlin niedergeschlagen
1953 Struktur der DNS (genetischer Kode) entdeckt
1954 Außenseiter Deutschland Fußballweltmeister in Bern

1955 Österreich erhält staatliche Souveränität zurück
1955 BRD ebenfalls souverän
1955 Warschauer Pakt in Kraft
1956 Ungarischer Aufstand von UdSSR niedergeschlagen
1957 Gründung der EWG
1957 UdSSR startet ersten künstlichen Satelliten *Sputnik I*
1958 Fünfte Republik unter de Gaulle

1960 Zypern erklärt sich unabhängig von Großbritannien
1961 Sowjetischer Astronaut Jurij Gagarin als erster Mensch im Weltall
1961 Bau der Berliner Mauer
1963 Deutsch-französischer Freundschaftsvertrag
1963 Atomteststopp-Abkommen in Moskau unterzeichnet
1963–68 Erste stabile Regierung in Italien unter Aldo Moro
1963 Ära Adenauer geht zu Ende

1966 Frankreich tritt aus der NATO aus
1967 Militärputsch in Griechenland: König Konstantin II. abgesetzt
1968 Studentenunruhen in ganz Europa
1968 Beginn des Bürgerkriegs in Nordirland
1968 „Prager Frühling" gewaltsam von UdSSR niedergeschlagen
1969 Willy Brandt neuer Bundeskanzler

1972 Terroristen töten israelische Sportler bei Olympiade in München
1973 BRD und DDR Mitglieder der Vereinten Nationen
1974 Ende der Diktatur in Portugal
1974 Alexander Solschenizyn veröffentlicht *Archipel Gulag*
1974 Türkische Truppen besetzen den Norden Zyperns

Russischer Autor Solschenizyn

ASIEN

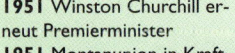

Sherpa Tensing auf dem Everest

1950 China besetzt Tibet
1950 Israel erklärt Jerusalem zur Hauptstadt
1950–53 Koreakrieg
1953 Staatsstreich in Iran
1953 Edmund Hillary und sein Sherpa Tensing besteigen als Erste den Mount Everest

1955 Bagdad-Pakt zwischen Türkei und Irak gegen UdSSR
1956 Pakistan wird erste islamische Republik
1957 Malaiischer Bund unabhängig von Großbritannien
1958 Bürgerkrieg im Libanon
1958 Militärputsch im Irak
1959 Dalai-Lama flieht nach gescheitertem Aufstand aus Tibet

1960 Chinesische Kommunisten brechen mit KPdSU
1960 Sihanouk übernimmt Amt des Staatspräsidenten in Kambodscha
1961 Untergetauchter Nazi Adolf Eichmann in Israel vor Gericht und hingerichtet
1964 Gründung der PLO
1964 USA offiziell in Vietnamkrieg verwickelt

1965 Militär übernimmt Macht in Indonesien
1965 Singapur wird unabhängiger Stadtstaat
1965 Marcos übernimmt Macht auf den Philippinen
1966 Kulturrevolution in China
1967 Sechstagekrieg zwischen Israel und den Arabern

1971 Ostpakistan wird Bangladesh
1972 Ceylons neuer Name Sri Lanka
1973 Jom-Kippur-Krieg zwischen Israel und arabischen Staaten
1973 Ölkrise: OPEC-Staaten verdreifachen Ölpreise
1973 US-Truppen verlassen Süd-Vietnam

AMERIKA

1950 US-Senator McCarthy beginnt Hexenjagd auf Kommunisten
1952 Erfindung der empfängnisverhütenden Pille in den USA
1953 Putsch Fidel Castros in Kuba scheitert
1954 Rassentrennung an amerikanischen Schule für verfassungswidrig erklärt

1955 Argentinisches Militär putscht gegen Präsident Juan Perón
1958 USA schießen Satelliten *Explorer I* in den Weltraum
1959 Kubanische Revolution: Fidel Castro übernimmt die Macht
1959 Alaska und Hawaii 49. und 50. Staat der USA

1960 Alfred Hitchcocks *Psycho* in den Kinos
1962 Kuba-Krise bedroht den Weltfrieden
1963 Amerikanischer Präsident John F. Kennedy ermordet
1963 Amerikanische Bürgerrechtsbewegung unter Führung Martin Luther Kings
1964 Beatles kommen in die USA

1965 Intervention der USA in der Dominikanischen Republik
1967 Massenprotest gegen den Vietnamkrieg in den USA
1968 Martin Luther King ermordet
1968 Olympiade in Mexiko
1969 Erste Menschen auf dem Mond
1969 300 000 bei Popmusikfestival Woodstock

1972 Entspannungspolitik zwischen den Supermächten USA, UdSSR und China
1973 Militär putscht in Chile gegen sozialistischen Präsidenten Salvador Allende
1973 Skylab-Raumstation eingerichtet
1974 US-Präsident Nixon stürzt über Watergate-Skandal

AFRIKA

1952–56 Mau-Mau-Aufstand in Kenia
1953 Revolution in Ägypten: Ausrufung der Republik
1954–62 Algerische Guerillas kämpfen für Unabhängigkeit von Frankreich

1956 Französisch- und Spanisch-Marokko zu selbstständigem Staat vereinigt
1956 Sudan wird unabhängig
1956 Nasser beschwört Suezkrise herauf

1960 Bürgerkrieg im ehemaligen Belgisch-Kongo
1960 Frankreich erklärt seine afrikanischen Kolonien für unabhängig
1965 Rhodesien erklärt seine Unabhängigkeit

1967–70 Bürgerkrieg in Nigeria führt zur Abspaltung Biafras
1967 Christiaan Barnard nimmt erste Herztransplantation in Südafrika vor
1969 Gaddhafi übernimmt Macht in Libyen

1970–79 Nach Putsch übernimmt Idi Amin die Macht in Uganda
1974 Militär setzt äthiopischen Kaiser Haile Selassie I. ab

OZEANIEN

1951 Australien, Neuseeland und USA unterzeichnen den Anzus-Pakt
1952 USA testen Wasserstoffbombe im Pazifik

1956 Olympische Spiele in Melbourne
1959 Antarktis-Vertrag über die friedliche Nutzung der Südpolregion unterzeichnet

1962 Neuseeland entlässt Westsamoa in die Unabhängigkeit
1963 Erstmals Bluttransfusion bei ungeborenem Kind in Neuseeland durchgeführt

1967 Letzte Hinrichtung in Australien
1968 Koralleninsel Nauru erhält Unabhängigkeit

1970 Unabhängigkeit der Tonga- und Fidschi-Inseln
1973 Aborigines bekommen Wahlrecht in Australien
1973 Einweihung des Opernhauses in Sydney

1950 **1955** **1960** **1965** **1970**

Unten: „Retortenbaby"
Louise Brown

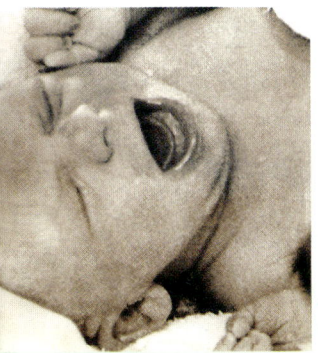

Oben: Mandelas Freilassung war der Anfang vom Ende der Apartheid.
Rechts: Russische Soldaten 1995 im verwüsteten Tschetschenien

1975 Unterzeichnung der KSZE-Schlussakte
1975 Nach Francos Tod Juan Carlos I. König von Spanien
1977 Erste freie Wahlen in Spanien seit 41 Jahren
1977 Bürgerrechtsbewegung gibt in Prag *Charta 77* heraus
1978 Erstes „Retortenbaby" in Großbritannien geboren
1979 Erste Direktwahl zum Europäischen Parlament

1980 Gewerkschaft Solidarność in Polen gegründet
1981 Kriegsrecht in Polen
1981–95 Sozialist François Mitterrand neuer französischer Staatspräsident
1981 Papst Johannes Paul II. überlebt Attentat
1982–98 Politische Wende in der BRD: Helmut Kohl wird neuer Bundeskanzler
1984 Olympische Winterspiele in Sarajevo

1985–91 Michail Gorbatschow Generalsekretär der KPdSU
1986 Katastrophe im Kernkraftwerk Tschernobyl
1986 Schwedischer Ministerpräsident Olof Palme erschossen
1987 Rudolf Heß begeht Freitod im Spandauer Gefängnis
1988 Sowjetische Kosmonauten verbringen 326 Tage in Raumstation
1989 Ende der kommunistischen Regimes in Osteuropa
1989 Fall der Mauer

1990 Wiedervereinigung der beiden deutschen Staaten
1991 Putsch gegen Gorbatschow gescheitert
1991 Kroatien und Slowenien lösen sich von Jugoslawien
1991–95 Bürgerkrieg im ehemaligen Jugoslawien
1993 Tschechoslowakei teilt sich in die beiden souveränen Staaten Tschechien und Slowakei
1994 Kanaltunnel zwischen Frankreich und Großbritannien eröffnet

1994–95 Türkische Offensive gegen kurdische Guerillas
1995 Das von den USA vermittelte Friedensabkommen von Dayton beendet Krieg um Bosnien-Herzegowina
1996 Boris Jelzin erneut wiedergewählt
1996 Affäre um Kinderschänder Dutroux in Belgien
1998 Serbien lehnt vereinbartes Abkommen von Rambouillet ab
1999 Krieg der NATO gegen Serbien um das Kosovo

1975 Kommunisten erobern Süd-Vietnam und Laos
1975 Bürgerkrieg in Libanon
1975 Vietnamesische Kommunisten besetzen Kambodscha
1977 Menachem Beginn regiert Israel
1979 Ayatollah Khomeini erringt Macht im Iran
1979 Sowjetunion rückt in Afghanistan ein

1980–88 Iranisch-Irakischer Krieg
1982 Israel gibt Sinai zurück
1982 Israelische Soldaten rücken in Libanon ein
1983 Philippinischer Oppositionsführer Benigno Aquino ermordet
1984 Indische Premierministerin Indira Gandhi ermordet

Unmittelbar vor dem Massaker auf dem Tienanmenplatz

1986 Präsident Marcos flieht von den Philippinen
1988 Sowjetunion zieht aus Afghanistan ab
1989 Chinesisches Militär zerschlägt Studentendemonstration auf dem Tienanmenplatz

1990 Irak besetzt Kuwait
1991 Golfkrieg gegen den Irak
1991 Auflösung der UdSSR und Gründung der GUS
1991 Ausbruch des Vulkans Pinatubo auf den Philippinen
1992 Kaukasus wird zur Krisenregion
1993 Israel und PLO: Autonomieabkommen für Gaza und West Bank

1995 Israels Ministerpräsident Itzhak Rabin wegen Friedensschritten ermordet
1995–96 Russische Truppen und tschetschenische Rebellen kämpfen um Grosnij
1999 PKK-Führer Öcalan verhaftet
1999 Ehud Barak gewinnt Parlamentswahlen in Israel

1976 Sonde *Viking I* landet auf Mars
1977 Entwicklung der Neutronenbombe
1977–79 Bürgerkrieg in Nicaragua endet mit Sieg der Sandinisten
1978 Massenselbstmord der Anhänger des Sektenführers Jim Jones in Guayana
1979–92 Bürgerkrieg in El Salvador

1980 Ex-Beatle John Lennon in New York erschossen
1981 Wissenschaftler identifizieren Aids-Virus
1982 Großbritannien und Argentinien führen Krieg um die Falkland-Inseln
1983 US-Streitkräfte besetzen Grenada
1983 Erste freie Wahlen nach zehn Jahren in Argentinien

1986 „Baby Doc" Duvalier, Präsident von Haiti, gestürzt
1987 Vertrag zwischen USA und UdSSR zur nuklearen Abrüstung
1989 Intervention der USA in Panama: Noriega verhaftet
1989 Drogenkrieg in Kolumbien
1989 Sturz Alfredo Stroessners, der seit 1954 in Paraguay an der Macht ist

1991 Abzug der Sowjets aus Kuba
1991 USA und UdSSR schließen START-I-Vertrag über nukleare Abrüstung
1994 Fernando Cardoso, „Vater des brasilianischen Wirtschaftswunders", gewinnt Wahlen in Brasilien
1994 Massenexodus von Kubanern in die USA

Zerstörtes Gebäude in Oklahoma

1995 166 Tote bei Bombenanschlag in Oklahoma
1996 230 Tote bei Absturz einer TWA-Maschine

1975 Angola und Moçambique unabhängig
1976 Schülerunruhen in Soweto in Südafrika
1977 Befreiung der deutschen Geiseln durch die GSG 9 in Mogadischu

1980 Simbabwe wird Republik
1981 Ägyptischer Präsident Sadat ermordet
1984 Blutige Unruhen in Marokko wegen gestiegener Preise
1984–87 Anhaltende Hungersnot in Äthiopien

1985 Aids-Epidemie in Ostafrika
1986 USA bombardieren Libyen wegen terroristischer Aktivitäten
1988 Sanktionen gegen Südafrika wegen Apartheidpolitik

1990 Nelson Mandela frei
1991 Ende der Apartheid angekündigt
1994 Mandela neuer Präsident Südafrikas
1994 Bürgerkrieg in Ruanda: über 1 Mio. Tote

1995 Abzug der letzten UN-Soldaten aus Somalia
1996 Bürgerkrieg in Liberia
1996 Putsch in Burundi
1996 Flüchtlingsdrama in Zaire

1975 Papua-Neuguinea und die Salomon-Inseln werden unabhängig

1983 Sieg der oppositionellen australischen Labor Party bei Parlamentswahlen
1984 Erstes Baby aus tiefgekühltem Embryo in Melbourne geboren

1986 „Australia Act": Im britischen Parlament verabschiedete Gesetze gelten nicht mehr automatisch in Australien
1987 Fidschi-Inseln zur Republik ausgerufen

1991 Die aus zahlreichen Inseln bestehende Nation Mikronesien erklärt sich zur Republik

1995 Frankreich führt Nukleartest in Polynesien durch: weltweite Proteste und Unruhen auf Tahiti

1975 **1980** **1985** **1990** **1995**

RÖMISCHE KAISER

JULISCH-CLAUDISCHE DYNASTIE

27 v. Chr.–14 n. Chr.	Augustus
14–37	Tiberius
37–41	Caligula
41–54	Claudius
54–68	Nero
68–69	Galba
69	Otho
69	Vitellius

FLAVISCHE DYNASTIE

69–79	Vespasian
79–81	Titus
81–96	Domitian

ADOPTIVKAISER

96–98	Nerva
98–117	Trajan
117–138	Hadrian
138–161	Antoninus Pius
161–169	Lucius Verus
161–180	Mark Aurel
180–192	Commodus
193	Pertinax
193	Didius Julianus
193–194	Pescennius Niger
193–197	Clodius Albinus

SEVERISCHE DYNASTIE

193–211	Septimius Severus
211–217	Caracalla
211–212	Geta
217–218	Macrinus
218	Diadumenianus
218–222	Elagabal
222–235	Alexander Severus

SOLDATENKAISER

235–238	Maximinus Thrax
238	Gordian I.
238	Gordian II.
238	Balbinus
238	Pupienus
238–244	Gordian III.
244–249	Philippus Arabs
249–251	Decius
251–253	Trebonianus Gallus
251–253	Volusianus
253	Aemilianus
253–260	Valerian
253–268	Gallienus
268–270	Claudius II. Gothicus
270	Quintillus
270–275	Aurelian
275–276	Tacitus
276	Florianus
276–282	Probus
282–283	Carus
283–284	Numerianus
283–285	Carinus

ÖSTLICHE REICHSHÄLFTE

284–305	Diocletian
305–311	Galerius
309–313	Maximinius Daia
308–324	Licinius

WESTLICHE REICHSHÄLFTE

286–305	Maximian
305–306	Constantius I. Chlorus
306–307	Flavius Severus
307–312	Maxentius
307–308/10	Maximianus

GESAMTREICH

324–337	Konstantin I. der Große
337–340	Konstantin II.
337–350	Constans
337–361	Constantius II.
361–363	Julian Apostata
363–364	Jovian

ÖSTLICHE REICHSHÄLFTE

364–378	Valens
379–394	Theodosius I.

WESTLICHE REICHSHÄLFTE

364–375	Valentinian I.
375–383	Gratian
375–392	Valentinian II.
392–394	Eugenius

GESAMTREICH

394–395	Theodosius I. der Große

WESTRÖMISCHES REICH

395–423	Honorius
421	Constantius III.
423–425	Johannes
425–455	Valentinian III.
455	Petronius Maximus
455–456	Avitus
457–461	Majorian
461–465	Libius Severus
465–467	Interregnum
467–472	Anthemius
472	Olybrius
473–474	Glycerius
474–475	Julius Nepos
475–476	Romulus Augustus
476	Absetzung des Romulus Augustus durch Odoaker

OSTRÖMISCHES REICH

395–408	Arkadius
308–450	Theodosius II.
350–457	Markian
457–518	Thrakische Dynastie
518–610	Dynastie des Justinian
610–716	Dynastie des Herakleios
716–820	Syrische Dynastie
820–866	Amorische Dynastie
866–1081	Makedonische Dynastie
1081–1185	Dynastie der Komnenen
1185–1204	Dynastie der Angeloi
1204–1237	Lateinisches Kaiserreich
1204–1258	Dynastie der Laskariden
1258–1453	Dynastie der Paläologen
1453	Eroberung Konstantinopels durch die Osmanen

HEILIGES RÖMISCHES REICH

KAROLINGER (FRANKENREICH)

751–768	Pippin III.
768–814	Karl der Große
814–840	Ludwig I. der Fromme
840–855	Lothar I.
850–875	Ludwig II.
875–877	Karl II. der Kahle

KAROLINGER

840–876	Ludwig II. der Deutsche
876–880	Karlmann
876–882	Ludwig III. der Jüngere
876–887	Karl III. der Dicke
887–899	Arnulf von Kärnten
900–911	Ludwig IV. das Kind

FRANKEN

911–918	Konrad I.

OTTONEN (SACHSEN)

919–936	Heinrich I.
936–973	Otto I. der Große
973–983	Otto II.
983–1002	Otto III.
1002–1024	Heinrich II. der Heilige

SALIER

1024–1039	Konrad II.
1039–1056	Heinrich III.
1056–1106	Heinrich IV.
1077–1080	*Rudolf von Rheinfelden (Gegenkönig)*
1081–1088	*Hermann von Salm (Gegenkönig)*
1087–1093	*Konrad (Mitkönig)*
1093–1098	*Konrad (Gegenkönig)*
1106–1125	Heinrich V.

SUPPLINBURGER

1125–1137	Lothar III.

STAUFER

1138–1152	Konrad III.
1147–1150	Heinrich Berengar (Mitkönig)
1152–1190	Friedrich I. Barbarossa
1190–1197	Heinrich VI.
1198–1208	Philipp von Schwaben

WELFEN

1198–1218	Otto IV.

STAUFER

1212–1250	Friedrich II.
1220–1235	Heinrich (VII.) (Mitkönig)
1246–1247	*Heinrich Raspe (Gegenkönig)*
1250–1254	Konrad IV.

VERSCHIEDENE DYNASTIEN

1254–1256	Wilhelm von Holland
1257–1272	Richard von Cornwall
1257–1273	Alfons X. von Kastilien (regierte nicht)
1273–1291	Rudolf I. von Habsburg
1292–1298	Adolf von Nassau
1298–1308	Albert I. von Österreich
1308–1313	Heinrich VII. von Luxemburg

WITTELSBACHER

1314–1347	Ludwig IV. der Bayer
1314–1330	Friedrich III. der Schöne

LUXEMBURGER

1346–1378	Karl IV.
1349	*Günther von Schwarzburg (Gegenkönig)*
1378–1400	Wenzel

WITTELSBACHER

1400–1410	Ruprecht von der Pfalz

LUXEMBURGER

1410–1411	Jobst von Mähren
1410–1437	Siegmund

HABSBURGER

1438–1439	Albrecht II.
1440–1493	Friedrich III.
1493–1519	Maximilian I.
1519–1556	Karl V.
1556–1564	Ferdinand I.
1564–1576	Maximilian II.
1576–1612	Rudolf II.
1612–1619	Matthias
1619–1637	Ferdinand II.
1637–1657	Ferdinand III.
1658–1705	Leopold I.
1705–1711	Joseph I.
1711–1740	Karl VI.

WITTELSBACHER

1742–1745	Karl VII. Albrecht

HABSBURG-LOTHRINGER

1745–1765	Franz I. Stephan
1765–1790	Joseph II.
1790–1792	Leopold II.
1792–1806	Franz II.
1806	Reichsauflösung durch Napoleon I.

DEUTSCHLAND

DEUTSCHE KAISER

DEUTSCHES REICH

1871–1888 Wilhelm I.
1888 Friedrich III.
1888–1918 Wilhelm II.
1918 Ausrufung der Republik

REICHS- UND BUNDESPRÄSIDENTEN

WEIMARER REPUBLIK

1919–1925 Friedrich Ebert (SPD)
1925–1934 Paul von Hindenburg (parteilos)

DRITTES REICH

1934–1945 Adolf Hitler (NSDAP)
1945 Karl Dönitz

BUNDESREPUBLIK DEUTSCHLAND

1949–1959 Theodor Heuss (FDP)
1959–1969 Heinrich Lübke (CDU)
1969–1974 Gustav Heinemann (SPD)
1974–1979 Walter Scheel (FDP)
1979–1984 Karl Carstens (CDU)
1984–1994 Richard von Weizsäcker (CDU)
1994–1999 Roman Herzog (CDU)
1999– Johannes Rau (SPD)

STAATSRATSVORSITZENDE

DEUTSCHE DEMOKRATISCHE REPUBLIK

1949–1960 Wilhelm Pieck
1960–1973 Walter Ulbricht
1973–1976 Willi Stoph
1976–1989 Erich Honecker
1989 Egon Krenz
1989–1990 Manfred Gerlach (LDPD)
1990 Sabine Bergmann-Pohl (CDU)

GENERALSEKRETÄR DER SED

DEUTSCHE DEMOKRATISCHE REPUBLIK

1946–1954 Otto Grotewohl und Wilhelm Pieck
1954–1971 Walter Ulbricht
1971–1989 Erich Honecker
1989 Egon Krenz

REICHS- UND BUNDESKANZLER

DEUTSCHES REICH

1871–1890 Otto von Bismarck
1890–1894 Georg Leo von Caprivi
1894–1900 Chlodwig zu Hohenlohe-Schillingsfürst
1900–1909 Bernhard von Bülow
1909–1917 Theobald von Bethmann-Hollweg
1917 Georg Michaelis
1917–1918 Georg von Hertling
1918 Max von Baden

WEIMARER REPUBLIK

1919 Philipp Scheidemann (SPD)
1919–1920 Gustav Bauer (SPD)
1920 Hermann Müller (SPD)
1920–1921 Konstantin Fehrenbach (Zentrum)
1921–1922 Joseph Wirth (Zentrum)
1922–1923 Wilhelm Cuno (parteilos)
1923 Gustav Stresemann (DVP)
1923–1924 Wilhelm Marx (Zentrum)
1925–1926 Hans Luther (parteilos)
1926–1928 Wilhelm Marx (Zentrum)
1928–1930 Hermann Müller (SPD)
1930–1932 Heinrich Brüning (Zentrum)
1932–1933 Franz von Papen (parteilos)
1933 Kurt von Schleicher (parteilos)

DRITTES REICH

1933–1945 Adolf Hitler (NSDAP)

BUNDESREPUBLIK DEUTSCHLAND

1949–1963 Konrad Adenauer (CDU)
1963–1966 Ludwig Erhard (CDU)
1966–1969 Kurt Georg Kiesinger (CDU)
1969–1974 Willy Brandt (SPD)
1974–1982 Helmut Schmidt (SPD)
1982–1998 Helmut Kohl (CDU)
1998– Gerhard Schröder (SPD)

MINISTERPRÄSIDENTEN

DEUTSCHE DEMOKRATISCHE REPUBLIK

1949–1964 Otto Grotewohl
1964–1973 Willi Stoph
1973–1976 Horst Sindermann
1976–1989 Willi Stoph
1989–1990 Hans Modrow
1990 Lothar de Maizière

ÖSTERREICH

KAISER

HABSBURG-LOTHRINGEN

1804–1835 Franz I.
1835–1848 Ferdinand I.
1848–1916 Franz Joseph I.
1916–1918 Karl I.
1918 Ausrufung der Republik

BUNDESPRÄSIDENTEN

ERSTE REPUBLIK

1919–1920 Karl Seitz (Sozialdemokraten)
1920–1928 Michael Hainisch (parteilos)
1928–1938 Wilhelm Miklas (christlich-sozial)

„ANSCHLUSS"

1938–1945 Österreich als Teil des Dritten Reiches

ZWEITE REPUBLIK

1945–1950 Karl Renner (SPÖ)
1951–1957 Theodor Körner (SPÖ)
1957–1965 Adolf Schärf (SPÖ)
1965–1974 Franz Jonas (SPÖ)
1974–1986 Rudolf Kirchschläger (SPÖ)
1986–1992 Kurt Waldheim (ÖVP)
1992– Thomas Klestil (ÖVP)

BUNDESKANZLER

ZWEITE REPUBLIK

1945 Karl Renner (SPÖ)
1945–1953 Leopold Figl (ÖVP)
1953–1961 Julius Raab (ÖVP)
1961–1964 Alfons Gorbach (ÖVP)
1964–1970 Josef Klaus (ÖVP)
1970–1983 Bruno Kreisky (SPÖ)
1983–1986 Fred Sinowatz (SPÖ)
1986–1997 Franz Vranitzky (SPÖ)
1997– Viktor Klima (SPÖ)

SPANIEN

1479–1504/16 Isabella I. von Kastilien (†1504) und
Ferdinand II. von Aragón (†1516)

HABSBURGER

1516–1556 Karl I.
1556–1598 Philipp II.
1598–1621 Philipp III.
1621–1665 Philipp IV.
1665–1700 Karl II.

BOURBONEN

1700–1724 Philipp V. von Anjou
1724 Ludwig I.
1724–1746 Philipp V. von Anjou
1746–1759 Ferdinand VI.
1759–1788 Karl III.
1788–1808 Karl IV.
1808 Ferdinand VII.

BONAPARTE

1808–1813 Joseph

BOURBONEN

1814–1833 Ferdinand VII.
1833–1868 Isabella II.

SAVOYEN

1869–1870 Francisco Serrano y Domínguez (Regent)
1870–1873 Amadeus

ERSTE REPUBLIK

1873–1874 fünf Präsidenten

BOURBONEN

1874–1885 Alfonso XII.
1885–1886 Maria Christina von Österreich (Regentin)
1886–1931 Alfonso XIII.

ZWEITE REPUBLIK

1931–1939 zwei Präsidenten

DIKTATUR

1939–1975 Francisco Franco

BOURBONEN

1975– Juan Carlos I.

ITALIEN

SAVOYEN

1861–1878 Viktor Emmanuel II.
1878–1900 Humbert I.
1900–1946 Viktor Emmanuel III.
1946 Humbert II.
1946 Ausrufung der Republik

NIEDERLANDE

ORANIEN-NASSAU

1813–1840 Wilhelm I.
1840–1849 Wilhelm II.
1849–1890 Wilhelm III.
1890–1948 Wilhelmina
1948–1980 Juliana
1980– Beatrix

GROSSBRITANNIEN

KÖNIGE

ANGELSACHSEN

955–959	Eadwig
959–975	Edgar
975–978	Eduard der Märtyrer
978–1016	Aethelred II.
1016	Edmund II. Ironside
1016–1035	Knut I. der Große
1035–1040	Harold I. Harefoot
1040–1042	Hardknut
1042–1066	Eduard der Bekenner
1066	Harold II. Godwinson

NORMANNEN

1066–1087	Wilhelm I. der Eroberer
1087–1100	Wilhelm II. Rufus
1100–1135	Heinrich I.
1135–1154	Stephan I. von Blois

PLANTAGENET

1154–1189	Heinrich II.
1189–1199	Richard I. Löwenherz
1199–1216	Johann I. ohne Land
1216–1272	Heinrich III.
1272–1307	Eduard I.
1307–1327	Eduard II.
1327–1377	Eduard III.
1377–1399	Richard II.

LANCASTER

1399–1413	Heinrich IV.
1413–1422	Heinrich V.
1422–1461	Heinrich VI.

YORK

1461–1483	Eduard IV.
1483	Eduard V.
1483–1485	Richard III.

TUDOR

1485–1509	Heinrich VII.
1509–1547	Heinrich VIII.
1547–1553	Eduard VI.
1553–1558	Maria I. die Katholische
1558–1603	Elisabeth I.

STUART

1603–1625	Jakob I.
1625–1649	Karl I.
1653–1659	Commonwealth und Protektorat

STUART

1660–1685	Karl II.
1685–1688	Jakob II.
1689–1702	Wilhelm III. von Oranien und Maria II.
1702–1714	Anna

HANNOVER

1714–1727	Georg I.
1727–1760	Georg II.
1760–1820	Georg III.
1820–1830	Georg IV.
1830–1837	William IV.
1837–1901	Viktoria

WINDSOR

1901–1910	Eduard VII.
1910–1936	Georg V.
1936	Eduard VIII.
1936–1952	Georg VI.
1952–	Elisabeth II.

PREMIERMINISTER

1721–1742	Sir Robert Walpole (Whig)
1742–1743	Earl of Wilmington (Whig)
1743–1754	Henry Pelham (Whig)
1754–1756	Duke of Newcastle (Whig)
1756–1757	Duke of Devonshire (Whig)
1757–1762	Duke of Newcastle (Whig)
1762–1763	Earl of Bute (Tory)
1763–1765	George Grenville (Whig)
1765–1766	Marquis of Rockingham (Whig)
1766–1768	Earl of Chatham (Whig)
1768–1770	Duke of Grafton (Whig)
1770–1782	Lord North (Tory)
1782	Marquis of Rockingham (Whig)
1782–1783	Earl of Shelburne (Whig)
1783	Duke of Portland (Koalition)
1783–1801	William Pitt (Tory)
1801–1804	Henry Addington (Tory)
1804–1806	William Pitt (Tory)
1806–1807	Lord William Grenville (Whig)
1807–1809	Duke of Portland (Tory)
1809–1812	Spencer Perceval (Tory)
1812–1827	Earl of Liverpool (Tory)
1827	George Canning (Tory)
1827–1828	Viscount Goderich (Tory)
1828–1830	Duke of Wellington (Tory)
1830–1834	Earl Grey (Whig)
1834	Duke of Wellington (Tory)
1834–1835	Sir Robert Peel (Konservative)
1835–1841	Viscount Melbourne (Whig)
1841–1846	Sir Robert Peel (Konservative)
1846–1852	Lord John Russell (Whig)
1852	Earl of Derby (Konservative)
1852–1855	Earl of Aberdeen (Koalition)
1855–1858	Viscount Palmerston (Liberale)
1858–1859	Earl of Derby (Konservative)
1859–1865	Viscount Palmerston (Liberale)
1865–1866	Earl Russell (Liberale)
1866–1868	Earl of Derby (Konservative)
1868	Benjamin Disraeli (Konservative)
1868–1874	William Ewart Gladstone (Liberale)
1874–1880	Benjamin Disraeli (Konservative)
1880–1885	William Ewart Gladstone (Liberale)
1885–1886	Marquis of Salisbury (Konservative)
1886	William Ewart Gladstone (Liberale)
1886–1892	Marquis of Salisbury (Konservative)
1892–1894	William Ewart Gladstone (Liberale)
1894–1895	Earl of Rosebery (Liberale)
1895–1902	Marquis of Salisbury (Konservative)
1902–1905	Arthur James Balfour (Konservative)
1905–1908	Sir H. Campbell-Bannerman (Liberale)
1908–1916	Herbert Henry Asquith (Liberale)
1916–1922	David Lloyd George (Koalition)
1922–1923	Andrew Bonar Law (Konservative)
1923–1924	Stanley Baldwin (Konservative)
1924	James Ramsay MacDonald (Labour)
1924–1929	Stanley Baldwin (Konservative)
1929–1935	James Ramsay MacDonald (Koalition)
1935–1937	Stanley Baldwin (Koalition)
1937–1940	Neville Chamberlain (Koalition)
1940–1945	Sir Winston Churchill (Koalition)
1945–1951	Clement Richard Attlee (Labour)
1951–1955	Sir Winston Churchill (Konservative)
1955–1957	Sir Anthony Eden (Konservative)
1957–1963	Harold Macmillan (Konservative)
1963–1964	Sir Alec Douglas-Home (Konservative)
1964–1970	Harold Wilson (Labour)
1970–1974	Edward Heath (Konservative)
1974–1976	Harold Wilson (Labour)
1976–1979	James Callaghan (Labour)
1979–1990	Margaret Thatcher (Konservative)
1990–1997	John Major (Konservative)
1997–	Tony Blair (Labour)

RUSSLAND

RURIKIDEN

1547–1584	Iwan IV. der Schreckliche
1584–1598	Fjodor I.

GODUNOW

1598–1605	Boris Godunow
1605	Fjodor II.
1605–1606	Demetrius
1606–1610	Wassilij Schujskij

ROMANOW

1613–1645	Michael III.
1645–1676	Aleksej
1676–1682	Fjodor III.
1682–1696	Iwan V.
1682–1725	Peter I. der Große
1725–1727	Katharina I.
1727–1730	Peter II.
1730–1740	Anna
1740–1741	Iwan VI.
1741–1762	Elisabeth

ROMANOW-HOLSTEIN-GOTTORP

1762	Peter III.
1762–1796	Katharina II. die Große
1796–1801	Paul I.
1801–1825	Alexander I.
1825–1855	Nikolaus I.
1855–1881	Alexander II.
1881–1894	Alexander III.
1894–1917	Nikolaus II.
1917	Russische Revolution

SCHWEDEN

WASA

1523–1560	Gustav I. Eriksson Wasa
1560–1568	Erich XIV.
1568–1592	Johann III.
1592–1599	Sigismund
1599–1611	Karl IX.
1611–1632	Gustav II. Adolf
1632–1654	Christine

PFALZ-ZWEIBRÜCKEN

1654–1660	Karl X. Gustav
1660–1697	Karl XI.
1697–1718	Karl XII.
1718–1720	Ulrike Eleonore

HESSEN-KASSEL

1720–1751	Friedrich I.

HOLSTEIN-GOTTORP

1751–1771	Adolf Friedrich
1771–1792	Gustav III.
1792–1809	Gustav IV. Adolf
1809–1818	Karl XIII.

BERNADOTTE

1818–1844	Karl XIV. Johann
1844–1859	Oskar I.
1859–1872	Karl XV.
1872–1907	Oskar II.
1907–1950	Gustav V.
1950–1973	Gustav VI. Adolf
1973–	Karl XVI. Gustav

FRANKREICH

KÖNIGE UND KAISER

KAROLINGER (FRANKENREICH)

751–768	Pippin III.
768–814	Karl der Große
814–840	Ludwig I. der Fromme

KAROLINGER

840–877	Karl II. der Kahle
877–879	Ludwig II. der Stammler
879–882	Ludwig III.
879–884	Karlmann
885–887	Karl III. der Dicke

ROBERTINER

888–898	Odo von Paris

KAROLINGER

898–923	Karl III. der Einfältige

ROBERTINER

922–923	Robert I. von Franzien
923–936	Rudolf von Burgund

KAROLINGER

936–954	Ludwig IV. der Überseeische
954–986	Lothar
986–987	Ludwig V.

KAPETINGER

987–996	Hugo Capet
996–1031	Robert II. der Fromme
1031–1060	Heinrich I.
1060–1108	Philipp I.
1108–1137	Ludwig VI. der Dicke
1137–1180	Ludwig VII. der Junge
1180–1223	Philipp II. August
1223–1226	Ludwig VIII. der Löwe
1226–1270	Ludwig IX. der Heilige
1270–1285	Philipp III. der Kühne
1285–1314	Philipp IV. der Schöne
1314–1316	Ludwig X. der Zänker
1316	Johann I. das Kind
1317–1322	Philipp V. der Lange
1322–1328	Karl IV. der Schöne

VALOIS

1328–1350	Philipp VI.
1350–1364	Johann II. der Gute
1364–1380	Karl V. der Weise
1380–1422	Karl VI. der Wahnsinnige
1422–1461	Karl VII. der Siegreiche
1461–1483	Ludwig XI. der Grausame
1483–1498	Karl VIII.

ORLÉANS

1498–1515	Ludwig XII.
1515–1547	Franz I. von Angoulême
1547–1559	Heinrich II.
1559–1560	Franz II.
1560–1574	Karl IX.
1574–1589	Heinrich III.

BOURBONEN

1589–1610	Heinrich IV. von Navarra
1610–1643	Ludwig XIII.
1643–1715	Ludwig XIV.
1715–1774	Ludwig XV.
1774–1792	Ludwig XVI.

ERSTE REPUBLIK

1792–1795	Nationalkonvent
1795–1799	Direktorium
1799–1804	Konsulat

ERSTES KAISERREICH

1804–1814/15	Napoleon I.

BOURBONEN

1814/15–1824	Ludwig XVIII.
1824–1830	Karl X.

ORLÉANS

1830–1848	Louis Philippe

ZWEITE REPUBLIK (Präsident)

1848–1852	Charles Louis Napoleon Bonaparte

ZWEITES KAISERREICH

1852–1870	Napoleon III.

PRÄSIDENTEN

DRITTE REPUBLIK

1871–1873	Adolphe Tiers
1873–1879	MacMahon, Graf von
1879–1887	Jules Grévy
1887–1894	Marie François Sadi Carnot
1894–1895	Jean Paul Pierre Casimier-Périer
1895–1899	Félix Faure
1899–1906	Émile Loubet
1906–1913	Armand Fallières
1913–1920	Raymond Poincaré
1920	Paul Deschanel
1920–1924	Alexandre Millerand
1924–1931	Gaston Doumergue
1931–1932	Paul Doumer
1932–1940	Albert Lebrun

ETAT FRANÇAIS

1940–1945	Henri Philippe Pétain

VIERTE REPUBLIK

1947–1954	Vincent Auriol
1954–1959	René Coty

FÜNFTE REPUBLIK

1959–1969	Charles de Gaulle
1969–1974	Georges Pompidou
1974–1981	Valéry Giscard d'Estaing
1981–1995	François Mitterrand
1995–	Jacques Chirac

USA

1789–1797	George Washington (Föd.)
1797–1801	John Adams (Föd.)
1801–1809	Thomas Jefferson (Dem. Rep.)
1809–1817	James Madison (Dem. Rep.)
1817–1825	James Monroe (Dem. Rep.)
1825–1829	John Quincy Adams (parteilos)
1829–1837	Andrew Jackson (Dem.)
1837–1841	Martin Van Buren (Dem.)
1841	William H. Harrison (Whig)
1841–1845	John Tyler (Whig; dann Dem.)
1845–1849	James K. Polk (Dem.)
1849–1850	Zachary Taylor (Whig)
1850–1853	Millard Fillmore (Whig)
1853–1857	Franklin Pierce (Dem.)
1857–1861	James Buchanan (Dem.)
1861–1865	Abraham Lincoln (Rep.)
1865–1869	Andrew Johnson (Dem.)
1869–1877	Ulysses S. Grant (Rep.)
1877–1881	Rutherford B. Hayes (Rep.)
1881	James A. Garfield (Rep.)
1881–1885	Chester A. Arthur (Rep.)
1885–1889	S. Grover Cleveland (Dem.)
1889–1893	Benjamin Harrison (Rep.)
1893–1897	S. Grover Cleveland (Dem.)
1897–1901	William McKinley (Rep.)
1901–1909	Theodore Roosevelt (Rep.)
1909–1913	William H. Taft (Rep.)
1913–1921	T. Woodrow Wilson (Dem.)
1921–1923	Warren G. Harding (Rep.)
1923–1929	Calvin Coolidge (Rep.)
1929–1933	Herbert C. Hoover (Rep.)
1933–1945	Franklin D. Roosevelt (Dem.)
1945–1953	Harry S. Truman (Dem.)
1953–1961	Dwight D. Eisenhower (Rep.)
1961–1963	John F. Kennedy (Dem.)
1963–1969	Lyndon B. Johnson (Dem.)
1969–1974	Richard M. Nixon (Rep.)
1974–1977	Gerald R. Ford (Rep.)
1977–1981	James E. Carter (Dem.)
1981–1989	Ronald W. Reagan (Rep.)
1989–1993	George H. W. Bush (Rep.)
1993–	William J. Clinton (Dem.)

Föd. = Föderalisten; Dem. Rep. = Demokratische Republikaner; Rep. = Republikaner; Dem. = Demokraten

VEREINTE NATIONEN

GENERALSEKRETÄR

1946–1953	Trygve Halvdan Lie (Norwegen)
1953–1961	Dag Hammarskjöld (Schweden)
1961–1971	Sithu U Thant (Birma)
1971–1981	Kurt Waldheim (Österreich)
1982–1991	Javier Pérez de Cuéllar (Peru)
1992–1996	Butros Butros-Ghali (Ägypten)
1997–	Kofi A. Annan (Ghana)

PÄPSTE UND GEGENPÄPSTE

Ungewisse oder umstrittene Daten sind mit Fragezeichen versehen. Die Namen und Daten der Gegenpäpste sind *kursiv* gesetzt.

64–67 (?)	Petrus	336	Markus	619–625	Bonifatius V.	847–855	Leo IV.
67–76 (?)	Linus	337–352	Julius I.	625–638	Honorius I.	855–858	Benedikt III.
76–88 (?)	Anaklet I.	352–366	Liberius	640	Severinus	*855*	*Anastasius (III.)*
90/92–101 (?)	Klemens I.	*355–365*	*Felix (II.)*	640–642	Johannes IV.	858–867	Nikolaus I.
97–105 (?)	Evaristus	366–384	Damasus I.	642–649	Theodor I.	867–872	Hadrian II.
105–115 (?)	Alexander I.	*366–367*	*Ursinus*	649–653	Martin I.	872–882	Johannes VIII.
115–125 (?)	Sixtus I.	384–399	Siricius	654–657	Eugen I.	882–884	Marinus I.
125–136 (?)	Telesphorus	399–401	Anastasius I.	657–672	Vitalian	884–885	Hadrian III.
136–140 (?)	Hyginus	402–417	Innozenz I.	672–676	Adeodatus II.	885–891	Stephan V.
140–154/155 (?)	Pius I.	417–419	Zosimus	676–678	Donus	891–896	Formosus
154/155–166 (?)	Anicetus	418–422	Bonifatius I.	678–681	Agatho	896	Bonifatius VI.
166–174 (?)	Soter	*418–419*	*Eulalius*	682–683	Leo II.	896–897	Stephan VI.
174–189 (?)	Eleutherus	422–432	Cölestin I.	684–685	Benedikt II.	897	Romanus
189–198 (?)	Viktor I.	432–440	Sixtus III.	685–686	Johannes V.	897	Theodor II.
199–217 (?)	Zephyrinus	440–461	Leo I.	686–687	Konon	898–900	Johannes IX.
217–222	Calixtus I.	461–468	Hilarus	*687*	*Theodor*	900–903	Benedikt IV.
217–235	*Hippolyt*	468–483	Simplicius	*687*	*Paschalis*	903	Leo V.
222–230	Urban I.	483–492	Felix II.	687–701	Sergius I.	*903–904*	*Christophorus*
230–235	Pontianus	492–496	Gelasius I.	701–705	Johannes VI.	904–911	Sergius III.
235–236	Anteros	496–498	Anastasius II.	705–707	Johannes VII.	911–913	Anastasius III.
236–250	Fabianus	498–514	Symmachus	708	Sisinnius	913–914	Lando
251–253	Cornelius	*498–506*	*Laurentius*	708–715	Konstantin I.	914–928	Johannes X.
251–258 (?)	*Novatian*	514–523	Hormisdas	715–731	Gregor II.	928	Leo VI.
253–254	Lucius I.	523–526	Johannes I.	731–741	Gregor III.	928–931	Stephan VII.
254–257	Stephan I.	526–530	Felix III.	741–752	Zacharias	931–935	Johannes XI.
257–258	Sixtus II.	530–532	Bonifatius II.	752	Stephan (II.)	936–939	Leo VII.
259/260–267/268 (?)	Dionysius	*530*	*Dioskur*	752–757	Stephan II.	939–942	Stephan VIII.
268/269–273/274 (?)	Felix I.	533–535	Johannes II.	757–767	Paul I.	942–946	Marinus II.
274/275–282 (?)	Eutychianus	535–536	Agapet I.	*767–768*	*Konstantin II.*	946–955	Agapet II.
282/283–296	Cajus	536–537	Silverius	*768*	*Philippus*	955–964	Johannes XII.
296–304	Marcellinus	537–555	Vigilius	768–772	Stephan III.	963–965	Leo VIII.
307–308 (?)	Marcellus I.	556–561	Pelagius I.	772–795	Hadrian I.	*964*	*Benedikt V.*
309–310	Eusebius	561–574	Johannes III.	795–816	Leo III.	965–972	Johannes XIII.
311–314 (?)	Miltiades	575–579	Benedikt I.	816–817	Stephan IV.	973–974	Benedikt VI.
314–335	Silvester I.	579–590	Pelagius II.	817–824	Paschalis I.	*974*	*Bonifatius VII.*
		590–604	Gregor I.	824–827	Eugen II.	974–983	Benedikt VII.
		604–606	Sabinianus	827	Valentin	983–984	Johannes XIV.
		607	Bonifatius III.	827–844	Gregor IV.	*984–985*	*Bonifatius VII.*
		608–615	Bonifatius IV.	*844*	*Johannes (VIII.)*	985–996	Johannes XV.
		615–618	Deusdedit (Adeodatus I.)	844–847	Sergius II.	996–999	Gregor V.

PÄPSTE UND GEGENPÄPSTE

997–998	*Johannes XVI.*
999–1003	Silvester II.
1003	Johannes XVII.
1004–1009	Johannes XVIII.
1009–1012	Sergius IV.
1012–1024	Benedikt VIII.
1012	*Gregor (VI.)*
1024–1032	Johannes XIX.
1032–1045	Benedikt IX.
1045–1046	Silvester III.
1045–1046	Gregor VI.
1046–1047	Klemens II.
1047–1048	Benedikt IX.
1048	Damasus II.
1049–1054	Leo IX.
1055–1057	Viktor II.
1057–1058	Stephan IX.
1058–1059	*Benedikt X.*
1058–1061	Nikolaus II.
1061–1073	Alexander II.
1061–1064	*Honorius (II.)*
1073–1085	Gregor VII.
1080–1100	*Klemens (III.)*
1086–1087	Viktor III.
1088–1099	Urban II.
1099–1118	Paschalis II.
1100	*Theoderich*
1102	*Albert*
1105–1111	*Silvester (IV.)*
1118–1119	Gelasius II.
1118–1121	*Gregor (VIII.)*
1119–1124	Calixtus II.
1124–1130	Honorius II.
1124	*Cölestin (II.)*
1130–1143	Innozenz II.
1130–1138	*Anaklet II.*
1138	*Viktor (IV.)*
1143–1144	Cölestin II.
1144–1145	Lucius II.
1145–1153	Eugen III.

1153–1154	Anastasius IV.
1154–1159	Hadrian IV.
1159–1181	Alexander III.
1159–1164	*Viktor (IV.)*
1164–1168	*Paschalis (III.)*
1168–1178	*Calixtus (III.)*
1179–1180	*Innozenz (III.)*
1181–1185	Lucius III.
1185–1187	Urban III.
1187	Gregor VIII.
1187–1191	Klemens III.
1191–1198	Cölestin III.
1198–1216	Innozenz III.
1216–1227	Honorius III.
1227–1241	Gregor IX.
1241	Cölestin IV.
1243–1254	Innozenz IV.
1254–1261	Alexander IV.
1261–1264	Urban IV.
1265–1268	Klemens IV.
1271–1276	Gregor X.
1276	Innozenz V.
1276	Hadrian V.
1276–1277	Johannes XXI.
1277–1280	Nikolaus III.
1281–1285	Martin IV.
1285–1287	Honorius IV.
1288–1292	Nikolaus IV.
1294	Cölestin V.
1294–1303	Bonifatius VIII.
1303–1304	Benedikt XI.

IN AVIGNON 1309–1420

1305–1314	Klemens V.
1316–1334	Johannes XXII.
1328–1330	*Nikolaus (V.)*
1334–1342	Benedikt XII.
1342–1352	Klemens VI.
1352–1362	Innozenz VI.
1362–1370	Urban V.

1370–1378	Gregor XI.
1378–1389	Urban VI. (in Rom)
1378–1394	*Klemens (VII.)*
1389–1404	Bonifatius IX. (in Rom)
1394–1423	*Benedikt (XIII.)*
1404–1406	Innozenz VII. (in Rom)
1406–1415	Gregor XII. (in Rom)

IN PISA

1409–1410	*Alexander V.*
1410–1415	*Johannes (XXIII.)*

WIEDER IN ROM

1417–1431	Martin V.
1423–1429	*Klemens (VIII.) (in Avignon)*
1425–1430	*Benedikt (XIV.) (in Avignon)*
1431–1447	Eugen IV.
1440–1449	*Felix V.*
1447–1455	Nikolaus V.
1455–1458	Calixtus III.
1458–1464	Pius II.
1464–1471	Paul II.
1471–1484	Sixtus IV.
1484–1492	Innozenz VIII.
1492–1503	Alexander VI.
1503	Pius III.
1503–1513	Julius II.
1513–1521	Leo X.
1522–1523	Hadrian VI.
1523–1534	Klemens VII.
1534–1549	Paul III.
1550–1555	Julius III.
1555	Marcellus II.
1555–1559	Paul IV.
1559–1565	Pius IV.
1566–1572	Pius V.
1572–1585	Gregor XIII.
1585–1590	Sixtus V.
1590	Urban VII.
1590–1591	Gregor XIV.

1591	Innozenz IX.
1592–1605	Klemens VIII.
1605	Leo XI.
1605–1621	Paul V.
1621–1623	Gregor XV.
1623–1644	Urban VIII.
1644–1655	Innozenz X.
1655–1667	Alexander VII.
1667–1669	Klemens IX.
1670–1676	Klemens X.
1676–1689	Innozenz XI.
1689–1691	Alexander VIII.
1691–1700	Innozenz XII.
1700–1721	Klemens XI.
1721–1724	Innozenz XIII.
1724–1730	Benedikt XIII.
1730–1740	Klemens XII.
1740–1758	Benedikt XIV.
1758–1769	Klemens XIII.
1769–1774	Klemens XIV.
1775–1799	Pius VI.
1800–1823	Pius VII.
1823–1829	Leo XII.
1829–1830	Pius VIII.
1831–1846	Gregor XVI.
1846–1878	Pius IX.
1878–1903	Leo XIII.
1903–1914	Pius X
1914–1922	Benedikt XV.
1922–1939	Pius XI.
1939–1958	Pius XII.
1958–1963	Johannes XXIII.
1963–1978	Paul VI.
1978	Johannes Paul I.
1978–	Johannes Paul II.

BILDNACHWEIS

BAL = The Bridgeman Art Library, London
BLIB = Permission of the Board of the British Library
BM = Permission of the Trustees of the British Museum
BPK = Bildarchiv Preußischer Kulturbesitz, Berlin
ET = ET Archive, London
MEPL = Mary Evans Picture Library
RHPL = Robert Harding Picture Library

Umschlagvorderseite:

Erdkugel: DERA/Bavaria
Gorbatschow: V. Shone/Gamma/Frank Spooner
Sturm auf die Bastille: Archiv für Kunst und Geschichte
Mondlandung: NASA/Archiv für Kunst und Geschichte

Umschlagrückseite:

l. Archiv für Kunst und Geschichte
r. National Maritime Museum, London

Vorsatz: Archiv für Kunst und Geschichte
Nachsatz: Archiv für Kunst und Geschichte

Innenteil:

1 Privatsammlung · 3 dpa · 6 u. Scala · o. South America Pictures · 7 o. Archiv für Kunst und Geschichte · u. NASA/Science Photo Library/Focus · 8 Archiv für Kunst und Geschichte · 9 M. John/Helga Lade · u. W. Otto/IFA-Bilderteam · 10 o. Giraudon · u. Musée des Arts Africaine, Paris/Giraudon · 11 Leger Gallery, London/BAL · 12 o. The Robert Hunt Library · u. AKG London · 14 John Reader/Science Photo Library · 15 John Reader/Science Photo Library (4) · 17 o. Kunsthistorisches Museum, Wien · u. Noortman London Ltd./BAL · 18 o. The Brooklyn Museum (54.162)/Charles Edwin Wilbour Fund · u. Arkeoloji Muzeleri, Istanbul/C. M. Dixon · 19 Novosti · 20 l. Ashmolean Museum, Oxford · r. Marc Ribaud/Magnum · 21 u. l. National Army Museum, London · u. M. Paul Warchol/West Point Museum, US Military Academy, West Point, New York · 22 o. Hulton Getty · u. MEPL · 23 o. Larry Burrows/Aspect · M. Tim Hall/RHPL · 24 o. Bundesarchiv, Koblenz/ET · u. Corbis-Bettmann · 25 u. l. US National Archives, Washington/Signal Corps. · o. Ian Berry/Magnum · 26 Hulton Getty · 27 US Army/RHPL · 28 Damm/ZEFA · 29 Bibliothèque Nationale, Paris/AKG London · 30 o. British Museum, London/Erich Lessing/AKG London · u. Bayer AG, Leverkusen · 31 Musée Condé, Chantilly/BPK · 32 o. Ullstein · u. BM · 33 Michael Holford/British Library, London · 34 o. USAF/RHPL · M. US Navy/TRH Pictures · u. The Times/Rex Features Ltd. · 35 o. US Government photo/National Geographic Society · M. USAF/National Geographic Society · 36 o. Giraudon · u. Bibliothèque Nationale, Paris · 37 o. BLIB (65.g.6 pl. 11) · M. Musée des Beaux-Arts, Valenciennes/Giraudon · u. Hubert Josse/Musée des Beaux-Arts, Rouen · 38 Corbis-Bettmann · 39 M. BM · u. John Ross/Vatican Museum/RHPL · 40 o. Chester Beatty Library, Dublin · u. BAL · 41 o. r. Hulton Getty · M. Ford Motor Company/ET · u. l. Mercedes-Benz Classic Archiv, Stuttgart · 42 o. Erich Lessing/Archaeological Museum, Istanbul/AKG London · u. AKG London · 43 o. National Portrait Gallery, London · M. BLIB (8821 a21) · u. Hulton Getty · 44 o. MEPL · u. Ullstein Bilderdienst · 46 Eastlight/Camera Press · 48 u. Musée Cantonal des Beaux-Arts, Lausanne/AKG London · u. Musée Carnavalet, Paris/Jean-Loup Charmet · 49 o. Scala · u. Blühendes Barock, Ludwigsburg · 50 o. Bildarchiv Preußischer Kulturbesitz · M. Bauhaus-Archiv/Frite Bliefernichte · u. Bauhaus-Archiv/Dr. F. Karsten, London · 51 British Library/BAL · 52 l. Gamma/Frank Spooner · M. Guildhall Library, London/ET · r. ET · 53 o. ET · M. US Naval Academy Museum, Annapolis · u. Jacques Langevin/Patrick Dirand/Sygma · 54 o. ET · 55 o. Wolfgang Bera/Ullstein · M. Bibliothèque Nationale, Paris/

Jean-Loup Charmet · u. Science & Society Picture Library · 56 o. BLIB (C351.13 (1) TP) · M. British Library/AKG London · u. Kreml, Moskau/BAL · 57 Peter Newark's Pictures (2) · 58 o. l. Philippe Berthe/CNMHS © DACS 1996 · o. r. Vatican Museums and Art Galleries, Rom/BAL · M. Images Colour Library · u. The Board of Trinity College, Dublin (Ms.58 f27v) · 59 o. l. Prado, Madrid/Scala · o. r. Kingston Corporation · M. r. British Film Institute · u. M. Musées Royaux des Beaux-Arts, Brüssel/BAL · u. M. Nasjonalgalleriet, Oslo/BAL · © The Munch Museum/The Munch Ellingsen · Group DACS 1996 · u. r. NASA/Science Photo Library · 60 The Mansell Collection · 61 o. Bundesarchiv · u. National Maritime Museum, London · 62 BM · 63 l. ET · r. Alfredo Padron · 64 o. Archiv/Interfoto · u. Dave King Collection · 65 o. Corbis-Bettmann · u. Peter Newark's Pictures · 66 o. AKG London · u. BPK · 67 BLIB (OR 5896 13) · 68 o. Hans Hubmann/BPK · u. Guildhall Library, London/BAL · 69 BLIB (6 50.b5Pl.6) · 70 o. BPK · u. Archiv Gerstenberg · 71 Keystone · 72 o. Public Record Office · M. Robert Opie · Brosche: ET · u. Guildhall Art Gallery/BAL · 73 BAL · 74 o. Corbis-Bettmann · u. Privatsammlung · 75 o. l. Science & Society Picture Library · o. r. Knebworth House, Herts/BAL · u. Privatsammlung · 76 o. l. Bibliothèque Nationale, Paris · o. r. BLIB (G.6368 TP) · M. l. BLIB (Add. 14,448 f3 34) · M. r. Privatsammlung · u. l. The Master, Fellows and Scholars of Corpus Christi College, Cambridge/BPK · u. r. Privatsammlung · 77 o. l. BLIB (12554.TT.20-T/P) · o. r. Victor Gollancz · M. BLIB (B7583.de/19/p/195) · u. l. The Penguin Group · u. r. Richard and Sally Greenhill · 78 M. Victoria & Albert Museum, London · u. Christie's Images/BAL · 79 o. Rosine Mazin/TOP/Focus · u. Archiv für Kunst und Geschichte · 80 u. Archiv für Kunst und Geschichte · 81 BPK · 82/83 Jason Hawkes/Julian Cotton Picture Library · 83 o. Aerofilms · u. RHPL · 85 l. Jo Röttger/Visum · r. Archiv für Kunst und Geschichte · 86 Scala · 87 l. Cadbury Limited (2) · u. Alinari/Giraudon · 88 l. Camera Press · r. King Features · 89 AKG London · 91 Daniel/Interfoto · 92 The Ronald Grant Archive (2) · 93 Masters and Fellows of Corpus Christi College, Cambridge (Ms. 61 f1v)/RHPL · 95 o. Stan Grossfield/Black Star/Colorific · u. Bosshard/Magnum · 96 o. The Mansell Collection · M. The Danny & Hettie Heineman Collection/The Pierpont Morgan Library/Art Resource, NY · 97 o. Pictorial Press · u. Imperial War Museum · 98 o. Bibliothèque Nationale, Paris/Giraudon · u. ET · 99 Roger-Viollet · 100 Markel/Liaison/Gamma/Frank Spooner · 101 o. The Medieval Academy of America · M. Musée Ochier, Cluny · u. Bibliothèque Nationale, Paris/BAL · 102 Musée de Versailles/RHPL · 103 o. Erich Lessing/Archiv für Kunst und Geschichte · u. Musée du Louvre, Paris/Giraudon · 104 National Maritime Museum, London/ET · 105 Biblioteca Nacional, Madrid/G. Dagli Orti · 106 o. Yale Collection of Western Americana/Beinecke Rare Books an Manuscripts Library · u. Bibliothèque Nationale, Paris/BAL · 107 l. National Portrait Gallery, London · o. BLIB (10815.dd.TP) · u. Peter Newark's Pictures · 108 o. Société Française de Photographie, Paris · u. South America Pictures · 109 BPK (2) · 110 o. Palazzo Pitti, Florenz/ET · u. Musée Carnavalet/Giraudon · 111 MEPL · 112 l. Peter Newark's Pictures · r. The Fotomas Index · 113 o. BLIB (Add. Or.948) · u. l. ZEFA · u. r. Scala · 114 o. BM · u. American School of Classical Studies at Athens · 115 o. Sygma · M. National Gallery, London/Syndication International · 116 o. The Fotomas Index · u. Ullstein Bilderdienst · 118 o. Staatsbibliothek, Berlin/BPK · u. Archiv für Kunst und Geschichte · 119 Musée de la Venerie/Giraudon/BAL · 120 o. Canadian War Museum/National Museums of Canada · u. AKG London · 121 Puschkin Museum, Moskau · 122 o. Bildarchiv Preußischer Kulturbesitz · u. Christie's, London/BAL · 123 Archiv für Kunst und Geschichte · 125 AKG London · 126 o. Jean-Loup

Charmet · u. Richard Peters/Bildarchiv Preußischer Kulturbesitz · 127 o. Sonia Halliday · u. Gamma/Frank Spooner · 128 o. Hulton Getty · u. Sygma · 129 Musée du Louvre, Paris/Giraudon · 130 o. Popperfoto · u. ET · 131 Corbis-Bettmann · 132 o. Privatsammlung · M. Union Pacific Railroad Collection/RHPL · u. Science Museum, London/RHPL · 133 M. The Mansell Collection · u. The Board of Trustees of the Royal Armouries · 134 o. Giraudon · u. The Fotomax Index · 135 o. Hulton Getty · u. Culver Pictures · 136 Karl Marx Museum, Trier/ET · 138 National Maritime Museum, London · 139 o. Robert Frerck/Odyssey/RHPL · u. Palazzo Barberini, Rom/ET · 140 o. ET · M. AKG London · u. Corbis-Bettmann · 141 o. St. Mary's Hospital Medical School/Science Photo Library · u. Igor Kostin/Imago/Sygma · 142 u. v. l. n. r.: J. Schosmans/Réunion des Musées Nationaux; Erich Lessing/AKG London · Iraq Museum, Bagdad/Giraudon · Sichel: Privatsammlung · 143 o. v. l. n. r.: Département des Antiquites Orientales, Musée du Louvre, Paris; Erich Lessing/AKG London; Science & Society Picture Library · u. v. l. n. r.: The National Motor Museum, Beaulieu; Science & Society Picture Library; GEC-Marconi Ltd.; Corbis-Bettmann · 144 o. Museo Etrusco Guarnacci, Volterra/Scala · u. Popperfoto · 146 o. John Frost Historical Newspaper Service · u. Imperial War Museum · 147 o. Imperial War Museum/BAL · u. Imperial War Museum, London (3) · 148 Bibliotheca Nazionale, Florenz/Scala · 149 Popperfoto · 150 Sala Regia, Vatican/Scala · 151 o. Weidenfeld & Nicolson · M. Moro Roma · u. BLIB (10231;29(1934)114) · 152 o. Museo del Prado, Madrid · u. ET · 153 o. Popperfoto · 154 o. Musée de Bayeux/Michael Holford · u. Archives Nationales, Paris/ET · 155 o. St. Mary's Hospital Medical School/Science Photo Library · u. Musée Condé, Chantilly/Giraudon · 156 o. Michael Holford · u. Süddeutscher Verlag · 157 Scala · 158 o. The Associated Press · u. Corbis-Bettmann · 159 Dietmar Katz/Bildarchiv Preußischer Kulturbesitz · 160 o. The Royal Collection © Her Majesty The Queen · u. Giraudon/BAL · 161 US Dept. of the Interior National Parks Service · 162 o. Scala · u. ET · 163 o. l. ET · o. r. Musée Carnavalet, Paris/Giraudon · M. l. Musée Carnavalet, Paris/Giraudon · M. r. British Library/BAL · u. Bibliothèque Nationale, Paris/Giraudon/BAL · 164 MEPL · 165 Sigmund Freud Copyrights/MEPL · 166 Bildarchiv Preußischer Kulturbesitz · 167 Ullstein Bilderdienst · 168 l. AKG London · r. C. Spengler/Sygma · 169 AKG London · 170 o. Academia, Venedig/Scala · u. RCS Libri & Grandi Opere, Mailand · 171 l. Biblioteca Marucelliana, Florenz/BAL · r. Louvre, Paris/Hubert Josse · 172 o. Hulton Getty · u. Margaret Bourke-White/LIFE Magazine © 1946 Time Inc./Katz Pictures · 173 o. Museo del Risorgimento, Mailand/Scala · u. South America Pictures · 174 o. Imperial War Museum · u. Bibliothèque Municipale, Avignon (Ms.136 C.241)/Ikona · 175 o. MEPL · u. Topkapi Museum, Istanbul/ET · 176 o. Rex Features · u. LIFE Magazine © 1936 Time Inc./Katz Pictures · 178 o. ET · u. Corbis-Bettmann · 179 o. Wallace Collection, London · u. Bibliothèque de la Ville de Paris/Jean-Loup Charmet · 180 o. r. Privatsammlung · u. l. Corbis-Bettmann · u. r. Museo di San Marco della Angelico, Florence/BAL · 181 l. Punch · r. Imperial War Museum/RHPL · 182 Bibliothèque Nationale, Paris/Giraudon · 183 o. Popperfoto · u. Rex Features Ltd. · 184 l. Rainer Binder/Helga Lade · r. Archiv für Kunst und Geschichte · 185 o. V. Shone/Gamma/Frank Spooner · u. N. Petrov/Novosti · 186 Peter Newark's Pictures (2) · 187 Archiv für Kunst und Geschichte · 188 Diaf/IFA-Bilderteam · 189 o. l. Lutz Braun/Bildarchiv Preußischer Kulturbesitz · o. r. Hauck/IFA-Bilderteam · u. Musée Condé, Chantilly/GIRAUDON · 190 o. BAL · u. US Army Military History Institute, Carlisle, PA/Massachusetts Commandery · 191 National Gallery, London/BAL · 192 o. Staatliche Kunsthalle, Karlsruhe/Archiv für Kunst und Geschichte

610

· u. Bildarchiv Preußischer Kulturbesitz · 194 o. Berlin-Museum, Berlin/Bildarchiv Preußischer Kulturbesitz · u. Ullstein Bilderdienst · 195 Action Press/Rex Features · 196 o. Corbis-Bettmann · u. Musée Carnavalet, Paris/Giraudon · 197 Uffizien, Florenz/ET · 198 o. Jean-Loup Charmet · u. Privatsammlung · 199 Musée Guimet, Paris/Giraudon · 200 o. Naturhistorisches Museum, Wien/RCS Libri & Grandi Opere, Mailand · u. Archiv für Kunst und Geschichte · 201 Privatsammlung (2) · 202 o. Haenel/ZEFA · M. Herbert Jäger/Museum für Kunst und Kulturgeschichte der Hansestadt Lübeck · u. Staatsarchiv, Hamburg/ET · 203 Ullstein Bilderdienst · 204 o. SIPA/XIK/Rex Features · M. Jürgen Liepe, Berlin · u. Deutsches Theatermuseum, München · 205 M. Alon Reininger/Colorific · r. Corbis-Bettmann · 206 l. Kunsthistorisches Museum, Wien · r. The Salvation Army · 207 Réunion des Musées Nationaux · 208 Thyssen-Bornemisza Collection, Lugano-Castgnola/BAL · 208/209 The Mansell Collection · 209 Gottschalk/IFA-Bilderteam · 210 Bibliothèque Nationale, Paris (Ms. Fr. 2695 f11) · 211 o. Wadsworth Atheneum, Hartford/BAL · u. RHPL · 212 Ullstein Bilderdienst · 213 o. Bibliothèque Nationale, Paris (Ms.Fr.12 476 f105v) · M. AKG London · u. MEPL · 214 Imperial War Museum · 215 o. British Library, London/BAL · u. Popperfoto · 216 M. Hubert Lanzinger/AKG London · u. AKG London · 217 o. AKG London · M. Imperial War Museum · u. Corbis-Bettmann · 218 The Ronald Grant Archive (2) · 219 o. Clevenger/SIPA/Rex Features · M. Bill Gentile/SIPA/Rex Features · 220 l. Margaret Bourke-Whitel/LIFE Magazine ©Time Warner Inc./Katz Pictures · r. Zydowski Institute/Wiener Bibliothek · 221 o. National Archives, Washington · u. Bilderdienst Süddeutscher Verlag/DIZ München GmbH · 223 Alte Nationalgalerie, Berlin/AKG London · 224 The Associated Press · 225 l. ET · r. ZEFA · 226 o. Jean-Loup Charmet · u. Musée Marmottan, Paris/(c) ADAGP, Paris und DACS, London 1996/BAL · 227 Corbis-Bettmann · 228 l. BLIB (LR 275.a.l Pl.24) · r. Museum of Mankind, London/ET · 229 o. Museum of Mankind, London/BAL · u.l. Privatsammlung · u. M. South America Pictures · u. r. Museo Arqueologico, Lima/ET · 230 Peter Newark's Pictures · 231 o. Hulton Getty · u. Luc Delahaye/Rex Features · 232 l. Victoria & Albert Museum, London · 232/233 FPG International/RHPL · 233 o.l. Corbis-Bettmann · u. l. Patrick Lucero/Rex Features · r. Allen Green/Science Photo Library · 234 l. André Breton Collection, Paris/Michael Holford · r. Bryan & Cherry Alexander · 235 Robert Capa/Magnum · 236 o. Slide File · u. Sonia Halliday · 237 Jean-Loup Charmet · 238 M. ET · u. Lynn Abercrombie · 239 M. Topkapi Museum, Istanbul/Sonia Halliday · u. V&A Museum, London/BAL · 241 o. The Robert Hunt Library · u. ET · 242 Dr. Stephen Coyne/Bruce Coleman Ltd. · 243 o. Archives Nationales, Paris/Bulloz · u. Tate Gallery, London/BAL · 244 Independent Newspapers, Johannesburg · 245 o. Syndication International · u. British Library, London/BAL · 246 Features Ltd. · 247 o. British Library (Ms Azz NS 2868)/RHPL · u. Comstock Photofile Limited · 248 Museo S. Marco, Florenz/Giraudon/BAL · 249 o. Prado, Madrid/BAL · u. Fitzwilliam Museum, Universitiy of Cambridge/BAL · 250 o. Dolf Preisig/Magnum · u. Robert Opie · 251 o Musée du Louvre, Paris/Lauros-Giraudon/BAL · M. ET · 252 o. Popperfoto · u. Micha Bar-Am/Magnum · 253 Corbis-Bettmann · 254 o. James Nachtwey/Magnum · u. Musée du Louvre, Paris/Giraudon · 255 AKG London · 256 Archiv für Kunst und Geschichte · 257 o.l. Corbis-Bettmann · o.r. Alain Gesgon/CIRIP · u. BPK · 258 Hulton Getty · 259 o. Hulton Getty · u. Archiv für Kunst und Geschichte · 260 Archiv für Kunst und Geschichte · 261 Erich Lessing/AKG London · 262 M. Privatsammlung · u. The Fotomas Index · 263 o. Palazzo Farnese, Caprarola/Scala · M. Gruuthusemuseum, Brügge/BAL · 264 Konstmuseum, Gothenburg · 265 o. Daniel/Interfoto · u. Reiss-Museum Mannheim · 266 o. BLIB (Add.Ms. 27255f75v.) · M. BLIB (Add.Ms.27255f96v) · u. Bardo Museum, Tunis/ET · 268 l. British Library, London/BAL · r. BAL · 269 o. Hans Hubmann/BPK · u. Broadlands Trust, Hants/BAL · 270 o. Trinity College, Dublin/ET · u. AKG London · 271 Ian Berry/Magnum · 272 Abbas/Magnum · 273 o. Mats Ohman/Bazaar · u. Corbis-Bettmann · 274 o.l. ET · o.r. National Portrait Gallery, London · u. Imperial War Museum, London/ET · 275 Angelo Hornak · 276 Michael Holford (2) · 277 Keystone · 279 o. Dave King Collection · u. National Palace Museum, Taipei, Taiwan · 280 o. Giraudon · u. National Maritime Museum, London · 281 o. Musée Bargoin, Clermont-Ferrand/BAL · M. Giancarlo Costa · u. Museo Civico, Turin/BAL · 282 o. NASA/Science Photo Library · u. Musée de la Poste, Paris/Jean-Loup Charmet · 283 Imperial War Museum · 284 Dave King Collection (2) · 285 o.l. Novosti · o.r. Bruno Barbey/Magnum · u. Novosti · 286 Archiv für Kunst und Geschichte · 287 o. National Maritime Museum, London · u. Archiv/Interfoto · 288 o. Bayerische Staatsbibliothek, München/AKG London · u. BLIB (Ms. Or. 7028) · 289 o.l. AKG London · o.r. Jean-Loup Charmet · u. Scala · 290 Bibliothèque Nationale, Paris (Ms. Fr. 5594 f213) · 291 ET · 292 British Museum · 293 o. Fox-Liaison/Frank Spooner · u. Popperfoto · 294 Steffens/IFA-Bilderteam · 295 Museum of Labour History/ET · 296 o. Gerard Pile/Tony Stone, London · u. Kazuyoshi Nomachi/Rex Features · 297 o. BM · u. BLIB (Map C.1.d.2 world) · 298 M. M. Lariviere/A.D.L. · u. Sisse Brimberg/National Geographic Society · 299 o. Archive Nationale, Paris/Jean-Loup Charmet · u. Tate Gallery, London/BAL · 300 o. British Library/ET · u. AKG London · 301 o. Novosti/BAL · u. Novosti · 302 National Maritime Museum, London/Michael Holford · 303 o. Giraudon · l. Czartrysky Museum, Krakau/ET · r. Alinari/Giraudon · 304 o. BAL · M. Missouri Historical Society/Syndication International · 305 o. Gary Matoso/Contact/Focus · u. Archiv/Interfoto · 306 AKG London · 307 Corbis-Bettmann · 308 o. The Wellcome Institute Library, London · u. BAL · 309 o. Richard Bryant/Arcaid · u. Hulton Getty · 310 Corbis-Bettmann · 311 o. National Portrait Gallery, London/Giraudon · u. Bildarchiv Preußischer Kulturbesitz · 312 o. Giovanni/Bildagentur Huber · M. Bildarchiv Preußischer Kulturbesitz · u. Hureb/IFA-Bilderteam · 313 l. Bibliothèque Nationale, Paris/BAL · r. Scala · 314 o. Chateau de Versailles/BAL · u. MEPL · 315 AKG London · 315 o. Hulton Getty · M. RAF Museum, Hendon · u. Popperfoto · 316 o. Corbis-Bettmann · M.l. Corbis-Bettmann · M. r. D. Katz/BPK · u. Telegraph Colour Library · 318 AKG London · 319 ET · 320 Palazzo Vecchio, Florenz/AKG London · 321 Corbis-Bettmann · 322 l. Scala (2) · 324 o. Eve Arnold/Magnum · u. BLIB (Ms. Add. 18866 f135) · 325 o. Giraudon · u. Jacques Witt/Rex Features · 326 Archiv für Kunst und Geschichte · 327 o. Interfoto/Camera Press · M. ET · u. Sovfoto, New York · 328 o. BAL · u. Bibliothèque Nationale, Paris/ET · 329 o. Trustees of the Bedford Estate/BAL · u. A. Hernandez/Sygma · 330 o. Akademie der Bildenden Künste, Wien/AKG London · u.l. The Trustees of the National Museums of Scotland · u.r. Privatsammlung · 331 o. Phillips/BAL · u. Blenheim Palace, Oxfordshire/BAL · 332 o.l. A. Dagli Orti/BPK · o.r. Privatsammlung · u. Museo Correr, Venedig/ET · 333 Camera Press · 334 o. Dod Miller/Network · M. Frank Griffin/Rex Features · u. Nguyen Kong/SIPA/The Associated Press · 335 o. l. Dave King Collection · o. r. Corbis-Bettmann · u.l. Tim Graham · u. M. Rex Features · u. r. Tim Graham · 336 o. Corbis-Bettmann · M. Kunsthalle Mannheim/BAL · 337 Corbis-Bettmann (2) · 338 o. Palazzo Medici Riccardi, Florenz/Scala · u. V & A Museum/ET · 339 o. Penny Tweedie/Camera Press · u. Hugh Sitton/Tony Stone London · 340 Erich Lessing/AKG London · 341 Erich Lessing/Musée du Louvre/AKG London (2) · 342 BPK (2) · 343 MEPL · 344 o. Christie's Colour Library · u. Archaeological Museum, Heraklion/Scala · 345 o. Musée des Beaux-Arts, Rouen/Giraudon/BAL · u. W. Schneider-Schultz/BPK · 346 BPK · 347 o. Peter Sanders · M. Peter Sanders · u. Marilyn Silverstone/Magnum · 348 Archiv für Kunst und Geschichte · 349 o. Bildarchiv Preußischer Kulturbesitz · u. BPK · 350 o. Palazzo Pitti, Florenz/A. Dagli Orti/BPK · u. Imperial War Museum · 351 l. National Portrait Gallery, London · r. Topham Picture Library · 352 o. l. National Maritime Museum, London/ET · o. r. Frank Spooner · u. r. Musée Condé, Chantilly/BAL · 353 o. Henri Cartier-Bresson/Magnum · u. British Museum/Michael Holford · 354 o. The Illustrated London News Picture Library · u. Rijksmuseum, Amsterdam · 355 o. Privatsammlung · M. MEPL · 356 o. National Museum, Athen/Giraudon · u. Victoria & Albert Museum, London · 357 M. Corbis-Bettmann · u. Military Archive & Research Services/USAF · 358 o. Giraudon · M. British Museum, London/ET · 359 AKG London · 360 o. AKG London · u. Erich Lessing/Historisches Museum, Wien/AKG London · 361 o.l. Jean-Loup Charmet · o.r. Marc Ribaud/Magnum · u. l. Erich Lessing/Musée du Petit Paöais, Paris/AKG London · u.r. ET · 362 o. Richard Ellis/Camera Press · u. Deutsches Historisches Museum · 363 Peter Newark's Pictures · 364 o. BLIB (C.54.K12) · u. AKG London · 365 o.l. BLIB (C.54.K12TP) · o.r. Science Photo Library · u. An Ronan at Image Select · 366 National Maritime Museum, London (2) · 368 o.r. BM (2) · M. British Museum (Natural History) · M.r. BM (2) · u. John Reader/Science Photo Library · 370 o. The Illustrated London News Picture Library · u.l. Jeremy Whitaker · u. M. Royal Society, London/BAL · 371 Bill Gentile/SIPA/Rex Features · 372 Prado, Madrid/A. Dagli Orti/BPK · 373 Goethe Museum, Weimar/AKG London · 374 o. Popperfoto · u. Irak Museum, Bagdad/Scala · 375 Hulton Getty · 376 o. M. Corbis-Bettmann · o. r. MEPL · u. ET · 377 o. Archiv für Kunst und Geschichte · u. Jeremy Nicholl/Impact · 378 o. Archiv für Kunst und Geschichte · u. ET · 379 o. Deutsches Historisches Museum · BM · 380 o. AKG London · u. BAL · 381 W. Eugene Smith/Black Star/Magnum · 382 o. Sonia Halliday · u. Hulton Getty · 383 o. Simon Fraser/Science Photo Library · u. Corbis-Bettmann · r. Peter Menzel/Science Photo Library · 384 o. SPK, Berlin/BAL · u. Corbis-Bettmann · 385 o. r. BM · M. r. BPK · u. r. K. Peterson/BPK · u. l. British Museum/BAL · 386 Peter Newark's Pictures · 387 Countess Bobrinskoy Collection/Michael Holford · 388 o. Sonia Halliday · M. Tom Hill/Tony Stone London · u. The Kon-Tiki Museum, Oslo, Norwegen · 389 Jean-Loup Charmet · 390 o.l. Guild Hall Library, London/BAL · o.r. India Office Library, London/ET · u. Archiv für Kunst und Geschichte · 391 Royal Geographical Society · 392 M. National Portrait Gallery, Smithsonian Institution, Washington/BAL · u. Michael Holford · 393 Ahmed Jadallah/Reuter/Popperfoto · 394 M. Colin Jones/Impact · u. The Illustrated London News Picture Library · 395 Bulloz, Paris · 396 Musée du Louvre, Paris/Giraudon · 397 o. Musée d'Orsay, Paris/Giraudon · M. Institute Pasteur, Paris/RHPL · u. van der Hilst/Frank Spooner · 398 Archiv für Kunst und Geschichte · 399 National Archives Washington/ET · 400 Friends' House, Euston/BAL · 401 o.l. National Portrait Gallery, London · M. l. Master and Fellows Magdalene College Cambridge/Pepys Library · u. r. Corbis-Bettmann · 402 T.C. Rising/Sonia Halliday · 403 Jane Taylor/Sonia Halliday · 404 M. ZEFA · u. Eremitage, St. Petersburg · 405 ET · 406 o. Fitzwilliam Museum, University of Cambridge/BAL · u. Joseph Martin/Prado, Madrid/BPK · 408 o. Erich Lessing/National Archaeological Museum, Beirut/AKG London · u. AKG London · 409 Jamestown-Yorktown Educational trust, VA/BAL · 410 o. Museum of London · M. British Library/Michael Holford · u. Southampton City Council · 411 o. MAS, Barcelona · u. Bibliothèque Nationale, Paris/BAL · 412 M. Geological Society, London/Arthur Claude Cooke/BAL · u. MEPL · 413 o. Giancarlo Costa · u. Hulton Getty · 414 Museo de America, Madrid/AKG London · 415 o. A. Dagli Orti/BPK · u. Hulton Getty · 417 o. Dave King Collection · u. MEPL · 418 o. British Museum/BAL · u. National Gallery of Scotland/BAL · 419 o.l. William MacQuitty/Camera Press · o. M. Museo Archeologico, Neapel/ET · u. Richard Einzig/Arcaid · 420 BAL · 421 o. Popperfoto · u. Louvre, Paris/BAL · 422 Corbis-Bettmann (2) · 423 Hans Silvester/Focus · 424 ET · 426 J. Alex Langley/Aspect · 427 o. British Library/BAL · u. AKG London · 428 o. Imperial War Museum, London/ET · u.l. Gary Hershorn/Reuter/Corbis-Bettmann · u.r. Jim Hollander/Popperfoto · 429 National Galleries of Scotland, Edinburgh/BAL · 430 o. Peter Newark's Pictures · u. Hulton-Getty · 431 o. Louvre, Paris/BAL · u. B. Glinn/Magnum · 432 M. Peter Newark's Pictures · u. Corbis-Bettmann · 433 M.l. NASA/Science Photo Library · M. r. Novosti · u. NASA/ET · 434 o. MEPL · M. Museo di S. Marco, Florenz/Scala · u. Staatsgalerie Stuttgart/AKG London · 435 o. Hulton Getty · M. Corbis-Bettmann · u. Corbis-Bettmann · 436 o. Museum of Art, Toledo, Ohio/AKG London · u. Foto & Studio Heckel/437 AKG London · 438 o. Royal Institute of British Architects · M. Schioppetto, Florenz/Ikona · u. Scala · 439 o.l. Musei Capitolini, Rom/Scala · o. r. Uffizien, Florenz/Scala · M. Scala · 440 Peter Newark's Pictures · 441 o. Ullstein Bilderdienst · u. Hulton Getty · 442 o. Hulton Getty · u. Sorbonne, Paris/Jean-Loup Charmet · 443 o. Popperfoto · u. Erich Lessing/AKG London · 444 M.l. Schweizerisches Landesmuseum, Zürich · u. Bibliothèque Nationale, Paris/BAL · 444/445 Universitätsbibliothek Heidelberg/AKG London · 445 o. Universitätsbibliothek Heidelberg/ET · M. Bibliothèque de l'Arsenal, Paris/Giraudon · u. Archive de France, Paris/Giraudon · 446 o. Imperial War Museum, London/ET · M. r. The Robert Hunt Library · u. r. Süddeutscher Verlag · 447 o.l. Eugen/ZEFA · M. r. Rheinisches Bildarchiv · u. Claus Hansmann · 448 Palazzo Madama, Rom/AKG London · 449 o. Imperial War Museum, London/Camera Press · M. r. George Skadding/LIFE Magazine ©Time Inc./Katz Pictures · u. r. National Archives Trust, Pennsylvania/BAL · 450 o. John Hillelson · u.l. Brian Brake/John Hillelson · u. r. Privatsammlung · 452 Universiteitsbibliotheek Gent (Ms. 236) · 453 o. Jack Dabaghian/Popperfoto · u.l. M. Charles/The National Trust, Waddesdon Manor · u. r. BM · 454 o. Bibliothèque Nationale, Paris/Bulloz · u. BLIB (10662.aaa223rd pr.p) · 455 Popperfoto · 457 o. BPK · u. Dave King Collection · 458 TPC/IFA-Bilderteam · 459 Archiv für Kunst und Geschichte · 460 Corbis-Bettmann · 461 ET · 462 Uffizien, Florenz/A. Dagli Orti/BPK · 463 AKG London · 464 Museo di S. Marco, Venedig/Scala · 465 o. Ullstein · u. Niedersächsisches Landesmuseum, Hannover/AKG London · 466 o. Biblioteca Nacional, Madrid/Sonia Halliday · M. Christchurch College, Oxford/ET · u. RHPL · 467 W. Otto/IFA-Bilderteam · 468 Keystone · 469 Fred Mayer/Anne Hamann/Magnum · 470 British Museum/ET · 471 o. Ancient Art and Architecture Collection · u.l. BM · u. r. Ancient Art and Architecture Collection · 472 Bilderdienst Süddeutscher Verlag/DIZ München GmbH · 473 o. Popperfoto · u. Raymond Depardone/Magnum · 475 o. Bibliothèque Royale Albert Ier, Brüssel · M.. Bibliothèque Nationale, Paris/Hubert Josse · u.l. Science & Society Picture Library · u. M. Science & Society Picture Library · u. r. The Wellcome Institute Library, London · 476 Puschkin Museum, Moskau/BAL · 477 o. Musée Carnavalet, Paris/Jean-Loup Charmet · u. C. Capa/Magnum · 478 Sonia Halliday · 479 o.l. Staatsarchiv Hamburg · o. r. BAL · u. ET · 480 l. Fratelli Fabri/BAL · r. BAL · 481 Metropolitan Museum of Art/Gift of Mrs. Frank B. Porter, 1922 · 482 o. Christie's Colour Library · M. RHPL · u. Brera/ET · 483 Hulton Getty · 484 Japan Archive (2) · 485 Siemens · 488 Rex Features · 489 A. Draeger/Jean-Loup Charmet · 490 George Sweeney/Rex Features · 491 l. ET · r. Scala · 492 o. Chicago Historical Society (3) · u. ET · 493 National Museum of India, New Delhi/BAL · 494 o. BM · u. Galleria Palatina, Florenz/Scala · 495 SIPA/Rex Features · 496 Imperial War Museum, London/The Robert Hunt Library · 497 Jürgens Ost + Europa-Photo · 498 o. Archiv für Kunst und Geschichte · u. National Museum of Labour History · 499 Ullstein · 500 Jean-Loup Charmet · 501 AKG London · 502 Ullstein · 503 l. The Associated Press · M. Scottish Daily Express/John Frost Historical Newspaper Service · 506 Erich Lessing/Archiv für Kunst und Geschichte · 507 Hulton Getty · 508 o. British Museum (Natural History) · u. Popperfoto · 509 British Museum/Michael Holford · 510 Archiv für Kunst und Geschichte · 511 English Heritage · 512 RHPL · 513 r. Henri Bureau/Gamma/Rex Features · M. Jean-Loup Charmet · 514 o. Ken Oosterbroek/Gamma/Frank Spooner (2) · u. Jean-Loup Charmet · 515 Hulton Getty · 516 o. UPI/Corbis-Bettmann · u. M. Corbis-Bettmann · u. r. The Fotomas Index · 517 l. Sonia Halliday · r. Musée Bonnat, Bayonne/Giraudon · 518 o. Claus Hansmann · u. British Museum/BAL · 519 Roland Holzschneider/dpa · 520 ET · 521 Images Colour Library · 522 o. Statni Galerie, Zlin · M. Alexandra Avakian/Woodfin Camp / Associates · u. National Archives, Washington/RHPL · 523 Corbis-Bettmann · 524 Oriental Museum, Durham University/BAL · 525 Popperfoto · 526 Hulton Getty · 527 Bruno Barbey/Magnum · 528 Louvre, Paris/Giraudon · 529 Damm/ZEFA · 530 Akademie der Bildenden Künste, Wien/Erich Lessing/AKG London · 531 o. Ken Marshall/Interfoto · u. RHPL · 532 Camera Press · 533 o. The Associated Press · u. Novosti · 534 RHPL (2) · 535 o. Musée de la Marine, Paris/AKG London · u. AKG London · 537 o. Scala · u. Corbis-Bettmann · 538 Popperfoto · 539 o. The Bodleian Library, Oxford (Douce Bible Eng. 1583) · M.V & A, London/ET · u. Roger-Viollet · 540 o. Gianni Tortoli/Science Photo Library · u. Margarete Euesing/BPK · 541 Dagbladet/SIPA/Rex Features · 542 Harlingue/Roger-Viollet · 543 Erich Lessing/Magnum · 544 Scala 545 o. Fitzwilliam Museum · u. Giraudon (2) · 546 MEPL · 547 o. AKG London · u. Courtesy of The Valley Forge Historical Society · 548 o. Corbis-Bettmann · u. Jean Pragen/Tony Stone London · 549 Museo Correr/BPK · 550 BAL · 551 Harris/IFA-Bilderteam · 552 Herzog August Bibliothek, Wolfenbüttel/AKG London · 553 l. BAL · M. r. RHPL · u. Giraudon · 554 Werner Forman Archive · 555 o. Jean-Loup Charmet · M. MEPL · 556 Archiv für Kunst und Geschichte · 557 Archiv für Kunst und Geschichte · 558 u. Wöstmann/dpa · r. Deutsche Bundesbank Geldmuseum, Frankfurt am Main · 559 o. B. Bisson/Sygma · u. Corbis-Bettmann · 560 o. Branger/Roger-Viollet · u. ET · 561 John Frost Historical Newspaper Service (2) · 562 l. National Portrait Gallery, London/Giraudon · r. Science & Society Picture Library · 563 Popperfoto · 564 o. BLIB (Ms. Roy. 6 E IX f24) · u. Corbis-Bettmann (3) · 565 Culver Pictures · 566 Imperial War Museum · 567 o. Hulton Getty · M. Erich Lessing/AKG London · 568 Hulton Getty · 569 u. l. University Museum of National Antiquities, Oslo/Eirik Irgens Johnsen · u. r. University Museum of National Antiquities, Oslo · 570 AKG London · 571 BLIB (Ms Claud. B IV f59) · 572 l. ET · r. BPK · 573 l. BPK · r. Christchurch College, Oxford · 574 Giraudon · 575 Bonhams, London/BAL · 576 AKG London · 577 The Mansell Collection · 578 o. Royal Aeronautical Society · u. The Fotomas Index · 579 Jean-Loup Charmet · 580 o. FPG/RHPL · u. Hulton Getty · 581 o. ET · M. RHPL · u. Bundesarchiv, Koblenz · 582 Archiv für Kunst und Geschichte · 583 Claus Hansmann (2) · 584 o.l. Ancient Art and Architecture Collection · o. M. Ancient Art and Architecture Collection · M. l. Archaeological Museum, Amman/Giraudon · M. r. British Museum/BAL · u.l. British Museum/Michael Holford · u. r. Museo Armano, Lima/ET · 584/585 o. Kerameikos Museum, Athen/ET · 585 o.l. Giraudon · o. r. Museo Pio-Clementino, Vatikan/Scala · M. Privatsammlung · u.l. RHPL · u. r. Field Museum of Natural History, Chicago/Werner Forman Archive · 586 o .l. Michael Holford · o. M. Museo Archeologico Nazionale, Neapel/BAL · o. r. English Heritage · u.l. Anthropological Museum, Mexico City/Giraudon · u.r. National Museum, Dehli/Giraudon · 586/587 o. Robert Frerck/Odyssey/RHPL · 587 o. M. ET · o. r. Werner Forman Archive · M.l. Privatsammlung · M. r. Scala · u. Werner Forman Archive · 588 o.l. AKG London · o. M. BLIB (Ms. Cot. Nero DIV f 93) · o. r. Michael Holford · M.l. Musée Condé, Chantilly/Giraudon · M. r. Ancient Art and Architecture Collection · u. Privatsammlung · 589 o. v. l. n. r.: Giraudon; Roland Michaud/John Hillelson; Michael Holford; Chris Rennie/RHPL · M. San Marco, Venedig/BAL · u.V&A Museum, London/BAL · 590 o. v. l. n. r.: Erich Lessing/AKG London; G. Dagli Orti; Giraudon; Bibliothèque Nationale, Paris/Giraudon · M. Ancient Art and Architecture Collection · u. Robert Frerck/Odyssey/RHPL · 591 o. v. l. n. r.: Museum of the American Indian, Heye Foundation, New York/Werner Forman; David Hughes/RHPL; RHPL; British Library/BAL · u. r. Werner Forman Archive · u. r. BAL · 592 o. v. l. n. r.: AKG London; RHPL; Kunsthistorisches Museum, Wien/BAL; BAL · u.l. RHPL · u.M. Ancient Art and Architecture Collection · u.r. British Library/BAL · 593 o. v. l. n. r.: ET; BAL; Musée d'Histoire de la Medecine, Paris/Jean-Loup Charmet; The Granger Collection; V&A Museum, London/BAL · M. l. Erich Lessing/AKG London · M. Ann Ronan at Image Select · M. r. RHPL · u. ET · 594 l. British Library/BAL · M. l. Roland and Sabrina Michaud/John Hillelson · M. r. Privatsammlung · u. The Granger Collection · 595 o.l. Museum of London/ET · o. M. Peter Newark's Pictures · o. r. National Library of Australia, Canbera/BAL · u. BAL · 596 o.l. Michael Holford · o. M. Ann Ronan at Image Select · o.r. Sir John Soane Museum London/BAL · M. Coram Foundation, London/BAL · u. Werner Forman Archive (2) · 597 o.l. Michael Holford · o. r. ET · M. l. Science Museum, London/Michael Holford · M. r. Hulton Getty · u. National Portrait Gallery, Smithsonian Institution, Washington/BAL · 598 o. l. MEPL · o.M. Hulton Getty · o.r. Hulton Getty · M.l. Michael Holford · M. r. Stapleton Collection/BAL · 599 o. v. l. n. r.: National Portrait Gallery, Smithsonian Institution, Washington/BA; Jean-Loup Charmet; ET; Science & Society Picture Library · u. Peter Newark's Pictures · 600 o.l. Bibliothèque Nationale, Paris/BAL · o. M. British Film Institute · o. r. ILN/Camera Press · u.V&A Museum, London/BAL · 601 o.l. British Film Institute · o. M. AKG London · o. r. Popperfoto · u. Hulton Getty · 602 o.l. US Department of Energy/Science Photo Library · o. M. The Kobal Collection · o. r. NASA/Science Photo Library · M.l. Sir Edmund Hillary/Royal Geographical Society · M. r. Popperfoto · 603 o.l. Reuter/Corbis-Bettmann · o. M. Steve McCurry/Magnum · o. r. Anthony Sau/Network · M. F. Anderson/Frank Spooner · u. r. Mark Moore/Reuters/Popperfotow